SCHÄFFER
POESCHEL

Die Steuerberaterprüfung
Band 3

Michael Preißer (Hrsg.)

Verfahrensrecht, Umsatzsteuerrecht, Erbschaftsteuerrecht
Prüfung 2013

12., überarbeitete und aktualisierte Auflage

2013
Schäffer-Poeschel Verlag Stuttgart

Bearbeiterübersicht:

C. Bähr: Teil A
M. Preißer: Teil C
V. Schmidt: Teil B

Gedruckt auf chlorfrei gebleichtem, säurefreiem und alterungsbeständigem Papier.

Bibliografische Information der Deutschen Nationalbibliothek
Die Deutsche Nationalbibliothek verzeichnet diese Publikation in der Deutschen Nationalbibliografie; detaillierte bibliografische Daten sind im Internet über < http://dnb.d-nb.de > abrufbar.

ISBN 978-3-7910-3263-4

Dieses Werk einschließlich seiner Teile ist urheberrechtlich geschützt. Jede Verwertung außerhalb der engen Grenzen des Urheberrechtsgesetzes ist ohne Zustimmung des Verlages unzulässig und strafbar. Das gilt insbesondere für Vervielfältigungen, Übersetzungen, Mikroverfilmungen und die Einspeicherung und Verarbeitung in elektronischen Systemen.

© 2013 Schäffer-Poeschel Verlag für Wirtschaft · Steuern · Recht GmbH
www.schaeffer-poeschel.de
info@schaeffer-poeschel.de
Einbandgestaltung: Willy Löffelhardt/Melanie Frasch
Satz: DTP + TEXT Eva Burri, Stuttgart · www.dtp-text.de
Druck: Kösel, Krugzell · www.koeselbuch.de
Printed in Germany
März 2013

Schäffer-Poeschel Verlag Stuttgart
Ein Tochterunternehmen der Verlagsgruppe Handelsblatt

Der Herausgeber

Prof. Dr. Dr. h.c. Michael Preißer
ist als Steuerberater, seit 01.01.2012 als Partner bei PRS Preißer von Rönn Schultz-Aßberg in Hamburg (vormals Of counsel bei Graf von Westphalen in Hamburg) und Professor für Steuerrecht und Wirtschaftsprivatrecht an der Leuphana Universität Lüneburg tätig. Er war vorher in der bayerischen Finanzverwaltung, dann als Professor an der Beamtenfachhochschule in Hamburg tätig. Gastprofessuren in Paris (2004/2005) und in Orel (Russland, 2007/2008) runden den Dozenteneinsatz ab. Herr Prof. Preißer war 2008 Mitbegründer des europäischen Steuerrechtsinstituts »2isf« mit Sitz in Paris. Er ist Autor zahlreicher Aufsätze und Monographien sowie Referent des BMF, des DAI und der BFA.

Die Autoren

Ministerialrat Christian Bähr
war Referent für steuerliches Verfahrensrecht und Steuerberatungswesen, insbesondere für die Steuerberaterprüfung im Bayerischen Staatsministerium der Finanzen und leitete bis 30. Juni 2009 im Bayerischen Landesamt für Steuern Projekte zur Neuorganisation der Münchner Steuerverwaltung. Er ist Referent bei Fortbildungsveranstaltungen im Steuerrecht und Mitglied in den Prüfungsausschüssen für die Steuerberaterprüfung und für die Wirtschaftsprüferprüfung. Seit Juli 2009 ist er Leiter des Referats für Organisation und Automation der Steuerverwaltung im Bayerischen Staatsministerium der Finanzen.

Prof. Dr. Dr. h.c. Michael Preißer
s.o.: Der Herausgeber

Prof. Dr. Volker Schmidt
war von 1988 bis Ende März 2012 als Professor in der Ausbildung für den gehobenen Dienst der Finanzverwaltung in Hamburg tätig. Seine Professur an der ehemaligen Hochschule für Finanzen (inzwischen aufgegangen in der Norddeutschen Akademie für Finanzen und Steuerrecht) hatte ihren Schwerpunkt im Umsatzsteuerrecht, zu dem er zahlreiche Beiträge verfasst hat. Prof. Dr. Schmidt ist darüber hinaus gefragter Referent auf unterschiedlichen Fortbildungsveranstaltungen des Steuerrechts. Insbesondere die bereits seit vielen Jahren ausgeübte Lehrtätigkeit in Vorbereitungskursen auf die Steuerberaterprüfung wird er auch künftig fortsetzen.

Vorwort des Herausgebers zur 12. Auflage (Prüfung 2013)

Immer häufiger kursieren neue Schlagworte im Steuerrecht und im Prüfungswesen. Eine der beliebtesten Begriffsmollusken im letzten Jahr war »Compliance«. Mit einem entsprechenden Bestätigungsvermerk geht immerhin eine Haftungsfreizeichnung für geprüfte Unternehmen einher. Bei näherem Hinsehen entpuppt sich der Vermerk als ein vom AktienG ohnehin vorgegebener Prüfungsinhalt. Es gibt zahlreiche weitere Soziologismen, mit denen die handwerkliche Arbeit des StB / WP als erkenntnistheoretische Sekundärtugend entlarvt werden soll.

Für die praktische Arbeit kommt es aber auf das **Handwerkszeug des Berufsträgers** an. In den vorliegenden drei Bänden werden die notwendigen **Strukturkenntnisse** vermittelt, mit denen jeder (künftige) Steuerberater trotz der neuen Begrifflichkeit seinem Auftrag (und seinem Mandanten) gerecht wird.

Der/die künftige Steuerberater/in ist auch gut beraten, sich entsprechend **interdisziplinär** auszubilden und die Gesamtzusammenhänge im Blick zu behalten. Ansonsten läuft er – wie viele der bereits etablierten Berufskollegen – Gefahr, zum Spielball anderer Berufsträger (noch schlimmer: der Mandanten) zu werden.

Die dreibändige »Rote Reihe« hat sich von Anfang an dieser Thematik angenommen und vermittelt in jedem Teilkomplex das Grundlagenverständnis, mittels dessen auch unbekanntes Terrain verlässlich bearbeitet werden kann. Damit wird den **Prüfungskandidaten** ein Werkzeug an die Hand gegeben, mit dessen Hilfe sie sich zuverlässig auf die Berufsexamina vorbereiten können.

Durch die Veränderung der Universitätslandschaft (immer häufiger werden Master-Studiengänge »Tax« oder »Steuerrecht« angeboten) bietet sich das dreibändige exemplarische Grundlagenwerk idealtypisch auch für den **universitären Einsatz** an.

Mit der hier verfolgten Vermittlung von Fachwissen unter besonderer Berücksichtigung interdisziplinärer Zusammenhänge wird der künftige Steuerberater auch die späteren Rechtsänderungen, die zwangsläufig auf ihn zukommen werden, leicht einordnen können. Und nur so wird der angehende Steuerberater auch die von ihm geforderten Fachtermini in den **drei sechsstündigen Klausuren an der richtigen Stelle** einsetzen können, um die Gutachter zur Punktevergabe zu bewegen.

Mit dem seit der 10. Auflage veränderten Erscheinungstermin kommen wir dem Wunsch vieler Leser entgegen, ein Werk zum frühestmöglichen Zeitpunkt mit dem examensrelevanten Rechtsstand zur Verfügung zu stellen – mit dieser Auflage für die Prüfung im Herbst 2013.

Die vorliegende 12. Auflage berücksichtigt die veröffentlichten Initiativen von Gesetzgebung, Rechtsprechung und Verwaltung bis Ende 2012. Soweit in den einzelnen Kapiteln ein Hinweis auf das JStG 2013 enthalten ist, bezieht sich das auf den Entwurf des Gesetzes. Das JStG 2013 ist bis zum Erscheinungstag der dreibändigen Reihe aus politischen Gründen nicht verabschiedet worden.

Bei der Aktualisierung der Texte zur vorliegenden Auflage verdient sich der Assistent Herr Florian Schmidt einen besonderen Dank für die Unterstützung des Herausgebers und der Autoren. Daneben gilt mein Dank dem Verlag und hier insbesondere Herrn Steinleitner und Frau Dr. Heimburger für ihre verlässliche Unterstützung.

Lüneburg, im Januar 2013   Michael Preißer

Vorwort der Autoren zur 12. Auflage (Prüfung 2013)

Teil A Abgabenordnung und Finanzgerichtsordnung

Gerade die Abgabenordnung, die im ersten Teil des Buches dargestellt wird, stellt nicht nur künftige Steuerberater, sondern häufig auch langjährige Berufsträger vor große Schwierigkeiten. Das vorliegende Werk soll deshalb nicht nur auf die Steuerberaterprüfung, sondern auch auf den nach erfolgreicher Prüfung ausgeübten Beruf vorbereiten. Die Darstellung des steuerlichen Verfahrensrechts ist durch die immer wiederkehrenden Schwerpunkte der Steuerberaterprüfungen vergangener Jahre geprägt. Besonders prüfungsrelevant sind vor allem die Vorschriften zum Festsetzungs- und Feststellungsverfahren, die Vorschriften zur Korrektur von Steuerbescheiden und zum Einspruchsverfahren. Nur wer hier das Handwerkszeug beherrscht, wird in der schriftlichen Prüfung nicht überrascht werden! Dogmatische Problemstellungen und rechtliche Meinungsstreite werden aufgrund der fehlenden Prüfungsrelevanz dagegen nur kurz angesprochen. Vermittelt werden soll das »Handwerkszeug«, mit dem sich nicht nur die Prüfung, sondern später auch Fälle der Praxis bewältigen lassen. Dabei wurden sowohl die Erfahrung des Autors in der Verwaltung als auch seine Erkenntnisse aus langjähriger Tätigkeit als Prüfer bei der Steuerberaterprüfung eingebracht. Die Konzentration auf das Wesentliche hat sich sehr gut bewährt.

Teil B Umsatzsteuerrecht

Dass der umsatzsteuerrechtliche Teil der Prüfung »machbar« gewesen sei, gehört zu den Rückmeldungen, die man als Dozent einschlägiger Vorbereitungskurse verständlicherweise gerne hört. Erst recht gilt dies freilich, wenn man Ähnliches als höchstpersönliche Einschätzung zu Beginn eines Vorbereitungskurses mit voller Überzeugung kundgetan und damit einiges riskiert hat. Dann tun solche Bestätigungen in besonderem Maße gut. Für mich sind sie zugleich Ermutigung gewesen, mich auf das gewagte Vorhaben einzulassen, das Recht der Umsatzsteuer auf etwa 300 Seiten darzustellen.

Dies mag auf den ersten Blick in der Tat kühn erscheinen. Wer will, kann nämlich auch für das Umsatzsteuerrecht in das bekannte Klagelied einstimmen, dass über die Jahre alles immer komplizierter geworden ist. Dafür genügt ein Hinweis auf die nahezu jährlichen gesetzlichen Änderungen des Umsatzsteuergesetzes oder auch auf die Vielzahl von Entscheidungen des EuGH, denen der nationale Gesetzgeber und die nationale Verwaltungspraxis stets nur zeitversetzt folgen können.

Aus Sicht des Verfassers kann all dies jedoch nichts daran ändern, dass das Umsatzsteuerrecht durch ein wohltuend **klares materiell-rechtliches Grundsystem** geprägt ist. Dem Leser dieses nahezubringen, ist hier das vorrangige Anliegen. Hat der Anwender Systemzusammenhänge sowie Sinn und Zweck zentraler Vorschriften verstanden, wird er auch in Prüfungsarbeiten in der Lage sein, Sachverhalte eigenständig und grundsätzlich nur unter

Zuhilfenahme des Gesetzes zu lösen. Für diese schon aus Zeitgründen erforderliche Fähigkeit bedarf es keiner möglichst umfassenden Kommentierung des Umsatzsteuergesetzes und auch keiner ausführlichen Wiedergabe von Aussagen im Umsatzsteuer- Anwendungserlass (UStAE). Viel wichtiger ist es, **Systemzusammenhänge** einzuüben. Dies geschieht anhand von Beispielen aus der aktuellen Rechtsprechung und einer Vielzahl von Sachverhalten aus vorangegangenen Klausuren der Steuerberaterprüfung. Gelegentlich eingestreute kritische Auseinandersetzungen mit herkömmlichen Betrachtungsweisen runden die Darstellung ab. Auch sie dienen dem einen Ziel, Prüfungskandidaten für umsatzsteuerrechtliche Fragestellungen zu sensibilisieren und in der notwendigen Fähigkeit zu schulen, eigenständig akzeptable Lösungen anbieten zu können.

Teil C Erbschaftsteuerrecht

Das Teilkapitel C im dritten Band ist besonders durch seine Interdisziplinarität und durch seinen Gestaltungsbezug gekennzeichnet. Bekanntlich wird im Erbschaftsteuergesetz sowohl die Besteuerung von Erwerben von Todes wegen als auch von Schenkungen geregelt.

Den ersten Komplex, die eigentliche Erbschaftsteuer, wird man nur verstehen, wenn gleichzeitig ein **Basiswissen des Erbrechts** vorhanden ist. In diesem Sinne werden den eigentlichen erbschaftsteuerlichen Themen die erbrechtlichen Grundlagen vorangestellt. In den meisten Fällen genügen Übersichten oder einfachere Fälle. In einigen Bereichen, insbesondere dort, wo das Erb-, Gesellschafts- und Erbschaftsteuerrecht besonders stark verzahnt sind, erfolgt eine intensivere Auseinandersetzung. Das Erbschaftsteuerrecht ist aber nicht nur die steuerliche »Schwester« des Erbrechts, sondern weicht auch in vielen Punkten von erbrechtlichen Vorgaben ab. Nach der Bearbeitung des ersten Teils ist das nötige Know-how vorhanden, um den Anforderungen einer **Erbschaftsteuer-Klausur** wie eines Beratungsmandates gerecht zu werden.

Das **Schenkungsteuerrecht** ist weitgehend ein Kind der Gestaltungsberatung geworden. Ausgehend von der Grundnorm der Besteuerung unentgeltlicher Übertragungen (reine Schenkung) haben sich viele Zwischenformen entwickelt, die in der Praxis gang und gäbe sind. Einen besonderen Stellenwert nehmen die vorweggenommene Erbfolge und Nießbrauchsgestaltungen ein. Hier sind neben den rein schenkungsteuerlichen Aspekten auch die einkommensteuerlichen Auswirkungen mit zu berücksichtigen. In beiden Bereichen spielt die Bewertung des übertragenen Vermögens eine wichtige Rolle. Für Beteiligungen an Kapitalgesellschaften und an Personengesellschaften gibt es ein Sonderrecht.

Von herausragender Bedeutung im dritten Teil ist das Steuerprivileg für das so genannte **Produktivvermögen**. **Bewertungsfragen**, insbesondere solche zum Grundvermögen und zum Betriebsvermögen, nehmen hier einen breiten Raum ein.

In der 12. Auflage wird nicht nur die neue Version des ErbStG mit den Erbschaftsteuer-Richtlinien (2011) erläutert. Die umfangreiche Literatur des Jahres 2012 wird berücksichtigt, da ihr der Vorlagebeschluss des BFH zur Verfassungsmäßigkeit des aktuellen Erbschaftsteuerrechts zu verdanken ist.

Hamburg, Lüneburg, Stuttgart, München im Januar 2013
                                                        Christian Bähr
                                                        Michael Preißer
                                                        Volker Schmidt

Vorwort des Herausgebers zur 1. Auflage

System statt Chaos

Vor gut 20 Jahren hat Ludwig Schmidt das Einkommensteuerrecht von den Fesseln der unzähligen (und sporadischen) Erkenntnisquellen zweiten Ranges befreit, in dem er eine Kommentierung des EStG vorlegte, die nur dem Gesetz verpflichtet war. Eine ähnliche Leistung vollbrachten Tipke und Kruse mit dem Kommentar zum Verfahrensrecht. Damit war das Steuerrecht in diesen Kernbereichen für den Praktiker berechenbar geworden. Spätere Werke folgten.

Der Lernende (und damit Suchende) steht hingegen der Fülle des Stoffes – zumal angesichts des unüberhörbaren Abgesangs auf das »chaotische Steuerrecht« – nach wie vor ratlos gegenüber. Dieses Anliegen haben wir aufgegriffen.

Das vorliegende Werk unternimmt den Versuch, das gesamte Steuerrecht – soweit es für das schriftliche Steuerberaterexamen von Bedeutung ist – in drei Bänden auf faire, d.h. überschaubare Weise aufzubereiten. Das Gliederungskonzept der drei Bände lehnt sich an die Vorgaben der Prüfung an. Während es im dritten Band (Verfahrensrecht, Umsatzsteuerrecht und Erbschaftsteuerrecht) in Reinform verwirklicht werden konnte und den Klausuren des ersten Tages entspricht, haben wir uns bei den ersten zwei Bänden eher von dogmatischen Aspekten leiten lassen. Im ersten Band wird das materielle Ertragsteuerrecht (Einkommen- und Gewerbesteuerrecht sowie das Internationale Steuerrecht) präsentiert, so wie es für jedermann (und jede Frau) gilt. Dem zweiten Band ist das Unternehmenssteuerrecht vorbehalten, das von den drei Unternehmensträgern (Einzelperson, Personengesellschaft und Kapitalgesellschaften) geprägt ist und sich insbesondere mit den Fragen der jeweiligen Gewinnermittlung auseinandersetzt. Das immer wichtigere Umwandlungssteuerrecht wird aus Gründen des Sachzusammenhangs ebenfalls im zweiten Band abgehandelt.

Wir holen den Leser (besser: Mitarbeiter) bei vorhandenen Grundkenntnissen (Buchführung, Erstellen von Steuererklärungen, rechtliche Grundlagen) ab und zeigen die Strukturen der Rechtsgebiete auf. Dabei haben die zahlreichen Beispiele, die sich an der aktuellen BFH-Rechtsprechung, der Gestaltungsberatung und an typischen Klausurproblemen orientieren, weniger illustrierenden, sondern »kooperativen« Charakter. Das Buch ist – getreu einem Motto von Konfuzius, wonach nur das selbst Erstellte (und nicht das Gehörte oder Gelesene) zum Verständnis beiträgt – als aktives Medium konzipiert. Somit ist das Werk für jeden Autodidakten als ausschließliche Grundlage für das StB-Examen geeignet. Es erspart allerdings nicht die notwendige Praxis im Schreiben von sechsstündigen Klausuren. Besonders wichtig war uns die Verzahnung der einzelnen Teildisziplinen. Sowohl in den Beispielen wie im Text wird auf die Interdisziplinarität, auch zu den rechtlichen Disziplinen (Gesellschaftsrecht und Erbrecht), Wert gelegt.

Wir wollen mit dem dreibändigen Lehrwerk auch ein ausbildungspolitisches Ziel verfolgen, nachdem es kein Hochschul-Curriculum für den Beruf des Steuerberaters gibt.

Die Darstellungen erfolgen auf gesicherter dogmatischer Grundlage der jeweiligen Einzeldisziplin, orientieren sich primär am Gesetz, vernachlässigen aber nicht die weiteren

»Quellen« des Steuerrechts, insbesondere die Richtlinien und BMF-Schreiben, soweit sie als Hilfsmittel in der Prüfung zugelassen sind. In einzelnen, meist hochaktuellen Fragen mag uns der Leser nachsehen, dass wir auch bemüht waren, die Diskussion mit zu gestalten.

Da Steuerrecht – ähnlich dem Prozessrecht – auch »Praxisrecht« ist, können alle Autoren auf eine Doppelqualifikation als Theoretiker und Praktiker verweisen, die durch Prüfungserfahrung ergänzt wird. Bei rein theoretischen Ansätzen zur Durchdringung des Steuerrechts treten die vorhandenen Strukturen nur allzu gerne in den Hintergrund, um einem Prinzip den Vortritt zu lassen.

So war es eine glückliche Fügung, dass sich im Autorenkreis die Kraft des Südens (Bähr, Maurer, J. Schmidt, Schuster) und die Klarheit des Nordens (Kölpin, V. Schmidt, Vollgraf) zusammengefunden haben, um mit dem Herausgeber und dem Schäffer-Poeschel Verlag gemeinsam das Erstlingswerk zu erstellen.

Wir möchten an dieser Stelle den wissenschaftlichen Mitarbeitern danken, die maßgeblich am Zustandekommen des Werkes beteiligt waren. Aus der Vielzahl sind insbesondere die Studenten des Fachbereichs Wirtschaftsrecht an der Hochschule Lüneburg, Dominic Reuters und Frank Hülskamp, hervorzuheben, ebenso wie Assessor, Dipl.-Finanzwirt Henning H. Rüth und RA/StB Dr. Thomas Lange, die uns mit ihren kritischen Anmerkungen vorangebracht haben. Herr Holger Köllmann hat das Projekt in technischer Hinsicht von Anfang bis Ende begleitet.

Es würde uns freuen, wenn mit dem vorliegenden Werk das Steuerrecht insgesamt wieder berechenbarer und überschaubarer wird, auch wenn der Weg zu dieser Erkenntnis nicht immer einfach ist (»per aspera ad astra«). Die Leser sind – mit ihrer Kritik – eingeladen, uns auf diesem – gelegentlich steinigen – Weg zu begleiten.

Lüneburg, im Juli 2002   Michael Preißer

Band 1: Ertragsteuerrecht		Band 2: Unternehmenssteuerrecht und Steuerbilanzrecht		Band 3: Verfahrensrecht, Umsatzsteuerrecht, Erbschaftsteuerrecht, Grunderwerbsteuerrecht	
Teil A	**Einkommensteuer I – Kernbereiche**	**Teil A**	**Besteuerung der Einzelunternehmen**	**Teil A**	**Abgabenordnung/Finanzgerichtsordnung**
Kapitel I	Grund- und Strukturfragen bei der Einkommensteuer	Kapitel I	Grundfragen der Gewinnermittlung (inklusive § 4 Abs. 3-Rechnung)	Kapitel I	Einführung
Kapitel II	Der Zustandstatbestand – Teil I: Die Überschusseinkünfte	Kapitel II	Der Betriebsvermögensvergleich	Kapitel II	Allgemeines Steuerschuldrecht
Kapitel III	Der Zustandstatbestand – Teil II: Die Gewinneinkünfte	Kapitel III	Geringwertige Wirtschaftsgüter	Kapitel III	Haftung
Kapitel IV	Der Erwerbsaufwand (das objektive Nettoprinzip) und § 12 EStG	Kapitel IV	Einzelne Aktivposten	Kapitel IV	Steuerverwaltungsakte
Kapitel V	Das subjektive Nettoprinzip inklusive der Berücksichtigung der Kinder und der Besteuerung der Alterseinkünfte	Kapitel V	Einzelne Passivposten	Kapitel V	Das steuerliche Verwaltungsverfahren
		Kapitel VI	Übertragung von Wirtschaftsgütern auf andere Betriebsvermögen	Kapitel VI	Aufhebung, Änderung und Berichtigung von Steuerverwaltungsakten
		Kapitel VII	Technische Fragen	Kapitel VII	Das außergerichtliche Rechtsbehelfsverfahren
Teil B	**Einkommensteuer II – Übergreifende Komplexe**	**Teil B**	**Besteuerung der Personengesellschaft als Mitunternehmerschaft**	Kapitel VIII	Das finanzgerichtliche Verfahren
Kapitel I	Personelle Zurechnung (Drittaufwand, Nießbrauch/Treuhand, Angehörigenverträge u.a.)	Kapitel I	Grundfragen zur Mitunternehmerschaft inklusive Einkunftsermittlung	Kapitel IX	Vorläufiger Rechtsschutz
Kapitel II	Realisationstatbestände (Steuerentstrickung im Privatvermögen/Betriebsvermögen versus betriebliche Umstrukturierung)	Kapitel II	Das Betriebsvermögen und die Ermittlung des laufenden Gewinns bei der Mitunternehmerschaft	Kapitel X	Vollstreckung von Steueransprüchen (§§ 249ff. AO)
Kapitel III	Einkommensteuer – Rechtsnachfolge (vorweggenommene Erbfolge, Erbfall und Erbauseinandersetzung)	Kapitel III	Die Doppelgesellschaften im Konzept der Mitunternehmer-Besteuerung	Kapitel XI	Die Außenprüfung
Kapitel IV	Verluste im Ertragsteuerrecht	Kapitel IV	Anfang und Ende einer PersG	Kapitel XII	Steuerstraftaten und Steuerordnungswidrigkeiten
Teil C	**Gewerbesteuer**	Kapitel V	Die Beteiligung an einer PersG inklusive Personenstandsänderungen, insb. die Veräußerung	**Teil B**	**Umsatzsteuerrecht**
Kapitel I	Einführung und Berechnungsschema	Kapitel VI	Sonderfragen	Kapitel I	Einführung
Kapitel II	Steuergegenstand und Steuerpflicht	**Teil C**	**Körperschaftsteuerrecht**	Kapitel II	Hinweise für die Bearbeitung von USt-Klausuren
Kapitel III	Die Besteuerungsgrundlage (§§ 6 und 7 GewStG)	Kapitel I	Das Körperschaftsteuersystem vor und nach dem Steuersenkungsgesetz	Kapitel III	Unternehmer und Unternehmen als Anknüpfungspunkte des Umsatzsteuerrechts
Kapitel IV	Spezifika der Gewerbesteuer	Kapitel II	Die persönliche Körperschaftsteuerpflicht	Kapitel IV	Leistungen
Teil D	**Internationales Steuerrecht**	Kapitel III	Die sachliche Körperschaftsteuerpflicht	Kapitel V	Leistungsaustausch (Leistungen gegen Entgelt)
Kapitel I	Strukturierung der Fallgestaltungen im Internationalen Steuerrecht (inklusive der Grenzpendlerproblematik)	Kapitel IV	Die steuerliche Behandlung der Ergebnisverwendung bei Kapitalgesellschaften	Kapitel VI	Handeln im Rahmen des Unternehmens
Kapitel II	Die deutschen Doppelbesteuerungsabkommen (DBA)	Kapitel V	Die Bedeutung der Organschaft	Kapitel VII	Inland/Ausland
Kapitel III	Auslandsbeziehungen eines Steuerinländers (Fälle der unbeschränkten Steuerpflicht)	Kapitel VI	Die steuerliche Behandlung von Kapitalmaßnahmen	Kapitel VIII	Geschäftsveräußerung nach § 1 Abs. 1a UStG
Kapitel IV	Regelungsbereiche des Außensteuergesetzes (AStG)	**Teil D**	**Umwandlungssteuerrecht**	Kapitel IX	Steuerbefreiungen entgeltlicher Inlandsumsätze
Kapitel V	Besteuerung der Steuerausländer im Inland	Kapitel I	Allgemeines	Kapitel X	Bemessungsgrundlage und Steuersatz bei entgeltlichen Umsätzen
Kapitel VI	Exkurs: Die Bedeutung des Gemeinschaftsrechts	Kapitel II	Zivilrechtliche Grundlagen der Umwandlung	Kapitel XI	Entstehen und Fälligkeit der Steuer
		Kapitel III	Steuerrechtliche Grundlagen der Umwandlung	Kapitel XII	Besteuerung unentgeltlicher Wertabgaben
		Kapitel IV	Umwandlung von der KapG auf die PersG	Kapitel XIII	Unrichtiger oder unberechtigter Steuerausweis
		Kapitel V	Verschmelzung von KapG	Kapitel XIV	Grenzüberschreitende Warenbewegungen
		Kapitel VI	Spaltung	Kapitel XV	Vorsteuerabzug
		Kapitel VII	Einbringung in eine KapG	Kapitel XVI	Vorsteuerberichtigung
		Kapitel VIII	Formwechsel	Kapitel XVII	Besteuerungsverfahren
				Teil C	**Erbschaftsteuerrecht**
				Kapitel I	Das Erbschaftsteuerrecht inklusive der erbrechtlichen Grundlagen
				Kapitel II	Schenkungsteuerrecht: Vermögensübertragungen zu Lebzeiten im Erbschaftsteuergesetz
				Kapitel III	Das Binnenrecht des Erbschaftsteuergesetzes (inkl. Bewertung)

Inhaltsverzeichnis

Vorwort des Herausgebers zur 12. Auflage		VII
Vorwort der Autoren zur 12. Auflage		IX
Vorwort des Herausgebers zur 1. Auflage		XI
Inhaltsübersicht »Die Steuerberaterprüfung« Band 1–3		XIII
Abkürzungsverzeichnis		XXI

Inhaltsverzeichnis Teil A			3
A	**Abgabenordnung und Finanzgerichtsordnung**		13
I	**Einführung**		13
1	Das steuerliche Verfahrensrecht in der Steuerberaterprüfung		13
2	Grundlagen des Abgabenrechts		14
3	Steuerliche Grundbegriffe		15
II	**Allgemeines Steuerschuldrecht**		33
1	Steuerschuldverhältnis		33
2	Der Steueranspruch (§§ 38 ff. AO)		39
III	**Haftung**		54
1	Allgemeines		54
2	Haftungstatbestände		55
3	Durchsetzung von Haftungs- und Duldungsansprüchen		74
IV	**Steuerverwaltungsakte**		**80**
1	Definition und Typologie		80
2	Bekanntgabe von Verwaltungsakten (§ 122 AO)		84
3	Nebenbestimmungen zum Verwaltungsakt (§ 120 AO)		95
4	Formelle Rechtmäßigkeitsvoraussetzungen		96
5	Fehlerhafte Verwaltungsakte		99
V	**Das steuerliche Verwaltungsverfahren**		103
1	Organisation und Zuständigkeit der Finanzbehörden		103
2	Fristen, Termine, Wiedereinsetzung (§§ 108–110 AO)		108
3	Grundsätze des Besteuerungsverfahrens (§§ 85 ff. AO)		113
4	Ermittlung der Besteuerungsgrundlagen		119
5	Festsetzungs- und Feststellungsverfahren (§§ 155 ff. AO)		140
6	Erhebungsverfahren (§§ 218–248 AO)		164

VI		**Aufhebung, Änderung und Berichtigung von Steuerverwaltungsakten**	176
	1	Bestandskraft von Steuerbescheiden	176
	2	Berichtigungsvorschriften	177
	3	Die Berichtigung offenbarer Unrichtigkeiten	179
	4	Rücknahme und Widerruf von Steuerverwaltungsakten	182
	5	Steuerfestsetzung unter dem Vorbehalt der Nachprüfung (§ 164 AO)	188
	6	Vorläufige Steuerfestsetzung (§ 165 AO)	191
	7	Aufhebung und Änderung von Steuerbescheiden	193
	8	Nachträgliches Bekanntwerden von Tatsachen oder Beweismitteln	197
	9	Widerstreitende Steuerfestsetzungen	207
	10	Anpassung von Steuerbescheiden an Grundlagenbescheide	212
	11	Eintritt eines Ereignisses mit steuerlicher Wirkung für die Vergangenheit	214
	12	Vertrauensschutz bei Aufhebung und Änderung von Steuerbescheiden	219
	13	Berichtigung materieller Fehler (§ 177 AO)	219
VII		**Das außergerichtliche Rechtsbehelfsverfahren**	222
	1	Übersicht	222
	2	Zulässigkeitsvoraussetzungen des Einspruchs (§ 358 AO)	223
	3	Das Einspruchsverfahren	235
	4	Hinzuziehung zum Verfahren (§ 360 AO)	240
	5	Entscheidung über den Einspruch (§ 367 AO)	241
VIII		**Das finanzgerichtliche Verfahren**	244
	1	Überblick über die Finanzgerichtsbarkeit	244
	2	Gerichtliches Klageverfahren	245
	3	Rechtsmittel	261
	4	Kosten des Verfahrens	267
IX		**Vorläufiger Rechtsschutz**	268
	1	Vorläufiger Rechtsschutz durch die Finanzbehörde (§ 361 AO)	268
	2	Vorläufiger Rechtsschutz im finanzgerichtlichen Verfahren	277
X		**Vollstreckung von Steueransprüchen (§§ 249 ff. AO)**	284
	1	Einleitung	284
	2	Allgemeine Vollstreckungsvoraussetzungen	284
	3	Vollstreckung wegen Geldforderungen (§§ 259 ff. AO)	288
	4	Vollstreckung wegen anderer Leistungen als Geldforderungen (§§ 328 ff. AO)	294
	5	Vollstreckungsmaßnahmen außerhalb der Abgabenordnung	295
	6	Arrestverfahren (§§ 324 ff. AO)	296
	7	Rechtsschutz im Vollstreckungsverfahren	298
	8	Kosten der Vollstreckung (§§ 337 ff. AO)	302
XI		**Die Außenprüfung (§§ 193 ff. AO)**	303
	1	Bedeutung und Definition	303
	2	Zulässigkeit der Außenprüfung	304

3		Die Prüfungsanordnung	306
4		Bekanntgabe der Prüfungsanordnung	309
5		Rechtsbehelfe gegen die Prüfungsanordnung	310
6		Kontrollmitteilungen	312
7		Die Stellung des Betriebsprüfers	313
8		Die Schlussbesprechung	315
9		Der Prüfungsbericht	316
10		Verbindliche Zusage (§ 204 AO)	316
XII		**Steuerstraftaten und Steuerordnungswidrigkeiten**	318
1		Überblick	318
2		Steuerstraftaten	319
3		Steuerordnungswidrigkeiten (§§ 377 ff. AO)	337
4		Steuerstrafverfahren	340
		Inhaltsverzeichnis Teil B	349
B		**Umsatzsteuerrecht**	357
I		**Einführung**	357
1		Umsatzsteuer-Aufkommen, Verteilung, Verwaltung	357
2		Rechtliche Rahmenbedingungen	358
3		Wesen und Wirkungsweise der Umsatzsteuer	359
4		Funktion der Ergänzungstatbestände	362
5		Systematik	363
II		**Hinweise für die Bearbeitung von Umsatzsteuerklausuren**	364
1		Entgeltliche Umsätze nach § 1 Abs. 1 Nr. 1 UStG	364
2		Unentgeltliche Wertabgaben	368
3		Innergemeinschaftlicher Erwerb nach § 1 Abs. 1 Nr. 5 UStG	370
4		(Zusätzliche) Steuer nach § 14c Abs. 1 oder § 14c Abs. 2 UStG	370
5		Ermittlung der abziehbaren Vorsteuer, Vorsteuerberichtigung	371
6		Steuerschuldnerschaft des Leistungsempfängers	372
7		Umsatzsteuerrechtliche Haftungsansprüche	372
III		**Unternehmer und Unternehmen als Anknüpfungspunkte des Umsatzsteuerrechts**	373
1		Bedeutung der Unternehmerstellung	373
2		Die einzelnen Tatbestandsmerkmale	373
3		Grundsatz der Unternehmenseinheit	388
4		Beginn der Unternehmerstellung	389
5		Ende des Unternehmens, insbesondere Fortbestand bei Insolvenz	391
6		Juristische Personen des öffentlichen Rechts als Unternehmer	392
7		Sonderstatus bestimmter Unternehmergruppen	394
8		Organschaft	398

IV		**Leistungen**	403
1		Lieferungen	405
2		Sonstige Leistungen und deren Ort	421
3		Einheitlichkeit der Leistung – Haupt-/Nebenleistung	437
V		**Leistungsaustausch (Leistungen gegen Entgelt)**	440
1		Wirtschaftliche Verknüpfung von Leistung und Gegenleistung	440
2		Abgrenzung zum sog. »echten« Schadensersatz	441
3		Leistungsaustausch bei Vereinen	444
4		Steuerbarer Leistungsaustausch bei der Gründung von Gesellschaften	445
5		Steuerbarer Leistungsaustausch beim Ausscheiden eines Gesellschafters	446
6		Leistungsaustausch bei der Abgabe von Leistungen an Arbeitnehmer	446
VI		**Handeln im Rahmen des Unternehmens**	449
VII		**Inland/Ausland**	450
VIII		**Geschäftsveräußerung nach § 1 Abs. 1a UStG**	451
1		Einkommensteuerrecht als Anknüpfungspunkt?	452
2		Spezifisch umsatzsteuerrechtliche Fragestellungen	452
3		Vorsteuerabzug aus Leistungsbezügen für die Geschäftsveräußerung	458
IX		**Steuerbefreiungen entgeltlicher Inlandsumsätze**	459
1		Zwecke und Wirkungen von Steuerbefreiungstatbeständen	459
2		Befreiungstatbestände mit Optionsmöglichkeit	460
3		Zwingend »vorsteuerschädliche« Steuerbefreiungen	472
4		Veräußerung nicht vorsteuerentlasteter Gegenstände nach § 4 Nr. 28 UStG	473
X		**Bemessungsgrundlage und Steuersatz bei entgeltlichen Umsätzen**	475
1		Grundsätze der Entgeltsbestimmung nach § 10 Abs. 1 und 2 UStG	475
2		Spezielle Problemstellungen entgeltlicher Umsätze	480
3		Mindest-Bemessungsgrundlage nach § 10 Abs. 5 UStG	484
4		Differenzbesteuerung	486
5		Änderungen der Bemessungsgrundlage nach § 17 UStG	491
XI		**Entstehen und Fälligkeit der Steuer**	497
1		Besteuerung nach vereinbarten Entgelten	497
2		Besteuerung nach vereinnahmten Entgelten	499
3		Steuerentstehung mit Rechnungserteilung	500
4		Fälligkeit	501
XII		**Besteuerung unentgeltlicher Wertabgaben**	502
1		Grundzüge	502
2		Rahmenbedingungen der Besteuerung nach § 3 Abs. 1b UStG	503
3		Einzelheiten fiktiver entgeltlicher Lieferungen nach § 3 Abs. 1b UStG	506

4	Bemessungsgrundlage für fiktive Lieferungen nach § 10 Abs. 4 Nr. 1 UStG	510
5	Unentgeltliche Abgabe von Dienstleistungen	511
6	Ort der Abgabe/Rechnungserteilung/Steuerentstehung	523
XIII	**Unrichtiger oder unberechtigter Steuerausweis**	**524**
1	Unrichtiger Steuerausweis nach § 14c Abs. 1 UStG	524
2	Unberechtigter Steuerausweis nach § 14c Abs. 2 UStG	526
XIV	**Grenzüberschreitende Warenbewegungen**	**528**
1	Besteuerungsprinzipien bei grenzüberschreitenden Warenbewegungen	528
2	Abwicklungen mit Drittländern	529
3	Innergemeinschaftliche Warenbewegungen	537
4	Umsätze im Steuerlager	556
XV	**Vorsteuerabzug**	**557**
1	Anspruchsbegründende Voraussetzungen des § 15 Abs. 1 Nr. 1 UStG	558
2	Ausschlüsse bzw. Einschränkungen des Vorsteuerabzugs	586
3	Vorsteuerabzug hinsichtlich der Einfuhr- und Erwerbsumsatzsteuer	593
4	Vorsteuerschädliche Verwendungen des § 15 Abs. 2 UStG	595
5	Zeitpunkt des Vorsteuerabzugs	605
XVI	**Vorsteuerberichtigung**	**608**
1	Nutzungsänderungen bei Wirtschaftsgütern des Anlagevermögens (Investitionsgütern)	610
2	Vorsteuerberichtigung wegen Veräußerung oder Entnahme	618
3	Erweiterung der Berichtigungstatbestände zum 01.01.2005	621
4	Vorsteuerberichtigung bei teilunternehmerisch genutzten Grundstücken	627
5	Verfahrensfragen	629
XVII	**Besteuerungsverfahren**	**630**
1	Steueranmeldungsverfahren – Jahreserklärung, Voranmeldungen	630
2	Leistungsempfänger als Steuerschuldner	632
3	Fiskalvertretung	643
4	Reformüberlegungen zur Umsatzsteuer	643
Anhang – Umsatzsteuersätze in den EU-Mitgliedstaaten		646

Inhaltsverzeichnis Teil C		**651**
C	**Erbschaftsteuerrecht**	**657**
I	**Das Erbschaftsteuerrecht inklusive der erbrechtlichen Grundlagen**	**657**
1	Einführung	657
2	Die gesetzliche Erbfolge	676
3	Letztwillige Verfügungen im Erbrecht und im Erbschaftsteuerrecht	688

4		Erbrechtliche Grundsätze und ihre Umsetzung im Erbschaftsteuerrecht	717
5		Andere Übertragungsmodalitäten von Todes wegen	731
II		**Schenkungsteuerrecht: Vermögensübertragungen zu Lebzeiten im Erbschaftsteuergesetz**	738
1		Schenkungen und andere unentgeltliche Zuwendungen unter Lebenden	738
2		Sonstige unentgeltliche Vorgänge am Beispiel der Nießbrauchsgestaltung	764
3		Gestaltungen zwischen Schenkung und Vererbung	769
4		Übertragung auf Stiftung und Trust	778
III		**Das Binnenrecht des Erbschaftsteuergesetzes (inklusive Bewertung)** ...	785
1		Die subjektive Steuerpflicht im Erbschaftsteuergesetz	785
2		Zusammenfassung zu §§ 9, 11 ErbStG	793
3		Die Bewertung des Vermögens im Erbschaftsteuergesetz	798
4		Sondervorschriften zur Steuerberechnung	841
5		Das Erbschaft- und Schenkungsteuerschuldrecht	852

Abkürzungsverzeichnis

A	Abschnitt
a.A.	anderer Ansicht
a.a.O.	am angegebenen Ort
AB	Anfangsbestand
Abs.	Absatz
Abschn.	Abschnitt
AdV	Aussetzung der Vollziehung
a.E.	am Ende
AEAO	Anwendungserlass zur Abgabenordnung
a.F.	alte Fassung
AfA	Absetzung für Abnutzung
AFG	Arbeitsförderungsgesetz
AG	Aktiengesellschaft; Arbeitgeber
AIG	Gesetz über steuerliche Maßnahmen bei Auslandsinvestitionen der deutschen Wirtschaft (Auslandsinvestitionsgesetz)
AK	Anschaffungskosten
AktG	Aktiengesetz
Alt.	Alternative
AN	Arbeitnehmer
AnfG	Gesetz über die Anfechtung von Rechtshandlungen außerhalb des Insolvenzverfahrens vom 05.10.1994 (BGBl I 1994, 2911)
Anm.	Anmerkung
AO	Abgabenordnung
AO-StB	AO-Steuerberater
arg.	argumentum
Art.	Artikel
AStG	Außensteuergesetz
AV	Anlagevermögen
Az.	Aktenzeichen
BA	Betriebsausgabe
BAG	Bundesarbeitsgericht
BaföG	Bundesausbildungsförderungsgesetz
BauGB	Baugesetzbuch
BayObLG	Bayrisches Oberstes Landesgericht
BB	Betriebs-Berater (Zeitschrift)
BBauG	Bundesbaugesetz
BE	Betriebseinnahmen
BeitRLUmsG	Gesetz zur Umsetzung der Beitreibungsrichtlinie
BesitzG	Besitzgesellschaft
BetriebsG	Betriebsgesellschaft

BeurkG	Beurkundungsgesetz
BewG	Bewertungsgesetz
BfF	Bundesamt für Finanzen
BFH	Bundesfinanzhof
BFHE	Bundesfinanzhof-Entscheidungen
BFH/NV	Sammlung amtlich nicht veröffentlichter Entscheidungen des Bundesfinanzhofes
BFH/RP	Entscheidungen des BFH für die Praxis
BGB	Bürgerliches Gesetzbuch
BGBl	Bundesgesetzblatt
BGH	Bundesgerichtshof
BGHSt	Bundesgerichtshof in Strafsachen
BGHZ	Amtliche Entscheidungssammlung des Bundesgerichthofs
BiRiLiG	Bilanzrichtliniengesetz
BMF	Bundesminister/-ium für Finanzen
BMG	Bemessungsgrundlage
BP	Betriebsprüfung
BPO	Betriebsprüfungsordnung
BRAGO	Bundesgebührenverordnung für Rechtsanwälte
BRD	Bundesrepublik Deutschland
BR-Drs.	Bundesratsdrucksache
BS	Buchungssatz
BStBl	Bundessteuerblatt
Buchst.	Buchstabe
BV	Betriebsvermögen
BVerwG	Bundesverwaltungsgericht
BVerfG	Bundesverfassungsgericht
BVerfGE	Bundesverfassungsgericht-Entscheidungen
BVerfGG	Bundesverfassungsgerichtgesetz
BVV	Betriebsvermögensvergleich
bzgl.	bezüglich
BZRG	Bundeszentralregistergesetz
bzw.	beziehungsweise
CH	Schweiz
DB	Der Betrieb (Zeitschrift)
DBA	Doppelbesteuerungsabkommen
DepotG	Depotgesetz
dgl.	dergleichen
d.h.	das heißt
DNotI	Informationsdienst des Deutschen Notarinstituts
Drucks.	Drucksache
DStjG	Deutsche Steuerjuristische Gesellschaft e.V. (Band)
DStR	Deutsches Steuerrecht (Zeitschrift)
DStZ	Deutsche Steuer-Zeitung

EFG	Entscheidungen der Finanzgerichte (Zeitschrift)
EFH	Einfamilienhaus
EG	Erdgeschoss; Europäische Gemeinschaft
EGAO	Einführungsgesetz zur Abgabenordnung
EG-RL	EG-Richtlinie
EGV	Vertrag zur Neugründung der europäischen Gemeinschaft vom 25.03.1957
EigZulG	Eigenheimzulagengesetz
ErbbauVO	Erbbaurechtsverordnung
ErbGleichG	Erbrechtsgleichstellungsgesetz vom 16.12.1997, BGBl I 1997, 2968
ErbStG	Erbschaftsteuergesetz
ErbStR	Erbschaftsteuerrecht
ErbStRG	Erbschaftsteuerreformgesetz
Erl.	Erlass
ESt	Einkommensteuer
EStDV	Einkommensteuer-Durchführungsverordnung
EStG	Einkommensteuergesetz
EStR	Einkommensteuer-Richtlinien
ETW	Eigentumswohnung
EU	Europäische Union
EuGH	Gerichtshof der Europäischen Gemeinschaften
EÜR	Einnahmen-Überschuss-Rechnung
E-USt	Einfuhrumsatzsteuer
EV	Eigenstumsvorbehalt
evtl.	eventuell
e.V.	eingetragener Verein
EW	Einheitswert
EWIV	Europäische wirtschaftliche Interessenvereinigung
EZ	Erhebungszeitraum
f., ff.	folgende, fortfolgende
FA	Finanzamt
FÄ	Finanzämter
FAGO	Geschäftsordnung für die Finanzämter
FG	Finanzgerichte
FGG	Reichsgesetz über die freiwillige Gerichtsbarkeit vom 17.05.1898
FGO	Finanzgerichtsordnung
FGO-ÄndG	FGO-Änderungsgesetz
FinMin	Finanzministerium
FN	Fußnote
FörderGG	Fördergebietsgesetz
FVG	Gesetz über die Finanzverwaltung
GABl.	Gemeinsames Amtsblatt des Landes Baden-Württemberg
GbR	Gesellschaft bürgerlichen Rechts
geb.	geboren
gem.	gemäß

GenG	Genossenschaftsgesetz
GewO	Gewerbeordnung
GewSt	Gewerbesteuer
GewStDV	Gewerbesteuer-Durchführungsverordnung
GewStG	Gewerbesteuergesetz
GewStR	Gewerbesteuer-Richtlinien
GF	Geschäftsführer
G'fter	Gesellschafter
GFZ	Geschossflächenzahl
GG	Grundgesetz
ggf.	gegebenenfalls
GmbH	Gesellschaft mit beschränkter Haftung
GmbHG	Gesetz betreffend die Gesellschaft mit beschränkter Haftung
GrESt	Grunderwerbsteuer
GrEStG	Grunderwerbsteuergesetz
GrS	Großer Senat
GrStG	Grundsteuergesetz
GrStR	Grundsteuer-Richtlinien
GruBo	Grund und Boden
G + V	Gewinn- und Verlustrechnung
GVG	Gerichtsverfassungsgesetz
GWG	Geringwertige Wirtschaftsgüter
H	Hinweis (zu Richtlinien)
h.A.	herrschende Auffassung
HB	Handelsbilanz
HFR	Höchstrichterliche Finanzrechtsprechung (Entscheidungssammlung)
HGB	Handelsgesetzbuch
HK	Herstellungskosten
h.L.	herrschende Lehre
h.M.	herrschende Meinung
HR	Handelsregister
HS	Halbsatz
HV	Handelsvertreter
i.d.F.	in der Fassung
i.d.R.	in der Regel
IdW	Institut der Wirtschaftsprüfer
i.e.S.	im engeren Sinne
i.H.v.	in Höhe von
inkl.	inklusive
insb.	insbesondere
InsO	Insolvenzordnung
InvZulG	Investitionszulagengesetz
i.S.d.	im Sinne des (der)
i.S.e.	im Sinne eines/-r
IStR	Internationales Steuerrecht (Zeitschrift)

i.S.v.	im Sinne von
i.Ü.	im Übrigen
i.V.m.	in Verbindung mit
i.w.S.	im weiteren Sinne
JStG	Jahressteuergesetz
JGG	Jugendgerichtsgesetz i.d.F. vom 11.12.1974
Kap.	Kapitel
KapESt	Kapitalertragsteuer
KapG	Kapitalgesellschaft
KapVermStG	Kapitalvermögensteuergesetz
Kfz	Kraftfahrzeug
KG	Kommanditgesellschaft
KGaA	Kommanditgesellschaft auf Aktien
Kj.	Kalenderjahr
Komm.	Kommentar
KraftStG	Kraftfahrzeugsteuergesetz
KSt	Körperschaftsteuer
KStG	Körperschaftsteuergesetz
KStR	Körperschaftsteuer-Richtlinien
KWG	Kreditwesengesetz
LAG	Landesarbeitsgericht
Lit.	Literatur
LSG	Landessozialgericht
LSt	Lohnsteuer
LStDV	Lohnsteuer-Durchführungsverordnung
LStR	Lohnsteuer-Richtlinien
lt.	laut
L + F	Land- und Forstwirtschaft
L + L	Lieferungen und Leistungen
m.a.W.	mit anderen Worten
MDR	Monatsschrift für deutsche Recht
m.E.	meines Erachtens
MEG	Miterbengemeinschaft
MFH	Mehrfamilienhaus
MinöStG	Mineralölsteuergesetz
Mio.	Millionen
Mrd.	Milliarden
MU	Mitunternehmer
MüKo	Münchener Kommentar
m.w.N.	mit weiteren Nachweisen
MwStSystRL	Mehrwertsteuer-Systemrichtlinie
nat.	natürliche
NATO	Nordatlantischer Verteidigungspakt (»North Atlantic Treaty Organization«)

ND	Nutzungsdauer
n.F.	neue Fassung
NJW	Neue Juristische Wochenschrift
Nr.	Nummer
nrkr.	nicht rechtskräftig
NZI	Neue Zeitschrift für Insolvenz und Sanierung
OECD-MA	OECD-Musterabkommen
OFD	Oberfinanzdirektion
o.g.	oben genannte/-r/-s
OG	Obergeschoss
OHG	Offene Handelsgesellschaft
OLG	Oberlandesgericht
OrgG	Organgesellschaft
OrgT	Organträger
OVG	Oberverwaltungsgericht
OWiG	Gesetz über Ordnungswidrigkeiten
PartG	Partnerschaftsgesellschaft (steht auch für Parteiengesetz)
PartGG	Partnerschaftsgesellschaftsgesetz
PassG	Passgesetz
PersG	Personengesellschaft
PersHG	Personenhandelsgesellschaft
PV	Privatvermögen
R	Richtlinie
RA	Rechtsanwalt
RAP	Rechnungsabgrenzungsposten
RennwLottAB	Ausführungsbestimmungen zum Rennwett- und Lotteriegesetz
RfE	Rücklage für Ersatzbeschaffung
RFH	Reichsfinanzhof
RG	Reichsgericht
rkr.	rechtskräftig
RL	Richtlinie
Rs.	Rechtssache
Rspr.	Rechtsprechung
Rz.	Randziffer
S.	Satz
s.	siehe
SB	Schlussbilanz
s.b.	sonstiger betrieblicher
SG	Sicherungsgeber
SGB	Sozialgesetzbuch
SN	Sicherungsnehmer
sog.	so genannte/-r/-s
SolZ	Solidaritätszuschlag
StÄndG	Steueränderungsgesetz

StB	Steuerbilanz; Steuerberater
StBerG	Steuerbereinigungsgesetz
StBG	Steuerberatungsgesetz
Stbg	Die Steuerberatung
StBGebV	Steuerberatergebührenverordnung
StEntlG	Steuerentlastungsgesetz vom 24.03.1999, BGBl I 1999, 402
Steufa	Steuerfahndung
StED	Steuerlicher Eildienst (Zeitschrift)
StGB	Strafgesetzbuch
StKl.	Steuerklasse
StMBG	Gesetz zur Bekämpfung des Missbrauchs und zur Bereinigung des Steuerrechts
stpfl.	steuerpflichtig
StPfl.	Steuerpflichtige/r
StPO	Strafprozessordnung
str.	strittig
StraBEG	Strafbefreiungserklärungsgesetz
StSenkG	Steuersenkungsgesetz vom 23.10.2000, BGBl I 2000, 1428
StuW	Steuern und Wirtschaft
StVBG	Steuerverkürzungsbekämpfungsgesetz
StVereinfG	Steuervereinfachungsgesetz
TabakStG	Tabaksteuergesetz
Tz.	Textziffer
TW	Teilwert
u.a.	unter anderem
UE	Umwandlungssteuererlass
u.E.	unseres Erachtens
UmwG	Umwandlungsgesetz
UmwStG	Umwandlungssteuergesetz
UntErlG-E	Gesetz zur Erleichterung der Unternehmensnachfolge
UntStFG	Unternehmenssteuerfortentwicklungsgesetz vom 20.12.2001, BGBl I 2001, 3858
UR	Umsatzsteuer-Rundschau (Zeitschrift)
USt	Umsatzsteuer
UStÄndG	Umsatzsteueränderungsgesetz
UStB	Der Umsatz-Steuer-Berater
UStDV	Umsatzsteuer-Durchführungsverordnung
UStG	Umsatzsteuergesetz
USt-Id-Nr.	Umsatzsteueridentifikationsnummer
USt-VA	Umsatzsteuervoranmeldung
u.U.	unter Umständen
UV	Umlaufvermögen
UVR	Zeitschrift für Umsatzsteuer- und Verkehrsteuerrecht
VA	Voranmeldung, Verwaltungsakt
Var.	Variante

VAZ	Voranmeldungszeitraum
v.E.	vorweggenommene Erbfolge
vE	verdeckte Einlage
vEK	verwendbares Eigenkapital
VermBG	Vermögensbildungsgesetz
VerwGrS	Verwaltungsgrundsätze
vGA	verdeckte Gewinnausschüttung
vgl.	vergleiche
VollStrA	Vollstreckungsanweisung
VSt	Vorsteuer
VStG	Vermögensteuergesetz
v.T.	vom Tausend
V + V	Vermietung und Verpachtung
VwGO	Verwaltungsgerichtsordnung
VwVG	Verwaltungsvollstreckungsgesetz
VwZG	Verwaltungszustellungsgesetz
VZ	Veranlagungszeitraum
WachstumsbeschlG	Wachstumsbeschleunigungsgesetz
WertV	Wertermittlungsverordnung
WG	Wirtschaftsgut
wistra	Zeitschrift für Wirtschaft, Steuer, Strafrecht
Wj.	Wirtschaftsjahr
WK	Werbungskosten
WoP	Wohnungsbauprämie
WP	Wirtschaftsprüfer
WÜRF	Wiener Übereinkommen über das Recht der Verträge vom 23.05.1969
ZASt	Zinsabschlagsteuer
z.B.	zum Beispiel
ZEV	Zeitschrift für Erbrecht und Vermögensnachfolge
ZFH	Zweifamilienhaus
ZG	Zollgesetz
Ziff.	Ziffer
ZPO	Zivilprozessordnung
z.T.	zum Teil
z.v.E.	zu versteuerndes Einkommen
ZVG	Zwangsversteigerungsgesetz
zzgl.	zuzüglich
zzt.	zurzeit

Teil A Abgabenordnung und Finanzgerichtsordnung

Inhaltsverzeichnis Teil A

A	Abgabenordnung und Finanzgerichtsordnung	13
I	**Einführung**	13
1	Das steuerliche Verfahrensrecht in der Steuerberaterprüfung	13
2	Grundlagen des Abgabenrechts	14
2.1	Geschichte und Bedeutung der Abgabenordnung	14
2.2	Aufbau der Abgabenordnung	14
3	Steuerliche Grundbegriffe	15
3.1	Steuern und steuerliche Nebenleistungen (§ 3 AO)	15
3.2	Einteilung der Steuerarten	17
3.3	Begriff des Gesetzes (§ 4 AO)	18
3.4	Rückwirkung von Gesetzen	20
3.5	Gesetzesanwendung	21
3.6	Ermessensausübung (§ 5 AO)	22
3.7	Grundsatz von Treu und Glauben	24
3.7.1	Verbindliche Auskunft	25
3.7.2	Tatsächliche Verständigung	27
3.7.3	Verwirkung	28
3.8	Amtsträger	28
3.9	Wohnsitz und gewöhnlicher Aufenthalt (§§ 8 f. AO)	29
3.9.1	Wohnsitz (§ 8 AO)	29
3.9.2	Gewöhnlicher Aufenthalt (§ 9 AO)	29
3.10	Geschäftsleitung und Sitz (§§ 10 f. AO)	30
3.10.1	Geschäftsleitung (§ 10 AO)	30
3.10.2	Sitz (§ 11 AO)	30
3.11	Betriebsstätte und ständiger Vertreter (§§ 12 f. AO)	31
3.12	Steuergeheimnis (§ 30 AO)	31
II	**Allgemeines Steuerschuldrecht**	33
1	Steuerschuldverhältnis	33
1.1	Inhalt des Steuerschuldverhältnisses	33
1.2	Beteiligte des Steuerschuldverhältnisses	33
1.3	Handlungsfähigkeit (§ 79 AO)	34
1.4	Bevollmächtigte und Beistände (§ 80 AO)	35
1.5	Gesamtschuldnerschaft (§ 44 AO)	37
2	Der Steueranspruch (§§ 38 ff. AO)	39
2.1	Entstehung des Steueranspruchs (§ 38 AO)	39
2.2	Steuererstattungs- und Vergütungsanspruch (§ 37 AO)	41
2.2.1	Steuererstattungsanspruch (§ 37 Abs. 2 AO)	41
2.2.2	Steuervergütungsanspruch	43

2.3	Gläubiger- und Schuldnerwechsel	43
2.3.1	Gläubiger- und Schuldnerwechsel kraft Gesetzes	43
2.3.2	Abtretung, Verpfändung, Pfändung (§ 46 AO)	44
2.4	Gesetz- oder sittenwidriges Verhalten (§ 40 AO)	45
2.5	Unwirksame Rechtsgeschäfte (§ 41 AO)	46
2.6	Gestaltungsmissbrauch (§ 42 AO)	47
2.7	Zurechnung von Wirtschaftsgütern (§ 39 AO)	50
2.8	Erlöschen des Steueranspruchs (§ 47 AO)	52
III	**Haftung**	**54**
1	Allgemeines	54
2	Haftungstatbestände	55
2.1	Vertragliche Haftung	55
2.2	Gesetzliche Haftung	55
2.2.1	Grundlagen	55
2.2.2	Zivilrechtliche Haftungsansprüche	56
2.2.3	Steuerrechtliche Haftungsansprüche	58
2.2.3.1	Haftung der Vertreter (§ 69 AO)	59
2.2.3.2	Haftung des Vertretenen (§ 70 AO)	66
2.2.3.3	Haftung des Steuerhinterziehers und des Steuerhehlers (§ 71 AO)	66
2.2.3.4	Haftung bei Verletzung der Pflicht zur Kontenwahrheit (§ 72 AO)	68
2.2.3.5	Haftung bei Organschaft (§ 73 AO)	69
2.2.3.6	Haftung des Eigentümers von Gegenständen (§ 74 AO)	69
2.2.3.7	Haftung des Betriebsübernehmers (§ 75 AO)	71
2.2.3.8	Sachhaftung (§ 76 AO)	73
2.2.3.9	Duldungspflicht (§ 77 AO)	73
3	Durchsetzung von Haftungs- und Duldungsansprüchen	74
3.1	Voraussetzungen der Inanspruchnahme	74
3.1.1	Akzessorietät der Haftung	74
3.1.2	Haftungsverjährung	75
3.2	Haftungsbescheid	76
3.3	Rechtsfolgen des Haftungsbescheides	78
IV	**Steuerverwaltungsakte**	**80**
1	Definition und Typologie	80
1.1	Definition des Verwaltungsaktes (§ 118 S. 1 AO)	80
1.2	Typologie von Verwaltungsakten	83
2	Bekanntgabe von Verwaltungsakten (§ 122 AO)	84
2.1	Allgemeines	84
2.2	Bekanntgabearten	88
2.3	Bekanntgabe von Verwaltungsakten in Sonderfällen	89
2.3.1	Bekanntgabe an Ehegatten (§ 122 Abs. 7 AO)	89
2.3.2	Übermittlung schriftlicher Verwaltungsakte durch die Post (§ 122 Abs. 2 AO)	90
2.3.3	Bekanntgabe bei einheitlichen Feststellungen (§ 183 AO)	92
2.4	Förmliche Bekanntgabe durch Zustellung (§ 122 Abs. 5 AO)	94

3	Nebenbestimmungen zum Verwaltungsakt (§ 120 AO)	95
4	Formelle Rechtmäßigkeitsvoraussetzungen	96
4.1	Form (§ 119 Abs. 2 AO)	96
4.2	Bestimmtheit (§ 119 Abs. 1 AO)	97
4.3	Begründung (§ 121 AO)	98
5	Fehlerhafte Verwaltungsakte	99
5.1	Allgemeines	99
5.2	Nichtigkeit von Verwaltungsakten (§ 125 AO)	100
5.3	Sonstige fehlerhafte Verwaltungsakte	101
5.4	Umdeutung fehlerhafter Verwaltungsakte (§ 128 AO)	102
V	**Das steuerliche Verwaltungsverfahren**	**103**
1	Organisation und Zuständigkeit der Finanzbehörden	103
1.1	Organisation der Finanzverwaltung	103
1.2	Sachliche Zuständigkeit (§ 16 AO)	104
1.3	Örtliche Zuständigkeit (§§ 17–29 AO)	105
1.3.1	Zuständigkeit des Lagefinanzamts (§§ 18 und 22 AO)	105
1.3.2	Zuständigkeit des Betriebsfinanzamts (§§ 18, 21 und 22 AO)	105
1.3.3	Zuständigkeit des Finanzamts der vorwiegenden Berufstätigkeit (§§ 18 und 21 AO)	106
1.3.4	Zuständigkeit des Wohnsitzfinanzamts (§ 19 AO)	106
1.3.5	Zuständigkeit des Geschäftsleitungsfinanzamts (§ 20 AO)	106
1.3.6	Sonstige Zuständigkeitsregeln (§§ 24–29 AO)	106
2	Fristen, Termine, Wiedereinsetzung (§§ 108–110 AO)	108
2.1	Fristen und Termine (§§ 108 f. AO)	108
2.2	Wiedereinsetzung in den vorigen Stand (§ 110 AO)	110
3	Grundsätze des Besteuerungsverfahrens (§§ 85 ff. AO)	113
3.1	Ablauf des Besteuerungsverfahrens	113
3.2	Allgemeine Besteuerungsgrundsätze	113
3.2.1	Grundsatz der Gesetzmäßigkeit und Gleichmäßigkeit der Besteuerung	113
3.2.2	Untersuchungsgrundsatz (§ 88 AO)	114
3.2.3	Mitwirkungspflichten	115
3.2.4	Grundsatz des rechtlichen Gehörs (§ 91 AO)	117
3.3	Elektronische Kommunikation (§ 87a AO)	118
4	Ermittlung der Besteuerungsgrundlagen	119
4.1	Beweismittel (§§ 92 ff. AO)	119
4.1.1	Beweis durch Auskünfte (§ 93 AO)	123
4.1.2	Kontenabruf nach § 93 Abs. 7 und 8 AO	126
4.1.3	Hinzuziehung von Sachverständigen (§ 96 AO)	127
4.1.4	Beweis durch Urkunden und Augenschein (§§ 97 f. AO)	127
4.2	Erfassung der Steuerpflichtigen (§§ 134–139 AO)	127
4.3	Buchführungs- und Aufzeichnungspflichten (§§ 140–148 AO)	128
4.3.1	Allgemeines	128
4.3.2	Derivative Buchführungspflicht (§ 140 AO)	129
4.3.3	Originäre Buchführungspflicht (§ 141 AO)	130
4.3.4	Anforderungen an Buchführung und Aufzeichnungen (§§ 142 ff. AO)	130

4.4	Steuererklärungen (§§ 149–153 AO)	131
4.4.1	Abgabe der Steuererklärung	131
4.4.2	Verspätungszuschlag (§ 152 AO)	134
4.4.3	Berichtigungspflicht (§ 153 AO)	136
4.5	Besonderheiten der Mitwirkungspflichten	137
4.5.1	Schätzung der Besteuerungsgrundlagen (§ 162 AO)	137
4.5.2	Benennung von Gläubigern und Zahlungsempfängern (§ 160 AO)	138
5	Festsetzungs- und Feststellungsverfahren (§§ 155 ff. AO)	140
5.1	Steuerfestsetzung	140
5.1.1	Steuerbescheide	140
5.1.2	Steuerfestsetzung unter dem Vorbehalt der Nachprüfung (§ 164 AO)	142
5.1.3	Vorläufige Steuerfestsetzung und Aussetzung der Steuerfestsetzung (§ 165 AO)	143
5.1.4	Abweichende Steuerfestsetzung aus Billigkeitsgründen (§ 163 AO)	146
5.2	Festsetzungsverjährung (§§ 169–171 AO)	147
5.2.1	Allgemeines	147
5.2.2	Festsetzungsfristen (§ 169 AO)	148
5.2.3	Beginn der Festsetzungsfrist, Anlaufhemmung (§ 170 AO)	149
5.2.4	Ablaufhemmung (§ 171 AO)	151
5.2.4.1	Höhere Gewalt (§ 171 Abs. 1 AO)	151
5.2.4.2	Berichtigung offenbarer Unrichtigkeiten (§ 171 Abs. 2 AO)	151
5.2.4.3	Antrag auf Steuerfestsetzung und Antrag auf Änderung (§ 171 Abs. 3 AO)	152
5.2.4.4	Ablaufhemmung im Einspruchs- und Klageverfahren (§ 171 Abs. 3a AO)	152
5.2.4.5	Ablaufhemmung bei Außenprüfungen (§ 171 Abs. 4 AO)	153
5.2.4.6	Ablaufhemmung bei Steuerfahndungsprüfungen (§ 171 Abs. 5 AO)	154
5.2.4.7	Verfolgungsverjährung (§ 171 Abs. 7 AO)	155
5.2.4.8	Vorläufige und ausgesetzte Steuerfestsetzungen (§ 171 Abs. 8 AO)	155
5.2.4.9	Berichtigung von Erklärungen und Selbstanzeige (§ 171 Abs. 9 AO)	155
5.2.4.10	Steuerfestsetzung aufgrund eines Grundlagenbescheides (§ 171 Abs. 10 AO)	156
5.2.4.11	Sonstige Ablaufhemmungen (§ 171 Abs. 11 bis 14 AO)	156
5.2.5	Prüfungsschema und zusammenfassendes Beispiel	156
5.3	Feststellungsbescheide (§§ 179–183 AO)	158
5.4	Steuermessbescheide (§ 184 AO)	162
5.5	Verhältnis des Feststellungs- zum Festsetzungsverfahren bei § 10d EStG	163
6	Erhebungsverfahren (§§ 218–248 AO)	164
6.1	Verwirklichung von Ansprüchen aus dem Steuerschuldverhältnis	164
6.2	Fälligkeit (§§ 220 f. AO)	165
6.2.1	Grundsätze	165
6.2.2	Stundung (§ 222 AO)	166
6.3	Erlöschen von Ansprüchen aus dem Steuerschuldverhältnis	167
6.3.1	Zahlung (§§ 224 f. AO)	167
6.3.2	Aufrechnung (§ 226 AO)	168
6.3.3	Erlass (§ 227 AO)	169
6.3.4	Zahlungsverjährung (§§ 228 ff. AO)	170
6.4	Verzinsung und Säumniszuschläge (§§ 233 ff. AO)	171

6.4.1	Verzinsung (§§ 233 ff. AO)	171
6.4.1.1	Verzinsung von Steuernachforderungen und -erstattungen (§§ 233a ff. AO)	171
6.4.1.2	Stundungszinsen (§ 234 AO)	173
6.4.1.3	Hinterziehungszinsen (§ 235 AO)	173
6.4.1.4	Sonstige Verzinsungstatbestände	174
6.4.2	Säumniszuschläge (§ 240 AO)	174
VI	**Aufhebung, Änderung und Berichtigung von Steuerverwaltungsakten**	**176**
1	Bestandskraft von Steuerbescheiden	176
1.1	Bestandskraft einerseits – Rechtskraft andererseits	176
1.2	Formelle und materielle Bestandskraft	176
1.3	Spannungsverhältnis zwischen Bestandskraft und Gesetzmäßigkeit	177
2	Berichtigungsvorschriften	177
3	Die Berichtigung offenbarer Unrichtigkeiten	179
3.1	Grundsätze zu § 129 AO	179
3.2	Fälle der »offenbaren Unrichtigkeit«	180
4	Rücknahme und Widerruf von Steuerverwaltungsakten	182
4.1	Die Vorfrage: Rechtmäßigkeit oder Rechtswidrigkeit des Steuerbescheids	182
4.2	Anwendungsbereich von §§ 130, 131 AO	182
4.3	Begünstigender oder belastender Verwaltungsakt	183
4.4	Die Rücknahme (§ 130 AO)	183
4.4.1	Rücknahme eines rechtswidrigen nicht begünstigenden Verwaltungsaktes	183
4.4.2	Rücknahme eines rechtswidrigen begünstigenden Verwaltungsaktes	184
4.4.2.1	§ 130 Abs. 2 Nr. 1 AO	184
4.4.2.2	§ 130 Abs. 2 Nr. 2 AO	184
4.4.2.3	§ 130 Abs. 2 Nr. 3 AO	184
4.4.2.4	§ 130 Abs. 2 Nr. 4 AO	185
4.4.3	Folgen der Rücknahme	185
4.4.4	Auch möglich: Widerruf eines rechtswidrigen Verwaltungsaktes	186
4.5	Widerruf eines Verwaltungsaktes	186
4.5.1	Widerruf eines rechtmäßigen nicht begünstigenden Verwaltungsaktes	186
4.5.2	Widerruf eines rechtmäßigen begünstigenden Verwaltungsaktes	186
4.5.2.1	§ 131 Abs. 2 Nr. 1 AO	187
4.5.2.2	§ 131 Abs. 2 Nr. 2 AO	187
4.5.2.3	§ 131 Abs. 2 Nr. 3 AO	187
5	Steuerfestsetzung unter dem Vorbehalt der Nachprüfung (§ 164 AO)	188
5.1	Zulässigkeit des Vorbehalts der Nachprüfung (§ 164 Abs. 1 AO)	188
5.2	Wirkung der Vorbehaltsfestsetzung	189
5.3	Rechtsbehelfe	190
6	Vorläufige Steuerfestsetzung (§ 165 AO)	191
6.1	Ungewissheit	191
6.2	Umfang der Änderung; zeitliche Grenze	192
6.3	Endgültige Veranlagung (§ 165 Abs. 2 AO)	192
6.4	Rechtsbehelfsverfahren	193
7	Aufhebung und Änderung von Steuerbescheiden	193

7.1	Grundsätze zur Änderung	193
7.2	Die schlichte Änderung nach § 172 Abs. 1 Nr. 2 Buchst. a AO	195
7.3	§ 172 Abs. 1 Nr. 2 Buchst. b und c AO	196
7.4	Aufhebung oder Änderung in sonstigen gesetzlich zugelassenen Fällen (§ 172 Abs. 1 Nr. 2 Buchst. d AO)	196
8	Nachträgliches Bekanntwerden von Tatsachen oder Beweismitteln	197
8.1	Tatsachen und Beweismittel i.S.v. § 173 Abs. 1 AO	197
8.2	Nachträgliches Bekanntwerden	199
8.3	Verwertung rechtswidrig ermittelter Tatsachen	201
8.4	Erster Hauptfall: Aufhebung oder Änderung zu Ungunsten des Steuerpflichtigen (§ 173 Abs. 1 Nr. 1 AO)	201
8.5	Zweiter Hauptfall: Aufhebung oder Änderung zu Gunsten des Steuerpflichtigen (§ 173 Abs. 1 Nr. 2 AO)	202
8.6	Dritter Hauptfall: Zusammenhang zwischen steuererhöhenden und steuermindernden Tatsachen (§ 173 Abs. 1 Nr. 2 S. 2 AO)	205
8.7	Änderungssperre nach einer Außenprüfung	205
9	Widerstreitende Steuerfestsetzungen	207
9.1	§ 174 Abs. 1 AO: Mehrfache Berücksichtigung desselben Sachverhalts zu Ungunsten des Steuerpflichtigen	207
9.2	§ 174 Abs. 2 AO: Mehrfache Berücksichtigung desselben Sachverhalts zu Gunsten des Steuerpflichtigen	208
9.3	§ 174 Abs. 3 AO: Nichtberücksichtigung eines Sachverhalts	208
9.4	§ 174 Abs. 4 AO	209
9.5	§ 174 Abs. 5 AO	211
10	Anpassung von Steuerbescheiden an Grundlagenbescheide	212
10.1	Anpassungszwang	212
10.2	Vorwegnahme der Feststellung	213
10.3	Umfang der Änderung, insbesondere die zeitliche Grenze	213
10.4	Rechtsbehelf und Aussetzung der Vollziehung	214
11	Eintritt eines Ereignisses mit steuerlicher Wirkung für die Vergangenheit	214
11.1	§ 175 Abs. 1 S. 1 Nr. 2 AO bei laufend veranlagten Steuern	217
11.2	§ 175 Abs. 1 S. 1 Nr. 2 AO bei Veräußerungsgeschäften	217
11.3	§ 175 Abs. 1 S. 1 Nr. 1 AO im Bereich der Umsatzsteuer	218
11.4	§ 175 Abs. 1 S. 1 Nr. 2 AO bei Steuerklauseln	218
12	Vertrauensschutz bei Aufhebung und Änderung von Steuerbescheiden	219
13	Berichtigung materieller Fehler (§ 177 AO)	219
13.1	Materieller Fehler	220
13.2	Umfang der Fehlerberichtigung	220
VII	**Das außergerichtliche Rechtsbehelfsverfahren**	**222**
1	Übersicht	222
2	Zulässigkeitsvoraussetzungen des Einspruchs (§ 358 AO)	223
2.1	Einleitung	223
2.2	Einzelne Zulässigkeitsvoraussetzungen	224
2.2.1	Zulässigkeit des Finanzverwaltungsrechtsweges (§ 347 AO)	224
2.2.2	Statthaftigkeit des Einspruchs (§§ 347 f. AO)	224

2.2.2.1	Einspruchsfähige Verwaltungsakte	224
2.2.2.2	Untätigkeitseinspruch (§ 347 Abs. 1 S. 2 AO)	225
2.2.2.3	Ausschluss des Einspruchs (§ 348 AO)	226
2.2.3	Einspruchsbefugnis (§§ 350 ff. AO)	227
2.2.3.1	Beschwer	227
2.2.3.2	Einspruchsbefugnis bei der einheitlichen Feststellung (§ 352 AO)	228
2.2.3.3	Einspruchsbefugnis bei Rechtsnachfolge (§ 353 AO)	230
2.2.4	Einspruchsfrist (§ 355 AO)	231
2.2.5	Einlegung des Einspruchs (§ 357 AO)	233
2.2.6	Einspruchsverzicht und Einspruchsrücknahme	234
2.2.6.1	Einspruchsverzicht (§ 354 AO)	234
2.2.6.2	Einspruchsrücknahme (§ 362 AO)	234
3	Das Einspruchsverfahren	235
3.1	Einspruchsverfahren als verlängertes Festsetzungsverfahren	235
3.2	Mündliche Erörterung (§ 364a AO)	237
3.3	Setzung von Präklusionsfristen (§ 364b AO)	237
3.4	Bindungswirkung anderer Verwaltungsakte (§ 351 AO)	238
3.4.1	Anfechtbarkeit von Änderungsbescheiden	238
3.4.2	Bindungswirkung im Verhältnis Grundlagenbescheid – Folgebescheid	239
4	Hinzuziehung zum Verfahren (§ 360 AO)	240
5	Entscheidung über den Einspruch (§ 367 AO)	241
VIII	**Das finanzgerichtliche Verfahren**	**244**
1	Überblick über die Finanzgerichtsbarkeit	244
1.1	Einführung	244
1.2	Gerichtsverfassung	244
2	Gerichtliches Klageverfahren	245
2.1	Klagearten nach der Finanzgerichtsordnung	246
2.1.1	Anfechtungsklage (§ 40 Abs. 1, 1. Alt. FGO)	246
2.1.2	Verpflichtungsklage (§ 40 Abs. 1, 2. Alt. FGO)	247
2.1.3	Leistungsklage (§ 40 Abs. 1, 3. Alt. FGO)	248
2.1.4	Feststellungsklage (§ 41 FGO)	248
2.1.5	Sprungklage und Untätigkeitsklage (§§ 45 f. FGO)	250
2.2	Zulässigkeitsvoraussetzungen	250
2.2.1	Zulässigkeit des Finanzrechtswegs (§ 33 FGO)	250
2.2.2	Zuständigkeit des Gerichts (§§ 35 ff. FGO)	251
2.2.3	Statthaftigkeit der Klageart (§§ 40 f. FGO)	251
2.2.4	Beteiligtenfähigkeit und Prozessfähigkeit (§§ 57 ff. FGO)	252
2.2.5	Klagebefugnis (§§ 40 Abs. 2, 48 FGO)	252
2.2.6	Erfolgloses Vorverfahren (§ 44 FGO)	254
2.2.6.1	Grundsatz	254
2.2.6.2	Sprungklage (§ 45 FGO)	254
2.2.6.3	Untätigkeitsklage (§ 46 FGO)	255
2.2.7	Klagefrist (§ 47 FGO)	256
2.2.8	Ordnungsgemäße Klageerhebung (§§ 64 f. FGO)	256
2.3	Verfahrensgrundsätze	257

2.3.1	Ablauf des finanzgerichtlichen Verfahrens	257
2.3.2	Klageänderung (§ 67 FGO)	260
3	Rechtsmittel	261
3.1	Revision	261
3.1.1	Zulassungsgründe (§ 115 Abs. 2 FGO)	262
3.1.1.1	Grundsatzrevision (§ 115 Abs. 2 Nr. 1 FGO)	262
3.1.1.2	Rechtsfortbildungsrevision (§ 115 Abs. 2 Nr. 2, 1. Alt. FGO)	263
3.1.1.3	Revision zur Sicherung einer einheitlichen Rechtsprechung (§ 115 Abs. 2 Nr. 2, 2. Alt. FGO)	263
3.1.1.4	Verfahrensrevision (§ 115 Abs. 2 Nr. 3 FGO)	264
3.1.2	Nichtzulassungsbeschwerde (§ 116 FGO)	264
3.1.3	Revisionsverfahren	265
3.2	Beschwerde (§§ 128 ff. FGO)	266
3.3	Wiederaufnahme des Verfahrens (§ 134 FGO)	266
4	Kosten des Verfahrens	267
IX	**Vorläufiger Rechtsschutz**	**268**
1	Vorläufiger Rechtsschutz durch die Finanzbehörde (§ 361 AO)	268
1.1	Überblick	268
1.2	Voraussetzungen für die Vollziehungsaussetzung (§ 361 AO)	269
1.2.1	Angefochtener Verwaltungsakt	269
1.2.2	Vollziehbarkeit des angefochtenen Verwaltungsaktes	270
1.2.3	Umfang der Aussetzung der Vollziehung	271
1.2.4	Ernstliche Zweifel an der Rechtmäßigkeit oder unbillige Härte	271
1.2.4.1	Ernstliche Zweifel	272
1.2.4.2	Unbillige Härte	274
1.3	Verfahren	274
1.4	Entscheidung über den Antrag auf Aussetzung der Vollziehung	276
1.4.1	Aussetzung der Vollziehung	276
1.4.2	Ablehnung der Vollziehungsaussetzung	276
2	Vorläufiger Rechtsschutz im finanzgerichtlichen Verfahren	277
2.1	Überblick	277
2.2	Aussetzung der Vollziehung (§ 69 FGO)	277
2.2.1	Voraussetzungen	278
2.2.1.1	Aussetzung der Vollziehung durch die Finanzbehörde (§ 69 Abs. 2 FGO)	278
2.2.1.2	Aussetzung der Vollziehung durch das Finanzgericht (§ 69 Abs. 3–7 FGO)	278
2.2.2	Zuständigkeitskonkurrenz Finanzbehörde/Finanzgericht	279
2.3	Einstweilige Anordnung (§ 114 FGO)	280
2.3.1	Überblick	280
2.3.2	Voraussetzungen einer einstweiligen Anordnung	280
2.3.2.1	Antrag	281
2.3.2.2	Anordnungsanspruch	281
2.3.2.3	Anordnungsgrund	281
2.3.2.4	Keine Vorwegnahme der Hauptsacheentscheidung	282
2.3.3	Verfahren	282

X	**Vollstreckung von Steueransprüchen (§§ 249 ff. AO)**	284
1	Einleitung	284
2	Allgemeine Vollstreckungsvoraussetzungen	284
2.1	Anwendbarkeit der Abgabenordnung	284
2.2	Zuständige Vollstreckungsbehörde (§ 249 AO)	285
2.3	Voraussetzungen für den Beginn der Vollstreckung (§ 254 AO)	286
2.3.1	Vollstreckbarer Verwaltungsakt (§ 251 AO)	286
2.3.2	Fälligkeit der Leistung (§ 254 Abs. 1 S. 1 AO)	287
2.3.3	Leistungsgebot (§ 254 Abs. 1 S. 1 AO)	287
2.3.4	Schonfrist (§ 254 Abs. 1 S. 1 AO)	288
2.3.5	Mahnung (§ 259 AO)	288
3	Vollstreckung wegen Geldforderungen (§§ 259 ff. AO)	288
3.1	Vollstreckung in das bewegliche Vermögen (§§ 281 ff. AO)	289
3.1.1	Einleitung	289
3.1.2	Pfändung beweglicher Sachen (§§ 285 ff. AO)	290
3.1.3	Pfändung in Forderungen und andere Vermögensrechte (§§ 309 ff. AO)	291
3.1.3.1	Pfändung in Forderungen	291
3.1.3.2	Vollstreckung in andere Vermögensrechte	292
3.1.4	Vermögensauskunft (§ 284 AO)	292
3.2	Vollstreckung in das unbewegliche Vermögen (§ 322 AO)	293
4	Vollstreckung wegen anderer Leistungen als Geldforderungen (§§ 328 ff. AO)	294
5	Vollstreckungsmaßnahmen außerhalb der Abgabenordnung	295
6	Arrestverfahren (§§ 324 ff. AO)	296
6.1	Überblick	296
6.2	Arrestanspruch	296
6.3	Arrestgrund	297
6.4	Anordnung und Vollziehung des Arrests	297
7	Rechtsschutz im Vollstreckungsverfahren	298
7.1	Grundsatz	298
7.2	Einschränkung und Beschränkung der Vollstreckung (§ 257 AO)	299
7.3	Vollstreckungsaufschub (§ 258 AO)	299
7.4	Niederschlagung (§ 261 AO)	300
7.5	Einwendungen Dritter (§ 262 AO)	300
7.6	Aufteilung einer Gesamtschuld (§§ 268 ff. AO)	301
7.7	Allgemeine Rechtsbehelfe im Vollstreckungsverfahren	302
8	Kosten der Vollstreckung (§§ 337 ff. AO)	302
XI	**Die Außenprüfung (§§ 193 ff. AO)**	303
1	Bedeutung und Definition	303
2	Zulässigkeit der Außenprüfung	304
3	Die Prüfungsanordnung	306
3.1	Sachlicher Umfang der Prüfung	307
3.2	Persönlicher Umfang der Prüfung	307
3.3	Zeitlicher Umfang der Prüfung	308
3.4	Begründungs- und weitere Verfahrensmängel	308

4	Bekanntgabe der Prüfungsanordnung	309
5	Rechtsbehelfe gegen die Prüfungsanordnung	310
5.1	Der Grundsatz	310
5.2	Rechtsbehelf und Verwertungsverbot	310
5.3	Erneute Reaktion der Verwaltung	311
5.4	Zusammenfassende Fallstudie	311
6	Kontrollmitteilungen	312
7	Die Stellung des Betriebsprüfers	313
8	Die Schlussbesprechung	315
9	Der Prüfungsbericht	316
10	Verbindliche Zusage (§ 204 AO)	316
XII	**Steuerstraftaten und Steuerordnungswidrigkeiten**	**318**
1	Überblick	318
2	Steuerstraftaten	319
2.1	Überblick	319
2.2	Steuerhinterziehung (§ 370 AO)	320
2.2.1	Objektiver Tatbestand der Steuerhinterziehung	320
2.2.2	Subjektiver Tatbestand der Steuerhinterziehung	325
2.2.3	Täterschaft und Teilnahme	327
2.2.4	Zeitliche Stadien der Steuerhinterziehung	329
2.2.4.1	Vorbereitungsstadium (strafrechtlich nicht relevant)	329
2.2.4.2	Versuchsstadium (strafbar, § 370 Abs. 2 AO)	330
2.2.4.3	Vollendung	330
2.2.4.4	Beendigung	331
2.2.5	Selbstanzeige (§ 371 AO)	331
2.2.5.1	Voraussetzungen der Selbstanzeige (§ 371 Abs. 1 und 3 AO)	332
2.2.5.2	Ausschlussgründe der Selbstanzeige (§ 371 Abs. 2 AO)	334
2.2.6	Strafzumessung	335
2.2.7	Verjährung	337
3	Steuerordnungswidrigkeiten (§§ 377 ff. AO)	337
3.1	Einführung	337
3.2	Leichtfertige Steuerverkürzung (§ 378 AO)	338
3.3	Andere Steuerordnungswidrigkeiten	339
3.3.1	Steuergefährdung (§ 379 AO)	339
3.3.2	Gefährdung der Abzugsteuern (§ 380 AO)	340
4	Steuerstrafverfahren	340
4.1	Ermittlungsverfahren	340
4.1.1	Zuständigkeit	340
4.1.2	Einleitung des Strafverfahrens (§ 397 AO)	341
4.1.3	Befugnisse der Strafverfolgungsbehörden im Ermittlungsverfahren	343
4.1.4	Abschluss des Ermittlungsverfahrens	344
4.2	Verfahren vor dem Strafgericht	345

A Abgabenordnung und Finanzgerichtsordnung

I Einführung

1 Das steuerliche Verfahrensrecht in der Steuerberaterprüfung

Die schriftliche Steuerberaterprüfung beginnt am ersten Prüfungstag mit der Prüfungsaufgabe aus dem Verfahrensrecht und anderen Steuerrechtsgebieten. Die bundeseinheitliche Prüfungsaufgabe enthält drei getrennte, unabhängig voneinander zu bearbeitende Teile: einen Prüfungsteil Verfahrensrecht (»**Abgabenordnung und Finanzgerichtsordnung**«), einen Prüfungsteil **USt** und einen Prüfungsteil **Erbschaft- und Schenkungsteuer**.[1] Von einer erreichbaren Gesamtpunktzahl von 100 entfällt dabei nach den »unverbindlichen Korrekturhinweisen« zumindest ein Drittel auf das Rechtsgebiet Verfahrensrecht: ein positives Abschneiden in der ersten Prüfungsaufgabe setzt damit – auch bei überdurchschnittlichem Abschneiden in den übrigen Rechtsgebieten der ersten Prüfungsaufgabe – ein erfolgreiches Bearbeiten des Teils Verfahrensrecht zwingend voraus. Die Erfahrung bei der Bewertung von Prüfungsaufgaben zeigt auch, dass bei einer gänzlichen Nichtbearbeitung des AO-Teils die Prüfungsaufgabe insgesamt nur in ganz seltenen Fällen mit einer Note von 4,5 oder besser beurteilt werden kann.

Dabei fällt bei Durchsicht der Prüfungsarbeiten der vergangenen Jahre auf, dass insb. im Rechtsgebiet Verfahrensrecht die schriftlichen Prüfungsaufgaben wiederkehrend die gleichen **Schwerpunkte** behandeln: zu diesen Prüfungsschwerpunkten gehören insb. die Bereiche **Festsetzungsverfahren**, **Korrekturvorschriften**, außergerichtliches **Rechtsbehelfsverfahren** sowie der Bereich der **Festsetzungsverjährung**.[2]

Die folgende Darstellung des Verfahrensrechts nimmt auf diese Schwerpunkte besonders Rücksicht. Andere Bereiche des Verfahrensrechts, die sowohl in der schriftlichen als auch in der mündlichen Prüfung erfahrungsgemäß nicht oder nur in Grundzügen abgefragt werden, werden dementsprechend auch hier nur kurz dargestellt. Ausführlich und mit Beispielen angereichert ist die Darstellung immer dann, wenn besonders prüfungsrelevante Problemfelder behandelt werden.[3]

---

[1] Eine Abweichung von dieser Dreiteilung gab es zuletzt in der Steuerberaterprüfung 2000, die lediglich aus zwei Teilen (Abgabenordnung und Finanzgerichtsordnung sowie Umsatzsteuer) bestand.

[2] Die Auswahl der Prüfungsschwerpunkte liegt auch darin begründet, dass das Verfahrensrecht – im Gegensatz zu vielen Rechtsgebieten des materiellen Steuerrechts – seltener Änderungen unterliegt. Die Aufgabensteller konstruieren vor diesem Hintergrund kaum Sachverhalte, die eine aktuelle Entwicklung oder Entscheidung betreffen, sondern häufig Aufgaben, in denen die o.g. Schwerpunktthemen ineinander greifen. Besonders elegant – und daher besonders prüfungsrelevant – gelingt dies bei der Verknüpfung der Prüfungsgebiete Rechtsbehelfsverfahren – Korrekturvorschriften – Festsetzungsverjährung; die schriftlichen Prüfungen der vergangenen Jahre folgten sehr häufig diesem Muster.

[3] Auch in der mündlichen Steuerberaterprüfung ist das steuerliche Verfahrensrecht – insb. bei den Prüfern aus der Finanzverwaltung – besonders prüfungsrelevant. Es ist unschwer festzustellen, dass sich bei der Auswahl der Prüfungsgebiete vor allem die Prüfer mit juristischer Vorbildung im Bereich des Verfahrensrechts besonders wohl fühlen; häufig sind verfahrensrechtliche Themen auch Gegenstand der Kurzvortragsthemen.

2 Grundlagen des Abgabenrechts

2.1 Geschichte und Bedeutung der Abgabenordnung

Die Abgabenordnung in ihrer heutigen Form existiert seit dem 01.01.1977. Die Neufassung der AO löste 1977 die alte Reichsabgabenordnung (RAO) ab, die unter der Federführung des Senatspräsidenten am Reichsfinanzhof *Enno Becker* nach dem ersten Weltkrieg entwickelt wurde und 1919 als erste Gesamtkodifikation des steuerlichen Verfahrensrechts in Kraft getreten ist.

Die Abgabenordnung fasst als steuerliches **Rahmen- oder Mantelgesetz** die grundlegenden Bestimmungen für die Besteuerung, die gleichsam für alle Steuerarten gelten, zusammen. Sie wird daher auch oftmals **Steuergrundgesetz** bezeichnet. Die Gleichstellung der Abgabenordnung mit einer Kodifikation des Steuerverfahrensrechts greift allerdings zu kurz. Neben zahlreichen verfahrensrechtlichen Regelungen enthält die AO in einer Vielzahl von Vorschriften **auch materielles Steuerrecht**, so z.B. bei den besonders prüfungsrelevanten Bestimmungen über die **Haftung** (§§ 69 ff. AO), über das Entstehen und Erlöschen des **Steueranspruchs** (§§ 37 ff. AO) oder über das materielle **Steuerstrafrecht** (§§ 369 ff. AO).

In der AO wird das steuerliche Verfahrensrecht als **Teilkodifikation** zudem nicht umfassend geregelt: Aufbau und Organisation der Finanzbehörden sind im FVG, das gerichtliche Verfahren in Steuersachen in der FGO geregelt. Zudem gilt die AO nicht für alle Steuern, sondern nach § 1 Abs. 1 AO nur für diejenigen Steuerarten, die durch Bundesrecht oder Recht der Europäischen Gemeinschaften geregelt sind, soweit sie durch Bundesfinanzbehörden oder durch Landesfinanzbehörden verwaltet werden.

Für **Realsteuern**, d.h. für die Grundsteuer und die Gewerbesteuer (Legaldefinition in § 3 Abs. 2 AO), gilt die AO nur teilweise (§ 1 Abs. 2 AO), für kommunale Steuern nur nach Maßgabe der jeweiligen Landesgesetze über die kommunalen Steuern. Völkerrechtliche Vereinbarungen gehen den deutschen Steuergesetzen vor, soweit sie unmittelbar anwendbares innerstaatliches Recht geworden sind (§ 2 Abs. 1 AO, Art. 59 Abs. 2 S. 1 GG). Hierunter fallen vor allem die DBA, die Abkommen zur Vermeidung der Doppelbesteuerung.[4]

2.2 Aufbau der Abgabenordnung

Die Abgabenordnung regelt in über vierhundert Paragrafen insb. das Steuerverfahrensrecht, d.h. die Entstehung und Durchsetzung der Ansprüche aus dem Steuerschuldverhältnis und den Rechtsschutz gegen diese Durchsetzung. Der Aufbau der AO mit insgesamt **neun Teilen** orientiert sich dabei grob am zeitlichen Ablauf dieses Verfahrens. Nach den **einleitenden Vorschriften** im ersten Teil (§§ 1–32 AO) enthält der zweite Teil (§§ 33–77 AO) mit der Erläuterung des **Steuerschuldrechts** vor allem materiell-rechtliche Regelungen, insb. auch zur Haftung für Steuerschulden Dritter. Es folgt im dritten Teil (§§ 78–133 AO) eine ausführliche Darstellung **allgemeiner Verfahrensvorschriften**, die in allen Stufen des Besteuerungsverfahrens anwendbar sind; allerdings gelten bei den besonders praxis- und prüfungsrelevanten Steuerverwaltungsakten Besonderheiten, die in den nachfolgenden

---

[4] Durch die DBA grenzen die vertragsschließenden Staaten ihre Besteuerungsrechte gegeneinander ab (Kollisionsrecht), um eine Doppelerfassung zu vermeiden, vgl. *J. Schmidt*, Band 1, Teil D, Kap. II; der aktuelle Stand der DBA zum 01.01.2012 ist abgedruckt in BStBl I 2012, 108.

Teilen geregelt sind (etwa die Korrekturvorschriften in den §§ 172 ff. AO). Im vierten Teil (§§ 134–217 AO) wird die **Durchführung der Besteuerung**, das sog. Steuerfestsetzungsverfahren, behandelt, anschließend im fünften Teil das **Erhebungsverfahren**. Der fünfte Teil beinhaltet insb. Regelungen über die Fälligkeit, das Hinausschieben der Fälligkeit und das Erlöschen von entstandenen Steueransprüchen (§§ 218–248 AO).

Der sechste Teil behandelt in rund 100 Vorschriften die **Vollstreckung**, d.h. die zwangsweise Durchsetzung von Ansprüchen aus dem Steuerschuldverhältnis (§§ 249–346 AO), der siebente Teil den **außergerichtlichen Rechtsschutz**, d.h. vor allem das Einspruchsverfahren einschließlich des Verfahrens über den einstweiligen Rechtsschutz (§§ 347–367 AO). Die AO beinhaltet ferner als Teil des Nebenstrafrechts eine Regelung des materiellen **Steuerstraf- und Ordnungswidrigkeitenrechts** (achter Teil, §§ 369–412 AO).

Der Versuch des Gesetzgebers, die neun Teile der AO am Ablauf des Verwaltungsverfahrens auszurichten, scheint zunächst übersichtlich und stringent. Gleichwohl ist der Aufbau in einigen Bereichen wenig gelungen. So wird die Entstehung des Steueranspruchs im zweiten Teil in § 38 AO geregelt, der prüfungsrelevante Bereich der Verjährung als Grund für das Erlöschen dieses Anspruchs dagegen im vierten und im fünften Teil (§ 47 AO i.V.m. §§ 169 ff., §§ 228 ff. AO). Korrekturvorschriften für VA finden sich im dritten (§§ 129 ff. AO), aber auch im vierten Teil (§§ 172 ff. AO) der AO. Diese Brüche führen zu erheblichen Anwendungsschwierigkeiten: Die erfolgreiche Bewältigung der Prüfungsaufgaben setzt im Bereich Verfahrensrecht neben einem soliden Gesamtüberblick vor allem ein systematisches Verständnis voraus, damit das Zusammenspiel der verfahrensrechtlichen Vorschriften und das Ineinandergreifen der Problemkreise bewältigt werden können; hier legten die Aufgabensteller in den vergangenen Jahren einen besonderen Schwerpunkt, der bei der Problemauswahl im Nachfolgenden besonders berücksichtigt wurde.

3 Steuerliche Grundbegriffe

Die AO definiert in den §§ 3 bis 15 AO steuerliche Grundbegriffe, die sowohl in der AO selbst, aber auch in anderen Einzelsteuergesetzen von grundlegender Bedeutung sind.

3.1 Steuern und steuerliche Nebenleistungen (§ 3 AO)

Steuern sind nach der Legaldefinition in § 3 Abs. 1 AO Geldleistungen, die nicht eine Gegenleistung für eine besondere Leistung darstellen und von einem öffentlich-rechtlichen Gemeinwesen zur Erzielung von Einnahmen allen auferlegt werden, bei denen der Tatbestand zutrifft, an den das Gesetz die Leistungspflicht knüpft. Der Begriff »Steuer« leitet sich von dem althochdeutschen Wort »stiura« ab, der wörtlich Stütze bedeutet, aber auch im Sinne von Unterstützung, Hilfe oder auch Beihilfe verwendet wurde. Die in § 3 Abs. 4 AO enumerativ, d.h. abschließend aufgezählten **steuerlichen Nebenleistungen** (Verspätungszuschläge, Zinsen, Säumniszuschläge, Zwangsgelder, Kosten[5], Zinsen i.S.d. Zollkodexes

---

5 Auch die durch das JStG 2007 vom 13.12.2006 (BGBl I 2006, 2878) eingeführten Gebühren gem. § 89 und § 178a AO sind Kosten i.S.d. AO (§ 3 Abs. 4 AO).

und Verspätungsgelder nach § 22a Abs. 5 EStG (eingeführt mit dem JStG 2010), Zuschläge gem. § 162 Abs. 4 AO und die mit dem JStG 2009 eingeführten Verzögerungsgelder gem. § 146 Abs. 2b AO) sind demnach keine Steuern. Allerdings sind die meisten Vorschriften der AO gem. § 1 Abs. 3 AO auch auf steuerliche Nebenleistungen anwendbar. Dabei ist die Unterscheidung von Steuern und steuerlichen Nebenleistungen nicht lediglich von akademischer Bedeutung, sondern durchaus prüfungsrelevant.

Beispiel 1: Haftung ja, aber wofür?
Schlau ist Geschäftsführer der Schlau-GmbH. Das FA nimmt Schlau persönlich für die Rückstände der GmbH (USt 2012 und Säumniszuschläge zur USt 2012) gem. § 74 AO in Haftung, da Schlau ein Betriebsgrundstück an die GmbH verpachtet hat. Wie ist die Rechtslage?

Lösung: Unabhängig von der Frage, ob die Voraussetzungen für eine Inanspruchnahme nach § 74 AO vorliegen, ist der Haftungsbescheid rechtswidrig, soweit er die Haftung auch auf Säumniszuschläge zur USt erstreckt. Die Haftung nach § 74 AO umfasst nach dem eindeutigen Wortlaut nur Steuern, **nicht aber steuerliche Nebenleistungen** (§ 74 Abs. 1 S. 1 und 2 AO). Eine Haftung für Säumniszuschläge kommt daher bei § 74 AO nicht in Betracht. Hätte das FA den Haftungsbescheid auf § 69 AO stützen können (Vertreterhaftung), wären auch die Säumniszuschläge von der Haftung umfasst; § 69 Abs. 1 S. 1 AO spricht im Gegensatz zu § 74 AO ausdrücklich von Ansprüchen aus dem Steuerschuldverhältnis, zu denen gem. § 37 Abs. 1 AO nicht nur die »eigentlichen Steuern«, sondern auch steuerliche Nebenleistungen – und damit auch Säumniszuschläge – zählen.

Mit der Formulierung »Geldleistungen, die ... zur Erzielung von Einnahmen allen auferlegt werden« umschreibt § 3 Abs. 1 AO den **Grundsatz der Gleichmäßigkeit der Besteuerung**. Dieser Grundsatz, der verfassungsrechtlich in Art. 3 Abs. 1 GG geregelt ist, besagt, dass die FÄ bei der Anwendung des Rechts Gleiches gleich und Ungleiches seiner Eigenart nach verschieden behandeln müssen. Aus dem allgemeinen Gleichheitssatz ergeben sich je nach Regelungsgegenstand und Differenzierungsmerkmalen unterschiedliche Grenzen für den Gesetzgeber, die vom bloßen **Willkürverbot** bis zu einer strengen Bindung an Verhältnismäßigkeitserfordernisse reichen (vgl. BVerfG in BVerfGE 105, 73). Art. 3 Abs. 1 GG ist jedenfalls dann verletzt, wenn sich ein vernünftiger, aus der Natur der Sache ergebender oder sonst wie sachlich einleuchtender Grund für die gesetzliche Differenzierung oder Gleichbehandlung nicht finden lässt (vgl. BFH vom 06.10.2009, BFH/NV 2010, 470, zum Abzugsverbot gem. § 10 Nr. 2 2. HS KStG). Weiterhin ist der allgemeine Gleichheitssatz auch dann verletzt, wenn eine Gruppe von Normadressaten oder Normbetroffenen im Vergleich zu einer anderen anders behandelt wird, obwohl zwischen beiden Gruppen keine Unterschiede von solcher Art und solchem Gewicht bestehen, dass sie die unterschiedliche Behandlung rechtfertigen können (vgl. ausführlich die Entscheidung des BVerfG zur Verfassungswidrigkeit der gekürzten Pendlerpauschale; BVerfG vom 09.12.2008, BFH/NV 2009, 338). Dafür kommt es wesentlich auch darauf an, in welchem Maß sich die Ungleichbehandlung von Personen oder Sachverhalten auf die Ausübung grundrechtlich geschützter Freiheiten nachteilig auswirken kann. Nähere Maßstäbe und Kriterien lassen sich nicht abstrakt und allgemein, sondern nur bezogen auf die jeweils betroffenen unterschiedlichen Sach- und Regelungsbereiche präzisieren (ständige Rspr. des BVerfG, vgl. zuletzt BVerfG vom 09.12.2008, BFH/NV 2009, 338).

Die grundsätzliche Freiheit des Gesetzgebers, diejenigen Sachverhalte tatbestandlich zu bestimmen, an die das Gesetz dieselben Rechtsfolgen knüpft und die es so als rechtlich gleich qualifiziert, wird für den Bereich des Steuerrechts und insb. für den des Einkommensteuerrechts vor allem durch zwei eng miteinander verbundene Leitlinien begrenzt: durch das Gebot der Ausrichtung der Steuerlast am **Prinzip der finanziellen Leistungsfähigkeit** und durch das **Gebot der Folgerichtigkeit**. Danach muss im Interesse verfassungsrechtlich gebotener steuerlicher Lastengleichheit darauf abgezielt werden, StPfl. bei gleicher Leistungsfähigkeit auch gleich hoch zu besteuern (horizontale Steuergerechtigkeit), während (in vertikaler Richtung) die Besteuerung höherer Einkommen im Vergleich mit der Steuerbelastung niedriger Einkommen angemessen sein muss (vgl. BVerfG a.a.O.). Zwar hat der Gesetzgeber bei der Auswahl des Steuergegenstands und bei der Bestimmung des Steuersatzes einen weitreichenden **Entscheidungsspielraum**, jedoch muss er unter dem Gebot möglichst gleichmäßiger Belastung aller StPfl. bei der Ausgestaltung des steuerrechtlichen Ausgangstatbestands die einmal getroffene Belastungsentscheidung folgerichtig im Sinne der Belastungsgleichheit umsetzen. Ausnahmen von einer solchen folgerichtigen Umsetzung bedürfen eines besonderen sachlichen Grundes. Dies alles gilt insb. für das ESt-Recht, das auf die Leistungsfähigkeit des einzelnen StPfl. hin angelegt ist (BVerfG vom 18.01.2006, DStR 2006, 555[6]).

3.2 Einteilung der Steuerarten

Die AO selbst nimmt keine umfassende systematische Einteilung der verschiedenen Steuerarten vor. Definiert werden in § 3 Abs. 2 AO lediglich die Realsteuern (Grundsteuer und Gewerbesteuer). Gleichwohl setzt sowohl das Grundgesetz (Art. 106 und 108 GG) als auch die AO selbst (z.B. in den §§ 169, 172 und 223 AO) die Zuordnung einzelner Steuerarten zu bestimmten Gruppen voraus. Die Kenntnis der folgenden gebräuchlichen Gruppen wird auch in der mündlichen Prüfung vorausgesetzt; die Steuern werden gemeinhin eingeteilt:

- Nach der **Ertragshoheit**, d.h. wem nach dem Finanzverfassungsrecht die Erträge zufließen:
  - **Bundessteuern** (Art. 106 Abs. 1 GG), z.B. Mineralölsteuer, Stromsteuer, Kraftfahrzeugsteuer, Tabaksteuer, Branntweinsteuer[7], Zölle[8] sowie der Solidaritätszuschlag,
  - **Landessteuern** (Art. 106 Abs. 2 GG), z.B. Erbschaft- und Schenkungsteuer, GrESt und die Biersteuer,
  - **Gemeinschaftssteuern** (Art. 106 Abs. 3 GG), z.B. ESt, KSt und USt,
  - **Gemeindesteuern** (Art. 106 Abs. 6 bis 9 GG), z.B. Gewerbesteuer und Grundsteuer.
- Nach dem **Gegenstand der Besteuerung**:
  - **Personensteuern**, bei denen natürliche oder juristische Personen nach ihren persönlichen Verhältnissen besteuert werden (z.B. ESt und KSt),
  - **Sachsteuern**, bei denen die Steuerpflicht unabhängig von den persönlichen Verhältnissen von Gegenständen oder von Vorgängen ausgeht (z.B. Grundsteuer und USt),

---

6   In diesem Beschluss hat das BVerfG den weiten Entscheidungsspielraum, der dem Gesetzgeber bei der Steuergesetzgebung zusteht, nochmals bestätigt; auch dem sog. Halbteilungsgrundsatz als Belastungsobergrenze bei der Einkommen- und Gewerbesteuer konnte sich das BVerfG in dieser Entscheidung nicht anschließen.
7   Das Branntweinmonopol ist das letzte verbliebene Finanzmonopol und verleiht dem Staat ein Exklusivrecht, zur Erzielung von Einnahmen bestimmte Waren herzustellen oder zu vertreiben.
8   Die Zolleinnahmen aller europäischen Mitgliedstaaten stehen inzwischen der EU zu, die auch die Höhe der Zölle und im Zollkodex insb. auch die verfahrensrechtlichen Regelungen festlegt.

- **Besitzsteuern**, die zu den Personensteuern gehören und auf die persönliche Leistungsfähigkeit des StPfl. abstellen (z.B. ESt und KSt),
- **Verkehrsteuern**, d.h. Steuern auf Rechtsgeschäfte oder wirtschaftliche Vorgänge (z.B. USt und GrESt),
- **Verbrauchsteuern**, die den Verbrauch oder Gebrauch bestimmter vertretbarer WG erfassen (z.B. Mineralölsteuer, Tabaksteuer und Stromsteuer)[9],
- **Realsteuern**, die auf einzelnen WG lasten (legaldefiniert in § 3 Abs. 2 AO: Grundsteuer und Gewerbesteuer).

- Nach der **Auswirkung beim Steuerschuldner**, d.h. wer die Steuerbelastung letztlich zu tragen hat (sog. **Steuerträger**):
  - **direkte Steuern**, bei denen der Steuerschuldner auch der Steuerträger ist, z.B. ESt[10] und KSt,
  - **indirekte Steuern**, die von einem anderen als dem Steuerträger erhoben werden, z.B. die USt und die Verbrauchsteuern.

3.3 Begriff des Gesetzes (§ 4 AO)

Die Steuerverwaltung unterliegt als Eingriffsverwaltung dem **Gesetzesvorbehalt**, d.h. jedes behördliche Handeln, das in Rechte Einzelner eingreift, bedarf einer gesetzlichen Grundlage (**Grundsatz der Gesetzmäßigkeit der Verwaltung**, Art. 20 Abs. 3 GG). **Gesetz ist nach § 4 AO jede Rechtsnorm**. Durch diese an sich selbstverständliche Definition wird klargestellt, dass die Finanzbehörden bei der Anwendung des Steuerrechts **formelle Gesetze** (die von einem Parlament in einem förmlichen Gesetzgebungsverfahren zustande gekommen sind, z.B. das Grundgesetz als Verfassungsgesetz und das Einkommensteuergesetz als einfaches Gesetz), aber auch **materielle Gesetze** (insbes. Verordnungen nach Art. 80 GG, die durch die Verwaltung aufgrund einer Ermächtigung in einem formellen Gesetz erlassen werden, z.B. UStDV, EStDV) beachten müssen.

Unmittelbar geltendes Recht sind ferner EG-Verordnungen nach Art. 288 Abs. 2 AEUV.[11] EG-Richtlinien haben dagegen grundsätzlich keine unmittelbare Wirkung; sie bedürfen der Umsetzung in das nationale Recht (Art. 288 Abs. 3 AEUV). Nach der Rspr. des EuGH kann sich der Einzelne allerdings unmittelbar auf die Richtlinie berufen, wenn diese trotz Fristablaufs noch nicht in nationales Recht umgesetzt worden ist und die betreffende Richtlinienvorschrift inhaltlich unbedingt und hinreichend bestimmt ist, um im Einzelfall angewendet zu werden (vgl. EuGH vom 19.11.1991, NJW 1992, 165). Wichtigstes Beispiel hierfür sind die Richtlinien zur Harmonisierung der Rechtsvorschriften der Mitgliedstaaten über die USt.[12]

---

9 Nach ständiger Rspr. des BVerfG sind Verbrauchsteuern Warensteuern auf den Verbrauch vertretbarer Güter, die regelmäßig bei dem das Verbrauchsgut anbietenden Unternehmer erhoben werden, jedoch auf Überwälzung auf den Verbraucher angelegt sind (z.B. BVerfG vom 07.05.1998, BVerfGE 98, 106).

10 Bei der Lohnsteuer wird die ESt verfahrensrechtlich vorweg als Abzugsteuer erhoben. Materiell-rechtlich handelt es sich bei den Lohnsteuer-Abzugsbeträgen um Vorauszahlungen auf die Jahreseinkommensteuer des Arbeitnehmers. Folgerichtig kann der Arbeitnehmer – als Schuldner der Lohnsteuer gem. § 38 Abs. 2 EStG – die LSt-Anmeldung des Arbeitgebers aus eigenem Recht anfechten, soweit sie ihn betrifft (BFH vom 20.07.2005, BStBl II 2005, 890).

11 Der Vertrag zur Gründung der Europäischen Gemeinschaft ist mit Inkrafttreten des Lissabon-Vertrags zum 01.12.2009 in »Vertrag über die Arbeitsweise der Europäischen Union« umbenannt worden und hat eine neue Artikelabfolge erhalten.

12 Vgl. *V. Schmidt*, Teil B, Kap. I 2.

Verwaltungsvorschriften werden von übergeordneten Behörden oder Vorgesetzten aufgrund deren Organisations- und Geschäftsleitungsgewalt zur Sicherstellung der Gleichmäßigkeit der Besteuerung erlassen (z.B. Richtlinien[13], Erlasse, OFD-Verfügungen). Sie sind keine Gesetze i.S.d. § 4 AO. In der Rspr. ist die rechtliche Einordnung, Bedeutung und Funktion der Verwaltungsvorschriften nach wie vor umstritten. Der BFH geht davon aus, dass **norminterpretierende Verwaltungsregelungen** keine Außenwirkung entfalten, sondern nur innerdienstliche Bedeutung haben. Sie können die **Finanzgerichte** nicht verpflichten, da diese gem. Art. 20 Abs. 3 GG nur an Gesetz und Recht gebunden sind.[14] Regelungen über die **Sachverhaltsermittlung** oder die **Sachverhaltsdeutung** (typisierende Verwaltungsvorschriften – z.B. Abschreibungstabellen) seien dagegen von den FG zu beachten, wenn sie im Einklang mit dem geltenden Recht stünden und nicht im Einzelfall zu offensichtlich falschen Ergebnissen führten (BFH vom 04.04.1986, BStBl II 1986, 852). Ermessensrichtlinien erfahren eine gerichtliche Überprüfung nur daraufhin, ob sie sich an die gesetzlichen Grenzen des Ermessens halten.[15]

Entscheidungen der Finanzgerichte haben nicht die Wirkung eines Gesetzes. Sie regeln nicht allgemein Rechte und Pflichten des einzelnen StPfl., sondern wirken nur »inter partes«, also zwischen Kläger und Beklagten als Beteiligten des konkreten Rechtsstreits (§ 110 Abs. 1 FGO). Gleichwohl haben Entscheidungen des BFH zu grundsätzlichen Fragen des Steuerrechts oftmals gesetzesgleiche Wirkung. **Die Finanzverwaltung beachtet von Amts wegen allerdings nur die im BStBl Teil II abgedruckten Entscheidungen des BFH.**[16] Ohne eine solche Veröffentlichung sind die Entscheidungen des BFH für die Finanzbehörden nicht verbindlich. Da der Bundesfinanzhof seit einiger Zeit wichtige Entscheidungen unmittelbar nach ihrer Verkündung auf seinen Internetseiten (www.bundesfinanzhof.de) veröffentlicht, werden diese Entscheidungen einer breiten Öffentlichkeit bekannt, bevor die obersten Finanzbehörden von Bund und Ländern über ihre Anwendbarkeit beraten können. Dadurch entstehen Zeiträume, in denen für die Bearbeiter in den Finanzämtern und die steuerberatenden Berufe unklar ist, ob sie diese Entscheidungen uneingeschränkt anwenden können. Um diese Zeiträume zu verkürzen, wird das entsprechende BFH-Urteil seit einiger Zeit zeitnah in eine auf der Internetseite des BMF geführten Liste eingestellt (Stichwort: Aktuelles/BFH-Entscheidungen). Damit ist gewährleistet, dass die Finanzämter schnell über die Anwendung von BFH-Urteilen unterrichtet werden. Aber auch hier gilt: Vor der Ankündigung der Veröffentlichung einer Entscheidung auf der Internetseite des BMF können die Entscheidungen von den Finanzämtern entsprechend § 110 Abs. 1 FGO nicht allgemein angewandt werden.

Ist die Finanzverwaltung im Einzelfall mit einer Entscheidung des BFH nicht einverstanden, weil sie von der inhaltlichen Richtigkeit nicht überzeugt ist, erlässt sie – zu Gunsten oder zu Ungunsten des StPfl. – einen sog. **Nichtanwendungserlass**, nach dem die gerichtliche Entscheidung über den entschiedenen Einzelfall hinaus nicht anzuwenden ist. Die Verwaltung erhält dadurch die Möglichkeit, in einem erneuten finanzgerichtlichen Verfahren die

---

13 Zu diesen Richtlinien gehören auch der Anwendungserlass zur Abgabenordnung sowie der Anwendungserlass zur Umsatzsteuer, der ab 01.11.2010 die UStR 2008 ablöst (BStBl I 2010, 769).
14 *Hübschmann/Hepp/Spitaler*, AO, § 4 Rz. 93 m.w.N.
15 Hat die Verwaltung also in Ausfüllung des ihr zustehenden Ermessensspielraums Richtlinien erlassen, so haben die Gerichte nur zu prüfen, ob sich die FA an die Richtlinien gehalten haben und ob die Richtlinien selbst einer sachgerechten Ermessensausübung entsprechen (BFH vom 24.11.2005, BStBl II 2006, 466).
16 Vgl. z.B. die Dienstanweisung des Bundesamts für Finanzen vom 15.03.2002, BStBl I 2002, 366.

Gerichte von der Richtigkeit der eigenen Rechtsauffassung zu überzeugen. Gelingt dies nicht, d.h. bestätigen die Gerichte die von ihnen gefundene Rspr., schließt sich die Verwaltung regelmäßig an und erklärt die Rspr. nunmehr doch für anwendbar.

3.4 Rückwirkung von Gesetzen

Ein Gesetz entfaltet **Rückwirkung**, wenn der zeitliche Anwendungsbereich der Norm auf einen Zeitpunkt festgelegt wird, der vor dem Inkrafttreten liegt. Durch rückwirkende Gesetze werden Rechtsfolgen bereits verwirklichter Lebenssachverhalte nachträglich mit Wirkung für die Vergangenheit geändert.[17] Die Zulässigkeit derartiger Rückwirkungen ist seit langem umstritten.

Das BVerfG hat unter Berufung auf den Grundsatz der Rechtssicherheit ein generelles **Verbot der rückwirkenden Inkraftsetzung belastender Steuergesetze** entwickelt (ständige Rspr., vgl. BVerfG vom 07.07.2010, DStR 2010, 1733 m.w.N.; BFH vom 03.02.2005, BStBl II 2005, 351). Nach dieser Rspr. bedarf es vor dem Rechtsstaatsprinzip des GG einer besonderen Rechtfertigung, wenn der Gesetzgeber die Rechtsfolgen eines der Vergangenheit zugehörigen Verhaltens nachträglich ändert. Belastende Steuergesetze – dazu gehören auch solche, die eine Vergünstigung einschränken oder aufheben – dürfen daher ihre Wirksamkeit grundsätzlich nicht auf bereits abgeschlossene Tatbestände erstrecken oder schutzwürdiges Vertrauen ohne hinreichende Rechtfertigung anderweitig enttäuschen (BFH vom 27.08.2002, BStBl II 2003, 18). Eine unzulässige, **echte (retroaktive) Rückwirkung** liegt nach dieser Rspr. aber nur vor, wenn ein Gesetz nachträglich in bereits **abgewickelte Tatbestände** der Vergangenheit eingreift. Eine Einwirkung auf einen noch nicht vollständig abgeschlossenen Sachverhalt für die Zukunft (z.B. eine Änderung des EStG im Dezember 2013 vor Ablauf des VZ 2013) wird dagegen als **unechte (retrospektive) Rückwirkung** für zulässig erachtet, wenn es sich um »maßvolle Änderungen« handelt (BVerfG vom 05.02.2002, BVerfGE 105, 17[18]; a.A. dagegen der BFH in seinem Vorlagebeschluss vom 02.08.2006, BStBl II 2006, 895: eine »echte« Rückwirkung sei auch dann anzunehmen, wenn eine im Gesetz neu oder verändert vorgesehene Rechtsfolge auch dann oder nur in Fällen gelten soll, in denen ihre Tatbestandsvoraussetzungen ausschließlich vor Verkündung des Gesetzes erfüllt worden sind). Aufgrund der Rückwirkungsproblematik ist es beispielsweise ernstlich zweifelhaft, ob Erstattungszinsen zur ESt durch § 52a Abs. 8 S. 2 EStG rückwirkend als Erträge i.S.d. § 20 Abs. 1 Nr. 7 S. 1 EStG als steuerpflichtig behandelt werden können (BFH vom 22.12.2011, AO-StB 2012, 72).

Das **generelle Verbot der echten Rückwirkung** von belastenden Steuerrechtsgesetzen gilt nach der Rspr. dann nicht, wenn seitens des StPfl. **kein schutzwürdiges Interesse** besteht. Für das Fehlen eines schutzwürdigen Interesses hat die Rspr. in den vergangenen Jahren folgende **Fallgruppen** entwickelt: Eine echte Rückwirkung ist demnach auch zulässig, wenn der Bürger nach der rechtlichen Situation in dem Zeitpunkt, auf den der Eintritt der Rechtsfolge zurück bezogen wird, mit dieser Regelung **rechnen musste**[19], wenn das

---

17 Vgl. ausführlich *Hübschmann/Hepp/Spitaler*, AO, § 4 Rz. 710 ff.
18 Der 2. Senat des BVerfG hat in diesem Zusammenhang die neuen Kategorien »Rückbewirkung von Tatsachen« und »tatbestandliche Rückanknüpfung« entwickelt; diese weichen jedoch in der Sache von der herkömmlichen Unterscheidung nicht ab; vgl. *Sachs* in Sachs, GG, Art. 20 Rz. 132 m.w.N.
19 Ob ein laufendes Gesetzgebungsverfahren beim heutigen Tohuwabohu der Steuergesetzgebung tatsächlich ein sachgerechtes Merkmal ist, scheint zweifelhaft, da die Rechtfertigungsschwelle für den Gesetzgeber dann derart niedrig liegt, dass der rechtsstaatliche gebotene Vertrauensschutz nahezu leer läuft.

geltende Recht **unklar und verworren** ist, wenn der Bürger sich nicht auf den durch eine ungültige Norm erzeugten **Rechtsschein** verlassen darf und wenn **zwingende Gründe des Gemeinwohls, die dem Gebot der Rechtssicherheit übergeordnet sind,** die Rückwirkung rechtfertigen. Da das geltende Steuerrecht in weiten Teilbereichen unklar und verworren ist, kommt dem Gesetzgeber weitestgehend ein Freibrief zu, ob er belastende Steuergesetze rückwirkend in Kraft setzen möchte.[20]

3.5 Gesetzesanwendung

Bei der Gesetzesanwendung, d.h. der **Subsumtion** eines steuerlich relevanten Sachverhalts unter eine bestimmte Rechtsvorschrift, gelten für die Auslegung einzelner Rechtsvorschriften die allgemeinen Auslegungsregeln (AEAO zu § 4). Als Ziel der Auslegung ist der **Wille des Gesetzgebers** zu erforschen. Als Auslegungsmethoden kommt dabei primär der Wortlaut des Gesetzes (**grammatikalische Auslegung**), aber auch der Sinnzusammenhang (**systematische Auslegung**), der Gesetzeszweck (**teleologische Auslegung**) sowie die Entstehungsgeschichte (**historische Auslegung**) in Betracht. Die AO selbst gibt keiner der möglichen Auslegungsmethoden den Vorrang. Der BFH wendet die verschiedenen Methoden parallel an (vgl. BFH vom 11.01.2005, BStBl II 2005, 433 zur Berücksichtigung der Freigrenze des § 23 Abs. 3 S. 5 EStG vor der Durchführung eines Verlustrücktrags gem. § 23 Abs. 3 S. 8 EStG).

Ist der Wortlaut einer Norm eindeutig, bedarf es regelmäßig keiner Auslegung.

> **Beispiel 1a: Anforderungen bei der Ausfuhrlieferung – Belegnachweis**
> Der vom Unternehmer bei Ausfuhrlieferungen beizubringende Belegnachweis unterliegt der Nachprüfung durch die Finanzverwaltung. Die in § 6 Abs. 4 UStG i.V.m. §§ 8 ff. UStDV aufgeführten Belegnachweise sind klar – und abschließend – formuliert: Sie können vom FA nicht um weitere Voraussetzungen, wie z.B. das Erfordernis, die Bevollmächtigung eines für den Abnehmer handelnden Beauftragten belegmäßig nachzuweisen, verschärft werden (BFH vom 23.04.2009, BStBl II 2010, 509).

Eine Auslegung gegen den ausdrücklichen Wortlaut kommt nur in Ausnahmefällen in Betracht, insbes. wenn eine wortgetreue Auslegung zu einem sinnwidrigen Ergebnis führen würde und der Schluss gerechtfertigt wäre, dass der gesetzgeberische Wille planwidrig umgesetzt wurde (BFH vom 12.12.2007, BStBl II 2008, 344). Ob in diesem Zusammenhang auch eine Auslegung gegen den klaren Wortlaut zu Lasten des StPfl. möglich ist oder ob insoweit ein **steuerverschärfendes Analogieverbot** besteht, ist umstritten. Nach Auffassung der Rspr. dürfen über den möglichen Wortsinn einer Vorschrift hinaus keine Steuertatbestände geschaffen oder ausgeweitet werden (vgl. BFH vom 21.07.1999, BStBl II 1999, 832 m.w.N.). Die Gegenmeinung[21] verkennt, dass es allein dem Gesetzgeber obliegt, steuerliche Tatbestände zu schaffen bzw. auszuweiten.

Im Rahmen der Gesetzesauslegung ist auch die **wirtschaftliche Betrachtungsweise** zu beachten, wonach für die Anwendung des Steuerrechts nicht das formal erklärte oder

---

20 Vgl. ausführlich zum Ganzen *Hübschmann/Hepp/Spitaler*, AO, § 4 Rz. 710 ff.; *Hey*, Steuerplanungssicherheit als Rechtsproblem, Habil., Köln 2002, 203 ff.
21 Vgl. ausführlich *Tipke/Kruse*, AO, § 4 Rz. 360 m.w.N.

formalrechtlich bestehende, sondern das wirtschaftlich gewollte maßgebend ist (AEAO zu § 4, vgl. auch BFH vom 20.01.2009, BStBl II 2009, 532).[22]

3.6 Ermessensausübung (§ 5 AO)

Steuertatbestände enthalten im Regelfall **keine Ermessensermächtigung**. Ansprüche aus dem Steuerschuldverhältnis entstehen ermessensunabhängig, sobald der Tatbestand verwirklicht ist, an den das Gesetz die Leistungspflicht anknüpft (§ 38 AO). Andererseits enthält das steuerliche Verfahrensrecht zahlreiche Vorschriften, bei denen die Finanzbehörde im Rahmen bestimmter Grenzen und zur Erreichung eines bestimmten Zwecks ihr Verhalten selbst bestimmen darf, ihr also ein **Ermessensgebrauch** eingeräumt wird. Innerhalb dieser Grenzen sind dann verschiedene Entscheidungen möglich, die allesamt ermessensfehlerfrei und damit rechtmäßig sein können. Ermessensentscheidungen liegen vor, wenn die Finanzbehörde bei Vorliegen der Tatbestandsvoraussetzungen zwischen verschiedenen Rechtsfolgen wählen kann. Dies geschieht gesetzestechnisch insb. durch die Formulierung »**kann**« (z.B. § 152 Abs. 1 S. 1 AO), »**ist berechtigt**« (z.B. § 31 Abs. 3 AO) oder »**ist befugt**« (z.B. § 287 Abs. 1 AO). Wählt der Gesetzgeber anstelle des »kann« ein »soll« (z.B. in § 361 Abs. 2 S. 2 AO), ist der Ermessensgebrauch bereits **eingeschränkt**: »soll« bedeutet, dass die Finanzbehörde die ausgesprochene Rechtsfolge im Regelfall wählen muss, hiervon aber in **atypischen Ausnahmefällen** absehen kann. Bei »Muss«-Vorschriften hat das FA dagegen keinerlei Spielraum.

Ein Ermessen wird der Finanzbehörde nicht auf der Tatbestandsseite einer Norm, sondern auf der Rechtsfolgenseite eingeräumt, d.h. die Rechtsfolge wird in das Ermessen der Behörde gestellt, wenn der Tatbestand erfüllt ist.

Bei der Ermessensausübung hat die Finanzbehörde das Ermessen entsprechend dem **Zweck der Ermächtigung** auszuüben und die gesetzlichen Grenzen des Ermessens einzuhalten (§ 5 AO). Die wenig aussagekräftige Vorschrift bestimmt, dass bei der Ermessensausübung neben etwaigen Verwaltungsvorschriften, die die Ausübung des Ermessens regeln[23], auch die Grundsätze der Gleichmäßigkeit der Besteuerung, der Verhältnismäßigkeit der Mittel, der Erforderlichkeit, der Zumutbarkeit, der Billigkeit und von Treu und Glauben sowie das Willkürverbot und das Übermaßverbot zu beachten sind (AEAO zu § 5 Nr. 1; nach dem Grundsatz der Verhältnismäßigkeit muss das vom FA eingesetzte Mittel **geeignet und erforderlich** sein, um den erstrebten Zweck zu erreichen (BFH vom 25.10.2007, BFH/NV 2008, 189)). Die Finanzbehörden können dementsprechend nicht nach Gutdünken entscheiden. Das Ergebnis einer Ermessensausübung muss erkennbar Ausprägung pflichtgemäßen Ermessens sein (BFH vom 28.09.2011, BStBl II 2012, 395). Die Interessen des Einzelnen und die Interessen des Fiskus müssen nach Recht und Billigkeit gegeneinander abgewogen werden. Bei Abwägung der verschiedenen Umstände kann sich auch ergeben, dass der Ermessensspielraum so eingeengt ist, dass nur eine einzige Entscheidung ermessensgerecht ist. In diesen Fällen spricht man von einer **Ermessensreduzierung auf Null**.

---

22 Beteiligt sich z.B. ein Kapitalanleger an einem sog. Schneeballsystem, mit dem ihm vorgetäuscht wird, in seinem Auftrag und für seine Rechnung würden Geschäfte auf dem Kapitalmarkt getätigt, ist der vom Anleger angenommene Sachverhalt der Besteuerung zugrunde zu legen (BFH vom 28.10.2008, BStBl II 2009, 190).

23 So z.B. die Verwaltungsanweisung über Steuerstundung und Steuererlass aus sachlichen Billigkeitsgründen nach §§ 163, 222, 227 AO betr. die ertragsteuerliche Behandlung von Sanierungsgewinnen, BMF vom 27.03.2003, BStBl I 2003, 240 (Beck'sche Erlasse 800, § 163/5).

Beispiel 2: Ermessensreduzierung auf Null
Bei der Bearbeitung der ESt des Klamm kommt es im FA zu einem Tippfehler bei der Datenerfassung. Klamm erhält daraufhin einen ESt-Bescheid mit einer Zahlungsaufforderung, die um ein Vielfaches die zutreffende Steuerschuld übersteigt. Als Klamm von der Vollstreckungsstelle des FA erfährt, dass sein eingelegter Rechtsbehelf die Vollziehung des Steuerbescheides nicht hindert, beantragt er umgehend die Aussetzung der Vollziehung gem. § 361 Abs. 2 AO. Kann das FA die Aussetzung der Vollziehung unter Hinweis auf sein Ermessen ablehnen?

Lösung: Aufgrund des offensichtlichen Fehlers bei der Datenerfassung bestehen an der Rechtmäßigkeit des ESt-Bescheides ernstliche Zweifel. Das FA »soll« daher auf Antrag die Vollziehung des Bescheides aussetzen (§ 361 Abs. 2 S. 2 AO). Durch die Formulierung »soll« stellt der Gesetzgeber klar, dass bei Vorliegen ernstlicher Zweifel im Regelfall auszusetzen ist, wenn nicht ein atypischer Ausnahmefall vorliegt. Vorliegend wäre jede andere Entscheidung über den AdV-Antrag als die sofortige Aussetzung in vollem Umfange **ermessensfehlerhaft**, da der Steuerbescheid offensichtlich rechtswidrig ist. Das Ermessen der Finanzbehörde bei der Entscheidung über den AdV-Antrag ist insoweit **auf Null reduziert**.

Von Ermessensvorschriften zu unterscheiden ist der **unbestimmte Rechtsbegriff**; ein unbestimmter Rechtsbegriff liegt vor, wenn das Gesetz auf der Tatbestandsseite einer Norm einen Begriff verwendet, der nicht genau abgrenzbare Merkmale enthält (z.B. »offenbare Unrichtigkeiten« bei § 129 AO, »unbillig« bei § 227 AO). Unbestimmte Rechtsbegriffe gewähren keinen Ermessensspielraum, sondern müssen **durch Auslegung präzisiert** werden. Im Gegensatz zu Ermessensentscheidungen können die Gerichte die Auslegung eines unbestimmten Rechtsbegriffes **uneingeschränkt überprüfen**.

Bei der Ermessensausübung ist in einem zweistufigen Programm zwischen dem **Entschließungsermessen** und dem **Auswahlermessen** zu unterscheiden. Auf der **ersten Stufe** (Entschließungsermessen) hat die Finanzbehörde zu entscheiden, **ob** eine gesetzlich angeordnete Rechtsfolge eintreten soll, z.B. bei der Festsetzung eines Verspätungszuschlags (§ 152 Abs. 1 AO) oder bei der Einleitung eines Ordnungswidrigkeitenverfahrens (§ 410 AO i.V.m. § 47 Abs. 1 S. 1 OWiG). Auf der **zweiten Stufe** (Auswahlermessen) ist zwischen verschiedenen Rechtsfolgen zu wählen, z.B. bei der Bestimmung der Höhe des festzusetzenden Zwangsgeldes (§ 152 Abs. 1 AO) oder bei der Auswahl zwischen verschiedenen Haftungsschuldnern (§§ 191 Abs. 1, 44 Abs. 1 AO). Das Beispiel Zwangsgeld macht deutlich, dass Entschließungs- und Auswahlermessen auch kumulativ vorliegen können, wenn die Finanzbehörde sowohl über das »**Ob**«, als auch über das »**Wie**« einer Rechtsfolge entscheiden muss.

Sofern der Finanzbehörde ein Ermessensgebrauch eingeräumt wird, sind (mit Ausnahme der Fälle einer Ermessensreduzierung auf Null) verschiedene rechtmäßige Entscheidungen möglich. Ermessensentscheidungen sind daher **gerichtlich nur eingeschränkt nachprüfbar** (§ 102 FGO). Die Finanzgerichte prüfen, ob die Ermessensentscheidung der Finanzbehörde rechtswidrig war. Sie dürfen dabei aber nicht ihr eigenes Ermessen an die Stelle des Ermessens der Finanzbehörde setzen, sondern können die Ermessensentscheidung der Finanzbehörde nach ständiger Rspr.[24] nur dahingehend untersuchen, ob

- die für die Ausübung des Ermessens vom Gesetz gezogenen Grenzen überschritten sind (**Ermessensüberschreitung**) oder

---

[24] Vgl. z.B. BFH vom 26.07.2005, BStBl II 2005, 814.

- ob innerhalb dieser Grenzen das Ermessen fehlerhaft ausgeübt worden ist (**Ermessensfehlgebrauch**).

Übt die Finanzbehörde das ihr eingeräumte Ermessen nicht im erforderlichen Maße oder überhaupt nicht aus, spricht man von **Ermessensunterschreitung bzw. Ermessensausfall**; in diesen Fällen ist der VA ebenfalls rechtswidrig.

Beispiel 3: Die drohende Insolvenz
Unternehmer Raffke erhält im Anschluss an eine Betriebsprüfung diverse Steuerbescheide, die zu erheblichen Steuernachforderungen führen. Raffke legt gegen die Bescheide Einspruch ein und beantragt gleichzeitig die AdV, da die Bescheide rechtswidrig seien und die Vollziehung der Bescheide für sein Unternehmen eine unbillige Härte bedeuteten. Der zuständige Sachbearbeiter in der Veranlagung teilt Raffke in einem Ablehnungsbescheid mit, dass »nach telefonischer Rücksprache mit dem zuständigen Betriebsprüfer mit den Bescheiden alles in Ordnung sei und eine AdV daher nicht in Betracht komme«. Raffke wendet sich daraufhin unmittelbar an das zuständige Finanzgericht, weil die Vollstreckung droht (§ 69 Abs. 3, Abs. 4 Nr. 2 FGO). Kann das Finanzgericht die Ermessensausübung des FA überprüfen?

Lösung: Das FA soll die Vollziehung aussetzen, wenn ernstliche Zweifel an der Rechtmäßigkeit des angefochtenen VA bestehen oder wenn die Vollziehung für den Betroffenen eine unbillige, nicht durch überwiegende öffentliche Interessen gebotene Härte zur Folge hätte (§ 361 Abs. 2 S. 2 AO). Vorliegend hat der für die Entscheidung über den AdV-Antrag zuständige Sachbearbeiter sein Ermessen nicht ausgeübt, sondern sich allein an der Aussage des Betriebsprüfers orientiert, die i.Ü. auf die Tatbestandsvoraussetzung »unbillige Härte« in § 361 AO nicht eingeht; es liegt eine **Ermessensunterschreitung** (Ermessensausfall) vor, die die Ablehnung des AdV-Antrags rechtswidrig macht. Das FG wird die Entscheidung des FA gem. §§ 101, 102 FGO aufheben und die Sache an das FA zurückverweisen, um diesem eine erneute Entscheidung über den AdV-Antrag zu ermöglichen. Zu einer eigenen Ermessensentscheidung ist das FG selbst nicht befugt.

Für die gerichtliche Überprüfung einer Ermessensentscheidung sind nicht die Verhältnisse im Zeitpunkt der gerichtlichen Entscheidung, sondern die Verhältnisse im Zeitpunkt der **letzten behördlichen Entscheidung** maßgeblich (BFH vom 28.09.2011, BStBl II 2012, 395). Im finanzgerichtlichen Verfahren kann das FA seine Ermessenserwägungen zwar gem. § 102 S. 3 FGO bis zum Schluss der letzten mündlichen Verhandlung ergänzen; sie darf aber nicht die Begründung vollständig nachholen oder austauschen, d.h. ihr Ermessen erstmals ausüben.[25]

3.7 Grundsatz von Treu und Glauben

Der Grundsatz von Treu und Glauben (vgl. §§ 157, 242 BGB) gilt als allgemeiner Rechtsgrundsatz auch im Steuerrecht. Er besagt, dass **in einem konkreten Steuerschuldverhältnis** sowohl der Bürger als auch die Behörde auf die berechtigten Belange des anderen **Rücksicht nehmen müssen** und sich zu ihrem eigenen, früheren Verhalten, auf das der andere vertraut hat, nicht in Widerspruch setzen dürfen. Allgemein formuliert muss die Behörde oder der Bürger durch ein bestimmtes Verhalten einen **Vertrauenstatbestand gesetzt** haben, aufgrund

---

25 Dies gebietet auch der Wortlaut der Vorschrift, denn »Ergänzen« heißt nicht »Nachholen«; vgl. *Kühn/von Wedelstädt*, AO, § 5 Rz. 39 mit Hinweisen auf die Rspr.

dessen der andere Teil **vertraut** und eine bestimmte **wirtschaftliche Disposition** getätigt hat. Behörde und Bürger sind dementsprechend beide zu »**konsequentem Verhalten**« verpflichtet.[26] Das Verbot des »venire contra factum proprium« gilt auch im Steuerrecht (BFH vom 05.11.2009, BStBl II 2010, 721). Der Grundsatz von Treu und Glauben ist als solcher in der AO nicht ausdrücklich normiert. Ein gesetzlicher Hinweis auf den Grundsatz findet sich allenfalls in § 176 AO für die Korrektur von Steuerbescheiden.

Die verfassungsrechtlich verankerte Bindung der Verwaltung an Recht und Gesetz (Art. 20 Abs. 3 GG) rechtfertigt eine Abweichung von der Anwendung der Gesetze (§ 4 AO) nur in Ausnahmefällen. Durch den Grundsatz von Treu und Glauben können selbständige Rechte und Pflichten des Steuerbürgers weder entstehen noch erlöschen (BFH vom 30.07.1997, BStBl II 1998, 33). Allenfalls kann ein bestehendes **Steuerrechtsverhältnis modifiziert** werden. Zu einer Verdrängung gesetzten Rechts kann es demnach nur in besonders gelagerten Fällen kommen, in denen das Vertrauen des StPfl. in ein bestimmtes Verhalten der Verwaltung nach allgemeinen Rechtsgefühl in einem so hohen Maß schutzwürdig ist, dass demgegenüber die Grundsätze der Rechtmäßigkeit der Verwaltung zurücktreten müssen (BFH vom 05.09.2000, BStBl II 2000, 676).

Im Zusammenhang mit dem Grundsatz von Treu und Glauben ist zu beachten, dass bei den laufend zu veranlagenden Steuern aufgrund des **Prinzips der Abschnittsbesteuerung** das FA an seine Rechtsauffassung in vergangenen Jahren nicht gebunden ist (BFH vom 30.03.2011, BStBl II 2011, 613; AEAO zu § 85 Nr. 2). Eine als falsch erkannte Rechtsauffassung darf und muss das FA so früh als möglich korrigieren. Der Grundsatz von Treu und Glauben rechtfertigt ferner **keine Gleichheit im Unrecht**. Ein StPfl. kann sich demnach nicht darauf berufen, dass ein rechtswidriges Verhalten des FA bei einem anderen StPfl. auch bei ihm zu einem nicht gerechtfertigten Steuervorteil führen müsse.[27]

Der **Grundsatz von Treu und Glauben sollte in der Fallbearbeitung nur mit Vorsicht** herangezogen werden. In den Prüfungsaufgaben der Steuerberaterprüfung wird er in aller Regel keine Rolle spielen. Keinesfalls darf der Grundsatz immer dann strapaziert werden, um ein bestimmtes Ergebnis der Falllösung, das dem Rechtsempfinden des Fallbearbeiters widerspricht, zu korrigieren.

3.7.1 Verbindliche Auskunft

Grundsätzlich sind vom FA vor oder im Veranlagungsverfahren erteilte allgemeine Rechtsauskünfte **unverbindlich**, da nach § 89 AO über das Entstehen von Steueransprüchen erst im Steuerfestsetzungsverfahren entschieden wird.

Verbindliche Auskunftserteilungspflichten des FA für die künftige Behandlung eines bestimmten steuerlichen Sachverhalts bestehen im Allgemeinen nicht; allerdings gibt es von diesem Grundsatz **einige praxisrelevante Ausnahmen**: Solche Ausnahmen gelten im Rahmen einer Anrufungsauskunft bei der LSt nach § 42e EStG, bei der verbindlichen Zusage im Anschluss an eine Betriebsprüfung nach §§ 204 ff. AO und bei einer verbindlichen Zolltarifauskunft nach Art. 12 ZK. Der Bundesfinanzhof hat allerdings in ständiger Rspr. bestätigt, dass ein FA nicht gehindert ist, »freiwillig« eine Auskunft über die künftige steuerliche Behandlung

---
26 *Tipke/Kruse*, AO, § 4 Rz. 139; BFH vom 10.11.1987, BStBl II 1988, 41.
27 Ausführlich *Kirchhof*, Gleichheit in der Funktionsordnung, Handbuch des Staatsrechts der Bundesrepublik Deutschland, Band 5, 1002.

bestimmter Sachverhalte zu erteilen. Das FA ist dann nach den Grundsätzen von Treu und Glauben gebunden, wenn es einem StPfl. zugesichert hat, einen konkreten Sachverhalt, dessen steuerrechtliche Beurteilung zweifelhaft erscheint und der für die wirtschaftliche Disposition des StPfl. bedeutsam ist, bei der Besteuerung in einem bestimmten Sinn zu beurteilen.[28]

Ende 2006 hat der Gesetzgeber erstmals eine gesetzliche Grundlage für die verbindliche Auskunft im Besteuerungsverfahren geschaffen. Nach § 89 Abs. 2 S. 1 AO können die FÄ – und in Ausnahmefällen auch das Bundeszentralamt für Steuern – auf Antrag verbindliche Auskünfte über die steuerliche Behandlung von genau bestimmten, noch nicht verwirklichten Sachverhalten erteilen, wenn daran im Hinblick auf die erheblichen steuerlichen Auswirkungen ein besonderes Interesse besteht. Nähere Einzelheiten zu Form, Inhalt und Voraussetzungen des Antrags auf Erteilung einer verbindlichen Auskunft und zur Reichweite der Bindungswirkung sind in der **Steuer-Auskunftsverordnung** enthalten, die auf Grundlage von § 89 Abs. 2 S. 4 AO ergangen ist; weitere ausführliche Erläuterungen zur verbindlichen Auskunft – einschließlich Fragen zur Berechnung des Gegenstandswertes – sind auch im AEAO zu § 89 enthalten. Eine verbindliche Auskunft ist ein Verwaltungsakt i.S.d. § 118 AO und damit auch im Wege des Rechtsbehelfsverfahrens überprüfbar. Allerdings besteht im Rechtsbehelfsverfahren kein Anspruch auf einen bestimmten, rechtmäßigen Inhalt der Auskunft; das FG prüft den Inhalt einer erteilten verbindlichen Auskunft daher nur darauf, ob die rechtliche Einordnung des zutreffend erfassten Sachverhalts in sich schlüssig und nicht evident rechtsfehlerhaft ist. Wer mit dem Inhalt der erteilten Auskunft nicht einverstanden ist, muss demnach seine rechtlichen Bedenken regelmäßig im Einspruchsverfahren gegen den Steuerbescheid geltend machen; eine vorherige gerichtliche Überprüfbarkeit erfolgt nur mit der dargestellten Einschränkung (BFH vom 29.02.2012, BStBl II 2012, 651).

Zuständig für die Erteilung einer verbindlichen Auskunft ist nach § 89 Abs. 2 S. 2 AO das FA, das bei Verwirklichung des dem Antrag zugrunde liegenden Sachverhalts örtlich zuständig sein würde, und wenn im Zeitpunkt der Antragstellung noch kein inländisches FA zuständig ist, das Bundeszentralamt für Steuern.

Auch nach der nunmehr gesetzlichen Normierung steht die Erteilung einer verbindlichen Auskunft im **Ermessen** der Finanzbehörde (AEAO zu § 89 Nr. 3.5.4).

Kurz nach der Schaffung einer Rechtsgrundlage für verbindliche Auskunft hat der Gesetzgeber eine – an sich systemfremde – Gebührenpflicht für verbindliche Auskünfte in § 89 Abs. 3 bis 5 AO geschaffen.[29] Die Bearbeitungsgebühr ist gem. § 89 Abs. 3 S. 2 AO innerhalb eines Monats nach Bekanntgabe ihrer Festsetzung zu zahlen und richtet sich der Höhe nach nach dem Wert, den die verbindliche Auskunft für den Antragsteller hat (Gegenstandswert), § 89 Abs. 4 AO. Der Antragsteller hat den Gegenstandswert in seiner Anfrage selbst zu benennen (§ 89 Abs. 4 S. 2 und 3 AO). Die Gebühr bemisst sich dann entsprechend dem Gegenstandswert nach § 34 GKG i.V.m. § 89 Abs. 5 S. 1 AO, wobei der Mindestwert 5.000 € (§ 89 Abs. 5 S. 2 AO) und der Höchstwert 30 Mio. € beträgt (BMF vom 08.12.2006, BStBl I 2007, 66). Subsidiär wird gem. § 89 Abs. 4 S. 4 AO eine Zeitgebühr berechnet. Durch das Steuervereinfachungsgesetz vom 01.11.2011 (BGBl I 2011, 2131) wurde die Gebührenpflicht

---

28 BFH vom 21.06.2001, BFH/NV 2001, 1619.
29 Mit Ausnahme von Vollstreckungskosten war dem steuerlichen Verfahrensrecht bis dato eine Gebührenpflicht gänzlich fremd; auch im Einspruchsverfahren gilt der Grundsatz, dass jeder Beteiligte seine Kosten selbst trägt, und zwar unabhängig vom Ausgang des Einspruchsverfahrens (beachte aber § 139 Abs. 3 S. 3 FGO). Die Gebühr nach § 89 Abs. 3 AO ist nach Auffassung des BFH verfassungsgemäß (BFH vom 30.03.2011, AO-StB 2011, 163).

wieder eingeschränkt: Auf die Gebühr kann nunmehr ganz oder teilweise verzichtet werden, wenn die Erhebung nach Lage des einzelnen Falls unbillig wäre. Dies betrifft insb. den Fall, dass ein Antrag auf Erteilung einer verbindlichen Auskunft vor Bekanntgabe der Entscheidung der Finanzbehörde zurückgenommen wird. Bei einem Gegenstandswert kleiner als 10.000 € wird keine Gebühr erhoben, § 89 Abs. 5 S. 2 AO.

3.7.2 Tatsächliche Verständigung

Vereinbarungen zwischen dem StPfl. und dem FA über den der Besteuerung zugrunde liegenden Sachverhalt werden als »tatsächliche Verständigungen« bezeichnet. In Fällen **erschwerter Sachverhaltsermittlung** dient es unter bestimmten Voraussetzungen der Effektivität der Besteuerung und allgemein dem Rechtsfrieden, wenn sich die Beteiligten über die Annahme eines bestimmten Sachverhalts und über eine bestimmte Sachbehandlung einigen können (AEAO zu § 88 Nr. 1 letzter Satz; BFH vom 08.08.2008, BStBl II 2009, 121 und BMF vom 30.07.2008, BStBl I 2008, 831). Die Bindungswirkung einer derartigen Vereinbarung setzt nach ständiger Rspr. voraus, dass der Sachverhalt die Vergangenheit betrifft, die Sachverhaltsermittlung erschwert ist, auf Seiten des FA ein für die Entscheidung über die Steuerfestsetzung zuständiger Amtsträger beteiligt ist und die tatsächliche Verständigung nicht zu einem offensichtlich unzutreffenden Ergebnis führt (BFH vom 08.08.2008, a.a.O.). Zweck der tatsächlichen Verständigung ist es, zu jedem Zeitpunkt des Besteuerungsverfahrens hinsichtlich bestimmter **Sachverhalte**, deren Klärung schwierig, aber zur Festsetzung der Steuer notwendig ist, den möglichst zutreffenden Besteuerungssachverhalt i.S.d. § 88 der AO einvernehmlich festzulegen. Vergleiche über Steueransprüche sind demgegenüber wegen der Grundsätze der Gesetzmäßigkeit und Gleichmäßigkeit der Besteuerung nicht möglich (BFH vom 20.09.2007, BFH/NV 2008, 532). Diese Meinung verkennt allerdings, dass jede Einigung über Tatsachen im Ergebnis auch eine Einigung über die Rechtsfolgen, nämlich über die festzusetzende Steuer ist. Im Ergebnis – aber nicht hinsichtlich der formalen Voraussetzungen – toleriert damit auch die Rspr. eine Verständigung über Rechtsfragen.[30]

Für das FA ist die **tatsächliche Verständigung auch nur bindend**, wenn ein für die Veranlagung **zuständiger Beamter** beteiligt war; eine Vertretung durch den Betriebsprüfer ist entgegen einer in der Praxis häufig zu beobachtenden Gepflogenheit nicht zulässig (BFH vom 28.07.1993, BFH/NV 1994, 290). Eine bloß telefonisch erfolgte Absprache mit dem Veranlagungssachbearbeiter begründet ebenfalls keine rechtlich bindende tatsächliche Verständigung, sondern lediglich eine rechtlich unverbindliche Auskunft, soweit nicht ein beiderseitiger, ausdrücklicher Rechtsbindungswille festgestellt werden kann.

> **Beispiel 4: Mündlich zugesagt?**
> Gymnasiallehrer Klug macht in der ESt-Erklärung 2012 Werbungskosten für eine Fortbildungsreise nach Frankreich geltend. Das FA lehnt die Berücksichtigung der Aufwendungen nach Durchsicht der neuesten Rspr. mangels beruflicher Veranlassung ab. Klug beschwert sich daraufhin beim Vorsteher des FA, der Sachbearbeiter habe ihm bei Abgabe der Erklärung ausdrücklich zugesagt, dass er die Aufwendungen berücksichtigen werde. Im Übrigen hätte man bei seinen Kollegen die Aufwendungen ebenfalls steuerlich anerkannt. Aus den Akten des FA ergibt sich kein Hinweis auf das behauptete Gespräch zwischen dem Sachbearbeiter und Klug. Wie ist die Rechtslage?

---

30 Letztlich gesteht dies auch die Rspr. ein, wenn der BFH ausführt (Entscheidung vom 31.08.2009, BFH/NV 2010, 163), dass eine trennscharfe Abgrenzung zwischen Tatfrage und Rechtsfrage »nicht in allen Fällen nach abstrakten Maßstäben im Vorhinein möglich ist«.

Lösung: Eine Verpflichtung zur Anerkennung der Aufwendungen für die Fortbildungsreise könnte sich aus dem Grundsatz von Treu und Glauben ergeben. Fraglich ist, ob die behauptete mündliche Auskunft des Sachbearbeiters als verbindliche Zusage zu werten ist. Nach der Rspr. kann eine verbindliche Zusage nicht nur schriftlich, sondern auch mündlich und sogar telefonisch erteilt werden (BFH vom 14.07.1992, BFH/NV 1993, 99). Allerdings spricht bei mündlichen Äußerungen eines Sachbearbeiters eine **Vermutung gegen den Rechtsbindungswillen**, da sich das FA nur im Ausnahmefall verbindlich zur Behandlung bestimmter Rechtsfragen im nachfolgenden Besteuerungsverfahren äußern wird. Eine verbindliche Zusage liegt damit nicht vor. Klug kann auch nicht geltend machen, dass die Aufwendungen bei anderen StPfl. anerkannt wurden. Klug hat keinen Anspruch auf eine gesetzeswidrige Behandlung (»keine Gleichheit im Unrecht«).

Es müssen also alle Beteiligten der tatsächlichen Verständigung mit eindeutigem **Rechtsbindungswillen** gehandelt haben, damit die Verständigung rechtsverbindlich wird. Zusammenfassend formuliert gilt (BFH vom 07.07.2004, BStBl II 2004, 975): Die Bindungswirkung einer tatsächlichen Verständigung setzt voraus, dass sie sich auf Sachverhaltsfragen – nicht aber auf Rechtsfragen – bezieht, der Sachverhalt die Vergangenheit betrifft, die Sachverhaltsermittlung erschwert ist, auf Seiten der Finanzbehörde ein für die Entscheidung über die Steuerfestsetzung zuständiger Amtsträger beteiligt ist und die tatsächliche Verständigung nicht zu einem offensichtlich unzutreffenden Ergebnis führt.

3.7.3 Verwirkung

Die Verwirkung ist ebenfalls ein Anwendungsfall des Grundsatzes von Treu und Glauben. Sie wird definiert als »**illoyale Verspätung**« (vgl. BFH vom 28.01.2009, BFH/NV 2009, 429), d.h. neben einer zeitweiligen Untätigkeit des Anspruchsberechtigten muss der Verpflichtete darauf vertrauen dürfen, dass er vom Berechtigten nicht mehr in Anspruch genommen wird. Allerdings gehen die Finanzgerichte nur in **seltenen Ausnahmefällen** von einer Verwirkung von Ansprüchen der Finanzbehörden aus. Wird ein Einspruch über nahezu zehn Jahre im FA nicht bearbeitet, kann der StPfl. gleichwohl nach der Rspr. nicht davon ausgehen, dass das FA den Steueranspruch aufgegeben hat. Auch eine überlange Verfahrensdauer führt grundsätzlich nicht dazu, dass der Steueranspruch verwirkt ist (BFH vom 01.04.2009, BFH/NV 2009, 1135). Ob allerdings nach fast zehnjähriger Unterbrechung einer Steuerfahndungsprüfung Steuerbescheide noch geändert werden dürfen, ist aus Sicht des FG Rheinland-Pfalz (AO-StB 2011, 41) durchaus zweifelhaft (AdV-Antrag wurde deshalb stattgegeben).

3.8 Amtsträger

Der Begriff des **Amtsträgers** ist z.B. relevant für den Anwendungsbereich des Steuergeheimnisses (§ 30 AO) oder für den Zeitpunkt, bis zu dem eine strafbefreiende Selbstanzeige möglich ist (§ 371 Abs. 2 Nr. 1c AO). Amtsträger sind Beamte und Richter sowie die in § 7 Nr. 2 und 3 AO genannten Personenkreise. Die Angehörigen der steuerberatenden Berufe sind keine Amtsträger. Amtsträger sind infolge der Haftungsbeschränkung nach § 32 AO im Innenverhältnis gegenüber dem Dienstherrn vor Schadensersatzansprüchen weitestgehend geschützt. Ansprüche des StPfl. wegen Amtspflichtverletzung gegen den Staat (d.h. im Außenverhältnis) nach Art. 34 GG, § 839 BGB werden durch die Vorschrift des § 32 AO nicht berührt.

3.9 Wohnsitz und gewöhnlicher Aufenthalt (§§ 8 f. AO)[31]

Die Begriffe des **Wohnsitzes** (§ 8 AO) und des **gewöhnlichen Aufenthalts** haben vor allem Bedeutung für die persönliche Steuerpflicht natürlicher Personen (§ 1 EStG, § 2 ErbStG)[32], für familienbezogene Entlastungen (z.B. § 10 Abs. 1 Nr. 1 EStG) und für die Zuständigkeit der Finanzbehörden (z.B. § 19 AO).

3.9.1 Wohnsitz (§ 8 AO)

Gem. § 8 AO hat eine natürliche Person ihren Wohnsitz dort, wo sie eine Wohnung unter Umständen innehat, die darauf schließen lassen, dass sie die Wohnung beibehalten und benutzen wird. Nicht erforderlich ist, dass sich der Mittelpunkt der Lebensinteressen am Ort der Wohnung befindet (BFH vom 09.11.2005, DStRE 2006, 321). Die Bestimmung stellt allein auf die tatsächlichen Verhältnisse ab (**objektiver Wohnsitzbegriff**); ein gegenteiliger Wille ist ebenso unerheblich wie die Frage, wo die Person ihren melderechtlichen Wohnsitz hat. Aus diesem Grund können auch Geschäftsunfähige oder beschränkt Geschäftsfähige ohne Einwilligung ihres gesetzlichen Vertreters einen steuerlichen Wohnsitz begründen.

Wohnung i.S.d. § 8 AO sind objektiv zum dauerhaften Wohnen geeignete, abgeschlossene Räume, die die Führung eines selbständigen Haushalts ermöglichen. Entscheidend für das Vorliegen einer Wohnung ist die **Verkehrsauffassung**; im Einzelfall können auch ein möbliertes Zimmer und eine Hotelunterkunft als Wohnung ausreichen (BFH vom 19.07.1951, BStBl III 1951, 176).

Der StPfl. muss die Wohnung zudem **innehaben**, d.h. er muss tatsächlich über sie verfügen können und sie als Bleibe nicht nur vorübergehend benutzen (AEAO zu § 8 Nr. 4).[33] Anhaltspunkt für das Innehaben einer Wohnung kann u.a. die Sechsmonatsfrist in § 9 S. 2 AO sein (BFH vom 30.08.1989, BStBl II 1989, 956). Ehegatten haben einen gemeinsamen Wohnsitz dort, wo die Familie wohnt, solange die Ehegatten nicht getrennt leben. Die Rspr. zum Innehaben einer Wohnung ist von einer besonderen Kasuistik geprägt.[34] Entscheidende Abgrenzungsmerkmale lassen sich der Rspr. kaum entnehmen.

Ein StPfl. kann – im Gegensatz zum Zivilrecht – auch mehrere Wohnsitze haben (BFH vom 19.03.1997, BStBl II 1997, 447). Regelmäßig stellen die Steuergesetze (z.B. § 1 EStG) darauf ab, ob der StPfl. zumindest »auch« einen Wohnsitz im Inland hat.

3.9.2 Gewöhnlicher Aufenthalt (§ 9 AO)

Der gewöhnliche Aufenthalt gem. § 9 AO hat nur Bedeutung, wenn nicht bereits ein inländischer Wohnsitz besteht (vgl. § 1 Abs. 1 S. 1 EStG). Auch wenn ein StPfl. im Inland keinen Wohnsitz (mehr) hat, kann er hier noch seinen gewöhnlichen Aufenthalt haben. Den gewöhnlichen Aufenthalt hat jemand dort, wo er sich unter Umständen aufhält, die erkennen lassen, dass er an diesem Ort oder in diesem Gebiet nicht nur vorübergehend

---

31 Vgl. die intensive Diskussion im internationalen StR *Preißer*, Band 1, Teil D, Kap. I 2.2.3 (Schema).
32 Vgl. *Preißer*, Band 1, Teil A, Kap. I 3.1 und 3.2.
33 Ausführlich *Preißer*, Band 1, Teil A, Kap. I 3.1.
34 So lässt der BFH (Urteil vom 23.11.1989, BStBl II 1989, 182) einen jährlich zweimaligen Aufenthalt von je vier bis sechs Wochen während der Rehwildjagd als Voraussetzung für einen Wohnsitz genügen, nicht aber ein nur gelegentliches Verweilen während unregelmäßig aufeinander folgender kurzer Zeiträume zu Erholungszwecken.

verweilt (§ 9 S. 1 AO). Ein inländischer **Aufenthalt von mehr als sechs Monaten indiziert unwiderlegbar** die Vermutung für einen gewöhnlichen Aufenthalt (§ 9 S. 2 AO); ein kürzeres Verweilen im Inland ist ausreichend, wenn von vornherein ein längerfristiger Aufenthalt geplant war. § 9 S. 3 AO schließt die Sechs-Monats-Vermutung aus, wenn der Aufenthalt ausschließlich zu Besuchs-, Erholungs-, Kur- oder ähnlichen Privatzwecken erfolgt und nicht länger als ein Jahr dauert. **Grenzpendler**, die unter Benutzung einer im Ausland gelegenen Wohnung ihre Tätigkeit im Inland ausüben, haben ihren gewöhnlichen Aufenthalt nicht im Inland, sondern im Wohnsitzstaat (AEAO zu § 9 Nr. 2).

Ein StPfl. kann mehrere steuerliche Wohnsitze, aber nur einen gewöhnlichen Aufenthalt haben (BFH vom 25.01.1989, BStBl II 1990, 687; AEAO zu § 9 Nr. 3).

3.10 Geschäftsleitung und Sitz (§§ 10 f. AO)

Geschäftsleitung und Sitz sind – parallel zu Wohnsitz und gewöhnlichem Aufenthalt bei natürlichen Personen – bedeutend für die Steuerpflicht von Körperschaften, Personenvereinigungen und Vermögensmassen nach dem KStG sowie für die Zuständigkeit der Finanzbehörden (§§ 18, 20 AO). Dabei stehen beide Begriffe bei § 1 Abs. 1 KStG gleichrangig neben einander, während für die Frage der Zuständigkeit nach dem Wortlaut von § 20 AO nur subsidiär auf den Sitz abzustellen ist (FG München vom 03.12.1997, EFG 1998, 836). Für die Anwendung der DBA ist der Ort der Geschäftsleitung ebenfalls von grundlegender Bedeutung, als diese Abkommen das Besteuerungsrecht primär demjenigen Staat zurechnen, in dem die Körperschaft ihre Geschäftsleitung oder bei fehlender Geschäftsleitung in einem Vertragsstaat ihren Sitz hat.

3.10.1 Geschäftsleitung (§ 10 AO)

Ort der Geschäftsleitung ist der Mittelpunkt der geschäftlichen Oberleitung (§ 10 AO), d.h. der Ort, an dem die für das Unternehmen maßgeblichen Entscheidungen (»**Tagesgeschäfte**«) getroffen werden, wo sich also die Büroräume befinden, die für die Geschäftsleitung bestimmt sind (vgl. BFH vom 16.12.1998, BStBl II 1999, 437). Bei juristischen Personen richtet sich der Ort danach, wo der Geschäftsführer den für die Geschäftsführung maßgeblichen Willen bildet. **Organgesellschaften** haben einen eigenen Ort der Geschäftsleitung, der mit dem Ort der Geschäftsleitung des Organträgers zusammenfallen kann (BFH vom 07.12.1994, BStBl II 1995, 175).

3.10.2 Sitz (§ 11 AO)

Der Sitz einer Körperschaft, Personenvereinigung oder Vermögensmasse richtet sich nicht nach den tatsächlichen Verhältnissen, sondern nach der rechtlichen Gestaltung. Maßgeblich ist insoweit die gesetzliche oder gesellschaftsrechtliche Regelung, etwa in § 80 S. 3 BGB (subsidiäre gesetzliche Bestimmung des Sitzes einer Stiftung), § 4a GmbHG (Sitzbestimmung durch Gesellschaftsvertrag) oder § 5 AktG (Sitzbestimmung durch Satzung). Ein fiktiver Sitz ist steuerlich gem. § 41 Abs. 2 S. 1 AO als **Scheinsitz** nicht anzuerkennen (sog. **Briefkastendomizil**). Sitz und Ort der Geschäftsleitung können zusammen fallen, sich aber auch an verschiedenen Orten befinden.

3.11 Betriebsstätte und ständiger Vertreter (§§ 12 f. AO)

Der Betriebsstättenbegriff ist vor allem für die **Zuordnung von Unternehmen** (erfasst werden damit nicht nur Gewerbetreibende, sondern auch Freiberufler und Land- und Forstwirte) zu Inland oder Ausland bzw. zu einer bestimmten Gemeinde sowie für die örtliche Zuständigkeit der Finanzbehörden (vgl. § 18 Abs. 1 Nr. 2 AO) entscheidend. Soweit DBA abweichende Regelungen enthalten[35], sind diese gem. § 2 AO vorrangig. Voraussetzung für eine Betriebsstätte ist eine **feste Geschäftseinrichtung oder Anlage**, die der Tätigkeit des Unternehmens dient. Dazu gehören auch bewegliche Geschäftseinrichtungen mit vorübergehend festem Standort, z.B. fahrbare Verkaufsstätten; besondere Räume oder gewerbliche Vorrichtungen sind nicht erforderlich. Ausführliche Erläuterungen zum Betriebsstättenbegriff enthält A 22 GewStR. § 12 S. 2 AO nennt verschiedene, nicht abschließende Beispiele für Betriebsstätten. Eine Betriebsstätte i.S.v. § 12 S. 1 AO erfordert ferner, dass der Unternehmer eine (nicht nur vorübergehende) **Verfügungsmacht** über die von ihm genutzte Geschäftseinrichtung oder Anlage hat; dies bedeutet, dass etwa ein bloßes Tätigwerden in den Räumlichkeiten eines Vertragspartners allein selbst dann nicht zur Begründung einer Betriebsstätte ausreicht, wenn die Tätigkeit über mehrere Jahre hinweg erfolgt (BFH vom 04.06.2008, BStBl II 2008, 922).

Einkünfte aus Gewerbebetrieb unterliegen der beschränkten Einkommensteuerpflicht, wenn im Inland zwar keine Betriebsstätte unterhalten wird, aber ein ständiger Vertreter für den Gewerbebetrieb bestellt ist (§ 49 Abs. 1 Nr. 2 Buchst. a EStG). **Ständiger Vertreter** (§ 13 AO) ist eine Person, die nachhaltig die Geschäfte eines Unternehmens besorgt und dabei dessen Sachweisungen unterliegt. Auf welcher Rechtsgrundlage das Weisungsverhältnis beruht (z.B. Angestelltenverhältnis), ist unerheblich. Nachhaltigkeit i.S.d. § 13 AO liegt vor, wenn die Tätigkeit planmäßig erfolgt und von einer gewissen Dauer ist. § 13 S. 2 AO enthält Beispielsfälle.

Eine Betriebsstätte i.S.v. § 12 S. 1 AO erfordert ferner, dass der Unternehmer eine (nicht nur vorübergehende) Verfügungsmacht über die von ihm genutzte Geschäftseinrichtung oder Anlage hat; dies bedeutet, dass etwa ein bloßes Tätigwerden in den Räumlichkeiten eines Vertragspartners allein selbst dann nicht zur Begründung einer Betriebsstätte ausreicht, wenn die Tätigkeit über mehrere Jahre hinweg erfolgt (BFH vom 04.06.2008, BStBl II 2008, 922).

3.12 Steuergeheimnis (§ 30 AO)

Nach § 30 Abs. 1 AO haben Amtsträger (§ 7 AO) das Steuergeheimnis zu wahren. Das Steuergeheimnis ist ein strafrechtlich bewehrtes (§ 355 StGB) **qualifiziertes Amtsgeheimnis**; es konkretisiert das Recht auf informationelle Selbstbestimmung (Art. 2 Abs. 1 GG) und ist das Gegenstück zu den umfangreichen Offenbarungs- und Mitwirkungspflichten des Steuerrechts (BVerfG vom 17.07.1984, BVerfGE 67, 100). Durch das Steuergeheimnis wird alles geschützt, was einem Amtsträger oder einer gleichgestellten Person in einem der in § 30 Abs. 2 Nr. 1 AO genannten Verfahren über den StPfl. oder eine andere Person bekannt geworden ist. Dabei macht es **keinen Unterschied**, ob diese Tatsachen für die Besteuerung **relevant** sind oder nicht. Das Steuergeheimnis erstreckt sich demnach auf die gesamten persönlichen, wirtschaftlichen, rechtlichen, öffentlichen und privaten Verhältnisse einer natürlichen oder juristischen Person. Zu den Verhältnissen zählen auch das Verwaltungsverfahren selbst, die Art der Beteiligung am Verwaltungsverfahren und die Maßnahmen, die vom Beteiligten

---

35 Vgl. Art. 5 OECD-Musterabkommen sowie zur Betriebsstätte *J. Schmidt*, Band 1, Teil D, Kap. III 2.2.

getroffen wurden. So unterliegt z.B. auch dem Steuergeheimnis, ob und bei welcher Finanzbehörde ein Beteiligter steuerlich geführt wird, ob ein Steuerfahndungsverfahren oder eine Außenprüfung stattgefunden hat, wer für einen Beteiligten im Verfahren aufgetreten ist und welche Anträge gestellt worden sind (AEAO zu § 30 Nr. 1).

Geschützt werden auch Personen, die freiwillig Angaben machen, z.B. **Denunzianten**[36] (BFH vom 07.12.2006, BStBl II 2007, 275). Der Begriff der geschützten Verhältnisse (§ 30 Abs. 2 Nr. 1 AO) ist weit auszulegen. Auch die Tatsache, ob eine bestimmte Person überhaupt steuerlich erfasst ist, unterliegt demnach dem Steuergeheimnis.

Aufgrund des Steuergeheimnisses hat ein StPfl. grundsätzlich auch kein Recht zu erfahren, wie ein anderer StPfl. besteuert wurde. Einen verfassungsunmittelbaren Auskunftsanspruch hinsichtlich der Besteuerung eines Konkurrenten im Wirtschaftsleben gibt es aber ausnahmsweise dann, wenn der StPfl. substantiiert und glaubhaft darlegt, durch eine aufgrund von Tatsachen zu vermutende oder zumindest nicht mit hinreichender Wahrscheinlichkeit auszuschließende unzutreffende Besteuerung eines Konkurrenten konkret feststellbare, durch Tatsachen belegte Wettbewerbsnachteile zu erleiden und gegen das FA mit Aussicht auf Erfolg ein subjektives öffentliches Recht auf steuerlichen Drittschutz geltend machen zu können.[37]

§ 30 Abs. 4 AO enthält verschiedene **Offenbarungstatbestände**, die die Durchbrechung des Steuergeheimnisses ausnahmsweise rechtfertigen. Die wichtigsten gesetzlich ausdrücklich normierten Offenbarungstatbestände (§ 30 Abs. 4 Nr. 2 AO) sind im AEAO zu § 30 Nr. 5 aufgezählt; zu ihnen gehören auch die in der AO selbst in §§ 31, 31a[38] und 31b AO genannten Vorschriften. Daneben ist eine Offenbarung gem. § 30 Abs. 4 Nr. 1 AO zulässig zur Durchführung des Besteuerungsverfahrens (auch Besteuerungsverfahren von Dritten, z.B. bei Kontrollmitteilungen), eines gerichtlichen Verfahrens in Steuersachen oder eines Steuerstraf- oder Ordnungswidrigkeitenverfahrens, ferner wenn der Betroffene zustimmt (§ 30 Abs. 4 Nr. 3 AO). Die Offenbarung zum Zwecke der Ahndung nichtsteuerlicher Straftaten ist nur unter den einschränkenden Voraussetzungen des § 30 Abs. 4 Nr. 4 AO zulässig. Schließlich rechtfertigt auch ein »**zwingendes öffentliches Interesse**« die Durchbrechung des Steuergeheimnisses (§ 30 Abs. 4 Nr. 5 AO), wenn also bei Unterbleiben der Mitteilung schwere Nachteile für das allgemeine Wohl eintreten würden.[39]

---

36 Vorsätzlich falsche Angaben eines Denunzianten dürfen allerdings den Strafverfolgungsbehörden mitgeteilt werden (§ 30 Abs. 5 AO), da hierdurch auch das allgemeine Persönlichkeitsrecht des Denunzierten erheblich verletzt wird (BFH vom 25.07.1994, BStBl II 1994, 802). § 30 Abs. 5 AO ermöglicht damit die Durchführung eines Verfahrens gegen den Denunzianten wegen falscher Verdächtigung (§ 164 StGB).
37 So BFH vom 26.01.2012 (BStBl II 2012, 541) im Anschluss an BFH vom 05.10.2006 (BStBl II 2007, 243) in einem zu § 2 Abs. 3 UStG entschiedenen Fall: die Beteiligten stritten sich, ob der StPfl. vom FA Auskunft darüber verlangen kann, ob die beigeladene Gemeinde mit den Umsätzen eines angeblich mit dem Kläger konkurrierenden Betriebes (ein Krematorium) zur USt heranzuziehen ist.
38 Die Offenbarung durch das Steuergeheimnis geschützter Verhältnisse zur Durchführung eines Verwaltungsverfahrens zur Rückforderung von Sozialleistungen setzt nicht voraus, dass die FÄ festgestellt haben, dass die Kenntnis der zu offenbarenden Tatsachen die Rückforderung rechtfertigt; ausreichend ist insofern, dass die Tatsachen für die Durchführung eines solchen Verfahrens überhaupt geeignet sind (BFH vom 11.05.2007, BStBl II 2008, 42).
39 So bejaht der BFH (vom 29.07.2003, BStBl II 2003, 829) ein zwingendes öffentliches Interesse für die Mitteilung steuerlicher Unzuverlässigkeit an die Gewerbebehörde zur Durchführung eines Gewerbeuntersagungsverfahrens nach § 35 GewO; vgl. auch BMF vom 17.12.2004, BStBl I 2004, 1178 (= Nr. 800, § 30/11). Das Interesse der Presse an der Berichterstattung über Steuerfälle von Prominenten rechtfertigt die Durchbrechung des Steuergeheimnisses nicht.

II Allgemeines Steuerschuldrecht

1 Steuerschuldverhältnis

1.1 Inhalt des Steuerschuldverhältnisses

Von der Geburt bis zum Tod besteht zwischen dem Bürger und der Verwaltung ein Dauerrechtsverhältnis in den verschiedensten Rechtsbereichen. (»Von der Wiege bis zur Bahre, Formulare, Formulare.«) Konkretisiert sich dieses Dauerschuldverhältnis auf steuerliche Rechte und Pflichten, spricht man von einem **Steuerrechts- bzw. Steuerpflichtverhältnis**.[40] Zu den Pflichten, die nach § 33 Abs. 1 AO dem StPfl. auferlegt werden, gehören die Entrichtung einer Steuer als Steuerschuldner, Haftungsschuldner oder Steuerentrichtungsschuldner, sowie die Verpflichtung zur Abgabe einer Steuererklärung, zur Mitwirkung und Auskunft in eigener Steuersache, zur Führung von Büchern und Aufzeichnungen, zur ordnungsgemäßen Kontenführung oder zur Sicherheitsleistung. Das **Steuerschuldverhältnis** beschreibt diejenigen Rechte und Pflichten des Steuerpflichtverhältnisses, die **Geldleistungsansprüche** zum Gegenstand haben (§ 37 AO). § 37 Abs. 1 AO enthält eine abschließende Aufzählung der Ansprüche aus dem Steuerschuldverhältnis; hierunter fallen

- der Steueranspruch (§ 37 Abs. 1 AO),
- der Steuervergütungsanspruch (§ 37 Abs. 1 AO),
- der Haftungsanspruch (§§ 37 Abs. 1, 191 Abs. 1, 69 ff. AO),
- der Anspruch auf eine steuerliche Nebenleistung (§ 37 Abs. 1 i.V.m. § 3 Abs. 4 AO),
- der Erstattungsanspruch nach § 37 Abs. 2 AO sowie
- die in den Einzelsteuergesetzen geregelten Steuererstattungsansprüche.

1.2 Beteiligte des Steuerschuldverhältnisses

Am Steuerschuldverhältnis sind der Steuergläubiger und der StPfl. beteiligt. **Steuergläubiger** ist nicht das FA selbst, sondern Bund, Länder und Gemeinden sowie die öffentlich-rechtlichen Religionsgemeinschaften als diejenigen Körperschaften, denen der Steuerertrag zufließt. Wer hinsichtlich der einzelnen Steuerarten Steuergläubiger ist, richtet sich nach der im Finanzverfassungsrecht geregelten **Ertragshoheit** (Art. 106 GG). Bei den wichtigsten Steuerarten (ESt, KSt und USt) sind Bund, Länder und Gemeinden gemeinsam Steuergläubiger (Gläubigergemeinschaft, Art. 106 Abs. 3 GG). Diese sog. Gemeinschaftssteuern werden von den Länderfinanzbehörden im Auftrag des Bundes verwaltet (sog. **Bundesauftragsverwaltung**, Art. 85 GG). Im Falle einer Aufrechnung gilt als Gläubiger eines Anspruchs aus dem Steuerschuldverhältnis auch die Körperschaft, die die Steuer verwaltet (§ 226 Abs. 4 AO).

§ 33 AO definiert den Begriff des StPfl. Gem. § 33 Abs. 1 AO ist **Steuerpflichtiger** jeder, der materiell-rechtliche oder verfahrensrechtliche steuerliche Pflichten zu erfüllen hat, wer

---

40 Zur Terminologie vgl. *Tipke/Kruse*, AO, vor § 33 Rz. 1 ff.

also eine Steuer schuldet, für eine Steuer haftet, eine Steuer für Rechnung eines Dritten einzubehalten und abzuführen hat, wer eine Steuererklärung abzugeben, Sicherheit zu leisten, Bücher und Aufzeichnungen zu führen oder andere ihm durch die Steuergesetze auferlegte Verpflichtungen zu erfüllen hat. Der Begriff des Steuerschuldners ist dagegen enger gefasst. **Steuerschuldner** ist nur derjenige StPfl., der die Steuer für eigene Rechnung selbst zu entrichten oder für dessen Rechnung ein anderer die Steuer zu entrichten hat; wer bei den einzelnen Steuerarten Steuerschuldner ist, wird nicht in der AO selbst, sondern in den Einzelsteuergesetzen geregelt (§ 43 S. 1 AO).

Die **Steuerrechtsfähigkeit** ist in den Einzelsteuergesetzen unterschiedlich und teilweise abweichend von den zivilrechtlichen Vorgaben geregelt. Das Steuerrecht bewertet nicht Rechtsformen des Zivilrechts, sondern wirtschaftliche Vorgänge. So ist z.B. die BGB-Gesellschaft (§§ 705 ff. BGB) Unternehmer und damit steuerrechtsfähig und steuerpflichtig i.S.d. UStG sowie i.S.d. GewStG, nicht aber bei der ESt. Die Steuerrechtsfähigkeit von PersG endet allgemein nicht schon mit dem Auflösungsbeschluss der Gesellschafter, sondern erst durch ihre »steuerliche Vollbeendigung«. Nach ständiger Rspr. ist eine PersG so lange steuerrechtsfähig, bis alle Rechtsbeziehungen zwischen Gesellschaft und FA abgewickelt sind (BFH vom 22.12.2008, BFH/NV 2009, 948). Vor diesem Hintergrund lässt auch die Eröffnung eines Insolvenzverfahrens die Steuerrechtsfähigkeit unberührt.

StPfl. ist nach der Terminologie der AO ferner nicht, wer in einer **fremden Steuersache** Auskunft zu erteilen oder sonst wie an der Sachverhaltsaufklärung mitzuwirken hat (§ 33 Abs. 2 AO).

1.3 Handlungsfähigkeit (§ 79 AO)

Ebenso wie das Zivilrecht zwischen Rechtsfähigkeit und Geschäftsfähigkeit unterscheidet, differenziert auch das Steuerrecht zwischen der Steuerrechtsfähigkeit i.S.d. §§ 33 f. AO (Fähigkeit, Träger steuerlicher Rechte und Pflichten zu sein) und der **Handlungsfähigkeit** (Fähigkeit zur Vornahme rechtsverbindlicher Verfahrenshandlungen und anderer Handlungen). Nicht jeder StPfl. ist zugleich handlungsfähig. Verfahrenshandlungen von handlungsunfähigen Beteiligten sind unwirksam (BFH vom 16.04.1997, BStBl II 1997, 595); dies betrifft auch die Frage, ob eine Person Bekanntgabeadressat von Verwaltungsakten sein kann. Verwaltungsakte an einen Handlungsunfähigen müssen an diesen, vertreten durch seinen gesetzlichen Vertreter, gerichtet und dem Vertreter unter Hinweis auf das Vertretungsverhältnis bekannt gegeben werden (vgl. zum ähnlichen Problem des Zugangs von Willenserklärungen im Zivilrecht § 131 BGB): Inhaltsadressat bleibt also der Handlungsunfähige, die Bekanntgabe muss aber an einen handlungsfähigen Vertreter erfolgen.[41]

Die Handlungsfähigkeit natürlicher Personen im Steuerrecht entspricht gem. § 79 Abs. 1 AO der Geschäftsfähigkeit im bürgerlichen Recht (§§ 104 ff. BGB). Geschäftsunfähige und beschränkt geschäftsfähige Personen (insb. Minderjährige) sind grundsätzlich handlungsunfähig[42], ebenso juristische Personen, Vereinigungen oder Vermögensmassen (§ 79 Abs. 1 Nr. 3 AO). Eine beschränkte Handlungsfähigkeit – parallel zur beschränkten Geschäftsfä-

---

41 Vgl. dazu Kap. IV 2.1.
42 Ermächtigen die gesetzlichen Vertreter eines Minderjährigen diesen mit Genehmigung des Vormundschaftsgerichts zum selbständigen Betrieb eines Erwerbsgeschäfts, ist dieser für die mit dem Erwerbsgeschäft anfallenden steuerlichen Rechte und Pflichten partiell geschäftsfähig (§§ 112 BGB, 79 Abs. 1 Nr. 2 AO).

higkeit i.S.d. bürgerlichen Rechts, kennt die AO nicht. Personen, die nicht unbeschränkt oder partiell geschäftsfähig sind. sind verfahrenshandlungsunfähig.

Wer für handlungsunfähige natürliche Personen handelt, ist in § 79 AO nicht geregelt. Nach § 34 Abs. 1 S. 1 AO haben die **gesetzlichen Vertreter** natürlicher und juristischer Personen und die **Geschäftsführer** von nichtrechtsfähigen Personenvereinigungen und Vermögensmassen als handlungsfähige Personen deren steuerliche Pflichten zu erfüllen (z.B. Eltern für ihre Kinder (§ 1629 BGB), der Vormund für Minderjährige (§ 1793 BGB), der Betreuer für den Betreuten (§ 1902 BGB), der Vorstand einer AG (§ 78 AktG) und der Geschäftsführer einer GmbH (§ 35 Abs. 1 GmbHG) für die juristische Person). § 34 AO ist auch für die Vertretung bei Verfahrenshandlungen anwendbar.

Der Vertreter ist nicht nur gegenüber dem Vertretenen, sondern auch gegenüber dem FA verpflichtet, die steuerlichen Pflichten zu erfüllen. Er tritt in ein unmittelbares Pflichtenverhältnis zur Finanzbehörde und ist selbst StPfl. i.S.d. § 33 Abs. 1 AO. Bei Verletzung dieser Pflichten kommt eine persönliche Haftung des Vertreters nach § 69 AO in Betracht. Keine gesetzlichen Vertreter sind der Insolvenzverwalter, der Zwangsverwalter, der Testamentsvollstrecker und der Nachlassverwalter. Sie handeln, wenn sie kraft Amtes über fremde Rechte verfügen, nicht in fremdem, sondern in eigenem Namen. Sie gehören damit zu den Vermögensverwaltern i.S.d. § 34 Abs. 3 AO.[43]

§ 79 Abs. 2 AO regelt die Handlungsfähigkeit bei Betreuungsverhältnissen. Ob die Erfüllung der steuerlichen Pflichten zum Handlungskreis des Betreuers gehört, ergibt sich aus der gerichtlichen Bestellung des Betreuers (vgl. § 1901 BGB).

1.4 Bevollmächtigte und Beistände (§ 80 AO)

Die Beteiligten im Besteuerungsverfahren können sich durch einen **Bevollmächtigten** vertreten lassen (§ 80 Abs. 1 AO) und zu Verhandlungen und Besprechungen mit einem **Beistand** erscheinen (§ 80 Abs. 4 AO).[44] Aufgrund der Komplexität der Steuergesetze sind viele StPfl. ohne Bevollmächtigte ohnehin nicht in der Lage, die Vielzahl der steuerlichen Pflichten ordnungsgemäß zu erfüllen. Als Bevollmächtigte kommen nur Personen in Betracht, die zur Hilfeleistung in Steuersachen nach dem StBerG befugt sind (d.h. insb. die Angehörigen der steuerberatenden Berufe, §§ 2 ff. StBerG). Beistände können dagegen alle handlungsfähigen natürlichen Personen sein, z.B. Angehörige oder Freunde. Wer geschäftsmäßig Hilfe in Steuersachen leistet, ohne hierzu befugt zu sein, handelt gem. § 160 Abs. 1 StBerG ordnungswidrig und ist von der Behörde zurückzuweisen (§ 80 Abs. 5 AO).

Der **Umfang der Vollmacht** bestimmt sich nach dem Willen des Vollmachtgebers und ist durch Auslegung der Vollmachtserklärung zu ermitteln (BFH vom 18.01.2007, BStBl II 2007, 369). Sofern nichts anderes bestimmt ist, ermächtigt die Vollmacht zu allen Verfahrenshandlungen, die das Verfahren betreffen, mit Ausnahme des Empfangs von Steuererstattungen und Steuervergütungen (§ 80 Abs. 1 S. 2 AO). Zum Empfang dieser Beträge kann der Bevollmächtigte aber durch einen entsprechenden Zusatz in der Vollmacht ebenfalls bevollmächtigt werden.

Die Bevollmächtigung kann grundsätzlich **formlos** erfolgen. Zwar kann die Finanzbehörde gem. § 80 Abs. 1 S. 3 AO die Vorlage der Vollmacht verlangen; von dieser Ermächtigung ist aber

---
43 *Hübschmann/Hepp/Spitaler*, AO, § 34 Rz. 40 ff.
44 Zu den Risiken einer Empfangsvollmacht für den Steuerberater vgl. ausführlich *Mugler/Goreczko*, Die Empfangsvollmacht nach der AO; ein Danaer-Geschenk für jeden Steuerberater, DStR 2007, 229.

nur Gebrauch zu machen, wenn begründete Zweifel an der Vertretungsmacht bestehen (AEAO zu § 80 Nr. 1). Bei **Angehörigen der steuerberatenden Berufe**, die für den StPfl. handeln, wird eine **ordnungsgemäße Bevollmächtigung** unterstellt (sog. Vollmachtsvermutung).[45]

Bevollmächtigte und Beistände können gem. § 80 Abs. 6 S. 1 AO vom Vortrag zurückgewiesen werden, wenn der Bevollmächtigte oder Beistand zum sachgemäßen Vortrag nicht fähig ist. Bei der mangelnden Fähigkeit zum geeigneten schriftlichen oder mündlichen Vortrag ist daneben § 80 Abs. 7 AO zu beachten. Verfahrenshandlungen eines nach § 80 Abs. 5-7 AO zurückgewiesenen Bevollmächtigten sind unwirksam (§ 80 Abs. 8 S. 2 AO); allerdings gilt dies nicht für Verfahrenshandlungen, die der Bevollmächtigte oder Beistand **vor seiner Zurückweisung** vornimmt (arg. § 80 Abs. 8 S. 2 AO e contrario; häufige »Falle« in Prüfungsaufgaben). Jede Zurückweisung ist auch dem Beteiligten mitzuteilen, dessen Bevollmächtigter oder Beistand zurückgewiesen wird (§ 80 Abs. 8 S. 1 AO).

Die Bevollmächtigung führt im Besteuerungsverfahren dazu, dass sich die Finanzbehörde **nicht an den StPfl. selbst, sondern an den Bevollmächtigten wenden soll** (§ 80 Abs. 3 S. 1 AO). Der Ermessensspielraum der Behörde wird damit (wie bei der unmittelbar nur im förmlichen Zustellungsverfahren gem. § 122 Abs. 5 AO geltenden Vorschrift des § 8 Abs. 1 S. 2 VwZG) eingeschränkt.[46] Der Schriftwechsel und die Verhandlungen sind im Regelfall mit dem Bevollmächtigten zu führen (BFH vom 26.10.2005, BFH/NV 2006, 243). Nur bei Vorliegen besonderer Gründe kann sich die Behörde an den Beteiligten selbst wenden, z.B. um ihn um Auskünfte zu bitten, die nur er selbst als Wissensträger geben kann. In diesen Fällen ist das FA verpflichtet, den Bevollmächtigten hierüber zu unterrichten (§ 80 Abs. 3 S. 3 AO). Unter keinen Umständen darf die Finanzbehörde die unmittelbare Kontaktaufnahme zum **StPfl.** dazu benutzen, den ordnungsgemäß Bevollmächtigten zu umgehen. Dem Bevollmächtigten muss jederzeit die Gelegenheit gegeben werden, sich in das Verfahren einzuschalten.[47] Mit der Bevollmächtigung verliert der StPfl. andererseits aber nicht die Möglichkeit, selbst wirksame Erklärungen gegenüber der Finanzbehörde abzugeben. Er bleibt der »Herr des Verfahrens«. Für die **Bekanntgabe von VA** an einen Bevollmächtigten enthält § 122 Abs. 1 S. 3 AO eine vorrangige Regelung.

Eine Verpflichtung zur Bekanntgabe eines Steuerbescheides an den Bevollmächtigten des StPfl. besteht für das FA allerdings nur dann, wenn für den StPfl. ein Bevollmächtigter eindeutig und unmissverständlich gerade (auch) als **Bekanntgabeadressat** bestellt worden ist und sich dies unmittelbar aus der Erklärung des StPfl. bzw. seines Bevollmächtigten ergibt. Verstößt das FA trotz ausdrücklicher Bekanntgabevollmacht hiergegen und gibt den Bescheid dem StPfl. persönlich und nicht dem Bevollmächtigten bekannt, liegt ein Bekanntgabemangel vor. **Nach ständiger Rspr. wird der Bekanntgabefehler aber geheilt, wenn der Steuerpflichtige den Bescheid an den Berater weiterleitet** (AEAO zu § 122 Nr. 4.4.4; BFH vom 26.06.2009, Az.: III B 16/07)[48]; dies ergibt sich aus dem Rechtsgedanken des § 8 VwZG.

---

45 Zuletzt Gegenstand der schriftlichen Prüfung 2012. Hier liegt ein entscheidender Unterschied zum finanzgerichtlichen Verfahren, wo die Vollmacht nach § 62 FGO grundsätzlich schriftlich zu den Gerichtsakten einzureichen ist (§ 62 Abs. 6 S. 1 FGO n.F.). Allerdings braucht das Gericht den Mangel der nicht vorgelegten Vollmacht bei Angehörigen der steuerberatenden Berufe nicht von Amts wegen zu berücksichtigen (§ 62 Abs. 6 S. 4 FGO).
46 Diese Problematik war ausführlich Gegenstand der schriftlichen Prüfung 2008 und 2012.
47 *Tipke/Kruse*, AO, § 80 Rz. 46.
48 Ein häufiges Problem in der schriftlichen Prüfung, zuletzt im Herbst 2010 und 2012. Beachte: Die wirksame Bekanntgabe – an den richtigen Adressaten – ist Voraussetzung für den Beginn der Einspruchsfrist nach § 355 AO.

Die Vollmacht kann jederzeit widerrufen werden. Für die Außenwirkung des Widerrufs gilt dabei folgende Besonderheit: gegenüber der Finanzbehörde bleibt die Vollmacht solange wirksam, bis dem FA der Widerruf zugeht (§ 80 Abs. 1 S. 4 AO, häufig Gegenstand von Prüfungsaufgaben). Im Übrigen endet die Vollmacht durch den Tod des Vollmachtnehmers oder – bei befristeter Vollmachterteilung – durch Zeitablauf. Durch den Tod des Vollmachtgebers wird die Vollmacht dagegen nach § 80 Abs. 2 AO nicht aufgehoben; tritt jedoch der Bevollmächtigte im Verfahren für den oder die Rechtsnachfolger auf, bedarf es der Bevollmächtigung durch diese.

§ 80 AO enthält keine Regelung darüber, ob ein Verschulden des Bevollmächtigten, z.B. bei der verspäteten Einlegung von Rechtsbehelfen, dem Vollmachtsgeber zuzurechnen ist. Eine entsprechende Formulierung ist allerdings in den §§ 152 Abs. 1 S. 3, 110 Abs. 1 S. 2 AO enthalten. Nach Auffassung der Rspr. und der Verwaltung handelt es sich bei der **Zurechnung des Verschuldens des steuerlichen Beraters** trotz der Regelungslücke in § 80 AO um einen allgemeinen Rechtsgrundsatz, der generell anzuwenden sei (AEAO zu § 173 Nr. 5.3 f. m.w.N.).

1.5 Gesamtschuldnerschaft (§ 44 AO)

Das Rechtsinstitut der Gesamtschuld dient zur **Sicherung der Durchsetzung des Steueranspruchs**. § 44 AO stimmt inhaltlich weitgehend mit den zivilrechtlichen Regelungen über die Gesamtschuld (§§ 421 ff. BGB) überein. Mehrere Personen sind gem. § 44 Abs. 1 AO Gesamtschuldner, wenn sie

- nebeneinander dieselbe Leistung aus dem Steuerschuldverhältnis schulden (z.B. Schenker und Beschenkter bei der Schenkungsteuer (§ 20 Abs. 1 ErbStG), Erwerber und Veräußerer bei der GrESt (§ 13 GrEStG)),
- nebeneinander für eine Leistung aus dem Steuerschuldverhältnis haften (z.B. mehrere GF einer GmbH (§§ 34 Abs. 1, 69 AO), oder wenn sie
- zusammen zu einer Steuer zu veranlagen sind (z.B. § 26 EStG).

Soweit nicht im Einzelfall etwas anderes bestimmt ist, **muss jeder Gesamtschuldner die gesamte Leistung bewirken** (§ 44 Abs. 1 S. 2 AO); die Finanzbehörde kann die Schuld im Rahmen ihres Auswahlermessens von jedem Gesamtschuldner ganz oder zum Teil fordern, insgesamt jedoch nur einmal.[49] Sobald die Leistung bewirkt ist, werden alle Gesamtschuldner von ihrer Leistungspflicht befreit (§ 44 Abs. 2 S. 1 AO).

Auch ein Schuldner und ein Haftender sind Gesamtschuldner, was sich aus dem Gesetzeswortlaut nicht unmittelbar ergibt (sog. **unechte Gesamtschuld**[50]). Allerdings ist die Finanzbehörde in diesen Fällen verpflichtet, sich zunächst an den eigentlichen Steuerschuldner und erst subsidiär an den Haftungsschuldner zu wenden, wenn der Steuerschuldner

---

[49] Für das FA ist die Gesamtschuld sehr bequem: Sie kann auch bei Ausfall eines Schuldners auf die Liquidität der übrigen Gesamtschuldner setzen; das FA als Gläubiger kann plastisch als »juristischer Pascha« bezeichnet werden (vgl. *Heck*, Grundriss des Schuldrechts, 1929 mit Nachdrucken, § 76, 4a).

[50] Der vom BFH selbst benutzte Begriff der »unechten Gesamtschuld« (BFH vom 27.03.1968, BStBl II 1968, 376) ist insoweit problematisch, als nach der zivilrechtlichen Terminologie »unechte Gesamtschuld« eine Konstellation bezeichnet, die gerade keine Gesamtschuld i.S.d. §§ 421 ff. BGB ist.

nicht leisten kann (§ 219 S. 1 AO; § 219 S. 2 AO regelt wichtige Ausnahmen vom **Grundsatz der Subsidiarität**).

Im Fall der **echten Gesamtschuld** (mehrere StPfl. schulden nebeneinander dieselbe Leistung oder haften für dieselbe Leistung) steht es im pflichtgemäßen **Ermessen der Finanzbehörde**, welchen Gesamtschuldner sie in Anspruch nehmen möchte (§ 5 AO). Ein Entschließungsermessen dergestalt, ob die Finanzbehörde die Leistung überhaupt von einem der Gesamtschuldner fordert, existiert nicht (§ 85 AO; missverständlich insoweit § 249 AO). Bei der Ausübung des Auswahlermessens sind die **persönlichen und wirtschaftlichen Verhältnisse** der einzelnen Gesamtschuldner zu berücksichtigen. Bei einer Schenkung wird sich die Behörde beispielsweise zunächst an den Beschenkten halten (vgl. § 20 Abs. 1 ErbStG, nach dem »auch« der Schenker Steuerschuldner ist). Etwas anderes gilt nur, wenn dem FA interne Regelungen der Parteien bekannt sind, nach denen der Schenker die Steuer zu tragen hat. Generell sind Absprachen unter den Gesamtschuldnern für die Ermessensentscheidung von Bedeutung; so kann es gerade bei mehreren Gesellschaftern, die gemeinsam Haftungsschuldner sind, auf die interne Aufgabenverteilung zwischen ihnen ankommen. Unterlässt die Finanzbehörde die Ermessensausübung bei der Auswahl eines Gesamtschuldners, ist die Heranziehung des Gesamtschuldners mangels Begründung rechtswidrig; die **Ergänzung** der Begründung ist aber bis zum Abschluss des Einspruchsverfahrens und gegebenenfalls auch noch im Klageverfahren nachholbar (§§ 121 und 126 AO).

Erfüllt ein Gesamtschuldner die Leistungsverpflichtung, kommt dies den anderen Gesamtschuldnern zugute (§ 44 Abs. 2 AO). Stundung, Erlass, Vollstreckungsaufschub, die Aussetzung der Vollziehung und die Verjährung (vgl. § 191 Abs. 5 AO und BFH vom 29.02.2011, BStBl II 2012, 489) wirken dagegen nur gegenüber demjenigen Gesamtschuldner, gegen den der jeweilige VA gerichtet ist (§ 44 Abs. 2 S. 3 AO i.V.m. § 425 BGB). Säumniszuschläge entstehen ebenfalls nur bei dem jeweils säumigen Gesamtschuldner (§ 240 Abs. 4 AO). Der interne Ausgleich unter den Gesamtschuldnern, nachdem einer die Leistung an das FA bewirkt hat, richtet sich zivilrechtlich nach den §§ 421 ff. BGB (sog. Rückgriff).

Schulden mehrere StPfl. eine Steuer als Gesamtschuldner, können gegen sie **zusammengefasste Steuerbescheide** ergehen (§ 155 Abs. 3 S. 1 AO). Zusammenveranlagte Personen können die Wirkungen der Gesamtschuldnerschaft ausschließen, indem sie die Aufteilung der rückständigen Steuern beantragen (§§ 44 Abs. 2 S. 4, 268 ff. AO). Die Schuldner werden dann nicht mehr als Gesamtschuldner, sondern als **Teilschuldner** behandelt, d.h. jeder kann nur noch auf einen Teil der gesamten Schuld in Anspruch genommen werden (§ 278 Abs. 1 AO).[51]

---

51 Grundlegend zur Aufteilung BFH vom 18.12.2001 (BStBl II 2002, 214). Zum Steuergeheimnis zwischen Gesamtschuldnern vgl. OFD München vom 23.11.2002 (= Nr. 800, § 30/7).

2 Der Steueranspruch (§§ 38 ff. AO)

2.1 Entstehung des Steueranspruchs (§ 38 AO)

Der Steueranspruch entsteht zu dem Zeitpunkt, in dem der Tatbestand verwirklicht wird, an den das Gesetz eine bestimmte Leistungspflicht knüpft (§ 38 AO).[52] Andererseits ist die **Verwirklichung eines bestimmten Lebenssachverhaltes** für das Entstehen des Steueranspruches auch eine **unabdingbare Voraussetzung**. Dies ist ein Ausfluss der wirtschaftlichen Betrachtungsweise im Steuerrecht. Ist ein Rechtsgeschäft formal wirksam, wird es aber tatsächlich nicht durchgeführt, so ist es steuerlich irrelevant. Der Grundsatz Entstehungszeitpunkt = Tatbestandsverwirklichung wird allerdings aufgeweicht, da zahlreiche Einzelsteuergesetze abweichende Regelungen für das Entstehen des Steueranspruchs enthalten (z.B. § 36 Abs. 1 EStG, § 30 KStG, § 13 Abs. 1 UStG, § 18 GewStG, § 9 ErbStG).

Der Entstehungszeitpunkt für die einzelnen Steuern ist damit für alle StPfl. gleich und insb. **unabhängig davon**, wann der Anspruch durch Steuerbescheid **festgesetzt wird** (§§ 155 ff. AO) bzw. wann der Anspruch **fällig** wird (§ 220 AO). Für die Entstehung des Steueranspruchs ist es auch unbedeutend, ob der Anspruch überhaupt festgesetzt wird. Allerdings wird der Steueranspruch erst durch die formelle Festsetzung in Form eines VA (Steuerbescheid) realisierbar. Der Steuerbescheid ist damit **deklaratorisch** (feststellend), soweit die Steuerschuld durch Steuerbescheid in materiell-rechtlich zutreffender Höhe festgestellt wird. Soweit die Steuer unzutreffend zu hoch festgesetzt wird, hat der Steuerbescheid dagegen für die Entstehung des Steueranspruchs **konstitutive** (rechtsbegründende) Wirkung.

Mit der Verwirklichung des Tatbestandes ist der Steueranspruch unwiderruflich entstanden. Nachfolgende Geschäftsvorfälle vermögen an der Verwirklichung nichts mehr zu ändern; so kann z.B. die bloße Rückbuchung einer bereits als Ertrag vereinnahmten und als solchen erfassten Betriebseinnahme die eingetretene Gewinnrealisierung nicht nachträglich beseitigen (BFH vom 28.11.2005, BFH/NV 2006, 699). Eine Rückbeziehung (Rückdatierung) von Verträgen und einseitigen Rechtsgeschäften mag privatrechtlich vereinbart werden können, steuerlich hat sie allerdings grundsätzlich keine Bedeutung. Eine Ausnahme gilt nur, wenn die Steuergesetze an Rechtsgeschäfte, VA oder Rechtsverhältnisse anknüpfen und diese Vorgänge mit **dinglicher Rückwirkung** entfallen (z.B. Anfechtung eines Kaufvertrages). Dann greift § 41 Abs. 1 AO.

Beispiel 1: Die unvorsichtige Grundstücksschenkung
Um Erbschaftsteuer zu sparen, überträgt der 80-jährige Unternehmer Klumpe ein wertvolles Grundstück an seinen Neffen Raff. Als Klumpe erfährt, dass die Entnahme des Grundstücks aus dem Betriebsvermögen erhebliche ertragsteuerliche Konsequenzen mit sich bringt, möchte er die Übertragung sofort rückgängig machen. Er bittet Raff, ihm das Grundstück zurück zu schenken.

Lösung: Mit der Entnahmehandlung sind die ertragsteuerlichen Folgen der Entnahme unwiderruflich eingetreten. Nachfolgende Vertragsänderungen bzw. das Rückgängigmachen von Geschäftsvorfällen haben auf den einmal entstandenen Steueranspruch keine Auswirkungen.

---

52 Hiervon abweichende Steuervereinbarungen von Steuergläubiger und Steuerschuldner sind im Hinblick auf die Gesetzmäßigkeit und Gleichmäßigkeit der Besteuerung unbeachtlich (BFH vom 22.11.1994, BStBl II 1995, 900); als öffentliches Recht kann das Steuerrecht nicht durch abweichende Vereinbarungen abbedungen werden.

Eine Rückgängigmachung der Übertragung mit dinglicher Rückwirkung kommt vorliegend nicht in Betracht. Steuerliche Verhältnisse können nur mit Wirkung für die Zukunft neu gestaltet werden (BFH vom 12.05.1993, BStBl II 1993, 739). Zwar kann in einigen Fällen kraft ausdrücklicher gesetzlicher Regelung ein bereits abgeschlossener Sachverhalt nachträglich mit steuerlicher Rückwirkung geändert werden (z.B. § 16 GrEStG, § 29 ErbStG, § 17 UStG). Eine solche Ausnahmeregelung ist hier jedoch nicht gegeben. Der Entnahmegewinn ist daher steuerlich zu erfassen.

Steuervorauszahlungen entstehen bei den wichtigen, bewertungsunabhängigen Steuerarten ebenfalls mit der Verwirklichung des Tatbestands gem. § 38 AO. Allerdings lässt sich die Höhe der zu zahlenden Vorauszahlungen nur den von der Finanzbehörde zu erlassenden Vorauszahlungsbescheiden entnehmen; insoweit wirken diese Vorauszahlungsbescheide für die Höhe des Steueranspruchs konstitutiv.[53] In einem Urteil zur Vermögensteuer hat der BFH entschieden, dass die Vorauszahlungsschuld eine durch die endgültige Festsetzung der Vermögensteuer bedingte Steuerschuld darstellt (BFH vom 13.03.1979, BStBl II 1979, 461). Diese Rspr. ist auf die übrigen Steuerarten übertragbar und bedeutet, dass mit Eintritt der auflösenden Bedingung, d.h. **mit Erlass des Jahressteuerbescheids, der Steueranspruch den Steuervorauszahlungsanspruch ablöst**; der Jahresbescheid nimmt die Vorauszahlungsbescheide in seinen Regelungsgehalt auf (BFH vom 19.05.2005, BStBl II 2005, 671[54]). Der Vorauszahlungsbescheid soll damit neben der Erhebung der Jahressteuerschuld auch ein stetiges Steueraufkommen sichern. Wenn sich ein mit dem Einspruch angefochtener Vorauszahlungsbescheid mit Wirksamwerden der Jahressteuerfestsetzung erledigt, wird der Jahressteuerbescheid ohne besondere Erklärung des Einspruchführers zum Gegenstand des Einspruchverfahrens; es liegt dann eine Ersetzung i.S.d. § 365 Abs. 3 AO vor (BFH vom 03.11.2011, BStBl II 2012, 525). Das Gleiche gilt, wenn eine USt-Jahreserklärung, die nach § 168 S. 1 AO als Festsetzung unter Vorbehalt der Nachprüfung wirkt, während eines Einspruchsverfahrens gegen die abgelehnte Änderung der Herabsetzung eines Vorauszahlungsbescheids abgegeben wird (BFH a.a.O.).

Ob **Steuerklauseln**, d.h. Formulierungen eines Vertrages mit dem Inhalt, dass die vertraglichen Abreden nur gelten sollen, wenn sie von der Finanzbehörde in einem bestimmten Sinn steuerlich anerkannt werden, wirksam sind, ist durch die Rspr. noch nicht abschließend geklärt. Der BFH (Entscheidung vom 19.08.2003, BStBl II 2004, 107) und das überwiegende Schrifttum gehen davon aus, dass Steuerklauseln zumindest im Grundsatz anzuerkennen sind mit der Folge der analogen Anwendbarkeit von § 175 Abs. 1 Nr. 2 AO.[55]

Der **Zeitpunkt der Entstehung des Steueranspruchs** ist rechtlich in verschiedener Hinsicht von Bedeutung:

- Die Festsetzungsfrist beginnt grundsätzlich mit Ablauf des Kalenderjahres, in dem der Steueranspruch entstanden ist (§ 170 Abs. 1 AO);

---

53 Vgl. *Tipke/Kruse*, AO, § 38 Rz. 27 f.
54 Die frühere Rspr. zur Umsatzsteuer, wonach ein berechtigtes Interesse an der Feststellung der Rechtswidrigkeit der Vorauszahlungsbescheide bejaht wurde, wenn der StPfl. besorgen musste, wegen Aussetzungszinsen in Anspruch genommen zu werden, hat der BFH bereits unter der Geltung des § 68 FGO a.F. aufgegeben (vgl. BFH a.a.O.).
55 Vgl. ausführlich *Tipke/Kruse*, AO, § 41 Rz. 49 ff.; näher zur Berichtigungsmöglichkeit nach § 175 Abs. 1 S. 1 Nr. 2 AO, s. Kap. VI 11.4.

- ein Übergang der Steuerschuld auf den Gesamtrechtsnachfolger setzt einen entstandenen Steueranspruch voraus (§ 45 AO);
- die Haftung für Steuerschulden Dritter setzt grundsätzlich entstandene Steueransprüche voraus (Ausnahme: § 76 Abs. 2 AO);
- der Arrest (§§ 324 ff. AO) setzt einen entstandenen (nicht aber einen festgesetzten) Steueranspruch voraus;
- der StPfl. kann gem. § 226 AO (erst) aufrechnen, sobald die Steuerschuld entstanden ist.

Steueransprüche können auch nur bedingt entstehen (§§ 5 Abs. 2, 6 Abs. 2, 7 Abs. 2, 8 BewG). Bedingt ist eine Steuerschuld, wenn ihr Eintritt bzw. ihr Wegfall von einem ungewissen zukünftigen Ereignis abhängt.

2.2 Steuererstattungs- und Vergütungsanspruch (§ 37 AO)

Zu den Ansprüchen aus dem Steuerschuldverhältnis gehören gem. § 37 Abs. 1 AO auch der Steuervergütungs- und Steuererstattungsanspruch.

2.2.1 Steuererstattungsanspruch (§ 37 Abs. 2 AO)

§ 37 Abs. 2 AO umschreibt allgemein den **öffentlich-rechtlichen Erstattungsanspruch**, der einem StPfl. oder dem Steuergläubiger dadurch erwächst, dass eine Leistung aus dem Steuerschuldverhältnis **ohne rechtlichen Grund** erfolgt ist oder der rechtliche Grund hierfür später wegfällt. Eine Zahlung ist ohne rechtlichen Grund geleistet, wenn sie den materiell-rechtlichen Anspruch übersteigt (AEAO zu § 37 Nr. 2). Im **Steuerabzugsverfahren** kann sich eine Überzahlung nur ergeben, wenn die zugrunde liegende Steueranmeldung, die einer Steuerfestsetzung unter dem Vorbehalt der Nachprüfung gleichsteht (§§ 167 f. AO), aufgehoben oder geändert worden ist oder wenn die Finanzbehörde einen Erstattungsbescheid erlassen hat (BFH vom 19.12.2000, BStBl II 2001, 353).

Auf den öffentlich-rechtlichen Erstattungsanspruch sind die zivilrechtlichen Vorschriften der §§ 812 ff. BGB über die ungerechtfertigte Bereicherung **nicht anzuwenden**. Die Rückzahlungspflicht des StPfl. kann also insb. nicht durch die Einrede der Entreicherung (§ 818 Abs. 3 BGB) abgewendet werden. Erstattungsansprüche entstehen mit der rechtsgrundlosen Zahlung, nicht erst mit der Festsetzung durch das FA. Auf den Anspruch sind daher auch nicht die Vorschriften über die Festsetzungsverjährung, sondern über die Zahlungsverjährung anwendbar (§§ 228 ff. AO).

Der Erstattungsanspruch kann verfahrensrechtlich nur durchgesetzt werden, wenn ein entgegenstehender VA i.S.d. § 218 AO aufgehoben oder geändert wird (AEAO zu § 37 Nr. 3). Ist ein VA rechtswidrig, aber nicht aufgehoben oder geändert worden, ist das aufgrund des VA Geleistete nicht ohne rechtlichen Grund geleistet worden. Der Erstattungsberechtigte hat somit bis zur Änderung des rechtswidrigen VA keinen Erstattungsanspruch, sondern nur einen Anspruch auf Erlass eines die Erstattung festsetzenden Bescheides gem. § 218 AO.

Erstattungsberechtigter ist gem. § 37 Abs. 2 AO derjenige, auf »**dessen Rechnung**« die Zahlung bewirkt worden ist, wessen Steuerschuld also nach dem Willen des Leistenden getilgt werden sollte (BFH vom 22.03.2011, BStBl II 2011, 607). Unerheblich ist, von wem oder mit wessen Mitteln gezahlt worden ist (AEAO zu § 37 Nr. 2.2.1). Bei **Gesamtschuldnern**, z.B. zusammenveranlagten Ehegatten (§ 26b EStG, § 44 AO), ist derjenige Gesamtschuldner erstattungsberechtigt, auf dessen Rechnung die Zahlung erfolgte. Gesamtschuldner sind hinsichtlich eines Erstattungsanspruchs damit nicht gleichzeitig auch Gesamtgläubiger. Ist dagegen erkennbar für gemeinsame Rechnung der Gesamtschuldner geleistet worden, wie dies z.B. bei Ehegatten ohne besonderen Tilgungshinweis und intakter Ehe vermutet wird, so sind diese als **Teilgläubige**r nach Köpfen erstattungsberechtigt (BFH vom 22.03.2011, BStBl II 2011, 607 und vom 30.09.2008, BStBl II 2009, 39; die besondere Härte dieses Urteils lag darin, dass die Rechtsfolge der paritätischen Erstattung auch dann gilt, wenn über das Vermögen des **anderen** Ehegatten das Insolvenzverfahren eröffnet war). Hat der zahlende Gesamtschuldner dagegen im Zeitpunkt der Zahlung kenntlich gemacht, dass er nur seine eigene Steuerschuld tilgen will, so ist er im Fall der Erstattung auch nur allein erstattungsberechtigt. Bei der Erstattung einbehaltener LSt ist derjenige Ehegatte erstattungsberechtigt, von dessen Lohn die Steuer einbehalten wurde, denn diese Steuer ist für seine Rechnung an das FA abgeführt worden (§ 41a EStG).

Beispiel 2: Alles zurück
Die Ehegatten A und B werden gemeinsam zur ESt veranlagt. Beide erzielen Einkünfte aus nichtselbständiger Arbeit (LSt-Abzug bei A: 5.000 €, bei B: 10.000 €). A hat aus einem mittlerweile abgemeldeten Gewerbe noch rückständige Säumniszuschläge zur USt i.H.v. 4.500 € zu bezahlen. Das FA setzt die ESt auf 12.000 € fest und rechnet den überzahlten Betrag i.H.v. 3.000 € vollständig mit den Säumniszuschlägen zur USt des A auf. B ist damit nicht einverstanden und möchte die Aufrechnung »anfechten«.

Lösung: Bei Ehegatten, die zusammen zur ESt veranlagt werden, wirkt die Auszahlung an einen Ehegatten auch für und gegen den anderen Ehegatten (§ 36 Abs. 4 S. 3 EStG). Unabhängig davon ist die Frage nach dem Erstattungsberechtigten gem. § 37 Abs. 2 AO danach zu beurteilen, »auf wessen Rechnung« die Zahlung bewirkt worden ist. Bei der Erstattung von einbehaltener LSt ist derjenige Ehegatte erstattungsberechtigt, von dessen Lohn die LSt einbehalten wurde. Wurde bei beiden Ehegatten ein LSt-Abzug vorgenommen, so ist die Aufteilung des Erstattungsbetrags nicht »nach Köpfen«, sondern im Verhältnis des jeweiligen LSt-Abzugs zum Gesamtabzug durchzuführen (BFH vom 29.10.2007, Az.: VII B 4/07, BFH/NV 2008, 330). Eine von diesen Grundsätzen abweichende Bestimmung des Erstattungsberechtigten ist auch dann nicht geboten, wenn die Eheleute in ihrer gemeinsamen Einkommensteuererklärung das Konto desjenigen als Erstattungskonto angegeben haben, der nach § 37 Abs. 2 AO an sich nicht erstattungsberechtigt ist. Die Benennung eines Erstattungskontos in der Einkommensteuererklärung ermächtigt vielmehr lediglich dessen Inhaber, die Erstattungszahlung in Empfang zu nehmen, und gestattet damit dem FA, an diesen zu Lasten des materiell-rechtlichen Inhabers des Erstattungsanspruches mit befreiender Wirkung zu leisten. Der Erstattungsanspruch des A beträgt demgemäß 1.000 €, der der B 2.000 €. Nur hinsichtlich des Erstattungsanspruchs des A i.H.v. 1000 € liegt eine aufrechenbare Gegenforderung vor (§ 226 AO i.V.m. §§ 387ff. BGB). I.H.v. 2.000 € war die Aufrechnung unzulässig. Der Erstattungsbetrag der B wurde zu Unrecht gekürzt. Zur Durchsetzung ihres Erstattungsanspruches muss B einen **Abrechnungsbescheid** gem. § 218 Abs. 2 AO beantragen. Sofern das FA im Abrechnungsbescheid an der rechtswidrigen Aufrechnung festhält, ist hiergegen der Einspruch nach § 347 Abs. 1 Nr. 1 AO zulässig. Ein Einspruch gegen die Aufrechnung selbst führt dagegen für B nicht zum Erfolg, da die Aufrechnungserklärung des FA keinen anfechtbaren Verwaltungsakt darstellt.

Bei Erstattungsansprüchen des FA ist Schuldner des Rückzahlungsanspruchs derjenige, zu dessen Gunsten die Zahlung erkennbar geleistet wurde. Ein Dritter – etwa eine eingeschaltete

Bank – ist folglich nicht Leistungsempfänger, wenn er lediglich als Zahlstelle benannt wurde, denn in diesem Fall will das FA (erkennbar) nicht mit befreiender Wirkung zu dessen Gunsten leisten, sondern erbringt seine Leistung mit dem Willen, eine Forderung gegenüber dem Rechtsinhaber, also dem Erstattungsberechtigten, zu erfüllen (BFH vom 22.11.2011, BStBl II 2012, 167).

2.2.2 Steuervergütungsanspruch

Steuervergütungsansprüche werden in der AO nicht definiert; § 43 AO bestimmt lediglich, wer Gläubiger des Anspruchs ist. Steuervergütungsanspruch ist der abstrakte Anspruch auf eine Steuervergütung. Im Falle der Steuererstattung ist die Steuer ursprünglich ohne rechtlichen Grund gezahlt worden, im Falle einer Steuervergütung mit rechtlichem Grund.[56] Die Vergütungsansprüche, die eine bestimmte Steuerbelastung beseitigen sollen, werden in den Einzelsteuergesetzen geregelt. Steuervergütungsansprüche kommen insb. bei den Verbrauchsteuern vor (z.B. § 13 TabStG, § 24 MinöStG), zudem bei verschiedenen staatlichen Transferleistungen (Wohnungsbauprämie (§ 8 Abs. 1 WoPG), Arbeitnehmersparzulage (§ 14 Abs. 2 VermBG), seit der Neuregelung zum 01.01.1996 auch das Kindergeld (§§ 31 S. 3, 62 ff. EStG). Auf die Festsetzung einer Steuervergütung sind die Vorschriften über die Steuerfestsetzung sinngemäß anzuwenden (§ 155 Abs. 4 AO).

Ein Sonderfall stellt der VSt-Abzug nach § 15 UStG dar. Nach der Rspr. des BFH vom 12.04.1995 (BStBl II 1995, 817) ist die anzurechnende VSt eine Steuervergütung, obgleich sie nur einen unselbständigen Teil der Umsatzsteuerberechnung darstellt. Ist der sich aus § 16 Abs. 2 UStG ergebende Saldo negativ, liegt insoweit ein Steuervergütungsanspruch vor.

2.3 Gläubiger- und Schuldnerwechsel

2.3.1 Gläubiger- und Schuldnerwechsel kraft Gesetzes

Der bedeutendste Fall des Gläubiger- bzw. Schuldnerwechsels kraft Gesetzes ist die in § 45 AO geregelte **Gesamtrechtsnachfolge:** Forderungen und Schulden aus dem Steuerschuldverhältnis gehen als Teil des gesamten Vermögens vom Rechtsvorgänger auf den Rechtsnachfolger über (§ 45 Abs. 1 S. 1 AO). Zu den Fällen der Gesamtrechtsnachfolge zählen **neben der Erbfolge** (§ 1922 BGB) die Nacherbfolge (§ 2139 BGB), die Begründung der ehelichen Gütergemeinschaft (§§ 1415 f. BGB), die Übernahme des Vermögens einer PersG nach dem Ausscheiden des vorletzten Gesellschafters (§ 738 Abs. 1 BGB), die Übertragung von Gesellschaftsanteilen einer GbR auf eine KapG, die Verschmelzung verschiedener Aktiengesellschaften (§§ 339 ff. AktG) oder Gesellschaften mit beschränkter Haftung mit einer Aktiengesellschaft (§§ 335 ff. AktG) und regelmäßig die Umwandlung von Gesellschaften nach dem UmwG.

Der Gesamtrechtsnachfolger tritt verfahrensrechtlich in die abgabenrechtliche Stellung des Rechtsvorgängers ein; auch hier gilt also die aus dem Ertragsteuerrecht bekannte Fußstapfentheorie (vgl. ausführlich BFH GrS vom 17.12.2007, BStBl II 2008, 608, zur Vererblichkeit nicht ausgenutzter Verlustabzüge nach § 10d EStG).[57] Der Gesamtrechtsnachfolger wird selbst Steuerschuldner, nicht Haftender für eine fremde Steuerschuld. Ausgeschlossen von der Zurechnung sind lediglich höchstpersönliche Verhältnisse oder Umstände, die

---

56 Vgl. *Hübschmann/Hepp/Spitaler*, AO § 37 Rz. 21.
57 Vgl. auch *Kühn/von Wedelstädt*, AO § 45 Rz. 5 ff.

unlösbar mit der Person des Rechtsvorgängers verknüpft sind, z.B. bestimmte, für einen Besteuerungs- oder Begünstigungstatbestand erhebliche Eigenschaften. Zwangsgelder gehen bei der Erbfolge nicht auf den Gesamtrechtsnachfolger über (§ 45 Abs. 1 S. 2 AO). Der Gesamtrechtsnachfolger muss die Unanfechtbarkeit eines gegen den Rechtsvorgänger ergangenen Steuerbescheides gem. § 45 i.V.m. § 166 AO gegen sich gelten lassen; die materielle Bestandskraft des Bescheids wirkt also fort.

Keine Gesamtrechtsnachfolge i.S.d. § 45 AO liegt vor, wenn bei einer **Einzelrechtsnachfolge** einzelne Vermögensteile, Forderungen oder Verbindlichkeiten übertragen werden, z.B. beim Erwerb eines Unternehmens. Allerdings können bei Einzelrechtsnachfolge bestimmte **Haftungstatbestände** berührt sein (Haftung des Betriebsübernehmers sowie die Sachhaftung gem. §§ 75 f. AO).

Erben haften gem. § 45 Abs. 2 AO i.V.m. den Vorschriften des bürgerlichen Rechts (§§ 1967 ff., 2058 ff. BGB) **unbeschränkt für die Nachlassverbindlichkeiten**. Eine Beschränkung der Haftung auf den Nachlass ist allerdings möglich.[58]

2.3.2 Abtretung, Verpfändung, Pfändung (§ 46 AO)

Bestimmte Ansprüche aus dem Steuerschuldverhältnis, nämlich Ansprüche auf Steuererstattungen, Haftungsbeträge, steuerliche Nebenleistungen und Steuervergütungsansprüche können gem. § 46 Abs. 1 AO **abgetreten** (§§ 398 ff. BGB), **verpfändet** (§ 1273 BGB) und **gepfändet** werden (§§ 829 ff. ZPO). Für die Abtretung gelten besondere, in § 46 Abs. 2, 3 und 5 AO geregelte Bestimmungen, die von den allgemeinen Bestimmungen in den §§ 398 ff. BGB abweichen. So wird die Abtretung gegenüber der Finanzbehörde erst wirksam, wenn sie der Gläubiger in bestimmter Form – auf amtlich vorgeschriebenem Vordruck – nach Entstehung des Anspruchs dem FA anzeigt. Auch eine Verpfändung bzw. Pfändung ist erst nach Entstehen des entspr. Anspruchs zulässig (§ 46 Abs. 6 AO). Da z.B. der Einkommensteuererstattungsanspruch wegen überzahlter LSt erst mit Ablauf des VZ entsteht (§ 36 Abs. 1 EStG), sind Abtretungen, Verpfändungen und Pfändungen während des betreffenden Erhebungszeitraums wirkungslos. Für die Abtretung und Verpfändung eines Erstattungs- oder Vergütungsanspruchs enthält der AEAO einen **Vordruck** (AEAO Anlage zu § 46, BStBl I 2012, 94 f.). Wird der Vordruck nicht verwendet, ist die Abtretung oder Verpfändung nur wirksam, wenn sie gegenüber dem amtlich vorgeschriebenen Vordruck keine ihrer Schutzfunktionen entgegenstehenden Abweichungen enthält (BFH vom 28.09.2011, BStBl II 2012, 92).

Der **geschäftsmäßige Erwerb** und die **geschäftsmäßige Einziehung** von Erstattungs- oder Vergütungsansprüchen ist nur bei Sicherungsabtretungen und nur Bankunternehmen gestattet (§ 46 Abs. 4 AO, BFH vom 23.10.1985, BStBl II 1986, 124).[59] Eine Sicherungsabtretung liegt nur vor, wenn für die Beteiligten der Sicherungszweck im Vordergrund steht.[60]

---

58 Der Erbe kann die Haftung gem. § 1975 BGB durch einen Antrag auf Eröffnung des Nachlassinsolvenzverfahrens oder auf Nachlassverwaltung beschränken. Die Haftung ist danach auf den Nachlass beschränkt (§ 1984 Abs. 1 S. 3 BGB). Die Beschränkung der Erbhaftung kann gegenüber dem FA im Vollstreckungsverfahren geltend gemacht werden (§ 265 AO i.V.m. § 781 ZPO).
59 Lässt sich ein Angehöriger der steuerberatenden Berufe mehrfach Steuererstattungsansprüche seiner Mandanten zum Ausgleich seiner Honorarforderungen abtreten, handelt er geschäftsmäßig; die Abtretungen sind dann nach § 46 Abs. 4 S. 1 AO nichtig (vgl. OFD München vom 27.08.1999, Az.: S 0166 – 42 St 312). Eine erlaubte Sicherungsabtretung liegt in diesen Fällen regelmäßig nicht vor; daneben ist auch der Bußgeldtatbestand des § 383 AO verwirklicht.
60 Ausführlich *Kühn/von Wedelstädt*, AO § 46 Rz. 18.

2.4 Gesetz- oder sittenwidriges Verhalten (§ 40 AO)

Für die Besteuerung ist es gem. § 40 AO **unerheblich**, ob ein Verhalten, das den Tatbestand eines Steuergesetzes erfüllt, gegen ein gesetzliches Gebot oder Verbot oder gegen die guten Sitten verstößt. § 40 AO ist Ausfluss der **Wertneutralität des Steuerrechts** (vgl. BVerfG vom 12.04.1996, NJW 1996, 2086). Die wirtschaftliche Betrachtungsweise sorgt mit der Anknüpfung an das wirtschaftliche Ergebnis dafür, dass der rechtsuntreu Handelnde steuerlich nicht besser gestellt wird als der gesetzestreu Handelnde; § 40 AO dient damit der Steuergerechtigkeit. Führt ein Verstoß gegen das Gesetz oder gegen die guten Sitten zur Nichtigkeit eines Rechtsgeschäftes (§§ 134 und 138 BGB), ergibt sich die Unerheblichkeit der zivilrechtlichen Unwirksamkeit nicht aus § 40 AO, sondern aus § 41 AO.[61]

> **Beispiel 3: »Quota litis«**
> Die Amerikanerin A möchte sich von ihrem deutschen Ehemann E scheiden lassen. In Unkenntnis der Gepflogenheiten vereinbart A mit dem Rechtsreferendar R, der sich in Kürze als Rechtsanwalt niederlassen möchte, ein Erfolgshonorar (sog. quota litis) für die Vertretung vor Gericht. Das Scheidungsverfahren wird durchgeführt, ohne dass R die Zulassung als Rechtsanwalt erwirbt. Vom erstrittenen Zugewinnausgleich zahlt A – vereinbarungsgemäß – 30 % an ihren »Anwalt« R. Welche steuerlichen Auswirkungen ergeben sich bei R?
>
> **Lösung:** Ohne Zulassung als Rechtsanwalt hätte R die A nicht vor dem Familiengericht vertreten dürfen (§ 78 Abs. 2 ZPO). Die Vereinbarung des Erfolgshonorars ist dagegen nach der Reform des RVG nicht mehr generell unzulässig. Das BVerfG hat in einer Entscheidung vom 12.12.2006 (Az.: 1 BvR 2576/04) entschieden, dass das ausnahmslose gesetzliche Verbot anwaltlicher Erfolgshonorare mit Art. 12 Abs. 1 GG nicht vereinbar ist. Das RVG regelt nunmehr in Abkehr vom früheren generellen Verbot, dass zum Schutz der Rechtsuchenden und der Unabhängigkeit der Anwälte an dem Verbot des Erfolgshonorars zwar grundsätzlich festzuhalten sei. Es ist jedoch gem. § 4a Abs. 1 RVG gestattet, für den Einzelfall ein Erfolgshonorar zu vereinbaren, wenn der Auftraggeber aufgrund seiner wirtschaftlichen Verhältnisse bei verständiger Betrachtung ohne die Vereinbarung eines Erfolgshonorars von der Rechtsverfolgung abgehalten würde. Davon ist im Sachverhalt nicht auszugehen, so dass die Vereinbarung auch insoweit gegen ein gesetzliches Verbot verstößt.
> Trotzdem erzielt R mit seiner tatsächlich durchgeführten, wenn auch unzulässigen Vertretung vor Gericht steuerbare und stpfl. Einkünfte. Die Besteuerung ist ohne Rücksicht darauf durchzuführen, ob die Vereinbarung bürgerlich-rechtlich wirksam ist (§§ 40f. AO, vgl. BFH vom 15.10.1981, BStBl II 1982, 340). Soweit dem R im Zusammenhang mit seiner Tätigkeit Aufwendungen entstanden sind, mindern diese seinen Gewinn.

Nicht mit § 40 AO vereinbar war die Rspr. des EuGH (UR 1989, 309 und 312), wonach weder bei der unerlaubten Einfuhr von Betäubungsmitteln noch von Falschgeld E-USt entstehen soll.[62] Seit dem 01.01.1994 erklärt § 21 Abs. 2 UStG für die E-USt Art. 212 ZK (der als lex specialis § 40 AO verdrängt) für anwendbar; gem. Art. 212 S. 2 ZK entsteht bei der vorschriftswidrigen Einfuhr von Falschgeld und Suchtstoffen systemwidrig keine E-USt.

---

61 A.A. *Tipke/Kruse*, AO, § 40 Rz. 12: § 40 AO als lex specialis gegenüber § 41 AO.
62 A.A. *Tipke/Lang*, Steuerrecht, § 14 Rz. 43: Die Kritik würde verkennen, dass die USt den Konsumenten und nicht den Händler belaste.

2.5 Unwirksame Rechtsgeschäfte (§ 41 AO)

§ 41 AO regelt die steuerrechtlichen Auswirkungen zivilrechtlich unwirksamer Rechtsgeschäfte; die Norm ist ebenso wie § 40 AO **Ausfluss der wirtschaftlichen Betrachtungsweise** im Steuerrecht. **Die Unwirksamkeit eines Rechtsgeschäfts ist steuerlich irrelevant, soweit und solange die Beteiligten das wirtschaftlich eingetretene Ergebnis bestehen lassen** (§ 41 Abs. 1 AO). Die Unwirksamkeit kann sich dabei insbes. aus Verstößen gegen Formvorschriften, wegen fehlender Geschäftsfähigkeit eines Beteiligten oder aus einem Verstoß gegen ein gesetzliches Verbot (§ 134 BGB) oder gegen die guten Sitten (§ 138 BGB) ergeben. § 41 AO setzt allerdings voraus, dass überhaupt ein – wenn auch rechtlich unvollkommenes – Rechtsgeschäft vorliegt (BFH vom 30.05.1997, BFH/NV 1997, 739).

> **Beispiel 4: Unvollständig beurkundet**[63]
> Die Grundstücksgesellschaft G-GmbH (Verkäufer) und Schlau (Käufer) ließen unter dem Datum 31.12.11 als Kaufvertrag bezeichnete Erklärungen notariell beurkunden. Die Auflassung sollte erst nach Begleichung des vollen Kaufpreises erfolgen. Das FA setzt daraufhin gegen Schlau die GrESt fest. Mit Schreiben vom 18.02.12 teilt Schlau dem FA mit, dass die G-GmbH zusätzlich zum vereinbarten Kaufpreis ein Handgeld i.H.v. 10.000 € verlangt habe; da der Kaufvertrag mangels Beurkundung des vollständigen Vertragsinhalts formunwirksam sei, müsse die bereits bezahlte GrESt zurück erstattet werden. Im Mai 08 kommt im Rahmen eines Vergleichs vor dem Zivilgericht doch noch die Auflassung des Grundstücks zustande und Schlau wird in das Grundbuch eingetragen. Wie wird das FA reagieren?
>
> **Lösung:** Ein Kaufvertrag über ein Grundstück unterliegt gem. § 1 Abs. 1 Nr. 1 GrEStG der GrESt. Ist der Kaufvertrag ganz oder teilweise nicht notariell beurkundet, so ist er unwirksam (§ 311b Abs. 1 S. 1 BGB). Er wird jedoch seinem ganzen Inhalt nach mit der Auflassung und der Eintragung in das Grundbuch gültig, allerdings mit Wirkung ex nunc, d.h. nicht rückwirkend (§ 311b Abs. 1 S. 2 BGB). Nach ständiger Rspr. des BFH kann ein formbedürftiger Grundstückskaufvertrag, der jeglicher notarieller Beurkundung ermangelt, in keinem Falle gem. § 41 Abs. 1 AO der GrESt unterliegen (BFH vom 18.03.2005, BFH/NV 2005, 1368). Dagegen kann ein infolge unvollständiger Beurkundung nichtiges Rechtsgeschäft grunderwerbsteuerpflichtig sein, wenn eine Heilung nach § 311b Abs. 1 S. 2 BGB möglich ist, also das Rechtsgeschäft seinem ganzen Inhalt nach gültig werden kann. Denn in diesen Fällen können die Vertragsparteien das wirtschaftliche Ergebnis des Rechtsgeschäfts eintreten lassen. Der GrESt-Anspruch entsteht dann im Zeitpunkt des Abschlusses des Kaufvertrages so, als ob das unwirksame Rechtsgeschäft seinem ganzen Inhalt nach gültige wäre; der Anspruch erlischt nur, wenn die Beteiligten vom Vollzug des unwirksamen Rechtsgeschäfts absehen. Folglich ist der GrESt-Anspruch am 31.12.2011 entstanden. Bei der Bemessungsgrundlage ist auch das »Handgeld« zu berücksichtigen; die Änderung des GrESt-Bescheides erfolgt nach § 173 Abs. 1 Nr. 1 AO.

Auf **Vereinbarungen unter nahen Angehörigen**, Verträge von KapG mit den beherrschenden Gesellschaftern und Vereinbarungen zwischen einer PersG und Angehörigen der Gesellschafter ist § 41 Abs. 1 AO nach ständiger Rspr. nicht anzuwenden.[64] Aufgrund der fehlenden Interessensgegensätze ist bei diesen Fallkonstellationen ein steuerlich irrelevantes

---

63 Nach BFH vom 19.07.1989 (BStBl II 1989, 989).
64 Vgl. BFH vom 17.02.1998 (BStBl II 1998, 349); die Rspr. folgt der Devise »inter proximos fraus facile praesumitur« (unter nahen Angehörigen wird ohne weiteres Betrug vermutet), zitiert nach *Tipke/Kruse*,

Scheingeschäft (§ 41 Abs. 2 S. 1 AO) nur dann auszuschließen, wenn **klare, formwirksame Vereinbarungen im Voraus** getroffen und diese Vereinbarungen auch **tatsächlich durchgeführt** werden (vgl. BFH vom 11.03.2003, BStBl II 2003, 627, 629). Die Erfüllung der zivilrechtlichen Formvorschriften ist für die Rspr. der anderweitig nicht zu erbringende Beleg der Ernsthaftigkeit derartiger Vereinbarungen. Zwar hat der BFH – zuletzt in seinem Urteil vom 24.06.2009 (BFH/NV 2010, 181) – wiederholt entschieden, dass bei der steuerrechtlichen Anerkennung von Verträgen zwischen nahen Angehörigen der zivilrechtlichen Unwirksamkeit des Vertragsabschlusses **nur indizielle** Bedeutung beizumessen ist. Die Anerkennung der Vereinbarung trotz zivilrechtlicher Unwirksamkeit dürfte sich aber auf Fälle beschränken, in denen den Vertragspartnern die Nichtbeachtung der Formvorschriften nicht angelastet werden kann und sie zeitnah nach dem Erkennen die erforderlichen Maßnahmen eingeleitet haben, um die Wirksamkeit klarzustellen.

So ist ein steuerlich anzuerkennendes Mietverhältnis zwischen Eltern und einem minderjährigen Kind nur anzunehmen, wenn das Kind bei Abschluss des Mietvertrags durch einen Ergänzungspfleger vertreten ist (BFH vom 23.04.1992, BStBl II 1992, 1024). Familien-PersG mit minderjährigen Kindern, die z.B. durch die Übertragung von Anteilen an einer GbR auf ein bisher daran nicht beteiligtes minderjähriges Kind durch die Eltern zustande kommen können[65], bedürfen neben der Mitwirkung eines Ergänzungspflegers zudem der Genehmigung des zuständigen Vormundschaftsgerichts (§§ 1643 Abs. 1, 1822, 1915 BGB).[66] Ehegattenarbeitsverhältnisse sind nur anzuerkennen, wenn sie **wirksam zustande** gekommen sind, **inhaltlich dem unter Dritten Üblichen entsprechen** und wie unter Dritten **vollzogen** werden (BFH vom 25.07.1991, BStBl II 1991, 842).[67] Hält die getroffene Vereinbarung diesem Fremdvergleich (der Vertrag muss dem entsprechen, was unter fremden Dritten üblich ist) nicht stand, wird ein Scheingeschäft vermutet mit der Folge, dass die Vereinbarung für die Besteuerung unerheblich ist. Die Wahrung der Schriftform ist den Parteien dabei auch dann anzuraten, wenn die Abrede zivilrechtlich nicht zwingend der Schriftform bedarf.

Die Begründung eines **Scheinwohnsitzes** ist nach § 41 Abs. 2 S. 1 AO (Scheinhandlung) für die Besteuerung ohne Bedeutung (AEAO zu § 41 Nr. 2).

2.6 Gestaltungsmissbrauch (§ 42 AO)

§ 42 AO dient der Abgrenzung von steuerlich **erlaubter Steuervermeidung** und unzulässiger, **missbräuchlicher Steuerumgehung**. Die Anwendung des § 42 AO ist stark kasuistisch geprägt. Aufgrund von Gesetzes- und Rechtsprechungsentwicklungen werden immer wieder neue Umgehungsstrategien entwickelt. Durch das JStG 2008 wurde § 42 AO neu gefasst.[68] Entgegen der ursprünglichen Bedenken in der Praxis hat die Neuregelung aber – nach bisherigen Erkenntnissen – zu keiner Abkehr von der bis dato eher zurückhaltenden Anwendung des § 42 AO durch die Verwaltung geführt. Durch die Änderung wurden vor allem die durch die Rspr. entwickelten Grundsätze, wann ein Missbrauch von Gestaltungs-

---

AO, § 41 Rz. 31. Hierzu ausführlich *Preißer*, Band 1, Teil B, Kap. I 4.4 (zur ESt) sowie *ders.* Band 3, Teil C, Kap. II 1 zur ErbSt.
65 Hierzu BFH vom 27.04.2005, BStBl II 2005, 892.
66 Ausführlich zu Familien-PersG, insb. zur Beteiligung der Kinder, *Preißer*, Band 1, Teil B, Kap. I 4.4.3.
67 *Preißer*, Band 1, Teil B, Kap. I 4.4.2.
68 § 42 AO i.d.F. des Art. 14 Nr. 2 JStG 2008 vom 20.12.2007, BGBl I 2007, 3150.

möglichkeiten vorliegt, explizit in das Gesetz aufgenommen (§ 42 Abs. 2 S. 1 und 2 AO). Eines der Hauptziele für die Reform des § 42 AO war es, die kaum noch überschaubare Kasuistik wieder in nachvollziehbare Bahnen zu lenken. Dieses Ziel blieb unerreicht.[69]

Beispiel 5: Wechselseitige Vermietung
Der selbständig tätige Zahnarzt Dr. Reich bewohnt eine Wohnung im Zweifamilienhaus seiner Mutter. Am 21.02.10 wird das Haus in zwei Eigentumswohnungen aufgeteilt. Mit notariell beurkundetem Vertrag vom gleichen Tage überträgt die Mutter des Reich diesem das Eigentum an der von ihr selbst bewohnten Wohnung in diesem Haus. Die erworbene Wohnung vermietet Reich mit Mietvertrag ebenfalls vom 21.02.10 für einen Mietzins von 1.000 € auf die Dauer von zwanzig Jahren an seine 62-jährige Mutter; die im Eigentum der Mutter verbliebene Eigentumswohnung vermietet diese für monatlich 500 € an Reich. In der ESt-Erklärung 10 macht Reich einen beträchtlichen Werbungskostenüberschuss bei den Einkünften aus Vermietung und Verpachtung geltend. Das FA weigert sich unter Berufung auf einen vorliegenden Gestaltungsmissbrauch (§ 42 AO), diese Einkünfte anzusetzen. Zu Recht?

Bei Missbrauch von Gestaltungsmöglichkeiten entsteht der Steueranspruch so, wie er bei einer den wirtschaftlichen Vorgängen angemessenen rechtlichen Gestaltung entsteht (§ 42 Abs. 1 S. 1 AO). Durch Missbrauch von Gestaltungsmöglichkeiten des Rechts kann das Steuergesetz nicht umgangen werden. Vom Gestaltungsmissbrauch zu unterscheiden ist die **zulässige Steuervermeidung**. Die Steuer vermeidet, wer keinen gesetzlichen Tatbestand erfüllt. Die StPfl. sind grds. frei, ihre rechtlichen Verhältnisse so zu gestalten, dass sich eine geringere oder gar keine Steuerbelastung ergibt (BFH vom 29.08.2007, BStBl II 2008, 502); die gewählte Gestaltung ist auch der Besteuerung zugrunde zu legen. Der StPfl. darf seine Verhältnisse also so einrichten, wie dies für ihn steuerlich am günstigsten ist, solange er dies **auf angemessenem Wege** erreicht. So können Arbeitgeber und Arbeitnehmer den Zeitpunkt des Zuflusses einer Abfindung oder eines Teilbetrags einer solchen beim Arbeitnehmer in der Weise steuerwirksam gestalten, dass sie deren ursprünglich vorgesehene Fälligkeit vor ihrem Eintritt auf einen späteren Zeitpunkt verschieben (BFH vom 11.11.2009, DB 2010, 148). Zulässig ist auch die Veräußerung eines Hauses an einen nahen Angehörigen mit gleichzeitiger Rückanmietung durch den Veräußerer und verzinslicher Stundung des Kaufpreises; wenn sich aufgrund der vertraglichen Vereinbarung Zins und Miete wirtschaftlich neutralisieren, reicht dies – für sich – noch nicht zur Annahme eines Gestaltungsmissbrauchs aus.[70]

Ein häufiger Anwendungsfall von § 42 AO liegt bei **wechselseitig gewährten Darlehen** vor. Wenn Angehörige durch zivilrechtlich mögliche Gestaltungen zwar wechselseitige Zahlungsverpflichtungen begründen, damit aber ihre jeweilige Position weder tatsächlich noch wirtschaftlich verbessern, kann hierin ein Gestaltungsmissbrauch zu sehen sein (BFH vom 29.08.2007, AO-StB 2008, 66).

Der Begriff »Missbrauch« wird in der AO seit der Neufassung des § 42 AO in Abs. 2 legal definiert (vgl. auch AEAO zu § 42). Ob ein Missbrauch vorliegt, ist für jede Steuerart gesondert nach den Wertungen des Gesetzgebers, die den jeweils maßgeblichen steuerrechtlichen Vorschriften zugrunde liegen, zu beurteilen. Eine rechtliche Gestaltung ist nach ständiger Rspr. und der nunmehr in § 42 Abs. 2 AO aufgenommenen Definition missbräuchlich, wenn

---

69 In diesem Sinne auch *Mack/Wollweber*, § 42 AO – Viel Lärm um nichts?, DStR 2008, 182.
70 Vgl. FG Baden-Württemberg vom 21.06.2005, EFG 2005, 1943.

sie zur Erreichung des wirtschaftlichen Ziels **unangemessen ist, der Steuerminderung dienen soll** und **nicht durch wirtschaftliche oder sonst beachtliche nichtsteuerliche Gründe gerechtfertigt wird** (ständige Rspr., vgl. BFH vom 25.08.2009, BStBl II 2009, 999 zum Verkauf von Wertpapieren mit Verlust und Wiederankauf gleichartiger Wertpapiere am selben Tag zu unterschiedlichen Preisen). Maßgeblich ist, ob verständige Dritte die rechtliche Gestaltung in Anbetracht des wirtschaftlichen Sachverhaltes und der wirtschaftlichen Zielsetzung gewählt hätten. Liegt ein wirtschaftlich vernünftiger Grund für die gewählte Gestaltung vor, ist es unerheblich, wenn **auch** steuerliche Gründe für Wahl der Gestaltung beeinflusst haben. Von mehreren angemessenen Gestaltungen kann der StPfl. die steuerlich günstigste wählen.

Ein Missbrauch von Gestaltungsmöglichkeiten liegt z.B. vor, wenn die Besteuerung von Zuflüssen aus einer KapG als Einkünfte aus Kapitalvermögen im Ergebnis dadurch vermieden wird, dass

- zunächst das Entstehen einer wesentlichen Beteiligung dadurch verhindert wird, dass ein Aktionär (Vater) einen Teil der Aktien auf seine Kinder überträgt,
- die drei Hauptaktionäre der AG, nämlich der Vater und zwei Schwäger, über Jahre hinweg keine Dividendenausschüttung beschließen und sich stattdessen die freien Mittel der Gesellschaft in Form eines Darlehens zukommen lassen,
- die Aktien sodann an eine vom Vater beherrschte PersG gegen Übernahme seiner Darlehensverpflichtung gegenüber der AG veräußert werden und
- die AG nach Veräußerung die Ausschüttung einer »Superdividende« in Höhe der den Gesellschaftern gewährten Darlehen beschließt, die bei der Erwerberin mit den übernommenen Darlehen verrechnet wird, zudem zur Wertlosigkeit der Aktien führt und es deshalb der Erwerberin ermöglicht, eine ausschüttungsbedingte Teilwertabschreibung vorzunehmen.

Im vorliegenden Fall hat der BFH einen Gestaltungsmissbrauch angenommen, da bei einer Gesamtbetrachtung des Sachverhalts nicht erkennbar war, welche Vorteile die erwerbende PersG aus der Transaktion ziehen könne (BFH vom 08.05.2003, BStBl II 2003, 854).[71]

Ähnlich (Gestaltungsmissbrauch) hat der BFH im Urteil vom 18.03.2004 den Fall entschieden, da ein Alleingesellschafter-Geschäftsführer ein von ihm drei Jahre zuvor erworbenes Mehrfamilienhaus an seine GmbH veräußert hat und diese noch im selben Jahr die aufgeteilten Wohnungen an verschiedene Erwerber veräußert. Bei entsprechender Sachverhaltsgestaltung (z.B. durch Bevollmächtigung der GmbH zur Aufteilung) liegt eine Umgehung der »Drei-Objekt«-Grenze vor, die zur gewerblichen Grundstücksveräußerung führt. Die Veräußerung von GmbH-Anteilen an eine von den Gesellschaftern der GmbH neu gegründete, beteiligungsidentische GmbH ist nicht deshalb rechtsmissbräuchlich i.S.d. § 42 AO, weil die Anteile zu einem Zeitpunkt veräußert wurden, als die Veräußerung noch nicht dem Halbeinkünfteverfahren unterlag oder weil sich die Tätigkeit der neu gegründeten Gesellschaft auf das Halten der veräußerten Anteile beschränkte (BFH vom 29.05.2008, BStBl II 2008, 789).

Die Annahme des Gestaltungsmissbrauchs setzt nicht voraus, dass die unangemessene Gestaltung in der Absicht gewählt wurde, das Steuergesetz zu umgehen. Der Missbrauch

---

71 Ähnlich auch FG Münster vom 30.05.2006 (EFG 2006, 1302): Erfolgt die Zwischenschaltung einer GmbH zwischen eine natürliche Person und eine Einkunftsquelle ohne nachvollziehbare wirtschaftliche Gründe und kommt es dem StPfl. nur darauf an, steuerliche Verluste gem. § 17 EStG zu realisieren, ohne sich von der Einkunftsquelle endgültig zu trennen, ist die Gestaltung missbräuchlich i.S.d. § 42 AO.

muss also nicht vorsätzlich erfolgen. Auf eine **Umgehungsabsicht** kommt es nach dem Wortlaut von § 42 AO nicht an. Das Steuerrecht besteuert Sachverhalte, nicht Absichten. Soweit Einzelsteuergesetze spezielle Missbrauchsklauseln enthalten (z.B. §§ 7–14 AStG), bleibt § 42 Abs. 1 AO als allgemeine Missbrauchsklausel gleichwohl anwendbar, wenn dies gesetzlich **nicht ausdrücklich ausgeschlossen** ist (§ 42 Abs. 1 S. 2 und 3 AO).[72]

Generell ist bei der Bearbeitung von schriftlichen Prüfungsaufgaben davor zu warnen, vorschnell auf das Rechtsinstitut des Gestaltungsmissbrauchs zurückzugreifen. Ob tatsächlich ein Gestaltungsmissbrauch vorliegt, kann i.d.R. nur unter Berücksichtigung und sorgfältiger Prüfung aller Umstände des Einzelfalls, die in einer schriftlichen Aufgabe meist gerade nicht bekannt sind, beantwortet werden.

Lösung: Entgegen der Auffassung des FA sind die Voraussetzungen eines Missbrauchs von rechtlichen Gestaltungsmöglichkeiten (§ 42 AO) nicht gegeben. Die Aufteilung des Zweifamilienhauses, in der die Mutter wohnen bleiben wollte, ist kein Gestaltungsmissbrauch. Es stand der Mutter frei, über ihr Eigentum, z.B. auch zum Zwecke der vorweggenommenen Erbfolge, zu verfügen. Dabei war es wirtschaftlich nicht geboten, die Wohnung zu übertragen, in der sie selbst nicht wohnte. Die Übertragung ist nicht deshalb als Missbrauch zu beurteilen, weil gleichzeitig zwischen dem neuen und der alten Eigentümerin ein Mietvertrag über die übertragene Wohnung abgeschlossen worden ist. Darin ist keine den wirtschaftlichen Zielen der Beteiligten gegenüber unangemessene Gestaltung zu sehen. Es handelt sich vorliegend auch nicht um eine missbräuchliche Vermietung »über Kreuz«. Vorliegend lag es allein in der Entscheidungsbefugnis der Mutter, ob und welche der Wohnungen sie übereignete.

2.7 Zurechnung von Wirtschaftsgütern (§ 39 AO)

Die Zurechnung von WG ist in § 39 AO geregelt; die Vorschrift knüpft an das sog. **Leasing-Urteil** des BFH aus dem Jahr 1970 an (BFH vom 26.01.1970, BStBl II 1970, 264). Gem. § 39 Abs. 1 AO sind WG **steuerlich im Grundsatz dem (zivilrechtlichen) Eigentümer als wirtschaftlich Berechtigtem zuzurechnen**; dem Eigentümer gleichzustellen ist der Rechtsinhaber, z.B. der Gläubiger einer Forderung.[73] Für die Zurechnung von **Einkünften**, die in der AO selbst nicht geregelt ist, wird auf die jeweiligen Einzelsteuergesetze hingewiesen.

Probleme bei der Zurechnung von WG entstehen, wenn der zivilrechtliche Eigentümer nicht gleichzeitig auch der **wirtschaftlich Berechtigte** ist. Ein Wirtschaftsgut ist steuerrechtlich demjenigen zuzuordnen, der **die tatsächliche Herrschaft** über das Wirtschaftsgut ausübt. Ein vom zivilrechtlichen Eigentum abweichendes wirtschaftliches Eigentum liegt dann vor, wenn ein anderer als der zivilrechtliche Eigentümer die tatsächliche Herrschaft ausübt und den nach bürgerlichem Recht Berechtigten für die gewöhnliche Nutzungsdauer

---

72 Ob § 42 Abs. 1 S. 2 AO i.V.m. mit dem Spezialtatbestand (etwa § 50d Abs. 1a EStG) die Anwendbarkeit von § 42 Abs. 1 AO unter dem Gesichtspunkt der Spezialität ausschließt, hängt von der Formulierung der Sondervorschrift ab: eine Überprüfung der Gestaltung nach Maßgabe von § 42 Abs. 1 AO lässt § 42 Abs. 1 S. 3 AO nur dann zu, wenn die Sondervorschrift nicht abschließend gemeint ist: für § 50d Abs. 1a EStG hat die Rspr. Anfang 2008 entschieden, dass § 42 AO durch die speziellere Vorschrift verdrängt wird: die spezialgesetzliche Regelungsvorschrift geht der allgemeinen abgabenrechtlichen Generalvorschrift in § 42 AO vor (BFH vom 29.01.2008, BStBl II 2008, 978).

73 Der Begriff »Eigentum« ist dem Zivilrecht entnommen; allerdings ist zivilrechtlich nur das Eigentum an Sachen i.S.d. § 90 BGB möglich, während § 39 AO sämtliche selbständig bewertungsfähige WG umfasst.

wirtschaftlich von der Einwirkung ausschließen kann (§ 39 Abs. 2 Nr. 1 AO), wenn also der Herausgabeanspruch des Eigentümers keine wirtschaftliche Bedeutung mehr hat oder ihm kein Herausgabeanspruch mehr zusteht (zuletzt etwa BFH vom 24.01.2012, BStBl II 2012, 308).

§ 39 Abs. 2 Nr. 1 AO definiert den Begriff des **wirtschaftlichen Eigentums**. Fallen wirtschaftliches und zivilrechtliches Eigentum auseinander, ist das Wirtschaftsgut dem wirtschaftlichen Eigentümer zuzurechnen. Auch für die Zurechnung von WG gilt damit der Grundsatz der wirtschaftlichen Betrachtungsweise. Im Rahmen der hierfür notwendigen Gesamtwürdigung der Verhältnisse des Einzelfalles kommt der Verfügungsbefugnis über das Wirtschaftsgut, dem Ziehen der Nutzungen und dem Tragen der Lasten wesentliche Bedeutung zu. So setzt z.B. der Übergang des wirtschaftlichen Eigentums an einem Grundstück nach der Rspr. nicht zwingend die Auflassung voraus. Maßgeblich ist vielmehr der Zeitpunkt, von dem ab der Erwerber nach dem Willen der Vertragspartner wirtschaftlich über das Grundstück verfügen kann, sobald also in Erwartung des Eigentumserwerbes Besitz, Gefahr, Nutzen und Lasten auf den Erwerber übergegangen sind (BFH vom 12.10.2006, BFH/NV 2007, 386).

§ 39 Abs. 2 Nr. 1 S. 2 AO enthält Beispiele für die Zuordnung von WG an den wirtschaftlichen Eigentümer:

- Bei **Treuhandverhältnissen** (Beispiel: An einer Publikums-KG wollen sich die Kapitalgeber über einen Dritten beteiligen und bestellen diesen zum treuhänderischen Kommanditisten (BFH vom 12.01.1995, BFH/NV 1995, 759)) sind die WG nicht dem Treuhänder als dem nach außen Berechtigten zuzuordnen, sondern dem Treugeber, in dessen wirtschaftlichem Interesse der Treuhänder seine Rechte ausübt.[74] Diese Aussage wird ergänzt durch § 159 AO[75], wonach i.S.e. Beweislastregel der Scheineigentümer (d.h. der Treuhänder) eine Nachweispflicht über die Zugehörigkeit der WG zum Treugeber hat. Ein steuerlich anzuerkennendes Treuhandverhältnis muss nicht nur nach den mit dem Treuhänder getroffenen Absprachen, sondern auch nach deren **tatsächlichen Vollzug** zweifelsfrei erkennen lassen, dass der Treuhänder ausschließlich für Rechnung des Treugebers handelt. Ein Treuhandverhältnis an GmbH-Geschäftsanteilen muss nach Auffassung des BFH (BFH vom 22.07.2008, BFH/NV 2008, 2004) notariell beurkundet werden, um zivilrechtlich wirksam zu sein.
- Beim **Sicherungseigentum** ist das Wirtschaftsgut dem Sicherungsgeber zuzuordnen, da trotz des zivilrechtlichen Eigentumsübergangs der Sicherungsgeber wirtschaftlich Berechtigter bleiben soll.
- Beim **Eigenbesitz** (vgl. § 872 BGB) ist das Wirtschaftsgut dem Eigenbesitzer zuzurechnen. Eigenbesitzer ist, wer ein Wirtschaftsgut als ihm gehörig besitzt und den Willen

---

74 Bei der Prüfung, ob tatsächlich ein Treuhandverhältnis anzunehmen ist, ist ein strenger Maßstab anzulegen; nicht jede formal als »Treuhandvertrag« bezeichnete Vereinbarung führt zur Anerkennung eines Treuhandverhältnisses i.S.d. § 39 Abs. 2 Nr. 1 AO. Aus den schuldrechtlichen Vereinbarungen muss sich vielmehr eindeutig ergeben, dass die mit der rechtlichen Eigentümer- bzw. Inhaberstellung verbundene Verfügungsmacht im Innenverhältnis zu Gunsten des Treugebers in einem Maße eingeschränkt ist, dass das rechtliche Eigentum bzw. die rechtliche Inhaberschaft als »leere Hülle« erscheint (BFH vom 06.10.2009, BStBl II 2010, 460).

75 Nach BFH vom 27.09.2006 (BStBl II 2007, 39) schließt das sog. Bankgeheimnis nach § 30a AO nicht aus, dass einer Bank die von ihr vereinnahmten Erträge aus ausländischen Wertpapieren nach § 159 AO zugerechnet werden, wenn sie nicht hinreichend nachweist, dass sie die Papiere lediglich treuhänderisch für ihre Kunden hält.

hat, den Berechtigten von der Einwirkung auf das Wirtschaftsgut auszuschließen (sog. Herrschaftswille). So werden z.B. unter Eigentumsvorbehalt gekaufte Waren dem Käufer zugerechnet oder mit einem Erbbaurecht belastete Grundstücke dem Erbbauberechtigten. Pächter und Mieter sind dagegen nicht Eigenbesitzer, sondern Fremdbesitzer (vgl. AEAO zu § 39 Nr. 1; der Fremdbesitzer besitzt in Anerkennung des fremden Eigentums), wenn nicht im Miet- oder Pachtvertrag dem Mieter oder Pächter bereits eine umfassende Rechtsstellung eingeräumt wird.

Praktisch besonders bedeutsam ist die Zurechnung beim **Leasing**.[76] Regelmäßig ist der Leasingnehmer nicht Eigenbesitzer, sondern Fremdbesitzer, da er sein Besitzrecht in Anerkennung des fremden Eigentums ausübt. Aufgrund der zahlreichen vertraglichen Gestaltungsmöglichkeiten, die im Einzelfall eine Zurechnung des Leasinggutes an den Leasingnehmer rechtfertigen, ist die Frage der Zuordnung beim Leasing in den sog. Leasing-Erlassen ausführlich geregelt (BMF vom 19.04.1971, BStBl I 1971, 264; BMF vom 21.03.1972, BStBl I 1972, 188).

Wirtschaftsgüter, die mehreren zur gesamten Hand zustehen (sog. **Gesamthandsgemeinschaften**, z.B. PersG, Gütergemeinschaft und Erbengemeinschaft) werden den Beteiligten gem. § 39 Abs. 2 Nr. 2 AO anteilig zugerechnet, soweit eine getrennte Zurechnung steuerrechtlich erforderlich ist. Im Zweifel werden also die Beteiligten einer Gesamthandsgemeinschaft im Steuerrecht wie Bruchteilseigentümer behandelt. Entscheidend ist auch insoweit die wirtschaftliche Betrachtungsweise. Bringen z.B. Bruchteilseigentümer Grundstücke zu unveränderten Anteilen in eine personenidentische GbR mit Vermietungseinkünften ein, liegt steuerrechtlich wegen § 39 Abs. 2 Nr. 2 AO kein Anschaffungsvorgang vor, weil die Gesellschafter weiterhin im bisherigen Umfang als Bruchteilseigentümer der Grundstücke anzusehen sind (BFH vom 06.10.2004, BStBl II 2005, 324). Zuletzt hat der BFH über einen Vorbehaltsnießbraucher als wirtschaftlichen Eigentümer von Gesellschaftsrechten entschieden: Wem Gesellschaftsanteile im Rahmen einer vorweggenommenen Erbfolge unter dem Vorbehalt des Nießbrauchs übertragen werden, erwirbt sie nicht i.S.d § 17 Abs. 2 S. 5 EStG, wenn sie weiterhin dem Nießbraucher nach § 39 Abs. 2 Nr. 1 AO zuzurechnen sind, weil dieser nach dem Inhalt der getroffenen Abrede alle mit der Beteiligung verbundenen wesentlichen Rechte (Vermögens- und Verwaltungsrechte) ausüben und im Konfliktfall effektiv durchsetzen kann (BFH vom 24.01.2012, BStBl II 2012, 308).

2.8 Erlöschen des Steueranspruchs (§ 47 AO)

Ansprüche aus dem Steuerschuldverhältnis erlöschen gem. § 47 AO insb. durch **Zahlung** (§§ 224, 224a, 225 AO), **Aufrechnung** (§ 226 AO), **Erlass** (§§ 163, 227 AO) und **Verjährung** (§§ 169 ff., 228 ff. AO). Die beispielhaft aufgezählten Erlöschensgründe sind über die gesamte AO verstreut geregelt. § 47 AO regelt die verschiedenen Erlöschensgründe aber nicht abschließend: Ansprüche können z.B. auch durch Verzicht auf Erstattung (§ 37 Abs. 2 AO), Ablauf einer Ausschlussfrist (§ 226 Abs. 2 AO) oder bei Zwangsgeldern durch Erbfolge (§ 45 Abs. 1 AO) erlöschen.

Der praktisch bedeutsamste Erlöschenstatbestand ist die **Zahlung**. Dabei erlischt der Steueranspruch gem. § 362 Abs. 1 BGB nicht bereits mit Vornahme der Leistungshandlung,

---

[76] Vgl. ausführlich zum Leasing *Kölpin*, Band 2, Teil A, Kap. II 1.5.

sondern erst mit **Eintritt des Leistungserfolges**, bei Banküberweisung also mit Gutschrift auf dem Konto des Gläubigers, bei Einzugsermächtigung mit Gutschrift auf dem Gläubigerkonto auflösend bedingt bis zum Ende der Widerspruchsfrist. Die Verantwortung, dass die Zahlung auf das richtige Konto erfolgt, trägt der Schuldner (§ 270 Abs. 1 BGB). Bezahlt der Schuldner »unter Vorbehalt«, beeinflusst dieser Zusatz die Erlöschenswirkung nicht (BFH vom 28.04.1992, BStBl II 1992, 781); die Zahlung hat ebenfalls eine normale Erfüllungswirkung.

Kein Erlöschensgrund ist die **Niederschlagung** von Steuerrückständen (§ 261 AO); als Verwaltungsinternum[77] bewirkt die Niederschlagung lediglich, dass auf die Vollstreckung aus Praktikabilitätsgründen vorübergehend verzichtet wird, ohne dass dadurch der Steueranspruch als solches verändert wird.

Das Erlöschen des Steueranspruchs ist **von Amts wegen zu beachten**; der Gläubiger muss sich damit nicht ausdrücklich auf das Erlöschen des Anspruchs berufen. Hierdurch weicht § 47 AO für den Fall der **Verjährung** von den zivilrechtlichen Vorschriften ab (§ 214 BGB; vgl. auch ausdrücklich § 232 AO); zivilrechtlich führt die Einrede der Verjährung nur zu einem Leistungsverweigerungsrecht, nicht aber zum Erlöschen des Anspruchs. Bei Streitigkeiten hinsichtlich des Erlöschens kann ein Abrechnungsbescheid gem. § 218 Abs. 2 AO beantragt und – da es sich hierbei um einen Verwaltungsakt handelt – gegebenenfalls im Rechtsbehelfsverfahren überprüft werden (BFH vom 18.04.2006, BStBl II 2006, 578).

---

77 Im Regelfall wird die Niederschlagung dem StPfl. nicht mitgeteilt.

III Haftung

1 Allgemeines[78]

Haftung im steuerlichen Sinn bedeutet die **Pflicht zum Einstehen für die Steuerschuld eines Dritten**.[79] Der Steuerschuldner hat für die ihm gegenüber im Steuerbescheid gem. § 155 AO festgesetzten Steuern einzustehen, der Haftungsschuldner für **fremde** Steuerschulden (BFH vom 07.03.2006, BStBl II 2007, 594). Der Steuerschuldner kann daher nicht gleichzeitig Haftungsschuldner sein. Voraussetzung für die Haftung ist neben dem Bestehen einer steuerlichen Hauptschuld, für die gehaftet wird, die Verwirklichung eines Haftungstatbestandes. Der Haftungsschuldner »kann« (erforderlich ist also eine zu begründende Ermessensentscheidung des FA, § 5 AO) allerdings gem. § 219 S. 1 AO nur **subsidiär**, d.h. nachrangig auf Zahlung in Anspruch genommen werden, soweit die Vollstreckung in das bewegliche Vermögen des (eigentlichen) Steuerschuldners ohne Erfolg geblieben ist oder anzunehmen ist, dass die Vollstreckung aussichtslos sein würde (**Subsidiarität** der Haftung). Von diesem Grundsatz der Subsidiarität regelt § 219 S. 2 AO wiederum wichtige Ausnahmen.

Das FA kann damit im Ergebnis durch Haftungsbescheid für den Fall der Zahlungsunfähigkeit des originären Steuerschuldners die rückständigen Steuern bei einem Dritten einfordern bzw. im Rahmen der Sachhaftung nach § 76 AO auf einen bestimmten Gegenstand eines Dritten zugreifen.

Im Rahmen der Klausurbearbeitung ist insb. darauf zu achten, dass die Prüfung der Haftungsvorschriften aus Gründen der Übersichtlichkeit und der Selbstkontrolle einem systematischen Aufbau folgt. Bewährt hat sich hierbei nachfolgender Prüfungsaufbau: Die Frage der Inanspruchnahme als Haftungsschuldner setzt die Prüfung voraus,

- **wer** (bei mehreren Personen also regelmäßig getrennte Prüfung)
- **woraus** (d.h. aufgrund welcher Rechtsvorschrift)
- **weshalb** (d.h. haftungsbegründender Tatbestand)
- **womit** und
- **wofür** (für welche Steuerrückstände) haftet.

---

78 Das Thema Haftung ist sowohl in der schriftlichen als auch der mündlichen Prüfung recht beliebt: Das in der AO systematisch eigenständig geregelte Haftungsrecht lässt sich besonders angenehm mit anderen verfahrensrechtlichen Problemen kombinieren.

79 Anders die Terminologie im Zivilrecht: Dort bedeutet Haftung das Einstehenmüssen für eine aus einem Schuldverhältnis herrührende Schuld (z.B. auf Schadenersatz).

2 Haftungstatbestände

Haftungsansprüche entstehen gem. § 38 AO, sobald die gesetzlichen Voraussetzungen des Haftungstatbestandes erfüllt sind. Greifen mehrere Haftungstatbestände, kann das FA diese **nebeneinander** geltend machen oder genauer ausgedrückt, den Haftungsbescheid auf mehrere Haftungsgrundlagen stützen. Der öffentlich-rechtliche Haftungsanspruch kann seine Grundlage sowohl in Steuergesetzen als auch in außersteuerlichen Rechtsgrundlagen haben; häufig stehen die Haftungstatbestände nebeneinander, wobei sich die Tatbestände vollständig oder auch nur teilweise decken können. Die verschiedenen Haftungsansprüche sind dann ergänzend nebeneinander anwendbar. So kann ein Gesellschafter-Geschäftsführer einer OHG aus der einfach zu begründenden und weit reichenden Anspruchsgrundlage des § 128 HGB in Anspruch genommen werden und ggfs. weniger umfassend wegen schuldhafter Pflichtverletzung nach § 69 AO.

2.1 Vertragliche Haftung

Wer sich aufgrund eines Vertrages (z.B. einer Bürgschaft, §§ 765 ff. BGB) verpflichtet, für fremde Steuern einzustehen, haftet nicht aufgrund steuerrechtlicher, sondern aufgrund zivilrechtlicher Vorschriften. Die Inanspruchnahme erfolgt in diesen Fällen ausschließlich nach den **Vorschriften des Zivilrechts** (§ 192 AO); eine Inanspruchnahme des Haftungsschuldners mittels **Haftungsbescheids ist in diesen Fällen nicht zulässig**. Auch die verfahrensrechtlichen Möglichkeiten der Vollstreckung gem. §§ 249 ff. AO stehen den FÄ bei der Geltendmachung der vertraglichen Haftung nicht zur Verfügung. Die Forderung kann daher nur nach den Vorschriften der Zivilprozessordnung zwangsweise durchgesetzt werden.

2.2 Gesetzliche Haftung

2.2.1 Grundlagen

Nach § 191 Abs. 1 S.1 AO kann gegenüber demjenigen, der kraft Gesetzes für eine Steuer haftet (Legaldefinition des Haftungsschuldners), ein **Haftungsbescheid** ergehen. § 191 AO regelt damit nicht die materiell-rechtlichen Voraussetzungen, unter denen ein Haftungs- oder Duldungsbescheid ergehen kann, sondern die Frage der **verfahrensrechtlichen Durchsetzung** des Haftungsanspruches. § 191 AO ist daher selbst **keine Haftungsgrundlage.**

Die Vorschrift des § 191 AO regelt ferner nicht, ob sich die Haftung auch auf die **steuerlichen Nebenleistungen** gem. § 3 Abs. 4 AO, also insb. auch auf Säumniszuschläge, erstreckt. § 1 Abs. 3 S. 2 AO schließt die Anwendung des § 191 AO auf Nebenleistungen vielmehr aus, soweit nicht in einzelnen Haftungsnormen die Haftung ausdrücklich auch auf alle oder bestimmte Nebenleistungen erstreckt wird. Von dieser Möglichkeit hat der Gesetzgeber verschiedentlich Gebrauch gemacht, z.B. in § 69 S. 2 AO hinsichtlich der Haftung für Säumniszuschläge. Die Frage, ob sich die steuerliche Haftung auf Nebenleistungen erstreckt, ist im Haftungsrecht einer der Prüfungsschwerpunkte; sie wird bei den einzelnen Haftungstatbeständen erörtert.

§ 191 Abs. 1 AO setzt für den Erlass eines Haftungsbescheides eine Haftung kraft Gesetzes voraus. Diese Formulierung macht deutlich, dass neben steuerrechtlichen Haftungsansprüchen (Haftungsansprüche, die aus der Abgabenordnung selbst oder anderen Einzelsteuergesetzen resultieren) **auch zivilrechtliche Haftungsansprüche** durch Haftungsbescheid festgesetzt werden können.[80]

2.2.2 Zivilrechtliche Haftungsansprüche

Zivilrechtliche Haftungsansprüche können sich ergeben aus der

1. **Haftung des Vermögensübernehmers** nach dem Anfechtungsgesetz: Das Anfechtungsgesetz kennt drei Regelfälle, in denen Rechtshandlungen angefochten werden können:
   - Anfechtung gem. § 3 Abs. 1 AO: Rechtshandlungen, die der Schuldner mit dem Vorsatz vorgenommen hat, den Gläubiger zu benachteiligen, wenn die dritte Person den Vorsatz kannte;
   - Anfechtung gem. § 3 Abs. 2 AO: Entgeltliche Verträge, die der Schuldner mit einer nahestehenden Person abgeschlossen hat;
   - Anfechtung gem. § 4 Abs. 1 AO: Unentgeltliche Leistungen des Schuldners an eine dritte Person, insbesondere Schenkungen.

2. **Haftung der Gesellschafter**
   - einer **BGB-Gesellschaft**: Der Gesellschafter einer BGB-Gesellschaft haftet für Unternehmenssteuerschulden der Gesellschaft in entsprechender Anwendung des § 128 HGB (BFH vom 09.05.2006, BStBl II 2007, 600, im Anschluss an das BGH-Urteil vom 19.01.2001, NJW 2001, 1056). Diese Änderung der Rspr. beinhaltet insofern keine Neuerung, als die Gesellschafter einer **Unternehmens-Außen-GbR** auch nach bisheriger Rspr. für die Steuerschulden der GbR hafteten, wenn sie zum Zeitpunkt der Steuerentstehung bereits ihre Gesellschafterstellung innehatten (BGH a.a.O.). Dies stützt die Rspr. auf den Rechtsgedanken der §§ 421, 427 BGB.[81] Nach der Entscheidung des BGH vom 07.04.2003 (NJW 2003, 1803) gilt § 128 HGB auch für Ansprüche, die beim Eintritt des Gesellschafters bereits bestanden (sog. **Haftung für Altschulden**). Der BGH begründet dies mit einer entsprechenden Anwendung von § 130 HGB.[82] Diese Rspr. ist auch für Steuerverbindlichkeiten anwendbar (AEAO zu § 191 Nr. 1). Nach Ausscheiden haftet der Gesellschafter für die Altschulden in analoger Anwendung des § 160 HGB, bei Auflösung der Gesellschaft ist § 159 HGB entsprechend anzuwenden.[83] Erweckt jemand gegenüber dem FA den Rechtsschein, Gesellschafter einer GbR zu sein, haftet er für Steuerschulden der Schein-GbR, wenn das FA nach Treu

---

80 Vgl. hierzu auch die Formulierung in § 191 Abs. 4 AO: »Ergibt sich die Haftung nicht aus den Steuergesetzen ...«. Gemeint sind damit aber nur gesetzliche Haftungsansprüche und nicht die vertragliche Haftung, s. Kap. III 2.1.
81 Die Haftung des Gesellschafters für Verpflichtungen der Gesellschaft war lange umstritten; zwischenzeitlich ziehen Rspr. und Schrifttum als Begründung den Rechtsgedanken des § 128 HGB heran (vgl. BFH vom 09.05.2006, BStBl II 2007, 600 und *Palandt*, BGB, § 714 Rz. 11); in der Steuerberaterprüfung spielen derartige dogmatische Streitigkeiten keine Rolle.
82 Ein schutzwürdiges Vertrauen auf die Rechtslage vor Änderung der Rspr. im Jahr 2003 erkennt der BGH bereits dann nicht an, wenn der Neugesellschafter die Verbindlichkeit kennt oder bei auch nur geringer Aufmerksamkeit hätte erkennen können (BGH vom 12.12.2005, DStR 2006, 106).
83 Für Gesellschafter aller Formen der Außen-GbR, die vor dem 01.07.2003 in die Gesellschaft eingetreten sind, kommt aus Gründen des allgemeinen Vertrauensschutzes eine Haftung nur für solche Ansprüche aus dem Steuerschuldverhältnis in Betracht, die nach ihrem Eintritt in die Gesellschaft entstanden sind (AEAO zu § 191 Nr. 1).

und Glauben auf den gesetzten Rechtsschein vertrauen durfte. Dies ist nicht der Fall, wenn das aktive Handeln des in Anspruch Genommenen weder unmittelbar gegenüber dem FA noch zur Erfüllung steuerlicher Pflichten oder zur Verwirklichung steuerlicher Sachverhalte veranlasst war und ihm im Übrigen bloß passives Verhalten gegenüber dem FA vorzuwerfen ist (BFH vom 09.05.2006, BStBl II 2007, 600);
- einer **OHG** nach § 128 HGB: die Haftung beschränkt sich auf die Steuerschulden der Gesellschaft, die bis zum Ausscheiden aus der OHG begründet worden sind, einschließlich der entstandenen Säumniszuschläge;
- einer **KG** nach §§ 128, 161, 171 ff. HGB: Komplementäre haften wie Gesellschafter einer OHG unbeschränkt, §§ 161 Abs. 2, 128 HGB. Die Haftung des Kommanditisten ist dagegen auf die Einlage beschränkt, sobald diese geleistet wurde; neu eintretende Gesellschafter haften für Altverbindlichkeiten nach den Vorschriften der §§ 130, 173 HGB;
- einer **KGaA** nach § 278 AktG: Lediglich die persönlich haftenden Gesellschafter haften unbeschränkt (§ 278 AktG, §§ 161 Abs. 2, 128 HGB), die Kommanditaktionäre haften hingegen nicht (§ 278 Abs. 1 AktG).

3. **Haftung des Erwerbers eines Handelsgeschäftes** bei Fortführung der Firma nach § 25 HGB: Der Erwerber eines Handelsgeschäftes, der das erworbene Geschäft unter der bisherigen Firma fortführt, haftet für alle im Betrieb des Geschäfts begründeten Verbindlichkeiten des ehemaligen Inhabers. Die Haftung lässt sich nach § 25 Abs. 2 HGB ausschließen.

4. **Haftung bei Eintritt in das Geschäft eines Einzelkaufmanns** nach § 28 HGB: Die mit dem Eintritt begründete Gesellschaft haftet auch dann, wenn sie die frühere Firma nicht fortführt; ein Haftungsausschluss ist unter den engen Voraussetzungen des § 28 Abs. 2 HGB allerdings möglich.

5. **Haftung des Erben bei Fortführung des Geschäfts** nach §§ 27, 25 HGB; die Haftung kann nach § 27 Abs. 2 HGB beschränkt werden. Die Firmenfortführung beim Wechsel des Inhabers ist eine der Voraussetzungen für die Haftung nach § 25 Abs. 1 HGB, weil in ihr die Kontinuität des Unternehmens nach außen in Erscheinung tritt, die der Grund für die Erstreckung der Haftung für früher im Betrieb des Unternehmens begründete Verbindlichkeiten des Vorgängers auf seinen Nachfolger ist.[84]

6. **Haftung bei einer Aktiengesellschaft:**
   - Haftung bei Handeln im Namen der AG vor Eintragung in das Handelsregister (Vorgesellschaft) nach § 41 AktG,
   - Haftung der Aktionäre nach § 62 AktG,
   - Haftung der Aufsichtsratsmitglieder nach §§ 116, 93 AktG,
   - Haftung bei Ausnutzung des Einflusses auf die AG nach § 117 AktG.

---

84 Zu den weiteren Voraussetzungen vgl. BGH vom 28.11.2005, DStR 2006, 376.

7. **Haftung bei einer GmbH**: Im Grundsatz haftet nur das Gesellschaftsvermögen nach § 13 Abs. 2 GmbHG, allerdings gibt es zahlreiche Ausnahmen, wie z.B. die
   - Haftung der Anmelder nach § 9 GmbHG,
   - Haftung bei Handeln im Namen der GmbH nach Abschluss des Gesellschaftsvertrages, aber vor Eintragung in das Handelsregister nach § 11 Abs. 2 GmbHG,
   - Haftung der Gesellschafter nach §§ 21 Abs. 3, 24 GmbHG,
   - Haftung im qualifizierten und faktischen GmbH-Konzern.[85]
8. **Haftung des Insolvenzverwalters** nach §§ 60 ff. InsO.
9. **Haftung der Partner einer Partnerschaftsgesellschaft** nach § 8 PartGG.

2.2.3 Steuerrechtliche Haftungsansprüche

Regelmäßiger Schwerpunkt bei der Bearbeitung von Haftungsfällen in der Steuerberaterprüfung sind die steuerrechtlichen Haftungsansprüche, die sich in der Abgabenordnung selbst befinden[86], auch wenn gemessen an der Praxisrelevanz andere Haftungsnormen eine weitaus bedeutendere Rolle spielen dürften. Zu den Haftungsansprüchen, die in anderen Einzelsteuergesetzen enthalten sind, gehören insb. die

- LSt-Haftung des Arbeitgebers nach § 42d Abs. 1 EStG,
- Haftung des Schuldners von Kapitalerträgen nach § 44 Abs. 5 EStG,
- Haftung für den Steuerabzug bei Einkünften beschränkt StPfl. nach § 50a Abs. 5 S. 5 EStG,
- Haftung des Entleihers von Arbeitskräften nach § 42d Abs. 6 EStG,
- Haftung für die Ausstellung einer unrichtigen Kapitalertragsteuer-Bescheinigung nach § 45a Abs. 7 EStG,
- Haftung des Leistungsempfängers beim Steuerabzug für Bauleistungen nach § 48a Abs. 3 EStG,
- Haftung für Erbschaftsteuer nach § 20 Abs. 3 sowie 5-7 ErbStG,
- Haftung für schuldhaft nicht abgeführte Steuer nach § 25d UStG,
- Haftung bei Abtretung und Verpfändung von Forderungen nach § 13c UStG,
- Haftung bei Ausstellen einer unzutreffenden Spendenbescheinigung nach § 10b Abs. 4 S. 2 EStG, § 9 Abs. 3 S. 2 KStG, § 9 Nr. 5 GewStG.

Hintergrund der Haftungsnormen ist es, dem FA **Zugriffsmöglichkeiten auf Vermögen Dritter** zu erlauben. Es ist offensichtlich, dass die Abdingbarkeit der Haftungsvorschriften den Intentionen des Gesetzgebers regelmäßig zuwiderlaufen würde. Ein vertraglich vereinbarter Haftungsausschluss ist daher abgesehen von den wenigen Ausnahmen, wo dies gesetzlich ausdrücklich gestattet ist (z.B. bei § 25 Abs. 2 HGB), dem FA gegenüber **unwirksam**. Als öffentlich-rechtlicher Anspruch unterliegt der Haftungsanspruch insoweit nicht der Privatautonomie.

---

85 Allerdings hat der BGH seine Rspr. zur Haftung im qualifizierten faktischen Konzern insoweit modifiziert, als eine weitergehende Haftung der GmbH-Gesellschafter nur noch bei existenzvernichtenden Eingriffen angenommen wird (BGH vom 16.07.2007, NJW 2007, 2689).
86 Die Aufnahme von Haftungsvorschriften in der AO zeigt im Übrigen, dass die Abgabenordnung neben verfahrensrechtlichen Fragen auch materielles Steuerrecht regelt.

2.2.3.1 Haftung der Vertreter (§ 69 AO)

Die Haftung der Vertreter gem. § 69 AO ist die **prüfungsrelevanteste Vorschrift des Haftungsrechts**. Juristische Personen, geschäftsunfähige natürliche Personen und nicht rechtsfähige Personenvereinigungen sind selbst nicht in der Lage, wirksam Verfahrenshandlungen vorzunehmen; sie sind verfahrensrechtlich handlungsunfähig. Diese und weitere in § 79 Abs. 1 AO genannte nicht handlungsfähige Personen, Vereinigungen oder Vermögensmassen werden im Rechtsverkehr durch eine handlungsfähige natürliche Person vertreten. Die AO macht diese Vertreter dafür verantwortlich, dass die steuerlichen Pflichten erfüllt werden (§ 34 AO). Erfüllen die Vertreter die steuerlichen Pflichten – vorsätzlich oder grob fahrlässig – nicht, haften sie persönlich dem FA gem. § 69 S. 1 AO für den entstehenden Schaden. § 69 AO begründet damit eine **Schadenersatzhaftung**.

2.2.3.1.1 Haftender Personenkreis

§ 69 AO verweist hinsichtlich des haftenden Personenkreises auf §§ 34, 35 AO. **Haftungsgrundlage bleibt jedoch allein § 69 S. 1 AO**; die §§ 34 und 35 AO definieren allein, wer als Haftungsschuldner i.S.d. § 69 AO in Betracht kommt. Die gesetzlichen Vertreter natürlicher und juristischer Personen, die Geschäftsführer nichtrechtsfähiger Personenvereinigungen oder Vermögensmassen (§ 34 Abs. 1 AO) sowie die Vermögensverwalter im Rahmen ihrer Verwaltungsbefugnis (§ 34 Abs. 3 AO) treten insoweit in ein unmittelbares Pflichtenverhältnis zum FA. Sie haben alle Pflichten zu erfüllen, die das Steuerrecht den Vertretenen auferlegt, insb. die Buchführungs-, Erklärungs-, Mitwirkungs- oder Auskunftspflichten (§§ 140 ff., 90 ff. AO) sowie die Verpflichtung, Steuern zu zahlen. Hat eine nicht rechtsfähige Personenvereinigung oder Vermögensmasse keinen Geschäftsführer, kann sich das FA gem. § 34 Abs. 2 AO unmittelbar an jeden Gesellschafter halten, ohne dass vorher eine Aufforderung zur Bestellung eines Geschäftsführers ergehen muss. Eine Inhaftungnahme des nominell bestellten GF einer GmbH kommt auch dann in Betracht, wenn dieser lediglich als »Strohmann« eingesetzt worden ist. Ist der GF nicht in der Lage, sich innerhalb der Gesellschaft durchzusetzen und seiner Rechtsstellung gem. zu handeln, muss er als GF zurücktreten und darf nicht im Rechtsverkehr den Eindruck erwecken, als sorge er für die ordnungsgemäße Abwicklung der Geschäfte (BFH vom 11.03.2004, BStBl II 2004, 579). Zu den gesetzlichen Vertretern i.S.d. § 34 Abs. 1 AO zählen insb.

- die Eltern eines minderjährigen (und damit nicht oder nur beschränkt geschäftsfähigen) Kindes gem. § 1626 BGB,
- der Vormund eines Minderjährigen (§ 1793 BGB),
- der Vorstand einer Aktiengesellschaft (§ 78 AktG),
- **der Geschäftsführer einer GmbH gem. § 35 Abs. 1 GmbHG**[87],
- der Geschäftsführer einer Gesellschaft des bürgerlichen Rechts gem. § 714 BGB,
- der Vorstand eines eingetragenen Vereins nach § 26 BGB.

Der Insolvenzverwalter ist auch nach Eröffnung des Insolvenzverfahrens nicht gesetzlicher Vertreter, sondern Vertreter kraft Amtes. Er haftet jedoch gleichwohl als Vermögensverwalter gem. § 34 Abs. 3 AO. Die Haftung des Geschäftsführers einer GmbH wird von der Sperrwirkung des § 93 InsO nicht erfasst. Die dem § 93 InsO zukommende Sperrwirkung

---

[87] Die Eintragung der Geschäftsführerbestellung in das Handelsregister ist nicht Voraussetzung für eine Haftungsinanspruchnahme (BFH vom 19.11.2002, BFH/NV 2003, 442).

hindert die Gläubiger, während der Dauer des Insolvenzverfahrens über das Vermögen einer Vermögensmasse ihre Haftungsansprüche gegen den Gesellschafter selbst geltend zu machen. Diese Sperrwirkung des § 93 InsO, wonach der Gesellschafter für die Dauer des Insolvenzverfahrens nur vom Insolvenzverwalter in Anspruch genommen werden kann, ist auf die Haftung als Gesellschafter gem. § 128 HGB beschränkt. Demgegenüber unterliegen Individualansprüche, die eine persönliche Mithaftung des Gesellschafters für Gesellschaftsschulden begründen, nicht der Sperrwirkung des § 93 InsO. Das FA kann auch nach Eröffnung des Insolvenzverfahrens den Geschäftsführer gem. § 69 AO in Haftung nehmen (BFH vom 02.11.2001, BStBl II 2002, 73; AEAO zu § 191 Nr. 1).

Neben den gesetzlichen Vertretern, Geschäftsführern und Vermögensverwaltern gehören zu den Haftungsschuldnern nach § 69 S. 1 AO auch die rechtlich oder tatsächlich **Verfügungsberechtigten** gem. § 35 AO. Tatsächlich verfügungsberechtigt ist derjenige, der faktisch wirtschaftlich über fremde Mittel verfügen kann, z.B. der Alleingesellschafter einer GmbH ohne Geschäftsführer (»faktischer Geschäftsführer«, vgl. BFH vom 13.08.2007, BFH/NV 2008, 10, AEAO zu § 35 Nr. 1). Rechtlich verfügungsberechtigt ist, wer im Außenverhältnis rechtswirksam handeln kann; Beschränkungen im Innenverhältnis (z.B. im Gesellschaftsvertrag) bleiben dabei unberücksichtigt.

Steuerberater und andere Bevollmächtigte nach § 80 Abs. 1 AO haften nach § 69 AO nur ausnahmsweise, wenn sie **gleichzeitig Vertreter oder Verfügungsberechtigte** sind (AEAO zu § 69 Nr. 1). Die Haftung erlischt generell, wenn der Vertreter oder Verfügungsberechtigte durch Niederlegung seines Amtes, durch Niederlegung des Mandats oder Wegfall der Verfügungsberechtigung, z.B. durch Eröffnung des Insolvenzverfahrens, aus rechtlichen Gründen nicht mehr in der Lage ist, seinen Verpflichtungen nachzukommen.

2.2.3.1.2 Pflichtverletzung

Das haftungsbegründende Verhalten gem. § 69 S. 1 AO liegt vor, wenn infolge vorsätzlicher oder grob fahrlässiger Verletzung der auferlegten Pflichten Steuern nicht oder nicht rechtzeitig festgesetzt oder erfüllt werden oder soweit infolgedessen Steuervergütungen oder Steuererstattungen ohne rechtlichen Grund gezahlt werden. Diese Formulierung enthält drei voneinander unabhängige Haftungstatbestände:

- **Nichtabgabe oder Abgabe einer unrichtigen Steuererklärung** mit der Folge, dass die Steuern nicht (oder nicht rechtzeitig) festgesetzt oder bezahlt werden,
- **Schuldhafte und pflichtwidrige Nichtentrichtung der fälligen Steuerschulden**, obwohl Mittel vorhanden sind,
- **Pflichtwidriges und schuldhaftes Bewirken der Auszahlung einer Steuervergütung oder Steuererstattung** ohne rechtlichen Grund.

Obgleich es sich bei den auferlegten Pflichten (Buchführungs-, Nachweis-, Erklärungs-, Berichtigungs- und Zahlungspflichten) um steuerliche Pflichten handelt (vgl. Wortlaut § 34 Abs. 1 S. 1 AO), konkretisiert die Rspr. diese steuerlichen Pflichten auch mit Vorschriften außerhalb des Steuerrechts, z.B. § 43 Abs. 1 GmbHG, der für die Haftung des GmbH-Geschäftsführers auf die typisierte »Sorgfalt eines ordentlichen Geschäftsmannes« abstellt (vgl. § 347 Abs. 1 HGB).

Eine Haftung **entfällt**, wenn der Vertreter oder Verfügungsberechtigte im Zeitpunkt der Pflichtverletzung tatsächlich **nicht in der Lage ist, die steuerlichen Pflichten ordnungsgemäß zu erfüllen**. Dies ist z.B. der Fall, wenn infolge der Eröffnung des Insolvenzverfahrens ein Verfügungsverbot ergangen ist oder wenn im Zeitpunkt der Fälligkeit der Steuern **keine Mittel vorhanden** sind, um die Steuerschulden zu bezahlen. In diesen Fällen entfällt die Pflichtverletzung und damit auch die Haftung, denn: Niemand ist verpflichtet, eine unmögliche Leistung zu erbringen (impossibilium nulla est obligatio). In § 34 Abs. 1 S. 2 AO ist dieser Grundsatz ausdrücklich angesprochen: Die potenziellen Haftungsschuldner haben die Steuern aus Mitteln zu entrichten, die sie verwalten. Eine Pflichtverletzung kann damit nur eintreten, soweit überhaupt noch Mittel verwaltet werden. Demnach kann also eine Haftung nur dann in Betracht kommen, wenn zwischen der Pflichtverletzung und dem Steuerausfall als dem auszugleichenden Schaden ein **Kausalzusammenhang besteht**.[88]

Tritt ein Steuerausfall als Schaden mangels ausreichender Zahlungsmittel und vollstreckbaren Vermögens unabhängig davon ein, ob z.B. die Steueranmeldung fristgerecht eingereicht wurde, so ist die Verletzung der Steuererklärungspflicht für den eingetretenen Schaden nicht ursächlich; eine Haftung entfällt daher (ständige Rspr., vgl. BFH vom 11.11.2008, BStBl II 2009, 342).

Sind in einer Gesellschaft mehrere Geschäftsführer bestellt, sind sie allesamt verpflichtet, die steuerlichen Pflichten zu erfüllen (**Grundsatz der Gesamtverantwortung**, § 43 GmbHG). § 34 AO sieht die Haftung der Vertreter unabhängig davon vor, ob diese auch tatsächlich die Geschäfte führen. Die Rspr. sieht insoweit jedoch eine Ausnahme vor: Soweit im Gesellschaftsvertrag, durch förmlichen Gesellschaftsbeschluss oder durch eine Geschäftsordnung – jedenfalls durch eine ausdrückliche, vorweg getroffene schriftliche Vereinbarung[89] – die Pflichten der einzelnen Gesellschafter ausdrücklich auf einzelne Geschäftsbereiche verteilt sind, ist die Haftung der für die steuerlichen Angelegenheiten unzuständigen Vertreter begrenzt.[90]

Diese Begrenzung gilt jedoch nur, solange kein Anlass besteht, an der ordnungsgemäßen Erledigung der steuerlichen Angelegenheiten durch den zuständigen Geschäftsführer zu zweifeln. Gänzlich ausgeschlossen ist die Haftung allerdings auch für den unzuständigen Vertreter nicht: **Gerät das Unternehmen in die Krise, erlischt die Haftungsbegrenzung** und jeder Geschäftsführer ist verpflichtet, sich um die steuerlichen Belange der Gesellschaft zu kümmern. Die Begrenzung erlischt auch, wenn besondere Umstände es angebracht erscheinen lassen, die Überwachung der Steuerangelegenheiten zu verstärken.

Beispiel 1: Grundsatz der Gesamtverantwortung
Der Geschäftsführer A der AB-GmbH erlangt durch Zufall Kenntnis, dass die für die kaufmännischen Angelegenheiten zuständige Geschäftsführerin B die Steuererklärungen regelmäßig zu spät abgibt und das FA bereits mehrfach Verspätungszuschläge festgesetzt hat.

---

88 Die Pflicht zur Begleichung der Steuerschuld der GmbH im Zeitpunkt ihrer Fälligkeit ist dem GF nach § 34 Abs. 1 AO, § 41a EStG nicht allein zur Vermeidung eines durch eine verspätete Zahlung eintretenden Zinsausfalls auferlegt, sondern soll auch die Erfüllung der Steuerschuld nach den rechtlichen und wirtschaftlichen Gegebenheiten zum Zeitpunkt ihrer Fälligkeit sicherstellen. Die erfolgreiche Insolvenzanfechtung einer erst nach Fälligkeit abgeführten Lohnsteuer unterbricht den Kausalverlauf zwischen Pflichtverletzung und Schadenseintritt daher nicht, wenn der Fälligkeitszeitpunkt vor dem Beginn der Anfechtungsfrist lag (BFH vom 01.11.2008 BStBl II 2009, 342).
89 Besteht keine schriftliche Vereinbarung, kann eine interne Geschäftsverteilung allenfalls bei der Prüfung des Verschuldens beachtlich sein.
90 BFH vom 13.03.2003 (BStBl II 2003, 556): Die für das Verhältnis mehrerer GF entwickelten Grundsätze für die Möglichkeit einer Begrenzung der Verantwortlichkeit des gesetzlichen Vertreters einer juristischen Person durch eine Verteilung der Aufgaben gelten auch für die Übertragung steuerlicher Pflichten einer juristischen Person auf deren Abteilungen.

Lösung: Ab diesem Zeitpunkt ist A unabhängig von der internen Pflichtenverteilung verpflichtet, sich aktiv um die steuerlichen Belange der AB-GmbH zu kümmern.

2.2.3.1.3 Verschulden

Die Haftung nach § 69 S. 1 AO ist **verschuldensabhängig**; lediglich die vorsätzliche oder grob fahrlässige Verletzung der steuerlichen Pflichten ist haftungsbegründend. Vorsatz bedeutet Wissen und Wollen der gesetzlichen Tatbestandsmerkmale (§ 15 StGB), d.h. eine bewusste Verletzung der steuerlichen Pflichten. Grob fahrlässig handelt, wer die ihm obliegende Sorgfaltspflicht in einem besonders hohen Maße verletzt, wer also Pflichten nicht erfüllt, die »jedem hätten einleuchten müssen«. Im AEAO wird der Begriff der groben Fahrlässigkeit wie folgt definiert: Grobe Fahrlässigkeit ist anzunehmen, wenn der StPfl. die ihm nach seinen persönlichen Verhältnissen zumutbare Sorgfalt in ungewöhnlichem Maße und in nicht entschuldbarer Weise verletzt (AEAO zu § 173 AO Nr. 5.1, die Definition ist jedoch auch im Rahmen der Verschuldensprüfung bei § 69 S. 1 AO heranzuziehen).

Abzustellen ist bei der Frage des Verschuldens immer auf die **Gesamtumstände des Einzelfalles**, wobei die Prüfungsaufgaben regelmäßig deutlich darauf hinweisen, ob ein grobes Verschulden oder gar Vorsatz vorliegt oder nicht. Beim Verschuldensmaßstab kommt es allein auf die persönlichen Kenntnisse und Fähigkeiten an (sog. **subjektiver Sorgfaltsmaßstab**). Der subjektive Verschuldensmaßstab bedeutet allerdings nicht, dass sich ein nachlässiger Vertreter damit hinausreden kann, er habe die steuerlichen Pflichten eben nicht besser gekannt und deshalb die Konsequenzen seines Handelns nicht abschätzen können: in rechtlichen und steuerlichen Zweifelsfällen gehört zur ordnungsgemäßen Erledigung der steuerlichen Angelegenheiten auch die Pflicht, sachkundigen Rat bei einer zur Hilfe in Steuersachen berechtigten Person einzuholen (vgl. zuletzt FG Sachsen vom 20.07.2010, AO-StB 2010, 359).

Mit Urteil vom 17.08.2005 (EFG 2005, 1658) hat das FG Brandenburg eine pauschale Bewertung der Schuldfrage ohne **Berücksichtigung der Gesamtumstände** ausdrücklich abgelehnt. So verletzt der GF einer GmbH die ihm nach § 64 GmbHG auferlegten Pflichten nicht schuldhaft, wenn er bereits fällige Steuern und Nebenleistungen größtenteils nicht bezahlt bzw. fällige Erklärungen nicht abgibt, sofern er nur für kurze Zeit (hier: drei Monate) als GF tätig war, sich die GmbH bereits bei seiner Bestellung in einer insolvenzrechtlichen Lage befunden hat und er gegen den Willen der Gesellschafter bemüht ist, das Insolvenzverfahren zu eröffnen. Hier wollte der GF eindeutig seine Pflichten erfüllen. Mangels Verschulden kann er daher nicht gem. §§ 69, 34 AO in Haftung genommen werden.

Für die Frage des Verschuldensmaßstabs spielt zudem die **Steuerart** eine entscheidende Rolle. Besonders streng behandelt die Rspr. die Verletzung der steuerlichen Pflichten bei den **Abzugsteuern**, die grundsätzlich vorrangig vor allen anderen steuerlichen und außersteuerlichen Verbindlichkeiten zu begleichen sind. Betroffen hiervon sind insb. die **LSt** (§§ 38 ff. EStG) sowie die **Kapitalertragsteuer** (§§ 43 ff. EStG). Der Grund für die besonders strenge Haftung liegt darin, dass der Steuerschuldner bei den Abzugsteuern gegenüber dem FA als **Treuhänder** auftritt und er deshalb in einem besonderen Pflichtenverhältnis steht. **Die Nichtabführung der (Lohn-)Abzugsteuer indiziert gleichsam das Verschulden.** Der BFH geht insoweit regelmäßig von einer zumindest grob fahrlässigen Pflichtverletzung des Vertreters aus (zuletzt BFH vom 27.02.2007, BStBl II 2009,

348). Bei Zahlungsschwierigkeiten ist der Vertreter daher gehalten, Löhne und Gehälter verkürzt auszuzahlen, um entsprechende Mittel für die (ebenfalls verkürzt anfallende) LSt vorzuhalten.[91]

Der Antrag auf Eröffnung des Insolvenzverfahrens befreit dabei den GmbH-Geschäftsführer nicht von der Haftung. Sind im Zeitpunkt der LSt-Fälligkeit noch liquide Mittel vorhanden, besteht die Verpflichtung zu deren Abführung so lange, bis ihm durch Bestellung eines (starken) Insolvenzverwalters oder durch die Eröffnung des Insolvenzverfahrens die Verfügungsbefugnis entzogen wird (BFH vom 23.09.2008, BStBl II 2009, 129).[92]

Beispiel 1a: Lohnzahlung des Geschäftsführers aus eigener Tasche
In der Krise seiner GmbH zahlt der Gesellschafter-Geschäftsführer G die Gehälter der Angestellten aus seinem eigenen Vermögen, da er die Kündigung seiner Mitarbeiter bei verkürzter Lohnauszahlung fürchtet. Das FA nimmt G gleichwohl nach § 69 AO in Haftung. Zu Recht? Wie wäre es, wenn G nicht Geschäftsführer, sondern lediglich Prokurist (§§ 48 ff. HGB) der GmbH wäre?

Lösung: Selbst bei Zahlungen, die ein Gesellschafter-Geschäftsführer auf die von der GmbH geschuldeten Löhne aus seinem eigenen Vermögen ohne unmittelbare Berührung der Vermögenssphäre der Gesellschaft und ohne dieser gegenüber dazu verpflichtet zu sein selbst erbringt, hat er dafür zu sorgen, dass die Lohnsteuer einbehalten und an das FA abgeführt wird; andernfalls haftet er nach § 69 AO (BFH vom 22.11.2005, DStR 2006, 181). Anders liegt es beim Prokuristen; die Rspr. des BFH zur Sorgfaltspflicht eines GmbH-Geschäftsführers kann nicht ohne Weiteres auf den vertretungsberechtigten Prokuristen einer GmbH übertragen werden, ohne die Umstände des Einzelfalles zu berücksichtigen (FG Hessen vom 10.10.2005, DStRE 2006, 683).

Ein in Klausurarbeiten häufig eingebautes Problem stellt sich, wenn die **liquiden Mittel des Steuerschuldners nicht zur Begleichung sämtlicher Verbindlichkeiten ausreichen**. In diesen Fällen ist der Vertreter unter Umständen versucht, zunächst andere als die Steuerverbindlichkeiten vorweg zu befriedigen mit der Folge, dass keine Mittel mehr zur Begleichung der Steuerverbindlichkeiten zu Verfügung stehen. Nach inzwischen ständiger Rspr. des BFH beschränkt sich die Haftung nach § 69 S. 1 AO dem Umfang nach auf den Betrag, der infolge der vorsätzlichen oder grob fahrlässigen Pflichtverletzung nicht oder nicht rechtzeitig festgesetzt oder entrichtet worden ist; nur insoweit ist der Schaden nämlich kausal durch die Pflichtverletzung verursacht worden. Die Haftung hat somit **Schadensersatzcharakter** (vgl. BFH vom 30.08.2005, DStRE 2006, 377). Die Höhe der Haftung ergibt sich daher – unabhängig

---

91 Die Haftung des Geschäftsführers erstreckt sich auch auf die auf ihn selbst entfallende Lohnsteuer als sog. mittelbare Fremdhaftung für eigene Steuerschulden. Die Hauptschuld, für die gehaftet wird, ergibt sich hier aus § 42d EStG (vgl. BFH vom 07.03.2006, BStBl II 2007, 594).

92 Die Haftung ist selbst dann nicht generell ausgeschlossen, wenn die Nichtzahlung der fälligen Steuern in die dreiwöchige Schonfrist fällt, die dem GF zur Massesicherung ab Feststellung der Zahlungsunfähigkeit gem. § 64 Abs. 1 S. 1 GmbHG eingeräumt ist (BFH vom 23.09.2009 a.a.O. im Hinblick auf die geänderte Rspr. des BGH im Urteil vom 14.05.2007, DStR 2007, 1174). Allerdings sind hier die Umstände des Einzelfalles zu beachten: Kann danach von einem GF, der aus den verbliebenen Mitteln die Löhne auszahlt, um den Betrieb während der Prüfung der Sanierungsfähigkeit **im Interesse der Massesicherung** aufrechtzuerhalten, nicht gleichzeitig verlangt werden, diese Löhne noch weiter zu kürzen, um später die Lohnsteuerzahlung zu ermöglichen, stelle das Unterlassen, die Lohnsteuer einzubehalten, keine haftungsbegründende schuldhafte Pflichtverletzung gem. § 69 dar (BFH vom 27.02.2007, BStBl II 2009, 348).

vom Grad des Verschuldens – grundsätzlich allein aus der Ursächlichkeit der Pflichtverletzung für den beim Fiskus eingetretenen Vermögensschaden. Die Haftung ist damit auf den Betrag beschränkt, der infolge der Pflichtverletzung nicht entrichtet worden ist.[93]

Stehen zur Begleichung der Steuerschulden insgesamt ausreichende Mittel nicht zur Verfügung, gilt nach ständiger Rspr. der **Grundsatz der anteiligen Tilgung** (vgl. BFH vom 27.02.2007, BStBl II 2008, 508 m.w.N.). Demnach darf der Vertreter – wie schon der Reichsfinanzhof entschieden hat (RFH vom 04.01.1927, RFHE 20, 199) – Steuerschulden nicht schlechter behandeln als andere Verbindlichkeiten; **die vorhandenen Mittel müssen vielmehr gleichmäßig zur Tilgung der Steuerschulden und sonstigen Verbindlichkeiten genutzt werden**. Erfüllt der Vertreter diese Pflicht nicht, haftet der Vertreter (nur) in dem Umfang, in dem er unter Berücksichtigung sämtlicher Verbindlichkeiten und Mittel die Steuerverbindlichkeiten hätte tilgen müssen (**Grundsatz der anteiligen Tilgung** und – daran anknüpfend – **Grundsatz der anteiligen Haftung**).[94] Der entscheidende Zeitraum für die Berechnung der Haftungsquote beginnt mit der Fälligkeit der ältesten noch nicht bezahlten Steuerforderung und endet mit dem Beginn der unternehmerischen Krise, d.h. mit dem Zeitpunkt, ab dem eine gleichmäßige, vollständige Befriedigung der Steuerrückstände und sonstigen Verbindlichkeiten nicht mehr möglich ist. Unberührt hiervon bleibt jedoch die uneingeschränkte Haftung für Abzugsteuern, da bei diesen unabhängig von den vorhandenen Mitteln eine vollständige Tilgung erwartet wird. **Abzugsteuern sind vorrangig gegenüber anderen Verbindlichkeiten an das FA abzuführen** (vgl. etwa BFH vom 27.02.2007, BStBl II 2008, 50, wo die besonders hervorgehobene haftungsrechtliche Sonderstellung der Lohnsteuer herausgestellt wird).

Beispiel 2: Haftung bei Zahlungsunfähigkeit
A und B sind Gesellschafter-Geschäftsführer der AB-GmbH. Im Gesellschaftsvertrag ist vereinbart, dass A als Ingenieur für den technischen Bereich der Gesellschaft und B für den kaufmännischen Bereich verantwortlich ist. Ab April 06 können aufgrund von Zahlungsschwierigkeiten der Kunden weder die Steuerverbindlichkeiten noch Forderungen anderer Gläubiger befriedigt werden; darüber hatten A und B auch mehrfach Gespräche geführt. Da die AB-GmbH bereits im Frühjahr 06 in Zahlungsschwierigkeiten war, hat das FA die KSt 03 samt Säumniszuschlägen mit Bescheid vom 23.02.06 bis 31.07.06 gestundet. Am 10.08.06 stellt B beim zuständigen Amtsgericht Antrag auf Eröffnung des Insolvenzverfahrens über das Vermögen der AB-GmbH. Haften A und B für die KSt 03?

Lösung: A und B sind als Geschäftsführer gesetzliche Vertreter der GmbH (§ 35 Abs. 1 GmbHG) und gem. § 34 AO verpflichtet, die steuerlichen Pflichten zu erfüllen. Die Haftung nach § 69 AO umfasst auch die Säumniszuschläge (§ 69 S. 2 AO). Für die Haftung nach § 69 S. 1 AO ist es unerheblich, dass A laut Gesellschaftsvertrag nur für den technischen Bereich zuständig ist.

---

93 Die Kausalität der Nichtabführung z.B. der Lohnsteuer durch den Geschäftsführer für den Steuerausfall entfällt allerdings nicht bereits deshalb, weil der Steuerausfall durch eine insolvenzrechtliche Anfechtung gleichfalls entstanden wäre; dieser hypothetische Kausalverlauf ist unbeachtlich (BFH vom 11.11.2008, BStBl II 2009, 342).

94 Voraussetzung für die Beschränkung der Geschäftsführerhaftung nach dem Grundsatz anteiliger Tilgung ist, dass der Haftende durch Vorlage geeigneter Aufzeichnungen und Belege erkennbar macht, in welchem Umfang die Gesellschaft im Haftungszeitraum Zahlungen an ihre verschiedenen Gläubiger geleistet hat (BFH vom 11.07.2001, BFH/NV 2002, 6). Zur Ermittlung der Haftungssumme vgl. ausführlich OFD Hannover vom 12.01.1998 (= Nr. 800, § 69/1).

Da er aufgrund der Gespräche über die Zahlungsschwierigkeiten der Gesellschaft informiert war, ist er trotz Aufgabenverteilung in der Krisensituation verpflichtet, sich um die steuerlichen Angelegenheiten zu kümmern und muss zusammen mit B sicherstellen, dass Steuern pünktlich gezahlt werden. A und B haben die zum 01.08.06 fällige KSt 03 nicht gezahlt. Allerdings setzt eine Pflichtverletzung gem. § 69 S. 1 AO voraus, dass A und B im Zeitpunkt der Fälligkeit der KSt noch Mittel verwalten, aus denen die Steuern entrichtet werden können (§ 34 Abs. 1 S. 2 AO). Zum 01.08.06 ist die GmbH jedoch bereits zahlungsunfähig; auf den Antrag auf Eröffnung des Insolvenzverfahrens kommt es insoweit nicht an. Die GmbH war zum Zeitpunkt der Fälligkeit nicht mehr in der Lage, die Steuern zu entrichten; eine Pflichtverletzung der beiden Geschäftsführer scheidet daher aus. Eine Pflichtverletzung ergibt sich vorliegend auch nicht aus dem von der Rspr. entwickelten Grundsatz der anteiligen Tilgung. Vorliegend wurden bereits ab April 06 weder Steuerverbindlichkeiten noch Verbindlichkeiten anderer Gläubiger bedient, so dass das FA gegenüber anderen Gläubigern nicht benachteiligt worden ist. A und B haften mangels Pflichtverletzung somit nicht für die KSt 03.

2.2.3.1.4 Haftungsumfang

Die Haftung nach § 69 S. 1 AO umfasst gem. § 69 S. 2 AO auch die infolge der Pflichtverletzung zu zahlenden Säumniszuschläge. Darüber hinaus erstreckt sich die Vertreterhaftung nach § 69 S. 1 AO auch auf die übrigen steuerlichen Nebenleistungen i.S.d. § 37 Abs. 1, § 3 Abs. 3 AO (BFH vom 05.10.2005, BStBl II 2006, 3 m.w.N.), da ausdrücklich für die »Ansprüche aus dem Steuerschuldverhältnis (§ 37 AO)« gehaftet wird. § 69 S. 2 AO hat insoweit nur **deklaratorische Bedeutung** und schließt eine Haftung für die übrigen steuerlichen Nebenleistungen nicht aus. Die Bedeutung von S. 2 besteht darin, dass klargestellt wird, dass die Säumniszuschläge kraft Gesetz entstehen und keine eigene Pflichtverletzung voraussetzen.

> **Beispiel 3: Haftung für Verspätungszuschläge**
> Die AB-GmbH hat die LSt-Anmeldung Mai 12 nicht rechtzeitig abgegeben. Das FA hat daher einen Verspätungszuschlag festgesetzt und – nachdem die AB-GmbH zahlungsunfähig geworden ist – gegenüber dem Geschäftsführer A einen Haftungsbescheid erlassen. Auf den Einwand des A, die AB-GmbH sei im Zeitpunkt der Fälligkeit der LSt nur noch eingeschränkt zahlungsfähig gewesen, entgegnet das FA, für LSt und Verspätungszuschläge zur LSt hafte der Geschäftsführer nach der Rspr. in voller Höhe, auch wenn ausreichende Mittel zur Tilgung sämtlicher Verbindlichkeiten nicht zur Verfügung stünden. Schließlich seien ja auch die Löhne ungekürzt ausgezahlt worden.
>
> **Lösung:** Die Auffassung des FA, A hafte als Geschäftsführer unabhängig vom Vorhandensein liquider Mittel für die LSt und die Verspätungszuschläge zur LSt, beruht auf den für die Haftung von Abschlagsteuern geltenden Grundsätzen. Die Orientierung der Haftungssumme bei der LSt-Haftung an den ausgezahlten Löhnen rechtfertigt sich daraus, dass die abzuführende LSt Teil des Bruttoarbeitslohnes ist, den der Arbeitgeber als Treuhänder an das FA abführt. Es handelt sich insoweit um Fremdgelder, die die Liquidität der GmbH nicht berühren und für die A daher uneingeschränkt haftet.
> Diese Grundsätze können jedoch nicht auf die Haftung für den Verspätungszuschlag zur LSt übertragen werden. Nachdem es sich bei den Verspätungszuschlägen nicht um Fremdgelder handelt, kommt insoweit die Haftungsbeschränkung nach den Grundsätzen der anteiligen Tilgung zur Anwendung. § 69 S. 2 AO, der eine Haftung auch dann vorsieht, wenn die Nebenleistung zeitlich nach der eigentlichen Pflichtverletzung entstanden ist, ist nach seinem

eindeutigen Wortlaut nur auf Säumniszuschläge, nicht aber auf andere Nebenleistungen i.S.d. § 3 Abs. 4 AO anwendbar.

2.2.3.2 Haftung des Vertretenen (§ 70 AO)

Die **Haftung des Vertretenen** nach § 70 AO kommt in Betracht, wenn die in §§ 34 und 35 AO benannten Personen selbst als Täter oder Teilnehmer einer Steuerhinterziehung Steuerschuldner oder Haftungsschuldner sind. In diesen Fällen hielt es der Gesetzgeber für angemessen, dem **Vertretenen auch das deliktische Handeln des Vertreters zuzurechnen**. Die Haftung setzt allerdings nach § 70 Abs. 1 AO voraus, dass der Vertretene nicht selbst Steuerschuldner ist.

Durch diese Einschränkung wird der **Anwendungsbereich der Vertretenenhaftung erheblich eingeengt**. Im Bereich der Besitz- und Verkehrssteuern ist § 70 AO im Ergebnis nur für die Abzugsteuern anwendbar (vgl. AEAO zu § 70). Gerade dort wird die Vorschrift aber regelmäßig durch andere Haftungsvorschriften der Einzelsteuergesetze verdrängt, so insb. § 42d EStG für die LSt-Haftung des Arbeitgebers oder § 44 Abs. 5 EStG für die Haftung des Schuldners von Kapitalerträgen; gleichwohl bleibt § 70 AO nach Auffassung der Verwaltung neben den Haftungsvorschriften der Einzelsteuergesetze anwendbar (AEAO zu § 70). Nach § 70 Abs. 2 AO kann sich der Vertretene ferner exkulpieren, wenn er den Vertreter sorgfältig ausgewählt und überwacht hat. In Folge der Exkulpation ist es dem FA versagt, den Vertretenen nach § 70 AO in Anspruch zu nehmen.

Die Haftung nach § 70 AO erstreckt sich aufgrund des eindeutigen Wortlauts nicht auf die steuerlichen Nebenleistungen (BFH vom 05.11.1993, BStBl II 1994, 557).

2.2.3.3 Haftung des Steuerhinterziehers und des Steuerhehlers (§ 71 AO)

§ 71 AO begründet die Haftung des Täters sowie des Teilnehmers[95] einer Steuerhinterziehung oder Steuerhehlerei für die verkürzten Steuern und die zu Unrecht gewährten Steuervorteile. Vom Anwendungsbereich geht § 71 AO damit weit über den Personenkreis des § 69 AO hinaus.

> **Beispiel 4: Haftung des Steuerhinterziehers**
> Der Geschäftsführer A der AB-GmbH hat die USt-Voranmeldung Mai 05 mit einer sich ergebenden Zahllast i.H.v. 1.000 € nicht abgegeben, da die GmbH seit dem Frühjahr 05 zahlungsunfähig ist und A die Abgabe aufgrund der finanziellen Situation der GmbH für überflüssig hielt. Haftung nach § 71 AO?

Steuerberater, Rechtsanwälte und andere Bevollmächtigte nach § 80 Abs. 1 AO haften nach § 69 AO nur, wenn sie gleichzeitig Vertreter oder Verfügungsberechtigte sind. Sie zählen dagegen ohne Einschränkung zum potentiell haftenden Personenkreis des § 71 AO, wenn sie nämlich eine Steuerhinterziehung zu Gunsten ihres Mandanten begehen. Ähnlich wie § 69 AO hat § 71 AO **Schadensersatzcharakter**[96]; eine Haftung kommt daher nur in Betracht, wenn der Steuerausfall durch die begangene Steuerhinterziehung oder Steuerhehlerei verursacht worden ist (**Erfordernis der Kausalität**). Wäre der Schaden für das FA

---

95 Teilnehmer einer Steuerhinterziehung ist der Anstifter gem. § 26 StGB sowie der Gehilfe gem. § 27 StGB.
96 BFH vom 07.03.2006, BStBl II 2007, 594: § 71 AO soll dem FA die Möglichkeit geben, den Täter oder Teilnehmer zum Ersatz des Schadens heranzuziehen, ohne auf die §§ 823, 826 BGB zurückgreifen zu müssen.

dagegen auch bei steuerehrlichem Verhalten eingetreten, greift § 71 AO nicht ein, da der Vermögensschaden beim FA in diesen Fällen nicht unmittelbar durch die Steuerhinterziehung oder Steuerhehlerei, sondern durch andere Umstände verursacht worden ist (BFH vom 13.07.1994, BStBl II 1995, 198).

Voraussetzung der Haftung nach § 71 AO ist die **Verwirklichung des Tatbestandes der Steuerhinterziehung** (§ 370 AO) bzw. der **Steuerhehlerei** (§ 374 AO). Die Voraussetzung ist nicht deckungsgleich mit der Frage, ob jemand aufgrund seines Handelns nach den Vorschriften des Steuerstrafrechts verfolgt werden kann. Die handelnde Person muss vielmehr entweder als Täter, Mittäter oder auch als Teilnehmer (d.h. Anstifter oder Gehilfe gem. §§ 26 f. StGB) den objektiven und subjektiven Tatbestand der Steuerhinterziehung (oder -hehlerei) verwirklicht haben und es dürfen keine Rechtfertigungs- oder Schuldausschließungsgründe vorliegen (vgl. auch BFH vom 18.12.1986, BStBl II 1988, 213). Bei der Würdigung des Sachverhaltes entscheidet das FA in eigener Verantwortung; sie ist nicht an die Auffassung der Strafgerichte gebunden (BFH vom 22.10.2009, BFH/NV 2010, 170), denn es handelt sich lediglich um strafrechtliche Vorfragen im Rahmen einer Entscheidung über die Rechtmäßigkeit eines abgabenrechtlichen Verwaltungsakts.

Die Haftung setzt nicht voraus, dass der Haftungsschuldner zunächst aufgrund des begangenen Steuerdeliktes strafrechtlich verurteilt wurde (AEAO zu § 71). Ob eine Bestrafung überhaupt stattfindet oder nicht, ist für die Frage der Haftung irrelevant.

Unerheblich für die Haftung ist ferner, ob der Täter zu seinem **eigenen Vorteil oder zu Gunsten eines Dritten** gehandelt hat. Sowohl § 370 AO als auch § 374 AO lassen es nach ihrem eindeutigen Wortlaut ausreichen, dass ein Dritter Vorteile aus der begangenen Tat hat (sog. Steuerhinterziehung zu Gunsten Dritter).

Der bloße Versuch eines Steuerdeliktes löst dagegen keine Haftung aus. Nachdem es beim Versuch nicht zum Schadenseintritt kommt (weil die Tat eben im Versuchsstadium stecken bleibt), kommt aufgrund des Schadensersatzcharakters der Vorschrift nur die vollendete Vortat als haftungsbegründende Handlung in Betracht (BFH vom 13.07.1994, BStBl II 1995, 198). Auch eine **leichtfertige Steuerverkürzung** nach § 378 AO, die sich vom Tatbestand der Steuerhinterziehung dadurch unterscheidet, dass der Täter nicht vorsätzlich (mit Wissen und Wollen), sondern leichtfertig handelt, führt nach dem eindeutigen Wortlaut des § 71 AO **nicht zur Haftung**.

Eine erfolgte Selbstanzeige nach § 371 AO hat keinen Einfluss auf die Haftung nach § 71 AO. Die Selbstanzeige führt zwar mit der Wirkung eines Verfahrenshindernisses zur Straffreiheit, ändert aber nichts an der tatbestandlichen Verwirklichung der Sachverhaltsmerkmale – und nur daran knüpft § 71 AO an.

Die Haftung nach § 71 AO umfasst ausdrücklich auch die Hinterziehungszinsen nach § 235 AO. Nachdem § 235 AO allein auf hinterzogene Steuern, nicht aber auf Steuerhehlerei anzuwenden ist (vgl. den Wortlaut von § 235 Abs. 1 S. 1 AO), löst die Steuerhehlerei keine Zinspflicht aus. Für andere Nebenleistungen – beispielsweise Säumniszuschläge – wird dagegen nicht gehaftet.

Lösung: A würde gem. § 71 AO haften, wenn er – ohne selbst Steuerschuldner zu sein – eine Steuerhinterziehung zum Vorteil der AB-GmbH begangen hätte. A hat nach §§ 369 Abs. 1 Nr. 1 i.V.m. § 370 Abs. 1 Nr. 2 AO das FA pflichtwidrig über steuerlich relevante Tatsachen in Unkenntnis gelassen, obwohl er nach § 18 Abs. 1 UStG, §§ 168 S. 1, 149 Abs. 1, 34 Abs. 1 S. 1 AO zur Abgabe der USt-Voranmeldung Mai 05 verpflichtet war. Dadurch wurde nach § 370 Abs. 4 S. 1

AO USt i.H.v. 1.000 € verkürzt, da sie nicht festgesetzt wurde. Dies gilt nach § 370 Abs. 4 S. 1 AO auch dann, wenn es sich um eine Steueranmeldung handelt, die einer Steuerfestsetzung unter dem Vorbehalt der Nachprüfung gleichsteht, §§ 168 S. 1, 164 Abs. 1 S. 2 AO. Dass der Steuervorteil nicht für A, sondern für die AB-GmbH eingetreten ist, bleibt unbeachtlich, da es nach § 370 Abs. 1 S. 1 AO ausreicht, wenn der nicht gerechtfertigte Steuervorteil »für einen anderen« erlangt wird. Die Tat war mit Ablauf des 10.06.05 vollendet, da zu diesem Zeitpunkt die Voranmeldung hätte eingereicht werden müssen. A handelte vorsätzlich, nämlich mit Wissen und Wollen um die steuerlichen Folgen. Der Vorsatz wird auch nicht dadurch ausgeschlossen, dass A die Abgabe der Voranmeldung für überflüssig hielt. Hierbei handelt es sich nicht um einen beachtlichen Tatbestands- oder Verbotsirrtum i.S.d. §§ 16 f. StGB, sondern um einen strafrechtlich unbeachtlichen Motivirrtum. Allerdings hat die Haftung nach § 71 AO Schadensersatzcharakter, d.h. eine Haftung entfällt, wenn auch bei steuerlichem Wohlverhalten, sprich bei rechtzeitiger Anmeldung der USt, diese nicht hätte bezahlt werden können. Genau dies ist aber vorliegend der Fall, da aufgrund der Zahlungsunfähigkeit dem Fiskus auch bei rechtzeitiger Anmeldung die USt nicht zugeflossen wäre. Eine Haftung nach § 71 AO scheidet daher aus.

2.2.3.4 Haftung bei Verletzung der Pflicht zur Kontenwahrheit (§ 72 AO)

Nach § 154 Abs. 1 AO darf niemand auf einen falschen oder erdichteten Namen für sich oder einen Dritten ein Konto errichten oder Buchungen vornehmen lassen, Wertsachen in Verwahrung geben oder verpfänden oder sich ein Schließfach geben lassen (sog. **Pflicht zur Kontenwahrheit**). Wer dieser Pflicht zuwider handelt, begeht eine **Ordnungswidrigkeit** gem. § 379 Abs. 2 Nr. 2 AO und unterliegt zudem einem Herausgabeverbot nach § 154 Abs. 3 AO mit der Folge, dass eine Herausgabe ohne haftungsrechtliche Konsequenzen nur noch mit Zustimmung des FA zulässig ist.

Wird gegen das Herausgabeverbot schuldhaft – vorsätzlich oder grob fahrlässig – verstoßen, haftet die herausgebende Person nach § 72 AO. Die Norm ist insb. im Bankenbereich von praktischer Relevanz. Wickelt beispielsweise ein ehemals Verfügungsberechtigter eines fremden Bankkontos darüber Zahlungsvorgänge aus eigenen Geschäftsvorfällen für eigene Rechnung ab, so haftet die Bank für den Steuerschaden, der dadurch eintritt, dass sie das Konto nicht sperrt, sondern Guthaben ohne Zustimmung des FA auszahlt, obwohl sie weiß, dass der ursprüngliche Kontoinhaber nicht mehr existiert (BFH vom 13.12.2011, BStBl II 2012, 398).

Die Bank muss sich den Verstoß ihrer Mitarbeiter gegen § 154 Abs. 3 AO zurechnen lassen und haftet damit selbst gem. § 72 AO. Zwar ist der haftungsrechtliche Durchgriff auf den Vertretenen in der AO allgemein nicht geregelt, sondern lediglich in einzelnen Vorschriften genannt, etwa in § 110 Abs. 1 S. 2 AO. Gleichwohl ist nach der Rspr. das schuldhafte Handeln eines Organs oder Erfüllungsgehilfen der vertretenen Bank zuzurechnen (BFH vom 17.02.1989, BStBl II 1990, 263).[97]

Die Haftung nach § 72 AO erstreckt sich auf alle Ansprüche aus dem Steuerschuldverhältnis, d.h. auch auf die steuerlichen Nebenleistungen nach § 3 Abs. 3 AO. Die Haftung ist allerdings vom Umfang her beschränkt auf den Wert des Herausgegebenen, da § 72 AO die Haftung nach seinem Wortlaut ausdrücklich insoweit beschränkt, als durch einen Verstoß gegen § 154 Abs. 3 AO die Durchsetzung steuerlicher Ansprüche beeinträchtigt wird.

---

97 A.A. z.B. *Tipke/Kruse*, § 72 Rz. 2: Das Fehlen einer Zurechnungsvorschrift in § 72 AO, wie sie beispielsweise in § 110 Abs. 1 S. 2 AO vorzufinden ist, führe dazu, dass ein Durchgriff auf die Vertretenen bei § 72 AO gerade nicht möglich sei.

2.2.3.5 Haftung bei Organschaft (§ 73 AO)

Eine Organgesellschaft – d.h. die Tochtergesellschaft – haftet für diejenigen Steuern des Organträgers – der Muttergesellschaft –, für welche die Organschaft zwischen ihnen steuerlich besteht. Wann eine Organschaft begründet ist, richtet sich nach den jeweiligen Einzelsteuergesetzen.

> **Beispiel 5:**
> Besteht nur hinsichtlich der USt eine Organschaft, erstreckt sich die Haftung der Organgesellschaft nicht auch auf die KSt und Gewerbesteuer des Organträgers.

Die Haftung ist dadurch begründet, dass bei steuerlicher Anerkennung einer Organschaft, mit der die Organgesellschaft ihre wirtschaftliche Selbständigkeit verliert, die von der Muttergesellschaft zu zahlende Steuer auch die Beträge umfasst, die ohne die Organschaft unmittelbar von der Tochtergesellschaft zu zahlen wären. Wo die Steuer im Einzelnen entstanden ist, beim Organträger oder bei der Organgesellschaft, ist für die Haftung nach § 73 AO unerheblich. Das Organschaftsverhältnis muss allerdings bei Entstehung des Haftungsanspruches bereits bestanden haben bzw. darf noch nicht wieder erloschen sein. Die Haftung nach § 73 AO erstreckt sich nach seinem eindeutigen Wortlaut nicht auf steuerliche Nebenleistungen (BFH vom 05.10.2005, BStBl II 2006, 3 sowie BFH vom 05.10.2004, DB 2005, 33). Der Haftungsanspruch nach § 73 AO ist gegenüber dem Steueranspruch subsidiär, wenn feststeht, dass der Steuerschuldner zur Zahlung in der Lage ist; auch § 73 wird insoweit durch § 219 S. 1 AO ergänzt, vgl. BFH vom 23.09.2009, BStBl II 2010, 215).

2.2.3.6 Haftung des Eigentümers von Gegenständen (§ 74 AO)

Stellt jemand, der an einem Unternehmen wesentlich beteiligt ist, dem Unternehmen Gegenstände zur Verfügung, haftet er – **der Höhe nach beschränkt auf den Wert der überlassenen Gegenstände** – für die während der wesentlichen Beteiligung entstandenen Betriebsteuern.

> **Beispiel 6: Haftung mit einem verpachteten Grundstück**
> A ist mit 50 % an der AB-GmbH beteiligt. Seit 01.01.06 hat A der AB-GmbH sein Privatgrundstück der AB-GmbH als Lagerplatz verpachtet. Mit Wirkung zum 30.06.08 wurde der Pachtvertrag gekündigt; er wird seitdem von der AB-GmbH auch nicht mehr genutzt. Haftet A für die Kraftfahrzeugsteuer 07 des betrieblichen Lieferwagens, für die bis Februar 06 gestundete, aber bis heute noch nicht bezahlte USt 05 sowie für die USt Juni 08 samt der zwischenzeitlich aufgelaufenen Säumniszuschläge zur USt Juni 08?

Der Begriff **Gegenstände** umfasst im Gegensatz zum Zivilrecht alle WG materieller Art, in die vollstreckt werden kann. Neben Sachen haftet der Eigentümer damit auch mit einem Grundstück, das er dem Unternehmen zur Verfügung stellt. Auch bei grundstücksähnlichen Berechtigungen, wie etwa dem Erbbaurecht, greift § 74 AO, die Haftung ist also nicht auf körperliche Gegenstände (Sachen) beschränkt (BFH vom 23.05.2012, BFH/NV 2012, 1509). Der Inhaber von Rechten (immaterielle WG) haftet nach Auffassung der Verwaltung dagegen nicht (AEAO Nr. 1 zu § 74). Ob der BFH diese Auffassung teilt, bleibt abzuwarten; er deutet in der obigen Entscheidung an, dass es darauf ankäme, ob in das Recht vollstreckt werden kann.

Die Haftung trifft nur den **Eigentümer von Gegenständen persönlich**. Die Frage, ob jemand Eigentümer ist oder nicht, richtet sich ausschließlich nach den Vorschriften des Zivilrechts. § 39 AO, der aufgrund wirtschaftlicher Erwägungen die Zurechnung von WG an andere Personen als den Eigentümer regelt, ist nicht anwendbar, da eine Vollstreckung in schuldnerfremde Sachen rechtlich nicht zulässig ist[98] und das Zwangsvollstreckungsrecht hier aus Gründen der Rechtssicherheit an die zivilrechtlichen Regelungen anknüpft.

Die Haftungsvoraussetzung der **wesentlichen Beteiligung** ist im Gesetz legaldefiniert. Eine wesentliche Beteiligung liegt nach § 74 Abs. 2 S. 1 AO vor, wenn jemand zu mehr als einem Viertel an einem Unternehmen beteiligt ist; eine Beteiligung von exakt 25 % ist damit noch nicht ausreichend. Die wesentliche Beteiligung ist auch dann gegeben, wenn der betroffene Eigentümer nicht unmittelbar, sondern mittelbar über einen Treuhänder oder eine Tochtergesellschaft beteiligt ist. Im Gegensatz zum Begriff des Eigentümers, der im Gleichklang mit den zivilrechtlichen Vorschriften auszulegen ist, ist hier eine wirtschaftliche Betrachtung geboten. Daher lässt § 74 Abs. 2 S. 2 AO es ausreichen, wenn jemand faktisch durch sein Verhalten auf das Unternehmen einen beherrschenden Einfluss ausübt und durch sein Verhalten dazu beiträgt, dass fällige Steuern nicht entrichtet bzw. die steuerlichen Pflichten nicht erfüllt werden.

Voraussetzung für die Haftung ist ferner, dass die Gegenstände dem Unternehmen »dienen«; die Rspr. knüpft an dieses Tatbestandsmerkmal keine gesteigerten Anforderungen. Vorausgesetzt wird lediglich, dass die Gegenstände für den Betrieb des Unternehmens nicht von untergeordneter Bedeutung sind; dies hat der BFH beispielsweise im Fall des kurzfristigen Mietens eines Fahrzeuges bejaht (BFH vom 27.06.1957, BStBl III 1957, 279). § 74 AO beschränkt die Haftung für Steuern und für Ansprüche auf Erstattung von Steuervergütungen (§ 74 Abs. 1 S. 3 AO) und auf die sog. **Betriebsteuern**. Betriebsteuern sind diejenigen Steuern, bei denen sich die Steuerpflicht auf den Betrieb des Unternehmens gründet, die ohne Vorhandensein eines Unternehmens nicht denkbar sind. Keine Betriebsteuern sind damit die sog. Personensteuern, d.h. Einkommensteuer, KSt und Erbschaftsteuer (vgl. die Aufzählung in AEAO zu § 74 Nr. 2).

Hinsichtlich des Haftungszeitraums folgt § 74 AO dem sog. **Stichtagsprinzip**. Die Haftung erstreckt sich gem. § 74 Abs. 1 S. 2 AO nur auf Steuern, die während des Bestehens der wesentlichen Beteiligung entstanden sind. Der Zeitpunkt der Fälligkeit der Steuer ist insoweit unerheblich. Im Haftungszeitraum müssen die Gegenstände dem Unternehmen auch gedient haben. Andererseits ist es nicht zwingend erforderlich, dass beim Erlass des Haftungsbescheides, regelmäßig also einige Zeit nach Verwirklichung des Haftungstatbestandes, die Haftungsvoraussetzungen noch immer erfüllt sind. Allerdings kann die Inanspruchnahme nach Wegfall der haftungsbegründenden Tatbestandsmerkmale im Einzelfall ermessensfehlerhaft sein.[99]

Mit Urteil vom 22.11.2011 (BStBl II 2012, 223) hat der BFH klargestellt, dass sich die Haftung des Eigentümers nicht nur auf die überlassenen Gegenstände erstreckt, sondern in Fällen der Weggabe oder des Verlustes auch entsprechende **Surrogate**, d.h. etwa den Veräußerungserlös oder Schadenersatzzahlungen.

---

[98] Vgl. § 771 ZPO.
[99] *Tipke/Kruse*, AO, § 74 Rz. 18.

Lösung: Das verpachtete Grundstück steht zivilrechtlich im Eigentum des A und diente der AB-GmbH von 01.01.06 bis 30.06.08 aufgrund des geschlossenen Pachtvertrages als Lagerplatz. A haftet persönlich – allerdings gegenständlich beschränkt auf das verpachtete Grundstück – für die während des Haftungszeitraums entstandenen Steuern des Unternehmens, bei denen sich die Steuerpflicht auf den Betrieb des Unternehmens gründet (§ 74 Abs. 1 S. 1 AO). Nach § 74 Abs. 2 S. 1 AO ist A an der AB-GmbH wesentlich beteiligt. Die Haftung umfasst nur die betriebsbedingten Steuern. Keine betriebsbedingte Steuer ist die Kraftfahrzeugsteuer als Personensteuer, so dass eine Haftung hierfür ausscheidet. Die USt setzt zwingend ein Unternehmen voraus und gehört damit zu den Betriebsteuern. Für die Säumniszuschläge zur USt Juni 08 haftet A nicht, da steuerliche Nebenleistungen im Gegensatz zu den Steuerschulden selbst nach dem eindeutigen Wortlaut des § 74 AO nicht der Haftung unterliegen. A haftet ebenfalls nicht für die USt 05, die nach §§ 13 Abs. 1, 18 UStG mit Ablauf des Kalenderjahres 05 und damit vor dem Haftungszeitraum entstanden ist. Damit haftet A allein für die USt Juni 08; die Haftung ist gegenständlich beschränkt auf das Grundstück; diese Beschränkung muss das FA im Haftungsbescheid zum Ausdruck bringen (§ 121 AO).

2.2.3.7 Haftung des Betriebsübernehmers (§ 75 AO)

Ähnlich der zivilrechtlichen Haftung nach § 25 HGB haftet der Erwerber eines Unternehmens oder eines gesondert geführten Betriebes nach § 75 AO in beschränktem sachlichem und zeitlichem Umfang für die betrieblichen Steuern und für Steuerabzugsbeträge. Eine Haftung für andere als Betriebsteuern kommt bei § 75 AO, ebenso wie bei § 74 AO, nicht in Betracht. Die Vorschrift beruht auf der von der Rspr. gebildeten Rechtsfigur der **Funktionsnachfolge**: Wer fremdes Vermögen im Ganzen oder in wesentlichen Teilen übernimmt, hat gleichsam für die im Zeitpunkt der Übernahme bestehenden Verbindlichkeiten einzustehen. Dies soll verhindern, dass die in einem Unternehmen ruhenden Sicherheiten durch die Übertragung des Betriebes verloren gehen. Der Erwerber macht sich nach der Übernahme die wirtschaftliche Kraft des Unternehmens zunutze und soll deshalb auch für Steuern einstehen, die aufgrund dieser Ertragskraft entstanden sind. Ob der Erwerber die bestehenden Steuerverbindlichkeiten bei der Betriebsübernahme erkannt hat oder kennen musste, ist unerheblich. § 75 AO knüpft allein an den objektiven Tatbestand der Betriebsübernahme an; **subjektive Momente bleiben unberücksichtigt**.

Auch ein zivilrechtlich – im Rahmen der Betriebsübernahme – vereinbarter Haftungsausschluss für bestehende Verbindlichkeiten vermag die Haftung nach § 75 AO nicht auszuschließen. Dadurch unterscheidet sich § 75 AO von § 25 HBG, wo ein Haftungsausschluss zumindest bei zureichender Publizität vom Gesetz akzeptiert wird (§ 25 Abs. 2 HGB).

Der Übernehmer eines Unternehmens oder gesondert geführten Betriebes haftet nur für die im Betrieb begründeten Steuern, für die Erstattung von Steuervergütungen und für Steuerabzugsbeträge (insb. LSt). Für steuerliche Nebenleistungen haftet er hingegen nicht (§§ 37 Abs. 1, 3 Abs. 3 AO). Der Begriff des »Unternehmens« bzw. des »Betriebes« ist dem USt-Recht entnommen. Ein Unternehmen ist demnach jede organisatorische Zusammenfassung persönlicher und sachlicher Mittel zu einer wirtschaftlichen Einheit zur Verfolgung eines wirtschaftlichen oder ideellen Zweckes. Eine Übereignung eines Unternehmens »**im Ganzen**« (vgl. Wortlaut des § 75 AO) liegt nach ständiger Rspr. vor, wenn die übereigneten Gegenstände die wesentlichen Grundlagen eines Unternehmens waren und geeignet sind, die wesentlichen Grundlagen für den Betrieb des Erwerbers zu bilden. Voraussetzung ist, dass das Unternehmen ohne besondere Anstrengungen des Betriebsübernehmers fortgeführt werden kann, es sich nach der Rspr. also um ein »lebendes Unternehmen« handelt (BFH vom 11.05.1993, BStBl II

1993, 700). Maßgebender Zeitpunkt für die Frage, ob die wesentlichen Grundlagen auf den Erwerber übergegangen sind, ist derjenige der Übereignung (BFH vom 07.11.2002, BStBl II 2003, 226). Vielfach wird an der Einschränkung des »lebenden Unternehmens« kritisiert, dass die Beschränkung auf lebende Unternehmen dem Gesetz nicht entnommen werden kann. Rspr. und Verwaltung haben das Erfordernis jedoch bis dato noch nicht aufgegeben.

Beispiel 7:
Der Erwerber eines fremdvermieteten Grundstückes haftet für die USt – sofern die Vermietung USt ausgelöst hat – des Verkäufers (BFH vom 11.05.1993, BStBl II 1993, 700).[100]

Ein **gesondert geführter Betrieb** ist jeder mit einer gewissen Selbständigkeit ausgestattete, für sich allein lebensfähige Unternehmensteil. Die Haftung setzt ferner voraus, dass das Unternehmen oder der Teilbetrieb übereignet wurde, d.h. der Betriebsinhaber durch Rechtsgeschäft gewechselt hat.

Keine Übereignung und damit keine Haftung tritt ein, wenn der Betriebsinhaber durch Gesamtrechtsnachfolge im Rahmen eines Erbfalles wechselt (§ 1922 Abs. 1 BGB) oder wenn Gesellschaftsanteile einem Alleingesellschafter kraft Gesetzes anwachsen, da alle übrigen Gesellschafter aus der Gesellschaft ausgeschieden sind (§ 738 BGB bei der Gesellschaft bürgerlichen Rechts, § 142 HGB bei der OHG). Sofern der Erwerber den Betrieb aus einer Insolvenzmasse oder im Vollstreckungsverfahren erwirbt, entfällt die Haftung ebenfalls gem. § 75 Abs. 2 AO.

Beispiel 8:
Ein fremdvermietetes Grundstück wird im Rahmen der Zwangsversteigerung nach § 15 ZVG erworben: Keine Haftung für die durch die Vermietung des Grundstücks ausgelöste USt.

Im Rahmen der rechtsgeschäftlichen Übereignung ist der Unternehmensbegriff dagegen nicht streng zivilrechtlich zu beurteilen (ein Unternehmen oder Teilbetrieb als Sachgesamtheit kann als solches nicht durch ein einzelnes Rechtsgeschäft übereignet werden); entscheidend ist vielmehr, ob sich der Erwerber das Unternehmen bzw. den Teilbetrieb wirtschaftlich zu eigen macht.

Voraussetzung für die Haftung ist nach § 75 Abs. 1 S. 1 AO weiterhin, dass die Steuern und Erstattungsansprüche seit dem Beginn des letzten vor der Übereignung liegenden Kalenderjahres entstanden sind und innerhalb eines Jahres nach Anmeldung des Betriebes (zur Betriebsanmeldung siehe § 138 AO) durch den Erwerber festgesetzt oder angemeldet worden sind. Der Haftungsbescheid selbst kann auch nach Ablauf dieser Jahresfrist erlassen werden. Die Jahresfrist beginnt frühestens mit dem Zeitpunkt der Betriebsübernahme. Eine Änderung der Steuerfestsetzung nach Ablauf der Jahresfrist hat auf den Haftungsanspruch keinen Einfluss.

Die Haftung gem. § 75 Abs. 1 S. 2 AO ist **gegenständlich, nicht nur wertmäßig auf den Bestand des übernommenen Vermögens beschränkt**.[101] Die Beschränkung der Haftung muss in den Haftungsbescheid aufgenommen werden, ohne dass es der genauen Bezeichnung der übernommenen Vermögensgegenstände bedarf. Bei Erwerb eines Surrogates mit

---

100 Ausführlich *Klein*, Steuerliche Haftungsrisiken beim Immobilienerwerb, DStR 2005, 1753.
101 *Hübschmann/Hepp/Spitaler*, AO, § 75 Rz. 97; BFH vom 02.11.2007, BFH/NV 2008, 333.

Mitteln des übernommenen Vermögens bzw. Ersatzbeschaffung haftet der Erwerber mit dem Surrogat (vgl. die Rspr. des RG zu § 419 BGB a.F., RG vom 20.06.1932, RGZ 137, 55).

2.2.3.8 Sachhaftung (§ 76 AO)

Nach § 76 Abs. 1 AO haften zoll- oder verbrauchsteuerpflichtige Waren ohne Rücksicht auf Privatrechte für die auf ihnen ruhenden Abgaben. Die Haftung entsteht ausnahmsweise unter Durchbrechung des Grundsatzes der Akzessorietät u.U. bereits vor dem Entstehen der Steuerschuld mit dem Verbringen der Waren in den Geltungsbereich der AO (§ 76 Abs. 2 AO).

Die USt ist keine Verbrauchsteuer[102] i.S.d. § 76 AO; eine Sachhaftung scheidet insoweit aus (RFH vom 23.02.1927, RFHE 20, 255). Bei der Geltendmachung der Sachhaftung unterscheidet sich § 76 AO wesentlich von den anderen Haftungstatbeständen. Das FA erlässt keinen eigentlichen Haftungsbescheid, sondern ist aufgrund der Sachhaftung berechtigt, die haftenden Gegenstände bis zum Entrichten der Steuer zurückzubehalten, zu beschlagnahmen und notfalls durch öffentliche Versteigerung gem. §§ 327, 296 AO zu verwerten.

2.2.3.9 Duldungspflicht (§ 77 AO)

Die Vorschrift regelt zwei unterschiedliche Fälle der Duldungspflicht: eine Pflicht nach § 77 Abs. 1 AO, die Vollstreckung in das verwaltete Vermögen zu dulden, kommt vor allem bei den in den §§ 34 und 35 AO genannten Vertretern, Vermögensverwaltern und Verfügungsberechtigten in Betracht, soweit sie Gewahrsam über die verwalteten Mittel ausüben. Die Duldungspflicht nach § 77 Abs. 2 AO betrifft Steuern, die als öffentliche Last auf einem Grundbesitz lasten. Auf Grundbesitz ruht als öffentliche Last insb. die Grundsteuer (§ 12 GrStG).

§ 77 AO regelt die Duldungspflichten nicht abschließend; auch aus anderen Gesetzen können sich Duldungspflichten ergeben, die das FA mittels Duldungsbescheids nach § 191 AO durchsetzen kann.

Von besonderer Bedeutung bei den außersteuerlichen Duldungspflichten ist die Möglichkeit des FA, den Anfechtungsgegner nach dem **Anfechtungsgesetz** (AnfG) mittels Duldungsbescheids in Anspruch zu nehmen.[103] Manche Vollstreckungsschuldner neigen in Zeiten der wirtschaftlichen Krise dazu, ihr Vermögen unentgeltlich auf andere Rechtsträger umzuschichten, um nicht dem Zugriff des FA oder anderer Vollstreckungsgläubiger ausgesetzt zu sein. Solche, den Gläubiger benachteiligenden Rechtshandlungen sind unter engen Voraussetzungen nach dem AnfG anfechtbar; dies gilt insb. dann, wenn die Rechtshandlung in der Absicht erfolgt, den Gläubiger zu benachteiligen (§ 3 AnfG), wenn Vermögenswerte verschenkt werden (§ 4 AnfG) oder bei anfechtbaren Rechtshandlungen im Nachlassinsolvenzverfahren (§ 5 AnfG).

Die **Gläubigeranfechtung** nach dem AnfG führt dazu, dass für Zwecke der Vollstreckung der weggegebene Vermögenswert noch dem Vermögen des Vollstreckungsschuldners hinzugerechnet wird. Die angefochtene Übertragung ist in ihrer Wirkung nach erfolgter Anfechtung dem FA als Anfechtungsberechtigten gegenüber relativ unwirksam.[104]

---

102 Unabhängig von ihrer sonstigen Einordnung, vgl. *V. Schmidt*, Teil B, Kap. I 3.
103 Voraussetzungen und Verfahrensfragen zum Duldungsbescheid nach dem Anfechtungsgesetz und § 191 AO behandelt *App* in DStZ 2002, 279.
104 Vgl. ausführlich zum Zugriff der Finanzverwaltung nach Vermögensverschiebungen *Carlé*, Der Duldungsbescheid, AO-StB 2002, 302; zur Frist für den Erlass eines Ergänzungsbescheids gem. § 278 Abs. 2 AO vgl. BFH vom 19.01.2005, BStBl II 2006, 737.

3 Durchsetzung von Haftungs- und Duldungsansprüchen

Die Haftungs- und Duldungsansprüche aufgrund der gesetzlichen Haftungs- und Duldungstatbestände werden vom FA durch Haftungs- oder Duldungsbescheid gem. § 191 Abs. 1 AO festgesetzt. § 191 AO ist lediglich eine **Verfahrensvorschrift** und selbst kein Haftungstatbestand.

3.1 Voraussetzungen der Inanspruchnahme

3.1.1 Akzessorietät der Haftung

Der Haftungsanspruch, den das FA durch Erlass eines Haftungsbescheids gem. § 191 Abs. 1 S. 1 AO gegenüber dem Haftungsschuldner festsetzt, setzt ein konkretes Steuerschuldverhältnis i.S.d. § 37 AO voraus. Die Haftungs- bzw. Duldungspflicht muss aufgrund der Verwirklichung eines gesetzlichen Tatbestandes entstanden und darf im Grundsatz nicht bereits wieder erloschen sein. Die Abhängigkeit des Haftungs- und Duldungsanspruchs von diesem fremden Steuerschuldverhältnis sowohl dem Grunde als auch der Höhe nach bezeichnet man als **Akzessorietät** der Haftung. Ein Haftungsbescheid kann nach dem Grundsatz der Akzessorietät nicht mehr erlassen werden, wenn

- der Steueranspruch aufgrund eingetretener Festsetzungsverjährung nicht mehr geltend gemacht werden kann (§ 191 Abs. 5 Nr. 1 AO),
- die gegen den Steuerschuldner festgesetzte Steuer aufgrund Zahlungsverjährung verjährt ist (§ 191 Abs. 5 Nr. 2 1. Alt. AO),
- die Steuerschuld erlassen worden ist (§ 191 Abs. 5 Nr. 2 2. Alt. AO) oder
- die Steuerschuld durch Erfüllung erloschen ist (§ 44 Abs. 2 AO).

Von diesem Grundsatz gibt es jedoch einige **Ausnahmen**, wie etwa im Falle des § 76 AO, wo der Haftungsanspruch bereits vor Entstehen der eigentlichen Steuerschuld entstehen kann. Folge der Akzessorietät ist u.a., dass der Haftungsbescheid **nach Ablauf der Festsetzungsfrist des Steueranspruchs nicht mehr festgesetzt werden kann** (§ 191 Abs. 5 S. 1 Nr. 1 AO); faktisch erlischt die Haftung somit mit dem Erlöschen des zugrunde liegenden Steueranspruchs. Auch diese Akzessorietät ist allerdings teilweise wieder durchbrochen, wenn die Haftung auf Steuerhinterziehung oder Steuerhehlerei beruht (§ 191 Abs. 5 S. 2 AO).

Eine weitere Ausnahme vom Grundsatz der Akzessorietät ist in § 166 AO geregelt. Die Vorschrift gehört systematisch eigentlich zu § 191 AO, da sie einen Einwendungsausschluss des Haftungsschuldners zum Inhalt hat. Ist die Steuer dem StPfl. gegenüber bestandskräftig festgesetzt, gilt sie gem. § 166 AO über die Drittwirkung gegenüber dem Haftungsschuldner, wenn dieser die rechtliche Möglichkeit hatte, den Steuerbescheid anzufechten, von dieser Möglichkeit aber keinen Gebrauch gemacht hat.[105]

---

[105] Hierzu auch BFH vom 24.08.2004 (BStBl II 2005, 127): Eine unzutreffende, jedoch bestandskräftig gewordene Lohnsteueranmeldung muss sich der als Haftungsschuldner in Anspruch genommene GF einer GmbH dann nicht nach § 166 AO entgegenhalten lassen, wenn er nicht während der gesamten Dauer der Rechtsbehelfsfrist Vertretungsmacht hatte und damit das Recht gehabt hat, namens der GmbH zu handeln; zum Ganzen ausführlich *Leibner*, Risiken der Drittwirkung für den Haftungsschuldner, AO-StB 2003, 118.

Auch wenn die Akzessorietät aufgeweicht ist, richtet sich der Haftungsanspruch jedenfalls **im Grundsatz hinsichtlich des Entstehens, der Höhe und des Erlöschens nach der steuerlichen Hauptschuld.**

Das Entstehen des Haftungsanspruchs hängt vom Entstehen der Hauptschuld gegen den eigentlichen Steuerschuldner ab. Der Erlass eines Haftungsbescheides setzt daher auch nicht voraus, dass die – bereits entstandene – Hauptschuld gegenüber dem eigentlichen Steuerschuldner bereits festgesetzt worden ist (§ 191 Abs. 3 S. 4 AO). Das FA kann deshalb auch dann einen Haftungsbescheid erlassen, wenn der Haftungsanspruch zuvor nicht mittels Steuerbescheids gegen den Steuerschuldner festgesetzt worden ist. Das ergibt sich aus § 191 Abs. 5 S. 1 Nr. 1 AO. Praktisch relevant wird diese Möglichkeit, wenn gegenüber dem Steuerschuldner aufgrund eines eröffneten Insolvenzverfahrens kein Steuerbescheid mehr bekannt gegeben werden kann. Dies gilt auch für Feststellungsbescheide: Der BFH hat wiederholt (zuletzt mit Urteil vom 19.08.2008, BStBl II 2009, 90) klargestellt, dass nach Eröffnung des Insolvenzverfahrens und vor Abschluss der Prüfungen grundsätzlich keine Bescheide mehr erlassen werden dürfen, in denen Besteuerungsgrundlagen festgestellt oder festgesetzt werden, wenn diese die Höhe der zur Insolvenztabelle anzumeldenden Steuerforderungen beeinflussen können (vgl. § 87 InsO). Die Feststellung der Forderung in der Insolvenztabelle stellt das insolvenzrechtliche Äquivalent zur Steuerfestsetzung durch VA dar (§§ 87, 178 Abs. 3 InsO).

3.1.2 Haftungsverjährung

Haftungsbescheide, die auf steuerlichen Haftungstatbeständen beruhen, können nur erlassen werden, solange die Festsetzungsfrist der Steuer (vgl. § 169 AO) noch nicht abgelaufen ist (§ 191 Abs. 3 S. 1 AO). Die **Festsetzungsfrist für Haftungsbescheide** beträgt demnach im Regelfall vier Jahre, in den Fällen des § 70 AO (Haftung des Vertretenen) zehn Jahre bei Steuerhinterziehung und fünf Jahre bei leichtfertiger Steuerverkürzung (§ 191 Abs. 3 S. 2 AO[106]). Die Festsetzungsfrist **beginnt mit Ablauf des Kalenderjahres, in dem der Haftungstatbestand vollständig verwirklicht ist**, wenn also sämtliche Tatbestandsmerkmale der Haftungsnorm erfüllt sind, § 191 Abs. 3 S. 3 AO. Die Anwendung der Vorschriften über die Anlaufhemmung ist dadurch nicht ausgeschlossen: Soll etwa ein Arbeitgeber für nicht gezahlte Lohnsteuer in Anspruch genommen werden, ist es für die Frage der Festsetzungsverjährung ohne Bedeutung, ob und wann der Arbeitnehmer eine ESt-Erklärung abzugeben hat oder tatsächlich abgibt? Der Beginn der Festsetzungsfrist richtet sich für die Lohnsteuer nach § 170 Abs. 2 S. 1 Nr. 1 AO (BFH vom 06.03.2008, BStBl II 2008, 597); für den Beginn der betreffenden Festsetzungsfrist ist also die LSt-Anmeldung, und nicht die ESt-Erklärung des Arbeitnehmers maßgebend.

Ist die Steuer, für die gehaftet wird, zwar bereits entstanden, aber noch nicht festgesetzt worden, endet die Frist für den Haftungsbescheid nach Ablauf der für die Steuerfestsetzung geltenden Festsetzungsfrist (§ 191 Abs. 3 S. 4 1. HS AO). Dem nach § 191 Abs. 3 S. 4 AO sinngemäß anzuwendenden § 171 Abs. 10 AO kann darüber hinaus nicht entnommen werden, dass der Ablauf der Festsetzungsfrist für den Haftungsbescheid gehemmt ist, soweit und solange der dem Haftungsbescheid zugrunde liegende Steuerbescheid noch ergehen

---

106 Auf andere Haftungstatbestände, insbesondere auf § 69 AO, ist § 191 Abs. 3 S. 2 AO nicht analog anwendbar (BFH vom 22.04.2008, BStBl II 2008, 735).

kann (BFH vom 05.10.2004, BStBl II 2006, 343). Steuer- und Haftungsbescheid stehen damit nicht in einem Verhältnis von Grundlagen- und Folgebescheid zueinander.

Beruht die Haftung auf Haftungstatbeständen des Privatrechts, sind die maßgeblichen zivilrechtlichen Verjährungsvorschriften auch für den Erlass des Haftungsbescheides nach § 191 AO maßgeblich (§ 191 Abs. 4 AO). Solange der Haftungsanspruch nach den außersteuerlichen Vorschriften noch nicht verjährt ist, kann noch ein Haftungsbescheid erlassen werden.

Beispiel 9: Nachhaftung bei der GbR
Der Gesellschafter einer GbR haftet nach seinem Ausscheiden sowie nach der Auflösung der GbR im Rahmen der sog. Nachhaftung noch weitere fünf Jahre für die Verbindlichkeiten der GbR (§ 736 Abs. 2 BGB i.V.m. § 160 HGB analog).

Lösung: Die gesellschaftsrechtliche Fünf-Jahres-Frist ist auch für den Erlass eines Haftungsbescheides gegen einen Gesellschafter maßgeblich (§ 191 Abs. 4 AO).

Die Korrektur eines Haftungsbescheides nach §§ 130, 131 AO ist zu Gunsten des Haftungsschuldners auch noch nach Ablauf der Haftungsfestsetzungsfrist zulässig. Die Verjährungsvorschrift in § 191 Abs. 3 AO betrifft nur den erstmaligen Erlass eines Haftungsbescheides (BFH vom 12.08.1997, BStBl II 1998, 131).

3.2 Haftungsbescheid

Der Haftungsbescheid ist ein VA i.S.d. § 118 AO. Es gelten daher die allgemeinen Vorschriften der §§ 119 ff. AO. Der Haftungsbescheid ist kein Steuerbescheid, so dass die Vorschriften über die Steuerfestsetzung (§§ 155 ff. AO) und die Korrekturvorschriften für Steuerbescheide (§§ 172 ff. AO) nicht anwendbar sind. Rücknahme und Widerruf richten sich vielmehr nach §§ 130 f. AO.

Der Haftungsbescheid muss inhaltlich **hinreichend bestimmt** sein (§ 119 Abs. 1 AO); neben der Höhe der Haftungsschuld muss klar erkennbar sein, für welche Steuer der Haftungsschuldner einzustehen hat.[107] Eine Zusammenfassung mehrerer Haftungsfälle in einem Sammelhaftungsbescheid ist zulässig. Der **Sammelhaftungsbescheid** ist die äußerliche Zusammenfassung mehrerer, rechtlich voneinander unabhängiger VA in einem Bescheid. Ist die Haftung gegenständlich beschränkt, wie etwa in § 75 AO, muss die Beschränkung im Bescheid zum Ausdruck kommen. Fehler bei der Bestimmtheit führen zur Nichtigkeit des Bescheides (§ 125 AO) und können nicht geheilt werden.

Der Haftungsbescheid muss nach § 191 Abs. 1 S. 2 AO schriftlich ergehen und nach § 121 AO auch schriftlich begründet werden. Neben der Darlegung des Haftungsgrundes hat das FA hier insb. seine **Ermessenserwägungen** zum Ausdruck zu bringen. Nach § 126 Abs. 1 Nr. 2 AO können Begründungsmängel allerdings im Einspruchsverfahren und für den Fall der Klage gegen den Haftungsbescheid bis zum Abschluss des finanzgerichtlichen Verfahrens, also bis zur letzten mündlichen Verhandlung vor dem FG, nachgeholt werden (vgl. § 102 FGO).

---

107 Vgl. BFH vom 27.08.2009, BFH/NV 2009, 1964: Der Bescheid ist nur dann inhaltlich hinreichend bestimmt, wenn er die Steuer, deretwegen die Anfechtung erfolgt, nach Art, Betrag und Erhebungszeitraum angibt. Nicht ausreichend ist etwa die Angabe in einer Gesamtsumme ohne Aufschlüsselung nach den jeweiligen Erhebungszeiträumen.

Der Erlass eines Haftungsbescheides steht im pflichtgemäßen **Ermessen des FA**. Im Rahmen der Ermessensausübung hat das FA zunächst zu prüfen (und nachfolgend im Haftungsbescheid darzulegen), **ob** eine Haftungsinanspruchnahme erfolgen soll (sog. Entschließungsermessen) und in einem zweiten Schritt, **wie** der Haftungsschuldner in Anspruch genommen wird, d.h. wer von mehreren Haftungsschuldnern in Anspruch genommen wird und gegebenenfalls in welcher Höhe (sog. Auswahlermessen). In der Begründung des Haftungsbescheides muss deutlich zum Ausdruck kommen, dass das FA den Sachverhalt umfassend und zutreffend ermittelt und hierauf aufbauend alle entscheidungserheblichen Aspekte des Sachverhalts bei der Ermessensausübung berücksichtigt hat. Fehlerhaft ist die Ermessensausübung bereits dann, wenn das FA bei seiner Entscheidung Gesichtspunkte tatsächlicher oder rechtlicher Art, die nach dem Sinn und Zweck der Ermessensvorschrift zu berücksichtigen waren, nicht hinreichend würdigt.

Bei der Ausübung des Entschließungsermessens muss das FA insb. darlegen, warum der Haftungsschuldner anstelle des eigentlichen Steuerschuldners in Anspruch genommen werden soll (vgl. BFH vom 07.04.1992, BFH/NV 1993, 213). Das Ausüben des Entschließungsermessens braucht das FA lediglich dann nicht besonders zu begründen, wenn der Steueranspruch ansonsten nicht durchgesetzt werden kann. Bereits mit Urteil vom 02.10.1986 (BFH/NV 1987, 349) hatte der BFH bezweifelt, ob dem FA bei Uneinbringlichkeit der Erstschuld überhaupt ein Entschließungsermessen eingeräumt wird. Im Beschluss vom 13.08.2007 (BFH/ NV 2008, 23) geht der BFH anscheinend ebenfalls davon aus, dass der Haftungsschuldner bei Teilnahme an einer Steuerhinterziehung und bei Uneinbringlichkeit der Erstschuld in Anspruch genommen werden muss, insoweit also kein Ermessen eingeräumt wird[108]; die **Vorprägung der Ermessensentscheidung** im Falle einer vorsätzlichen Steuerverkürzung oder einer Beihilfe ist nicht nur für die Inanspruchnahme dem Grunde nach, sondern auch für die Inanspruchnahme der Höhe nach gegeben (BFH vom 13.08.2007, a.a.O.).

Im Rahmen des Entschließungsermessens ist regelmäßig auf die **persönliche und finanzielle Situation des Haftenden** einzugehen. Zudem muss das FA bei mehreren potentiellen Haftungsschuldnern darlegen, warum es neben dem in Anspruch genommenen Haftungsschuldner nicht auch die übrigen Haftungsschuldner in Anspruch nimmt. So sind z.B. nach § 42d Abs. 3 EStG Arbeitgeber und Arbeitnehmer im Umfang der Haftung des Arbeitgebers Gesamtschuldner. Ein bei der Ermessensausübung generell zu berücksichtigender Vorrang in der Heranziehung des Arbeitnehmers als Haftungsschuldner ist § 42d EStG nicht zu entnehmen (BFH vom 10.10.2006, BFH/NV 2007, 204). Geht das FA auf diese Auswahlfrage nicht ein, ist die Ermessensentscheidung fehlerhaft und der Haftungsbescheid aufgrund nicht hinreichend ausgeübten Auswahlermessens aufzuheben (BFH vom 07.04.1992, BFH/NV 1993, 213).

Vor Erlass des Haftungsbescheides ist der Haftungsschuldner regelmäßig **anzuhören** (Grundsatz der Gewährung rechtlichen Gehörs, § 91 AO). Zu diesem Zweck wird dem Haftungsschuldner in der sog. **Haftungsankündigung** (mangels Regelungsgehalts ist diese Ankündigung kein eigenständiger VA i.S.d. § 118 AO) unter Darstellung der Steuerrückstände, der maßgeblichen Rechtsgrundlagen und der Erfüllung der Tatbestandsmerkmale die beabsichtigte Heranziehung zur Haftung mitgeteilt. Die Anhörung soll das FA in die Möglichkeit versetzen, alle persönlichen und finanziellen Aspekte in das Auswahlermessen

---

108 *Hübschmann/Hepp/Spitaler*, AO, § 191 Rz. 32.

einzustellen. Inhaltlich ist die Haftungsankündigung mit dem späteren Haftungsbescheid im Wesentlichen identisch, er beruht lediglich auf einem früheren Informationsstand.

Das FA ist zur Änderung des Haftungsbescheids und damit zum Erlass eines ergänzenden Haftungsbescheids berechtigt, wenn die Erhöhung der dem ersten Bescheid zu Grunde liegenden Steuerschuld auf neuen, im Rahmen einer Außenprüfung festgestellten Tatsachen beruht. Dass die Steuerschuld und damit der Haftungsanspruch im Zeitpunkt des Erlasses des ersten Bescheids bereits materiell-rechtlich entstanden waren, steht einer weiteren Haftungsinanspruchnahme nicht entgegen (Präzisierung der Rspr durch BFH vom 15.02.2011, BStBl II 2011, 534).

3.3 Rechtsfolgen des Haftungsbescheides

Im Haftungsbescheid setzt das FA einen bestimmten Geldbetrag als **Haftungsschuld** fest. Dies geschieht auch in den Fällen, in denen die Haftung gegenständlich beschränkt ist, etwa bei § 75 AO. Der Haftungsbescheid selbst darf nach § 191 Abs. 1 S. 1 AO ohne Rücksicht darauf ergehen, ob die Vollstreckung in das bewegliche Vermögen des Schuldners ohne Erfolg geblieben ist. Regelmäßig verbindet das FA den Haftungsbescheid jedoch mit einem weiteren, rechtlich selbständigen VA, der Zahlungsaufforderung nach § 219 AO. Die Vorschrift beinhaltet das sog. **Leistungsgebot**: Der Haftungsschuldner wird aufgefordert, die Haftungsschuld innerhalb einer bestimmten Frist an das FA zu zahlen.

Ist ein Haftungsbescheid ergangen, darf das FA den Haftungsschuldner wegen desselben Sachverhaltes nicht wiederholt durch Haftungsbescheid in Anspruch nehmen. Ein Haftungsbescheid ist rechtswidrig, wenn der zugrunde liegende Sachverhalt bereits Gegenstand eines bestandskräftig gewordenen und fortbestehenden anderen Haftungsbescheids ist.[109] Die »Sperrwirkung« des Haftungsbescheids ist sachverhaltsbezogen, hindert also eine erneute Inanspruchnahme des Haftungsschuldners nur, soweit es um ein und denselben Sachverhalt geht.

§ 219 S. 1 AO umschreibt bzgl. des Leistungsgebotes die **Subsidiarität** der Haftung. Das Leistungsgebot darf nur ergehen, wenn die Vollstreckung in das bewegliche Vermögen des Schuldners ohne Erfolg geblieben oder aussichtslos ist. Die Subsidiarität ist – ähnlich wie die Akzessorietät – aber eingeschränkt. Das FA ist nach § 219 S. 1 AO nicht gehalten, vor Erlass des Haftungsbescheides samt der damit verbundenen Zahlungsaufforderung die Vollstreckung in das unbewegliche Vermögen des Vollstreckungsschuldners zu versuchen. Gleichwohl ist das Vorhandensein von unbeweglichem Vermögen für die Ermessensausübung von Bedeutung. Sofern das FA Kenntnis von umfangreichem, unbelastetem Grundvermögen des Vollstreckungsschuldners hat, kann die Inanspruchnahme eines Haftungsschuldners im Einzelfall ermessensfehlerhaft sein.

In den besonders prüfungsrelevanten Haftungsfällen des §§ 69, 71 AO sowie bei der Haftung für einzubehaltende und abzuführende Steuern nach den Einzelsteuergesetzen ist die **Subsidiarität gem. § 219 S. 2 AO vollständig aufgehoben**. Gleichwohl ist auch in diesen Fällen eine Ermessensentscheidung des FA notwendig, warum der Haftungsschuldner – und nicht der eigentliche Steuerschuldner – in Anspruch genommen wird.

---

109 BFH vom 07.04.2005, BStBl II 2006, 530.

Infolge des Haftungsbescheides besteht zwischen dem eigentlichen Steuerschuldner und dem Haftungsschuldner ein **Gesamtschuldverhältnis** nach § 44 Abs. 1 S. 1 AO, d.h. Steuerschuldner und Haftungsschuldner schulden nebeneinander als Gesamtschuldner die gesamte Leistung, wobei die Zahlung eines Gesamtschuldners auch den oder die anderen Gesamtschuldner von der Zahlungspflicht befreit (§ 44 Abs. 2 S. 1 AO). Das Gleiche gilt für mehrere Haftungsschuldner.

Wird in der Begründung eines Haftungsbescheids nicht auf die Auswahl zwischen mehreren Personen eingegangen, ist immer zu prüfen, ob neben dem Adressaten des Haftungsbescheides noch andere Personen als Haftungsschuldner in Betracht kommen. Hat das FA eine Auswahlmöglichkeit überhaupt nicht gesehen oder hat es die einzelnen Ermessenserwägungen nicht dargestellt und abgewogen, ist die Ermessensentscheidung gegebenenfalls fehlerhaft. Nimmt das FA z.B. bei einer Lohnsteuer-Hinterziehung sowohl den Arbeitgeber als auch den früheren Gesellschafter-Geschäftsführer in Haftung, hat es insoweit eine Ermessensentscheidung zu treffen und diese auch regelmäßig zu begründen. Die Tatsache, dass mehrere Personen nach verschiedenen Vorschriften haften, entbindet das FA nicht von seiner Begründungspflicht, da unter den einzelnen Haftungstatbeständen grundsätzlich keine Rangordnung besteht. Gehen die Erwägungen für die Ermessensauswahl aus der Entscheidung nicht hervor, ist die Entscheidung regelmäßig rechtswidrig (vgl. BFH vom 09.08.2003, BStBl II 2003, 160).

Die AO unterscheidet zwischen der gesetzlichen **Entstehung** der Haftungsschuld nach den einzelnen Haftungstatbeständen (insb. §§ 69 f. AO) der **Festsetzung** der Haftungsschuld durch das FA im Haftungsbescheid gem. § 191 AO sowie der **Inanspruchnahme** des Haftungsschuldners durch Zahlungsaufforderung nach § 219 AO. Eine Vermischung der unterschiedlichen Stufen ist in der Klausurbearbeitung möglichst zu vermeiden.

IV Steuerverwaltungsakte

1 Definition und Typologie

1.1 Definition des Verwaltungsaktes (§ 118 S. 1 AO)

Die FÄ erfüllen die ihnen gesetzlich zugewiesenen Aufgaben zumeist als **Eingriffsverwaltung**: sie erlassen für den Adressaten verbindliche Regelungen, die erforderlichenfalls im Wege des Verwaltungszwangs durchgesetzt werden können (z.B. Erlass einer Prüfungsanordnung, eines Steuerbescheides, eines Haftungsbescheides oder die Pfändung des Bankkontos). Nur ausnahmsweise werden die Finanzbehörden im Bereich der **Leistungsverwaltung** tätig, z.B. bei der Verwaltung der Altersvorsorgezulage (sog. Riesterrente, §§ 79 ff. EStG).

Die FÄ sind nicht darauf angewiesen, Ansprüche aus dem Steuerschuldverhältnis über die Gerichte geltend zu machen; sie können vielmehr selbst entscheiden, was Rechtens ist.[110] Das rechtliche Instrumentarium für den Erlass von verbindlichen Regelungen definiert § 118 S. 1 AO als Verwaltungsakt: Ein VA ist jede Verfügung, Entscheidung oder andere hoheitliche **Maßnahme**, die eine Behörde zur **Regelung eines Einzelfalles auf dem Gebiet des öffentlichen Rechts** trifft und die auf **unmittelbare Rechtswirkung nach außen** gerichtet ist. Der typische VA im Bereich des Steuerrechts ist der **Steuerbescheid**. Die Ansprüche des Fiskus an den StPfl., die sich aus den Einzelsteuergesetzen und der AO selbst ergeben, werden erst mit dem Erlass eines VA konkretisiert und rechtsverbindlich geregelt.

Mit dem Erlass eines VA schafft sich die Finanzbehörde einseitig eine Grundlage für die zwangsweise Durchsetzung des Rechts. Solange die Regelung besteht, ist ihr Inhalt für die Finanzbehörde selbst als auch für den Adressaten **rechtsverbindlich**. Dabei ist es regelmäßig **unerheblich**, ob der VA **rechtmäßig oder rechtswidrig ist**; auch ein rechtswidriger VA ist gültig und im Wege des Verwaltungszwangs durchsetzbar, wenn er nicht ausnahmsweise mit einem besonders schweren Fehler behaftet und damit **nichtig** ist. Auch rechtswidrige VA werden **bestandskräftig**, d.h. für den Adressaten und die Finanzbehörde selbst verbindlich, wenn sie nicht auf Veranlassung eines Betroffenen durch Rechtsbehelfe angefochten oder durch anderweitige Korrektur aufgehoben oder geändert werden. Wird der VA nicht innerhalb der Rechtsbehelfsfristen angefochten, erwächst er in **formelle Bestandskraft**.[111] Der Adressat kann die Korrektur eines formell bestandskräftigen VA weder außergerichtlich noch im gerichtlichen Verfahren erzwingen, es sei denn, eine besondere Korrekturvorschrift gestattet ausnahmsweise die Durchbrechung der Bestandskraft.

---

110 Vgl. *Tipke/Kruse*, AO, vor § 118 Rz. 1; selbstverständlich müssen und können im Streitfall unabhängige Finanzgerichte dann anschließend überprüfen, ob die Einschätzung der Behörde rechtlich zutreffend ist.
111 Achten Sie auf die richtige Terminologie: Nur gerichtliche Entscheidungen erwachsen in Rechtskraft, Verwaltungsakte werden nicht rechtskräftig, sondern bestandskräftig (vgl. auch Kap. VI 1.1).

Beispiel 1: Der schlampige Gastwirt
Gastwirt Klumpe kümmert sich während des Betriebs seines Stehausschanks nicht um behördliche Angelegenheiten. Post vom FA landet ungelesen in Schuhkartons. Nachdem Klumpe keine Steuererklärungen abgibt, schätzt das FA die Besteuerungsgrundlagen des Klumpe und erlässt entsprechende Steuerbescheide, auf die Klumpe ebenfalls nicht reagiert. Als Klumpe auch Mahnungen und Vollstreckungsankündigungen des FA unbeachtet lässt, veranlasst das FA auf Grundlage der bestandskräftigen Steuerbescheide die Pfändung von Klumpes Bankkonto. Erst als die Bank Klumpe die Auflösung der Kontoverbindung androht, öffnet Klumpe die behördliche Post und stellt mit Entsetzen fest, dass die Schätzungen des FA im Hinblick auf die tatsächlich erzielten Umsätze und Gewinne um ein Vielfaches zu hoch sind. Klumpe wendet sich an einen StB und bittet um Rat.

Lösung: Das FA hat die Bemessungsgrundlagen für die Besteuerung gem. § 162 AO geschätzt und entsprechende Steuerbescheide, d.h. VA i.S.d. § 118 S. 1 AO, erlassen. Die Bescheide sind an Klumpe bekannt gegeben worden und damit wirksam (§ 124 Abs. 1 AO); die einmonatige Einspruchsfrist ist abgelaufen (§ 357 Abs. 1 AO). Die Steuerbescheide sind nach Ablauf der Einspruchsfrist formell bestandskräftig. Eine Anfechtung der Bescheide ist nicht mehr möglich. Auch ein Antrag auf Erlass der Steuer nach § 227 AO hat keine Aussicht auf Erfolg, da im Erlassverfahren keine Einwendungen mehr berücksichtigt werden können, die von Klumpe im Einspruchsverfahren hätten vorgebracht werden können; eine Ausnahme von diesem Grundsatz liegt nur vor, wenn die Steuerfestsetzung offensichtlich und eindeutig fehlerhaft ist (z.B. bei »Mondschätzungen«) **und** es dem StPfl. nicht möglich und zumutbar gewesen ist, sich rechtzeitig gegen die Fehlerhaftigkeit zu wenden (BFH vom 13.01.2005, BStBl II 2005, 460). Hierfür gibt der Sachverhalt keine Anhaltspunkte. Der Einwand des Klumpe, die Steuer sei fehlerhaft festgesetzt worden, darf damit vom FA nicht mehr berücksichtigt werden.[112]

Durch die Definition in § 118 S. 1 AO wird der VA von anderen Handlungsformen der Finanzbehörden abgegrenzt. Diese Abgrenzung ist nicht nur von theoretischem Interesse, sondern in vielerlei Hinsicht auch praktisch bedeutsam und prüfungsrelevant:

- Ein VA wird mit **Bekanntgabe** wirksam und regelt einen Sachverhalt verbindlich, solange und soweit der VA nicht korrigiert wird oder sich durch Zeitablauf oder auf andere Weise erledigt (§ 124 Abs. 1 und 2 AO). Diese inhaltliche Verbindlichkeit des VA – für das FA und den Adressaten – wird als **materielle Bestandskraft** bezeichnet.
- VA, mit denen eine Geldleistung, eine sonstige Handlung, eine Duldung oder Unterlassung gefordert wird, können im Verwaltungsweg **vollstreckt**, d.h. zwangsweise durchgesetzt werden (vgl. § 249 Abs. 1 S. 1 AO).
- Für die **Korrektur** von VA gelten besondere Vorschriften (vgl. §§ 129 ff., 172 ff. AO); die Korrekturvorschriften regeln die Durchbrechung der materiellen Bestandskraft.
- Das in der AO geregelte **Einspruchsverfahren** (§§ 347 ff. AO) ist nur bei VA vorgesehen. Liegt kein VA vor, ist der Rechtsbehelf des Einspruchs nicht statthaft (§ 347 Abs. 1 S. 1 AO) und damit als unzulässig zu verwerfen (§ 358 AO).

---

112 Vgl. auch § 256 AO, wonach Einwendungen gegen den zu vollstreckenden VA außerhalb des Vollstreckungsverfahrens geltend zu machen sind.

Ein VA setzt nach der Definition des § 118 S. 1 AO voraus, dass **eine Behörde eine hoheitliche Maßnahme auf dem Gebiet des öffentlichen Rechts zur Regelung eines Einzelfalles mit unmittelbarer Außenwirkung vornimmt**. Die Tatbestandsmerkmale müssen kumulativ erfüllt sein. **Kein VA** i.S.d. § 118 S. 1 AO liegt vor, wenn

- anstelle einer **Behörde** (§ 6 AO) eine Privatperson handelt, wie etwa bei der Einbehaltung der Lohnsteuer durch den Arbeitgeber oder der Kapitalertragsteuer durch die Bank;
- zwar eine Behörde tätig wird, aber nicht **hoheitlich** (im Rahmen eines Über- und Unterordnungsverhältnisses), sondern auf andere Art und Weise. Beispiel: Die oberste Finanzbehörde eines Landes schließt mit dem Steuerschuldner einen öffentlich-rechtlichen Vertrag über die Annahme von Kunstgegenständen an Zahlungs statt (§ 224a AO). Die Aufrechnungserklärung des FA ist als Ausübung eines schuldrechtlichen Gestaltungsrechts ebenfalls kein VA, sondern eine zivilrechtliche Willenserklärung; bei Streit über die Wirksamkeit einer Aufrechnung ist daher nicht der Einspruch statthaft, sondern ein Abrechnungsbescheid nach § 218 Abs. 2 AO zu beantragen (st. Rspr., zuletzt etwa BFH vom 30.08.2007, BFH/NV 2008, 15). Gerichtliche Entscheidungen sind ebenfalls keine VA, sondern Entscheidungen »sui generis«;
- eine Behörde hoheitlich tätig wird, aber nicht auf dem Gebiet des **öffentlichen Rechts**;
- keine **Regelung** getroffen wird. Eine Regelung i.S.d. § 118 S. 1 AO setzt voraus, dass die behördliche Maßnahme auf die Herbeiführung bestimmter Rechtsfolgen gerichtet ist. Keine Regelung liegt vor, wenn der Finanzbeamte einem Anrufer einen telefonischen Hinweis zur Rechtslage erteilt oder Erklärungsvordrucke übersendet. Bloße Wissenserklärungen (Auskünfte, Hinweise) haben ebenfalls keinen Regelungscharakter und sind deshalb keine VA.[113] Ohne Regelungscharakter sind zudem Maßnahmen, die lediglich einen VA vorbereiten sollen, z.B. ein Benennungsverlangen nach § 160 AO, eine Vollstreckungsankündigung, eine Mahnung sowie Schlussbesprechungen bei Außenprüfungen oder die während einer Außenprüfung vom Betriebsprüfer erlassene Aufforderung, bestimmte Kontenblätter vorzulegen (BFH vom 10.11.1998, BStBl II 1999, 199); auch der BP-Bericht im Anschluss an eine Außenprüfung ist kein VA.[114] **An einer Regelung fehlt es immer dann, wenn die handelnde Behörde lediglich eine Maßnahme trifft, die den zukünftigen Erlass eines VA vorbereiten soll** (BFH vom 18.11.2004, BStBl II 2005, 217).[115] Andererseits liegt eine Regelung immer dann vor, wenn eine Maßnahme, die selbst keinen VA darstellt, abgelehnt wird, z.B. die Ablehnung der Akteneinsicht oder die Ablehnung der Fristverlängerung für die Einreichung der Steuererklärung;
- kein **Einzelfall konkret und individuell geregelt** wird, sondern abstrakte und generelle Regelungen vorliegen, die erst noch durch einen VA konkretisiert werden müssen, z.B.

---

113 Eine Ausnahme hierzu ist die verbindliche Auskunft nach § 89 AO, deren Erteilung einen VA darstellt (vgl. AEAO zu § 89 Nr. 3.7); auch die Lohnsteueranrufungsauskunft nach § 42e EStG ist ein Verwaltungsakt i.S.d. § 118 AO (BFH vom 02.09.2010, BFH/NV 2010, 2345; an der bisherigen Rspr. (bloße Wissenserklärung) hält der BFH ausdrücklich nicht mehr fest).
114 Vgl. Kap. XI 9.
115 Dementsprechend ist auch die Aufforderung des FA im Steuerbescheid, künftig ein Fahrtenbuch zu führen, kein VA und daher auch nicht selbständig anfechtbar. Es handelt sich dabei lediglich um eine Vorbereitungshandlung für künftige Steuerbescheide bzw. um den Hinweis auf Nachweis-Obliegenheiten für künftige Veranlagungsverfahren, und nicht um die Regelung eines Einzelfalles i.S.d. § 118 S. 1 AO (BFH vom 19.07.2005, DStRE 2005, 1236).

Verordnungen und allgemeine Verwaltungsanweisungen (EStDV, EStR u.Ä.). VA, die an einen genau bestimmten oder bestimmbaren Personenkreis gerichtet sind, werden als **Allgemeinverfügung** bezeichnet (§ 118 S. 2 AO, z.B. die öffentliche Aufforderung zur Abgabe von Steuererklärungen gem. § 149 Abs. 1 S. 3 AO).[116] Allgemeinverfügungen sind mehrere, in einem Bescheid zusammengefasste Einzelverwaltungsakte. Ihre Bedeutung im Steuerrecht ist gering;
- die behördliche Regelung ohne **unmittelbarer Rechtswirkung** nach außen erfolgt, z.B. behördeninterne Weisungen (Ministerialerlass, OFD-Verfügung) oder sonstige behördeninterne Verfügungen (Aktenvermerke, Betriebsprüfungsberichte, Kontrollmitteilungen, Niederschlagungen).

Die Entscheidung, ob eine bestimmte Maßnahme des FA einen Verwaltungsakt darstellt oder nicht, ist für die Frage des Rechtsschutzes von entscheidender Bedeutung: ein **Einspruch ist nur gegen Verwaltungsakte statthaft**, nicht gegen sonstige Maßnahmen des FA (§ 347 Abs. 1 S. 1 1. HS AO).

1.2 Typologie von Verwaltungsakten

Nach dem jeweiligen Regelungsinhalt lassen sich VA wie folgt unterscheiden, wobei ein VA gleichzeitig verschiedene Elemente enthalten kann:

- **Gebietende Verwaltungsakte** (sog. Finanzbefehle):
  Hierzu gehören alle VA, mit denen ein bestimmtes Tun oder Unterlassen verlangt wird, z.B. die Aufforderung zur Abgabe einer Steuererklärung (§ 149 Abs. 1 S. 2 AO) oder zur Zahlung (§ 254 AO). Finanzbefehle können regelmäßig im Verwaltungszwang vollstreckt werden (§ 249 Abs. 1 AO).

- **Konstitutive Verwaltungsakte**:
  die ein bestimmtes Rechtsverhältnis begründen, ändern oder aufheben; hierzu gehören z.B. Stundung (§ 222 AO) und Erlass (§§ 163, 227 AO).

- **Deklaratorische Verwaltungsakte**:
  die ein bestehendes Rechtsverhältnis feststellen; Steuerbescheide sind insoweit deklaratorischer Natur, als sie einen bestimmten Rechtszustand feststellen; wird jedoch eine höhere Steuerschuld festgesetzt als gesetzlich geschuldet, wirkt der Steuerbescheid insoweit konstitutiv. Rechtsfeststellende Bescheide sind z.B. Feststellungsbescheide und Steuermessbescheide.

- **Begünstigende Verwaltungsakte**:
  d.h. VA, die ein Recht oder einen rechtlich erheblichen Vorteil begründen oder bestätigen, vgl. § 130 Abs. 2 AO, z.B. Stundung (§ 222 AO) und Erlass (§§ 163, 227 AO). Die Entscheidung, ob ein VA begünstigend ist oder nicht, hat insb. für die Korrektur Bedeutung: Begünstigende VA können nur unter den erschwerten Voraussetzungen des § 130 Abs. 2 AO zurückgenommen werden.

---

116 Str.; a.A. (nur Hinweis auf eine gesetzliche Verpflichtung) *Tipke/Kruse*, AO, § 118 Rz. 20.

- **Belastende Verwaltungsakte:**
  die ein Tun, Dulden oder Unterlassen feststellen oder verlangen; die Frage, ob ein VA für den Adressaten belastend ist, ist u.a. im Einspruchsverfahren erheblich (vgl. § 350 AO).

- **Verwaltungsakte mit oder ohne Dauerwirkung:**
  Die meisten VA erledigen sich durch Befolgung bzw. mit der Vollziehung, z.B. wenn die festgesetzte und geschuldete Steuer bezahlt wird; ausnahmsweise wirken VA jedoch über einen längeren Zeitraum, wie z.B. bei der Festsetzung der Kraftfahrzeugsteuer oder der Eigenheimzulage, die beide zu jährlich wiederkehrenden Ansprüchen führen.

- **Gebundene Verwaltungsakte und Ermessensentscheidungen:**
  verschiedentlich steht der Erlass eines VA im Ermessen (§ 5 AO) der Finanzbehörde; ist dies nicht der Fall (weil z.B. ein Anspruch auf Erlass des VA besteht), spricht man von gebundenen VA. Der Begriff ist bei § 120 Abs. 1 S. 1 AO, bei § 128 Abs. 3 AO und – besonders prüfungsrelevant – bei § 127 AO von Bedeutung.

- **Rechtmäßige und rechtswidrige Verwaltungsakte:**
  Rechtmäßig sind fehlerfreie VA, die also unter formellen und materiellen Gesichtspunkten mit der Gesetzeslage übereinstimmen. Rechtmäßige VA können nicht Erfolg versprechend angefochten und nur unter engen Voraussetzung zurückgenommen werden (§ 131 AO). Rechtswidrige VA können aus verschiedenen Gründen fehlerhaft sein: Aufgrund von Verfahrens- und Formfehlern oder wegen der Verletzung materiellen Rechts. Die Rücknahme rechtswidriger VA ist unter erleichterten Bedingungen zulässig (§ 130 AO).

- **Steuerbescheide und andere Steuerverwaltungsakte:**
  Die Abgrenzung von Steuerbescheiden zu anderen VA ist für die Anwendung der Korrekturvorschriften von großer Bedeutung: Steuerbescheide sind diejenigen VA, die verbindlich feststellen, wie hoch die von einem bestimmten StPfl. geschuldete Steuer ist (§ 155 Abs. 1 S. 1 AO). Steuerbescheide können nicht gem. § 130 AO zurück genommen oder gem. § 131 AO widerrufen werden; sie unterliegen den besonderen Korrekturvorschriften der §§ 172 ff. AO. Die Anwendung der §§ 172 ff. AO auf VA, die keine Steuerbescheide sind, ergibt sich nur über spezielle Verweisungen.

2 Bekanntgabe von Verwaltungsakten (§ 122 AO)

2.1 Allgemeines

Voraussetzung für das Wirksamwerden von VA ist, dass diese **inhaltlich hinreichend bestimmt sind** (§ 119 Abs. 1 AO) und demjenigen, für den er bestimmt ist oder der von ihm betroffen wird, **bekannt gegeben** werden (§ 124 Abs. 1 AO). Bis zur Bekanntgabe entfaltet der VA keine Wirkung (Ausnahme: § 169 Abs. 1 S. 3 AO). Der VA wird insbes. nicht bereits im Zeitpunkt seines Entstehens mit der Willensäußerung des handelnden Amtsträgers oder mit der Absendung durch die Finanzbehörde wirksam.

Die Bekanntgabe setzt zunächst den **Bekanntgabewillen** des für den Erlass des VA zuständigen Bediensteten voraus (AEAO zu § 122 Nr. 1.1.2). Der im Zeitpunkt des Entstehens, bei abschließender Zeichnung der Aktenverfügung vorhandene Bekanntgabewille kann auch nach der Absendung noch **aufgegeben** werden. Zur Unwirksamkeit der Bekanntgabe und damit des VA führt die Aufgabe des Bekanntgabewillens jedoch nur dann, wenn diese klar und eindeutig in den Behördenakten dokumentiert und dies zudem erfolgt ist, bis der VA den Herrschaftsbereich der Finanzbehörde verlassen hat (BFH vom 28.05.2009, BStBl II 2009, 949). Der Empfänger des VA ist in diesen Fällen unverzüglich über die Aufgabe des Bekanntgabewillens zu informieren, wobei selbst eine telefonische Mitteilung des FA ausreichend ist (BFH a.a.O.). Sobald der VA den Herrschaftsbereich des FA verlassen hat, ist die danach eintretende Aufgabe des Bekanntgabewillens unerheblich. Allerdings wird ein VA – unabhängig von der Frage des Bekanntgabewillens – auch dann nicht wirksam, wenn das FA dem Empfänger bis zum Ablauf des nach § 122 Abs. 2 AO fingierten Bekanntgabetages mitteilt, dass der Bescheid nicht gelten soll; dies gilt selbst dann, wenn der VA dem Empfänger tatsächlich früher zugegangen ist (BFH vom 18.08.2009, BStBl II 2009, 965 und AEAO zu § 124 Nr. 6).

Die Bekanntgabe eines VA entfaltet verschiedene **Rechtswirkungen**: der VA wird mit der Bekanntgabe **wirksam** (§ 124 Abs. 1 AO) und damit auch vollziehbar, die einmonatige **Einspruchsfrist wird in Lauf gesetzt** (§ 355 Abs. 1 AO) und eine **Korrektur** des VA ist nur noch aufgrund einer ausdrücklichen gesetzlichen Ermächtigung, d.h. einer Korrekturvorschrift zulässig (§ 124 Abs. 2 AO).

Die Bekanntgabe von VA ist in § 122 AO geregelt. **Bekanntgabe** i.S.d. § 122 Abs. 1 AO ist die mit Willen der Behörde erfolgte Mitteilung des Inhalts eines VA an denjenigen, für den er bestimmt ist oder der von ihm betroffen wird. Nach der h.M. kann der Bekanntgabewille nur von einem Behördenangehörigen gebildet werden, der nach seiner behördeninternen Stellung zum Erlass von VA befugt ist (also beispielsweise nicht vom Reinigungspersonal; vgl. AEAO zu § 122 Nr. 1.1.2).

Die Bekanntgabe erfolgt in dem **Zeitpunkt**, in dem der VA dem Adressaten **zugeht** (vgl. § 130 Abs. 1 S. 1 BGB; zur Aufgabe des Bekanntgabewillens vgl. § 130 Abs. 1 S. 2 BGB).[117] Ein schriftlicher VA geht zu, wenn er in einer Weise in den **Machtbereich des Adressaten gelangt**, dass die **Kenntnisnahme möglich und nach der Verkehrsanschauung zu erwarten** ist (ständige Rspr., vgl. BFH vom 09.11.2005, DStR 2006, 183 m.w.N.). Ein Brief ist dem Empfänger damit bekannt gegeben, wenn er in den Briefkasten eingeworfen oder in das Postfach eingelegt wird.[118] Ob der Adressat **tatsächlich Kenntnis** von dem Inhalt des VA erlangt, ist für die Bekanntgabe unerheblich; es liegt im Verantwortungsbereich des Empfängers, den Posteingang so zu kontrollieren, dass er zugegangene VA auch zur Kenntnis nimmt (vgl. BFH vom 09.12.1999, BStBl II 2000, 175). Eine längere Abwesenheit, z.B. urlaubs- oder krankheitsbedingt, hindert die Bekanntgabe demnach nicht; der Adressat hat in diesen Fällen Vorkehrungen zu treffen, dass ihn der Inhalt des VA auch tatsächlich erreicht. Bei Versäumen einer gesetzlichen Frist aufgrund einer längeren Abwesenheit kommt

---

117 Auf das Datum des Bescheides kommt es dabei – zumindest unmittelbar – nicht an. Ein Steuerbescheid, der vor dem Datum des Bescheids zugestellt wird, ist wirksam bekannt gegeben, sodass die Einspruchsfrist mit Bekanntgabe des Bescheids zu laufen beginnt (BFH vom 20.11.2008, BStBl II 2009, 185); das Datum der Bekanntgabe richtet sich i.d.R. nach § 122 Abs. 2 S. 1 Nr. 2 AO. Wird der Einspruch vor Ablauf der Frist eingelegt, die sich aus dem (fehlerhaften) Bescheiddatum ergibt, ist Wiedereinsetzung in den vorigen Stand zu gewähren (BFH vom 20.11.2008, a.a.O.).
118 Dies gilt auch dann, wenn die Postsendung mit dem VA am Samstag in den Briefkasten eines Betriebes eingeworfen wird und in dem betreffenden Betrieb samstags weder gearbeitet noch der Briefkasten geleert wird (BFH vom 09.11.2005, DStR 2006, 183); die Frage war entscheidungsrelevant, da der VA nach Ablauf der Drei-Tage-Regelung des § 122 Abs. 2 Nr. 1 AO beim Empfänger eingeworfen wurde.

allenfalls eine Wiedereinsetzung in den vorigen Stand nach § 110 AO in Betracht.[119] Für eine ordnungsgemäße Bekanntgabe i.S.d. § 122 AO muss der VA

- den richtigen Steuerschuldner bezeichnen (sog. **Inhaltsadressat**),
- den richtigen Adressaten (sog. **Bekanntgabeadressat**) enthalten und
- dem richtigen **Empfänger** übermittelt werden.

Inhaltsadressat ist derjenige, gegen den sich der Steueranspruch bzw. allgemein die Regelung des VA richtet. Der Inhaltsadressat muss in dem Bescheid so **eindeutig** bezeichnet sein, dass Zweifel über seine Identität nicht bestehen. Dabei reicht aus, wenn der Inhaltsadressat durch Auslegung anhand der dem Betroffenen bekannten Umstände hinreichend sicher bestimmt werden kann, z.B. wenn in den Erläuterungen eines ungenau adressierten Bescheides »an die Erbengemeinschaft X« auf einen Betriebsprüfungsbericht verwiesen wird, in dem die Beteiligten dann, wie eigentlich bereits in der Adressierung erforderlich, namentlich aufgeführt sind.[120] Inhaltsadressat eines Steuerbescheides ist der Steuerschuldner. **Bekanntgabeadressat** ist derjenige, an den der VA bekannt gegeben wird. Regelmäßig ist der Inhaltsadressat auch der Bekanntgabeadressat; Ausnahmen ergeben sich, wenn Dritte die steuerlichen Pflichten übernehmen, z.B. wenn ein VA an einen Handlungsunfähigen (vgl. § 79 AO) bekannt gegeben wird, etwa an Minderjährige oder juristische Personen. In diesen Fällen ist Bekanntgabeadressat der gesetzliche Vertreter des handlungsunfähigen Inhaltsadressaten (vgl. den Verweis in § 122 Abs. 1 S. 2 AO auf § 34 Abs. 2 AO). Als **Empfänger** wird derjenige bezeichnet, dem der VA tatsächlich zugehen soll, damit er durch die Bekanntgabe wirksam wird: Ein Empfangsbevollmächtigter (§§ 123, 183 AO) ist rein postalischer Empfänger. § 122 Abs. 1 S. 3 AO bestimmt allgemein, dass ein VA auch gegenüber einem Bevollmächtigten (§ 80 AO) bekannt gegeben werden kann. Hat ein Beteiligter im Inland weder einen Wohnsitz noch gewöhnlichen Aufenthalt, Sitz oder eine Geschäftsleitung, ist auf Verlangen des FA ebenfalls ein inländischer Empfangsbevollmächtigter zu benennen. In den meisten Fällen sind Inhalts-, Bekanntgabeadressat und Empfänger identisch.

Beispiel 2: Bekanntgabe an den Steuerberater einer KapG
Wie ist ein Körperschaftsteuerbescheid an eine AG zu adressieren, die einen Steuerberater bevollmächtigt hat, sie in allen steuerlichen Angelegenheiten zu vertreten?

Lösung: Steuerschuldner der KSt ist gem. § 1 Abs. 1 Nr. 1 KStG die AG als juristische Person. Die AG ist als Inhaltsadressat des VA selbst nicht handlungsfähig; fähig zur Vornahme von Verfahrenshandlungen, d.h. auch zur Entgegennahme von Steuerbescheiden, ist der Vorstand als gesetzlicher Vertreter (§ 79 Abs. 1 Nr. 3 AO, § 78 AktG). Der Vorstand ist damit Bekanntgabeadressat. Allerdings ist die Angabe der gesetzlichen Vertreter der AG als Bekanntgabeadressat bei der Übersendung des Steuerbescheides nach der Rspr. (BFH vom 07.08.1970, BStBl II 1970, 814) nicht zwingend erforderlich (AEAO zu § 122 Nr. 2.8.1). Da sich die AG in steuerlichen Angelegenheiten durch einen StB vertreten lässt (§ 80 Abs. 1 AO), kann der Steuerbescheid gem. § 122 Abs. 1 S. 3 AO auch gegenüber dem StB als postalischem Empfänger bekannt gegeben

---

119 Beträgt die Abwesenheit mehr als sechs Wochen, hat der StPfl. nach der Rspr. des BVerfG Vorkehrungen für die Einhaltung von Fristen zu treffen. Eine Wiedereinsetzung ist andernfalls zu versagen.
120 So BFH vom 17.11.2005, BStBl II 2006, 287. Ist allerdings eindeutig ein anderer als Inhaltsadressat bezeichnet als derjenige, gegen den der VA materiell-rechtlich zu richten gewesen wäre, bleibt der VA auch dann rechtswidrig und letzterem gegenüber unwirksam, wenn dieser ihn erhalten und auf sich bezogen hat (BFH vom 16.06.1999, BFH/NV 2000, 170).

werden. Hat die AG dem FA ausdrücklich mitgeteilt, dass sie ihren StB auch zur Entgegennahme von Steuerbescheiden ermächtigt, sind diese nach dem AEAO zu § 122 Nr. 1.7.2 grundsätzlich an den StB und nicht der AG selbst bekannt zu geben. Der Steuerbescheid ist daher an den Steuerberater für die AG zu adressieren. Für den Fall, dass der StB zwar als Bevollmächtigter im Verfahren bestellt war, aber dem FA keine schriftliche Vollmacht vorlag, hat der BFH am 03.03.2004 (DStR 2004, 724) entschieden, dass die Bekanntgabe an den Betroffenen unmittelbar kein Ermessensfehler sei und demzufolge zum Lauf der Rechtsbehelfsfrist führt.
Weitere Beispiele für die Darstellung im Bescheid enthält der AEAO zu § 122.

Die Bekanntgabe eines VA ist nur wirksam, wenn er an denjenigen bekannt gegeben wird, für den er bestimmt ist oder der von ihm betroffen wird (§ 122 Abs. 1 S. 1 AO). **Mängel in der Bekanntgabe**, die zwingende gesetzliche Begriffsmerkmale der Bekanntgabe berühren, wie z.B. den Zugang, führen zur **Unwirksamkeit** des VA (BFH vom 15.03.1994, BStBl II 1994, 599).

Bei der Bekanntgabe eines VA an **mehrere Personen** ist die Bekanntgabe bei jedem Beteiligten einzeln zu überprüfen. Der VA wird nicht erst dann wirksam, wenn er allen Beteiligten bekannt gegeben wurde; vielmehr kommt eine wirksame Bekanntgabe an einzelne Beteiligte auch dann in Betracht, wenn der VA anderen Beteiligten nicht oder nicht wirksam bekannt gegeben wird. Infolgedessen ist es auch möglich, dass die Einspruchsfrist bei den verschiedenen Beteiligten zu unterschiedlichen Zeitpunkten in Lauf gesetzt wird. Die Einheitlichkeit des Bescheides betrifft somit nur den Entscheidungsinhalt, aber nicht die Bekanntgabe des Bescheides (BFH vom 25.11.1987, BStBl II 1988, 410).

Wird der VA **fehlerhaft übermittelt**, z.B. an den falschen Bekanntgabeadressaten, kommt es darauf an, ob der VA dem richtigen Bekanntgabeadressaten wenigstens mittelbar über einen Umweg tatsächlich zugeht (AEAO zu § 122 Nr. 4.4.4). Die Weiterleitung eines unzutreffend adressierten oder sonst fehlgeleiteten VA (z.B. die Übermittlung an eine alte, unzutreffende Adresse des Bekanntgabeadressaten) an den Adressaten ist in entsprechender Anwendung des Rechtsgedankens aus § 8 VwZG unschädlich und führt zur Heilung des Bekanntgabemangels (so auch in der Prüfung Herbst 2012; § 8 Abs. 1 VwZG regelt die Rechtsfolgen fehlgeleiteter VA bei förmlichen Zustellungen). Beachtet z.B. das FA eine vom StPfl. ausdrücklich erteilte Bekanntgabevollmacht vom FA nicht (häufiger Fehler und gängiges Prüfungsproblem), sondern gibt den VA anstelle an den StB unmittelbar dem StPfl. selbst bekannt, ist der Steuerbescheid nicht unwirksam. Der Mangel wird durch die Weitergabe des VA an den Bevollmächtigten geheilt (BFH vom 28.10.2009, BFH/NV 2010, 432); der Rechtsgedanke des § 8 VwZG ist auch hier heranzuziehen. Der VA erzeugt allerdings erst dann und nur dann Rechtswirkungen, wenn ihn die Person erhalten hat, die ihn nach dem erklärten Willen des betroffenen StPfl. erhalten soll, also der StB.[121]

Bekanntgabemängel werden durch die fehlerfreie Bekanntgabe einer Einspruchsentscheidung geheilt (BFH vom 12.11.1992, BStBl II 1993, 263); allerdings setzt dies voraus, dass der Adressat zumindest am Einspruchsverfahren beteiligt wird. In diesen Fällen hat die Einspruchsentscheidung die Wirkung einer erstmaligen Steuerfestsetzung.

---

121 *Kühn/von Wedelstädt*, AO, § 122 Rz. 12 m.w.N.

2.2 Bekanntgabearten

Ein VA kann gem. § 119 Abs. 2 AO **schriftlich, elektronisch, mündlich oder in anderer Art und Weise** erlassen werden. Für bestimmte Gruppen von VA sieht die AO jedoch besondere Formvorschriften vor. Das Erfordernis der schriftlichen Bekanntgabe gilt vor allem für Steuerbescheide (§ 157 Abs. 1 AO), aber auch für andere VA, z.B. Haftungsbescheide (§ 191 AO). Sofern eine schriftliche Bekanntgabe nicht ausdrücklich vorgeschrieben ist, kann ein VA auch mündlich erlassen werden. Dafür besteht aus Vereinfachungsgründen auch häufig ein praktisches Bedürfnis, z.B. bei der telefonischen Verlängerung von Abgabefristen nach § 109 AO. Mündliche VA sind gem. § 119 Abs. 2 AO schriftlich zu bestätigen, wenn hieran ein berechtigtes Interesse besteht und der Betroffene dies unverzüglich verlangt. Schriftliche VA, insb. Steuerbescheide, sind im Normalfall durch die Post zu übermitteln, sofern der Empfänger im Inland wohnt oder soweit der ausländische Staat mit der Postübermittlung einverstanden ist (AEAO zu § 122 Nr. 1.8. und Nr. 1.8.4).

§ 122 AO zählt verschiedene Bekanntgabeformen auf:

- **Übersendung mit einfachem Brief** (§ 122 Abs. 2 AO).
- **Elektronische Übermittlung:** Nach § 122 Abs. 2a AO gilt ein elektronisch übermittelter Verwaltungsakt – gleichgültig, ob im Inland oder Ausland übermittelt – grundsätzlich am dritten Tag nach der Absendung als bekannt gegeben; in der Praxis scheitert die elektronische Übermittlung derzeit noch an den fehlenden technischen Voraussetzungen in den Finanzämtern.
- **Öffentliche Bekanntmachung** (§ 122 Abs. 3 und 4 AO), wenn dies durch Rechtsvorschrift zugelassen ist: Aufgrund des Steuergeheimnisses ist diese Form der Bekanntgabe nur von untergeordneter Bedeutung; die öffentliche Bekanntmachung ist zulässig bei der Aufforderung zur Abgabe der Steuererklärung gem. § 149 AO, bei der Zahlungserinnerung gem. § 259 S. 4 AO sowie bei der öffentlichen Zustellung von Bescheiden nach § 15 VwZG. Wegen des Anspruchs des Zustellungsempfängers auf rechtliches Gehör ist die öffentliche Zustellung nur als »letztes Mittel« der Bekanntgabe zulässig, wenn alle anderen nach der Sachlage des Falles gebotenen Möglichkeiten erschöpft sind, das Schriftstück dem Empfänger in anderer, herkömmlicher Weise zu übermitteln. § 15 Abs. 1a VwZG setzt deshalb für den häufigsten Fall der öffentlichen Zustellung voraus, dass der Aufenthaltsort des Zustellungsempfängers allgemein unbekannt ist, denn die öffentliche Zustellung hat in aller Regel zur Folge, dass der Empfänger vom zugestellten Schriftstück erst nach geraumer Zeit oder überhaupt nicht Kenntnis erhält.[122]
- **Förmliche Zustellung** (§ 122 Abs. 5 AO): Die förmliche Zustellung ist eine besondere Art der Bekanntgabe und erfolgt nur, wenn die Finanzbehörde dies besonders anordnet oder die Zustellung gesetzlich vorgeschrieben ist (s. Kap. 2.4).

Die Bekanntgabeformen werden in § 122 AO nicht abschließend aufgezählt. Soweit keine bestimmte Bekanntgabeform vorgeschrieben ist, kann die Finanzbehörde diese nach pflichtgemäßem Ermessen bestimmen und einen VA z.B. auch durch Telefax bekannt geben.[123] Ein

---

[122] Ausführlich zu den Ermittlungspflichten des FA vor einer öffentlichen Zustellung BFH vom 09.12.2009, BStBl II 2010, 732.
[123] Zu Bekanntgabe einer Einspruchsentscheidung durch Telefax vgl. FG Köln vom 05.11.2009, DStRE 2010, 378: Auf durch Telefax bekannt gegebene VA ist § 87a AO anwendbar; fehlt die erforderliche qualifizierte elektronische Signatur, ist der VA nichtig.

durch Telefax bekannt gegebener VA ist ein i.S.d. § 122 Abs. 2a AO elektronisch übermittelter VA. Er gilt somit grundsätzlich am dritten Tage nach der Absendung als bekannt gegeben.

2.3 Bekanntgabe von Verwaltungsakten in Sonderfällen

Die Bekanntgabe von VA bereitet vor allem Schwierigkeiten, wenn VA an Personenmehrheiten, z.B. Ehegatten oder an PersG, bekannt gegeben werden sollen, wenn Bescheide über die gesonderte und einheitliche Feststellung ergehen, in Insolvenzfällen, bei der Gesamtrechtsnachfolge, der Testamentsvollstreckung, Nachlassverwaltung und Nachlasspflegschaft. Im sog. Bekanntgabeerlass (AEAO zu § 122) sind diese Sonderfälle ausführlich behandelt; der Bekanntgabeerlass enthält auch Muster für den jeweiligen Bescheidkopf und zur Anschriftenformulierung.

2.3.1 Bekanntgabe an Ehegatten (§ 122 Abs. 7 AO)

Betreffen VA Ehegatten oder Ehegatten mit ihren Kindern oder Alleinstehende mit ihren Kindern, so reicht es für die Bekanntgabe an alle Beteiligten aus, wenn ihnen eine Ausfertigung unter ihrer **gemeinsamen Anschrift** übermittelt wird (§ 122 Abs. 7 S. 1 AO).

§ 122 Abs. 7 AO beruht auf **Zweckmäßigkeitserwägungen**: Schulden mehrere StPfl. eine Steuer gesamtschuldnerisch, können gegen sie zusammengefasste Steuerbescheide ergehen (§ 155 Abs. 3 S. 1 AO). Der zusammengefasste Bescheid ist die Zusammenführung mehrer Einzelverwaltungsakte in einem – äußerlich einheitlichen – Steuerbescheid, z.B. der ESt-Bescheid bei der Zusammenveranlagung von Ehegatten (vgl. BFH vom 28.08.1987, BStBl II 1987, 836).[124] Der Steuerbescheid muss, um gegenüber beiden Ehegatten wirksam zu werden, beide Ehegatten als Steuerschuldner bezeichnen (Bestimmtheitsgebot, § 119 Abs. 1 AO). § 122 Abs. 7 AO ermächtigt die Finanzbehörde in dieser Konstellation, nicht jedem Ehegatten seine eigene Ausfertigung des zusammengefassten Bescheides zu übersenden, sondern den Steuerbescheid in nur einer Ausfertigung bekannt zu geben, sofern die Beteiligten in einer Gemeinschaft leben und eine gemeinsame Anschrift haben. Nach der Lebenserfahrung ist davon auszugehen, dass sich die Adressaten gegenseitig über den Inhalt des bekannt gegebenen Bescheides unterrichten.

§ 122 Abs. 7 AO setzt voraus, dass im Bekanntgabezeitpunkt die Beteiligten tatsächlich eine **gemeinsame Anschrift** haben. Im Falle des Getrenntlebens begründet § 122 Abs. 7 AO auch dann keine wirksame Bekanntgabe für alle Beteiligten, wenn das FA irrtümlich vom Vorliegen einer gemeinsamen Adresse ausgeht. Soweit Steuererklärungsvordrucke eine ausdrückliche gegenseitige Bevollmächtigung enthalten oder soweit durch die gemeinsame Unterschrift eine gegenseitige Bevollmächtigung konkludent angenommen werden kann, kann der an beide Ehegatten gerichtete zusammen gefasste Steuerbescheid allerdings gem. §§ 122 Abs. 1 S. 3, 80 Abs. 1 AO wirksam bekannt gegeben werden. Die Regelungen des § 122 Abs. 6 und 7 AO sind für diese Fälle ohne Bedeutung.

---

[124] Beantragen Eheleute innerhalb der Einspruchsfrist gegen den Zusammenveranlagungsbescheid die getrennte Veranlagung, ist das FA bei der daraufhin für jede durchzuführende getrennte Veranlagung an die tatsächliche und rechtliche Beurteilung der Besteuerungsgrundlagen im Zusammenveranlagungsbescheid gebunden. Den Zusammenveranlagungsbescheid hat es gem. § 175 Abs. 1 S. 1 Nr. 2 AO aufzuheben (BFH vom 03.03.2005, BStBl II 2005, 564).

Eine **gesonderte Bekanntgabe** an jeden Ehegatten ist gem. § 122 Abs. 7 S. 2 AO unbeschadet einer etwaigen Vollmacht nach §§ 122 Abs. 1 S. 3, 80 Abs. 1 AO erforderlich, wenn dies von den Beteiligten beantragt wird oder der Finanzbehörde bekannt ist, dass zwischen den Beteiligten ernstliche Meinungsverschiedenheiten bestehen. Ernstliche Meinungsverschiedenheiten liegen bei Ehegatten vor, wenn nicht mehr von einer intakten Ehe gesprochen werden kann; solange diese Umstände der Finanzbehörde nicht bekannt sind, ändert sich an der Wirksamkeit der Bekanntgabe in der Form eines zusammengefassten Bescheides in nur einer Ausfertigung nichts.

2.3.2 Übermittlung schriftlicher Verwaltungsakte durch die Post (§ 122 Abs. 2 AO)

In der täglichen Arbeit der FÄ wird die Mehrzahl der VA schriftlich durch die Post übermittelt. Der in § 122 Abs. 2 AO verwendete Begriff der »Post« ist nicht auf die Deutsche Post AG beschränkt, sondern umfasst alle Unternehmen, soweit sie Postdienstleistungen erbringen (AEAO zu § 122 Nr. 1.8.2). Für diese Bekanntgabeform sieht § 122 Abs. 2 AO eine **Bekanntgabevermutung** vor, die in nahezu jeder Prüfungsaufgabe von Bedeutung ist. Nach § 122 Abs. 2 AO gilt ein schriftlicher VA, der durch die Post übermittelt wird[125], im Inland **mit dem dritten Tage** und im Ausland nach Ablauf eines Monats **nach Aufgabe zur Post**[126] als bekannt gegeben, außer wenn er nicht oder zu einem späteren Zeitpunkt zugegangen ist. Diese gesetzliche Vermutung ist von entscheidender Bedeutung für die Fristenberechung.

Bestehen Zweifel, ob der VA dem Empfänger überhaupt zugegangen ist, hat die Behörde den Zugang des VA und den Zeitpunkt des Zugangs nachzuweisen (§ 122 Abs. 2 2. HS AO). Die Drei-Tage-Frist im § 122 Abs. 2 Nr. 1 AO gilt insb. auch, wenn

- der VA tatsächlich vor Ablauf der drei Tage angekommen und der Empfänger von ihm Kenntnis genommen hat (BFH vom 18.08.2009, BStBl II 2009, 965) oder
- sich der Bekanntgabeadressat das Schriftstück postlagernd zustellen lässt oder ein Postfach unterhält (BFH vom 09.12.1999, BStBl II 2000, 175),
- der dritte Tag auf einen Samstag, Sonntag oder gesetzlichen Feiertag fällt; § 108 Abs. 3 AO, der eine **Fristenverlängerung** bzw. **Fristenstreckung** auf den nächstfolgenden Werktag anordnet, ist auf die Bekanntgabevermutung des § 122 Abs. 2 AO ebenfalls anzuwenden (BFH vom 14.10.2003, BStBl II 2003, 898).

Die **Aufgabe zur Post** geschieht durch Einwerfen in einen Briefkasten (bei der Flut der Postsendungen eines FA eher unüblich) oder durch Einlieferung bei der Postfiliale selbst. Bestreitet der StPfl. den Zugang des Schriftstücks, muss die Finanzbehörde den Nachweis des tatsächlichen Zugangs erbringen. Die sog. **Feststellungslast** trägt in diesen Fällen nicht der StPfl., sondern das FA. Ein Anscheinsbeweis dergestalt, dass das Schriftstück das FA an einem bestimmten Tag verlassen hat und nach dem üblichen Geschehensablauf wenige Tage später beim Empfänger eingetroffen sein muss, ist nach der Rspr. nicht zulässig (ständige Rspr., vgl. zuletzt BFH vom 31.05.2005, BStBl II 2005, 623). Die Überprüfung und Würdigung bestimmter Verhaltensweisen des StPfl. innerhalb eines längeren Zeitraums nach Absendung

---

125 Hierzu gehört nicht die Übermittlung per Telefax; ein Telefax wahrt zwar die Schriftform, wird aber nicht durch Einschaltung der Post übermittelt, vgl. BFH vom 08.07.1998 (BStBl II 1999, 48).
126 Die Zugangsfiktion des § 122 Abs. 2 Nr. 1 AO ist nicht anwendbar, wenn nur das Datum eines Bescheides, nicht aber das Datum der Aufgabe zur Post feststeht (BFH vom 22.05.2002, BFH/NV 2002, 1417).

des Schriftstücks kann zwar geeignet sein, den Nachweis seines Zugangs zu erbringen (sog. Indizienbeweis, BFH vom 06.04.1999, BFH/NV 1999, 1581), etwa wenn der StPfl. nicht nur kurzzeitig, sondern dauerhaft Vollstreckungshandlungen hinnimmt. Die beweisrechtliche Stellung des FA ist hier insgesamt aber sehr schwach. Bestreitet z.B. ein Steuerberater, den Steuerbescheid eines Mandanten erhalten zu haben, ist die Zugangsvermutung des § 122 Abs. 2 Nr. 1 AO nach der Rspr. selbst dann widerlegt, wenn er kein Fristenkontrollbuch führt, sofern nicht weitere Indizien für den Zugang des Bescheids sprechen (BFH vom 31.05.2005, BStBl II 2005, 623).[127] Der Zugangsnachweis gem. § 122 Abs. 2 AO kann folglich nicht auf einen Anscheinsbeweis, der nur den typischen Geschehensablauf wiedergibt, gestützt werden. Will die Behörde einen Streit über den Zugang vermeiden, weil der StPfl. beispielsweise in der Vergangenheit mehrfach den Zugang von Steuerbescheiden bestritten hat, kann sie den VA künftig förmlich zustellen (§ 122 Abs. 5 AO i.V.m. dem VwZG), z.B. durch Postzustellungsurkunde (PZU) oder durch Einschreiben mit Rückschein.

Bestreitet der Empfänger dagegen nicht den Zugang als solchen, sondern behauptet er, dass der VA ihn erst **nach Ablauf der drei Tage** erreicht hat, bestehen Zweifel i.S.d. § 122 Abs. 2 2. HS AO nach der Rspr. nur dann, wenn Tatsachen vorgebracht werden, die den Schluss darauf zulassen, dass eine Bekanntgabe binnen drei Tagen nach Aufgabe zur Post ernstlich nicht möglich gewesen ist (BFH vom 01.02.2000, BStBl II 2000, 334; Beispiel: Bekanntgabe in der Weihnachtszeit mit starkem Postaufkommen und zahlreichen Feiertagen).

Beispiel 3: Rechtzeitiger Einspruch?[128]
Das FA gibt den ESt-Bescheid 01 des A, der auf den 12.02.02 datiert, am 13.02.02 zur Post. A erhält den Bescheid bereits am Donnerstag, den 14.02.02. Wegen anderer, vordringlicher Arbeiten prüft er den Bescheid aber erst am Sonntag, den 17.03.02. Nachdem das FA verschiedene Werbungskosten nach Auffassung des A zu Unrecht nicht angesetzt hat, möchte er seinen gegen den ESt-Bescheid 01 gerichteten Einspruch am Montag, den 18.03.02 persönlich in den Briefkasten des FA einwerfen. Auf dem Fußweg zum FA erleidet A am 18.03.02 einen Herzanfall. Er beauftragt am nächsten Tag aus dem Krankenhaus seine Tochter, den Einspruch persönlich beim FA abzugeben. Dort trifft der Einspruch am Dienstag, den 19.03.02 mit einer Bescheinigung des Krankenhauses über den Gesundheitszustand des A ein. Ist der Einspruch zulässig?

Lösung: Bei der Entscheidung über den Einspruch hat das FA gem. § 358 S. 1 AO insb. zu prüfen, ob der Einspruch in der vorgeschriebenen Frist eingelegt ist. Die Einspruchsfrist beträgt gem. § 355 Abs. 1 S. 1 AO einen Monat. Hinweise auf eine unterbliebene oder unrichtige Rechtsbehelfsbelehrung mit der Folge, dass der Einspruch binnen einen Jahres seit Bekanntgabe zulässig ist (§ 356 Abs. 2 AO), enthält der Sachverhalt nicht. Der ESt-Bescheid gilt gem. § 122 Abs. 2 Nr. 1 AO als am dritten Tage nach der Aufgabe zur Post als bekannt gegeben. Die Aufgabe des Bescheides zur Post erfolgte am 13.02.02; das auf dem Bescheid aufgedruckte Datum ist insoweit unerheblich. Gemäß § 122 Abs. 2 Nr. 1 AO gilt der Bescheid am 16.02.02 als bekannt gegeben. Allerdings wird der Fristbeginn infolge der Bekanntgabefiktion wegen § 108 Abs. 3

---

127 Provokativ ausgedrückt: Je schlampiger die Fristenkontrolle erfolgt, desto leichter kann der StB die Zugangsvermutung widerlegen. Zwar ist ein Fristenkontrollbuch oder eine vergleichbare Einrichtung die unerlässliche Voraussetzung einer ordnungsgemäßen Büroorganisation zur Wahrung von Ausschlussfristen. Die Folge eines fehlenden Fristenkontrollbuchs erschöpft sich jedoch darin, dass man sich bei einer Fristversäumung nicht zu entschuldigen vermag und eine Wiedereinsetzung in den vorigen Stand nicht gewährt werden kann.
128 Nachgebildet einem Sachverhalt aus der Steuerberaterprüfung 2001.

AO auf den Ablauf des nächstfolgenden Werktages, d.h. auf Ablauf Montag, den 18.02.02, verlegt. Unerheblich ist dabei, dass A den Bescheid bereits am 14.02.02 erhalten hat; insoweit ist die gesetzliche Vermutung unwiderleglich. Die Einspruchsfrist begann nach § 108 Abs. 1 AO i.V.m. § 187 Abs. 1 BGB am 19.02.02 und endete am 18.03.02 um 24.00 Uhr. Der Einspruch hat das FA erst am 19.03.02, also nach Ablauf der Einspruchsfrist, erreicht.

Aufgrund des Herzinfarktes war A ohne Verschulden gehindert, die Einspruchsfrist einzuhalten. Dass er die einmonatige Frist bis zum letzten Tag ausnutzen wollte, kann A nicht vorgeworfen werden.[129] A kann daher Wiedereinsetzung in den vorigen Stand gem. § 110 AO beantragen. Grundsätzlich ist Wiedereinsetzung in den vorigen Stand nur auf einen ausdrücklichen Antrag hin zu gewähren (§ 110 Abs. 1 S. 1 AO). Nach § 110 Abs. 2 S. 4 AO ist ein ausdrücklicher Antrag entbehrlich, wenn A, wie hier, die versäumte Handlung über seine Tochter innerhalb eines Monats nach Wegfall des Hindernisses nachholt. Mit der Vorlage der Bescheinigung des Krankenhauses hat A die Tatsachen zur Begründung des unverschuldeten Fristversäumnisses auch nachgewiesen (§ 110 Abs. 2 S. 2 AO). Die FA hat daher auch ohne ausdrücklichen Antrag Wiedereinsetzung in der vorigen Stand zu gewähren. Der Einspruch erfolgte damit im Ergebnis rechtzeitig. Der Einspruch ist somit gem. § 358 AO fristgemäß erfolgt.[130]

2.3.3 Bekanntgabe bei einheitlichen Feststellungen (§ 183 AO)

Betrifft ein VA mehrere Personen, ist er gem. § 122 Abs. 1 S. 1 AO grds. jedem der Beteiligten einzeln bekannt zu geben. Richtet sich ein Feststellungsbescheid (vgl. § 179 Abs. 2 S. 2 AO) gegen mehrere Personen, die an dem Gegenstand der Feststellung als Gesellschafter oder Gemeinschafter beteiligt sind (sog. **Feststellungsbeteiligte**), ist aus Zweckmäßigkeitsgründen eine vereinfachte Bekanntgabe nach § 183 AO möglich. Die Vorschrift dient der Vereinfachung der Bekanntgabe von Feststellungsbescheiden an die Feststellungsbeteiligten. Das FA soll mittels einer einzigen Ausfertigung des VA die Bekanntgabe gegenüber allen Feststellungsbeteiligten bewirken können (so auch § 183 Abs. 1 S. 5 AO).

Gem. § 183 Abs. 1 S. 1 AO sollen die Feststellungsbeteiligten einen **gemeinsamen Empfangsbevollmächtigten** bestellen, der ermächtigt ist, den an sämtliche Gesellschafter (Gemeinschafter) gerichteten Feststellungsbescheid, sonstige VA und das Feststellungsverfahren betreffende Mitteilungen in Empfang zu nehmen. Im Einzelfall kann das FA auch zulassen, dass der gemeinsame Empfangsbevollmächtigte nur durch einen Teil der Feststellungsbeteiligten bestellt wird. In diesem Fall ist der Feststellungsbescheid den übrigen Feststellungsbeteiligten einzeln bekannt zu machen (AEAO zu § 122 Nr. 2.5.2). Die erteilte Empfangsvollmacht gilt auch bei Ausscheiden eines Beteiligten oder bei ernstlichen Meinungsverschiedenheiten fort, bis sie gegenüber dem FA widerrufen wird (§ 183 Abs. 3 AO). Sie erfasst regelmäßig nicht nur einen Feststellungszeitraum, sondern auch künftige Verwaltungsakte in weiteren Feststellungsverfahren und zwar auch soweit diese zurückliegende Feststellungszeiträume betreffen (BFH vom 18.01.2007, BStBl II 2007, 369). Bei der Bekanntgabe eines VA an den Empfangsbevollmächtigten ist dieser durch entsprechende

---

[129] Fristen dürfen voll ausgenutzt werden. Das Warten bis zum letzten Tag einer Frist ist als solches unschädlich. Die Beteiligten sind in diesen Fällen nur insoweit zur erhöhten Sorgfalt verpflichtet, als ein kurz bevorstehender Fristablauf eine sorgfältige Wahl der Beförderungsart erfordert (*Hübschmann/Hepp/Spitaler*, AO, § 110 Rz. 59).

[130] Beachten Sie, wie viele kleine Probleme der kurze Sachverhalt beinhaltet; das Erreichen der vollen Punktzahl in der Prüfungsaufgabe gelingt nur, wenn Sie nicht unmittelbar auf das (richtige) Ergebnis zusteuern, sondern auf dem Weg dorthin auch sämtliche aufgeworfenen Probleme ansprechen.

Gestaltung des Bescheidkopfes darauf hinzuweisen, dass die Bekanntgabe mit Wirkung für und gegen alle Feststellungsbeteiligten erfolgt (§ 183 Abs. 1 S. 5 AO, vgl. auch BFH vom 23.06.1988, BStBl II 1988, 979).

Der Empfangsbevollmächtigte i.S.v. § 183 Abs. 1 AO hat als Zugangsvertreter grundsätzlich keine Vollmacht, für die anderen Feststellungsbeteiligten Einspruch gegen den empfangenen Bescheid einzulegen. Bei fehlender Bevollmächtigung zur Einspruchseinlegung ist der Empfangsbevollmächtigte deshalb kein Vertreter der anderen Feststellungsbeteiligten i.S.v. § 110 Abs. 1 S. 2 AO. Ein etwaiges Verschulden bei der Erfüllung seiner Pflicht, die anderen Feststellungsbeteiligten über den Inhalt von Bescheiden, die im Feststellungsverfahren ergehen, zu informieren, kann den anderen Feststellungsbeteiligten daher nicht nach § 110 Abs. 1 S. 2 AO zugerechnet werden.[131]

Ist **kein gemeinsamer Empfangsbevollmächtigter** bestellt, so gilt ein zur Vertretung der Gesellschaft oder der Feststellungsbeteiligten oder ein zur Verwaltung des Gegenstandes der Feststellung Berechtigter, z.B. der vertraglich zur Vertretung berufene Geschäftsführer einer PersG, als Empfangsbevollmächtigter (sog. **fingierte Vertretung**, § 183 Abs. 1 S. 2 AO). Bei einer GbR (§§ 705 ff. BGB) ist grds. jeder Gesellschafter zur Vertretung der Feststellungsbeteiligten und damit zum Empfang von Feststellungsbescheiden berechtigt, sofern sich aus einem dem FA vorliegenden Gesellschaftsvertrag nichts anderes ergibt (BFH vom 23.06.1988, BStBl II 1988, 979).

Ist **kein gemeinsamer Empfangsbevollmächtigter** bestellt und existiert auch **kein fingierter Vertreter** gem. § 183 Abs. 1 S. 2 AO, kann das FA die Beteiligten gem. § 183 Abs. 1 S. 3 und 4 AO zur Benennung eines Empfangsbevollmächtigten auffordern. Mit der Aufforderung ist gleichzeitig ein Beteiligter als Empfangsbevollmächtigter vorzuschlagen und darauf hinzuweisen, dass dieser bei Nichtbenennung eines anderen als Empfangsbevollmächtigter mit Wirkung für und gegen alle Beteiligten behandelt wird.

Die in § 183 AO zugelassene Bekanntgabevereinfachung darf nicht so weit gehen, dass einzelne Feststellungsbeteiligte in ihren Rechten eingeschränkt werden. Eine Bekanntgabevereinfachung ist gem. § 183 Abs. 2 AO daher **unzulässig** (vgl. AEAO zu § 122 Nr. 2.5.5), wenn

- ein Feststellungsbeteiligter **im Zeitpunkt der Bekanntgabe** des Feststellungsbescheides bereits **ausgeschieden** und dies dem für den Erlass des Feststellungsbescheides zuständigen FA bekannt ist oder das Ausscheiden wegen einer entsprechenden Eintragung im Handelsregister als bekannt gelten muss,
- die Zusendung eines Feststellungsbescheides an einen Erben erforderlich wird, der nicht in die Gesellschafterstellung des Rechtsvorgängers eintritt,
- die Gesellschaft (Gemeinschaft) im Zeitpunkt der Zusendung des Bescheides nicht mehr besteht,
- über das Vermögen der Gesellschaft, aber nicht ihrer Gesellschafter, das Insolvenzverfahren eröffnet worden ist,
- zwischen den Gesellschaftern (Gemeinschaftern) erkennbar ernstliche Meinungsverschiedenheiten bestehen oder
- durch einen Bescheid das Bestehen oder Nichtbestehen einer Gesellschaft (Gemeinschaft) erstmals mit steuerlicher Wirkung festgestellt wird und die Gesellschafter noch keinen Empfangsbevollmächtigten i.S.d. § 183 Abs. 1 AO benannt haben.

---

131 Vgl. dazu *Hübschmann/Hepp/Spitaler*, AO, § 183 Rz. 27, 63 und BFH vom 12.12.2007, HFR 2008, 665.

Für den Fall einer Einzelbekanntgabe nach § 183 Abs. 2 S. 1 AO ist den Adressaten aus Gründen des Steuergeheimnisses (§ 30 AO) nur ein **verkürzter Feststellungsbescheid** bekannt zu geben. Es genügt die Bekanntgabe derjenigen Auszüge, die zum Verständnis des Bescheides erforderlich sind und die den jeweiligen Feststellungsbeteiligten unmittelbar betreffen: Dies sind der Gegenstand der Feststellung, die alle Beteiligten betreffenden Besteuerungsgrundlagen, der Anteil des Beteiligten, die Zahl der Beteiligten sowie die den Beteiligten persönlich betreffenden Besteuerungsgrundlagen (§ 183 Abs. 2 S. 2 AO). Nur ausnahmsweise, bei berechtigtem Interesse, ist den Beteiligten der gesamte Inhalt des Feststellungsbescheides mitzuteilen (§ 183 Abs. 2 AO).

2.4 Förmliche Bekanntgabe durch Zustellung (§ 122 Abs. 5 AO)

Die **Zustellung** ist als besondere Bekanntgabeform die förmliche Übergabe eines Schriftstücks nach den Regelungen des VwZG. Schriftliche VA werden nur dann förmlich zugestellt, wenn dies **gesetzlich vorgeschrieben** oder **behördlich angeordnet** ist (§ 122 Abs. 5 AO). Die Zustellung ist in der AO zwingend vorgesehen für Ladungen zu eidesstattlichen Versicherungen (§ 284 Abs. 6 S. 1 AO), für Pfändungsverfügungen (§§ 309 Abs. 2 S. 1, 310 Abs. 2, 321 Abs. 2 AO) und für Arrestanordnungen (§§ 324 Abs. 2, 326 AO). Bei Steuerbescheiden und Einspruchsentscheidungen ist die Zustellung nicht zwingend vorgesehen. Eine behördliche Anordnung der Zustellung ist insb. dann vorzunehmen, wenn die Finanzbehörde den eindeutigen Nachweis der Bekanntgabe erbringen möchte, z.B. weil der StPfl. in der Vergangenheit mehrfach den Erhalt von Steuerbescheiden bestritten hat (wie in der schriftlichen Prüfung 2012) oder wenn der Zeitpunkt der Bekanntgabe von erheblicher rechtlicher Bedeutung ist (z.B. bei der Einleitung eines Steuerstrafverfahrens gem. § 371 Abs. 2 Nr. 1b AO).

Die Art und Weise der Zustellung richtet sich nach dem VwZG (§ 122 Abs. 5 S. 2 AO; die landesrechtlichen Vorschriften über die Zustellung von VA sind nicht anwendbar). Als Zustellungsarten kann die Behörde wählen zwischen der

- Zustellung durch die Post mittels **Postzustellungsurkunde** (PZU) nach § 3 VwZG (aufwändig und teuer, aber auch die **sicherste Zustellungsart**). Wenn die Zustellung an den Adressaten oder eine Ersatzperson (vgl. § 3 Abs. 2 VwZG i.V.m. §§ 177 ff. ZPO) scheitert, kann der VA auch durch **Niederlegung** mit Benachrichtigungsschein gem. § 181 ZPO zugestellt werden: Damit gilt die Zustellung als bewirkt, auch wenn der Adressat vom Inhalt des VA keine Kenntnis hat[132];
- Zustellung durch die Post mittels **eingeschriebenen Briefs** (Übergabe-Einschreiben, nicht aber Einwurf-Einschreiben, vgl. AEAO zu § 122 Nr. 3.1.2) nach § 4 VwZG;
- Zustellung durch die Behörde gegen **Empfangsbekenntnis** nach § 5 VwZG und der
- Zustellung durch die Behörde mittels **Vorlegens der Urschrift** bei der Zustellung an Behörden und Körperschaften und Anstalten des öffentlichen Rechts nach § 5 Abs. 4 VwZG.

---

132 Die Zustellung eines Bescheides durch Postzustellungsurkunde nach dem VwZG ist in besonderer Weise formalisiert. So muss bei der Zustellung eines Bescheides über die gesonderte Feststellung von Besteuerungsgrundlagen nach § 179 AO Zustellungsurkunde und Sendung einen Hinweis auf den Gegenstand der Feststellung enthalten; andernfalls ist die Bekanntgabe nicht wirksam (BFH vom 13.10.2005, BStBl II 2006, 214).

Als Sonderarten der Zustellung regelt das VwZG ferner die Zustellung in das Ausland (§ 9 VwZG) und die öffentliche Zustellung (§ 10 VwZG); die öffentliche Zustellung kommt nur als »letztes Mittel« in Betracht, wenn eine Übermittlung des Schriftstücks auf andere Weise nicht erfolgen kann. Nach BFH vom 13.01.2005 (BFH/NV 2005, 998) ist der Aufenthaltsort des Empfängers nicht schon deshalb unbekannt, weil das FA seine Anschrift im Zeitpunkt der beabsichtigten Bekanntgabe nicht kennt oder Briefe als unzustellbar zurückkommen. Die Anschrift muss vielmehr allgemein unbekannt sein, was zumindest Nachforschungen bei der zuletzt zuständigen Meldebehörde erforderlich macht.

3 Nebenbestimmungen zum Verwaltungsakt (§ 120 AO)

Das FA kann VA, die auf einer **Ermessensentscheidung** beruhen (z.B. Fristverlängerung, Stundung, Erlass, Aussetzung der Vollziehung), mit einer Nebenbestimmung ergänzen (§ 120 Abs. 2 AO). Gebundene VA, d.h. solche, auf die ein Anspruch besteht, dürfen mit einer Nebenbestimmung gem. § 120 Abs. 1 AO nur dann versehen werden, wenn dies gesetzlich zugelassen ist; ausdrücklich zugelassene Nebenbestimmungen sind der Vorbehalt der Nachprüfung (§ 164 AO), die Vorläufigkeitserklärung (§ 165 AO) und die Sicherheitsleistung (§ 165 Abs. 1 S. 4 AO). Nebenbestimmungen müssen inhaltlich bestimmt sein (§ 119 Abs. 1 AO), anderenfalls sind sie – nicht aber der gesamte VA – nichtig (vgl. § 125 Abs. 4 AO).

§ 120 AO unterscheidet zwischen **unselbständigen Nebenbestimmungen**, die mit einem VA erlassen werden (Befristung, Bedingung, und Vorbehalt der Widerrufs, § 120 Abs. 2 Nr. 1–3 AO) und **selbständigen Nebenbestimmungen**, die mit einem VA verbunden werden (Auflage und Auflagevorbehalt, § 120 Abs. 2 Nr. 4 und 5 AO). Unselbständige Nebenbestimmungen (hierzu zählen auch der Vorläufigkeitsvermerk und der Vorbehalt der Nachprüfung) können nur im Rahmen der Anfechtung des gesamten VA angefochten werden (BFH vom 20.06.1979, BStBl II 1979, 666), selbständige Nebenbestimmungen sind selbständige VA und damit für sich allein anfechtbar.[133] Die AO unterscheidet folgende Nebenbestimmungen:

- Bei der **Befristung** (§ 120 Abs. 2 Nr. 1 AO) beginnt oder endet die mit dem VA erstrebte Wirkung zu einem bestimmten Zeitpunkt (z.B. Stundung, Vollstreckungsaufschub, Fristverlängerung).
- Unter einer **Bedingung** (§ 120 Abs. 2 Nr. 2 AO) versteht man die Abhängigkeit der gewollten Rechtsfolge von einem künftigen ungewissen Ereignis. Der VA wird zwar bereits mit der Bekanntgabe wirksam; es bleibt jedoch bis zum Eintritt der Bedingung in der Schwebe, ob die mit dem VA gewollte Rechtswirkung eintritt oder bestehen bleiben soll. Beispiel: Vollstreckungsaufschub unter der Bedingung, dass alle Ratenzahlungen pünktlich geleistet und die neuen entstehenden Steuern pünktlich entrichtet werden.
- Der **Widerrufsvorbehalt** (§ 120 Abs. 2 Nr. 3 AO) ermöglicht den Widerruf rechtmäßiger VA nach § 131 Abs. 2 Nr. 1 AO; häufig werden z.B. Stundungen unter Widerrufsvorbehalt gewährt. Der Vorbehalt ist allerdings für sich allein kein hinreichender Grund für den Widerruf, sondern lässt diesen nur im Rahmen pflichtgemäßen Ermessens zu. Im

---
133 Ausführlich zum Streitstand *Hübschmann/Hepp/Spitaler*, AO, § 120 Rz. 180 ff.

Gegensatz zur Bedingung oder Befristung erfordert der Widerrufsvorbehalt ein erneutes Tätigwerden der Behörde.
- **Durch eine Auflage** (§ 120 Abs. 2 Nr. 4 AO) wird den Beteiligten ein Tun, Dulden oder Unterlassen vorgeschrieben. Die Grenze zur Bedingung ist fließend; im Zweifel ist eine für den Adressaten weniger belastende, weil selbständig anfechtbare Auflage anzunehmen. Für die Behörde ist dagegen die Bedingung bequemer, da diese mit ihrem Eintritt »automatisch« wirkt und der VA nicht widerrufen werden muss.[134] Die Erfüllung der Auflage kann vom FA im Wege des Verwaltungszwangs durchgesetzt werden (§ 328 AO). Wird die Auflage nicht erfüllt, bleibt der VA wirksam; das FA ist allerdings berechtigt, den VA zu widerrufen (§ 131 Abs. 2 Nr. 2 AO).
- Der **Auflagenvorbehalt** (§ 120 Abs. 2 Nr. 5 AO) ist der Vorbehalt einer nachträglichen Aufnahme, Änderung oder Ergänzung einer Auflage.

Nebenbestimmungen dürfen dem Zweck des VA nicht zuwiderlaufen (§ 120 Abs. 3 AO), VA und Nebenbestimmungen dürfen also nicht gegeneinander laufen. Dies beinhaltet u.a. ein sog. **Koppelungsverbot**, nach dem Nebenbestimmungen verboten werden, die in keinem sachlichen Zusammenhang mit dem VA stehen. Prüfungsrelevant sind vor allem diejenigen Nebenbestimmungen, die nur bei Steuerbescheiden und gleichgestellten Bescheiden auftreten – d.h. der Vorbehalt der Nachprüfung und der Vorläufigkeitsvermerk.

4 Formelle Rechtmäßigkeitsvoraussetzungen

4.1 Form (§ 119 Abs. 2 AO)

Gem. § 119 Abs. 2 S. 1 AO kann ein VA schriftlich, elektronisch, mündlich oder in anderer Weise erlassen werden. Ein mündlich erlassener VA soll schriftlich bestätigt werden, wenn der Betroffene hieran ein berechtigtes Interesse hat und dies unverzüglich verlangt (§ 119 Abs. 2 S. 2 AO). Das berechtigte Interesse kann z.B. darin bestehen, dass der Betroffene den VA gegenüber Dritten oder einer anderen Behörde nachweisen muss. Für zahlreiche VA schreibt die AO die Schriftform ausdrücklich vor, insb. für Steuerbescheide (§ 157 Abs. 1 AO), für Feststellungsbescheide (§§ 181 Abs. 1 S. 1 i.V.m. § 157 Abs. 1 AO), für Prüfungsanordnungen (§ 196 AO) und für Aufteilungsbescheide (§ 279 Abs. 1 S. 1 AO).

Ein schriftlicher VA muss die erlassende Behörde erkennen lassen und die Unterschrift oder die Namenswiedergabe des Behördenleiters, seines Vertreters oder seines Beauftragten enthalten (§ 119 Abs. 3 AO). Formularmäßig oder mit Hilfe der EDV erlassene VA können gem. § 119 Abs. 4 AO auch ohne Unterschrift und Namenswiedergabe ergehen.

Ein **Verstoß gegen zwingende Formvorschriften** (Beispiel: Auf mehrfaches Drängen des StPfl. erlässt der Sachbearbeiter im FA, um den Anrufer zu beruhigen, einen telefonischen »Einspruchsbescheid«; eindeutiger Verstoß gegen § 366 AO) führt zur **Nichtigkeit** des VA (§ 125 Abs. 1 AO).

---

134 *Tipke/Kruse*, § 120 AO Rz. 20.

4.2 Bestimmtheit (§ 119 Abs. 1 AO)

Ein VA muss gem. § 119 Abs. 1 AO **hinreichend bestimmt** sein, d.h. er muss den Willen der Behörde unzweideutig ausdrücken. Der Inhalt des VA muss **klar, eindeutig und vollständig erkennen lassen, von wem was verlangt oder wem was gewährt oder abgelehnt wird**.[135] Insb. ist die exakte Angabe des Inhaltsadressaten ein entscheidender Bestandteil eines VA: der VA muss klarstellen, für wen er bestimmt ist (§ 124 Abs. 1 AO). Für Steuerbescheide ist in § 157 Abs. 1 AO ausdrücklich klargestellt, dass sie angeben müssen, wer die Steuer schuldet.[136] Lässt der Tenor eines VA Zweifel offen, können zur **Auslegung** des Tenors auch die Gründe und sonstigen Anlagen zum VA herangezogen werden (vgl. BFH vom 27.08.2009, BFH/NV 2009, 1964).

Sofern sich der Regelungsinhalt des VA nicht unmittelbar aus dem Tenor ergibt, ist der VA auszulegen. Dabei kommt es analog § 133 BGB nicht darauf an, was die Behörde mit ihren Erklärungen gewollt hat oder wie sie den VA bezeichnet hat, sondern darauf, wie der Adressat nach den ihm bekannten Umständen den materiellen Gehalt der Erklärungen unter Berücksichtigung von Treu und Glauben verstehen konnte (sog. **Empfängerhorizont**). Verbleiben auch nach der Auslegung Zweifel, gehen diese zu Lasten der Finanzbehörde; im Ergebnis ist dann das den StPfl. weniger belastende Auslegungsergebnis vorzuziehen (BFH vom 22.08.2007, BStBl II 2008, 4).

> **Beispiel 4: Der ungenaue Haftungsbescheid**
> Mit Haftungsbescheid vom 14.06.12 nimmt das FA den Geschäftsführer der A&B-GbR für nachfolgende Steuern und Nebenleistungen gem. § 69 AO in Haftung: »Lohnsteuer Februar bis März 12 (lt. Anmeldungen) i.H.v. 8.400 €«. Ist der Bescheid hinreichend bestimmt?
>
> **Lösung:** Der Haftungsbescheid ist inhaltlich hinreichend bestimmt i.S.d. § 119 Abs. 1 AO. Die Abgabenschulden sind zwar nicht nach Besteuerungszeiträumen gegliedert, obwohl sich die Aufgliederung grundsätzlich aus dem Haftungsbescheid selbst ergeben soll.[137] Es reicht allerdings aus, wenn die Besteuerungszeiträume aus den dem Haftungsschuldner bekannten Voranmeldungen hervorgehen. Die inhaltliche Ungenauigkeit des Haftungsbescheides ist daher rechtlich ohne Bedeutung.

VA, die nicht hinreichend bestimmt sind und deren Inhalt sich auch nicht durch Auslegung ermitteln lässt, leiden an einem besonders schwerwiegenden Fehler und sind nichtig (§ 125 Abs. 1, Abs. 2 Nr. 2 AO). Enthält ein Steuerbescheid z.B. zum Umfang der Vorläufigkeit gem. § 165 AO keinerlei Hinweise und ergibt sich der Umfang auch nicht aus anderen Umständen, ist der Vorläufigkeitsvermerk (nicht aber der gesamte Steuerbescheid!) nicht hinreichend bestimmt und damit nichtig (BFH vom 12.07.2007, BStBl II 2008, 2).

---

135 *Tipke/Lang*, Steuerrecht, § 21 Rz. 90.
136 Vgl. BFH vom 17.06.1992 (BStBl II 1993, 174): Ein Steuerbescheid, der sich an einen verstorbenen Steuerschuldner richtet, ist mangels inhaltlicher Bestimmtheit nichtig.
137 BFH vom 22.11.1988 (BStBl II 1989, 220) sowie vom 17.03.1994 (BStBl II 1994, 536).

4.3 Begründung (§ 121 AO)

Gem. § 121 Abs. 1 AO ist ein schriftlicher, elektronischer oder schriftlich bestätigter VA **schriftlich oder elektronisch zu begründen**, soweit dies zu seinem Verständnis erforderlich ist. Die Vorschrift soll das Verwaltungshandeln transparent machen, damit der Adressat des VA die Gründe für die behördliche Entscheidung nachvollziehen und gegebenenfalls Rechtsschutzmöglichkeiten prüfen kann. Bei **Ermessensentscheidungen** (§ 5 AO) **muss** die Begründung darüber hinaus erkennen lassen, dass die Finanzbehörde ihr Ermessen ausgeübt hat und von welchen Gesichtspunkten sie sich bei ihrer Entscheidung leiten ließ. Eine Ermessensentscheidung, die überhaupt nicht begründet ist, ist im Regelfall rechtswidrig (BFH vom 29.09.1987, BStBl II 1988, 176).

Einer **Begründung bedarf es** gem. § 121 Abs. 2 AO **nicht**, wenn

- und soweit die Finanzbehörde einem **Antrag entspricht** oder einer (Steuer-)Erklärung folgt und der VA nicht in Rechte eines anderen eingreift (§ 121 Abs. 2 Nr. 1 AO); in diesen Fällen – etwa der erklärungsgemäßen Veranlagung – hat der Betroffene kein rechtliches Interesse an der Begründung;
- dem Betroffenen die **Auffassung der Finanzbehörde** hinsichtlich der Sach- und Rechtslage **bereits bekannt** oder für ihn auch ohne schriftliche Begründung ohne weiteres erkennbar ist (§ 121 Abs. 2 Nr. 2 AO);

Beispiel 5: Ermessensreduzierung auf Null
Eine Begründung des Auswahlermessens bei Erlass eines Haftungsbescheides nach § 191 Abs. 1 AO ist nicht erforderlich, wenn infolge der wirtschaftlichen Situation eines der beiden Gesamtschuldner nur mehr die Inanspruchnahme des anderen in Frage kommt und diesen die hierfür maßgebenden Gründe bekannt oder ohne weiteres erkennbar sind (vgl. BFH vom 26.06.1996, BFH/NV 1997, 2).

- die Finanzbehörde **gleichartige VA in größerer Zahl** oder **VA** mit EDV-Anlagen erlässt und die Begründung nach Umständen des Einzelfalles nicht geboten ist (§ 121 Abs. 2 Nr. 3 AO). Hierunter fallen nicht die mit EDV-Unterstützung erlassenen Steuerbescheide, da diese nicht gleichartig sind. Steuerbescheide müssen die Besteuerungsgrundlagen angeben (§ 157 Abs. 2 AO); Abweichungen von der Steuererklärung sind also regelmäßig zu begründen;
- sich dies aus einer **Rechtsvorschrift** ergibt (§ 121 Abs. 2 Nr. 4 AO), z.B. beim Vorbehalt der Nachprüfung, der nach § 164 Abs. 1 S. 1 AO als Nebenbestimmung auch ohne Begründung zulässig ist;
- eine **Allgemeinverfügung** (§ 118 S. 2 AO) öffentlich bekannt gegeben wird (§ 121 Abs. 2 Nr. 5 AO);
- der VA **mündlich** erlassen wurde, da dann § 121 Abs. 1 AO nur anwendbar ist, wenn der Betroffene eine schriftliche Bestätigung verlangt (§ 119 Abs. 2 S. 2 AO).

Für die Begründung des VA ist regelmäßig die **Angabe der Rechtsgrundlage**, auf die der VA gestützt wird, erforderlich. Die Angabe einer unzutreffenden Rechtsgrundlage (z.B. § 93 anstelle § 97 AO bei der Anforderung von Urkunden) ist **unschädlich**, wenn die getroffene Maßnahme nur überhaupt von einer Rechtsgrundlage gedeckt wird (häufiges Prüfungsproblem: das FA begründet eine Maßnahme unter Verweis auf eine falsche Rechtsnorm). Maßgebend ist allein, ob der VA zum Zeitpunkt seines Ergehens durch eine Ermächtigungsnorm gedeckt war. Die Angabe der Norm ist lediglich Bestandteil der Begründung des Bescheids, deren Fehlerhaftigkeit den Bescheid nicht rechtswidrig macht (BFH vom 30.08.2007, BStBl II 2008, 129). Eine fehlende, unvollständige oder falsche Begründung führt lediglich zu einem **formalen Mangel** des VA. Ein fehlerhaft begründeter VA ist allerdings nicht nichtig (§ 125 Abs. 1 AO), sondern zwar **fehlerhaft**, aber wirksam. Dies ergibt sich aus § 126 Abs. 1 Nr. 2 i.V.m. Abs. 2 AO, nach dem eine unterlassene (oder fehlerhafte) Begründung bis zum Abschluss des finanzgerichtlichen Verfahrens, also insb. auch im Einspruchsverfahren, nachgeholt und der Fehler damit **geheilt** werden kann. Die Möglichkeit der Heilung setzt allerdings voraus, dass der VA nicht von Anfang an nichtig ist. Wenn die Begründung fehlerhaft ist, die Finanzbehörde aber **in der Sache keine andere Entscheidung** hätte treffen können, ist die fehlerhafte Begründung als formeller Fehler sogar gem. § 127 AO **unbeachtlich.**[138]

Die Möglichkeit der Nachbesserung der Begründung im Einspruchsverfahren und die Anwendbarkeit des § 127 AO führt in der Praxis häufig dazu, dass der Begründungszwang von den Finanzbehörden nicht sonderlich ernst genommen wird. Gerade weil der Begründungsfehler aufgrund der Fehlerfolgen des § 126 Abs. 1 Nr. 2 AO sowie des bei Steuerbescheiden anwendbaren § 127 AO häufig ohne Konsequenzen bleibt, ist eine mangelhafte Begründung ein ständiges Zusatzproblem bei den schriftlichen Prüfungsarbeiten.

Wurde wegen einer fehlenden Begründung die rechtzeitige Einlegung des Einspruchs versäumt, etwa weil der Betroffene zu Unrecht davon ausging, das FA habe die Steuer entsprechend der eingereichten Steuererklärung veranlagt, so ist auf Antrag Wiedereinsetzung in den vorigen Stand zu gewähren (§ 126 Abs. 3 i.V.m. § 110 AO; AEAO zu § 91 Nr. 3); das Versäumnis der einmonatigen Einspruchsfrist gilt in diesen Fällen als nicht verschuldet (§ 126 Abs. 3 S. 1 a.E. AO). Nach Ablauf der **Jahresfrist** in § 110 Abs. 3 AO ist eine Wiedereinsetzung in den vorigen Stand jedoch in jedem Fall ausgeschlossen.

5 Fehlerhafte Verwaltungsakte

5.1 Allgemeines

VA sind fehlerhaft, wenn sie **formell oder materiell rechtswidrig** sind, d.h. wenn sie gegen **verfahrensrechtliche oder materiell-rechtliche Vorschriften** verstoßen. Auch fehlerhafte und damit rechtswidrige VA sind grundsätzlich wirksam, solange und soweit sie nicht zurückgenommen, widerrufen, anderweitig aufgehoben oder durch Zeitablauf oder auf andere Weise erledigt werden (§ 124 Abs. 2 AO). Werden fehlerhafte VA nicht innerhalb der Einspruchsfrist angefochten, erwachsen sie in Bestandskraft und können nur noch unter besonderen Voraussetzungen geändert werden (vgl. für Steuerbescheide: §§ 129, 172 ff. AO).

Nichtig und damit unwirksam (§ 124 Abs. 3 AO) sind VA nur in seltenen Ausnahmefällen, wenn sie an einem **besonders schwerwiegenden Fehler leiden** und dies bei verständiger Würdigung aller in Betracht kommenden Umstände offensichtlich ist (§ 125 Abs. 1 AO, sog. **Evidenztheorie**). Nichtige VA erzeugen keinerlei Rechtswirkungen; sie sind insb. – im Gegensatz zu bloß rechtswidrigen VA – auch nicht vollstreckbar. Die Grenze

---

[138] § 127 AO ist nach der Rspr. (BFH vom 22.09.1983, BStBl II 1984, 342) nur auf gebundene Entscheidungen, nicht aber auf Ermessensentscheidungen anwendbar. Steuerbescheide sind immer gebundene VA, so dass hier formale Fehler häufig unbeachtlich bleiben (häufiges Prüfungsproblem!).

zwischen rechtswidrigen und nichtigen VA ist oftmals fließend, für die Rechtsfolgen aber von erheblicher Bedeutung:

Beispiel 6: Der ewige Schlamper
Der notorische Spieler G ist bei verschiedenen Gläubigern hoch verschuldet. Steuererklärungen gibt G ab Frühjahr 01 nicht mehr ab, Post vom FA verschwindet ungelesen im Papierkorb. Der Sachbearbeiter F im FA schätzt aufgrund der fehlenden Steuererklärungen die Besteuerungsgrundlagen des G für das Jahr 01. Nachdem G auf die Schätzung nicht reagiert, berücksichtigt F im nachfolgenden Jahr bei der Schätzung für 02 einen üppigen Sicherheitszuschlag, so dass sich die Schätzung der Besteuerungsgrundlagen im Ergebnis als **reine Willkürmaßnahme** darstellt. Als sich die Schwester des G im Herbst 03 um die steuerlichen Angelegenheiten ihres Bruders kümmert, kann sie eine Wiederaufrollung der Steuerfestsetzungen, die allesamt unter dem Vorbehalt der Nachprüfung standen, erreichen. Die Steuer für die Jahre 01 und 02 wird auf Null festgesetzt. Unter Berufung auf § 240 Abs. 1 S. 4 AO verlangt das FA allerdings weiterhin Säumniszuschläge für die in den Jahren 01 und 02 zunächst festgesetzte Steuer. Wie kann G – zumindest für das Jahr 02 – argumentieren?

Lösung: Gem. § 240 Abs. 1 S. 4 AO bleiben die verwirkten Säumniszuschläge von einer nachfolgenden Änderung der Steuerfestsetzung unberührt. Für die Entstehung der Säumniszuschläge ist es irrelevant, dass sich die zunächst erfolgte Steuerfestsetzung in Nachhinein als zu hoch und damit rechtswidrig darstellt. Allerdings entstehen Säumniszuschläge nur, wenn die Steuer – auch für das Jahr 02 – wirksam festgesetzt wurde. Die Steuerfestsetzung 02 könnte nichtig und damit unwirksam sein, weil die Schätzung des F unzutreffend ist. Allerdings ist hier zu beachten, dass selbst grobe Schätzungsfehler der Finanzbehörde regelmäßig nicht zur Nichtigkeit des VA führen (BFH vom 30.08.2007, BFH/NV 2008, 13). Eine Ausnahme gilt nur, wenn sich die Schätzung des FA als bewusste Willkürmaßnahme darstellt (BFH a.a.O.). Davon kann nach den Angaben im vorliegenden Sachverhalt ausgegangen werden. G sollte daher die Feststellung der Nichtigkeit des Steuerbescheides 01 gem. § 125 Abs. 5 AO beantragen. Gibt das FA dem Antrag statt, müssen die Säumniszuschläge insoweit storniert werden. Ein Antrag auf Erlass der Säumniszuschläge gem. § 227 AO ist dem G dagegen nicht anzuraten, da das FA im Rahmen der Ermessensausübung einem Vollerlass der Säumniszuschläge kaum zustimmen wird.

5.2 Nichtigkeit von Verwaltungsakten (§ 125 AO)

VA sind gem. § 125 Abs. 1 AO nichtig, soweit sie an einem **besonders schwerwiegenden Fehler** leiden und dies bei verständiger Würdigung aller in Betracht kommenden Umstände **offenkundig** ist. Nach der Rspr. liegt ein besonders schwerwiegender Fehler nur vor, wenn der VA die an eine ordnungsgemäße Verwaltung zu stellenden Anforderungen so erheblich verletzt, dass von niemandem erwartet werden kann, ihn als verbindlich anzuerkennen (vgl. BFH vom 26.09.2006, BFH/NV 2007, 122). Dem VA muss der Fehler praktisch »auf der Stirn stehen« (Beispiel: Das Wasserwirtschaftsamt erlässt gegenüber dem Nichtunternehmer N einen Umsatzsteuerbescheid; ein Steuerbescheid wird gegenüber einem **bereits verstorbenem** StPfl. bekannt gegeben).

Fehler bei der Anwendung des materiellen Rechts führen i.d.R. nicht zur Nichtigkeit, sondern »nur« zur Rechtswidrigkeit des VA (AEAO zu § 125 Nr. 2). § 125 Abs. 2 AO stellt für einige (praktisch kaum relevante) Fälle die Nichtigkeit unwiderlegbar fest. Praxisrelevant ist dagegen die Nichtigkeit von Steuerbescheiden bei falschem Inhaltsadressaten, etwa wenn sich der Bescheid an einen **nicht mehr existierenden** StPfl. richtet.[139] Insb. für die Fälle der Bekanntgabe von Bescheiden nach Eintritt der Gesamtrechtsnachfolge entspricht es ständiger Rspr. des BFH, dass ein Bescheid (mit dem Eintritt der Gesamtrechtsnachfolge) an den Gesamtrechtsnachfolger zu richten ist.[140] Wichtig ist die Klarstellung in § 126 Abs. 3 AO, in welchen Fällen die Fehlerhaftigkeit eines VA gerade nicht zur Nichtigkeit führt, insb. beim Verstoß gegen die **örtliche Zuständigkeit**.

Um den Rechtsschein, der von einem nichtigen VA ausgeht, zu beseitigen, kann das FA die **Nichtigkeit** jederzeit, also auch nach Ablauf der Einspruchsfrist, von Amts wegen **feststellen** (§ 125 Abs. 5 1. HS AO). Wenn der Antragsteller hieran ein berechtigtes Interesse hat (wie z.B. im obigen Beispiel 6), ist das FA zur Feststellung der Nichtigkeit verpflichtet (§ 125 Abs. 5 2. HS AO). Die Aufhebung eines nichtigen VA hat lediglich deklaratorische Wirkung. Aus Gründen des Rechtsschutzes ist gegen einen nichtigen VA auch der Einspruch statthaft (AEAO zu § 347 Nr. 1).

5.3 Sonstige fehlerhafte Verwaltungsakte

Führt die Verletzung von verfahrensrechtlichen und/oder materiell-rechtlichen Vorschriften nicht zur Nichtigkeit des VA, ist der VA zwar fehlerhaft und damit rechtswidrig, aber wirksam. Eine Verletzung von Verfahrens- oder Formvorschriften kann darüber hinaus nach § 126 AO rückwirkend durch das FA geheilt werden. Der Fehler ist gem. § 126 Abs. 1 AO unbeachtlich, wenn

- der für den VA erforderliche Antrag nachträglich gestellt wird,
- die erforderliche Begründung (vgl. § 121 AO) nachträglich gegeben wird,
- die erforderliche Anhörung eines Beteiligten (nach § 91 AO ist dem Beteiligten regelmäßig Gelegenheit zu geben, sich zu den für die Entscheidung erheblichen Tatsachen vor Erlass des VA zu äußern) nachgeholt wird[141],

sowie in den praktisch unbedeutenden Fällen des § 126 Abs. 1 Nr. 4 und 5 AO. Die Heilung der unterlassenen Handlung kann in den Fällen des § 126 Abs. 1 Nr. 2–5 AO bis zum Abschluss des finanzgerichtlichen Verfahrens in erster Instanz nachgeholt werden (§ 126 Abs. 2 AO).

Ergeht ein VA unter Verletzung von Vorschriften über das Verfahren, die Form oder die örtliche Zuständigkeit[142], kann allein mit dieser Begründung die Aufhebung des rechtswidrigen VA nicht beansprucht werden, wenn keine andere Entscheidung in der Sache hätte getroffen werden können (§ 127 AO). **Derartige Fehler bleiben, auch wenn sie nicht geheilt werden, unbeachtlich.** Der Vorschrift liegt die Erwägung zugrunde, dass der Steuerpflichtige allein durch die Verletzung der Vorschriften über die örtliche Zuständigkeit oder

---

139 Hierzu zählt auch die Fallgestaltung, dass ein VA an eine zwischenzeitlich verstorbene natürliche Person bekannt gegeben wird; so war z.B. bei der StB-Prüfung 2005 der Inhaltsadressat eines Steuerbescheides innerhalb der Drei-Tage-Frist des § 122 Abs. 2 Nr. 1 AO verstorben, d.h. vor Wirksamwerden des Bescheides: dieser VA war daher als nichtig zu behandeln. Auch in der Prüfung 2011 wurde ein Feststellungsbescheid an einen verstorbenen Adressaten gerichtet: Mangels Wirksamkeit entfaltete der VA keine Rechtswirkung.
140 Vgl. FG Köln vom 23.06.2004 (DStR 2006, 115) zur Nichtigkeit eines Bescheides bei falschem Inhaltsadressaten nach Verschmelzung einer GmbH m.w.N.
141 Die Nachholung der Anhörung ist ein häufig vorkommendes Problem in den schriftlichen Prüfungsarbeiten.
142 Nicht aber bei Verletzung der sachlichen Zuständigkeit!

die sonst in § 127 AO genannten Punkte nicht beschwert ist, wenn sich die Entscheidung als sachlich richtig erweist. § 127 AO gilt allerdings nur für **gebundene VA** (also insb. für Steuerbescheide), nicht für Ermessensentscheidungen (AEAO zu § 127 Nr. 1), da hier nicht absehbar ist, ob bei Einhaltung der Formvorschriften das Ermessen anders ausgeübt worden wäre. Auch auf die Korrekturvorschriften (§§ 130 f., 172 ff. AO) ist § 127 AO nicht anwendbar; diese Vorschriften regeln nicht, wie beim Erlass eines VA zu verfahren ist, sondern ob und unter welchen Voraussetzungen ein VA erlassen oder geändert werden kann (BFH vom 24.08.2008, BStBl II 2009, 35).

Anwendbar ist § 127 allerdings, wenn das FA die aufgrund einer einschlägigen Korrekturvorschrift zulässige Änderung eines Steuerbescheides rechtswidrig mit einer anderen – nicht einschlägigen – Korrekturvorschrift begründet (häufiges Klausurproblem); in diesem Fall ist die Änderung per se zulässig, lediglich die Begründung der Änderung ist fehlerhaft: Genau diese Fehler sind aber nach § 127 AO bei gebundenen Verwaltungsakten unbeachtlich.

Beispiel 7: Das unzuständige FA
Anstelle des örtlich zuständigen FA X erlässt das FA Y den ESt-Bescheid des A. Wie ist die Rechtslage?

Lösung: Der Steuerbescheid ist ein gebundener VA, so dass § 127 AO anwendbar ist. Die Verletzung der Zuständigkeitsregeln führt zwar zur Rechtswidrigkeit des Bescheides, A ist hierdurch aber, wenn die Steuer der Höhe nach zutreffend festgesetzt wurde, nicht beschwert. A kann die fehlende Zuständigkeit des FA Y im Einspruchsverfahren nicht mit Erfolg rügen, da der Fehler gem. § 127 AO unbeachtlich ist.

Wenn **Ermessensentscheidungen** mit einem Verfahrens- oder Formfehler behaftet sind, der nicht nach § 126 AO geheilt worden ist, müssen sie aufgehoben und nach erneuter Ausübung des Ermessens nochmals erlassen werden, falls der Beteiligte rechtzeitig Einspruch eingelegt hat.

5.4 Umdeutung fehlerhafter Verwaltungsakte (§ 128 AO)

Ein fehlerhafter VA kann in einen anderen VA umgedeutet werden, wenn er auf das gleiche Ziel gerichtet ist, von der erlassenden Finanzbehörde in der geschehenen Verfahrensweise und Form rechtmäßig hätte erlassen werden können und wenn die Voraussetzungen für dessen Erlass erfüllt sind (§ 128 Abs. 1 AO, sog. Umdeutung). Dabei kann eine gebundene Entscheidung nicht in eine Ermessensentscheidung umgedeutet werden (§ 128 Abs. 3 AO), da diese immer an einem Ermessensausfall leiden würde. Die Umdeutung soll dem FA Verwaltungsaufwand ersparen, nämlich die Rücknahme des alten rechtswidrigen VA und den nachfolgenden Erlass eines neuen, rechtmäßigen VA mit gleichem Regelungsinhalt. Die **praktische Bedeutung ist gering**. Denkbar ist z.B. die Umdeutung einer rechtswidrigen Aussetzung der Vollziehung in eine Stundung, wenn der StPfl. gegen die Steuerfestsetzung keinen Einspruch eingelegt und die Aussetzung der Vollziehung daher nicht hätte verfügt werden dürfen. In Betracht kommt auch die Umdeutung eines Erstbescheids, der in der unzutreffenden Annahme der Nichtigkeit eines vorangegangenen, nach § 165 AO vorläufigen Bescheides ergeht, in einen Änderungsbescheid i.S.d. § 165 Abs. 2 AO (BFH vom 22.08.2007, BStBl II 2009, 754). Die Umdeutung selbst ist ebenfalls ein VA.

V Das steuerliche Verwaltungsverfahren

1 Organisation und Zuständigkeit der Finanzbehörden

1.1 Organisation der Finanzverwaltung

Die Organisation der Finanzverwaltung ist durch das Grundgesetz (Art. 108 GG) vorgegeben: Zölle, Finanzmonopole, bundesgesetzlich geregelte Verbrauchsteuern einschließlich der Einfuhrumsatzsteuer, die Kraftfahrzeugsteuer und die Abgaben im Rahmen der Europäischen Gemeinschaften werden durch die **Bundesfinanzbehörden** verwaltet (Art. 108 Abs. 1 GG), die übrigen (und damit die vom Aufkommen wichtigsten) Steuerarten durch die **Landesfinanzbehörden** (Art. 108 Abs. 2 GG). Das Grundgesetz spricht sich damit klar gegen eine einheitliche Bundesfinanzverwaltung aus; die **Finanzverfassung** ist vielmehr **föderal geprägt**. Soweit die Landesfinanzbehörden Steuern verwalten, die ganz oder teilweise dem Bund zufließen, werden sie im Auftrag des Bundes tätig (Art. 108 Abs. 3 S. 1 GG; sog. **Bundesauftragsverwaltung**). Diese verfassungsrechtlich vorgegebene Grundstruktur des Fiskalföderalismus wird durch das FVG wie folgt präzisiert:

Oberste **Bundesfinanzbehörde** ist das Bundesministerium der Finanzen (§ 1 FVG). Zwischen dem BMF und den örtlichen Bundesfinanzbehörden (§ 1 Nr. 4 FVG: Hauptzollämter einschließlich ihrer Dienststellen) stehen die **Bundesfinanzdirektionen**[143] als Mittelbehörden (§§ 8 ff. FVG). Der dreistufige Verwaltungsaufbau wird im Bereich der Bundesfinanzbehörden durch sog. Bundesoberbehörden ergänzt (§ 1 Nr. 2 und §§ 4 ff. FVG). Die Bundesoberbehörden, zu denen insb. das Bundeszentralamt für Steuern (das ehemalige Bundesamt für Finanzen) gehört, nehmen eigenständige Aufgaben wahr (vgl. §§ 4 f. FVG).

Für die **Landesfinanzbehörden** sieht § 2 FVG im Grundsatz ebenfalls einen dreistufigen Behördenaufbau vor (Landesfinanzministerium oder Finanzsenator als oberste Landesfinanzbehörde, Oberfinanzdirektion als Mittelbehörde[144] und FA als örtliche Behörde). Die **FÄ** sind damit im Bereich der Bundesauftragsverwaltung als Teil der Landesfinanzverwaltung **keine nachgeordneten Stellen des Bundesministeriums der Finanzen**. Allerdings besitzt das BMF gegenüber den Länderfinanzbehörden nach Art. 108 Abs. 3 S. 2, Art. 85 Abs. 3 GG ein Weisungsrecht. In den vergangenen Jahren wurde im Rahmen der Verwaltungsreformen in einigen Bundesländern vom klassischen dreistufigen Verwaltungsaufbau bei den Landesfinanzbehörden durch Einsparung der OFD als Mittelbehörde abgewichen. Die Aufgaben der Mittelbehörden (§ 8a FVG) werden dort von den obersten Landesfinanzbehörden mit übernommen.

Die Kenntnis der Verwaltungsorganisation ist erforderlich, um interne Verwaltungsabläufe zu verstehen.

---

143 In Bayern nicht das Bayerische Landesamt für Steuern, sondern die Bundesfinanzdirektion Südost.
144 In Bayern das Bayerische Landesamt für Steuern als reine Landesbehörde, vgl. § 2 Abs. 1 Nr. 3 FVG und § 6 Abs. 2 Nr. 4a AO.

Beispiel 1: Weg einer Aufsichtsbeschwerde
A hat gegen seinen ESt-Bescheid für das Jahr 12 beim FA Erding Einspruch eingelegt. Nachdem er mehrere Wochen nichts vom FA gehört hat, teilt ihm dies mit Schreiben vom 16.03.13 mit, aufgrund der starken Arbeitsbelastung werde die Bearbeitung des Einspruchs noch längere Zeit dauern. Um weitere Verzögerungen zu vermeiden, wird A gebeten, von Anrufen zum Arbeitsstand abzusehen. A ist über das Schreiben des FA empört und beschwert sich hierüber beim BMF. Wie wird die Eingabe dort behandelt?

Lösung: Die ESt wird von den Ländern im Auftrag des Bundes verwaltet. Das FA Erding ist keine nachgeordnete Dienstbehörde des BMF. Das BMF wird die Aufsichtsbeschwerde daher an die oberste Landesfinanzbehörde, hier das Bayerische Staatsministerium der Finanzen, weiterleiten. Nachdem die unmittelbare Dienstaufsicht über das FA Erding beim Bayerischen Landesamt für Steuern (BayLfSt) liegt (§ 8a FVG), wird das Bayerische Staatsministerium der Finanzen die Aufsichtsbeschwerde entweder dorthin zur weiteren Behandlung abgeben oder über das BayLfSt das FA Erding um einen Bericht zur Sache ersuchen, um die Beschwerde selbst zu beantworten.

Die obersten Landesfinanzbehörden und – soweit vorhanden – die Oberfinanzdirektionen als Mittelbehörden sind gegenüber den FÄ in ihrem Bezirk **weisungsbefugt**, d.h. sie üben in sachlichen, organisatorischen und personellen Fragen die Dienst- und Fachaufsicht über die FÄ aus. Sie dürfen allerdings nicht selbst die Aufgaben, die § 17 FVG den FÄ zuweist, ausüben. Das Aufsichtsrecht der übergeordneten Behörden beinhaltet **kein Selbsteintrittsrecht**, wie es in den Verwaltungsverfahrensgesetzen der Länder teilweise vorgesehen ist.[145] Die Ausübung der Aufsicht erfolgt bei den obersten Landesfinanzbehörden z.B. durch Erlasse, bei den Oberfinanzdirektionen durch sog. Verfügungen. Die Rechtsnatur von BMF-Schreiben des Bundesministers der Finanzen an die obersten Landesfinanzbehörden ist umstritten.[146] In der Staatspraxis ergehen sie nach Abstimmung und im überwiegenden Einverständnis der Länder zur einheitlichen Rechtsanwendung als **allgemeine Weisungen** gem. Art. 85 Abs. 3 GG.[147]

1.2 Sachliche Zuständigkeit (§ 16 AO)

Zuständigkeit im Rechtssinne bedeutet das **Recht**, aber auch die **Pflicht** einer bestimmten Behörde, die gesetzlich zugewiesenen Aufgaben zu erfüllen. Die sachliche Zuständigkeit der FÄ, d.h. der diesen Behörden zugewiesene Aufgabenbereich, ergibt sich aus § 16 AO i.V.m. § 17 FVG. Die FÄ sind demnach für die Verwaltung der Steuern, deren Verwaltung nicht den Bundesfinanzbehörden oder den Gemeinden übertragen worden ist, zuständig. Neben dem Aufgabenbereich, der den FÄ durch das FVG zugewiesen ist, weisen auch andere Gesetze den FÄ bestimmte Aufgaben zu, so z.B. §§ 208, 249, 386 AO, ferner das StBerG, das EigZulG und das InvZulG. Die **interne Zuständigkeit** innerhalb eines FA wird nicht durch das FVG oder die AO, sondern durch eine Verwaltungsanweisung, die sog. Geschäftsordnung für die FÄ (FAGO), geregelt.

---

145 Z.B. Art. 3a Bayerisches Verwaltungsverfahrensgesetz.
146 Vgl. *Manke*, DStZ 2002, 70.
147 Vgl. *Tipke*, Die Steuerrechtsordnung, Band III, 1131.

1.3 Örtliche Zuständigkeit (§§ 17–29 AO)

Die **örtliche Zuständigkeit** regelt, welche von mehreren sachlich zuständigen Behörden, deren Aufgabenbereiche untereinander nach regionalen Gesichtspunkten abgegrenzt sind, zuständig ist. Daneben ist die örtliche Zuständigkeit auch für die Steuerertragskompetenz (Art. 107 Abs. 1 GG) von Bedeutung. Soweit die örtliche Zuständigkeit eines FA nicht in den Einzelsteuergesetzen geregelt ist, richtet sie sich – insb. für die wichtigen Steuerarten – nach den §§ 18–29 AO. Anknüpfungspunkte für die Zuständigkeit sind demnach, je nach Steuerart, Merkmale wie Wohnsitz, Ort der Berufsausübung, Sitz bzw. Ort der Geschäftsleitung und die Belegenheit von Objekten.

Handelt anstelle des zuständigen FA ein örtlich unzuständiges FA, führt dies zur **Fehlerhaftigkeit** des VA. § 125 Abs. 3 Nr. 1 AO stellt klar, dass eine Verletzung der Vorschriften über die örtliche Zuständigkeit nicht zur Nichtigkeit des VA führt. Wenn keine andere Entscheidung in der Sache hätte getroffen werden können (z.B. bei Steuerbescheiden, nicht jedoch bei Ermessensentscheidungen), ist die **Verletzung der Zuständigkeitsregeln** allein gem. § 127 AO **kein Aufhebungsgrund** (vgl. BFH vom 19.05.2008, BFH/NV 2008, 1501); der Fehler bleibt in diesen Fällen ohne Konsequenz. Fragen betreffend die örtliche Zuständigkeit sind in der Steuerberaterprüfung nur von untergeordneter Bedeutung. Die Kenntnis folgender Grundbegriffe wird jedoch, insb. in der mündlichen Prüfung, vorausgesetzt:

1.3.1 Zuständigkeit des Lagefinanzamts (§§ 18 und 22 AO)

§ 18 Abs. 1 Nr. 1 AO bestimmt die Zuständigkeit des sog. **Lage-FA**, wenn bei der Besteuerung nicht eine natürliche oder juristische Person, sondern eine Sache in den Vordergrund tritt, d.h. bei der Einheitsbewertung von Betrieben der Land- und Forstwirtschaft, privaten und betrieblichen Grundstücken, außerdem bei der gesonderten Feststellung von Einkünften aus Land- und Forstwirtschaft. Gem. § 22 Abs. 1 AO ist das Lage-FA ebenfalls zuständig für die Festsetzung und Zerlegung der Steuermessbeträge bei der Grundsteuer.

1.3.2 Zuständigkeit des Betriebsfinanzamts (§§ 18, 21 und 22 AO)

Betriebs-FA (auch Betriebsstätten-FA genannt) ist für Gewerbetreibende mit Geschäftsleitung im Inland das FA, in dessen Bezirk sich die Geschäftsleitung (vgl. § 10 AO) befindet; für Gewerbetreibende, die im Inland keine Geschäftsleitung haben, ist das FA zuständig, in dessen Bezirk eine Betriebsstätte und bei mehreren Betriebsstätten die wirtschaftlich bedeutsamste Betriebsstätte unterhalten wird (§ 18 Abs. 1 Nr. 2 AO). Hintergrund der Regelung ist, dass das Betriebsstätten-FA mit den betrieblichen Verhältnissen regelmäßig besser vertraut ist als das Wohnsitz-FA und daher eher eine zutreffende Entscheidung gewährleisten kann. Abzustellen ist auf die Merkmale, die im Zeitpunkt der Durchführung der gesonderten Feststellung vorliegen. Das Betriebsstätten-FA ist demnach zuständig für die **gesonderten Feststellungen** nach § 180 AO, **soweit gewerbliche Betriebe betroffen sind**, für den Erlass von **Gewerbesteuermessbescheiden und Gewerbesteuerzerlegungsbescheiden** (§ 22 Abs. 1 AO) und für die **Umsatzsteuer** mit Ausnahme der Einfuhrumsatzsteuer (§ 21 Abs. 1 S. 1 AO).

1.3.3 Zuständigkeit des Finanzamts der vorwiegenden Berufstätigkeit (§§ 18 und 21 AO)

§ 18 Abs. 1 Nr. 3 AO weist die örtliche Zuständigkeit für eine gesonderte Feststellung bei selbständiger Tätigkeit dem FA zu, von dessen Bezirk aus die Berufstätigkeit ausgeführt wird. Ist dieses »Tätigkeits-FA« zugleich auch das Wohnsitz-FA, so ist eine gesonderte Feststellung der Einkünfte aus selbständiger Tätigkeit nicht erforderlich (vgl. BFH vom 10.06.1999, BStBl II 1999, 691). Einkünfte aus selbständiger Arbeit i.S.d. § 18 Abs. 1 Nr. 3 AO sind nur solche gem. § 18 Abs. 1 EStG. Wird die Tätigkeit im Bereich mehrerer Finanzämter ausgeübt, wird auf den Schwerpunkt der Tätigkeit abgestellt; dies soll gewährleisten, dass das FA, in dessen Bezirk der Schwerpunkt der Berufsausübung liegt, eine umfassende Zuständigkeit für diese Tätigkeit im Ganzen erhält. Das Tätigkeits-FA ist auch für die USt freiberuflich Tätiger zuständig (§ 21 AO).

1.3.4 Zuständigkeit des Wohnsitzfinanzamts (§ 19 AO)

Wohnsitz-FA ist das FA, in dessen Bezirk der StPfl. seinen Wohnsitz oder in Ermangelung dessen seinen gewöhnlichen Aufenthalt hat (§ 19 Abs. 1 AO). Bei mehreren Wohnsitzen ist derjenige Wohnsitz maßgebend, an dem sich der StPfl. vorwiegend aufhält (§ 19 Abs. 1 S. 2 AO). Das Wohnsitz-FA ist örtlich zuständig für die Besteuerung natürlicher Personen nach dem Einkommen (§ 19 Abs. 1 S. 1 AO), unberührt der besonderen Regelungen für gesonderte Feststellungen nach § 18 AO. In § 19 Abs. 6 AO hat der Gesetzgeber mit dem JStG 2009 eine neue Bestimmung der örtlichen Zuständigkeit für die sog. Auslandsrentner (§ 49 Abs. 1 EStG) geschaffen; zentral zuständig ist in diesen Fällen nunmehr das Finanzamt Neubrandenburg.

1.3.5 Zuständigkeit des Geschäftsleitungsfinanzamts (§ 20 AO)

Für die Besteuerung von Körperschaften, Personenvereinigungen und Vermögensmassen nach dem Einkommen ist gem. § 20 Abs. 1 AO das FA zuständig, in dessen Bezirk sich die Geschäftsleitung befindet (Geschäftsleitungs-FA). Fehlt eine inländische Geschäftsleitung, ist subsidiär auf den Sitz (§ 11 AO) abzustellen (§ 20 Abs. 2 AO).

1.3.6 Sonstige Zuständigkeitsregeln (§§ 24–29 AO)

Die örtliche Zuständigkeit bestimmt sich regelmäßig nach den Verhältnissen im Zeitpunkt des Verwaltungshandelns, d.h. im Zeitpunkt der Durchführung der Steuerfestsetzung oder Feststellung, nicht nach den Verhältnissen im Veranlagungs- oder Feststellungszeitraum.[148] Sind **mehrere FÄ** nach den Zuständigkeitsregeln der §§ 18 ff. AO örtlich zuständig, so entscheidet gem. § 25 AO dasjenige FA, das **zuerst** mit der Sache **befasst** worden ist (FA des ersten Zugriffs). Einigen sich bei mehrfacher örtlicher Zuständigkeit die Finanzbehörden auf ein zuständiges FA, handelt es sich nicht um eine Zuständigkeitsvereinbarung i.S.d. § 27 AO (AEAO zu § 25). Der Zustimmung des Betroffenen bedarf es in diesen Fällen daher nicht.

---

[148] *Kühn/von Wedelstädt*, § 17 AO Rn. 3; BFH vom 22.09.1989, BFH/NV 1990, 568.

§ 27 AO (Zuständigkeitsvereinbarung) betrifft dagegen Fälle, in denen ein an sich örtlich unzuständiges FA die Besteuerung übernimmt. Dies kann im Einzelfall zweckmäßig sein, wenn z.B. in komplizierten Fallgestaltungen die Bündelung der Zuständigkeit bei einem bestimmten FA sinnvoll scheint. Eine Zuständigkeitsvereinbarung nach § 27 AO ist nur mit Zustimmung des Betroffenen zulässig (§ 27 S. 2–4 AO). In **Zweifelsfällen** wird das örtlich zuständige FA durch die gemeinsame Aufsichtsbehörde bestimmt (§ 28 Abs. 1 AO). Bei **Gefahr im Verzug** ist für unaufschiebbare Maßnahmen jedes FA örtlich zuständig, in dessen Bezirk der Anlass für die Amtshandlung hervortritt (§ 29 S. 1 AO). § 26 AO regelt den Zuständigkeitswechsel, § 24 AO die **Ersatzzuständigkeit**, wenn sich die Zuständigkeit nicht aus anderen Vorschriften ableiten lässt. § 24 AO hat insb. Bedeutung für den Erlass von Haftungsbescheiden nach § 191 AO. Für den Erlass eines Haftungsbescheides ist wegen des Sachzusammenhangs i.d.R. das für den Steuerschuldner zuständige FA zuständig.

Beispiel 1a: Wer ist zuständig?
Rechtsanwältin Ramona Rehauge (R) wohnt in Ebersberg (Finanzamtsbezirk Ebersberg) und betreibt dort auch ihre Kanzlei. Am 30.06.2010 verlegt R ihre Kanzlei nach Erding (Finanzamtsbezirk Erding) und zeigt dies am 01.07.2010 dem FA Ebersberg an. R möchte von Ihnen wissen,
- ob sie verpflichtet war, die Verlegung der Kanzlei dem FA mitzuteilen,
- welches FA für die ESt und USt 2010 zuständig ist,
- welches FA für die ESt- und USt 2009 zuständig ist, wenn R die Erklärungen am 12.07.2010 beim FA Ebersberg eingereicht hat (Gewinnermittlungszeitraum ist das Kalenderjahr) und
- welche rechtlichen Folgen sich bei einem Verstoß gegen die Regeln über die örtliche Zuständigkeit ergäben.

Lösung: R war gem. § 138 Abs. 1 S. 4 und S. 3 AO verpflichtet, die Verlegung ihrer freiberuflichen Tätigkeit dem Wohnsitzfinanzamt, hier also dem FA Ebersberg (§ 19 Abs. 1 AO), mitzuteilen. Für die **ESt 2010** ist gem. § 19 Abs. 1 AO das Wohnsitzfinanzamt, also das FA Ebersberg, örtlich zuständig. Nachdem nach den Verhältnissen am Ende des Jahres 2010 (vgl. § 180 Abs. 1 Nr. 2 Buchst. b, 2. HS AO) das für die gesonderte Feststellung zuständige Finanzamt nicht auch für die Steuern vom Einkommen zuständig ist, erfolgt gem. § 18 Abs. 1 Nr. 3 AO eine gesonderte Feststellung der Einkünfte 2010 als Rechtsanwältin durch das Tätigkeits-Finanzamt Erding. Für die **USt 2010** ist ab 01.07.2010 das Unternehmens-Finanzamt in Erding zuständig, §§ 21 Abs. 1 i.V.m. 26 AO.
Für die **ESt 2009** ist gem. § 19 Abs. 1 AO ebenfalls das Wohnsitz-FA Ebersberg örtlich zuständig. 2009 kommt es nicht zu einer gesonderten Feststellung der Einkünfte als Rechtsanwältin, da nach den Verhältnissen zum Schluss des Gewinnermittlungszeitraums 2009 das für die gesonderte Feststellung zuständige FA Ebersberg auch für die ESt 2009 zuständig ist; eine gesonderte Feststellung unterbleibt daher für 2009. Für die **USt 2009** ist gem. §§ 21, 26 AO das Finanzamt Erding zuständig. Ein Verstoß gegen die Vorschriften über die örtliche Zuständigkeit führt zwar zur Rechtswidrigkeit, aber nicht zur Nichtigkeit der entsprechenden Bescheide (arg. ex § 125 Abs. 3 Nr. 1 AO). Da es sich bei Steuerbescheiden um gebundene Verwaltungsakte handelt, ist der Verstoß gem. § 127 AO unbeachtlich, wenn in der Sache selbst richtig entschieden worden ist.

2 Fristen, Termine, Wiedereinsetzung (§§ 108–110 AO)

2.1 Fristen und Termine (§§ 108 f. AO)

Zur Sicherstellung eines ordnungsgemäßen Ablaufs des Verwaltungsverfahrens und zur Schaffung von Rechtssicherheit sind Fristen und Termine sowohl in der AO selbst, aber auch in den Einzelsteuergesetzen (z.B. bei der Antragsveranlagung nach § 46 Abs. 2 Nr. 8 EStG) zu finden. Die Fristenberechnung ist von hoher praktischer Bedeutung und **Gegenstand nahezu jeder schriftlichen Prüfungsarbeit**.

Fristen sind **abgegrenzte, bestimmbare Zeiträume**, vor deren Ablauf eine Handlung oder ein Ereignis wirksam werden muss, um fristgerecht zu sein (AEAO zu § 108 Nr. 1). An die Einhaltung oder Nichteinhaltung der Frist knüpft das Gesetz rechtliche Folgen. Wird beispielsweise ein VA nicht rechtzeitig innerhalb der einmonatigen Einspruchsfrist (§ 355 Abs. 1 AO) nach Bekanntgabe angefochten, wird er formell bestandskräftig und damit unanfechtbar. Demgegenüber betrifft ein **Termin** nicht einen Zeitraum, sondern einen Zeitpunkt. »Fälligkeitstermine« geben das Ende einer Frist an; sie sind keine Termine im Rechtssinne, sondern uneigentliche Termine. Bei den Fristen unterscheidet die AO **gesetzliche und behördlich bestimmte Fristen**. Die Unterscheidung ist wichtig, da gem. § 109 Abs. 1 S. 1 AO neben den Fristen zur Einreichung von Steuererklärungen **nur behördlich bestimmte Fristen** durch das FA **verlängert** werden können. So ist etwa die Einspruchsfrist nach § 355 Abs. 1 AO nicht verlängerbar; wird sie versäumt, kommt allenfalls Wiedereinsetzung in den vorigen Stand nach § 110 AO in Betracht.

Die behördliche **Fristverlängerung** steht dabei im Ermessen des FA (§ 109 Abs. 1 S. 1 AO). Eine Verlängerung gesetzlicher Fristen ist nur möglich, wenn das Gesetz dies ausdrücklich zulässt (z.B. bei Steuererklärungsfristen (§ 109 Abs. 1 S. 1 AO) und bei Stundung §§ 222 f. AO). Das FA kann eine Frist auch stillschweigend verlängern, indem es schweigt, nachdem rechtzeitig ein Verlängerungsantrag gestellt worden ist. Solange allerdings noch mit einem ablehnenden VA zu rechnen ist, darf der Antragsteller die Verlängerung nicht als bewilligt ansehen.[149] Gegen die Ablehnung der Fristverlängerung durch das FA kann – da es sich um einen VA handelt – Einspruch nach den §§ 347 ff. AO und bei ablehnender Einspruchsentscheidung Verpflichtungsklage beim FG eingelegt werden. Unter den Voraussetzungen des § 109 Abs. 1 S. 2 AO können Fristen auch rückwirkend, d.h. nach Fristablauf, verlängert werden. Fristen, bei denen eine Verlängerung zwingend ausgeschlossen ist (z.B. die Klagefrist gem. § 47 Abs. 1 FGO) werden auch als **Ausschlussfristen** bezeichnet. Werden Ausschlussfristen versäumt, ist keine rückwirkende Fristverlängerung, sondern allenfalls eine Wiedereinsetzung in den vorigen Stand gem. § 110 AO möglich.

Gesetzliche Fristen sind solche, die unmittelbar durch Gesetz oder Rechtsverordnung geregelt sind, etwa Aufbewahrungsfristen für Buchführungsunterlagen nach § 147 AO oder die Steuererklärungsfrist nach § 149 AO. **Behördliche Fristen** sind solche, die das FA in Ausübung seiner Befugnisse eigenverantwortlich bestimmt, etwa die Fristen für Mitwirkungspflichten nach §§ 93 ff. AO oder die Präklusionsfrist gem. § 364b AO.

Für die **Fristberechnung** verweist § 108 Abs. 1 AO auf die Vorschriften des Bürgerlichen Rechts (§ 187 bis § 193 BGB), soweit nicht durch § 108 Abs. 2–5 AO etwas anderes bestimmt ist. Für den **Fristbeginn** unterscheidet § 187 BGB zwischen **Ereignisfristen**, zu denen fast

---

149 *Tipke/Kruse*, AO, § 109 Rz. 7.

alle steuerlich bedeutsamen Fristen gehören, und sog. **Tagesbeginnfristen** (§ 187 Abs. 2 BGB), die vor allem bei der Lebensalterberechnung von Bedeutung sind.

Bei den **Ereignisfristen** (§ 187 Abs. 1 BGB) wird der Tag, in welchen das Ereignis oder der Zeitpunkt fällt, nicht mitgerechnet. Fristen, die an **VA** anknüpfen, beginnen daher mit **Ablauf des Tages der Bekanntgabe**. Für einen am Montag bekannt gegebenen VA beginnt die Einspruchsfrist demnach am nachfolgenden Dienstag um null Uhr. § 108 Abs. 2 AO wiederholt diesen Rechtsgedanken nochmals ausdrücklich für behördliche Fristen.

Ist dagegen der **Beginn eines Tages der maßgebende Zeitpunkt** (sog. **Tagesbeginnfristen**), wird dieser Tag bei der Berechnung der Frist mitgerechnet (§ 187 Abs. 2 BGB). Der am 12.04.1972 geborene C vollendet sein 38. Lebensjahr nicht am Tag seines Geburtstages, sondern mit Ablauf des 11.04.2010; der Tag der Geburt zählt bei der Lebensalterberechnung daher mit (§ 187 Abs. 2 S. 2 BGB).

Das **Fristende** bestimmt sich gem. § 188 BGB danach, wie die Frist bemessen ist. Eine nach **Tagen** bestimmte Frist endet nach § 188 Abs. 1 BGB mit Ablauf des letzten Tages der Frist, eine nach **Wochen, Monaten oder Jahren** bestimmte Frist mit Ablauf desjenigen Tages, welcher durch seine Benennung dem Tag entspricht, in den das Ereignis oder der Zeitpunkt fällt (§ 188 Abs. 2, 1. HS BGB). Fehlt bei einer nach Monaten bestimmten Frist in dem letzten Monat der für ihren Ablauf maßgebende Tag, endet die Frist mit dem Ablauf des letzten Tages dieses Monats (§ 188 Abs. 3 BGB).

Fällt das Fristende auf einen Samstag, Sonntag oder gesetzlichen Feiertag, endet die Frist erst mit dem Ablauf des nächstfolgenden Werktages (§ 108 Abs. 3 AO). § 108 Abs. 3 AO gilt auch für die Drei-Tage-Regelungen (§ 122 Abs. 2 Nr. 1 AO, Abs. 2a AO, § 123 S. 2 AO; § 4 Abs. 2 S. 2 VwZG), die Monats-Regelungen (§ 122 Abs. 2 Nr. 2 AO, § 123 S. 2 AO) und die Zwei-Wochen-Regelung (§ 122 Abs. 4 S. 3 AO; BMF vom 12.01.2004, BStBl I 2004, 31; s. auch Kap. IV 2.3.2).

Beachten Sie: In der schriftlichen Prüfung fehlt Ihnen zumeist die Zeit, die äußerst kompliziert formulierten Vorschriften der §§ 187–193 BGB nachzulesen. Sofern nicht ausdrücklich eine ausführliche Begründung gefragt ist, reicht für die Begründung der Fristberechnung regelmäßig ein pauschaler Verweis auf die »§§ 108 Abs. 1 AO i.V.m. §§ 187–193 BGB«.

Beispiel 2: Fristberechnung bei der Bekanntgabe von Steuerbescheiden
Wann endet die einmonatige Einspruchsfrist für einen Steuerbescheid, der am Donnerstag, den 27.04.06 zur Post gegeben wird?

Lösung: Für den Beginn der Einspruchsfrist ist der Bekanntgabetag maßgebend (§ 355 Abs. 1 AO). Die Drei-Tage-Regelung des § 122 Abs. 2 Nr. 1 AO ist eine Frist i.S.d. § 108 Abs. 3 AO. Die Frist beginnt daher nicht mit dem Ablauf der gewöhnlichen Drei-Tage-Regelung, da der Tag der Bekanntgabefiktion auf einen Sonntag fällt und auch der nachfolgende 01.05.06 ein Feiertag ist. Beide Tage bleiben für den Fristbeginn daher außer Betracht. Der erste, für den Fristbeginn beachtliche Werktag nach der Bekanntgabefiktion ist damit der Dienstag, 02.05.06. Die Einspruchsfrist beginnt mit Ablauf des 02.05.06 und endet gem. § 188 Abs. 2 und 3 BGB am 02.06.06 um 24.00 Uhr. Sollte es sich dabei um einen Samstag, Sonntag oder Feiertag handeln (hier nicht der Fall!), endet die Frist nach § 193 BGB erst am nächsten Werktag. Die Einspruchseinlegung darf bis zum Ablauf des letzten Tages der Frist vorgenommen werden, also bis 24.00 Uhr. Nach der Rspr. des BVerfG müssen Behörden und Gerichte geeignete Vorkehrungen treffen, um dem Bürger die volle Ausnutzung der ihm vom Gesetz eingeräumten Fristen zu ermöglichen.

2.2 Wiedereinsetzung in den vorigen Stand (§ 110 AO)

Versäumt jemand ohne Verschulden eine gesetzliche Frist, ist ihm auf Antrag hin Wiedereinsetzung in den vorigen Stand zu gewähren (§ 110 Abs. 1 S. 1 AO). Durch die Wiedereinsetzung wird der Betroffene **so gestellt, als habe er die versäumte Frist gewahrt**. Die Gewährung der Wiedereinsetzung lässt somit den Ablauf der gesetzlichen Frist unberührt, bewirkt jedoch die Beseitigung der aus der Fristversäumnis resultierenden Folgen. § 110 Abs. 1 S. 1 AO setzt voraus, dass ein **StPfl.** eine **gesetzliche Frist versäumt**. Eine Wiedereinsetzung ist daher nicht möglich, wenn nicht der StPfl., sondern das FA eine gesetzliche Frist versäumt. Die Festsetzungsfrist gem. § 169 AO und die Zahlungsverjährungsfrist gem. §§ 228 ff. AO sind demnach nicht wiedereinsetzungsfähig (vgl. BFH vom 24.01.2008, BStBl II 2008, 462 für die Festsetzungsfrist). Nicht wiedereinsetzungsfähig sind ferner die verlängerbaren gesetzlichen Fristen wie z.B. die Steuererklärungsfrist nach § 149 AO oder die Zahlungsfrist nach §§ 222 f. AO, da insoweit § 109 AO eine Sonderregelung enthält.[150] Soweit das Gesetz eine Fristverlängerung für behördliche Fristen vorsieht (§ 109 Abs. 1 AO), kommt eine Wiedereinsetzung ebenfalls nicht in Betracht. Das wichtigste **Beispiel für wiedereinsetzungsfähige gesetzliche Fristen** ist die Einspruchsfrist nach § 355 Abs. 1 AO.

Eine Frist wird **versäumt**, wenn eine fristgebundene Handlung nicht rechtzeitig oder nicht wirksam vorgenommen wurde. Die Frist endet an ihrem letzten Tag um 24.00 Uhr, nicht bereits mit Ende der Dienstzeit. In der Finanzamtspraxis sind Nachtbriefkästen, die nach Dienstschluss den rechtzeitigen Einwurf eines Schriftstücks vor Mitternacht dokumentieren, regelmäßig nicht anzutreffen. In den Posteingangsstellen wird die am Morgen vorgefundene Post daher mit dem sog. **Frühleerungsstempel** versehen, wenn nicht ausgeschlossen werden kann, dass das Schriftstück noch am Vortag in den Briefkasten eingeworfen wurde. Bei Verwendung eines solchen Frühleerungsstempels gilt das Schriftstück zu Gunsten des Absenders als am Vortag eingegangen (vgl. BFH vom 28.10.1987, BStBl II 1988, 111).

Die Wiedereinsetzung setzt gem. § 110 Abs. 1 S. 1 AO regelmäßig einen ausdrücklichen **Antrag** voraus. Wird die versäumte Handlung innerhalb der Antragsfrist (ein Monat seit Wegfall des Hindernisses, § 110 Abs. 2 S. 1 AO) nachgeholt, kann Wiedereinsetzung auch ohne Antrag gewährt werden. Die Wiedereinsetzung in den vorigen Stand ist keine Ermessensentscheidung. Liegen die Voraussetzungen des § 110 AO vor, **muss** die Behörde nach dem Wortlaut des § 110 Abs. 1 S. 1 AO Wiedereinsetzung gewähren. Zuständig für die Entscheidung über den Wiedereinsetzungsantrag ist das FA, das über die versäumte Rechtshandlung zu befinden hat (§ 110 Abs. 4 AO). Über den Antrag wird nicht in einem eigenen Verfahren entschieden, sondern (als unselbständiger Teil) zusammen mit der Hauptsacheentscheidung (etwa mit der Einspruchsentscheidung). Wird die Wiedereinsetzung abgelehnt, ist der Ablehnungsbescheid daher auch nicht selbständig anfechtbar, sondern nur zusammen mit dem zugrunde liegenden VA durch Klageerhebung (BFH vom 14.11.2006, BFH/NV 2007, 728).

Eine Wiedereinsetzung ist nur bei **unverschuldeter Fristversäumnis** zulässig (§ 110 Abs. 1 S. 1 AO). Schuldhaft handelt, wer vorsätzlich oder fahrlässig die gesetzlichen Fristen nicht einhält, wenn er die Versäumung hätte voraussehen können und ihm ein anderes

---

150 *Kühn/von Wedelstädt*, § 110 AO Rz. 5 m.w.N.

Verhalten zumutbar war (vgl. § 276 BGB); es **genügt insoweit leichte Fahrlässigkeit** (BFH vom 29.02.1994, BFH/NV 1995, 37). Dabei sind die persönlichen Verhältnisse des StPfl. zu berücksichtigen (**subjektiver Verschuldensmaßstab**): Bei steuerlich erfahrenen Personen und Angehörigen der steuerberatenden Berufe wird der Sorgfaltsmaßstab höher liegen als bei steuerlich gänzlich unbedarften StPfl.[151] So gehört bei den steuerberatenden Berufen ein **Fristenkontrollbuch** oder eine ähnliche Einrichtung zur unerlässlichen Voraussetzung für eine ordnungsgemäße Büroorganisation, bei deren Fehlen eine Wiedereinsetzung nicht gewährt werden kann (BFH vom 14.12.2011, BFH/NV 2012, 440). Arbeitsüberlastung des steuerlichen Vertreters ist nach ständiger Rspr. für sich allein kein Grund für eine Wiedereinsetzung, ebenso wenig ein nicht näher erläutertes »Büroversehen« (BFH a.a.O.).

Nach der sehr kasuistischen Rspr. ist die Verschuldensfrage immer eine **Einzelfallentscheidung**. Im Ergebnis geht es darum, zu verhindern, dass durch pflichtvergessenes und gleichgültiges Verhalten gegenüber dem FA der ordnungsgemäße Ablauf des Verfahrens beeinträchtigt wird, und nicht darum, zerstreute, vergessliche oder gedankenlose StPfl. zur Konzentration zu erziehen. Eine Überspannung der Sorgfaltspflichten ist daher sicherlich verfehlt, so kann der StPfl. z.B. darauf vertrauen, dass werktags im Bundesgebiet aufgegebene Postsendungen am folgenden Werktag im Bundesgebiet auch ausgeliefert werden, unabhängig davon, welches lizenzierte Postdienstleistungsunternehmen beauftragt wurde; werden die Postlaufzeiten nicht eingehalten, ist daher i.d.R. Wiedereinsetzung zu gewähren (BFH vom 28.10.2008, BStBl II 2009, 190).

Bei der Verschuldensfrage muss sich der StPfl. das **Verschulden** eines steuerlichen Vertreters **zurechnen** lassen (§ 110 Abs. 1 S. 2 AO). Aus Gründen der Rechtssicherheit bestimmt § 110 Abs. 3 AO ferner, dass nach einem Jahr seit Ende der versäumten Frist nur dann ein Antrag auf Wiedereinsetzung gestellt werden darf, wenn der Antrag vor Ablauf der Jahresfrist infolge höherer Gewalt unmöglich war.

Beispiel 3: Der fehlgeleitete Schriftsatz

Das FA Hamm nimmt Klumpe mit einem an diesen persönlich am 20.03.2012 zugestellten Haftungsbescheid für Steuerrückstände einer GmbH in Haftung. Mit Schreiben vom 20.06.2012 legt Klumpes StB, Schnell, gegen den Haftungsbescheid Einspruch beim FA Hamm ein und beantragt Wiedereinsetzung in den vorigen Stand. Den Antrag begründet Schnell wie folgt: Er habe bereits mit einem an das FA Minden adressierten Schreiben vom 12.04.2012 Einspruch gegen den Haftungsbescheid eingelegt. Die falsche Adressierung sei aber in der Kanzlei erst Mitte Juni 2012 erkannt worden. Das FA Minden bestätigt diesen Sachvortrag des Schnell. Warum das Schreiben nicht bereits von dort an das zuständige FA Hamm weitergeleitet wurde, ist nicht mehr aufklärbar. Die fehlerhafte Adressierung im Schreiben vom 12.04.2012 ist durch die Kanzleikraft Sorglos vorgenommen worden, weil die Anschrift des FA Minden – zu Unrecht – bei den Daten des Klumpe im PC abgespeichert war. Schnell argumentiert wie folgt: Hätte das unzuständige FA Minden die Einspruchsschrift unverzüglich an das FA Hamm weitergeleitet, wäre die Einspruchsfrist gewahrt worden. Es sei deshalb Wiedereinsetzung in den vorigen Stand zu gewähren. Wie wird das FA Hamm entscheiden?

---

[151] Vgl. BFH vom 22.09.2009 (DStR 2009, 2657): Angehörige der rechts- und steuerberatenden Berufe müssen für eine zuverlässige Fristenkontrolle sorgen und die Organisation des Bürobetriebs so gestalten, dass Fristversäumnisse ausgeschlossen sind.

Lösung: Der Einspruch gegen den Haftungsbescheid war gem. § 357 Abs. 2 AO beim FA Hamm als zutreffende Anbringungsbehörde einzulegen. Die schriftliche Anbringung bei einer anderen Behörde ist nach § 357 Abs. 2 S. 4 AO nur dann unschädlich, wenn der Einspruch vor Ablauf der Einspruchsfrist der zuständigen Behörde übermittelt wird. Der Eingang des Schreibens vom 12.04.2012 beim FA Minden hat die Einspruchsfrist nicht gewahrt, da das Schriftstück nicht rechtzeitig beim FA Hamm eingegangen ist. Ursächlich für die Versäumung der Einspruchsfrist sind die fehlerhafte Adressierung des Schreibens vom 12.04.2012 sowie die versäumte Weiterleitung des Schriftstücks an das FA Hamm. Eine Wiedereinsetzung in den vorigen Stand setzt voraus, dass Klumpe die Einspruchsfrist unverschuldet versäumt hat (§ 110 Abs. 1 S. 1 AO). Handelt ein Bevollmächtigter für den Einspruchführer, muss sich Klumpe das Verschulden des Schnell zurechnen lassen (§ 110 Abs. 1 S. 2 AO). Nach der Rspr. trägt der Schnell als Bevollmächtigter die Verantwortung dafür, dass die Einspruchsschrift rechtzeitig bei der richtigen Behörde eingeht. Schnell hat beim Unterzeichnen der Einspruchsfrist den Fehler nicht bemerkt. Als rechtskundige Fachkraft hätte Schnell wissen müssen, dass der Einspruch an das FA Hamm zu richten ist. Es gehört zu den Sorgfaltspflichten eines Bevollmächtigten, zu überprüfen, ob der Schriftsatz an die richtige Anbringungsbehörde gerichtet ist. Entgegen der Auffassung des Schnell entfällt die Verantwortlichkeit für die Fristversäumnis auch nicht deshalb, weil das FA Minden die Weiterleitung des Schriftstücks nicht vorgenommen hat. Das tatsächliche oder vermutete Verschulden des FA Minden könnte nur ausnahmsweise – bei willkürlichem, offenkundig nachlässigem und nachgewiesenem Fehlverhalten dazu führen, dass die Verantwortlichkeit des Absenders entfällt. Dafür sind im vorliegenden Fall keine Anhaltspunkte erkennbar. Der Antrag auf Wiedereinsetzung ist daher abzulehnen (vgl. zum Ganzen BFH vom 19.12.2000, BStBl II 2001, 158).

Häufig wird in der Praxis Wiedereinsetzung beantragt, weil ein vom StPfl. oder dessen Vertreter zur Post gegebenes Schriftstück den Adressaten nicht erreicht hat. Der BFH hat die Voraussetzungen für eine Wiedereinsetzung im Zusammenhang mit der behaupteten Versendung von Schreiben und deren Glaubhaftmachung wie folgt zusammengefasst (AO-StB 2003, 108): Es ist eine **lückenlose und schlüssige Darstellung des Absendevorgangs** dahingehend erforderlich, welche Person zu welcher Zeit in welcher Weise den Brief, in dem sich das betreffende Schriftstück befunden haben soll, aufgegeben hat; die bloße Vorlage des Postausgangsbuchs genügt dann nicht, wenn dieses nicht erkennen lässt, in welchem Verfahren und mit welchem Inhalt das dort dokumentierte Schreiben versandt worden ist. Dem steuerlichen Vertreter ist daher dringend anzuraten, den Versand fristwahrender Schriftstücke im Postausgangsbuch möglichst exakt zu dokumentieren.

Beruht die Fristversäumnis auf einem Rechtsirrtum des StPfl. über die Existenz einer Frist, liegt regelmäßig kein unverschuldeter Wiedereinsetzungsgrund vor, weil es sich insoweit um einen Irrtum über das materielle Recht handelt; **hinsichtlich der Rechtslage besteht für den StPfl. eine allgemeine Informationspflicht** (sic!). Eventuelle Informationsmängel über das geltende Recht gehen daher regelmäßig als Fahrlässigkeitsfehler zu Lasten des Bürgers, weil er sich sonst die ihm allein genehmen Gesetze aussuchen könnte. Grundsätzlich kann damit nicht von einem mangelnden Verschulden an der Fristversäumnis ausgegangen werden, wenn sich ein Steuerlaie auf einen Irrtum über materielles Recht beruft, auch wenn sich das Steuerrecht als komplexe Materie darstellt. Allerdings betont der BFH bei seinen kasuistischen Einzelfallentscheidungen zu § 110 AO immer auch, dass die Anforderungen an das Vorliegen der Voraussetzungen für die Wiedereinsetzung nicht überspannt werden dürfen und im Zweifel daher diejenige Interpretation eines Gesetzes den Vorzug verdient, die eine Entscheidung über die materielle Rechtslage ermöglicht und nicht erschwert (BFH vom 22.05.2006, BStBl II 2006, 833); gleichwohl wird in der Praxis lediglich in etwa 4 % der Fälle die beantragte Wiedereinsetzung gewährt.[152]

3 Grundsätze des Besteuerungsverfahrens (§§ 85 ff. AO)

3.1 Ablauf des Besteuerungsverfahrens

Das Besteuerungsverfahren gehört zu den Kernaufgaben des FA: Die Finanzbehörden haben gem. § 85 S. 1 AO die Steuern nach Maßgabe der Gesetze gleichmäßig **festzusetzen und zu erheben**. Zur Vorbereitung der Steuerfestsetzung ermittelt das FA die Besteuerungsgrundlagen im steuerlichen **Ermittlungsverfahren**; anschließend werden aufgrund dieser Ermittlungen die Steuern festgesetzt (**Festsetzungsverfahren**) und erhoben (**Erhebungsverfahren**). Wenn der StPfl. nicht rechtzeitig zahlt, schließt sich an das Erhebungsverfahren erforderlichenfalls das **Vollstreckungsverfahren** an.

3.2 Allgemeine Besteuerungsgrundsätze

3.2.1 Grundsatz der Gesetzmäßigkeit und Gleichmäßigkeit der Besteuerung

Die §§ 85 bis 88 AO enthalten die elementaren Grundsätze des Besteuerungsverfahrens. § 85 S. 1 AO verpflichtet die Finanzbehörden, die Steuern **nach Maßgabe der Gesetze** (Grundsatz der **Gesetzmäßigkeit der Besteuerung**, vgl. Art. 20 Abs. 3 GG) **gleichmäßig** (Grundsatz der **Gleichmäßigkeit der Besteuerung**, vgl. Art. 3 Abs. 1 GG) festzusetzen und auch zu erheben (sog. gleichmäßiger Verwaltungsvollzug). Dabei gewährt der Grundsatz der Gleichmäßigkeit der Besteuerung **gleiches Recht für alle, aber keine Gleichbehandlung im Unrecht**. Ein StPfl. kann sich demnach nicht darauf berufen, dass die Finanzbehörde in einem anderen Steuerfall rechtswidrig gehandelt hat und dass nun auch bei ihm entsprechend verfahren werden müsse. § 85 S. 1 AO gewährleistet keine »Gleichheit im Unrecht« (vgl. BFH vom 26.09.2007, BStBl II 2008, 405).

In diesem Zusammenhang ist darauf hinzuweisen, dass der Gleichheitssatz des Art. 3 Abs. 1 GG für das Steuerrecht verfassungsrechtlich verlangt, dass die StPfl. **rechtlich, aber auch tatsächlich** gleich belastet werden. Wird die Gleichheit im Belastungserfolg durch die rechtliche Gestaltung des Erhebungsverfahrens prinzipiell verfehlt, kann dies nach der Rspr. des BVerfG zur Besteuerung der Kapitaleinkünfte die Verfassungswidrigkeit der gesetzlichen Besteuerungsgrundlage nach sich ziehen (BVerfG in BVerfGE 84, 239). Verfassungsrechtlich verboten ist dabei nicht die Norm an sich, sondern der Widerspruch zwischen dem normativen Befehl der Steuernorm und der nicht auf Durchsetzung angelegten Erhebungsregel. Zur Gleichheitswidrigkeit führt nicht ohne weiteres die empirische Ineffizienz von Rechtsnormen, wohl aber das normative Defizit des auf Ineffektivität angelegten Rechts (BVerfG vom 09.03.2004, BStBl II 2005, 56). Vor diesem Hintergrund hat das BVerfG in seiner Entscheidung vom 09.03.2004 (a.a.O.) klargestellt, dass § 23 Abs. 1 S. 1 Nr. 1 Buchst. b

---

[152] Vgl. *Balmes/Ambroziak*, Widerborstige Wiedereinsetzung – Reparaturanleitung bei unverschuldeter Fristversäumnis, AO-StB 2009, 369.

EStG in der für 1997 und 1998 geltenden Fassung mit Art. 3 Abs. 1 GG nicht vereinbar ist, soweit er Veräußerungsgeschäfte mit Wertpapieren betrifft.[153]

Das Gebot der Rechtsanwendungsgleichheit wird in der Praxis der FÄ durch die Knappheit der Ressourcen überlagert. Die Steuerverwaltung ist eine **Massenverwaltung**, bei der ein ständiger Zielkonflikt zwischen der korrekten Sachaufklärung und Besteuerung im Einzelfall und der Sicherstellung des Gesamtvollzugs existiert.[154] Im AEAO zu § 88 Nr. 1 wird den FÄ an die Hand gegeben, wie sie mit diesem Zielkonflikt umgehen sollen:

Die FÄ können bei der Entscheidung, in welchem Umfang im Einzelfall Ermittlungen anzustellen sind, Erwägungen einbeziehen, die im Ergebnis Zweckmäßigkeitserwägungen gleichzustellen sind (vgl. BVerfG vom 20.06.1973, BStBl II 1973, 720). Für die Anforderungen, die an die Aufklärungspflicht zu stellen sind, darf auch die Erwägung eine Rolle spielen, dass die Aufklärung einen nicht mehr vertretbaren Zeitaufwand erfordert. Dabei kann auf das Verhältnis zwischen voraussichtlichem Arbeitsaufwand und steuerlichem Erfolg abgestellt werden. Vereinfacht ausgedrückt sollen die FÄ ihre Ressourcen insb. dort einsetzen, wo »etwas zu holen« ist.

§ 85 S. 1 AO umschreibt ferner das sog. **Legalitätsprinzip**: Sofern sich Anhaltspunkte für ein steuerlich relevantes Handeln ergeben, **müssen** die Finanzbehörden diesem Sachverhalt nachgehen und aufklären, ob ein Tatbestand verwirklicht ist, an den das Gesetz die Leistungspflicht knüpft (§ 38 AO). Die Festsetzung der Steuern steht nicht im Ermessen der Finanzbehörde (**kein Opportunitätsprinzip**). Unzulässig ist demnach nicht nur eine Besteuerung außerhalb der Rechtsordnung, sondern auch die Nichtbesteuerung eines Sachverhaltes trotz gesetzlicher Anordnung.

3.2.2 Untersuchungsgrundsatz (§ 88 AO)

Die Finanzbehörde ermittelt den Sachverhalt gem. § 88 Abs. 1 S. 1 AO von Amts wegen. Sie bestimmt Art und Umfang der Ermittlungen nach den Umständen des Einzelfalles (§ 88 Abs. 1 S. 2 AO). Diese **Amtsermittlungspflicht** wird auch als **Untersuchungsgrundsatz** bezeichnet, während z.B. im zivilprozessualen Verfahren über weite Strecken der Beibringungsgrundsatz gilt, d.h. das Gericht trifft seine Entscheidung dort nur auf Grundlage der vorgetragenen Sachverhalte. Die Ermittlungstätigkeit der Finanzbehörden hat damit die für die rechtliche Beurteilung erforderlichen Sachverhalte von sich aus aufzuklären. Dabei ist sie an das Vorbringen der Beteiligten nicht gebunden (§ 88 Abs. 1 S. 2, 2. HS AO). Andererseits muss das FA auch die für die Beteiligten günstigen Umstände ermitteln (§ 88 Abs. 2 AO); eine Ermittlungstätigkeit »in dubio pro fisco« ist mit diesen Ermittlungspflichten nicht vereinbar. Eindeutigen Steuererklärungen braucht das FA dabei nicht mit Misstrauen zu begegnen; es kann regelmäßig von deren Richtigkeit und Vollständigkeit ausgehen (BFH vom 25.02.2012, BFH/NV 2012, 1133; AEAO zu § 88 Nr. 2).

Bei der Sachverhaltsaufklärung hat das FA den **Grundsatz der Verhältnismäßigkeit** zu beachten. Sowohl die Verfahrenseinleitung selbst (§ 86 AO) als auch Art und Umfang der Ermittlungshandlungen müssen hinreichend veranlasst sein und dürfen zu dem angestreb-

---

153 Mit Urteil vom 29.11.2005 (BStBl II 2006, 178) hat der BFH die Besteuerung privater Wertpapierveräußerungsgeschäfte ab dem VZ 1999 für verfassungsgemäß erklärt; die hiergegen eingelegte Verfassungsbeschwerde wurde nicht zur Entscheidung angenommen (BVerfG vom 10.01.2008, DStR 2008, 197).
154 Vgl. zum sog. »maßvollen Gesetzesvollzug« unter der Bedingung knapper Verwaltungsressourcen auch *Tipke/Lang*, Steuerrecht, § 21 Rz. 5 ff.

ten Erfolg **nicht erkennbar außer Verhältnis** stehen (AEAO zu § 88 Nr. 1); die Erfüllung der Pflichten zur Aufklärung des Sachverhalts seitens des StPfl. sowie zur Vorsorge und Beschaffung von Beweismitteln muss entsprechend dem allgemeinen Verhältnismäßigkeitsgrundsatz **erforderlich, möglich, zumutbar und verhältnismäßig** sein (BFH vom 28.10.2009, BStBl II 2010, 455). So ist z.B. ein Vorlageverlangen an einen Steuerberater im Rahmen einer ihn betreffenden Außenprüfung übermäßig und damit rechtswidrig, wenn es sich auf Unterlagen richtet, deren Existenz beim StPfl. ihrer Art nach nicht erwartet werden kann (BFH vom 28.10.2009, a.a.O.).

Die Ermittlungshandlungen sollen so gewählt werden, dass unter Berücksichtigung der Verhältnisse des Einzelfalles ein möglichst geringer Eingriff in die Rechtssphäre des Beteiligten oder Dritten verbunden ist. Eine Verletzung des Grundsatzes der Verhältnismäßigkeit ist gegeben, wenn die Finanzbehörden ohne Anhaltspunkte, dass möglicherweise eine Steuerschuld entstanden ist, Rasterfahndungen oder ähnliche »Ermittlungen ins Blaue hinein« vornehmen (vgl. BFH vom 25.07.2000, BStBl II 2000, 643). Im Bereich der USt ist eine verdachtsunabhängige Nachschau dagegen ausdrücklich gesetzlich zugelassen (§ 27b UStG).

Das FA muss den Sachverhalt aufklären, soweit er steuerlich aufklärungsbedürftig ist. Dabei darf es regelmäßig darauf vertrauen, dass die Angaben des StPfl. zutreffend und vollständig sind (vgl. BFH vom 25.02.2012, BFH/NV 2012, 1133). Das FA muss für die Umsetzung des Untersuchungsgrundsatzes die Steuererklärungen nicht argwöhnisch prüfen, sofern nicht greifbare Umstände vorliegen, die auf falsche oder unvollständige Angaben hindeuten. Wenn das FA Tatsachen, Umstände, Erklärungslücken oder Beweismittel, die sich nach Lage des Einzelfalles aufdrängen mussten, trotz einschlägiger Hinweise aus den Akten oder Steuererklärungen nicht ermittelt oder würdigt, verletzt es seine Aufklärungspflicht.[155]

Wirkt der StPfl. pflichtwidrig bei der Aufklärung des Sachverhalts **nicht** mit, mindert sich entsprechend die Ermittlungspflicht des FA. Als Kriterien für die Minderung der Sachaufklärungspflicht sind u.a. die Schwere der Pflichtverletzung, die Verhältnismäßigkeit und Zumutbarkeit sowie insb. die Beweisnähe heranzuziehen. Die Verantwortung des StPfl. für die Aufklärung des Sachverhalts ist umso größer und die des FA umgekehrt umso geringer, je mehr Tatsachen und Beweismittel der von ihm beherrschten Informations- und Tätigkeitssphäre angehören (BFH vom 18.08.2010, BFH/NV 2010, 2010).

3.2.3 Mitwirkungspflichten

Der Untersuchungsgrundsatz gem. § 88 Abs. 1 S. 1 AO wird durch die **Mitwirkungspflichten**, die dem StPfl. auferlegt werden, ergänzt. Gem. § 90 Abs. 1 AO sind die Beteiligten bei der Sachverhaltsermittlung zur Mitwirkung verpflichtet, insb. durch vollständige und wahrheitsgemäße Offenlegung der steuerlich erheblichen Tatsachen und Beweismittel. Ohne eine Mitwirkung bei der Sachverhaltsaufklärung durch den StPfl. selbst ist die Finanzbehörde regelmäßig nicht in der Lage, den steuerlich relevanten Sachverhalt zutreffend und umfassend zu ermitteln. Verletzt ein Beteiligter seine Mitwirkungspflichten – etwa durch pflichtwidrige Nichtabgabe seiner Steuererklärung –, können aus dieser Pflichtverletzung für ihn nachteilige Schlussfolgerungen gezogen werden; dies gilt insb. dann, wenn die Mitwirkungspflicht sich auf Tatsachen und Beweismittel aus dem alleinigen Verantwortungs-

---

155 Eine Verletzung der Aufklärungspflicht führt u.U. dazu, dass eine spätere Änderung des Steuerbescheides wegen »neuer Tatsachen« (§ 173 Abs. 1 Nr. 1 S. 1 AO) ausgeschlossen ist, vgl. Kap. VI 8.2.

bereich des StPfl. bezieht (BFH vom 28.01.2009, BFH/NV 2009, 912). Kann das FA infolge einer Verletzung der Mitwirkungspflichten die Besteuerungsgrundlagen nicht aufklären, hat sie diese zu **schätzen** (§ 162 Abs. 2 AO). Die in § 90 Abs. 1 AO allgemein normierte Mitwirkungspflicht wird in der AO selbst und in den Einzelsteuergesetzen durch verschiedene, spezielle Mitwirkungspflichten ergänzt, u.a. durch die Auskunftspflicht (§ 93 AO), durch die Pflicht zur Vorlage von Urkunden (§ 97 AO), durch die Pflicht zur Abgabe von Steuererklärungen (§ 149 AO), durch Anzeige-, Aufzeichnungs- und Buchführungspflichten (§§ 134 ff., 140 ff. AO) und durch die Pflicht zur Mitwirkung bei einer Außenprüfung (§§ 147 Abs. 6, 200 AO).

§ 90 Abs. 2 AO sieht für Sachverhalte, die sich auf Vorgänge im **Ausland** beziehen, eine **erhöhte Mitwirkungspflicht** vor. Bei Auslandssachverhalten sind die Möglichkeiten des FA, den Sachverhalt von Amts wegen aufzuklären, erheblich erschwert. Der StPfl. ist daher bei Auslandssachverhalten nach der Rspr. verpflichtet, die Ermittlungstätigkeit der Finanzbehörden durch eigene Nachforschungen zu ergänzen und zu unterstützen. § 90 Abs. 2 S. 1 AO ergänzt die Mitwirkungspflicht des StPfl. daher um eine sog. **Beweismittelbeschaffungspflicht**. § 90 Abs. 2 S. 3 AO sieht darüber hinaus eine sog. **Beweisvorsorgeobliegenheit** vor: Ein Beteiligter kann sich nicht darauf berufen, dass er den Sachverhalt nicht aufklären oder Beweismittel nicht beschaffen kann, wenn er sich nach Lage des Falles bei der Gestaltung seiner Verhältnisse die Möglichkeit dazu hätte beschaffen oder einräumen lassen können.[156] Wer z.B. mit einer »Briefkastenfirma« Verträge schließt und Zahlungen leistet, muss damit rechnen, dass die Finanzbehörde die Zahlungen gem. §§ 90 Abs. 2, 160 AO als nicht abziehbare Betriebsausgaben behandelt, wenn nicht der tatsächliche Empfänger der Zahlungen benannt werden kann (BFH vom 24.04.2009, BFH/NV 2009, 1398, AEAO zu § 160 Nr. 3).

Mit dem »Steuerhinterziehungsbekämpfungsgesetz« vom 29.07.2009 bekam die Bundesregierung die Möglichkeit, **strengere Mitwirkungs- und Nachweispflichten** bei Geschäftsbeziehungen zu Steueroasen zu formulieren und bei deren Nichterfüllung **Sanktionen** zu verhängen. § 51 Abs. 1 Nr. 1f EStG ermächtigt die Bundesregierung, per Rechtsverordnung besondere **Mitwirkungs- und Nachweispflichten** für Geschäftsbeziehungen zu Staaten und Gebieten festzulegen, die nicht zum Auskunftsaustausch in Steuersachen nach OECD-Standard bereit sind (Steuerhinterziehungsbekämpfungsverordnung vom 18.09.2009, BStBl I 2009, 1146). Werden diese Auflagen nicht erfüllt, sollen bestimmte steuerliche Vorschriften ganz oder teilweise nicht angewandt werden. Mit BMF-Schreiben vom 05.01.2010 (BStBl I 2010, 19) hat die Verwaltung bestätigt, dass derzeit kein Staat die Voraussetzungen der SteuerHBekV erfüllt.

2009 wurden die Mitwirkungspflichten des Steuerpflichtigen bei Bankverbindungen zu sog. Steueroasen auch in anderer Hinsicht deutlich verschärft: Das FA kann den StPfl. gem. § 90 Abs. 2 S. 3 AO auffordern, die Richtigkeit und Vollständigkeit seiner Angaben in der Steuererklärung **an Eides statt zu versichern**. Außerdem kann das FA verlangen, die Finanzbehörde zu bevollmächtigen, im Namen des StPfl. Auskunftsansprüche gegenüber den von der Finanzbehörde benannten Kreditinstituten außergerichtlich und gerichtlich geltend zu machen (§ 90 Abs. 2 S. 3 AO). Der Gesetzgeber möchte die Bürger und Unternehmen

---

156 Die Erfüllung der Mitwirkungspflichten muss nach dem Grundsatz der Verhältnismäßigkeit erforderlich, möglich, zumutbar und verhältnismäßig sein. So kommen z.B. bei der Beschaffung amtlicher Bescheinigungen aus Krisengebieten, die Unterhaltszahlungen an im Ausland lebende Angehörige nachweisen sollen, Beweiserleichterungen in Betracht (BFH vom 02.12.2004, BStBl II 2005, 483).

durch die Neuregelung zwingen, wahrheitsgemäße Angaben zu machen, weil sie mit der Möglichkeit rechnen müssen, dass die Finanzbehörde eine **eidesstattliche Versicherung** der Angaben verlangt und sie sich im Fall der falschen Versicherung an Eides statt strafbar machen. Eine Falschaussage ist mit Freiheitsstrafe bis zu drei Jahren oder mit Geldstrafe bedroht (§ 156 StGB). Die Versicherung an Eides statt kann allerdings nicht durch Androhung von Zwangsmitteln gem. § 328 AO erzwungen werden.

Verletzt der StPfl. seine Mitwirkungspflichten nach § 90 Abs. 2 S. 3 AO, wird gem. § 162 Abs. 2 AO widerlegbar vermutet, dass steuerpflichtige Einkünfte in Staaten oder Gebieten i.S.d. § 90 Abs. 2 S. 3 vorhanden oder höher als die erklärten Einkünfte sind. Außerdem ist in diesen Fällen ausdrücklich eine Außenprüfung gem. § 193 Abs. 2 Nr. 3 AO zulässig und das FA kann den StPfl. für die Zukunft verpflichten, Aufzeichnungen und Unterlagen sechs Jahre lang aufzubewahren (§ 147a S. 6 AO).[157]

3.2.4 Grundsatz des rechtlichen Gehörs (§ 91 AO)

Gem. § 91 AO gilt der in Art. 103 Abs. 1 GG für gerichtliche Verfahren vorgeschriebene **Grundsatz des rechtlichen Gehörs** auch im steuerlichen Verwaltungsverfahren. Bevor ein belastender VA erlassen wird, soll das FA dem Betroffenen die Gelegenheit geben, sich zu den für die Entscheidung erheblichen **Tatsachen** zu äußern (§ 91 Abs. 1 S. 1 AO). Das Anhörungsrecht besteht nur hinsichtlich der für die Entscheidung erheblichen Tatsachen. Eine Verpflichtung, mit dem Betroffenen ein Rechtsgespräch zu führen, ergibt sich aus § 91 AO dagegen nicht (anders aber § 364a AO für das Einspruchsverfahren).

§ 91 AO ist eine **Sollvorschrift**. Von der Anhörung kann demnach nur in atypischen Ausnahmefällen, von denen § 91 Abs. 2 AO einige beispielhaft aufzählt, abgesehen werden. Rechtliches Gehör ist insb. zu gewähren, wenn von dem in der Steuererklärung erklärten Sachverhalt zu Ungunsten des StPfl. wesentlich abgewichen werden soll (§ 91 Abs. 1 S. 2 AO). Wann eine Änderung nicht wesentlich ist, lässt sich nicht betragsmäßig, sondern nur einzelfallbezogen bestimmen; eine Abweichung von der sich nach der Erklärung ergebenden Steuer i.H.v. 10 % dürfte in aller Regel wesentlich sein.[158] Sind die steuerlichen Auswirkungen der Abweichung nur gering (Beispiel: angegebene Spenden i.H.v. 100 € werden mangels Nachweises nicht anerkannt), genügt die Angabe der Abweichungen in den Erläuterungen des Steuerbescheides. Wird von den Angaben nicht abgewichen, wäre eine Anhörung unsinnig; sie kann daher bei erklärungsgemäßer Veranlagung unterbleiben (§ 91 Abs. 2 Nr. 3 AO).

Verstößt das FA gegen § 91 AO[159], ist der gleichwohl ergangene VA nicht nichtig, sondern wirksam, aber rechtswidrig. Es liegt ein **heilbarer Verfahrensfehler** vor. Nach § 126 Abs. 1 Nr. 3 AO i.V.m. § 126 Abs. 2 AO kann die unterlassene Anhörung bis zum Abschluss des finanzgerichtlichen Verfahrens (Zeitpunkt der letzten mündlichen Tatsachenverhandlung) nachgeholt werden. Wenn keine andere Entscheidung in der Sache hätte getroffen werden können, d.h. bei gebundenen VA (insb. also bei Steuerbescheiden), ist der Verfahrensfehler

---

157 Die Steuerhinterziehungsbekämpfungsverordnung bestimmt in § 1 Abs. 4 AO eine Bagatellgrenze: Die strengen Aufzeichnungspflichten gelten nicht, wenn die Umsätze aus einer Geschäftsbeziehung niedriger als 10.000 € im Wirtschaftsjahr sind.
158 *Kühn/von Wedelstädt*, § 91 AO, Rn. 5.
159 In den schriftlichen Prüfungsarbeiten wird der Sachverhalt regelmäßig nicht ausdrücklich darauf hinweisen, dass die Vorschrift des § 91 AO verletzt wurde. Achten Sie auf Formulierungen im Sachverhalt wie »der Haftungsbescheid, der ohne Vorwarnung erging, …«.

nach § 127 AO gänzlich unbeachtlich. Hat der StPfl. infolge der unterbliebenen Anhörung die Einspruchsfrist versäumt, z.B. weil ihm die Abweichung des Steuerbescheides vom Inhalt der Steuererklärung nicht aufgefallen ist, gilt die Fristversäumnis für die Wiedereinsetzung in den vorigen Stand als unverschuldet (§ 126 Abs. 3 AO, **häufiges Prüfungsproblem**). Die unterlassene Anhörung ist im Allgemeinen nur dann für die Versäumung der Einspruchsfrist ursächlich, wenn die notwendigen Erläuterungen auch im VA selbst unterblieben sind (AEAO zu § 91 Nr. 3).

§ 91 AO lässt sich ferner entnehmen, dass dem StPfl. im Steuerfestsetzungsverfahren kein **Recht auf Akteneinsicht** eingeräumt wird.[160] Die Abgabenordnung unterscheidet sich insofern vom allgemeinen Verwaltungsverfahrensrecht, dass in § 29 VwVfG ein Akteneinsichtsrecht der Beteiligten im Regelfall vorsieht. Eine analoge Anwendung dieser Vorschrift ist mangels Gesetzeslücke nicht möglich. Hintergrund ist, dass die Steuerakten häufig auch Informationen über Dritte enthalten, die vom Steuergeheimnis geschützt sind und es dem FA in diesen Fällen nicht zuzumuten ist, diese Aktenbestandteile vor Gewährung der Akteneinsicht auszusortieren. Die Gewährung von Akteneinsicht steht im **pflichtgemäßen Ermessen** des FA (BFH vom 23.02.2010, BStBl II 2010, 729; AEAO zu § 91 Nr. 4). Mit Beschluss vom 10.03.2008 hat das BVerfG zu den verfassungsrechtlichen Anforderungen an die Ablehnung eines Antrags Stellung genommen, mit dem ein Einzelner Auskunft über ihn betreffende Daten begehrt, die in einer Datensammlung enthalten sind (BVerfG vom 10.03.2008, BStBl II 2009, 23). Das BMF hat daraufhin den Anspruch eines Beteiligten gegenüber dem FA, auf Antrag Auskunft über die zu seiner Person gespeicherten Daten zu erhalten, grds. bejaht, wenn er ein berechtigtes Interesse darlegt und keine Gründe für eine Auskunftsverweigerung vorliegen (BMF vom 17.12.2008, DB 2009, 147). Eine rechtswidrige Verweigerung der Akteneinsicht stellt eine – auch verfassungsrechtlich zu beanstandende – Verletzung des Anspruchs auf rechtliches Gehör dar (BVerfG vom 10.03.2008, a.a.O., AEAO zu § 91 Nr. 4). Gegen die Verweigerung der Akteneinsicht ist der Finanzrechtsweg gem. § 33 Abs. 2 S. 1 FGO gegeben (vgl. zuletzt BFH vom 09.06.2010, AO-StB 2010, 268: auch im finanzgerichtlichen Verfahren kommt eine vorübergehende **Überlassung der Akten an den Prozessbevollmächtigten** nur ganz ausnahmsweise in Betracht; die Einsichtnahme durch den Bevollmächtigten bei Gericht ist nach § 78 Abs. 1 FGO dagegen die Regel).

3.3 Elektronische Kommunikation (§ 87a AO)

§ 87a AO enthält die zentrale Regelung der elektronischen Kommunikation mit dem FA.

Nach der Generalklausel in § 87a Abs. 3 AO kann eine gesetzlich angeordnete Schriftform für Anträge, Erklärungen oder Mitteilungen an die Finanzbehörden durch die elektronische Form ersetzt werden, wenn das Dokument mit einer **qualifizierten elektronischen Signatur** nach § 2 Nr. 3 Signaturgesetz versehen ist. Allerdings ist nach § 87a Abs. 1 S. 1 AO die elektronische Übermittlung nur zulässig, soweit der Empfänger hierfür einen **Zugang** eröffnet.[161]

---

160 Im Gegensatz zum allgemeinen Verwaltungsverfahren (§ 29 VwVfG). Auch die FGO sieht für das finanzgerichtliche Verfahren in § 78 FGO ein Akteneinsichtsrecht vor; dieses erlischt erst mit endgültigem Abschluss des betreffenden Verfahrens (ausführlich BFH vom 02.10.2007, BFH/NV 2008, 93).

161 Davon kann i.d.R. ausgegangen werden, wenn die Behörde in ihrem Briefkopf oder in anderen Verlautbarungen auf ihre E-Mail-Adresse hinweist, vgl. *Szymczak*, Elektronische Kommunikation mit den Finanzbehörden, NWB vom 09.09.2002, 3001 ff. (Fach 2, 7971).

Dadurch wird berücksichtigt, dass derzeit noch nicht bei allen Finanzämtern die technischen Voraussetzungen für eine umfassende elektronische Kommunikation gegeben sind.

Ebenso ist gem. § 87a Abs. 4 AO die Erteilung eines Verwaltungsaktes durch die Finanzbehörden in elektronischer Form zulässig. Die elektronische Signatur, die an die Stelle der auf einem Papierdokument angebrachten Unterschrift tritt, soll sicher stellen, dass sich der Empfänger der elektronischen Nachricht auf die Authentizität des Absenders verlassen kann und die Nachricht nicht verfälscht ist. Der Ersatz der Schriftform durch die elektronische Form wird durch die AO vereinzelt ausgeschlossen, so z.B. in § 224a AO (Vertrag über die Hingabe von Kunstgegenständen an Zahlungs statt), § 244 AO (Schuldversprechen und Bürgschaftserklärung), § 309 AO (Pfändungsverfügung) und in § 324 AO (Arrestanordnung).

Nach § 87a Abs. 6 AO kann das BMF durch Rechtsverordnung (mit Zustimmung des Bundesrates) für die Fälle des § 87a Abs. 3 und 4 AO neben der qualifizierten elektronischen Signatur auch ein anderes Verfahren zulassen, das die Authentizität des übermittelten Dokuments sichert. Die entsprechende Rechtsverordnung wurde zwischenzeitlich erlassen, so dass bei Einsatz eines Authentifizierungsverfahrens auf eine qualifizierte elektronische Signatur nach dem SigG verzichtet werden kann und ferner die Möglichkeiten zur elektronischen Datenübermittlung an die Finanzverwaltung erweitert wurden.[162] Damit können ESt-, USt- und GewSt-Erklärungen sowie LSt-Anmeldungen und USt-Voranmeldungen elektronisch unterschrieben werden; das hierfür erforderliche elektronische Zertifikat ist kostenlos über das Elster-Online-Portal (www.elsteronline.de) zu erhalten.[163]

4 Ermittlung der Besteuerungsgrundlagen

Neben der eigentlichen Steuerfestsetzung gehört die Ermittlung der Besteuerungsgrundlagen, d.h. derjenigen tatsächlichen und rechtlichen Verhältnisse, die für die Steuerpflicht und für die Bemessung der Steuer maßgebend sind (§ 199 Abs. 2 AO), zu den Hauptaufgaben der Finanzbehörden.

4.1 Beweismittel (§§ 92 ff. AO)

Zur Ermittlung des Sachverhalts kann sich die Finanzbehörde derjenigen Beweismittel bedienen, die sie nach pflichtgemäßen Ermessen für erforderlich hält (§ 92 S. 1 AO). Mit der Pflicht zur Ermessensausübung wird gewährleistet, dass die Finanzbehörden sich nur derjenigen Beweismittel bedienen dürfen, die zur Ermittlung des Sachverhalts **geeignet** und objektiv **erforderlich** sind; von mehreren, gleichwertigen Beweismitteln ist dasjenige zu wählen, das den Betroffenen am wenigsten belastet. Das gewählte Beweismittel muss für den Betroffenen auch **zumutbar** sein; wegen der Anerkennung von Werbungskosten

---

[162] Verordnung zur Änderung der Steuerdaten-Übermittlungsverordnung vom 20.12.2006 (BGBl I 2006, 3380).
[163] Ausführlich zu den verfahrensrechtlichen Konsequenzen von ELSTER *Musil/Burchard/Hechtner*, Verfahrensrechtliche Fragen der elektronischen Steuererklärung im Rahmen des Projektes ELSTER, DStR 2007, 2290.

in geringer Höhe darf beispielsweise keine eidliche Vernehmung nach § 94 AO angeordnet werden. Die Vorschriften der §§ 93 ff. AO enthalten Hinweise für die Ermessensausübung; so sollen z.B. gem. § 93 Abs. 1 S. 3 AO andere Personen als die Beteiligten erst dann zur Auskunft angehalten werden, wenn die Sachverhaltsaufklärung durch die Beteiligten selbst nicht zum Ziel führt oder keinen Erfolg verspricht.

An die Beweisanträge der Beteiligten ist das FA nicht gebunden (Untersuchungsgrundsatz, vgl. ausdrücklich § 88 Abs. 1 S. 2 2. HS AO). Dies bedeutet allerdings nicht, dass das FA Beweisanträge zu steuerlich erheblichen Sachverhalten grundlos ablehnen darf. Beweisanträge können aber insb. dann abgelehnt werden, wenn das Aufklärungsmittel völlig ungeeignet ist (z.B. Lügendetektor), wenn die zu beweisende Tatsache für die Entscheidung des FA unerheblich ist oder wenn einfachere oder überzeugendere Beweismittel vorliegen.

In § 92 S. 2 AO werden als Methoden zur Sachverhaltserforschung die klassischen zivilprozessualen Beweismittel genannt. Allerdings ist das FA nicht an die beispielhaft aufgezählten (»insb.«) Beweismittel gebunden. Im Steuerverfahren herrscht – anders als im Zivilprozess – vielmehr das sog. **Freibeweisverfahren**, d.h. das FA kann alle Beweismittel zulassen, die es für die Sachverhaltsaufklärung für erforderlich hält.

Die Vorschriften über die Beweismittel sind unvollständig: Sie sagen nicht aus, wie das FA die erlangten Beweismittel würdigen soll. Die Rspr. geht hierbei vom **Grundsatz der freien Beweiswürdigung** aus, d.h. das FA würdigt die Beweise nach freier Überzeugung, die sich nicht auf absolute Gewissheit gründen muss (BFH vom 15.10.1976, BStBl II 1976, 767; vgl. § 96 Abs. 1 S. 1 FGO für das finanzgerichtliche Verfahren). Es genügt, wenn der Sachverhalt mit an Sicherheit grenzender Wahrscheinlichkeit festgestellt werden kann.[164]

Ferner enthalten die Vorschriften keinen Hinweis, ob und unter welchen Voraussetzungen **gesetzwidrig erlangte Beweismittel** verwertet werden dürfen. Beispiele hierfür sind etwa die unterbliebene Belehrung über ein Aussageverweigerungsrecht oder eine Außenprüfung aufgrund einer rechtswidrigen Prüfungsanordnung. Der BFH differenziert bei der Frage des **Verwertungsverbots** nach der Art der Ermittlungsfehler (BFH vom 04.10.2006, BStBl II 2007, 227): zu einem Verwertungsverbot führen nur

- besonders schwerwiegende Rechtsverletzungen des FA bei der Sachverhaltsermittlung, etwa Verstöße gegen den verfassungsrechtlich geschützten Bereich des StPfl. (sog. qualifiziertes materiell-rechtliches Verwertungsverbot),
- die Verletzung von Vorschriften, die den StPfl. in seiner Willensentschließung schützen sollen, und
- besonders schwerwiegende Verfahrensverstöße.

Beim Erwerb der sog. Daten-CDs sind diese genannten Grundsätze ebenfalls heranzuziehen. Ob der Ankauf der CDs durch deutsche Behörden strafbar ist, wird im Schrifttum heftig diskutiert: Am ehesten kommt ein Verstoß gegen § 17 Abs. 2 Nr. 2 UWG in Betracht. Dieser Verstoß dürfte allerdings nach der Rspr. des BFH kaum zu einem steuerlichen Verwertungsverbot der – möglicherweise – rechtswidrig erlangten Daten führen.[165]

---

164 *Hübschmann/Hepp/Spitaler*, § 88 AO, Rz. 80.
165 Ausführlich *Heerspink*, Auf ein Neues: Steuer-CD – Vom Umgang mit Kriminellen und Daten, AO-StB 2010, 155. Wohl gegen ein Verwertungsverbot tendiert die Entscheidung des BVerfG vom 09.11.2010 (DStR 2010, 2512), wonach der für eine Wohnungsdurchsuchung erforderliche Anfangsverdacht ohne Verfassungsverstoß auf die Daten-CD gestützt werden kann.

Nach der Rspr. muss der Betroffene die Rechtswidrigkeit der Ermittlungsmaßnahme feststellen lassen, entweder durch eine isolierte Anfechtung der Ermittlungsmaßnahme oder – wenn die Maßnahme nicht selbständig anfechtbar ist – unmittelbar im Festsetzungsverfahren (BFH vom 16.12.1986, BStBl II 1987, 248; vgl. auch AEAO zu § 196 Nr. 2). Wenn die Ergebnisse der Aufklärungsmaßnahme bereits Eingang in Steuerbescheide gefunden haben, muss der StPfl. auch diese Bescheide anfechten, um ein steuerliches Verwertungsverbot zu erlangen (vgl. AEAO zu § 196 Nr. 1). Wird die Ermittlungsmaßnahme nicht angefochten oder bleibt die Anfechtung erfolglos, besteht kein Verwertungsverbot (BFH vom 12.01.1995, BStBl II 1995, 488). Auch reine **Ordnungs- und Formfehler führen nicht zu einem Verwertungsverbot**: in diesen Fällen hat das Interesse an einer materiell-rechtlich gesetzmäßigen und gleichmäßigen Steuerfestsetzung Vorrang vor dem Interesse an einem formal ordnungsgemäßen Verfahren (vgl. BFH vom 04.10.2006, BStBl II 2007, 227; Rechtsgedanke des § 127 AO).

Zu der Frage, ob nicht ausnahmsweise als Folge einer unzulässigen Ermittlungsmethode auch danach gewonnene Ermittlungsergebnisse einem Verwertungsverbot unterliegen (sog. **Fernwirkung von Verwertungsverboten**), hat der BFH im Herbst 2006 grundlegend Stellung genommen (BFH vom 04.10.2006, BStBl II 2007, 227):

Beispiel 3a: Fernwirkung von Verwertungsverboten?
Eine Fernwirkung von Verwertungsverboten beherrscht das US-amerikanische Prozessrecht als sog. »fruit of the poisoned tree-doctrine«. In dem vom BFH zu entscheidenden Verfahren VIII R 53/04 wurden unversteuerte Einnahmen von Tanzkapellen dadurch ermittelt, dass eine Außenprüfung bei einer Gaststätte durchgeführt und nach der Feststellung, dass nicht der Wirt, sondern die jeweiligen Saalmieter die Tanzkapellen engagiert hatten, Kontrollmitteilungen mit den Adressen der Mieter erstellt. Es stellte sich die Frage, ob die Außenprüfung bei der Gaststätte nur wegen der Überprüfung der Tanzkapellen durchgeführt wurden, was zu einem Verwertungsverbot für die Kontrollmitteilungen führen könnte, oder ob es andere Gründe für die Prüfung des Gastwirtes gab, so dass die Erstellung der Kontrollmitteilungen zulässigerweise das Nebenprodukt »anlässlich einer Außenprüfung« (so der Wortlaut von § 194 Abs. 3 AO) war.

Lösung: Der BFH hat den obigen Sachverhalt in einer Grundsatzentscheidung zum Anlass genommen, um seine Rspr. zur Thematik Zulässigkeit von Auskunftsbegehren, Zulässigkeit von Kontrollmitteilungen gem. § 194 Abs. 3 AO und zur Frage der Fernwirkung von Verwertungsverboten im Gesamtkontext darzustellen:
Als Ausfluss des Verhältnismäßigkeitsprinzips darf der Betriebsprüfer die Geschäftsgrundlagen der StPfl. einerseits nicht gezielt unter Anlegung eines vorgegebenen Rasters (Verbot der Rasterfahndung) und andererseits nicht »ins Blaue hinein« nach steuererheblichen Verhältnissen Dritter durchforsten.
Das Merkmal »anlässlich« in § 194 Abs. 3 AO schränkt die Zulässigkeit von Kontrollmitteilungen vielmehr ein: Es verlangt neben einem zeitlichen Zusammenhang zwischen der Außenprüfung und der Feststellung steuerrelevanter Verhältnisse Dritter auch einen **sachlichen Zusammenhang** in der Art, dass bei einer konkreten und im Aufgabenbereich des Prüfers liegenden Tätigkeit ein Anlass auftaucht, der den Prüfer veranlasst, solche Feststellungen zu treffen. Gewinnt der Betriebsprüfer dabei rechtmäßig tatsächliche Erkenntnisse über steuerrelevante Daten Dritter, so hat er weiterhin zu prüfen, ob er diese mittels Kontrollmitteilungen verwerten darf; § 194 Abs. 3 AO stellt dabei eine zu Gunsten des geprüften StPfl. (!) bestehende Schutzvorschrift dar. Der Schutzbereich der Norm umfasst nicht Geschäftspartner der StPfl. Es soll vielmehr verhindert

werden, dass ein StPfl. bei einer Außenprüfung noch zusätzlich als Auskunftsperson über die Geschäfte Dritter herangezogen wird.

Auskunftsersuchen an dritte Personen, das heißt an dem Besteuerungsverfahren nicht beteiligte Personen, sollen dabei erst ergehen, wenn die Sachverhaltsaufklärung nicht zum Ziel führt oder keinen Erfolg verspricht (vgl. § 93 Abs. 1 S. 3 AO); es bedarf für das Auskunftsersuchen eines hinreichenden Anlasses, d.h. wenn aufgrund konkreter Umstände oder allgemeiner, ggf. auch branchenspezifischer Erfahrung, ein Auskunftsersuchen angebracht ist. Nach diesen grundsätzlichen Erwägungen kommt der BFH zum Thema Verwertungsverbot:
Nach ständiger Rspr. des BFH dürfen im Rahmen einer Außenprüfung ermittelte Tatsachen bei der Änderung von Vorbehaltsentscheidungen nur ausnahmsweise dann nicht verwertet werden, wenn ein sogenanntes **qualifiziertes materiell-rechtliches Verwertungsverbot** greift. Sind die Voraussetzungen für ein qualifiziertes Verwertungsverbot erfüllt, d.h. insb. bei qualifizierten Grundrechtsverstößen oder in strafbarer Weise erlangter Beweismittel – und ist ein weiteres Beweismittel damit mittelbar nur unter Verletzung von Grundrechten oder in strafbarer Weise vom FA erlangt worden, kann das Verwertungsverbot ausnahmsweise im Wege einer sogenannten Fernwirkung auch der Verwertung des lediglich mittelbaren, für sich betrachtet rechtmäßig erhobenen, weiteren Beweismittels entgegenstehen. Im Ergebnis hat der BFH im vorliegenden Fall dem FA Recht gegeben, das die im Zuge der Außenprüfung beim StPfl. verwerteten Ergebnisse aus den rechtmäßigen Auskunftsersuchen an die Saalmieter seinen Schätzungen zugrunde gelegt hatte.

§ 92 AO enthält schließlich auch keine Aussagen über die **Feststellungslast**, d.h. wer letztlich belastet wird, wenn ein aufklärungsbedürftiger Sachverhalt nicht aufgeklärt werden kann (sog. »Non liquet«-Situation). Im Besteuerungsverfahren ist aufgrund des Untersuchungsgrundsatzes der StPfl. grds. nicht zur Beweisführung verpflichtet. Es ist allein Aufgabe der Finanzbehörde, den Sachverhalt aufzuklären. Bleibt bei der Sachverhaltsermittlung eine rechtlich relevante Tatsache ungeklärt, geht dies nicht immer zu Lasten des StPfl. Vielmehr ist nach der Rspr. in Anknüpfung an die Rosenbergsche Normenbegünstigungstheorie[166] **zwischen steuerbegründenden und steuerbegünstigenden Tatsachen zu unterscheiden**. Für steuerbegründende (und steuererhöhende) Tatsachen trifft die Feststellungslast das FA, für steuerbegünstigende (und steuerbefreiende) Tatsachen den StPfl. (ständige Rspr., etwa BFH vom 29.03.2012, AO-StB 2012, 204). Unberührt von dieser **Beweislastgrundregel** bleiben besondere gesetzliche Beweislastregeln, z.B. § 90 Abs. 2 AO für Auslandssachverhalte. Vor einer Entscheidung nach den Regeln der Feststellungslast muss das FA vorrangig den entscheidungserheblichen Sachverhalt aufklären oder – sofern dies nicht gelingt – eine Reduzierung des Beweismaßes unter Berücksichtigung von Mitwirkungspflichtverletzungen vornehmen (BFH vom 23.03.2011, BStBl II 2011, 884).

Beispiel 4: Feststellungslast
Ein Steuerbescheid wird gem. § 124 Abs. 1 S. 1 AO erst mit der Bekanntgabe wirksam. Bestreitet der Adressat, dass ihm der Bescheid zugegangen ist, trägt das FA hierfür die Feststellungslast, da die Bekanntgabe den steuerbegründenden Tatsachen zuzurechnen ist. Das FA hat dafür einzustehen, dass die Bekanntgabe nicht bewiesen werden kann (vgl. schriftliche Prüfung Herbst 2012). Wenn der StPfl. selbst seine Mitwirkungspflichten verletzt, z.B. über seine Angaben keine ausreichenden Aufklärungen zu geben vermag, reduziert sich das Beweismaß infolge der

---

166 *Rosenberg*, Die Beweislast auf der Grundlage des Bürgerlichen Gesetzbuches und der Zivilprozessordnung, München 1965, 98 f.

Pflichtverletzung auf eine größtmögliche Wahrscheinlichkeit (vgl. § 162 Abs. 2 AO). Bestreitet das FA die Gewinnerzielungsabsicht, trägt der StPfl. die Feststellungslast, sofern er Verluste geltend macht; will das FA Gewinne der Besteuerung zugrunde legen, muss es die Gewinnerzielungsabsicht dagegen selbst nachweisen.

Die nach den o.g. Kriterien verteilte Feststellungslast wird teilweise durch die Anwendung allgemeiner Erfahrungssätze ergänzt. Dieser sog. **Anscheinsbeweis** beruht auf der Erfahrung, dass gewisse typische Sachverhalte typische Folgen auslösen und umgekehrt gewisse Folgen auf einen typischen Sachverhalt hinweisen.[167] So kommt beispielsweise die ertragsteuerliche 1 %-Regelung für die Privatnutzung eines Firmenfahrzeugs nicht zur Anwendung, wenn eine Privatnutzung ausscheidet. Nach der allgemeinen Lebenserfahrung spricht der Beweis des ersten Anscheins allerdings für eine auch private Nutzung des Dienstwagens (BFH vom 07.11.2006, DStRE 2007, 94). Dieser Anscheinsbeweis kann durch den Gegenbeweis entkräftet oder erschüttert werden; hierzu genügt es, dass ein Sachverhalt dargelegt wird, der die ernstliche Möglichkeit eines anderen als des der allgemeinen Erfahrung entsprechenden Geschehensablaufs ergibt (BFH a.a.O.).

4.1.1 Beweis durch Auskünfte (§ 93 AO)

Das in der Praxis gebräuchlichste Beweismittel ist **die Auskunft von Beteiligten und anderen Personen** nach § 93 AO. Gem. § 93 Abs. 1 S. 1 AO kann das FA von den Beteiligten (§ 78 AO) oder von anderen Personen schriftliche und mündliche Auskünfte einholen (zur Form der Auskunftserteilung s. § 93 Abs. 4 AO). Mit der Verpflichtung zur Auskunftserteilung trifft den Bürger eine allgemeine staatsbürgerliche Pflicht, die ihm aus Gründen des Gemeinwohls auferlegt ist und kein besonderes Verhalten des Auskunftspflichtigen voraussetzt.[168] Andere Personen als die Beteiligten sollen allerdings nur **subsidiär** herangezogen werden, wenn die Sachverhaltsaufklärung durch die Beteiligten nicht zum Ziel führt oder keinen Erfolg verspricht (§ 93 Abs. 1 S. 3 AO). Die auskunftspflichtigen Personen können die Auskunft nicht grundlos verweigern. **Die Beteiligten selbst müssen in jedem Fall Auskunft erteilen**; dies betrifft auch für sie ungünstige Tatsachen (§ 90 Abs. 1 AO); der strafrechtliche Grundsatz »nemo tenetur se ipsum accusare« (niemand muss sich selbst belasten) gilt im Besteuerungsverfahren nicht (arg. § 103 AO e contrario).[169]

Lediglich andere Personen als die Beteiligten, also sog. Dritte, haben unter bestimmten Umständen ein **Auskunftsverweigerungsrecht**. Dieses steht demnach Angehörigen eines Beteiligten (§ 101 AO), bestimmten Berufsträgern[170] (§ 102 AO) und dritten Personen bei der Gefahr der Strafverfolgung (§ 103 AO) zu.

---

167 Vgl. *Kühn/v. Wedelstädt*, § 96 FGO Rz. 11.
168 Allerdings unterliegt selbstverständlich auch das Auskunftsrecht allgemeinen rechtsstaatlichen Grenzen: die verlangte Auskunft muss zur Sachverhaltsaufklärung geeignet und notwendig, die Pflichterfüllung für den Betroffenen möglich und seine Inanspruchnahme erforderlich, verhältnismäßig und zumutbar sein (Verhältnismäßigkeitsgrundsatz, BFH vom 05.10.2006, BStBl II 2007, 155).
169 Dies gilt auch dann, wenn parallel zum Besteuerungsverfahren ein Steuerstrafverfahren läuft. Es ist höchstrichterlich geklärt, dass der StPfl. im Besteuerungsverfahren in der AO vorgesehene Mitwirkungspflichten unbeschadet eines parallel laufenden Strafverfahrens erfüllen muss. Jede andere Auffassung würde zu einer mit dem Gleichheitssatz unvereinbaren Privilegierung des in ein Strafverfahren verwickelten StPfl. führen (BFH vom 27.07.2009, BFH/NV 2010, 4).
170 Auskunft- und Vorlageverweigerungsrechte nach § 102 und § 104 AO bestehen grds. auch, wenn Außenprüfungen bei einem StB (oder anderem Berufsträger) im Rahmen einer ihn selbst betreffenden

Grundsätzlich sind **auch Banken auskunftspflichtig**. In Deutschland existiert, anders als z.B. in Österreich, Belgien und der Schweiz, kein gesetzlich geschütztes **Bankgeheimnis**. Das in der Öffentlichkeit und Presse oftmals zitierte Bankgeheimnis ist lediglich Gegenstand einer Vertragsbeziehung zwischen den Banken und ihren Kunden; es ist demzufolge nicht in der AO oder anderen Gesetzen, sondern in den Allgemeinen Geschäftsbedingungen der Banken geregelt. **Insb. beinhaltet auch § 30a AO kein Bankgeheimnis** (BFH vom 25.07.2000, BStBl II 2000, 643). Allerdings haben die FÄ bei ihren Ermittlungen gem. § 30a Abs. 1 AO auf das Vertrauensverhältnis zwischen den Kreditinstituten und ihren Kunden »besonders Rücksicht zu nehmen«. So dürfen die FÄ nicht zum Zwecke der allgemeinen Steueraufsicht von den Banken die einmalige oder periodische Mitteilung von Konten bestimmter Art oder bestimmter Höhe verlangen. Ferner gelten bestimmte Einschränkungen bei der Anfertigung von Kontrollmitteilungen (§ 30a Abs. 3 AO). Sofern diese Einschränkungen nicht vorliegen, kann das FA bei Vorliegen der Voraussetzungen gem. § 93 Abs. 1 AO die Banken im Einzelfall oder auch in einer Mehrzahl von Einzelfällen (sog. Sammelauskunftsersuchen) um Auskunft ersuchen. § 30a Abs. 5 S. 1 AO stellt dies ausdrücklich klar.[171]

Nach der Rspr. sind auch bei Auskunftsverlangen gegenüber Banken »**Ermittlungen ins Blaue hinein**« verboten (vgl. obiges Beispiel 3a sowie BFH vom 09.12.2008, BStBl II 2009, 509). Allerdings können die FÄ schon dann Auskünfte von den Banken einholen, wenn sie im Rahmen ihrer getroffenen Prognoseentscheidung zu dem Ergebnis gelangen, dass Auskünfte zur Aufdeckung steuererheblicher Tatsachen führen können; die Grenze für ein Auskunftsersuchen setzt der BFH dort, wo jedwede Anhaltspunkte für steuererhebliche Umstände fehlen (BFH a.a.O.).[172] **Von einem steuerlichen Bankgeheimnis kann daher nicht gesprochen werden.**

Beispiel 5: Reichweite des sog. Bankgeheimnisses
Die Steuerfahndungsstelle richtet ein auf §§ 93, 208 Abs. 1 S. 1 Nr. 3 AO gestütztes Auskunftsersuchen an die X-Sparkasse mit der Aufforderung, Einsicht in »sämtliche Wertpapierabrechnungen und Orderaufträge über Veräußerungsgeschäfte für in- und ausländische Aktien und Fondsanteile von Kunden für die Zeit vom Mai bis Dezember 12« zu gewähren. Die Sparkasse möchte von Ihnen wissen, ob das Ersuchen rechtmäßig ist.

Prüfung stattfinden; allerdings kann das FA grundsätzlich die Vorlage der erforderlichen Unterlagen (etwa Bewirtungsbelege), ggfs. in neutralisierter Form, verlangen (BFH vom 28.10.2009, BStBl II 2010, 455).

171 Vgl. auch BFH vom 21.03.2002 (BFH/NV 2002, 830): Der Schutz des Bankkunden vor unberechtigten Auskunftsersuchen ist nur an der Regelung des § 30a Abs. 2 i.V.m. § 30a Abs. 5 AO zu messen. Liegen die Voraussetzungen der §§ 93, 208 Abs. 1 S. 1 Nr. 3 AO vor, dürfen die FA Auskünfte – auch Sammelauskünfte – bei den Kreditinstituten einholen. Eine Erweiterung des Bankkundenschutzes durch eine entsprechende Anwendung des § 30a Abs. 3 AO ist nicht geboten.

172 »Hinreichend veranlasst« ist eine Kontrollmitteilung dann, wenn das zu prüfende Bankgeschäft Auffälligkeiten aufweist, die es aus dem Kreis der alltäglichen und banküblichen Geschäfte hervorheben oder eine für Steuerhinterziehung besonders anfällige Art der Geschäftsabwicklung erkennen lassen, die ... dazu verlockt, solche Einkünfte dem FA zu verschweigen, wenn also eine erhöhte Wahrscheinlichkeit der Entdeckung unbekannter Steuerfälle besteht. Der hinreichende Anlass für die »Nachprüfung der steuerlichen Verhältnisse« muss sich anhand der konkreten Ermittlungen im Einzelfall und der in vergleichbaren Prüfsituationen gewonnenen verallgemeinerungsfähigen Erkenntnisse nachvollziehbar ergeben (BFH vom 09.12.2008, a.a.O.).

Lösung: Die Steuerfahndung hat das Sammelauskunftsersuchen auf § 208 Abs. 1 Nr. 3 AO gestützt und damit zum Ausdruck gebracht, dass sie nicht im Strafverfahren, sondern im Besteuerungsverfahren zur Aufdeckung und Ermittlung unbekannter Steuerfälle tätig werden will. Rechtmäßig ist ein solches Auskunftsersuchen nur, wenn ein hinreichender Anlass besteht, d.h. wenn aufgrund konkreter Anhaltspunkte die Möglichkeit einer Steuerverkürzung in Betracht kommt und daher eine Anordnung bestimmter Art angezeigt ist. Ermittlungen »ins Blaue hinein«, Rasterfahndungen, Ausforschungsersuchen oder ähnliche Ermittlungsmaßnahmen sind dagegen unzulässig (BFH vom 16.01.2009, BStBl II 2009, 582). Nach dem Beschluss bedarf ein Sammelauskunftsersuchen der Steuerfahndung vielmehr einer »erhöhten Wahrscheinlichkeit«, unbekannte Steuerfälle zu entdecken. In dem Urteilsfall hatte die Bank (A) Bonusaktien anlässlich des Börsengangs der Telekom in ihren Bestand aufgenommen. Nachdem ein Bankkunde diese Treueaktien nicht in seiner Steuererklärung angegeben hat und vergleichbare Fälle bei anderen Banken bekannt wurden, hatte der BFH das anschließende Auskunftsbegehren des FA an die Bank (A) als nicht hinreichend veranlasst qualifiziert.

Der BFH hatte bereits mit Beschluss vom 21.03.2002 (BStBl II 2002, 495) entschieden, dass weder die Kenntnis von der Anzahl und der Kursentwicklung der am Aktienmarkt eingeführten Neuemissionen noch die Kenntnis über das Erklärungsverhalten aller StPfl. bezüglich der Einkünfte aus Spekulationsgeschäften Rückschlüsse auf tatsächlich erzielte Spekulationsgewinne von Kunden eines bestimmten Kreditinstituts zulässt. Im entschiedenen Fall aus dem Jahre 2002 hatte die Steuerfahndung aber durch sparkasseninterne Informationen Kenntnis, dass gerade Kunden dieses Kreditinstituts in erheblicher Zahl Aktiengeschäfte getätigt und Spekulationsgewinne realisiert haben. In diesem Fall ist der BFH deshalb von einem hinreichenden Anlass für die getroffenen Ermittlungsmaßnahmen ausgegangen. § 30 Abs. 5 S. 1 AO stellt die Zulässigkeit von (Sammel-)Auskunftsersuchen auch an Banken ausdrücklich klar und kann der Steuerfahndung daher nicht entgegen gehalten werden. Der Bankkundenschutz in § 30a Abs. 1 und 3 AO ist insoweit nicht berührt.

Eine weitere Einschränkung des sog. Bankgeheimnisses hat sich – europaweit – durch die EU-Richtlinie zur Einführung einer einheitlichen Zinsbesteuerung in den EU-Mitgliedstaaten ergeben. Danach existiert ab 01.07.2005 europaweit das sog. Informationsmodell, nach dem bei einer Kapitalanlage im Ausland die Heimatländer der ausländischen Anleger über deren Kapitalerträge informiert werden. Zur Umsetzung dieser EU-Richtlinie wurde in § 45e EStG eine Ermächtigungsnorm der Bundesregierung geschaffen, von der durch die »Zinsinformationsverordnung« Gebrauch gemacht wurde. Die Verordnung enthält die Verpflichtung der Banken, dem Bundeszentralamt für Steuern Informationen über Zinszahlungen an ausländische Anleger zu liefern, die das BZSt dann seinerseits an die ausländischen Finanzbehörden weiterleitet. Entsprechend werden auch die deutschen Finanzbehörden mit Informationen ausländischer Banken versorgt. Eine Ausnahme gilt für eine Übergangszeit lediglich für die Länder Luxemburg, Belgien sowie Österreich, in denen – von der Richtlinie gedeckt – statt der Informationsweitergabe ein Quellensteuerabzug vorgenommen wird.

Die Finanzbehörde kann bei Auskünften verlangen, dass der Beteiligte die Richtigkeit seiner Angaben an **Eides statt versichert** (§ 95 AO). Bei anderen Personen als den Beteiligten kommt dagegen nur eine **eidliche Vernehmung** (§ 94 AO) in Betracht. Von beiden Möglichkeiten wird in der Praxis nur äußerst zurückhaltend Gebrauch gemacht.

Auskunftsersuchen nach § 93 AO sind VA, gegen die der in Anspruch genommene Einspruch einlegen kann (§ 347 Abs. 1 Nr. 1 AO).

4.1.2 Kontenabruf nach § 93 Abs. 7 und 8 AO

2005 sind die Vorschriften zum Kontenabrufverfahren (§§ 93 Abs. 7 und 8 AO, 93b AO) in Kraft getreten. Das FA kann nach § 93 Abs. 7 AO im Einzelfall bei den Kreditinstituten über das Bundeszentralamt für Steuern die sog. **Kontenstammdaten**, d.h.

- die Kontonummer oder die Nummer eines Depots,
- den Tag der Errichtung und den Tag der Auflösung des Kontos oder Depots,
- den Namen, sowie bei natürlichen Personen den Tag der Geburt, des Inhabers und eines Verfügungsberechtigten sowie
- den Namen und die Anschrift eines abweichend wirtschaftlich Berechtigten (vgl. § 8 Abs. 1 Geldwäschegesetz)

abrufen. Kontenbewegungen und Kontostände können auf diesem Wege – entgegen anders lautenden Presseveröffentlichungen – nicht ermittelt werden. Die Verpflichtung der Kreditinstitute, Daten für einen Kontenabruf durch das Bundeszentralamt für Steuern bereitzuhalten, ergibt sich unmittelbar aus § 93b AO i.V.m. § 24c Kreditwesengesetz. Gegen die durch das Gesetz zur Förderung der Steuerehrlichkeit eingeführte Möglichkeit des automatisierten Kontenabrufs wurden von Beginn an datenschutzrechtliche und verfassungsrechtliche Bedenken geltend gemacht (Stichwort: »gläserner Bankkunde«).[173] Mit Beschluss vom 13.06.2007 (BStBl II 2007, 896) hat das BVerfG entschieden, dass § 93 Abs. 7 mit dem GG vereinbar ist, dass allerdings § 93 Abs. 8 AO – in der damaligen Fassung – gegen das Gebot der Normenklarheit verstößt, da die Vorschrift den Kreis der Behörden, die ein Ersuchen zum Abruf von Kontostammdaten stellen können, und die Aufgaben, denen solche Ersuchen dienen sollen, nicht hinreichend bestimmt. § 93 Abs. 7 bis Abs. 10 AO wurden daraufhin mit Wirkung zum 01.01.2009 neu gefasst und die Voraussetzungen für den Kontenabruf weiter präzisiert.

Das BMF hat im AEAO zu den §§ 92 und 93 mit Schreiben vom 02.01.2009 eine umfangreiche Verwaltungsanweisung erlassen, unter welchen Voraussetzungen ein Kontenabruf für Finanzbehörden (§ 93 Abs. 7 AO) zulässig ist. Die Hürden für einen Kontenabruf nach § 93 AO wurden in dieser Verwaltungsanweisung sehr hoch gelegt, so dass damit zu rechnen ist, dass mit der Abrufmöglichkeit – auch weiterhin – zurückhaltend umgegangen wird. So soll der StPfl. vor einem Kontenabruf grds. um Aufklärung des steuererheblichen Sachverhalts gebeten werden. In diesem Auskunftsersuchen ist er bereits auf die Möglichkeit hinzuweisen, dass seine Angaben durch einen Kontenabruf überprüft werden können. Bei der Ausübung des Ermessens, ob ein Kontenabruf durchgeführt werden soll, haben die Behörden »die Grundsätze der Gleichmäßigkeit der Besteuerung, der Verhältnismäßigkeit der Mittel, der Erforderlichkeit, der Zumutbarkeit, der Billigkeit und von Treu und Glauben sowie das Willkürverbot und das Übermaßverbot« zu beachten (vgl. § 5 AO, Tz. 2.3 des AEAO zu §§ 92 und 93).

Seit 2006 sind Kontenabfragen über die Vorschrift des § 93 Abs. 7 und 8 AO europaweit möglich, wenn zuvor ein steuerstrafrechtliches Ermittlungsverfahren eingeleitet wurde.

---

173 Ausführlich *Mack*, Aktuelles zum Kontenabruf und neue Chancen der Streitführung angesichts wachsender Verfassungsprobleme im Steuerrecht, DStR 2006, 394. Zu den Rechtsschutzmöglichkeiten beim behördlichen Kontenabruf ausführlich *Cöster/Intemann*, DStR 2005, 1249.

4.1.3 Hinzuziehung von Sachverständigen (§ 96 AO)

Die Hinzuziehung von Sachverständigen kommt in Betracht, wenn das FA nicht in der Lage ist, aufgrund eigener Sachkenntnis eine Entscheidung zu treffen und auch eine Aneignung der Sachkenntnis durch Literaturstudium oder in anderer Weise nicht möglich ist. Die Hinzuziehung des hausinternen »amtlichen landwirtschaftlichen Sachverständigen« ist kein Beweis durch Sachverständigengutachten, sondern im finanzgerichtlichen Verfahren wie ein Privatgutachten, d.h. wie auch der übrige Vortrag des Beteiligten, zu behandeln.

4.1.4 Beweis durch Urkunden und Augenschein (§§ 97 f. AO)

Gem. § 92 AO kann das FA als Beweismittel **Urkunden und Akten beiziehen** (§ 97 AO) und einen sog. **Augenschein** (§ 98 AO) durchführen.[174] Bei der Aufforderung zur Vorlage von Urkunden (darunter fallen z.B. Bücher, Geschäftspapiere, Verträge und sonstige Belege) muss das FA angeben, ob die Urkunden für die Besteuerung des zur Vorlage Aufgeforderten oder für die Besteuerung anderer Personen benötigt werden (§ 97 Abs. 1 S. 2 AO), damit der Betroffene prüfen kann, ob für ihn ein Auskunfts- und damit Vorlageverweigerungsrecht gem. § 104 AO in Betracht kommt. Wer Urkunden für einen Dritten aufbewahrt (z.B. ein StB oder RA), kann die Herausgabe nur verweigern, wenn der Beteiligte selbst bei eigenem Gewahrsam ebenfalls nicht zur Herausgabe verpflichtet wäre (§ 104 Abs. 2 AO, vgl. AEAO zu § 104). Ein StB muss daher z.B. die Mandantenakten trotz des Auskunftsverweigerungsrechts gem. § 102 Abs. 1 Nr. 3b AO vorlegen, sofern nur Unterlagen betroffen sind, die er für den StPfl. führt. Seine Handakten braucht er – als mandatsbezogene Geheimnisse, die ihm in Ausübung des Mandats bekannt geworden sind – dagegen nicht vorzulegen. Unter Augenscheineinnahme i.S.d. § 98 AO versteht man die unmittelbare Sinneswahrnehmung von der Beschaffenheit einer Sache; die beiden wichtigsten Fälle der Augenscheineinnahme sind in §§ 99 f. AO gesondert geregelt.

Mit Urteil vom 24.02.2010 (BStBl II 2011, 5) hat der BFH entschieden, dass ein FA im Besteuerungsverfahren eines Bankkunden von der Bank im Regelfall erst dann die Vorlage von Kontoauszügen nach § 97 Abs. 2 AO verlangen darf, wenn die Bank eine zuvor geforderte Auskunft über das Konto nach § 93 AO nicht erteilt hat, die Auskunft unzureichend ist oder Bedenken gegen ihre Richtigkeit bestehen.

4.2 Erfassung der Steuerpflichtigen (§§ 134–139 AO)

Die §§ 134 ff. AO sollen den Finanzbehörden die Möglichkeit verschaffen, möglichst alle potentiellen StPfl. zu erfassen. Die hierfür in den §§ 136–139 AO vorgesehene **Personenstands- und Betriebsaufnahme** wurde in der Praxis allerdings in den vergangenen Jahren nicht mehr durchgeführt; sie ist ohne praktische Relevanz, die ergänzend erlassene Verordnung über die Auswertung der Personenstands- und Betriebsaufnahme aus dem Jahr 1935 wurde zwischenzeitlich aufgehoben (Art. 96 Nr. 12 EGAO).

---

174 Zutreffender wohl: einnehmen; beachten Sie, dass der Augenschein mit allen Sinnen eingenommen werden kann, also nicht auf das Ansehen der Beweismittel beschränkt ist.

Praktisch bedeutsam sind dagegen die **Anzeigepflichten** nach den §§ 137–139 AO. Gem. § 137 AO haben StPfl., die nicht natürliche Personen sind (also Körperschaften, Vereinigungen und Vermögensmassen), dem FA und den für die Erhebung der Realsteuern zuständigen Gemeinden alle für die steuerliche Erfassung relevanten Umstände anzuzeigen. Wird gegen diese Pflicht verstoßen, können die pflichtwidrig handelnden Personen gegebenenfalls in Haftung genommen werden. § 138 AO regelt die **Mitteilungspflicht über die Eröffnung eines Gewerbebetriebs** gegenüber den Gemeinden, die dies unverzüglich den Betriebs-FÄ (§§ 18 Abs. 1 Nr. 2, 22 Abs. 1 AO) mitzuteilen haben.[175] Eine originäre Mitteilungspflicht gegenüber dem FA selbst besteht nur, wenn die Festsetzung der Realsteuern den Gemeinden nicht übertragen worden ist (§ 138 Abs. 1 S. 2 AO) sowie bei Aufnahme, Verlegung oder Aufgabe einer freiberuflichen Tätigkeit (§ 138 Abs. 1 S. 3 AO).

§ 138 Abs. 2 AO verpflichtet alle StPfl., **Auslandsbeteiligungen** innerhalb eines Monats nach dem meldepflichtigen Ereignis (§ 138 Abs. 3 AO) dem zuständigen FA mitzuteilen.[176] Hierunter fallen vor allem die Gründung und der Erwerb von Betrieben und Betriebsstätten im Ausland (§ 138 Abs. 2 Nr. 1 AO), aber auch die Beteiligung an ausländischen PersG und der Erwerb von Anteilen an ausländischen KapG. § 138 Abs. 2 AO soll die steuerliche Überwachung von Auslandsbeziehungen erleichtern. Eine Verletzung dieser – häufig unbekannten – Anzeigepflicht kann als Ordnungswidrigkeit gem. § 379 Abs. 2 Nr. 1 AO geahndet werden.

Anzeigepflichten zur vollständigen Erfassung der Besteuerungsgrundlagen ergeben sich i.Ü. auch aus den **Einzelsteuergesetzen**, z.B. §§ 33f. ErbStG, §§ 18ff. GrEStG sowie aus § 93a AO i.V.m. der Mitteilungsverordnung.[177]

In den §§ 139a bis 139d AO ist die Einführung eines steuerlichen Identifikationsmerkmales für natürliche Personen und Unternehmen geregelt. Mittels dieses Merkmals soll das bisherige Steuernummernsystem in den nächsten Jahren stillgelegt werden. Das Bundeszentralamt für Steuern teilt jedem StPfl. ein Identifikationsmerkmal zu, das bei Anträgen, Erklärungen oder Mitteilungen gegenüber Finanzbehörden anzugeben ist. Natürliche Personen erhalten eine Identifikationsnummer, wirtschaftlich Tätige eine Wirtschafts-Identifikationsnummer. Das einem StPfl. zugeteilte Identifikationsmerkmal bleibt – anders als die Steuernummer – zeitlebens unverändert. Die Vergabe von Identifikationsnummern verstößt nicht gegen die verfassungsrechtlich vorgegebene Wahrung der informationellen Selbstbestimmung (BFH vom 18.01.2012, BStBl II 2012, 168).

4.3 Buchführungs- und Aufzeichnungspflichten (§§ 140–148 AO)

4.3.1 Allgemeines

Zu den gesetzlich normierten Mitwirkungspflichten der StPfl. gehören auch die in den §§ 140ff. AO aufgeführten **Pflichten zum Führen von Büchern und Aufzeichnungen**. Zu unterscheiden sind Vorschriften, welche die Buchführungspflicht als solche betreffen

---

175 In der Praxis ist ein Durchschlag des Gewerbeanmeldungsvordrucks für die Weiterleitung an das FA bestimmt.
176 Zur Anzeigepflicht bei Auslandsbeziehungen gem. § 138 Abs. 2 und 3 AO vgl. BMF vom 15.04.2010, BStBl I 2010, 346 (= Nr. 800, § 138/1).
177 Zur Anwendung der »Verordnung über Mitteilungen an die Finanzbehörden durch andere Behörden und öffentlich-rechtliche Rundfunkanstalten (Mitteilungsverordnung, MV)« vgl. BMF vom 25.03.2002, BStBl I 2002, 477 (= Nr. 800, § 93a/3).

(§ 140 f. AO) und Vorschriften über die Beschaffenheit der Buchführung (§§ 142 ff. AO). Die Pflicht zur Führung von Büchern und Aufzeichnungen soll die vollständige und zutreffende Erfassung der Besteuerungsgrundlagen sicherstellen.

Erfüllt der StPfl. die ihm auferlegten Pflichten ordnungsgemäß und vollständig, sind seine Buchführung und Aufzeichnungen der Besteuerung zugrunde zu legen, soweit im Einzelfall kein Anlass besteht, an ihrer sachlichen Richtigkeit zu zweifeln (**Beweiskraft der Buchführung**, § 158 AO). § 158 AO enthält insoweit eine **gesetzliche Vermutung**. Die Vermutung wird entkräftet, wenn es nach einer Verprobung oder anderen Überprüfungsmaßnahmen des FA unwahrscheinlich ist, dass das in der Buchführung ausgewiesene Ergebnis mit den tatsächlichen Verhältnissen übereinstimmt (AEAO zu § 158). Weicht das Ergebnis der Buchführung von den Richtsätzen ab, ist dies für sich allein noch kein sachlicher Grund, den Beweiswert der Buchführung zu entkräften (vgl. grundlegend BFH vom 15.02.1989, BStBl II 1989, 462; die Richtsatzsammlung für das Kalenderjahr 2011 ist unter www.bundesfinanzministerium.de abrufbar und im BStBl I 2012, 626 abgedruckt). Zweifel an der Richtigkeit können sich aber dadurch ergeben, dass der erklärte Gewinnaufschlag erheblich von der Richtsatzsammlung abweicht, dem StPfl. darüber hinaus keine ausreichenden Mittel zur Bestreitung seines Lebensunterhalts verbleiben und er sich weigert, Erläuterungen hierzu abzugeben (BFH vom 24.11.1993, BFH/NV 1994, 766). Die Verletzung der in den §§ 140 ff. AO genannten Pflichten bzw. die Entkräftung der Vermutung nach § 158 AO führt dazu, dass die Finanzbehörde die Besteuerungsgrundlagen schätzen darf (§ 162 Abs. 2 S. 2 AO); bei bestimmten Verstößen, z.B. gegen die Aufzeichnungspflichten in § 4 Abs. 7 S. 1 EStG kommt auch ein generelles Abzugsverbot von Betriebsausgaben in Betracht (§ 4 Abs. 7 S. 2 EStG).[178] Ferner kann das FA die Erfüllung der Verpflichtungen nach den §§ 140 ff. AO mit Zwangsmitteln nach den §§ 328 ff. AO erzwingen.

4.3.2 Derivative Buchführungspflicht (§ 140 AO)

§ 140 AO regelt die sog. **derivative** oder abgeleitete **Buchführungspflicht.** Wer nach anderen Gesetzen als den Steuergesetzen Bücher und Aufzeichnungen zu führen hat, muss diese Verpflichtungen auch für die Besteuerung erfüllen. Außersteuerliche Buchführungspflichten finden sich insbes. im HGB (§§ 238–261 HGB; buchführungspflichtig sind alle Kaufleute i.S.d. HGB), in § 41 GmbHG, §§ 91, 270, 286 AktG und § 33 GenG, ferner gelten Vorschriften für bestimmte Gewerbezweige (z.B. nach der Apothekenbetriebsordnung). Wer verpflichtet ist, Bücher und Aufzeichnungen zu führen, ergibt sich aus den jeweiligen außersteuerlichen Normen. Die handelsrechtliche Buchführungspflicht trifft den jeweiligen Kaufmann. Bei Personenhandelsgesellschaften trifft die Pflicht hinsichtlich des Gesamthandsvermögens die Gesellschaft. Für Geschäftsunfähige, beschränkt Geschäftsfähige, juristische Personen und nicht rechtsfähige Personenvereinigungen haben die gesetzlichen Vertreter die Bücher und Aufzeichnungen zu führen (vgl. §§ 34 f. AO).

---

178 S. *Preißer*, Band 1, Teil A, Kap. IV 2.

4.3.3 Originäre Buchführungspflicht (§ 141 AO)

Für gewerbliche Unternehmen und Land- und Forstwirte, die nicht bereits nach § 140 AO buchführungspflichtig sind, kann sich eine rein steuerliche Buchführungspflicht bei Überschreiten bestimmter Umsatz- oder Gewinngrenzen auch aus § 141 AO ergeben.[179] § 141 AO ist gegenüber § 140 AO subsidiär (§ 141 Abs. 1 S. 1 a.E. AO) und begründet daher nur für diejenigen Gewerbetreibenden und Land- und Forstwirte eine Buchführungspflicht, die nicht in das Handelsregister eingetragen sind. Die Buchführungsgrenzen beziehen sich jeweils auf den einzelnen Betrieb, auch wenn der StPfl. mehrere Betriebe der gleichen Einkunftsart hat (AEAO zu § 141 Nr. 3).[180] Für selbständig Tätige (§ 18 EStG) besteht nach § 141 AO generell keine Buchführungspflicht. Die Buchführungspflicht für das steuerliche Sonderbetriebsvermögen einer PersG obliegt nach § 141 AO nicht dem einzelnen Gesellschafter, sondern der PersG (BFH vom 20.07.1990, BStBl II 1991, 104).

Bei der **originären Buchführungspflicht** besteht die Verpflichtung zur Führung von Büchern und Aufzeichnungen erst vom Beginn des Wirtschaftsjahres an, das auf die Bekanntgabe der Mitteilung folgt, durch die das FA auf den Beginn der Buchführungspflicht hingewiesen hat (§ 141 Abs. 2 S. 1 AO). Die Mitteilung nach § 141 Abs. 2 AO ist demnach für die Buchführungspflicht **konstitutiv**; sie kann mit der Feststellung i.S.d. § 141 Abs. 1 AO verbunden werden und bildet dann einen einheitlichen VA (AEAO zu § 141 Nr. 2). Beim einmaligen Überschreiten der Buchführungsgrenze soll auf Antrag nach § 148 AO eine Befreiung von der Buchführungspflicht bewilligt werden, wenn nicht zu erwarten ist, dass die Grenze auch später überschritten wird (AEAO zu § 141 Nr. 4).

4.3.4 Anforderungen an Buchführung und Aufzeichnungen (§§ 142 ff. AO)

Die §§ 142 ff. AO regeln allgemeine Anforderungen an Buchführung und Aufzeichnungen sowie ergänzende Aufzeichnungs- und Aufbewahrungspflichten.[181] Insb. muss die Buchführung so beschaffen sein, dass sie einem sachverständigen Dritten innerhalb angemessener Zeit einen Überblick über die Geschäftsvorfälle und über die Lage des Unternehmens vermitteln kann (§ 145 Abs. 1 S. 1 AO). Die Grundsätze ordnungsgemäßer DV-gestützter Buchführungssysteme (GoBS) sind im BMF-Schreiben vom 07.11.1995, BStBl I 1995, 738 (= Nr. 800, § 146/1) geregelt, die Grundsätze zum Datenzugriff und zur Prüfbarkeit digitaler Unterlagen im BMF-Schreiben vom 16.07.2001, BStBl I 2001, 415 (= Nr. 800, § 146/3; Merksatz: »**G**ib **D**em **P**rüfer **d**ie **U**nterlagen!«).

Die Datenzugriffsbefugnisse nach § 147 Abs. 6 AO stehen dem FA nur hinsichtlich der Unterlagen zu, die der StPfl. nach § 147 Abs. 1 AO aufzubewahren hat; darunter können neben bilanzierenden Unternehmern auch StPfl. fallen, die ihren Gewinn nach § 4 Abs. 3 EStG ermitteln (BFH vom 24.06.2009, BStBl II 2010, 452).

Bis Ende 2009 mussten nur Steuerzahler mit Gewinneinkünften ihre steuerlichen **Aufzeichnungen und Unterlagen aufbewahren**. Steuerzahler mit Überschusseinkünften waren dagegen nicht verpflichtet, ihre Belege nach Bestandskraft des Steuerbescheids weiterhin

---

179 Die für die Buchführungspflicht maßgebliche Umsatzgrenze ist unter Einbeziehung der nicht steuerbaren Auslandsumsätze zu ermitteln (BFH vom 07.10.2009, BStBl II 2010, 219).
180 Eine Ausnahme gilt für steuerbegünstigte Körperschaften, bei denen mehrere StPfl. wirtschaftliche Geschäftsbetriebe als ein Betrieb zu behandeln sind (§ 64 Abs. 2 AO).
181 Zu Online-Bankauszügen als Belege zu Steuererklärungen vgl. OFD Münster vom 17.05.2005, DStR 2005, 1101.

aufzubewahren (§ 147 AO). Ab 01.10.2010 sind auch **Steuerzahler mit Überschusseinkünften**, die positive Einkünfte von mehr als 500.000 € im Jahr haben, verpflichtet, ihre Aufzeichnungen und Unterlagen sechs Jahre lang aufzubewahren (§ 147a AO). Bei einem Verstoß gegen diese Verpflichtung kann das FA ein Verzögerungsgeld von 2.500 € bis 250.000 € gem. § 146 Abs. 2b AO verhängen[182], denn insoweit wird nicht zwischen und Unternehmen und Nichtunternehmern unterschieden.

4.4 Steuererklärungen (§§ 149–153 AO)

4.4.1 Abgabe der Steuererklärung

Die Abgabe der Steuererklärung gehört zu den elementaren Mitwirkungspflichten des Steuerbürgers. In einer Vielzahl von Fällen ist die Ermittlung der Besteuerungsgrundlagen mit der Abgabe einer ordnungsgemäßen und vollständigen Steuererklärung abgeschlossen. Der Begriff der Steuererklärung ist gesetzlich nicht definiert. Nach der Rspr. versteht man unter einer **Steuererklärung** eine formalisierte, innerhalb einer bestimmten Frist abzugebende Auskunft des StPfl., die dem FA die Festsetzung der Steuer ermöglichen soll und i.d.R. zum Erlass eines Steuerbescheides führt (BFH vom 14.01.1998, BStBl II 1999, 203). Die Steuererklärung ist damit vor allem eine **Wissenserklärung**; sie enthält Angaben über steuerlich erhebliche Sachverhalte. Darüber hinaus enthalten Steuererklärungen aber auch häufig **Willenserklärungen**, z.B. wenn eine Steuerermäßigung beantragt wird oder bei der Ausübung von Gestaltungsrechten, etwa dem Antrag auf getrennte Veranlagung gem. § 26 Abs. 2 EStG. Teilweise muss der StPfl. in der Steuererklärung die Steuer selbst berechnen; diese besonderen Steuererklärungen werden als **Steueranmeldung** bezeichnet (§ 150 Abs. 1 S. 3 AO). Zu den Steueranmeldungen gehören u.a. die Lohnsteueranmeldungen und die USt-Voranmeldungen, aber auch die USt-Jahreserklärung, da der Unternehmer nach § 18 Abs. 3 S. 1 UStG nach Ablauf eines Kalenderjahres eine USt-Erklärung abzugeben hat, in der er die USt oder den Überschuss selbst berechnen muss. Steueranmeldungen stehen gem. § 168 S. 1 AO immer einer Steuerfestsetzung unter Vorbehalt der Nachprüfung gleich.

Die **Pflicht zur Abgabe einer Steuererklärung** wird regelmäßig nicht in der AO, sondern in den **Einzelsteuergesetzen** geregelt (§ 149 Abs. 1 S. 1 AO), z.B. in § 25 Abs. 3 EStG, §§ 56, 60 EStDV, § 31 KStG, § 18 Abs. 3 UStG und § 31 ErbStG. § 25a EStG eröffnet ab 2012 in bestimmten Fällen die gemeinsame Abgabe von ESt-Erklärungen für zwei Jahre (Steuervereinfachungsgesetz 2011). Daneben kann das FA gem. § 149 Abs. 1 S. 2–4 AO auch individuell zur Abgabe einer Steuererklärung auffordern, wenn die Möglichkeit besteht, dass der Aufgeforderte steuerpflichtig ist. Ist eine Steuerpflicht des Aufgeforderten dagegen von vornherein ausgeschlossen, ist die Aufforderung ermessensfehlerhaft und damit rechtswidrig (BFH vom 18.12.1974, BStBl II 1975, 464). Eine Aufforderung liegt bereits in der Übersendung von Erklärungsvordrucken, weil das FA dadurch zu erkennen gibt, dass es von einer potentiellen Steuerpflicht des Adressaten ausgeht.[183]

Soweit die Einzelsteuergesetze nichts anderes bestimmen, sind Steuererklärungen, die sich auf ein Kalenderjahr oder einen gesetzlich bestimmten Zeitpunkt beziehen, spätestens fünf

---

[182] Diese Möglichkeit wurde erst durch das JStG 2009 in die AO eingeführt; ausführlich *Haubner*, Verzögerungsgeld nach § 146 Abs. 2b AO in der Betriebsprüfung, AO-StB 2010, 187.
[183] Ein Anspruch auf kostenlose Übersendung der amtlichen Steuererklärungsvordrucke besteht übrigens nicht; es handelt sich dabei lediglich um einen freiwilligen Service des FA (BFH vom 12.09.2002, BFH/NV 2003, 6).

Monate danach abzugeben (§ 149 Abs. 2 S. 1 AO, sog. **Abgabefrist**). Eine Sonderregelung enthält z.B. § 18 Abs. 1 UStG für die USt-VA oder § 41a Abs. 1 EStG für die LSt-Anmeldung. Die Abgabefrist kann allerdings durch die Finanzbehörde gem. § 109 Abs. 1 S. 1 AO **verlängert** werden. Für die steuerberatenden Berufe werden die Erklärungsfristen für die ESt, KSt, GewSt und USt allgemein um sieben Monate bis zum 31.12., in Ausnahmefällen bis Ende Februar des Folgejahres in den sog. **Fristenerlassen** verlängert.[184] Ein Gleichheitsverstoß im Verhältnis zu steuerlich nicht beratenen StPfl. liegt darin nicht. Allerdings ist das FA auch im Falle der steuerlichen Vertretung aufgrund der gleich lautenden Ländererlasse über Steuererklärungsfristen nicht generell verpflichtet, die dort benannten Fristverlängerungen bis spätestens zum 28.02. des Zweitfolgejahres in jedem Falle auszusprechen; die Ermessensentscheidung des FA ist insoweit – wie alle Ermessensentscheidungen – nur eingeschränkt überprüfbar.[185] Für die Abgabe der USt-Voranmeldungen besteht die Möglichkeit einer **Dauerfristverlängerung** gem. § 18 Abs. 6 UStG, wenn die Voraussetzungen der §§ 46ff. UStDV vorliegen.

Die Verpflichtung zur Abgabe der Steuererklärung bleibt auch dann bestehen, wenn das FA die Besteuerungsgrundlagen nach § 162 AO geschätzt hat (§ 149 Abs. 1 S. 4 AO); dadurch soll zu niedrigen Schätzungen vorgebeugt werden. Auf die fortbestehende Abgabepflicht wird der StPfl. in den Schätzungsbescheiden regelmäßig auch ausdrücklich hingewiesen.

Gibt der StPfl. die Erklärung pflichtwidrig nicht oder nicht rechtzeitig ab, kann das FA die Abgabe mit Zwangsmitteln erzwingen (§§ 328ff. AO), die Besteuerungsgrundlagen gem. § 162 AO schätzen sowie einen Verspätungszuschlag gem. § 152 AO festsetzen. Mit der Nichtabgabe einer Steuererklärung kann auch eine Steuerhinterziehung (§ 370 AO) oder eine leichtfertige Steuerverkürzung (§ 378 AO) vorliegen.

Inhalt und Form der Steuererklärung richten sich nach § 150 AO. Die Erklärungen sind demnach, soweit nicht eine formlose Erklärung zugelassen ist (z.B. § 19 Abs. 5 GrEStG) nach (aber nicht »auf«) **amtlich vorgeschriebenem Vordruck** abzugeben. Dies bedeutet nicht, dass tatsächlich ein amtlicher Vordruck verwendet werden muss. Die beim FA eingereichte Erklärung muss aber in ihrer Gestaltung dem amtlichen Vordruck entsprechen.[186] Dies ist beispielsweise bei den Software-Programmen, die zur Erstellung der Steuererklärung am PC angeboten werden, der Fall. Gem. § 150 Abs. 1 S. 2 AO ist § 87a AO – also die elektronische Ersetzung – auf Steuererklärungen nur anwendbar, soweit aufgrund eines Gesetzes oder einer Rechtsverordnung die Steuererklärung auf maschinell verwertbarem Datenträger oder durch Datenfernübertragung übermittelt werden darf. Die entsprechende Steuerdaten-Übermittlungsverordnung existiert seit 2003 (StDÜV vom 28.01.2003, BStBl I 2003, 139).[187]

Seit 2005 hat der Arbeitgeber die Lohnsteuer-Anmeldungen elektronisch zu übermitteln (§ 41a Abs. 1, § 52 Abs. 52b EStG). Umsatzsteuer-Voranmeldungen sind ebenfalls grund-

---

184 Vgl. Ländererlasse vom 02.01.2012, BStBl I 2012, 58. Eine über den 28.02. des Zweitfolgejahres hinausgehende Fristverlängerung kommt grundsätzlich nicht in Betracht. Das FA ist nicht verpflichtet, aufgrund des Fristenerlasses einem Steuerberater die Frist zur Abgabe der eigenen Steuererklärung zu verlängern (BFH vom 29.01.2003, BStBl II 2003, 550).
185 BFH vom 21.02.2006, BStBl II 2006, 399; zum fehlerhaften Ermessensgebrauch vgl. Kap. I 3.6.
186 Vgl. ausführlich BMF vom 21.02.2012 (BStBl I 2012, 522). Eine ESt-Erklärung ist auch dann »nach amtlich vorgeschriebenem Vordruck« abgegeben, wenn ein – auch einseitig – privat gedruckter oder fotokopierter Vordruck verwendet wird, der dem amtlichen Muster entspricht (BFH vom 22.05.2006, BStBl II 2007, 2).
187 Ausführlich zur Anwendung der Steuerdaten-Übermittlungsverordnung BMF vom 05.02.2003, BStBl I 2003, 160 (= Nr. 800, § 150/2) sowie zur Steuerdaten-Abrufverordnung (StDAV) BMF vom 15.01.2007, BStBl I 2007, 95; eine Übersicht der von den Finanzverwaltungen der Länder eröffneten Zugänge ist im BStBl I 2011, 1065 abgedruckt.

sätzlich auf elektronischem Weg abzugeben (§ 18 Abs. 1 S. 1 UStG). Die genannten Vorschriften gehen § 150 AO – der die Abgabe der Erklärung mittels amtlich vorgeschriebenem Vordrucks vorsieht – als leges speciales vor. Zur Vermeidung von unbilligen Härtefällen kann das Betriebsstättenfinanzamt auf Antrag die Abgabe in Papierform weiterhin zulassen. Ein Härtefall kann vorliegen, wenn und solange es dem Arbeitgeber nicht zumutbar ist, die technischen Voraussetzungen einzurichten, die für die Übermittlung der elektronischen Lohnsteuer-Anmeldung bzw. Umsatzsteuer-Voranmeldung nach der Steuerdaten-Übermittlungsverordnung erforderlich sind. Aufgrund der Härtefallregelung hat der BFH verfassungsrechtliche Bedenken bezüglich der Pflicht zur elektronischen Übermittlung der USt-Voranmeldungen verneint (Urteil vom 14.03.2012, BStBl II 2012, 477).

Mit dem **Steuerbürokratieabbaugesetz** hat der Gesetzgeber die Verpflichtungen zur Nutzung elektronischer Kommunikationsmittel weiter ausgebaut:

- § 5b EStG: Standardisierung der Inhalte von Bilanzen und Gewinn- sowie Verlustrechnungen und Verpflichtung, sie elektronisch zu übermitteln; dies betrifft alle Betriebe, die ihren Gewinn nach § 4 Abs. 1, § 5 oder § 5a EStG ermitteln (zur Anwendung, insb. zur Nichtbeanstandungsregelung für 2012 vgl. BMF vom 28.09.2011, BStBl I 2011, 855);
- § 60 Abs. 4 EStDV: Elektronische Übermittlung der Anlage EÜR (Anwendung: Wirtschaftsjahre, die nach dem 31.12.2010 beginnen)[188];
- Elektronische Erklärungsabgabe nach § 14a GewStG, § 31 Abs. 1a KStG und § 181 Abs. 2a AO (Anwendung: ab VZ 2011);
- § 25 Abs. 4 EStG: Einkommensteuererklärungen sind elektronisch zu übermitteln, wenn Gewinneinkünfte erzielt werden (Land- und Forstwirte, Gewerbetreibende, Selbständige und Freiberufler; Anwendung: ab VZ 2011);
- § 138 Abs. 1b AO: Verpflichtung von Unternehmern zur elektronischen Abgabe des Betriebseröffnungsbogens (Anwendung: nach Erlass einer entsprechenden Rechtsverordnung);
- § 10a Abs. 5 S. 3 EStG: Übermittlung der Daten der Bescheinigung nach § 10a Abs. 5 EStG (Anwendung: ab VZ 2010);
- § 50 Abs. 1a EStDV: Elektronische Zuwendungsbestätigungen (Anwendung: ab VZ 2011) und
- § 15 Abs. 1 S. 2 bis 5 VermbG: Elektronische Übermittlung der Anlage VL (Anwendung: nach Erlass einer entsprechenden Rechtsverordnung).

Die Abgabe der Umsatzsteuerjahreserklärung auf elektronischem Weg ist ebenfalls verpflichtend (§ 18 Abs. 3 S. 1 UStG).

Allerdings enthält die AO nunmehr auch mit § 150 Abs. 8 AO – in Ergänzung der einzelgesetzlichen Regelungen – eine in der Praxis recht **großzügig angewandte Härtefallregelung**, nach der das FA auf die elektronische Datenübermittlung verzichten kann, wenn sie für den Steuerpflichtigen wirtschaftlich oder persönlich unzumutbar ist. Dies ist insbesondere der Fall, wenn der Steuerpflichtige nicht über die erforderliche technische Ausstattung verfügt und die Schaffung der technischen Möglichkeiten für eine Datenfernübertragung des amtlich vorgeschriebenen Datensatzes nur mit einem nicht unerheblichen finanziellen Aufwand möglich wäre. Darüber hinaus ist eine unbillige Härte anzunehmen, wenn der

---

188 Die Pflicht zu Abgabe der Anlage EÜR nach § 60 Abs. 4 EStDV ist nach Auffassung der Rspr. verfassungsgemäß (BFH vom 16.11.2011, BStBl II 2012, 129).

StPfl. nach seinen individuellen Fähigkeiten nicht oder nur eingeschränkt in der Lage ist, die Möglichkeiten der Datenfernübertragung zu nutzen. In der Gesetzesbegründung hierzu heißt es: »In der Praxis dürften diese Voraussetzungen insbesondere bei Kleinstbetrieben gegeben sein. Der Härtefallantrag kann auch **konkludent** (z.B. in Gestalt der Abgabe einer herkömmlichen Steuer- oder Feststellungserklärung auf Papier) gestellt werden. In diesem Fall sind Sachverhaltsermittlungen der Finanzbehörde nur geboten, wenn das Vorliegen eines Härtefalls nicht als glaubhaft angesehen werden kann.«

Gem. § 150 Abs. 3 S. 1 AO können die Einzelsteuergesetze vorschreiben, dass die Steuererklärung **eigenhändig zu unterschreiben** ist. Davon hat der Gesetzgeber u.a. in § 25 Abs. 3 S. 4 EStG, § 18 Abs. 3 S. 3 UStG, § 14a Abs. 1 S. 3 GewStG und § 31 Abs. 1 KStG Gebrauch gemacht. Bei den Voranmeldungen zur USt (§ 18 Abs. 1 UStG) und zur LSt (§ 41a Abs. 1 EStG) genügt dagegen die Unterzeichnung durch einen Bevollmächtigten, etwa des StB. Soweit das Gesetz keine eigenhändige Unterschrift vorsieht, akzeptiert die Finanzverwaltung infolge des BFH-Urteils vom 04.07.2002 (BStBl II 2003, 45) Steueranmeldungen und -erklärungen auch per Telefax (BMF-Schreiben vom 20.01.2003, BStBl I 2003, 74). Beim Erfordernis der eigenhändigen Unterschrift ist eine Unterschrift des Bevollmächtigten gem. § 150 Abs. 3 AO nur in Ausnahmefällen möglich, wenn der StPfl. durch längere Abwesenheit an der Unterschrift gehindert ist.[189] Wegen des Erfordernisses der eigenhändigen Unterschrift ist auch die Abgabe der Steuerklärung per Telefax nicht zulässig. Fristgebundene Anträge, die eigenhändig zu unterschreiben sind (z.B. der Antrag auf Investitionszulage, § 5 Abs. 3 S. 1 InvZulG), werden erst mit einer formgerechten Einreichung wirksam. Die Frist wird deshalb nicht gewahrt, wenn eine gültige Unterschrift erst nach Fristablauf geleistet wird. Allerdings ist der Mangel der fehlenden Unterschrift unbeachtlich, wenn auf eine Steuererklärung, die die gesetzlich vorgeschriebene Unterschrift nicht enthält, ein wirksamer Steuerbescheid ergeht (BFH vom 20.02.2002, BStBl II 2002, 642).

Einzelunternehmen, PersG und Körperschaften, die nicht zur Buchführung verpflichtet sind, haben ihrer Steuererklärung gem. § 60 EStDV eine Gewinnermittlung nach amtlich vorgeschriebenen Vordruck beizufügen (Anlage EÜR).[190] Wird die Anlage EÜR pflichtwidrig nicht abgegeben, kann gegen den StPfl. zum einen ein Verspätungszuschlag gem. § 152 AO festgesetzt werden, da die Steuererklärung unvollständig ist.[191] Alternativ dazu kann das FA die Pflicht zur Abgabe der Anlage EÜR auch durch Zwangsmittel, d.h. regelmäßig durch Androhung und ggfs. Festsetzung eines Zwangsgeldes durchsetzen.

4.4.2 Verspätungszuschlag (§ 152 AO)

Um den StPfl. zur fristgerechten Abgabe der Steuererklärungen anzuhalten, kann das FA gegen denjenigen, der seiner Steuererklärungspflicht nicht oder nicht rechtzeitig nachkommt, als Druckmittel einen Verspätungszuschlag festsetzen (§ 152 Abs. 1 S. 1 AO). Der Verspätungszuschlag hat eine **Doppelfunktion**: Er dient der (repressiven) Sanktion einer Pflichtverletzung und der in die Zukunft gerichteten Prävention (BFH vom 13.04.2010, BStBl II 2010, 815). Der Verspätungszuschlag ist eine **steuerliche Nebenleistung** (§ 3 Abs. 4

---

189 Zusätzlich ist in diesen Fällen eine Offenlegung der Bevollmächtigung z.B. durch den Zusatz »i.V.« oder »i.A.« erforderlich (BFH vom 03.05.2005, BFH/NV 2005, 1824).
190 Hierzu *Preißer*, Band 2, Teil A, Kap. I 2.
191 Zweifelnd *Kühn/von Wedelstädt*, § 152 AO, Rz. 7

AO); er entsteht mit der Bekanntgabe seiner Festsetzung und wird mit Ablauf der vom FA gesetzten Frist fällig (§ 220 Abs. 2 AO). Regelmäßig entspricht die vom FA gesetzte Frist der Zahlungsfrist für die Steuer (AEAO zu § 152 Nr. 3). Die Festsetzung des Verspätungszuschlags erfolgt in der Praxis meist zusammen mit der Steuerfestsetzung (§ 152 Abs. 3 AO, sog. **Verbindungsgebot**); auch in diesen Fällen ist sie jedoch ein eigenständiger VA.[192] Die Festsetzung des Verspätungszuschlags kann – bei Vorliegen besonderer Gründe – aber auch noch nach der Steuerfestsetzung binnen einer Jahresfrist nachgeholt werden (BFH vom 13.04.2010, BStBl II 2010, 815).

Von der Festsetzung eines Verspätungszuschlags ist **abzusehen**, wenn das Versäumnis **entschuldbar** erscheint (§ 152 Abs. 1 S. 2 AO). § 152 Abs. 1 S. 3 AO wiederholt den allgemein geltenden Grundsatz, dass das Verschulden eines gesetzlichen Vertreters oder eines Erfüllungsgehilfen und damit auch das Verschulden eines Bevollmächtigten dem eigenen Verschulden gleichsteht. Das Versäumnis ist regelmäßig dann nicht entschuldbar, wenn die Steuererklärung **wiederholt nicht oder nicht rechtzeitig** abgegeben oder eine gewährte Fristverlängerung gem. § 109 AO nicht eingehalten wurde. Die in der Praxis häufig als Entschuldigungsgrund des steuerlichen Beraters angegebene Arbeitsüberlastung rechtfertigt eine verspätete Abgabe der Steuererklärung in aller Regel nicht: Im Normalfall ist ein Berater, der zur fristgemäßen Erledigung erteilter Aufträge außerstande ist, verpflichtet, durch Einstellung neuer Kräfte oder Ablehnung neuer oder Rückgabe vorhandener Mandate Abhilfe zu schaffen (*Tipke/Kruse*, AO, § 152 Rz. 17 m.w.N.). Allein der Umstand der Abgabe von Steuererklärungen eines Folgejahres hindert die Festsetzung eines Verspätungszuschlags für ein bereits veranlagtes Vorjahr nicht; dadurch ist gewährleistet, dass der »repressive Zweck« des § 152 AO (Ausgleich des durch die verspätete Abgabe der Vorjahres-Steuererklärung erlangten wirtschaftlichen Vorteils) nicht durch die zeitnahe Abgabe der Folgeerklärung entwertet werden kann (BFH vom 27.07.2009, Az.: I B 36/09, nicht veröffentlicht).

Für die Festsetzung des Verspätungszuschlags hat das FA sowohl ein **Entschließungs- als auch ein Auswahlermessen**. Für die Höhe des Verspätungszuschlags – der gem. § 152 Abs. 2 S. 1 nicht mehr als 10 % der festgesetzten oder geänderten Steuer oder des Messbetrages betragen darf und in der Höhe auf max. 25.000 € begrenzt ist – ist neben dem Zweck, den StPfl. zur rechtzeitigen Abgabe der Steuererklärung anzuhalten, die Dauer der Fristüberschreitung, die Höhe des sich aus der Steuerfestsetzung ergebenden Zahlungsanspruches, die aus der verspäteten Abgabe der Erklärung gezogenen Vorteile sowie das Verschulden und die wirtschaftliche Leistungsfähigkeit des StPfl. ebenso berücksichtigen wie das Verhalten des StPfl. in den Vorjahren (§ 152 Abs. 2 AO).[193] Ist die festgesetzte Steuer oder der festgesetzte Messbetrag Null, kann ein Verspätungszuschlag nicht festgesetzt werden (BFH vom 26.06.2002, BStBl II 2002, 679). Ergibt sich nach der Festsetzung des Verspätungszuschlages eine Änderung der festgesetzten Steuer (z.B. im Einspruchsverfahren), dass das FA bei der Festsetzung von unrichtigen Tatsachen ausgegangen ist, muss es die Festsetzung überprüfen und den Verspätungszuschlag gegebenenfalls gem. § 130 AO ganz oder teilweise korrigieren; insb. darf die 10 %-Grenze in § 152 Abs. 2 S. 1 AO nicht überschritten werden.

---

192 Vgl. *Loschelder*, Rechtsschutz gegen Verspätungszuschläge, AO-StB 2002, 422.
193 BFH vom 23.06.2008 (BFH/NV 2008, 1642). Die Rechenprogramme der Finanzverwaltungen sehen häufig programmgesteuerte Verspätungsvorschläge von 0,5 % der festgesetzten Steuer vor Abzug der Anrechnungen für jeden angefangenen Monat der Fristüberschreitung vor (vgl. BFH vom 26.09.2001, BStBl II 2002, 120). Bei Fristüberschreitungen von bis zu zwei Wochen im Veranlagungsverfahren sehen die Programme teilweise überhaupt keine Verspätungszuschläge vor.

Neben der Festsetzung eines Verspätungszuschlags kann das FA kumulativ die Abgabe der Steuererklärung mit Zwangsmitteln, insb. durch Festsetzung eines Zwangsgeldes gem. § 329 AO, erzwingen.

Beispiel 6: Voraussetzungen für einen Verspätungszuschlag
Der StPfl. Ofenkötter gibt seine Steuererklärung für das Jahr 01 erst drei Monate nach der ohnehin schon verlängerten Frist beim FA ab, ohne dafür besondere Gründe zu nennen. Knapp ein Jahr nach Erlass des ESt-Bescheides, der zu einer Nachzahlung von 450.000 € führte, setzt das FA einen Verspätungszuschlag i.H.v. 5.000 € fest. Bei der Abgabe der Steuererklärung für das Jahr 01 waren für Ofenkötter die schon seit längerem für die Vorjahre eingereichten Steuererklärungen beim FA noch unbearbeitet. Ofenkötter macht geltend, dass sich seine Säumnis nicht auf den Zeitpunkt der Steuerfestsetzung ausgewirkt habe und der Verspätungszuschlag nicht in zeitlichem Zusammenhang mit dem ESt-Bescheid festgesetzt worden sei. Zu Recht?

Lösung: Nach der Rspr. (BFH vom 19.06.2001, BStBl II 2001, 618) sind die Einwendungen des Ofenkötter unerheblich. Die Pflicht zur fristgerechten Abgabe der Erklärungen besteht auch dann, wenn die Verwaltung aus innerdienstlichen Gründen verhindert ist oder es für nicht zweckmäßig hält, die eingereichte Erklärung alsbald zu bearbeiten. Der StPfl. hat kein an den Bearbeitungsstand des FA gekoppeltes Recht zur Nichtabgabe der Steuererklärung (BFH vom 10.10.2001, BStBl II 2002, 124). § 152 Abs. 3 AO, nach dem der Verspätungszuschlag regelmäßig mit der Steuer festzusetzen ist, ist nur eine Ordnungsvorschrift, die die Rechtmäßigkeit der Festsetzung des Verspätungszuschlags zumindest dann nicht berührt, wenn die Festsetzung binnen Jahresfrist nachgeholt wird.

Die Doppelfunktion des Verspätungszuschlags als Sanktion einer Pflichtverletzung und als in die Zukunft gerichtete Prävention kann bei der Bemessung des Verspätungszuschlags in unterschiedlichem Maße von Bedeutung sein. Jedenfalls wird die verspätete Abgabe der Steuererklärung nicht dadurch entschuldbar, dass das FA seinerseits die Steuerfestsetzung nicht zeitnah durchführt (BFH vom 26.06.2002, BStBl II 2002, 679).

4.4.3 Berichtigungspflicht (§ 153 AO)

Erkennt der StPfl. **nachträglich** (d.h. nach Abgabe der Steuererklärung), aber noch **vor Ablauf der Festsetzungsfrist**, dass die abgegebene Steuererklärung unrichtig oder unvollständig ist und dass es dadurch zu einer Steuerverkürzung kommen kann oder bereits gekommen ist, trifft ihn die Pflicht, dies unverzüglich anzuzeigen und die gemachten Angaben richtig zu stellen (§ 153 Abs. 1 S. 1 Nr. 1 AO).[194] Das FA kann daraufhin die Steuerfestsetzung nach § 173 Abs. 1 Nr. 1 AO ändern; § 172 Abs. 1 Nr. 2 Buchst. a AO scheidet dagegen als Korrekturnorm aus, da die Anzeige nach § 153 AO keinen Antrag gem. § 172 Abs. 1 Nr. 2 Buchst. a AO darstellt (häufiges Problem der schriftlichen Prüfung, zuletzt 2012; AEAO zu § 172 Tz. 3 S. 2).

Bei einer **von Anfang an geplanten Falschangabe** liegt rechtlich keine Berichtigung i.S.d. § 153 AO, sondern tatbestandlich eine Steuerhinterziehung, also allenfalls eine strafbefreiende Selbstanzeige nach § 371 AO vor.

---

194 Dies wirkt sich auch bei der Festsetzungsfrist aus. Die Berichtigung gem. § 153 AO führt allerdings nicht zur Ablaufhemmung nach § 171 Abs. 3 AO, da kein »Antrag« auf Steuerfestsetzung gestellt wird, sondern zur Ablaufhemmung gem. § 171 Abs. 9 AO.

§ 153 AO und § 371 AO schließen sich damit gegenseitig aus (häufige Prüfungsfrage!). Wer bewusst eine falsche Erklärung abgibt, wird somit nicht zur Selbstbezichtigung verpflichtet; ihm steht lediglich die Möglichkeit der Selbstanzeige offen. StB sind als Bevollmächtigte nach dem Wortlaut nicht zur Berichtigung von Steuererklärungen ihrer Mandanten verpflichtet, sofern sie nicht die Erklärung in eigener Verantwortung erstellt, unterschrieben und abgegeben haben (BGH vom 20.12.1995, wistra 1996, 184). Eine Verletzung der Berichtigungspflicht[195] kann – was häufig übersehen wird – zur Strafbarkeit wegen Steuerhinterziehung gem. § 370 AO führen, da die Nichterfüllung bzw. nicht rechtzeitige Erfüllung der Anzeigepflicht eine Verkürzung von Steuern gem. § 370 Abs. 4 AO zur Folge haben kann.

Fehler des Finanzamts muss der StPfl. nicht korrigieren. Die Berichtigungspflicht nach § 153 AO entsteht nicht, wenn unabhängig von der Erklärung des StPfl. dem FA Fehler oder Irrtümer unterlaufen (vgl. *Tormöhlen*, AO-StB 2010, 141).

4.5 Besonderheiten der Mitwirkungspflichten

4.5.1 Schätzung der Besteuerungsgrundlagen (§ 162 AO)

Wenn das FA die Besteuerungsgrundlagen nicht ermitteln oder berechnen kann, muss sie diese gem. § 162 AO schätzen. Dies gilt insb. dann, wenn der StPfl. seiner Mitwirkungspflicht nicht nachkommt, z.B. keine Steuererklärung abgibt (§ 162 Abs. 2 AO).[196] Die Schätzung steht nicht im Ermessen des FA; es besteht eine **Pflicht zur Schätzung**. Ziel der Schätzung ist es, dem Sachverhalt möglichst nahe zu kommen, der sich beim Ermitteln oder Berechnen ergeben würde. Es ist der Betrag zu schätzen, der die **größtmögliche Wahrscheinlichkeit** für sich hat. Schätzen bedeutet m.a.W. **Feststellung des möglichst wahrscheinlichsten Sachverhalts**. Das Schätzungsergebnis muss schlüssig, wirtschaftlich möglich und vernünftig sein. Die Schätzung ist – in systematischer Hinsicht – nicht vorgesehen, um den StPfl. zu »bestrafen«. Sog. Mondschätzungen sind daher rechtswidrig. Allerdings führen selbst grobe Schätzungsfehler und großzügige »Sicherheitszuschläge« bei der Feststellung der Besteuerungsgrundlagen nicht zur Nichtigkeit der darauf beruhenden Steuerbescheide, es sei denn, es handelt sich bei der Schätzung um bewusste Willkürmaßnahmen (BFH vom 30.08.2007, BFH/NV 2008, 13).

Verletzt der StPfl. seine Steuererklärungspflicht, darf sich dies bei der Schätzung zu seinen Ungunsten auswirken, zumal er den Anlass für die Schätzung gegeben hat. Der StPfl. darf nicht besser stehen als derjenige, der seinen steuerlichen Pflichten ordnungsgemäß nachkommt. Das FA kann sich daher an der obere Grenze des zulässigen Schätzungsrahmens bewegen, wenn zu befürchten ist, dass der StPfl. möglicherweise Einkünfte verheimlichen will.[197] Ebenso darf das FA zur Beseitigung von Besteuerungsrisiken auf Grund der mangelhaften Mitwirkung ohne Bindung an das Maß einer großen oder gar überwiegenden Wahrscheinlichkeit griffweise im Wege der Schätzung Sicherheitszuschläge ansetzen (BFH vom 01.12.1998, BFH/NV 1999, 741).

---

195 Etwa durch Unterlassen der Berichtigung oder der Abgabe der Berichtigung beim unzuständigen FA (vgl. BFH vom 28.02.2008, AO-StB 2008, 151).
196 Ob eine Schätzung der Besteuerungsgrundlagen auch zulässig ist, wenn der StPfl. anstelle der erforderlichen Anlage EÜR eine formlose Gewinnermittlung einreicht, ist umstritten, vgl. *Schmidt*, EStG, § 4 Rz. 374. Der Wortlaut des § 162 Abs. 2 S. 2 AO spricht m.E. eher für die Zulässigkeit von Schätzungen.
197 *Kühn/von Wedelstädt*, § 162 AO Rn. 15 m.w.N.

Die Fallgestaltung der Willkürmaßnahmen hat der BFH um eine wichtige Variante ergänzt: Willkürlich und damit nichtig ist ein Schätzungsbescheid nicht nur bei gezielter, subjektiver Willkür des Sachbearbeiters, sondern auch dann, wenn das Schätzungsergebnis trotz vorhandener Möglichkeiten, den Sachverhalt aufzuklären, krass von den (bekannten) tatsächlichen Gegebenheiten abweicht und in keiner Weise erkennbar ist, dass überhaupt und gegebenenfalls welche Schätzungserwägungen angestellt wurden (BFH vom 15.05.2002, BFH/NV 2002, 1415).[198]

In der Praxis erfolgt eine Schätzung der Besteuerungsgrundlagen unter dem **Vorbehalt der Nachprüfung**, wenn der Sachverhalt im Rahmen einer Außenprüfung ermittelt werden soll (AEAO zu § 162 Nr. 4; rechtlich zwingend ist dies allerdings nicht) oder wenn sich aus den Akten für eine zutreffende Schätzung kaum ausreichende Anhaltspunkte ergeben. In einigen Bundesländern werden Veranlagungen, bei denen die Besteuerungsgrundlagen wegen der Nichtabgabe der Steuererklärung geschätzt werden müssen, grds. unter Vorbehalt der Nachprüfung durchgeführt. Besteuerungsgrundlagen sind auch dann zu schätzen, wenn gegen den StPfl. ein Strafverfahren wegen einer Steuerstraftat eingeleitet worden ist (BFH vom 28.07.2010, AO-StB 2010, 291). Der strafprozessuale »Nemo-tenetur-Grundsatz« sichert den aus Art. 2 GG abzuleitenden Schutz vor Bestrafung, befreit aber nicht von den in der AO normierten Mitwirkungspflichten im Besteuerungsverfahren.

Geht in einem Schätzungsfall nach Erlass des Steuerbescheids beim FA innerhalb der Einspruchsfrist die Steuererklärung ohne weitere Erklärung ein[199], so ist dies im Zweifel als Einlegung eines Einspruchs gegen den Schätzungsbescheid – und nicht als (bloßer) Antrag auf schlichte Änderung des Schätzungsbescheides nach § 172 Abs. 1 S. 1 Nr. 2 Buchst. a AO zu werten (BFH vom 27.02.2003, BStBl II 2003, 505); die fehlende Bezeichnung als Einspruch ist gem. § 357 Abs. 1 S. 4 AO unbeachtlich.

4.5.2 Benennung von Gläubigern und Zahlungsempfängern (§ 160 AO)

Gemäß § 160 Abs. 1 AO sind Schulden und andere Lasten, Betriebsausgaben, Werbungskosten und andere Ausgaben steuerlich regelmäßig nicht zu berücksichtigen, wenn der StPfl. dem Verlangen des FA, die Gläubiger oder die Empfänger genau zu benennen, nicht nachkommt. Bei § 160 AO handelt es sich nicht um eine Verfahrensvorschrift, sondern um eine Norm des **materiellen Rechts**. Die Bedeutung des § 160 AO liegt in der Verhinderung von Steuerausfällen bei Ohne-Rechnung-Geschäften, Scheingeschäften und nützlichen Aufwendungen (Schmiergeldern), die dadurch eintreten können, dass der Empfänger geltend gemachter Betriebsausgaben die Einnahmen bei sich nicht erfasst (BFH vom 01.04.2003, BStBl II 2007, 855). § 160 AO normiert eine Art **Gefährdungshaftung** des StPfl., indem es den Abzug unterbindet, wenn der StPfl. den Empfänger bzw. Gläubiger nicht genau benennt.

Die Anwendung des § 160 AO setzt bei der Geltendmachung von Betriebsausgaben voraus, dass es sich dem Grunde nach um abziehbare Betriebsausgaben i.S.d. § 4 EStG handelt. Ist der Betriebsausgabenabzug ertragsteuerlich bereits ausgeschlossen, weil z.B. § 4 Abs. 5 Nr. 10 EStG einschlägig ist, kommt § 160 AO nicht zur Anwendung.

---

198 Vgl. ausführlich *Müller*, Wann ist ein Schätzungsbescheid nichtig?, AO-StB 2010, 240.
199 Etwa in der schriftlichen Prüfung 2010: Auch nach einer Schätzung bleibt die Verpflichtung zur Abgabe der Steuererklärung bestehen, § 149 Abs. 1 S. 4 AO.

Es steht im **Ermessen** des FA, ob es von dem Benennungsverlangen nach § 160 AO Gebrauch macht (AEAO zu § 160 Nr. 1); das Verlangen darf nicht unzumutbar oder unbillig sein.[200] Bei **Zahlungen an ausländische Empfänger** soll das FA auf den Empfängernachweis verzichten, wenn feststeht, dass die Zahlung im Rahmen eines üblichen Handelsgeschäfts erfolgte, der Geldbetrag in das Ausland geflossen ist und der Empfänger nicht der deutschen Steuerpflicht unterliegt (AEAO zu § 160 Nr. 4). Andererseits ist ein Benennungsverlangen nicht ermessensfehlerhaft, wenn dem StPfl. – bezogen auf den konkreten Geschäftsvorfall und im Zeitpunkt der Zahlung – zuzumuten war, sich nach den Gepflogenheiten eines ordnungsgemäßen Geschäftsverkehrs der Identität seines jeweiligen Geschäftspartners zu versichern (BFH vom 31.10.2002, BFH/NV 2003, 291 und noch deutlicher BFH vom 01.04.2003, BStBl II 2007, 855[201]). Bei Leistungen an Domizilgesellschaften (Briefkastenfirma) ist der Empfängernachweis nur erbracht, wenn die hinter der Gesellschaft stehenden Personen benannt werden (vgl. BFH vom 31.08.2009, BFH/NV 2010, 3): als Gläubiger i.S.d. § 160 Abs. 1 S. 1 AO ist der wirtschaftliche Eigentümer der Forderung zu verstehen und als Empfänger derjenige, dem der in der Betriebsausgabe enthaltene wirtschaftliche Wert vom Steuerpflichtigen übertragen wurde.

Der 1. Senat des Bundesfinanzhofs hat die Anforderungen des StPfl. bei Zahlungen an mutmaßliche Domizilgesellschaften innerhalb der Europäischen Gemeinschaft allerdings eingeschränkt (BFH vom 17.10.2001, BFH/NV 2002, 609): Bei einem in Großbritannien (oder einem anderen Mitgliedstaat der Europäischen Gemeinschaft) ansässigen Bauunternehmen, das Leistungen im Inland erbringt, bestehe im Regelfall kein Anlass für die Annahme einer Domizilgesellschaft. Ist für den StPfl. bei vernünftiger Beurteilung der Umstände und bei Ausschöpfung seiner zumutbaren Erkenntnismöglichkeiten nicht erkennbar, dass es sich bei dem Zahlungsempfänger um eine Domizilgesellschaft handeln könnte, ist es ermessensfehlerhaft, ihn aufzufordern, die »hinter« dem Zahlungsempfänger stehenden Personen zu benennen.

Bei Zahlungen in das Ausland ist insb. auch § 90 Abs. 2 AO zu beachten. Diese Einschränkung macht deutlich, dass § 160 AO nicht aus »moralischen Gründen« nützliche Aufwendungen ablehnt, sondern lediglich Steuerausfälle des Fiskus verhindern will (**Wertneutralität des Steuerrechts**, vgl. z.B. auch § 40 AO). Infolge des Benennungsverlangens muss das FA auf einer zweiten Stufe der Ermessensausübung entscheiden, ob und in welcher Höhe der Abzug der Ausgaben zu versagen ist; nach dem Wortlaut des § 160 AO ist der Abzug mit Ausnahme von atypischen Fällen »regelmäßig« zu versagen, selbst wenn dem StPfl. mit Sicherheit Betriebsausgaben entstanden sind (BFH vom 09.08.1989, BStBl II 1989, 995).

Das Benennungsverlangen nach § 160 AO ist **kein eigenständiger VA**, sondern eine nicht selbständig anfechtbare Vorbereitungshandlung zum Erlass des Steuerbescheids; die Rechtmäßigkeit des Benennungsverlangens ist daher im Einspruchsverfahren gegen den Steuerbescheid zu überprüfen (BFH vom 10.11.1998, BStBl II 1999, 199).

---

200 Ein solcher Fall ist nach der Rspr. (BFH vom 10.11.1998, BStBl II 1999, 121) z.B. gegeben, wenn dem Empfänger durch die Benennung unverhältnismäßig große Nachteile entstehen würden (hier die Entlassung als Angestellter wegen eines geringen Schmiergeldes). Ebenfalls unzulässig ist ein Benennungsverlangen nach § 160 AO bei Zinszahlung auf Inhaberschuldverschreibungen, sog. Commercial-Paper-Papieren (BFH vom 25.02.2004, BStBl II 2004, 582). Auch in dieser Konstellation ist das Benennungsverlangen regelmäßig unzumutbar und unverhältnismäßig und damit ermessensfehlerhaft.

201 Im letztgenannten Urteil ging das FA zu Recht gem. § 160 AO vor, da und weil – aufgrund von konkreten Anhaltspunkten – treuhänderisch Anteile an einer ausländischen Basisgesellschaft für Dritte gehalten wurden.

5 Festsetzungs- und Feststellungsverfahren (§§ 155 ff. AO)

5.1 Steuerfestsetzung

5.1.1 Steuerbescheide

Kommt das FA infolge der Sachaufklärung zu dem Ergebnis, dass ein Steueranspruch entstanden ist, setzt es diesen durch einen gesondert bezeichneten **VA**, dem **Steuerbescheid**, fest (§ 155 Abs. 1 S. 1 AO). Ein Steuerbescheid ist gem. § 155 Abs. 1 S. 3 AO auch die volle oder teilweise Freistellung von einer Steuer (sog. **Freistellungsbescheid**) sowie die Ablehnung eines Antrages auf Steuerfestsetzung (z.B. bei der Antragsveranlagung nach § 46 Abs. 2 Nr. 8 EStG) und auch die Ablehnung eines Änderungsantrags. Der Steuerbescheid ist gem. § 157 Abs. 1 S. 1 AO grds. **schriftlich** zu erteilen. Er muss die **festgesetzte Steuer** (d.h. den sog. Tenor des Bescheides) nach **Art und Betrag** sowie bei periodischen Steuern den **VZ** bezeichnen und den **Steuerschuldner** angeben (§ 157 Abs. 1 S. 2 AO). Nur diese Bestandteile des Steuerbescheides – nicht aber die Besteuerungsgrundlagen – erwachsen in Bestandskraft; dies stellt § 157 Abs. 2 AO ausdrücklich klar.

Eine besondere Form der **Begründung** ist für Steuerbescheide nicht vorgesehen; es verbleibt daher bei der allgemein für **VA** geltenden Vorschrift des § 121 AO. Regelmäßig genügt für die Begründung des Steuerbescheides die **Angabe der Besteuerungsgrundlagen**.

§ 157 Abs. 1 S. 3 AO sieht vor, dass dem Steuerbescheid eine Rechtsbehelfsbelehrung beizufügen ist. Eine fehlende oder unvollständige Rechtsbehelfsbelehrung führt zu einem formalen Fehler des VA und hat zur Folge, dass dieser – abweichend von § 127 AO – binnen eines Jahres seit seiner Bekanntgabe angefochten werden kann (§ 356 Abs. 2 AO); die einmonatige Einspruchsfrist beginnt in diesem Fall nicht zu laufen.[202]

§ 157 Abs. 2 AO stellt klar, dass die **Besteuerungsgrundlagen** (zum Begriff: § 199 Abs. 1 AO) als Teil der Begründung des Bescheides grds. **nicht selbständig angefochten werden können**. Soweit die Besteuerungsgrundlagen nicht gesondert festgestellt werden, entfalten sie keine Bindungswirkung; **Besteuerungsgrundlagen erwachsen nicht in Bestandskraft**.[203] Soweit der Betroffene gegen den Steuerbescheid Einspruch einlegen möchte, muss sich der Einspruch gegen die festgesetzte Steuer selbst richten; unzutreffende Besteuerungsgrundlagen können den Einspruch nur begründen. Dementsprechend ist ein Einspruch wegen des Ansatzes einzelner Besteuerungsgrundlagen nur zulässig, wenn damit gleichzeitig die Herabsetzung der Steuer begehrt wird; durch unzutreffende Besteuerungsgrundlagen, die sich nicht auf die festgesetzte Steuer auswirken, ist der StPfl. nicht beschwert i.S.d. § 350 AO.

Eine **Ausnahme** von dem Grundsatz, dass die Besteuerungsgrundlagen nicht selbständig angefochten werden können, gilt bei der gesonderten Feststellung von Besteuerungsgrundlagen nach § 179 AO sowie bei Steuermessbescheiden gem. § 184 AO. Gesonderte Feststellung der Besteuerungsgrundlagen bedeutet verfahrensrechtlich ein gestuftes Verfahren: Die Feststellung der Besteuerungsgrundlagen erfolgt in einem eigenem VA (§§ 179 ff. AO), dem sog. Feststellungsbescheid, und bildet (als sog. Grundlagenbescheid) die verbindliche Grundlage für die Berücksichtigung der Besteuerungsgrundlagen in Folgebescheiden (vgl. § 182 Abs. 1 AO).

---

202 Eine nicht auf die Möglichkeit der Einspruchseinlegung per E-Mail hinweisende, den Wortlaut des § 357 Abs. 1 S. 1 AO wiedergebende Rechtsbehelfsbelehrung ist nach zutreffender Ansicht nicht unrichtig i.S.d. § 356 Abs. 2 AO (FG Münster vom 06.07.2012, DStR 2012, 1658 entgegen FG Niedersachsen vom 24.11.2011, EFG 2012, 292); die Entscheidung des BFH zur eingelegten Revision steht noch aus.
203 *Kühn/von Wedelstädt*, AO, § 157 Rz. 27.

Schulden mehrere StPfl. eine Steuer als Gesamtschuldner, so können gegen sie **zusammengefasste Steuerbescheide** ergehen (§ 155 Abs. 3 S. 1 AO). Ein zusammengefasster Steuerbescheid ist die Zusammenfassung mehrerer selbständiger VA in einem – äußerlich gemeinsamen – Steuerbescheid (AEAO zu § 122 Nr. 2.1.1). Er enthält mehrere inhaltsgleiche Steuerfestsetzungen, die nur der äußeren Form nach zusammengefasst, verfahrensrechtlich aber voneinander unabhängig sind. Daher kann ein zusammengefasster Steuerbescheid, der gegenüber zusammen zu veranlagenden Ehegatten erlassen werden konnte, auch nach dem Tode eines der Ehegatten gegenüber dem überlebenden Ehegatten und den Erben des verstorbenen Ehegatten erlassen werden (BFH vom 17.11.2005, BStBl II 2006, 287).
Ein schriftlicher Steuerbescheid ist nicht erforderlich bei

- **Steueranmeldungen**, wenn der StPfl. die Steuer zutreffend berechnet hat (§§ 150 Abs. 1 S. 2, 167 Abs. 1 AO). Hierzu zählt insb. die Anmeldung der LSt, KapESt und der USt.[204] Eine Steuerfestsetzung durch Bescheid ist bei Steueranmeldungen nur erforderlich, wenn die Festsetzung zu einer von der Anmeldung abweichenden Steuer führt oder die Anmeldung nicht abgegeben wird (§ 167 Abs. 1 S. 1 AO),
- einem schriftlichem **Zahlungsanerkenntnis** (§ 167 Abs. 1 S. 3 AO),
- der Verwendung von **Steuerzeichen und Steuerstemplern** (§ 167 Abs. 1 S. 2 AO),
- in den Sonderfällen des § 156 Abs. 1 S. 1 AO (betrifft die Kleinbetragsverordnung[205]) und § 156 Abs. 2 AO (Absehen von der Steuerfestsetzung wegen Aussichtslosigkeit der Einziehung),
- eingetretener **Festsetzungsverjährung**, da erloschene Ansprüche nicht mehr festgesetzt werden dürfen (§ 47 i.V.m. §§ 169 bis 171 AO).

Gem. § 155 Abs. 2 AO kann ein **Steuerbescheid auch dann erlassen werden**, wenn der **Grundlagenbescheid noch nicht vorliegt**. Dies kommt z.B. in Betracht, wenn das FA aufgrund einer hohen Nachzahlung einen ESt-Bescheid erlassen möchte, obwohl die exakte Höhe von Verlustanteilen aus einer Beteiligung noch nicht feststeht.[206] Für den Adressaten des Folgebescheids muss aus dem VA selbst oder aus den Umständen eindeutig erkennbar sein, dass bestimmte Besteuerungsgrundlagen von der Regelung in einem Grundlagenbescheid abhängig sind (BFH vom 24.05.2006, BStBl II 2007, 76). Die in dem Grundlagenbescheid festzustellenden Besteuerungsgrundlagen müssen von demjenigen FA, das den Folgebescheid erlässt, geschätzt werden (§ 162 Abs. 5 AO). Sobald der Grundlagenbescheid mit abweichenden Besteuerungsgrundlagen erlassen wird, ist der Folgebescheid aufgrund der in § 182 Abs. 1 AO geregelten zwingenden Bindungswirkung von Amts wegen gem. § 175 Abs. 1 S. 1 Nr. 1 AO zu ändern.

Regelmäßig enthalten Steuerbescheide über die eigentliche Steuerfestsetzung hinaus noch weitere, unabhängige Regelungen, so z.B. die sog. Anrechnungsverfügungen als Teil des Steuererhebungsverfahrens (etwa Anrechnung gezahlter Steuerabzugsbeträge oder Vorauszahlungen), die Festsetzung von Zinsen (§§ 233a ff. AO) oder die Festsetzung eines Verspätungszuschlags (§ 152 AO).

---

204 Einschließlich der Umsatzsteuer-Sondervorauszahlung bei Dauerfristverlängerung, vgl. BFH vom 07.07.2005, BStBl II 2005, 813.
205 Die Kleinbetragsverordnung ist auch insoweit durch § 156 Abs. 1 AO gedeckt, als auch Änderungen zugunsten des Spfl. unterbleiben, wenn die Abweichungen zu den bisherigen Festsetzungen bestimmte Bagatellgrenzen nicht erreichen (BFH vom 16.02.2011, BStBl II 2011, 671).
206 Vgl. dazu BMF vom 28.06.1994, BStBl I 1994, 420.

5.1.2 Steuerfestsetzung unter dem Vorbehalt der Nachprüfung (§ 164 AO)

Solange der Steuerfall nicht abschließend geprüft ist, kann die **Steuerfestsetzung unter dem Vorbehalt der Nachprüfung** erfolgen, ohne dass dies einer ausdrücklichen Begründung bedarf (§ 164 Abs. 1 S. 1 AO; eine gleichwohl erfolgte Begründung ist allerdings möglich und unschädlich). Der Vorbehalt der Nachprüfung ist möglich bei Steuerfestsetzungen, sowie kraft Verweisung bei Bescheiden über die gesonderte Feststellung von Besteuerungsgrundlagen (§ 181 Abs. 1 S. 1 AO), bei Freistellungsbescheiden (§ 155 Abs. 1 S. 3 AO), bei Steuermessbescheiden (§ 184 Abs. 1 S. 3 AO), bei Zerlegungsbescheiden (§§ 184 f. AO) und anderen VA, die auf die Vorschriften über die Steuerfestsetzung verweisen. Das FA kann mit dem Vorbehalt der Nachprüfung aus Zweckmäßigkeitsgesichtspunkten zur Beschleunigung des Verfahrens die Steuer aufgrund der Angaben des StPfl. oder aufgrund vorläufiger Überprüfung festsetzen, ohne die Sach- und Rechtslage abschließend zu ermitteln.

In der Praxis erfolgt ein Vorbehaltsvermerk vor allem dann, **wenn der Steuerfall für die Außenprüfung vorgesehen ist** oder wenn die Besteuerungsgrundlagen gem. § 162 AO geschätzt wurden.[207] Jedoch ist das FA nicht verpflichtet, den Steuerfall nochmals abschließend zu überprüfen; der Vorbehalt räumt dem FA mit anderen Worten das Recht, aber nicht die Pflicht zur abschließenden Überprüfung des Falles ein. Unabhängig von einer nochmaligen Prüfung **entfällt der Vorbehalt** gem. § 164 Abs. 4 S. 1 AO **automatisch mit Ablauf der Festsetzungsfrist** des § 169 Abs. 2 S. 1 Nr. 2 AO. Ein für einen VA eigentlich vorgesehener, aber versehentlich unterbliebener Vorbehaltsvermerk kann nach § 129 AO im Wege der Berichtigung auch nachträglich ergänzt werden (ständige Rspr., BFH vom 22.02.2006, BStBl II 2006, 400).

Der Vorbehalt der Nachprüfung gibt dem FA die Möglichkeit, die Steuerfestsetzung **jederzeit ohne Angabe von Gründen zu Gunsten als auch zu Lasten des StPfl. zu ändern** (§ 164 Abs. 2 AO); der Bescheid erwächst nicht in Bestandskraft, die Korrekturvorschriften der §§ 172 ff. AO sind nicht anwendbar (§ 172 Abs. 1 S. 1 AO). Solange der Vorbehalt wirksam ist, bleibt der **gesamte Steuerfall in vollem Umfange** – nicht nur punktuell – offen und der Steuerbescheid **änderbar**. Die Änderung kann auf anderen Besteuerungsgrundlagen, aber auch auf einer anderen rechtlichen Würdigung beruhen. Das FA ist bei der Änderung einer Steuerfestsetzung unter dem Vorbehalt der Nachprüfung nicht an seine Rechtsauffassung für einen früheren Besteuerungszeitraum gebunden (BFH vom 13.10.2009, BFH/NV 2010, 406). Ebenso kann die Änderung auf Tatsachen gestützt werden, die bereits bei Erlass des Bescheides bekannt waren. Nur wenn die Voraussetzungen einer bindenden Zusage vorliegen, kann sich ein StPfl. gegenüber einer Änderung nach § 164 Abs. 2 AO auf Vertrauensschutz berufen (BFH vom 29.04.2008, BStBl II 2008, 817).

Der Vorbehalt bezieht sich – im Gegensatz zum Vorläufigkeitsvermerk nach § 165 AO – auf die **gesamte Festsetzung** (so auch BFH vom 27.09.2007, BFH/NV 2008, 27). Auch der StPfl. kann – allerdings nur innerhalb der Festsetzungsfrist – jederzeit die Änderung des Bescheides beantragen, und zwar auch dann, wenn die Einspruchsfrist bereits abgelaufen ist (§ 164 Abs. 2 AO). Das FA darf die Entscheidung über den Änderungsantrag bis zur abschließenden Prüfung des Steuerfalles hinausschieben, um zu vermeiden, dass der Steuerfall zwischenzeitlich verjährt; der Änderungsantrag löst insoweit die Hemmung des Ablaufs

---

[207] Allerdings ist die Zulässigkeit einer Außenprüfung nicht davon abhängig, dass die zu überprüfenden Steuerfestsetzungen unter Vorbehalt stehen (BFH vom 24.01.1989, BStBl II 1989, 440).

der Festsetzungsfrist aus (§ 171 Abs. 3 AO). Wird eine Steuerfestsetzung unter dem Vorbehalt der Nachprüfung geändert, so ist in dem Änderungsbescheid zu vermerken, ob dieser weiter unter Vorbehalt steht oder ob der Vorbehalt aufgehoben wird. Fehlt ein derartiger Vermerk, bleibt der Vorbehalt weiter bestehen (BFH vom 14.09.1993, BStBl II 1995, 2).[208]

Steueranmeldungen stehen gem. § 168 S. 1 AO **einer Steuerfestsetzung unter Vorbehalt der Nachprüfung gleich**. Der kraft Gesetzes für eine Steueranmeldung geltende Vorbehalt der Nachprüfung entfällt, wenn das FA nach Eingang der Steuererklärung erstmals einen Steuerbescheid ohne Nachprüfungsvorbehalt erlässt (BFH vom 02.12.1999, BStBl II 2000, 284).

5.1.3 Vorläufige Steuerfestsetzung und Aussetzung der Steuerfestsetzung (§ 165 AO)

Eine vorläufige Steuerfestsetzung ist nach § 165 Abs. 1 S. 1 AO zulässig, **soweit ungewiss ist, ob der Tatbestand verwirklicht ist**, an den das Gesetz die Leistungspflicht knüpft. Im Gegensatz zum Nachprüfungsvorbehalt gem. § 164 AO ist es bei der vorläufigen Steuerfestsetzung möglich, die Festsetzung **nicht insgesamt**, sondern **punktuell** offen zu halten, d.h. nur in dem Umfang, soweit die Ungewissheit besteht. Die Steuerfestsetzung kann gem. § 165 Abs. 1 S. 1 AO nur im Hinblick auf ungewisse Tatsachen, nicht aber im Hinblick auf die steuerrechtliche Beurteilung von Tatsachen für vorläufig erklärt werden (AEAO zu § 165 Nr. 1). Eine über die Ungewissheit hinaus gehende Vorläufigkeit ist rechtswidrig. § 165 AO verfolgt den Zweck, dem FA eine im Übrigen endgültige Steuerfestsetzung zu ermöglichen, obwohl ein vorübergehendes Hindernis außerhalb der Sphäre der Finanzbehörde besteht, welches das FA mit verhältnismäßigem Aufwand nicht ad hoc überwinden kann (BFH vom 04.09.2008, BStBl II 2009, 335). Typische Beispiele für derartige Hindernisse sind Ungewissheiten über das Vorliegen der Einkunftserzielungsabsicht (etwa in der Prüfung 2012) oder über nichtsteuerliche Vorfragen. Ist nicht anzunehmen, dass sich die Unklarheit im Laufe der Zeit aufklären lässt, kommt ein Vorläufigkeitsvermerk nicht in Betracht; die Besteuerungsgrundlagen sind dann gem. § 162 AO zu schätzen. Soweit die Steuer vorläufig festgesetzt wurde, kann das FA die Festsetzung gem. § 165 Abs. 2 S. 1 AO jederzeit ändern.

Ein wesentlicher Unterschied zum Nachprüfungsvorbehalt besteht ferner darin, dass bei einer vorläufigen Steuerfestsetzung die Festsetzungsfrist **nicht vor dem Ablauf eines Jahres endet**, nachdem die Ungewissheit beseitigt ist und die Finanzbehörde hiervon Kenntnis erlangt (§ 171 Abs. 8 AO).[209]

Umfang und Grund der Vorläufigkeit müssen aus dem VA gem. § 165 Abs. 1 S. 3 AO hervorgehen. Es müssen diejenigen Tatsachen bezeichnet werden, die als ungewiss betrachtet werden; fehlen Angaben über den Umfang der Vorläufigkeit und ist der Umfang auch nicht durch Auslegung eindeutig erkennbar, ist der Vorläufigkeitsvermerk unwirksam (BFH vom 12.07.2007, BStBl II 2008, 2). Wenn die Gründe für die Vorläufigkeit nicht mehr bestehen, ist der vorläufige Bescheid gem. § 165 Abs. 2 S. 2 AO in einen endgültigen Bescheid zu ändern. Dazu ist eine ausdrückliche Erklärung des FA erforderlich. Ein Vorläufigkeitsvermerk bleibt in Änderungsbescheiden so lange wirksam, bis er ausdrücklich aufgehoben wird (Problem der Prüfung 2012, BFH vom 19.10.1999, BStBl II 2000, 282). Ist ungewiss, ob der

---

208 Dieser Aspekt ist häufig Gegenstand von Prüfungsaufgaben, vgl. auch AEAO zu § 164 Nr. 6.
209 So ist etwa die Ungewissheit, ob ein StPfl. mit Einkünfteerzielungsabsicht tätig geworden war oder ob Liebhaberei vorliegt, dann beseitigt, wenn die für die Beurteilung der Absicht maßgeblichen Hilfstatsachen festgestellt werden können und das FA davon positive Kenntnis hat (BFH vom 04.09.2008, BStBl II 2009, 335); ein bloßes »Kennenmüssen« steht der positiven Kenntnis nicht gleich.

Steueranspruch überhaupt entstanden ist, kommt eine **Aussetzung der Steuerfestsetzung** gem. § 165 Abs. 1 S. 4 AO in Betracht.

Neben der Vorläufigkeitsfestsetzung nach § 165 Abs. 1 S. 1 AO sieht § 165 Abs. 1 S. 2 AO auch Vorläufigkeitsfestsetzungen vor, wenn

- ungewiss ist, ob und wann völkerrechtliche Verträge über die Besteuerung, die sich zu Gunsten des StPfl. auswirken (insb. Abkommen zur Vermeidung der Doppelbesteuerung), für die Steuerfestsetzung wirksam werden,
- das **BVerfG** die **Unvereinbarkeit eines Steuergesetzes mit dem Grundgesetz** festgestellt hat und der Gesetzgeber zu einer Neuregelung verpflichtet ist oder
- die **Vereinbarkeit eines Steuergesetzes mit höherrangigem Recht** Gegenstand eines Verfahrens beim EuGH, dem BVerfG oder einem obersten Bundesgericht ist.[210]

Durch das Steuerbürokratieabbaugesetz besteht ab Beginn 2009 die Möglichkeit, eine Steuer nach § 165 Abs. 1 AO in den Fällen vorläufig festzusetzen, in denen wegen der Auslegung eines Steuergesetzes, d.h. wegen einer einfachgesetzlichen Rechtsfrage, ein Verfahren beim BFH anhängig ist. Damit konnte erfolgreich einem weiteren Anwachsen der Massenrechtsbehelfe entgegengewirkt werden.

In den Fällen des § 165 Abs. 1 S. 2 AO ist eine Endgültigkeitserklärung nicht erforderlich, wenn sich die Steuerfestsetzung letztlich als zutreffend erweist und der StPfl. keine Entscheidung beantragt. Die Vorläufigkeit entfällt in diesem Fall mit Ablauf der – gegebenenfalls nach § 171 Abs. 8 S. 2 AO verlängerten – Festsetzungsfrist. Sind die Verfahren, die einem Vorläufigkeitsvermerk zugrunde liegen, beendet und ist die vorläufige Festsetzung noch nicht für endgültig erklärt, bleibt die Festsetzung vorläufig, wenn vor Ablauf der Festsetzungsfrist wieder ein einschlägiges Verfahren anhängig wird (BFH vom 30.09.2010, AO-StB 2011, 9).

2012 waren im Hinblick auf anhängige Musterverfahren ESt-Festsetzungen in folgenden Punkten für vorläufig zu erklären (zuletzt BMF vom 11.05.2011, BStBl I 2011, 462)[211]:

- beschränkte Abziehbarkeit von Kinderbetreuungskosten (§ 4f, § 9 Abs. 5 Satz 1, § 10 Abs. 1 Nrn. 5 und 8 EStG – für VZ 2006 bis 2008 bzw. § 9c, § 9 Abs. 5 S. 1 EStG für VZ ab 2009),
- Nichtabziehbarkeit von Steuerberatungskosten als Sonderausgaben (Aufhebung des § 10 Abs. 1 Nr. 6 EStG durch das Gesetz zum Einstieg in ein steuerliches Sofortprogramm vom 22.12.2005, BGBl I 2005, 3682),
- beschränkte Abziehbarkeit von Vorsorgeaufwendungen (§ 10 Abs. 3, 4, 4a EStG) für die Veranlagungszeiträume 2005 bis 2009,
- Nichtabziehbarkeit von Beiträgen zu Rentenversicherungen als vorweggenommene Werbungskosten bei den Einkünften i.S.d. § 22 Nr. 1 S. 3 Buchst. a EStG für VZ ab 2005,

---

210 Dies betrifft insb. die sog. Musterverfahren vor dem BFH; ob in den Fällen des § 165 Abs. 1 S. 2 Nr. 3 AO zur Vermeidung von Massenrechtsbehelfen Vorläufigkeitsvermerke in die Steuerfestsetzung aufgenommen werden, entscheiden nicht die jeweiligen FÄ, sondern bundeseinheitlich die obersten Finanzbehörden des Bundes und der Länder.

211 Mit Beschluss vom 06.07.2010 hat das BVerfG die beschränkte Abzugsfähigkeit der Aufwendungen für ein häusliches Arbeitszimmer für verfassungswidrig erklärt. Bis zur gesetzlichen Neuregelung, die das BVerfG dem Gesetzgeber aufgegeben hat, ergingen die Steuerbescheide insoweit weiterhin vorläufig: Nunmehr fußte der Vorläufigkeitsvermerk aber nicht mehr nach § 165 Abs. 1 S. 2 Nr. 3 AO, sondern nach Nr. 2 der Vorschrift.

- Besteuerung der Einkünfte aus Leibrenten i.S.d. § 22 Nr. 1 S. 3 Buchst. a Doppelbuchst. aa EStG für VZ ab 2005,
- Höhe der kindbezogenen Freibeträge nach § 32 Abs. 6 S. 1 und 2 EStG,
- Höhe des Grundfreibetrags (§ 32a Abs. 1 S. 2 Nr. 1 EStG),
- Höhe des Freibetrags zur Abgeltung des Sonderbedarfs eines sich in Berufsausbildung befindenden, auswärtig untergebrachten, volljährigen Kindes (§ 33a Abs. 2 EStG) für VZ ab 2002.

Beispiel 6a: Vorläufigkeit bei unklarer vGA?
Bei der Abgabe der ESt-Erklärung 2005 beantragt der A (Alleingesellschafter der A-GmbH) im Sommer 2006, seine Steuerfestsetzung hinsichtlich der Leistungen zwischen KapG und Anteilseigner nach § 165 Abs. 1 S. 1 AO vorläufig vorzunehmen, um eine Korrektur der Steuerfestsetzung bei einer eventuellen Feststellung einer vGA zu ermöglichen (§ 165 Abs. 2 i.V.m. § 171 Abs. 8 AO). Wie wird das FA reagieren?

Lösung: Die Frage, ob ein bestimmter Sachverhalt eine vGA darstellt[212], war bis zum Inkrafttreten des Jahressteuergesetzes 2007 bei der Körperschaftsteuerfestsetzung gegenüber der GmbH und der ESt-Veranlagung bei A jeweils eigenständig und unabhängig zu beurteilen. Die Ungewissheit über die steuerliche Behandlung bei der KapG hatte – nach Auffassung der Finanzverwaltung – keine Bedeutung für die Besteuerung des Anteilseigners. Die Voraussetzung für eine vorläufige Steuerfestsetzung lagen damit nicht vor. Steuerfestsetzungen konnten allerdings unter dem Vorbehalt der Nachprüfung gem. § 164 Abs. 1 AO ergehen.[213]
Um eine korrespondierende Besteuerung im Halbeinkünfteverfahren hinsichtlich vGA und verdeckter Einlagen bei der KapG und ihren Gesellschaftern zu erreichen, wurde durch das Jahressteuergesetz 2007 eine neue Korrekturvorschrift eingefügt (§ 32a KStG). Ein Steuerbescheid oder Feststellungsbescheid gegenüber dem Gesellschafter kann gem. § 32a Abs. 1 KStG geändert werden, soweit gegenüber einer KapG ein Steuerbescheid hinsichtlich der Berücksichtigung einer vGA erlassen, aufgehoben oder geändert wird. Die Festsetzungsfrist des gegenüber dem Gesellschafter zu ändernden Steuerbescheids endet insoweit nicht vor Ablauf eines Jahres nach Unanfechtbarkeit des Körperschaftsteuerbescheids. Diese Regelung greift insb. dann, wenn durch Betriebsprüfungen bei der KapG nachträglich vGA aufgedeckt werden, die jedoch bereits einer vollen Einkommensteuerbelastung beim Gesellschafter (z.B. als Gehalt oder Tantieme) unterlagen. Durch § 32a Abs. 1 KStG wird der Steuerbescheid des Gesellschafters offen gehalten und eine Anwendbarkeit des Halbeinkünfteverfahrens bei nachträglichem Aufdecken der vGA ermöglicht. Mit Inkrafttreten des § 32a KStG braucht das FA nicht mehr den »Kunstgriff« des Vorbehalts der Nachprüfung, um den Steuerbescheid im Hinblick auf eine etwaige Korrektur offen zu halten. Sowohl nach alter als auch nach neuer Rechtslage ist eine unklare vGA damit kein hinreichender Anlass, um die Steuerfestsetzung vorläufig i.S.d. § 165 AO vorzunehmen.

Die StPfl. haben keinen Anspruch darauf, dass in einen Einkommensteuerbescheid ein Vorläufigkeitsvermerk aufgenommen wird, durch den der Bescheid hinsichtlich sämtlicher beim BVerfG, beim BFH und beim EuGH anhängigen steuerrechtlichen Verfahren für vorläufig erklärt wird. Dies hat das Finanzgericht Köln mit Urteil vom 07.12.2006 (Az.: 10 K 3795/06,

---

212 Ausführlich *Maurer*, Band 2, Teil C, Kap. III 4.
213 Vgl. OFD Frankfurt vom 01.12.2005, DStR 2006, 98.

rkr.) entschieden. Das FG schloss sich der Auffassung der Finanzverwaltung an, wonach es ermessensgerecht und damit rechtmäßig sei, die Steuerbescheide nicht bezüglich aller denkbaren Fälle für vorläufig zu erklären, sondern dies u.a. von der Breitenwirkung der Verfahren abhängig zu machen. Gegen das Urteil wurde beim BFH Nichtzulassungsbeschwerde eingelegt (Az.: IV B 5/07), die als unbegründet zurück gewiesen wurde (BFH/NV 2007, 2328); die Entscheidung ist damit rechtskräftig.

5.1.4 Abweichende Steuerfestsetzung aus Billigkeitsgründen (§ 163 AO)

§ 163 AO regelt den **Billigkeitserlass im Festsetzungsverfahren**; die Gewährung von Billigkeitsmaßnahmen im Erhebungsverfahren (Erlass festgesetzter Steuern) behandelt § 227 AO. Voraussetzung für eine abweichende Steuerfestsetzung aus Billigkeitsgründen ist, dass die Erhebung der Steuer nach Lage des einzelnen Falles unbillig wäre. Dabei ist zwischen **persönlichen und sachlichen Billigkeitsgründen zu unterscheiden**. **Sachliche Billigkeitsgründe** sind solche, die aus dem steuerlichen Tatbestand selbst hervorgehen und von den außerhalb des Tatbestandes liegenden persönlichen Gründen unabhängig sind. Sie sind nach der Rspr. gegeben, wenn die Festsetzung der Steuer zwar äußerlich dem Gesetz entspricht, aber den Wertungen des Gesetzgebers im konkreten Fall derart zuwiderläuft, dass die Festsetzung der Steuer unbillig erscheint, wenn also nach dem erklärten oder mutmaßlichen Willen des Gesetzgebers angenommen werden kann, dass die Besteuerung nach dem Gesetz zu einem **offenkundig nicht gewollten Ergebnis** führt (BFH vom 11.01.2005, BStBl II 2005, 456). Die generelle Geltungsanordnung des Gesetzes darf durch eine Billigkeitsmaßnahme dagegen nicht unterlaufen werden. Umstände, die der Gesetzgeber bei der Ausgestaltung des gesetzlichen Tatbestandes bewusst in Kauf genommen hat, rechtfertigen keinen Erlass (BFH vom 16.11.2005, BStBl II 2006, 155).

Eine sachliche Unbilligkeit liegt z.B. vor, wenn ein StPfl. bei einem Hochwasser unverschuldet Buchführungsunterlagen verliert und ihm dadurch bestimmte Steuervergünstigungen versagt bleiben. Eine abweichende Steuerfestsetzung **aus persönlichen Billigkeitsgründen** setzt voraus, dass der StPfl. **erlassbedürftig und erlasswürdig** ist. **Erlassbedürftigkeit** liegt vor, wenn die Einziehung der Steuer nach der wirtschaftlichen Lage unbillig erscheint, d.h. wenn im Falle des Versagens des Erlasses das wirtschaftliche Bestehen des StPfl. gefährdet wäre, weil z.B. der notwendige Lebensunterhalt nicht mehr bestritten werden kann oder die Erwerbstätigkeit nicht mehr fortgesetzt werden könnte. Die **Erlasswürdigkeit** ist nicht gegeben, wenn der StPfl. durch sein Verhalten in eindeutiger Weise gegen die Interessen der Allgemeinheit verstoßen oder die mangelnde Leistungsfähigkeit selbst schuldhaft herbeigeführt hat (BFH vom 29.10.1997, BFH/NV 1998, 683).

In der Praxis sind die FÄ bei der abweichenden Festsetzung aus Billigkeitsgründen nach § 163 AO äußerst **zurückhaltend**. Eine gewisse Praxisrelevanz hat dabei noch der Erlass von Sanierungsgewinnen nach dem BMF-Schreiben betr. »Die ertragsteuerliche Behandlung von Sanierungsgewinnen[214]«. Ab bestimmten Größenordnungen sind die FÄ gehalten, die

---

214 Sanierungsgewinne sind nach der Aufhebung des § 3 Nr. 66 EStG a.F. mittlerweile grds. steuerpflichtig; das BMF-Schreiben vom 27.03.2003 (BStBl I 2003, 240 = Nr. 800, § 163/5) sieht unter bestimmten Voraussetzungen jedoch eine Stundung mit anschließendem Erlass vor. Der BFH hat mit Urteil vom 14.07.2010, Az.: X R 34/08, entschieden, dass Billigkeitsmaßnahmen nach den Vorgaben des BMF-Schreibens nur in Fällen von unternehmensbezogenen Sanierungen, mit denen das Unternehmen selbst vor dem Zusammenbruch bewahrt werden soll, möglich sind; unternehmerbezogene Sanierungen, bei denen der Schuldenerlass den StPfl. persönlich zugutekommen soll, werden nicht erfasst.

Zustimmung der Oberbehörden einzuholen; bei gewichtigen Fällen sind die Sachverhalte mit einem Entscheidungsvorschlag durch die jeweilige oberste Landesfinanzbehörde dem BMF zur Billigung vorzulegen (vgl. die gleich lautenden Erlasse der obersten Finanzbehörden der Länder vom 15.04.2008, BStBl I 2008, 534 und das BMF-Schreiben zur Mitwirkung des Bundesministeriums der Finanzen vom 28.07.2004, BStBl I 2003, 401 = Nr. 800, § 222/2).

5.2 Festsetzungsverjährung (§§ 169–171 AO)

5.2.1 Allgemeines

Im Interesse der **Rechtssicherheit** und des **Rechtsfriedens** erlöschen Steueransprüche, sobald sie verjährt sind (§ 47 AO). Mit Eintritt der Verjährung gehen Rechtsfrieden und Rechtssicherheit dem Streben nach materieller Gerechtigkeit und zutreffender Steuerfestsetzung vor. Die AO unterscheidet zwischen verschiedenen Verjährungsarten: der **Festsetzungsverjährung** (§§ 169 ff. AO) und der **Zahlungsverjährung** (§§ 228 ff. AO).

Die Festsetzungsverjährung bewirkt verfahrensrechtlich, dass eine Steuerfestsetzung sowie deren Aufhebung oder Änderung nach Ablauf der Festsetzungsfrist aus Gründen der Rechtssicherheit nicht mehr zulässig ist (§ 169 Abs. 1 S. 1 AO). Der Eintritt der Festsetzungsverjährung bewirkt gem. § 47 AO ferner, dass ein noch nicht festgesetzter Steueranspruch materiellrechtlich erlischt. Das FA hat die Erlöschensgründe nach § 47 AO und damit auch die Festsetzungsverjährung **von Amts wegen zu beachten** (BFH vom 22.05.2006, BStBl II 2006, 820; vgl. auch § 232 AO). Dadurch unterscheidet sich die Festsetzungsverjährung nach der AO z.B. von der zivilrechtlichen Einrede der Verjährung nach § 214 BGB. Ein nach Ablauf der Festsetzungsverjährung ergehender Steuerbescheid ist daher **rechtswidrig**, aber mangels Offenkundigkeit des Fehlers nicht nichtig.[215]

Die Festsetzungsverjährung gilt für erstmalige Steuerfestsetzungen, für Änderungsbescheide, für Aufhebungsbescheide sowie für Berichtigungen wegen offenbarer Unrichtigkeiten nach § 129 AO (§ 169 Abs. 1 S. 1 und 2 AO), gleichgültig ob zu Gunsten oder zu Ungunsten des StPfl. Die Bestimmungen über die Festsetzungsverjährung gelten sinngemäß auch für die Festsetzung von Steuermessbeträgen (§ 184 Abs. 1 AO) und für die gesonderte Feststellung von Besteuerungsgrundlagen (§ 181 Abs. 1 AO) sowie bei allen Festsetzungen, auf die die Vorschriften über das Steuerfestsetzungsverfahren anwendbar sind. Auf steuerliche Nebenleistungen finden die Vorschriften der §§ 169 ff. AO nur Anwendung, wenn dies besonders vorgeschrieben ist (§ 1 Abs. 3 S. 2 AO); dies gilt z.B. für **Zinsen** (§ 239 AO). Für **Verspätungszuschläge** fehlt dagegen eine vergleichbare Vorschrift; sie können daher so lange festgesetzt werden, wie die jeweilige Steuerfestsetzung noch zulässig ist. **Säumniszuschläge** entstehen nicht durch Festsetzung, sondern kraft Gesetzes (§ 240 AO); sie unterliegen damit allein der Zahlungsverjährung.

Bei der Zusammenveranlagung von Ehegatten zur ESt ist die Frage, ob Festsetzungsverjährung eingetreten ist, für jeden Ehegatten gesondert zu prüfen (z.B. bei einer Außenprüfung nur gegenüber einem Ehegatten und der daraus resultierenden Frage der Ablaufhemmung nach § 171 Abs. 4 AO). Dies wird auch durch die Regelung in § 44 Abs. 2 AO bestätigt, da im Falle des Bestehens einer Gesamtschuldnerschaft – die bei Zusammenveranlagung

---

[215] *Tipke/Kruse*, AO, vor § 169 Rz. 2; vgl. auch AEAO vor §§ 169 bis 171, Nr. 3.

gegeben ist – andere Tatsachen als Erfüllung sowie Aufrechnung und Sicherheitsleistung nur für und gegen den Gesamtschuldner wirken, in dessen Person sie eintreten (BFH vom 25.04.2006, BStBl II 2007, 220).

Die Vorschriften über die Festsetzungsverjährung sind häufig Gegenstand der schriftlichen Prüfung. Oftmals kombiniert der Klausurverfasser Fragen der Verjährung mit Problemen aus dem Bereich der Korrekturvorschriften. Für den Prüfungsaufbau empfiehlt es sich dann regelmäßig, mit der Prüfung der einschlägigen **Korrekturvorschrift zu beginnen** und anschließend – inzident – die Verjährungsproblematik zu prüfen, denn oftmals können die einschlägigen verjährungsrechtlichen Vorschriften erst subsumiert werden, wenn klar ist, welche Korrekturvorschrift zur Verfügung steht (etwa in § 164 Abs. 4, § 171 Abs. 2, § 171 Abs. 8 bis 10 AO); ein anschauliches Beispiel hierfür ist unter Kap. 5.2.5 angeführt.

5.2.2 Festsetzungsfristen (§ 169 AO)

Die Festsetzungsfrist beträgt gem. § 169 Abs. 2 AO

- **ein Jahr** für **Verbrauchsteuern und Verbrauchsteuervergütungen**: hierzu gehört etwa die Kaffee- und Tabaksteuer, nicht aber die USt (BFH vom 16.10.1986, BStBl II 1987, 95);
- **vier Jahre** für alle **anderen Steuern und Steuervergütungen**; hierunter fallen insb. die ESt, die KSt, die GewSt und auch die USt, die für die AO nicht als Verbrauch-, sondern als Verkehrsteuer gilt;
- **fünf Jahre** für alle **leichtfertig verkürzten Steuern** (§ 169 Abs. 2 S. 2 i.V.m. § 378 AO) und
- **zehn Jahre** für alle **hinterzogenen Steuern** (§ 169 Abs. 2 S. 2 und 3 i.V.m. § 370 AO).

Die verlängerten Festsetzungsfristen bei leichtfertig verkürzten Steuern und hinterzogenen Steuern erfassen alle Steuerarten und gelten unabhängig davon, ob der Steuerschuldner oder ein Dritter Täter ist (§ 169 Abs. 2 S. 3 AO). Entscheidend ist allein, dass die objektiven und subjektiven Tatbestandsmerkmale der leichtfertigen Steuerverkürzung bzw. der Steuerhinterziehung schuldhaft verwirklicht wurden (BFH vom 29.04.2008, BStBl II 2009, 842).[216] Die längere Festsetzungsfrist bei leichtfertiger Steuerverkürzung bzw. Steuerhinterziehung greift nur, **soweit** die Steuer hinterzogen bzw. leichtfertig verkürzt wurde. Damit hat der Gesetzgeber ausdrücklich die Teilverjährung anerkannt mit der Folge, dass die Steuer ggf. in einen hinterzogenen bzw. verkürzten Betrag und einen Betrag zerlegt werden muss, für den diese Voraussetzungen nicht vorliegen. Ist Teilverjährung eingetreten, kann nur noch der hinterzogene bzw. verkürzte Betrag festgesetzt werden.[217]

Mit der verlängerten Festsetzungsverjährung soll es dem durch die Hinterziehung geschädigten FA ermöglicht werden, die ihm vorenthaltenen Steuerbeträge auch noch nach Ablauf von vier Jahren zurückzufordern. § 169 Abs. 2 S. 2 AO setzt einen hinterzogenen Betrag im Sinne eines Anspruchs des Fiskus auf eine Abschlusszahlung voraus, der bislang nicht wegen einer vollendeten Hinterziehung geltend gemacht werden konnte. Der Steuerhinterzieher selbst kann sich dagegen nicht auf die verlängerte Frist berufen: Sinn und Zweck der Vorschrift ist es nicht, den Hinterzieher in die Lage zu versetzen,

---

216 Strafausschließungsgründe wie z.B. eine wirksame Selbstanzeige (§§ 371, 378 Abs. 3 AO) haben keinen Einfluss auf die Festsetzungsverjährung.
217 Vgl. *Kühn/von Wedelstädt*, AO, § 170 Rz. 12.

Erstattungsansprüche über die reguläre Verjährungsfrist hinaus zu realisieren (BFH vom 26.02.2008, BStBl II 2008, 659).

Die Festsetzungsfrist ist **gewahrt**, wenn vor Ablauf der Frist der Steuerbescheid den Bereich der für die Steuerfestsetzung zuständigen Finanzbehörde **verlässt** (§ 169 Abs. 1 S. 3 Nr. 1 AO); dies gilt unabhängig davon, ob der Steuerbescheid vor oder nach Ablauf der Frist dem Adressaten bekannt gegeben und damit wirksam wird (vgl. § 124 Abs. 1 AO). In der Rspr. war lange Zeit umstritten, ob diese Voraussetzung auch erfüllt ist, wenn der nachweislich noch vor Ablauf der Frist abgesandte Steuerbescheid dem StPfl. nicht zugegangen ist und das FA ihm deshalb nach Ablauf der Frist einen inhaltsgleichen neuen Bescheid übersendet (vgl. BFH vom 28.09.2000, BStBl II 2001, 211). Nach der Entscheidung des Großen Senats vom 25.11.2002 (BStBl II 2003, 548) genügt dies nicht. Die Festsetzungsfrist ist nur gewahrt, wenn der bekannt gegebene Steuerbescheid, also derjenige, den der StPfl. bekommen hat, rechtzeitig den Bereich der für die Steuerfestsetzung zuständigen Behörde verlassen hat (so nun auch AEAO zu § 169 Nr. 1 S. 1). Anders formuliert: § 169 Abs. 1 S. 3 Nr. 1 AO greift nur dann, wenn der vor Ablauf der Frist zur Post gegebene Steuerbescheid dem Empfänger nach Fristablauf **tatsächlich** zugegangen ist.

5.2.3 Beginn der Festsetzungsfrist, Anlaufhemmung (§ 170 AO)

Die **Festsetzungsfrist beginnt grundsätzlich mit Ablauf des Kalenderjahres**, in dem die Steuer **entstanden** (§ 38 AO) oder eine bedingt entstandene Steuer (vgl. § 50 AO) unbedingt geworden ist (§ 170 Abs. 1 AO). Für Besitz- und Verkehrsteuern, bei denen aufgrund einer gesetzlichen Vorschrift (z.B. § 25 Abs. 3 EStG, § 31 KStG, § 18 UStG) oder aufgrund einer Aufforderung des FA (§ 149 Abs. 1 S. 2 AO) eine Steuererklärung oder eine Steueranmeldung einzureichen oder eine Anzeige zu erstatten ist, sieht § 170 Abs. 2 Nr. 1 AO eine praktisch sehr bedeutsame **Anlaufhemmung** vor: Abweichend von § 170 Abs. 1 AO beginnt die Festsetzungsfrist erst mit **Ablauf des Kalenderjahres, in dem die Steuererklärung, die Steueranmeldung oder die Anzeige eingereicht wird**, spätestens jedoch mit Ablauf des dritten Kalenderjahres, das auf das Entstehungsjahr folgt.[218] Die **Anlaufhemmung dauert im Höchstfall drei Jahre**, um das FA zur Durchsetzung der Steuererklärungspflicht anzuhalten.

> **Beispiel 7: Anlaufhemmung**
> Während des Jahres 01 hat A lediglich die USt-Voranmeldungen, jedoch keine Jahreserklärung abgegeben. Dem FA fällt dieser Umstand erst im Jahr 09 auf. Wie ist die Rechtslage?
>
> **Lösung:** Die Anlaufhemmung gem. § 170 Abs. 2 Nr. 1 AO gilt nicht nur für die USt-Jahreserklärung (vgl. § 18 UStG), sondern auch für Steueranmeldungen für kürzere Zeiträume, wie z.B. bei der USt- oder LSt-Voranmeldung (BFH vom 14.01.1998, BStBl II 1999, 203). Der Beginn der Festsetzungsfrist kann daher bei der USt abhängig von der Abgabe der Voranmeldung bzw. der Jahresanmeldung zu verschiedenen Zeitpunkten beginnen. Im obigen Beispiel beginnt die Festsetzungsfrist für die USt 01 aufgrund der Anlaufhemmung gem.

---

218 Die von jemand anderem als dem Steuerschuldner unterschriebene und beim FA eingereichte Steuererklärung ist zumindest dann als Steuererklärung i.S.d. § 170 Abs. 2 S. 1 Nr. 1 AO anzusehen, wenn das FA aus der Steuererklärung die richtigen Schlüsse auf den Steuerschuldner und die zu veranlagende Steuer ziehen kann und in Kenntnis des Umstandes, dass die Erklärung von einem (z.B. nicht vertretungsberechtigten) Dritten stammt, diese Erklärung zur Grundlage der Veranlagung macht (BFH vom 10.11.2002, BFH/NV 2003, 292).

§ 170 Abs. 2 S. 1 Nr. 1 AO mit Ablauf des Jahres 04 und endet vier Jahre später (§ 169 Abs. 2 Nr. 2 AO) mit Ablauf des Jahres 08. Im Jahr 09 darf die USt-Jahresschuld 01 wegen Ablauf der Festsetzungsfrist nicht mehr festgesetzt werden (Merkformel: 01 + 03 (Anlaufhemmung) + 04 (Festsetzungsfrist) = 08). In diesem Fall bleiben die im Jahr 01 abgegebenen Steueranmeldungen als Grundlage für die durchgeführte Erhebung und die angefallenen Säumniszuschläge bestehen (BFH vom 12.10.1999, BStBl II 2000, 486). Gem. § 168 S. 1 AO steht die USt-Voranmeldung einer Steuerfestsetzung unter Vorbehalt der Nachprüfung gleich. Der Vorbehalt der Nachprüfung ist jedoch ebenfalls mit Ablauf der Festsetzungsfrist entfallen (§ 164 Abs. 4 S. 1 AO).

Bis vor kurzem war streitig, ob die Anlaufhemmung nach § 170 Abs. 2 Nr. 1 AO auch in den Fällen gilt, in denen keine Erklärungspflicht besteht, sondern die Festsetzung nur auf Antrag erfolgt (etwa bei der **Antragsveranlagung** nach § 42 Abs. 2 Nr. 8 EStG). Nach BFH vom 14.04.2011 (BStBl II 2011, 746) greift § 170 Abs. 2 Nr. 1 AO nur, wenn der StPfl. gesetzlich zur Abgabe der Steuererklärung verpflichtet ist. Für diese Auslegung spricht der klare Wortlaut der Regelung (vgl. auch BFH vom 08.03.2010, BFH/NV 2010, 1080; über die hiergegen eingelegte Verfassungsbeschwerde vom 18.04.2012 wurde noch nicht entschieden).

Gibt eine zur Einbehaltung und Abführungen von Steuern verpflichtete Person (Entrichtungsschuldner) die ihr obliegende Steueranmeldung nicht ab, wird hierdurch der Anlauf der Festsetzungsfrist gegenüber dem Steuerschuldner gem. § 170 Abs. 2 S. 1 Nr. 1 AO ebenfalls gehemmt. Diese Auffassung, die der BFH mit Urteil vom 29.01.2003 (BStBl II 2003, 687) gegen die Auffassung der Verwaltung (BMF vom 24.04.1997, BStBl I 1997, 414) bestätigt hat, berücksichtigt Sinn und Zweck des § 170 Abs. 2 S. 1 Nr. 1 AO. Die Vorschrift soll verhindern, dass dem FA für eine Steuerfestsetzung nur noch unangemessen wenig Zeit bleibt, wenn das FA infolge einer Verletzung von Erklärungspflichten oder Anmeldungspflichten einen steuerpflichtigen Vorgang erst mit erheblicher Verspätung erfährt. Dieses Ziel besteht aber unabhängig davon, ob die Pflichtverletzung dem Steuerschuldner selbst oder einem Dritten anzulasten ist. Diese ratio legis ist durch das BFH-Urteil vom 27.08.2008 (DStR 2008, 2109) bestätigt worden: Anlaufhemmung mit Ablauf des Kj., in dem die (hier: Schenkungsteuer-)Erklärung eingereicht wurde, spätestens mit Ablauf des dritten Kj. nach dem Jahr der Steuerentstehung.[219]

§ 170 Abs. 3 AO enthält eine Sonderregelung, wenn eine **Steuer** oder Steuervergütung **nur auf Antrag festgesetzt** wird. Die Frist für die Aufhebung, Änderung oder Berichtigung nach § 129 AO beginnt nicht vor Ablauf des Jahres, in dem der Antrag gestellt wird. Für die erstmalige Festsetzung gilt dagegen § 170 Abs. 1 AO.

Beispiel 8: Korrektur einer Antragsveranlagung
Arbeitnehmer S unterliegt nicht der Pflichtveranlagung; er stellt im Dezember 03 einen Antrag auf Veranlagung für das Jahr 01 nach § 46 Abs. 2 Nr. 8 EStG. Im Jahr 06 beantragt S eine Korrektur des im Jahr 04 erlassenen ESt-Bescheides für 01 nach § 129 AO.

Lösung: Die Festsetzungsfrist für die erstmalige Festsetzung der ESt 01 beginnt mit Ablauf des Jahres 01, da S nicht zur Abgabe einer Steuererklärung verpflichtet ist. Ohne die Anlaufhemmung nach § 170 Abs. 3 AO würde die Festsetzungsfrist mit Ablauf des Jahres 05 enden. § 170 Abs. 3 AO bewirkt, dass der Fristbeginn für Korrekturen des ESt-Bescheides 01 erst mit Ablauf

---

[219] Wohl a.A. BFH vom 06.07.2005 (BStBl II 2005, 780) zur GrESt.

des Jahres 03 beginnt und daher erst mit Ablauf des Jahres 07 endet (§ 169 Abs. 1 S. 1 AO). Die Berichtigung des Bescheides nach § 129 AO im Jahr 06 ist daher noch möglich.

§ 170 Abs. 4–5 AO enthält weitere Anlaufhemmungen für die GrSt und für die ErbSt. Soweit der Anlauf der Festsetzungsfrist für die Schenkungsteuer an die Kenntnis der Finanzbehörde von der Schenkung anknüpft, ist auf die Kenntnis der organisatorisch zur Verwaltung der ErbSt berufenen Dienststelle des zuständigen FA abzustellen. Die Kenntnis des als solches zuständigen FA von der Schenkung genügt lediglich dann, wenn ihm die Schenkung ausdrücklich zur Prüfung der Schenkungsteuerpflicht bekannt gegeben wird, die Information aber aufgrund organisatorischer Mängel oder Fehlverhaltens die berufene Dienststelle nicht unverzüglich erreicht (BFH vom 05.02.2003, BStBl II 2003, 502). Erlangt das FA erst mehr als drei Jahre nach Steuerentstehung Kenntnis von einer vollzogenen Schenkung i.S.d. § 170 Abs. 5 Nr. 2 AO, beginnt die Festsetzungsfrist mit Ablauf des Jahres der Kenntniserlangung (BFH vom 06.06.2007, BStBl II 2007, 954). § 170 Abs. 6 AO ist inzwischen ohne Bedeutung; die Wechselsteuer wurde 1991 abgeschafft.

5.2.4 Ablaufhemmung (§ 171 AO)

Neben der Anlaufhemmung in § 170 AO wird gem. § 171 AO das Ende der regulären Festsetzungsfrist in den verschiedensten Fällen hinausgeschoben (**Ablaufhemmung**). Die Ablaufhemmung bewirkt, dass die **Zeit, während der die Hemmung besteht, in die Verjährungsfrist nicht eingerechnet wird**. Die Festsetzungsfrist endet in diesen Fällen meist nicht – wie im Normalfall – am Ende, sondern **im Laufe eines Kalenderjahres**. Die verschiedenen Varianten der Ablaufhemmung sind Gegenstand nahezu jeder Steuerberaterprüfung. Beachten Sie dabei auch, dass die verschiedenen Absätze zusammen treffen können (siehe Kap. 5.2.5 Beispiel 9).

5.2.4.1 Höhere Gewalt (§ 171 Abs. 1 AO)

Die Festsetzungsfrist läuft nicht ab, solange die Steuerfestsetzung wegen höherer Gewalt innerhalb der letzten sechs Monate des Fristlaufs nicht erfolgen kann (§ 171 Abs. 1 AO). Unter »höherer Gewalt« sind unabwendbare Ereignisse wie Krieg, Naturkatastrophen und andere unabwendbare Ereignisse zu verstehen; geringstes Verschulden schließt höhere Gewalt aus (BFH vom 07.05.1993, BStBl II 1993, 818). Die Unkenntnis des FA vom Bestehen eines Steueranspruchs stellt kein Ereignis höherer Gewalt dar.

5.2.4.2 Berichtigung offenbarer Unrichtigkeiten (§ 171 Abs. 2 AO)

§ 171 Abs. 2 AO gibt der Verwaltung **zur Korrektur** einer offenbaren Unrichtigkeit nach § 129 AO eine Frist von **nicht weniger als einem Jahr** ab Bekanntgabe des Bescheides. Die Ablaufhemmung betrifft jedoch nicht den gesamten Bescheid, sondern nur **punktuell** die offenbare Unrichtigkeit, d.h. es ist eine Teilverjährung möglich (»endet die Festsetzungsfrist **insoweit** nicht ...«). Die punktuelle Ablaufhemmung nach § 171 Abs. 2 AO wirkt sich auch auf das Entfallen des Vorbehalts der Nachprüfung nach § 164 Abs. 4 AO aus. Soweit und solange die Ablaufhemmung greift, entfällt auch ein etwaiger Vorbehalt der Nachprüfung nicht. Wiederholt sich die offenbare Unrichtigkeit durch Übernahme in mehreren Änderungsbescheiden, führt allein der erste fehlerhafte Bescheid zur Ablaufhemmung (BFH vom 08.03.1989, BStBl II 1989, 531). Bei Unrichtigkeiten, die sich zu Lasten des StPfl. auswirken, empfiehlt es sich für den steuerlichen Berater, die Berichtigung nach § 129 AO ausdrücklich zu beantragen, um in Bezug auf die offenbare Unrichtigkeit den Ablauf der Festsetzungsfrist über § 171 Abs. 2 i.V.m. Abs. 3 AO so lange zu hemmen, bis über den Änderungsantrag unanfechtbar entschieden worden ist.[220]

5.2.4.3 Antrag auf Steuerfestsetzung und Antrag auf Änderung (§ 171 Abs. 3 AO)

Nach § 171 Abs. 3 AO hemmt ein Antrag auf Steuerfestsetzung oder auf Korrektur einer Steuerfestsetzung außerhalb eines Rechtsbehelfsverfahrens die Festsetzungsfrist **insoweit** (d.h. punktuell), bis über den Antrag unanfechtbar entschieden wurde; i.Ü., soweit kein Antrag gestellt wurde, tritt **Teilverjährung** mit entsprechendem Wegfall des Nachprüfungsvorbehalts nach § 164 Abs. 4 AO ein (vgl. auch BFH vom 30.07.1997, BStBl II 1997, 635). Der Umfang der Ablaufhemmung wird damit durch den Antrag bestimmt; ob der Antrag zulässig und begründet ist, spielt für den Eintritt der Festsetzungsverjährung nach dem klaren Wortlaut des § 171 Abs. 3 AO keine Rolle.[221] Bei einem rechtzeitig vor Fristablauf gestellten Festsetzungs- oder Änderungsantrag braucht infolge der Vorschrift weder der StPfl. noch das FA den Ablauf der Festsetzungsfrist zu befürchten; so hemmt auch ein Antrag auf Anpassung eines ESt-Bescheides an die Aufhebung eines Grundlagenbescheides nach § 175 Abs. 1 Nr. 1 AO die Festsetzungsfrist für die ESt (BFH vom 24.05.2006, BStBl II 2007, 76). Nicht zu den Anträgen i.S.d. § 171 Abs. 3 AO gehört die Abgabe von Steuererklärungen, soweit sie gesetzlich vorgeschrieben ist oder das FA zu ihrer Abgabe aufgefordert hat (BFH vom 25.05.2011, BStBl II 2011, 807). Dies ergibt sich aus § 170 Abs. 2 Nr. 1 AO: Dort hat der Gesetzgeber die Auswirkungen von Steuererklärungen auf die Festsetzungsfrist abschließend geregelt.[222] Die Abgabe einer Selbstanzeige nach § 371 AO oder einer Berichtigung nach § 153 AO führt ebenfalls nicht zur Ablaufhemmung nach § 171 Abs. 3 AO: Der Gesetzgeber hat diese Fälle in der Sonderregelung des § 171 Abs. 9 AO erfasst. § 171 Abs. 9 AO hätte keine Bedeutung, wenn man jede Selbstanzeige oder Berichtigung zugleich als Antrag i.S.d. § 171 Abs. 3 AO beurteilen würde (BFH vom 08.07.2009, BStBl II 2010, 583).

Die Ablaufhemmung nach § 171 Abs. 3 AO wirkt bei mehreren Betroffenen nur für denjenigen, der den Festsetzungs- oder Änderungsantrag gestellt hat (z.B. bei mehreren Gesamtschuldnern). Bei einheitlichen Feststellungen hat der Antrag dagegen eine ablaufhemmende Wirkung gegenüber allen Feststellungsbeteiligten (BFH vom 13.09.1994, BStBl II 1995, 39).

Die Ablaufhemmung endet mit Unanfechtbarkeit der behördlichen Entscheidung über den Antrag, d.h. sobald die Entscheidung formell bestandskräftig ist.

5.2.4.4 Ablaufhemmung im Einspruchs- und Klageverfahren (§ 171 Abs. 3a AO)

Wird ein Steuerbescheid mit Einspruch oder Klage angefochten, so läuft die Festsetzungsfrist nicht ab, bevor über den Rechtsbehelf unanfechtbar entschieden wurde. Die Ablaufhemmung umfasst den gesamten Steueranspruch und schafft damit auch die **verjährungsrechtliche Möglichkeit zur Verböserung** (sog. reformatio in peius). Die Ablaufhemmung setzt al-

---

220 Hier wird deutlich, warum die einzelnen Absätze des § 171 AO derart prüfungsrelevant sind: der Verfasser der Prüfungsaufgabe kann hier durch einfache Sachverhalte viele verschiedene Probleme abhandeln, etwa den regulären Ablauf der Festsetzungsfrist, die Ablaufhemmung nach § 171 Abs. 2 und 3 AO, die Prüfung, ob eine offenbare Unrichtigkeit vorliegt und den Zeitpunkt, wann der Nachprüfungsvorbehalt entfällt. Daher: Extrem prüfungsrelevant!
221 So BFH vom 12.12.2000, BStBl II 2001, 218; a.A. *Rüsken* in *Klein*, AO, § 171 Rz. 10.
222 Vgl. BFH vom 18.02.2009, BStBl II 2009, 876; *Kühn/von Wedelstädt*, AO, § 171 Rz. 21.

lerdings voraus, dass der Rechtsbehelf zulässig ist.[223] Wird ein Steuerbescheid mit einem unzulässigen Rechtsbehelf angefochten, tritt keine Ablaufhemmung nach § 171 Abs. 3a AO ein (BFH vom 10.12.2003, AO-StB 2004, 165). Der StPfl. kann einer drohenden Verböserung durch rechtzeitige Rücknahme des Einspruchs bzw. der Klage entgehen. Gem. § 171 Abs. 3a S. 3 AO endet die Hemmung erst bei Eintritt der Unanfechtbarkeit eines aufgrund von § 100 Abs. 1 S. 1, Abs. 2 S. 2, Abs. 3 S. 1 oder § 101 FGO erlassenen Bescheides. Eine Verlängerung der Ablaufhemmung bis zum Erlass eines neuen Bescheides tritt nach § 171 Abs. 3a S. 3 AO nur dann ein, wenn eine gerichtliche Kassation des Erstbescheides erfolgt ist. Eine analoge Anwendung der Vorschrift auf den Fall der Aufhebung des Bescheides durch die Finanzbehörde kommt nach Auffassung des BFH vom 05.10.2003 (BStBl II 2004, 122) nicht in Betracht.[224] Hinzuzufügen ist, dass nach dem BFH-Urteil vom 19.01.2005 (BStBl II 2005, 242) die Anfechtung eines Grundlagenbescheids mit Einspruch oder Klage nicht mehr dazu führt, dass die für die Festsetzung der Folgesteuern maßgebende Festsetzungsfrist bis zur Unanfechtbarkeit des (geänderten) Feststellungsbescheides gehemmt wird (Abweichung vom BFH-Urteil vom 30.11.1999).[225]

5.2.4.5 Ablaufhemmung bei Außenprüfungen (§ 171 Abs. 4 AO)

Soweit vor Ablauf der Verjährungsfrist mit einer **Außenprüfung begonnen** wird oder deren **Beginn auf Antrag des StPfl. hinaus geschoben wird**, läuft die Festsetzungsfrist für die Steuern, auf die sich die Außenprüfung erstreckt oder im Falle der Hinausschiebung der Außenprüfung erstrecken sollte, nicht ab, bevor die aufgrund der Außenprüfung zu erlassenden **Steuerbescheide unanfechtbar** geworden sind oder nach Bekanntgabe der Mitteilung nach § 202 Abs. 1 S. 3 AO **drei Monate verstrichen** sind (§ 171 Abs. 4 S. 1 AO). Der Begriff Außenprüfung umfasst die Außenprüfung nach §§ 193 ff. AO sowie die USt- und LSt-Sonderprüfung, ferner die steuerlichen Ermittlungen der Steuerfahndung als Außenprüfung auf Ersuchen des FA nach § 208 Abs. 2 Nr. 1 AO, nicht aber »reguläre« Steuerfahndungsprüfungen (vgl. § 171 Abs. 5 AO) und sog. betriebsnahe Veranlagungen (BFH vom 06.07.1999, BStBl II 2000, 306). Die Außenprüfung muss darüber hinaus auch **tatsächlich begonnen** haben, d.h. der Prüfer muss beim StPfl. tatsächlich erscheinen und die Prüfung ernsthaft aufgenommen haben (BFH vom 08.07.2009, BStBl II 2010, 4). Aus Beweisgründen hat der Betriebsprüfer diesen Zeitpunkt in seinen Prüfungsbericht aufzunehmen (§ 198 S. 2 AO). Das bloße Vorliegen einer Prüfungsankündigung reicht dagegen nicht aus, ebenso wenig Scheinhandlungen des FA, um den Fristablauf zu hemmen (vgl. AEAO zu § 198 Nr. 1). Die Ablaufhemmung nach § 171 Abs. 4 AO tritt nur bei einer wirksamen (wenn auch rechtswidrigen) Prüfungsanordnung ein (BFH vom 28.10.2009, BFH/NV 2010, 432).

Wird die Außenprüfung nach ihrem Beginn für mehr als sechs Monate aus Gründen unterbrochen, die das FA zu vertreten hat, entfällt die Ablaufhemmung rückwirkend (§ 171 Abs. 4 S. 2 AO), wenn nicht die Prüfung nach der sechsmonatigen Pause doch noch innerhalb der Festsetzungsfrist begonnen wird (BFH vom 13.02.2003, BStBl II 2003, 552). Wird der Beginn der Außenprüfung auf Antrag des StPfl. hinausgeschoben, entfällt die

---

223 Vgl. *Tipke/Kruse*, AO, § 171 Rz. 26.
224 Hebt das FA allerdings während eines finanzgerichtlichen Verfahrens den angefochtenen Haftungsbescheid auf und erlässt gleichzeitig – im selben Verwaltungsakt – einen neuen Haftungsbescheid, ist der neue Haftungsbescheid noch innerhalb der nach § 171 Abs. 3a AO gehemmten Festsetzungsfrist ergangen (BFH vom 05.10.2004, BStBl II 2005, 323).
225 S. Kap. 5.2.4.10 sowie *Schuster*, jurisPR-SteuerR 13/2005, Anm. 1.

Ablaufhemmung des § 171 Abs. 4 AO nur, wenn das FA nicht vor Ablauf von zwei Jahren nach Eingang des Antrags mit der Prüfung beginnt (BFH vom 01.02.2012, BStBl II 2012, 400). Mit dieser Rspr. schließt der BFH unter Heranziehung des Rechtsgedankens aus § 171 Abs. 8 S. 2 AO und auch § 171 Abs. 10 AO eine Gesetzeslücke, denn nach dem Wortlaut des Gesetzes hätte das FA ansonsten unbegrenzt Zeit, um mit der Prüfung zu beginnen.

Der **Umfang der Ablaufhemmung** erstreckt sich gem. § 171 Abs. 4 AO auf diejenigen Steuern, die in der Prüfungsanordnung genannt sind und die vom Prüfer auch **tatsächlich geprüft** worden sind (BFH vom 06.07.1999, BStBl II 2000, 306); denkbar ist also auch eine Teilverjährung für nicht von der Prüfung erfasste Steuerarten oder VZ. Die Auswertungsfrist von Prüfungsfeststellungen ist in § 171 Abs. 4 S. 3 AO geregelt. Danach endet die Frist i.d.R. vier Jahre nach Ablauf des Jahres, in dem die Schlussbesprechung bzw. die letzten Ermittlungen des FA stattgefunden haben.[226]

Der Ablauf der Festsetzungsfrist wird anlässlich einer Außenprüfung auch gehemmt, wenn eine **Außenprüfung im Inland nicht durchführbar** ist und daher Ermittlungsmaßnahmen nach § 92 AO ergriffen werden (§ 171 Abs. 6 AO).

Ist der Verwaltungsakt, mit dem der Beginn der Prüfung festgesetzt wurde, **rechtswidrig** und hat der StPfl. ihn oder die Prüfungsanordnung mit Einspruch angefochten, beinhaltet ein Antrag auf Aussetzung der Vollziehung der Prüfungsanordnung nicht auch einen Antrag auf Verschiebung des Beginns der Prüfung i.S.d. § 197 Abs. 2, § 171 Abs. 4 AO (BFH vom 10.04.2003, BStBl II 2003, 827). Andernfalls könnte das FA den Eintritt der Festsetzungsverjährung verhindern, indem es wenige Tage vor Jahresende eine Prüfungsanordnung erlässt und diese mit einer rechtswidrigen Terminbestimmung verbindet. Jedoch muss der mit der Anfechtung der Prüfungsanordnung verbundene Antrag auf AdV dem Antrag auf Hinausschieben des Prüfungsbeginns zumindest dann gleichgestellt werden, wenn der StPfl. damit erreicht, dass die Prüfung nicht zu dem vorgesehenen Datum beginnt, vorausgesetzt, dass die Festlegung des Prüfungsbeginns rechtmäßig ist (BFH vom 16.02.2001, BFH/NV 2001, 1009).[227]

5.2.4.6 Ablaufhemmung bei Steuerfahndungsprüfungen (§ 171 Abs. 5 AO)

Mit dem **Beginn von Ermittlungen der Steuerfahndung** tritt eine Ablaufhemmung für die Steuern **insoweit** ein, als die Ermittlungen geführt werden. Betroffen sind insoweit nur der Teil der Steuer, der sich aus Sachverhalten, die Gegenstand der Ermittlungen waren, ergibt. Der Fristablauf soll nach dem einschränkenden Formulierung »insoweit« nur gehemmt werden, soweit und damit die Ergebnisse der Ermittlungen der Festsetzung der betreffenden Steuern zugrunde gelegt werden können (BFH vom 08.07.2009, BStBl II 2010, 583).

Ausreichend ist, wenn dem StPfl. vor Ablauf der Festsetzungsfrist die Einleitung eines Steuerstrafverfahrens oder eines Bußgeldverfahrens wegen einer Steuerordnungswidrigkeit bekannt gegeben worden ist (§ 171 Abs. 5 S. 2 AO; vgl. § 397 AO). Die Frist ist gewahrt, wenn die Mitteilung das FA rechtzeitig verlassen hat (§ 171 Abs. 5 S. 2 2. HS AO). Die

---

226 Der Zweck des § 171 Abs. 4 S. 3 AO besteht darin, zugunsten des Rechtsfriedens und der Rechtssicherheit eine zeitlich unbegrenzte Auswertung von Prüfungsfeststellungen zu verhindern und damit eine zeitgerechte Auswertung der Prüfungsfeststellungen durch den Erlass von Änderungsbescheiden zu erzwingen. Da es keine Rolle spielt, aus welchen Gründen die Frist nicht eingehalten werden konnte, tritt Festsetzungsverjährung auch dann ein, wenn die Verursachung beim Steuerpflichtigen lag (BFH vom 08.07.2009, BStBl II 2010, 4).

227 Diese komplizierte Fallgestaltung war Gegenstand der schriftlichen Steuerberaterprüfung 2005; unter Zuhilfenahme des AEAO zu § 171 Nr. 3 letzter Satz hätte man eine vertretbare Lösung in den zulässigen Hilfsmitteln erkennen können.

durch die Fahndungsprüfung ausgelöste Ablaufhemmung endet nur dann, wenn aufgrund der Prüfung Steuerbescheide ergangen und diese unanfechtbar geworden sind (BFH vom 24.04.2002, BStBl II 2002, 586). Die Auswertungsfrist des § 171 Abs. 4 S. 3 AO ist insoweit – nach Auffassung der Rspr. – nicht analog anwendbar.

Wird der Umfang einer Fahndungsprüfung nachträglich auf zusätzliche Veranlagungszeiträume erweitert, wird hierdurch der Ablauf der Festsetzungsfrist für diese Veranlagungszeiträume nur dann gehemmt, wenn der StPfl. die Erweiterung bis zum Ablauf der Frist erkennen konnte. Der Eintritt der Ablaufhemmung setzt jedoch nicht voraus, dass für den StPfl. erkennbar war, auf welche Sachverhalte sich die zusätzlichen Ermittlungen erstrecken sollten. Im Ergebnis erlaubt § 171 Abs. 5 AO dem FA, sämtliche aufgrund einer Fahndungsprüfung gewonnenen Erkenntnisse umzusetzen, wenn und soweit die Prüfung vor Ablauf der Festsetzungsfrist begonnen hat. Maßnahmen der Bußgeld- und Strafsachenstelle des FA sind keine Ermittlungen der Steuerfahndung und führen daher nicht zur Ablaufhemmung nach § 171 Abs. 5 AO (BFH vom 08.07.2009, BStBl II 2010, 583).

5.2.4.7 Verfolgungsverjährung (§ 171 Abs. 7 AO)

In den Fällen der Steuerhinterziehung und der leichtfertigen Steuerverkürzung **endet die Festsetzungsfrist nicht, bevor nicht nach den strafprozessualen Vorschriften die Verfolgung der Tat verjährt**. Solange der Täter noch bestraft werden kann, ist auch die Festsetzung der Steuern noch möglich. Praktische Bedeutung hat § 171 Abs. 7 AO aufgrund der kurzen Strafverfolgungsverjährung (vgl. Kap. XII 2.2.7) nur für leichtfertige Steuerverkürzungen.

5.2.4.8 Vorläufige und ausgesetzte Steuerfestsetzungen (§ 171 Abs. 8 AO)

Wird eine Steuer gem. § 165 AO vorläufig festgesetzt oder wird die Steuerfestsetzung ausgesetzt, endet die Festsetzungsfrist nicht vor dem Ablauf **eines Jahres, nachdem die Ungewissheit beseitigt ist und das FA hiervon Kenntnis erlangt**; in den Fällen des § 165 Abs. 1 S. 2 AO beträgt die Auswertungsfrist **zwei Jahre** (§ 171 Abs. 8 S. 2 AO). Die Ungewissheit ist beseitigt, wenn die für die Beurteilung maßgeblichen Tatsachen festgestellt werden können und das FA davon positive Kenntnis hat (BFH vom 04.09.2008, BStBl II 2009, 335).

5.2.4.9 Berichtigung von Erklärungen und Selbstanzeige (§ 171 Abs. 9 AO)

Berichtigt ein StPfl. vor Ablauf der Festsetzungsfrist gem. § 153 AO seine Steuererklärung oder erstattet er eine Selbstanzeige gem. §§ 371 und 378 Abs. 3 AO, hat das FA eine Auswertungsfrist von einem Jahr nach Eingang der Anzeige. Die Ablaufhemmung betrifft dabei – ohne dass dies aus dem Wortlaut der Vorschrift eindeutig hervorgehe – nur den nachgemeldeten Sachverhalt. Die Jahresfrist beginnt mit Ablauf des Tages, an dem die Anzeige beim zuständigen[228] FA eingeht (d.h. keine Anwendung der Drei-Tage-Fiktion gem. § 122 Abs. 2 AO). Die Ablaufhemmung beginnt nur, wenn die angezeigte Steuerverkürzung dem Grunde nach individualisiert werden kann, der StPfl. also Steuerart und VZ benennt und den Sachverhalt so schildert, dass der Gegenstand der Selbstanzeige erkennbar wird (BFH vom 21.04.2010, BStBl II 2010, 771).

---

228 Reicht ein StPfl. vor Ablauf der Festsetzungsfrist eine Berichtigungsanzeige nach § 153 AO bei einem unzuständigen FA ein, ist die Anzeige zwar wirksam erstattet, zur Berechnung der Ablaufhemmung nach § 171 Abs. 9 AO ist jedoch auf den Eingang beim zuständigen FA abzustellen (BFH vom 28.02.2008, BStBl II 2008, 595).

5.2.4.10 Steuerfestsetzung aufgrund eines Grundlagenbescheides (§ 171 Abs. 10 AO)

§ 171 Abs. 10 AO ist die **verjährungsrechtliche Ergänzung der Korrekturvorschrift des § 175 Abs. 1 S. 1 Nr. 1 AO** und der zwingenden Bindungswirkung von Grundlagenbescheiden für Folgebescheide gem. § 182 Abs. 1 AO. Nach § 171 Abs. 10 AO endet die Festsetzungsfrist für einen Folgebescheid **nicht vor Ablauf von zwei Jahren nach Bekanntgabe des Grundlagenbescheids**, soweit die im Grundlagenbescheid enthaltenen Feststellungen gem. § 182 Abs. 1 AO bindend sind. Andere, nicht bindende Besteuerungsgrundlagen werden von der Ablaufhemmung dagegen nicht umfasst. Grundlagenbescheide sind nach § 171 Abs. 10 AO **Feststellungsbescheide und Steuermessbescheide** sowie diejenigen VA der Finanzbehörden und anderer Behörden, die für die Festsetzung einer Steuer bindend sind. Die Vorschrift soll dem FA, das für den Folgebescheid zuständig ist, die Möglichkeit geben, den Grundlagenbescheid ohne Rücksicht auf die Festsetzungsfrist des Folgebescheides auszuwerten. Gem. § 171 Abs. 10 S. 2 AO kann ein Grundlagenbescheid unabhängig von der Zwei-Jahres-Frist in § 171 Abs. 10 S. 1 AO so lange ausgewertet werden, wie die Ablaufhemmung eines Folgebescheides aufgrund einer wirksamen Außenprüfung beim StPfl. gem. § 171 Abs. 4 AO andauert. Beachtet das FA beim Erlass eines Steuerbescheides einen bereits vorliegenden Grundlagenbescheid nur versehentlich nicht, führt dies zu einer offenbaren Unrichtigkeit des Steuerbescheides i.S.d. § 129 AO (BFH vom 16.07.2003, BStBl II 2003, 867, Änderung der Rspr.); insoweit greift auch § 171 Abs. 2 AO.

Eine weitere Änderung der Rspr. bringt das BFH-Urteil vom 19.01.2005 (DStR 2005, 377) mit sich, wonach die Anfechtung eines Grundlagenbescheids nicht dazu führt, dass die Festsetzungsfrist für die Folgebescheide bis zur Unanfechtbarkeit des Feststellungsbescheids gehemmt wird. Die abweichende Auffassung des IX. Senats (Entscheidung vom 30.11.1999, BStBl II 2000, 173) hält der BFH nicht mehr aufrecht.[229]

5.2.4.11 Sonstige Ablaufhemmungen (§ 171 Abs. 11 bis 14 AO)

§ 171 Abs. 11 bis 14 AO enthalten ferner Ablaufhemmungen bei fehlendem gesetzlichen Vertreter (§ 171 Abs. 11 AO), bei der Steuerfestsetzung gegen einen Nachlass (§ 171 Abs. 12 AO, vgl. § 211 BGB), bei Insolvenzforderungen (§ 171 Abs. 13 AO) und für Erstattungsansprüche aufgrund eines unwirksamen Steuerbescheides (§ 171 Abs. 14 AO).

5.2.5 Prüfungsschema und zusammenfassendes Beispiel

Die Vorschriften über die Festsetzungsverjährung sind Gegenstand nahezu jeder schriftlichen Prüfungsaufgabe. Empfehlenswert ist, die Prüfung entsprechend dem gesetzlichen Aufbau zu strukturieren, d.h.

- den Beginn der Festsetzungsfrist unter Berücksichtigung einer etwaigen Anlaufhemmung nach § 170 AO berechnen,
- die Fristdauer nach § 169 Abs. 2 AO angeben und das reguläre Fristende (unter Berücksichtigung des § 108 Abs. 3 AO) berechnen und
- etwaige Ablaufhemmungen nach § 171 AO prüfen.

---

229 Auf Anfrage des X. Senats hat der IX. Senat mitgeteilt, dass er an seiner ursprünglichen gegenteiligen Auffassung in der Senatsentscheidung vom 30.11.1999 (BStBl II 2000, 173) nicht mehr festhält; die Anrufung des Großen Senats nach § 11 Abs. 2 i.V.m. Abs. 3 S. 1 FGO war daher nicht erforderlich.

Besonders beliebt und anfangs schwer zu durchschauen sind Prüfungsaufgaben, in denen Hemmungstatbestände nach § 171 AO kumulativ anzuwenden sind.

Beispiel 9: Undurchsichtige Verfahrenslage[230]
Ramona Rehauge (R) hat die ESt-Erklärung 03 nach Fristverlängerung Ende 04 beim zuständigen FA eingereicht. Im Rahmen einer Neuorganisation der Veranlagungsbezirke wurde die ESt-Erklärung 03 der R Anfang 05 versehentlich verlegt und erst Ende April 08 wieder aufgefunden. Der ESt-Bescheid 03 erging unter dem Vorbehalt der Nachprüfung und wurde am 12.05.08 vom FA mit einfachem Brief zur Post gegeben. Er ging am Mittwoch, den 13.05.08 bei R ein. Die ESt 03 wurde auf 38.800 € festgesetzt.
Bei der Überprüfung des Bescheides stellte R fest, dass ihr in der Steuererklärung bei der Addition der Einnahmen aus Kapitalvermögen ein Rechenfehler von 1.000 € zu ihren Ungunsten unterlaufen ist. Eine Einzelaufstellung der Zinseinnahmen war der Steuererklärung beigefügt. Mit Schreiben vom 14.05.09, das R noch am gleichen Tag in den Briefkasten des FA einwarf, beantragte sie die Berichtigung des Bescheides nach § 164 AO.
Am 26.08.09 lehnte das FA den Antrag auf Berichtigung ab, da Festsetzungsverjährung eingetreten sei. Eine Rechtsbehelfsbelehrung war dem Schreiben des FA nicht angefügt. R möchte nunmehr im Oktober 09 wissen, ob die Auffassung des FA richtig sei und was sie gegebenenfalls dagegen machen könne.

Lösung: Eine Berichtigung des ESt-Bescheides 03 wegen offenbarer Unrichtigkeit gem. § 129 AO kommt nur in Betracht, wenn die Festsetzungsfrist noch nicht abgelaufen ist (§ 169 Abs. 1 AO). Die Festsetzungsfrist für den ESt-Bescheid 03 begann wegen der Anlaufhemmung nach § 170 Abs. 2 S. 1 Nr. 1 AO mit Ablauf des Jahres 04 und endete regulär mit Ablauf des Jahres 08 (§ 169 Abs. 2 S. 1 Nr. 2 AO). Mit dem Additionsfehler unterlief R bei Abgabe der Steuererklärung ein Rechenfehler, der für das FA aus den Anlagen zur Steuererklärung erkennbar war und vom FA übernommen wurde. Der Fehler wird zu einem sog. Übernahmefehler, der dem FA bei Erlass des ESt-Bescheides 1993 unterlaufen ist. Die Voraussetzungen für einen Berichtigungsantrag nach § 129 AO lagen daher vor, so dass die Ablaufhemmung gem. § 171 Abs. 2 AO eingreift. Der Bescheid gilt am 15.05.08 als bekannt gegeben (§§ 122 Abs. 2 Nr. 1, 124 Abs. 1, 108 AO i.V.m. §§ 187 ff. BGB), so dass die Festsetzungsfrist mit Ablauf des 15.05.09 endete; bis zu diesem Zeitpunkt wäre eine Änderung nach § 129 AO möglich gewesen.
Zugleich kommt wegen des Antrags der R vom 14.05.09 auf Berichtigung des ESt-Bescheides eine Ablaufhemmung nach § 171 Abs. 3 AO in Betracht, da der Berichtigungsantrag vor Ablauf der Jahresfrist gestellt wurde. Die Festsetzungsfrist läuft somit nicht ab, bevor über den Änderungsantrag unanfechtbar entschieden wurde. Mit Schreiben vom 26.08.09 hat das FA zwar den Antrag abgelehnt; dem Schreiben war allerdings keine Rechtsbehelfsbelehrung beigefügt, so dass gem. § 356 Abs. 2 AO innerhalb eines Jahres nach Bekanntgabe des Schreibens Einspruch eingelegt werden kann. Im Oktober 09 liegt damit noch keine unanfechtbare Entscheidung über den Antrag vor; die Festsetzungsfrist ist noch nicht abgelaufen. Eine Berichtigung ist noch möglich, R sollte gegen das Schreiben des FA Einspruch einlegen. Daneben kann der Bescheid auch noch nach § 164 Abs. 2 AO geändert werden. §§ 171 Abs. 2 und 3 AO gelten auch für Vorbehaltsfestsetzungen, da beide Vorschriften nicht durch § 164

---

[230] Nachgebildet einem Sachverhalt aus der Steuerberaterprüfung 2000.

Abs. 4 S. 2 AO ausgeschlossen sind. Der Vorbehalt der Nachprüfung ist damit im Oktober 09 noch wirksam, allerdings nur punktuell, soweit über den Änderungsantrag der R vom 14.05.09 noch nicht unanfechtbar entschieden wurde. Die Berichtigung des ESt-Bescheides kann daher **sowohl nach § 129 AO als auch nach § 164 Abs. 2 AO erfolgen**.[231]

5.3 Feststellungsbescheide (§§ 179–183 AO)

Die Feststellung der Besteuerungsgrundlagen bildet gem. § 157 Abs. 2 AO einen **unselbständigen**, mit Rechtsbehelfen nicht selbständig anfechtbaren Teil des Steuerbescheids, soweit die Besteuerungsgrundlagen nicht gesondert festgestellt werden. Wurden die Besteuerungsgrundlagen fehlerhaft ermittelt, ist ein Einspruch gegen den Steuerbescheid nur dann zulässig, wenn sich die fehlerhafte Ermittlung auf den festgesetzten Steuerbetrag ausgewirkt hat; ansonsten ist der Einspruch mangels Beschwer unzulässig (§ 350 AO).

Eine **Ausnahme von dem Grundsatz**, dass die Besteuerungsgrundlagen einen unselbständigen Teil des Steuerbescheides bilden, enthalten die Vorschriften über die gesonderte Feststellung von Besteuerungsgrundlagen und die Festsetzung von Steuermessbeträgen (§§ 179–184 AO). Die §§ 179 ff. AO bzw. entsprechende Vorschriften der Einzelsteuergesetze (z.B. § 2a Abs. 1 S. 5, § 10b Abs. 1 S. 10, § 10d Abs. 4, § 15a Abs. 4, § 39a Abs. 4 EStG, § 138 BewG) sehen in bestimmten Fällen eine **gesonderte Feststellung der Besteuerungsgrundlagen** vor. Gesonderte Feststellungen dürfen nur erfolgen, wenn eine ausdrückliche gesetzliche Ermächtigung vorliegt (§ 179 Abs. 1 AO). Der Feststellungsbescheid ist **Grundlagenbescheid** (vgl. § 171 Abs. 10 AO) für die auf ihm beruhenden Folgebescheide (§ 182 Abs. 1 AO). Der Inhalt des Feststellungsbescheides ist damit für den Folgebescheid **bindend**. Das für den Erlass des Folgebescheides zuständige FA muss und darf die Rechtmäßigkeit des Grundlagenbescheides bei der Auswertung gem. § 175 Abs. 1 Nr. 1 AO nicht überprüfen. Zweck des verselbständigten Feststellungsverfahrens ist es u.a. zu verhindern, dass die im Grundlagenbescheid getroffene Entscheidung im Folgebescheid gegensätzlich entschieden werden kann.

Die gesonderte Feststellung ist **selbständig anfechtbar** und kann bestandskräftig werden. Entscheidungen in einem Feststellungsbescheid können **nur durch Anfechtung dieses Bescheides**, nicht auch durch Anfechtung des Folgebescheides angegriffen werden (§ 351 Abs. 2 AO); ein gleichwohl eingelegter Einspruch wäre unbegründet (AEAO zu § 351 Nr. 4). Der Vereinfachungseffekt von Feststellungsbescheiden liegt darin, dass die verbindlich festgestellten Besteuerungsgrundlagen nur einmal ermittelt werden müssen und gegenüber mehreren StPfl. übereinstimmend festgestellt werden können.

Beispiel 10: Publikums-KG
An einer Publikums-KG (Ort der Geschäftsleitung in Berlin) sind mehrere Tausend Kommanditisten aus dem gesamten Bundesgebiet beteiligt. Würden die jeweiligen Wohnsitz-FÄ der Kommanditisten Aussagen über die Beteiligung der Kommanditisten an der KG treffen, wären zahlreiche verschiedene FÄ mit der Gewinnermittlung der KG beschäftigt; zudem bestünde die Gefahr divergierender Entscheidungen über die Höhe des Gewinns der KG sowie hinsichtlich der

---

231 Das Beispiel enthält einen eindeutigen Hinweis auf § 164 AO: Wer in der Lösung nur die Korrekturvorschrift des § 129 AO prüfte, vergab zahlreiche Wertungspunkte.

Gewinnverteilung. Daher stellt das für die gesonderte Feststellung zuständige Berliner FA (§ 18 Abs. 1 Nr. 2 AO) die Besteuerungsgrundlagen gesondert und einheitlich fest (§ 180 Abs. 1 Nr. 2 Buchst. a AO) und übersendet das Ergebnis in sog. »Mitteilungen« den jeweiligen Wohnsitz-FÄ der Gesellschafter. Soweit deren ESt-Bescheide schon erlassen wurden (was auch bei noch ausstehendem Grundlagenbescheid nach § 155 Abs. 2 AO zulässig ist) und sich aufgrund der Mitteilung des Berliner FA eine Änderung ergibt, sind die ESt-Bescheide nach § 175 Abs. 1 S. 1 Nr. 1 AO zu ändern; die Ablaufhemmung in § 171 Abs. 10 AO sorgt dafür, dass das FA die Auswertung ohne zeitlichen Druck durchführen kann.

Ist die gesonderte Feststellung mehreren Personen zuzurechnen, ist die gesonderte Feststellung zugleich **einheitlich** vorzunehmen (§ 179 Abs. 2 S. 2, 2. Alt. AO). Gem. § 180 AO werden insb. folgende Besteuerungsgrundlagen gesondert festgestellt:

- **Einheitswerte** nach Maßgabe des Bewertungsgesetzes (§ 180 Abs. 1 Nr. 1 AO i.V.m. § 19 Abs. 1 BewG). Einheitlich festgestellt werden auch **Grundbesitzwerte** (Bedarfswerte) gem. § 138 Abs. 5 BewG für die ErbSt sowie für die GrESt. Ein Feststellungsbescheid nach § 180 Abs. 1 Nr. 1 AO wirkt gem. § 182 Abs. 2 AO auch gegenüber dem Rechtsnachfolger, auf den der Gegenstand der Feststellung nach dem Feststellungszeitpunkt mit steuerlicher Wirkung übergeht (sog. dingliche Wirkung).
- **Einkommensteuerpflichtige und körperschaftsteuerpflichtige Einkünfte und** mit ihnen im Zusammenhang stehende **andere Besteuerungsgrundlagen,** wenn an den Einkünften **mehrere Personen beteiligt sind und die Einkünfte diesen Personen steuerlich zuzurechnen sind** (§ 180 Abs. 1 Nr. 2 Buchst. a AO). Die gesonderte Feststellung nach § 180 Abs. 1 Nr. 2 Buchst. a AO umfasst über die von den Feststellungsbeteiligten gemeinschaftlich erzielten Einkünfte hinaus alle weiteren Besteuerungsgrundlagen, die in rechtlichem, wirtschaftlichem oder tatsächlichem Zusammenhang mit diesen Einkünften stehen. Dies sind insb. Sonderbetriebseinnahmen und -ausgaben der Beteiligten. § 180 Abs. 1 Nr. 2 Buchst. a AO ist **nur auf PersG anwendbar**, da nur dort die Einkünfte den Feststellungsbeteiligten steuerlich zuzurechnen sind. Die Feststellung umfasst insb. Aussagen dazu, ob nichtsteuerbare, steuerfreie oder steuerpflichtige Einkünfte vorliegen und welchen Einkunftsarten sie zuzurechnen sind, ob eine Mitunternehmerschaft vorliegt[232], welchen Personen die Einkünfte zuzurechnen sind, sowie über Höhe und Anteil der Beteiligten an den Gesamteinkünften und anderen Besteuerungsgrundlagen und über Sonderbetriebseinnahmen und -ausgaben einzelner Gesellschafter.

Nach diesen Grundsätzen sind Einkünfte einer nicht gewerblich geprägten PersG, die eine vermögensverwaltende Tätigkeit ausübt und an der mehrere Gesellschafter gemeinschaftlich beteiligt sind, gesondert und auch einheitlich festzustellen (§ 180 Abs. 1 Nr. 2 Buchst. a i.V.m. § 179 Abs. 2 S. 2 AO). Darüber hinaus enthält § 180 Abs. 1 Nr. 2 Buchst. a AO keine ausdrückliche Regelung dazu, ob die gesonderte und einheitliche Feststellung Angaben zur Art und zur Höhe des Gewinns eines betrieblich an der vermögensverwaltenden

---

[232] Die bestandskräftige Feststellung zum Vorliegen einer Mitunternehmerschaft entfaltet als selbständiger Regelungsgehalt eines Gewinnfeststellungsbescheids Bindungswirkung für die rechtlich nachrangigen Feststellungen und damit z.B. auch für die Frage der Erzielung eines Veräußerungsgewinns (BFH vom 14.01.2003, BStBl II 2003, 335).

PersG beteiligten Gesellschafters enthalten muss (sog. Zebragesellschaft[233]). Streitig war dabei lange Zeit, auf welcher Ebene eine Umrechnung und Umqualifizierung anteiliger gewerblicher Einkünfte erfolgen muss (vgl. BFH vom 30.10.2002, BStBl II 2003, 167). Mit Vorlagebeschluss vom 30.10.2002 (BStBl II 2003, 167) hat der 9. Senat des Bundesfinanzhofs dem Großen Senat die Frage vorgelegt, ob eine verbindliche Entscheidung über die Einkünfte eines betrieblich an einer vermögensverwaltenden Gesellschaft beteiligten Gesellschafters – sowohl ihrer Art als auch ihrer Höhe nach – durch das für die persönliche Besteuerung des Gesellschafters zuständige Wohnsitz-FA zu treffen ist. Mit Beschluss vom 11.04.2005 (BFH GrS BStBl II 2005, 679) hat der Große Senat des BFH die Streitfrage im Sinne des Vorlagebeschlusses des 9. Senats entschieden: die Umqualifizierung der Einkunftsart obliegt damit allein dem jeweiligen **Wohnsitzfinanzamt**. Die verfahrensrechtliche Reichweite der Feststellungswirkung bezieht sich damit nur auf die gemeinschaftlich verwirklichten Tatbestandsmerkmale, nicht dagegen auf diejenigen, die außerhalb der Beteiligung im Bereich der persönlichen Einkunftserzielung liegen (so auch BFH vom 18.04.2012, BStBl II 2012, 647).

- Einkünfte aus Land- und Forstwirtschaft, Gewerbebetrieb oder einer freiberuflichen Tätigkeit, **wenn das für die gesonderte Feststellung zuständige FA nicht auch für die Steuern vom Einkommen zuständig ist** (§ 180 Abs. 1 Nr. 2 Buchst. b AO); Hintergrund ist, dass dem Betriebs-, Belegenheits-, oder Tätigkeitsort-FA (§ 18 Abs. 1 Nr. 1 bis 3 AO) die Gewinnermittlung besser möglich ist als dem jeweiligen Wohnsitz-FA.
- Besteuerungsgrundlagen in den weiteren Fällen des § 180 Abs. 1 Nr. 3, Abs. 2 und Abs. 5 AO. Nach § 180 Abs. 2 AO können gem. der Verordnung über die gesonderte Feststellung von Besteuerungsgrundlagen nach § 180 Abs. 2 AO **zur Sicherstellung einer einheitlichen Rechtsanwendung bei gleichen Sachverhalten und zur Erleichterung des Besteuerungsverfahrens** Besteuerungsgrundlagen auch in anderen als den in § 180 Abs. 1 AO genannten Fällen gesondert (und ggf. einheitlich) festgestellt werden. Durch die Verordnung nach § 180 Abs. 2 AO werden insb. die Einkünfte der Feststellungsbeteiligten bei Bauherren- und Erwerbermodellen erfasst (ausführlich dazu BMF vom 02.05.2001, BStBl I 2001, 256 = Nr. 800, § 180/1).

Ein Gewinnfeststellungsbescheid enthält im Regelfall verschiedene Feststellungen, je nachdem, was vom FA in den Tenor des VA aufgenommen wird (BFH vom 16.06.2011, BStBl II 2011, 903):

- Feststellung der Einkunftsart,
- wer an den Einkünften beteiligt ist,
- wie hoch die Einkünfte sind,
- ob und ggf. in welcher Höhe in den Einkünften ein begünstigter Veräußerungsgewinn enthalten ist und
- wie die Einkünfte auf die einzelnen Personen zu verteilen sind.

Die verschiedenen Feststellungen erwachsen selbständig in Bestandskraft; Voraussetzung ist allerdings, dass der Feststellungsbescheid tatsächlich eine Regelung zu den einzelnen

---

233 Unter dem Begriff Zebragesellschaft verstehen Rspr. und Schrifttum eine vermögensverwaltende PersG, an der – mindestens – ein Beteiligter aufgrund von in seiner Person bzw. in seiner Tätigkeit liegenden Umständen Einkünfte aus Gewerbebetrieb nach § 15 EStG bezieht.

Feststellungen enthält. Enthält der Bescheid über die gesonderte und einheitliche Feststellung des (gewerblichen) Gewinns keine Feststellung zur Tarifbegrenzung nach § 32c EStG a.F., so entfaltet dieser Grundlagenbescheid insoweit auch keine Bindungswirkung für die Einkommensteuerbescheide der Gesellschafter/Gemeinschafter. Hat die Finanzbehörde in diesem Fall im bestandskräftigen Einkommensteuerbescheid gegenüber einem Gesellschafter/Gemeinschafter zu Unrecht die Tarifbegrenzung nach § 32c EStG a.F. gewährt, so kann dieser Fehler nicht im Wege der Änderung nach § 175 Abs. 1 S. 1 Nr. 1 AO korrigiert werden (BFH vom 22.08.2007, BStBl II 2008, 4). Umfasst ein Feststellungsbescheid auch die Feststellung des verrechenbaren Verlusts i.S.d. § 15a Abs. 4 S. 1 EStG, handelt es sich ebenfalls um einen trennbaren und selbständig anfechtbaren Verwaltungsakt.[234] Wird Einspruch eingelegt, umfasst dieser nach dem Grundsatz der Gesamtaufrollung (vgl. § 367 Abs. 2 S. 1 AO) alle Feststellungen. Das FA hat den Feststellungsbescheid dann ohne Bindung an den Antrag des StPfl. vollumfänglich zu überprüfen (BFH vom 04.11.2003, BFH/NV 2003, 1372).[235]

Für die gesonderte Feststellung gelten gem. § 181 Abs. 1 AO die **Vorschriften über die Durchführung der Besteuerung sinngemäß**. Für Feststellungsbescheide sind damit z.B. auch die besonderen Korrekturvorschriften für Steuerbescheide gem. §§ 172 ff. AO anwendbar (und nicht die allgemeinen Berichtigungsvorschriften für Verwaltungsakte gem. §§ 130, 131 AO, vgl. § 172 Abs. 1 S. 1 Nr. 2 Buchst. d 2. HS AO).

Sind in einem Feststellungsbescheid notwendige Feststellungen unterblieben, besteht gem. § 179 Abs. 3 AO innerhalb der Feststellungsfrist die Möglichkeit, den lückenhaften Bescheid inhaltlich durch einen sog. **Ergänzungsbescheid** zu vervollständigen (z.B. Nachholung der Feststellung, wie der Gewinn zu verteilen ist, vgl. AEAO zu § 179 Nr. 2). Eine notwendige Feststellung ist unterblieben, wenn sie hätte getroffen werden müssen, aber nicht getroffen worden ist. Hat das FA dagegen bereits eine – wenn auch negative – Entscheidung über die betreffende Feststellung getroffen, so liegt insoweit kein unvollständiger Bescheid vor (BFH vom 17.12.2008, BStBl II 2009, 444). Ergänzungsbescheide dürfen einen lückenhaften Feststellungsbescheid **vervollständigen**, nicht aber einen unrichtigen Feststellungsbescheid korrigieren oder in ihm getroffene Feststellungen ändern, denn in einem solchen Fall ist die ursprüngliche Feststellung nicht lückenhaft, sondern inhaltlich falsch. Nachträglich geltend gemachte Sonderbetriebsausgaben können beispielsweise nicht durch Erlass eines Ergänzungsbescheids gem. § 179 Abs. 3 AO berücksichtigt werden, wenn die Feststellungserklärung unrichtig ist (BFH vom 23.08.2011, AO-StB 2011, 327). Ebenso wenig kann eine fehlende Feststellung für eine weitere Einkunftsart in einem Ergänzungsbescheid nachgeholt werden, wenn der verbleibende Verlustvortrag nur für eine bestimmte Einkunftsart gesondert festgestellt wurde (BFH vom 17.12.2008, BStBl II 2009, 444).

---

234 Der Feststellungsbescheid nach § 180 Abs. 1 Nr. 2 Buchst. a AO ist dann Grundlagenbescheid i.S.d. § 171 Abs. 10 S. 1, § 175 Abs. 1 Nr. 1 AO für die Feststellung nach § 15a Abs. 3 S. 1 EStG, soweit er den Anteil eines Gesellschafters am StB-Gewinn der Gesellschaft und das etwaige Ergebnis aus Ergänzungsbilanzen feststellt, die zusammen den Gewinnanteil i.S.d. § 15 Abs. 1 S. 1 Nr. 2, 1. HS EStG ausmachen (BFH vom 22.06.2006, BStBl II 2007, 687).

235 Anders im finanzgerichtlichen Verfahren, wo der Grundsatz der Gesamtaufrollung nicht gilt. Ein Gewinnfeststellungsbescheid kann mehrere einzelne Feststellungen von Besteuerungsgrundlagen umfassen, die, soweit sie eine rechtliche selbständige Würdigung enthalten und eines rechtlichen selbständigen Schicksals fähig sind, als eigenständiger Gegenstand eines Klagebegehrens in Betracht kommen. Selbständiger Teil eines Gewinnfeststellungsbescheides in diesem Sinne ist z.B. auch die Feststellung der Art der Einkünfte (BFH vom 04.07.2008, BFH/NV 2008, 53).

§ 181 AO enthält ferner einige **Sonderbestimmungen für die Feststellungsverjährung**. Bei der Entscheidung, ob eine gesonderte Feststellung durchgeführt oder verändert werden kann, ist die Frage der Verjährung der von der Feststellung abhängigen Steuern nicht zu prüfen. Ist dagegen die Feststellungsfrist bereits abgelaufen, die Steuerfestsetzung in einem Folgebescheid aber noch zulässig, gilt § 181 Abs. 5 AO: die Feststellung kann also auch in diesen Fällen erfolgen.[236] Die Vorschrift trägt dem Umstand Rechnung, dass die gesonderte Feststellung von Besteuerungsgrundlagen nur eine Vorstufe der Steuerfestsetzung ist, d.h. nur eine dienende Funktion hat (BFH vom 11.11.2009, BStBl II 2010, 723). Ist ein Feststellungsbescheid nach Ablauf der für ihn geltenden Feststellungsfrist ohne den notwendigen Hinweis nach § 181 Abs. 5 S. 2 AO ergangen und bestandskräftig geworden, entfaltet der insoweit rechtswidrige, aber bestandskräftige Bescheid uneingeschränkte Bestandskraft (BFH vom 25.11.2008, BStBl II 2009, 287).

Liegen nach Auffassung des FA die Voraussetzungen einer gesonderten Feststellung nicht vor, ist ein **negativer Feststellungsbescheid** zu erlassen (§ 180 Abs. 3 S. 2 und 3 AO). Auch ein negativer Feststellungsbescheid ist ein Grundlagenbescheid i.S.d. §§ 171 Abs. 10, 175 Abs. 1 S. 1 Nr. 1 AO und entfaltet Bindungswirkung gegenüber einem Folgebescheid.

Von einer gesonderten Feststellung ist **ferner abzusehen**, wenn sie zur einheitlichen Rechtsanwendung und zur Erleichterung des Besteuerungsverfahrens nicht erforderlich ist (vgl. § 182 Abs. 1 AO). Insb. kann auf eine gesonderte Feststellung nach § 180 Abs. 1 Nr. 2 und 3 AO verzichtet werden, wenn **nur ein Feststellungsbeteiligter im Inland steuerpflichtig** ist (§ 180 Abs. 3 S. 1 Nr. 1 AO) oder es sich um einen **Fall von geringer Bedeutung** handelt (§ 180 Abs. 3 S. 1 Nr. 2 AO; vgl. AEAO zu § 180 Nr. 4).

5.4 Steuermessbescheide (§ 184 AO)

Bei den Realsteuern (§ 3 Abs. 2 AO: Grundsteuer und Gewerbesteuer) wird der nach den Steuergesetzen zur ermittelnde **Steuermessbetrag** durch sog. **Steuermessbescheide** festgesetzt. (§ 184 Abs. 1 S. 1 AO). Die FÄ teilen den Inhalt der Steuermessbescheide den Gemeinden als Besteuerungsgrundlage für den Erlass der Realsteuerbescheide mit (§ 184 Abs. 3 AO).[237] Der Steuermessbescheid ist **Grundlagenbescheid** i.S.d. § 171 Abs. 10 AO und für die Gemeinde bindend (§§ 184 Abs. 1 S. 4 i.V.m. 182 Abs. 1 AO). Die Festsetzung der Realsteuer durch die Gemeinde erfolgt durch die Anwendung des gemeindlichen Hebesatzes auf den Steuermessbetrag. Gegen den Steuermessbescheid ist der Einspruch beim zuständigen FA statthaft; Gemeinden sind nicht befugt, Steuermessbescheide anzufechten (AEAO zu § 184). Das Rechtsbehelfsverfahren gegen die Realsteuerbescheide richtet sich nicht nach der AO, sondern nach der VwGO.

---

236 Diese etwas versteckte Vorschrift war wiederholt, zuletzt 2006 Gegenstand der schriftlichen Prüfung; zusammen mit der Erläuterung im AEAO zu § 181 Nr. 1 war das Problem – sofern man es erkannte – gut lösbar.
237 In den Stadtstaaten Berlin, Bremen und Hamburg obliegt die Festsetzung der Realsteuern nicht den Gemeinden, sondern den FÄ.

5.5 Verhältnis des Feststellungs- zum Festsetzungsverfahren bei § 10d EStG

Ein prüfungsrelevantes verfahrensrechtliches Problem ergibt sich aus den Verfahrensfragen zum Verlustabzug nach § 10d EStG. Kann in einem Jahr ein Verlust nicht ausgeglichen werden, kann der verbleibende Verlust gem. § 10d Abs. 4 EStG gesondert festgestellt, in das Folgejahr vorgetragen und dort verrechnet werden.[238] Einen solchen Antrag auf Feststellung konnte der StPfl. bisher auch für lange zurückliegende Jahre stellen, sofern im Verlustentstehungsjahr keine Steuererklärung abgegeben wurde und wegen Ablaufs der erst kürzlich aufgehobenen zweijährigen Antragsfrist gem. § 46 Abs. 2 Nr. 8 EStG nicht mehr abgegeben werden konnte (BFH vom 01.03.2006, BStBl II 2007, 919). Mit dem Jahressteuergesetz 2007 wurde diese vorteilhafte Rspr. insoweit eingeschränkt, als Anträge auf Verlustfeststellung nur noch innerhalb der für ESt-Bescheide geltenden Festsetzungsfrist zulässig sind. Diese Neuregelung gilt seit dem Inkrafttreten des § 10d Abs. 4 S. 6 EStG, d.h. seit dem 19.12.2006 für alle noch nicht abgelaufenen Feststellungsfristen.[239]

> **Beispiel 11: Was kann jetzt noch festgestellt werden?**
> Klumpe hat nach seinem Studium der BWL im Jahr 08 ein Auslandsstudium in den USA absolviert. Hierfür sind ihm Kosten von 70.000 € entstanden. Eigene Einkünfte hatte Klumpe in 08 nicht. Eine ESt-Veranlagung wurde nicht durchgeführt. Seit dem Jahr 12 ist Klumpe bei einer WP-Gesellschaft angestellt und erzielt dort Einkünfte aus nichtselbständiger Tätigkeit. Für die VZ ab 12 hat er jeweils am 01.04. des Folgejahres Erklärungen abgegeben. Sein zu versteuerndes Einkommen betrug jeweils 35.000 €. Die Kosten für das Auslandsstudium hat Klumpe bisher nicht geltend gemacht. Am 23.12.16 kommt Klumpe zu Ihnen und bittet Sie um Rat, ob er seine Kosten aus dem Amerikaaufenthalt »noch geltend machen« könne. Welche verfahrensrechtlichen Möglichkeiten hat Klumpe?
>
> **Lösung:** Klumpe begehrt aufgrund der im Jahre 08 erfolgten vorweggenommenen Werbungskosten die Feststellung eines verbleibenden Verlusts zum 31.12.08 i.H.v. 70.000 € sowie anschließend die Änderung der ESt-Bescheide ab dem Jahre 12. Verfahrensrechtlich muss er hierfür eine Erklärung zur gesonderten Feststellung des verbleibenden Verlustvortrags auf den 31.12.08 gem. § 10d Abs. 4 EStG i.V.m. §§ 179 ff. AO abgeben.
> Fraglich ist, ob Klumpe diese Erklärung isoliert abgeben kann oder diese mit einer ESt-Erklärung für das Jahr 08 verbunden werden muss. Bei dem Verfahren nach § 10d EStG handelt es sich um ein gesondertes Feststellungsverfahren, dem zwar zweckmäßigerweise eine ESt-Veranlagung vorausgehen kann; dies ist aber nicht zwingend (vgl. BFH vom 01.03.2006, BStBl II 2007, 919). Die Feststellungsfrist beginnt nach § 181 Abs. 1 S. 1 und S. 2 AO, § 169 Abs. 1 S. 1 AO, § 170 Abs. 1 grundsätzlich mit Ablauf des Jahres 08. Allerdings besteht für die gesonderte Feststellung nach § 10d Abs. 3 EStG gem. § 181 Abs. 2 S. 1 eine Erklärungspflicht, so dass die Anlaufhemmung nach § 170 Abs. 2 S. 1 Nr. 1 AO greift. Die Frist beginnt damit mit Ablauf des Jahres 11 und endet gem. § 181 Abs. 1 S. 1, § 169 Abs. 2 AO mit Ablauf des Jahres 15. Daran ändert auch die Vorschrift des § 181 Abs. 5 AO nichts:
> Trotz Ablauf der Feststellungsfrist kann gem. § 181 Abs. 5 AO eine gesonderte Feststellung insoweit erfolgen, als die gesonderte Feststellung für eine Steuerfestsetzung von Bedeutung ist, für die die Festsetzungsfrist im Zeitpunkt der gesonderten Feststellung noch nicht abgelaufen

---

238 Ausführlich zum Verlustabzug gem. § 10d EStG *Preißer*, Band 1, Teil B, Kap. IV 2.3.
239 § 10d Abs. 4 S. 6 EStG gilt nach § 52 Abs. 25 S. 5 EStG nicht, wenn die Feststellungsfrist zum Zeitpunkt des Inkrafttretens des JStG 2007 bereits abgelaufen war; § 181 Abs. 5 AO hemmt insoweit auch nicht den Ablauf der Feststellungsfrist (BFH vom 10.07.2008, BStBl II 2009, 816).

ist. Für die Steuerfestsetzungen ab 12 ist eine Festsetzungsverjährung im Jahr 16 aber offensichtlich noch nicht eingetreten.

Die Anwendbarkeit von § 181 Abs. 5 AO ist allerdings seit dem 19.12.2006 gem. § 10d Abs. 4 S. 6 EStG auf diejenigen Fälle beschränkt, in denen das FA die Feststellung des Verlustvortrags (z.B. trotz ausdrücklichen Antrags) pflichtwidrig unterlassen hat. Im vorliegenden Fall könnte eine gesonderte Feststellung des verbleibenden Verlustvortrags für das Jahr 11 aufgrund der abgelaufenen Feststellungsfrist demnach nicht mehr erfolgen, da der Sachverhalt für ein pflichtwidriges Unterlassen seitens des FA keine Anhaltspunkte liefert.[240]

Laut BFH vom 17.09.2008 (BStBl II 2009, 897) ist ein verbleibender Verlustvortrag auch dann erstmals gesondert festzustellen, wenn der ESt-Bescheid für das Verlustentstehungsjahr zwar bestandskräftig ist, darin aber keine nicht ausgeglichenen negativen Einkünfte berücksichtigt worden sind. Damit macht der BFH die Möglichkeit des Erlasses eines Verlustfeststellungsbescheides nicht mehr von der verfahrensrechtlichen Änderungsmöglichkeit der Steuerfestsetzung im Verlustfeststellungsjahr abhängig.

Infolge dieser Rspr. können StPfl. auch Jahre nach Eintritt der Bestandskraft der Steuerfestsetzung Gründe (z.B. infolge günstiger Rspr.) für den erstmaligen Erlass eines Feststellungsbescheides nach § 10d Abs. 4 EStG vorbringen, der wiederum Bindungswirkung für die Folgejahre entfaltet. Diese für den StPfl. günstige Rspr. hat der Gesetzgeber durch das JStG 2010 beseitigt. Ein Verlustfeststellungsbescheid darf mit der Neufassung des § 10d Abs. 4 S. 4 und 5 EStG wegen nachträglich bekannt gewordener Tatsachen nicht erlassen oder geändert werden, wenn das FA bei ursprünglicher Kenntnis nicht anders entschieden hätte. Daher sieht die Neuregelung eine inhaltliche Bindung der Feststellungsbescheide an die der Einkommensteuerfestsetzung zugrunde gelegten Beträge vor. Der ESt-Bescheid wirkt durch die entsprechende Anwendung der §§ 171 Abs. 10, 175 Abs. 1 Nr. 1, § 351 Abs. 2 AO wie ein Grundlagenbescheid. Diese Einschränkung gilt erstmals für eine ab 2011 abgegebene Erklärung zur Feststellung des verbleibenden Verlustvortrags (§ 52 Abs. 25 S. 5 EStG).

Ein verbleibender Verlustvortrag kann im Übrigen nach Ablauf der Feststellungsfrist nicht mehr gesondert festgestellt werden, wenn der StPfl. in den bereits festsetzungsverjährten Veranlagungszeiträumen, in die der Verlust nach § 10d Abs. 2 EStG hätte vorgetragen werden können, über zur Verlustkompensation ausreichende Gesamtbeträge der Einkünfte verfügt (so auch BFH vom 29.06.2011, BStBl II 2011, 963).

6 Erhebungsverfahren (§§ 218–248 AO)

6.1 Verwirklichung von Ansprüchen aus dem Steuerschuldverhältnis

Rechtsgrundlage für die Verwirklichung von Ansprüchen aus dem Steuerschuldverhältnis sind Steuerbescheide und andere VA (§ 218 Abs. 1 AO). Steuerbescheide, Steuervergütungsbescheide, Haftungsbescheide und VA, durch die steuerliche Nebenleistungen festgesetzt werden, bilden

---

240 Das FA verletzt seine Pflichten insb., wenn es über einen innerhalb der Feststellungsfrist i.S.d. § 10d Abs. 4 S. 6 EStG erklärten Verlust innerhalb der Frist keinen Bescheid erlässt (BMF vom 30.11.2007, BStBl I 2007, 825).

die **Grundlage für die Erhebung und Vollstreckung** des Anspruchs und sind gleichzeitig der **Rechtsgrund für die Leistung**, die zur Erfüllung des Anspruchs erbracht worden ist. Die in § 218 Abs. 1 AO genannten VA haben demnach die **Funktion eines Titels**. Unerheblich für diese Titelfunktion ist, ob der VA rechtmäßig oder materiell-rechtlich unrichtig ist: Auch ein rechtswidriger VA darf vollstreckt werden! Ein wirksamer (nicht nichtiger) VA legt verbindlich fest, ob und in welcher Höhe ein Anspruch durchgesetzt werden kann (vgl. § 124 Abs. 2 AO). Dies gilt allerdings nicht für Säumniszuschläge gem. § 240 AO. Säumniszuschläge werden nicht durch VA festgesetzt; sie entstehen gem. § 218 Abs. 1 S. 1 2. HS AO kraft Gesetzes.

Über Streitigkeiten, die Ansprüche im Erhebungsverfahren betreffen, entscheidet das FA durch VA, dem sog. **Abrechnungsbescheid** (§ 218 Abs. 2 AO). Gegenstand des Abrechnungsbescheides ist nur die Frage, ob die in dem Steuerbescheid ausgewiesenen Ansprüche aus dem Steuerschuldverhältnis noch bestehen oder bereits erfüllt bzw. erloschen sind (BFH vom 18.04.2006, BStBl II 2006, 578). Ein Abrechnungsbescheid ist vom StPfl. insb. zu beantragen, wenn mit dem FA Meinungsverschiedenheiten bestehen, wie eine bestimmte Zahlung des StPfl. mit Rückständen verrechnet wurde, ob Festsetzungs- oder Zahlungsverjährung eingetreten ist oder ob wirksam aufgerechnet wurde. Als Rechtsbehelf gegen den Abrechnungsbescheid ist der Einspruch gegeben.[241] Eine Verfügung über die Anrechnung von Steuerabzugsbeträgen und Steuervorauszahlungen ist als Teil des Leistungsgebotes kein Abrechnungsbescheid; dies gilt auch für Kontoauszüge des FA (BFH vom 26.10.2009, BFH/NV 2010, 174). Eine fehlerhafte Anrechnung kann jederzeit zu Gunsten oder zu Lasten des StPfl. im Rahmen eines Änderungsbescheides gem. §§ 129–131 AO geändert werden, wenn sich die ursprüngliche Anrechnung als unzutreffend erweist.

> **Beispiel 12: Rechtsschutz bei Streit über Säumniszuschläge**
> Zwischen dem FA und A besteht Streit darüber, ob und in welcher Höhe die ESt 12 bereits getilgt wurde. Im ESt-Bescheid 12 hat das FA nach Auffassung des A in der Anrechnungsverfügung zu geringe Vorauszahlungen berücksichtigt. Soll A gegen die Anrechnungsverfügung Einspruch einlegen?
>
> **Lösung:** Gegen die Anrechnungsverfügung, die zusammen mit dem Steuerbescheid ergeht, ist der Einspruch statthaft (§ 347 Abs. 1 S. 1 Nr. 1 AO), da es sich um einen eigenständigen VA (§ 118 S. 1 AO) im Bereich der Steuererhebung handelt. Gleichwohl sollte A einen Abrechnungsbescheid gem. § 218 Abs. 2 AO beantragen, weil nur so eine umfassende und abschließende Klärung der streitigen Fragen erreicht werden kann. Im Zeitpunkt des Erlasses des Abrechnungsbescheides entfällt das Rechtsschutzbedürfnis für den Einspruch gegen die Anrechnungsverfügung.

6.2 Fälligkeit (§§ 220 f. AO)

6.2.1 Grundsätze

Ein entstandener Anspruch ist nicht in jedem Fall sofort durchsetzbar. Erst mit der **Fälligkeit** muss der Schuldner die Leistung erbringen bzw. kann der Gläubiger die Leistung erzwingen (vgl. § 254 Abs. 1 S. 1 AO). Wird eine Steuer nicht bis zum Ablauf des Fälligkeitstages entrichtet, entstehen – kraft Gesetzes – **Säumniszuschläge** (§ 240 Abs. 1 S. 1 AO).

---
241 Es ist also unzulässig, unmittelbar das FG mit dem Begehren anzurufen, einen Erstattungsanspruch festzustellen oder das FA zur Erstattung zu verurteilen (BFH vom 05.10.2006, BFH/NV 2007, 385).

§ 220 AO verzichtet auf eine detaillierte Regelung der Fälligkeit, sondern verweist auf die **Einzelsteuergesetze** (§ 220 Abs. 1 AO). Für die **Veranlagungssteuern** bestimmen die Einzelsteuergesetze, dass die Abschlusszahlungen innerhalb eines Monats nach Bekanntgabe des Steuerbescheides zu entrichten sind (§ 36 Abs. 4 EStG, § 18 Abs. 1 und 4 UStG, § 31 Abs. 1 KStG, § 20 Abs. 2 GewStG). Soweit die Einzelsteuergesetze keine Fälligkeitsregelung enthalten, bestimmt § 220 Abs. 2 S. 1 AO entsprechend der Regelung in § 271 Abs. 1 BGB, dass der **Anspruch mit seiner Entstehung fällig wird**. Hierunter fallen z.b. Säumniszuschläge. Das FA kann die Fälligkeit hinausschieben, indem es eine Zahlungsfrist in das Leistungsgebot aufnimmt (§ 220 Abs. 2 S. 1 2. HS AO). Ergibt sich der Anspruch aus einer Steuerfestsetzung, tritt die Fälligkeit nicht vor Bekanntgabe der Festsetzung ein (§ 220 Abs. 2 S. 2 AO). § 220 Abs. 2 S. 2 AO gilt z.b. für die Fälligkeit einer Haftungsforderung, die in einem Haftungsbescheid ohne Zahlungsgebot festgesetzt worden ist (BFH vom 14.03.1989, BStBl II 1990, 363). Im Insolvenzverfahren gelten nicht fällige Steuerforderungen gem. § 41 Abs. 1 InsO als fällig und können damit zur Tabelle gem. § 174 InsO angemeldet werden.

Stundung (§ 222 AO) und **Zahlungsaufschub** (§ 223 AO) **schieben die Fälligkeit hinaus**. In ihrer Wirkung schiebt die Aussetzung der Vollziehung (§ 361 Abs. 2 AO) ebenfalls die Fälligkeit hinaus, da neben gegebenenfalls entstehenden Aussetzungszinsen (§ 237 AO) keine zusätzlichen Säumniszuschläge entstehen. Die **Fälligkeit** wird dagegen **weder durch einen Vollstreckungsaufschub** (§ 258 AO) **noch durch die Niederschlagung** (§ 261 AO) beeinflusst; beide Maßnahmen hindern nicht das Anfallen weiterer Säumniszuschläge. § 221 AO gibt dem FA die Möglichkeit, unter bestimmten Voraussetzungen den Fälligkeitszeitpunkt bei der USt und den Verbrauchsteuern vorzuverlegen.

6.2.2 Stundung (§ 222 AO)

Ansprüche aus dem Steuerschuldverhältnis können gestundet werden, wenn die **Einziehung bei Fälligkeit eine erhebliche Härte** für den Schuldner bedeuten würde **und** der **Anspruch durch die Stundung nicht gefährdet** erscheint (§ 222 Abs. 1 S. 1 AO). Der Steueranspruch ist gefährdet, wenn er zu einem späteren Fälligkeitszeitpunkt nicht mehr oder nur noch erschwert realisiert werden kann. Die Stundung ist eine Billigkeitsmaßnahme, die in das pflichtgemäße Ermessen (§ 5 AO) des FA gestellt ist. Als Stundungsvoraussetzung ist regelmäßig ein Antrag des Schuldners sowie die Leistung einer Sicherheit (§§ 241 ff. AO) erforderlich (§ 222 S. 2 AO).[242] Sofern der Anspruch gestundet und die Fälligkeit hinausgeschoben ist, entstehen keine Säumniszuschläge, sondern Stundungszinsen von monatlich 0,5 % (§ 234 AO). Gemäß § 222 S. 3 und 4 AO ist eine Stundung sog. **Abzugsteuern** (z.B. einbehaltene Lohnsteuer und Kapitalertragsteuer) **ausdrücklich ausgeschlossen**. Bei den Abzugsteuern handelt es sich für den StPfl. um treuhänderisch einbehaltene Fremdgelder, mit denen er nicht wirtschaften soll.

Eine Stundung soll dem StPfl. helfen, wenn eine Steuerzahlung **vorläufig zur Vermeidung einer erheblichen Härte** bei der sofortigen Einziehung zum Fälligkeitszeitpunkt nicht in Betracht kommt. Es muss sich um eine **momentane Härte handeln**; ist die Besteuerung an sich und auf Dauer unbillig, kommt nur ein Billigkeitserlass (§§ 163 oder 227 AO) in

---

242 In der Praxis wird die Stellung von Sicherheiten von den FÄ allerdings meist nur verlangt, wenn ein größerer Betrag über einen längeren Zeitraum gestundet werden soll. Bei der kurzfristigen Stundung geringer Beträge sind die FÄ angehalten, Stundungen auch ohne Sicherheitsleistung auszusprechen.

Betracht. Eine erhebliche Härte liegt nur vor, wenn der StPfl. erheblich härter getroffen wird als andere StPfl., insb. wenn bei sofortiger Beitreibung die wirtschaftliche Existenz des StPfl. gefährdet würde. Eine allgemeine Härte, wie sie in jeder Steuerzahlung zu sehen ist, ist kein Stundungsgrund. Zudem ist dem StPfl. im Regelfall zuzumuten, vor der Stellung eines Stundungsantrages zur Abdeckung der Steuern Kredite aufzunehmen (BFH vom 08.03.1990, BStBl II 1990, 673). **Der Steuergläubiger ist keine Bank.**[243]

Eine erhebliche Härte kann sich sowohl **aus sachlichen als auch persönlichen Gründen** ergeben. Einwendungen gegen die materielle Richtigkeit des Steuerbescheids können im Stundungsverfahren nicht berücksichtigt werden. Sie sind Gegenstand des Einspruchverfahrens und berühren die damit zusammenhängende Frage über die Aussetzung der Vollziehung (vgl. § 256 AO). Eine Stundung aus sachlichen Gründen kommt insb. in Betracht, wenn der StPfl. in naher Zukunft mit einer Steuererstattung rechnen kann, ohne dass bereits die Möglichkeit einer Aufrechnung besteht (sog. **Verrechnungsstundung** oder technische Stundung; vgl. BFH vom 28.08.2008, BFH/NV 2008, 1991). Persönliche Stundungsgründe können vorliegen, wenn sich der StPfl. nicht rechtzeitig auf die Zahlung einstellen konnte, etwa bei hohen unerwarteten Nachforderungen in Folge einer Betriebsprüfung oder wenn er sich für kurze Zeit in unverschuldeten Zahlungsschwierigkeiten befindet.

Ein Stundungsantrag hat nur Aussicht auf Erfolg, wenn der StPfl. die Stundungsvoraussetzungen gegenüber dem FA nachweist. Wesentlicher Bestandteil eines Stundungsantrags ist daher die Darlegung der wirtschaftlichen Verhältnisse anhand einer Einnahmen/Ausgaben-Übersicht und eines Liquiditätsstatus sowie – wenn möglich – das Angebot von Ratenzahlungen.

6.3 Erlöschen von Ansprüchen aus dem Steuerschuldverhältnis

Gem. § 47 AO erlöschen Ansprüche aus dem Steuerschuldverhältnis insb. durch Zahlung (§§ 224 f. AO), Aufrechnung (§ 226 AO), Erlass (§§ 163 und 227 AO) und Verjährung (§§ 169–171, 228–232 AO).

6.3.1 Zahlung (§§ 224 f. AO)

Dass Ansprüche durch Zahlung erlöschen, ist an sich selbstverständlich. § 224 AO regelt Leistungsort sowie Art und Tag der Zahlung. Die Norm ist wichtig für die Berechnung von Zinsen und Säumniszuschlägen. Bei Banküberweisungen ist der Tag der Gutschrift bei der Bank des FA entscheidend (§ 224 Abs. 2 AO). Scheckzahlungen verschafften dem StPfl. – bis zur Änderung des § 224 Abs. 2 Nr. 1 AO – erhebliche und sachlich kaum zu rechtfertigende Zinsvorteile. Eine mit Scheck geleistete Zahlung galt am Tag des Eingangs beim FA als entrichtet, obgleich die tatsächliche Gutschrift erst einige Tage später, also nach Fälligkeit erfolgte. Um die Zahl der verwaltungsaufwändigen Scheckzahlungen zu reduzieren, hat der Gesetzgeber § 224 Abs. 2 Nr. 1 AO durch das JStG 2007 dergestalt geändert, dass bei Einreichung von Schecks die Zahlung erst drei Tage nach dem Tag des Eingangs als entrichtet gilt. Eine fristgerechte

---

[243] Die Rspr. umschreibt diesen Grundsatz in einer Entscheidung zu §§ 227, 240 AO mit folgender Formulierung (BFH vom 08.03.1990, BStBl II 1990, 673): Ist der Steuerschuldner in der Lage, die Liquiditätsunterdeckung über einen gewissen Zeitraum durch laufende Aufnahme von Bankkrediten zu finanzieren, mit denen er seine betrieblichen und privaten Schulden bezahlt, ist noch ein Zustand gegeben, seitens des FA auf die Tilgung auch der Steuerschulden durch Erhebung von Säumniszuschlägen hinzuwirken.

Begleichung der Steuer ist damit nur sichergestellt, wenn der Scheck spätestens am dritten Tag vor dem Fälligkeitstag beim FA eingeht, da eine Zahlungsschonfrist bei Scheckzahlung nach der ausdrücklichen Regelung in § 240 Abs. 3 AO nicht vorgesehen ist.[244]

Eine Zahlung »**unter Vorbehalt**« kennt die AO nicht. Ein Vorbehalt, der den jederzeitigen Rückruf der Zahlung ermöglichen soll, ist nicht zulässig (BFH vom 20.02.1962, BStBl III 1962, 422).

Schuldet ein StPfl. mehrere Steuerbeträge und reicht bei freiwilliger Zahlung der gezahlte Betrag nicht zur Tilgung sämtlicher Steuern, so wird die Schuld getilgt, die der StPfl. bei der Zahlung **bestimmt** (Tilgungsbestimmung).[245] Trifft der StPfl. keine Bestimmung, sind gem. § 225 Abs. 2 AO zunächst Geldbußen zu tilgen, dann nacheinander Zwangsgelder, Steuerabzugsbeträge (als Fremdgelder), übrige Steuern, Kosten, Verspätungszuschläge, Zinsen und zuletzt Säumniszuschläge.

6.3.2 Aufrechnung (§ 226 AO)

Unter einer Aufrechnung versteht man die Verrechnung sich gegenüberstehender Forderungen durch eine einseitige Willenserklärung. Die Aufrechnung ist auch im Steuerrecht möglich; die Vorschriften des BGB (§§ 387–396 BGB) gelten vorbehaltlich der Regelungen in § 226 Abs. 2–4 AO sinngemäß (§ 226 Abs. 1 AO).[246] Aufrechnen können sowohl der StPfl. als auch das FA.[247] Auch ein als »Umbuchungsmitteilung« bezeichnetes Schreiben des FA kann eine wirksame Aufrechnungserklärung beinhalten, wenn sie den Hinweis enthält, dass der StPfl. bei mangelndem Einverständnis seine Buchungswünsche mitteilen soll; entscheidend ist immer der für den Empfänger erkennbare Erklärungswert. Eine wirksame Aufrechnung setzt gem. § 387 BGB voraus:

- **Gegenseitigkeit von Hauptforderung** (Schuld des Aufrechnenden) **und Gegenforderung** (Forderung des Aufrechnenden), d.h. der Schuldner der einen Forderung muss Gläubiger der anderen Forderung sein. § 226 Abs. 4 AO bestimmt, dass für die Aufrechnung auch die steuerverwaltende Körperschaft (i.d.R. also das jeweilige Bundesland) als Gläubiger oder Schuldner gilt.[248]
- **Gleichartigkeit**: Da es sich bei den Ansprüchen aus dem Steuerschuldverhältnis um Geldforderungen handelt, kann nur mit und gegen Geldforderungen aufgerechnet werden; zwischen den beiden Forderungen muss kein rechtlicher Zusammenhang bestehen.

---

244 Vgl. Kap. 6.4.2.
245 Als freiwillig gilt auch eine nach Einleitung der Vollstreckung geleistete Zahlung an den Vollziehungsbeamten zur Abwendung einer Sachpfändung.
246 Zur Aufrechnung im Insolvenzverfahren vgl. BFH vom 05.10.2004, BStBl II 2005, 195: Will das FA nach der Eröffnung des Insolvenzverfahrens die Aufrechnung gegen einen VSt-Vergütungsanspruch erklären und setzt sich dieser Anspruch sowohl aus vor als auch aus nach der Eröffnung des Verfahrens begründeten VSt-Beträgen zusammen, hat das FA sicherzustellen, dass die Aufrechnung den Vergütungsanspruch nur insoweit erfasst, als sich dieser aus Beträgen zusammensetzt, die vor der Eröffnung des Verfahrens begründet worden sind.
247 Die Aufrechnungserklärung des FA ist kein VA i.S.d. § 118 AO, sondern eine Willenserklärung (BFH vom 04.02.1997, BStBl II 1997, 479). Besteht zwischen den Beteiligten Streit über die Wirksamkeit einer Aufrechnung, ist hierüber durch Abrechnungsbescheid gem. § 218 Abs. 2 AO zu entscheiden.
248 § 226 Abs. 4 AO ist weit auszulegen: Besteht zwischen einer Haftungsforderung und einem Erstattungsanspruch materiell-rechtlich Gegenseitigkeit, kann die Körperschaft, welche den Erstattungsanspruch verwaltet, die Aufrechnung erklären, auch wenn sie nicht Gläubiger der Haftungsforderung ist und diese auch nicht verwaltet (BFH vom 10.05.2007, BStBl II 2007, 914).

- **Erfüllbarkeit der Hauptforderung**: die Hauptforderung muss bereits entstanden sein.
- **Fälligkeit der Gegenforderung**: die eigene Forderung des Aufrechnenden muss fällig sein.

Zudem muss gem. § 226 Abs. 3 AO bei der Aufrechnung gegen Ansprüche aus dem Steuerschuldverhältnis die Gegenforderung **unbestritten oder rechtskräftig festgestellt** sein. Die Aufrechnungserklärung bewirkt, dass die Forderungen, die sich aufrechenbar gegenüber stehen, als in dem Zeitpunkt erloschen gelten, in dem erstmals die Voraussetzungen für eine Aufrechnung erfüllt waren (§ 389 BGB). Für die Berechnung von Zinsen und Säumniszuschlägen wirkt die Aufrechnung jedoch gem. § 238 Abs. 1 S. 3 und § 240 Abs. 1 S. 5 AO nicht zurück.

Liegen die Voraussetzungen einer Aufrechnung nach § 226 AO nicht vor, bleibt es dem FA unbenommen, eine vertragliche Verrechnung der Forderungen mit den Beteiligten zu vereinbaren (AEAO zu § 226 Nr. 5).

6.3.3 Erlass (§ 227 AO)

Während § 163 AO den Steuererlass im Festsetzungsverfahren regelt, können die Finanzbehörden gem. § 227 AO auch bereits festgesetzte Ansprüche aus dem Steuerschuldverhältnis erlassen, wenn deren Einziehung nach Lage des einzelnen Falles unbillig wäre. § 227 AO ist eine sog. **Koppelungsvorschrift**, die sowohl eine Ermessensermächtigung (»können«) als auch einen unbestimmten Rechtsbegriff (»unbillig«) enthält. Nach Auffassung des BFH handelt es sich bei § 227 AO jedoch um eine einheitliche Ermessensvorschrift (BFH vom 04.02.2010, BStBl II 2010, 663), weil der Begriff »unbillig« mit der Rechtsfolge »können« unlösbar verzahnt ist. Die Entscheidung über den Erlass ist eine Ermessensentscheidung (§ 5 AO), die gerichtlich nur in den durch § 102 FGO gezogenen Grenzen nachprüfbar ist; die gerichtliche Überprüfung des den Erlass ablehnenden Bescheids und der hierzu ergangenen Einspruchsentscheidung ist damit auf die Fälle beschränkt, in denen das FA bei seiner Entscheidung die gesetzlichen Grenzen des Ermessens überschritten oder von dem Ermessen in einer dem Zweck der Ermächtigung nicht entsprechenden Weise Gebrauch gemacht hat.[249]

Der Zweck der Vorschrift liegt darin, sachlichen und persönlichen Besonderheiten des Einzelfalles, die der Gesetzgeber in der Besteuerungsnorm nicht berücksichtigt hat, durch eine den Steuerbescheid selbst nicht ändernde Korrektur des Steuerbetrags insoweit Rechnung zu tragen, als sie die steuerliche Belastung als unbillig erscheinen lassen. Die Voraussetzungen sind etwa im Schreiben des FM Baden-Württemberg (Stand April 2002 = Nr. 800, Nr. 227/1) aufgezählt.

Unbillig ist, was mit dem Rechtsempfinden nicht vereinbar ist (BFH vom 19.01.1965, BStBl III 1965, 206). So ist z.B. eine bei unberechtigtem Steuerausweis in einer Rechnung gem. § 14 Abs. 3 UStG entstandene Steuer zwingend nach § 227 AO wegen sachlicher Unbilligkeit zu erlassen, soweit der von dem Rechnungsempfänger in Anspruch genommene VSt-Abzug rückgängig gemacht und der entsprechende Betrag an den Fiskus tatsächlich zurückgezahlt worden ist (BFH vom 25.04.2002, BStBl II 2004, 343).[250] Härten, die im Gesetz selbst liegen und jeden Einzelfall gleich treffen, können nicht durch Billigkeitsmaßnahmen

---
249 Vgl. dazu Kap. I 3. und BFH vom 09.03.2006, BStBl II 2006, 612.
250 Vgl. dazu *V. Schmidt*, Teil B, Kap. XIII 2.2.

ausgeglichen werden.[251] Die Frage, ob eine Ausnahme vorliegt, muss unter Abwägung der schutzwürdigen Interessen der öffentlichen Hand und der des StPfl. beantwortet werden.

Bei § 227 AO wird zwischen **persönlichen und sachlichen Billigkeitsgründen** unterschieden. Auf die Ausführungen in Kap. 5.1.4 wird verwiesen. Neben der Erlassbedürftigkeit und der Erlasswürdigkeit setzt ein Erlass aus persönlichen Billigkeitsgründen nach § 227 AO voraus, dass der Erlass der Steuer dem StPfl. und nicht einem Dritten (Gläubiger des StPfl.) zugutekommt (ständige Rspr., etwa BFH vom 18.07.2002, BFH/NV 2002, 1546). In der Praxis scheitern viele Erlassanträge aus persönlichen Billigkeitsgründen daran, dass der Steuerschuldner noch zahlreiche andere Verbindlichkeiten hat, diese Gläubiger aber ihre Forderungen nicht erlassen und die Billigkeitsmaßnahme dann letztlich den anderen Gläubigern zugutekäme.

Die Einziehung von Ansprüchen aus dem Steuerschuldverhältnis kann auch dann persönlich unbillig sein, wenn zwar deren Durchsetzung wegen des Vollstreckungsschutzes beim Steuerschuldner ausgeschlossen ist, die Rückstände den StPfl. aber hindern, eine neue Erwerbstätigkeit zu beginnen und sich so eine eigene, von Sozialhilfeleistungen unabhängige wirtschaftliche Existenz aufzubauen (BFH vom 27.09.2001, BStBl II 2002, 176).

Ergänzend ist zu berücksichtigen, dass im Billigkeitsverfahren keine Einwendungen mehr berücksichtigt werden können, die in einem Rechtsbehelfsverfahren gegen die Steuerfestsetzung hätten vorgebracht werden können. **Im Erlassverfahren kann ein unanfechtbarer Bescheid nicht mehr sachlich überprüft werden**; das Erlassverfahren darf ein (etwa wegen Versäumen der Einspruchsfrist) unzulässiges Rechtsbehelfsverfahren nicht ersetzen.

Eine bestandskräftige Steuerfestsetzung kann im Billigkeitsverfahren nach § 227 AO nur dann sachlich überprüft werden, wenn die Steuerfestsetzung – beurteilt nach der Rechtslage bei der Festsetzung – offensichtlich und eindeutig falsch ist und wenn dem StPfl. nicht möglich oder zuzumuten war, sich gegen die Fehlerhaftigkeit rechtzeitig zu wehren (BFH vom 04.08.2009, BFH/NV 2009, 174). Beide Voraussetzungen müssen kumulativ vorliegen. Es entspricht den Wertungen des Verfahrensrechts, dass der Grundsatz der Rechtssicherheit grundsätzlich den Vorrang vor dem Grundsatz der materiellen Gerechtigkeit im Einzelfall haben soll, wenn ein Steuerbescheid unanfechtbar geworden ist; diese Auslegung ist auch bei § 227 AO zu berücksichtigen.

6.3.4 Zahlungsverjährung (§§ 228 ff. AO)

Sämtliche Zahlungsansprüche aus dem Steuerschuldverhältnis, z.B. die sich aus den Festsetzungen ergebenden Steueransprüche, unterliegen einer besonderen **Zahlungsverjährung** (§ 228 AO). Die Verjährungsfrist beträgt einheitlich **fünf Jahre** (§ 228 S. 2 AO). Der Anwendungsbereich der Zahlungsverjährung ist weiter als der der Festsetzungsverjährung, z.B. um festgesetzte Verspätungszuschläge und Säumniszuschläge. Gem. § 229 Abs. 1 AO beginnt die Verjährung mit Ablauf des Kalenderjahres, in dem der Anspruch erstmals fällig geworden ist. Bei Fälligkeitssteuern und bei der Aufhebung, Änderung oder Berichtigung von Festsetzungen enthält § 229 Abs. 1 S. 2 AO eine Anlaufhemmung. § 231 Abs. 1 AO enthält

---

251 Ständige Rspr., etwa BFH vom 04.02.2010, BStBl II 2010 zum Wegfall der Vergünstigung nach § 13a Abs. 5 ErbStG a.F. infolge einer insolvenzbedingten Veräußerung des Betriebsvermögens. Nachdem der Wegfall der Vergünstigung mit dem Gesetzeszweck im Einklang steht, sieht der BFH keinen atypischen Einzelfall, der einen Erlass rechtfertigen könnte.

abschließend aufgezählte Fälle, in denen die **Zahlungsverjährung unterbrochen** wird; mit Ablauf des Kalenderjahres, in dem die Unterbrechung geendet hat, beginnt eine neue, fünfjährige Verjährungsfrist (§ 231 Abs. 3 AO).[252] Zu den Unterbrechungstatbeständen gehören u.a. Zahlungsaufforderung, Stundung, Aussetzung der Vollziehung, Vollstreckungsaufschub und alle Vollstreckungsmaßnahmen (selbst rechtswidrige Vollstreckungsmaßnahmen unterbrechen die Verjährung, BFH vom 21.06.2010, BStBl II 2011, 331).

Allen Unterbrechungstatbeständen ist gemeinsam, dass es sich um eine nach außen wirkende Maßnahme handeln muss. Nur so ist die nötige Rechtssicherheit gewahrt, denn bei nur innerdienstlichen Maßnahmen des FA ist es für den Betroffenen nicht feststellbar, ob der Zahlungsanspruch durch Verjährung erloschen ist oder nicht (BFH vom 28.11.2006, BStBl II 2009, 575). Die Zahlungsverjährung wird auch dann nicht unterbrochen, wenn die vor Ablauf der Zahlungsverjährung abgesandte schriftliche Zahlungsaufforderung dem Zahlungsverpflichteten nicht zugeht (BFH vom 28.08.2003, BStBl II 2003, 933). Gelangt die Sendung nicht ordnungsgemäß in den Machtbereich des StPfl., treten die Wirkungen der Bekanntgabe nicht ein. Allerdings können bestimmte Vollstreckungshandlungen mit Außenwirkung auch ohne Bekanntgabe an den Schuldner die Verjährung unterbrechen, sofern § 231 Abs. 1 AO dies bestimmt.

6.4 Verzinsung und Säumniszuschläge (§§ 233 ff. AO)

6.4.1 Verzinsung (§§ 233 ff. AO)

Ansprüche aus dem Steuerschuldverhältnis werden nicht grundsätzlich, sondern nur dann verzinst, wenn dies **gesetzlich vorgeschrieben** ist (§ 233 S. 1 AO).[253] Nebenleistungen (§ 3 Abs. 3 AO) und die entsprechenden Erstattungsansprüche betreffend Nebenleistungen bleiben dagegen in jedem Fall von der Verzinsung ausgenommen (§ 233 S. 2 AO). Die Zinsen betragen für alle Verzinsungstatbestände **einheitlich 0,5 % je vollen Monat** (§ 238 Abs. 1 S. 1 AO); angefangene Monate bleiben außer Betracht (§ 238 Abs. 1 S. 2 2. HS AO). Für die Zinsberechnung ist der zu verzinsende Betrag jeder Steuerart auf volle 50 € abzurunden (§ 238 Abs. 2 AO). Zinsen werden durch einen gesonderten schriftlichen VA, den sog. **Zinsbescheid**, festgesetzt (§ 239 Abs. 1 AO); die Regeln für Steuerbescheide sind entsprechend anwendbar. Es gilt jedoch eine eigenständige Festsetzungsfrist von einem Jahr (§ 239 Abs. 1 AO).

6.4.1.1 Verzinsung von Steuernachforderungen und -erstattungen (§§ 233a ff. AO)

Die Verzinsung nach § 233a AO (**Vollverzinsung**) soll im Interesse der Gleichmäßigkeit der Besteuerung und zur Vermeidung von Wettbewerbsverzerrungen einen Ausgleich dafür schaffen, dass die Steuern trotz gleichen gesetzlichen Entstehungszeitpunkts zu unterschiedlichen Zeitpunkten festgesetzt und erhoben werden. Dadurch sollen Liquiditätsvorteile, die dem StPfl. oder dem Fiskus aus dem verspäteten Erlass eines Steuerbescheids typischerweise

---

252 Dagegen wird bei einer Ablaufhemmung die Verjährungsfrist um die Dauer der Hemmung hinaus geschoben.
253 Daher ist § 233a AO auch nicht analog auf andere Erstattungsbeträge anwendbar, da sich der Gesetzgeber absichtlich gegen eine lückenlose Verzinsung jeglicher Erstattungsansprüche aus dem Steuerschuldverhältnis ausgesprochen hat (so zuletzt BFH vom 23.09.2009, BStBl II 2010, 334 zur Einfuhrumsatzsteuer).

entstanden sind, ausgeglichen werden. Ob die möglichen Zinsvorteile tatsächlich **gezogen** wurden, ist grundsätzlich **unbeachtlich** (BFH vom 16.11.2005, BStBl II 2006, 155). Auch ein **Erlass von Zinsen aus Billigkeitsgründen** kommt nur in seltenen Ausnahmefällen in Betracht: die Erhebung von Nachzahlungszinsen ist nur dann sachlich unbillig, wenn zwar die gesetzlichen Voraussetzungen der Verzinsung erfüllt sind, die Verzinsung aber den Wertungen des Gesetzgebers zuwiderläuft und deshalb die Erhebung der Zinsen mit Rücksicht auf den Zweck der Verzinsungsregelung nicht gerechtfertigt ist (BFH vom 13.03.2007, BFH/NV 2007, 1266). Da die reine Möglichkeit der Kapitalnutzung die Zinspflicht auslöst, ist auch für **Verschuldenserwägungen kein Raum**. Deshalb rechtfertigt etwa auch die verzögerte oder fehlerhafte Bearbeitung der Steuererklärung keinen Erlass (BFH vom 02.02.2001, BFH/NV 2001, 1003).

Zur Verwaltungsvereinfachung sieht § 233a Abs. 2 S. 1 AO für den Zinsbeginn eine **Karenzzeit von 15 Monaten nach Ablauf des Kalenderjahres vor, in dem die Steuer entstanden ist**. In der Mehrzahl der veranlagten Steuerfälle kommt die Vollverzinsung aufgrund dieser Karenzzeit nicht zum Tragen. Die Verzinsung ist beschränkt auf die Festsetzung der ESt, KSt, USt[254] und GewSt (§ 233a Abs. 1 AO). Die übrigen Steuern und Abgaben sowie Steuervorauszahlungen und Steuerabzugsbeträge sind von der Verzinsung ausgenommen. Soweit sich hierbei Verzinsungslücken ergeben, ist dies de lege lata hinzunehmen, da ein Anspruch auf lückenlose Verzinsung jeglicher Steueransprüche nach § 233a AO gerade nicht besteht (BFH vom 18.09.2007, BStBl II 2008, 332). Der Zinslauf endet mit Ablauf des Tages, an dem die Steuerfestsetzung wirksam wird, bei Steuerfestsetzungen durch Steuerbescheid also am Tag der Bekanntgabe des Steuerbescheides (§ 233a Abs. 2 S. 2 AO).

Für Nachforderungen des FA gilt das Prinzip der sog. **Sollverzinsung**. Dabei wird aus Vereinfachungsgründen nicht an den konkreten Zahlungszeitpunkt (Istverzinsung), sondern an den Zeitpunkt angeknüpft, an dem die Steuerzahlung aufgrund einer Festsetzung zu zahlen ist. Berechnungsgrundlage ist danach der Unterschied zwischen dem festgesetzten Soll und dem vorher festgesetzten Soll (Vorsoll; vgl. AEAO zu § 233a Nr. 12). Bei Erstattungszinsen gilt dagegen der Grundsatz der **Istverzinsung**, d.h. verzinst wird hier der zu erstattende Betrag.

Die mit dem Steuerreformgesetz 1990 eingeführte Regelung der Vollverzinsung führt in der Praxis zu zahlreichen Anwendungsschwierigkeiten. Allein der AEAO zu § 233a AO umfasst im amtlichen AO-Handbuch fast 40 Seiten mit zahlreichen komplizierten Berechnungsbeispielen. Die Zinsberechnung hat dadurch eine kaum mehr nachvollziehbare, unzumutbare Komplexität erreicht.[255]

Einen Einblick in die verwirrende Zinspraxis erlaubt auch das BFH-Urteil vom 22.10.2003 (BStBl II 2004, 398): Wenn der Beschluss über eine offene Gewinnausschüttung für ein abgelaufenes Wj. ein erstmaliger ist, wird kein abweichender Zinslauf gem. § 233a Abs. 2 AO ausgelöst. Wiederum anders ist die Situation, wenn durch den Ausschüttungsbeschluss lediglich ein vorangegangener Thesaurierungsbeschluss ersetzt wird.

---

254 Nach dem BFH-Urteil vom 17.04.2008 (BStBl II 2009, 2), beruht der Steuervergütungsanspruch nach § 18 Abs. 9 i.V.m. §§ 59 ff. UStDV auf einer »Festsetzung der USt« i.S.d. § 233a Abs. 1 S. 1 AO und ist deshalb nach § 233a AO zu verzinsen; anders dagegen die Erstattung von Abzugsteuern gem. § 50a Abs. 4 S. 1 Nr. 1 EStG 1997: Da es sich hier um keine »Veranlagungssteuer« handelt, ist der Anspruch nicht zu verzinsen (BFH vom 18.08.2007, BStBl II 2008, 332).
255 *Tipke/Kruse*, § 233a AO Rz. 1 ff.; vgl. auch BFH vom 28.11.2002, BStBl II 2003, 175.

Im Falle der Änderung der Steuerfestsetzung knüpft die Zinsberechnung gem. § 233a Abs. 5 S. 1 und 2 AO allein an den Unterschiedsbetrag zwischen der nunmehr festgesetzten Steuer und der vorher festgesetzten Steuer an. Eine hilfsweise Nebenberechnung zur Ermittlung einer von der festgesetzten Steuer abweichenden fiktiven Steuer und der danach zu berechnenden Zinsen ist nicht vorgesehen (BFH vom 15.07.2004, BStBl II 2005, 236). Aber auch ohne Änderung der festgesetzten Steuer ist eine Verzinsung nach § 233a AO denkbar, etwa wenn in einem Steuerbescheid einerseits höhere Einkünfte als zuvor und andererseits ein bislang nicht berücksichtigter Verlustrücktrag angesetzt werden kann und es per saldo zu keiner Abweichung zwischen der neu festgesetzten und der zuvor festgesetzten Steuer kommt (BFH vom 09.08.2006, BStBl II 2007, 82).

Mit Urteil vom 15.06.2010 (BStBl II 2011, 503) hat der BFH seine bisherige Rspr. dahingehend geändert, dass gesetzliche Zinsen, die das FA bei Steuererstattungen im Bereich der ESt an den StPfl. zahlt (Erstattungszinsen), nicht der ESt unterliegen, soweit sie auf Steuern entfallen, die gem. § 12 Nr. 3 EStG nicht abziehbar sind. Durch das JStG 2010 hat der Gesetzgeber diese Rspr. aufgehoben und die bisherige Rechtslage durch Änderung von § 20 Abs. 1 Nr. 7 S. 2 EStG wieder hergestellt: **Erstattungszinsen** sind damit **weiterhin steuerpflichtig**.

6.4.1.2 Stundungszinsen (§ 234 AO)

Für die Dauer einer gewährten Stundung werden Zinsen erhoben (§ 234 Abs. 1 S. 1 AO). Auf die Erhebung der Stundungszinsen kann verzichtet werden, wenn die Erhebung unbillig ist (§ 234 Abs. 2 AO; AEAO zu § 234 Nr. 11); dies ist z.B. der Fall, wenn im Hinblick auf demnächst fällige Erstattungsansprüche eine technische Stundung gewährt wird.

6.4.1.3 Hinterziehungszinsen (§ 235 AO)

Hinterzogene Steuern sind ebenfalls zu verzinsen (§ 235 Abs. 1 S. 1 AO). Voraussetzung für die Verzinsung ist das Vorliegen einer vollendeten Steuerhinterziehung (nicht einer bloßen leichtfertigen Steuerverkürzung), d.h. der Tatbestand des § 370 AO muss objektiv und subjektiv erfüllt sein. Etwaige Strafausschließungsgründe – wie eine erfolgte Selbstanzeige nach § 371 AO – sind für die Verzinsung unerheblich.[256] Eine strafrechtliche Verurteilung des Steuerhinterziehers ist ebenfalls nicht erforderlich; dies ergibt sich daraus, dass die Festsetzung von Hinterziehungszinsen keinen Strafcharakter hat (BFH vom 28.03.2012, BFH/NV 2012, 1545). Ebenso wie die nachträgliche Erhebung der hinterzogenen Steuern dient auch die Festsetzung der Hinterziehungszinsen lediglich der Gleichmäßigkeit der Besteuerung. Sie soll den Vorteil ausgleichen, der in der verspäteten Zahlung der Steuer liegt. **Zinsschuldner** ist derjenige, **zu dessen steuerlichem Vorteil hinterzogen worden ist**, und zwar auch dann, wenn ein Dritter der Täter der Steuerhinterziehung war (BFH vom 31.07.1996, BStBl II 1996, 354). § 235 Abs. 1 S. 3 AO regelt die Fälle, in denen der Steuerschuldner deshalb nicht Zinsschuldner ist, weil die Steuern nicht zu seinem Vorteil hinterzogen worden sind. Besteht die Steuerhinterziehung darin, dass diese Personen ihre Pflicht zum Steuerabzug und zur Steuerentrichtung verletzen (z.B. der Arbeitgeber bei der LSt), sind sie auch Zinsschuldner. Der Personenkreis der §§ 34 ff. AO gehört dagegen nicht

---

[256] Keine Hinterziehungszinsen fallen dagegen an, wenn der Steuerhinterzieher von der Möglichkeit der strafbefreienden Erklärung nach dem StraBEG Gebrauch macht. Dies ist oftmals ein wesentlicher wirtschaftlicher Vorteil gegenüber der strafbefreienden Selbstanzeige.

zu den möglichen Zinsschuldnern nach § 235 Abs. 1 S. 3 AO; er haftet aber gegebenenfalls nach § 71 AO (BFH vom 18.07.1991, BStBl II 1991, 781). Ein Erlass von Hinterziehungszinsen ist, anders als bei § 234 Abs. 2 AO, nicht möglich.

6.4.1.4 Sonstige Verzinsungstatbestände

Erstattungsbeträge sind zu verzinsen, wenn aufgrund einer gerichtlichen Entscheidung eine festgesetzte Steuer herabgesetzt wird (§ 236 AO).[257] Erstattungsbeträge infolge einer Einspruchsentscheidung fallen nicht unter § 236 AO. § 237 AO soll dagegen verhindern, dass Einspruchsverfahren und gerichtliche Verfahren nur deshalb geführt werden, um die Zahlungsverpflichtung hinauszuschieben. Ist die Aussetzung der Vollziehung verfügt worden und bleibt der mit der Aussetzung korrespondierende Rechtsbehelf endgültig ohne Erfolg, sind **Aussetzungszinsen** zu erheben (§ 237 AO). Ohne Bedeutung ist, aus welchen Gründen der Rechtsbehelf letztlich erfolglos bleibt (AEAO zu § 237 Nr. 4). Dies gilt aber nur bei AdV von Steuerbescheiden, nicht etwa von Haftungsbescheiden. Hat ein Einspruch in vollem Umfang Erfolg, können Aussetzungszinsen gem. § 237 AO auch dann nicht festgesetzt werden, wenn das FA rechtsirrig einen zu hohen Betrag von der Vollziehung ausgesetzt hat (BFH vom 31.08.2011, BStBl II 2012, 219); eine andere Auslegung wäre systemwidrig, denn nach der Konzeption des Gesetzes fallen bei einem erfolgreichem Einspruch keine Aussetzungszinsen an.

6.4.2 Säumniszuschläge (§ 240 AO)

Bei nicht fristgerechter Abgabe der Steuererklärung kann das FA einen Verspätungszuschlag gem. § 152 AO festsetzen; wird eine Steuer dagegen nicht bis zum Ablauf des Fälligkeitstages entrichtet, ist für jeden angefangenen Monat der Säumnis ein **Säumniszuschlag** i.H.v. 1 % des rückständigen Steuerbetrages zu entrichten. Säumniszuschläge sind Nebenleistungen i.S.d. § 3 Abs. 4 AO. Sie **entstehen kraft Gesetzes allein durch Zeitablauf** ohne Rücksicht auf ein Verschulden des StPfl. und stellen in erster Linie ein **Druckmittel** ohne Strafcharakter zur Durchsetzung fälliger Steuerforderungen dar, sind aber auch eine **Gegenleistung für das Hinausschieben der Zahlung** und ein **Ausgleich für den angefallenen Verwaltungsaufwand** (BFH vom 27.09.2001, BStBl II 2002, 176). Säumniszuschläge entstehen nicht bei Nebenleistungen (§ 240 Abs. 2 AO). Im Falle einer Aufhebung oder Änderung der Steuerfestsetzung oder ihrer Berichtigung nach § 129 AO bleiben die bis zu diesem Zeitpunkt verwirkten Säumniszuschläge bestehen (§ 240 Abs. 1 S. 4 AO). Will der StPfl. im Einspruchsverfahren das Entstehen von Säumniszuschlägen vermeiden, muss er einen Antrag auf Aussetzung der Vollziehung oder einen Stundungsantrag stellen.

Säumnis gem. § 240 Abs. 1 S. 1 AO tritt ein, wenn die Steuer oder die zurückzuzahlende Steuervergütung nicht bis zum Ablauf des Fälligkeitstages entrichtet wird. Sofern die Steuer ohne Rücksicht auf die erforderliche Steuerfestsetzung oder Steueranmeldung fällig wird, tritt die Säumnis nicht ein, bevor die Steuer festgesetzt oder die Steueranmeldung abgegeben worden ist.

---

257 Prozesszinsen nach § 236 AO erhält auch der Feststellungsbeteiligte, dessen ESt-Festsetzung aufgrund der gerichtlichen Anfechtung eines Grundlagenbescheides durch einen früheren Mitgesellschafter einer KG geändert wird, selbst dann, wenn er nicht Beteiligter im Verfahren gegen den Grundlagenbescheid ist (BFH vom 17.01.2007, BStBl II 2007, 506); die Frage des tatsächlichen Zinsschadens ist dafür unerheblich.

Wenn eine fällige Steuerzahlung nicht bis zum Ablauf von **drei Tagen nach Fälligkeit** geleistet wird (sog. Zahlungs-Schonfrist), werden gem. § 240 AO Säumniszuschläge erhoben. Die Zahlungs-Schonfrist gilt wie nur bei Überweisung des fälligen Betrags, aber nicht bei Scheckzahlung (§ 240 Abs. 3 AO). Bei der Bestimmung des Zahlungszeitpunktes gilt nach § 224 AO Folgendes:

Bei Überweisung oder Einzahlung auf ein Konto des Finanzamts (Finanzkasse) gilt die Zahlung an dem Tag als wirksam geleistet, an dem der Betrag dem Konto des Finanzamts (Finanzkasse) gutgeschrieben wird. Bei Scheckzahlung gilt die Zahlung als an dem Tag geleistet, an dem der Scheck dem Finanzamt (Finanzkasse) zugegangen ist. In diesem Fall wird – wie bisher – keine Zahlungs-Schonfrist gewährt. Säumniszuschläge entstehen daher, wenn der Scheck bei der zuständigen Finanzkasse erst nach Ablauf des Fälligkeitstags eingegangen ist.

Bei erteilter Lastschrift-Einzugsermächtigung an das Finanzamt ist Zahlungs-Schonfrist ohne Bedeutung, da bei Vorlage einer Einzugsermächtigung die Steuerschuld als am Fälligkeitstag entrichtet gilt.

Wenn die Säumniszuschläge ihrer Zielsetzung als Druckmittel nicht mehr gerecht werden, weil der StPfl. z.B. zahlungsunfähig ist, können verwirkte Säumniszuschläge gem. § 227 AO ganz oder teilweise erlassen werden (vgl. AEAO zu § 240 Nr. 5). Sachlich unbillig ist die Erhebung von Säumniszuschlagen u.a. dann, wenn dem StPfl. die rechtzeitige Zahlung der Steuer wegen Überschuldung und Zahlungsunfähigkeit unmöglich ist und deshalb die Ausübung von Druck zur Zahlung ihren Sinn verliert (ständige Rspr., vgl. BFH vom 30.03.2006, BStBl II 2006, 612). Jedoch kommt in diesen Fällen nur ein Teilerlass in Betracht, da Säumniszuschläge auch als Gegenleistung für das Hinausschieben der Fälligkeit und zur Abgeltung des Verwaltungsaufwands dienen. Sie sind daher im Regelfall nur zur Hälfte zu erlassen (sog. **Hälfteerlass**), denn ein säumiger StPfl. soll grds. nicht besser stehen als ein StPfl., dem Aussetzung der Vollziehung oder Stundung gewährt wurde (BFH a.a.O.). Ein weitergehender Erlass von Säumniszuschlägen ist nur dann gerechtfertigt, wenn nach den Umständen des Einzelfalles im Zeitpunkt der Fälligkeit der Steuerschuld die Voraussetzungen für einen Erlass der Hauptforderung oder für einen Verzicht auf Stundungszinsen (§ 234 Abs. 2 AO) erfüllt waren[258]; dies wird in den meisten Fällen nicht der Fall sein.

Besteht zwischen StPfl. und FA Streit, ob bzw. in welcher Höhe Säumniszuschläge gem. § 240 AO entstanden sind, muss der StPfl. einen **Abrechnungsbescheid** gem. § 218 Abs. 2 AO beantragen, der dann als VA – falls erforderlich – mittels Einspruch angefochten werden kann (vgl. BFH vom 20.07.2007, BFH/NV 2007, 2069).

---

258 *Kühn/von Wedelstädt*, AO, § 227 Rz. 7.

VI Aufhebung, Änderung und Berichtigung von Steuerverwaltungsakten

1 Bestandskraft von Steuerbescheiden

1.1 Bestandskraft einerseits – Rechtskraft andererseits

Gerichtsurteile, die nicht mehr angefochten werden können, werden formell rechtskräftig (vgl. z.B. § 110 FGO). Diese formelle Rechtskraft (Unanfechtbarkeit) löst die materielle Rechtskraft aus, d.h. auch in einem neuen Verfahren darf keine abweichende Entscheidung getroffen werden. Die Rechtskraft gerichtlicher Entscheidungen kann nur in Ausnahmefällen durchbrochen werden (Nichtigkeitsklage, Restitutionsklage, z.B. finanzgerichtliche Urteile gem. § 134 FGO i.V.m. §§ 579, 580 ZPO).

Auch VA – ob rechtmäßig oder rechtwidrig – **entfalten Bindungswirkung**. Eine Durchbrechung dieser Bindungswirkung ist nur zulässig, wenn eine gesetzliche Vorschrift die Aufhebung oder Änderung des Steuer-VA erlaubt. Da die Bestandsgarantie im Vergleich zu gerichtlichen Entscheidungen deutlich abgeschwächt ist, spricht man hier von **Bestandskraft** (vgl. auch die gesetzliche Kapitelüberschrift vor §§ 172 ff. AO).

> **Beispiel 1: Unterschied zwischen einem Urteil und einem Bescheid (VA)?**
> A legt B nach Jahren ein Urteil vor, wonach B ihm 1.000 € zahlen soll. B geht zu seinem Anwalt und will wissen, ob er dieses Urteil noch anfechten kann.
> A bringt seinem Steuerberater im Dezember 01 einen Steuerbescheid vom Mai 01, der in diesem Monat auch bekannt gegeben wurde, und will wissen, ob er gegen den Steuerbescheid noch vorgehen kann.
>
> **Lösung:** Weder das Urteil (Rechtskraft) noch der Steuerbescheid (Bestandskraft) können von den Betroffenen angefochten werden. Insoweit ist zwischen den Prozessparteien (A und B) sowie zwischen den Partnern des Steuerschuldverhältnisses (A und FA = Staat) der Rechtsfrieden eingetreten.

1.2 Formelle und materielle Bestandskraft

Der (wirksam bekannt gegebene) Steuer-VA ist **formell bestandskräftig** (= unanfechtbar), wenn

- die Rechtsbehelfsfrist (§ 355 AO) abgelaufen ist und die Voraussetzungen für eine Wiedereinsetzung (§ 110 AO) nicht vorliegen,
- der Rechtsweg erschöpft ist,
- ein Einspruchsverzicht (§ 354 AO) erklärt oder
- der Rechtsbehelf zurückgenommen worden und die Einspruchsfrist abgelaufen ist.

Die **materielle Bestandskraft** folgt aus der formellen Bestandskraft. Sie bedeutet, dass die Beteiligten (FA und StPfl.) an den Inhalt des Steuer-VA gebunden sind. Er darf (innerhalb der Festsetzungsfrist, § 169 AO) nur geändert oder aufgehoben werden, wenn dies – in der

AO oder anderen Steuergesetzen (z.B. § 10d Abs. 1 S. 3 EStG) – ausdrücklich gesetzlich geregelt ist. Somit wird auch eine vorläufige oder unter dem Vorbehalt der Nachprüfung stehende Steuerfestsetzung nach Ablauf der Rechtsbehelfsfrist formell bestandskräftig (= unanfechtbar), nicht aber materiell.

1.3 Spannungsverhältnis zwischen Bestandskraft und Gesetzmäßigkeit

Ein unanfechtbarer VA bindet FA und StPfl. auch dann, wenn er fehlerhaft ist. Selbst die Feststellung der Nichtigkeit oder Verfassungswidrigkeit eines Steuergesetzes durch das BVerfG oder entsprechende Entscheidungen des EuGH tangieren die Bestandskraft von Steuerbescheiden grundsätzlich nicht (vgl. etwa § 79 Abs. 2 S. 1 BVerfGG). Andererseits ist das FA zu gesetzmäßigem Handeln bzw. zu richtiger Rechtsanwendung verpflichtet und die in **Massenverfahren** zu bewältigende Materie des Abgabenrechts ist besonders fehleranfällig. Dieses Spannungsverhältnis zwischen Gesetzmäßigkeit einerseits und Rechtssicherheit, Rechtsfrieden bzw. Vertrauensschutz andererseits wird durch die Korrekturvorschriften der AO gelöst. Das System der Korrekturvorschriften im steuerlichen Verfahrensrecht unterscheidet sich erheblich von der Systematik im allgemeinen Verwaltungsrecht. **Die Korrekturvorschriften der AO sind Gegenstand nahezu jeder schriftlichen Steuerberaterprüfung.**

2 Berichtigungsvorschriften

Die AO sieht für die unterschiedlichen Steuer-VA unterschiedliche Berichtigungsvorschriften[259] vor:

- § 129 AO gilt für **alle VA** (»Berichtigung« offenbarer Unrichtigkeiten);
- § 130 AO (»Rücknahme eines rechtswidrigen VA«) und § 131 AO (»Widerruf eines rechtmäßigen VA«) gelten für VA, die **keine Steuerbescheide** sind;
- **Steuerbescheide** (bzw. ihnen gleichgestellte Steuer-VA) können nach
  - § 164 Abs. 2 AO geändert werden, wenn der Bescheid unter dem Vorbehalt der Nachprüfung ergangen ist;
  - § 165 Abs. 2 AO geändert werden, wenn die Steuer vorläufig festgesetzt worden ist;
  - § 172 Abs. 1 Nr. 1 AO ohne weitere Voraussetzungen geändert werden, soweit es sich um Bescheide über Zölle oder Verbrauchsteuern handelt;
  - § 172 Abs. 1 Nr. 2 Buchst. a AO geändert werden (sog. »schlichte Änderung«);
  - § 172 Abs. 1 Nr. 2 Buchst. b AO geändert werden, soweit der Bescheid von einer sachlich unzuständigen Behörde erlassen wurde;
  - § 172 Abs. 1 Nr. 2 Buchst. c AO geändert werden, soweit er durch unlautere Mittel erwirkt wurde;
  - § 172 Abs. 1 Nr. 2 Buchst. d AO geändert werden, soweit dies sonst gesetzlich zugelassen ist. Hierzu zählen neben den vordringlich zu prüfenden **§§ 129, 173–175a AO** auch die Änderungsvorschriften anderer Steuergesetze (z.B. § 7g Abs. 3 S. 2 EStG, § 10d Abs. 1 S. 3 EStG; § 35b GewStG; § 32a KStG, §§ 24 und 24a BewG; § 20 GrStG).

---

259 Zur exakten Terminologie der einzelnen Korrekturbestimmungen (Aufhebung, Änderung, Berichtigung, Rücknahme, Widerruf) vgl. *Tipke/Lang*, Steuerrecht, § 22 Punkt 3.

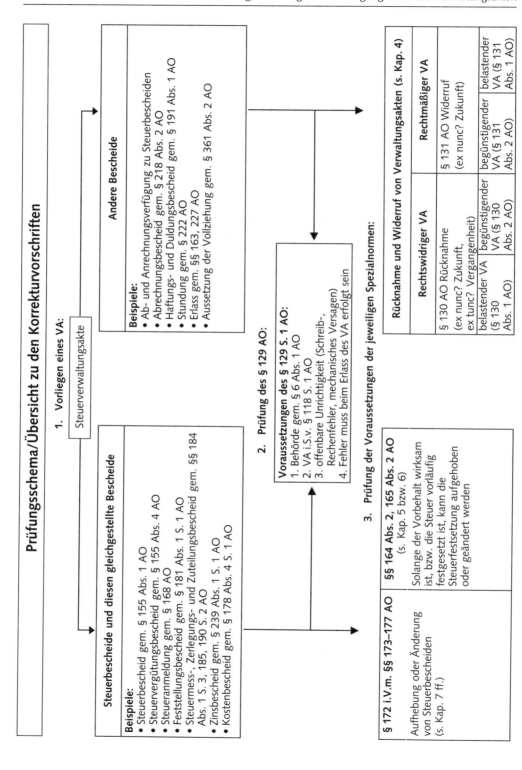

3 Die Berichtigung offenbarer Unrichtigkeiten

3.1 Grundsätze zu § 129 AO

Nach § 129 AO können Schreib- und Rechenfehler und ähnliche offenbare Unrichtigkeiten berichtigt werden. Die Formulierung »Unrichtigkeiten, die beim Erlass eines VA unterlaufen sind«, soll deutlich machen, dass alle offenbaren Unrichtigkeiten, die von der Bildung des Entscheidungswillens bis zur Bekanntgabe des VA unterlaufen sind, berichtigt werden können. Die Unrichtigkeit muss nicht ohne weiteres aus dem VA erkennbar sein.[260] Ausreichend ist jeder **mechanische**, also außerhalb der Entscheidungsbildung liegende Fehler. Es muss sich um einen **Fehler des FA** handeln. Nicht erforderlich ist, dass der Fehler in der Veranlagungsstelle geschah. Deshalb können auch Bescheide, in denen mechanische Fehler des Betriebsprüfungsberichts unbemerkt übernommen werden, nach § 129 AO berichtigt werden (sog. **Übernahmefehler**). Auch grobe Fahrlässigkeit des FA beim Erlass des unrichtigen Bescheids, selbst mehrere mechanische Fehler oder Fehler mehrerer Bediensteter stehen der Berichtigung nach § 129 AO nicht entgegen.

Der Begriff der »offenbaren Unrichtigkeit« erfasst auch sprachliche Klarstellungen und Präzisierungen, mittels derer ein bisher auslegungsbedürftiger VA in einem nunmehr zweifelsfreien Sinne zum Ausdruck gebracht wird (BFH vom 25.02.2010, BStBl II 2010, 726).

> **Beispiel 2: Der unvorsichtige Steuerbürger**
> S, ungeschickt beim Ausfüllen der Steuererklärung, trägt im Erklärungsvordruck der Anlage EÜR in Zeile 12 (= Betriebseinnahmen aus Gewerbebetrieb) und in Zeile 57 (= Gewinn aus Gewerbebetrieb) zweimal den gleichen Betrag (35.498 €) ein, obwohl in Zeile 53 (= Betriebsausgaben) 15.498 € stehen. Genauso verfährt der Veranlagungsbeamte, als er den Betrag von 35.498 € im grauen Eingabefeld einträgt.

Versehen des StPfl. sind grundsätzlich unbeachtlich. Eine Berichtigung kommt ausnahmsweise nur dann in Betracht, wenn die Fehlerhaftigkeit der Angaben für das FA als offenbare Unrichtigkeit erkennbar war und der Fehler in den Bescheid **übernommen** wurde bzw. bei der Selbstveranlagung (z.B. bei der USt) und der Selbstberechnung der Lohnsteuer durch den Arbeitgeber erfolgte (zuletzt BFH vom 27.05.2009, BStBl II 2009, 946).

Lösung: Der Übernahmefehler seitens des Finanzbeamten schließt die Möglichkeit eines Tatsachen- oder Rechtsirrtums aus und stellt somit eine offenbare Unrichtigkeit dar. Der Fehler ist auch beim Erlass des VA unterlaufen, selbst wenn er vom StPfl. ausgelöst wurde.

---

260 So etwa in dem vom BFH (Entscheidung vom 22.02.2006, BStBl II 2006, 401) entschiedenen Fall, in dem das FA die Anordnung eines Nachprüfungsvorbehalts irrtümlich unterlassen hat, d.h. der in der Aktenverfügung enthaltene Vorbehaltsvermerk nicht in den bekanntgegebenen Bescheid übernommen wurde. In diesem Fall hat der BFH auch entschieden, dass der irrtümlich unterbliebene Nachprüfungsvorbehalt nicht zunächst nach § 129 AO berichtigt werden muss, um ihn anschließend nach § 164 Abs. 2 AO ändern zu können. Die Änderung kann vielmehr unmittelbar nach § 164 Abs. 2 AO erfolgen. Die Entscheidung war Gegenstand der schriftlichen Steuerberaterprüfung 2007 und in ähnlicher Form erneut 2009.

Eine Berichtigung nach § 129 AO ist grundsätzlich jederzeit möglich. Bei Steuerbescheiden gilt dies jedoch nur bis zum **Ablauf der Festsetzungsfrist** (§ 169 Abs. 1 S. 2 AO). Nach § 171 Abs. 2 AO endet diese insoweit – also punktuell beschränkt auf die offenbare Unrichtigkeit – jedoch nicht vor Ablauf eines Jahres nach Bekanntgabe des Steuerbescheids. Gleiches gilt für alle Bescheide, für die ebenfalls eine Festsetzungsfrist gilt, also z.B. auch für Haftungs- und Duldungsbescheide. Aufteilungsbescheide können hingegen bis zur Beendigung der Vollstreckung (§ 280 AO), auf Zahlungsansprüche gerichtete VA bis zum Ablauf der Zahlungsverjährung (§ 228 AO) berichtigt werden.

Die Berichtigung nach § 129 AO steht im **Ermessen** der Finanzbehörde. Die Ermessensentscheidung muss nicht begründet werden. Bei berechtigtem Interesse des StPfl., also bei einem Fehler zu seinen Ungunsten, muss das FA aber nach § 129 S. 2 AO berichtigen.

Nach § 129 AO darf nur ein mechanischer Fehler als offenbare Unrichtigkeit berichtigt werden. Zusätzlich vorhandene Rechtsfehler dürfen nicht mit bereinigt werden. Nach § 177 Abs. 3 AO kann die Berichtigung zu Gunsten wie zu Ungunsten des StPfl. jedoch mit Rechtsfehlern kompensiert werden. Der Berichtigungsbescheid kann mit Einspruch angefochten werden.

3.2 Fälle der »offenbaren Unrichtigkeit«

§ 129 AO stellt ausdrücklich auf Schreib- und Rechenfehler ab und erwähnt daneben »ähnliche offenbare Unrichtigkeiten«. Die Rspr. leitet aus diesem Kontext ab, dass es sich um **mechanische Fehler** handeln muss. Die Vorschrift erfasst somit alle Fälle, in denen der bekannt gegebene Inhalt eines Bescheids vom eigentlich Gewollten abweicht. **Rechtsfehler oder Tatsachenirrtümer müssen ausgeschlossen sein.**[261] Selbst die lediglich theoretische Möglichkeit eines Fehlers bei der Auslegung einer Vorschrift, einer unrichtigen Tatsachenwürdigung oder mangelnder Sachverhaltsermittlung schließen die Anwendung von § 129 AO aus (BFH vom 13.06.2012, BFH/NV 2012, 2035). Die konkrete Möglichkeit eines Rechtsirrtums muss mit hinreichender Sicherheit ausgeschlossen werden können. Verbleibende Unklarheiten gehen insoweit zu Lasten des FA.

Die offenbare Unrichtigkeit muss sich nicht aus dem Bescheid selbst ergeben. Es ist nicht erforderlich, dass der StPfl. die Unrichtigkeit anhand seines Bescheids und der ihm vorliegenden Unterlagen erkennen kann. Eine Berichtigung nach § 129 AO ist vielmehr immer dann möglich, wenn der Fehler bei Offenlegung des Sachverhalts für jeden unvoreingenommenen Dritten klar und deutlich als offenbare Unrichtigkeit erkennbar ist (BFH vom 27.05.2009, BStBl II 2009, 946).

Ob eine offenbare Unrichtigkeit vorliegt, richtet sich nach den Verhältnissen des Einzelfalles. Durch die Rspr. sind mittlerweile allerdings einige typische Fallgestaltungen geklärt. So wurde z.B. eine Berichtigungsmöglichkeit nach § 129 AO **bejaht**:

- bei Ablese- und Übertragungsfehlern;
- wenn ein in der Aktenverfügung enthaltener Vorbehaltsvermerk nicht in den bekannt zu gebenden Bescheid übernommen wurde (BFH vom 22.02.2006, BFH/NV 2006, 992);

---

261 *Kühn/von Wedelstädt*, AO, § 129 Rz. 9 f.

- wenn unabsichtlich der Eingabewertbogen unrichtig ausgefüllt wird (BFH vom 13.06.2012, BFH/NV 2012, 2035);
- wenn der unrichtige Bescheid aus einem Irrtum über den tatsächlichen Programmablauf oder der Nichtbeachtung der für das maschinelle Veranlagungsverfahren geltenden Dienstanweisungen resultiert (BFH vom 30.10.2009, BFH/NV 2010, 176);
- wenn das FA in der Einspruchsentscheidung eine offenbare Unrichtigkeit des Erstbescheides übernommen hat und auszuschließen ist, dass die Übernahme auf fehlerhafter Anwendung materiellen Steuerrechts beruht (FG Baden-Württemberg vom 30.05.2005, DStRE 2006, 431);
- wenn ein BP-Bericht in einem Punkt nicht ausgewertet wird, der zu keinerlei rechtlichen Zweifeln Anlass gibt;
- bei Übernahme einer offenbaren Unrichtigkeit aus dem Außenprüfungsbericht, etwa wenn im BP-Bericht ein zwischen den Beteiligten unstreitiger Veräußerungsgewinn übersehen wurde (FG München vom 09.11.2006, AO-StB 2008, 265);
- wenn ein mechanischer Fehler des StPfl. für das FA erkennbar ist und bei der Erstellung der Steuererklärung übernommen wird (BFH vom 27.05.2009, BStBl II 2009, 946);
- wenn Freibeträge für mehr Kinder als in der Steuererklärung angegeben gewährt werden;
- wenn Freibeträge doppelt berücksichtigt werden;
- wenn das FA einen für die GewSt ermittelten Gewinn nicht in die ESt-Veranlagung übertragen hat;
- wenn das FA im Änderungsbescheid, mit dem eine Gewinnmitteilung ausgewertet wird, die im Erstbescheid erfassten Gewinne aus dem Einzelunternehmen des StPfl. versehentlich streicht;
- wenn das FA beim Erlass eines Steuerbescheids einen bereits vorliegenden Grundlagenbescheid übersieht (BFH vom 27.05.2009, BStBl II 2009, 946).

Eine offenbare Unrichtigkeit liegt hingegen **nicht** vor,

- wenn das FA eine notwendige tatsächliche Ermittlung oder eine rechtliche Prüfung unterlässt (BFH vom 27.05.2009, BStBl II 2009, 946);
- wenn Angaben des StPfl. ungeprüft zur Grundlage der Veranlagung gemacht werden, obwohl Veranlassung zur Überprüfung bestand;
- wenn der StPfl. ein Damnum nicht als Vorkosten nach § 10e Abs. 6 EStG geltend macht und nicht ausgeschlossen werden kann, dass dies auf einem Rechtsirrtum beruht;
- bei doppelter Berücksichtigung desselben »Verlustbetrages« innerhalb verschiedener Einkunftsarten, weil hier die Verletzung der Amtsermittlungspflicht nicht unwahrscheinlich ist (BFH vom 16.03.2000, BStBl II 2000, 372);
- bei der Nichtberücksichtigung erhöhter AfA.

Es scheiden mithin Verstöße aus, die zum Bereich des Überlegens, Schlussfolgerns und Urteilens sowie zur Subsumtion eines Lebenssachverhalts unter die jeweilige Norm des materiellen Rechts gehören, da in diesen Fällen ein Tatsachen- bzw. Rechtsirrtum vorliegt, der die Anwendung von § 129 AO ausschließt.

4 Rücknahme und Widerruf von Steuerverwaltungsakten

4.1 Die Vorfrage: Rechtmäßigkeit oder Rechtswidrigkeit des Steuerbescheids

Steuer-VA, die nicht Steuerbescheide oder diesen gleichgestellt sind, können nach §§ 130, 131 AO aufgehoben werden. Das Gesetz unterscheidet in zweierlei Hinsicht: Zum einen wird zwischen der Rücknahme rechtswidriger (§ 130 AO) und dem Widerruf rechtmäßiger VA (§ 131 AO) unterschieden. Dann ist zu beachten, ob es sich um belastende oder begünstigende VA handelt. In Klausuren liegt oftmals in den tatbestandlichen Vorfragen, insb. bei der Frage nach der Rechtmäßigkeit, das Hauptproblem eines Berichtigungsfalles.

Rechtmäßig ist ein VA, wenn materielles und formelles Recht auf den richtigen Sachverhalt im Zeitpunkt der behördlichen Entscheidung zutreffend angewendet wurde. Hierbei ist auf den Zeitpunkt der Bekanntgabe des VA abzustellen (BFH vom 09.12.2008, BStBl II 2009, 344). Verstößt ein VA hingegen gegen zwingende gesetzliche Vorschriften (§ 4 AO), ist er ermessensfehlerhaft (§ 5 AO) oder fehlt eine Rechtsgrundlage ganz, ist er **rechtswidrig**, aber dennoch wirksam. Nur besonders schwerwiegende Fehler führen zur Nichtigkeit und damit zur Unwirksamkeit des Bescheids (§ 125 i.V.m. § 124 Abs. 3 AO). Eine nachträgliche Änderung der Sach- oder Rechtslage nach Erlass des VA macht einen ursprünglich rechtmäßigen Verwaltungsakt grundsätzlich nicht i.S.d. § 130 AO rechtswidrig, es sei denn, es liegt ausnahmsweise ein Fall steuerrechtlicher Rückwirkung vor (BFH vom 09.12.2008, BStBl II 2009, 344).

Über die Rücknahme und den Widerruf entscheidet die örtlich zuständige Finanzbehörde (§§ 17 ff. AO), auch wenn der VA von einer anderen Behörde erlassen wurde. Allerdings lässt § 26 S. 2 AO die Fortführung des Verwaltungsverfahrens durch die bisher zuständige Behörde unter bestimmten Voraussetzungen zu. Die Vorschriften über Rücknahme und Widerruf gelten auch im Einspruchs- und gerichtlichen Verfahren (§ 132 AO).

4.2 Anwendungsbereich von §§ 130, 131 AO

Zu den Steuer-VA, die nach §§ 130, 131 AO zurückgenommen bzw. widerrufen werden können, zählen insb.:

- Auskunftsersuchen (§ 93 AO),
- Fristverlängerung (§ 109 AO),
- Festsetzung eines Verspätungszuschlags (§ 152 AO),
- Billigkeitsmaßnahmen (§§ 163, 227, 234 Abs. 2 AO),
- Haftungs- und Duldungsbescheide (§ 191 AO),
- Prüfungsanordnung (§ 196 AO),
- Verbindliche Auskunft (§ 89 Abs. 2 AO),
- Verbindliche Zusage (§ 204 AO),
- Abrechnungsbescheid (§ 218 Abs. 2 AO),
- Stundung (§ 222 AO),
- Anforderung von Säumniszuschlägen (§ 240 AO),
- Feststellungsbescheid gem. § 251 Abs. 3 AO,
- Pfändungen (§ 281 AO),
- Festsetzung von Zwangsgeldern (§ 328 AO),
- Aussetzung der Vollziehung (§ 361 AO).

4.3 Begünstigender oder belastender Verwaltungsakt

Begünstigend ist ein VA, der Rechte oder rechtlich erhebliche Vorteile gewährt. **Belastende VA** greifen hingegen in die Rechte des Betroffenen ein. Häufig wirken belastende VA aber auch zu Gunsten des Betroffenen. So belastet z.B. die Festsetzung eines Verspätungszuschlags (eines Zwangsgeldes) den StPfl. Wäre jedoch die Festsetzung eines höheren Verspätungszuschlags (Zwangsgeldes) richtig gewesen, wird er durch die Festsetzung des geringeren Verspätungszuschlags (Zwangsgeldes) gleichzeitig begünstigt. Ähnliches gilt auch für Haftungsbescheide. Nach dem Wortlaut von § 130 Abs. 2 AO ist bei der Frage, ob ein begünstigender VA vorliegt, nicht darauf abzustellen, ob sich die Rücknahme begünstigend auswirkt. Mit Vertrauensschutzgesichtspunkten ist jedoch kaum zu vereinbaren, dass das FA den Bescheid, in dem ein niedriger Verspätungszuschlag (Zwangsgeld) festgesetzt wurde, ohne jede Einschränkung nach § 130 Abs. 1 AO zurücknehmen und einen höheren Verspätungszuschlag (Zwangsgeld) festsetzen kann. Nach der Rspr., die auch im AEAO (AEAO zu § 130 Nr. 4) ihren Niederschlag gefunden hat, ist deshalb unter **Begünstigung i.S.v. §§ 130, 131 AO jede Rechtswirkung** zu verstehen, **an deren Aufrechterhaltung der vom VA Betroffene ein schutzwürdiges Interesse hat**. Ist danach die Rücknahme zulässig und wirksam, kann die Finanzbehörde einen neuen VA erlassen, der für den Beteiligten weniger vorteilhaft ist.

Auch begünstigende VA können zugleich belasten, wenn dem Antrag des Betroffenen nicht voll entsprochen wird (z.B. bei Stundung oder Erlass[262]). Die h.M.[263] lässt in diesen Fällen die Erweiterung des ursprünglichen Bescheids zu, ohne dass die Voraussetzungen von § 130 Abs. 2 AO vorliegen müssen.

4.4 Die Rücknahme (§ 130 AO)

4.4.1 Rücknahme eines rechtswidrigen nicht begünstigenden Verwaltungsaktes

Nach § 130 Abs. 1 AO kann ein **rechtswidriger VA** ex tunc und ex nunc zurückgenommen werden. Die Entscheidung liegt also im **Ermessen** (§ 5 AO) der Finanzbehörde. Nicht begünstigende rechtswidrige VA können auch dann noch zurückgenommen werden, wenn sie bestandskräftig sind. Mit der Rücknahme soll die Einspruchsfrist jedoch nicht unterlaufen werden. Deshalb kann das FA den Antrag, einen bestandskräftigen VA zurückzunehmen, dann ablehnen, wenn der Betroffene nur die Gründe vorträgt, die er bereits im Rechtsbehelfsverfahren hätte geltend machen können. Ein Rechtsanspruch auf Rücknahme eines VA kann nur in Extremfällen bejaht werden, wenn beispielsweise der Betroffene durch das Verhalten des FA von der Einlegung eines Rechtsbehelfs abgehalten wurde, oder wenn Wiederaufnahmegründe i.S.v. § 580 ZPO vorliegen, nachträglich Beweismittel auftauchen oder sich die Sach- oder Rechtslage geändert hat. Bei der Ermessensentscheidung hat das FA auch die Schwere und Offensichtlichkeit des Rechtsverstoßes zu würdigen.

Trotz § 125 Abs. 5 AO kann auch ein **nichtiger VA** gem. § 130 Abs. 1 AO zurückgenommen werden. Die Rücknahme kommt hingegen nicht in Betracht, wenn die Rechtswidrigkeit auf unbeachtlichen Verfahrens- oder Formfehlern i.S.v. § 126 AO beruht, wenn keine andere

---

[262] So wird ein Erlass aus persönlichen Gründen (§§ 163, 227 AO) wegen § 47 AO (Erlöschen der Steueransprüche) in den seltensten Fällen ausgesprochen werden, da bei geänderten Verhältnissen keine Korrektur mehr möglich ist.
[263] Klein, AO, 7. Aufl., § 130 Rz. 39.

Entscheidung in der Sache hätte getroffen werden können (§ 127 AO) oder der rechtswidrige VA in einen rechtmäßigen umgedeutet werden kann (§ 128 AO). Auch Entscheidungen auf der Grundlage von für verfassungswidrig erklärten Gesetzen sind nicht aufzuheben (§ 79 Abs. 2 BVerfGG).[264]

Eine **teilweise** Rücknahme ist möglich, wenn der Regelungsgehalt des VA teilbar ist. Dies ist immer der Fall bei Bescheiden, die sich auf Geldleistungen beziehen, also z.B. bei Haftungsbescheiden oder Festsetzungen von Verspätungszuschlägen, Zwangsgeld etc. Die Teilrücknahme berührt nicht den Bestand des ursprünglichen VA hinsichtlich des nicht betroffenen Teilbetrags. Anders verhält es sich aber, wenn die Finanzbehörde den ursprünglichen Bescheid insgesamt zurücknimmt und einen neuen VA erlässt.

4.4.2 Rücknahme eines rechtswidrigen begünstigenden Verwaltungsaktes

§ 130 Abs. 2 AO zählt die Rücknahmegründe bei begünstigenden VA abschließend auf. Eine Rücknahme ist deshalb ausgeschlossen, wenn das FA seine Rechtsansicht ändert, wenn nach Erlass des Bescheids der Sachverhalt oder Beweismittel anders gewürdigt werden. Aus dem Begriff »darf« ergibt sich, dass die Rücknahme im Ermessen der Behörde liegt. Bei dieser Ermessensprüfung ist insb. von Bedeutung, ob der Begünstigte im Vertrauen auf den Bestand des begünstigenden VA bereits wirtschaftliche **Dispositionen** getroffen hat. Greifen hingegen keine Vertrauensschutzgesichtspunkte, wird im Interesse der Gesetzmäßigkeit und Gleichmäßigkeit des Verwaltungshandelns der VA im Regelfall zurückgenommen werden.

4.4.2.1 § 130 Abs. 2 Nr. 1 AO
Die sachliche Zuständigkeit ergibt sich aus den Organisationsgesetzen, z.B. aus dem FVG. Der von einer sachlich unzuständigen Behörde erlassene Bescheid ist häufig nichtig, beispielsweise wenn das Forstamt Säumniszuschläge erlässt. Anders ist es aber, wenn innerhalb der zutreffenden Verwaltung die unzuständige Behörde tätig wird, wenn z.B. die OFD anstelle des FA Säumniszuschläge erlässt. In diesen Fällen ist die Rücknahme nach § 130 Abs. 1 Nr. 1 AO auch dann möglich, wenn der Betroffene keine Kenntnis von der Unzuständigkeit der Behörde hat. Dies muss aber bei der Ermessensausübung berücksichtigt werden. Die interne Unzuständigkeit innerhalb der Behörde reicht nicht aus.

4.4.2.2 § 130 Abs. 2 Nr. 2 AO
Eine Rücknahme kommt in Betracht, wenn der StPfl. unlautere Mittel anwendet **und** dies für den Erlass des Bescheids ursächlich ist (»erwirkt«). Arglist liegt insb. dann vor, wenn der StPfl. **vorsätzlich** falsche Angaben macht, um den rechtswidrigen Bescheid zu erlangen. Daran fehlt es, wenn er den Angaben keine Bedeutung beimisst. Auch das Verhalten eines Dritten, der ihn vertritt, muss sich der Begünstigte zurechnen lassen (z.B. Steuerberater oder gesetzlicher Vertreter). Unter den gleichen Voraussetzungen können auch Steuerbescheide aufgehoben oder geändert werden (vgl. § 172 Abs. 1 Nr. 2 Buchst. c AO).

4.4.2.3 § 130 Abs. 2 Nr. 3 AO
Dieser Vorschrift liegt die Überlegung zugrunde, dass die Ursache der Rechtswidrigkeit im Bereich des Betroffenen liegt, Vertrauensschutzgesichtspunkte deshalb nur eine untergeordnete Rolle spielen. »Erwirkt« durch objektiv unrichtige oder unvollständige Angaben ist der

---

264 Dies gilt analog, wenn das BVerfG lediglich die Auslegung einer Norm für unvereinbar mit dem GG erklärt (BFH vom 28.11.2006, DStR 2007, 108).

Bescheid aber nur, wenn die Angaben entscheidungserheblich waren, wenn die Behörde also den VA bei Kenntnis der Unrichtigkeit nicht erlassen hätte. Auch hier muss sich der Betroffene das Verhalten seines Vertreters zurechnen lassen. Auf Verschulden kommt es nicht an. Bei der Ermessensentscheidung ist allerdings das Verschulden des Betroffenen ebenso wie das Verschulden der Finanzbehörde (wenn diese die Unrichtigkeit beispielsweise hätte erkennen können) zu beachten.

4.4.2.4 § 130 Abs. 2 Nr. 4 AO

Es genügt nicht, dass der Betroffene die Umstände, die zur Rechtswidrigkeit des Bescheids führen, kennt. Ihm muss vielmehr die Rechtswidrigkeit des VA selbst bekannt oder nur infolge ungewöhnlicher Sorglosigkeit unbekannt geblieben sein. Eine Prüfungspflicht anhand der Begründung besteht regelmäßig nicht. § 130 Abs. 2 Nr. 4 AO ist etwa auf die Anrechnungsverfügung eines Steuerbescheides anwendbar, in der das FA die Anrechnung geleisteter ESt-Vorauszahlungen nach § 36 EStG verfügt. Die Anrechnungsverfügung ist in diesen Fällen ein VA mit Bindungswirkung, der als begünstigender VA aufgrund des durch ihn begründeten Vertrauens durch einen nachfolgenden Abrechnungsbescheid nach § 218 Abs. 2 AO nur geändert werden kann, wenn die Voraussetzungen des § 130 Abs. 2 Nr. 4 AO vorliegen; dies folgt daraus, dass auch die Anrechnungsverfügung ein VA mit Bindungswirkung ist, der verbindlich festlegt, was auf die festgesetzte Steuerschuld angerechnet wird und was nicht. Allerdings ist eine Anrechnungsverfügung im Allgemeinen zurückzunehmen, wenn der Begünstigte deren Rechtswidrigkeit erkannt oder lediglich infolge grober Fahrlässigkeit nicht erkannt hat (BFH vom 27.10.2009, BStBl II 2010, 382). Die Anrechnung von Steuerabzugsbeträgen kann nach Ablauf der durch die Anrechnungsverfügung in Lauf gesetzten Zahlungsverjährungsfrist gem. § 228 AO nicht mehr nachgeholt werden (BFH vom 25.10.2011, BStBl II 2012, 220).

4.4.3 Folgen der Rücknahme

Mit der Rücknahme wird der Bescheid unwirksam (§ 124 Abs. 2 AO). Er kann daher nicht mehr vollstreckt oder erzwungen werden; ein anhängiger Einspruch erledigt sich. Wird die Rücknahme zurückgenommen, lebt jedoch der ursprüngliche Bescheid wieder auf.

Aus § 130 AO kann nicht entnommen werden, ob an die Stelle des zurückgenommenen Bescheids ein neuer VA treten kann. Nach der Rspr. stehen nur bei einer »ersatzlosen« Rücknahme Vertrauensschutzgesichtspunkte dem Erlass eines neuen Bescheids entgegen. Ob eine »ersatzlose« Rücknahme vorliegt, ist aus dem Blickwinkel des Betroffenen unter Berücksichtigung der maßgeblichen Umstände zu beurteilen. Eine »ersatzlose« Rücknahme wird deshalb niemals vorliegen, wenn ihm gleichzeitig mit dem Rücknahmebescheid ein neuer Bescheid, der an dessen Stelle treten soll, zugeht. Auch in Fällen, in denen ein Bescheid – für den StPfl. erkennbar – nur wegen eines Formmangels aufgehoben wird, kann er nicht darauf vertrauen, von weiteren Maßnahmen der Verwaltung verschont zu bleiben. Der Erlass eines neuen VA ist zulässig. Im Ergebnis führt die Aufhebung eines VA und der Erlass eines neuen Bescheids zum gleichen Gegenstand zu einer Änderung des ursprünglichen Bescheids. Wird durch diese Änderung ein belastender VA erweitert, richtet sich die Zulässigkeit nach § 130 Abs. 2 AO, wird die Belastung gemindert, ist § 130 Abs. 1 AO einschlägig. Bei der teilweisen Rücknahme eines begünstigenden Bescheids kommt § 130 Abs. 2 AO, bei der Erweiterung hingegen § 130 Abs. 1 AO zur Anwendung.

Die Rücknahme eines VA kann mit Einspruch angefochten werden. Auch wenn der Antrag des StPfl. auf Rücknahme eines Bescheides abgelehnt wird, ist der Einspruch gegeben.

4.4.4 Auch möglich: Widerruf eines rechtswidrigen Verwaltungsaktes

Ein rechtswidriger VA kann aber auch **widerrufen** werden, wenn die Voraussetzungen des § 131 Abs. 2 Nr. 1 oder 2 AO vorliegen (argumentum a maiore ad minus), also eine Auflage nicht erfüllt oder der Widerruf vorbehalten wurde. Hier kann der Widerruf mit der Rechtswidrigkeit begründet werden.[265]

Nur wenn der VA mit unlauteren Mitteln erwirkt wurde, ist die Rücknahme unbefristet zulässig. In den anderen Fällen muss die Rücknahme eines begünstigenden VA **innerhalb eines Jahres** nach Kenntnis der die Rücknahme rechtfertigenden Tatsachen erfolgen. Nach der Rspr. beginnt die Jahresfrist, wenn die Behörde die **Rechtswidrigkeit** ihrer Entscheidung **erkennt** (BFH vom 09.12.2008, BStBl II 2009, 344).

4.5 Widerruf eines Verwaltungsaktes

4.5.1 Widerruf eines rechtmäßigen nicht begünstigenden Verwaltungsaktes

Die Frage der Rechtmäßigkeit eines VA (vgl. Kap. 4.1) richtet sich nach den Verhältnissen im Zeitpunkt seines Erlasses. Bei Ermessensentscheidungen ist der Zeitpunkt der letzten Verwaltungsentscheidung (= Einspruchsentscheidung) maßgebend. § 131 AO greift vor allem bei sog. Dauer-VA (Stundung, Aussetzung der Vollziehung), aber auch bei noch nicht vollzogenen Bescheiden. Bereits vollzogene VA können hingegen nicht widerrufen werden. Das gilt für den Steuererlass – die nachträgliche Verbesserung der Liquiditäts- oder Vermögenslage ist unbeachtlich (vgl. § 47 AO) – gleichermaßen wie für festgesetzte und bereits bezahlte Verspätungszuschläge, Zwangsgelder oder auch Haftungssummen.

Die Widerrufbarkeit von nicht begünstigenden Bescheiden wird durch den Grundsatz der Gesetzmäßigkeit des Verwaltungshandelns stark eingeschränkt. Ein Widerruf ist immer dann unzulässig, wenn der gleiche VA neu erlassen werden müsste. Ein Widerruf ist deshalb vor allem bei Ermessensentscheidungen, nicht jedoch bei sog. gebundenen Entscheidungen möglich. »Andere Gründe«, die den Widerruf ausschließen (vgl. § 131 Abs. 1, letzter HS AO), sind hingegen nicht ersichtlich.

Anders als § 130 Abs. 1 AO sieht § 131 Abs. 1 AO den Widerruf nur mit Wirkung für die Zukunft vor. Ein Widerruf ist dann nicht erforderlich, wenn zu einem nicht begünstigenden rechtmäßigen VA lediglich ein weiterer rechtmäßiger VA hinzutritt, z.B. eine Prüfungsanordnung auf ein weiteres Prüfungsjahr ausgedehnt wird, wegen einer Steuerschuld eine weitere Pfändung verfügt wird etc.

4.5.2 Widerruf eines rechtmäßigen begünstigenden Verwaltungsaktes

§ 131 Abs. 2 AO schränkt den Widerruf bei rechtmäßigen begünstigenden VA (vgl. Kap. 4.3) ein. Ein rechtmäßiger begünstigender VA darf jederzeit um einen weiteren rechtmäßigen VA ergänzt werden, z.B. Verlängerung der Stundung, Erhöhung des Erlassbetrags etc.

---

265 Vgl. *Kühn/von Wedelstädt*, AO, § 130 R. 17 m.w.N.

4.5.2.1 § 131 Abs. 2 Nr. 1 AO

Ein Widerruf ist in den gesetzlich zugelassenen Fällen (z.B. § 148 S. 3 AO) oder bei einem **Widerrufsvorbehalt** im Bescheid zulässig. Auch wenn der Widerrufsvorbehalt (§ 120 Abs. 2 Nr. 3 AO) rechtswidrig, aber unanfechtbar war, kann der Widerruf grundsätzlich auf den Vorbehalt gestützt werden. In diesem Fall hat das FA die Rechtswidrigkeit des Widerrufsvorbehalts aber bei der Ermessensausübung zu berücksichtigen. Stets muss ein sachlicher Grund für den Widerruf vorliegen, die Behörde darf nicht willkürlich widerrufen. Vertrauensschutzgesichtspunkte können in Fällen des vorbehaltenen Widerrufs keine Rolle spielen, da der Begünstigte wegen des Vorbehalts gerade nicht auf den Bestand des VA vertrauen durfte.

4.5.2.2 § 131 Abs. 2 Nr. 2 AO

Erfüllt der Begünstigte eine **Auflage** (§ 120 Abs. 2 Nr. 4 AO) nicht, ist ein Widerruf auch dann möglich, wenn ihn daran kein Verschulden trifft. Die Nichterfüllung einer Bedingung, einer weiteren Nebenbestimmung zum VA gem. § 120 Abs. 2 Nr. 2 AO, wird in § 130 Abs. 2 AO nicht erwähnt. Hier ist keine Regelung erforderlich, da der VA bei einer aufschiebenden Bedingung erst mit Eintritt der Bedingung Wirkung entfaltet, bei einer auflösenden Bedingung mit Bedingungseintritt von selbst unwirksam wird.[266]

4.5.2.3 § 131 Abs. 2 Nr. 3 AO

Diese Widerrufsmöglichkeit ist bei VA mit Dauerwirkung von Bedeutung. Sie betrifft nur die Änderung der tatsächlichen, nicht der rechtlichen Verhältnisse. Werden der Behörde die rechtserheblichen Tatsachen erst nachträglich bekannt, greift Nr. 3 nicht. Eine »nachträglich eingetretene Tatsache« i.S.d. § 131 Abs. 2 S. 1 Nr. 3 AO kann auch die steuerrechtliche Beurteilung eines Sachverhalts in einem anderen Bescheid sein, der Bindungswirkung für den zu widerrufenden Bescheid hat.[267] Das öffentliche Interesse i.S. dieser Vorschrift ist immer dann gefährdet, wenn bei einem Festhalten an der Entscheidung der Betroffene gegenüber anderen StPfl. bevorzugt würde. Im Rahmen der Ermessensausübung wird die Behörde jedoch zu prüfen haben, ob das Interesse der Allgemeinheit an einer gleichmäßigen Besteuerung von solchem Gewicht ist, dass der Vertrauensschutz des Begünstigten in den Bestand des VA dahinter zurücktritt. Auch der Widerruf hat innerhalb Jahresfrist zu erfolgen (§ 131 Abs. 2 S. 2 AO). Sie beginnt erst, wenn der Behörde die Widerrufsmöglichkeit bewusst wird. Der Widerruf wirkt grundsätzlich ex nunc, niemals ex tunc. Es kann jedoch ein späterer Zeitpunkt bestimmt werden (§ 131 Abs. 3 AO).

---

266 Daher lautet die herkömmliche (im Einzelfall schwierige) Unterscheidung zwischen Auflage und Bedingung:
- Die **Auflage** zwingt, aber suspendiert nicht (von Gesetzes wegen).
- Die **Bedingung** suspendiert (den VA), zwingt aber nicht.

267 Wird etwa ein ESt-Bescheid geändert, weil die in ihm erfassten Lohnzahlungen wegen Festsetzungsverjährung nicht erfasst werden dürfen, kann die mit dem Bescheid verbundene Anrechnungsverfügung, welche die auf den Lohn entrichtete Lohnsteuer angerechnet hatte, widerrufen werden (BFH vom 09.12.2008, BStBl II 2009, 344).

5 Steuerfestsetzung unter dem Vorbehalt der Nachprüfung (§ 164 AO)

Erfolgt die Steuerfestsetzung nur anhand der Angaben des StPfl. unter dem Vorbehalt der Nachprüfung, ist der Bescheid **in vollem Umfang änderbar**. Die Änderung der Vorbehaltsfestsetzung ist daher jederzeit zu Gunsten wie zu Ungunsten des StPfl. aus rechtlichen oder tatsächlichen Gründen möglich. Allerdings lässt der Vorbehalt den Ablauf der Festsetzungsfrist unberührt (vgl. AEAO zu § 164 Nr. 1). Mit Ablauf der allgemeinen Festsetzungsfrist wird der Bescheid automatisch (ipso iure) endgültig, ohne dass es einer besonderen Erklärung des FA bedarf (§ 164 Abs. 4 AO).[268] Die Verlängerung der Festsetzungsfrist für hinterzogene oder leichtfertig verkürzte Steuern verlängert gem. § 164 Abs. 4 S. 2 AO nicht die Wirksamkeit des Vorbehalts.

> **Beispiel 3: Die späte Einsicht**
> Der KSt-Bescheid gegen die A-GmbH sowie der darauf fußende Gewerbesteuerbescheid für den VZ (EZ) 01 datieren vom 20.12.02 mit dem Vermerk »§ 164 AO – Vorbehalt der Nachprüfung« (Inhalt jeweils: Einkünfte = 0 €).
> Am 18.11.06 beginnt eine Außenprüfung bei der GmbH, die in der Folge zu einem geänderten KSt- und Gewerbesteuerbescheid führen, die jeweils in 07 bekannt gegeben werden.

5.1 Zulässigkeit des Vorbehalts der Nachprüfung (§ 164 Abs. 1 AO)

Solange der Steuerfall nicht abschließend geprüft ist, können alle Steuern **ohne Begründung** unter dem Vorbehalt der Nachprüfung festgesetzt werden. Der Vorbehaltsvermerk ist eine unselbständige Nebenbestimmung zum Steuer-VA (§ 120 Abs. 1 AO). Kraft Gesetzes gelten als Steuerbescheide unter dem Vorbehalt der Nachprüfung **Steueranmeldungen** (§ 168 S. 1 AO), also insb. die selbst zu berechnende USt[269]) und **Vorauszahlungsbescheide** (§ 164 Abs. 1 S. 2 AO). § 37 Abs. 3 S. 3 EStG begrenzt allerdings die Befugnis, Einkommensteuervorauszahlungen festzusetzen – abweichend von § 164 Abs. 2 S. 2 AO – auf 15 Monate nach Ablauf des Veranlagungszeitraums (BFH vom 10.07.2002, BFH/NV 2002, 1567).

Der Vorbehaltsvermerk kann bei allen Steuerfestsetzungen, aber auch bei Feststellungsbescheiden, Zinsbescheiden usw. (vgl. AEAO § 164 Nr. 2) angebracht werden. Die Entscheidung darüber steht im Ermessen der Finanzbehörde. Haftungsbescheide und sonstige Steuer-VA, die unter §§ 130, 131 AO fallen, können hingegen nicht unter dem Vorbehalt der Nachprüfung ergehen.

Auch wenn der Vorbehalt in einem Änderungsbescheid nicht wiederholt wird, bleibt er bestehen (BFH vom 10.10.1995 BFH/NV 1996, 304, häufiges Prüfungsproblem). Nach BFH vom 02.12.1999 (BStBl II 2000, 284) gilt dies dann nicht, wenn die zu ändernde Festsetzung **kraft Gesetzes** unter dem Nachprüfungsvorbehalt steht, etwa bei einer Steueranmeldung (§ 168 S. 1 AO). Denn ebenso wie die angeordnete Festsetzung des Vorbehalts muss nach § 164 Abs. 3 S. 1 AO auch die Aufhebung – wenn gewünscht – ausdrücklich angeordnet

---

268 Diese Verknüpfung mit den Vorschriften über die Festsetzungsverjährung macht die Korrekturvorschrift des § 164 Abs. 2 AO besonders prüfungsrelevant; hier muss bei der Frage, ob die Voraussetzungen des § 164 Abs. 2 AO vorliegen, inzident der Ablauf der Festsetzungsverjährung geprüft werden (vgl. Beispiel 9, Kap. V 5.2.5).
269 Vgl. für die Voranmeldung § 18 Abs. 1 UStG sowie für die Jahres-USt § 18 Abs. 3 UStG.

werden. Kommt das FA seiner Verpflichtung nicht nach, den Vorbehalt – etwa nach einer Außenprüfung – aufzuheben, bleibt dieser somit bestehen und **eröffnet bis zum Eintritt der Verjährung weiterhin die Korrekturmöglichkeit nach § 164 Abs. 2 AO** (BFH vom 18.08.2009, AO-StB 2010, 39).

Wird der Vorbehalt in der Einspruchsentscheidung nicht ausdrücklich aufgehoben, gilt er ebenfalls fort (BFH vom 16.10.1984, BStBl II 1985, 448). Er kann in der Rechtsbehelfsentscheidung auch nachträglich – als Verböserung – in die Steuerfestsetzung aufgenommen werden.[270] Eine endgültige Steuerfestsetzung kann hingegen nur mit Zustimmung des StPfl. um den Nachprüfungsvorbehalt ergänzt werden. Auch die Korrekturvorschriften (§ 172 ff. AO) ermöglichen es dem FA nicht, einen Änderungsbescheid erstmals unter den Vorbehalt der Nachprüfung zu stellen.

Die Aufhebung des Vorbehalts muss schriftlich, eindeutig erkennbar (BFH vom 02.12.1999, BStBl II 2000, 284) und mit Rechtsbehelfsbelehrung versehen erfolgen (AEAO § 164 Nr. 6). Eine Begründung ist regelmäßig entbehrlich. Nach der Aufhebung kann eine Änderung nicht mehr auf § 164 Abs. 2 AO gestützt werden. Unberührt bleiben davon aber die Änderungsmöglichkeiten nach §§ 172 ff. AO. Hebt das FA während des Einspruchverfahrens den Vorbehalt der Nachprüfung auf, wird dieser Änderungsbescheid gem. § 365 Abs. 3 AO Verfahrensgegenstand (BFH vom 26.06.2002, BStBl II 2003, 112). Eine Einspruchsentscheidung, die nicht den Änderungs-, sondern den Ausgangsbescheid nennt, geht daher ins Leere. Sie ist aufzuheben.

5.2 Wirkung der Vorbehaltsfestsetzung

Eine Steuerfestsetzung unter dem Vorbehalt der Nachprüfung erlangt **keine materielle Bestandskraft** (vgl. Kap. 1.1). Der gesamte Steuerfall bleibt »offen«, d.h. der Bescheid kann jederzeit aufgehoben oder geändert werden (§ 164 Abs. 2 S. 1 AO, der den allgemeinen Korrekturvorschriften für Steuerbescheide gem. §§ 172 ff. AO vorgeht, § 172 Abs. 1 S. 1 2. HS AO). Nachdem in der Praxis der Vorbehalt der Nachprüfung häufig zu einer Außenprüfung führt, ist bzgl. der Änderung der Steuerbescheide aufgrund der Prüfungsfeststellungen nochmals auf § 171 Abs. 4 AO hinzuweisen (s. auch Kap. XI 1).

Deshalb kann auch der StPfl. während des Bestehens des Vorbehalts die Änderung des Steuerbescheids beantragen und Gründe sowie Beweismittel nachschieben. Er kann noch Wahlrechte, die nicht an gesetzliche Fristen gebunden sind, ausüben oder ändern.

Bei einer Steuerfestsetzung unter dem Vorbehalt der Nachprüfung ist das FA nicht an seine Rechtsauffassung für einen früheren Besteuerungszeitraum gebunden (BFH vom 14.10.2009, BFH/NV 2010, 406). Ein Steuerbescheid unter dem Vorbehalt der Nachprüfung kann auch aufgrund von Tatsachen geändert werden, die bereits bei Erlass des Steuerbescheids bekannt waren (BFH vom 13.06.2002, BFH/NV 2002, 1421).

Grundsätzlich verhindert eine unter dem Vorbehalt der Nachprüfung stehende Festsetzung die Entstehung eines Vertrauensschutzes (BFH vom 10.08.2009, BFH/NV 2010, 161[271]).

---

270 Das Rechtsbehelfsverfahren selbst muss keine abschließende Prüfung des Falles i.S.d. § 164 AO bedeuten (BFH vom 28.06.2001, BStBl II 2001, 714).
271 Dieser Entscheidung lag folgender Sachverhalt zugrunde: Das FA hatte bei einer für zwei vorangegangene Wirtschaftsjahre durchgeführten Investitionszulagen-Sonderprüfung formelle Mängel der für diese Jahre gestellten Anträgen nicht beanstandet. Gleichwohl konnte es den Zulagenbescheid

Anderes gilt nur, wenn zusätzlich eine bindende Zusage vorliegt. Auch eine Mitteilung nach § 202 Abs. 1 S. 3 AO hindert nicht die Änderung nach § 164 Abs. 2 AO (BFH vom 09.11.2006, BStBl II 2007, 344). Allerdings kann das FA an seine frühere Auffassung nach Treu und Glauben gebunden sein, wenn der StPfl. im Vertrauen darauf Vermögensdispositionen getroffen hat. Zudem finden auch für die Änderung nach § 164 Abs. 2 AO die in § 176 AO geregelten Vertrauensschutzgrundsätze Anwendung. Bei der Aufhebung oder Änderung einer Steuerfestsetzung unter dem Vorbehalt der Nachprüfung darf deshalb zum Nachteil des StPfl. nicht berücksichtigt werden, dass für ihn günstige Gesetze oder Verwaltungsanweisungen nicht mehr bestehen oder sich die höchstrichterliche Rspr. zu seinem Nachteil geändert hat.[272]

Der Vorbehalt der Nachprüfung behält nach Eintritt der formellen Bestandskraft seine Wirkung, auch wenn er nicht hätte ergehen dürfen. Das FA kann den Vorbehalt jederzeit aufheben (§ 164 Abs. 3 S. 1 AO). Nach einer Außenprüfung muss das FA den Vorbehalt aufheben, wenn sich keine Änderungen des ursprünglichen Steuerbescheids ergeben haben.[273] Geschieht dies nicht, kann das FA gleichwohl innerhalb der Festsetzungsfrist den Bescheid nach § 164 Abs. 2 AO ändern (BFH vom 14.09.1994, BFH/NV 1995, 369).

Lösung:
- Die beiden Null-Bescheide vom 20.12.02 gelten als sog. »negative Feststellungsbescheide«. Auch für diese gilt nach BFH vom 31.10.2000 (BStBl II 2001, 156), dass sie nach Ablauf der Feststellungsfrist nicht mehr geändert werden dürfen.
- Die vierjährige Festsetzungs- (Feststellungs-)Frist beginnt gem. § 170 Abs. 2 Nr. 1 AO mit Ablauf des Kalenderjahres (31.12.02), in dem die Erklärung abgegeben wurde. Damit wurde in 06 noch rechtzeitig mit der Außenprüfung begonnen. Gem. § 171 Abs. 4 AO ist der Ablauf der Festsetzungsfrist jedoch gehemmt. Unter den weiteren tatbestandlichen Voraussetzungen des § 171 Abs. 4 AO können die Steuerbescheide noch in 07 erlassen werden.

5.3 Rechtsbehelfe

Der StPfl. kann mit Einspruch die unter dem Vorbehalt der Nachprüfung stehende Steuerfestsetzung angreifen; insoweit unterscheidet sich die Vorbehaltsfestsetzung nicht von einer endgültigen Steuerfestsetzung. Möglich ist auch, dass er sich gegen den Steuerbescheid nur deshalb wendet, weil er den Vorbehaltsvermerk enthält. Die mit dem Vorbehalt verbundene Ungewissheit ist eine Beschwer i.S.v. § 350 AO. Eine isolierte Anfechtung des Vorbehalts – ohne den zugrunde liegenden Verwaltungsakt – ist hingegen nicht möglich, weil es sich um eine unselbständige Nebenbestimmung i.S.v. § 120 Abs. 1 AO handelt.

Die Änderung einer Vorbehaltsfestsetzung kann ohne jede Einschränkung angegriffen werden, weil der Vorbehaltsbescheid keine materielle Bestandskraft erlangt hat; § 351 Abs. 1 AO der auf unanfechtbare VA abstellt, ist insoweit nicht anwendbar.

---

des Streitjahres, der unter dem Vorbehalt der Nachprüfung stand, aufgrund des gleichen formellen Mangels aufheben.

272 So auch ausdrücklich BFH GrS vom 17.12.2007 (BStBl II 2008, 608) zur Anwendung der neuen Rechtsprechungsgrundsätze zur Vererbarkeit von Verlustvorträgen: demnach ist die bisherige gegenteilige Rspr. des BFH aus Gründen des Vertrauensschutzes weiterhin in allen Erbfällen anzuwenden, die bis zum Ablauf des Tages der Veröffentlichung dieses Beschlusses (dem 12.03.2008) eingetreten sind.

273 Dies gilt nach h.M. (*Rüsken* in *Klein*, § 164 Rz. 46) auch dann und erst recht, wenn sich Änderungen ergeben.

6 Vorläufige Steuerfestsetzung (§ 165 AO)

Eine vorläufige Steuerfestsetzung nach § 165 AO ist nur möglich, wenn **ungewiss** ist, ob oder inwieweit die Voraussetzungen für die Entstehung einer Steuer eingetreten sind. Dies ist aus Sicht des FA zu beurteilen. Die Ungewissheit muss sich auf den **Sachverhalt**, der unter das Gesetz subsumiert werden soll, beziehen. Sie kann **rechtlicher oder tatsächlicher Art** sein.

> **Beispiel 4: Der verunsicherte Finanzbeamte**
> Der Beamte B1 überprüft die Steuerakten des Bürgers B2. In der Anlage V stößt er auf erstmals erklärte Verluste i.H.v. 75 T€, die aus dem Erwerb einer Immobilie in Magdeburg resultieren. Der Vertrag und die Kalkulationsunterlagen begründen erhebliche Zweifel an der Überschusserzielungsabsicht, da die vereinbarte gerade noch kostendeckende Miete in der Zukunft kaum durchzusetzen sein wird. B1 überlegt, ob er den ESt-Bescheid des B2 vorläufig oder unter Vorbehalt der Nachprüfung veranlagen soll.

Zwar spricht das Gesetz von der vorläufigen Festsetzung der Steuer. Dies ist jedoch weit zu fassen. Beispielsweise kann auch die Feststellung der Besteuerungsgrundlagen vorläufig erfolgen. Anders als bei einer Steuerfestsetzung unter dem Vorbehalt der Nachprüfung, der immer den ganzen Steuerbescheid offen hält, kann eine **vorläufige Steuerfestsetzung** nicht den ganzen Bescheid, sondern nur **einen oder auch mehrere Aspekte** betreffen (vgl. § 165 Abs. 1 AO: »… Soweit …«). Nur hinsichtlich der ungewissen Punkte ist die Festsetzung offen. Ob das FA einen oder mehrere Punkte eines Steuerbescheids für vorläufig erklärt, steht in seinem Ermessen. Im Steuerbescheid müssen Grund und Umfang der Vorläufigkeit angegeben (§ 165 Abs. 1 S. 3 AO) und die Vorläufigkeit begründet werden. Nach § 126 Abs. 1 Nr. 2 AO kann dies jedoch nachgeholt werden. Wird eine vorläufige Steuerfestsetzung geändert, muss im Änderungsbescheid vermerkt werden, ob und inwieweit dieser weiterhin vorläufig ist oder aber für endgültig erklärt wird (AEAO zu § 165 Nr. 5).

Während § 164 AO aus Vereinfachungsgründungen eine Steuerfestsetzung ohne eine eigentlich mögliche genauere Prüfung zulässt, kommt eine vorläufige Steuerfestsetzung nach § 165 AO bei **tatsächlichen Ermittlungsschwierigkeiten** in Betracht. Bei einer Steuerfestsetzung unter dem Vorbehalt der Nachprüfung kann das FA seine Rechtsauffassung grundsätzlich uneingeschränkt ändern. Die Änderung einer vorläufigen Steuerfestsetzung setzt hingegen stets voraus, dass sich der der Besteuerung zugrunde gelegte Sachverhalt als unzutreffend erweist.

6.1 Ungewissheit

§ 165 AO entbindet das FA nicht von seiner Aufklärungspflicht. Eine Ungewissheit i.S.v. § 165 AO ist deshalb nur dann anzunehmen, wenn die Zweifel im Zeitpunkt der Veranlagung nicht mit zumutbarem Aufwand beseitigt werden können.

Unsicherheiten bei der Auslegung eines Steuergesetzes begründen – abgesehen von den Fällen des § 165 Abs. 1 S. 2 Nr. 2 und 3 AO – keine **Ungewissheit rechtlicher Art** (AEAO zu § 165 Nr. 1). Jedoch rechtfertigen Zweifel an einer rechtlichen **Vorfrage der Besteuerung** eine vorläufige Steuerfestsetzung.

Nach § 165 Abs. 1 S. 2 Nr. 1 AO ist eine vorläufige Steuerfestsetzung auch möglich, wenn ein DBA nach seinem Inkrafttreten voraussichtlich rückwirkend anzuwenden sein wird. Auch verfassungsrechtliche Zweifel an einem dem Steuerbescheid zugrunde liegenden Steuergesetz lassen nach § 165 Abs. 1 S. 2 Nr. 3 AO eine vorläufige Steuerfestsetzung zu. § 165 Abs. 1 S. 2 Nr. 2 AO setzt hingegen voraus, dass das BVerfG bereits entschieden und den Gesetzgeber zu einer Neuregelung verpflichtet hat. Eine **Ungewissheit tatsächlicher Art** begründen beispielsweise Zweifel über den Wert eines WG.

Lösung: Da es sich bei der Frage nach der Überschusserzielungsabsicht nur um eine Unsicherheit in der Steuererklärung des B2 handelt (sog. »innere Tatsache«) und somit auch kein feststehender Tatbestand vorliegt, ist für diese Frage § 165 AO das probate Mittel, um die Veranlagung offen zu halten.[274]

6.2 Umfang der Änderung; zeitliche Grenze

§ 165 AO ermöglicht die Änderung des Steuerbescheids, **soweit** die Vorläufigkeit reicht. Dabei kann der Bescheid nur aus solchen Gründen aufgehoben oder geändert werden, derentwegen er für vorläufig erklärt wurde.[275] Eine vorläufige Steuerfestsetzung kann jedoch nicht allein wegen einer veränderten steuerrechtlichen Beurteilung geändert werden (BFH vom 25.04.1985, BStBl II 1985, 648). Erklärt das FA z.B. die Steuerfestsetzung für vorläufig, weil es die Einkünfteerzielungsabsicht noch nicht abschließend beurteilen kann, so kann es bei der endgültigen Steuerfestsetzung auch die von der tatsächlichen Ungewissheit nicht betroffenen, aber zunächst hingenommenen rechtlichen Fehlbeurteilungen zur Abziehbarkeit von Werbungskosten ändern (BFH vom 24.02.2009, BFH/NV 2009, 889: Gegenstand der schriftlichen Prüfung 2012). § 176 AO und die Grundsätze von Treu und Glauben sind vom FA zu beachten.

Nach Eintritt der Festsetzungsverjährung (§ 169 AO) ist eine Änderung unzulässig. Jedoch ist § 171 Abs. 8 AO zu beachten: Die Festsetzungsfrist endet nicht vor Ablauf eines Jahres (bzw. nicht vor Ablauf von zwei Jahren in den Fällen des § 165 Abs. 1 S. 2 AO), nachdem die Ungewissheit beseitigt ist und die Finanzbehörde hiervon Kenntnis erhalten hat.

6.3 Endgültige Veranlagung (§ 165 Abs. 2 AO)

Ein vorläufiger Bescheid kann jederzeit für endgültig erklärt werden (§ 165 Abs. 2 S. 1 AO). Ist die Ungewissheit entfallen, muss der Bescheid – mit oder ohne Änderung – für endgültig erklärt werden. Sofern keine Vorläufigkeit nach § 165 Abs. 1 S. 2 AO vorliegt, ist hierfür eine ausdrückliche Erklärung erforderlich. Deshalb bleibt ein Vorläufigkeitsvermerk auch dann wirksam, wenn ein auf eine andere Änderungsvorschrift gestützter Änderungsbescheid den Vermerk gem. § 165 AO nicht wiederholt (BFH vom 19.10.1999, BStBl II 2000, 282).

In den Fällen des § 165 Abs. 1 S. 2 AO wird – sofern der Bescheid nicht aus anderen Gründen zu ändern ist – der Steuerfall nur auf Antrag des StPfl. für endgültig erklärt. Dadurch

---

274 Ständige BFH-Rspr. (seit 08.07.1998, BStBl II 1998, 702 und zuletzt vom 25.11.2005, BFH/NV 2006, 484).
275 *Kühn/von Wedelstädt*, AO, § 165 Rz. 26 m.w.N.

soll der Verwaltungsaufwand möglichst gering gehalten werden. Die Vorläufigkeit entfällt in diesen Fällen mit Ablauf der Festsetzungsfrist (vgl. AEAO zu § 165 Nr. 7).

6.4 Rechtsbehelfsverfahren

Der Vorläufigkeitsvermerk ist eine unselbständige Nebenbestimmung (§ 120 AO). Er kann deshalb – ebenso wie der Vorbehalt der Nachprüfung gem. § 164 AO – **nicht isoliert** angefochten werden.[276] Der StPfl. kann jedoch den Steuerbescheid mit der Begründung anfechten, dass die Aufnahme bzw. der Umfang des Vorläufigkeitsvermerks rechtswidrig ist. Wird der vorläufige Steuerbescheid unanfechtbar, kann sich der StPfl. nicht mehr auf die Rechtswidrigkeit des Vorläufigkeitsvermerks berufen.

Ein Steuerbescheid kann auch im Einspruchsverfahren noch mit einem Vorläufigkeitsvermerk versehen werden, doch muss zuvor auf die Verböserungsabsicht (§ 367 Abs. 2 S. 2 AO) hingewiesen werden. Auch wenn der vorläufige Bescheid nach § 165 Abs. 2 AO geändert wird, ist ein Einspruch zulässig. Lehnt das FA die Aufhebung oder Änderung des vorläufigen Bescheids ab, kann der StPfl. dagegen mit Einspruch vorgehen (vgl. § 155 Abs. 1 S. 3 AO).

7 Aufhebung und Änderung von Steuerbescheiden

7.1 Grundsätze zur Änderung

Für Steuerbescheide gelten nicht die §§ 130 und 131 AO, sondern die Sondervorschriften der §§ 172 ff. AO. Dies stellt § 172 Abs. 1 S. 1 Nr. 2 Buchst. d 2. HS AO ausdrücklich klar. Den Steuerbescheiden sind insoweit gleichgestellt:

- Freistellungsbescheide (§ 155 Abs. 1 S. 3 AO),
- Feststellungsbescheide (§ 181 Abs. 1 S. 1 AO),
- Steuermessbescheide (§ 184 Abs. 1 S. 3 AO),
- Zerlegungsbescheide (§ 185 AO),
- Zinsbescheide (§ 239 Abs. 1 S. 1 AO) u.a.

Mehrmalige Korrekturen von Steuerbescheiden nach §§ 172 ff. AO – auch nach derselben Vorschrift – sind zulässig. Außerdem sind die für Steuerbescheide geltenden Vorschriften auch dann anwendbar, wenn ein Bescheid bereits durch eine Einspruchsentscheidung bestätigt oder geändert wurde (§ 172 Abs. 1 S. 2 AO) oder eine Klage beim Finanzgericht anhängig ist (§ 110 Abs. 2 FGO). Nach Abschluss des Klageverfahrens scheidet eine Änderung aus, soweit die Rechtskraft des Urteils wirkt (§ 110 Abs. 1 FGO). Die Bindungswirkung bezieht sich auf den vom FG zugrunde gelegten tatsächlichen Sachverhalt und auf die hierzu angestellten rechtlichen Überlegungen.

Eine Änderung nach § 172 AO setzt voraus, dass der Bescheid **rechtswidrig** ist (vgl. Kap. 4.1): Bei rechtmäßigen Bescheiden besteht für eine Änderung kein Bedarf. Die Korrektur ist – ebenso wie die eigentliche Steuerfestsetzung – nur bis zum **Ablauf der Festsetzungs-**

---

[276] Absolut h.M. (statt aller *Rüsken/Klein*, § 165 Rz. 56).

frist zulässig (§ 169 Abs. 1 S. 1 AO).[277] Geändert werden kann jedoch nur der Tenor des Bescheides, also die Steuerfestsetzung als solche. Sind nur die Besteuerungsgrundlagen unzutreffend, ändert sich hierdurch aber die Steuerfestsetzung nicht, kommt eine Änderung nach §§ 172 ff. AO auch dann nicht in Betracht, wenn die Besteuerungsgrundlagen anderweitig – z.B. im Hinblick auf die Gewährung von Leistungen nach dem BAFöG – von Bedeutung sind. Eine Ausnahme von diesem Grundsatz gilt für die gesonderte Feststellung der Besteuerungsgrundlagen nach §§ 179 ff. AO, da dort die Besteuerungsgrundlagen einen selbständig anfechtbaren Teil des Steuerbescheides bilden.

Vorläufige Bescheide und Bescheide unter dem Vorbehalt der Nachprüfung unterliegen nicht den Einschränkungen der §§ 172 ff. AO (so ausdrücklich § 172 Abs. 1 S. 1 2. HS AO: »soweit er nicht vorläufig oder unter Vorbehalt der Nachprüfung ergangen ist«). Nach dem Wortlaut des § 172 Abs. 1 S. 1 2. HS AO sind die Korrekturvorschriften der §§ 164 und 165 AO vorrangig zu prüfen (so auch BFH vom 10.05.2007, BStBl II 2007, 807 unter Hinweis auf die ergangene Rspr.). Enthält der zu ändernde Bescheid keine solche Nebenbestimmung oder ist die Nebenbestimmung – etwa infolge der Vorschrift des § 164 Abs. 4 AO – aufgrund von Zeitablauf entfallen, ist der Zugang zu den §§ 172 ff. eröffnet.

Beginnen Sie die Prüfung der Korrekturvorschriften daher immer mit der Frage, ob die vorrangigen Vorschriften der § 164 Abs. 2 AO und § 165 Abs. 2 AO einschlägig sind.

Hat die Finanzbehörde einen Änderungsbescheid auf eine nicht greifende Änderungsvorschrift gestützt, liegen jedoch die Voraussetzungen für eine Änderung nach einer anderen Bestimmung vor, kann auch **noch im gerichtlichen Verfahren** die angegebene **Rechtsgrundlage ausgetauscht** werden. In diesen Fällen ist lediglich die Begründung der vorgenommenen Änderung fehlerhaft, nicht aber die Änderung als solche. Für den Begründungsmangel gilt dann – wie bei sonstigen Verwaltungsakten auch – die Möglichkeit der Heilung nach § 126 Abs. 2 AO[278] auch im Einspruchsverfahren.

Nach § 172 AO **darf** das FA einen Steuerbescheid aufheben oder ändern. Es handelt sich also um eine Ermessensvorschrift. Andererseits ist das FA an das Gesetz gebunden, muss also die Steuer in zutreffender Höhe festsetzen. Aus Sicht des Bürgers besteht ein Anspruch auf ermessensfehlerfreie Entscheidung des FA.[279] Im Übrigen werden die §§ 173 bis 175 AO durch die Verweisung in § 172 Abs. 1 Nr. 2 Buchst. d AO nicht zu Ermessensvorschriften. Der StPfl. kann gegen einen nach § 172 AO geänderten Bescheid Einspruch einlegen. Auch bei Ablehnung eines Antrags auf schlichte Änderung ist der Einspruch gegeben, da die Ablehnung selbst einen Steuerbescheid gem. § 155 Abs. 1 S. 3 AO darstellt.

---

[277] Vor diesem Hintergrund drängt sich bei zahlreichen Prüfungsaufgaben folgender Prüfungsaufbau auf: zunächst Klärung der Frage, welche Korrekturvorschrift einschlägig ist und anschließend Überprüfung, ob für die Korrektur nach dieser Vorschrift die Festsetzungsverjährung noch nicht abgelaufen ist. Alternativ kann der Aufbau auch umgestellt werden: da aber die Klärung der Festsetzungsverjährung oftmals davon abhängt, welche Korrekturvorschrift anwendbar ist (vgl. § 171 Abs. 2 und einige der nachfolgenden Absätze), muss bei dieser Variante die Frage der anwendbaren Korrekturvorschrift bei der Prüfung der Festsetzungsverjährung inzident geprüft werden.

[278] Dieser heilbare formelle Begründungsmangel ist häufig Gegenstand der schriftlichen Prüfung. Wird der Mangel nicht geheilt, bleibt er im Ergebnis bei gebundenen Verwaltungsakten – also allen Steuerbescheiden – irrelevant (§ 127 AO).

[279] Zur richtigen Klageart und zum richtigen Klageantrag bei Ermessensentscheidungen vgl. Kap. VIII 2.1.

7.2 Die schlichte Änderung nach § 172 Abs. 1 Nr. 2 Buchst. a AO

Ein rechtswidriger Steuerbescheid kann geändert werden, wenn der StPfl. die Änderung beantragt oder ihr zumindest zustimmt. Antrag und Zustimmung können – anders als die Einlegung eines Einspruchs gem. § 357 AO – formlos erfolgen, also auch mündlich oder telefonisch, ja sogar konkludent erklärt werden.[280] Eine Änderung **zu Gunsten** des StPfl. ist jedoch nur dann möglich, wenn der Antrag bzw. die Zustimmung **innerhalb der Einspruchsfrist** erfolgt (zuletzt BFH vom 20.12.2006, BStBl II 2007, 503). Wiedereinsetzung (§ 110 AO) ist möglich. Bis zur Bekanntgabe des Änderungsbescheids kann die Zustimmung widerrufen werden; später ist dies nicht mehr möglich.

> **Beispiel 5: »Versteckte und verschwiegene Fehler in der Erklärung«**
> Zwei Wochen nach ordnungsgemäßer Bekanntgabe des ESt-Bescheides überkommen S erhebliche Zweifel ob seiner Mitwirkungsmöglichkeiten bei der ESt-Veranlagung. S hat schlichtweg vergessen, Arbeitsmittel als WK geltend zu machen. Dies teilt er dem FA telefonisch mit.
> Die Bearbeiterin sieht sich daraufhin nochmals die Steuerakte an und berücksichtigt bei der Änderung des Bescheides zusätzlich außergewöhnliche Belastungen, die der Steuererklärung an anderer Stelle zu entnehmen waren.

Im Gegensatz zum Einspruch, der zur nochmaligen Gesamtaufrollung der Sachprüfung führt, erlaubt § 172 Abs. 1 Nr. 2 Buchst. a AO nur eine **punktuelle Änderung** des Bescheids (»soweit der Steuerpflichtige zustimmt ...«). Aus dem Änderungsantrag muss sich deshalb ergeben, inwieweit und aus welchem Grund der Bescheid geändert werden soll.[281] Auch ist eine Erweiterung des Änderungsantrags nach Ablauf der Rechtsbehelfsfrist nicht mehr möglich. Das FA ist seinerseits an das fristgerechte Vorbringen des StPfl. gebunden; es kann die Steuerfestsetzung – anders als im Einspruchsverfahren – **nicht in vollem Umfang erneut überprüfen** (vgl. § 367 AO). Mit der beantragten Änderung nicht in sachlichen oder rechtlichen Zusammenhang stehende materielle Fehler der Steuerfestsetzung können aber ggfs. nach § 177 AO mitberichtigt werden (dazu unten, Kap. VI 13).

Der Antrag auf schlichte Änderung verhindert nicht den Eintritt der Unanfechtbarkeit, er ist – mangels Suspensiveffekts – **kein Rechtsbehelf**. Anstelle der Aussetzung der Vollziehung (§ 361 AO) kommt deshalb bis zur Entscheidung über den Änderungsantrag allenfalls eine Stundung in Betracht. In Zweifelsfällen hat das FA im Wege der Auslegung zu ermitteln, ob der StPfl. Einspruch einlegen wollte oder eine schlichte Änderung beantragt hat; bleiben die **Zweifel auch nach der Auslegung bestehen, ist ein Einspruch anzunehmen**, da er die Rechte des StPfl. umfassender wahrt als ein Korrekturantrag (AEAO vor § 347 Nr. 1 AO, häufiges Prüfungsproblem).[282]

---

280 Die Auslegung der Erklärung des StPfl. richtet sich – wie üblich – nach den gesetzlichen Auslegungsregeln in den §§ 133, 157 BGB. Hat ein StPfl. etwa Einspruch wegen unzutreffender Aufteilung des Gewinns nur für das Vorjahr eingelegt, beantragt er damit nicht – auch nicht konkludent – zugleich die Heraufsetzung der ESt für das Folgejahr (BFH vom 24.08.2008, BStBl 2009, 35).
281 So BFH vom 20.12.2006 (BStBl II 2007, 503): Ein wirksamer Änderungsantrag muss das verfolgte Änderungsbegehren innerhalb der Einspruchsfrist zumindest in groben Zügen zu erkennen geben. Angaben zur rein betragsmäßigen Auswirkung der Änderung auf die Steuerfestsetzung sind für einen wirksamen Antrag weder erforderlich noch – für sich genommen – ausreichend.
282 Ganz allgemein gilt, dass bei der Auslegung von Erklärungen des StPfl. gegenüber dem Finanzamt maßgebend ist, was bei objektiver Würdigung für die Behörde erkennbar geworden ist (z.B. BFH vom 08.05.2008, BStBl II 2009, 116). Dabei ist nicht nur die Erklärung selbst, sondern auch die objektive

Dem Antrag auf schlichte Änderung kann auch nur teilweise entsprochen werden. Anders als beim Einspruch ist jedoch eine »**Verböserung**« **ausgeschlossen**, eine **Saldierung** mit sonstigen Fehlern nach § 177 Abs. 2 AO hingegen **möglich**. In der Praxis kommt dem Antrag auf schlichte Änderung nur eine geringe Bedeutung zu. Andererseits ermöglicht es § 172 Abs. 1 Nr. 2 Buchst. a AO zusammen mit § 367 Abs. 2 S. 3 AO dem FA, das Rechtsbehelfsverfahren mit einem Abhilfebescheid zu erledigen. Ebenso ist eine schlichte Änderung in den Fällen möglich, in denen der zu ändernde Bescheid bereits durch eine Einspruchsentscheidung geändert oder bestätigt wurde. Dies wird in § 172 Abs. 1 S. 2 AO ausdrücklich klargestellt und ist insb. in Schätzungsfällen von Bedeutung, wenn die Steuererklärung erst nach Bekanntgabe der Einspruchsentscheidung, aber innerhalb der Klagefrist eingereicht wurde. Ein Klageverfahren ist in diesen Fällen entbehrlich(so auch ausdrücklich FG Niedersachsen vom 28.08.2009, AO-StB 2010, 78).

Lösung:
- Im Rahmen der schlichten Änderung gem. § 172 Abs. 1 Nr. 2 Buchst. a AO sind die Arbeitsmittel als WK zu berücksichtigen.
- Anders sieht es mit den außergewöhnlichen Belastungen aus, da deren Berücksichtigung durch S nicht »angemahnt« wurde. Für eine Abhilfeentscheidung gem. § 367 Abs. 2 S. 3 AO fehlt es an einem formgerechten schriftlichen Einspruch (§ 357 AO).

7.3 § 172 Abs. 1 Nr. 2 Buchst. b und c AO

Wegen der identischen Voraussetzungen wird bei der Änderung gem. § 172 Abs. 1 Nr. 2 Buchst. b und c AO auf die Ausführungen zu § 130 Abs. 2 Nr. 1 und 2 AO verwiesen. § 172 Abs. 1 Nr. 2 Buchst. c AO war in den vergangenen Jahren wiederholt Gegenstand der schriftlichen Prüfung. Als zusätzliche Korrekturvorschrift kommt sie insb. in den Fällen der Steuerhinterziehung in Betracht. Wer bei solchen Fallkonstellationen direkt auf die meist ebenfalls einschlägige Änderungsvorschrift des § 173 Abs. 1 Nr. 1 AO zusteuert, ohne § 172 Abs. 1 Nr. 2 Buchst. c AO zu erwähnen, »verschenkt« leicht zu erzielende Wertungspunkte. Die Bearbeiterhinweise in den schriftlichen Prüfungsarbeiten verlangen diesbezüglich in aller Regel, sämtliche, alternativ anwendbare Änderungsvorschriften zu prüfen.

7.4 Aufhebung oder Änderung in sonstigen gesetzlich zugelassenen Fällen (§ 172 Abs. 1 Nr. 2 Buchst. d AO)

Nach der Rspr. ist die Aufhebung oder Änderung eines bestandskräftigen Steuerbescheides nur zulässig, soweit eine gesetzgeberische Wertentscheidung zu Gunsten der Durchbrechung der Bestandskraft klar erkennbar ist (BFH vom 09.08.1990, BStBl II 1991, 55). Neben den Änderungsvorschriften der AO (§ 129 AO, §§ 172 bis 175a AO) sind dies auch die Berichtigungsvorschriften in den Einzelsteuergesetzen (z.B. §§ 10d Abs. 1, 10a Abs. 5 S. 3, 34f. Abs. 3 S. 5 EStG, § 32a KStG, § 35b GewStG, § 16 GrEStG).

Erklärungsbedeutung des Gesamtverhaltens des Erklärenden einschließlich der Begleitumstände in die Auslegung einzubeziehen.

8 Nachträgliches Bekanntwerden von Tatsachen oder Beweismitteln

§ 173 Abs. 1 AO ist die wichtigste und **prüfungsrelevanteste Korrekturvorschrift**. Danach sind Steuerbescheide zu ändern oder aufzuheben, soweit steuerlich relevante Tatsachen oder Beweismittel nachträglich bekannt werden. Die Aufhebung oder Änderung des Bescheids ist also **nicht in das Ermessen** des FA gestellt. Nach § 173 AO kann jedoch **keine Gesamtaufrollung** des Falles vorgenommen werden. Dies wird mit der Einschränkung »soweit« deutlich. Sonstige Fehler des Bescheids können nur i.R.d. § 177 AO berücksichtigt werden. Rechtfertigender Grund für die Durchbrechung der Bestandskraft nach § 173 AO ist nicht die Unrichtigkeit der Steuerfestsetzung, sondern der Umstand, dass das FA bei seiner Entscheidung von einem unvollständigen Sachverhalt ausgegangen ist.

8.1 Tatsachen und Beweismittel i.S.v. § 173 Abs. 1 AO

Von entscheidender Bedeutung für das Grundverständnis des § 173 Abs. 1 AO ist der **Begriff der Tatsachen**.

Beispiel 6: Schlussfolgerung oder Tatsache?
Im Prüfungszeitraum 01 bis 03 erhöht der Prüfer die HK einer Maschine im VZ 03 um 200 T€. Vor Abschluss der Prüfung reicht der StPfl. bereits die Steuererklärung für 04 ein, in der die HK der Maschine (zehnjährige ND, lineare AfA) nach wie vor mit 1 Mio. € angegeben sind. Noch vor der Auswertung des Prüfungsberichtes ergeht der Steuerbescheid für 04, in dem bei den gewerblichen Einkünften von einer AfA von 100 T€ für die Maschine ausgegangen wird.

Tatsache i.S.d. § 173 Abs. 1 AO ist alles, was Merkmal oder Teilstück eines Steuertatbestandes sein kann, also Zustände, Vorgänge, Beziehungen, Eigenschaften. Auch **innere Tatsachen** (z.B. die Absicht, Einkünfte bzw. Gewinne zu erzielen), die nur anhand äußerer Merkmale (sog. Hilfstatsachen) festgestellt werden können, gehören dazu. Die Schätzungsgrundlagen sind Tatsachen, die Schätzung selbst hingegen nicht. Der Gewinn ist keine Tatsache; nur die tatsächlichen Umstände, die für die Gewinnermittlung bedeutsam sind, sind Tatsachen. Keine Tatsachen sind Rechtsnormen und Schlussfolgerungen aller Art, insb. die steuerliche Würdigung eines Sachverhalts (BFH vom 28.06.2006, BFH/NV 2006, 2204). **Entscheidungen der Gerichte**, insb. auch des BVerfG beruhen auf rechtlichen Erwägungen und **stellen als juristische Subsumtion ebenfalls keine neuen Tatsachen i.S.d. § 173 AO dar**.[283] § 79 Abs. 2 BVerfGG stellt in diesem Zusammenhang ausdrücklich klar, dass nicht mehr anfechtbare (also bestandskräftige) Verwaltungsentscheidungen, die auf einer gem. § 78 BVerfGG für nichtig erklärten Norm beruhen, bestehen bleiben; dies gilt analog auch dann, wenn das BVerfG die Norm nicht für nichtig erklärt, aber eine bisher gehandhabte Auslegung für unvereinbar mit dem GG erklärt.[284]

Der Wert eines Gegenstandes ist keine Tatsache, er ergibt sich vielmehr aus den wertbegründenden Eigenschaften, die wiederum Tatsachen i.S.v. § 173 AO sind (z.B. die Baureife eines Grundstücks).

---
283 BFH vom 12.05.2009, BStBl II 2009, 891; *Kühn/von Wedelstädt*, § 173 AO, Rz. 3; ständiges Prüfungsproblem (zuletzt 2012).
284 BFH vom 28.06.2006, DStR 2006, 1836 m.w.N.

Tatsachen sind aber auch **vorgreifliche Rechtsverhältnisse** aus einem anderen Rechtsgebiet. Rechtsbegriffe wie Kauf, Miete, Pacht, Gewinnausschüttung usw. beinhalten eine Zusammenfassung von Tatsachen, die eine bestimmte rechtliche Wertung auslösen. Die Qualifikation als präjudizieller Rechtsbegriff oder präjudizielles Rechtsverhältnis kommt aber nur in Fällen in Betracht, in denen die Finanzbehörde keinerlei eigene rechtliche Erwägungen angestellt hat, sondern die Wertung des StPfl. nur als Faktum (»juristische Tatsache«) übernimmt.[285] Nur wenn sich nachträglich ergibt, dass die vom FA **übernommene rechtliche Beurteilung des StPfl. unzutreffend** ist und der diesen Begriffen zugrunde liegende Sachverhalt rechtlich anders zu würdigen ist, kann der Steuerbescheid nach § 173 Abs. 1 AO aufgehoben oder geändert werden.

Das Urteil eines **Zivil- oder Verwaltungsgerichts** ist grundsätzlich keine neue Tatsache i.S.v. § 173 AO. Nur wenn durch den Tatbestand eines Urteils, dem insoweit Beweiskraft zukommt, Tatsachen nachträglich bekannt werden oder wenn sich aus der Entscheidung ergibt, dass ein präjudizieller Rechtsbegriff anders zu würdigen ist, kommt eine neue Tatsache und somit eine Änderung nach § 173 AO in Betracht.[286]

Beweismittel ist jedes Erkenntnismittel, das für die Aufklärung eines steuergesetzlichen Sachverhalts geeignet ist (vgl. auch § 92 AO). Es muss geeignet sein, das Vorliegen oder Nichtvorliegen von Tatsachen zu beweisen. Auch ein Sachverständigengutachten kann danach ein Beweismittel sein. Es rechtfertigt jedoch dann die Aufhebung oder Änderung eines Bescheids nicht, wenn es lediglich zu einem anderen Ergebnis kommt, also Schlussfolgerungen enthält und nicht Tatsachen beweist.

Die neuen Tatsachen oder Beweismittel müssen – für sich betrachtet oder im Zusammenhang mit anderen Tatsachen – **rechtserheblich** sein. Diese Voraussetzung liegt vor, wenn das FA bei Kenntnis der Tatsache oder des Beweismittels schon bei der ursprünglichen Veranlagung mit an Sicherheit grenzender Wahrscheinlichkeit zu einem **höheren oder niedrigeren steuerlichen Ergebnis** gelangt wäre (ständige Rspr., zuletzt etwa BFH vom 11.02.2010, BStBl II 2010, 628). Hierbei sind die damalige Rspr. und Verwaltungsanweisungen entscheidend, die mutmaßliche subjektive Beurteilung des zuständigen Sachbearbeiters ist dagegen unerheblich. Eine Änderung wegen einer nachträglich bekannt gewordenen Tatsache kommt demnach auch dann nicht in Betracht, wenn sich die nachträglich bekannt gewordene Tatsache zunächst wegen Zusammenveranlagung nicht ausgewirkt hatte (BFH vom 14.10.2009, BStBl II 2010, 533). Bei einem Feststellungsbescheid ist auf den festgestellten Betrag abzustellen.[287] Nicht ausreichend für eine Änderung nach § 173 AO ist, dass aufgrund neuer Tatsachen ein bisher als feststehend betrachteter Sachverhalt zweifelhaft wird. Neue Tatsachen können bei einer oder mehreren Steuerarten rechtserheblich sein, sie können sich in einem oder mehreren Veranlagungszeiträumen auswirken.

---

285 *von Groll* in H/H/Sp, § 173 AO, Anm. 81 f.
286 *Klein/Rüsken*, § 173 Rz. 26; von *Wedelstädt* in *Beermann*, § 173 Rz. 10.
287 Bei der einheitlichen und gesonderten Feststellung kommt es für die Frage, ob eine nachträglich bekannt gewordene Tatsache i.S.d. § 173 Abs. 1 AO zu einer höheren oder niedrigeren »Steuer« führt, nur auf die Änderungen der Besteuerungsgrundlagen an. Die steuerlichen Auswirkungen in den Folgebescheiden sind nicht maßgeblich. Ob sich die Besteuerungsgrundlagen erhöhen oder verringern, ist nicht für die Gesellschaft insgesamt, sondern für jeden einzelnen Feststellungsbeteiligten getrennt zu beurteilen (BFH vom 24.06.2009, BStBl II 2009, 950).

Lösung:
- Als relevante, wertbegründende Tatsache ist die Höhe der AK für die Maschine anzusehen, da mit ihr die AfA-Bemessungsgrundlage (rechtlich erhebliche Tatsache) festgelegt wird. Die (neue) AfA ist damit eine Tatsache und keine Schlussfolgerung.
- Beim Erlass des Bescheides für den VZ 04 war dem Veranlagungsbeamten diese Tatsache nicht bekannt (s. Kap. 8.2). Die Kenntnis des Außenprüfers ist ihm nicht zuzurechnen.
- Der Steuerbescheid für den VZ 04 muss nach § 173 Abs. 1 Nr. 2 AO korrigiert werden und führt zu einer niedrigeren Steuer für den StPfl.

8.2 Nachträgliches Bekanntwerden

Tatsachen oder Beweismittel werden dann »nachträglich« bekannt, wenn sie den für die Steuerfestsetzung **zuständigen Beamten** (Vorsteher, Sachgebietsleiter, Sachbearbeiter) nach Abschluss der Willensbildung (= abschließende Zeichnung) bekannt werden. Grundsätzlich ist die **tatsächliche Kenntnis** entscheidend. Kenntnisse eines Außen- oder Fahndungsprüfers oder anderer Stellen im FA sind der Veranlagungsstelle nicht zuzurechnen. Jeder Stelle im FA sind nur die Tatsachen bekannt, die sich aus den bei ihr geführten Akten für den jeweiligen StPfl. ergeben[288] (BFH vom 13.06.2012, BFH/NV 2012, 2035). Erfolgt im automatisierten Verfahren nach der abschließenden Zeichnung noch eine materiell-rechtliche Kontrolle des Steuerbescheids, ist dieser Zeitpunkt maßgebend. Eine bloße Plausibilitätskontrolle reicht jedoch nicht aus.

> **Beispiel 6a: Widerruf der Zustimmung um Realsplitting allgemein bekannt?**
> Der Widerruf der Zustimmung zum Realsplitting kann gem. § 10 Abs. 1 Nr. 1 S. 4 EStG sowohl gegenüber dem für den Unterhalt leistenden Ehegatten zuständigen FA als auch gegenüber dem für den Unterhalt empfangenden Ehegatten zuständigen FA erklärt werden. Sind innerhalb eines FA verschiedene Bezirke für die Bearbeitung der Ehegatten zuständig, stellt sich die Frage, ob dessen Wissen nicht i.S.d. § 173 Abs. 1 Nr. 1 AO dem für den Unterhaltsleistenden zuständigen Bezirk zugerechnet werden muss, insb. wenn der für den Empfänger zuständige Bezirk pflichtwidrig nicht zeitnah eine Kontrollmitteilung angefertigt hat.
>
> **Lösung:** Nach § 173 Abs. 1 Nr. 1 AO sind Steuerbescheide zu ändern, soweit Tatsachen oder Beweismittel nachträglich bekannt werden, die zu einer höheren Steuer führen. Dem FA ist es jedoch verwehrt, solche nachträglich bekannt gewordenen Tatsachen oder Beweismittel zu verwerten, die es bei gehöriger Erfüllung der Ermittlungspflicht nach § 88 AO schon vor der Steuerfestsetzung hätte feststellen können, sofern der StPfl. seinerseits seine Mitwirkungspflichten voll erfüllt. Hier ist dem FA der Widerruf der Zustimmung erst nachträglich bekannt geworden i.S.d. Vorschrift des § 173 Abs. 1 Nr. 1 AO. Das Wissen des Veranlagungsbeamten, der für den Leistungsempfänger zuständig ist, kann dem für die Veranlagung des Leistenden zuständigen Beamten nicht zugerechnet werden; dass der für den Leistungsempfänger zuständige Beamte pflichtwidrig keine Kontrollmitteilung gefertigt hat, ändert hieran nichts.

Führt das FA die Veranlagung ohne Beiziehung der Akten durch, muss es sich dennoch den Inhalt der Akten zurechnen lassen. Der Akteninhalt wird dann als bekannt unterstellt.

---

[288] Die Veranlagungsstelle muss sich also nur die Tatsachen zurechnen lassen, die sich aus ihren Akten, nicht aber beispielsweise aus den Akten der GrESt-Stelle oder der BP ergeben.

Ergeben sich die Tatsachen aus älteren, bereits archivierten Akten, sind sie bekannt i.S.v. § 173 AO, wenn besondere Umstände ihre Hinzuziehung verlangen (BFH vom 11.02.1998, BStBl II 1998, 552).

Beispiel 7: Der zweite Änderungsbescheid
Im VZ 01 wird ursprünglich eine AfA (§ 4 Abs. 4 EStG) für einen Betriebs-Pkw angesetzt, da das FA von einer betrieblichen Nutzung von 15 % ausgeht. Entsprechend werden die laufenden Pkw-Kosten zu 15 % berücksichtigt.
Aufgrund einer späteren schriftlichen Befragung des StPfl. ermittelt das FA einen betrieblichen Nutzungsgrad von 8 % und verneint den BA-Abzug für den Pkw. Ein geänderter Bescheid ergeht, demzufolge nur noch 8 % der laufenden Pkw-Kosten (laut Fahrtenbuch: 1 km = 1 €) als BA anerkannt werden. Es ergeht ein geänderter Bescheid für den VZ 01.
Nach einem Bearbeiterwechsel im FA erkennt der neue Beamte beim Durchblättern durch die Steuerakten sofort, dass von den 8 % betrieblicher Pkw-Kosten in 01 die Hälfte auf Fahrten zwischen Wohnung und Betriebsstätte entfiel. Kann nochmals ein geänderter Bescheid für den VZ 01 ergehen?

Bei Erlass eines **Änderungsbescheids** muss das FA die bis dahin bekannt gewordenen Tatsachen berücksichtigen. Unklare Sachverhalte müssen zuvor ermittelt werden (§ 88 AO). Allerdings braucht das FA eindeutigen Steuererklärungen nicht mit Misstrauen zu begegnen. Es kann von deren Richtigkeit und Vollständigkeit ausgehen.[289] **Nur bei Zweifeln und Unklarheiten muss das FA ermitteln.** Zudem muss auch der StPfl. seinerseits seine Mitwirkungspflicht erfüllt haben. Haben sowohl StPfl. als auch FA den Sachverhalt nicht ausreichend aufgeklärt, trifft i.d.R. den StPfl. die Verantwortung (BFH vom 10.11.2009, BFH/NV 2010, 602). Der Steuerbescheid kann deshalb nach § 173 AO geändert werden. Verletzt hingegen nur das FA seine Ermittlungspflicht und bleiben ihm deshalb Tatsachen unbekannt, kann es auf diese nicht später eine Änderung nach § 173 AO stützen. Anders verhält es sich aber, wenn die Änderung allein nach § 175 Abs. 1 S. 1 Nr. 1 AO erfolgt. Die Auswertung eines Grundlagenbescheids zwingt das FA nicht zu einer sachlichen Prüfung des zu ändernden Bescheids.

Wird nach der Steuerfestsetzung ein Einspruchsverfahren durchgeführt, ist für die Frage, ob Tatsachen nachträglich bekannt geworden sind, auf den Erlass der **Einspruchsentscheidung** abzustellen (BFH vom 21.02.1991, BStBl II 1991, 496 – str.). Die Rechtsbehelfsstelle muss sich in diesem Fall die Kenntnisse der Veranlagungsstelle zurechnen lassen. Schließt sich ein **Klageverfahren** an, müssen Tatsachen, die den Streitgegenstand betreffen, nach Schluss der mündlichen Verhandlung bekannt geworden sein.

Einmal bekannt gewordene Tatsachen werden durch den Wechsel in der Zuständigkeit des FA oder durch einen Bearbeiterwechsel nicht wieder unbekannt, wenn sich die Tatsachen aus den Akten ergeben. Jedoch darf sich das FA nicht zum Nachteil des StPfl. auf sein eigenes Verschulden berufen. Bei § 173 Abs. 1 Nr. 2 AO kann deshalb eine Tatsache dann nicht als bekannt gelten, die der zuständige Bearbeiter lediglich hätte kennen können oder kennen müssen.

Nachträglich, d.h. nach der Steuerfestsetzung entstandene Tatsachen fallen nicht unter § 173 AO. § 173 AO und § 175 AO schließen sich deshalb gegenseitig aus. § 173 AO greift, wenn Tatsachen bei Erlass des Bescheids zwar vorhanden, aber nicht bekannt waren. § 175 Abs. 1 S. 1 Nr. 2 AO kommt zur Anwendung, wenn die Tatsachen nachträglich entstehen.

---
289 BFH vom 07.07.2004, BStBl II 2004, 911; *Tipke/Kruse*, § 173 Rz. 65.

Lösung:
- Fraglich ist, ob eine zweite Berichtigung wegen neuer Tatsachen möglich ist, die zu einer höheren Steuer führt. Die erste bereits durchgeführte Berichtigung führte zu einer höheren Steuer gem. § 173 Abs. 1 Nr. 1 AO, da die rechtserhebliche Tatsache (Pkw = kein Betriebs-WG, sondern ein WG des notwendigen PV und damit keine AfA) erst im Rahmen der schriftlichen Befragung festgestellt wurde.
- Die beabsichtigte zweite Änderung für den VZ 01 mit dem pauschalierten BA-Ansatz für den Entfernungskilometer (§ 4 Abs. 5 Nr. 6 EStG) würde zu einer nochmals erhöhten Steuer für den StPfl. führen und ist ebenfalls auf § 173 Abs. 1 Nr. 1 AO zu stützen.
- Fraglich kann hier schon sein, ob überhaupt eine neue Tatsache vorliegt, die nicht bereits der aufmerksame Erstbearbeiter hätte wissen müssen. Dabei stellt man bei § 173 AO grundsätzlich auf die **tatsächliche Kenntnis** und nicht auf das Kennen-Müssen ab. Eine Ausnahme wiederum wird vom BFH jedoch für **aktenkundige** Tatsachen gemacht. Unterstellt man, dass der Erstbearbeiter die angefallenen Fahrten zwischen Wohnung und Betriebsstätte nicht aus den Akten erkennen konnte, so liegt eine neue Tatsache vor.
- Für die nochmalige Berücksichtigung einer neuen Tatsache im zweiten Änderungsbescheid hat der BFH am 13.09.2001 (BStBl II 2002, 2) jedoch entschieden, dass eine zweite Änderung nach § 173 Abs. 1 Nr. 1 AO dann ausgeschlossen ist, wenn die Tatsache beim ersten Änderungsbescheid bereits hätte berücksichtigt werden müssen.
- M.a.W. wird bei der beabsichtigten **zweiten Änderung zulasten** des StPfl. auf das **Kennen-Müssen** beim ersten Änderungsbescheid abgestellt.

8.3 Verwertung rechtswidrig ermittelter Tatsachen

Im Rahmen des § 173 AO ist es grundsätzlich gleichgültig, wie das FA von den Tatsachen und Beweismitteln Kenntnis erlangt hat. Wurden die Tatsachen jedoch durch Täuschung, Drohung etc. festgestellt, ist ihre Verwertung ausgeschlossen.[290] Wurden die Tatsachen bei einer Außenprüfung festgestellt, deren Prüfungsanordnung durch ein Gericht aufgehoben wurde, können sie nicht verwertet werden. Die Prüfung kann allerdings wiederholt werden, wenn die Prüfungsanordnung lediglich wegen eines Formfehlers aufgehoben wurde. Die dann ermittelten Tatsachen können auch bei § 173 AO berücksichtigt werden. Ebenso dürfen Feststellungen der Außenprüfung, die außerhalb des Prüfungszeitraums liegende Sachverhalte betreffen, berücksichtigt werden.

8.4 Erster Hauptfall: Aufhebung oder Änderung zu Ungunsten des Steuerpflichtigen (§ 173 Abs. 1 Nr. 1 AO)

Eine Aufhebung oder Änderung des Bescheids zu Ungunsten des StPfl. setzt lediglich das nachträgliche Bekanntwerden neuer Tatsachen oder Beweismittel voraus, die zu einer höheren Steuer führen. Die festzusetzende Steuer ist entscheidend. Bei der einheitlichen und gesonderten Feststellung ist auf die Änderungen der Besteuerungsgrundlagen abzustellen;

---
290 Zur Möglichkeit eines Verwertungsverbots – vgl. die Diskussion zum Ankauf der sog. Steuer-CDs – vgl. Kap. V 4.1.

dies ist nicht für die Gesellschaft insgesamt, sondern für jeden einzelnen Feststellungsbeteiligten getrennt zu beurteilen (BFH vom 24.06.2009, BStBl II 2009, 950).

Wird nachträglich bekannt, dass Einkünfte aus einer Einkunftsart nicht erklärt wurden, ist auf die Höhe dieser Einkünfte (nicht etwa getrennt auf Betriebseinnahmen und Betriebsausgaben) abzustellen. Werden innerhalb einer Einkunftsart selbständige Erwerbsgrundlagen (z.B. ein weiteres Mietshaus) nachträglich bekannt, ist das daraus erzielte Ergebnis eine einheitliche Tatsache i.S.v. § 173 AO. Entscheidend ist immer, ob einzelne Einnahmen bzw. Aufwendungen oder aber ein in sich abgeschlossener einheitlicher Lebenssachverhalt nachträglich bekannt werden.

Soll ein Schätzungsbescheid nach § 173 AO geändert werden, müssen sämtliche Umstände gewürdigt und so festgestellt werden, ob die nachträglich bekannt gewordenen Tatsachen (z.B. die nach Ablauf der Rechtsbehelfsfrist eingereichte Steuererklärung) zu einer höheren oder niedrigeren Steuer führen. Bei einer Schätzung von Einkünften aus einer bestimmten Einkunftsart gilt als nachträglich bekannt gewordenen Tatsache die tatsächliche Höhe dieser Einkünfte (BFH vom 02.11.2007, BFH/NV 2008, 190).

Die Aufhebung und Änderung des Bescheids muss immer vor Ablauf der Festsetzungsfrist (§§ 169 ff. AO) erfolgen. Im Falle einer Änderung zu Ungunsten des StPfl. trägt das FA die objektive Beweislast (**Feststellungslast**) für das nachträgliche Bekanntwerden.[291]

8.5 Zweiter Hauptfall: Aufhebung oder Änderung zu Gunsten des Steuerpflichtigen (§ 173 Abs. 1 Nr. 2 AO)

Die neuen Tatsachen oder Beweismittel, die zu einer niedrigeren Steuer führen, können auch vom StPfl. geltend gemacht werden. Ihn darf jedoch **kein grobes Verschulden** am nachträglichen Bekanntwerden der Tatsachen und Beweismittel treffen. Bei dieser Prüfung ist der Zeitraum bis zur Bestandskraft des Steuerbescheids einzubeziehen (BFH vom 16.09.2004, DStR 2004, 2100[292]). Erkennt der StPfl. während der Einspruchsfrist den Fehler des Steuerbescheids, muss er deshalb Einspruch einlegen und kann nicht nach Eintritt der Bestandskraft eine Änderung nach § 173 AO verlangen.

Bezugspunkt für das grobe Verschulden i.S.d. § 173 Abs. 1 Nr. 2 AO, das bei Vorsatz oder grober Fahrlässigkeit vorliegt, ist die Verletzung von Mitwirkungs- und Erklärungspflichten. Wer seine Mitwirkungs- und Erklärungspflichten kennt und ihre Verletzung will oder bewusst in Kauf nimmt oder die ihm nach seinen persönlichen Verhältnissen und Fähigkeiten zumutbare Sorgfalt in ungewöhnlich großem Maße und in nicht entschuldbarer Weise verletzt, handelt vorsätzlich bzw. grob fahrlässig (BFH vom 03.12.2009, BStBl II 2010, 531). Der Steuerpflichtige muss die Steuererklärungsformulare sorgfältig lesen und ausfüllen. Bei Zweifelsfragen muss er sich um Klärung durch Rückfrage beim FA bemühen (BFH vom 14.10.2009, DStR 2010, 109).

Ob grobes Verschulden vorliegt, ist somit grundsätzlich anhand der **individuellen Fähigkeiten und Kenntnisse** des StPfl. zu ermitteln. Eine allgemeine Rechtspflicht, vor dem Ausfüllen der Steuererklärungen fachkundigen Rat einzuholen, besteht nicht. Mangelnde steuerrechtliche Kenntnisse eines StPfl. ohne einschlägige Ausbildung begründen kein grobes

---

[291] BFH vom 22.11.2006, BFH/NV 2007, 395.
[292] Kritisch hierzu *Tiedtke/Szczesny*, Anwendungsbereich der Änderungsvorschrift des § 173 Abs. 1 Nr. 2 AO bei verschuldeter Versäumung der Einspruchsfrist, DStR 2005, 1122.

Verschulden. Die objektive **Beweislast** für das grobe Verschulden trägt das FA. **Sinn und Zweck** der durch § 173 Abs. 1 Nr. 2 S. 1 AO bewirkten Einschränkung der Änderungsmöglichkeit bei grobem Verschulden ist, dass der StPfl. motiviert werden soll, der Finanzbehörde den steuerlich relevanten Sachverhalt rechtzeitig, d.h. bereits in der Steuererklärung sorgfältig und vollständig darzustellen, und zwar insbesondere in Bezug auf solche Tatsachen und Beweismittel, die geeignet sind, seine Steuerbelastung zu mindern. Nachlässiges und oberflächliches Verhalten soll zu seinen Gunsten nicht mehr korrigierbar sein.

Grobes Verschulden liegt immer dann vor, wenn der StPfl. keine Steuererklärung einreicht und deshalb geschätzt werden muss. Nach Ziff. 5.1.2 zu § 173 AEAO soll grobes Verschulden »im Allgemeinen« auch angenommen werden können, wenn allgemeine Grundsätze der Buchführung (§§ 145–147 AO) verletzt oder ausdrückliche Hinweise in – dem StPfl. zugegangenen – Vordrucken, Merkblättern oder sonstigen Mitteilungen der Finanzbehörden nicht beachtet wurden. Grobes Verschulden i.S.d. § 173 Abs. 1 Nr. 2 AO ist dann nicht gegeben, wenn die Abgabe einer unvollständigen Steuererklärung allein auf einem subjektiv entschuldbaren Rechtsirrtum beruht. Allerdings muss auch ein Steuerpflichtiger, dem einschlägige steuerrechtliche Kenntnisse fehlen, im Steuererklärungsformular ausdrücklich gestellte Fragen beantworten und dem Steuererklärungsformular beigefügte Erläuterungen mit der von ihm zu erwartenden Sorgfalt lesen und beachten. Dies gilt jedenfalls dann, wenn solche Fragen und Hinweise ausreichend verständlich sowie klar und eindeutig sind. Auch muss der Steuerpflichtige sich ihm aufdrängenden Zweifelsfragen nachgehen (BFH vom 09.11.2011, BFH/NV 2012, 588).

Einheitliche Kriterien, welche Kenntnisse beim StPfl. vorausgesetzt werden können, welche Nachforschungen er anstellen muss bzw. in welchen Fällen er grob fahrlässig handelt, wenn er keine fremde Hilfe (Steuerberater) in Anspruch nimmt, lassen sich aus der Rspr. nicht ableiten. In jedem Fall kommt es auf die besonderen Verhältnisse des Einzelfalles an. Auch die Kompliziertheit des Steuerrechts ist bei der Frage des groben Verschuldens zu beachten. **Grobes Verschulden** wurde von der Rspr. z.B. **bejaht,** wenn der StPfl.

- eine im Erklärungsvordruck ausdrücklich gestellte Frage nicht beantwortet (BFH vom 23.10.2002, BFH/NV 2003, 441). Das grobe Verschulden entfällt in diesem Fall auch dann nicht, wenn dem FA Versäumnisse bei der Aufklärung des Sachverhalts unterlaufen sind (BFH vom 23.10.2002, BFH/NV 2003, 441);
- nicht überprüft, ob die Angaben aus seiner Kladde oder dem Entwurf seiner Steuererklärung in die für das FA bestimmte Ausfertigung vollständig und richtig übertragen wurden (BFH vom 30.01.1997, BFH/NV 1997, 385);
- zur Erstellung einer Steuererklärung einen Steuerberater beauftragt und diesem Unterlagen vorenthält, die steuerlich relevant sein können (BFH vom 09.11.2011, BFH/NV 2012, 588);
- den Antrag auf Verlustabzug nach § 10d EStG nicht rechtzeitig stellt (BFH vom 27.04.1994, BFH/NV 1994, 867 und vom 09.05.2001, BFH/NV 2001, 1627[293]);
- einen Verlust aus Gewerbebetrieb nicht erklärt und sich bei der Erstellung der Erklärung einer Person bedient, die zur Hilfe in Steuersachen nicht befugt ist (BFH vom 01.10.1993, BStBl II 1994, 346);

---

[293] In dieser Entscheidung hat der BFH nochmals die beiden Wege aufgezeigt, um einen behaupteten Verlust – entgegen der finanzamtlichen Behandlung – verfahrensrechtlich durchzusetzen:
- Entweder über das isolierte Verlustfeststellungsverfahren gem. § 10d Abs. 4 S. 4 f. EStG,
- oder im (zeitlichen!) Rahmen der Einspruchsfrist gegen den ESt-Bescheid.

- die von seinem Berater erstellte Erklärung unterschreibt, obwohl ihm bei Durchsicht Unstimmigkeiten hätten auffallen müssen (BFH vom 28.06.1983, BStBl II 1984, 2);
- seine Steuererklärung nicht daraufhin überprüft, ob alle wesentlichen Erwerbsgrundlagen dem FA mitgeteilt werden, selbst wenn er beruflich stark in Anspruch genommen ist (BFH vom 08.12.1998, BFH/NV 1999, 743);
- in seiner Erklärung unzutreffende oder unvollständige Angaben macht (BFH vom 03.12.2009, BStBl II 2010, 531);
- Unterlagen nicht vorlegt, deren steuerliche Bedeutung ihm bekannt ist; dies gilt auch dann, wenn er die Frist zur Abgabe der Steuererklärungen versäumt und den Erlass eines Schätzungsbescheids veranlasst. Das Verschulden wirkt dann bis zur Bestandskraft des Schätzungsbescheides fort (BFH vom 16.09.2004, BStBl II 2005, 122).

Grobes Verschulden wurde hingegen **verneint**, wenn der StPfl.

- Angaben zu einem im Erklärungsvordruck nicht vorgesehenen Punkt unterlässt (BFH vom 09.11.2011, AO-StB 2012, 109);
- keine Steuererklärung abgibt, weil er annimmt, der Begriff »Gewinn« setze Einnahmen voraus (BFH vom 23.01.2001, BStBl II 2001, 379); mit dieser Argumentation kann folglich eine unterlassene Verlustberücksichtigung noch nachgeholt werden;
- Zahlungen an einen Handwerker wegen Nichtdurchführung eines Vertrages nicht als WK bei den Einkünften aus Vermietung und Verpachtung geltend macht (BFH vom 21.09.1993, BFH/NV 1994, 100);
- vorab entstandene Schuldzinsen nicht als WK bei Vermietung und Verpachtung geltend macht (BFH vom 10.08.1988, BStBl II 1989, 131).

Die oben zitierten Entscheidungen machen deutlich, dass sich der StPfl. gründlich mit den Erklärungsvordrucken auseinandersetzen muss, auch wenn diese oftmals unübersichtlich, kompliziert und schwer verständlich sind. Außerdem hat er nicht nur sämtliche steuerlich relevante Unterlagen seinem steuerlichen Berater zuzuleiten, er muss zudem die vom Berater erstellte Erklärung einschließlich Richtigkeit und Vollständigkeit überprüfen. Mit der Lebenswirklichkeit hat diese Rspr. nur wenig zu tun.

Ehegatten, die zusammenveranlagt werden, müssen sich das grobe Verschulden des anderen als eigenes zurechnen lassen (BFH vom 25.04.2006, BStBl II 2007, 220). Der StPfl. hat auch für das grobe **Verschulden seines Vertreters, insb. seines Steuerberaters, einzustehen**. Dieser allgemeine Rechtsgedanke des Verfahrensrechts ist bei § 173 AO – anders als bei § 110 AO – zwar nicht ausdrücklich geregelt, wird aber von Verwaltung (AEAO zu § 173 Nr. 5.4) und Rspr. gleichwohl angewandt.[294] Ob diesen grobes Verschulden trifft, ist nach den o.a. Grundsätzen zu prüfen. Berücksichtigt werden muss aber, dass beim Steuerberater die sachgemäße Anwendung der steuerrechtlichen Vorschriften und eine sorgfältige Sachverhaltsermittlung erwartet werden kann. Bei einem steuerlichen Berater kann grobes Verschulden auch dann vorliegen, wenn er nicht rechtzeitig Einspruch gegen einen objektiv unrichtigen Steuerbescheid einlegt (BFH vom 25.11.1993, BStBl II 1984, 256).

---

294 Zuletzt BFH vom 03.12.2009 (BStBl II 2010, 531): Einem StB kann ein grobes Verschulden – das dann dem Mandanten zugerechnet wird – am nachträglichen Bekanntwerden von Zahnbehandlungskosten zu Lasten fallen, wenn er es unterlässt, seinen Mandanten nach solchen Aufwendungen zu fragen.

8.6 Dritter Hauptfall: Zusammenhang zwischen steuererhöhenden und steuermindernden Tatsachen (§ 173 Abs. 1 Nr. 2 S. 2 AO)

Das Verschulden des StPfl. ist dann unbeachtlich, wenn die steuermindernden Tatsachen oder Beweismittel in einem **Zusammenhang mit steuererhöhenden Tatsachen** oder Beweismitteln stehen (§ 173 Abs. 1 Nr. 2 S. 2 AO). Dieser Zusammenhang ist nach der Rspr. des BFH vom 19.10.2009 (BFH/NV 2010, 169) gegeben, wenn der **steuererhöhende Vorgang nicht ohne den steuermindernden Vorgang denkbar** wäre. Von der Rspr. sind folgende Fälle des untrennbaren Zusammenhangs entschieden worden:

- Die in einem Schätzungsbescheid nicht erfassten VSt-Beträge stehen mit nachträglich bekannt gewordenen Umsätzen (nur) insoweit in Zusammenhang, als sie zur Ausführung dieser Leistungen verwendet wurden (Gegenstand der schriftlichen Prüfung 2010).
- Wird ein ESt-Bescheid nach § 173 AO geändert, weil aufgrund einer Kontrollmitteilung ein Spekulationsgewinn nachträglich bekannt wird, können auch die damit zusammenhängenden WK berücksichtigt werden. Sonderausgaben oder außergewöhnliche Belastungen kann der StPfl. hingegen nicht geltend machen.

Erforderlich ist nur ein **sachlicher Zusammenhang,** nicht auch ein zeitlicher (BFH vom 19.10.2009, AO-StB 2010, 40).

> **Beispiel 8: Der vergessliche Hinterzieher**
> Ein StPfl. erzielt aus dem Verkauf eines Grundstücks im Jahr 01 einen nicht erklärten Spekulationsgewinn. Die Maklerprovision für die Vermittlung des Grundstücksgeschäfts bezahlt er erst im Jahr 02.
>
> **Variante:** Nachdem der Bescheid für 02 bestandskräftig wurde, erinnert sich der StPfl. an die Provisionszahlung.
>
> **Lösung:** Die bestandskräftigen ESt-Veranlagungen können im Ausgangsfall für beide Jahre geändert werden. Die Änderung des Jahres 01 erfolgt gem. § 173 Abs. 1 Nr. 1 AO. Der Bescheid für das Jahr 02 kann – ohne Rücksicht auf etwa vorliegendes grobes Verschulden – nach § 173 Abs. 1 Nr. 2 S. 2 AO geändert werden.
> In der **Variante** greift hingegen § 173 Abs. 1 Nr. 2 S. 2 AO nicht ein, da die Änderung nach § 173 Abs. 1 Nr. 1 AO bereits bestandskräftig ist (BFH vom 13.01.2005, BStBl II 2005, 451).

Bei einer Änderung nach § 173 Abs. 1 Nr. 2 S. 2 AO sind die steuermindernden Tatsachen nicht nur bis zur steuerlichen Auswirkung der steuererhöhenden Tatsachen, sondern uneingeschränkt und ohne Rücksicht auf das Unterschreiten bisher festgesetzter Steuerbeträge zu berücksichtigen (BFH vom 30.10.1986, BFH/NV 1987, 353). Besteht kein Zusammenhang zwischen steuermindernden und steuererhöhenden Tatsachen, kommt eine Berichtigung von materiellen Fehlern nur noch gem. § 177 AO in Betracht (vgl. auch Kap. 13).

8.7 Änderungssperre nach einer Außenprüfung

Steuerbescheide, die aufgrund einer Außenprüfung (§§ 193 ff. AO) ergangen sind, haben eine **erhöhte Bestandskraft**. Sie können nur aufgehoben oder geändert werden, wenn eine Steuerhinterziehung (§ 370 AO) oder leichtfertige Steuerverkürzung (§ 378 AO) vorliegt.

Diese Regelung beruht auf der Überlegung, dass die Finanzbehörde bei der Außenprüfung alle entscheidungserheblichen Tatsachen ermitteln kann. Werden ihr erst nach der Auswertung der Prüfungsergebnisse neue Tatsachen bekannt, hat sie insoweit ihr Änderungsrecht verwirkt. Die Änderungssperre wirkt zu Lasten wie zu Gunsten des StPfl. (BFH vom 18.08.1988, BStBl II 1988, 932).

Außenprüfung i.S.v. § 173 Abs. 2 AO sind alle Prüfungen i.S.d. §§ 193 ff. AO, d.h. auch eine gem. § 203 AO abgekürzte Außenprüfung. Auch die Mitteilung nach § 202 Abs. 1 S. 3 AO, dass die Außenprüfung zu keiner Änderung der Besteuerungsgrundlagen geführt hat, führt zur Änderungssperre nach § 173 Abs. 2 AO, ebenso wie eine Lohnsteuer-Außenprüfung nach den §§ 42 f. EStG (BFH vom 07.02.2008, BStBl II 2009, 703). Eine normale Fahndungsprüfung bewirkt hingegen keine Änderungssperre (BFH vom 11.12.1997, BStBl II 1998, 367)[295], ebenso wenig eine betriebsnahe Veranlagung. Umsatzsteuersonderprüfungen sind zwar Außenprüfungen i.S.d. § 173 Abs. 2 AO; eine Änderungssperre lösen sie aber nur aus, wenn die daraufhin ergangenen Bescheide endgültigen Charakter haben, also nicht nur Vorauszahlungen oder Voranmeldungen betreffen (BFH vom 07.12.2006, BStBl II 2007, 420).

Die Änderungssperre greift nur insoweit, als der Bescheid aufgrund der Außenprüfung ergangen ist. Beschränkt die Prüfungsanordnung den Umfang der Außenprüfung, greift der erhöhte Bestandsschutz ebenfalls nur insoweit. Der Umfang der Änderungssperre richtet sich somit allein nach der Prüfungsanordnung. Das tatsächliche Prüfungsverhalten ändert hieran nichts. Die Änderungssperre nach § 173 Abs. 2 AO verbietet ausschließlich eine Aufhebung oder Änderung des Steuerbescheids nach § 173 AO. Besteht der Vorbehalt der Nachprüfung nach Abschluss der Außenprüfung fort oder greifen andere Änderungsvorschriften, steht der erhöhte Bestandsschutz einer entsprechenden Änderung nicht entgegen (BFH vom 18.08.2009, BFH/NV 2010, 161).

Ein erhöhter Bestandsschutz greift auch dann nicht, wenn die Tatbestandsvoraussetzungen der Steuerhinterziehung oder leichtfertigen Steuerverkürzung vorliegen. In diesen Fällen ist der StPfl. nicht schutzwürdig. Nicht erforderlich ist, dass der StPfl. wegen der Steuerhinterziehung bestraft wird. Eine Änderung der Steuerfestsetzung ist deshalb auch dann möglich, wenn eine Selbstanzeige vorliegt (§ 371 AO), wenn Verfolgungsverjährung eingetreten ist (§ 384 AO) oder ein sonstiges Prozesshindernis vorliegt (vgl. AEAO zu § 173 Nr. 7). Der StPfl. muss die Steuerhinterziehung oder leichtfertige Steuerverkürzung auch nicht selbst begangen haben (BFH vom 14.12.1993, BStBl II 1995, 293). Es genügt, wenn ein Dritter zu seinen Gunsten die Tat begangen hat, selbst wenn der StPfl. hiervon nichts wusste.

---

295 Ausnahmsweise führt die Ermittlung des Sachverhalts durch die Steuerfahndung zur Änderungssperre nach § 173 Abs. 2 AO, wenn die Steuerfahndung eine Außenprüfung nach § 208 Abs. 2 Nr. 1 AO durchführt (AEAO zu 173 Nr. 8.4). In erster Linie ist es allerdings Aufgabe der Steuerfahndung, gem. § 208 Abs. 1 Nr. 1 AO Steuerstraftaten und -ordnungswidrigkeiten zu erforschen. Hier ist es also entscheidend, aufgrund welcher gesetzlichen Grundlage die Steuerfahndung tätig wird. Für den Ablauf der Festsetzungsfrist ist diese Unterscheidung dagegen unerheblich, da alternativ § 171 Abs. 4 S. 1 AO oder § 171 Abs. 5 S. 1 AO einschlägig ist.

9 Widerstreitende Steuerfestsetzungen

§ 174 AO bietet die Möglichkeit, Vor- und Nachteile auszugleichen, die sich durch inhaltlich einander widersprechende Steuerfestsetzungen ergeben (vgl. AEAO, Nr. 1 zu § 174). In den Fällen des § 174 Abs. 1 und 2 AO besteht der Widerstreit in der Doppelberücksichtigung von Tatsachen (**positiver Widerstreit**), in den Fällen des § 174 Abs. 3 und 4 AO sind steuerlich relevante Tatsachen überhaupt nicht berücksichtigt worden (**negativer Widerstreit**). Wie § 173 AO lässt auch § 174 AO keine »Gesamtaufrollung« des Steuerfalles zu. Andere Fehler können nur im Rahmen des § 177 AO berichtigt werden.

Die Bestandskraft der kollidierenden Bescheide ist grundsätzlich ohne Bedeutung. Wurde der Bescheid aber schon gerichtlich bestätigt, kommt eine Änderung nach § 174 AO nur dann in Betracht, wenn der widerstreitende Sachverhalt nicht Gegenstand des Verfahrens war (z.B. wenn mit der Klage die Berücksichtigung zusätzlicher BA geltend gemacht wird und das Gericht nicht prüft, ob eine geleaste Maschine dem Kläger zuzurechnen ist). Die Festsetzungsverjährung ist grundsätzlich zu beachten (vgl. aber Kap. 9.1 a.E.).

Der BFH hat schließlich am 18.03.2004 (BStBl II 2004, 763) entschieden, dass dann, wenn sich zwei Urteile in unvereinbarer Weise gegenüberstehen, die Wirkung der Rechtsfrieden stiftenden Rechtskraft aufgehoben sei: § 174 AO ist somit anwendbar.

9.1 § 174 Abs. 1 AO: Mehrfache Berücksichtigung desselben Sachverhalts zu Ungunsten des Steuerpflichtigen

Der Korrekturtatbestand des § 174 Abs. 1 AO setzt voraus, dass ein bestimmter Sachverhalt zu Unrecht mehrfach **in verschiedenen Steuerbescheiden** berücksichtigt wurde. § 174 Abs. 1 AO liegt nur dann vor, wenn die mehrfachen Berücksichtigungen des streitigen Sachverhalts zueinander in einem wechselseitigen Ausschließlichkeitsverhältnis stehen, das jeweils die weitere Berücksichtigung desselben Sachverhalts bei einem anderen Steuerpflichtigen, bei einer anderen Steuerart oder in einem anderen Veranlagungszeitraum denkgesetzlich ausschließt (BFH vom 14.01.2010, BStBl II 2010, 586). Unter **Sachverhalt** ist der **einheitliche Lebensvorgang** zu verstehen, an den das Gesetz steuerliche Folgen knüpft. Diese Voraussetzung liegt beispielsweise vor, wenn

- dieselbe Einnahme oder dasselbe Wirtschaftsgut mehreren StPfl. zugeordnet wird;
- ein Vorgang bei demselben StPfl. in verschiedenen Veranlagungszeiträumen zur selben Steuer herangezogen wird;
- mehrere FÄ gegen denselben StPfl. für dieselbe Steuer und denselben Besteuerungszeitraum Steuerbescheide erlassen.

Der Sachverhalt i.S.v. § 174 AO kann auch aus zeitlich auseinander liegenden Ereignissen bestehen: Dann handelt es sich bei den verschiedenen Ereignissen um den für die Besteuerung maßgeblichen Sachverhaltskomplex (BFH vom 14.01.2010, BStBl II 2010, 586). Nicht von § 174 Abs. 1 AO erfasst werden hingegen die Fälle falscher Periodenabgrenzung. Hier wird der Sachverhalt zwar falsch, aber nicht doppelt berücksichtigt. Das ESt-Recht kennt auch kein Korrespondenzprinzip. Nach § 174 Abs. 1 AO kann deshalb nicht die unterschiedliche steuerliche Würdigung von Verträgen oder Leistungsbeziehungen bei den Beteiligten berichtigt werden (vgl. BFH vom 20.09.1995, BFH/NV 1996, 288 zum Wechselspiel von § 10 Abs. 1 Nr. 1a EStG und § 22 Nr. 1 EStG).

Häufig ist nicht eindeutig festzustellen, welcher der zu demselben Sachverhalt ergangenen Steuerbescheide falsch ist. So können z.B. in Leasingfällen Gründe für die Zurechnung des WG zum einen, aber auch zum anderen StPfl. sprechen. Der AEAO sieht deshalb in Ziffer 3 zu § 174 vor, dass in Fällen, in denen der StPfl. nur einen Antrag auf Änderung des rechtmäßigen Steuerbescheids gestellt hat, dieser **Antrag** allgemein als Antrag auf Beseitigung der widerstreitenden Festsetzung zu behandeln ist.

Liegen die Voraussetzungen für eine Änderung nach § 174 AO vor, hat der Betroffene hierauf einen **Rechtsanspruch** (BFH vom 14.03.2012, BStBl II 2012, 653). Ist die Festsetzungsfrist bereits abgelaufen, kann der Bescheid noch innerhalb eines Jahres nach Eintritt der Unanfechtbarkeit des anderen Steuerbescheids geändert werden (§ 174 Abs. 1 S. 2 AO).

9.2 § 174 Abs. 2 AO: Mehrfache Berücksichtigung desselben Sachverhalts zu Gunsten des Steuerpflichtigen

Die Vorschrift regelt in entsprechender Anwendung des § 174 Abs. 1 AO die Fälle, in denen ein bestimmter Sachverhalt mehrfach zu Gunsten eines StPfl. oder mehrerer StPfl. berücksichtigt wurde. Die Aufhebung oder Änderung nach Abs. 2 ist aber **nicht antragsgebunden.** Andererseits ist hier das Vertrauensschutzprinzip zu beachten. Die Aufhebung oder Änderung eines Steuerbescheids ist nur dann zulässig, wenn die mehrfache Berücksichtigung auf einen Antrag oder eine Erklärung des StPfl. zurückzuführen ist. Auch formlose Mitteilungen und Auskünfte sowie Erklärungen, die ein Dritter für den StPfl. abgegeben hat, fallen unter die Vorschrift (vgl. AEAO zu § 174 Nr. 4). Legt der StPfl. dem FA aber den zutreffenden Sachverhalt dar und zieht daraus nur die falschen rechtlichen Folgerungen, die das FA übernimmt, ist die fehlerhafte Festsetzung nicht auf seine Erklärung zurückzuführen. Eine Änderung nach § 174 Abs. 2 AO scheidet aus.

9.3 § 174 Abs. 3 AO: Nichtberücksichtigung eines Sachverhalts

Die Vorschrift regelt den Fall, dass ein Sachverhalt (s. Kap. 9.1) in der erkennbaren Annahme, dass er nur Bedeutung für eine andere Steuer, einen anderen VZ oder einen anderen StPfl. habe, überhaupt nicht berücksichtigt wurde (sog. Kausalitätsprüfung).[296] Ein anderer Steuerbescheid i.S. dieser Vorschrift kann auch ein Feststellungsbescheid sein. Ob eine tatsächliche oder rechtliche Fehlbeurteilung vorliegt, ist unbeachtlich (BFH vom 23.05.1996, BFH/NV 1997, 89).

Beispiel 9: Zweimal nichts
WK werden im Jahr 01 nicht berücksichtigt, weil das FA – für den StPfl. erkennbar – der Auffassung ist, dass sie erst im Jahr 02 abzugsfähig seien (§ 11 Abs. 2 S. 2 EStG). Diese Annahme stellt sich nachträglich als unzutreffend heraus.

Lösung: Die Änderung des bestandskräftigen Bescheids des Jahres 01 ist möglich. Die Festsetzungsverjährung ist jedoch zu beachten.

---

[296] So fehlt es nach BFH vom 29.05.2001 (BFH-PR 2001, 386 – Ambros-Scheinrenditen) an der Kausalität, wenn die Nichtberücksichtigung des Sachverhalts auf Unkenntnis des FA beruhte.

Kommt das FA zu der Auffassung, dass ein Sachverhalt steuerlich überhaupt nicht relevant ist, greift § 174 Abs. 3 AO nicht, wenn sich diese Annahme später als unzutreffend erweist. Auch wenn das FA einen Sachverhalt nicht unberücksichtigt lässt, sondern die Rechtslage falsch würdigt, scheidet § 174 Abs. 3 AO aus. Der die Änderungsmöglichkeit legitimierende Vertrauensschutzgedanke greift auch dann nicht, wenn der Betroffene die Möglichkeit hat, gegen die Auffassung des FA vorzugehen. Erfährt der StPfl. während des Einspruchsverfahrens, dass eine anderweitige Berücksichtigung eines bestimmten Sachverhalts nicht in Betracht kommt, und nimmt er die Möglichkeit, gegen die geänderte Auffassung des FA vorzugehen, nicht wahr, findet § 174 Abs. 3 AO folgerichtig keine Anwendung (BFH vom 06.12.2006, BStBl II 2007, 238).

Nach § 174 Abs. 3 AO muss der Sachverhalt für den StPfl. **erkennbar** unberücksichtigt geblieben sein. Nicht erforderlich ist, dass sich dies aus den Erläuterungen zum Steuerbescheid ergibt. Ausreichend ist vielmehr, dass für den StPfl. bei verständiger Würdigung aus den Gesamtumständen (z.B. aus den Angaben in seiner Erklärung, denen das FA offensichtlich folgt) ersichtlich ist, dass der Sachverhalt in diesem Bescheid nur deshalb unberücksichtigt bleibt, weil in einem anderen Bescheid steuerliche Folgerungen gezogen werden sollen. Umstritten ist, ob eine Änderung **zu Gunsten** des StPfl. nach § 174 Abs. 3 AO voraussetzt, dass die Nichtberücksichtigung eines Sachverhalts für ihn erkennbar war.[297] Da die Forderung der Erkennbarkeit in der gesetzlichen Regelung eindeutig Ausfluss des Vertrauensschutzes ist, ist m.E. bei nachträglichen Änderungen zu Gunsten des StPfl. auf die mangelnde Erkennbarkeit nicht abzustellen. Im Beispiel 9 zu § 174 AO wäre deshalb m.E. der Steuerbescheid für 01 in jedem Fall nach § 174 Abs. 3 AO änderbar.

Die Nachholung, Aufhebung bzw. Änderung steht trotz des Wortlauts »kann« nach der Rspr. **nicht im Ermessen** des FA (BFH vom 13.11.1985, BStBl II 1986, 241). § 173 Abs. 2 AO steht einer Änderung nach § 174 Abs. 3 AO nicht entgegen.

9.4 § 174 Abs. 4 AO

§ 174 Abs. 4 AO ergänzt die Regelung des § 174 Abs. 3 AO um die Fälle, in denen eine Steuerfestsetzung auf Antrag oder im Rechtsbehelfsverfahren zu Gunsten des StPfl. geändert worden ist. Die in einem anderen Steuerbescheid gezogenen steuerlichen Folgerungen, die sich nun im Nachhinein als unzutreffend erwiesen haben, sollen – gegebenenfalls unter Durchbrechung der Bestandskraft (vgl. § 174 Abs. 4 S. 3 AO) – rückgängig gemacht werden. Der **Grundsatz von Treu und Glauben** prägt § 174 Abs. 4 AO in besonderem Maße.

Durch § 174 AO soll das FA die Möglichkeit erhalten, in bestimmten Fällen der materiellen Richtigkeit Vorrang einzuräumen, indem vermieden wird, dass Steuerfestsetzungen bestehen bleiben, die inhaltlich zueinander im Widerspruch stehen (vgl. BFH vom 28.01.2009, BStBl II 2009, 620). Die Regelung bezweckt den Ausgleich einer zugunsten des Steuerpflichtigen eingetretenen Änderung; derjenige, der erfolgreich für seine Rechtsansicht gestritten hat, muss auch die damit verbundenen Nachteile hinnehmen. Wie der BFH entschieden hat, regelt die Vorschrift die verfahrensrechtlichen (inhaltlichen) Folgerungen aus einer vorherigen Aufhebung oder Änderung eines Steuerbescheids auf Antrag des Steuerpflichtigen zu dessen Gunsten (BFH vom 24.04.2008, BStBl II 2009, 35 m.w.N.). Diese Aufhebung oder Änderung löst sodann »nachträglich« die Rechtsfolge des § 174 Abs. 4 AO aus, dass ein

---
297 Vgl. *Klein*, AO, 7. Aufl., § 174 Rz. 44 m.w.N.

anderer Bescheid erlassen oder geändert werden kann. Die Vorschrift zieht somit die verfahrensrechtliche Konsequenz daraus, dass der andere Bescheid nunmehr eine »widerstreitende Steuerfestsetzung« enthält, wie sie § 174 AO nach seiner Überschrift voraussetzt. § 174 Abs. 4 S. 1 AO schafft nach ständiger Rspr. des BFH eine gegenüber den Regelungen des § 174 Abs. 1 bis Abs. 3 AO **eigenständige Änderungsnorm**, die nicht auf die Fälle der alternativen Erfassung eines bestimmten Sachverhalts beschränkt ist. Der BFH ist unter Hinweis auf den Wortlaut des § 174 Abs. 4 S. 1 AO nicht der Auffassung gefolgt, die Vorschrift setze zwingend ein wechselseitiges Ausschließlichkeitsverhältnis voraus, das nur die alternative Berücksichtigung desselben Sachverhalts erlaube. Dabei kann ein Steuerbescheid auch dann nach § 174 Abs. 4 AO geändert werden, wenn die Änderungsmöglichkeit vor Erlass des erstmaligen Steuerbescheids eingetreten ist. Auf die Frage, ob die Änderungsmöglichkeit »nachträglich« nach Erlass des erstmaligen Bescheides eingetreten ist, kommt es − anders als für die Änderungsmöglichkeit nach § 173 Abs. 1 Nr. 1 AO hinsichtlich nachträglich bekannt gewordener Tatsachen oder Beweismittel − für § 174 Abs. 4 AO nicht an.

> **Beispiel 10: Wer einmal irrt, ...**
> Der Umsatzsteuerbescheid des Jahres 12 wird aufgrund des Einspruchs des StPfl. mit der Begründung geändert, verschiedene Umsätze seien bereits im Jahr 11 angefallen.
> Kann der Bescheid für 11 nach § 174 Abs. 4 AO geändert werden?

Das Gesetz will den StPfl. auch dann an seinem Rechtsstandpunkt festhalten, wenn dies in anderer Hinsicht − also bei nicht angefochtenen Verwaltungsakten − zu nachteiligen steuerlichen Konsequenzen für ihn führt. Dies kann im Ergebnis sogar zu einer »Verböserung« führen (BFH vom 26.10.1989, BStBl II 1990, 373). Die Folgeänderungen nach Abs. 4 müssen sich nicht auf dieselbe Steuerart beziehen (z.B. Änderung des GrESt-Bescheids führt zu Folgeänderung bei Schenkungsteuerbescheid). Die richtigen Folgerungen können auch in mehreren Bescheiden gezogen werden. Sofern Dritte nach Abs. 5 (vgl. Kap. 9.5) beteiligt waren, kann sich die Folgeänderung auch auf diese beziehen. Es muss aber immer ein anderer Steuerbescheid betroffen sein.[298] Im selben Steuerbescheid können Folgeänderungen nach Abs. 4 niemals vorgenommen werden. Neben der Änderung ist nach § 174 Abs. 4 AO auch der erstmalige Erlass eines Steuerbescheids − u.U. nach Eintritt der Festsetzungsverjährung − möglich.

Es reicht nicht aus, dass das FA beim Erlass des Bescheids den Sachverhalt übersehen hat. **Es muss ihn tatsächlich, aber falsch beurteilt haben**.[299] Wie bei § 174 Abs. 3 AO kann der Fehler im tatsächlichen wie im rechtlichen Bereich liegen.

Anders als bei § 174 Abs. 1 bis 3 AO muss die Berücksichtigung des Sachverhalts in einem Bescheid dessen Berücksichtigung in einem anderen Steuerbescheid nicht denkgesetzlich ausschließen. Das FA muss nur die im Rechtsbehelfs- oder Änderungsverfahren gewonnenen Erkenntnisse in einem anderen Bescheid umsetzen. Gleiches gilt gem. § 174 Abs. 4 S. 2 AO für die Erkenntnisse aus einem **gerichtlichen Verfahren**. Hier ist das FA bei der Änderung

---

298 § 174 Abs. 4 S. 1 AO bleibt selbst dann anwendbar, wenn der Saldo zwischen den Auswirkungen zu Gunsten und der Änderung zu Ungunsten des StPfl. zu einer Steuermehrbelastung führt. Das Gesetz fordert − anders als bei § 367 Abs. 2 AO − nicht einmal einen Verböserungshinweis, denn die ursprüngliche Änderung ist stets eine Änderung zu Gunsten des StPfl. (BFH vom 19.05.2005, BStBl II 2005, 637).
299 Der Steuerbescheid muss infolge der irrigen Beurteilung rechtswidrig sein. Eine lediglich subjektiv angenommene, objektiv aber nicht vorliegende Unrichtigkeit rechtfertigt die Anwendung des § 174 Abs. 4 AO dagegen nicht (BFH vom 04.03.2009, BStBl II 2010, 407).

nach § 174 Abs. 4 AO nicht an die Rechtsauffassung des Gerichts gebunden (BFH vom 21.10.1993, BStBl II 1994, 385). § 174 Abs. 4 AO greift aber nicht, wenn der ursprüngliche Bescheid **nichtig** war. Die »richtige steuerliche Folgerung« muss sich aus der – durch den Antrag oder Einspruch resultierenden – Beurteilung des »bestimmten Sachverhalts« ergeben. Unter dem Begriff »Sachverhalt« in § 174 Abs. 4 AO sind nicht nur eine einzelne Tatsachen, sondern einheitliche Lebensvorgänge, an die das Gesetz bestimmte steuerrechtliche Folgen knüpft, zu verstehen.[300] Es muss sich aber immer um einen Zustand, einen Vorgang, eine Beziehung, bzw. eine Eigenschaft materieller oder immaterieller Art handeln, die ihrerseits Merkmal oder Teilstück eines gesetzlichen Tatbestands ist (BFH vom 26.02.2002, BStBl II 2002, 450). Die Anwendung der einen oder anderen Schätzungsmethode ist aber kein »Sachverhalt«. Hier geht es darum, rechtliche Folgerungen aus einem mehr oder weniger vollständig aufgeklärten bzw. aufklärbaren Sachverhalt zu ziehen. Hat deshalb das FA aufgrund eines Rechtsbehelfs einen Schätzungsbescheid unter Anwendung einer für den StPfl. günstigeren Schätzungsmethode geändert, können andere Veranlagungszeiträume, in denen diese Schätzungsmethode zu höheren Steuern führt, nicht nach § 174 Abs. 4 AO geändert werden (BFH vom 26.02.2002, BStBl II 2002, 450).

Andere Gründe dürfen nicht berücksichtigt werden. Werden die steuerlichen Folgen innerhalb der Jahresfrist des S. 3 gezogen, ist der Ablauf der **Festsetzungsfrist** bei der Änderung gem. § 174 Abs. 4 AO grundsätzlich unschädlich. War jedoch die Festsetzungsfrist für den nach Abs. 4 zu ändernden Bescheid bei Erlass des später geänderten oder aufgehobenen Steuerbescheids bereits abgelaufen, ist die Änderung nur unter den Voraussetzungen des § 174 Abs. 3 S. 1 AO möglich (vgl. § 174 Abs. 4 S. 4 AO).

Lösung: Der Bescheid für 11 kann gem. § 174 Abs. 4 AO geändert werden.
Der Sachverhalt im Jahr 11 kann gem. § 174 Abs. 4 S. 3 AO noch innerhalb eines Jahres nach Aufhebung oder Änderung des Bescheids 12 berücksichtigt werden. War jedoch im Zeitpunkt der Festsetzung 12 die Festsetzungsfrist für 11 bereits abgelaufen, ist die Änderung nur dann möglich, wenn die Umsätze bei der Festsetzung 11 erkennbar in der Annahme nicht berücksichtigt wurden, dass sie im Jahr 12 zu berücksichtigen sind.

9.5 § 174 Abs. 5 AO

Abs. 5 erweitert die Änderungsbefugnis des Abs. 4 gegenüber **Dritten**. Voraussetzung ist aber, dass diese an dem **Verfahren**, das zur Berichtigung des fehlerhaften Steuerbescheids geführt hat, **beteiligt** waren. Die Dritten müssen also nach § 360 AO hinzugezogen oder gem. § 60 FGO beigeladen worden sein (BFH vom 18.02.2009, BStBl II 2010, 109). Liegen die Voraussetzungen dieser Vorschriften nicht vor, kann der Dritte auch nach § 174 Abs. 5 S. 2 AO beteiligt werden, wenn ihm gegenüber zu diesem Zeitpunkt die Festsetzungsfrist seines Steuerbescheids noch nicht abgelaufen war (zuletzt BFH vom 18.02.2009, BStBl II 2009, 876). § 174 Abs. 5 AO greift immer dann, wenn ein zunächst unrichtig beurteilter Sachverhalt beim StPfl. und einem Dritten korrespondierende Rechtsfolgen hat.

---

[300] *Von Wedelstädt* in *Beermann*, § 174 Rz. 15 f und Rz. 94 m.w.N.

Beispiel 11: Ein Unglück kommt selten allein
Im finanzgerichtlichen Verfahren wird einem StPfl. die Unternehmereigenschaft abgesprochen.

Lösung: Bei den Leistungsempfängern entfällt der VSt-Abzug. Ihre Umsatzsteuerbescheide können nach § 174 Abs. 5 AO geändert werden, wenn sie gem. § 360 AO, § 60 FGO oder § 174 Abs. 5 S. 2 AO am Verfahren beteiligt waren.

10 Anpassung von Steuerbescheiden an Grundlagenbescheide

Im Regelfall werden die **Besteuerungsgrundlagen** im Rahmen des Steuerbescheids festgestellt. Gem. § 157 Abs. 2 AO sind sie ein **unselbständiger Teil** der Steuerfestsetzung. Hiervon gibt es jedoch Ausnahmen. Nach §§ 179, 180 AO werden Einheitswerte, aber auch Einkünfte, an denen mehrere Personen beteiligt sind oder wenn das Wohnsitz-FA nicht mit dem Betriebsstätten-FA identisch ist, gesondert und/oder einheitlich festgestellt. In diesen Fällen ergeht ein sog. **Grundlagenbescheid**, dessen Feststellungen in den sog. Folgebescheiden zwingend zu beachten sind (§ 182 Abs. 1 und 2 AO). Die Legaldefinition des Grundlagenbescheids findet sich in § 171 Abs. 10 AO. Außer den Feststellungsbescheiden nach §§ 179, 180 AO[301] gehören auch Steuermessbescheide und die anderen Bescheide mit Bindungswirkung für die Steuerfestsetzung zu den Grundlagenbescheiden. Grundlagenbescheide sind aber nicht nur VA des FA. Auch Bescheide anderer Behörden können Grundlagenbescheide sein, z.B. der VA über eine Körperbehinderung oder Erwerbsunfähigkeit bei § 33b EStG oder die Bescheinigung einer Gemeinde über Baumaßnahmen in Sanierungsgebieten (BFH vom 04.05.2004, BStBl II 2005, 171).

10.1 Anpassungszwang

Da im Grundlagenbescheid die relevanten Besteuerungsgrundlagen mit bindender Wirkung festgestellt werden (vgl. § 182 Abs. 1 AO), verpflichtet § 175 Abs. 1 S. 1 AO das FA, die Folgerungen aus dem Grundlagenbescheid zu ziehen. Zwar ist eine Gesamtaufrollung des Folgebescheids nicht zulässig – und nach § 175 Abs. 1 S. 1 AO auch nicht erforderlich: Insoweit geht das Rechtskraftprinzip dem Bedürfnis zur Berichtigung materieller Fehler vor. Die Bindungswirkung des Grundlagenbescheides fordert jedoch, dass der Folgebescheid vollständig und zutreffend an den Regelungsgehalt des Grundlagenbescheides angepasst wird. Die Anpassung des Folgebescheids steht somit nicht im Ermessen des FA. § 175 Abs. 1 S. 1 Nr. 1 AO begründet eine »**absolute Anpassungsverpflichtung**« (BFH vom 06.11.2009, BFH/NV 2010, 177). Auch ein rechtswidriger Grundlagenbescheid zwingt das FA zur Anpassung (vgl. auch § 351 Abs. 2 AO). Etwas anderes gilt nur für den nichtigen Grundlagenbescheid; dieser entfaltet keinerlei Rechtswirkung und damit auch keinen Anpassungszwang. Wird ein als Grundlagenbescheid wirkender Feststellungsbescheid aufgehoben, ohne dass damit der Erlass eines negativen Feststellungsbescheides verbunden ist, muss eine von dem Feststellungsbescheid ausgelöste Änderung des Folgebescheides rückgängig gemacht werden; auch hier wirkt der Anpassungszwang fort (BFH vom 24.09.2009, BFH/NV 2010, 164).

---

301 Nur echte Grundlagenbescheide entfalten die Wirkung des § 175 Abs. 1 Nr. 1 AO.

10.2 Vorwegnahme der Feststellung

Ein Steuerbescheid kann nach § 155 Abs. 2 AO jedoch bereits vor Erlass des Grundlagenbescheids ergehen. In diesem Fall werden insoweit die Besteuerungsgrundlagen geschätzt (§ 162 Abs. 5 AO); die Vorschrift erlaubt aber nur, im Folgebescheid eine erkennbar einstweilige Regelung zu treffen, die einem noch zu erlassenden Grundlagenbescheid vorgreift. § 155 Abs. 2 AO ermöglicht es dem FA dagegen nicht, den Steuerbescheid im Hinblick auf eine zu erwartende Änderung des Grundlagenbescheids zu berichtigen. Hier steht die Bindungswirkung des noch nicht geänderten Grundlagenbescheids entgegen.

10.3 Umfang der Änderung, insbesondere die zeitliche Grenze

§ 175 Abs. 1 Nr. 1 AO ermöglicht dem FA nur die Änderung des Folgebescheids, »soweit« die Änderung des Grundlagenbescheids reicht. Die Wiederaufrollung des gesamten Steuerfalles ist nicht möglich. Fehler des Steuerbescheids, die in keinem Zusammenhang mit dem Grundlagenbescheid stehen, können nur dann berichtigt werden, wenn weitere Änderungsvorschriften greifen. Innerhalb des Anpassungsspielraums, den § 175 Abs. 1 Nr. 1 AO eröffnet, dürfen auch Rechtsfehler nach § 177 AO berichtigt werden. Zum Verhältnis von § 175 Abs. 1 Nr. 1 AO zu § 129 AO vgl. Tz. 3.2.

> **Beispiel 12: Die Unterbrechung**
> Der gegen die A-B-C-OHG im November 02 erlassene Gewinnfeststellungsbescheid für den VZ 01 i.H.v. 300 T€ wird anlässlich einer Außenprüfung auf 600 T€ erhöht. Die Prüfungsanordnung wurde am 20.12.06 ordnungsgemäß bekannt gegeben; wegen des anstehenden Weihnachtsurlaubs wurde der Prüfungsbeginn einvernehmlich auf den 10.01.07 gelegt.

Der Änderung nach § 175 Abs. 1 Nr. 1 AO steht die Bestandskraft nicht entgegen. Auch zeitliche Vorgaben für die Anpassung des Folgebescheids sieht das Gesetz nicht vor. Nach ständiger Rspr. des BFH kann das FA einen Steuerbescheid nach § 175 Abs. 1 Nr. 1 AO noch ändern, wenn der Grundlagenbescheid bei Erlass eines früheren Steuerbescheids bereits vorlag und deshalb hätte berücksichtigt werden können.[302] Die Änderung nach § 175 Abs. 1 Nr. 1 AO ist jedoch nur innerhalb der **Festsetzungsfrist** zulässig. Diese endet nach § 171 Abs. 10 AO jedoch nicht vor Ablauf von zwei Jahren nach Bekanntgabe des Grundlagenbescheids.

In Ausnahmefällen kann die Anpassung des Folgebescheids an den Grundlagenbescheid verwirkt sein. So steht der Grundsatz von Treu und Glauben einer Änderung nach § 175 Abs. 1 Nr. 1 AO dann entgegen, wenn das FA durch sein Verhalten den StPfl. von der Anfechtung des Grundlagenbescheids abgehalten hat (BFH vom 19.01.1989, BStBl II 1989, 393). Längere Untätigkeit des FA nach Ergehen des Grundlagenbescheids allein führt jedoch nicht zur Verwirkung des Anpassungsrechts.

> **Lösung:** Nachdem für die Änderung der Folgebescheide grundsätzlich die Fristen des § 169 Abs. 2 AO maßgeblich sind, endet zunächst die Berichtigungsmöglichkeit zum 31.12.06.

---

[302] Nach dem Wortlaut und Zweck der Vorschrift sind auch Fehler, die bei der **Auswertung eines Grundlagenbescheids** im Folgebescheid unterlaufen sind, nachträglich nach § 175 Abs. 1 S. 1 Nr. 1 AO richtigzustellen (BFH vom 29.06.2005, BFH/NV 2005, 1749).

Gem. § 171 Abs. 4 AO ist diese (Ablauf-)Frist jedoch gehemmt, wenn mit einer Außenprüfung in 06 begonnen wurde. Die hierfür erforderliche konkrete Prüfungshandlung liegt nicht vor, auch ein Antrag der OHG auf Verschiebung des Prüfungsbeginnes ist nicht ersichtlich.
Damit greifen in diesem Fall nicht die Regelungen des § 171 Abs. 4 S. 3 AO (zulässige spätere Auswertung der Prüfungsergebnisse).

10.4 Rechtsbehelf und Aussetzung der Vollziehung

Nicht nur der geänderte Folgebescheid, sondern auch die Ablehnung der Änderung nach Ergehen eines geänderten Grundlagenbescheids können mit Einspruch angefochten werden. **Einwendungen gegen den Grundlagenbescheid können aber im Rechtsbehelfsverfahren gegen den Folgebescheid nicht berücksichtigt werden (§ 351 Abs. 2 AO).** Würde man derartige Einwände akzeptieren, würde dies eine vom Gesetz nicht gewünschte Einschränkung der Bindungswirkung des Grundlagenbescheides bedeuten.

Erging der Folgebescheid vor Erlass des Grundlagenbescheids, kann er unter den allgemeinen Voraussetzungen ausgesetzt werden. Wird der Antrag auf Aussetzung des Folgebescheids mit Zweifeln an der Rechtmäßigkeit des Grundlagenbescheids begründet, ist er wegen des fehlenden Rechtsschutzinteresses unzulässig (BFH vom 09.12.1986, BStBl II 1988, 240). Wird der Antrag hingegen mit der unwirksamen Bekanntgabe des Grundlagenbescheids begründet, ist er zulässig.

11 Eintritt eines Ereignisses mit steuerlicher Wirkung für die Vergangenheit

Auch bei § 175 Abs. 1 S. 1 Nr. 2 AO ändern sich die Besteuerungsgrundlagen **nachträglich**. Dies setzt voraus, dass sich der Sachverhalt, der bei Erlass eines Steuerbescheids vorlag, durch eine nachträgliche Entwicklung ändert. Hierin liegt der Unterschied zu § 173 AO. Diese Änderungsvorschrift greift, wenn nachträglich Tatsachen bekannt werden, die bei Erlass des Bescheids **bereits vorlagen**. Der ursprüngliche Bescheid war somit bereits zum Zeitpunkt seines Erlasses objektiv falsch. § 175 Abs. 1 S. 1 Nr. 2 AO findet hingegen Anwendung, wenn der Bescheid im Zeitpunkt seines Erlasses richtig war, dann aber **später** falsch wurde, weil sich der Sachverhalt geändert hat. Wird beispielsweise nach Erlass eines bestandskräftigen Erbschaftsteuerbescheids das Testament erfolgreich angefochten, ist der Steuerbescheid nach § 175 Abs. 1 S. 1 Nr. 2 AO zu ändern. § 173 Abs. 1 AO greift hingegen, wenn nachträglich ein Testament aufgefunden wird, das dem anderen vorgeht. Die Korrekturvorschriften § 175 Abs. 1 S. 1 Nr. 2 AO und § 173 AO stehen gegenseitig in einem **Alternativverhältnis**: Es ist ausgeschlossen, dass die Korrektur eines bestimmten Sachverhalts durch beide Normen gedeckt ist.

Der Begriff »**Ereignis**« in § 175 Abs. 1 Nr. 2 AO ist weit auszulegen. Er umfasst alle rechtlich bedeutsamen Vorgänge. Dazu rechnen nicht nur solche mit ausschließlich rechtlichem Bezug, sondern auch **tatsächliche Lebensvorgänge** (BFH vom 10.12.2008, BStBl II 2009, 473). Die nachträgliche **Korrektur des Wertansatzes** eines Wirtschaftsgutes, das Teil des

Betriebsvermögens am Schluss des Wirtschaftsjahres ist, ist ebenfalls ein Ereignis mit steuerlicher Rückwirkung hinsichtlich der Veranlagung für die Folgejahre, wo sich der Wertansatz Gewinn erhöhend oder mindernd auswirkt (BFH vom 30.06.2005, BStBl II 2005, 809). Die Gegenauffassung[303] verkennt, dass die Korrektur eines Wertansatzes des Vorjahresendvermögens nicht lediglich eine andere rechtliche Beurteilung darstellt; das Betriebsvermögen am Schluss des vorangegangenen Wirtschaftsjahres ist daher materiell-rechtliches Tatbestandsmerkmal des Steueranspruchs für das Folgejahr und damit Teil des Sachverhalts, der auch dieser Steuerfestsetzung zugrunde liegt.

Andererseits sind rückwirkende Vereinbarungen oder Handlungen des StPfl. kein rückwirkendes Ereignis i.S.v. § 175 Abs. 1 S. 1 Nr. 2 AO, da der bereits entstandene Steueranspruch nicht nachträglich beeinflusst werden kann.

Durch das Ereignis muss sich der **Sachverhalt**, der der Besteuerung zugrunde lag, **geändert** haben. Rückwirkende Änderungen von Steuerrechtsnormen, eine Änderung der finanzgerichtlichen Rspr. bzw. jede nachträgliche Änderung der steuerrechtlichen Würdigung eines unveränderten Sachverhalts sind daher keine Ereignisse i.S.v. § 175 AO (häufiges Prüfungsproblem, zuletzt im Herbst 2012).[304]

Beispiel 13: Rückwirkung von EuGH-Rspr.
Der EuGH hat 2005 (Rs. C-453/02 und C-462/02) zur Steuerfreiheit von Glücksspielen entschieden, dass sich ein Veranstalter oder Betreiber von Glücksspielen abweichend von § 4 Nr. 9 Buchst. b UStG direkt auf Art. 13 Teil B Buchst. f der 6. EG-RL berufen kann. Die Steuerfreiheit gilt damit nicht mehr nur in öffentlichen Spielbanken. Unternehmer, die gestützt auf die Änderung der Rspr. eine Änderung bereits bestandskräftiger USt-Bescheide für die Vergangenheit beantragten, hatten sich allerdings zu früh gefreut. Eine Änderung bereits bestandskräftiger Umsatzsteuerbescheide aufgrund § 175 Abs. 1 Nr. 2 AO kommt trotz dieser EuGH-Rspr. nicht in Betracht. Die Änderung der Rspr. ist kein rückwirkendes Ereignis (BFH vom 21.03.1996, BStBl II 1996, 399). Auch die Einlegung von Einsprüchen nach Ablauf der einmonatigen Einspruchsfrist dürfte keinen Erfolg haben.
Den Unternehmern kann im Hinblick auf das EuGH-Urteil in EuGHE 1991, I-4269, 4292 (Rs. Theresa Emmott) die Bestandskraft der Bescheide entgegengehalten werden, so dass auch eine Änderung nach § 172 Abs. 1 Nr. 2 Buchst. a AO nicht in Betracht kommt. Im Streitfall sind die Voraussetzungen, an die der EuGH die sog. **Emmott'sche Fristenhemmung** knüpft, nicht gegeben. Auf der Grundlage der EuGH-Entscheidung ist zu unterscheiden zwischen der Nichtumsetzung einer Steuerrichtlinie und einer richtlinienwidrigen Auslegung und Anwendung umgesetzter Richtlinien. Nur im Fall der nicht ordnungsgemäßen Umsetzung einer Richtlinie kommt als Sanktion eine Fristenhemmung in Betracht. Da es sich vorliegend aber um einen Fall der richtlinienwidrigen Auslegung einer Richtlinie handelt, gelten die normalen nationalen Regelungen über die Bestandskraft. Eine Änderung der Bescheide scheidet daher aus.[305]

---

303 *Tipke/Kruse*, AO, § 175 Rz. 39.
304 BFH vom 12.05.2009, BStBl II 2009, 891: Diese Einschränkung gebietet der Vertrauensschutz des StPfl. Die Bestandskraft der Steuerbescheide würde bei rückwirkender Anpassung an die jeweilige Rspr. nahezu ausgehöhlt. Außerdem wirken Entscheidungen der Gerichte gem. § 110 FGO nur inter partes, sodass eine Rückwirkung auf nicht Beteiligte nicht möglich ist.
305 Der BFH hat in seiner Entscheidung vom 16.09.2010 (DStR 2010, 2400) erneut ausdrücklich bestätigt, dass die Einspruchsfrist von einem Monat gem. § 355 Abs. 1 AO gemeinschaftsrechtlich nicht zu beanstanden ist. Bescheide, die gegen EU-Recht verstoßen, sind rechtswidrig, aber nicht anders bzw. weitergehend korrigierbar als Bescheide, die gegen nationales Recht verstoßen.

Die Änderung einer außersteuerrechtlichen Norm kann hingegen dazu führen, dass ein Lebenssachverhalt nachträglich umgestaltet wird. Gleiches gilt für Gerichtsentscheidungen (Beispiel: Ein Grundstückskaufvertrag wird erfolgreich wegen arglistiger Täuschung angefochten). In diesen Fällen kommt § 175 Abs. 1 S. 1 Nr. 2 AO zum Zug. Verändert das zivilgerichtliche Urteil hingegen den Sachverhalt nicht, sondern zieht es lediglich andere zivilrechtliche Schlussfolgerungen, greift § 175 Abs. 1 S. 1 Nr. 2 AO nicht (Beispiel: Im Gegensatz zum FA ist das Zivilgericht der Meinung, dass dem Kläger aufgrund eines Vermögensübergabevertrages keine nur mit dem Ertragsanteil zu besteuernde Leibrente, sondern – angesichts der Abänderbarkeit – eine dauernde Last, die in vollem Umfang der Besteuerung unterliegt, zusteht). Ein nachträglich gestellter Antrag bildet ebenso wenig wie die nachträgliche Ausstellung einer Bescheinigung, die für die Besteuerung von Bedeutung ist, ein Ereignis i.S.v. § 175 AO. Auch der nachträgliche Verzicht auf die Steuerfreiheit einer Grundstückslieferung ist kein nachträgliches Ereignis (BFH vom 02.04.1998, BStBl II 1998, 695).

Ob sich das Ereignis **steuerlich für die Vergangenheit** auswirkt, richtet sich allein nach den Normen des jeweils einschlägigen materiellen Steuerrechts. Es muss ein Bedürfnis bestehen, eine schon bestandskräftig getroffene Regelung an die nachträgliche Sachverhaltsänderung anzupassen (BFH vom 23.05.2012, BStBl II 2012, 675). Dabei ist zu beachten, dass sich reale Lebensvorgänge regelmäßig nicht rückgängig machen lassen. Eine Entnahme kann beispielsweise durch eine Einlage nicht ungeschehen gemacht werden. Für die Überschusseinkünfte sind die tatsächlichen Zu- und Abflüsse von Einnahmen und Ausgaben materiell-rechtlich erheblich. Diese tatsächlichen Vorgänge können nicht durch später bewirkte tatsächliche Rückzahlungen ungeschehen gemacht werden.[306] Auch schuldrechtliche Verträge, die nach dem Willen der Beteiligten rückwirkend in Kraft treten sollen, haben steuerlich keine Rückwirkung. Der einmal kraft Gesetzes entstandene Steueranspruch kann vom StPfl. nicht mehr beeinflusst werden. Gleiches gilt für die nachträgliche Änderung vertraglicher Bestimmungen. Bei laufend veranlagten Steuern wirkt sich eine spätere Änderung des Sachverhalts nur ausnahmsweise aus.

Beispiel 14: Späte Erkenntnis
Nach dem Erwerb des Handelsgeschäftes seines Konkurrenten K in 01 erkennt der Übernehmer Ü, dass K ihn über einige Posten getäuscht hat. Aus diesem Grund wird zwei Jahre später durch ein Gerichtsurteil der Kaufpreis um 1 Mio. € reduziert (gemindert).

Ereignisse mit Rückwirkung sind insb. die **Anfechtung** (§§ 119 ff. BGB), die **auflösende Bedingung** (§ 158 Abs. 2 BGB) sowie die erfolgreiche Ausübung eines **gesetzlichen oder vertraglichen Rücktrittsrechts**. Sie müssen von den Beteiligten aber tatsächlich rückgängig gemacht werden (§ 41 AO). Nach der Rspr. sind sowohl der Gewinnverteilungsbeschluss als auch die Gewinnausschüttung rückwirkende Ereignisse i.S.v. § 175 AO.[307]

---

306 Daher ist die Rückzahlung einer Abfindung auch dann im Abflussjahr zu berücksichtigen, wenn die Abfindung im Zuflussjahr begünstigt besteuert worden ist (BFH vom 04.05.2006, BStBl II 2006, 911).
307 So etwa ein aktuell entschiedenes Beispiel: Vor Einführung des § 5 Abs. 3 GrEStG war die Steuervergünstigung des § 5 Abs. 2 GrEStG ganz oder teilweise zu versagen, wenn zwischen den Gesellschaftern der erwerbenden Gesamthand abgesprochen (geplant) war, dass der grundstückseinbringende Alleineigentümer seine Beteiligung an der erwerbenden Gesamthand aufgibt oder verringert. Da die Versagung der Steuervergünstigung auf der Erwartung beruhte, dass der Plan auch vollzogen wird, stellt die Aufgabe des Plans ein rückwirkendes Ereignis i.S.v. § 175 Abs. 1 S. 1 Nr. 2 AO dar (BFH vom 10.12.2008, BStBl II 2009, 473).

Exkurs: Nachträgliche Änderung der Veranlagungsart bei Ehegatten
Als rückwirkendes Ereignis werden auch **Anträge** beurteilt, mit denen der StPfl. nachträglich ein Wahlrecht ausübt. So führt der zulässige Antrag eines Ehegatten, statt der bisherigen Zusammenveranlagung eine getrennte Veranlagung durchzuführen, für den Zusammenveranlagungsbescheid des anderen Ehegatten zu einem rückwirkenden Ereignis (BFH vom 28.07.2005, BStBl II 2005, 865).[308] Ab dem VZ 2013 ist die Wahl der Veranlagungsart grds. nach Abgabe der Steuererklärung bindend, § 26 Abs. 2 S. 3 i.V.m. § 52 Abs. 68 S. 1 EStG.

Mit Urteil vom 07.07.2004 (BStBl II 2004, 1058) hat der BFH die Frage entschieden, welche verfahrensrechtlichen Folgen die Erstattung von Sonderausgaben in einem späteren Veranlagungszeitraum hat: Werden gezahlte Sonderausgaben, wie z.B. Kirchensteuer, in einem späteren Veranlagungszeitraum an den StPfl. erstattet, wird der Erstattungsbetrag aus Gründen der Praktikabilität im Erstattungsjahr mit gleichartigen Sonderausgaben verrechnet. Ist im Jahr der Erstattung ein Ausgleich mit gleichartigen Aufwendungen nicht oder nicht in voller Höhe möglich, so ist der Sonderausgabenabzug des Jahres der Verausgabung rückwirkend zu mindern (so erneut BFH vom 02.09.2008, BStBl II 2009, 229).

Die nachträgliche Erteilung oder Vorlage einer Bescheinigung oder Bestätigung gilt nach § 175 Abs. 2 S. 2 AO nicht als rückwirkendes Ereignis. § 175 Abs. 2 S. 2 AO ist allerdings nicht auf die Bescheinigung der anrechenbaren KSt bei verdeckten Gewinnausschüttungen anzuwenden (AEAO zu § 175 Nr. 2.2).

11.1 § 175 Abs. 1 S. 1 Nr. 2 AO bei laufend veranlagten Steuern

Zwar wirken Ereignisse mit steuerlicher Wirkung für die Vergangenheit auch auf laufend veranlagte Steuern ein. Nach h.M. soll aber die Rückgängigmachung eines Geschäftsvorfalls weder zur Bilanzberichtigung noch zur Bilanzänderung berechtigen. Nach BFH vom 26.07.1984 (BStBl II 1984, 786) sollen beispielsweise die Vorteile aus einem günstigen Vergleich hinsichtlich eines zurückliegenden laufenden Geschäftsvorfalls nach den auch steuerlich zu beachtenden GoB erst in der auf den Vergleichsabschluss folgenden Bilanz berücksichtigt werden und die Berichtigung der gewinnabhängigen Steuern nach § 175 Abs. 1 S. 1 Nr. 2 AO auf einen früheren Zeitpunkt nicht möglich sein. Ähnliches soll auch bei der Gewinnermittlung nach G + V und bei den Überschusseinkünften gelten. Da § 11 EStG nur auf den tatsächlichen Zufluss abstellt, hebe die Rückzahlung in einem späteren Jahr den Zufluss nicht auf, sondern führe zu einem Abfluss.

11.2 § 175 Abs. 1 S. 1 Nr. 2 AO bei Veräußerungsgeschäften

Nach h.M. ist § 175 Abs. 1 S. 1 Nr. 2 AO hingegen auf einzelne Veräußerungsgeschäfte anwendbar (aktuell dazu BFH vom 23.05.2012, BStBl II 2012, 675 und BFH vom 21.09.2009, DStR 2010, 101 zur nachträglichen Herabsetzung des Kaufpreises bei der Veräußerung

---

308 Grundsätzlich kann ein mit der Steuererklärung ausgeübtes Wahlrecht nur bis zur Unanfechtbarkeit der Steuerfestsetzung getroffen werden (BFH vom 10.05.2010, AO-StB 2010, 297). Die Rspr. zur Ausübung von steuerlichen Wahlrechten ist unübersichtlich und nicht so konsequent, wie der neue Beschluss des BFH nahelegt: Es bleibt abzuwarten, ob der BFH seine restriktiven Ausführungen generalisierend für sämtliche Wahlrechte anwenden möchte.

einbringungsgeborener Anteile). Die GoB beziehen sich nur auf die laufenden Geschäftsvorfälle und für das Entstehen eines Veräußerungsgewinns kommt es auch nicht auf den Zufluss an. Deshalb kann eine nachträgliche Kaufpreisminderung nach § 175 Abs. 1 S. 1 Nr. 2 AO berücksichtigt werden und eine Rücklage nach § 6b EStG kann rückwirkend erhöht werden, wenn sich der Kaufpreis nachträglich erhöht. § 175 Abs. 1 S. 1 Nr. 2 AO ist auch dann anwendbar, wenn der Kaufpreis uneinbringlich wird. Diese Rspr. zu § 16 Abs. 2 EStG (betrieblicher Veräußerungsgewinn) hat der BFH auch auf § 17 Abs. 2 EStG übertragen und dabei präzisiert, dass ein rückwirkendes Ereignis (nur) dann vorliege, wenn der Grund für die Rückgewähr des Kaufpreises »im Kern« im **Kaufvertrag selbst** angelegt ist (BFH vom 23.05.2012, BStBl II 2012, 675).

> **Lösung:** An sich stellt bereits die erfolgreiche Anfechtung wegen ihrer Ex-tunc-Wirkung (§ 142 BGB) ein »rückwirkendes Ereignis« i.S.d. § 175 Abs. 1 Nr. 2 AO dar. Dies ist vorliegend nicht ersichtlich. Spätestens die Rechtskraft des Urteils führt die Rückwirkung herbei.
> Bei »Einmal-Tatbeständen« wie bei der Veräußerung eines Betriebs i.S.d. § 16 EStG wendet der BFH – anders als bei laufenden Geschäften[309] – regelmäßig § 175 Abs. 1 Nr. 2 AO an.
> Der Veräußerungsgewinn des K aus dem Jahre 01 wird daher neu berechnet.

11.3 § 175 Abs. 1 S. 1 Nr. 1 AO im Bereich der Umsatzsteuer

Der VSt-Abzug nach § 15 UStG ist nicht davon abhängig, dass der Unternehmer tatsächlich nachhaltig im Leistungsaustausch tätig wird. Es genügt die nachvollziehbar und glaubhaft dargelegte Absicht, im Leistungsaustausch tätig werden zu wollen, um einen VSt-Abzug aus Eingangsleistungen geltend machen zu können. Auch Investitionen **zur Vorbereitung von Umsätzen** sind geeignet, einen Unternehmerstatus zu begründen. Das Recht auf VSt-Abzug entsteht dem Grunde und der Höhe nach bereits im Zeitpunkt des Leistungsbezugs (A 15.12 Abs. 1 S. 5 UStAE). Das FA darf den VSt-Abzug nur versagen, wenn es eine Betrugs- oder Missbrauchsabsicht nachweisen kann. Die an den Unternehmerstatus geknüpfte Berechtigung zum Abzug der VSt entfällt somit auch nicht rückwirkend, wenn der StPfl. die beabsichtigte Tätigkeit aus Gründen, die er nicht zu vertreten hat, nicht aufnimmt. Kommt es tatsächlich nicht zu nachhaltigen Tätigkeiten im Leistungsaustausch, hat dies auf die einmal begründete Unternehmerstellung grundsätzlich keinerlei Einfluss (A 2.6 Abs. 1 S. 2 UStAE).[310]

11.4 § 175 Abs. 1 S. 1 Nr. 2 AO bei Steuerklauseln

Nach der Gesetzesbegründung sollen auch sog. Steuerklauseln ein Ereignis i.S.v. § 175 AO sein. Bei dieser sog. Steuerklausel handelt es sich um eine Vereinbarung, nach der ein privatrechtliches Geschäft nur dann gelten soll, wenn es steuerlich in einer bestimmten Weise behandelt wird. Ob es sich hierbei zivilrechtlich um eine echte auflösende Bedingung i.S.d. § 158 Abs. 2 BGB oder um eine unechte Gegenwartsbedingung[311] handelt und ob sie steuerrechtlich wirksam ist, ist str. (BFH vom 28.10.2009, BStBl II 2010, 539 m.w.N.). Nach

---

309 Dort kann die Rückabwicklung eines Rechtsgeschäftes in diesem Zeitpunkt erfasst werden.
310 Zum Ganzen ausführlich *Schmidt*, Teil B, Kap. XV 1.1.
311 *Tipke/Kruse*, AO/FGO, § 175 Rz. 41.

BFH können sich die Beteiligten jedenfalls dann nicht auf eine solche Steuerklausel berufen, wenn sie ihre Vereinbarung dem FA nicht so bald wie möglich bekannt geben. § 175 Abs. 1 S. 1 Nr. 2 AO greift in diesen Fällen nicht.

12 Vertrauensschutz bei Aufhebung und Änderung von Steuerbescheiden

§ 176 AO ist keine Korrekturvorschrift, sondern schützt das Vertrauen des StPfl. in die Gültigkeit einer ihm **günstigen** Gesetzgebung, in den Bestand der Rspr. eines obersten Bundesgerichts bzw. die Übereinstimmung einer allgemeinen Verwaltungsvorschrift (z.B. EStR) mit der Rechtslage. Er gilt nur bei der **Aufhebung und Änderung** von Steuerbescheiden, nicht jedoch beim erstmaligen Erlass (BFH vom 16.04.2002, BFH/NV 2002, 1014) und auch nicht in einem Einspruchsverfahren.[312] Er greift nur, wenn sich die Rspr. in der Zeit zwischen dem Erlass des ursprünglichen Bescheids und dem Erlass des Änderungsbescheids geändert hat. Die Vorschrift erfasst jedoch nicht den Fall, dass zunächst ein Änderungsbescheid ergeht und sich erst im Anschluss hieran die Rspr. ändert (BFH vom 20.12.2000 BStBl II 2001, 409). Kein Verstoß gegen § 176 AO liegt vor, wenn die Finanzbehörde die Änderung auf BFH-Urteile stützt, mit denen die Rspr. nicht geändert, sondern lediglich **präzisiert** wurde (BFH vom 24.04.2002, BFHE 199, 148).

§ 176 AO beinhaltet keine selbständige Korrekturnorm, sondern greift nur, wenn die Änderung des Bescheids nach anderen Bestimmungen zulässig ist. Bei einer Änderung nach § 173 AO kann § 176 AO nicht zur Anwendung kommen, da diese Vorschrift bei nachträglich bekannt gewordenen Tatsachen greift und eine spätere Änderung der Rechtslage keine neue Tatsache darstellt. Auch bei der Anwendung von § 174 Abs. 1 und 2 AO kommt § 176 nicht in Betracht. Die irrtümliche Doppelberücksichtigung steuerlich relevanter Sachverhalte kann nicht durch Rechtsnormen, Urteile oder Verwaltungsanweisungen verursacht sein.

§ 176 AO gilt nach BFH vom 05.09.2000 (BStBl II 2000, 676; vgl. AEAO zu § 176, Nr. 1) auch i.R.d. § 164 AO, bei nach § 165 AO vorläufigen Steuerfestsetzungen und bei Steueranmeldungen, die gem. § 168 AO einer Steuerfestsetzung unter dem Vorbehalt der Nachprüfung gleichstehen (BFH vom 02.11.1989, BStBl II 1990, 253).

13 Berichtigung materieller Fehler (§ 177 AO)

§ 177 AO beinhaltet keine selbständige Korrekturvorschrift. Die Vorschrift gestattet lediglich, anlässlich der Berichtigung eines Steuerbescheids Rechtsfehler zu bereinigen, **soweit die Änderung reicht** (BFH vom 14.10.2009, DStR 2010, 109). § 177 AO greift somit **nicht** bei der Berichtigung eines Steuerbescheids wegen **offenbarer Unrichtigkeit** gem. § 129 AO (BFH vom 04.06.2008, BFH/NV 2008, 1801). Allerdings darf sich das FA im Rahmen seiner Ermessenserwägungen bei § 129 AO auf Saldierungsmöglichkeiten i.S.v. § 177 Abs. 2 AO

---

312 *Kühn/von Wedelstädt*, AO, § 176 Rz. 1.

berufen und gegebenenfalls die Berichtigung ablehnen (vgl. auch AEAO zu § 129 Nr. 2). Die Fehlerberichtigung nach § 177 AO kann auch durch die Grundsätze von Treu und Glauben eingeschränkt sein, wenn das FA durch sein Verhalten zu erkennen gab, dass der StPfl. mit einer Berichtigung nicht mehr zu rechnen hat. Bei Steuerbescheiden, die unter dem **Vorbehalt der Nachprüfung** stehen, ist die Änderung **unbegrenzt** möglich (§ 164 Abs. 2 AO i.V.m. § 177 Abs. 4 AO); bei **vorläufigen** Bescheiden können Fehler berichtigt werden, soweit die Vorläufigkeit reicht (§ 165 Abs. 2 AO i.V.m. § 177 Abs. 4 AO).

13.1 Materieller Fehler

Der Begriff »materieller Fehler« ist weit auszulegen. Ein Fehler i.S.v. § 177 AO liegt nicht nur vor, wenn geltendes Recht unrichtig angewendet wurde, sondern auch dann, wenn der Steuerfestsetzung ein unzutreffender Sachverhalt zugrunde gelegt wurde (BFH vom 05.08.1986, BStBl II 1987, 297). Ein Fehler ist auch anzunehmen, wenn gegen eine bindende Verwaltungsvorschrift verstoßen wurde, die sich im Rahmen des Gesetzes hält. Zwar liegt eine rechtsfehlerhafte Steuerfestsetzung auch dann vor, wenn das BVerfG eine verfassungswidrige Norm für nichtig erklärt hat oder sich die höchstrichterliche Rspr. ändert. Wegen § 176 AO darf sich die Finanzbehörde hierauf zu Ungunsten des StPfl. aber nicht berufen. Auch bei Bekanntwerden neuer Tatsachen liegt ein Rechtsfehler vor. Scheidet eine Änderung gem. § 173 AO wegen des Eintritts der Festsetzungsverjährung aus, kann deshalb eine Fehlerberichtigung nach § 177 AO in Betracht kommen (BFH vom 09.08.2006, BStBl II 2007, 87 m.w.N.).

§ 177 AO greift auch dann, wenn der Rechtsfehler verschuldet ist. Die Fehlerberichtigung ist deshalb möglich, auch wenn den StPfl. am nachträglichen Bekanntwerden der Tatsache ein grobes Verschulden trifft und eine Änderung zu seinen Gunsten nach § 173 Abs. 1 Nr. 2 AO deshalb ausgeschlossen ist. Ein saldierungsfähiger Rechtsfehler nach § 177 Abs. 3 AO liegt auch dann vor, wenn das FA einen Grundlagenbescheid nicht rechtzeitig innerhalb der Zweijahresfrist des § 171 Abs. 10 S. 1 AO ausgewertet hat und deshalb durch die Vorschriften über die Festsetzungsverjährung an einer Auswertung gem. § 175 Abs. 1 Nr. 1 AO gehindert wird (BFH vom 11.07.2007, BFH/NV 2008, 6).

13.2 Umfang der Fehlerberichtigung

Nach § 177 Abs. 1 und 2 AO **sind** materielle Fehler bei der Änderung von Steuerbescheiden zu berichtigen. Die Finanzbehörde hat demnach **kein Ermessen**. Der StPfl. hat einen Rechtsanspruch auf die Richtigstellung von Fehlern, die sich zu seinen Lasten auswirken. Der Umfang der Fehlerberichtigung ergibt sich aus dem betragsmäßigen Unterschied zwischen der Steuer aus Änderungsbescheid und geändertem Bescheid.

> **Beispiel 15: Der Grundfall**
> Die bisherige Steuer i.H.v. 1.000 € soll durch einen auf § 173 Abs. 1 Nr. 1 AO gestützten Änderungsbescheid auf 1.500 € erhöht werden.
>
> **Lösung:** Rechtsfehler zu Ungunsten des StPfl. können hier höchstens mit einer steuerlichen Auswirkung von 500 € berichtigt werden.

Greifen gleichzeitig Änderungsvorschriften zu Gunsten und zu Ungunsten des StPfl. (z.B. liegen gleichzeitig die Voraussetzungen für eine Änderung nach § 173 Abs. 1 Nr. 1 und 2 AO vor), sind **Ober- und Untergrenze** der Fehlerberichtigung anhand der steuerlichen Auswirkungen der neuen Tatsachen zu ermitteln. Die neuen Tatsachen dürfen zur Ermittlung der Berichtigungsgrenzen nicht saldiert werden (AEAO zu § 177 Nr. 2). Saldiert werden hingegen die Auswirkungen der Fehler i.S.v. § 177 AO (AEAO zu § 177 Nr. 4). Zur Ermittlung des Umfangs des Saldierungsrahmens ist nicht allein auf den zu erlassenden Änderungsbescheid abzustellen. Vielmehr sind auch alle Änderungen heranzuziehen, die aufgrund der Anwendung selbständiger Korrekturvorschriften zu Gunsten und zu Lasten des StPfl. in denjenigen Bescheiden vorgenommen worden sind, die dem zu erlassenden Änderungsbescheid vorangegangen, aber nicht formell bestandskräftig geworden sind (BFH vom 09.09.2006, BStBl II 2007, 87).

Beispiel 16: Der Spezialfall
Der Sachverhalt entspricht Beispiel 15, jedoch wurde zusätzlich eine neue Tatsache zu Gunsten des StPfl. mit einer steuerlichen Auswirkung von 300 € bekannt. Neben einem Rechtsfehler zu Gunsten des StPfl. mit einer steuerlichen Auswirkung von 500 € wurde auch ein Rechtsfehler zu Ungunsten des StPfl. mit einer steuerlichen Auswirkung von 400 € festgestellt.

Lösung:

Steuer	1.000 €	
neue Tatsache zu Ungunsten	500 €	
Berichtigungsobergrenze		1.500 €
neue Tatsache zu Gunsten	300 €	
Berichtigungsuntergrenze		700 €
Fehler i.S.v. § 177 AO saldiert	100 € zu Gunsten StPfl.	

bisherige Steuer			1.000 €
neue Tatsache zu Ungunsten		+	500 €
neue Tatsache zu Gunsten		./.	300 €
Zwischensumme			1.200 €
saldierte Rechtsfehler i.S.v. § 177 AO		./.	100 €
neue Steuer			**1.100 €**

Soweit § 177 AO die Berichtigung von Rechtsfehlern nicht ermöglicht, verbleibt es bei dem fehlerhaften Bescheid. Werden Ehegatten zusammen zur ESt veranlagt, können Rechtsfehler i.S.v. § 177 AO zu Ungunsten des einen Ehegatten auch mit steuererhöhenden Tatsachen beim anderen Ehegatten saldiert werden, da Ehegatten außerhalb der Einkunftsermittlung grds. als ein StPfl. behandelt werden (BFH vom 05.08.1986, BStBl II 1987, 297).

VII Das außergerichtliche Rechtsbehelfsverfahren

1 Übersicht

Rechtsschutz im Steuerrecht ist gekennzeichnet durch ein **zweistufiges Verfahren**. Zunächst erfolgt eine Selbstkontrolle der Verwaltung im **außergerichtlichen Einspruchsverfahren**; das Einspruchsverfahren ist von den anwendbaren Verfahrensvorschriften der AO dem Festsetzungsverfahren angenähert und wird daher oftmals als »**verlängertes Festsetzungsverfahren**« bezeichnet (etwa BFH vom 20.07.2007, BFH/NV 2007, 2069). An das außergerichtliche Einspruchsverfahren schließt sich das in der FGO geregelte gerichtliche Klageverfahren vor den Finanzgerichten an.

Das dem Klageverfahren vorgeschaltete Einspruchsverfahren erfüllt eine Doppelfunktion: Es ermöglicht der Finanzbehörde zum einen, die getroffenen Entscheidungen nochmals eigenverantwortlich in vollem Umfang (§ 367 Abs. 2 S. 1 AO) zu überprüfen und entlastet zum anderen die Finanzgerichte.[313]

Schätzungen, nach denen jeder dritte Steuerbescheid fehlerhaft ist, werden zwar von den Finanzbehörden zurück gewiesen. Das Einspruchsverfahren, in dem das FA zur nochmaligen Aufrollung des gesamten Sachverhalts angehalten wird, ist gleichwohl für den im Grundgesetz (Art. 19 Abs. 4 GG) verbürgten Individualrechtsschutz des StPfl. von überragender Bedeutung. Im Kalenderjahr 2011 wurden etwa 3,6 Mio. Einsprüche bei den FÄ eingelegt.[314] Lediglich ein geringer Teil der Einspruchsverfahren führt anschließend zu einem finanzgerichtlichen Rechtsstreit: 2011 wurden bei den Finanzgerichten 39.915 neue Klagen anhängig[315]; die Erfolgsquote von Klägern vor deutschen Finanzgerichten liegt i.Ü. seit Jahren bei weniger als 5 %.[316]

Mit der Einlegung eines Rechtsbehelfs begehrt der Adressat eines VA die Überprüfung der Entscheidung des FA. Die Rechtsbehelfe lassen sich dabei unterscheiden nach **gerichtlichen und außergerichtlichen Rechtsbehelfen** bzw. nach **förmlichen** (seit 1996 außergerichtlich nur noch der Einspruch) und **nichtförmlichen** (d.h. nicht ausdrücklich geregelten) Rechtsbehelfen.

---

313 Vgl. zur Möglichkeit der Selbstkontrolle der Verwaltung Bayerischer Oberster Rechnungshof, Jahresbericht 1983, S. 105: »Ein von der Veranlagungsstelle oder Rechtsbehelfsstelle vermiedenes Rechtsbehelfsverfahren ist im praktischen Ergebnis eine größere Leistung als ein nach Jahren zu Gunsten des Staates abgeschlossener Finanzgerichtsprozess.«

314 Nach der Statistik des BMF über die Einspruchsbearbeitung in den FÄ im Jahr 2011 erledigten sich die im Jahr 2011 abgeschlossenen 4,15 Mio. Einspruchsverfahren wie folgt: 20,3 % Rücknahme, 67,5 % Abhilfe bzw. Teilabhilfe, 11,9 % Einspruchsentscheidung und 0,3 % Teileinspruchsentscheidung.

315 Vgl. Statistisches Bundesamt (Hrsg.), Ausgewählte Zahlen für die Rechtspflege 2011 Fachserie 10. Die durchschnittliche Verfahrensdauer betrug bei den im Jahr 2011 erledigten Klagen 16,8 Monate, aktuell werden bundesweit etwa 51 % der anhängigen Klageverfahren binnen eines Jahres erledigt; nach der Rspr. führt eine überlange Verfahrensdauer allein jedoch nicht zur Verfassungs- oder Rechtswidrigkeit des angefochtenen VA und steht einer gerichtlichen Entscheidung nicht entgegen (BFH vom 15.11.2006, BFH/NV 2007, 474).

316 Vgl. *Der Spiegel* vom 27.01.2003 mit Hinweis auf eine Studie des Frankfurter Wirtschaftsprofessors *Hans Bartels*.

Die Überprüfung erlassener VA der FÄ erfolgt regelmäßig im Rahmen des Einspruchsverfahrens nach §§ 347 ff. AO. Vom Einspruchsverfahren abzugrenzen sind die außerordentlichen Rechtsbehelfe.

Der Adressat eines VA hat zum einen die Möglichkeit, dessen Korrektur, d.h. Berichtigung, Rücknahme, Widerruf, Aufhebung oder Änderung nach den **Vorschriften der AO** zu beantragen (§§ 129 ff., 172 ff. AO). Zudem hat jedermann gem. Art. 17 GG und den entsprechenden Vorschriften der Landesverfassungen das Recht, mit den in der AO nicht ausdrücklich geregelten nichtförmlichen Rechtsbehelfen eine Korrektur der Verwaltungsauffassung zu beantragen. Zu den nichtförmlichen Rechtsbehelfen gehören neben der **Gegenvorstellung** (richtet sich an die Behörde, die den VA erlassen hat) die **Sach- und Dienstaufsichtsbeschwerde** sowie die **Petition**. Das außerordentliche Rechtsbehelfsverfahren führt im Fall der Sach- oder Dienstaufsichtsbeschwerde, aber auch im Rahmen einer Petition an das Parlament regelmäßig zur Überprüfung des Sachverhaltes durch die übergeordnete Behörde. Das gesamte nichtförmliche Rechtsbehelfsverfahren ist fristlos, formlos und kostenlos.

Das **Einspruchsverfahren** weist gegenüber den **Korrekturanträgen einige Besonderheiten auf**. Die Einlegung des Einspruchs

- hemmt den Eintritt der **Bestandskraft**, d.h. der Unanfechtbarkeit des VA (sog. Suspensiveffekt);
- führt zur nochmaligen **Gesamtaufrollung** des Steuerfalles, da das FA den angefochtenen VA gem. § 367 Abs. 2 S. 1 AO nicht auf die angefochtenen Punkte beschränkt, sondern nochmals in vollem Umfang überprüft (vgl. BFH vom 20.07.2007, BFH/NV 2007, 2069: Einspruchsverfahren als verlängertes Verwaltungsverfahren);
- kann zur sog. **Verböserung** führen, d.h. der angefochtene VA kann – nach entsprechendem Hinweis – auch zum Nachteil des Einspruchführers geändert werden (§ 367 Abs. 2 AO);
- ist Voraussetzung für einen Antrag auf **Aussetzung der Vollziehung** nach § 361 AO.

Ist zweifelhaft, ob der StPfl. einen Korrekturantrag oder einen förmlichen Rechtsbehelf einlegen will, ist zu Gunsten des StPfl. von einem Einspruch auszugehen, da dieser die Rechte umfassender wahrt als ein Korrekturantrag (BFH vom 27.02.2003, BStBl II 2003, 505; vgl. AEAO zu § 347 Nr. 1 AO).[317]

2 Zulässigkeitsvoraussetzungen des Einspruchs (§ 358 AO)

2.1 Einleitung

Die Einlegung des Einspruchs hat Aussicht auf Erfolg, wenn der Einspruch **zulässig und begründet** ist. Das FA hat bei der Bearbeitung des Einspruchs zunächst zu prüfen, ob der Einspruch zulässig ist, insb. ob er form- und fristgerecht eingelegt wurde (§ 358 S. 1 AO). Ist der Einspruch unzulässig, wird er vom FA ohne weitere Sachprüfung in einer Einspruchsentscheidung als unzulässig verworfen (§§ 358 S. 2, 367 Abs. 1 S. 1 AO).

---

317 Diesen Auslegungsgrundsatz können Sie in den schriftlichen Prüfungsarbeiten oft heranziehen, da dort der Einspruchführer häufig nicht genau deutlich macht, ob er sich gegen den Steuerbescheid mit Einspruch oder einem schlichten Änderungsantrag wendet.

Beispiel 1: Zielkonflikt materielle Richtigkeit – Rechtssicherheit
Der Haftungsschuldner legt gegen einen offensichtlich rechtswidrigen Haftungsbescheid verspätet Einspruch ein.

Lösung: Das FA wird den Einspruch – ungeachtet der materiellen Rechtslage – als unzulässig verwerfen. Der Einspruch ist mit Ablauf der Einspruchsfrist unanfechtbar und damit bestandskräftig. Der Interessenkonflikt zwischen Rechtssicherheit und dem Individualrechtsschutz wird nach Ablauf der Einspruchsfrist zu Gunsten der Rechtssicherheit entschieden (vgl. BFH vom 13.01.2005, BStBl II 2005, 460); der Haftungsschuldner hat damit den – materiell rechtswidrigen – Haftungsbescheid gegen sich gelten zu lassen. Wenn der Haftungsschuldner dem Leistungsgebot nicht folgt, kann das FA den Bescheid zwangsweise vollstrecken (§§ 249 ff. AO). Im Vollstreckungsverfahren bleiben etwaige Einwendungen des Vollstreckungsschuldners, der zugrunde liegende VA sei rechtswidrig, unbeachtlich (vgl. § 256 AO).

2.2 Einzelne Zulässigkeitsvoraussetzungen

2.2.1 Zulässigkeit des Finanzverwaltungsrechtsweges (§ 347 AO)

Das Einspruchsverfahren ist als außergerichtliches Rechtsbehelfsverfahren im Bereich der Finanzverwaltung ausgestaltet. § 347 Abs. 1 S. 1 Nr. 1 AO sieht den Einspruch in erster Linie in sog. Abgabenangelegenheiten vor. Die Abgabenangelegenheit muss nach § 347 Abs. 1 S. 1 Nr. 1 AO i.V.m. § 1 Abs. 1 AO eine Abgabe betreffen, die der Gesetzgebung des Bundes oder der europäischen Gemeinschaften unterliegt und die durch Bundes- oder Landesfinanzbehörden verwaltet wird. Bei Steuerarten, die durch die Kommunen verwaltet werden (z.B. Hundesteuern), richtet sich der Rechtsschutz nicht nach der AO, sondern nach den Kommunalabgabengesetzen.

Bei der Grund- und Gewerbesteuer (Realsteuern gem. § 3 Abs. 2 AO) ist der Rechtsweg gespalten. Während die Grund- und Gewerbesteuerbescheide regelmäßig – abhängig vom jeweiligen Landesrecht – von den Kommunen festgesetzt werden[318], ist für den Erlass des Grundsteuermessbescheides sowie des Gewerbesteuermessbescheides das FA zuständig. Zuständig für den Rechtsschutz gegen die Steuermessbescheide sind demzufolge die FÄ, während sich der Rechtsschutz bezüglich der Realsteuerbescheide nach den Kommunalabgabengesetzen richtet.

Der Finanzverwaltungsrechtsweg ist nach § 347 Abs. 3 AO ebenfalls nicht eröffnet für Straf- und Bußgeldangelegenheiten; insoweit sind die ordentlichen Gerichte, d.h. in erster Instanz das Amts- oder Landgericht, zuständig. Die strafrechtliche Ahndung der Steuerhinterziehung obliegt demzufolge nicht den Finanzgerichten.

2.2.2 Statthaftigkeit des Einspruchs (§§ 347 f. AO)

2.2.2.1 Einspruchsfähige Verwaltungsakte

Nach Abschaffung des Beschwerdeverfahrens mit Wirkung zum 31.12.1995 ist der Einspruch gegen alle VA der FÄ der allein statthafte Rechtsbehelf (§ 347 Abs. 1 S. 1 i.V.m. Abs. 2 AO). Der Einspruch ist auch statthaft, wenn das FA einen VA aufhebt, ändert, zu-

---

318 Die Festsetzung der Grund- und Gewerbesteuer obliegt mit Ausnahme der Stadtstaaten Berlin, Bremen und Hamburg den Gemeinden.

rücknimmt oder widerruft oder einen Antrag auf Erlass eines VA ablehnt, denn auch die **Ablehnung eines Änderungsantrags ist gem. § 155 Abs. 1 S. 3 AO ein Steuerbescheid**. Ferner ist der Einspruch statthaft, wenn das FA einen VA gem. § 129 AO berichtigt oder eine solche Berichtigung ablehnt (BFH vom 13.12.1983, BStBl II 1984, 511); gegen einen im Einspruchsverfahren erlassenen Änderungsbescheid, mit dem dem Antrag des StPfl. voll entsprochen wird (Vollabhilfebescheid), ist der Einspruch ebenfalls statthaft (BFH vom 18.04.2007, BStBl II 2007, 736). Beantragt der StPfl. bei einer Steuerfestsetzung, die mit einer Nebenbestimmung verbunden ist, z.B. einer Steuerfestsetzung unter Vorbehalt der Nachprüfung gem. § 164 AO oder bei einer vorläufigen Steuerfestsetzung gem. § 165 AO die Aufhebung der Nebenbestimmung, ist gegen den ablehnenden Bescheid ebenfalls der Einspruch statthaft (vgl. AEAO zu § 347 Nr. 3).

Nicht statthaft und damit unzulässig ist ein Einspruch, wenn kein VA i.S.d. § 118 AO vorliegt.

Beispiel 2: Einspruch gegen eine Aufrechnungserklärung
Bei der ESt-Veranlagung ergibt sich eine Steuererstattung von 1.000 €. Im ESt-Bescheid rechnet das FA gegenüber dem StPfl. mit rückständigen Säumniszuschlägen zur Kraftfahrzeugsteuer gem. § 226 AO auf. Hiergegen möchte sich der StPfl. wenden, da nach seiner Auffassung die Voraussetzungen für eine Aufrechnung nicht erfüllt waren.

Lösung: Die Aufrechnungserklärung des FA mit Ansprüchen aus dem Steuerschuldverhältnis ist als öffentlich-rechtliche Willenserklärung kein VA i.S.d. § 118 AO (ständige Rspr., vgl. BFH vom 07.08.2007, BFH/NV 2008, 300), sondern die Ausübung eines Gestaltungsrechts. Gegen die Aufrechnungserklärung kann der StPfl. daher nicht Einspruch einlegen; ein gleichwohl eingelegter Einspruch wäre nicht statthaft gem. § 347 Abs. 1 Nr. 1 AO und damit als unzulässig zu verwerfen. Zur Verfolgung seines Rechtsschutzes muss der StPfl. einen Abrechnungsbescheid nach § 218 Abs. 2 AO beantragen, da im Steuerschuldverhältnis streitig ist, ob der Anspruch auf Rückerstattung der ESt teilweise durch die Aufrechnungserklärung erloschen ist (BFH vom 15.10.2007, BFH/NV 2008, 28). Sofern das FA im Abrechnungsbescheid weiterhin von der Rechtmäßigkeit der erfolgten Aufrechnung ausgeht, ist hiergegen der Einspruch statthaft (vgl. AEAO zu § 218 Nr. 3).

Aus Gründen des Rechtsschutzinteresses kann ausnahmsweise auch ein nichtiger VA sowie ein Scheinverwaltungsakt Gegenstand des Einspruches sein (AEAO zu § 347 Nr. 1). Nur durch den Einspruch kann der Betroffene in diesen Fällen den vom FA gesetzten Rechtsschein wieder beseitigen. Dies betrifft auch Fälle, in denen die Bekanntgabe des Verwaltungsaktes nicht wirksam erfolgte (etwa schriftliche Prüfung 2008).

Beispiel 3: Nichtiger Verwaltungsakt
Das FA richtet einen ESt-Bescheid an einen zum Zeitpunkt der Bekanntgabe verstorbenen StPfl.

Lösung: Ein Steuerbescheid, der sich an einen Toten richtet, ist nach § 125 Abs. 1 AO nichtig. Gleichwohl ist aufgrund des vom FA gesetzten Rechtsscheins auch der nichtige VA von den Rechtsnachfolgern des Verstorbenen mittels Einspruchs anfechtbar.

2.2.2.2 Untätigkeitseinspruch (§ 347 Abs. 1 S. 2 AO)
Neben der Fallgestaltung, dass der StPfl. einen VA des FA anfechten möchte, ist es möglich, dass trotz eines bestimmten Antrags des StPfl. das FA hierüber nicht entscheidet. In diesen

Fällen kann – obwohl ein VA gerade noch nicht vorliegt – gleichwohl Einspruch eingelegt werden, der sog. **Untätigkeitseinspruch** (§ 347 Abs. 1 S. 2 AO); andernfalls wäre das Gebot effektiven Rechtsschutzes beeinträchtigt, da der Zugang zu den Finanzgerichten nach § 44 FGO ein abgeschlossenes Einspruchsverfahren bedingt. Voraussetzung für die Statthaftigkeit des Einspruchs ist in diesen Fällen, dass der Einspruchsführer geltend macht, über seinen Antrag auf Erlass eines VA sei ohne Mitteilung eines zureichenden Grundes binnen angemessener Frist nicht entschieden worden.

Beispiel 4: Untätigkeitseinspruch
Der StPfl. A beantragt beim FA, aufgelaufene Säumniszuschläge wegen persönlichen Unbilligkeitsgründen zu erlassen. Die überlastete Stundungs- und Erlassstelle im FA kommt aufgrund der vordringlich zu bearbeitenden Stundungsfälle nicht dazu, den Antrag innerhalb von sechs Monaten zu bearbeiten. Lediglich eine Zwischennachricht wird erteilt, dass die Bearbeitung des Erlassantrags noch einige Zeit in Anspruch nehmen wird. Wie ist die Rechtslage?

Lösung: Mit Antrag auf Erlass der Säumniszuschläge beantragt A einen VA gem. § 227 Abs. 1 AO. Über diesen Antrag wurde ohne zureichenden Grund innerhalb angemessener Frist nicht entschieden. Die von der Stundungs- und Erlassstelle geltend gemachte Arbeitsüberlastung rechtfertigt die Nichtbearbeitung des Antrags nicht; dieser Grund liegt allein in der Sphäre der Finanzverwaltung und ist von A nicht beeinflussbar. Die verstrichenen sechs Monate sind für die Bearbeitung eines Erlassantrags auch angemessen. Dieser unbestimmte Rechtsbegriff ist im Gesetz selbst nicht definiert, so dass immer auf die Umstände des Einzelfalles abgestellt werden muss. Regelmäßig wird man sich an der für die Untätigkeitsklage gem. § 46 Abs. 1 S. 2 FGO angesprochenen Sechsmonatsfrist orientieren können mit dem Ergebnis, dass die Nichtbearbeitung eines Antrags innerhalb der Sechsmonatsfrist unangemessen ist.
A kann deshalb unbefristet (§ 355 Abs. 2 AO) Einspruch in Form des **Untätigkeitseinspruchs** gegen die Nichtbearbeitung seines Antrags einlegen. Wird sein Erlassantrag nach Einlegung des Einspruchs positiv entschieden, hat sich der Untätigkeitseinspruch erledigt.[319]

2.2.2.3 Ausschluss des Einspruchs (§ 348 AO)

Der Einspruch ist nicht gegen sämtliche VA der statthafte Rechtsbehelf. Einspruchsentscheidungen gem. § 367 AO können von der Verwaltung selbst nicht ein zweites Mal überprüft werden (§ 348 Nr. 1 AO). Statthafter Rechtsbehelf ist insoweit die Klage (§§ 40 ff. FGO). Gegen die Nichtentscheidung über einen Einspruch ist ebenfalls kein erneuter Einspruch statthaft (§ 348 Nr. 2 AO); hier kann bei Vorliegen der Voraussetzungen nach § 46 FGO unmittelbar Untätigkeitsklage beim Finanzgericht eingereicht werden. Gegen VA der obersten Finanzbehörden des Bunds und der Länder sowie gegen Entscheidungen der Oberfinanzdirektionen und der Steuerberaterkammern betr. bestimmter Streitigkeiten im Bereich des Steuerberatungsrechts kann ebenfalls ohne Durchführung des außergerichtlichen Einspruchsverfahrens **unmittelbar Klage** beim Finanzgericht erhoben werden (§ 348 Nr. 4 und 5 AO).

---

319 Der Untätigkeitseinspruch setzt sich also nicht als Einspruch gegen den erlassenen Verwaltungsakt fort. Gegen diesen muss ggf. erneut Einspruch eingelegt werden; § 365 Abs. 3 AO ist insoweit nicht anwendbar.

2.2.3 Einspruchsbefugnis (§§ 350 ff. AO)

2.2.3.1 Beschwer

Einspruchsbefugt gem. § 350 AO ist, wer geltend macht, durch einen VA oder dessen Unterlassen beschwert zu sein[320]; liegt keine Beschwer vor, ist der Einspruch vom FA als unzulässig zu verwerfen (BFH vom 09.08.2007, BFH/NV 2008, 9). Eine **Beschwer** liegt vor, wenn dem Adressaten des VA eine Last, eine Pflicht, eine Beschränkung oder ein sonstiger Nachteil auferlegt wird bzw. im Falle des Unterlassens eine Vergünstigung oder ein sonstiger entlastender VA verweigert wird (BFH vom 07.11.1986, BStBl II 1987, 94). Zur Geltendmachung der Beschwer ist es ausreichend, wenn der Einspruchsführer **schlüssig eine Rechtsverletzung darlegt**, aber auch, wenn eine Ermessenswidrigkeit gerügt wird bzw. der Einspruchsführer eine andere, ihm günstigere Ermessensentscheidung begehrt; auch durch eine fehlerhafte Ermessensausübung ist der StPfl. beschwert.[321] Ob der Einspruchsführer durch den VA tatsächlich beschwert ist, ist nicht eine Frage der Zulässigkeit, sondern der Begründetheit des Einspruchs.

In **Steuerbescheiden** ergibt sich die Beschwer i.d.R. aus der Höhe der festgesetzten Steuer, dem sog. **Tenor** des Bescheides (vgl. § 155 Abs. 1 S. 1 AO).[322] Eine Rechtsverletzung durch einen Steuerverwaltungsakt ist aufgrund des Entscheidungssatzes zu beurteilen. Die übrigen Erläuterungen dienen dagegen nur der Begründung der eigentlichen Steuerfestsetzung; diese Begründung kann auch nicht in Bestandskraft erwachsen (BFH vom 07.11.2000, BStBl II 2001, 338). Die im Steuerbescheid ausgewiesenen Besteuerungsgrundlagen können nicht selbständig angefochten werden, es sei denn, sie werden ausnahmsweise gesondert festgestellt (§§ 157 Abs. 2, 179 Abs. 1 AO).

Bei einer Steuerfestsetzung von 0 € besteht damit grundsätzlich keine Beschwer, auch wenn die der Steuerfestsetzung zugrunde liegenden Besteuerungsgrundlagen unzutreffend sind (BFH vom 20.12.2006, BFH/NV 2007, 699). Die festgesetzte Steuer ändert sich nicht, auch wenn die Behauptung des Einspruchsführers zutrifft. Der Bescheid kann daher z.B. nicht mit der Begründung angefochten werden, dass Verluste aus einer Einkunftsart zu niedrig berechnet wurden, wenn sich bei Berücksichtigung der höheren Verluste die festgesetzte Steuer nicht änderte. Lediglich in Fällen, in denen den Besteuerungsgrundlagen außersteuerliche Bindungswirkung für andere VA zukommt, kann ausnahmsweise eine Beschwer auch bei einer festgesetzten Steuer von 0 € angenommen werden (AEAO zu § 350 Nr. 3, BFH vom 08.06.2011, BStBl II 2012, 421).[323]

Beispiel 5: Beschwer
Die Tochter der StPfl. A und B beantragt Förderung nach dem BAföG. Gegenüber den A und B wurden im maßgeblichen VZ ESt i.H.v. 0 € festgesetzt, allerdings sind in den Besteuerungsgrundlagen aufgrund eines Fehlers des FA zu hohe Einkünfte aus Gewerbebetrieb angeführt;

---
320 Die Ablehnung eines beantragten Verwaltungsaktes ist selbst VA und beschwert den StPfl. stets.
321 *Kühn/von Wedelstädt*, § 350 AO Rz. 3.
322 Bei der Bearbeitung der schriftlichen Prüfungsarbeiten genügt daher regelmäßig der Hinweis, dass die **Steuerfestsetzung größer Null** ist und der Einspruchsführer daher in seinen Rechten verletzt ist.
323 So ist durch die Rspr. beispielsweise entschieden, dass für die Kindergeldfestsetzung zugunsten der Eltern der ESt-Bescheid für das Kind keine Bindungswirkung hat. Bei der Festsetzung der ESt des Kindes und der Kindergeldfestsetzung zugunsten der Eltern handelt es sich um unterschiedliche Verfahren; der für das Kind ergangene ESt-Bescheid ist auch kein Grundlagenbescheid i.S.d. § 171 Abs. 10 AO. Die Familienkasse hat die Höhe der Einkünfte und Bezüge des Kindes selbständig und ohne Bindung an den Inhalt eines für das Kind ergangenen ESt-Bescheids zu ermitteln (BFH vom 22.02.2007, BFH/NV 2007, 1083).

der Fehler führt dazu, dass der Tochter aufgrund zu hoher Einkünfte der Eltern die Gewährung von Leistungen nach dem BAföG versagt wird.

Lösung: Besteuerungsgrundlagen eines Steuerbescheides sind, sofern sie nicht gesondert festgestellt werden, nach § 157 Abs. 2 AO nicht gesondert anfechtbar. Obwohl die Steuerfestsetzung auf 0 € lautet, sind A und B durch den Steuerbescheid beschwert gem. § 350 AO. Aufgrund der Bindungswirkung für die Bearbeitung des Antrags auf BAföG der Tochter werden die Eltern durch den Steuerbescheid in ihren Rechten verletzt; sie sind daher einspruchsbefugt (vgl. BFH vom 29.05.1996, BStBl II 1996, 654).

Im Falle des Verlustvortrags und -rücktrags wirkt sich die Höhe des Verlusts nicht im Jahr des Entstehens aus, sondern erst im Abzugsjahr. Folglich ist bei einer zu niedrigen Ausweisung des Verlusts der Betroffene erst im Abzugsjahr und nicht im Jahr des Entstehens des Verlusts beschwert. Bei einer zu **niedrigen** Steuerfestsetzung kann eine Beschwer dann bestehen, wenn sich die Festsetzung in späteren VZ zu Ungunsten des StPfl. auswirken kann, beispielsweise wenn durch die begehrte höhere Steuerfestsetzung die Anrechnung von Steuerabzugsbeträgen oder von KSt ermöglicht wird und aufgrund dessen ein geringerer Betrag als bisher zu entrichten ist (AEAO zu § 350 Nr. 3).

Neben dem Adressaten des VA ist nur derjenige beschwert und damit einspruchsbefugt, der inhaltlich unmittelbar durch den Regelungsgehalt betroffen ist.

> **Beispiel 6: Beschwer bei Zusammenveranlagung**
> Die Ehegatten A und B werden gemeinsam zur ESt veranlagt. Im ESt-Bescheid werden die Einkünfte der B unzutreffend ermittelt. Auch wenn die fehlerhafte Ermittlung der Einkünfte nur die Einkünfte der B betrifft, sind A und B beide Adressaten des fehlerhaften Bescheides (zusammengefasster Bescheid gem. § 155 Abs. 3 AO). Beide Ehegatten sind daher durch den Bescheid unmittelbar betroffen, d.h. beschwert und damit einspruchsbefugt.

Ob der Einspruchsführer durch den angefochtenen VA tatsächlich beschwert ist, ist keine Frage der Zulässigkeitsprüfung, sondern der **Begründetheit**. Auch bei fehlender Begründung des Einspruchs dürfen an die Geltendmachung der Beschwer keine hohen Anforderungen gestellt werden; diese würde sonst im Ergebnis eine gesetzlich nicht vorgesehene Begründungspflicht schaffen (vgl. § 357 Abs. 3 S. 3 AO).

2.2.3.2 Einspruchsbefugnis bei der einheitlichen Feststellung (§ 352 AO)

Von der allgemeinen Beschwer nach § 350 AO abzugrenzen ist die Einspruchsbefugnis bei der einheitlichen Feststellung. Bei der einheitlichen und gesonderten Feststellung gem. §§ 179 ff. AO ist die Feststellung der Besteuerungsgrundlagen Gegenstand der Steuerfestsetzung. Insb. bei Publikumsgesellschaften wird dann durch einen einzelnen Steuerbescheid eine Vielzahl von Gesellschaftern, Gemeinschaftern oder Mitberechtigten betroffen sein. Zur Vereinfachung des Verfahrens ist gleichwohl nicht jeder Beteiligte befugt, gegen den Feststellungsbescheid Einspruch einzulegen, auch wenn er nach der Regelung in § 350 AO an sich unmittelbar durch den Bescheid betroffen ist. Im Regelfall sollen die nicht zur Geschäftsführung befugten Gesellschafter, die auch nur eingeschränkte Informationsrechte besitzen (vgl. § 166 Abs. 2 HGB), nicht über das Klageverfahren an entsprechende Informationen gelangen.

Beispiel 7: Einspruchsbefugnis bei der einheitlichen Feststellung
In einer GmbH & Co. KG sind A und B Geschäftsführer der Komplementär- GmbH. C ist Prokurist der Komplementär-GmbH und zugleich Kommanditist der KG. Neben C sind an der KG noch zahlreiche andere Gesellschafter beteiligt. Wer ist für die GmbH & Co. KG einspruchsbefugt?

Nach dem gesetzlichen normierten Grundfall in § 352 Abs. 1 Nr. 1 AO sind **lediglich die zur Vertretung berufenen Geschäftsführer einspruchsbefugt**. Der Geschäftsführer handelt – wie auch im sonstigen Rechtsverkehr – für die von ihm vertretene Gesellschaft oder Gemeinschaft. Rechtsbehelfsführer ist damit die Gesellschaft (und nicht der zur Vertretung befugte Geschäftsführer) in Prozessstandschaft für die Gesellschafter (BFH vom 27.05.2004, BFH/NV 2004, 1571). In Abkehr von seiner früheren Rspr. bejaht der Bundesfinanzhof neuerdings auch die Beteiligtenfähigkeit einer BGB-Gesellschaft bzw. einer Bruchteilsgemeinschaft im Einspruchsverfahren (BFH vom 16.10.2006, BFH/NV 2007, 238 m.w.N.).
Der zur Vertretung berufene Geschäftsführer muss selbst nicht Gesellschafter sein, so dass auch die Fälle der sog. Drittvertretung von § 352 Abs. 1 Nr. 1 AO umfasst sind (z.B. Prokurist oder Generalbevollmächtigter).

> **Lösung:** Einspruchsbefugt für die GmbH & Co. KG sind die zur Vertretung der KG berufenen Geschäftsführer, soweit solche vorhanden sind (§ 352 Abs. 1 Nr. 1 AO). In der GmbH & Co. KG ist die GmbH als Komplementärin einspruchsbefugt, die wiederum durch die Geschäftsführer A und B, sowie durch den Prokuristen C (§ 49 Abs. 1 HGB) vertreten wird. Die übrigen Kommanditisten der KG sind nicht vertretungsberechtigt und daher nicht einspruchsbefugt (vgl. § 170 HGB).

Bei Geschäftsführermehrheit entscheidet der Inhalt des Gesellschaftsvertrags oder das Gesetz, wer allein handeln darf. Unter Umständen steht die Vertretungsbefugnis allen Gesellschaftern nur gemeinsam zu (so nach der gesetzlichen Grundvorstellung bei der GbR, § 709 Abs. 1 BGB). Gesamtvertretungsberechtigte Geschäftsführer müssen gemeinschaftlich Einspruch einlegen; sind mehrere Geschäftsführer einzeln berufen, kann jeder von ihnen den Einspruch einlegen und auch wieder zurücknehmen.[324]

Sofern ein zur Vertretung berufener Geschäftsführer nicht vorhanden ist, ist **subsidiär der Einspruchsbevollmächtigte**, d.h. der gemeinsam bestellte Empfangsbevollmächtigte i.S.d. § 183 Abs. 1 S. 1 oder des § 6 Abs. 1 S. 1 der Verordnung für die gesonderte Feststellung von Besteuerungsgrundlagen nach § 180 Abs. 2 AO einspruchsbefugt (§ 352 Abs. 1 Nr. 1 i.V.m. Abs. 2 S. 1 AO). Häufig wird ein gemeinsam bestellter Empfangsbevollmächtigter nicht bestimmt sein. In diesen Fällen ist einspruchsbefugt der nach § 183 Abs. 1 S. 2 AO fingierte oder der nach § 183 Abs. 1 S. 3–5 AO oder nach § 6 Abs. 1 S. 3–5 der Verordnung über die gesonderte Feststellung von Besteuerungsgrundlagen nach § 180 Abs. 2 AO von der Finanzbehörde bestimmte Empfangsbevollmächtigte.

Jeder Beteiligte kann allerdings in den zuletzt genannten Fällen der fingierten Empfangsbevollmächtigung bzw. im Fall des von der Finanzbehörde bestimmten Empfangsbevollmächtigten gegenüber der Finanzbehörde der Einspruchsbefugnis des Empfangsbevollmächtigten **widersprechen** (§ 352 Abs. 2 S. 2 2. HS AO). Die Regelung will sicherstellen, dass der einzelne Feststellungsbeteiligte keinen Empfangsbevollmächtigten, den er nicht wünscht, »aufgedrückt« bekommt.[325] Darüber hinaus sind die Beteiligten in den Fällen

---
324 *Kühn/von Wedelstädt*, § 352 AO Rz. 4 ff.
325 *Daumke* in *Birkenfeld/Daumke*, Rechtsbehelfsverfahren, III 17.

der Einspruchsbefugnis nach § 352 Abs. 2 AO über die Einspruchsbefugnis des Empfangsbevollmächtigten in der Feststellungserklärung oder in der Aufforderung zur Benennung eines Empfangsbevollmächtigten zu belehren (§ 352 Abs. 2 S. 3 AO). Fehlt die Belehrung, ist nach § 352 Abs. 1 Nr. 2 AO jeder Beteiligte einspruchsbefugt.

Ist weder ein zur Geschäftsführung berufener Vertreter noch ein Einspruchsbevollmächtigter nach § 352 Abs. 2 AO vorhanden, ist gem. § 352 Nr. 2 AO jeder Beteiligte, gegen den der Feststellungsbescheid ergangen ist oder hätte ergehen müssen, einspruchsbefugt, soweit er durch den Bescheid steuerrechtlich in seinen Interessen betroffen ist. Ausgeschiedene Gesellschafter, Gemeinschafter oder Mitberechtigte sind nach ihrem Ausscheiden nach § 352 Abs. 1 Nr. 3 AO einspruchsbefugt, soweit sie in ihren steuerlichen Interessen betroffen sind, d.h. nur für Zeiträume vor ihrem Ausscheiden.

§ 352 Abs. 1 Nr. 4 und 5 AO regeln Fälle, in denen einzelne Beteiligte beschränkt auf bestimmte Fragen einspruchsbefugt sind. Soweit streitig ist, wer an dem festgestellten Betrag beteiligt ist und wie dieser sich auf die einzelnen Beteiligten verteilt, ist jeder Beteiligte einspruchsbefugt. Weiter reicht seine Einspruchsbefugnis in diesen Fällen allerdings nicht.

> **Beispiel 8: Einspruchsbefugnis bei negativem Feststellungsbescheid**
> Der Gesellschaftsvertrag der ABC-GbR regelt eindeutig, dass A und B Mitunternehmer der GbR sind. Bei C ist die entsprechende Vertragsklausel so missverständlich, dass das FA die Anerkennung des C als Mitunternehmer bestreitet und C als typisch stillen Gesellschafter einordnet (vgl. § 20 Abs. 1 Nr. 4 EStG). C möchte gegen den Feststellungsbescheid, in dem er nicht als Gesellschafter aufgeführt ist, Einspruch einlegen.
>
> **Lösung:** Nachdem C durch die Frage, ob er als Mitunternehmer in den Feststellungsbescheid als Beteiligter aufzunehmen ist, unmittelbar steuerlich in seinen Interessen betroffen ist, ist er einspruchsbefugt nach § 352 Abs. 1 Nr. 4 AO.

Beschränkt einspruchsbefugt sind die einzelnen Feststellungsbeteiligten zudem hinsichtlich derjenigen Fragen, die einen Beteiligten persönlich angehen (§ 352 Abs. 1 Nr. 5 AO), z.B. Sonderbetriebsvermögen und damit in Zusammenhang stehende Einnahmen und Ausgaben eines Kommanditisten.

Die Regelung über die Einspruchsbefugnis nach § 352 AO ist gleichsam anzuwenden, wenn hinsichtlich eines Feststellungsbescheides ein Korrekturantrag bzw. ein Antrag auf AdV gestellt wird.

2.2.3.3 Einspruchsbefugnis bei Rechtsnachfolge (§ 353 AO)

Bestimmte Steuerbescheide entfalten eine dingliche Wirkung, d.h. sie wirken nicht nur gegenüber dem eigentlichen Inhaltsadressaten, sondern auch gegenüber dessen Rechtsnachfolger. Dies gilt gem. § 182 Abs. 2 S. 1 AO vor allem für Einheitswertbescheide, bei denen der Gegenstand der Feststellung nach dem Feststellungszeitpunkt mit steuerlicher Wirkung übergeht. § 353 AO regelt für diese dinglich wirkenden Steuerbescheide die Einspruchsbefugnis des Rechtsnachfolgers. Dieser kann nur innerhalb der für den Rechtsvorgänger maßgebenden Einspruchsfrist Einspruch einlegen. Versäumt der Rechtsvorgänger die Anfechtung des Bescheides innerhalb der Einspruchsfrist mit der Rechtsfolge der Bestandskraft, muss der Rechtsnachfolger die eingetretene Bestandskraft gegen sich gelten lassen, obwohl er den Steuerbescheid innerhalb der Einspruchsfrist gegebenenfalls nicht zur Kenntnis nehmen konnte.

2.2.4 Einspruchsfrist (§ 355 AO)

Die Frist zur Einlegung des Einspruchs beträgt gem. § 355 Abs. 1 S. 1 AO **einen Monat (nicht: vier Wochen!)** ab Bekanntgabe des VA. Verwaltungsakte, die nach Ablauf der Einspruchsfrist nicht mehr anfechtbar sind, sind für die Beteiligten bindend; dies gilt auch dann, wenn sie gegen europäisches Recht verstoßen und dieser Verstoß später durch den EuGH festgestellt wird. Die Monatsfrist in § 355 Abs. 1 AO verstößt insoweit nicht gegen unionsrechtliche Vorgaben (BFH vom 16.09.2010, AO-StB 2011, 7).

Nachdem ein VA erst mit Bekanntgabe des Bescheides wirksam wird (§ 124 Abs. 1 S. 1 AO), beginnt auch erst zu diesem Zeitpunkt die Monatsfrist zu laufen. In diesem Zusammenhang taucht in den schriftlichen Prüfungsarbeiten häufig das Problem der fehlerhaften Bekanntgabe auf, wie etwa in der Prüfung 2010.

> **Beispiel 8a: Wiedereinsetzung in den vorigen Stand bei fehlerhafter Bekanntgabe?**
> Das FA gibt den USt-Bescheid 08 der Susi Wong am 03.05.10 mit gewöhnlichem Brief zur Post. Wegen eines Versehens des Postboten wird der Bescheid in den Briefkasten der Nachbarin eingeworfen, der sich unmittelbar oberhalb des Briefkastens von Susi Wong befindet. Nach Rückkehr aus dem Urlaub überreicht die Nachbarin am Sonntag, den 06.06.10 den Bescheid an Susi Wong. Diese legt am 06.07.10 Einspruch ein.

> **Lösung:** Die Frage der wirksamen Bekanntgabe ist bei der Frage, ob fristgerecht gegen den Bescheid Einspruch eingelegt wurde, zu prüfen, denn **ohne wirksame Bekanntgabe beginnt die Einspruchsfrist nicht zu laufen**. Die Anwendung der Drei-Tage-Fiktion in § 122 Abs. 2 Nr. 2 AO ist nicht anwendbar, wenn der VA der Adressatin später oder aber gar nicht zugegangen ist (vgl. § 122 Abs. 2 AO a.E.). Dies ist hier aufgrund des Fehlers des Postboten der Fall. Der VA wird aber in dem Zeitpunkt geheilt, in dem der zutreffende Adressat den VA tatsächlich erhält (AEAO zu § 122 Nr. 4.4.4.). Der Bescheid wird damit am 06.06.10 bekannt gegeben; dass dieser Tag ein Sonntag ist, bleibt unerheblich, da § 108 Abs. 3 AO nicht anwendbar ist, wenn es auf den tatsächlichen Zugang ankommt. Die Einspruchsfrist beginnt damit mit Ablauf des 06.06.10. Nachdem die Einspruchsfrist erst am 06.07.10 endet, war der Einspruch fristgerecht. Ein Antrag auf Wiedereinsetzung in den vorigen Stand ist deshalb nicht erforderlich.

Die Einspruchsfrist ist nur gewahrt, wenn der Einspruch **innerhalb der Frist dem FA zugegangen** ist; dafür trägt der Einspruchsführer die Feststellungslast (BFH vom 21.09.2007, BFH/NV 2008, 29). Für die Fristberechnung gelten die Vorschriften des § 108 Abs. 1 AO i.V.m. §§ 187 ff. BGB.

> **Beispiel 9: Einspruchsfrist bei Frühleerungsstempel**
> Das FA gibt den ESt-Bescheid 06 des A am Freitag, den 21.12.07 mit gewöhnlichem Brief zur Post. Aufgrund der Feiertage erreicht der Brief den A erst nach den Feiertagen am Donnerstag, den 27.12.07. Der von A formgerecht eingelegte Einspruch trägt den Eingangsstempel des FA »29.01.08 Frühleerung«. Ist der Einspruch rechtzeitig eingelegt?

> **Lösung:** Ein schriftlicher VA, der durch die Post übermittelt wird, gilt am dritten Tage nach der Aufgabe zur Post als bekannt gegeben, außer wenn er zu einem späteren Zeitpunkt zugegangen ist. Mit der Aufgabe zur Post am Freitag, den 21.12.07 gilt der ESt-Bescheid 06 nach der Bekanntgabefiktion gem. § 122 Abs. 2 Nr. 1 AO als am 24.12.07 bekannt geben. Da der Bescheid dem A jedoch erst nach Ablauf der Drei-Tage-Fiktion am Donnerstag, den 27.12.07

zugegangen ist, fällt die Bekanntgabe auf diesen Tag. Die Monatsfrist beginnt damit gem. § 108 Abs. 1 AO i.V.m. § 187 ff. BGB am Freitag, den 28.12.07 um null Uhr und endet am Sonntag, den 27.01.08 um 24 Uhr. Da das Fristende auf einen Sonntag fällt, endet die Einspruchsfrist gem. § 108 Abs. 3 AO mit Ablauf des nächstfolgenden Werktages, d.h. am Montag, den 28.01.08 um 24 Uhr. Der eingelegte Einspruch trägt den Eingangsstempel »29.01.08 Frühleerung«. Nachdem die FÄ regelmäßig über keinen Nachtbriefkasten verfügen, wird die am Morgen aus den Briefkästen des FA entnommene Post mit dem »Frühleerungsstempel« versehen; in diesen Fällen wird zu Gunsten des Absenders unterstellt, dass das eingeworfene Schreiben das FA am Tag der Frühleerung noch vor null Uhr erreicht hat.[326] Vorliegend kann also unterstellt werden, dass das mit dem Frühstempel versehene Schreiben das FA noch am 28.01.07 und damit vor Fristablauf erreicht hat. Der Einspruch erfolgte daher fristgerecht.

Für **Steueranmeldungen** (§ 168 AO) gilt ebenfalls eine einmonatige Einspruchsfrist, die bei nicht zustimmungsbedürftigen Steueranmeldungen mit dem Eingang der Steueranmeldung beim FA beginnt, bei zustimmungsbedürftigen Steueranmeldungen mit der Bekanntgabe der Zustimmung (§ 355 Abs. 1 S. 2 AO).

Der Untätigkeitseinspruch kann gem. § 355 Abs. 2 AO unbefristet erhoben werden, da kein VA bekannt gegeben worden ist.

Beim Erlass von Steuerbescheiden ist der Beteiligte über die Art des Rechtsbehelfs, über die Finanzbehörde, bei der der Einspruch einzulegen ist, deren Sitz und die Einspruchsfrist zu **belehren** (§ 157 Abs. 1 S. 3 AO, § 356 Abs. 1 AO).[327] Darüber hinausgehende Erläuterungen sind zulässig, müssen aber richtig und unmissverständlich sein. Auch bei mündlichen VA ist eine Rechtsbehelfsbelehrung tunlich, da ansonsten Wiedereinsetzung in den vorigen Stand in Betracht kommen kann. Die Fälle einer fehlerhaften Rechtsbehelfsbelehrung sind in der Praxis selten, da von den FÄ vor dem Hintergrund fortschreitender Automation zumeist sachlich einwandfreie Textbausteine verwendet werden; **in Prüfungsaufgaben sind fehlerhafte oder gar fehlende Rechtsbehelfsbelehrungen dagegen häufig anzutreffen** (so zuletzt in der Prüfung 2010). Achten Sie auf Fehler in der Rechtsbehelfsbelehrung insb. dann, wenn VA des FA in der Aufgabe wörtlich wiedergegeben werden.

Fehlt bei einem Steuerbescheid die erforderliche Rechtsbehelfsbelehrung, führt dies nicht zur Nichtigkeit des Bescheides; gleichwohl hat der formale Mangel eine besonders prüfungsrelevante Rechtsfolge: Die einmonatige Einspruchsfrist beginnt nicht, wenn bei schriftlichen VA die Rechtsbehelfsbelehrung fehlt oder unrichtig ist (§ 356 Abs. 1 AO). Bei **mündlichen** VA (z.B. Zollbescheiden gem. § 36 Abs. 2 ZG, Prüfungsentscheidungen nach dem StBerG) ist die ordnungsgemäße Rechtsbehelfsbelehrung dagegen nicht Voraussetzung für den Beginn der Einspruchsfrist.[328] Die Einspruchsfrist beginnt i.Ü. auch dann nicht zu laufen, wenn dem VA eine zu Gunsten des StPfl. falsche Rechtsbehelfsbelehrung beigefügt wird (BFH vom 06.07.1983, BStBl II 1984, 84).

Fehlt die Rechtsbehelfsbelehrung oder wurde sie unrichtig erteilt, kann der Einspruchsführer – nachdem die Monatsfrist nicht zu laufen beginnt – **innerhalb eines Jahres** seit Bekanntgabe zulässigerweise Einspruch gegen den VA einlegen (§ 356 Abs. 2 AO). Die Jahresfrist gem. § 356 Abs. 2 AO gilt auch dann nicht, wenn der Einspruchsführer infolge

---

326 Bei Verwendung eines Frühleerungsstempels gilt das Schriftstück zu Gunsten des Absenders als am Vortag eingegangen (vgl. BFH vom 28.10.1987, BStBl II 1988, 111).
327 Ein Hinweis auf die Bedeutung des § 108 Abs. 3 AO für die Ermittlung des Tages der Bekanntgabe (§ 122 Abs. 2 Nr. 1 AO) ist dagegen nicht erforderlich (BFH vom 07.03.2006, BStBl II 2006, 455).
328 Vgl. BFH vom 23.02.2005, DStRE 2005, 781 für die Bekanntgabe von Zollverwaltungsakten.

höherer Gewalt gehindert war, vor Fristablauf Einspruch einzulegen. Der Einspruch ist in diesen Fällen unbefristet, muss aber innerhalb eines Monats nach Wegfall des Hindernisses nachgeholt werden (§ 356 Abs. 2 AO i.V.m. § 110 Abs. 2 AO).

Zur Wahrung der Einspruchsfrist ist es ferner erforderlich, dass der Einspruch vor Fristablauf bei der zuständigen Behörde eingeht, d.h. bei der Finanzbehörde, deren VA angefochten wird oder bei der ein Antrag auf Erlass eines VA gestellt worden ist (§ 357 Abs. 2 S. 1 AO), die sog. **Anbringungsbehörde**.[329] Bei Feststellungs- und Steuermessbescheiden kann der Einspruch fristwahrend auch bei der für die Erteilung des Steuerbescheides zuständigen Behörde eingereicht werden (§ 357 Abs. 2 S. 2 AO, häufiges Prüfungsproblem). Die Einreichung des Einspruchs bei einer unzuständigen Behörde (z.B. bei der vorgesetzten Behörde oder im Zusammenhang mit einer Petition beim Landesparlament) wahrt die Einspruchsfrist nur, wenn der Einspruch noch innerhalb der Frist der Anbringungsbehörde zugeht (§ 357 Abs. 2 S. 4 AO); **das Risiko des rechtzeitigen Zugangs trägt insoweit allein der StPfl.** (BFH vom 21.09.2007, BFH/NV 2008, 29; AEAO zu § 357 Nr. 2).

2.2.5 Einlegung des Einspruchs (§ 357 AO)

Die Zulässigkeit des Einspruchs setzt weiter voraus, dass den formalen Voraussetzungen der Einspruchseinlegung genügt wird. Der Einspruch ist gem. § 357 Abs. 1 S. 1 AO **schriftlich** einzureichen oder zur Niederschrift zu erklären. Die Schriftform ist gewahrt, wenn der Einspruch per Telegramm (§ 357 Abs. 1 S. 3 AO) oder per Telefax eingelegt wird (AEAO zu § 357 Nr. 1). Die Schriftform kann durch die Generalklausel des § 87a Abs. 3 AO auch durch die elektronische Form ersetzt werden. Nach Auffassung der Finanzverwaltung[330] bedarf es insoweit keiner elektronischen Signatur (AEAO zu § 357 Nr. 1), so dass auch eine gewöhnliche E-Mail ohne elektronische Signatur die Formvorschrift erfüllt.

Im Gegensatz zur Klageerhebung muss der Einspruch nicht eigenhändig unterschrieben sein, obwohl das Gebot der Schriftform in § 357 Abs. 1 S. 1 AO an sich das Erfordernis einer handschriftlichen Unterschrift vermuten lässt (vgl. § 126 Abs. 1 BGB).[331] Es genügt vielmehr, wenn aus dem Schriftstück hervorgeht, wer den Einspruch eingelegt hat (§ 357 Abs. 1 S. 2 AO, sprechen Sie dies bei der Lösung der schriftlichen Prüfungsarbeiten auch immer kurz an); im Regelfall ist damit die bloße Absenderangabe bzw. die Angabe der Steuernummer des Einspruchführers ausreichend. Eine telefonische Einspruchseinlegung ist dagegen nicht formgerecht, auch wenn das Telefonat vom Sachbearbeiter im FA protokolliert wird.

§ 357 Abs. 3 AO empfiehlt weitere einzuhaltende formelle Vorgaben; es handelt sich hierbei allerdings um eine bloße **Sollvorschrift**. Ein Zwang für die Begründung des eingelegten Einspruchs besteht gem. § 357 Abs. 3 S. 3 AO nicht. Gleichwohl ist eine Begründung des Einspruchs dringend zu empfehlen, da das FA ohne bestimmte Anhaltspunkte die Rechtmäßigkeit des angefochtenen Bescheides kaum überprüfen kann.[332]

---

329 Auch wenn dies in den schriftlichen Prüfungsarbeiten regelmäßig unproblematisch ist: dieser Punkt ist oftmals Gegenstand der »unverbindlichen Lösungshinweise«, weisen Sie also auf das Vorliegen dieser Voraussetzung ausdrücklich hin.
330 Vgl. AEAO zu § 357 Nr. 1.
331 Richtiger wäre daher wohl nach neuerer zivilrechtlicher Rechtslage die Bezeichnung als Textform, vgl. § 126b BGB.
332 Die Sollvorschrift des § 357 Abs. 3 S. 3 AO ist häufig Gegenstand der schriftlichen Prüfung. Auch wenn die Zulässigkeit des Einspruchs an der fehlenden Begründung nicht scheitert, ist die fehlende Begründung im Rahmen einer gutachterlichen Prüfung kurz anzusprechen.

Eine **unrichtige Bezeichnung des Einspruchs** führt nicht zu dessen Unzulässigkeit (§ 357 Abs. 1 S. 4 AO). Aus dem Einspruch muss lediglich hervorgehen, dass der Einspruchsführer mit dem angefochtenen VA nicht einverstanden ist. Das Gesetz folgt damit dem allgemein gültigen Verfahrensgrundsatz, dass Verfahrenshandlungen auslegungsfähig sind (Rechtsgedanke des § 133 BGB, BFH vom 18.01.2007, BStBl II 2007, 369). In Prüfungsaufgaben ist die unrichtige Bezeichnung des Einspruchs häufiger anzutreffen als eine korrekte Bezeichnung. Generell gilt, dass § 357 AO Gegenstand nahezu jeder schriftlichen Prüfungsaufgabe ist.

2.2.6 Einspruchsverzicht und Einspruchsrücknahme

2.2.6.1 Einspruchsverzicht (§ 354 AO)

Verzichtet der StPfl. nach Erlass des Verwaltungsaktes auf die Einlegung eines Einspruchs, wird der VA bestandskräftig; ein gleichwohl anschließend erhobener Einspruch wäre unzulässig (§ 355 Abs. 1 S. 3 AO). Anwendung findet die Vorschrift im Bereich des Außensteuerrechts, da bei bilateralen Verträgen die Einleitung und Durchführung von Verständigungs- oder Schiedsverfahren oftmals die Bestandskraft der zugrunde liegenden VA vorausgesetzt wird. § 354 Abs. 1a AO ermöglicht daher einen beschränkten, auf bestimmte Besteuerungsgrundlagen bezogenen Teilverzicht, über die im zwischenstaatlichen Verfahren eine Verständigung erzielt werden soll. Der Anwendungsbereich der Vorschrift ist i.Ü. in der Praxis ohne Bedeutung.

2.2.6.2 Einspruchsrücknahme (§ 362 AO)

Ein bereits eingelegter Einspruch kann bis zur Bekanntgabe der Einspruchsentscheidung wieder zurückgenommen werden (§ 362 AO). Die für die Einspruchseinlegung geltenden Vorschriften gelten sinngemäß (§ 362 Abs. 1 S. 2 AO), d.h. die Rücknahme muss insbesondere schriftlich erfolgen. Im Gegensatz zum Einspruchsverzicht führt die Rücknahme nicht zur sofortigen Bestandskraft des angefochtenen Bescheides, sondern lediglich zum Verlust des eingelegten Einspruchs. Innerhalb der Einspruchsfrist kann daher erneut Einspruch eingelegt werden.

> **Beispiel 10: Vorschnelle Einspruchsrücknahme**
> A legt gegen den ESt-Bescheid 01 zulässigerweise Einspruch ein. Das FA teilt ihm daraufhin mit, dass sein Einspruch zwar an sich begründet sei; allerdings habe eine erneute Überprüfung des Sachverhaltes ergeben, dass die Veranlagungsstelle WK des A zu Unrecht berücksichtigt habe. Insgesamt sei deshalb – mit Hinweis auf § 367 Abs. 2 S. 2 AO – eine Änderung des ESt-Bescheides zum Nachteil des A veranlasst. A möchte der drohenden Verböserung entgehen und nimmt den Einspruch formgerecht nach § 362 AO zurück. Noch innerhalb der Einspruchsfrist erfährt er, dass das FA die streitigen WK nach einer geänderten Verwaltungsanweisung doch hätte anerkennen müssen.
>
> **Lösung:** A kann innerhalb der Einspruchsfrist erneut Einspruch gegen den ESt-Bescheid 01 einlegen; der Gefahr der Verböserung kann er durch Hinweis auf die geänderte Verwaltungsanweisung entgehen.

Eine zulässige – und damit eine Verböserung durch die Einspruchsentscheidung hindernde – Rücknahme des Einspruchs »bis zur Bekanntgabe der Entscheidung über den Einspruch«

nach § 362 Abs. 1 S. 1 AO liegt auch dann vor, wenn die Rücknahmeerklärung beim FA entsprechend § 122 Abs. 2 Nr. 1 AO vor Ablauf des dritten Tages nach Aufgabe der Einspruchsentscheidung zur Post eingeht; dies gilt selbst dann, wenn die Einspruchsentscheidung dem StPfl. tatsächlich vor Ablauf dieses für die Bekanntgabefiktion nach § 122 Abs. 2 Nr. 1 AO maßgeblichen Tages bekannt wurde (BFH vom 26.02.2002, BFH/NV 2002, 1409). In diesem Fall wird der schon erlassene – aber nach § 122 Abs. 2 Nr. 1 AO eben noch nicht bekannt gegebene und damit noch nicht wirksame – VA durch eine Rechtshandlung des Einspruchsführers (nämlich die Rücknahme des Einspruchs) rechtswidrig und angreifbar; eine merkwürdige Konstellation, die sich aus der Bekanntgabefiktion von VA ergibt. Die Rücknahme des Einspruchs verstößt im Übrigen nicht gegen den Grundsatz von Treu und Glauben und kann nicht als »illoyale Rechtsausübung« angegriffen werden: Genauso wie es dem StPfl. freisteht, einen Einspruch einzulegen, kann er ihn auch wieder zurücknehmen (BFH vom 05.11.2009, BStBl II 2010, 720).

Bei der **Bearbeitung schriftlicher Prüfungsaufgaben ist unbedingt darauf zu achten**, dass die Sachentscheidungsvoraussetzungen nicht schematisch abgehandelt werden, sondern lediglich diejenigen Voraussetzungen näher geprüft werden, deren Vorliegen nach dem Sachverhalt zweifelhaft ist. Sind die Zulässigkeitsvoraussetzungen unstreitig gegeben, genügt ein kurzer Hinweis, dass der Einspruch statthaft ist, form- und fristgerecht eingelegt wurde und der Einspruchsführer eine Beschwer geltend macht.

3 Das Einspruchsverfahren

3.1 Einspruchsverfahren als verlängertes Festsetzungsverfahren

Das Einspruchsverfahren wird oft als **verlängertes oder fortgesetztes Verwaltungsverfahren**[333] bezeichnet. Im Grundsatz gelten für das Einspruchsverfahren die gleichen Verfahrensvorschriften wie bei Erlass des angefochtenen oder des begehrten VA (§ 365 Abs. 1 AO). Der Sachverhalt wird damit von der Finanzbehörde nochmals in vollem Umfange untersucht, auch wenn der Einspruchsführer seinen Einspruch auf bestimmte Punkte beschränkt hat.[334] Das Veranlagungsverfahren wird also im Ergebnis nochmals gänzlich aufgerollt (**Grundsatz der Gesamtaufrollung**, § 367 Abs. 2 S. 1 AO); insoweit ist auch der Ablauf der Festsetzungsfrist gem. § 171 Abs. 3a AO in vollem Umfang gehemmt. Im Einspruchsverfahren sind Ermessensentscheidungen des FA nicht lediglich auf Ermessensfehler zu überprüfen, sondern es kann auch eine erneute Ermessensentscheidung getroffen werden; maßgebend ist dann die Sach- und Rechtslage im Zeitpunkt der Bekanntgabe der Einspruchsentscheidung.[335] Aus diesem Grund ist die Finanzbehörde auch befugt, den angefochtenen VA zum Nachteil des Einspruchführers abzuändern, allerdings nur, soweit dieser vor Erlass

---
333 Vgl. BFH vom 14.03.2012, BStBl II 2012, 536 m.w.N.
334 Mit dieser Feststellung sollten in der schriftlichen Prüfung die Ausführungen zur Begründetheit des Einspruchs beginnen, da für diese »Selbstverständlichkeit« in den letzten Jahren immer wieder Wertungspunkte vorgesehen waren.
335 Wird z.B. die Festsetzung eines Verspätungszuschlags mit Einspruch angefochten und im Verlauf des zwei Jahre dauernden Einspruchsverfahrens wiederum keine Steuererklärung abgegeben, liegt darin eine wesentliche Intensivierung des Verspätungszeitraums und zugleich des Verschuldens, so dass auch eine erneute Ermessensausübung gerechtfertigt sein kann (BFH vom 19.11.2007, BFH/NV 2008, 335).

der Einspruchsentscheidung i.R.d. obligatorischen Gewährung rechtlichen Gehörs auf die Möglichkeit der sog. **Verböserung** hingewiesen wurde und dem Einspruchsführer damit die Gelegenheit gegeben wird, den Einspruch zurückzunehmen (§ 367 Abs. 2 S. 2 AO).[336]

Das FA ist selbst dann noch zum Erlass einer verbösernden Einspruchsentscheidung gem. § 367 Abs. 2 S. 2 AO berechtigt, wenn es zuvor einen Änderunsgbescheid erlassen hat, in dem es dem Einspruchsbegehren teilweise entsprochen, jedoch nicht in voller Höhe abgeholfen hat (sog. Teilabhilfebescheid, BFH vom 06.09.2006, BStBl II 2007, 84). Dies ist konsequent, denn der während des Einspruchsverfahrens erlassene teilweise Abhilfebescheid hat keine stärkere Bestandskraft als der durch ihn geänderte Bescheid.

Im Einspruchsverfahren ist weiterhin der **Untersuchungsgrundsatz** anwendbar, demzufolge die Finanzbehörde den Sachverhalt von Amts wegen ermittelt (§ 88 AO). Die Aufklärungspflicht der Finanzbehörde wird allerdings von der Zumutbarkeit der Aufklärungsmaßnahmen und den Mitwirkungspflichten des Einspruchsführers begrenzt (vgl. AEAO zu § 365 Nr. 1). Dies kommt insb. dann in Betracht, wenn der Einspruch trotz Aufforderung nicht begründet wird.

Während des Einspruchverfahrens gelten weiterhin die Vorschriften über die Rücknahme, den Widerruf, die Aufhebung und die Änderung von VA (§ 132 AO). Im Falle einer **Änderung** wird der neue, geänderte VA ipso iure – d.h. auch ohne ausdrücklichen Antrag – Gegenstand des Einspruchsverfahrens (§ 365 Abs. 3 S. 1 AO). Eine Ersetzung i.S.d. § 365 Abs. 3 AO liegt auch dann vor, wenn sich ein angefochtener Vorauszahlungsbescheid mit Wirksamwerden der Jahressteuerfestsetzung erledigt (AEAO zu § 365 Nr. 2). Wird ein unter dem Vorbehalt der Nachprüfung ergangener Steuerbescheid mit Einspruch angefochten und hebt das FA den Vorbehalt der Nachprüfung während des Einspruchsverfahrens auf, so wird der Bescheid, mit dem der Vorbehalt der Nachprüfung aufgehoben wird, gem. § 365 Abs. 3 AO Gegenstand des Einspruchsverfahrens (BFH vom 26.06.2002, BStBl II 2003, 112). Ein besonderer Antrag des Einspruchsführers ist insoweit nicht nötig.[337]

Ist wegen der Verfassungsmäßigkeit einer Rechtsnorm oder wegen einer Rechtsfrage ein Verfahren beim EuGH, dem BVerfG oder einem obersten Bundesgericht anhängig und wird der Einspruch hierauf gestützt, ruht das Einspruchsverfahren insoweit gem. § 363 Abs. 2 AO; dies gilt nicht, wenn nach § 165 Abs. 1 S. 2 Nr. 3 AO die Steuer vorläufig festgesetzt wurde (§ 363 Abs. 2 S. 2 AO). Voraussetzung der gesetzlichen Zwangsruhe ist damit, dass sich der Einspruchsführer zur Begründung seines Einspruchs auf ein bei einem der o.g. Gerichte anhängiges Verfahren beruft, das noch nicht abgeschlossen ist und dieses Musterverfahren für das Einspruchsverfahren **präjudizielle Bedeutung** hat; es muss daher eine auch in dem Einspruchsverfahren entscheidungserhebliche Rechtsfrage betreffen. Ein kraft Gesetzes ruhendes Verfahren kann nach § 363 Abs. 2 S. 4 AO durch das FA fortgesetzt werden; die Entscheidung über die Fortsetzung steht im pflichtgemäßen Ermessen des FA und muss daher entsprechend begründet werden (BFH vom 26.09.2006, BStBl II 2007, 222).

---

336 Der Verböserungshinweis ist nur dann – ausnahmsweise – entbehrlich, wenn eine erhöhte Steuerfestsetzung auch nach Rücknahme des Einspruchs aufgrund einer anderen Korrekturvorschrift möglich ist, etwa gem. § 164 Abs. 2 AO. In diesen Fällen wäre der Hinweis ein überflüssiger Formalismus (so auch BFH vom 25.02.2009, BStBl II 2009, 587).

337 Die Ersetzungsregelung des § 365 Abs. 3 AO findet auf Änderungen nach §§ 172 ff. AO außerhalb des Einspruchsverfahrens keine analoge Anwendung (BFH vom 07.11.2006, BStBl II 2007, 236). Damit steht etwa die Bestandskraft eines nach einem Antrag auf schlichte Änderung ergangenen Steuerbescheides einer erneuten Änderung nach dieser Vorschrift unter Berufung auf die vorausgegangene Zustimmung bzw. den vorausgegangenen Antrag entgegen.

Das Einspruchsverfahren ist **kostenfrei**. Einspruchsführer und Finanzbehörde tragen ihre eigenen Aufwendungen jeweils selbst. Eine Ausnahme ergibt sich lediglich aus § 139 Abs. 3 S. 3 FGO, wenn sich an das Einspruchsverfahren ein Klageverfahren anschließt und das Finanzgericht im Falle des Obsiegens des Klägers die Zuziehung eines Bevollmächtigten oder Beistandes für das Einspruchsverfahren für notwendig erklärt. Die AO sieht hingegen keine Kostenerstattung für Kosten des Vorverfahrens vor, wenn es nicht zu einer Klageerhebung kommt; dies ist nach Auffassung des BFH mit dem GG vereinbar (BFH vom 23.07.1996, BStBl II 1996, 501).

Ob der Einspruchsführer seine entstandenen Kosten auf dem Wege eines Amtshaftungsanspruches gem. § 839 BGB und Art. 34 GG geltend machen kann, ist im Einzelnen umstritten.[338] Voraussetzung hierfür ist der Nachweis eines Verschuldens des FA im Rahmen der fehlerhaften Steuerveranlagung und die Bezifferung der hierdurch verursachten Aufwendungen. Das Verschulden des Sachbearbeiters kann sich dabei aus manuellen Fehlern, Rechtsanwendungsfehlern, aber auch aus der vom Standpunkt des Beamten zutreffenden Beachtung eines Nichtanwendungserlasses der Finanzverwaltung ergeben. Der Amtshaftungsanspruch ist zunächst gegenüber dem FA geltend zu machen und muss für den Fall der behördlichen Ablehnung vor den Zivilgerichten – also nicht vor dem Finanzgericht – geltend gemacht werden.[339]

3.2 Mündliche Erörterung (§ 364a AO)

Die mit Wirkung zum 01.01.1996 eingefügte Vorschrift soll eine einvernehmliche Erledigung der Einspruchsverfahren fördern und Streitfälle von den Finanzgerichten fernhalten. Die **praktische Bedeutung der Regelung ist gering**, nur wenige Einspruchsführer machen von ihrem Antragsrecht nach § 364a Abs. 1 S. 1 AO Gebrauch. Bei der Ladung des Einspruchsführers zu einer mündlichen Erörterung bzw. bei der Ablehnung eines Antrags auf mündliche Erörterung handelt es sich zwar um eigenständige VA; als verfahrensleitende Verfügungen sind diese jedoch – analog dem Rechtsgedanken in § 128 Abs. 2 FGO – nicht selbständig anfechtbar.[340]

3.3 Setzung von Präklusionsfristen (§ 364b AO)

§ 364b AO sieht vor, dass die Finanzbehörde im Einspruchsverfahren dem Einspruchsführer in bestimmten Fällen eine Frist zur Mitwirkung setzen kann (sog. **Ausschlussfrist**). Erklärungen und Beweismittel, die nach Ablauf der gesetzten Präklusionsfrist vorgebracht werden, bleiben unberücksichtigt (§ 364b Abs. 2 S. 1 AO). Von der Fristsetzung nach § 364b AO ist nach dem AEAO zu § 364b Nr. 1 insb. in Einspruchsverfahren, die einen **Schätzungsbescheid** nach Nichtabgabe der Steuererklärung betreffen, Gebrauch zu machen. Nach dem Willen des Gesetzgebers soll § 364b AO dem Missbrauch des Rechtsbehelfsverfahrens zu

---

338 Näher hierzu ausführlich *Kilian/Schwerdtfeger*, Amtshaftung und Einspruchsverfahren, DStR 2006, 1773 sowie *Balmes/von Collenberg*, Die Amtshaftung im Steuerrecht, AO-StB 2003, 77 ff.
339 Im Einzelnen *Kohlhepp*, Kosten des Einspruchsverfahrens und Amtshaftung wegen fehlerhafter Steuerveranlagung durch das FA, DStR 2006, 549.
340 Mittlerweile bestätigt durch BFH vom 11.04.2011, BStBl II 2012, 539; vgl. auch *Hübschmann/Hepp/Spitaler*, AO, § 364a Rz. 72 ff. m.w.N., auch mit Hinweisen zur abweichenden Auffassung.

rechtsbehelfsfremden Zwecken entgegenwirken, insb. als »Fristverlängerungsverfahren« hinsichtlich der Abgabe von Steuererklärungen.

Nach § 76 Abs. 3 S. 1 FGO kann auch das FG Erklärungen und Beweismittel, die erst nach Ablauf der vom FA gesetzten Frist im Einspruchsverfahren oder im Klageverfahren vorgebracht werden, zurückweisen und ohne weitere Ermittlungen entscheiden; die Maßstäbe des § 79b Abs. 3 FGO gelten hier sinngemäß (§ 76 Abs. 3 S. 2 FGO). Dem FG wird für die Frage der Zurückweisung somit – anders als dem FA in § 364b AO – ein Verfahrensermessen eingeräumt. Die Voraussetzungen des § 79b Abs. 3 FGO sind erfüllt, wenn die Zulassung der verspätet vorgebrachten Erklärungen und Beweismittel die Erledigung des Rechtsstreits **verzögern** würde. Eine Verzögerung tritt dann ein, wenn der Rechtsstreit bei Zulassung der verspäteten Erklärungen und Beweismittel länger als bei deren Zurückweisung dauern würde. Danach kann es zu keiner Verzögerung kommen, wenn eine Erledigung in der ersten vom FG nach pflichtgemäßen Ermessen terminierten mündlichen Verhandlung möglich ist. Das FA kann dann – trotz seiner rechtmäßigen Fristsetzung – im nachfolgenden Klageverfahren einen Abhilfebescheid gem. § 172 Abs. 1 S. 1 Nr. 2 Buchst. a AO erlassen. Bei Versäumen der Präklusionsfrist kommt gem. § 364b Abs. 2 S. 3 AO eine Wiedereinsetzung in den vorigen Stand in Betracht, wenn das Versäumen der Frist schuldlos erfolgte. § 137 FGO wurde zwischenzeitlich dahingehend ergänzt, dass in Fällen, in denen das FG nach § 76 Abs. 3 FGO Erklärungen und Beweismittel berücksichtigt, die im Einspruchsverfahren rechtmäßig zurückgewiesen wurden, dem Kläger insoweit die Kosten aufzuerlegen sind.

Umstritten ist, ob es sich bei der Fristsetzung nach § 364b AO um einen selbständig anfechtbaren VA i.S.d. § 118 AO handelt. Nach Auffassung der Verwaltung ist über Einwendungen gegen die Fristsetzung nicht in einem gesonderten Verfahren, sondern i.R.d. Entscheidung über den Einspruch gegen den Steuerbescheid zu entscheiden (AEAO zu § 364b Nr. 4). Zwar sei die Aufforderung nach § 364b Abs. 1 AO ein VA i.S.d. § 118 AO, aber als verfahrensleitende Verfügung analog dem Rechtsgedanken in § 128 Abs. 2 FGO nicht selbständig anfechtbar.[341]

3.4 Bindungswirkung anderer Verwaltungsakte (§ 351 AO)

3.4.1 Anfechtbarkeit von Änderungsbescheiden

Das FA hat den angefochtenen VA auch dann in vollem Umfange zu überprüfen, wenn es sich um einen Änderungsbescheid handelt (§ 367 Abs. 2 S. 1 AO). Allerdings kann ein Änderungsbescheid aufgrund des eingelegten Einspruchs nur insoweit geändert werden, als er von dem ursprünglichen Bescheid abweicht, soweit also die Änderung reicht (§ 351 Abs. 1 AO). § 351 AO schränkt damit die Einspruchsbefugnis eines beschwerten StPfl. klarstellend ein; ein Änderungsbescheid trifft **nur im Umfang der Änderung** eine neue Regelung, während der übrige Inhalt des Verwaltungsaktes lediglich wiederholt wird. Die wiederholende Verfügung ist aber nicht erneut angreifbar. Die Anfechtung eines Änderungsbescheides führt daher im Ergebnis nur zu einer teilweisen Aufhebung der Bestandskraft; § 351 AO ist nach Auffassung der Rspr. eine eigenständige einschränkende Zulässigkeitsvoraussetzung.[342] War der ursprüngliche Bescheid bei Erlass des Änderungsbescheides noch nicht bestandskräftig, greift die Einspruchsbeschränkung des § 351 Abs. 1 AO nicht; § 351 Abs. 1 AO setzt voraus,

---

341 Umstritten, vgl. *Hübschmann/Hepp/Spitaler*, AO, § 364b Rz. 67 ff.
342 *Kühn/von Wedelstädt*, AO, § 351 Rz. 1 m.w.N.

dass ein bestandskräftiger (»unanfechtbarer«) Steuerbescheid geändert wurde (BFH vom 18.04.2007, BFH/NV 2007, 1554).

Beispiel 11: Anfechtbarkeit von Änderungsbescheiden
Aufgrund des Bekanntwerdens neuer Tatsachen (§ 173 Abs. 1 Nr. 1 AO) ändert das FA einen ESt-Bescheid in der Form, dass die festgesetzte Steuer um 1.000 € erhöht wird. Der ursprüngliche Steuerbescheid ist nach Ablauf der Einspruchsfrist mittlerweile bestandskräftig geworden. Der StPfl. macht im Einspruchsverfahren gegen den Änderungsbescheid nunmehr geltend, dass im ursprünglichen Steuerbescheid Sonderausgaben i.H.v. 2.000 € nicht berücksichtigt worden seien.

Lösung: Im Einspruchsverfahren bezüglich des Änderungsbescheides können Einwendungen, die bereits gegen die ursprüngliche Steuerfestsetzung hätten vorgebracht werden können, vorgetragen werden. Eine Änderung ist allerdings nur in dem Umfang möglich, als der Änderungsbescheid vom ursprünglichen Steuerbescheid abweicht (§ 351 Abs. 1 AO); die ursprünglich festgesetzte Steuer kann also keinesfalls unterschritten werden. Eine Berücksichtigung der Sonderausgaben kommt damit höchstens bis zu einem Betrag von 1.000 € in Betracht. Eine darüber hinausgehende Berücksichtigung der Sonderausgaben kommt gem. § 351 Abs. 1 2. HS AO nur in Betracht, wenn Korrekturvorschriften dies zulassen; § 351 Abs. 1 AO schränkt die Änderungsvorschriften insoweit nicht ein. Hier könnte eine Berücksichtigung der Sonderausgaben in voller Höhe je nach Sachverhaltsgestaltung gem. § 173 Abs. 1 Nr. 2 AO in Betracht kommen.

Die Einschränkung des Einspruchs wird durchbrochen, wenn sich aus den Vorschriften über die Aufhebung und Änderung von VA etwas anderes ergibt (§ 351 Abs. 1 2. HS AO); dies bedeutet, dass ohne Rücksicht auf § 351 Abs. 1 AO die allgemeinen Korrekturvorschriften für Verwaltungsakte angewandt werden können: **§ 351 Abs. 1 AO schränkt nur die Anfechtung von Änderungsbescheiden im Einspruchsverfahren** ein.

Auf VA, bei denen die Änderung des ursprünglichen Bescheides auf den Vorschriften der §§ 130, 131 AO beruht, ist § 351 AO nicht anwendbar (AEAO zu § 351 Nr. 3).

3.4.2 Bindungswirkung im Verhältnis Grundlagenbescheid – Folgebescheid

Soweit für die Festsetzung einer Steuer ein Feststellungsbescheid (vgl. § 182 Abs. 1 AO), ein Steuermessbescheid oder ein anderer VA bindend ist (**Grundlagenbescheid nach § 171 Abs. 10 AO**), kann die Bindungswirkung nicht durch Anfechtung des Folgebescheides, sondern nur durch Anfechtung des Grundlagenbescheides beseitigt werden. § 351 Abs. 2 AO stellt dies nochmals ausdrücklich klar.

Gleichwohl handelt es sich bei § 351 Abs. 2 AO nach Auffassung der Verwaltung nicht um eine Zulässigkeitsvoraussetzung des Einspruchs. Ein Einspruch gegen einen Folgebescheid, der mit Einwendungen gegen einen Grundlagenbescheid begründet ist, ist unbegründet und nicht unzulässig (AEAO zu § 351 Nr. 4). Ein Einspruch gegen den Folgebescheid ist dagegen zulässig, wenn der Einspruchsführer behauptet, das FA habe zu Unrecht die Voraussetzungen des § 175 Abs. 1 S. 1 Nr. 1 AO bejaht, da es sich hierbei um Einwendungen handelt, die sich spezifisch gegen den Folgebescheid richten.

Die Einschränkungen des § 351 Abs. 1 und 2 AO stehen unabhängig nebeneinander, die Voraussetzungen sind also getrennt zu prüfen. Der Einspruchsführer darf den geänderten Folgebescheid damit nur anfechten, soweit die Änderung reicht (Abs. 1), und er darf hierbei keine Gründe anführen, die die Rechtmäßigkeit des (bindenden) Grundlagenbescheids betreffen (§ 351 Abs. 2 AO).

4 Hinzuziehung zum Verfahren (§ 360 AO)

§ 359 AO regelt, wer Beteiligter des Einspruchsverfahrens ist: neben dem Einspruchsführer sind dies diejenigen Personen, die gem. § 360 AO zum Einspruchsverfahren hinzugezogen worden sind. Die Einspruchsentscheidung entfaltet eine Bindungswirkung nur inter partes, d.h. gegenüber dem FA und den Beteiligten des Einspruchsverfahrens. Ziel der Hinzuziehung nach § 360 AO ist, das Einspruchsverfahren zu vereinfachen und divergierende Entscheidungen bei Verfahren zu vermeiden, in denen aufgrund des eingelegten Einspruchs die Rechtsfrage zwingend auch gegenüber dritten Personen entschieden werden muss. Durch die Hinzuziehung erhält der Hinzugezogene die Stellung eines Beteiligten gem. § 359 Nr. 2 AO und ist damit an die in der Sache ergehende Entscheidung gebunden.

Nachdem aufgrund der Hinzuziehung Dritte an die Einspruchsentscheidung gebunden sind, bestimmt § 360 Abs. 4 AO als Rechtsfolge der Hinzuziehung, dass die Hinzugezogenen im Einspruchsverfahren dieselben Rechte gelten machen können wie der Einspruchsführer selbst; dem Hinzugezogenen ist daher rechtliches Gehör gem. § 91 AO zu gewähren und er muss über den Schriftwechsel zwischen FA und Einspruchsführer informiert werden. Will das FA den angefochtenen VA gem. § 172 Abs. 1 S. 1 Nr. 2 Buchst. a AO ändern, ohne dem Antrag des Einspruchführers der Sache nach zu entsprechen, ist auch die Zustimmung des Hinzugezogenen einzuholen; dies gilt zumindest für die Fälle der notwendigen Hinzuziehung (AEAO zu § 360 Nr. 4). Die Hinzuziehung gem. § 360 AO ist **akzessorisch**; die Stellung der hinzugezogenen Beteiligten leitet sich vom Verhalten des Einspruchführers ab; nimmt dieser seinen Einspruch zurück, können die Hinzugezogenen das Einspruchsverfahren nicht selbständig fortführen.

Die Einspruchsentscheidung des FA ist allen Beteiligten und damit auch den Hinzugezogenen bekannt zu geben (§§ 366, 359 AO).

§ 360 AO unterscheidet zwischen **notwendiger und einfacher** Hinzuziehung. Die einfache Hinzuziehung kommt gem. § 360 Abs. 1 AO in Betracht, wenn rechtliche Interessen Dritter nach den Steuergesetzen durch die Einspruchsentscheidung berührt werden, ohne dass die Entscheidung aus rechtlichen Gründen einheitlich ergehen muss (§ 360 Abs. 1 S. 1, Abs. 3 AO). Rechtliche Interessen sind nach der Rspr. dann berührt, wenn auch nur die Möglichkeit besteht, dass die anstehende Entscheidung rechtlich geschützte Positionen des Beizuladenden positiv oder negativ beeinflusst; maßgeblich ist insofern, inwieweit die zu erwartende Entscheidung den Beigeladenen binden kann (BFH vom 22.12.2005, BStBl II 2006, 331). Die einfache Hinzuziehung steht im Ermessen des FA (§ 360 Abs. 1 S. 1 AO: »Die ... Finanzbehörde kann ...«).

> **Beispiel 12: Hinzuziehung von Ehegatten**
> Die Eheleute A und B werden gemeinsam zur ESt veranlagt. A legt in eigenem Namen gegen den ESt-Bescheid Einspruch ein.
>
> **Lösung:** Der BFH geht bei zusammen veranlagten Eheleuten davon aus, dass gegenüber den Eheleuten unterschiedliche Entscheidungen ergehen können (BFH vom 25.04.2006, BStBl II 2007, 220). Gleichwohl wird es sich regelmäßig empfehlen, auch den Ehegatten des Einspruchführers im Wege der einfachen Hinzuziehung am Einspruchsverfahren zu beteiligen (vgl. AEAO zu § 360 Nr. 3).

Bei der notwendigen Hinzuziehung kann die Einspruchsentscheidung aus rechtlichen Gründen gegenüber dem Einspruchsführer und einem Dritten nur einheitlich ergehen (§ 360 Abs. 3 AO). Das ist der Fall, wenn die Entscheidung nach Maßgabe des materiellen Steuerrechts notwendigerweise und unmittelbar Rechte oder Rechtsbeziehungen des Dritten gestaltet, bestätigt, verändert oder zum Erlöschen bringt.[343] In diesen Fällen ist der Dritte notwendig – d.h. ohne eine Ermessensentscheidung des FA – dem Verfahren hinzuzuziehen. Standardfall der notwendigen Hinzuziehung ist die gesonderte und einheitliche Feststellung nach § 180 AO.

Sowohl vor der einfachen als auch vor der notwendigen Hinzuziehung ist dem Einspruchsführer **rechtliches Gehör** (§ 91 AO) **zu gewähren**; für die einfache Hinzuziehung ergibt sich dies ausdrücklich aus § 360 Abs. 1 S. 2 AO; der Einspruchsführer erhält dadurch die Möglichkeit, den Einspruch noch zurückzunehmen. Die Hinzuziehung selbst erfolgt durch **VA**, gegen den wiederum der Einspruch statthaft ist. Unterlässt das FA rechtswidrig die Hinzuziehung, ist wie folgt zu unterscheiden:

- Im Falle der einfachen Hinzuziehung bleibt die Einspruchsentscheidung wirksam, bindet allerdings nur den Einspruchsführer selbst.
- Im Falle der notwendigen Hinzuziehung ist die Einspruchsentscheidung rechtswidrig (§ 125 Abs. 1 AO); allerdings kann die unterlassene notwendige Hinzuziehung durch Beiladung im gerichtlichen Verfahren nach § 60 Abs. 3 FGO geheilt werden (BFH vom 11.05.2005, BStBl II 2005, 776). Diese Lösung dient zwar zu Gunsten des Rechtsbehelfsführers der Abkürzung der Verfahrensdauer, animiert aber das FA, im Einspruchsverfahren § 360 Abs. 3 S. 1 AO zu übergehen.[344] Der Mangel der notwendigen Hinzuziehung kann nicht nur durch eine Beiladung gem. § 60 Abs. 3 FGO, sondern (erst recht) durch Klageerhebung geheilt werden. So ist z.B. die Klage eines Kommanditisten gegen einen Bescheid zur Feststellung des verrechenbaren Verlusts (§ 15a Abs. 4 EStG) auch dann zulässig, wenn die Einspruchsentscheidung an die KG gerichtet und der Kommanditist nicht zum Einspruchsverfahren hinzugezogen worden ist (BFH vom 14.10.2003, BStBl II 2004, 359).

5 Entscheidung über den Einspruch (§ 367 AO)

Gem. § 367 Abs. 1 S. 1 AO entscheidet das FA (und dort die Rechtsbehelfsstelle) über den Einspruch durch eine sog. **Einspruchsentscheidung**.[345] Die Einspruchsentscheidung ist in den meisten Fällen vom Aufbau her einem Urteil nachgebildet. In der Praxis führt die Mehrzahl der Einspruchsverfahren allerdings zu keiner förmlichen Einspruchsentscheidung. Die Finanzbehörde hat neben der Einspruchsentscheidung noch andere Möglichkeiten, um das Einspruchsverfahren zu beenden.

Einer Einspruchsentscheidung bedarf es zum einen nicht, wenn die Finanzbehörde dem Einspruch abhilft, d.h. dem Begehren des Einspruchsführers nachkommt (sog. Abhilfebe-

---

343 Vgl. BFH vom 19.12.2007, BStBl II 2008, 536.
344 *Tipke/Kruse*, AO, § 360 Rz. 13.
345 Das den VA erlassende FA ist auch dann für die Einspruchsbearbeitung zuständig, wenn die Zuständigkeit auf einer Beauftragung eines anderen, ursprünglich zuständigen FA, beruht (BFH vom 18.11.2008, BStBl II 2009, 507): Im Streitfall ging es um die Prüfungsanordnung einer Auftragsprüfung nach § 195 S. 2 AO. § 367 Abs. 3 S. 1 AO, der auch eine andere Auslegung rechtfertigen könnte, wurde vom BFH als nicht einschlägig angesehen, da dort nur die unmittelbare gesetzliche Ermächtigung gemeint sei.

scheid, §§ 367 Abs. 2 S. 3, 132 AO). Möglich ist auch eine teilweise Abhilfe des Einspruchs, verbunden mit einer förmlichen Einspruchsentscheidung, soweit dem Einspruch nicht abgeholfen wurde (sog. Teilabhilfebescheid). Soweit der Abhilfebescheid reicht, ist keine förmliche Einspruchsentscheidung erforderlich. Ein Abhilfebescheid i.S.d. § 367 Abs. 2 AO liegt auch vor, soweit sich der Bescheid teilweise als dem Einspruchsführer nachteilig erweist, er dieser Änderung aber nach § 172 Abs. 1 S. 1 Nr. 2 AO zugestimmt hat (BFH vom 05.06.2003, BStBl II 2004, 2).

Durch das JStG 2007 hat der Gesetzgeber mit einer Ergänzung der §§ 172, 348 und 367 AO für die FÄ eine zusätzliche Möglichkeit geschaffen, bei sog. **Massenrechtsbehelfsverfahren** nach einer Entscheidung des EuGH, des BVerfG oder des BFH die anhängigen Verfahren arbeitsökonomisch zu erledigen. Hintergrund dieser Entwicklung war, dass die Bearbeitung der Rechtsbehelfe in den FÄ in den letzten Jahren immer mehr durch die ansteigende Zahl von Massenrechtsbehelfsverfahren behindert wurde. Die Zahl der in den Rechtsbehelfsstellen gem. § 363 Abs. 2 AO ruhenden Verfahren nahm immer mehr zu, mit der Folge, dass die Rechtsbehelfe insgesamt nicht erledigt werden konnten.

Mit dem neuen Abs. 2b des § 367 AO ist dem BMF die Möglichkeit eingeräumt worden, durch Allgemeinverfügung sowohl Anträge (§ 172 Abs. 3 AO n.F.) als auch Einsprüche (§ 367 Abs. 2b AO n.F.) zurückzuweisen, die eine vom EuGH, vom BVerfG oder vom BFH entschiedene Rechtsfrage betreffen.[346] So wurden etwa Anfang 2012 Einspruchsverfahren mit der Rüge, der Zinssatz nach § 238 Abs. 1 AO verstoße gegen das GG, allgemein zurückgewiesen (Allgemeinverfügung vom 09.01.2012, BStBl I 2001, 12). Sofern ein Einspruchsverfahren betroffen ist, hat der Einspruchsführer die Möglichkeit, innerhalb eines Jahres nach Bekanntgabe der Allgemeinverfügung Klage zu erheben (§ 367 Abs. 2b S. 5 AO); durch diese verlängerte Klagefrist (die üblicherweise gem. § 47 Abs. 1 S. 1 FGO einen Monat beträgt) wird dem Justizgewährleistungsanspruch (Art. 19 Abs. 4 GG) hinreichend Rechnung getragen. Für die FÄ bedeutet diese Neuregelung, dass eingegangene Anträge und Einsprüche nicht durch Einzelentscheidung erledigt werden müssen, sondern zunächst abzuwarten ist, ob eine Allgemeinverfügung erlassen wird.

Darüber hinaus sieht § 367 Abs. 2a AO die Möglichkeit der **Teileinspruchsentscheidung** vor. Durch die Verpflichtung der FÄ, in der Teileinspruchsentscheidung ausdrücklich zu bestimmen[347], hinsichtlich welcher Teile Bestandskraft nicht eintreten soll, wird für den StPfl. deutlich, inwieweit der Steuerfall »offen« bleibt (§ 367 Abs. 2a S. 2 AO). Der Erlass einer Teileinspruchsentscheidung hat nicht zur Folge, dass stets noch eine abschließende Einspruchsentscheidung ergehen muss. Das Einspruchsverfahren kann auch dadurch endgültig abgeschlossen werden, dass das FA hinsichtlich der zunächst offen gebliebenen Frage abhilft, der Einspruchsführer seinen Rechtsbehelf zurücknimmt oder durch Allgemeinverfügung eine Einspruchsentscheidung fingiert wird.

Die teilweise Erledigung eines Einspruchs durch Teileinspruchsentscheidung bietet sich insb. dann an, wenn es sich um umfangreiche Einsprüche handelt, die teilweise Rechts-

---

346 Allerdings betrifft die Zurückweisung nur die Streitfrage, die in dem entsprechenden Musterverfahren entschieden wurde. Da durch den Einspruch der Verwaltungsakt nicht nur beschränkt auf das Musterverfahren, sondern umfassend angefochten wurde (Grundsatz der Gesamtaufrollung), muss also trotz Zurückweisung durch Allgemeinverfügung für die übrigen Punkte noch eine Teileinspruchsentscheidung ergehen. Die vom Gesetzgeber erhoffte Verwaltungsvereinfachung ist insoweit nur teilweise eingetreten.
347 Z.B. durch Benennung der anhängigen Verfahren vor dem EuGH, BVerfG oder BFH mit Aktenzeichen und Streitfrage.

fragen mit Bezug zu anhängigen Verfahren aufwerfen und deshalb insoweit noch nicht entschieden werden können, im Übrigen aber entscheidungsreif sind (BFH vom 14.03.2012, BStBl II 2012, 536).

Ergeht eine förmliche Einspruchsentscheidung, wird die Finanzbehörde in der Einspruchsentscheidung im Falle der

- Unzulässigkeit den Einspruch als **unzulässig verwerfen** (§ 358 S. 2 AO),
- Unbegründetheit den Einspruch als **unbegründet zurückweisen**,
- Begründetheit den Einspruch entweder mittels **Abhilfebescheids** korrigieren oder dem Einspruch in einer förmlichen Einspruchsentscheidung stattgeben,
- teilweisen Begründetheit dem Einspruch im Umfang der Begründetheit mittels **Teilabhilfebescheids** abhelfen und den Einspruch im Übrigen als unbegründet zurückweisen oder dem Einspruch in einer förmlichen Einspruchsentscheidung teilweise stattgeben.

Soweit der angefochtene VA unter dem Vorbehalt der Nachprüfung (§ 164 AO) steht oder vorläufig gem. § 165 AO erging, kann die Finanzbehörde diese Nebenbestimmung auch in der Einspruchsentscheidung beibehalten. **Beide Nebenbestimmungen bleiben bestehen, wenn sie in der Entscheidung über den Einspruch nicht ausdrücklich aufgehoben werden** (BFH vom 09.09.1988, BStBl II 1989, 9; Achtung: häufiges Prüfungsproblem!). Der Vorbehalt der Nachprüfung ist jedoch aufzuheben, wenn im Einspruchsverfahren eine abschließende Prüfung i.S.d. § 164 Abs. 1 AO durchgeführt wird (AEAO zu § 367 Nr. 5). Es ist auch zulässig, den angefochtenen VA nach Hinweis auf die Verböserungsmöglichkeit erstmals im Einspruchsverfahren mit dem Vorbehalt der Nachprüfung zu versehen.

VIII Das finanzgerichtliche Verfahren

1 Überblick über die Finanzgerichtsbarkeit

1.1 Einführung

Die Finanzgerichtsbarkeit gewährleistet den grundrechtlich verbürgten gerichtlichen Rechtsschutz in Steuersachen. Gem. Art. 19 Abs. 4 GG kann jedermann das Handeln der Verwaltungsbehörden – in den Grenzen der jeweiligen Verfahrensordnung – gerichtlich überprüfen lassen (sog. **Justizgewährleistungsanspruch**). Die Finanzgerichtsbarkeit wird durch unabhängige, von den Finanzbehörden getrennte besondere Verwaltungsgerichte[348] ausgeübt (§ 1 FGO). Im Gegensatz zu den anderen Gerichtszweigen existiert für den gerichtlichen Rechtsschutz in Steuersachen kein dreistufiger Instanzenzug (mit Tatsacheninstanz, Berufungsinstanz sowie Revisionsinstanz), sondern ein **zweistufiger Instanzenzug**: in den Ländern die Finanzgerichte[349] als alleinige Tatsacheninstanz und als Revisionsinstanz auf Bundesebene der Bundesfinanzhof mit Sitz in München. Nachdem der BFH ausschließlich als Rechtsmittelinstanz für Revisionen und Beschwerden ausgestaltet ist (§ 36 FGO), existiert in der Finanzgerichtsbarkeit **kein Berufungsgericht**.

1.2 Gerichtsverfassung

Sowohl die Finanzgerichte als auch der Bundesfinanzhof entscheiden durch ein Richterkollegium, die sog. **Senate** (§ 5 Abs. 2, § 10 Abs. 2 FGO). Bei den Finanzgerichten entscheiden die Senate in der Besetzung mit **drei Berufsrichtern** und **zwei ehrenamtlichen Richtern**; bei Beschlüssen außerhalb der mündlichen Verhandlung und bei Gerichtsbescheiden (§ 90a FGO) entscheiden die ehrenamtlichen Richter nicht mit (§ 5 Abs. 3 S. 2 FGO). Das Finanzgericht hat zudem die Möglichkeit, den Rechtsstreit unter bestimmten Voraussetzungen (keine besondere Schwierigkeiten tatsächlicher oder rechtlicher Art, keine grundsätzliche Bedeutung der Rechtssache) einem **einzelnen Richter zu übertragen** (§ 6 FGO). Mit der Übertragung auf den Einzelrichter tritt dieser an die Stelle des Senats und ist erkennendes Gericht und gesetzlicher Richter i.S.d. Art. 101 Abs. 1 S. 2 GG. Eine Mitwirkung der ehrenamtlichen Richter ist für diesen Fall nicht vorgesehen.

In der Praxis der Finanzgerichte werden zu Beginn des Verfahrens sowohl der Kläger als auch das beklagte FA regelmäßig befragt, ob sie mit der Übertragung des Rechtsstreits auf den Einzelrichter einverstanden sind. Die Einlassung der Beteiligten bindet den zuständigen Senat jedoch nicht: Ob der Rechtsstreit dem **Einzelrichter** übertragen wird, entscheidet

---

348 Weitere besondere Verwaltungsgerichte sind die Sozialgerichte, vgl. Art. 95 Abs. 1 GG; der Instanzenzug ist häufig Gegenstand der mündlichen Prüfung.
349 Als einzige Tatsacheninstanz sind die FG als obere Landesgerichte (d.h. wie OLG, OVG, LAG und LSG) eingestuft, was insb. Auswirkung auf die Besetzung der Senate hat (§ 2 FGO).

der Senat nach pflichtgemäßem Ermessen durch unanfechtbaren Beschluss (§ 6 Abs. 4 S. 1 FGO).[350] Die Beteiligten können demnach nicht zwischen einer Entscheidung des Rechtsstreits durch den Einzelrichter bzw. dem Senat wählen, sie können jedoch zu den Voraussetzungen des § 6 Abs. 1 Nr. 1 und 2 FGO Stellung nehmen.

Soweit an einer Entscheidung des FG ehrenamtliche Richter mitwirken, haben diese die gleichen Rechte wie die Berufsrichter (§ 16 FGO).

Die **Senate des BFH** entscheiden in der Besetzung von **fünf Berufsrichtern** (§ 10 Abs. 3 FGO), außerhalb der mündlichen Verhandlung in der Besetzung von drei Richtern. Eine Übertragung des Rechtsstreits auf einen Einzelrichter ist beim BFH nicht vorgesehen. Die jährliche Geschäftsverteilung beim BFH wird im Bundessteuerblatt Teil I und auf der Homepage des BFH (www.bundesfinanzhof.de) veröffentlicht. Neben den – derzeit elf – Senaten existiert beim BFH der sog. **Große Senat** (§ 11 FGO). Der Große Senat entscheidet, wenn ein Senat in einer Rechtsfrage von der Entscheidung eines anderen Senats oder des Großen Senats abweichen will (§ 11 Abs. 2 FGO); die Anzahl der vom Großen Senat des BFH jährlich entschiedenen Rechtsfragen bewegt sich im einstelligen Bereich, betrifft aber oftmals ganz grundlegende Richtungsentscheidungen; die Verfahren sind daran zu erkennen, dass dem Aktenzeichen das Kürzel »GrS« hinzugefügt wird. Mit Beschluss vom 21.09.2009 (DStR 2010, 101) hat der Große Senat des BFH etwa die Rspr. zur Beurteilung gemischt (beruflich und privat) veranlasster Aufwendungen geändert und Aufwendungen für gemischt veranlasste Reisen in größerem Umfang als bisher zum Abzug als Betriebsausgaben oder Werbungskosten zugelassen, Ende 2007 hat der Große Senat die Vererblichkeit des Verlustvortrags nach § 10d EStG beseitigt (GrS 2/04, BStBl II 2008, 608).

2 Gerichtliches Klageverfahren

Das gerichtliche Klageverfahren ist anders aufgebaut als das Einspruchsverfahren: Intention der FGO ist es nicht, im Rahmen eines verlängerten Festsetzungsverfahrens die materiell zutreffende Besteuerung zu ermitteln, sondern dem Kläger **individuellen Rechtsschutz** zu gewährleisten. Dabei ist Rechtsschutz mehr als **Überprüfung der Gesetzmäßigkeit** des Verwaltungshandelns.[351] Die Finanzgerichte haben auch eine verfassungs- und eine europarechtliche Verantwortung. Sie müssen die Gesetze auch auf ihre Verfassungsmäßigkeit hin überprüfen. Hat ein Gericht sich davon überzeugt, dass ein Gesetz, auf dessen Gültigkeit es bei der Entscheidung ankommt, verfassungswidrig ist, **muss** es die Entscheidung des BVerfG einholen (sog. konkreter **Normenkontrollantrag**, Art. 100 Abs. 1 GG; §§ 13 Nr. 11, 80 ff. BVerfGG). Ferner dürfen die Finanzgerichte Gesetze nicht anwenden, sofern und soweit diese dem **europäischen Gemeinschaftsrecht** widersprechen (BVerfGE 85, 191). Während die Finanzgerichte entscheidungserhebliche, ungeklärte Fragen des Gemeinschaftsrechts dem EuGH vorlegen **können**, ist der BFH hierzu gem. Art. 267 des Vertrages über die Arbeitsweise

---

350 Eine Beschwerde gegen den Beschluss des Senats, den Rechtsstreit einem seiner Mitglieder als Einzelrichter zur Entscheidung zu übertragen, ist nicht statthaft (BFH vom 07.01.2002, BFH/NV 2002, 666).
351 Vgl. *Tipke/Kruse*, Einf. FGO Rz. 57.

der Europäischen Union (AEV)[352] nicht nur berechtigt, sondern verpflichtet.[353] Dadurch hat der EuGH die Möglichkeit, eine unterschiedliche Auslegung des Gemeinschaftsrechts durch die Gerichte der Mitgliedstaaten zu verhindern. Unterlässt der BFH eine gebotene Vorlage an den EuGH in »objektiv willkürlicher Weise«, so entscheidet entgegen Art. 101 Abs. 1 S. 2 GG nicht der gesetzliche Richter.[354]

Keine Vorlagepflicht an den EuGH besteht, wenn das nationale Steuerrecht der Gemeinschaftsrechtslage **eindeutig widerspricht**. Aufgrund des Anwendungsvorrangs der gemeinschaftsrechtlichen Grundfreiheiten vor nationalem Recht, der auch für die Ausgestaltung der nationalen Ertragsteuersysteme gilt (ständige Rspr. des EuGH, vgl. z.B. Urteile vom 14.02.1995, Rs. C-279/93, Schumacker, Slg. 1995, I-225, und vom 21.09.1999, Rs. C-307/97, Saint-Gobain, Slg. 1999, I-6161), haben die FÄ und Gerichte die dem EUV entgegenstehenden diskriminierenden Regelungen (hier § 18 AuslInvestmG) unangewendet zu lassen, ohne dass sie die vorherige Beseitigung dieser Norm durch den Gesetzgeber abwarten müssten (BFH vom 18.11.2008, BStBl II 2009, 518).

Das Klageverfahren ist insgesamt **deutlich formaler geregelt** als das außergerichtliche Einspruchsverfahren. Je nach Ziel des Rechtsschutzbegehrens unterscheidet die FGO verschiedene Klagearten: die Unterscheidung, welche Klageart im Einzelfall einschlägig ist, hat Auswirkungen auf die Zulässigkeitsvoraussetzungen, die nicht für alle Klagearten gleich geregelt sind. Die Klagearten sind zudem beliebter Prüfungsgegenstand in der mündlichen Prüfung.

2.1 Klagearten nach der Finanzgerichtsordnung

Das Klagensystem der FGO gewährleistet einen umfassenden Rechtsschutz, sofern der Finanzrechtsweg nach § 33 FGO eröffnet ist. Gem. §§ 40 f. FGO umfasst das Rechtsschutzsystem folgende Klagearten: **Anfechtungsklage, Verpflichtungsklage, Leistungsklage und Feststellungsklage**.

2.1.1 Anfechtungsklage (§ 40 Abs. 1, 1. Alt. FGO)

Die in der Praxis mit Abstand bedeutendste Klageart ist die **Anfechtungsklage**: Mit dieser Klageart soll ein bereits erlassener behördlicher VA ganz oder teilweise angefochten werden. Die Klage ist gerichtet auf die Aufhebung oder Abänderung eines VA (vollständige oder teilweise Kassation).

Beispiel 1: Statthafte Klageart
Das FA setzt die ESt 01 und die ESt 02 auf je 1.000 € fest. Nach erfolglosem Einspruchsverfahren klagt der StPfl. auf Änderung beider Bescheide mit der Maßgabe, die ESt 01 und 02 auf je 500 €

---

352 Der Vertrag über die Arbeitsweise der Europäischen Union hieß bis zum 01.12.2009 »Vertrag zur Gründung der Europäischen Gemeinschaft« und hatte eine andere Artikelfolge; die jetzige Fassung beruht auf dem Vertrag von Lissabon.
353 Vgl. aber jüngst die BFH-Entscheidung vom 14.11.2008 (BFH/NV 2009, 211) zur Vereinbarkeit der Lotteriesteuer mit Gemeinschaftsrecht, in welcher der BFH eine Vorlagepflicht verneinte.
354 Der Verstoß gegen Art. 101 Abs. 1 S. 2 GG kann mit der Verfassungsbeschwerde gerügt werden (BVerfG in BVerfGE 75, 224).

festzusetzen. Beide Klagebegehren stützt der Kläger auf die – seiner Ansicht nach – unzureichende Berücksichtigung von Sonderausgaben. Liegen statthafte Klagearten vor?

Lösung: Vorliegend begehrt der Kläger die Änderung zweier VA, die einen Geldbetrag festsetzen. Statthafte Klageart ist die Anfechtungsklage in Form der **Abänderungsklage** gem. § 40 Abs. 1 i.V.m. § 100 Abs. 2 FGO. Klagegegenstand ist der ursprüngliche VA in Gestalt der Einspruchsentscheidung (§ 44 Abs. 2 FGO), d.h. in Gestalt der letzten behördlichen Entscheidung. Die beiden Klagebegehren können mit einer Klage verfolgt werden, sofern sie sich gegen denselben Beklagten richten, im Zusammenhang stehen und dasselbe Gericht zuständig ist (§ 43 FGO), sog. **Klagenhäufung**.

Im Fall der Abänderungsklage kann das Gericht bei der abschließenden Entscheidung durch Urteil oder Gerichtsbescheid die Änderung des VA durch Angabe der zu Unrecht berücksichtigten oder nicht berücksichtigten tatsächlichen Verhältnisse so bestimmen, dass das FA den Betrag auf Grund der Entscheidung errechnen kann, falls die Ermittlung des festzusetzenden oder festzustellenden Betrags einen nicht unerheblichen Aufwand erfordert (§ 100 Abs. 2 S. 2 FGO[355]). Alternativ kann es – in einfachen Fällen – die Steuer auch selbst in anderer Höhe festsetzen oder die Feststellung durch eine andere ersetzen.

2.1.2 Verpflichtungsklage (§ 40 Abs. 1, 2. Alt. FGO)

Mit der Verpflichtungsklage wird von der Finanzbehörde der **Erlass eines abgelehnten oder unterlassenen VA** begehrt.

Beispiel 2: Verpflichtungsklage als statthafte Klageart
Aufgrund rückständiger Steuerforderungen hat das FA das Bankkonto des A gepfändet. A beantragt beim FA einen Vollstreckungsaufschub für den Zeitraum von sechs Monaten, da die sofortige Zwangsvollstreckung für ihn eine besondere Härte bedeute und damit unbillig sei (§ 258 AO). Das FA lehnt den Antrag ab. Gegen den ablehnenden Bescheid legt A Einspruch ein, den das FA als unbegründet zurückweist. Liegt eine statthafte Klageart vor?

Lösung: A könnte gegen den Ablehnungsbescheid Anfechtungsklage erheben. Allerdings geht sein Klagebegehren über die Aufhebung des VA, der den Vollstreckungsaufschub ablehnt, hinaus auf Erlass eines dem Antrag stattgebenden VA. Statthafte Klageart ist daher die Verpflichtungsklage nach § 40 Abs. 1, 2. Alt. FGO; eine darüber hinausgehende Anfechtung des ablehnenden VA ist nicht erforderlich; insoweit »absorbiert« die Verpflichtungsklage die Anfechtungsklage.[356]

Auch wenn die Verpflichtungsklage zulässig und begründet ist, kann das FG den beantragten VA **nicht selbst erlassen**. Sachlich zuständig für den Erlass des begehrten VA bleibt auch nach Klageerhebung **allein die Finanzbehörde**. Ist die Verpflichtungsklage erfolgreich, spricht das Gericht die Verpflichtung für die Finanzbehörde aus, den begehrten VA zu erlassen, wenn die Sache spruchreif ist (§ 101 FGO). Spruchreif ist die Sache, wenn der Sachverhalt so umfassend geklärt ist, dass die Verpflichtung endgültig ausgesprochen werden kann. Der

---

[355] Hierzu ausführlich BFH vom 18.11.2004, BStBl II 2005, 217; die formlose Mitteilung des Ergebnisses der Neuberechnung der Steuer gem. § 100 Abs. 2 S. 3 FGO ist kein VA.
[356] *Tipke/Kruse*, FGO, § 40 FGO, Rz. 6.

Rechtsstreit ist regelmäßig dann nicht spruchreif, wenn die Finanzbehörde für den Erlass des begehrten VA einen Ermessensspielraum hat.[357] Ist die Sache nicht spruchreif, verpflichtet das Gericht die Finanzbehörde, den Kläger unter Beachtung der Rechtsauffassung des Gerichts zu bescheiden (§ 101 S. 2 FGO, sog. Bescheidungsurteil).

2.1.3 Leistungsklage (§ 40 Abs. 1, 3. Alt. FGO)

Mit der Leistungsklage begehrt der Kläger eine Leistung des FA, die nicht im Erlass eines VA besteht (§ 40 Abs. 1 3. Alt. FGO). Die Leistungsklage hat in der Praxis nur eine geringe Bedeutung, da die von der Finanzbehörde beantragte Leistung regelmäßig im Erlass eines bestimmten VA besteht. Beispiele für **behördliches Handeln**, das mit der Leistungsklage begehrt werden kann:

- Auskunftserteilung[358],
- Gewährung von Akteneinsicht,
- Anfertigen von Aktenkopien,
- Unterlassen der Fertigung von Kontrollmitteilungen[359],
- Unterlassen der Weitergabe von Steuerakten an parlamentarische Untersuchungsausschüsse.

2.1.4 Feststellungsklage (§ 41 FGO)

Mit der Feststellungsklage begehrt der Kläger die **Feststellung des Bestehens oder Nichtbestehens eines Rechtsverhältnisses oder die Nichtigkeit eines VA**. Die Feststellungsklage ist gegenüber der Anfechtungs-, Verpflichtungs- und Leistungsklage **subsidiär**, d.h. die Feststellung kann nicht begehrt werden, wenn der Kläger seine Rechte durch andere Klagearten verfolgen kann oder hätte verfolgen können (§ 41 Abs. 2 FGO). Ferner setzt die Feststellungsklage gem. § 41 Abs. 1 FGO ein berechtigtes Interesse an der baldigen Feststellung voraus. Da die Rechtsverhältnisse zwischen der Finanzbehörde und dem FA in aller Regel durch VA konkretisiert werden, hat § 41 FGO nur einen engen Anwendungsraum.

> **Beispiel 3: Feststellungsklage als statthafte Klageart**
> Der Softwareberater S möchte nach Beginn seiner beruflichen Tätigkeit durch die Finanzbehörde verbindlich feststellen lassen, dass er Einkünfte aus selbständiger Arbeit und nicht solche aus Gewerbebetrieb erzielt. Das FA lehnt eine solche Feststellung ab, da die Entscheidung hierüber erst im Veranlagungsverfahren getroffen werden könne. Kann S Feststellungsklage erheben?

---

357 Ausnahme: Im Falle der Ermessensreduzierung auf Null ist nur eine einzige Ermessensentscheidung rechtmäßig; in diesen Fällen ist der Rechtsstreit spruchreif und das Gericht darf die Finanzbehörde verpflichten, einen bestimmten VA zu erlassen, vgl. BFH vom 29.08.1991 (BStBl II 1991, 906).
358 Etwa auch durch die Erteilung einer steuerlichen Unbedenklichkeitsbescheinigung, auf der der StPfl. einen Anspruch hat, wenn er steuerlich zuverlässig ist (FG Hamburg vom 04.09.2006, EFG 2007, 234).
359 Die Fertigung von Kontrollmitteilungen stellt ein schlicht hoheitliches Handeln dar, so dass Rechtsschutz dagegen nur durch eine allgemeine Leistungsklage in Betracht kommt; eine solche – vorbeugende – Unterlassungsklage ist jedoch nur ausnahmsweise zulässig, wenn substantiiert und schlüssig dargetan wird, durch ein bestimmtes, künftig zu erwartendes Handeln des FA, in eigenen Rechten verletzt zu sein, und dass ein Abwarten der tatsächlichen Rechtsverletzung unzumutbar sei, weil die Rechtsverletzung dann nicht oder nur schwerlich wiedergutzumachen ist (BFH vom 08.04.2008, BStBl II 2009, 579).

Lösung: Nachdem die Finanzbehörde die Einkunftsart nicht durch VA feststellt, kommt eine Anfechtungs- oder Verpflichtungsklage nicht in Betracht. Eine Feststellungsklage gem. § 41 FGO ist allerdings nur zulässig, wenn S ein berechtigtes Interesse an der baldigen Feststellung hat. S möchte mit der Feststellungsklage einem künftigen, nachteiligen VA vorbeugen. Für vorbeugende Feststellungsklagen ist ein Feststellungsinteresse nur in Ausnahmefällen anzunehmen, wenn nämlich für S ein Bedürfnis für vorbeugenden Rechtsschutz besteht, weil bei weiterem Abwarten für ihn erhebliche Nachteile entstehen würden. Ansonsten ist es dem StPfl. zuzumuten, den VA der Finanzbehörde abzuwarten. Hier hängt die Kalkulation des S u.a. davon ab, ob seine Tätigkeit gewerbesteuerpflichtig ist oder nicht. Dem S ist es kaum zuzumuten, hinsichtlich der steuerlichen Einordnung seiner Tätigkeit bis zum Ergehen des ESt-Bescheides abzuwarten. Eine vorbeugende Feststellungsklage wäre somit wohl zulässig; der BFH beurteilt die Zulässigkeit vorbeugender Feststellungsklagen allerdings sehr restriktiv (vgl. BFH vom 11.04.1991, BStBl II 1991, 729).

Praktische Bedeutung hat die Feststellungsklage auch bei der Feststellung der Nichtigkeit von VA, § 41 Abs. 1 2. Alt. FGO. Ferner kann mit der Feststellungsklage geltend gemacht werden, dass ein VA nicht ordnungsgemäß bekannt gegeben wurde und daher unwirksam ist. Die Zulässigkeit dieser sog. Nichtigkeits-Feststellungsklage ist nicht davon abhängig, dass der Kläger vor der Klageerhebung ein entsprechendes Antragsverfahren nach § 125 Abs. 5 AO beim FA durchgeführt hat. Die Klage ist auch nicht unzulässig, wenn er einen solchen (freiwilligen) Antrag zwar gestellt hat, das Ergebnis der vor Klageerhebung aber nicht abwartet (BFH vom 24.01.2008, BStBl II 2008, 686).

Ein Sonderfall der Feststellungsklage ist die sog. **Fortsetzungsfeststellungsklage** (§ 100 Abs. 1 S. 4 FGO). Sie betrifft Fälle, in denen sich der angefochtene VA – vor oder nach Klageerhebung – erledigt, der Kläger aber gleichwohl ein **berechtigtes Interesse** daran hat, die Rechtswidrigkeit des VA feststellen zu lassen. Insoweit liegen bis zum Zeitpunkt der Erledigung des VA die Voraussetzungen der Anfechtungsklage vor; es sind jedoch auch Konstellationen denkbar, in denen eine Verpflichtungsklage fortgesetzt wird.[360] Der Übergang der Anfechtungs- oder Verpflichtungsklage zur Fortsetzungsfeststellungsklage stellt eine gesetzlich zugelassene Klageänderung dar; die Zulässigkeitsvoraussetzungen der ursprünglichen Klage dürfen durch die Klageänderung nicht umgangen werden.[361] Für die Frage des »berechtigten Interesses« ist entscheidend, ob die Feststellung der Rechtswidrigkeit des VA Voraussetzung dafür ist, dass der Kläger einen effektiven Rechtsschutz erhält (BFH vom 10.02.2010, AO-StB 2010, 236). Das berechtigte Interesse ist nicht gegeben, wenn der Kläger beabsichtigt, nur wegen der durch den Rechtsstreit und das Einspruchsverfahren verursachten Kosten eine Schadenersatzklage zu erheben (BFH vom 22.07.2008, BStBl II 2008, 941). Über die Fragen des Kostenersatzes soll nach der Systematik der FGO durch Kostenentscheidung des FG (§ 137 FGO), nicht aber durch einen anschließenden zivilrechtlichen Prozess entschieden werden. Ein praxisrelevanter Anwendungsbereich der Fortsetzungsfeststellungsklage liegt im Angriff gegen Prüfungsanordnungen (s. Kap. XI 5.2).

---

360 Dies können z.B. Fälle sein, die die Zulassung zur Steuerberaterprüfung betreffen, vgl. BFH vom 05.12.2000 (BStBl II 2001, 263).
361 D.h. die Anfechtungs- oder Verpflichtungsklage muss im Moment der Erledigung noch zulässig, insbes. fristgemäß sein.

Beispiel 4: Fortsetzungsfeststellungsklage
Das FA führt beim StPfl. A eine Umsatzsteuersonderprüfung durch. Wegen formaler Mängel der Prüfungsanordnung (§ 196 AO) wird diese – nach Beendigung der Außenprüfung – auf den Einspruch des A hin aufgehoben.

Lösung: A kann die Rechtmäßigkeit der Prüfungsanordnung im Wege der Fortsetzungsfeststellungsklage (Unterfall der Fortsetzung einer Anfechtungsklage) gerichtlich überprüfen lassen. Das berechtigte Interesse an der Feststellung ergibt sich aus einem eventuellen Verwertungsverbot der Prüfungsfeststellungen für die anschließende Steuerfestsetzung (vgl. BFH vom 12.01.1995, BStBl II 1995, 488); greift A die Prüfungsanordnung nicht an, kann er ein Verwertungsverbot bei der Auswertung der Prüfungsfeststellungen nicht mehr geltend machen.

2.1.5 Sprungklage und Untätigkeitsklage (§§ 45 f. FGO)

Keine eigenen Klagearten sind die **Sprungklage** nach § 45 FGO sowie die **Untätigkeitsklage** gem. § 46 FGO. Vielmehr handelt es sich hierbei um »gewöhnliche« Gestaltungsklagen, d.h. Anfechtungs- oder Verpflichtungsklagen, bei denen ausnahmsweise das ansonsten obligatorische außergerichtliche Vorverfahren gem. § 44 FGO entfällt (s. Kap. 2.2.6).

2.2 Zulässigkeitsvoraussetzungen

Ähnlich wie die Finanzbehörde im Einspruchsverfahren nach § 358 AO zunächst die Zulässigkeitsvoraussetzungen prüft, wird das FG in der Sache selbst regelmäßig nur und erst dann entscheiden, wenn die erhobene Klage bestimmte Zulässigkeitsvoraussetzungen **(Sachentscheidungsvoraussetzungen)** erfüllt (BFH vom 07.08.2001, BStBl II 2002, 13). Das FG prüft die Zulässigkeitsvoraussetzungen von Amts wegen (BFH vom 10.03.2000, BFH/NV 2000, 476 m.w.N.). Die Voraussetzungen müssen spätestens am Schluss der mündlichen Verhandlung (bzw. wenn eine Entscheidung ohne mündliche Verhandlung ergeht: spätestens im Zeitpunkt der Entscheidung) vorliegen (BFH vom 19.06.1990, BStBl II 1990, 1068). Fehlt eine Zulässigkeitsvoraussetzung, wird das FG die Klage ohne weitere Sachprüfung als **unzulässig abweisen**.[362]

2.2.1 Zulässigkeit des Finanzrechtswegs (§ 33 FGO)

Der **Finanzrechtsweg** ist in allen Fällen eröffnet, in denen der Einspruch nach § 347 AO statthaft ist; die dortigen Ausführungen gelten sinngemäß. Ist der Finanzrechtsweg nicht eröffnet, wird das FG eine gleichwohl eingelegte Klage an das zuständige Gericht des zulässigen Rechtsweges verweisen (§§ 155 FGO, 17a Abs. 2 GVG).

Beispiel 5: Falscher Rechtsweg
Der Gewerbetreibende A erhebt – vor Abschluss des Einspruchsverfahrens – sowohl gegen den Gewerbesteuermessbescheid als auch gegen den Gewerbesteuerbescheid Klage zum FG. Wie wird das FG verfahren?

---

362 Beachten Sie die Terminologie: unzulässige Einsprüche werden vom FA verworfen, unzulässige Klagen vom FG abgewiesen.

Lösung: Sowohl die Klage gegen den Gewerbesteuermessbescheid als auch die Klage gegen den Gewerbesteuerbescheid sind unzulässig. Für die Klage gegen den Gewerbesteuerbescheid ist nicht der Finanzrechtsweg, sondern der Verwaltungsrechtsweg eröffnet, da es sich um eine kommunale Steuer handelt, die in den meisten Bundesländern durch die Kommunen verwaltet wird; der Finanzrechtsweg ist daher nicht nach § 33 Abs. 1 Nr. 1 FGO eröffnet, soweit nicht § 33 Abs. 1 Nr. 4 FGO einschlägig ist. Das FG wird den Rechtsstreit insoweit an das zuständige Verwaltungsgericht verweisen. Die Klage gegen den Gewerbesteuermessbescheid ist im Zeitpunkt der Klageeinreichung ebenfalls unzulässig, da das vorgeschaltete Einspruchsverfahren nicht abgeschlossen wurde (§ 44 Abs. 1 FGO). Allerdings genügt es, wenn das Vorverfahren bis zum Ergehen des Urteils abgeschlossen ist, die Einspruchsentscheidung also vor Ergehen der gerichtlichen Entscheidung ergeht (BFH vom 29.03.2001, BStBl II 2001, 432). Die Klage »wächst« somit mit der Einspruchsentscheidung in die Zulässigkeit »hinein«.

2.2.2 Zuständigkeit des Gerichts (§§ 35 ff. FGO)

Ist der Finanzrechtsweg eröffnet, entscheidet in erster Instanz ausschließlich das Finanzgericht (§ 35 FGO, sachliche Zuständigkeit). Die sachliche Zuständigkeit des Bundesfinanzhofs beschränkt sich als reine Rechtsinstanz auf Entscheidungen über Rechtsmittel. Für die örtliche Zuständigkeit gilt § 38 FGO: Zuständig ist das Finanzgericht, in dessen Bezirk die Behörde, gegen welche die Klage gerichtet ist, ihren Sitz hat (§ 38 Abs. 1 FGO). Sofern der Einspruchsentscheidung eine korrekte Rechtsbehelfsbelehrung angefügt ist, ergibt sich aus dieser die Adresse des zuständigen Finanzgerichts (§ 356 Abs. 1 AO). Ist das Finanzgericht örtlich unzuständig, wird es die Klage gem. § 70 FGO, § 17a Abs. 2 GVG an das örtlich zuständige Gericht verweisen.

2.2.3 Statthaftigkeit der Klageart (§§ 40 f. FGO)

Der Kläger ist gehalten, in der Klageschrift die richtige Klageart zu wählen. Die Wahl der Klageart muss nicht ausdrücklich geschehen, sondern kann sich konkludent aus dem Klageantrag ergeben; die Klageart ist vom Gericht daher gegebenenfalls auch im Wege der Auslegung zu ermitteln. Problematisch wird die Wahl der Klageart nur, wenn der Kläger trotz Hinweis des Gerichts nach § 76 Abs. 2 FGO ausdrücklich auf einer unzulässigen Klageart besteht.

Beispiel 6: Falscher Klageantrag
In der Klageschrift beantragt der Kläger »festzustellen, dass die Finanzbehörde verpflichtet ist, den Haftungsbescheid aufzuheben«. Tatsächlich gemeint ist mit dem gestellten Antrag eine Anfechtungsklage bzgl. des Haftungsbescheides.

Lösung: Das Gericht wird – da eine Auslegung als Verpflichtungsklage vorliegend ausscheidet – den Kläger gem. § 76 Abs. 2 FGO auf die Unzulässigkeit der Feststellungsklage hinweisen (Subsidiarität der Feststellungsklage, § 41 Abs. 2 S. 1 FGO) und auf die Stellung eines sachdienlichen Antrags hinwirken.

2.2.4 Beteiligtenfähigkeit und Prozessfähigkeit (§§ 57 ff. FGO)

Beteiligte des finanzgerichtlichen Verfahrens sind der Kläger, der Beklagte und gegebenenfalls der Beigeladene (die Beiladung entspricht der Hinzuziehung nach § 360 AO) sowie die beigetretene Behörde (§ 57 FGO). Ein Beitreten des Bundesministeriums der Finanzen zum Verfahren gem. §§ 57 Nr. 4, 122 Abs. 2 S. 1 FGO kommt vor allem bei Verfahren von grundsätzlicher Bedeutung in Betracht. Dem BMF wird dadurch die Möglichkeit eingeräumt, unabhängig vom Ausgang des anhängigen Verfahrens die Hintergründe der jeweils streitigen Vorschriften aufzuzeigen.[363] Beteiligtenfähig gem. § 57 FGO ist nach der Rspr. des BFH, wer – wenn auch begrenzt – auf dem steuerrechtlichen Gebiet, das Gegenstand des Rechtsstreits ist, steuerrechtsfähig ist (BFH vom 25.06.2009, BStBl II 2010, 202). Dies ist z.B. im Verfahren der einheitlichen und gesonderten Feststellung bei einer Grundstücksgemeinschaft dann der Fall, wenn diese nach außen als Vermieterin auftritt (BFH a.a.O.).

Prozessfähigkeit bedeutet, wirksam Verfahrenshandlungen in eigener Person oder durch einen Vertreter vornehmen zu können (§ 58 FGO). Vor dem Finanzgericht besteht **kein Vertretungszwang**. Der Kläger kann sich zwar durch einen Angehörigen der steuerberatenden Berufe vertreten lassen, muss dies aber nicht (§ 62 Abs. 2 S. 1 FGO). Er ist selbst **postulationsfähig**. Lediglich vor dem BFH muss sich jeder Beteiligte durch einen Angehörigen der steuerberatenden Berufe vertreten lassen (§ 62 Abs. 4 S. 1 FGO[364]). Das FA kann sich auch durch Beamte oder Angestellte mit Befähigung zum Richteramt sowie durch Diplomjuristen im höheren Dienst vertreten lassen (§ 62a Abs. 4 S. 4 FGO). Vor dem BFH herrscht damit Vertretungszwang, nicht ordnungsgemäß vertretenen Beteiligten fehlt die **Postulationsfähigkeit** (BFH vom 28.07.1999, BStBl II 1999, 637), d.h. sie können keine rechtswirksamen Verfahrenshandlungen vornehmen. Im Falle der Prozessvertretung muss die Bevollmächtigung dem Gericht gegenüber durch Vorlage der Originalvollmacht schriftlich nachgewiesen werden (§ 62 Abs. 6 S. 1 FGO). Allerdings braucht das FG das Fehlen der Vollmacht nicht von Amts wegen zu berücksichtigen, wenn sich ein Beteiligter durch einen zur Hilfeleistung in Steuersachen Befugten vertreten lässt (§ 62 Abs. 6 S. 4 FGO); in diesen Fällen gilt eine gesetzliche Vermutung für eine ordnungsgemäße Bevollmächtigung. Diese Vermutung geht in ihren Auswirkungen sogar noch einen Schritt weiter: Das FG kann nach der Neufassung des § 62 FGO bei dem Auftreten einer Person i.S.d. § 3 Nr. 1 bis 3 StBerG als Bevollmächtigter den Nachweis der Bevollmächtigung nur dann verlangen, wenn begründete Zweifel an der Bevollmächtigung bestehen; für die Annahme begründeter Zweifel müssen konkrete Anhaltspunkte vorliegen (BFH vom 11.11.2009, BFH/NV 2010, 449). Entscheidend ist die ordnungsgemäße Bevollmächtigung aus Sicht des FG auch deshalb, weil sich hieraus die Pflicht zur Übernahme der Verfahrenskosten ergibt: Wird die Prozessführung durch den Vertretenen nicht genehmigt, ist die Klage durch Prozessurteil als unzulässig abzuweisen und die Kosten trägt der (vollmachtlose) Vertreter (ständige Rspr., z.B. BFH vom 17.07.2007, Az.: X B 203/06).

2.2.5 Klagebefugnis (§§ 40 Abs. 2, 48 FGO)

Entsprechend den Vorschriften im Einspruchsverfahren ist eine Anfechtungs-, Verpflichtungs- oder Leistungsklage nur zulässig, wenn der Kläger **geltend macht**, durch den angegriffenen

---
363 BMF vom 19.03.2004, BStBl I 2004, 409; *Hübschmann/Hepp/Spitaler*, FGO, § 122 Rz. 23.
364 Eine Ausnahme vom Vertretungszwang gilt lediglich für die Stellung eines Antrags auf Bewilligung von Prozesskostenhilfe (vgl. § 62 Abs. 4 S. 2 FGO, BFH vom 16.09.2010, Az.: XI S 18/10 (PKH)).

VA oder durch die Ablehnung oder Unterlassung eines VA oder einer anderen Leistung **in seinen Rechten verletzt zu sein** (§ 40 Abs. 2 FGO). Für Feststellungsklagen genügt insoweit das besondere Feststellungsinteresse gem. § 41 Abs. 1 FGO. Zur Klagebefugnis wird auf die entsprechenden Ausführungen zu § 350 AO verwiesen. § 42 FGO verweist zudem auf § 351 AO und stellt damit klar, dass Änderungsbescheide nur insoweit angefochten werden können, als die Änderung reicht. Die teilweise eingetretene Bestandskraft (soweit der ursprüngliche VA nicht geändert wurde) wirkt damit auch im Klageverfahren fort; Feststellungen in einem Grundlagenbescheid können auch im gerichtlichen Verfahren nur durch Anfechtung des Grundlagenbescheides, nicht durch Anfechtung des Folgebescheides angegriffen werden (§ 42 FGO i.V.m. § 351 Abs. 2 AO).

Im Gleichklang mit der Vorschrift des § 352 AO regelt § 48 FGO die **Klagebefugnis bei Feststellungsbescheiden**; auf die Ausführungen zu § 352 AO wird verwiesen.[365] Eine Änderung der Rspr. hat sich 2004 hinsichtlich der Klagebefugnis einer Bruchteilsgemeinschaft ergeben. Während der BFH früher die Auffassung vertreten hat, nicht die Bruchteilsgemeinschaft, sondern nur die einzelnen Gesellschafter seien beteiligtenfähig und klagebefugt i.S.d. § 48 FGO, hält er hieran angesichts der (auch) Bruchteilsgemeinschaften zuerkannten Teil-Steuerrechtsfähigkeit und der Erstreckung der Klagebefugnis auf alle Einkunftsarten durch § 48 Abs. 1 Nr. 1 FGO nicht mehr fest; danach können bei Bescheiden über die einheitliche und gesonderte Feststellung von Besteuerungsgrundlagen »zur Vertretung berufene Geschäftsführer« Klage erheben. Hiervon ist bei einer Bruchteilsgemeinschaft, die nach außen hin auftritt, auszugehen (BFH vom 06.10.2004, BStBl II 2005, 324). § 48 Abs. 1 Nr. 1 FGO ist nach der geänderten Rspr. so auszulegen, dass die **PersG als Prozessstandschafterin für ihre Gesellschafter** und ihrerseits vertreten durch ihren Geschäftsführer Klage gegen den Gewinnfeststellungsbescheid erheben kann, der sich inhaltlich nicht an die Gesellschaft, sondern an die einzelnen Gesellschafter als Subjekte der Einkommensteuer richtet (vgl. BFH vom 29.01.2007, BFH/NV 2007, 1511).

Die in § 48 Abs. 1 Nr. 1 FGO geregelte Klagebefugnis der Gesellschaft leitet sich nicht aus einer eigenen materiell-rechtlichen Beschwer der Gesellschaft ab; sie ist vielmehr ein Fall der **gesetzlichen Prozessstandschaft**, die ihren Grund im Gesellschaftsrecht hat.[366] D.h. die betroffenen vertretungsbefugten Gesellschafter klagen nicht in eigenem Namen, sondern im Namen der Gesellschaft und damit auch aller Gesellschafter. **Klagebefugt im materiellen Sinne ist die Gesellschaft selbst**, und zwar auch in den Fällen, in denen das Sonderbetriebsvermögen eines Gesellschafters in Streit steht (BFH vom 30.12.2003, BStBl II 2004, 239 sowie BFH vom 22.06.2006, BStBl II 2007, 687).

Folgerichtig ist die Klage einer GmbH & Co. KG gegen einen Gewinnfeststellungsbescheid auch dann zulässig, wenn in der Klageschrift der Hinweis auf die Vertretung der Gesellschaft durch die Komplementär-GmbH und deren Vertretung durch ihre Geschäftsführer fehlt (BFH vom 24.05.2005, DStR 2005, 1643). Die Vertretungsbefugnis durch die Geschäftsführer ergibt sich bereits aus dem Gesetz (§ 125, 161 Abs. 2, 170 HGB, § 35 GmbHG). Erforderlich

---

365 Entgegen der missverständlichen Überschrift regelt § 48 FGO nur die Klagebefugnis bei Bescheiden über die einheitliche und gesonderte Feststellung; in allen anderen Fällen ergibt sich das Erfordernis der Klagebefugnis allein aus § 40 Abs. 2 FGO.
366 Die gesetzliche Prozessstandschaft, d.h. die Berechtigung, fremde Rechte in eigenem Namen geltend zu machen, ist in der FGO nur ausnahmsweise zugelassen. § 40 Abs. 2 FGO schließt eine gewillkürte Prozessstandschaft mit seiner grundsätzlichen Beschränkung auf den unmittelbar betroffenen (»in seinen Rechten verletzt zu sein«) ansonsten generell aus (vgl. *Kühn/von Wedelstädt*, FGO § 40 Rz. 10).

ist allerdings, dass der Geschäftsführer die Klageerhebung veranlasst und die Vollmacht etwaiger Prozessbevollmächtigter unterzeichnet hat.

Greift die Regelung des § 48 Abs. 1 Nr. 1 FGO ein, so wird hierdurch die individuelle Klagebefugnis der einzelnen Gesellschafter bzw. Gemeinschafter verdrängt. Deren Rechte leben – ebenso wie bei § 352 AO – erst wieder auf, wenn sie durch den angefochtenen oder erstrebten Feststellungsbescheid persönlich betroffen sind (vgl. § 48 Abs. 1 Nr. 4 FGO).

2.2.6 Erfolgloses Vorverfahren (§ 44 FGO)

2.2.6.1 Grundsatz

Um zu vermeiden, dass offensichtlich begründete Rechtsbehelfe die Finanzgerichte überschwemmen, ist dem Klageverfahren zwingend das außergerichtliche Einspruchsverfahren vorgeschaltet, in dem die Finanzbehörde ihr Handeln nochmals überprüfen kann. Das Einspruchsverfahren bedeutet für den Steuerbürger zusätzlichen Rechtsschutz, für die Finanzbehörde die Möglichkeit der Selbstkontrolle und für die Steuergerichte eine Entlastung von vermeidbaren Klagen (zur sog. Filterfunktion BFH vom 17.12.2008, BStBl II 2009, 791).

In den Fällen, in denen gegen einen VA der Einspruch statthaft ist (vgl. §§ 347 f. AO), ist die Klage daher **nur zulässig, wenn das Einspruchsverfahren ganz oder zumindest teilweise erfolglos geblieben ist** (§ 44 Abs. 1 FGO). Nachdem in Fällen der Feststellungsklage und der Leistungsklage kein anfechtbarer VA einer Behörde vorliegt und ein Einspruchsverfahren nicht möglich ist, ist bei diesen Klagearten das erfolglose Einspruchsverfahren keine Sachentscheidungsvoraussetzung.

Wird vor Abschluss des Einspruchverfahrens Klage erhoben, wächst die Klage in die Zulässigkeit hinein, sofern die Einspruchsentscheidung noch vor Ergehen der gerichtlichen Entscheidung erlassen wird.[367] Der Grund hierfür liegt darin, dass die Sachurteilsvoraussetzungen spätestens im Zeitpunkt der gerichtlichen Entscheidung (sofern mündlich verhandelt wird, im Zeitpunkt der letzten mündlichen Verhandlung) vorliegen müssen (vgl. BFH vom 29.03.2001, BStBl II 2001, 432).

Eine Ausnahme vom Erfordernis gilt ferner für die Sprungklage (§ 45 FGO) sowie für die Untätigkeitsklage (§ 46 FGO).

2.2.6.2 Sprungklage (§ 45 FGO)

Der Zweck des Vorverfahrens ist die nochmalige Überprüfung einer behördlichen Maßnahme durch die Behörde selbst. Dieser Zweck kann nicht erreicht werden, wenn die Finanzbehörde den Sachverhalt bereits vor dem Einspruchsverfahren so sorgfältig ermittelt hat, dass nach übereinstimmender Auffassung des StPfl. und der Finanzbehörde nicht mehr mit weiteren oder anderen Feststellungen zu rechnen ist und die Finanzbehörde ihre Rechtsauffassung nicht mehr ändern wird (BFH-GrS vom 21.01.1985, BStBl II 1985, 303).

In diesem Fall kann der StPfl. zur Verfahrensbeschleunigung ohne vorigem Einspruch unmittelbar Klage erheben, § 45 Abs. 1 S. 1 FGO (Sprungklage). Die Finanzbehörde muss der Sprungklage innerhalb eines Monats nach Zustellung der Klageschrift zustimmen, andernfalls wird die Klage als Einspruch behandelt und der Finanzbehörde zur Entscheidung übermittelt (§ 45 Abs. 1 S. 1, Abs. 3 FGO). Sprungklagen sind in der gerichtlichen Praxis **selten**.

---

367 A.A. *Gräber/v. Groll*, FGO § 44 Rz. 48 f., der § 44 FGO als Zugangsvoraussetzung versteht. Hiergegen spricht jedoch der Wortlaut der Vorschrift.

§ 45 Abs. 2 FGO soll sicherstellen, dass die Finanzbehörden der Sprungklage nur in Fällen zustimmen, in denen der Sachverhalt vollständig ermittelt ist. Wenn nach Auffassung des Gerichts eine weitere Sachaufklärung erforderlich ist, kann das FG die Klage an die zuständige Finanzbehörde zur Durchführung des Einspruchsverfahrens abgeben (§ 45 Abs. 2 FGO). Nach dem Zweck dieser Vorschrift sollen die FÄ einer Sprungklage nicht nur deshalb zustimmen, um die interne Rechtsbehelfsstelle von der Bearbeitung des Rechtsbehelfs freizuhalten.

2.2.6.3 Untätigkeitsklage (§ 46 FGO)

Ebenso wie die Sprungklage ist die Untätigkeitsklage **keine eigene Klageart**, sondern eine Anfechtungs- oder Verpflichtungsklage, die ohne abgeschlossenes Vorverfahren zulässig ist. Die Finanzbehörde selbst kann den Rechtsschutz nicht dadurch vereiteln, dass sie über den Einspruch überhaupt nicht entscheidet.

Die Klage ist ohne vorherigen Abschluss des Vorverfahrens zulässig, wenn ohne Mitteilung eines zureichenden Grundes innerhalb angemessener Frist sachlich nicht über den Einspruch entschieden worden ist (§ 46 Abs. 1 S. 1 FGO). Eine Bearbeitungszeit von weniger als **sechs Monaten** sieht das Gesetz im Regelfall als noch angemessen an (§ 46 Abs. 1 S. 2 FGO), so dass vor Ablauf der sechsmonatigen Frist nur dann zulässig Klage erhoben werden kann, wenn besondere Umstände eine kürzere Frist gebieten (§ 44 Abs. 1 S. 2 FGO, z.B. einschneidende Vollstreckungsmaßnahmen). In der Praxis werden aufgrund häufiger Arbeitsüberlastung der Rechtsbehelfsstellen in den FÄ eine Vielzahl von Einsprüchen erst nach Ablauf der sechsmonatigen Frist erledigt. Einspruchsentscheidungen innerhalb der Sechs-Monats-Frist sind eher die Ausnahme als die Regel. Arbeitsüberlastung allein ist allerdings kein zureichender Grund i.S.d. § 46 Abs. 1 S. 1 FGO.[368]

Trotzdem spielt auch die Untätigkeitsklage in der Praxis der Finanzgerichte nur eine untergeordnete Rolle. Regelmäßig wird das zuständige FG nach Eingang der Untätigkeitsklage das Verfahren gem. § 46 Abs. 1 S. 3 FGO aussetzen und dem FA Gelegenheit geben, über den Einspruch innerhalb angemessener Frist zu entscheiden. Angesichts der in § 46 Abs. 1 S. 1 und 2 FGO aufgeführten unbestimmten Rechtsbegriffe wird eine Aussetzung des Verfahrens regelmäßig geboten sein.[369] Wird dem Einspruch innerhalb der vom FG gesetzten Frist stattgegeben oder der beantragte VA erlassen, ist der Rechtsstreit in der Hauptsache erledigt (§ 46 Abs. 1 S. 3 2. HS FGO).[370] Die Finanzgerichte neigen zu diesem Verfahren häufig schon deshalb, weil sie ein »Abdrücken unerledigter Fälle an das FG« verhindern wollen.[371] Wird nach einem erfolglosem Untätigkeitseinspruch eine Untätigkeitsklage erhoben und ergeht daraufhin ein Steuerbescheid, der dem Antrag des StPfl. nicht oder nur teilweise entspricht, kann die Untätigkeitsklage als Anfechtungsklage fortgeführt werden (BFH vom 19.04.2007, BStBl II 2009, 315).

---

368 Vgl. *Tipke/Kruse*, § 46 FGO, Rz. 12.
369 So BFH vom 07.03.2006 (BStBl II 2006, 430). Weist das FG die Untätigkeitsklage gleichwohl als unzulässig ab, hat es in der Urteilsbegründung seine leitenden Ermessenserwägungen hinsichtlich der versagten Aussetzung des Klageverfahrens offenzulegen; andernfalls kann ein Verfahrensmangel i.S.d. § 115 Abs. 2 Nr. 3 FGO vorliegen.
370 Das FG entscheidet in diesen Fällen nur noch gem. § 138 Abs. 2 S. 1 FGO über die Kosten des Verfahrens.
371 *Tipke/Kruse*, § 46 FGO, Rz. 17 mit Hinweis auf FG BaWü vom 01.02.1996, EFG 1996, 557.

2.2.7 Klagefrist (§ 47 FGO)

Die Frist für die Erhebung der Anfechtungs- und der Verpflichtungsklage beträgt gem. § 47 Abs. 1 FGO **einen Monat** (nicht: vier Wochen!) ab Bekanntgabe der Einspruchsentscheidung bzw. des VA. Die Einspruchsentscheidung muss vollständig sein, um die Klagefrist in Gang zu setzen. Fehlt eine Seite der Einspruchsentscheidung[372] und wird dies vor Ablauf der regulären Klagefrist gerügt, so endet die Klagefrist erst einen Monat nach Bekanntgabe der fehlenden Seite (BFH vom 25.07.2007, BStBl II 2008, 94). Die **Leistungsklage und Feststellungsklage sind nicht fristgebunden**. Für die Fristberechnung verweist § 54 FGO auf § 222 ZPO, der wiederum auf die §§ 187 ff. BGB verweist. Unterschiede zur Berechnung der Fristen nach der AO ergeben sich daher nicht. Die Klagefrist ist gewahrt, wenn die Klageschrift bis zum Ablauf des letzten Tages der Monatsfrist dem zuständigen FG zugeht. Ist kein Nachtbriefkasten vorhanden, müssen Schriftstücke, die nach Dienstschluss beim FG in den Briefkasten eingeworfen werden, bei Leerung des Kastens am Morgen mit dem Eingangsstempel des Vortags versehen werden.[373]

Nach § 47 Abs. 2 FGO kann die Klageschrift **auch fristwahrend beim FA** angebracht werden; in diesen Fällen fungiert die Finanzbehörde als Briefkasten des Finanzgerichts.

Versäumt der Kläger die Monatsfrist schuldlos, ist ihm auf Antrag Wiedereinsetzung in den vorigen Stand zu gewähren (§ 56 FGO). Dabei ist dem StPfl. das Verschulden seines Bevollmächtigten zuzurechnen, § 155 FGO i.V.m. § 85 ZPO (BFH vom 20.12.2006, Az.: III B 181/05).

2.2.8 Ordnungsgemäße Klageerhebung (§§ 64 f. FGO)

Gem. § 64 Abs. 1 FGO ist die Klage **schriftlich** oder zur Niederschrift zu erheben (BFH vom 04.07.2002, BStBl 2003, 45). Eine Klageerhebung per Telefon ist dagegen – wie auch beim Einspruch – nicht zulässig. Im Gegensatz zum Einspruch, der nicht unterschrieben werden muss, hat die Rspr. das Unterschriftserfordernis bei der Klageschrift bis dato noch nicht aufgegeben.[374] Aufgrund des Schriftformerfordernisses verlangt die Rspr., dass die Klageschrift **eigenhändig unterschrieben** ist, vgl. § 126 Abs. 2 BGB. Zwar hat sich die Rspr. zum Erfordernis der Unterschrift in den letzten Jahren gelockert: Während der BFH mit Urteil vom 29.11.1995 (BStBl II 1996, 140) noch entschieden hat, dass ein Abzeichnen der Klageschrift mit einer Paraphe oder Namensabkürzung nicht ausreichend ist, hat der Gemeinsame Senat der obersten Gerichtshöfe die Übermittlung eines Computerfaxes mit

---

372 Aus Gründen der Rechtssicherheit verbietet es sich, bei einer unvollständigen Einspruchsentscheidung den Beginn der Klagefrist davon abhängig zu machen, ob die erste, die letzte oder eine mittlere Seite fehlt oder ob – gemessen am gesamten Umfang – ein großer oder ein kleiner Teil der Entscheidung übermittelt wurde: die Konsequenz ist nach der Entscheidung des BFH – a.a.O. – immer identisch. Ob die Rüge zwingend vor Ablauf der regulären Klagefrist erfolgen muss, hat der BFH in der genannten Entscheidung ausdrücklich offen gelassen.
373 *Tipke/Kruse*, § 47 FGO, Rz. 8.
374 Erstmals hat das FG Nds. vom 20.07.1999 (EFG 2000, 385) auf die Unterschrift verzichtet: Eine Unterschrift verlangt § 64 FGO – im Gegensatz zu § 126 BGB – zumindest ausdrücklich nicht. Es sei nicht erkennbar, warum die Klageschrift zwingend unterschrieben werden müsse, wenn aus dem Schriftstück hervorgeht, wer Absender der Klageschrift ist. Dem ist zuzustimmen: Verfahrensvorschriften bilden keinen Selbstzweck, sondern dienen der Wahrung des materiellen Rechts der Prozessbeteiligten. Ein übertriebener Formalismus bei der Wahrung der Prozessvoraussetzungen ist damit nicht vereinbar (vgl. auch die Entscheidung des Gemeinsamen Senats der obersten Gerichtshöfe, BGHZ 75, 440).

eingescannter Unterschrift als formwirksam angesehen (BB 2000, 1645). Die Begründung der Entscheidung spricht für die Anwendung der Urteilsgrundsätze nicht nur auf Computerfaxe, sondern auf alle Formen der Übersendung bestimmender Schriftsätze (Briefpost, Telefax etc.). Nach BFH vom 22.06.2010 (BStBl II 2010, 1017) entspricht eine mit eingescannter Unterschrift des Prozessbevollmächtigten per Telefax eingelegte Klage zumindest dann § 64 Abs. 1 FGO, wenn sie von dem Bevollmächtigten an einen Dritten mit der tatsächlich ausgeführten Weisung gemailt wird, sie auszudrucken und per Telefax an das Gericht zu senden.

Gleichwohl ist dem Kläger bzw. dem Klägervertreter vor dem Hintergrund der o.g., doch recht schwammigen Rspr. noch immer dringend anzuraten, die Klageschrift so zu unterzeichnen, dass einzelne Buchstaben erkennbar sind und dabei auf eine einigermaßen leserliche Schrift zu achten.[375]

Die Klageerhebung in **elektronischer Form**, d.h. durch Übermittlung einer entsprechenden Datei per E-Mail oder Übersendung von Datenträgern ist derzeit noch nicht bei allen FG möglich, da dies von der Anwendung des § 52a FGO abhängt.[376]

Für den Inhalt der Klageschrift ist eine Reihe von Formalien zu beachten, die teils zwingenden Charakter haben, teilweise nur beachtet werden sollen. In schriftlichen Prüfungsarbeiten ist es durchaus üblich, dass die Klageschrift zwar die zwingenden Voraussetzungen erfüllt, aber gegen eine »Soll-Vorschrift« in § 65 FGO verstößt. In diesen Fällen genügt ein kurzer Hinweis, dass ein Verstoß gegen eine Sollvorschrift die Zulässigkeit der Klage nicht beeinflusst. § 65 FGO beschreibt den **notwendigen Inhalt der Klage**: Sie muss den Kläger, den Beklagten sowie den Gegenstand der Klage bezeichnen; für das FG muss aus der Klageschrift eindeutig erkennbar sein, was der Kläger begehrt. Bei Anfechtungsklagen ist ferner der angefochtene VA und die Einspruchsentscheidung zu bezeichnen. Fehlt es an einer dieser Voraussetzungen, wird das Gericht den Kläger zur »Nachbesserung« der Klageschrift auffordern (§ 65 Abs. 2 S. 1 FGO).

Neben diesem »Mussinhalt« soll die Klage ferner einen bestimmten Antrag sowie eine Begründung enthalten (§ 65 Abs. 1 S. 2 und 3 FGO). Auch zur Ergänzung dieser »Sollinhalte« kann dem Kläger vom Gericht eine Frist zur Ergänzung nach § 65 Abs. 2 FGO aufgegeben werden.

2.3 Verfahrensgrundsätze

2.3.1 Ablauf des finanzgerichtlichen Verfahrens

Im Gegensatz zum Einspruchsverfahren folgt das Gerichtsverfahren einem in der FGO recht **detailliert geregelten, sehr formalisierten Ablauf**. Nach der Erhebung der Klage (§ 64 FGO) wird die Klageschrift der beklagten Finanzbehörde zugestellt mit der Aufforderung, schriftlich Stellung zu nehmen (§ 71 FGO). Anschließend versucht das FG, seine Entschei-

---

[375] Zur Lesbarkeit der Unterschrift existiert eine reichhaltige Rspr.: so reicht eine »gekrümmte Linie« nicht aus (BGH vom 31.03.1974, BB 1974, 717), es genügt aber ein »individueller Schriftzug mit charakteristischen Merkmalen« (BFH vom 23.06.1999, BStBl II 1999, 668).
[376] Mit Beschluss vom 26.07.2011 (BStBl II 2011, 925) hat der BFH entschieden, dass die wirksame Klageerhebung per E-Mail die Beifügung einer qualifizierten elektronischen Signatur erfordert, wenn das betreffende Bundesland diese Signatur in der in § 52a Abs. 1 S. 2 und 3 FGO vorgesehenen Verordnung vorgeschrieben hat.

dung durch eine umfassende Sachaufklärung vorzubereiten. Gem. § 76 Abs. 1 FGO erforscht das Gericht hierfür den Sachverhalt von Amts wegen (sog. **Untersuchungsgrundsatz** im Gegensatz zum Beibringungsgrundsatz im Zivilprozess).

Hierzu kann der Vorsitzende alle Anordnungen treffen, die erforderlich sind, um den Rechtsstreit möglichst in einer mündlichen Verhandlung zu erledigen (§ 79 FGO). Zu den Anordnungen des Gerichts gehört häufig die Terminierung eines sog. **Erörterungstermins** (§ 79 Abs. 1 S. 2 Nr. 1 FGO). Es handelt sich hierbei nicht um eine mündliche Verhandlung i.S.d. § 90 FGO, sondern um einen vorbereitenden Termin zur Erörterung des Sach- und Rechtsstands mit dem Ziel der gütlichen Beilegung des Rechtsstreits. Da die Beteiligten des Prozesses aufgrund der Einlassung des Gerichts im Erörterungstermin ihre Rechtsauffassung nochmals überdenken können und das FA z.B. den angefochtenen Bescheid teilweise ändern kann bzw. der Kläger seine Klage ganz oder teilweise zurücknimmt, kann eine Vielzahl von Klagen bereits in diesem Verfahrensstadium abgeschlossen werden.

Bei der Vorbereitung der Entscheidungsfindung ist das Gericht auf die Mitwirkung der Beteiligten angewiesen, vgl. § 76 Abs. 1 FGO. Das Gericht ist dabei an das Vorbringen und an die Beweisanträge der Beteiligten nicht gebunden (§ 76 Abs. 1 S. 5 FGO). Das gilt aber nur in dem Sinne, dass das FG von sich aus auch Beweise erheben kann, die von den Parteien nicht angeboten sind. Von den Verfahrensbeteiligten angebotene Beweise muss das FG grundsätzlich erheben, wenn es einen Verfahrensmangel vermeiden will. Auf eine beantragte Beweiserhebung kann es im Regelfall nur verzichten, wenn das Beweismittel für die zu treffende Entscheidung unerheblich ist, wenn die in Frage stehende Tatsache zugunsten des Beweisführenden als wahr unterstellt werden kann, wenn das Beweismittel unerreichbar ist oder wenn das Beweismittel unzulässig oder absolut untauglich ist. Daneben ist das FG auch nicht verpflichtet, unsubstantiierten Beweisanträgen nachzugehen (ständige Rspr., zuletzt BFH vom 01.02.2007, BStBl II 2007, 538).

Zur Beschleunigung des Verfahrens kann das FG den Verfahrensbeteiligten gem. § 79b FGO eine Frist setzen, innerhalb derer Auskünfte zu erteilen und Urkunden vorzulegen sind. Verspätetes Vorbringen im Anschluss an eine erfolgte Fristsetzung muss das FG bei seiner Entscheidungsfindung nicht mehr berücksichtigen, § 79b Abs. 3 FGO (sog. **Präklusion**). Hat das FA bereits im Einspruchsverfahren eine Frist nach § 364b AO gesetzt und Erklärungen und Beweismittel nach Ablauf der Frist nicht berücksichtigt, kann das FG dieses präkludierte Vorbringen auch im finanzgerichtlichen Prozess **unberücksichtigt lassen**, wenn ihre Zulassung nach der freien Überzeugung des Gerichts die Erledigung des Rechtsstreits verzögern würde, der Beteiligte die Verspätung nicht genügend entschuldigt oder der Beteiligte über die Folgen einer Fristversäumnis belehrt worden ist (§ 76 Abs. 3 i.V.m. § 79b Abs. 3 FGO).

Kommt es in dem Erörterungstermin nicht zur gütlichen Beilegung des Rechtsstreits, wird das FG **Termin zur mündlichen Verhandlung** anberaumen (§ 90 Abs. 1 S. 1 FGO). Das Gericht darf sein Urteil nur auf Tatsachen und Beweisergebnisse stützen, zu denen sich die Beteiligten äußern konnten (**Grundsatz der Mündlichkeit**). Mit Einverständnis der Beteiligten kann vom Grundsatz der Mündlichkeit abgewichen werden und ohne mündliche Verhandlung entschieden werden (§ 90 Abs. 2 FGO). Im Falle der mündlichen Verhandlung kann das FG das persönliche Erscheinen eines Beteiligten anordnen (§ 80 FGO). Erscheint einer der geladenen Beteiligten in der mündlichen Verhandlung nicht, kann gleichwohl ohne ihn verhandelt und entschieden werden (§ 91 Abs. 2 FGO); eine besondere Form der Entscheidung (wie das sog. Versäumnisurteil im Zivilprozess) ist dabei nicht vorgesehen. Versäumnisse eines Beteiligten im Zusammenhang mit der mündlichen

Verhandlung sind i.d.R. nicht mehr heilbar: Das FG ist im zweistufigen Instanzenzug die alleinige Tatsacheninstanz, in der Beweise erhoben werden können. Das unentschuldigte Nichterscheinen in der mündlichen Verhandlung und auch ein Versäumnis beim Stellen eines Beweisantrags kann der Beteiligte in der Revisionsinstanz vor dem BFH nicht mehr nachholen.

In der mündlichen Verhandlung, deren Ablauf in §§ 92 f. FGO geregelt ist, wird der Streitfall vor dem erkennenden Gericht abschließend sachlich und rechtlich erörtert. Die Verhandlung erfolgt grundsätzlich in öffentlicher Sitzung (**Grundsatz der Öffentlichkeit**, §§ 52 FGO, 169 GVG).

Auf Antrag eines Beteiligten muss die Öffentlichkeit allerdings gem. § 52 Abs. 2 FGO ausgeschlossen werden (insbes. zum Schutz des Steuergeheimnisses). Soweit erforderlich, erhebt das Gericht Beweis, insbes. durch Zeugen-, Beteiligten- und Sachverständigenvernehmung, aber auch durch die Augenscheinnahme und Heranziehung von Urkunden (§ 81 FGO). Die Aufzählung der Beweismittel in § 81 FGO ist **nicht abschließend** (sog. Freibeweisverfahren). Kann eine Tatsache im Rahmen der Beweisaufnahme nicht erwiesen werden, hat das FG nach den Regeln über die **Feststellungslast** (objektive Beweislast) zu entscheiden. Hierbei trägt nach der Rspr. des BFH die Finanzbehörde die Beweislast für die steuerbegründenden Tatsachen, der Kläger die Beweislast für die steuermindernden oder steuerbefreienden Tatsachen (ständige Rspr., zuletzt BFH vom 28.11.2007, BStBl II 2008, 335).

Im Anschluss an die mündliche Verhandlung, d.h. entweder unmittelbar nach Schluss der mündlichen Verhandlung oder in einem gesonderten Verkündungstermin entscheidet das FG über die Klage durch **Urteil** (§ 95 FGO).

In geeigneten Fällen kann das FG auch ohne mündliche Verhandlung durch **Gerichtsbescheid** entscheiden (§§ 79a Abs. 2, 90a FGO). Eine Entscheidung durch Gerichtsbescheid kommt insb. in Betracht, wenn der Rechtsstreit weder in tatsächlicher noch in rechtlicher Hinsicht besondere Schwierigkeiten bereitet. Innerhalb eines Monats nach Ergehen des Gerichtsbescheides können die Beteiligten **mündliche Verhandlung beantragen**; der Gerichtsbescheid gilt dann als nicht erlassen (§ 90a Abs. 2 FGO).[377] Hat das FG in dem Gerichtsbescheid die Revision zugelassen, haben die Beteiligten die Wahl, ob sie mündliche Verhandlung beantragen oder Revision einlegen (§ 90a Abs. 2 FGO). Nach Antrag auf mündliche Verhandlung darf kein zweiter Gerichtsbescheid in gleicher Sache erlassen werden (BFH vom 22.06.1984, BStBl II 1984, 720 zum ehemaligen Vorbescheid); die Beteiligten haben damit im Ergebnis einen **Anspruch auf eine mündliche Verhandlung** vor dem erkennenden Gericht.

Prozesstaktisch macht ein Antrag auf mündliche Verhandlung seitens des steuerlichen Vertreters vor allem dann Sinn, wenn neue Argumente oder Beweismittel vorgetragen werden können, wenn der im Gerichtsbescheid dargestellte Sachverhalt nicht zutreffend ist oder wenn der steuerliche Vertreter der Auffassung ist, durch die veränderte Besetzung des Spruchkörpers in der mündlichen Verhandlung (volles Stimmrecht der ehrenamtlichen Richter!) das Gericht doch noch von seiner Auffassung überzeugen zu können.

---

377 Ein Antrag auf mündliche Verhandlung kann auch dann gestellt werden, wenn sich der Antragsteller nicht gegen die sachliche Richtigkeit des Gerichtsbescheids wehrt, sondern die Entscheidung tatsächlich annimmt, z.B., um die Klage nach Stellung des Antrags zurückzunehmen. Ebenso darf das FA einen Antrag auf mündliche Verhandlung stellen, um der Klage abzuhelfen (BFH vom 30.03.2006, BStBl II 2006, 542).

2.3.2 Klageänderung (§ 67 FGO)

Mit der Klageerhebung konkretisiert der Kläger den Streitgegenstand und macht ihn zum Inhalt des gerichtlichen Verfahrens; eine nachträgliche **Änderung** des Streitgegenstandes ist nur zulässig, wenn die Finanzbehörde und die übrigen Beteiligten einwilligen oder das Gericht die Änderung für sachdienlich hält (§ 67 FGO). Für den erweiterten Streitgegenstand müssen zudem die Sachurteilsvoraussetzungen erfüllt sein, d.h. insb. die Wahrung der Klagefrist (BFH vom 19.05.1999, BFH/NV 1999, 1449). Die Umstellung der Klage auf eine Fortsetzungsfeststellungsklage ist immer sachdienlich, da die ursprüngliche Klage mit Erledigung des VA unzulässig geworden ist.

> **Beispiel 7: Klageänderung**
> Das FA hat die Einsprüche des A gegen die ESt-Bescheide 01 und 02 im Januar 05 abgelehnt. A erhebt am letzten Tag der Klagefrist im Februar 05 Klage gegen den ESt-Bescheid 01. Nach dem Erörterungstermin vor dem erkennenden Senat möchte er die Klage auf den VZ 02 erweitern. Ist die Erweiterung der Klage zulässig?
>
> **Lösung:** Die Zulässigkeit der Klageänderung richtet sich nach § 67 FGO. Allerdings liegt keine Klageänderung, sondern eine Klageerweiterung vor, wenn ein bisher nicht angefochtener VA zusätzlich Streitgegenstand des Verfahrens sein soll; § 67 FGO ist insoweit nicht anwendbar. Die zusätzliche Klage gegen den ESt-Bescheid 02 ist zulässig, wenn für den neuen Streitgegenstand auch die Zulässigkeitsvoraussetzungen der Klage erfüllt sind. Vorliegend ist die Klagefrist für den ESt Bescheid 02 im Zeitpunkt des Erörterungstermins abgelaufen; die neu erhobene Klage ist daher unzulässig.

Eine **Klageänderung kraft Gesetzes** tritt ein, wenn der angefochtene VA nach Klageerhebung von der Finanzbehörde geändert oder ersetzt wird (§ 68 FGO). § 68 FGO ist **keine eigene Rechtsgrundlage für die Korrektur** des angefochtenen VA im finanzgerichtlichen Verfahren, sondern erläutert die prozessualen Folgen. Die gesetzlichen Voraussetzungen zur Korrektur des angefochtenen VA ergeben sich vor allem aus §§ 129 und 130 f., §§ 172 ff. AO i.V.m. § 132 S. 1 FGO. § 68 FGO soll verhindern, dass der Kläger in Fällen der Änderung des angefochtenen Bescheides den Änderungsbescheid erneut mit dem Einspruch anfechten und nochmals ein Vorverfahren durchlaufen muss. Die Vorschrift dient somit der »prozessualen Waffengleichheit«[378]; ersetzt etwa das FA während eines Klageverfahrens den angefochtenen Haftungsbescheid durch einen anderen Haftungsbescheid, in dem erstmals die Ermessenserwägungen für die Haftungsinanspruchnahme erläutert werden, wird dieser Bescheid zum Gegenstand des Klageverfahrens. Im weiteren Verlauf sind die nunmehr angestellten Ermessenserwägungen in vollem Umfang zu berücksichtigen (BFH vom 16.12.2008, BStBl II 2009, 539; das FA handelte hier i.Ü. rechtswidrig: es darf im Klageverfahren nach dem Wortlaut des § 102 FGO Ermessenserwägungen zwar ergänzen, aber nicht erstmalig anstellen).

§ 68 FGO ist nach dem Gesetzeswortlaut auch anzuwenden, wenn der neue VA nach Bekanntgabe der Einspruchsentscheidung, aber vor Klageerhebung wirksam wird.

---

378 *Tipke/Kruse*, FGO, § 68 Rz. 3.

3 Rechtsmittel

Gegen Entscheidungen des FG sieht die FGO als Rechtsmittel die Revision (§§ 115 ff. FGO) bzw. die Beschwerde (§§ 128 ff. FGO) zum Bundesfinanzhof vor. Im Gegensatz zu den anderen Gerichtszweigen ist eine **Berufung** – und damit eine zweite Tatsacheninstanz – **nicht vorgesehen**.[379] Die beiden in der FGO abschließend vorgesehenen Rechtsmittel, Revision und Beschwerde schließen sich gegenseitig aus. Die Revision richtet sich gegen Urteile und Gerichtsbescheide des FG (§§ 90a Abs. 2 S. 2, 115 Abs. 1 FGO), die Beschwerde gegen andere gerichtliche Entscheidungen (§ 128 Abs. 1 FGO).

Die Nichtzulassungsbeschwerde (§ 116 FGO) ist eine besondere Ausprägung der Revision. Die Rechtsmittel der FGO sind gekennzeichnet durch den sog. **Devolutiveffekt** (zuständig für die Entscheidung ist die nächsthöhere Instanz, d.h. der BFH) und den **Suspensiveffekt** (Hemmung der Rechtskraft der angegriffenen Entscheidung, § 110 FGO).

Durch das Anhörungsrügegesetz vom 09.12.2004 (BStBl I 2005, 370) wurde mit Wirkung ab 2005 als zusätzlicher Rechtsbehelf die Anhörungsrüge in § 133a FGO geregelt. Danach ist auf Rüge eines durch eine gerichtliche Entscheidung beschwerten Beteiligten das Verfahren ausnahmsweise fortzuführen, wenn ein Rechtsmittel oder ein anderer Rechtsbehelf gegen die Entscheidung nicht gegeben ist und wenn das Gericht den Anspruch des Beteiligten auf rechtliches Gehör in entscheidungserheblicher Weise verletzt hat (§ 133a Abs. 1 FGO).[380] Eine Anhörungsrüge wegen unterlassener Anrufung des EuGH (Stichwort Entzug des gesetzlichen Richters gem. Art 101 Abs. 1 S. 2 GG) ist nicht statthaft (BFH vom 11.05.2007, BStBl II 2007, 653).

Die Erfolgsaussichten der Verfahren vor dem BFH für den StPfl. sind überschaubar. Der Prozentsatz der zu Gunsten der StPfl. getroffenen Entscheidungen betrug 2011 20,5 %. Bei den Revisionen lag der Anteil im Jahr 2011 bei 42,9 %, bei den Nichtzulassungsbeschwerden bei nur 15 %; aufgrund der hohen Zulässigkeitshürden scheiterten auch 2011 von den 1.732 eingelegten Nichtzulassungsbeschwerden rund ein Drittel an der Zulässigkeitsprüfung.

3.1 Revision

Die Revision ist unabhängig vom Streitwert nur dann statthaft, wenn sie vom FG selbst oder auf Beschwerde gegen die Nichtzulassung vom BFH **zugelassen** wurde. Sie ist damit im Ergebnis eine reine **Zulassungsrevision** (§ 115 Abs. 1 FGO). Die Zulassungsfreiheit der Revision unter bestimmten Voraussetzungen (§ 116 FGO a.F.) ist weggefallen.

---

[379] Nach ständiger Rspr. des BVerfG fordern weder die Rechtsweggarantie (Art. 19 Abs. 4 GG) noch der Grundsatz des rechtlichen Gehörs (Art. 103 Abs. 1 GG) einen mehrstufigen Instanzenzug, BVerfG NJW 2003, 1924; Art. 19 Abs. 4 GG gewährt Rechtsschutz durch den Richter, aber nicht gegen den Richter.

[380] Der Anwendungsbereich der Anhörungsrüge beschränkt sich auf eine Verletzung des rechtlichen Gehörs durch die gerichtliche Entscheidung; eine Überprüfung der Sachentscheidung des Gerichts in vollem Umfang kann damit nicht erreicht werden (BFH vom 30.09.2005, DStRE 2006, 61).

3.1.1 Zulassungsgründe (§ 115 Abs. 2 FGO)

§ 115 Abs. 2 FGO legt die Gründe für die Zulassung der Revision abschließend fest. Die Revision ist durch das FG zuzulassen, wenn

- die Rechtssache **grundsätzliche Bedeutung** hat (**Grundsatzrevision**, § 115 Abs. 2 Nr. 1 FGO),
- eine Entscheidung des BFH zur Fortbildung des Rechts erforderlich ist (**Rechtsfortbildungsrevision**, § 115 Abs. 2 Nr. 2 1. Alt. FGO),
- eine Entscheidung des BFH zur **Sicherung einer einheitlichen Rspr.** erforderlich ist (§ 115 Abs. 2 Nr. 2 2. Alt. FGO) oder
- ein **Verfahrensmangel** geltend gemacht wird und vorliegt, auf dem die Entscheidung beruhen kann (sog. **Verfahrensrevision**, § 115 Abs. 2 Nr. 3 FGO).

Das FG entscheidet von Amts wegen, ob es gegen sein Urteil oder einen Gerichtsbescheid die Revision zulässt (§ 115 Abs. 1 FGO) oder nicht; ein diesbezüglicher Antrag ist daher nicht erforderlich, als Anregung aber zulässig. Der BFH ist für den Fall der Zulassung an diese gebunden (§ 115 Abs. 3 FGO). Enthält das Urteil zur Zulassung der Revision keinerlei Ausführungen, gilt die Revision als nicht zugelassen (ständige Rspr., vgl. BFH vom 21.02.2001, BFH/NV 2001, 936). Die **Nichtzulassung der Revision kann durch Nichtzulassungsbeschwerde angefochten werden** (§ 116 FGO). Als Revisionsinstanz ist der BFH an die tatsächlichen Feststellungen des FG gem. § 118 Abs. 2 FGO gebunden, soweit das FG die Feststellungen nicht verfahrensfehlerhaft ermittelt hat (§ 118 Abs. 2 2. HS FGO).

3.1.1.1 Grundsatzrevision (§ 115 Abs. 2 Nr. 1 FGO)

Die Revision ist gem. § 115 Abs. 2 Nr. 1 FGO zuzulassen, wenn die Rechtssache **grundsätzliche Bedeutung** hat. Die Rspr. hat den unbestimmten Rechtsbegriff der »grundsätzlichen Bedeutung« bis zur Änderung durch das 2. FGO-ÄndG sehr eng ausgelegt und führt diese Rspr. auch nach Änderung des § 115 Abs. 2 Nr. 1 FGO fort: Eine Rechtssache hat demnach nur dann grundsätzliche Bedeutung, wenn die Rechtsfrage im konkreten Einzelfall entscheidungserheblich und klärungsbedürftig, d.h. vom BFH noch nicht entschieden war[381]; darüber hinaus wird verlangt, dass die Entscheidung des BFH **im Interesse der Allgemeinheit an der einheitlichen Entwicklung und Handhabung des Rechts liegt** (ständige Rspr., vgl. BFH 24.04.2009, BFH/NV 2009, 1398), d.h. wenn die Beantwortung der Rechtsfrage aus Gründen der Rechtssicherheit, der Rechtseinheitlichkeit und/oder der Rechtsentwicklung dem allgemeinen Interesse dient. Ferner verlangt der BFH in zahlreichen Entscheidungen, dass es sich bei der Rechtsfrage um eine »**aus rechtssystematischen Gründen bedeutsame und für die einheitliche Rechtsanwendung wichtige Frage**« handelt (vgl. BFH a.a.O.). Hierzu genügt nicht die Behauptung in der Beschwerdeschrift, dass die Voraussetzung vorliegt. Aus der Gesetzesbegründung zum 2. FGO-ÄndG könnte man schließen, dass mit der Grundsatzrevision nach § 115 Abs. 2 Nr. 1 FGO n.F. auch Fehler des FG bei der Auslegung revisiblen Rechts beseitigt werden können, wenn diese von erheblichem Gewicht und geeignet sind, das Vertrauen in die Rspr. zu beschädigen.[382] Dass der Einzelfall vom FG unrichtig entschieden

---

[381] An der Klärungsbedürftigkeit fehlt es insb., wenn die Rechtsfrage durch das FG nach den gesetzlichen Grundlagen und der dazu ergangenen Rspr. eindeutig so zu beantworten ist, wie es das FG in dem angefochtenen Urteil getan hat (BFH vom 12.05.2005, BStBl II 2005, 714).
[382] BT-Drucks. 14/4061, 9.

worden ist, begründet auch bei schwerwiegenden Fehlern das abstrakte Allgemeininteresse noch nicht.[383] Schwerwiegende Fehler bei der Auslegung revisiblen Rechts können aber die Zulassung der Revision nach § 115 Abs. 2 Nr. 2, 2. Alt. FGO rechtfertigen, wenn sie geeignet sind, das Vertrauen in die Rspr. zu beschädigen (s. Kap. 3.1.1.3).

Zur Darlegung der grundsätzlichen Bedeutung ist auszuführen, dass, in welchem Umfang und aus welchen Gründen eine Rechtsfrage umstritten ist und worin die Bedeutung einer Entscheidung im Hinblick auf die Rspr. oder auf gewichtige Auffassungen in der Literatur zu sehen ist. Insb. sind Ausführungen dazu erforderlich, warum die Bedeutung der streitigen Rechtsfrage über den konkreten Einzelfall hinausgeht und warum sie zur Erhaltung der Rspr. oder zur Fortentwicklung des Rechts höchstrichterlicher Klärung bedarf (BFH vom 19.07.2010, Az.: I B 92 und 93/09). Wird die Verfassungswidrigkeit einer Norm gerügt, muss sowohl auf die Rechtsfrage (einschließlich Sinn und Zweck sowie systematischer Zusammenhang der einschlägigen Norm) als auch darauf eingegangen werden, von welcher Seite und aus welchen Gründen ein Verstoß gegen das Grundgesetz geltend gemacht wird (BFH vom 31.08.2010, Az.: III B 77/09); wird ein Verstoß gegen höherrangiges Gemeinschaftsrecht behauptet, ist zur substantiierten Darlegung der grundsätzlichen Bedeutung eine an den Vorgaben des Gemeinschaftsrechts sowie der dazu ergangenen Rspr. orientierte Auseinandersetzung erforderlich (BFH vom 09.11.2007, BFH/NV 2008, 390).

3.1.1.2 Rechtsfortbildungsrevision (§ 115 Abs. 2 Nr. 2, 1. Alt. FGO)

Die **Rechtsfortbildungsrevision** ermöglicht Musterprozesse, wenn ein steuerlicher Einzelfall Anlass gibt, Leitsätze für die Auslegung von Gesetzesbestimmungen aufzustellen oder Gesetzeslücken zu füllen.[384] Der Zulassungsgrund kommt in Betracht, wenn die Entscheidung des FG über den Rechtsstreit von einer ungeklärten Rechtsfrage abhängt.

3.1.1.3 Revision zur Sicherung einer einheitlichen Rechtsprechung (§ 115 Abs. 2 Nr. 2, 2. Alt. FGO)

Der in § 115 Abs. 2 Nr. 2, 2. Alt. FGO vorgesehene Revisionsgrund »**Sicherung einer einheitlichen Rspr.**« umfasst die bisherige Divergenz i.S.d. § 115 Abs. 2 Nr. 2 FGO a.F., geht aber auch darüber hinaus (BFH vom 30.08.2001, BStBl II 2001, 837). Insb. kommt es nicht mehr darauf an, welches Gericht die Entscheidung, von der abgewichen wird, getroffen hat. Die Sicherung einer einheitlichen Rspr. durch den BFH ist erforderlich, wenn das FG bei seiner Entscheidung über eine Rechtsfrage von einer Entscheidung des BFH oder eines anderen Gerichts (insbes. eines anderen FG) abweicht.[385] Die Abweichung liegt allerdings nur vor, wenn das FG seine Entscheidung mit einem entscheidungserheblichen Rechtssatz begründet, der von einem Rechtssatz eines anderen Gerichts abweicht.

Nach Auffassung der Rspr. ist die Revision zur Sicherung einer einheitlichen Rspr. auch zuzulassen, wenn ein allgemeines Interesse an einer korrigierenden Entscheidung besteht, weil das FG revisibles Recht fehlerhaft angewandt hat **und** der unterlaufene Fehler geeignet ist, das Vertrauen in die Rspr. zu schädigen (vgl. etwa BFH vom 14.07.2010, Az.: VIII B 54/10).[386] Dies ist dann der Fall, wenn die Auslegung und Anwendung des Rechts durch das FG nicht

---

383 *Tipke/Kruse*, FGO, § 115 FGO Rz. 47 m.w.N.; nach ständiger Rspr. (zuletzt BFH vom 30.11.2007, BFH/NV 2008, 389) führt die Rüge falscher Rechtsanwendung grundsätzlich nicht zur Zulassung der Revision.
384 *Tipke/Kruse*, FGO, § 115 FGO Rz. 61.
385 BFH vom 15.05.2005, BStBl II 2005, 714 und vom 27.12.2007, Az.: IV B 3/07; *Beermann*, DStZ 2000, 773.
386 Ausführlich *Ruban*, Der qualifizierte Rechtsfehler als Revisionszulassungsgrund – unterschiedliche Tendenzen in der Rspr. des BFH und des BGH, DStR 2005, 2033.

lediglich fehlerhaft, sondern **objektiv willkürlich** oder **greifbar gesetzwidrig** ist (vgl. BFH vom 05.01.2012, AO-StB 2012, 136). Von Willkür kann dann nicht gesprochen werden, wenn sich das Gericht mit der Rechtslage eingehend auseinander setzt und seine Auffassung nicht jeder Rechtsgrundlage entbehrt (BVerfG vom 08.06.1993, BVerfGE 89, 15). Hat das FG eine für den Streitfall zweifellos einschlägige Rechtsvorschrift übersehen (!), ist bei der Frage, ob deshalb ein Fehler von erheblichem Gewicht vorliegt, auch zu berücksichtigen, in welchem Umfang sich der Fehler des FG im Ergebnis nachteilig auf den unterlegenen Beteiligten ausgewirkt hat und in welchem Umfang die Beteiligten durch ihr eigenes Verhalten diesen Irrtum hätten vermeiden und damit ein anderes Verfahrensergebnis herbeiführen können. Das Übersehen einer einschlägigen Vorschrift allein ist mit anderen Worten allein kein Umstand, der einen Fehler von so erheblichem Gewicht begründet, dass das Vertrauen in die Rspr. beschädigt würde, wenn der BFH den Fehler nicht korrigiert (BFH vom 07.07.2004, BStBl II 2004, 896).

3.1.1.4 Verfahrensrevision (§ 115 Abs. 2 Nr. 3 FGO)

Verfahrensmängel sind Fehler des FG bei der Handhabung der prozessualen Vorschriften (vgl. BFH vom 08.09.2006, BFH/NV 2007, 245). Verfahrensmängel sind beispielsweise die unzureichende Sachaufklärung nach § 76 Abs. 1 FGO, die Verletzung des rechtlichen Gehörs nach § 96 Abs. 2 FGO[387] oder die Aktenwidrigkeit des gewürdigten Sachverhalts, wenn also das FG eine nach den Akten klar feststehende Tatsache unberücksichtigt lässt (§ 96 FGO). Die fehlerhafte Beweiswürdigung ist dagegen kein Verfahrensmangel, sondern die Verletzung materiellen Rechts. Insb. ist die richterliche Überzeugungsbildung durch das FG, die Tatsachen- bzw. Sachverhaltswürdigung als auch Schlussfolgerungen tatsächlicher Art einer Nachprüfung durch den BFH wegen § 118 Abs. 2 FGO weitgehend entzogen. Die fehlerhafte Beweiswürdigung ist nur in denjenigen seltenen Ausnahmefällen revisibel, wenn Verstöße gegen Denkgesetze oder allgemeine Erfahrungssätze vorliegen (BFH vom 22.12.2006, BStBl II 2009, 839).

Voraussetzung für die Revision ist nicht nur, dass ein Verfahrensmangel gerügt wird, vielmehr muss tatsächlich ein solcher **Mangel vorliegen**, auf dem das Urteil **beruhen** kann. § 119 FGO normiert einige besonders schwere, sog. absolute Revisionsgründe, bei denen unwiderlegbar vermutet wird, dass das Urteil auf der Verletzung von Bundesrecht beruht. Bei verzichtbaren Verfahrensmängeln, etwa der Verletzung der Sachaufklärungspflicht und des rechtlichen Gehörs, verliert der rechtskundig vertretene Kläger sein Rügerecht durch rügelose Verhandlung zur Sache und damit durch bloßes Unterlassen der rechtzeitigen Rüge; dieser Fehler kann im Revisionsverfahren nicht mehr geheilt werden (BFH vom 22.12.2006, BStBl II 2009, 839).

3.1.2 Nichtzulassungsbeschwerde (§ 116 FGO)

Die **Nichtzulassung der Revision durch das FG kann selbständig durch Beschwerde angefochten werden** (§ 116 Abs. 1 FGO). Die Bedeutung der Nichtzulassungsbeschwerde

---

[387] Eine Verletzung des Anspruchs auf rechtliches Gehör liegt auch bei einer – verbotenen – Überraschungsentscheidung vor, wenn das FG seine Entscheidung auf einen bis dahin nicht erörterten rechtlichen Gesichtspunkt gestützt und damit dem Rechtsstreit eine Wendung gegeben hat, mit der alle oder einzelne Verfahrensbeteiligte nach dem bisherigen Verfahrensverlauf nicht rechnen mussten (BFH vom 08.09.2006, BFH/NV 2007, 245; vgl. auch BFH vom 11.11.2008, BStBl II 2009, 309 zur überraschenden Änderung der Rechtsauffassung im Senat trotz vorangegangener mehrfacher Berichterstatterschreiben mit dem Inhalt, die Klage werde Erfolg haben).

in der Praxis ist groß; die Zahl der beim BFH eingehenden Nichtzulassungsbeschwerden übersteigt die der Revisionen deutlich.[388] Die Beschwerde ist innerhalb eines Monats nach Zustellung der Urteils beim **BFH** (sog. iudex ad quem) einzulegen und innerhalb von zwei Monaten nach Zustellung des Urteils zu begründen (§ 116 Abs. 2 S. 1, Abs. 3 S. 1 FGO). In der Begründung muss das Bestehen eines Revisionszulassungsgrundes nach § 115 Abs. 2 FGO dargelegt werden (§ 116 Abs. 3 S. 3 FGO). An diese Darlegung stellt die Rspr. des BFH **sehr hohe formale Anforderungen**.[389] So setzt eine schlüssige Verfahrensrüge beispielsweise voraus, dass die Tatsachen, die den Verfahrensmangel ergeben, im Einzelnen angeführt werden und dass ferner dargelegt wird, dass die Entscheidung des FG auf dem Mangel beruhen kann; dies setzt voraus, dass das Gericht von seinem materiell-rechtlichen Standpunkt aus bei richtigem Verfahren zu einer anderen Entscheidung hätte kommen können (BFH vom 14.03.2007, BStBl II 2007, 466).

Die Begründungsfrist kann gem. §116 Abs. 3 S. 4 FGO um einen weiteren Monat verlängert werden. Das FG selbst hat keine Möglichkeit, der Beschwerde abzuhelfen. In der Begründung der Nichtzulassungsbeschwerde müssen die Zulassungsgründe für die Revision dargelegt werden (§ 116 Abs. 3 S. 3 FGO). Hat die Nichtzulassungsbeschwerde Erfolg, wird das Verfahren über die Nichtzulassungsbeschwerde als Revisionsverfahren fortgeführt (§ 116 Abs. 7 S. 1 FGO). Für die Einlegung und Begründung der Nichtzulassungsbeschwerde besteht gem. § 62a FGO Vertretungszwang. Über die Nichtzulassungsbeschwerde entscheidet der BFH gem. § 116 Abs. 5 S. 1 FGO durch Beschluss. Lehnt der BFH die Beschwerde ab, wird das FG-Urteil rechtskräftig (§ 116 Abs. 5 S. 3 FGO).

3.1.3 Revisionsverfahren

Die **Revision** ist innerhalb eines Monats nach Zustellung des vollständigen Urteils beim BFH schriftlich einzulegen, wenn die Revision bereits im angefochtenen Urteil zugelassen wurde (§ 120 Abs. 1 FGO). Die Frist für die Begründung beträgt zwei Monate ab Zustellung des Urteils unabhängig davon, wann die Revision eingelegt wurde (§ 120 Abs. 2 FGO). Im Gegensatz zur früheren Rechtslage schließt sich die Revisionsbegründungsfrist nicht mehr an den Ablauf der Frist zur Einlegung der Revision an (BFH vom 05.02.2004, BStBl II 2004, 336); sie ist damit eine selbständige Frist. Die Frist kann auf Antrag verlängert werden (§ 120 Abs. 2 S. 3 FGO). § 120 Abs. 3 FGO nennt als zwingenden Inhalt der Revisionsbegründungsschrift die Benennung der Revisionsanträge und die Angabe des Revisionsgrundes. Der Revisionsführer hat sich dabei mit den tragenden Gründen des finanzgerichtlichen Urteils auseinanderzusetzen und darzulegen, weshalb er dieses für unrichtig hält. Dafür reicht der bloße Hinweis, das angefochtene Urteil stehe zu einer genau angegebenen BFH-Entscheidung in Widerspruch, für sich alleine nicht aus (BFH vom 20.04.2010, BStBl II 2010, 691).

Sowohl für die Einlegung als auch für die Begründung der Revision besteht nach § 62a FGO **Vertretungszwang**.

---

388 Im Jahr 2009 standen 743 neu eingegangenen Revisionen 1.851 Nichtzulassungsbeschwerden gegenüber.
389 Ausführlich zu den Darlegungsvoraussetzungen *Tipke/Kruse*, FGO, § 116 Rz. 31 ff.; eine mehrere hundert Seiten umfassende Beschwerdebegründung, die zugleich weitere Nichtzulassungsbeschwerden gegen andere Urteile des gleichen FG betrifft und die in großem Umfang Kopien von Schriftstücken enthält, entspricht den Anforderungen des § 116 Abs. 3 S. 3 FGO nicht, wenn die Ausführungen nicht hinreichend klar, geordnet und verständlich die einzelnen Verfahrensrügen abgrenzen: Es ist nicht Aufgabe des BFH, sich aus einer derartigen Begründung das herauszusuchen, was möglicherweise zur Darlegung eines Zulassungsgrundes geeignet sein könnte (BFH vom 23.07.2008, BStBl II 2008, 878).

Ist die Revision unzulässig, verwirft sie der BFH gem. § 126 Abs. 1 FGO durch Beschluss; unbegründete Revisionen werden durch Urteil zurück gewiesen (§ 126 Abs. 2 FGO). Ist die Revision begründet, kann der BFH in der Sache selbst entscheiden oder das angefochtene Urteil aufheben und die Sache zur anderweitigen Verhandlung und Entscheidung an das Ausgangsgericht zurück verweisen (§ 126 Abs. 3 FGO). Eine Zurückverweisung kommt insb. in Betracht, wenn noch Tatsachenfeststellungen erforderlich sind, da der BFH selbst keine Tatsacheninstanz ist. Das FG ist im Falle der Zurückverweisung gem. § 126 Abs. 5 FGO an die rechtliche Beurteilung des BFH gebunden.

3.2 Beschwerde (§§ 128 ff. FGO)

Gegen Entscheidungen des FG, die weder Urteile noch Gerichtsbescheide sind, steht den Beteiligten nach § 128 Abs. 1 FGO grundsätzlich die Beschwerde zu. Ein Rechtsmittel gegen die Nichtzulassung der Beschwerde bei einer Entscheidung über die Aussetzung der Vollziehung sieht die FGO nicht vor. Im Unterschied zur Nichtzulassung der Revision gibt es kein eigenständiges Verfahren zur Prüfung der Voraussetzungen für die Zulassung der Beschwerde.[390] Beispiele für **beschwerdefähige Entscheidungen** sind:

- Ablehnung der Gewährung der Akteneinsicht nach § 78 Abs. 1 FGO;
- Ausschluss der Öffentlichkeit nach § 52 FGO i.V.m. § 174 GVG;
- Aussetzung der Vollziehung und einstweilige Anordnung, jedoch jeweils erst nach Zulassung (§ 128 Abs. 3 FGO).

Gegen prozessleitende Maßnahmen nach § 128 Abs. 2 FGO ist die Beschwerde nicht statthaft, ebenso gegen Kostenentscheidungen (§ 128 Abs. 4 FGO).

Die Beschwerde ist beim FG schriftlich oder zur Niederschrift innerhalb von zwei Wochen nach Bekanntgabe der Entscheidung einzulegen (§ 129 Abs. 1 FGO); die Einlegung der Beschwerde beim BFH wahrt ebenfalls die Frist.

3.3 Wiederaufnahme des Verfahrens (§ 134 FGO)

Mit der Rechtskraft der gerichtlichen Entscheidung ist das finanzgerichtliche Verfahren im Regelfall abgeschlossen. Eine Durchbrechung der Rechtskraft ist allein durch das Wiederaufnahmeverfahren mit den Rechtsbehelfen der Nichtigkeitsklage sowie der Restitutionsklage vorgesehen, § 134 FGO i.V.m. §§ 578 ff. ZPO. Die Nichtigkeitsklage ist statthaft, wenn das Verfahren, auf Grund dessen das Urteil erging, mit schwerwiegenden Mängeln behaftet ist. Die Nichtigkeitsgründe sind in § 579 ZPO benannt und decken sich mit den absoluten Revisionsgründen in § 119 Nr. 1, 2 und 4 FGO. Die Restitutionsklage dient der Beseitigung schwerer Mängel in den tatsächlichen Urteilsgrundlagen (vgl. § 580 ZPO). Das Wiederaufnahmeverfahren hat in der Praxis nur geringe Bedeutung.

---

390 Eine sog. »außerordentliche Beschwerde« gegen die Nichtzulassung der Beschwerde wegen sog. greifbarer Gesetzeswidrigkeit ist im Finanzprozess seit Inkrafttreten des § 321a ZPO generell nicht mehr statthaft (BFH vom 14.03.2007, BStBl II 2007, 468). Stattdessen kann zur Beseitigung schweren Verfahrensunrechts in mit förmlichen Rechtsmitteln nicht anfechtbaren Entscheidungen eine fristgebundene Gegenvorstellung bei dem Ausgangsgericht, d.h., beim FG entsprechend § 321a ZPO erhoben werden (BFH vom 06.11.2006, BFH/NV 2007, 264).

4 Kosten des Verfahrens

Bei der Führung eines finanzgerichtlichen Verfahrens entstehen **Gerichtskosten** nach dem Gerichtskostengesetz und, wenn sich der StPfl. durch einen Bevollmächtigten vertreten lässt, **außergerichtliche Kosten** (§ 139 FGO). Die Aufwendungen des FA sind dabei unabhängig vom Ausgang des Verfahrens nicht zu erstatten (§ 139 Abs. 2 FGO). Zu den anfallenden Kosten zählen Gebühren und Auslagen (§ 1 GKG). Die Höhe der Gebühren richtet sich nach dem Streitwert. Nach dem GKG fallen Gebühren nicht für einzelne Entscheidungen an, sondern es entsteht für das jeweilige (gesamte) finanzgerichtliche Verfahren eine einzige – in ihrer Höhe vom Streitwert abhängige – Gebühr. Wie auch in anderen Gerichtszweigen üblich, wird die Verfahrensgebühr schon mit Einreichung eines Antrags bei Gericht fällig (§ 6 Abs. 1 Nr. 4 GKG). Diese Verfahrensgebühr wird vorläufig nach dem **Mindeststreitwert von 1.000 €** bemessen und beträgt 220 € (§ 63 Abs. 1 S. 4 GKG).[391] Die rechtzeitige Entrichtung der vorläufigen Verfahrensgebühr stellt aber keine Zulässigkeitsvoraussetzung dar. Die Möglichkeit einer kostenfreien Klagerücknahme ist bereits vor einigen Jahren entfallen; allerdings ermäßigt sich die Verfahrensgebühr bei **Klagerücknahme** (§ 72 FGO) unter den Voraussetzungen der Gebührentatbestände Nr. 6211 und 6212 des Kostenverzeichnisses zu § 34 GKG um die Hälfte.[392]

Gem. dem Vergütungsverzeichnis zum RVG erhält der RA oder der StB (auf den die Vorschriften des RVG entsprechend anzuwenden sind) für das finanzgerichtliche Verfahren insgesamt 2,8 Gebühren, nämlich eine Verfahrensgebühr von 1,6 und eine Termingebühr von 1,2. Die Verfahrensgebühr wird gekürzt, wenn der Vertreter bereits im Einspruchsverfahren tätig geworden ist. Die Beweisgebühr wurde komplett abgeschafft. Neben der Verfahrens- und Termingebühr kann noch eine Erledigungsgebühr von 1,3 Gebühren entstehen (Nr. 1004 der Anlage zu § 2 Abs. 2 RVG), weil es sich bei dem FG um ein oberstes Landesgericht handelt.[393]

Die §§ 135 ff. FGO regeln insb., wer die Kosten zu tragen hat und wie über die Kosten zu entscheiden ist. Gem. § 135 Abs. 1 FGO trägt grds. die unterliegende Partei die Kosten des Verfahrens; wenn ein Beteiligter teils obsiegt, teils unterliegt, sind die Kosten gem. § 136 Abs. 1 FGO gegeneinander aufzuheben oder verhältnismäßig zu teilen. Sind Aufwendungen für einen Bevollmächtigten im Einspruchsverfahren entstanden, hängt die Erstattungsfähigkeit davon ab, dass sie im anschließenden finanzgerichtlichen Verfahren vom FG für notwendig erklärt werden (§ 139 Abs. 3 S. 3 FGO); dies geschieht regelmäßig dann, wenn die Sach- und Rechtslage nicht so einfach war, dass sich der Beteiligte selbst vertreten konnte.[394]

Berücksichtigt das Gericht nach § 76 Abs. 3 FGO Erklärungen und Beweismittel, die im Einspruchsverfahren nach § 364b AO rechtmäßig zurück gewiesen wurden, sind dem Kläger insoweit die Kosten aufzuerlegen. Über die Kosten wird im Urteil oder, wenn das Verfahren in anderer Weise beendet worden ist, durch Beschluss entschieden (§ 143 Abs. 1 FGO).

---

391 Der Streitwert im Verfahren der AdV nach § 69 Abs. 3, 5 FGO ist mit 10 % des Betrages anzusetzen, dessen Aussetzung begehrt wird (ständige BFH-Rspr.). Der durch das Kostenrechtsmodernisierungsgesetz eingeführte Mindeststreitwert (§ 52 Abs. 4 GKG) findet in Verfahren des vorläufigen Rechtsschutzes vor den Gerichten der Finanzgerichtsbarkeit keine Anwendung (BStBl II 2008, 199).
392 Die Zurücknahme einer Klage ist als Prozesshandlung bedingungsfeindlich und unwiderruflich (zur fehlenden Möglichkeit des Widerrufs s. BFH vom 26.10.2006, BStBl II 2007, 271). Sie ist allerdings unwirksam, wenn sie durch einen unzutreffenden Hinweis des Vorsitzenden Richters des FG veranlasst worden ist(!), dass die Klage unzulässig sei. Die gilt selbst dann, wenn die Klage von einem rechtskundigen Prozessbevollmächtigten erklärt worden ist (BFH vom 06.07.2005, BStBl II 2005, 644).
393 Vergütungsrechtlich ist das FG als Berufungsgericht einzustufen (FG Niedersachsen vom 27.04.2005, DStRE 2005, 1366).
394 Vgl. *Kühn/v. Wedelstädt*, § 139 FGO, Rz. 32 ff.

IX Vorläufiger Rechtsschutz

Die Aussetzung der Vollziehung (AdV) nach § 361 AO gewährt dem Steuerpflichtigen **vorläufigen Rechtsschutz** gegen die Vollziehung der angefochtenen VA, soweit diese noch nicht in materieller Bestandskraft erwachsen sind. Dabei steht § 361 AO neben § 69 FGO; beide Vorschriften entsprechen sich hinsichtlich der materiellen Voraussetzungen der AdV. § 361 AO findet immer dann Anwendung, wenn noch keine finanzgerichtliche Klage anhängig ist. Ist die Klage anhängig, entscheidet die Finanzbehörde nach § 69 Abs. 2 FGO bzw. das Finanzgericht oder der BFH nach § 69 Abs. 3 FGO. Im Gegensatz zur Finanzbehörde kann eine gerichtliche AdV nur auf Antrag gewährt werden.

In Abgrenzung zu den **Billigkeitsmaßnahmen** der Stundung (§ 222 AO), dem Erlass (§ 227 AO) und der einstweiligen Einstellung der Vollstreckung (§ 258 AO), die erst bei materiell bestandskräftig gewordenen Verwaltungsakten möglich sind, kann im Verfahren über die AdV die fehlende materielle Rechtmäßigkeit des angefochtenen VA noch gerügt werden. Wird die Aussetzung gewährt, schiebt sie die Fälligkeit des angefochtenen Verwaltungsaktes hinaus (sog. Suspensiveffekt).

1 Vorläufiger Rechtsschutz durch die Finanzbehörde (§ 361 AO)

1.1 Überblick

§ 361 AO regelt die **Aussetzung und Aufhebung der Vollziehung (AdV)** durch die Finanzbehörde während eines Einspruchsverfahren. Im Gegensatz zum allgemeinen Verwaltungsrechts (vgl. § 80 Abs. 1 VwGO) geht das Einspruchsverfahren von dem Grundsatz aus, dass die **Vollziehung des angefochtenen VA durch die Einlegung des Einspruchs nicht gehemmt wird** (§ 361 Abs. 1 AO). Der VA bleibt auch nach Einlegung des Einspruchs weiterhin vollstreckbar. Dies bedeutet, dass insb. bei Steuerbescheiden mit einem Leistungsgebot die festgesetzte Steuer bezahlt werden muss (§§ 361 Abs. 1 S. 1 a.E., 251 Abs. 1 AO). Diese Einschränkung des sog. **Suspensiveffektes** soll das **öffentliche Interesse an einer geordneten Haushaltsführung** sicherstellen. Die Vollziehbarkeit des Steuerverwaltungsaktes wird erst suspendiert, wenn dies durch einen gesonderten VA über die Aussetzung der Vollziehung angeordnet wird. Im allgemeinen Verwaltungsrecht ist dieser Grundsatz in § 80 Abs. 2 Nr. 1 VwGO für öffentliche Abgaben und Kosten ebenfalls verankert. Den StPfl. wird dadurch die Möglichkeit genommen, allein durch das Einlegen des Einspruchs über den Zeitpunkt der Zahlung der Steuerverbindlichkeiten zu disponieren. Ausnahmsweise Suspensiveffekt hat der Einspruch lediglich gegen Bescheide über die Untersagung des Gewerbebetriebes oder der Berufsausübung (§ 361 Abs. 4 S. 1 AO).

Durch die sofortige Vollziehung von Steuerverwaltungsakten können dem StPfl. gravierende, nicht wieder gut zu machende Nachteile entstehen, die bis zur Existenzvernichtung ganzer Betriebe reichen können.

Beispiel 1: Fehlerhafte Datenerfassung
Durch ein Versehen in der Datenerfassungsstelle des FA wird die ESt für den Betrieb des A auf 1.500.000 € anstelle von 150.000 € festgesetzt. A legt gegen des ESt-Bescheid umgehend Einspruch ein und beantragt die Korrektur des Bescheides gem. § 129 AO.

Lösung: Der ESt-Bescheid des A ist offensichtlich rechtswidrig. Gleichwohl ist der Bescheid nach § 251 Abs. 1 AO mangels aufschiebender Wirkung des Einspruchs vollstreckbar, sofern die Vollziehung des Bescheides nicht nach § 361 AO ausgesetzt wird. Bis über die Anträge des A entschieden ist, könnten Vollstreckungsmaßnahmen des FA wie z.B. eine Kontenpfändung zur Kündigung der Kreditlinie bei der Hausbank führen mit der Folge, dass A aufgrund der eingetretenen Zahlungsunfähigkeit beim zuständigen AG einen Insolvenzantrag stellen müsste.

Das Beispiel verdeutlicht, dass das öffentliche Interesse an einer geordneten Haushaltsführung dem individuellen Rechtsschutzinteresse des StPfl. gegenübergestellt werden muss, um für den Einzelnen einen **effektiven Rechtsschutz** zu gewährleisten. Dieser Anspruch auf effektiven Rechtsschutz ist auch verfassungsrechtlich in Art. 19 Abs. 4 GG verbürgt. Die Aussetzung der Vollziehung ist Ausfluss dieser Rechtsschutzgarantie. A sollte im obigen Beispiel zeitgleich mit der Einlegung des Einspruchs gegen den ESt-Bescheid beim FA die Aussetzung der Vollziehung beantragen. Solange über den Antrag nicht entschieden ist, sind die Finanzbehörden gehalten, keine Vollstreckungsmaßnahmen zu ergreifen, es sei denn, der Antrag ist aussichtslos, bezweckt offensichtlich nur ein Hinausschieben der Vollstreckung oder bei Gefahr in Verzug (AEAO zu § 361 Nr. 3.1 S. 2). Die Regelung stellt sicher, dass die Finanzbehörde nicht »Fakten schafft«, indem sie nach Eingang des Antrags auf vorläufigen Rechtsschutz den VA zunächst vollzieht und erst anschließend über den Antrag auf Aussetzung der Vollziehung entscheidet. Mit der o.g. Einschränkung ist auch die Aussage zutreffend, dass im Regelfall bereits ein Antrag auf Aussetzung der Vollziehung den Vollzug des Verwaltungsaktes hemmt.

Ist der VA im Zeitpunkt im Zeitpunkt der behördlichen Entscheidung über den Antrag schon vollzogen, tritt an die Stelle der Aussetzung der Vollziehung die **Aufhebung der Vollziehung** (§ 361 Abs. 2 S. 3 AO). Die Aufhebung der Vollziehung bewirkt die Rückgängigmachung bereits durchgeführter Vollziehungsmaßnahmen. Die Aufhebung der Vollziehung kann auch beantragt werden, wenn die Steuer ohne behördlichen Druck, d.h. »freiwillig«, bezahlt worden ist (BFH vom 22.07.1977, BStBl II 1977, 838).

1.2 Voraussetzungen für die Vollziehungsaussetzung (§ 361 AO)

1.2.1 Angefochtener Verwaltungsakt

Nach § 361 Abs. 2 S. 1 AO **kann** die Finanzbehörde, die den **angefochtenen VA** erlassen hat, die Vollziehung ganz oder teilweise aussetzen. Die Aussetzung der Vollziehung setzt demnach voraus, dass der VA, der ausgesetzt werden soll, durch Einspruch **angefochten** und das **Rechtsbehelfsverfahren noch nicht abgeschlossen** ist (§ 361 Abs. 1 AO).

Eine Ausnahme gilt lediglich für Folgebescheide: Diese sind gem. § 361 Abs. 3 S. 1 AO von der Vollziehung auszusetzen, wenn die Vollziehung des korrespondierenden Grundlagenbescheides ausgesetzt wird (sog. **Folgeaussetzung**). Ein Antrag auf AdV eines Folgebescheides mit der Begründung, es bestünden Zweifel an der Rechtmäßigkeit des Grundlagenbescheides, ist dementsprechend unzulässig (BFH vom 29.10.1987, BStBl II 1988, 240).[395]

Die Aussetzung der Vollziehung setzt ein **anhängiges Rechtsbehelfsverfahren** voraus, d.h. ein Einspruchsverfahren, Klageverfahren, Revisionsverfahren oder Nichtzulassungsbeschwerdeverfahren. Ein Korrekturantrag, z.B. nach § 164 Abs. 2 S. 2 oder nach § 172 Abs. 1 S. 1 Nr. 2 Buchst. a AO, erfüllt diese Voraussetzung nicht. Die AdV kommt daher nicht in Betracht, wenn der StPfl. einen Änderungsantrag anstelle des Einspruchs stellt. Der Einspruch als Voraussetzung für den einstweiligen Rechtsschutz nach § 361 AO wird von StPfl., die einen Änderungsantrag stellen, häufig übersehen. Ist das Rechtsbehelfsverfahren endgültig erledigt, endet mit der unanfechtbaren Entscheidung in der Hauptsache auch das AdV-Verfahren.

1.2.2 Vollziehbarkeit des angefochtenen Verwaltungsaktes

Die Aussetzung der Vollziehung bedeutet, dass die Finanzbehörde den Regelungsinhalt des angefochtenen Veraltungsaktes **nicht verwirklichen** darf (BFH vom 31.08.1995, BStBl II 1996, 55). Dem FA ist jedes Gebrauchmachen von den Wirkungen des VA, die auf die Verwirklichung seines Regelungsgehalts abzielt, untersagt. Der Begriff der Aussetzung der Vollziehung setzt voraus, dass der dem Antrag zugrunde liegende VA überhaupt **vollziehbar** ist. Vollziehbar und damit aussetzungsfähig sind nur VA, die in eine Rechtsposition des Adressaten eingreifen (so BFH vom 28.11.1974, BStBl II 1975, 240), d.h. insb. alle VA, mit denen eine Geldleistung oder eine sonstige Handlung, eine Duldung oder Unterlassung gefordert wird, vgl. § 249 Abs. 1 S. 1 AO. Vollziehbar sind damit u.a.

- alle Steuerbescheide, bei denen eine positive Steuer festgesetzt wird,
- Feststellungsbescheide, Steuermessbescheide und andere Grundlagenbescheide, die Grundlage einer sich aus dem Folgebescheid ergebenden Zahlungspflicht sind,
- Steuerbescheide über 0 €, wenn sie einen vorherigen Steuerbescheid über einen negativen Betrag ändern,
- Abrechnungsbescheide nach § 218 Abs. 2 AO, die eine Zahlungspflicht feststellen,
- der Widerruf einer Stundung und
- die Anordnung einer Außenprüfung, vgl. AEAO zu § 361 Nr. 2.3.1.

Ist der VA **nicht vollziehbar oder liegt kein VA vor**, kommt ein Antrag auf AdV nicht in Betracht. Nicht vollziehbar sind VA, die in keine Rechtsposition des Adressaten eingreifen; darunter fallen z.B.

- die erstmalige Steuerbescheide über 0 €, auch wenn der StPfl. die Festsetzung einer negativen Steuer begehrt,
- die Aufrechnung, da die Aufrechnungsentscheidung keinen VA darstellt (BFH vom 02.04.1987, BStBl II 1987, 536),
- unselbständige Nebenbestimmungen in einem VA (z.B. der Vorbehalt der Nachprüfung gem. § 164 Abs. 1 AO): Aufgrund der Akzessorietät der Nebenbestimmung muss vielmehr die Aussetzung der Vollziehung des VA beantragt werden, zu dem die Nebenbestimmung ergangen ist,

---

[395] Anders jedoch BFH vom 21.12.1993 (BStBl II 1994, 300) zum Gewerbesteuermessbescheid wegen § 35b GewStG.

- VA, die den Erlass oder die Korrektur eines VA ablehnen, z.B. Ablehnung eines Änderungsbescheides, einer Stundung, eines Vollstreckungsaufschubs oder eines Erlasses[396],
- VA, deren Wirkung sich in einer bloßen Ablehnung erschöpft: Der Regelungsgehalt derartiger VA beschränkt sich auf eine reine Negation, die nicht vollziehbar ist sowie ganz allgemein **alle VA, in denen in der Hauptsache keine Anfechtungsklage, sondern Verpflichtungsklage oder allgemeine Leistungsklage erhoben werden muss** (BFH vom 17.10.1979, BStBl II 1980, 212; vgl. AEAO zu § 361 Nr. 2.3.2).

In diesen Fällen ist vorläufiger Rechtsschutz nicht im Rahmen eines Antrags auf Aussetzung der Vollziehung bei der Finanzbehörde, sondern ausschließlich beim FG über einen **Antrag auf einstweilige Anordnung** (§ 114 FGO) zu erreichen. Die Rechtsinstitute der Aussetzung der Vollziehung sowie der einstweiligen Anordnung schließen sich damit gegenseitig aus (§ 114 Abs. 5 FGO.[397]

1.2.3 Umfang der Aussetzung der Vollziehung

Ein AdV-Antrag umfasst nicht generell die im Steuerbescheid genannte Abschlusszahlung. Bei Steuerbescheiden ist die Aussetzung und die Aufhebung der Vollziehung nach § 361 Abs. 2 S. 4 AO beschränkt auf die festgesetzte Steuer, vermindert um die Vorleistungen (Vorauszahlungen und anrechenbare Steuerabzugsbeträge); dies gilt nur dann nicht, wenn die Aussetzung oder Aufhebung der Vollziehung zur Abwendung wesentlicher Nachteile nötig erscheint (§ 361 Abs. 2 S. 4 a.E. AO). Die alte Rspr., wonach die Vollziehung nicht aufgehoben werden darf, soweit sie zu einer Erstattung derartiger Vorleistungen führen würde[398], ist durch die Änderung des Gesetzes überholt. Die Berechnung der Höhe der auszusetzenden Steuer wird ausführlich im AEAO zu § 361 Nr. 4 dargestellt.

> **Beispiel 2: Umfang der Aussetzung der Vollziehung**
> Das FA setzt die ESt 06 des A auf 15.000 € fest. Die festgesetzten Vorauszahlungen betragen 8.000 €, von denen A allerdings nur 5.000 € entrichtet hat. Die Steuerabzugsbeträge belaufen sich auf 4.000 €. Die Abschlusszahlung beläuft sich einschließlich der rückständigen Vorauszahlungsbeträge auf 6.000 €. Aussetzungsbetrag?
>
> **Lösung**[399]: Gem. § 361 Abs. 2 S. 4 AO ist eine pauschale Bestimmung der auszusetzenden Steuer anhand des Betrages der Abschlusszahlung nicht zulässig. Aussetzungsfähig ist nur der Betrag der festgesetzten Steuer (15.000 €) abzüglich den festgesetzten Vorauszahlungsbeträgen (8.000 €) und den anrechenbaren Steuerabzugsbeträgen (12.000 €), d.h. ein Betrag i.H.v. 3.000 €. Die rückständigen Vorauszahlungsbeträge muss A in jedem Fall sofort entrichten.

1.2.4 Ernstliche Zweifel an der Rechtmäßigkeit oder unbillige Härte

Das FA soll die Aussetzung der Vollziehung auf Antrag verfügen, wenn **ernstliche Zweifel** an der Rechtmäßigkeit des angefochtenen VA bestehen oder wenn die Vollziehung für den Betroffenen eine unbillige, nicht durch überwiegende öffentliche Interessen gebotene Härte

---

396 Eine Ausnahme macht die Rspr. für den vorläufigen Rechtsschutz gegenüber einem negativen Feststellungsbescheid, der die einheitliche und gesonderte Feststellung von Einkünften ablehnt: Hier ist die Aussetzung der Vollziehung grundsätzlich möglich, BFH-GrS vom 14.04.1987 (BStBl II 1987, 637).
397 Im Einzelnen s. Kap. IX 2.3.
398 BFH-GrS vom 03.07.1995 (BStBl II 1995, 730).
399 Vgl. AEAO zu § 361 Nr. 4.2.

zu Folge hätte (§ 361 Abs. 2 AO). Die Aussetzung der Vollziehung steht damit im **Ermessen** der Finanzbehörde (§ 361 Abs. 2 S. 1 AO i.V.m. § 5 AO).[400] Bei der Entscheidung über Anträge auf Aussetzung der Vollziehung hat die Finanzbehörde den eingeräumten Ermessensspielraum stets voll auszuschöpfen. Ist der Antrag nur teilweise begründet, kann die Finanzbehörde den Vollzug teilweise aussetzen.

Beispiel 3: Aussetzung der Vollziehung als Ermessensentscheidung
Nach Durchführung der Außenprüfung übersendet der Betriebsprüfer den Betriebsprüfungsbericht an die zuständige Veranlagungsstelle, die die gewonnenen Erkenntnisse ohne eigene Prüfung übernimmt und geänderte Steuerbescheide erlässt. Der Adressat der Steuerbescheide legt unverzüglich Einspruch ein und beantragt die Aussetzung der Vollziehung. Die Finanzbehörde lehnt den Antrag ab, da »… nach Rücksprache mit dem Betriebsprüfer keine ernstlichen Zweifel an der Rechtmäßigkeit der Steuerbescheide bestehen«. Auf die Begründung des StPfl. im Antrag auf Aussetzung der Vollziehung wird nicht eingegangen.

Lösung: Die Finanzbehörde hat den Antrag pauschal mit Hinweis auf fehlende ernstliche Zweifel abgelehnt, ohne im Ablehnungsbescheid auf die Argumente des StPfl. einzugehen. Den ihr eingeräumten Ermessensspielraum hat sie damit nicht ausgeschöpft. Der lapidare Hinweis auf die Rücksprache mit dem Betriebsprüfer bedeutet letztlich, dass der für die Veranlagung zuständige Beamte keine eigenständige Prüfung durchgeführt hat, ob die Voraussetzungen der Aussetzung der Vollziehung vorliegen. Es liegt damit ein Ermessensnichtgebrauch vor, der allein aus diesem Grund zur Rechtswidrigkeit des Ablehnungsbescheides führt. Trotz der eingeschränkten Überprüfbarkeit von Ermessensentscheidung durch das FG könnte die Ablehnung vor Gericht keinen Bestand haben, da die Behörde im Rahmen der Entscheidung nach § 361 AO mit dem Ermessensnichtgebrauch in einer dem Zweck der Ermächtigung nicht entsprechenden Weise Gebrauch gemacht hat (§ 102 FGO).

Die Ermessensentscheidung hat sich nach § 361 Abs. 2 S. 2 AO insb. daran zu orientieren, ob ernstliche Zweifel an der Rechtmäßigkeit des angefochtenen VA bestehen oder die Vollziehung für den Betroffenen eine unbillige Härte zur Folge hätte (sog. **gebundenes Ermessen**).

1.2.4.1 Ernstliche Zweifel
Ernstliche Zweifel an der Rechtmäßigkeit des angefochtenen VA bestehen, wenn eine **summarische Prüfung** ergibt, dass neben den für die Rechtmäßigkeit sprechenden Umständen gewichtige gegen die Rechtmäßigkeit sprechende Gründe vorhanden sind, die Unentschiedenheit oder Unsicherheit in der Beurteilung der Rechtsfragen oder Unklarheit in der Beurteilung der Tatfragen bewirken (ständige Rspr., z.B. BFH vom 19.05.2010, Az.: I B 191/09). Dabei brauchen die für die Unrechtmäßigkeit des VA sprechenden Bedenken nicht zu überwiegen, d.h. ein Erfolg des StPfl. muss nicht wahrscheinlicher sein als ein Misserfolg; vielmehr reicht die ernsthafte Möglichkeit hierfür bereits aus. Ist die Rechtslage nicht eindeutig, so ist im Regelfall die Vollziehung auszusetzen. Das gilt auch dann, wenn ernstliche Zweifel daran bestehen, ob die maßgebliche gesetzliche Regelung verfassungsge-

---

400 Eine aufgezwungene Aussetzung der Vollziehung ist unzulässig: Das FA darf StPfl. die Aussetzung der Vollziehung nicht mit dem Ziel aufdrängen, dem Staat Zinsvorteile zu verschaffen (FG Köln vom 08.09.2010, Az.: 13 K 960/08).

mäß ist (BFH vom 01.04.2010, BStBl II 2010, 558, m.w.N.). An die Zweifel hinsichtlich der Verfassungsmäßigkeit sind keine strengeren Anforderungen zu stellen als beim Einwand fehlerhafter Rechtsanwendung. **Ernstliche Zweifel** können beispielsweise vorliegen, wenn

- die streitige Rechtsfrage vom BFH noch nicht entschieden wurde und in der Rspr. der Finanzgerichte sowie im Schrifttum unterschiedliche Auffassungen vertreten werden,
- die streitige Rechtsfrage zwar vom BFH bereits entschieden wurde, aber noch eine Entscheidung des Europäischen Gerichtshofs aussteht,
- das FA aufgrund eines »Nichtanwendungserlasses« die Steuer abweichend von der Rspr. des BFH festsetzt,
- eine im Streitfall einschlägige Rechtsnorm verfassungsrechtlichen Bedenken begegnet und das BVerfG hierüber noch nicht entschieden hat oder
- Zweifel an der Vereinbarkeit innerstaatlichen Rechts mit Europäischem Gemeinschaftsrecht bestehen.

Beispiel 4: Ernstliche Zweifel
Im Einspruchsverfahren des A war streitig, ob Aufwendungen für ein häusliches Arbeitszimmer trotz des – zwischenzeitlich aufgehobenen – Abzugsverbots in § 9 Abs. 5 S. 1 i.V.m. § 4 Abs. 5 S. 1 Nr. 6b EStG zu berücksichtigen sind. Wie wird das FA verfahren?

Lösung: Nach § 361 AO soll auf Antrag die Vollziehung ausgesetzt werden, wenn ernstliche Zweifel an der Rechtmäßigkeit des angefochtenen VA bestehen oder wenn die Vollziehung für den Betroffenen eine unbillige, nicht durch überwiegende öffentliche Interessen gebotene Härte zur Folge hätte. Auch Zweifel an der Verfassungsmäßigkeit einer Norm können ernstliche Zweifel i.S.d. § 361 AO begründen (zuletzt BFH vom 09.03.2012, BStBl II 2012, 418 zum vorläufigen Rechtsschutz gegen die Kernbrennstoffsteuer). Im vorliegenden Fall waren die Zweifel augenscheinlich, da die Frage im Schrifttum kontrovers diskutiert wurde und unterschiedliche Entscheidungen der FG vorlagen; der Anspruch des Antragstellers auf effektiven Rechtsschutz tritt auch nicht hinter das öffentliche Interesse an einer geordneten Haushaltsführung zurück (BFH a.a.O.). Nur in eng gelagerten Ausnahmefällen kann danach das öffentliche Interesse an einer geordneten Haushaltsführung höher zu bewerten sein als das Interesse des Antragstellers an der Gewährung vorläufigen Rechtsschutzes mit der Folge, dass trotz ernstlicher Zweifel die Aussetzung der Vollziehung zu versagen ist. Ein solcher Ausnahmefall liegt hier aber nicht vor.[401]

Dagegen sind ernstliche Zweifel regelmäßig zu verneinen, wenn

- die streitige Rechtsfrage vom BFH bereits in ständiger Rspr. entschieden wurde oder
- der Rechtsbehelf gegen den VA unzulässig ist (BFH vom 26.03.1991, BStBl II 1991, 463).

Die Gefährdung des Steueranspruches (wegen bereits eingetretener oder drohender Zahlungsunfähigkeit des StPfl.) allein ist kein Grund, einen Antrag auf Aussetzung der Vollziehung abzulehnen; sie rechtfertigt ggfs. aber die Anordnung einer Sicherheitsleistung (§ 361 Abs. 2 S. 5 AO).

---

[401] Bemerkenswert ist hier die haushälterische Argumentation des BFH in der Entscheidung vom 25.08.2009 (BStBl II 2009, 826): »Letztlich werden durch die Gewährung der AdV Risiken für die öffentliche Haushaltswirtschaft, die mit der Verplanung bzw. Veraugabung möglicherweise verfassungswidriger Steuern verbunden sind, geradezu vermieden.«

1.2.4.2 Unbillige Härte

Alternativ zur Voraussetzung der ernstlichen Zweifel ist die Aussetzung der Vollziehung auch zulässig, wenn die sofortige Vollziehung eine **unbillige Härte** für den Betroffenen zur Folge hätte (§ 361 Abs. 2 S. 2 2. Alt. AO). Die Aussetzung wegen unbilliger Härte ist nach dem Gesetzeswortlaut ein **eigenständiger Aussetzungstatbestand, wird jedoch in der Praxis kaum angewandt.** Eine unbillige Härte kommt in Betracht, wenn bei sofortiger Vollziehung dem Betroffenen Nachteile drohen würden, die über die eigentliche Realisierung des VA hinausgehen, weil die Folgen nicht mehr oder nur schwer rückgängig gemacht werden können oder existenzbedrohend sind (AEAO zu § 361 Nr. 2.6). Die unbillige Härte muss gerade darin liegen, dass bereits vor der Bestandskraft des angefochtenen VA Vollziehungsmaßnahmen ergriffen werden.[402]

Auf die Erfolgsaussichten des Rechtsbehelfs kommt es dabei zwar nach dem Wortlaut des Gesetzes nicht an. Allerdings muss die Aussetzung nach Auffassung der Rspr. trotz Vorliegen einer unbilligen Härte unterbleiben, wenn der **Rechtsbehelf offensichtlich keine Aussicht auf Erfolg hat** (BFH vom 09.01.1996, BFH/NV 1996, 589). Die Vollziehung eines offensichtlich rechtmäßigen VA kann nicht unbillig i.S.d. § 361 AO sein; Billigkeitsmaßnahmen bei offensichtlicher Rechtmäßigkeit des VA sind nur im Rahmen eines Antrags auf Erlass (§ 227 AO), Stundung (§ 222 AO) oder Vollstreckungsaufschub (§ 258 AO) möglich.

1.3 Verfahren

Das Verfahren über die Aussetzung der Vollziehung soll einerseits schnellen, aber andererseits nur vorläufigen Rechtsschutz gewährleisten. Die Finanzbehörden sind gehalten, über Anträge auf AdV **unverzüglich** zu entscheiden (AEAO zu § 361 Nr. 3.1). Nur dadurch wird der Anspruch auf effektiven Rechtsschutz gewährleistet. Die Entscheidung über die Aussetzung der Vollziehung ergeht in einem **summarischen Verfahren**, das unabhängig vom eigentlichen Einspruchsverfahren (**Hauptsacheverfahren**) ist. Im Gegensatz zum Einspruchsverfahren, in dem die Rechtmäßigkeit des Verwaltungshandelns vollumfänglich geprüft wird (Grundsatz der Gesamtaufrollung gem. § 367 Abs. 2 S. 1 AO), würdigt die Finanzbehörde im AdV-Verfahren lediglich, ob das Rechtsschutzinteresse des Antragstellers das öffentliche Interesse an einer geordneten Haushaltsführung übersteigt. Im Rahmen dieses summarischen Verfahrens braucht die Finanzbehörde die Erfolgsaussichten des Einspruchs nur in einem **begrenzten Umfang zu überprüfen**; nicht präsente Beweismittel bleiben bei der überschlägigen Überprüfung ausgeschlossen (BFH vom 19.05.1987, BStBl II 1988, 5).

Die Finanzbehörde entscheidet über die Aussetzung der Vollziehung gem. § 361 Abs. 2 S. 1 AO grundsätzlich **von Amts wegen**; ein entsprechender Antrag ist also aus rechtlichen Gründen **nicht zwingend erforderlich**. Allerdings ist dem Einspruchsführer dringend anzuraten, einen entsprechenden Antrag stets ausdrücklich zu stellen. In diesem Fall verdichtet sich das behördliche Ermessen bei der Entscheidung über den Antrag dahingehend, dass die Aussetzung gewährt werden **soll**, wenn ernstliche Zweifel an der Rechtmäßigkeit des angefochtenen VA bestehen oder wenn die Vollziehung für den Betroffenen einen unbillige Härte zur Folge hätte (§ 361 Abs. 2 S. 2 AO).

---

402 *Hübschmann/Hepp/Spitaler*, § 69 FGO Rz. 343.

Die Finanzbehörde kann die Aussetzung von einer **Sicherheitsleistung** abhängig machen (§ 361 Abs. 2 S. 5 i.V.m. §§ 241 ff. AO). Durch die Verknüpfung mit einer Sicherheitsleistung sollen Steuerausfälle bei einem für den StPfl. ungünstigen Verfahrensausgang vermieden werden. Von dieser Möglichkeit wird das FA insbes. Gebrauch machen, wenn die wirtschaftlichen Verhältnisse auf eine drohende Zahlungsunfähigkeit hinweisen. Dazu bedarf es allerdings konkreter Anhaltspunkte für eine Gefährdung des Steueranspruchs. Ist die Rechtmäßigkeit eines angefochtenen VA ernstlich zweifelhaft und bestehen keine konkreten Anhaltspunkte dafür, dass bei einem Unterliegen des Antragstellers im Hauptsacheverfahren die Durchsetzung des Steueranspruchs gefährdet wäre, ist die Vollziehung des VA ohne Sicherheitsleistung auszusprechen. Dies gilt auch dann, wenn die für die Rechtswidrigkeit des VA sprechenden Gründe nicht überwiegen (so nunmehr BFH vom 03.02.2005, BStBl II 2005, 351).[403]

Auch darf das Verlangen nach einer Sicherheitsleistung den Anspruch des StPfl. auf vorläufigen Rechtsschutz nicht konterkarieren: Ist es dem StPfl. bei zumutbarer Anstrengung nicht möglich, Sicherheitsleistung in der verlangten Höhe zu erbringen, darf diese nicht verlangt werden.

Beispiel 5: Sicherheitsleistung
A beantragt zeitgleich mit seinem Einspruch Aussetzung der Vollziehung wegen unbilliger Härte, da eine sofortige Bezahlung der Verbindlichkeiten die Gefährdung der Existenz seines Betriebes bedeutete. Das FA erkennt das Vorliegen einer unbilligen Härte zwar an, macht aber aufgrund der geschilderten wirtschaftlichen Lage die Gewährung der Aussetzung der Vollziehung von einer Sicherheitsleistung abhängig.

Lösung: Nach der Rspr. darf das FA keine Sicherheitsleistung verlangen, wenn es dem A erkennbar unmöglich ist, diese in der verlangten Höhe zu erbringen (BFH vom 19.10.2009, BFH/NV 2010, 58). Es kann nicht Sinn der AdV sein, diejenigen Antragsteller, die zur Leistung einer Sicherheit nicht in der Lage sind, von dem Rechtsvorteil der AdV auszuschließen, obwohl ernstliche Zweifel an dessen Rechtmäßigkeit bestehen. Das Verlangen einer Sicherheitsleistung ist eine Nebenbestimmung zum VA (§ 120 Abs. 2 Nr. 2 AO). A kann diese Nebenbestimmung nicht isoliert anfechten; vielmehr muss er sich gegen die AdV-Entscheidung wenden mit der Begründung, die Nebenbestimmung sei rechtswidrig.

Bei einem uneingeschränkten Antrag auf Aussetzung der Vollziehung stellt das Verlangen des FA nach einer Sicherheitsleistung eine teilweise Ablehnung des Antrags dar und eröffnet den Zugang zum FG gem. § 69 Abs. 4 S. 1 FGO (BFH vom 19.10.2009, BFH/NV 2010, 58).

§ 361 AO regelt die Aussetzung oder Aufhebung der Vollziehung während eines anhängigen Einspruchverfahrens. Der Antrag auf Aussetzung oder Aufhebung der Vollziehung kann bei der Finanzbehörde jedoch auch **nach** der Klageerhebung in der Hauptsache beantragt werden (§ 69 Abs. 2 FGO). Die Regelung in § 69 Abs. 2 FGO entspricht nahezu wörtlich dem Wortlaut des § 361 Abs. 2 AO; auf die obigen Ausführungen kann insoweit verwiesen werden.

---

[403] Enger formuliert dagegen AEAO zu § 361 Nr. 9.2.2. in Anlehnung an die Entscheidung des BFH vom 25.11.2005, BStBl II 2006, 484: »wenn die Zweifel ... so bedeutsam sind, dass mit großer Wahrscheinlichkeit seine Aufhebung zu erwarten ist«.

1.4 Entscheidung über den Antrag auf Aussetzung der Vollziehung

1.4.1 Aussetzung der Vollziehung

Über einen Antrag auf Aussetzung der Vollziehung entscheidet das FA durch VA (§ 118 AO). Die Aussetzung der Vollziehung ist grundsätzlich **nur für eine Rechtsbehelfsstufe**, also z.B. bis zum Abschluss des Einspruchsverfahrens, zu bewilligen.[404] Mit der Aussetzung der Vollziehung bleibt der VA als solcher bestehen und wirksam; er darf aber von der Finanzbehörde **nicht mehr vollzogen** werden, insb. sind Vollstreckungsmaßnahmen unzulässig (§ 251 Abs. 1 AO).[405] Ob die Aussetzung der Vollziehung die Fälligkeit der ausgesetzten Steuerforderung hinausschiebt, ist in Rspr. und Schrifttum umstritten.[406] Unstreitig wirkt die AdV im Ergebnis so, als wenn die Fälligkeit hinausgeschoben worden wäre. Insb. fallen Säumniszuschläge für die Zeit der Aussetzung nicht an (BFH vom 23.11.1994, BFH/NV 1995, 662). Ist die Aussetzung der Vollziehung gewährt worden und unterliegt der Antragsteller in der Hauptsache, ist der ausgesetzte Steuerbetrag gem. §§ 237 ff. AO zu verzinsen; der Zinssatz beträgt 0,5 % monatlich (§ 238 Abs. 1 S. 1 AO).

Bewilligt das FA die AdV, wird der Beginn der Aussetzung i.d.R. auf den Tag der Fälligkeit oder aber, bei Antragstellung nach Fälligkeit, auf den Tag der Antragstellung verfügt. Eine rückwirkende AdV (mit der Folge, dass seit Fälligkeit verwirkte Säumniszuschläge wieder entfallen) ist ebenfalls möglich, wenn die Zweifel an der Rechtmäßigkeit des VA bereits zu diesem Zeitpunkt vorgelegen haben; wird der Beginn der AdV nicht ausdrücklich verfügt, tritt ihre Wirkung – wie bei jedem VA – erst mit Bekanntgabe der AdV-Verfügung ein.

1.4.2 Ablehnung der Vollziehungsaussetzung

Wird ein rechtzeitig gestellter Antrag auf Aussetzung der Vollziehung nach Fälligkeit **abgelehnt**, wird die Finanzbehörde regelmäßig eine kurze Frist zur Zahlung der rückständigen Steuern bewilligen. Zahlt der StPfl. bis zum Ablauf der dreitägigen Schonfrist gem. § 240 Abs. 3 AO, sind ebenfalls keine Säumniszuschläge zur erheben (AEAO zu § 240 Nr. 6 Buchst. b). Zahlt der StPfl. auch nach Ablauf der Schonfrist nicht freiwillig, wird das FA Vollstreckungsmaßnahmen ergreifen.

Gegen die Ablehnung der Vollziehungsaussetzung kann der Antragsteller seinen Rechtsschutz **zweigleisig weiterverfolgen**: Zum einen kann er gegen die Ablehnung der Vollziehungsaussetzung **Einspruch** einlegen (§ 347 Abs. 1 Nr. 1 AO). Der Einspruch ist auch statthaft, wenn die AdV von einer Sicherheitsleistung abhängen soll, da der Antragsteller durch diese Nebenbestimmung beschwert ist. Gegen die Einspruchsentscheidung des FA kann gem. § 361 Abs. 5 AO, § 69 Abs. 7 FGO keine Klage erhoben werden. Nachteil des Einspruchs gegen eine ablehnende AdV-Verfügung ist, dass hierbei regelmäßig nicht mit einer zeitnahen Entscheidung des FA gerechnet werden kann.

---

404 Im Einspruchsverfahren wird das Ende der Aussetzung der Vollziehung regelmäßig auf einen Monat nach Bekanntgabe der Einspruchsentscheidung festgelegt.
405 Die Aufrechnung des FA mit einem Anspruch aus dem Steuerschuldverhältnis stellt eine Vollziehung des zugrunde liegenden VA dar. Das FA ist während der AdV eines Steuerbescheids an der Aufrechnung mit dem durch ihn festgesetzten Steueranspruch gehindert (BFH vom 31.08.1995, BStBl II 1996, 55 unter Aufgabe der bisherigen Rspr.).
406 Vgl. *Hübschmann/Hepp/Spitaler* § 361 AO, Rz. 276 und 280 ff.

Anstelle des Einspruchs gegen die Ablehnung der Vollziehungsaussetzung kann der Antragsteller auch **unmittelbar beim Finanzgericht die Aussetzung der Vollziehung** beantragen (§ 69 Abs. 3 und 4 S. 1 FGO). Die beiden Verfahren – Einspruch gegen die Ablehnungsverfügung und unmittelbarer Antrag beim Finanzgericht – können **auch parallel** verfolgt werden.

2 Vorläufiger Rechtsschutz im finanzgerichtlichen Verfahren

2.1 Überblick

Die FGO regelt den vorläufigen Rechtsschutz im finanzgerichtlichen Verfahren **zweigleisig** in verschiedenen, sich gegenseitig ausschließenden Rechtsinstituten: die Aussetzung der Vollziehung in § 69 FGO sowie die Einstweilige Anordnung in § 114 FGO. Die einstweilige Anordnung ist gegenüber der Aussetzung der Vollziehung gem. § 114 Abs. 5 FGO als allgemeinere Vorschrift **subsidiär**. Soweit vorläufiger Rechtsschutz über einen Antrag auf Aussetzung oder Aufhebung der Vollziehung zu beantragen ist, schließt dies die Anwendung der einstweiligen Anordnung aus (§ 114 Abs. 5 FGO). Ein Antrag nach § 114 FGO wäre damit unzulässig.

Die Abgrenzung zwischen den beiden Formen des vorläufigen Rechtsschutzes richtet sich nach der statthaften Klageart im Hauptsacheverfahren: Ist im Hauptsacheverfahren die **Anfechtungsklage** statthafte Klageart, wird vorläufiger Rechtsschutz durch die **Aussetzung bzw. Aufhebung der Vollziehung** gewährt. Bei Streitigkeiten, in denen zur Erreichung des Rechtsschutzes in der **Hauptsache Verpflichtungsklage oder allgemeine Leistungsklage** erhoben werden muss, wird der vorläufige Rechtsschutz dagegen durch **einstweilige Anordnung** (§ 114 FGO) gewährt.[407]

2.2 Aussetzung der Vollziehung (§ 69 FGO)

§ 69 FGO regelt die AdV im gerichtlichen Verfahren, d.h. **ab Rechtshängigkeit des Rechtsstreits**. Rechtshängig wird der Rechtsstreit durch Erhebung der Klage (§ 66 FGO). Parallel zum Einspruchsverfahren wird auch durch die Erhebung der Klage die Vollziehung des angefochtenen VA nicht gehemmt (§ 69 Abs. 1 FGO[408]). § 69 FGO regelt sowohl die AdV durch die **Finanzbehörde selbst** (§ 69 Abs. 2 FO) als auch die AdV durch das **Finanzgericht** (§ 69 Abs. 3 FGO).

---

[407] BFH vom 17.10.1979 (BStBl II 1980, 212), vgl. AEAO zu § 361 Nr. 2.3.2.; eine Ausnahme macht die Rspr. für den vorläufigen Rechtsschutz gegenüber einem negativen Feststellungsbescheid, der die einheitliche und gesonderte Feststellung von Einkünften ablehnt: hier ist die AdV grundsätzlich möglich, BFH vom 14.04.1987 (BStBl II 1987, 637); BFH vom 03.07.1995 (BStBl II 1995, 730).

[408] Eine Ausnahme für diese Einschränkung des Suspensiveffekts gilt – wie im Einspruchsverfahren – lediglich für die Klage gegen die Untersagung des Gewerbebetriebes oder der Berufsausübung (§ 69 Abs. 5 S. 1 FGO), vgl. auch § 361 Abs. 4 S. 1 AO.

2.2.1 Voraussetzungen

2.2.1.1 Aussetzung der Vollziehung durch die Finanzbehörde (§ 69 Abs. 2 FGO)

Das FA kann die Vollziehung eine VA auch nach Abschluss des Einspruchsverfahrens im finanzgerichtlichen Verfahren aussetzen. Die materiellen Voraussetzungen für die Aussetzung oder Aufhebung der Vollziehung im finanzgerichtlichen Verfahren durch die Finanzbehörde selbst sind nach § 69 Abs. 2 S. 2 FGO die gleichen wie bei § 361 AO. Entscheidend ist demnach, ob **ernstliche Zweifel** an der Rechtmäßigkeit des angefochtenen VA bestehen oder die Vollziehung für den Betroffenen eine **unbillige**, nicht durch überwiegende öffentliche Interessen gebotene **Härte** zur Folge hätte. Auf die Ausführungen unter Kap. 1.2.4 kann verwiesen werden.

2.2.1.2 Aussetzung der Vollziehung durch das Finanzgericht (§ 69 Abs. 3–7 FGO)

Die Voraussetzungen für die Begründetheit eines AdV-Antrags beim Finanzgericht sind aufgrund des Verweises in § 69 Abs. 3 S. 1 FGO auf § 69 Abs. 2 S. 2 FGO identisch mit den Voraussetzungen der AdV durch die Finanzbehörde: auch das FG überprüft den angefochtenen VA auf ernstliche Zweifel an der Rechtsmäßigkeit bzw. dahingehend, ob die Vollziehung des VA eine unbillige Härte zur Folge hat, die nicht durch überwiegende öffentliche Interessen geboten ist (vgl. BFH vom 06.11.2008, BStBl II 2009, 156). Ein Antrag auf Aussetzung oder Aufhebung der Vollziehung beim **Finanzgericht** ist unter folgenden verfahrensrechtlichen Voraussetzungen zulässig:

- Gegen den VA muss ein **Rechtsbehelf eingelegt** worden sein. Da § 69 FGO die AdV im gerichtlichen Verfahren regelt, geschieht dies regelmäßig durch Erhebung der Klage. § 69 Abs. 3 S. 2 FGO stellt allerdings klar, dass der AdV-Antrag auch vor Erhebung der Klage zulässig gestellt werden kann; wird der AdV-Antrag bereits vor Klageerhebung gestellt, muss gegen den VA Einspruch eingelegt worden sein, da die AdV immer ein anhängiges Rechtsbehelfsverfahren voraussetzt.
- Der StPfl. muss die Aussetzung oder Aufhebung der Vollziehung beim FG ausdrücklich **beantragen**.[409] Das Gericht wird im Gegensatz zur Finanzbehörde nur auf ausdrücklichen Antrag hin tätig (§ 69 Abs. 3 S. 1 FGO).
- Ferner ist die **besondere Zugangsvoraussetzung** gem. § 69 Abs. 4 FGO zu beachten: Unabhängig davon, ob der AdV-Antrag vor oder nach Klageerhebung bei Gericht eingereicht wird, ist dieser nur zulässig, wenn die zuständige Finanzbehörde zuvor einen entsprechenden Aussetzungsantrag nach § 361 Abs. 2 S. 2 AO (für den Fall der Antragstellung vor Klageerhebung) oder nach § 69 Abs. 2 S. 2 FGO (für den Fall der Antragstellung nach Klageerhebung) ganz oder teilweise abgelehnt hat (§ 69 Abs. 4 S. 1 FGO). Aus dem Normzweck der Vorschrift hat der BFH abgeleitet, dass diese Voraussetzungen dann nicht erfüllt sind, wenn dem FG ein völlig neuer Problembereich unterbreitet wird, der zuvor noch nicht Gegenstand einer Prüfung durch das FA geworden ist (BFH vom 01.02.2006, BStBl II 2006, 420). Die Rspr. sieht in der vorherigen Ablehnung des Antrags durch die Finanzbehörde keine bloße Sachentscheidungsvoraussetzung, sondern eine besondere Zugangsvoraussetzung, ohne deren Vorliegen im Zeitpunkt der Antragstellung das Gericht den Antrag ohne weitere Prüfung als unzulässig abweisen wird (BFH vom 11.10.1979, BStBl II 1980, 49). Dagegen kann eine zunächst fehlende Sachentscheidungsvoraus-

---

409 Der Antrag kann formlos, d.h. auch mündlich gestellt werden; a.A. *Tipke/Kruse*, § 69 FGO, Rz. 56.

setzung bis zum Schluss der mündlichen Verhandlung (bzw. der Entscheidung) noch nachgeholt werden, so dass der Antrag in die Zulässigkeit »hineinwächst«.[410] Erreicht wird mit dieser besonderen Zugangsvoraussetzung eine Filterwirkung: Sofern nicht eine sofortige Entscheidung des FG unumgänglich ist, soll die Finanzbehörde selbst nochmals mit dem Sachverhalt befasst werden. Wenn das FA den Antrag auf AdV pflichtwidrig ohne Sachprüfung ablehnt, weil der Antrag auf AdV nicht begründet war, ist für einen anschließenden, nunmehr begründeten Antrag auf AdV bei Gericht nach § 69 Abs. 3 FGO die Zugangsvoraussetzung des § 69 Abs. 4 S. 1 FGO gleichwohl erfüllt (BFH vom 20.06.2007, BStBl II 2007, 789); eine »qualifizierte« Ablehnung durch das FA verlangt § 69 Abs. 4 FGO nach seinem klaren Wortlaut nicht.

Zur Sicherstellung eines effektiven Rechtsschutzes wird vom Erfordernis der vorherigen behördlichen Ablehnung des Antrags nur in zwei gesetzlich geregelten Ausnahmefällen abgesehen, wenn

- die **Finanzbehörde** über den AdV-Antrag ohne Mitteilung eines zureichenden Grundes in **angemessener Frist sachlich nicht entscheidet** (§ 69 Abs. 4 S. 2 Nr. 1 FGO, die Vorschrift entspricht damit in etwa § 46 FGO) oder
- eine **Vollstreckung droht** (§ 69 Abs. 4 S. 2 Nr. 2 FGO). Die Vollstreckung droht dann, wenn es für den StPfl. aufgrund konkreter Vorbereitungshandlungen des FA zur Vollstreckung unzumutbar ist, noch einen Antrag an die Finanzbehörde zu stellen (BFH vom 29.10.1985, BStBl II 1986, 236), d.h. wenn ein Antrag an die Finanzbehörde selbst nicht mehr geeignet erscheint, die Vollstreckung vorerst abzuwenden.[411]

2.2.2 Zuständigkeitskonkurrenz Finanzbehörde/Finanzgericht

Der StPfl. ist gehalten, die Aussetzung der Vollziehung **zunächst bei der zuständigen Finanzbehörde** zu beantragen (§ 69 Abs. 4 S. 1 FGO). Lediglich in den Ausnahmefällen des § 69 Abs. 4 S. 2 FGO ist die unmittelbare Antragstellung beim FG zulässig. Lehnt die Finanzbehörde den Antrag ab, kann der Antragsteller entweder gegen die ablehnende Entscheidung **Einspruch einlegen** (§ 347 Abs. 1 Nr. 1 AO) oder den Aussetzungsantrag erneut **unmittelbar beim FG einreichen** (§ 69 Abs. 3 FGO); beide AdV-Anträge können auch **kumulativ** sowohl bei der Finanzbehörde als auch beim Finanzgericht gestellt werden.[412] Der Antrag nach § 69 Abs. 3 FGO kann alternativ auch dann beim FG eingereicht werden, wenn das FA den Einspruch gegen die Ablehnung eines AdV-Antrags abgewiesen hat.

Gegen den ablehnenden Beschluss der FG ist die Beschwerde zum BFH statthaft – allerdings nur, wenn die Beschwerde entweder im Tenor oder in den Entscheidungsgründen

---

410 *Tipke/Kruse*, § 69 FGO Rz. 68.
411 Hat das FA bereits Vollstreckungsmaßnahmen ergriffen, ist die Zugangsvoraussetzung ebenfalls erfüllt, BFH vom 29.10.1985, BStBl II 1986, 236.
412 Nach Ablehnung des Antrags auf AdV ist das FA nicht verpflichtet, einem Vollstreckungsschuldner vor Einleitung weiterer Vollstreckungsmaßnahmen eine bis zu sechs Wochen zu bemessenden Frist einzuräumen, um ihm die Gelegenheit zu geben, beim FG einen Antrag nach § 69 Abs. 3 FGO zu stellen; die Rspr. des BFH, nach der sich die Entscheidung über die AdV in den Fällen der Zurückverweisung der Hauptsache zur weiteren Sachaufklärung auf den Zeitraum bis zu sechs Wochen nach der Zustellung des Revisionsgerichts erstrecken kann, ist auf den Fall der Ablehnung des AdV-Antrags durch das FA nicht übertragbar (BFH vom 27.10.2004, BStBl II 2005, 198).

des gerichtlichen Beschlusses ausdrücklich zugelassen wurde (§ 128 Abs. 3 S. 1 FGO; BFH vom 06.09.2002, BFH/NV 2003, 69).[413]

2.3 Einstweilige Anordnung (§ 114 FGO)

2.3.1 Überblick

Vorläufiger Rechtsschutz in Form der einstweiligen Anordnung kommt in Betracht, sofern die vorrangige Aussetzung oder Aufhebung der Vollziehung rechtlich nicht möglich ist (§ 114 Abs. 5 FGO). Die einstweilige Anordnung ist damit gegenüber der Aussetzung der Vollziehung **subsidiär**. Ein Antrag auf einstweilige Anordnung ist nur **statthaft**, wenn in der Hauptsache nicht die Anfechtungsklage, sondern eine Verpflichtungsklage, eine sonstige Leistungsklage oder eine Feststellungsklage erhoben werden müsste. Der Antrag kann bereits vor Klageerhebung gestellt werden (§ 114 Abs. 1 S. 1 FGO).

§ 114 FGO unterscheidet zwei unterschiedliche Anordnungsarten: Die sog. **Sicherungsanordnung** (§ 114 Abs. 1 S. 1 FGO) kommt in Betracht, wenn die Gefahr besteht, dass durch eine Veränderung des bestehenden Zustandes die Verwirklichung eines Rechts des Antragstellers vereitelt oder wesentlich erschwert werden könnte.

> **Beispiel 6: Sicherungsanordnung**
> Das FA beabsichtigt im Rahmen einer Außenprüfung bei einer Bank, Kontrollmitteilungen über Depotguthaben auszustellen (möglicher Verstoß gegen § 30a Abs. 3 AO). Entscheidend ist, dass seitens der Finanzbehörde noch kein VA ergangen ist, dessen Vollzug ausgesetzt werden könnte. Vorläufiger Rechtsschutz ist daher nur im Wege der Sicherungsanordnung möglich.

Die sog. **Regelungsanordnung** nach § 114 Abs. 1 S. 2 FGO kommt dagegen in Betracht, wenn ein streitiges Rechtsverhältnis zur Abwendung wesentlicher Nachteile oder drohender Gewalt oder aus anderen Gründen vorläufig geregelt werden muss, der Antragsteller seine bisherige Rechtstellung also verbessern möchte.

> **Beispiel 7: Regelungsanordnung**
> Eine Regelungsanordnung kommt zur Abwehr von Vollstreckungsmaßnahmen in Betracht, wenn die Finanzbehörde bereits einen Antrag auf Vollstreckungsaufschub nach § 258 AO abgelehnt hat und Vollstreckungsmaßnahmen unmittelbar bevorstehen. Die Ablehnung des Antrags auf Vollstreckungsaufschub ist kein vollziehbarer VA, vorläufiger Rechtsschutz ist daher nur über einen Antrag auf einstweilige Anordnung zu erreichen.

2.3.2 Voraussetzungen einer einstweiligen Anordnung

Gemäß § 114 Abs. 1 S. 2 FGO kann das Gericht auf Antrag eine einstweilige Anordnung zur Regelung eines vorläufigen Zustandes in Bezug auf ein streitiges Rechtsverhältnis treffen, wenn die Regelung zur Abwendung wesentlicher Nachteile, zur Verhinderung drohender Gewalt oder aus anderen Gründen nötig erscheint (sog. Regelungsanordnung). Voraussetzung

---

[413] Ein Rechtsmittel gegen die Nichtzulassung der Beschwerde bei einer Entscheidung über die Aussetzung der Vollziehung sieht die FGO nicht vor, vgl. BFH vom 29.01.2003, BStBl II 2003, 317.

für einen erfolgreichen Antrag ist, dass der Antragsteller einen Grund für die zu treffende Regelung (sog. Anordnungsgrund) und den Anspruch, aus dem er sein Begehren herleitet (sog. Anordnungsanspruch), schlüssig dargelegt und deren tatsächliche Voraussetzungen glaubhaft gemacht hat. Fehlt es an einer der beiden Voraussetzungen, kann die einstweilige Anordnung nicht ergehen (§ 114 Abs. 3 FGO i.V.m. § 920 Abs. 2 ZPO; BFH vom 22.12.2006, BStBl II 2009, 839). Die tatbestandlichen Voraussetzungen für die einstweilige Anordnung sind für beide Alternativen, d.h. für die Sicherungs- und Regelungsanordnung, identisch.

2.3.2.1 Antrag

Die einstweilige Anordnung ergeht gem. § 114 Abs. 1 S. 1 FGO nur **auf ausdrücklichem Antrag**, in dem die Voraussetzungen des § 114 Abs. 1 FGO, d.h. insb. der **Anordnungsanspruch sowie der Anordnungsgrund**, **glaubhaft** gemacht werden müssen (§ 114 Abs. 3 FGO i.V.m. § 920 ZPO). Die Glaubhaftmachung bedeutet eine Überzeugung des Gerichts anhand präsenter Beweismittel, dass die vorgetragenen Tatsachen mit überwiegender Wahrscheinlichkeit vorliegen.[414] Der Antrag ist beim Gericht der Hauptsache einzureichen (§ 114 Abs. 2 S. 1 FGO).

2.3.2.2 Anordnungsanspruch

Mit dem Antrag soll zum einen der Anordnungsanspruch glaubhaft gemacht werden. Der Anordnungsanspruch ist gleichbedeutend mit dem Begehren, das in der Hauptsache vom Antragsteller verfolgt werden soll (BFH vom 14.04.1989, BStBl II 1990, 351). **Das Gericht prüft damit summarisch die Erfolgsaussichten des Antragstellers im Hauptsacheverfahren.** Verfolgt der Antragsteller in der Hauptsache eine Ermessensentscheidung der Finanzbehörden, kann das FG diese Entscheidung aufgrund der Vorgabe in § 102 FGO nur eingeschränkt überprüfen. Die Glaubhaftmachung des Anordnungsanspruchs setzt in diesen Fällen voraus, dass nur eine einzige Ermessensentscheidung rechtmäßig ist, d.h. eine sog. Ermessensreduzierung auf Null vorliegt.

2.3.2.3 Anordnungsgrund

Das Vorliegen des Anordnungsanspruches allein rechtfertigt die unmittelbare Anrufung des Finanzgerichts nicht. Der Antragsteller muss zudem glaubhaft machen, dass eine **sofortige Entscheidung des Gerichts erforderlich** ist. Ein Anordnungsgrund ist nur gegeben, wenn ansonsten die Gefahr besteht, dass die Verwirklichung eines Rechts des Antragstellers vereitelt oder wesentlich erschwert wird (so bei der Sicherungsanordnung) oder in Fällen der Regelungsanordnung eine Regelung zur Abwendung wesentlicher Nachteile, zur Verhinderung drohender Gewalt oder aus anderen Gründen nötig erscheint. Entscheidend ist letztlich immer, dass die sofortige Entscheidung des Gerichts zwingend erforderlich ist, weil eine Entscheidung im Hauptsacheverfahren nicht abgewartet werden kann. Die Rspr. ist bei der Annahme eines Anordnungsgrundes **sehr restriktiv**. Kreditaufnahme, Veräußerung entbehrlicher Vermögensgegenstände, Einschränkung des Lebensstandards oder bloßer Zinsverlust sind keine wesentlichen Nachteile im Sinne des § 114 FGO.[415] Ein Anordnungsgrund wird dagegen anerkannt, wenn die wirtschaftliche oder persönliche Existenz des Antragstellers unmittelbar bedroht ist (BFH vom 22.12.2006, BStBl II 2009, 839).

---

414 Vgl. *Tipke/Kruse*, § 114 FGO, Rz. 70.
415 *Tipke/Kruse*, § 114 FGO Rz. 29 m.w.N.

2.3.2.4 Keine Vorwegnahme der Hauptsacheentscheidung

Die Entscheidung des FG im Rahmen des § 114 FGO ergeht im vorläufigen Rechtsschutz. Vorläufiger Rechtsschutz bedeutet aber auch, dass die Entscheidung in der Hauptsache nicht vorweggenommen werden darf (ständige Rspr., vgl. BFH vom 09.12.1969, BStBl II 1970, 222). Eine Vorwegnahme der Hauptsachentscheidung ist nur in Ausnahmefällen zulässig, wenn ein effektiver Rechtsschutz sonst nicht erreicht werden kann, weil z.b. die Entscheidung in der Hauptsache zu spät kommen würde, etwa bei der vom FA abgelehnten Zuteilung einer Steuernummer nach Beginn der unternehmerischen Tätigkeit (BFH vom 20.12.2007, BFH/NV 2008, 600): In diesem Fall kann im Wege der einstweiligen Anordnung zum Zwecke vorläufigen Rechtsschutzes (mit den sich aus § 114 Abs. 3 FGO ergebenden Folgen) die Verpflichtung des FA ausgesprochen werden, der antragstellenden, zuvor gegründeten GmbH (Gesellschaftszweck: Baudienstleistungen) eine Steuernummer zuzuteilen. Sind nähere Einzelheiten der tatsächlichen Aufnahme der unternehmerischen Tätigkeit noch ungeklärt, sind sie im Verfahren zur Hauptsache zu klären. Ein weiterer Anwendungsfall von § 114 FGO ist die Überprüfung von Insolvenzanträgen der Finanzämter (BFH vom 31.08.2011, AO-StB 2001, 364).

2.3.3 Verfahren

Zuständig für den Erlass einstweiliger Anordnungen ist ausschließlich das **Finanzgericht der Hauptsache** (§ 114 Abs. 2 FGO). Eine einstweilige Anordnung durch das FA selbst ist nicht möglich. Das Gericht entscheidet gem. § 114 Abs. 4 FGO durch Beschluss. Gegen einen ablehnenden Beschluss ist die Beschwerde zum BFH nur zulässig, wenn sie in der gerichtlichen Entscheidung ausdrücklich zugelassen wurde (§ 128 Abs. 3 S. 1 FGO).

> **Beispiel 8: Zusammenfassendes Beispiel**
> Der StPfl. Klumpe wurde wegen Nichtabgabe der ESt- und USt-Erklärungen 03 vom FA im Schätzungswege gem. § 162 AO mit Bescheiden vom 21.09.04 veranlagt. Klumpe hat gegen beide Bescheide fristgerecht, jedoch ohne Begründung Einspruch eingelegt. Die aus den Bescheiden resultierenden Steuerschulden hat er bis dato nicht entrichtet. Der Grund für seine schlechte Finanzlage liegt in unerwartet hohen Reparaturaufwendungen für einen selbst verschuldeten Autounfall.
> Wegen der rückständigen Steuern hat das FA zwei Konten des Klumpe bei dessen Hausbank gepfändet. Klumpe hat daraufhin einen Antrag auf Einstellung und Aufhebung der Pfändungen beim FA gestellt, den das FA jedoch abgelehnt hat. Klumpe fürchtet, dass ihm seine Hausbank aufgrund der Kontopfändungen diverse Darlehensverträge kündigen könnte und die Geschäftsbeziehungen beendet. Konkrete Maßnahmen der Bank liegen jedoch bisher nicht vor. Aufgrund seiner vorläufigen Berechnungen hat Klumpe festgestellt, dass sich bei Abgabe der noch nicht fertig gestellten Steuererklärungen jeweils eine Steuererstattung ergeben würde.
> Klumpe möchte wissen, wie er auf gerichtlichem Wege bei seinem zuständigen FG eine möglichst schnelle einstweilige Einstellung der Vollstreckung und eine Aufhebung oder Aussetzung der Pfändungen erreichen kann und welche Erfolgsaussichten bestehen.

Lösung: Für den vorläufigen Rechtsschutz beim FG sieht die FGO die Möglichkeit der **Aussetzung der Vollziehung** nach § 69 FGO sowie eine einstweilige Anordnung nach § 114 FGO vor. Durch den eingelegten Einspruch wird die Vollziehung der beiden Steuerbescheide nicht gehemmt (§ 69 Abs. 1 FGO). Nach § 69 Abs. 3 S. 1 FGO kann jedoch das FG der Hauptsache auf Antrag des Klumpe die Vollziehung der Steuerbescheide aussetzen. Nach § 69 Abs. 3 S. 2 FGO ist der Antrag auch schon vor Erhebung der Klage zulässig. Zwar kann gem. § 69 Abs. 4 S. 1 FGO ein AdV-Antrag beim FG nur gestellt werden, wenn das FA einen AdV-Antrag abgelehnt hat. Einen AdV-Antrag beim FA hat Klumpe jedoch nicht gestellt. Der Antrag auf Einstellung und Aufhebung der Pfändungen kann auch nicht als AdV-Antrag ausgelegt werden. Allerdings ist vorliegend der AdV-Antrag gem. § 69 Abs. 4 S. 2 Nr. 2 FGO unmittelbar beim FG zulässig, da das FA bereits mit der Vollstreckung begonnen hat. § 69 Abs. 4 S. 2 Nr. 2 FGO ist nicht nur einschlägig, wenn Vollstreckungsmaßnahmen drohen, sondern erst recht, wenn das FA bereits Vollstreckungsmaßnahmen durchgeführt hat. Der AdV-Antrag unmittelbar beim FG wäre demnach zulässig. Der Antrag hätte jedoch nur Aussicht auf Erfolg, wenn Klumpe die Steuererklärungen 03 nebst Gewinnermittlung beim FG einreicht.

Daneben sind die Erfolgsaussichten eines **Antrags auf einstweilige Anordnung** zu prüfen. Soweit sich der Antrag nach § 114 Abs. 1 FGO auf die Aussetzung der beiden Steuerbescheide richtet, wäre dieser unzulässig, da ein Antrag nach § 114 FGO nur zulässig ist, soweit keine AdV in Betracht kommt (§ 114 Abs. 5 FGO). Sofern sich der Antrag jedoch auf die einstweilige Einstellung der Zwangsvollstreckung nach § 258 AO beschränkt, wäre dieser zulässig. Klumpe müsste für die einstweilige Anordnung einen Anordnungsanspruch und einen Anordnungsgrund glaubhaft machen (§ 114 Abs. 3 FGO i.V.m. § 920 Abs. 2 ZPO). Als Anordnungsanspruch käme ein Anspruch auf Vollstreckungsaufschub in Betracht (§ 258 AO). Dies würde jedoch voraussetzen, dass die Vollstreckung im Einzelfall unbillig ist, d.h. durch die Vollstreckung unangemessene Nachteile entstehen, die durch kurzfristiges Zuwarten oder durch anderweitige Vollstreckungsmaßnahmen nicht entstehen würden.[416] Davon kann bei vorliegendem Sachverhalt nicht ausgegangen werden. Zudem fehlt es vorliegend auch an einem Anordnungsgrund, da die wirtschaftliche oder persönliche Existenz des StPfl. nicht durch die Ablehnung des Vollstreckungsaufschubs unmittelbar bedroht ist (vgl. hierzu BFH vom 15.01.2003, BFH/NV 2003, 738). Konkrete Maßnahmen wurden durch die Bank bis dato nicht angedroht. Klumpe kann somit weder einen Anordnungsanspruch noch einen Anordnungsgrund glaubhaft machen, so dass eine Antrag auf einstweilige Anordnung eines Vollstreckungsaufschubes erfolglos bleiben würde.

---

416 Vgl. *Kühn/v. Wedelstädt*, AO, § 258 Rz. 21 ff.

X Vollstreckung von Steueransprüchen (§§ 249 ff. AO)

1 Einleitung

Die Vollstreckung von Steueransprüchen, d.h. die zwangsweise Durchsetzung von Ansprüchen der Finanzbehörden, ist in der AO im sechsten Teil sehr ausführlich in nahezu einhundert Vorschriften geregelt. Die AO enthält eine abgeschlossene und **eigenständige Regelung** des Vollstreckungsrechts; gleichwohl wird immer wieder auf Vorschriften anderer Gesetze, insb. auf das Zwangsvollstreckungsverfahren nach der ZPO (§§ 704 ff. ZPO) verwiesen. Die **Prüfungsrelevanz** des Vollstreckungsverfahrens ist nicht zu unterschätzen: Kurze Sachverhalte zum Vollstreckungsrecht ergänzen häufig eine ansonsten »zu kurz geratene« Prüfungsaufgabe aus dem Verfahrensrecht und anderen Steuerrechtsgebieten oder bilden – wie bei den schriftlichen Prüfungen 2002 und 2007 – einen Schwerpunkt des Klausurteils Abgabenordnung und Finanzgerichtsordnung. Prüfungsrelevant sind dabei allein die Vorschriften über die Vollstreckung durch das FA. Für die Vollstreckung von Ansprüchen des Bürgers **gegen den Steuerfiskus** gelten nicht die §§ 249 ff. AO, sondern die §§ 151 ff. FGO.

Für öffentlich-rechtliche Forderungen des Bundes und der Länder, die sich aus anderen als Steuergesetzen ergeben, ist nicht die AO, sondern das Verwaltungsvollstreckungsgesetz (VwVG) des Bundes bzw. die jeweiligen Landesgesetze anwendbar.

Die Finanzbehörden sind im Vollstreckungsverfahren in weiten Teilen nicht auf andere Behörden (d.h. vor allem auf die Justizbehörden) angewiesen. Sie vollstrecken ihre VA selbst (§ 249 Abs. 1 S. 1 AO, **Grundsatz der Selbstexekution**). Lediglich bei Vollstreckungsmaßnahmen in das unbewegliche Vermögen und in das gesamte Vermögen (Insolvenzverfahren) ist das Vollstreckungsverfahren abhängig von der Mitwirkung der Justizbehörden. Die Vollstreckungsvoraussetzungen der ZPO (entscheidend sind dort vor allem Vollstreckungstitel, Vollstreckungsklausel sowie die Zustellung des Vollstreckungstitels) gelten für die Finanzbehörden nicht. Die von der Finanzbehörde erlassenen VA sind **aus sich heraus vollstreckbar** (§ 251 Abs. 1 AO). Für die zwangsweise Durchsetzung ihrer Ansprüche unterhalten die FÄ als regelmäßig eigenes Sachgebiet die sog. Vollstreckungsstellen zur Bewältigung der Aufgaben im Innendienst und – entsprechend den Gerichtsvollziehern der Amtsgerichte – die sog. Vollziehungsbeamten für Vollstreckungsmaßnahmen im Außendienst.

2 Allgemeine Vollstreckungsvoraussetzungen

2.1 Anwendbarkeit der Abgabenordnung

Das Vollstreckungsrecht der AO ist anwendbar auf die Vollstreckung von Leistungen, die aufgrund der Steuergesetze, d.h. der AO sowie der Einzelsteuergesetze, geschuldet werden (§ 249 Abs. 1 S. 1 AO). Vollstreckbar sind alle VA, mit denen auf Grundlage eines Steuergesetzes eine Geldleistung, eine sonstige Handlung, eine Duldung oder Unterlassung gefordert wird (§ 249 Abs. 1 S. 1 AO).

Beispiel 1: Pfändung von Mietansprüchen
V hat Steuerrückstände in erheblicher Höhe. Das FA München pfändet gem. § 309 AO die Mietzinsansprüche des V gegen den Mieter M. M weigert sich trotz der ergangenen Pfändungs- und Einziehungsverfügung, die fälligen Mieten an das FA zu entrichten. Kann das FA seine gepfändeten Forderungen gegen M mit Zwangsvollstreckungsmaßnahmen nach der AO durchsetzen?

Lösung: Die Leistungspflicht des M gegenüber seinem Vermieter V beruht nicht auf Steuergesetzen, sondern auf dem geschlossenen Mietvertrag. Auch nach der Pfändung der Mietforderung handelt es sich bei dem Anspruch des FA gegenüber M um einen mietrechtlichen, d.h. zivilrechtlichen Anspruch. Eine Vollstreckung dieser Mietforderung im Verwaltungsweg ist nach § 249 Abs. 1 S. 1 AO nicht zulässig. Das FA wird veranlassen, dass die Forderung zunächst außergerichtlich und erforderlichenfalls gerichtlich vor dem zuständigen AG geltend gemacht wird.

2.2 Zuständige Vollstreckungsbehörde (§ 249 AO)

Zuständige **Vollstreckungsbehörden** sind gem. § 249 Abs. 1 S. 3 AO die **Finanzämter** und die **Hauptzollämter**. Für die Vollstreckung wegen anderer Leistungen als Geldforderungen ist Vollstreckungsbehörde die Behörde, die den zu vollstreckenden VA erlassen hat (§ 249 Abs. 1 S. 3 i.V.m. § 328 Abs. 1 S. 3 AO).

§ 249 Abs. 1 S. 1 AO ist als **Ermessensvorschrift** ausgestaltet. Die Vollstreckungsbehörden »können« VA vollstrecken. Entgegen dem Wortlaut steht der Vollstreckungsbehörde jedoch **kein Entschließungsermessen** zu, ob sie ein Vollstreckungsverfahren einleitet oder nicht.[417] Sobald fällige und vollstreckbare Rückstände vorliegen, erstellt die Finanzkasse eine Rückstandsanzeige. Aufgrund dieser Rückstandsanzeige ist innerhalb der Finanzbehörden die Vollstreckungsstelle nach § 85 AO **verpflichtet**, die Steuern nach Maßgabe der Gesetze zu erheben. Allein diese Auslegung entspricht dem im Steuerrecht herrschenden Legalitätsprinzip.[418] Ausnahmen von dieser gesetzlichen Verpflichtung können sich allenfalls aus dem Gesetz selbst ergeben, z.B. aufgrund eines Vollstreckungsaufschubes nach § 258 AO. Das den Finanzbehörden eingeräumte Ermessen beschränkt sich demnach auf das **Auswahlermessen**, d.h. die Auswahl der jeweiligen Vollstreckungsmaßnahmen. Die Vollstreckungsmaßnahmen müssen dem **Grundsatz der Verhältnismäßigkeit** entsprechen, d.h. sie müssen geeignet und erforderlich zur Durchsetzung der Ansprüche sein; zudem darf das eingesetzte Mittel nicht außer Verhältnis zu verfolgten Ziel stehen (sog. Mittel-Zweck-Relation).[419]

---

417 Vgl. *Szymczak* in *Koch/Scholtz*, AO, § 249 Rz. 8; ausdrücklich offen gelassen durch BFH vom 22.10.2002, BStBl II 2003, 109 (112).
418 Vgl. *Tipke/Kruse*, AO, § 249 Rz. 11; a.A. – allerdings ohne überzeugende Argumentation – *Beermann* in *Hübschmann/Hepp/Spitaler*, AO, § 249 Rz. 48.
419 Die sofortige Pfändung eines Geschäftskontos ohne vorherige Überprüfung, ob andere Vollstreckungsmaßnahmen möglich sind, ist nach Auffassung des FG Brandenburg vom 19.10.1998 (EFG 1999, 62) wegen Ermessensnichtgebrauch rechtswidrig; gleichwohl bevorzugen die Vollstreckungsstellen die Kontopfändung oftmals gegenüber der teureren und umständlicheren Sachpfändung, was nach Auffassung des FG Hamburg vom 18.02.2000 (EFG 2000, 536) auch nicht zu beanstanden ist. Allerdings hat der BFH

2.3 Voraussetzungen für den Beginn der Vollstreckung (§ 254 AO)

Die Voraussetzungen für den Beginn der Vollstreckung sind insb. in § 254 AO aufgezählt. Die Vollstreckung darf erst beginnen, wenn

- ein **vollstreckbarer VA** vorliegt (§ 251 Abs. 1 AO),
- die Leistung **fällig** ist (§ 254 Abs. 1 S. 1 AO),
- der Vollstreckungsschuldner zur Leistung oder Duldung oder Unterlassung aufgefordert wurde (**Leistungsgebot**, § 254 Abs. 1 S. 1 AO) und
- seit Bekanntgabe des Leistungsgebotes mindestens eine Woche verstrichen ist (sog. **Schonfrist**, § 254 Abs. 1 S. 1 AO).

Die in § 249 Abs. 1 und § 254 Abs. 1 AO genannten Vollstreckungsvoraussetzungen sind besondere, unabdingbare Statthaftigkeitsvoraussetzungen einer rechtmäßigen Vollstreckung, deren Fehlen bei Beginn der Vollstreckungshandlungen zu einem – auch durch Nachholung im Vollstreckungsverfahren – nicht heilbaren Rechtsfehler und bei Anfechtung zur ersatzlosen Aufhebung der dennoch ausgebrachten Vollstreckungsmaßnahme führt (BFH vom 22.10.2002, BStBl II 2003, 109).

2.3.1 Vollstreckbarer Verwaltungsakt (§ 251 AO)

Vollstreckbar sind gem. § 249 Abs. 1 S. 1 AO alle VA, mit denen eine Geldleistung, eine sonstige Handlung, eine Duldung oder Unterlassung gefordert wird. Die Vollstreckung des VA ist **nur dann ausgeschlossen, soweit die Vollziehung ausgesetzt wurde** oder die Vollziehung durch Einlegung eines Rechtsbehelfs gehemmt ist (§ 251 Abs. 1 AO i.V.m. § 361 AO, § 69 FGO). Die Vollziehung von SteuerVA wird allerdings durch die Einlegung eines Rechtsbehelfs regelmäßig gerade nicht gehemmt. Ausnahmen vom Grundsatz, dass Rechtsbehelfe keinen Suspensiveffekt haben, sind in § 361 Abs. 4 AO und § 69 Abs. 5 FGO geregelt. Die **Bestandskraft** (Unanfechtbarkeit) eines VA ist ebenfalls **keine Voraussetzung** für dessen Vollziehung. Regelmäßig kann der Vollstreckungsschuldner die Vollstreckbarkeit nur mit einem Antrag auf AdV beseitigen. Eine Vollstreckungsmaßnahme, der ein mangels Bekanntgabe nicht wirksam gewordener Steuerbescheid und damit kein wirksamer Vollstreckungstitel und kein Leistungsgebot zugrunde liegt, ist nicht nichtig, sondern nur rechtswidrig und anfechtbar.[420]

§ 251 Abs. 2 S. 1 AO bestimmt, dass die Vorschriften der Insolvenzordnung unberührt bleiben; gemeint ist damit, dass die **Vorschriften der Insolvenzordnung (InsO) dem Steuerrecht vorgehen**. Sobald das Insolvenzverfahren eröffnet ist (§ 89 InsO), sind Vollstreckungsmaßnahmen gegen den Vollstreckungsschuldner nach der AO nicht mehr zulässig.[421]

---

wiederholt entschieden, dass sich die Vollstreckung im Falle des Anbietens von Ratenzahlungen durch den Vollstreckungsschuldner als unbillig erweisen kann, wenn mit hinreichender Wahrscheinlichkeit erwartet werden kann, dass er seine Zusage einhalten wird, und wenn nach der Höhe der angebotenen Raten mit einer zügigen und kurzfristigen Tilgung der Steuerschuld gerechnet werden kann; in diesen Fällen kann sich der Anspruch auf ermessensfehlerfreie Entscheidung über den Antrag auf einstweilige Einstellung der Vollstreckung zu einem Anspruch auf Gewährung des Vollstreckungsaufschubs gem. § 258 AO verdichten (BFH vom 11.12.2007, BFH/NV 2008, 749).
420 Aufgabe der bisherigen Rspr., ausführlich BFH vom 22.10.2002, BStBl II 2003, 109.
421 Entscheidend ist damit die vom Insolvenzgericht festgestellte Eröffnung des Insolvenzverfahrens; nicht ausreichend ist, dass der Vollstreckungsschuldner einen Antrag auf Eröffnung des Insolvenzverfahrens bei Gericht eingereicht hat.

Nach Eröffnung des Insolvenzverfahrens darf das FA bis zum Prüfungstermin Steuern nicht mehr festsetzen, die zur Insolvenztabelle anzumelden sind, und Feststellungsbescheide nicht mehr erlassen, in denen Besteuerungsgrundlagen mit Auswirkung für das Vermögen des Gemeinschuldners festgestellt wird. Das gilt auch für Besteuerungsgrundlagen, die einheitlich und gesondert festzustellen sind (BFH vom 19.08.2008, BStBl II 2009, 90). Die Feststellung der Forderung in der Insolvenztabelle stellt das insolvenzrechtliche Äquivalent zur Steuerfestsetzung durch VA dar (§§ 87, 178 Abs. 3 InsO). Liegt bei Eröffnung des Insolvenzverfahrens eine bestandskräftige Steuerfestsetzung vor und bestreitet der Insolvenzverwalter die Forderung, weil er die Forderungsanmeldung für unwirksam hält, kann das FA die Forderung ebenfalls durch Feststellungsbescheid nach § 251 Abs. 3 AO feststellen; eine andere Möglichkeit, die Feststellung der titulierten Forderung zur Insolvenztabelle durchzusetzen, hat das FA nicht (BFH vom 23.02.2010, AO-StB 2010, 168).

Unberührt von der Sperrwirkung des § 93 InsO bleibt die Möglichkeit des FA, den Geschäftsführer einer GmbH auch nach der Eröffnung des Insolvenzverfahrens mit Haftungsbescheid in Anspruch zu nehmen. Die Sperrwirkung des § 93 InsO ist nur auf die Haftung als Gesellschafter gem. § 128 HGB beschränkt. Individualansprüche, die eine persönliche Haftung des Gesellschafters für Verbindlichkeiten der Gesellschaft begründen, unterliegen nicht der Sperrwirkung des § 93 InsO. Der abgabenrechtliche Haftungstatbestand des § 69 AO i.V.m. § 34 AO begründet im Gegensatz zur Haftung nach § 128 HGB eine Verbindlichkeit gegenüber dem Fiskus, die den Individualansprüchen aus rechtsgeschäftlicher Haftung vergleichbar ist (BFH vom 02.11.2001, BStBl II 2002, 73).

2.3.2 Fälligkeit der Leistung (§ 254 Abs. 1 S. 1 AO)

Die Vollstreckung darf erst beginnen, wenn der Anspruch fällig ist. Die Fälligkeit von Ansprüchen aus dem Steuerschuldverhältnis richtet sich regelmäßig nicht nach der AO, sondern nach den Einzelsteuergesetzen (§ 220 Abs. 1 AO).[422] Fehlt es an einer besonderen gesetzlichen Regelung über die Fälligkeit (z.B. bei der Auskunftspflicht nach § 93 AO), wird der Anspruch mit der Entstehung fällig (§ 220 Abs. 2 AO). Ergibt sich der Anspruch aus einer Steuerfestsetzung i.S.d. § 220 Abs. 1 AO, tritt die Fälligkeit jedoch nicht vor Bekanntgabe der Steuerfestsetzung ein (§ 220 Abs. 2 S. 2 AO). Sieht das Gesetz bei Leistungen eine bestimmte Fälligkeit nicht vor, z.B. bei der Auskunftspflicht, der Festsetzung von Verspätungszuschlägen und von Zwangsgeldern, kann die Finanzbehörde die Fälligkeit mittels **Leistungsgebot** nach § 220 Abs. 2 S. 1 AO auch **gesondert bestimmen**.

2.3.3 Leistungsgebot (§ 254 Abs. 1 S. 1 AO)

Das Leistungsgebot ist die Aufforderung der Finanzbehörde, **wer, aufgrund welchen Rechtsgrunds, wie viel, bis wann, wo leisten bzw. dulden oder unterlassen** muss. Das Leistungsgebot wird in aller Regel in den Steuerverwaltungsakt aufgenommen (§ 254 Abs. 1 S. 2 AO), z.B. durch die Formulierung »Bitte zahlen Sie spätestens am ... den Betrag ...«. Das Leistungsgebot ist nicht erforderlich, wenn der Vollstreckungsschuldner eine von ihm aufgrund einer Steueranmeldung geschuldete Leistung nicht erbracht hat, d.h. wenn eine USt- oder LSt-Anmeldung zwar abgegeben wird, aber keine Zahlung erfolgt (§ 254 Abs. 1

---

422 Vorschriften betr. die Fälligkeit sind z.B. § 36 Abs. 4, § 37 Abs. 1, § 41a Abs. 1 Nr. 2, § 44 Abs. 1 EStG, § 18 Abs. 1 UStG, § 31 Abs. 1 KStG.

S. 4 AO). Berechnet der StPfl. seine Steuerschuld selbst, wäre ein gesondertes Leistungsgebot eine überflüssige Förmelei. Ein Leistungsgebot stellt grds. einen **selbständigen VA** dar, der mittels Einspruchs angefochten werden kann. Wegen der Säumniszuschläge bedarf es keines gesonderten Leistungsgebotes, wenn diese zusammen mit der Steuer beigetrieben werden (§ 254 Abs. 2 S. 1 AO). Bei mehreren Vollstreckungsschuldnern muss das Leistungsgebot jedem Einzelnen bekannt gegeben werden.

2.3.4 Schonfrist (§ 254 Abs. 1 S. 1 AO)

Nach Bekanntgabe des Leistungsgebotes (§ 122 AO) muss vor der Einleitung der Vollstreckung mindestens **eine Woche verstrichen** sein (§ 254 Abs. 1 S. 1 AO). Der Vollstreckungsschuldner erhält damit nochmals die Gelegenheit, auf das Leistungsgebot zu reagieren. Diese Wochenfrist ist unabhängig von der Schonfrist nach § 240 Abs. 3 AO; beide Schonfristen haben nichts miteinander zu tun. Vor Ablauf der Schonfrist dürfen Vollstreckungsmaßnahmen nur vorbereitet, aber noch nicht erlassen werden. Maßnahmen, die unter Verletzung der Schonfrist ergehen, sind allerdings nicht nichtig, sondern lediglich rechtswidrig und damit anfechtbar (BFH vom 27.03.1979, BStBl II 1979, 589). Ist ein Leistungsgebot – z.B. in Fällen der Steueranmeldung nach § 254 Abs. 1 S. 4 AO – nicht vorgesehen, erübrigt sich für die Finanzbehörde das Abwarten der Wochenfrist.

2.3.5 Mahnung (§ 259 AO)

Der Vollstreckungsschuldner soll i.d.R. nach Eintritt der Fälligkeit und nach Ablauf der Vollstreckungsschonfrist mit einer Zahlungsfrist von einer Woche gemahnt werden (§ 259 S. 1 AO). Die Mahnung ist allerdings nicht verbindlich vorgeschrieben und damit **keine zwingende Voraussetzung der Vollstreckung** (BFH vom 04.10.1983, BStBl II 1984, 167). Als bloße Zahlungserinnerung ist die Mahnung **kein VA** i.S.d. § 118 S. 1 AO, da sie nicht auf die Herbeiführung einer bestimmten Rechtsfolge gerichtet ist und deshalb keine Regelung enthält. Ebenso wenig wie die Mahnung ist auch die in der Praxis häufig ergehende **Vollstreckungsankündigung** keine Voraussetzung der Vollstreckung. Diese nochmalige, letzte Erinnerung der Vollstreckungsstelle soll dem Vollstreckungsschuldner letztmals die Gelegenheit einräumen, die unmittelbar bevorstehende Vollstreckung abzuwenden; die Vollstreckungsankündigung ist ebenso wie die Mahnung mangels Regelungscharakters kein VA gem. § 118 AO. Im Gegensatz zur Mahnung ist die Vollstreckungsankündigung im Gesetz nicht ausdrücklich geregelt.[423]

3 Vollstreckung wegen Geldforderungen (§§ 259 ff. AO)

Die Vorschriften über das Vollstreckungsverfahren unterscheiden zunächst danach, ob wegen **Geldforderungen** (§§ 259–327 AO) oder wegen **anderer Leistungen** als **Geldforderungen** (§§ 328–336 AO) vollstreckt wird. Neben der Unterscheidung, **weswegen** die Vollstreckung betrieben wird, differenziert die AO nach dem Objekt, in das die Zwangsvollstreckung erfolgen soll, nämlich

---

423 Regelungen über die Vollstreckungsankündigung finden sich in der sog. Vollstreckungsanweisung (VollStrA = Nr. 800a). Die Vollstreckungsanweisung regelt als bindende Verwaltungsanweisung bundeseinheitlich das Vollstreckungsverfahren der Bundes- und Landesfinanzbehörden.

- die **Vollstreckung in das bewegliche Vermögen** (§§ 281 ff. AO),
- die **Vollstreckung in das unbewegliche Vermögen** (§§ 322 ff. AO) sowie
- die in der Insolvenzordnung geregelte **Vollstreckung in das gesamte Vermögen** (§ 251 Abs. 2 S. 1 AO i.V.m. §§ 1 ff. InsO).

Schwerpunkt der schriftlichen Prüfungsarbeiten ist dabei allein die Vollstreckung in das bewegliche Vermögen.

3.1 Vollstreckung in das bewegliche Vermögen (§§ 281 ff. AO)

3.1.1 Einleitung

Die Vollstreckung in das bewegliche Vermögen erfolgt durch **Pfändung** (§ 281 Abs. 1 AO). Gepfändet werden können

- **bewegliche Sachen**, d.h. alle körperlichen Gegenstände i.S.d. § 90 BGB, die nicht als Grundstückszubehör (z.B. ein fest eingebauter Kachelofen, § 91 BGB) der Vollstreckung in das unbewegliche Vermögen unterliegen (§§ 285 ff. AO),
- **Wertpapiere** (§§ 286 Abs. 2, 302 AO),
- **Forderungen** auf Geld und auf Herausgabe oder Leistung von Sachen (§§ 309 ff. AO) und
- **Gesellschaftsrechte**, z.B. Anteile an PersG und KapG oder an Erbengemeinschaften.

Durch die Pfändung in das bewegliche Vermögen erwirbt das FA gem. § 282 Abs. 1 AO ein **Pfändungspfandrecht** an dem gepfändeten Gegenstand. Soweit es für die Durchführung des Vollstreckungsverfahrens erforderlich ist, geht mit der Pfändung die Verfügungsmacht über den gepfändeten Gegenstand auf die Finanzbehörde über; diese rechtliche Bindung wird als **Verstrickung** bezeichnet. Die Verstrickung gestattet dem FA, den gepfändeten Gegenstand zu verwerten und den Verwertungserlös auf die Steuerrückstände anzurechnen (§§ 282 Abs. 2, 296 ff. AO).

Die Pfändung darf nicht weiter ausgedehnt werden, als es zur Deckung des zu vollstreckenden Betrages erforderlich ist (§ 281 Abs. 2 AO, sog. **Verbot der Überpfändung**). Die Vorschrift konkretisiert insoweit den Grundsatz der Verhältnismäßigkeit, da eine über den Rückstand hinausgehende Pfändung nicht erforderlich ist. Das Verbot der Überpfändung ist auch anwendbar, wenn der Vollstreckungsschuldner zur Abwehr von Vollstreckungsmaßnahmen freiwillig die Steuerrückstände absichern möchte, z.B. durch Sicherungszession oder Lohnabtretung. Zwecklose Pfändungen sind nach § 281 Abs. 3 AO zu unterlassen.

Beispiel 2: Zwecklose Pfändung
Der Vollziehungsbeamte pfändet durch Anlegen einer Pfandsiegelmarke einen stark abgenutzten Schlafzimmerschrank des Vollstreckungsschuldners. Aufgrund zahlreicher Beschädigungen müsste der Schrank vor einer etwaigen Versteigerung aufwändig repariert und in dieser Zeit auch eingelagert werden.

Lösung: Aufgrund der erheblichen Kosten, die durch Lagerung und Reparatur des Schrankes entstünden, kann davon ausgegangen werden, dass der Erlös die Vollstreckungskosten übersteigt. Von der Pfändung ist daher nach § 281 Abs. 3 AO abzusehen. Zudem dürfte es sich bei dem Schrank um eine unpfändbare Sache gem. § 295 AO i.V.m. § 811 Nr. 1 ZPO handeln. Auch aus diesem Grunde scheidet eine Pfändung aus.

3.1.2 Pfändung beweglicher Sachen (§§ 285 ff. AO)

Die Pfändung beweglicher Sachen ist im Gesetz besonders ausführlich geregelt, obgleich diese Vollstreckungsmaßnahme hinsichtlich der wirtschaftlichen Bedeutung in der Praxis hinter anderen Vollstreckungsmaßnahmen des Innendienstes bis vor einigen Jahren zurückstand. Durch die Möglichkeit der Versteigerung über Online-Portale (vgl. § 296 Abs. 1 Nr. 2 AO unter Verweis auf: www.zoll-auktion.de sowie § 299 Abs. 1 S. 2 AO) ist die Pfändung beweglicher Sachen in den vergangenen Jahren für die FÄ wieder interessant geworden.

Sachen, die im Gewahrsam des Vollstreckungsschuldners sind, pfändet der Vollziehungsbeamte grundsätzlich dadurch, dass er sie in Besitz nimmt (§ 286 Abs. 1 AO). Bleiben die gepfändeten Sachen ausnahmsweise im Gewahrsam des Vollstreckungsschuldners, wird die Pfändung regelmäßig durch Anbringen eines **Pfandsiegels** kenntlich gemacht (§ 286 Abs. 2 S. 2 AO). Das Pfändungspfandrecht und damit die Verstrickung entstehen auch, wenn die gepfändete Sache dem Vollstreckungsschuldner nicht gehört (sog. Pfändung von schuldnerfremden Sachen). Der Vollziehungsbeamte des FA, der die Vollstreckung in bewegliche Sachen ausführt (§ 285 Abs. 1 AO), ist oftmals nicht in der Lage, die Eigentumsverhältnisse der zu pfändenden Gegenstände vor Ort verlässlich zu überprüfen. § 286 Abs. 1 AO stellt für die Pfändung demgemäß nur darauf ab, dass sich die zu pfändende Sache im **Gewahrsam** (d.h. in der tatsächlichen Gewalt) des Vollstreckungsschuldners befindet.[424] Bei Gegenständen, die sich im Gewahrsam von Eheleuten befinden, wird gem. § 1362 Abs. 1 S. 1 BGB zu Gunsten des Gläubigers und zur Erleichterung des Vollstreckungsverfahrens vermutet, dass sie dem jeweiligen Vollstreckungsschuldner gehören.[425]

Beabsichtigt der Vollziehungsbeamte, bestimmte Gegenstände zu pfänden, kann der Vollstreckungsschuldner dies nur abwenden, wenn er den geschuldeten Betrag zahlt oder nachweist, dass ihm eine Zahlungsfrist bewilligt worden ist oder die Schuld erloschen ist (§ 292 AO). **Einwendungen gegen den zu vollstreckenden VA** mit der Begründung, die Forderung bestünde nicht oder nicht in der vorliegenden Höhe, sind dagegen nach § 256 AO **nicht zulässig** (häufige Prüfungsfrage).

Bestimmte Sachen sind nach § 295 AO i.V.m. § 811 ZPO **unpfändbar**. Hierzu gehören insb. Gegenstände des persönlichen Gebrauchs oder dem Haushalt dienende Gegenstände, soweit der Vollstreckungsschuldner diese zu einer seiner Berufstätigkeit und Verschuldung angemessenen bescheidenen Lebensführung benötigt; bei der Beurteilung der »bescheidenen Lebensführung« sind die veränderten Lebensverhältnisse in den vergangenen Jahrzehnten zu berücksichtigen, so dass ältere Rspr. nur bedingt als Maßstab herangezogen werden kann.[426]

Nach der Pfändung kann der Vollstreckungsschuldner die Verwertung der gepfändeten Gegenstände nur vermeiden, wenn er die Steuerrückstände tilgt oder die Vollstreckungsvoraussetzungen anderweitig entfallen; ansonsten wird die Finanzbehörde die Verwertung anordnen, d.h. regelmäßig die Versteigerung der gepfändeten Sachen (§§ 296 ff. AO).

---

424 Damit wird der Dritte allerdings nicht rechtlos gestellt, er kann seine Rechte nach §§ 262, 293 AO geltend machen; s. Kap. 7.5.
425 Eine Ausnahme von dieser Gewahrsamsvermutung gilt, wenn die Ehegatten getrennt leben oder es sich um Sachen handelt, die ausschließlich zum persönlichen Gebrauch eines Ehegatten bestimmt sind, der nicht Vollstreckungsschuldner ist.
426 So ist heute ein Farbfernseher nicht pfändbar, auch wenn der Vollstreckungsschuldner darüber hinaus über ein Radio verfügt (BFH vom 30.01.1990, BStBl II 1990, 416).

3.1.3 Pfändung in Forderungen und andere Vermögensrechte (§§ 309 ff. AO)

3.1.3.1 Pfändung in Forderungen

Die Vollstreckung in Forderungen erfolgt ebenfalls durch Pfändung, allerdings nicht durch Vollziehungsbeamte des Außendienstes, sondern durch den Innendienst (§ 309 AO). Die Forderungspfändung gehört zu den **wirksamsten Vollstreckungsmaßnahmen** der Vollstreckungsstelle, da z.B. die Pfändung des Bankkontos im Zeitalter des bargeldlosen Zahlungsverkehrs einen erheblichen Eingriff für den Vollstreckungsschuldners bedeutet. Mit der wirksamen Pfändung erhält die Finanzbehörde ein **Pfändungspfandrecht an der Forderung**. Dem Vollstreckungsschuldner sind infolge der Verstrickung aufgrund des Pfändungspfandrechts nur noch Maßnahmen gestattet, die das Pfandrecht nicht beeinträchtigen. Der Drittschuldner darf daher aufgrund der Pfändung nicht mehr an den Vollstreckungsschuldner bezahlen (sog. **Arrestatorium,** § 309 Abs. 1 1. HS AO[427]); der Vollstreckungsschuldner hat sich zudem jeder Verfügung über die Forderung zu enthalten (sog. **Inhibitorium,** § 309 Abs. 1 2. HS AO). Mit der Pfändungsverfügung ist i.d.R. die Einziehungsverfügung nach § 314 AO verbunden, d.h. die Finanzbehörde wird ermächtigt, die Forderung im eigenen Namen geltend zu machen und einzuziehen. Die Forderungspfändung ist bewirkt, sobald die Pfändungsverfügung dem Drittschuldner **zugestellt** ist (§ 309 Abs. 2 S. 1 AO). Erforderlich ist damit eine förmliche Bekanntmachung nach dem VwZG, die aus Beweisgründen mit **Postzustellungsurkunde** erfolgt (§ 3 VwZG).

Pfändbar nach § 309 AO sind alle bestehenden Forderungen, unabhängig von der Fälligkeit (vgl. § 313 AO). **Künftige Forderungen** können gepfändet werden, wenn und soweit sie bestimmt oder zumindest **bestimmbar** sind und ihr Rechtsgrund schon vorhanden ist (BFH vom 20.08.1991, BStBl II 1991, 869). Die Unpfändbarkeit von Forderungen oder die nur teilweise Pfändbarkeit kann sich aus § 319 AO i.V.m. §§ 850 ff. ZPO oder § 319 AO i.V.m. anderen gesetzlichen Vorschriften ergeben. Damit ist klargestellt, dass alle gesetzlichen Pfändungsbeschränkungen und -verbote auch vom FA – und den HZÄ – als Vollstreckungsbehörde beachtet werden müssen.

Mit der Reform des Kontopfändungsschutzes in 2010 wurde erstmalig ein sog. **Pfändungsschutzkonto** (»P-Konto«) eingeführt.[428] Auf diesem Konto erhält ein Schuldner für sein Guthaben einen automatischen Basispfändungsschutz in Höhe seines Pfändungsfreibetrages (1.028,99 € monatlich bei Ledigen ohne Unterhaltsverpflichtungen). Dabei kommt es nicht mehr darauf an, aus welchen Einkünften dieses Guthaben herrührt; auch Selbständige erlangen insoweit Pfändungsschutz für ihr Kontoguthaben. Jeder Kunde kann von seiner Bank oder Sparkasse verlangen, dass sein Girokonto als P-Konto geführt wird. Wählt der Bankkunde das P-Konto, steht ihm der herkömmliche Kontopfändungsschutz nicht mehr zur Verfügung, da dieser ab 01.01.2012 nur noch subsidiär fortbesteht (§ 850 l Abs. 4 ZPO).

Nachdem die Finanzbehörde bei Erlass der Pfändungsverfügung oft den genauen Forderungsbestand nicht kennt, sind sowohl der Vollstreckungsschuldner (§ 315 Abs. 2 AO) als auch der Drittschuldner (§ 316 AO) verpflichtet, bestimmte Angaben über die Forderung

---

[427] Aufgrund des Arrestatoriums kann der Drittschuldner mit befreiender Wirkung lediglich an das FA leisten (§§ 135 f. BGB), d.h. durch eine Leistung an den Vollstreckungsschuldner selbst erlischt die Leistungspflicht nicht.
[428] Gesetz zur Reform des Kontopfändungsschutzes vom 07.07.2009, BStBl I 2009, 872.

zu machen. Der Drittschuldner ist nach § 316 AO verpflichtet, auf Verlangen in der **Drittschuldnererklärung** die in § 316 AO genannten Fragen zu beantworten.[429]

Nach § 316 Abs. 2 S. 2 AO haftet der Drittschuldner verschuldensunabhängig für den Schaden, der ursächlich aus der Nichtbeantwortung der Fragen entsteht. Entstehen dem Drittschuldner durch Auskunftserteilung oder Erstellen der Drittschuldnererklärung Kosten, kann er diese nicht von der Finanzbehörde verlangen, da für einen derartigen Erstattungsanspruch keine Rechtsgrundlage besteht (BGH vom 19.10.1999, BB 2000, 169).

3.1.3.2 Vollstreckung in andere Vermögensrechte

Neben der Vollstreckung in Forderungen (§§ 309 ff. AO) und der Vollstreckung in Ansprüche auf Herausgabe oder Leistung nach § 318 AO regelt § 321 AO Verfahrensbesonderheiten bei der Vollstreckung in andere Vermögensrechte. Darunter fallen vor allem Anteile an einer PersG, Geschäftsanteile an einer GmbH und Miterbenanteile an einem Nachlass.

3.1.4 Vermögensauskunft (§ 284 AO)

Mit der Vermögensauskunft des Vollstreckungsschuldners nach § 284 AO versucht das FA einen Überblick über die Vermögens- und Einkommensverhältnisse des Vollstreckungsschuldners zu gewinnen. Regelmäßig steht die sog. eidesstattliche Versicherung am Ende des Vollstreckungsverfahrens, damit die Finanzbehörde vor der Entscheidung über eine evtl. Niederschlagung der Rückstände nach § 261 AO feststellen kann, ob die weitere Fortsetzung von Vollstreckungsmaßnahmen erfolgversprechend ist.[430]

Die Ladung zur Vermögensauskunft setzt nach § 284 Abs. 1 S. 1 AO voraus, dass der Vollstreckungsschuldner die Forderung nicht binnen zwei Wochen begleicht, nachdem ihm das FA zur Zahlung aufgefordert hat.

Im Termin zur Abgabe der Vermögensauskunft muss der Vollstreckungsschuldner bei der Finanzbehörde ein umfangreiches Formular, das sog. **Vermögensverzeichnis** abgeben (§ 284 Abs. 2 AO) und darin alle Vermögenswerte aufzählen, die möglicherweise für die Vollstreckungsbehörde von Interesse sind. Zur Bekräftigung der Angaben hat der Vollstreckungsschuldner die Richtigkeit und Vollständigkeit an Eides statt zu versichern (§ 284 Abs. 3 S. 1 AO). Die vorsätzliche oder fahrlässige Abgabe einer unrichtigen Versicherung an Eides statt ist nach §§ 156, 163 StGB und gegebenenfalls als Beitreibungshinterziehung nach § 370 AO strafbar.

---

429 Erstens muss der Drittschuldner erklären, ob und inwieweit er die Forderung als begründet anerkennt und bereit ist zu zahlen (§ 316 Abs. 1 S. 1 Nr. 1 AO). Insoweit handelt es sich um eine Willenserklärung. § 316 Abs. 1 S. 2 AO stellt klar, dass die Bejahung dieser Frage nicht als Anerkenntnis i.S.d. § 781 BGB oder als sog. deklaratorisches Schuldanerkenntnis zu werten ist. Die bloße Bejahung oder Verneinung der Frage reicht zur Erfüllung der Erklärungspflicht aus. Der Drittschuldner muss zweitens angeben, ob und welche Ansprüche andere Personen an die Forderung erheben (§ 316 Abs. 1 S. 1 Nr. 2 AO). Ggf. sind die Ansprüche und die Identität der anderen Personen näher zu bezeichnen. In Frage kommen Abtretung, Verpfändung oder gesetzlicher Übergang der Forderung. Schließlich muss angegeben werden, ob und wegen welcher Ansprüche die Forderung bereits für andere Gläubiger gepfändet ist (§ 316 Abs. 1 S. 1 Nr. 3 AO).
430 Vgl. hierzu *Carlé*, Die eidesstattliche Versicherung vor dem Finanzamt – Praxishinweise, AO-StB 2008, 25.

3.2 Vollstreckung in das unbewegliche Vermögen (§ 322 AO)

§ 322 AO enthält keine eigenständige Regelung für das Vollstreckungsverfahren in das unbewegliche Vermögen, sondern verweist insoweit auf Vorschriften anderer Gesetze. Der Vollstreckung in das unbewegliche Vermögen unterliegen Grundstücke, Grundstücksbruchteile (z.B. der Miteigentumsanteil bei einer Wohnungseigentümergemeinschaft), Grundstücksbestandteile nach § 93 BGB (u.a. Fenster und Türen), grundstücksgleiche Rechte (z.B. Erbbaurechte) und Grundstückszubehör, das dem Grundstückseigentümer gehört. Insb. das Grundstückszubehör umfasst oftmals Gegenstände, bei denen auf den ersten Blick ein Zusammenhang mit dem Grundstück nicht zu erkennen ist.

> **Beispiel 3: Vollstreckung in Grundstückszubehör**
> Die Finanzbehörde pfändet beim Landwirt L auf dessen Bauernhof einen Traktor. Eine Vollstreckung in das Grundstück, auf dem der Bauernhof steht, scheint dagegen aussichtslos, nachdem dieses bereits mit Sicherheiten belastet ist, die über den Verkehrswert des Grundstücks weit hinausgehen. Nach welchen Vorschriften richtet sich die Vollstreckung?
>
> **Lösung:** Nach § 322 Abs. 1 S. 2 AO i.V.m. § 865 ZPO unterliegen alle Gegenstände der Vollstreckung in das unbewegliche Vermögen, auf die sich eine Hypothek erstreckt. Die Hypothek erstreckt sich auf das Zubehör des Grundstücks (§ 1120 i.V.m. §§ 97 f. BGB). Zum Grundstückszubehör gehören alle beweglichen Sachen, die dem wirtschaftlichen Zweck des Grundstücks zu dienen bestimmt sind und zu dem Grundstück in einem dieser Bestimmung entsprechenden räumlichen Verhältnis stehen; zum Grundstückszubehör eines Bauernhofes gehören damit auch die im Eigentum des Grundstückseigentümers stehenden Maschinen, z.B. der Traktor. Der Traktor unterliegt damit den Vorschriften über die Vollstreckung in das unbewegliche Vermögen.

Die Vollstreckung in das unbewegliche Vermögen obliegt dem zuständigen Amtsgericht. Die Finanzbehörden haben dabei lediglich die erforderlichen Anträge zu stellen (§ 322 Abs. 3 AO). In Betracht kommen dabei Anträge auf

- **Eintragung einer Sicherungshypothek** gem. § 867 ZPO,
- **Zwangsversteigerung** nach § 15 Zwangsversteigerungsgesetz (ZVG) und
- **Zwangsverwaltung** nach § 146 ZVG.

Die Anträge werden regelmäßig einzeln, können aber auch nebeneinander gestellt werden (§ 866 ZPO). Die Zwangsversteigerung und Zwangsverwaltung soll die Vollstreckungsbehörde aufgrund der gravierenden Nachteile für den Vollstreckungsschuldner nur beantragen, wenn der Rückstand durch Vollstreckungsmaßnahmen in das bewegliche Vermögen nicht beigetrieben werden kann (§ 322 Abs. 4 AO, **Subsidiarität der Zwangsvollstreckung in das unbewegliche Vermögen**).

4 Vollstreckung wegen anderer Leistungen als Geldforderungen (§§ 328 ff. AO)

Ebenso wie Geldforderungen können auch VA, die auf Vornahme einer Leistung, d.h. auf Handlung oder auf Duldung oder Unterlassung gerichtet sind, mit Zwangsmitteln durchgesetzt werden (§ 328 Abs. 1 S. 1 AO). Zwangsmittel sind Beugemittel zur Erzwingung von Ansprüchen, die nicht auf Geldleistung gerichtet sind. Mit Zwangsmitteln durchgesetzt werden können z.B. Ansprüche des FA auf

- Abgabe der Steuererklärung (§ 149 AO i.V.m. den Einzelsteuergesetzen),
- Mitwirkungspflichten (z.B. Vorlage des Jahresabschlusses nach § 150 Abs. 4 AO),
- Auskunftspflichten nach §§ 90 ff. AO,
- Abgabe der Drittschuldnererklärung nach § 316 Abs. 2 AO und
- Unterlassen der geschäftsmäßigen Hilfeleistung in Steuersachen nach § 159 StBerG.

Unzulässig sind Zwangsmittel, soweit der StPfl. dadurch gezwungen würde, sich selbst wegen einer von ihm begangenen Steuerstraftat oder Steuerordnungswidrigkeit zu belasten (§ 393 Abs. 1 S. 2 AO, Ausfluss des Grundsatzes nemo tenetur se ipsum accusare[431]). Auch die eidesstattliche Versicherung nach § 95 Abs. 4 AO darf nicht mit Zwangsmitteln erzwungen werden.

Die AO sieht als Zwangsmittel das **Zwangsgeld** (§ 329 AO), die **Ersatzvornahme** (§ 330 AO) vor und für den Fall, dass Zwangsgeld und Ersatzvornahme nicht zum Ziel führen oder untunlich sind, den **unmittelbaren Zwang** (§ 331 AO). Bei der Auswahl der Zwangsmittel hat das FA den Verhältnismäßigkeitsgrundsatz zu wahren, d.h. es ist dasjenige Zwangsmittel zu bestimmen, dass den Verpflichteten am geringsten belastet (§ 328 Abs. 2 AO). Das **Zwangsgeld** kommt in Betracht bei Nichtbefolgung einer Anordnung, die die Finanzbehörde im Besteuerungsverfahren auf gesetzlicher Grundlage getroffen hat. Das einzelne Zwangsgeld darf 25.000 € nicht übersteigen (§ 329 AO). Allerdings kann das Zwangsgeld zur Erzwingung der Leistung notfalls wiederholt werden. **Häufiger Prüfungsgegenstand ist die Vorschrift des § 335 AO**: Wird die Verpflichtung nach Festsetzung des Zwangsmittels erfüllt, kann die Festsetzung des Zwangsgeldes bestehen bleiben, allerdings ist der Vollzug einzustellen, d.h. nach Erfüllung der geforderten Leistung muss der Verpflichtete nicht mehr zahlen.

Die **Ersatzvornahme** nach § 330 AO dient der Durchsetzung vertretbarer Leistungen, d.h. Handlungen, die nicht unbedingt vom Verpflichteten persönlich vorgenommen werden müssen. Unmittelbarer Zwang nach § 331 AO ist anzuwenden, wenn Zwangsgeld oder Ersatzvornahme nicht zum Ziel führen oder untunlich sind. Die in § 334 AO geregelte **Ersatzzwangshaft** ist in der Praxis der Finanzbehörden ohne Bedeutung.

> **Beispiel 4: Einsatz unmittelbaren Zwangs im Steuerrecht**
> Zwangsweiser Zutritt zur Wohnung des Vollstreckungsschuldners zur Vornahme von Vollstreckungsmaßnahmen. Erforderlich ist hierfür allerdings aufgrund Art. 13 GG ein richterlicher Durchsuchungsbeschluss. Zur Durchführung des unmittelbaren Zwangs darf sich das FA anderer Personen (z.B. Schlosser) und Behörden (u.a. Polizei) bedienen (§ 111 AO).

---

431 Sinngemäß: Niemand darf gezwungen werden, sich selbst anzuklagen. Ausführlich hierzu *Müller*, Kein Zwang zur Selbstbelastung im Steuerstrafverfahren, AO-StB 2008, 285.

Sämtliche Zwangsmittel müssen unter Fristsetzung regelmäßig zunächst schriftlich **angedroht** werden (§ 332 AO). Die Androhung muss sich auf ein bestimmtes Zwangsmittel beziehen, bei Androhung eines Zwangsgelds dessen betragsmäßige Höhe nennen (§ 332 Abs. 2 S. 2 und 3 AO, § 119 Abs. 1 AO). Eine pauschale Androhung von Zwangsmitteln zur Durchsetzung mehrerer einzelner Verpflichtungen ist nicht zulässig (§ 332 Abs. 2 S. 2 AO). Erst nach erfolglosem Verstreichen der Frist wird das Zwangsmittel in einem zweiten, separatem VA gem. § 333 AO festgesetzt.

5 Vollstreckungsmaßnahmen außerhalb der Abgabenordnung

Neben den Vollstreckungsmaßnahmen nach der AO hat die Finanzbehörde die Möglichkeit, durch nichtsteuerliche Verwaltungsmaßnahmen den Vollstreckungsschuldner unter Druck zu setzen bzw. das weitere Ansteigen der Steuerrückstände zu unterbinden (daher auch der Ausdruck **rückstandsunterbindende Maßnahmen**). Rückstandsunterbindende Maßnahmen sollen primär das Entstehen weiterer Steuerrückstände verhindern und dienen nur sekundär der Tilgung der Rückstände. In Betracht kommen insbesondere:

- Anregung der **Gewerbeuntersagung** bei der zuständigen Gewerbebehörde gem. § 35 GewO. Gewerberechtlich unzuverlässig ist, wer wiederholt seine Zahlungs- und Erklärungsverpflichtungen verletzt oder finanziell leistungsunfähig ist. Die Anregung des Gewerbeuntersagungsverfahrens ist nach § 30 Abs. 4 Nr. 5 AO nur bei Vorliegen eines zwingenden öffentlichen Interesses zulässig. Ein solches zwingendes öffentliches Interesse ist nur zu bejahen, wenn die steuerlichen Pflichten beharrlich verletzt werden (BFH vom 10.02.1987, BStBl II 1987, 545);
- Anregung **berufsrechtlicher Maßnahmen** bei Steuerberatern gem. § 10 StBerG;
- Anregung der **Zwangsabmeldung von Kraftfahrzeugen** nach § 14 KraftStG durch Einziehung des Kfz-Scheins und Entstempelung der Kennzeichen. Voraussetzung ist nach § 14 KraftStG, dass **Kraftfahrzeugsteuern** rückständig sind;
- Antrag auf **Zwangslöschung von Gesellschaften** im Handelsregister (HR) bei Vorliegen der handelsrechtlichen Voraussetzungen. So kann z.B. eine AG oder eine GmbH von Amts wegen im HR gelöscht werden, wenn sie vermögenslos ist (§ 141a Abs. 1 FGG);
- Antrag auf Eröffnung des **Insolvenzverfahrens** beim zuständigen Insolvenzgericht gem. § 13 InsO bei **Überschuldung** (§ 19 InsO), **Zahlungsunfähigkeit** (§ 17 InsO) oder **drohender Zahlungsunfähigkeit** (§ 18 InsO).[432] Gem. § 251 Abs. 2 S. 1 AO gehen die Vorschriften der InsO ab Eröffnung des Insolvenzverfahrens bis zu dessen Aufhebung den Vorschriften der AO vor, insb. sind Vollstreckungsmaßnahmen der Finanzbehörde unzulässig.[433] Das Steuerrecht wird ganz allgemein durch die Eröffnung des Insolvenzverfahrens vom Insolvenzrecht überlagert.

---

432 Vgl. zum Rechtsschutz Carlé, Einleitung des Insolvenzverfahrens durch die Finanzverwaltung – Effektiver Rechtsschutz in einer schwierigen Lage, AO-StB 2002, 428 ff.
433 Ausführlich Baum, Ansprüche aus dem Steuerschuldverhältnis im Insolvenzverfahren, NWB 2003, Fach 2, 8115.

6 Arrestverfahren (§§ 324 ff. AO)

6.1 Überblick

Das Arrestverfahren gem. § 324 ff. AO ist trotz seiner Regelung im sechsten Teil der AO (§§ 249 ff.) nicht dem Zwangsvollstreckungsverfahren zuzuordnen. Es handelt sich vielmehr um ein **Sicherungsverfahren eigener Art** zur Sicherung von Steueransprüchen in Fällen, in denen die Ansprüche **noch nicht vollstreckbar** sind. Nach § 254 Abs. 1 S. 1 AO darf die Vollstreckung grundsätzlich erst beginnen, wenn die Leistung fällig ist und der Schuldner zur Leistung aufgefordert worden ist. Da sich das Vermögen des Vollstreckungsschuldners bis zum Zeitpunkt der Vollstreckbarkeit der Ansprüche verringern kann, darf die Finanzbehörde unter engen Voraussetzungen zur Sicherung der Vollstreckung den persönlichen oder den dinglichen Arrest anordnen. Das Arrestverfahren hat nur **vorläufigen Charakter**: Es dient allein der Sicherung der künftigen Erhebung, nicht aber der Verwirklichung der Steueransprüche.

> **Beispiel 5: Dinglicher Arrest**
> Im Rahmen einer Steuerfahndungsprüfung stellt das FA fest, dass der Großhändler A Einnahmen in erheblichem Umfang »schwarz« kassiert hat; das Schwarzgeld ist in einem Wertpapierdepot bei einer inländischen Bank angelegt. Die Festsetzung der sich hieraus ergebenden Steueransprüche ist noch nicht erfolgt. Unmittelbar nach Abschluss der Fahndungsprüfung erfährt das FA, dass sich A in das Ausland absetzen möchte.
>
> **Lösung:** Die Steueransprüche der Finanzbehörde sind im vorliegenden Fall noch nicht festgesetzt. Die Einleitung von Vollstreckungsmaßnahmen scheidet daher nach § 249 Abs. 1 S. 1 AO aus. Allerdings kann die Finanzbehörde zur Sicherung der Steueransprüche, die sich aus der Festsetzung ergeben werden, einen Arrest in das Vermögen des A anordnen, da zu befürchten ist, dass die Beitreibung durch die Ausreise des A wesentlich erschwert wird (§ 324 Abs. 1 AO). Der Arrest schafft die Grundlage für sofortige Sicherungsmaßnahmen: hier kommt vor allem die Pfändung des Wertpapierdepots in Betracht. Neben der Pfändung der Forderungen bzgl. des Wertpapierdepots darf das FA nicht auch die Einziehung der Forderung verfügen, da im Arrestverfahren alle Maßnahmen unterlassen werden müssen, die über die Sicherung des Arrestanspruchs hinausgehen.

Das Arrestverfahren unterscheidet den **dinglichen Arrest**, der sich auf das bewegliche und unbewegliche Vermögen des Vollstreckungsschuldners richtet (§ 324 AO) und den **persönlichen Arrest**, der sich auf die Person des Vollstreckungsschuldners selbst richtet und zur vorläufigen Freiheitsentziehung führt (§ 326 AO). Die Anordnung des Arrest ist zulässig, wenn ein **Arrestgrund und ein Arrestanspruch** vorliegt (vgl. hierzu die ähnliche Terminologie bei den Voraussetzungen des einstweiligen Rechtsschutzes nach § 114 FGO: Anordnungsgrund und -anspruch).

6.2 Arrestanspruch

Das Arrestverfahren findet gem. § 324 Abs. 1 AO zur Sicherung der Vollstreckung von Geldforderungen statt, d.h. von Ansprüchen auf Steuern und steuerliche Nebenleistungen. Das FA muss in der Arrestanordnung glaubhaft machen, dass ein Steueranspruch in bestimmter

Höhe bereits entstanden ist, auch wenn die Forderung noch nicht zahlenmäßig feststeht oder wenn sie bedingt oder betagt ist (§ 324 Abs. 1 S. 2 AO). Besteht bereits ein vollstreckbarer Zahlungsanspruch, fehlt es an einem Arrestgrund, da die Finanzbehörde dann Vollstreckungsmaßnahmen nach §§ 249 ff. AO anordnen kann. Für die Arrestanordnung genügt für den Arrestanspruch, d.h. die zu sichernden Forderungen, eine hinreichende Wahrscheinlichkeit. Die Steuerforderungen müssen in der Arrestanordnung im Einzelnen (gegebenenfalls geschätzt) und getrennt nach Jahren aufgeführt werden. Werden die in der Arrestanordnung bezeichneten Ansprüche vollstreckbar, geht das Arrestverfahren in ein gewöhnliches Vollstreckungsverfahren über; die erlangten Sicherheiten bleiben dem FA dabei erhalten.

6.3 Arrestgrund

Nach § 324 Abs. 1 S. 1 AO ist der dingliche Arrest zulässig, wenn zu befürchten ist, dass sonst die Beitreibung vereitelt oder wesentlich erschwert wird (Arrestgrund). Der persönliche Arrest ist nach § 326 Abs. 1 AO zulässig, wenn dies erforderlich ist, um die Vollstreckung in das Vermögen des Vollstreckungsschuldners zu sichern. Der Arrestgrund ist also gegeben, wenn die Finanzbehörde bei Abwägung aller Umstände des Einzelfalles befürchten muss, dass ohne Arrest der Anspruch erheblich weniger vollständig oder erheblich erschwert verwirklicht werden kann (BFH vom 06.12.1962, HFR 1963, 220). Für die Annahme des Arrestgrundes genügt – wie auch beim Arrestanspruch – eine »hinreichende Wahrscheinlichkeit«. Dies ergibt sich aus dem Sicherungscharakter des Verfahrens und der damit verbundenen Eilbedürftigkeit der Entscheidung.[434]

Ein Arrestgrund liegt beispielsweise vor, wenn

- der Steuerschuldner Vermögen verschleudert oder auf nahe Angehörige überträgt (ständige Rspr. seit RFH vom 15.12.1921, RFHE 7, 341),
- der Steuerschuldner im Steuerermittlungsverfahren mit erheblicher krimineller Energie falsche Angaben macht (BFH vom 06.12.1962, HFR 1963, 222),
- eine spätere Vollstreckung im Ausland erforderlich wäre,
- der Steuerschuldner Geschäftsbücher beiseiteschafft und den Anschein erweckt, dass er auch die Beitreibung noch festzusetzender Steuern stören wird (RFH vom 08.04.1935, RStBl 1935, 694).

Der Verdacht einer Steuerhinterziehung allein rechtfertigt dagegen keinen Arrest (BFH vom 26.02.2001, BStBl II 2001, 464).

6.4 Anordnung und Vollziehung des Arrests

Die Anordnung des Arrests ist dem Arrestschuldner gem. § 324 Ab. 2 S. 1 AO förmlich zuzustellen (§ 122 Abs. 5 AO). Auf die Vollziehung finden nach § 324 Abs. 3 S. 4 die §§ 930 ff. ZPO Anwendung. In Betracht kommt ein Vollzug in das bewegliche Vermögen und Forderungen durch **Pfändung** (§ 930 ZPO) sowie bei unbeweglichen Vermögen ein Vollzug durch Eintragung einer sog. **Arresthypothek** in das Grundbuch (§ 932 ZPO, Voraussetzung ist ein

---

[434] BFH vom 26.02.2001, BStBl II 2001, 464; *Kühn/v. Wedelstädt*, § 324 AO Rz. 9 m.w.N.

entsprechender Antrag beim Amtsgericht). Die Vollziehung des Arrests muss nach § 324 Abs. 3 S. 1 AO innerhalb eines Monats nach dem Tag, an dem die Anordnung unterzeichnet worden ist, angeordnet und begonnen, nicht aber vollumfänglich durchgeführt sein. Andernfalls ist die Arrestanordnung nach Ablauf der Frist gem. § 325 AO aufzuheben. Die Finanzbehörde hat ferner in der Arrestanordnung einen Geldbetrag zu bestimmen (**Hinterlegungssumme**), bei dessen Hinterlegung die Vollziehung des Arrestes gehemmt und der vollzogene Arrest aufzuheben ist (§ 324 Abs. 1 S. 3 AO).

Der praktisch kaum relevante **persönliche Arrest** nach § 326 AO kommt nur als ultima ratio, d.h. als letztes Mittel in Betracht, wenn auch der dingliche Arrest nicht ausreicht, um die Sicherung der Steueransprüche zu gewährleisten (Grundsatz der Verhältnismäßigkeit). Die Vollziehung des persönlichen Arrests richtet sich nach §§ 904 ff. ZPO. Als Sicherungsmittel kommen neben der Haft auch mildere Beschränkungen der persönlichen Freiheit in Betracht, z.B. Hinterlegung des Reisepasses oder Meldepflicht bei der örtlichen Polizei. Für die Vollziehung des persönlichen Arrests ist das Amtsgericht zuständig (§§ 909, 933 ZPO).

Gegen die Anordnung des Arrests kann der Betroffene gem. § 347 Abs. 1 AO Einspruch oder gem. § 45 Abs. 4 FGO unmittelbar Klage einlegen.

7 Rechtsschutz im Vollstreckungsverfahren

7.1 Grundsatz

Der wichtigste Grundsatz für Einwendungen gegen die Vollstreckung ergibt sich aus § 256 AO: Einwendungen, die sich nicht gegen die Art und Weise der Ausführung der Zwangsvollstreckung (das »Wie« der Zwangsvollstreckung), sondern gegen den zu vollstreckenden VA richten (das »Ob« der Zwangsvollstreckung), sind **außerhalb des Vollstreckungsverfahrens** mit den hierfür zugelassenen Rechtsbehelfen zu verfolgen.

> **Beispiel 6: Der unbekannte Steuerbescheid**
> Der Gastwirt G verstößt über Jahre nachhaltig gegen seine Steuererklärungspflichten. Das FA erlässt für die jeweiligen VZ wiederholt Schätzungsbescheide, die G ungelesen in seiner »Schuhschachtelbuchführung« ablegt. Mahnungen und Vollstreckungsankündigungen der Vollstreckungsstelle bleiben ebenfalls unbeantwortet. Bei Erscheinen des Vollstreckungsbeamten führt G an, die festgesetzte Steuer könne keinesfalls richtig sein. Es handle sich eindeutig um eine »Mondschätzung«. Im Übrigen könne er sich bei einigen Steuern nicht erinnern, jemals einen entsprechenden Steuerbescheid erhalten zu haben. Insb. die Festsetzung der ESt 2007 habe er nie erhalten. Wird G mit seinen Einwendungen Erfolg haben?
>
> **Lösung:** Nach der Schilderung des Sachverhalts liegen die Voraussetzungen für den Beginn der Vollstreckung (§§ 251 und 254 AO) vor. Die Vollstreckung ist nur unter den Voraussetzungen des § 257 Abs. 1 AO einzustellen oder zu beschränken (dazu Kap. 7.2).
> Vorliegend macht G lediglich geltend, das der VA, aus dem vollstreckt wird, rechtswidrig ist bzw. er bestreitet die Bekanntgabe einzelner Bescheide. Derartige Einwendungen erfüllen nicht die Voraussetzungen des § 257 AO und sind gem. § 256 AO außerhalb des Vollstreckungsverfahrens mit den zulässigen Rechtsbehelfen zu verfolgen. G ist daher zu raten, gegen die Bescheide Einspruch einzulegen, soweit die Einspruchsfrist noch nicht abgelaufen ist, bzw. die Bekanntgabe

einzelner Bescheide substantiiert zu bestreiten. Beide Aspekte sind mit der Veranlagungsstelle des FA, nicht aber mit der Vollstreckungsstelle abzuklären.

7.2 Einschränkung und Beschränkung der Vollstreckung (§ 257 AO)

Nach § 257 AO ist die Vollstreckung von Amts wegen einzustellen oder zu beschränken, wenn

- die **Vollstreckungsvoraussetzungen** des § 251 Abs. 1 AO **weggefallen** sind: Dies ist insb. der Fall, wenn die Vollziehung des zu vollstreckenden VA nach § 361 AO bzw. § 69 FGO ausgesetzt wurde. Ein Antrag auf Aussetzung der Vollziehung stoppt die Vollstreckung noch nicht. Allerdings sind die Vollstreckungsbehörden gehalten, vor der Entscheidung über einen Antrag auf AdV Vollstreckungsmaßnahmen zu unterlassen (AEAO zu § 361 Nr. 3.1., Abschn. 5 Abs. 4 VollstrA)[435];
- der **VA**, aus dem vollstreckt wird, **aufgehoben** wird, z.B. im Wege der Korrektur nach den §§ 129, 172 ff. AO;
- der **Anspruch** auf Leistung **erloschen** ist (Erlöschensgründe sind nach § 47 AO Zahlung, Aufrechnung, Erlass oder Verjährung);
- die Leistung gem. § 222 AO **gestundet** worden ist.

In Fällen der Aussetzung der Vollziehung (§ 257 Abs. 1 Nr. 1 AO) sowie der Stundung (§ 257 Abs. 1 Nr. 4 AO) bleiben bereits getroffenen Vollstreckungsmaßnahmen weiterhin bestehen, soweit nicht ihrer Aufhebung ausdrücklich angeordnet wird (§ 257 Abs. 1 S. 3 AO).

7.3 Vollstreckungsaufschub (§ 258 AO)

Gem. § 258 AO kann (Ermessensentscheidung) die Vollstreckungsbehörde die Vollstreckung einstweilen einstellen oder beschränken, wenn sie im Einzelfall **unbillig** ist. Eine Unbilligkeit i.S.d. § 258 AO ist nur anzunehmen, wenn die Vollstreckung dem Vollstreckungsschuldner einen unangemessenen Nachteil bringen würde, der durch **kurzfristiges Zuwarten** oder durch eine andere Vollstreckungsmaßnahme vermieden werden kann.[436] Nachteile, die üblicherweise mit der Vollstreckung verbunden sind, begründen keine Unbilligkeit, beispielsweise die Beeinträchtigung der wirtschaftlichen Reputation oder die Einschränkung des gewohnten Lebensstandards. Nach § 258 AO kann die Vollstreckung nur »einstweilen«, d.h. **maximal sechs bis zwölf Monate** eingeschränkt werden (BFH vom 31.05.2005, BFH/NV 2005, 1743). Ist die Vollstreckung nicht nur vorübergehend, sondern **dauerhaft unbillig**, kommt nur ein Erlass nach § 227 AO in Betracht. In der Praxis der Vollstreckungsstellen ist es durchaus üblich, dass insolventen Vollstreckungsschuldnern über einen langen Zeitraum gegen monatliche Ratenzahlungen wiederholt Vollstreckungsaufschub gewährt wird, insb.

---

435 Die Finanzbehörde wird trotz eines gestellten Antrags auf AdV Vollstreckungsmaßnahmen einleiten, wenn der Antrag aussichtslos ist, offensichtlich nur ein Hinausschieben der Vollstreckung bezweckt oder Gefahr in Verzug besteht. Dieser Grundsatz gilt auch, wenn sich der Vollstreckungsschuldner im Wege einer Aufsichtsbeschwerde an eine vorgesetzte Dienstbehörde oder im Wege der Petition an das Parlament wendet.
436 Vgl. Abschn. 7 Abs. 2 VollstrA.

wenn offensichtlich ist, dass Vollstreckungsmaßnahmen nicht zweckmäßig sind. Diese Vorgehensweise ist von § 258 AO nicht gedeckt.[437]

Durch den Vollstreckungsaufschub wird die Fälligkeit des Steueranspruchs – im Gegensatz zur Stundung – nicht berührt (BFH vom 15.02.1979, BStBl II 1979, 429). Für den Zeitraum des Vollstreckungsaufschubs sind daher Säumniszuschläge nach § 240 AO zu erheben.[438]

7.4 Niederschlagung (§ 261 AO)

Steuerrückstände dürfen niedergeschlagen werden, wenn die Einziehung keinen Erfolg haben wird oder die Kosten der Einziehung außer Verhältnis zu dem Steuerrückstand stehen, § 261 AO. Die Niederschlagung ist keine Billigkeitsmaßnahme, sondern dient allein der **Arbeitserleichterung der Vollstreckungsstelle**. Es entspricht dem Grundsatz der Wirtschaftlichkeit der Verwaltung, dass die Vollstreckungsstelle in aussichtslosen Fällen die Beitreibung vorübergehend unterlässt. Die Niederschlagung ist kein VA i.S.d. § 118 AO (keine unmittelbare Rechtswirkung nach außen), sondern eine **verwaltungsinterne Maßnahme**. Sie wird dem Steuerschuldner i.d.R. nicht mitgeteilt und entfaltet keine Rechtswirkungen, insb. bewirkt sie nicht das Erlöschen des Anspruchs; die Niederschlagung wird dementsprechend auch nicht als Erlöschensgrund in § 47 AO erwähnt.

7.5 Einwendungen Dritter (§ 262 AO)

Die Vorschrift hat den Schutz Dritter zum Ziel, deren Rechte durch die Zwangsvollstreckung gegen den Vollstreckungsschuldner betroffen sind. Sie regelt, in welchen Fällen und in welcher Form der Dritte Einwendungen gegen die Vollstreckung erheben kann.

> **Beispiel 7: Pfändung schuldnerfremder Sachen**
> Die Finanzbehörde pfändet einen Pkw des Leasingnehmers, da dieser Gewahrsamsinhaber i.S.d. § 286 Abs. 1 AO ist. Vor der Verwertung macht der Leasinggeber sein Eigentum an dem Fahrzeug geltend.

Ein Dritter kann insb. einwenden, dass ihm am Gegenstand der Vollstreckung ein die Veräußerung hinderndes Recht zusteht.[439] Dazu gehört beispielsweise fremdes Eigentum wie im Beispielsfall, aber auch Miteigentum, ein bestehender Eigentumsvorbehalt oder Sicherungseigentum. Die in § 262 AO weiter angesprochenen Einwendungen nach §§ 772–774 ZPO betreffen die Widerspruchsklage bei einem relativen Veräußerungsverbot nach § 772 ZPO i.V.m. §§ 135 f. BGB, die Widerspruchsklage des Nacherben (§§ 2100 ff. BGB) nach

---

437 Werden vom Vollstreckungsschuldner **Ratenzahlungen** angeboten und muss aufgrund des bisherigen Verhaltens des Vollstreckungsschuldners davon ausgegangen werden, dass er die Zusage nicht einhalten wird, scheidet die Gewährung von Vollstreckungsaufschub auch dann aus, wenn die Vollstreckung unbillig ist und nach den angebotenen Raten eine Tilgung in absehbarer Zeit versprochen wird (BFH vom 24.09.1991, BFH/NV 1992, 503).
438 Allerdings sind bei Zahlungsunfähigkeit oder Überschuldung die Säumniszuschläge gem. § 227 AO zur Hälfte zu erlassen (sog. Hälfteerlass), so dass der Vollstreckungsschuldner im Ergebnis ebenso belastet wird wie im Falle einer Stundung (0,5 % Zinsen monatlich).
439 Die Norm ist somit § 771 ZPO ähnlich.

§ 773 ZPO sowie die Widerspruchsklage des Ehegatten bei ehelicher Gütergemeinschaft (§ 774 ZPO).

Der Widerspruch nach § 262 ZPO ist zunächst beim FA zu erheben und im Falle der Ablehnung im Wege der sog. **Drittwiderspruchsklage** vor dem zuständigen Zivilgericht weiter zu verfolgen (§ 262 Abs. 3 AO). Als vorläufiger Rechtsschutz kommt ein Antrag auf Erlass einer einstweiligen Anordnung gem. § 769 ZPO in Betracht.

7.6 Aufteilung einer Gesamtschuld (§§ 268 ff. AO)

Personen, die nebeneinander dieselbe Leistung aus dem Steuerschuldverhältnis schulden, sind Gesamtschuldner (§ 44 Abs. 1 S. 1 AO). Grundsätzlich kann die Finanzbehörde jeden Gesamtschuldner auf die gesamte Leistung in Anspruch nehmen (§ 44 Abs. 1 S. 2 AO). Geht die Gesamtschuldnerschaft auf eine Zusammenveranlagung der ESt zurück, können gem. § 268 AO beide Gesamtschuldner eine Aufteilung der Gesamtschuld beantragen und die Vollstreckung damit auf den Betrag beschränken, der sich aus der Aufteilung nach den §§ 269 ff. AO ergibt. Selbst wenn einer der beiden Ehegatten zwischenzeitlich verstorben ist, bleibt der Antrag auf Aufteilung zulässig (BFH vom 17.01.2008, BStBl II 2008, 418).[440] Die §§ 268 ff. AO eröffnen zusammenveranlagten Ehegatten als Gesamtschuldnern der ESt die Möglichkeit, den Gesamtschuldbetrag aufzuteilen, um auf diese Weise die Vollstreckung gegen den einzelnen Ehegatten auf den entsprechenden Anteil an der Gesamtschuld zu beschränken (§§ 270, 278 Abs. 1 AO). Der Gesamtschuldner wird damit im Vollstreckungsverfahren so gestellt, als sei er nur noch **Teilschuldner** (BFH vom 07.03.2006 BStBl II 2007, 594). In dieser Entscheidung hat der BFH allerdings auch bestätigt, dass gegen den Mittäter oder Teilnehmer einer Steuerhinterziehung ein Haftungsbescheid gem. § 71 AO selbst dann ergehen kann, wenn wegen Aufteilung der Steuerschuld nach § 268 ff. AO gegen diesen nicht als Steuerschuldner vollstreckt werden kann. Die Steuerschuldnerschaft besteht eben auch nach der Aufteilung gem. § 268 ff. AO formal auch insoweit weiter, als der aufgeteilte Steuerbetrag auf andere Gesamtschuldner entfällt.

Nach der Aufteilung darf die Vollstreckung nur nach Maßgabe der auf die einzelnen Teilschuldner entfallenden Beträge durchgeführt werden (§ 278 Abs. 1 AO). Die Aufteilung erstreckt sich gem. § 276 Abs. 4 AO auch auf die Nebenleistungen. Wechseln zusammenveranlagte Ehegatten nach Aufteilung der Gesamtschuld und Einleitung der Vollstreckung nach § 278 Abs. 2 AO zur getrennten Veranlagung, berührt dies den zu vollstreckenden Anspruch grds. nicht (BFH vom 18.12.2001, BStBl II 2002, 214). Daher sind weder der auf § 278 Abs. 2 AO beruhende Duldungsbescheid noch die darauf gestützten Vollstreckungsmaßnahmen aufzuheben.

Die Aufteilung selbst erfolgt nach dem Verhältnis, das sich bei getrennter Veranlagung der Ehegatten ergeben würde (§ 270 AO). Solange über den Antrag auf Aufteilung nicht entschieden ist, dürfen Vollstreckungsmaßnahmen nur zur Sicherung des Steueranspruchs durchgeführt werden (§ 277 AO). Eine ausführliche Übersicht über die Voraussetzungen

---

440 Eine Haftungsbeschränkung kann der Erbe dabei auch durch die Erhebung der Einrede der Dürftigkeit nach § 1990 Abs. 1 BGB erreichen. Danach kann der Erbe die Befriedigung eines Nachlassgläubigers insoweit verweigern, als der Nachlass hierzu nicht ausreicht.

und Wirkungen eines Aufteilungsantrags enthält die Verfügung der OFD Frankfurt am Main vom 02.01.2002 (= Nr. 800, § 268/1).

7.7 Allgemeine Rechtsbehelfe im Vollstreckungsverfahren

§ 257 AO zählt die Einwendungen gegen die Vollstreckung nicht abschließend auf. Der Vollstreckungsschuldner kann auch im Einspruchsverfahren gegen die einzelne Vollstreckungsmaßnahme geltend machen, dass Art und Weise der Vollstreckung rechtswidrig ist. Der Rechtsbehelf des Einspruchs ist allerdings nur gegeben, wenn die angegriffene Maßnahme einen VA darstellt (§ 347 Abs. 1 Nr. 1 AO i.V.m. § 118 AO).

8 Kosten der Vollstreckung (§§ 337 ff. AO)

Die Kosten der Vollstreckung, d.h. Gebühren und Auslagen, fallen gem. § 337 Abs. 1 AO dem Vollstreckungsschuldner zur Last. Einzelheiten ergeben sich aus den §§ 338 ff. AO. Kosten, die bei richtiger Behandlung der Sache nicht entstanden wären, sind gem. § 346 AO nicht zu erheben. Von einer unrichtigen Sachbehandlung ist dann auszugehen, wenn sich die Vollstreckungsmaßnahme unter Berücksichtigung der besonderen Umstände des jeweiligen Einzelfalles im Zeitpunkt ihrer Vornahme durch das FA dadurch als offensichtlich fehlerhaft erweist, dass die rechtlichen Voraussetzungen für ihre Durchführung nicht vorliegen oder dass die Grenzen des Ermessens deutlich überschritten worden sind (BFH vom 27.10.2004, BStBl II 2005, 198).

XI Die Außenprüfung (§§ 193 ff. AO)

1 Bedeutung und Definition

Die in den §§ 193 ff. AO gesetzlich geregelte Außenprüfung, die früher als Betriebsprüfung bezeichnet wurde, ist das wichtigste Instrument des FA zur Erfassung der steuerlich erheblichen Sachverhalte. Die Außenprüfung ermöglicht der Finanzverwaltung auch die effektivste Kontrolle der Steuerfälle. Veranlagungen sollen dadurch – zu Gunsten wie zu Ungunsten des StPfl. (§ 199 Abs. 1 AO) – abschließend überprüft werden. Deshalb kommt Steuerbescheiden, die aufgrund einer Außenprüfung ergangen sind, **erhöhte Bestandskraft** zu (vgl. § 173 Abs. 2 AO). Nach Abschluss der Außenprüfung ist der Vorbehalt der Nachprüfung aufzuheben (§ 164 Abs. 3 S. 3 AO[441]). Daneben aber hat die Außenprüfung generalpräventive Wirkung. Potenzielle Steuerhinterzieher sollen durch die jederzeit mögliche Überprüfung zur Steuerehrlichkeit angehalten werden. Die Außenprüfung leistet somit einen erheblichen Beitrag zur Steuergerechtigkeit.

Neben der eigentlichen, in §§ 193 ff. AO geregelten Betriebsprüfung zählen auch die LSt-Außenprüfung und USt-Sonderprüfung zur Außenprüfung. Die sog. betriebsnahe Veranlagung ist eine abgekürzte Außenprüfung, soweit sie aufgrund einer Prüfungsanordnung erfolgt (vgl. AEAO zu § 85 Nr. 3). Dagegen gehört die betriebsnahe Veranlagung zum allgemeinen Steuerfestsetzungsverfahren, wenn sie ohne Prüfungsanordnung mit Einverständnis des StPfl. an Ort und Stelle durchgeführt wird; Rechtsgrundlage sind dann §§ 85, 88 und 90 ff. AO. Folgerichtig bewirkt eine betriebsnahe Veranlagung auch keine Ablaufhemmung nach § 171 Abs. 4 AO.[442] Die §§ 193 ff. AO gelten auch nicht für die Steuerfahndungsprüfung. Ebenfalls **keine Außenprüfung** ist die **Umsatzsteuer-Nachschau** (§ 27b UStG) als besonderes Verfahren zur zeitnahen Aufklärung möglicher umsatzsteuererheblicher Sachverhalte (AEAO zu § 193, Nr. 6 S. 4) und die durch das JStG 2013 in § 42g EStG eingeführte Lohnsteuer-Nachschau.

Für Steuernachforderungen aufgrund einer Außenprüfung gibt es keine besonderen Berichtigungsvorschriften. Die Korrektur ist damit nur unter den Voraussetzungen des § 129 und der §§ 172 bis 177 AO (Hauptfall: neue Tatsachen und Beweismittel gem. § 173 AO) zulässig, bzw. wenn die Steuerfestsetzung unter dem Vorbehalt der Nachprüfung (§ 164 AO) oder ausdrücklich vorläufig ergangen ist (§ 165 AO). Eine Außenprüfung kann jedoch nicht nur dann durchgeführt werden, wenn die Steuerbescheide – was bei einer beabsichtigten Außenprüfung häufig der Fall ist – unter dem Vorbehalt der Nachprüfung ergangen sind. Auch bei endgültigen Steuerbescheiden bzw. nach Aufhebung des Vorbehalts der Nachprüfung (§ 164 Abs. 3 S. 1 AO) ist die Prüfung »vor Ort« möglich (BFH vom 23.01.2002, BFH/NV 2002, 622). In diesen Fällen kann allerdings nicht jeder durch die Außenprüfung festgestellte steuererhebliche Sachverhalt zu einer Änderung der Steuerbescheide führen.

---

[441] Entgegen dem Wortlaut gilt dies nach h.M. (*Tipke/Kruse*, § 164, Rz. 23) auch, wenn sich Änderungen aufgrund der Außenprüfung ergeben.
[442] Vgl. zu den Einzelheiten Kap. V 5.2.4.5.

Bei einer vorbehaltslosen Veranlagung kommt die Änderung nur bei Vorliegen der Voraussetzungen einer der Änderungsvorschriften der §§ 172 ff. AO in Betracht.

Steuerbescheide, die aufgrund einer Außenprüfung ergangen sind, unterliegen – zu Gunsten wie zu Ungunsten des StPfl. – der **Änderungssperre** des § 173 Abs. 2 AO. Auch die Mitteilung an den StPfl., dass sich die Besteuerungsgrundlagen aufgrund der Außenprüfung nicht ändern, bewirkt die Änderungssperre. Eine Ausnahme gilt zu Gunsten des FA nur für die Fälle der Steuerhinterziehung und der leichtfertigen Steuerverkürzung, da das Vertrauen des StPfl. in die Bestandskraft des Steuerbescheides in diesen Fällen nicht schutzwürdig ist. Die Änderungssperre bezieht sich jedoch nur auf die Änderungen nach § 173 Abs. 1 AO. Wird nach abgeschlossener Außenprüfung der Nachprüfungsvorbehalt – zu Recht oder zu Unrecht – nicht aufgehoben, kann das FA den Steuerbescheid weiterhin nach § 164 Abs. 2 AO uneingeschränkt ändern (BFH vom 29.04.1987, BStBl II 1988, 168). Auch ist die Berichtigung eines nach einer Außenprüfung ergangenen Änderungsbescheids nach § 129 AO zulässig, wenn das FA eine offenbare Unrichtigkeit des vorausgegangenen Bescheids übernommen hat (BFH vom 10.09.1987, BStBl II 1987, 834). Zudem wirkt die Änderungssperre nur im Umfang der durchgeführten Außenprüfung, der sich nach der Prüfungsanordnung bestimmt.

Nach § 171 Abs. 4 AO wird der **Ablauf der Festsetzungsfrist** gehemmt, wenn das FA innerhalb der Festsetzungsfrist mit einer Außenprüfung beginnt oder deren Beginn auf Antrag des StPfl. hinausschiebt. Die Ablaufhemmung erstreckt sich aber auch hier nur auf die Steuern und Besteuerungszeiträume, die in der Prüfungsanordnung **aufgezählt** sind und vom Prüfer auch **tatsächlich** – jedenfalls stichprobenartig – **geprüft** werden (BFH vom 29.06.2004, BFH/NV 2004, 1510 m.w.N.). Ergänzende Vorschriften für die Außenprüfung finden sich in der Betriebsprüfungsordnung (BpO 2000 vom 15.03.2000, BStBl I 2000, 368 (= Nr. 800, § 193/1)). Ein grundlegender Überblick über die in der BpO enthaltenen Regelungen ist sowohl für die schriftliche als auch mündliche Steuerberaterprüfung dringend zu empfehlen.

2 Zulässigkeit der Außenprüfung

Mit der Außenprüfung darf das FA »nicht ins Blaue hinein« ermitteln. Eine Außenprüfung nach Ablauf der Festsetzungsfrist (§ 169 Abs. 1 S. 1 AO) ist deshalb generell unzulässig. Da aber Steuerhinterziehung (§ 370 AO) und Steuerverkürzung (§ 378 AO) die Festsetzungsfrist gem. § 169 Abs. 2 S. 2 AO verlängern, ist nach BFH vom 15.05.2007 (BFH/NV 2007, 1624) eine Außenprüfung nach Ablauf der regulären Festsetzungsfrist zulässig, wenn festgestellt werden soll, ob Steuern hinterzogen oder leichtfertig verkürzt wurden.

Die Anordnung einer Außenprüfung steht im **Ermessen** des FA (§ 5 AO). Eine fehlerhafte Ausübung des Ermessens kann etwa vorliegen, wenn sich das FA im Einzelfall von sachfremden Erwägungen leiten lässt und der Zweck der Prüfung der steuerlichen Verhältnisse in den Hintergrund tritt; sich die Prüfung also als reine Schikane und damit einen Verstoß gegen das Willkürverbot darstellt (BFH vom 28.09.2011, BStBl II 2012, 395). Das FA muss entscheiden, ob und in welchem Turnus sie eine Außenprüfung durchführt (sog. Entschließungsermessen) und wer geprüft werden soll (sog. Auswahlermessen). § 193 Abs. 1 AO hält jedoch StPfl. mit **Gewinneinkünften** und die sog. Einkommensmillionäre gem. § 147a AO (Summe der Überschusseinkünfte mehr als 500.000 € im VZ) generell für prüfungsbedürftig. Deshalb genügt hier zur Begründung der Prüfungsanordnung (§ 121 Abs. 1 AO) regelmäßig die Bezugnahme auf § 193 Abs. 1 AO. Dies gilt selbst für die Prüfung von Kleinstbetrieben (BFH vom 17.12.2002, BFH/NV 2003, 296). Eine Außenprüfung ist grundsätzlich auch dann nicht ermessensfehlerhaft, wenn sie sich auf Zeiträume erstreckt, für die Steuerfestsetzungen möglicherweise wegen Verjährung nicht mehr durchgeführt werden können (BFH vom 28.09.2011, BStBl II 2012, 395).

Eine auf § 193 Abs. 1 AO gestützte Prüfung ist nicht nur auf die betrieblichen Verhältnisse beschränkt. Vielmehr können die gesamten steuerlichen Verhältnisse (z.B. Überschusseinkünfte, Sonderausgaben) des in der Prüfungsanordnung genannten StPfl. überprüft werden. Andere StPfl. können hingegen nur unter den Voraussetzungen des § 193 Abs. 2 Nr. 2 AO geprüft werden. Aus der Prüfungsanordnung muss sich in diesen Fällen ergeben, warum »die für die Besteuerung maßgebenden Verhältnisse der Aufklärung bedürfen und warum eine Prüfung an Amtsstelle nicht zweckmäßig ist« (vgl. § 193 Abs. 1 und 2 AO). Das für eine Außenprüfung nach § 193 Abs. 2 Nr. 2 AO erforderliche Aufklärungsbedürfnis liegt jedenfalls dann vor, wenn dem StPfl. im Prüfungszeitraum aufgrund hoher Einkünfte erhebliche Beträge zu Anlagezwecken zur Verfügung standen und der StPfl. nur Kapitaleinkünfte in geringer Höhe erklärt sowie keine substantiierten und nachprüfbaren Angaben zur Verwendung der verfügbaren Geldmittel gemacht hat (BFH vom 26.07.2007, BStBl II 2009, 338). Die für eine Prüfungsanordnung erforderliche Begründung der Ermessensentscheidung kann noch im Einspruchsverfahren ergänzt werden, vgl. § 126 Abs. 1 Nr. 2 und Abs. 2 AO (BFH vom 28.09.2011, BStBl II 2012, 395).

Beispiel 1: Prüfung bei Ehegatten
M und F werden zusammen zur ESt veranlagt. M erzielt Einkünfte aus Gewerbebetrieb, F solche aus Vermietung und Verpachtung. Das FA will eine Außenprüfung durchführen und stützt die Prüfungsanordnung auf § 193 Abs. 1 und § 193 Abs. 2 Nr. 2 AO.

Lösung: Während bei M die Bezugnahme auf § 193 Abs. 1 AO ausreicht, genügt bei F die Angabe von § 193 Abs. 2 Nr. 2 AO zur Begründung der Prüfungsanordnung nicht aus. Auch bei Ehegatten müssen bei jedem gesondert die Voraussetzungen für die Durchführung einer Außenprüfung vorliegen. Das FA hätte bei F deshalb darlegen müssen, aus welchen Gründen auch ihre steuerlichen Verhältnisse überprüft werden sollen. Dies kann aber noch im Einspruchsverfahren gegen die Prüfungsanordnung nachgeholt werden (§ 126 Abs. 1 Nr. 2 und Abs. 2 AO).

Angesichts der angespannten personellen Situation in der Finanzverwaltung können keinesfalls alle in Betracht kommenden StPfl. geprüft werden. Dennoch gibt die AO selbst nicht vor, nach welchen Grundsätzen die Auswahl zu erfolgen hat. Die Finanzverwaltung hat dies in der BpO geregelt. StPfl. mit Gewinneinkünften werden danach in vier **Größenklassen** (§ 3 BpO) eingeordnet.[443] An diesen Größenklassen orientiert sich die Prüfungshäufigkeit. Sog. Großbetriebe »sollen« nach § 4 Abs. 2 BpO lückenlos[444] geprüft werden, weil bei ihnen erfahrungsgemäß die steuerlich erheblichen Verhältnisse so umfangreich und schwierig zu

---

443 Die Festlegung der Größenklassenmerkmale ab 01.01.2013 erfolgte durch BMF vom 22.06.2012, BStBl I 2012, 689 (= Nr. 800, § 193/4); das Verzeichnis der Wirtschaftszweige/Gewerbekennzahlen ist abgedruckt in BStBl I 2012, 492.
444 Der BFH hat mit Urteil vom 07.02.2002 (BStBl II 2002, 269) entschieden, dass die Anordnung von Anschlussprüfungen bei Großbetrieben auch dann nicht gegen das Gleichheitsgebot von Art. 3 GG verstößt, wenn für die einzelnen Betriebe (im Urteilsfall: L + F-Betrieb) einkunftsabhängige Besonderheiten gelten.

überschauen sind, dass der Innendienst sie allein nicht wirksam kontrollieren kann. Bei anderen Betrieben erfolgt die Prüfung hingegen nur mit gewissen zeitlichen Abständen. Doch gelten hierfür keine festen Regeln. Im Einzelfall ist auch bei Klein- oder Mittelbetrieben eine Anschlussprüfung zulässig (vgl. BFH vom 16.02.2011, AO-StB 2011, 137).

Von den sog. Routineprüfungen unterscheidet die Praxis die Anlassprüfung. Nach der Rspr. (BFH vom 17.05.2005, BFH/NV 2005, 1967) genügt grundsätzlich auch bei Anlassprüfungen der Hinweis auf § 193 Abs. 1 AO zur Begründung der Prüfungsanordnung. Ausnahmsweise muss eine Anlassprüfung begründet werden, wenn dies zum Verständnis der Prüfungsanordnung wegen besonderer Umstände oder nach der Art der angeordneten Maßnahme erforderlich ist (BFH vom 12.08.2002, BFH/NV 2003, 3).

In einer viel beachteten Entscheidung hat der BFH im Urteil vom 08.04.2008 (BStBl II 2009, 579) die Außenprüfung gegen einen StB (WP/Rechtsbeistand) für stets zulässig erachtet. Weder die berufliche Verschwiegenheitspflicht noch die (spätere) tatsächliche Durchführung der Außenprüfung stellen die Rechtmäßigkeit der Prüfungsanordnung in Frage.

3   Die Prüfungsanordnung

Den Umfang der Außenprüfung (§ 194 AO) muss das FA in der Prüfungsanordnung (§ 196 AO und § 5 BpO) in sachlicher, persönlicher und zeitlicher Hinsicht konkretisieren und begrenzen. Durch diese Konkretisierung wird auch der Rahmen beschrieben, innerhalb dessen der StPfl. an der Feststellung der steuerrelevanten Sachverhalte mitwirken muss. Die allgemeine Mitwirkungspflicht (normiert in § 90 AO) wird für eine Außenprüfung durch § 200 AO näher beschrieben: Der StPfl. hat insb. Auskünfte zu erteilen, Aufzeichnungen, Bücher und andere Urkunden zur Einsicht und Prüfung vorzulegen und beim Datenzugriff nach § 147 Abs. 6 AO mitzuwirken. Verstößt er gegen diese Mitwirkungspflichten, kann das FA hierauf – neben den üblichen Zwangsmitteln – neuerdings auch ein Verzögerungsgeld nach § 146 Abs. 2b AO festsetzen.[445]

In der Prüfungsanordnung werden auch Zeitpunkt und Ort der Prüfung schriftlich festgelegt. Die Prüfungsanordnung muss in den Fällen des § 193 Abs. 2 Nr. 2 AO **begründet** und immer mit einer Rechtsbehelfsbelehrung (§ 356 AO) versehen werden. Dem StPfl. ist sie angemessene Zeit vor Beginn der Prüfung (ca. 14 Tage) bekannt zu geben. Die Bestimmung des Prüfungsbeginns und des Prüfungsorts sind **selbständig anfechtbare Verwaltungsakte** i.S.d. § 118 AO, die äußerlich regelmäßig mit der eigentlichen Prüfungsanordnung verbunden sind (BFH vom 19.06.2007, BStBl II 2008, 7). Ein Einspruch gegen die Prüfungsanordnung entfaltet gem. § 361 Abs. 1 AO keine aufschiebende Wirkung; vorläufiger Rechtsschutz kann daher nur durch einen Antrag auf Aussetzung der Vollziehung beim Finanzamt nach § 361 AO, ggf. auch beim Finanzgericht nach § 69 FGO, erreicht werden (AEAO zu § 196 Nr. 1). Bei Beauftragung mit einer Außenprüfung (§ 195 S. 2 AO, sog. Auftragsprüfung) hat das beauftragte Finanzamt über den gegen die Prüfungsanordnung gerichteten Einspruch zu entscheiden, wenn auch die Prüfungsanordnung von ihm – und nicht vom beauftragenden Finanzamt – erlassen wurde (BFH vom 18.11.2008, BStBl II 2009, 507).

---

445 Ein Verzögerungsgeld kann insb. dann verhängt werden, wenn ein StPfl. einer Aufforderung des FA zur Erteilung von Auskünften oder zur Vorlage angeforderter Unterlagen i.S.d. § 200 Abs. 1 AO im Rahmen einer Außenprüfung nicht nachkommt (BFH vom 16.06.2011, BStBl II 2011, 855).

3.1 Sachlicher Umfang der Prüfung

Bei StPfl. mit Gewinneinkünften erlaubt die allein auf § 193 Abs. 1 AO gestützte Prüfungsanordnung nicht nur die Prüfung der betrieblich relevanten Steuerarten. Die Prüfung kann sich vielmehr auch auf nichtbetriebliche Verhältnisse erstrecken. Deshalb können z.B. auch die Einkünfte aus Kapitalvermögen oder das Vorliegen der Voraussetzungen für die Inanspruchnahme der Eigenheimzulage im Rahmen der Außenprüfung geprüft werden. Die auf § 193 Abs. 1 AO gestützte Außenprüfung **umfasst damit den ganzen Steuerfall**, wobei natürlich Prüfungsschwerpunkte gebildet werden können.

3.2 Persönlicher Umfang der Prüfung

Die Außenprüfung darf sich grundsätzlich nur auf die steuerlichen Verhältnisse des in der Prüfungsanordnung bezeichneten StPfl. erstrecken. Auch die Prüfung der steuerlichen Verhältnisse beider **Ehegatten** ist deshalb nur dann zulässig, wenn zum einen die Voraussetzungen des § 193 AO hinsichtlich beider vorliegen und zudem die Prüfungsanordnung gegen beide ergeht.

> **Beispiel 2: Die Außenprüfung bei einer OHG**
> Bei der A-B-C-OHG wird eine Außenprüfung durchgeführt, die auf § 193 Abs. 1 AO gestützt ist. Bei der Überprüfung des Sonderbetriebsvermögens von A wird erstmals ein Grundstück erfasst, das der OHG zur Nutzung überlassen war (bisherige Behandlung: V+V-Einkünfte). Bei dem Gesellschafter B führt die Überprüfung der Kapitalkonten in den OHG-Bilanzen dazu, dass seine Kapitaleinkünfte nachversteuert werden, da die hohen Gewinnentnahmen auf privaten Konten deponiert wurden.

Soweit die Außenprüfung bei einer **PersG** durchgeführt wird, ist nach § 194 Abs. 1 S. 3 AO auch die Prüfung der Verhältnisse der Gesellschafter zulässig, soweit sie für die einheitliche Feststellung von Bedeutung sind (z.B. Entnahmen, Einlagen, Sonderbetriebsausgaben). Das FA muss in den Fällen des § 194 Abs. 1 S. 3 AO keine eigene Prüfungsanordnung gegen die Gesellschafter erlassen. Anders ist hingegen der Fall zu beurteilen, wenn auch die Einkünfte geprüft werden sollen, die der Gesellschafter außerhalb der Gesellschaft erzielt. Diese Prüfung ist nur zulässig, wenn das FA eine gesonderte Prüfungsanordnung gegen den/die Gesellschafter erlässt oder die Gesellschafter von vornherein in die Prüfungsanordnung der Gesellschaft aufnimmt (vgl. § 194 Abs. 2 AO und § 5 Abs. 6 BpO). Die Prüfungsanordnung muss in diesen Fällen den davon betroffenen Gesellschaftern bekannt gegeben werden (§ 197 Abs. 1 S. 3 AO). Anstatt auf § 194 Abs. 2 AO kann das FA die Prüfungsanordnung gegen die Gesellschafter aber auch auf § 193 Abs. 2 Nr. 2 AO stützen.

> **Lösung:** Die Prüfungsfeststellungen zum Sonder-BV des A erfolgten korrekt im Rahmen des § 194 Abs. 1 S. 3 AO.
> Anders sieht es mit der Nachversteuerung der Kapitaleinkünfte des B aus, wenn über die Nachprüfung der Bewegungen auf den Kapitalkonten des B bei der OHG hinaus auch die Besteuerungsgrundlagen des § 20 EStG in eine Außenprüfung (z.B. durch Bankanfragen) einbezogen wurden. Insoweit ist die Prüfungsmaßnahme nicht von § 194 Abs. 1 S. 3 AO gedeckt. Es hätte

hierzu einer auf § 194 Abs. 2 AO (oder § 193 Abs. 2 S. 2 AO) gestützten neuen Prüfungsanordnung bedurft.[446]

Bei der **Lohnsteueraußenprüfung** (§ 194 Abs. 1 S. 4 AO) werden ausschließlich die steuerlichen Verhältnisse der Arbeitnehmer, also Dritter, geprüft.

3.3 Zeitlicher Umfang der Prüfung

Nach § 194 Abs. 1 S. 2 AO kann sich der Prüfungszeitraum auf mehrere Besteuerungszeiträume erstrecken. In der BpO hat die Verwaltung dieses Ermessen jedoch eingeengt: Bei Großbetrieben soll sich der Prüfungszeitraum an den vorherigen anschließen (§ 4 Abs. 2 BpO; so auch der BFH vom 07.02.2002, BStBl II 2002, 269). Bei anderen Betrieben soll er hingegen i.d.R. **nicht mehr als drei zusammenhängende Besteuerungszeiträume** umfassen (§ 4 Abs. 3 S. 1 BpO). Obgleich die BpO eine innerdienstliche Anweisung ist, kommt dieser Regelung über Art. 3 Abs. 1 GG im Rahmen der Selbstbindung der Verwaltung auch Außenwirkung zu. Allerdings kann der Prüfungszeitraum – mit entsprechender substantiierter Begründung – erweitert werden, wenn mit nicht unerheblichen Änderungen zu rechnen ist oder der Verdacht einer Steuerstraftat besteht (§ 4 Abs. 3 S. 2 BpO); die Frage, wann eine Steuerforderung nicht unerheblich ist, ist nach Lage des Einzelfalls zu entscheiden, wobei bei einem Mittelbetrieb ein Betrag von etwa 1.500 € je VZ als Richtschnur gilt (FG München vom 02.03.2011, AO-StB 2012, 156). Die vom FA zu treffende Ermessensentscheidung erfordert lediglich eine Prognose, nicht die endgültige und umfassende Aufklärung, ob Mehrsteuern tatsächlich anfallen (BFH vom 02.09.2008, BFH/NV 2009, 3). Im Erweiterungszeitraum muss die Außenprüfung nicht auf bestimmte Sachverhalte beschränkt werden.

Liegen die Voraussetzungen für die Erweiterung des Prüfungszeitraums nicht vor und prüft das FA dennoch mehr als drei Jahre, liegt darin ein Verstoß gegen den Gleichheitsgrundsatz und damit ein Ermessensfehler, der auch von den Gerichten zu beachten ist.

§ 4 BpO begrenzt den Prüfungszeitraum nur für die Vergangenheit. Nach der Bekanntgabe der Prüfungsanordnung eingereichte Steuererklärungen können immer in die Prüfung einbezogen werden.

Sind **Verlustvorträge** zu prüfen, kann die Außenprüfung auch auf verjährte Jahre vor dem regulären Prüfungszeitraum ausgedehnt werden. Zudem kann eine Außenprüfung nach § 193 Abs. 2 Nr. 2 AO mehr als drei Besteuerungszeiträume umfassen. § 4 Abs. 3 BpO ist auf solche Außenprüfungen nicht anwendbar (BFH vom 18.10.1994, BStBl II 1995, 291).

3.4 Begründungs- und weitere Verfahrensmängel

Enthält die Prüfungsanordnung (z.B. in den Fällen des § 193 Abs. 2 S. 2 AO) keine Begründung, so kann dieser Mangel in der Einspruchsentscheidung nachgeholt werden (BFH vom 02.09.2008, BFH/NV 2009, 3). Irrelevant ist der Mangel – anders als bei Steuerbescheiden als gebundene VAe – gem. § 127 AO nicht, da die Prüfungsanordnung einen Ermessens-VA darstellt. Gravierender als diese Mängel sind allerdings Akte der Außenprüfung, die ohne Prüfungsanordnung ergehen.

---

446 Wiederum anders ist die Rechtslage, wenn der Prüfer im Rahmen der Amtshilfe für die Veranlagungsstelle Einzel-Feststellungen trifft. Diese dürfen aber nicht den Charakter einer Außenprüfung annehmen.

Beispiel 3: Prüfung ohne Prüfungsanordnung
Außenprüfer O verschickt eine Prüfungsanordnung an den Bäckermeister B, in der ihm u.a. mitgeteilt wird, dass O in zwei Wochen mit der Außenprüfung bei B beginnen wird. Noch vor dem offiziellen Prüfungsbeginn erscheint O bei B und nimmt – im Vorgriff auf die anstehende Außenprüfung – einen Kassensturz vor. Dabei entdeckt B einen Kassenfehlbetrag von 200 €, den er bei der späteren Prüfung zur Grundlage der Hinzuschätzung von Einnahmen macht.

Ohne förmliche Erweiterung des Prüfungszeitraums darf der Außenprüfer – gestützt auf §§ 93 ff. AO – **Einzelermittlungen** treffen, die über den Prüfungszeitraum hinausgehen. In diesem Fall muss er aber deutlich machen, dass die Ermittlungen nicht im Rahmen der Außenprüfung erfolgen. Stellt er dies nicht klar, liegen Maßnahmen der Außenprüfung vor, die durch die Prüfungsanordnung nicht gedeckt und somit rechtswidrig sind.[447]

Lösung: Der unangemeldete Kassensturz ist weder von der Prüfungsanordnung gedeckt noch stellt er eine reguläre Ermittlungsmaßnahme im Rahmen des allgemeinen Amtsermittlungsgrundsatzes von § 85 AO dar. Die Maßnahme führt zu einem Verwertungsverbot.

4 Bekanntgabe der Prüfungsanordnung

Die Bekanntgabe der Prüfungsanordnung ist in § 197 AO geregelt. Wie jeder VA muss sie demjenigen gegenüber bekannt gegeben werden, an den sie sich richtet, also gegenüber dem **Inhaltsadressaten** bzw. Prüfungssubjekt. Bei PersG oder KapG ist dies die Gesellschaft, nicht der einzelne Gesellschafter. Nur soweit die Bekanntgabe an das **Prüfungssubjekt** nicht möglich oder nicht zulässig ist, kommen Dritte als **Bekanntgabeadressaten** in Betracht (z.B. Eltern eines minderjährigen Kindes, Geschäftsführer einer nichtrechtsfähigen Personenvereinigung, Liquidator). In solchen Fällen muss jedoch ein erläuternder Zusatz in die Prüfungsanordnung aufgenommen werden, aus dem der Grund für die Bekanntgabe der Anordnung beim Adressaten erkennbar wird (z.B. »die Prüfungsanordnung ergeht an Sie als Alleinerbin und Gesamtrechtsnachfolgerin nach Ihrem verstorbenen Ehemann Max Maier«).

Prüfungsanordnungen gegenüber zusammenveranlagten **Ehegatten** können gegebenenfalls in einer Verfügung zusammengefasst werden, doch handelt es sich hierbei um zwei VA. Sind aber beide Ehegatten unternehmerisch tätig (aber nicht gemeinschaftlich), müssen die Außenprüfungen getrennt angeordnet werden. **Personenhandelsgesellschaften** ist die Prüfungsanordnung unter ihrer Firma bekannt zu geben.

Nichtrechtsfähige Personenvereinigungen haben hingegen i.d.R. keinen eigenen Namen. Sie müssen deshalb als Prüfungssubjekt durch die Angabe aller Gesellschafter charakterisiert werden. Obwohl in diesen Fällen grds. alle Gesellschafter vertretungsbefugt sind (z.B. bei der GbR nach §§ 709, 714 BGB), kann nach § 7 Abs. 3 VwZG die Prüfungsanordnung aber auch nur gegenüber einem der Gesellschafter bekannt gegeben werden. Diese Erkenntnis deckt sich im Ergebnis mit der BGH-Rspr. zur rechtlichen Verselbständigung der (unternehmerischen) BGB-Gesellschaft (BGH vom 29.01.2001, NJW 2001, 1056).

Mit Bekanntgabe der Prüfungsanordnung (nicht mit dem Zugang, § 122 AO) entfällt die Möglichkeit der strafbefreienden Selbstanzeige (§ 371 Abs. 2 Nr. 1a AO).

---

447 Ausführlich und instruktiv BFH vom 04.10.2006, BFH/NV 2007, 190 zur Feststellung von Verhältnissen Dritter im Rahmen einer Außenprüfung.

5 Rechtsbehelfe gegen die Prüfungsanordnung

5.1 Der Grundsatz

Die Prüfungsanordnung kann als VA mit dem **Einspruch** (§ 347 AO) angefochten werden. Auch in diesem Fall kommt dem Einspruch keine aufschiebende Wirkung zu, d.h. die Finanzbehörde kann trotz eines Einspruchs gegen die Prüfungsanordnung mit der Prüfung beginnen (vgl. § 361 Abs. 1 S. 1 AO). Gegebenenfalls kann aber **Aussetzung der Vollziehung** beantragt werden (vgl. § 361 Abs. 2 AO). Doch verspricht ein solcher Antrag i.d.R. wenig Aussicht auf Erfolg, da der StPfl. nach Auffassung der BFH-Rspr. durch die **Verwertungsverbote** ausreichend gegen die Folgen einer rechtswidrigen Außenprüfung geschützt ist.

Die einzelnen Prüfungshandlungen können nicht isoliert mit dem Einspruch angegriffen werden, da es sich hierbei um keine VA handelt.[448] Dennoch ist der StPfl. nicht schutzlos. Ob die Prüfungshandlungen rechtmäßig oder rechtswidrig waren, wird im Rechtsbehelfs- bzw. Klageverfahren gegen den Änderungsbescheid überprüft, der auf den Erkenntnissen der Außenprüfung beruht.

Nur wenn ausnahmsweise eine Prüfungsmaßnahme als VA i.S.v. § 118 AO zu qualifizieren ist, also dem StPfl. ein bestimmtes Tun, Dulden oder Unterlassen aufgibt, ist die isolierte Anfechtung möglich. Neben der Prüfungsanordnung und ihrer Erweiterung sind dies vor allem die Festlegung des voraussichtlichen Prüfungsbeginns und des Prüfungsorts (zur Prüfung an Amtsstelle vgl. BFH vom 26.07.2007, BFH/NV 2007, 1950). Auch die Aufforderung, Bücher vorzulegen bzw. ein Lesegerät für Mikrofilme zur Verfügung zu stellen, ist ein VA. Hingegen ist die während einer Außenprüfung dem StPfl. gegenüber ergangene Aufforderung, bestimmte Fragen zu beantworten, i.d.R. kein VA, sondern dient ausschließlich der Ermittlung steuererheblicher Umstände.

5.2 Rechtsbehelf und Verwertungsverbot

Auch wenn sich der StPfl. zunächst widerspruchslos auf die Prüfung einlässt, verwirkt er sein Anfechtungsrecht gegen die Prüfungsanordnung nicht. Nach **Abschluss der Außenprüfung** wird die Klage auf Aufhebung der Prüfungsanordnung aber unzulässig. Es fehlt das **Rechtsschutzbedürfnis** (BFH vom 10.05.1991, BStBl II 1991, 825). Will der StPfl. die Auswertung der Prüfungsergebnisse verhindern, hat er jedoch ein berechtigtes Interesse an der Feststellung der Rechtswidrigkeit der Anordnung. Mit der damit zulässigen **(Fortsetzungs-) Feststellungsklage** kann er gem. § 100 Abs. 1 S. 4 FGO erreichen, dass die Finanzbehörde die Erkenntnisse aus der Prüfung nicht in Steuerbescheiden umsetzen darf. Ficht der StPfl. die Prüfungsanordnung nicht an, kann er dem FA die Verwertung der einzelnen Prüfungsfeststellungen nicht mit der Begründung verwehren, die Prüfungsanordnung sei rechtsfehlerhaft (BFH vom 26.09.2007, BStBl II 2008, 134). Das bedeutet, dass ein für ein Verwertungsverbot relevanter Fehler der Prüfungsanordnung nur dann verfahrensrechtlich zu einem Verwertungsverbot führt, wenn dem nicht eine bestandskräftige Prüfungsanordnung entgegensteht.

Allerdings ist auch die Verwertung von Prüfungsfeststellungen, die aufgrund einer rechtswidrigen Prüfungsanordnung getroffen worden sind, nicht generell unzulässig. Mit

---

448 Vgl. den entsprechenden Rechtsgedanken zu verfahrensleitenden Verfügungen in § 128 Abs. 2 FGO.

Urteil vom 22.02.2006 (BStBl II 2006, 400) hat der BFH erneut seine Rspr. bestätigt, wonach ein **Verwertungsverbot nicht eingreift**, wenn die Feststellungen im Rahmen eines erstmaligen Steuerbescheids oder einer Änderung nach § 164 Abs. 2 AO verwertet werden. In beiden Fällen besteht ein Verwertungsverbot nur dann, wenn entweder die rechtlichen Voraussetzungen für die Anordnung einer Außenprüfung nicht gegeben waren oder wenn im Rahmen der Prüfung **schwerwiegende Verfahrensfehler** unterlaufen sind und die Prüfungsfeststellungen hierauf beruhen.[449] Anderenfalls sind bei einer Außenprüfung festgestellte Tatsachen mithin auch dann verwertbar, wenn sie durch Prüfungshandlungen aufgedeckt wurden, die nicht auf einer (wirksamen) Prüfungsanordnung beruhen.

5.3 Erneute Reaktion der Verwaltung

Wird die Prüfungsanordnung aufgrund eines Einspruchs oder im Klageverfahren wegen Verfahrensfehlern aufgehoben, dürfen die Prüfungsergebnisse nicht ausgewertet werden (sog. Verwertungsverbot). Werden sie dennoch ausgewertet, sind die darauf beruhenden Steuerfestsetzungen ihrerseits fehlerhaft. Allerdings kann die Finanzbehörde eine neue Prüfungsanordnung (sog. »**wiederholende Verfügung**«) erlassen, wenn die ursprüngliche Anordnung durch das Gericht oder seitens des FA aus formalen Gründen aufgehoben oder für nichtig erklärt wurde und die Prüfung wiederholen.[450] Die mit dieser Prüfung gewonnenen Erkenntnisse dürfen verwertet werden.

5.4 Zusammenfassende Fallstudie

Die Reichweite und die rechtliche Bedeutung der Prüfungsanordnung sowie allgemein der Prüfungshandlungen sind nicht immer leicht zu erkennen.

Beispiel 4: Der clevere Betriebsprüfer
Das FA ordnet bei M, der als StB Einkünfte aus selbständiger Arbeit erzielt, gem. § 193 Abs. 1 AO eine Außenprüfung für die Jahre 02 bis 04 an. Kurz nach Beginn der Prüfung findet der Prüfer einen Beleg über Zinseinkünfte aus dem Jahr 02 über 5.000 €, die M nicht versteuert hat. Der Prüfer fordert daraufhin die Vorlage sämtlicher Bankbelege auch des Jahres 01. M kommt dieser Forderung nach. In diesen Belegen findet der Prüfer weitere Belege über nicht erklärte Zinseinkünfte des M und entdeckt zusätzlich, dass F, die Einkünfte aus nichtselbständiger Arbeit erzielt, im Jahr 01 Vermietungseinkünfte nicht erklärt hat.

---

449 Zu einem Verwertungsverbot führen damit nach der Rspr. nur solche Fehler, die **besonders schwerwiegende** Rechtsverletzungen des FA bei der Sachverhaltsermittlung darstellen. Dazu zählen Verstöße gegen den verfassungsrechtlich geschützten Bereich des StPfl. (sog. qualifiziertes materiell-rechtliches Verwertungsverbot; BFH vom 04.10.2006, BStBl II 2007, 227 m.w.N.), die Verletzungen von Vorschriften, die den StPfl. in seiner Willensentschließung und Willensbetätigung schützen sollen, sowie besonders schwerwiegende Verfahrensverstöße. Derartige Verstöße sind geeignet, das Ermittlungsergebnis maßgeblich dahingehend zu beeinflussen, dass es ohne eine solche Verletzung gar nicht erlangt oder anders ausgefallen sein könnte. Diese Fehler führen auch bei erstmaliger Steuerfestsetzung sowie bei Steuerfestsetzungen unter dem Vorbehalt der Nachprüfung zu einem Verwertungsverbot.
450 Dies gilt sogar, wenn bereits Prüfungshandlungen vorgenommen wurden.

Lösung: Bevor die einzelnen Prüfungshandlungen untersucht werden können, muss zuerst die Rechtmäßigkeit der Prüfungsanordnung beurteilt werden. Da M Einkünfte nach § 18 EStG hat, reicht die Bezugnahme auf § 193 Abs. 1 AO zur Begründung der Prüfungsanordnung aus. Zutreffend ist auch der dreijährige Prüfungszeitraum. Die Prüfungsanordnung ist somit formal in Ordnung.

Auch musste sich der Prüfer nicht nur auf den betrieblichen Bereich beschränken. Seine Prüfungsbefugnis bezieht sich – ohne dass es hier einer besonderen Begründung bedarf – auch auf die nichtbetrieblichen Einkünfte des M, also auf Einkünfte aus Kapitalvermögen, Vermietung und Verpachtung oder sonstige Einkünfte. Die Überprüfung der Zinseinkünfte des M im Jahr 02 war somit korrekt. Anders verhält es sich hingegen mit der Überprüfung der Bankbelege des Jahres 01. Dies war durch die Prüfungsanordnung nicht gedeckt und somit rechtswidrig. Der Prüfer hätte nach Auffinden des Zinsbelegs des Jahres 02 den zeitlichen Umfang der Prüfung erweitern müssen. Dies ist nur durch eine weitere Prüfungsanordnung möglich, die wiederum schriftlich ergehen und auch begründet werden muss. Da nun mehr als drei Jahre geprüft werden sollen, greift § 4 Abs. 3 S. 2 BpO. Die Erweiterung des Dreijahreszeitraums ist nur zulässig, wenn wahrscheinlich »mit nicht unerheblichen Steuernachforderungen ... zu rechnen ist«. Dies hätte geprüft und in der Prüfungsanordnung zusätzlich begründet werden müssen.

Auch die Prüfungshandlungen gegenüber F sind rechtswidrig, da die Prüfungsanordnung nur gegenüber M erging. Die Finanzbehörde hätte gegenüber F eine gesonderte Anordnung erlassen müssen. Da hier nur § 193 Abs. 2 AO als Rechtsgrundlage herangezogen werden kann, hätte dies in jedem Fall begründet werden müssen.

Ergebnis: Die Prüfungshandlungen gegenüber M sind rechtswidrig, soweit sie sich auf das Jahr 01 beziehen. Die Prüfungshandlungen gegenüber F sind insgesamt rechtswidrig. Somit unterliegen die Erkenntnisse des Jahres 01 bei M und die bei F dem Verwertungsverbot.

6 Kontrollmitteilungen

§ 194 Abs. 3 AO eröffnet dem Prüfer die Möglichkeit, **Kontrollmitteilungen (KM)** zu fertigen. Sie dienen der routinemäßigen Kontrolle. Zwischen der Außenprüfung und der Feststellung steuerrelevanter Verhältnisse dritter Personen muss lediglich ein enger Zusammenhang dergestalt bestehen, dass bei einer konkreten und im Aufgabenbereich des Prüfers liegenden Tätigkeit ein **Anlass** auftaucht, solche Feststellungen zu treffen.[451] **Anlässlich der Außenprüfung** – so der Wortlaut des § 194 Abs. 3 AO – bedeutet, dass nicht nur ein zeitlicher Zusammenhang zwischen Außenprüfung und mitzuteilender Feststellung, sondern ein sachlicher Zusammenhang in der Weise bestehen muss, dass bei einer konkreten und im Aufgabenbereich des Prüfers liegenden Tätigkeit ein Anlass auftaucht, solche Feststellungen quasi als Nebenprodukt zu treffen. Fehlt es an einer solchen konkreten Prüfungstätigkeit, die den Anlass für die Feststellung der Verhältnisse Dritter bieten muss, handelt der Prüfer außerhalb der ihm durch den Prüfungsauftrag verliehenen Befugnisse (BFH vom 04.10.2006, BStBl II 2007, 227 m.w.N.). Nicht erforderlich ist, dass der Dritte verdächtig ist, unrichtige steuerliche Angaben gemacht zu haben oder bei der Prüfung ungewöhnliche Vorgänge (z.B. bar gezahlte Provisionen auf Wunsch des Empfängers) festgestellt werden. Kontrollmitteilungen sind keine VA und

---

451 Vgl. hierzu das ausführliche Beispiel 3a in Kap. V 4.1.

können demgemäß nicht mit dem Einspruch angefochten werden. Die Verwertung der Kontrollmitteilungen ist auch dann nicht eingeschränkt, wenn der geprüfte StPfl. ein Auskunftsverweigerungsrecht hätte. Deshalb dürfen Kontrollmitteilungen gefertigt werden, wenn der Geschäftspartner ein naher Angehöriger des StPfl. ist. Die Notwendigkeit von Kontrollmitteilungen soll jedoch in diesen Fällen besonders sorgfältig geprüft werden. Die Auskunftsverweigerungsrechte nach § 102 AO (Geistliche, Abgeordnete, Rechtsanwälte, Steuerberater, Presse) hindern die Fertigung von Kontrollmitteilungen ebenfalls nicht generell; für die Außenprüfung bei gesetzlich zur Verschwiegenheit verpflichteten und zur Auskunftsverweigerung berechtigter Personen – wie Steuerberater und Wirtschaftsprüfer – gelten ebenfalls die allgemeinen Vorschriften (BFH vom 08.04.2008, BStBl II 2009, 579); zum sog. Bankgeheimnis vgl. Kap. V 4.1.1.

Im Urteil vom 09.12.2008 (BStBl I 2009, 509) hat der BFH anlässlich der KM bei einer Bankenprüfung, die sich auf legitimationsgeprüfte Guthabenkonten bezog, die Voraussetzungen für zulässige KM explizit erläutert. Danach kommen insb. die folgenden »KM-tauglichen« Begründungen in Betracht (Auswahl):

- es muss sich um eine bewusste Auswahl der Konten handeln;
- konkrete Hinweise im Rahmen eines Zufallsfundes haben sich ergeben;
- aufgrund äußerer Umstände ist eine Verschleierungsabsicht nicht auszuschließen.

7 Die Stellung des Betriebsprüfers

Aufgabe des Betriebsprüfers ist es, als Amtsperson die Besteuerungsgrundlagen zu ermitteln. Gegen seine Bestimmung steht dem StPfl. grundsätzlich kein Rechtsbehelf zu. Insb. räumt ihm § 83 AO kein selbständiges Recht zur Ablehnung des Betriebsprüfers wegen Besorgnis der Befangenheit ein. Gleichwohl kommt ausnahmsweise eine gerichtliche Überprüfung der Festlegung des Prüfers in Betracht, wenn zu befürchten ist, dass dieser Rechte des StPfl. verletzt, die durch spätere Rechtsbehelfe nicht wieder rückgängig gemacht werden können (BFH vom 29.04.2002, BStBl II 2002, 507). Hat beispielsweise der Betriebsprüfer in einer vorangegangenen Außenprüfung unberechtigterweise Prüfungsfeststellungen an Dritte (z.B. die Strafverfolgungsbehörden) weitergegeben, kann der StPfl. gerichtlich gegen die Bestimmung des Prüfers vorgehen.

Der Betriebsprüfer trägt für die von ihm getroffenen tatsächlichen Feststellungen die Verantwortung. Diese fasst er im Prüfungsbericht zusammen (§ 202 AO). An die von ihm vertretene **Rechtsauffassung ist das Veranlagungs-FA** (oder die Veranlagungsstelle des FA) **aber nicht gebunden**. Es kann daher die tatsächlichen Feststellungen anders würdigen und bei der Auswertung des Prüfungsberichts eine unrichtige Rechtsauffassung richtig stellen. Über den Steueranspruch selbst wird erst bei der Veranlagung entschieden.[452]

---

452 Diese Ausführungen gelten für den Regelfall der funktionellen Trennung von Veranlagung und Außenprüfung. Es gibt jedoch auch die sog. »Amts-BP«, wo die Veranlagungstätigkeit der Außenprüfung übertragen wird.

Beispiel 5: Die Verständigung über eine vGA bei der Schlussbesprechung
Im Rahmen der Außenprüfung bei der X-GmbH wird das Geschäftsführergehalt des X (Alleingesellschafter-Geschäftsführer) überprüft. Der Außenprüfer stellt dabei fest, dass dieses im Schnitt bei 80 % des vorläufigen Betriebsergebnisses der GmbH lag. Das zu versteuernde Einkommen der X-GmbH war entsprechend niedrig.
Bei der Schlussbesprechung war auch der Amtsvorsteher zugegen, der das heftig geführte Gespräch anfangs noch mit Interesse verfolgte. Bei der Einigung zwischen dem Prüfer, dem BP-Stellenleiter, X und seinem StB war er schon gegangen.
Der Kompromiss sah folgende Punkte vor:
- Anerkennung des Gehalts in Höhe von maximal 50 % als BA.
- Der Verstoß gegen das Gebot der schriftlichen Vereinbarung beim Mehrheitsgesellschafter im ersten Prüfungsjahr sei keine vGA.

Lassen sich Unklarheiten über steuerlich erhebliche Sachverhalte nicht oder nur schwer und mit erheblichen Aufwand aufklären, ist nach ständiger Rspr. des BFH[453] eine **tatsächliche Verständigung**[454] zulässig. Deshalb kann sich eine tatsächliche Verständigung auch nur auf die in der Vergangenheit verwirklichten Besteuerungstatbestände beziehen; für die künftige Besteuerung kann allenfalls eine Zusage (vgl. Kap. A XI 10) erteilt werden. Zweck der Verständigung ist es, zu jedem Zeitpunkt des Besteuerungsverfahrens und somit auch während einer Betriebsprüfung den möglichst zutreffenden Besteuerungssachverhalt i.S.d. § 88 AO einvernehmlich festzulegen. Die Rechtsnatur der Verständigung ist nach wie vor strittig. Während der BFH früher von einem öffentlich-rechtlichen Vertrag ausging, ergibt sich nach BFH vom 31.07.1996 (BStBl II 1996, 625) die Bindung nur nach den **Grundsätzen von Treu und Glauben**. Eine bindende tatsächliche Verständigung setzt allerdings voraus, dass für die Finanzbehörde ein Amtsträger beteiligt ist, der zur Entscheidung über die Steuerfestsetzung befugt ist (BFH vom 07.07.2004, DStR 2004, 2082). Dies kann der Vorsteher, der zuständige Sachgebietsleiter der Veranlagungsstelle oder – im Rechtsbehelfsverfahren – der Leiter der Rechtsbehelfsstelle sein. Auch im Rahmen der Schlussbesprechung sind **tatsächliche Verständigungen** mit dem **Außenprüfer** oder auch mit dem BP-Stellenleiter dagegen **nicht bindend**, da diese nach der innerbehördlichen Organisation der FÄ keine Entscheidungen über die Steuerfestsetzung treffen können (BFH vom 28.07.1993, BFH/NV 1994, 290). Charakteristisch für die tatsächlichen Geschehensabläufe ist hingegen der Sachverhalt vom 20.08.1997 (BFH/NV 1998, 333), als der für die Steuerfestsetzung zuständige Beamte schweigend die Ausführungen des Außenprüfers zur Kenntnis nahm und im Nachhinein der StPfl. eine fehlende Bindungswirkung reklamierte.

Von grundlegender Bedeutung ist des Weiteren, dass sich die tatsächliche Verständigung nur auf den der Besteuerung zugrunde liegenden Sachverhalt beziehen darf. **Vergleiche über Steueransprüche** bzw. über Rechtsfragen sind hingegen wegen der Grundsätze der Gesetzmäßigkeit und Gleichmäßigkeit der Besteuerung **nicht möglich**.

Lösung:
- Die Einigung im zweiten Punkt (keine vGA wegen einem – angeblich hier – unbeachtlichen Verstoß gegen das Vereinbarungsgebot beim beherrschenden Gesellschafter) ist unzulässig,

---
453 Seit BFH vom 11.12.1984; besonders deutlich im Urteil vom 31.07.1996 (BStBl II 1996, 625) hervorgehoben.
454 Vgl. ausführlich BMF vom 30.07.2008, BStBl I 2008, 831 und Kap. A I 3.7.2.

da sie sich auf eine Rechtsfrage bezog, die nicht kompromissfähig ist. Außerdem ist die Entscheidung materiell-rechtlich falsch.[455]
- Gegen die Einigung im ersten Punkt (Höhe des Geschäftsführergehalts) können wegen des »säumigen« Amtsvorstehers Bedenken bestehen. Nachdem der BFH in der letzten Entscheidung die Rechtsgrundlage der tatsächlichen Verständigung auf Treu und Glauben gestützt hat – und der Amtsleiter sich anfänglich beteiligt hat – ist hier von seiner konkludenten Bevollmächtigung der funktionell zuständigen Beamten des Außendienstes auszugehen. Jedenfalls ist der Bindungswille der Finanzverwaltung offensichtlich (hierzu BFH vom 21.06.2000, BFH/NV 2001, 2).

Eine wirksame tatsächliche Verständigung über bestimmte Sachverhalte kann durch eine nachträgliche Anfechtung durch den StPfl. nur beseitigt werden, wenn die Vereinbarung zu einem offensichtlich unzutreffenden Ergebnis führt (BFH vom 20.09.2007, BFH/NV 2008, 532). »Offensichtlichkeit« liegt allerdings nur vor, wenn das unzutreffende Ergebnis für einen unvoreingenommenen, urteilsfähigen Betrachter ohne weiteres und unzweifelhaft ersichtlich ist.[456]

Bei der tatsächlichen Verständigung handelt es sich nicht um eine einseitige hoheitliche Maßnahme, deren Rechtmäßigkeit von der Einhaltung von Verfahrensvorschriften abhängt, sondern die Beteiligten stehen sich insoweit gleichberechtigt gegenüber und treffen die Regelung einvernehmlich. Ein Verstoß gegen Verfahrensvorschriften für das Verfahrensstadium, in dem eine Einigung erzielt werden soll (etwa Rechtsbehelfsverfahren oder Außenprüfung), ist daher für die Wirksamkeit der tatsächlichen Verständigung unerheblich. Auch ein etwaiger Irrtum des StPfl. über die Reichweite der tatsächlichen Verständigung führt i.d.R. nicht zur Unwirksamkeit. Insbesondere ist die tatsächliche Verständigung nicht schon deshalb unwirksam, weil sie zu einer von einem Beteiligten nicht vorhergesehenen Besteuerungsfolge führt und dadurch die vor der Verständigung offengelegten Beweggründe des Beteiligten zum Abschluss der Vereinbarung (hier die Erwartung der steuerlichen Neutralität des Vereinbarten) entwertet werden (BFH vom 08.10.2008, BStBl II 2009, 121).

8 Die Schlussbesprechung

Die Schlussbesprechung bildet den regelmäßigen Abschluss der Außenprüfung. Ihre Durchführung ist verbindlich vorgeschrieben (§ 201 Abs. 1 S. 1 AO); das FA hat insoweit kein Ermessen. Dem StPfl. soll noch vor der Erstellung des Prüfungsberichts rechtliches Gehör gewährt werden. Bei der Schlussbesprechung können Missverständnisse und Meinungsverschiedenheiten (s. Kap. 7) ausgeräumt und so unnötige Rechtsbehelfe verhindert werden. Äußerungen in einer Schlussbesprechung haben nur vorläufigen Charakter; das **rechtliche Ergebnis der Schlussbesprechung** ist – auch wenn Übereinstimmung erzielt wurde – grundsätzlich **unverbindlich** und kann bei der Auswertung der Prüfungsfeststellungen korrigiert werden. Die Schlussbesprechung kann nur unterbleiben, wenn

---

455 S. *Maurer*, Band 2, Teil C, Kap. IV (vGA).
456 Vgl. *H/H/Sp*, § 125 AO Tz. 13, *Tipke/Kruse*, § 125 AO Tz. 6 zum vergleichbaren Begriff »offenkundig« in § 125 Abs. 1 AO.

- sich keine Änderung der Besteuerungsgrundlagen ergibt,
- der StPfl. darauf verzichtet oder
- bei der abgekürzten Außenprüfung.

Verweigert das FA die Abhaltung der Schlussbesprechung, kann der StPfl. Einspruch einlegen (BFH vom 24.10.1972, BStBl II 1973, 542). Macht der StPfl. von dieser Möglichkeit keinen Gebrauch, ist die Tatsache, dass keine Schlussbesprechung stattgefunden hat, ohne Einfluss auf die Rechtmäßigkeit der durch die Prüfung veranlassten Steuerfestsetzungen (§ 127 AO). Der Verfahrensfehler wird durch die Möglichkeit des StPfl. geheilt, sich zum Prüfungsbericht vor und im Einspruchsverfahren zu äußern. Ein Verwertungsverbot besteht deshalb nicht.

9 Der Prüfungsbericht

Nach abgeschlossener Außenprüfung erhält der StPfl. gem. § 202 AO einen Prüfungsbericht, in dem die Prüfungsfeststellungen in (sehr) formalisierter Darstellung zusammengefasst sind.[457] Dem StPfl. wird dadurch Gelegenheit gegeben, die Richtigkeit der Prüfungsfeststellungen nachzuprüfen und ggfs. dazu Stellung zu nehmen; er erhält – nach der Schlussbesprechung – nochmals rechtliches Gehör. Ein häufiges Missverständnis seitens der StB besteht darin, dem Prüfungsbericht VA-Qualität zuzubilligen. Gegen den Prüfungsbericht selbst ist kein Rechtsmittel zulässig (so schon der BFH vom 01.08.1985, BStBl II 1986, 21). Rechtsmittel stehen dem Bürger erst gegen die Auswertung des Prüfungsberichts mittels berichtigter Steuerbescheide für die geprüften Jahre zu.

10 Verbindliche Zusage (§ 204 AO)

Während die verbindliche Auskunft nach § 89 Abs. 2 AO Sachverhalte betrifft, die erstmalig verwirklicht werden sollen, betrifft § 204 AO Fallgestaltungen, die schon in früheren Veranlagungszeiträumen verwirklicht wurden und nunmehr im Rahmen einer Außenprüfung verwirklicht worden sind. Angestrebt wird also eine verbindliche Aussage, wie ein für die Vergangenheit geprüfter und im Prüfungsbericht dargestellter Sachverhalt in Zukunft durch das FA steuerlich gewürdigt wird.[458] § 204 AO setzt für die Erteilung einer verbindlichen Zusage voraus, dass

- ein im Rahmen der Außenprüfung für die Vergangenheit geprüfter Sachverhalt im Prüfungsbericht dargestellt wird,
- dieser Sachverhalt Wirkung für die Zukunft besitzt,
- der StPfl. die verbindliche Zusage während der Außenprüfung beantragt und

---

457 Die zugrundegelegte Technik der »Mehr- oder Weniger-Rechnung« wird von *Kölpin/Preißer*, Band 2, Teil A, Kap. VII 2 näher erläutert; zum Prüfungsbericht selbst vgl. *Buse*, Der Prüfungsbericht, AO-StB 2008, 50.
458 Vgl. *von Wedelstädt*, Verbindliche Zusage im Anschluss an eine Außenprüfung – ein solides Fundament für wirtschaftliche Dispositionen, AO-StB 2009, 15.

- die Kenntnis der künftigen steuerrechtlichen Behandlung für die weiteren geschäftlichen Maßnahmen des StPfl. von Bedeutung ist.

Nur ein bereits geprüfter, d.h. in der Vergangenheit abgeschlossener Sachverhalt kann Grundlage für eine verbindliche Zusage sein. Deshalb kommen nur bereits verwirklichte Sachverhalte mit **Dauerwirkung** (z.B. Auswirkungen des Gesellschaftsvertrags) oder aber wiederkehrende Sachverhalte in Betracht. Allein die Tatsache, dass das FA eine bestimmte Gestaltung bei zwei Außenprüfungen nicht beanstandet hat, kann hingegen keinen nach Treu und Glauben zu beanstandenden Vertrauenstatbestand schaffen. Das FA wird sich in diesen Fällen generell auf den **Grundsatz der Abschnittsbesteuerung** berufen (BFH vom 30.03.2011, BStBl II 2011, 613).

§ 204 AO ist als Sollvorschrift ausgestaltet. Dies bedeutet, dass die Finanzbehörde – hier ist wiederum die Stelle zuständig, der die Auswertung der Prüfungsfeststellungen obliegt, also die Veranlagungsstelle – die verbindliche Zusage erteilen muss, sofern nicht ausnahmsweise gegenteilige Gründe vorliegen. Lehnt das FA die Erteilung der verbindlichen Zusage ab, so muss sie ihre Entscheidung begründen. Bei der ablehnenden Entscheidung handelt es sich um einen VA (§ 118 AO), die mit dem Einspruch angefochten werden kann. Auch die erteilte Zusage, also die Erklärung, einen bestimmten Sachverhalt später wie festgelegt zu würdigen, ist nach h.M. ein VA.

Das FA ist an eine Zusage nur dann gebunden, wenn der StPfl. die entscheidungserheblichen Teile des Sachverhalts objektiv vollständig und zutreffend darlegt (BFH vom 27.07.1988, BStBl II 1989, 57). Entspricht der tatsächlich verwirklichte Sachverhalt nicht dem der verbindlichen Zusage zugrunde gelegten Sachverhalt, ist das FA an die erteilte Zusage auch ohne besonderen Widerruf nicht gebunden, wenn die Abweichung wesentlich war (§ 206 Abs. 1 AO). Sind die beiden Sachverhalte hingegen identisch, kann der StPfl. im Rechtsbehelfsverfahren gegen den Steuerbescheid die Bindungswirkung der Zusage geltend machen. Hierzu sind keine Dispositionen des StPfl. aufgrund der Zusage erforderlich. Andererseits ist der StPfl. nicht an die verbindliche Zusage gebunden, wenn sie zu seinen Ungunsten geltendem Recht widerspricht (§ 206 Abs. 2 AO). Er kann deshalb den Steuerbescheid, der aufgrund der bindenden Zusage erging, anfechten, um eine günstigere Regelung zu erreichen. Die Bindungswirkung der Zusage haben auch die Steuergerichte zu beachten.

§ 207 AO ist **lex specialis** zu anderen Korrekturvorschriften. Das Vertrauen in den Fortbestand einer gesetzlichen Regelung kann über eine verbindliche Zusage nicht geschützt werden. Deshalb tritt – ohne dass es eines Zutuns des FA bedarf – nach § 207 Abs. 1 AO die verbindliche Zusage außer Kraft, wenn sich die Rechtsvorschriften, auf denen die Entscheidung beruht, ändern. Nach § 207 Abs. 2 AO kann das FA die verbindliche Zusage mit **Wirkung für die Zukunft** aufheben oder ändern, wenn sich beispielsweise die steuerliche Beurteilung durch die Rspr. oder Verwaltung zum Nachteil des StPfl. ändert. Zuvor ist jedoch der StPfl. zu hören (§ 91 Abs. 1 AO). Gegen den danach zu erteilenden schriftlichen Bescheid ist der Einspruch gegeben.

XII Steuerstraftaten und Steuerordnungswidrigkeiten

1 Überblick

Der achte Teil der AO (§§ 369 bis 412 AO) behandelt mit den Straf- und Bußgeldvorschriften das **Steuerstrafrecht** sowie das **Steuerordnungswidrigkeitenrecht** und damit die Verfolgung und Ahndung von Verstößen gegen die Steuergesetze.[459] Insb. das **materielle Steuerstrafrecht** ist – samt den korrespondierenden Verfahrensvorschriften – häufig **Prüfungsgegenstand der Steuerberaterprüfung**. Dies liegt vor allem daran, dass sich Aufgabenstellungen aus dem achten Teil der AO besonders gut mit anderen Prüfungsschwerpunkten des Verfahrensrechts verbinden lassen. Verknüpfungen existieren beispielsweise bei den **Haftungsvorschriften** (Haftung des Steuerhinterziehers gem. § 71 AO), der **Festsetzungsverjährung** (verlängerte Festsetzungsfrist bei Steuerhinterziehung und leichtfertiger Steuerverkürzung gem. § 169 Abs. 2 S. 2 und 3 AO), der **Ablaufhemmung** (§ 171 Abs. 5 und 9 AO) sowie der **Bestandskraft** (§ 173 Abs. 2 S. 1 AO und der besonders prüfungsrelevante § 164 Abs. 4 AO). Die Vorschriften der AO werden für die Finanzbehörden durch die »Anweisungen für das Straf- und Bußgeldverfahren (Steuer)«, die sog. AStBV, ergänzt. Diese bindenden Richtlinien (Verwaltungsanweisungen) sichern die bundeseinheitliche Handhabung des Steuerstrafrechts und die Zusammenarbeit der Ermittlungsbehörden.[460]

Die AO unterscheidet zwischen Steuerstraftaten (samt den dazugehörigen Strafvorschriften, §§ 369 ff. AO) und Steuerordnungswidrigkeiten (einschließlich den Bußgeldvorschriften, §§ 377 ff. AO). **Steuerordnungswidrigkeiten** sind nach Einschätzung des Gesetzgebers keine Straftaten, sondern bloßes **Verwaltungsunrecht**, also praktisch Fälle **steuerlicher Kleinkriminalität**. Bei den Steuerordnungswidrigkeiten wird das geschützte Rechtsgut entweder nur abstrakt gefährdet (z.B. durch das Versteigern von Tankrechnungen, was seit 2006 durch eine Ergänzung des Tatbestandes von § 379 Abs. 1 AO ebenfalls eine Steuergefährdung darstellt) oder es ist strafrechtlich von geringerer Bedeutung als bei den Steuerstraftaten (z.B. § 378 AO).

Strafvorschriften auf der einen und Bußgeldvorschriften auf der anderen Seite haben vor diesem Hintergrund folgende **wesentliche Unterschiede**:

- Während Steuerstraftaten mit einer **Strafe** (Freiheits- oder Geldstrafe) geahndet werden, wird als Rechtsfolge einer Steuerordnungswidrigkeit eine **Geldbuße** verhängt. Freiheits- und Geldstrafen über (also nicht »ab«) 90 Tagessätzen werden in das Bundeszentralregister (wichtig für das sog. polizeiliches Führungszeugnis) eingetragen; Geldbußen erscheinen dort grundsätzlich nicht (§ 4 Nr. 1 BZRG).
- Leichtfertig verkürzte Steuern (§ 378 AO) werden im Gegensatz zu vorsätzlich hinterzogenen Steuern (§ 370 AO) **nicht nach § 235 AO verzinst**.

---

459 Das Steuerstraf- und -ordnungswidrigkeitenrecht ist allerdings nicht abschließend in der AO geregelt; teilweise finden sich auch in den Einzelsteuergesetzen Straf- und Bußgeldvorschriften, z.B. § 50e EStG, § 26a–c UStG.
460 Abgedruckt als AStBV (St) 2013 in BStBl I 2012, 1018. Aufgrund der zweifelhaften Erlasskompetenz sind die AStBV rechtlich nicht unumstritten, vgl. *Franzen/Gast/Joecks*, Steuerstrafrecht, § 385 Rz. 16.

- Nur der **Steuerhinterzieher** (§ 370 AO), nicht aber der leichtfertige Steuerverkürzer (§ 378 AO) **haftet nach § 71 AO**.
- Die verlängerte Festsetzungsverjährungsfrist bei Steuerhinterziehung beträgt gem. § 169 Abs. 2 S. 2 AO zehn Jahre, bei leichtfertiger Steuerverkürzung dagegen fünf Jahre.
- Lediglich für das Strafverfahren gilt das **Legalitätsprinzip** (§ 385 Abs. 1 AO, § 152 Abs. 2 StPO), d.h. FA oder Staatsanwaltschaft sind bei Vorliegen des Anfangsverdachts einer Steuerstraftat nicht nur berechtigt, sondern verpflichtet, ein Steuerstrafverfahren einzuleiten.[461] Im Steuerordnungswidrigkeitenverfahren herrscht dagegen das **Opportunitätsprinzip** (§ 410 Abs. 1 AO, § 47 Abs. 1 S. 1 OWiG): Die Finanzbehörde entscheidet nach pflichtgemäßem Ermessen, ob die Ordnungswidrigkeit verfolgt wird oder nicht (sog. Entschließungsermessen).

  Dieser theoretische Unterschied zwischen Legalitätsprinzip bei Steuerstraftaten und Opportunitätsprinzip bei Steuerordnungswidrigkeiten wird in der Praxis freilich aufgrund der starken Arbeitsbelastung der Straf- und Bußgeldstellen der Finanzbehörden dadurch konterkariert, dass oft auch bei eindeutigem Vorliegen einer Steuerstraftat in Fällen einer betragsmäßig geringen Steuerverkürzung das FA vom Einleiten eines Steuerstrafverfahrens – contra legem – absieht. Mit einem »maßvollen Gesetzesvollzug« hat diese Praxis nichts zu tun, wenn man bedenkt, dass für die staatsbürgerliche Akzeptanz der Steuerpflicht das Bewusstsein unerlässlich ist, der Staat setze das Steuerrecht entsprechend § 85 AO auch gegenüber den anderen Bürgern durch.[462]
- Zuständig für die Verhängung und Vollstreckung von Geldbußen sind die Finanzbehörden (§ 409 AO), bei Strafen die ordentlichen Strafgerichte (§ 385 AO i.V.m. §§ 24 f., 74 ff. GVG, d.h. das zuständige Amts- bzw. Landgericht).

2 Steuerstraftaten

2.1 Überblick

Der Begriff der Steuerstraftat ist in § 369 Abs. 1 AO definiert. Die Abgrenzung, ob durch die Verwirklichung eines strafrechtlich relevanten Tatbestandes eine Steuerstraftat vorliegt, ist von erheblicher Bedeutung, da für Steuerstraftaten neben den soeben angesprochenen materiell-rechtlichen Folgen **besondere Verfahrensvorschriften** anwendbar sind (§§ 385–408 AO).[463] Soweit die Strafvorschriften der Steuergesetze nichts anderes bestimmen, gelten für das Steuerstrafverfahren subsidiär die allgemeinen Gesetze über das Strafrecht, also insb. der allgemeine Teil des StGB, aber auch das Jugendgerichtsgesetz (JGG).[464]

---

[461] Ein Anfangsverdacht ist nach § 152 Abs. 2 StPO gegeben, wenn »zureichende tatsächliche Anhaltspunkte« für eine Steuerstraftat vorliegen. Eine bloße Vermutung reicht zur Einleitung eines Steuerstrafverfahrens dagegen nicht aus.
[462] Vgl. *Tipke/Lang*, Steuerrecht, § 21 Rz. 1 f.
[463] Hiervon hängt vor allem die Zuständigkeit der Finanzbehörde für die Ermittlung des Sachverhalts gem. § 386 AO ab, ferner die Unterbrechung der Verfolgungsverjährung (§ 376 AO).
[464] Grundkenntnisse des allgemeinen Strafrechts sind daher für die Bearbeitung einer Aufgabe aus dem Steuerstraf- und -ordnungswidrigkeitenrecht unerlässlich. Dies ist auch nach Auffassung der Rspr. mit dem StBerG vereinbar: Eine Prüfungsaufgabe liegt demnach auch dann noch i.R.d. in § 37 Abs. 3 StBerG aufgeführten Prüfungsgebiete, wenn bei der rechtlichen Lösung vereinzelt Vorschriften aus Rechtsgebieten

Steuerstraftaten sind neben den in § 369 Abs. 1 Nr. 2–4 AO aufgeführten Delikten diejenigen Taten, die nach den Steuergesetzen strafbar sind (§ 369 Abs. 1 Nr. 1 AO). Steuergesetze i.S.d. § 369 Abs. 1 Nr. 1 AO sind alle Rechtsnormen, die steuerliche Pflichten begründen, also die jeweiligen Einzelsteuergesetze, aber auch die AO selbst. In einigen nichtsteuerlichen Gesetzen aus dem Zulagen- und Prämienrecht wird darüber hinaus ausdrücklich auf bestimmte Straf- und Bußgeldvorschriften der AO Bezug genommen, so z.B. in § 15 InvZulG 2010.

§ 369 Abs. 1 Nr. 4 AO zählt zu den Steuerstraftaten auch die Begünstigung einer Person, die eine Tat nach § 369 Abs. 1 Nr. 1–3 AO begangen hat.[465] Die Vorschrift ist notwendig, da die Begünstigung auch einen Straftatbestand des allgemeinen Strafrechts (§ 257 StGB) darstellt, der Gesetzgeber aber auch diese Fälle dem Steuerstrafrecht unterstellen wollte.

2.2 Steuerhinterziehung (§ 370 AO)

§ 370 AO regelt mit der Steuerhinterziehung das **zentrale Delikt der Steuerstraftaten**. Die übrigen Straftatbestände der §§ 372 ff. AO betreffen ausschließlich Zoll- und Verbrauchsteuervergehen. Geschütztes Rechtsgut der Steuerhinterziehung ist das vollständige und rechtzeitige staatliche Steueraufkommen.[466] § 370 AO schützt damit zugleich auch eine gerechte und gleichmäßige Lastenverteilung in der Solidargemeinschaft der Steuerzahler.[467] § 370 AO geht als Betrug in Steuersachen dem allgemeinen Betrugsdelikt in § 263 StGB vor. Beide Delikte ähneln sich stark im Aufbau (eine Täuschungshandlung bewirkt einen Irrtum der Finanzbehörde, wodurch letztlich ein Schaden als Tatererfolg eintritt). Im Gegensatz zum Betrug nach § 263 StGB, wo regelmäßig ein Schadenseintritt für die Verwirklichung des objektiven Tatbestandes erforderlich ist, ist die Steuerhinterziehung jedoch **kein Verletzungsdelikt**, sondern ein **konkretes Gefährdungsdelikt**: § 370 Abs. 4 S. 3 AO macht deutlich, dass der Tatbestand der Steuerhinterziehung auch dann vorliegen kann, wenn das Steueraufkommen des Staates tatsächlich nicht beeinträchtigt ist; vielmehr genügt der Eintritt einer bloßen Gefahr für das Steueraufkommen, bei der die Möglichkeit einer Schadensverwirklichung nahe liegt.

Voraussetzung für die Strafbarkeit nach § 370 AO ist, dass der Täter den Tatbestand in objektiver und subjektiver Hinsicht verwirklicht.

2.2.1 Objektiver Tatbestand der Steuerhinterziehung

§ 370 AO ist eine sogenannte **Blankettnorm**.[468] Als solche wird die Tatbestandsverwirklichung in § 370 AO selbst nicht abschließend beschrieben, sondern ergibt sich erst im Zusammenhang mit den steuerlichen Pflichten, die in der AO selbst oder in den Einzelsteu-

---

heranzuziehen sind, die an sich nicht zu den dort genannten Prüfungsgebieten gehören, soweit dies keine nähere Kenntnis der betreffenden Gesetze verlangt und der Schwerpunkt der Aufgabenstellung eindeutig auf einem der in § 37 StBerG genannten Rechtsgebiete liegt (BFH vom 21.05.1999, BStBl II 1999, 573).
465 Begünstigung liegt nach § 257 StGB vor, wenn jemand einem anderen, der eine rechtswidrige Tat begangen hat, in der Absicht Hilfe leistet, ihm die Vorteile der Tat zu sichern.
466 BGH vom 02.12.2009, BB 2009, 312.
467 Vgl. *Tipke/Lang*, Steuerrecht, § 23 Rz. 1.
468 Dies steht mit dem Grundsatz der hinreichenden Bestimmtheit der Strafbarkeitsvoraussetzungen vor Begehung der Tat in Einklang (§§ 1 ff. StGB, Art. 103 Abs. 2 GG, vgl. auch BVerfG vom 08.05.1974, BVerfGE 37, 201).

ergesetzen normiert sind. Der Tatbestand der Steuerhinterziehung setzt nach § 370 Abs. 1 AO als Tathandlung bzw. als Begehungsform voraus, dass jemand

- den Finanzbehörden oder anderen Behörden über steuerlich erhebliche Tatsachen unrichtige oder unvollständige Angaben macht (d.h. **Falschabgabe**). Strafbar ist hier die Verletzung steuerlicher Erklärungs-, Anzeige-, Auskunfts- oder Mitwirkungspflichten im Festsetzungs- und Erhebungsverfahren;
- die Finanzbehörden pflichtwidrig über steuerlich erhebliche Tatsachen in Unkenntnis lässt (d.h. **Nichtabgabe**): Strafbar ist also das Unterlassen einer rechtlich normierten Handlungspflicht, also z.B. einer Anzeigepflicht (§ 137 ff. AO), einer Abgabepflicht (§ 149 AO oder einer Berichtigungspflicht (§ 153 AO; erkennt der StPfl. also nach Abgabe der Erklärung, dass bestimmte steuerrelevante Angaben »vergessen« wurden, ohne dass eine Steuerhinterziehung vorlag, und berichtigt die Erklärung trotz der Verpflichtung in § 153 AO nicht, liegt hierin (und nicht im »Vergessen« die Steuerhinterziehung);
- pflichtwidrig die Verwendung von Steuerzeichen oder Steuerstemplern unterlässt.

Bei den Begehungsformen der Falsch- und Nichtabgabe können Abgrenzungsschwierigkeiten zur **legalen Steuerumgehung** und zum nichtstrafbaren Abweichen von einer Rechtsauffassung der Verwaltung oder Rspr. entstehen.

Beispiel 1: Miete oder Leihe?
Als Steuersparmodell schließen die Eheleute A und B mit ihrer Tochter T einen Mietvertrag über eine Eigentumswohnung. Bei Abschluss des Vertrages gehen A, B und T davon aus, dass der vereinbarte Mietzins tatsächlich nicht gezahlt werden muss. Für das FA werden monatlichen Zahlungen zwar regelmäßig von T auf das Konto der Eltern überwiesen, allerdings jeweils einige Tage später in bar an die Tochter zurück gezahlt. In der Steuererklärung geben A und B die Rückzahlungen an T in der Anlage V+V nicht an, da diese »ihre Privatsache« sei.

Lösung: A und B könnten sich der gemeinschaftlich begangenen Steuerhinterziehung gem. § 370 Abs. 1 Nr. 1 AO i.V.m. § 25 Abs. 2 StGB strafbar gemacht haben. Ein Mietvertrag unter Angehörigen (hier § 15 Abs. 1 Nr. 3 AO) über eine Wohnung ist steuerlich gem. § 42 AO nur anzuerkennen, wenn der vereinbarte Mietzins tatsächlich und endgültig aus dem Vermögen des Mieters in das Vermögen des Vermieters übergeht (vgl. BFH vom 28.01.1997, BStBl II 1997, 655). Haben die Vertragsparteien, so wie hier, bereits bei Abschluss des Mietvertrages vereinbart, dass der gezahlte Mietzins an den Mieter zurück fließt, liegt wirtschaftlich keine (entgeltliche) Miete, sondern eine (unentgeltliche) Leihe vor. A und B dürfen zwar in der Steuererklärung die Auffassung vertreten, es handle sich bei dem geschlossenen Vertrag um ein steuerlich anzuerkennendes Mietverhältnis. Die legale Steuerumgehung wird aber zur strafbaren Steuerhinterziehung, wenn A und B die Rückzahlung der monatlichen Zahlungen verschweigen und dem FA dadurch die Möglichkeit nehmen, in voller Kenntnis des Sachverhalts die Vorschrift des § 42 AO zu überprüfen. A und B haben damit den objektiven Tatbestand der Steuerhinterziehung verwirklicht. Ihre Ansicht, die Rückzahlung sei »ihre Privatsache«, kann evtl. im Rahmen des subjektiven Tatbestandes gewürdigt werden.

Eine Steuerhinterziehung liegt tatbestandlich allein bei einer **Täuschung über Tatsachen** vor. Eine falsche rechtliche Würdigung ist für sich allein nicht strafbar. Ist allerdings bei einzelnen Tatsachen die rechtliche Relevanz unklar, besteht seitens des StPfl. insoweit eine **Offenbarungspflicht** gem. § 90 Abs. 1 S. 2 AO. Diese Offenbarungspflicht ist insb. dann anzunehmen, wenn eine vertretene Rechtsauffassung über die Auslegung von Rechtsbegriffen oder die Subsumtion bestimmter Sachverhalte von Rspr. und Verwaltungsauffassung abweicht.[469] Das bewusste Unterdrücken entscheidungserheblicher Tatsachen ist in jedem Falle strafbar, denn § 370 Abs. 1 AO stellt nicht nur falsche, sondern auch unvollständige Angaben unter Strafe.

Die Verwirklichung des objektiven Tatbestands der Steuerhinterziehung setzt nach § 370 Abs. 1 letzter HS AO voraus, dass durch die Tathandlung Steuern verkürzt oder der Täter für sich oder einen anderen nicht gerechtfertigten Steuervorteil erlangt. Aus dem Wortlaut »für sich oder einen anderen« wird deutlich, dass die Steuerhinterziehung **zu Gunsten eines Dritten** (»fremdnützige Steuerhinterziehung«) begangen werden kann. Neben dem StPfl. selbst kann somit z.B. auch ein Angestellter, Bevollmächtigter oder Finanzbeamter[470] Täter der Steuerhinterziehung sein. Damit kann also auch ein StB Mittäter einer Steuerhinterziehung sein, selbst wenn die hinterzogenen Steuern wirtschaftlich letztlich seinem Mandanten zugutekommen. Lediglich bei den Begehungsformen des § 370 Abs. 1 Nr. 2 und 3 AO, die im Gegensatz zu § 370 Abs. 1 Nr. 1 AO (sog. echte) Unterlassungsdelikte darstellen, trifft die Handlungspflicht allein den StPfl. selbst.

Eine Abgrenzung der Steuerverkürzung von der Erlangung eines nicht gerechtfertigten Steuervorteils (§ 370 Abs. 1 2. HS AO) ist in der Praxis kaum möglich. Regelmäßig liegt in der Steuerverkürzung gleichzeitig ein Fall des ungerechtfertigten Steuervorteils und umgekehrt.[471]

Steuern sind gem. § 370 Abs. 4 S. 1 AO insb. dann verkürzt, wenn sie **nicht, nicht in voller Höhe oder nicht rechtzeitig** festgesetzt werden. Diese Formulierung will die Deliktsart der Steuerhinterziehung als **konkretes Gefährdungsdelikt** deutlich machen, da die Steuerhinterziehung einen tatsächlichen oder endgültigen Steuerausfall gerade nicht voraussetzt.[472] Unerheblich ist nach § 370 Abs. 4 S. 1 2. HS AO insb., dass die Steuer vorläufig (§ 165 AO) oder unter Vorbehalt der Nachprüfung (§ 164 AO) festgesetzt wird oder eine Steueranmeldung einer Steuerfestsetzung unter Vorbehalt der Nachprüfung gleichsteht.

---

469 Vgl. ausführlich *Theisen*, Die Reichweite der Offenbarungspflicht aus steuerstrafrechtlicher Sicht – Risiken abweichender Rechtsansichten, AO-StB 2008, 136.

470 Ein Sachbearbeiter des FA, der durch EDV-Eingaben über Umsätze eines fiktiven Unternehmens die Erstattung von VorSt bewirkt, begeht Steuerhinterziehung, auch wenn mangels Kenntnis anderer Bediensteter des FA von den betreffenden Arbeitsvorgängen weder ein Irrtum erregt noch (außer dem Täter) eine Willensentscheidung über die Erstattung getroffen wird (BFH vom 25.10.2005, DStR 2006, 177).

471 Vgl. *Tipke/Lang*, Steuerrecht, § 24 Rz. 35: Beide Begriffe richten sich übereinstimmend auf den Taterfolg der konkreten Gefährdung des staatlichen Steueranspruchs, beschreiben diesen dabei lediglich aus unterschiedlichen Blickwinkeln.

472 Steuern können namentlich auch verkürzt werden, wenn der StPfl. Kapitaleinkünfte nicht erklärt, auch wenn Kapitalertragsteuer in einer Höhe, die den festzusetzenden Steueranspruch übersteigt, für Rechnung des StPfl. als Vorauszahlung geleistet worden ist. Die Frage der Steuerhinterziehung beurteilt sich nur nach der unrichtigen oder unvollständigen Erklärung und der daraus resultierenden Steuerfestsetzung. Die Anrechnung von Kapitalertragsteuer/Zinsabschlagsteuer ist nicht Gegenstand der Steuerfestsetzung. Dass Schuldner der Kapitalerträge bzw. die die Kapitalerträge auszahlenden Stellen bereits den Kapitalertragsteuerabzug für Rechnung des StPfl. vorgenommen und die einbehaltene Steuer an das Finanzamt abgeführt haben, berührt weder die Erklärungspflicht des StPfl. noch die Höhe der festzusetzenden ESt, da die Kapitalertragsteuer grundsätzlich unabhängig von der Erklärungspflicht erhoben wird (BFH vom 29.04.2008, BFH/NV 2008, 1391).

Beispiel 2: Der schlampige Buchhalter
Im gewerblichen Einzelunternehmen des A ist Buchhalter B mit der Lohnbuchhaltung betraut. Aufgrund drängender Jahresabschlussarbeiten und einem Liquiditätsengpass gibt B – auf Weisung des A – die Lohnsteueranmeldung für November 2011 erst Anfang 2012 beim FA ab. Liegt eine Steuerhinterziehung des A bzw. des B vor?

Lösung: Die Pflicht zur Abgabe der Lohnsteueranmeldung trifft A als Arbeitgeber persönlich (§ 38 ff. EStG). B ist zur Mitteilung der steuerlich relevanten Tatsachen nicht verpflichtet, so dass für ihn eine Strafbarkeit nach § 370 Abs. 1 Nr. 2 AO nicht in Betracht kommt. Durch die Anweisung, die LSt-Anmeldung verspätet (nach dem 10.12.2011, § 41a Abs. 1 S. 1 EStG) abzugeben, hat A das FA pflichtwidrig über steuererhebliche Tatsachen in Unkenntnis gelassen und dadurch Steuern verkürzt. Die Lohnsteueranmeldung steht gem. § 167 Abs. 1, § 168 S. 1 AO einer Steuerfestsetzung unter Vorbehalt der Nachprüfung gleich. Steueranmeldungen werden gem. § 370 Abs. 4 AO der Steuerfestsetzung gleichgestellt, so dass mit der verspäteten Abgabe der LSt-Anmeldung die Steuer verkürzt wurde. A hat den objektiven Tatbestand des § 370 Abs. 1 Nr. 2 AO verwirklicht.

Bei **Veranlagungssteuern**, die der StPfl. nicht selbst berechnet und beim FA anmeldet, ist die Steuerhinterziehung mit der zu niedrigen oder nicht rechtzeitigen Festsetzung vollendet.[473] Problematisch sind die Fälle, in denen eine Steuerfestsetzung nicht erfolgt, weil der StPfl. seinen Erklärungspflichten nicht nachkommt. Nach der Rspr. ist die Steuerverkürzung durch Unterlassen gem. § 370 Abs. 1 Nr. 2 AO vollendet, wenn das zuständige FA die Veranlagungsarbeiten für den betreffenden VZ allgemein abgeschlossen hat und damit auch den StPfl. bei Abgabe seiner Steuererklärung veranlagt hätte (BGH vom 18.05.2011, BFH/NV 2011, 1820).[474]

Eine Steuerhinterziehung ist auch im Anschluss an die erfolgte Steuerfestsetzung im Erhebungsverfahren als sog. **Beitreibungshinterziehung** möglich (BGH vom 21.08.2012, wistra 2012, 482). Als Tathandlung kommt hier jedes täuschende Verhalten in Betracht, dass den Vollstreckungserfolg der Finanzbehörde vereiteln soll, beispielsweise die Tilgung der Steuerrückstände mit einem nicht gedeckten Scheck[475] oder die Verschleierung von Vermögenswerten bei der Angabe der wirtschaftlichen Verhältnisse im Rahmen eines Stundungsantrags nach § 222 AO.

Nach § 370 Abs. 1 letzter HS AO (»und dadurch«) muss die Handlung **kausal** für die zu niedrige oder unterbliebene Steuerfestsetzung (Taterfolg) sein, das heißt die Handlung darf nicht hinweg gedacht werden, ohne dass der Erfolg entfällt (sog. Äquivalenztheorie).

Eine wichtige und prüfungsrelevante Ergänzung findet das Erfordernis der Kausalität in § 370 Abs. 4 S. 3 AO. Dort regelt der Gesetzgeber in einer schwer verständlichen Formulierung das sog. **Kompensationsverbot**.

---

473 Die Steuer ist festgesetzt, sobald der Steuerbescheid dem StPfl. bekannt gegeben wird (§ 124 Abs. 1 AO).
474 In der Praxis gestaltet sich die Feststellung dieses Zeitpunktes als außerordentlich schwierig: So soll es nach BGH vom 07.11.2001 (BStBl II 2002, 259) darauf ankommen, wann die Veranlagungsarbeiten im jeweiligen Veranlagungsbezirk spätestens abgeschlossen worden wären. Die Verwaltung entscheidet häufig danach, wann die Veranlagungsarbeiten für den jeweiligen VZ im jeweiligen FA größtenteils (d.h. über 95 %) abgeschlossen worden sind. Der BGH hat aufgrund der unbefriedigenden Situation angekündigt, seine Rspr. zur Tatvollendung bei Steuerhinterziehung durch Unterlassen zu überprüfen (BGH vom 19.01.2011, AO-StB 2011, 99).
475 *Joecks* in *Franzen/Gast/Joecks*, Steuerstrafrecht, § 370 AO, Rz. 229.

Die Steuerhinterziehung setzt als konkretes Gefährdungsdelikt einen konkreten Schadenseintritt (d.h. Steuerausfall) beim Fiskus **nicht** voraus. Der objektive Tatbestand der Steuerhinterziehung ist nach § 370 Abs. 4 S. 3 AO bereits verwirklicht, wenn aufgrund der Verkürzungshandlung ein geringerer Steuerbetrag festzusetzen wäre als ohne die täuschende Handlung. Unerheblich bleibt bei der Kausalitätsprüfung, ob die Steuer aus anderen Gründen hätte ermäßigt oder der Steuervorteil **aus anderen Gründen** hätte beansprucht werden können. Der Täter darf die Täuschungshandlung also nicht dadurch kompensieren, dass er andere, bis dato nicht vorgetragene Tatsachen nachreicht, die eine niedrigere Festsetzung der Steuer begründet hätte. Mit anderen Worten will das Kompensationsverbot verhindern, dass der Täter nach Tatbegehung einwendet, er hätte den gewonnenen Steuervorteil auch auf anderem, legalem Wege erreichen können. Der Grundsatz verhindert, dass der Steuerfall nach Entdecken einer Steuerstraftat nochmals im Sinne einer Gesamtaufrollung überprüft werden muss; ein »rechtmäßiges Alternativverhalten« bleibt außer Betracht. Insoweit beruht das Kompensationsverbot auf einem ähnlichen Rechtsgedanken wie die Vorschrift des § 173 Abs. 1 Nr. 2 S. 2 AO.

Allerdings wird das Kompensationsverbot durch die Rspr. insoweit eingeschränkt, als steuermindernde Umstände, die in **unmittelbarem wirtschaftlichen Zusammenhang** mit den verschwiegenen steuerbegründenden Tatsachen stehen, berücksichtigt werden dürfen (BGH vom 05.02.2004, wistra 2004, 147).

Beispiel 3: Die vergessene Umsatzsteuer
Zumpe ist in einer kleinen Anwaltskanzlei als Anwaltsgehilfe angestellt. Er ärgert sich seit langem über die hohen Steuerabzüge und Sozialversicherungsbeiträge bei der monatlichen Gehaltsabrechnung. Im Einvernehmen mit seinem Arbeitgeber stellt er diesem für geleistete Tätigkeiten, die er am Computer zu Hause für die Kanzlei getätigt hat, eine Rechnung für »geleistete Vermittlungstätigkeiten«. Die in der Rechnung gesondert ausgewiesene USt teilt er seinem FA nicht mit. Bei einer Betriebsprüfung wird der Sachverhalt aufgedeckt. Zumpe räumt den Sachverhalt bezüglich der USt-Hinterziehung ein. Er macht jedoch hinsichtlich der Höhe der hinterzogenen USt VorSt geltend, die im Zusammenhang mit der Heimarbeit entstanden seien. Zu Recht?

Lösung: Durch die pflichtwidrige Nichtabgabe einer USt-Erklärung hat Zumpe den objektiven Tatbestand des § 370 Abs. 1 Nr. 2 AO verwirklicht. Fraglich ist, ob für die Höhe der hinterzogenen USt die VorSt berücksichtigungsfähig sind. Nach dem Kompensationsverbot ist es für die Verwirklichung des objektiven Tatbestands der Steuerhinterziehung unerheblich, wenn die Steuer aus **anderen** Gründen hätte ermäßigt werden können (§ 370 Abs. 4 S. 3 AO). Anders ist es nur, wenn steuermindernde Tatsachen wirtschaftlich unmittelbar mit der verschwiegenen USt zusammen hängen. Dies erkennt die Rspr. bei BA an, die in unmittelbarem Zusammenhang mit verschwiegenen Betriebseinnahmen stehen, nicht aber bei VorSt im Zusammenhang mit nicht erklärten Umsätzen.[476] Aufgrund des Kompensationsverbots bleiben die VorSt daher unberücksichtigt. Gleichwohl ist es möglich, dass die Höhe der VorSt bei der Strafzumessung berücksichtigt wird (§ 46ff. StGB).[477]

Hinweis: Der letzte Satz der obigen Lösung wird nach der Aufgabenstellung nicht ausdrücklich gefragt. In der schriftlichen Prüfungsausgabe zeigt der Bearbeiter aber durch derartige – wenn auch nicht ausdrücklich gefragte – kurze Ergänzungen, dass ihm das Problemfeld insgesamt geläufig ist.

---

476 BGH vom 24.10.1990, wistra 1991, 107.
477 *Hübschmann/Hepp/Spitaler*, AO, § 370 Rz. 196.

Der BGH hat ein Kompensationsverbot u.a. in folgenden Fällen bejaht:

- bei USt zur damit im Zusammenhang stehenden VSt (s. Beispiel 3),
- bei Betriebseinnahmen im Verhältnis zu denjenigen BA, für die der Empfänger nicht benannt werden kann und dem FA daher nach § 160 AO eine Ermessensentscheidung zusteht (BGH vom 08.05.1979, MDR 1979, 772),
- bei Betriebseinnahmen im Verhältnis zu einem von Amts wegen zu berücksichtigenden Verlustvortrag (BGH vom 26.06.1984, wistra 1984, 183).

2.2.2 Subjektiver Tatbestand der Steuerhinterziehung

Der subjektive Tatbestand beschreibt die innere Einstellung des Täters zu seiner Tat. Eine strafbare Tatbestandsverwirklichung des § 370 AO setzt **vorsätzliches Handeln** voraus, denn fahrlässiges Handeln wird gem. § 15 StGB nur bestraft, wenn sich dies aus dem Wortlaut des Gesetzes eindeutig ergibt.

Vorsatz bedeutet, dass der Täter in Kenntnis aller Tatbestandsmerkmale die Tatbestandsverwirklichung will (»**Wissen und Wollen aller Tatbestandsmerkmale**«). Fahrlässiges Handeln ist bei der Steuerhinterziehung nicht strafbar; allerdings wird die grob fahrlässige, d.h. leichtfertige Steuerverkürzung als Ordnungswidrigkeit gem. § 378 AO verfolgt (s. Kap. 3). Ob der Täter aufgrund einer strafrechtlich relevanten Steuerhinterziehung oder lediglich wegen einer Ordnungswidrigkeit verfolgt wird, hängt damit in der Praxis häufig lediglich davon ab, ob die Strafverfolgungsbehörden den für die Steuerhinterziehung erforderlichen Vorsatz nachweisen können.

Vorsatz nach § 15 StGB kann in mehreren **Abstufungen** vorliegen. Für die Annahme des Vorsatzes ist es nicht erforderlich, dass der Täter absichtlich[478] oder mit direktem Vorsatz[479] handelt. Es genügt vielmehr das Vorliegen der schwächsten Form des Vorsatzes in Form des sog. Eventualvorsatzes (**dolus eventualis**): Der Täter hält die Verwirklichung des Tatbestandes ernsthaft für möglich, nimmt diesen aber für den Fall seines Eintritts billigend in Kauf (der Täter denkt sich sinngemäß: »Na wenn schon!«).

Eine für die Annahme des Vorsatzes nicht ausreichende **bewusste Fahrlässigkeit** liegt dagegen vor, wenn der Täter die Verwirklichung des Tatbestandes zwar für möglich hält, aber nicht mit dessen Eintreten rechnet, weil er den strafbaren Erfolg seiner Handlung nicht erwartet, vorhergesehen oder bedacht hat (der Täter denkt sich sinngemäß: »Es wird schon gut gehen!«).

Die Annahme des Vorsatzes setzt voraus, dass der Täter die Umstände kennt, die zum gesetzlichen Tatbestand gehören und darüber hinaus weiß, dass er durch sein Handeln gegen gesetzliche Bestimmungen verstößt, er also »etwas Verbotenes« tut (BFH vom 30.06.2010, AO-StB 2011, 6). Dieses Bewusstsein der Rechtswidrigkeit gehört gem. § 17 StGB zwingend zum subjektiven Tatbestand. Meint der Täter dagegen in Unkenntnis der gesetzlichen Bestimmungen, sein Handeln sei strafrechtlich nicht relevant, befindet er sich in einem **Verbotsirrtum** gem. § 17 StGB. Allerdings ist auch bei Vorliegen eines Verbotsirrtums die Schuld des Täters anzunehmen, wenn der Irrtum bei gehöriger Anspannung des Gewissens oder durch Einholung von Rat vermeidbar gewesen wäre. Die Rspr. setzt hier einen strengen

---

478 Verwirklichung des Tatbestandes als Ziel des Handelns.
479 Wissen, dass das Handeln zur Verwirklichung des Tatbestandes führt.

Maßstab an: Regelmäßig gilt bei § 17 StGB der Grundsatz »Unwissenheit schützt nicht vor Strafe«. Die Kenntnis des gesetzlichen Tatbestandes setzt deshalb auch nicht voraus, dass der Täter die gesetzlichen Vorschriften im Einzelnen kennt und deren Tatbestandsmerkmale juristisch zutreffend subsumiert. Ausreichend ist für das erforderliche Unrechtsbewusstsein eine **Parallelwertung in der Laiensphäre**, d.h. es genügt das Wissen, dass sein Handeln gegen eine gesetzliche Bestimmung verstößt.[480]

Beispiel 4: Der schusslige Gastwirt
Gastwirt G kümmert sich nach der Eröffnung seines Lokals nicht mehr um seine steuerlichen Angelegenheiten. Er geht davon aus, dass er ohne besondere Aufforderung des FA keine Steuererklärung abgeben müsse.

Lösung: Vorliegend täuscht sich G über seine Handlungspflicht nach § 149 AO, § 25 Abs. 3 S. 1 EStG i.V.m. § 56 EStDV. G handelt objektiv rechtswidrig, wertet sein Tun aber fälschlicherweise nicht als Unrecht. Ob dieser Verbotsirrtum seine Schuld gem. § 17 StGB ausschließt, ist anhand des Einzelfalles zu entscheiden. Beim Betreiben eines Lokals muss sich G aber wohl auch über seine steuerlichen Erklärungspflichten erkundigen, so dass sein Verbotsirrtum vermeidbar gewesen ist. Allerdings kann bei einem vermeidbaren Verbotsirrtum die Strafe gem. § 17 S. 2 StGB gemildert werden.

Beim Tatbestandsirrtum gem. § 16 StGB kennt der Täter dagegen einen Umstand nicht, der zum gesetzlichen Tatbestand gehört. Der Tatbestandsirrtum schließt – unabhängig von einer etwaigen Vermeidbarkeit, wie sie beim Verbotsirrtum gem. § 17 StGB relevant ist – den Vorsatz aus.

Beispiel 5: Geldanlage im Ausland
Der Pensionist P hat nach Einführung der Kapitalertragsteuer sein Vermögen auf ein Schweizer Wertpapierdepot übertragen. Er geht davon aus, dass die anfallenden Kapitaleinkünfte lediglich in der Schweiz, nicht aber in Deutschland einkommensteuerpflichtig sind und unterlässt demzufolge die Angabe der Erträge in der deutschen Steuererklärung. Liegt Strafbarkeit des P vor?

Lösung: P hat die Finanzbehörden pflichtwidrig über steuerlich erhebliche Tatsachen in Unkenntnis gelassen und dadurch Steuern verkürzt. Er hat damit objektiv den Tatbestand des § 370 Abs. 1 Nr. 2 AO verwirklicht. P handelt ohne Vorsatz, wenn er sich über ein Merkmal des gesetzlichen Tatbestandes irrt (§ 16 StGB). Hier glaubt P, bei den Kapitalerträgen handele es sich nicht um in Inland steuerlich erhebliche Tatsachen gem. § 370 Abs. 1 Nr. 2 AO. Sein Irrtum schließt nach § 16 StGB den Vorsatz aus, eine Bestrafung des P kommt nicht in Betracht. Fraglich wäre im vorliegenden Fall allenfalls, ob das FA der Einlassung des P Glauben schenkt.

Der Vorsatz beschreibt die **innere Einstellung des Täters zu seiner Tat**. In der Praxis ist der für die Strafverfolgung erforderliche Nachweis des Vorsatzes oft schwierig zu führen: Regelmäßig müssen die Strafverfolgungsbehörden aus äußeren Anzeichen auf den Vorsatz des Täters schließen können. Die Einlassung des Täters, er habe die steuerliche Auswirkung seines Handelns nicht gekannt, ist dabei umso glaubwürdiger, je mehr schwierige steuerrechtliche Probleme tangiert werden. Hingegen lassen gefälschte Belege in der Steu-

---

480 Nach ständiger Rspr. hat sich der StPfl. bei rechtlichen Zweifeln über seine steuerlichen Pflichten bei qualifizierten Auskunftspersonen zu erkundigen (BFH vom 19.02.2009, BStBl II 2009, 932).

ererklärung, Ohne-Rechnung-Geschäfte und manipulierte Buchführungen in starkem Maße auf das Vorliegen des Vorsatzes schließen (BGH vom 08.09.2011, AO-StB 2011, 323).

Die subjektiven und objektiven Voraussetzungen einer Steuerhinterziehung gem. § 370 AO sind im Strafprozess – auch bei der Verletzung von Mitwirkungspflichten – immer mit an Sicherheit grenzender Wahrscheinlichkeit festzustellen. Dies gilt selbst für die Verletzung sog. erweiterter Mitwirkungspflichten bei internationalen Steuerpflichten nach § 90 Abs. 2 AO (BFH vom 07.11.2006, BStBl II 2007, 364). Die steuerrechtlichen Mitwirkungsvorschriften werden insoweit von den strafrechtlichen Vorschriften über das Beweismaß **überlagert**.

Die Frage, ob die subjektiven Voraussetzungen einer Steuerhinterziehung erfüllt sind, betrifft die Würdigung des Sachverhalts, die stets nur im Einzelfall in Bezug auf den jeweiligen StPfl. geprüft werden kann. Sie entzieht sich einer Verallgemeinerung und ist daher z.B. auch für eine Mehrzahl von StPfl., die Kapital bei einer bestimmten ausländischen Zentralbank angelegt haben, nicht notwendigerweise einheitlich zu entscheiden (BFH vom 22.01.2007, BFH/NV 2007, 647).

2.2.3 Täterschaft und Teilnahme

Nachdem die Vorschriften des Achten Teils der AO zu den Beteiligungsformen hinsichtlich der Steuerhinterziehung und den anderen Steuerstraftaten keine Aussagen treffen, gelten auch insoweit (vgl. § 379 Abs. 2 AO) die Vorschriften des Allgemeinen Teils des Strafrechts (§§ 25 ff. StGB). Das StGB unterscheidet bei den Beteiligungsformen zwischen **Täterschaft** (Alleintäter, mittelbarer Täter oder Mittäter, § 25 StGB) und **Teilnahme** (Anstifter oder Gehilfe, §§ 26 f. StGB).[481]

Täter ist, wer die Steuerhinterziehung als eigene Straftat begeht und dabei als kennzeichnendes Merkmal die **Tatherrschaft** innehat (§ 25 StGB).[482] Die Tatherrschaft kann sich dabei ergeben aus der unmittelbaren Handlungsherrschaft (so beim Alleintäter, § 25 Abs. 1, 1. Alt. StGB), aus der Willensherrschaft (so beim mittelbaren Täter, der sich zur Ausführung der Tat eines anderen Menschen als Werkzeug bedient, siehe das folgende Beispiel) oder aus der funktionellen Tatherrschaft (so beim Mittäter, wo alle Mittäter bei der Tatbegehung arbeitsteilig vorgehen und dabei bewusst und gewollt zusammenarbeiten, § 25 Abs. 2 StGB).

> **Beispiel 6: Der Steuerberater als vorsatzloses Werkzeug**
> Der StPfl. S übergibt seinem StB gefälschte Rechnungen. Dieser ermittelt hieraus einen (objektiv nicht bestehenden) VSt-Überschuss und reicht infolgedessen eine falsche USt-Voranmeldung beim FA ein, deren Richtigkeit er mit seiner eigenen Unterschrift bestätigt.
>
> **Lösung:** Zwar kann auch ein StB grundsätzlich den Tatbestand der Steuerhinterziehung verwirklichen (vgl. § 370 Abs. 1 AO). Der StB bleibt aber hier mangels Vorsatzes straflos, bei ihm liegt ein vorsatzausschließender Tatbestandsirrtum vor.[483] S selbst ist mittelbarer Täter gem. § 25

---
481 Bei der schriftlichen Steuerberaterprüfung 2003 war gerade diese Abgrenzung der verschiedenen Formen von Täterschaft und Teilnahme Scherpunkt im AO-Teil der Klausur aus dem Verfahrensrecht und anderen Steuerrechtsgebieten.
482 Unter Tatherrschaft versteht man das »In-den-Händen-Halten des tatbestandlichen Geschehensablaufs«; der Täter bestimmt damit das »Ob« und »Wie« der Tat.
483 Anders liegt der Fall, wenn der StB für seinen Mandanten wissentlich unrichtige Anträge auf Herabsetzung von Vorauszahlungen stellt; hier erfüllt er durch eine eigene aktive Handlung den Tatbestand der Steuerhinterziehung (FG Niedersachsen vom 18.12.2006, AO-StB 2008, 38).

Abs. 1, 2. Alt. StGB, da er die Steuerhinterziehung durch den StB als vorsatzloses Werkzeug begeht. Das Wesen der mittelbaren Täterschaft besteht darin, dass der Täter – hier der StB – die einzelnen Tatbestandsmerkmale nicht selbst verwirklicht, sondern sich dazu eines anderen bedient; dieser Dritte ist selbst weder Täter noch Mittäter. Der mittelbare Täter ist strafrechtlich so zu behandeln, als habe er alle Tatbestandsmerkmale selbst verwirklicht.

Teilnehmer der Steuerhinterziehung ist, wer sich an einer fremden Steuerhinterziehung als Anstifter oder Gehilfe beteiligt, und dabei selbst keine Tatherrschaft innehat. **Anstifter** gem. § 26 StGB ist, wer wissentlich einen anderen zu dessen vorsätzlich begangener rechtswidrigen Tat bestimmt, indem er dessen Tatentschluss hervorruft. **Gehilfe** ist, wer vorsätzlich dem Täter zu dessen vorsätzlich begangener Tat Hilfe leistet (§ 27 Abs. 1 StGB). Als Hilfeleistung i.S.d. § 27 StGB ist jede Handlung anzusehen, welche die Herbeiführung des Taterfolges durch den Täter in irgendeiner Weise objektiv fördert, ohne dass sie für den Erfolg ursächlich gewesen sein muss (ständige Rspr., vgl. BGH vom 08.03.2001, NJW 2001, 2409 f. m.w.N.). Die Hilfeleistung muss nicht zur Ausführung der Tat selbst geleistet werden, es genügt schon die Unterstützung bei einer vorbereitenden Handlung. Der Tatbestand der Beihilfe zur Steuerhinterziehung ist demzufolge bereits erfüllt, wenn der Gehilfe dem Haupttäter, der sog. Schwarzgeschäfte tätigt, die Tat dadurch erleichtert, dass dieser annehmen kann, auch in der Buchführung des Gehilfen nicht in Erscheinung zu treten (BFH vom 21.01.2004, BStBl II 2004, 919).

Schwierigkeiten bereitet bei den verschiedenen Begehungsformen insb. die Abgrenzung von Mittäterschaft zur Beihilfe. Die Abgrenzung ist dabei insb. nach der Willensrichtung des Beteiligten vorzunehmen, ob dieser also als Mittäter die Steuerhinterziehung als »eigene« Tat will, oder ob er durch seine Hilfeleistung lediglich »eine fremde Tat« unterstützen möchte.[484] Die Schwierigkeit der Abgrenzung wird dadurch deutlich, dass nach Auffassung des BGH das Gesamtbild der Tatverhältnisse entscheiden muss, ob der Beteiligte als Mittäter oder Gehilfe zu bestrafen ist.

Beispiel 7: Der hilfsbereite Bankangestellte
Der StPfl. Schlau möchte durch die Verlagerung seines Wertpapiervermögens der deutschen ESt entgehen und plant die Übertragung seines Depots auf eine luxemburgische Bank. Schlau beabsichtigt, die Wertpapiererträge nicht in seiner ESt-Erklärung anzugeben. Der Bankangestellte Klein, dem Schlau von seinem Plan erzählt, hilft diesem bei der anonymen Überweisung nach Luxemburg und verschleiert dabei den Zahlungsvorgang. Macht Klein sich strafbar?

Lösung: Die Abgrenzung erlaubter beruflicher Mitwirkung eines Bankangestellten von einer strafbaren Beihilfe zur Steuerhinterziehung richtet sich nach den allgemeinen Regeln des Strafrechts. Bei der Beihilfe muss der Tatbeitrag des Klein nicht für die spätere falsche Steuererklärung des Schlau kausal sein. Weiß Schlau, dass sein Handeln ausschließlich auf die Begehung einer Straftat abzielt, ist sein Tatbeitrag als Beihilfebeitrag zu werten. Der BGH hat mit diesen Grundsätzen die Verurteilung eines Bankangestellten wegen Beihilfe zur Steuerhinterziehung bestätigt, der seinen Kunden dabei behilflich war, Kapitalanlagen anonym ins Ausland zu transferieren. Der Bankangestellte habe durch seine Mitwirkung die Steuerhinterziehung des Kunden aktiv gefördert, indem er durch die Anonymisierung des Geldtransfers das Entdeckungsrisiko für die Nichtversteuerung der im Ausland erzielten Erträge verringert habe (BGH vom 01.08.2000, wistra 2000, 340).

---

484 Sog. Animus-Theorie, vgl. BGH in BGHSt 36, 367.

Eine besonders **prüfungsrelevante Problematik** liegt in der Frage, ob bei zusammenveranlagten Ehegatten die Steuerverkürzung eines Ehegatten auch dem anderen als Mittäter oder als Gehilfen zuzurechnen ist.

Beispiel 8: Vergessene Kapitaleinkünfte
Herr und Frau Schlau werden zusammen zur ESt veranlagt (§§ 26 Abs. 1, 26b EStG). Bei der Steuererklärung für das Jahr 2006 möchte Herr Schlau seine Kapitaleinkünfte aus dem luxemburgischen Wertpapierdepot nicht angeben, da er das Entdeckungsrisiko aufgrund des anonymen Geldtransfers für minimal hält. Als er wegen der Presseberichterstattung zu den »Bankenfällen« der Steuerfahndungsstellen seiner Frau von seinem Plan erzählt, erklärt sich diese mit dem Vorgehen ausdrücklich einverstanden, da man sich mit der ersparten Steuer einen schönen Kurzurlaub leisten könne. Beide unterzeichnen daraufhin absprachegemäß die Steuererklärung und reichen diese beim FA ein. Liegt eine Strafbarkeit der Ehegatten Schlau vor?

Lösung: Herr und Frau Schlau haben sich wegen gemeinschaftlicher Steuerhinterziehung gem. § 370 Abs. 1 Nr. 2 AO, § 25 Abs. 2 StGB strafbar gemacht. Gibt bei der Zusammenveranlagung zur ESt ein Ehegatte steuerlich erhebliche Tatsachen in der Steuererklärung nicht an, ist hierfür zwar nicht automatisch auch der andere Ehegatte strafrechtlich verantwortlich. Trotz der Zusammenveranlagung handelt es sich weiterhin um zwei getrennte Einzelsteuererklärungen, die lediglich zu einem zusammengefassten ESt-Bescheid führen (§ 155 Abs. 3 S. 1 AO). Die bloße Mitunterzeichnung der gemeinsamen Steuererklärung ist für sich alleine strafrechtlich irrelevant (BFH vom 19.02.2008, BFH/NV 2008, 1158). Jeder Ehegatte übernimmt mit seiner Unterschrift nur die Verantwortung für denjenigen Teil, der ihn betrifft. Bestärkt allerdings ein Ehegatte den anderen beim Tatentschluss der Steuerhinterziehung und hat er ein starkes Tatinteresse (wie hier bei der geplanten »Beuteverwendung«), will er in der Gesamtschau der Verhältnisse die Steuerhinterziehung »als eigene Tat«, machen sich beide Ehegatten als Mittäter der gemeinsam begangenen Steuerhinterziehung strafbar.[485]

Finanzbeamte können sich ebenfalls der Steuerhinterziehung zu Gunsten eines StPfl. strafbar machen, wenn steuerlich relevante Sachverhalte pflichtwidrig nicht erfasst werden oder rechtswidrig zu Gunsten des StPfl. gewertet werden. Missbraucht der Finanzbeamte dabei pflichtwidrig seine Befugnisse als Amtsträger, verwirklicht er regelmäßig zudem den Tatbestand der Untreue gem. § 266 StGB.

2.2.4 Zeitliche Stadien der Steuerhinterziehung

Die Steuerhinterziehung (§ 370 AO) lässt sich zeitlich in verschiedene Stadien unterteilen, an die unterschiedliche Rechtsfolgen anknüpfen:

2.2.4.1 Vorbereitungsstadium (strafrechtlich nicht relevant)
Handlungen, die eine beabsichtigte Steuerhinterziehung nur vorbereiten, sind nicht strafbar. Mit den Vorbereitungshandlungen schafft der Täter erst die Vorbedingungen zur späteren Tat, beginnt aber noch nicht mit der eigentlichen Tatbestandsverwirklichung. Hierzu gehört beispielsweise die Transferierung von Wertpapieren in das Ausland in der Absicht, die Kapi-

---

[485] In der Praxis wird die Bestrafung von Frau Schlau wegen Steuerhinterziehung häufig daran scheitern, dass der Vorsatz nicht nachweisbar sein wird; übrig bleibt dann regelmäßig eine leichtfertige Steuerverkürzung nach § 378 Abs. 1 AO.

taleinkünfte nicht in der Steuererklärung anzugeben, das bewusste Falschbuchen (vgl. aber § 379 Abs. 1 Nr. 1 AO), das Ausführen von »Ohne-Rechnung-Geschäften«. In allen Beispielen hat der Täter noch nicht unmittelbar zu den Handlungen nach § 370 AO angesetzt.[486]

2.2.4.2 Versuchsstadium (strafbar, § 370 Abs. 2 AO)

Die versuchte Steuerhinterziehung ist gem. § 370 Abs. 2 AO i.V.m. § 23 Abs. 1, 2. Alt. StGB strafbar. Eine Straftat versucht, wer die Vollendung der Tat will (sog. **Tatentschluss**) und **unmittelbar zur Verwirklichung des Tatbestandes ansetzt** (§ 22 StGB). Das Verhalten des Täters muss nach dessen Vorstellung der Tatbestandsverwirklichung **unmittelbar vorgelagert** sein.[487] Typisch für den Versuch ist, dass der objektive Tatbestand nicht vollständig verwirklicht wird, obwohl der Täter subjektiv die Vollendung der Tat will. Solange sich der Täter noch im Versuchsstadium befindet, ist ein strafbefreiender Rücktritt von der Tat nach § 24 StGB möglich.

Beispiel 9: Jetzt geht's los!
Klumpe feilt seit Monaten an der Fälschung von Spendenbelegen für die ESt-Erklärung 2009. Am 20.05.2010 wirft er die Steuererklärung samt Anlagen in den örtlichen Briefkasten. Bereits auf dem Heimweg vom Postkasten bereut er sein Handeln. Am nächsten Tag erscheint er bereits bei Öffnung des FA in der dortigen Poststelle und bittet, ihm das noch nicht geöffnete Kuvert wieder auszuhändigen. Nach längerer Diskussion willigt der Finanzbeamte in der Poststelle ein. Macht sich Klumpe strafbar?

Lösung: Zur vollendeten Steuerhinterziehung nach § 370 Abs. 1 Nr. 1 AO ist es vorliegend nicht gekommen, da nicht sämtliche Tatbestandsmerkmale erfüllt sind: die Steuerverkürzung war zwar ursprünglich gewollt, ist aber aufgrund der Rückholung der Erklärung nicht eingetreten. In Betracht kommt daher allenfalls eine Strafbarkeit wegen Versuchs (§ 370 Abs. 2 AO). Klumpe wollte im Zeitpunkt des Einwurfs der Steuererklärung in den Postkasten Steuern hinterziehen; sein Tatentschluss war zum damaligen Zeitpunkt zu bejahen. Mit dem Einwurf der unrichtigen Steuererklärung hat Klumpe auch unmittelbar zur Tat angesetzt (§ 22 StGB). Er hat mit dem Einwurf nach seiner Vorstellung die Schwelle des »Jetzt geht's los« überschritten. Bei einem ungehinderten Geschehensablauf wäre es nach seiner Vorstellung zur Vollendung des Delikts gekommen. Allerdings ist Klumpe von der Tat gem. § 24 Abs. 1 S. 1 StGB strafbefreiend zurückgetreten, da er mit der Rückholung der Unterlagen in der Poststelle die Vollendung der Tat verhindert hat. Klumpe bleibt daher straffrei.[488]

2.2.4.3 Vollendung

Die Steuerhinterziehung ist vollendet, wenn alle Tatbestandsmerkmale erfüllt sind. Beim Regelfall einer zu niedrig festgesetzten Steuer ist dies mit dem Wirksamwerden (d.h. Bekanntgabe, § 124 AO) der Steuerfestsetzung der Fall.[489] Bei Fälligkeitssteuern – also insb.

---

486 Vgl. z.B. BGH vom 03.08.1995, wistra 1995, 345.
487 Vgl. BGH vom 06.12.2007, NStZ 2008, 209; besonders anschaulich ist dabei das Abgrenzungskriterium, nach dem das unmittelbare Ansetzen vorliegt, wenn sich der Täter vorstellt: »**Jetzt geht´s los**«.
488 **Beachten Sie auch hier wieder den Aufbau der Lösungsskizze:** Steuern Sie nicht sofort auch das erkennbare Ergebnis (»Klumpe bleibt straffrei«), sondern arbeiten Sie die angesprochenen Problemfelder ab: keine Vollendung der Tat/Subsumtion des Versuchs/strafbefreiender Rücktritt. **Nur so erhalten Sie in der schriftlichen Prüfung die maximal erreichbare Punktzahl.**
489 Auch insoweit ist die Bekanntgabefiktion des § 122 Abs. 2 AO zu beachten; a.A. *Franzen/Gast/Joecks*, Steuerstrafrecht, § 376 AO Rz. 19.

den Anmeldesteuern – wird die Steuerhinterziehung bereits mit der Versäumung der Fälligkeitsfrist vollendet. Mit dem Zeitpunkt der Vollendung beginnt die Verzinsung nach § 235 AO sowie die Haftung nach § 71 AO. Sobald die Steuerhinterziehung vollendet ist, kommt ein strafbefreiender Rücktritt nach § 24 StGB nicht mehr in Betracht. § 24 StGB setzt nach seinem Wortlaut voraus, dass sich die Tat noch im Versuchsstadium befindet. Straffreiheit kann nach Vollendung der Steuerhinterziehung allerdings noch durch die Selbstanzeige gem. § 371 AO erreicht werden (s. Kap. 2.2.5).

2.2.4.4 Beendigung

Die Steuerhinterziehung ist mit dem materiellen Abschluss der Tat, d.h. mit dem planmäßigen Zu-Ende-Führen der Tat, beendet. Regelmäßig fallen bei der Steuerhinterziehung der Zeitpunkt der Vollendung und der Beendigung zusammen. Dies ist nur ausnahmsweise nicht der Fall, z.B. beim Eingehen von unrichtigen Steuervorauszahlungen in den Jahressteuerbescheid. Der Zeitpunkt der Tatbeendigung ist entscheidend für den Fristbeginn der Strafverfolgungsverjährung (§ 78a StGB i.V.m. § 78 StGB, 376 AO).

2.2.5 Selbstanzeige (§ 371 AO)

Die in § 370 AO normierte Strafbarkeit der Steuerhinterziehung schützt das öffentliche Interesse des Staates an einem rechtzeitigen und vollständigen Steueraufkommen.[490] Zeigt der Täter oder Teilnehmer einer Steuerhinterziehung nach Vollendung der Tat seine Verfehlung beim FA an und bezahlt er etwaige bereits eingetretene Steuerausfälle nach, entfällt – zumindest fiskalpolitisch – der Grund für eine Bestrafung. Vor diesem Hintergrund wird gem. § 371 Abs. 1 AO auch derjenige nicht bestraft, der nach Vollendung der Steuerhinterziehung unrichtige oder unvollständige Angaben bei der Finanzbehörde berichtigt oder ergänzt oder unterlassene Angaben nachholt. Dem Täter oder Teilnehmer soll nach der Rspr. durch die Möglichkeit der Selbstanzeige die **Rückkehr zur Steuerehrlichkeit** erleichtert werden (BGH vom 21.04.2010, BStBl II 2010, 771). Die Zahl der Selbstanzeigen ist 2010 nach dem Ankauf der brisanten Daten-CD Anfang 2010 sprunghaft gestiegen; allein in Bayern stieg die Zahl von bisher durchschnittlich rund 2.500 jährlich auf etwa 4.000 im Jahr 2010.

Die Selbstanzeige ist systematisch mit dem Rücktritt vom Versuch (§ 24 StGB) vergleichbar.[491] Die begangene Straftat als solche bleibt bestehen, gleichwohl wird von einer Bestrafung des Täters bzw. Teilnehmers abgesehen. Die Selbstanzeige bewirkt damit einen **persönlichen Strafaufhebungsgrund**.[492] Wichtig: Die übrigen abgabenrechtlichen Folgerungen der Steuerhinterziehung (insbes. Hinterziehungszinsen gem. § 235 AO, Haftung gem. § 71 AO, verlängerte Festsetzungsverjährung gem. § 169 Abs. 2 S. 2 AO) bleiben von der Selbstanzeige unberührt.

---

490 BGH vom 02.12.2008, BB 2009, 312; vgl. ausführlich *Hübschmann/Hepp/Spitaler*, AO, § 370 Rz. 1 ff.
491 Schließt diesen aber nicht aus, vgl. oben Beispiel 9.
492 Im Allgemeinen Strafrecht kann die Schadenswiedergutmachung nicht als Strafaufhebungsgrund, aber als Strafzumessungsregel berücksichtigt werden (§ 46a StGB).

2.2.5.1 Voraussetzungen der Selbstanzeige (§ 371 Abs. 1 und 3 AO)

Eine strafbefreiende Selbstanzeige setzt voraus, dass

- der Täter oder Teilnehmer im Fall des § 370 Abs. 1 Nr. 1 AO die unrichtigen oder unvollständigen Angaben **in vollem Umfang** berichtigt bzw. ergänzt und im Fall des § 370 Abs. 1 Nr. 2 AO die unterlassenen Angaben nachholt **und**
- die hinterzogene Steuer an den Fiskus entrichtet wird (§ 371 Abs. 3 AO).

Anzeigefähig sind dabei alle Fälle der Steuerhinterziehung einschließlich der Fälle des Versuchs, der Beihilfe, der Anstiftung und der Mittäterschaft. Eine bestimmte Form ist für die Selbstanzeige nicht vorgesehen; die Selbstanzeige kann schriftlich, mündlich oder zur Niederschrift erklärt werden. Insb. muss der Erklärende nicht ausdrücklich den Begriff »Selbstanzeige« verwenden. Die Selbstanzeige kann vielmehr auch **konkludent** erklärt werden.[493] Allerdings setzt § 371 Abs. 1 AO voraus, dass das FA auf Grundlage der Selbstanzeige in der Lage ist, den Sachverhalt ohne langwierige Ermittlungstätigkeiten vollständig aufzuklären und die Steuer richtig festzusetzen (**Grundsatz der Materiallieferung**).

Der StPfl. muss nach ständiger Rspr. durch seine Erklärung wesentlich dazu beitragen, dass die Finanzbehörde auf der Basis seiner Erklärung ohne größere weitere Ermittlungen und unabhängig von der weiteren Bereitschaft des StPfl. zur Mitwirkung die betroffene Steuer zutreffend veranlagen kann.[494] Die Nachholung der bisher unterlassenen Steuererklärung oder -anmeldung reicht daher als Selbstanzeige regelmäßig aus. Erforderlich ist aber, dass der StPfl. seine Selbstanzeige mit dem erforderlichen **Zahlenmaterial unterlegt**. Ist der Täter oder Teilnehmer hierzu – schuldhaft oder schuldlos – nicht in der Lage, kommt eine strafbefreiende Wirkung seiner Anzeige nicht in Betracht.[495] Die Strafbefreiung nach § 371 AO erstreckt sich nur auf die begangene Steuerhinterziehung, nicht aber auf andere Delikte, die der Täter oder Teilnehmer im Zusammenhang mit der Steuerhinterziehung begangen hat (z.B. Urkundenfälschung). § 371 AO beschränkt das Strafverfolgungshindernis eindeutig auf das Delikt der Steuerhinterziehung.

Auf die **Freiwilligkeit** der Selbstanzeige kommt es – anders als beim strafbefreienden Rücktritt gem. § 24 StGB – nicht an.

Die im Rahmen der Selbstanzeige gegenüber der Finanzbehörde gemachten Erklärungen (»**Materiallieferung**«) müssen wahr und vollständig sein. Im Sommer 2010 hat der BGH (BGH vom 20.05.2010, Az.: 1 StR 577/09) die Voraussetzungen für eine strafbefreiende Selbstanzeige **deutlich verschärft**:

Eine strafbefreiende Rückkehr zur Steuerehrlichkeit ist nur dann gegeben, wenn der Täter nunmehr vollständige und richtige Angaben – mithin also »reinen Tisch« – macht. Erst dann liegt eine strafbefreiende Selbstanzeige vor. Eine »Teilselbstanzeige«, die nach der alten Rspr. ebenfalls zulässig war, hält der BGH nicht mehr für ausreichend. Nicht ausreichend ist daher, wenn der StPfl. von mehreren bisher dem FA verheimlichten Auslandskonten nur diejenigen offenbart, deren Aufdeckung er fürchtet; er muss – so der BGH – hinsichtlich aller Konten reinen Tisch machen. Durch das Schwarzgeldbekämpfungsgesetz hat der Gesetzgeber diese

---

493 Häufig erreicht das FA im Anschluss an die Durchsuchung von Banken folgende Mitteilungen: »Bei der Durchsicht alter Unterlagen ist mir aufgefallen, dass ich folgende Kapitalerträge gegenüber dem FA nicht angegeben habe ...«.
494 BFH vom 21.04.2010, BStBl II 2010, 771.
495 Vom StPfl. ist zumindest eine Schätzung der Besteuerungsgrundlagen zu erwarten, bis er im Anschluss hieran in angemessener Frist die genauen Zahlen ermitteln kann.

Rechtsprechungsänderung 2011 ausdrücklich in die Abgabenordnung übernommen (§ 371 Abs. 1 AO neuer Folge). Geringfügige und unbewusste Abweichungen von bis zu 5 % der hinterzogenen Steuer sind dabei regelmäßig unschädlich (BGH vom 25.07.2011, Az.: 1 StR 631/10).

Die Selbstanzeige kann jeder Täter und Teilnehmer der Tat hinsichtlich des von ihm verursachten Taterfolges erstatten. Eine Selbstanzeige durch einen Bevollmächtigten sowie einen gesetzlichen oder satzungsmäßigen Vertreter ist ebenfalls zulässig, wenn dieser aufgrund eines **ausdrücklichen Auftrags** handelt.[496] Die allgemeine Bevollmächtigung eines StB im Rahmen eines Mandatsverhältnisses ist für eine derartige ausdrückliche Beauftragung nicht ausreichend. Die strafbefreiende Wirkung tritt auch nicht ein, wenn der Täter oder Teilnehmer die für ihn abgegebene Selbstanzeige nachträglich genehmigt.

Beispiel 10: Der übereifrige Steuerberater
StB Eifrig erfährt bei den Jahresabschlussarbeiten für seinen Mandanten Faul, dass dieser über Jahre Einnahmen in beträchtlicher Höhe nicht in der Buchhaltung erfasst hat. Ohne vorher mit Faul zu sprechen, zeigt er unter Vorlage einer allgemeinen steuerlichen Vollmacht die Steuerhinterziehung dem zuständigen FA an. Das FA leitet daraufhin ein Steuerstrafverfahren gegen Faul gem. § 397 AO ein. Als Faul die Einleitung des Steuerstrafverfahrens bekannt wird, ruft er beim FA an, um die Selbstanzeige des Eifrig rückwirkend zu genehmigen. Wie ist die Rechtsfolge?

Lösung: Durch die unvollständige Erfassung der Einnahmen in der Gewinnermittlung hat Faul über Jahre hinweg gegenüber dem FA unvollständige Angaben gemacht und damit den Tatbestand des § 370 Abs. 1 Nr. 1 AO verwirklicht. Fraglich ist, ob durch die Selbstanzeige des Eifrig ein Strafverfolgungshindernis eingetreten ist. Zwar kann sich Faul bei der Abgabe der Selbstanzeige durch seinen StB als Bevollmächtigten vertreten lassen (§ 80 Abs. 1 S. 1 AO). Eine Vertretung ist bei der Selbstanzeige aber nur möglich, wenn die Vollmachtserteilung sich über die allgemeine steuerliche Vertretung hinaus ausdrücklich auf die Selbstanzeige erstreckt (BGH vom 13.05.1952, BGHSt 3, 373). Auch eine ausdrückliche mündliche Vollmacht wäre insoweit ausreichend; vorliegend hat Faul die Selbstanzeige aber erst nachträglich genehmigt. Eine strafbefreiende Wirkung scheidet daher aus. Der Anruf beim FA entfaltet auch keine strafbefreiende Wirkung als eigenständige Selbstanzeige, da zu diesem Zeitpunkt dem Faul die Einleitung des Strafverfahrens bereits bekannt gegeben wurde (§ 371 Abs. 2 Nr. 1 Buchst. b AO). Die verunglückte Selbstanzeige kann allenfalls bei der Strafzumessung berücksichtigt werden.

Bei der vollendeten Steuerhinterziehung muss der Täter zur Erreichung der Straffreiheit die hinterzogene Steuer (ohne Nebenleistungen) als Schadenswiedergutmachung innerhalb einer vom FA festgesetzten Frist **nachzahlen** (§ 371 Abs. 3 AO). Ist er hierzu – schuldhaft oder schuldlos – nicht in der Lage, kommt ihm die Straffreiheit nicht zugute. Hat der Täter oder Teilnehmer die Tat zu Gunsten eines Dritten begangen, ist er zur Nachzahlung nur verpflichtet, wenn er aus der Tat einen unmittelbaren wirtschaftlichen Erfolg erlangt hat (vgl. BGH vom 04.07.1979, BGHSt 29, 37).

Die gesetzte Nachzahlungsfrist muss unter Berücksichtigung der persönlichen Verhältnisse der Täter so bemessen sein, dass die rechtzeitige Begleichung der Steuerschuld nicht von vornherein ausgeschlossen ist. Eine selbständige Anfechtung der Nachzahlungsfrist ist nach h.M. nicht zulässig.[497] Jedenfalls kann das für das Strafverfahren zuständige Gericht der Hauptsache prüfen, ob die Festsetzung der Nachzahlungsfrist ermessensfehlerhaft erfolgt ist.

---

496 *Hübschmann/Hepp/Spitaler*, AO, § 371 Rz. 40 m.w.N.
497 Vgl. *Hübschmann/Hepp/Spitaler*, AO, § 371 AO Rz. 125 ff.

2.2.5.2 Ausschlussgründe der Selbstanzeige (§ 371 Abs. 2 AO)

§ 371 Abs. 2 AO schließt die Straffreiheit der Selbstanzeige aus (sog. Sperrwirkung), wenn

- vor der Berichtigung, Ergänzung oder Nachholung
  - dem Täter oder seinem Vertreter eine Prüfungsanordnung nach § 196 AO bekannt gegeben worden ist (§ 371 Abs. 2 Nr. 1a AO) oder
  - ein Amtsträger des FA zur steuerlichen Prüfung oder zur Ermittlung einer Steuerstraftat oder einer Steuerordnungswidrigkeit **erschienen** (§ 371 Abs. 2 Nr. 1c AO) ist oder
  - dem Täter oder seinem Vertreter die **Einleitung** des Straf- oder Bußgeldverfahrens wegen der Tat **bekannt gegeben** worden ist (§ 371 Abs. 2 Nr. 1b AO) oder
- die Tat im Zeitpunkt der Berichtigung, Ergänzung oder Nachholung ganz oder zum Teil bereits **entdeckt** war und der Täter dies **wusste** oder bei verständiger Würdigung der Sachlage damit **rechnen musste** (§ 371 Abs. 2 Nr. 2 AO).

Erscheint ein Amtsträger zur steuerlichen Prüfung, ist die Selbstanzeige mit strafbefreiender Wirkung nicht mehr möglich (§ 371 Abs. 2 Nr. 1 Buchst. c AO). Ein tatsächlicher Beginn mit den Prüfungshandlungen ist hierbei – anders als etwa bei § 171 Abs. 4 AO – nicht erforderlich (BFH vom 19.06.2007, BStBl II 2008, 7). Zum Erscheinen gehört dabei regelmäßig ein Betreten der Geschäftsräume oder der Wohnung des StPfl.[498]

Die Sperrwirkung ist einerseits begrenzt auf den Betroffenen der Prüfung und ferner auf den Umfang des Prüfungsauftrags, zu dessen Durchführung der Prüfer erschienen ist (grundlegend BGH vom 15.01.1988, wistra 1988, 151). Nur für die im Prüfungsauftrag genannten Steuern und Besteuerungszeiträume ist die strafbefreiende Selbstanzeige ausgeschlossen. Die Bekanntgabe der Prüfungsanordnung führt seit Anfang 2011 ebenfalls zu einer Sperrwirkung (Schwarzgeldbekämpfungsgesetz); nach dem eindeutigen Wortlaut im § 371 Abs. 2 Nr. 1 Buchst. a AO ist auch hier die Bekanntgabefiktion des § 122 Abs. 2 Nr. 1 AO anwendbar. Ermittelt ein Beamter der Steuerfahndung ohne konkreten Prüfungsauftrag im Rahmen sog. Vorfeldermittlungen, schließt dies mangels konkreten Bezugs zu bestimmten Steuerarten und Besteuerungszeiträumen eine Selbstanzeige dagegen nicht aus (LG Stade vom 27.09.1999, wistra 2000, 200).

Die strafbefreiende Selbstanzeige ist ferner ausgeschlossen, wenn dem Täter oder seinem Vertreter die **Einleitung** des Straf- oder Bußgeldverfahrens wegen der Tat **bekannt gegeben** worden ist (§ 371 Abs. 2 Nr. 1 Buchst. b AO). Das Steuerstraf- oder -ordnungswidrigkeitenverfahren ist eingeleitet, sobald das FA, die Staatsanwaltschaft oder die Polizei eine Maßnahme ergreift, die erkennbar darauf abzielt, gegen jemanden wegen einer Steuerstraftat oder einer Steuerordnungswidrigkeit vorzugehen (§ 397 Abs. 1 und § 410 Abs. 1 Nr. 6 AO). Die Verfahrenseinleitung kann durch eine entsprechenden schriftliche Verfügung, aber auch durch anderweitige eindeutige Amtshandlungen, wie z.B. durch Verhaftung (§§ 114 ff. StPO), Festnahme (§ 127 StPO), Beschlagnahme (§§ 94, 98 StPO) oder Durchsuchung (§ 102 StPO) geschehen. Ein interner Aktenvermerk des FA, der dem Betroffenen nicht bekannt wird, genügt dagegen nicht. Der übliche Vermerk am Ende eines Prüfungsberichts nach § 201 Abs. 2 AO, dass die straf- oder bußgeldrechtliche Würdigung einem besonderen Verfahren vorbehalten bleibt, ist ein bloßer rechtlicher Hinweis; er beinhaltet nicht gleichzeitig eine Verfahrenseinleitung.

---

498 Vgl. *Kühn/von Wedelstädt*, AO, § 371 Rz. 15; die hierzu ergangene Rspr. wird auch als »Fußmattentheorie« bezeichnet.

Die Sperrwirkung der Verfahrenseinleitung ist sachlich beschränkt auf die in der Mitteilung bezeichneten Taten und persönlich beschränkt auf den bezeichneten Täter oder Teilnehmer.[499]

Nach § 371 Abs. 2 Nr. 2 AO tritt eine strafbefreiende Wirkung der Selbstanzeige auch dann nicht ein, wenn die Tat im Zeitpunkt der Berichtigung, Ergänzung oder Nachholung ganz oder zum Teil bereits **entdeckt** war und der Täter dies **wusste** oder bei verständiger Würdigung der Sachlage damit **rechnen musste**. Der fiskalpolitische Zweck der Selbstanzeige kann nicht mehr erreicht werden, wenn das FA auch ohne Mithilfe des Täters den Sachverhalt aufdeckt. Die Tat ist entdeckt, wenn für einen Dritten, der nicht Täter oder Teilnehmer ist, feststeht, dass gegenüber dem FA unrichtige Angaben gemacht wurden und dadurch eine Steuerverkürzung angestrebt wurde. Damit ist auch eine Entdeckung durch Personen, die nicht Finanzbeamte sind, möglich, wenn damit zu rechnen ist, dass die Kenntnisse an das FA weitergeleitet werden (BGH vom 13.05.1987, wistra 1987, 295). Zur Tatendeckung muss hinzukommen, dass der Täter von der Entdeckung wusste oder bei verständiger Würdigung der Sachlage mit der Entdeckung rechnen musste.

> **Beispiel 11: Schon entdeckt?**
> Im Rahmen einer Außenprüfung bei dem Versicherungsvermittler Rück fertigt der Betriebsprüfer zahlreiche Kontrollmitteilungen, um die steuerliche Erfassung von gezahlten Provisionen an die Außendienstmitarbeiter sicherzustellen. Rück informiert daraufhin seine Außendienstmitarbeiter über das Vorgehen des Prüfers, um diesen »eine goldene Brücke zu bauen«. Außendienstmitarbeiter Klein, der seine erhaltenen Provisionen gegenüber dem FA nicht erklärt hat, berichtigt infolge dieser Mitteilung seine Steuererklärungen der vergangenen Jahre. Ist die Selbstanzeige wirksam?
>
> **Lösung:** Nach § 371 Abs. 2 Nr. 2 AO ist eine strafbefreiende Selbstanzeige nicht mehr möglich, wenn die Tat entdeckt war und der Täter dies wusste. Mit der Kontrollmitteilung liegt noch keine Tatentdeckung vor, da zu diesem Zeitpunkt die steuerliche Verfehlung des Klein noch nicht festgestellt wurde. Eine strafbefreiende Selbstanzeige ist möglich, bis das FA durch Nachprüfung feststellt, dass Klein die Einnahmen nicht erfasst hat. Nach Inkrafttreten des Schwarzgeldbekämpfungsgesetzes ergibt sich die Sperrwirkung allerdings nunmehr durch die bekannt gegebene Prüfungsanordnung (§ 371 Abs. 2 Nr. 1a AO).

Durch das Schwarzgeldbekämpfungsgesetz wurde in § 371 AO noch ein weiterer Sperrgrund eingefügt: Keine Straffreiheit wird bei einer Steuerverkürzung von mehr als 50.000 € je Tat erlangt (§ 371 Abs. 2 Nr. 3 AO). Allerdings kann von der strafrechtlichen Verfolgung der Tat gem. § 398a AO bei diesen Fällen abgesehen werden, wenn der Täter neben den hinterzogenen Steuern einen Geldbetrag i.H.v. 5 % der hinterzogenen Steuer zugunsten der Staatskasse zahlt.

2.2.6 Strafzumessung

Für die Strafzumessung gilt nach § 370 Abs. 1 1. HS AO ein Strafrahmen von bis zu **fünf Jahren Freiheitsstrafe** oder Geldstrafe. Grundlage für die Zumessung der Strafe ist die Schuld des Täters (§ 46. Abs. 1 S. 1 StGB). Hierbei kann insb. die Tatausführung, die persönlichen und wirtschaftlichen Verhältnisse des Täters als auch das Verhalten des Täters nach der Tat (Schadenswiedergutmachung) berücksichtigt werden. Dabei sind auch die Wirkungen zu

---

[499] Vgl. im Einzelnen *Franzen/Gast/Joecks*, Steuerstrafrecht, § 371 AO Rz. 180 ff. m.w.N.

berücksichtigen, die von der Strafe für das künftige Leben des Täters in der Gesellschaft zu erwarten sind (§ 46 Abs. 1 StGB). § 46 Abs. 2 S. 1 StGB bestimmt, dass bei der Zumessung der Strafe die Umstände gegeneinander abzuwägen sind, die für und gegen den Täter sprechen. Dabei kommen namentlich die in § 46 Abs. 2 S. 2 StGB genannten Umstände in Betracht.

Bei der Zumessung einer Strafe wegen Steuerhinterziehung hat das in § 46 Abs. 2 S. 2 StGB vorgegebene Kriterium der »verschuldeten Auswirkungen der Tat« im Rahmen der erforderlichen Gesamtwürdigung besonderes Gewicht. »Auswirkungen der Tat« sind insbesondere die Folgen für das durch die Strafnorm geschützte Rechtsgut. Das durch § 370 AO geschützte Rechtsgut ist die Sicherung des staatlichen Steueranspruchs, d.h. des rechtzeitigen und vollständigen Steueraufkommens. Deshalb ist die **Höhe der verkürzten Steuern ein bestimmender Strafzumessungsumstand** (BGH vom 07.02.2012, DStRE 2012, 508).

Bei der Geldstrafe ist neben der Anzahl der verhängten Tagessätze (gem. § 40 Abs. 1 StGB mindestens 5 und höchstens 360, bei Tatmehrheit maximal 720 Tagessätze) auch die Höhe eines Tagessatzes anzugeben, wobei ein Tagessatz i.d.R. einem Tagesnettoeinkommen entspricht (vgl. § 40 Abs. 2 StGB). Die Höhe des Tagessatzes beträgt gem. § 40 Abs. 2 S. 3 StGB mindestens 1 und höchstens 30.000 €. Damit kann im Ergebnis eine Geldstrafe zwischen 5 € und 10,8 Mio. €, bei Tatmehrheit bis zu 21,6 Mio. € verhängt werden. Ein **Richtwert** aus der Praxis sind etwa **120 Tagessätze für 20.000 € verkürzte Steuern**. Die Grundsätze zur Strafzumessung bei Steuerhinterziehung hat der BGH in einer Grundsatzentscheidung Ende 2008 wie folgt klargestellt (BGH vom 02.12.2008, BB 2009, 312):

Nachdem der entstandene Steuerschaden maßgeblich die Höhe der Strafe bestimmt, kommt der gesetzlichen Vorgabe des § 370 Abs. 3 S. 2 Nr. 1 AO, wonach bei einer Hinterziehung »in großem Ausmaß« in der Regel nur eine Freiheitsstrafe (und zwar von sechs Monaten bis zu zehn Jahren) angedroht ist, indizielle Bedeutung zu. Der BGH hat ausgeführt, dass ein großes Ausmaß jedenfalls dann vorliegt, wenn der Steuerschaden über 50.000 € liegt. Das bedeutet ferner, dass jedenfalls bei einem sechsstelligen Hinterziehungsbetrag die Verhängung einer Geldstrafe nur bei Vorliegen besonderer Milderungsgründe noch schuldangemessen ist. Bei Hinterziehungsbeträgen in Millionenhöhe kommt eine Strafaussetzung zur Bewährung (Freiheitsstrafen bis zu zwei Jahren kann das Gericht zur Bewährung aussetzen, § 56 Abs. 2 StGB) nur ausnahmsweise, bei Vorliegen besonders gewichtiger Milderungsgründe in Betracht (bestätigt durch BGH vom 07.02.2012, DStRE 2012, 508).[500]

§ 370 Abs. 3 AO enthält eine Strafschärfung **für besonders schwere Fälle der Steuerhinterziehung** auf zehn Jahre Freiheitsstrafe vor. Ein besonders schwerer Fall liegt insb. in den in § 370 Abs. 3 S. 2 AO aufgeführten Regelbeispielen vor, daneben kann es aber auch unbenannte besonders schwere Fälle geben. Liegt andererseits ein Regelbeispiel vor, muss nicht unbedingt von der Strafschärfung Gebrauch gemacht werden. Für Steuerhinterziehungen, die seit dem 01.01.2008 – d.h. seit Inkrafttreten der neuen Fassung des § 370 Abs. 3 S. 2 Nr. 1 AO – begangen wurden, kommt der Streichung des subjektiven Merkmals »aus grobem Eigennutz« aus dem Regelbeispiel zusätzliches Gewicht zu. Hier erfüllt schon das objektive Merkmal »großes Ausmaß« das Regelbeispiel des besonders schweren Falles des § 370 Abs. 3 S. 2 Nr. 1 AO (BGH vom 02.12.2008, a.a.O.).

---

500 Bei den Besitz- und Verkehrsteuern wurden wegen Steuerhinterziehung im Jahr 2007 Geldstrafen i.H.v. 26,9 Mio. € verhängt. Die Gesamtdauer der verhängten Freiheitsstrafen betrug 1.794 Jahre (Quelle: Monatsbericht des BMF – August 2008, 61 ff.).

2.2.7 Verjährung

Die **Strafverfolgungsfrist**, die von der zehnjährigen Festsetzungsfrist für die hinterzogene Steuer zu unterscheiden ist, beträgt bei Steuerstraftaten grundsätzlich **fünf Jahre** (§ 78 Abs. 3 Nr. 4 StGB). Für die Regelbeispiele des § 370 Abs. 3 S. 2 Nr. 1 bis 5 AO wurde die Strafverfolgungsverjährung durch das Jahressteuergesetz 2009 auf **zehn Jahre** verlängert. Dies gilt insbesondere für § 370 Abs. 3 S. 2 Nr. 5 AO, der Nachfolgeregelung der früher in § 370a AO geregelten **bandenmäßigen** Steuerhinterhinterziehung. Nur in diesen besonders schwerwiegenden Fällen kommt es damit nunmehr zum Gleichklang zwischen Strafverfolgungsverjährung und der steuerlichen Festsetzungsverjährung.

Die Frist beginnt nicht mit der Vollendung, sondern mit der Beendigung der Tat (§ 78a S. 1 StGB). Allerdings führen bestimmte Maßnahmen im Rahmen der Strafverfolgung, beispielsweise die Beschuldigtenvernehmung nach § 78c Abs. 1 Nr. 1 StGB oder Maßnahmen nach § 376 Abs. 2 AO zur Verjährungsunterbrechung mit der Folge, dass die Frist erneut zu laufen beginnt (§ 78c Abs. 3 S. 1 StGB). Die absolute Strafverfolgungsverjährung tritt spätestens nach zehn Jahren ein (§ 78c Abs. 3 S. 2 StGB).

3 Steuerordnungswidrigkeiten (§§ 377 ff. AO)

3.1 Einführung

Steuerordnungswidrigkeiten sind Zuwiderhandlungen, die nach der AO oder den Einzelsteuergesetzen (z.B. § 26b UStG) nicht mit einer Strafe, sondern mit einer **Geldbuße** geahndet werden können (§ 377 Abs. 1 AO). Gem. § 377 Abs. 2 AO gelten hierbei nicht die Vorschriften des StGB und der StPO, sondern die §§ 1–34 OWiG, soweit nicht die Bußgeldvorschriften der Steuergesetze eine andere Regelung treffen. Die §§ 1–34 OWiG haben allerdings viele Parallelen zum allgemeinen Teil des StGB. Ein wesentlicher Unterschied liegt darin, dass im Ordnungswidrigkeitenrecht nicht zwischen den verschiedenen Beteiligungsformen (Täterschaft und Teilnahme) unterschieden wird, sondern alle Beteiligungsformen gleichgestellt sind (sog. **Einheitstäter** gem. § 14 OWiG).

Verwirklicht eine Zuwiderhandlung gegen Steuergesetze gleichzeitig den Tatbestand einer Steuerstraftat und einer Ordnungswidrigkeit, wird nach dem **Subsidiaritätsprinzip** in § 21 OWiG lediglich das Strafgesetz angewandt.

Während eine begangene Steuerhinterziehung neben den strafrechtlichen Konsequenzen auch andere abgabenrechtliche Folgen nach sich zieht (u.a. Durchbrechung der Änderungssperre nach § 173 Abs. 2 AO, verlängerte Festsetzungsverjährung nach § 169 Abs. 2 S. 2, 1. Alt. AO, Haftung nach § 71 AO, Hinterziehungszinsen nach § 235 AO), gelten diese Konsequenzen für Ordnungswidrigkeiten nach dem jeweiligen Gesetzeswortlaut **nur teilweise**. Die verlängerte Festsetzungsfrist beträgt bei einem leichtfertig verkürzten Steuervorteil fünf Jahre (§ 169 Abs. 2 S. 2, 2. Alt. AO), die Änderungssperre nach § 173 Abs. 2 AO ist ebenfalls durchbrochen. Eine Haftung nach § 71 AO und die Zinsverpflichtung nach § 235 AO trifft dagegen allein den Täter einer Steuerhinterziehung, nicht aber den Täter einer Steuerordnungswidrigkeit.

3.2 Leichtfertige Steuerverkürzung (§ 378 AO)

Wer als StPfl. oder bei Wahrnehmung der Angelegenheiten eines StPfl. eine der in § 370 Abs. 1 AO bezeichneten Taten nicht vorsätzlich, sondern **leichtfertig** begeht, handelt ordnungswidrig (§ 378 Abs. 1 AO). Die leichtfertige Steuerverkürzung unterscheidet sich von der Steuerhinterziehung zum einen durch einen eingeschränkten Täterkreis. Als Täter kommt nur der StPfl. selbst in Betracht sowie Personen, die Angelegenheiten des StPfl. wahrnehmen. Darunter fallen insb. die Angestellten des StPfl., aber auch die Angehörigen der steuerberatenden Berufe.[501] Vom Täterkreis ausgeschlossen sind im Gegensatz zu § 370 AO Personen, die nicht Angelegenheiten des StPfl. wahrnehmen, z.B. Finanzbeamte und Auskunftspersonen nach § 93 AO. Entscheidendes Abgrenzungsmerkmal zu den Steuerstraftaten ist bei der leichtfertigen Steuerverkürzung der **Grad der Vorwerfbarkeit** bei der Tatbegehung: Während bei den Steuerstraftaten Vorsatz gem. § 15 StGB nachgewiesen werden muss, genügt für die Ahndung einer leichtfertigen Steuerverkürzung ein **leichtfertiges Handeln**.

Die **Leichtfertigkeit** entspricht etwa der groben Fahrlässigkeit, stellt aber zudem auf die persönlichen Fähigkeiten des Täters ab; leichtfertig handelt, wer die objektiv erforderliche und subjektiv mögliche und zumutbare Sorgfalt in besonders großem Maße außer Acht lässt, wer also besonders leichtsinnig oder gleichgültig handelt (vgl. § 276 Abs. 2 BGB). Die hinzutretende subjektive Komponente bei der Beurteilung der Leichtfertigkeit hat zur Folge, dass an unterschiedliche Berufsgruppen unterschiedliche Sorgfaltsmaßstäbe gestellt werden können. So ist an die Angehörigen der steuerberatenden Berufe und an Kaufleute ein strengerer Sorgfaltsmaßstab zu stellen als an StPfl., die nur gelegentlich mit dem Steuerrecht in Kontakt kommen. Leichtfertig handelt ein StPfl. insb. dann, wenn er sich nicht über die steuerlichen Pflichten unterrichtet, die ihn in seinem Lebenskreis treffen. Bei Zweifelsfällen in steuerlichen Fragen ist der StPfl. gehalten, sachkundigen Rat bei den steuerberatenden Berufen einzuholen. Die Missachtung dieser Informations- und Erkundigungspflicht kann dazu führen, dass auch bei Vorliegen eines Irrtums über die Anwendbarkeit und Reichweite steuerlicher Vorschriften Leichtfertigkeit anzunehmen ist (BFH vom 24.04.1996, BFH/NV 1996, 731).

Ähnlich wie bei der Selbstanzeige nach einer begangenen Steuerhinterziehung kann sich der Täter auch nach einer leichtfertigen Steuerverkürzung durch Selbstanzeige von den bußgeldrechtlichen Folgen der Tat befreien (§ 378 Abs. 3 AO). Abweichend von § 371 AO schließt das Erscheinen eines Amtsträgers oder die erfolgte Entdeckung der Tat die Möglichkeit der Selbstanzeige nach § 371 Abs. 3 AO nicht aus. Lediglich die Bekanntgabe der Einleitung eines Straf- oder Bußgeldverfahrens entfaltet parallel zu § 371 Abs. 2 Nr. 1b AO eine Sperrwirkung für die Bußgeldbefreiung (§ 378 Abs. 3 S. 1 AO).

Als **Rechtsfolge** einer leichtfertigen Steuerverkürzung kann weder eine Freiheitsstrafe noch eine Geldstrafe, sondern (nur) eine **Geldbuße** bis zu 50.000 € festgesetzt werden. Einzelheiten der Geldbußenzumessung, die im Wesentlichen den Prinzipien der Strafzumessung bei der Steuerhinterziehung entsprechen, sind in § 17 OWiG geregelt. Die Verfolgungsverjährung beträgt in Abweichung zu § 31 Abs. 2 OWiG fünf Jahre (§ 384 AO). Sie entspricht damit der regulären Verjährungsfrist bei der Steuerhinterziehung.

---

501 Daher gilt die fünfjährige Festsetzungsfrist des § 169 Abs. 2 S. 2 AO auch dann, wenn eine Steuerfachangestellte der vom StPfl. beauftragten Steuerberatungsgesellschaft den Gewinn des StPfl. grob fahrlässig unzutreffend ermittelt und das FA diesen Gewinn der Steuerveranlagung zugrunde legt (BFH vom 19.12.2002, BStBl II 2003, 385).

3.3 Andere Steuerordnungswidrigkeiten

Die §§ 379–382 AO regeln Steuergefährdungsdelikte, bei denen ohne Eintritt einer Steuerverkürzung die bloße Gefährdung der vollständigen Steuererfassung als Ordnungswidrigkeit geahndet wird. Systematisch handelt es sich bei diesen Steuerordnungswidrigkeiten um **Vorbereitungshandlungen**, die nach dem typischen Geschehensablauf zu einer späteren Steuerverkürzung führen würden. Die §§ 379–382 AO sind subsidiär: Soweit es tatsächlich zu einer Steuerverkürzung kommt, treten sie hinter §§ 370 bzw. 379 AO zurück.

3.3.1 Steuergefährdung (§ 379 AO)

Steuergefährdend und damit ordnungswidrig handelt, wer

- vorsätzlich oder fahrlässig **unrichtige Belege** ausstellt und dadurch **sich oder anderen** ermöglicht, Steuern zu verkürzen oder ungerechtfertigte Steuervorteile zu erlangen (§ 379 Abs. 1 Nr. 1 AO). Belege sind alle Schriftstücke, die geeignet und bestimmt sind, steuerlich relevante Tatsachen zu beweisen (sog. schriftliche Lüge), z.B. Buchungsunterlagen, Rechnungen, Spendenquittungen, Lieferscheine und Kassenzettel. Die Ordnungswidrigkeit ist von der Urkundenfälschung nach § 267 StGB abzugrenzen: Erweckt jemand den Anschein, dass ein Beleg von einem anderen als dem herrührt, der sie tatsächlich ausgestellt hat, ist neben § 379 Abs. 1 Nr. 1 AO auch der Straftatbestand der Urkundenfälschung gem. § 267 StGB verwirklicht. Die bloße »schriftliche Lüge« in einem inhaltlich unrichtigen Beleg allein ist jedoch keine Urkundenfälschung; wer anschließend an die Vorbereitungshandlung fortgesetzt nachgemachte oder verfälschte Belege verwendet und dadurch Steuern verkürzt, verwirklicht objektiv den Tatbestand der Steuerhinterziehung in einem besonders schweren Fall (§ 370 Abs. 3 S. 2 Nr. 4 AO);
§ 379 Abs. 1 S. 1 AO wurde 2006 neu gefasst und ergänzt um den Tatbestand des entgeltlichen Inverkehrbringens von Belegen (neue Nr. 2). Ziel der Regelung ist die Eindämmung des Handels mit Tankbelegen und dadurch verursachter Steuerausfälle.
- nach Gesetz buchungs- oder aufzeichnungspflichtige Geschäftsvorfälle oder Betriebsvorgänge nicht oder in tatsächlicher Hinsicht unrichtig bucht oder buchen lässt und dadurch sich oder anderen ermöglicht, Steuern zu verkürzen oder ungerechtfertigte Steuervorteile zu erlangen (§ 379 Abs. 1 Nr. 2 AO). Die gesetzliche (vgl. § 4 AO) Pflicht zur Buchung ergibt sich vor allem aus den Einzelsteuergesetzen, der AO selbst (§§ 140 ff. AO) und den handelsrechtlichen Vorschriften;
- der Mitteilungspflicht nach § 138 Abs. 2 AO über Auslandsbeteiligungen nicht, nicht vollständig oder nicht rechtzeitig nachkommt (§ 379 Abs. 2 Nr. 1 AO);
- die Pflicht zur Kontenwahrheit nach § 154 Abs. 1 AO verletzt (§ 379 Abs. 2 Nr. 2 AO) und wer
- vorsätzlich oder fahrlässig gegen eine Auflage der zollamtlichen Steueraufsicht nach § 120 Abs. 2 Nr. 4 AO zuwiderhandelt (§ 379 Abs. 3 AO). Im Gegensatz zu den übrigen Begehungsformen der Steuergefährdung setzt § 379 Abs. 3 AO beim subjektiven Tatbestand nicht Vorsatz oder Leichtfertigkeit voraus; es genügt vielmehr jedes fahrlässige Verhalten.

Die Möglichkeit einer bußgeldbefreienden Selbstanzeige ist in § 379 AO nicht vorgesehen. Die Finanzbehörde kann allerdings aufgrund des im Bußgeldverfahren herrschenden Opportunitätsprinzips von einer Verfolgung der Ordnungswidrigkeit nach pflichtgemäßem Ermessen absehen.

3.3.2 Gefährdung der Abzugsteuern (§ 380 AO)

Wer Steuerabzugsbeträge einzubehalten und abzuführen hat, handelt ordnungswidrig, wenn er dieser Verpflichtung nicht vollständig oder nicht rechtzeitig nachkommt (§ 380 AO). Ordnungswidrig handelt bereits, wer einer der beiden Verpflichtungen (Nichteinbehalten bzw. Nichtabführen) nicht nachkommt. § 380 AO ist ebenfalls eine sog. ordnungswidrige Vorbereitungshandlung. Ist nach der Gefährdung der Verkürzung oder der Erlangung nicht gerechtfertigter Steuervorteile der Erfolg tatsächlich eingetreten, wird die Tat bei Vorsatz nach § 370 AO und bei Leichtfertigkeit nach § 378 AO geahndet. § 380 Abs. 1 AO kommt damit im Ergebnis nur zur Anwendung, wenn der zum Handeln Verpflichtete die nicht abgeführten Beträge rechtzeitig und vollständig angemeldet hat.

Die Verpflichtung, Steuerabzugsbeträge einzubehalten und abzuführen, ergibt sich aus den Einzelsteuergesetzen, z.B. bei der Lohnsteuer (§§ 38 und 41a EStG)[502], der Kapitalertragsteuer (§ 44 EStG), der Steuerabzüge von bestimmten Einkünften beschränkt stpfl. Personen (§ 50a EStG) oder der Bauabzugssteuer (§ 48a ff. EStG).

4 Steuerstrafverfahren

Prüfungsschwerpunkt des Steuerstrafrechts in den schriftlichen Prüfungsarbeiten ist regelmäßig das **materielle Steuerstrafrecht**. Für das Gesamtverständnis und die **mündliche Prüfung** ist ein **Überblick über das Verfahrensrecht** jedoch unerlässlich.

Für das Steuerstrafverfahren gelten nach § 385 Abs. 1 AO die allgemeinen Gesetze über das Strafverfahren (StPO, GVG und JGG). Diese verfahrensrechtlichen Vorschriften werden durch die §§ 385 ff. AO teils modifiziert, teils ergänzt. Insb. werden den Finanzbehörden aufgrund deren besonderer Sachnähe und Sachkompetenz weitreichende **Mitwirkungsrechte** im Strafverfahren eingeräumt.

4.1 Ermittlungsverfahren

4.1.1 Zuständigkeit

Das Ermittlungsverfahren dient der Erforschung des Sachverhalts. Bei den allgemeinen Straftaten leitet die Staatsanwaltschaft die Ermittlungen von der Einleitung des Verfahrens bis zu dessen Abschluss. Sie ist »**Herrin des Strafverfahrens**« (§§ 160 f. StPO). Die Ermittlungskompetenz für Steuerstraftaten obliegt dagegen gem. § 386 Abs. 1 AO grundsätzlich nicht der Staatsanwaltschaft, sondern den **Finanzbehörden**, und dort behördenintern den Bußgeld- und Strafsachenstellen. Voraussetzung ist, dass die verfolgte Tat ausschließlich

---

502 Kann der Arbeitgeber die Lohnsteuer aufgrund fehlender Mittel nicht abführen, entlastet ihn dies nicht, weil er gem. § 38 Abs. 4 EStG nur so viel Lohn auszahlen darf, dass auch die darauf entfallende Lohnsteuer bezahlt werden kann.

eine Steuerstraftat oder eine gleichgestellte Straftat[503] darstellt (§ 386 Abs. 2 AO). Wird mit der Steuerstraftat tateinheitlich ein Nichtsteuerdelikt begangen, z.B. bei Fälschung eines Beleges Urkundenfälschung gem. § 267 Abs. 1 StGB, ist die Staatsanwaltschaft für die Durchführung des Ermittlungsverfahrens zuständig, ebenso nach Erlass eines Haftbefehls oder Unterbringungsbefehls (§ 386 Abs. 3 AO).

Das FA ist bei ausschließlichen Steuerstraftaten Ermittlungsbehörde und nimmt alle Rechte und Pflichten wahr, die ansonsten der Staatsanwaltschaft im Ermittlungsverfahren zustehen (§ 399 Abs. 1 AO). Das FA kann die Strafsache allerdings gem. § 386 Abs. 4 AO jederzeit an die Staatsanwaltschaft abgeben und die Staatsanwaltschaft kann die Strafsache jederzeit an sich ziehen (§ 386 Abs. 4 S. 2 AO, sog. **Evokationsrecht**). Eine Abgabe an die Staatsanwaltschaft kommt vor allem in Betracht, wenn aufgrund der zu erwartenden Strafe ein Strafbefehlsverfahren (Höchststrafe Freiheitsstrafe von einem Jahr, § 407 Abs. 2 StPO) nicht in Betracht kommt (§ 400 AO).

4.1.2 Einleitung des Strafverfahrens (§ 397 AO)

Das Strafverfahren lässt sich vom Ablauf in folgende Verfahrensabschnitte einteilen:

- Einleitung des Strafverfahrens bei Verdacht einer Steuerstraftat (§ 397 AO),
- Durchführung des Ermittlungsverfahrens zur Erforschung des Sachverhalts (§§ 160 ff. StPO),
- Abschluss des Ermittlungsverfahrens durch
  - Einstellung des Verfahrens (§ 398 AO i.V.m. §§ 153 ff. StPO),
  - Abgabe an die Staatsanwaltschaft (§ 386 Abs. 4 AO) oder
  - Antrag auf Erlass eines Strafbefehls (§ 400 AO),
- Gegebenenfalls gerichtliches Verfahren bei Erhebung der öffentlichen Klage (§§ 203, 207, 213 ff. und 226 ff. StPO).

Jedes Steuerstrafverfahren beginnt zwingend mit der **Einleitung des Verfahrens**. Das Strafverfahren ist eingeleitet, sobald das FA bzw. die Staatsanwaltschaft oder ihre Ermittlungspersonen eine Maßnahme treffen, die erkennbar darauf abzielt, gegen jemanden wegen einer Steuerstraftat strafrechtlich vorzugehen (§ 397 Abs. 1 AO). Die Vorschrift dient dem **Schutz des StPfl.**, dessen Rechtsstellung sich durch die Einleitung des Verfahrens wesentlich ändert. Für den StPfl. ergeben sich durch die Einleitung des Strafverfahrens insb. folgende Konsequenzen:

- er ist nach §§ 136 Abs. 1 und 163a StPO berechtigt, die **Aussage zu verweigern** (und hierüber auch entsprechend zu belehren);
- die Bekanntgabe der Einleitung führt zur **Sperrwirkung** bei der strafbefreienden Selbstanzeige (§ 371 Abs. 2 Nr. 1 Buchst. b AO);
- der StPfl. braucht nicht mehr bei der Ermittlung des Sachverhalts **mitzuwirken** (§ 393 Abs. 1 S. 2 AO): Die Befugnisse des FA im Besteuerungsverfahren werden gem. § 393 Abs. 1 AO durch ein laufendes Steuerstrafverfahren nicht berührt, d.h. im **Besteuerungsverfahren** bleibt der StPfl. zur Mitwirkung gem. §§ 90 ff. AO verpflichtet. Damit das FA den StPfl. nicht über das Besteuerungsverfahren zur Selbstbezichtigung im Steuer-

---

503 Häufig wird bei Fällen ungerechtfertigter Subventionen auf die §§ 385 ff. AO verwiesen, z.B. § 15 InvZulG 2010.

strafverfahren zwingen kann, dürfen nach Einleitung des Strafverfahrens Zwangsmittel i.S.d. §§ 328 ff. AO auch im Besteuerungsverfahren nicht mehr angewandt werden (§ 393 Abs. 1 S. 2 AO[504]). Ist gegen einen StPfl. wegen der Abgabe unrichtiger Steuererklärungen ein Steuerstrafverfahren anhängig, rechtfertigt das Zwangsmittelverbot nach BGH vom 12.01.2005 (DStRE 2005, 1424) für nachfolgende Besteuerungszeiträume weder die Nichtabgabe zutreffender noch die Abgabe unrichtiger Steuererklärungen.[505] Anderenfalls würde – durch Nichtabgabe von oder durch falsche Angaben in Steuererklärungen – neues Unrecht geschaffen, zu dem das Recht auf Selbstschutz nicht berechtigt; allerdings besteht für die zutreffenden Angaben des StPfl. für die zurückliegenden strafbefangenen Besteuerungszeiträume ein strafrechtliches Verwertungsverbot (BGH a.a.O.);

- es tritt eine Ablaufhemmung der Festsetzungsfrist ein (§ 171 Abs. 5 AO) und
- die Strafverfolgungsverjährung wird unterbrochen (§ 376 Abs. 2 AO).

Wegen dieser erheblichen Auswirkungen ist die Einleitung des Strafverfahrens in den Akten zu vermerken (§ 397 Abs. 2 AO) und dem Beschuldigten mitzuteilen (§ 397 Abs. 3 AO).[506] Gleichwohl ist der Einleitungsvermerk nur deklaratorischer Art. Das FA hat es damit nicht in der Hand, durch das verzögerte Abfassen des Vermerks nach § 397 Abs. 2 AO die Einleitung des Strafverfahrens samt der damit verbundenen Folgen zeitlich hinauszuschieben. Über sein Auskunftsverweigerungsrecht und die Auswirkungen auf die Mitwirkungspflichten im Besteuerungsverfahren ist der StPfl. spätestens bei der Bekanntgabe der Verfahrenseinleitung zu **belehren** (§ 136 Abs. 1 S. 2 StPO, § 393 Abs. 1 S. 4 AO).[507] Wird die Belehrung unterlassen, führt dies bei trotzdem erteilten Auskünften des Beschuldigten zu einem **Verwertungsverbot** für das Steuerstrafverfahren (Grundsatzentscheidung des BGH vom 27.02.1992, NJW 1992, 1463); im Besteuerungsverfahren bleiben die Auskünfte des Beschuldigten trotz Verletzung der Belehrungspflicht dagegen verwertbar (BFH vom 23.01.2002, BFH/NV 2002, 826).

Der BFH geht davon aus, dass ein Verstoß gegen eine strafprozessuale Verfahrensnorm nicht zwingend zu einem Verwertungsverbot im Besteuerungsverfahren führt (BFH a.a.O.). Er begründet dies damit, dass im Besteuerungsverfahren der einer Straftat Verdächtige auch nach Einleitung des Strafverfahrens rechtlich zur (wahrheitsgemäßen) Mitwirkung verpflichtet ist.

Bestimmte Maßnahmen bedeuten automatisch die Einleitung des Strafverfahrens. Erkennbar auf das Vorgehen wegen einer Steuerstraftat (vgl. den Wortlaut des § 397 Abs. 1 AO) zielen insb. die Durchsuchung, Beschlagnahme oder die vorläufige Festnahme als typische strafprozessuale Maßnahmen ab (vgl. BFH vom 29.04.2008, BStBl II 2008, 844). Der Hinweis in der Schlussbesprechung der Betriebsprüfung nach § 201 Abs. 2 AO bzw. die Belehrung durch den Betriebsprüfer nach § 9 S. 3 BPO mit dem Hinweis auf das Auskunftsverweigerungsrecht bedeutet dagegen noch keine Einleitung des Strafverfahrens; es fehlt zu diesem Zeitpunkt noch der konkrete Tatverdacht.

---

504 Die Anwendung unzulässiger Zwangsmittel liegt nach der Rspr. auch vor, wenn das FA zwar keine Zwangsmittel i.S.d. §§ 328 ff. AO anwendet, aber durch Androhung einer Mondschätzung (§ 162 AO) auf die Willensentschließung des Beschuldigten unzulässig einwirkt, BVerfG vom 13.01.1981, BVerfGE 56, 37.
505 Vgl. auch BFH vom 01.02.2012, AO-StB 2012, 196.
506 Die Einleitung des Strafverfahrens ist kein VA i.S.d. § 118 S. 1 AO. Ein Rechtsbehelf ist gegen die Einleitung daher nicht gegeben.
507 Vgl. *Müller*, Die Belehrung des Beschuldigten, AO-StB 2008, 305.

Aufgrund des **Legalitätsprinzips** ist das FA bzw. die Staatsanwaltschaft verpflichtet, bei Vorliegen eines Verdachts einer Steuerstraftat das Strafverfahren einzuleiten (Verfolgungszwang, § 385 Abs. 1 AO, §§ 152 Abs. 2, 160 Abs. 1 StPO). Der nach § 152 Abs. 2 StPO erforderliche **Anfangsverdacht** liegt vor, wenn konkrete tatsächliche Anhaltspunkte für eine Steuerstraftat vorliegen, nach denen mit einer gewissen Wahrscheinlichkeit auf eine Steuerstraftat geschlossen werden kann. Eine bloße Vermutung oder bloße Unstimmigkeiten in der Buchführung reichen dagegen nicht aus. Bei der Frage, ob zureichende tatsächliche Anhaltspunkte vorliegen, die einen Anfangsverdacht begründen, steht den Ermittlungsbehörden ein Beurteilungsspielraum zu (BGH vom 12.01.2005, DStRE 2005, 1424). Auch nach Eingang einer Selbstanzeige gem. § 371 AO ist das FA berechtigt und nach dem Legalitätsprinzip auch verpflichtet, ein Strafverfahren zum Zwecke der Prüfung der Straffreiheit gem. § 371 Abs. 1 und 3 AO einzuleiten. Eine derartige Einleitung hemmt auch den Anlauf der Frist zur Festsetzung von Hinterziehungszinsen gem. § 239 Abs. 1 S. 2 Nr. 3 AO (BFH vom 29.04.2008, BStBl II 2008, 844).

4.1.3 Befugnisse der Strafverfolgungsbehörden im Ermittlungsverfahren

Führt das FA das Ermittlungsverfahren selbständig durch, nimmt sie die Rechte und Pflichten wahr, die der Staatsanwaltschaft im Ermittlungsverfahren zustehen (§ 399 Abs. 1 AO). Das FA kann zur Erforschung des Sachverhalts die gleichen Maßnahmen durchführen, zu denen die Staatsanwaltschaft nach der StPO befugt ist. Als Ermittlungsmaßnahmen kommen insb. folgende Möglichkeiten in Betracht:

- **Vernehmung des Beschuldigten und der Zeugen** (§§ 133 ff. und 161a StPO): Der Beschuldigte ist spätestens vor Abschluss der Ermittlungen zu vernehmen, ausgenommen das Verfahren wird eingestellt (§ 163a Abs. 1 StPO); die Pflicht zur Vernehmung entspricht dem Grundsatz des rechtlichen Gehörs. Der Beschuldigte muss zu der Vernehmung erscheinen und Angaben zur Person machen, braucht aber zur Sache nicht auszusagen (Grundsatz des nemo tenetur se ipsum accusare). Der Beschuldigte hat einen Anspruch, sich bei Vernehmungen durch die Finanzbehörde – mit Ausnahme der Steuerfahndung – durch einen Verteidiger begleiten zu lassen (§ 385 Abs. 1 AO, §§ 163a Abs. 3 S. 2, 168c Abs. 1 StPO). Zeugen und Sachverständige sind dagegen – anders als der Beschuldigte und Sachverständige – verpflichtet, auch zur Sache auszusagen. Eine **Erscheinungspflicht** des Beschuldigten bei Ermittlungen der Steuerfahndung besteht dagegen nicht, § 404 AO;
- **Ersuchen des Richters auf Vornahme von** Vernehmungen **und Vereidigungen** (§§ 162 StPO);
- **Beschlagnahme von Gegenständen** (§§ 94 ff. StPO): Die Beschlagnahme von Gegenständen, die als Beweismittel von Bedeutung sein können, ist im Steuerstrafverfahren von erheblicher Bedeutung. Eine förmliche Sicherstellung (d.h. Beschlagnahme) von Beweismitteln ist immer dann notwendig, wenn der Gegenstand gewahrsamslos ist oder nicht freiwillig herausgegeben wird. Das FA darf die Beschlagnahme nur bei Gefahr in Verzug anordnen (§ 98 StPO); ansonsten obliegt die Entscheidung über die Beschlagnahme dem Richter. Gefahr in Verzug liegt vor, wenn eine richterliche Anordnung nicht rechtzeitig eingeholt werden kann, ohne dass der Zweck der Ermittlungsmaßnahme gefährdet würde. Schriftliche Mitteilungen zwischen dem Beschuldigten und Personen, die nach §§ 52 oder 53 Abs. 1 Nr. 1–3a StPO das Zeugnis verweigern dürfen (Rechtsanwalt und

Steuerberater), unterliegen einem Beschlagnahmeverbot (§ 97 Abs. 1 StPO).[508] Das in den Allgemeinen Geschäftsbedingungen der Banken normierte »Bankgeheimnis«[509] führt nicht zu einem Beschlagnahmeverbot; die Banken haben kein Zeugnisverweigerungsrecht und sind daher zur Mitwirkung bei Ermittlungsmaßnahmen der Finanzbehörden verpflichtet;

- **Durchsuchung** (§§ 102 ff. StPO): Eine Durchsuchung zur Ergreifung eines Verdächtigen bzw. zur Erlangung von Beweismitteln (Ergreifungs- bzw. Ermittlungsdurchsuchung) kann nur aufgrund einer richterlichen Durchsuchungsanordnung erfolgen (§ 105 Abs. 1 S. 1 StPO).[510] Lediglich bei Gefahr in Verzug kann die Durchsuchungsanordnung auch durch die Finanzbehörde als Ermittlungsperson der Staatsanwaltschaft erlassen werden (§ 105 Abs. 1 S. 1 StPO, § 399 Abs. 2 AO);
- **Vorläufige Festnahme** (§ 127 StPO): Sie ist zulässig, wenn die Voraussetzungen eines Haft- oder Unterbringungsbefehls vorliegen (§ 127 Abs. 2 StPO). Die Untersuchungshaft selbst kann nur aufgrund eines richterlichen Haftbefehls angeordnet werden (§ 114 Abs. 1 StPO). Mit Erlass des Haftbefehls geht die Zuständigkeit nach § 386 Abs. 3 AO automatisch von der Finanzbehörde auf die Staatsanwaltschaft über.

4.1.4 Abschluss des Ermittlungsverfahrens

Sofern das FA das Ermittlungsverfahren selbständig durchführt, kommen für den Abschluss des Verfahrens je nach Ermittlungsergebnis folgende Möglichkeiten in Betracht:

- **Einstellung des Verfahrens** nach §§ 399 Abs. 1 AO, § 170 Abs. 2 StPO: Ergibt sich aus den Ermittlungen kein genügender Anlass zur Erhebung der öffentlichen Klage oder erweist sich der Anfangsverdacht als unbegründet, ist das Verfahren nach § 170 Abs. 2 StPO einzustellen.
- **Einstellung des Verfahrens wegen Geringfügigkeit** nach §§ 399 Abs. 1, 398 AO: Eine Einstellung der Verfahrens kommt trotz Vorliegen eines hinreichenden Tatverdachts in Betracht, wenn nur eine geringwertige Steuerverkürzung eingetreten ist, die Schuld des Täters als gering anzusehen wäre und kein öffentliches Interesse an der Verfolgung besteht (§ 398 AO). Eine geringwertige Steuerverkürzung bzw. ein geringwertiger Steuervorteil ist abhängig von den übrigen Umständen bei einem hinterzogenen Betrag bis maximal 2.500 € anzunehmen. In einigen Bundesländern liegt die Grenze deutlich darunter.
- **Einstellung des Verfahrens bei Erfüllung von Auflagen und Weisungen** nach § 153a StPO: Das FA kann bei Vorliegen eines hinreichenden Tatverdachts mit Zustimmung des Gerichts vorläufig von der Erhebung der öffentlichen Klage absehen und dabei dem Beschuldigten auferlegen, einen Geldbetrag zu Gunsten der Staatskasse oder einer gemeinnützigen Einrichtung zu zahlen, wenn die Schuld des Täters als gering anzusehen wäre und kein öffentliches Interesse an der Verfolgung besteht. Die Einstellung des Verfahrens nach § 153a StPO hat eine große praktische Bedeutung für Steuerhinterziehungen bis etwa 5.000 €.

---

508 Dies gilt nach umstr. Auffassung der Verwaltung allerdings nicht für Buchführungsunterlagen (Nr. 58 Abs. 1 S. 4 AStBV); vgl. *Schuhmann*, wistra 1995, 95.
509 Ein gesetzliches normiertes Bankgeheimnis existiert in Deutschland nicht. Insb. § 30a AO, der in diesem Zusammenhang oftmals zitiert wird, sieht ein Bankgeheimnis gegenüber den Finanzbehörden gerade nicht vor.
510 Ausführlich *Tormöhlen*, Durchsuchung im Steuerstrafverfahren, AO-StB 2010, 282.

- **Antrag auf Erlass eines Strafbefehls** nach § 400 AO: Bei Vorliegen eines hinreichenden Tatverdachts kann das FA beim AG den Erlass eines Strafbefehls beantragen, wenn die Strafsache aufgrund der Höhe der verkürzten Steuer und den übrigen Tatumständen hierfür geeignet erscheint. Geeignet für die Behandlung im Strafbefehlsverfahren sind nur in tatsächlicher und rechtlicher Hinsicht einfach gelagerte Fälle mit einer zu erwartenden Strafe von maximal einem Jahr Freiheitsstrafe, wenn deren Vollstreckung zur Bewährung ausgesetzt wird und der Angeschuldigte einen Verteidiger hat.
Der Vorteil des Strafbefehlsverfahren (§§ 407 ff. StPO) liegt in der ausschließlich **schriftlichen Verfahrensabwicklung**; das Verfahren kann zeitnah, ohne Anklageschrift und Hauptverhandlung und ohne öffentliches Aufsehen abgewickelt werden. Hat der Richter gegen den Vorschlag des FA auf Erlass eines Strafbefehls keine Bedenken, wird er – nicht das FA – den Strafbefehl erlassen (§ 408 StPO). Das Gericht kann alternativ dazu auch den Strafbefehlsantrag zurückweisen, eine Hauptverhandlung anberaumen oder das Verfahren mit Zustimmung des FA und des Angeschuldigten einstellen (§ 408 Abs. 2 StPO, §§ 153 Abs. 2, 153a Abs. 2 StPO). Gegen einen vom Richter erlassenen Strafbefehl kann innerhalb von zwei Wochen **Einspruch** beim Gericht eingelegt werden (§ 410 StPO); ist der Einspruch zulässig, wird das Gericht einen Termin zur Hauptverhandlung anberaumen (§ 411 Abs. 1 S. 2 StPO). Wird kein Einspruch eingelegt, erwächst der Strafbefehl in Rechtskraft (§ 410 Abs. 3 StPO). Hat die Finanzbehörde den Erlass eines Strafbefehls beantragt, so nimmt sie die Rechte und Pflichten der Staatsanwaltschaft wahr, solange nicht nach § 408 Abs. 3 S. 2 StPO die Hauptverhandlung anberaumt oder Einspruch gegen den Strafbefehl erhoben wird.
- **Klageerhebung** durch die Staatsanwaltschaft nach § 170 Abs. 1 StPO: Bieten die Ermittlungen Anlass zur Erhebung der öffentlichen Klage, erscheint die Strafsache aber z.B. aufgrund der Straferwartung nicht für das Strafbefehlsverfahren geeignet, legt die Finanzbehörde die Akten der Staatsanwaltschaft vor, damit diese die öffentliche Klage durch Einreichung einer Anklageschrift beim zuständigen Gericht erhebt (§ 386 Abs. 2 AO, § 400 2. HS AO, § 170 Abs. 1 StPO). Die Finanzbehörde kann nicht selbst Anklage erheben, auch wenn sie die Ermittlungen selbständig durchgeführt hat.

4.2 Verfahren vor dem Strafgericht

Die sachliche Zuständigkeit des Gerichts richtet sich nach der zu erwartenden Strafe. Im Regelfall einer zu erwartenden Geldstrafe oder Freiheitsstrafe bis zu vier Jahren ist das Amtsgericht sachlich zuständig (§ 391 Abs. 1 AO, § 24 Abs. 1 Nr. 2 GVG). In den Ausnahmefällen einer zu erwartenden Freiheitsstrafe von mehr als vier Jahren oder in Fällen der besonderen Bedeutung des Falles wird die Staatsanwaltschaft die Anklage beim Landgericht erheben (§ 24 Abs. 1 Nr. 2 und 3 GVG). Die Finanzbehörde hat in der mündlichen Verhandlung gem. § 407 Abs. 1 AO Gelegenheit, die Gesichtspunkte vorzutragen, die von ihrem Standpunkt aus bedeutungsvoll sind; die Stellung prozessualer Anträge obliegt dagegen allein der Staatsanwaltschaft.

Teil B   Umsatzsteuerrecht

Inhaltsverzeichnis Teil B

B	**Umsatzsteuerrecht**	357
I	**Einführung**	357
1	Umsatzsteuer-Aufkommen, Verteilung, Verwaltung	357
2	Rechtliche Rahmenbedingungen	358
3	Wesen und Wirkungsweise der Umsatzsteuer	359
4	Funktion der Ergänzungstatbestände	362
5	Systematik	363
II	**Hinweise für die Bearbeitung von Umsatzsteuerklausuren**	364
1	Entgeltliche Umsätze nach § 1 Abs. 1 Nr. 1 UStG	364
1.1	Steuerbarkeit	365
1.2	Steuerbefreiungen nach § 4 UStG	366
1.3	Bemessungsgrundlage	367
1.4	Entstehen der Umsatzsteuer	367
1.5	Änderungen der Bemessungsgrundlage nach § 17 UStG	368
2	Unentgeltliche Wertabgaben	368
2.1	Entnahmen nach § 3 Abs. 1b UStG	368
2.2	Sonstige Leistungen nach § 3 Abs. 9a UStG	369
2.3	Ort unentgeltlicher Wertabgaben	369
2.4	Steuerbefreiungen	369
2.5	Bemessungsgrundlage	369
2.6	Steuerentstehung	370
3	Innergemeinschaftlicher Erwerb nach § 1 Abs. 1 Nr. 5 UStG	370
4	(Zusätzliche) Steuer nach § 14c Abs. 1 oder § 14c Abs. 2 UStG	370
5	Ermittlung der abziehbaren Vorsteuer, Vorsteuerberichtigung	371
6	Steuerschuldnerschaft des Leistungsempfängers	372
7	Umsatzsteuerrechtliche Haftungsansprüche	372
III	**Unternehmer und Unternehmen als Anknüpfungspunkte des Umsatzsteuerrechts**	373
1	Bedeutung der Unternehmerstellung	373
2	Die einzelnen Tatbestandsmerkmale	373
2.1	Unternehmensfähigkeit (»wer«)	373
2.2	Ausüben einer gewerblichen oder beruflichen Tätigkeit	374
2.2.1	Tätigkeit im Leistungsaustausch	374
2.2.1.1	Gesellschafter einer Personengesellschaft als Unternehmer	374
2.2.1.2	Geschäftsführung bei Personengesellschaften	377
2.2.1.3	Holdinggesellschaften als Unternehmer	379
2.2.1.4	Forderungseinziehung als unternehmerische Betätigung	380

2.2.1.5	Leistungen an (Vereins-)Mitglieder	383
2.2.2	Nachhaltigkeit der Tätigkeit	384
2.2.3	Einnahmeerzielungsabsicht	385
2.3	Selbständigkeit	386
2.3.1	Selbständigkeit von Geschäftsführungsleistungen natürlicher Personen	387
2.3.2	Selbständigkeit von Geschäftsführungsleistungen juristischer Personen	388
3	Grundsatz der Unternehmenseinheit	388
4	Beginn der Unternehmerstellung	389
4.1	Allgemeine Grundsätze	389
4.2	Vorgründungsgesellschaften als notwendiger Beginn unternehmerischer Betätigung	390
5	Ende des Unternehmens, insbesondere Fortbestand bei Insolvenz	391
6	Juristische Personen des öffentlichen Rechts als Unternehmer	392
7	Sonderstatus bestimmter Unternehmergruppen	394
7.1	Kleinunternehmer	394
7.1.1	Voraussetzungen	394
7.1.2	Verfahren	395
7.1.3	Rechtsfolgen	395
7.1.4	Optionsrecht	396
7.2	Land- und forstwirtschaftliche Betriebe	396
8	Organschaft	398
8.1	Voraussetzungen	398
8.2	Rechtsfolgen	400
8.2.1	Umsätze zwischen den Beteiligten	401
8.2.2	Umsätze der Organgesellschaft mit Dritten	401
8.2.3	Grenzüberschreitende Organschaft	402
IV	**Leistungen**	403
1	Lieferungen	405
1.1	Charakterisierung	405
1.1.1	Gegenstandsbegriff des Umsatzsteuerrechts	405
1.1.2	Verschaffung der Verfügungsmacht	406
1.2	Lieferarten und -orte	409
1.2.1	Unbewegte Lieferungen und deren Ort	409
1.2.2	Befördern und Versenden als bewegte Lieferungen	410
1.2.3	Transportbeginn als Lieferorte bewegter Lieferungen	410
1.2.4	Verlagerungen des Lieferorts im grenzüberschreitenden Warenverkehr	411
1.2.4.1	Verlagerung aus dem Drittland ins Inland nach § 3 Abs. 8 UStG	411
1.2.4.2	Verlagerung an das Transportende nach § 3c UStG	412
1.2.4.3	Energielieferungen nach § 3g UStG	414
1.2.5	Besonderheiten beim Reihengeschäft	416
1.2.5.1	Bestimmung der Leistungsbeziehungen	416
1.2.5.2	Zuordnung der Warenbewegung	417
2	Sonstige Leistungen und deren Ort	421
2.1	Grundprobleme bei der Ortsbestimmung	421
2.2	Grundregeln in § 3a Abs. 1 und 2 UStG	422

2.3	Besondere Anknüpfungspunkte für Leistungsortbestimmungen	424
2.3.1	Belegenheitsort (Grundstücksumsätze)	424
2.3.2	Übergabeort – (Kurzfristige) Vermietung von Beförderungsmitteln	425
2.3.3	Tätigkeitsort	426
2.4	Einzelne sonstige Leistungen mit besonderen Fragestellungen	428
2.4.1	Vermittlungsleistungen	428
2.4.2	Beförderungsleistungen und damit zusammenhängende Umsätze	431
2.4.2.1	Personenbeförderung	431
2.4.2.2	Güterbeförderung	431
2.4.3	Katalogleistungen in § 3a Abs. 4 UStG	433
2.4.4	Besonderheiten bei elektronisch erbrachten Leistungen	434
2.7	Besteuerungsverfahren bei sonstigen Leistungen	436
3	Einheitlichkeit der Leistung – Haupt-/Nebenleistung	437
V	**Leistungsaustausch (Leistungen gegen Entgelt)**	**440**
1	Wirtschaftliche Verknüpfung von Leistung und Gegenleistung	440
2	Abgrenzung zum sog. »echten« Schadensersatz	441
2.1	Verträge, die nicht, mangelhaft oder verspätet erfüllt werden	441
2.2	Abgebrochene (Werk-)Lieferungen	443
2.3	Abwicklung von Schadensersatzansprüchen aus unerlaubter Handlung	444
3	Leistungsaustausch bei Vereinen	444
4	Steuerbarer Leistungsaustausch bei der Gründung von Gesellschaften	445
5	Steuerbarer Leistungsaustausch beim Ausscheiden eines Gesellschafters	446
6	Leistungsaustausch bei der Abgabe von Leistungen an Arbeitnehmer	446
VI	**Handeln im Rahmen des Unternehmens**	**449**
VII	**Inland/Ausland**	**450**
VIII	**Geschäftsveräußerung nach § 1 Abs. 1a UStG**	**451**
1	Einkommensteuerrecht als Anknüpfungspunkt?	452
2	Spezifisch umsatzsteuerrechtliche Fragestellungen	452
2.1	Grundstücksübertragung als Geschäftsveräußerung	453
2.2	Übereignung aller wesentlichen Betriebsgrundlagen?	455
2.3	Erwerb für das Unternehmen des Erwerbers	456
2.4	Wirkung der Rechtsnachfolge nach § 1 Abs. 1a S. 3 UStG	457
2.5	Fehlerhafter Steuerausweis	457
3	Vorsteuerabzug aus Leistungsbezügen für die Geschäftsveräußerung	458
IX	**Steuerbefreiungen entgeltlicher Inlandsumsätze**	**459**
1	Zwecke und Wirkungen von Steuerbefreiungstatbeständen	459
2	Befreiungstatbestände mit Optionsmöglichkeit	460
2.1	Grunderwerbsteuerbare Vorgänge	460
2.2	Vermietung und Verpachtung von Grundstücken	464
2.2.1	Die Ausnahmetatbestände des § 4 Nr. 12 S. 2 UStG	465
2.2.2	Gemischte Verträge	466

2.2.3	Verträge besonderer Art	466
2.3	Einzelheiten zur Option nach § 9 Abs. 1 und 2 UStG	467
2.4	Verzicht gegenüber einer nichtunternehmerisch tätigen Gemeinschaft	471
3	Zwingend »vorsteuerschädliche« Steuerbefreiungen	472
4	Veräußerung nicht vorsteuerentlasteter Gegenstände nach § 4 Nr. 28 UStG	473
X	**Bemessungsgrundlage und Steuersatz bei entgeltlichen Umsätzen**	475
1	Grundsätze der Entgeltsbestimmung nach § 10 Abs. 1 und 2 UStG	475
1.1	Zuzurechnender Aufwand des Leistungsempfängers	475
1.2	Anwendung des zutreffenden Steuersatzes	477
2	Spezielle Problemstellungen entgeltlicher Umsätze	480
2.1	Abgrenzung Auslagenersatz/durchlaufende Posten	480
2.2	Echte und unechte Zuschüsse	481
2.3	Tauschvorgänge	483
3	Mindest-Bemessungsgrundlage nach § 10 Abs. 5 UStG	484
4	Differenzbesteuerung	486
4.1	Zwecke und Wirkungsweise	486
4.2	Anwendung bei Entnahmen	488
4.3	Unberechtigter Steuerausweis	488
4.4	Verzicht auf Differenzbesteuerung	489
4.5	Reiseleistungen	489
5	Änderungen der Bemessungsgrundlage nach § 17 UStG	491
5.1	Anwendungsbereich	491
5.1.1	Änderung wegen Uneinbringlichkeit	491
5.1.2	Rückgängigmachung einer Lieferung/Rücklieferung	493
5.1.3	Änderung der Bemessungsgrundlage bei Verrechnung von Gutscheinen	494
5.2	Wirkungsweise	496
XI	**Entstehen und Fälligkeit der Steuer**	497
1	Besteuerung nach vereinbarten Entgelten	497
1.1	Leistungszeitpunkt als Anknüpfungspunkt	497
1.2	Entgeltsvereinnahmung als Anknüpfungspunkt	498
2	Besteuerung nach vereinnahmten Entgelten	499
3	Steuerentstehung mit Rechnungserteilung	500
4	Fälligkeit	501
XII	**Besteuerung unentgeltlicher Wertabgaben**	502
1	Grundzüge	502
2	Rahmenbedingungen der Besteuerung nach § 3 Abs. 1b UStG	503
3	Einzelheiten fiktiver entgeltlicher Lieferungen nach § 3 Abs. 1b UStG	506
3.1	Entnahmen des Unternehmers (§ 3 Abs. 1b S. 1 Nr. 1 UStG)	506
3.2	Sachzuwendungen an das Personal (§ 3 Abs. 1b S. 1 Nr. 2 UStG)	507
3.3	Sonstige unentgeltliche Zuwendungen (§ 3 Abs. 1b S. 1 Nr. 3 UStG)	508
4	Bemessungsgrundlage für fiktive Lieferungen nach § 10 Abs. 4 Nr. 1 UStG	510
5	Unentgeltliche Abgabe von Dienstleistungen	511

5.1	Private Verwendung von Unternehmensgegenständen (§ 3 Abs. 9a S. 1 Nr. 1 UStG)	511
5.1.1	Vorsteuerabzug bei Erwerb als Voraussetzung	511
5.1.2	Relevanz des Vorsteuerabzugs bei der Bemessungsgrundlage	512
5.1.3	Besteuerung außerunternehmerischer Fahrzeugnutzung	513
5.1.4	Besteuerung außerunternehmerischer Grundstücksnutzung	515
5.1.4.1	Einführung in die Problematik	515
5.1.4.2	Relevanz der Neufassung des § 10 Abs. 4 Nr. 2 UStG zum 01.01.2005	516
5.1.4.3	Einzelprobleme	518
5.1.4.4	Änderungen zum 01.01.2011	519
5.1.4 5	Neuregelungen für teilunternehmerisch genutzte Grundstücke ab 01.01.2011 (Übersicht)	520
5.2	Erbringen einer anderen sonstigen Leistung (§ 3 Abs. 9a S. 1 Nr. 2 UStG)	521
5.3	Sonstige Leistungen gegenüber dem Personal	522
6	Ort der Abgabe/Rechnungserteilung/Steuerentstehung	523
XIII	**Unrichtiger oder unberechtigter Steuerausweis**	**524**
1	Unrichtiger Steuerausweis nach § 14c Abs. 1 UStG	524
2	Unberechtigter Steuerausweis nach § 14c Abs. 2 UStG	526
2.1	Anwendungsbereich der Norm	526
2.2	Berichtigungsverfahren	526
XIV	**Grenzüberschreitende Warenbewegungen**	**528**
1	Besteuerungsprinzipien bei grenzüberschreitenden Warenbewegungen	528
2	Abwicklungen mit Drittländern	529
2.1	Die Einfuhr aus dem Drittland nach § 1 Abs. 1 Nr. 4 UStG	529
2.2	Ausfuhrlieferungen nach § 4 Nr. 1 Buchst. a i.V.m. § 6 UStG	531
2.3	Steuerbefreite sonstige Leistungen bei Ausfuhren	534
2.3.1	Lohnveredelung an Gegenständen der Ausfuhr (§ 4 Nr. 1 Buchst. a i.V.m. § 7 UStG)	535
2.3.2	Grenzüberschreitende Güterbeförderungen	536
2.3.3	Vermittlung grenzüberschreitender Warenlieferungen	537
3	Innergemeinschaftliche Warenbewegungen	537
3.1	Die Erwerbsbesteuerung nach § 1 Abs. 1 Nr. 5 UStG bei Lieferungen zwischen Unternehmern	538
3.1.1	Tatbestandliche Voraussetzungen eines realen innergemeinschaftlichen Erwerbs	539
3.1.2	Erwerbsort, Bemessungsgrundlage, Steuerbefreiung und Steuerentstehung	540
3.1.3	Innergemeinschaftlicher Erwerb durch Verbringen	541
3.1.4	Ausnahmen von der Erwerbsbesteuerung nach § 1a Abs. 3 UStG	545
3.1.4.1	Betroffener Personenkreis	545
3.1.4.2	Erwerbsschwelle	545
3.1.5	Der Sonderfall des Erwerbs neuer Fahrzeuge	546
3.2	Innergemeinschaftliche Lieferungen nach § 4 Nr. 1 Buchst. b i.V.m. § 6a UStG	547

3.2.1	Materiell-rechtliche Anforderungen	547
3.2.2	Bedeutung der Umsatzsteuer-Identifikationsnummer	548
3.2.3	Kontrollverfahren und Nachweispflichten	548
3.2.4	Innergemeinschaftliches Verbringen	550
3.2.5	Lieferung neuer Fahrzeuge	550
3.3	Lieferungen an Privatpersonen im Reiseverkehr	552
3.4	Innergemeinschaftliche Erwerbe im Zusammenhang mit innergemeinschaftlichen Reihengeschäften	553
4	Umsätze im Steuerlager	556
XV	**Vorsteuerabzug**	**557**
1	Anspruchsbegründende Voraussetzungen des § 15 Abs. 1 Nr. 1 UStG	558
1.1	Unternehmer	559
1.2	Unternehmer als Leistungsempfänger	561
1.2.1	Leistungsbezug durch Gesellschafter/Gemeinschafter	561
1.2.2	Beteiligte an nichtunternehmerisch tätigen Gemeinschaften als Leistungsempfänger	563
1.2.3	Besonderheiten bei unfreier Versendung	566
1.3	Leistungsbezug »für sein Unternehmen«	567
1.3.1	Unternehmenszuordnung bei gemischter Nutzung vorsteuerbelasteter Gegenstände	569
1.3.2	Zuordnung von teilunternehmerisch genutzten Grundstücken ab 01.01.2011	570
1.3.3	Mindestumfang unternehmerischer Nutzung (10 %-Klausel)	570
1.3.4	Zuordnungsalternativen bei gemischter Nutzung vorsteuerbelasteter Gegenstände	571
1.3.4.1	Anteilige Unternehmenszuordnung	571
1.3.4.2	Zuordnung zum Privatvermögen	573
1.3.4.3	Zuordnung zum Privatvermögen bei Erwerb von Privatpersonen	574
1.3.5	Praktische Relevanz der neuen Dreisphärentheorie	576
1.4	Von einem anderen Unternehmer	580
1.4.1	Schutz guten Glaubens?	580
1.4.2	Erwerb von einem Kleinunternehmer	580
1.5	Besitz einer Rechnung i.S.d. §§ 14, 14a UStG	580
1.5.1	Rechnungsanforderungen	580
1.5.2	Folgen fehlerhafter Rechnungsangaben für den Vorsteuerabzug	581
1.5.3	Exkurs: Zivilrechtliche Folgen unzureichender Rechnungsangaben	582
1.5.4	Kleinbetragsrechnungen/Fahrausweise	583
1.5.5	Gutschriften	584
1.6	Begrenzung des Vorsteuerabzugs auf die für den Umsatz geschuldete Umsatzsteuer	585
2	Ausschlüsse bzw. Einschränkungen des Vorsteuerabzugs	586
2.1	Vorgaben der Mehrwertsteuersystemrichtlinie	586
2.2	Reise- und Umzugskosten	587
2.3	Nach Ertragsteuerrecht nicht abziehbare Aufwendungen	588
2.3.1	Geschenke (§ 4 Abs. 5 Nr. 1 EStG)	588

2.3.2	Bewirtungsaufwendungen (§ 4 Abs. 5 Nr. 2 EStG)	589
2.3.3	Aufwendungen für Gästehäuser, Motoryachten sowie für ähnliche Zwecke (§ 4 Abs. 5 Nr. 3 und 4 EStG)	590
2.4	Gemischte Fahrzeugnutzung	590
2.5	Teilunternehmerische Grundstücksnutzung ab 01.01.2011	593
3	Vorsteuerabzug hinsichtlich der Einfuhr- und Erwerbsumsatzsteuer	593
4	Vorsteuerschädliche Verwendungen des § 15 Abs. 2 UStG	595
4.1	Praxisprobleme bei vorsteuerschädlichen Verwendungen mit Optionsmöglichkeit	596
4.2	Aufteilung nach § 15 Abs. 2, 4 UStG	599
4.2.1	Prüfungsschritte bei Erhaltungsaufwand	599
4.2.2	Sachgerechte Schätzung (Aufteilungsmaßstab)	600
4.2.3	Aufteilungsgebot bei Anschaffungs- oder Herstellungskosten	602
5	Zeitpunkt des Vorsteuerabzugs	605
XVI	**Vorsteuerberichtigung**	**608**
1	Nutzungsänderungen bei Wirtschaftsgütern des Anlagevermögens (Investitionsgütern)	610
1.1	Wechsel von privater zu unternehmerischer Nutzung	611
1.2	Änderung des Anteils vorsteuerschädlicher zu vorsteuerunschädlicher Verwendung	612
1.3	Zwischenzeitlicher Leerstand von Gebäuden	613
1.4	Berichtigungszeitraum	613
1.5	Ermittlung des Berichtigungsbetrags	614
1.6	Vorsteuerberichtigung wegen eines Wechsels der Besteuerungsform	617
2	Vorsteuerberichtigung wegen Veräußerung oder Entnahme	618
2.1	Anwendungsbereich des § 15a Abs. 8 UStG	618
2.2	Vorsteuerberichtigung durch Verwertungshandlungen im Insolvenzverfahren	621
3	Erweiterung der Berichtigungstatbestände zum 01.01.2005	621
3.1	Verwendungsänderungen bei Umlaufvermögen	622
3.2	Bestandteile oder sonstige Leistungen an einem Wirtschaftsgut	623
3.3	Vorsteuerberichtigung wegen selbständiger sonstiger Leistungen	626
4	Vorsteuerberichtigung bei teilunternehmerisch genutzten Grundstücken	627
5	Verfahrensfragen	629
XVII	**Besteuerungsverfahren**	**630**
1	Steueranmeldungsverfahren – Jahreserklärung, Voranmeldungen	630
2	Leistungsempfänger als Steuerschuldner	632
2.1	Werklieferungen und sonstige Leistungen im Ausland ansässiger Unternehmer	632
2.2	Verwertung von Sicherungsgut	633
2.3	Erweiterungen durch das Haushaltsbegleitgesetz 2004	635
2.3.1	Umsätze, die unter das Grunderwerbsteuergesetz fallen	635
2.3.2	Bauleistungen	636
2.4	Ergänzungen jüngeren Datums	637

2.4.1	Strom- und Gaslieferungen	637
2.4.2	Übertragung von Emissionszertifikaten	638
2.4.3	Lieferung von Industrieschrott und Altmetallen	638
2.4.4	Gebäudereinigungen	639
2.4.5	Lieferung von Gold	639
2.4.6	Lieferung von Mobilfunkgeräten	639
2.5	Einzelfragen	640
2.5.1	Status des Abnehmers	640
2.5.2	Ausnahmen von der Steuerschuldnerschaft	640
2.5.3	Rechnungsanforderungen, Rechtsfolgen eines Verstoßes	641
2.5.4	Entstehen der »§ 13b-Steuer«	642
3	Fiskalvertretung	643
4	Reformüberlegungen zur Umsatzsteuer	643

Anhang – Umsatzsteuersätze in den EU-Mitgliedstaaten 646

B Umsatzsteuerrecht

I Einführung

1 Umsatzsteuer-Aufkommen, Verteilung, Verwaltung

Die Umsatzsteuer (USt), in der Alltagssprache, aber auch im amtlich-europäischen Sprachgebrauch als »Mehrwertsteuer« bezeichnet, ist eine der bedeutendsten Einnahmequellen des Staates. Das **USt-Aufkommen** macht einschließlich der E-USt nahezu ein Drittel der gesamten Steuereinnahmen aus. Es wird nach einer Prognose des Arbeitskreises Steuerschätzung vom Mai 2012 für das Jahr 2012 auf die neue Rekordhöhe von mehr als 196 Mrd. € geschätzt. Damit bleibt die USt nicht nur – wie bereits in den Jahren zuvor – noch vor der LSt die ertragreichste Steuer. Die durch das Haushaltsbegleitgesetz 2006[1] beschlossene Erhöhung des Regelsteuersatzes der USt von 16 % auf 19 % zum 01.01.2007 hat vielmehr erwartungsgemäß dazu geführt, dass die USt ihre Stellung als ertragreichste Steuer in den letzten Jahren noch deutlich ausbauen konnte. Ein Ende ist insoweit nicht in Sicht. So sieht der Arbeitskreis Steuerschätzung in seiner Prognose vom Mai 2012 das USt-Aufkommen im Jahr 2013 auf über 203 Mrd. € steigen.

Die **Ertragshoheit** hinsichtlich des Aufkommens aus der USt kommt nach Art. 106 Abs. 3 S. 1 GG **Bund und Ländern gemeinsam** zu (Gemeinschaftssteuer). Seit dem 01.01.1998 sind nach einer entsprechenden Änderung des Grundgesetzes auch die Gemeinden am USt-Aufkommen beteiligt. Vorab erhält der Bund allerdings vom Gesamtaufkommen aus der USt zunächst einen Ausgleich für Belastungen aufgrund der Senkung des Beitragssatzes zur Arbeitslosenversicherung. Dieser Ausgleich beläuft sich ab 2009 auf 4,45 % vom Umsatzsteueraufkommen. Nach einer weiteren Vorab-Zuweisung an den Bund wegen des Bundeszuschusses zur Rentenversicherung (ab 2008: 5,05 %) erhalten die **Gemeinden** vom verbleibenden Aufkommen **2,2 %** als Ausgleich für den Wegfall der Gewerbekapitalsteuer. Der Rest wird gem. Art. 106 Abs. 3 S. 3 GG durch Bundesgesetz in etwa hälftig zwischen Bund und Ländern verteilt.[2]

Die **Verwaltungshoheit** liegt mit Ausnahme der Einfuhrumsatzsteuer bei den Ländern/ **Landesfinanzbehörden**, die insoweit im Auftrag des Bundes tätig werden (Art. 108 Abs. 2 und 3 GG). Das bedeutet, dass es der Unternehmer als StPfl. allein mit dem nach den §§ 17, 21 AO jeweils örtlich zuständigen FA zu tun hat. Dies ist regelmäßig das FA, von dessen Bezirk aus der Unternehmer sein Unternehmen ganz oder überwiegend betreibt. Für im Ausland ansässige Unternehmen, die im Inland umsatzsteuerrechtlich relevant handeln, hier also insb. steuerpflichtige Umsätze nach § 1 Abs. 1 Nr. 1 S. 1 UStG tätigen, sieht § 1 der Umsatzsteuerzuständigkeitsverordnung – je nach Ansässigkeit – eine besondere Zuständigkeit einzelner inländischer Finanzämter vor.[3]

---
1 Vom 29.06.2006 (BGBl I 2006, 1402 = BStBl I 2006, 410).
2 Vgl. dazu näher § 1 des Gesetzes über den Finanzausgleich von Bund und Ländern.
3 Allgemein zur örtlichen Zuständigkeit der Finanzämter *Bähr*, Teil A, Kap. V 1.3.

2 Rechtliche Rahmenbedingungen

Die Gesetzgebungshoheit für die USt als Gemeinschaftssteuer steht nach Art. 105 Abs. 2 GG, Art. 72 Abs. 1 GG dem Bund im Rahmen der konkurrierenden Gesetzgebung zu.

Konkrete **Rechtsgrundlagen** sind das **Umsatzsteuergesetz** (UStG) und die **Umsatzsteuerdurchführungsverordnung** (UStDV). Letztere hat Gesetzeskraft, soweit sie sich im Rahmen der Ermächtigung des § 26 UStG hält. Demgegenüber handelt es sich bei den Regelungen im **Anwendungserlass zur USt (UStAE)**, die mit Wirkung vom 01.11.2010 an die Stelle der Umsatzsteuerrichtlinien 2008 getreten sind, lediglich um allgemeine **Verwaltungsvorschriften** der Bundesregierung nach Art. 108 Abs. 7 GG. Diese sollen – wie i.Ü. auch BMF-Schreiben und OFD-Verfügungen – die **einheitliche Handhabung des Umsatzsteuerrechts** durch die Finanzverwaltung sicherstellen. Dem UStAE kommt aber, wie allen Steuerrichtlinien, keine Rechtsnormqualität zu. Sie bieten keine Rechtsgrundlage für einen steuerbegründenden Verwaltungsakt und binden Gerichte grundsätzlich nicht. Norminterpretierende Verwaltungsvorschriften mit materiell-rechtlichem Inhalt sind Gegenstand, nicht jedoch Maßstab richterlicher Kontrolle.[4] Mögen Richtlinienbestimmungen auch weder für StPfl. noch die Gerichte bindend sein, so gilt doch: In Prüfungsklausuren kann es durchweg »nicht verkehrt sein«, Lösungen anzubieten, die sich an den in den im UStAE geäußerten Auffassungen der Finanzverwaltung orientieren.

Jene Verwaltungsvorschriften sind zu unterscheiden von den **EG-Richtlinien**. Art. 93 des EG-Vertrages, inzwischen abgelöst durch Art. 113 des Vertrages über die Arbeitsweise der Europäischen Union (AEUV2010), verpflichtet die Mitgliedstaaten zur **Harmonisierung** ihrer nationalen Umsatzsteuergesetze. Zu diesem Zwecke hat die EG mehrere Richtlinien erlassen, die die Mitgliedstaaten umzusetzen hatten bzw. noch umzusetzen haben. Von besonderer Bedeutung für das nationale USt-Recht war die **6. EG-RL vom 17.05.1977** (mit zahlreichen späteren Änderungen), die inzwischen mit der Richtlinie 2006/112/EG, der sog. **Mehrwertsteuersystemrichtlinie** (MwStSystRL), **zum 01.01.2007** neu gefasst worden ist.[5] Sie zwang die Mitgliedstaaten, bereits zum 01.01.1980 ihre nationalen UStG an den in dieser Richtlinie enthaltenen gemeinschaftsrechtlichen Vorgaben auszurichten. Bei der im Fluss befindlichen Anpassung hat es in der Bundesrepublik im Detail erhebliche Verzögerungen gegeben. Dies belegen nicht nur gravierende Änderungen des nationalen UStG zum 01.01.1997 und 01.04.1999. Auch die zahlreichen Modifizierungen des UStG zum 01.01.2004 durch das StÄndG 2003 (BGBl I 2003, 2645), die Änderungen durch das zum 01.01.2005 in Kraft getretene Richtlinien-Umsetzungsgesetz (EURLUmsG) verfolgten ausweislich der Gesetzesbegründungen mehrheitlich das Ziel, eine »Anpassung an das Gemeinschaftsrecht« vorzunehmen. Dies gilt i.Ü. auch für die praktisch bedeutsamen Änderungen des UStG zum 01.01.2011 durch das JStG 2010 (BStBl I 2010,1394), insbesondere im Hinblick auf die umsatzsteuerrechtliche Behandlung von teilunternehmerisch genutzten Grundstücken.

Die EU-Richtlinien – genauer: deren Auslegung durch den EuGH – bestimmen maßgeblich das nationale UStR. Dies ist von der Sache her auch gerechtfertigt, denn:

---

[4] So pointiert BFH vom 04.05.2006 (BStBl II 2006, 781) bezogen auf A 31 Abs. 8 S. 3 LStR 1999.
[5] Im folgenden Text werden die gemeinschaftsrechtlichen Vorgaben häufig noch nach der 6. EG-RL zitiert, weil viele EuGH-Entscheidungen, auf die verwiesen wird, noch zur Auslegung der 6. EG-RL ergangen sind und deren Artikel nennen.

- Es besteht nicht nur für die Gerichte, sondern auch für die Finanzverwaltung die Verpflichtung, die **Bestimmungen des nationalen UStG »richtlinienkonform« auszulegen**. Maßgebend ist dabei das Verständnis der entsprechenden Richtlinienbestimmung, wie es in Entscheidungen des EuGH vermittelt wird, der für die Auslegung von Zweifelsfragen der 6. EG-RL, seit 01.01.2007 der MwStSystRL, ein Auslegungsmonopol besitzt.
- Bei Zweifeln an der Vereinbarkeit einer nationalen Handhabung mit der Richtlinie muss der BFH – können aber auch die Finanzgerichte – eine **Vorabentscheidung des EuGH zur Auslegung des Gemeinschaftsrechts** einholen. Hiervon macht der BFH in den letzten Jahren verstärkt Gebrauch.
- Für den StPfl. **günstigere Richtlinienvorschriften begründen einen »Anwendungsvorrang«**. Folge: Der StPfl. kann sich gegenüber den nationalen Instanzen – und damit auch gegenüber der Finanzverwaltung – auf die ihm günstigere Richtlinienbestimmung berufen, sofern diese aus Sicht des EuGH »unbedingt, genau und hinreichend klar« ist.[6] Entsprechendes gilt, wenn der nationale Gesetzgeber eine für den StPfl. günstige Richtlinienbestimmung – wie etwa eine dort vorgesehene Steuerbefreiungsvorschrift – in das nationale UStG überhaupt nicht aufgenommen hat.

3 Wesen und Wirkungsweise der Umsatzsteuer

Die USt ist lediglich im verfahrensrechtlichen Sinne, d.h. im Bereich der AO (z.B. bei § 169 Abs. 2 AO), als Verkehrssteuer zu betrachten. Von ihrem materiellen Besteuerungsziel her ist sie hingegen als allgemeine **Verbrauchsteuer** zu charakterisieren, neben die besondere Verbrauchsteuern wie z.B. Tabak-, Mineralöl- und Branntweinsteuer treten. **Anknüpfungspunkt ist der in der Einkommensverwendung liegende Verbrauch**. Davon geht bei der Auslegung von Zweifelsfragen seit jeher der EuGH und in jüngerer Zeit – freilich ohne eindeutiges »Bekenntnis« – auch der BFH aus. Das Ziel einer allgemeinen USt, den **Aufwand des Endverbrauchers für Konsumgüter steuerlich zu belasten**[7], ist rechtstechnisch in vielfältiger Weise realisierbar. So kann man die denkbaren USt-Systeme nach der Anzahl der Erhebungsphasen (Stufen) in Einphasen- oder Allphasensteuern, nach der Erhebungstechnik in kumulative und nichtkumulative Steuern unterteilen.

> **Beispiel 1: Wirkungsweise des Allphasen-Nettosystems mit VSt-Abzug**
> Der erfolgreiche Künstler K (kein Kleinunternehmer nach § 19 UStG) kann eine der von ihm gefertigten Zeichnungen für 500 € zzgl. gesondert auszuweisender USt an den Kunsthändler L verkaufen. L gelingt es, die Zeichnung für 1.000 € zzgl. gesondert auszuweisender USt an den Kunsthändler M zu veräußern, der das Werk schließlich für 2.140 € an den privaten Kunstsammler P abgibt. Jahre später muss sich P aus finanziellen Gründen von dem Gemälde trennen. Da K zwischenzeitlich eine gewisse Berühmtheit erlangt hat, erzielt P durch den Verkauf der Zeichnung an P2 einen Erlös von 5.000 €.

---

6   Ausführlich zur Wirkungsweise von EG-RL im deutschen Umsatzsteuerrecht z.B. *Birkenfeld*, USt-Handbuch, Stand: Juli 2010, § 22, sowie *Reiß* in *Reiß/Kräusel/Langer*, UStG, Stand: Juni 2010, Einführung, Rz. 105 ff.
7   Schlagwort: Besteuerung des Letztverbrauchs.

Eine **Einphasen-USt** läge vor, wenn Gegenstand der Besteuerung nur die Leistung wäre, die der Unternehmer an den Endverbraucher erbringt – im Beispiel also die Lieferung des Bildes von M an P – und alle Umsätze zwischen Unternehmern – im Beispiel also die von K an L und L an M – nicht besteuert würden. Ein Blick auf § 1 Abs. 1 Nr. 1 UStG verdeutlicht schnell, dass das gegenwärtige deutsche USt-System ein anderes ist. Der Grundtatbestand des § 1 Abs. 1 Nr. 1 S. 1 UStG besteuert Leistungen (Lieferungen oder sonstige Leistungen), die ein Unternehmer im Inland gegen Entgelt im Rahmen seines Unternehmens ausführt. Der Status des Abnehmers, ob Unternehmer oder Endverbraucher, spielt für die Steuerbarkeit nach § 1 Abs. 1 Nr. 1 UStG erkennbar keine Rolle. USt fällt auch bei Umsätzen gegenüber anderen Unternehmern an. Von daher hat man es also mit einem **Allphasensystem** zu tun. Während Einphasen-USt selbstverständlich niemals kumulativ wirken können[8], gilt für Allphasen-USt-Systeme etwas anderes. Sie können sowohl kumulativ als auch nicht kumulativ wirken. Ein **kumulatives System** ist gegeben, wenn anlässlich aller Phasen der Leistungskette USt zur Erhebung gelangt und die Gesamtbelastung mit USt u.a. davon abhängig ist, wie viele Vorumsätze dem Endumsatz an den Verbraucher vorangegangen sind. Ein solches USt-System mit einer kumulativen Allphasensteuer hat es in der Bundesrepublik bei einem Steuersatz von zuletzt 4 % bis zum 31.12.1967 gegeben. Es schafft zwangsläufig **Wettbewerbsbeeinträchtigungen**. Größere Unternehmen, die sich die Vorstufen wirtschaftlich einverleiben, sind im Vorteil gegenüber kleineren Konkurrenten, die die gleiche Ware mit einem höheren USt-Anteil im Preis erwerben müssen.

Diese Wirkung ist **ab 01.01.1968** durch die **Einführung des VSt-Abzugs** beseitigt worden. Nach § 15 Abs. 1 Nr. 1 UStG können Unternehmer grundsätzlich die USt für Leistungen, die sie von anderen Unternehmern beziehen, als sog. Vorsteuer (VSt) von ihrer Steuerschuld abziehen, wenn die VSt in einer ordnungsgemäßen Rechnung i.S.d. §§ 14, 14a UStG gesondert ausgewiesen ist. Der VSt-Abzug ist es, der für die Wettbewerbsneutralität der USt sorgt. Das seit dem 01.01.1968 geltende USt-System, bei dem eine Kumulation der USt ausgeschlossen ist, wird als **Netto-Allphasensystem mit VSt-Abzug** bezeichnet. Seine genaue Wirkungsweise sei an der Lösung des Beispiel 1 veranschaulicht.

> **Lösung:** K liefert die Zeichnung als Unternehmer steuerbar und steuerpflichtig nach § 1 Abs. 1 Nr. 1 UStG an L. Die BMG für die dadurch ausgelöste USt bildet nach § 10 Abs. 1 S. 1 UStG das Entgelt. Es besteht nach § 10 Abs. 1 S. 2 UStG in dem Aufwand des Leistungsempfängers ohne USt[9], hier in 500 €. Da auf den Gemäldeverkauf der ermäßigte Steuersatz von 7 % und nicht der seit dem 01.01.2007 geltende Regelsteuersatz von 19 % zur Anwendung gelangt[10], wird K dem L also zusätzlich 35 € (7 % von 500 €) USt in Rechnung stellen und damit insgesamt 535 € berechnen. Der Vorgang verursacht, allein die USt betrachtet, bei L einen zusätzlichen Aufwand

---

8   Ein Kumulativeffekt kann nur eintreten, wenn die tatsächliche Höhe der den Verbraucher belastenden Steuer von der Anzahl der Stufen abhängig ist, die die Leistung durchlaufen hat, bevor sie den Unternehmensbereich verlässt.

9   Insofern ist die Bezeichnung der USt als »Mehrwertsteuer« irreführend, weil sie zu der unzutreffenden Annahme verleitet, Steuerbemessungsgrundlage sei der auf jeder Stufe hinzugefügte »Mehrwert«, während die Besteuerung tatsächlich auf der Basis des Gesamtaufwands des Leistungsempfängers für die ihm gegenüber erbrachte Leistung erfolgt. Eine Besteuerung auf der Basis des geschaffenen Mehrwerts erfolgt nur ausnahmsweise in den Fällen, bei denen die Differenzbesteuerung Anwendung findet (vgl. z.B. § 25a Abs. 3 UStG).

10 Vgl. Nr. 53 der Anlage 2 zu § 12 Abs. 2 Nr. 1 UStG. Das BMF hat in einem Schreiben vom 05.08.2004 (BStBl I 2004, 638 = Nr. 500, § 12/1) ausführlich dazu Stellung genommen, welche Gegenstände im Einzelnen von den Positionen der Anlage 2 erfasst sind.

i.H.v. 35 € und bei K zunächst eine zusätzliche Einnahme in gleicher Höhe. K als Schuldner der USt nach § 13a Abs. 1 Nr. 1 UStG muss diese zusätzliche Einnahme allerdings an das für ihn zuständige FA abführen. Mithin läuft die USt für die Lieferung des Gemäldes an L bei ihm nur durch. Belastet ist zunächst der L. Er hat für eine Lieferung im Nettowert von 500 € zusätzlich 35 € USt entrichtet. Gleichwohl muss jener die 535 € nicht als seinen Einstandspreis ansehen: L steht für die zusätzliche Ausgabe von 35 € der VSt-Abzug zu. Er erhält so i.H.d. 35 € eine Erstattung von seinem FA. Infolgedessen beträgt sein Einstandspreis für das von K erhaltene Bild nicht 535 €, sondern nur 500 €. Innerhalb der **Unternehmerkette** wirkt die USt also wie ein **durchlaufender Posten**.[11] Der für die Lieferung des K an L beschriebene Ablauf wiederholt sich bei der Veräußerung des Bildes von L an M. Die wiederum nach § 1 Abs. 1 Nr. 1 UStG steuerbare Veräußerung löst bei einer BMG von 1.000 € eine USt von 70 € aus. Diese wird L dem M zusätzlich berechnen, ihm folglich insgesamt 1.070 € in Rechnung stellen. Der von M zusätzlich aufgewendete USt-Betrag von 70 € verbleibt nicht bei dem leistenden Unternehmer L, sondern wird von diesem an das FA abgeführt. M ist mit den 70 €, die er als Unternehmer an L entrichtet hat, nicht endgültig belastet. Seine Ausgabe wird vielmehr durch eine gleich hohe Einnahme in Form des VSt-Abzugs von 70 € ausgeglichen.

Das Rechtsinstitut des VSt-Abzugs bewirkt also, dass zwar an jeder Stelle der Umsatzkette USt-Zahlungen an das FA erfolgen, dem Fiskus aber (soweit die bisherigen Betrachtungen reichen) nichts davon verbleibt. Oder andersherum: Eine wirtschaftliche Belastung mit USt tritt für Unternehmer nicht ein, so dass es **unerheblich** ist, **wie viele Umsatzstufen eine Ware durchlaufen hat**. Im Beispiel haben K 35 € und M 70 € an die jeweiligen Finanzämter abgeführt, die ihrerseits aber die 35 € und 70 € an M und L wieder ausbezahlt haben. Der beschriebene Ausgleichsmechanismus endet jedoch, wenn es sich um die vom Endverbraucher an den letzten Unternehmer gezahlte USt handelt. M hat für das Bild insgesamt 1.070 € entrichtet, davon jedoch 70 € als VSt vom FA zurückerhalten. Sein Netto-Einstandspreis beläuft sich damit auf 1.000 €. Da im Beispiel auch M mit einem Aufschlag von 100 % weiterveräußert und er natürlich um die zusätzlich von ihm für die Weiterveräußerung dem FA geschuldete USt von 140 € weiß, berechnet er dem Verbraucher P einen Betrag von 2.140 €. Anders als bei den vorangegangenen Umsätzen verbleibt die von P mit dem Kaufpreis entrichtete und von M an das FA abgeführte USt von 140 € dem FA nun aber endgültig. P als Verbraucher kann nämlich die von ihm aufgewendeten 140 € nicht als VSt geltend machen. Ihm fehlt die Grundvoraussetzung für einen VSt-Abzug, der Unternehmerstatus.

Ungeachtet des so dem Grundsatz nach verwirklichten Ziels, die USt innerhalb der Unternehmerkette kostenneutral wirken zu lassen und nur den (End-)Verbraucher zu belasten, bleibt die USt gleichwohl eine »Unternehmersteuer«. Wie gesehen zahlt der Verbraucher selbst keine staatliche Abgabe in Form einer Verbrauchsteuer an den Fiskus. Er tritt hinsichtlich der USt nicht in Kontakt mit dem FA. Er hat für seine Einkäufe keine USt-Erklärung abzugeben.[12] Diese abzugeben, ist Sache des leistenden Unternehmers. Da dieser aber die für den Umsatz an seinen Abnehmer (Verbraucher) geschuldete USt von dem Abnehmer mit der Zahlung des Kaufpreises ersetzt bekommt, spricht man von der

---

11 Die USt ist aber kein durchlaufender Posten i.S.d. § 4 Abs. 3 EStG (vgl. *Preißer*, Band 2, Teil A, Kap. I 2.1.3 und Kap. I 2.4.3).
12 Vernachlässigt sind hier später zu erörternde Sonderfälle wie der innergemeinschaftliche Erwerb neuer Fahrzeuge durch Privatpersonen (dazu Kap. XIV 3.1.5).

USt als **indirekte Steuer**. Für diese ist kennzeichnend, dass der mit Steuer wirtschaftlich belastete (Steuerträger) und der Steuerschuldner auseinanderfallen.[13]

Der Beispielsfall kann schließlich noch ein weiteres Prinzip des USt-Rechts verdeutlichen: Ist das mit USt belastete WG erstmalig in den Endverbrauch gelangt, ist es damit regelmäßig zugleich endgültig aus dem Blickfeld der USt verschwunden.[14] Wertschöpfungen im Privatbereich werden von der USt nicht erfasst. Dies zeigt die umsatzsteuerrechtliche Beurteilung der Veräußerung der Zeichnung durch P an P2. Sie löst keine USt aus. Nur Leistungen eines Unternehmers können steuerbar nach § 1 Abs. 1 Nr. 1 UStG sein.

Schaubildartig lässt sich die **Wirkungsweise des Allphasen-Nettosystems** mit VSt-Abzug anhand der Lösung des Beispiels 1 wie folgt darstellen:

Phase	Rechnung	USt	VSt	Zahllast	Mehrwert
K an L	500 € zzgl. 35 € USt	FA + 35 €	0 €*	35 €	500 €*
L an M	1.000 € zzgl. 70 € USt	FA + 70 €	FA ./. 35 €	35 €	500 €
M an P	2.000 € zzgl. 140 € USt	FA + 140 €	FA ./. 70 €	70 €	1.000 €
P an P2	5.000 €	0 €	0 €	0 €	(2.860 €)

* insoweit handelt es sich um eine später zu diskutierende Vereinfachung

4 Funktion der Ergänzungstatbestände

Zur Sicherstellung des Besteuerungsziels, den Letztverbrauch im Inland mit USt zu belasten, sieht das Gesetz Ergänzungstatbestände in § 3 Abs. 1b UStG und § 3 Abs. 9a UStG vor.

Unentgeltliche Wertabgaben aus dem Unternehmen in Gestalt der Entnahme oder außerunternehmerischen Nutzung von Unternehmensgegenständen werden seit dem 01.04.1999 in Anlehnung an die Vorgaben in Art. 16 und 26 der MwStSystRL fiktiv wie entgeltliche Lieferungen oder sonstige Leistungen behandelt und damit ebenfalls nach § 1 Abs. 1 Nr. 1 UStG besteuert.

Einfuhren aus Staaten, die nicht zum Gemeinschaftsgebiet gehören und damit das sog. Drittlandsgebiet nach § 1 Abs. 2a S. 3 UStG bilden, werden nach § 1 Abs. 1 Nr. 4 UStG besteuert, um die Gegenstände beim Eintritt in das Inland mit deutscher USt zu belasten und dadurch den im Inland produzierten Waren gleichzustellen. Damit korrespondiert, dass der Herkunftsstaat die Ausfuhr befreit hat (s. zum umgekehrten Fall der Ausfuhr aus Deutschland: § 4 Nr. 1a i.V.m. § 6 UStG). Beim Warenverkehr zwischen den EU-Mitgliedstaaten

---

13 Zur Einteilung der Steuerarten unter diesem und anderen Aspekten näher *Bähr*, Teil A, Kap. I 3.2.
14 Eine Ausnahme soll gelten, wenn das in den Endverbrauch gelangte WG über den Umweg einer anschließenden unternehmerischen Nutzung erneut in den Endverbrauch gelangt, weil der Unternehmer das WG nach der unternehmerischen Nutzung wiederum an eine Privatperson veräußert (dazu Kap. XII 2 am Ende sowie Kap. XV 1.3.4.3).

ist ab dem 01.01.1993 an die Stelle der Einfuhrumsatzsteuer für normale Unternehmer der Tatbestand des sog. innergemeinschaftlichen Erwerbs nach § 1 Abs. 1 Nr. 5 UStG getreten. Damit korrespondiert eine entsprechende Steuerbefreiung im anderen Mitgliedstaat (vgl. zum umgekehrten Fall der innergemeinschaftlichen Lieferung aus Deutschland: § 4 Nr. 1b i.V.m. § 6a UStG). Die vorgenannten Steuertatbestände werden ergänzt durch die an einen unrichtigen, weil zu hohen, bzw. unberechtigten Steuerausweis anknüpfenden Tatbestände des § 14c Abs. 1 bzw. § 14c Abs. 2 UStG.

5 Systematik

Ist ein Tatbestand des § 1 UStG erfüllt, so ist der Vorgang steuerbar. Es ist dann weiter zu prüfen, ob der Umsatz auch steuerpflichtig ist. Insoweit bedarf zunächst der Erörterung, ob einer der Steuerbefreiungstatbestände des § 4 UStG (oder der §§ 4b, 5 UStG) zur Anwendung gelangt. Ist dies zu bejahen, so steht damit freilich noch nicht abschließend fest, dass ein steuerfreier Umsatz vorliegt. Ggf. kann weiter zu prüfen sein, ob die Beteiligten zulässigerweise von der in § 9 UStG eröffneten Möglichkeit Gebrauch gemacht haben, auf die Anwendung der Steuerbefreiung zu verzichten (sog. Option). Für einen steuerpflichtigen Umsatz ist im nächsten Schritt unter Anwendung des zutreffenden Steuersatzes gem. § 12 UStG die BMG nach § 10 UStG und die Höhe der geschuldeten USt zu ermitteln. Zum – soweit möglich – auch anzugebenden Entstehungszeitpunkt geben die Regelungen in § 13 UStG Auskunft. Mit der abschließenden Frage, wer Schuldner der ausgelösten USt ist, befassen sich die Regelungen in den §§ 13a und § 13b UStG. Ob die geschuldete USt als VSt in Abzug gebracht werden kann, ist dann anhand der Vorgaben des § 15 UStG zu entscheiden. Eine detaillierte Übersicht zum Vorgehen enthalten die folgenden Hinweise für die Bearbeitung umsatzsteuerrechtlicher Klausuraufgaben.

II Hinweise für die Bearbeitung von Umsatzsteuerklausuren

Die Aufgabenstellung in einer USt-Klausur lautet regelmäßig wie folgt: »Die nachstehenden Sachverhalte sind hinsichtlich der Personen (bzw. Personenvereinigungen) A, B und der A & B OHG ... umsatzsteuerrechtlich zu würdigen«. Daraus ergeben sich regelmäßig zwei Hauptaufgaben:

- **Ermittlung der USt**, die von den zu beurteilenden Personen und Personenvereinigungen[15] aufgrund der von ihnen verwirklichten Sachverhalte entstanden ist (bzw. Angabe der Gründe, weshalb keine USt ausgelöst ist) und
- **Bestimmung der abziehbaren VSt** für die zu beurteilenden Personen.

Klausuren jüngeren Datums schränken den Aufgabenumfang gelegentlich ein, indem für unterschiedliche Sachverhalte entweder danach gefragt wird, ob sie für den Handelnden deutsche USt auslösen (Aufgabe etwa: »Der Mandant möchte von Ihnen wissen, ob und ggf. in welcher Höhe er für die ausgeführten Leistungen deutsche USt abzuführen hat«) oder eben nur gefragt wird, ob dem Empfänger bestimmter Leistungsbezüge ein VSt-Abzugsrecht zukommt (Aufgabe etwa: »Der Mandant möchte geklärt wissen, ob ihn die vorgelegten Rechnungen zum VSt-Abzug berechtigen«). Soweit solche Einschränkungen nicht erfolgen, ist es durchweg sinnvoll, innerhalb eines Sachverhalts zunächst sämtliche **Ausgangsumsätze** zu behandeln. Damit klären sich zumeist auch viele Probleme des VSt-Abzugs, insb. die Frage eines VSt-Abzugsverbots nach § 15 Abs. 2 UStG.

1 Entgeltliche Umsätze nach § 1 Abs. 1 Nr. 1 UStG

Sind mehrere Personen zu beurteilen, entscheiden Sie sich in einem nächsten Schritt **für eine der zu beurteilenden Personen**, hinsichtlich derer Sie prüfen wollen, ob diese durch ihre Aktivitäten einen steuerbaren und steuerpflichtigen Umsatz nach § 1 Abs. 1 Nr. 1 UStG getätigt hat. Kommen in einem Sachverhalt mehrere Personen vor, so bewahrt Sie dieses Vorgehen davor, Personen zu untersuchen, die gar nicht zu beurteilen sind. Ein solches Vorgehen dient letztlich auch der eigenen klaren Gedankenführung. Ausgeschlossen ist so nämlich, dass Sie Umsätze verschiedener Personen miteinander vermengen und nicht sichtbar wird, welcher Person Sie welchen Umsatz zurechnen wollen.

---

15 Im Folgenden ist abkürzend nur noch von Personen die Rede.

1.1 Steuerbarkeit

In § 1 Abs. 1 Nr. 1 UStG ist der Haupttatbestand für steuerbare Aktivitäten geregelt. So Anhaltspunkte für die Verwirklichung dieses Steuertatbestands vorliegen, ist stets mit der Prüfung einer Steuerbarkeit nach § 1 Abs. 1 Nr. 1 UStG zu beginnen.

§ 1 Abs. 1 Nr. 1 UStG enthält fünf Tatbestandsmerkmale, deren Vorliegen festzustellen ist:

1. der Handelnde ist **Unternehmer**,
2. er führt eine **Lieferung oder sonstige Leistung** aus,
3. dies geschieht **gegen Entgelt**,
4. **im Rahmen seines Unternehmens** und
5. **im Inland**.

Eine zwingende Prüfungsreihenfolge gibt es nicht. Regelmäßig sollte jedoch mit der Unternehmerstellung der zu beurteilenden Person (dazu § 2 UStG) begonnen werden. Taucht die Person in weiteren Sachverhalten erneut auf, so brauchen Sie eine bereits festgestellte Unternehmereigenschaft nicht erneut zu erwähnen.[16]

Als **zweites Tatbestandsmerkmal** ist das Vorliegen einer **Leistung im umsatzsteuerrechtlichen Sinne** zu prüfen. Die Fragestellung hierzu lautet: Hat die Person, die Sie auf die Verwirklichung des Steuertatbestands nach § 1 Abs. 1 Nr. 1 UStG untersuchen, eine Lieferung nach § 3 Abs. 1 UStG (mit Klarstellungen in § 3 Abs. 3 und § 3 Abs. 4 UStG) oder eine sonstige Leistung nach § 3 Abs. 9 UStG ausgeführt?

Dass es gute Gründe gibt, sich strikt an die hier bislang nahegelegte Vorgehensweise zu halten, sei an folgendem kleinen Sachverhalt und typisch fehlerhaften Bearbeitungen belegt.

> **Beispiel 1: Systematisches Vorgehen ersetzt Schlagworte**
> Der Unternehmer U hat an den Kunden K Ware für 1.000 € zzgl. 190 € verkauft und für den Versand vorbereitet. Bevor es zum Versand kommt, wird die Ware bei U durch Brand zerstört. Die Versicherung des U, die V-AG, überweist 1.000 € an U. Die Aufgabe lautet: Zu beurteilen ist **U**.

Aus der Palette fehlerhafter Antworten seien hier nur zwei angeboten: »Schadenersatz ist nicht steuerbar; es fehlt die Gegenleistung«. Dazu folgende Anmerkung: Eingebracht wird ein Schlagwort, das im UStG nicht verwendet wird. Es bleibt offen, welche Person beurteilt wird, die Schadenersatz leistende V-AG oder Unternehmer U, der die 1.000 € erhält. Unabhängig davon ist die Feststellung, dass es an einer Gegenleistung fehle, sowohl für U als auch für die nicht zu beurteilende V-AG grob falsch.

Dieses »Prädikat« verdiente auch die folgende Feststellung: »Es ist keine USt ausgelöst, Versicherungsleistungen sind steuerfrei nach § 4 Nr. 10a UStG.« Diese Lösung ist wiederum gleich in mehrfacher Hinsicht »daneben«. Die geforderte Stellungnahme zum Unternehmer U unterbleibt, eingegangen wird auf die nicht zu beurteilende V-AG. Deren Handeln erklärt der Verfasser für steuerbefreit, ohne dass er zuvor für die V-AG die Steuerbarkeit ihres

---

16 Davon zu trennen ist die Frage, ob es sinnvoll ist, eine **vorgezogene Prüfung der Unternehmereigenschaft und des Umfangs des Unternehmens** der zu beurteilenden Personen vorzunehmen. Wenn die Aufgabenstellung dazu nicht ausdrücklich auffordert, sollte dies schon aus Zeitgründen **unterlassen** werden. Begründung: »Unternehmer« und »im Rahmen des Unternehmens« sind Tatbestandsmerkmale eines nach § 1 Abs. 1 Nr. 1 UStG steuerbaren Umsatzes, die bei der Würdigung der einzelnen Sachverhalte folglich ohnehin anzusprechen sind.

Handelns erörtert hat (vgl. Kap. 1.2). Hätte der Verfasser dieses getan, wäre ihm schnell bewusst geworden, dass es (auch) für die V-AG bereits an der Steuerbarkeit ihres Handelns fehlt, da deren einzige Aktivität im Sachverhalt – die Hingabe von Geld – keine Leistung im umsatzsteuerrechtlichen Sinne darstellt.

> **Lösung:** Eine korrekte Lösung hätte in folgenden schlichten Feststellungen bestanden: »Ein nach § 1 Abs. 1 Nr. 1 UStG steuerbarer Umsatz des Unternehmers U scheitert schon daran, dass dieser keine Leistung im umsatzsteuerrechtlichen Sinne (Lieferung nach § 3 Abs. 1 UStG oder sonstige Leistung nach § 3 Abs. 9 UStG) erbracht hat. Weder hat er seinem Kunden Verfügungsmacht an der verkauften Ware verschafft noch hat er der V-AG etwas zugewendet, wofür die Hingabe der 1.000 € Entgelt sein könnte.«

Liegt eine Leistung der zu beurteilenden Person vor, sollten Sie **anschließend** auf die **Frage der Entgeltlichkeit der Leistung** eingehen (übliche Charakterisierung: Tätigkeit im Leistungsaustausch). Dabei geht es darum festzustellen, ob der erbrachten Leistung eine Gegenleistung gegenübersteht. Diese kann, muss aber nicht in Geld bestehen (vgl. § 3 Abs. 12 UStG).

Die **Höhe des aufgewendeten Entgelts** ist zunächst **unerheblich**. Es liegt auch dann ein Fall des § 1 Abs. 1 Nr. 1 UStG vor, wenn das Entgelt unangemessen niedrig erscheint. Dieser Umstand kann umsatzsteuerrechtlich erst bei der Bestimmung der BMG Relevanz erlangen (vgl. Kap. 1.3).

Wird tatsächlich kein Entgelt für die Leistung erbracht, führt dies nicht zwangsläufig zur Feststellung, dass der Vorgang nicht steuerbar nach § 1 Abs. 1 Nr. 1 UStG ist. In diesem Fall kann vielmehr weiter zu prüfen sein, ob einer der Hilfstatbestände des § 3 Abs. 1b bzw. § 3 Abs. 9a UStG greift, die eine unentgeltliche Wertabgabe unter den dort beschriebenen Voraussetzungen fiktiv als entgeltliche Leistung behandeln und somit ebenfalls zu einem nach § 1 Abs. 1 Nr. 1 UStG steuerbaren Umsatz führen können. Liegen Anhaltspunkte dafür vor, ist die Prüfung entsprechend den Ausführungen in Kap. 2 fortzusetzen.

Bei der Frage, ob der zu beurteilende Unternehmer die Leistung im Rahmen seines Unternehmens tätigt, ist ggf. auf den Aspekt eines Hilfsgeschäfts einzugehen.

Um festzustellen, ob der Umsatz **im Inland** (dazu § 1 Abs. 2 UStG) erfolgt ist, bedarf es der **Ermittlung des Leistungsortes**. Die Regelungen hierfür sind unterschiedlich, je nachdem, ob es sich um eine Lieferung (dazu insbes. § 3 Abs. 6–8 UStG) oder eine sonstige Leistung (dazu insbes. § 3a UStG) handelt.

Hinweis: Insoweit spricht manches dafür, dass die ab 01.01.2010 anzuwendenden **Neuregelungen zum Ort sonstiger Leistungen** noch eine Zeitlang bevorzugter Gegenstand von Beraterklausuren werden. Erfahrungsgemäß wird in der USt-Klausur häufig zeitnahes aktuelles Recht abgefragt!

Sind alle Tatbestandsmerkmale erfüllt, ist der Umsatz als entgeltliche Lieferung oder sonstige Leistung steuerbar nach § 1 Abs. 1 Nr. 1 UStG.

1.2 Steuerbefreiungen nach § 4 UStG

Nur wenn die Steuerbarkeit nach § 1 Abs. 1 Nr. 1 UStG zu bejahen ist, ist weiter zu prüfen, ob eine der Steuerbefreiungsvorschriften aus dem Katalog des § 4 UStG zur Anwendung kommt. Es ist regelmäßig falsch, auf § 4 UStG einzugehen, ohne zuvor die Steuerbarkeit festgestellt zu haben.

Trifft einer der in § 4 UStG aufgeführten Steuerbefreiungstatbestände zu, kann im Einzelfall weiter zu erörtern sein, ob die Beteiligten zulässigerweise von der Möglichkeit eines **Verzichts auf die Steuerbefreiung** (sog. Option) nach § 9 UStG Gebrauch gemacht haben. Dazu besteht insb. Anlass, wenn über einen an sich steuerfreien Umsatz unter Ausweis von USt abgerechnet worden ist. Ist nicht optiert worden oder ist ein von den Beteiligten gewollter Verzicht unzulässig, da die Voraussetzungen des § 9 UStG nicht vorliegen, steht endgültig fest, dass der Umsatz nicht steuerpflichtig ist.

1.3 Bemessungsgrundlage

Bei Umsätzen, die als Leistungsaustausch steuerpflichtig nach § 1 Abs. 1 Nr. 1 UStG sind, bildet gem. § 10 Abs. 1 S. 1 UStG das Entgelt die Bemessungsgrundlage (BMG).

Nach § 10 Abs. 1 S. 2 UStG besteht das **Entgelt** in allem, was der Leistungsempfänger oder ein Dritter für die steuerpflichtige Leistung aufgewendet hat, **abzüglich** der in dem Aufwand enthaltenen **USt**. An sich eine Selbstverständlichkeit, weil der zivilrechtliche Preis für eine Leistung die USt einschließt, sofern die Beteiligten keine Netto-Abrede getroffen haben. Handelt es sich bei dem entgeltlichen Umsatz um einen Tausch oder ein tauschähnliches Geschäft (dazu s. § 3 Abs. 12 UStG), gilt nach § 10 Abs. 2 S. 2 und 3 UStG der Wert des empfangenen Umsatzes, abzüglich USt, als Entgelt. Aus dem Gesamtaufwand bzw. dem Wert der Gegenleistung ist folglich regelmäßig die USt mit dem Regelsteuersatz von 19 % oder dem ermäßigten von 7 % (dazu § 12 UStG) herauszurechnen. Formelhaft lässt sich die BMG für steuerpflichtige entgeltliche Leistungen also ermitteln, indem der **Gesamtaufwand des Leistungsempfängers** mit **100/119** bzw. **100/107** multipliziert wird. Die USt errechnet sich durch eine Multiplikation des Gesamtaufwands mit 19/119 oder 7/107. Eine Identität der BMG mit dem vereinbarten Preis besteht, wenn die Beteiligten die Preisabrede für einen steuerpflichtigen Umsatz mit dem Zusatz netto versehen haben. Dann ist die USt mit dem zutreffenden Steuersatz hinzuzurechnen.

Bestehen Anhaltspunkte dafür, dass das vereinbarte Entgelt niedriger ist als die im Fall unentgeltlicher Wertabgaben nach § 10 Abs. 4 Nr. 1–3 UStG anzusetzenden Werte, ist weiter zu prüfen, ob die Voraussetzungen des § 10 Abs. 5 UStG, der sog. **Mindest-BMG**, vorliegen. Ist das zu bejahen, wird die BMG nach § 10 Abs. 1 UStG durch die für unentgeltliche Wertabgaben geltenden Regelungen zur BMG in § 10 Abs. 4 Nr. 1–3 UStG verdrängt, d.h. auf die dafür anzusetzenden Werte angehoben.

Da USt bei einem steuerfreien Umsatz nicht ausgelöst ist, kann es für steuerfreie Umsätze logischerweise keine BMG geben, auf deren Basis USt zu berechnen ist. Auch ein steuerfreier Umsatz ist aber zu quantifizieren, d.h. der Wert, mit dem der Umsatz in USt-VA zu erfassen ist, ist in Klausuren regelmäßig anzugeben.

1.4 Entstehen der Umsatzsteuer

Der Regelfall in einer Klausur ist der einer Besteuerung nach **vereinbarten** Entgelten. Dabei entsteht die Steuer für entgeltliche Leistungen nach § 13 Abs. 1 Nr. 1a S. 1 UStG grundsätzlich mit Ablauf des Voranmeldungszeitraums (VAZ), in dem der Unternehmer die Leistung vollständig erbracht hat. Entsprechendes gilt für Teilleistungen nach § 13 Abs. 1 Nr. 1a

S. 2 und 3 UStG. Nach § 13 Abs. 1 Nr. 1a S. 4 UStG entsteht die Steuer ausnahmsweise vor Ausführung der Leistung oder Teilleistung, sofern der Unternehmer das vereinbarte Entgelt (oder Teile davon) bereits vor Ausführung der geschuldeten (Teil-) Leistung vereinnahmt hat. Liegt ein Sachverhalt vor, bei dem nach § 13b UStG die Steuer für einen nach § 1 Abs. 1 Nr. 1 UStG steuerpflichtigen Umsatz vom Leistungsempfänger geschuldet wird, sind die zum 01.07.2010 modifizierten Sonderregelungen zum Entstehen der Steuer in § 13b Abs. 1 und Abs. 2 UStG zu beachten.[17]

1.5 Änderungen der Bemessungsgrundlage nach § 17 UStG

Ergänzend kann eine Änderung der BMG nach § 17 UStG zu erörtern sein. Dazu besteht insb. Anlass, wenn bei einer Besteuerung nach vereinbarten Entgelten der tatsächliche Aufwand des Leistungsempfängers für die steuerpflichtige Leistung von der vereinbarten Gegenleistung abweicht.

2 Unentgeltliche Wertabgaben

Wie in Kap. 1.1 dargelegt, können unter den in § 3 Abs. 1b bzw. § 3 Abs. 9a UStG beschriebenen Voraussetzungen auch unentgeltliche Wertabgaben eine Steuerbarkeit nach § 1 Abs. 1 Nr. 1 UStG auslösen. Die Zwecke einer Besteuerung unentgeltlicher Wertabgaben lassen sich unschwer aus den Normen der §§ 3 Abs. 1b, § 3 Abs. 9a UStG selbst, aber auch aus denen zur BMG in § 10 Abs. 4 Nr. 2 UStG ableiten. Primär geht es bei diesen Tatbeständen darum, einen einmal vorgenommenen VSt-Abzug für den Fall rückgängig zu machen, dass die dafür vorausgesetzte unternehmerische Verwendung tatsächlich nicht (mehr) gegeben ist.

2.1 Entnahmen nach § 3 Abs. 1b UStG

Die Steuerbarkeit einer unentgeltlichen Wertabgabe nach § 3 Abs. 1b UStG i.V.m. § 1 Abs. 1 Nr. 1 UStG erfordert, dass der zu beurteilende Unternehmer einen der in § 3 Abs. 1b Nr. 1–3 UStG beschriebenen Tatbestände verwirklicht. Danach können die folgenden Abgaben von Gegenständen des Unternehmens fiktiv als entgeltliche Lieferungen zu behandeln sein:

- die Entnahme für außerunternehmerische Zwecke – Nr. 1,
- die unentgeltliche Zuwendung an das Personal für dessen privaten Bedarf – Nr. 2,
- jede andere unentgeltliche Zuwendung, mag diese auch unternehmerisch veranlasst sein – Nr. 3.

Aus den mit der Besteuerung unentgeltlicher Wertabgaben verfolgten Zielen erklärt sich die in § 3 Abs. 1b S. 2 UStG normierte weitere Voraussetzung: Der entnommene Gegenstand oder seine Bestandteile müssen zu einem vollen oder teilweisen VSt-Abzug berechtigt haben.

---

17 In »§ 13b-Fällen« kann es i.Ü. sinnvoll sein, die Steuerschuldnerschaft des Leistungsempfängers bereits nach Feststellung der Steuerpflicht der bezogenen Leistung festzustellen. Dies kann vor Fehlern bei Ermittlung der **BMG** bewahren. Gelangt § 13b UStG zur Anwendung, ist der aufgewendete Betrag nämlich stets ein **Nettobetrag**, auf den die **USt heraufzurechnen** ist.

2.2 Sonstige Leistungen nach § 3 Abs. 9a UStG

Fiktiv als entgeltliche sonstige Leistungen können die folgenden Sachverhalte zu behandeln sein:

- Verwendung eines Unternehmensgegenstands für außerunternehmerische Zwecke oder für den privaten Bedarf des Personals – Nr. 1
  Aus den dargelegten Gründen erfolgt auch hier eine Besteuerung nur, wenn der so verwendete Gegenstand zum zumindest teilweisen VSt-Abzug berechtigt hatte.
- Unentgeltliches Erbringen anderer sonstiger Leistungen für außerunternehmerische Zwecke oder für den privaten Bedarf des Personals – Nr. 2
  Dieser Tatbestand kennt keine Abhängigkeit von einem vorangegangenen VSt-Abzug. Dies ist vor dem Hintergrund einer Besteuerung des Letztverbrauchs zu verstehen: Würde eine entsprechende Leistung am Markt angeboten, wäre sie auch in voller Höhe der USt zu unterwerfen.

2.3 Ort unentgeltlicher Wertabgaben

Für unentgeltliche Wertabgaben i.S.d. § 3 Abs. 1b UStG und § 3 Abs. 9a UStG gilt nach § 3f UStG ein einheitlicher Leistungsort. Danach ist grundsätzlich der Ort maßgebend, von dem aus der Unternehmer sein Unternehmen betreibt (sog. Unternehmensortprinzip).

2.4 Steuerbefreiungen

Wie bei tatsächlich entgeltlichen Leistungen löst auch die nach § 1 Abs. 1 Nr. 1 UStG steuerbare unentgeltliche Wertabgabe eine USt nur aus, wenn keine Steuerbefreiung nach § 4 UStG greift. Die dortigen Steuerbefreiungstatbestände sind mit wenigen Ausnahmen auch auf unentgeltliche Wertabgaben anwendbar. Eine entsprechende Anwendung solcher Bestimmungen, die von ihrem Wortlaut her unentgeltliche Wertabgaben nicht erfassen können (wie etwa die – zwangsläufig entgeltliche – Vermietung in § 4 Nr. 12a UStG), wird heutzutage entgegen früherer Praxis abgelehnt. Auch ein Verzicht auf Steuerbefreiungen soll bei unentgeltlichen Wertabgaben grundsätzlich nicht möglich sein.

2.5 Bemessungsgrundlage

Für die fiktiv als entgeltliche Lieferungen zu behandelnden Tatbestände des § 3 Abs. 1b UStG gelten nach § 10 Abs. 4 Nr. 1 UStG als BMG der Einkaufspreis zzgl. der Nebenkosten bzw. die Selbstkosten (vereinfachend: Wiederbeschaffungspreis zum Zeitpunkt der Entnahme), jeweils abzüglich USt.

Bei den als entgeltliche sonstige Leistungen zu behandelnden Wertabgaben ist zu differenzieren:

Für unentgeltliche Wertabgaben i.S.v. § 3 Abs. 9a S. 1 Nr. 1 UStG richtet sich die BMG nach § 10 Abs. 4 Nr. 2 UStG. Maßgebend sind die der außerunternehmerischen Verwendung zuzuordnenden Ausgaben, aber: Berücksichtigung finden nur solche Ausgaben, die jedenfalls teilweise zum VSt-Abzug berechtigt haben.

Für unentgeltliche Wertabgaben i.S.v. § 3 Abs. 9a S. 1 Nr. 2 UStG richtet sich die BMG nach § 10 Abs. 4 Nr. 3 UStG. Danach sind anders als bei § 3 Abs. 9a S. 1 Nr. 1 UStG sämtliche entstandenen Ausgaben einzubeziehen – auch solche, die wie Lohnkosten nicht mit USt belastet sind.

2.6 Steuerentstehung

Die unentgeltlichen Wertabgaben haben – wie alle Steuertatbestände – ihre eigene Regelung zum Entstehen der USt, und zwar in § 13 Abs. 1 Nr. 2 UStG. Die ausgelöste USt entsteht mit Ablauf des VAZ, in dem die Wertabgabe erfolgte.

3 Innergemeinschaftlicher Erwerb nach § 1 Abs. 1 Nr. 5 UStG

Dem Tatbestand des innergemeinschaftlichen Erwerbs kommt wie der Einfuhr nach § 1 Abs. 1 Nr. 4 UStG nur bei **grenzüberschreitenden** Warenbewegungen Bedeutung zu. Die Grundvoraussetzungen für einen nach § 1 Abs. 1 Nr. 5 UStG steuerbaren innergemeinschaftlichen Erwerb finden Sie in der § 1 Abs. 1 Nr. 5 UStG ergänzenden Norm des § 1a UStG. Der dortige Abs. 1 beschreibt den Haupttatbestand eines innergemeinschaftlichen Erwerbs. Er ist gekennzeichnet durch die grenzüberschreitende Warenbewegung zwischen zwei EU-Mitgliedstaaten anlässlich einer Lieferung zwischen zwei unternehmerisch tätigen Unternehmern. Unter welchen Voraussetzungen das Verbringen von Ware ins Inland eine Steuerbarkeit nach § 1 Abs. 1 Nr. 5 UStG auslösen kann, beschreibt § 1a Abs. 2 UStG. Ob der Erwerbsort – wie es § 1 Abs. 1 Nr. 5 UStG für einen steuerbaren Erwerb des Weiteren verlangt – im Inland liegt, ist anhand der speziellen Regelung zum Erwerbsort in § 3d UStG zu bestimmen. Der Steuertatbestand des innergemeinschaftlichen Erwerbs kennt eigene, selten klausurrelevante Steuerbefreiungen in § 4b Nr. 1–4 UStG.

Die BMG für diesen Steuertatbestand ist abhängig davon, ob es sich um einen innergemeinschaftlichen Erwerb nach § 1a Abs. 1 UStG oder einen durch Verbringen nach § 1a Abs. 2 UStG handelt. Für den Grundtatbestand des innergemeinschaftlichen Erwerbs gilt nach § 10 Abs. 1 UStG das Entgelt als BMG; für den Tatbestand des Verbringens findet wie bei einer unentgeltlichen Abgabe von Gegenständen § 10 Abs. 4 Nr. 1 UStG Anwendung.

Eine besondere Regelung zum Entstehen der Erwerbsteuer enthält § 13 Abs. 1 Nr. 6 UStG. Darin wird das Entstehen – wie in den von § 13b Abs. 2 UStG erfassten Sachverhalten – primär an die Rechnungsausstellung geknüpft.

4 (Zusätzliche) Steuer nach § 14c Abs. 1 oder § 14c Abs. 2 UStG

Eine Steuer nach § 14c Abs. 1 UStG wegen eines unrichtigen Steuerausweises in einer Rechnung kann nur für Unternehmer ausgelöst sein. Hauptfälle des § 14c Abs. 1 UStG bilden die Anwendung des Regelsteuersatzes statt des ermäßigten Steuersatzes sowie die fehlerhafte Behandlung eines im Inland nicht steuerbaren oder steuerbefreiten Umsatzes als steuerbar und steuerpflichtig. § 13 Abs. 1 Nr. 3 UStG befasst sich mit dem Entstehen einer nach § 14c Abs. 1 UStG geschuldeten Steuer.

Hauptfälle einer nach § 14c Abs. 2 UStG begründeten Steuer sind der Ausweis von USt durch Kleinunternehmer oder Privatpersonen. § 13 Abs. 1 Nr. 4 UStG knüpft das Entstehen der nach § 14c Abs. 2 UStG geschuldeten Steuer an die Ausgabe des Abrechnungspapiers. Ist eine Steuer nach § 14c Abs. 2 UStG ausgelöst, kommt eine Berichtigung nur unter den besonderen Voraussetzungen des § 14c Abs. 2 S. 3–5 UStG in Betracht.

5 Ermittlung der abziehbaren Vorsteuer, Vorsteuerberichtigung

Die anspruchsbegründenden Merkmale für einen VSt-Abzug finden Sie in § 15 Abs. 1 Nr. 1–5 UStG. Für den Haupttatbestand des § 15 Abs. 1 Nr. 1 UStG sind regelmäßig folgende Voraussetzungen zu prüfen:

- Unternehmerstellung dessen, der VSt-Abzug beansprucht.
- Leistender muss ebenfalls Unternehmer sein (Leistungsbezug von einem anderen Unternehmer).
- Der zu beurteilende Unternehmer muss Leistungsempfänger (regelmäßig also zivilrechtlicher Auftraggeber) der Leistung sein, für die er VSt-Abzug begehrt.
- Er muss die Leistung für sein Unternehmen bezogen haben.
- Der Leistungsempfänger muss im Besitz einer nach den §§ 14, 14a UStG ausgestellten Rechnung sein.
- Die ausgewiesene USt muss gesetzlich für den Umsatz geschuldet sein.

Ist danach dem Grunde nach ein Anspruch auf VSt-Abzug zu bejahen, haben Sie weiter zu untersuchen, ob die Vorbezüge für einen der in § 15 Abs. 2 Nr. 1 und 2 UStG aufgeführten Umsätze verwendet werden (sollen).[18] Die dort aufgeführten sog. vorsteuerschädlichen Umsätze schließen einen VSt-Abzug grundsätzlich aus. Werden Vorbezüge sowohl für vorsteuerschädliche als auch vorsteuerunschädliche Verwendungen genutzt, hat gem. § 15 Abs. 4 UStG eine VSt-Aufteilung nach wirtschaftlicher Zurechnung in einen abziehbaren und einen nicht abziehbaren Teil zu erfolgen. Wird ein **Grundstück** sowohl **unternehmerisch wie außerunternehmerisch genutzt**, ist für **Leistungsbezüge ab dem 01.01.2011** der neue **§ 15 Abs. 1b UStG** zu beachten. Danach beschränkt sich der VSt-Abzug von vornherein auf die anteilig dem unternehmerisch genutzten Teil zuzurechnende VSt.

Gibt es nach Vornahme des VSt-Abzugs Nutzungsänderungen, die unter dem Aspekt des VSt-Abzugs relevant sind, kann es im Bereich der VSt auch noch zu Ihren Aufgaben gehören, eine **Berichtigung des VSt-Abzugs** nach § 15a UStG zu diskutieren. Inhaltlich hat diese Norm zum 01.01.2005 bedeutsame Modifizierungen erfahren, die zum 01.01.2007 weiter spezifiziert worden sind. Zum 01.01.2011 ist es – bezogen auf die nur teilweise unternehmerische Nutzung von Grundstücken – erneut zu einer Erweiterung jener Sachverhalte gekommen, die eine VSt-Berichtigung auslösen können. Hat es bei Leistungsbezügen für

---

[18] Dies gilt selbstverständlich auch für den Abzug von E-USt nach § 15 Abs. 1 Nr. 2 UStG, den einer Erwerbssteuer nach § 15 Abs. 1 Nr. 3 UStG sowie den in § 15 Abs. 1 Nr. 4 und 5 UStG besonders geregelten VSt-Abzug in Fällen, bei denen eine Steuerschuldnerschaft als Leistungs**empfänger** nach § 13b UStG oder als Auslagerer nach § 13a Abs. 1 Nr. 6 UStG begründet ist.

ein gemischt genutztes Grundstück eine Einschränkung des VSt-Abzugs nach § 15 Abs. 1b UStG gegeben, ist bei einer späteren Veränderung des Anteils unternehmerischer zu außerunternehmerischer Nutzung sowie bei Entnahmen oder Veräußerungen innerhalb des Berichtigungszeitraums nunmehr ebenfalls eine VSt-Berichtigung ausgelöst (vgl. § 15a Abs. 6a und Abs. 8 S. 2 UStG).

6 Steuerschuldnerschaft des Leistungsempfängers

Der Erhalt von Leistungen kann umsatzsteuerrechtlich nicht nur die Frage eines VSt-Abzugs des Leistungsempfängers hinsichtlich der auf die Leistungsbezüge ausgewiesenen USt und – bei Warenlieferungen aus Mitgliedstaaten – die nach einem innergemeinschaftlichen Erwerb des Empfängers aufwerfen. Hinzu kommt als weiterer Aspekt noch eine ggf. zu erörternde Steuerschuldnerschaft des Auftraggebers/Leistungsempfängers für von ihm in Auftrag gegebene Leistungen. Die dies vorsehende Regelung in § 13b UStG, die in jüngerer Zeit eine stetige Ausdehnung ihres Anwendungsbereichs erfahren hat, wird von Bearbeitern leider immer noch oft übersehen. Anlass, auf eine Steuerschuldnerschaft des Leistungsempfängers, also des Auftraggebers, einzugehen, besteht insb. (aber nicht nur!), wenn der Vertragspartner des zu beurteilenden Unternehmers im Ausland ansässig ist und eine im Inland steuerpflichtige sonstige Leistung oder Werklieferung erbracht hat oder steuerpflichtige Grundstücksgeschäfte getätigt werden. Außerhalb des § 13b UStG kennt das UStG eine Steuerschuldnerschaft des Leistungsempfängers noch im Zusammenhang mit innergemeinschaftlichen Dreiecksgeschäften (vgl. § 25b Abs. 2 UStG).

7 Umsatzsteuerrechtliche Haftungsansprüche

Hiervon streng zu unterscheiden sind jene Normen des UStG, die eine meist summenmäßig begrenzte (Mit-)Haftung eines anderen als des Schuldners der USt vorsehen. Als Antwort auf die zunehmenden Steuerausfälle im Bereich der USt ist der Gesetzgeber in jüngerer Zeit dazu übergegangen, solche Haftungstatbestände, die Zugriffsmöglichkeiten auf das Vermögen Dritter gestatten, gesetzlich festzuschreiben. Den Anfang machte insoweit die durch das Steuerverkürzungsbekämpfungsgesetz 2001 eingeführte und später verschärfte Bestimmung des § 25d UStG (Haftung für die USt aus vorangegangenen Umsätzen bei sog. Karussellgeschäften). Zum 01.01.2004 ist der Haftungstatbestand nach § 13c UStG hinzugekommen. Bislang sind Haftungsfragen nach § 25d und § 13c UStG noch nicht Prüfungsgegenstand von Beraterklausuren geworden. Angesichts der Aufmerksamkeit, die das Thema Bekämpfung von Umsatzsteuerausfällen in jüngerer Zeit erfährt, wird man dies aber für die Zukunft nicht ausschließen können.[19] Im Tagesgeschäft von Betriebsprüfungen kommt den genannten Normen bisher freilich kaum Bedeutung zu.

---

19 Nach bisherigen Erfahrungen (dazu *Bähr*, Teil A, Kap. III 2.2.3) geschähe dies dann vermutlich nicht im AO-Teil, sondern im umsatzsteuerrechtlichen Teil der gemischten Klausur. Lesenswerte Ratschläge zum Bearbeiten dieses Teils der gemischten Klausur finden sich auch bei *Kurz* (bis zur 15. Aufl. *Völkel/Karg*), Umsatzsteuer, 16. Aufl. 2012, Teil Y sowie bei *Friedrich* in *Fränznick/Endlich*, Die schriftliche Steuerberaterprüfung 2012/2013.

III Unternehmer und Unternehmen als Anknüpfungspunkte des Umsatzsteuerrechts

1 Bedeutung der Unternehmerstellung

Wie schon die einführenden Erläuterungen in Kap. I sichtbar machen konnten, kommt der in § 2 UStG näher beschriebenen Unternehmereigenschaft im USt-Recht eine zentrale Bedeutung zu.[20] Von wenigen Ausnahmen abgesehen können nur Unternehmer steuerbare Umsätze tätigen.[21] Ebenso haben grundsätzlich nur Unternehmer die Möglichkeit, einen VSt-Abzug nach § 15 UStG geltend zu machen.

2 Die einzelnen Tatbestandsmerkmale

Das USt-Recht kennt anders als etwa das Gewerbesteuerrecht (vgl. § 2 Abs. 2 GewStG) keinen Unternehmer kraft Rechtsform. Nach § 2 Abs. 1 S. 1 UStG ist vielmehr (jeder) Unternehmer, wer eine in § 2 Abs. 1 S. 3 UStG näher beschriebene gewerbliche oder berufliche Tätigkeit ausübt, sofern dies selbständig geschieht. Indem § 2 Abs. 1 S. 1 UStG näher festlegt, durch welche Aktivitäten eine Unternehmerstellung geprägt sein soll, bestimmt das UStG den **Unternehmerstatus** erkennbar **tätigkeitsbezogen**. Daraus folgt u.a., dass die Unternehmerstellung als solche nicht im Erbfall auf einen anderen übergehen kann (A 2.6 Abs. 5 S. 1 UStAE).

2.1 Unternehmensfähigkeit (»wer«)

Im Gegensatz zu den aus anderen Steuergesetzen bekannten Beschreibungen steuerpflichtiger Gebilde und Personen enthält sich das UStG jeder einschränkenden Vorgabe dazu, wer denn unter den weiteren Voraussetzungen des § 2 UStG Unternehmer und damit Steuersubjekt des USt-Rechts sein kann. Daraus folgt zugleich: **Unternehmensfähig** i.S.d. USt-Rechts ist jede Person bzw. jeder Personenzusammenschluss, der nach außen durch eine gewerbliche oder berufliche Tätigkeit in Erscheinung treten kann. Unternehmerfähig sind also außer den natürlichen zum einen alle juristischen Personen des Privatrechts (wie z.B. GmbH, AG, eingetragener Verein, Stiftung) und des Öffentlichen Rechts (wobei für letztere freilich Besonderheiten nach § 2 Abs. 3 UStG zu beachten sind). Unternehmensfähig sind aber **auch die herkömmlich als teilrechtsfähig bezeichneten PersG** des Privatrechts wie z.B. die Gesamthandsgemein-

---

20 Dies bedeutet allerdings nicht, dass in Klausurfällen die Unternehmerstellung der Beteiligten **stets** besonders zu erörtern ist. Beispiel: »Bauunternehmer B errichtet ..., Autohändler A veräußert ...« In solchen Fällen genügt die Feststellung, dass die Unternehmerstellung des Handelnden zweifelsfrei gegeben ist.
21 Diese betreffen die später zu erörternden Tatbestände der Einfuhr nach § 1 Abs. 1 Nr. 4 UStG, § 14c Abs. 2 UStG sowie den innergemeinschaftlichen Erwerb und die innergemeinschaftliche Lieferung neuer Fahrzeuge (dazu §§ 1b, 2a UStG).

schaften in Form der OHG, KG (dazu §§ 124, 161 HGB) oder der BGB-Außen-Gesellschaft. Umsatzsteuerrechtlich ist die Behandlung solcher Personenvereinigungen die gleiche wie die der juristischen Personen mit Rechtsfähigkeit. Unter den weiteren Voraussetzungen des § 2 Abs. 1 UStG wird der jeweilige nach außen auftretende Zusammenschluss Unternehmer – nicht etwa die Gesellschafter. Das **USt-Recht kennt** im Gegensatz zum Ertragsteuerrecht **keine Mitunternehmerschaft.** Im USt-Recht stehen sich Gesellschafter und Gesellschaft als unabhängig voneinander zu beurteilende Steuersubjekte gegenüber.

2.2 Ausüben einer gewerblichen oder beruflichen Tätigkeit

Unternehmensfähige Subjekte werden nach den Vorgaben des § 2 Abs. 1 UStG dadurch zum Unternehmer, dass sie selbständig eine gewerbliche oder berufliche Tätigkeit ausüben. Vor Assoziationen zu ähnlichen Begriffen im ESt-Recht – so etwa zu den in § 15 EStG beschriebenen Einkünften aus gewerblicher Tätigkeit oder den in § 18 Abs. 1 Nr. 1 EStG aufgeführten Einkünften aus freiberuflicher Tätigkeit – sei gewarnt. Nach § 2 Abs. 1 S. 3 UStG ist gewerblich oder beruflich **jede nachhaltige Tätigkeit zur Erzielung von Einnahmen, auch wenn die Absicht, Gewinn zu erzielen, fehlt.** Auf dem Gebiet des USt-Rechts hat der Begriff »gewerblich oder beruflich« folglich eine viel weitere Ausdehnung als ihn etwa § 15 Abs. 2 EStG für das ESt-Recht bestimmt. Nicht nur, dass es keiner Gewinnerzielungsabsicht bedarf[22]; auch eine Teilnahme am allgemeinen wirtschaftlichen Verkehr ist umsatzsteuerrechtlich nicht erforderlich. Dies belegt der letzte Halbsatz in § 2 Abs. 1 S. 3 UStG, wonach eine Unternehmereigenschaft auch dann begründet sein kann, wenn eine Personenvereinigung nur gegenüber ihren Mitgliedern tätig wird.

2.2.1 Tätigkeit im Leistungsaustausch

Vom Wortlaut des Gesetzes her kommt als Tätigkeit, die einen Unternehmerstatus begründen kann, jede Art von selbständiger Tätigkeit, jedes Tun oder Unterlassen in Betracht. Besondere Beachtung verdient freilich, dass die Tätigkeit, aus der sich unter den weiteren Voraussetzungen des § 2 Abs. 1 UStG die Unternehmerstellung des Handelnden ergeben kann, darin bestehen muss, Leistungen im umsatzsteuerrechtlichen Sinne (willentliche Zuwendungen eines wirtschaftlich verbrauchbaren Nutzens, Näheres s. Kap. IV) an einen anderen gegen ein konkretes (Sonder-)Entgelt zu bewirken. A 2.3 Abs. 8 S. 3 UStAE fordert, dass die Tätigkeit im Rahmen eines Leistungsaustausches ausgeübt wird. Dieses Erfordernis ist erkennbar § 1 Abs. 1 Nr. 1 UStG entnommen, der für einen steuerbaren Umsatz verlangt, dass der zu beurteilende Unternehmer Leistungen gegen Entgelt erbringt. Soweit es darum geht, die Unternehmereigenschaft des Handelnden festzustellen, ist es oft gerade dieses ungeschriebene Tatbestandsmerkmal des § 2 UStG, das erhebliche Schwierigkeiten bereitet.

2.2.1.1 Gesellschafter einer Personengesellschaft als Unternehmer

Dies gilt im Besonderen für Gesellschafter. Insoweit besteht seit geraumer Zeit Einvernehmen, dass die Stellung als Gesellschafter – das bloße Halten von gesellschaftsrechtlichen Beteiligungen – für sich keinen Unternehmerstatus begründet. Wer sich an einer Personen- (oder

---

22 Mit der Folge, dass es auch keine umsatzsteuerliche Liebhaberei geben kann.

Kapital-)gesellschaft beteiligt, übe zwar eine »Tätigkeit zur Erzielung von Einnahmen« aus. Gleichwohl sei er im Regelfall nicht Unternehmer i.S.d. UStG, weil Dividenden und andere Gewinnbeteiligungen aus Gesellschaftsverhältnissen nicht als umsatzsteuerrechtliches Entgelt im Rahmen eines Leistungsaustauschs anzusehen sind (so A 2.3 Abs. 2 S. 3 UStAE). Dies schließt es jedoch nicht aus, dass Gesellschafter auch mit bestimmten Aktivitäten, die sie für die Gesellschaft erbringen, einen Unternehmerstatus begründen können. Darin und in der Frage, unter welchen Voraussetzungen dies der Fall sein soll, sind sich Rspr. und Finanzverwaltung einig. Danach ist zwischen

- **Leistungen, die die Gesellschaft durch die Beteiligung am Gewinn und Verlust vergütet,**
- und **Leistungen, die der Gesellschafter gegen ein sog. Sonderentgelt erbringt,**

zu unterscheiden. Während im ersten Fall der Unternehmerstatus des Gesellschafters wiederum mangels einer Tätigkeit im Leistungsaustausch zu verneinen ist, findet in der Alternative ein Leistungsaustausch statt. Maßgeblich sind dabei die zwischen dem Gesellschafter und der Gesellschaft getroffenen Vergütungsabreden. Den Beteiligten kommt insoweit Gestaltungsfreiheit zu. Sie entscheiden folglich selbst über den Unternehmerstatus des Gesellschafters – und damit über dessen Berechtigung zum VSt-Abzug und die Steuerbarkeit der für die Gesellschaft erbrachten Tätigkeiten.

> **Beispiel 1: Leistungsaustausch zwischen Gesellschaft und Gesellschafter**
> V und der bislang selbständige Lebensmittelhändler L schließen sich zu der V & L OHG zusammen, die fortan den Lebensmittelhandel des L als OHG betreibt. V erbringt eine Bareinlage von 50.000 € und vermietet der OHG einen von ihm neu erworbenen Lagerraum für monatlich 1.000 € zzgl. 190 €.
>
> **Lösung:** Unternehmensfähig sind alle Zusammenschlüsse, die nach außen auftreten können. Dazu gehören auch teilrechtsfähige Personenvereinigungen wie hier die V & L OHG. Diese ist mit dem Betrieb des Lebensmittelhandels nachhaltig und selbständig im Leistungsaustausch tätig und damit Unternehmer. Die beteiligten Gesellschafter sind aufgrund ihrer Gesellschafterstellung nicht Unternehmer. Anderes gilt, sofern die Gesellschafter der Gesellschaft gegenüber wie ein Dritter im Leistungsaustausch tätig werden. Von daher ist V – anders als L, dessen Unternehmerstellung mit der Aufgabe des Einzelhandels endete – Unternehmer nach § 2 UStG. Seine Unternehmereigenschaft gründet sich darauf, dass er der OHG die Lagerräume entgeltlich überlässt. Wird die Gebrauchsüberlassung an die Gesellschaft als Mietverhältnis gestaltet, liegt darin im Regelfall kein Missbrauch von Gestaltungsmöglichkeiten. (V tätigt also nach § 1 Abs. 1 Nr. 1 UStG steuerbare Vermietungsumsätze an die OHG. Auf die Steuerbefreiung der Vermietung nach § 4 Nr. 12 Buchst. a UStG ist hier zwecks Erlangung des VSt-Abzugs nach § 9 Abs. 1 und 2 UStG wirksam verzichtet worden. Die BMG für die monatlichen Teilleistungen beträgt nach § 10 Abs. 1 UStG 1.000 €; die USt i.H.v. 190 € entsteht – so der Kalendermonat VAZ ist – nach § 13 Abs. 1 Nr. 1a S. 2 und 3 UStG mit Ablauf eines jeden Monats). Soweit V eine Bareinlage leistet, scheitert ein steuerbarer Umsatz nach § 1 Abs. 1 Nr. 1 UStG schon daran, dass er mit der Hingabe von Geld keine Leistung im umsatzsteuerrechtlichen Sinne erbringt. Bei L stellt sich die Übertragung seines Lebensmittelhandels auf die V & L OHG als nicht steuerbare Geschäftsveräußerung nach § 1 Abs. 1a UStG dar.

Fehlt es an klaren Vereinbarungen, bereitet die Beurteilung, ob eine die Unternehmereigenschaft begründende, und damit den VSt-Abzug des Gesellschafters ermöglichende Tätigkeit im Leistungsaustausch vorliegt, der Praxis unverändert erhebliche Schwierigkeiten. Dies gilt insb. für Nutzungsüberlassungen.

Beispiel 2: Nichtsteuerbarer Gesellschafterbeitrag oder Leistungsaustausch (nach BFH vom 25.05.2000, BStBl II 2004, 310)
Mehrere Eigentümer von Ferienhäusern schließen sich zu einer GbR zusammen, der sie die Nutzungsbefugnis ihrer Ferienhäuser überlassen. Die GbR bietet die Ferienhäuser in Prospekten über Fremdenverkehrsbüros an, vermietet sie im eigenen Namen für Rechnung der Gesellschafter an Feriengäste und Reiseveranstalter. Die GbR vereinnahmt die Entgelte, rechnet sie jedem Haus zu und schüttet 80 % davon vierteljährlich an den jeweiligen Eigentümer aus. Im Zusammenhang mit der von ihm in Auftrag gegebenen Herstellung des Ferienhauses macht der Kläger, einer der Gesellschafter, VSt-Beträge i.H.v. 25.000 € geltend. Zu Recht?

Lösung: Das FA wie auch das FG sahen die Nutzungsüberlassung des Ferienhauses nicht als Tätigkeit im Leistungsaustausch, sondern als nichtsteuerbaren Gesellschafterbeitrag an, der den für einen den VSt-Abzug erforderlichen Unternehmerstatus des Gesellschafters nicht begründen kann. Anders der BFH: Zwar habe entsprechend den zivilrechtlichen Leistungsbeziehungen die GbR die Vermietungsumsätze an Feriengäste und Reiseveranstalter ausgeführt. Gleichwohl hätten aber auch die Gesellschafter als Eigentümer der Ferienhäuser an die GbR Umsätze gegen Entgelt ausgeführt. Die Übertragung der Nutzungsbefugnisse des Wohnhauses an die GbR gegen Zahlungen, die (nach Grund und Höhe) von der tatsächlichen Inanspruchnahme des Hauses abhängen, seien voneinander abhängig und begründeten ein Leistungsaustauschverhältnis und damit den Unternehmerstatus des Klägers.

Nach der zum 01.01.2004 vorgenommenen Anpassung an das Gemeinschaftsrecht durch die Neufassung des § 3 Abs. 11 UStG hat für Fälle der vorliegenden Art die Abgrenzung zwischen nicht steuerbaren Gesellschafterbeiträgen und Tätigkeiten im Leistungsaustausch an Bedeutung verloren. Erbringt ein Unternehmer im eigenen Namen, aber für fremde Rechnung eine sonstige Leistung, so gilt nach § 3 Abs. 11 UStG »... diese Leistung an ihn und von ihm erbracht«: Wie bei der Lieferkommission nach § 3 Abs. 3 UStG (dazu s. Kap. IV 1.2.5.2 mit dortigem Beispiel 12) gilt für die mit § 3 Abs. 11 UStG anerkannte sog. **Dienstleistungskommission** also: Wer im eigenen Namen, aber für fremde Rechnung eine Dienstleistung erbringt (hier: kurzfristige Vermietungsleistungen), gilt als »Einkäufer« dieser Dienstleistungen gegenüber dem »Kommittenten« (in Beispiel 2 dem jeweiligen Eigentümer der Ferienhäuser), als »Verkäufer« gegenüber den Dienstleistungsempfängern (im Beispiel 2 den Urlaubern). Bei Anwendung des § 3 Abs. 11 UStG bereitet die Lösung des Beispiel 2 folglich keine Schwierigkeiten mehr. Es erbringt nicht nur die GbR steuerbare und wegen § 4 Nr. 12a S. 2 UStG auch steuerpflichtige Vermietungsleistungen (die nach geänderter Auffassung des BMF allerdings ab 01.01.2013 den Regelungen für Reiseleistungen nach § 25 UStG unterliegen sollen[23]). Kraft der Vorgabe in § 3 Abs. 11 UStG ist vielmehr auch von steuerpflichtigen Vermietungsleistungen der Ferienhauseigentümer an die Gesellschaft auszugehen. Diese begründen ohne weitere Problematisierung einen Unternehmerstatus der Ferienhauseigentümer, der diese zum VSt-Abzug berechtigt.

Das Umsatzsteuerrecht folgt insoweit also nicht der zivilrechtlichen Betrachtungsweise. Nach Zivilrecht erbringt die GbR außer den Vermietungsleistungen an die Urlauber Besor-

---

23 Vgl. dazu BMF vom 03.04.2012 (BStBl I 2012, 486).

gungsleistungen an die Ferienhauseigentümer. Umsatzsteuerrechtlich fallen diese Besorgungsleistungen unter den Tisch. An ihre Stelle treten als sonstige Leistungen kurzfristige Vermietungsleistungen der Ferienhauseigentümer an die GbR (BMG für diese sonstigen Leistungen der Ferienhauseigentümer bildet nach § 10 Abs. 1 S. 1, 2 UStG der Erlös des »Dienstleistungskommissionärs«, der GbR, vermindert um die vereinbarte Provision, abzüglich USt). Zu beachten bleibt, dass ungeachtet der Fiktion zweier vom Inhalt her gleicher Leistungen jede für sich nach den allgemeinen Regeln des USt-Rechts zu beurteilen ist. Spielen persönliche Merkmale der Beteiligten für die umsatzsteuerrechtliche Beurteilung eine Rolle, bleibt es hierbei auch im Rahmen der Dienstleistungskommission. Im Einzelfall können deshalb die vom Inhalt her gleichen Leistungen z.B. unter dem Gesichtspunkt des Ortes der sonstigen Leistung, der Steuerbefreiung, oder auch der Steuerschuldnerschaft durchaus unterschiedlich zu beurteilen sein. Das BMF hat hierzu in **A 3.15 UStAE** mit zahlreichen Beispielen ausführlich Stellung genommen.[24]

2.2.1.2 Geschäftsführung bei Personengesellschaften

Eine Besonderheit galt lange Zeit für die **Führung der Geschäfte einer PersG**. Aktivitäten der geschäftsführungsberechtigten Gesellschafter in Verfolgung von Gesellschaftszwecken werden privatrechtlich der Gesellschaft als solcher zugerechnet. Dies hatte den BFH in einem Grundsatzurteil vom 17.07.1980 (UR 1980, 202) bewogen, die Unternehmereigenschaft geschäftsführender Gesellschafter nicht nur für den Fall zu verneinen, dass deren Aktivitäten durch eine bloße Beteiligung am Gewinn und Verlust der Gesellschaft abgegolten werden. Eine Unternehmerstellung sollte auch zu versagen sein, wenn konkrete, gewinnunabhängige Vergütungsvereinbarungen bestanden.

> **Beispiel 3: Geschäftsführung im Unternehmerstatus (Beraterklausur 2009)?**
> Alleiniger Geschäftsführer der Reischl KG, die steuerpflichtige Leistungen erbringt, ist der Komplementär Josef Reischl (J.R.). Für seine Geschäftsführungs- und Vertretungsleistungen erhält er eine Tätigkeitsvergütung von 8.000 €, die monatlich auf das Konto des J.R. bei der Sparkasse Rosenheim überwiesen wird. Die KG behandelt die Vergütung im Rahmen ihrer Ergebnisermittlung als Aufwand.
>
> »Alte« Lösung: Mit der Geschäftsführung für die KG erbringt J.R. keine Leistungen an einen anderen; vielmehr verkörpert sich die KG im Handeln ihres Komplementärs, des J.R. Das Handeln des J.R. in Wahrnehmung der Belange der KG ist privatrechtlich Handeln der KG. Es kann umsatzsteuerrechtlich nicht zu einer Leistung an die KG verbogen werden. Der geschäftsführende J.R. ist folglich nicht Unternehmer.
>
> »Neue« Lösung: Mit Urteil vom 06.06.2002 (BStBl II 2003, 36) hat der BFH das für die Besteuerung von Geschäftsführungsleistungen entwickelte Sonderrecht ausdrücklich aufgegeben. Der BFH geht seither davon aus, dass es für die Frage, ob derartige Tätigkeiten im Leistungsaustausch erbracht werden, ebenso wie bei allen anderen Gesellschafterleistungen darauf ankommt, ob eine gewinnabhängige Vergütung oder ein sog. Sonderentgelt vorliegt. Angesichts der im Beispiel 3

---

24 Weitere Sachverhalte zur Leistungsverkaufskommission bei kurzfristigen Vermietungsumsätzen, die nach der Neufassung von A 3.15 Abs. 7 UStAE auf Seiten des Leistungsverkäufers als Reiseleistungen nach § 25 UStG zu behandeln sind, in A 3.15 Abs. 7 UStAE, dortige Beispiele 1 bis 3; zur **Leistungseinkaufskommission** im Zusammenhang mit Beförderungsleistungen s. Kap. IV 2.4.2 mit den dortigen Beispielen zur Güterbeförderung unter Einschaltung eines Spediteurs.

getroffenen, gewinnunabhängigen Vergütungsabrede für die Geschäftsführungstätigkeiten ist danach der Unternehmerstatus des J.R. nicht zweifelhaft. Er wird gegenüber der KG im Leistungsaustausch tätig. (Die nach § 1 Abs. 1 Nr. 1 UStG steuerbaren und steuerpflichtigen Geschäftsführungsleistungen lösen als monatliche Teilleistungen auf der Basis einer BMG von 6.722,69 € monatlich eine USt von 1.277,31 € aus, die die KG als VSt in Abzug bringen kann, sofern hierüber ordnungsgemäße Abrechnungen erstellt werden.)

Die Finanzverwaltung hat sich bereits mit BMF-Schreiben vom 13.12.2002 (BStBl I 2003, 68) der Betrachtungsweise des BFH angeschlossen.[25] Nach Auffassung des BMF, die inzwischen in A 1.6 Abs. 4–6 UStAE präzisiert worden ist, gilt insoweit nunmehr Folgendes:

- Keine Rolle spielt die Bezeichnung der Gegenleistung als Aufwendungsersatz, Umsatzbeteiligung, Kostenerstattung oder auch als Gewinnvorab.
- Unabhängig von einer denkbaren Bezeichnung als Gewinnvorab ist von einem Sonderentgelt auszugehen, sofern es sich um eine Zahlung handelt, die im Rahmen der Ergebnisermittlung bei der HB als Aufwand behandelt wird.[26]
- Entnahmen, zu denen der Gesellschafter nach Art eines Abschlags auf den nach der Anzahl der Gesellschafter und ihrem Kapitaleinsatz bemessenen Anteil am Gewinn der Gesellschaft berechtigt ist, begründen grundsätzlich kein Leistungsaustauschverhältnis. Anderes gilt nur für ein gesellschaftsvertraglich vereinbartes garantiertes Entnahmerecht, bei dem die den Gewinnanteil übersteigenden Entnahmen keine Rückzahlungsverpflichtung begründen sollen. Solche Vereinbarung führt wie die Vereinbarung einer Vorwegvergütung zu einem Leistungsaustausch.
- Auch gewinnabhängige Vergütungen können ein Sonderentgelt darstellen, wenn sie sich – wie häufig bei Arbeitsgemeinschaften im Baugewerbe – nicht nach den vermuteten, sondern nach den tatsächlich erbrachten Gesellschafterleistungen bemessen.
- Wird für die Geschäftsführung neben einem Sonderentgelt eine gewinnabhängige Vergütung (sog. Mischentgelt) bezahlt, sind die Beträge umsatzsteuerrechtlich getrennt zu beurteilen. Die gewinnabhängige Vergütung steht außerhalb des Leistungsaustausches, bleibt folglich auch bei der Ermittlung der BMG für die steuerbare Geschäftsführungsleistung unberücksichtigt.

Beispiel 3a: Mischentgelt (Beraterklausur 2005)
Arnold Stark (A. S.) und Susanne Flink (S. F.) sind Gesellschafter der Stark & Flink KG. A. S. ist als Komplementär für den kaufmännischen Bereich zuständig. Für die Geschäftsführungs- und Vertretungsleistungen erhält A. S. laut Gesellschaftsvertrag eine Tätigkeitsvergütung von 10 % des Gewinns – im Kalenderjahr 01 belief sich dieser Betrag auf 50.000 € –, mindestens jedoch 3.000 € monatlich.

---

25 Zur einkommensteuerrechtlichen Umqualifizierung der Tätigkeitsvergütungen der Gesellschafter einer PersG als gewerbliche Einkünfte sowie zur bilanziellen Behandlung dieser Einkünfte s. *Preißer*, Band 2, Teil B, Kap. I 4.2.
26 Ist die Vergütung für die Leistungen des Gesellschafters im Gesellschaftsvertrag als Teil der Ergebnisverwendung geregelt, schließt dies einen Leistungsaustausch nicht von vornherein aus. Wirkt sich die Vergütung gleichwohl ergebnismindernd aus, so soll ein Leistungsaustausch vielmehr auch dann anzunehmen sein, wenn die Vergütung im Rahmen der Ergebnisermittlung nicht als Aufwand gebucht wird (vgl. dazu A 1.6 Abs. 4 S. 7 UStAE mit dortigem Beispiel 6).

Lösung: Außerhalb des Leistungsaustausches steht die Gewinnbeteiligung von 50.000 €. Sie hat keinen Entgeltcharakter. BMG nach § 10 Abs. 1 S. 1, 2 UStG für die steuerbaren und steuerpflichtigen Geschäftsführungsleistungen bildet das monatliche Entgelt von 2.521,01 €; die ausgelöste USt für die monatlichen Teilleistungen beträgt 478,99 €.

Eine weitere Klärung hat es inzwischen bezüglich sog. **Haftungsvergütungen** gegeben, die persönlich haftende Gesellschafter einer PersG gelegentlich erhalten (insb. die GmbH als Komplementärin einer GmbH & Co. KG).[27] Noch bis vor kurzem hatte das BMF dazu die Auffassung vertreten, dass solche Vergütungen grundsätzlich nicht im Rahmen eines eigenen Leistungsaustauschverhältnisses gewährt werden, also **für sich allein nicht geeignet** sind, den **Gesellschafter zum Unternehmer werden zu lassen**. Von dieser Sichtweise, die der früheren zu Geschäftsführungsaktivitäten ähnelt, hat sich das **BMF** jetzt aber mit Schreiben vom **14.11.2011** verabschiedet. Danach gilt nunmehr: Wie die Geschäftsführung und Vertretung besitzt auch die **Haftungsübernahme ihrer Art nach Leistungscharakter und kann auch im Falle ihrer isolierten Erbringung Gegenstand eines umsatzsteuerbaren Leistungsaustausches zwischen Gesellschafter und Gesellschaft sein** (s. Neufassung des A 1.6 Abs. 6 S. 2 UStAE). Im Anschluss an das Urteil des BFH vom 03.03.2011 (DStR 2011, 854) heißt es im neu formulierten A 1.6 Abs. 6 UStAE weiter: Erhält der geschäftsführungs- und vertretungsberechtigte Komplementär einer KG für die Geschäftsführung, Vertretung und Haftung eine **Festvergütung**, ist diese als Entgelt für eine einheitliche Leistung, die Geschäftsführung, Vertretung und Haftung umfasst, steuerbar und auch steuerpflichtig. Weder die Geschäftsführung und Vertretung noch die Haftung haben den Charakter eines nach § 4 Nr. 8 Buchst. g UStG steuerbefreiten Finanzgeschäfts.

2.2.1.3 Holdinggesellschaften als Unternehmer

Mit der Aufgabe der Sonderbehandlung für Geschäftsführungsleistungen befindet sich die nationale Praxis im Einklang mit der herkömmlichen Betrachtung von **Holdinggesellschaften**. Soweit diese sich auf das Halten und Verwalten von Beteiligungen an Gesellschaften beschränken, sind sie selbstverständlich kein Unternehmer i.S.d. § 2 UStG. Insoweit kann nichts anderes gelten, als wenn jemand Geld aufs Sparbuch legt oder zum Erwerb von Schuldverschreibungen verwendet. Beim »Einsammeln von Nutzungen« aus einem Kapitalbestand fehlt es bereits an einer Leistung im umsatzsteuerrechtlichen Sinne. Dementsprechend steht außer Frage, dass der reinen Finanzholding kein Unternehmerstatus zukommt (vgl. A 2.3 Abs. 3 S. 2 UStAE). Etwas anderes gilt jedoch, wenn die Beteiligung mit unmittelbaren oder mittelbaren Eingriffen in die Geschäftsleitung der Gesellschaften einhergeht, an denen die Beteiligung besteht. Erbringt eine Holding z.B. entgeltliche Dienstleistungen im Bereich der Verwaltung, Buchführung oder Informatik, begründen diese Tätigkeiten sehr wohl einen unternehmerischen Bereich der Holdinggesellschaft und können insoweit die Voraussetzungen für ein Recht auf VSt-Abzug schaffen. Als Folge des EuGH-Urteils vom 26.05.2005 (DStR 2005, 965) in Sachen Kretztechnik setzte eine heftige Diskussion darüber ein, ob eine fraglos unternehmerische Tätigkeit der Holdinggesellschaft einen zumindest anteiligen VSt-Abzug auch aus solchen Aufwendungen verschaffen kann, die der Holdinggesellschaft im Zusammenhang mit der Veräußerung (oder dem Erwerb) von Beteiligungen entstanden sind. Nach mehreren BFH-Entscheidungen jüngeren Datums (vgl. zuletzt BFH vom 09.02.2012, Az.: VR 40/10 m.w.N.)

---

27 Ausführlich dazu *Behrens* (NWB 2011, 2758).

darf diese Frage als geklärt angesehen werden. Danach gilt: **Ein VSt-Abzug aus Aufwendungen, die im direkten und unmittelbaren Zusammenhang mit der Veräußerung einer gesellschaftsrechtlichen Beteiligung stehen, kommt nur in Frage, sofern die Veräußerung steuerbar ist und der VSt-Abzug nicht nach § 15 Abs. 2 UStG ausgeschlossen ist.** Somit scheidet der VSt-Abzug im Fall der Veräußerung einer **nicht** im Unternehmensvermögen gehaltenen gesellschaftsrechtlichen Beteiligung wegen des unmittelbaren Zusammenhangs mit einem nicht steuerbaren Umsatz aus. Im Fall der Veräußerung einer im Unternehmensvermögen gehaltenen Beteiligung ist diese Veräußerung zwar als wirtschaftliche Tätigkeit steuerbar nach § 1 Abs. 1 Nr. 1 UStG; sie ist aber grundsätzlich steuerfrei nach § 4 Nr. 8 Buchst. e oder f UStG. Damit scheidet auch in diesem Fall der VSt-Abzug aus, und zwar nach § 15 Abs. 2 Satz 1 Nr. 1 UStG, ohne dass auf die Gesamttätigkeit der Holding abzustellen wäre (vgl. BFH vom 27.01.2011, BStBl II 2012, 68). Die Gesamttätigkeit spielt für den VSt-Abzug nur eine Rolle, wenn es um Eingangsbezüge geht, die eine Holding sowohl für ihre wirtschaftliche als auch für ihre nichtwirtschaftliche Tätigkeit verwendet (Stichwort Gemeinkosten). Das BMF hat die BFH-Rspr. in dem neu formulierten A 15.22 Abs.2 UStAE übernommen.

2.2.1.4 Forderungseinziehung als unternehmerische Betätigung

Über das Erfordernis einer Tätigkeit im Leistungsaustausch lässt sich bei rigider Handhabung der Kreis der Unternehmer i.S.d. § 2 UStG – und damit der Kreis der zum VSt-Abzug Berechtigten – erheblich einschränken. Mit einer solchen rigiden Handhabung sahen sich früher **Factoringinstitute** konfrontiert. Ihr Geschäft ist dadurch gekennzeichnet, dass sie sich als Factor Forderungen eines Unternehmers (des sog. Anschlusskunden) abtreten lassen, die regelmäßig noch nicht fällig sind. Für diese Forderungen entrichtet der Factor sofort einen bestimmten Betrag. I.Ü. entlastet der Factor den Anschlusskunden bei der Debitorenverwaltung, überwacht die Fälligkeit der Kundenforderungen des Anschlusskunden und versucht bei Fälligkeit, diese Forderungen einzuziehen. Dabei unterscheidet man mit echtem und unechtem Factoring zwei Formen des Factoringgeschäfts. **Echtes Factoring** liegt vor, wenn der Factor auch das Risiko des Forderungsausfalls übernimmt. Es stellt nach Auffassung des BGH einen (atypischen) Forderungskauf dar. Der Verkäufer der Forderung haftet dem Käufer (Factor) grundsätzlich nur für deren Bestehen (Verität), nicht aber für die Zahlungsfähigkeit des Schuldners. Dieses sog. Bonitätsrisiko kompensiert der Factor dadurch, dass er die Forderung unter dem Nennwert aufkauft. Dagegen werden beim unechten Factoring die Forderungen nur vorschussweise vergütet. Stellt sich ihre Uneinbringlichkeit heraus, muss der Anschlusskunde die Vergütung zurückzahlen. **Unechtes Factoring** trägt nach Ansicht des BGH deshalb die Züge eines Kreditgeschäfts. Der Anschlusskunde tritt hierbei die Forderung lediglich erfüllungshalber an den Factor ab.

Anknüpfend an diese Differenzierung hat die Finanzverwaltung für die Unternehmerstellung der Factoringinstitute früher danach unterschieden, ob diese echtes oder unechtes Factoring betreiben. Nur im Fall des unechten Factorings sollte eine Unternehmerstellung begründet sein. Soweit die Factoringinstitute als Empfänger der ihnen abgetretenen Forderungen hingegen auch das Ausfallrisiko tragen, hat die Finanzverwaltung einen Unternehmerstatus und damit die Berechtigung zum VSt-Abzug verneint.

Beispiel 4: Echtes Factoring als unternehmerische Aktivität
Unternehmer U hat im April 01 Ware für 10.000 € zzgl. 1.900 € USt an A geliefert und den Kaufpreis bis zum 31.10.01 gestundet. Im August 01 veräußert U seine Forderung aus dem

Verkauf für 9.520 € an das **Factoringinstitut F**. Nach den vertraglichen Abreden soll F das Ausfallrisiko tragen. Anfang November 01 kann F nur noch 7.140 € von A einziehen, bevor über dessen Vermögen noch im selben Monat die beantragte Eröffnung des Insolvenzverfahrens abgelehnt wird. F unterrichtet U über diese Entwicklung.

Lösung: Mit der unter Nennwert erfolgenden Veräußerung an F scheidet die Forderung des U über 11.900 € endgültig aus dem Vermögen des U aus. Es handelt sich somit um **echtes Factoring**, das nach früherer Betrachtung eine **Unternehmerstellung** des Factors nicht begründen konnte. Man ging davon aus, dass der Factor beim echten Factoring weder mit dem Forderungserwerb noch mit den anschließenden Aktivitäten Leistungen an einen anderen erbringt, sondern mit der Forderungsrealisierung alleine seine eigenen Interessen verfolgt. Steuerbar (aber nach § 4 Nr. 8c UStG steuerfrei) sollte lediglich die Forderungsabtretung des Anschlusskunden an den Factor sein. Dieser Betrachtungsweise ist der EuGH mit Urteil vom 26.06.2003 in Sachen MKG – Kraftfahrzeuge – Factoring (BStBl II 2004, 688) entgegengetreten. Ihm sind der BFH mit Urteil vom 04.09.2003 (BStBl II 2004, 667) und schließlich auch die Finanzverwaltung gefolgt (vgl. A 2.4 UStAE). Danach gilt nunmehr: Auch beim echten Factoring erbringt der Factor dem Anschlusskunden gegenüber eine Dienstleistung. Diese sei darin zu sehen, dass er jenen von der Einziehung der Forderungen und dem Risiko ihrer Nichterfüllung entlaste. Diese Leistung werde des Weiteren auch gegen Entgelt erbracht. Das Entgelt bestehe in der Differenz zwischen dem Nennbetrag der dem Factor abgetretenen Forderungen und dem Betrag, den der Factor ihm als Preis für die Forderungen zahlt. Von daher ist der Factor auch beim echten Factoring als Unternehmer zu behandeln. Nach den Grundsätzen der neuen Rspr., denen die Finanzverwaltung unter A 2.4 Abs. 4 UStAE folgt, sollen die erbrachten **Leistungen** i.Ü. als Unterart der in § 4 Nr. 8c UStG erwähnten »**Einziehung von Forderungen**« als **steuerpflichtig** zu behandeln sein. Demnach erbringt im Beispiel 4 also der F an U eine nach § 1 Abs. 1 Nr. 1 UStG steuerbare und steuerpflichtige sonstige Leistung. BMG nach § 10 Abs. 1 UStG bildet das Entgelt von 2.000 € (11.900 € abzgl. 9.520 €, abzgl. USt); die ausgelöste USt beträgt 380 €.[28] Aufgegeben hat die Finanzverwaltung auch ihre Auffassung, wonach der Anschlusskunde mit der Abtretung an den Factor eine steuerbare, aber steuerfreie Forderungsabtretung erbringt. Das BMF: Regelmäßig handle es sich insoweit um eine nicht steuerbare Leistungsbeistellung. Lediglich für den Fall, dass nicht der Forderungskäufer, sondern der Forderungsverkäufer (Anschlusskunde) die Forderung einzieht, sei nach wie vor von einer steuerbaren, aber nach § 4 Nr. 8c UStG steuerfreien Forderungsabtretung des Forderungsverkäufers (Anschlusskunden) an den Forderungskäufer auszugehen (vgl. A 2.4 Abs. 3 S. 3f. UStAE).

Unbeeinflusst durch die EuGH-Rspr. bleibt nur eine Erkenntnis. Der Forderungsverkauf unter Nennwert lässt selbstverständlich die BMG der zugrundeliegenden steuerpflichtigen Leistung unbeeinflusst (in Beispiel 4 bleibt es also für die steuerpflichtige Lieferung des U an A zunächst bei einer BMG nach § 10 Abs. 1 UStG von 10.000 €). Dies hat erst jüngst der BFH mit Urteil vom 06.05.2010 (BStBl II 2011, 142) noch einmal ausdrücklich klargestellt. Eine

---

28 **Hinweis:** Mit Urteil vom 29.01.2012 (Az.: V R 18/08) hat der BFH im Anschluss an das EuGH-Urteil vom 27.10.2011 (DStR 2011, 2093) entschieden, dass beim **Erwerb sog. zahlungsgestörter Forderungen keine unternehmerische Factoringtätigkeit** vorliegt, **wenn sich der Kaufpreis im Wesentlichen nach dem für die jeweilige Forderung geschätzten Ausfallrisiko richtet** und dem Forderungseinzug im Verhältnis zu dem auf das Ausfallrisiko entfallenden Abschlag nur untergeordnete Bedeutung zukommt. Weitreichende Folge: Liegt beim Kauf zahlungsgestörter **Forderungen keine entgeltliche Leistung an den Forderungsverkäufer** vor, ist der **Forderungserwerber** aus Eingangsleistungen für den Forderungserwerb und den Forderungseinzug **nicht zum VSt-Abzug** nach § 15 UStG **berechtigt** (kein Leistungsbezug für wirtschaftliche Tätigkeit)!

Änderung der BMG nach § 17 UStG kann erst erfolgen, wenn feststeht, dass der Factor mit der übernommenen Forderung ganz oder teilweise ausfällt. Davon ist in Beispiel 4 im VAZ der Ablehnung des Insolvenzverfahrens auszugehen. Damit steht fest, dass die Forderung i.H.v. 4.760 € uneinbringlich sein wird. So U Kenntnis von diesem Forderungsausfall erhält, kann er die Steuer nach § 17 Abs. 2 Nr. 1 UStG für seine Lieferung an A also im VAZ 11/01 von 1.900 € auf 1.140 € berichtigen (s. dazu Näheres in Kap. X 5 mit dortigem Beispiel 11, zur ggf. ausgelösten gesamtschuldnerischen Haftung des F nach § 13c Abs. 1 UStG s. Abwandlung des Beispiels 4 in diesem Kapitel).

Einvernehmen besteht inzwischen auch darüber, dass die Rspr. des EuGH auch dazu zwingt, die bisherige Beurteilung des unechten Factorings zu überdenken.

Nach früherer Sichtweise erbrachte der Factor ein Bündel selbständig zu beurteilender sonstiger Leistungen gegen ein konkretes, diesen sonstigen Leistungen zugeordnetes Entgelt. Neben eine (nach § 4 Nr. 8a UStG **steuerfreie**) **Kreditgewährung** sollten **(steuerpflichtige) Leistungen** wie die **Bonitätsprüfung, Führen der Debitorenbuchhaltung und das Einziehen der abgetretenen Forderung** treten.

Inzwischen geht auch das BMF davon aus, dass die Kreditgewährung umsatzsteuerrechtlich nicht nachzuvollziehen ist, sondern wie beim echten Factoring grundsätzlich nur eine steuerpflichtige sonstige Leistung des Factors vorliegt, bestehend in einer steuerpflichtigen Einziehung der Forderung. Eine ggf. mit der Factoringleistung einhergehende Kreditgewährung des Factors an den Anschlusskunden sei – so das BMF – »... regelmäßig von untergeordneter Bedeutung und teilt daher als unselbständige Nebenleistung das Schicksal der Hauptleistung.«[29] Nach dieser Betrachtungsweise ergibt sich für Unternehmen, die Factoring betreiben, also regelmäßig ein voller VSt-Abzug hinsichtlich aller Leistungsbezüge anlässlich des Forderungserwerbs und seiner Realisierung.

In unmittelbarem Zusammenhang mit dem Urteil des EuGH vom 26.06.2003 zum echten Factoring steht die zum 01.01.2004 in das UStG eingefügte Bestimmung des § 13c UStG. Sie führt in den Fällen der Abtretung von Forderungen – systematisch vollkommen neu – in das Umsatzsteuerrecht eine **Haftung des Abtretungsempfängers** ein.[30] Der Abtretungsempfänger soll neben dem Leistenden **gesamtschuldnerischer Haftungsschuldner** sein. Die maximale Höhe der Haftungsschuld soll sich nach § 13c Abs. 1 UStG aus der abgetretenen Forderung (brutto) ergeben. Die Regelung zielt insb. auf die Fälle der **Sicherungsabtretung**, bei denen sich ein Kreditgläubiger vom Kreditnehmer zur Sicherung von Krediten einzelne Forderungen oder im Wege sog. Globalzession alle gegenwärtigen und künftigen Forderungen i.H.d. Bruttobetrages abtreten lässt. Die Haftung des Abtretungsempfängers wird begründet, wenn folgende Voraussetzungen erfüllt sind:

- Der Abtretungsempfänger ist Unternehmer.
- Der leistende Unternehmer hat die festgesetzte Steuer im Zeitpunkt der Fälligkeit nicht oder nicht vollständig entrichtet.
- Der Abtretungsempfänger hat die abgetretene Forderung ganz oder teilweise vereinnahmt. Hat er sie teilweise vereinnahmt, erstreckt sich die Haftung nur auf die Umsatzsteuer, die im tatsächlich vereinnahmten Betrag enthalten ist.

---

29 A 2.4 Abs. 4 S. 4 UStAE. Ausnahmesachverhalte, bei denen die Kreditgewährung als selbständige Leistung erhalten bleiben soll, beschreibt der folgende Abs. 5.
30 Ausführlich zum Haftungstatbestand des § 13c UStG *Hahne* (DStR 2004, 210); *Slotty-Harms/Jensen* (UR 2004, 221).

Die Inanspruchnahme als Haftungsschuldner tritt erst zu dem Zeitpunkt ein, in dem der Abtretungsempfänger die abgetretene Forderung vereinnahmt hat. Der Finanzbehörde steht kein Ermessen zu, so dass ohne Vollstreckungsmaßnahmen beim Leistenden der Abtretungsempfänger in Anspruch zu nehmen ist.

Beispiel 4a: Haftung des Abtretungsempfängers
Abwandlung von Beispiel 4. Unternehmer U hat zum Zeitpunkt der Ablehnung der Insolvenzeröffnung im November 01 noch keine USt aus der abgetretenen Forderung an das Finanzamt abgeführt.

Lösung: I.H.d. USt, die auf den nicht ausgefallenen Teil der Forderung entfällt, sind die Voraussetzungen für eine Inanspruchnahme des F als Haftungsschuldner nach § 13c UStG gegeben. Da F trotz des echten Factorings als Unternehmer anzusehen ist, die USt aus der abgetretenen Forderung bei U fällig war, aber U diese nicht entrichtet hat, haftet F als Leistungsempfänger für die USt, die in dem von ihm vereinnahmten Betrag enthalten ist. Folglich haftet F (neben dem leistenden Unternehmer U als Steuerschuldner) i.H.v. 1.140 € (USt aus dem vereinnahmten Betrag von 7.140 €).

Um eine Umgehung der für die Forderungsabtretung geschaffenen Neuregelung zu vermeiden, war die Aufnahme einer Haftung bei Verpfändung oder Pfändung von Forderungen notwendig. In beiden Fällen kann sich der Gläubiger aus dem Bruttobetrag der Forderung befriedigen, während der Fiskus mit dem ihm zustehenden Umsatzsteueranteil ausfällt. § 13c Abs. 3 UStG sieht deshalb konsequenterweise vor, dass die Voraussetzungen für einen Haftungstatbestand auch für die Fälle der Verpfändung oder Pfändung von Forderungen zu prüfen sind.

Das BMF hat zu dem Haftungstatbestand des § 13c UStG in mehreren Schreiben ausführlich Stellung genommen.[31] Die auf 44 Absätze angewachsenen Ausführungen in A 13c.1 UStAE haben diese Schreiben eingearbeitet. Besondere Aufmerksamkeit verdienen die Ausführungen in den dortigen Abs. 20 bis 26 zur Frage, unter welchen Voraussetzungen von einer Vereinnahmung des abgetretenen Betrages insbes. durch Kreditinstitute auszugehen ist. In der Sache geht es um die Fälle, bei denen Forderungserlöse auf einem beim Abtretungsempfänger (Kreditinstitut) geführten Konto des leistenden Unternehmers gutgeschrieben werden.

2.2.1.5 Leistungen an (Vereins-)Mitglieder

Die Frage, ob eine Tätigkeit im Leistungsaustausch anzunehmen ist, spielt auch bei Vereinigungen, die nur gegenüber ihren Mitgliedern tätig werden, eine erhebliche Rolle. Nach § 2 Abs. 1 S. 3 letzter HS UStG schließt dies eine Unternehmereigenschaft der Vereinigung nicht aus. Begründet ist die Unternehmereigenschaft allerdings auch insoweit nur, sofern die Tätigkeit gegenüber den Mitgliedern eine ist, bei der konkrete Leistungen gegen ein diesen Leistungen zuzuordnendes (Sonder-)Entgelt erbracht werden. Dies wird national bisher noch verneint, sofern es sich bei den vereinnahmten Beträgen um sog. schlichte Mitgliedsbeiträge handelt. Diese werden nach herkömmlicher Betrachtungsweise gezahlt, um den Zusammenschluss in die Lage zu versetzen, seine satzungsmäßigen Zwecke wahrzunehmen, und sollen von daher keinen Entgeltcharakter haben. Als Hauptbeispiel dafür stehen in der nationalen Praxis die Mitgliedsbeiträge in Sportvereinen.

---

31 Dazu u.a. *Dose/Jansen* (UStB 2004, 322), problemorientierte Darstellung bei *Stadie*, UStR 2005, 685 ff.

Beispiel 5: Der unternehmerisch tätige Sportverein
Ein eingetragener **Tennisverein** erhebt von seinen Mitgliedern einen Jahresbeitrag von 500 €. Nichtmitglieder zahlen für eine einstündige Platzbenutzung 15 €. Eine Übungsstunde kostet – auch für Mitglieder – 25 €.

Lösung: Hinsichtlich der eigentlichen Vereinstätigkeit ist nach den unverändert gebliebenen Aussagen in A 1.4 Abs. 1 und A 2.10 Abs. 1 UStAE keine Unternehmereigenschaft gegeben, da der Beitrag der Mitglieder kein Entgelt für konkrete Leistungen des Vereins darstellt. Hinsichtlich der übrigen Leistungen liegt eine konkrete Abgeltung vor, also Leistungsaustausch, so dass der Tennisverein **insoweit** Unternehmer ist und nach § 1 Abs. 1 Nr. 1 UStG steuerbare Umsätze tätigt und für die diesen Leistungen zuzurechnenden Eingangsumsätze auch ein VSt-Abzugsrecht hat.

Diese Differenzierung verträgt sich nicht mit dem EuGH-Urteil vom 21.03.2002[32] in Sachen Kennemer Golf & Country Club. Darin hat der EuGH nämlich erklärt, dass die Jahresbeiträge der Mitglieder eines Sportvereins Gegenleistung für die von dem Verein erbrachten Dienstleistungen darstellen können. Dies gelte auch für solche Beiträge, die unabhängig davon erhoben werden, ob die Mitglieder die Einrichtungen des Vereins überhaupt nicht, wenig oder regelmäßig nutzen.

Der BFH hatte bereits in seiner jüngeren Rspr. mehrfach versucht, sich vorsichtig von der überkommenen Abgrenzung von Mitgliedszahlungen für Gesamtbelange und solchen für Sonderbelange zu lösen. So hat das Gericht mit Urteil vom 31.05.2001 (BStBl II 2001, 658) Mitgliedsbeiträge für die umfassende Nutzung von »gewerblichen« Sportanlagen (z.B. sog. Fitnesscenter) als steuerpflichtige Leitungsentgelte beurteilt. Dem hat sich mit Schreiben vom 17.04.2003 (BStBl I 2003, 279) das BMF angeschlossen. Für Mitgliedsbeiträge an »nichtgewerbliche bzw. gemeinnützige« Sportvereine kann aber spätestens nach dem genannten EuGH-Urteil nichts anderes mehr gelten. Sie sind **entgegen der bisherigen Praxis** künftig regelmäßig als **Leistungsentgelt** zu beurteilen.[33] Die abgegoltene Leistung des Vereins besteht darin, dass dieser den Mitgliedern die Sportanlagen zur Verfügung stellt. Das ist der Leistungsgegenstand. Ob und wie häufig die Mitglieder tatsächlich die Anlagen nutzen, bleibt ebenso unerheblich wie der Umstand, dass die Mitgliedsbeiträge als Pauschalbeträge und nicht nutzungsbezogen erhoben werden.

Soweit es darum geht, Umsatzsteuerbelastungen auf Leistungen »in engem Zusammenhang mit Sport und Körperertüchtigung« zu vermeiden, verwirklicht das Gemeinschaftsrecht diese Zielsetzung über die national bislang nicht umgesetzte Regelung des Art. 132 Abs. 1 Buchst. m MwStSystRL. Danach bleiben Leistungen steuerfrei, die »Einrichtungen ohne Gewinnstreben an Personen erbringen, die Sport oder Körperertüchtigung ausüben«.

2.2.2 Nachhaltigkeit der Tätigkeit

Mit dem Kriterium der Nachhaltigkeit der entgeltlichen Tätigkeit sollen private Verwertungshandlungen aus dem Kreis der Tätigkeiten ausgeschlossen werden, die eine Unternehmereigenschaft begründen können. Es dient der Abgrenzung zur eigentlichen Endverbrauchertä-

---

32 UR 2002, 220 mit Anm. *Widmann* = UVR 2002, 154 mit Anm. *Wagner*; ausführlich zu allen gängigen Problemen, die Vereinsaktivitäten im USt-Recht aufwerfen können, jüngst *Plikat/Plikat* (UStB 2010, 240).
33 So auch der BFH im Urteil vom 09.08.2007, DStR 2007, 1719 – unter ausdrücklicher Aufgabe seiner früheren Rspr.; ebenso BFH vom 11.10.2007, BFH/NV 2008, 322 (Golf-Club).

tigkeit. Heute besteht weitgehend Einvernehmen darin, dass der Begriff der Nachhaltigkeit keiner ist, der eine Subsumtion erlaubt. Es handelt sich vielmehr um einen Typusbegriff, der dazu nötigt, im Wege einer Gesamtschau die für und gegen die Unternehmerstellung sprechenden Aspekte gegeneinander abzuwägen. Auf der Grundlage der jüngeren BFH-Rspr. hat die Finanzverwaltung in A 2.3 Abs. 5 UStAE eine Reihe von Kriterien formuliert, die hierbei eine Rolle spielen können:

- mehrjährige Tätigkeit,
- planmäßiges Handeln,
- auf Wiederholung angelegte Tätigkeit,
- die Ausführung mehr als nur eines Umsatzes,
- Vornahme mehrerer gleichartiger Handlungen unter Ausnutzung derselben Gelegenheit oder desselben dauernden Verhältnisses,
- langfristige Duldung eines Eingriffes in den eigenen Rechtskreis,
- Intensität des Tätigwerdens,
- Beteiligung am Markt,
- Auftreten wie ein Händler.

Die Tendenz geht eher dahin, großzügig mit dem Kriterium der Nachhaltigkeit umzugehen. So hat etwa der BFH mit dem Urteil vom 13.11.2003 (BStBl II 2004, 472) bereits die entgeltliche Unterlassung von Wettbewerb für die Dauer von fünf Jahren zu einer nachhaltigen Tätigkeit i.S.d. § 2 Abs. 1 UStG erklärt. Als nachhaltig wird des Weiteren bereits die **Vermietung allein eines Gegenstands** durch den Gesellschafter einer GbR an die GbR angesehen oder auch die **einmalige Bestellung eines Nießbrauchsrechts** an einem Grundstück. Probleme bereitet in der Praxis immer wieder die Abgrenzung einer privaten Sammlertätigkeit von einer wegen Nachhaltigkeit anzunehmenden unternehmerischen Betätigung. Dabei geht es letztlich nicht erst um die Frage der Steuerbarkeit der späteren Veräußerung von Sammlungsgegenständen, sondern zuvor bereits um den VSt-Abzug aus dem Erwerb der Sammlungsstücke. Hierzu hat jüngst der BFH entschieden, dass eine **Unternehmerstellung durch** die **Sammlertätigkeit** (hier: Aufbau einer Fahrzeugsammlung und museumsartige Einlagerung in einer Tiefgarage) nur begründet wird, **wenn sich der Sammler bereits während des Aufbaus der Sammlung »wie ein Händler« verhält** (BFH vom 27.01.2011, BStBl II 2011, 524).[34]

2.2.3 Einnahmeerzielungsabsicht

Da die Unternehmerstellung abweichend vom einkommensteuerrechtlichen Gewerbebetriebsbegriff keine Gewinnerzielungsabsicht verlangt, können nicht nur gemeinnützige, sondern auch verlustreiche Betätigungen unternehmerisch i.S.d. USt-Rechts sein. So scheitert die Unternehmerstellung eines städtischen Versorgungsbetriebs nicht daran, dass die festgesetzten Tarife kaum die Kosten decken, und die Unternehmerstellung einer jungen Rechtsanwältin ist nicht etwa deshalb zu verneinen, weil sie als Berufsanfängerin in den ersten Jahren ihrer selbständigen Tätigkeit aus ihren Einnahmen nicht einmal die Praxiskosten bestreiten kann. Im Ertragsteuerrecht beachtliche Verluste aus selbständiger Arbeit hindern nicht die

---

34 Zur Unternehmerstellung von eBay-Verkäufern s. jüngst *Meurer* (UStB 2012, 164).

Feststellung, dass umsatzsteuerlich eine nachhaltige Tätigkeit im Leistungsaustausch zur Erzielung von Einnahmen ausgeübt wird.[35]

Da es keiner Gewinnerzielungsabsicht bedarf, können sich besondere Probleme bezüglich der Unternehmerstellung von solchen Personen ergeben, die einen einzigen Freizeitgegenstand (etwa Wohnmobil, Segel- oder Motorjacht oder Ferienhaus) erwerben und diesen dann gelegentlich vermieten (wollen). Ihnen geht es meist darum, bei Erwerb zunächst den vollen VSt-Abzug geltend zu machen, indem sie diese WG als (vermeintlicher) Unternehmer insgesamt ihrem Unternehmensvermögen zuordnen. Den VSt-Abzug wollen diese sog. Freizeitunternehmer dann lediglich sukzessive über eine Besteuerung der Privatnutzung nach § 3 Abs. 9a Nr. 1 UStG rückgängig machen.

Dieser Vorgehensweise ist inzwischen ein Riegel vorgeschoben. Auf den Weg gebracht durch eine EuGH-Entscheidung vom 26.09.1996 (UR 1996, 418) lässt sich insoweit auch in der nationalen Praxis eine eindeutige Tendenz ausmachen. Diese geht dahin, solchen Personen die Anerkennung als Unternehmer – und damit den VSt-Abzug – zu versagen. Diese restriktive Praxis hat auf nationaler Ebene mit der BFH-Entscheidung vom 12.12.1996 (BStBl II 1997, 368) eingesetzt. Die Finanzverwaltung hat sie sich zu Eigen gemacht. Unter Bezug auf den BFH wird in A 2.3 Abs. 7 UStAE ausgeführt, die nur gelegentliche Vermietung eines einzigen (i.Ü. privat genutzten) Wohnmobils durch den Eigentümer sei keine unternehmerische Tätigkeit. Allgemein soll gelten: Wird ein Gegenstand vermietet, der seiner Art nach sowohl für wirtschaftliche als auch für private Zwecke verwendet werden kann, ist die Frage, ob die Tätigkeit zur nachhaltigen Erzielung von Einnahmen erfolgt, auch durch einen Vergleich zu beantworten. Zu vergleichen seien die Umstände, unter denen der Betreffende den Gegenstand tatsächlich nutzt, mit jenen Umständen, unter denen die entsprechende wirtschaftliche Tätigkeit gewöhnlich ausgeübt wird. An diesem Vergleich mit professionellen Vermietern müssen die Gelegenheits-Vermieter regelmäßig scheitern, wenn es um die Anerkennung ihres Unternehmerstatus geht.

Losgelöst vom Unternehmerstatus wird ein VSt-Abzug aus der Anschaffung häufig auch daran scheitern müssen, dass entweder der nach § 15 Abs. 1 Nr. 1 S. 2 UStG erforderliche Mindestumfang unternehmerischer Nutzung von 10 % oder – bei Erwerb eines der in § 4 Abs. 5 S. 1 Nr. 3 und 4 EStG erfassten WG – die Gewinnerzielungsabsicht nicht glaubhaft gemacht werden kann und damit § 15 Abs. 1a UStG einem VSt-Abzug entgegensteht.

2.3 Selbständigkeit

Die Selbständigkeit bestimmt sich in ihrer Abgrenzung zur unselbständigen Beschäftigung als AN grundsätzlich nach den gleichen Kriterien wie im ESt-Recht oder auch im Gewerbesteuerrecht.[36] Dort wie auch im USt-Recht ist die Beurteilung, ob jemand selbständig oder nichtselbständig ist, nach dem Gesamtbild der Verhältnisse vorzunehmen. Nach ständiger Rspr. des BFH[37] sind die für und gegen die Selbständigkeit sprechenden Merkmale, wie sie sich nach den vertraglichen Vereinbarungen und deren tatsächlicher Durchführung ergeben,

---

35 Zur Behandlung von Tätigkeiten, die ertragsteuerlich als Liebhaberei anzusehen sind, s. zuletzt OFD Niedersachsen vom 20.01.2010 (DStR 2010, 758) sowie *Preißer*, Band 1, Teil A, Kap. III 2.2.4.
36 S. zum Folgenden deshalb auch *Preißer*, Band 1, Teil A, Kap. II 1.2.2.
37 Vgl. etwa BFH vom 25.06.2009 (BStBl II 2009, 873).

sorgfältig gegeneinander abzuwägen. Als Beweisanzeichen für Unselbständigkeit sind z.B. anzusehen: die Aufnahme der Personen in betriebliche Personallisten, ein bestehender Kündigungsschutz, die Fortzahlung von Bezügen im Krankheitsfall wie selbstverständlich auch der Umstand, dass der Auftraggeber die LSt und Sozialversicherungsbeiträge abführt. Ausschlaggebend muss immer bleiben, wem letztlich der Arbeitserfolg der betreffenden Person zugute kommt und wer andererseits das Risiko möglicher Misserfolge ihrer Tätigkeit trägt.

Ein hauptberuflicher Status als weisungsgebundener AN schließt eine daneben bestehende selbständige Tätigkeit als Unternehmer selbstverständlich nicht aus. Ob Selbständigkeit oder Unselbständigkeit vorliegt, ist für jede einzelne Tätigkeit, die Einnahmen bringt, unabhängig zu prüfen. Selbstverständlich kann eine natürliche Person sowohl selbständige als auch unselbständige Tätigkeiten nebeneinander ausüben. In einem solchen Falle ist sie in Bezug auf die selbständig ausgeübten nachhaltigen Tätigkeiten zur Einnahmeerzielung Unternehmer i.S.d. UStG; der andere Bereich, in dem sie AN ist, wird dadurch nicht berührt. Beispiele bilden der als Justiziar bei einem Verband angestellte Jurist, der die Genehmigung hat, außerhalb seiner Dienstzeit eine private Rechtsanwaltspraxis zu betreiben; der im öffentlich Dienst beschäftigte Hochschullehrer oder Sachgebietsleiter, der seine freie Zeit zur Herausgabe und Mitarbeit von Kommentierungen des Steuerrechts nutzt oder als Romanschriftsteller tätig ist. Die hierbei erlösten Einnahmen sind Ausfluss einer unternehmerischen Tätigkeit. Die selbständig wahrgenommene Tätigkeit kann i.Ü auch an denjenigen erbracht werden, der zugleich Arbeitgeber des Leistenden ist. Dies hat der BFH mit Urteil vom 11.10.2007 (BStBl II 2008, 443) für den Fall bestätigt, dass ein AN einen Pkw anschafft und anschließend an seinen Arbeitgeber vermietet. Insoweit werde der AN mit der Vermietung selbständig als Unternehmer tätig. Ob die Mietzahlungen ertragsteuerrechtlich als Arbeitslohn umzuqualifizieren seien, spiele umsatzsteuerrechtlich keine Rolle.

2.3.1 Selbständigkeit von Geschäftsführungsleistungen natürlicher Personen

Soweit natürliche Personen als Gesellschafter **Geschäftsführungs- und Vertretungsleistungen an eine PersG** erbringen, sollte nach früherer Auffassung des BMF bereits deshalb von Selbständigkeit i.S.d. § 2 Abs. 2 Nr. 1 UStG ausgegangen werden, weil die Gesellschafter Mitunternehmer i.S.d. § 15 Abs. 1 S. 1 Nr. 2 EStG sind. Auch ein gesellschaftsvertraglich vereinbartes Weisungsrecht der PersG gegenüber ihrem Personengesellschafter sollte aus Sicht des BMF nicht zu einer Weisungsgebundenheit i.S.d. § 2 Abs. 2 Nr. 1 UStG führen können. Nachdem der BFH mit Urteil vom 14.04.2010 (BStBl II 2011, 433) hiervon abgerückt ist, geht nunmehr auch die Finanzverwaltung davon aus, dass die Tätigkeit eines geschäftsführenden Komplementärs einer Kommanditgesellschaft umsatzsteuerrechtlich auch **nicht selbständig** ausgeübt werden **kann** (vgl. BMF vom 02.05.2011, BStBl I 2011, 490).

In der Neufassung des A 2.2 Abs.3 S. 2 UStAE verweist das BMF zur Frage der Selbständigkeit des Gesellschafters einer PersG bei der Wahrnehmung von Geschäftsführungs- und Vertretungsleistungen ausdrücklich auf das genannte BFH-Urteil vom 14.04.2010 (BStBl II 2011, 433).

Erbringen natürliche Personen **Geschäftsführungs- und Vertretungsleistungen an eine KapG**, wird dies regelmäßig auf der Grundlage eines Arbeitsvertrages erfolgen. Von daher erzielen sie insoweit dann selbstverständlich auch Einkünfte aus nichtselbständiger Tätigkeit nach § 19 EStG. Die einkommensteuerrechtliche Beurteilung deckt sich für diesen Fall mit der umsatzsteuerrechtlichen. Selbständigkeit i.S.d. § 2 Abs. 2 Nr. 1 UStG und damit ein

Unternehmerstatus scheiden aus. Eine ganz andere Frage ist jedoch, ob ein Unternehmerstatus wegen Geschäftsführungsleistungen für eine KapG mangels Selbständigkeit **generell** nicht in Betracht kommen soll. Der BFH hat dies über viele Jahre so gesehen, ist hiervon aber mit Urteil vom 10.03.2005 (BStBl II 2005, 730) abgerückt. Auch bei der Beurteilung der **Tätigkeit eines GmbH-Geschäftsführers** ist danach **auf die Umstände des Einzelfalls abzustellen** (jüngst bestätigt durch BFH vom 20.10.2010, DStR 2011, 911). Normalerweise werden aber natürliche Personen als Geschäftsführer von KapG mangels Selbständigkeit i.S.d. § 2 Abs. 2 Nr. 1 UStG weiterhin kein Unternehmer sein und Einkünfte aus nichtselbständiger Tätigkeit nach § 19 EStG erzielen. Die einkommensteuerrechtliche Beurteilung deckt sich mit der umsatzsteuerrechtlichen. Zu abweichenden Beurteilungen im ESt-Recht und USt-Recht wird es nur kommen, wenn Vergütungen für nichtselbständige Tätigkeiten in ertragsteuerrechtlicher Hinsicht aufgrund bestehender Sonderregelungen in Gewinneinkünfte umqualifiziert werden (vgl. dazu auch A 2.2 Abs. 2 UStAE, dortige Beispiele 3 und 4).

2.3.2 Selbständigkeit von Geschäftsführungsleistungen juristischer Personen

Anderes gilt für **juristische Personen, die als Gesellschafter Geschäftsführungs- und Vertretungsleistungen** an eine Gesellschaft erbringen. Sie werden insoweit grundsätzlich selbständig tätig. Daran soll nach A 2.2 Abs. 6 UStAE auch ein Weisungsrecht der Gesellschafterversammlung gegenüber dem Geschäftsführer nichts ändern können. Entfallen kann die Selbständigkeit der juristischen Person nur, wenn sie nach § 2 Abs. 2 Nr. 2 UStG organschaftlich in ein anderes Unternehmen eingegliedert ist. Nach unveränderter Auffassung der Finanzverwaltung soll dies freilich für eine GmbH, die an einer KG als persönlich haftende Gesellschafterin beteiligt ist, grundsätzlich nicht in Betracht kommen können – und zwar auch dann nicht, wenn die Kommanditisten sämtliche Gesellschaftsanteile der GmbH halten (vgl. A 2.8 Abs. 2 S. 3, 4 UStAE). Etwas anderes gilt nur für die sog. Einheits-GmbH & Co. KG (100 %ige Beteiligung der KG an der GmbH). Hier ist regelmäßig von einer Organschaft auszugehen (so nunmehr ausdrücklich A 2.8 Abs. 2 S. 5 UStAE).

3 Grundsatz der Unternehmenseinheit

Zum Begriff des Unternehmers gehört notwendig der Begriff des Unternehmens, der in vielen Vorschriften des UStG, auch in den zentralen des § 1 Abs. 1 Nr. 1 UStG (»im Rahmen des Unternehmens«) und § 15 Abs. 1 UStG (»für das Unternehmen«) auftritt. Unternehmer und das Unternehmen sind dabei als zwei Seiten ein und derselben Sache aufzufassen. Das »Unternehmen« einer Person reicht immer nur so weit, wie sie als umsatzsteuerlicher »Unternehmer« agiert; in ihrer nichtunternehmerischen Sphäre unterhält sie auch kein Unternehmen. Hier ordnet sich § 2 Abs. 1 S. 2 UStG ein. Danach umfasst das Unternehmen die gesamte gewerbliche oder berufliche Tätigkeit des Unternehmers. **Übt ein Unternehmer** nicht nur eine, sondern **mehrere unterschiedliche gewerbliche oder berufliche Tätigkeiten aus, verbleibt es** also **bei nur einem Unternehmen**. Egal wie viele »Betriebe«, »Firmen« oder »Betriebsstätten« ein Unternehmer unterhalten mag: Zusammen bilden sie ein einziges (nämlich sein) Unternehmen im umsatzsteuerlichen Sinn. Dies ist gemeint, wenn vom »Grundsatz der Unternehmenseinheit« die Rede ist.

Folge: Nach § 1 Abs. 1 Nr. 1 UStG steuerbare Leistungsaustausche zwischen den Unternehmensteilen scheiden schon deshalb aus, weil der Begriff der Leistung voraussetzt, dass es einen vom Leistenden zu unterscheidenden Leistungsempfänger gibt (üblicherweise wird von einem sog. nichtsteuerbaren Innenumsatz gesprochen). Dies gilt natürlich nur im Verhältnis mehrerer Einzelbetriebe des Unternehmers. Beliefert das Einzelunternehmen E die Einmann-»E-GmbH« oder eine E-PersG, so liegen nach § 1 Abs. 1 Nr. 1 UStG steuerbare Leistungsaustausche zwischen zwei selbständigen Subjekten des USt-Rechts vor. Eine Besonderheit besteht für den Fall, dass sich einzelne Unternehmensteile in unterschiedlichen EU-Mitgliedstaaten befinden und Waren aus dem Mitgliedstaat BRD in einen Unternehmensteil verbracht werden, der in einem anderen EU-Mitgliedstaat gelegen ist. Geschieht dies zur dauerhaften Verwendung, wird dieses an sich »rechtsgeschäftslose Verbringen« nach § 3 Abs. 1a UStG fiktiv als entgeltliche Tätigkeit behandelt, die dann aber als innergemeinschaftliche Lieferung nach § 4 Abs. 1 Nr. 1b UStG i.V.m. § 6a Abs. 2 UStG steuerbefreit ist.

4 Beginn der Unternehmerstellung

Bei der Frage, wann die unternehmerische Tätigkeit beginnt, geht es **in der Sache** allein darum, **ab welchem Zeitpunkt die Berechtigung zum VSt-Abzug einsetzt**.

4.1 Allgemeine Grundsätze

Die Eigenschaft als Unternehmer beginnt bereits mit dem ersten nach außen sichtbaren Tätigwerden, das darauf zielt, später Umsätze zu bewirken. Sie beginnt also nicht erst, wenn es tatsächlich zu entgeltlichen Umsätzen kommt. Wie der BFH in mehreren Entscheidungen jüngeren Datums (beginnend mit Urteil vom 08.03.2001, BStBl II 2003, 430) bekräftigt hat, gilt bei richtlinienkonformer Auslegung des § 15 UStG »... als Unternehmer bereits, wer die durch objektive Anhaltspunkte belegte Absicht hat, eine unternehmerische Tätigkeit auszuüben und erste Investitionsausgaben für diesen Zweck tätigt«. Da demnach Vorbereitungshandlungen schon zur unternehmerischen Tätigkeit zählen, ist folglich bereits in der Vorbereitungsphase ein VSt-Abzug möglich. Allerdings darf die Abgabenverwaltung nach Auffassung des EuGH objektive Nachweise für die erklärte Absicht verlangen, zu besteuerten Umsätzen führende wirtschaftliche Tätigkeiten aufnehmen zu wollen.[38] Dies ist deshalb von besonderer Bedeutung, weil bereits in dieser Phase materiell endgültig über den Unternehmerstatus entschieden wird. Die früher national geübte Praxis, das Recht zum VSt-Abzug nur vorläufig zu gewähren (Figur des »vorläufigen Unternehmers«), und den VSt-Abzug für den Fall, dass es später nicht zu entgeltlichen Umsätzen kommt, nach den Regelungen der AO rückgängig zu machen, hat der EuGH für unzulässig erklärt. Nach seiner Auffassung darf außer in Fällen von Betrug oder Missbrauch die Eigenschaft als Unternehmer (und damit der VSt-Abzug) nicht rückwirkend aberkannt werden. Dem hat sich die Finanzverwaltung in A 2.6 Abs. 1 UStAE angeschlossen. Sie versucht, fiskalische Belange zu wahren, indem sie in A 2.6 Abs. 3 UStAE die Anforderungen an die Glaubhaftmachung beabsichtigter

---
38 Vgl. EuGH vom 08.06.2000 in Sachen Schlossstraße (BStBl II 2003, 446 unter Rz. 40 ff.).

nachhaltiger Tätigkeit im Leistungsaustausch bei zweifelhaften Sachverhaltskonstellationen sehr hoch schraubt. Lassen sich objektive Anhaltspunkte nicht an der Amtsstelle ermitteln, soll zunächst grundsätzlich nicht von einer Unternehmereigenschaft auszugehen sein. I.Ü. wird ausdrücklich auf die Einnahme des Augenscheins nach § 98 AO und die Durchführung einer Umsatzsteuernachschau nach § 27b UStG hingewiesen (A 2.6 Abs. 3 S. 5 UStAE).

4.2 Vorgründungsgesellschaften als notwendiger Beginn unternehmerischer Betätigung

Unter dem Aspekt des Beginns der Unternehmereigenschaft werfen die **KapG** wie GmbH und AG besondere Probleme auf. Die KapG entstehen nach deutschem Recht als juristische Personen erst **mit der Eintragung** in das Handelsregister (vgl. § 41 Abs. 1 AktG für die AG). Jener Eintragung geht regelmäßig nicht nur eine sog. **Vorgesellschaft** voraus, die zwangsläufig mit der Errichtung (Satzungsfeststellung) als Personenvereinigung eigener Art entsteht. Noch weiter vorverlagert gibt es meist noch eine sog. **Vorgründungsgesellschaft**. Sie beruht auf einem Vorvertrag der Gründer mit dem Ziel, zur Gründung zusammenzuwirken, und sie handelt regelmäßig in der Rechtsform einer GbR. Schließen sich also schon vor Abschluss des Gesellschaftsvertrags der GmbH oder AG die Gründer zur Vorbereitung der späteren Tätigkeit der Gesellschaft zu einer Personenvereinigung zusammen, so gehen die von dieser Vorgründungsgesellschaft erworbenen Vermögensgegenstände und die von ihr begründeten Rechte und Pflichten nicht ohne Weiteres auf die mit der Errichtung entstandene Vorgesellschaft (und später auf die KapG) über. Die erworbenen WG und Rechtspositionen müssen vielmehr, wenn die KapG sie übernehmen soll, durch besondere/s Rechtsgeschäft/e auf sie übertragen werden. Mit dieser Übertragung geht freilich für die Vorgründungsgesellschaft eine nachhaltige Tätigkeit im Leistungsaustausch nicht einher. Von daher hat nicht nur die Finanzverwaltung lange Zeit die Auffassung vertreten, dass der Vorgründungsgesellschaft in diesen Fällen keine Unternehmerstellung zukomme und ein VSt-Abzug aus Leistungsbezügen für die spätere wirtschaftliche Betätigung der KapG folglich auszuscheiden habe.

> **Beispiel 6: Vorgründungsgesellschaft als vorsteuerabzugsberechtigter Unternehmer (nach BFH vom 15.07.2004, BStBl II 2005, 153)**
> Einziger Gesellschaftszweck der Vorgründungsgesellschaft V ist es, die Gründung der F-AG vorzubereiten. In der Phase vor Feststellung der notariell zu beurkundenden Satzung mietet sie Büroräume an, erwirbt Anlagegüter und lässt in den Büroräumen Einbauten durchführen. Außerdem versendet sie Informationsschreiben und betreibt Werbung für die noch zu gründende AG. Nach Feststellung der Satzung und der damit erfolgten Gründung der (Vor-)AG stellte V ihre Tätigkeit ein und übertrug in Erfüllung ihres Gesellschaftszwecks ihre gesamten zuvor erworbenen Gegenstände zum Kaufpreis von 50.000 € auf die neu gegründete AG. Die AG konnte ohne weiteres Zutun ihre steuerpflichtige unternehmerische Tätigkeit in den von V angemieteten und für die Bedürfnisse der AG eingerichteten Büroräumen aufnehmen. V behandelte die Übertragung als nicht steuerbare Geschäftsveräußerung nach § 1 Abs. 1a UStG und macht die für ihre Eingangsumsätze in Rechnung gestellte USt i.H.v. insgesamt 7.000 € als AK geltend. Zu Recht?
>
> **Lösung:** Der BFH hat in dieser Sache zunächst eine Vorlage an den EuGH beschlossen. In seinem Vorlagebeschluss vom 23.01.2002 (BFH/NV 2002, 881) hat das Gericht erklärt, es neige dazu, einen VSt-Abzug zu gewähren. Die von V im Zusammenhang mit der beabsichtigten

Gründung der AG aufgewendeten Kosten seien für Leistungen getätigt worden, die ihrer Art nach als Bestandteil der gesamten wirtschaftlichen Tätigkeit eines Unternehmens anzusehen sind. Besteuert werden solle aber nur der private Endverbrauch. Solchen habe V zu keiner Zeit beabsichtigt. Außerdem stützt sich der BFH zu Recht auf den Neutralitätsgrundsatz. Dieser verbietet es, Wirtschaftsteilnehmer mit gleichen Umsätzen bei der Besteuerung unterschiedlich zu behandeln. Wenn von vornherein die unternehmerische Tätigkeit (nur) in der Rechtsform einer PersG beabsichtigt gewesen wäre, hätte der VSt-Abzug aber gewährt werden müssen, und zwar auch hinsichtlich solcher Eingangsumsätze, die erst der anschließenden Aufnahme der eigentlichen Tätigkeit dienen.

Dieser überzeugenden Betrachtungsweise hat sich der EuGH mit Urteil vom 29.04.2004, UR 2004, 362 (in Sachen Faxworld), angeschlossen. Wörtlich heißt es dort: »Eine allein mit dem Ziel der Gründung einer KapG errichtete PersG ist zum Abzug der AK für den Bezug von Dienstleistungen und Gegenständen berechtigt, wenn entsprechend ihrem Gesellschaftszweck ihr einziger Ausgangsumsatz die Übertragung der bezogenen Leistungen mittels eines Aktes gegen Entgelt an die KapG nach deren Gründung war …«. In der abschließenden Entscheidung des BFH vom 15.07.2004 (BStBl II 2005, 155) ging es in der Sache dann nur noch darum, ob der späteren AG die Vorbezüge der V zuzurechnen sind mit der Folge, dass ihr auch der VSt-Abzug aus den Leistungsbezügen der V zukommen muss, oder ob die Vorgründungsgesellschaft selbst zum VSt-Abzug berechtigt ist. Für den BFH sind die Aussagen des EuGH unmissverständlich: Vorsteuerabzugsberechtigt ist allein die Vorgründungsgesellschaft V. Sie habe die Leistungen insofern für Zwecke einer wirtschaftlichen Tätigkeit bezogen, als ihr die späteren Umsätze der AG zuzurechnen seien.

Dieser Sichtweise hat sich inzwischen auch die Finanzverwaltung angeschlossen (vgl. A 15.2 Abs. 17 S. 9f. UStAE).[39]

5 Ende des Unternehmens, insbesondere Fortbestand bei Insolvenz

Die **Unternehmereigenschaft erlischt** erst, wenn der Unternehmer **alle Rechtsbeziehungen abgewickelt** hat, die mit dem (aufgegebenen) Betrieb in Zusammenhang stehen. Die spätere Veräußerung von Gegenständen des Unternehmensvermögens oder das nachträgliche Vereinnahmen von Entgelten gehören noch zur Unternehmertätigkeit. Bei Gesellschaften ist die Löschung der Eintragung im Handelsregister ohne Bedeutung. Eine aufgelöste GmbH kann z.B. auch noch nach ihrer Löschung im Handelsregister steuerbare Umsätze ausführen. Die Frage, wie lange die Unternehmereigenschaft währt, stellt sich natürlich nicht nur unter dem Aspekt der Steuerbarkeit von Aktivitäten, sondern auch unter dem Gesichtspunkt des VSt-Abzugs. Soll die Berechtigung hierzu generell ausgeschlossen sein, wenn es um Leistungsbezüge geht, die nach Einstellung der unternehmerischen Tätigkeit erfolgen? Die Frage kulminiert in dem Beispiel des Restaurantbetreibers, der für den Betrieb des Restaurants einen Mietvertrag über zehn Jahre eingegangen ist und den Betrieb aber nach fünf Jahren einstellt: Bleibt diesem der VSt-Abzug hinsichtlich der nicht mehr unternehmerisch zu nutzenden Vermietungsleistungen für die letzten fünf Jahre versagt?

---

39 Zum Vorsteuerabzug aus Aufwendungen, die mit der nichtsteuerbaren Ausgabe von Gesellschaftsrechten zusammenhängen, s. nunmehr A 15.21 UStAE.

Der EuGH sieht dies in seiner Entscheidung vom 03.03.2005 (UR 2005, 433) wie folgt: Wer seine wirtschaftliche Tätigkeit eingestellt hat, aber für die Räume, die er für diese Tätigkeit genutzt hatte, wegen einer Unkündbarkeitsklausel im Mietvertrag weiterhin Miete und Nebenkosten zahlt, ist weiterhin als StPfl. anzusehen und damit zum VSt-Abzug berechtigt. Es genüge – und insoweit bestätigt der EuGH dann die nationale Sichtweise –, dass zwischen den geleisteten Zahlungen und der wirtschaftlichen Tätigkeit ein direkter und unmittelbarer Zusammenhang bestehe. Ausgeschlossen sei der VSt-Abzug nur, sofern eine betrügerische oder missbräuchliche Absicht vorliege.

Ohne Einfluss auf den Fortbestand einer Unternehmereigenschaft bleibt es i.Ü., wenn der Verpächter einer Gewerbe-Immobilie wegen wirtschaftlicher Schwierigkeiten des Pächters vorübergehend auf Pachtzinszahlungen verzichtet und mit dem Pächter vereinbart, dass die Zahlungen erst wieder aufzunehmen sind, wenn sich dessen finanzielle Situation deutlich verbessert hat. Hierin ist nicht bereits eine unentgeltliche nichtunternehmerische Tätigkeit zu sehen (so BFH vom 07.07.2005, BStBl II 2005, 849).

Bestehen bleibt das Unternehmen auch bei **Eröffnung eines Insolvenzverfahrens**. Der das Unternehmen betreibende Unternehmer verliert dadurch lediglich die Verwaltungs- und Verfügungsbefugnisse über sein Vermögen. Nach § 80 InsO gehen jene Befugnisse mit Eröffnung des Verfahrens auf den Insolvenzverwalter über, der sie fortan anstelle des Unternehmers/Insolvenzschuldners ausübt. Dessen Unternehmen besteht aber bis zur endgültigen Abwicklung weiter. Das Handeln des Insolvenzverwalters ist im Verhältnis zu Dritten als Handeln des Unternehmers/Insolvenzschuldners anzusehen. Die durch den Insolvenzverwalter ausgeführten Lieferungen und Leistungen gelten als vom Unternehmer/Gemeinschuldner erbracht. Veräußert ein Insolvenzverwalter WG aus der Insolvenzmasse des Gemeinschuldners, handelt es sich folglich um nach § 1 Abs. 1 Nr. 1 UStG steuerbare und im Regelfall auch steuerpflichtige Umsätze des Unternehmers, über dessen Vermögen das Insolvenzverfahren eröffnet wurde.[40] Wird eine Rechnung mit offenem Steuerausweis erteilt, steht dem Erwerber daher unter den weiteren Voraussetzungen des § 15 UStG der VSt-Abzug zu. Er hat WG »von einem Unternehmer« erworben.

Davon zu unterscheiden ist, dass der Insolvenzverwalter seinerseits mit seiner Geschäftsführung eine sonstige Leistung für das Unternehmen des Insolvenzschuldners erbringt. Diese ist ebenfalls steuerbar nach § 1 Abs. 1 Nr. 1 UStG, da er sie gegen Entgelt (Vergütung nach § 63 InsO) erbringt. Die Tätigkeit ist folgerichtig gem. § 18 Abs. 1 Nr. 3 EStG als selbständige Tätigkeit einkommensteuerpflichtig.

6 Juristische Personen des öffentlichen Rechts als Unternehmer

Nach § 2 Abs. 3 S. 1 UStG sind die juristischen Personen des öffentlichen Rechts nur im Rahmen ihrer Betriebe gewerblicher Art (§ 1 Abs. 1 Nr. 6, § 4 KStG) und ihrer land- oder forstwirtschaftlichen Betriebe gewerblich oder beruflich tätig. Demnach ist bei juristischen Personen des öffentlichen Rechts zwischen der umsatzsteuerrechtlich relevanten Betätigung

---

[40] Zu umsatzsteuerrechtlichen Fragestellungen in der Insolvenz OFD Hannover (UR 2005, 629); aus dem Schrifttum *Radeisen* (INF 2005, 658); aus der jüngeren Rspr. s. insbes. BFH vom 29.01.2009 (BStBl II 2009, 682).

im Unternehmen und der nicht unternehmerischen – vorzugsweise hoheitlichen – Tätigkeit zu unterscheiden. Eine unternehmerische (wirtschaftliche) Tätigkeit führt eine juristische Person des öffentlichen Rechts jedenfalls dann aus, wenn sie – auf privatrechtlicher Grundlage – in eigenem Namen gegen Entgelt Lieferungen oder sonstige Leistungen erbringt (vgl. BFH vom 03.07.2008, BStBl II 2009, 214 – bestätigt durch BFH vom 20.08.2009, BStBl II 2010, 863). Insoweit – oder soweit sie den in § 2 Abs. 3 S. 2 Nr. 2–5 UStG aufgezählten Tätigkeiten nachgehen – sind die juristischen Personen des öffentlichen Rechts fraglos Unternehmer i.S.d. § 2 Abs. 1 S. 1 UStG und unterhalten ein Unternehmen. Immer mehr in den Blickpunkt gerät die Frage, inwieweit die Anknüpfung in § 2 Abs. 3 S. 1 UStG an § 1 Abs. 1 Nr. 6 und § 4 KStG vor dem Hintergrund verschiedener Urteile des EuGH und BFH überhaupt noch Sinn machen kann. Dazu nur ein Beispiel. § 4 Abs. 1 KStG[41] definiert den Betrieb gewerblicher Art als

- Einrichtung,
- die einer nachhaltigen wirtschaftlichen Tätigkeit zur Erzielung von Einnahmen
- außerhalb der L + F dient und
- die sich innerhalb der Gesamtbetätigung der juristischen Person wirtschaftlich heraushebt.

Sind diese Voraussetzungen gegeben, so ist nach § 4 Abs. 5 KStG allerdings gleichwohl die Annahme eines Betriebs gewerblicher Art ausgeschlossen, wenn die in Frage stehende Tätigkeit überwiegend der Ausübung öffentlicher Gewalt dient. Dies wird nach herkömmlicher Betrachtung auch für das USt-Recht verbindlich in den KStR festgelegt. Nach den dortigen Ausführungen in A 10 Abs. 4 KStR zählen dazu beispielsweise auch der Betrieb von Parkuhren oder von Parkscheinautomaten. Auch dieser Betrieb soll Ausübung öffentlicher Gewalt sein, »soweit er im Rahmen der Straßenverkehrsordnung durchgeführt wird«. Dazu genügt es schon, dass die Gemeinde ihre Parkplätze dem öffentlichen Verkehr gewidmet sowie Verkehrsschilder aufgestellt hat. Insoweit bewegt man sich national durchaus auf der Linie des EuGH im Urteil vom 14.12.2000 (BFH/NV 2001 Beilage 1), der von Ausübung öffentlicher Gewalt ausgeht, wenn sich die Tätigkeit der Gemeinde »im Rahmen einer öffentlich-rechtlichen Sonderregelung« vollzieht. Die Probleme der Vereinbarkeit mit EU-rechtlichen Vorgaben setzen erst später ein. Schließt § 4 Abs. 5 KStG wegen Ausübung öffentlicher Gewalt die Annahme eines Betriebes gewerblicher Art aus, so steht damit nach den nationalen Vorgaben zugleich fest, dass die Tätigkeit der Gemeinde, hier also die Vermietung von Parkflächen, mangels Unternehmerstellung der juristischen Person des öffentlichen Rechts nicht steuerbar nach § 1 Abs. 1 Nr. 1 UStG sein kann. Dies steht ersichtlich nicht im Einklang mit gemeinschaftsrechtlichen Vorgaben. Nach Art. 13 Abs. 1 MwStSystRL gelten die Gemeinden mit ihren im Rahmen öffentlicher Gewalt erbrachten Leistungen zwar nicht als StPfl. Sie werden jedoch nach Art. 13 Abs. 2 MwStSystRL gleichwohl als Unternehmer behandelt, »sofern eine Behandlung als Nicht-StPfl. zu größeren Wettbewerbsverzerrungen führen würde«.

Dem BFH (vom 27.02.2003, BStBl II 2004, 431) ist deshalb zuzustimmen, wenn er bei seiner Bestimmung des Begriffs des Betriebes gewerblicher Art trotz der Verweisung auf das KStG in § 2 Abs. 3 UStG einen Unternehmerstatus bejaht, wenn größere Wettbewerbsverzerrungen vorliegen. Ihm ist ferner zuzustimmen, wenn er für die Frage der größeren

---

41 Vgl. dazu *Maurer*, Band 2, Teil C, Kap. II 3.

Wettbewerbsverzerrungen nicht allein auf den bereits **tatsächlich vorhandenen Wettbewerb** abstellt, sondern es insoweit genügen lässt, wenn durch die Tätigkeit der juristischen Person des öffentlichen Rechts der Marktzutritt Dritter gehindert oder erschwert wird (Stichwort: **potenzieller Wettbewerb**). Art. 13 Abs. 2 MwStSystRL dient vor allem dem Schutz privatrechtlich handelnder Unternehmer, die mit öffentlich-rechtlichen Einrichtungen im Wettbewerb stehen. Deshalb kann sich der Unternehmer im Rahmen eines Rechtsstreits gegen die Finanzverwaltung auf die unmittelbare Wirkung dieser Richtlinienbestimmung berufen (EuGH vom 08.06.2006 – Feuerbestattungsverein Halle –, UR 2006, 459). Das bedeutet: Der Unternehmer, der mit einer Einrichtung des öffentlichen Rechts im Wettbewerb steht, kann von der Finanzverwaltung Auskunft verlangen, ob die konkurrierende Einrichtung des öffentlichen Rechts der Umsatzbesteuerung unterworfen wird (vgl. Nachfolgeentscheidung des BFH vom 05.10.2006, BStBl II 2007, 243). Er kann darüber hinaus, wenn der öffentlich-rechtliche Konkurrent nicht oder zu niedrig besteuert wird, mit der Konkurrentenklage erzwingen, dass die konkurrierende öffentliche Einrichtung »zutreffend« besteuert wird.[42]

Letztlich zeigt all dies nur, was bereits eingangs hervorgehoben wurde: Ein guter Berater in umsatzrechtlicher Hinsicht kann nur sein, wer zumindest über Grundkenntnisse hinsichtlich der MwStSystRL verfügt. Dass die Unternehmereigenschaft von juristischen Personen des öffentlichen Rechts i.Ü. ein »weites Feld« ist, zeigt auch ein Blick in das BMF-Schreiben vom 11.12.2009 (BStBl I 2009, 1597), mit dem das BMF im Anschluss an das Urteil des BFH vom 29.10.2008 (BStBl II 2009, 1022) Kriterien zur Abgrenzung hoheitlicher von wirtschaftlicher Tätigkeit entwickelt. S. aktuell auch die Entscheidung des EuGH vom 04.06.2009 (DStR 2009, 1196), wonach »größere Wettbewerbsverzerrungen« i.S.d. Art. 4 Abs. 5 Unterabs. 2 der 6. EG-RL (= Art. 13 Abs. 2 MwStSystRL), die eine Behandlung als Unternehmer gebieten, auch dann vorliegen können, wenn eine Behandlung einer Einrichtung des öffentlichen Rechts als Nicht-StPfl. zu Wettbewerbsverzerrungen zu ihren Lasten führen würde (konkret: Ausschluss vom VSt-Abzug für Vermietungsumsätze, die private Anbieter steuerpflichtig und damit vorsteuerunschädlich gestalten könnten).[43]

7 Sonderstatus bestimmter Unternehmergruppen

Das UStG hält in den §§ 19 und 24 UStG für Kleinunternehmer und für Betriebe der L + F praktisch bedeutsame Sonderregelungen bereit.

7.1 Kleinunternehmer

7.1.1 Voraussetzungen

Bei der Norm des § 19 UStG geht es darum, das USt-Verfahren von Bagatellfällen weitgehend freizuhalten. Von daher sieht das Gesetz in § 19 Abs. 1 S. 1 UStG vor, dass die **USt** auf entgeltliche Leistungen und ihnen gleichgestellte Vorgänge **nicht erhoben** wird, wenn die

---

42 Vgl. *Kronthaler* (DStR 2007, 227) sowie *Fritsch* (UVR 2007, 51).
43 Aktuelle Entwicklungen zur Unternehmereigenschaft einer Juristischen Person des öffentlichen Rechts erörtern *Sterzinger* (UR 2009, 37 ff.) sowie jüngst *Ismer/Keyser* (UR 2011, 81 ff.).

Umsätze durch Unternehmer ausgeführt werden, bei denen das Umsatzvolumen aus ihrer gewöhnlichen Geschäftätigkeit einen bestimmten Umfang nicht übersteigt. Konkret sind **zwei Größen** von Bedeutung. Zum einen geht es um den **Vorjahresumsatz**. Er darf **17.500 € nicht überstiegen** haben. Zum anderen wird der Anwendungsbereich der Sonderregelung durch den die **voraussichtliche Umsatzgröße des laufenden Kalenderjahres** begrenzt. Sie darf **nicht mehr als 50.000 €** betragen. Der Berechnungsmodus für diese Größen ist im Einzelnen in § 19 Abs. 1 und 3 UStG näher geregelt. So gehören zu den Umsätzen i.S.d. § 19 UStG nicht die Umsätze von Wirtschaftsgütern des AV und die nach § 4 Nr. 8 ff. UStG steuerfreien Umsätze. Eine Ausnahme gilt insoweit nur für Umsätze nach § 4 Nr. 8a–h, Nr. 9a und Nr. 10 UStG, sofern diese wie bei Banken und Versicherungen den Gegenstand des Unternehmens ausmachen, also keine Hilfsgeschäfte sind.

7.1.2 Verfahren

Hat der Unternehmer seine Tätigkeit im Laufe des Vorjahres begonnen, so ist nach § 19 Abs. 3 S. 3 UStG der im Vorjahr erzielte Umsatz auf einen Jahreswert hochzurechnen. Der voraussichtliche Umsatz des laufenden Kalenderjahres wird vom FA zu Jahresbeginn aufgrund der Angaben des Unternehmers geschätzt. Erweist diese Schätzung sich nachträglich als unzutreffend, weil die Umsätze sich in nicht vorhergesehener Weise entwickelt haben, so berührt dies die Anwendung der Regelung für den laufenden Veranlagungszeitraum nicht. Im **Jahr des Beginns** der Tätigkeit ist **allein auf den voraussichtlichen Erstjahresumsatz** abzustellen. Für diesen ist nach dem Sinn und Zweck des § 19 UStG die **Grenze von 17.500 €** maßgebend.

7.1.3 Rechtsfolgen

Liegen die dargestellten Voraussetzungen vor, so heißt dies nicht nur, dass trotz Vorliegens der Voraussetzungen des § 1 Abs. 1 Nr. 1 UStG keine USt erhoben wird. Darüber hinaus finden gem. § 19 Abs. 1 S. 4 und 5 UStG viele weitere Vorschriften des UStG keine Anwendung, die ansonsten für Unternehmer gelten. Der Kleinunternehmer ist insb. nicht berechtigt, Rechnungen mit gesondertem USt-Ausweis zu erteilen (tut er es dennoch, so kommt § 14c Abs. 2 UStG zur Anwendung) und er ist auch nicht berechtigt, VSt in Abzug zu bringen.

Damit wird der Kleinunternehmer materiell-rechtlich **im Ergebnis wie ein Endverbraucher** behandelt.[44] Er ist aber gleich einem Regelunternehmer zur Abgabe von USt-VA und USt-Jahreserklärungen verpflichtet. Zur Abgabe von USt-VA wird es im Regelfall allerdings wegen § 18 Abs. 2 S. 3 UStG nicht kommen. Kommt die Anwendung der Kleinunternehmerregeln in Betracht, so sind in der USt-Jahreserklärung Angaben zum Vorjahresumsatz und zum voraussichtlichen Umsatz des laufenden Kalenderjahres zu machen.

---

44 Anders als die wirklichen Endverbraucher können Kleinunternehmer allerdings auch außerhalb des Erwerbs neuer Fahrzeuge verpflichtet sein, einen **innergemeinschaftlichen Erwerb** zu besteuern. USt auf innergemeinschaftliche Erwerb nach § 1 Abs. 1 Nr. 5 UStG fällt für Kleinunternehmer an, **wenn die Erwerbe des Kleinunternehmers** die in § 1a Abs. 3 Nr. 2 UStG festgelegte **Erwerbsschwelle** übersteigen. Sie können ferner – anders als Endverbraucher – **als Leistungsempfänger Steuerschuldner** nach § 13b Abs. 5 UStG werden. Beides war Gegenstand der **Beraterklausur 2012**.

7.1.4 Optionsrecht

Bei Beginn einer unternehmerischen Tätigkeit werden i.d.R. erhebliche Investitionen in WG des Anlagevermögens und in Vorräte erforderlich. Die auf diesen Anschaffungen lastende USt zählt, wenn sie wegen § 19 Abs. 1 S. 4 UStG nicht als VSt zum Abzug gebracht werden kann, zum Aufwand und wird damit für junge Unternehmen in der Gründungsphase zu einem erheblichen Kostenfaktor. Der sich daraus ergebende Nachteil wird beim Verkauf an Endverbraucher erst im Laufe der Zeit dadurch kompensiert, dass auf diese Verkäufe USt nicht erhoben wird. Beim Verkauf an andere Unternehmer kommt es zu keinem Ausgleich, da der Erwerber im Falle des Ausweises der USt durch den veräußernden Kleinunternehmer berechtigt wäre, diese Steuer als VSt zum Abzug zu bringen.

Um die sich daraus ergebenden Wettbewerbsnachteile zu vermeiden, räumt § 19 Abs. 2 UStG dem Kleinunternehmer die Möglichkeit ein, **zur Regelbesteuerung** zu **optieren**. Die Option bindet den Unternehmer für mindestens fünf Kalenderjahre, wodurch Missbräuche weitestgehend ausgeschlossen werden. Optiert ein Kleinunternehmer gleichzeitig mit der Option zur Regelbesteuerung **auch gem. § 9 Abs. 1 UStG zur Steuerpflicht** eines an sich steuerbefreiten Umsatzes, so spricht man von einer **Doppeloption**. Eine solche ist erforderlich, da dem Kleinunternehmer nach § 19 Abs. 1 S. 4 UStG auch die Optionsmöglichkeit nach § 9 UStG grundsätzlich verwehrt ist. Weitere Einzelheiten zum Optionsrecht sind Gegenstand der Ausführungen in A 19.2 UStAE.

7.2 Land- und forstwirtschaftliche Betriebe

Zweck der Sonderregelung für land- und forstwirtschaftliche Betriebe in § 24 UStG ist es, die in steuerlichen Dingen wenig erfahrenen L + F von der Erfüllung umsatzsteuerlicher Pflichten weitgehend freizustellen. Zu diesem Zweck wird bei einem land- und forstwirtschaftlichen Betrieb die **USt auf Ausgangsumsätze** i.S.d. § 1 Abs. 1 Nr. 1 UStG nach den in § 24 Abs. 1 Nr. 1 und 3 UStG festgelegten **Durchschnittssätzen besteuert, die durch Haushaltsbegleitgesetz 2006**[45] **mit Wirkung vom 01.01.2007 an von 5 % auf 5,5 % bzw. 9 % auf 10,7 % angehoben worden sind. Gleichzeitig** werden die diesen Umsätzen zuzurechnenden **VSt pauschaliert** nach § 24 Abs. 1 S. 3 UStG.[46] Berechnungsbasis bildet dabei die BMG des Ausgangsumsatzes nach § 10 UStG. Von daher kann es – soweit die Pauschalierungen zur Anwendung gelangen – weder zu einem VSt-Überschuss noch zu einer Zahllast kommen. Bedeutsamer ist freilich etwas anderes: Regelmäßig wird die pauschale VSt höher sein als die bei Anwendung der allgemeinen Regeln abziehbare VSt. Von daher kommt es **durch die Pauschalierung zu einer versteckten (vom Gesetzgeber gewollten) Subventionierung** der betroffenen Betriebe. Da die Pauschalierung für land- und forstwirtschaftliche Betriebe anders als die Sonderregelung für Kleinunternehmer nicht an bestimmte Umsatzgrößen gekoppelt ist, werden durchaus auch Großbetriebe der L + F erfasst und subventioniert. Lediglich Gewerbebetriebe kraft Rechtsform (vor allem Gesellschaften mit beschränkter Haftung) bleiben nach § 24 Abs. 2 S. 3 UStG aus dem Anwendungsbereich der Vorschrift

---

45 Vom 29.06.2006 (BGBl I 2006, 1402 = BStBl I 2006, 410). Die Steuersätze des § 24 UStG unterliegen aus agrarpolitischen Gründen seit jeher einem häufigen Wandel.
46 Auch insoweit ist es zum 01.01.2007 zu einer Anhebung von bisher 5 % auf 5,5 % bzw. 9 % auf 10,7 % gekommen.

ausgeklammert. Gleiches gilt nach A 24.1 Abs. 3 S. 4 UStAE für gewerblich geprägte PersG i.S.d. § 15 Abs. 3 Nr. 2 EStG.

Der Begriff des land- und forstwirtschaftlichen Betriebs sowie dessen Umfang wird in § 24 Abs. 2 und 3 UStG näher umschrieben. Für die Frage, ob bestimmte Umsätze im Rahmen eines land-und forstwirtschaftlichen Betriebes ausgeführt werden, kommt es in Grenzfällen nicht auf die einkommensteuerrechtliche Beurteilung an. Wie der BFH mit Urteil vom 13.08.2008 (BStBl II 2009, 216) bezogen auf die entgeltliche Erlaubnis zum Abschuss von Wildtieren sowie die Teilnahme an Treibjagden (einkommensteuerrechtliche Einkünfte aus Land- und Forstwirtschaft nach § 13 Abs. 1 Nr. 3 EStG) klargestellt hat, bleibt ohne Bedeutung, wie nach nationalen einkommensteuerrechtlichen Regelungen die betreffenden Leistungen bzw. die Einkünfte hieraus beurteilt werden. Entscheidend sei allein, ob die Leistungen als landwirtschaftliche Dienstleistungen i.S.d. Art. 25 der 6. EG-RL (= Art. 295 ff. MwStSystRL) anzusehen seien, was für die genannten Leistungen zu verneinen sei. Dies entspricht auch der Sichtweise der Finanzverwaltung.

So findet nach A 24.1 Abs. 10 S. 2, 3 UStAE der § 24 UStG bei der Verpachtung eines land- und forstwirtschaftlichen Betriebs, obwohl Einkünfte i.S.d. § 13 EStG erzielt werden, keine Anwendung. Die Umsätze aus der Verpachtung unterfallen im Übrigen auch dann nicht der Durchschnittsbesteuerung, wenn der Verpächter nach der Verpachtung weiterhin als Land- und Forstwirt tätig ist.[47]

Ferner schließt der Umstand, dass es aus einkommensteuerrechtlicher Sicht an der Gewinnerzielungsabsicht fehlt und deshalb keinerlei ertragsteuerrechtlich relevanten Einkünfte vorliegen (Fälle der sog. Liebhaberei) die Anwendung des § 24 UStG schon deshalb nicht aus, weil der Betreiber eines land- und forstwirtschaftlichen Betriebs einen Unternehmerstatus nach § 2 Abs. 1 S. 3 UStG auch durch die bloße Einnahmeerzielungsabsicht erlangen kann.

Aus der Abkopplung von ertragsteuerrechtlichen Sichtweisen folgt i.Ü. zwingend, dass generell nur die Veräußerung **selbsterzeugter** landwirtschaftlicher Produkte der Besteuerung nach Durchschnittssätzen gem. § 24 UStG unterliegt. Die frühere Praxis, wonach etwa bei einem Hofladen Umsätze aus der Veräußerung **zugekaufter** landwirtschaftlicher Produkte in die Durchschnittssatzbesteuerung einbezogen werden, wenn der Bruttoeinkaufspreis dieser Produkte 20 % des Gesamtumsatzes des land- und forstwirtschaftlichen Betriebs nicht übersteigt (so noch A 264 Abs. 2 S. 6, 7 UStR 2008), ist damit nicht vereinbar. Die im Ertragsteuerrecht entwickelten »Zukaufsgrenzen« bleiben für die Frage, ob ein Umsatz im Rahmen eines landwirtschaftlichen Betriebs ausgeführt wird, ohne Bedeutung.[48] Dies sieht in dem neu gefassten A 24.1 Abs. 2 S. 6, 7 UStAE jetzt auch die Finanzverwaltung so.

Gem. § 24 Abs. 1 S. 5 UStG hat der nach § 24 UStG versteuernde Land- und Forstwirt Rechnungen auszustellen, in denen neben den in § 14 UStG festgelegten Angaben auch der für den Umsatz maßgebende Durchschnittsatz enthalten ist. Wird der Umsatz fälschlich auf der Basis des Regelsteuersatzes abgerechnet, so findet § 14c Abs. 1 UStG Anwendung.

Gleich dem Kleinunternehmer hat auch der pauschal versteuernde Land- und Forstwirt die **Möglichkeit, zur Regelbesteuerung zu optieren**. Die Einzelheiten dazu finden sich in § 24 Abs. 4 UStG.

---

47 So A 24.1 Abs. 9 S. 4 UStAE.
48 So BFH vom 14.06.2007 (BStBl II 2008, 158).

Kommt es bei Kleinunternehmern oder Land- und Forstwirten zu einem Wechsel zur Regelbesteuerung (oder umgekehrt), ist eine VSt-Berichtigung nach § 15a UStG ausgelöst. Dies sieht der im Zusammenhang mit der Neufassung des § 15a UStG zum 01.01.2005 eingefügte § 15a Abs. 7 UStG so ausdrücklich vor.

Klausurhinweis: In den Beraterklausuren der letzten zehn Jahre ist § 24 UStG nicht Prüfungsgegenstand gewesen.

8 Organschaft

Die Bestimmung des § 2 Abs. 2 Nr. 2 UStG stammt aus einer Zeit, da die USt noch auf jeder Unternehmensstufe erhoben wurde, ohne die Möglichkeit zum VSt-Abzug zu gewähren (dazu s. Kap. I 3). Rechtliche Verselbständigung einzelner Produktionszweige sollte die USt nicht zum Kostenfaktor werden lassen. Heute kommt der Regelung praktische Bedeutung insb. in den Fällen zu, da die OrgG steuerfrei tätig ist und Leistungen von einem steuerpflichtig tätigen OrgT beansprucht, für die der OrgT vorsteuerbelastete Leistungen von Dritten bezogen hat (dazu s. Beispiel 7). Sie kann ferner von Relevanz sein, wenn die Tätigkeit der OrgG in entgeltlichen Geschäftsführungsleistungen für einen OrgT besteht, der seinerseits einer vorsteuerschädlichen unternehmerischen Tätigkeit nachgeht. In beiden Fällen wird sich der Umstand, dass Aktivitäten zwischen OrgG und OrgT nicht steuerbar sind (dazu unter Kap. 8.2.1) und deshalb keine USt auslösen können, für die Beteiligten an der Organschaft wirtschaftlich »rechnen«.

8.1 Voraussetzungen

Es bedarf mindestens zweier Beteiligter, nämlich eines Unternehmers als OrgT und einer (oder mehrerer) juristischer Person(en) als OrgG, die finanziell, wirtschaftlich und organisatorisch in das Unternehmen des OrgT eingegliedert ist/sind. Für die Annahme einer Organschaft ist es nicht erforderlich, dass alle drei in § 2 Abs. 2 Nr. 2 UStG genannten Merkmale einer Eingliederung sich gleichermaßen deutlich feststellen lassen. Nach dem Gesamtbild der tatsächlichen Verhältnisse kann die Selbständigkeit auch dann fehlen, wenn die Eingliederung auf einem der drei Gebiete nicht vollkommen ist. Insbesondere ist es unschädlich, wenn bei finanzieller und organisatorischer Eingliederung die wirtschaftliche Eingliederung weniger deutlich zu Tage tritt (so erst jüngst wieder BFH vom 29.10.2008, BStBl II 2009, 256). Allerdings reicht es nicht aus, dass eine Eingliederung nur in Bezug auf zwei der drei Merkmale besteht (so zuletzt BFH vom 03.04.2008, BStBl II 2008, 905[49]). Während die Stellung als OrgT rechtsformneutral möglich ist, muss es sich bei der OrgG um eine juristische Person handeln. Als OrgT kommt dabei jede unternehmensfähige Person oder Personenvereinigung in Betracht, also z.B. auch eine juristische Person des öffentlichen Rechts, wenn und soweit sie unternehmerisch tätig ist. Dabei steht es der Annahme eines

---

49 Demgegenüber ist für die körperschaftliche Organschaft seit 01.01.2001 nur noch die finanzielle Eingliederung erforderlich (vgl. § 14 Abs. 1 KStG i.d.F. des UntStFG (2001).

OrgT nicht entgegen, wenn die entgeltlichen Leistungen, aus denen sich die Unternehmereigenschaft ableitet, nur gegenüber der (Organ-)Gesellschaft erbracht werden, mit der als Folge dieser Leistungstätigkeit eine organschaftliche Verbindung besteht (A 2.8 Abs. 2 S. 7 UStAE sowie BFH vom 07.07.2005, BStBl II 2005, 849). Um **umsatzsteuerrechtlich** von einer organschaftlichen Einbindung einer juristischen Person in das Unternehmen eines OrgT sprechen zu können, müssen im Einzelnen die folgenden Kriterien erfüllt sein.

- **Finanzielle Eingliederung**: Erforderlich ist eine Beteiligung des OrgT, die es diesem erlaubt, seinen Willen (durch Mehrheitsbeschlüsse) in der OrgG durchzusetzen. Hierfür genügt eine Beteiligung von mehr als 50 %, sofern keine höhere qualifizierte Mehrheit für die Beschlussfassung in der Organgesellschaft erforderlich ist. Zu unterscheiden sind **unmittelbare Beteiligung** (Beispiel: Einzelunternehmer oder X-GmbH hält 60 % der Anteile an der Y-GmbH) und **mittelbare Beteiligung** (Beispiel: Einzelunternehmer E hält 70 % der Anteile an der X-GmbH, die ihrerseits 30 % der Anteile an der Y-GmbH hält. Zu weiteren 35 % ist E direkt an der Y-GmbH beteiligt). Dabei ist es unerheblich, ob die Tochtergesellschaft des OrgT unternehmerisch oder nichtunternehmerisch tätig ist.[50] Eine (mittelbare) **finanzielle Eingliederung** sollte bei einer Personengesellschaft früher auch **über** identische **Gesellschafter** beim OrgT und in der OrgG erfolgen können, sofern die Gesellschafter sowohl beim OrgT als auch bei der OrgG zusammen über die Mehrheit der Anteile oder Stimmrechte verfügen (so BFH vom 19.05.2005, BStBl II 2005, 671). Daran ist nach einer Entscheidung des BFH vom 22.04.2010 (BStBl II 2011, 597) nicht länger festzuhalten. Der BFH nunmehr: Die bloße Anteilsmehrheit mehrerer Gesellschafter an zwei Gesellschaften reiche schon deshalb nicht aus, weil diese Gesellschafter die ihnen zustehenden Stimmrechte nicht einheitlich ausüben müssten. Auch familiäre Beziehungen seien kein hinreichendes Indiz für eine Zusammenfassung des ihnen zustehenden Beteiligungsbesitzes. Es sei nicht rechtssicher bestimmbar, unter welchen Voraussetzungen mehrere Gesellschafter gleichgerichtete oder widerstreitende Interessen verfolgen. In einer weiteren **Entscheidung vom 01.12.2010 (BStBl II 2011, 600)** ist der **BFH** noch einen Schritt weiter gegangen, indem er nunmehr erklärt, nur **eine eigene Mehrheitsbeteiligung des OrgT** an der Organgesellschaft könne zur finanziellen Eingliederung führen. Eine **mittelbare finanzielle Eingliederung** komme **auch dann nicht** in Betracht, **wenn ein einzelner Gesellschafter alleine die Mehrheit an der Organgesellschaft halte**. Dies gelte nicht nur für KapG, sondern auch für PersG. Alles andere sei mit dem unionsrechtlichen Grundsatz der Rechtsformneutralität nicht zu vereinbaren. Dieser Betrachtungsweise hat sich das BMF mit Schreiben vom 05.07.2011 (BStBl I 2011, 703) angeschlossen und A 2.8 Abs. 5 UStAE entsprechend neu abgefasst. Die finanzielle Eingliederung ist **unverzichtbare Voraussetzung** für die Organschaft.
- **Wirtschaftliche Eingliederung**: Sie ist stets zweifelsfrei gegeben, wenn sich OrgG und OrgT wirtschaftlich fördern und ergänzen, ihre Tätigkeiten wirtschaftlich aufeinander abgestimmt sind, wie z.B. beim Vertrieb von Produkten des OrgT durch die OrgG (Vertriebsgesellschaft). Eine eigene wirtschaftliche Tätigkeit der OrgG schließt eine wirtschaftliche Eingliederung nicht aus. Es bedarf keiner wirtschaftlichen Abhängigkeit der OrgG vom OrgT. Bei entsprechend deutlicher Ausprägung der finanziellen und or-

---

[50] Eine nichtunternehmerisch tätige Tochtergesellschaft wird dadurch jedoch nicht Teil des Organkreises (vgl. A 2.8 Abs. 5 S. 4 f. UStAE).

ganisatorischen Eingliederung genügt es vielmehr, wenn zwischen dem OrgT und der OrgG aufgrund gegenseitiger Förderung und Ergänzung »mehr als nur unerhebliche wirtschaftliche Beziehungen bestehen«(so BFH vom 03.04.2003, BStBl II 2004, 434[51]). Zu bejahen ist wirtschaftliche Eingliederung regelmäßig im Falle einer Betriebsaufspaltung, wenn die notwendigen wirtschaftlichen Grundlagen vom Besitzunternehmen pachtweise überlassen werden. Es genügt insoweit, wenn das verpachtete Betriebsgrundstück für die Umsatztätigkeit der Betriebsgesellschaft besonders geeignet ist. Problematisch kann dies unter dem Aspekt fehlender Außenumsätze des OrgT sein; im Gegensatz zur gewerbesteuerrechtlichen Organschaft hat die umsatzsteuerrechtliche Organschaft aber nicht zur Voraussetzung, dass der OrgT nach außen in Erscheinung tritt (s. letzten HS in § 2 Abs. 1 S. 3 UStG); sie verlangt i.Ü., anders als die körperschaftsteuerrechtliche Organschaft[52], keinen wirksamen Ergebnisabführungsvertrag.

- **Organisatorische Eingliederung**: Es muss durch organisatorische Maßnahmen sichergestellt sein, dass der OrgT seinen Willen in der OrgG auch **tatsächlich** durchsetzen kann. Beispiel: Personalunion in der Geschäftsleitung. Neben diesem Regelfall kann sich die organisatorische Eingliederung aber auch daraus ergeben, dass leitende Mitarbeiter des OrgT als Geschäftsführer der OrgG tätig sind (so ausdrücklich BFH vom 20.08.2009, BStBl II 2010, 863).

Hinweis: Der BFH hat sich in mehreren Entscheidungen jüngeren Datums ausführlich mit der Frage befasst, ob bereits aus einer ausgeprägten finanziellen Mehrheit an der Organgesellschaft auf eine organisatorische Eingliederung geschlossen werden kann. Das Gericht hat dies nachdrücklich verneint (vgl. BFH vom 05.12.2007, BStBl II 2008, 451, bestätigt durch die Entscheidung vom 03.04.2008, BStBl II 2008, 905).[53]

Wirtschaftliche und organisatorische Eingliederung können unterschiedlich ausgeprägt sein; entscheidend soll eine »Gesamtschau« sein.

8.2 Rechtsfolgen

Bei einem Organschaftsverhältnis liegt nur **ein Unternehmen** vor. Unternehmer ist der OrgT. Haben alle Beteiligten ihren Sitz im Inland, ist die gesamte wirtschaftliche Tätigkeit dem OrgT zuzurechnen. Dies löst die folgenden Konsequenzen aus.

---

51   Der Sachverhalt mit einer interessanten Gestaltungsperspektive sah – wie folgt – aus: Architekt ist Allein-Gesellschafter einer Bauträger-GmbH und erbringt dieser gegenüber Architektenleistungen. Die GmbH (mit überwiegend steuerfreien Umsätzen nach § 4 Nr. 9a und Nr. 12 UStG) verwertet als Bauträgerin ausschließlich die planerisch-gestalterischen Vorarbeiten des Architekten.
Hier führt die Organschaft – bei einer OrgG mit vorsteuerausschließenden Umsätzen – zu einem richtiggehenden steuerlichen Vorteil: Der beim OrgT geschaffene Mehrwert unterliegt nicht der USt und führt somit nicht zu abzugsfähiger Vorsteuer (s. auch nachfolgendes Beispiel 7).
52   Eingehend dazu *Maurer*, Band 2, Teil C, Kap. V.
53   Vgl. dazu näher nunmehr auch A 2.8 Abs. 7 UStAE.

8.2.1 Umsätze zwischen den Beteiligten

Umsätze zwischen den Beteiligten an einer Organschaft

- sind nicht steuerbar,
- lösen aber bei Steuerausweis dennoch keine USt-Schuld nach § 14c Abs. 2 UStG aus (nach A 14.1 Abs. 4 UStAE handelt es sich lediglich um einen unternehmensinternen Buchungsbeleg) und
- erlauben keinen VSt-Abzug (mangels Unternehmerstellung bzw. Leistung von einem anderen Unternehmer).

8.2.2 Umsätze der Organgesellschaft mit Dritten

Tätigt die OrgG Umsätze mit Dritten, sei es, dass sie diesen gegenüber Leistungen ausführt, sei es, dass sie von diesen Leistungen bezieht, so

- werden diese Umsätze dem OrgT zugerechnet (obwohl zivilrechtlich die OrgG Vertragspartner ist),
- lassen diese Umsätze den OrgT zum Steuerschuldner werden (mit einer Haftung der OrgG nach § 73 AO[54]),
- gewähren diese Umsätze dem OrgT ein Recht auf VSt-Abzug (obwohl dieser nicht Leistungsempfänger ist und die Rechnung auch nicht auf ihn lautet) und
- berechtigen die Leistungsempfänger der durch die OrgG erbrachten Leistungen zum VSt-Abzug aus den von der OrgG erstellten Rechnungen.

Aus der Zurechnung der gesamten wirtschaftlichen Tätigkeit der OrgG folgt schließlich auch noch, dass der OrgT ggf. eine VSt-Berichtigung nach § 15a UStG (dazu Kap. XVI) vorzunehmen hat, wenn er WG der OrgG übernimmt. Hat etwa eine GmbH (mit steuerpflichtigen Umsätzen) für ein WG den vollen VSt-Abzug erhalten und später (aber innerhalb des Berichtigungszeitraums) aufgrund der Vorschrift des § 2 Abs. 2 Nr. 2 UStG ihre Selbständigkeit zu Gunsten eines Organträgers (mit steuerfreien Umsätzen) eingebüßt, so dass das Unternehmen der GmbH in dem Unternehmen des OrgT aufgeht, so ist beim OrgT eine VSt-Berichtigung ausgelöst (dazu BFH vom 12.05.2003, BStBl II 2003, 784). Nach Beendigung der Organschaft fallen die steuerlichen Verpflichtungen aus Umsätzen der Organgesellschaft mit Dritten wieder auf die ehemalige Organgesellschaft zurück. Wird etwa das Entgelt für eine während des Bestehens einer Organschaft bezogene Leistung nach Beendigung der Organschaft uneinbringlich, ist der VSt-Abzug nicht gegenüber dem bisherigen Organträger, sondern gegenüber dem im Zeitpunkt des Uneinbringlichwerdens bestehenden Unternehmen – der früheren Organgesellschaft – zu berichtigen (BFH vom 07.12.2006, BStBl II 2007, 848).

> **Beispiel 7: Ertragreiche Organschaft**
> Der Bauunternehmer B beabsichtigt eine langfristige Kooperation mit der auf dem Vermietungssektor tätigen V-GmbH. Geplant ist, dass die V-GmbH von B Wohngebäude erstellen lässt und diese dann an private Abnehmer vermietet. Das voraussichtliche jährliche Auftragsvolumen (Rechnungspreis für die V-GmbH) beträgt 7.000.000 € zzgl. 1.330.000 € USt. Bei B dürften

---

[54] Dazu näher *Bähr*, Teil A, Kap. III 2.2.3.5.

– bezogen auf diese Bauvorhaben – jährlich etwa 400.000 € an VSt anfallen. Die Beteiligten erwägen, ein Organschaftsverhältnis zu begründen.

Lösung: Begründen die beiden Firmen ein Organschaftsverhältnis (OrgT = Einzelunternehmer B, OrgG = V-GmbH), so werden keine steuerbaren und steuerpflichtigen Werklieferungen hinsichtlich der Gebäude getätigt. Umsatzsteuerrechtlich ist nur B Unternehmer; der GmbH als zivilrechtlich selbständige juristische Person ist wegen § 2 Abs. 2 Nr. 2 UStG die umsatzsteuerrechtliche Selbständigkeit und damit die Unternehmereigenschaft zu versagen. Bei der Errichtung der Gebäude für die V-GmbH würde es sich um nicht steuerbare Innenumsätze handeln. Dem Einzelunternehmer B würden des Weiteren auch die nach § 4 Nr. 12a UStG steuerfreien Vermietungsumsätze der V-GmbH zugerechnet. Dies hätte zwar zur Folge, dass für B die Möglichkeit zum VSt-Abzug hinsichtlich der 400.000 € VSt entfiele (Verzicht auf die Steuerbefreiung nach § 9 UStG hat mangels Unternehmereigenschaft der Abnehmer auszuscheiden); die tatsächliche Steuerbelastung würde sich – wenn man B und die V-GmbH gemeinsam betrachtet – durch die Begründung einer Organschaft dennoch erheblich verringern. Ohne eine Organschaft würde nämlich eine Steuerbelastung i.H.v. 1.330.000 € als nichtabziehbare VSt bei der V-GmbH entstehen. Der Steuervorteil durch die Organschaft beträgt demnach 930.000 €.

8.2.3 Grenzüberschreitende Organschaft

Nach § 2 Abs. 2 Nr. 2 S. 2 UStG sind die Wirkungen der Organschaft allerdings auf Innenleistungen zwischen den im Inland gelegenen Unternehmensteilen beschränkt. Gemeint ist, dass sich die mit der Organschaft verbundenen Rechtsfolgen auf die im Inland gelegenen Unternehmensteile beschränken.

Befindet sich der OrgT oder die OrgG im Ausland, der jeweils andere Beteiligte im Inland, finden zwischen den Beteiligten Leistungsaustausche statt. Anwendbar sind folglich die Regelungen über innergemeinschaftliche Lieferungen und Erwerbe, Ausfuhrlieferungen, aber auch die über einen Wechsel der Steuerschuldnerschaft nach § 13b UStG.[55] Hat der OrgT seinen Sitz im Ausland, gilt der wirtschaftlich bedeutendste Teil (im Regelfall der umsatzstärkste) im Inland als Unternehmer (trotz fehlender Selbständigkeit). Ihm werden die Umsätze der anderen Unternehmensteile (weiterer OrgG oder Betriebsstätten) zugerechnet.

Weitere Einzelheiten zur umsatzsteuerrechtlichen Organschaft enthalten die Ausführungen in A 2.8 und 2.9 UStAE; »Rechtsfolgen bei Beendigung der Organschaft« sind Inhalt einer Verfügung der OFD Frankfurt vom 20.07.2009 (DStR 2009, 1911).

---

55 Vgl. dazu Kap. XVII 2.

IV Leistungen

Eine Steuerbarkeit i.S.v. § 1 Abs. 1 Nr. 1 UStG kann nur vorliegen, wenn der Unternehmer eine Leistung im umsatzsteuerrechtlichen Sinne erbracht hat. Leistung ist der gemeinsame Oberbegriff für die in § 1 Abs. 1 Nr. 1 UStG genannten Erscheinungsformen der Lieferung oder sonstigen Leistung. Die Leistung wird üblicherweise als ein **willentliches Verhalten** charakterisiert, **mit dem einem Anderen ein wirtschaftlich verbrauchbarer Nutzen bzw. ein konsumierbarer Erfolg zugewendet wird**. Aus dieser Beschreibung lassen sich eine Reihe wichtiger Folgerungen ziehen:

- Die Hingabe von **Geld scheidet als Leistung i.d.R. aus**, weil Geld als solches nicht konsumierbar ist, sondern lediglich zur Finanzierung von Konsumgütern benötigt wird. Geld ist daher im USt-Recht in erster Linie **als Entgelt von Bedeutung**.
- Eine **Leistung** in Form einer Lieferung oder sonstigen Leistung liegt **nur** vor, wenn ein zweites umsatzsteuerliches Rechtssubjekt vorhanden ist. Im umsatzsteuerlichen Sinne kann nur **gegenüber einem anderen** – im Zusammenhang mit Lieferungen spricht § 3 Abs. 1 UStG vom **Abnehmer**, in bezug auf sonstige Leistungen ist dies deren **Auftraggeber** – geleistet werden. Eine »Leistungsabgabe« innerhalb der verschiedenen Unternehmensbereiche desselben Unternehmers ist – soweit sie sich auf im Inland belegene Unternehmensteile bezieht – nicht steuerbar (Schlagworte: nichtsteuerbarer Innenumsatz, rechtsgeschäftsloses Verbringen; s. auch schon unter Kap. III 3[56]).
- Erfolgt der **Erwerb von WG** nicht aufgrund einer willentlichen Zuwendung, **sondern von Gesetzes wegen**, ist dies mangels Leistung im umsatzsteuerrechtlichen Sinne grundsätzlich kein Vorgang, der eine USt nach § 1 Abs. 1 Nr. 1 UStG auslösen kann. Dies ist u.a. von Bedeutung, wenn ein Unternehmer verstirbt. Im Erbfall gehen seine WG kraft gesetzlich vorgesehener Gesamtrechtsnachfolge auf den oder die Erben über. Nach den §§ 1922, 1967 BGB treten die Erben in alle Rechtspositionen des Verstorbenen ein. Da es insoweit an einer Leistung des Erblassers fehlt, kommt dem Übergang der WG auf den oder die Erben für sich betrachtet folglich keine umsatzsteuerrechtliche Relevanz zu.[57] Dies gilt selbstverständlich auch, wenn der Frage, wer was erben soll, eine testamentarische Verfügung zugrunde liegt.
  Weil gesetzlich so vorgesehen, ist beispielsweise auch die **Anwachsung** der Gesellschaftsanteile eines ausscheidenden Gesellschafters bei den verbleibenden Gesellschaftern einer PersG ein Vorgang, der eine Steuerbarkeit nach § 1 Abs. 1 Nr. 1 UStG nicht begründen kann.
- **Zwang** schließt grundsätzlich die Annahme einer Leistung aus. Eine Ausnahme gilt nach § 1 Abs. 1 S. 2 UStG für Zuwendungen aufgrund behördlicher oder gesetzlicher

---

56 Zum grenzüberschreitenden Verbringen als fiktiver Lieferung s. Kap. XIV 3.1.3 und 3.2.4.
57 Aber: Zu steuerbaren Leistungen des Gesamtrechtsnachfolgers kommt es nicht nur, wenn er das Unternehmen fortführt, sondern auch, wenn er i.R.d. Liquidation des Unternehmens Gegenstände des ererbten Unternehmensvermögens veräußert – so jüngst BFH vom 13.01.2010 (BStBl II 2011, 421). Mag auch die Unterstellung als solche nicht vererbbar sein, so liege insoweit gleichwohl ein Handeln als Unternehmer vor (Konstruktion: »Nachwirkung« der unternehmerischen Tätigkeit des Erblassers).

Anordnung. Beispiele bilden Enteignungen von Grund und Boden nach dem BBauG, behördliche Zuweisungen von Obdachlosen oder Asylbewerbern an Hoteliers oder Versteigerungen von WG eines Unternehmers im Rahmen einer Zwangsvollstreckung.

Beispiel 1: Zwangsversteigerung als steuerbarer Vorgang
Elektrohändler E ist rechtskräftig zur Zahlung einer offenen Forderung über 8.000 € nebst Zinsen verurteilt worden. Im Oktober 01 kommt es zur Vollstreckung aus dem Urteil. Dabei wird ein seinem BV zugeordneter Firmenwagen gepfändet. Bei der vom Landgericht Hamburg im November 01 durchgeführten Zwangsversteigerung wird für den Wagen ein Erlös von 23.800 € erzielt. Davon erhält E am 04.01.02 einen Betrag von 10.000 € ausgehändigt. Der Restbetrag wurde zur Befriedigung seines Gläubigers sowie zur Abdeckung der Kosten des Zivilverfahrens und der Verwertung benötigt.

Lösung: Ob E einen nach § 1 Abs. 1 Nr. 1 UStG steuerbaren Umsatz tätigt, kann deshalb zweifelhaft sein, weil er nicht willentlich einem anderen Verfügungsmacht an seinem Firmen-Pkw verschafft. Der fehlende Leistungswille wird jedoch durch das Vorliegen der Voraussetzungen des § 1 Abs. 1 Nr. 1 S. 2 UStG ersetzt. Dabei liefert der Vollstreckungsschuldner E direkt an den Erwerber des Fahrzeugs ohne den »Umweg« über die Gebietskörperschaft, der das Vollstreckungsorgan angehört. BMG des damit nach § 1 Abs. 1 Nr. 1 UStG steuerbaren und steuerpflichtigen Umsatzes des E ist nach § 10 Abs. 1 S. 1, 2 UStG das Entgelt i.H.v. 20.000 €; die USt-Schuld des E aus diesem Umsatz beträgt 3.800 €. Dass E tatsächlich nur 10.000 € erhält, ist umsatzsteuerrechtlich ohne Bedeutung. Für die **Ermittlung der BMG ist entscheidend, was der Leistungsempfänger aufwendet und nicht das, was dem Leistenden** nach Abzug von Veräußerungs- und anderen Kosten **verbleibt**. Die USt entsteht nach § 13 Abs. 1 Nr. 1 Buchst. a S. 1 UStG mit Ablauf des VAZ 11/01, da es erst dann zur Lieferung des Wagens kommt; im Oktober – zum Zeitpunkt der Pfändung – gibt es noch keinen Abnehmer für den Wagen.

Wer um die aufgezeigten Konsequenzen weiß und des Weiteren bedenkt, dass willentliche Zuwendungen zumeist auf der Grundlage dazu verpflichtender Verträge – also darüber eingegangener zivilrechtlicher Verpflichtungsgeschäfte – erfolgen, sollte bei der umsatzsteuerrechtlichen Beurteilung von zunächst vielleicht kompliziert erscheinenden Schadenersatzabwicklungen eigentlich nicht in Schwierigkeiten kommen können. Hat hierbei eines der zu beurteilenden Subjekte eine Leistung im umsatzsteuerrechtlichen Sinne erbracht, ist ergänzend nur noch die Frage des Leistungsempfängers zu klären. Dies ist regelmäßig nicht schwierig, denn: **Wer an wen leistet, beantwortet sich** – eher schon eine Selbstverständlichkeit – regelmäßig **danach, wer mit wem ein auf die Leistung gerichtetes privatrechtliches Verpflichtungsgeschäft eingegangen ist**. Dies ist gemeint, wenn der BFH immer wieder betont, dass sich regelmäßig aus den zivilrechtlichen Vereinbarungen ergebe, wer bei einem Umsatz als Leistender und wer als Leistungsempfänger anzusehen ist.[58] So ist bei einem Handeln im fremden Namen nach § 164 BGB die dem Leistungsempfänger erbrachte Leistung also grundsätzlich dem Vertretenen zuzurechnen. Dies gilt grundsätzlich selbst für den Fall, dass es sich bei dem Vertretenen um einen sog. »Strohmann« handelt.

---

58 In diesem Sinne die ständige Rspr. des BFH, vgl. aus der jüngeren Rspr. nur Urteil vom 23.09.2009 (BStBl II 2010, 243) m.w.N. a.a.O. unter II 2a; s. ferner A 15.2 Abs. 16 UStAE mit Ausführungen zum Leistungsbezug durch eine nichtunternehmerisch tätige Gemeinschaft a.a.O. S. 6–11.

Beispiel 2: Abwicklung eines Schadenersatzanspruchs
S hat schuldhaft den Firmenwagen des Unternehmers U beschädigt. Dieser lässt den Wagen in der Werkstatt W reparieren. W sendet die Rechnung über 1.000 € zzgl. 190 € USt unmittelbar an die Kfz-Haftpflichtversicherung des S, die V-AG, die an U 1.000 € überweist.

Lösung: W hat gegenüber dem Unternehmer U mit der Reparatur eine nach § 1 Abs. 1 Nr. 1 UStG steuerbare Leistung erbracht, bei der es sich um eine Werkleistung nach § 3 Abs. 9 UStG oder um eine Werklieferung nach § 3 Abs. 4 UStG handelt (BMG nach § 10 Abs. 1 S. 1, 2 UStG: 1.000 €, USt: 190 €). Weitere Leistungen im umsatzsteuerrechtlichen Sinne liegen nicht vor. Mit der Hingabe des Geldbetrages von 1.000 € (Begr.: VSt-Abzug des U hinsichtlich der 190 €) erbringt die V-AG keine Leistung. Die 1.000 € haben hier auch keinen Entgeltcharakter, da es nicht darum geht, eine Leistung des Unternehmers U abzugelten. U erbringt keine Leistung im umsatzsteuerrechtlichen Sinne, sondern erleidet i.H.v. 1.000 € einen Schaden. Die V-AG gleicht diesen Schaden aus, weil sie als Kfz-Haftpflichtversicherer des Schädigers dazu verpflichtet ist.

Wenn innerhalb der umsatzsteuerrechtlichen Leistungen sorgfältig zwischen Lieferungen und sonstigen Leistungen zu unterscheiden ist, dann insbes. deshalb, weil das UStG unterschiedliche **Regelungen zum Leistungsort** bereithält – **je nachdem, ob** man es mit einer **Lieferung nach § 3 Abs. 1 UStG** oder einer **sonstigen Leistung nach § 3 Abs. 9 UStG** zu tun hat.

1 Lieferungen

1.1 Charakterisierung

Kennzeichnend für die Lieferung als Unterfall der Leistung ist nach § 3 Abs. 1 UStG, dass ein anderes Rechtssubjekt befähigt wird, im eigenen Namen über einen Gegenstand zu verfügen.

1.1.1 Gegenstandsbegriff des Umsatzsteuerrechts

Abweichend vom Sprachgebrauch des BGB (vgl. § 90 BGB) versteht § 3 Abs. 1 UStG unter einem Gegenstand nur **körperliche Sachen** und solche Güter, die im Wirtschaftsleben wie Sachen behandelt werden (z.B. Gas, Wasser, Strom, Wärme). Rechte wie z.B. Patente, Urheberrechte, Forderungen usw. können nicht geliefert werden. Wer Rechte überträgt bzw. einräumt, tätigt eine sonstige Leistung nach § 3 Abs. 9 UStG. Diese liegt auch vor, wenn Aktien – in welcher Form auch immer – übertragen werden. Das Wesen einer Aktie besteht darin, dem Eigentümer ein Anteilsrecht an einem Teil des Kapitals zu verschaffen. Nicht etwa geht es darum, ein Anteilsrecht an einzelnen körperlichen Gegenständen oder Verfügungsmacht an dem Gegenstand Aktie an sich einzuräumen. Keine Lieferung, sondern eine sonstige Leistung ist ferner anzunehmen, wenn der wirtschaftliche Gehalt eines Geschäfts in der Übermittlung geistiger Leistungen besteht wie z.B. bei der Überlassung von Software übers Internet. Der Annahme einer sonstigen Leistung steht nicht entgegen, dass die erbrachten geistigen Leistungen sich schließlich in einem Gegenstand verkörpern wie z.B. im Plan des Architekten oder in der Berechnung des Statikers.[59]

1.1.2 Verschaffung der Verfügungsmacht

Der Abnehmer als Empfänger der Lieferung oder in dessen Auftrag ein »Dritter« muss Verfügungsmacht erlangen. Die Verschaffung der Verfügungsmacht setzt nach ständiger Rspr. des BFH[60] die Übertragung von Substanz, Wert und Ertrag voraus. Verfügungsmacht zu haben bedeutet, faktisch in der Lage zu sein, mit dem Gegenstand nach Belieben zu verfahren. Diese Kompetenz hat i.d.R. der Eigentümer einer Sache. Verfügungsmacht wird folglich regelmäßig durch eine Eigentumsübertragung nach den §§ 929-931 BGB und §§ 873, 925 BGB oder mit der Einigung und Übergabe eines Traditionspapiers (§ 363 HGB) verschafft. Mit dem Eigentumserwerb ist dann auch die Lieferung vollzogen. Ein Wechsel der Verfügungsmacht verlangt aber nicht notwendig einen Eigentumswechsel hinsichtlich des übergebenen Gegenstands. Nach der mit § 3 Abs. 1 UStG umgesetzten Norm des Art. 14 Abs. 1 der MwStSystRL »gilt als Lieferung eines Gegenstands ... die Übertragung der Befähigung, **wie ein Eigentümer** über einen körperlichen Gegenstand **zu verfügen**«. Folgerichtig leitete der EuGH im Urteil vom 06.02.2003 (BStBl II 2004, 573) denn auch bereits aus dem Wortlaut der wortgleichen Vorgängerregelung in Art. 5 Abs. 1 der 6. EG-RL ab, »... dass der Begriff Lieferung eines Gegenstands sich nicht auf die Eigentumsübertragung in den durch das anwendbare nationale Recht vorgesehenen Formen bezieht, sondern dass sie jede Übertragung eines körperlichen Gegenstands durch eine Partei umfasst, die die andere Partei ermächtigt, über diesen Gegenstand faktisch so zu verfügen, als wäre sie sein Eigentümer«.[61]

So ist z.B. beim Verkauf von Ware unter Eigentumsvorbehalt (vgl. § 449 BGB) mit Übergabe der Sache trotz des fortbestehenden Eigentums des Verkäufers ein Wechsel der Verfügungsmacht an der Ware zu bejahen. Mit Übergabe der verkauften Ware ist die wirtschaftliche Substanz an der Ware nämlich nicht länger dem Verkäufer, sondern dem Käufer zuzurechnen. Wie ein Eigentümer hat jener nämlich fortan nach § 446 BGB die Gefahr eines zufälligen Untergangs oder einer zufälligen Verschlechterung der Ware zu tragen und umgekehrt kommen auch etwaige Wertsteigerungen der Sache ab Übergabe dem Käufer zugute.

> **Beispiel 3: Verkauf unter Eigentumsvorbehalt**
> Händler H hat am 16.02.01 dem Studenten S unter Eigentumsvorbehalt eine teure Musikanlage verkauft, deren Barzahlungspreis 5.000 € + 950 € USt beträgt. S vereinbart mit H Ratenzahlung. Bei einem effektiven Jahreszins von 8 % beträgt – wie im Kaufvertrag neben dem Effektivzins gesondert ausgewiesen – der Teilzahlungsgesamtbetrag 6.120 €, die Höhe der monatlich fäl-

---

59 Zur Überlassung von Eintrittskarten zu einem sportlichen oder kulturellen Ereignis als sonstige Leistung s. BFH vom 03.06.2009 (BStBl II 2010, 857).
60 Vgl. etwa Urteil vom 21.04.2005 (BStBl II 2007, 65).
61 Der EuGH sieht a.a.O. gar den Zweck gemeinschaftsrechtlicher Vorgaben gefährdet, »wenn die Feststellung, dass eine Lieferung von Gegenständen ... vorliegt, von der Erfüllung von je nach Mitgliedstaat unterschiedlichen Voraussetzungen abhinge, wie es die Voraussetzungen für die zivilrechtliche Eigentumsübertragung sind«.

ligen sechs Teilzahlungen jeweils 1.020 €. S entrichtet die erste Rate bereits bei Übergabe der Anlage am 16.02.01 und bezahlt die restlichen fünf Raten pünktlich in den Monaten 04–08/01.

Lösung: Obwohl der S noch nicht das Eigentum erlangt hat, wird ihm bereits mit der schlichten Übergabe die wirtschaftliche Substanz der Ware verschafft, so dass bereits zu diesem Zeitpunkt, und nicht erst bei vollständiger Bezahlung des Kaufpreises, eine Lieferung nach § 3 Abs. 1 UStG anzunehmen ist. H tätigt folglich mit der Übergabe der Anlage eine nach § 1 Abs. 1 Nr. 1 UStG steuerbare Lieferung. Problematisch ist, ob es daneben eine weitere selbständig zu beurteilende sonstige Leistung nach § 3 Abs. 9 UStG in Form einer Kreditgewährung gibt.[62] Dies wird man hier angesichts der getroffenen Abreden zu bejahen haben. Daher beträgt die BMG für die Lieferung 5.000 €, die USt 950 €. Sie entsteht losgelöst von den Zahlungsmodalitäten nach § 13 Abs. 1 Nr. 1 Buchst. a S. 1 UStG mit Ablauf des VAZ 02/01. (Für die ebenfalls nach § 1 Abs. 1 Nr. 1 UStG steuerbare, aber nach § 4 Nr. 8 Buchst. a UStG steuerfreie Kreditgewährung beläuft sich das Entgelt auf 170 €. Würde es sich um eine einheitliche Leistung handeln, hätte man die USt aus dem Gesamtaufwand von 6.120 € herauszurechnen und gelangte zu einer BMG für die dann allein zu beurteilende Lieferung von 5.142,86 € und einer USt von 977,14 €.)

Zu einer Lieferung vor Eigentumsübertragung kommt es i.Ü. regelmäßig auch, wenn kraft vertraglicher Vereinbarungen **Besitz, Nutzen und Lasten** an der verkauften Sache zu einem fest fixierten Zeitpunkt bereits vorher übergehen sollen. Solche Vereinbarungen sind insb. bei Grundstücksgeschäften anzutreffen, bei denen sich die Eintragung des Eigentümerwechsels im Grundbuch aus sehr unterschiedlichen und oft nicht vorhersehbaren Gründen verzögern kann. Ob auch bereits der bloße zivilrechtliche **Übergang der Preisgefahr** – wie er etwa unter den Voraussetzungen des § 447 BGB mit Übergabe an die Transportperson eintritt – zu einer Lieferung i.S.d. § 3 Abs. 1 UStG führen kann, wird unterschiedlich beurteilt. Richtigerweise ist dies zu bejahen.[63]

Eigentumsübertragung und Lieferung fallen auch bei der **Sicherungsübereignung** nach den §§ 929, 930 BGB auseinander. Hier behält der Sicherungsgeber (SG) ungeachtet der formal vollzogenen (Sicherungs-)Übereignung zunächst noch die Verfügungsmacht an der zur Sicherheit übereigneten Sache. Er verliert diese erst in einer logischen Sekunde vor der (Weiter-)Lieferung durch den Sicherungsnehmer (SN).

Beispiel 4: Sicherungsübereignung
Zur Sicherung eines Darlehens i.H.v. 120.000 € hat Möbelhändler M seiner Bank am 10.01.01 einen Lkw sicherungsübereignet. Bis zum 31.12.02 hat M die Verpflichtungen aus dem Darlehensvertrag erfüllt. Nachdem im Jahr 03 keine Zahlungen des M mehr erfolgt sind, hat die Bank am 10.11.03 den Lkw bei M abholen lassen und am 02.12.03 an den Spediteur S für 119.000 € verkauft und übereignet (weitere Abwicklung in Kap. XVII 2, dortiges Beispiel 1).

Lösung: Indem M der Bank den Lkw am 10.01.01 zur Sicherheit übereignet, tätigt er noch keine Lieferung i.S.d. § 3 Abs. 1 UStG. Wirtschaftlich betrachtet handelt es sich bei der Sicherungsübereignung um die Einräumung eines besitzlosen Pfandrechts, welches das BGB an sich nicht kennt (vgl. §§ 1204, 1205 BGB). Nach A 3.1 Abs. 3, A 1.2 Abs.1 UStAE führt aber auch

---

62 Zur Frage, unter welchen Voraussetzungen die Kreditgewährung im Zusammenhang mit anderen Umsätzen als gesonderte Leistung zu behandeln ist, s. näher A 3.11 Abs. 2 UStAE.
63 Ausführlich dazu schon *V. Schmidt* (UR 1997, 295) sowie aus jüngerer Zeit *Lippross* (UR 2008, 495).

der Eintritt der Verwertungsreife sowie das Abholen des Sicherungsguts (hier des Lkw im VAZ 11/03) noch nicht zu einer Lieferung. Hierfür lässt sich aus zivilrechtlicher Sicht anführen, dass die gängigen vertraglichen Abreden es dem SG durchweg bis zur Vornahme der Verwertung ermöglichen, durch vollständige Tilgung der gesicherten Forderung eine Verwertung abzuwenden. Ein praktischer Gesichtspunkt kommt hinzu. Solange es nicht zur Verwertung gekommen ist, steht auch das Entgelt für die Lieferung des SN an den Sicherungsgeber nicht fest. Dieses ist nämlich abhängig von dem Erlös, den der SN erzielt. Die Lieferung **des SG an den SN** soll deshalb **erst in einer logischen Sekunde vor der Weiterveräußerung durch den SN** anzunehmen sein (von daher handelt es sich insoweit dann um eine **unbewegte Lieferung** mit einer Lieferortsbestimmung nach § 3 Abs. 7 S. 1 UStG). Die Lieferung des M an die Bank erfolgt hier also erst am 02.12.03 vor der Veräußerung des Lkw durch die Bank. (BMG jener Lieferung bildet nach § 10 Abs. 1 S. 1, 2 UStG der Veräußerungserlös des SN abzüglich der entstandenen Veräußerungskosten, abzgl. USt; dazu und zur Steuerschuldnerschaft der Bank als SN s. unter Kap. XVII 2, dortiges Beispiel 1).[64]

Dass die Sicherungsübereignung erst zu einer Lieferung an den SN wird, wenn dieser das Sicherungsgut mit dem Ziel seiner Befriedigung an einen Dritten veräußert, hat der BFH mit Urteil vom 23.07.2009 (BStBl II 2010, 859) erneut bestätigt. Entsprechendes soll nach Auffassung des BFH gelten, wenn der Sicherungsnehmer das Sicherungsgut nicht selber veräußert, sondern der Sicherungsgeber es übernimmt, das Sicherungsgut im eigenen Namen, aber für Rechnung des Sicherungsnehmers zu veräußern. Auch hierbei erstarkt die Sicherungsübereignung erst mit der Veräußerung an einen Dritten zu einer Lieferung des SG an den SN. Da der Sicherungsgeber im eigenen Namen für Rechnung des Sicherungsnehmers handelt, ist nach Ansicht des BFH bei dieser Sachverhaltskonstellation aber zugleich ein Fall des Kommissionsgeschäfts nach § 3 Abs. 3 UStG gegeben, so dass auch eine Lieferung des SN (Kommittenten) an den SG (Kommissionär) vorliegt. Das Gericht spricht insoweit von einem Dreifachumsatz. Dieser Betrachtungsweise hat sich das BMF in A 3.1 Abs. 3 UStAE angeschlossen.

Im Allgemeinen ist die Verfügungsmacht i.S.d. § 3 Abs. 1 UStG identisch mit dem wirtschaftlichen Eigentum i.S.d. § 39 Abs. 2 Nr. 1 AO.[65] Dies ist u.a. auch für Leasing-Verträge von Bedeutung, bei denen die umsatzsteuerrechtliche Beurteilung grundsätzlich der ertragsteuerlichen folgt. Wird der vermietete Gegenstand ertragsteuerlich bereits mit Übergabe dem Leasingnehmer zugerechnet, so ist umsatzsteuerrechtlich ungeachtet des fortbestehenden Eigentums des Leasinggebers in der Übergabe auch bereits eine Lieferung i.S.d. § 3 Abs. 1 UStG zu sehen. Aber: Beim »sale-and-lease–back«-Verfahren kann der Übertragung des zivilrechtlichen Eigentums an dem Leasinggut durch den Leasingnehmer an den Leasinggeber eine bloße Sicherungs- und Finanzierungsfunktion zukommen. Ist dies aufgrund der vertraglichen Abreden zu bejahen, sind weder diese Eigentumsübertragung noch die anschließende Rückübertragung des Eigentums vom Leasinggeber an den Leasingnehmer umsatzsteuerrechtlich als Lieferung zu behandeln (BFH vom 09.02.2006, BStBl II 2006,

---

[64] In der umsatzsteuerrechtlichen Beurteilung entspricht die Sicherungsübereignung und Verwertung weitestgehend der erfolgreichen Abwicklung eines herkömmlichen Kommissionsgeschäfts, bei der der Kommissionär vor der Weiterveräußerung Besitz an der zu veräußernden Ware erhält (s. hierzu Beispiel 12).

[65] Dazu näher *Bähr*, Teil A, Kap. II 2.7.

727). Umsatzsteuerrechtlich reduziert sich der Vorgang dann auf eine Kreditgewährung des Leasinggebers an den Leasingnehmer (A 3.5 Abs. 7 UStAE).[66]

1.2 Lieferarten und -orte

Innerhalb der Lieferungen wird seit dem 01.01.1997 nur noch zwischen sog. bewegten und unbewegten (ruhenden) Lieferungen unterschieden. Je nachdem, ob man es mit einer bewegten oder einer unbewegten (ruhenden) Lieferung zu tun hat, gelangen unterschiedliche Regelungen zur Bestimmung des Lieferorts zur Anwendung.

1.2.1 Unbewegte Lieferungen und deren Ort

Unbewegte Lieferungen sind solche, bei denen es anlässlich der Lieferung nicht zu einer Bewegung des Gegenstands der Lieferung kommt.

In der Praxis sind dies eher Ausnahmefälle. Beispiele hierfür bilden die **Lieferung von Grundstücken**, die **Übereignung** beweglicher Sachen **durch bloße Einigung** nach § 929 S. 2 BGB, durch **Abtretung von Herausgabe**ansprüchen nach § 931 BGB, Vereinbarung eines Besitzkonstituts nach den §§ 929, 930 BGB oder **Übergabe sog. Traditionspapiere** nach § 363 HGB – aber auch die **Lieferungen beim Kauf auf Probe nach § 454 BGB**, die erst mit Billigung der Warensendung durch den Besteller erfolgen (dazu BFH vom 06.12.2007, BStBl II 2009, 490). Zu praktisch relevanten unbewegten Lieferungen kann es schließlich auch bei der **Verwertung von Sicherungsgut** kommen (dort die Lieferung des Sicherungsgebers an den Sicherungsnehmer, vgl. Beispiel 4) sowie beim Kommissionsgeschäft (dort – bei der Verkaufskommission – die **Lieferung des Kommittenten an den Kommissionär**, dazu Beispiel 12). Bei **Werklieferungen** ist zu unterscheiden: Ist Gegenstand der Lieferung eine **Bauleistung an einem Grundstück** (§ 3 Abs. 4 S. 2 UStG), handelt es sich um eine mit Abnahme der Bauleistung ausgeführte unbewegte Lieferung. Ist Gegenstand der Werklieferung eine bewegliche Sache, kommt es darauf an, ob der fertige Gegenstand befördert oder versendet wird (dann bewegte Lieferung) oder ob der Gegenstand erst vor Ort betriebsfertig hergestellt wird (dann unbewegte Lieferung, s. dazu auch Beispiel 6). Unbewegte Lieferungen haben nach § 3 Abs. 7 S. 1 UStG ihren Lieferort grundsätzlich dort, wo sich der Liefergegenstand zum Zeitpunkt des Verschaffens der Verfügungsmacht befindet.[67]

> **Beispiel 5: Lieferort bei unbewegten Lieferungen**
> A mit Sitz in Amerika gehören mehrere Ferienhäuser in der Bretagne. Anlässlich einer Geschäftsreise in Europa verkauft er in Hamburg unter Einschaltung des dort ansässigen Notars N am 29.11.01 eines der Häuser an den Belgier B. Übergang von Nutzen und Lasten soll am 01.12.01 sein.
>
> **Lösung:** Die Lieferung des Ferienhauses erfolgt am 01.12.01. Sie hat als unbewegte Lieferung ihren Lieferort nach § 3 Abs. 7 S. 1 UStG in Frankreich (dort, wo der Verbrauch des WG statt-

---

66 Ausführlich zu Sale-and-lease-back-Geschäften nunmehr A 3.5 Abs. 7 UStAE mit den dortigen Beispielen 1–3. Zur umsatzsteuerrechtlichen Behandlung von Mietverträgen mit dem Recht zum Kauf des Mietobjekts äußert sich die Finanzverwaltung in A 3.5 Abs. 6 UStAE.
67 Die Regelungen zu den unbewegten Lieferungen im Rahmen von Reihengeschäften nach § 3 Abs. 7 S. 2 UStG sind Gegenstand besonderer Betrachtung in Kap. 1.2.5.

findet) und ist deshalb im Inland nicht steuerbar. Ebenso unerheblich wie die Nationalität der am Vertragsabschluss Beteiligten ist der Ort des Vertragsabschlusses.

1.2.2 Befördern und Versenden als bewegte Lieferungen

Bezüglich der bewegten Lieferung unterscheidet § 3 Abs. 6 S. 2, 3 UStG zwischen Beförderungen und Versendungen, wobei in der Konzeption des UStG die Versendung nur eine besondere Form des in § 3 Abs. 6 S. 2 UStG als Fortbewegung eines Gegenstands beschriebenen Beförderns darstellt. Nach § 3 Abs. 6 S. 3 UStG liegt ein Versenden vor, wenn jemand die Beförderung eines Gegenstandes durch einen selbständigen Beauftragten ausführen oder besorgen lässt. Als selbständige Beauftragte, die mit der **Ausführung von Warentransporten** zu Land oder See betraut sind, kommen in erster Linie die in den §§ 407 ff. HGB näher gekennzeichneten **Frachtführer** in Betracht. Soweit es darum geht, die **Durchführung von Transporten** zu **besorgen**, ist dies Aufgabe der **Spediteure**. Dieser Kaufmannstyp ist nach § 453 Abs. 1 HGB dadurch gekennzeichnet, dass er es übernimmt, die Versendung von Gütern zu besorgen. Soweit der Spediteur dieser Aufgabe nachgeht, geschieht dies nach § 454 Abs. 3 HGB regelmäßig im eigenen Namen. Vertragspartner und damit Leistungsempfänger der Beförderungsleistung des Frachtführers wird dann also der Spediteur und nicht etwa der Warenlieferant. Dieser unterhält lediglich vertragliche Beziehungen zum Spediteur, und zwar solche, die auf die Ausführung einer **Besorgungsleistung** gerichtet sind, die umsatzsteuerrechtlich über § 3 Abs. 11 UStG in eine (weitere) Beförderungsleistung umgewandelt wird.[68]

Der Spediteur kann allerdings den Transport auch selbst ausführen. Er hat nach § 458 HGB ein Recht zum **Selbsteintritt**. Macht er hiervon Gebrauch und fährt er selbst, so besorgt er nicht, sondern fungiert als Frachtführer und erbringt gegenüber dem Warenlieferant tatsächlich eine **Beförderungsleistung**.

1.2.3 Transportbeginn als Lieferort bewegter Lieferungen

Als Grundregel für den **Lieferort** bewegter Lieferungen bestimmt § 3 Abs. 6 S. 1 UStG, dass im Falle einer **Beförderung oder Versendung des Gegenstands der Lieferung** durch den Lieferer, Abnehmer oder einen beauftragten Dritten die Beförderung oder Versendung dort als ausgeführt gilt, **wo** die **Beförderung oder Versendung** an den Abnehmer **beginnt**.

Dies festzustellen ist i.d.R. dann unproblematisch, wenn der **Gegenstand der Lieferung** feststeht. Im Einzelfall kann es durchaus erforderlich werden, diesen zunächst sorgfältig zu **bestimmen**. Nicht jede Bewegung von Gegenständen anlässlich einer Vertragsabwicklung beinhaltet nämlich eine bewegte Lieferung. Worin der Gegenstand der Lieferung besteht, ergibt sich **aus den vertraglichen Vereinbarungen**. Lautet der Vertrag z.B.: »Lieferung einer fertig installierten und probegelaufenen Maschine«, so ist die Beförderung der Maschine zum Abnehmer kein Befördern i.S.d. § 3 Abs. 6 UStG. Gegenstand der Lieferung ist hier die fertig installierte und Probe gelaufene Maschine, die anlässlich der Lieferung nicht bewegt wird. Verfügungsmacht wird beim Abnehmer nach § 3 Abs. 7 S. 1 UStG verschafft, wenn dieser den »Gegenstand der Lieferung« abnimmt.

---

68 Vgl. dazu näher Kap. 2.4.2 mit dortigem Beispiel 16a.

Beispiel 6: Unbewegte Lieferung trotz bewegten Liefertransports
M mit Sitz in Hamburg hat von B in Bremen den Auftrag erhalten, in Kuwait eine Maschinenanlage zu erstellen. M fertigt die Einzelteile in Hamburg, versendet diese per Schiff nach Kuwait und lässt sie dort zusammenbauen.

Lösung: Gegenstand der Lieferung ist die fertige Anlage. Die Verfügungsmacht daran wird erst in Kuwait verschafft. Dort ist gem. § 3 Abs. 7 S. 1 UStG auch der Lieferort, so dass der Umsatz nicht steuerbar nach § 1 Abs. 1 Nr. 1 UStG ist. (Um eine bewegte Lieferung handelt es sich hingegen, wenn der Liefergegenstand nur für Zwecke des Transports auseinandergebaut wird.)

Noch ein weiterer Aspekt kann bei der Ortsbestimmung nach § 3 Abs. 6 S. 1 UStG besonders zu beachten sein: Von einem **Transport an den Abnehmer** (oder in dessen Auftrag an einen Dritten) lässt sich erst sprechen, wenn die Warenbewegung den Zweck verfolgt, den Gegenstand der Lieferung zum Abnehmer gelangen zu lassen. Das **setzt voraus, dass der Abnehmer bei Beginn der Beförderung bzw. Versendung feststeht.**

Beispiel 7: Start ohne Abnehmer
Der Hamburger Unternehmer A lässt mit eigenem Lkw Ware zu seinem Auslieferungslager in Bern befördern. Der Fahrer macht in Stuttgart Rast und erhält dort telefonisch die Anweisung, die Ware nicht nach Bern, sondern zum zwischenzeitlich gefundenen Kunden B in Trier zu bringen.

Lösung: Ort der Lieferung des A an B ist Stuttgart, da erst dort die Beförderung an den Abnehmer beginnt. (Solange der Abnehmer noch nicht feststeht, handelt es sich um ein rechtsgeschäftsloses innerbetriebliches Verbringen, das nur im grenzüberschreitenden innergemeinschaftlichen Warenverkehr unter den Voraussetzungen des § 3 Abs. 1a UStG als entgeltliche Lieferung gilt.)

1.2.4 Verlagerungen des Lieferorts im grenzüberschreitenden Warenverkehr

Bezüglich der bewegten Lieferung gibt es mehrere Sonderregelungen zu beachten, die abweichend von § 3 Abs. 6 S. 1 UStG den Ort der Lieferung weg vom Transportbeginn in das Bestimmungsland verlagern. Es sind dies die Bestimmungen in § 3 Abs. 8 UStG, § 3c UStG und § 3g UStG. Sie betreffen alle den grenzüberschreitenden Warenverkehr.

1.2.4.1 Verlagerung aus dem Drittland ins Inland nach § 3 Abs. 8 UStG

Die Regelung des **§ 3 Abs. 8 UStG** betrifft **Warenbewegungen aus dem Drittlandsgebiet in das Inland**. Hierbei verschiebt sich ein Lieferort, der nach § 3 Abs. 6 S. 1 UStG im Drittland wäre, in das Inland, sofern der Lieferer (oder sein Beauftragter) Schuldner der E-USt ist. Wer Schuldner der E-USt ist, ergibt sich in Klausurfällen regelmäßig aus den hierzu mitgeteilten vertraglichen Abreden. Sofern »verzollt und versteuert«[69] geliefert werden soll, ist der Lieferer Schuldner der E-USt. Lautet die Lieferklausel »unverzollt und unversteuert«[70] weist dies auf eine Schuldnerstellung des Abnehmers hin. Zweck der in Abhängigkeit zur Schuldnerstellung hinsichtlich der E-USt vorgesehenen Bestimmung des Lieferorts ist es, dafür zu sorgen, dass demjenigen, der wirtschaftlich mit der E-USt belastet ist, auch die Berechtigung zukommt, diese nach § 15 Abs. 1 Nr. 2 UStG als VSt in Abzug zu bringen (vgl.

---

69 Oder als Incoterm z.B. DDP (Delivered Duty Paid).
70 Als Incoterms z.B. EXW (Ex works) oder DDU (Delivered Duty Unpaid).

dazu näher Kap. XV 3 mit dortigem Beispiel 14). Dafür ist maßgeblich, wer zum Zeitpunkt der Überführung in den zoll- und steuerrechtlich freien Verkehr Verfügungsmacht an dem Liefergegenstand hatte. Des Weiteren geht es darum, bei Lieferungen aus dem Drittland an private Abnehmer einen unbesteuerten Endverbrauch zu verhindern.[71]

Beispiel 8: Einfuhrumsatzsteuer bestimmt Lieferort
Das Ehepaar E aus Hamburg hat bei einem Norwegen-Aufenthalt den dort ansässigen Unternehmer N kennen gelernt, der aus echtem Elchfell handgefertigte Mäntel herstellt. Die Eheleute geben zwei Mäntel zum Kaufpreis von je 1.000 € netto in Auftrag. Die nach ihren Maßen gefertigten Mäntel gelangen drei Monate später zum Versand. Der mit dem Transport beauftragte Frachtführer F hat die bei der Einfuhr angefallene E-USt im Namen des N entrichtet.

Lösung: N tätigt gegenüber den Eheleuten E einen nach § 1 Abs. 1 Nr. 1 UStG steuerbaren Umsatz. Nach § 3 Abs. 6 UStG wäre der Lieferort in Norwegen. Hier ist aber § 3 Abs. 8 UStG erfüllt. Der Gegenstand gelangt bei der Versendung aus dem Drittlandsgebiet Norwegen in das Inland und der Lieferer N ist erkennbar Schuldner der bei der Einfuhr nach Deutschland zu entrichtenden E-USt, denn F entrichtet die E-USt in dessen Namen. Rechtsfolge: Der Ort der Lieferung des N gilt als im Inland gelegen. Die BG der auch steuerpflichtigen Lieferung bildet nach § 10 Abs. 1 UStG das Netto-Entgelt von 2.000 €. Die USt beträgt 380 €. Ohne die Sonderregelung des § 3 Abs. 8 UStG könnten die Eheleute die Mäntel unbelastet von USt erwerben. Der Lieferort bliebe in Norwegen. Die in Norwegen steuerbare Lieferung wäre dort als Ausfuhr steuerbefreit.

1.2.4.2 Verlagerung an das Transportende nach § 3c UStG

Grundsätzlich gilt **beim privaten Warenverkehr innerhalb der EU** das **Ursprungslandprinzip**: Die Besteuerung erfolgt in dem Mitgliedstaat, aus dem die Ware stammt, mit dem dort geltenden Steuersatz. Liefert ein inländischer Unternehmer an einen Endverbraucher in das übrige Gemeinschaftsgebiet, liegt der Ort der Lieferung nach § 3 Abs. 6 S. 1 UStG im Inland, dort, wo die Beförderung oder Versendung beginnt. Der Steuerbefreiungstatbestand der innergemeinschaftlichen Lieferung nach § 4 Nr. 1b i.V.m. § 6a UStG kann bei diesen Abnehmern wegen der Vorgabe in § 6a Abs. 1 Nr. 2 UStG nicht zur Anwendung gelangen. Lieferungen inländischer Unternehmer an Endverbraucher in anderen Mitgliedstaaten wären danach in der BRD auf der Basis des hier geltenden Regelsteuersatzes von 19 % zu erfassen.[72] Eine solche Lösung musste – uneingeschränkt praktiziert – für Mitgliedstaaten mit deutlich höheren Regelsteuersätzen inakzeptabel sein. Sie befürchteten zu Recht Wettbewerbsverzerrungen, weil die in ihren Ländern ansässigen Abnehmer möglicherweise in großem Umfang dazu übergehen würden, sich Waren aus Ländern mit niedrigeren Umsatzsteuersätzen zusenden zu lassen. Diesen Befürchtungen trägt die Regelung des **§ 3c UStG** Rechnung. Ihr primärer Zweck es ist, Mitgliedstaaten mit einem hohen Regelsteuersatz

---

71 Nach BFH vom 21.03.2007 (BStBl II 2008, 153) gelangt die Bestimmung des § 3 Abs. 8 UStG auch dann zur Anwendung, wenn tatsächlich gar keine Einfuhrumsatzsteuer anfällt. Schuldner der E-USt i.S.d. § 3 Abs. 8 UStG sei auch derjenige, dessen Umsätze zwar gem. § 1 Abs. 1 Nr. 4 UStG steuerbar, aber steuerfrei seien; s. ergänzend hierzu auch das erläuternde BMF-Schreiben vom 01.02.2008 (BStBl I 2008, 295).
72 Damit liegt Deutschland noch immer im unteren Mittelfeld der Regelsteuersätze innerhalb der EU-Mitgliedstaaten. An der Spitze liegen Ungarn mit einem Regelsteuersatz von 27 % sowie die skandinavischen Länder Dänemark und Schweden mit einem Regelsteuersatz von 25 %. Lediglich Luxemburg und Zypern bleiben mit einem Steuersatz von 15 % bzw. 17 % deutlich unter dem in der BRD geltenden Regelsteuersatz. Vgl. dazu die Übersicht »USt-Sätze in den EU-Mitgliedstaaten« (Stand: Juli 2012) im Anhang.

vor finanziellen Ausfällen durch **Versandhandelslieferungen aus EU-Ländern** mit einem niedrigeren Steuersatz zu bewahren. Dieser Zweck wird realisiert, in dem bei bestimmten bewegten Lieferungen der Lieferort abweichend von § 3 Abs. 6 S. 1 UStG an das Ende der Beförderung oder Versendung, also in das Bestimmungsland gelegt und so auch gegenüber privaten Abnehmern das **Bestimmungslandprinzip** verwirklicht wird. Grundvoraussetzung hierfür ist nach § 3c Abs. 1 S. 1 UStG, dass der **Lieferer für den Transport verantwortlich** ist. Befördert oder versendet der private Abnehmer (sog. Abholfall), bleibt es beim Ursprungslandprinzip.

Im Detail ist die Norm des § 3c UStG, die schlagwortartig als Sonderregelung für den Versandhandel charakterisiert wird (aber in ihrem Anwendungsbereich nicht auf den typischen Versandhandel beschränkt ist!), schließlich sehr kompliziert geraten. So galt es auch die Interessen der nur sporadisch in einen anderen Mitgliedstaat versendenden Unternehmer zu berücksichtigen. Die Verlagerung des Lieferorts ins Bestimmungsland führt schließlich dazu, dass der liefernde Unternehmer aus dem anderen EU-Staat Steuerschuldner im Bestimmungsland wird, die Lieferung mit dem dortigen Umsatzsteuersatz zu versteuern hat und dort auch Steuererklärungen abgeben muss. Der Fiskus steht entsprechend vor der Aufgabe, einen Steueranspruch bei einem im Ausland ansässigen Steuerschuldner zu realisieren. Um Schwierigkeiten für die Unternehmer wie auch für die FA in Grenzen zu halten, hat man sich dafür entschieden, nur Lieferungen von gewisser Bedeutung dem Bestimmungslandprinzip zu unterwerfen. Hierfür hat man eine von Mitgliedstaat zu Mitgliedstaat unterschiedliche **Lieferschwelle** eingeführt, die umgerechnet zwischen ca. 35.000 € und 100.000 € schwankt. Bleibt der versendende Unternehmer unter der vom jeweiligen Bestimmungsland festgelegten Lieferschwelle (die er kennen muss), verbleibt es grundsätzlich bei der Besteuerung im Ursprungsland. Etwas anders gilt nach § 3c Abs. 5 S. 2 UStG nur für verbrauchsteuerpflichtige Artikel. Diese sind bei privaten Abnehmern – unabhängig vom Überschreiten einer Lieferschwelle – stets im Bestimmungsland zu besteuern.

Beispiel 9: Lieferort beim Versandhandel
Der Osso-Versand mit Sitz in Hamburg hat im Kj. 01 Waren mit einem Nettowert von rund 500.000 € Waren an Privatpersonen in DK versandt. Was sind die Folgen für die Besteuerung seiner Umsätze gegenüber diesem Personenkreis in 02?

Abwandlung: Dänische Urlauber kaufen während eines Aufenthalts in Hamburg bei Osso Waren für 1.000 €, die sie anschließend mit nach Dänemark nehmen.

Lösung (Grundfall): Nach § 3 Abs. 6 S. 1 UStG läge der Ort der Lieferungen im Inland. Wie sich auch aus § 3 Abs. 5a UStG ergibt, geht die Vorschrift des § 3c UStG jedoch vor. Nach dessen Abs. 1 ist der Ort der Lieferungen des Osso-Versands dort, wo die Versendung endet. Die Empfänger der Waren fallen als private Abnehmer unter den Empfängerkreis des § 3c Abs. 2 Nr. 1 UStG und der Osso-Versand als Lieferer hat im maßgeblichen Kalenderjahr 01 die Lieferschwelle des § 3c Abs. 3 Nr. 2 USt, die in Dänemark (DK) 280.000 dänische Kronen beträgt[73], deutlich überschritten.[74] Die Lieferungen in 02 sind mithin nicht in Deutschland, sondern in DK steuerbar und unterliegen dort dem Regelsteuersatz von 25 %.

---

73 Vgl. zu den Lieferschwellen die Übersicht in A 3c.1 Abs. 3 UStAE.
74 Wurde die Lieferschwelle im Vorjahr nicht überschritten, kommt es zu einer Verlagerung des Lieferorts nach § 3c Abs. 1 UStG, **sobald** die Lieferschwelle im laufenden Kj. überschritten wird (vgl. A 3c.1 Abs. 3 S. 5 UStAE).

Lösung (Abwandlung): In der Abwandlung haben die Verkäufe an die dänischen Urlauber ihren Lieferort nach § 3 Abs. 6 S. 1 UStG in Hamburg. Die Umsätze sind in Deutschland steuerbar und steuerpflichtig (BMG: 840,34 €, USt: 159,66 €). Eine Besteuerung im Bestimmungsland DK kommt nach § 3c Abs. 1 S. 1 UStG schon deshalb nicht Betracht, weil nicht der Lieferer, sondern die Abnehmer den Transport nach DK übernehmen.

Die Regelung des § 3c UStG wird durch eine Reihe von Einschränkungen und Ausnahmen ergänzt, die sich aus einer sorgfältigen Lektüre ohne Weiteres erschließen. Sie betreffen u.a. den Abnehmerkreis der sog. Schwellenerwerber[75] (mit zusätzlich zu prüfender sog. Erwerbsschwelle[76], dazu § 3c Abs. 2 Nr. 2 Buchst. a–d UStG) sowie die Möglichkeit eines Verzichts auf die Anwendung der Lieferschwelle (dazu § 3c Abs. 4 UStG). Ein solcher Verzicht kommt für deutsche Unternehmer kaum in Betracht, da er sich nur lohnt, wenn der Umsatzsteuersatz im Bestimmungsland niedriger ist als im Ursprungsland Deutschland. Dies ist aber auch nach der Anhebung des Regelsteuersatzes auf 19 % zum 01.01.2007 nur in wenigen Mitgliedstaaten der Fall (vgl. Übersicht im Anhang). Wirtschaftlich interessant kann ein Verzicht für deutsche Unternehmer folglich nur sein, sofern es um den Absatz von Produkten geht, für die das Bestimmungsland z.B. gänzlich auf die Erhebung von USt verzichtet – wie dies z.B. beim Verkauf von Büchern im Vereinigten Königreich GB der Fall ist (sog. Nullsteuersatz). Auch insoweit bleibt freilich zu bedenken, dass mit der Verlagerung des Lieferortes in das Bestimmungsland stets einhergeht, dass den leistenden Unternehmer im Bestimmungsland umsatzsteuerliche Erklärungspflichten treffen.

1.2.4.3 Energielieferungen nach § 3g UStG

Zu den Sonderregelungen in den §§ 3 Abs. 8 und 3c UStG ist zum 01.01.2005 die **Neuregelung in § 3g UStG** hinzugekommen. Diese Norm will dem Umstand Rechnung tragen, dass man die Liefergegenstände Gas und Elektrizität physisch nur sehr schwer verfolgen und es von daher außerordentlich schwierig sein kann, den Ort der Lieferung nach den allgemeinen Vorschriften für bewegte Lieferungen zu bestimmen. Deshalb gilt für die bewegte Lieferung von Gas und Elektrizität nunmehr in Abhängigkeit von der Stellung des Abnehmers Folgendes:

- Ist der **Leistungsempfänger ein Wiederverkäufer**, so gilt als **Ort** der Lieferung der Ort, **an dem der Wiederverkäufer als Abnehmer sein Unternehmen betreibt**. Als Wiederverkäufer beschreibt das Gesetz in § 3g Abs. 1 S. 1 UStG einen Unternehmer, dessen Haupttätigkeit in Bezug auf den Erwerb dieser Gegenstände in deren Lieferung besteht und dessen eigener Verbrauch dieser Gegenstände von untergeordneter Bedeutung ist.
- Ist der Abnehmer einer Lieferung von Gas oder Elektrizität **kein Wiederverkäufer**, gilt nach § 3g Abs. 2 UStG als Ort der Lieferung der **Ort, an dem der Abnehmer die Gegenstände tatsächlich nutzt oder verbraucht**. Ausweislich der amtlichen Begründung ist das grundsätzlich der Ort, an dem sich der Zähler des Abnehmers befindet.

Bemerkenswert an dieser Ortsbestimmung ist weniger die damit zusammenhängende Rechtsfolge, dass im Ergebnis das **Bestimmungslandprinzip bei der Lieferung von Gas und Elektrizität** umgesetzt wird, der Endverbraucher also nicht mehr mit der USt des

---

75 Diese werden gelegentlich auch als institutionelle Erwerber oder Halbunternehmer bezeichnet.
76 Vgl. auch zu den Erwerbsschwellen in den anderen Mitgliedstaaten die Übersicht in A 3c.1 Abs. 2 UStAE.

Ursprungslands, sondern mit der USt des Bestimmungslands belastet wird. Vielmehr überrascht die Begründung, mit der dieses Ergebnis gerechtfertigt wird. So ist darin die Rede davon, dass die »... Lieferung von Elektrizität und Gas ... vom Unternehmer und Verteiler an den Endverbraucher...an dem Ort besteuert werden (sollte), an dem der Erwerber die Gegenstände tatsächlich nutzt und verbraucht, damit gewährleistet ist, dass die Besteuerung im Lande des tatsächlichen Verbrauchs erfolgt«.[77] Immerhin ging die Kommission seinerzeit noch davon aus, die als Übergangsregelung geplanten Binnenmarktvorschriften in der 6. EG-RL durch die Einführung eines endgültigen Mehrwertsteuersystems mit Besteuerung der Umsätze nach der USt des Herkunftslands (Ursprungslandprinzip) ersetzen zu wollen (dazu näher Kap. XIV 3).

Faktisch wird hierfür die Lieferung von Gas und Elektrizität wie eine unbewegte Lieferung behandelt. Damit gehen eine Reihe von Sonderregelungen einher, die dieser Besonderheit Rechnung tragen:

- So soll nach § 3g Abs. 3 UStG die EU-grenzüberschreitende Bewegung dieser Gegenstände innerhalb der EU kein innergemeinschaftliches Verbringen (dazu Kap. XIV 3.1.3) bewirken können und bei einer grenzüberschreitenden Bewegung aus dem Drittlandsgebiet ins Inland keine steuerpflichtige Einfuhr gegeben sein. Letzteres gewährleistet § 5 Abs. 1 Nr. 6 UStG, der die Einfuhr von Erdgas über das Erdgasnetz und die Einfuhr von Elektrizität von der E-USt befreit.
- Um sicherzustellen, dass die Ortsverlagerung nach dem Bestimmungslandprinzip über § 3g UStG auch fiskalisch umgesetzt werden kann, sieht § 13b UStG in § 13b Abs. 2 Nr. 5 UStG einen Wechsel der Steuerschuldnerschaft vor. So soll für den Fall, dass ein im Ausland ansässiger Unternehmer unter den Bedingungen des § 3g UStG im Inland steuerbar und steuerpflichtig liefert, die Steuerschuld auf den Leistungsempfänger übergehen – sofern er ein Unternehmer ist (vgl. § 13b Abs. 5 S. 1 2. HS UStG).

Sonstige Leistungen im Zusammenhang mit Lieferungen von Gas und Elektrizität unterliegen im zwischenunternehmerischen Bereich dem Empfängerortsprinzip nach § 3a Abs. 2 UStG. (Gleiches gilt nach § 3a Abs. 4 UStG Nr. 14 UStG auch bei Privatpersonen als Abnehmern, sofern die ihren Wohnsitz im Drittlandsgebiet haben.)

Beispiel 10:
Die russische Erdgasfirma Gaspo mit Sitz in Moskau liefert über ihre Erdgaspipeline Erdgas an die Stadtwerke Trier GmbH. Die Stadtwerke Trier GmbH verkauft das eingekaufte Erdgas weiter, unter anderem auch an private Abnehmer in Luxemburg.

Lösung: Die Lieferung der Firma Gaspo an die Stadtwerke Trier GmbH beurteilt sich unter Beachtung der Ortsbestimmung in § 3g Abs. 1 UStG als steuerbare und steuerpflichtige Inlandslieferung. Als Ort dieser Lieferung gilt der Ort, wo der Abnehmer sein Unternehmen betreibt, also Trier. Die Stadtwerke Trier GmbH schuldet gem. § 13b Abs. 2 S. 1 Nr. 5 i.V.m. § 13b Abs. 5 S. 1 2. HS UStG die USt, die durch die Lieferung der russischen Lieferfirma Gaspo ausgelöst ist. Die Stadtwerke Trier GmbH ist gem. § 15 Abs. 1 S. 1 Nr. 4 UStG zum VSt-Abzug in gleicher Höhe berechtigt. Nach § 14a Abs. 5 UStG hat die Firma Gaspo eine Nettorechnung ohne USt-Ausweis mit Hinweis auf die Verlagerung der Steuerschuldnerschaft an die Stadtwerke Trier

---

[77] RL 2003/92/EG vom 07.10.2003, ABl. EG Nr. L 260/2003, 8 – Erwägungsgründe 4.

GmbH auszustellen. Die Weiterlieferung des Erdgases von der Stadtwerke Trier GmbH an die in Luxemburg belegenen privaten Endabnehmer beurteilt sich unter Beachtung des § 3g Abs. 2 S. 1 UStG. Der Ort dieser Erdgaslieferung befindet sich in Luxemburg, nämlich dort, wo der Verbrauch des Erdgases durch die privaten Abnehmer stattfindet. Die Stadtwerke Trier GmbH ist gezwungen, für diese Leistungen eine Rechnung mit luxemburgischer USt auszustellen. Der Übergang der Steuerschuldnerschaft scheidet in diesen Fällen mangels Unternehmereigenschaft der Abnehmer aus.

Einzelheiten zur Lieferung von Gas und Elektrizität sind Gegenstand der Ausführungen in A 3a.13 und 3g.1 UStAE.

1.2.5 Besonderheiten beim Reihengeschäft

Schließen mehrere Unternehmer über denselben Gegenstand Umsatzgeschäfte ab und gelangt der Gegenstand im Rahmen einer Beförderung oder Versendung unmittelbar vom ersten Unternehmer der Reihe an den letzten Abnehmer, so spricht man von Reihengeschäften. Nach § 3 Abs. 6 S. 5 UStG gilt für diese Fälle, dass die Warenbewegung nur einer der Lieferungen zuzuordnen ist. Diese **eine Lieferung** ist die **bewegte Beförderungs- oder Versendungslieferung**, deren Lieferort sich nach § 3 Abs. 6 S. 1 UStG bestimmt. Nur bei ihr kommt die

- Steuerbefreiung für Ausfuhrlieferungen nach § 6 UStG oder für innergemeinschaftliche Lieferungen nach § 6a UStG,
- eine Verlagerung des Lieferorts nach § 3 Abs. 8 UStG oder nach § 3c UStG
- oder ein innergemeinschaftlicher Erwerb des Abnehmers nach § 1 Abs. 1 Nr. 5 UStG

in Betracht. **Alle anderen** Lieferungen in der Reihe werden als **unbewegte Lieferungen** behandelt, die nach der zugrundeliegenden Konzeption entweder vor oder nach der Beförderungs- oder Versendungslieferung stattfinden und nach § 3 Abs. 7 S. 2 Nr. 1 und 2 UStG dementsprechend ihren Lieferort am Beginn oder Ende der Warenbewegung haben.

1.2.5.1 Bestimmung der Leistungsbeziehungen
Um Schwierigkeiten bei der Bearbeitung solcher Sachverhalte zu vermeiden, ist es sinnvoll, sich in einem 1. Schritt Klarheit darüber zu verschaffen, wer an wen liefert. Dies bestimmt sich – ergebnisorientiert – danach, wer mit wem einen (Kauf-)Vertrag eingegangen ist, aus dem heraus er zur Lieferung der Ware verpflichtet ist.

> **Beispiel 11: Grundfall zum Reihengeschäft**
> Unternehmer B mit Sitz in Belgien hat Ende Januar 01 an W in Wolfsburg eine Maschine verkauft. Da B die geordnete Maschine nicht vorrätig hat, bestellt er sie Anfang Februar 01 beim Hersteller H in Hamburg, der die Maschine im März 01 durch den von ihm beauftragten Frachtführer F unmittelbar zu W befördern lässt.
>
> **Lösung – 1. Schritt:** Für die Beantwortung der Frage, wer an wen liefert, bleiben ohne jede Bedeutung: die Ansässigkeit der Beteiligten, die Frage, wo der Warentransport beginnt und wo er endet, und wer für die Abwicklung des Transports verantwortlich zeichnet. Dieser erste Schritt verlangt nur eines, nämlich zu **klären, wer mit wem einen (Kauf-)Vertrag eingegangen ist, aus dem heraus er zur Lieferung von Ware verpflichtet ist.** Dies bereitet keine Probleme. Es hat H

mit B einen Vertrag, der ihn B gegenüber zur Lieferung verpflichtet, und es hat B mit W einen Vertrag, der ihn gegenüber W zur Lieferung verpflichtet. Also liefert H an B und B an W. In der Sprache des § 3 Abs. 1 UStG: B liefert an seinen Abnehmer W, indem im Auftrag des Lieferers B ein Dritter auf Liefererseite, der H, dem Abnehmer des B – dem W – Verfügungsmacht verschafft. H liefert an B, indem er im Auftrage seines Abnehmers B einem Dritten auf Abnehmerseite – dem W – Verfügungsmacht an der Maschine verschafft.

Bereits für diesen ersten Schritt kann es hilfreich sein, eine Skizze zu fertigen, die einen Überblick über die bestehenden vertraglichen Beziehungen sowie die Warenbewegung verschafft.

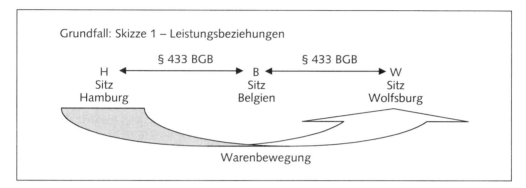

1.2.5.2 Zuordnung der Warenbewegung

In einem **2. Schritt** geht es darum zu **klären, welcher der Lieferungen des Reihengeschäfts die Warenbewegung (Beförderung oder Versendung) zuzuordnen ist**. Dies hängt davon ab, ob der Gegenstand der Lieferung durch den ersten Unternehmer, den letzten Abnehmer oder einen mittleren Unternehmer in der Reihe befördert oder versendet wird. Aus § 3 Abs. 6 S. 1 UStG lässt sich immerhin folgender Grundsatz ableiten: Die Warenbewegung ist dem Umsatz zuzuordnen, bei dem einer der Vertragspartner (oder ein von diesen beauftragter Dritter wie z.B. ein Lagerhalter, der selbst nicht unmittelbar in die Liefervorgänge eingebunden ist) als Lieferer oder Abnehmer den Transport durchgeführt oder veranlasst hat. Wird der Gegenstand der Lieferung durch den ersten Unternehmer in der Reihe befördert oder versendet, so ist die Warenbewegung dessen Lieferung an seinen Abnehmer zuzuordnen.

Lösung – 2. Schritt: Die Warenbewegung ist hier also der Lieferung des H an seinen Abnehmer B zuzuordnen. Der Ort dieser bewegten Lieferung des H an B ist nach § 3 Abs. 6 S. 1 UStG in Hamburg, da dort die Versendung durch den Lieferer H beginnt. Der Ort der unbewegten nachfolgenden Lieferung des B an W ist nach § 3 Abs. 7 S. 2 Nr. 2 UStG dort, wo die Beförderung oder Versendung endet. Dies ist im Grundfall Wolfsburg.

All dies ergibt sich ohne Probleme, wenn die obige Skizze 1 entsprechend den Sachverhaltsvorgaben zur Frage, wer für den Transport verantwortlich ist, vervollständigt wird. Für den Grundfall, bei dem H als erster Unternehmer in der Reihe versendet, ist H hervorzuheben und demzufolge in der folgenden Skizze 2 sein Umsatz an B als bewegter zu kennzeichnen.

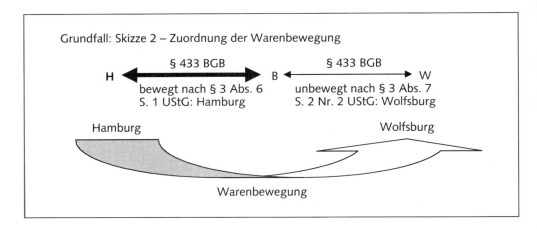

Für den Fall, dass W als letzter Abnehmer die Maschine abholt oder abholen lässt, sind die Ergebnisse aus einem entsprechenden Schaubild ebenfalls problemlos ablesbar. Hervorzuheben ist dann der W und demzufolge ist der Umsatz des B an ihn in der nachfolgenden Skizze 3 als bewegter zu kennzeichnen. Der Lieferort der bewegten Lieferung des B an W bestimmt sich nach § 3 Abs. 6 S. 1 UStG und ist ebenso wie der Lieferort der Lieferung des H an B – unter diesen Umständen eine vorangehende unbewegte Lieferung mit Lieferortsbestimmung nach § 3 Abs. 7 S. 2 Nr. 1 UStG – in Hamburg.

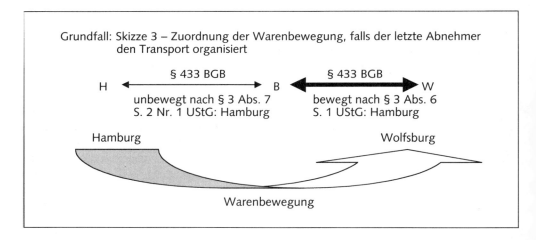

Probleme kann bei diesem Vorgehen nur der Fall bereiten, dass ein **mittlerer Unternehmer** in der Reihe den Liefergegenstand **befördert oder versendet**. Dieser ist nämlich notwendig an zwei Verträgen beteiligt und damit in einer **Doppelrolle**. Er ist Abnehmer der Lieferung (des ersten Unternehmers) an ihn und zugleich Lieferer seiner eigenen Lieferung (an den letzten Abnehmer). In diesem Fall soll nach dem ersten HS des § 3 Abs. 6 S. 6 UStG die Beförderung oder Versendung grundsätzlich – im Sinne einer widerlegbaren Vermutung

– der Lieferung des vorangehenden Unternehmers an ihn zuzuordnen sein. Der mittlere Unternehmer kann jedoch anhand von Belegen und Aufzeichnungen nachweisen, dass er nach § 3 Abs. 6 S. 6 2. HS UStG »**als Lieferer**« aufgetreten und die Beförderung oder Versendung dementsprechend seiner eigenen Lieferung zuzuordnen ist. Hiervon soll regelmäßig auszugehen sein, wenn er aufgrund der mit seinem Vorlieferanten und seinem Abnehmer vereinbarten Lieferkonditionen **Gefahr und Kosten der Beförderung oder Versendung übernommen** hat. Dies lässt sich nur feststellen, wenn der Sachverhalt dazu besondere Angaben enthält – etwa Klauseln wie »ab Werk« oder »frei Haus« nennt. Fehlt es daran, ist die Warenbewegung der Lieferung des ersten Unternehmers an den mittleren Unternehmer B zuzuordnen. Ließe also im Beispielsfall der B als mittlerer Unternehmer die Ware durch den Frachtführer F abholen und an W ausliefern, ergäbe sich folglich keine Änderung gegenüber jener Lösung, bei der H für den Transport verantwortlich zeichnet.

Unter dem Aspekt der Feststellung der Leistungsbeziehungen sowie der Zuordnung der Warenbewegung ist es i.Ü. völlig unerheblich, ob die Warenbewegung wie im Grundfall innerhalb Deutschlands abläuft oder ob mit der zuzuordnenden Warenbewegung Landesgrenzen überschritten werden. Nehmen Sie an, der Sitz des letzten Abnehmers W sei nicht in Wolfsburg, sondern in Wien. Für die Frage, wer an wen liefert, ist dies ebenso ohne Bedeutung wie für die Frage, welchem Umsatz die Warenbewegung zuzuordnen ist. Bedeutsam wird dies freilich unter anderen – z.T. erst später zu erörternden – Gesichtspunkten. So wäre bei einem Sitz des W in Wien und einer Zuordnung der Warenbewegung zum Umsatz des H an B (dazu Skizze 2) die nachfolgende Lieferung des B an W nicht im Inland, sondern in Österreich steuerbar. Für die bewegte Lieferung mit Lieferort in Hamburg stellen sich weiter die Fragen, ob die danach dann im Inland steuerbare Lieferung nicht möglicherweise als innergemeinschaftliche Lieferung steuerbefreit ist und ob der Empfänger der bewegten Lieferung verpflichtet ist, im Bestimmungsland Österreich einen innergemeinschaftlichen Erwerb zu besteuern. Insoweit kann hier nur auf die späteren Ausführungen zu grenzüberschreitenden Umsätzen im Kap. XIV verwiesen werden.

Im Zusammenhang mit Reihengeschäften gilt es an dieser Stelle nur noch auf Folgendes hinzuweisen: Für den Fall, dass der mittlere Unternehmer – im Beispiel 11 der B – für den Transport verantwortlich ist, soll dieser nach A 3.14 Abs. 10 UStAE **bei innergemeinschaftlichen Warenbewegungen nur dann »als Lieferer« handeln können, wenn er unter der USt-Id-Nr. des Mitgliedstaates auftritt, in dem die Beförderung oder Versendung des Gegenstandes beginnt**. Im Beispiel 11 müsste B, sofern er den Transport organisiert und Gefahr und Kosten der Beförderung oder Versendung trägt, also zusätzlich eine USt-Id-Nr. der BRD verwenden. Dies wird nur ausnahmsweise geschehen, so dass auch bei einer Transportorganisation durch den mittleren Unternehmer die Warenbewegung regelmäßig dem Umsatz des ersten Unternehmers in der Reihe an den mittleren Unternehmer zuzuordnen ist.

Hinweis: Während nach Verwaltungsauffassung für die Zuordnung maßgebend sein soll, wie der mittlere Unternehmer aufgetreten ist und ob er nach den Lieferkonditionen Gefahr und Kosten der Beförderung oder Versendung getragen hat, zieht der **BFH** seit Kurzem ein anderes Kriterium für die Zuordnung heran. Mit Urteil vom 11.08.2011 (Az.: V R 3/1, DStR 2011, 2047) hat er in Fortführung der EuGH-Entscheidung vom 16.12.2010 (Büro Tyre Holding BV, DStR 2011, 23) entschieden, dass für die Zuordnung **maßgeblich** darauf abzustellen ist, **ob der mittlere Unternehmer** vor der Beförderung oder Versendung der Ware **seinem Vorlieferanten eine Mitteilung vom Weiterverkauf gemacht hat**.

- Teilt der mittlere Unternehmer seinem Lieferanten den Weiterverkauf nicht mit, ist die Warenbewegung der Lieferung des vorangehenden Lieferers, also der Lieferung an den mittleren Unternehmer, zuzuordnen.
- Teilt der mittlere Unternehmer seinem Lieferanten dagegen vor der Beförderung oder Versendung den Weiterverkauf mit, ist die Beförderung oder Versendung seiner Lieferung, also der Lieferung des mittleren Unternehmers an seinen Abnehmer, zuzuordnen. § 3 Abs. 6 S. 6 2. HS UStG gelangt zur Anwendung.

Die Finanzverwaltung hat auf diese Entscheidungen bis heute nicht reagiert.

Die Sonderregelungen über das **Reihengeschäft** verlangen stets eine **Warenbewegung vom ersten Unternehmer an den letzten Abnehmer**. Hat der mittlere Unternehmer die Ware bereits bei sich, bevor er seinerseits eine Lieferverpflichtung über die Ware eingeht oder eine eingegangene Lieferverpflichtung erfüllt, bleibt es bei den allgemeinen Grundsätzen zum Lieferort. Liefert etwa der Hersteller H mit Sitz in Hamburg unter Eigentumsvorbehalt Waren an den Bremer Unternehmer B aus, die dieser wenig später an einen Abnehmer W in Wolfsburg verkauft und ausliefert, liegt bei den Lieferungen des U an B und des B an W jeweils eine bewegte Lieferung vor, deren Lieferort jeweils nach § 3 Abs. 6 S. 1 UStG zu bestimmen ist.

Mit einem Reihengeschäft nichts zu tun hat auch die herkömmliche Abwicklung eines Kommissionsgeschäfts, bei der der Kommissionär vor der Weiterveräußerung Besitz an der zu veräußernden Ware erhält.[78]

Beispiel 12: Kommissionsgeschäft
Unternehmer U mit Sitz in HH hat im März 01 an den Bremer Kommissionär B Ware mit dem Auftrag übergeben, diese für mindestens 1.000 € netto zu veräußern. B erhält im Erfolgsfall 10 % vom Verkaufserlös. Es gelingt B im April 01, die Ware in Bremen für brutto 1.428 € an den Abnehmer A zu veräußern.

Lösung: Ein **Kommissionär tritt nach § 383 HGB im eigenen Namen** auf. B und nicht etwa U tätigt folglich gegenüber A einen nach § 1 Abs. 1 Nr. 1 UStG steuerbaren Umsatz, indem er A Verfügungsmacht an der Ware verschafft. Der Ort dieser Lieferung ist nach § 3 Abs. 6 S. 1 UStG in Bremen (BMG nach § 10 Abs. 1 S. 1, 2 UStG: 1.200 €; die USt beläuft sich auf 228 € und entsteht gem. § 13 Abs. 1 Nr. 1 Buchst. a S. 1 UStG mit Ablauf VAZ 04/01). Eine weitere steuerbare Lieferung erfolgt zwischen U und B (klarstellend dazu § 3 Abs. 3 UStG). Die Verfügungsmacht ist trotz Aushändigung der Ware an B im März 01 zunächst bei U verblieben. Indem U die Ware an B aushändigt, tätigt er folglich noch keine Lieferung nach § 3 Abs. 1 UStG. Die **Lieferung des Kommittenten an den Kommissionär** erfolgt nach h.M. erst in einer logischen **Sekunde vor der Weiterlieferung des Kommissionärs** an seinen Abnehmer. Da hierbei die Ware nicht bewegt wird, handelt es sich um eine **unbewegte Lieferung** mit Ortsbestimmung nach § 3 Abs. 7 S. 1 UStG, hier also Bremen (die BMG nach § 10 Abs. 1 S. 1, 2 UStG beträgt formelhaft: Verkaufserlös des Kommittenten abzgl. Provision und sonstiger Veräußerungskosten – hier: 1.428 € abzgl. 142,80 € = 1.285,20 € – abzgl. USt – hier: 205,20 € – = 1.080 €; die USt von 205,20 € entsteht gem. § 13 Abs. 1 Nr. 1 Buchst. a S. 1 UStG mit Ablauf des VAZ 04/01).

---

[78] Leistungsstörungen bei der Abwicklung von Kommissionsgeschäften und deren umsatzsteuerrechtliche Abwicklung sind Gegenstand eines Beitrags von *Hahne* (UR 2007, 677).

Die umsatzsteuerrechtliche Beurteilung einer so abgewickelten Verkaufskommission entspricht damit dem Grunde nach der einer Verwertung von Sicherungsgut durch den Sicherungsnehmer (s. dazu oben Beispiel 4).

2 Sonstige Leistungen und deren Ort

§ 3 Abs. 9 S. 1 UStG beschränkt sich darauf, sonstige Leistungen als Leistungen zu beschreiben, die keine Lieferungen sind. § 3 Abs. 9 S. 2 UStG hebt hervor, was selbstverständlich ist: Sonstige Leistungen können nicht nur in einem **Tun**, sondern auch in einem **Dulden oder Unterlassen** bestehen. Typische sonstige Leistungen sind etwa Dienst- oder **Werkleistungen**, **Gebrauchs- und Nutzungsüberlassungen** aufgrund von Miet- oder Pachtverträgen oder der Einräumung eines Nießbrauchsrechts (anders bei lebenslangem Nießbrauch: hier liegt eine Lieferung vor), die Darlehensgewährung, **Vermittlungsleistungen**, die Übertragung von Rechten und Forderungen, aber auch die **Übertragung immaterieller Wirtschaftsgüter wie z.B. Firmenwert und Kundenstamm** (vgl. dazu die Ergänzung des A 3.1 Abs. 4 S. 2 UStAE durch BMF vom 08.06.2011, BStBl I 2011, 582). Unter Klausurgesichtspunkten verdienen auch **Beförderungs- und Besorgungsleistungen** besondere Aufmerksamkeit. Weitere Beispiele lassen sich aus den Regelungen zum Leistungsort sonstiger Leistungen in § 3a Abs. 3 und 4 UStG ableiten.

2.1 Grundprobleme bei der Ortsbestimmung

Während der Ort von Lieferungen trotz mancher Verschiebungen bei bewegten Lieferungen und spezieller Regelungen bei Reihengeschäften noch relativ leicht zu bestimmen ist, beinhalten die §§ 3a und 3b UStG (sowie § 3e und § 3f UStG) für den Ort von sonstigen Leistungen umfangreiche und z.T. komplizierte Regelungen. Dem Charakter der USt als Verbrauchsteuer entspräche es, sonstige Leistungen jeweils in dem Staat zu besteuern, in dem der (End-)Verbrauch tatsächlich stattfindet. Andererseits muss aber sowohl für den leistenden Unternehmer als auch für den Fiskus der **Ort rechtssicher bestimmbar** sein. Es muss verwaltungstechnisch einfach zu überprüfen sein, wo (in welchem Staat) die sonstige Leistung zu besteuern ist.

Hinsichtlich der Ortsbestimmung für sonstige Leistungen hat das JStG 2009 bedeutsame **Änderungen** mit Wirkung ab dem **01.01.2010** gebracht. Die neuen Regelungen zum Ort der sonstigen Leistung verfolgen das **Ziel, bei der Besteuerung sonstiger Leistungen mehr als bisher das Bestimmungslandprinzip zu verwirklichen**, d.h. eine Besteuerung im Staat des tatsächlichen Verbrauches zu gewährleisten. Den Ort generell danach zu bestimmen, wo der Leistungsempfänger die Leistung tatsächlich verbraucht, kann allerdings unverändert nicht in Betracht kommen. In vielen Fällen ist dieser Ort nämlich weder für den leistenden Unternehmer rechtssicher feststellbar noch für ihn und die Finanzverwaltung überprüfbar und nachweisbar. Insoweit bleibt es weiter dabei, dass für den **Leistungsort zumeist an äußere Umstände** angeknüpft wird, die für die Beteiligten bei Leistungserbringung erkennbar sind.

Der **Ort des tatsächlichen Verbrauches** lässt sich nur für einige wenige sonstige Leistungen schon nach der Art der Leistung bereits bei Erbringung/Abgabe der Leistung rechtssicher erkennen. Problemlos ist dies **nur möglich, wenn ein sofortiger Verbrauch schon bei Leistungsabgabe** eintritt. Ein relativ sicherer und leicht erkennbarer Anknüpfungspunkt für die Ortsbestimmung einer sonstigen Leistung ist der Ort, von dem aus ein Unternehmen betrieben wird (Unternehmenssitz). Der Sitzort des leistenden Unternehmers wird aber regelmäßig am weitesten entfernt vom tatsächlichen Ort des tatsächlichen Verbrauchs sein. Die größere Annäherung an den Ort des tatsächlichen Verbrauchs ergibt sich, wenn auf den Sitzort/Ansässigkeitsort des Empfängers abgestellt wird. Dies passt freilich schlecht zu einer indirekten Steuer, die beim leistenden Unternehmer erhoben wird. Jener müsste sich, wenn er an Nichtunternehmer leistet, jeweils dort registrieren lassen, wo seine Abnehmer ansässig sind, die als Nichtunternehmer keinerlei Erklärungs-, Kontroll- oder Zahlungspflichten gegenüber dem Fiskus treffen.

2.2 Grundregeln in § 3a Abs. 1 und 2 UStG

Vor diesem Hintergrund differenziert das UStG hinsichtlich der Ortsbestimmung für sonstige Leistungen nunmehr mit Wirkung **ab dem 01.01.2010** wie folgt: **Es wird grundsätzlich danach unterschieden, ob die sonstige Leistung an einen Unternehmer oder an einen Nichtunternehmer als Leistungsempfänger erbracht wird.** Dabei werden sonstige Leistungen an nicht unternehmerisch tätige juristische Personen, denen eine USt-Id-Nr. erteilt worden ist, hinsichtlich der Ortsregelung so behandelt wie sonstige Leistungen, die an Unternehmer für deren Unternehmen erbracht werden.

Für sonstige **Leistungen an Unternehmer** (und nichtunternehmerische juristische Personen mit USt-Id-Nr.) gilt in Übereinstimmung mit Art. 44 MwStSystRL nach der **Grundregel des § 3a Abs. 2 UStG das Empfängerortprinzip**. Die Leistung wird an dem Ort ausgeführt, an dem der empfangende Unternehmer sein Unternehmen betreibt. Sofern die Leistung an eine Betriebsstätte (feste Niederlassung) erbracht wird, ist der Ort der Betriebsstätte maßgebend. Nach § 3a Abs. 2 UStG soll diese Ortsbestimmung aber nur zur Anwendung kommen, wenn die Leistung an einen Unternehmer und **für sein Unternehmen**[79] ausgeführt wurde. Durch das Abstellen auf den Empfängerort wird in diesen Fällen erreicht, dass damit für den Regelfall die Besteuerung auch in dem Staat stattfindet, in dem der tatsächliche Verbrauch der Leistung durch den Empfänger erfolgt. Insoweit entspricht dies dann den Besteuerungsprinzipien bei der Ausfuhr bzw. der innergemeinschaftlichen Lieferung von Waren. Dabei wird die Lieferung im Ursprungsland nicht mit USt belastet und im Bestimmungsland besteuert (dazu ausführlich Kap. XIV 1). Entsprechend wird für den Fall, dass der Empfänger Unternehmer ist, die »Ausfuhr« von sonstigen Leistungen behandelt. Grundsätzlich soll auch hier die Besteuerung in dem Land erfolgen, in dem der Empfänger ansässig ist (**Bestimmungslandprinzip**). Für eine solche Leistungsortbestimmung spricht zusätzlich, dass sie einfach zu handhaben ist, weil sich i.d.R. der Sitz des Leistungsempfängers ohne große Mühe bestimmen lässt. Für einen leistenden Unternehmer, der im Ausland ansässig ist, bedeutet dies allerdings nicht, dass er in dem Land, in dem die sonstige Leistung ihren Leistungsort hat, umsatzsteuerrechtliche Verpflichtungen zu erfüllen hat. Und zwar des-

---

79 Da weder in § 3a Abs. 2 UStG noch an anderer Stelle im Gesetz geregelt ist, wie der leistende Unternehmer nachzuweisen hat, dass der Leistungsempfänger Unternehmer ist und dieser die Leistung auch für seinen unternehmerischen Bereich zu verwenden beabsichtigt, bleibt ihm dies selbst überlassen. Der UStAE enthält dazu in A 3a.2 Abs. 9–11 Ausführungen, die für die Praxis hilfreich sein können (u.a. Indizwirkung einer vom Leistungsempfänger verwendeten USt-Id-Nr. bzw. bei Leistungsempfängern aus dem Drittlandsgebiet Nachweisbescheinigung des Sitzstaats zur Unternehmereigenschaft).

halb, weil bei grenzüberschreitenden sonstigen Leistungen, die an Unternehmer erbracht werden, regelmäßig eine **Umkehr der Steuerschuldnerschaft** eintritt. Sofern etwa ein im Ausland ansässiger Unternehmer an einen im Inland ansässigen Unternehmer (oder eine im Inland ansässige juristische Person, vgl. § 13b Abs. 5 S. 1 1. HS UStG) eine hier im Inland steuerpflichtige sonstige Leistung erbringt, wird der **Leistungsempfänger Schuldner** der durch die steuerpflichtige Leistung an ihn ausgelösten USt. Die USt wird abweichend vom Normalfall nicht vom leistenden Unternehmer, sondern vom Leistungsempfänger geschuldet. Dieser hat sie bei seinem FA zu erklären, und er kann seinerseits die von ihm geschuldete USt bei seinem Fiskus als VSt geltend machen (vgl. für das deutsche Umsatzsteuerrecht § 13b Abs. 2 Nr. 1 i.V.m. Abs. 5 und § 15 Abs. 1 Nr. 4 UStG). Für sonstige Leistungen an Unternehmer (und gleichgestellte juristische Personen mit USt-Id-Nr.), die einer Ortsbestimmung nach § 3a Abs. 2 UStG unterliegen, schreibt Art. 196 MwStSystRL **innerhalb der Europäischen Gemeinschaft zwingend** die Umkehr der Steuerschuldnerschaft vor. Dieses Zusammenspiel zwischen § 3a Abs. 2 UStG und § 13b Abs. 1 und Abs. 5 UStG erfasst seit dem 01.01.2010 u.a. die im zwischenunternehmerischen Bereich besonders bedeutsamen und auch in **A 3a.2 Abs. 16 UStAE** hervorgehobenen

- **Güterbeförderungsleistungen**,
- die **Vermittlungsleistungen**,
- **Werkleistungen an beweglichen körperlichen Gegenständen** sowie die
- sog. **Katalogleistungen in § 3a Abs. 4 UStG**.

Hinweis: Bei **Güterbeförderungsleistungen** (und damit im Zusammenhang stehenden Leistungen), **Arbeiten an beweglichen körperlichen Gegenständen** (Werkleistungen) und einigen anderen sonstigen Leistungen, die an sich der Ortsbestimmung nach § 3a Abs. 2 UStG unterliegen, greift ab 01.01.2011 eine Ausnahme. Werden diese Leistungen tatsächlich im Drittlandsgebiet ausgenutzt oder verwertet, soll der Leistungsort abweichend von § 3a Abs. 2 UStG und damit unabhängig von der Ansässigkeit des Auftraggebers im Drittlandsgebiet liegen. Dies sieht **§ 3a Abs. 8 UStG** vor.

Von den sonstigen Leistungen an Unternehmer für deren Unternehmen sind **Leistungen an Nichtunternehmer** zu unterscheiden. Da die Erhebung der Steuer beim Leistungsempfänger praktisch nur möglich ist, wenn dieser als **Unternehmer** erfasst ist, bleibt es bei **Leistungen an Nichtunternehmer** – soweit es sich um Umsätze **innerhalb der Gemeinschaft** handelt – regelmäßig beim **Ursprungslandprinzip**. Verwirklicht wird dies in der Weise, dass sich der Leistungsort nach **§ 3a Abs. 1 UStG** grundsätzlich nach dem **Ort bestimmt, von dem aus der leistende Unternehmer sein Unternehmen betreibt**. Es ist also zunächst zu klären, wer Leistungsbezieher ist und für welche Zwecke er die Leistung bezieht. Dies gilt unabhängig davon, dass die genannten Grundsatzregelungen in § 3a Abs. 1 und Abs. 2 UStG nur »**vorbehaltlich der Absätze 3–7 und der §§ 3b, § 3e und § 3f**« zur Anwendung kommen. Jene vorrangig zu prüfenden speziellen Regelungen zum Leistungsort unterscheiden nämlich ihrerseits zumeist danach, welchen Status der Abnehmer hat.

2.3 Besondere Anknüpfungspunkte für Leistungsortbestimmungen

Unter den wenigen Regelungen, die **unabhängig vom Status des Abnehmers andere Anknüpfungspunkte** für die Ermittlung des Leistungsortes normieren, verdient § 3a Abs. 3 Nr. 1 Buchst. a–c UStG besondere Aufmerksamkeit.

2.3.1 Belegenheitsort (Grundstücksumsätze)

Soweit es um Leistungen im Zusammenhang mit einem **Grundstück** geht, knüpft **§ 3a Abs. 3 Nr. 1 Buchst. a–c UStG** für die Bestimmung des Leistungsorts an den **Belegenheitsort** des Grundstücks an. Entwirft etwa ein in Amsterdam ansässiger Architekt für seinen deutschen Auftraggeber die Pläne für den Bau eines Hauses, so ist der Ort der Architektenleistung allein davon abhängig, wo das Grundstück gelegen ist, auf dem das Haus errichtet werden soll. Liegt es im Inland, hat die sonstige Leistung des Architekten, die der Vorbereitung und Ausführung von Bauleistungen dient, ihren Leistungsort nach § 3a Abs. 3 Nr. 1 Buchst. c UStG ebenfalls im Inland und ist dort nach § 1 Abs. 1 Nr. 1 UStG steuerbar; liegt das Grundstück im Ausland, entfällt eine Steuerbarkeit im Inland. **Ohne jede Bedeutung bleiben für die Ortsbestimmung die Nationalität und der Sitz der Beteiligten, der Abnehmerstatus als Unternehmer oder Privatperson** oder gar der Ort, wo die Pläne übergeben werden (Begründung: Auch wenn die Architektenleistung sich schließlich in der Übergabe von Plänen dokumentiert, handelt es sich bei ihr nicht um eine Lieferung).

Geht es um eine sonstige Leistung, die im Zusammenhang mit einem Grundstück steht, genießt der Belegenheitsort nach § 3a Abs. 3 Nr. 1 UStG nicht nur Vorrang gegenüber § 3a Abs. 1 UStG und § 3a Abs. 2 UStG, sondern auch gegenüber einer Ortsbestimmung nach § 3a Abs. 3 Nr. 4 UStG.

> **Beispiel 13: Grundstücksumsätze im Ausland**
> Makler M mit Sitz in Hamburg ist für den in Lübeck ansässigen Bauunternehmer B damit befasst, verschiedene seiner in Frankreich belegenen Eigentumswohnungen »an den Mann zu bringen«. Er vermittelt u.a. den Verkauf einer der Wohnungen an einen in Belgien ansässigen Amerikaner (und berechnet B als Honorar für seine Vermittlungsbemühungen 5.000 € zzgl. 950 € USt).
>
> **Lösung:** Der Ort der sonstigen Leistung des Maklers liegt gem. § 3a Abs. 3 Nr. 1 Buchst. b UStG in Frankreich, da die Leistung des Maklers im Zusammenhang mit der Veräußerung der in Frankreich belegenen ETW steht. § 3a Abs. 3 Nr. 1 Buchst. b UStG genießt insoweit Vorrang vor der Grundregel zum Leistungsort im zwischenunternehmerischen Bereich in § 3a Abs. 2 UStG. Da die Vermittlungsleistung sich auf ein Grundstück bezieht, ist sie trotz der Beauftragung durch den inländischen Auftraggeber B im Inland nicht steuerbar nach § 1 Abs. 1 Nr. 1 UStG (M hat also in »einer Rechnung für eine sonstige Leistung einen höheren Betrag, als er nach diesem Gesetz für den Umsatz schuldet, gesondert ausgewiesen«. Er schuldet »den Mehrbetrag« von 950 € nach § 14c Abs. 1 UStG. Ein VSt-Abzug des B nach § 15 Abs. 1 Nr. 1 UStG kommt nicht in Betracht. Begründung: Es handelt sich bei den ausgewiesenen 950 € nicht um die gesetzlich geschuldete Steuer für eine bezogene sonstige Leistung).

Unter § 3a Abs. 3 Nr. 1 Buchst. b UStG fällt auch die Vermittlung einer Vermietung von Grundstücken, **nicht** aber die **Vermittlung einer kurzfristigen Vermietung** von Zimmern in Hotels, Gaststätten oder Pensionen. Wird solche Vermittlungsleistung an Unternehmer erbracht, gelangt die Grundregel des § 3a Abs. 2 UStG zur Anwendung (A 3a.3 Abs. 9 UStAE); sind Nichtunternehmer Empfänger einer solchen Vermittlungsleistung, bestimmt sich der Leistungsort nach § 3a Abs. 3 Nr. 4 UStG (A 3a.7 Abs. 1 S. 3 UStAE). Bei der Anwendung des § 3a Abs. 3 Nr. 1 UStG ist zu beachten, dass der Katalog in den Buchst. a–c ein beispielhafter (»insb.«), kein abschließender ist. Eine Aufzählung der in Betracht kommenden sonstigen Leistungen enthält **A 3a.3 UStAE** mit einem Negativkatalog in A 3a.3 Abs. 10 UStAE (u.a. Rechts -und Steuerberatung in Grundstückssachen).

2.3.2 Übergabeort – (Kurzfristige) Vermietung von Beförderungsmitteln

Nach der bis 31.12.2009 geltenden Fassung des UStG bestimmte sich der Ort der Vermietung von Beförderungsmitteln, also insbesondere auch der beim Leasing, grundsätzlich nach dem Ort, von dem aus der vermietende Unternehmer sein Unternehmen betreibt. Ohne Bedeutung blieb der Zeitraum der Vermietung. Nach der neuen Ortsbestimmung in § 3a Abs. 3 Nr. 2 UStG ist **ab 01.01.2010 zwischen der lang- und der kurzfristigen Vermietung von Beförderungsmitteln zu unterscheiden**.

Der Ort einer **kurzfristigen Vermietung** eines Beförderungsmittels liegt **dort, wo das Beförderungsmittel dem Empfänger tatsächlich zur Verfügung gestellt wird**. Kurzfristig ist gem. § 3a Abs. 3 Nr. 2 Buchst. b UStG ein Zeitraum von nicht mehr als 90 Tagen bei Wasserfahrzeugen und von nicht mehr als 30 Tagen bei anderen Beförderungsmitteln (§ 3a Abs. 3 Nr. 2 Buchst. a UStG).[80] Vermietet also z.B. ein Bootsvermietungsunternehmen mit Sitz in Düsseldorf eine Yacht an einen Unternehmer oder eine Privatperson für drei Wochen und erfolgt die Übergabe der Yacht in einem italienischen Adriahafen, so ist dort auch der Leistungsort.

Während diese neue Regelung sowohl für zwischenunternehmerische Umsätze als auch für solche an private Endverbraucher gilt, bestimmt sich der **Ort einer langfristigen Vermietung** eines Beförderungsmittels **nach den neuen Grundregeln**: In den Fällen zwischenunternehmerischer Umsätze also danach, von wo aus der Leistungsempfänger sein Unternehmen betreibt (§ 3a Abs. 2 UStG, Empfängerortprinzip), bei Umsätzen an private Endverbraucher erfolgt die langfristige Vermietung eines Beförderungsmittels grundsätzlich an dem Ort, an dem der leistende Unternehmer sein Unternehmen betreibt (§ 3a Abs. 1 UStG).[81]

Eine **Sonderregelung für die kurzfristige Vermietung bestimmter Fahrzeuge** (Schienenfahrzeug, Omnibus oder ein ausschließlich zur Beförderung von Gegenständen bestimmtes Straßenfahrzeug) enthält **§ 3a Abs. 7 UStG**. Danach ist die kurzfristige Vermietung abweichend von Abs. 3 Nr. 2 als im Drittlandsgebiet ausgeführt zu behandeln, wenn die **Leistung an einen im Drittlandsgebiet ansässigen Unternehmer** erbracht wird, der das Fahrzeug für unternehmerische Zwecke im Drittlandsgebiet nutzt. Für den Fall einer langfristigen

---

80 Um Missbrauch zu verhindern, bestimmt A 3a.5 Abs. 2 S. 5 UStAE, dass sich die Dauer der Vermietung nicht nach der vertraglichen Vereinbarung, sondern nach der tatsächlichen Nutzungsdauer richten soll. Wird ein Fahrzeug mehrfach unmittelbar hintereinander vermietet, liegt eine kurzfristige Vermietung nur dann vor, wenn der ununterbrochene Vermietungszeitraum mehr als 90 Tage bzw. 30 Tage insgesamt nicht überschreitet.
81 Das Jahressteuergesetz 2013 sieht das **Empfängerortprinzip** auch für die langfristige Vermietung von Beförderungsmitteln an **Nichtunternehmer** vor (Ausnahme: Sportboote).

Vermietung der Fahrzeuge an einen im Drittandsgebiet ansässigen Unternehmer folgt der Leistungsort Drittland bereits aus der Grundsatzregelung des § 3a Abs. 2 S. 1 UStG.

Ist der leistende **Unternehmer im Drittlandsgebiet** ansässig und werden die vermieteten **Beförderungsmittel im Inland genutzt**, wird – umgekehrt – nach § 3a Abs. 6 S. 1 Nr. 1 UStG die Vermietungsleistung als im Inland ausgeführt behandelt.

Beispiel 14: Vermietung durch Drittlandsunternehmer bei Nutzung im Inland
Ein Mitarbeiter des Hamburger Unternehmers H bleibt mit dem Firmen-Lkw in der Schweiz liegen. Er mietet bei dem in der Schweiz ansässigen Autovermieter A für eine Woche einen Lkw, lädt die Ware um und fährt anschließend mit dem gemieteten Lkw zum Firmensitz nach Hamburg, wo der Wagen bis zum vereinbarten Rückgabetermin genutzt wird.

Lösung: Der Leistungsort der Vermietungsleistung des A wäre nach § 3a Abs. 3 Nr. 2 UStG grundsätzlich in der Schweiz. Da der Lkw bei dieser kurzfristigen Vermietung aber im Inland genutzt wird, ist die Leistung nach § 3a Abs. 6 S. 1 Nr. 1 UStG als im Inland ausgeführt zu behandeln. Als Unternehmer wird der H nach § 13b Abs. 2 Nr. 1 UStG i.V.m. § 13b Abs. 5 UStG zum Schuldner der durch die Vermietungsleistung ausgelösten USt.

2.3.3 Tätigkeitsort

Neben dem Belegenheitsort und dem Übergabeort kennt das UStG als besonderen Anknüpfungspunkt zur Bestimmung des Leistungsortes auch noch den **Tätigkeitsort**. Dies ist der Ort, an dem die sonstigen Leistungen tatsächlich erbracht werden. Bei den Regelungen, die – wie insb. § 3a Abs. 3 Nr. 3 Buchst. a–c und Nr. 5 UStG, aber auch § 3b Abs. 2 UStG – zur Ortsbestimmung an den Tätigkeitsort anknüpfen, gilt es, vorab auf eines besonders zu achten. Der Eingangssatz in § 3a Abs. 3 UStG (»Abweichend von den Absätzen 1 und 2 gilt: ...«) lässt an sich erwarten, dass die Anknüpfung an den Tätigkeitsort in § 3a Abs. 3 Nr. 3 Buchst. a–c UStG für alle dort genannten Leistungen gelten soll, unabhängig vom Status des Abnehmers. Dies ist freilich nicht so. Gleich bei mehreren sonstigen Leistungen in der Rubrik Tätigkeitsort soll jener nämlich nur dann Anwendung finden können, wenn die Leistung »an einen Empfänger (erbracht wird), der weder ein Unternehmer ist, für dessen Unternehmen die Leistung bezogen wird, noch eine nicht unternehmerisch tätige juristische Person, der eine USt-Id-Nr. erteilt worden ist«. Dies bedeutet nichts anderes, als dass dort, wo dieser Zusatz steht, zur Ortsbestimmung im zwischenunternehmerischen Bereich die Grundregel des § 3a Abs. 2 UStG heranzuziehen ist, ein Vorrang des Tätigkeitsorts also nur gegenüber § 3a Abs. 1 UStG besteht. Hiervon erfasst sind u.a. die in § 3a Abs. 3 Nr. 3 Buchst. a UStG aufgeführten kulturellen, künstlerischen, unterhaltenden und ähnlichen Leistungen, die typischerweise im Rahmen von Veranstaltungen erbracht werden. Ihr Leistungsort ist dort, wo die Veranstaltungen tatsächlich stattfinden. Dies gilt aber nur, wenn diese Leistungen weder an einen Unternehmer für dessen Unternehmen noch an eine gleichgestellte juristische Person erbracht werden. Bei diesen Leistungsempfängern richtet sich der Leistungsort nach **§ 3a Abs. 2 UStG** (Empfängerortsprinzip). Ausgenommen hiervon sind lediglich die **Eintrittsberechtigungen** zu kulturellen, unterhaltenden und ähnlichen Veranstaltungen. Hier gilt uneingeschränkt der Tätigkeitsort als Leistungsort – auch für den Fall, dass Unternehmer die Veranstaltungen aus unternehmerischen Gründen besuchen. So sieht es § 3a Abs. 3 Nr. 5 UStG vor.

Auf den jeweiligen Tätigkeitsort ist nach § 3a Abs. 3 Nr. 3 Buchst. c UStG aber auch abzustellen, wenn der Unternehmer **Werkleistungen an beweglichen körperlichen Gegenständen** erbringt oder solche Gegenstände begutachtet, allerdings auch insoweit wiederum **nur, wenn diese Leistungen private Abnehmer haben**. Werden die Werkleistungen an Unternehmer oder diesen gleichgestellte juristische Personen des öffentlichen Rechts erbracht, werden sie von der Grundregel des § 3a Abs. 2 UStG erfasst.

Beispiel 14a: Leistungsort von Werkleistungen
Ein Mechaniker der Werkstatt W mit Sitz in der Cuxhavener Innenstadt repariert im Freihafen Cuxhaven mit ein paar Handgriffen den dort liegen gebliebenen Pkw eines dänischen Urlaubers (Privatperson).

Abwandlung: Er repariert den liegen gebliebenen Lkw des dänischen Unternehmers Smörre.

Lösung: Bei der Reparaturleistung handelt es sich um eine sonstige Leistung i.S.d. § 3 Abs. 9 UStG (der Sachverhalt enthält keine Anhaltspunkte für eine Werklieferung nach § 3 Abs. 4 UStG). Die sonstige Leistung besteht in Arbeiten an einem beweglichen körperlichen Gegenstand und hat damit ihren Leistungsort gem. § 3a Abs. 2 Nr. 3 Buchst. c UStG im Freihafen. Durch das Wort »tatsächlich« im Eingangssatz des § 3a Abs. 2 Nr. 3 UStG wird klargestellt, dass auf die **Abwicklung des einzelnen Umsatzes** und nicht auf die Gesamttätigkeit des Unternehmens (hier Unternehmenssitz in der Cuxhavener Innenstadt) abzustellen ist. Da der Freihafen nach § 1 Abs. 2 S. 1 UStG nicht zum Inland gehört, ist der Vorgang für W also grundsätzlich nicht steuerbar nach § 1 Abs. 1 Nr. 1 UStG. (Um unbesteuerten Endverbrauch im Freihafen zu verhindern, ist die Reparatur aber gem. § 1 Abs. 3 Nr. 2 UStG wie ein Umsatz im Inland und damit als steuerbar zu behandeln; dazu näher s. Kap. XIV 2.2). Wird die Reparaturleistung an den Unternehmer Smörre erbracht, gelangt § 3a Abs. 2 UStG als Grundregel für sonstige Leistungen im zwischenunternehmerischen Bereich zur Anwendung. Die Reparaturleistung ist in Deutschland nicht steuerbar. Der Ort befindet sich in Dänemark. Smörre wird in Dänemark als Leistungsempfänger Steuerschuldner der USt auf diese Reparaturleistung nach § 13b Abs. 1, Abs. 5 dänisches UStG.

Nach § 3b Abs. 2 UStG kommt **der Tätigkeitsort** als Leistungsort auch dann in Betracht, wenn es zu **selbständig zu beurteilenden Leistungen** im Zusammenhang mit einer Güterbeförderung kommt. Das **Beladen, Entladen, Umschlagen** und ähnliche im Zusammenhang mit einer Güterbeförderung stehende Leistungen haben nach § 3b Abs. 2 UStG ihren Leistungsort jeweils dort, wo der Unternehmer diese Leistungen tatsächlich erbringt. Wie bei den in § 3a Abs. 2 Nr. 3 Buchst. a und c UStG aufgeführten Leistungen gilt dies **aber nur, wenn diese Leistungen nicht an Unternehmer oder ihnen gleichgestellte juristische Personen des öffentlichen Rechts erbracht werden**. Dann findet auch insoweit § 3a Abs. 2 UStG Anwendung.

Unabhängig vom Status des Abnehmers ist der Tätigkeitsort letztlich nur maßgebend, wenn es um die **Abgabe von Speisen und Getränken zum Verzehr an Ort und Stelle (Restaurationsumsätze)** geht. Gem. § 3a Abs. 3 Nr. 3 Buchst. b UStG gilt als Ort dieser Dienstleistungen grundsätzlich (Ausnahmen in § 3e UStG) der Ort, an dem diese Dienstleistungen tatsächlich erbracht werden.[82] Obwohl der Gesetzgeber nunmehr für die Ortsbestimmung

---

82 **Hinweis:** § 13b Abs. 3 Nr. 6 UStG nimmt die Abgabe von Speisen und Getränken ausdrücklich aus dem Anwendungsbereich der Steuerschuldnerschaft des Leistungsempfängers aus, wenn die Abgabe in bestimmten Verkehrsmitteln (Schiff, Eisenbahn, Flugzeug) stattfindet, d.h.: Ein ausländischer Un-

die sog. Restaurationsumsätze wieder ausdrücklich erwähnt, hat er darauf verzichtet, die Abgabe von Speisen und Getränken zum Verzehr an Ort und Stelle näher zu definieren. Es bleiben insoweit also die bekannten Abgrenzungsprobleme bei sog. Mischfällen wie Cateringleistungen, Leistungen eines Partyservices oder auch bei der Abgabe von Nahrungsmitteln in einem Kino, einem Theater oder in einem Stadion. Die Lösungen im Einzelfall hängen von der grundsätzlichen Sichtweise ab. Entweder bewertet man grundsätzlich jede Essensabgabe zunächst als Dienstleistung, es sei denn, es liegen besondere Umstände vor, die die Leistung zu einer Lieferung umqualifizieren – so tendenziell die Finanzverwaltung –, oder der Bewertungsansatz geht grundsätzlich von einer Lieferung aus, es sei denn, es treten gewichtige Dienstleistungselemente hinzu, die erlauben, die Leistung zu einer sonstigen Leistung umqualifizieren, die dann dem Regelsteuersatz unterliegt.

Hinweis: Mit zwei Urteilen vom 30.06.2011 (Az.: V R 35/08 und V R 18/10) hat der BFH erneut zur Abgrenzung von Essenslieferungen (Steuersatz 7 %) und Restaurationsleistungen (Steuersatz 19 %) Stellung genommen. Die Entscheidungen beruhen auf einem Urteil des EuGH vom 10.03.2011 (C-497/09, C-499/09, C-502/09, Bog u.a.)[83], das aufgrund von Vorlagen des BFH ergangen ist.

Danach liegt eine dem ermäßigten Steuersatz unterliegende **Essenslieferung** vor, **wenn nur einfach zubereitete Speisen** (wie z.B. Bratwürste oder Pommes Frites oder ähnlich standardisiert zubereitete Speisen) **abgegeben werden und** dem Kunden lediglich **behelfsmäßige Verzehrvorrichtungen** (wie z.B. Theken oder Ablagebretter bei Imbissständen) zur Einnahme der Speisen angeboten werden, und die Speisen nur im Stehen eingenommen werden können (Az.: V R 35/08).

Zu einem dem Regelsteuersatz unterliegenden **Restaurationsumsatz** führt die Abgabe von Standardspeisen dagegen, sobald der leistende Unternehmer seinen **Kunden zusätzliches Mobiliar wie Tisch(e) mit Sitzgelegenheiten zur Verfügung** stellt. Im Unterschied zur früheren Rspr. sind dabei jedoch Verzehrvorrichtungen Dritter – wie z.B. Tische und Bänke eines Standnachbarn – nicht zu berücksichtigen, auch wenn diese im Interesse des leistenden Unternehmers aufgestellt wurden (Az.: V R 18/10).

2.4 Einzelne sonstige Leistungen mit besonderen Fragestellungen

Im Folgenden soll es darum gehen, einzelnen sonstigen Leistungen, die unter Klausurgesichtspunkten über die Frage ihres Leistungsorts hinaus besondere Problemstellungen aufwerfen, besondere Aufmerksamkeit zukommen zu lassen. Solche besondere Aufmerksamkeit verdienen u.a. die Vermittlungsleistungen.

2.4.1 Vermittlungsleistungen

Vermittlungsleistungen sind dadurch charakterisiert, dass derjenige, der sie erbringt, fremde Angelegenheiten wahrnimmt, dabei aber, anders als etwa der Spediteur (er erbringt regelmäßig Besorgungsleistungen) oder der Kommissionär nicht im eigenen Namen tätig

---

ternehmer, der diese Leistungen im Inland erbringt, wird unabhängig vom Abnehmerstatus stets selbst zum Schuldner der hierdurch ausgelösten USt.
83 Ausführlich zu den Auswirkungen dieses Urteils *Monfort* (NWB 13/2011, 1059).

wird. Soweit der Vermittler in den Verkauf von Produkten eingeschaltet ist, schließt der Vermittler über die Produkte, die es an den Mann zu bringen gilt, entweder sogleich Verträge im Namen des Produktanbieters (Auftraggeber des Vermittlers) ab oder er beschränkt sich darauf, einem Vertragsabschluss zwischen dem Produktanbieter und dem potentiellen Kunden den Weg zu ebnen, indem er die beiden an den Verhandlungstisch bringt. In beiden Fällen ist der Vermittler selbst darauf beschränkt, eine Vermittlungsleistung an seinen Auftraggeber, den Produktanbieter, zu erbringen. Nicht etwa wird der Vermittler selbst Vertragspartner des Kunden, der an den Produkten interessiert ist, für die der Vermittler Kunden zu gewinnen hat. Entsprechendes gilt, wenn nicht der Produktanbieter, sondern der Interessent an einem bestimmten Produkt einen Vermittler einschaltet (vgl. dazu Beispiel 15a). Der Vermittler ist darauf beschränkt, eine Vermittlungsleistung an seinen Auftraggeber (bei dieser Variante dem Produktinteressenten) zu erbringen. Als klassisches Beispiel für einen Kaufmannstyp, der Vermittlungsleistungen erbringt, steht die in § 84 HGB näher charakterisierte Berufsgruppe der **Handelsvertreter**. Daneben sind auch **Handelsmakler** von Berufs wegen damit befasst, Vermittlungsleistungen zu erbringen. Soweit gewöhnliche Unternehmer Umsätze vermitteln, bedarf es ggf. besonderer Prüfung, inwieweit sie bei diesen Aktivitäten »im Rahmen ihres Unternehmens« agieren; regelmäßig wird es sich bei ihnen um ein Hilfsgeschäft handeln.

Auch Vermittlungsleistungen haben eine **spezielle Bestimmung zum Leistungsort** erhalten. Diese findet sich in **§ 3a Abs. 3 Nr. 4 UStG**. Sie folgt dem Muster, das die bereits erörterten sonstigen Leistungen in § 3a Abs. 3 Nr. 3 Buchst. a und c UStG kennzeichnet. Die besondere Bestimmung für den Leistungsort von Vermittlungsleistungen findet nur Anwendung, wenn die Vermittlungsleistung »an einen Empfänger (erbracht wird), der weder ein Unternehmer ist, für dessen Unternehmen die Leistung bezogen wird, noch eine nicht unternehmerisch tätige juristische Person, der eine USt-Id-Nr. erteilt worden ist«. Nur **wenn Abnehmer der Vermittlungsleistung eine Privatperson** ist oder ein Unternehmer die Vermittlungsleistung für seinen außerunternehmerischen Bereich bezieht, greift die Sonderregelung. Dann bestimmt sich der Leistungsort der Vermittlungsleistung – mit Ausnahme der schon erörterten Vermittlung von Grundstücksverkäufen, dazu Beispiel 13 – **nach § 3 Abs. 3 Nr. 4 UStG** grundsätzlich in Abhängigkeit zum Leistungsort der vermittelten Leistung, dem Hauptumsatz. Dies lässt es bei Klausuren geboten erscheinen, bei Vermittlungsleistungen gegenüber Privatpersonen **zunächst den vermittelten Hauptumsatz zu beurteilen** und sich erst dann der Vermittlungsleistung zuzuwenden.

Bei **Vermittlungsleistungen gegenüber Unternehmern** oder ihnen gleichgestellten nichtunternehmerisch tätigen juristischen Personen bestimmt sich der Ort der Vermittlungsleistungen hingegen nach der allgemeinen Regelung in § 3a Abs. 2 UStG. Sieht man von der Vermittlung von Grundstücksgeschäften ab, kommt es nur noch auf die **Ansässigkeit des empfangenden Unternehmers** an.[84]

Soweit der Leistungsort einer Vermittlungsleistung gegenüber Unternehmern danach im Inland liegt, ist stets **sorgfältig zu prüfen, ob die Vermittlungsleistung nicht möglicherweise**

---

84 Dies soll nach A 3a.7 Abs. 1 UStAE auch für die Vermittlung **kurzfristiger** Vermietung von Zimmern in Hotels, Gaststätten usw. an Unternehmer gelten. Anders bei der Vermittlung von »normalen« Vermietungen von Grundstücken an Unternehmer. Insoweit soll es bei einer Ortsbestimmung nach § 3a Abs. 3 Nr. 1 UStG (Belegenheitsort des Grundstücks) bleiben.

steuerbefreit ist. Dies kommt insbesondere bei der Vermittlung von Leistungen in Betracht, deren Verbrauch vermutlich im Drittland stattfindet (vgl. dazu **§ 4 Nr. 5 Buchst. a–d UStG**).

Beispiel 15: Vermittlungsleistungen bei grenzüberschreitenden Lieferungen
Der in Basel ansässige selbständige Handelsvertreter H ist für eine in Freiburg ansässige F-OHG tätig. Er vermittelt Lieferungen der F-OHG an Unternehmer in der Schweiz und in Österreich. (H erteilt hierüber eine Rechnung, die für den Monat 05/02 Provisionseinkünfte i.H.v. 3.000 € für die vermittelten Lieferungen der F-OHG nach Österreich ausweisen. Die Rechnung für die vermittelten Lieferungen in die Schweiz beläuft sich auf 1.000 €).

Lösung: Die von H vermittelten Umsätze, also die Lieferungen der F-OHG an ihre Abnehmer in der Schweiz und Österreich, haben nach § 3 Abs. 6 S. 1 UStG ihren Lieferort in Freiburg. Sie sind damit steuerbar nach § 1 Abs. 1 Nr. 1 UStG (aber steuerbefreit als Ausfuhr bzw. innergemeinschaftliche Lieferung nach § 4 Nr. 1 Buchst. a bzw. Buchst. b UStG). Die Vermittlungsleistungen des H, deren Leistungsempfänger die in Freiburg ansässige F-OHG ist, haben ihren Leistungsort nach § 3a Abs. 2 UStG ebenfalls in Freiburg. Hinsichtlich der steuerpflichtigen Vermittlungsleistungen des H bezüglich der innergemeinschaftlichen Lieferungen der F-OHG nach Österreich ist nach § 13b Abs. 2 S. 1 Nr. 1, Abs. 5 S. 1 UStG die F-OHG als Leistungsempfänger Schuldner der ausgelösten USt i.H.v. 570 €. Von daher hat H auch insoweit zu Recht keine USt ausgewiesen (vgl. § 14a Abs. 5 S. 1 UStG). Die F-OHG kann die von ihr geschuldete USt trotz des fehlenden USt-Ausweises in der Rechnung nach § 15 Abs. 1 Nr. 4 UStG als VSt wieder abziehen. (Der Ausschluss vom VSt-Abzug nach § 15 Abs. 2 Nr. 1 UStG wird durch § 15 Abs. 3 Nr. 1 Buchst. a UStG wieder aufgehoben). Soweit sich die Vermittlungsleistungen auf die Ausfuhrlieferungen in die Schweiz beziehen, sind sie allerdings wie die Ausfuhrlieferung selbst steuerbefreit, und zwar nach § 4 Nr. 5 Buchst. a UStG, so dass insoweit auch keine Steuerschuldnerschaft der OHG nach § 13b Abs. 2 S. 1 Nr. 1, Abs. 5 S. 1 UStG ausgelöst sein kann!

Mit den neuen Regelungen zum Ort einer Vermittlungsleistung ist es unerheblich geworden, ob eine Lieferung oder eine sonstige Leistung vermittelt wird. Entscheidend für die Ortsbestimmung ist ab 01.01.2010 nur noch der Abnehmerstatus des Empfängers der Vermittlungsleistung. Für Vermittlungsleistungen im zwischenunternehmerischen Bereich bestimmt sich der Leistungsort grundsätzlich nach § 3a Abs. 2 UStG, bei Vermittlungsleistungen gegenüber Privatpersonen ergibt sich der Ort nach § 3a Abs. 3 Nr. 4 UStG in Abhängigkeit zum Ort des vermittelten Umsatzes.

Beispiel 15a: Erfolgreiche Lizenzvermittlung
Fabrikant F mit Sitz in Ohio schaltet den Handelsmakler H ein, um eine Lizenz bezüglich eines Patentes des Hamburger Unternehmers U zu erhalten. Die Vermittlungsbemühungen des H sind erfolgreich. U gewährt dem F die gewünschte Lizenz. **Abwandlung: Unternehmer U** hat wegen der Vergabe von Lizenzen den H eingeschaltet, und es kommt dank der Vermittlungsbemühungen des H zu einem Vertrag zwischen U und F hinsichtlich der Lizenzgewährung.

Lösung: Die Lösung dieses Falles bereitet seit 2010 keine Probleme. Indem U dem F eine Lizenz hinsichtlich seines Patents gewährt, erbringt er eine sonstige Leistung, die als Katalogleistung nach § 3a Abs. 4 S. 2 Nr. 1 UStG hinsichtlich ihres Leistungsortes von § 3a Abs. 2 UStG erfasst ist. Leistungsort ist damit der Ansässigkeitsort des die Leistung empfangenden Fabrikanten F in Ohio. Die Lizenzgewährung ist damit nicht steuerbar nach § 1 Abs. 1 Nr. 1 UStG. Entsprechendes gilt für die Vermittlungsleistung des H. H vermittelt eine sonstige Leistung an einen Unternehmer.

Vermittlungsleistungen an Unternehmer unterfallen ebenfalls der Grundregel des § 3a Abs. 2 UStG. Da auch der Empfänger der Vermittlungsleistung der in Ohio ansässige Fabrikant F ist, ist auch die Vermittlungsleistung nicht steuerbar nach § 1 Abs. 1 Nr. 1 UStG. Wenn – wie in der Abwandlung – U wegen der Vergabe von Lizenzen H einschaltet, bleibt es für die Lizenzgewährung bei den vorgestellten Ergebnissen. Die Lizenzgewährung ist nicht steuerbar nach § 1 Abs. 1 Nr. 1 UStG. Aber: Da nunmehr U als Auftraggeber der Vermittlungsleistung im Inland ansässig ist, ergibt sich nach § 3a Abs. 2 UStG als Leistungsort der Sitz des Unternehmens des U In Hamburg. Die Vermittlungsleistung ist damit anders als der vermittelte Umsatz im Inland nach § 1 Abs. 1 Nr. 1 UStG steuerbar. Die nach § 1 Abs. 1 Nr. 1 UStG steuerbare Vermittlungsleistung des H an U ist dann aber steuerbefreit nach § 4 Nr. 5 Buchst. c UStG.

2.4.2 Beförderungsleistungen und damit zusammenhängende Umsätze

2.4.2.1 Personenbeförderung

Werden **Personen befördert**, so haben diese Beförderungsleistungen nach der Grundregel des § 3b Abs. 1 S. 1 UStG – ganz im Sinne einer Verbrauchsteuer – ihren Leistungsort dort, wo die Leistung bewirkt (verbraucht) wird – also über die ganze Strecke. Erstreckt sich diese nicht nur auf das Inland, handelt es sich also um eine sog. grenzüberschreitende Beförderungsleistung nach § 3b Abs. 1 S. 2 UStG, so ist solche Beförderungsleistung folgerichtig in einen nach § 1 Abs. 1 Nr. 1 UStG steuerbaren Inlandsanteil und einen nicht steuerbaren Leistungsteil aufzuteilen, der seinen Leistungsort im Ausland hat. Insoweit hat sich gegenüber der Rechtslage vor dem 01.01.2010 nichts geändert. Soweit die Personenbeförderung danach steuerbar ist, weil sie jedenfalls teilweise im Inland erfolgt, ist sie regelmäßig auch steuerpflichtig. Zu beachten bleibt, dass die Beförderung von Personen unter den Voraussetzungen des **§ 12 Abs. 2 Nr. 10 UStG** dem ermäßigten Steuersatz unterliegen kann – abgefragt in der Beraterklausur 2010 am Beispiel eines Skiliftbetreibers!

2.4.2.2 Güterbeförderung

Problematischer ist die Bestimmung des Leistungsortes, wenn es sich um eine **Güterbeförderung** handelt. Für diese gilt es zunächst zu klären, wer als Auftraggeber Leistungsempfänger der Güterbeförderung ist. Handelt es sich hierbei um einen Unternehmer, der die Beförderungsleistung für seine **unternehmerische Betätigung** bezieht oder eine gleichgestellte juristische Person, bestimmt sich der Leistungsort wiederum nach der **Grundregel des § 3a Abs. 2 UStG**. Leistungsort ist also dort, wo der Auftraggeber der Beförderungsleistung ansässig ist. Unerheblich ist, ob die Beförderungsleistung zwischen Inland und Drittland erfolgt oder ob es sich um eine sog. innergemeinschaftliche Güterbeförderung handelt, die nach § 3b Abs. 3 S. 1 UStG dadurch gekennzeichnet ist, dass sie in dem Gebiet von zwei verschiedenen Mitgliedstaaten beginnt und endet. Anders hingegen, wenn Privatpersonen Auftraggeber der Güterbeförderungsleistung sind: Insoweit ist danach zu unterscheiden, ob sich die Güterbeförderung auf eine Warenbewegung zwischen Inland und Drittland (oder umgekehrt) bezieht oder ob man es mit einer innergemeinschaftlichen Güterbeförderung zu tun hat. Im ersten Fall folgt die Beurteilung jenen Regelungen, die für Personenbeförderungen generell gelten (vgl. § 3b Abs. 1 S. 3 UStG). Eine grenzüberschreitende Güterbeförderung zwischen Inland und Drittland (oder umgekehrt) ist also nach § 3b Abs. 1 S. 2 UStG in einen nach § 1 Abs. 1 Nr. 1 UStG steuerbaren Inlandsanteil und einen nicht steuerbaren Leistungsteil aufzuteilen, der seinen Leistungsort im Ausland hat. Eine innergemeinschaftliche Güterbeförderung gegenüber Privatpersonen hat nach § 3b Abs. 3 UStG ihren Leistungsort hingegen in dem Mitgliedstaat, in dem die Güterbeförderung beginnt. In Klausuren dominieren freilich eindeutig Unternehmer als Auftraggeber von Beförderungsleistungen.[85]

Beispiel 16: Beförderungsleistungen an Unternehmer
Der in Rotterdam ansässige Frachtführer F hat von dem in Hamburg ansässigen Maschinenhersteller M den Auftrag erhalten, für ihn einen Transport von Blechen von Rotterdam nach Hamburg auszuführen. Nach Durchführung des Transports berechnet F dem M hierfür 3.500 €.
Abwandlung: Der Frachtführer F ist in Bern ansässig und der Transportauftrag geht dahin, Bleche von Zürich (Schweiz) nach Hamburg zu schaffen.

Lösung: Frachtführer F erbringt an M als sonstige Leistung nach § 3 Abs. 9 UStG eine innergemeinschaftliche Güterbeförderungsleistung. Deren Leistungsort ist nach der Grundregel des § 3a Abs. 2 S. 1 UStG in Hamburg, dort, wo der M als Auftraggeber und Leistungsempfänger der Beförderungsleistung ansässig ist. Die Leistung des F an M ist damit im Inland nach § 1 Abs. 1 Nr. 1 UStG steuerbar. Bei diesem Ergebnis bleibt es auch, wenn es sich – wie in der Abwandlung – nicht um eine innergemeinschaftliche Güterbeförderung handelt, sondern der Transport von Zürich nach Hamburg führt. Der **Transportweg wie auch die Nationalität des Leistenden ist für** die Frage, in welchem Land die Beförderungsleistung ihren **Leistungsort** hat, **ohne Bedeutung**. Bedeutsam ist hierfür allein die Ansässigkeit des empfangenden Unternehmers. Bedeutsam kann der Transportweg allerdings werden, wenn es um die Frage einer möglichen Steuerbefreiung geht. Soweit es sich um **innergemeinschaftliche Güterbeförderungsleistungen** handelt, sind diese stets **in dem Land, in dem** sie ihren **Leistungsort** haben, nicht nur **steuerbar**, sondern auch **steuerpflichtig**. Für den niederländischen Frachtführer bedeutet dies allerdings wiederum nicht, dass er hier in der BRD auch umsatzsteuerrechtliche Verpflichtungen zu erfüllen hätte. Die durch den Umsatz ausgelöste USt von 665 € schuldet nach § 13b Abs. 1 i.V.m. § 13b Abs. 5 S.1 UStG der Maschinenhersteller M. Etwas anderes gilt jedoch für die Abwandlung mit einer Güterbeförderungsleistung zwischen Zürich und Hamburg. **Güterbeförderungsleistungen zwischen Drittland und Inland** (und umgekehrt) sind, soweit sie sich auf Gegenstände der Einfuhr beziehen, **regelmäßig steuerbefreit** nach § 4 Nr. 3a Doppelbuchst. bb UStG oder – soweit sie sich auf Gegenstände der Ausfuhr beziehen – steuerbefreit nach § 4 Nr. 3a Doppelbuchst. aa UStG. Bei diesen Güterbeförderungen kann sich regelmäßig die Frage einer Steuerschuldnerschaft also gar nicht stellen (vgl. dazu auch noch einmal die parallele Lösung für Vermittlungsleistungen in Beispiel 15, die sich auf innergemeinschaftliche Lieferungen sowie alternativ auf Ausfuhren beziehen).

Zusätzliche Probleme können die Güterbeförderungsleistungen an Unternehmer und ihnen gleichgestellte juristische Personen aufwerfen, wenn in die Durchführung von Transporten noch Spediteure (dazu §§ 453 ff. HGB) eingeschaltet sind. Deren Mitwirken führt nämlich regelmäßig dazu, dass § 3 Abs. 11 UStG zur Anwendung gelangt – jene Norm also, die üblicherweise als Sonderregelung zur **Dienstleistungskommmission** firmiert. Ähnlich wie ein Kommissionär, der bei der Einkaufskommission in eigenem Namen für fremde (des Kommittenten) Rechnung Waren einkauft, agiert regelmäßig auch ein Spediteur. Auch er besorgt – dabei durchweg in eigenem Namen handelnd (vgl. § 454 Abs. 5 HGB) – für Rechnung seines Auftraggebers Leistungen. Nur handelt es bei den von ihm besorgten Leistungen nicht um Waren (und damit Lieferungen), sondern Beförderungsleistungen (und damit sonstige Leistungen). Damit ist der Weg frei für § 3 Abs. 11 UStG. Danach wird der

---

85 Vgl. etwa die Beraterklausuren 2004 mit Frachtführer »Praxler« und 2007 mit Frachtführer »Puschkin«.

Spediteur als »Unternehmer, (der) in die Erbringung einer sonstigen Leistung eingeschaltet (ist)«, so behandelt, als ob die besorgte Beförderungsleistung »an ihn und von ihm erbracht (wird)«. Nach § 3 Abs. 11 UStG, der auch Fälle des (Dienst-)Leistungsverkaufs erfasst (dazu näher Kap. III 2.2.1.1 mit dortigem Beispiel 2), wird also eine Leistungskette fingiert. Der Frachtführer erbringt eine Beförderungsleistung an den Spediteur, der Spediteur führt eine Beförderungsleistung an seinen Auftraggeber aus. Zu beachten bleibt, dass ungeachtet der Fiktion zweier vom Inhalt her gleicher Leistungen jede für sich nach den allgemeinen Regeln des USt-Rechts zu beurteilen ist. Spielen persönliche Merkmale wie Ansässigkeit der Beteiligten, Status als Unternehmer oder Privatperson eine Rolle, bleibt es hierbei auch im Rahmen der sog. Dienstleistungskommission.[86]

> **Beispiel 16a: Beförderungsleistungen (1. Abwandlung)**
> Der in Hamburg ansässige Maschinenhersteller M hat den Hamburger Spediteur S damit betraut, für den Transport der Bleche von Rotterdam nach Hamburg zu sorgen. S überträgt die Ausführung des Transports dem in Rotterdam ansässigen Frachtführer F.
>
> **Beispiel 16b: Beförderungsleistungen (2. Abwandlung)**
> Wie zuvor, aber der Spediteur ist in Amsterdam ansässig.

Lösung: Sowohl für die Beförderungsleistung des F an S als auch für die (fiktive) Beförderungsleistung des S an M bestimmt sich der Leistungsort nach § 3a Abs. 2 UStG danach, wo der jeweilige Leistungsempfänger ansässig ist. Da im Beispiel 16a sowohl S als Leistungsempfänger der Beförderungsleistung des F wie auch M als Leistungsempfänger der fiktiven Beförderungsleistungsleistung des S in Hamburg ansässig sind, sind sowohl die Beförderungsleistung des F an S als auch die des S an M im Inland steuerbar nach § 1 Abs. 1 Nr. 1 UStG und steuerpflichtig. Bei diesem Ergebnis bleibt es aber nicht, wenn – wie in Beispiel 16b – die beteiligten Leistungsempfänger, hier also die beiden Leistungsempfänger M und S, in unterschiedlichen Staaten ansässig sind. Dann führt die Leistungsortbestimmung nach § 3a Abs. 2 S. 1 UStG dazu, dass die umsatzsteuerrechtliche Beurteilung der Beförderungsleistung des F an S sich nicht mit der des S an M deckt. Ist S in Amsterdam ansässig, ist der Leistungsort der Beförderungsleistung des F an ihn in den Niederlanden, während Leistungsort der Beförderungsleistung des S an M in Hamburg ist. Dort ist diese Beförderungsleistung steuerbar und steuerpflichtig und löst für M eine Steuerschuldnerschaft nach § 13b Abs. 1 i.V.m. § 13b Abs. 5 UStG aus.

2.4.3 Katalogleistungen in § 3a Abs. 4 UStG

Auch für die in § 3a Abs. 4 UStG aufgeführten sonstigen Leistungen, sog. **Katalogleistungen**, greift die grundlegende Unterscheidung zwischen Leistungsbezügen von Unternehmern für deren Unternehmen (bzw. ihnen gleichgestellte juristische Personen) und Privatpersonen als Auftraggeber. Werden die in § 3a Abs. 4 UStG erfassten **Leistungen an Unternehmer für deren Unternehmen** erbracht, gelangt die Grundregel des **§ 3a Abs. 2 UStG** zur Anwendung. Der **Sitzort des Leistungsempfängers bestimmt den Leistungsort**. Nach § 3a Abs. 4 S. 1 UStG kann der Sitz bzw. Wohnsitz aber auch entscheidend sein, wenn es sich bei dem Auftraggeber um eine **Privatperson** handelt. Bedeutsam wird der Sitz aber insoweit nur, sofern die Privatperson im **Drittlandsgebiet** ansässig ist.

---

86 Siehe dazu auch die Beispiele in A 3.15 Abs. 6 UStAE.

Nicht erfasst von § 3a Abs. 4 S. 1 UStG ist hingegen eine **im Gemeinschaftsgebiet ansässige Privatperson** als Auftraggeber einer der in § 3a Abs. 4 S. 2 UStG bezeichneten Leistungen. Dann findet die Grundregel des § 3a Abs. 1 UStG Anwendung. Leistungsort ist also **Sitzort des leistenden Unternehmers.**

Beispiel 17: Beratungsleistungen und ihr Leistungsort
Rechtsanwalt R, der seine Praxis in Hamburg betreibt, führt folgende Leistungen aus:
- Beratung eines Schweizer/Niederländischen Unternehmers in Fragen des deutschen Wettbewerbsrechts;
- Vertretung einer in der Schweiz/den Niederlanden ansässigen Privatperson in einer Erbschaftsangelegenheit.

Lösung: Die Beratungsleistung des Anwalts ist von § 3a Abs. 4 S. 2 Nr. 3 UStG erfasst. Ihr Ort bestimmt sich folglich nach § 3a Abs. 4 UStG in Abhängigkeit vom Abnehmerstatus und – sofern Privatperson – vom Sitz des Empfängers. Für die angebotenen Alternativen ergeben sich die folgenden Leistungsorte: Bei der Beratung in Fragen des deutschen Wettbewerbsrechts ist wegen des Unternehmerstatus des jeweiligen Empfängers der Leistungsort nach § 3a Abs. 2 S. 1 UStG in der Schweiz bzw. alternativ in den Niederlanden. Es kann davon ausgegangen werden, dass die Beratung in Fragen deutschen Wettbewerbsrechts für unternehmerische Zwecke erfolgt ist. Bei der Vertretung der Privatperson in Erbschaftsangelegenheiten ist der Leistungsort nach § 3a Abs. 4 S. 1 UStG in der Schweiz bzw. in der Alternative – Privatperson mit Sitz im Gemeinschaftsgebiet als Leistungsempfänger – nach § 3a Abs. 1 UStG in Hamburg und damit im Inland.

Neben dem soeben erörterten Sachverhalt – sonstige Leistungen i.S.d. § 3a Abs. 4 S. 2 UStG, die eine im Gemeinschaftsgebiet ansässige Privatperson in Auftrag gibt – verbleiben für den Auffangtatbestand des § 3a Abs. 1 UStG nur noch wenige weitere Sachverhalte, bei denen sich der **Leistungsort bei einer Privatperson als Leistungsempfänger nach der Grundregel des § 3a Abs. 1 UStG** bestimmt. Erwähnung verdienen die

- **langfristige** Vermietung von Beförderungsmitteln (anders voraussichtlich ab 01.01.2013: dann soll insoweit das Empfängerortprinzip greifen),
- **Reiseleistungen** nach § 25 Abs. 1 UStG sowie
- **Leistungen der Vermögensverwalter, Testamentsvollstrecker und der Notare,** soweit sie nicht im unmittelbaren Zusammenhang mit Grundstücksgeschäften stehen.

Eine Auflistung der von § 3a Abs. 1 UStG erfassten sonstigen Leistungen bietet **A 3a.1 Abs. 4 UStAE** an.

2.4.4 Besonderheiten bei elektronisch erbrachten Leistungen

Unabhängig von der umsatzsteuerlichen Qualifikation des Leistungsempfängers hatten die elektronisch erbrachten Dienstleistungen ihren Leistungsort früher stets an dem Ort, an dem der leistende Unternehmer seinen Sitz hatte. Anbieter derartiger Leistungen mit Sitz im Drittlandsgebiet konnten so Leistungen an Abnehmer mit Sitz im Gemeinschaftsgebiet erbringen, ohne dafür USt an den Fiskus eines EU-Mitgliedstaates abführen zu müssen. Dies führte zu erheblichen Wettbewerbsbenachteiligungen der Unternehmer mit Sitz im Gemeinschaftsgebiet, die für ihre gleichartigen Umsätze an Leistungsempfänger mit Sitz im Gemeinschaftsgebiet an ihrem Sitzort USt entrichten müssen.[87] Dieser Zustand, den es früher auch auf dem Gebiet der Telekommunikationsdienstleistungen gegeben hatte, hat zum 01.07.2003 ein Ende gefunden.

Seither sind auch die »auf elektronischem Weg erbrachten sonstigen Leistungen« als § 3a Abs. 4 Nr. 13 UStG in den Katalog der sonstigen Leistungen des § 3a Abs. 4 UStG aufgenommen. Nach A 3a.12 Abs. 2 und 3 UStAE fallen unter § 3a Abs. 4 Nr. 13 UStG u.a. die Bereitstellung von Software und deren Aktualisierung, die Bereitstellung von Bildern, Texten und Informationen wie auch die Bereitstellung von Datenbanken. Für diese und zahlreiche weitere Leistungen richtet sich der Ort der sonstigen Leistung bei Unternehmern als Leistungsempfängern seither danach, wo der Empfänger sein Unternehmen betreibt. Dies ergibt sich seit dem 01.01.2010 aus § 3a Abs. 2 S. 1 UStG.

Beispiel 18: Software-Programm
Eine Bank B (Privatperson P) mit Sitz in Hamburg lässt sich von einem Anbieter T mit Sitz in Texas (USA) ein Software-Programm elektronisch überspielen. Das Entgelt hierfür beträgt 10.000 €.

Lösung: Gem. § 3a Abs. 2 S. 1 UStG liegt der Ort der elektronischen Dienstleistung in Hamburg. Da die Bank B Unternehmer und T ein im Ausland ansässiger Unternehmer ist, geht die Steuerschuld für diesen Umsatz gem. § 13b Abs. 2 Nr. 1 UStG i.V.m. § 13b Abs. 5 UStG auf B über. T hat mit dem deutschen Fiskus wegen dieses Umsatzes somit nichts zu tun. B schuldet die Steuer i.H.v. 1.900 €. Unterstellt, die Bank B tätigt ausschließlich vorsteuerschädliche Umsätze nach § 4 Nr. 8a–g UStG, bilden die 1.900 € aus diesem Geschäft vollständig Steueraufkommen im Bestimmungsland BRD (da dann ein VSt-Abzug der Bank nach § 15 Abs. 1 Nr. 4 UStG an § 15 Abs. 2 Nr. 1 UStG scheitern muss).

Um das von der E-Commerce-Richtlinie verfolgte Ziel des Bestimmungslandprinzips auch gegenüber Privatpersonen mit Sitz in einem Mitgliedstaat zu verwirklichen, sieht **§ 3a Abs. 5 UStG** als Leistungsort für eine in § 3a Abs. 4 S. 2 Nr. 13 UStG bezeichnete Leistung auch dann den Wohnsitz oder Sitz des Empfängers im Gemeinschaftsgebiet vor, wenn es sich hierbei nicht um einen Unternehmer handelt. Lädt sich im Beispiel 18 statt der Bank eine Privatperson das Software-Programm herunter, ist der Leistungsort also ebenfalls in Hamburg.

Insoweit besteht also kein Unterschied mehr zum Leistungsort bei unternehmerisch tätigen Leistungsempfängern. Da für Nichtunternehmer als Leistungsempfänger die Steuerschuldverlagerung gem. § 13b UStG jedoch nicht zur Anwendung kommt, muss sich der Unternehmer mit Sitz im Drittlandsgebiet wegen solcher Umsätze also an sich in all den Mitgliedstaaten umsatzsteuerlich erfassen lassen, in denen seine privaten Abnehmer ansässig sind.

Für diese steuerliche Erfassung bringt § 18 Abs. 4c UStG eine bislang nicht gekannte Wahlmöglichkeit: Der Drittlandsunternehmer muss nicht in jedem EU-Mitgliedstaat, in dem er gem. § 3a Abs. 5 UStG steuerbare elektronische Umsätze an private Abnehmer erbringt, seine Umsätze erklären. Er darf vielmehr alle seine im Gemeinschaftsgebiet gem. § 3a Abs. 5 UStG erbrachten Umsätze durch eine elektronisch abzugebende Steuererklärung in einem EU-Land seiner Wahl versteuern.

---

87 Zur vergleichbaren Problematik im Internationalen Steuerrecht siehe *Preißer*, Band 1, Teil D, Kap. V.

2.7 Besteuerungsverfahren bei sonstigen Leistungen

Befindet sich der Ort der sonstigen Leistung eines im Inland ansässigen Unternehmers im Ausland, ist diese Leistung nach deutschem Recht nicht steuerbar. In der Rechnung darf demnach keine deutsche USt ausgewiesen werden. Ob eine Umsatzsteuer des Staates auszuweisen ist, in dem der Leistungsort belegen ist, kann nicht pauschal beantwortet werden. Uneingeschränkt richtig ist lediglich die Aussage, dass sich sämtliche umsatzsteuerliche Verpflichtungen nach dem Recht des betroffenen Staates richten. Als Richtschnur kann diese Aussage jedoch wie folgt präzisiert werden:

- Liegt der Ort einer steuerpflichtigen sonstigen Leistung im übrigen Gemeinschaftsgebiet und bestimmt sich der **Leistungsort nach der Vorschrift des § 3a Abs. 2 UStG**, ist im anderen Mitgliedstaat die Regelung des § 13b UStG sinngemäß anzuwenden. D.h. in der Rechnung ist keine Umsatzsteuer auszuweisen, in der Rechnung ist nach analoger Anwendung des § 14a Abs. 5 UStG auf den Wechsel der Steuerschuldnerschaft hinzuweisen und die USt-Id-Nr. des Leistungempfängers aufzunehmen. In diesem Fall ist auch eine **Zusammenfassende Meldung** zu erstellen. § 18a Abs. 2 S. 1 UStG bestimmt, dass der Unternehmer im Inland für seine gem. § 3a Abs. 2 UStG im EU-Ausland steuerpflichtig erbrachte Dienstleistung bei Übergang der Steuerschuldnerschaft auf den Leistungsempfänger diese Leistung ebenfalls in der Zusammenfassenden Meldung erklären muss (Abgabefrist bis zum **25. Tag nach Ablauf des Kalendervierteljahres**, in dem der Unternehmer Leistungen i.S.d. § 3a Abs. 2 UStG ausgeführt hat). Hierzu muss der leistende Unternehmer die USt-Id-Nr. eines jeden einzelnen Leistungsempfängers und die Summe der Bemessungsgrundlagen der an den einzelnen Leistungsempfänger erbrachten Dienstleistungen angeben (§ 18a Abs. 7 Nr. 3 UStG). Ein Hinweis auf diese Verpflichtungen wird auch in einer Prüfungsklausur nicht ohne Eindruck bleiben.
- Liegt der Ort einer steuerpflichtigen sonstigen Leistung im übrigen Gemeinschaftsgebiet und bestimmt sich der **Leistungsort nicht nach der Vorschrift des § 3a Abs. 2 UStG,** kann nicht für jeden Mitgliedstaat davon ausgegangen werden, dass die Regelung des § 13b Abs. 2 Nr. 1 i.V.m. Abs. 5 UStG (also der Wechsel der Steuerschuldnerschaft) sinngemäß anzuwenden ist. Dies hängt damit zusammen, dass die MwStSystRL nicht für sämtliche sonstigen Leistungen von im Ausland ansässigen Unternehmern den Wechsel der Steuerschuldnerschaft zwingend vorschreibt. Ist nach der dortigen Regelung der Wechsel der Steuerschuldnerschaft vorgesehen, ist zwar in der Rechnung keine Umsatzsteuer auszuweisen und in analoger Anwendung des § 14a Abs. 5 UStG auf den Wechsel der Steuerschuldnerschaft hinzuweisen und die USt-Id-Nr. des Leistungsempfängers in die Rechnung aufzunehmen. In diesem Fall sind aber **keine Angaben in der Zusammenfassenden Meldung** vorzunehmen.
- Liegt der Ort der sonstigen Leistung im Drittland, hilft nur, sich in jedem Fall vorab über die entsprechenden Regelungen bezüglich von Steuer-, Rechnungs- und Meldepflichten zu informieren. In der Umsatzsteuer-Voranmeldung sind auch diese Umsätze einzutragen (Zeile 42).

3 Einheitlichkeit der Leistung – Haupt-/Nebenleistung

Enthält die vertraglich geschuldete Leistung sowohl Elemente einer Lieferung als auch einer sonstigen Leistung (oder Elemente unterschiedlicher sonstiger Leistungen), bedarf es zunächst der Klärung, ob von einer einheitlichen Leistung oder von mehreren getrennt zu beurteilenden selbständigen Einzelleistungen auszugehen ist. Bedeutung gewinnt dies nicht nur für die Bestimmung des Orts und des Zeitpunkts der Leistung, sondern auch für die Anwendung von Befreiungsvorschriften und des Steuersatzes. Der in diesem Zusammenhang aufgestellte **Grundsatz der Einheitlichkeit der Leistung** besagt, dass eine gemischte Tätigkeit, in der sich unterschiedliche Leistungselemente bündeln, als **eine Leistung** zu betrachten ist, **wenn die unterschiedlichen Leistungselemente so eng miteinander verbunden sind, dass sie aus Sicht des Durchschnittsverbrauchers eine einzige wirtschaftlich untrennbare Leistung bilden.** Dies soll überhaupt nur in Betracht kommen können, wenn die unterschiedlichen Leistungselemente ein- und denselben Leistungsempfänger haben und es sich um Tätigkeiten ein und desselben Unternehmers handelt (A 3.10 Abs. 4 UStAE). Ansonsten aber darf ein einheitlicher wirtschaftlicher Vorgang umsatzsteuerrechtlich nicht in mehrere Leistungen aufgeteilt werden, sofern die einzelnen Faktoren so ineinander greifen, dass sie bei natürlicher Betrachtung hinter dem Ganzen zurücktreten (so auch A 3.10 Abs. 2 UStAE). Hat man es umsatzsteuerrechtlich mit einer einheitlichen Leistung zu tun, stellt sich weiter die Frage, welches ihrer Elemente die Hauptleistung und welches ihrer Elemente als sog. unselbständige Nebenleistung das – umsatzsteuerrechtliche – Schicksal der Hauptleistung teilt. Spezielle **gesetzliche Vorgaben** hierzu **enthält § 3 Abs. 4 UStG bezüglich der Abgrenzung Werklieferung/Werkleistung**.

Kennzeichnend für eine Werklieferung ist nach § 3 Abs. 4 UStG, dass zumindest ein Teil des verwendeten Hauptstoffes vom Werkunternehmer (und nicht vom Besteller) stammt. Ist dies der Fall, so liegen nicht etwa zwei Leistungen, nämlich eine Lieferung des Stoffes und sonstige Leistung in Form der Bearbeitung, vor, sondern eine einheitliche (Werk-)Lieferung des bearbeiteten Hauptstoffes. Ob ein Stoff **Hauptstoff** oder **Zutat (Nebensache)** ist, soll sich aus der Sicht des Durchschnittsbetrachters entscheiden. Stoffe, die den Gegenstand als solchen kennzeichnen, sind Hauptstoffe. Stoffe, die »nicht das Wesen des Umsatzes bestimmen«, sind Zutaten oder Nebensachen.[88] Als Beispiel können insoweit kleinere technische Hilfsmittel wie Nägel und Schrauben dienen.

Die früher in § 3 Abs. 9 UStG enthaltene gesetzliche Vorgabe zur Frage, unter welchen Voraussetzungen bei der **Abgabe von Speisen und Getränken**, verbunden mit einem Dienstleistungselement, die Leistung insgesamt als sog. Abgabe zum Verzehr an Ort und Stelle als **sonstige Leistung** zu qualifizieren ist (mit der Folge, dass der Regelsteuersatz Anwendung findet), ist zum 01.01.2008 weggefallen. Das BMF hat dies zum Anlass genommen, in einem Schreiben vom 16.10.2008 (BStBl I 2008, 949) ausführlich zur Abgrenzung von Lieferungen und sonstigen Leistungen bei der Abgabe von Speisen und Getränken Stellung zu nehmen. Rechtssicherheit ist damit freilich nicht eingetreten. Inzwischen hat es mehrere Vorlagen des BFH an den EuGH gegeben. Mit Urteil vom 10.03.2011 (Rs. C-497/09) hat der EuGH u.a. entschieden, dass bei Abgabe frisch zubereiteter Nahrungsmittel zum

---

[88] Vgl. BFH vom 09.06.2005 (BFH/NV 2005, 1952). Danach sind unter Zutaten und sonstigen Nebensachen i.S.d. § 3 Abs. 4 UStG solche Lieferungen zu verstehen, »die bei einer Gesamtbetrachtung aus der Sicht eines Durchschnittsverbrauchers nicht das Wesen des Umsatzes bestimmen«. Ähnlich vage die Ausführungen in A 3.8 Abs. 1 UStAE.

sofortigen Verzehr an Imbissständen und in Kino-Foyers regelmäßig von einer Lieferung von Gegenständen auszugehen ist, so dass der ermäßigte Steuersatz Anwendung findet (vgl. dazu näher Kap. 2.3.3). Fehlt es an gesetzlichen Vorgaben, sollte nach früherer Betrachtung eine Leistung dann als Nebenleistung anzusehen sein, wenn sie im Vergleich zu der Hauptleistung nebensächlich ist, mit ihr eng – im Sinne einer wirtschaftlich sinnvollen Abrundung und Ergänzung – zusammenhängt und üblicherweise in ihrem Gefolge vorkommt. Nach der jüngeren Rspr. des BFH – einsetzend mit dem Urteil vom 31.05.2001 (BStBl II 2001, 658) zur Überlassung von Sportanlagen als einheitlicher **steuerpflichtiger Leistung**[89] – ist eine Leistung als unselbständige Nebenleistung anzusehen, »... wenn sie für die Leistungsempfänger keinen eigenen Zweck, sondern das Mittel darstellt, um die Hauptleistung ... unter optimalen Bedingungen in Anspruch zu nehmen«. Ob dies der Fall ist, will der BFH – und ihm insoweit folgend auch das BMF[90] – im Wege einer **Gesamtbetrachtung aus Sicht des Durchschnittsverbrauchers** bestimmen. Die eher formelhaften Beschreibungen mögen in Einzelfällen hilfreich sein. Für Problemfälle erlauben sie aber kaum einmal eine zuverlässige Prognose der zu erwartenden richterlichen Entscheidung. Dies zeigt beispielhaft die BFH-Entscheidung vom 13.07.2006 (BStBl II 2006, 935) zur Frage, ob eine vom Reiseveranstalter obligatorisch angebotene Reiserücktrittskostenversicherung neben steuerpflichtigen Reiseleistungen als selbständige steuerbefreite Leistung in Form der Verschaffung von Versicherungsschutz nach § 4 Nr. 10 UStG zu behandeln ist. Die Finanzverwaltung hatte dies in der Vergangenheit stets verneint. Nachdem der BFH dies in dem genannten Urteil hingegen bejaht hat, ist die Finanzverwaltung zur richterlichen Sichtweise gewechselt und hat das Urteil in A 25.1 Abs. 13 UStAE aufgenommen. Letztlich kann es bei der Beurteilung von Problemfällen denn auch kein richtig oder falsch geben. Um die gängige Auffassung zu Alltagsfällen sollte man dennoch wissen. So zählen zu den »Paradebeispielen« für eine **unselbständige Nebenleistung** etwa der **Transport und die Verpackung** eines Liefergegenstands. Daraus folgt dann für die Lieferung von Lebensmitteln, dass auch eine besonders berechnete Verpackung dem ermäßigten Steuersatz von 7 % unterliegt. Unselbständige Nebenleistung zu einer steuerfreien Vermietung von Wohnraum bildet regelmäßig auch der **mitvermietete Abstellplatz für das Fahrzeug des Mieters**. Mag hierüber auch ein gesonderter Vertrag zwischen Vermieter und Mieter geschlossen sein, so bleibt diese ansonsten nach § 4 Nr. 12 S. 2 UStG steuerpflichtige Vermietung eines Abstellplatzes für Fahrzeuge also steuerfrei (dazu näher Kap. IX 2.2.1). Beim **Factoring**, dessen wirtschaftlicher Gehalt im steuerpflichtigen Einzug von Forderungen besteht, stellt sich eine damit einhergehende Kreditgewährung regelmäßig ebenfalls als unselbständige Nebenleistung dar. Die Folge: Für diese Kreditgewährung gelangt die Steuerbefreiungsnorm des § 4 Nr. 8a UStG nicht zur Anwendung (vgl A 2.4 Abs. 4 S. 4 UStAE). Beim **Kauf unter EV** ist die Kreditgewährung hingegen als gesonderte – nach § 4 Nr. 8 Buchst. a UStG steuerfreie – Darlehensgewährung anzusehen, wenn eine eindeutige Trennung zwischen dem Kreditgeschäft und der Lieferung vorliegt. Dazu müssen die aufzuwendenden Entgelte für die Lieferung und die Kreditgewährung gesondert vereinbart und abgerechnet werden und – wie oben im Beispiel 3 – in der Vereinbarung über die Kreditgewährung der Jahreszins angegeben werden. Deshalb hat man es im obigen Beispiel 3 neben der steuerpflichtigen Lieferung noch mit einer ebenfalls nach § 1 Abs. 1 Nr. 1 UStG steuerbaren, aber nach § 4

---

89 Dazu näher Kap. IX 2.2.2.
90 Vgl. A 3.10 Abs. 1 UStAE.

Nr. 8 Buchst. a UStG steuerfreien Kreditgewährung zu tun, bei der sich das Entgelt auf 170 € beläuft. Wird den geschilderten Anforderungen an eine selbständig zu beurteilende Kreditgewährung nicht entsprochen, bildet diese eine unselbständige Nebenleistung. Es liegt nur eine steuerpflichtige Lieferung vor, bei der für die Ermittlung der BMG dieser steuerpflichtigen Lieferung vom Gesamtaufwand des Leistungsempfängers auszugehen ist, zu dem dann auch die Kreditzinsen zählen.[91]

Wie ein Blick in Fachzeitschriften zeigt, ist die Frage, ob der Grundsatz der Einheitlichkeit zur Anwendung gelangt, ein echter »Dauerbrenner« in der Rspr. Abschließend hier deshalb nur noch eine jüngere BFH-Entscheidung vom 02.03.2011 (BStBl II 2011, 737): Bei einer mehrtägigen Hochseeangelreise stellt die Personenbeförderung die Hauptleistung dar, unselbständige Nebenleistungen bilden Unterkunft und Verpflegung sowie diejenigen Dienstleistungen, die dazu dienen, dass die Passagiere den Angelsport optimal ausüben und das Fanggut transportieren können.

Nur ausnahmsweise zwingt das Gesetz, einen eigentlich einheitlichen Vorgang aufzuspalten. Diese **gesetzlich gebotene Aufspaltung** kann Auswirkungen auf die Steuerbarkeit, die Steuerpflicht und den Steuersatz haben. Dazu einige Beispiele:

- So ist im Bereich der Personenbeförderung über die Inlandsgrenze und bei Güterbeförderungen zwischen Inland und Drittland an Privatpersonen – trotz einheitlicher Beförderungsleistung – nach § 3b Abs. 1 S. 1– 3 UStG nur der auf das Inland entfallende inländische Teil der Beförderung steuerbar.
- Wird ein bebautes **Grundstück mit Betriebsvorrichtungen** veräußert, die wesentliche Bestandteile des Grundstücks sind, **liegen mehrere selbständige Leistungen** vor: zum einen die gem. § 4 Nr. 9a UStG **steuerbefreite Lieferung des bebauten Grundstücks**, zum anderen die **steuerpflichtige Lieferung der Betriebsvorrichtungen**, da diese gem. § 2 Abs. 1 Nr. 1 GrEStG nicht unter das Grunderwerbsteuergesetz fallen. Gleiches gilt bei der Vermietung und der Verpachtung von Grundstücken mit Betriebsvorrichtungen, die wesentliche Bestandteile des Grundstücks sind. Auch hier liegen mehrere selbständige Leistungen vor, nämlich die nach § 4 Nr. 12a UStG steuerfreie Vermietung und Verpachtung des Grundstücks und die nach § 4 Nr. 12 S. 2 UStG steuerpflichtige Vermietung der Betriebsvorrichtungen. Folgerichtig hat der BFH die Vermietung einer Betriebsvorrichtung, die mit einem Grundstück fest verbunden ist und mit diesem vermietet wird, auch nicht unter dem Gesichtspunkt der umsatzsteuerrechtlichen Nebenleistung an der Steuerbefreiung der Grundstücksvermietung teilnehmen lassen.[92]
- Und schließlich: **§ 12 Abs. 2 Nr. 11 S. 2 UStG** beschränkt ab 01.01.2010 die **Anwendung des ermäßigten Steuersatzes ausschließlich auf die reine kurzfristige Vermietung von Wohn- und Schlafräumen**. Die ansonsten üblichen Nebenleistungen wie z.B. die **Frühstücksgewährung** werden von der Anwendung des ermäßigten Steuersatzes ausgenommen, sind folglich mit dem **Regelsteuersatz von 19 %** zu besteuern.

---

[91] Lesenswert zur »Umsatzbesteuerung von Leistungsbündeln«: *Lange* (UR 2009, 289).
[92] Vgl. BFH vom 18.05.1998 (BStBl II 2010, 307).

V Leistungsaustausch (Leistungen gegen Entgelt)

Steuerbar nach § 1 Abs. 1 Nr. 1 UStG sind die von Unternehmern erbrachten Leistungen nur, wenn sie »gegen Entgelt« und damit im Leistungsaustausch erbracht werden. Das UStG verwendet den Begriff des Entgeltes nicht nur als Merkmal eines Leistungsaustausches nach § 1 Abs. 1 Nr. 1 UStG. Wie sich aus § 10 Abs. 1 S. 1, 2 UStG ergibt, dient das Entgelt zugleich als BMG für einen nach § 1 Abs. 1 Nr. 1 UStG steuerbaren Umsatz. Als Kennzeichen für den Leistungsaustausch i.S.d. § 1 Abs. 1 Nr. 1 UStG ist der Begriff der Gegenleistung vorzuziehen. Die **Gegenleistung** setzt Aufwendungen des Leistungsempfängers oder eines Dritten voraus, die **in Geld** (als **Regelfall** der Gegenleistung) oder wiederum in Leistungen bestehen können. Besteht die **Gegenleistung** ihrerseits **in einer Leistung** im umsatzsteuerrechtlichen Sinne, liegt nach § 3 Abs. 12 UStG ein **Tausch** (Lieferung gegen Lieferung) **oder** ein **tauschähnlicher Umsatz** (Lieferung oder sonstige Leistung gegen sonstige Leistung) vor. Setzt sich die Gegenleistung aus einer Leistung und einem Geldbetrag zusammen, spricht man von einem Tausch bzw. einem tauschähnlichen Umsatz mit Baraufgabe.

1 Wirtschaftliche Verknüpfung von Leistung und Gegenleistung

Eine Leistung gegen Entgelt erfordert nicht notwendig eine »Zielgerichtetheit des Handelns« in dem Sinne, dass die Leistung um der Gegenleistung willen erfolgen müsste.[93] Dies wird zwar der Regelfall sein. Es reicht aber aus, wenn zwischen dem Leistenden und dem Leistungsempfänger ein wie auch immer geartetes Rechtsverhältnis besteht, in dessen Rahmen gegenseitige Leistungen ausgetauscht werden. Es genügt ein **unmittelbarer Zusammenhang zwischen der erbrachten Leistung und dem hierfür erhaltenen Gegenwert**.[94] Von daher kann ein Leistungsaustausch auch zu bejahen sein, wenn es zwischen dem Leistenden und dem Leistungsempfänger keine vertraglichen Beziehungen gibt, in denen die Beteiligten die Leistungsverpflichtung sowie Gegenleistung konkret festgeschrieben haben. So soll es für die Annahme eines Leistungsaustausches nicht nur genügen können, dass ein Geschäftsführer einer PersG gegen Aufwendungsersatz tätig wird (dazu BFH vom 11.04.2002, BStBl II 2002, 782); ausreichend soll bereits sein, wenn dem Leistenden – wie etwa im Falle eines Abmahnvereins – gegen den Leistungsempfänger gesetzliche Ansprüche unter dem Gesichtspunkt einer Geschäftsführung ohne Auftrag nach § 683 BGB zustehen (so BFH vom 16.01.2003, BStBl II 2003, 736). Für die Annahme eines Leistungsaustausches ist es auch **unerheblich**, ob eine **Gleichwertigkeit von Leistung und Gegenleistung** erstrebt oder tatsächlich erreicht wird. Leistung und Gegenleistung brauchen sich nicht gleichwertig gegenüberzustehen. Ein Leistungsaustausch setzt nicht voraus, dass das Entgelt, die Gegenleistung, den Wert der

---

93 In den Worten des BFH vom 20.08.2009 (BStBl II 2010, 88 unter II 1b): Für das Vorliegen eines Leistungsaustausches »kommt es nicht auf eine finale Verknüpfung von Leistung und Entgelt an«.
94 Vgl. aus jüngerer Zeit etwa BFH vom 27.11. und 18.12.2008 (BStBl II 2009, 397 und 749) mit umfangreichen Nachweisen auch zur jüngeren EuGH-Rechtsprechung zum Leistungsaustausch.

Leistung erreicht oder übersteigt. Bedeutsam ist allein, dass mit der Leistung überhaupt die Erwartung auf eine Gegenleistung verbunden war. Eine Tätigkeit erfolgt daher z.B. auch dann im Leistungsaustausch, wenn die Gegenleistung außer Verhältnis zum Aufwand steht und allenfalls als Aufwandsentschädigung angesehen werden kann.

Dies ist i.Ü. nicht nur für die Frage eines Leistungsaustausches nach § 1 Abs. 1 Nr. 1 UStG, sondern regelmäßig auch bei der Ermittlung der BMG nach § 10 Abs. 1, 2 UStG ohne Belang. Der Verbrauch von Gütern und Dienstleistungen soll nach Maßgabe der Einkommensverwendung des Verbrauchers für die Inanspruchnahme der Leistungen besteuert werden. Dessen Aufwand für die Leistung, nicht aber deren objektiver Wert ist Anknüpfungspunkt für die BMG. Eine Korrektur der BMG nach Maßgabe des Aufwands des Leistungsempfängers kommt lediglich in den später zu erörternden Fällen des § 10 Abs. 5 UStG in Betracht.

2 Abgrenzung zum sog. »echten« Schadensersatz

Unproblematisch ist der Leistungsaustausch, wenn ein zweiseitig verpflichtender gegenseitiger Vertrag von beiden Beteiligten vollständig erfüllt wird. Unter dem Aspekt einer nach der herkömmlichen Terminologie vorzunehmenden Unterscheidung zwischen echtem und unechtem Schadensersatz (bei letzterem soll Leistungsaustausch anzunehmen sein) können in erster Linie die im Folgenden unter Kap. 2.1–2.3 erörterten Sachverhaltskonstellationen Probleme aufwerfen. Meist geht es dabei aber primär darum festzustellen, ob überhaupt eine Leistung vorliegt, für die der Aufwand des anderen Beteiligten die Gegenleistung darstellen kann. Liegt eine Leistung im umsatzsteuerrechtlichen Sinne vor, so macht die **zivilrechtliche Bezeichnung des Gegenwerts als Schadensersatz oder Entschädigung** den Sachverhalt noch **nicht** zu einem Fall sog. echten Schadensersatzes. **Entscheidend** für die umsatzsteuerrechtliche Beurteilung ist nicht die von den Beteiligten gewählte Bezeichnung.

Ob die Voraussetzungen eines Leistungsaustausches gegeben sind, bestimmt sich stets allein nach umsatzsteuerrechtlichen Maßstäben. Dies hat der BFH in seinen Entscheidungen zur vorzeitigen Auflösung eines entgeltlichen Beratervertrages (Urteil vom 07.07.2005, BStBl II 2007, 66) und zum Verzicht auf die Ausübung einer entgeltlichen Tätigkeit als Testamentsvollstrecker (Urteil vom 06.05.2004, BStBl II 2004, 854), jeweils gegen Zahlung einer »Entschädigung«, ausdrücklich betont. In beiden Fällen sei der entgeltliche Verzicht letztlich nur die Kehrseite der vorausgegangenen wirtschaftlichen Tätigkeit. Zwischen der erbrachten Leistung und dem empfangenen Gegenwert bestehe deshalb ein unmittelbarer Zusammenhang mit der Folge, dass ein Leistungsaustausch und damit ein steuerbarer Umsatz nach § 1 Abs. 1 Nr. 1 UStG zu bejahen sei. Als **steuerbarer Umsatz** wird deshalb auch die **vertragliche Auflösung eines Mietverhältnisses gegen Zahlung einer Abfindung** angesehen (vgl. A 1 Abs. 13 S. 1 UStAE). Dieser Umsatz soll dann aber grundsätzlich unter die für Vermietungsumsätze geltende Befreiungsvorschrift des § 4 Nr. 12a UStG fallen (vgl. A 4.12 Abs. 1 S. 5 UStAE).

2.1 Verträge, die nicht, mangelhaft oder verspätet erfüllt werden

Bei der Nichterfüllung vertraglicher Verpflichtungen dominieren Sachverhalte, bei denen der Gläubiger eine ihm geschuldete Leistung nicht abnimmt. In der Sache geht es hierbei um Zahlungen, die üblicherweise unter dem Begriff der Stornokosten erfasst werden.

Beispiele:
- Ein Käufer nimmt den gekauften Neuwagen nicht ab; nach dem Vertrag soll für diesen Fall eine Zahlung i.H.v. 10 % des Kaufpreises fällig werden;
- Ein Urlauber tritt vom Pauschalreisevertrag zurück, es wird eine Stornogebühr i.H.v. 25 % des Reisepreises fällig.

Ein Leistungsaustausch scheitert hier regelmäßig schon am Vorliegen einer Leistung. Stornokosten werden denn auch zu Recht ganz überwiegend unter die Rubrik »echter Schadensersatz« eingeordnet (so auch A 25.1 Abs. 14 UStAE für die Stornogebühr wegen Rücktritts vom Pauschalreisevertrag).[95] Etwas anderes gilt aber, wenn von vornherein die Leistungsbereitschaft als Vertragsgegenstand festgeschrieben ist und Leistungen nicht abgerufen werden wie z.B. solche eines Steuerberaters, der auf Basis eines Pauschalhonorars arbeitet.

Von mangelhafter Vertragserfüllung spricht man, wenn die geschuldete Leistung zwar erbracht wird, aber nicht den herkömmlichen oder vertraglich festgelegten Anforderungen genügt.

Beispiel:
Die gelieferte Ware ist mit Fehlern behaftet, die der Verkäufer nach den §§ 437 ff. BGB zu vertreten hat. Der Verkäufer mindert den Kaufpreis (vgl. § 441 BGB), fordert also einen Teil des gezahlten Kaufpreises zurück.

Der Leistungsaustausch an sich bleibt hiervon unbeeinflusst. (Es reduziert sich allerdings die Gegenleistung, so dass sich die BMG nach § 17 UStG ändert.)

Wird die geschuldete Leistung verspätet erbracht, stehen die dadurch ausgelösten Rechtsfolgen außerhalb des Leistungsaustausches (vgl. dazu auch Kap. XI 1.1).

Beispiele:
- Der mit der Kaufpreiszahlung im Verzug befindliche Käufer hat die Geldschuld zu verzinsen und dem Verkäufer zusätzlich Mahn- und Anwaltskosten zu erstatten. Die zusätzlichen Aufwendungen erfolgen nicht für die erbrachte Leistung, sondern erfüllen die gesetzliche Verpflichtung des Käufers zum Ersatz des Verzögerungsschadens nach den §§ 288, 286 BGB.
- Bei einem Verzug des Werkunternehmers mit der geschuldeten Bauleistung ist eine Vertragsstrafe ausgelöst, der Besteller reduziert das Honorar um die Vertragsstrafe. Der Leistungsaustausch bleibt unverändert. Auch eine Änderung der BMG für die Werkleistung kommt nicht in Betracht. Der Besteller rechnet mit seiner Schadensersatzforderung auf.

Soweit im Rahmen von **Leasingverträgen** der Leasingnehmer einen **Minderwertausgleich** zu leisten hat – z.B. wegen einer unfallbedingt über das normale Maß hinausgehenden Beanspruchung des Leasinggegenstands – stellt die zusätzliche Zahlung nach Auffassung der Finanzverwaltung in A 1.3 Abs. 17 S. 2 UStAE zusätzliches Entgelt für die vereinbarte Gebrauchsüberlassung dar. Nicht etwa handelt es sich hierbei um einen außerhalb des Leistungsaustausches stehenden Schadensersatzanspruch (aber str.).

---

95 Ebenso EuGH vom 18.07.2007 (UR 2007, 643) zum Rücktritt von einer Hotelreservierung. Soweit ein solcher Rücktritt mit einer Stornogebühr (im konkreten Fall: Verlust geleisteter Anzahlung) belegt werde, handele es sich hierbei nicht um ein Leistungsentgelt, sondern um eine pauschalierte Entschädigung zum Ausgleich des infolge des Rücktritts entstandenen Schadens; zu Stornokosten bei Annullierung einer Hotelreservierung s. aktuell OFD Frankfurt vom 05.08.2008, UR 2008, 864.

2.2 Abgebrochene (Werk-)Lieferungen

Einen Sonderstatus innerhalb der Erörterungen zu nicht (vollständig) erfüllten Verträgen nehmen nicht zu Ende geführte (Werk-)Lieferungsverträge ein. Hintergrund hierfür bildet die Regelung des § 649 BGB. Danach können Werkverträge jederzeit gekündigt werden. Der Werkunternehmer behält aber den Anspruch auf die vereinbarte Vergütung. Er muss sich lediglich nach § 649 S. 2 BGB seine ersparten Aufwendungen anrechnen lassen.

In der Sache geht es letztlich auch bei nicht vollständig erfüllten (Werk-)Lieferungen allein darum, sorgfältig zu prüfen, ob überhaupt eine **Leistung** gegeben ist. Zahlungen sind nicht bereits deshalb **Leistungsentgelt**, weil sie vertraglich vereinbart oder von Gesetzes wegen als Folge des Vertragsabschlusses geschuldet werden. Ein Leistungsaustausch ist auch nicht etwa deshalb zu bejahen, weil der Unternehmer wegen der erwarteten Zahlung tätig geworden ist.

Allein entscheidend ist, ob der **bisherige Arbeitsaufwand** des Unternehmers für den zur Zahlung verpflichteten Besteller **von wirtschaftlichem Nutzen** ist. Dies wird nur in Betracht kommen können, sofern die bisherigen Arbeiten so in die Verfügungsmacht des Bestellers gelangt sind, dass dieser sie für sich verwerten kann. Ein halbfertiges Schiff etwa, mit dem nach Kündigung des Vertrages nicht der Auftraggeber, sondern die Werft weiterhin als Werkunternehmer nach Belieben verfahren kann, kann von daher niemals zu einem nach § 1 Abs. 1 Nr. 1 UStG steuerbaren Leistungsaustausch führen (so schon BFH vom 27.08.1970, BStBl II 1971, 6).

Etwas anderes gilt aber in der Tat für nicht zu Ende geführte (»halbfertige«) Bauten auf dem Grund und Boden des Bestellers. Diese verbleiben wegen der Vorschriften der §§ 946, 93, 94 BGB dem Besteller. An ihn ist deshalb bereits geleistet worden, auch wenn die Leistung dem Umfange nach hinter den ursprünglichen Vereinbarungen zurückblieb. Die Werklieferung beschränkt sich nunmehr auf das halbfertige Werk. Der BFH wie auch die Finanzverwaltung bejahen denn auch folgerichtig einen Leistungsaustausch bei Verträgen über Bauarbeiten, die wegen wirtschaftlicher Schwierigkeiten eines der Beteiligten abgebrochen werden.

Waren die wirtschaftlichen Schwierigkeiten Anlass zur Eröffnung eines Insolvenzverfahrens, so beruht der Abbruch der Arbeiten zumeist auf einer Erklärung des Insolvenzverwalters. Bei gegenseitigen Verträgen, die vor Eröffnung des Verfahrens noch von keiner Seite vollständig erfüllt worden sind, hat der Insolvenzverwalter nämlich nach § 103 InsO ein Wahlrecht. Er kann entweder die Erfüllung des Vertrages verlangen oder die Erfüllung ablehnen (und den anderen Teil auf die Geltendmachung eines Schadenersatzanspruchs wegen Nichterfüllung verweisen).

Sieht der Insolvenzverwalter davon ab, die Erfüllung zu verlangen, so tritt an die Stelle des ursprünglichen Liefergegenstandes das teilfertige Werk. Diese (Werk-)Lieferung des Werkunternehmers, bestehend in dem teilfertigen Bauwerk, gilt (spätestens) mit Eröffnung des Insolvenzverfahrens als erbracht. Von daher kann auch die **insolvenzrechtliche Behandlung der USt-Forderung** des FA keine Probleme aufwerfen. Die in der Vergütung für das teilfertige Bauwerk enthaltene **USt** begründet in dem hier nur interessierenden Fall der **Werkunternehmer – Insolvenz** eine schlichte **Insolvenzforderung des FA nach § 38 InsO**, weil die Grundlage für den Vergütungsanspruch und damit auch für die USt **vor** Eröffnung des Insolvenzverfahrens gelegt wurde. **Unerheblich** bleibt, dass das **Entstehen der USt** nach § 13 Abs. 1 Nr. 1a S. 1 UStG zwangsläufig in die Zeit **nach** Eröffnung des Insolvenzverfahrens fällt. Dadurch wird die Umsatzsteuerforderung des FA nicht zu einer Masseverbindlichkeit mit der Folge, dass das FA die USt-Forderung durch Steuerbescheid geltend machen könnte.

Hinweis: Wählt der Insolvenzverwalter die **Erfüllung**, gibt es nach vorherrschender Betrachtung nur **eine** Leistung, bestehend in dem ursprünglich vereinbarten Bauwerk als einer **Werklieferung**. Diese eine Werklieferung ist erst mit Abnahme des fertigen Werkes, also nach Insolvenzeröffnung, vollständig ausgeführt. Folglich handelt es sich dann bei der **USt**, die mit Ablauf des VAZ der Fertigstellung entsteht, um eine Forderung, die der Insolvenzverwalter **als Masseverbindlichkeit** nach § 55 InsO zu begleichen hat. Um die Belastung der Insolvenzmasse mit USt zu vermeiden, stellt sich in der Praxis die Frage, ob der Insolvenzverwalter nicht die Erfüllung des bisherigen Vertrages ablehnen und danach mit dem Besteller einen neuen Werkvertrag über die Fertigstellung der abgebrochenen Baumaßnahmen abschließen kann. Eine solche Gestaltung sieht sich freilich gegenwärtig noch dem Risiko ausgesetzt, als Missbrauch von Gestaltungsmöglichkeiten i.S.d. § 42 AO eingestuft zu werden.

2.3 Abwicklung von Schadensersatzansprüchen aus unerlaubter Handlung

Bei der Abwicklung von Schadensersatzansprüchen aus unerlaubter Handlung nach den §§ 823 ff. BGB sind die folgenden Abwicklungen zu unterscheiden:

- Der Geschädigte G erhält vom Schädiger S Ersatz der von ihm, G, für die Reparatur bei der Werkstatt W aufgewendeten Kosten. Lösung: Die umsatzsteuerrechtliche Relevanz ist beschränkt auf die entgeltliche Reparaturleistung, die die Werkstatt als Unternehmer gegenüber G erbringt (keine Leistung des G an S, keine Leistung des S).
- G repariert notdürftig selber, verlangt auf der Basis eines unentgeltlichen Kostenvoranschlags der Werkstatt von S Ersatz der fiktiven Reparaturkosten. Lösung: Niemand erbringt eine Leistung im umsatzsteuerrechtlichen Sinne.
- G mit eigener Werkstatt kommt mit S überein, den Schaden in seiner Werkstatt zu beheben und S die üblichen Reparaturpreise in Rechnung zu stellen. Lösung: Es wird für diesen – realitätsfernen – Sachverhalt ein Leistungsaustausch angenommen. G erbringt S gegenüber eine nach § 1 Abs. 1 Nr. 1 UStG steuerbare Werklieferung oder Werkleistung (vgl. A 1.3 Abs. 11 S. 1 UStAE).
- S mit eigener Werkstatt repariert auf der Grundlage eines ihm von G erteilten Reparaturauftrags. Lösung: Es soll für diesen – ebenfalls realitätsfernen – Sachverhalt wiederum ein Leistungsaustausch zu bejahen sein. S erbringt G gegenüber eine nach § 1 Abs. 1 Nr. 1 UStG steuerbare Werklieferung oder Werkleistung, da der Schadenersatz hier durch eine vertragliche Beziehung überlagert wird.

3 Leistungsaustausch bei Vereinen

Soweit es darum geht festzustellen, ob ein Verein im Leistungsaustausch gegenüber den beteiligten Mitgliedern tätig wird, war nach bislang h.M. wie folgt zu unterscheiden:

- Bei Beiträgen, die gezahlt werden, um die Vereinigung in die Lage zu versetzen, ihre satzungsmäßigen Zwecke wahrzunehmen ist ein Leistungsaustausch zu verneinen. Begründung: Es fehlt an einer konkreten Leistung, die durch ein (Sonder-)Entgelt honoriert wird (sog. echter Mitgliedsbeitrag).

- Nur Zahlungen, die erbracht werden, um eine besondere Leistung an ein einzelnes Mitglied zu entgelten – etwa besondere Nutzungsgebühr für die stundenweise Überlassung eines vereinseigenen Tennisplatzes – begründen einen nach § 1 Abs. 1 Nr. 1 UStG steuerbaren Umsatz (sog. unechter Mitgliedsbeitrag).

Diese Unterscheidung zwischen sog. echtem und unechtem Mitgliedsbeitrag ist mit dem Urteil des EuGH vom 21.03.2002 (dazu näher bereits Kap. III 2.2.1, dortiges Beispiel 5) obsolet geworden. Der Sportverein erbringt allein damit, dass er seinen Mitgliedern die Möglichkeit einräumt, die Sportanlagen zu nutzen, eine Leistung, für die die pauschalen Mitgliedsbeiträge das Entgelt darstellen. Unter Beachtung der aktuellen EuGH-Rspr. ist also nicht nur die gesondert abgerechnete Überlassung von Sportanlagen an Vereins- (oder Nichtvereins-)mitglieder steuerbar und steuerpflichtig[96], sondern auch die mit dem Mitgliedsbeitrag eingeräumte bloße Nutzungsmöglichkeit (so auch der BFH erstmals mit Urteil vom 09.08.2007 – DStR 2007, 1719, unter ausdrücklicher Aufgabe seiner früheren Rspr.; inhaltlich unverändert i.S. überholter Betrachtungsweise aber A 1.4 Abs. 1 und A 2.10 Abs. 1 UStAE).

4 Steuerbarer Leistungsaustausch bei der Gründung von Gesellschaften

Sehr unterschiedliche Auffassungen bestanden lange Zeit hinsichtlich der Frage, ob es anlässlich der Gründung von Gesellschaften bereits zu steuerbaren entgeltlichen Leistungen der **Gesellschaft gegenüber den Gesellschaftern** kommt. Konkret ging es darum, ob es in dieser Phase notwendigerweise einen steuerbaren Leistungsaustausch dergestalt gibt, dass die Gesellschaft als erste umsatzsteuerrechtliche Aktivität Gesellschaftsrechte ausgibt, denen als Gegenleistung eine Sach- oder Bareinlage des Gesellschafters gegenübersteht.

Im Anschluss an verschiedene Urteile des EuGH und BFH geht inzwischen auch die Finanzverwaltung davon aus, dass eine **Gesellschaft bei Aufnahme eines Gesellschafters gegen Bar- oder Sacheinlage an den Gesellschafter keine steuerbare Leistung gegen Entgelt erbringt** (vgl. A 1.6 Abs. 2, A 1.1 Abs. 15 UStAE). Aus Sicht der Gesellschaft gibt es insoweit keinen nach § 1 Abs. 1 Nr. 1 UStG steuerbaren Umsatz, der ggf. steuerbefreit nach § 4 Nr. 8f UStG sein könnte.

Hiervon streng zu unterscheiden ist die Frage, ob es nicht bei dem **Gesellschafter**, der die Einlage erbringt, zu einem steuerbaren Umsatz kommen kann. Dies ist für den Fall einer Bareinlage zwar schon deshalb zu verneinen, weil Geldzahlungen zum Zwecke der Entgeltentrichtung keine Leistung im umsatzsteuerlichen Sinne darstellen (vgl. Kap. 1). Etwas anderes gilt jedoch für Sacheinlagen. Soweit der Gesellschafter außerhalb seiner Gesellschafterstellung Unternehmer ist und die **Sacheinlage aus seinem Unternehmensvermögen** bewirkt, tätigt er als Hilfsgeschäft im Rahmen seines Unternehmens einen nach § 1 Abs. 1 Nr. 1 UStG steuerbaren und regelmäßig auch steuerpflichtigen Umsatz (so ausdrücklich BFH vom 13.11.2003, BStBl II 2004, 375, bestätigt durch Urteil vom 06.10.2005, BFH/NV 2006, 834). Der Einlage

---

96 Die in § 4 Nr. 22b UStG vorgesehene Steuerbefreiung betrifft eingend nur Teilnehmergebühren für sportliche Veranstaltungen. Art. 132 Abs. 1 Buchst. m der MwStSystRL, wonach Leistungen steuerfrei bleiben, die »Einrichtungen ohne Gewinnstreben an Personen erbringen, die Sport oder Körperertüchtigung ausüben«, ist national nicht umgesetzt worden.

steht als Entgelt die Gewährung von Gesellschaftsrechten gegenüber. Es handelt sich somit um einen tauschähnlichen Umsatz. Die Rspr. des EuGH zur Nichtsteuerbarkeit der Ausgabe von Gesellschaftsanteilen auf Seiten der Gesellschaft steht dieser Würdigung nicht entgegen. Es gehört nicht zu den Voraussetzungen eines steuerbaren Umsatzes, dass die Gegenleistung des Leistungsempfängers (hier die Ausgabe von Gesellschaftsrechten durch die Gesellschaft) für diesen ebenfalls steuerbar nach § 1 Abs. 1 Nr. 1 UStG ist (vgl. auch A 1.6 Abs. 2 S. 4 ff. UStAE).

5 Steuerbarer Leistungsaustausch beim Ausscheiden eines Gesellschafters

Ebenso wie es bei der Ausgabe von Gesellschaftsanteilen im Gründungsstadium mangels einer unternehmerischen Tätigkeit der Gesellschaft nicht zu einem steuerbaren Umsatz der Gesellschaft an den »einsteigenden« Gesellschafter kommt, wird es regelmäßig auch nicht zu einem nach § 1 Abs. 1 Nr. 1 UStG steuerbaren Umsatz kommen, wenn der Gesellschafter aus einer fortbestehenden Gesellschaft »aussteigt«, und dabei seine Gesellschaftsanteile an die Gesellschaft zurückgibt. Soweit es sich hierbei um »Nur«-Gesellschafter handelt, scheitert ein steuerbarer Umsatz nach § 1 Abs. 1 Nr. 1 UStG schon an dessen Grundvorraussetzung, der Unternehmerstellung des Handelnden. Wie dargelegt, begründet die Gesellschafterstellung als solche keinen Unternehmerstatus. Bei den Gesellschaftern, denen aus anderen Gründen ein Unternehmerstatus zukommt, wird die **Rückgabe regelmäßig nicht im »Rahmen des Unternehmens«** erfolgen. Damit die Rückgabe im Rahmen des Unternehmens erfolgen kann, müssen die Gesellschaftsanteile nämlich bei Erwerb Unternehmensvermögen geworden sein. Davon soll aber nur auszugehen sein, wenn der Gesellschafter die Beteiligung erworben hat, um damit eine unternehmerische Tätigkeit außerhalb seiner Gesellschafterstellung unmittelbar zu fördern – etwa zur Sicherung günstiger Einkaufs- oder Absatzkonditionen, oder um sich Einfluss bei potentiellen Konkurrenten zu verschaffen (vgl. dazu näher A 2.3 Abs. 3 S. 5, dortige Nr. 2 UStAE).

Für die Gesellschaft, die den ausscheidenden Gesellschafter in bar abfindet, scheitert ein steuerbarer Umsatz nach § 1 Abs. 1 Nr. 1 UStG schon daran, dass die Hingabe von Geld keine Leistung im umsatzsteuerrechtlichen Sinne darstellt. Auf Seiten der Gesellschaft kann es beim Ausscheiden eines Gesellschafters folglich nur dann zu einem steuerbaren Umsatz kommen, wenn die Gesellschaft dem ausscheidenden Gesellschafter in Anrechnung auf dessen Abfindungsanspruch WG ihres Unternehmensvermögens überträgt.

6 Leistungsaustausch bei der Abgabe von Leistungen an Arbeitnehmer

Zuwendungen an AN werfen unter dem Gesichtspunkt eines steuerbaren Leistungsaustausches keine besonderen Probleme auf, wenn für die zu beurteilenden Arbeitgeberleistungen – wie bei der Abgabe von Waren des Unternehmens – ein konkretes Barentgelt des AN als Gegenleistung i.S.d. § 1 Abs. 1 Nr. 1 UStG vereinbart ist. Unter dem Aspekt der Tatbestandsverwirklichung des § 1 Abs. 1 Nr. 1 UStG ist es auch noch unproblematisch, wenn sich der AG im Arbeitsvertrag ausdrücklich dazu verpflichtet, seine Vergütungspflicht in der Weise zu erfüllen, dass er dem Beschäftigten – zusätzlich zum Barentgelt – einen auch privat nutzbaren Pkw oder zu Wohnzwecken eine ihm gehörende Räumlichkeit überlässt. In solchen Fällen hat man es mit einem nach § 1 Abs. 1 Nr. 1 UStG steuerbaren Umsatz zu tun, bei dem das Entgelt in der diesen Leistungen zuzuordnenden – anteiligen – Arbeitsleistung besteht. Bei den Umsätzen handelt es sich um tauschähnliche i.S.d. § 3 Abs. 12 S. 2 UStG.

Keineswegs selbstverständlich ist es aber, ob Letzteres auch dann zu gelten hat, wenn bei einer Pkw-Überlassung besondere Abreden nicht getroffen worden sind. Die Finanzverwaltung bejaht dies seit jeher und hat ihre Auffassung im BMF-Schreiben vom 27.08.2004 (BStBl I 2004, 864 = Nr. 500, § 15/2) zur Umsatzbesteuerung bei unternehmerisch genutzten Fahrzeugen ab dem 01.01.2004 bestätigt: Die Überlassung eines Kfz ist danach nicht nur dann als Vergütung für geleistete Dienste und damit als entgeltlich anzusehen, wenn sie im Arbeitsvertrag geregelt ist oder auf mündlichen Abreden oder sonstigen Umständen des Arbeitsverhältnisses (z.B. der faktischen betrieblichen Übung) beruht. Von Entgeltlichkeit sei vielmehr stets auszugehen, wenn das Kfz dem AN für eine gewisse Dauer und nicht nur gelegentlich zur Privatnutzung überlassen wird.[97]

Die eigentlichen Probleme dieser Fallkonstellationen bestehen in der Ermittlung der BMG. Bei einer entgeltlichen Fahrzeugüberlassung zu privater Nutzung, die als Gegenleistung eine anteilige Arbeitsleistung des AN hat, müsste zur Ermittlung der BMG an sich der Wert der nicht bar abgegoltenen Arbeitsleistung bestimmt werden. Dies ist dort, wo es an konkreten Vereinbarungen hierzu fehlt, ein schier aussichtsloses Unterfangen. Man hilft sich, indem man – wie im ESt-Recht – zur Ermittlung der BMG die Gesamtkosten, die dem leistenden Unternehmer entstanden sind (zu denen hier auch der nicht vorsteuerentlastete Aufwand gehört, da es sich um einen **entgeltlichen** Umsatz handelt!), entsprechend dem Anteil unternehmerischer zur privaten Nutzung aufteilt.

Beispiel 1: Pkw-Überlassung an Arbeitnehmer
Die B-GmbH hat ihrem Geschäftsführer einen Pkw zur Verfügung gestellt. Der Pkw mit einer Jahresfahrleistung von 20.000 km wird von dem Geschäftsführer lt. ordnungsgemäß geführtem Fahrtenbuch an 180 Tagen für Fahrten zur zehn km entfernten Arbeitsstätte benutzt. Die übrigen Fahrten des Geschäftsführers belaufen sich auf insgesamt 3.400 km. Die gesamten Kraftfahrzeugkosten (Nettoaufwendungen einschließlich AfA) betragen 9.000 €.

Lösung: Die Überlassung des Firmenwagens an den Geschäftsführer als AN der B-GmbH ist als entgeltlicher tauschähnlicher Umsatz steuerbar nach § 1 Abs. 1 Nr. 1 UStG. Für die **Ermittlung der BMG** nach § 10 Abs. 2 S. 2 UStG sind **bei Fahrtenbuchaufzeichnungen die Gesamtkosten** (zu denen auch nicht vorsteuerentlastete Beträge zählen) im Verhältnis der Privatfahrten zur Gesamtnutzung **aufzuteilen**. Zu den Privatfahrten des Geschäftsführers zählen die 3.600 km für Fahrten zwischen Wohnung und Arbeitsstätte (180 Tage x 20 km) und die 3.400 km für sonstige Fahrten. Dies entspricht einer Privatnutzung von insgesamt 35 % (7.000 km von 20.000 km). Für die umsatzsteuerliche BMG ist folglich von einem Betrag von 35 % von 9.000 € = 3.150 € auszugehen. Da es sich bei dem so ermittelten Betrag um einen **Nettobetrag** handeln soll, beläuft sich die durch die Fahrzeugüberlassung ausgelöste USt im Beispiel 1 auf 19 % auf 3.150 € = 598,50 €.

---

[97] Vgl. Ziff. 4.2 des BMF-Schreibens vom 27.08.2004 (BStBl I 2004, 864).

Wird kein Fahrtenbuch geführt, so lässt es die Finanzverwaltung aus Vereinfachungsgründen zu, auf die lohnsteuerlichen Werte zurückzugreifen, die sich pauschalierend an dem Bruttolistenpreis des Fahrzeugs orientieren. Der bei Pauschalierung ermittelte Betrag soll ein Bruttobetrag sein, aus dem folglich die USt herauszurechnen ist.[98] Übersichtsartig lässt sich die Besteuerung der Fahrzeugüberlassung an AN entsprechend dem **BMF-Schreiben vom 27.08.2004** (BStBl I 2004, 864) wie folgt darstellen:

Ermittlung der BMG bei der Fahrzeugüberlassung an das Personal	
Pauschalierung: aus Vereinfachungsgründen lohnsteuerliche Werte Tz. 4.2.1.3	**Fahrtenbuch:** Aufteilung entsprechend dem Anteil unternehmerischer zu Privatnutzung Tz. 4.2.1.4
Privatfahrten: monatlich 1 % des Listenpreises (§ 6 Abs. 1 Nr. 4 S. 2 EStG)	**Privatfahrten** werden mit
Fahrten zw. Wohnung und Arbeitsstätte:	**Fahrten zw. Wohnung und Arbeitsstätte**
0,03 % des Listenpreises je Kalendermonat für jeden Entfernungskilometer (§ 8 Abs. 2 S. 2 und 3 EStG)	und
Familienheimfahrten:	**Familienheimfahrten**
0,002 % des Listenpreises je Entfernungskilometer (§ 8 Abs. 2 S. 2 und 5 EStG)	zusammengefasst, um so den Anteil der Privatnutzung zu ermitteln. Die gesamten Kfz-Kosten (Nettoaufwand einschl. AfA) werden anschließend entsprechend dem Nutzungsverhältnis aufgeteilt.
kein Abzug für nicht mit VSt belastete Kosten (Art. 6 Abs. 1 der 6. EG-RL)	kein Abzug für nicht mit VSt belastete Kosten (Art. 6 Abs. 1 der 6. EG-RL)
Bruttowert	**Nettowert**

Von einer **unentgeltlichen Überlassung von Kraftfahrzeugen** an das Personal i.S.d. § 3 Abs. 9a S. 1 Nr. 1 UStG ist **nur ausnahmsweise** auszugehen. Dafür muss die vereinbarte private Nutzung des Fahrzeugs derart gering sein, dass sie für die Gehaltsbemessung wirtschaftlich keine Rolle spielt. Nach Auffassung des BMF ist dies nur anzunehmen, wenn dem AN das Fahrzeug nur aus besonderem Anlass oder zu einem besonderen Zweck an nicht mehr als fünf Kalendertagen im Kalendermonat für private Zwecke überlassen wird.[99]

---

[98] Die **Firmenwagenüberlassung** ist in den **Beraterklausuren 2001** (GF »Fred Baumann«) und **2009** (GF »Anton Reischl«) Prüfungsgegenstand geworden.

[99] Zur entgeltlichen und unentgeltlichen Abgabe von Mahlzeiten an Arbeitnehmer vgl. die kasuistischen Beispielrechnungen in A 1.8 Abs. 9 ff. UStAE.

VI Handeln im Rahmen des Unternehmens

Zu den Leistungen, die ein Unternehmer »im Rahmen seines Unternehmens« erbringt, gehören selbstverständlich zum einen all jene Geschäfte, die den Hauptzweck der unternehmerischen Tätigkeit bilden. Diese Geschäfte, die den eigentlichen Gegenstand des Unternehmens ausmachen, werden üblicherweise als sog. **Grundgeschäfte** charakterisiert. Neben den Grundgeschäften tätigt ein Unternehmer aber auch solche Geschäfte »im Rahmen seines Unternehmens«, die – ohne den eigentlichen Gegenstand der unternehmerischen Betätigung zu bilden – »in ihrem Gefolge vorkommen«, wenn sie mit der Haupttätigkeit in einem sachlichen, insbes. wirtschaftlichen Zusammenhang stehen. Diese Geschäfte »firmieren« als sog. **Hilfsgeschäfte**. Sie können sowohl Lieferungen als auch sonstige Leistungen sein. Typische Hilfsgeschäfte sind etwa die Veräußerung von Gegenständen des Anlagevermögens. Für die Steuerbarkeit kommt es nicht darauf an, dass solche Geschäfte regelmäßig vorkommen. Die Frage der Nachhaltigkeit ist nicht für das Hilfsgeschäft zu beurteilen, sondern für die Gesamtheit der Umsätze, zu denen auch das Hilfsgeschäft gehört. I.Ü. ist aber die **umsatzsteuerrechtliche Würdigung der Hilfsgeschäfte** (etwa unter den Gesichtspunkten des **Leistungsorts**, der **Steuerbefreiung** und des **Steuersatzes**) **losgelöst von der der Grundgeschäfte** vorzunehmen. Schließlich ist zu beachten: Hatte ein Unternehmer bei Erwerb eines Gegenstands nur einen Teil davon seinem Unternehmen zugeordnet – sichtbar gemacht etwa durch einen eingeschränkten VSt-Abzug – so erfolgt eine spätere Veräußerung des Gegenstands auch nur insoweit im Rahmen seines Unternehmens, als sie sich auf den dem Unternehmen zugeordneten Teil bezieht. Diese Auffassung vertritt auch das BMF (vgl. – bezogen auf eine anteilige Grundstückszuordnung – A 15.2 Abs. 21 Nr. 2b S. 7–9 UStAE). Probleme bereiten jene Sachverhalte, bei denen es – wie bei dem zuvor erörterten Erwerb von Gesellschaftsanteilen – beim Bezug der später wieder veräußerten Leistung keinen VSt-Abzug gegeben hat. Hier stellt sich die an anderer Stelle (s. Kap. XV 1.3.4.3) näher erörterte Frage, woraus auf die Zuordnung der Leistung zum Unternehmensvermögen geschlossen werden kann.

VII Inland/Ausland

Das umsatzsteuerrechtliche Inland ist nicht identisch mit dem Gebiet der Bundesrepublik Deutschland. Dies ergibt sich aus einer Lektüre des § 1 Abs. 2 UStG. Ebenfalls aus sich heraus verständlich erscheint die Abgrenzung des Inlands zum **Ausland**, das sich nach **§ 1 Abs. 2a UStG** in das **übrige Gemeinschaftsgebiet** und das **Drittlandsgebiet** unterteilt. Nur ausnahmsweise wird es geboten sein, ergänzend die Ausführungen in den A 1.9 und 1.10 UStAE hinzuzuziehen. Ein Beispiel hierfür bildet die Steuerberaterklausur 2008. Darin hatte eine der zu beurteilenden Leistungen ihren Leistungsort im Vatikan! A 1.10 Abs. 2 S. 1 UStAE kann man entnehmen, dass es sich dabei um Drittlandsgebiet handelt. Man muss das nicht kommentieren. Lediglich vorsorglich gilt es darauf hinzuweisen, dass im Hinblick auf die Vielzahl daran abknüpfender Unterscheidungen des USt-Rechts (dazu insbes. Kap. XIV) sorgfältig zu registrieren ist, wenn weitere Staaten Aufnahme in die EU finden. So sind zum 01.05.2004 als neue Mitgliedstaaten Estland, Lettland, Litauen, Malta, Polen, Slowakei, Slowenien, die Tschechische Republik sowie Ungarn und Zypern hinzugekommen, zum 01.01.2007 schließlich noch Bulgarien und Rumänien.

Soweit die Steuerbarkeit von Umsätzen zu beurteilen ist, die ihren Leistungsort in einem **Freihafen** haben – aus nationaler Sicht Drittland –, verdient Beachtung, dass solche Umsätze – je nach Verwendung und Status des Abnehmers – nach **§ 1 Abs. 3 UStG** wie Umsätze im Inland zu behandeln sein können.[100] Die Zielsetzung der dortigen Bestimmungen liegt auf der Hand: Sie dient der Sicherstellung der Besteuerung privaten Endverbrauchs.

---

[100] Umsätze in Freihäfen – früher beliebter Klausurgegenstand – haben kaum noch praktische Relevanz. Nachdem zum 01.01.2013 auch Hamburg seinen Freihafen aufgegeben hat, verbleiben nur noch die Freihäfen Bremerhaven und Cuxhaven.

VIII Geschäftsveräußerung nach § 1 Abs. 1a UStG

Art. 19 MwStSystRL sieht wie auch bereits die Vorgängerregelung in Art. 5 Abs. 8 i.V.m. Art. 6 Abs. 5 der 6. EG-RL vor, dass die Mitgliedstaaten die entgeltliche oder unentgeltliche Übertragung des Gesamtvermögens oder eines Teilvermögens auf einen anderen so behandeln können, als ob keine Lieferung von Gegenständen vorliegt und der Begünstigte der Übertragung Rechtsnachfolger des Übertragenden ist. Der nationale Gesetzgeber hat hiervon im UStG 1980 zunächst keinen Gebrauch gemacht. Erst mit dem zum **01.01.1994** eingefügten § 1 Abs. 1a UStG wurde die Geschäftsveräußerung auch in der Bundesrepublik für nicht steuerbar erklärt. Nach § 1 Abs. 1a S. 1 UStG unterliegen seither die Umsätze im Rahmen einer Geschäftsveräußerung an einen anderen Unternehmer für dessen Unternehmen nicht der USt. S. 2 dieser Norm kennzeichnet die Geschäftsveräußerung als einen Vorgang, bei dem ein Unternehmen oder ein in der Gliederung eines Unternehmens gesondert geführter Betrieb im Ganzen **entgeltlich oder unentgeltlich übereignet oder in eine Gesellschaft eingebracht wird**.[101]

Die Sinnhaftigkeit dieser Regelung steht dem Grundsatz nach nicht in Frage. Die **unentgeltliche Übertragung** eines Unternehmens oder eines gesondert geführten Betriebs war nach dem **bis zum 31.12.1993** geltenden Recht umsatzsteuerrechtlich als **Eigenverbrauch** (heute unentgeltliche Wertabgabe nach § 3 Abs. 1b und § 3 Abs. 9a UStG) anzusehen. Das war in jeder Hinsicht unbefriedigend, weil der Übertragende u.U. erhebliche USt-Zahlungen zu leisten hatte, während der Erwerber, der den Betrieb fortführte, keine VSt-Abzugsmöglichkeit hatte. Soweit es um Unternehmensübertragungen im Wege **vorweggenommener Erbfolge** ging, sprach man zu recht von einer sog. **Eigenverbrauchsfalle**: Bei der abgebenden Generation führte die unentgeltliche Übereignung des Unternehmens zur Besteuerung, ohne dass der übernehmenden Generation ein entsprechender VSt-Abzug zustand. Bei entgeltlichen Geschäftsveräußerungen ergaben sich häufig erhebliche Schwierigkeiten bei der Ermittlung der jeweiligen BMG für die nach § 1 Abs. 1 Nr. 1 UStG steuerbaren **Übertragungen einer Vielzahl von WG**, für die bei Unternehmensübertragungen zumeist nur ein Gesamtentgelt vereinbart wird. Dem Aufwand, das **Gesamtentgelt unter Aufdeckung stiller Reserven auf die einzelnen WG aufzuteilen**, stand aus fiskalischer Sicht regelmäßig kein Ertrag gegenüber, da die (Geschäfts-)Erwerber die von ihnen zu entrichtende USt durchweg wieder als VSt in Abzug bringen konnten.

---

101 Eine lesenswerte, aktuelle und praxisbezogene Abhandlung zu den gängigen Fragestellungen im Zusammenhang mit einer Geschäftsveräußerung im Ganzen bieten *Hättich/Renz*, NWB Nr. 33 vom 16.08.2010, 2614 ff.

1 Einkommensteuerrecht als Anknüpfungspunkt?

Soweit eine Unternehmensübertragung unter § 1 Abs. 1a UStG fällt, können solche Probleme nicht mehr auftreten. Allerdings sind neue an ihre Stelle getreten. So bereitet etwa die Abgrenzung zwischen der nichtsteuerbaren Geschäftsveräußerung im Ganzen und der normal zu besteuernden Veräußerung von Einzelgegenständen teilweise erhebliche Schwierigkeiten. Dabei ist man sich in der allgemeinen Charakterisierung der Geschäftsveräußerung noch durchaus einig. Sie soll anzunehmen sein, wenn die übertragenen Gegenstände die **wesentlichen Betriebsgrundlagen** des Unternehmens oder des gesondert geführten Betriebes waren, so dass der Erwerber oder die Gesellschaft, in die das Unternehmen eingebracht wird, die unternehmerische Tätigkeit ohne nennenswerte finanzielle Aufwendungen fortsetzen kann. Probleme gibt es regelmäßig, wenn der Übertragende einzelne **Unternehmensgegenstände zurückbehält** oder an andere Personen als den Erwerber überlässt. Insoweit ist fraglich, ob man zur Lösung dieser wie anderer auftauchender Fragen auch auf die zu § 75 AO ergangene Rspr. sowie die umfangreiche **einkommensteuerrechtliche Judikatur** des BFH heranziehen kann. Im ESt-Recht taucht die Frage, was wesentliche Betriebsgrundlage ist, gleich an mehreren Stellen auf: bei der Aufdeckung stiller Reserven nach § 6 Abs. 3 EStG, der begünstigten Betriebsveräußerung nach § 16 EStG, der Einbringung eines Betriebs in eine KapG oder PersG nach §§ 20, 24 UmwStG sowie bei der Frage einer sachlichen Verflechtung bei der Betriebsaufspaltung.[102] Der BFH verneint gleichwohl eine Übernahme der hierzu angestellten Überlegungen: Ob ein Unternehmen oder ein in der Gliederung gesondert geführter Betrieb im Ganzen übereignet wird, sei nicht nach nationalen ertragsteuerrechtlichen Kriterien[103], sondern allein nach gemeinschaftsrechtlichen Vorgaben zu entscheiden (so BFH vom 23.08.2007, BStBl II 2008, 165). Die Finanzverwaltung sieht dies ähnlich, greift an einer Stelle aber doch einkommensteuerrechtliche Wertungen auf. So soll nach A 1.5 Abs. 6 S. 4 UStAE ein gesondert geführter Betrieb i.S.d. § 1 Abs. 1a S. 2 UStG jedenfalls dann anzunehmen sein, wenn man es einkommensteuerrechtlich mit einer Teilbetriebsveräußerung zu tun hat.[104]

2 Spezifisch umsatzsteuerrechtliche Fragestellungen

Ansonsten hat sich aber auch innerhalb der Finanzverwaltung längst die Überzeugung durchgesetzt, dass § 1 Abs. 1a UStG einen eigenständigen umsatzsteuerrechtlichen Regelungsgehalt hat und daher Problemsachverhalte losgelöst von ertragsteuerlichen und verfahrensrechtlichen Wertungen auszulegen sind.

---

102 Zu diesen Bereichen s. auch *Preißer*, Band 1, Teil B, Kap. II und *Vollgraf*, Band 2, Teil D.
103 Dazu *Preißer*, Band 1, Teil B, Kap. II 2.2.2.
104 Eine Einschränkung gilt nur für die Sachverhalte, bei denen sich die Veräußerung einer Gesellschaftsbeteiligung als Teilbetriebsveräußerung i.S.d. § 16 UStG darstellt. Die Veräußerung einer Gesellschaftsbeteiligung kommt als Geschäftsveräußerung im UStR nur ausnahmsweise in Betracht – so etwa, wenn es um die Veräußerung einer Organschaftsbeteiligung geht, bei der die Organschaft auf den Erwerber übergeht (s. dazu nunmehr auch A 1.5 Abs. 9 UStAE).

2.1 Grundstücksübertragung als Geschäftsveräußerung

Das gilt insbes. für die Frage, unter welchen Voraussetzungen die Übertragung eines einzelnen Grundstücks sich umsatzsteuerrechtlich als Geschäftsveräußerung nach § 1 Abs. 1a UStG darstellen kann.[105] Insoweit besteht nach einer Vielzahl von Entscheidungen, deren wesentliche Aussagen der BFH in seinem Urteil vom 18.09.2008 (BStBl II 2009, 254) aufnimmt, immerhin in folgenden Punkten Einvernehmen:

- Ein Gebäude, das vom Veräußerer lediglich mit dem Ziel des Verkaufs erworben oder errichtet wurde, stellt regelmäßig keinen in der Gliederung des Unternehmens gesondert geführten Betrieb dar, da es nicht zur dauernden Einnahmeerzielung bestimmt ist; gleiches gilt sinngemäß für ein unbebautes Grundstück.
- Wird ein Mietgrundstück übertragen, ist zur Annahme des § 1 Abs. 1a UStG erforderlich, dass die gesamte Grundlage des Vermietungsunternehmens und damit dessen wirtschaftliche Substanz übertragen wird. Bei einem Mietgrundstück gehören dazu regelmäßig vorhandene Mietverträge, die vom Erwerber fortgeführt werden können.[106] Eine Geschäftsveräußerung i.S.d. § 1 Abs. 1a UStG durch Übertragung eines vermieteten oder verpachteten bebauten Grundstücks kann dabei auch dann vorliegen, wenn dieses nur teilweise vermietet oder verpachtet ist, sofern die nicht genutzten Flächen zur Vermietung oder Verpachtung bereitstehen, da hinsichtlich dieser Flächen auf die Fortsetzung der bisherigen Vermietungsabsicht abzustellen ist (BFH vom 30.04.2009, BStBl II 2009, 863). Solange diese wirtschaftliche Substanz aber nicht einmal teilweise vorhanden ist, wird lediglich ein Gegenstand übereignet, aber kein Unternehmen im Ganzen.[107]
- Die Lieferung eines weder verpachteten noch vermieteten Grundstücks stellt deshalb im Regelfall keine Geschäftsveräußerung dar.[108] Dementsprechend liegt auch keine Geschäftsveräußerung vor, wenn ein früher im Rahmen einer Betriebsaufspaltung zu Vermietungsumsätzen genutztes (Hallen-)Grundstück zum Zeitpunkt der Übertragung nicht mehr Vermietungszwecken diente (dazu BFH BStBl II 2007, 731). Insoweit fehlt es an einem fortführbaren selbständigen Unternehmensteil.
- Wird eine vermietete Immobilie an den bisherigen Mieter veräußert, der die Immobilie vorher und nachher für Zwecke seines Handelsunternehmens nutzt, liegt wegen fehlender Ähnlichkeit der vorher und nachher ausgeübten Tätigkeit ebenfalls keine Geschäftsveräußerung vor (s. dazu nunmehr auch A 1.5 Abs. 2 S. 2 UStAE).

Berücksichtigt man, dass umsatzsteuerrechtlich das **Unternehmen tätigkeitsbezogen** zu verstehen ist, muss es sich an sich auch verbieten, eine Geschäftsveräußerung anzunehmen,

---

105 Vgl. dazu näher die Beiträge von *Behrens/Schmitt* (UVR 2008, 220) und *Slotty-Harms* (UVR 2008, 218).
106 Der BFH erklärt es in seinem Beschluss vom 01.04.2004 (BStBl II 2004, 802) für »... nicht ernstlich zweifelhaft, dass bei der Veräußerung verpachteter/vermieteter (Gewerbe-)Immobilien unter Fortführung des Pacht-/Mietvertrages durch den Erwerber eine nicht steuerbare Geschäftsveräußerung i.S.d. § 1 Abs. 1a UStG vorliegt.«
107 In diesem Sinne auch BFH vom 24.02.2005 (BStBl II 2007, 61): Keine Geschäftsveräußerung, wenn sich der Unternehmenszweck des Veräußerers in dem Erwerb u. der Bebauung **eines** Grundstücks sowie der Besorgung von Mietern erschöpft und das eine Gründstück anschließend an ein Vermietungsunternehmen veräußert wird.
108 So im Anschluss an das BFH-Urteil vom 11.10.2007 (BStBl II 2008, 447) auch A 1.5 Abs. 2 S. 1 UStAE.

wenn ein **erfolgloser Vermietungsunternehmer** sein einziges Vermietungsobjekt veräußert, ohne Vermietungsumsätze erzielt zu haben.

An dieser Betrachtungsweise lässt sich jedoch nicht mehr festhalten, nachdem sich zwischenzeitlich die Auffassung durchgesetzt hat, dass bereits die ernsthafte Absicht, einer Vermietungstätigkeit nachgehen zu wollen, materiell-rechtlich endgültig den Unternehmerstatus begründet.[109] Genügen glaubhaft gemachte Absichten, einen Unternehmerstatus zu begründen, müssen solche (Vermietungs-)Absichten konsequenterweise auch ein (Vermietungs-)Unternehmen begründen können. Es kann schließlich keinen Unternehmer ohne ein dazugehöriges Unternehmen geben. Wenn dem aber so ist, wird man nicht umhin können, die Übertragung jenes Grundstücks, mit dem die nicht realisierten Vermietungsumsätze erzielt werden sollten, als nicht steuerbare Geschäftsveräußerung nach § 1 Abs. 1a UStG zu behandeln.[110] Dies konzediert auch die Finanzverwaltung. So heißt es in A 1.5 Abs. 1 S. 6 UStAE, es sei nicht erforderlich, dass mit dem Unternehmen oder mit dem in der Gliederung des Unternehmens gesondert geführten Betrieb in der Vergangenheit bereits Umsätze erzielt wurden; die vom Unternehmer anhand objektiver Anhaltspunkte nachzuweisende Absicht, Umsätze erzielen zu wollen, müsse nur spätestens im Zeitpunkt der Übergabe bestanden haben. Als Geschäftsveräußerung wird auch der folgende Sachverhalt beurteilt.

Beispiel 1: Hälftige Eigentumsübertragung an den Ehemann als Geschäftsveräußerung (nach BFH vom 06.09.2007, BStBl II 2008, 65, aufgenommen in A 1.5 Abs. 2 UStAE)[111]
Ehefrau E war Alleineigentümerin eines bebauten Gewerbegrundstücks, das sie seit 1998 steuerpflichtig vermietet hatte. Sie wandte in den Folgejahren auf dieses Gewerbeobjekt HK auf, aus denen sie jeweils den VSt-Abzug geltend machte. Im Jahr 2003 übertrug E unentgeltlich ihr Eigentum an dem Grundstück zur Hälfte auf ihren Ehemann. Die aus den Eheleuten bestehende Grundstücksgemeinschaft trat in den Mietvertrag ein und vermietete das Grundstück weiterhin steuerpflichtig. Das FA vertrat die Auffassung, E habe durch die unentgeltliche Übertragung des Miteigentumsanteils eine nach § 4 Nr. 9 Buchst. a UStG steuerfreie Entnahme verwirklicht, so dass der VSt-Abzug gem. § 15a UStG zu berichtigen sei. Ferner habe sie die ihr verbliebenen Miteigentumsanteile unentgeltlich der Ehegatten-Gemeinschaft überlassen, wodurch ein weiterer Eigenverbrauch verwirklicht worden sei.

Nach Auffassung des BFH liegt in der unentgeltlichen Übertragung des vermieteten Grundstücksanteils durch E auf ihren Ehemann eine Geschäftsveräußerung im Ganzen i.S.d. § 1 Abs. 1a UStG vor. Dieser Vorgang löse bei E als bisheriger Vermietungsunternehmerin folglich keine VSt-Berichtigung nach § 15a UStG aus. Da die durch die Übertragung des Miteigentumsanteils entstandene Bruchteilsgemeinschaft gleichzeitig mit ihrer Entstehung in den bestehenden Mietvertrag eintrete und damit ihrerseits einen Unternehmerstatus begründe, habe E den in ihrem Eigentum verbliebenen Grundstücksanteil der Bruchteilsgemeinschaft vor Aufnahme der Vermietungstätigkeit nicht noch zusätzlich unentgeltlich zur Nutzung überlassen.

---

109 Dazu näher bereits Kap. III 4 und Kap. XV 1.1.
110 So erstmals der BFH im Urteil vom 08.03.2001 (BStBl II 2003, 430) unter II 1b der Entscheidungsgründe.
111 Bestätigt durch Urteil vom 22.11.2007 (BStBl II 2008, 448).

2.2 Übereignung aller wesentlichen Betriebsgrundlagen?

Endgültig geklärt scheint inzwischen die Frage, ob eine **Geschäftsveräußerung** im Ganzen auch vorliegen kann, **wenn einzelne wesentliche WG** (Betriebsgrundlagen) nicht mit dinglicher Wirkung auf den Erwerber übertragen, sondern **vermietet oder verpachtet werden**. Die Finanzverwaltung hat dies, bezogen auf die Einbringung eines Betriebes in eine Gesellschaft, seit jeher bejaht. Endgültige Klarheit haben insoweit aber erst die BFH-Urteile vom 04.07.2002 (BStBl II 2004, 662) und vom 28.11.2002 (BStBl II 2004, 664) gebracht. Darin erklärt das Gericht unmissverständlich, dass es für die Annahme einer Geschäftsveräußerung i.S.d. § 1 Abs. 1a S. 2 UStG generell unerheblich sei, wenn einzelne wesentliche WG von der Übereignung oder Einbringung ausgenommen werden, sofern sie nur dem Unternehmer langfristig zur dauerhaften Nutzung überlassen werden. Ob ein Unternehmen oder ein in der Gliederung gesondert geführter Betrieb im Ganzen übereignet wird, sei eben nicht nach nationalen ertragsteuerrechtlichen Kriterien[112], sondern allein nach gemeinschaftsrechtlichen Vorgaben zu entscheiden. Danach genüge es, wenn das übertragene Unternehmensvermögen als hinreichendes Ganzes die Ausübung einer wirtschaftlichen Tätigkeit ermöglicht und die vor und nach der Übertragung ausgeübten Tätigkeiten übereinstimmen oder sich hinreichend ähneln (so zuletzt BFH vom 18.09.2008, BStBl II 2009, 254; ähnlich auch die Finanzverwaltung in A 1.5 Abs. 1 S. 2 UStAE).

> **Beispiel 2: Geschäftsveräußerung ohne Grundstücksübereignung (nach BFH vom 28.11.2002, BStBl II 2004, 665)**
> Bauunternehmer B hatte auf eigenem Grundstück eine Lagerhalle errichtet und diese fortan als Lager und Maschinenabstellplatz genutzt. Zum 01.07.01 übertrug B seinem Sohn S das Anlagevermögen seines Bauunternehmens unentgeltlich. Das Betriebsgrundstück behielt er zurück und vermietete es seinem Sohn ab 01.07.01 steuerpflichtig für zehn Jahre zum Betrieb seines Bauunternehmens. Der Vertrag sollte sich um jeweils ein Jahr verlängern, sofern keine Kündigung erfolgte. S war verpflichtet, die für das Grundstück anfallenden öffentlichen Lasten, Instandhaltungs- und Versicherungskosten zu tragen. Einen Pkw und einen Kopierer überführte B in sein Privatvermögen. Das FG lehnte eine Behandlung als Geschäftsveräußerung ab, weil das bebaute Grundstück als wesentliche Betriebsgrundlage nicht mitübereignet worden war.
>
> **Lösung:** Aus Sicht des BFH kann eine **Geschäftsveräußerung** i.S.d. § 1 Abs. 1a UStG **auch** vorliegen, **wenn einzelne wesentliche Betriebsgrundlagen nicht mitübereignet werden**.[113] Wesentlich sei nur, dass die übertragenen Vermögensgegenstände ein hinreichendes Ganzes bilden, um die Ausübung einer wirtschaftlichen Tätigkeit zu ermöglichen. Dafür genüge es, wenn ein Betriebsgrundstück dem Erwerber – wie im Streitfall – durch ein langfristiges Nutzungsrecht überlassen wird, das die dauerhafte Fortführung des Unternehmens ermöglicht.[114]

---

112 Dazu *Preißer*, Band 1, Teil B, Kap. II 2.2.2.
113 Zur erbschaftsteuerlichen Behandlung vgl. R 51 Abs. 3 S. 7 ErbStR zu § 13a ErbStG: Auch einzelne WG sind begünstigt.
114 Bestätigt durch BFH-Urteil vom 23.08.2007 (BStBl II 2008, 165), mit dem das Gericht eine achtjährige Grundmietzeit genügen lässt. Die **Beraterklausur 2011** hat diese Thematik aufgenommen; dort brachte ein Frank Ferstl sein bisheriges Einzelunternehmen mit allen Passiven und Aktiven mit Ausnahme des Geschäftsgebäudes in die Trachten Ferstl GmbH ein. »Allerdings vermietete er die bisher vom Einzelunternehmen genutzten Räume für zunächst 15 Jahre mit Verlängerungsoption an die GmbH.«

(**Hinweis:** Die Entnahme der einzelnen, für die Geschäftsübertragung unwesentlichen WG ist bei B als steuerpflichtige unentgeltliche Wertabgabe nach § 1 Abs. 1 Nr. 1 UStG i.V.m. § 3 Abs. 1b Nr. 1 UStG zu besteuern.)

Die nunmehr vom BFH praktizierte Sichtweise kann bei ergebnisorientierter Betrachtung Assoziationen zu jenen Grundsätzen aufkommen lassen, die im Ertragsteuerrecht beim Einbringen eines Betriebs in eine PersG zur Anwendung gelangen. Dort gilt bekanntlich, dass die im Alleineigentum eines Gesellschafters verbleibenden WG, die dieser der Gesellschaft zur Nutzung überlässt, BV der Gesellschaft werden, und zwar in Form von **Sonderbetriebsvermögen**.[115] Ehe daraus vorschnell ein (zusätzlicher) Beleg für die Richtigkeit der geschilderten Auffassung abgeleitet wird, gilt es freilich auf Folgendes hinzuweisen: Die Konstruktion des Sonderbetriebsvermögens ist dem USt-Recht fremd. Der Gesellschafter (Betriebsveräußerer), der seiner Gesellschaft (seinem Erwerber) ein zurückbehaltenes Betriebsgrundstück und damit ihm verbliebenes Unternehmensvermögen gegen Entgelt überlässt, ist wie jeder andere, der mit einem Gründstück Vermietungs- oder Verpachtungsumsätze tätigt, selbständig unternehmerisch tätig (so im Beispiel 2 also auch der ehemalige Bauunternehmer B mit der Vermietung an S). Das Unternehmensvermögen des Gesellschafters (Veräußerers), bestehend in dem vermieteten oder verpachteten Grundstück, kann umsatzsteuerrechtlich gerade nicht dem Unternehmensvermögen der Gesellschaft (des Erwerbers) zugerechnet werden.

Wenn man umsatzsteuerrechtlich mit dem BFH auch bei bloßer Nutzungsüberlassung wesentlicher Betriebsgrundgrundlagen eine Geschäftsveräußerung annehmen kann, dann allein deshalb, weil sich so am ehesten die mit § 1 Abs. 1a UStG verfolgten Zwecke verwirklichen lassen – mag auch der Gesetzeswortlaut des § 1 Abs. 1a Nr. 1 UStG, in dem von einer **Übereignung** des Betriebes die Rede ist, eher in eine andere Richtung weisen.

Hinweis: Der EuGH hat auf Vorlage des BFH vom 14.07.2010 (BStBl II 2010, 1117) dessen Sichtweise, wonach eine nicht steuerbare Geschäftsveräußerung auch dann vorliegen kann, wenn einzelne wesentliche Betriebsgrundlagen **nicht** mit **übereignet**, sondern lediglich langfristig an den Erwerber **vermietet** werden, bestätigt (Urteil vom 10.11.2011, DStR 2011, 2196). Nach Auffassung des EuGH bedarf es i.Ü. nicht notwendig eines **auf lange Dauer abgeschlossenen Mietvertrag**s. Eine nicht steuerbare Geschäftsveräußerung könne auch vorliegen, wenn der **Mietvertrag auf unbestimmte Zeit** läuft und von beiden Parteien **kurzfristig kündbar** ist (Sachverhalt des Vorlagebeschlusses: spätestens am dritten Werktag eines Kalendervierteljahres zum Ablauf des folgenden Kalendervierteljahres).

2.3 Erwerb für das Unternehmen des Erwerbers

Die Anwendung des § 1 Abs. 1a UStG setzt weiter voraus, dass der **Erwerber Unternehmer** ist. Hierfür reicht es selbstverständlich, wenn der Erwerb des Unternehmens erfolgt, um anschließend unternehmerisch tätig werden zu wollen. Die Unternehmereigenschaft beginnt mit den ersten sichtbaren Aktivitäten, die darauf ausgerichtet sind, anschließend nachhaltig im Leistungsaustausch tätig werden zu wollen (s. Kap. III 4). Dies ist hier der Erwerb des Unternehmens bzw. des gesondert geführten Teilbetriebs. Es ist nicht erforderlich, dass der

---

115 Dazu näher *Preißer*, Band 2, Teil B, Kap. I 4.2.2 und Kap. II 4.

Erwerber das Unternehmen anschließend unverändert fortführen will. Eine nicht steuerbare Geschäftsveräußerung ist auch anzunehmen, wenn der Erwerber beabsichtigt, den von ihm übernommenen Geschäftsbetrieb aus betriebswirtschaftlichen oder kaufmännischen Gründen in seinem Zuschnitt zu ändern (BFH vom 23.08.2007, BStBl II 2008, 165). Eine gewisse Ähnlichkeit muss aber erhalten bleiben.

2.4 Wirkung der Rechtsnachfolge nach § 1 Abs. 1a S. 3 UStG

Wenn es in § 1 Abs. 1a S. 3 UStG heißt, dass der Erwerber an die Stelle des Veräußerers tritt, so weckt dies Assoziationen zu einer Gesamtrechtsnachfolge. Eine solche hat der Gesetzgeber damit jedoch nicht anordnen wollen. Die in § 1 Abs. 1a S. 3 UStG angeordnete Rechtsnachfolge ist allein aus umsatzsteuerrechtlicher Sicht auszulegen. Gemeint ist, **dass der Erwerber die WG in den umsatzsteuerrechtlichen Bindungen übernimmt**, die der Veräußerer geschaffen hat. Praktische Relevanz entfaltet dies insb. in den Fällen, in denen es beim Erwerber zu einer unter dem Gesichtspunkt des VSt-Abzugs relevanten Änderung der Verwendungsverhältnisse hinsichtlich der übernommenen WG kommt. Insoweit stellt § 15a Abs. 10 UStG ausdrücklich klar, dass der Berichtigungszeitraum nicht unterbrochen wird, sondern bei dem Erwerber weiterläuft. Um diesem eine Berichtigung zu ermöglichen, erklärt § 15a Abs. 10 S. 2 UStG den Veräußerer für verpflichtet, dem Erwerber die für die Durchführung der Berichtigung die erforderlichen Angaben zu machen. Dass der Erwerber an die Stelle des Veräußerers tritt, ist ferner z.B. von Bedeutung, wenn der Erwerber Gegenstände des Unternehmens entnimmt, für die der Veräußerer einen VSt-Abzug geltend gemacht hat. Hier unterbleibt die Besteuerung nach § 3 Abs. 1b UStG nicht etwa nach dessen S. 2, weil der Erwerber infolge der Regelung des § 1 Abs. 1a UStG keinen VSt-Abzug in Anspruch nehmen konnte. Dem Erwerber wird vielmehr auch insoweit der VSt-Abzug des Veräußerers zugerechnet.

2.5 Fehlerhafter Steuerausweis

Es steht den Beteiligten nicht frei, durch eine Option eine nicht steuerbare Geschäftsveräußerung in einen steuerbaren und steuerpflichtigen Umsatz zu verwandeln. Erteilt der Veräußerer dem Erwerber eine Abrechnung, in der er USt gesondert ausweist, obwohl eine Geschäftsveräußerung im Ganzen vorliegt, liegt vielmehr ein unrichtiger, weil zu hoher, Steuerausweis vor. Es handelt sich damit um einen Sachverhalt, der von § 14c Abs. 1 UStG erfasst wird. Daraus folgt weiter: Ein VSt-Abzug hinsichtlich der ausgewiesenen Steuer ist unzulässig. Insoweit ist Folgendes besonders zu beachten: Nach der ausdrücklichen gesetzlichen Vorgabe in § 14c Abs. 1 S. 2 UStG ist der unzutreffende Steuerausweis im Fall des § 1 Abs. 1a UStG nur noch nach den Regeln berichtigungsfähig, die § 14c Abs. 2 S. 3–5 UStG für den sog. unberechtigten Steuerausweis bereithält. Gehen die Parteien der Übertragung irrtümlich davon aus, dass die Voraussetzungen des § 1 Abs. 1a UStG nicht vorliegen und stellt der Veräußerer für seine Leistung USt gesondert in Rechnung, kann dieser Steuerausweis also nur berichtigt werden, wenn die Finanzbehörde zuvor festgestellt hat, dass die durch den Steuerausweis eingetretene Gefährdung des Steueraufkommens beseitigt wurde (vgl. dazu näher Kap. XIII 2).

3 Vorsteuerabzug aus Leistungsbezügen für die Geschäftsveräußerung

Umstritten war lange Zeit, wie hinsichtlich des VSt-Abzugs aus Leistungen im Zusammenhang mit der Veräußerung zu verfahren ist. Die Finanzverwaltung vertrat seit jeher die Auffassung, es sei darauf abzustellen, wie die veräußerten **WG im Besteuerungszeitraum vor der Veräußerung genutzt** wurden. Erlauben die Verhältnisse im Besteuerungszeitraum wegen der Kürze dieses Zeitraums nicht, eine realistische Quote der abziehbaren VSt zu ermitteln, müsse ergänzend der vorherige Besteuerungszeitraum für die Ermittlung dieser Quote mit herangezogen werden.[116]

Dieses Vorgehen sah sich im Schrifttum heftiger Kritik ausgesetzt. Auf eine Wiedergabe kann hier nicht zuletzt deshalb verzichtet werden, weil der EuGH mit Urteil vom 22.02.2001 (UR 2001, 164) in Sachen Abbey National die Praxis der Finanzverwaltung im Ergebnis bestätigt hat. Der EUGH knüpft in diesem Urteil zunächst an seine ständige Rspr. an, wonach das VSt-Abzugsrecht nur besteht, wenn die bezogenen Umsätze direkt und unmittelbar mit Ausgangsumsätzen zusammenhängen, die das Recht auf VSt-Abzug eröffnen. Es dürfen also nur die VSt-Beträge abgezogen werden, die die verschiedenen Kostenelemente eines **besteuerten Umsatzes** unmittelbar belasten.[117] Dies sei – so der EuGH – nicht der Fall, wenn die Übertragung eines Gesamt- oder Teilvermögens als nicht steuerbarer Umsatz behandelt wird. Nach Auffassung des EuGH gehören die Ausgaben des Übertragenden für die Dienstleistungen, die er zur Durchführung der Übertragung in Anspruch nimmt, aber zu seinen allgemeinen Kosten; sie weisen – so der EuGH – grundsätzlich einen direkten und unmittelbaren Zusammenhang mit seiner gesamten wirtschaftlichen Tätigkeit auf. Es kommt für einen VSt-Abzug des Veräußerers demnach darauf an, in welchem Umfang der Veräußerer **vor der Geschäftsveräußerung vorsteuerschädliche bzw. vorsteuerunschädliche Umsätze** ausgeführt hat.

---

116 In diesem Sinne zuletzt auch OFD Münster in einer Vfg. vom 06.11.2006 (Az.: S 7100 b – 132 – St 44 – 32).
117 Zuletzt EuGH vom 26.05.2005 (DStR 2005, 965 – Kretztechnik).

IX Steuerbefreiungen entgeltlicher Inlandsumsätze

Ist eine Leistung nach § 1 Abs. 1 Nr. 1 UStG steuerbar, so steht damit noch nicht fest, dass sie auch tatsächlich USt auslöst. Zu prüfen bleibt zunächst noch, ob sie möglicherweise steuerbefreit nach § 4 UStG ist.

1 Zwecke und Wirkungen von Steuerbefreiungstatbeständen

Die in § 4 UStG zusammengefassten Steuerbefreiungen werden aus unterschiedlichen Gründen gewährt. Eine Gruppe der Befreiungen erklärt sich **aus sozialen Erwägungen**. Dies betrifft in erster Linie die V + V von Grundstücken nach § 4 Nr. 12 Buchst. a UStG, die ärztlichen Leistungen und Leistungen der Krankenhäuser in der zum 01.01.2009 neu gefassten Norm des § 4 Nr. 14 UStG sowie weitere sonstige Leistungen im Zusammenhang mit der Gesundheitsvorsorge, etwa nach § 4 Nr. 16 UStG. Auch die Befreiung der in § 4 Nr. 20–23 UStG aufgeführten kulturellen Leistungen sowie die Befreiung von Leistungen gemeinnütziger Einrichtungen in § 4 Nr. 18, 24, 25 und 27 UStG sind dieser Gruppe der Steuerbefreiungen aus sozialen Erwägungen zuzurechnen. Eine ganz andere Zielsetzung verfolgen hingegen beispielsweise § 4 Nr. 9 Buchst. a UStG und § 4 Nr. 10 Buchst. a UStG. Bei ihnen geht es darum, eine **Doppelbesteuerung** zu **vermeiden**. Vorgänge, die von speziellen Verkehr- bzw. Verbrauchsteuern erfasst werden, werden nicht noch zusätzlich mit USt belastet. Eine dritte Gruppe betrifft schließlich bestimmte Umsätze mit Auslandsberührung. Hier gilt es, durch Steuerbefreiungen **Wettbewerbsneutralität** zwischen deutschen und ausländischen Anbietern zu gewährleisten (und das sog. Bestimmungslandprinzip umzusetzen). Bei diesen Steuerbefreiungen wird durch die Befreiung der Leistung im Inland eine Belastung mit deutscher USt vermieden, wenn ansonsten eine Doppelbesteuerung mit inländischer USt und ausländischer E-USt bzw. ausländischer USt auf innergemeinschaftliche Erwerbe einzutreten droht. Beispiele für so motivierte Steuerbefreiungen sind die Befreiungen von Ausfuhrlieferungen nach § 4 Nr. 1 Buchst. a i.V.m. § 6 UStG sowie die innergemeinschaftlichen Lieferungen nach § 4 Nr. 1 Buchst. b i.V.m. § 6b UStG (zu jenen Tatbeständen s. Kap. XIV 2.2 und 3.2).

Bezüglich der **Wirkung von Steuerbefreiungsvorschriften** ist von entscheidender Bedeutung, ob mit der Steuerbefreiung – wie es § 15 Abs. 2 Nr. 1 UStG als Grundregel vorsieht – ein Ausschluss vom VSt-Abzug hinsichtlich der Eingangsleistungen verbunden ist. Wo dies der Fall ist, führt die Steuerbefreiung nicht zu einer vollständigen Entlastung von der USt auf der letzten Stufe, da die nicht abziehbare USt auf der Vorstufe über den Preis an den Abnehmer weitergegeben wird. Der VSt-Ausschluss nach § 15 Abs. 2 Nr. 1 UStG ist freilich in vielen Fällen kein endgültiger – sei es, dass es sich um Steuerbefreiungen handelt, bei denen unter den in § 9 UStG genannten Voraussetzungen auf die Steuerbefreiung verzichtet werden kann, sei es, dass der VSt-Ausschluss nach § 15 Abs. 3 UStG für bestimmte, dort aufgeführte Befreiungen wieder aufgehoben wird. Unter dem Aspekt der Wirkung der Steuerbefreiungen auf den VSt-Abzug lassen sich also drei Gruppen unterscheiden:

1. Steuerbefreiungen, bei denen der VSt-Abzug aus Eingangsbezügen zwingend ausgeschlossen ist;
2. Steuerbefreiungen, bei denen durch die Möglichkeit eines Verzichts auf die Steuerbefreiung der Ausschluss vom VSt-Abzug vermieden werden kann;
3. Steuerbefreiungen, bei denen der VSt-Abzug aus Eingangsbezügen erhalten bleibt.

Zu den Steuerbefreiungen, die »vorsteuerunschädlich« sind, weil der Ausschluss vom VSt-Abzug nach § 15 Abs. 3 UStG nicht eintritt, zählen in erster Linie die in § 15 Abs. 3 Nr. 1a UStG aufgeführten Steuerbefreiungen nach § 4 Nr. 1–7 UStG. Sie lassen sich unter dem Oberbegriff »Umsätze mit Auslandsberührung« zusammenfassen. Von besonderer praktischer Bedeutung sind dabei die bereits erwähnten Steuerbefreiungstatbestände der Ausfuhr nach § 4 Nr. 1 Buchst. a i.V.m. § 6 UStG und der innergemeinschaftlichen Lieferung nach § 4 Nr. 1 Buchst. b i.V.m. § 6b UStG. Diese Steuerbefreiungstatbestände sollen neben anderen Umsätzen mit Auslandsberührung in Kap. XIV Gegenstand besonderer Betrachtung werden. An dieser Stelle soll es zunächst allein um solche **Steuerbefreiungen für entgeltliche Leistungen** gehen, die ihren **Leistungsort wie auch ihren Verbrauch im Inland** haben. Soweit diese Umsätze steuerbefreit sind, sind sie es entweder aufgrund einer zwingend vorsteuerschädlichen Steuerbefreiung, oder weil eine Steuerbefreiung Anwendung findet, bei der durch einen Verzicht der VSt-Abzug auf die Eingangsleistungen erhalten bleibt.

2 Befreiungstatbestände mit Optionsmöglichkeit

Um nachteilige Wirkungen einer Steuerbefreiung bei **Umsätzen zwischen Unternehmern** zu vermeiden, gewährt das Gesetz bei bestimmten, in § 9 Abs. 1 UStG aufgeführten Umsätzen die Möglichkeit, auf die Steuerbefreiung zu verzichten. Machen die Beteiligten hiervon Gebrauch, wird aus dem an sich steuerfreien Umsatz ein steuerpflichtiger. Damit ist die Barriere des § 15 Abs. 2 Nr. 1 UStG für einen VSt-Abzug aus den Eingangsleistungen überwunden. Die Belastungswirkung entspricht nun wieder derjenigen eines von Anbeginn nicht befreiten Umsatzes. Praktisch bedeutsam wird dies insbes. für die Umsätze, die unter das GrEStG fallen und deshalb an sich nach § 4 Nr. 9 Buchst. a UStG steuerbefreit sind, sowie für die Tatbestände des § 4 Nr. 12 Buchst. a–c UStG, denen zufolge nicht nur die im Folgenden näher vorgestellte V + V, sondern jedwede Form der Überlassung von Grundstücken grundsätzlich umsatzsteuerfrei bleiben soll.

2.1 Grunderwerbsteuerbare Vorgänge

Der Grunderwerbsteuer unterliegen nach § 1 GrEStG vertragliche Schuldverhältnisse, die wie Kauf-, Gesellschafts- und Schenkungsverträge eine Verpflichtung zur Eigentumsübertragung an Grundstücken begründen sowie hilfsweise der Eigentumsübergang selbst. Damit diese Sachverhalte in der USt-Klausur als steuerbefreite Vorgänge nach § 4 Nr. 9 Buchst. a UStG relevant werden können, gilt es, im Auge zu behalten, dass es dafür zunächst der

Steuerbarkeit der Grundstücksübertragungen nach § 1 Abs. 1 Nr. 1 UStG bedarf. Verlangt ist also auf Seiten des Veräußerers ein Unternehmer, der das Grundstück im Rahmen seines Unternehmens veräußert. Die Probleme um § 4 Nr. 9 Buchst. a UStG betreffen somit zum einen natürlich **Grundstückshändler**, die im Rahmen ihrer sog. Grundgeschäfte Grundstücke veräußern. Betroffen sind aber auch **andere Unternehmer**, und zwar solche, bei denen die Grundstücke als Gegenstände des Anlagevermögens ins Unternehmensvermögen gelangt waren. **Veräußern** diese Unternehmer später die **(Betriebs-)Grundstücke**, oder legen sie diese als Einlage in eine Gesellschaft ein, sind diese Vorgänge bei ihnen **als Hilfsgeschäfte** steuerbar nach § 1 Abs. 1 Nr. 1 UStG.[118] Vorgänge, die **nach § 1 GrEStG steuerbar** sind, **aber nach den §§ 3 ff. GrEStG** ganz oder teilweise **von der GrESt ausgenommen** sind – wie z.B. nach § 3 Nr. 4 GrEStG die Grundstücksveräußerungen unter Ehegatten – fallen trotzdem unter die Befreiung des § 4 Nr. 9 Buchst. a UStG. Dies folgt aus dem insoweit eindeutigen Wortlaut § 4 Nr. 9 Buchst. a UStG. Danach sind Umsätze steuerbefreit, die »unter das Grunderwerbsteuergesetz fallen«. Es wird nicht verlangt, dass die Vorgänge auch tatsächlich eine GrESt auslösen.[119]

Die Steuerbefreiung des **§ 4 Nr. 9 Buchst. a UStG ist auf unentgeltliche Grundstücksentnahmen**, die nach § 3 Abs. 1b Nr. 1 UStG als fiktive entgeltliche Lieferung nach § 1 Abs. 1 Nr. 1 UStG steuerbar sind, (wieder) **entsprechend anzuwenden**. Mit Schreiben vom 13.04.2004 (BStBl I 2004, 469) war das BMF zwischenzeitlich hiervon abgerückt. Danach sollte die Entnahme solcher Grundstücke/Gebäude, die zu einem vollen oder teilweisen VSt-Abzug berechtigt haben, entgegen früherer Praxis zu einer **s**teuerpflichtigen unentgeltlichen Wertabgabe führen. Wie an anderer Stelle (s. Kap. XII 5.1.3) näher dargelegt, handelte es sich hierbei um eine Reaktion auf das Urteil des EuGH vom 08.05.2003 (in Sachen Seeling – BStBl II 2004, 378). Inzwischen hat das BMF mit Schreiben vom 22.09.2008 (BStBl I 2008, 895) einen Rückzieher gemacht und erklärt: Für den Fall einer nach § 3 Abs. 1b Satz 1 Nr. 1 und 2 UStG steuerbaren Entnahme eines Grundstücks aus dem Unternehmen ist die Steuerbefreiung des § 4 Nr. 9 Buchst. a UStG unabhängig davon anzuwenden, ob mit der Entnahme ein Rechtsträgerwechsel am Grundstück verbunden ist (so nunmehr auch **A 4.9.1 Abs. 2 Nr. 6 UStAE**).

§ 4 Nr. 9 Buchst. a UStG schließt an die grunderwerbsteuerrechtliche Behandlung an und übernimmt daher auch dessen Begriffsbestimmungen. Da sich das Grunderwerbsteuergesetz in § 2 Abs. 1 GrEStG hinsichtlich des zentralen Begriffs des Grundstücks prinzipiell am BGB orientiert, zählt als Grundstück nicht nur das unbebaute, sondern nach § 94 BGB auch das mit einem Gebäude bebaute Grundstück. Aber zu beachten gilt es Folgendes: Bei einem **Werkvertrag über die Errichtung eines Gebäudes ohne gleichzeitigen Verkauf** von Grund und Boden liegt kein Verpflichtungsgeschäft vor, das nach § 1 Abs. 1 Nr. 2 GrEStG einen Anspruch auf Übereignung eines Grundstückes begründet. Ist der Vertrag lediglich auf die Errichtung eines Gebäudes auf dem Grundstück des Bestellers gerichtet, unterliegt die Leistung des beauftragten Bauunternehmers **als steuerpflichtige Werklieferung nach § 3 Abs. 4 UStG** der USt.

---

118 Beachte: Entgeltliche Lieferungen von Betriebsgrundstücken werden durchweg Unternehmer als Erwerber haben, so dass in diesen Fällen nicht nur die Voraussetzungen für einen Verzicht auf die Steuerbefreiung des § 4 Nr. 9a UStG nach § 9 Abs. 1 UStG gegeben sind, sondern dann zwangsläufig auch eine Steuerschuldnerschaft des Erwerbers nach § 13 Abs. 2 Nr. 3, Abs. 5 S. 1 UStG ausgelöst ist.
119 Zu unterscheiden ist also zwischen Grunderwerbsteuerbarkeit (erforderlich) und -steuerpflicht (nicht erforderlich); somit ist die aus der USt bekannte Abgrenzung auch innerhalb der GrESt vorzunehmen.

Abweichend vom BGB gehören nach § 2 Abs. 1 Nr. 1 GrEStG **Betriebsvorrichtungen** nicht zum Grundstück, auch wenn diese wesentliche Bestandteile sein sollten. Betriebsvorrichtungen sind alle Maschinen und Anlagen, mit denen der Betrieb unmittelbar ausgeübt wird, soweit sie nicht Gebäude oder Teil eines Gebäudes sind. Bei der Veräußerung eines Grundstückes mit Betriebsvorrichtungen ist folglich neben der steuerfreien Grundstückslieferung eine **steuerpflichtige Lieferung** der Betriebsvorrichtungen gegeben. Ein Gesamtentgelt muss nach dem Verhältnis der gemeinen Werte des Grund und Bodens, des Gebäudes (steuerfrei) und der Betriebsvorrichtungen (steuerpflichtig) aufgeteilt werden. Umgekehrt stehen ein **Erbbaurecht** und ein **Gebäude auf fremden Grund und Boden** nach § 2 Abs. 2 GrEStG einem **Grundstück gleich**. Ihre Veräußerung und beim Erbbaurecht auch die erstmalige Begründung sind daher nach § 4 Nr. 9 Buchst. a UStG umsatzsteuerbefreit. Für die zahlreichen denkbaren Sachverhaltskonstellationen im Zusammenhang mit Gebäuden auf fremdem Grund und Boden liefert das **BMF-Schreiben vom 23.07.1986** (BStBl I 1986, 432) eine lehrbuchartige Darstellung.

BMG für die GrESt ist nach § 8 Abs. 1 GrEStG der Wert der Gegenleistung, die bei dem Verkauf eines Grundstücks gem. § 9 Abs. 1 Nr. 1 GrEStG im **Kaufpreis** besteht. Insoweit war es lange Zeit ein Thema, ob und ggf. wie es sich auf die BMG der GrESt auswirkt, wenn bei einer Grundstücksveräußerung auf die Steuerbefreiung des § 4 Nr. 9 Buchst. a UStG verzichtet wird.[120] Sollte dann die USt als Teil des Kaufpreises zur BMG der GrESt gehören? Die ganz h.M. bejahte dies. Das Problem hat sich erledigt, seit der Gesetzgeber in § 13b Abs. 2 Nr. 3 UStG für steuerpflichtige Grundstücksveräußerungen den Leistungsempfänger, also den Käufer, zum Schuldner der USt erklärt hat. Dies schließt es aus, die USt als Teil der Gegenleistung i.S.d. § 9 Abs. 1 Nr. 1 GrEStG anzusehen. Für Grundstückslieferungen, die nach dem 31.03.2004 ausgeführt werden, ist deshalb die **USt nicht länger Bestandteil der grunderwerbsteuerlichen BMG**. Diese bildet auch bei einer steuerpflichtigen Grundstücksveräußerung der vereinbarte Nettokaufpreis. Die hierauf grundsätzlich mit einem **Steuersatz von 3,5 %** zu berechnende GrESt schulden die an dem Erwerbsvorgang beteiligten Personen nach § 13 Nr. 1 GrEStG gemeinsam.[121] Bei einem Grundstücksverkauf sind Veräußerer und Erwerber insoweit also Gesamtschuldner i.S.d. § 421 BGB, sie haften im Außenverhältnis jeder auf den vollen Betrag. Während die gesetzliche Haftung im Außenverhältnis nicht zur Disposition steht, gilt etwas anderes für das Innenverhältnis der Beteiligten. Insoweit sind nach § 426 Abs. 1 BGB Käufer und Verkäufer von Gesetzes wegen zwar zu gleichen Teilen verpflichtet; dieses gilt aber nur, »soweit nicht ein anderes bestimmt ist.« Eine solche andere Bestimmung haben BFH und Finanzverwaltung früher in der in Grundstückskaufverträgen üblichen Klausel gesehen, derzufolge der **Erwerber die GrESt alleine** tragen soll. Nach früherer Sichtweise befreite der Erwerber damit den Verkäufer von dessen im Innenverhältnis bestehender Verpflichtung, sich hälftig an der GrESt zu beteiligen. Diese Betrachtungsweise hatte notwendig Auswirkungen auf die umsatzsteuerrechtliche BMG einer nach § 1 Abs. 1 Nr. 1 UStG steuerbaren und durch Verzicht auf die Steuerbefreiung steuerpflichtigen Grund-

---

120 Nach § 9 Abs. 3 S. 2 UStG kann ein solcher Verzicht auf die Steuerbefreiung bei Grundstücksumsätzen, die nicht im Zwangsversteigerungsverfahren bewirkt werden, nur in dem nach § 311b BGB notariell zu beurkundenden Vertrag erklärt werden (dazu näher Kap. 2.3).

121 Nach Art. 105 Abs. 2a GG dürfen die Bundesländer seit dem 01.09.2006 den Steuersatz der Grunderwerbsteuer selbst festlegen. Dies hat dazu geführt, dass nur noch in Berlin, Hessen und Sachsen der in § 11 GrEStG vorgesehene Steuersatz von 3,5 % zur Anwendung gelangt. In allen anderen Bundesländern ist der Steuersatz inzwischen auf 4 %–5 % angehoben worden, mehrheitlich dabei auf 5 %.

stücksveräußerung. Mit zum Entgelt nach § 10 Abs. 1 UStG gehörte nunmehr nämlich die hälftige GrESt i.H.v. 1,75 % des Kaufpreises. Insoweit erhöhte sich also die Gegenleistung (der Aufwand) des Grundstückskäufers.

Inzwischen hat sich die Auffassung hierzu grundlegend geändert. Im Anschluss an verschiedene Entscheidungen des BFH heißt es nunmehr in **A 10.1 Abs. 7 S. 6 UStAE: Bei einer Grundstücksveräußerung gehört die gesamtschuldnerisch vom Erwerber und Veräußerer geschuldete GrESt auch dann nicht zum Entgelt für die Grundstücksveräußerung, wenn die Parteien des Grundstückskaufvertrages vereinbaren, dass der Erwerber die GrESt alleine zu tragen hat.** Dies folge aus § 448 Abs. 2 BGB, der vorsieht, dass der **Käufer** die **Kosten des Grunderwerbs zu tragen** hat. Zu den Kosten des Grunderwerbs zähle – ohne in § 448 Abs. 2 BGB ausdrücklich genannt zu sein – auch die Grunderwerbsteuer. Diese könne von daher nicht gleichzeitig Entgeltcharakter für die Grundstücksveräußerung haben. Fasst man die jüngeren Entwicklungen zusammen, lässt sich feststellen, dass künftig bei steuerpflichtigen Grundstücksveräußerungen eine wechselseitige Beeinflussung von USt und GrESt nicht mehr stattfindet. **Weder geht die USt in die BMG der GrESt ein noch geht die hälftige GrESt in die BMG der USt ein.**

Beispiel 1: GrESt – Klausel ohne Einfluss auf BMG der USt
Unternehmer U verkauft ein bebautes Betriebsgrundstück an einen anderen Unternehmer, der das Grundstück für steuerpflichtige Aktivitäten nutzen will. Lt. Kaufvertrag wird auf Steuerbefreiungen soweit wie möglich verzichtet. Der Erwerber übernimmt die GrESt alleine. Der Netto-Kaufpreis beträgt 500.000 €; darin sind ausweislich des Kaufvertrages netto 100.000 € für Betriebsvorrichtungen enthalten.

Lösung: Die als Hilfsgeschäft steuerbare Lieferung des Grundstücks (einschließlich des Gebäudes) ist steuerfrei gem. § 4 Nr. 9 Buchst. a UStG, da dieser Umsatz nach § 1 Abs. 1 Nr. 1 GrEStG unter das GrEStG fällt. Nicht erfasst ist nach § 2 Abs. 1 Nr. 1 GrEStG die Lieferung der Betriebsvorrichtungen, so dass insoweit ein eigener steuerpflichtiger Umsatz vorliegt. Die Steuerfreiheit der Grundstückslieferung würde u.a. dazu führen, dass U ein VSt-Abzug aus allen damit zusammenhängenden Eingangsleistungen verwehrt bliebe. Dies und ggf. auch eine VSt-Berichtigung nach § 15a UStG ist durch den hier nach § 9 Abs. 1, Abs. 3 S. 2 UStG zulässigen Verzicht auf die Steuerbefreiung des § 4 Nr. 9a UStG vermieden. Für den Erwerber schafft dies kein Problem, weil die anfallende USt für ihn wegen seines VSt-Abzugs keinen Kostenfaktor darstellt.

Da die hälftige GrESt nicht mehr zur umsatzsteuerrechtlichen BMG für die Grundstückslieferung gehört, beträgt die vom Käufer nach § 13b Abs. 2 Nr. 3 i.V.m. § 13b Abs. 5 S. 1 UStG geschuldete USt lediglich 76.000 € (BMG nach § 10 Abs. 1 S. 2 UStG: 400.000 €, darauf 19 %). Die BMG für die ohnehin steuerpflichtige Lieferung der Betriebsvorrichtung beträgt 100.000 €. Die dadurch ausgelöste USt von 19.000 € schuldet nach § 13a Nr. 1 UStG der liefernde Unternehmer U.[122]

---

[122] Wegen der mit § 13b Abs. 2 Nr. 3 UStG verfolgten Zwecke (dazu Kap. XVII 2.3.1) vertreten Teile der Literatur die Auffassung, bei einer Veräußerung von Grundstücken mit Betriebsvorrichtungen werde die gesamte USt vom Leistungsempfänger geschuldet. Angesichts des klaren Wortlauts in § 13b Abs. 2 Nr. 3 UStG (Steuerschuldnerschaft nur für »Umsätze, die unter das Grunderwerbsteuergesetz fallen«) wird man dieser Sichtweise aber nicht folgen können. Klausurhinweis: Nicht nur wegen der unterschiedlichen Regelungen zur Steuerschuldnerschaft bleibt es bei der Veräußerung von Grundstücken mit Betriebsvorrichtungen auch künftig **sinnvoll, Grundstücksveräußerung** einerseits **und** die **Veräußerung der Betriebsvorrichtungen** andererseits **getrennt** zu **erörtern**.

Hinweis: Da die GrESt nicht mehr zur umsatzsteuerrechtlichen BMG gehört, ist es für die **umsatzsteuerrechtliche** Beurteilung von Grundstücksumsätzen auch nicht mehr von Bedeutung, wenn die Grundstücksübertragung den **§§ 5 und 6 GrEStG** unterfällt und die GrESt deshalb ganz oder teilweise nicht erhoben wird.

2.2 Vermietung und Verpachtung von Grundstücken

Die in § 4 Nr. 12 Buchst. a UStG für steuerbefreit erklärte V + V von Grundstücken orientiert sich im Grundsatz ebenfalls an den Inhalten, die das BGB diesen Vertragstypen in den §§ 535, 581 BGB beimisst. Danach liegt eine Vermietung vor, wenn dem Mieter die Nutzung eines Grundstückes oder Grundstücksteiles, z.B. einer Wohnung, zeitweise gewährt wird; eine Pacht ist dadurch charakterisiert, dass über die reine Nutzungsüberlassung hinaus auch noch das Recht zur Fruchtziehung eingeräumt wird.

Anlässlich der Vermietung von Gebäuden zur Unterbringung von Asylbewerbern ist freilich die Frage aufgekommen, ob es mit europarechtlichen Vorgaben (seinerzeit: 6. EG-RL, seit 01.01.2007: MwStSystRL) vereinbar ist, sich für die Auslegung des Begriffs der Vermietung von Grundstücken stets an jener Auslegung zu orientieren, die das jeweilige nationale Zivilrecht praktiziert. Der EuGH verneint dies.

> **Beispiel 2: Vermietung von Scheinbestandteilen als Grundstücksvermietung (nach EuGH vom 16.01.2003, UR 2003, 86)**
> V vermietete auf die Dauer von jeweils mindestens fünf Jahren Gemeinschaftsunterkünfte zur vorläufigen Unterbringung von Asylbewerbern. Die ein- und zweistöckigen Gebäude waren – Fertighäusern vergleichbar – aus vorgefertigten Teilen errichtet. Das Bausystem ließ es zu, dass das auf das Fundament aufgesetzte Gebäude jederzeit mit acht Personen innerhalb von zehn Tagen zur Wiederverwertung demontiert werden konnte. V war nach den getroffenen Vereinbarungen verpflichtet, die Grundstücke nach Ablauf der Mietzeit geräumt zurückzugeben. Das FA erklärte die Vermietung für steuerpflichtig. Da die vermieteten Gebäude nur zu einem vorübergehenden Zweck mit dem Grund und Boden verbunden worden seien, habe es sich bei ihnen um Scheinbestandteile nach § 95 BGB gehandelt. Diese seien anders als Bestandteile nicht vom Grundstücksbegriff erfasst und seien deshalb als beweglicher Gegenstand zu betrachten.
>
> **Lösung:** Der EuGH tritt dieser Betrachtungsweise entschieden entgegen: Die Auslegung des Begriffs Vermietung von Grundstücken i.S.v. Art. 13 Teil B Buchst. b der 6. EG-RL (= Art. 135 Abs. 1 Buchst. l MwStSystRL) darf nicht von der Auslegung abhängen, die ihm im Zivilrecht eines Mitgliedstaats gegeben wird. Es ist vielmehr erforderlich zu prüfen, in welchem Kontext dieser Begriff im Rahmen der 6. EG-RL steht. Diese kenne keine Unterscheidung zwischen Bestandteilen und Scheinbestandteilen. Nach der 6. EG-RL lasse sich von beweglichen Gegenständen nur sprechen, wenn die Konstruktionen leicht demontiert und versetzt werden können. Die hier in Rede stehenden Gebäude seien aber weder mobil noch leicht versetzbar. Solche in das Erdreich eingelassenen Konstruktionen stellten deshalb Grundstücke dar – auch wenn die Gebäude nach Beendigung des Mietvertrags entfernt und auf einem anderen Grundstück wieder verwendet werden sollen. Es sei nicht erforderlich, dass die Gebäude vom Boden untrennbar in diesen eingelassen sind. Die Finanzverwaltung hat diese Betrachtungsweise in A 4.12.1 Abs. 4 S. 3 UStAE übernommen.

Die Vorschrift des § 4 Nr. 12 Buchst. a UStG verlangt i.Ü. nicht, dass der Gebrauchsüberlassung tatsächlich entsprechende zivilrechtliche Vertragsabschlüsse zugrunde liegen. So ist § 4 Nr. 12 Buchst. a UStG beispielsweise auch bei der **Überlassung von Werkswohnungen an AN** anwendbar (A 4.12.1 Abs. 1 S. 5 UStAE). Die Vorschrift wird darüber hinaus auch auf den entgeltlichen **Verzicht auf Rechte aus einem Mietvertrag** angewendet (vgl. A 4.12.1 Abs. 1 S. 5 UStAE) und **erfasst** zudem zahlreiche in der Regel mit der Vermietung und Verpachtung in unmittelbarem Zusammenhang stehende **Nebenleistungen wie die Lieferung von Wasser und Strom** (Näheres dazu in A 4.12.1 Abs. 5 UStAE).

Als Folge des EuGH-Urteils vom 08.05.2003 in Sachen *Seeling* (BStBl II 2004, 378) hat die Finanzverwaltung die über Jahrzehnte wie selbstverständlich geübte Praxis, § 4 Nr. 12 Buchst. a UStG entsprechend anzuwenden, sofern ein **insgesamt dem Unternehmen zugeordnetes Gebäude teilweise privat genutzt** wird, aufgeben müssen. Auch aus Sicht des BMF ist die von § 3 Abs. 9a Nr. 1 UStG erfasste **Privatnutzung** als **steuerpflichtig** zu behandeln (vgl. A 4.12.1 Abs. 3 S. 6 UStAE). Weitreichende Folge ist, dass der Unternehmer zunächst vollen VSt-Abzug aus den HK des gemischt genutzten Gebäudes geltend machen kann, so die unternehmerische Nutzung eine steuerpflichtige ist.[123] Dies gilt allerdings nur noch für »Alt-Gebäude«. Nach dem zum **01.01.2011** neu eingefügten **§ 15 Abs. 1b S. 1 UStG** ist die USt für die Lieferung von Grundstücken sowie für sonstige Leistungen im Zusammenhang mit einem Grundstück von vornherein vom VSt-Abzug ausgeschlossen, soweit sie nicht auf die Verwendung des Grundstücks für Zwecke des Unternehmens entfällt. Die »**Besteuerung der Privatnutzung**« erfolgt ab 01.01.2011 also **über eine Versagung des VSt-Abzugs** für den nichtunternehmerisch genutzten Teil des Betriebsgrundstücks (dazu näher unter Kap. XII 5.1.3 sowie ausführlich BMF vom 22.06.2011, BStBl II 2011, 597 – in den wesentlichen Aussagen übernommen in **A 15.6a UStAE**).

2.2.1 Die Ausnahmetatbestände des § 4 Nr. 12 S. 2 UStG

Auch die kurzfristige Nutzungsüberlassung eines Grundstücks ist grundsätzlich befreit. Dies gilt nach § 4 Nr. 12 S. 2 UStG allerdings nicht für die **kurzfristige Überlassung von Campingplätzen** sowie die **Vermietung von Wohn- und Schlafräumen zur kurzfristigen Beherbergung** von Fremden. Letztere betrifft insb. das Hotel- und Gaststättengewerbe sowie die Vermietung von Ferienhäusern und Ferienwohnungen.[124] Eine kurzfristige Überlassung von Campingplätzen liegt bei einer tatsächlichen Nutzungsdauer bis zu sechs Monaten vor (zur Zulässigkeit, die langfristige Vermietung von Campingplätzen als steuerbefreit und damit vorsteuerschädlich zu behandeln, s. BFH vom 13.08.2008, BStBl II 2009, 63). Nicht maßgeblich ist die ursprünglich vorgesehene Vertragsdauer. Ausdrücklich von der Befreiung ausgenommen ist auch die **Vermietung von Abstellflächen für Fahrzeuge** (Parkplätze, Parkhäuser). Nicht nur hierbei gilt es jedoch den **Grundsatz der Einheitlichkeit der Leistung zu beachten**, wonach übliche Nebenleistungen das Schicksal der Hauptleistung teilen.[125] So ist die Vermietung eines Stellplatzes steuerfrei, wenn sie im Zusammenhang mit einer steuerfreien Wohnungsvermietung erfolgt (Einzelheiten hierzu in A 4.12.2 Abs. 3 UStAE). Insoweit

---

123 Zur Privatnutzung von Betriebsgebäuden s. ausführlich Kap. XII 5.1.3; überzeugende Kritik an der Begründung des EuGH-Urteils vom 08.05.2003 übt *Reiß* (UR 2003, 428, 439 ff.).
124 Aber: Diese Vermietungen unterliegen seit dem 01.01.2010 nach § 12 Abs. 2 Nr. 11 UStG dem ermäßigten Steuersatz von 7 %, was bereits Gegenstand der **Beraterklausur 2010** war!
125 S. dazu Kap. IV 3.

gilt dann nichts anderes, als wenn ein Mietvertrag über die reine Wohnungsüberlassung die Versorgung mit Wasser und Strom oder auch die Überlassung einer Waschmaschine vorsieht.

2.2.2 Gemischte Verträge

In der Sache ordnen sich die zuvor erörterten Vertragsgestaltungen als Verträge ein, die in der Typologie des BMF als sog. gemischte Verträge firmieren. Sie sind dadurch gekennzeichnet, dass die **Leistungsvereinbarung sowohl Elemente** einer **Grundstücksüberlassung als auch anderer Leistungen** umfasst. Hier ist zunächst nach den Grundsätzen der Einheitlichkeit der Leistung (dazu Kap. IV 3) zu entscheiden, ob es sich um eine einheitlich zu beurteilende Leistung handelt. Liegt eine solche vor, ist für die Anwendung des § 4 Nr. 12 Buchst. a UStG **entscheidend, ob das Vermietungselement der Leistung »ihr Gepräge« gibt**. Wenn dies zu bejahen ist, bleibt die Leistung insgesamt steuerfrei. Eine Aufteilung des Entgelts in einen auf das Element der Grundstücksüberlassung und einen auf den Leistungsteil anderer Art entfallenden Teil ist nicht zulässig.

Hiervon zu unterscheiden sind solche **Verträge, bei denen** die zusammen mit der Grundstücksüberlassung erbrachten Leistungen nicht als übliche Nebenleistung in dieser aufgehen, sondern diesen **anderen – nicht befreiten – Leistungselementen eine eigenständige Bedeutung zukommt**. Wenn sowohl die Grundsvermietung als auch die anderen Leistungselemente als selbständige Hauptleistungen zu beurteilen sind, ist ein für die verschiedenen Leistungselemente festgelegtes **einheitliches Entgelt aufzuteilen**. Dies gewinnt besondere Bedeutung bei der V + V von Grundstücken einschließlich Betriebsvorrichtungen. Die V + V von **Betriebsvorrichtungen** ist nach § 4 Nr. 12 S. 2 UStG – wie im Rahmen einer Grundstücksübereignung – auch dann nicht befreit, wenn diese nach den §§ 93, 94 BGB zivilrechtlich Bestandteil des Grundstücks sind. Verpachtet also jemand eine Gaststätte mit Inventar, Kegelbahn u.Ä., so ist bezüglich der Steuerbefreiung zu unterscheiden: Die Verpachtung des Betriebsgrundstücks einschließlich des Gebäudes als wesentlichem Bestandteil ist grundsätzlich gem. § 4 Nr. 12 Buchst. a UStG steuerfrei; die Verpachtung der Kegelbahn als Betriebsvorrichtung ist, obwohl sie ebenfalls wesentlicher Bestandteil des Grundstücks sein wird, steuerpflichtig gem. § 4 Nr. 12 S. 2 UStG. Dasselbe gilt auch, wenn Veranstaltungsräume mit Betriebsvorrichtungen wie Bühne, Bestuhlung, Beleuchtungs- und Lautsprecheranlagen an einen Veranstalter zur Durchführung von Aufführungen überlassen werden.

2.2.3 Verträge besonderer Art

Eine Aufteilung in eine nach § 4 Nr. 12 Buchst. a UStG steuerfreie Grundstücksvermietung und eine steuerpflichtige Vermietung von Betriebsvorrichtungen hielt man lange Zeit auch für geboten, wenn stundenweise **Sportanlagen** wie Tennis-, Squash- oder Badmintonplätze **an Endverbraucher vermietet** wurden. Diese Betrachtungsweise hat der BFH mit Urteil vom 31.05.2001 (BStBl II 2001, 658) aufgegeben. Darin kommt das Gericht zu dem Ergebnis, dass es sich hierbei um **eine insgesamt steuerpflichtige Leistung** handelt. Die umsatzsteuerrechtliche Differenzierung innerhalb der Gesamtleistung Sportanlagenüberlassung und die damit verbundenen Aufzeichnungen und Abrechnungsfragen entsprächen nicht der aus EU-Sicht gebotenen engen Handhabung der Steuerbefreiungen. Die Finanzverwaltung hat sich diese Betrachtungsweise zu eigen gemacht (vgl. A 4.12.11 Abs. 1 UStAE). Diese

Leistungen werden damit im Ergebnis einer dritten Gruppe im Zusammenhang mit Grundstücksüberlassungen zugeordnet. Es ist dies die Kategorie der Verträge besonderer Art. Sie sind dadurch gekennzeichnet, dass bei ihnen die **Grundstücksüberlassung hinter anderen steuerpflichtigen Leistungen vollständig in den Hintergrund** tritt und deshalb die gesamte Leistung steuerpflichtig ist. Dazu zählen z.B. die Überlassung einer Hauswand als Reklamefläche oder auch die Erlaubnis des Gastwirts zum Aufstellen von Zigarettenautomaten in seiner Gastwirtschaft zählt dazu (weitere Beispiele in A 4.12.6 Abs. 2 Nr.1–15 UStAE).

2.3 Einzelheiten zur Option nach § 9 Abs. 1 und 2 UStG

Bei einer Option wird der an sich steuerfreie Ausgangsumsatz als steuerpflichtig behandelt und demgemäß der VSt-Abzug auf die dem Ausgangsumsatz zuzurechnenden Leistungsbezüge gewährt. **In der Möglichkeit des VSt-Abzugs** durch Ausschaltung des § 15 Abs. 2 Nr. 1 UStG **liegt der eigentliche Sinn der Option**. Daneben hat die Option eine Bedeutung, wenn eine Berichtigung des VSt-Abzugs nach § 15a UStG (s. dazu Kap. XVI) verhindert werden soll.

§ 9 Abs. 1 UStG beschränkt die Zulässigkeit einer Option nicht nur inhaltlich auf einige wenige Steuerbefreiungen[126], sondern normiert zur **Grundvoraussetzung** eines Verzichts auf die Steuerbefreiung, dass der **Umsatz an einen anderen Unternehmer für dessen Unternehmen** ausgeführt wird. Bei Leistungen an Nichtunternehmer oder an Unternehmer für deren außerunternehmerische Sphäre scheidet ein Verzicht aus. Die Begründung liegt auf der Hand. Nur bei Umsätzen an Unternehmer für deren unternehmerische Zwecke gibt es ein anzuerkennendes Bedürfnis für eine Option. Nur hier führt die Steuerbefreiung zu einer Steigerung der Belastungswirkung, die dann mittels der Option wieder derjenigen eines von Anbeginn nicht befreiten Umsatzes entspricht.

Nach A 9.1 Abs. 2 S. 3 UStAE soll **bei unentgeltlichen Wertabgaben** ein **Verzicht** auf Steuerbefreiungen unverändert **nicht möglich** sein, und zwar auch dann nicht, wenn die Leistung an Angehörige oder andere Personen erbracht wird, die selbst Unternehmer sind und die abgegebenen Leistungen für Zwecke ihres Unternehmens beziehen.

Offen war lange Zeit, wie zu verfahren sein soll, wenn ein steuerbefreiter Umsatz sowohl für das Unternehmen als auch für den außerunternehmerischen Bereich des Empfängers ausgeführt wird. Insoweit stellt sich die Frage nach einer **Teiloption**. Deren Zulässigkeit war für die Übertragung von Grundstücken lange umstritten. Inzwischen ist die Möglichkeit einer teilweisen Option **auch für Grundstückslieferungen** durchweg anerkannt (vgl. A 9.1 Abs. 6 UStAE). Sie soll auch möglich sein, wenn der Erwerber das übertragene Grundstück zwar insgesamt unternehmerisch, aber teils für steuerfreie, teils für steuerpflichtige Umsätze verwenden will.

Beispiel 3: Eine sinnvolle Teiloption
Unternehmer U veräußert ein seinem Unternehmen zugeordnetes Betriebsgrundstück für 400.000 €. U hatte bisher sowohl das Erdgeschoss des Gebäudes als auch das gleichgroße Ober-

---

126 Außer den unter Kap. 2.1 und 2.2 vorgestellten Umsätzen sind dies – mit ungleich geringerer praktischer Bedeutung – Kreditumsätze und ähnliche Umsätze i.S.d. § 4 Nr. 8 Buchst. a–g UStG, bestimmte Leistungen an Wohnungseigentümer nach § 4 Nr. 13 UStG und Blindenwarenumsätze nach § 4 Nr. 19 UStG.

geschoss für seine steuerpflichtigen Umsätze als Einzelhändler genutzt. Der Erwerber Z nutzt das Gebäude im Obergeschoss für seine Zahnarztpraxis, im Erdgeschoss betreibt Z ein Zahnlabor. U verzichtet in dem notariell beurkundeten Kaufvertrag (vgl. § 9 Abs. 3 S. 2 UStG) nur hinsichtlich des Erdgeschosses auf die Steuerbefreiung. Ausweislich des Kaufvertrages beläuft sich der auf das Erdgeschoss und den anteiligen Grund und Boden entfallende Kaufpreis auf 200.000 €.

Lösung: Für den Verzicht auf die Steuerfreiheit einer Grundstückslieferung nach § 4 Nr. 9 Buchst. a UStG gilt seit geraumer Zeit nicht mehr das Prinzip »ganz oder gar nicht«. Der Verzicht kann auf einen abgrenzbaren Teil (Stockwerk, Räume u.Ä.) beschränkt werden. Das ist insb. sachgerecht, wenn der Erwerber die VSt bei voller Option wegen teilweise vorsteuerschädlicher Nutzung (hier die nach § 4 Nr. 14a UStG steuerbefreite Zahnarzttätigkeit im Obergeschoss) nur anteilig abziehen könnte. Der Erwerber schuldet hier nach § 13b Abs. 2 Nr. 3 UStG i.V.m. § 13b Abs. 5 S. 1 UStG bei einer Teiloption lediglich USt i.H.v. 38.000 € und kann diesen Betrag dann in voller Höhe nach § 15 Abs. 1 Nr. 4 UStG wieder in Abzug bringen (bei voller Option beläuft sich die von Z geschuldete USt auf 76.000 €; er spart durch die Teiloption also die ansonsten nicht abziehbare VSt i.H.v. 38.000 €).

Für den Veräußerer bedeutet die Teiloption allerdings auch, dass sein VSt-Abzug hinsichtlich aller Leistungsbezüge, die der nur teilweise steuerpflichtigen Grundstückslieferung zuzurechnen sind (etwa Leistungen der Makler, Steuerberater und Notare) nach § 15 Abs. 2, 4 UStG ebenfalls nur anteilig zugelassen ist. Zudem ist für den Veräußerer bei einem Verkauf innerhalb des Berichtigungszeitraums eine VSt-Berichtigung nach § 15a Abs. 8, 9 UStG ausgelöst.

Nach **§ 9 Abs. 1 UStG** ist es für den Verzicht auf die Steuerbefreiung irrelevant, wie der Leistungsempfänger die empfangene Leistung weiterverwendet: Erforderlich ist nur, dass jener sie **als Unternehmer für unternehmerische Zwecke empfangen** hat.

Davon nahm der Gesetzgeber **erstmals 1985** bestimmte Umsätze aus. Entgeltliche **Nutzungsüberlassungen an Grundstücken**[127] sollten nach dem seinerzeit neu eingefügten **§ 9 Abs. 2 UStG** nur noch zur Option berechtigen, wenn das Grundstück letztendlich weder Wohnzwecken noch anderen nichtunternehmerischen Zwecken zugeführt wurde. Gefordert war damit erstmals ein Durchgriff auf die Verwendung durch den letzten Empfänger in der Leistungskette. Gesetzgeberisches Anliegen war es, die sog. Zwischenvermietung von Wohnraum zur Erlangung des VSt-Abzugs aus den HK definitiv auszuschließen. Wer bis dahin ein Wohngebäude hatte errichten lassen, um es an Privatpersonen zu vermieten, konnte den damit nach § 15 Abs. 2 Nr. 1 UStG einhergehenden Ausschluss vom VSt-Abzug hinsichtlich der HK recht einfach vermeiden. Er brauchte das Wohngebäude z.B. nur an eine (»Zwischen-«)Vermietungs-GmbH zu vermieten, die diese Vermietungsleistung dann als Unternehmer für ihr Unternehmen bezog, das u.a. darin bestand, das ihr vermietete Wohngebäude an Privatpersonen weiterzuvermieten.

Letztmalig mit Wirkung vom **01.01.1994** sind die Möglichkeiten zur Option bei Grundstücksüberlassungen **weiter eingeschränkt** worden. Seitdem verlangt § 9 Abs. 2 UStG für einen wirksamen Verzicht vom überlassenden Unternehmer den Nachweis, dass sein Leistungsempfänger »das Grundstück ausschließlich für Umsätze verwendet oder zu verwenden beabsichtigt, die den VSt-Abzug nicht ausschließen«.

---

127 Beachte: Wie bei den anderen in § 9 Abs. 1 UStG genannten Steuerbefreiungen sind bei Grundstücksübertragungen, die nach § 4 Nr. 9a UStG steuerbefreit sind, für einen wirksamen Verzicht **unverändert nur die Voraussetzungen des § 9 Abs. 1 UStG zu prüfen!**

Beispiel 4: Vorschaltgesellschaften
Die B-Bank gründet die X-GmbH und stattet diese mit dem erforderlichen Kapital aus, um ein Bürogebäude erstellen zu können. Die X-GmbH vermietet das Bürogebäude an die B-Bank.

Lösung: Nach der bis zum 31.12.1993 geltenden Fassung des § 9 Abs. 2 UStG war für die X-GmbH ein VSt-Abzug aus den HK möglich. Sie konnte durch Verzicht auf die Steuerbefreiung steuerpflichtig an ein anderes Unternehmen, die B-Bank, für deren Unternehmen vermieten. Das Grundstück diente weder Wohnzwecken noch anderen nichtunternehmerischen Zwecken. Die seit dem 01.01.1994 geltende Fassung des § 9 Abs. 2 UStG schließt den VSt-Abzug der X-GmbH aus. Ihr Mieter, die B-Bank, tätigt nämlich überwiegend Umsätze, die den VSt-Abzug nach § 15 Abs. 2 Nr. 1 i.V.m. § 4 Nr. 8 UStG ausschließen. So wie auch die B-Bank keinen VSt-Abzug hat, wenn sie selbst ein Gebäude in Auftrag gibt, hat auch die X-GmbH als Auftraggeber eines solchen Gebäudes keinen VSt-Abzug.

Heute hat also ein vermietender Unternehmer sorgfältig vorzuklären, ob seine Mieter als Leistungsempfänger das Grundstück oder räumlich abgrenzbare Teile davon ausschließlich für Umsätze verwenden wollen, die zum VSt-Abzug berechtigen (Option möglich), oder ob jene Umsätze tätigen (wollen), die den VSt-Abzug ausschließen (Option ausgeschlossen). Im Grunde muss er sich stets darüber auf dem Laufenden halten, was sein Mieter im Detail in den Räumen so treibt und diese Nutzung umsatzsteuerrechtlich dahingehend würdigen, ob sie ihn zum VSt-Abzug berechtigt oder nicht. Dies stellt die Vermieter im gewerblichen Vermietungsbereich zum Teil vor erhebliche Probleme. Wollen sie insoweit sicher gehen, müssen sie **zivilrechtliche Mitteilungspflichten** für ihre Mieter für den Fall **vereinbaren**, dass deren Nutzung eine vorsteuerschädliche wird. So schaffen sie wenigstens eine klare Anspruchsgrundlage für etwaige Schadenersatzansprüche, die ausgelöst sind, wenn sie als Vermieter wegen der vorsteuerschädlichen Nutzung durch ihre Mieter die geltend gemachte VSt anteilig dem FA zu erstatten haben. Die Finanzverwaltung kommt den Vermietern in A 9.2 Abs. 3 UStAE immerhin insoweit entgegen, als unter dem Aspekt der »**ausschließlichen Verwendung**« für vorsteuerunschädliche Umsätze eine Vereinfachungsregelung geschaffen wurde: Bei einer geringfügigen Verwendung für **vorsteuerschädliche Umsätze von bis zu 5 % der Gesamtumsätze** des Mieters bleibt das Optionsrecht des Vermieters erhalten. Die national in § 9 Abs. 2 UStG festgeschriebenen Voraussetzungen für einen Verzicht auf die Steuerbefreiung sind nach Auffassung des BFH im Übrigen auch zu prüfen, wenn es um die Frage geht, ob der VSt-Abzug aus Eingangsleistungen für eine **im Ausland steuerbare Vermietungsleistung** trotz § 15 Abs. 2 Nr. 2 UStG erhalten bleibt (vgl. dazu Kap. XV 4.1 mit dortigem Beispiel 16).

Um zu klären, welche Beschränkungen des Optionsrechts über § 9 Abs. 1 UStG hinaus zur Anwendung gelangen, kann es im Einzelfall einer sorgfältigen Lektüre der dies regelnden Norm des **§ 27 Abs. 2 UStG** bedürfen. Danach findet § 9 Abs. 2 UStG u.a. dann keine Anwendung, wenn das Gebäude vor dem 01.01.1998 fertiggestellt und mit seiner Errichtung vor dem 11.11.1993 begonnen worden ist. In Klausuren werden immer wieder auch solche »**Altgebäude**«, bei denen ein **wirksamer Verzicht auch bei Nutzungsüberlassungen nur am Maßstab des § 9 Abs. 1 UStG zu prüfen** ist, vermietet oder verpachtet. Signalisiert wird diese Besonderheit, indem man das Herstellungsdatum des vermieteten oder verpachteten Gebäudes mitteilt.

Nur für **Grundstücksübertragungen, nicht aber für die Vermietung und Verpachtung von Grundstücken** hat der Gesetzgeber **besondere Vorgaben für die Ausübung des Ver-**

zichts auf die Steuerbefreiung vorgesehen. Seit dem 01.01.2004 kann der Verzicht auf die Befreiung nach **§ 9 Abs. 3 Satz 2 UStG** nur noch in dem gem. § 311b Abs. 1 BGB notariell zu beurkundenden Vertrag (typischerweise also in dem Kaufvertrag) erklärt werden. Ein nachträglicher Verzicht auf die Befreiung kann demzufolge nur durch eine nachträgliche Änderung des notariellen Vertrags erfolgen. Begründet ist dies damit, dass seit 01.04.2004 bei allen steuerpflichtigen Grundstückslieferungen der Erwerber gem. § 13b Abs. 5 i.V.m. Abs. 2 Nr. 3 UStG die anfallende USt schuldet, und jener folglich davor zu schützen ist, dass der Veräußerer gegen seinen Willen auf die Befreiung verzichtet. Entsprechend ist auch bei den Grundstücksveräußerungen im Zwangsversteigerungsverfahren zum Schutz des Ersteigerers vor einer nicht einkalkulierten USt die Option gem. § 9 Abs. 3 Satz 1 UStG nur zulässig, sofern sie bereits vor der Aufforderung zur Abgabe von Geboten im Versteigerungstermin erklärt wurde.

Vorbehaltlich der für Grundstücksübertragungen geltenden Einschränkungen in § 9 Abs. 3 UStG reicht für die Ausübung des Verzichts jede schlüssige, auch formlose Erklärung aus. Es genügt, wenn der leistende Unternehmer gegenüber seinem Abnehmer mit gesondertem Ausweis der USt abrechnet. Da es keiner ausdrücklichen Miteilung an das FA bedarf, reicht es selbstverständlich auch aus, den Umsatz in der Jahreserklärung oder in einer Voranmeldung als steuerpflichtig zu behandeln. Grundsätzlich ist die Option bis zur Unanfechtbarkeit (formellen Bestandskraft) der Steuerfestsetzung zu erklären.[128] Jedenfalls bis dahin kann ein einmal erklärter Verzicht auf die Steuerbefreiung eines Umsatzes auch wieder rückgängig gemacht werden. Erfolgte der Verzicht durch gesonderten Ausweis der USt in einer Rechnung, kann dies allerdings nur dadurch geschehen, dass der Unternehmer dem Leistungsempfänger eine berichtigte Rechnung ohne USt erteilt. Unsicherheit besteht bisher noch, welche Konsequenzen eine solche berichtigte Rechnung zeitigt. Der BFH hat sich mit Urteil vom 01.02.2001 (BStBl II 2003, 673) für eine Rückwirkung auf das Jahr der Ausführung des Umsatzes ausgesprochen. Der leistende Unternehmer schulde jedoch die dem Leistungsempfänger in Rechnung gestellte USt bis zur Rechnungsberichtigung nach § 14c Abs. 1 UStG.[129]

Klausurhinweis: Für die Bearbeitung von Klausurfällen ist davon auszugehen, dass ein Verzicht auf die Steuerbefreiung gewollt ist, wenn die Beteiligten in dem auf Nutzungsüberlassung gerichteten Vertrag USt gesondert ausgewiesen haben. In diesem Fall gehört es zu den Aufgaben des Bearbeiters, die Zulässigkeitsvoraussetzungen nach § 9 Abs. 1 UStG und ggf. auch § 9 Abs. 2 UStG zu prüfen – wie in den Fällen, in denen der Klausurtext den Hinweis enthält, »... dass die Beteiligten, soweit zulässig und sinnvoll, auf Steuerbefreiungen verzichtet haben«. Sind die Zulässigkeitsvoraussetzungen für eine Option nicht gegeben, wird die ausgewiesene USt nach § 14c Abs. 1 UStG geschuldet (und ist vom Leistungsempfänger nicht abziehbar, s. dazu Kap. XV 1.6). Klausurtypische Mieter, denen gegenüber ein

---

128 Die Frage, unter welchen Voraussetzungen die Ausübung der Option bei einem illiquiden Veräußerer als Gestaltungsmissbrauch nach § 42 AO darstellen kann, mit der Folge, das dem Leistungsempfänger der VSt-Abzug zu versagen ist, hat sehr grundlegend auch den **BGH** beschäftigt. Mit seinem Urteil vom 02.11.2001 (UR 2002, 91) tritt das Gericht überzeugend den Beweis an, dass Zivilgerichte sehr wohl in der Lage sein können, »... steuerrechtliche Vorfragen selbständig zu beantworten«.
129 Bestätigt durch die Entscheidungen des BFH vom 04.11. und 15.12.2009 (Az.: V R 66/09 und XI R 7/08). Der Leistungsempfänger verliert die Berechtigung zum Vorsteuerabzug nicht erst bei Rechnungsberichtigung, sondern rückwirkend für die Zeit des Leistungsbezugs (Rechnungsberichtigung hier als rückwirkendes Ereignis i.S.d. § 175 Abs. 1 S. 1 Nr. 2 AO).

ausgeübter Verzicht unzulässig ist, sind insoweit Ärzte, Zahnärzte, Versicherungen und Versicherungsvertreter!

2.4 Verzicht gegenüber einer nichtunternehmerisch tätigen Gemeinschaft

Eine Problematik, die man früher meist ausschließlich unter dem Aspekt des VSt-Abzugs erörtert hat, ist zwischenzeitlich zu einer geworden, die man richtigerweise bereits im Rahmen des § 9 UStG diskutieren. Es geht hierbei um solche Sachverhalte, bei denen eine an sich steuerbefreite Leistung von einer Gemeinschaft/Gesellschaft bezogen wird, die selbst – als Zusammenschluss – keine Unternehmerstellung innehat, wohl aber einzelne der an ihr Beteiligten. In der Praxis taucht diese Fallkonstellation typischerweise auf, wenn Ehegatten gemeinsam Verträge über die entgeltliche Nutzung von Geschäftsräumen eingehen, die nur ein Ehegatte für seine unternehmerischen Zwecke nutzt. Hintergrund hierfür bildet das Bedürfnis der Vermieter oder Verpächter, sich wegen der Miete/Pacht auch an den anderen Ehegatten halten zu können, der durch die Mitunterzeichnung des Miet- oder Pachtvertrages insoweit dann zum Gesamtschuldner nach § 421 BGB wird. Der BFH hat dazu schon frühzeitig Lösungen angeboten, die erkennbar von dem Bestreben getragen sind, der Zielsetzung der USt, nur den Aufwand für Endverbrauch zu besteuern, soweit wie möglich Rechnung zu tragen.

> **Beispiel 5: Die Beteiligten an einer nichtunternehmerisch tätigen Gesellschaft/Gemeinschaft (nach BFH vom 07.11.2000, DStR 2001, 212 = BStBl II 2008, 493 und vom 01.02.2001, BStBl II 2008, 495)**
> Ehemann E betreibt als Alleininhaber und alleiniger Konzessionsträger eine Gaststätte in gepachteten Räumen. Ausweislich des Pachtvertrages ist Pächter aber nicht nur der E. Der Pachtvertrag nennt als Pächter außer E auch dessen Ehefrau. Dementsprechend haben auch beide Eheleute den Pachtvertrag unterzeichnet. Ehemann E begehrt VSt-Abzug hinsichtlich des im Pachtvertrag ausgewiesenen monatlichen USt-Betrages von 200 €.
>
> **Lösung:** Unter dem Aspekt des § 9 Abs. 1 UStG stellt sich die Frage, ob ein wirksamer Verzicht vorliegt, weil die Leistung »an einen anderen Unternehmer für dessen Unternehmen« erfolgt. Als zivilrechtlicher Vertragspartner ist formal die nichtunternehmerisch tätige Gemeinschaft der Eheleute der Leistungsempfänger, so dass schon deshalb ein wirksamer Verzicht ausscheiden könnte. **Anders aber der BFH: Wenn mehrere Personen gemeinsam eine Leistung beziehen, ist die Personenmehrheit nur dann als Leistungsempfänger zu betrachten, wenn die Personenmehrheit als solche selbst unternehmerisch tätig ist.** Sind dagegen nur die Beteiligten oder einzelne von ihnen unternehmerisch tätig, nicht aber die Gemeinschaft als solche, sind die einzelnen Beteiligten entsprechend ihrem Anteil an der Gemeinschaft als Leistungsempfänger anzusehen. Da hier die Gemeinschaft der Eheleute nicht unternehmerisch tätig gewesen ist, seien diese folglich als Einzelpersonen gleichermaßen Leistungsempfänger der Pachtleistungen. Dies führe dazu, dass der Verzicht, soweit die Verpachtung den unternehmerisch tätigen Ehemann betrifft, wirksam gewesen sei, und diesem folglich – entsprechend seinem Anteil an der Gemeinschaft – monatlich ein hälftiger VSt-Abzug von 100 € hinsichtlich der auf die Verpachtung ausgewiesenen USt von 200 € zukomme.

An dieser Betrachtungsweise hat der BFH auch in der Folgezeit strikt festgehalten. Die Finanzverwaltung hat diese Entwicklung über Jahre hinweg ignoriert. Zwischenzeitlich hat der EuGH allerdings im Zusammenhang mit dem VSt-Abzug aus der Errichtung eines

Gebäudes durch Eheleute entschieden, dass dem im Gebäude unternehmerisch tätigen Ehegatten auch dann ein (anteiliger) VSt-Abzug zustehen könne, wenn die nichtunternehmerisch tätige Ehegattengemeinschaft als solche den Auftrag zur Gebäudeherstellung erteilt hat (dazu ausführlich unter Kap. XV 1.2.2). Dies war für das **BMF** Anlass, in einem ausführlichen **Schreiben vom 09.05.2008 (BStBl I 2008, 675)** auch zu den hier diskutierten Fällen Stellung zu nehmen, die – anders als die Werklieferung eines Gebäudes – nicht sogleich die Problematik eines VSt-Abzugs, sondern zunächst die Frage eines wirksamen Verzichts auf die Steuerbefreiung des § 4 Nr. 12 Buchst. a UStG aufwerfen.

In der Sache geht es dem BMF darum klarzustellen, dass lediglich für Zwecke des VSt-Abzugs jeder unternehmerisch tätige Gemeinschafter als Leistungsempfänger anzusehen sei. Ansonsten sei die nichtunternehmerisch tätige Gemeinschaft als solche aber durchaus als selbständiges umsatzsteuerrechtlich relevantes Gebilde zu behandeln. Hierfür genüge es schon, dass die Gemeinschaft eine bezogene Leistung ganz oder teilweise einem Gemeinschafter unentgeltlich zur Nutzung überlässt. Warum diese Differenzierung? Weil man auf diese Weise außerhalb des § 15 Abs. 1 Nr. 1 UStG zu einem nichtunternehmerisch tätigen Leistungsempfänger gelangt, demgegenüber z.B. bei Vermietungs- und Verpachtungsumsätzen ein Verzicht auf die Steuerbefreiung nach § 9 UStG von vornherein ausgeschlossen bleibt. Bei dieser Betrachtung bleibt im obigen Beispiel die Verpachtung an die Eheleute E zwingend steuerfrei, eine dennoch ausgewiesene Steuer schuldet der Verpächter zur Gänze nach § 14c Abs. 1 UStG. Das Problem eines hälftigen VSt-Abzugs des unternehmerisch tätigen E stellt sich gar nicht erst, da die nach § 14c Abs. 1 UStG vom Verpächter geschuldete Steuer einem VSt-Abzug schon dem Grunde nach nicht zugänglich ist (vgl. dazu unter Kap. XV 1.6). Wegen der zur Gänze steuerfreien Vermietung bleibt dann auch dem Verpächter ein VSt-Abzug aus Leistungsbezügen anlässlich der Verpachtung vollständig versagt. Nachzuvollziehen ist diese Differenzierung nicht. Schließlich unterscheiden sich die Voraussetzungen des § 9 Abs. 1 UStG für einen wirksamen Verzicht nicht von denen des § 15 Abs. 1 Nr. 1 UStG für einen VSt-Abzug. Erforderlich ist sowohl bei § 9 Abs. 1 UStG wie auch bei § 15 Abs. 1 Nr. 1 UStG jeweils eine Leistung an einen Unternehmer für dessen Unternehmen.

3 Zwingend »vorsteuerschädliche« Steuerbefreiungen

Die zwingend vorsteuerschädlichen Steuerbefreiungen, bei denen der damit einhergehende Ausschluss vom VSt-Abzug nach § 15 Abs. 2 Nr. 1 UStG weder durch § 15 Abs. 3 UStG aufgehoben ist noch durch einen Verzicht nach § 9 UStG beseitigt werden kann, machen den Großteil der in § 4 UStG genannten Steuerbefreiungstatbestände aus. Die meisten dieser Normen sind aus sich heraus verständlich oder lassen sich in ihrem praktischen Anwendungsbereich durch **Lektüre** der einschlägigen Abschnitte des UStAE erschließen. Um ein Gespür für Leistungen zu entwickeln, die möglicherweise zwingend steuerfrei erbracht werden, ist eine vorsorgliche Lektüre der hier nicht erörterten Steuerbefreiungsvorschriften in **§ 4 Nr. 8–28 UStG unverzichtbar**. In Klausuren der Steuerberaterprüfung stehen beispielhaft für Unternehmer mit zwingend vorsteuerschädlichen Umsätzen (denen gegenüber bei Vermietungsumsätzen ein Verzicht auf die Steuerbefreiung nach § 9 Abs. 2 UStG ausgeschlossen ist) die Leistungen der **Versicherer (§ 4 Nr. 10a UStG), der Versicherungsvertreter (§ 4 Nr. 11 UStG) sowie die der Ärzte und Krankenhäuser, die in der Neufassung des § 4

Nr. 14 UStG durch das Jahressteuergesetz 2009 nunmehr zusammengefasst wurden (ausführlich dazu etwa *Langer*, DB 2009, 647).

Welche Berufsgruppen es sind, die eine **ähnliche heilberufliche Tätigkeit** i.S.d. § 4 Nr. 14 UStG ausüben, ist ebenso dauerhaft Gegenstand von Auseinandersetzungen wie die Frage, welche Umsätze zu den **Tätigkeiten »als Arzt«** (dazu A 4.14.2 UStAE), **»als Zahnarzt«** (dazu A 4.14.3 UStAE) oder anderer dort genannter Berufsgruppen gehört. Im Kern geht es hierbei darum, national das EuGH-Urteil vom 14.09.2000 (UR 2000, 432) umzusetzen, wonach Leistungen eines Arztes nur dann steuerfrei sind, wenn sie der medizinischen Betreuung von Personen durch das Diagnostizieren und Behandeln von Krankheiten oder anderen Gesundheitsstörungen dienen. Dies nötigte beispielsweise dazu, bestimmte Sachverständigentätigkeiten aus dem Anwendungsbereich der Steuerbefreiungsvorschrift des § 4 Nr. 14 UStG rauszunehmen.[130] Zur **Neufassung des § 4 Nr. 14a und b UStG** hat das **BMF** unter dem 26.06.2009 ein umfangreiches sog. **Einführungsschreiben (BStBl I 2009, 756)** verfasst, dessen Inhalte A 4.14.1 bis 4.14.8 UStAE übernommen hat.

Aktuell ist ergänzend auf eine Neufassung des **§ 4 Nr. 11b UStG** zum 01.07.2010 hinzuweisen. **Bis zum 30.06.2010** befreite § 4 Nr. 11b UStG **ausschließlich** die unmittelbar dem Postwesen dienenden **Umsätze der Deutschen Post AG. Ab dem 01.07.2010** sind darüber hinaus **alle Post-Universaldienstleistungen** befreit – **auch** wenn sie **von anderen Unternehmern** erbracht werden. Für die Inanspruchnahme der neuen Steuerbefreiung ist erforderlich, dass der leistende Unternehmer die Gesamtheit der üblichen Postdienstleistungen im gesamten Bundesgebiet flächendeckend in einem EU-rechtlich definierten Qualitätsstandard anbietet, um eine Grundversorgung der Bevölkerung sicherzustellen. Die Feststellung, dass diese Voraussetzungen für die Anwendung der Steuerbefreiung erfüllt sind, trifft das Bundeszentralamt für Steuern (§ 5 Abs. 1 Nr. 37 FVG).

4 Veräußerung nicht vorsteuerentlasteter Gegenstände nach § 4 Nr. 28 UStG

Besonderer Betrachtung bedarf die Befreiungsvorschrift des **§ 4 Nr. 28 UStG**. **Zweck** dieser Norm ist es, **Doppelbesteuerungen zu vermeiden**. Steuerfrei soll die Lieferung solcher Gegenstände bleiben, die ohne die Möglichkeit zum VSt-Abzug in das Unternehmen gelangt sind. Dies kann unterschiedliche Gründe gehabt haben. Zum einen kann der VSt-Abzug bei Erwerb nach § **15 Abs. 1a UStG** ausgeschlossen gewesen sein. Praktisch sehr viel bedeutsamer als dieser erst seit dem 01.04.1999 bestehende VSt-Ausschluss für sog. Repräsentationsgegenstände ist der VSt-Ausschluss für solche Gegenstände, die der Unternehmer im Unternehmen **ausschließlich für steuerfreie Umsätze nach § 4 Nr. 8–27 UStG** (also grundsätzlich vorsteuerschädliche Umsätze) verwendet. Veräußert der Unternehmer später solche Gegenstände, bleibt die Veräußerung nach § 4 Nr. 28 UStG steuerfrei.

---

130 Vgl. dazu BFH vom 31.07.2007 (BStBl II 2008, 35), aufgenommen in A 4.14.1 Abs. 5 Nr. 6 UStAE, wonach die Erstellung ärztlicher Gutachten, die der Entscheidung eines Versicherungsträgers über die Gewährung einer Rente wegen verminderter Erwerbsfähigkeit dienen sollen, auch dann nicht nach § 4 Nr. 14 UStG steuerfrei ist, wenn in den Gutachten Möglichkeiten zur Rehabilitation geprüft werden.

Beispiel 6: Kein VSt-Abzug bei Erwerb, keine Steuerpflicht bei der Veräußerung!
Eine Versicherungsgesellschaft hat Anfang 01 eine Datenverarbeitungsanlage für 50.000 € zzgl. 9.500 € USt erworben. Sie veräußert die Anlage im Juni 06 für 10.000 €.

Lösung: Die Versicherungsgesellschaft nutzte die Datenverarbeitungsanlage zu steuerfreien Umsätzen nach § 4 Nr. 10 Buchst. a UStG. Sie konnte daher die VSt wegen § 15 Abs. 2 Nr. 1 UStG nicht abziehen. Die USt-Belastung ist bereits durch die Versagung des VSt-Abzugs herbeigeführt. Die Veräußerung ist als Hilfsgeschäft nach § 1 Abs. 1 Nr. 1 UStG steuerbar, aber nach § 4 Nr. 28 UStG steuerfrei. Der Vorgang ist in der Voranmeldung für den Juni 06 mit einem steuerfreien Entgelt von 10.000 € zu erfassen.

Die Verwendung erfolgt nach A 4.28.1 Abs. 2 UStAE auch dann **ausschließlich** für steuerfreie Umsätze nach § 4 Nr. 8–27 UStG, wenn der Unternehmer den Gegenstand in geringfügigem Umfang von **bis zu 5 % der Gesamtnutzung** für steuerpflichtige Umsätze verwendet hat. So bliebe im Beispiel 6 die Steuerbefreiung der Veräußerung der Datenverarbeitungsanlage auch erhalten, wenn der Versicherer auch die (steuerpflichtige) Verwertung von Sicherungsgütern über die EDV-Anlage abgewickelt hätte, sofern dies nicht mehr als 5 % der Gesamtnutzung ausgemacht hat. Die Vorschrift des § 4 Nr. 28 UStG ist auf sonstige Leistungen auch nicht entsprechend anwendbar. Für unentgeltliche Wertabgaben nach § 3 Abs. 1b UStG kann sie schon deshalb keine Anwendung finden, da deren Besteuerung richtliniengemäß nach § 3 Abs. 1b UStG von einem vorhergehenden VSt-Abzug abhängt.

X Bemessungsgrundlage und Steuersatz bei entgeltlichen Umsätzen

Besteuerungsgegenstand der USt ist die durch den Umsatz ausgelöste Einkommensverwendung des (potenziellen) Endverbrauchers. Folgerichtig ist die BMG für eine nach § 1 Abs. 1 Nr. 1 UStG steuerbare entgeltliche Leistung das **Entgelt**.

1 Grundsätze der Entgeltsbestimmung nach § 10 Abs. 1 und 2 UStG

Nach § 10 Abs. 1 S. 2 UStG ist Entgelt alles, was der Empfänger aufwendet, um die Leistung zu erhalten, abzüglich der USt.

Letztlich soll dabei allein das **tatsächlich für die Leistung aufgewendete Entgelt maßgebend** sein. Technisch läuft dies über zwei Stufen: Wie im folgenden Kap. XI näher darzulegen sein wird, entsteht die Steuer im Rahmen der sog. Sollbesteuerung bei entgeltlichen Umsätzen nach § 13 Abs. 1 Nr. 1 Buchst. a UStG **zunächst auf der Basis des vereinbarten Entgelts zum Zeitpunkt der Leistungsausführung**. Dieses muss sich aber nicht mit dem tatsächlich gezahlten Entgelt decken. Wird tatsächlich ein **abweichender Betrag gezahlt**, löst dies eine **Änderung der BMG** nach § 17 UStG aus (s. dazu Kap. X 5), um so im Ergebnis eine Besteuerung nach dem tatsächlichen Entgelt sicherzustellen.

1.1 Zuzurechnender Aufwand des Leistungsempfängers

Ausgangsbasis bildet aber zunächst die zivilrechtlich **getroffene Preisabrede**. Da der zivilrechtliche Preis regelmäßig die **USt** einschließt, ist diese bei einem steuerpflichtigen Umsatz also regelmäßig **aus dem zivilrechtlichen Preis rauszurechnen**, um das Entgelt zu bestimmen (anderes gilt selbstverständlich, wenn die Beteiligten eine Nettoabrede getroffen haben). Unerheblich ist, ob der leistende Unternehmer von der Steuerpflicht seiner Leistung ausgegangen ist und ob er überhaupt einen bzw. welchen Steuerbetrag er in seiner Abrechnung ausgewiesen hat. Stets ist der vereinbarte bzw. schon getätigte Gesamtaufwand für die zu beurteilende Leistung zugrunde zu legen. Aus diesem ist dann die USt mit dem zutreffenden Steuersatz herauszurechnen. Bevor dieser Schritt praktiziert wird, kann es freilich im Einzelfall sorgfältiger Prüfung bedürfen, ob der **Gesamtaufwand** des Leistungsempfängers insgesamt Entgeltcharakter hat, also **für die zu beurteilende Leistung** erbracht wird. Zum Entgelt zählt zwar in erster Linie die vertraglich vereinbarte Leistungsvergütung, zu deren Zahlung der Leistungsempfänger verpflichtet ist. Darüber hinaus können aber auch weitergehende Aufwendungen des Leistungsempfängers durchaus Entgeltcharakter haben. Zahlt etwa eine Rundfunkanstalt zu Gunsten ihrer freien Mitarbeiter

freiwillig Beiträge an eine Pensionskasse, so sollen nach BFH vom 09.10.2002 (BStBl II 2003, 217) solche Beiträge zum Entgelt für die Leistungen der Mitarbeiter gehören (anders aber, wenn – ausgelöst durch die bezogene Leistung – der Leistungsempfänger aufgrund einer ihn treffenden gesetzlichen Verpflichtung Zahlungen an Dritte zu entrichten hat; dazu BFH vom 25.06.2009, BStBl II 2009, 873). Nach A 1.3 Abs. 17 UStAE soll auch ein vom Leasingnehmer zu zahlender **Minderwertausgleich bei der Rückgabe von Leasinggegenständen** zum Entgelt für die Gebrauchsüberlassung gehören können, und nicht etwa als Schadensersatz zu beurteilen sein. Zahlen Kunden irrtümlich doppelt oder zahlen sie irrtümlich zuviel, so ist der Gesamtbetrag Entgelt i.S.d. § 10 Abs. 1 S. 2 UStG, denn auch die Zahlungen über die vereinbarten Entgelte hinaus werden erbracht, »um die Leistung zu erhalten«. Dass die Kunden sich hinsichtlich des Umfangs bzw. des Fortbestands der Zahlungsverbindlichkeit im Irrtum befanden, ändert nichts am Zweck der Zahlung, sondern berührt lediglich das Zahlungsmotiv (so BFH vom 19.07.2007, BStBl II 2007, 966 – aufgenommen in A 10.1 Abs. 3 S. 6 UStAE).[131] In Rechnung gestellte **Nebenkosten** wie **Verpackungs- und Beförderungskosten** gehören mit zum Entgelt für die Leistung, sofern sie nicht Entgelt für eine selbständig zu beurteilende weitere Leistung sind.

Außerhalb des Entgelts i.S.d. § 10 Abs. 1 UStG stehen freilich solche Zahlungen, die ihren Zuwendungsgrund nicht im Leistungsverhältnis zwischen Leistendem und Leistungsempfänger haben.

Beispiel 1: Erhöhtes Beförderungsentgelt als Entgelt i.S.d. § 10 Abs. 1 UStG?
Der Hamburger Verkehrsverbund erhebt bei Schwarzfahrer S am 04.04.01 wegen einer vorgenommenen Fahrt ohne Fahrausweis ein »erhöhtes Beförderungsentgelt« von 40 €. Der tarifmäßige Fahrpreis hätte 2,20 € betragen.

Lösung: Der Leistungsaustausch ist auf die **Beförderungsleistung** und den tarifmäßigen Fahrpreis von 2,20 € begrenzt. Das Entgelt beträgt also bei einem Steuersatz von **7 %** (vgl. § 12 Abs. 2 Nr. 10 UStG) 2,06 €, die USt 14 Cent. Der »Schwarzfahrer-Tribut« wird nicht für die Beförderung gezahlt, sondern als **Vertragsstrafe** und damit für die nicht erbrachte eigene (Gegen-)Leistung. Der Schwarzfahrer muss zahlen, weil er schwarzgefahren ist und nicht, weil er befördert wurde.

Unter dem Aspekt, ob der Gesamtaufwand des Leistungsempfängers insgesamt Entgeltcharakter hat, geht es oft um Sachverhalte, die nach herkömmlicher Terminologie die Frage nach der Abgrenzung zum sog. echten Schadensersatz aufwerfen.

Beispiel 2: Verzugszinsen und Mahnkosten = Zahlungen für eigene Versäumnisse
Die V-GmbH hatte im Februar 01 an den Kunden K Waren für 10.000 € + 1.900 € USt verkauft und geliefert. Eine Bezahlung bleibt trotz wiederholter Mahnungen zunächst aus. Erst eine Rechnungsnote vom 28.10.01, mit der V zusätzlich zum Kaufpreis von 11.900 € noch Verzugszinsen von 500 € und Mahnkosten von 100 € anfordert, zeigt Wirkung. K überweist im November 01 einen Betrag von 12.500 €.

Lösung: Der nach § 1 Abs. 1 Nr. 1 UStG steuerbaren und steuerpflichtigen Warenlieferung der V-GmbH steht eine vereinbarte Gegenleistung von 11.900 € gegenüber, die bei einer BMG von

---

131 Dem Charakter einer tatsächlich erhaltenen Zahlung als Entgelt steht auch nicht entgegen, dass bei einer Über- oder Doppelzahlung ein Rückzahlungsanspruch des Zahlenden aus ungerechtfertigter Bereicherung besteht. Erst wenn dieser realisiert wird, kommt es zu einer Änderung der BMG nach § 17 Abs. 1 UStG.

10.000 € mit Ablauf des VAZ Februar 01 eine USt-Schuld von 1.900 € auslöst. Fraglich ist, ob es zu einer nachträglichen Änderung der BMG nach § 17 UStG kommt, weil der Leistungsempfänger K im November 01 12.500 € zahlt. Dies ist zu verneinen: Verzugszinsen, Mahnkosten und Ähnliches werden nicht für die steuerpflichtige Leistung (Warenlieferung) aufgewendet. Sie sind wegen der nicht rechtzeitig erfolgten eigenen (Gegen-)Leistung zu zahlen (und sind damit sog. **echter Schadenersatz**).

1.2 Anwendung des zutreffenden Steuersatzes

Hat man den der Leistung zuzurechnenden Aufwand des Leistungsempfängers festgestellt, ist im zweiten Schritt die **USt** mit dem zutreffenden Steuersatz **herauszurechnen**. Welcher **Steuersatz** zur Anwendung findet, bestimmt sich nach **§ 12 UStG**. Nach § 12 Abs. 1 UStG beträgt der Regelsteuersatz für Umsätze, die ab dem 01.01.2007 ausgeführt werden, 19 %. Findet der Regelsteuersatz Anwendung, beträgt das Entgelt nach § 10 Abs. 1 S. 2 UStG folglich 100/119 des zuzurechnenden Gesamtaufwands. Die durch den steuerpflichtigen Umsatz ausgelöste USt rechnet sich entsprechend aus dem Gesamtaufwand mit 19/119. Neben dem Regelsteuersatz kennt das deutsche USt-Recht noch den ermäßigten Steuersatz von 7 %, sofern der Umsatz in § 12 Abs. 2 UStG genannt ist. Dazu zählen vor allem die Lieferungen der in der Anlage 2 zum UStG aufgeführten Gegenstände, auf die § 12 Abs. 2 Nr. 1 UStG verweist.

> **Beispiel 3: USt entsteht auch ohne USt-Ausweis!**
> V ist Eigentümer mehrerer Ferienwohnungen an der Ostsee. In der Nähe der Ferienhaussiedlung betreibt er einen kleinen Laden, in dem er Lebensmittel und Weine veräußert. Er unterliegt nicht den Sonderregeln für Kleinunternehmer. V stellt dem Urlauber U für die einwöchige Miete des Ferienhauses 800 € und für den Verkauf von Lebensmitteln 100 € in Rechnung. Ein Ausweis von USt erfolgt nicht.
>
> **Lösung:** Bei der Vermietung des Ferienhauses handelt es sich um eine nach § 1 Abs. 1 Nr. 1 UStG steuerbare und wegen § 4 Nr. 12 S. 2 UStG auch steuerpflichtige Vermietungsleistung. Um die BMG zu ermitteln, ist aus dem Gesamtaufwand für die Vermietungsleistung die USt unter Anwendung des zutreffenden Steuersatzes herauszurechnen. Unerheblich ist insoweit, ob überhaupt USt ausgewiesen wurde und weshalb ein Steuerausweis unterblieben ist. Die **Vermietung von Ferienhäusern** unterliegt als »Vermietung von Wohn- und Schlafräumen, die ein Unternehmer zur kurzfristigen Beherbung von Fremden bereithält«, **nach § 12 Abs. 2 Nr. 11 UStG seit dem 01.01.2010** dem ermäßigten Steuersatz von **7 %**. BMG für die Ferienhausvermietung ist somit das Entgelt von 800 € x 100/107 = 747,66 €. Entsprechend ist für den ebenfalls nach § 1 Abs. 1 Nr. 1 UStG steuerpflichtigen Verkauf von Lebensmitteln vorzugehen. Der Verkauf von Lebensmitteln unterliegt – wie eine Lektüre der in der Anlage zu § 12 Abs. 2 UStG unter Nr. 10 ff. aufgeführten Produkte zeigt – ebenfalls dem ermäßigten Steuersatz. Die BMG beträgt insoweit also 100 € x 100/107 = 93,46 €.

Das geschilderte Vorgehen zur Ermittlung der BMG bleibt auch unbeeinflusst davon, ob die Beteiligten den zutreffenden oder falschen Steuersatz angewendet haben oder ob sie richtig oder falsch gerechnet haben.

Beispiel 4: Verwechselung des anzuwendenden Steuersatzes
Ein Mitarbeiter des V (voriges Beispiel 3) berechnet einem Urlauber für 15 Flaschen Wein, deren Einzelverkaufspreis pro Flasche 7 € zzgl. USt beträgt, »105 € zzgl. 7 % USt (7,35 €) = 112,35 €« und für den Verkauf von Lebensmitteln »100 € zzgl. 19 % USt (19 €) = 119 €«.

Lösung: Es gibt keinen Grund, den Verkauf von Wein umsatzsteuerrechtlich zu begünstigen. Es findet daher der Regelsteuersatz Anwendung. Nach § 10 Abs. 1 S. 2 UStG beträgt die BMG für den nach § 1 Abs. 1 Nr. 1 UStG steuerbaren und steuerpflichtigen Weinverkauf somit 112,35 € x 100/119 = 94,41 € (und die USt beläuft sich auf 17,94 €). Die BMG für den Verkauf von Lebensmitteln, deren Lieferung dem ermäßigten Steuersatz unterliegt, ermittelt sich wie folgt: 119 € x 100/107 = 111,21 €. Die für den steuerpflichtigen Umsatz geschuldete USt beträgt 7,79 € (und die Differenz zum ausgewiesenen USt-Betrag von 19 € i.H.v. 11,21 € wird nach § 14c Abs. 1 UStG geschuldet).

Zu den Gebrauchsgütern des täglichen Lebens, deren Lieferung (wie auch Vermietung, vgl. § 12 Abs. 2 Nr. 2 UStG) nach der Anlage 2 zu § 12 Abs. 2 UStG einem ermäßigten Steuersatz unterliegt, gehören außer dem Verkauf von Lebensmittel z.B. auch der Verkauf von Blumen (Nr. 8 der Anlage zu § 12 Abs. 2 UStG) oder der von Büchern und Zeitschriften (Nr. 49 der Anlage zu § 12 Abs. 2 UStG). Die in der Anlage aufgeführten WG lassen sich in insgesamt sechs Gruppen unterteilen. Es sind dies neben den Lebensmitteln und Druckereierzeugnissen noch land- und forstwirtschaftliche Produkte, zubereitete Futtermittel, Körperersatzstücke sowie Kunst- und Sammlungsgegenstände. Um hinsichtlich der Anwendung des ermäßigten Steuersatzes vor Überraschungen bewahrt zu sein, ist eine Lektüre der Anlage ebenso wie eine Lektüre der in § 12 Abs. 2 Nr. 3–11 UStG aufgeführten Leistungen unverzichtbar. Ein geschlossenes System ist insoweit nicht erkennbar. Allenfalls lässt sich sagen, dass überall dort, wo es um die **Befriedigung vitaler Grundbedürfnisse** geht und der Gesetzgeber gleichwohl **keine Steuerbefreiung** vorgesehen hat, eine **Besteuerung zu einem ermäßigten Steuersatz** zumindest nahe liegt. Auf die Verfolgung solcher Zwecke ist die Anwendung des ermäßigten Steuersatzes jedoch nicht beschränkt. Aus dem Katalog des § 12 Abs. 2 UStG seien hier neben solchen als bekannt vorausgesetzten Ermäßigungen wie etwa denen für Theater-, Konzert- und Kinobesuche nur hervorgehoben:

- die in § 12 Abs. 2 Nr. 10 UStG aufgeführten **Beförderungsleistungen, u.a. im öffentlichen Nahverkehr** (in der **Beraterklausur 2010** freilich mit der Spezialität Beförderungen mit Drahtseilbahnen, angeboten durch einen Skiliftbetreiber);
- die Leistungen der Körperschaften, die außerhalb eines wirtschaftlichen Geschäftsbetriebs **gemeinnützige und ähnliche Zwecke verfolgen**. Sie unterliegen nach § 12 Abs. 2 Nr. 8 Buchst. a UStG ebenfalls dem ermäßigten Steuersatz. Aufgrund der Ergänzung des § 12 Abs. 2 Nr. 8 Buchst. a UStG durch das JStG 2007 gilt die Steuerbegünstigung für Zweckbetriebe nur noch, wenn der Zweckbetrieb nicht in erster Linie der Erzielung zusätzlicher Einnahmen durch Umsätze dient, die in unmittelbarem Wettbewerb mit Leistungen anderer Unternehmer ausgeführt werden, die dem allgemeinen Steuersatz unterliegen. Mit dieser Einschränkung der Steuerermäßigung für Zweckbetriebe will der Gesetzgeber Gestaltungsmodelle, die in erster Linie der Erzielung von Steuervorteilen und weniger der Förderung des steuerbegünstigten Zwecks dienen, verhindern (vgl. BR-Drucks. 622/06 vom 01.09.2006, 129). Einzelheiten zu dieser Bestimmung sind Gegenstand der Ausführungen in A 12.9 UStAE;

- und schließlich die zum **01.01.2010** vorgenommene Ergänzung des § 12 Abs. 2 UStG um eine **Nr. 11** (dazu bereits Beispiel 3), mit der Wohn- und Schlafräume, die ein Unternehmer zur kurzfristigen Beherbergung von Fremden bereithält, sowie die kurzfristige Vermietung von Campingflächen ebenfalls dem ermäßigten Steuersatz unterliegen sollen (besser bekannt als Sonderregelung für das Hotelgewerbe, aber eben keineswegs darauf beschränkt!). Welche Leistungen aus Sicht des BMF von dieser Ermäßigung erfasst sein sollen, ist Gegenstand der Ausführungen in A 12.16 UStAE.

Wenn die Ermäßigungsvorschriften Gegenstand gerichtlicher Auseinandersetzungen werden, geht es meist um sehr einzelfallbezogene Abgrenzungsfragen.[132] Dies belegen exemplarisch vielfältige Streitigkeiten um die Frage, unter welchen Voraussetzungen die Entwicklung oder Veräußerung von Softwareprogrammen von **§ 12 Abs. 2 Nr. 7 Buchst. c UStG** erfasst wird. Nach dieser Norm unterliegt die »Einräumung, Übertragung und Wahrnehmung von Rechten, die sich aus dem Urheberrechtsgesetz ergeben«, dem ermäßigten Steuersatz. Hinsichtlich des Anwendungsbereichs dieser Norm sind inzwischen zwei Feststellungen außer Streit:

- Die **Veräußerung von Standardsoftware** durch einen Händler fällt nicht unter diese Vorschrift. Nach Auffassung des BFH unterscheidet sich der Verkauf von Standardsoftware umsatzsteuerlich nicht von dem Verkauf eines Buches. Ebenso wie bei der entgeltlichen Veräußerung eines Buches oder einer Schallplatte durch einen Händler liege auch bei der Veräußerung von Standardsoftware keine Einräumung oder Übertragung von Rechten aus dem Urheberrechtsgesetz vor.
- Ist Gegenstand des Vertrages nicht die Veräußerung, sondern die **Entwicklung eines urheberrechtsfähigen Computerprogramms**, muss nach ständiger Rspr. des BFH (vgl. nur Entscheidungen vom 25.11.2004, BStBl II 2005, 415 und 419) die zusätzlich vorgesehene Einräumung oder Übertragung der urheberrechtlichen **Nutzungsrechte Hauptbestandteil der geschuldeten Leistung** sein, um § 12 Abs. 2 Nr. 7 Buchst. c UStG Anwendung finden zu lassen. Handelt es sich hierbei lediglich um »Annex-Rechte«, geht es dem Leistungsempfänger z.B. in erster Linie um die Entwicklung eines auf seine individuellen betrieblichen Bedürfnisse zugeschnittenen Datenverarbeitungsprogramms, unterliegt der Umsatz insgesamt dem für die Entwicklung von Computerprogrammen geltenden Regelsteuersatz von 19 %.

Die beiden zuletzt genannten Entscheidungen sind i.Ü. ein weiterer Beleg für die schon früher getroffene Aussage, dass der Grundsatz der Einheitlichkeit der Leistung (s. dazu Kap. IV 3) gerade im Zusammenhang mit der Anwendung des ermäßigten Steuersatzes zentrale Bedeutung erlangt: **Ist die begünstigte Leistung nur Nebenleistung zu einer nicht begünstigten Hauptleistung, unterliegt die an sich begünstigte Leistung ebenfalls dem Regelsteuersatz.** Handelt es sich bei dem Leistungspaket anlässlich einer Vertragserfüllung um mehrere Hauptleistungen, sind diese unter dem Gesichtspunkt des Steuersatzes jeweils selbständig zu beurteilen.

---

132 Vgl. dazu etwa die Kontroverse zwischen BFH und Finanzverwaltung hinsichtlich der Frage, inwieweit der Saunabesuch in einem Fitnessstudio als Verabreichung eines Heilbades i.S.d. § 12 Abs. 2 Nr. 9 UStG gelten kann. Generell verneinend BFH (BStBl II 2007, 283), da eine Saunanutzung nur dem allgemeinen Wohlbefinden diene; anders BMF in A 12.11 Abs. 4 S. 1, 2 UStAE.

2 Spezielle Problemstellungen entgeltlicher Umsätze

Im Zusammenhang mit der Frage, welche Positionen zum Gesamtaufwand gehören, von dem bei steuerpflichtigen Leistungen die USt zur Ermittlung des Entgelts abzuziehen ist, wird – anknüpfend an § 10 Abs. 1 S. 6 UStG – als besondere Thematik meist eine Abgrenzung zwischen Auslagenersatz und durchlaufenden Posten angeboten.

2.1 Abgrenzung Auslagenersatz/durchlaufende Posten

In der Sache geht es dabei darum, Sachverhalten gerecht zu werden, bei denen der Leistende im Zusammenhang mit der Vertragserfüllung Zahlungen an Dritte zu tätigen hat, die er seinem Leistungsempfänger unmittelbar oder mittelbar weiterberechnet. Auch insoweit genügt es durchweg, sich in einem ersten Schritt präzise damit auseinander zu setzen, was **Leistungsgegenstand der steuerpflichtigen Leistung** des leistenden Unternehmers ist, und in einem nächsten Schritt zu prüfen, ob der **Aufwand des Leistungsempfängers Entgeltcharakter** für diesen Leistungsgegenstand hat. Verfährt man so, werfen die meisten der hierzu gestellten Sachverhalte keine ernsthaften Probleme auf. Sagt beispielsweise ein Warenlieferant zu, auch für den Transport zum Abnehmer sorgen zu wollen, handelt es sich bei der Durchführung des Transports um eine unselbständige Nebenleistung zur Lieferung. Alles, was der Leistungsempfänger für das Leistungspaket aufzuwenden hat, gehört selbstverständlich mit zum Entgelt für die Warenlieferung als Hauptleistung. Hat der Lieferer die Transportkosten in seinen Preis einkalkuliert, sind sie von Hause aus Entgeltsbestandteil. Daran ändert sich aber auch nichts, wenn der Lieferer diese Kosten seinem Abnehmer gesondert in Rechnung stellt oder als Auslagenersatz deklariert, mit dem er die ihm berechneten Fracht- oder Portokosten weiterberechnet.

Für jene Sachverhalte, die nach der speziellen Regelung des § 10 Abs. 1 S. 6 UStG als sog. durchlaufende Posten »nicht zum Entgelt (gehören)«, hätte es einer speziellen Regelung kaum bedurft. Es handelt sich hierbei nämlich um Zahlungen, die der leistende Unternehmer von seinem Leistungsempfänger »im Namen und für Rechnung eines anderen vereinnahmt« und an den anderen weiterleitet (oder verausgabt und sich von seinem Abnehmer erstatten lässt). Zu dieser Situation kann es nur kommen, wenn der **Leistungsempfänger** dem **Dritten** gegenüber aufgrund eines vertraglichen oder gesetzlichen Schuldverhältnisses zur Zahlung verpflichtet ist. Kennzeichnend ist also, dass zwischen dem durch die Zahlung wirtschaftlich belasteten Leistungsempfänger und demjenigen, an den die Gelder weitergeleitet werden, **eigene Rechtsbeziehungen** bestehen, z.B.

- verauslagte Gerichtskosten, die der Anwalt seinem Mandanten in Rechnung stellt, oder auch
- die Kurtaxe, die der Vermieter einer Ferienwohnung von seinen Mietern vereinnahmt, um sie an die Gemeinde weiterzuleiten.

Offensichtlich dienen die in den Beispielen erhobenen Beträge nicht dazu, steuerpflichtige Leistungen des Anwalts oder des Vermieters zu entgelten. Entsprechendes gilt für manche Gelder, die ein Autokäufer zusätzlich zum Wagenpreis an seinen Verkäufer zu zahlen hat.

Beispiel 5: Kfz-Steuer und Zulassungsgebühr als durchlaufende Posten

Kfz-Händler U hat dem Kunden K einen Pkw verkauft. U hat zugesagt, alle Formalitäten abzuwickeln und den Wagen anschließend fahrbereit vor die Tür des K zu stellen. Seine Abrechnung gegenüber K lautet auszugsweise:

Autotyp …	20.000 €
+ verauslagte Kfz-Steuer	300 €
+ Zulassungsgebühr	100 €
+ 19 % USt	3.876 €
+ Überführungskosten	500 €
Gesamtrechnungsbetrag	**24.776 €**

Lösung: U tätigt mit der Veräußerung des Pkw einen nach § 1 Abs. 1 Nr. 1 UStG steuerbaren und steuerpflichtigen Umsatz. Die 300 € für die Kfz-Steuer sowie die 100 € für die Zulassung sind Verbindlichkeiten des K aus öffentlichrechtlichen Schuldverhältnissen gegenüber Trägern staatlicher Hoheitsgewalt. K wendet die 400 € nicht für die Lieferung des Pkw auf. Sie sind durchlaufende Posten i.S.d. § 10 Abs. 1 S. 6 UStG, weil U diese Beträge im Namen des K verausgabt hatte. Hingegen zählen die Überführungskosten zur BMG für die Pkw-Lieferung, da die Überführung zum vertraglich vereinbarten Leistungspaket des U gegenüber K gehört. (Vertragliche Beziehungen zum Pkw-Hersteller hat insoweit der U, nicht aber der K begründet.) Der zu berücksichtigende Gesamtaufwand beträgt also 24.776 € ./. 400 € = 24.376 €. Das Entgelt nach § 10 Abs. 1 S. 1, 2 UStG beläuft sich auf 24.376 € x 100/119 = 20.484,03 € und löst eine USt von 3.891,97 € aus.

Ergebnisorientiert und formelhaft unterscheidet sich der Auslagenersatz von durchlaufenden Posten dadurch, dass beim **Auslagenersatz** der **leistende Unternehmer** zunächst **selbst Schuldner** der Zahlungen wird, die er vorher oder nachher von seinem Abnehmer erstattet erhält. Er tätigt diesbezüglich also Eigengeschäfte und handelt nicht – wie bei **durchlaufenden Posten** – **in fremdem Namen und für fremde Rechnung** (weitere Einzelheiten: A 10.4 UStAE).

2.2 Echte und unechte Zuschüsse

Als sehr viel problematischer erweist sich die Handhabung des § 10 Abs. 1 S. 3 UStG. Danach gehört zum Entgelt und damit zur BMG auch, was ein Dritter dem leistenden Unternehmer für dessen steuerpflichtige Leistung gewährt. Da der (Gesamt-)Aufwand für eine steuerpflichtige Leistung zu besteuern ist, beschreibt der Satz selber nur eine Selbstverständlichkeit. Die Probleme liegen mehr in seiner praktischen Handhabung. Weshalb und wofür ein Dritter zahlt, ist oft nicht ohne Weiteres erkennbar. Dies gilt im Besonderen für Zahlungen der öffentlichen Hand, die als Zuschüsse deklariert sind. Zahlungen unter der Bezeichnung »Zuschuss« können nämlich auch Entgelt für eine **eigene Leistung an den Zuschussgeber (Zahlenden)** sein. Dies ist oft der Fall, wenn der Zahlungsempfänger im Auftrag der öffentlichen Hand eine Aufgabe aus deren Kompetenzbereichen übernimmt und die Zahlung damit zusammenhängt.[133]

---

[133] Vgl. mit zahlreichen weiteren Nachweisen BFH vom 09.11.2006 (BStBl II 2007, 285) – einen Leistungsaustausch bejahend für den Fall, dass ein Unternehmer einer Gemeinde die ihr obliegende Verpflichtung zur Erschließung übernimmt und dafür einen Anspruch auf die der Gemeinde zustehenden Fördermittel

Ein Leistungsaustausch mit der öffentlichen Hand ist in diesen Fällen jedenfalls dann anzunehmen, wenn es zum Abschluss eines gegenseitigen Vertrages mit der öffentlichen Hand gekommen ist (vgl. jüngst BFH vom 18.12.2008, BStBl II 2009, 749). Zuschüsse können aber auch erbracht werden, um – aus unterschiedlichsten Gründen – den Leistenden allgemein in die Lage zu versetzen, bestimmten Aufgaben nachzukommen, die der Zuschussgeber realisiert sehen möchte (sog. echter, nicht steuerbarer Zuschuss). Mit § 10 Abs. 1 S. 3 UStG haben solche Zahlungen nichts zu tun. Diese Norm erfasst nur Zahlungen, die ein anderer als der Leistungsempfänger der zu beurteilenden Leistung dem leistenden Unternehmer in Erfüllung einer – meist öffentlich-rechtlichen – **Verpflichtung gegenüber dem Leistungsempfänger** oder zumindest **im Interesse des Leistungsempfängers** gewährt. Solche Zahlungen haben typischerweise preisauffüllenden Charakter – etwa, wenn sie dazu dienen, das Entgelt für den Umsatz an den Leistungsempfänger auf die nach Kalkulationsgrundsätzen erforderliche Höhe zu bringen und dadurch das Zustandekommen eines Leistungsaustausches zu sichern oder wenigstens zu erleichtern. Beispiele hierfür bilden **die Erstattung von Fahrgeldausfällen nach dem Schwerbehindertengesetz** für die verbilligte Beförderung von Schwerbehinderten oder auch **Zahlungen eines Schulträgers an den Betreiber einer Schulmensa, der die Schüler mit Essen versorgt.** Typischerweise gilt für die von **§ 10 Abs. 1 S. 3 UStG** erfassten **Zuschüsse**, dass sie **in Abhängigkeit von konkreten Umsätzen** des leistenden Unternehmers gegenüber anderen erbracht werden (in den Beispielen: Zahl der verkauften Beförderungstickets an Schwerbehinderte bzw. der ausgegebenen Mahlzeiten an Schüler). In seinem Urteil vom 09.10.2003 (BStBl II 2004, 322), dessen Grundaussagen A 10.2 Abs. 3 S. 5 UStAE übernimmt, hat der BFH abstrakt zusammengefasst, unter welchen Voraussetzungen Zahlungen der öffentlichen Hand an einen Unternehmer, der Lieferungen oder sonstige Leistungen erbringt, gem. § 10 Abs. 1 S. 3 UStG als Aufwand eines Dritten zum Entgelt für diese Umsätze gehören. Dies sei dann anzunehmen, wenn

- der Zuschuss dem Abnehmer des Gegenstands oder dem Dienstleistungsempfänger zugute kommt,
- der Zuschuss gerade für die Lieferung eines bestimmten Gegenstands oder die Erbringung einer bestimmten sonstigen Leistung gezahlt wird und
- mit der Verpflichtung der den Zuschuss gewährenden Stelle zur Zuschusszahlung das Recht des Zahlungsempfängers (Unternehmers) auf Auszahlung des Zuschusses einhergeht, wenn er einen steuerbaren Umsatz bewirkt hat.

Die **nicht zum (zusätzlichen) Entgelt** zählenden Zahlungen Dritter sind hingegen dadurch charakterisiert, dass sie **dem Leistenden zu dessen Förderung** aus strukturpolitischen, volkswirtschaftlichen oder allgemeinpolitischen Gründen gewährt werden. Es fehlt ihnen durchweg der Bezug zu konkreten Umsätzen. Beispiele für sog. echte Zuschüsse bilden:

- gemeindliche Zuschüsse für karitative Zwecke, etwa an ein Krankenhaus zum Ausbau seiner Einrichtungen,
- Landesbeihilfen an notleidende Betriebe mit dem Ziel der Sanierung und des Erhalts von Arbeitsplätzen.

---

erlangt. S. jüngst auch BMF vom 28.09.2011 (BStBl I 2011, 935): Leistungsaustausch und kein Entgelt von dritter Seite liegt vor, wenn eine mit dem Autohersteller verflochtene sog. Autobank den Käufern von Fahrzeugen der Vertragshändler einen verbilligten Kredit gewährt, der durch Zahlungen der Händler an die Bank subventioniert wird. Zahlungen der Autohändler bilden Entgelt für Leistungen der Autobank (Absatzförderung) an die Händler, nicht zusätzliches Entgelt für Kreditgewährung an die Kunden.

2.3 Tauschvorgänge

Bei einem Tausch oder tauschähnlichen Umsatz nach § 3 Abs. 12 UStG liegen Doppelumsätze vor, weil das Entgelt für eine Lieferung oder sonstige Leistung wieder in einer Lieferung oder sonstigen Leistung besteht. Folglich ist nach § 10 Abs. 2 UStG auch der Wert des einen Umsatzes jeweils **BMG** für den anderen Umsatz. Auch dies entspricht dem Charakter der USt, die Einkommensverwendung, d.h. die Aufwendungen des Leistungsempfängers, zu erfassen. Vor dem Hintergrund verschiedener EuGH-Entscheidungen hat sich das BMF davon verabschiedet, den nach § 10 Abs. 2 UStG anzusetzenden **Wert der Gegenleistung** stets nach deren gemeinem Wert und damit nach einem objektiven Wert zu bestimmen. Jedenfalls, wenn es sich bei dem anderen Umsatz (der Gegenleistung) um eine Dienstleistung (sonstige Leistung) handelt und damit ein tauschähnlicher Umsatz vorliegt, soll stattdessen der subjektive Wert anzusetzen sein, den diese Gegenleistung für den Leistenden hat. Hat der Leistende konkrete Aufwendungen getätigt, so soll sich der subjektive Wert der Gegenleistung nach diesen Aufwendungen einschließlich der entstandenen Nebenkosten bestimmen (vgl. A 10.5 Abs. 1 S. 2–5 UStAE).

Beispiel ist eine Fahrzeuglieferung gegen die Verpflichtung des Empfängers, den Wagen über einen längeren Zeitraum zu Werbezwecken einzusetzen. BMG für die Lieferung des Fahrzeugs ist nicht der Preis, der im gewöhnlichen Geschäftsverkehr für die Werbeleistung zu erzielen wäre. BMG bildet stattdessen der subjektive Wert, den die Werbeleistung für den Fahrzeuglieferer hat. Dieser Wert bestimmt sich nach dem Betrag, den der Fahrzeuglieferer für die Werbeleistung tatsächlich aufgewendet hat, also nach seinen Anschaffungskosten für das gelieferte Fahrzeug (nach BFH vom 16.04.2008, BStBl II 2008, 909).

Diese Vorgehensweise entspricht im Ergebnis dem, was seit jeher schon insbesondere bei der Besteuerung der Firmenüberlassung praktiziert wird. Hierbei wird nicht auf den – nicht ermittelbaren – gemeinen Wert der Gegenleistung (anteilige, nicht durch Barlohn abgegoltene Arbeitsleistung) abgestellt. Stattdessen wird zur Ermittlung der BMG auf die Aufwendungen des leistenden Unternehmers zum Erhalt der Gegenleistung abgestellt (s. dazu Kap. V 6).

Dass sich die Finanzverwaltung noch nicht endgültig davon verabschiedet hat, die BMG nach dem gemeinen Wert der Gegenleistung zu bestimmen, zeigt insbesondere das Vorgehen bei solchen Sachverhalten, die als **Tausch mit Baraufgabe** firmieren. Von einem **Tausch mit Baraufgabe** spricht man, wenn sich beim Tausch Leistung und Gegenleistung nicht decken und Zuzahlungen erfolgen – wie bei einem **Neuwagengeschäft**, bei dem der Verkäufer den gebrauchten Wagen des Käufers auf den Kaufpreis des Neuwagens anrechnet.[134] Unverändert heißt es hierzu in A 10.5 Abs. 4 S. 3 UStAE: Zum Entgelt des Händlers gehört neben der Zuzahlung auch **der gemeine Wert des in Zahlung genommenen gebrauchten Fahrzeugs**. Bei diesen Geschäften kommt es zu einem sog. verdeckten Preisnachlass,

---

134 Zur Behandlung im Bilanzrecht vgl. *Kölpin*, Band 2, Teil A, Kap. II 5.1.2.11.

wenn der Neuwagenlieferant, um das Geschäft zu machen, den Wert für den in Zahlung genommenen Pkw zu hoch ansetzt.

Beispiel 6: Inzahlungnahme eines gebrauchten Fahrzeugs
Privatmann P erwirbt beim Händler H einen neuen Pkw (Listenpreis: 35.700 €). P gibt seinen alten Pkw, dessen gemeiner Wert 9.000 € beträgt, für 11.900 € in Zahlung, so dass er bar nur 23.800 € zu zahlen hat.

Lösung: Bei der nach § 1 Abs. 1 Nr. 1 UStG steuerbaren und steuerpflichtigen Lieferung des neuen Wagens handelt es sich um einen Tausch mit Baraufgabe nach § 3 Abs. 12 UStG. Zur BMG für diesen Umsatz gehört zum einen nach § 10 Abs. 1 UStG der Baraufwand von 23.800 €. Hinzu kommt nach § 10 Abs. 2 S. 2 und 3 UStG der Verkehrswert des in Zahlung genommenen Pkw i.H.v. 9.000 €. Aus dem so ermittelten Gesamtaufwand von 32.800 € ist die USt herauszurechnen, so dass die BMG 32.800 € x 100/119 = 27.563,03 € und die USt 5.236,97 € beträgt. (Enthält der Sachverhalt keine konkrete Angabe zum gemeinen Wert, ist dieser Wert aus dem späteren Verkaufserlös des »Gebrauchten« abzuleiten.)

Liegt wie im Beispiel 6 ein **versteckter Nachlass** auf den Listenpreis vor, indem der alte Pkw mit einem zu hohen Betrag in Zahlung genommen wird, kann der Händler einem **Nichtunternehmer** durch Offenlegen dieser Entgeltsituation einen definitiven – weil weniger USt überwälzenden – **Preisvorteil** zukommen lassen. Wird auf der Basis des Listenpreises abgerechnet, schuldet der Händler die zuviel ausgewiesene Steuer nach § 14c Abs. 1 UStG.

3 Mindest-Bemessungsgrundlage nach § 10 Abs. 5 UStG

Wenn das USt-Recht die Angemessenheit des Entgelts nicht kontrolliert, so beruht dies auf der Annahme, dass es sich bei dem vereinbarten Entgelt um einen Betrag handelt, der sich bei widerstreitenden Interessen der Anbieter- und Abnehmerseite im Verhandlungswege ergeben hat und der folglich marktüblich ist. Diese Grundannahme trifft allerdings nicht zu, wenn Leistender und Abnehmer in einem engen wirtschaftlichen oder persönlichen Verhältnis stehen. In einem solchen Fall ist dem vereinbarten Entgelt zu misstrauen. Das UStG sucht die sachgerechte Lösung solcher Sachverhalte über die sog. Mindest-BMG in § 10 Abs. 5 UStG. Danach ist in den Fällen, da der Verdacht einer Verbundenheit zwischen Leistendem und Leistungsempfänger besteht, das vereinbarte Entgelt mit den Werten zu vergleichen, die für den Fall einer unentgeltlichen Wertabgabe als BMG nach § 10 Abs. 4 Nr. 1 und 2 UStG anzusetzen gewesen wären. Der Ansatz dieser Werte soll durch Vereinbarung geringfügiger Entgelte nicht vermieden werden können. Bei Lieferungen muss sich das vereinbarte Entgelt nach § 10 Abs. 1 UStG also an dem aktuellen Einkaufspreis des Leistenden, bei sonstigen Leistungen an deren vorsteuerentlasteten Kosten messen lassen. Bleibt das vereinbarte Entgelt hinter diesen Werten zurück, wird der entgeltliche Umsatz wie ein unentgeltlicher behandelt. Die BMG nach § 10 Abs. 1 UStG wird angehoben auf die Werte des § 10 Abs. 4 Nr. 1 und 2 UStG. In welchen Fällen eine solche Kontrolle des Entgelts nach Maßgabe der Werte des § 10 Abs. 4 UStG stattzufinden hat, ist in § 10 Abs. 5 Nr. 1 und 2 UStG im Einzelnen festgelegt. Stets gehören dazu entgeltliche Leistungen an

Mitarbeiter und deren Angehörige; bei Einzelunternehmern kommen **Leistungen an ihnen nahe stehende Personen**, bei Gesellschaften **Leistungen an Anteilseigner** oder diesen nahe stehende Personen hinzu. Ist der Abnehmer vorsteuerberechtigt, empfiehlt es sich, die durch § 14 Abs. 4 S. 2 UStG eingeräumte Möglichkeit zu nutzen, die auf der Basis der Mindest-BMG geschuldete USt gesondert in Rechnung zu stellen.

> **Beispiel 7: USt-Ausweis verhindert Belastung durch Mindest-BMG**
> Eine GmbH hat ihrem Gesellschafter G (Unternehmer außerhalb seiner Gesellschafterstellung) in 01 einen Pkw zum Buchwert von 5.000 € verkauft. Anlässlich einer USt-Sonderprüfung in 03 gelangt das FA zu der Auffassung, dass die GmbH 19 % USt aus dem Wiederbeschaffungspreis des Pkws zum Zeitpunkt der Veräußerung von 23.800 € schulde.
>
> **Lösung:** Die GmbH hat einen nach § 1 Abs. 1 Nr. 1 UStG steuerbaren Umsatz getätigt, indem sie ihrem Gesellschafter G zum Preis von 5.000 € einen Pkw übereignet. Die BMG nach § 10 Abs. 1 UStG beträgt für diesen Umsatz 4.201,68 €. Da es sich um einen Verkauf an einen Anteilseigner handelt, bleibt hier jedoch die Mindest-BMG nach § 10 Abs. 5 UStG zu prüfen. Ihre Anwendung führt dazu, dass die BMG nach § 10 Abs. 1 UStG durch die nach § 10 Abs. 4 Nr. 1 UStG verdrängt wird. Diese beläuft sich auf 20.000 €.
> Die GmbH wie auch ihr Gesellschafter G sind hier aber durch die Anwendung der Mindest-BMG nicht belastet.[135] § 14 Abs. 4 S. 2 UStG berechtigt die GmbH, die anfallende USt i.H.v. 3.800 € in einer Rechnung gesondert auszuweisen. Als Unternehmer außerhalb seiner Gesellschafterstellung kann G die von der Gesellschaft abzuführende USt von 3.800 € als VSt nach § 15 Abs. 1 Nr. 1 UStG abziehen, sofern er den Wagen für vorsteuerunschädliche unternehmerische Aktivitäten nutzt.

Der Zweck des § 10 Abs. 5 UStG besteht darin, Umgehungen des § 10 Abs. 4 UStG zu vermeiden. Die Besteuerung unentgeltlicher Wertabgaben soll nicht durch die Vereinbarung unangemessen niedriger Entgelte unterlaufen werden können. Dies gebietet, die **Mindest-BMG nicht** anzuwenden, wenn nachweisbar ein **marktgerechter Preis** für die Leistung vereinbart wurde – mögen auch die tatsächlichen Kosten höher sein. Die Frage hat besondere Bedeutung bei einer durch Option steuerpflichtigen Vermietung von Grundstücken. Hierbei lässt sich eine kostendeckende Miete am Markt oft nicht durchzusetzen.

Die Mindestbemessungsgrundlage ist i.Ü. **nur auf entgeltliche Leistungen anzuwenden, die bei einer unentgeltlichen Leistungserbringung nach § 3 Abs. 1b S. 1 Nr. 2 bzw. § 3 Abs. 9a UStG i.V.m. § 10 Abs. 4 UStG zu besteuern wären** (vgl. A 10.7 Abs. 2 UStAE). So hat etwa bei einer unentgeltlichen **Beförderung von Arbeitnehmern** zur Arbeitsstätte eine Besteuerung als unentgeltliche Wertabgabe zu unterbleiben, wenn die Beförderung **im überwiegenden betrieblichen Interesse des Arbeitgebers** erfolgt (weil für die Arbeitnehmer keine zumutbaren Möglichkeiten bestehen, die Arbeitsstätte mit öffentlichen Verkehrsmitteln zu erreichen). Bei einem solchen Sachverhalt verbietet sich eine Anwendung der Mindestbemessungsgrundlage, sofern die Arbeitnehmer für diese Fahrten einen geringfügigen Betrag zu zahlen haben (so BFH vom 15.11.2007, BStBl II 2009, 423). Entsprechendes gilt, wenn **Arbeitskleidung verbilligt überlassen** wird, sofern die Überlassung durch betriebliche

---

135 Gleichwohl ist § 10 Abs. 5 UStG auch anzuwenden, wenn über eine Leistung an einen zum VSt-Abzug berechtigten Unternehmer abgerechnet wird (so überzeugend BFH vom 24.01.2008, BStBl II 2009, 786). Die Gefahr einer Steuerhinterziehung kann sich in diesen Fällen aus einer später ggf. vorzunehmenden Vorsteuerberichtigung ergeben, bei der das Vorsteuervolumen ansonsten auf einem verbilligten Entgelt beruhte.

Erfordernisse bedingt ist. Da für diesen Fall bei unentgeltlicher Abgabe eine Besteuerung als unentgeltliche Wertabgabe entfiele, darf diese auch nicht über eine Anwendung der Mindestbemessungsgrundlage erfolgen (so der BFH in seinen Urteilen vom 27.02.2008 und 29.05.2008, BStBl II 2009, 426 und 428, aufgenommen in A 10.7 Abs. 2 UStAE).

In Beraterklausuren wird die Thematik Mindestbemessungsgrundlage bevorzugt in der Weise angeboten, dass einem Mitarbeiter bzw. einem Gesellschafter gegen Entgelt ein Pkw zur außerunternehmerischen Nutzung überlassen wird. Aufgabe der Bearbeiter ist es dann, das vereinbarte Entgelt mit dem Betrag zu vergleichen, der bei einer unentgeltlichen Überlassung anzusetzen wäre. Durch die »Hintertür« Mindestbemessungsgrundlage wird so die außerunternehmerische Kfz-Nutzung als unentgeltliche Wertabgabe zum Thema.[136]

Beispiel 7a: Firmenwagenüberlassung am Maßstab des § 10 Abs. 5 UStG
Eine KG überlässt einem ihrer Gesellschafter einen firmeneigenen Pkw zur privaten Nutzung. Die Belastung des Privatkontos des Gesellschafters erfolgt i.H.v. 3.000 € für das Kalenderjahr. Der auf die private Nutzung entfallende Ausgabenanteil an den mit Umsatzsteuer belasteten Gesamtkosten (AK verteilt auf den VSt-Berichtigungszeitraum nach § 15a UStG, Garagenmiete, Kraftstoff, Öl, Reparaturen) beträgt tatsächlich 4.000 €. Die übliche Miete würde 5.000 € für das Kalenderjahr betragen.

Lösung: Das durch die Belastung des Privatkontos entrichtete Entgelt ist niedriger als die Bemessungsgrundlage nach § 10 Abs. 4 Satz 1 Nr. 2 UStG. Die durch die private Nutzung des Gesellschafters entstandenen Ausgaben i.H.v. 4.000 € sind daher nach § 10 Abs. 5 Nr. 1 UStG Bemessungsgrundlage (vgl. A 10.7 Abs. 1 Bsp.1 UStAE).

4 Differenzbesteuerung

4.1 Zwecke und Wirkungsweise

Eine gänzlich andere BMG sieht § 25a UStG für Händler vor, die typischerweise oder auch nur gelegentlich Gegenstände umsetzen, die ohne VSt-Abzug in ihr Unternehmen gekommen sind. BMG für Umsätze dieser sog. Wiederverkäufer (vgl. dazu § 25a Abs. 1 Nr. 1 S. 2 UStG) bildet nicht das Entgelt ihrer Käufer nach § 10 Abs. 1 UStG, sondern nach § 25a Abs. 3 UStG die Differenz zwischen ihrem Einkaufspreis bei Erwerb der Ware und dem späteren Verkaufspreis. Besteuerungsgrundlage bildet also nur der geschaffene Mehrwert, aus dem die USt – wie sonst auch – herauszurechnen ist.

Zweck dieser Sonderregelung im Rahmen der Bestimmungen zur BMG ist es, **Wettbewerbsnachteilen der Wiederverkäufer** gegenüber privaten Anbietern **entgegenzuwirken**. Solche Wettbewerbsnachteile ergeben sich zwangsläufig, wenn Unternehmer z.B. von Privatpersonen Gegenstände ohne VSt-Abzug erwerben, diese dann in den unternehmerischen Bereich überführen, um sie anschließend selbst wieder zu verkaufen. Da § 1 Abs. 1 Nr. 1 USG für die Steuerbarkeit realer entgeltlicher Umsätze nicht darauf abstellt, ob die

---
[136] Vgl. dazu die Beraterklausuren 2003 (»Schwindle« mit PKw-Überlassung an GF Duld), 2005 (»Stark & Fink KG« mit Pkw-Überlassung an Komplementär Arnold Stark, bei Belastung von dessen Kapitalkonto) sowie 2011 (»Ferstl« mit Pkw-Überlassung an die »Ferstl-GmbH«).

Gegenstände mit oder ohne VSt-Abzug in das Unternehmen gelangt sind, haben Händler – trotz des fehlenden VSt-Abzugs beim Erwerb – normalerweise die in dem Verkaufserlös insgesamt enthaltene USt abzuführen. Bieten Privatpersonen vergleichbare (Gebraucht-) Gegenstände an, können sie mangels Unternehmerstellung ihre Verkäufe unbelastet mit USt tätigen. Will ein Gebrauchtwagenhändler aus dem Verkauf eines Wagens einen Erlös von 8.000 € erzielen, müsste er auf der Basis einer BMG von § 10 Abs. 1 UStG einen Preis von 9.520 € erzielen; ein aussichtsloses Unterfangen, wenn es daneben private Anbieter gibt, die einen vergleichbaren Wagen für 8.000 € anbieten.

Nachdem man national zum 01.01.1990 zunächst eine Sonderregelung für die **Gebrauchtwagenhändler** getroffen hatte, ist der Anwendungsbereich des § 25a UStG mit Wirkung ab 01.01.1995 durch das UStÄndG 1994 (BGBl I 1994, 2058) erweitert worden. Die Differenzbesteuerung bezieht sich seitdem auf alle beweglichen Gegenstände – außer bestimmten Edelsteinen und Edelmetallen. Von »Gebrauchtgegenständen« spricht § 25a UStG nicht. Auch neue Sachen können unter die Differenzsteuerung fallen. Tatsächlich bilden aber gebrauchte Sachen den Schwerpunkt.

> **Beispiel 8: Eine ertragreiche Differenzbesteuerung**
> Kfz-Händler K mit Sitz in Hamburg nimmt beim Verkauf eines Neuwagens an den Privatmann P dessen Gebrauchtwagen für 8.000 € in Zahlung. Anlässlich einer Inspektion des Fahrzeugs in seiner Werkstatt beseitigt er Lackschäden (mit Lohnkosten von 400 €) und baut eine neue Kupplung ein (Einkaufspreis 600 € zzgl. 114 € USt). Anschließend verkauft er den Wagen für 9.500 € wiederum an eine Privatperson.
>
> **Lösung:** K tätigt mit der Veräußerung des Wagens eine nach § 1 Abs. 1 Nr. 1 UStG steuerbare und steuerpflichtige Lieferung. Ohne die Sonderregelung des § 25a Abs. 3 UStG wäre die BMG § 10 Abs. 1 UStG zu entnehmen. Für K bedeutete das ein offensichtliches Verlustgeschäft, da ihm von den 9.500 € lediglich 7.983,19 € verblieben (9.500 € x 100/119). Die übrigen 1.516,81 € schuldete er dem FA. Als Wiederverkäufer, der den Wagen ohne VSt-Abzug im Gemeinschaftsgebiet erworben hatte, ist seine wirtschaftliche Situation entscheidend verbessert. Anzusetzen ist nach § 25a Abs. 3 S. 1 UStG die Differenz zwischen seinem Ein- und Verkaufspreis. Zwar können nach A 25a.1 Abs. 8 S. 2 UStAE Nebenkosten die Marge nicht mindern, aber die Ersparnis bleibt gewaltig. Nach § 25a Abs. 3 S. 1 UStG bildet die BMG nunmehr nämlich statt 7.983,19 € nur noch 1.260,50 € (1.500 € x 100/119). Die USt-Schuld des K reduziert sich von 1.516,81 € auf 239,50 €. Es verbleibt K auch unter Ansatz der Lohnkosten von 400 € und der Kosten für die Kupplung von 600 € (hinsichtlich der USt von 114 € kam K ein VSt-Abzug nach § 15 UStG zu) sogar ein geringfügiger Ertrag.

Entscheidend für die Anwendung der Differenzbesteuerung ist, dass dem **Wiederverkäufer beim Erwerb des Gegenstands im Gemeinschaftsgebiet kein VSt-Abzug** nach § 15 Abs. 1 UStG zugestanden hat. Nach § 25a Abs. 1 Nr. 2 Buchst. a UStG darf für die Lieferung an den Wiederverkäufer, bei der es sich stets um eine **entgeltliche Lieferung** handeln muss muss (dazu BFH vom 18.12.2008, BStBl II 2009, 613), USt nicht geschuldet worden sein. Dies ist nicht nur bei **Lieferungen durch Privatpersonen** der Fall, sondern kommt **auch bei** entgeltlichen **Veräußerungen durch Unternehmer** in Betracht. Dann nämlich, wenn diese **nicht im Rahmen ihres Unternehmens oder steuerfrei** z.B. nach § 4 Nr. 28 UStG liefern. Gleichgestellt wird die Lieferung durch einen Kleinunternehmer, bei dem die USt nach § 19 UStG nicht erhoben wird, sowie nach § 25a Abs. 1 Nr. 2 Buchst. b UStG die

Lieferung durch einen Verkäufer, der seinerseits die Differenzbesteuerung angewendet hat.[137] Als solcher darf er dann nämlich die bei Anwendung der Differenzbesteuerung geschuldete USt nach § 14a Abs. 6 S. 2 UStG nicht ausweisen.

Aktueller Hinweis: Nach dem BFH-Urteil vom 29.06.2011 (BStBl II 2011, 839) soll die Differenzbesteuerung nur zur Anwendung gelangen können,»wenn der gelieferte Gegenstand – zumindest nachrangig – zum Zweck des Wiederverkaufs erworben wurde und der Wiederverkauf zur normalen Tätigkeit des Unternehmers gehört.« Die Folge: Bei der Veräußerung von Firmenwagen, die ohne VSt-Abzug erworben wurden, ist aus Sicht des BFH bei »normalen« Unternehmern (im konkreten Fall einem Kioskbetreiber) kein Raum für eine Differenzbesteuerung. Die BMG ist § 10 Abs. 1 UStG zu entnehmen. Das BMF hat sich diese Auffassung mit Schreiben vom 11.10.2011 (BStBl I 2011, 983) zu eigen gemacht und A 25a.1 Abs. 4 S. 3 UStAE entsprechend ergänzt. Was bleibt, ist die Entnahme vor Veräußerung (näher zur Problematik insbes. Kap. XV 1.3.4.2).

4.2 Anwendung bei Entnahmen

§ 25a UStG ist nach seinem Wortlaut auch bei unentgeltlichen Wertabgaben für außerunternehmerische Zwecke nach § 3 Abs. 1b UStG anwendbar. BMG ist dann nach § 25a Abs. 3 S. 1 2. HS UStG die Differenz zwischen dem Wiederbeschaffungspreis im Zeitpunkt der unentgeltlichen Lieferung (s. dazu Kap. XII 4) und dem ursprünglichen Einkaufspreis. Da die Anwendung der Differenzbesteuerung verlangt, dass der Gegenstand ohne VSt-Abzug in das Unternehmen gekommen ist, eine Besteuerung als unentgeltliche Wertabgabe aber umgekehrt nach § 3 Abs. 1b S. 2 UStG grundsätzlich einen Erwerb mit VSt-Abzug verlangt, kann schon deshalb die Differenzbesteuerung normalerweise keine Anwendung finden. Dies räumt auch die Finanzverwaltung in A 25a.1 Abs. 9 UStAE ein. Sie hat bisher gleichwohl noch einen Anwendungsbereich gesehen, und zwar für den Fall, dass in den entnommenen Gegenstand nach Erwerb, aber vor der Entnahme vorsteuerentlastete Bestandteile eingefügt worden sind. Dann werden solche Gegenstände nach § 3 Abs. 1b S. 2 UStG einer Entnahmebesteuerung in der Tat wieder zugänglich. Dass eine solche Entnahme die Anwendung der Differenzbesteuerung auslösen kann, scheint aber regelmäßig ausgeschlossen. Kommt es zu einer Entnahmebesteuerung wegen vorsteuerentlasteter Bestandteile, bildet BMG nach § 10 Abs. 4 Nr. 1 UStG nicht der Wiederbeschaffungspreis des entnommenen Gegenstands, sondern der des entnommenen Bestandteils. Dass dieser jemals höher sein wird als der Einkaufspreis des Gegenstands bei Erwerb, ist unrealistisch.[138]

4.3 Unberechtigter Steuerausweis

Wendet der Händler die Differenzbesteuerung an, darf er nach § 14a Abs. 6 S. 2 UStG keine Rechnung mit offenem Steuerausweis ausstellen. Verstößt er dagegen, ist nach A 25a.1 Abs. 16 UStAE davon auszugehen, dass die offen ausgewiesene Steuer zusätzlich zu der

---

137 Dies gilt nach BFH vom 23.04.2009 (BStBl II 2009, 860) allerdings nicht, sofern der Verkäufer für diese Lieferung **zu Unrecht** die Differenzbesteuerung angewendet hat. Dann hat der Wiederverkäufer den Weiterverkauf normal zu besteuern.
138 Nur dann läge aber eine positive Differenz vor, die nach § 25a UStG besteuert werden könnte.

für den steuerpflichtigen Umsatz geschuldeten nach § 14c Abs. 2 UStG geschuldet wird. Diese Betrachtung sieht sich zu Recht heftiger Kritik ausgesetzt. Die Frage hat jedoch an praktischer Brisanz verloren, nachdem der Gesetzgeber in § 14c Abs. 2 UStG die Möglichkeit einer Rechnungsberichtigung auch für die Fälle des unberechtigten Steuerausweises anerkannt hat (s. dazu Kap. XIII 2).

4.4 Verzicht auf Differenzbesteuerung

Auf die Anwendung der Differenzbesteuerung kann nach § 25a Abs. 8 UStG verzichtet werden. Sinnvoll kann dies insbesondere bei Lieferungen an andere Unternehmer sein. Dies ist vorteilhaft, wenn der Erwerber zum vollen VSt-Abzug berechtigt ist und deswegen bereit ist, die reguläre USt zusätzlich zu zahlen. Es wird dann die Steuer aus der Marge erspart.

> **Beispiel 8a: Verzicht auf Differenzbesteuerung**
> Wie Beispiel 8, aber Unternehmer U erwirbt den Wagen für Unternehmenszwecke. Er beruft sich auf die Anzeige des K, wonach »USt ausgewiesen werden kann«. Wie hätte eine korrekte Rechnung auszusehen, bei der die Ertragslage des K – verglichen mit einem Verkauf an eine Privatperson – unverändert bliebe, der erwerbende Unternehmer aber nicht mit USt belastet würde?
>
> **Lösung:** K verbleibt bei einem Verkauf an eine Privatperson ein Erlös von 9.260,50 €. Hierauf entfiele ein USt-Betrag von 1.759,50 €. Wird dieser Betrag in einer ordnungsgemäßen Rechnung ausgewiesen, ist er von U als VSt nach § 15 Abs. 1 Nr. 1 UStG abziehbar. U spart 239,50 € – jenen Betrag, der bei Anwendung der Differenzbesteuerung in dem Verkaufspreis von 9.500 € als nicht abziehbare USt enthalten ist.

Nach § 25a Abs. 5 S. 1 UStG ist die Steuer bei der Differenzbesteuerung **stets** mit dem allgemeinen Steuersatz von **19 %** zu berechnen. Dieser Steuersatz ist also auch bei der Lieferung solcher Gegenstände anzuwenden, für die bei der Besteuerung nach allgemeinen Vorschriften der ermäßigte Steuersatz von 7 % gelten würde – wie etwa bei der Lieferung von Kunstgegenständen (Nr. 53 der Anlage 2 zu § 12 Abs. 2 UStG). Bei einem erheblichen Auseinanderfallen von Einkaufs- und Verkaufspreis kann es bei solchen Gegenständen deshalb ebenfalls durchaus einmal sinnvoll sein, auf die Anwendung der Differenzbesteuerung nach § 25a Abs. 8 UStG zu verzichten. Dazu das folgende **Beispiel aus der Beraterklausur 2004**: Antiquitätenhändler Franz Fichte veräußert einen Originalstich – erworben für 2.000 € – steuerpflichtig für 5.000 €. Die Differenzbesteuerung löst USt von 478,99 € aus, bei Verzicht beträgt die USt wegen des dann anzuwendenden Steuersatzes von 7 % lediglich 327,10 €. Fichte, der nach damaliger Aufgabenstellung »Wert darauf legte, möglichst wenig USt an das FA abführen zu müssen«, wird also verzichten.

4.5 Reiseleistungen

§ 25 Abs. 3 UStG sieht eine Differenzbesteuerung auch für **Reiseveranstalter** vor, sofern diese **im eigenen Namen** (und nicht als Vermittler) Reiseleistungen gegenüber Nichtunternehmern, bzw. für den nichtunternehmerischen Bereich, erbringen und dabei sog. **Reisevorleistungen in Anspruch** nehmen (als branchenbezogene Spezialregelung trotzdem Gegenstand der **Beraterklausur 2010!**). Das sind Lieferungen und sonstige Leistungen, die ein Dritter an den Veranstalter erbringt, die aber unmittelbar den Kunden des Veranstalters zugute kommen – wie z.B. Beförderungsleistungen, Gewährung von Unterkunft und Verpflegung. Hinsichtlich der für diese Leistungen ausgewiesenen USt schließt § 25 Abs. 4 UStG einen VSt-Abzug des Veranstalters aus.

Der darf dafür aber für seine Leistungen gegenüber seinen Kunden, die stets als sonstige Leistungen mit einer Leistungsortbestimmung nach § 3a Abs. 1 UStG (vgl. dazu § 25 Abs. 1 S. 4 UStG) zu behandeln sind, eine besondere BMG zur Anwendung bringen.[139] § 25 Abs. 3 UStG bestimmt als BMG für die Leistung(en) des Veranstalters die Differenz zwischen dem vom Kunden zu zahlenden Preis und dem vom Reiseveranstalter für die Reisevorleistungen aufzuwendenden Betrag, abzüglich USt.

Beispiel 9: Reisevorleistungen ohne VSt-Abzug
Reisebüro R mit Sitz in Hamburg berechnet der vierköpfigen Familie F für die gebuchte dreiwöchige Ferienreise in den Schwarzwald 2.088 €. An Vorleistungen sind dieser Reise zuzuordnen: Beförderungsleistungen von 200 € zzgl. 38 € USt, Gewährung von Unterkunft (selbständige Leistung zum Steuersatz von 7 %!) und Verpflegung mit Kosten von insgesamt 1.666 € einschließlich USt.

Lösung: Der Veranstalter R erbringt gegenüber der Familie F eine einheitliche sonstige Leistung mit Leistungsort nach § 3a Abs. 1 UStG in Hamburg. Die BMG für diesen Umsatz ist abweichend von § 10 Abs. 1 UStG der Norm des § 25 Abs. 3 UStG zu entnehmen. Danach ergibt sich bei einer Bruttomarge von 184 € (2.088 € ./. 1.904 €) eine BMG von 154,62 € und eine USt-Schuld von 29,38 €.

Nicht der Margenbesteuerung unterliegt der Abschluss einer **Reiserücktrittskostenversicherung** – und zwar unabhängig davon, ob der Abschluss bei Buchung der Reise in das Belieben des Reisenden gestellt wird oder der Reiseveranstalter die Reiserücktrittskostenversicherung obligatorisch anbietet. Hierbei handelt es sich vielmehr um eine selbständige Leistung, die je nach Sachverhalt entweder nach § 4 Nr. 10b UStG (Gewährung von Versicherungsschutz) oder nach § 4 Nr. 11 UStG (Umsätze aus der Tätigkeit als Versicherungsvertreter) steuerfrei sein kann (A 25.1 Abs. 13 UStAE). Demgegenüber sollen Leistungen eines Unternehmers, der die Durchführung von **Sprachstudienaufenthalten** im Ausland einschließlich Beförderung und Betreuung im eigenen Namen anbietet, als einheitliche Leistung unter die Sonderregelung des § 25 UStG fallen können.[140]

---

139 Einzelheiten zur Besteuerung von Reiseleistungen sind Gegenstand der A 25.1 bis 25.5 UStAE.
140 So A 25.1 Abs. 1 S. 5 UStAE – im Anschluss an das BFH-Urteil vom 01.06.2006 (BStBl II 2007, 142).

5 Änderungen der Bemessungsgrundlage nach § 17 UStG

5.1 Anwendungsbereich

Eine Besteuerung auf der Basis »vereinbarter Entgelte« muss dem Umstand Rechnung tragen, dass sich Sollentgelt und tatsächliches Entgelt unterscheiden. Daher bestimmt § 17 Abs. 1 S. 1 und 2 UStG: Ändert sich die BMG, muss der Unternehmer, der den Umsatz ausgeführt hat, den dafür geschuldeten Steuerbetrag und sein Abnehmer die abgezogene VSt berichtigen. Dies hat nach § 17 Abs. 1 S. 7 i.V.m. § 18 Abs. 2 UStG ex nunc für den Besteuerungsabschnitt (VAZ) zu erfolgen, in dem die Änderung eingetreten ist. Bei der Vereinbarung einer vollständigen oder teilweisen Rückzahlung eines entrichteten Entgelts tritt die Änderung erst in dem VAZ ein, in dem das Entgelt tatsächlich zurückgezahlt wird, die Vereinbarung als solche löst noch keine Änderung der BMG aus (so in Abkehr von früherer Rspr. BFH vom 18.09.2008, BStBl II 2009, 250). Die Vorschrift betrifft nachträgliche Minderungen wie Erhöhungen des Entgelts und wird in § 17 Abs. 2 UStG auf gleichgelagerte Sachverhalte – namentlich die Fälle der Uneinbringlichkeit und der Rückgängigmachung einer steuerpflichtigen Lieferung oder sonstigen Leistung – erweitert. All diese Vorgänge müssen schlicht eingetreten sein. Ob sie den bestehenden rechtlichen Beziehungen entsprechen, ist für die Berichtigungspflicht unerheblich. Hauptbeispiele für Entgeltsminderungen bilden Skonti, Boni und Minderungen wegen Mängeln der erbrachten Leistung. Aber: Wird bereits im VAZ der Leistung ein z.B. um ein eingeräumtes Skonto reduziertes Entgelt gezahlt, besteht kein Anlass für eine Änderung der BMG. Die Besteuerung erfolgt dann mit Ablauf des VAZ der Leistung sogleich auf der Basis des entrichteten, um das Skonto reduzierten Preises.

5.1.1 Änderung wegen Uneinbringlichkeit

Der Sachverhalt der sog. **Uneinbringlichkeit** ist unabhängig von ertragsteuerlichen Maßstäben zu beurteilen – also nicht schon bei pauschaler Wertberichtigung einer Forderung zulässig. Er liegt erst vor, wenn die Forderung bei objektiver Betrachtung auf absehbare Zeit (ganz oder teilweise) nicht durchsetzbar erscheint.[141] Davon ist ohne weiteres bei Überschuldung, gescheiterter Zwangsvollstreckung, bei Insolvenzeröffnung oder natürlich auch bei ihrer Ablehnung mangels Masse auszugehen.

Die Rückforderungsansprüche des FA aus der beim Schuldner vorzunehmenden VSt-Korrektur stellen schlichte **Insolvenzforderungen** gem. § 38 InsO dar, weil die Uneinbringlichkeit spätestens mit Verfahrenseröffnung eintritt.

Uneinbringlichkeit ist nach BFH vom 22.04.2004 (BStBl II 2004, 684) aber auch bereits anzunehmen, wenn der Leistungsempfänger das Bestehen der Entgeltsforderung dem Grunde oder der Höhe nach substantiiert bestreitet und damit erklärt, dass er die Forderung (ganz oder teilweise) nicht bezahlen wird. Damit entfällt seine Berechtigung für den Abzug der VSt und dementsprechend ist auch die Umsatzsteuerschuld des Leistenden nach § 17 Abs. 2 Nr. 1 UStG zu korrigieren.

---

141 Vgl. BFH vom 22.10.2009 (BStBl II 2011, 988).

Beispiel 10: Ausfall von Forderungen I
Die V-GmbH hatte im Februar 01 an den Kunden K1 Waren für 10.000 € + 1.900 € USt verkauft und geliefert. K1 zahlt nicht und setzt sich im Juni 01 in die Südsee ab – ohne Hoffnung für die Gläubiger, ihn dort ausfindig machen zu können. Immerhin zahlt im September 01 die Warenkreditversicherungs-AG, bei der sich die V gegen Forderungsausfall versichert hatte.

Lösung: Die Lieferung an K1 löst für die V-GmbH mit Ablauf VAZ Februar 01 bei einer BMG von 10.000 € eine USt von 1.900 € aus. Die Forderung der V gegen K1 ist spätestens im Juni 01 in voller Höhe uneinbringlich geworden, so dass die V-GmbH die USt nach § 17 Abs. 2 Nr. 1 i.V.m. § 17 Abs. 1 S. 1 UStG in voller Höhe berichtigen kann. Die Zahlung seitens der Warenkreditversicherung löst nicht erneut eine Änderung der BMG aus. Diese Zahlung ist kein Entgelt von dritter Seite i.S.d. § 10 Abs. 1 S. 3 UStG. Sie erfolgt nicht für die Warenlieferung, sondern, weil der Versicherungsfall eingetreten ist.

Eine Änderung der BMG ist auch nicht ausgelöst, wenn der Warenlieferant die Forderung aus seinem Verkauf unter Nennwert veräußert. Solche Geschäfte sind gang und gäbe, wenn dem Schuldner Zahlungsziele eingeräumt sind, bei dem Lieferanten aber vorher Bargeldbedarf besteht.

Beispiel 11: Ausfall von Forderungen II
V hat aus einer im April 01 getätigten Warenlieferung an K2 eine offene Forderung über 11.900 €, die zum 01.11.01 fällig sein soll. Er veräußert diese Forderung im August 01 für 9.520 € die an die Max Factoring-GmbH. Ausweislich der getroffenen Abreden liegt ein Fall sog. echten Factorings (s. dazu schon ausführlich Kap. III 2.2.1, dortiges Beispiel 4). Die Max Factoring-GmbH kann im November 01 nur 7.140 € realisieren, bevor K2 Ende November die Eröffnung des Insolvenzverfahrens beantragt.

Lösung: Der Forderungsverkauf im August 01 hat auf die BMG für die zugrunde liegende steuerpflichtige Lieferung (10.000 €) keine Auswirkung. Die 9.520 € werden nicht für die Warenlieferung, sondern für den Forderungsaufkauf aufgewendet. Das Entgelt nach § 10 Abs. 1 UStG bestimmt sich danach, was der Leistungsempfänger für die Lieferung aufzuwenden hat, und das ist hier im August 01 unverändert 11.900 €. Zu einer Änderung der BMG kommt es erst, nachdem wegen des Insolvenzantrags feststeht, dass der über die bereits gezahlten 7.140 € hinausgehende Betrag uneinbringlich sein wird. Die BMG beträgt jetzt nur noch 7.140 € x 100/119 = 6.000 €. Folge: V kann die Steuer nach § 17 Abs. 2 Nr. 1 UStG im VAZ 12/01 von 1.900 € auf 1.140 € berichtigen.

Nach einem Urteil des BFH vom 20.07.2006 (BStBl II 2007, 22), aufgenommen in A 17.1 Abs. 5 S. 4 UStAE, ist eine Entgeltsforderung auch dann uneinbringlich, wenn der Schuldner mit einer Forderung aufrechnet, die der **Gläubiger** (der leistende Unternehmer) substantiiert bestreitet. Wie der BFH zutreffend ausführt, muss der Gläubiger, der Leistende, nämlich auch in diesem Fall damit rechnen, dass der Schuldner auf absehbare Zeit das vereinbarte Entgelt unter Hinweis auf die Aufrechnung mit der angeblichen Gegenforderung nicht bezahlen wird. Dass der Schuldner, der Leistungsempfänger, die Entgeltsforderung selbst nicht in Frage stellt und diese nach Obsiegen des Gläubigers im Streit um die Gegenforderung tatsächlich schließlich bezahlen wird, ist hierfür ohne Bedeutung. Dies ergibt sich ohne weiteres aus § 17 Abs. 2 Nr. 1 S. 2 UStG, wonach bei nachträglicher Vereinnahmung des Entgelts der Umsatzsteuerbetrag und der VSt-Abzug erneut zu berichtigen sind.

Wird das Entgelt für eine während des Bestehens einer Organschaft von der Organgesellschaft bezogene Leistung erst nach Beendigung der Organschaft uneinbringlich, ist der VSt-Abzug nicht gegenüber dem bisherigen Organträger, sondern gegenüber dem im Zeitpunkt des Uneinbringlichwerdens bestehenden Unternehmen – der früheren Organgesellschaft – zu berichtigen (BFH vom 07.12.2006, BStBl II 2007, 848).

5.1.2 Rückgängigmachung einer Lieferung/Rücklieferung

Nach § 17 Abs. 2 Nr. 3 UStG ist § 17 Abs. 1 UStG entsprechend anzuwenden, wenn eine steuerpflichtige Lieferung (sonstige Leistung oder ein steuerpflichtiger innergemeinschaftlicher Erwerb) rückgängig gemacht worden ist. Voraussetzung für die Anwendung des **§ 17 Abs. 2 Nr. 3 UStG** ist, dass die Rückgabe der gelieferten Sache aufgrund einer **Rückabwicklung des der Lieferung zugrunde liegenden Verpflichtungsgeschäfts** erfolgt. Anlass hierfür sind regelmäßig Vertragsstörungen bei der Abwicklung des Umsatzgeschäfts. Macht man sich dies klar, ist ohne Weiteres zu verstehen, dass der klassische Fall einer Rückabwicklung jener ist, bei dem der **Verkäufer einer Ware unter Eigentumsvorbehalt** von seinem Vorbehalt Gebrauch macht und **wegen Zahlungsverzugs** des Vorbehaltskäufers **zurücktritt**. Aber auch die Wandlung eines Kaufvertrags durch den Käufer wegen Mängeln der verkauften Sache führt zur Anwendung des § 17 Abs. 2 Nr. 3 UStG. Im Fall der Rückgängigmachung der Lieferung erhält der Lieferer für die zwischenzeitliche Nutzung des Liefergegenstandes häufig ein Entgelt, sei es aufgrund Vereinbarung, sei es als gesetzliche Folge des Rücktritts (§ 346 Abs. 1 BGB). An die Stelle der Lieferung tritt damit ein Leistungsaustausch (Nutzungsüberlassung gegen Entgelt). Von diesem Nutzungsentgelt ist ein eventueller Schadensersatz zu unterscheiden, den der Leistungsempfänger – oft zusätzlich – wegen der Rückgängigmachung des Liefervorgangs zahlen muss. Insoweit handelt es sich dann mangels einer Leistung eines der Beteiligten um sog. echten Schadensersatz.

Die Rückgabe eines gelieferten Gegenstandes durch den Käufer muss aber nicht notwendig mit dem ursprünglichen Umsatzgeschäft zusammenhängen (Rückgängigmachung). Sie kann auch auf einem neuen, also weiteren Umsatz beruhen. In diesem Fall spricht man von einer sog. **Rücklieferung**. Sie liegt vor, **wenn die Beteiligten ein neues Umsatzgeschäft eingehen** und der Empfänger der Hinlieferung dieses dadurch erfüllt, dass er dem ursprünglichen Lieferer die Verfügungsmacht an dem gelieferten Gegenstand in Erwartung einer Gegenleistung überträgt. Bei einer Rücklieferung erfolgt eine Lieferung über denselben Liefergegenstand also mit umgekehrten Rollen der Beteiligten: Der Empfänger der »Hinlieferung« verschafft dem ursprünglichen Lieferer aufgrund eines neuen Umsatzgeschäftes in Erwartung einer Gegenleistung die Verfügungsmacht an dem »hingelieferten« Gegenstand. Ob eine Rückgängigmachung einer Lieferung oder eine selbständige Rücklieferung vorliegt, ist aus der Sicht des Empfängers und nicht aus der Sicht des ursprünglichen Lieferers zu beurteilen. Eine Rücklieferung liegt insbesondere vor, wenn die Rückgabe des Liefergegenstandes auf der Ausübung des Wiederkaufsrechtes (§ 456 BGB) des ursprünglichen Verkäufers beruht, wenn der Liefergegenstand beim Kauf eines anderen (teureren) Gegenstandes zum Einstandspreis eingelöst wird, oder wenn Umzugskartons nach Gebrauch gegen Entgelt an ein Umzugsunternehmen zurückgegeben werden.

Beispiel 12: Rücknahme verkaufter Umzugskartons nach BFH vom 12.11.2008 (BStBl II 2009, 558)
Ein Unternehmer führt Umzüge durch und betreibt einen Umzugsshop, in dem er u.a. Falt- und Bücherkartons verkauft. Für neuwertige Kartons berechnete er 4 € und für gebrauchte Kartons 3,50 €. Angebote und Werbung enthielten Zusätze wie: »Rückgabe gegen Entgelt«, »Wir erstatten unseren Kunden gebrauchte Kartons im wiederverwertbaren Zustand mit 2 €«. Die Erstattungen für die Kartons, die jährlich zwischen 50.000 € und 100.000 € lagen, behandelte U als »Erlösschmälerung« und besteuerte letztlich nur die Differenz zwischen dem Verkaufspreis der Kartons und den bei Rückgabe gezahlten Beträgen. Bis auf einen relativ geringen Anteil erfolgten die Zahlungen an Privatpersonen. Das FA behandelte die Zahlungen für den Rückkauf als Entgelt für einen eigenständigen Umsatz der Kunden.

Lösung des BFH: Bei dem Verkauf der neuwertigen Umzugskartons handelt es sich um Lieferungen i.S.d. § 3 Abs. 1 UStG, da die Kunden über die Kartons wie ein Eigentümer verfügen können und nach dem Inhalt des Kaufvertrags nicht zu einer Rückgabe verpflichtet sind. Die Bemessungsgrundlage für diese Lieferungen ist das vom Kunden jeweils gezahlte Entgelt von 4 € abzgl. USt (§ 10 Abs. 1 S. 1 und 2 UStG). Eine Änderung dieser Bemessungsgrundlage läge nur vor, wenn die ursprüngliche Lieferung durch die Rückgabe der gebrauchten Kartons nach § 17 Abs. 2 Nr. 3 UStG rückgängig gemacht worden wäre. Dafür hätte das ursprüngliche Geschäft unwirksam oder eine sonstige Vertragsstörung vorliegen müssen. An der Wirksamkeit der ursprünglichen Lieferung der Kartons wie auch an dem vertragsgemäßen Verhalten der Beteiligten bestehen indessen keine Zweifel. Eine Änderung der Bemessungsgrundlage nach § 17 Abs. 2 Nr. 3 UStG liegt damit nicht vor. Es ist vielmehr von einer Rücklieferung auszugehen, bei der die Beteiligten ein neues Umsatzgeschäft eingegangen sind. Für einen nachträglichen Preisnachlass (§ 17 Abs. 1 UStG) bestünden ebenfalls keine Anhaltspunkte. Nicht das ursprünglich vereinbarte Entgelt ist herabgesetzt worden, sondern es ist das von vornherein nur für den Fall der Rückgabe der gebrauchten Kartons vereinbarte Entgelt bezahlt worden.

5.1.3 Änderung der Bemessungsgrundlage bei Verrechnung von Gutscheinen

Erhebliche Unsicherheit hat lange Zeit hinsichtlich der Frage bestanden, ob und ggf. in welcher Weise die Ausgabe von Gutscheinen Einfluss auf die Ermittlung bzw. Änderung der BMG haben soll. Auslöser hierfür bildeten die EuGH-Urteile vom 15.10.2002 (BStBl II 2004, 328) und vom 16.01.2003 (BStBl II 2004, 335). Im ersten Urteil ging es um die nationale Praxis für den Fall, dass der Hersteller einen Preisnachlassgutschein ausgibt, dessen Nennwert er nicht seinem direkten Abnehmer, sondern einem anderen an der Lieferkette beteiligten Abnehmer erstattet. Dies sollte nach früherer nationaler Praxis eine Änderung der BMG der Lieferung eines Herstellers an seinen Abnehmer nicht auslösen können. Der EuGH sah darin einen Verstoß gegen gemeinschaftsrechtliche Vorgaben. In seinem Urteil vom 16.01.2003 stellte der EuGH dann ergänzend fest, dass sich die Gegenleistung bei dem Umsatz des Einzelhändlers an den Endverbraucher aus dem vom Endverbraucher aufgewendeten Barbetrag und dem vom Hersteller an den Einzelhändler geleisteten Erstattungsbetrag zusammensetzt.

Nach der Rspr. des EuGH ist das Umsatzsteuersystem darauf angelegt, dass nur der Endverbraucher wirtschaftlich mit der USt belastet wird. Für Unternehmer, die auf den Produktions- und Vertriebsstufen vor der Endverbrauchsstufe tätig sind, muss die Umsatzbesteuerung neutral sein. Unter Berücksichtigung dieser Grundsätze darf dem Fiskus aus allen Umsatzgeschäften von der Produktion bis zum Endverbrauch insgesamt nur der Umsatzsteuerbetrag zufließen, den der Endverbraucher wirtschaftlich aufwendet.[142] Wird im Rahmen einer Werbemaßnahme ein Gutschein ausgegeben, der einen Endverbraucher in die Lage versetzt, eine Lieferung oder sonstige Leistung um den Nennwert des Gutscheins verbilligt zu erwerben, führt dies grundsätzlich zu einer Minderung der dem Fiskus zufließenden USt i.H.d. in dem Nennwert des Gutscheins enthaltenen USt. Dies gilt unabhängig davon, ob die mit dem Gutschein verbundene Erstattung auf allen Stufen der Leistungskette erfolgt. Stets kann der Unternehmer, der den Umsatz ausführt und den finanziellen Aufwand für die Erstattung des Gutscheins trägt, die BMG seines Umsatzes mindern, während bei dem Unternehmer, an den dieser Umsatz ausgeführt worden ist, der VSt-Abzug unverändert erhalten bleibt. Das BMF hat diese Grundsätze in A 17.2 UStAE übernommen und dort in zahlreichen Beispielen näher erläutert. Ergänzend hat es zum 01.01.2005 eine Neufassung des § 17 Abs. 1 UStG gegeben. Die neu in § 17 Abs. 1 UStG eingefügten Sätze 3, 4 und 8 zielen auf Vergütungen (insbes. in Gestalt von Gutscheinen), die Abnehmern eines Abnehmers gewährt worden sind.

Beispiel 13: Ausgabe von Gutscheinen
Hersteller A verkauft an den Zwischenhändler B ein Möbelstück für 1.000 € zzgl. 190 € gesondert ausgewiesener USt. B verkauft dieses Möbelstück an den Einzelhändler C für 1.500 € zzgl. 285 € gesondert ausgewiesener USt. C verkauft dieses Möbelstück an den Endverbraucher D für 2.000 € zzgl. 380 € gesondert ausgewiesener USt. D zahlt C einen Barbetrag i.H.v. 2.261 € und übergibt C einen von A ausgegebenen Warengutschein mit einem Nennwert von 119 € an Zahlungs statt. C legt den Warengutschein A vor und erhält von diesem eine Vergütung i.H.v. 119 € (Preisnachlassgutschein).

Abwandlung: D zahlt C den gesamten Kaufpreis i.H.v. 2.380 € und legt den Warengutschein A vor. D erhält von A eine Erstattung i.H.v. 119 € (Preiserstattungsgutschein).

Lösung: Hersteller A kann sowohl im Grundfall als auch in der Abwandlung die BMG seiner Lieferung an B (zunächst: 1.000 €) um 100 € (119 € abzgl. USt) mindern. Die geschuldete USt aus seiner Lieferung an B vermindert sich um 19 €. Einer Rechnungsberichtigung bedarf es nicht. **Zwischenhändler B** hat sowohl im Grundfall als auch in der Abwandlung i.H.d. in der Rechnung des A ausgewiesenen Umsatzsteuerbetrages einen VSt-Abzug i.H.v. 190 €. Dieser bleibt unbeeinflusst durch die Änderung der BMG auf Seiten des A. Der Gesamtaufwand für die Lieferung des C an D ergibt sich im Grundfall aus der Barzahlung des D i.H.v. 2.261 € und dem von A gezahlten Erstattungsbetrag von 119 €. Er beläuft sich somit auf 2.380 €. Die BMG für die Lieferung des C beträgt demnach 2.000 €, die USt 380 €. Dies gilt auch in der Abwandlung, in dem zur Ermittlung der BMG die USt schlicht aus der Barzahlung des D rauszurechnen ist. Dem Fiskus fließen in beiden Fällen demnach insgesamt 361 € USt zu (Abführung von 380 € durch C abzüglich der Minderung i.H.v. 19 € bei A). Dies entspricht dem Umsatzsteuerbetrag, der in dem vom Endverbraucher D tatsächlich aufgewendeten Betrag enthalten ist, mit dem D also tatsächlich wirtschaftlich belastet ist.

---

142 Vgl. dazu auch die lesenswerte Entscheidung des BFH vom 12.01.2006 (BStBl II 2006, 479) bezüglich der Auswirkungen eines Preisnachlasses, den ein als Vermittler agierendes Reisebüro den Kunden (Endverbrauchern) gewährt. Das BMF hat sich durch diese Entscheidung veranlasst gesehen, in A 17.2 Abs. 10 UStAE ausführlich und mit zahlreichen Beispielen zu der Problematik »Preisnachlässe durch Verkaufsagenten« Stellung zu nehmen.

Unsicherheit hat längere Zeit bei der Beurteilung der Frage bestanden, wie zu verfahren sein soll, wenn ein Händler der Ware Gutscheine oder Chips beifügt, die zum verbilligten **Bezug von Leistungen eines Dritten** berechtigen, der mit der Warenlieferung selbst nichts zu tun hat. Aus Sicht des BFH (Urteil vom 11.05.2006, BStBl II 2006, 699) führt dies nicht zu einer Änderung der BMG, sofern der Kunde den vereinbarten Kaufpreis für die Ware unabhängig davon zu zahlen hat, ob er den Gutschein oder Chip annimmt. In der Praxis kommt diese Frage häufig vor, wenn Händler Chips ausgeben, die dazu berechtigen, einen Sondertarif bei der Parkhausbenutzung zu beanspruchen. Aus Sicht des BFH weisen solche Chips keine Gemeinsamkeiten mit den zuvor erörterten Preisnachlässen bzw. Preiserstattungsgutscheinen auf. Insb. könnten die Chips nicht als allgemeines Zahlungsmittel – und damit als »Bargeld« – angesehen werden (s. hierzu auch A 10.3 Abs. 3 UStAE).

5.2 Wirkungsweise

Technisch bewirkt die Vorschrift des § 17 UStG, dass ein Umsatz nur mit der letztendlich aufgewendeten Gegenleistung zu besteuern ist. Und da sich die geschuldete Steuer des Leistenden und die VSt seines Abnehmers entsprechen sollen, entsprechen sich auch die Berichtigungspflichten. Sie stehen aber steuerschuldrechtlich unabhängig nebeneinander und sind auch verfahrensrechtlich nicht miteinander verbunden. So kann ein Unternehmer § 17 Abs. 1 S. 1 UStG in Anspruch nehmen, ohne seinem Abnehmer eine geänderte Rechnung zu schicken.

Anders als die Korrektur nach AO-Regelungen normiert **§ 17 UStG** eine arteigene Ex-nunc-Berichtigung und **erfasst Ereignisse**, die **nach Entstehung der Steuer** oder VSt eingetreten sind. Ereignisse, die bereits vor diesem Zeitpunkt liegen, bringen eine Steuer zur Entstehung, die bereits den geänderten Verhältnissen entspricht: Ist noch im VAZ der Lieferung Skonto in Anspruch genommen (§ 17 Abs. 1 S. 1 UStG) oder die Lieferung rückgängig gemacht worden (§ 17 Abs. 2 Nr. 3 UStG), bedarf es keiner Berichtigung.

XI Entstehen und Fälligkeit der Steuer

Leistungstatbestände werden zu ganz bestimmten, fixierbaren Zeitpunkten realisiert. Diese Zeitpunkte fallen in sog. Voranmeldungszeiträume (VAZ). Das sind Kalendervierteljahre oder Kalendermonate (näher dazu Kap. XVII).

1 Besteuerung nach vereinbarten Entgelten

Hierauf nimmt § 13 Abs. 1 Nr. 1 Buchst. a S. 1 UStG Bezug, der die Entstehung der Steuer für den **Regelfall** einer **Besteuerung nach vereinbarten Entgelten** regelt (sog. **Sollbesteuerung**, vgl. § 16 Abs. 1 S. 1 UStG).

1.1 Leistungszeitpunkt als Anknüpfungspunkt

Danach entsteht die Steuer für Lieferungen und sonstige Leistungen »mit Ablauf des VAZ, in dem die Leistungen ausgeführt worden sind«. Entsprechendes gilt nach § 13 Abs. 1 Nr. 1 Buchst. a S. 2 UStG für Teilleistungen. Bei ihnen entsteht der Steueranspruch für die gesamte Leistung sukzessive in mehreren Abschnitten bereits mit Ablauf der VAZ, in denen die jeweiligen Teilleistungen ausgeführt werden. Die Sonderregelung bezüglich der Entstehung des Steueranspruches für Teilleistungen bewirkt eine Vorverlagerung des Entstehungszeitpunktes gegenüber der Grundregel, wonach es auf die Ausführung der gesamten Leistung ankommt. Die einzelne **Teilleistung** wird bezüglich der Entstehung des Steueranspruches **wie eine selbständige Leistung** behandelt. Für § 13 Abs. 1 Nr. 1 Buchst. a UStG kann daher regelmäßig dahinstehen, ob Teilleistungen oder ein Bündel selbständiger Leistungen vorliegen. Problematisch kann es aber im Einzelfall sein festzustellen, ob überhaupt Teilleistungen vorliegen. Nach § 13 Abs. 1 Nr. 1 Buchst. a S. 3 UStG sind für die Annahme von Teilleistungen **drei Voraussetzungen** notwendig:

- Die Leistung muss überhaupt **wirtschaftlich teilbar** sein,
- es muss eine **gesonderte Entgeltvereinbarung** vorliegen und
- diese gesonderte Entgeltvereinbarung muss für **bestimmte Teile der Leistung** vereinbart sein.

Während das Merkmal der wirtschaftlichen Teilbarkeit eher eine Selbstverständlichkeit beschreibt, bereitet die Feststellung, ob von einer gesonderten Entgeltvereinbarung für bestimmte Teile einer Leistung auszugehen ist, gelegentlich Schwierigkeiten. Das Problem besteht darin, Teilleistungen von Vereinbarungen abzugrenzen, bei denen für **eine** (Gesamt-)Leistung **Abschlagzahlungen entsprechend dem Leistungsfortschritt** vereinbart worden sind. Solche Abreden beinhalten der Sache nach eine Vereinbarung von **Fälligkeitszeitpunkten für die** geschuldete **Gegenleistung (das Entgelt)**, nicht aber eine gesonderte Entgeltvereinbarung für Teile einer Leistung. Abschlagszahlungen werden insb. bei Werkverträgen in Abweichung von der Grundregel des § 641 Abs. 1 S. 1 BGB vereinbart, indem die Fälligkeit der Gegenleistung, die von Gesetzes wegen erst nach Fertigstellung und Abnahme des gesamten Werkes eintritt, **vorverlagert** wird. Entsprechendes gilt durchweg auch bei **Werklieferungen der Bauwirtschaft sowie bei Architekten- und Ingenieurleistungen,** die nach Leistungsphasen der Honorarordnung abgerechnet werden.[143]

Bei Teilleistungen hingegen wird nicht die Fälligkeit der Gegenleistung vorverlagert, sondern die Fälligkeit tritt dort – wie bei gegenseitigen Verträgen sonst auch – ein, weil der Schuldner mit der Teilleistung die geschuldete eigene (Teil-)Leistung erbracht hat. Klassische Anwendungsfälle für Teilleistungen stellen **Dauernutzungsverhältnisse** (Miete/Pacht/ Nießbrauch/Erbbaurecht) dar, wenn für bestimmte Zeiträume der Duldung/Überlassung (Monat, Jahr usw.) ein gesondertes Entgelt vereinbart ist. Hier tritt mit der Duldung über den jeweiligen Zeitraum Erfüllung ein. Ebenso liegt es bei **Wartungsverträgen,** wenn innerhalb bestimmter Zeiträume Überprüfungen stattzufinden haben und gegebenenfalls Störungen zu beseitigen sind. Entsprechendes gilt für **Beraterleistungen** der Steuerberater und Wirtschaftsprüfer, wenn nach Zeitabschnitten bemessene Pauschalhonorare vereinbart wurden. Auch insoweit liegen dann – ebenso wie etwa bei steuerbaren **Geschäftsführungsleistungen eines Gesellschafters,** denen ein monatliches Entgelt gegenübersteht – Teilleistungen vor.

1.2 Entgeltsvereinnahmung als Anknüpfungspunkt

Im Rahmen der Sollbesteuerung ist der Zeitpunkt der Bezahlung für das Entstehen der Steuer grundsätzlich ohne Bedeutung. Etwas anderes gilt nur, wenn schon vor Ausführung der Leistung das Entgelt ganz oder teilweise vereinnahmt wird. Nach § 13 Abs. 1 Nr. 1 Buchst. a S. 4 UStG entsteht dann die Steuer bereits mit Ablauf des VAZ, in dem es zu einer **Vereinnahmung des Entgelts** oder eines Teils des Entgelts gekommen ist. Der Höhe nach entsteht der Steueranspruch nach Maßgabe des in dem vereinnahmten Betrag enthaltenen Entgelts nach § 10 Abs. 1 S. 1 und 2 UStG. Die USt ist also aus dem vereinbarten Betrag **herauszurechnen**. Diese sogenannte Mindest-Ist-Besteuerung führt zu einer Vorverlagerung des Entstehens des Steueranspruches. Sie kommt daher nur zum Tragen, wenn der Steueranspruch nicht ohnehin bereits wegen Ausführung der Leistung oder Teilleistung entstanden ist. Sie findet insbs. bei Abschlagszahlungen vor Erbringen der Leistung oder Teilleistung Anwendung.

> **Beispiel 1: Steuerentstehung bei Abschlagzahlungen**
> Bauunternehmer B hat sich gegenüber dem Unternehmer U im März 01 zur Errichtung einer Lagerhalle verpflichtet. Vereinbarter Festpreis: 240.000 €; Fertigstellungstermin: August 01. B sendet dem U im Mai 01 für eine im Juni 01 zu leistende Anzahlung eine Rechnung über 100.000 € + 19.000 € USt zu. U überweist im Juni 100.000 € und erst Anfang Juli 01 die geforderten weiteren 19.000 €. Mit der Fertigstellung der Lagerhalle im August erhält U eine ordnungsgemäße Schlussrechnung. Den Restbetrag von 121.000 € zahlt U, der die Lagerhalle zu vorsteuerunschädlichen Umsätzen nutzt, Anfang September 01.

---

143 Ein Merkblatt zur Besteuerung der Umsätze in der Bauwirtschaft ist dem BMF-Schreiben vom 12.10.2009 (BStBl I 2009, 1292) als Anlage beigefügt.

Lösung: B tätigt gegenüber dem U mit der Errichtung der Lagerhalle eine nach § 1 Abs. 1 Nr. 1 UStG steuerpflichtige Lieferung. Die BMG nach § 10 Abs. 1 S. 1 und 2 UStG beträgt 201.680,67 €. Nach § 13 Abs. 1 Nr. 1 Buchst. a S. 1 UStG entstände die USt für diese Werklieferung i.H.v. 38.319,33 € grundsätzlich mit Ablauf des VAZ der Lieferung (August 01). Da es hier jedoch vor Ausführung der Werklieferung zur Vereinnahmung von Teilen des Entgelts kommt, findet § 13 Abs. 1 Nr. 1 Buchst. a S. 4 UStG Anwendung. Danach entsteht die USt i.H.d. in den Teilentgelten enthaltenen USt mit Ablauf der VAZ der Vereinnahmung der Teilentgelte. Folglich entsteht hier mit Ablauf des VAZ Juni 01 USt i.H.v. 15.966,39 € (enthalten in 100.000 €) und mit Ablauf des VAZ Juli 01 eine USt von 3.033,61 € (enthalten in 19.000 €). Die restliche USt-Schuld von 19.319,33 € entsteht gem. § 13 Abs. 1 Nr. 1 Buchst. a S. 1 UStG – losgelöst von der erst im September 01 erfolgenden Restzahlung – mit Ablauf des VAZ der Werklieferung, hier August 01.

Entsprechend § 13 Abs. 1 Nr. 1 Buchst. a S. 1 UStG ist nach § 15 Abs. 1 Nr. 1 S. 1 UStG der VSt-Abzug grundsätzlich erst möglich, wenn die Leistung ausgeführt wurde und eine Rechnung vorliegt. Korrespondierend zur Mindest-Istbesteuerung erlaubt § 15 Abs. 1 Nr. 1 S. 2 UStG aber einen Abzug vor Leistungsausführung, wenn eine Rechnung mit offenem Steuerausweis vorliegt und die Zahlung bereits erfolgt ist.[144]

Werden über Abschlagszahlungen Rechnungen mit offenem Steuerausweis ausgestellt, muss bei der Endabrechnung eine offene Absetzung der bereits in Rechnung gestellten USt erfolgen. Andernfalls ist für den leistenden Unternehmer eine USt-Schuld nach § 14c Abs. 1 UStG begründet (vgl. A 14.8 Abs. 10 UStAE). Zulässig ist es, von vornherein eine Rechnung über den Gesamtbetrag mit offenem Steuerausweis zu erteilen. Die Steuerschuld und die Abzugsmöglichkeit nach § 15 Abs. 1 Nr. 1 UStG entstehen dann jeweils im Voranmeldungszeitraum der Zahlung nach Maßgabe der Höhe des vereinnahmten Entgeltes (vgl. A 14.8 Abs. 5 und 6 UStAE).

2 Besteuerung nach vereinnahmten Entgelten

Neben dem Regelfall der Besteuerung nach vereinbarten Entgelten räumt § 20 UStG unter den dort genannten Voraussetzungen die Möglichkeit ein, auf Antrag die USt auch nach den vereinnahmten Entgelten zu berechnen. Relevant wird die Unterscheidung zwischen einer Besteuerung nach vereinbarten Entgelten (sog. Soll-Besteuerung) und der nach vereinnahmten Entgelten (sog. **Ist-Besteuerung**) nur für den Steuertatbestand des § 1 Abs. 1 Nr. 1 UStG, soweit er durch einen realen Leistungsaustausch begründet ist. Die Unterschiede zwischen der **Besteuerung nach vereinbarten und vereinnahmten Entgelten** liegen dabei nicht in materiellen, sondern allein in zeitlichen Differenzen. Eine Besteuerung nach vereinnahmten Entgelten kann den betroffenen Unternehmern neben Erleichterungen bei den Aufzeichnungen auch einen Liquiditätsvorteil verschaffen: Sie dürfen den VSt-Abzug unabhängig von der Bezahlung der Vorbezüge vornehmen, müssen Steuern für die ausgeführten Umsätze aber erst im VAZ der Vereinnahmung der Gegenleistung anmelden.

---

144 Siehe dazu die Lösung des Beispiels 18 in Kap. XV.

Nach § 20 Abs. 1 S. 1 Nr. 1 bis 3 UStG kann der Unternehmer die Ist-Versteuerung anwenden, wenn

- sein **Gesamtumsatz** i.S.d. § 19 Abs. 3 UStG im vorangegangenen Kalenderjahr nicht mehr als 500.000 € betragen hat[145], oder
- er von der **Buchführungspflicht** nach § 148 AO befreit ist[146] oder
- der Unternehmer »**Umsätze aus einer Tätigkeit als Angehöriger eines freien Berufs**« nach § 18 Abs. 1 Nr. 1 EStG hat.

Der BFH hat es mit zwei Urteilen vom 22.07.2010 (V R 36/08 und V R 4/09) erneut **abgelehnt**, einem auf § 20 Abs. 1 S. 1 Nr. 3 UStG gestützten Antrag einer buchführungspflichtigen **Steuerberatungs-GmbH** stattzugeben. Begründung: § 20 Abs. 1 Nr. 3 UStG knüpfe nicht an die Art der Umsätze, sondern an den (verfahrensrechtlichen) Umstand an, dass Freiberufler ihren Gewinn durch Einnahme-Überschussrechnung ermitteln dürfen.[147]

3 Steuerentstehung mit Rechnungserteilung

In einigen Fällen wird nach § 13 UStG die Entstehung der Steuer nicht am Ende eines VAZ, sondern bereits bei der Realisierung des die Steuer auslösenden Tatbestandes angenommen: So entsteht sie etwa für den Steuertatbestand des unberechtigten USt-Ausweises nach § 14c Abs. 2 UStG gem. § 13 Abs. 1 Nr. 4 UStG »mit Ausgabe der Rechnung«. Entsprechendes gilt nach § 13 Abs.1 Nr. 6 UStG regelmäßig auch für die Steuer auf den innergemeinschaftlichen Erwerb und nach § 13b Abs. 2 UStG auch für den Fall, dass der Leistungsempfänger Steuerschuldner für eine der in § 13b Abs. 2 Nr. 1 bis Nr. 10 UStG genannten Leistungen ist (anders ab 01.07.2010 für die in § 13b Abs. 1 UStG bezeichneten steuerpflichtigen sonstigen Leistungen: Entstehen mit VAZ der Leistungsausführung). Im Falle eines zu hohen Steuerausweises nach § 14c Abs. 1 UStG entsteht der Steueranspruch nach dem Wortlaut des § 13 Abs. 1 Nr. 3 UStG mit Ausführung der Leistung, spätestens aber zum Zeitpunkt der Ausgabe der Rechnung. Erfolgt die Rechnungserteilung in einem VAZ, der dem der Ausführung der Leistung folgt, wird die Rechnungserteilung so zu einem Ereignis mit steuerlicher Wirkung für die Vergangenheit, so dass § 175 Abs. 1 Nr. 2 AO anwendbar ist. Da die Steuer nach § 14c Abs. 1 UStG ihren Anknüpfungspunkt im Abrechnungspapier mit dem zu hohen USt-Ausweis findet, sollte richtigerweise auch die Steuer nach § 14c Abs. 1 UStG nicht vor Ablauf des VAZ der Rechnungserteilung entstehen können. Dies sieht jetzt auch die Finanzverwaltung so. Nach geänderter Auffassung des BMF (vom 25.07.2012, BStBl I 2012, 876) soll jedenfalls in den Fällen, bei denen über eine nicht steuerbare oder

---

145 Der deutsche Bundestag hat unter dem 21.10.2011 beschlossen, die Umsatzgrenze von 500.000 € für die Ist-Versteuerung, die an sich zum 31.12.2011 auslaufen sollte, dauerhaft zu entfristen.
146 Dies bedeutet allerdings nicht, dass Unternehmern, die von vornherein keine Buchführungspflicht trifft, automatisch eine Besteuerung nach vereinnahmten Entgelten zu gestatten ist (so klarstellend BFH vom 11.02.2010, BStBl II 2010, 873).
147 Vgl. zur Frage der Gewinnermittlung einer Freiberufler-Vereinigung, s. *Preißer*, Band 2, Teil A, Kap. I 3.

steuerfreie Leistung USt gesondert ausgewiesen wurde, die Steuer erst im Zeitpunkt der Ausgabe der Rechnung entstehen.[148]

4 Fälligkeit

Von der **Entstehung** des Steueranspruchs ist dessen **Fälligkeit** zu unterscheiden. Sie fällt nicht mit dem Entstehen zusammen. Maßgebend für die Fälligkeit sind nach § 220 AO die Vorschriften des UStG. Nach § 18 Abs. 1 S. 3 UStG tritt die Fälligkeit für die Vorauszahlung am 10. Tag nach Ablauf des VAZ ein. Dem steht § 220 Abs. 2 S. 2 AO, wonach es keine Fälligkeit vor Bekanntgabe der Steuerfestsetzung geben kann, nicht entgegen. Nach § 168 AO ist die Voranmeldung als Steueranmeldung i.S.d. § 150 Abs. 1 S. 2 AO i.V.m. § 18 Abs. 1 UStG nämlich einer Steuerfestsetzung gleichzusetzen. Die Fälligkeit tritt daher bei verspäteter Abgabe einer Voranmeldung oder nachträglicher Festsetzung durch das FA erst mit der Abgabe der Voranmeldung bzw. der Bekanntgabe der Festsetzung ein. Aufgrund des Saldierungsgebotes der § 16 Abs. 1, Abs. 2, § 18 Abs. 1 UStG wird dabei nicht der einzelne Steueranspruch bzw. VSt-Anspruch fällig, sondern der Saldo für den betreffenden VAZ.

Unterschiedsbeträge zwischen der Jahressteuerschuld und der Summe der fällig gewordenen Vorauszahlungen werden nach § 18 Abs. 4 UStG einen Monat nach Eingang der Jahressteueranmeldung bzw. Steuerfestsetzung fällig. Führt eine Steuerfestsetzung zu einer negativen Steuer oder Steuervergütung wegen VSt-Überhanges, so tritt die Fälligkeit nach § 220 Abs. 2 S. 2 AO erst mit der Festsetzung ein. Bei Steueranmeldungen durch Voranmeldungen oder die Jahreserklärung tritt die Fälligkeit eines Erstattungs- oder Vergütungsanspruches nach § 220 Abs. 2 S. 2 AO i.V.m. § 168 S. 2 AO erst mit Zustimmung der Finanzbehörden ein.

---

148 Lediglich für die Sachverhalte, bei denen über eine steuer**pflichtige** Leistung unrichtig abgerechnet wird, soll unverändert eine Rückwirkung der Rechnungserteilung möglich sein (vgl. dazu näher den neuen **A 13.7 UStAE**).

XII Besteuerung unentgeltlicher Wertabgaben

Unentgeltliche Wertabgaben aus dem Unternehmen sind, soweit sie in der Abgabe von Gegenständen bestehen, unter den Voraussetzungen des § 3 Abs. 1b UStG entgeltlichen Lieferungen gleichgestellt; bei anderen unentgeltlichen Abgaben erfolgt unter den Voraussetzungen des § 3 Abs. 9a UStG eine fiktive Behandlung als entgeltliche sonstige Leistung. Solche nach § 1 Abs. 1 Nr. 1 UStG steuerbaren unentgeltlichen Wertabgaben sind bei allen Unternehmern möglich. Außer Einzelunternehmern können selbstverständlich auch Personenmehrheiten (Gesellschaften, Gemeinschaften) – ob rechtsfähig oder nicht – die Tatbestände des § 3 Abs. 1b und des § 3 Abs. 9a UStG verwirklichen.

1 Grundzüge

Mit den Regelungen in § 3 Abs. 1b und § 3 Abs. 9a UStG werden im Wesentlichen jene Sachverhalte erfasst, die bis zum 31.03.1999 als sog. Eigenverbrauch der USt unterlagen. Die früheren gesetzlichen Regelungen zur Eigenverbrauchsbesteuerung stellten allerdings nicht auf einen vorher in Anspruch genommenen VSt-Abzug ab. Demgegenüber müssen nach Art. 5 Abs. 6 und Art. 6 Abs. 2 der 6. EG-RL (= Art. 16 und Art. 26 MwStSystRL) der Gegenstand oder seine Bestandteile zum vollen oder teilweisen VSt-Abzug berechtigt haben, um die Entnahme oder die außerunternehmerische Verwendung des Gegenstandes einer Lieferung bzw. einer Dienstleistung gegen Entgelt gleichstellen zu können. Schon darin wird der **vorrangige Zweck** der Besteuerung unentgeltlicher Wertabgaben sichtbar. Es geht in erster Linie darum, **einen VSt-Abzug für den Fall zu korrigieren, dass eine Verwendung praktiziert wird, die für sich die Voraussetzungen eines VSt-Abzugs nach § 15 UStG nicht erfüllt**. Seit der Neufassung des UStG zum 01.04.1999 orientiert sich nunmehr auch das deutsche UStG an den EU-rechtlichen Vorgaben und erklärt wie diese **den vorherigen VSt-Abzug bereits zu einer Voraussetzung für die Steuerbarkeit der Wertabgaben** (vgl. § 3 Abs. 1b S. 2 UStG, § 3 Abs. 9a S. 1 Nr. 1 UStG). Eine Ausnahme bilden insoweit lediglich die unentgeltlichen Wertabgaben nach § 3 Abs. 9a S. 1 Nr. 2 UStG. Sie sind – entsprechend Art. 26 Abs. 1 Buchst. b MwStSystRL – unabhängig von einem vorherigen VSt-Abzug steuerbar nach § 1 Abs. 1 Nr. 1 UStG.

Aktuelle Entwicklungen: Der BFH hat in neueren Entscheidungen (vgl. BFH vom 09.12.2010, BStBl II 2012, 53 und vom 13.01.2011, BStBl II 2012, 61) die Anwendungsbereiche der Besteuerung unentgeltlicher Wertabgaben nach § 3 Abs. 1b und Abs. 9a UStG wesentlich eingeschränkt. Anknüpfungspunkt für die neue Rspr. sind die unionsrechtlichen Regelungen über den VSt-Abzug in Art. 168 und 169 MwStSystRL. Danach ist der VSt-Abzug grundsätzlich nur für »besteuerte Umsätze« (wirtschaftliche Tätigkeiten) möglich. Der BFH folgert daraus, dass der **Unternehmer nicht zum VSt-Abzug berechtigt ist, wenn er eine Leistung bezieht, um sie ausschließlich für unentgeltliche Lieferungen i.S.v. § 3 Abs. 1b UStG oder unentgeltliche sonstige Leistungen i.S.v. § 3 Abs. 9a UStG zu verwenden. Solche Leistungen ordnet der BFH dem »nichtwirtschaftlichen Tätigkeitsbereich« zu. Der **VSt-Abzug sei auch** dann **zu versagen, wenn der Unternehmer mit der beabsichtigten unentgeltlichen Wertabgabe unternehmerische Ziele verfolgt, die zum VSt-Abzug berechtigen** (vgl. BFH vom 09.12.2010, BStBl II 2012, 53). Die Finanzverwaltung hat durch BMF-Schreiben vom 02.01.2012 (BStBl I 2012, 60) die neue Rspr. des BFH in vollem Umfang übernommen und den UStAE entsprechend geändert (vgl. **neu A 3.3 Abs. 1 S. 7 und A 15.15 Abs.1 UStAE**). Nach der Übergangsregelung im BMF-Schreiben vom 24.04.2012 (BStBl I 2012, 533) wird allerdings nicht beanstandet, wenn der Unternehmer sich bei Eingangsleistungen, die vor dem 31.12.2012 bezogen werden, auf die früher geltende Verwaltungsauffassung beruft.

2 Rahmenbedingungen der Besteuerung nach § 3 Abs. 1b UStG

Grundvoraussetzung für alle in § 3 Abs. 1b Nr. 1–3 UStG einer entgeltlichen Lieferung gleichgestellten Sachverhalte ist, dass es sich bei dem entnommenen oder unentgeltlich zugewendeten Gegenstand um einen **Gegenstand »aus dem Unternehmen«** handelt. Dies setzt die Zugehörigkeit des Gegenstandes zum Unternehmen voraus, was sich nicht nach ertragsteuerrechtlichen Merkmalen, also nicht nach der Einordnung als Betriebs- oder Privatvermögen richtet. Maßgebend ist allein, ob der Unternehmer den Gegenstand dem unternehmerischen oder dem nichtunternehmerischen Tätigkeitsbereich zugewiesen hat. Die **Zuordnung eines Gegenstands zum Unternehmen** dokumentiert der Unternehmer regelmäßig mit der **Vornahme des VSt-Abzugs bei Erwerb**, der nach § 3 Abs. 1b S. 2 UStG Grundvoraussetzung dafür ist, dass die Entnahme als fiktive entgeltliche Lieferung nach § 3 Abs. 1b UStG behandelt wird. **Ohne VSt-Abzug bei Erwerb ist für eine Entnahmebesteuerung kein Raum** – mag auch der entnommene Gegenstand z.B. wegen ausschließlich unternehmerischer Nutzung zwangsläufig Unternehmensvermögen geworden sein.

> **Beispiel 1: PC-Erwerb von Privatperson**
> Einzelhändler E hat im April 01 vom Privatmann P einen PC für 1.000 € erworben, den P vor einem halben Jahr für 1.500 € zzgl. 285 € USt gekauft hatte. E nutzt den PC ausschließlich für unternehmerische Zwecke. Nach einem weiteren halben Jahr schenkt er den PC im April 02 seinem Sohn. Der Einkaufspreis für einen solchen PC beträgt zum Zeitpunkt der Schenkung 500 €.
>
> **Lösung:** Eine Besteuerung der unentgeltlichen Wertabgabe entfällt, da E den entnommenen PC von einer Privatperson erworben hatte und der PC damit zwangsläufig ohne VSt-Abzug ins Unternehmen gelangt ist. In einem solchen Fall steht § 3 Abs. 1b S. 2 UStG einer Besteuerung der Entnahme entgegen. Die Besteuerung des PC selbst ist mit dem Erwerb durch P abgeschlossen, indem P als Privatperson keinen VSt-Abzug hinsichtlich der ausgewiesenen USt von 285 € geltend machen konnte. Damit ist der PC aus dem Blickfeld der USt entwichen.[149]

---

149 Etwas anderes würde nur gelten, wenn E den PC, statt zu entnehmen, veräußert hätte. Dies erklärt sich damit, dass die **Steuerbarkeit einer entgeltlichen Abgabe** eines Unternehmensgegenstands anders als dessen unentgeltliche Abgabe nach § 1 Abs. 1 Nr. 1 UStG **nicht von einem VSt-Abzug bei Erwerb des Gegenstands abhängig** ist.

Die mit § 3 Abs. 1b S. 2 UStG gesetzlich anerkannte Abhängigkeit der Entnahmebesteuerung von einem vorangegangenen VSt-Abzug hat verständlicherweise die Diskussion um die Frage verschärft, was man unter einem **Bestandteil** zu verstehen hat.[150] Praktische Bedeutung gewinnt dies insb. in Fällen, bei denen im Unternehmen genutzte Fahrzeuge ohne VSt-Abzug ins Unternehmen gelangt sind und es vor ihrer Entnahme erheblichen vorsteuerentlasteten Aufwand gegeben hat.

Beispiel 2: Entnahmebesteuerung wegen vorsteuerentlasteter Leistungsbezüge (nach BFH vom 20.12.2001, BStBl II 2002, 557)
Gebrauchtwagenhändler H hatte in 01 von privat einen Oldtimer für 14.400 € erworben. Um ihn verkaufen zu können, hat H im Jahr 02 an dem Wagen umfangreiche vorsteuerentlastete Karosserie- und Lackarbeiten für insgesamt 5.400 € vornehmen lassen. Ende 04 überführt H den Pkw ins Privatvermögen. Wiederbeschaffungspreis des Wagens zu diesem Zeitpunkt: 10.000 €.

Lösung: Eine Besteuerung der Entnahme kommt nur in Betracht, wenn auch Dienstleistungen in Form von Karosserie- und Lackarbeiten Bestandteile i.S.d. § 3 Abs. 1b S. 2 UStG darstellen können. Der BFH lehnt dies in seinem Urteil vom 20.12.2001 in Anlehnung an die Ausführungen im EuGH-Urteil vom 17.05.2001 (UR 2001, 293) zu Recht ausdrücklich ab. Das Gericht – und ihm folgend die Finanzverwaltung in A 3.3 Abs. 2 S. 4 UStAE – sieht in Dienstleistungen (einschließlich solcher, für die zusätzlich kleinere Lieferungen von Gegenständen erforderlich sind) keine Bestandteile i.S.v. Art. 5 Abs. 6 der 6. EG-RL. Danach führen Aufwendungen für den Gebrauch und die Erhaltung des Gegenstandes, die ertragsteuerrechtlich sofort abziehbaren Erhaltungsaufwand darstellen, regelmäßig nicht zu einem Bestandteil. Eine Besteuerung der Entnahme entfällt folglich.[151]

Nicht zu übersehen ist, dass es bei dieser Lösung zu einem unbesteuerten Endverbrauch kommt. Dieser betrifft den (Rest-)Wert der Karosserie- und Lackarbeiten, der noch nicht im Rahmen der unternehmerischen Tätigkeit des StPfl. verbraucht worden ist. Insoweit stellte sich schon seit langem die Frage, ob es nicht geboten sein kann, eine **VSt-Berichtigung nach § 15a UStG** durchzuführen. Der BFH hatte dies in seiner Entscheidung vom 20.12.2001 schon allein deshalb abgelehnt, weil die nationale Regelung des § 15a UStG in ihrer bis zum 31.12.2004 geltenden Fassung nur für eine VSt-Berichtigung bei Investitionsgütern, also Gegenständen des Anlagevermögens, zur Verfügung stand. Seit der Neufassung des § 15a UStG zum 01.01.2005, die Gegenstände des UV nicht länger von einer VSt-Berichtigung ausschließt, ist ein vergleichbarer Fall allerdings hinsichtlich der vorsteuerentlasteten Karosserie- und Lackarbeiten einer VSt-Berichtigung grundsätzlich zugänglich (vgl. § 15a Abs. 3 S. 1 und 3 UStG und dazu Kap. XVI 3.2).

Beispiel 3: Entnahmebesteuerung wegen vorsteuerentlasteter Leistungsbezüge (nach BFH vom 18.10.2001, BStBl II 2002, 551)
Steuerberater S hatte in 01 von privat einen Pkw für 10.800 € erworben. In den Jahren ausschließlich unternehmerischer Nutzung von 01–06 hat es einen vorsteuerentlasteten Aufwand von 8.000 € für vorsteuerentlastete Inspektionen, kleinere Reparaturen sowie den nachträg-

---

150 Ausführlich hierzu bereits *V. Schmidt* (UR 1996, 224 ff.).
151 Da schon tatbestandlich keine Lieferung nach § 3 Abs. 1b UStG vorliegt, kann auch die Sonderregelung zur Bemessungsgrundlage bei Anwendung der Differenzbesteuerung in § 25 Abs. 3 S. 1 2. HS UStG unbeachtet bleiben.

lichen Einbau eines Katalysators (800 €) und die Erneuerung der Windschutzscheibe (500 €) gegeben. Dies ist für das FA Anlass, die Entnahme des Pkw in 06 auf der Basis einer BMG von 4.000 € zu besteuern. Hierbei handelt es sich um den Betrag, den S ertragsteuerrechtlich als Entnahmewert angegeben hatte.

Abwandlung:
Es ist in 05 eine Klimaanlage mit AK von 2.500 € zzgl. 475 € USt eingebaut worden (Aufschlag wegen der Klimaanlage nach »Schwacke-Liste« auf den Marktwert des Pkw im Zeitpunkt der Entnahme: 1.000 €).

Lösung des Grundfalls: Bei dem Einbau eines Katalysators und auch bei der Erneuerung einer Windschutzscheibe handelt es sich nicht lediglich um werterhaltende Dienstleistungen. Dies führt jedoch keinesfalls automatisch zur Annahme von Bestandteilen i.S.d. § 3 Abs. 1b UStG. Im Anschluss an die Rspr. des EuGH und des BFH definiert inzwischen auch die Finanzverwaltung Bestandteile als »… Wirtschaftsgüter, die mit dem Einbau ihre körperliche und wirtschaftliche Eigenart endgültig verloren haben und die ferner zu einer dauerhaften, im Zeitpunkt der Entnahme nicht vollständig verbrauchten Werterhöhung des Gegenstands geführt haben« (A 3.3 Abs. 2 S. 3 UStAE). Letzteres hatte das FG seinerzeit hinsichtlich des eingebauten Katalysators und der Windschutzscheibe nicht feststellen können, so dass der BFH die Überführung des Pkw ins PV für nicht steuerbar nach § 1 Abs. 1 Nr. 1 UStG erklärte.

Die Finanzverwaltung hat das Problem inzwischen durch Einführung einer sog. **Bagatellregelung in A 3.3 Abs. 4 UStAE** entschärft. Danach ist aus Vereinfachungsgründen **keine dauerhafte Werterhöhung des Gegenstands anzunehmen, wenn die vorsteuerentlasteten Aufwendungen für den Einbau von Bestandteilen weder 20 % der AK des WG noch einen Betrag von 1.000 € übersteigen.**[152] In solchen Fällen könne auf eine Besteuerung der Bestandteile nach § 3 Abs. 1b S. 1 Nr. 1 i.V.m. S. 2 UStG bei der Entnahme eines dem Unternehmen zugeordneten WG, das der Unternehmer ohne Berechtigung zum VSt-Abzug erworben hat, verzichtet werden. Danach bräuchte man also der Frage, ob im Beispiel 3 der Einbau eines Katalysators oder der Einbau einer Windschutzscheibe zu einer dauerhaften Werterhöhung geführt haben, schon deshalb nicht mehr näher zu treten, weil die aufgewendeten Entgelte jeweils weder die 1.000 €-Grenze noch 20 % der AK überstiegen haben. Losgelöst von solchen sinnvollen Vereinfachungen soll die Frage, ob ein in einen Pkw eingebauter Gegenstand im Zeitpunkt der Entnahme des Pkw einen **Restwert** hat, im Allgemeinen unter Heranziehung anerkannter **Marktübersichten** für den **Wert gebrauchter Pkw** (z.B. der sog. »Schwacke-Liste« oder vergleichbarer Übersichten von Automobilclubs) beurteilt werden. Wenn wegen der eingebauten Gegenstände kein »**Aufschlag**« auf den – im Wesentlichen nach Alter und Laufleistung bestimmten – durchschnittlichen Marktwert des Pkw im Zeitpunkt des Verkaufs bzw. der Entnahme üblich ist, soll der Ansatz eines »Restwertes« ausscheiden (so A 10.6 Abs. 2 UStAE). Diese Vorgaben werden dazu führen, dass es zu einer Besteuerung wegen nachträglich eingebauter Bestandteile kaum einmal kommen wird. Sie wird sich auf Ausnahmesachverhalte wie den Einbau einer Klimaanlage beschränken, der dann auch, soweit es um den nachträglichen Einbau von WG in ein Fahrzeug geht, regelmäßig als Schulbeispiel für einen Bestandteil i.S.d. § 3 Abs. 1b UStG

---

152 So klarstellend die Neufassung des A 3.3 Abs. 4 UStAE. Werden an einem Wirtschaftsgut **mehrere Gegenstände** in einem zeitlichen oder sachlichen Zusammenhang eingebaut, handelt es sich nicht um eine Maßnahme, auf die in der Summe die Bagatellregelung angewendet werden soll. Es ist vielmehr **für jede einzelne Maßnahme die Vereinfachungsregelung zu prüfen** (A 3.3 Abs. 4 S.3 UStAE).

herhalten muss.¹⁵³ In den anderen Fällen wird regelmäßig auch eine VSt-Berichtigung nach § 15a UStG nicht in Betracht kommen. Zwar ist nach der Neufassung des § 15a Abs. 3 S. 3 UStG eine VSt-Berichtigung auch ausgelöst, »wenn das Wirtschaftsgut für Zwecke, die außerhalb des Unternehmens liegen, aus dem Unternehmen entnommen wird, ohne dass dabei nach § 3 Abs. 1b UStG eine unentgeltliche Wertabgabe zu besteuern ist«. Aber: Von der Durchführung einer VSt-Berichtigung ist nach § 44 Abs. 1 UStDV abzusehen, wenn der auf die AK oder HK entfallende USt-Betrag 1.000 € nicht übersteigt. Dieser Betrag gilt nach § 44 Abs. 4 UStDV auch für VSt-Beträge, die Leistungen i.S.d. § 15a Abs. 3 und 4 UStG betreffen. Schon deshalb dürften bei Fahrzeugen VSt-Berichtigungen wegen vorsteuerentlasteter Dienstleistungen oder vorsteuerentlasteter Gegenstände, die nicht unter den Begriff der Bestandteile fallen, regelmäßig ausgeschlossen sein.

Die nunmehr gesetzlich anerkannte Abhängigkeit der Entnahmebesteuerung von einem vorangegangenen VSt-Abzug hat noch eine weitere Frage in den Vordergrund gerückt: Nämlich die, ob nicht auch die **entgeltliche** Abgabe von Gegenständen nur besteuert werden darf, wenn die Gegenstände mit VSt-Abzug in das Unternehmen gelangt sind.¹⁵⁴ Um das Problem sichtbar zu machen, braucht man Beispiel 1 nur geringfügig zu modifizieren. Was wäre, wenn P den PC seinem Sohn nicht geschenkt, sondern ihm oder einem Dritten für 500 € verkauft hätte. Die **Besteuerung entgeltlicher Lieferungen** ist nach dem klaren Wortlaut des § 1 Abs. 1 Nr. 1 UStG – anders als die unentgeltliche Wertabgabe nach § 3 Abs. 1b S. 2 UStG – **nicht von einem vorangegangen VSt-Abzug abhängig**. Nach herkömmlicher Betrachtung ist die entgeltliche Veräußerung stets nach § 1 Abs. 1 Nr. 1 UStG zu besteuern. Es soll sich um ein steuerbares Hilfsgeschäft handeln (BMG nach § 10 Abs. 1 S. 1 und 2 UStG also 420,17 €; die USt beträgt 79,83 €). Wer dieses systemwidrige Ergebnis vermeiden will, entnimmt vor Veräußerung, ordnet den ohne VSt-Abzug erworbenen Gegenstand von vornherein seinem PV zu¹⁵⁵ oder wendet – so er zu den Wiederverkäufern i.S.d. § 25a Abs. 1 Nr. 1 UStG zählt – die Grundsätze der Differenzbesteuerung an.

3 Einzelheiten fiktiver entgeltlicher Lieferungen nach § 3 Abs. 1b UStG

§ 3 Abs. 1b UStG unterscheidet verschiedene Sachverhalte einer fiktiven entgeltlichen Lieferung, die an unterschiedliche Voraussetzungen anknüpfen.

3.1 Entnahmen des Unternehmers (§ 3 Abs. 1b S. 1 Nr. 1 UStG)

Eine Entnahme i.S.d. § 3 Abs. 1b S. 1 Nr. 1 UStG hat ihre klassischen Fälle in der Überführung von Unternehmensgegenständen ins Privatvermögen sowie in der unentgeltlichen Abgabe von Unternehmensgegenständen zu **unternehmensfremden** Zwecken.¹⁵⁶ Sie liegt nur dann

---

153 Zur BMG in diesen Fällen s. Kap. 4.
154 Eingehend zu diesem Problemkreis *V. Schmidt* (UR 1999, 397 ff.).
155 Der BFH erklärt dies in seiner Entscheidung vom 31.01.2002 (BStBl II 2003, 813) im Anschluss an die Entscheidung des EuGH vom 08.03.2001 (UR 2001, 149) ausdrücklich für zulässig.
156 Ist die unentgeltliche Abgabe von Unternehmensgegenständen **unternehmerisch** veranlasst, kommt § 3 Abs. 1b S. 1 Nr. 3 UStG zur Anwendung (dazu vgl. Kap. 3.3).

vor, wenn der Vorgang bei entsprechender Ausführung an einen Dritten als Lieferung – einschließlich Werklieferung – anzusehen wäre. Der Grundsatz der Einheitlichkeit der Leistung gilt auch für die unentgeltlichen Wertabgaben. Für die Frage, was entnommen wird, ist nicht darauf abzustellen, was der Unternehmer i.d.R. im Rahmen seines Unternehmens herstellt. Entscheidend ist vielmehr, was im konkreten Fall Gegenstand der Wertabgabe ist. Bei einem Rohbauunternehmer, der für eigene Wohnzwecke ein schlüsselfertiges Haus mit Mitteln des Unternehmens errichtet, ist Gegenstand der Entnahme folglich das schlüsselfertige Haus, nicht lediglich der Rohbau. – Errichtet ein Bauunternehmer auf einem dem Unternehmensvermögen zugeordneten Grundstück ein Einfamilienhaus für unternehmensfremde Zwecke, überführt er das Grundstück in aller Regel spätestens im Zeitpunkt des Baubeginns in sein PV. Dieser Vorgang ist aber – wie es A 3.3 Abs. 7 S. 4 UStAE nunmehr zutreffend vorsieht – als nach § 4 Nr. 9 Buchst. a UStG steuerfreie Lieferung i.S.d. § 3 Abs. 1b S. 1 Nr. 1 UStG zu behandeln.[157] Wird ein dem Unternehmen dienender Gegenstand während der Dauer einer nichtunternehmerischen Verwendung aufgrund äußerer Einwirkung zerstört, z.B. Totalschaden eines Pkw auf einer Privatfahrt, so liegt keine Entnahme des Gegenstandes aus dem Unternehmen vor. Das Schadensereignis fällt in den Vorgang der nichtunternehmerischen Verwendung und beendet diese wegen Untergangs der Sache. Eine Entnahmehandlung ist in Bezug auf den unzerstörten Gegenstand nicht mehr möglich (abgefragt in der **Beraterklausur 2012**, dort Totalschaden eines Pkw auf einer Fahrt zu einer Silvesterparty).

3.2 Sachzuwendungen an das Personal (§ 3 Abs. 1b S. 1 Nr. 2 UStG)

Zuwendungen von Gegenständen (Sachzuwendungen) an das Personal für dessen privaten Bedarf sind nach § 3 Abs. 1b S. 1 Nr. 2 UStG auch dann steuerbar nach § 1 Abs. 1 Nr. 1 UStG, wenn sie unentgeltlich sind, d.h. wenn sie keine Vergütungen für die Dienstleistung des AN darstellen. Schenkt etwa ein Weinhändler einem Mitarbeiter anlässlich dessen Feier zur 20-jährigen Firmenzugehörigkeit **aus seinem Bestand** eine Kiste besten französischen Rotweins (Einkaufspreis bei Erwerb und zum Zeitpunkt der Entnahme: 250 € zzgl. USt), so ist die Abgabe der Kiste Rotwein nach § 3 Abs. 1b Nr. 2 UStG einer entgeltlichen Lieferung nach § 1 Abs. 1 Nr. 1 UStG gleichgestellt. (BMG bildet nach § 10 Abs. 4 Nr. 1 UStG der Netto-Einkaufspreis der Weine zum Zeitpunkt der Entnahme, hier 250 €. Die USt i.H.v. 47,50 € entsteht nach § 13 Abs. 1 Nr. 2 UStG mit Ablauf des VAZ der Entnahme.) Mit der Besteuerung nach § 1 Abs. 1 Nr. 1 UStG wird letztlich der VSt-Abzug bei Erwerb der Kiste rückgängig gemacht. Dies ist vom Ergebnis her auch geboten, da es bei der USt darum geht, den hier fraglos vorliegenden Aufwand für Endverbrauch zu besteuern.

Zu demselben Ergebnis gelangte man bisher auch, wenn der Weinhändler die Kiste Wein **von vornherein** in der Absicht erworben hätte, um sie dem Mitarbeiter zu schenken. Der Weinhändler hätte zunächst auch in diesem Fall einen VSt-Abzug geltend machen können, da der Erwerb unternehmerisch veranlasst ist und § 15 Abs. 1a nicht zur Anwendung gelangen kann, weil Geschenke an Arbeitnehmer als Betriebsausgabe anzuerkennen sind. Den zulässigen VSt-Abzug hätte W im VAZ der Schenkung über eine Entnahmebesteuerung nach § 3 Abs. 1b Nr. 2 UStG i.V.m. § 1 Abs. 1 Nr. 1 UStG rückgängig zu machen. Anders nach der geschilderten neuen Rspr. des BFH (dazu in diesem Kap. unter 1): Danach ist der

---
157 Anders noch A 24b Abs. 7 S. 4 UStR 2008.

Unternehmer nicht zum VSt-Abzug berechtigt, wenn er bereits bei Leistungsbezug beabsichtigt, die bezogene Leistung unmittelbar und ausschließlich für eine unentgeltliche Wertabgabe i.S.v. § 3 Abs. 1b UStG zu verwenden. Der VSt-Abzug ist nach Auffassung des BFH auch dann ausgeschlossen, wenn der Unternehmer mit der unentgeltlichen Wertabgabe mittelbar das Ziel verfolgt, entgeltliche, zum VSt-Abzug berechtigende Ausgangsleistungen zu erbringen. Folglich ist im geschilderten Beispiel – Erwerb der Kiste Wein, um sie einem Mitarbeiter zu schenken – bereits der VSt-Abzug ausgeschlossen, so dass schon deshalb eine Besteuerung der Entnahme entfiele.

Ausgenommen von der Besteuerung nach § 3 Abs. 1b S. 1 Nr. 2 UStG sind lediglich **Aufmerksamkeiten**. Was darunter zu verstehen ist, kann den lohnsteuerlichen Regelungen entnommen werden. Wie sich aus R 19.6 LStR 2011 ergibt, handelt es sich hierbei um Sachzuwendungen wie Blumen, Genussmittel und Bücher, die dem AN oder seinen Angehörigen aus Anlass eines besonderen persönlichen Ereignisses zugewendet werden, bis zu einem Wert von 40 €. Solche Anschaffungen können auch künftig mit VSt-Abzug getätigt werden.

3.3 Sonstige unentgeltliche Zuwendungen (§ 3 Abs. 1b S. 1 Nr. 3 UStG)

Während die unentgeltliche Abgabe von sonstigen Leistungen aus unternehmerischen Gründen generell nicht steuerbar ist, gilt etwas anderes für unentgeltliche Zuwendungen von Gegenständen. Diese sind nach § 3 Abs. 1b S. 1 Nr. 3 UStG auch dann steuerbar, wenn der Unternehmer sie **aus unternehmerischen Erwägungen, z.B. zu Werbezwecken, zur Verkaufsförderung oder Imagepflege** tätigt. Hierunter fallen insb. **Sachspenden an Vereine, Warenabgaben anlässlich von Preisausschreiben, Verlosungen** usw. Die Steuerbarkeit entfällt auch dann nicht, wenn der Empfänger die zugewendeten Gegenstände in seinem Unternehmen für unternehmerische Zwecke verwendet.

Ausgenommen von der Besteuerung sind die Abgabe von Warenmustern für Zwecke des abgebenden Unternehmens sowie Geschenke von geringem Wert. Diese liegen vor, wenn die AK oder HK der dem Empfänger im Kalenderjahr zugewendeten Gegenstände insgesamt 35 € (Nettobetrag ohne USt) nicht übersteigen.[158] Generell nicht steuerbar bleibt im Übrigen die unentgeltliche Abgabe von sonstigen Leistungen aus unternehmerischen Gründen.

Zu beachten ist, dass bei Geschenken, für die nach § 15 Abs. 1a UStG in Verbindung mit § 4 Abs. 5 S. 1 Nr. 1 EStG kein VSt-Abzug vorgenommen werden kann, eine Besteuerung der Zuwendungen nach § 3 Abs. 1b S. 2 UStG entfällt. So wäre bei der für 250 € zzgl. USt erworbenen Kiste Wein, wenn sie für einen **Geschäftsfreund** gekauft worden wäre, nach § 15 Abs. 1a UStG i.V.m. § 4 Abs. 5 S. 1 Nr. 1 EStG bereits der VSt-Abzug ausgeschlossen.[159] Letztlich wird so über eine Versagung des VSt-Abzugs beim schenkenden Unternehmer eine Besteuerung des Endverbrauchs beim Geschäftsfreund sichergestellt.

---

158 Zur Besteuerung unentgeltlicher Wertabgaben nach § 3 Abs. 1b S. 1 Nr. 3 UStG s. ausführlich A 3.3 Abs. 9–20 UStAE, deren vorsorgliche Lektüre hiermit nachdrücklich empfohlen wird.
159 Ohne praktische Relevanz, aber für eine korrekte Klausurlösung: Nach der neuen Rechtsprechung – vgl. dazu in diesem Kap. unter 1 – scheiterte der VSt-Abzug in diesem Fall bereits auf der Stufe des § 15 Abs. 1 Nr. 1 UStG, da bei Erwerb des Weins eine Verwendung für eine unentgeltliche Wertabgabe nach § 3 Abs. 1b Nr. 3 UStG beabsichtigt ist.

Beispiel 3a: Preisausschreiben (StB-Klausur 2005 – Auszug)
Am 02.07.01 veranstaltete die KG anlässlich ihres fünfjährigen Bestehens u.a. ein Preisausschreiben. 2. Preis: Ein Trainingsoutfit im Wert von 500 €. Die KG hatte mit dem Sportgeschäft Hurtig vereinbart, dass der Gewinner des 2. Preises sich aus dem Sortiment ein Trainingsoutfit zum regulären Ladenverkaufspreis von 500 € aussuchen darf. Der Gewinner des 2. Preises suchte sich am 12.07.01 im Sportgeschäft Hurtig ein entsprechendes Trainingsoutfit aus. Da die KG ein guter Kunde von Hurtig war, stellte Hurtig der KG am 14.07.01 lediglich 375 € zuzüglich 71,25 € USt in Rechnung. Die KG überwies den Rechnungsbetrag am 18.07.01.

Lösung: Mit der Übereignung des Trainingsoutfits durch die Firma Hurtig an den Zweitplatzierten des Preisausschreibens erbringt die KG ihrerseits gegenüber dem Gewinner eine Lieferung i.S.d. § 3 Abs. 1 UStG, der kein Entgelt gegenüber steht. Diese unternehmerisch veranlasste Lieferung, der kein Entgelt gegenüber steht, könnte nach § 3 Abs. 1b Nr. 3 UStG wie eine Lieferung gegen Entgelt zu behandeln sein. Grundvoraussetzung hierfür ist nach § 3 Abs. 1b S. 2 UStG, dass der unentgeltlich zugewendete Gegenstand zum VSt-Abzug berechtigt hat. Bedenklich mag dies unter dem Aspekt des § 15 Abs. 1a UStG erscheinen. Danach ist der VSt-Abzug u.a. gesperrt, sofern es sich bei dem zugewendeten Gegenstand um ein Geschenk i.S.d. § 4 Abs. 5 Nr. 1 EStG handelt. Dies ist hier zu verneinen. Wie sich aus R 4.10 Abs. 4 S. 5 Nr. 3 EStR 2009 ergibt, handelt es sich **bei der unentgeltlichen Abgabe von Gegenständen anlässlich eines Preisausschreibens oder einer Verlosung nicht um ein Geschenk i.S.d. §§ 4 Abs. 5 Nr.1 EStG**. Von daher war die KG nach §15 Abs. 1 Abs. 1 Nr.1 UStG im VAZ 7/01 zum VSt-Abzug i.H.v. 71,25 € aus der Rechnung der Fa. Hurtig berechtigt.

Folglich wird die unentgeltliche Zuwendung gem. § 3 Abs. 1b Nr. 3 UStG aber einer Lieferung gegen Entgelt gleichgestellt (BMG bestimmt sich gem. §10 Abs. 4 Nr. 1 UStG nach dem Einkaufspreis zuzüglich der Nebenkosten für den Gegenstand im Zeitpunkt des Umsatzes, wobei die Umsatzsteuer gem. § 10 Abs. 4 S. 2 UStG nicht zur BMG gehört. BMG also 375 €; die USt beträgt 71,25 € und entsteht gem. § 13 Abs. 1 Nr. 2 UStG mit Ablauf des VAZ Juli 01). Irrelevant ist insoweit der reguläre Verkaufspreis der Fa. Hurtig. Nach der neuen Sichtweise – kein VSt-Abzug, wenn der Erwerb eines Gegenstands erfolgt, um ihn für eine unentgeltliche Wertabgabe nach § 3 Abs. 1b UStG zu verwenden – entfällt bereits der VSt-Abzug i.H.v. 71,25 € aus der Rechnung der Fa. Hurtig; zu einer Entnahmebesteuerung kann es nicht kommen. Im praktischen Ergebnis ändert sich folglich nichts – so Erwerb und Entnahme in denselben VAZ fallen.

Relevant wird die **neue Sichtweise** in den Fällen des § 3 Abs. 1b Nr. 3 UStG nur, wenn Erwerb und Entnahme in unterschiedliche VAZ fallen. Dann führen die neuen Grundsätze zum **VSt-Abzug zu einer zeitlichen Vorverlegung der umsatzsteuerlichen Folgen einer beabsichtigten unentgeltlichen Wertabgabe**.

Beispiel 3b: Werbekampagne ohne VSt-Abzug
Möbelhaus M startet eine Werbekampagne und verlost im August 01 unter den Kunden (Möbelkäufern) Fernsehgeräte, die M schon im Januar zu einem Einkaufspreis von jeweils 500 € zuzüglich 95 € USt angeschafft hatte.

Lösung: Die Fernsehgeräte werden aus unternehmerischen Erwägungen (Werbeeffekt) an die Gewinner der Verlosung abgegeben. Dieser Vorgang fällt der Art nach unter § 3 Abs. 1b S. 1 Nr. 3 UStG (vgl. A 3.3 Abs. 10 UStAE). Es handelt sich nicht um Geschenke von geringem Wert (vgl. A 3.3. Abs. 11 UStAE). Künftig (spätestens ab 01.01.2013) ist der VSt-Abzug von vornherein ausgeschlossen, da M bereits beim Bezug der Eingangsleistung (Kauf der Fernsehgeräte) beabsichtigt hatte, die Geräte für die Verlosung einzusetzen. Bisher wäre in solchen Fällen im Januar 01 ein VSt-Abzug möglich gewesen, der erst im VAZ der unentgeltlichen Wertabgabe (August 01) durch Versteuerung der unentgeltlichen Wertabgabe rückgängig zu machen gewesen wäre.

4 Bemessungsgrundlage für fiktive Lieferungen nach § 10 Abs. 4 Nr. 1 UStG

BMG für steuerbare Entnahmen bildet nach § 10 Abs. 4 Nr. 1 UStG der Einkaufspreis zuzüglich der Nebenkosten für den entnommenen oder einen gleichartigen Gegenstand, und zwar zum Zeitpunkt der Entnahme. Regelmäßig wird die BMG durch den gegenwärtigen **Wiederbeschaffungspreis** bestimmt, **den der zu beurteilende Unternehmer** zum Zeitpunkt der Entnahme auf seiner Einkaufsstufe für den entnommenen **Gegenstand aufzuwenden** hat. Ein Ansatz seines Verkaufspreises für den entnommenen Gegenstand verbietet sich schon deshalb, weil es bei der Besteuerung unentgeltlicher Wertabgaben in erster Linie darum geht, einen VSt-Abzug rückgängig zu machen. Der alternative Ansatz der Selbstkosten kommt insb. bei der Entnahme selbst hergestellter Produkte in Betracht. Der anteilige Unternehmerlohn hat bei den Selbstkosten außer Ansatz zu bleiben.

Unter dem Gesichtspunkt der **BMG** haben in der Praxis früher insb. solche Sachverhalte Probleme aufgeworfen, bei denen der entnommene Gegenstand selbst zwar ohne VSt-Abzug in das Unternehmen gelangt ist, in den in den Gegenstand aber **nachträglich vorsteuerentlastete Bestandteile** eingefügt worden sind (s. dazu Beispiel 2 und 3). Hier stellt sich die Frage, ob bei der erst dadurch ausgelösten Steuerbarkeit der Entnahme gleichwohl auf den Wiederbeschaffungspreis des entnommenen Gegenstands abzustellen ist oder ob, schon um eine Doppelbesteuerung zu vermeiden, als BMG nur der – schwer zu ermittelnde – **Wiederbeschaffungspreis der eingebauten Bestandteile** anzusetzen ist. Der EuGH hat sich hierzu erstmals in seinem Urteil vom 17.05.2001 (UR 2001, 293) eindeutig eingelassen. Das Gericht erklärt es für unzulässig, den Gegenstand und die in ihn eingebauten Teile umfassend zu besteuern. Einen Gegenstand zu besteuern, der bei seiner Anschaffung nicht zum Abzug von Mehrwertsteuer berechtigt hat, führe zu einer **Doppelbesteuerung** und verstoße damit gegen den Grundsatz der **Steuerneutralität**. Besteuerungsgrundlage sei der im Zeitpunkt der Entnahme geltende Preis für die in den Pkw eingegangenen Bestandteile. Der BFH ist in seiner Entscheidung vom 18.10.2001 (BStBl II 2002, 551) dem EuGH »ohne Wenn und Aber« gefolgt.[160] Von daher ist im Beispiel 3 der Wiederbeschaffungspreis des Pkw auch dann uninteressant, wenn – wie in der Abwandlung – vor der Entnahme eine Klimaanlage mit VSt-Abzug eingebaut worden ist. Besteuerungsgegenstand bildet allein die Klimaanlage. Dies entspricht heute auch der Sichtweise der Finanzverwaltung. In A 3.3 Abs. 2 S. 2 UStAE heißt es ausdrücklich, dass im Falle einer Entnahmebesteuerung wegen vorsteuerentlasteter Bestandteile nur diese Bestandteile mit ihrem Restwert im Zeitpunkt der Entnahme der Umsatzbesteuerung unterliegen. Um Schwierigkeiten bei der Ermittlung des Restwerts des eingebauten Bestandteils zu vermeiden, sieht A 10.6 Abs. 2 S. 3 UStAE vor, wie folgt zu verfahren: Zu ermitteln sei die BMG, indem in der Schwacke-Liste oder

---

160 Vgl. II 3d der Entscheidungsgründe des Urteils vom 18.10.2001 (BStBl II 2002, 551).

vergleichbaren Übersichten ermittelt werde, welcher Aufschlag auf den Marktwert des Pkw wegen der Klimaanlage zum Zeitpunkt der Entnahme vorgesehen sei. Dieser Betrag bilde die BMG nach § 10 Abs. 4 Nr. 1 UStG. Dies führt in der Abwandlung des Beispiels 3 zu einer BMG von 1.000 €. Ist wegen des eingebauten Bestandteils kein Aufschlag auf den – im Wesentlichen nach Alter und Laufleistung bestimmten – durchschnittlichen Marktwert des Pkw im Zeitpunkt der Entnahme üblich, scheidet der Ansatz eines Restwertes aus.

5 Unentgeltliche Abgabe von Dienstleistungen

Die unentgeltlichen Wertabgaben i.S.d. § 3 Abs. 9a UStG umfassen alle sonstigen Leistungen, die ein Unternehmer im Rahmen seines Unternehmens für eigene, außerhalb des Unternehmens liegende Zwecke oder für den privaten Bedarf des Personals ausführen kann; sie erstrecken sich auf alles, was seiner Art nach Gegenstand einer sonstigen Leistung i.S.d. § 3 Abs. 9 UStG sein kann.

5.1 Private Verwendung von Unternehmensgegenständen (§ 3 Abs. 9a S. 1 Nr. 1 UStG)

Unter der Verwendung eines Gegenstandes für Zwecke, die außerhalb des Unternehmens liegen, ist jede Art der privaten Nutzung eines Unternehmensgegenstandes zu verstehen.

5.1.1 Vorsteuerabzug bei Erwerb als Voraussetzung

Die Verwendung eines Gegenstands für Zwecke, die außerhalb des Unternehmens liegen, kann selbstverständlich nur dann als unentgeltliche Wertabgabe besteuert werden, wenn der Gegenstand bei Erwerb ungeachtet seiner auch nichtunternehmerischen Nutzung insgesamt dem Unternehmen zugeordnet werden konnte. Nur für diesen Fall nämlich kann es darum gehen, mit der Besteuerung der Privatnutzung einen VSt-Abzug rückgängig zu machen. Entfiele wegen der unternehmensfremden Nutzung bereits anteilig der VSt-Abzug, bedürfte es keiner Besteuerung der Privatnutzung mehr. Die nichtunternehmerische Nutzung wäre bereits über die anteilige Versagung des VSt-Abzugs besteuert. In der Sache geht es bei dieser Thematik um das Zuordnungswahlrecht des Unternehmers bei Erwerb eines gemischt genutzten Gegenstands (ausführlich dazu Kap. XV 1.3). Insoweit gilt: Bei Gegenständen, die **sowohl unternehmerisch als auch unternehmensfremd** genutzt werden sollen, hat der Unternehmer unter den Voraussetzungen, die durch die Auslegung des Tatbestandsmerkmals »für sein Unternehmen« in § 15 Abs. 1 UStG zu bestimmen sind, grundsätzlich ein **Zuordnungswahlrecht**. Macht die unternehmerische Nutzung mindestens 10 % aus (dazu § 15 Abs. 1 S. 2 UStG), kann und wird der Unternehmer regelmäßig auch Gegenstände, die er sowohl unternehmerisch als auch unternehmensfremd nutzt, insgesamt seinem Unternehmen zuordnen. Die beiden anderen Zuordnungsalternativen – Zuordnung zum Unternehmensvermögen nur insoweit, als der Gegenstand unternehmerisch genutzt wird, bzw. Zuordnung des Gegenstands zum Privatvermögen – sind nicht nur in der Praxis, sondern auch in **Klausuren** von untergeordneter Bedeutung. Dort heißt es bei den allgemeinen

Bearbeitunghinweisen nämlich regelmäßig, dass **gemischt genutzte Leistungsbezüge, soweit sinnvoll und zulässig, dem Unternehmensvermögen zugeordnet werden**. Damit ist dann der Weg frei für eine Besteuerung der unternehmensfremden Verwendung als unentgeltliche Wertabgabe nach § 3 Abs. 9a Nr.1 UStG. (Nur zum Verständnis: Würde ein Unternehmer einen gemischt genutzten Gegenstand nur insoweit seinem Unternehmensvermögen zuordnen, als er ihn unternehmerisch nutzt, schiede hinsichtlich der unternehmensfremden Verwendung eine Besteuerung als unentgeltliche Wertabgabe nach § 3 Abs. 9a Nr. 1 UStG von vornherein aus. Es fehlte an der außerunternehmerischen Verwendung eines dem Unternehmen zugeordneten Gegenstands).

5.1.2 Relevanz des Vorsteuerabzugs bei der Bemessungsgrundlage

Der VSt-Abzug ist nicht nur für die Steuerbarkeit einer außerunternehmerischen Verwendung von Gegenständen bedeutsam. Der Aspekt der Rückgängigmachung des VSt-Abzugs prägt auch die Regelung zur BMG in § 10 Abs. 4 Nr. 2 UStG. Danach gehören zur BMG einer außerunternehmerischen Nutzung von Unternehmensgegenständen nur solche Ausgaben, die den Unternehmer zum vollen oder zumindest teilweisen VSt-Abzug berechtigt haben.

> **Beispiel 4: Ferienhausnutzung als unentgeltliche Wertabgabe**
> Unternehmensberater U, der u.a. ein Ferienhaus auf Sylt sein Eigen nennen kann, konnte das Haus im Jahr 01 für 17 Wochen an Urlauber vermieten, was zu Mieteinnahmen von 20.230 € führte. Zusammen mit seiner Familie verbrachte U im Juli 01 einen dreiwöchigen Urlaub in dem Haus. Die übrige Zeit des Jahres stand das Haus leer. Das Ferienhaus verursachte für B in 01 einen vorsteuerentlasteten Aufwand von 14.000 € netto sowie weitere Kosten von 5.000 €, die nicht mit USt belastet waren.
>
> **Lösung:** Soweit B das Haus für sich und seine Familie nutzt, liegt nach § 3 Abs. 9a Nr. 1 UStG eine einer entgeltlichen sonstigen Leistung gleichzustellende Verwendung eines dem Unternehmen zugeordneten Gegenstands vor, deren Ort sich nach § 3 f UStG auf Sylt befindet und die auch steuerpflichtig ist.[161] Im Rahmen der BMG nach § 10 Abs. 4 Nr. 2 UStG bleiben die Aufwendungen von 5.000 €, für die ein VSt-Abzug nicht möglich war (etwa Steuern, Versicherungsprämien) unberücksichtigt. Der vorsteuerentlastete Aufwand von 14.000 € ist nach A 10.6 Abs. 5 UStAE im Verhältnis der Privat- zur Gesamtnutzung aufzuteilen: 14.000 € x 3/20 = 2.100 €.
> Es entsteht somit bei Anwendung des Regelsteuersatzes für den nach § 1 Abs. 1 Nr. 1 UStG steuerbaren Umsatz eine USt-Schuld von 399 €. Dass für diese unentgeltliche Wertabgabe auch in 2010 – anders als für kurzfristige Vermietungen an Dritte – der Regelsteuersatz Anwendung findet, ist allerdings keineswegs selbstverständlich. Manches spricht dafür, über eine entsprechende Anwendung der Neuregelung in § 12 Abs. 2 Nr. 11 UStG auch die Privatnutzung mit dem ermäßigten Steuer von 7 % zu besteuern. Dem ist das BMF aber mit Schreiben vom 05.03.2010 (BStBl I 2010, 259, dort unter Rz. 7 a.E. = A 12.16 Abs. 5 UStAE) entgegengetreten. Danach findet der **ermäßigte Steuersatz keine Anwendung auf die Selbstnutzung von Ferienhäusern**. VAZ nach § 13 Abs. 1 Nr. 2 UStG: Juli 01. (Bei den Vermietungen an Feriengäste handelt es

---

161 Dies wurde früher aus einer entsprechenden Anwendung des § 4 Nr. 12 Buchst. a S. 2 UStG abgeleitet; nachdem der EuGH mit Urteil vom 08.05.2003 – dazu sogleich in Kap. 5.1.4 – jede Privatnutzung von Gebäuden für steuerpflichtig erklärt hat, bedarf es dieses Rückgriffs auf § 4 Nr. 12 Buchst. a S. 2 UStG nicht mehr.

sich um steuerbare Umsätze nach § 1 Abs. 1 Nr. 1 UStG[162] mit einem Leistungsort nach § 3a Abs. 3 Nr. 1a UStG auf Sylt. Die Umsätze sind nicht steuerbefreit nach § 4 Nr. 12 Buchst. a S. 2 UStG. Da solche kurzfristigen Vermietungen ab dem 01.01.2010 der Neuregelung in § 12 Abs. 2 Nr. 11 UStG unterliegen, beträgt die BMG für die kurzfristigen Vermietungen insgesamt 18.906,54 €, die abzuführende USt beträgt 1.323,46 €.)

Aktueller Hinweis: Bei einem Erwerb des Ferienhauses in **2011** wäre es wegen der teilweisen Privatnutzung zu einer Beschränkung des VSt-Abzugs nach **§ 15 Abs. 1b UStG** gekommen. Eine Besteuerung der Privatnutzung würde nach § 1 Abs. 1 Nr. 1 UStG i.V.m. § 3 Abs. 9a S. 1 Nr. 1 S. 2 UStG entfallen. Eine teilunternehmerische Verwendung i.S.d. § 15 Abs. 1 b UStG liegt nämlich nicht nur vor, wenn die verschiedenen Nutzungen räumlich voneinander abgegrenzt sind, sondern auch, wenn sie – wie z.B. bei Ferienwohnungen – zeitlich wechselnd stattfinden(vgl. A 15.6a Abs. 2 S. 6 UStG).

Wird ein dem Unternehmen zugeordneter Gegenstand, bei dem kein Recht zum VSt-Abzug bestand, für nichtunternehmerische Zwecke genutzt, hat eine Besteuerung zu unterbleiben. Dies bedeutet für den im obigen Beispiel 1 von privat erworbenen PC: Sollte bei dem Einzelhändler E neben die unternehmerische Nutzung eine Privatnutzung treten, bräuchte E eine Besteuerung dieser privaten Nutzung des PC nach § 1 Abs. 1 Nr. 1 UStG i.V.m. § 3 Abs. 9a S. 1 Nr. 1 UStG nicht vorzunehmen. Dies gilt ungeachtet dessen, dass der Einzelhändler für den laufenden Unterhaltungsaufwand auch bei einer teilweisen Privatnutzung vollen VSt-Abzug geltend machen kann!

5.1.3 Besteuerung außerunternehmerischer Fahrzeugnutzung

Unter den Tatbestand des § 3 Abs. 9a S. 1 Nr. 1 UStG fällt inzwischen auch wieder die private Nutzung eines dem Unternehmen zugeordneten **Fahrzeugs** durch den Unternehmer selbst (oder durch einen Personen-Gesellschafter). Insoweit gilt also dem Grunde nach nichts anderes als bei der Privatnutzung eines Ferienhauses oder eines PC. Dies war freilich bis Ende 2003 noch anders und könnte auch in Bälde wieder anders werden. Nach jener Konzeption, die dem StÄndG 1999 ff. zu Grunde lag, und die auch in der Entwurfsfassung für ein Jahressteuergesetz 2009 wieder enthalten war (aber letztlich wegen des Widerstands der Automobilindustrie dann doch nicht umgesetzt wurde), sollte die Besteuerung der Privatnutzung eines betrieblichen Fahrzeugs nämlich über eine Beschränkung des VSt-Abzugs erfolgen. Statt zunächst trotz der Privatnutzung den vollen VSt-Abzug zu gewähren und diesen sukzessive über eine Besteuerung der Privatnutzung als unentgeltliche Wertabgabe rückgängig zu machen, sah die durch das StÄndG 1999 ff. eingefügte, zum 01.01.2004 wieder abgeschaffte Norm des **§ 15 Abs. 1b UStG** a.F. vor, **wegen der Privatnutzung** – und zwar weitgehend unabhängig von deren Umfang – den **VSt-Abzug von vornherein pauschal auf 50 % der angefallenen VSt zu reduzieren** (näher dazu Kap. XV 2.4). Wird der Privatnutzung aber über eine Reduzierung des VSt-Abzugs Rechnung getragen, dann muss eine gesonderte Besteuerung der Privatnutzung als unentgeltliche Wertabgabe natürlich entfallen – wie es denn für teilunternehmerisch genutzte Grundstücke, auf die bereits § 15 Abs. 1b UStG Anwendung findet, auch der S. 2 in § 3 Abs. 9a S. 1 Nr. 1 UStG vorsieht.

---

162 Grundgeschäfte im Rahmen der Unternehmenseinheit (vgl. Kap. III 3) aus Vermietung und Unternehmensberatung.

Beispiel 5: Pkw-Privatnutzung
Steuerberater S hat im Januar 01 beim Händler H einen Pkw für 40.000 € zzgl. 7.600 € gesondert ausgewiesener USt erworben. Der Bruttolistenpreis betrug 50.000 €. In 01 wird der Wagen wie folgt genutzt:

Für unternehmerische Zwecke:	18.000 km
Für private Zwecke:	4.000 km
Für Fahrten zwischen Wohnung und Betrieb (einfache Entfernung 10 km, genutzt an 150 Tagen):	3.000 km

Es liegen Rechnungen für das Jahr 01 vor, die folgende Kosten für die Unterhaltung des Fahrzeugs ausweisen:

Aufwand	in €	VSt
Steuern	317,00	–
Haftpflichtversicherung	623,00	–
Kaskoversicherung	660,00	–
Kraftstoff	3.600,00	684,00
Inspektion	610,00	115,90

Lösung: Angaben zum Listenpreis des Pkw, zum Umfang der Privatnutzung und zu den Unterhaltungskosten des Fahrzeugs konnten unter der Geltung des § 15 Abs. 1b UStG a.F. zur Falllösung nichts beitragen. Die Besteuerung der Privatnutzung hatte über § 15 Abs. 1b UStG a.F. zu erfolgen. Nach § 15 Abs. 1b UStG a.F. war nicht nur der VSt-Abzug aus der USt auf den Erwerb, sondern auch der für die laufenden Unterhaltungskosten (im Beispiel Kraftstoff und Inspektion) auf 50 % zu beschränken. Dafür entfiel nach § 3 Abs. 9b S. 2 UStG a.F. eine Besteuerung der Privatnutzung. Seit dem 01.01.2004 erfolgt die Besteuerung der Privatnutzung von Betriebsfahrzeugen freilich weitgehend wieder nach jenen Grundsätzen, die auch ansonsten für die Privatnutzung von Unternehmensgegenständen gelten. Das bedeutet: S hat ungeachtet der Privatnutzung den vollen VSt-Abzug hinsichtlich der vorsteuerbelasteten Positionen (Fahrzeugerwerb, Kraftstoff und Inspektion) geltend machen können.

Diesen vollen VSt-Abzug hat er sukzessive über eine Besteuerung der Privatnutzung nach § 3 Abs. 9a Nr. 1 i.V.m. § 10 Abs. 4 Nr. 2 UStG rückgängig zu machen. Zur Ermittlung der BMG nach § 10 Abs. 4 Nr. 2 UStG kommen alternativ drei Methoden in Betracht[163]:

1. Fahrtenbuchmethode (Aufteilung des vorsteuerentlasteten Aufwands im Verhältnis der unternehmerischen zur privaten Nutzung),
2. Schätzung des privaten Anteils,
3. Ansatz der privaten Nutzung mit monatlich 1 % des Bruttolistenpreises abzgl. einer Pauschale von 20 % für nicht vorsteuerentlasteten Aufwand. Insoweit gilt es freilich zu beachten, dass nach der Neufassung des § 6 Abs. 1 Nr. 4 S. 2 EStG zum 01.01.2006 eine pauschale Ermittlungsmethode (1 %-Regelung) für die private Kfz-Nutzung nur noch in Betracht kommt, wenn das Fahrzeug zu mehr als 50 % betrieblich genutzt wird.[164]

Bei Anwendung der Fahrtenbuchmethode ist zunächst der vorsteuerentlastete Gesamtaufwand zu ermitteln. Dazu zählen nicht nur die vorsteuerentlasteten Ausgaben für die Nutzung

---

163 Dazu näher BMF vom 27.08.2004 (BStBl I 2004, 864 = Nr. 500, § 15/2).
164 Näher dazu BMF vom 07.07.2006 (BStBl I 2006, 446 = Nr. 1, § 6/23).

und Unterhaltung, sondern auch die AK oder HK für das WG. Diese Kosten sind seit dem 01.07.2004 losgelöst von der betriebsgewöhnlichen Nutzungsdauer des WG anteilig auf den nach § 15a UStG maßgeblichen Berichtigungszeitraum zu verteilen (vgl. § 10 Abs. 4 Nr. 2 S. 3 UStG). Daraus folgt für bewegliche WG wie einen Pkw also zwingend eine Verteilung der AK auf fünf Jahre.[165] Dies ergibt für das Jahr 01 einen vorsteuerentlasteten Gesamtaufwand von 12.210 € (anteilige AK von 8.000 € + 4.210 € an vorsteuerentlasteten Kraftstoff- und Inspektionskosten). In einem nächsten Schritt ist dieser vorsteuerentlastete Gesamtaufwand entsprechend den unternehmerisch und den privat gefahrenen Kilometern aufzuteilen. Die unternehmerische Nutzung, zu der bei dem Steuerberater S auch die Fahrten zwischen Wohnung und Betrieb zählen, beläuft sich im Beispiel auf insgesamt 21.000 km. Bei einer Privatnutzung von lediglich 4.000 km errechnet sich für die steuerpflichtige Privatnutzung in 01 also eine BMG nach § 10 Abs. 4 Nr. 2 UStG von 4/25 von 12.210 € = 1.953,60 € und eine USt von 371,18 €.

Hätte U die Pauschalierung nach der 1 %-Methode gewählt, wäre er schlecht beraten gewesen. Es hätte sich dann nämlich eine BMG nach § 10 Abs. 4 Nr. 2 UStG von 4.800 € ergeben (12 x 500 € = 6.000 € abzgl. 20 % für nicht vorsteuerentlasteten Aufwand). Die Privatnutzung löste folglich in 01 eine USt von 912 € aus.

Hinweis: Die Besteuerung außerunternehmerischer Pkw-Nutzungen muss wie die Firmenwagenüberlassung beherrscht werden. Die Thematik taucht häufig in Beraterklausuren auf – so 2001, 2002, 2005 und zuletzt 2012.

5.1.4 Besteuerung außerunternehmerischer Grundstücksnutzung[166]

Soweit nicht spezielle Bestimmungen die Anwendung einzelner Steuerbefreiungsvorschriften ausschließen (vgl. zur Ausfuhr § 6 Abs. 5 UStG, zu Lohnveredelungen § 7 Abs. 5 UStG), fanden nach früher geübter nationaler Praxis Steuerbefreiungsvorschriften, die bei entgeltlichen Umsätzen Anwendung finden, auf unentgeltliche Wertabgaben – ggf. entsprechende – Anwendung. Auf dieser Grundlage ging die **frühere deutsche Rechtsauffassung** folgerichtig dahin, die teilweise Verwendung eines dem Unternehmen zugeordneten Gebäudes für den privaten Bedarf des Unternehmers als **steuerfreie unentgeltliche Wertabgabe** zu beurteilen. Die auf diesen Gebäudeteil entfallenden VSt waren deshalb auch bei voller Zuordnung des Gebäudes zum Unternehmen bereits nach § 15 Abs. 2 und 4 UStG vom VSt-Abzug ausgeschlossen.[167] Das Problem einer Besteuerung der Privatnutzung als unentgeltliche Wertabgabe nach § 3 Abs. 9a Nr. 1 UStG stellte sich deshalb nicht.

5.1.4.1 Einführung in die Problematik

Dieses Problem stellt sich erst, seit der **EuGH** mit Urteil vom 08.05.2003 (Rs. Seeling, BStBl II 2004, 378) entschieden hat, dass für die private Nutzung einer Wohnung in einem gemischt-genutzten Betriebsgebäude, das insgesamt zum Unternehmensvermögen gehört, die Steuerbefreiung nach Art. 13 Teil B Buchst. b der 6. EG-RL (= Art. 135 MwStSystRL) nicht greift, die **außerunternehmerische Nutzung neben einer steuerpflichtigen unter-**

---

165 Andererseits wird ein Pkw gem § 7 EStG auf sechs (!) Jahre abgeschrieben.
166 Zur Privatnutzung von Grundstücken, die nach dem 31.12.2010 ins Unternehmen gekommen sind, vgl. Kap. 5.1.3.4.
167 Zur Vorsteueraufteilung s. näher Kap. XV 4.2.

nehmerischen Nutzung also wie diese als **steuerpflichtig** zu behandeln ist. Daraus folgt nämlich, dass ein Unternehmer die VSt für ein Gebäude, das er teilweise unternehmerisch und teilweise nichtunternehmerisch (zu eigenen Wohnzwecken) nutzt, zunächst in vollem Umfang abziehen kann. Aus Sicht steuerpflichtiger Unternehmer schien damit der Boden für attraktive Steuersparmodelle geebnet.

Beispiel 6: »Eigenheimförderung« durch VSt-Abzug
Unternehmer U hat im 1. Halbjahr 2004 ein Gebäude für 1 Mio. € zzgl. 160.000 € USt herstellen lassen. Er nutzt das zweistöckige Gebäude im Erdgeschoss für steuerpflichtige unternehmerische Zwecke. Im gleichgroßen Obergeschoss wohnt er mit seiner Familie.

Lösung: U konnte das Gebäude in vollem Umfang seinem Unternehmen zuordnen, da der nach § 15 Abs. 1 S. 2 UStG erforderliche Mindestumfang unternehmerischer Nutzung von 10 % deutlich überschritten ist. Ihm stand – anders als früher – nicht nur der hälftige, sondern der volle VSt-Abzug i.H.v. 160.000 € zu, da er das Gebäude insgesamt vorsteuerunschädlich verwendet. Zu der steuerpflichtigen Nutzung für unternehmerische Zwecke im Erdgeschoss tritt durch die Nutzung des oberen Stockwerks für private Wohnzwecke eine **steuerpflichtige unentgeltliche Wertabgabe** nach § 3 Abs. 9a Nr. 1 UStG. Bemessungsgrundlage für die private Nutzung sollten nach der früheren Fassung des § 10 Abs. 4 Nr. 2 UStG die anteiligen, vorsteuerentlasteten Kosten bilden. Dabei ging die Finanzverwaltung seinerzeit in A 155 Abs. 2 S. 2 UStR 2000 von den bei der Einkommensteuer zu Grunde gelegten Kosten aus, also von der einkommensteuerlichen AfA. In Anlehnung an die ertragsteuerliche Typisierung waren demnach in aller Regel 2 % der HK als Bemessungsgrundlage für die unentgeltliche Wertabgabe anzusetzen. Die praktische Relevanz dieser Vorgabe war seinerzeit allerdings gering, da man die Privatnutzung des Gebäudes ja ohnehin für steuerbefreit ansah. Bedeutsam ist der prozentuale AfA-Ansatz erst, seit die Privatnutzung für steuerpflichtig angesehen wird. Ein AfA-Ansatz von 2 % führte im Ausgangsfall – ohne Berücksichtigung von Unterhaltungskosten – nämlich zu einer jährlichen Steuerschuld für die private Nutzung des oberen Stockwerks i.H.v. lediglich 1.600 € (2 % der anteiligen HK von 500.000 € = 10.000 € x 16 %).

Die im Investitionsjahr für die Privatwohnung »zu viel« verlangte VSt würde über die jährliche Versteuerung der unentgeltlichen Wertabgabe somit erst in 50 Jahren (der bei der AfA zu Grunde gelegten Nutzungsdauer) vollständig an den Fiskus zurückbezahlt sein. Dies kommt einem zinslosen Kredit über 50 Jahre gleich. Im Beispiel 6 beläuft sich dieser auf 80.000 €. Das Gestaltungsmodell wäre wirtschaftlich optimiert, wenn der Unternehmer nach Ablauf des Berichtigungszeitraums von zehn Jahren den privat genutzten Gebäudeteil steuerfrei veräußern würde oder aus seinem Unternehmensvermögen entnehmen könnte und diese Entnahme in entsprechender Anwendung des § 4 Nr. 9a UStG steuerfrei bliebe. Dann stünden auf der Basis der früheren Auffassung der Finanzverwaltung einer anfänglichen VSt i.H.v. 80.000 € folglich steuerpflichtige Wertabgaben i.H.v. 10 x 1.600 € (vgl. Lösung zu Beispiel 6) = 16.000 € gegenüber. Der Steuervorteil betrüge 64.000 €.

5.1.4.2 Relevanz der Neufassung des § 10 Abs. 4 Nr. 2 UStG zum 01.01.2005
Die Antworten der Finanzverwaltung auf solche Planspiele waren schnell gefunden. So hat das BMF bereits unter dem 13.04.2004 zwei Schreiben (BStBl I 2004, 468 = Nr. 500, § 10/12 und BStBl I 2004, 469) veröffentlicht, die der zum 01.01.2005 neugefasste § 10 Abs. 4 Nr. 2 UStG (mit Rückwirkung zum 01.07.2004!) dann nahezu wortwörtlich übernommen hat.

Danach gilt: Zur Ermittlung der BMG für die steuerpflichtige Privatnutzung sind die **AK und HK** abweichend von der früher in A 155 Abs. 2 UStR 2000 vorgesehenen Bezugnahme auf ertragsteuerliche Grundsätze ab dem 01.07.2004 **gleichmäßig auf den nach § 15a UStG maßgeblichen Berichtigungszeitraum (bei Gebäuden also auf zehn Jahre) zu verteilen**.

Was damit erreicht werden sollte, ist offensichtlich. Es ging darum, durch Festlegung einer kürzeren Nutzungsdauer den Finanzierungsvorteil durch den vollen VSt-Abzug schneller zurück zu führen. So beträgt im Beispiel 6 die jährliche Steuerschuld für die private Nutzung des oberen Stockwerks auf der Basis der BMF-Schreiben nicht mehr lediglich 1.600 € (2 % der anteiligen HK von 500.000 € = 10.000 € × 16 %), sondern 8.000 € (10 % der anteiligen HK von 500.000 € = 50.000 € × 16 %). Damit ist nicht nur der zinslose Kredit über 80.000 € bereits nach zehn Jahren statt nach 50 Jahren zurückgezahlt. Auch das optimierte Gestaltungsmodell aus Beispiel 6 fällt damit in sich zusammen. Es gibt keine noch offenen 64.000 €, deren Rückzahlung durch eine als steuerfrei zu behandelnde Entnahme des Grundstücks vermieden werden könnte.[168]

Das letzte Wort in Sachen Besteuerung der Privatnutzung von Grundstücken war mit der Neufassung des § 10 Abs. 4 Nr. 2 UStG freilich noch nicht gesprochen. Kaum verabschiedet wurde der neu formulierte § 10 Abs. 4 Nr. 2 UStG bereits im Februar 2005 Gegenstand eines Vorabentscheidungsersuchens an den EuGH. Das FG München wollte vom EuGH insb. geklärt wissen, ob es zulässig sei, bei der Ermittlung der auf die Privatnutzung entfallenden Ausgaben die AK und HK entsprechend dem nationalen Berichtigungszeitraum für die VSt-Berichtigung auf zehn statt wie im Ertragsteuerrecht bei der AfA auf 50 Jahre zu verteilen. Um es vorwegzunehmen: Der **EuGH** hat in seinem Urteil vom 14.09.2006 (BStBl II 2007, 32 = UR 2006, 638 mit lesenswerten Anmerkungen von Stadie und Widmann) die nationale Neuregelung zur Ermittlung der anteiligen Ausgaben für die Privatnutzung in § 10 Abs. 4 Nr. 2 UStG nicht nur für zulässig erklärt, sondern eher schon befürwortet. Seine wesentlichen Argumente: **Mit einer VSt-Berichtigung werde letztlich dasselbe Ziel verfolgt wie mit der Besteuerung der privaten Nutzung eines Investitionsguts**. Es gehe jeweils darum, den StPfl. zur Zahlung von Beträgen zu zwingen, die den VSt-Abzügen entsprechen, zu deren Vornahme er nicht berechtigt war. Beide Regelungen wollten verhindern, dass dem Unternehmer ein ungerechtfertigter wirtschaftlicher Vorteil gegenüber dem Endverbraucher verschafft werde. Außerdem trage die gewählte Lösung dazu bei, den Liquiditätsvorteil zu verringern, den eine gestaffelte Besteuerung dem StPfl., der eine Unternehmensimmobilie privat nutzt, gegenüber dem Endverbraucher verschafft, der die gesamte Mehrwertsteuer beim Erwerb oder bei der Herstellung eines solchen Gebäudes zu entrichten hat. Durch die Gleichstellung des Zeitraums der Verteilung der AK oder HK mit dem Berichtigungszeitraum werde sichergestellt, dass vor einer etwaigen steuerfreien Wiederveräußerung des Gebäudes, die nach Ablauf dieses Zeitraums erfolgt, der gesamte dem VSt-Abzug entsprechende USt-Betrag für die Privatnutzung erhoben werde.

Nach dieser Entscheidung des EuGH zur Zulässigkeit der Neufassung des § 10 Abs. 4 Nr. 2 UStG blieben im Zusammenhang mit der Besteuerung der außerunternehmerischen Grundstücksnutzung nur noch drei Fragen offen.

---

168 *Hoffmann/Rüsch* (DStR 2004, 1075) sprechen denn auch zu Recht davon, dass es dem BMF gelungen sei, die Seeling-Urteile steueraufkommensneutral zu verarbeiten.

5.1.4.3 Einzelprobleme

Dabei ging es zum einen darum, ob es zulässig sein kann, die AfA auch für Zeiträume **vor dem 01.07.2004** auf die Dauer des Berichtigungszeitraums zu verteilen. Die Finanzverwaltung hatte dies in ihrem Schreiben vom 13.04.2004 (BStBl I 2004, 468) für den Fall vorgesehen, dass sich ein StPfl. für vor dem 01.07.2004 liegende Grundstückserwerbe auf die »Seeling-Urteile« von EuGH und BFH beruft und trotz der gemischten Grundstücksnutzung vollen VSt-Abzug beansprucht.

Die erste Frage (Behandlung der »Altfälle«) hat sich mit dem BMF-**Schreiben vom 10.08.2007 (BStBl I 2007, 690 = Nr. 500, § 10/13)** erledigt: Für Zeiträume bis zum 30.06.2004 sei § 10 Abs. 4 Nr. 2 UStG in der bis einschließlich 30.06.2004 geltenden Fassung anzuwenden. Dabei ist grundsätzlich von den bei der Einkommensteuer zugrunde gelegten Kosten, also von einem AfA-Ansatz von 2 % jährlich, auszugehen.[169]

Die zweite offene Frage hat sich erst kürzlich erledigt. Sie betraf die im Zusammenhang mit dem Seeling-Urteil vom BMF verfügte Beurteilung der Entnahme solcher Grundstücke/Gebäude, die zu einem vollen oder teilweisen VSt-Abzug berechtigt haben. Nach Auffassung der Finanzverwaltung, kundgetan im BMF-Schreiben vom 13.04.2004 (BStBl II 2004, 469) und später aufgenommen in **A 71 Abs. 1 S. 1 UStR 2008**, sollte die Entnahme von Grundstücken/Gebäuden, die nach dem 30.06.2004 angeschafft oder hergestellt werden, entgegen eigener früherer Praxis als steuerpflichtig zu behandeln sein. Diese Auffassung sah sich in der Literatur unter Hinweis auf eine damit einhergehende Doppelbesteuerung umgehend heftiger Kritik ausgesetzt.[170] Die Europäische Kommission hat schließlich im April 2007 ein Vertragsverletzungsverfahren gem. Art. 226 des EG-Vertrages eingeleitet und die Bundesrepublik Deutschland förmlich aufgefordert, ihre Auffassung zur umsatzsteuerrechtlichen Beurteilung von Grundstücksentnahmen zu ändern. Andernfalls werde die Kommission den EuGH in einem Vertragsverletzungsverfahren wegen Nichtbeachtung des Gemeinschaftsrechts anrufen.

Dazu muss es nun nicht mehr kommen. Das BMF hat mit Schreiben vom 22.09.2008 (BStBl I 2008, 895) einen Rückzieher gemacht und erklärt: Für den Fall einer nach § 3 Abs. 1b S. 1 Nr. 1 und S. 2 UStG steuerbaren **Entnahme eines Grundstücks** aus dem Unternehmen ist die **Steuerbefreiung des § 4 Nr. 9 Buchst. a UStG** unabhängig davon **anzuwenden**, ob mit der Entnahme ein Rechtsträgerwechsel am Grundstück verbunden ist (so nunmehr auch ausdrücklich **A 4.9.1 Abs. 2 Nr. 6 UStAE**). Die entgegenstehenden Aussagen des A 71 Abs. 1 S. 1 UStR 2008 hat das BMF im UStAE in A 4.9.1 folgerichtig ersatzlos gestrichen.

Als endgültig geklärt darf man auch die Fälle betrachten, bei denen die Privatnutzung neben eine steuerfreie und damit nach § 15 Abs. 2 Nr. 1 UStG vorsteuerschädliche unternehmerische Nutzung tritt.

---

169 Die dem entgegenstehende Vorgabe im Schreiben vom 13.04.2004 (BStBl I 2004, 468) ist nicht mehr anzuwenden.
170 Letztlich geht es bei dem Streit auch nur vordergründig um die Steuerpflicht einer Grundstücksentnahme. Das Kernproblem besteht vielmehr in Folgendem: Folgt man der Sichtweise des EuGH, wonach die Besteuerung unentgeltlicher Wertabgaben und die Vorsteuerberichtigung nach § 15a UStG dasselbe Ziel, nämlich die Rückgängigmachung des VSt-Abzugs, verfolgen, darf über eine Besteuerung unentgeltlicher Wertabgaben letztlich nicht mehr USt ausgelöst sein, als an Vorsteuer in Abzug gebracht wurde. Damit verträgt sich die in § 10 Abs. 4 Nr. 1 UStG vorgesehene Besteuerung auf der Basis der Wiederbeschaffungskosten nicht. Konsequenterweise bedürfte die Entnahmebesteuerung wie die Vorsteuerberichtigung nach § 15a UStG zum einen zeitlicher Begrenzungen, zum anderen bedürfte es i.R.d. § 10 Abs. 4 Nr. 1 UStG einer Berücksichtigung des Vorsteuervolumens, das zuvor bereits über eine Besteuerung der Privatnutzung zurückgeführt wurde; a.A. *Widmann* (UR 2007,13).

Beispiel 7: Privatnutzung neben steuerfreien Aktivitäten
Arzt A mit ausschließlich steuerfreien Umsätzen nach § 4 Nr. 14 UStG hat im August 01 ein Gebäude für 1 Mio. € zzgl. 190.000 € USt herstellen lassen. Er nutzt das zweistöckige Gebäude ab September 01 im Erdgeschoss für seine Arztpraxis. Im gleich großen Obergeschoss wohnt er mit seiner Familie. Er hat das Gebäude insgesamt seinem Unternehmen zugeordnet.

Lösung: Im Hinblick auf die Rspr. des EuGH könnte man auf folgende »gute« (und weit verbreitete) Idee kommen: Da A neben der vorsteuerschädlichen unternehmerischen Nutzung eine steuerpflichtige Privatnutzung hat, stehe ihm im Wege der VSt-Aufteilung nach § 15 Abs. 2 und 4 UStG immerhin ein VSt-Abzug i.H.v. 95.000 € zu. Dieser VSt-Abzug sei lediglich sukzessive über eine Besteuerung der Privatnutzung mit jährlich 9.500 € (BMG nach § 10 Abs. 4 Nr. 2 UStG: 50.000 €) rückgängig zu machen. Dem folgt das BMF freilich nicht (vgl. A 3.4 Abs. 7 UStAE). Gem. § 3 Abs. 9a Nr. 1 UStG sei die **Verwendung eines dem Unternehmen zugeordneten Gegenstandes für nichtunternehmerische Zwecke nur steuerbar, wenn der Gegenstand zum vollen oder teilweisen VSt-Abzug berechtigt hat**. Bei der Prüfung der Frage, ob diese Voraussetzung vorliegt, sei aber ausschließlich die unternehmerische Nutzung des Gegenstandes maßgeblich. Sei jene vorsteuerschädlich, erfülle die Privatnutzung nicht die tatbestandlichen Voraussetzungen einer unentgeltlichen Wertabgabe nach § 3 Abs. 9a Nr. 1 UStG und sei folglich gar nicht steuerbar. Von daher entfalle der VSt-Abzug zur Gänze, da es mit umsatzsteuerrechtlicher Relevanz nur die vorsteuerschädliche Nutzung als Arzt gebe.

Im Ergebnis führt diese Betrachtung dazu, dass ein Unternehmer ohne steuerpflichtige Grundgeschäfte nicht durch den Ersatztatbestand der unentgeltlichen Wertabgabe in den Genuss des VSt-Abzugs kommen kann. Diese Betrachtung verdient Zustimmung und ist kürzlich auch vom BFH mit Urteilen vom 08.10.2008 (BStBl II 2009, 394) und 11.03.2009 (BStBl II 2009, 496) ausdrücklich bestätigt worden. Dass ein Unternehmer, der mit seinen unternehmerischen Aktivitäten vom VSt-Abzug ausgeschlossen ist, allein **wegen** der teilweisen **Privatnutzung** eines Unternehmensgegenstands **vorsteuerabzugsberechtigt** sein soll, ist schlicht eine abenteuerliche Vorstellung. Wenn man dem BMF folgt, hat ein VSt-Abzug selbstverständlich auch dann vollständig zu unterbleiben, wenn die Privatnutzung neben eine steuerfreie Vermietung tritt. Um von der Rspr. des EuGH profitieren zu können, bedarf es bei dieser Betrachtung notwendig einer **steuerpflichtigen** unternehmerischen Nutzung, die wegen § 15 Abs. 1 S. 2 UStG mindestens 10 % der Gesamtnutzung ausmachen muss.

5.1.4.4 Änderungen zum 01.01.2011

Die Europäische Kommission hatte am 07.11.1007 einen Vorschlag unterbreitet, der darauf zielte, verschiedene Bestimmungen der MwStSystRL vom 28.11.2006 zu ändern. Darin war u.a. vorgesehen, bei unternehmerisch wie außerunternehmerisch genutzten Grundstücken (neue Terminologie: teilunternehmerisch) das Recht auf VSt-Abzug von vornherein auf den unternehmerisch verwendeten Gebäudeteil zu beschränken. Diesen Vorschlag hat der Rat der EU Ende 2009 aufgenommen und am 19.12.2009 die MwStSystRL um einen entsprechenden Art. 168a ergänzt. Zugleich hat der Rat der EU bestimmt, dass die Mitgliedstaaten Art. 168a MwStSystRL bis zum 01.01.2011 in nationales Recht umsetzen müssen. Dem ist die Bundesrepublik gefolgt.

Der zum 01.01.2011 eingefügte § 15 Abs. 1b UStG sieht einen weiteren VSt-Ausschlusstatbestand vor, der seinem Charakter nach dem früher für gemischt genutzte Fahrzeuge vorgesehenen § 15 Abs. 1b UStG a.F. entspricht (s. dazu Kap. 5.1.2). Nach **§ 15 Abs. 1b UStG** n.F. ist die **Steuer für die Lieferungen,** die Einfuhr und den innergemeinschaftlichen Erwerb **sowie für sonstige Leistungen im Zusammenhang mit einem Grundstück vom VSt-Abzug ausgeschlossen, soweit sie nicht auf die Verwendung des Grundstücks für Zwecke des Unternehmens entfällt.** Der Umstand, dass die bezogenen Leistungen auch für außerunternehmerische Zwecke verwendet werden, führt ab 01.01.2011 also zu einer entsprechenden Beschränkung des VSt-Abzugs. Statt zunächst trotz der gemischten Nutzung bei voller Zuordnung des Grundstücks dem V den vollen VSt-Abzug zu gewähren und diesen sukzessive über eine Besteuerung der außerunternehmerischen Nutzung als unentgeltliche Wertabgabe rückgängig zu machen, erfolgt »**die Besteuerung der außerunternehmerischen Verwendung eines Unternehmensgrundstücks**« ab 01.01.2011 also über eine Beschränkung des **VSt-Abzugs.** Wird der Privatnutzung aber über eine Reduzierung des VSt-Abzugs Rechnung getragen, dann muss eine gesonderte Besteuerung der Privatnutzung als unentgeltliche Wertabgabe natürlich entfallen. Dies gewährleistet ein zum 01.01.2011 ebenfalls neu eingefügter zweiter Halbsatz in § 3 Abs. 9a Nr. 1 S. 1 UStG. Danach findet § 3 Abs. 9a S. 1 Nr. 1 UStG keine Anwendung, »…wenn der VSt-Abzug nach § 15 Abs. 1b UStG ausgeschlossen ist …«. Damit ist das berühmte Seeling-Urteil des EuGH endgültig neutralisiert. Wie vor diesem Urteil, als man die Privatnutzung eines Unternehmensgrundstücks in entsprechender Anwendung des § 4 Nr. 12a UStG für steuerbefreit angesehen hat, ist der VSt-Abzug wieder auf den unternehmerisch genutzten Grundstücksteil beschränkt. Was sich seinerzeit aus § 15 Abs. 2 Nr. 1 i.V.m. § 15 Abs. 4 UStG ergab, folgt nunmehr, ab 01.01.2011, aus § 15 Abs. 1b UStG.

Somit wird es **bei einem lediglich teilunternehmerisch genutzten Gebäude nicht mehr möglich** sein, **sofort die gesamte VSt abzuziehen.** Parallel dazu entfällt dann natürlich auch eine Besteuerung der außerunternehmerischen Nutzung. Für den Fall, dass sich die Nutzungsverhältnisse während des für Grundstücke geltenden Berichtigungszeitraums ändern – also der Anteil von unternehmerischer zu außerunternehmerischer Nutzung variiert –, ist eine Korrektur des VSt-Abzugs in Anlehnung an die auch ansonsten für eine VSt-Berichtigung geltenden Grundsätze vorgesehen (vgl. § 15a Abs. 6a UStG n.F. und dazu Kap. XVI).[171] **Wird das gemischt genutzte Grundstück** während des Berichtigungszeitraums entnommen, löst dieser Fall eine **VSt-Berichtigung nach § 15a Abs. 8 (S. 2), 9 UStG** aus.

5.1.4 5 Neuregelungen für teilunternehmerisch genutzte Grundstücke ab 01.01.2011 (Übersicht)

> § 3 (9a) Einer sonstigen Leistung gegen Entgelt werden gleichgestellt
> 1. die Verwendung eines dem Unternehmen zugeordneten Gegenstands, der zum vollen oder teilweisen Vorsteuerabzug berechtigt hat, durch einen Unternehmer für Zwecke, die außerhalb des Unternehmens liegen …; **dies gilt nicht, wenn der Vorsteuerabzug nach § 15 Absatz 1b ausgeschlossen oder wenn eine Vorsteuerberichtigung nach § 15a Absatz 6a durchzuführen ist.**
>
> § 15(1b)
> [1] **Verwendet der Unternehmer ein Grundstück sowohl für Zwecke seines Unternehmens als auch für Zwecke, die außerhalb des Unternehmens liegen, oder für den

---

171 Einen lesenswerten, aktuellen Beitrag zu umsatzsteuerrechtlichen Problemen gemischt genutzter Grundstücke bietet *Meurer* (NWB 40/2010, 3204 ff.).

> privaten Bedarf seines Personals, ist die Steuer für die Lieferungen, die Einfuhr und den innergemeinschaftlichen Erwerb sowie für die sonstigen Leistungen im Zusammenhang mit diesem Grundstück vom Vorsteuerabzug ausgeschlossen, soweit sie nicht auf die Verwendung des Grundstücks für Zwecke des Unternehmens entfällt ....
>
> § 15a
> (6a) Eine Änderung der Verhältnisse liegt auch bei einer Änderung der Verwendung im Sinne des § 15 Absatz 1b vor.
>
> (8) ¹ Eine Änderung der Verhältnisse liegt auch vor, wenn das noch verwendungsfähige Wirtschaftsgut, das nicht nur einmalig zur Ausführung eines Umsatzes verwendet wird, vor Ablauf des nach den Absätzen 1 und 5 maßgeblichen Berichtigungszeitraums veräußert oder nach § 3 Abs. 1b geliefert wird und dieser Umsatz anders zu beurteilen ist als die für den ursprünglichen Vorsteuerabzug maßgebliche Verwendung. ² **Dies gilt auch für Wirtschaftsgüter, für die der Vorsteuerabzug nach § 15 Absatz 1b teilweise ausgeschlossen war.**
>
> § 27
> (16) ¹ § 3 Absatz 9a Nummer 1, § 15 Absatz 1b, § 15a Absatz 6a und 8 Satz 2 in der Fassung des Artikels 4 des Gesetzes vom 8. Dezember 2010 (BGBl. I S. 1768) **sind nicht anzuwenden auf Wirtschaftsgüter im Sinne des § 15 Absatz 1b, die auf Grund eines vor dem 1. Januar 2011 rechtswirksam abgeschlossenen obligatorischen Vertrags oder gleichstehenden Rechtsakts angeschafft worden sind oder mit deren Herstellung vor dem 1. Januar 2011 begonnen worden ist.** ² Als Beginn der Herstellung gilt bei Gebäuden, für die eine Baugenehmigung erforderlich ist, der Zeitpunkt, in dem der Bauantrag gestellt wird; bei baugenehmigungsfreien Gebäuden, für die Bauunterlagen einzureichen sind, der Zeitpunkt, in dem die Bauunterlagen eingereicht werden.

5.2 Erbringen einer anderen sonstigen Leistung (§ 3 Abs. 9a S. 1 Nr. 2 UStG)

Nach § 3 Abs. 9a S. 1 Nr. 2 UStG unterliegen alle anderen, nicht bereits unter § 3 Abs. 9a S. 1 Nr. 1 UStG fallenden unentgeltlichen **Dienstleistungen für nichtunternehmerische Zwecke** oder für den privaten Bedarf des Personals der Umsatzbesteuerung. Die Besteuerung dieser unentgeltlichen Wertabgaben hängt nicht davon ab, dass USt angefallen und der Unternehmer hinsichtlich dieser Steuer zum VSt-Abzug nach § 15 UStG berechtigt war. Die **Berechtigung zum VSt-Abzug** nach § 15 UStG ist **kein Tatbestandsmerkmal** des § 3 Abs. 9a S. 1 Nr. 2 UStG. Entsprechend sind in die **BMG** für diese unentgeltlichen Wertabgaben nach § 10 Abs. 4 Nr. 2 UStG **sämtliche entstandenen Kosten** einzubeziehen – also auch die Kosten, die nicht mit USt belastet sind, wie z.B. Lohnkosten. Als herkömmliches Beispiel hierfür dienen die betrieblichen Arbeitskräfte eines Unternehmers, die eingesetzt werden, um den Privatgarten der Ehefrau des Unternehmers oder anderer Familienangehöriger auf Vordermann zu bringen. Hierbei handelt es sich zweifelsfrei um eine einer entgeltlichen sonstigen Leistung gleichgestellte unentgeltliche Wertabgabe i.S.d. § 3 Abs. 9a S. 1 Nr. 2 UStG. BMG bildet nach § 10 Abs. 4 Nr. 2 UStG der anteilige Arbeitslohn. Gibt es für die unentgeltlich erbrachten Dienstleistungen unternehmerische Gründe, entfällt eine Besteuerung nach § 3 Abs. 9a S. 1 Nr. 2 UStG. Unentgeltliche **sonstige Leistungen, die unternehmerisch veranlasst sind, kennen keine Gleichstellung mit entgeltlichen sonstigen Leistungen.** Bei unternehmerisch veranlassten unentgeltlichen Wertabgaben kommt eine Gleichstellung der unentgeltlichen Wertabgabe mit entgeltlichen Abgaben nur für Lieferungen in Betracht. Von daher war denn auch in der Beraterklausur 2005, bei der die KG zum Tag der offenen Tür (Beispiel 3a) auch noch eine unentgeltliche Beköstigung von Gästen als Restaurationsleistung anzubieten hatte, die unentgeltliche Abgabe der Speisen und Getränke folglich nicht steuerbar nach § 1 Abs. 1 Nr. 1 UStG.

Beispiel 8 (Ergänzung zu Beispiel 3a/3b):
Das Möbelhaus M verlost anlässlich der Werbekampagne unter den Kunden auch fünf Eintrittskarten für das Spiel eines Fußballbundesligisten für jeweils 50 € zuzüglich 9,50 € USt.

Lösung: Die Eintrittskarten für das Fußballspiel werden wie die Fernseher in Beispiel 3b aus unternehmerischen Erwägungen (Werbeeffekt) heraus abgegeben. Es handelt sich jedoch bei Eintrittsberechtigungen – im Gegensatz zur Abgabe von Gegenständen – um die Abgabe von sonstigen Leistungen. Da § 3 Abs. 9a Nr. 2 UStG **unentgeltliche Wertabgaben aus unternehmerischen Gründen** nicht aufführt, handelt es sich bei der Abgabe der Eintrittskarten an die Gewinner der Verlosung um einen **der Art nach nichtsteuerbaren Vorgang**. Weitreichende Folge für den VSt-Abzug: Es fehlt an einem Ausgangsumsatz in Form einer unentgeltlichen Wertabgabe, dem der Eingangsumsatz (Kauf der Eintrittskarten) direkt (unmittelbar) zugeordnet werden könnte und der den VSt-Abzug ausschließen würde. Für den VSt-Abzug kommt es deshalb – mangels direkter Zuordnungsmöglichkeit – auf die Gesamttätigkeit des Unternehmers an. Da das Möbelhaus ausschließlich umsatzsteuerpflichtige und damit vorsteuerunschädliche Umsätze ausführt (steuerpflichtiger Verkauf von Möbeln), kann es die VSt aus den Eintrittskarten i.H.v. jeweils 9,50 € abziehen!

5.3 Sonstige Leistungen gegenüber dem Personal

Mit der Neuregelung dessen, was früher als Eigenverbrauch firmierte, hat der Gesetzgeber die unentgeltlichen Wertabgaben an AN für deren privaten Bedarf in Übereinstimmung mit den Vorgaben der 6. EG-RL ebenso wie die unentgeltlichen Wertabgaben des Unternehmers für dessen eigenen privaten Bedarf geregelt. Sachzuwendungen an AN erfahren nach § 3 Abs. 1b Nr. 2 UStG eine Behandlung als fiktive Lieferung gegen Entgelt. Ermöglicht der AG seinen AN unentgeltlich die Verwendung von Unternehmensgegenständen oder wendet er ihnen unentgeltlich andere sonstige Leistungen zu, so werden diese Leistungen nach § 3 Abs. 9a Nr. 1 und 2 UStG sonstigen Leistungen gegen Entgelt gleichgestellt, wenn sie denn für den privaten Bedarf der Beschäftigten erfolgen. Diese Gleichbehandlung ist geboten, um einen unversteuerten Endverbrauch bei AN zu verhindern, wenn diese – über den Umweg des AG – **sonstige Leistungen zur privaten Bedarfsdeckung** erhalten.

Insoweit verdient besondere Beachtung, dass § 3 Abs. 9a UStG keine Anwendung findet, wenn betrieblich veranlasste Maßnahmen zwar **auch** die Befriedigung eines privaten Bedarfs der AN zur Folge haben, diese Folge **aber durch die mit den Maßnahmen angestrebten betrieblichen Zwecke überlagert wird.** In einem solchen Fall ist davon auszugehen, dass die Gewährung der unentgeltlichen Leistungen aus unternehmerischen Gründen erfolgt, was eine Steuerbarkeit ausschließt. Beispiele hierfür bilden die **Bereitstellung von Sportanlagen und betrieblichen Kindergärten** (weitere Beispiel in A 12 Abs. 4 Nr. 1–11

UStAE). Besondere praktische Relevanz gewinnt diese Einschränkung bei den sog. **AN-Sammelbeförderungen**. Hierbei handelt es sich um unentgeltliche Beförderungen der AN von ihrem Wohnsitz, gewöhnlichen Aufenthaltsort oder von einer Sammelhaltestelle zum Arbeitsplatz durch betriebseigene Kraftfahrzeuge oder Beförderungsunternehmer, die der AG beauftragt hat. Auch diese Beförderungen sind nur dann nach § 3 Abs. 9a S. 1 Nr. 2 UStG steuerbar, wenn sie nicht im überwiegenden betrieblichen Interesse des AG liegen. Eine Besteuerung hat danach zu unterbleiben, wenn

- die Beförderung mit öffentlichen Verkehrsmitteln nicht oder nur mit unverhältnismäßig hohem Zeitaufwand durchgeführt werden könnte,
- die AN an ständig wechselnden Tätigkeitsstätten oder an verschiedenen Stellen eines weiträumigen Arbeitsgebiets eingesetzt werden oder
- Beförderungsleistungen wegen eines außergewöhnlichen Arbeitseinsatzes erforderlich werden.[172]

Nicht nur, aber insb. bei der sog. Firmenwagenüberlassung[173] ist i.Ü. sorgfältig zu prüfen, ob es sich nicht um eine tatsächlich entgeltliche sonstige Leistung im Rahmen eines tauschähnlichen Umsatzes handelt, bei der das Entgelt in der nicht durch Barlohn abgegoltenen Arbeitsleistung besteht.

Wie bei Sachzuwendungen nach § 3 Abs. 1b Nr. 2 UStG sind auch im Rahmen der unentgeltlichen Wertabgaben an AN nach § 3 Abs. 9a S. 1 Nr. 1 und 2 UStG Aufmerksamkeiten, die dem Personal zugewendet werden, von der Besteuerung ausgenommen.

6 Ort der Abgabe/Rechnungserteilung/Steuerentstehung

Für unentgeltliche Wertabgaben sieht **§ 3f UStG** einen einheitlichen **Leistungsort** vor. Dies ist grundsätzlich der Ort, von dem aus der Unternehmer sein Unternehmen betreibt. Darum sind die »klausurträchtigen« Urlaubsfahrten eines inländischen Unternehmers auch dann steuerbar nach § 3 Abs. 9a Nr. 1 UStG i.V.m. § 1 Abs. 1 Nr. 1 UStG, wenn sie im Ausland stattfinden, sofern hierfür ein vorsteuerentlasteter Firmenwagen verwendet wird. Geschieht die Wertabgabe von einer Betriebsstätte aus, ist die Belegenheit der Betriebsstätte maßgebend.

Über eine unentgeltliche Wertabgabe, die in der unmittelbaren Zuwendung eines Gegenstandes oder in der Ausführung einer sonstigen Leistung an einen Dritten besteht, kann nach A 3.2 Abs. 2 S. 5 UStAE grundsätzlich nicht mit einer Rechnung i.S.d. § 14 UStG abgerechnet werden. Der Empfänger kann folglich die vom Zuwendenden geschuldete USt nicht als VSt abziehen, selbst wenn er den Gegenstand zu unternehmerischen Zwecken nutzt. Hieran hält die Finanzverwaltung ebenso beharrlich fest wie daran, dass bei unentgeltlichen Wertabgaben eine Option zur Steuerpflicht nach § 9 UStG grundsätzlich nicht in Betracht kommen soll (vgl. A 3.2 Abs. 2 UStAE).

Bei steuerpflichtigen unentgeltlichen Wertabgaben nach § 3 Abs. 1b und § 3 Abs. 9a UStG lässt **§ 13 Abs. 1 Nr. 2 UStG** die Steuer mit Ablauf des VAZ entstehen, in dem diese Tatbestände verwirklicht worden sind.

---

[172] Vgl. zur Arbeitnehmersammelbeförderung zuletzt OFD Hannover vom 23.07.2008 (UR 2008, 865 f.) sowie grundlegend schon BFH vom 11.05.2000 (BStBl II 2000, 505).
[173] Vgl. Kap. V 5.

XIII Unrichtiger oder unberechtigter Steuerausweis

USt kann nicht nur durch die in § 1 Abs. 1 UStG genannten Vorgänge ausgelöst sein. Ergänzt werden die dort aufgeführten Sachverhalte durch Tatbestände, die ihren Anknüpfungspunkt für das Entstehen von USt in Abrechnungspapieren finden, mit denen eine der umsatzsteuerrechtlichen Beurteilung nicht entsprechende USt ausgewiesen wird. Diese Sachverhalte können unter den in § 14c Abs. 1 und 2 UStG beschriebenen Voraussetzungen ebenfalls eine USt-Schuld begründen. Da ein vorsteuerabzugsberechtigter Unternehmer nur die USt abziehen kann, die für einen nach § 1 Abs. 1 Nr. 1 UStG steuerpflichtigen Umsatz tatsächlich geschuldet wird (§ 15 Abs. 1 Nr. 1 UStG spricht von »gesetzlich geschuldeter Steuer für Lieferungen und sonstigen Leistungen«[174]), gibt es insoweit dann also kein Gleichgewicht von Steuer und VSt-Abzug. § 14c UStG unterscheidet zwischen den Fällen eines unrichtigen Steuerausweises nach § 14c Abs. 1 UStG und denen eines unberechtigten nach § 14c Abs. 2 UStG.

1 Unrichtiger Steuerausweis nach § 14c Abs. 1 UStG

Weist ein Unternehmer in einer Rechnung für eine Lieferung oder sonstige Leistung einen höheren Steuerbetrag aus, als er nach dem Gesetz für den Umsatz schuldet, so ist der Sachverhalt des unrichtigen Steuerausweises verwirklicht. Der Unternehmer schuldet dann nach § 14c Abs. 1 UStG auch den Mehrbetrag. Wird für den Umsatz tatsächlich – weil der Umsatz nicht steuerbar oder steuerfrei ist – gar keine USt geschuldet, ist der Mehrbetrag identisch mit dem ausgewiesenen Steuerbetrag. Ansonsten tritt die »§ 14c Abs. 1-Steuer« neben die USt, die für den nach § 1 Abs. 1 Nr. 1 UStG steuerpflichtigen Umsatz auf der Basis einer BMG nach § 10 Abs. 1 UStG tatsächlich geschuldet wird. Die Rechtsfolge des § 14c Abs. 1 UStG tritt i.Ü. unabhängig davon ein, ob das Abrechnungspapier ansonsten alle in § 14 Abs. 4 und § 14a UStG genannten Angaben enthält. § 14c Abs. 1 UStG erfasst insb. folgende Sachverhalte:

- Rechenfehler, die zu einem zu hohen Steuerbetrag führen,
- Anwendung des Regelsteuersatzes statt des ermäßigten Steuersatzes,
- Ausweis von USt für steuerfreie Umsätze sowie für
- nicht steuerbare Umsätze (Leistungsort im Ausland, Geschäftsveräußerungen nach § 1 Abs. 1a UStG).

Nach A 13b.14 Abs. 1 S. 5 UStAE unterfällt § 14c Abs. 1 UStG auch der praktisch durchaus bedeutsame Sachverhalt, dass ein Unternehmer über eine steuerpflichtige Leistung mit gesondertem Steuerausweis abrechnet, für die der Leistungsempfänger nach § 13b Abs. 5 UStG die Steuer schuldet. In diesen Fällen ist der Steuerausweis nach § 14a Abs. 5 S. 3

---

174 Vgl. dazu Kap. XV 1.6.

UStG unzulässig. Vom Wortlaut her hätte es deshalb näher gelegen, diesen Sachverhalt § 14c Abs. 2 UStG, dem unberechtigten Steuerausweis, zuzuweisen. Die Finanzverwaltung sieht darin aber einen unrichtigen Steuerausweis i.S.d. § 14c Abs. 1 UStG (vgl. dazu auch Kap. XVII 2.5.3).

Die Berichtigung einer Rechnung mit unrichtig ausgewiesener USt ist grundsätzlich an keine besonderen Voraussetzungen geknüpft. Unerheblich bleibt also, ob der Leistungsempfänger einen VSt-Abzug hinsichtlich der nach § 14c Abs. 1 UStG geschuldeten USt geltend gemacht, diesen ggf. berichtigt hat und ob die Finanzbehörde die Ansprüche gegen den Leistungsempfänger aus der ggf. gebotenen Berichtigung des VSt-Abzugs hat durchsetzen können.

Nur für den Fall, dass ein **Verzicht auf die Steuerbefreiung nach § 9 Abs. 2 UStG rückgängig gemacht** worden ist, sowie bei **fehlerhafter Behandlung einer Geschäftsveräußerung** als steuerpflichtig hat der Gesetzgeber des StÄndG 2003 in § 14c Abs. 1 S. 3 UStG vorgesehen, dass – wie in den Fällen des unberechtigten Steuerausweises nach § 14c Abs. 2 UStG – vor einer Berichtigung in einem besonderen Verfahren (dazu s. Kap. 2.2) zunächst der Nachweis zu führen ist, dass eine **Gefährdung des Steueraufkommens beseitigt** worden ist. In den anderen Fällen des unrichtigen Steuerausweises nach § 14c Abs. 1 UStG erfolgt die Berichtigung ohne Mitwirkung des Finanzamts durch eine Berichtigungserklärung gegenüber dem Leistungsempfänger. Aber: Eine aufgrund unrichtigen Steuerausweises in einer Rechnung gem. § 14c Abs. 1 UStG entstandene, aber nicht entrichtete Steuer ist ggf. gem. § 233a AO zu verzinsen.[175] Die aufgrund des Steuerausweises entstandene Umsatzsteuerschuld besteht bis zur Berichtigung des Steuerbetrags. Der Berichtigung kommt keine Rückwirkung zu, da dies dem Regelungszweck des § 14c Abs. 1 S. 2 UStG i.V.m. § 17 Abs. 1 UStG widersprechen würde. Für eine sachliche Unbilligkeit der Verzinsung von derartigen Umsatzsteuernachforderungen ist deshalb kein Anhaltspunkt ersichtlich (so der BFH mit Urteil vom 19.03.2009, BStBl II 2010, 93 – in Bezug auf die Vorgängerregelung des § 14c Abs. 1 UStG, aufgenommen in A 70.2.3 AEAO).

Die nach § 14c Abs. 1 UStG geschuldete Steuer entsteht nach § 13 Abs. 1 Nr. 3 UStG bereits mit Ausführung der Leistung, spätestens aber zum Zeitpunkt der Ausgabe der Rechnung. Im ersten Fall entsteht die Steuer mithin rückwirkend, wenn erst nach dem VAZ der Leistung eine unzutreffende Rechnung erteilt wird. Diese Rechtsfolge soll nach dem BMF-Schreiben vom 25.07.2012 (BStBl I 2012, 876) – inzwischen aufgenommen in dem neuen **A 13.7 UStAE** – aber nur solche Sachverhalte erfassen können, bei denen über eine **steuerpflichtige** Leistung unrichtig abgerechnet wird. Wird über eine nicht steuerbare oder steuerfreie Leistung USt gesondert ausgewiesen, entsteht die Steuer erst im Zeitpunkt der Ausgabe der Rechnung.

---

175 Zur Verzinsung nach § 233a AO s. näher *Bähr* (Teil A, Kap. V 6.4).

2 Unberechtigter Steuerausweis nach § 14c Abs. 2 UStG

Welche Sachverhalte die Feststellung auslösen, es liege ein unberechtigter Steuerausweis vor, wird in § 14c Abs. 2 S. 1, 2 UStG näher beschrieben.

2.1 Anwendungsbereich der Norm

Die Regelung des § 14c Abs. 2 UStG wendet sich in **Satz 1** an Unternehmer, die zum gesonderten Ausweis nicht berechtigt sind. Es sind dies die **Kleinunternehmer** (vgl. § 19 Abs. 1 S. 4 UStG) und jene **Händler, die von der Differenzbesteuerung** nach § 25a UStG **Gebrauch machen** (vgl. § 14a Abs. 6 S. 2 UStG). Weisen diese Unternehmer über die von ihnen getätigten Umsätze in einer Rechnung USt aus, so schulden sie die ausgewiesene USt nach § 14c Abs. 2 S. 1 UStG.

Davon zu unterscheiden sind die in **Satz 2** erfassten Sachverhalte. Hierbei geht es um den **USt-Ausweis** von Personen, die wie ein leistender Unternehmer abrechnen, indem sie USt gesondert ausweisen, obwohl sie tatsächlich kein Unternehmer sind (also »Privatpersonen«) oder eine Lieferung oder sonstige Leistung nicht (bzw. eine andere als die angegebene Leistung) ausgeführt haben.

§ 14c Abs. 2 S. 2 UStG erfasst nach A 14.1 Abs. 4 UStAE nicht solche Sachverhalte, bei denen fälschlich über nicht steuerbare sog. Innenumsätze (dazu s. Kap. III 3) – etwa Warenbewegungen innerhalb einer Organschaft – unter USt-Ausweis abgerechnet wird. Bei solchen Abrechnungen handelt es sich umsatzsteuerrechtlich nicht um Rechnungen, sondern lediglich um »unternehmensinterne Buchungsbelege«.

2.2 Berichtigungsverfahren

Das UStG hatte früher für die von § 14c Abs. 2 UStG erfassten Sachverhalte des »unberechtigten« Steuerausweises, bei denen die Steuer nach § 13 Abs. 1 Nr. 4 UStG stets mit Ausgabe der Rechnung entsteht, keine Berichtigungsmöglichkeit vorgesehen. Erst die mit dem StÄndG 2003 (BGBl I 2003, 2546) eingefügten Regelungen in § 14c Abs. 2 S. 3–5 UStG sehen für die Fälle des »unberechtigten« Steuerausweises erstmals gesetzlich eine Berichtigungsmöglichkeit vor. Hintergrund hierfür bildet die Entscheidung des EuGH vom 19.09.2000 (UR 2000, 470). Darin hat der EuGH es zwar grundsätzlich zu einer Sache der Mitgliedstaaten erklärt, die Voraussetzungen festzulegen, unter denen zu Unrecht in Rechnung gestellte Mehrwertsteuer berichtigt werden kann und in welchem Verfahren eine solche Berichtigung vorgenommen wird. Ist eine **Gefährdung des Steueraufkommens ausgeschlossen**, darf die **Berichtigung** zu Unrecht in Rechnung gestellter USt nach Ansicht des EuGH jedoch **nicht im Ermessen der Finanzverwaltung** stehen. Wenn der VSt-Abzug bei den Rechnungsempfängern berichtigt worden ist, verlange der Grundsatz der Neutralität der Mehrwertsteuer, dass die unberechtigt in Rechnung gestellte Mehrwertsteuer unabhängig von einem guten Glauben des Rechnungsausstellers berichtigt werden kann. Dem tragen die Regelungen in § 14c Abs. 2 S. 3–5 UStG nunmehr Rechnung. Sie überantworten in zulässiger Weise den Finanzbehörden die Prüfung, ob und ggf. in welcher Höhe und für welchen Besteuerungszeitraum eine Berichtigung vorgenommen werden darf.

Beispiel: Berichtigung einer Steuer nach § 14c Abs. 2 UStG (nach BFH vom 08.03.2001, BStBl II 2004, 373)
Büromaschinenhändler B stellt verschiedenen Leasingunternehmen Rechnungen über nie ausgeführte Lieferungen aus, um so eine bessere Ertragslage vorzutäuschen. Die Leasingunternehmen bezahlen die Rechnungen und erhalten anschließend von B die gezahlten Beträge erstattet. Die Leasingunternehmen ziehen die in den Rechnungen ausgewiesene USt von mehr als 500.000 € als VSt ab.
Nach einer Selbstanzeige setzt das FA im VAZ 02/01 gegen B i.H.d. ausgewiesenen Beträge USt fest. Das FA übermittelt im VAZ 03/01 die Angaben des B den für die Rechnungsempfänger zuständigen Finanzämtern, damit diese den VSt-Abzug bei den Rechnungsempfängern berichtigen.

Lösung: Die seit 2004 auch für unberechtigt ausgewiesene USt vorgesehene Möglichkeit zur Berichtigung verlangt nach § 14c Abs. 2 S. 5 UStG zunächst, dass der Schuldner der Steuer, im Beispiel der Büromaschinenhändler B, beim FA schriftlich die Zustimmung zur Berichtigung beantragt. Im Anschluss daran wird dann das um Zustimmung ersuchte FA prüfen, ob die durch den unberechtigten Steuerausweis geschaffene Gefährdung des Steueraufkommens beseitigt worden ist. Hierfür genügt es nicht, dass B aufgrund der Selbstanzeige die Finanzverwaltung in die Lage versetzt hat, die unberechtigte Verwendung der Rechnungen zum VSt-Abzug zu korrigieren. Eine Berichtigung kommt nach § 14c Abs. 2 S. 4 UStG erst in Betracht, wenn die Leistungsempfänger die geltend gemachte VSt tatsächlich zurückgezahlt haben. In dem Umfang, in dem dies feststellbar ist, wird das FA dem B die Zustimmung erteilen, die Steuer zu berichtigen. Dies hat dann in entsprechender Anwendung des § 17 UStG für den Voranmeldungszeitraum zu erfolgen, in dem VSt ganz oder teilweise erstattet worden ist (vgl. § 14c Abs. 2 S. 5 UStG).

So sehr es zu begrüßen ist, dass der Gesetzgeber die Grundsätze der EuGH-Entscheidung vom 19.09.2000 (UR 2000, 470) mit dem StÄndG 2003 (BGBl I 2003, 2546) umgesetzt hat, so unverständlich bleibt, warum das Berichtigungserfordernis der Beseitigung der Gefährdung des Steueraufkommens durch Rückabwicklung eines VSt-Abzugs zwar für den »unberechtigten«, aber nur ausnahmsweise für den »unrichtigen« Steuerausweis gelten soll. Ein Unterschied zwischen den beiden Fallgruppen ist – wie die Gruppenbildung selbst – überflüssig.[176] Mit dieser Zweiteilung der Berichtigungsvoraussetzungen produziert man ohne Not Konflikte.

Wie der BFH jüngst (Urteil vom 17.02.2011, BStBl II 2011, 734) unter Aufgabe früherer Rspr. entschieden hat, wird die Steuer **auch dann** nach **§ 14c Abs. 2 UStG geschuldet, wenn die Rechnung nicht sämtliche in § 14 Abs. 4 UStG aufgezählten Pflichtangaben aufweist**, derer es zum VSt-Abzug bedarf. Es gehe bei § 14c UStG um eine Gefährdung des Steueraufkommens. Auch Abrechnungsdokumente, die (nur) die elementaren Merkmale einer Rechnung aufführen, könnten den Empfänger zum VSt-Abzug verleiten. Von daher schuldet nach § 14c UStG die USt, wer einem anderen ein Dokument überlässt, das den Rechnungsaussteller, den (vermeintlichen) Leistungsempfänger, eine Leistungsbeschreibung, sowie das Entgelt und die USt ausweist.

---

[176] Vgl. dazu näher schon die überzeugenden Ausführungen von *Wagner* (UR 2003, 483).

XIV Grenzüberschreitende Warenbewegungen

1 Besteuerungsprinzipien bei grenzüberschreitenden Warenbewegungen

Grundsätzlich bestehen zwei Möglichkeiten, grenzüberschreitende Lieferungen zu besteuern: Entweder wird die USt im Ursprungsland auf die Lieferung (Ursprungslandprinzip) oder sie wird im Bestimmungsland auf den Erwerb (Bestimmungslandprinzip) erhoben.

Das Ursprungslandprinzip bevorzugt exportstarke Länder, da diese Länder auf ihre Produkte USt erheben können. Importländer erhalten bezüglich der importierten Waren bei Anwendung des Ursprungslandprinzips keine USt.

Bis zum 31.12.1992 galt im deutschen USt-Recht generell das Bestimmungslandprinzip. Wurden Waren in das Ausland exportiert, wurden diese von der deutschen USt über den Tatbestand der Ausfuhr befreit (s. dazu Kap. 2.2) und im Ausland entsprechend den umsatzsteuerrechtlichen Regelungen des jeweiligen Staates besteuert. Umgekehrt erhob der deutsche Zoll auf die Einfuhr von Waren (s. dazu Kap. 2.1) aus dem Ausland in das Inland an den Landesgrenzen E-USt. Seit dem 01.01.1993 sind die innergemeinschaftlichen Zollgrenzen entfallen. Folglich konnte bei grenzüberschreitenden Warenbewegungen das bis dahin praktizierte Verfahren, die Einfuhr im Bestimmungsland durch das Erheben der E-USt beim Zoll zu belasten und die Ausfuhrlieferung im Herkunftsland gleichzeitig von der Steuer zu befreien, nicht mehr praktiziert werden. Dieses Verfahren gilt seit 01.01.1993 nur noch für Im- und Exporte aus bzw. in das Drittlandsgebiet. Seine Grundstrukturen sind im Folgenden vorzustellen.

2 Abwicklungen mit Drittländern

Gelangt Ware aus dem Drittland in das Inland, so ist regelmäßig der Tatbestand der Einfuhr nach § 1 Abs. 1 Nr. 4 UStG ausgelöst.

2.1 Die Einfuhr aus dem Drittland nach § 1 Abs. 1 Nr. 4 UStG

Der Steuertatbestand der **Einfuhr** nach § 1 Abs. 1 Nr. 4 UStG knüpft – **unabhängig vom Status des Einführenden** als Unternehmer oder Privatperson – regelmäßig an den rein tatsächlichen Vorgang des Verbringens eines körperlichen Gegenstandes aus dem Drittland in das Inland an.[177] Von daher ist die E-USt bereits **rechtstechnisch** keine Verkehrsteuer. I.S.d. AO ordnet § 21 Abs. 1 UStG die E-USt denn auch den **Verbrauchsteuern** zu. Dass die **Verwaltung der E-USt** nach Art. 108 Abs. 1 GG den Bundesfinanzbehörden (Zollbehörden) und nicht den für die herkömmliche USt zuständigen Landesfinanzbehörden obliegt, hat in erster Linie praktische Gründe. Die Erhebung der E-USt findet wie die Erhebung von Zoll zumeist bereits beim Grenzübertritt der Ware statt. Von daher ist es naheliegend, der mit der Zollabwicklung befassten **Zollverwaltung** auch die Verwaltung der E-USt anzutragen. In der Sache geht es bei der E-USt aber nicht um einen Zoll, sondern um einen **Haupttatbestand der Umsatzbesteuerung**. Dieser zielt darauf, eine **gleiche Belastung der inländischen Verbraucher zu gewährleisten** – egal, ob es sich um Aufwand für Inlands- oder um solchen für Auslandsware handelt. Von daher ist es nur konsequent, die Erträge aus der **E-USt als Teil des USt-Aufkommens** zu berücksichtigen, das nach Art. 106 Abs. 3 GG als Gemeinschaftsteuer auf Bund und Länder zu verteilen ist.

Der frühere Wortlaut des § 1 Abs. 1 Nr. 4 UStG (»Einfuhr von Gegenständen aus dem Drittland in das Inland«) legte den Schluss nahe, eine steuerbare Einfuhr liege **immer** schon dann vor, wenn ein Gegenstand aus dem Drittlandsgebiet in das Inland verbracht wird. Richtigerweise begründet dieser Vorgang umsatzsteuerlich jedoch nur dann den Tatbestand einer steuerbaren Einfuhr gem. § 1 Abs. 1 Nr. 4 UStG, wenn neben dem Gelangen des Gegenstandes aus dem Drittland in das Inland dieser Vorgang auch hier der Besteuerung unterliegt, also Einfuhrumsatzsteuer auslöst. Soweit die Ware zwar körperlich vom Drittland in das Inland gelangt, sich hier aber in einem besonderen Zollverfahren, dem sog. Nichterhebungsverfahren nach Art. 84 Abs. 1 Buchst. a ZK befindet, ist die Ware zwar körperlich vom Drittland in das Inland verbracht worden, sie löst aber gerade noch keine Einfuhrumsatzsteuerschuld aus. Dieses klarzustellen, ist u.a. Anliegen der Neufassung des § 1 Abs. 1 Nr. 4 UStG, die für steuerbar » die Einfuhr von Gegenständen **im Inland** (Hervorhebung vom Verf.) …« erklärt. Es geht darum, sichtbar zu machen, dass der Tatbestand der umsatzsteuerrechtlichen Einfuhr erst mit der im Inland erfolgten Überführung in den zoll- und steuerrechtlich freien Verkehr verwirklicht wird.[178]

Soll das **Bestimmungslandprinzip auch gegenüber Privatpersonen** verwirklicht werden, ist es **unvermeidlich**, eine **Besteuerung der Einfuhr regelmäßig bereits an den Zollgrenzen** vorzunehmen. Als Nichtunternehmer sind die Privatpersonen grundsätzlich nicht Steuersubjekt des USt-Rechts. Von daher treffen sie auch keine Erklärungspflichten

---

[177] Steuerliche Gestaltungsmöglichkeiten bei der Einfuhr von Gegenständen erörtert *Thoma* (UStB 2007, 133).
[178] Auswirkungen der Neufassung des § 1 Abs. 1 Nr. 4 UStG erörtern von *Streit/Hobel* (UStB 2006, 74).

im Voranmeldungsverfahren. Der Steueranspruch des Bestimmungslandes lässt sich ihnen gegenüber folglich gar nicht anders realisieren, als dass die E-USt direkt anlässlich der Warenabfertigung erhoben wird. Nur so lässt sich gewährleisten, dass die Einfuhr von Waren durch diesen Personenkreis tatsächlich mit inländischer USt belastet wird (die dann definitiv dem deutschen Fiskus verbleibt). Da es für die Verwirklichung des Tatbestands der Einfuhr **ohne Belang** ist, **wer die Ware einführt**, haben aber auch Unternehmer E-USt zu entrichten, und zwar selbst dann, wenn sie die eingeführte Ware zu vorsteuerunschädlichen Aktivitäten verwenden und die entrichtete E-USt folglich nach § 15 Abs. 1 Nr. 2 UStG voll als VSt in Abzug bringen können. Dieses »Nullsummenspiel« mag auf den ersten Blick befremden. Im Interesse einer effektiven Kontrolle ist jedoch auch dies unverzichtbar. Die Zollbehörden wären hoffnungslos damit überfordert, abschließend Status und Inlandsverwendung der Ware durch den Einführenden zu kontrollieren. I.Ü. unterscheidet sich diese Abwicklung – Entrichten der E-USt bei anschließendem VSt-Abzug – in keiner Weise von der Behandlung innerstaatlicher Umsätze zwischen vorsteuerabzugsberechtigten Unternehmern. Auch bei ihnen erfolgt die Erhebung der USt als sog. Allphasen-USt auf jeder Wirtschaftsstufe (s. dazu Kap. I 3). Ob die ausgewiesene USt als VSt abziehbar ist, entscheidet der Unternehmer zwar zunächst allein. Die endgültige Entscheidung hierüber zu treffen, ist Sache der Finanzbehörden. Ihnen bleibt es überlassen zu prüfen, ob tatsächlich die Voraussetzungen für den geltend gemachten VSt-Abzug hinsichtlich der USt vorgelegen haben. Nichts anderes geschieht in Bezug auf die entrichtete E-USt.

Wie die anderen Steuertatbestände kennt auch die Einfuhr in § 5 UStG (seit dem 01.01.2004 ergänzt durch § 4 Nr. 4b UStG[179]) eigene **Steuerbefreiungen** und in § 11 UStG eigene Regelungen zur BMG. § 5 Abs. 1 Nr. 1 und 2 UStG befreien konsequenterweise die Einfuhr solcher Gegenstände, deren Lieferung auch im Inland, wie etwa die Lieferung von Wertpapieren, befreit ist. Bedeutsamer ist die Steuerbefreiung bei der Einfuhr innergemeinschaftlicher Transitware nach § 5 Abs. 1 Nr. 3 UStG. Danach sind solche Waren von der E-USt befreit, die der Anmelder unmittelbar im Anschluss an die Einfuhr zur Ausführung innergemeinschaftlicher Lieferungen nach § 4 Nr. 1 Buchst. b i.V.m. § 6a UStG verwendet. Die Vorschrift dient der Steuervereinfachung. Die Steuerbefreiung der innergemeinschaftlichen Lieferung schlösse es nach § 15 Abs. 3 Nr. 1 Buchst. a UStG nämlich nicht aus, die E-USt sogleich als VSt wieder abzuziehen.[180] Die Behandlung der Lieferung als innergemeinschaftliche Lieferung garantiert im Regelfall, dass die Ware in dem Mitgliedstaat, in den die Ware gelangt, als innergemeinschaftlicher Erwerb nach § 1a UStG besteuert wird (s. dazu Kap. XIV 3.1 und 3.2). Um Missbrauch bei Anwendung dieser Befreiungsnorm zu verhindern, sind die Nachweiserfordernisse an die bevorstehende innergemeinschaftliche Lieferung zum 01.01.2011 präzisiert und erhöht worden.

Beispiel 1: Steuerbefreite Einfuhr von Transitware
Unternehmer H in Hamburg verkauft Schweizer Uhrwerke an den belgischen Unternehmer B für dessen Uhrenhandel in Brüssel. Die Lieferklausel lautet »verzollt und versteuert.« In Erfüllung des Kaufvertrages werden die Uhrwerke anschließend vom Auslieferungslager des H in der Schweiz aus über Deutschland nach Belgien transportiert. Der von H mit dem Transport beauftragte Frachtführer F übernimmt an der deutsch-schweizerischen Grenze die Einfuhrabfertigung im Namen des H.

---

179 Zweck dieser Sonderregelung ist es, eine Doppelbesteuerung mit inländischer USt und E-USt zu vermeiden; dazu näher etwa *Nieskens* (UR 2004, 105, 131 ff.).
180 Näher zum Anwendungsbereich der Vorschrift des § 5 Abs. 1 Nr. 3 UStG: *von Streit/Wrobel* (UVR 2003, 9).

Lösung: H bewirkt an B eine nach § 3 Abs. 8 UStG (dazu s. Kap. IV 1.2.3.2) im Inland steuerbare Lieferung, die aber gem. § 4 Nr. 1 Buchst. b i.V.m. § 6a UStG als innergemeinschaftliche Lieferung steuerfrei ist. Da die eingeführte Ware unmittelbar zur Ausführung einer innergemeinschaftlichen Lieferung verwendet wird, bleibt auch die Einfuhr nach § 5 Abs. 1 Nr. 3 UStG steuerfrei, sofern H als Anmelder das Vorliegen der Voraussetzungen des § 6a Abs. 1–3 UStG nachweist.

Zur **BMG** für steuerpflichtige Einfuhren bestimmt § 11 Abs. 1 UStG den **Zollwert**. Dieser Wert ist bei entgeltlichen Transaktionen praktisch aus dem Entgelt, dem Preis ohne USt, abzuleiten (sog. Transaktionswert). Ihm sind nach § 11 Abs. 3 UStG im Bestimmungsland zu erhebende Zölle und Transport- und Vermittlungskosten bis zum Bestimmungsort hinzuzurechnen. Die Einbeziehung der Kosten für die Vermittlung der Lieferung und für die Kosten der Beförderung der eingeführten Ware bis zum ersten Bestimmungsort im Gemeinschaftsgebiet in die BMG der E-USt soll die **Belastungsgleichheit** der eingeführten Ware mit einer entsprechenden im Inland gelieferten Ware gewährleisten. Dort gehören zur BMG als Teil des Entgelts i.S.d. § 10 Abs. 1 S. 2 UStG grundsätzlich auch die Vermittlungs- und Beförderungskosten bis zum Ort des Empfängers der Ware. Der **Besteuerung** der Beförderungskosten **mittels E-USt korrespondiert** mit entsprechendem Umfang die **USt-Befreiung** nach § 4 Nr. 3 Buchst. a Doppelbuchst. bb UStG für grenzüberschreitende Beförderungsleistungen aus dem Drittland in das Inland. Diese Befreiung wird nur gewährt, wenn die Kosten für diese Leistung in der BMG für die Einfuhr enthalten sind. Die beiden Vorschriften, § 11 Abs. 3 Nr. 3 und § 4 Nr. 3 Buchst. a Doppelbuchst. bb UStG, gehören systematisch zusammen und dienen letztlich dem Zweck, sämtliche anfallenden Kosten für solche Leistungen steuerlich nur einmal, d.h. ohne dass eine Doppelbesteuerung eintritt, zu erfassen.

Hinsichtlich des Steuersatzes gelten bei der Einfuhr **keine Besonderheiten**. Nach § 12 Abs. 1 und 2 Nr. 1 UStG unterliegt die Einfuhr demselben Steuersatz wie die Lieferung entsprechender Gegenstände im Inland. Wer also beispielsweise als in Hamburg ansässiger Unternehmer Bücher aus dem Drittland Schweiz zu einem vereinbarten Nettopreis von 50.000 € bezieht und für die Fracht nochmals 4.000 € aufzuwenden hat, besteuert diese Einfuhr auf der Basis einer BMG nach § 11 Abs. 1 und 3 UStG von 54.000 € und einem Steuersatz von 7 % nach § 12 Abs. 2 Nr. 1 i.V.m. Nr. 49 der Anlage 2 zum UStG. Die E-USt beträgt 3.780 €.

Klausurhinweis: Es gehört durchweg **nicht** zu den **Aufgaben der Kandidaten**, sich näher zur **BMG der E-USt** zu erklären. Die E-USt begegnet den Kandidaten in Klausuren zum einen, wenn es darum geht, **Lieferorte bei Warenbewegungen zwischen Drittland und Inland** zu bestimmen. Dabei geht es dann um die Frage, ob es zu einer Verschiebung von Lieferorten in Abhängigkeit zur Schuldnerstellung hinsichtlich der E-USt kommt (dazu bereits oben Kap. IV unter 1.2.3.1). Des Weiteren wird die EUSt Klausurgegenstand unter dem Aspekt, welchem unter mehreren beteiligten Unternehmern die Berechtigung zukommt, die **E-USt als VSt nach § 15 Abs. 1 Nr. 2 UStG** abzuziehen (dazu Kap. XV 3).

2.2 Ausfuhrlieferungen nach § 4 Nr. 1 Buchst. a i.V.m. § 6 UStG

Der Tatbestand der Ausfuhr nach § 6 UStG betrifft Warenlieferungen, die den umgekehrten Weg gehen, also aus dem Inland in das Drittlandsgebiet gelangen. Indem diese im Inland (Lieferort gem. § 3 Abs. 6 S. 1 UStG) nach § 1 Abs. 1 Nr. 1 UStG steuerbaren Lieferungen von der deutschen USt befreit werden, wird dem **Bestimmungslandprinzip** Rechnung getragen.

Belastet wird die Lieferung mit der USt des Bestimmungslandes über eine Besteuerung der Einfuhr. **Wettbewerbsgleichheit mit den Anbietern des Bestimmungslands** ist aber erst hergestellt, wenn dem exportierenden Lieferer für Leistungen, die er für Zwecke seiner Ausfuhrlieferungen bezieht, trotz deren Steuerfreiheit der VSt-Abzug erhalten bleibt. Dies gewährleistet § 15 Abs. 3 Nr. 1 Buchst. a UStG. Damit wird der für steuerfreie Umsätze an sich nach § 15 Abs. 2 Nr. 1 UStG begründete VSt-Ausschluss aufgehoben. Es erfolgt also eine **vollständige Entlastung von der USt des Ursprungslandes** Deutschland, indem trotz Steuerfreiheit der Ausfuhrlieferung der VSt-Abzug aus Eingangsleistungen nicht gesperrt ist. Der Tatbestand der Ausfuhr steht somit seit jeher als Paradebeispiel für eine **vorsteuerunschädliche Steuerbefreiung**.

§ 6 Abs. 1 UStG differenziert hinsichtlich der Voraussetzungen dieser Steuerbefreiung nach der Art, wie der Gegenstand in das Drittlandsgebiet gelangt. Im Fall des § 6 Abs. 1 Nr. 1 UStG befördert oder versendet der liefernde Unternehmer den Gegenstand vom Inland in das Drittlandsgebiet. Hier ist kein ausländischer Abnehmer erforderlich.

> **Beispiel 2: Ausfuhr bei inländischem Abnehmer?**
> Unternehmer H mit Sitz in Hamburg hat im Februar 01 für 10.000 € Ware an die ebenfalls in Hamburg ansässige A-GmbH verkauft. Auf Wunsch der Käuferin versendet H die Ware im März 01 ab Hamburg unmittelbar zum Auslieferungslager der A-GmbH in der Schweiz.
>
> **Abwandlung:** Die A-GmbH lässt den Transport von H ins Schweizer Auslieferungslager durch einen von ihr beauftragten Frachtführer vornehmen.
>
> **Lösung:** H tätigt eine nach § 1 Abs. 1 Nr. 1 UStG steuerbare Versendungslieferung, deren Lieferort sich nach § 3 Abs. 6 S. 1 UStG in Hamburg befindet. Da der liefernde Unternehmer H den Gegenstand der Lieferung in das Drittlandsgebiet Schweiz versendet hat, ist der Umsatz steuerfrei nach § 4 Nr. 1 Buchst. a UStG i.V.m. § 6 Abs. 1 Nr. 1 UStG und in der Voranmeldung für den VAZ 03/01 mit einem steuerfreien Entgelt von 10.000 € zu erfassen.

Wird wie in der Abwandlung des Beispiel 2 der Liefergegenstand durch den **Abnehmer** aus dem Inland in das Drittland **befördert oder versendet, bedarf es** nach § 6 Abs. 1 Nr. 2 UStG **eines ausländischen Abnehmers**. Die Regelung dient der Vermeidung von Missbräuchen. Es wird befürchtet, dass es in den sog. Abholfällen nicht wirklich zur Ausfuhr kommt.

> **Lösung (Abwandlung):** Die Lieferung des H an die A-GmbH ist nicht steuerbefreit. Die ebenfalls in Hamburg ansässige A-GmbH ist kein ausländischer Abnehmer. Ein ausländischer Abnehmer ist nach § 6 Abs. 2 Nr. 1 UStG nur derjenige Abnehmer, der zum Zeitpunkt der Lieferung seinen Wohnsitz oder Sitz im Ausland hat (ausschließlich der in § 1 Abs. 3 UStG bezeichneten Zollfreigebiete). Die BMG des in der Abwandlung steuerpflichtigen Umsatzes beträgt nach § 10 Abs. 1 UStG 8.403,36 €; die USt beläuft sich auf 1.596,64 €.

Eine Sonderregelung trifft § 6 Abs. 1 Nr. 3 UStG, wenn der Lieferant oder Abnehmer den Liefergegenstand in die in § 1 Abs. 3 UStG bezeichneten Zollfreigebiete befördert oder versendet hat. Handelt es sich bei dem Leistungsempfänger um einen Unternehmer, der den Gegenstand für sein Unternehmen bezogen hat, soll nach der Neufassung des § 6 Abs. 1 Nr. 3 Buchst. a UStG durch das Jahressteuergesetz 2009 die Steuerbefreiung nur greifen können, wenn der Unternehmer die gelieferten Gegenstände seinerseits für Umsätze verwendet, die einen VSt-

Abzug erlauben. Ist Leistungsempfänger eine Privatperson mit Sitz im Freihafen, scheidet eine Steuerbefreiung als Ausfuhr von vornherein aus.[181] Der Zweck dieser Regelungen liegt auf der Hand. Lieferungen an Unternehmer mit vorsteuerschädlichen Umsätzen wie auch Lieferungen an Privatpersonen sorgen normalerweise für echtes Steueraufkommen. Dies soll auch erhalten bleiben, wenn diese Abnehmergruppen ihren Sitz im Freihafen haben.

Beispiel 3: Freihafen ist keine »Steueroase« des USt-Rechts
K ist selbständiger Kantinenwirt im Freihafen Hamburg (zum 31.12.2012 aufgegeben, deshalb künftig also z.B. Freihafen Cuxhaven) und beköstigt im Freihafen tätige AN. Er bestellt die benötigten Lebensmittel beim Großhändler G in der Hamburger (Cuxhavener) Innenstadt, der die Lebensmittel mit eigenem Fahrzeug anliefert.

Abwandlung: Möbelgroßmarkt M in der Hamburger (Cuxhavener) Innenstadt versendet eine neue Bestuhlung an ein Theater im Freihafen Hamburg (Cuxhaven).[182] Das Theater tätigt Umsätze, die unter die Steuerbefreiung des § 4 Nr. 20 UStG fallen.

Lösung: Der Ort der Lieferungen des G ist gem. § 3 Abs. 6 S. 1 UStG in der Hamburger (Cuxhavener) Innenstadt. Die entgeltliche Lieferung der Lebensmittel ist steuerbar nach § 1 Abs. 1 Nr. 1 UStG, aber steuerfrei gem. § 4 Nr. 1 Buchst. a i.V.m. § 6 Abs. 1 Nr. 3 Buchst. a UStG, da G die Ware in ein in § 1 Abs. 3 UStG bezeichnetes Gebiet befördert hat, der Abnehmer K die Ware für sein Unternehmen erwirbt und er die Lebensmittel für steuerpflichtige und damit vorsteuerunschädliche Umsätze verwendet. Denn K erbringt mit der Kantinenbeköstigung der AN sonstige Leistungen nach § 3 Abs. 9 UStG, da bei einer Beköstigung in einer Kantine das Dienstleistungselement das der Lieferung von Speisen und Getränken qualitativ zurückdrängt (also: Restaurationsumsatz, bestehend in der Abgabe von Speisen zum Verzehr an Ort und Stelle). Leistungsort dieser sonstigen Leistungen ist nach § 3a Abs. 3 Nr. 3b UStG der Freihafen Hamburg (Cuxhaven), der nach § 1 Abs. 2 UStG nicht zum Inland zählt. Da K die sonstigen Leistungen aber an AN für deren privaten Bedarf erbringt und nicht etwa an Unternehmer für unternehmerische Zwecke, sind die Beköstigungen nach § 1 Abs. 3 Nr. 2 UStG wie Umsätze im Inland zu behandeln. Die Beköstigungen der AN im Freihafen sind damit steuerbar und steuerpflichtig nach § 1 Abs. 1 Nr. 1 UStG, und zwar zum Regelsteuersatz von 19 %.

Lösung (Abwandlung): Die Lieferung der Stühle durch M an das Theater im Hamburger (Cuxhavener) Freihafen ist steuerbar nach § 1 Abs. 1 Nr. 1 UStG mit Lieferort nach § 3 Abs. 6 S. 1 UStG in der Hamburger (Cuxhavener) Innenstadt. Sie ist auch steuerpflichtig. Die in Betracht kommende Steuerbefreiung des § 6 Abs. 1 Nr. 3 Buchst. a UStG scheitert hier daran, dass es sich bei dem Theater mit Sitz im Freihafen um ein Unternehmen handelt, das vorsteuerschädliche Ausgangsumsätze nach § 4 Nr. 20 UStG ausführt.

§ 6 Abs. 3 UStG enthält spezielle Regelungen für die Lieferung von Gegenständen, die der Ausrüstung und Versorgung von Beförderungsmitteln dienen. Werden diese Gegenstände für private, nichtunternehmerische Zwecke des Abnehmers geliefert, ist die Lieferung nur steuerfrei, wenn der **Lieferer** die Gegenstände befördert oder versendet. Geschieht dies

---

181 Soweit § 6 Abs. 3 Nr. 3 Buchst. b UStG Lieferungen an nichtunternehmerisch tätige ausländische Abnehmer unter weiteren Voraussetzungen befreit, ist zu beachten, dass nach § 6 Abs. 2 Nr. 1 UStG ein Abnehmer mit Wohnsitz im Freihafen nicht zu den ausländischen Abnehmern zählt.
182 Hinweis: Nachdem der Freihafen Hamburg zum 01.01.2013 aufgegeben worden ist, hat Deutschland nur noch zwei Freihäfen:Cuxhaven und Bremerhaven.

durch den Abnehmer, ist die Lieferung im Inland steuerpflichtig. § 6 Abs. 3a UStG spezifiziert die Voraussetzungen einer steuerbefreiten Ausfuhr für den Fall, dass der Abnehmer die erworbenen Gegenstände im Reisegepäck ausführt.[183]

Der Befreiung als Ausfuhrlieferung steht nach § 6 Abs. 1 S. 2 UStG nicht entgegen, dass der Ausfuhrgegenstand vor der Ausfuhr im Inland noch be- oder verarbeitet wurde.

Für denjenigen, der die Bearbeitung des später ausgeführten Gegenstands übernimmt, kommt dabei ebenfalls eine Befreiung in Betracht. Sofern es sich bei seiner Tätigkeit um eine Werkleistung handelt, kann nämlich der Tatbestand der sog. Lohnveredelung nach § 4 Nr. 1 Buchst. a UStG i.V.m. § 7 UStG vorliegen (s. dazu unter Kap. 2.3.1).

Gem. § 6 Abs. 4 S. 1 UStG hat der Unternehmer die **Voraussetzungen der Ausfuhr** nachzuweisen. Der **Nachweis zählt zu den materiellen Voraussetzungen** für die Steuerbefreiung. Wird der Nachweis nicht geführt, ist die Befreiung zu versagen – selbst wenn es im Einzelfall glaubhaft erscheint, dass der Gegenstand in das Drittlandsgebiet gelangt ist. Nach den §§ 8–11 UStDV sowie § 17 UStDV, die ihre Ermächtigungsvorschrift in § 6 Abs. 4 S. 2 UStG haben, ist sowohl ein Beleg- als auch ein Buchnachweis in Form von Aufzeichnungen gefordert. Die A 6.5–6.10 des UStAE geben im Detail Auskunft darüber, welche Anforderungen die Finanzverwaltung an einen ordnungsgemäßen Beleg- und Buchnachweis stellt.[184]

Klausurhinweis: In Prüfungsklausuren spielen die für die Praxis bedeutsamen Anforderungen an die Buch- und Belegnachweise durchweg keine Rolle. Regelmäßig enthalten Prüfungsklausuren nämlich den lapidaren Bearbeitungshinweis »**Erforderliche Buch- und Belegnachweise liegen vor**«.

Unsicherheit bestand bis vor kurzem noch in der Frage, ob es national zulässig ist, eine Lieferung im Billigkeitsweg als steuerfreie Ausfuhr zu behandeln. Hierbei geht es um Fälle, bei denen zwar die Voraussetzungen der Ausfuhr nach § 6 UStG nicht vorliegen, der StPfl. deren Fehlen aber auch bei Anwendung der Sorgfalt eines ordentlichen Kaufmanns (z.B. bei gefälschten Zollstempeln) nicht erkennen konnte. Der BFH hatte in dieser Frage den EuGH angerufen, der dieses Vorgehen mit Urteil vom 21.02.2008 (Rs. C-271/06) für zulässig erklärt hat. Der BFH ist dem mit Urteil vom 30.07.2008 (BStBl II 2010,1075) inzwischen gefolgt, wobei der BFH eine analoge Anwendung des § 6a Abs. 4 UStG allerdings verneint (zu entscheiden sei im Billigkeitsverfahren, Verwaltungsermessen könne u.U. auf Null reduziert sein, so nunmehr auch A 6.5 Abs. 6 UStAE).

2.3 Steuerbefreite sonstige Leistungen bei Ausfuhren

Werden sonstige Leistungen im Zusammenhang mit grenzüberschreitenden Warenbewegungen erbracht, so stellt sich das Problem einer Steuerbefreiung zumeist nicht. Diese sonstigen Leistungen haben, sofern sie an Unternehmer erbracht werden, ihren Leistungsort nach § 3a Abs. 2 UStG nämlich durchweg dort, wo die empfangenden Unternehmer ihren

---

183 Einzelheiten zur USt-Befreiung für Ausfuhrlieferungen im nichtkommerziellen Reiseverkehr enthalten A 6.11 UStAE sowie ein Merkblatt des BMF vom Mai 2004, das als Anlage dem BMF-Schreiben vom 28.05.2004 beigefügt ist (BStBl I 2004, 535).
184 In den dortigen Ausführungen sind jüngere BMF-Schreiben, die sich insbesondere mit den Nachweispflichten in den Fällen befassen, in denen die Ausfuhranmeldung mittels EDV-gestütztem Ausfuhrverfahren (ATLAS-Ausfuhr) auf elektronischem Weg erfolgt, bereits vollständig eingearbeitet (s. insbes. A 6.6 Abs. 1 Nr. 1 und Nr. 2 UStAE).

Sitz bzw. ihre Betriebsstätte haben. Befindet sich deren Sitz im Ausland, sind die sonstigen Leistungen damit bereits nicht steuerbar nach § 1 Abs. 1 Nr. 1 UStG. Für diese im Inland nicht steuerbaren sonstigen Leistungen kann es zur Prüfung einer etwaigen Steuerbefreiung nach § 4 UStG folglich gar nicht kommen.

Sind sonstige Leistungen aber im Inland steuerbar, so können bei einer Reihe von sonstigen Leistungen, die sich auf Umsätze mit **Warenbewegungen zwischen Inland und Drittland** beziehen, Steuerbefreiungsvorschriften zur Anwendung kommen. Von besonderer Bedeutung sind insoweit die Lohnveredelung an Gegenständen der Ausfuhr nach § 4 Nr. 1 Buchst. a UStG i.V.m. § 7 UStG sowie die grenzüberschreitende Güterbeförderung nach § 4 Nr. 3 Buchst. a UStG. Ergänzend ist auf die bereits genannten Steuerbefreiungen für Vermittlungsleistungen in § 4 Nr. 5 UStG hinzuweisen.[185]

2.3.1 Lohnveredelung an Gegenständen der Ausfuhr (§ 4 Nr. 1 Buchst. a i.V.m. § 7 UStG)

Eine Lohnveredelung nach § 7 UStG liegt vor, wenn ein Werkunternehmer Gegenstände seines Auftraggebers be- oder verarbeitet, **diese Tätigkeit ihren Leistungsort im Inland hat (!)**[186], und die be- oder verarbeiteten Gegenstände (= Gegenstände der Ausfuhr) anschließend in das Drittlandsgebiet gelangen. Korrespondierend unterliegt umgekehrt die Lohnveredelung in einem Drittlandsgebiet bei Wiedereinfuhr des bearbeiteten Stoffes der Einfuhrumsatzbesteuerung. BMG ist der Werklohn (= das Veredelungsentgelt; vgl. § 1 Abs. 1 Nr. 4 UStG i.V.m. § 11 Abs. 2 UStG). Die Überwachung ist hier wegen der Verbindung mit dem Verbringen eines körperlichen Gegenstandes über die Zollgrenze möglich.

Die **Befreiung** für die Lohnveredelung nach § 4 Nr. 1 Buchst. a UStG i.V.m. § 7 UStG erfolgt weitgehend nach den gleichen **Kriterien wie** die Befreiung der **Ausfuhrlieferung**. In den Versendungs- und Beförderungsfällen durch den Werkunternehmer bedarf es gem. § 7 Abs. 1 Nr. 1 UStG keines im Ausland ansässigen Auftraggebers. In den Abholfällen, bei denen der Auftraggeber befördert oder versendet, muss dieser hingegen nach § 7 Abs. 1 Nr. 2 UStG im Ausland (also auch in einem EU-Staat) ansässig sein. Seit dem 01.01.2010 kann dieser Steuerbefreiungstatbestand freilich ohnehin nur noch bei Privatpersonen als Auftraggeber relevant werden. Handelt es sich bei dem im Ausland ansässigen Leistungsempfänger um einen Unternehmer, der die Werkleistung für unternehmerische Zwecke bezieht, ist damit nämlich nach § 3a Abs. 2 UStG bereits der Leistungsort im Ausland, die Werkleistung im Inland also nicht steuerbar nach § 1 Abs. 1 Nr. 1 UStG. Auch für die Lohnveredelung ist i.Ü. ein Beleg- und Buchnachweis zu führen (§ 7 Abs. 4 UStG i.V.m. den §§ 12, 13 UStDV).

Zu beachten ist aber folgende wesentliche **Abweichung** zur Ausfuhrlieferung: Die **Lohnveredelung ist nur dann befreit, wenn der Auftraggeber den Gegenstand**, der zu be- oder verarbeiten ist, entweder **zum Zwecke der Lohnveredelung** in das Gemeinschaftsgebiet **eingeführt** oder zum Zwecke der Lohnveredelung **im Gemeinschaftsgebiet erworben** hat. Anders ist dies bei Werklieferungen, die unmittelbar den Regeln über die Ausfuhrlieferung nach § 6 UStG unterliegen. Bei ihnen ist kein Erwerb oder keine Einfuhr zum Zwecke der Bearbeitung erforderlich. Nach A 7.4 Abs. 2 UStAE kann im Zweifel von einer Werklieferung

---
185 Vgl. dazu bereits Kap. IV 2.4.1 mit dortigen Beispielen 15 und 15a.
186 Dies verlangt nach § 3a Abs. 2 UStG im zwischenunternehmerischen Bereich einen Unternehmer als Leistungsempfänger, der seinen Sitz im Inland hat, ergibt sich nur bei Privatpersonen als Leistungsempfängern problemlos aus § 3a Abs. 3 Nr. 3c UStG!

ausgegangen werden, wenn bei Reparaturen von Beförderungsmitteln der Materialanteil den Lohnanteil beim Entgelt übersteigt.

Beispiel 4: Steuerbefreite Generalüberholung
Der in Zürich (Schweiz) ansässige Bauunternehmer B transportiert in 01 auf seinem Lkw einen defekten Bagger nach Bayreuth, um ihn dort in der Werkstatt des W reparieren zu lassen. Nach einem General-Check des Baggers, verbunden mit dem Austausch zahlreicher Ersatzteile, holt B den Bagger bei W mit eigenem Lkw wieder ab.

Abwandlung: B war in 01 mit seinem in der Schweiz zugelassenen Pkw privat in Bayern unterwegs. Auf der Rückfahrt macht der Motor des Pkw Schwierigkeiten. B lässt ihn in Bayrisch-Eisenstein notdürftig in der dortigen Werkstatt des H reparieren, bevor er die Rückfahrt nach Zürich fortsetzt. Der dem B von H berechnete Gesamtbetrag von 500 € schlüsselt sich in Arbeitslohn von 400 € und Kosten für Kleinteile i.H.v. 100 € auf.

Lösung: Vorab bedarf es der Entscheidung, ob W mit der Reparatur des Baggers eine Lieferung in Form einer Werklieferung nach § 3 Abs. 4 UStG oder eine sonstige Leistung nach § 3 Abs. 9 UStG in Form einer Werkleistung (= Arbeit an einem beweglichen körperlichen Gegenstand i.S.d. § 3a Abs. 3 Nr. 3 Buchst. c UStG) erbringt. Liegt eine (Werk-)Lieferung vor, ergibt sich die Steuerbarkeit nach § 1 Abs. 1 Nr. 1 UStG aus der Leistungsortbestimmung nach § 3 Abs. 6 S. 1 UStG (hier Bayreuth = Inland). Der steuerbare Umsatz ist nach § 4 Nr. 1 Buchst. a i.V.m. § 6 Abs. 1 Nr. 2 UStG steuerfrei, da der ausländische Abnehmer B den Liefergegenstand (die eingebauten Ersatzteile) in das Drittlandsgebiet befördert. Liegt eine sonstige Leistung in Form einer Werkleistung vor, fehlt es, anders als bei Annahme einer Werklieferung, bereits an einem nach § 1 Abs. 1 Nr. 1 UStG steuerbaren Umsatz, weil der Leistungsort nach § 3a Abs. 2 S. 1 UStG in Zürich ist, dort der Bauunternehmer B als Leistungsempfänger seinen Sitz hat.

Lösung (Abwandlung): Bei der Reparatur des Pkw-Motors durch H handelt es sich in Anbetracht der Zusammensetzung des Rechnungsbetrages um eine Werkleistung. Deren Leistungsort bestimmt sich gegenüber privaten Abnehmern danach, wo der leistende Unternehmer sie erbringt (Tätigkeitsort nach § 3a Abs. 3 Nr. 3 Buchst. c UStG) und liegt folglich in Bayrisch-Eisenstein. Der nach § 1 Abs. 1 Nr. 1 UStG steuerbare Umsatz ist allerdings nicht steuerbefreit, weil der bearbeitete Gegenstand (Motor) nicht zum Zwecke der Bearbeitung eingeführt worden war. (Die BMG des damit steuerpflichtigen Umsatzes beträgt nach § 10 Abs. 1 UStG 420,17 €, die von H geschuldete USt beläuft sich auf 79,83 €.)

2.3.2 Grenzüberschreitende Güterbeförderungen

Werden **Güterbeförderungsleistungen gegenüber Unternehmern** erbracht, so unterliegen diese – unabhängig von der konkreten Strecke – ab 2010 stets der neuen Grundregel zum Leistungsort nach § 3a Abs. 2 UStG. Dort, wo der Empfänger seinen Sitz hat, sind diese Beförderungsleistungen steuerbar und steuerpflichtig. Zu beachten ist seit dem 01.01.2011 folgende Besonderheit: Eine grenzüberschreitende Güterbeförderung im zwischenunternehmerischen Bereich, die ihren **Leistungsort nach § 3a Abs. 2 UStG im Inland** hat, ist **nach § 3a Abs. 8 UStG als im Drittlandsgebiet ausgeführt** zu behandeln, wenn die Beförderungsleistung dort »genutzt oder ausgewertet wird.« Von Letzterem ist – wie Duyfjies/Streit (UStB 2011, 318) überzeugend darlegen – dann auszugehen, **wenn Anfangs- und Endpunkt der Beförderung im Drittlandsgebiet liegen.**

Sind Privatpersonen Auftraggeber grenzüberschreitender Güterbeförderungen, ist zu differenzieren. Bezieht sich die Güterbeförderung auf eine Strecke zwischen Inland und Drittland, unterliegt nach § 3b Abs. 1 S. 1 UStG nur die inländische Teilstrecke der deutschen Besteuerung. Die grenzüberschreitende Güterbeförderung ist hinsichtlich des nach § 1 Abs. 1 Nr. 1 UStG steuerbaren inländischen Leistungsanteils aber nach § 4 Nr. 3 Buchst. a UStG befreit. Dies betrifft regelmäßig nicht nur die Beförderung vom Inland in das Drittland bei der Ausfuhr, sondern auch die Beförderung vom Drittland in das Inland bei der Einfuhr. Die Befreiung des inländischen Streckenanteils der Güterbeförderung steht in einem inneren Zusammenhang damit, dass die Kosten der Güterbeförderung bis zum ersten Ort im Bestimmungsland zumeist von der E-USt des Bestimmungslands erfasst werden (s. dazu bereits Kap. 2.1).

Hinweis: Innergemeinschaftliche Güterbeförderungen nach § 3b Abs. 3 UStG sind demgegenüber auch gegenüber Privatpersonen niemals steuerbefreit. Sie sind nach § 3b Abs. 3 UStG im Abgangsland steuerbar und steuerpflichtig.

2.3.3 Vermittlung grenzüberschreitender Warenlieferungen

Vermittlungsleistungen im zwischenunternehmerischen Bereich unterliegen wie Werkleistungen und Güterbeförderungen der neuen Grundregel in § 3a Abs. 2 UStG. Für Vermittlungsleistungen an einen deutschen Unternehmer, der grenzüberschreitende Warenlieferlieferungen aus dem Inland tätigt, gilt deshalb: Der Leistungsort der Vermittlungsleistung ist wie der der vermittelten Lieferungen im Inland. Geht es um **Warenlieferungen aus dem Inland ins Drittland**, folgen die Vermittlungsleistungen der Beurteilung der Warenlieferung allerdings nicht nur unter dem Aspekt ihres Leistungsortes, sondern auch unter dem Aspekt der **Steuerbefreiung**. Dies verdeutlicht **§ 4 Nr. 5 Buchst. a UStG**.

> **Beispiel 5: Vermittlung einer Ausfuhr bleibt steuerfrei**
> Makler M aus Hamburg vermittelt für den Flensburger Händler H. einen Kaufvertragsabschluss mit dem in Brasilien ansässigen Unternehmer B. Die verkaufte Ware wird von Wilhelmshaven aus nach Brasilien verschifft.
>
> **Lösung:** M erbringt an H eine nach § 1 Abs. 1 Nr. 1 UStG steuerbare Vermittlungsleistung, deren Ort sich nach § 3a Abs. 2 UStG in Flensburg befindet. Die Vermittlungsleistung ist steuerfrei nach § 4 Nr. 1 Buchst. a UStG i.V.m. § 4 Nr. 5 Buchst. a UStG, da die vermittelte Exportlieferung als Ausfuhr steuerfrei nach § 4 Nr. 1 Buchst. a UStG i.V.m. § 6 Abs. 1 Nr. 1 UStG ist.

3 Innergemeinschaftliche Warenbewegungen

Für den grenzüberschreitenden Warenverkehr im Binnenmarkt plante man, vom Bestimmungslandprinzip Abschied zu nehmen und innerhalb des Binnenmarktes das Ursprungslandprinzip zu verwirklichen. Benachteiligungen der Importländer oder evtl. Wettbewerbsverzerrungen sollten innerhalb der Mitgliedstaaten durch Ausgleichszahlungen von einer übergeordneten Ausgleichsstelle in einem sog. Clearing-Verfahren behoben werden. Da sich die Mitgliedstaaten im Detail nicht einigen konnten, hat der Gesetzgeber mit dem USt-Binnenmarktgesetz zum 01.01.1993 auch für den innergemeinschaftlichen Warenverkehr wiederum Regelungen geschaffen, die grundsätzlich am Bestimmungslandprinzip festhalten.

Die Regelungen des USt-Binnenmarktgesetzes waren ursprünglich als Übergangsregelung gedacht, die nur für vier Jahre bis zum 31.12.1996 gelten sollten. Der deutsche Gesetzgeber hat die Vorläufigkeit der Regelungen deutlich dadurch dokumentiert, dass er die Bestimmungen nicht in bestehende Vorschriften integriert hat, sondern jeweils eigene Paragraphen an den entsprechenden Stellen im UStG eingefügt hat (s. nur §§ 1a, 2a, 3d, 4a UStG). Die Erwartung, in der Zeit bis zum 31.12.1996 eine endgültige Regelung nach dem Ursprungslandprinzip schaffen zu können, hat sich freilich nicht realisiert. Von daher trat am 01.01.1997 eine unbefristete Verlängerung der Gültigkeit des Binnenmarktgesetzes ein. Sie behält jedenfalls beim **innergemeinschaftlichen Warenverkehr zwischen regelversteuernden Unternehmern das Bestimmungslandprinzip** bei. Eine Ablösung durch das Ursprungslandprinzip ist gegenwärtig nicht in Sicht.[187] Laut Mitteilung der EU-Kommission vom 06.12.2011[188] zur Zukunft der Mehrwertsteuer wird das ehemals ausgegebene Ziel, eine Besteuerung des innergemeinschaftlichen Warenverkehrs im Ursprungsland vorzunehmen, gegenwärtig nicht weiter verfolgt. Es sei politisch nicht durchsetzbar, ein endgültiges Umsatzsteuersystem auf dem Grundsatz der Besteuerung im Ursprungsland aufzubauen. Von daher sei es wichtiger, ein auf der Besteuerung im Bestimmungsland basierendes, gut funktionierendes System zu fördern, da diese pragmatische Lösung politisch umsetzbar zu sein scheine.

3.1 Die Erwerbsbesteuerung nach § 1 Abs. 1 Nr. 5 UStG bei Lieferungen zwischen Unternehmern

Um bei grenzüberschreitenden Warenbewegungen zwischen den Ländern des Gemeinschaftsgebietes – trotz Wegfalls der Zollgrenzen – weiterhin das Bestimmungslandprinzip praktizieren zu können, bedurfte es eines Tatbestands, der **an die Stelle der E-USt nach § 1 Abs. 1 Nr. 4 UStG** treten konnte, die seit dem 01.01.1993 der Einfuhr von Gegenständen aus dem Drittlandsgebiet in das Gemeinschaftsgebiet vorbehalten ist. Herausgekommen ist der **Tatbestand des innergemeinschaftlichen Erwerbs**, dessen Voraussetzungen das deutsche UStG in seinem § 1a UStG näher beschreibt. Soweit es sich um Warenbewegungen im unternehmerischen Bereich handelt (von Unternehmer zu Unternehmer bzw. von Betriebsstätte zu Betriebsstätte) tritt der Tatbestand des innergemeinschaftlichen Erwerbs nach § 1 Abs. 1 Nr. 5 i.V.m. § 1a UStG an die Stelle der E-USt nach § 1 Abs. 1 Nr. 4 UStG. Handelt es sich bei dem Erwerber um einen regelversteuernden Unternehmer, hat dieser die innergemeinschaftlichen »Einfuhren« aus einem Mitgliedstaat der EU in einen anderen Mitgliedstaat der EU regelmäßig im Bestimmungsland zu versteuern. Anders als die E-USt, die von den Zollbehörden erhoben wird, haben Unternehmer die USt auf einen innergemeinschaftlichen Erwerb selbst bei den Finanzämtern anzumelden, d.h. in ihren Voranmeldungen und USt-Jahreserklärungen zu erfassen.

---

187 »Der lange Weg zum Ursprungslandprinzip« lautet denn auch der treffende Titel einer Abhandlung von *Weber* (UR 2003, 422), in der die historische Entwicklung nachgezeichnet und die Hürden näher beschrieben werden, die zur Verwirklichung des Ursprungslandprinzips zu überwinden sind.
188 KOM (2011) 851 endgültig, a.a.O. S. 5f.

3.1.1 Tatbestandliche Voraussetzungen eines realen innergemeinschaftlichen Erwerbs

Sieht man zunächst von Spezialfällen ab, so liegt ein (realer) innergemeinschaftlicher Erwerb gegen Entgelt nach § 1a Abs. 1 UStG vor, wenn die im Folgenden näher beschriebenen drei Voraussetzungen gegeben sind.

- Der Gegenstand muss bei einer Lieferung an den Abnehmer von einem Mitgliedstaat der EU in einen anderen gelangen.
  - Dies erfordert regelmäßig, dass es **anlässlich der Lieferung** zu einer **Warenbewegung** (Beförderung oder Versendung des Liefergegenstands) gekommen ist, die in einem EU-Mitgliedstaat begonnen und in einem anderen Mitgliedstaat geendet hat. Bei den **Reihengeschäften** nach § 3 Abs. 6 S. 5 UStG kommt dies zwangsläufig nur für die **Lieferung** in Betracht, **der die Warenbewegung zugeordnet** wird (**sog. bewegte Lieferung**). Gleichgültig ist, ob der Lieferer oder der Abnehmer den Transport durchgeführt oder veranlasst hat. Unerheblich ist auch, ob die Ware auf dem Lieferweg durch ein Drittland kommt.
  - Eine Warenbewegung zwischen zwei Mitgliedstaaten soll auch anzunehmen sein, wenn die Beförderung oder Versendung zwar in einem Drittlandsgebiet beginnt, der Gegenstand aber im Gebiet eines EU-Mitgliedstaates der E-USt unterworfen wird, bevor er in das Gebiet des anderen Mitgliedstaates gelangt (A 1a.1 Abs. 1 S. 4 UStAE). Liefert beispielsweise ein schwedischer Unternehmer an einen deutschen Unternehmer Ware, die er selbst aus dem Drittland Norwegen bezieht und in Dänemark zum freien Verkehr abfertigen lässt, so ist für die Prüfung eines innergemeinschaftlichen Erwerbs des deutschen Abnehmers von einer Warenbewegung zwischen den Mitgliedstaaten Dänemark und Deutschland auszugehen. Davon zu unterscheiden ist der Sachverhalt, dass die Ware aus dem Drittland im Wege der Durchfuhr durch das Gebiet eines anderen Mitgliedstaates in das Land des Erwerbers gelangt und erst hier einfuhrumsatzsteuerlich abgefertigt wird – wenn also in dem geschilderten Beispiel die Ware im Wege der Durchfuhr unmittelbar nach Deutschland gelangte und erst hier zum freien Verkehr abgefertigt wird. Dann wird dem Bestimmungslandprinzip Rechnung getragen, indem eine Einfuhrbesteuerung nach § 1 Abs. 1 Nr. 4 UStG erfolgt.
- Der Erwerber muss Unternehmer sein und den Gegenstand für sein Unternehmen erwerben (so dass dieser bei ihm Unternehmensvermögen wird) oder eine juristische Person sein.
  - **Zum erwerbsteuerpflichtigen Personenkreis gehören grundsätzlich alle sog. regelversteuernden Unternehmer.** Das sind Unternehmer i.S.d. § 2 UStG, deren Umsätze nach den §§ 1–18 UStG umsatzsteuerbar und, soweit keine spezifische Befreiungsvorschrift greift, auch steuerpflichtig sind. Gleichzeitig ist der regelversteuernde Unternehmer dadurch gekennzeichnet, dass er unter den Voraussetzungen des § 15 UStG zum Abzug der VSt berechtigt ist. Im Zusammenhang mit dem innergemeinschaftlichen Warenverkehr spricht man auch vom »Vollunternehmer«.
  Die von der Erwerbsteuerpflicht ggf. (wenn sie die Erwerbsschwelle von 12.500 € überschreiten oder auf deren Anwendung nach § 1a Abs. 4 S. 1 UStG verzichtet haben) auch betroffenen nicht unternehmerisch tätigen juristischen Personen erfassen sowohl solche des öffentlichen Rechts als auch solche des privaten Rechts wie z.B. eingetragene Vereine. Zu diesem Zweck werden sie beim FA steuerlich durch die Vergabe einer Steuernummer erfasst und erhalten eine USt-Id-Nr.

- **Der Lieferer muss »normaler« Unternehmen (und nicht Kleinunternehmer) sein** und gegen Entgelt im Rahmen seines Unternehmens liefern.
  - Ob letztere Voraussetzungen erfüllt sind, wird der Erwerber selbst nicht immer beurteilen können. Er darf – so wie der Bearbeiter in Klausuren – davon ausgehen, dass diese Voraussetzungen vorliegen, sofern der Lieferer in seiner Rechnung auf die Steuerfreiheit seiner Lieferung hingewiesen und seine USt-Id-Nr. angegeben hat (vgl. § 14a Abs. 1 und 3 UStG für den umgekehrten Fall).

3.1.2 Erwerbsort, Bemessungsgrundlage, Steuerbefreiung und Steuerentstehung

So wie die von § 1 Abs. 1 Nr. 1 UStG erfassten Lieferungen und sonstigen Leistungen spezielle Regelungen zum Leistungsort kennen, hat auch der Tatbestand des innergemeinschaftlichen Erwerbs eine eigene Regelung zum **Erwerbsort** erfahren. Da der Steuertatbestand des innergemeinschaftlichen Erwerbs das Ziel verfolgt, wie früher durch die E-USt weiterhin eine Besteuerung im **Bestimmungsland** der Ware zu erreichen, kann die Regelung hierzu in **§ 3d S. 1 UStG** nicht überraschen. Danach liegt der **Ort** des innergemeinschaftlichen Erwerbs grundsätzlich **dort, wo die Beförderung oder Versendung endet** und damit im Bestimmungsland. Ob die Beförderung oder Versendung durch den liefernden Unternehmer oder durch den Leistungsempfänger erfolgt, ist unerheblich.

Als Auffangvorschrift versteht sich in diesem Zusammenhang § 3d S. 2 UStG. Damit soll die Besteuerung in mindestens einem Mitgliedstaat gewährleistet werden. Verwendet der Erwerber bei seiner Bestellung eine USt-Id-Nr., die ein anderer EU-Mitgliedstaat erteilt hat als der, in dem die Beförderung oder Versendung endet, kommt es zunächst zu Erwerbsteuerpflichten in beiden Ländern. Der innergemeinschaftliche Erwerb gilt zunächst auch im Gebiet des EU-Mitgliedstaates als bewirkt, dessen USt-Id-Nr. der Erwerber im Rahmen der Lieferung angegeben hat.[189] Dies gilt so lange, bis der erwerbende Unternehmer nachgewiesen hat, dass er den Erwerb im Bestimmungsland besteuert hat. Erst damit entfällt nach § 17 Abs. 2 Nr. 4 UStG dann das Besteuerungsrecht des Landes, das die verwendete USt-Id-Nr. erteilt hat.

Dem Tatbestand des innergemeinschaftlichen Erwerbs ist i.Ü. **mit § 4b Nr. 1–4 UStG eine eigene Steuerbefreiungsvorschrift** zugeordnet. Die aus sich heraus verständlichen Regelungen sehen neben einer Befreiung solcher Erwerbe, deren Lieferung im Inland steuerfrei wäre, eine Befreiung von der Erwerbsteuer des Weiteren vor, wenn die Einfuhr vergleichbarer Gegenstände steuerfrei wäre. Aus dem Rahmen fällt allein die Befreiung in **§ 4b Nr. 4 UStG**. Danach bleiben die innergemeinschaftlichen **Erwerbe** steuerfrei, die der Erwerber **für Umsätze verwendet, für die der Ausschluss vom VSt-Abzug nach § 15 Abs. 3 UStG nicht eintritt**. Unter diese Befreiung fallen also insb. Erwerbe **für steuerfreie Ausfuhrlieferungen** in Drittlandsgebiete sowie **für steuerfreie innergemeinschaftliche Lieferungen**. Beabsichtigt ist damit eine Vereinfachung für den erwerbenden Unternehmer. Die Unterscheidung zwischen steuerbefreiten und steuerpflichtigen Erwerben ist bei Unternehmern, die zum vollen VSt-Abzug berechtigt sind, u.U. aber aufwendiger als die einheitliche Behandlung aller Erwerbe als steuerpflichtig. Das Gesetz sieht für diese Fälle indessen keine Möglichkeit vor, auf diese Steuerbefreiung zu verzichten. Die Finanzverwal-

---

189 Zu den Besonderheiten beim VSt-Abzug hinsichtlich der nach § 3d S. 2 UStG geschuldeten Steuer s. Kap. XV 3. a.E.

tung lässt es in A 4b.1 Abs. 3 UStAE für den Fall des § 4b Nr. 4 UStG aber zu, den Erwerb als steuerpflichtig zu behandeln.

Nach § 10 Abs. 1 S. 1 UStG ist **BMG** für innergemeinschaftliche Erwerbe – ebenso wie für inländische Lieferungen und sonstige Leistungen nach § 1 Abs. 1 Nr. 1 UStG – das **Entgelt**. Zu beachten ist nur eines: Da die die Erwerbsbesteuerung auslösende Warenbewegung **im Abgangsland als innergemeinschaftliche Lieferung steuerfrei** ist, ist die mit dem Veräußerer getroffene **Preisvereinbarung** als **Nettobetrag** zu behandeln.

> **Beispiel 6: Entgeltsbestimmung ohne USt-Abzug!**
> Der in Karlsruhe ansässige deutsche Unternehmer D erwirbt vom französischen Unternehmer F in Nantes eine Maschine. Die Maschine wird am 02.11.01 bei D angeliefert. Der Kaufpreis für die Maschine beträgt 10.000 €; in seiner Rechnung vom 23.12.01 stellt F zusätzlich 1.000 € für den Transport und 500 € für die Verpackung in Rechnung. D begleicht die Rechnung am 05.01. des Folgejahres.
>
> **Lösung:** D verwirklicht einen innergemeinschaftlichen Erwerb im Inland, der auf der Basis eines Entgelts von 11.500 € bei einem Steuersatz von 19 % eine USt von 2.185 € entstehen lässt. Nicht etwa ist aus dem Betrag von 11.500 € die USt herauszurechnen, um das Entgelt zu ermitteln.

Nach **§ 13 Abs. 1 Nr. 6 UStG** entsteht die Steuerschuld beim innergemeinschaftlichen Erwerb regelmäßig mit Ausstellung der Rechnung, spätestens jedoch mit Ablauf des Monats, der auf den Monat folgt, in dem der innergemeinschaftliche Erwerb bewirkt worden ist. Letzteres kommt nur in Betracht, wenn bis dahin keine Rechnung ausgestellt worden ist. Dies ist im Beispiel 6 nicht der Fall. Dort entsteht die Erwerbsteuer am 23.12.01, da an diesem Tag der dem Erwerb folgende Kalendermonat (12/01) noch nicht abgelaufen ist. Der Erwerbsvorgang ist im Rahmen der Voranmeldung für den Dezember 01 zu erklären. Im selben VAZ kann D die geschuldete Steuer auf den innergemeinschaftlichen Erwerb als VSt nach § 15 Abs. 1 Nr. 3 UStG in Abzug bringen. Bei Rechnungen vor Ausführung der Lieferung entsteht die Steuer erst, wenn der Besteuerungstatbestand verwirklicht, also der innergemeinschaftliche Erwerb erfolgt ist.

3.1.3 Innergemeinschaftlicher Erwerb durch Verbringen

Überführt ein Unternehmer **im Inland** Gegenstände aus einem Unternehmensstandort in einen anderen, so ist dieser Vorgang des Verbringens von Unternehmensgegenständen **umsatzsteuerrechtlich irrelevant**. Für einen steuerbaren Umsatz nach § 1 Abs. 1 Nr. 1 UStG fehlt es schon an einer Leistung, da es kein zweites Subjekt gibt, dem dabei etwas zugewendet wird. Man spricht üblicherweise von einem sog. nichtsteuerbaren Innenumsatz (s. dazu Kap. III 3). Anders sieht es aber aus, wenn Gegenstände des Unternehmens aus einer Betriebsstätte im Drittland ins Inland zu einer dortigen Betriebsstätte verbracht werden. Der Tatbestand der Einfuhr knüpft grundsätzlich nur an das tatsächliche Gelangen von Gegenständen aus dem Drittland in das Inland an. Daher entsteht bei der Einfuhr der Gegenstände zwangsläufig E-USt nach § 1 Abs. 1 Nr. 4 UStG. Wer dies berücksichtigt und verinnerlicht hat, dass der Tatbestand des innergemeinschaftlichen Erwerbs bei Warenbewegungen zwischen zwei Mitgliedstaaten an die Stelle der Einfuhr tritt, den kann § 1a Abs. 2 UStG nicht überraschen. Diese Norm stellt das Verbringen eines Gegenstandes des Unternehmens aus dem übrigen Gemeinschaftsgebiet in das Inland durch einen Unternehmer einem innergemeinschaftlichen

Innergemeinschaftlicher Erwerb »normaler« Wirtschaftsgüter

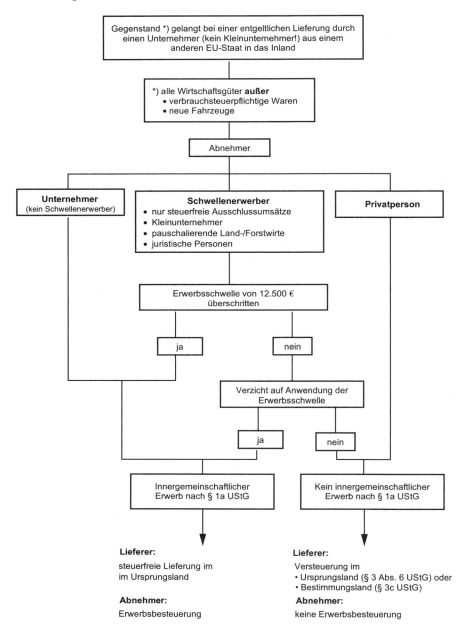

Verbrauchsteuerpflichtige Warenlieferungen aus anderem EU-Staat ins Inland

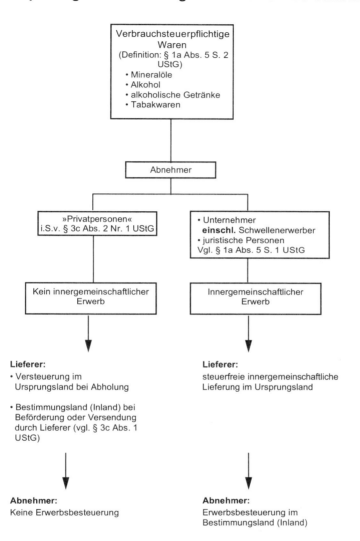

Erwerb gegen Entgelt gleich, sofern der Gegenstand im Inland nicht nur vorübergehend verwendet werden soll. Die Besteuerung des fiktiven Erwerbs stellt den gleichen Rechtszustand her, der besteht, wenn die Einfuhr aus dem Drittlandsgebiet mit E-USt belastet wird.

Wird das Verbringen von Unternehmensgegenständen zwischen Staaten innerhalb des Gemeinschaftsgebiets im Bestimmungsland als innergemeinschaftlicher Erwerb behandelt, so geht damit folgerichtig einher, dass es **im Herkunftsland als innergemeinschaftliche Lieferung** zu betrachten ist (vgl. § 6a Abs. 2 UStG für das Verbringen aus dem Inland in einen anderen Mitgliedstaat, s. dazu Kap. 3.2.4). Der Unternehmer, der den Gegenstand von einer Betriebsstätte aus dem übrigen Gemeinschaftsgebiet in eine Betriebsstätte im Inland verbringt, gilt im Herkunftsland als Lieferer und im Inland als Erwerber.

Die Fiktion des innergemeinschaftlichen Erwerbs durch Verbringen greift aber nur, wenn eine **dauerhafte Verwendung im Bestimmungsland** erfolgen soll. Davon ist i.d.R. auszugehen, wenn Zweck des Verbringens

- die Nutzung des Gegenstandes als Anlagevermögen,
- der Weiterverkauf des Gegenstandes oder
- der Verbrauch oder Gebrauch im Bestimmungsland ist.

Das nur vorübergehende Verbringen wird vom Gesetz in § 1a Abs. 2 S. 1 UStG als Erwerbstatbestand ausdrücklich ausgeschlossen. Es liegt beispielsweise vor, wenn Werkzeuge oder Maschinen zur Ausführung von Werklieferungen oder Werkleistungen in den anderen Mitgliedstaat verbracht werden. Eine der Art nach vorübergehende Verwendung soll nach A 1a.2 Abs. 10 UStAE auch dann vorliegen, wenn die verbrachten Gegenstände, wie z.B. Baumaterial, Bestandteil einer Werklieferung werden, die im Bestimmungsland steuerbar ist, die Gegenstände also tatsächlich dauerhaft im Bestimmungsland verbleiben.[190]

> **Beispiel 7: Aufwendiges Verbringen**
> Der Hamburger Unternehmer H lässt am 11.04.02 aus seiner Niederlassung in Lüttich Einrichtungsgegenstände zum Stammbetrieb nach Hamburg verbringen, um damit dort angemietete Geschäftsräume dauerhaft auszustatten. H hatte das Mobiliar im Februar 01 für umgerechnet 62.000 € (einschl. gesondert ausgewiesener belgischer USt) in Belgien erworben. Wie sich aus einer ausgestellten »Pro-Forma-Rechnung« (vgl. dazu näher A 14a.1 Abs. 3 UStAE) ergibt, hat das Mobiliar, für das H die belgische USt als VSt abgezogen hat, in seinem aktuellen Zustand einen Netto-Wiederbeschaffungspreis von 20.000 €.
>
> **Lösung:** Das schlichte Verbringen des Mobiliars von Belgien (dort erfolgte eine Unternehmenszuordnung durch den VSt-Abzug) in das Inland wird nach § 1a Abs. 2 UStG als innergemeinschaftlicher Erwerb gegen Entgelt behandelt. H gilt nach § 1a Abs. 2 S. 2 UStG als Erwerber. Der Erwerbsort befindet sich nach § 3d S. 1 UStG in Hamburg. Der Erwerb ist folglich steuerbar und steuerpflichtig nach § 1 Abs. 1 Nr. 5 UStG. BMG bilden nach § 10 Abs. 4 Nr. 1 UStG die Wiederbeschaffungskosten zum Zeitpunkt des Verbringens i.H.d. in der »Pro-Forma-Rechnung« angegebenen Betrags von 20.000 €. Die USt auf den innergemeinschaftlichen Erwerb von 3.800 € entsteht gem. § 13 Abs. 1 Nr. 6 UStG mit Ablauf des VAZ 05/02. H kann die USt auf den innergemeinschaftlichen Erwerb nach § 15 Abs. 1 Nr. 3 UStG im selben VAZ als VSt wieder abziehen.

---

190 Rechtfertigen lässt sich dies damit, dass die verbrachten und später eingebauten Gegenstände im Bestimmungsland in die dortige BMG für die Werklieferung eingehen.

Ein regelversteuernder Unternehmer wird so durch die Besteuerung des Verbringens von Gegenständen nach § 1a Abs. 2 UStG wirtschaftlich zwar nicht belastet, der Verwaltungsaufwand ist jedoch ganz anders als bei der Besteuerung als Einfuhr ein beträchtlicher. So hat im Beispiel der H in Belgien auch noch eine nach dortigem USt-Recht steuerbefreite innergemeinschaftliche Lieferung zu erklären (vgl. dazu Kap XIV 3.2.4).

3.1.4 Ausnahmen von der Erwerbsbesteuerung nach § 1a Abs. 3 UStG

Von einer Besteuerung als innergemeinschaftlicher Erwerb ist abzusehen, wenn der Erwerber dem in § 1a Abs. 3 Nr. 1 UStG beschriebenen Personenkreis angehört und der Gesamtbetrag der Entgelte aus den innergemeinschaftlichen Erwerbsvorgängen aller Mitgliedstaaten eine bestimmte Bagatellgrenze, die sog. Erwerbsschwelle nach § 1a Abs. 3 Nr. 2 UStG, nicht übersteigt. Die Beschränkung dient der Vereinfachung. Den betroffenen Erwerbern sollen – sofern es nicht um den Erwerb von neuen Fahrzeugen oder von verbrauchsteuerpflichtigen Gütern geht[191] – grundsätzlich keine umsatzsteuerlichen Verpflichtungen auferlegt werden. Das Bestimmungsland verzichtet bei geringfügigen Erwerben des Personenkreises auf sein Besteuerungsrecht. Die Besteuerung der gelieferten Ware erfolgt somit beim Lieferer im **Ursprungsland**.

3.1.4.1 Betroffener Personenkreis
Die Vereinfachungsregelung kann auf folgende Erwerber Anwendung finden:

- Unternehmer, die nur steuerfreie Umsätze ausführen, die zum Ausschluss vom VSt-Abzug führen,
- Kleinunternehmer, die nicht zur Regelbesteuerung optiert haben,
- juristische Personen, die nicht Unternehmer sind oder den Gegenstand nicht für ihr Unternehmen erwerben, und schließlich
- Landwirte, die den Gegenstand zur Ausführung von Umsätzen verwenden, für die die Steuer nach den Durchschnittssätzen des § 24 UStG festgesetzt wird.

3.1.4.2 Erwerbsschwelle
Die aufgeführten Erwerber, meist als »Halbunternehmer« oder »Schwellenerwerber« bezeichnet, haben einen innergemeinschaftlichen Erwerb nur zu versteuern, wenn sie die in den jeweiligen Mitgliedstaaten unterschiedlich hohen Erwerbsschwellen überschreiten oder auf deren Anwendung nach § 1a Abs. 4 S. 1 UStG verzichtet haben. Nach § 1a Abs. 3 Nr. 2 UStG beträgt die Erwerbsschwelle in der Bundesrepublik **12.500 €**. Für die Ermittlung dieser Erwerbsschwelle ist der **Gesamtbetrag der Entgelte für alle Erwerbe i.S.d. § 1a Abs. 1 und 2 UStG aus sämtlichen EU-Mitgliedstaaten** maßgebend (ausgenommen bleiben allerdings die Erwerbe von neuen Fahrzeugen und verbrauchssteuerpflichtigen Waren, die bei den Schwellenerwerbern stets eine Erwerbsbesteuerung im Bestimmungsland auslösen, vgl. A 1a.1 Abs. 2 S. 2 UStAE). Wird die Erwerbsschwelle nicht überschritten, liegt grundsätzlich kein innergemeinschaftlicher Erwerb im Inland vor. Für in der Bundesrepublik ansässige Schwellenerwerber kann sich allerdings ein Verzicht auf die Erwerbsschwelle nach § 1a Abs. 4 S. 1 UStG rechnen. Durch den Verzicht vermeidet der Schwellenerwerber

---
[191] Solche Erwerbe hat auch dieser Personenkreis stets im Bestimmungsland als innergemeinschaftlichen Erwerb zu besteuern (vgl. §§ 1a Abs. 5 S. 1 UStG, 3c Abs. 5 UStG).

nämlich die ansonsten ausgelöste Besteuerung im Ursprungsland. Solange in Deutschland noch ein Regelsteuersatz von 16 % galt, war die Option für deutsche Halbunternehmer regelmäßig vorteilhaft, da die meisten EU-Mitgliedstaaten einen höheren Regelsteuersatz als 16 % haben (vgl. dazu die Übersicht im Anhang). Seit der Anhebung des Regelsteuersatzes auf 19 % zum 01.01.2007 hat dieser Aspekt an Bedeutung verloren. Deutschland liegt mit dem Regelsteuersatz von 19 % im breiten Mittelfeld der in den Mitgliedstaaten geltenden Steuersätze. Im Übrigen war auch bisher schon zu berücksichtigen, dass einer möglichen Ersparnis durch einen Verzicht auf die Erwerbsschwelle ein deutlich erhöhter Verwaltungsaufwand gegenübersteht.

Beispiel 8: Vorteilhafter Verzicht auf Erwerbsschwelle
Der in Karlsruhe ansässige Arzt D kauft in Straßburg ein Röntgengerät, dessen Nettopreis 10.000 € beträgt. Der Kauf ist der erste und einzige Auslandserwerb des Arztes.

Lösung: D ist Halbunternehmer nach § 1a Abs. 3 Nr. 1a UStG, da er nur steuerbefreite Umsätze nach § 4 Nr. 14 UStG ausführt, die nach § 15 Abs. 2 Nr. 1 UStG zum Ausschluss vom VSt-Abzug führen. Da ein einmaliger Auslandseinkauf vorliegt, hat D die Erwerbsschwelle von 12.500 € weder im Vorjahr noch im laufenden Jahr überschritten. Der Einkauf unterliegt nicht der deutschen Erwerbsbesteuerung. Der Umsatz ist an sich in Frankreich mit 19,6 % TVA (= französische USt) zu versteuern. Verzichtet D auf die Anwendung der Erwerbsschwelle, spart er – bei identischen Nettopreisen in Deutschland und Frankreich – lediglich 60 € (statt 1.960 € französischer USt auf die Lieferung hat er 1.900 € als USt auf den dann in Deutschland verwirklichten innergemeinschaftlichen Erwerb zu erklären). Im Gegenzug hat er aber nach § 18 Abs. 4a UStG im Monat des innergemeinschaftlichen Erwerbs eine USt-VA abgeben und die USt an das FA abführen müssen. Bei einer derartigen Annäherung der Steuersätze werden wirtschaftliche Erwägungen für die Entscheidung über einen Verzicht keine nennenswerte Rolle mehr spielen. Der mit einem Verzicht verbundene zusätzliche Aufwand wird Unternehmer wie den Arzt D regelmäßig davon abhalten, für die Erwerbsbesteuerung zu optieren.

Ein Verzicht auf die Anwendung der Erwerbsschwelle ist **seit dem 01.01.2011** bereits dann anzunehmen, wenn der Erwerber gegenüber dem Lieferer eine ihm erteilte **USt-Id-Nr.** verwendet. Nach der bis zum 31.12.2010 geltenden Fassung des § 1a Abs. 4 S. 2 UStG verlangte der Verzicht eine ausdrückliche Erklärung gegenüber dem Finanzamt. Der Verzicht bindet den Erwerber nach § 1a Abs. 4 S. 3 UStG für mindestens zwei Kalenderjahre. Eine USt-VA ist aber gem. § 18 Abs. 4a S. 2 UStG jeweils nur für die Zeiträume abzugeben, in denen tatsächlich ein innergemeinschaftlicher Erwerb getätigt wird.

3.1.5 Der Sonderfall des Erwerbs neuer Fahrzeuge

Von dem für innergemeinschaftliche Warenlieferungen an Privatpersonen an sich geltenden Ursprungslandprinzip hat der Gesetzgeber mit der Regelung des § 1b UStG den Erwerb neuer Fahrzeuge ausgenommen. Bei diesen besonders aufwendigen WG soll auf jeden Fall eine **Besteuerung im Bestimmungsland** gesichert sein. Für die zuvor in Kap. 3.1.4 näher betrachteten »Schwellenerwerber« erreicht man dies durch § 1a Abs. 5 S. 1 UStG, der die Erwerbsschwellen für jene Erwerber bei dem Erwerb von neuen Fahrzeugen für nicht anwendbar erklärt. Ist der Erwerber »normaler« Unternehmer, der das Fahrzeug für sein Unternehmen erwirbt, folgt eine Besteuerung im Bestimmungsland ohnehin bereits aus

§ 1a Abs. 1 UStG. Eine Sonderregelung war deshalb nur noch für Privatpersonen als Käufer neuer Fahrzeuge zu treffen (bzw. Unternehmer, die das Fahrzeug nicht für ihr Unternehmen erwerben). Diese Lücke schließt § 1b UStG.[192] Diese Norm ordnet auch **für Privatpersonen** die Erwerbsbesteuerung an. Ziel dieser Sonderregelung ist es, Mitgliedsländer mit hohen Steuersätzen bzw. solche, in denen keine oder nur wenige Fahrzeuge produziert werden, vor hohen Steuerausfällen durch eine Besteuerung nach dem Ursprungslandprinzip zu bewahren.

Was man unter einem neuen Fahrzeug zu verstehen hat, beschreibt § 1b Abs. 3 UStG. Erfasst werden Land-, Wasser- und Luftfahrzeuge. Die in der Praxis im Vordergrund stehenden Landfahrzeuge gelten danach als neu, wenn deren erstmalige Inbetriebnahme nicht länger als sechs Monate zurückliegt **oder** die Fahrzeuge zum Zeitpunkt des Erwerbs nicht mehr als 6.000 km zurückgelegt haben. Die in der **Beraterklausur 2011** zum Prüfungsgegenstand gewordenen Wasserfahrzeuge mit einer Länge von mehr als 7,5 Metern gelten als neu, wenn deren erstmalige Inbetriebnahme nicht länger als **drei** Monate zurückliegt **oder** das Wasserfahrzeug zum Zeitpunkt des Erwerbs nicht mehr als 100 Betriebsstunden auf dem Wasser zurückgelegt hat.

Damit die Besteuerung neuer Fahrzeuge im Bestimmungsland lückenlos erfolgen kann, bedurfte es ergänzend noch spezieller Regelungen für den Fall, dass die Lieferung eines neuen Fahrzeugs durch einen privaten Letztverbraucher erfolgt.[193]

Soweit eine Privatperson eine Erwerbsbesteuerung nach § 1 Abs. 1 Nr. 5 UStG i.V.m. § 1b UStG vorzunehmen hat, geschieht dies im Wege sog. Fahrzeugeinzelbesteuerung. Nach den §§ 16 Abs. 5a UStG, § 18 Abs. 5a UStG ist innerhalb von zehn Tagen nach dem Erwerb eine Steueranmeldung bei dem FA abzugeben, das auch für die Einkommensbesteuerung zuständig ist. Zur Sicherung des Steueranspruches sieht § 18 Abs. 10 UStG die Mitwirkung der Kfz-Zulassungsstellen vor.

3.2 Innergemeinschaftliche Lieferungen nach § 4 Nr. 1 Buchst. b i.V.m. § 6a UStG

Für eine innergemeinschaftliche Lieferung ist nach § 6a Abs. 1 Nr. 1 UStG kennzeichnend, dass der Liefergegenstand durch Befördern oder Versenden aus dem Inland in das übrige Gemeinschaftsgebiet gelangt.

3.2.1 Materiell-rechtliche Anforderungen

Anders als bei der Ausfuhr muss der **Abnehmer prinzipiell Unternehmer** sein. Der Erwerb muss nämlich nach § 6a Abs. 1 Nr. 3 UStG in einem anderen Mitgliedstaat der vorangehend unter Kap. 3.1 dargestellten Erwerbsbesteuerung unterliegen. Wie sich an einer Gegenüberstellung von § 6a Abs. 1 und § 1a Abs. 1 UStG zeigt, besteht eine **direkte Korrespondenz zwischen der steuerbefreiten innergemeinschaftlichen Lieferung und der Erwerbsbesteuerung** in

---

[192] Wird allerdings ein neues Fahrzeug von einem **Nichtunternehmer** an einen Unternehmer verkauft, besteht vom Gesetzeswortlaut her eine **Besteuerungslücke**: § 1b UStG ist nicht anwendbar, da dort der Erwerb durch einen Nichtunternehmer vorausgesetzt wird, § 1a UStG scheitert an den Voraussetzungen des Abs. 1 Nr. 3, wonach die Lieferung durch einen Unternehmer zu erfolgen hat. Aber: Der **inländische** Fahrzeuglieferer eines neuen Fahrzeugs wird bei innergemeinschaftlichen Lieferungen nach § 2a UStG wie ein Unternehmer behandelt (dazu unter Kap. 3.2.5). Dementsprechend sollte auch der nichtunternehmerische Fahrzeuglieferer eines anderen Mitgliedstaats im Rahmen von § 1a Abs. 1 Nr. 3 UStG wie ein Unternehmer behandelt werden.

[193] Dazu s. Kap. 3.2.5.

einem anderen Mitgliedstaat. Im Interesse der beteiligten EU-Staaten muss diese Korrespondenz zwischen Steuerbefreiung und Erwerbsbesteuerung kontrolliert werden können. Zu diesem Zweck erhalten alle Unternehmer und Juristischen Personen, die am innergemeinschaftlichen Warenverkehr teilnehmen, eine USt-Id-Nr. Wie sich aus § 27a UStG ergibt, ist es in der Bundesrepublik Sache des Bundeszentralamts für Steuern, diese auf Antrag zu erteilen.

Beispiel 9: Schulfall zur innergemeinschaftlichen Lieferung
Der in Hamburg ansässige Unternehmer H verkauft eine Maschine an den Bauunternehmer B aus Barcelona, der die Maschine unter seiner spanischen USt-Id-Nr. bestellt. H lässt die Maschine auf Wunsch des B von Hamburg nach Madrid befördern, da sie dort auf einer Baustelle des B zum Einsatz kommen soll.

Lösung: H tätigt eine nach § 1 Abs. 1 Nr. 1 UStG steuerbare Beförderungslieferung, deren Lieferort sich nach § 3 Abs. 6 S. 1 UStG in Hamburg befindet. Der nach § 1 Abs. 1 Nr. 1 UStG steuerbare Umsatz ist steuerfrei nach § 4 Nr. 1 Buchst. b UStG i.V.m. § 6a Abs. 1 UStG. H hat den Gegenstand der Lieferung in das übrige Gemeinschaftsgebiet, Madrid in Spanien, befördert (§ 6a Abs. 1 Nr. 1 UStG). Der Abnehmer ist ein Unternehmer, der den Gegenstand für sein Unternehmen erwirbt (§ 6a Abs. 1 Nr. 2 Buchst. a UStG), und der Erwerb des Gegenstandes unterliegt beim Abnehmer B in einem anderen Mitgliedstaat der Besteuerung (§ 6a Abs. 1 Nr. 3 UStG), und zwar als innergemeinschaftlicher Erwerb.

3.2.2 Bedeutung der Umsatzsteuer-Identifikationsnummer

Ob die beiden letztgenannten Voraussetzungen erfüllt sind, wird ein liefernder Unternehmer nicht immer so sicher beurteilen können wie in dem vorangegangenen Beispiel 9 (Maschinenkauf zum Einsatz auf einer Baustelle des Abnehmers). Er darf jedoch mangels gegenteiliger Anhaltspunkte davon ausgehen, dass sie vorliegen, wenn sein Abnehmer den Liefergegenstand unter einer USt-Id-Nr. bestellt hat. Die USt-Id-Nr. des Abnehmers ist für den Lieferanten praktisch mit dem Nachweis verbunden, dass der Erwerb im Bestimmungsland der Erwerbsbesteuerung unterliegt. Voraussetzung ist allerdings, dass die Angaben des Abnehmers über seine USt-Id-Nr. zutreffend sind. Dies kann der Lieferant sich nach § 18e UStG vom Bundeszentralamt für Steuern bestätigen lassen. Diesem werden sämtliche vergebenen USt-Id-Nr. aus den übrigen Mitgliedstaaten mitgeteilt – so wie umgekehrt die übrigen Mitgliedstaaten über die vergebenen deutschen USt-Id-Nr. informiert werden.

3.2.3 Kontrollverfahren und Nachweispflichten

Zur Kontrolle der Korrespondenz zwischen steuerbefreiter innergemeinschaftlicher Lieferung und Erwerbsbesteuerung muss der Lieferant nach § 18a UStG außerdem **Zusammenfassende Meldungen** über die von ihm ausgeführten steuerfreien Lieferungen abgeben. Die Zusammenfassenden Meldungen über innergemeinschaftliche Warenlieferungen, die bisher nach § 18a Abs. 1 UStG bis zum 10. Tag nach Ablauf des Kalendervierteljahrs dem BZSt mitgeteilt werden mussten, sind **ab 01.07.2010** monatlich abzugeben. Dabei ist die Frist bis auf den **25. Tag nach Ablauf des Kalendermonats** verlängert worden.[194] Anzugeben sind in den

---

[194] Für innergemeinschaftliche Warenlieferungen von nicht mehr als 100.000 € im Quartal konnten die Zusammenfassenden Meldungen bis 31.12.2011 auch weiterhin vierteljährlich abgegeben werden. Ab 2012 gilt eine Betragsgrenze von 50.000 €.

Zusammenfassenden Meldungen die BMG und die USt-Id-Nr. der Abnehmer. Diese Daten können zu Kontrollzwecken dem EU-Staat des Erwerbers mitgeteilt werden. Eine steuerfreie innergemeinschaftliche Lieferung ist daher praktisch nur möglich, wenn der Lieferant die USt-Id-Nr. seiner Abnehmer kennt. Dieser Kenntnis bedarf es i.Ü. auch deswegen, weil **§ 14a Abs. 3 UStG besondere Anforderungen für die Rechnung** des Lieferers festlegt. Dazu gehört, dass jener in der Rechnung über eine steuerfreie innergemeinschaftliche Lieferung auf die Steuerfreiheit seiner Lieferung nach § 6a UStG hinweist[195] und seine USt-Id-Nr. sowie die seines Abnehmers aufführt.

Wie bei der Ausfuhr ist es auch bei den innergemeinschaftlichen Lieferungen nach § 6a Abs. 3 UStG Sache des Lieferanten, die Voraussetzungen für die Steuerfreiheit seiner Lieferung nachzuweisen. Nach den §§ 17a–17c UStDV hat der Unternehmer einen Beleg- und einen Buchnachweis zu führen, der im Wesentlichen den Nachweisen bei der Ausfuhr entspricht. Diese **Nachweispflichten** des Unternehmers sind jedoch – wie der BFH unter Aufgabe seiner früheren Rspr. inzwischen wiederholt entschieden hat – **keine materiell-rechtlichen Voraussetzungen für die Befreiung** als innergemeinschaftliche Lieferung.[196] Die Regelungen des § 6a Abs. 3 UStG und §§ 17a, 17c UStDV bestimmten vielmehr lediglich, dass und wie der Unternehmer die Nachweise zu erbringen hat. Mit Wirkung vom 01.01.2012 an sind die §§ 17a bis 17c UStDV geändert worden. Insbesondere ist der Belegnachweis, der bisher für Beförderungs- und Versendungsfälle unterschiedlich ausgestaltet war, durch das neue Institut der sog. Gelangensbestätigung vereinheitlicht worden. Darüber hinaus hat der Verordnungsgeber die bisherige Sollvorschrift in eine Mussvorschrift (»hat den Nachweis nach Absatz 1 wie folgt zu führen«) umgewandelt. Der Nachweis der grenzüberschreitenden Warenbewegung in das übrige Gemeinschaftsgebiet ist nach § 17a Abs. 2 UStDV n. F. zu führen durch

- das Doppel der Rechnung und
- »eine Bestätigung des Abnehmers gegenüber dem Unternehmer oder dem mit der Beförderung beauftragten selbständigen Dritten, dass der Gegenstand der Lieferung in das übrige Gemeinschaftsgebiet gelangt ist (**Gelangensbestätigung**)«.

Das genannte Verfahren kann nicht verhindern, dass der Lieferant von seinem Abnehmer getäuscht wird. § 6a Abs. 4 UStG gewährt einen **Gutglaubensschutz für den Lieferanten**. Hat jener trotz Aufbietens der **Sorgfalt eines ordentlichen Kaufmanns** eine Lieferung als innergemeinschaftliche Lieferung behandelt, obwohl deren Voraussetzungen nicht vorgelegen haben, wird die Lieferung für den Lieferanten gleichwohl als steuerfrei angesehen. Zur Frage, was die Sorgfalt eines ordentlichen Kaufmanns gebietet, hat das BMF über viele Jahre hinweg geschwiegen. Erstmals mit Schreiben vom 06.01.2009 (BStBl I 2009, 60), später modifiziert durch BMF-Schreiben vom 05.05.2010 (BStBl I 2010, 508), hat sich das

---

195 Fehlt zunächst ein Hinweis auf die Steuerbefreiung, schließt dies nach BFH vom 30.03.2006 (BStBl II 2006, 634 = UR 2006, 397 m. Anmerkung *Maunz*) nicht aus, dass die Lieferung als steuerfrei nach § 4 Nr. 1b UStG behandelt wird. Die fehlerhafte Rechnung könne – mit Rückwirkung! – berichtigt werden.
196 So erstmals BFH mit Urteil vom 06.12.2007 (BStBl II 2009, 57), bestätigt zuletzt durch BFH vom 17.02.2011, Az.: R 30/10, wo es präzisierend weiter heißt: »Dient der Verstoß gegen die Nachweispflichten ... aber dazu, die Identität des Abnehmers der innergemeinschaftlichen Lieferung zu verschleiern, um diesem im Bestimmungsmitgliedstaat eine Mehrwertsteuerhinterziehung zu ermöglichen, kann der Unternehmer die Steuerbefreiung für die innergemeinschaftliche Lieferung auch nicht aufgrund des objektiven Nachweises ihrer Voraussetzungen in Anspruch nehmen.« Diese Klarstellung hat das BMF unter dem 26.09.2011 als S. 7 in A 6a. 2 Abs. 3 UStAE aufgenommen.

BMF hierzu näher eingelassen. Die in diesen Schreiben formulierten Anforderungen, die der UStAE in A 6a.8 übernommen hat, lassen nur ausnahmsweise einen Gutglaubensschutz zu. Nach Auffassung des BMF kann sich die Frage, ob der Unternehmer die Unrichtigkeit der Angaben des Abnehmers erkennen konnte, überhaupt erst stellen, wenn der Unternehmer seinen formellen Nachweispflichten nach den §§ 17a ff. UStDV nachgekommen ist (vgl. A 6a.8 Abs. 1 S. 3, Abs. 5 S. 2 UStAE).»Beruhigender« **Hinweis** hier wie auch schon bei den Ausfuhrlieferungen: Klausuren in der Steuerberaterprüfung enthalten jedenfalls bisher regelmäßig den **Bearbeitungshinweis, dass alle erforderlichen Buch- und Belegnachweise vorliegen.**

Gelingt – ausnahmsweise – der Nachweis der Sorgfalt eines ordentlichen Kaufmanns, dann schuldet nach § 6a Abs. 4 S. 2 UStG der Abnehmer die Steuer.

3.2.4 Innergemeinschaftliches Verbringen

Als Kehrseite eines innergemeinschaftlichen Erwerbs im Bestimmungsland muss zwangsläufig auch das unternehmensinterne Verbringen vom Inland in das übrige Gemeinschaftsgebiet als innergemeinschaftliche Lieferung steuerbefreit sein. Dafür sorgen die §§ 3 Abs. 1a UStG, § 6a Abs. 2 UStG. Wird ein Unternehmensgegenstand in einen anderen Mitgliedstaat verbracht, um dort dauerhaft verwendet zu werden, so behandelt § 3 Abs. 1a UStG diesen Vorgang fiktiv als entgeltliche Lieferung. Der damit im Inland nach § 1 Abs. 1 Nr. 1 UStG steuerbare Umsatz ist steuerfrei nach § 6a Abs. 2 UStG.

> **Beispiel 10: Unternehmensinternes Verbringen als steuerbefreite Lieferung**
> Der Hamburger Unternehmer H unterhält eine Betriebsstätte in Straßburg.
> Er verbringt aus seinem Hamburger Betrieb einen Kran zum dauernden Verbleib in seine französische Betriebsstätte.
>
> **Lösung:** Wird der Kran zum dauernden Verbleib in das übrige Gemeinschaftsgebiet verbracht, gilt dies gem. § 3 Abs. 1a UStG als Lieferung gegen Entgelt. Der Ort dieser fiktiven Lieferung des H ist gem. § 3 Abs. 6 S. 1 UStG Hamburg. Der nach § 1 Abs. 1 Nr. 1 UStG steuerbare Umsatz des H ist aber steuerfrei nach § 4 Nr. 1 Buchst. b i.V.m. § 6a Abs. 2 UStG. In Frankreich unterliegt der Vorgang der Erwerbsbesteuerung (vgl. für den umgekehrten Fall § 1a Abs. 2 UStG und dazu Kap. 3.1.3 mit Beispiel 7).

Über das Verbringen kann keine Rechnung im umsatzsteuerrechtlichen Sinne erstellt werden. Dem ausländischen Unternehmensteil ist allerdings in einer »Pro-Forma-Rechnung« die BMG nach § 10 Abs. 4 Nr. 1 UStG mitzuteilen, damit auf dieser Grundlage die Erwerbsbesteuerung durchgeführt wird (vgl. dazu näher A 14a.1 Abs. 3 UStAE). H hat das innergemeinschaftliche Verbringen ferner als steuerfreien Umsatz zu erklären und nach § 18a Abs. 7 Nr. 2 UStG auch in seiner Zusammenfassenden Meldung zu erfassen.

3.2.5 Lieferung neuer Fahrzeuge

Die **Lieferung neuer Fahrzeuge** unterliegt nach § 1b UStG **im Bestimmungsland immer** der **Erwerbsbesteuerung.** Sie ist daher umgekehrt im Lieferland (Ursprungsland) immer als innergemeinschaftliche Lieferung befreit. Im Einzelnen ist wie folgt zu unterscheiden:

- Erfolgt die **Lieferung von einem Unternehmer** im Inland an einen Erwerber mit USt-Id-Nr. in einem anderen Mitgliedstaat, ist die Lieferung »ganz normal« im Inland steuerbar und nach § 6a Abs. 1 Nr. 2 Buchst. a oder Nr. 2 Buchst. b UStG befreit.
- Erfolgt die Lieferung von einem Unternehmer im Inland an eine Privatperson mit Wohnsitz in einem anderen EU-Land, ist die Lieferung gleichwohl nach § 6a Abs. 1 Nr. 2 Buchst. c UStG befreit.
- Ist der **Lieferant** des neuen Fahrzeugs **kein Unternehmer** (oder liefert ein Unternehmer dieses außerhalb seines Unternehmens), ist die Lieferung als Folge von § 2a UStG dennoch als nach § 1 Abs. 1 Nr. 1 UStG steuerbare Inlandslieferung zu behandeln. Der **Nichtunternehmer wird** für die innergemeinschaftliche Lieferung neuer Fahrzeuge **wie ein Unternehmer behandelt**.

Der Sinn liegt u.a. darin, ihm wegen der Erwerbsbesteuerung im anderen Staat den VSt-Abzug zu ermöglichen und so eine Doppelbesteuerung zu vermeiden. Der VSt-Abzug wird allerdings nach § 15 Abs. 4a UStG in mehrfacher Hinsicht beschränkt.

Abziehbar ist nach § 15 Abs. 4a Nr. 1 UStG nicht die für Nebenkosten wie Reparaturen und Kraftstoff bereits aufgewendete USt, sondern nur für die auf die Lieferung (bzw. die Einfuhr oder den innergemeinschaftlichen Erwerb), also **die Anschaffung entfallende VSt**. Dies ist ohne weiteres einzusehen. Es gibt keinen Grund, Privatpersonen nachträglich eine VSt-Abzugsberechtigung für Treibstoff und Wartung allein deshalb zuzusprechen, weil sie ihr Fahrzeug an einen Abnehmer in einem anderen Mitgliedstaat verkaufen anstatt an eine im Inland ansässige Person. Der VSt-Abzug für die auf die Anschaffung entfallende USt ist nach § 15 Abs. 4a Nr. 2 UStG des Weiteren summenmäßig beschränkt. Abziehbar ist die für die Anschaffung aufgewendete USt nur bis zu der Höhe, in der bei fehlender Befreiung eine Steuer angefallen wäre. Der VSt-Abzug wird also im gleichen Verhältnis herabgesetzt, wie der Verkaufspreis niedriger ist als der Nettoeinkaufspreis. Auch das erschließt sich sofort. Der private Wertverzehr vor der Weiterveräußerung muss mit anteilig nicht abziehbarer USt belastet bleiben. Und schließlich: Die VSt ist gem. § 15 Abs. 4a Nr. 3 UStG erst in dem VAZ abziehbar, in dem die innergemeinschaftliche Lieferung ausgeführt wird.

> **Beispiel 11: Innergemeinschaftliche Lieferung neuer Fahrzeuge**
> Der in Hamburg wohnhafte Privatmann P erwirbt am 04.02.01 von dem Hamburger Autohändler A einen neuen **Pkw** zum Preis von 30.000 € zzgl. 5.700 € USt, den er noch am selben Tag zulässt. Bereits zwei Monate später – bei bis dahin gefahrenen 5.000 km – verkauft P den Wagen in Hamburg für 28.000 € an den französischen Privatmann F, der nach der Übereignung des Fahrzeugs mit dem Wagen zurück nach Frankreich fährt.
>
> **Lösung:** Autohändler A tätigt gegenüber P am 04.02.01 eine nach § 1 Abs. 1 Nr. 1 UStG steuerbare und steuerpflichtige Lieferung. Die hierdurch ausgelöste USt i.H.v. 5.700 € entsteht mit Ablauf des VAZ 02/01. P als Nichtunternehmer hat zunächst keinen VSt-Abzug. Für die (Weiter-)Veräußerung des Wagens an F im April 01 wird P nach § 2a S. 1 UStG wie ein Unternehmer behandelt. Er liefert ein neues Fahrzeug (dazu § 1b Abs. 3 Nr. 1 UStG), das bei der Lieferung an F in das übrige Gemeinschaftsgebiet gelangt. Diese damit nach § 1 Abs. 1 Nr. 1 UStG steuerbare Lieferung ist steuerbefreit nach § 4 Nr. 1 Buchst. b UStG i.V.m. § 6a Abs. 1 UStG. Der Status des Abnehmers F als Privatperson steht dem nach § 6a Abs. 1 Nr. 2 Buchst. c UStG nicht entgegen. F hat in Frankreich, dessen UStG eine § 1b Abs. 1 Nr. 1 UStG entsprechende Regelung enthält, den Erwerb als innergemeinschaftlichen Erwerb zu versteuern. Die steuerbefreite innergemein-

schaftliche Lieferung löst für P die Berechtigung zum VSt-Abzug aus. Abziehbar ist nach § 15 Abs. 4a UStG maximal die Steuer, die der Steuerschuld des P entspräche, wenn seine Lieferung nicht nach § 6a UStG steuerbefreit wäre. Das sind hier 19 % von 28.000 € = 5.320 €, die er im VAZ der innergemeinschaftlichen Lieferung, also im April 01, geltend machen kann.

Ein vergleichbares Beispiel bietet die **Beraterklausur 2011** – nur, dass dort die Privatperson statt eines Autos im Inland eine Yacht im Ausland mit zunächst nicht abziehbarer Steuer auf einen innergemeinschaftlichen Erwerb nach § 1b UStG erworben hatte.

Beispiel 11a: Innergemeinschaftliche Lieferung einer Yacht (StB-Klausur 2011)
Nachdem Franz Ferstl sich aus der Geschäftsführung der GmbH zurückgezogen hatte, erfüllte er sich einen lang gehegten Traum und erwarb eine Segelyacht des italienischen Herstellers Vincente ... aus Riva de Garda (Italien). Die Yacht (9 m Länge) wurde von Vento am 12.08.2011 von Riva nach Prien am Chiemsee transportiert, wo Ferstl einen Liegeplatz hatte. Den Kaufpreis i.H.v. 60.000 € hatte Ferstl bereits am 30.07.2011 entrichtet. Nach zahlreichen Ausfahrten in den Monaten August und September musste Ferstl sich eingestehen, dass die Yacht für seine Zwecke zu groß war. Er nahm deshalb das Angebot seines alten Geschäftsfreundes Sepp Moser aus Bregenz (Österreich) an, der ihm die Yacht für 50.000 € abkaufte. Sepp Moser veranlasste am 05.10.2011 den Transport der Yacht von Prien zu seinem am österreichischen Ufer des Bodensees gelegenen Liegeplatz und überwies am Tag darauf den Kaufpreis.

3.3 Lieferungen an Privatpersonen im Reiseverkehr

Die Lieferung an Privatpersonen im Reiseverkehr ist ein weiterer Hauptanwendungsfall innergemeinschaftlicher Warenbewegungen. Für die Besteuerung dieser Lieferungen hat das USt-Binnenmarktgesetz das **Ursprungslandprinzip** vollständig verwirklicht. Die Besteuerung erfolgt ohne Unterschied wie bei einer normalen Inlandslieferung in dem jeweiligen Mitgliedstaat. Insoweit ist tatsächlich eine Steuervereinfachung eingetreten. Privatleute können auf ihren Reisen uneingeschränkt Waren einkaufen, ohne auf Wert- oder Mengengrenzen achten zu müssen.[197] Unerheblich ist auch, ob die Reise nur dem Einkaufen dient oder ob nur anlässlich einer Reise eingekauft wird. Voraussetzung ist nur, dass – anders im Anwendungsbereich der bereits näher vorgestellten Regelung des § 3c UStG (s. dazu Kap. IV 1.2.3.2 mit dortigem Beispiel 9) – der **Privatmann die Ware selbst im Einkaufsland abholt oder selbst den Transport in sein Heimatland veranlasst.**

Ansonsten aber ist mit der Steuererhebung im Land des Einkaufs umsatzsteuerlich alles erledigt. An der Grenze erfolgt weder eine Entlastung von der Steuer des Einkaufslandes noch eine Belastung mit der Steuer des Heimatlandes des Erwerbers. Die Entlastung kann auch nicht auf Wunsch oder Antrag des Betroffenen vorgenommen werden, weil z.B. der USt-Satz in seinem Heimatland erheblich niedriger ist als im Land des Einkaufs.

Kauft sich beispielsweise ein deutscher Tourist in Dänemark für 10.000 dkr zuzüglich 2.500 dkr MOMS (= dänische USt) Möbel, die er sich durch einen von ihm beauftragten Spediteur anliefern lässt, so bleibt er mit der dänischen USt von 25 % belastet. (Dies gilt

---

[197] Einschränkungen gelten insoweit lediglich für Genussmittel wie Tabakerzeugnisse oder alkoholische Getränke, sofern die Menge des Erwerbs die Vermutung nahe legt, dass diese Produkte für eine gewerbliche Verwendung bestimmt sind.

i.Ü. auch für die USt auf die Beförderungsleistung des Frachtführers, die nach § 3b Abs. 3 S. 1 UStG ihren Leistungsort ebenfalls in Dänemark hat.) Es besteht seit dem 01.01.1993 keine Möglichkeit mehr, sich die hohe dänische USt beim Verlassen des Landes erstatten zu lassen. Eine Steuerersparnis von sechs Prozentpunkten (25 %–19 %) durch das Ausnutzen der Differenz zum deutschen USt-Satz von 19 % ist nicht mehr zu erreichen.

3.4 Innergemeinschaftliche Erwerbe im Zusammenhang mit innergemeinschaftlichen Reihengeschäften

Bei Reihengeschäften (s. dazu Kap. IV 1.2.5), an denen drei Unternehmer beteiligt sind, die in verschiedenen Mitgliedstaaten für Zwecke der USt erfasst sind, **kann die Sonderregelung des § 25b UStG zur Anwendung gelangen** und u.a. dazu führen, dass nach § 25b Abs. 3 UStG bestimmte innergemeinschaftliche Erwerbe als besteuert gelten. Diese Rechtsfolge fügt sich ein in die allgemeine Zielsetzung des § 25b UStG. Diese besteht darin, einen mittleren Unternehmer davor zu bewahren, in den jeweiligen Mitgliedstaaten, in denen seine Abnehmer ansässig sind, steuerliche Verpflichtungen erfüllen zu müssen. Ob solche Verpflichtungen drohen, **hängt allerdings von der konkreten Abwicklung des Reihengeschäfts ab**. Nicht jedes Reihengeschäft, an dem Unternehmer aus drei verschiedenen Mitgliedstaaten beteiligt sind, lässt den mittleren Unternehmer im Mitgliedstaat seines Abnehmers, dem Bestimmungsland, zum Steuerschuldner eines dort verwirklichten innergemeinschaftlichen Erwerbs werden.

> **Beispiel 12: Reihengeschäft ohne schutzbedürftigen mittleren Unternehmer**
> Der niederländische Unternehmer A mit Sitz in Amsterdam hat dem in Hamburg ansässigen Bauunternehmer B am 03.01.01 einen auf dessen Bedürfnisse zugeschnittenen Baukran verkauft. Als Kaufpreis ist ein Betrag von 690.000 € netto vereinbart. Da A selbst mit der Herstellung eines solchen Krans überfordert ist, gibt er diesen bei der auf solche Kräne spezialisierten Firma L in Lüttich (Belgien) für 460.000 € in Auftrag. Nach Fertigstellung des Krans lässt B, der über einen für den Transport erforderlichen Sattelschlepper verfügt, den Kran durch Mitarbeiter in Lüttich abzuholen. Dies geschieht Anfang Februar 01. Alle Beteiligten verwenden die USt-Id-Nr. des Mitgliedstaates, in dem sie ansässig sind.
>
> **Lösung:** Praktiziert man das oben (s. Kap. IV 1.2.5) nahe gelegte Vorgehen bei Reihengeschäften, so führt die danach gefertigte Lösungsskizze für diesen Sachverhalt zu folgenden Ergebnissen:
> A tätigt eine entgeltliche Lieferung (durch L als Dritten auf Liefererseite) an B. Da B als Abnehmer dieses Umsatzes den Transport durchführt, ist auch die Warenbewegung von Lüttich nach Hamburg dem Umsatz des A an B zuzurechnen. Die bewegte Lieferung des A an B hat ihren Lieferort folglich nach § 3 Abs. 6 S. 1 UStG in Lüttich und ist damit im Inland nicht steuerbar. Dasselbe gilt für die Lieferung des L an A. Der Lieferort dieser vorangegangenen unbewegten Lieferung im Rahmen eines Reihengeschäfts ist nach § 3 Abs. 7 S. 2 Nr. 1 UStG ebenfalls in Lüttich. Aus dem Vorstehenden folgt, dass es der im Bestimmungsland ansässige B ist, der als Empfänger der bewegten Lieferung einen hier im Inland steuerbaren innergemeinschaftlichen Erwerb nach § 1 Abs. 1 Nr. 5 UStG verwirklicht. (Erwerbsort ist nach § 3d S. 1 UStG Hamburg. Die BMG nach § 10 Abs. 1 UStG bildet das Entgelt von 690.000 €; die USt beträgt 131.100 €. Sie entsteht gem. § 13 Abs. 1 Nr. 6 UStG spätestens mit Ablauf des dem Erwerb folgenden VAZ,

hier 03/01. Im selben VAZ kommt B hinsichtlich der Erwerbsteuer von 131.100 € ein VSt-Abzug nach § 15 Abs. 1 Nr. 3 UStG zu.)

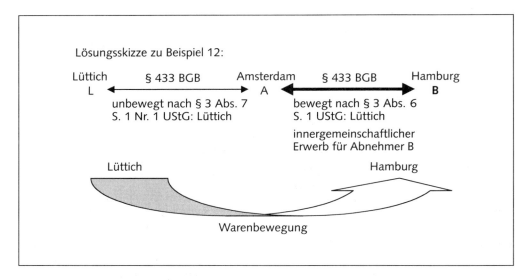

Eine Sachverhaltsabwicklung wie in Beispiel 12 schafft für den mittleren Unternehmer keine Situation, vor der die Sonderregelung des § 25b UStG bewahren will. Nicht der mittlere Unternehmer A hat steuerliche Verpflichtungen im Bestimmungsland zu erfüllen, sondern der dort ansässige und dort als Steuersubjekt ohnehin geführte Unternehmer B. Damit erklärt sich die Bestimmung des § 25b Abs. 1 Nr. 4 UStG, wonach ein innergemeinschaftliches Dreiecksgeschäft § 25b UStG nur vorliegt, wenn der Liefergegenstand durch den ersten Lieferer oder den ersten Abnehmer befördert oder versendet wird (so Letzterer nicht »als Lieferer« i.S.d. § 3 Abs. 6 S. 6 UStG agiert). Nur dann nämlich kommt es zu der Konstellation, die zu vermeiden Anliegen des § 25b UStG ist.

Beispiel 12a: Reihengeschäft mit schutzbedürftigem mittleren Unternehmer
Abwandlung des vorangegangenen Beispiel 12: Es holt nicht B den Kran ab, sondern L lässt den Kran durch einen von ihm beauftragten Frachtführer zu B befördern. Es sind Rechnungen und Zusammenfassende Meldungen erstellt, die allen Beteiligten eine aus umsatzsteuerrechtlicher Sicht möglichst komplikationslose Abwicklung erlauben.

Lösung: Versendet der L als erster Lieferer, ist seinem Umsatz an A die Warenbewegung zuzurechnen. Der Leistungsort dieser bewegten Lieferung bestimmt sich nach § 3 Abs. 6 S. 1 UStG und befindet sich in Lüttich. Der Umsatz des L an A ist folglich im Inland nicht steuerbar. Aber: Als Empfänger dieser bewegten Lieferung verwirklicht nunmehr der A einen innergemeinschaftlichen Erwerb nach § 1 Abs. 1 Nr. 5 UStG im Bestimmungsland Deutschland, da der Kran bei der Versendung an ihn aus dem Mitgliedstaat Belgien in den Mitgliedstaat Deutschland gelangte.

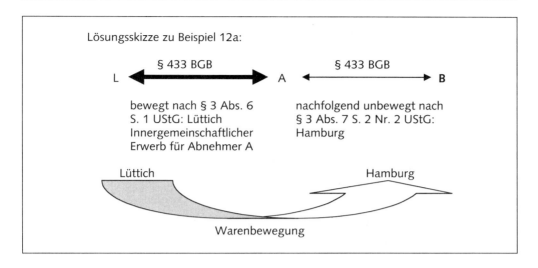

Dieser innergemeinschaftliche Erwerb wäre nach § 3d S. 1 UStG in Deutschland steuerbar (und würde wegen Verwendung der niederländischen USt-Id-Nr. nach § 3d S. 2 UStG zudem auch in den Niederlanden als bewirkt gelten). Diese Rechtsfolge verhindert § 25b Abs. 3 UStG. Bei dieser Abwicklung des Reihengeschäfts liegen die Voraussetzungen eines innergemeinschaftlichen Dreiecksgeschäfts nach § 25b Abs. 1 UStG vor, es sind überdies auch die zusätzlichen Anforderungen des § 25b Abs. 2 UStG erfüllt. In einem solchen Fall gilt nach § 25b Abs. 3 UStG der innergemeinschaftliche Erwerb des ersten Abnehmers, also hier des A als besteuert (womit nach § 3d S. 2 UStG i.Ü. auch die Grundlage für eine hilfsweise Besteuerung in den Niederlanden entfällt).

Um den mittleren Unternehmer A von Registrierungs- und Anmeldepflichten im Bestimmungsland zu bewahren, genügt es indes nicht, seinen innergemeinschaftlichen Erwerb als besteuert gelten zu lassen. Wie die Lösungsskizze zum Beispiel 12a sichtbar macht, tätigt A außer dem innergemeinschaftlichen Erwerb des Weiteren eine nachfolgende unbewegte Lieferung an B. Deren Lieferort bestimmt sich nach § 3 Abs. 7 S. 2 Nr. 2 UStG und befindet sich in Hamburg. Die Lieferung des A an B ist folglich nach § 1 Abs. 1 Nr. 1 UStG im Inland steuerbar und steuerpflichtig. Schuldner der auf der Basis einer BMG nach § 10 Abs. 1 UStG von 690.000 € entstehenden USt von 131.100 € wäre nach § 13a Abs. 1 Nr. 1 UStG damit an sich der A. Dies verhindert § 25b Abs. 2 UStG. Danach geht unter den hier vorliegenden Voraussetzungen des § 25b Abs. 2 Nr. 1–4 UStG die Steuerschuld für die Lieferung des mittleren Unternehmers an den letzten Abnehmer im Bestimmungsland (Inland) auf diesen über. Steuerschuldner der für die steuerpflichtige Lieferung entstandenen USt von 131.100 € wird im Beispiel also der B. Für ihn ändert sich im Ergebnis nichts. B kann die 131.100 € trotz ihres fehlenden Ausweises in einer Rechnung (dazu § 25b Abs. 2 Nr. 3 UStG) gem. § 25b Abs. 5 UStG sogleich wieder als VSt in Abzug bringen. Die übrigen Voraussetzungen für einen VSt-Abzug nach § 15 Abs. 1 Nr. 1 UStG sind zweifelsfrei gegeben. Seine Situation entspricht damit der im Beispiel 12, bei dem er als Schuldner einer Erwerbsteuer i.H.v. 131.100 € diese nach § 15 Abs. 1 Nr. 3 UStG im selben VAZ wieder abziehen kann.

Bei Vierecks- oder Mehreckgeschäften wäre es aus Vereinfachungsgründen sachgerecht, die Regeln des § 25b UStG im Verhältnis derjenigen drei Unternehmer anzuwenden, die

die Voraussetzungen des § 25b Abs. 1 und 2 UStG erfüllen. Dies sieht inzwischen auch die Finanzverwaltung so. Nach A 25b.1 Abs. 2 S. 2 UStAE sollen die Regelungen über das innergemeinschaftliche Dreiecksgeschäft auch bei mehr als drei Beteiligten Anwendung finden können, sofern die drei unmittelbar nacheinander liefernden Unternehmer am Ende der Lieferkette stehen.

Klausurhinweis: Reihengeschäfte im Rahmen grenzüberschreitender Warenbewegungen sind das Thema schlechthin in den Beraterklausuren der letzten Jahre – bevorzugt mit innergemeinschaftlichen Warenbewegungen und damit mit der Notwendigkeit, § 25b UStG zu prüfen (2004: Autoradios, 2005: Whirlpools, 2006: Carraramarmor, 2009: Wieder Carraramarmor, 2011 Lodenmantel). Von daher wird dringend empfohlen, kontinuierlich zu verfolgen, ob und ggf. in welcher Form das BMF auf die in Kap. IV 1.2.5.2 geschilderten neuen Rspr.-Ansätze zur Zuordnung von Warenbewegungen reagiert.

4 Umsätze im Steuerlager

Durch die zum 01.01.2004 neu ins UStG aufgenommenen Normen § 4 Nr. 4a und Nr. 4b UStG werden bestimmte Umsätze in einem Steuerlager für steuerbefreit erklärt. Zweck dieser Regelungen ist es, dass der nicht im Inland ansässige Unternehmer sich nicht im Inland für umsatzsteuerliche Zwecke erfassen lassen muss, wenn er nur Umsätze im Zusammenhang mit Gegenständen erbringt, die sich in einem Steuerlager befinden. Bestimmte in einer neuen Anlage 1 zum UStG bezeichnete Waren können so in einem Umsatzsteuerlager steuerfrei zwischengelagert werden. Damit besteht seit dem 01.01.2004 auch in Deutschland die Möglichkeit, insb. Schüttgüter und hochwertige Metalle einzulagern und zum Gegenstand von internationalen Handelstransaktionen zu machen, ohne dass mit Umsatzsteuer abgerechnet werden muss. Die Umsätze in ein Steuerlager (sog. **Einlagerung** durch Einfuhr oder innergemeinschaftlichen Erwerb), die Umsätze in einem Steuerlager (**Lagerumsätze** durch Handel oder Dienstleistungen) sind steuerfrei. **Besteuert wird** der der **Auslagerung vorausgegangene Umsatz** (Lieferung aus dem Umsatzsteuerlager), sofern dieser Umsatz nicht nach anderen Vorschriften (z.B. als innergemeinschaftliche Lieferung oder als Einlagerung in ein anderes Umsatzsteuerlager) steuerfrei ist. Einzelheiten zu Umsätzen im Steuerlager sind Gegenstand eines BMF-Schreibens vom 28.01.2004 (BStBl I 2004, 242 = Nr. 500, § 4/31), auf das in A 4.4a.1 UStAE verwiesen wird. Eine anschauliche Darstellung der Abläufe im Zolllagerverfahren findet sich bei *Tervooren/Müller-Lee* (UStB 2006, 276).

XV Vorsteuerabzug

Zur Beseitigung der USt-Vorbelastung (s. Kap. I 1) kann der Unternehmer die USt, die auf unternehmerisch genutzten Leistungen von anderen Unternehmern (oder auf Einfuhren bzw. innergemeinschaftlichen Erwerben) lastet, grundsätzlich nach § 15 Abs. 1 UStG als VSt von seiner USt-Schuld abziehen. Auch bei Investitionsgütern, die über mehrere Jahre verwendet werden, ist der VSt-Abzug abweichend von der einkommensteuerrechtlichen Behandlung (zeitanteilige Absetzung der AK oder HK) bei Anschaffung in voller Höhe gegeben (so die bezogene Leistung ausschließlich für vorsteuerunschädliche Zwecke verwendet werden soll). Bei einer späteren Überführung in den Privatbereich wird der VSt-Abzug durch die Besteuerung als unentgeltliche Wertabgabe nach § 3 Abs. 1b Nr. 1–3 UStG wieder rückgängig gemacht.

Aber: Ist die ausschließliche **Verwendung für eine unentgeltliche Wertabgabe** nach § 3 Abs. 1b UStG von vornherein, also **bereits bei Erwerb, geplant**, besteht nach geänderter Auffassung des BMF (vgl. A 3.3 Abs. 1 Satz 7 und A 15.15 Abs.1 UStAE n.F.) auch dann **kein** Recht auf **VSt-Abzug, wenn Unternehmer mit der unentgeltlichen Wertabgabe letztlich unternehmerische Ziele** verfolgen, die zum VSt-Abzug berechtigen (vgl. BFH vom 09.12.2010, BStBl II 2012, 53).[198]

Bei einer späteren Änderung der Verwendungsverhältnisse (nicht nur, aber insbes. unter dem Aspekt vorsteuerschädlich/vorsteuerunschädlich) erfolgt eine Berichtigung des VSt-Abzugs nach § 15a UStG.

Zu unterscheiden sind im Rahmen einer Prüfung des VSt-Abzugs die **anspruchsbegründenden Merkmale des § 15 Abs. 1 Nr. 1–5 UStG** von den **anspruchsausschließenden des § 15 Abs. 2 UStG** (und ggf. den **Ausschluss aufhebenden Regelungen in § 15 Abs. 3 UStG**).

Den in § 15 Abs. 2 UStG aufgeführten anspruchsausschließenden Verwendungen hatte der Gesetzgeber mit Wirkung vom 01.04.1999 in § 15 Abs. 1 S. 2, § 15 Abs. 1a und § 15 Abs. 1b UStG a.F. eine Reihe weiterer Sachverhalte angefügt, die den VSt-Abzug einschränken bzw. ausschließen sollten. Diese Regelungen konnten indes nur für kurze Zeit Wirkung entfalten. So sah § 15 Abs. 1a Nr. 2 UStG a.F. einen VSt-Ausschluss für Übernachtungskosten von AN auf Dienstreisen vor, den der BFH bereits mit Urteil vom 23.11.2000 (BStBl II 2001, 166) für nicht vereinbar mit Art. 17 Abs. 6 der 6. EG-RL (= Art. 167 MwStSystRL) erklärte. Bezüglich der in § 15 Abs. 1b UStG **a.F.** vorgesehenen VSt-Beschränkung auf 50 % im Falle gemischt genutzter Fahrzeuge hatte der BFH die Frage der Vereinbarkeit mit der 6. EG-RL schon mit Beschluss vom 30.11.2000 (UR 2001, 70) dem EuGH zur Entscheidung vorgelegt. Noch bevor dieses Verfahren zum Abschluss kommen konnte, reagierte der deutsche Gesetzgeber und strich mit dem StÄndG 2003 (BGBl I 2003, 2645) nicht nur den VSt-Ausschluss in § 15 Abs. 1a Nr. 2 UStG a.F., sondern auch die VSt-Beschränkung auf

---

198 Ausführlich dazu bereits in Kap. XII 1.

50 % im Falle gemischt genutzter Fahrzeuge in § 15 Abs. 1b UStG a.F.[199] Selbiges ist zum 01.01.2007 auch mit dem in § 15 Abs. 1a Nr. 3 UStG a.F. vorgesehenen VSt-Ausschluss für Umzugskosten anlässlich eines Wohnungswechsels geschehen. Das Jahressteuergesetz 2007 hat die Aufhebung dieser Norm verfügt. Ist ein Wohnungswechsel unternehmerisch veranlasst, gibt es also für die damit im Zusammenhang stehenden Leistungsbezüge – wie schon vor dem 01.04.1999 – wieder die Möglichkeit eines VSt-Abzugs.

Von den Neuerungen zum 01.04.1999 hat damit, soweit es die Beschränkungen des VSt-Abzugs betrifft, allein § 15 Abs. 1 S. 2 UStG überlebt, jene Norm, die für die Zuordnung eines Gegenstands zum Unternehmen einen Mindestumfang unternehmerischer Nutzung von 10 % vorsieht (dazu s. Kap. 1.3.3).

Eine in ihrer praktischen Bedeutung wahrlich nicht zu unterschätzende **VSt-Beschränkung** ist freilich zum **01.01.2011** hinzugekommen. Hierbei handelt es sich um die schon im Zusammenhang mit der Besteuerung außerunternehmerischer Grundstücksnutzung (vgl. Kap. XII 5.1.3.4) vorgestellte Norm des **§ 15 Abs. 1b UStG n.F.** Danach ist die Steuer für die Lieferung, die Einfuhr und den innergemeinschaftlichen Erwerb sowie für sonstigen Leistungen im Zusammenhang mit einem Grundstück vom VSt-Abzug ausgeschlossen, soweit sie nicht auf die Verwendung des Grundstücks für Zwecke des Unternehmens entfällt. Wenn man so willl, lässt sich sagen: Der Gesetzgeber hat sich den Gedanken des früheren § 15 Abs. 1b UStG a.F. – bezogen auf eine gemischte Fahrzeugnutzung – zu Nutze gemacht, ohne erneut den Fehler einer pauschalen VSt-Beschränkung zu begehen. Stattdessen hat eine Aufteilung des VSt-Abzugs nach den Grundsätzen zu erfolgen, die ansonsten gelten, wenn ein Unternehmer einen Gegenstand in der Weise »gemischt« nutzt, dass er ihn sowohl für vorsteuerunschädliche, weil steuerpflichtige, wie für vorsteuerschädliche, weil steuerbefreite, Umsätze verwendet. Dies sieht ein ebenfalls zum 01.01.2011 neu eingefügter Satz 4 in § 15 Abs. 4 UStG n.F. vor.

1 Anspruchsbegründende Voraussetzungen des § 15 Abs. 1 Nr. 1 UStG

Die anspruchsbegründenden Voraussetzungen des § 15 Abs. 1 Nr. 1 UStG lassen sich überwiegend unmittelbar aus dem Wortlaut der gesetzlichen Regelung ableiten. Im Einzelnen sind es **sechs Tatbestandsmerkmale**, die ggf. besonderer Erörterung bedürfen.

Zu den anspruchsbegründenden Voraussetzungen eines VSt-Abzugs nach § 15 Abs. 1 Nr. 1 UStG zählen:
- **Unternehmerstellung** dessen, der VSt-Abzug beansprucht.
- Der zu beurteilende **Unternehmer** muss **Leistungsempfänger** (regelmäßig also zivilrechtlicher Auftraggeber) der Leistung sein, für die er VSt-Abzug begehrt.
- Er muss die **Leistung für sein Unternehmen** bezogen haben.
- **Leistender** muss ebenfalls **Unternehmer** sein (Leistungsbezug von einem anderen Unternehmer).

---

199 Das Jahressteuergesetz 2009 sah in seiner ursprünglichen Fassung allerdings vor, diese Regelung wieder aufleben zu lassen; erst Bedenken des Bundesrats sowie massive Widerstände der Automobilindustrie haben dazu geführt, dass der Gesetzgeber von dieser Idee wieder Abstand genommen hat.

- Der Leistungsempfänger muss im **Besitz einer nach den §§ 14, 14a UStG ausgestellten Rechnung** sein.
- Die **ausgewiesene USt muss gesetzlich für den Umsatz geschuldet** sein.

In den folgenden Kap. 1.1–1.6 geht es darum, diese Anspruchsvoraussetzungen für einen VSt-Abzug und die ihnen zuzuordnenden Problemstellungen näher zu betrachten.

1.1 Unternehmer

Wie bereits in Kap. III näher dargelegt ist Unternehmer und damit unter den weiteren Voraussetzungen des § 15 UStG vorsteuerabzugsberechtigt nicht erst, wer tatsächlich nachhaltig im Leistungsaustausch tätig wird. Es genügt bereits die nachvollziehbar und glaubhaft dargelegte ernsthafte Absicht, im Leistungsaustausch tätig werden zu wollen, um einen VSt-Abzug aus Eingangsleistungen geltend machen zu können. Auch **Investitionen zur Vorbereitung von Umsätzen** sind geeignet, einen **Unternehmerstatus** zu begründen. Wörtlich heißt es etwa im BFH-Urteil vom 22.02.2001 (BStBl II 2003, 426): »Als vorsteuerabzugsberechtigter Unternehmer (StPfl.) gilt, wer die durch objektive Anhaltspunkte belegte Absicht hat, i.S.v. § 2 UStG eine Umsatztätigkeit gegen Entgelt (wirtschaftliche Tätigkeit i.S.v. Art. 4 der RL 77/388/EWG) selbständig auszuüben, und erste Investitionsausgaben für diese Zwecke hat«. Mit anderen Worten: Der StPfl. braucht die Aufnahme des tatsächlichen Betriebs seines Unternehmens nicht abzuwarten. **Das Recht auf VSt-Abzug entsteht dem Grunde und der Höhe nach bereits im Zeitpunkt des Leistungsbezugs** (bestätigend A 15.12 Abs. 1 S. 5 UStAE). Das FA darf den VSt-Abzug für Investitionsausgaben nur versagen, wenn es eine Betrugs- oder Missbrauchsabsicht nachweisen kann. In allen anderen Fällen führt die in gutem Glauben geäußerte und durch objektive Anhaltspunkte belegte Absicht, Umsätze zu erzielen, schon vor Aufnahme einer entgeltlichen Tätigkeit im Leistungsaustausch materiell endgültig zur Unternehmerstellung und damit dem Grunde nach zur Berechtigung zum VSt-Abzug.

Die an den Unternehmerstatus geknüpfte Berechtigung zum Abzug der VSt entfällt auch nicht etwa rückwirkend, wenn der StPfl. die beabsichtigte Tätigkeit aus Gründen, die er nicht zu vertreten hat, nicht aufnimmt. **Kommt es tatsächlich nicht zu nachhaltigen Tätigkeiten im Leistungsaustausch, hat dies auf die einmal begründete Unternehmerstellung grundsätzlich keinerlei Einfluss** (A 2.6 Abs. 1 S. 2 UStAE). Wie der EuGH bereits in mehreren Urteilen vom 08.06.2000[200] erklärt hat, ist es mit Art. 17 Abs. 1 der 6. EG-RL (= Art. 167 MwStSyStRL) unvereinbar, einen einmal gewährten VSt-Abzug nach verfahrensrechtlichen Bestimmungen wieder aufzuheben. Führen Gründungsinvestitionen nicht zu Umsätzen, berechtigt dieser Umstand nicht zu einer Änderung der Jahressteuerfestsetzung nach den §§ 164 Abs. 2, 165 Abs. 2 oder § 175 Abs. 1 S. 1 Nr. 2 AO. Die 6. EG-RL kennt wie auch die nachfolgende MwStSystRL weder einen »vorläufigen« Unternehmer noch einen Unternehmer »unter Vorbehalt«.

---

200 Rs. C-400/98 – Breitsohl, UR 2000, 329 mit Anm. *Widmann*, a.a.O. 335 f. = BStBl II 2003, 452; Rs. C-396/98 – Grundstücksgemeinschaft Schlossstraße, UR 2000, 336 mit Anm. *Widmann*, a.a.O. 341 f. = BStBl II 2003, 446 sowie Rs. C-98/98 – Midland, UVR 2000, 348.

Beispiel 1: Unternehmerstellung ohne entgeltliche Umsätze
S will zum 01.10.01 ein kleines Fuhrunternehmen aufmachen. Er erwirbt im September 01 u.a. einen alten Lkw für 50.000 € zzgl. 9.500 € gesondert ausgewiesener USt. Da Aufträge ausbleiben, gibt er seine Pläne zum Betrieb des Fuhrunternehmens bereits Mitte November 01 endgültig auf (und veräußert den Lkw Ende November 01 für 45.000 €).

Lösung: Ein VSt-Abzug des S hinsichtlich der ausgewiesenen USt auf den Erwerb des Lkw scheitert nicht daran, dass S zu keinem Zeitpunkt entgeltliche Leistungen als Fuhrunternehmer erbracht hat. Die für einen VSt-Abzug erforderliche Unternehmerstellung beginnt bereits mit dem ersten nach außen erkennbaren, auf eine Unternehmertätigkeit gerichteten Handeln. Dazu gehören alle Vorbereitungstätigkeiten. Zu diesen zählt hier zweifelsfrei auch der Erwerb des Lkw. Da der Sachverhalt keine Anhaltspunkte für missbräuchliche Aktivitäten des S liefert, begründet er bereits mit diesen Investitionen die für einen VSt-Abzug erforderliche Unternehmerstellung und hat folglich im VAZ 09/01 einen VSt-Abzug hinsichtlich der ausgewiesenen USt von 9.500 €. (Darf die zugebilligte Unternehmereigenschaft nachträglich nicht wieder aberkannt werden, so muss allerdings hinsichtlich aller Vorgänge aus der Gründungsphase eine Nachwirkung der zugebilligten Unternehmerstellung angenommen werden. Daraus folgt: So sich nicht nähere Anhaltspunkte für eine nicht steuerbare Geschäftsveräußerung nach § 1 Abs. 1a UStG finden, hat S die Veräußerung des Lkw – wie Unternehmer sonst auch – als nach § 1 Abs. 1 Nr. 1 UStG steuerbares und steuerpflichtiges Hilfsgeschäft zu behandeln. Die Veräußerung löst folglich für S auf der Grundlage einer BMG nach § 10 Abs. 1 UStG von 37.815,13 € mit Ablauf des VAZ 11/01 eine USt i.H.v. 7.184,87 € aus.)[201]

Dass bereits die Absicht unternehmerischer Betätigung zu einer materiell endgültigen Unternehmerstellung führen kann, akzeptiert im Grundsatz auch die Finanzverwaltung. Sie versucht, fiskalische Belange zu wahren, indem sie in A 2.6 Abs. 3 S. 1–3 UStAE bei problematischen Fallkonstellationen besondere Vorsichtsmaßnahmen anordnet. So soll etwa bei dem Erwerb von Gegenständen, die ihrer Art nach sowohl unternehmerisch als auch privat genutzt werden können (PC, Fahrzeuge) noch vor der ersten Steuerfestsetzung geprüft werden, ob die Verwendungsabsicht durch objektive Anhaltspunkte nachgewiesen ist. Bei dem Erwerb von Gegenständen, die typischerweise zur privaten Nutzung bestimmt sind (Wohnmobil, Segelschiff oder sonstige Freizeitgegenstände) sei bei dieser Prüfung ein »besonders hoher Maßstab« anzulegen. Lassen sich dabei objektive Anhaltspunkte für eine unternehmerische Verwendung nicht in dem erforderlichen Umfang ermitteln, ist nach Auffassung der Finanzverwaltung »grundsätzlich nicht von der Unternehmereigenschaft auszugehen.«

Hinweise zur Unternehmerstellung als Grundvoraussetzung für einen VSt-Abzug: **Vorsteuerabzugsberechtigt sind auch Unternehmer mit Sitz im Ausland.** Aber: Soweit sie keine Umsätze im Inland tätigen oder nur solche, die in § 59 UStDV aufgeführt sind, erhalten sie angefallene VSt-Beträge nur in dem besonderen VSt-Vergütungsverfahren nach den §§ 59 ff. UStDV erstattet. Jene Regelungen haben zum 01.10.2010 bedeutsame Modifizierungen erfahren. Das BMF hat hierzu in A 18.13 bis A 18.16 UStAE ausführlich Stellung genommen. Ausnahmsweise – beim **Verkauf neuer Fahrzeuge** – kann auch **Privatpersonen** ein VSt-Abzug zukommen, sofern die neuen Fahrzeuge bei der Lieferung in das übrige Gemeinschaftsgebiet gelangen, mit der Folge, dass die Privatpersonen nach § 2a UStG wie

---

[201] Identische Lösung in der ESt: dort liegen nachträgliche gewerbliche Einkünfte gem. §§ 24 Nr. 2, 15 EStG vor.

ein Unternehmer behandelt werden.[202] Hingegen scheidet für **Kleinunternehmer** ein VSt-Abzug aus Leistungsbezügen nach § 19 Abs. 1 S. 4 UStG normalerweise aus (s. Kap. III 7). Für Leistungsbezüge **nach Aufgabe einer wirtschaftlichen Betätigung** gilt der Empfänger **weiterhin** als Unternehmer und damit **vorsteuerabzugsberechtigt**, sofern die erhaltenen Leistungen mit der aufgegebenen Tätigkeit in einem direktem und unmittelbaren Zusammenhang stehen (s. näher Kap. III 5).

1.2 Unternehmer als Leistungsempfänger

Nach übereinstimmender Auffassung von BFH und Finanzverwaltung kann grundsätzlich nur derjenige eine Leistung »für sein Unternehmen« beziehen, der **selber Leistungsempfänger** jener Leistung ist, für die er den VSt-Abzug begehrt. Dies legt es nahe, in Zweifelsfällen (aber nur bei solchen!) sozusagen als ungeschriebene Voraussetzung für einen VSt-Abzug gesondert zu prüfen, wer die fragliche Leistung bezogen hat. Dies bestimmt sich regelmäßig danach, wer **zivilrechtlicher Vertragspartner** und damit Auftraggeber des Leistenden geworden ist – sei es, dass er selbst auf den Vertragsschluss gerichtete Willenserklärungen abgegeben hat, sei es, dass er Vertragspartner wurde, weil in seinem Namen ein anderer nach § 164 BGB als Vertreter für ihn gehandelt hat. Wenn das USt-Recht bei der Bestimmung des Leistungsempfängers grundsätzlich an das Zivilrecht anknüpft, geschieht dies insb. im Interesse des Leistenden (Auftragnehmers). Schließlich ist für diesen die zivilrechtliche Rechtslage auch in anderen Fragen bindend. So etwa, wenn jener unsicher ist, wem gegenüber er nach § 14 Abs. 2 UStG eine Rechnung erteilen darf bzw. muss oder wenn jener prüfen will, ob er die Möglichkeit hat, einen steuerfreien Umsatz nach § 9 UStG als steuerpflichtig zu behandeln, weil der Umsatz an einen anderen Unternehmer für dessen Unternehmen ausgeführt wird. Solche Überlegungen lassen es sinnvoll erscheinen, auch im Rahmen des VSt-Abzugs den Leistungsempfänger grundsätzlich anhand der zivilrechtlichen Vertragsbeziehungen zu bestimmen.

1.2.1 Leistungsbezug durch Gesellschafter/Gemeinschafter

Ein derartiges Vorgehen kann jedoch dazu führen, dass ein VSt-Abzug trotz unternehmerischer Verwendung von Vorbezügen ausscheidet. Tritt etwa ein Gemeinschafter einer unternehmerisch tätigen Grundstücksgemeinschaft bei der Vergabe von Modernisierungsarbeiten nach außen nur alleine auf, ohne offenzulegen, dass er auch für die anderen Gemeinschafter handelt, hat ein VSt-Abzug der Gemeinschaft auszuscheiden, da sie nicht Leistungsempfänger geworden ist. Es verstößt nach Auffassung des BFH (Urteil vom 23.09.2009, BStBl II 2010, 243) nicht gegen den gemeinschaftsrechtlichen Grundsatz der Verhältnismäßigkeit, einer unternehmerisch tätigen Gemeinschaft oder Gesellschaft den VSt-Abzug zu versagen, soweit nur ein Gemeinschafter oder Gesellschafter in den Rechnungen als Leistungsempfänger angegeben ist.

---

202 Zur summenmäßigen Beschränkung ihres VSt-Abzugs s. näher § 15 Abs. 4a UStG und dazu bereits Kap. XIV 3.2.5 mit dortigem Beispiel 11.

Beispiel 2: Gesellschafter als Leistungsempfänger
Rechtsanwalt A ist Sozius der Sozietät A, B, C & Partner. Im April 01 hat A einen Mercedes für 40.000 € zzgl. gesondert ausgewiesener USt von 7.600 € im eigenen Namen erworben und auch auf sich zugelassen. Es fährt allein der A mit dem Pkw und zwar überwiegend für Zwecke der Sozietät, von der er keine Kostenerstattung oder Ähnliches erhält.

Alternative: A erhält, soweit er für die Sozietät unterwegs ist, eine als Mietzins deklarierte Vergütung von 1 € pro gefahrenem Kilometer.

Lösung: Ein VSt-Abzug der unternehmerisch tätigen Sozietät scheitert schon daran, dass diese nicht Leistungsempfänger des Autohändlers geworden ist. Vertragspartner des Händlers ist allein der Rechtsanwalt A, der – in seiner Eigenschaft als Sozietätsmitglied und Gesellschafter – nicht Unternehmer ist. Für den Fall, dass keine Kostenerstattung oder Ähnliches entsprechend den gefahrenen Kilometern vereinbart ist, bliebe also auch A ein VSt-Abzug aus der Rechnung des Autohändlers versagt. Es fehlte an der für eine Unternehmerstellung erforderlichen Tätigkeit im Leistungsaustausch. Dass der Wagen überwiegend für unternehmerische Zwecke der Sozietät verwendet wird, bliebe danach unerheblich.
Anders sieht es in der **Alternative** aus: **Überlässt der Gesellschafter der Gesellschaft Gegenstände mietweise zur Nutzung, begründet diese entgeltliche Nutzungsüberlassung stets für sich schon die Unternehmereigenschaft des Gesellschafters** (vgl. A 15.20 Abs. 1 UStAE). Dies gilt auch, wenn nur ein einzelner Gegenstand überlassen wird und auch, wenn dieser Gegenstand, wie im Beispiel 2 das Auto, ausschließlich durch den überlassenden Gesellschafter genutzt wird. Vom Ergebnis her wird man für diese Beurteilung Verständnis aufbringen können. Indem man das Vorliegen eines Mietverhältnisses nicht näher hinterfragt, werden der Erwerb und die spätere Unterhaltung des Fahrzeugs einem VSt-Abzug zugänglich. Dies ist insofern zutreffend, als das Fahrzeug fraglos für unternehmerische Zwecke, nämlich für die der Sozietät, genutzt wird und die unternehmerische Nutzung nicht mit USt belastet sein soll. Überzeugen kann diese Differenzierung indessen nicht. Eine unternehmerische Nutzung ist generell von VSt zu entlasten. Von daher müsste an sich auch bei Fahrzeugüberlassung gegen eine Beteiligung am Gewinn oder Verlust der Gesellschaft (insoweit Unternehmereigenschaft verneinend: A 1.6 Abs. 7 UStAE, dortiges Beispiel 3) oder Nutzungsüberlassung gegen bloßen Aufwendungsersatz nach § 670 BGB (insoweit Unternehmereigenschaft des Gesellschafters verneinend: BFH vom 09.09.1993, BStBl II 1994, 56[203]) ein VSt-Abzug möglich sein. Dem entgegenzuhalten, dass es Sache der Gesellschafter sei, eine zivilrechtliche Gestaltung zu wählen, die den VSt-Abzug ermögliche, wirkt zynisch. Wer Konflikten aus dem Weg gehen will, sollte vorsorglich gleichwohl mietvertragliche Vereinbarungen bezüglich der Pkw-Nutzung treffen.

Eine ähnliche Problematik wie beim Leistungsbezug durch Gesellschafter tut sich auf, wenn AN im eigenen Namen Leistungen in Anspruch nehmen, die unternehmerisch veranlasst sind.

Beispiel 3: VSt-Abzug aus Übernachtungskosten des Personals (nach BFH vom 23.11.2000, BStBl II 2001, 266)
Verschiedene AN des Unternehmers U sind in den Monaten April und Mai 01 für U geschäftlich unterwegs gewesen. Für die auswärtige Unterbringung der Beschäftigten liegen Hotelrechnungen vor, die sich auf insgesamt 4.000 € zzgl. 760 € belaufen. In einer Höhe von 3.000 € zzgl.

---

203 Kritische Analyse der Entscheidung bei *V. Schmidt* (UR 1994, 221).

570 € USt lauten die Rechnungen auf den Unternehmer U, in den weiteren Rechnungen sind die jeweiligen AN als Rechnungsadressat aufgeführt. U hat allen AN die entstandenen Kosten erstattet. Er macht in seinen USt-VA für die Monate April und Mai 01 aus diesen Rechnungen einen VSt-Abzug von 760 € geltend.

Lösung: Soweit U selbst Vertragspartner des Hoteliers geworden ist, ist aus Sicht des BFH ein VSt-Abzug ohne Weiteres zu bejahen. U habe die Übernachtungsleistungen zweifelsfrei für sein Unternehmen empfangen. Der erforderliche unmittelbare Zusammenhang zwischen den von U bezogenen Übernachtungsleistungen und seinen Ausgangsleistungen sei vorhanden, weil die **Aufwendungen für die Übernachtungsleistungen zu den Kostenelementen seiner besteuerten Umsätze** zählten. Ein persönlicher Vorteil, den AN dadurch haben könnten, sei gegenüber dem Bedarf des Unternehmens nebensächlich. Eine Überschneidung von unternehmerischen und privaten Interessen spiele keine Rolle, wenn der AG bei einer auswärtigen Tätigkeit für das Unternehmen die Übernachtungskosten der AN übernimmt. Da zu den Voraussetzungen für einen VSt-Abzug aber stets auch gehöre, dass der den VSt-Abzug begehrende **Unternehmer selbst Empfänger jener Leistungen** sei, für die er VSt-Abzug beansprucht (s. dazu Kap. 1.2), sei hier der VSt-Abzug hinsichtlich der USt, die in Rechnungen an die AN ausgewiesen worden ist, zu versagen. Die danach nicht abziehbare USt beläuft sich für U auf 190 €.

1.2.2 Beteiligte an nichtunternehmerisch tätigen Gemeinschaften als Leistungsempfänger

In einer anderen für die Praxis bedeutsamen Fallgestaltung hat der BFH schon frühzeitig Lösungen angeboten, die erkennbar von dem Bestreben getragen sind, der Zielsetzung der USt, nur den Aufwand für Endverbrauch zu besteuern, weitestgehend Rechnung zu tragen. Es geht hierbei um solche Sachverhalte, bei denen die Leistung von einer Gemeinschaft/Gesellschaft bezogen wird, die selbst – als Zusammenschluss – keine Unternehmerstellung innehat, wohl aber alle oder einzelne der an ihr Beteiligten. Eingesetzt hat die Rspr. hierzu mit dem sog. Mähdrescher III-Urteil des BFH vom 01.10.1998 (UR 1999, 36). Dabei ging es um den gemeinsamen Erwerb eines Mähdreschers durch drei Landwirte, die als Gemeinschaft nicht auf dem Markt auftraten, also als Gemeinschaft keine Unternehmerstellung begründeten, die aber jeder für sich unternehmerisch tätig waren. Der BFH erklärte die beteiligten Landwirte, die den Mähdrescher in unterschiedlichem Umfang für ihre eigenen unternehmerischen Zwecke nutzten, für vorsteuerabzugsberechtigt. Entsprechend ihrem Anteil an der Gemeinschaft sollten sie aus der aus der an die Gemeinschaft gerichteten Rechnung anteilig VSt abziehen können. Ihre Fortsetzung fand diese Rspr. dann in der Beurteilung von Sachverhalten, bei denen Ehegatten gemeinsam Verträge über die Nutzung von Geschäftsräumen eingehen, die nur ein Ehegatte für seine unternehmerischen Zwecke nutzt. Dazu entschied der BFH:

Wenn mehrere Personen gemeinsam eine Leistung beziehen, ist die Personenmehrheit nur dann als Leistungsempfänger zu betrachten, wenn die Personenmehrheit als solche selbst unternehmerisch tätig ist. Sind dagegen nur die Beteiligten oder einzelne von ihnen unternehmerisch tätig, nicht aber die Gemeinschaft als solche, sind die einzelnen Beteiligten entsprechend ihrem Anteil an der Gemeinschaft als Leistungsempfänger i.S.d. § 15 Abs. 1 Nr. 1 UStG anzusehen (s. dazu schon Kap. IX 2.4).

Die Finanzverwaltung hat diese Entwicklung über Jahre hinweg ignoriert. Es sollte erst die weitere Entwicklung der BFH-Rspr. hierzu abgewartet werden. Diese weitere Entwicklung hat dann mit dem Urteil des EuGH vom 21.04.2005 und dem Folgeurteil des BFH vom 06.10.2005 (dazu sogleich Beispiel 3a) ihren Abschluss gefunden.

Beispiel 3a: VSt-Abzug wegen eines Arbeitszimmers im privaten Wohngebäude einer Miteigentümergemeinschaft (nach EuGH vom 21.04.2005, BStBl II 2007, 24 und BFH vom 06.10.2005, BStBl II 2007, 13)

Hochschullehrer A und seine Ehefrau B haben zu 1/4 bzw. 3/4 Miteigentum an einem Grundstück und beauftragten eine GmbH mit der Errichtung eines Einfamilienhauses.[204] Die Rechnungen werden entsprechend der Auftragserteilung an die »Eheleute A und B« gerichtet. A nutzt ein Zimmer in dem Wohnhaus als Arbeitszimmer für seine selbständige nebenberufliche, schriftstellerische Tätigkeit. Die Fläche des Arbeitszimmers beträgt 12 % der Gesamtwohnfläche. Dementsprechend bringt A 12 % der angefallenen USt für Bauleistungen als VSt in Abzug. Das FA lehnte den VSt-Abzug mit der Begründung ab, Bauherr und Leistungsempfänger sei die von den Eheleuten gebildete Gemeinschaft gewesen und nicht der A. Anders das FG, es erklärte den A dem Grunde nach für berechtigt, einen V-Abzug für die auf das Arbeitszimmer entfallenden USt-Beträge geltend zu machen. Der BFH nahm diesen Sachverhalt zum Anlass für einen Vorlagebeschluss (vom 29.08.2002, UR 2003, 148) an den EuGH. In der Sache ging es dem BFH erkennbar darum, seine neuere Rspr. zum V-Abzug der Beteiligten an einer nicht unternehmerisch tätigen (Ehe-)Gemeinschaft insgesamt auf den Prüfstand zu stellen.

Lösung: Der EuGH bestätigt den BFH in jeder Hinsicht. So heißt es in den Worten des EuGH zur Frage des Leistungsempfängers: »... im Fall der Bestellung eines Investitionsguts durch eine Ehegattengemeinschaft, die keine Rechtspersönlichkeit besitzt und selbst keine wirtschaftliche Tätigkeit i.S.d. 6. EG-RL ausübt, (sind) die Miteigentümer, die diese Gemeinschaft bilden, ... als Leistungsempfänger anzusehen«. Leistungsempfänger sind im Streitfall somit beide Ehegatten, und nicht etwa die Ehegattengemeinschaft. A und seine Ehefrau B wurden mit den gemeinsam bestellten Bauaufträgen nämlich nicht als Gesellschaft oder Gemeinschaft bürgerlichen Rechts mit eigener Rechtspersönlichkeit unternehmerisch tätig (wie sie es z.B. durch eine Vermietung des Arbeitszimmers an den A geworden wären[205]). Auch hinsichtlich des Umfangs des VSt-Abzugs bleibt der EuGH bei der erkennbar auch vom BFH favorisierten Lösung: »Bei Erwerb eines Investitionsguts durch zwei eine Gemeinschaft bildenden Ehegatten, von denen einer einen Teil des Gegenstands ausschließlich für unternehmerische Zwecke verwendet, steht diesem Ehegatten und Miteigentümer das Recht auf VSt-Abzug für die gesamte Mehrwertsteuerbelastung des von ihm für unternehmerische Zwecke verwendeten Teils des Gegenstands zu, sofern der Abzugsbetrag nicht über den Miteigentumsanteil des StPfl. an dem Gegenstand hinausgeht.« Daraus folgt für die VSt-Abzugsberechtigung des A: Ihm steht diese im Umfang von 12 % zu. Summenmäßig begrenzt ist dieser VSt-Abzug nur für den hier nicht vorliegenden Fall, dass der Arbeitszimmeranteil am Wohnhaus größer ist als der Miteigentumsanteil des Nutzers des Arbeitszimmers. Dann besteht nach Ansicht des EuGH eine Obergrenze in Gestalt des prozentualen Miteigentumsanteils (im vorliegenden Fall also 25 %).

---

204 Vgl. zur Problematik aus einkommensteuerlicher Sicht Band 1, Teil B, Kap. I 3.2.4.
205 Dann hätte die BGB-Gesellschaft aus den Eheleuten bei Verzicht auf die Steuerbefreiung der Vermietungsumsätze an den A und voller Zuordnung des Gebäudes zum Vermietungsunternehmen zunächst **vollen** Vorsteuerabzug aus den gesamten Bauleistungen gehabt! Zu der steuerpflichtigen Vermietung tritt dann eine **steuerpflichtige unentgeltliche Wertabgabe** nach § 3 Abs. 9a Nr. 1 UStG hinsichtlich der 88 %igen außerunternehmerischen Nutzung des Gebäudes. Wiederum anders aber, wenn die **Gebäudeerrichtung in 2011** erfolgt wäre: Dann bliebe es auch bei dieser Gestaltung wegen **§ 15 Abs. 1b UStG** bei einem VSt-Abzug von 12 %, s. dazu Kap. 5).

Nach diesem Urteil hat auch die Finanzverwaltung ihren passiven Widerstand gegen die Sonderbehandlung nichtunternehmerisch tätiger Gemeinschaften aufgegeben. In einem ausführlichen BMF-Schreiben vom 01.12.2006 (BStBl I 2007, 90 = Nr. 500, § 15/25), das in weiten Teilen in den UStAE aufgenommen worden ist[206], hat das BMF die Sichtweise von EuGH und BFH dem Grunde nach akzeptiert. Dies gilt auch für die Aussagen der Gerichte bezüglich der Rechnungsanforderungen, die der Finanzverwaltung am meisten Kopfzerbrechen bereitet haben dürften. Nach Auffassung von EuGH und BFH soll es nämlich für den VSt-Abzug der Beteiligten an einer nichtunternehmerisch tätigen Gemeinschaft keiner besonderen Rechnungen bedürfen. Ausreichend soll eine an die Gemeinschaft gerichtete Rechnung sein. Der BFH war in seinem Vorlagebeschluss hierauf zu Recht besonders eingegangen und hatte als 4. Vorlagefrage formuliert: Bedarf es zur Ausübung des Rechts auf VSt-Abzug »… einer Rechnung …, die auf diesen Ehegatten/Gemeinschafter allein und mit den auf ihn proportional entfallenden Entgelts- und Steuerbeträgen ausgestellt ist oder reicht die an die Gemeinschafter/Ehegatten ohne solche Aufteilung ausgestellte Rechnung aus?« Die Antwort des EuGH ist eindeutig: Sofern keine Gefahr besteht, dass es zu Steuerhinterziehungen oder Missbräuchen kommt, reicht für den VSt-Abzug des unternehmerisch tätigen Ehegatten eine an beide Ehegatten ausgestellte Rechnung aus, auch wenn sie keine Angaben zu den Anteilen der Ehegatten und keine entsprechenden Teilbeträge ausweist![207] Auch dies wird akzeptiert. Wörtlich heißt es nunmehr in A 15.2 Abs. 20 S. 8 UStAE: »Liegt eine einheitliche Leistung an die Gemeinschaft vor, kann für Zwecke des VSt-Abzugs in der Rechnung über die Leistung an die Gemeinschaft nach § 14 Abs. 4 S. 1 Nr. 1 UStG nur die Angabe des vollständigen Namens und der vollständigen Anschrift der Gemeinschaft als Leistungsempfänger verlangt werden.« Das BMF stellt lediglich besondere Anforderungen an die Aufzeichnungspflichten des Gemeinschafters, der aus solcher Rechnung einen VSt-Abzug geltend macht. Aus seinen **Aufzeichnungen** müssen sich die **Namen und die Anschriften der übrigen Gemeinschafter** sowie die auf sie entfallenden **Anteile am Gemeinschaftsvermögen** ergeben (A 15.2 Abs. 20 S. 9 UStAE). Ergänzend verfügt das BMF hinsichtlich der Aufbewahrungspflicht nach § 14b Abs. 1 UStG, dass einer der Gemeinschafter das Original der Rechnung und jeder andere der Gemeinschafter mindestens eine Ablichtung der Rechnung aufzubewahren hat (vgl. A 14b Abs. 1 S. 3 UStAE).

> **Beispiel 3b: VSt-Abzug i.H.d. Miteigentumanteils?**
> Abwandlung des Beispiels 3: Hochschullehrer A beschränkt sich nicht darauf, VSt-Abzug im Umfang der unternehmerisch genutzten Fläche des Gebäudes von 12 % geltend zu machen. Er bringt stattdessen 25 % der angefallenen USt für Bauleistungen (also 1/4, entsprechend seinem Miteigentumsanteil) als VSt in Abzug.
>
> **Lösung:** Bei einem einheitlichen Gegenstand hat der Unternehmer ein Wahlrecht. Er kann z.B. einen Gegenstand, der teilweise unternehmerisch genutzt wird, insgesamt seinem nichtunternehmerischen Bereich oder teilweise oder ganz dem unternehmerischen Bereich zuordnen (dazu näher Kap. 1.3). Soweit nun ein Unternehmer als Beteiligter an einer Gemeinschaft für Zwecke des VSt-Abzugs als Leistungsempfänger anzusehen ist, Miteigentum an einem Gegenstand erwirbt, kommt ihm nach Auffassung des BMF dieses Wahlrecht bezogen auf seinen Anteil

---

206 Vgl. A 15.2 Abs. 16 S. 8, 11, Abs. 20 S. 8 f., Abs. 21 Nr. 2 S. 11 f. UStAE.
207 Zustimmend *Widmann* (UR 2006, 108); Konsequenzen aus den Entscheidungen von EuGH und BFH erörtert *Rondorf* (INF 2005, 861).

am Miteigentum zu. Ihm steht es also frei, seinen Miteigentumsanteil vollständig, teilweise (im Umfang der unternehmerischen Nutzung) oder gar nicht seinem Unternehmen zuzuordnen (vgl. A 15.2 Abs. 21 Nr. 2 S. 12 UStAE). Durch die Geltendmachung des VSt-Abzugs in.H.v. 25 % der Baukosten gibt A zu erkennen, dass er seinen Miteigentumsanteil in vollem Umfang seinem Unternehmen zuordnet. Er kann daher unter den weiteren Voraussetzungen des § 15 UStG 25 % der auf die Baukosten entfallenden VSt abziehen. Soweit A den seinem Unternehmen zugeordneten Miteigentumsanteil für private Wohnzwecke nutzt (hier i.H.v. 13 % der Baukosten), muss er diese Privatnutzung dann aber nach § 3 Abs. 9a Nr. 1 UStG als unentgeltliche Wertabgabe versteuern.

Hinweis: Ab 01.01.2011 ist bei gemischt genutzten Grundstücken, wie oben in diesem Kap. vor 1 dargelegt, ein VSt-Abzug hinsichtlich des außerunternehmerisch genutzten Teils nach § 15 Abs. 1b UStG n.F. ausgeschlossen. Dies hat entsprechend auch für einen Miteigentumsanteil an einem Grundstück zu gelten. Folge: Spielte der Sachverhalt in 2011, wäre der VSt-Abzug auch bei voller Zuordnung des Miteigentumanteils zum Unternehmen von vornherein auf 12 % beschränkt, eine Besteuerung der Privatnutzung entfiele!.

Nicht endgültig geklärt ist z.Zt. noch, welche Folgen eine spätere Veräußerung des Gebäudes durch die Gemeinschaft auslösen soll. Die Finanzverwaltung unterstellt für diesen Fall, dass der – wegen fehlender Unternehmerstellung – nicht steuerbaren Veräußerung durch die Gemeinschaft zwingend eine nach § 3 Abs. 1b UStG steuerbare Entnahme des Miteigentumsanteils durch den steuerpflichtig tätigen Gemeinschafter vorausgeht (vgl. Rz. 11 des BMF-Schreibens vom 01.12.2006 = Nr. 500, 15/25).

1.2.3 Besonderheiten bei unfreier Versendung

Das Problem einer unternehmerischen Verwendung von Vorbezügen durch jemanden, der selbst nicht zivilrechtlicher Auftraggeber und damit auch nicht Leistungsempfänger der erbrachten Leistung ist, stellt sich auch für die im Frachtgeschäft üblichen sog. unfreien Versendungen.

Beispiel 3c: Unfreie Versendung
Der Hamburger Unternehmer H verkauft Waren an seinen Abnehmer K in Köln. Lt. Kaufvertrag hat K die Kosten des Transports zu tragen. Mit der Durchführung des Transports beauftragt H den Frachtführer F, der bei Anlieferung von K Bezahlung der Transportkosten verlangt. Diese belaufen sich ausweislich der übergebenen Frachtrechnung auf 200 € zzgl. 38 € USt und werden umgehend von K beglichen.

Lösung: Ein VSt-Abzug des K aus der Rechnung des Frachtführers müsste grundsätzlich daran scheitern, dass K nicht Vertragspartner des Frachtführers und damit nicht Leistungsempfänger der von dem Frachtführer erbrachten Beförderungsleistung ist. Dies verhindert § 40 UStDV. Danach gilt bei unfreier Versendung der mit den Frachtkosten wirtschaftlich belastete Abnehmer als Auftraggeber und damit als Leistungsempfänger. K kann daher unter den weiteren Voraussetzungen des § 15 UStG die auf den Frachtkosten ruhende USt von 38 € als VSt geltend machen.

Für den Fall, dass der Absender den Gegenstand durch einen **im Ausland ansässigen Frachtführer** unfrei zum Empfänger der Frachtsendung hat befördern lassen, stellt sich eine ähnliche Problematik unter dem Gesichtspunkt des § 13b UStG. So die Beförderungsleistung im Inland steuerpflichtig ist, würde an sich nach § 13b Abs. 2 Nr. 1 UStG i.V.m. § 13b Abs. 5 UStG der Absender als Auftraggeber zum Schuldner der durch die Beförderungsleistung ausglösten deutschen USt. Hier greift korrigierend § 30a UStDVO ein. Ist der Empfänger der Frachtsendung Unternehmer oder juristische Person des öffentlichen Rechts, wird er an Stelle des Auftraggebers Steuerschuldner nach § 13b Abs. 5 UStG, sofern er die Entrichtung des Entgelts für die Beförderung übernommen hat und dies auch aus der Rechnung über die Beförderung zu ersehen ist.

Diese Regelung schafft wie § 40 UStDV eine sinnvolle Vereinfachung. In den Fällen der unfreien Versendung nach den §§ 453 ff. HGB erfolgt die Abrechnung nicht gegenüber dem Auftraggeber (dem Absender) der Warensendung, sondern gegenüber dem Empfänger der Warensendung. Es bietet sich deshalb an, den Rechnungsempfänger auch an Stelle des Auftraggebers zum Steuerschuldner zu bestimmen. Er darf dann natürlich auch den VSt-Abzug nach § 15 Abs. 1 Nr. 4 UStG vornehmen – sofern er die Leistung als Unternehmer für sein Unternehmen bezogen hat.[208]

1.3 Leistungsbezug »für sein Unternehmen«

Das Erfordernis eines Leistungsbezugs »für [das] ... Unternehmen« ist angesichts der Zielsetzung des UStG, den Aufwand für Endverbrauch besteuern zu wollen, eine Selbstverständlichkeit. Es dient der **Abgrenzung zum außerunternehmerischen Bereich**, für den eine Entlastung von USt ausgeschlossen sein soll. Problematisch sind in diesem Zusammenhang solche Leistungsbezüge, die sowohl für unternehmerische als auch für außerunternehmerische Zwecke genutzt werden. **Bei diesen sog. gemischten Nutzungen**[209] kommt es für das weitere umsatzsteuerrechtliche Schicksal darauf an, ob dem Unternehmer das **Wahlrecht** zukommt, die bezogenen Leistungen trotz der z.T. auch außerunternehmerischen Nutzung ganz seinem Unternehmen zuzuordnen. Wo dieses Wahlrecht fehlt, ist ein VSt-Abzug mangels Leistungsbezugs für das Unternehmen zwingend für den Teil der Leistung ausgeschlossen, den der Unternehmer im außerunternehmerischen Bereich verwendet. Dies soll nach allgemeiner Auffassung insb. bei Lieferung vertretbarer Sachen wie z.B. der Lieferung von Brennstoffen wie Gas und Öl der Fall sein. Insoweit ist der VSt-Abzug dann von vornherein anteilig auf die USt beschränkt, die auf die im Unternehmen benötigten Brennstoffe entfällt. Entsprechendes soll auch bei der Inanspruchnahme eines unternehmerischen Fernsprechanschlusses für private Zwecke gelten. Nach A 15.2 Abs. 21 Nr. 1 UStAE sind die VSt auf die Fernsprechgebühren nach privaten und unternehmerischen Gesprächen aufzuteilen. Richtigerweise sollte man beim **Bezug sonstiger Leistungen**, die sowohl für unternehmerische als auch für außerunternehmerische Zwecke genutzt werden, **generell** auf einer **Aufteilung** bestehen, sofern die sonstige Leistung nicht für ein WG bezogen wird, das zulässigerweise bereits dem Unternehmensvermögen zugeordnet worden war (z.B. Inspektion bei einem auch privat genutzten Firmenwagen). Ein **Aufteilungsgebot** besteht danach nicht nur für **Dienstleistungen eines Steuerberaters an eine Gesellschaft, soweit die Leistungen der**

---

208 S. ergänzend auch das Beispiel in A 15.17 Abs. 3 UStAE.
209 In Bezug auf Grundstücke spricht das BMF in diesem Zusammenhang neuerdings von **teilunternehmerischer** Nutzung, wahrscheinlich, um den Begriff der gemischten Nutzung fortan für solche Sachverhalte vorzuhalten, bei denen ein Grundstück sowohl für steuerfreie wie für steuerpflichtige Umsätze genutzt wird.

Erfüllung einkommensteuerrechtlicher Verpflichtungen ihrer Gesellschafter dienen (dazu BFH vom 08.09.2010, BStBl II 2011,197).[210] Erfasst ist davon dann z.B. auch die Anmietung von gemischt genutzten beweglichen Gegenständen (so etwa die Anmietung einer unternehmerisch wie nichtunternehmerisch genutzten EDV-Anlage). Bei Gegenständen, die dem Unternehmer nur auf Zeit zur Nutzung überlassen werden und an denen der Unternehmer keine Verfügungsmacht erlangt, kann eine Zuordnung des Gegenstandes zum Unternehmen des Anmietenden nicht in Betracht kommen.[211] Vielmehr ist die bezogene Leistung in Form der Gebrauchsüberlassung danach aufzuteilen, in welchem Umfang der Leistungsempfänger die sonstige Leistung für unternehmerische und außerunternehmerische Zwecke verwendet. Diese entspricht auch der Sichtweise des EuGH (vgl. Urteil vom 12.02.2009, DStR 2009, 369). Hingegen hat der Unternehmer **bei gemischter Nutzung von** erworbenen **Gegenständen ein nahezu unbeschränktes Zuordnungswahlrecht**. Dies sieht im Anschluss an die BFH-Entscheidungen vom 31.01.2002 (BStBl II 2003, 813) und vom 28.02.2002 (BStBl II 2003, 815) auch das BMF so (vgl. A 15.2 Abs. 21 Nr. 2 UStAE).[212] Mit zwingender Wirkung vom 01.01.2013 an ist dieses Wahlrecht allerdings für einige besondere Fallkonstellationen eingeschränkt worden. Hintergrund hierfür bildet die sogenannte **Dreisphärentheorie**, die der EuGH und ihm folgend der BFH in verschiedenen Entscheidungen jüngeren Datums entwickelt hat. Danach ist nicht länger nur zwischen unternehmerischer (wirtschaftlicher) und nichtunternehmerischer (nichtwirtschaftlicher) Tätigkeit zu unterscheiden. Innerhalb der nichtunternehmerischen Tätigkeit ist vielmehr noch weiter zu **differenzieren**. Es ist zu unterscheiden zwischen

- nichtwirtschaftlicher Tätigkeit im engeren Sinne und
- unternehmensfremder Tätigkeit.

Zur nichtwirtschaftlichen Tätigkeit im engeren Sinne zählt das BMF (vgl. A 2.3 Abs. 1a UStAE n.F.)

- unentgeltliche Tätigkeiten eines Vereins, die aus ideellen Vereinszwecken verfolgt werden (vgl. BFH vom 06.05.2010, Az.: V R 29/09, BStBl II 2010, 885),
- hoheitliche Tätigkeiten juristischer Personen des öffentlichen Rechts (vgl. BFH vom 03.03.2011, Az.: V R 23/10, BStBl II 2012, 74) und
- das bloße Erwerben, Halten und Veräußern von gesellschaftsrechtlichen Beteiligungen, wenn die Beteiligungen nicht dem Unternehmensvermögen zugeordnet wurden.

Zur unternehmensfremden Tätigkeit zählen

- Entnahmen für den privaten Bedarf des Unternehmers, den privaten Bedarf seines Personals oder für private Zwecke der Gesellschafter.

Soweit ein Gegenstand **anteilig** auch **für eine nichtwirtschaftliche Tätigkeit im engeren Sinne** verwendet werde, sei **anteilig von vornherein der VSt-Abzug ausgeschlossen**. Die im

---

210 Näher dazu *Nattkämper/Scholz* (NWB 2011, 435 ff.)
211 Unklar die Finanzverwaltung in einerseits A 15.2 Abs. 21 Nr. 2a UStAE (Aufteilungsgebot bei sonstigen Leistungen) und andererseits A 15.2 Abs. 21 Nr. 2b UStAE (wonach es offenbar zulässig sein soll, ein gemischt genutztes Fahrzeug, auch bei bloßer Anmietung, zur Gänze dem Unternehmen zuzuordnen).
212 Zum Zuordnungswahlrecht einer GmbH, die ein von ihr in Auftrag gegebenes Gebäude einem Gesellschafter-Geschäftsführer für Wohnzwecke überlassen will, s. aktuell auch die lesenswerte Entscheidung des BFH vom 12.01.2011 (DStR 2011,570).

Folgenden beschriebenen Wahlrechte beziehen sich folglich nur noch auf solche Sachverhalte, bei denen sich die gemischte Nutzung aus unternehmerischer und unternehmensfremder Nutzung zusammensetzt.

1.3.1 Unternehmenszuordnung bei gemischter Nutzung vorsteuerbelasteter Gegenstände

Bei diesen Sachverhalten hat der Unternehmer zum einen die Möglichkeit, einen Gegenstand auch dann, wenn er ihn teilweise für unternehmensfremde Zwecke einsetzen will, in vollem Umfang seinem Unternehmen zuzuordnen. Macht er hiervon Gebrauch, so kommt ihm bei einer Verwendung für Umsätze, die den VSt-Abzug nach § 15 Abs. 2 UStG nicht ausschließen, der VSt-Abzug zunächst in vollem Umfang zu. Die Geltendmachung des vollen VSt-Abzugs ist regelmäßig auch das entscheidende Indiz, das auf eine volle Zuordnung zum Unternehmen schließen lässt (A 15.2 Abs. 21 Nr. 2 S. 8 UStAE). Dieser volle VSt-Abzug, der wegen der auch unternehmensfremden Nutzung sachlich nicht gerechtfertigt ist, wird erst später über eine Besteuerung der außerunternehmerischen Nutzung sukzessive rückgängig gemacht. Es erfolgt insoweit eine Besteuerung als fiktive entgeltliche Leistung nach § 3 Abs. 9a Nr. 1 UStG mit den dieser Verwendung zuzuordnenden vorsteuerentlasteten Ausgaben als BMG nach § 10 Abs. 4 Nr. 2 UStG (s. dazu Kap. XII 5.1), sofern es nicht trotz voller Zuordnung zum Unternehmen bei Grundstücken von vornherein zu einer Beschränkung des VSt-Abzugs nach **§ 15 Abs. 1b UStG** gekommen ist.

Probleme mit der Zuordnung eines Gegenstands zum Unternehmen kann es geben, wenn wegen vorsteuerschädlicher Nutzung eines Gegenstands der VSt-Abzug nach § 15 Abs. 2 und 4 UStG ganz oder teilweise ausgeschlossen ist. Dieses Problem stellt sich insb. bei Grundstücken. Man denke etwa an Gebäude, bei denen neben eine steuerfreie ärztliche unternehmerische Tätigkeit eine Privatnutzung tritt. In einem derartigen Fall ist ein VSt-Abzug insgesamt ausgeschlossen (näher dazu s. Kap. XII 5.1.3). Gleichwohl kann es für den Arzt gute Gründe geben, das Gebäude insgesamt seinem Unternehmen zuzuordnen (etwa, um sich die Möglichkeit für eine spätere VSt-Berichtigung zu eröffnen, sofern eine spätere unternehmerische Nutzung zu steuerpflichtigen Umsätzen vorhersehbar ist). Über den VSt-Abzug kann der Arzt eine solche Zuordnung aber nicht sichtbar machen. Nach A 15.2 Abs. 21 Nr. 2b UStAE ist eine teilweise oder vollständige Zuordnung zum Unternehmen nur anzunehmen, wenn der Unternehmer dem FA im Jahr des Leistungsbezugs spätestens mit der Abgabe der USt-Jahreserklärung mitteilt, ob und in welchem Umfang er das Gebäude dem Unternehmen zugeordnet hat. (Diese Auffassung hat der BFH erst jüngst mit Urteil vom 07.07.2011, DStR 2011, 2349) bestätigt und präzisiert: Danach ist die beim Leistungsbezug zu treffende Zuordnungsentscheidung spätestens im Rahmen der Jahressteuererklärung bis zum Ablauf der gesetzlichen Abgabefrist von Steuererklärungen (31. Mai des Folgejahres) zu dokumentieren. Dies gelte auch für den in zeitlicher Hinsicht »gestreckten« Vorgang der Herstellung eines Gebäudes. Eine in Voranmeldungen (nicht) getroffene Zuordnungsentscheidung könne nur innerhalb der für die Jahresfestsetzung maßgebenden Dokumentationsfrist (31. Mai des Folgejahres) korrigiert werden. Gibt der Unternehmer keine entsprechende Erklärung ab, so soll eine Zuordnung zum Unternehmen nicht angenommen werden können.

1.3.2 Zuordnung von teilunternehmerisch genutzten Grundstücken ab 01.01.2011

Diese Vorgabe gewinnt besondere Relevanz für teilunternehmerisch genutzte Grundstücke, die nach dem 31.12.2010 ins Unternehmen gekommen sind. Dazu das folgende Beispiel, das nebst Lösung weitestgehend dem Beispiel 1 in A 15.6a Abs. 7 UStAE entnommen ist.

Beispiel 4: Ausgebliebene Zuordnungsmitteilung wird teuer bezahlt
Unternehmer U mit vorsteuerunschädlichen Ausgangsumsätzen lässt zum 01.06.2011 ein Einfamilienhaus (EFH) errichten. Die HK betragen insgesamt 300.000 € zzgl. 57.000 € USt. U nutzt das Gebäude ab Fertigstellung planungsgemäß zu 40 % für seine vorsteuerunschädlichen Ausgangsumsätze und zu 60 % für private Wohnzwecke. U macht einen VSt-Abzug i.H.v. 22.800 € (40 % von 57.000 €) geltend, **ohne schriftlich mitzuteilen, in welchem Umfang er das Grundstück seinem Unternehmen zugeordnet hat**. Zum 01.01.2012 erhöht sich der Anteil steuerpflichtiger unternehmerischer Nutzung des Gebäudes auf 52 %. Diese Nutzung setzt sich über das Jahr 2012 hinaus fort.

Lösung: U hat durch die Geltendmachung des VSt-Abzugs i.H.v. 40 % dokumentiert, dass er **in dieser Höhe** das Grundstück seinem Unternehmen zugeordnet hat (vgl. A 15.2 Abs. 21 Nr. 2 S. 8 UStAE). Da U gegenüber dem FA nicht schriftlich erklärt hat, dass er das Grundstück insgesamt seinem Unternehmen zugeordnet hat, kann diese Zuordnung zum Unternehmen nicht unterstellt werden (vgl. A 15.2 Abs. 21 Nr. 2 S. 10 und Nr. 2 Buchst. b UStAE). Nach § 15 Abs. 1 S. 1 Nr. 1 UStG sind 22.800 € (57.000 € x 40 %) als VSt abziehbar. § 15 Abs. 1b UStG findet keine Anwendung, da U den für die privaten Wohnzwecke genutzten Grundstücksanteil nicht seinem Unternehmen zugeordnet hat. Obwohl der für private Wohnzwecke genutzte Grundstücksanteil ab 01.01.2012 teilweise unternehmerisch genutzt wird, ist eine VSt-Berichtigung zu Gunsten des U nach § 15a Abs. 6a UStG nicht zulässig, da U diesen Grundstücksanteil nicht nachweisbar seinem Unternehmen zugeordnet hat. U bezahlt die fehlende Zuordnungsmitteilung allein für das Jahr 2012 mit 684 € (s. auch Kap. XVI Beispiel 12). Verringert sich hingegen später der Umfang der unternehmerischen Nutzung des dem Unternehmen zugeordneten Grundstücksanteils (z.B. Nutzung des gesamten Grundstücks zu 80 % für private Wohnzwecke und zu 20 % für unternehmerische Zwecke), ist unter Beachtung der Bagatellgrenzen des § 44 UStDV eine VSt-Berichtigung nach § 15a UStG zu Lasten des U durchzuführen. Eine Wertabgabenbesteuerung nach § 3 Abs. 9a Nr. 1 UStG erfolgt nicht.

1.3.3 Mindestumfang unternehmerischer Nutzung (10 %-Klausel)

Bis zum 01.04.1999 erlaubte jede noch so geringe unternehmerische Nutzung eines Gegenstands, diesen insgesamt dem Unternehmen zuzuordnen. So der Unternehmer den Gegenstand überhaupt unternehmerisch nutzte, konnte er bei Vorliegen der übrigen Voraussetzungen also vollen VSt-Abzug geltend machen. Seit dem 01.04.1999 gilt der Erwerb von Gegenständen, die zu weniger als 10 % unternehmerisch genutzt werden, nach § 15 Abs. 1 S. 2 UStG als nicht für das Unternehmen ausgeführt. Deren Lieferung (sowie ihre Einfuhr oder ihr innergemeinschaftlicher Erwerb) berechtigt folglich schon dem Grunde nach nicht zum VSt-Abzug.

Da die zu weniger als 10 % unternehmerisch genutzten Gegenstände nicht zum Unternehmensvermögen gehören, entfällt bei ihnen außer einer Besteuerung der Privatnutzung nach § 3 Abs. 9a Nr. 1 UStG konsequenterweise auch eine Besteuerung ihrer entgeltlichen Weiterlieferung. Die Veräußerung erfolgt nicht »im Rahmen ... [des] Unternehmens«.

Mit der 10 %-Grenze, wie sie auch für die Bildung von BV gilt, weicht der deutsche Gesetzgeber von den Vorgaben der 6. EG-RL bzw. der MwStSystRL ab, die eine dem § 15 Abs. 1 S. 2 UStG entsprechende Richtlinienbestimmung nicht enthält. Nach Art. 27 der 6. EG-RL (= Art. 395 MwStSystRL) ist es aber möglich, dass ein Mitgliedstaat abweichende Sondermaßnahmen einführt, um die Steuererhebung zu vereinfachen oder Steuerhinterziehungen oder -umgehungen zu verhindern. Dazu bedarf es jeweils einer einstimmigen Ermächtigung des Rats der EU. Solche Ermächtigungen hat der Rat der EU der BRD bezogen auf § 15 Abs. 1 S. 2 UStG wiederholt erteilt. Damit wird Deutschland gestattet, § 15 Abs. 1 S. 2 UStG als von EU-rechtlichen Vorgaben abweichende Maßnahme weiterhin anzuwenden. Ist beim Erwerb gemischt genutzter Gegenstände offen, ob die unternehmerische Nutzung mindestens 10 % ausmachen wird, hat der Unternehmer im Zweifelsfall eine Prognoseentscheidung zu treffen. Dass diese Prognoseentscheidung nach verfahrensrechtlichen Bestimmungen (§§ 164 Abs. 2, 165 Abs. 2 AO oder ggf. auch § 173 Abs. 1 Nr. 1 AO) geändert werden kann, wenn die tatsächliche unternehmerische Nutzung im Erstjahr unter 10 % bleibt, wird man für den Regelfall wegen des Grundsatzes des Sofortabzugs der VSt zu verneinen haben. War der StPfl. bei seiner Annahme einer mindestens 10 %igen unternehmerischen Nutzung gutgläubig, steht einer solchen Änderung der dem StPfl. zu gewährende Vertrauensschutz entgegen. Eine Änderung kommt folglich nur in Betracht, wenn die tatsächlich geringere unternehmerische Nutzung Rückschlüsse auf betrügerische Absichten bei Geltendmachung des VSt-Abzugs erlaubt. Sind solche Absichten nicht beweisbar, scheidet nach nationalem Recht bei einer im Folgejahr unter 10 % sinkenden unternehmerischen Nutzung auch eine VSt-Berichtigung nach § 15a UStG aus. § 15a UStG reagiert in erster Linie auf betriebliche Verwendungsänderungen von WG, die unter dem Aspekt des § 15 Abs. 2–4 UStG relevant sind. Die Zuordnung eines Gegenstands betrifft aber die Grundvoraussetzungen eines VSt-Abzugs nach § 15 Abs. 1 UStG. Kommt es umgekehrt erst in einem der Erstverwendung folgenden Kalenderjahre zu einer die Zuordnungssperre von 10 % überschreitenden unternehmerischen Nutzung, handelt es sich um eine Einlage aus dem Privatbereich, die ebenfalls nicht zu einer VSt-Berichtigung führt (so nunmehr ausdrücklich auch A 15a.1 Abs. 6 Nr. 5 UStAE).

1.3.4 Zuordnungsalternativen bei gemischter Nutzung vorsteuerbelasteter Gegenstände

1.3.4.1 Anteilige Unternehmenszuordnung

Statt einen gemischt genutzten Gegenstand insgesamt dem Unternehmen zuzuordnen, kann der Unternehmer den Gegenstand auch nur entsprechend dem Anteil unternehmerischer Nutzung seinem Unternehmen zuordnen. Will der Unternehmer von der Aufteilung des WG Gebrauch machen, bedarf es regelmäßig keiner besonderen Mitteilungen an das FA.[213]

Bevor der Unternehmer die Entscheidung trifft, einen gemischt genutzten Gegenstand lediglich anteilig seinem Unternehmen zuzuordnen, wollen die Konsequenzen eines solchen Vorgehens freilich gut überlegt sein.

---

213 Eine Besonderheit gilt allerdings für Grundstücke, bei denen sich aus dem Umfang des geltend gemachten Vorsteuerabzugs nicht ergibt, mit welchem Anteil das Gebäude dem Unternehmen zugeordnet wurde (dazu näher bereits Kap. 1.3.1).

Beachtenswerte Rechtsfolgen zeitigt die Aufteilung zum einen für den VSt-Abzug für den Erwerb (und die Unterhaltung) des gemischt genutzten Gegenstands. Während dem Unternehmer bei voller Zuordnung zum Unternehmen und einer Verwendung für Umsätze, die den VSt-Abzug nach § 15 Abs. 2 UStG nicht ausschließen, der VSt-Abzug zunächst in vollem Umfang zukommt, ist bei einer anteiligen Zuordnung der VSt-Abzug schon auf der Stufe des § 15 Abs. 1 Nr. 1 UStG auf die der unternehmerischen Nutzung anteilig zuzuordnende VSt beschränkt. Mit der anteiligen Zuordnung verzichtet der Unternehmer somit auf einen mehr oder weniger großen Finanzierungsvorteil. Von Bedeutung ist eine lediglich anteilige Unternehmenszuordnung des Weiteren für die Steuerbarkeit einer späteren Veräußerung oder Entnahme des Gegenstands. Beide Vorgänge können selbstverständlich nur in dem Umfang steuerbar sein, in dem der Gegenstand dem Unternehmensvermögen zugeordnet worden war. Bei einer Entnahme des Gegenstandes stammt der nicht dem Unternehmen zugeordnete Teil nicht »aus ... [dem] Unternehmen« i.S.d. § 3 Abs. 1b Nr. 1 UStG, sodass schon deshalb eine Besteuerung als fiktive entgeltliche Lieferung zu unterbleiben hat. Bei einer entgeltlichen Abgabe erfolgt die Veräußerung des anderen Teils nach § 1 Abs. 1 Nr. 1 UStG nicht »im Rahmen ... [des] Unternehmens« (A 15.2 Abs. 21 Nr. 2b S. 8 UStAE). In der Sprache des EuGH fehlt es an einem »Handeln als StPfl.«, soweit der Unternehmer den nicht dem Unternehmen zugeordneten Teil des Gegenstandes veräußert.[214] Dies bedeutet u.a., dass z.B. bei einer Veräußerung eines aufgeteilten Grundstücks der Verzicht auf die Steuerbefreiung nach § 4 Nr. 9 Buchst. a UStG zwangsläufig auf den dem Unternehmen zugeordneten Teil des Grundstücks beschränkt bleibt und damit auch nur in diesem Umfang ein anteiliger VSt-Abzug aus Leistungsbezügen im Zusammenhang mit der Grundstücksveräußerung stattfinden kann.

Noch wesentlicher ist: Bei einer späteren Ausdehnung der unternehmerischen Nutzung, die über das Ausmaß der Zuordnung hinausgeht, ist eine Berichtigung des VSt-Abzugs gem. § 15a UStG zu Gunsten des Unternehmens nicht mehr möglich. Es handelt sich dann um eine Einlage aus dem nichtunternehmerischen Bereich in das Unternehmen (dazu näher Kap. XVI 1). Der beim Bezug des Gegenstandes anteilig nicht vorgenommene VSt-Abzug ist damit endgültig verloren.[215] Wie das folgende Beispiel verdeutlichen kann, spricht im Regelfall deshalb alles dafür, gemischt genutzte Gegenstände, insb. Gebäude, insgesamt dem Unternehmen zuzuordnen.

Beispiel 5: Rechtsfolgen einer anteiligen Unternehmenszuordnung
A hat **vor dem 01.01.2011** ein Gebäude errichten lassen, dass er hälftig als Wohnung, hälftig für seine Tätigkeit als Steuerberater nutzt. Angefallene VSt: 190.000 €. A hat dem FA gegenüber erklärt, er ordne das Gebäude nur im Umfang seiner unternehmerischen Nutzung dem Unternehmen zu. Nach fünf Jahren
- gibt er die Wohnung in dem Gebäude auf und nutzt fortan die frei gewordenen Räumlichkeiten in den nächsten fünf Jahren ebenfalls für seine steuerberatende Tätigkeit;
- veräußert er das Gebäude für 1,2 Mio. € zzgl. gesondert auszuweisender USt an eine Sozietät, die das gesamte Gebäude für Sozietätszwecke nutzen will. Im Zusammenhang mit der

---

214 Urteil vom 04.10.1995 in Sachen *Armbrecht* (BStBl II 1996, 392, Rz. 24).
215 Nimmt umgekehrt der Umfang der unternehmerischen Nutzung gegenüber dem Anteil der nichtunternehmerischen Zuordnung ab, liegt insoweit eine Wertabgabe für nichtunternehmerische Zwecke i.S.v. § 3 Abs. 9a UStG vor. Diese kann sich freilich konsequenterweise nur auf den (ideellen) Teil des Gegenstands beziehen, der dem Unternehmen zugeordnet war.

Grundstücksveräußerung liegen auf A lautende Rechnungen Dritter mit einem USt-Ausweis von insgesamt 4.000 € vor.

Lösung: Während A bei voller Unternehmenszuordnung die gesamten 190.000 € als VSt geltend machen kann, ist sein VSt-Abzug bei einer anteiligen Unternehmenszuordnung auf 50 % und damit auf 95.000 € beschränkt. Schon allein deswegen sollte sich eine anteilige Zuordnung eigentlich verbieten. I.Ü. ist A bei einer Ausweitung der unternehmerischen Nutzung nicht berechtigt, den bei Herstellung des Gebäudes unterlassenen VSt-Abzug von 95.000 € entsprechend der verbleibenden Zeit des Berichtigungszeitraums von fünf Jahren anteilig mit 9.500 € pro Jahr nachzuholen (vgl. A 15.a Abs. 6 Nr. 4 UStAE). Bei einer Veräußerung des Grundstücks ist ein Verzicht auf die Steuerbefreiung des § 4 Nr. 9 Buchst. a UStG nur hinsichtlich des Teils des Kaufpreises zulässig, der auf den unternehmerisch genutzten Teil des Gebäudes entfällt. Nur in diesem Umfang – mangels besonderer Abreden also i.H.v. 50 % = 2.000 € – hat er auch den VSt-Abzug aus Leistungen Dritter anlässlich der Grundstücksveräußerung.

Hinweis: Erfolgt die **Gebäudeerrichtung nach dem 31.12.2010**, so ist zwar auch bei voller Zuordnung zum Unternehmen der VSt-Abzug wegen des dann geltenden § 15 Abs. 1b UStG n.F. von vornherein auf 95.000 € beschränkt. Trotzdem bleibt es auch nach dem 31.12.2010 sinnvoll, das Gebäude insgesamt dem Unternehmen zuzuordnen. Nur bei voller Zuordnung kann es nämlich bei einer Ausdehnung der unternehmerischen Nutzung zugunsten des Steuerpflichtigen zu einer VSt-Berichtigung nach § 15a Abs. 6a UStG n.F. (s. dazu schon das vorangegangene Beispiel 4) und bei einer steuerpflichtigen Veräußerung innerhalb des Berichtigungszeitraums zu Gunsten des StPfl. einer VSt-Berichtigung nach § 15a Abs. 8 S. 2 UStG n.F. kommen!

1.3.4.2 Zuordnung zum Privatvermögen

Die Frage, ob der Unternehmer einen gemischt genutzten Gegenstand auch insgesamt dem privaten, außerunternehmerischen Bereich zuordnen kann, erfährt erst seit einem entsprechenden Vorabentscheidungsersuchen des BFH vom 24.09.1998 (UR 1999, 64) größere umsatzsteuerrechtliche Aufmerksamkeit. Bis dahin hat auch die Finanzverwaltung eine solche Zuordnung wie selbstverständlich für zulässig gehalten. Dies wird freilich in erster Linie daran gelegen haben, dass man insoweit ausschließlich **mit USt belastete Erwerbe** vor Augen gehabt hat. Bei diesen kann die Zuordnung zum Privatbereich bei oberflächlicher Betrachtung **kaum attraktiv** sein, da das Unternehmerinteresse regelmäßig dahin geht, die auf Vorbezügen ruhende USt als VSt abzuziehen. Dem steht eine Zuordnung gemischt genutzter Gegenstände zum Privatvermögen diametral entgegen, da diese – umgekehrt – den völligen Verzicht auf den VSt-Abzug bedingt.

Im Einzelfall kann freilich auch bei umsatzsteuerbelasteten Vorbezügen eine Zuordnung zum Privatbereich durchaus sinnvoll sein. In erster Linie sind dies Sachverhalte, bei denen der Unternehmer bereits bei Erwerb des gemischt genutzten Gegenstands eine spätere Überführung in den Privatbereich plant und davon ausgeht, dass die erworbenen Gegenstände bis dahin eine erhebliche Wertsteigerung erfahren werden.

Beispiel 6: Sinnvoller Verzicht auf Unternehmenszuordnung
Rechtsanwalt R möchte sein Büro mit wertvollen, von einem Kunsttischler gefertigten Schränken ausstatten, in denen er auch private Sachen lagern will. Die von ihm in Aussicht genommenen Schränke haben in 01 einen Händlerpreis von 20.000 € zzgl. 3.800 € USt. R beabsichtigt, die

Schränke spätestens in 05 in seiner Privatwohnung aufzustellen. Erwarteter Marktpreis der Schränke in 05: 47.600 €.

Lösung: Könnte R durch Verzicht auf den VSt-Abzug beim Erwerb der Schränke in 01 davon absehen, die Schränke seinem Unternehmen zuzuordnen, stellte deren Überführung in die Privatwohnung in 05 wegen § 3 Abs. 1b S. 2 UStG keine nach § 3 Abs. 1b Nr. 1 UStG zu besteuernde unentgeltliche Wertabgabe dar. Im Belastungsergebnis würde R durch den freiwilligen Verzicht auf den VSt-Abzug hierbei wie eine Privatperson behandelt, die beim Erwerb zwangsläufig keinen VSt-Abzug geltend machen kann. Verneinte man die Möglichkeit einer Zuordnung der gemischt genutzten Schränke zum Privatvermögen, hätte R beim Erwerb in 01 zwar einen maximalen VSt-Abzug i.H.v. 3.800 €. Dafür hätte er aber in 05 bei Realisierung der erwarteten Preissteigerung das Aufstellen der Schränke in der Privatwohnung mit 7.600 € »zu bezahlen«. Es läge dann nämlich eine nach § 3 Abs. 1b Nr. 1 UStG steuerbare Entnahme vor, die bei einer BMG nach § 10 Abs. 4 Nr. 1 UStG von 40.000 € eine USt von 7.600 € auslöste. Die Ersparnis durch eine Zuordnung zum Privatvermögen beträgt also 3.800 €.

Die Zuordnungsalternative, einen gemischt genutzten Gegenstand insgesamt dem Privatvermögen zuzuordnen, ist heute indes außer Streit. In A 15.2 Abs. 21 Nr. 2 S. 2 UStAE hat sich die Finanzverwaltung noch einmal ausdrücklich dazu bekannt. Die Bedeutung einer solchen auf den ersten Blick eher fernliegenden Zuordnung reicht freilich weit über die bisher aufgeworfenen Fragen hinaus. Dies wird sichtbar, wenn man sich den Sachverhalt, der für den BFH Anlass zu einem Vorabentscheidungsersuchen an den EuGH bildete, genauer betrachtet.

1.3.4.3 Zuordnung zum Privatvermögen bei Erwerb von Privatpersonen

Konkret ging es um die Steuerbarkeit einer für 19.000 € erfolgten Veräußerung eines **Pkw**. Der Verkäufer hatte den Wagen von einer Privatperson und damit – anders als in den bisher diskutierten Fällen – **zwangsläufig ohne VSt-Abzug erworben** und das Fahrzeug vor dem Weiterverkauf zu 30 % privat und zu 70 % unternehmerisch genutzt. **Entnimmt der Unternehmer** ohne VSt-Abzug erworbene Gegenstände später, so **löst** dies wie gesehen **keine USt** aus. § 3 Abs. 1b S. 2 UStG macht die Besteuerung der unentgeltlichen Abgabe von Gegenständen generell davon abhängig, dass es bei deren Erwerb einen VSt-Abzug gegeben hat. Ohne Bedeutung bleibt, woran der VSt-Abzug bei Erwerb gescheitert ist. Eine entsprechende Regelung für entgeltliche Lieferungen kennt das deutsche UStR nicht. Das nationale UStG schenkt der Frage, ob der Unternehmer einen später veräußerten Gegenstand mit oder ohne VSt-Abzug erworben hat, außer im Rahmen der Differenzbesteuerung nach § 25a UStG nur in § 4 Nr. 28 UStG Beachtung. Danach bleibt die Veräußerung steuerfrei, wenn der veräußernde Unternehmer den Gegenstand ausschließlich für steuerbefreite Umsätze nach § 4 Nr. 8–27 UStG genutzt hat, ein VSt-Abzug bei Erwerb des Gegenstands somit an § 15 Abs. 2 Nr. 1 UStG scheitern musste. Für diesen Fall befreit § 4 Nr. 28 UStG auch die spätere entgeltliche Weiterlieferung des Gegenstandes. Davon nicht erfasst ist jedoch der Ausgangsfall, bei dem der VSt-Abzug des Erwerbers bereits auf der Stufe des § 15 Abs. 1 UStG scheitern musste, weil der selbst steuerpflichtige Umsätze tätigende Leistungsempfänger das Fahrzeug von einer nicht zum USt-Ausweis berechtigten Privatperson bezogen hatte. Die spätere Veräußerung solcher nach Erwerb im Unternehmen genutzter Gegenstände hält man überwiegend ohne Problematisierung dennoch für steuerbar und steuerpflichtig. Dem entsprechend hatte das FA im Ausgangsfall die **Veräußerung** des ohne VSt-Abzug erworbenen Wagens denn auch als Hilfsgeschäft für **steuerbar und steuerpflichtig** erklärt und auf der Basis des Verkaufserlöses gegen den veräußernden Kläger eine USt festgesetzt.

Die Fragwürdigkeit solchen Vorgehens wird ohne Weiteres sichtbar, wenn man ihm jene Grundsätze gegenüberstellt, die inzwischen zur Veräußerung von solchen Gegenständen gelten, die der veräußernde Unternehmer von steuerpflichtig handelnden, unter USt-Ausweis abrechnenden Unternehmern erworben hat. Dort gilt nach den obigen Ausführungen: Ob und ggf. in welchem Umfang ein Unternehmer einen Gegenstand dem Unternehmen zugeordnet hat, bestimmt sich danach, ob und ggf. in welchem Umfang er für den erworbenen Gegenstand VSt abgezogen hat. Erfolgte der VSt-Abzug nur anteilig entsprechend dem Anteil unternehmerischer Nutzung, dann soll auch die spätere Veräußerung des Gegenstands nur im Umfang des anteilig geltend gemachten VSt-Abzugs steuerbar sein. Verzichtet der Unternehmer gänzlich auf einen VSt-Abzug, ist auch die spätere Veräußerung zur Gänze nicht steuerbar. All dies beruht auf der allgemein akzeptierten Annahme, dass nur ein solcher Gegenstand »im Rahmen ... [des] Unternehmens« und damit nach § 1 Abs. 1 Nr. 1 UStG steuerbar veräußert werden kann, der – sichtbar gemacht durch den VSt-Abzug – dem Unternehmen zugeordnet war.

Dieser zum Erwerb unter USt-Ausweis entwickelte Zusammenhang zwischen dem Umfang des VSt-Abzugs bei Erwerb und der Steuerbarkeit der späteren Veräußerung fordert zwingend die Frage heraus, ob nicht, wenn es wegen fehlenden Steuerausweises des Leistenden von vornherein keinen VSt-Abzug geben kann, schon allein deshalb auch die Besteuerung eines späteren Weiterverkaufs grundsätzlich entfallen muss. Diese Frage wird allerdings bis heute so nicht gestellt. Gefragt wird stattdessen, ob der Veräußerer eines **zwangsläufig** ohne VSt-Abzug erworbenen Gegenstands die Steuerbarkeit einer Veräußerung vermeiden kann, indem er den gemischt genutzten Gegenstand ganz seinem Privatvermögen zuordnet.

Dies wird teilweise mit der Begründung verneint, dass sich bei Erwerben von Privatpersonen eine Zuordnung zum Unternehmen des Erwerbers bereits allein aus der – ggf. auch nur teilweisen – unternehmerischen Nutzung des Gegenstands ableite. Diese Auffassung hat der EuGH im Urteil vom 08.03.2001 (UR 2001, 149) aber zu Recht ebenso abgelehnt wie jene Auffassung, derzufolge sich eine Zuordnung zum Unternehmen daraus ableiten könne, dass der Unternehmer für die laufenden Unterhaltungskosten des Gegenstands, also etwa Reparaturkosten und Wartung, den VSt-Abzug in Anspruch angenommen hat. Die Aussagen des EuGH münden schließlich in den Satz, dass ein StPfl. ein Investitionsgut, das er sowohl für unternehmerische als auch für private Zwecke erwirbt, stets in vollem Umfang in seinem Privatvermögen belassen und dadurch vollständig dem Mehrwertsteuersystem entziehen kann.

Ferner betont das Gericht ausdrücklich: Für den Fall einer beabsichtigten Veräußerung eines dem Unternehmen zugeordneten Gegenstands sei der Unternehmer durch keine Richtlinienbestimmung gehindert, den Gegenstand erst zu entnehmen und dann zu veräußern, um auf diesem Wege eine Doppelbesteuerung zu vermeiden.[216] Der BFH hat es in seiner Folgeentscheidung vom 31.01.2002 (BStBl II 2003, 813) als Indiz für eine Entnahme genügen lassen, dass der StPfl. bei Veräußerung sichtbar gemacht hatte, die Veräußerung des Fahrzeugs wegen des fehlenden VSt-Abzugs bei Erwerb nicht versteuern zu wollen.

---

216 Ausführlich zur Problematik schon *V. Schmidt* (UR 1999, 397). Angesichts dieser klaren Aussage verwundert es schon, dass aus Sicht der Finanzverwaltung (vgl. OFD Frankfurt vom 05.04.2005, UR 2005, 511) ein solches Vorgehen die Frage eines Gestaltungsmissbrauchs nach § 42 AO aufwerfen soll!

Letztlich finden in der EuGH-Entscheidung vom 08.03.2001 sowie in der Folgeentscheidung des BFH vom 31.01.2002 (BStBl II 2003, 813) der zum Erwerb unter USt-Ausweis entwickelte Zusammenhang zwischen dem Umfang des VSt-Abzugs und der Steuerbarkeit der Veräußerung seine folgerichtige Fortsetzung. Mittelbar tendieren beide Gerichte dahin, die Frage, ob nicht, wenn es wegen fehlenden Steuerausweises des Leistenden von vornherein keinen VSt-Abzug geben kann, auch die Steuerbarkeit grundsätzlich entfallen muss, zu bejahen. Beide Gerichte erklären zwar »offiziell« den VSt-Abzug für die Steuerbarkeit entgeltlicher Lieferungen für unerheblich (so auch wieder EuGH vom 08.12.2005, UR 2006, 360), erreichen jedoch dasselbe Ergebnis, indem sie bei einem Erwerb von einer Privatperson und damit einem ohne VSt-Abzug regelmäßig von einer Zuordnung des Gegenstands zum Privatvermögen des späteren Veräußerers ausgehen. Gäbe es keine derartigen Beweisanzeichen für eine Zuordnung zum Unternehmen, könne diese nicht unterstellt werden. Für untauglich als Beweiszeichen für eine Zuordnung zum Unternehmen erklärt der BFH die bilanzielle und ertragsteuerliche Behandlung des WG. Zwar könne der Umstand, dass der Unternehmer gewillkürtes BV nicht bilanziert, ein Indiz dafür sein, dass er es auch umsatzsteuerrechtlich nicht seinem Unternehmen zuordnet. Bei einem Pkw, der – wie in den Streitfällen – überwiegend betrieblich genutzt wird, könne aber aus dem Umstand, dass er **ertragsteuerlich notwendig dem BV zuzurechnen** ist und vom Unternehmer entsprechend behandelt wird, **nicht** geschlossen werden, dass der Unternehmer ihn auch **umsatzsteuerlich seinem Unternehmen zugeordnet** hat.

1.3.5 Praktische Relevanz der neuen Dreisphärentheorie

Nach der überkommenen nationalen Dogmatik war zu unterscheiden zwischen **Tätigkeiten**,

- die im Rahmen des Unternehmens erfolgen und
- Tätigkeiten, die nicht in den Rahmen des Unternehmens fallen.

Auf der Grundlage der **Zweisphärentheorie** ist das vorstehend näher beschriebene Zuordnungswahlrecht entwickelt worden: Soll ein Gegenstand sowohl für die unternehmerische als auch für die nichtunternehmerische Sphäre verwendet werden, so hat der Unternehmer das Zuordnungswahlrecht. Er kann, wie dargelegt, den Gegenstand

- insgesamt dem unternehmerischen Bereich,
- nur im Umfang des unternehmerisch genutzten Teils dem Unternehmen zuordnen oder
- insgesamt dem nicht nichtunternehmerischen Bereich zuweisen.

Nach der **VNLTO-Entscheidung des EuGH vom 12.02.2009 (DStR 2009, 369)** sind hingegen **drei Tätigkeitsbereiche** zu unterscheiden:

- unternehmerische (wirtschaftliche) Tätigkeiten eines Unternehmers, die in den Anwendungsbereich der Mehrwertsteuer fallen, also insb. die **Ausführung entgeltlicher Umsätze (Sphäre 1)**;
- **Tätigkeiten** eines Unternehmers, die aufgrund ihres »**nichtwirtschaftlichen Charakters**« nicht in den Anwendungsbereich der Mehrwertsteuer fallen, aber »nicht als unternehmensfremd betrachtet werden können« (**Sphäre 2**);
- **unternehmensfremde Tätigkeiten**, d.h. Tätigkeiten für den privaten Bedarf des Steuerpflichtigen, für den privaten Bedarf seines Personals oder für sonstige unternehmensfremde Zwecke (**Sphäre 3**).

Nur soweit ein Gegenstand neben unternehmerischer Nutzung auch für den »unternehmensfremden« Bereich verwendet wird, soll der Unternehmer die Möglichkeit haben, den angeschafften bzw. hergestellten Gegenstand auch insoweit dem Unternehmen zuzuordnen, damit den vollen VSt-Abzug in Anspruch nehmen zu können und anschließend die unternehmensfremde Verwendung als unentgeltliche Wertabgabe zu versteuern.[217] Soweit dagegen ein **Gegenstand auch für »nichtwirtschaftliche« Tätigkeiten verwendet** wird, die zwar nicht in den Anwendungsbereich der Mehrwertsteuer fallen, aber nicht als unternehmensfremd betrachtet werden können, ist der **VSt-Abzug** nach der neuen Differenzierung des **EuGH** anteilig von vornherein ohne Zuordnungsmöglichkeit ausgeschlossen. Dem folgt das **BMF** in A 2.3 Abs. 1a UStAE mit der einen Besonderheit, dass das **BMF** an der Unterteilung unternehmerisch/nichtunternehmerisch festhält, die **nichtwirtschaftliche Tätigkeit im engeren Sinne** als einen **Unterfall der nichtunternehmerischen Tätigkeit** behandelt. Gefragt nach den Konsequenzen der neuen Dreisphärentheorie, lässt sich Klausurbearbeitern vorab eine beruhigende Mitteilung machen:

Bei »normalen« Klausurfällen, bei denen Wirtschaftsgüter wie Fahrzeuge oder Personalcomputer oder Gebäude/Grundstücke sowohl für unternehmerische Zwecke (Sphäre 1) als auch für nichtunternehmerische, unternehmensfremde Zwecke (Sphäre 3), also für private Zwecke genutzt werden, bleibt hinsichtlich des Zuordnungswahlrechts alles wie gehabt (vgl. auch A 15. 2 Abs. 15a S. 7 UStAE n.F.)! Unverändert ist eine volle Zuordnung zum Unternehmen möglich, die – außer in Grundstücksfällen nach § 15 Abs. 1b UStG – über eine Besteuerung der Privatnutung als unentgeltliche Wertabgabe sukzessive rückgängig zu machen ist.

Probleme werfen künftig (zwingend ab 01.01.2013) nur die gemischten Nutzungen auf, bei denen die Verwendung auch in einer nichtwirtschaftlichen Tätigkeit im engeren Sinne (Sphäre 2) besteht. Dazu die folgenden Beispiele.

Beispiel 7: Nutzung für unternehmerische Tätigkeit (Sphäre 1) und nichtwirtschaftliche Tätigkeit im engeren Sinne (Sphäre 2)
Eine Holdinggesellschaft hält Beteiligungen an mehreren Gesellschaften, die nicht organschaftlich in die Holdinggesellschaft eingegliedert sind. Die Holding erbringt gegenüber einem Teil der Gesellschaften zentrale entgeltliche Dienstleistungen (Werbung, Marketing, EDV-Leistungen, Finanzierungsdienstleistungen). Die Holding schafft eine neue EDV-Anlage an, die sie zu 40 % für Dienstleistungen gegenüber jenen Gesellschaften verwendet, denen gegenüber sie im Leistungsaustausch und damit unternehmerisch tätig ist. I.Ü. dient die EDV-Anlage der bloßen Beteiligungsverwaltung an den restlichen Gesellschaften.

Lösung: Der VSt-Abzug ist von vornherein auf die Verwendung für die unternehmerische/wirtschaftliche Tätigkeit (Sphäre 1) beschränkt (also auf 40 %).

Beispiel 7a: ohne Holdingproblematik
Eine Gemeinde schafft einen Kleinbus an, der zu 40 % für den Eigenbetrieb Wasserversorgung und zu 60 % für den hoheitlichen Bereich verwendet werden soll.

Lösung: Der VSt-Abzug ist von vornherein auf die Verwendung für die unternehmerische/wirtschaftliche Tätigkeit beschränkt (also auf 40 %).

---

217 S. dazu auch bereits oben in diesem Kap. vor 1.3.1.

Eine Besonderheit gilt, wenn sich später der Anteil zwischen unternehmerischer und nichtwirtschaftlicher Tätigkeit im engeren Sinne verändert (dazu **A 3.4 Abs. 2 S. 4, 5 UStAE**): Vermindert sich innerhalb des maßgeblichen Berichtigungszeitraums die Nutzung für unternehmerische/wirtschaftliche Zwecke und erhöht sich damit die Nutzung für nichtwirtschaftliche Zwecke im engeren Sinne, ist der Vorgang als unentgeltliche Wertabgabe nach § 3 Abs. 9a Nr. 1 UStG zu versteuern (Verwendung eines Gegenstands des Unternehmens für außerunternehmerische Zwecke). Erhöht sich die unternehmerische/wirtschaftliche Verwendung, kommt in entsprechender Anwendung des § 15a UStG eine VSt-Berichtigung zugunsten des Unternehmers aus Billigkeitsgründen in Betracht.

Beispiel 7b: Verwendung für nichtwirtschaftliche Tätigkeit im engeren Sinne (Sphäre 2) und unternehmensfremde Tätigkeit (Sphäre 3)
Eine auch unternehmerisch tätige Gemeinde schafft für die gemeindliche Feuerwehr (Hoheitsbereich) ein Motorboot an, das zu 90 % für hoheitliche Zwecke und zu 10 % für den privaten Bedarf des Gemeindepersonals verwendet werden soll (gelegentliche Überlassung an das Personal für Freizeitzwecke).

Lösung: Für die nichtwirtschaftliche Verwendung (Sphäre 2 und 3) besteht keine VSt-Abzugsberechtigung. Die Gemeinde kann das Fahrzeug auch nicht anteilig ihrem Unternehmen zuordnen, da das Fahrzeug auch nicht teilweise für eine unternehmerische Tätigkeit (Sphäre 1) verwendet wird. Die Verwendung für Zwecke des Personals ist nicht steuerbar nach § 3 Abs. 9a Nr. 1 UStG, da das Motorboot nicht Gegenstand des Unternehmens ist und im Übrigen für das Fahrzeug auch keine VSt-Abzugsberechtigung bestanden hat.

Beispiel 7c: Nutzung für wirtschaftliche Tätigkeit (Sphäre 1), nichtwirtschaftliche Tätigkeit im engeren Sinne (Sphäre 2) und unternehmensfremde Tätigkeit (Sphäre 3)
Eine IHK (Körperschaft des öffentlichen Rechts) schafft einen Kleinbus an, der zu 40 % für wirtschaftliche Zwecke (entgeltliche Vermietung), zu 50 % für hoheitliche Zwecke und zu 10 % für private Zwecke des Personals (gelegentliche unentgeltliche Überlassung an Mitarbeiter) verwendet werden soll.

Lösung: Bei der Anschaffung von Gegenständen, die in allen drei Sphären verwendet werden sollen, ist m.E. ein Zuordnungswahlrecht gegeben, soweit es um die Nutzung für die Sphären 1 und 3 geht. Die IHK kann dann den Bus zu 50 % (Sphäre 1 und 3), zu 40 % (Sphäre 1) oder auch gar nicht dem Unternehmen zuordnen.

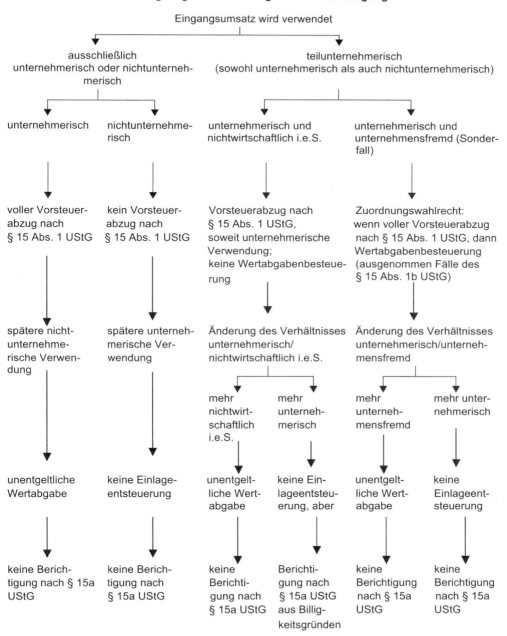

Quelle: BMF vom 02.01.2012 (BStBl I 2012, 60)

1.4 Von einem anderen Unternehmer

Nach dem klaren Wortlaut des § 15 Abs. 1 Nr. 1 UStG ist der VSt-Abzug weiter davon abhängig, dass der Rechnungsaussteller Unternehmer ist. Fehlt es daran, muss der VSt-Abzug scheitern.

1.4.1 Schutz guten Glaubens?

Fraglich kann insoweit allenfalls sein, ob bei ausgewählten Sachverhalten die Gutgläubigkeit des Leistungsempfängers hinsichtlich der Unternehmerstellung des Leistenden dessen tatsächlich fehlende Unterstellung kompensieren kann. Dies wird durchweg verneint. Der gutgläubige Leistungsempfänger ist darauf beschränkt, hinsichtlich des VSt-Abzugs eine Billigkeitsentscheidung nach § 163 bzw. § 227 AO zu erreichen. Dies wird überhaupt nur in Betracht kommen, wenn er bestehende Regressansprüche gegen den Aussteller des Abrechnungspapiers nachweislich nicht hat realisieren können.

1.4.2 Erwerb von einem Kleinunternehmer

Nach A 15.2 Abs. 1 S. 2, Abs. 11 S. 2 UStAE soll der **VSt-Abzug** i.Ü. auch dann **ausgeschlossen** sein, wenn der leistende Unternehmer Kleinunternehmer ist. Diese Auffassung ist weder nach dem Wortlaut des § 15 UStG noch nach dem des § 19 UStG zwingend. § 15 UStG spricht nur vom Unternehmer. Ein solcher ist auch der Kleinunternehmer. Nach § 19 Abs. 1 S. 4 UStG ist der Kleinunternehmer zwar nicht berechtigt, USt in einer Rechnung gesondert auszuweisen (und schuldet eine gleichwohl ausgewiesene USt deshalb nach § 14c Abs. 2 UStG). Dies ändert jedoch nichts daran, dass er nach der Konzeption des deutschen UStG steuerpflichtige Umsätze tätigt und hierfür USt schuldet. Deshalb lässt sich die Versagung des VSt-Abzugs bei USt-Ausweis durch Kleinunternehmer auch nicht damit rechtfertigen, dass nur die für den Umsatz geschuldete USt abziehbar sein soll. Der Kleinunternehmer schuldet USt, er muss diese nur nicht entrichten. Eine Legitimation kann die insoweit rigide Verwaltungspraxis allein daraus ziehen, dass die Rechnung eines Kleinunternehmers, soweit darin USt ausgewiesen ist, keine »nach den §§ 14, 14a UStG ausgestellte Rechnung« ist (dazu näher in Kap. 1.5).

1.5 Besitz einer Rechnung i.S.d. §§ 14, 14a UStG

1.5.1 Rechnungsanforderungen

Während es in der bis zum 31.12.2003 geltenden Fassung des § 15 Abs. 1 Nr. 1 S. 1 UStG hieß, abziehbar sei die in »Rechnungen i.S.d. § 14 UStG gesondert ausgewiesene Steuer«, verlangt § 15 Abs. 1 Nr. 1 S. 1 UStG seit seiner Neufassung durch das StÄndG 2003 (BStBl I 2003, 710), dass der Unternehmer eine nach den §§ 14, 14a UStG ausgestellte Rechnung besitzt. Diese Modifizierung steht im Zusammenhang mit der vollständigen Neuordnung der Vorschriften zur Rechnung in den §§ 14–14c UStG. Nach dem neu gefassten § 14 Abs. 1 UStG ist **Rechnung** im umsatzsteuerrechtlichen Sinne **jedes Dokument, mit dem über eine Lieferung abgerechnet wird, gleichgültig, wie dieses Dokument im Geschäftsverkehr bezeichnet wird.**

§ 14 Abs. 4 UStG katalogisiert in den dortigen Nr. 1–9 sodann die Angaben, zu denen der Unternehmer nunmehr **verpflichtet** ist (vgl. § 14 Abs. 2 S. 2 UStG), wenn er seine Leistung an einen anderen Unternehmer für dessen Unternehmer (bzw. an eine nichtunternehmerisch tätige juristische Person) erbringt. Im Wesentlichen muss die Rechnung danach Angaben zu den folgenden Punkten enthalten:

1. Name und Anschrift des leistenden Unternehmers und des Leistungsempfängers[218],
2. die dem leistenden Unternehmer vom Finanzamt erteilte Steuernummer **oder seine USt-Id-Nr.**,
3. **das Ausstellungsdatum**,
4. **eine fortlaufende Nummer mit einer oder mehreren Zahlenreihen, die zur Identifizierung der Rechnung vom Rechnungsaussteller einmalig vergeben wird (Rechnungsnummer)**,
5. die Menge und die Art (handelsübliche Bezeichnung) der gelieferten Gegenstände oder den Umfang und die Art der sonstigen Leistung,
6. den Zeitpunkt der Lieferung oder sonstigen Leistung oder der Vereinnahmung des Entgelts (dazu ausführlich A 14.5 Abs. 16 UStAE),
7. das nach Steuersätzen und einzelnen Steuerbefreiungen aufgeschlüsselte Entgelt für die Lieferung oder sonstige Leistung,
8. **den anzuwendenden Steuersatz** sowie den auf das Entgelt entfallenden Steuerbetrag oder im Fall einer Steuerbefreiung einen Hinweis auf die Steuerbefreiung.
9. bei steuerpflichtigen Werklieferungen oder sonstigen Leistungen im Zusammenhang mit einem Grundstück (dazu A 14.2 UStAE) einen Hinweis auf die Aufbewahrungspflichten des Leistungsempfängers nach § 14b Abs. 1 S. 5 UStG.

Wie die Hervorhebungen unschwer erkennen lassen, hat der Gesetzgeber mit dem StÄndG 2003 die Anforderungen an eine ordnungsgemäße Rechnung deutlich verschärft. Von besonderer praktischer Bedeutung ist deshalb, ob eine zum VSt-Abzug berechtigende Rechnung wirklich sämtliche der in den Ziff. 1–9 aufgeführten Merkmale enthalten muss und – mehr noch – welche konkreten Anforderungen die Finanzverwaltung an diese Angaben stellt. Dass insoweit die eher großzügige Handhabung im Umgang mit der Vorgängerregelung beibehalten werden würde, erschien von vornherein sehr fraglich. Dafür war die Zielsetzung der erhöhten Rechnungsanforderungen zu eindeutig. Es ging ersichtlich nicht nur darum, die EU-rechtlichen Vorgaben, die inzwischen in Art. 226 MwStSystRL formuliert sind, national umzusetzen. Zweck der Neuregelungen war es zumindest auch, VSt-Betrügereien entgegenzuwirken.

1.5.2 Folgen fehlerhafter Rechnungsangaben für den Vorsteuerabzug

Was dies im Einzelnen bedeutet, sei hier lediglich in Grundzügen geschildert (**typischer Bearbeitungshinweis in Beraterklausuren** nämlich: **Rechnungen entsprechen den gesetzlichen Anforderungen, soweit sich aus den Einzelsachverhalten nichts anderes ergibt**). Respektiert wird von der Finanzverwaltung, dass dem Rechnungsempfänger die Überprüfung der Richtigkeit der **Steuernummer** oder der **inländischen USt-Id-Nr.** und der **Rechnungsnummer** regelmäßig nicht möglich ist. Ist eine dieser Angaben unrichtig

---

218 Zur c/o-Namensnennung s. näher A 14.5 Abs. 3 UStAE.

und konnte der Leistungsempfänger dies nicht erkennen (anders aber in dem Fall, da die Rechnung entgegen § 14 Abs. 4 S. 1 Nr. 2 UStG nur eine Zahlen- und Buchstabenkombination enthält – dazu BFH vom 02.09.2010, BStBl II 2011, 235), bleibt folglich der VSt-Abzug erhalten, sofern im Übrigen die Voraussetzungen für den VSt-Abzug gegeben sind (A 15.2 Abs. 3 S. 4 UStAE). Hinsichtlich der übrigen nach den §§ 14, 14a UStG erforderlichen Angaben hat der Rechnungsempfänger dagegen die inhaltliche Richtigkeit der Angaben zu überprüfen. Dazu gehört insb. die Überprüfung

- der Namen und der Anschriften des leistenden Unternehmers und des Leistungsempfängers (dazu BFH vom 30.04.2009, BStBl II 2009, 744)[219],
- der ausreichenden Leistungsbeschreibung (dazu BFH vom 08.10.2008, BStBl II 2009, 218, wonach die Leistungsbeschreibung »für technische Beratung und Kontrolle im Jahr ...« nicht ausreicht, um die damit abgerechnete Leistung zu identifizieren, wenn diese sich weder aus den weiteren Angaben in der Rechnung noch aus ggf. in Bezug genommenen Geschäftsunterlagen weiter konkretisieren lässt),
- der Angabe eines Zeitpunkts der Lieferung oder sonstigen Leistung (diese Angabe ist grundsätzlich auch dann erforderlich, wenn der Leistungszeitpunkt mit dem Ausstellungsdatum der Rechnung identisch ist – so BFH vom 17.12.2008 (BStBl II 2009, 432) und
- der Angaben zum Entgelt, des Steuersatzes und des Steuerbetrages.

Fehlerhafte oder fehlende Angaben führen insoweit zur Versagung des VSt-Abzugs. Lediglich **im Fall des überhöhten Steuerausweises bleibt der Unternehmer dem Grunde nach zum VSt-Abzug berechtigt**. Der VSt-Abzug ist allerdings summenmäßig auf den Abzug jenes USt-Betrages begrenzt, der sich auf das bei Anwendung des zutreffenden Steuersatzes errechnete Entgelt ergibt (vgl. A 15.2 Abs. 3 S. 11 UStAE und dazu Kap. 1.6).

Von unrichtigen Rechnungsangaben sind Ungenauigkeiten bei der Rechnungsausstellung zu unterscheiden. Dazu gehören zum Beispiel Schreibfehler im Namen oder der Anschrift des leistenden Unternehmers oder des Leistungsempfängers oder in der Leistungsbeschreibung. Wenn ungeachtet dessen eine eindeutige und unzweifelhafte Identifizierung der am Leistungsaustausch Beteiligten, der Leistung und des Leistungszeitpunkts möglich ist und die Ungenauigkeiten nicht sinnentstellend sind, bleibt trotz solcher Ungenauigkeiten der VSt-Abzug erhalten (A 15.2 Abs. 4 UStAE).

1.5.3 Exkurs: Zivilrechtliche Folgen unzureichender Rechnungsangaben

Ergibt die Kontrolle der Eingangsrechnung, dass Pflichtangaben fehlen oder unrichtig sind, stellt sich die Frage, welche zivilrechtlichen Folgen dies auslöst.

Nach § 14 Abs. 2 Nr. 2 S. 2 UStG hat der Leistungsempfänger, so er Unternehmer ist und die Leistung für sein Unternehmen bezogen hat, gegen den leistenden Unternehmer einen Anspruch auf Erteilung einer Rechnung. Dieser Anspruch ist auf eine ordnungsgemäße Rechnung gerichtet, sprich eine solche, die den Leistungsempfänger zum VSt-Abzug berechtigt. Hierbei handelt es sich um einen zivilrechtlichen Anspruch, der vor den ordentlichen Gerichten geltend zu machen ist (A 14.1 Abs. 5 S. 1 f. UStAE). Bei bestehenden

---

219 Mit diesem Urteil hat der BFH die Möglichkeit eröffnet, unter Vertrauensschutzgesichtspunkten – trotz unrichtiger Rechnungsangaben – einen VSt-Abzug im Billigkeitsverfahren (§§ 163, 227 AO) zuzusprechen.

vertraglichen Beziehungen ergibt sich der Anspruch bereits aus dem Grundsatz von Treu und Glauben (§ 242 BGB) als zivilrechtliche Nebenpflicht des Vertragsverhältnisses. Ansonsten müsste der Vertragspartner nämlich einen ungerechtfertigten Nachteil durch die fehlende VSt-Abzugsmöglichkeit hinnehmen.

Während insoweit Einvernehmen herrscht, bestehen unterschiedliche Ansichten hinsichtlich der Frage, welche Handlungsmöglichkeiten außerhalb einer ggf. langwierigen zivilrechtlichen Klage bestehen. Dabei ist außer Streit, dass dem Leistungsempfänger bis zum Erhalt einer ordnungsgemäßen Rechnung hinsichtlich der eigenen Leistung (im Normalfall also der Zahlungsverpflichtung) ein Zurückbehaltungsrecht § 273 Abs. 1 BGB zukommt. Unterschiedliche Auffassungen bestehen aber hinsichtlich des Umfangs des Zurückbehaltungsrechts. Teilweise wird vertreten, der Leistungsempfänger könne die gesamte Gegenleistung verweigern. Diese Auffassung ist freilich abzulehnen. Damit verstieße der Leistungsempfänger nämlich seinerseits gegen den Grundsatz von Treu und Glauben. Jedenfalls bei einer teilbaren, insb. einer in Geld bestehenden, Gegenleistung darf nur der auf die Umsatzsteuer entfallende Betrag zurückbehalten werden. Soweit weitergehende Zurückbehaltungsrechte auf § 320 BGB gestützt werden, ist dies schon vom Ansatz her verfehlt. § 320 BGB zielt auf wechselseitige (»synallagmatische«) Hauptpflichten aus dem Vertrag, die ganz oder teilweise nicht erfüllt werden. Bei der Verpflichtung des Leistenden, über seine Leistung eine ordnungsgemäße Rechnung auszustellen, handelt es sich aber, wie dargelegt, um eine Nebenpflicht.[220]

1.5.4 Kleinbetragsrechnungen/Fahrausweise

Praktisch bedeutsame **Ausnahmen** zu den Erfordernissen in § 14 Abs. 4 S. 1 Nr. 1–9 UStG enthalten die §§ 31 ff. UStDV. Dabei geht es zum einen um erleichterte Voraussetzungen hinsichtlich eines VSt-Abzugs aus sog. **Kleinbetragsrechnungen**. Dies sind nach den Vorgaben des § 33 UStDV Rechnungen über Leistungen, für die der **Gesamtaufwand einschließlich USt 150 €** nicht überschreitet. Insoweit soll es für einen VSt-Anspruch genügen, wenn entgegen den Vorgaben in § 14 Abs. 4 Nr. 7 und 8 UStG Entgelt und Steuerbetrag in einer Summe angegeben sind. Um bürokratische Hemmnisse im Bereich der Kleinbetragsrechnungen so gering wie möglich zu halten, hat man bei Kleinbetragsrechnungen auch auf die Angabe einer Steuernummer verzichtet. Wie normale Rechnungen – vgl. dazu § 14 Abs. 4 Nr. 3 UStG – müssen Kleinbetragsrechnungen aber ebenfalls mit einem Ausstellungsdatum versehen sein.

Erwähnenswert ist darüber hinaus insb. § 34 UStDV. Diese Norm beschreibt die Voraussetzungen, unter denen **Fahrausweise** als vorsteuertaugliche Rechnungen angesehen werden können.

> **Beispiel 8: Fahrausweise als Rechnung i.S.d. § 14 Abs. 4 UStG**
> Der selbständige Rechtsanwalt R hat im September 01 an einer Rechtsanwaltstagung über EU-Recht in Aachen teilgenommen. Ihm liegt u.a. eine Fahrkarte der DB vor, die außer dem Ausstellungsdatum u.a. folgende Angaben enthält: »HH–Aachen–HH, Tarifentfernung 496 km, Fahrpreis 170 €, Gültigkeit vom 10.09.01 bis zum 25.09.01.«

---

[220] Näher zum Zurückbehaltungsrecht wegen nicht ordnungsgemäßer Rechnung *Heeseler* (BB 2006, 1137).

Lösung: Eine Rechnung i.S.d. § 14 Abs. 4 UStG verlangt nach § 14 Abs. 4 Nr. 7 und 8 UStG u.a. die Angabe des Entgelts und den auf das Entgelt entfallenden Steuerbetrag. Wie bei Kleinbetragsrechnungen genügt es bei Fahrscheinen jedoch, wenn Entgelt und Steuerbetrag in einer Summe angegeben sind. Die an sich nach § 34 Abs. 1 Nr. 4 UStDV erforderliche Angabe des Steuersatzes ist bei Fahrscheinen der Eisenbahn nach § 34 Abs. 1 S. 2 UStDV entbehrlich. Sie wird ersetzt durch die Angabe der Entfernungskilometer. Nach § 35 Abs. 2 UStDV hat R den Gesamtbetrag von 170 € selber in das Entgelt (bei einem Steuersatz von 19 %[221] beträgt dies hier 142,86 €) und den für R im VAZ 09/01 als VSt abziehbaren Steuerbetrag von 27,14 € aufzuteilen.

1.5.5 Gutschriften

In der täglichen Praxis hat es durchaus Normalität, dass über eine erbrachte Leistung nicht der Leistende, sondern der Leistungsempfänger abrechnet. Dies geschieht vornehmlich in Leistungsbeziehungen, bei denen nur der Empfänger über jene Daten und Abrechnungsunterlagen verfügt, die zur Entgeltsbestimmung notwendig sind. Die Frage ist nun, inwiefern auch solche Abrechnungen durch den Leistungsempfänger, die in der Sprache des UStR als **Gutschriften** firmieren, als Rechnung herhalten und damit ggf. für einen VSt-Abzug taugen können.

Während dies früher nur unter besonderen Voraussetzungen der Fall sein sollte, ist mit der Neufassung der Rechnungsvorschriften zum 01.01.2004 diese Ungleichbehandlung gegenüber einer Abrechnung durch den leistenden Unternehmer entfallen. Nach § 14 Abs. 1 S. 1 UStG gilt als Rechnung nunmehr »jedes Dokument, mit dem über eine Lieferung oder sonstige Leistung abgerechnet wird«. Nach § 14 Abs. 2 S. 2 UStG kann eine **Rechnung** auch von »... einem ... **Leistungsempfänger** ... ausgestellt werden, sofern dies vorher vereinbart wurde (Gutschrift)«. Weitere Anforderungen für die Gleichstellung einer Abrechnung des Leistenden mit der eines Leistungsempfängers sind nicht mehr gefordert. Die am Leistungsaustausch Beteiligten können also frei vereinbaren, ob der leistende Unternehmer oder der Leistungsempfänger abrechnen soll.

> **Beispiel 9: Fehlerhafte Behandlung von Vermittlungsleistungen**
> Der in Basel (Schweiz) ansässige selbständige Handelsvertreter H (aus Beispiel 15 in Kap. IV), der für eine in Freiburg ansässige F-OHG tätig ist, vermittelt der F-OHG Lieferungen an Abnehmer in der Schweiz. Entsprechend den getroffenen Vereinbarungen erteilt die F-OHG dem H hierüber eine Abrechnung. Diese weist für die vermittelten Lieferungen der F-OHG in die Schweiz Provisionseinkünfte des H i.H.v. 3.000 € zzgl. 570 € aus.
>
> **Lösung:** Die von H vermittelten Umsätze, also die Lieferungen der F-OHG an ihre Abnehmer in der Schweiz, sind steuerbar nach § 1 Abs. 1 Nr. 1 UStG (Lieferort nach § 3 Abs. 6 S. 1 UStG: Freiburg), aber steuerbefreit als Ausfuhr nach § 4 Nr. 1 Buchst. a UStG i.V.m. § 6 UStG.
> Die Vermittlungsleistungen des H sind ebenfalls im Inland steuerbar. (Der Leistungsort Freiburg folgt ab 01.01.2010 aus der neuen Grundregel zum Ort sonstiger Leistungen in § 3a Abs. 2 S. 1 UStG.) Sie sind aber wie die vermittelten Ausfuhrlieferungen steuerfrei, und zwar nach **§ 4 Nr. 5 Buchst. a UStG**. Ein VSt-Abzug der OHG hinsichtlich der USt von 570 €, die sie für die an sie erbrachten Vermittlungsleistungen des H ausgewiesen hat, scheidet unabhängig davon, wer abgerechnet hat, schon deswegen aus, weil die ausgewiesene USt von 570 € nicht für den abgerechneten Umsatz geschuldet wird. Da die Abrechnung durch den Leistungsempfänger, die

---

221 Der Steuersatz von 19 % ergibt sich aus § 12 Abs. 2 Nr. 10 Buchst. b UStG.

F-OHG, vorher vereinbart wurde, handelt es sich bei dem von ihr erstellten Abrechnungspapier aber um eine Rechnung im umsatzsteuerrechtlichen Sinne. Da diese Rechnung über eine steuerfreie Leistung unrichtig 570 € USt ausweist, ist i.H.d. ausgewiesenen USt eine USt-Schuld nach § 14c Abs. 1 UStG begründet. Steuerschuldner ist nach § 13a Abs. 1 Nr. 1 UStG der leistende Unternehmer. Ihm ist die unrichtige Abrechnung des Leistungsempfängers, der F-OHG, wie eine eigene Abrechnung zuzurechnen.

Um eine USt für den leistenden Unternehmer wegen eines unrichtigen Steuerausweises durch den abrechnenden Leistungsempfänger abwehren zu können, sieht § 14 Abs. 2 S. 3 UStG vor, dass die Gutschrift die Wirkung einer Rechnung verliert, sobald der Empfänger der Gutschrift dem ihm übermittelten Dokument widerspricht. Der Widerspruch wirkt erst in dem Besteuerungszeitraum, in dem er dem Gutschriftenaussteller zugegangen ist. Aufgrund des Widerspruchs erforderliche Berichtigungen der Steuer und VSt sind also in entsprechender Anwendung des § 17 Abs. 1 UStG für diesen Besteuerungszeitraum vorzunehmen.

Zu einer Abrechnung mittels Gutschrift wird es regelmäßig in den Fällen kommen, in denen der Leistungsempfänger derjenige ist, der als erster Kenntnis über die Abrechnungsgrundlagen hat. Von besonderer praktischer Relevanz sind dabei Sachverhalte, bei denen schon der zivilrechtliche Gesetzgeber eine Abrechnungslast für den Leistungsempfänger vorgesehen hat. Das ist außer im geschilderten Fall der **Handelsvertretung** (dazu § 87c HGB) z.B. auch beim **Kommissionsgeschäft** (dazu § 384 Abs. 2 HGB) oder bei den **Autorenabrechnungen** eines Verlags (dazu § 24 VerlagsG) der Fall. Erwähnung verdient darüber hinaus die **Sicherungsübereignung** (dazu s. Kap. XVII 2.2 mit dortigem Beispiel 1), bei der zunächst nur der verwertende Sicherungsnehmer in der Lage ist, über die Lieferung des Sicherungsgebers an ihn abzurechnen. Das Jahressteuergesetz 2013 sieht vor, bei einer Abrechnung durch den Leistungsempfänger die Angabe »Gutschrift« zur Pflicht zu machen (so im Entwurf 914 Abs. 4 S. 1 Nr. 10 UStG).

1.6 Begrenzung des Vorsteuerabzugs auf die für den Umsatz geschuldete Umsatzsteuer

Als VSt abziehbar ist nur die USt, die der Leistende für einen nach § 1 Abs. 1 Nr. 1 UStG steuerpflichtigen Umsatz auf der Grundlage einer BMG nach § 10 Abs. 1 UStG schuldet.[222] § 15 Abs. 1 Nr. 1 UStG spricht davon, dass abziehbar nur »… die gesetzlich geschuldete USt für Lieferungen und sonstige Leistungen (ist), die von anderen Unternehmern … ausgeführt worden sind«.

Beispiel 10: VSt-Abzug nur für die durch den Umsatz ausgelöste USt
Rechtsanwalt R hat eine Rechnung über den Kauf eines juristischen Lexikons vorliegen. Sie lautet über 200 € zzgl. 19 % USt (38 €) = 238 €.

Lösung: Der VSt-Abzug ist der Höhe nach auf die USt beschränkt, die für einen nach § 1 Abs. 1 Nr. 1 UStG steuerpflichtigen Umsatz unter Anwendung des zutreffenden Steuersatzes tatsächlich geschuldet wird. Die Veräußerung von Büchern unterliegt nach Nr. 49 der Anlage 2 zu § 12 UStG dem ermäßigten Steuersatz von 7 %, so dass die vom Verkäufer des Lexikons **für den Umsatz**

---
222 Oder anders gesagt: Es kann maximal die materiell richtige USt als VSt abgezogen werden.

gesetzlich geschuldete USt nicht 38 €, sondern lediglich **15,57 €** (238 € x 7/107) beträgt. Nur diesen Betrag kann R als VSt abziehen. Der vom Verkäufer wegen des unrichtigen Steuerausweises **nach § 14c Abs. 1 UStG** geschuldete Differenzbetrag zu 38 € i.H.v. 22,43 € ist **nicht abziehbar**.

Sämtliche USt, die der Leistende – aus welchem Grund auch immer – nach § 14c Abs. 1 UStG oder § 14c Abs. 2 UStG schuldet, ist einem VSt-Abzug nicht mehr zugänglich. Von daher bedarf es jedenfalls für den VSt-Abzug keiner Entscheidung mehr, ob eine bestimmte zu hoch ausgewiesene Steuer nach § 14c Abs. 1 oder nach § 14c Abs. 2 UStG geschuldet wird.

Klausurhinweis: Dass nur die gesetzlich für Lieferungen und sonstige Leistungen geschuldete USt zum VSt-Abzug berechtigt, kann bedeutsam für Klausurbearbeitungen werden, bei denen von der Aufgabenstellung her nur der Leistungsempfänger zu betrachten ist. Bei zweifelhaften Abrechnungen unter USt-Ausweis ist beim VSt-Abzug mittelbar auch der Leistende zu untersuchen. Nur wenn dieser einen im Inland steuerbaren und steuerpflichtigen Umsatz getätigt hat und sein USt-Ausweis auch in der Höhe zutreffend ist, ist der VSt-Abzug des zu beurteilenden Leistungsempfängers hinsichtlich des ausgewiesenen Betrages zu bejahen.

2 Ausschlüsse bzw. Einschränkungen des Vorsteuerabzugs

Wie in den einleitenden Ausführungen in diesem Kap. bereits betont, war die Zulässigkeit der zum 01.04.1999 eingefügten, inzwischen weitgehend wieder aufgehobenen Einschränkungen des VSt-Abzugs von Anbeginn an heftig umstritten. Bevor Einzelheiten zu den Regelungen in § 15 Abs. 1a UStG und der zum 01.01.2004 komplett gestrichenen Bestimmung in § 15 Abs. 1b UStG a.F. zur gemischten Fahrzeugnutzung vorgestellt werden, erscheint es sinnvoll, zunächst kurz den rechtlichen Hintergrund aufzuzeigen, vor dem Diskussionen um Beschränkungen des VSt-Abzugs stattfinden.

2.1 Vorgaben der Mehrwertsteuersystemrichtlinie

Nationale gesetzliche Regelungen zum VSt-Abzug müssen wie alle anderen umsatzsteuerrechtlichen Regelungen den Vorgaben der MwStSystRL entsprechen. Hinsichtlich des VSt-Abzugs hat das nationale USt-Recht die Vorgaben des Art. 168 MwStSystRL zu beachten. Die dort in S. 1 Buchst. a getroffene Aussage entspricht inhaltlich § 15 Abs. 1 Nr. 1 UStG. Danach ist ein StPfl. befugt, soweit Leistungen »... für Zwecke seiner besteuerten Umsätze verwendet werden, ... von der von ihm geschuldeten Steuer ... die geschuldete ... Mehrwertsteuer für ... [Leistungen] abzuziehen, die ihm von anderen StPfl. ... erbracht wurden oder erbracht werden«. Dieses Recht auf VSt-Abzug kann nach ständiger Rspr. des EuGH wegen seiner Bedeutung für das System der Mehrwertsteuer grundsätzlich nicht eingeschränkt werden. Ausnahmen sind nur zugelassen, wenn sie in der MwStSystRL selbst vorgesehen sind – wie in Art. 168a MwStSystRL zur teilunternehmerischen Grundstücksnutzung.

Des Weiteren erlaubt Art. 176 S. 2 MwStSystRL einen Ausschluss vom VSt-Abzug für Ausgaben vorzusehen, die keinen streng geschäftlichen Charakter haben. Dazu bedarf es jedoch zunächst einer ergänzenden Richtlinie auf EU-Ebene, zu der es bisher noch nicht gekommen ist.

Schließlich haben alle Mitgliedstaaten nach Art. 395 Abs. 1 MwStSystRL die Möglichkeit, eine besondere Ratsermächtigung zu nationalen Sondermaßnahmen zur Vereinfachung der Steuererhebung oder zur Verhütung von Steuerhinterziehungen oder -umgehungen einzuholen.

2.2 Reise- und Umzugskosten

Vor diesem Hintergrund bleibt im Dunkeln, was – außer kurzfristigen, rein fiskalischen Interessen – den bundesdeutschen Gesetzgeber bewogen haben mag, zum 01.04.1999 die VSt-Abzugsbeschränkung des § 15 Abs. 1a Nr. 2 UStG a.F. einzuführen, die zum 01.01.2004 ersatzlos wieder gestrichen worden ist. Nach jener Norm sollte die VSt für »Reisekosten des Unternehmers und seines Personals, soweit es sich um Verpflegungs-, Übernachtungs- oder Fahrtkosten für Fahrzeuge des Personals handelt«, nicht mehr abziehbar sein. Angesichts der klaren Vorgaben auf EU-Ebene bedurfte es keiner hellseherischen Fähigkeiten, um zu prognostizieren, dass der BFH jene Regelung alsbald zumindest teilweise wegen Unvereinbarkeit mit den europarechtlichen Rahmenbedingungen für unanwendbar erklären würde. Es dauerte gerade einmal 1,5 Jahre, bis dies geschah. Anlässlich des schon geschilderten Beispiels 3 hatte das FA einen VSt-Abzug des Arbeitgebers für die Übernachtungskosten der AN unter Hinweis auf § 15 Abs. 1a Nr. 2 UStG a.F. zur Gänze versagt. Die Unvereinbarkeit mit den EU-rechtlichen Vorgaben war für den BFH indes schnell festgestellt: Eine Richtlinie zur Begrenzung des VSt-Abzugs bei Ausgaben, die keinen streng geschäftlichen Charakter haben, liege nicht vor. Von daher könne der in § 15 Abs. 1a Nr. 2 UStG a.F. vorgesehene VSt-Ausschluss nur Bestand haben, wenn der VSt-Ausschluss für Reisekosten des Personals als abweichende Sondermaßnahme zur Vereinfachung der Steuererhebung oder zur Verhütung von Steuerhinterziehungen oder -umgehungen zugelassen worden sei. Die dazu notwendige Ermächtigung des Rates sei aber nicht einmal beantragt worden. Von daher sei die Berechtigung für einen VSt-Abzug des U allein anhand der herkömmlichen Vorgaben für einen VSt-Abzug zu prüfen, die – vgl. Lösung zu Fall 3 – einen VSt-Abzug insoweit erlauben, als der Arbeitgeber selbst Vertragspartner der Hotelbetreiber geworden ist.

Ebenso wie Unternehmern wegen **eigener Übernachtungs-, Verpflegungs- und Fahrtkosten** anlässlich einer Geschäftsreise ein VSt-Abzug zukommt, gilt dies also auch für **entsprechende Kosten von AN** anlässlich einer unternehmerisch bedingten auswärtigen Tätigkeit. Hat der AG diese Kosten erstattet und ist er selbst als zivilrechtlicher Auftraggeber der an seine AN erbrachten Leistungen in Erscheinung getreten (oder liegen Kleinbetragsrechnungen vor), ist wie bei Übernachtungskosten von AN ein VSt-Abzug ohne Weiteres zulässig.[223] All dies gilt i.Ü. genauso, wenn nicht Arbeitnehmer, sondern Gesellschafter geschäftlich unterwegs sind.

Ist somit für Reisekosten der gesetzliche Istzustand vor dem 01.04.1999 bereits seit dem 01.01.2004 wieder erreicht, so gilt etwas anderes für den ebenfalls zum 01.04.1999 in § 15 Abs. 1a Nr. 3 UStG a.F. erstmals eingeführten VSt-Ausschluss hinsichtlich der **Umzugskosten für einen betrieblich veranlassten Wohnungswechsel**. Erst mit dem Jahressteuergesetz

---

[223] Gegen die Beschränkung des VSt-Abzugs aus Verpflegungskosten auf Sachverhalte, bei denen die Rechnungen auf die AG (Unternehmer) lauten, wenden sich *Kaeser/Pickelmann*, UR 2002, 109.

2007 ist der VSt-Ausschluss für Kosten im Zusammenhang mit einem betrieblich veranlassten Wohnungswechsel wieder gestrichen worden.

2.3 Nach Ertragsteuerrecht nicht abziehbare Aufwendungen

Im Wesentlichen festgehalten hat man aber an den ebenfalls zum 01.04.1999 eingeführten, seit dem 01.01.2007 in § 15 Abs. 1a S. 1 UStG vorgesehenen VSt-Ausschlüssen für Aufwendungen, die unter das Abzugsverbot des § 4 Abs. 1 Nr. 1–4, 7, oder des § 12 Nr. 1 EStG fallen.[224] Aus Sicht des BMF handelt es sich bei § 15 Abs. 1a UStG um eine mit EU-Vorgaben zu vereinbarende VSt-Beschränkung.

Im Folgenden soll es darum gehen, zu den aus umsatzsteuerrechtlicher Sicht wichtigsten Tatbeständen einige Hinweise zu geben.

2.3.1 Geschenke (§ 4 Abs. 5 Nr. 1 EStG)

Der VSt-Abzug entfällt, wenn die AK der Gegenstände, die einem Geschäftsfreund (nicht einem AN) im Wirtschaftsjahr zugewendet wurden, 35 € übersteigen.

> **Beispiel 11: Edle Weine für Geschäftsfreunde und Prokuristen**
> Weinhändler W erwirbt eine Kiste besten französischen Rotweins (Einkaufspreis 200 € zzgl. 38 € USt), um sie einem Geschäftsfreund zu dessen Geschäftsjubiläum zu schenken.
>
> **Lösung:** Der VSt-Abzug bleibt nach § 15 Abs. 1a S. 1 UStG versagt, da die Zuwendung der Kiste Rotwein unter § 4 Abs. 5 Nr. 1 EStG fällt (wegen des zu versagenden VSt-Abzugs entfällt nach § 3 Abs. 1b S. 2 UStG auch eine Besteuerung der unentgeltlichen Zuwendung nach § 3 Abs. 1b Nr. 3 UStG).[225] **Beachte:** Nach der neuen Sichtweise zum VSt-Abzug beim Leistungserwerb für eine unentgeltliche Wertabgabe – vgl. dazu Kap. XII 1 a.E. – scheiterte der VSt-Abzug bereits auf der Stufe des § 15 Abs. 1 Nr. 1 UStG, da bereits bei Erwerb eine Verwendung für eine unentgeltliche Wertabgabe nach § 3 Abs. 1b Nr. 3 UStG beabsichtigt ist. Letztlich wird so über eine Versagung des VSt-Abzugs beim schenkenden Unternehmer eine Besteuerung des Endverbrauchs bei dem Geschäftsfreund sichergestellt.

Soweit ein Geschenk an einen Geschäftsfreund die Grenze von 35 € nicht überschreitet, ist der VSt-Abzug beim Erwerb des Geschenks auch nach neuer Sichtweise unverändert möglich. Es handelte sich dann nämlich bei der beabsichtigten Übergabe an den Geschäftsfreund um ein »Geschenk von geringem Wert« i.S.d. § 3 Abs. 1b Nr. 3 UStG, das von einer Besteuerung als unentgeltliche Wertabgabe ausdrücklich ausgenommen ist.

---

224 Siehe zu diesen Normen auch die Paralleldarstellung in der ESt bei *Preißer*, Band 1, Teil A, Kap. IV 2.
225 Steht im Zeitpunkt des Erwerbs eine Verwendung als Geschenk noch nicht fest, kann der VSt-Abzug zunächst unter den allgemeinen Voraussetzungen des § 15 UStG beansprucht werden. Im Zeitpunkt der Hingabe des Geschenks ist eine VSt-Korrektur nach § 17 Abs. 2 Nr. 5 UStG vorzunehmen, sofern – wie hier – die Freigrenze von 35 € überschritten ist, oder mit der Zuwendung überschritten wird – s. dazu das Beispiel in A 15.6 Abs. 5 UStAE.

2.3.2 Bewirtungsaufwendungen (§ 4 Abs. 5 Nr. 2 EStG)

Einkommensteuerrechtlich können auch angemessene Bewirtungsaufwendungen seit jeher nicht vollständig als Betriebsausgabe in Abzug gebracht werden. War der Betriebsausgabenabzug früher auf 80 % der angemessenen Aufwendungen beschränkt, so sind seit geraumer Zeit nur noch 70 % abzugsfähig. Umsatzsteuerrechtlich hat es hingegen über Jahrzehnte hinweg keine zwei Meinungen dazu gegeben, dass der VSt-Abzug für angemessene Bewirtungsaufwendungen in voller Höhe zuzulassen und zu belassen ist. Dies änderte sich freilich zum 01.04.1999. Nach der seinerzeit erstmals eingefügten Norm des § 15 Abs. 1a UStG sollte auch der VSt-Abzug hinsichtlich jener 30 % entfallen, die nicht als Betriebsausgabe abziehbar sind. Die darin enthaltene USt wurde so zum Kostenfaktor. Überzeugen konnte dies von vornherein nicht. Ist eine ausschließlich unternehmerische Veranlassung gegeben, so muss aber auch der volle VSt-Abzug möglich sein. Dass dies auch der BFH so sehen würde, deutete bereits seine Entscheidung vom 12.08.2004 (BStBl II 2004, 1090) an. Darin hat das Gericht Einschränkungen des VSt-Abzugsrechts für Bewirtungsaufwendungen durch die formalen Vorgaben des Einkommensteuerrechts in § 4 Abs. 7 EStG (gesonderte Aufzeichnungen für Bewirtungsaufwendungen bei den Betriebsausgaben) für unvereinbar mit den EU-rechtlichen Vorgaben erklärt. Dem folgt inzwischen auch die Finanzverwaltung. Wörtlich heißt es in A 15.6 Abs. 2 S. 5 UStAE: »Die Versagung des Vorsteuerabzugs für ertragsteuerrechtlich angemessene Bewirtungsaufwendungen allein wegen nicht eingehaltener Formvorschriften für den Nachweis für Betriebsausgaben (einzelne und getrennte Aufzeichnung nach § 4 Abs. 7 EStG, vgl. R 4.11 EStR 2009) ist ... nicht zulässig. Für den Vorsteuerabzug gelten die allgemeinen Voraussetzungen des § 15 UStG.«

In einer viel beachteten und umfangreich begründeten Entscheidung bestätigte der BFH am 10.02.2005 (BStBl II 2005, 509) – ohne Vorlage an den EuGH – diese Auffassung auch in materieller Hinsicht. Nach Auffassung des BFH sollten VSt für unternehmerisch veranlasste Bewirtungsaufwendungen bei Vorliegen der sonstigen Voraussetzungen uneingeschränkt abzugsfähig sein. Soweit das Recht auf umfassenden VSt-Abzug für Bewirtungsaufwendungen – wie in § 15 Abs. 1a Nr. 1 UStG a.F. geschehen – durch Bezugnahme auf einkommensteuerrechtliche Regelungen eingeschränkt werde, stelle dies – so der BFH – eine Verletzung des Gemeinschaftsrechts dar. Dieser Sichtweise hatte sich bereits mit Schreiben vom 23.06.2005 (BStBl I 2005, 816) auch das BMF angeschlossen. Anlässlich der Neufassung des § 15 Abs. 1a UStG zum 01.01.2007 durch das Jahressteuergesetz 2007 (BStBl I 2007, 28) wurde § 15 Abs. 1a UStG dann um einen Satz 2 ergänzt. Dieser sieht vor, dass die VSt-Beschränkung nicht für Bewirtungsaufwendungen gelte, »soweit § 4 Abs. 5 S. 1 Nr. 2 EStG einen Abzug angemessener und nachgewiesener Aufwendung ausschließt«. Mit anderen Worten: Angemessene und nachgewiesene Bewirtungsaufwendungen berechtigen auch insoweit zum VSt-Abzug, als § 4 Abs. 5 S. 1 Nr. 2 EStG einen Abzug als Betriebsausgaben ausschließt (vgl. dazu auch A 15.6 Abs. 6 und 7 UStAE).

2.3.3 Aufwendungen für Gästehäuser, Motoryachten sowie für ähnliche Zwecke (§ 4 Abs. 5 Nr. 3 und 4 EStG)

Sofern diese Aufwendungen nicht Gegenstand einer mit Gewinnabsicht ausgeübten Betätigung sind, entfallen Betriebsausgabenabzug und VSt-Abzug (so ausdrücklich BFH vom 02.07.2008, BStBl II 2009, 167 – aufgenommen in A 15.6 Abs. 8 UStAE).[226] Sind die in § 4 Abs. 5 Nr. 3 und 4 EStG bezeichneten Gegenstände mit Gewinnerzielungsabsicht erworben, wie insb. bei Vermietungsumsätzen im Gästehaus oder beim Handel mit oder Vermieten von Motor- und Segelyachten, verbleibt es weitgehend bei der früheren Praxis. Ist eine unternehmerische Nutzung von mindestens 10 % glaubhaft gemacht, wird man die Möglichkeit einräumen müssen, diese Gegenstände insgesamt dem Unternehmen zuzuordnen. Die Privatnutzung ist dann als fiktive entgeltliche sonstige Leistung nach § 3 Abs. 9a Nr. 1 UStG i.V.m. § 1 Abs. 1 Nr. 1 UStG auf der Basis einer BMG nach § 10 Abs. 4 Nr. 2 UStG zu besteuern.[227]

Das VSt-Abzugsverbot des § 15 Abs. 1a UStG erfasst weiterhin unangemessene **Aufwendungen, die die Lebensführung berühren** (§ 4 Abs. 5 Nr. 7 EStG), sowie **Aufwendungen i.S.v. § 12 Nr. 1 EStG** (relevant ist die Verweisung nur für gemischte Aufwendungen i.S.v. § 12 Nr. 1 S. 2 EStG).

2.4 Gemischte Fahrzeugnutzung

Die zum 01.01.2004 wieder abgeschaffte Norm des § 15 Abs. 1b UStG a.F. beschränkte den VSt-Abzug für nicht ausschließlich unternehmerisch genutzte Fahrzeuge i.S.v. § 1b UStG pauschal auf 50 % der angefallenen USt. Diese VSt-Beschränkung galt für sämtliche Anschaffungs-, Herstellungs-, Miet- und Betriebskosten und erfasste Fahrzeuge, die mindestens zu 10 % (s. dazu Kap. XV 1.3) unternehmerisch genutzt wurden. Fehlte es an einer ausschließlich unternehmerischen Nutzung, trat die dann greifende Beschränkung des VSt-Abzugs auf 50 % an die Stelle der ansonsten bei Unternehmenszuordnung eines gemischt genutzten Gegenstands nach § 3 Abs. 9a Nr. 1 UStG erfolgenden Besteuerung der Privatnutzung. Nach § 3 Abs. 9a S. 2 UStG a.F. entfiel wegen der VSt-Beschränkung auf 50 % eine Besteuerung der privaten Verwendung des Fahrzeugs als fiktive sonstige Leistung (s. auch bereits Kap. XII 5.1.3).

> **Beispiel 12: Gemischt genutzte Fahrzeuge**
> Unternehmer U erwarb im Januar 2002 (alternativ: Januar 2004 ff.) vom Kfz-Händler H einen neuen Pkw für 50.000 € zzgl. USt. Er nutzte den Wagen im Jahr 2002 (alternativ: 2004 ff.)
> a) fast ausschließlich für private, nur gelegentlich – im Umfang von etwa 8 % – für unternehmerische Zwecke,
> b) zu 15 % (85 %) für unternehmerische, i.Ü. für private Zwecke.

---

[226] S. dort auch die Ausführungen zum Halten von Rennpferden aus Repräsentationsgründen (Vorsteuerabzug ausgeschlossen) sowie zum Betrieb einer Pferdezucht (Vorsteuerabzug erlaubt) – jeweils unter Bezug auf BFH-Entscheidungen aus 2008 bzw. 2009.
[227] Vgl. dazu in Bezug auf eine Segelyacht das Beispiel in A 10.6 Abs. 5 UStAE.

Lösung:
a) Nach § 15 Abs. 1 S. 2 UStG ist für eine Zuordnung der bezogenen Leistung zum Unternehmen erforderlich, dass die unternehmerische Nutzung mindestens 10 % ausmacht. Dies gilt auch für Fahrzeuge. Bei einer unternehmerischen Nutzung von lediglich 8 % ist der VSt-Abzug gänzlich ausgeschlossen. Insoweit ist es unerheblich, ob der Wagen in 2002, 2004 oder später angeschafft wurde. Es können jedoch ausnahmsweise solche VSt-Beträge in voller Höhe abgezogen werden, die unmittelbar und ausschließlich auf eine unternehmerische Verwendung des Fahrzeugs fallen, wie z.B. VSt-Beträge aus Reparaturaufwendungen für einen Unfall während einer unternehmerischen Fahrt oder aus Benzinkosten für eine längere Geschäftsreise.[228]
b) Ob die unternehmerische Nutzung 15 % oder 85 % beträgt, spielte in 2002 keine Rolle: Wegen der auch außerunternehmerischen Nutzung erfolgte stets eine Reduzierung des VSt-Abzugs auf 50 %. Eine Besteuerung der Privatnutzung entfiel nach § 3 Abs. 9a S. 2 UStG a.F. Anders ab 01.01.2004: Da der Mindestumfang unternehmerischer Nutzung von 10 % überschritten ist, kann U den Wagen unabhängig vom Umfang der unternehmerischen Nutzung in vollem Umfang seinem Unternehmen zuordnen und hat (wieder) vollen VSt-Abzug. Er hat diesen VSt-Abzug sukzessive über eine Besteuerung der Privatnutzung nach § 3 Abs. 9a Nr. 1 i.V.m. § 10 Abs. 4 Nr. 2 UStG rückgängig zu machen.[229]

Dass § 15 Abs. 1b UStG a.F. zum 01.01.2004 aufgehoben worden ist, bedeutet nicht, dass die geschilderte Lösung (Besteuerung der Privatnutzung von Fahrzeugen durch Beschränkung des VSt-Abzugs) auf Dauer vom Tisch ist. Eine vergleichbare Regelung sollte an sich bereits mit dem Jahressteuergesetz 2009 Wiederauferstehung feiern. Wenn es letztlich dazu nicht gekommen ist, dann vermutlich wegen der zeitgleich aufgetretenen Krise der Automobilindustrie. Schließlich kann man nicht generell ausschließen, dass die Bereitschaft, Neuwagen zu kaufen, noch weiter zurückgeht, wenn für gemischt genutzte Fahrzeuge der VSt-Abzug auf 50 % beschränkt wird.

Keine gemischte, sondern eine **ausschließlich unternehmerische Nutzung** ist anzunehmen, wenn bei einem Unternehmer zu der rein unternehmerischen Nutzung lediglich noch eine Nutzung für Fahrten zwischen Wohnung und Betriebsstätte tritt. Diese gelten bei Unternehmern ebenso wie Familienheimfahrten im Rahmen doppelter Haushaltsführung als unternehmerisch veranlasst.[230] Voller VSt-Abzug kam und kommt einem Unternehmer auch zu, wenn er ein Fahrzeug anschafft, um es einem **Mitarbeiter als Firmenwagen** zu **überlassen**.

Beispiel 13: Firmenwagenüberlassung
Unternehmer U hat seinem Geschäftsführer einen Firmenwagen zur Verfügung gestellt. Der Listenpreis des Wagens beträgt einschließlich USt 60.000 €. Der Geschäftsführer mit doppelter Haushaltsführung nutzt den Wagen im Kalenderjahr 01 auch zu reinen Privatfahrten, zu Fahrten zur zehn km entfernten Arbeitsstätte und zu 20 Familienheimfahrten zum 150 km entfernten Wohnsitz der Familie. Ein Fahrtenbuch wird nicht geführt.

Lösung: Die Überlassung eines Firmenwagens ist regelmäßig auch ohne besondere Abreden als **entgeltlicher, tauschähnlicher Umsatz** nach § 1 Abs. 1 Nr. 1 UStG zu behandeln. Für die

---
228 S. dazu näher BMF vom 27.08.2004 (BStBl I 2004, 864 = Nr. 500, § 15/2) und A 15.2 Abs. 21 Nr. 2a S. 7 UStAE.
229 Zu den in Betracht kommenden Berechnungsmethoden s. Kap. XII 5.1.3.
230 Zuletzt bestätigt durch BMF vom 07.07.2006 (BStBl I 2006, 446 = Nr. 1, § 6/23), dort unter 1a.

Ermittlung der BMG nach § 10 Abs. 1 und 2 UStG wird es zugelassen, auf die pauschalierenden lohnsteuerlichen Werte nach § 8 Abs. 2 EStG zurückzugreifen. Wegen der Entgeltlichkeit des Umsatzes gibt es **keinen pauschalen Abzug für nicht vorsteuerentlasteten Aufwand**. Es sind folglich anzusetzen

a) für die allgemeine Privatnutzung
 1 % von 60.000 € x 12 Monate   7.200,00 €
b) für Fahrten zwischen Wohnung und Arbeitsstätte
 0,03 % von 60.000 € x 10 km x 12 Monate   2.160,00 €
 lohnsteuerlicher geldwerter Vorteil   9.360,00 €
c) für Familienheimfahrten
 0,002 % von 60.000 € x 150 km x 20 Fahrten   3.600,00 €
 Gesamt-**Bruttowert** der sonstigen Leistung   12.960,00 €
 Die darin **enthaltene USt** beträgt (19/119 von 12.960 €) **2.069,24 €**

Überlässt eine **PersG ihrem Gesellschafter** einen Pkw, den dieser sowohl für Zwecke der Gesellschaft als auch für private Zwecke nutzt, ist zunächst zu prüfen, ob die Überlassung entgeltlich oder unentgeltlich erfolgt. Wird wegen der privaten Nutzung des Pkw das **Verrechnungskonto** der Gesellschafter **belastet, ist von einer entgeltlichen Überlassung auszugehen**. Hinsichtlich der Privatfahrten liegt eine Vermietung des Pkw durch die Gesellschaft an den Gesellschafter vor, für die ggf. weiter zu prüfen sein kann, ob die Mindest-BMG nach § 10 Abs. 5 UStG Anwendung findet (**lehrreich dazu Beraterklausur 2005, Firmenwagenüberlassung an den Gesellschafter Arnold Stark**). Außer Frage steht bei dieser Konstellation aber der volle VSt-Abzug der Gesellschaft auf die Anschaffungs- und Unterhaltungskosten des Fahrzeugs. Unter welchen Voraussetzungen die Überlassung eines Pkw auch ohne ausdrückliche Entgeltvereinbarung als entgeltlicher Umsatz zu beurteilen sein kann, ist gegenwärtig noch ungewiss. Solange noch die Auffassung bestand, dass der Gesellschafter einer PersG mit der Geschäftsführung und Vertretung keine Leistung an die Gesellschaft erbringt, die anteilige Gegenleistung für die Überlassung zur privaten Nutzung sein könnte, sollte ohne ausdrückliche Entgeltvereinbarung regelmäßig davon auszugehen sein, dass der Gesellschafter den Pkw unentgeltlich für private Zwecke nutzen darf.[231] Nachdem der BFH und ihm folgend die Finanzverwaltung inzwischen davon ausgehen, dass ein Gesellschafter auch mit Geschäftsführungsleistungen steuerbare Leistungen an die Gesellschaft erbringen kann (ausführlich dazu s. Kap. III 2.2.1.2 mit dortigem Beispiel 3), ist es keineswegs mehr selbstverständlich, die Nutzungsüberlassung für private Zwecke als unentgeltliche Wertabgabe anzusehen. In Betracht kommt vielmehr auch, insoweit – wie bei der Firmenwagenüberlassung an AN – einen entgeltlichen Umsatz in Form eines tauschähnlichen Umsatzes anzunehmen (zur Überlassung von Fahrzeugen durch eine PersG an ihre Gesellschafter s. zuletzt OFD Karlsruhe vom 05.04.2011, DStR 2011, 771).

---

231 Von daher konnte bei dieser Fallkonstellation ein voller Vorsteuerabzug der Gesellschaft auf die Anschaffungs- und Unterhaltungskosten des Fahrzeugs nur in Frage kommen, wenn es neben der unentgeltlichen Nutzungsüberlassung einen Mindestumfang unternehmerischer Nutzung von 10 % gegeben hatte. Zur Überlassung von Fahrzeugen durch eine PersG an ihre Gesellschafter s. auch Verfügung der OFD Frankfurt vom 23.04.2007, DStR 2007, 1677.

2.5 Teilunternehmerische Grundstücksnutzung ab 01.01.2011

Mit **§15 Abs.1b UStG n.F.** greift der Gesetzgeber die Grundidee des früheren § 15 Abs. 1b UStG a.F., seinerzeit bezogen auf eine gemischte Fahrzeugnutzung, für Grundstücke in modifizierter Form wieder auf. Die schon im Zusammenhang mit der Besteuerung außerunternehmerischer Grundstücksnutzung (s. Kap. XII 5.1.3.4) vorgestellte Norm sieht, wie § 15 Abs. 1b UStG a.F für Fahrzeuge, nunmehr für Leistungsbezüge im Zusammenhang mit einem Grundstück eine **VSt-Beschränkung** vor, sofern das Grundstück nicht ausschließlich für unternehmerische Zwecke verwendet wird. **In dem Umfang, in dem das Grundstück für außerunternehmerische Zwecke genutzt wird, ist anteilig der VSt-Abzug gesperrt.** Die Aufteilung erfolgt nach den Grundsätzen, die ansonsten nach § 15 Abs. 4 UStG Anwendung finden, wenn ein Grundstück sowohl für steuerpflichtige als auch für vorsteuerschädliche Zwecke genutzt wird (vgl. § 15 Abs. 4 **S. 4** UStG und Kap. 4.2).

3 Vorsteuerabzug hinsichtlich der Einfuhr- und Erwerbsumsatzsteuer

Einer Entlastung von USt bedarf ein Unternehmer nicht nur, wenn er die USt als Leistungsempfänger eines nach § 1 Abs. 1 Nr. 1 UStG steuerbaren und auch steuerpflichtigen Umsatzes zusammen mit dem Entgelt an den leistenden Unternehmer zu entrichten hatte. Die angestrebte Kostenneutralität der USt für Unternehmer verlangt genauso eine Entlastung, wenn der Unternehmer die USt nicht an einen andern Unternehmer als Teil des Preises schuldet, sondern USt bei der Einfuhr als E-USt nach § 1 Abs. 1 Nr. 4 UStG zu entrichten war oder ein innergemeinschaftlicher Erwerb nach § 1 Abs. 1 Nr. 5 UStG die Verpflichtung ausgelöst hat, USt an den inländischen Fiskus abzuführen. Dem tragen die Regelungen in § 15 Abs. 1 Nr. 2 UStG zum VSt-Abzug für entrichtete E-USt sowie in § 15 Abs. 1 Nr. 3 UStG zum VSt-Abzug für die angefallene Erwerbsumsatzsteuer Rechnung. Beide Regelungen werfen kaum Probleme auf.

In Bezug auf die E-USt ist gelegentlich allerdings problematisch, **wem die Berechtigung zum Abzug der E-USt** zukommt. Dies beantwortet sich – ergebnisorientiert – danach, **wer zum Zeitpunkt der Überführung in den steuerrechtlich freien Verkehr an der Ware Verfügungsmacht** hat (s. dazu bereits Kap. IV 1.2.4.1).

> **Beispiel 14: Abzug von E-USt bei Verlagerungen des Lieferorts**
> Möbelhändler M aus Hamburg hat am 28.11.01 bei dem in Bern ansässigen Hersteller H 50 Stühle bestellt. Vereinbarter Nettopreis: 2.000 €; die Lieferkondition lautet »verzollt und versteuert«. H beauftragt mit der Durchführung des Transports einen Frachtführer, der die Stühle am 02.12.01 in Bern übernimmt, an der Grenze die deutsche E-USt für Rechnung des H entrichtet und die Stühle am 03.12.01 bei M anliefert.
>
> **Lösung:** Zweifelhaft an einem steuerbaren Umsatz des H nach § 1 Abs. 1 Nr. 1 UStG ist allein, ob sich der Lieferort im Inland befindet. Es liegt eine Versendung nach § 3 Abs. 6 S. 3 UStG vor, da der Lieferer H den Transport durch einen selbständigen Beauftragten, den Frachtführer, durchführen lässt. Nach § 3 Abs. 6 S. 1 UStG wäre der Lieferort in der Schweiz. Es kommt hier aber zu einer Verlagerung nach § 3 Abs. 8 UStG, da aufgrund der Lieferklausel »verzollt und versteuert« der

Lieferer H bzw. dessen Beauftragter Schuldner der E-USt ist.[232] Der Lieferort ist damit im Inland. Die steuerpflichtige Lieferung hat als BMG nach § 10 Abs. 1 UStG ein Entgelt von 2.000 €; die USt beträgt 380 € und entsteht gem. § 13 Abs. 1 Nr. 1 Buchst. a S. 1 UStG mit Ablauf des VAZ 12/01; Steuerschuldner ist nach § 13a Abs. 1 Nr. 1 UStG der H.[233] Des Weiteren verwirklicht H den Tatbestand der Einfuhr nach § 1 Abs. 1 Nr. 4 UStG. Die dadurch ausgelöste E-USt kann H nach § 15 Abs. 1 Nr. 2 UStG als VSt in Abzug bringen. Wegen der fiktiven Verlagerung des Lieferorts nach § 3 Abs. 8 UStG ins Inland hatte H zum Zeitpunkt der Überführung in den freien Verkehr noch Verfügungsmacht an den Stühlen (vgl. auch A 15.8 Abs. 6 UStAE). Im Ergebnis ist folglich gewährleistet, dass derjenige, der wirtschaftlich mit E-USt belastet ist, diese auch in Abzug bringen kann.

Ein VSt-Abzug hinsichtlich der USt von 380 €, die durch die nach § 1 Abs. 1 Nr. 1 UStG steuerpflichtige Lieferung ausgelöst ist, kommt für den Leistungsempfänger M nach § 15 Abs. 1 Nr. 1 UStG erst in Frage, wenn er über eine Rechnung mit einem entsprechenden USt-Ausweis verfügt. Zur Ausstellung einer solchen Rechnung sind Unternehmer nach § 14 Abs. 2 S. 2 UStG schon von Gesetzes wegen verpflichtet, wenn sie an einen Unternehmer für dessen Unternehmer liefern.

Nach dem klaren Wortlaut des **§ 15 Abs. 1 S. 1 Nr. 3 UStG** ist für den **VSt-Abzug** der Steuer auf einen innergemeinschaftlichen Erwerb **nicht Voraussetzung**, dass der Leistungsempfänger im Besitz einer nach §§ 14, 14a UStG ausgestellten **Rechnung** ist. Dies erklärt sich damit, dass nach § 13 Abs. 1 Nr. 6 UStG auch die USt auf den innergemeinschaftlichen Erwerb – unabhängig vom Vorliegen einer ordnungsgemäßen Rechnung – spätestens mit Ablauf des dem Erwerb folgenden Kalendermonats entsteht. Der Erwerber kann die für den innergemeinschaftlichen Erwerb geschuldete Umsatzsteuer als VSt abziehen, wenn er den Gegenstand für sein Unternehmen bezieht und zur Ausführung von Umsätzen verwendet, die den VSt-Abzug nicht ausschließen (dazu s. Kap. 4). Das Recht auf VSt-Abzug der Erwerbsteuer entsteht in dem Zeitpunkt, in dem nach § 13 Abs. 1 Nr. 6 UStG die Erwerbsteuer entsteht. Der Unternehmer kann damit den VSt-Abzug in der USt-Voranmeldung oder USt-Erklärung für das Kalenderjahr geltend machen, in dem er den innergemeinschaftlichen Erwerb zu versteuern hat (vgl. A 15.10 Abs. 1–3 UStAE). Hinsichtlich des VSt-Abzugs der Steuer auf einen innergemeinschaftlichen Erwerb verdienen aktuell zwei Urteile des BFH vom 01. und 08.09.2010 (BStBl II 2011, 658 und 661) besondere Beachtung. Sie betreffen die nach **§ 3d S. 2 UStG** ergänzend in dem Mitgliedstaat geschuldete Erwerbsteuer, aus dem die verwendete USt-Id-Nr. stammt (dazu näher Kap. XIV 3.1.2). Hierzu hat der BFH in seinen lesenswerten Urteilen entschieden, dass diese Steuer **nicht nach § 15 Abs. 1 Nr. 3 UStG abziehbar** ist. Das BMF hat dies aufgenommen und mit Schreiben vom 07.07.2011 (BStBl I 2011, 739) A 15.10 Abs. 2 UStAE entsprechend ergänzt. Die Entlastung des Unternehmers von der Steuer auf den innergemeinschaftlichen Erwerb erfolgt in diesem speziellen Fall nicht durch die Gewährung des VSt-Abzugs, sondern durch eine Verringerung der Bemes-

---

232 Nach BFH vom 21.03.2007 (BStBl II 2008, 153) gelangt die Bestimmung des § 3 Abs. 8 UStG i.Ü auch zur Anwendung, wenn tatsächlich gar keine E-USt anfällt. Schuldner der E-USt i.S.d. § 3 Abs. 8 UStG sei auch derjenige, dessen Umsätze zwar gem. § 1 Abs. 1 Nr. 4 UStG steuerbar, aber steuerfrei seien; s. ergänzend hierzu auch das erläuternde BMF-Schreiben vom 01.02.2008 (BStBl I 2008, 295).

233 Hinweis: **In Klausuren** wird bei Warenbewegungen aus dem Drittland ins Inland **häufig »verzollt und versteuert«** geliefert. Jedenfalls Unternehmer, die nur gelegentlich aus dem Drittland ins Inland liefern, dürften tatsächlich eher unverzollt und unversteuert vereinbaren, da die Drittlandsunternehmer bei Verwendung der Lieferklausel »verzollt und versteuert« – wie die Lösung zeigt – zwangsläufig zum Steuersubjekt im Inland werden.

sungsgrundlage, wenn der Unternehmer die Besteuerung im Mitgliedstaat der Beendigung der Beförderung nachweist (vgl. auch § 17 Abs. 2 Nr. 4 UStG). Der Entwurf des **JStG 2013** sieht vor, die neue Rspr. durch eine den VSt-Abzug einschränkende Regelung in § 15 Abs. 1 Nr. 3 UStG gesetzlich abzusichern. Abziehbar soll danach die Erwerbsteuer nur sein, »wenn der innergemeinschaftliche Erwerb nach § 3d S. 1 UStG im Inland bewirkt wird«.

Beispiel 14a: Lodenmäntel (Beraterklausur 2011)
Da im Trachtengeschäft immer wieder österreichische Trachten nachgefragt wurden, ging die Ferstl GmbH (Rosenheim) eine Kooperation mit dem Trachtenfachgeschäft Achleitner aus Innsbruck (Österreich) ein. Am 25.06.2011 kamen die niederländischen Touristen Hanns und Antje van Bommel aus Amsterdam (Niederlande) in das Trachtengeschäft. Auf den ersten Blick hatte es den beiden der Tiroler Lodenmantel angetan. Leider war der Mantel weder für Antje noch für Hanns in der richtigen Größe verfügbar. Nachdem die GmbH sich dazu bereit erklärt hatte, für den Versand nach Amsterdam zu sorgen, bestellten die beiden je einen Mantel. Auf Bitten der GmbH versandte Achleitner am 25.08.2011 die Mäntel direkt von Innsbruck nach Amsterdam. Die Rechnung von Achleitner vom 02.09.2011 i.H.v. 1.700 € beglich die GmbH umgehend. Alle beteiligten Unternehmer verwenden die USt-Id-Nr. des Mitgliedstaats, in dem sie ansässig sind.

Lösung: Es liegt zwischen Achleitner, Ferstl und Antje und Hanns van Bommel ein Reihengeschäft vor. Die Ferstl GmbH tätigt als Abnehmer der bewegten Lieferung im Rahmen des Reihengeschäfts mit dem Erwerb der beiden Lodenmäntel einen Erwerb nach § 1a UStG. Dieser innergemeinschaftliche Erwerb ist gem. § 3d Satz 1 UStG in den Niederlanden steuerbar, da die Beförderung bzw. Versendung dort endet. Da die Ferstl GmbH jedoch mit ihrer deutschen USt-Id-Nr. gegenüber Achleitner aufgetreten ist, ist darüber hinaus der Erwerb gem. § 3d Satz 2 UStG auch in Deutschland der Erwerbsbesteuerung zu unterwerfen, bis die GmbH nachweist, dass der Erwerb in NL der Erwerbsbesteuerung unterworfen wurde. BMG ist gem. § 10 Abs. 1 Satz 1 UStG das Entgelt. Diese beträgt insgesamt 1.700 €. Die USt beläuft sich demnach auf 323 € und entsteht gem. § 13 Abs. 1 Nr. 6 UStG mit Ausstellung der Rechnung am 02.09.2011. Sie wird gem. § 13a Abs. 1 Nr. 2 UStG von der Trachten Ferstl GmbH geschuldet.
Die Steuer kann die Ferstl GmbH nicht gem. § 15 Abs. 1 Satz 1 Nr. 3 UStG als VSt abziehen, da nur die VSt nach § 15 Abs. 1 Satz 1 Nr. 3 UStG abziehbar ist, deren Erwerbsort sich aus § 3d Satz 1 UStG ergibt. Sobald die Ferstl GmbH dem deutschen Fiskus nachgewiesen hat, dass der Erwerb der beiden Lodenmäntel in den Niederlanden der Erwerbsbesteuerung unterworfen wurde, kann sie gem. § 17 Abs. 2 Nr. 4 i.V.m. Abs. 1 Satz 7 UStG die Erwerbsteuer berichtigen.

4 Vorsteuerschädliche Verwendungen des § 15 Abs. 2 UStG

Sind die anspruchsbegründenden Voraussetzungen des § 15 Abs. 1 Nr. 1–3 UStG[234] für einen VSt-Abzug gegeben, bedeutet dies noch nicht, dass dieser tatsächlich vorgenommen werden darf. Es ist jeweils noch weiter zu prüfen, ob die beabsichtigte bzw. realisierte Verwendung eine ist, die vorsteuerschädlich i.S.d. § 15 Abs. 2 UStG ist.

---
234 Entsprechendes gilt selbstverständlich auch für den VSt-Abzug nach § 15 Abs. 1 Nr. 4 und Nr. 5 UStG in jenen Fällen, da der Leistungsempfänger als Steuerschuldner (dazu ausführlich s. Kap. XVII 2) oder der Auslagerer beim Lagergeschäft die Leistung für sein Unternehmen bezogen hat und damit grundsätzlich zum VSt-Abzug berechtigt ist.

Nach § 15 Abs. 2 Nr. 1 UStG ist der VSt-Abzug ausgeschlossen, soweit der Unternehmer die bezogenen **Leistungen**, für die an sich eine Berechtigung zum VSt-Abzug nach § 15 Abs. 1 UStG gegeben ist, **für steuerfreie Umsätze** verwendet. **§ 15 Abs. 2 Nr. 2 UStG** kann man zunächst ohne weiteres auch entnehmen, dass die **fehlende Steuerbarkeit der Verwendungsumsätze wegen eines Leistungsorts im Ausland dem VSt-Abzug an sich nicht entgegensteht!** Entsprechend § 15 Abs. 2 Nr. 1 UStG sperrt **§ 15 Abs. 2 Nr. 2 UStG** den VSt-Abzug aber, wenn der Unternehmer die bezogenen Leistungen **im Ausland für Umsätze** verwendet, »**die steuerfrei wären, wenn sie im Inland ausgeführt würden**« (sog. fiktiv steuerfreie Umsätze). Gleichwohl verbietet es sich, steuerfreie Verwendungen generell mit einem VSt-Ausschluss gleichzusetzen, also als vorsteuerschädlich zu betrachten. Wie bereits dargestellt (Kap. IX 1), gibt es innerhalb der Steuerbefreiungen eine Vielzahl von Umsätzen, bei denen von Gesetzes wegen der VSt-Abzug erhalten bleibt. Es sind dies insb. die bereits näher erörterten Umsätze mit Auslandsberührung, die nach § 4 Nr. 1–7 UStG steuerfrei sind. Für diese hat der Gesetzgeber aus den dargelegten Gründen den VSt-Ausschluss nach § 15 Abs. 2 Nr. 1 und Nr. 2 UStG durch § 15 Abs. 3 Nr. 1a und Nr. 1b UStG wieder aufgehoben. Für eine weitere Gruppe von Steuerbefreiungen, nämlich die in § 9 Abs. 1 UStG aufgeführten Steuerbefreiungstatbestände, besteht die Möglichkeit, durch einen Verzicht auf die Steuerbefreiung aus einer vorsteuerschädlichen also eine vorsteuerunschädliche Verwendung werden zu lassen. Die damit einhergehenden praktischen Probleme wie auch neuere Entwicklungen bei sowohl vorsteuerschädlicher als auch vorsteuerunschädlicher Verwendung von Eingangsleistungen sollen im Folgenden dargestellt werden.

4.1 Praxisprobleme bei vorsteuerschädlichen Verwendungen mit Optionsmöglichkeit

Hauptanwendungsfälle für Steuerbefreiungstatbestände mit Optionsmöglichkeit bilden die V + V nach § 4 Nr. 12 Buchst. a UStG sowie die Umsätze, die § 4 Nr. 9 Buchst. a UStG unterfallen.[235] Unter dem Aspekt des VSt-Abzugs war insoweit lange Zeit umstritten, wie zu verfahren ist, wenn zum Zeitpunkt der Geltendmachung des VSt-Abzugs ein Verzicht auf die Steuerbefreiung dieser Umsätze beabsichtigt ist, dieser sich aber tatsächlich nicht realisieren lässt. Das BMF hatte es noch in A 148 Abs. 5, A 203 Abs. 3 UStR 2000 zu einer unverzichtbaren **Voraussetzung für einen Verzicht** auf die Steuerbefreiung und damit für den VSt-Abzug aus Vorbezügen erklärt, dass ein Unternehmer im Rahmen seines Unternehmens **tatsächlich vorsteuerunschädliche Umsätze** an einen anderen Unternehmer ausführt. Die beabsichtigte Verwendung der Eingangsumsätze für steuerpflichtige Ausgangsumsätze eröffnete nur »materiell vorläufig« den VSt-Abzug. Endgültig sollte über den VSt-Abzug nach Maßgabe der tatsächlichen Verwendung zu entscheiden sein.

Inzwischen hat sich die Sichtweise insoweit grundlegend geändert: Danach ist nicht nur die Entscheidung über den Unternehmerstatus (vgl. Kap. 1.1), sondern auch die über den **Umfang des VSt-Abzugs definitiv im Zeitpunkt des Bezugs** der Eingangsleistungen zu treffen. Es ist eine **abschließende Prognose** vor dem Hintergrund der vom Unternehmer darzulegenden beabsichtigten wirtschaftlichen Aktivitäten zu treffen. Diese Prognose wird

---

235 Zu diesen Steuerbefreiungen und zu Fragen des Verzichts auf die Steuerbefreiungen dieser Umsätze s. Kap. IX 2.1–2.3.

Grundlage einer im Regelfall materiell-rechtlich endgültigen Entscheidung über den VSt-Abzug. Treten keine Anhaltspunkte für Betrugshandlungen oder missbräuchliche Gestaltungen zu Tage, kann die Entscheidung nicht wegen später eintretender Ereignisse wie einer tatsächlich steuerfreien Vermietung oder steuerfreien Grundstücksübertragung oder dem gänzlichen Ausbleiben von Umsätzen aufgehoben werden. Auch für die Prüfung des § 15 Abs. 2 UStG gilt also: **Entscheidend** ist allein, ob der Unternehmer im Zeitpunkt des Leistungsbezuges die **Absicht** hat, die Eingangsumsätze für solche Ausgangsumsätze zu verwenden, die den VSt-Abzug nicht ausschließen[236]; der VSt-Abzug bleibt auch dann erhalten, wenn die Absicht später aufgegeben wird und es nicht zu den ursprünglich beabsichtigten Verwendungsumsätzen kommt.[237] Etwas anderes soll nur gelten, wenn später festgestellt wird, dass objektive Anhaltspunkte für die angegebene Verwendungsabsicht nicht vorgelegen haben.

> **Beispiel 15: Steuerfreie statt beabsichtigter steuerpflichtiger Vermietung**
> U lässt auf einem zu seinem Unternehmensvermögen gehörenden Grundstück ein zweigeschossiges Haus errichten. Das Gebäude wird im Jahr 01 errichtet; die über die gesamte Bauleistung abrechnende Rechnung (1,25 Mio. € zzgl. 237.500 € USt) datiert ebenfalls aus dem Jahr 01. U beabsichtigte, das gesamte Gebäude steuerpflichtig zu vermieten. Tatsächlich kann er nur 50 % des Gebäudes steuerpflichtig vermieten. Ansonsten vermietet er das Gebäude an Privatpersonen. Sämtliche Mietverträge datieren vom 02.01.02. Die Mieterstruktur ändert sich weder in 02 noch in 03.
>
> **Lösung:** Nach der früheren Betrachtungsweise konnte U im Jahre 01 den gesamten ausgewiesenen VSt-Betrag von 237.500 € geltend machen. Dieser VSt-Abzug erfolgte jedoch nur unter Vorbehalt (vgl. §§ 164 Abs. 2, 165 Abs. 2, 168 AO). Entscheidend für den VSt-Abzug waren alleine die Verwendungsverhältnisse im Kalenderjahr der erstmaligen Verwendung. Da das Gebäude erst im Jahr 02 erstmalig verwendet wurde, konnte U endgültig auch nur 50 % von 237.500 €, also 118.750 €, VSt geltend machen. Die Korrektur i.H.v. 118.750 € erfolgte nicht nach § 15a UStG, sondern ausschließlich nach Bestimmungen der AO. Da sich im Jahr 03, dem ersten Folgejahr, die Verwendungsverhältnisse nicht geändert haben, lag weder in 02 noch in 03 ein VSt-Berichtigungstatbestand nach § 15a UStG vor. Heute gilt: **Über den VSt-Abzug ist definitiv und endgültig im Zeitpunkt des Leistungsbezuges zu entscheiden.** Sofern U die Absicht, insgesamt steuerpflichtig vermieten zu wollen, objektiv glaubhaft machen kann, steht ihm in 01 der volle VSt-Abzug i.H.v. 237.500 € zu. Deckt sich die tatsächliche Verwendung nicht mit der beabsichtigten, führt dies zu einer VSt-Berichtigung nach § 15a UStG. Es haben sich die »für den ursprünglichen VSt-Abzug maßgebenden Verhältnisse« geändert. Erstes Berichtigungsjahr ist für U das Jahr 02. Angesichts der tatsächlichen Verwendung des Gebäudes muss U 50 % des jährlichen VSt-Volumens, also 11.875 € (237.500 € x 1/10 x 1/2), in 02 berichtigen (zur Ermittlung des Berichtigungsbetrages s. näher Kap. XVI 1.5). Die gleiche Pflicht trifft ihn für das Jahr 03. Der Vorteil für U liegt auf der Hand: Unterstellt, die Nutzung des Jahres 02 setzt sich über den gesamten Berichtigungszeitraum fort, muss U den in 01 geltend gemachten VSt-Abzug i.H.v. 237.500 € abschnittsweise erst mit Ablauf der zehnjährigen Nutzung auf 118.750 € berichtigen. Dies schafft einen erheblichen Finanzierungsvorteil.

---

236 Vgl. dazu insbes. A 15.12 Abs. 1 S. 4–7 UStAE.
237 Insoweit kann dann aber eine Vorsteuerberichtigung ausgelöst sein (s. dazu das folgende Beispiel 15). Zur Unbeachtlichkeit einer Absichtsänderung für einen zuvor bereits entstandenen Vorsteueranspruch s. auch die lesenswerte Entscheidung des BFH vom 16.05.2002 (BStBl II 2006, 725).

Die durch objektive Anhaltspunkte belegte Absicht soll auch entscheidend sein, wenn bestimmte Leistungsbezüge z.B. wegen Projektaufgabe überhaupt nicht für Ausgangsumsätze verwendet werden. Wollte der Unternehmer auf die Steuerfreiheit seiner ursprünglich beabsichtigten Verwendungsumsätze verzichten, bleibt ihm der VSt-Abzug also auch für solche sog. Fehlmaßnahmen erhalten. In der Praxis hängt viel davon ab, welche Anforderungen an die nachzuweisenden objektiven Anhaltspunkte für eine bestimmte Verwendungsabsicht gestellt werden. A 15.12 Abs. 2 S. 4 UStAE fordert »konkrete Nachweise ..., die einem strengen Prüfungsmaßstab unterliegen«. Unklarheiten müssten zu Lasten des Unternehmers gehen. Als Beispiel für Anhaltspunkte, mit denen Verwendungsabsichten belegt werden können, nennt A 15.12 Abs. 2 S. 1 UStAE »Mietverträge, Zeitungsinserate, Beauftragung eines Maklers, Schriftwechsel mit Interessenten, Vertriebskonzepte, Kalkulationsunterlagen«.[238]

Probleme können Vermietungsumsätze auch aufwerfen, wenn sie ein im Ausland gelegenes Grundstück betreffen und die Anwendung des § 15 Abs. 2 Nr. 2 UStG in Frage steht. Nach § 15 Abs. 2 Nr. 2 UStG tritt ein Ausschluss des VSt-Abzugs ein, wenn der Unternehmer die bezogenen Leistungen für Umsätze im Ausland verwendet, »die steuerfrei wären, wenn sie im Inland ausgeführt würden«. **Ob der Umsatz steuerfrei wäre, beurteilt sich allein nach deutschem Recht** – unabhängig davon, wie der Umsatz nach dem Umsatzsteuerrecht am Leistungsort im Ausland zu beurteilen wäre. Problematisch ist insoweit eigentlich nur eine Fallkonstellation. Hierbei geht es um Vermietungsleistungen im Ausland. Hierzu vertrat die Finanzverwaltung früher die Auffassung, dass es unerheblich bleiben müsse, ob der Unternehmer – würde der Umsatz im Inland ausgeführt – nach § 9 UStG auf die Steuerbefreiung verzichten könnte.

Beispiel 16: VSt-Abzug bei Vermietung im Ausland (nach BFH vom 06.05.2004, BStBl II 2004, 856)
Die im Inland ansässige V-GmbH & Co. KG ist Eigentümerin mehrerer in Holland belegener Büroimmobilien, die sie in Holland **steuerpflichtig** vermietet hat. Sie macht als VSt deutsche USt-Beträge geltend, die ihr inländischer Unternehmer für die rechtliche und steuerliche Beratung in Rechnung gestellt hatten. Nach einer Betriebsprüfung lehnte das FA den VSt-Abzug unter Berufung auf die Vorschrift des § 15 Abs. 2 Nr. 2 UStG ab, weil danach Auslandsumsätze vom VSt-Abzug ausgeschlossen seien, die – wie Vermietungsumsätze – als Inlandsumsätze an sich steuerfrei wären.

Lösung: Nach Ansicht des BFH ist bei der Prüfung, ob die Grundstücksvermietung (wäre sie in der Bundesrepublik erfolgt) steuerfrei gewesen wäre, nicht nur die Vorschrift des § 4 Nr. 12 Buchst. a UStG, sondern auch die des § 9 UStG entsprechend anzuwenden. Waren danach in den Niederlanden die Voraussetzungen für einen Verzicht nach § 9 UStG gegeben, dann – so der BFH – sei der Klägerin auch der VSt-Abzug zu gewähren. Dieser Sichtweise hat sich inzwischen auch die Finanzverwaltung angeschlossen. Danach soll bei der Prüfung, ob die Grundstücksvermietung (wäre sie in der Bundesrepublik erfolgt) steuerfrei gewesen wäre, nicht nur die Vorschrift des § 4 Nr. 12 Buchst. a UStG, sondern auch die des § 9 UStG heranzuziehen sein.

---

238 Ausführlicher zur Frage, wie der Unternehmer den Nachweis führen kann, **steuerpflichtige** Vermietungsumsätze tätigen zu wollen: *Vanheiden* (UStB 2003, 19, 20 f.). Einen lesenswerten, praxisorientierten Leitfaden gerade auch zur Relevanz von Verwendungsabsichten bei Grundstücksnutzungen liefert *Raudszus* (UStB 2005, 340, 379).

Folglich ist eine Grundstücksvermietung im Ausland also vorsteuerunschädlich, wenn der Unternehmer die Grundstücksvermietung dort tatsächlich als steuerpflichtig behandelt hat und die in § 9 UStG normierten nationalen Voraussetzungen für einen Verzicht auf die Steuerbefreiung einer Grundstücksvermietung vorgelegen haben (so nunmehr A 15.14 Abs. 1 S. 5 UStAE). Von vornherein unproblematisch ist hingegen der VSt-Abzug aus im Inland steuerpflichtigen Leistungsbezügen (etwa Inseratskosten) für die **kurzfristige Vermietung eines im Ausland gelegenen Grundstücks**. Dieser am Belegenheitsort des Grundstücks im Ausland ausgeführte Umsatz wäre – im Inland ausgeführt – nach § 4 Nr. 12 Buchst. a S. 2 UStG steuerpflichtig und schon deshalb vorsteuerunschädlich nach § 15 Abs. 2 Nr. 2 UStG.

4.2 Aufteilung nach § 15 Abs. 2, 4 UStG

Der **Umfang des VSt-Abzugs** kann nur dann eindeutig bestimmt werden, wenn eine Leistung vollständig entweder zur Ausführung steuerpflichtiger (abziehbar) oder zur Ausführung steuerfreier Umsätze (nicht abziehbar) dient. Wird eine bezogene Leistung nur zum Teil für Umsätze verwendet, die einen VSt-Abzug erlauben, ist die angefallene VSt auch nur anteilig abziehbar (Hauptfall in der Praxis wie in Klausuren: Grundstücke, die sowohl steuerpflichtig als auch steuerfrei genutzt werden). Dafür bedarf es nach § 15 Abs. 4 UStG einer wirtschaftlichen Zuordnung der erhaltenen Leistung zu den unterschiedlichen Ausgangsumsätzen.

4.2.1 Prüfungsschritte bei Erhaltungsaufwand

Die Eingangsleistungen sind mithin jeweils im Einzelnen danach zu untersuchen, welchen Ausgangsumsätzen sie wirtschaftlich zuzurechnen sind. VSt-Beträge, die die Voraussetzungen § 15 Abs. 1 UStG erfüllen und nicht nach § 15 Abs. 1a UStG vom Abzug ausgeschlossen sind, lassen sich – soweit es um **Erhaltungsaufwand** geht – dabei in drei Gruppen einteilen:

1. VSt-Beträge, die **in voller Höhe abziehbar** sind, weil die bezogenen Leistungen als Erhaltungsaufwand ausschließlich in einem wirtschaftlichen Zusammenhang mit Umsätzen stehen, die den VSt-Abzug erlauben.

   Beispiel 17:
   V ist Eigentümer eines zu Vermietungsumsätzen genutzten mehrgeschossigen Gebäudes. Die Räumlichkeiten sind z.T. steuerfrei, z.T. steuerpflichtig vermietet. Es fallen VSt-Beträge für die Beseitigung einer Leckage sowie für Renovierungsarbeiten in einer steuerpflichtig vermieteten Räumlichkeit an.

   Lösung: Der VSt-Abzug ist in vollem Umfang zulässig, da die Leistungen auch nicht teilweise zu Umsätzen verwendet werden, die vorsteuerschädlich i.S.d. § 15 Abs. 2 UStG sind.

2. VSt-Beträge, die **in voller Höhe vom Abzug ausgeschlossen** sind, weil sie als Erhaltungsaufwand ausschließlich Umsätzen zuzurechnen sind, die nach § 15 Abs. 2 UStG den Abzug verbieten.

Beispiel 18:
V ist Eigentümer eines zu Vermietungsumsätzen genutzten mehrgeschossigen Gebäudes. Die Räumlichkeiten sind z.T. steuerfrei, z.T. steuerpflichtig vermietet. Es fallen VSt-Beträge für die Beseitigung einer Leckage sowie für Renovierungsarbeiten in einer steuerfrei vermieteten Wohnung an.

Lösung: Der VSt-Abzug ist nach § 15 Abs. 2 Nr. 1 UStG gänzlich ausgeschlossen.

3. Die übrigen **VSt-Beträge, die keiner der beiden vorherigen Gruppen** ausschließlich **zugeordnet werden können**, weil sie sowohl mit Umsätzen, die zum VSt-Abzug berechtigen, als auch mit Umsätzen, die den VSt-Abzug nach § 15 Abs. 2 UStG ausschließen, in wirtschaftlichem Zusammenhang stehen (Fälle sog. gemischter Verwendung).

Beispiel 19:
V ist Eigentümer eines zu Vermietungsumsätzen genutzten mehrgeschossigen Gebäudes. Die Räumlichkeiten sind z.T. steuerfrei, z.T. steuerpflichtig vermietet. Es fallen VSt-Beträge für die Erneuerung einer Fassade sowie für die Renovierung des Treppenhauses an.

Lösung: Während sich die Berechtigung zum bzw. der Ausschluss vom VSt-Abzug in den beiden ersten Fallgruppen unmittelbar aus einer Prüfung § 15 Abs. 2 UStG UStG ergibt, jene VSt-Beträge also nicht in die Aufteilung nach § 15 Abs. 4 UStG einbezogen werden dürfen, hat in der letzten Fallgruppe eine Aufteilung nach § 15 Abs. 4 mittels sachgerechter Schätzung zu erfolgen. Diese betrifft im Beispiel 19 sowohl die Erneuerung der Fassade als auch die Renovierung des Treppenhauses. Beide Maßnahmen können nicht direkt einem Gebäudeteil zugeordnet werden, der entweder zur Erzielung von vorsteuerunschädlichen oder zur Erzielung von vorsteuerschädlichen Ausgangsumsätzen verwendet wird.

4.2.2 Sachgerechte Schätzung (Aufteilungsmaßstab)

Die Frage, **wie** die Aufteilung vorzunehmen ist, wird von § 15 Abs. 4 UStG nur sehr unvollständig beantwortet. Diese Norm gibt im dortigen Satz 2 lediglich vor, die Aufteilung mittels sachgerechter Schätzung vorzunehmen. Konkrete Kriterien für eine »sachgerechte Schätzung« i.S.d. Vorschrift nennt das UStG nicht. § 15 Abs. 4 S. 3 UStG trifft nur eine sogleich näher zu erörternde Negativaussage, wonach der sog. Umsatzschlüssel nur dann zur Anwendung gelangen soll, wenn keine andere Aufteilungsmethode in Betracht kommt.

Da bei der Herstellung oder dem Erwerb von Gebäuden, bei nachträglichen Erweiterungen wie auch im Zusammenhang mit der Unterhaltung von Gebäuden regelmäßig sehr hohe VSt-Beträge anfallen, ist § 15 Abs. 4 UStG von besonderer Bedeutung für Grundstücke und Gebäude, die sowohl für vorsteuerschädliche als auch für vorsteuerunschädliche Umsätze verwendet werden (sollen). Der Maßstab für die Aufteilung der VSt-Beträge kann bei gemischter Verwendung von Grundstücken und Gebäuden durchaus Einfluss auf die Rentabilität einer Immobilien-Investition haben.

Die **Finanzverwaltung** hält es bei Gebäuden seit jeher **regelmäßig** für geboten, die Aufteilung entsprechend den unterschiedlich verwendeten **Nutzflächen des Gebäudes** vorzunehmen (Einzelheiten hierzu in A 15.17 Abs. 7 S. 4 UStAE). Fraglich ist jedoch, ob diese gemeinhin akzeptierte Aufteilungsmethode die einzige zulässige Methode darstellt. Für den Fall des **Erwerbs eines bebauten Grundstücks**, das der Erwerber gemischt verwendet, hat der BFH erstmals mit Urteil vom 05.02.1998 (BStBl II 1998, 492) entschieden, dass auch eine Aufteilung nach dem Verhältnis der Ertragswerte zulässig sein kann. Dem hat sich die Finanzverwaltung in A 15.17 Abs. 7 S. 7 UStAE angeschlossen. Entfallen jeweils 50 % der Nutzflächen auf die unterschiedlichen Vermietungsumsätze, so kann der Erwerber also einen höheren als 50 %igen VSt-Abzug dadurch erzielen, dass er mit dem Veräußerer eine Kaufpreisvereinbarung trifft, derzufolge sich der Kaufpreis zu mehr als 50 % auf die für gewerbliche Vermietungszwecke geeigneten Grundstücksteile bezieht.[239]

Als Folge des BFH-Urteils vom 05.02.1998 geriet zwangsläufig die Frage in den Blickpunkt, ob es dabei bleiben kann, die Heranziehung der Ertragswerte zur Aufteilung von VSt-Beträgen nur für den Fall des Erwerbs bebauter Grundstücke zuzulassen. Nicht nur in der Literatur, sondern auch in der Rspr. der Finanzgerichte setzte sich schnell die Auffassung durch, dass dieser Aufteilungsmaßstab auch für Bauleistungen gelten müsse, die zur **Herstellung bzw. zur Erhaltung eines** gemischt genutzten **Gebäudes** erfolgen. Das BFH-Urteil vom 17.08.2001 (BStBl II 2002, 833) konnte von daher nicht mehr wirklich überraschen. Darin erklärte das Gericht, eine **Aufteilung der VSt-Beträge nach dem Verhältnis der Ausgangsumsätze** sei auch dann als sachgerechte Schätzung i.S.v. § 15 Abs. 4 UStG anzusehen, wenn Leistungen zur Herstellung oder Erhaltung eines gemischt genutzten Gebäudes bezogen werden.

Der vom Gericht entschiedene Sachverhalt, bei dem es um den VSt-Abzug aus Erhaltungsaufwand für ein gemischt genutztes Gebäude ging, ist in besonderem Maße geeignet, die praktische Bedeutung der Fragestellung sichtbar machen.

Beispiel 20: Aufteilungsschlüssel bei Gebäuden (nach BFH vom 17.08.2001, BStBl II 2002, 833)
Vermieter V ist Eigentümer eines zweigeschossigen Gebäudes. Das Erdgeschoss wird gewerblich als Ladenlokal zu steuerpflichtigen Umsätzen genutzt. Der hierüber abgeschlossene Mietvertrag weist eine monatliche Miete von 2.000 € zzgl. 380 € USt aus. Das Obergeschoss hat V für monatlich 300 € an eine Privatperson vermietet. In 01 hat V für das Grundstück einen Fernwärmeanschluss herstellen lassen. Ihm liegen ordnungsgemäße Rechnungen der damit befassten Unternehmer vor, die für die erbrachten Leistungen USt von insgesamt 10.000 € ausweisen. Auf die steuerpflichtig vermietete Fläche im Erdgeschoss entfallen 42 %, auf die als Wohnung genutzte Fläche 58 % der Gesamtfläche.

Lösung: Der BFH kommt zur Zulässigkeit einer Aufteilung nach den Mieteinnahmen, in dem er den Begriff der »wirtschaftlichen Zuordnung« strikt anhand der gemeinschaftsrechtlichen Vorgaben auslegt. Für die Aufteilung von VSt-Beträgen in Fällen gemischter, zum VSt-Abzug berechtigender und nicht berechtigender Verwendung gehen die Richtlinienbestimmungen (vgl. Art. 173 bis 175 MwStSystRL) als Regel-Aufteilungsmaßstab unmissverständlich von einem Umsatzschlüssel aus, ohne danach zu unterscheiden, ob der Unternehmer den Gegenstand angeschafft oder herstellen lassen hat.[240] Während V bei einer Aufteilung nach der Quadratmeterzahl lediglich ein VSt-Abzug i.H.v. 4.200 € zukommt, erhöht sich die abziehbare VSt auf der Basis des vom BFH für sachgerecht erklärten Umsatzschlüssels auf 8.695,65 € der angefallenen VSt von 10.000 €.

---

239 Fraglich ist, wie weit diese Gestaltungsmöglichkeit strapaziert werden kann. Liegen bereits Mietverträge vor, aus denen unterschiedliche Mieten je qm hervorgehen, sind diese zweifellos für eine entsprechende Kaufpreisaufteilung geeignet. Ansonsten wird man von den Parteien ggf. verlangen können, die erzielbaren Mieten für gewerbliche Zwecke bzw. Wohnzwecke z.B. durch Mietspiegel nachzuweisen.
240 Vgl. dazu näher etwa *Paukstadt/Krieg* (UVR 2008,10).

Die Finanzverwaltung hat zunächst erklärt, das Urteil über den Einzelfall hinaus nicht anwenden zu wollen. Die vom BFH herangezogenen Richtlinienbestimmungen seien insofern nicht verbindlich, als die Mitgliedstaaten nach Art. 17 Abs. 5 Unterabs. 3 der 6. EG-RL (= Art. 173 Abs. 2 Buchst. b MwStSystRL) davon abweichende Aufteilungsmaßstäbe anwenden könnten, was in der BRD durch entsprechende Aussagen in den UStR geschehen sei. Außerdem sei die Anwendung des Umsatzschlüssels als Regel-Aufteilungsmaßstab im Hinblick auf § 15a UStG auch nicht praktikabel. Von daher habe es für den Regelfall bei einer Aufteilung nach dem Verhältnis der Nutzflächen zu bleiben. Diese Betrachtungsweise hat dann durch das StÄndG 2003 für die Zeit ab 01.01.2004 seine gesetzliche Absicherung erfahren. Der damals eingefügte S. 3 in § 15 Abs. 4 UStG erklärt seither den Umsatzschlüssel zur faktischen Ausnahme. Danach soll dessen Anwendung »nur zulässig (sein), wenn keine andere wirtschaftliche Zurechnung möglich ist.« Praktisch wird damit kaum noch ein Anwendungsbereich für die Aufteilung von VSt nach dem Umsatzschlüssel verbleiben.

Abgeschlossen ist das Thema keineswegs. So hat das Niedersächsische FG mit Urteil vom 23.04.2009 (Az.: 16 K 271/06, DStZ 2009, 578) erklärt, die ab 2004 geltende Regelung des § 15 Abs. 4 Satz 3 UStG, die eine VSt-Aufteilung nach einem Umsatzschlüssel faktisch ausschließt, sei europarechtswidrig. Der StPfl. könne sich unmittelbar auf die günstigere Regelung im europäischen Gemeinschaftsrecht berufen. Dem scheint auch der BFH zuzuneigen. Er hat mit Beschluss vom 22.07.2010 (BStBl II 2010,1090) die Frage der Vereinbarkeit von § 15 Abs. 4 S. 3 UStG mit europarechtlichen Vorgaben dem EuGH zur Entscheidung vorgelegt. Dennoch gilt: **Bei der Bearbeitung von Klausursachverhalten praktizieren Sie ohne nähere Problematisierung bis auf weiteres eine Aufteilung nach Nutzflächen!**

4.2.3 Aufteilungsgebot bei Anschaffungs- oder Herstellungskosten

Während nach früherer Sichtweise das vorstehend unter Kap. 4.2.1 für Erhaltungsaufwand vorgestellte Prüfungsvorgehen auch bei **AK oder HK** praktiziert werden sollte, gilt dies fortan nicht mehr. Nach der jüngeren Rspr. des BFH[241] soll eine **direkte Zuordnung** von Aufwendungen zu vorsteuerunschädlich oder vorsteuerschädlich verwendeten Gebäudeteilen künftig nur noch möglich sein, wenn es sich – wie in den Beispielen 17 bis 19 – bei den bezogenen Leistungen um Aufwendungen handelt, die ertragsteuerrechtlich als **Erhaltungsaufwand** anzusehen sind. Geht es hingegen um Aufwand für Leistungen, die sich ertragsteuerrechtlich als (ggf. nachträgliche) **AK oder HK** darstellen, hat eine solche **direkte Zuordnung** zu vorsteuerunschädlich oder vorsteuerschädlich verwendeten Gebäudeteilen **auszuscheiden**. Dieser Sichtweise ist nach anfänglicher Ablehnung schließlich auch die Finanzverwaltung gefolgt. In A 15.17 Abs. 1 UStAE erklärt das BMF nunmehr, es sei bei AK oder HK nicht länger vorrangig zu prüfen, ob die bezogenen Leistungen vorsteuerunschädlich oder vorsteuerschädlich verwendeten Gebäudeteilen zugeordnet werden können. Wird ein Gebäude durch einen Unternehmer angeschafft oder hergestellt und soll dieses Gebäude sowohl für vorsteuerunschädliche als auch für vorsteuerschädliche Ausgangsumsätze verwendet werden, sei stattdessen **stets eine Aufteilung nach § 15 Abs. 4 UStG** vorzunehmen, bei der die **gesamten**, auf die AK oder HK des Gebäudes entfallenden **VSt-Beträge nach § 15 Abs. 4 UStG** aufzuteilen sind (A 15.17 Abs. 1 S. 3 UStAE).

---

241 BFH vom 28.09.2006 (BStBl II 2007, 417) und vom 22.11.2007 (BStBl II 2008, 770).

Beispiel 20a:
U errichtet ein Wohn- und Geschäftshaus. Er beabsichtigt, die Fläche des Hauses zu jeweils 50 % vorsteuerunschädlich bzw. vorsteuerschädlich zu vermieten. Aus der Erstellung des Fußbodenbelags in dem Gebäudeteil, der vorsteuerschädlich verwendet werden soll, entstehen U Aufwendungen von 100.000 € zzgl. 19.000 € USt.

Lösung: Es handelt sich um Aufwendungen für die (Neu-)Herstellung eines Gebäudes (»ursprüngliche« HK). Bislang prüfte die Finanzverwaltung auch bei HK eines Gebäudes zunächst, ob die konkreten Leistungsbezüge einzelnen Gebäudeteilen direkt zugeordnet werden können. Danach wäre im Beispiel 20 der VSt-Abzug also gänzlich zu versagen gewesen. Nach der der neuen Sichtweise ist U hingegen nicht von vornherein mit einem VSt-Abzug hinsichtlich der 19.000 € nach § 15 Abs. 2 Nr. 1 UStG ausgeschlossen. Eine direkte Zuordnung zu dem vorsteuerschädlich verwendeten Gebäudeteil hat zu unterbleiben. U ist unter den weiteren Voraussetzungen des § 15 UStG berechtigt, den bei einer Aufteilung des Gesamtaufwands nach § 15 Abs. 4 UStG zustehenden Anteil als VSt geltend zu machen.[242] Bei einer Aufteilung nach Nutzflächen führt dies zu einem VSt-Abzug von 9.500 €.

Entsprechend ist bei **nachträglichen AK oder HK** zu verfahren. Maßgeblich für die VSt-Aufteilung ist in diesem Fall die beabsichtigte Verwendung des Gegenstands, der durch die nachträglichen AK oder HK entstanden ist. **Abgrenzbare, eigenständig nutzbare Gebäudeteile sind dabei gesondert zu beurteilen, bilden also ein eigenständiges Aufteilungsobjekt.**

Beispiel 21: Dachgeschossausbau als selbständiges Aufteilungsobjekt (in Anlehnung an Beispiel 2 in A 15.17 Abs. 8 UStAE)
U lässt in 01 ein Gebäude errichten (HK lt. ordnungsgemäßen Rechnungen 1.000.000 € zzgl. 190.000 € USt). Das Erdgeschoss nutzt U als Ladenlokal zu steuerpflichtigen Umsätzen, das gleichgroße Obergeschoss hat U an eine Privatperson vermietet. Ein Jahr nach Fertigstellung des Gebäudes wird in 02 das Dachgeschoss mit gleicher Grundfläche ausgebaut (Kosten 300.000 € zzgl. 57.000 € USt). Es entstehen dabei drei separat zugängliche, gleich große Einheiten, von denen eine als Büroteil umsatzsteuerpflichtig vermietet wird, eine steuerfrei vermietet wird und eine zu eigenen Wohnzwecken genutzt wird. Gleichzeitig lässt U das Treppenhaus zum Dachgeschoss erweitern (Kosten 50.000 € zzgl. 9.500 € USt). Des Weiteren lässt U eine Alarmanlage installieren, die das gesamte Gebäude sichert (Kosten 12.000 € zzgl. 2.280 € USt). Das neu ausgebaute Gebäude ist vollständig dem Unternehmen des U zugeordnet.

Lösung: Die Aufwendungen für den Ausbau des Dachgeschosses, die Erweiterung des Treppenhauses sowie der Einbau der Alarmanlage bilden jeweils (nachträgliche) HK. Das Dachgeschoss ist umsatzsteuerrechtlich ein abgrenzbarer Teil, dessen Verwendungsverhältnisse gesondert zu ermitteln sind. Legt man für die Aufteilung nach § 15 Abs. 4 UStG die Nutzflächen zugrunde, sind bei einer zu zwei Dritteln vorsteuerunschädlichen Verwendung des Dachgeschosses die VSt aus dem Dachausbau i.H.v. 57.000 € zu zwei Dritteln, also i.H.v. 38.000 € abziehbar. Die Aufwendungen für die Erweiterung des Treppenhauses sind ebenfalls dem Dachgeschoss zuzuordnen, da sie ausschließlich durch den Ausbau des Dachgeschosses verursacht sind. Die VSt sind daher wiederum nach den Nutzungsverhältnissen des Dachgeschosses aufzuteilen und ebenfalls zu zwei Dritteln, d.h. i.H.v. 6.346,67 € abziehbar.

---

[242] Vgl. zur Problematik auch *Paukstadt/Krieg* (UVR 2008, 10 ff.).

Die Aufwendungen für den Einbau der Alarmanlage sind dem gesamten Gebäude in seinen neuen Nutzungsverhältnissen zuzuordnen, da die Alarmanlage das gesamte Gebäude sichert. Bei einer Aufteilung entsprechend den Nutzflächen sind die für die Alarmanlage angefallenen VSt von 2.280 € entsprechend dem dann für das Gesamtgebäude geltenden Aufteilungsschlüssel von 55,56 % vorsteuerunschädlicher Nutzung zu 44,44 % vorsteuerschädlicher Nutzung i.H.v. 1.266,77 € abziehbar.[243]

Beachte: Würde auf das Beispiel 21 bereits **§ 15 Abs. 1b UStG** anwendbar sein, ergäbe sich für den Dachgeschossausbau wie auch für das Treppenhaus zum Dachgeschoss ein anderer Aufteilungsschlüssel. Soweit das Dachgeschoss zu eigenen Wohnzwecken genutzt wird, entfiele nunmehr eine anteilige Berechtigung zum VSt-Abzug nach § 15 Abs. 1b UStG; abziehbar wäre insoweit also nur noch ein Drittel der angefallenen VSt, also 19.000 € bzw. 3.166,66 €. Zugleich veränderte sich der Aufteilungsschlüssel für das Gesamtgebäude. Von den VSt für die Alarmanlage wären nur noch 44,46 % = 1.013,23 € abziehbar (s. hierzu auch das einfachere Beispiel 4 im BMF-Schreiben vom 22.06.2011, BStBl II 2011, 597).

Setzt sich im Dachgeschoss die bisherige Nutzung des »Alt«-Gebäudes fort, hat auch für das Dachgeschoss eine **Aufteilung nach dem nunmehr für das Gesamtgebäude geltenden Aufteilungsschlüssel zu erfolgen** (so nunmehr auch das BMF in A 15.17 Abs. 8 UStAE, dortiges Beispiel 3, im Anschluss an mehrere BFH-Entscheidungen). Eine isolierte umsatzsteuerrechtliche Beurteilung der Verwendungsverhältnisse der »Erweiterung« würde »…die zwischen den Ausbau- und Altflächen bestehenden Zusammenhänge unberücksichtigt lassen und damit zu einer den tatsächlichen Verwendungsverhältnissen nicht entsprechenden und somit nicht sachgerechten Vorsteueraufteilung führen« (so jüngst BFH vom 28.10.2010, Az.: V R 35/ 09).

Beispiel 22: Dachgeschossausbau ohne eigenständige Nutzung (nach BFH vom 25.03.2009, BStBl II 2010,651)
A hat in 01 auf eigenem Grundstück ein Gebäude mit HK von 250.000 € zzgl. 47.500 € USt errichten lassen. Er betreibt in dem Gebäude seit dem 02.01.02 seine Zahnarztpraxis nebst Labor. Im Erdgeschoss (150 qm) befindet sich die Praxis und im Obergeschoss (100 qm) das Labor. A lässt im Oktober 02 vom Tischler T das Dachgeschoss für 50.000 € zzgl. 9.500 € USt ausbauen. Die Fläche des Dachgeschosses beträgt 50 qm; ab dem 01.11.02 werden für die Praxis 20 qm und für das Labor 30 qm verwendet. Es liegen ordnungsgemäße Rechnungen vor.

Lösung: Die umsatzsteuerfreie Tätigkeit als Zahnarzt schließt nach § 4 Nr. 14 Buchst. a S. 1 UStG i.V.m. § 15 Abs. 2 S. 1 Nr. 1 UStG den VSt-Abzug aus. Die Laborumsätze sind jedoch nach § 4 Nr. 14 Buchst. a S. 2 UStG steuerpflichtig und ermöglichen somit den VSt-Abzug. Bei einer Aufteilung nach Nutzflächen erlaubte die Herstellung des Gebäudes einen VSt-Abzug i.H.v. 19.000 € (100/250 von 47.500 €). Zu klären ist der Aufteilungsschlüssel für den Dachgeschossausbau. Erfolgt wie hier die Verwendung der Dachgeschossflächen im Zusammenhang mit den »Altflächen«, kommt es für die VSt-Aufteilung aus den Ausbaukosten auf die Verwendung des gesamten Gebäudes an. Der Aufteilungsschlüssel ist an die durch den Ausbau geänderten

---

[243] Hinweis: Die jeweiligen (nachträglichen) HK stellen gesonderte Berichtigungsobjekte i.S.v. § 15a Abs. 6 UStG dar, so sie nicht zu einem einheitlichen Berichtigungsobjekt zusammenzufassen sind.

Verhältnisse anzupassen. Der Aufteilungsmaßstab ermittelt sich folglich nach der Verwendung des gesamten Gebäudes unter Berücksichtigung der neuen Flächenanteile.

Bei einer Aufteilung nach Nutzflächen ergibt sich für die VSt-Aufteilung aus dem Ausbau des Dachgeschosses folgende Berechnung:

Gesamtfläche: 150 qm + 100 qm + 50 qm =	300 qm
Vorsteuerunschädliche Verwendung:	
100 qm (Obergeschoss) + 30 qm (anteilig Dachgeschoss) =	130 qm
Vorsteuerschädliche Verwendung:	
150 qm (Erdgeschoss) + 20 qm (anteilig Dachgeschoss) =	170 qm

Aus der Rechnung des T für den Ausbau des Dachgeschosses kann K demnach 4.117 € (130/300 von 9.500 €) an VSt geltend machen.

Aus den ursprünglichen HK für das Gebäude hatte A i.H.v. 100/250 (40 %) die VSt abgezogen. Nach dem Ausbau des Dachgeschosses verändert sich das Verhältnis für den einheitlichen Gegenstand Gebäude, also auch für das Erdgeschoss und Obergeschoss, auf 130/300 (43,33 %). Es liegt eine Änderung der für den ursprünglichen VSt-Abzug maßgeblichen Verhältnisse nach § 15a Abs. 1 UStG zugunsten von A i.H.v. 3,33 % vor. Eine VSt-Berichtigung unterbleibt jedoch nach § 44 Abs. 2 UStDV, da sich die maßgebenden Verhältnisse nicht um mehr als 10 Prozentpunkte geändert haben und der Änderungsbetrag 1.000 € nicht übersteigt.

5 Zeitpunkt des Vorsteuerabzugs

Das Umsatzsteuergesetz enthält keine spezielle Regelung zur Frage, in welchem Besteuerungszeitraum der VSt-Anspruch zu berücksichtigen ist. Das Problem stellt sich konkret, wenn Leistungsbezug und Rechnung in unterschiedliche Besteuerungszeiträume fallen. Die Finanzverwaltung vertritt seit jeher die Auffassung, dass die Berechtigung zum Abzug der VSt (erst) in dem Veranlagungszeitraum gegeben ist, in dem die Anspruchsvoraussetzungen i.S.d. § 15 Abs. 1 Nr. 1 UStG **insgesamt** vorliegen. Zu diesen Voraussetzungen gehört der Besitz einer nach den §§ 14, 14a UStG ausgestellten **Rechnung**. Eine solche Rechnung ist danach also **materiell-rechtliche Voraussetzung für das Entstehen** des VSt-Anspruchs.

Zwischenzeitlich hatte der BFH indessen Zweifel, ob diese Auffassung im Einklang mit dem Gemeinschaftsrecht und dem Recht des VSt-Abzugs in den übrigen Mitgliedstaaten steht. Mit Beschluss vom 21.03.2002 (UR 2002, 336) hatte das Gericht deshalb den EuGH angerufen. Der BFH wollte geklärt wissen, ob »... der StPfl. das Recht auf VSt-Abzug nur mit Wirkung für das Kalenderjahr ausüben (kann), in dem er gem. Art. 18 Abs. 1 Buchst. a der 6. EG-RL (= Art. 178 Abs. 1 Buchst. a MwStSystRL) die Rechnung besitzt oder (ob) die Ausübung des Rechts auf VSt-Abzug stets für das Kalenderjahr (auch rückwirkend) gilt, in dem das Recht auf VSt-Abzug gem. Art. 17 Abs. 1 der 6. EG-RL (= Art. 167 MwStSystRL) entsteht?« Nach Art. 167 MwStSystRL entsteht das Recht auf VSt-Abzug, wenn der Anspruch auf die abziehbare Steuer entsteht.

Die praktische Bedeutung der Vorlagefrage zeigt sich zum einen in Fällen einer zumeist anlässlich einer Außenprüfung nach Jahren erfolgenden Nachfestsetzung der USt, wenn eine fehlerhafte Beurteilung der Umsatzsteuerbarkeit (etwa unzutreffende Annahme einer Geschäftsveräußerung nach § 1 Abs. 1a UStG) oder Umsatzsteuerpflicht von Leistungen aufgedeckt worden ist. Während nämlich die zulasten des leistenden Unternehmers nachträglich festgesetzte USt ab dem Zeitpunkt der Lieferung oder sonstigen Leistung zu verzinsen ist, werden bei dem Leistungsempfänger entsprechende Erstattungszinsen auf die VSt erst mit dem Vorliegen einer ordnungsgemäßen Rechnung festgesetzt.[244] Zum anderen wird häufig erst anlässlich einer Betriebsprüfung festgestellt, dass die für den VSt-Abzug erforderliche Rechnung Mängel aufweist und von daher der Leistungsempfänger den VSt-Abzug zu Unrecht geltend gemacht hat. In der Folge wird der VSt-Abzug gestrichen, was zu entsprechenden Mehrergebnissen im geprüften Veranlagungszeitraum führt. Hinzu kommen die Nachzahlungszinsen auf dieses Mehrergebnis gem. § 233a AO.[245] Bestenfalls stellt dann der ehemals Leistende nachträglich eine Rechnung aus, die den Anforderungen der §§ 14, 14a UStG genügt, so dass das Recht auf VSt-Abzug dennoch erlangt wird. Dieses Recht auf VSt-Abzug kommt dem Unternehmer jedoch erst in der aktuellen Voranmeldung nach Erhalt der Rechnung zu. Die Belastung mit den Zinsen gem. § 233a AO[246] auf Grund der Streichung des VSt-Abzugs im zurückliegenden Prüfungszeitraum bleibt folglich bestehen.[247]

Während es zunächst so schien, als würde der EuGH den Zeitpunkt für die Berechtigung zum VSt-Abzug mit dem Zeitpunkt für das Entstehen der USt gleichsetzen und insoweit dem Erhalt der Rechnung keine Bedeutung beimessen, hat das Gericht mit Urteil vom 29.04.2004 (UVR 2004, 242 mit Anmerkungen Wagner) überraschend die Sichtweise der Finanzverwaltung bestätigt. Aus Sicht des EuGH, dem der BFH mit Urteil vom 01.07.2004 (BStBl II 2004, 861) gefolgt ist, ist es durchaus mit den Zielen gemeinschaftsrechtlicher Regelungen vereinbar, dass der StPfl. den VSt-Abzug erst für den Erklärungszeitraum vornehmen kann, in dem sowohl die Voraussetzung des Besitzes einer Rechnung als auch die Voraussetzung der Entstehung des VSt-Abzugsrechts selbst erfüllt sind.

Unabhängig von der Frage, welche Bedeutung der Rechnung mit gesondertem Ausweis der Steuer zukommt, gilt: Liegt eine ordnungsgemäße Rechnung vor, ist der VSt-Abzug grundsätzlich in dem VAZ möglich, in dem die bezogene Leistung ausgeführt worden ist. Die Gegenleistung muss noch nicht erbracht worden sein. **Auch beim VSt-Abzug** gilt so mithin das **Sollprinzip**. Wird eine Vorauszahlung getätigt, so kann der VSt-Abzug nach § 15 Abs. 1 Nr. 1 S. 2 UStG anteilig sogar schon vor Ausführung der Leistung vorgenommen werden, wenn darüber eine Vorausrechnung mit gesondertem Ausweis der Steuer erteilt worden war. Seine Parallele findet diese Norm auf Seiten des Leistenden in § 13 Abs. 1 Nr. 1 Buchst. a S. 4 UStG.

> **Beispiel 23: VSt-Abzug bei Anzahlungen**
> Bauunternehmer B hat sich gegenüber dem Unternehmer U im März 01 verpflichtet, eine Lagerhalle zum Festpreis von 240.000 € zu errichten, die im August 01 fertiggestellt sein soll. B sendet dem U im Mai 01 für eine im Juni 01 zu leistende Anzahlung eine Rechnung über 100.000 € + 19.000 € USt zu. U überweist im Juni 100.000 € und erst Anfang Juli 01 die geforderten weiteren 19.000 €. Mit der Fertigstellung der Lagerhalle im August erhält U eine

---

244 Ausführlich zu dieser Problemstellung *Robisch* (UStB 2002, 97) und *ders.* (UVR 2004, 222) sowie *Stoffers* (UVR 2003, 15).
245 Diese können, wie der auch im Übrigen lehrreiche Sachverhalt der BFH- Entscheidung vom 15.07.2004 (BStBl II 2005, 236) belegt, in die Hunderttausende gehende Beträge erreichen!
246 Vgl. zu dieser Norm auch *Bähr*, Teil A, Kap. V 6.4.1.1.
247 Nach den Erwägungen des BFH im Urteil vom 24.02.2005 (BFH/NV 2005, 1220) kommt in diesen Fällen auch ein Erlass aus Billigkeitsgründen nicht in Betracht.

ordnungsgemäße Schlussrechnung. Den Restbetrag von 121.000 € zahlt U, der die Lagerhalle zu vorsteuerunschädlichen Umsätzen nutzt, Anfang September 01.

Lösung: B tätigt gegenüber dem U mit der Errichtung der Lagerhalle eine nach § 1 Abs. 1 Nr. 1 UStG steuerpflichtige Werklieferung. VAZ für den VSt-Abzug des U ist grundsätzlich der VAZ, indem erstmals alle Voraussetzungen des § 15 Abs. 1 Nr. 1 UStG vorliegen. Eine dieser Voraussetzungen bildet der Leistungsbezug von einem anderen Unternehmer, der hier erst im August erfolgt. Spiegelbildlich zum Entstehen von USt vor Ausführen der Leistung nach § 13 Abs. Nr. 1 Buchst. a S. 4 UStG ist nach 15 Abs. 1 Nr. 1 S. 2 UStG aber auch ein VSt-Abzug vor Erhalt der Leistung möglich, wenn vorher eine Zahlung erfolgt und eine Rechnung vorliegt. Ist der gesondert ausgewiesene Steuerbetrag höher als die Steuer, die auf die Zahlung vor Umsatzausführung entfällt, so kann vorweg nur der Steuerbetrag abgezogen werden, der in dem im Voraus geleisteten Betrag enthalten ist. Daraus folgt: U kann im Juni die in 100.000 € enthaltene USt von 15.966,39 €, im Juli die in 19.000 € enthaltene USt von 3.033,61 € abziehen. Ist die Leistung erbracht, spielt die Zahlung wie beim Entstehen allerdings keine Rolle mehr. Die restliche USt von 19.319,33 € kann U nach § 15 Abs. 1 Nr. 1 S. 1 UStG im VAZ August 01 geltend machen.

Wird die Rechnung letztlich überhaupt nicht oder nur zum Teil bezahlt, so ist nach § 17 Abs. 2 Nr. 1 i.V.m. Abs. 1 S. 2 UStG der vorgenommene VSt-Abzug entsprechend zu berichtigen, d.h. im Wege einer Änderung der Bemessungsgrundlage (s. Kap. X 5) rückgängig zu machen.

XVI Vorsteuerberichtigung

Wie im Kap. XV dargelegt, ist die Entscheidung, ob und in welchem Umfang VSt abgezogen werden kann, materiell endgültig regelmäßig bereits beim Bezug der Leistungen zu treffen, für die der VSt-Abzug beansprucht wird. Weicht die tatsächliche Verwendung von der angenommenen Verwendung ab, können Korrekturen des VSt-Abzugs nach den § 164 Abs. 2, § 165 Abs. 2 oder § 175 Abs. 1 Nr. 2 AO nur ausnahmsweise erfolgen. Die Möglichkeit hierzu ist beschränkt auf Fälle des »Missbrauchs« bzw. »Betrugs« oder Sachverhalte, für die der Unternehmer die Verwendungsabsicht im Zeitpunkt des Leistungsbezugs nicht durch »objektive Anhaltspunkte« belegen kann.

Eine Orientierung an den beabsichtigten Verwendungsverhältnissen beim Leistungsbezug ist sachlich allerdings nur gerechtfertigt, wenn sich diese Verwendungsverhältnisse tatsächlich realisieren. Entsprechen die tatsächlichen Verhältnisse nicht der zum Zeitpunkt des VSt-Abzugs zugrunde gelegten Prognose, bedarf es einer Korrektur des VSt-Abzugs. Dies geschieht über eine VSt-Berichtigung nach § 15a UStG. Deren Ziel ist es, den **VSt-Abzug nach § 15 UStG im Ergebnis den tatsächlichen Verwendungsverhältnissen anzupassen**. Ohne eine solche Anpassung käme es zu ungerechtfertigten Steuervor- oder -nachteilen.

Solche zu verhindern ist folglich seit jeher **Aufgabe einer VSt-Berichtigung nach § 15a UStG**.[248] Im Detail hat diese Norm freilich in jüngerer Zeit erhebliche Modifizierungen erfahren. So sollte nach der bis zum 31.12.2001 geltenden Fassung der VSt-Abzug für ein WG nur zu berichtigen sein, wenn sich die Verhältnisse, »die im Kalenderjahr der erstmaligen Verwendung für den VSt-Abzug maßgebend waren«, innerhalb des sog. Berichtigungszeitraums von regelmäßig fünf oder zehn Jahren ändern. An dieser Formulierung konnte aufgrund der dargestellten EuGH- und BFH-Rspr. nicht festgehalten werden. Nachdem über den endgültigen VSt-Abzug nicht mehr die tatsächlichen Verwendungsverhältnisse im Kalenderjahr erstmaliger Nutzung, sondern regelmäßig bereits die angenommenen Verwendungsverhältnisse beim Leistungsbezug entscheiden, bedurfte es auch einer Neufassung jener Tatbestände, die geeignet sein sollen, eine VSt-Berichtigung auszulösen. Eingefügt durch das Steueränderungsgesetz 2001 heißt es in der **ab 01.01.2002** geltenden Fassung des § 15a Abs. 1 UStG deshalb etwas allgemeiner, dass eine **VSt-Berichtigung** vorzunehmen ist, **wenn sich innerhalb des Berichtigungszeitraums »die für den ursprünglichen VSt-Abzug maßgebenden Verhältnisse (ändern)«**. Dies sind regelmäßig die Verhältnisse beim Leistungsbezug, so dass folgerichtig und anders als früher eine VSt-Berichtigung auch ausgelöst sein kann, wenn bereits die erstmalige Nutzung im Kalenderjahr erstmaliger Verwendung des WG nicht der prognostizierten Verwendung entspricht.

Sehr viel gravierender ist eine zum 01.01.2005 vorgenommene Modifizierung des § 15a UStG, die in einem »Nachtrag« durch das Gesetz zum Abbau bürokratischer Hemmnisse in der mittelständischen Wirtschaft vom 22.08.2006 (BStBl I 2006, 486) zum 01.01.2007 weitere Spezifizierungen erfahren hat. Nach der bis zum 31.12.2004 geltenden Fassung des § 15a

---

248 Zur Kontrolle führen die Finanzämter in den Steuerakten ein »Überwachungsblatt zur Berichtigung des Vorsteuerabzugs«.

UStG kam eine VSt-Berichtigung grundsätzlich nur für WG in Betracht, die längerfristig im Unternehmen genutzt werden sollten. Umsatzsteuerrechtlich ist insoweit häufig von sog. Investitionsgütern die Rede. Orientiert man sich an der einkommensteuerrechtlichen Terminologie, so handelt es sich bei diesen längerfristig nutzbaren WG regelmäßig um Gegenstände des **Anlagevermögens**. Eine VSt-Berichtigung für UV kannte das deutsche Umsatzsteuerrecht bis dahin nicht. Anders stellt sich dies nach der Neufassung des § 15a UStG zum 01.01.2005 dar. Nach dessen Abs. 2 ist eine VSt-Berichtigung auch möglich, wenn sich die Verhältnisse bei einem **WG** ändern, das nur **einmalig im Unternehmen verwendet** wird.[249] Eine weitere Änderung betrifft den **Erhaltungsaufwand**. Auf Erhaltungsaufwand, der sich ertragsteuerlich verflüchtigt, war § 15a UStG bis zum 31.12.2004 nicht anzuwenden. Nur nachträgliche AK oder HK, aber nicht Erhaltungsaufwand sollten im Rahmen der VSt-Berichtigung wie ein eigenes WG zu behandeln sein. Auch hieran wird nicht länger festgehalten. Nach der Neufassung des § 15a Abs. 3 UStG ist die VSt auch zu berichtigen, wenn in ein WG des AV oder UV ein anderer Gegenstand eingeht, der dabei seine wirtschaftliche Eigenart verliert, oder wenn an einem solchen Gegenstand eine **sonstige Leistung** ausgeführt wird. Gehen im Rahmen einer Maßnahme mehrere Gegenstände in ein WG ein oder werden im Rahmen einer Maßnahme mehrere sonstige Leistungen an einem WG ausgeführt, sind diese zu einem Berichtigungsobjekt zusammenzufassen.[250] Um die VSt-Berichtigung nicht ausufern zu lassen, hat der Gesetzgeber parallel zu der in § 15a UStG vorgesehenen Erweiterung der Berichtigungstatbestände in § 44 Abs. 1 UStDV die Sachverhalte, bei denen wegen geringer VSt-Beträge eine Berichtigung unterbleiben kann, ebenfalls ausgedehnt. Dort hieß es früher, dass von einer VSt-Berichtigung nach § 15a UStG abzusehen ist, sofern die auf die AK oder HK entfallende USt 250 € nicht überstiegen hat. Nach der Neufassung des § 44 Abs. 1 UStDV sollen VSt erst zu berichtigen sein, wenn der angefallene VSt-Betrag mehr als 1.000 € beträgt. Schon deshalb wird in den Fällen des Erhaltungsaufwandes, insb. aber bei selbständigen sonstigen Leistungen (dazu § 15a Abs. 4 UStG) eine VSt-Berichtigung oft unterbleiben können. Bei selbständigen sonstigen Leistungen gilt es überdies zu beachten, dass eine Berichtigung grundsätzlich auf solche sonstigen Leistungen beschränkt bleiben soll, für die in der StB ein Aktivierungsgebot bestünde.[251]

Nach der Übergangsregelung in § 27 Abs. 11 UStG finden die genannten VSt-Berichtigungsvorschriften allerdings erst auf diejenigen VSt-Beträge Anwendung, bei denen die zugrunde liegenden Umsätze, also die Umsätze, die als Eingangsumsätze zum VSt-Abzug führen können, **nach dem 31.12.2004** ausgeführt worden sind.[252] Soweit es die zum

---

[249] Die ertragsteuerrechtliche Beurteilung als Umlaufvermögen oder Anlagevermögen, die nach § 247 Abs. 2 HGB erfolgt, und materiell u.a. für das Aktivierungsverbot des § 248 Abs. 2 HGB sowie die Abschreibungsregeln des § 253 Abs. 2 HGB von Bedeutung ist, ist damit umsatzsteuerrechtlich letztlich nicht entscheidend, wenn die Anwendung des § 15a Abs. 1 UStG oder § 15a Abs. 2 UStG in Frage steht. Umsatzsteuerrechtlich relevant ist im Zweifel nur die Zahl der Verwendungsumsätze (so ausdrücklich jüngst BFH vom 24.09.2009, BStBl II 2010, 315).

[250] So klarstellend die Neufassung des § 15a Abs. 3 UStG zum 01.01.2007. Zur Zusammenfassung mehrerer Leistungen zu einem Berichtigungsobjekt i.S.d. des § 15a Abs. 3 S. 2 UStG s. A 15a.6 Abs. 11 UStAE.

[251] Dies entsprach seit jeher der Auffassung der Finanzverwaltung. Mit der Neufassung des § 15a Abs. 4 UStG zum 01.01.2007 hat diese Auffassung ihre gesetzliche Absicherung erfahren.

[252] Dies ließ für Klausuren erwarten, dass unter dem Aspekt VSt-Berichtigung noch für eine Weile solche Aufgaben dominieren würden, bei denen es um Verwendungsänderungen bei Wirtschaftsgütern des Anlagevermögens geht. Schon der umsatzsteuerrechtliche Teil der gemischten Klausur des Jahres 2006 verlangte aber bereits die Beurteilung einer VSt-Berichtigung für ein Grundstück des Umlaufvermögens!

01.01.2007 vorgenommenen Ergänzungen in § 15a Abs. 3 und 4 UStG betrifft, beschränkt sich deren Anwendung auf Leistungsbezüge nach dem 31.12.2006 (vgl. § 27 Abs. 12 UStG).

Zum **01.01.2011** ist der Kreis der Sachverhalte, die eine VSt-Berichtigung auslösen können, mit **§ 15a Abs. 6a UStG** und **§ 15a Abs. 8 S. 2 UStG** erneut erweitert worden. Beide Regelungen sind im Zusammenhang mit dem zum 01.01.2011 eingefügten § 15 Abs. 1b UStG zu sehen, der den VSt-Abzug bei Grundstücken, die sowohl unternehmerisch als auch außerunternehmerisch genutzt werden, von vornherein auf den unternehmerisch genutzten Teil beschränkt. Kommt es bei diesen Grundstücken im Laufe des Berichtigungszeitraums zu einer Änderung des Anteils der unternehmerischen zur außerunternehmerischen Nutzung, ist dem durch eine VSt-Berichtigung Rechnung zu tragen. Dies gewährleist der neue **§ 15a Abs. 6a UStG**. Danach liegt eine Änderung der Verhältnisse auch vor, wenn sich das Verhältnis der unternehmerischen und nicht unternehmerischen (privaten) Verwendung des Grundstücks ändert. Erhöht sich später der Anteil unternehmerischer Nutzung, ist hierfür allerdings **Voraussetzung**, dass das **Grundstück** ungeachtet der nur teilweisen unternehmerischen Nutzung **insgesamt dem Unternehmen zugeordnet** worden ist (vgl. BMF vom 22.06.2011, BStBl I 2011, 597 – dortiges Beispiel 1 zum neuen A 15.6a UStAE). Desgleichen muss im Falle der Veräußerung oder Entnahme eines gemischt genutzten Grundstücks, bei dem es zu einer VSt-Beschränkung nach § 15 Abs. 1b UStG gekommen ist, eine VSt-Berichtigung möglich sein. Dies deshalb, weil die Veräußerung oder Entnahme eines dem Unternehmen zugeordneten Grundstücks regelmäßig zu 100 % vorsteuerschädlich oder eben zu 100 % vorsteuerunschädlich erfolgen wird. Dieser Umstand erklärt die Ergänzung in § 15a Abs. 8 UStG, wonach die Entnahme bzw. die Veräußerung auch dann zu einer Berichtigung führen können, wenn »der Vorsteuerabzug nach § 15 Abs. 1b UStG teilweise ausgeschlossen war«.[253]

1 Nutzungsänderungen bei Wirtschaftsgütern des Anlagevermögens (Investitionsgütern)

Von erheblicher praktischer Bedeutung ist, ob über § 15a UStG gewissermaßen Jahr für Jahr die gesamte VSt-Prüfung nach § 15 Abs. 1, 1b, 2 und 3 UStG wieder aufzurollen ist oder ob sich die VSt-Berichtigung nach § 15a UStG in erster Linie auf den **Bereich der abzugsschädlichen Verwendung nach § 15 Abs. 1b, 2 und 3 UStG** bezieht. Die Antwort der h.M., die sich in A 15a.1 Abs. 6 UStAE widerspiegelt, ist eindeutig: Relevant ist danach allein, ob es unter dem Gesichtspunkt des § 15 Abs. 1b, 2 und 3 UStG Veränderungen gegeben hat. Die für den Vorsteuerabzug »maßgebenden Verhältnisse«, die sich geändert haben müssen, betreffen nicht die Tatbestandssvoraussetzungen für den VSt-Abzug nach § 15 Abs. 1 UStG.

---

253 Nach den bisherigen Erfahrungen drängt sich auch insoweit eine **baldige Berücksichtigung in Beraterklausuren** auf!

1.1 Wechsel von privater zu unternehmerischer Nutzung

Folge davon ist, dass die **Einlage von WG** aus dem nichtunternehmerischen Bereich eines StPfl. in sein Unternehmen **keine VSt-Berichtigung** zu seinen Gunsten auslöst. Man lässt eine solche nur zu, wenn beim Leistungsbezug die anspruchsbegründenden Voraussetzungen des § 15 Abs. 1 Nr. 1 UStG vorgelegen haben. Dazu gehört insb., dass das WG von einem Unternehmer bezogen wurde und dieser das WG im Zeitpunkt des Leistungsbezugs seinem Unternehmen zugeordnet hat.

> **Beispiel 1: Einlage aus dem Privatbereich**
> Der Beamte B hatte sich zum 01.07.01 einen Pkw für 30.000 € + 5.700 € USt angeschafft. Zum 01.04.02 macht er sich als Unternehmensberater selbständig und verwendet den Pkw fortan ausschließlich für steuerpflichtige unternehmerische Zwecke.
> **Alternative:** Zum Zeitpunkt des Erwerbs am 01.07.01 war B als Unternehmensberater aktiv, zum 01.04.02 wechselt er in den öffentlichen Dienst.
>
> **Lösung:** Beim Erwerb des Wagens kam für B ein VSt-Abzug hinsichtlich der 5.700 € USt schon deshalb nicht in Betracht, weil es ihm seinerzeit an der Grundvoraussetzung hierfür, der Unternehmerstellung, fehlte. Der VSt-Abzug wird B auch nicht zeitanteilig nachträglich ab dem 01.04.02 gewährt, wenn B das Fahrzeug einer steuerpflichtigen unternehmerischen Nutzung zuführt. **Die Einlage in das Unternehmen erfolgt mithin vorsteuerbelastet.** Dass man darin einen Fehler in der Systematik des USt-Rechts sehen kann, zeigt die Alternative.
>
> **Lösung (Alternative):** Der VSt-Abzug bei Erwerb des Wagens i.H.v. 5.700 € USt bleibt B hier nicht erhalten. Der Wechsel in den öffentlichen Dienst zum 01.04.02 führt hinsichtlich des Wagens zu einer Entnahme, die eine Besteuerung als unentgeltliche Wertabgabe nach § 1 Abs. 1 Nr. 1 UStG i.V.m. § 3 Abs. 1b Nr. 1 UStG auf der Basis des Wiederbeschaffungspreis des Wagens zum Zeitpunkt der Entnahme auslöst.

Dass dieser Wertungswiderspruch hinzunehmen ist, dürfte spätestens nach der Entscheidung des EuGH vom 02.06.2005 (UR 2005, 437) endgültig sein. Danach soll der Umstand, dass jemand, der einen Gegenstand als Nichtsteuerpflichtiger angeschafft hat, später aber die StPfl.-Eigenschaft erlangt, kein Recht auf nachträglichen Abzug der für diesen Gegenstand entrichteten Mehrwertsteuer eröffnen, und damit nicht zu einer VSt-Berichtigung führen können (so ausdrücklich A 15a.1 Abs. 6 Nr. 1 UStAE).

Anderes gilt allerdings **für ab dem 01.01.2011 angeschaffte oder hergestellte Gebäude**, die sowohl unternehmerisch als auch außerunternehmerisch genutzt werden, und **bei denen der VSt-Abzug** trotz voller Zuordnung zum Unternehmen **nach § 15 Abs. 1b UStG** deshalb von vornherein **auf den unternehmerisch genutzten Teil beschränkt war**. Kommt es bei diesen Grundstücken im Laufe des Berichtigungszeitraums zu einer Änderung des Anteils der unternehmerischen zur außerunternehmerischen Nutzung, ist dem nach § 15a Abs. 6a UStG durch eine VSt-Berichtigung Rechnung zu tragen. Damit wird nur für diesen Bereich der Grundstücksverwendung – abweichend von der ansonsten bei Einlagen geltenden Praxis – bestimmt, dass auch eine nachträgliche Erhöhung des unternehmerischen Verwendungsanteils zu einer VSt-Korrektur zu Gunsten des Unternehmers führt und nicht erst bei der unentgeltlichen Wertabgabe nach Art. 26 MwStSystRL bzw. § 3 Abs. 9a Nr. 1 UStG steuermindernd zu berücksichtigen ist. Dies erklärt sich damit, dass **§ 15 Abs. 1b**

UStG nur zur Anwendung gelangt, **wenn das teilunternehmerisch genutzte Grundstück bei Erwerb insgesamt dem Unternehmen zugeordnet** worden ist. Bei einer Ausdehnung der unternehmerischen Nutzung handelt es sich folglich auch nicht um eine Einlage aus dem Privatbereich.

> **Beispiel 1a: Ausdehnung unternehmerischer Grundstücksnutzung ab 01.01.2011**
> Unternehmer U nutzt ein in 2011 errichtetes Gebäude zu 50 % für unternehmerische Zwecke und zu 50 % für eigene Wohnzwecke. Er hat das Gebäude insgesamt seinem Unternehmen zugeordnet. Aus der Herstellung sind 100.000 € VSt angefallen. In 2013 erhöht sich der Anteil unternehmerischer Nutzung auf 75 %.
>
> **Lösung:** In 2011 ist der VSt-Abzug trotz voller Zuordnung zum Unternehmen auf 50 % = 50.000 € begrenzt. In 03 ist zu Gunsten des U eine VSt-Korrektur nach § 15a Abs. 6a UStG i.V.m. § 15a Abs. 1, Abs. 5 UStG um (100.000 € : 10 × 25 % =) 2.500 € vorzunehmen (zur schrittweisen Berechnung des Berichtigungsbetrages vgl. Kap. 1.5 a.E.).

1.2 Änderung des Anteils vorsteuerschädlicher zu vorsteuerunschädlicher Verwendung

Soll eine VSt-Berichtigung nach § 15a Abs. 1 UStG vornehmlich bei Änderungen unter dem Aspekt § 15 Abs. 1b, 2 und 3 UStG in Betracht kommen, liegt auf der Hand, welche Sachverhalte es in erster Linie sind, die eine VSt-Berichtigung auslösen. Es sind dies Nutzungsänderungen bei einem Grundstück. Bei bebauten und unbebauten Grundstücken können sich die Nutzungsverhältnisse insb. in folgenden Fällen ändern:

- durch Übergang von einer durch Option nach § 9 UStG steuerpflichtigen Vermietung zu einer nach § 4 Nr. 12a UStG steuerfreien Vermietung oder umgekehrt (dieser Wechsel dominiert in Klausuren!),
- durch Übergang von der Verwendung zu sonstiger steuerpflichtiger unternehmerischer Tätigkeit zu einer (vorsteuerschädlichen) steuerfreien Tätigkeit oder umgekehrt,
- durch Änderung des VSt-Aufteilungsschlüssels bei Grundstücken, die sowohl zur Ausführung von Umsätzen, die zum VSt-Abzug berechtigen, als auch für Umsätze, die den VSt-Abzug ausschließen, verwendet werden.

In diesem Zusammenhang verdient besondere Beachtung, dass außerhalb des § 15 Abs. 1b UStG die **Privatnutzung** von Räumlichkeiten eines dem Unternehmen zugeordneten Gebäudes als **vorsteuerunschädlich** zu behandeln ist, sofern die daneben bestehende unternehmerische Nutzung ihrerseits zum VSt-Abzug berechtigt (ausführlich dazu Kap. XII 5.1.4).

Kommt es beispielsweise innerhalb des Berichtigungszeitraums zu einer Nutzungsänderung in der Weise, dass der Unternehmer ein bislang zu steuerpflichtigen Umsätzen genutztes Geschoss anschließend als Wohnraum nutzt, löst dies also keine VSt-Berichtigung zu seinen Lasten aus (vgl. A 3.4 Abs. 7 UStAE, dortiges Beispiel 5). Dies gilt allerdings nur noch für Gebäude, die vor dem 01.01.2011 angeschafft bzw. mit deren Herstellung **vor dem 01.01.2011** begonnen worden ist! Gelangt § 15 Abs. 1b UStG zur Anwendung, löst der Nutzungswechsel eine VSt-Berichtigung nach § 15 Abs. 6a UStG aus.

1.3 Zwischenzeitlicher Leerstand von Gebäuden

Da sich nach früherer Sichtweise das Recht auf VSt-Abzug nach den tatsächlich ausgeführten Umsätzen richtete, war lange Zeit umstritten, wie zu verfahren sein soll, wenn ein Gebäude innerhalb des Berichtigungszeitraums längere Zeit ganz oder teilweise leer steht. Nach der Entscheidung des BFH vom 12.05.1993 (BStBl II 1993, 849) sollten Leerstandszeiten im Rahmen der VSt-Berichtigung wie die spätere tatsächliche Weiterverwendung zu beurteilen und damit **der späteren Verwendung zuzurechnen** sein. Die anschließende Vermietung wirkte also auf die Leerstandszeit zurück.

Auch daran ist nach den Entscheidungen von EuGH und BFH zur Bedeutung von Verwendungsabsichten im Rahmen des VSt-Abzugs nicht länger festzuhalten. Nach dieser Rspr. kann dem StPfl. das Recht auf VSt-Abzug so lange nicht aberkannt werden, wie der StPfl. nachweislich die durch objektive Anhaltspunkte belegte Absicht zur Ausführung von vorsteuerunschädlichen Umsätzen hat (dazu bereits Kap. XV 4.1 mit dortigem Beispiel 15). Solange dies der Fall ist, darf folgerichtig auch der einmal geltend gemachte VSt-Abzug nicht negativ berichtigt werden. Erst wenn diese Absicht sich ändert oder tatsächlich andere als die beabsichtigten Umsätze ausgeführt werden, kann eine Berichtigung des VSt-Abzugs i.S.d. § 15a UStG in Betracht kommen. Dem folgt auch die Finanzverwaltung. Stehe ein Gebäude im Anschluss an seine erstmalige Verwendung für eine bestimmte Zeit ganz oder teilweise leer, sei **bis zur tatsächlichen erneuten Verwendung des WG anhand der Verwendungsabsicht ... zu entscheiden, ob sich die für den ursprünglichen VSt-Abzug maßgebenden Verhältnisse ändern werden**, heißt es nunmehr in **A 15a.2 Abs. 8 S. 1 UStAE**.

> **Beispiel 2: Zwischenzeitlicher Leerstand eines Gebäudes**
> V hat seit dem 01.01.01 ein Grundstück steuerpflichtig an M vermietet. Zum 31.12.02 zieht M aus. V will das Grundstück weiterhin steuerpflichtig vermieten, was ihm aber trotz intensiver Bemühungen nicht gelingt. Nach einer Leerstandszeit während des gesamten Jahres 03 nimmt V ab 02.01.04 Verhandlungen mit einer Bank auf. Zum 01.03.04 vermietet V das Grundstück steuerfrei an die Bank.
>
> **Lösung:** Nach früherer Sichtweise war der VSt-Abzug für die Zeit ab 01.01.03 negativ zu berichtigen, da danach die Leerstandszeit der erstmaligen Wiederverwendung, hier der steuerfreien Vermietung an die Bank, zuzurechnen sein sollte. Da nach inzwischen geänderter Auffassung die **Verwendungsabsicht auch für die VSt-Berichtigung maßgebend** ist, entfällt für das Jahr 03 eine VSt-Berichtigung. Eine VSt-Berichtigung ist erst für den Restberichtigungszeitraum ab 01.01.04 notwendig, weil V ab diesem Zeitraum seine Absicht geändert hat und auch tatsächlich ab 01.03.04 steuerfrei vermietet. (V bleiben – sofern sich die steuerfreie Vermietung bis zum Ende des Berichtigungszeitraums fortsetzt – letztlich 03/10 statt 02/10 der gesamten VSt erhalten).

1.4 Berichtigungszeitraum

Eine VSt-Berichtigung kommt nur in Betracht, wenn die Änderung der Verwendungsverhältnisse innerhalb des sog. Berichtigungszeitraums erfolgt. Er **beginnt mit der tatsächlichen erstmaligen Verwendung** des Gegenstandes, die sich keineswegs mit dem Zeitpunkt des Leistungsbezugs oder des VSt-Abzugs decken muss. Wird ein WG, z.B. ein Gebäude, bereits entsprechend dem Baufortschritt verwendet, noch bevor es insgesamt fertig gestellt ist, läuft für jeden gesondert in Verwendung genommenen Teil des Gebäudes ein besonderer Berichtigungszeitraum. Diese Berichtigungszeiträume beginnen jeweils in dem Zeitpunkt, in welchem der einzelne Teil des Gebäudes erstmalig verwendet wird (A 15a. 3 Abs. 2 UStAE). Der einzelnen Berichtigung sind jeweils die VSt-Beträge zuzuordnen, die auf den entsprechenden Teil des WG entfallen. Wird dagegen ein fertiges Gebäude nur teilweise genutzt, besteht ein einheitlicher Berichtigungszeitraum für das gesamte Gebäude, der mit dessen erstmaliger teilweiser Verwendung beginnt. Dabei ist für die nicht genutzten Teile des Gebäudes die Verwendungsabsicht maßgebend.

Hinsichtlich der **Dauer** des Berichtigungszeitraums beschränkt sich der Gesetzgeber darauf, eine Höchstdauer festzuschreiben. Diese beträgt nach § 15a Abs. 5 UStG **bei beweglichen WG fünf, bei Grundstücken und ihren wesentlichen Bestandteilen**, also insbes. Gebäuden, **zehn Jahre** – mag die tatsächliche Nutzung auch ein Vielfaches betragen. Lediglich eine tatsächlich kürzere Verwendungsdauer ist nach § 15a Abs. 5 S. 2 UStG zu berücksichtigen. Hiervon erfasst sind nach A 15a.3 Abs. 1 S. 4 UStAE in erster Linie WG mit einer kürzeren betriebsgewöhnlichen Nutzungsdauer wie z.B. ein PC.[254] Hinzu kommen solche Sachverhalte, bei denen das WG vor Ablauf der unterstellten Verwendung wegen Verlusts oder Zerstörung tatsächlich nicht mehr verwendet werden kann (wie der Pkw des M. Taff in der **Beraterklausur 2012!**[255]). Eine Veräußerung des nicht mehr verwendungsfähigen WG bleibt ohne Relevanz für die VSt-Berichtigung, kann also auch nicht zu einer VSt-Berichtigung nach § 15a Abs. 8 UStG (dazu unter Kap. 2) führen. Für das Ende des Berichtigungszeitraums sieht § 45 UStDV eine Begradigung vor. Es ist nicht mit Monatsteilen zu rechnen, sondern **es sind volle Monate anzusetzen**: Endet der Berichtigungszeitraum vor dem 16. Tag eines Monats, wird der Berichtigungszeitraum rechnerisch auf das Ende des Vormonats verkürzt (z.B. bei einem Berichtigungszeitraum vom 12.01.01 bis 11.01.11 auf den 31.12.10), ansonsten auf das Ende des laufenden Monats verlängert (bei einem Ende des Berichtigungszeitraums am 17.01.11 also auf den 31.01.11). Die Vorschrift des § 45 UStDV ist zur Ermittlung des Beginns des Berichtigungszeitraums analog anzuwenden (A 15a.3 Abs. 1 S. 5 UStAE).

1.5 Ermittlung des Berichtigungsbetrags

Ziel der VSt-Berichtigung ist es, den Unterschiedsbetrag zu ermitteln, der sich zwischen dem VSt-Abzug zum Zeitpunkt des Leistungsbezugs und dem Betrag errechnet, der sich ergeben würde, wenn die spätere, tatsächliche Verwendung ebenfalls am Maßstab des § 15 Abs. 1b, 2 und 3 UStG beurteilt worden wäre. Dabei ist grundsätzlich **Jahr für Jahr zu entscheiden, ob es eine Änderung gegenüber den für den VSt-Abzug maßgeblichen Verhältnissen gegeben hat**. Gem. § 44 Abs. 2 UStDV unterbleibt eine VSt-Berichtigung allerdings für solche Kalenderjahre, bei denen die Änderung der Verhältnisse weniger als 10 % **und** auch der Berichtigungsbetrag nicht mehr als 1.000 € ausmacht.

Diese Rahmenbedingungen lassen es für die Bearbeitung von Sachverhalten, die ihren Schwerpunkt in einer VSt-Berichtigung nach § 15a UStG haben, ratsam erscheinen, **zu-**

---

[254] Bei Computern wird eine VSt-Berichtigung zumeist aber ohnehin schon deshalb entfallen, weil das nach **§ 44 Abs. 1 UStDV** erforderliche VSt-Volumen von 1.000 € nicht erreicht wird.
[255] Dies hat dann zwangsläufig auch Auswirkungen auf die BMG einer privaten Pkw-Nutzung, da dafür die Anschaffungskosten auf die Dauer des Berichtigungszeitraums nach § 15a UStG zu verteilen sind.

nächst – wie sonst auch – die **(Ausgangs-)Umsätze** zu beurteilen, für die die VSt-belasteten Leistungen bezogen werden. Daran **anschließend** ist auf den **VSt-Abzug** einzugehen. Wird die bezogene Leistung sogleich im Unternehmen verwendet, kommt Ihnen die schon vorgenommene Betrachtung der Ausgangsumsätze zugute, wenn es darum geht festzustellen, ob der VSt-Abzug wegen vorsteuerschädlicher Nutzung nach § 15 Abs. 1b, 2 und 3 UStG ganz oder teilweise ausgeschlossen ist. Geht der erstmaligen Nutzung eine Investitionsphase voran, ist die vorgeschaltete Prüfung der damit später bewirkten Umsätze ebenfalls sinnvoll. Entspricht die erstmalige Verwendung nämlich nicht der ursprünglich in der Investitionsphase angenommenen Verwendung, so steht damit zugleich fest, dass bereits für das Erstjahr der Verwendung eine VSt-Berichtigung durchzuführen ist.

Ist eine VSt-Berichtigung ausgelöst, weil bei einem **Gegenstand des Anlagevermögens** die erstmalige oder eine spätere tatsächliche Verwendung von der beim Leistungsbezug zugrunde gelegten abweicht, ist es empfehlenswert, sich

- zunächst Klarheit über das **Ende des Berichtigungszeitraum** zu verschaffen, um davor bewahrt zu sein, für § 15a UStG irrelevante Vorgänge noch in die Betrachtung einer VSt-Berichtigung einzubeziehen,
- sodann den entsprechend den Verwendungsverhältnissen zu verteilenden **VSt-Betrag pro Kalenderjahr (oder Kalendermonat)** sowie
- den mit dem VSt-Abzug **fiktiv in Ansatz gebrachten VSt-Betrag pro Kalenderjahr (oder Kalendermonat) zu ermitteln** und diesem Betrag
- den **VSt-Betrag** gegenüberzustellen, der **angesichts der tatsächlichen Verwendung** im zu beurteilenden Kalenderjahr bzw. Kalendermonat hätte in Abzug gebracht werden dürfen.

Der Differenzbetrag ist der Berichtigungsbetrag pro Kalenderjahr bzw. Kalendermonat. Zwischenzeitliche Steuersatzerhöhungen haben für eine VSt-Berichtigung schon deshalb keine Bedeutung, weil es darum geht, den ursprünglichen VSt-Abzug zu berichtigen.

Hinweis: Dieselbe Vorgehensweise ist bei nachträglichen AK oder HK (nach § 15a Abs. 6 UStG Behandlung wie ein eigenes WG) oder in den Fällen des § 15a Abs. 3 und Abs. 4 UStG (dazu s. Kap. 3.2) zu praktizieren. Insbesondere sollte man sich an der beschriebenen Vorgehensweise also auch dann orientieren, wenn nach § 15a Abs. 3 UStG Erhaltungsaufwand an Gegenständen des Anlagevermögens zum eigenständigen Berichtigungsobjekt wird.

> **Beispiel 3: Modellbeispiel zur Berechnung des Berichtigungsbetrags**
> Unternehmer U erwirbt am 03.02.05 für sein Unternehmen eine EDV-Anlage. U liegt hierüber eine ordnungsgemäße Rechnung vom 03.02.05 vor, die 24.000 € USt ausweist. U nutzt die Anlage ab 02.04.05 entsprechend seiner Verwendungsabsicht beim Leistungsbezug zu 50 % für steuerpflichtige, zu 50 % für steuerfreie Umsätze. Ab 01.07.06 wird die Anlage zu 30 % für steuerpflichtige und zu 70 % für steuerfreie Umsätze verwendet. Ab 01.07.09 erfolgt eine erneute Änderung: Die Nutzung ist fortan zu 80 % steuerpflichtig, zu 20 % steuerfrei.
>
> **Lösung:** Angesichts der beim Leistungsbezug am 03.02.05 beabsichtigten und ab 02.04.05 tatsächlich auch realisierten Verwendung ist beim VSt-Abzug eine Aufteilung nach § 15 Abs. 2 und Abs. 4 UStG geboten. Der VSt-Abzug im VAZ 02/05 beträgt 12.000 € (50 % der angefallenen VSt von 24.000 €). Für die VSt-Berichtigung ergibt sich unter Berücksichtigung von § 45 UStDV als Ende des Berichtigungszeitraums der 31.03.10. Der zu verteilende VSt-Betrag pro

Kalenderjahr/-monat beträgt 4.800 €/400 €, die fiktiv in Ansatz gebrachte VSt aufgrund des VSt-Abzugs im VAZ des Erwerbs pro Kalenderjahr/-monat beläuft sich 2.400 €/200 €. Dem gegenüberzustellen ist jeweils der VSt-Betrag, der angesichts der tatsächlichen Verwendung in dem jeweils zu beurteilenden Kalenderjahr/-monat des Berichtigungszeitraums hätte in Abzug gebracht werden dürfen.

05:	Fiktiver Ansatz in 05: 9/12 x 50 % von 4.800 € (2.400 €)	1.800 €
	Tatsächliche Nutzung in 05 berechtigte zu 9/12 x 50 % von 4.800 € (2.400 €)	1.800 €
	Ergebnis: Eine Berichtigung des VSt-Abzugs in 05 entfällt.	

06:	Fiktiver Ansatz in 06: 12/12 x 50 % von 4.800 € (2.400 €)	2.400 €
	Tatsächliche Nutzung in 02 berechtigte zu 6/12 x 50 % von 4.800 € (2.400 €) = 1.200 € + 6/12 x 30 % von 4.800 € (1.440 €) = 720 €	1.920 €
	Dies entspricht über das Jahr 06 einer steuerpflichtigen Nutzung von 40 %. Der Vergleich mit dem fiktiven Ansatz von 2.400 € ergibt einen Berichtigungsbetrag von 480 €. Obwohl in 06 der Mindestberichtigungsbetrag von 1.000 € nicht erreicht wird, steht § 44 Abs. 2 UStDV einer Berichtigung nicht entgegen, da die prozentuale Abweichung gegenüber den für den VSt-Abzug maßgeblichen Verhältnissen (50 %) die in § 44 Abs. 2 UStDV geforderten 10 % erreicht.	

07:	Fiktiver Ansatz in 07: 12/12 x 50 % von 4.800 € (2.400 €)	2.400 €
	Tatsächliche Nutzung in 07 berechtigte zu 12/12 x 30 % von 4.800 € (1.440 €)	1.440 €
	Der Vergleich mit dem fiktiven Ansatz von 2.400 € ergibt einen Berichtigungsbetrag von 960 €. § 44 Abs. 2 UStDV steht einer Berichtigung aus denselben Gründen wie in 06 nicht entgegen. Die prozentuale Abweichung gegenüber den Verwendungsverhältnissen beim Leistungsbezug beträgt in 07 sogar 20 %.	

08:	wie in 07

09:	Fiktiver Ansatz in 09: 12/12 x 50 % von 4.800 € (2.400 €)	2.400 €
	Tatsächliche Nutzung in 09 berechtigte zu 6/12 x 30 % von 4.800 € (1.440 €) = 720 € + 6/12 x 80 % von 4.800 € (3.840 €) = 1.920 €	2.640 €
	Dies entspricht über das Jahr 09 einer steuerpflichtigen Nutzung von 55 % gegenüber 50 % beim VSt-Abzug. Der Vergleich mit dem fiktiven Ansatz von 2.400 € ergibt einen Berichtigungsbetrag von 240 €. § 44 Abs. 2 UStDV steht einer Berichtigung für 05 entgegen, da in 09 weder der Mindestberichtigungsbetrag von 1.000 € noch eine prozentuale Mindestabweichung von 10 % gegenüber den Verwendungsverhältnissen beim Leistungsbezug erreicht wird. Eine Berichtigung entfällt für das Kj. 09.	

10:	Fiktiver Ansatz in 06: 3/12 x 50 % von 4.800 € (2.400 €)	600 €
	Tatsächliche Nutzung in 10 berechtigte zu 3/12 x 80 % von 4.800 € (3.840 €)	960 €
	Der Vergleich mit dem fiktiven Ansatz in 10 von 600 € ergibt einen Berichtigungsbetrag von	360 €

Dieselbe Vorgehensweise empfiehlt sich auch für nur teilunternehmerisch genutzte Grundstücke, bei denen es ab 2011 bei Erwerb zu einer VSt-Beschränkung nach § 15 Abs. 1b UStG kommt, wenn während der Dauer des Berichtigungszeitraums der Anteil der unternehmerischen zur außerunternehmerischen Nutzung variiert und deshalb nach § 15a Abs. 6a UStG eine VSt-Berichtigung ausgelöst ist. Für das obige Beispiel 1a bedeutete dieses Vorgehen für das Kalenderjahr 03: VSt-Volumen pro Kalenderjahr: 10.000 €; fiktiver Ansatz in 03: 50 % von 10.000 € = 5.000 €; tatsächliche Nutzung in 03 berechtigt zum Abzug von 75 % von 10.000 € = 7.500 €. Der Vergleich mit dem fiktiven Ansatz ergibt einen Berichtigungsbetrag von 2.500 €.

1.6 Vorsteuerberichtigung wegen eines Wechsels der Besteuerungsform

Umstritten ist lange Zeit gewesen, ob jemand, dem beim Leistungsbezug der VSt-Abzug als Kleinunternehmer nach § 19 Abs. 1 S. 4 UStG versagt bleiben musste, über eine VSt-Berichtigung den VSt-Abzug anteilig nachholen kann, wenn er noch innerhalb des Berichtigungszeitraums aufgrund erhöhter Umsatzzahlen in die Regelbesteuerung hineinwächst oder nach § 19 Abs. 2 UStG aus freien Stücken zur Regelbesteuerung optiert. Der BFH hat dies in seiner Entscheidung vom 17.06.2004 (BStBl II 2004, 858) mit überzeugender Begründung bejaht. Der Gesetzgeber ist dem Gericht zum 01.01.2005 mit dem neu eingefügten § 15a Abs. 7 UStG gefolgt.

Beispiel 4: Erfolgreiche Vermietung erst nach Anlaufschwierigkeiten
(nach BFH vom 17.06.2004, BStBl II 2004, 858)
U hat in den Jahren 01 und 02 im Dachgeschoss seines Wohnhauses jeweils eine Ferienwohnung ausgebaut. Angefallene VSt pro Wohnung: 2.400 €. Seine Umsätze aus der Vermietung der Wohnungen lagen in den Jahren 01 und 02 unterhalb der Grenze des § 19 Abs. 1 S. 1 UStG. Im Jahr 03 erreichte er erwartungsgemäß Umsätze mit einem Gesamtentgelt von 50.000 €. VSt-Berichtigung in 03?

Lösung: Durch den Übergang von der Besteuerung als Kleinunternehmer in den Jahren 01 und 02 zur Regelbesteuerung im Jahr 03 haben sich bei dem von U für unternehmerische Zwecke verwendeten Grundstück (Ferienwohnungen) innerhalb des Berichtigungszeitraums von zehn Jahren »die Verhältnisse, die für den VSt-Abzug maßgebend waren«, geändert. Der Zweck des § 15a UStG erfasse – so der BFH – nicht nur Änderungen der Verwendungsverhältnisse, sondern »sämtliche Änderungen der Verhältnisse, die ... für den VSt-Abzug maßgebend waren«. Der Abzug (oder Nichtabzug) der VSt aus dem Bezug von Leistungen solle über § 15a UStG so ausgeglichen werden, dass er den Verwendungsverhältnissen im Berichtigungszeitraum entspricht. Dem widerspräche es, wenn der U zwar die Umsätze aus der kurzfristigen und damit nach § 4 Nr. 12a S. 2 UStG steuerpflichtigen Vermietung versteuern müsste, ihm die entsprechende Entlastung durch Abzug der auf dieses Jahr entfallenden VSt-Beträge (ein Zehntel der insgesamt für den Ausbau der Ferienwohnungen angefallenen VSt-Beträge, hier also 480 €) aber verwehrt würde.

Eine Berichtigung des VSt-Abzugs hat selbstverständlich auch im umgekehrten Fall zu erfolgen, bei dem es zu einem Übergang von der allgemeinen Besteuerung zur Nichterhebung der Steuer nach § 19 Abs. 1 UStG kommt. Dies gebietet zum einen der Zweck des § 15a UStG. Zum anderen würden sich ansonsten Gestaltungsmodelle aufdrängen (z.B. Geltendmachung des VSt-Abzugs als Regelbesteuerer und danach Übergang zur Nichterhebung der Steuer nach § 19 Abs. 1 UStG), die zu erheblichen Steuerausfällen führen könnten. Bereits bisher wurde der Übergang von der allgemeinen Besteuerung zur Durchschnittssatzbesteuerung nach § 24 UStG und umgekehrt als VSt-Berichtigungsfall behandelt. § 15a Abs. 7 UStG bestätigt insoweit also nur eine seit langem anerkannte Praxis.

Hinweis: Die Problematik, dass ein Kleinunternehmer in die Regelbesteuerung hineinwächst, hat die **Beraterklausur 2012** aufgenommen, dort am Beispiel eines Fahrzeugs, das der (ehemalige) Kleinunternehmer Taff ohne VSt-Abzug erworben hatte.

2 Vorsteuerberichtigung wegen Veräußerung oder Entnahme

Eine relevante Änderung der Verhältnisse kann nach § 15a Abs. 8 UStG auch vorliegen, wenn ein WG vor Ablauf des Berichtigungszeitraums veräußert oder nach § 3 Abs. 1b UStG geliefert wird. Voraussetzung hierfür ist aber, dass die Veräußerung oder Entnahme für den VSt-Abzug anders zu beurteilen ist »... als die für den ursprünglichen VSt-Abzug maßgebliche Verwendung«.

2.1 Anwendungsbereich des § 15a Abs. 8 UStG

Zu einer solchen abweichenden Beurteilung wird es durchweg nicht kommen, wenn der Unternehmer ein bewegliches WG entsprechend der Verwendungsabsicht beim Leistungsbezug bisher **ausschließlich** zu vorsteuerschädlichen oder ausschließlich zu vorsteuerunschädlichen Umsätzen verwendet hat. Die Veräußerung oder Entnahme wird dann regelmäßig genauso zu beurteilen sein wie die für den VSt-Abzug maßgebliche Verwendung.

> **Beispiel 5: Entnahme oder Veräußerung als Berichtigungstatbestand**
> Arzt A (alternativ: Bauunternehmer B) schafft sich zum 01.04.01 für 3.000 € zzgl. 570 € USt einen PC an. In der Folgezeit nutzt er den PC ausschließlich für seine ärztliche/bauunternehmerische Tätigkeit. Zum 01.07.02
> - veräußert A (B) den PC für 1.190 €,
> - überführt A (B) den PC ins Privatvermögen.
>
> **Lösung:** Die ausschließliche Nutzung des PC zu nach § 4 Nr. 14a UStG steuerfreien Umsätzen hat einen VSt-Abzug des Arztes bei Erwerb des PC nach § 15 Abs. 2 Nr. 1 UStG ausgeschlossen. Da der PC ohne VSt-Abzug ins Unternehmen gelangt ist, unterbleibt folgerichtig auch eine

Besteuerung der als Hilfsgeschäft nach § 1 Abs. 1 Nr. 1 UStG steuerbaren Veräußerung. Diese ist steuerfrei nach § 4 Nr. 28 UStG (steuerfreies Entgelt nach § 10 Abs. 1 UStG: 1.190 €) und ist damit unter dem Aspekt des § 15 Abs. 2 Nr. 1 UStG nicht anders zu beurteilen als die bisherige Nutzung im Unternehmen. Überführt A den PC ins Privatvermögen, wird der PC nicht »nach § 3 Abs. 1b UStG geliefert«, da die Besteuerung einer Entnahme nach § 3 Abs. 1b S. 2 UStG von einem vorangegangenen VSt-Abzug abhängt. Eine Berichtigung nach § 15a Abs. 8 S. 1 UStG ist in keinem der Fälle ausgelöst. Bauunternehmer B hatte bei Erwerb vollen VSt-Abzug hinsichtlich der ausgewiesenen 570 € USt; dementsprechend ist auch die Veräußerung voll steuerpflichtig (BMG: 1.000 €, USt: 190 €). Eine VSt-Berichtigung ist ebenso wenig ausgelöst wie im Falle einer Entnahme durch den Bauunternehmer, die bei ihm anders als bei A nach § 3 Abs. 1b UStG steuerbar und steuerpflichtig ist. Wiederum sind Veräußerung und Entnahme für den VSt-Abzug nicht anders zu beurteilen als die für den VSt-Abzug maßgebliche Verwendung.

Ist die für den VSt-Abzug zugrunde gelegte Nutzung voll vorsteuerschädlich oder voll vorsteuerunschädlich, kommt eine **Berichtigung nach § 15a Abs. 8 UStG durch Veräußerung oder Entnahme praktisch nur bei Grundstücken** in Betracht. So muss ein Unternehmer, der ein errichtetes Gebäude zunächst ausschließlich zu steuerpflichtigen Umsätzen verwendet, es aber noch innerhalb des Berichtigungszeitraums veräußert, in der Tat eine VSt-Berichtigung nach § 15a Abs. 8 S. 1 UStG fürchten. Dann nämlich, wenn die Veräußerung steuerfrei nach § 4 Nr. 9 Buchst. a UStG bleibt – etwa, weil er an einen Nichtunternehmer veräußert oder der Erwerber wegen seinerseits vorsteuerschädlicher Umsätze nicht an einer Option interessiert sein kann. Entsprechendes gilt, wenn der Unternehmer das Grundstück nicht veräußert, sondern innerhalb des Berichtigungszeitraums entnimmt – z.B. durch unentgeltliche Übertragung auf einen nahen Angehörigen. Eine solche Entnahme ist, soweit sie sich auf Grundstücke bezieht, nach jüngst geänderter Auffassung der Finanzverwaltung (wieder) generell als steuerfrei nach § 4 Nr. 9 Buchst. a UStG zu behandeln.[256] Soweit die Entnahme darin besteht, dass das Grundstück unentgeltlich auf einen Dritten übertragen wird, der die steuerpflichtige Nutzung fortsetzt, kann folglich nur eine Beurteilung der Übertragung als nicht steuerbare Geschäftsveräußerung nach § 1 Abs. 1a UStG eine systemwidrige USt-Belastung verhindern. Entsprechend bedeutsam wird die Frage, welche Voraussetzungen vorliegen müssen, um eine Grundstücksübertragung als Geschäftsveräußerung nach § 1 Abs. 1a UStG behandeln zu können (s. dazu Kap. VIII 2.1 und 2.2), bei der für die Frage einer VSt-Berichtigung nach § 15a Abs. 10 UStG auf die Verhältnisse beim übernehmenden Unternehmer abzustellen ist. Gelingt es nicht, den Nachweis einer nicht steuerbaren Geschäftsveräußerung zu führen, kommen auf den übertragenden Unternehmer erhebliche Kosten als Folge der dann ausgelösten VSt-Berichtigung nach § 15a Abs. 8 S. 1 UStG zu. Für die Ermittlung des VSt-Berichtigungsbetrages in Fällen des § 15a Abs. 8 UStG ist nämlich nach der Vorgabe des § 15a Abs. 9 UStG davon auszugehen, dass das entnommene oder veräußerte WG bis zum Ablauf des Berichtigungszeitraums weiter unter den gleichen (geänderten) Verhältnissen im Unternehmen verwendet wird. Die Begründung liegt auf der Hand: Eine Änderung der

---

256 Soweit das BMF zwischenzeitlich die Auffassung vertreten hatte, die Entnahme nach dem 30.06.2004 angeschaffter oder hergestellter Grundstücke sei steuerpflichtig, hat das BMF mit Schreiben vom 22.09.2008 (BStBl I 2008, 895) einen Rückzieher gemacht und erklärt: Für den Fall einer nach § 3 Abs. 1b S. 1 Nr. 1 und S. 2 UStG steuerbaren Entnahme eines Grundstücks aus dem Unternehmen ist die Steuerbefreiung des § 4 Nr. 9 Buchst. a UStG unabhängig davon anzuwenden, ob mit der Entnahme ein Rechtsträgerwechsel am Grundstück verbunden ist (so ausdrücklich nunmehr auch A 4.9.1 Abs. 2 Nr. 6 UStAE).

tatsächlichen Verwendungsverhältnisse kann nach der Veräußerung oder Entnahme bei dem StPfl., dessen VSt-Abzug zu berichtigen ist, nicht mehr in Betracht kommen.

Beispiel 6: Unentgeltliche Zuwendungen von Grundstücken als »teurer Spaß«
Zum Unternehmen des V gehören mehrere Grundstücke, die V in den Jahren 01 und 02 mit Gebäuden bebauen lässt. Eines der bebauten Grundstücke kann V wie geplant ab 01.07.02 steuerpflichtig vermieten (angefallene USt: 200.000 €). V schenkt das Grundstück am 01.10.05 seiner Tochter B, die die steuerpflichtige Vermietung bis zum 30.06.12 fortsetzt.

Abwandlung: V hat vor der Übertragung des Grundstücks auf seine Tochter das bestehende Mietverhältnis aufgelöst. B zieht zunächst mit ihrer Familie in das Gebäude, bevor sie ab 01.07.07 das Gebäude bis zum 30.06.12 steuerpflichtig (alternativ: steuerfrei) vermietet.

Lösung: Handelt es sich bei der Schenkung um die unentgeltliche Übertragung eines gesondert geführten Betriebs i.S.d. § 1 Abs. 1a S. 2 UStG, tritt B als das Grundstück erwerbende Unternehmerin nach § 1 Abs. 1a S. 3 UStG an die Stelle ihres Vaters V. Insoweit stellt § 15a Abs. 10 S. 1 UStG ergänzend ausdrücklich klar, dass der Berichtigungszeitraum für die im Wege einer Geschäftsübertragung erworbenen WG nicht unterbrochen wird, sondern beim Erwerber weiterläuft. Er endet folglich bei B am 30.06.12. Eine VSt-Berichtigung ist im Grundfall weder bei V noch bei B veranlasst. Die für den ursprünglichen VSt-Abzug maßgebenden Verhältnisse haben sich während des gesamten Berichtigungszeitraums vom 01.07.02 bis zum 30.06.12 nicht geändert. Anders sieht es aus, wenn es sich – wie in der Abwandlung – um eine nach § 3 Abs. 1b UStG steuerbare Entnahme des Grundstücks handelt. Da diese in entsprechender Anwendung des § 4 Nr. 9 Buchst. a UStG (wieder) steuerfrei ist, handelt es sich nunmehr um einen Umsatz, der anders zu beurteilen ist als die für den ursprünglichen VSt-Abzug maßgebliche Verwendung. Nach § 15a Abs. 9 UStG ist für den verbleibenden Berichtigungszeitraum vom 01.10.05 bis zum 30.06.12, also für 81 Monate, von einer steuerfreien Verwendung des Gebäudes auszugehen. Es ist folglich zu Lasten des V eine VSt-Berichtigung i.H.v. 81/120 x 200.000 € = 135.000 € ausgelöst. Bei diesem Ergebnis bleibt es unabhängig von der späteren Verwendung durch die Tochter, da bei Vorliegen einer steuerbaren, aber steuerfreien Entnahme die spätere Verwendung durch den Leistungsempfänger generell irrelevant ist.

Sieht man von Grundstücksübertragungen ab, so bleiben als weitere **Anwendungsfälle** einer VSt-Berichtigung nach § 15a Abs. 8 S. 1 UStG solche Sachverhalte, bei denen für den VSt-Abzug von einer teilweise steuerfreien, teilweise steuerpflichtigen Verwendung des WG auszugehen war. Wird ein solches WG später veräußert oder entnommen, ist die Veräußerung oder Entnahme zwangsläufig anders zu beurteilen als die für den VSt-Abzug maßgebliche Verwendung. Die Veräußerung oder Entnahme eines solchen WG ist regelmäßig zu 100 % steuerpflichtig oder steuerfrei. Hinzu kommt ab **01.01.2011 nach § 15a Abs. 8 S. 2 UStG** der Fall, dass der VSt-Abzug bei Erwerb wegen auch außerunternehmerischer Nutzung nach § 15 Abs. 1b UStG beschränkt war, und das Gründstück noch innerhalb des Berichtigungszeitraums veräußert oder entnommen wird. Dazu das folgende einfache Beispiel 7.

Beispiel 7: Veräußerung eines gemischt genutzten Grundstücks (§ 15a Abs. 8 S. 2 UStG n.F.)
V hat Anfang April 2011 ein Gebäude für 200.000 € zzgl. 38.000 € erworben. Er nutzt das Gebäude, wie von vornherein beabsichtigt, zu 50 % für steuerpflichtige Vermietungsumsätze, zu 50 % für private Zwecke. Zum 01.04.2013 veräußert er das seinem Unternehmen zugeordnete

Gebäude für 212.000 € an P, der das gesamte Gebäude für sich und seine Familie ausschließlich als Wohnraum nutzen will.

Lösung: V war nach § 15 Abs. 1b UStG bei Erwerb der Gebäudes im VAZ April 2011 auf einen VSt-Abzug i.H.v. 19.000 € beschränkt. Die Veräußerung im April bleibt nach § 4 Nr. 9 Buchst. a UStG zwingend steuerfrei und löst nach § 15a Abs. 8 S. 2 UStG zu Lasten des V eine VSt-Berichtigung aus. Berichtigungsbetrag zu seinen Lasten: 96/120 × 50 % von 38.000 € = 15.200 €, zu erklären nach § 44 Abs. 4 S. 3 UStG in der Voranmeldung für den April 2013 (s. zu einer Berichtigung nach § 15a Abs. 8 S. 2 UStG auch das Beispiel 5 in A 15.6a UStAE).

2.2 Vorsteuerberichtigung durch Verwertungshandlungen im Insolvenzverfahren

Eine VSt-Berichtigung nach § 15a Abs. 8 UStG kann auch ausgelöst sein, wenn ein Insolvenzverwalter vor Ablauf des Berichtigungszeitraums im Insolvenzverfahren WG des Gemeinschuldners veräußert. Wie in Kap. III dargelegt hat die Eröffnung eines Insolvenzverfahrens keinen Einfluss auf den Fortbestand des Unternehmens. Das Handeln des Insolvenzverwalters ist im Verhältnis zu Dritten als Handeln des Unternehmers/Insolvenzschuldners anzusehen. Veräußert also der Insolvenzverwalter z.B. ein Grundstück steuerfrei, für das die Verwendungsverhältnisse beim Leistungsbezug dem Unternehmer/Insolvenzschuldner einen vollen VSt-Abzug erlaubt hatten, so kommt dem FA ein Rückforderungsanspruch hinsichtlich eines Teils der VSt zu.

Insoweit geht es dann allerdings weiter darum, den Anspruch auf die zurückzuzahlende VSt als Insolvenzforderung nach § 38 InsO oder Masseverbindlichkeit nach § 55 InsO einzuordnen. Dies schafft regelmäßig keine Probleme. Die zurückzuzahlende VSt resultiert aus einer **nach** Eröffnung des Insolvenzverfahrens vorgenommenen Verwertungshandlung des Insolvenzverwalters und führt von daher zu einer Masseverbindlichkeit nach § 55 Abs. 1 Nr. 1 InsO, die vorrangig zu befriedigen ist. Entsprechendes gilt gem. § 55 Abs. 2 InsO auch für Veräußerungen durch einen vorläufigen Insolvenzverwalter **vor** Eröffnung des Verfahrens, sofern dieser mit Verfügungsbefugnis nach § 22 Abs. 1 InsO ausgestattet ist.

Hinweis: Soweit eine Option nach § 9 UStG realisiert und so eine VSt-Berichtigung nach § 15a Abs. 8 UStG vermieden werden kann, gehört die dann durch die Veräußerung entstehende USt selbstverständlich ebenfalls zu den Masseverbindlichkeiten.

3 Erweiterung der Berichtigungstatbestände zum 01.01.2005

In seiner bis zum 31.12.2004 geltenden Fassung erfasste § 15a UStG nur Verwendungsänderungen an sog. Investitionsgütern. In der Sprache des § 15a Abs. 1 UStG sind dies WG, die »nicht nur einmalig zur Ausführung von Umsätzen verwendet« werden. Nur für diese WG, bei denen es sich regelmäßig um Gegenstände des Anlagevermögens handelt, sowie deren nachträgliche AK und HK (vgl. § 15a Abs. 6 UStG) sollte eine VSt-Berichtigung in Betracht kommen können. Nicht erfasst waren dagegen Verwendungsänderungen

- bei WG des Umlaufvermögens,
- bei nachträglich in ein WG eingebauten Gegenständen oder

- bei sonstigen Leistungen an einem WG, die ertragsteuerrechtlich Erhaltungsaufwand darstellen, und
- bezüglich sonstiger Leistungen, die nicht an einem WG ausgeführt werden.

§ 15a UStG in seiner alten Fassung setzte damit Art. 20 der 6. EG-RL nicht zutreffend um. Dies hat der Gesetzgeber mit der völligen Neukonzeption des § 15a UStG zum 01.01.2005 und der damit einhergehenden Erweiterung der Norm auf insgesamt 11 Absätze nachgeholt. Das BMF hat diese Neukonzeption zum Anlass genommen, in einem Schreiben vom 06.12.2005 (BStBl I 2005, 1068 = Nr. 500, § 15a/1) ausführlich zu nahezu allen Fragen Stellung zu nehmen, die sich im Hinblick auf § 15a UStG stellen können.[257] Die dortigen Ausführungen sind heute Gegenstand der A 15a.1 bis 15a.11 UStAE.

3.1 Verwendungsänderungen bei Umlaufvermögen

Der neu eingefügte § 15a Abs. 2 UStG eröffnet erstmals für WG des Umlaufvermögens eine VSt-Berichtigung. Sie ist ausgelöst, wenn das WG mit einer anderen Verwendungsabsicht als der später tatsächlich gegebenen Verwendung erworben wurde. Hervorzuheben ist, dass für diese WG kein begrenzter Berichtigungszeitraum vorgegeben wird. Die Berichtigung ist stets für den Besteuerungszeitraum vorzunehmen, in dem es zu einer tatsächlichen Verwendung, also zu einer Veräußerung, gekommen ist. Der Berichtigungszeitraum für Investitionsgüter spielt bei WG des Umlaufvermögens keine Rolle. Der Anwendungsbereich des neuen § 15a Abs. 2 UStG wird in der Praxis im Wesentlichen auf den Fall beschränkt bleiben, dass ein mit VSt-Abzug erworbenes WG des Umlaufvermögens später steuerfrei veräußert wird.

> **Beispiel 8: Steuerfreie Grundstücksveräußerung als Berichtigungstatbestand**
> Unternehmer U hat mit notariellem Kaufvertrag vom 20.01.01 dem Grundstückshändler G ein unbebautes Betriebsgrundstück in HH zum Preis von 500.000 € netto verkauft und in dem Vertrag auf die Steuerbefreiung des § 4 Nr. 9 Buchst. a UStG verzichtet (dazu § 9 Abs. 1, Abs. 3 S. 2 UStG). G erklärte die von ihm nach § 13b Abs. 2 S. 1 Nr. 3, Abs. 5 S. 1 UStG geschuldete USt i.H.v. 95.000 € in seiner Voranmeldung für den VAZ 02/01 (Übergang von Nutzen und Lasten zum 01.02.01). Im gleichen VAZ machte er gem. § 15 Abs. 1 S. 1 Nr. 4 UStG die 95.000 € als VSt geltend, da er glaubhaft versicherte, das Grundstück steuerpflichtig weiter veräußern zu wollen. Erst zum 01.02.03 (alternativ: 01.02.13) gelingt es ihm, das Grundstück für 650.000 € an die Freie und Hansestadt HH zu verkaufen, die das Grundstück für einen Behördenbau nutzen will.
>
> **Lösung:** Bis zum 31.12.2004 unterfiel diese Fallkonstellation nicht der VSt-Berichtigung, da es sich bei dem Grundstück um einen Gegenstand des Umlaufvermögens handelt. Das bedeutet: Hätte der Grundstückserwerb 2004 stattgefunden, wäre G der aufgrund der Verwendungsabsicht gewährte VSt-Abzug erhalten geblieben![258] Mit dem neuen § 15a Abs. 2 UStG wird dieser Sachverhalt einer VSt-Berichtigung zugänglich. Die hier nach § 4 Nr. 9 Buchst. a UStG zwingend

---

257 Analyse des BMF-Schreibens bei *Forster* (UStB 2006, 12) sowie *Huschens* (Inf 2006, 16 und 64).
258 Für **vor dem 01.01.2005** ausgeführte Umsätze, die zur Anschaffung oder Herstellung von Wirtschaftsgütern führen, die nur einmalig zur Ausführung eines Umsatzes verwendet werden (»Umlaufvermögen«), besteht **auch unter Berücksichtigung von Art. 20 der 6. EG-RL kein Anspruch auf** – und entsprechend auch keine Verpflichtung zur – **Vorsteuerberichtigung** nach § 15a UStG – so erst jüngst BFH vom 12.02.2009 (BStBl II 2010, 76).

steuerfreie Veräußerung des Grundstücks an die Freie Hansestadt Hamburg (beabsichtigt ist eine nichtunternehmerische Nutzung durch die juristische Person des öffentlichen Rechts) führt zu einer Verwendungsänderung »bei einem WG, das nur einmalig zur Ausführung eines Umsatzes verwendet wird«. Der im Veranlagungszeitraum 02/01 zutreffend geltend gemachte VSt-Abzug ist im Voranmeldungszeitraum 03 zu Ungunsten des G um 95.000 € zu berichtigen. Da § 15a Abs. 2 UStG einen Berichtigungszeitraum nicht kennt, würde Entsprechendes für die Alternative (Veräußerung zum 01.02.13) gelten. Für den Voranmeldungszeitraum 02/13 wäre der VSt-Abzug um 95.000 € zu berichtigen.

War eine steuerpflichtige Verwendung beabsichtigt und kommt es tatsächlich zu einer vorsteuerschädlichen, steuerfreien Veräußerung, so **erfasst § 15a Abs. 2 UStG stets die gesamte abgezogene Steuer** und nicht etwa nur einen Teil davon. Nach dem Gesetzeswortlaut spielt es keine Rolle, ob das Berichtigungsobjekt noch einen dem VSt-Berichtigungsbetrag entsprechenden Wert hat.

Ergänzender Hinweis: Das Beispiel 8 entspricht von der Struktur her dem SV III aus der Beraterklausur 2006 (dort hatte Bauträger B die Absicht, ein von ihm erworbenes Grundstück steuerpflichtig zu veräußern, war dann aber genötigt, an die Stadt Dachau zu veräußern, »die auf dem Grundstück einen Erweiterungsbau für ihr Rathaus errichten möchte«).

3.2 Bestandteile oder sonstige Leistungen an einem Wirtschaftsgut

Wie § 15a Abs. 2 UStG sind auch § 15a Abs. 3 und Abs. 4 UStG gänzlich neu im Gefüge der VSt-Berichtigung. § 15a Abs. 3 UStG betrifft zum einen eine mögliche VSt-Berichtigung für einen nachträglich in einen Gegenstand eingefügten **Bestandteil**, der mit dem Einbau seine wirtschaftliche Selbständigkeit verloren hat. Beispiele hierfür bilden nach A 15a.6 Abs. 1 UStAE bei einem Fahrzeug: Klimaanlage, fest eingebautes Navigationssystem oder Austauschmotor; bei einem Gebäude: Klimaanlage, Einbauküche, Fenster, angebaute Balkone oder Aufzüge. Zum anderen geht es um eine VSt-Korrektur für **sonstige Leistungen**, die **an einem WG** ausgeführt werden und die nicht schon – wie z.B. Reinigungs- und Wartungsarbeiten – bereits im Zeitpunkt des Leistungsbezugs vollständig verbraucht sind (vgl. dazu näher A 15a.6 Abs. 6 UStAE). Innerhalb des § 15a Abs. 3 UStG wird weiter danach unterschieden, ob es sich um sonstige Leistungen oder Einbauten an Investitionsgütern i.S.d. § 15a Abs. 1 UStG handelt oder ob WG des Umlaufvermögens i.S.d. § 15a Abs. 2 UStG betroffen sind. Der Unterscheidung kommt insoweit Bedeutung zu, als nur im ersten Fall ein eigenständiger Berichtigungszeitraum besteht und die Korrektur Jahr für Jahr vorzunehmen ist. Bei Leistungen an nur einmalig zur Ausführung von Umsätzen verwendeten WG tritt die Änderung der Verhältnisse auch bezüglich der sonstigen Leistung oder der Einbauten jeweils mit der Veräußerung des WG ein.

Besondere Beachtung verdient im Rahmen des § 15a Abs. 3 UStG der zum 01.01.2007 eingefügte Satz 2. Danach sind mehrere im Rahmen einer Maßnahme in ein WG eingegangene Gegenstände und/oder **mehrere** im Rahmen einer Maßnahme an einem WG ausgeführte sonstige **Leistungen zu einem Berichtigungsobjekt zusammenzufassen**. Dies bedeutet, dass sämtliche im zeitlichen Zusammenhang bezogenen Leistungen, die ein WG betreffen und deren Bezug dem Erhalt oder der Verbesserung des WG dient, ein Berichtigungsobjekt werden. Von einem zeitlichen Zusammenhang ist vorbehaltlich anderer Nachweise auszugehen, wenn die verschiedenen Leistungen für ein bewegliches WG innerhalb von drei Kalendermonaten und für ein unbewegliches WG innerhalb von sechs Monaten bezogen werden. Der Zusammenfassung steht nicht entgegen, dass die Bestandteile und/oder sonstigen Leistungen von verschiedenen Unternehmern bezogen worden sind (vgl. A 15a.6 Abs. 11 UStAE).

Beispiel 9: Gebäudesanierung
Fabrikant F mit steuerpflichtigen Umsätzen hat in der ersten Jahreshälfte 02 ein bebautes Grundstück für 1.000.000 € netto erworben. Die Veräußerung an ihn erfolgte steuerpflichtig. F hat die von ihm nach § 13b Abs. 2 Nr. 3, Abs. 5 S. 1 UStG geschuldete USt von 190.000 € nach § 15 Abs. 1 Nr. 4 UStG voll als VSt in Abzug gebracht. In dem Gebäude hat F seit dem 01.07.02 sein Büropersonal untergebracht. In 06/06 erhielt das Gebäude neue Fenster, in 08/06 einen neuen Außenanstrich. Der Einbau der Fenster wurde am 28.06.06 abgeschlossen, der Außenanstrich war am 21.08.06 fertiggestellt. Kosten für die neuen Fenster gem. Rechnung der A-GmbH vom 02.07.06: 20.000 € zzgl. 3.800 € USt, für den neuen Außenanstrich berechnete der Malermeister M unter dem 25.08.06 einen Betrag von 5.000 € zzgl. 950 € USt. Ab dem 01.07.11 vermietet F das Grundstück steuerfrei an eine Versicherung. Hat für das Jahr 11 eine VSt-Berichtigung zu erfolgen?

Lösung: Mit der steuerfreien Vermietung ab dem 01.07.11 tritt eine Änderung der Verhältnisse ein, die für den ursprünglichen VSt-Abzug maßgebend waren. Dies gilt sowohl gegenüber den Verhältnissen in 02 bei Erwerb des Grundstücks als auch gegenüber den Verhältnissen in 06 beim Bezug der Malerarbeiten sowie dem Einbau der Fenster. Insoweit war die VSt wegen der steuerpflichtigen Umsätze des F jeweils zu 100 % abzugsfähig. Bei dem bebauten Grundstück handelt es sich um ein Investitionsgut i.S.d. § 15a Abs. 1 UStG. Die Änderung der Verhältnisse erfolgte innerhalb des zehnjährigen Berichtigungszeitraumes nach § 15a Abs. 1 S. 2 UStG, der am 01.07.02 begann und am 30.06.12 enden wird. Daher ist – bezogen auf das Jahr 11 – eine VSt-Berichtigung für 1/2 Jahr durchzuführen, und zwar i.H.v. 190.000 €: 10 x 6/12 = 9.500 €, wobei nach § 44 Abs. 4 S. 1 UStDV – Berichtigungsbetrag größer 6.000 € – monatlich ein Berichtigungsbetrag von 1.583,33 € zu erklären ist.

Hinsichtlich der Malerarbeiten liegt umsatzsteuerlich eine sonstige Leistung vor, ertragsteuerlich handelt es sich um Erhaltungsaufwendungen. Diese sonstige Leistung wird an einem Investitionsgut i.S.d. § 15a Abs. 1 UStG ausgeführt, nämlich dem Gebäude. Hinsichtlich des Fenstereinbaues liegt eine Werklieferung vor. Die Fenster wurden in das Gebäude als Investitionsgut eingefügt und verloren damit ihre körperliche und wirtschaftliche Eigenart, wurden somit Bestandteil des Gebäudes.[259] Nach § 15a Abs. 3 UStG i.V.m. § 15a Abs. 1 UStG kommt insoweit also ebenfalls eine Berichtigung in Betracht. Fraglich könnte höchstens sein, ob nicht eine VSt-Berichtigung hinsichtlich der Malerarbeiten schon deshalb entfallen muss, weil das nach § 44 Abs. 1 UStDV erforderliche Vorsteuervolumen von 1.000 € nicht erreicht ist. Nach § 15a Abs. 3 S. 2 UStG steht dies einer VSt-Berichtigung jedoch nicht entgegen. Danach sind mehrere im Rahmen einer Maßnahme in ein WG eingegangene Gegenstände und/oder **mehrere** im Rahmen einer Maßnahme an einem WG ausgeführte **Leistungen zu einem Berichtigungsobjekt zusammenzufassen**. Dies gilt hier für die Malerarbeiten und den Fenstereinbau, die angesichts des zeitlichen Zusammenhangs der Maßnahmen zu einem Berichtigungsobjekt werden. Das VSt-Volumen für das eine Berichtigungsobjekt, bestehend aus Außenanstrich und Fensterein-

---

[259] Nähere Ausführungen zum Begriff des Bestandteils i.S.d. § 15a Abs. 3 S. 1 UStG enthält A 15.a Abs. 1 UStAE.

bau, beträgt insgesamt 4.750 € (3.800 € + 950 €). Der Berichtigungszeitraum für dieses eine Berichtigungsobjekt beginnt zu dem Zeitpunkt, zu dem der Unternehmer das Wirtschaftsgut nach Durchführung der Maßnahme erstmalig verwendet (A 15a. 6 Abs. Abs. 11 S. 8 UStAE). Unter Berücksichtigung von § 45 UStV ist dies hier der 01.09.06. Nach A 15a.6 Abs. 8 UStAE ist **hinsichtlich der Dauer des Berichtigungszeitraums** darauf **abzustellen, in welches WG die Leistungen eingehen.** Da hier die Maßnahme ein Grundstück betrifft, gilt insoweit also ein zehnjähriger Berichtigungszeitraum, und zwar vom 01.09.06 bis zum 31.08.16. Pro Kalenderjahr beträgt das Vorsteuervolumen 475 €. Mithin hat für das Kalenderjahr 2011 für das Berichtigungsobjekt, bestehend aus Außenanstrich und Fenstereinbau, eine VSt-Berichtigung von 4.750 € x 6/12 = 237,50 €stattzufinden. Da die Abweichung gegenüber den für den VSt-Abzug maßgeblichen Verhältnissen mehr als zehn Prozentpunkte beträgt, steht § 44 Abs. 2 UStDV einer VSt-Berichtigung trotz des Korrekturbetrags von unter 1.000 € nicht entgegen. Nach § 44 Abs. 4 UStDV erfolgt die Korrektur erst in der Jahreserklärung für 2011. Offensichtlich wird: Durch die Zusammenfassung mehrerer Leistungen zu einem Berichtigungsobjekt reduziert sich nicht nur der Anwendungsbereich des § 44 Abs. 1 UStDV, sondern auch der des § 44 Abs. 2 UStDV, der – vorbehaltlich der 10 %-Grenze – bei einem Korrekturbetrag von unter 1.000 € eine VSt-Berichtigung entfallen lassen kann.

Nach § 15a Abs. 3 S. 3 UStG liegt eine relevante Änderung der Verhältnisse bezüglich eingefügter Gegenstände und sonstiger Leistungen auch dann vor, wenn das WG, in das ein anderer Gegenstand eingefügt oder an dem eine sonstige Leistung ausgeführt wurde, aus dem Unternehmen entnommen wird, aber diese Entnahme nicht nach § 3 Abs. 1b UStG steuerbar ist. Dies betrifft in erster Linie die Konstellation, dass hinsichtlich des Hauptgegenstandes § 3 Abs. 1b UStG nicht vorliegt, weil bei dessen Anschaffung z.B. wegen des Erwerbs von einer Privatperson kein VSt-Abzug möglich war, und anschließend in den Gegenstand vorsteuerentlastete sonstige Leistungen eingegangen sind, die nicht schon mit Leistungsbezug wirtschaftlich verbraucht sind (dazu bereits ausführlich Kap. XII 1).

Beispiel 10: Berichtigung wegen vorsteuerentlasteter Leistungsbezüge ohne spätere Entnahmebesteuerung
Händler H hatte zum 01.01.01 von privat einen Pkw für 14.400 € erworben. Im März 01 hat H an dem Wagen eine Inspektion für 300 € zgl. 57 € USt ausführen lassen; am 01.07.02 hat er umfangreiche vorsteuerentlastete Karosserie- und Lackarbeiten für insgesamt 7.500 € zzgl. 1.425 € vornehmen lassen. Da H den Wagen für steuerpflichtige unternehmerische Zwecke nutzt, hat er die ausgewiesenen Umsatzsteuerbeträge als VSt abgezogen. Zum 31.12.04 überführt H den Pkw ins Privatvermögen.

Lösung: Eine Besteuerung der Entnahme kommt nicht in Betracht, da die Inspektion wie auch die Karosserie- und Lackarbeiten nicht zu Bestandteilen i.S.d. § 3 Abs. 1b S. 2 UStG führen (näher dazu Kap. XII 1). Nach früherer Rechtslage wäre es hinsichtlich des (Rest-)Werts der Karosserie- und Lackarbeiten (die Inspektion ist bei Leistungsbezug verbraucht) zu einem unbesteuerten Endverbrauch gekommen. Dies verhindert § 15a Abs. 3 S. 3 UStG. Es handelt sich um vorsteuerentlastete sonstige Leistungen an einem Gegenstand des Anlagevermögens, dessen Entnahme nicht steuerbar nach § 3 Abs. 1b UStG ist. Der Berichtigungszeitraum läuft vom 01.07.02 bis 30.06.07. Das insgesamt zu verteilende VSt-Volumen beträgt 1.425 €. Zu berichtigen ist der Zeitraum vom 01.01.05 bis zum 30.06.07. Der Berichtigungsbetrag für den Restberichtigungszeitraum von 2 1/2 Jahren beträgt demnach 1.425 € : 2 = 712,50 €. Er ist in entsprechender Anwendung des § 44 Abs. 4 S. 3 UStDV für den VAZ 12/04 vorzunehmen.

Werden mit VSt-Abzug erworbene **Gegenstände** in ein WG **eingebaut**, das ohne VSt-Abzug erworben wurde und später entnommen wird, sind folgende Fälle auseinanderzuhalten:

Hat der eingebaute Gegenstand mit dem Einbau seine körperliche und wirtschaftliche Eigenart nicht verloren – Beispiel: eingebautes **Autoradio** – findet hinsichtlich des Autoradios eine **Entnahmebesteuerung nach § 1 Abs. 1 Nr. 1 UStG** i.V.m. § 3 Abs. 1b UStG statt. **Für eine Berichtigung nach § 15a Abs. 3 S. 3 UStG ist** hinsichtlich des Autoradios **kein Raum** (vgl. A 15a.6 Abs. 15 UStAE).

Hat der eingebaute Gegenstand mit dem Einbau seine körperliche und wirtschaftliche Eigenart vollständig verloren – Beispiel: eingebaute **Klimaanlage** –, ist aber **zum Zeitpunkt der Entnahme noch eine Wertsteigerung** des Fahrzeugs als Folge des Einbaus vorhanden (= Bestandteil i.S.v. A 3.3 Abs. 2 S. 3 UStAE), kommt es **wiederum** zu einer **Entnahmebesteuerung nach § 1 Abs. 1 Nr. 1 UStG** i.V.m. § 3 Abs. 1b UStG. BMG bildet der Wiederbeschaffungspreis der entnommenen Klimaanlage zum Zeitpunkt der Entnahme des Fahrzeugs. Eine Berichtigung nach § 15a Abs. 3 S. 3 UStG unterbleibt (vgl. A 15a.6 Abs. 13 UStAE).

Nur wenn der eingebaute Gegenstand mit dem Einbau seine körperliche und wirtschaftliche Eigenart vollständig verloren hat und die **Wertsteigerung zum Zeitpunkt der Entnahme vollständig verbraucht** ist – oft genanntes Beispiel: eingebaute **Windschutzscheibe** –, kommt es dem Grunde nach zu einer **VSt-Berichtigung nach § 15a Abs. 3 S. 3 UStG** (vgl. A 15a.6 Abs. 4 UStAE). Diese wird aber, sofern nicht mehrere Einbauten und sonstige Leistungen nach § 15a Abs. 3 S. 2 UStG zusammenzufassen sind, nach **§ 44 Abs. 1 UStDV** häufig deswegen unterbleiben können, weil der auf den eingebauten Gegenstand entfallende VSt-Betrag 1.000 € nicht überschreiten wird.

3.3 Vorsteuerberichtigung wegen selbständiger sonstiger Leistungen

Durch § 15a Abs. 4 UStG werden auch solche sonstigen Leistungen erfasst, die nicht an einem anderen WG ausgeführt werden. In Betracht kommen hierfür insb. beratende und gutachterliche Leistungen, die Anmietung von WG sowie der Erwerb von Patenten und Urheberrechten.[260] Der maßgebliche Berichtigungszeitraum ist der Grundregel des § 15a Abs. 1 UStG UStG zu entnehmen. Es gilt also der fünfjährige Zeitraum – es sei denn, die Verwendungsdauer der sonstigen Leistung ist kürzer (§ 15a Abs. 5 S. 2 UStG). Aus Vereinfachungsgründen ist die Berichtigung des VSt-Abzugs auf solche sonstigen Leistungen beschränkt, für die in der StB ein Aktivposten gebildet werden muss. (vgl. § 15a Abs. 4 S. 2 UStG). Diese Einschränkung gelangt allerdings nicht zur Anwendung soweit es sich um Leistungen handelt, für die der Leistungsempfänger bereits für einen Zeitraum vor Ausführung der sonstigen Leistung den VSt-Abzug vornehmen konnte (vgl. dazu die Beispiele in A 15a.7 Abs. 4 UStAE). Der VSt-Abzug für Anzahlungen oder Vorauszahlungen auf sonstige Leistungen ist deshalb stets nach § 15a Abs. 4 UStG zu berichtigen, wenn sich z.B. die zum Zeitpunkt der Zahlung angenommene vorsteuerunschädliche Verwendung später nicht realisiert.

---

260 Weitere Beispiele in A 15a.7 Abs. 1 UStAE.

Beispiel 11: Langfristig nutzbare Unternehmensberatung
Steuerberater S hat für die Versicherungsgesellschaft V am 02.01.01 ein individuelles, langfristig nutzbares Beratungskonzept erstellt. Er berechnet der V für das Konzept 10.000 € zzgl. 1.900 € USt. In den Jahren 01 und 02 tätigt V zu 50 % steuerpflichtige und zu 50 % steuerfreie Ausgangsumsätze. Ab 03 tätigt V nur noch gem. § 4 Nr. 10 UStG steuerfreie Ausgangsumsätze, für die das Beratungskonzept nach wie vor genutzt wird.

Lösung: Im VAZ 01/01 konnte V gem. § 15 Abs. 1 S. 1 Nr. 1, Abs. 2 Nr. 1, Abs. 4 UStG 50 % der angefallenen VSt, also 950 €, geltend machen. Für das Jahr 02 ergaben sich keine Änderungen der Verwendungsverhältnisse. Anders 03: Durch die ausschließliche steuerfreie Nutzung haben sich die für den VSt-Abzug maßgeblichen Verhältnisse geändert. Da das Konzept mehrfach zur Ausführung von Umsätzen verwendet wird, ist die Berichtigung grundsätzlich pro Kalenderjahr vorzunehmen. Der Berichtigungszeitraum läuft vom 01.01.01 und endet am 31.12.05. Hieraus ergibt sich für 03 eine Berichtigung i.H.v. 1/5 von 950 €, also 190 €. § 44 Abs. 1 UStDV steht der Berichtigung nicht entgegen. § 44 Abs. 2 UStDV kommt nicht in Betracht, da die Verwendungsänderung mehr als zehn Prozentpunkte beträgt. Gem. § 44 Abs. 3 UStDV ist allerdings die Berichtigung erst (einheitlich für alle Berichtigungen innerhalb des Berichtigungszeitraums) im Veranlagungszeitraum 05 vorzunehmen.

Beachten Sie: Eine VSt-Berichtigung nach § 15a Abs. 4 UStG kann nur in Betracht kommen, soweit die sonstige Leistung längerfristig verwendbar ist. So entfiele in obigem Beispiel eine VSt-Berichtigung, wenn das Beratungskonzept des S für die ausschließlich steuerfreien Umsätze ab 01.01.03 keine Bedeutung mehr haben würde. Der Streit der Finanzbehörde mit den StPfl. ist in solchen Fällen deshalb vorprogrammiert. Während die Finanzverwaltung in solchen Fällen eher von einer längerfristigen und damit auch berichtigungsfähigen Verwendung ausgehen wird, werden die StPfl. bestrebt sein, die Verwendung nur als zeitpunktbezogenes Ereignis zu bewerten.

4 Vorsteuerberichtigung bei teilunternehmerisch genutzten Grundstücken

Als Folge der ab 01.01.2011 nach § 15 Abs. 1b UStG greifenden VSt-Beschränkung bei teilunternehmerisch genutzten Grundstücken[261] bedurfte es zum 01.01.2011 auch einer Erweiterung der VSt-Berichtigungstatbestände in § 15a UStG. Diese neuen Berichtigungstatbestände in § 15a Abs. 6a UStG und 15a Abs. 8 S. 2 UStG sind notwendig geworden, weil der Anteil unternehmerischer zu außerunternehmerischer Nutzung in den Jahren nach Leistungsbezug genauso variieren kann wie der Anteil vorsteuerunschädlicher, steuerpflichtiger zu vorsteuerschädlicher, steuerfreier Nutzung, die bisher den Hauptanwendungsfall der Berichtigungssachverhalte bildeten. Da die VSt-Berichtigung bei einer Änderung des Anteils unternehmerischer zu außerunternehmerischer Nutzung aber genauso zu erfolgen hat wie bei einer Änderung des Anteils steuerpflichtiger zu vorsteuerschädlicher, steuerfreier Nutzung, wurde die Erörterung der neuen Berichtigungssachverhalte jeweils eingebunden

---

261 Dazu Kap. XV vor 1, Kap. XV 1.3.2 mit dortigem Beispiel 4, sowie Kap. XV 2.5.

in die Erörterung der Alttatbestände (vgl. in diesem Kap. vor 1, unter 1.1 mit dortigem Beispiel 1a, und unter Kap. 2.1 mit dortigem Beispiel 7). An dieser Stelle soll nur noch ein letztes zusammenfassendes Beispiel, orientiert an den Beispielen in A 15.6a UStG, angeboten werden.

Beispiel 12: VSt-Berichtigung nach § 15a Abs. 6a, Abs. 8 UStG
Unternehmer U mit vorsteuerunschädlichen Ausgangsumsätzen lässt zum 01.07.2011 ein Einfamilienhaus (EFH) errichten. Die HK betragen insgesamt 300.000 € zzgl. 57.000 € USt. U nutzt das Gebäude ab Fertigstellung planungsgemäß zu 40 % für seine vorsteuerunschädlichen Ausgangsumsätze und zu 60 % für private Wohnzwecke. U hat das Gebäude insgesamt seinem Unternehmen zugeordnet und macht einen VSt-Abzug i.H.v. 22.800 € (40 % von 57.000 €) geltend. Zum 01.01.2012 erhöht sich der Anteil steuerpflichtiger unternehmerischer Nutzung des Gebäudes auf 52 %. Diese Nutzung setzt sich über das ganze Jahr 2012 fort, bevor U das Grundstück zum 01.01.2013
a) eine Privatperson für 400.000 € bzw. alternativ
b) an einen anderen Unternehmer steuerpflichtig für 400 000 € (netto) veräußert (eine Geschäftsveräußerung im Ganzen nach § 1 Abs. 1a UStG liegt nicht vor).

Lösung: U konnte das Gebäude insgesamt seinem Unternehmen zuordnen, da die unternehmerische Nutzung mehr als 10 % ausmacht. Nach § 15 Abs. 1b UStG kommt es zu einer VSt-Beschränkung auf 40 % der angefallenen VSt. U hat zutreffend lediglich 22.800 € an VSt geltend gemacht. Die Nutzung im Jahr 2012 mit einer Ausdehnung der unternehmerischen Nutzung auf 52 % führt zu einer VSt-Berichtigung nach § 15 Abs. 6a UStG. Der Berichtigungszeitraum endet am 30.06.2021. Berechnung der VSt-Berichtigung für das Kalenderjahr 2012: VSt-Volumen pro Kalenderjahr: 5.700 €; fiktiver Ansatz des U für das Kalenderjahr 2012: 40 % von 5.700 € = 2.280 €; tatsächliche Nutzung in 2012 berechtigte zum Abzug von 52 % von 5.700 € = 2.964 €. Der Vergleich mit dem fiktiven Ansatz von 2.280 € ergibt zu Gunsten des U einen Berichtigungsbetrag von 684 €. § 44 Abs. 2 UStDV sperrt trotz des Berichtigungsbetrages von unter 1.000 € nicht, da die Abweichung mehr als 10 Prozentpunkte ausmacht. Die VSt-Berichtigung ist nach § 44 Abs. 4 S.1 UStDV (§ 44 Abs. 3 S. 1 UStDV n.F., hier aber nach § 74 Abs. 2 UStDV noch nicht anwendbar) in der Jahreserklärung 2012 vorzunehmen. Zu a): Die nach § 4 Nr. 9a UStG zwingend steuerfreie Veräußerung an die Privatperson löst eine VSt-Berichtigung nach § 15a Abs. 8 S. 2 UStG aus. Bei der zu 100 % steuerfreien Grundstücksveräußerung handelt es sich um einen Umsatz, der anders zu beurteilen ist als die für den ursprünglichen VSt-Abzug maßgebliche Verwendung. Nach § 15a Abs. 9 UStG ist für den verbleibenden Berichtigungszeitraum vom 01.01.2013 bis zum 30.06.2021, also für 102 Monate, von einer steuerfreien Verwendung des Gebäudes auszugehen. Es ist folglich zu Lasten des U eine VSt-Berichtigung i.H.v. 102/120 x 40 % v. 57.000 € = 19.380 € ausgelöst. In der Alternative b ergibt sich zu Gunsten des U ein Berichtigungsbetrag von 102/120 x 60 % von 57.000 € = 29.070 €. Die Berichtigungsbeträge sind nach § 44 Abs. 4 S. 3 UStDV (§ 44 Abs. 3 S. 3 UStDV n.F., hier aber nach § 74 Abs. 2 UStDV noch nicht anwendbar) jeweils in der Voranmeldung 1/2013 zu erklären.

5 Verfahrensfragen

Nach § 44 Abs. 3 S. 1 UStDV (für »Altfälle« § 44 Abs. 4 S. 1 UStDV, dazu § 74 Abs. 2 UStDV) hat die VSt-Berichtigung **grundsätzlich** bereits **im Voranmeldungsverfahren** für das laufende Kalenderjahr zu erfolgen. Nur wenn der für das Kalenderjahr zu ermittelnde Berichtigungsbetrag 6.000 € nicht übersteigt, ist die VSt-Berichtigung erst im Rahmen der Steuerfestsetzung für das entsprechende Kalenderjahr durchzuführen. Daraus folgt:

- Betragen die angefallenen VSt für ein WG mit fünfjährigem Berichtigungszeitraum nicht mehr als 30.000 € bzw. bei einem zehnjährigen Berichtigungszeitraum nicht mehr als 60.000 €, erfolgt die VSt-Berichtigung erst mit der USt-Jahreserklärung.
- Bei einem größeren VSt-Volumen für ein WG muss der Unternehmer bereits im Voranmeldungsverfahren prüfen, ob sich die Verwendungsverhältnisse gegenüber dem für den ursprünglichen VSt-Abzug maßgebenden Verhältnissen geändert haben und ob der voraussichtliche Berichtigungsbetrag im Besteuerungszeitraum, dem Kalenderjahr, die Grenze von 6.000 € übersteigen wird. Diese Prognose führt insb. dann zu praktischen Schwierigkeiten, wenn es in einem Gebäude während des laufenden Jahres mehrfach zu einem Mieterwechsel und damit einhergehend mehrfach zu geänderten Verwendungsverhältnissen aus der Sicht des § 15 Abs. 1b, Abs. 2 und Abs. 3 UStG kommt.

Unabhängig von der Höhe des VSt-Volumens hat in den Fällen des § 15a Abs. 8 UStG, bei denen die VSt-Berichtigung durch eine Veräußerung oder Lieferung i.S.d. § 3 Abs. 1b UStG ausgelöst ist, die Berichtigung gem. § 44 Abs. 3 S. 2 UStDV (bei »Altfällen« § 44 Abs. 4 S. 3 UStDV) stets in dem VAZ zu erfolgen, in dem das WG endgültig aus dem Unternehmen ausgeschieden ist. Dahinter steckt derselbe Aspekt, der auch die Fiktion des § 15a Abs. 9 UStG legitimiert: Eine nochmalige Änderung der Verhältnisse in den verbleibenden Jahren und Monaten des Berichtigungszeitraums ist ausgeschlossen. Von daher ist es sachgerecht, im selben VAZ, in dem der Liefer- bzw. Entnahmevorgang umsatzsteuerrechtlich zu erfassen ist, auch die erforderliche VSt-Berichtigung abschließend durchzuführen.

Eine weitere Besonderheit ist zum 01.01.2012 weggefallen. Nach **§ 44 Abs. 3 UStDV a.F.** sollte, wenn die angefallene VSt nicht mehr als 2.500 € betragen hat, die Berichtigung einheitlich erst für das Kalenderjahr vorzunehmen sein, in dem der Berichtigungszeitraum endet. Diese Regelung findet nach § 74 Abs. 2 UStDV nur noch Anwendung auf **WG, die vor dem 01.01.2012 angeschafft oder hergestellt worden sind**.[262]

§ 15a UStG steht regelmäßig nicht zur Verfügung, wenn der **VSt-Abzug von vornherein zu Unrecht in Anspruch genommen** wurde. Anliegen des § 15a UStG ist es nicht, die »richtigen« Verhältnisse herstellen, wenn diese von Anfang an unrichtig gewesen sind. Etwas anderes gilt nur, wenn die fehlerhafte Festsetzung des VSt-Abzugs bestandskräftig geworden ist. Dann ist für die VSt-Berichtigung von der unanfechtbaren fehlerhaften Steuerfestsetzung auszugehen.

---

262 Nicht nur nach Auffassung der Finanzverwaltung hat diese Regelung in der Praxis zu keiner Vereinfachung geführt, weil der Berichtigungsbetrag nach § 15a UStG ohnehin am Ende eines jeden Kalenderjahres ermittelt werden muss.

XVII Besteuerungsverfahren

1 Steueranmeldungsverfahren – Jahreserklärung, Voranmeldungen

Wie die ESt ist auch die USt eine Jahres- und Veranlagungssteuer. Nach Ablauf des Kalenderjahres hat der Unternehmer auf amtlich vorgeschriebenem Vordruck eine Steuererklärung abzugeben, in der er seine Steuerschuld selbst ermittelt. Hierfür bedarf es einer Verrechnung zwischen der zu entrichtenden USt und dem zustehenden VSt-Abzug. Ist die zu entrichtende Steuer größer als der geltend zu machende VSt-Abzug, spricht man von einer »**Zahllast**«, die den steuerpflichtigen Unternehmer trifft.

Die Verrechnung zwischen USt-Schuld und VSt-Erstattungsansprüchen erfolgt regelmäßig nicht nur am Ende des Jahres, sondern auch noch in kürzeren Abständen. Nach § 18 Abs. 1 und 2 UStG ist der Unternehmer nämlich zusätzlich verpflichtet, nach Ablauf sog. VAZ jeweils eine **Voranmeldung** abzugeben. Nach der ab 01.01.2005 geltenden Fassung des § 18 Abs. 1 UStG hat die Abgabe der Voranmeldung grundsätzlich auf elektronischem Weg zu erfolgen. Von der Verpflichtung zur Abgabe von USt-Voranmeldungen können nur Unternehmer befreit werden, deren Zahllast des Vorjahres nicht mehr als **1.000 €** betragen hat. Regelmäßiger Voranmeldungszeitraum ist dabei nach § 18 Abs. 2 S. 1 UStG das **Kalendervierteljahr**. Der **Kalendermonat** wird Voranmeldungszeitraum, wenn die **Steuer (Zahllast)** im vorangegangenen Kalenderjahr **mehr als 7.500 €** betragen oder sich im vorangegangenen Kalenderjahr zu Gunsten des Unternehmers ein **Überschuss von mehr als 7.500 €** ergeben hat und der Unternehmer von seinem in § 18 Abs. 2a S. 1 UStG eingeräumten **Wahlrecht** Gebrauch gemacht hat, statt des Kalendervierteljahres den Kalendermonat als Voranmeldungszeitraum zu wählen. Durch das StVBG vom 19.12.2001 (BGBl I 2001, 3922) ist der Kreis der Sachverhalte, bei denen bereits von Gesetzes wegen der Kalendermonat VAZ ist, um die Neugründungen von Unternehmen erweitert worden. Wie sich in der Vergangenheit gezeigt hat, erfolgten solche **Neugründungen** vereinzelt allein mit dem Ziel des vorsteuerentlasteten Leistungsbezugs. Um solchen Sachverhalten besser begegnen zu können, sieht § 18 Abs. 2 UStG in seinem Satz 4 vor, dass bei erstmaliger Aufnahme einer unternehmerischen Tätigkeit für das laufende und folgende Kalenderjahr **stets** der **Kalendermonat VAZ** ist. Man verspricht sich davon, Informationen, die sich aus der Abgabe von USt-VA gewinnen lassen, früher auswerten zu können. Da gerade die im Gründungsstadium anfallenden Investitionsausgaben häufig höher sein werden als die getätigten Umsätze, kommt dies auch den rechtschaffenen Unternehmern entgegen. Existenzgründer werden in der Anlaufphase nämlich überwiegend Steueranmeldungen abgeben, die zu VSt-Erstattungen führen. Der Kalendermonat als VAZ ermöglicht eine zeitnahe Auszahlung der VSt-Überhänge. In A 18.7 UStAE hat die Finanzverwaltung sich näher dazu geäußert, welche Sachverhalte aus Sicht der Finanzverwaltung als Neugründungen i.S.d. § 18 Abs. 2 S. 4 UStG zu behandeln sind.

Wird die USt für die einzelnen VA richtig berechnet, deckt sich regelmäßig die Summe der vorangemeldeten USt-Beträge mit dem in der Jahreserklärung errechneten Betrag. Dieses ist jedoch nicht zwingend. Zu Differenzen kommt es z.B., wenn noch VSt-Berichtigungen nach § 15a UStG in der Jahreserklärung vorzunehmen sind oder im Einvernehmen mit dem FA eine genaue Besteuerung unentgeltlicher Wertabgaben nach § 3 Abs. 9a Nr. 1 UStG (Stichwort: Nutzungsentnahmen) erst mit der Jahreserklärung erfolgen soll. Ergibt sich gegenüber den VA ein Unterschiedsbetrag zu Gunsten des FA, so ist dieser nach § 18 Abs. 4 UStG binnen eines Monats nach Einreichen der Jahreserklärung fällig.

Sowohl die VA wie auch die Jahreserklärung sind **Steueranmeldungen** i.S.d. §§ 167, 168 AO, die regelmäßig einer Steuerfestsetzung **unter dem Vorbehalt der Nachprüfung** gleichstehen. Dafür bedarf es in den Fällen, da die Anmeldung zu einer Steuervergütung führt, nach § 168 S. 2 AO der **Zustimmung des FA**. Die Finanzämter können diese Zustimmung nach § 18f UStG im Einvernehmen mit dem Unternehmer **von einer Sicherheitsleistung abhängig** machen.

Unternehmer, die innergemeinschaftliche Warenlieferungen i.S.d. § 6a UStG u.Ä. ausführen, müssen hierüber schon seit jeher nach § 18a UStG beim Bundeszentralamt für Steuern eine sog. **Zusammenfassende Meldung** (ZM) abgeben. Sie dient vor allem dem EU-weiten Datenabgleich und damit der Kontrolle der innergemeinschaftlichen Warenbewegungen (s. näher bereits Kap. XIV 3.2). Während die ZM früher vierteljährlich abzugeben war, gilt seit dem 01.07.2010 grundsätzlich eine monatliche Abgabefrist, damit die Mitgliedstaaten im Interesse der Betrugsbekämpfung aktuellere Informationen über innergemeinschaftliche Warenbewegungen erhalten. Das Kalendervierteljahr darf lediglich bei einem Gesamtbetrag der Lieferungen bis 50.000 €/Kalendervierteljahr beibehalten werden.

Mit den neuen Regelungen zum Ort sonstiger Leistungen ab 01.01.2010 sind nunmehr **auch bestimmte sonstige Leistungen in der Zusammenfassenden Meldung aufzunehmen**. § 18a Abs. 2 S. 1 UStG bestimmt, dass ein inländischer Unternehmer seine gem. § 3a Abs. 2 UStG im EU-Ausland steuerpflichtig erbrachten Dienstleistungen bei Übergang der Steuerschuldnerschaft ebenfalls in der Zusammenfassenden Meldung erklären muss. Der Meldezeitraum für innergemeinschaftliche Dienstleistungen ist dabei – abweichend von der Regel für innergemeinschaftliche Lieferungen – ohne Rücksicht auf das Volumen dieser Dienstleistungen das Kalendervierteljahr. In den Zusammenfassenden Meldungen hat der leistende Unternehmer die USt-Id-Nr. eines jeden einzelnen Leistungsempfängers und die Summe der Bemessungsgrundlagen der an den einzelnen Leistungsempfänger erbrachten Dienstleistungen anzugeben (§ 18a Abs. 7 S. 1 Nr. 3 UStG). Zahlreiche weitere gesetzliche Änderungen im Zusammenhang mit der Neugestaltung des § 18a UStG haben eine komplette Neubearbeitung der Richtlinienbestimmungen nötig werden lassen. Antworten der Finanzverwaltung auf Zweifelsfragen im Zusammenhang mit ZM finden sich nunmehr in A 18a.1 bis 18a.3 UStAE.[263]

---

263 Aus der umfangreichen Literatur zur Neufassung des § 18a UStG seien hier exemplarisch nur die Beiträge von *Weber* (UR 2010, 139) sowie von *Weimann* (UStB 2010, 222) genannt. Speziell zu den veränderten Abgabefristen (bis zum 25. des Folgemonats als Kompensation für den Wegfall der Dauerfristverlängerung) s. näher etwa *Thoma/Klinker* (UStB 2010, 186).

2 Leistungsempfänger als Steuerschuldner

Mit der zum 01.01.2002 ins UStG eingefügten Regelung des § 13b UStG hat der Gesetzgeber über § 25b Abs. 2 UStG hinaus für eine Reihe weiterer Sachverhalte den Leistungsempfänger zum USt-Schuldner bestimmt. **§ 13b UStG ist an die Stelle des früheren Abzugsverfahrens** getreten, das in den zum 01.01.2002 weggefallenen Bestimmungen des § 18 Abs. 8 UStG i.V.m. §§ 51–58 UStDV geregelt war. Dementsprechend ist ein Wechsel der Steuerschuldnerschaft nach § 13b Abs. 2 Nr. 1–10, Abs. 5 UStG also unter anderem für jene Sachverhalte vorgesehen, bei denen früher der Leistungsempfänger nach § 51 UStDV verpflichtet war, die Steuer von der Gegenleistung einzubehalten und an das FA abzuführen. Gesetzestechnisch kann die Vorschrift des § 13b UStG wahrlich nicht überzeugen. Der Kern der Regelung – der Übergang der Steuerschuldnerschaft auf den Leistungsempfänger – findet sich erst in Abs. 5, der zahlreiche Verweisungen enthält und wegen textlicher Wiederholungen unnötig kompliziert formuliert ist. In § 13b Abs. 1 UStG beginnt die Vorschrift nicht mit der Grundregel für den Zeitpunkt der Entstehung der Steuer (Entstehung mit Ausstellung der Rechnung, vgl. Abs. 2), sondern es wird zunächst der Sonderfall der Steuerentstehung beim Bezug innergemeinschaftlicher Dienstleistungen geregelt. § 13b Abs. 2 UStG enthält teilweise komplizierte Tatbestandsvoraussetzungen, die in der Praxis zu erheblichen Anwendungsschwierigkeiten führen.[264]

2.1 Werklieferungen und sonstige Leistungen im Ausland ansässiger Unternehmer

Den **Hauptanwendungsfall** schlechthin für einen Wechsel der Steuerschuldnerschaft bilden unverändert die nunmehr in **§ 13b Abs. 2 S. 1 Nr. 1 UStG** aufgeführten **steuerpflichtigen Werklieferungen und sonstige Leistungen eines im Ausland ansässigen Unternehmers**. Die Tatbestandsvoraussetzungen des § 13b Abs. 2 Nr. 1 UStG überschneiden sich mit dem Anwendungsbereich des § 13b Abs. 1 UStG, wenn sich der Ort der sonstigen Leistung nach § 3a Abs. 2 UStG bestimmt und der »ausländische« Unternehmer **im übrigen Gemeinschaftsgebiet** ansässig ist. In diesem Fall hat die Sonderregelung des § 13b Abs. 1 UStG für innergemeinschaftliche Dienstleistungen den Vorrang vor der allgemeinen Regelung des § 13b Abs. 2 Nr. 1 UStG.

Wenn es bei § 13b UStG darum geht, »... USt-Ausfälle zu verhindern, die dadurch eintreten können, dass bestimmte Leistungen von Unternehmern nicht oder nicht vollständig im Allgemeinen Besteuerungsverfahren erfasst werden bzw. der Fiskus den Steueranspruch beim Leistenden nicht realisieren kann«, so kann für die genannten Fälle die Sinnhaftigkeit eines Wechsels der Steuerschuldnerschaft wahrlich nicht fraglich sein. Wer je versucht hat, Forderungen gegen im Ausland ansässige Schuldner durchzusetzen, wird um die Schwierigkeiten wissen, die mit der Realisierung solcher Forderungen verbunden sind. Wie an anderer Stelle dargelegt, geht es bei diesen Sachverhalten aber nicht nur darum, fiskalische Belange zu wahren. Ohne einen Wechsel der Steuerschuldnerschaft würden bei grenzüberschreitenden sonstigen Leistungen im zwischenunternehmerischen Bereich die leistenden Unternehmer durchweg Gefahr laufen, dort, wo ihre Abnehmer ansässig sind, zum Steuersubjekt zu werden (s. dazu näher bereits Kap. IV 2 mit den dortigen Beispielen 14, 14a, 15, 16b, 18).

---

264 Immerhin beanstandet die Finanzverwaltung es aus Vereinfachungsgründen nicht, wenn die Beteiligten in Zweifelsfällen bei in § 13b Abs. 2 Nr. 4 S. 1, Nr. 7, Nr. 8 S. 1, Nr. 9 und Nr. 10 UStG genannten Sachverhalten den Vorgang nach § 13b UStG abgewickelt haben, obwohl die tatbestandlichen Voraussetzungen dieser Vorschrift nicht vorgelegen haben (A 13b.8 UStAE).

Nach der derzeitigen Fassung des § 13b Abs. 7 S. 1 UStG ist ein **im Ausland ansässiger Unternehmer** ein Unternehmer, der weder im Inland noch auf der Insel Helgoland oder in einem der in § 1 Abs. 3 UStG bezeichneten Gebiete einen Wohnsitz, seinen Sitz, seine Geschäftsleitung oder eine Betriebsstätte hat. Die derzeitige Regelung in § 13b Abs. 7 S. 1 UStG stellt für die »Ansässigkeit im Inland« in erster Linie auf den Wohnsitz des Unternehmers ab. Demgegenüber hat der EuGH aufgrund eines Vorlageverfahrens des BFH (vom 30.06.2010, BStBl II 2011, 144) entschieden, dass für die Frage, ob der leistende Unternehmer im Inland oder im Ausland ansässig ist, in erster Linie der **Sitz der wirtschaftlichen Tätigkeit** und nicht der Wohnsitz maßgebend ist. Dem Leistungsempfänger müsse bei Leistungsbezügen von einem Unternehmer mit Sitz im Ausland erspart werden, Nachforschungen anstellen zu müssen, ob der leistende Unternehmer einen »privaten« Wohnsitz im Inland hat (EuGH vom 06.10.2011, Stoppelkamp, DStR 2011, 1947). Nach dem Entwurf eines JStG 2013 soll § 13b Abs. 7 UStG an die Rspr. des EuGH angepasst werden: Danach ist ein Unternehmer, der im Inland nur einen Wohnsitz, im Ausland aber den Sitz seiner wirtschaftlichen Tätigkeit, seine Geschäftsleitung oder eine feste Niederlassung hat, ein im Ausland ansässiger Unternehmer.

2.2 Verwertung von Sicherungsgut

Neben den steuerpflichtigen Werklieferungen und sonstigen Leistungen eines im Ausland ansässigen Unternehmers nach § 13b Abs. 2 S. 1 Nr. 1 UStG als Haupttatbestände einer Steuerschuldnerschaft des Leistungsempfängers sind seit jeher auch bestimmte Lieferungen inländischer Unternehmer einbezogen. Dazu gehören zum einen die **Lieferungen sicherungsübereigneter Gegenstände** durch den Sicherungsgeber an den Sicherungsnehmer **außerhalb des Insolvenzverfahrens** (§ 13b Abs. 2 S. 1 Nr. 2 UStG).

> **Beispiel 1: Verwertung von Sicherungsgut auf Kosten des FA?**
> Zur Sicherung eines Darlehens i.H.v. 120.000 € hat Möbelhändler M seiner Bank am 10.01.01 einen Lkw sicherungsübereignet. Bis zum 31.12.02 hat M die Verpflichtungen aus dem Darlehensvertrag erfüllt. Nachdem im Jahr 03 keine Zahlungen des M mehr erfolgt sind, hat die Bank am 10.11.03 den Lkw bei M abholen lassen und am 02.12.03 an den Spediteur S für 119.000 € verkauft und übereignet. Das Darlehen einschließlich aufgelaufener Zinsen betrug zu diesem Zeitpunkt noch 105.000 €. An Verwertungskosten waren der Bank für Inseratskosten etc. 500 € zzgl. 95 € USt entstanden. Die Bank, die nach dem Sicherungsübereignungsvertrag zur Rechnungslegung verpflichtet ist, erteilt dem M folgende Abrechnung:
>
> | | |
> |---|---:|
> | Verwertung Lkw für | 119.000 € |
> | ./. USt 19 % | ./. 19.000 € |
> | = | 100.000 € |
> | ./. Verwertungskosten | ./. 500 € |
> | = | 99.500 € |
> | ./. Darlehen/Zinsen | ./. 105.000 € |
> | Verbleibender Saldo zu Ihren Lasten | **5.500 €** |
>
> Muss das FA fürchten, die USt-Forderung aus der Lieferung des M an die Bank nicht realisieren zu können?

Lösung: Die Veräußerung des Lkw an S ist für die Bank als Hilfsgeschäft nach § 1 Abs. 1 Nr. 1 UStG steuerbar und steuerpflichtig (§ 4 Nr. 8 UStG findet auf dieses Hilfsgeschäft keine Anwendung). Die BMG des Umsatzes bildet nach § 10 Abs. 1 S. 1 und 2 UStG das Entgelt von 100.000 €. Die USt von 19.000 € entsteht mit Ablauf VAZ 12/03. Eine weitere Lieferung nach § 3 Abs. 1 UStG erfolgt zwischen M und der Bank. Fraglich ist insoweit nur der Lieferzeitpunkt. Wie oben (s. Kap. IV, Lösung zu Beispiel 4) näher ausgeführt, erfolgt die Lieferung des Sicherungsgebers (SG) an den Sicherungsnehmer (SN) erst in einer logischen Sekunde vor der Weiterveräußerung durch den SN (mit der Lieferortsbestimmung nach § 3 Abs. 7 S. 1 UStG). BMG dieser Lieferung bildet der Erlös des SN abzüglich seiner Veräußerungskosten. Für die steuerpflichtige Lieferung des M an die Bank bedeutet dies: Der Nettoerlös beträgt 100.000 € (Erlös des SN abzüglich USt) ./. 500 € (Veräußerungskosten abzüglich USt) = 99.500 €. Die USt auf diesen Nettoerlös beträgt 18.905 €. Bezüglich der Realisierung dieser USt-Forderung aus der Lieferung des M an die Bank muss das FA keine Sorge haben. Diese wäre nur begründet, wenn der im Stadium der Verwertung häufig illiquide SG, hier also der M, Schuldner dieser USt wäre. Schuldner der USt aus der Lieferung des SG an den SN ist nach § 13b Abs. 2 S. 1 Nr. 2 i.V.m. Abs. 5 S. 1 UStG aber allein der SN, hier also die Bank, die entsprechend der Vorgabe in § 14a Abs. 5 S. 3 UStG die USt auch nicht gesondert ausgewiesen hat. Das FA muss folglich finanzielle Engpässe des M als SG nicht fürchten. Die USt i.H.v. 18.905 € entsteht als Steuerschuld der Bank nach § 13b Abs. 2 S. 1 UStG mit Rechnungsausstellung am 04.12.03. Im gleichen VAZ kommt der Bank nach § 15 Abs. 1 Nr. 4 UStG die Berechtigung zu, die von ihr nach §§ 13b UStG geschuldete USt als VSt abzuziehen. Für den Fiskus liegt insoweit ein neutrales Geschäft vor.

Die zum 01.01.1993 eingeführte **Verpflichtung des Sicherungsnehmers** zum Einbehalten und Abführen der Steuerschuld des Sicherungsgebers, die seit dem 01.01.2002 durch eine Steuerschuld des Sicherungsnehmers abgelöst ist, **verhindert** auf »elegante Art« eine **Befriedigung privater Gläubiger zu Lasten des Fiskus**. Würde es die Steuerschuldnerschaft des Leistungsempfängers insoweit nicht geben, würde der SN den dann auszuweisenden USt-Betrag (im Beispiel also den Betrag von 18.905 €) als VSt geltend machen, und diesen Betrag anschließend zusammen mit dem Nettoerlös aus der Verwertung (im Beispiel also insgesamt 118.405 €) gegen die offene Restforderung aus dem Darlehen (im Beispiel 105.000 €) verrechnen. Mit Hilfe des VSt-Abzugs hätte die Bank im Beispielfall so ihre Darlehensforderung gegen den Sicherungsgeber komplett getilgt, während der Fiskus nicht sicher sein könnte, den Steueranspruch gegen Sicherungsgeber realisieren zu können.

Kommt es erst im **Insolvenzverfahren** zu einer Verwertung des Sicherungsguts, besteht kein Bedarf, die durch die Verwertung ausgelöste USt über eine Steuerschuld des Leistungsempfängers nach § 13b Abs. 1 Nr. 2 UStG zu erfassen. Bei einer **Verwertung von Sicherungsgut in der Insolvenz** erfolgt die Absicherung der Steuerforderung des FA aus der steuerpflichtigen Veräußerung des Sicherungsgebers/Insolvenzschuldners nach den §§ 170, 171 InsO in anderer Weise: Erfolgt die **Veräußerung** unmittelbar **durch** den **Insolvenzverwalter** (dazu § 166 InsO), erhält der absonderungsberechtigte Sicherungsnehmer den Verwertungserlös nur abzüglich der Kosten der Feststellung (4 % des Verwertungserlöses) und der Verwertung. Zu den Kosten der Verwertung gehören nach der ausdrücklichen gesetzlichen Regelung in **§ 171 Abs. 2 InsO** neben der Verwertungspauschale (5 % des Verwertungserlöses) auch die durch die Verwertungsmaßnahme entstandene USt. Kommt es nach Freigabe des Sicherungsguts zu einer **Verwertung durch den Sicherungsnehmer**, hat der Sicherungsnehmer die USt aus der Lieferung des

Sicherungsgebers/Insolvenzschuldners nach **§ 170 Abs. 2 InsO** vorweg an die Masse zu entrichten.[265]

2.3 Erweiterungen durch das Haushaltsbegleitgesetz 2004

Das eingangs beschriebene Ziel des § 13b UStG, den Fiskus vor ansonsten drohenden Steuerausfällen zu bewahren, hat auch dazu geführt, dass es erstmals durch das Haushaltsbegleitgesetz 2004 in § 13b Abs. 2 S. 1 Nr. 3 und 4 UStG (bis zum 30.06.2010: § 13b Abs. 1 S. 1 Nr. 3 und 4 UStG) zu einer Ausdehnung der Sachverhalte gekommen ist, bei denen nach § 13b UStG der Leistungsempfänger zum Steuerschuldner bestimmt wird.

2.3.1 Umsätze, die unter das Grunderwerbsteuergesetz fallen

In seiner bis zum 31.03.2004 geltenden Fassung sah § 13b UStG eine Steuerschuld des Leistungsempfängers bei steuerpflichtigen Grundstückslieferungen nur für den Fall vor, dass es sich hierbei um eine Lieferung durch den Vollstreckungsschuldner an den Ersteher im Zwangsversteigerungsverfahren gehandelt hat. Das Haushaltsbegleitgesetz 2004 hat mit der Neufassung des § 13b UStG die Steuerschuldnerschaft des Leistungsempfängers, so er Unternehmer oder juristische Person ist, **auf alle steuerpflichtigen Umsätze, die unter das GrEStG** fallen, ausgedehnt.

Die Erweiterung des Anwendungsbereiches des **§ 13b Abs. 2 Nr. 3 UStG** auf **alle Umsätze, die unter das Grunderwerbsteuergesetz** fallen, geht zurück auf Feststellungen des Bundesrechnungshofes. Danach hat sich die Option zur Umsatzsteuerpflicht im Zusammenhang mit Grundstücksveräußerungen gem. § 9 Abs. 1 UStG als in hohem Maße missbrauchsanfällig erwiesen. So hätten sich von Zahlungsunfähigkeit bedrohte Unternehmen häufig auf Druck der Kreditinstitute zur steuerpflichtigen Veräußerung von Betriebsgrundstücken entschlossen, um mit dem erzielten Kaufpreis die Kreditbelastung zu verringern. Der um USt erhöhte Kaufpreis belastete die Kaufinteressenten nicht, wenn das Grundstück für steuerpflichtige unternehmerische Zwecke genutzt werden sollte. Den eigentlichen Vorteil aus der Option zogen die das Grundstück finanzierenden Kreditinstitute. Sie vereinnahmten den Bruttokaufpreis und verwendeten ihn regelmäßig vollständig zur Aufrechnung ihrer offenen Kreditforderung gegenüber dem Veräußerer. Da für die Veräußerer oft kein Resterlös verblieb, konnten diese dann die gegenüber dem Finanzamt anzumeldende und abzuführende USt nicht zahlen. Dem Finanzamt blieb in einer Vielzahl der Fälle keine andere Möglichkeit, als den Umsatzsteuerbetrag niederzuschlagen, da es gegenüber den Käufern keine rechtliche Grundlage gab, den USt-Anspruch aus der Veräußerung durchzusetzen.

Auch in den Fällen, in denen keine Kreditinstitute am Grundstücksverkauf beteiligt sind und kein Missbrauch vorliegt, sind Grundstücksveräußerer und Grundstückserwerber bei ihrer Vertragsgestaltung seit dem 01.01.2004 gehalten, den Vorgaben der Neufassung des § 13b Abs. 2 Nr. 3 UStG Rechnung zu tragen. Betroffen sind also sämtliche Lieferungen von bebauten und unbebauten Grundstücken, die Bestellung und Übertragung von Erbbaurechten, aber z.B. auch die Lieferung von auf fremdem Boden errichteten Gebäuden

---

265 Zur Verwertung sicherungsübereigneter Gegenstände im Insolvenzverfahren vgl. näher *de Weerth* (UR 2003, 161).

nach Ablauf der Miet- oder Pachtzeit. Sofern es nicht um Unternehmer geht, die mit Grundstücken handeln, werden die **typischen Fallgestaltungen** solche sein, bei denen ein **Unternehmer** als Hilfsgeschäft im Rahmen seines Unternehmens ein **Betriebsgrundstück an einen anderen Unternehmer veräußert, der das erworbene Grundstück seinerseits für unternehmerische Zwecke nutzen will.**

Da der Käufer über § 13b Abs. 5 S. 1 UStG die Umsatzsteuerschuld des Veräußerers übernehmen muss, greifen die in § 14a Abs. 5 UStG aufgestellten Rechnungsanforderungen: Der Grundstücksveräußerer hat in der Rechnung auf die Steuerschuldnerschaft des Leistungsempfängers hinzuweisen (§ 14a Abs. 5 S. 2 UStG) und er darf die USt nicht gesondert ausweisen (§ 14a Abs. 5 S. 3 UStG). Immerhin hat der Gesetzgeber gesehen, dass der Leistungsempfänger geschützt werden muss und nicht von einer nach Abwicklung des Grundstückskaufs vom Grundstücksveräußerer einseitig abgegebenen Optionserklärung nach § 9 Abs. 1 UStG überrascht werden darf. Konsequenterweise sieht § 9 Abs. 3 S. 2 UStG deshalb vor, dass der Verzicht auf die Steuerbefreiung bei solchen Grundstücksumsätzen, die nicht im Zwangsversteigerungsverfahren bewirkt werden, nur in dem nach **§ 311b BGB** notariell zu beurkundenden Vertrag (dem zivilrechtlich vorangehenden Verpflichtungsgeschäft) erklärt werden kann.[266] Für den besonderen Fall einer Grundstücklieferung im Zwangsversteigerungsverfahren hatte es der Gesetzgeber zuvor schon aus Gründen der Rechtssicherheit für erforderlich gehalten, die Optionsmöglichkeit zeitlich zu begrenzen. Damit eine etwaige Belastung mit USt bereits bei der Abgabe von Geboten feststeht, soll hier ein Verzicht nach § 9 Abs. 3 S. 1 UStG nur bis zur Aufforderung zur Abgabe von Geboten im Versteigerungstermin zulässig sein.

2.3.2 Bauleistungen

Nach **§ 13b Abs. 2 Nr. 4 UStG** können seit dem 01.01.2004 auch **Werklieferungen und sonstige Leistungen, die der Herstellung, Instandsetzung, Instandhaltung, Änderung oder Beseitigung von Bauwerken dienen** (mit Ausnahme von Planungs- und Überwachungsleistungen) eine Steuerschuldnerschaft des Leistungsempfängers auslösen. Der Gesetzgeber hat sich bei der Formulierung des Tatbestands erkennbar vom Begriff der »Bauleistungen« in § 48 Abs. 1 S. 3 EStG leiten lassen, ohne darauf allerdings direkt Bezug zu nehmen. Ungeachtet dessen ist der Begriff der Bauleistung bei der Bauabzugsteuer und bei der Anwendung des § 13b Abs. 2 Nr. 4 UStG weitgehend gleich auszulegen. Entsprechend sind die in § 1 Abs. 2 und § 2 der Baubetriebe-Verordnung genannten Leistungen regelmäßig Bauleistungen i.S.d. § 13b Abs. 2 Nr. 4 UStG. Für die Praxis hilfreich kann der Positiv- und Negativ-Katalog der Bauleistungen in A 13b.1 Abs. 7 und Abs. 9 der UStAE sein.[267] Als Faustregel kann gelten: Bauleistungen sind grundsätzlich sämtliche Leistungen, die sich auf die Substanz eines Bauwerks auswirken, wobei der Begriff des Bauwerks eher weit zu verstehen sein soll.[268]

---

266 Probleme, die sich daraus für die Beteiligten ergeben können, sind Gegenstand eines überzeugenden Beitrags von *Hipler* (StbG 2004, 358), der a.a.O. auch Formulierungsvorschläge unterbreitet, deren Verwendung die Beteiligten vor unliebsamen Überraschungen bewahren kann.
267 Für Detailfragen kann ein 14 Seiten umfassendes Papier der OFD Niedersachsen vom März 2011 (Az.: S 7278-4-St 183) hilfreich sein; es steht im Internet unter www.ofd.niedersachsen.de in der Rubrik »Steuermerkblätter und Broschüren« zur Verfügung.
268 Allerdings sollen Reparatur- und Wartungsarbeiten an Bauwerken generell nicht unter § 13b UStG fallen, wenn das (Netto-)Entgelt für den einzelnen Umsatz nicht mehr als 500 € beträgt; ist diese Grenze überschritten, sind sie i.Ü. nur als Bauleistungen zu behandeln, sofern dabei Teile verändert, bearbeitet oder ausgetauscht werden (so A 13b.1 Abs. 9 Nr. 15 UStAE).

Liegen danach Bauleistungen vor, so ist eine Steuerschuldnerschaft nur für solche **Abnehmer** vorgesehen, **die ihrerseits als Unternehmer wiederum nachhaltig Leistungen i.S.d. § 13b Abs. 2 Nr. 4 UStG erbringen** (zum notwendigen Umfang der Bauleistungen innerhalb der gesamten unternehmerischen Tätigkeit des Leistungsempfängers s. näher A 13b.3 Abs. 2 UStAE). Betroffen sind damit in der Hauptsache Subunternehmerverhältnisse, in denen der Generalunternehmer nunmehr die vom Subunternehmer geschuldete USt nach § 13b Abs. 2 Nr. 4 i.V.m. Abs. 5 S. 2 UStG zu entrichten hat. Abgesehen von solchen aus Sicht der Beteiligten klaren Verhältnissen kann die Beschränkung der Steuerschuldnerschaft auf den genannten Personenkreis freilich erhebliche Probleme schaffen. Der Leistende steht nämlich vor der Aufgabe, in jedem Einzelfall klären zu müssen, um welche Art von Auftraggeber es sich handelt. In vielen Fällen wird sich dies auf Anhieb nicht klären lassen. Das UStG sieht in § 13b UStG eine Art Freistellungsbescheinigung, wie sie im Zuge der sog. Bauabzugsteuer in das EStG eingeführt worden war, gerade nicht vor. Dennoch greift die Finanzverwaltung auf diese Bescheinigungen zurück. Sie versucht das Dilemma des Leistenden dadurch zu lösen, dass sich der Leistungsempfänger durch Vorlage einer Freistellungsbescheinigung nach § 48b EStG als »Bauleistender« ausweisen kann (dazu näher A 13b.3 Abs. 3–5 UStAE). Ungeachtet solcher und anderer Probleme dürften viele Unternehmer der Bauwirtschaft die Neuregelung insgesamt begrüßt haben. Während der Auftragnehmer früher die USt sofort abführen musste, er aber wegen der in der Baubranche schlechten Zahlungsmoral sein Geld vom Auftraggeber oft erst zu einem sehr viel späteren Zeitpunkt bekam, hat sich ab 01.04.2004 das Blatt gewendet: Der Auftragnehmer muss jedenfalls für die USt nicht mehr in Vorlage treten, da die USt-Schuld – einen entsprechenden Auftraggeber vorausgesetzt – den Auftraggeber trifft. Der Auftragnehmer ist damit in einer komfortablen Situation. Er ist weiterhin zum VSt-Abzug aus seinen Eingangsleistungen berechtigt, muss selbst aber keine USt mehr an den Fiskus abführen.[269]

2.4 Ergänzungen jüngeren Datums

2.4.1 Strom- und Gaslieferungen

Um sicherzustellen, dass bei der **Lieferung von Gas und Strom** die Ortsverlagerung nach dem Bestimmungslandprinzip über § 3g UStG auch fiskalisch umgesetzt werden kann, ist § 13b UStG zum **01.01.2005** in **§ 13b Abs. 2 Nr. 5 UStG** um einen weiteren Sachverhalt ergänzt worden. Danach soll für den Fall, dass **ein im Ausland ansässiger Unternehmer** unter den Bedingungen des § 3g UStG im Inland steuerbare und steuerpflichtige Lieferungen tätigt, die Steuerschuld ebenfalls auf den Leistungsempfänger übergehen – sofern er ein Unternehmer ist (vgl. § 13b Abs. 5 S. 1 2. HS UStG).

---

269 Aus der umfangreichen Literatur zur Steuerschuldnerschaft bei Bauleistungen s. nur *Küffner/Zugmaier* (DStR 2004, 712) sowie *Baumann/Müller* (DStR 2004, 1160).

2.4.2 Übertragung von Emissionszertifikaten

Durch § 13b Abs. 2 Nr. 6 i.V.m. § 13b Abs. 5 S. 1 2. HS UStG ist die Steuerschuldnerschaft des Leistungsempfängers bei der Übertragung von Emissionszertifikaten **mit Wirkung vom 01.07.2010** auf Übertragungen durch **im Inland ansässige Unternehmer** ausgedehnt worden. Damit soll Art. 199a MwStSystRL umgesetzt und der Umsatzsteuerbetrug auf diesem Gebiet bekämpft werden.

Bis Ende 2009 war stets der **Übertragende Steuerschuldner**, da der Ort dieser sonstigen Leistung gem. § 3a Abs. 1 UStG a.F. beim übertragenden Unternehmen lag. Ab dem 01.01.2010 ist der **Leistungsort** für die Übertragung von Emissionszertifikaten gem. § 3a Abs. 2 S. 1 UStG **beim erwerbenden Unternehmen**. Dieser wurde aber zunächst nur dann zum Steuerschuldner, wenn der Übertragende nicht im Inland ansässig war, es sich also um die sonstige Leistung eines im Ausland ansässigen Unternehmers handelte. Dann kam es auch schon vor dem 01.07.2010 zur Steuerschuldnerschaft des Leistungsempfängers, und zwar nach § 13b Abs. 2 Nr. 1 UStG i.V.m. Abs. 5 S. 1 UStG. Durch die Neufassung des § 13b UStG entfällt diese Einschränkung, so dass **ein Unternehmer als Leistungsempfänger ab dem 01.07.2010 stets Steuerschuldner** ist. Damit soll, wie in allen Fällen der Verlagerung der Steuerschuld, ein Steuerausfall verhindert werden. Dieser trat bisher dadurch ein, dass der Leistungsempfänger zwar die VSt vergütet erhielt, der leistende Unternehmer jedoch nicht stets die von ihm geschuldete Umsatzsteuer an das Finanzamt entrichtete.

2.4.3 Lieferung von Industrieschrott und Altmetallen

§ 13b Abs. 2 Nr. 7 UStG hat zum **01.01.2011** den Kreis der Sachverhalte, die zu einem Wechsel der Steuerschuldnerschaft führen können, erneut erweitert. Erfasst sind seither auch steuerpflichtige Lieferungen von Industrieschrott, Altmetallen und sonstigen Abfallstoffen. Welche Abfälle im Einzelnen betroffen sein sollen, ist einer neuen Anlage 3 zum UStG zu entnehmen, die das BMF in A 13b.4 Abs. 1 bis 3 UStAE, näher erläutert hat. Die Steuerschuldnerschaft des Leistungsempfängers ist auch in diesen Fällen auf solche Leistungsempfänger beschränkt, die Unternehmer sind (vgl. § 13b Abs. 5 S. 1 2. HS UStG).

Ziel auch dieser Erweiterung ist es, Umsatzsteuerausfälle zu verhindern, die dadurch eintreten, dass leistende Unternehmer diese Lieferungen nicht vollständig im allgemeinen Besteuerungsverfahren erfassen bzw. der Fiskus den Steueranspruch beim Leistenden nicht realisieren kann. So haben Feststellungen insbesondere der obersten Finanzbehörden der Länder gezeigt, dass auch bei Lieferungen von Industrieschrott, Altmetallen und sonstigen Abfallstoffen vielfach die Steuer dem Leistungsempfänger in Rechnung gestellt wird, dieser die in Rechnung gestellte Steuer als VSt abzieht, der leistende Unternehmer aber die in Rechnung gestellte Steuer nicht an das Finanzamt abführt. Die Finanzämter konnten dann später – in den meisten Fällen wegen Zahlungsunfähigkeit des leistenden Unternehmers – den Umsatzsteueranspruch nicht mehr durchsetzen. Die Regelung setzt Art. 66 Abs. 1 Buchst. a und c und Art. 199 Abs. 1 Buchst. d und Abs. 2 der MwStSystRL um.

2.4.4 Gebäudereinigungen

Bereits zur Jahresmitte 2006 sollte ein weiterer Tatbestand hinzukommen, und zwar das Reinigen von Gebäuden und Gebäudeteilen. So sah es der Entwurf des Gesetzes zur Eindämmung missbräuchlicher Steuergestaltungen vor. Nach Auffassung der Bundesregierung war nämlich auch bei diesen Umsätzen nicht sichergestellt, »dass diese von den leistenden Unternehmern vollständig im allgemeinen Besteuerungsverfahren erfasst werden bzw. der Fiskus den Steueranspruch beim Leistenden realisieren kann.« Wenn der Bundesrat seinerzeit die vorgesehene Änderung des § 13b UStG schließlich doch noch abgelehnt hat, dann geschah dies allein aus Gründen der Praktikabilität. Nach Auffassung des Bundesrates wäre von einem Wechsel der Steuerschuldnerschaft für Gebäudereinigungsleistungen eine nicht überschaubare Zahl von (wahrscheinlich mehrere Mio.) Unternehmern betroffen gewesen, die als Kleinunternehmer (z.B. schriftstellerisch tätige Arbeitnehmer) oder Unternehmer mit ausschließlich steuerfreien Umsätzen (z.B. Ärzte, Versicherungsvertreter und -makler, Privatschulen, Altenheime, Krankenhäuser) umsatzsteuerlich bisher nicht geführt werden. Diese hätten Umsatzsteuer-Voranmeldungen und Umsatzsteuer-Jahreserklärungen für die von ihnen nach § 13b UStG geschuldete Umsatzsteuer abgeben müssen. Der damit verbundene administrative Aufwand stand aus Sicht des Bundesrates in keinem Verhältnis zu den zu erwartenden Steuermehreinnahmen.

Diesen Bedenken trägt zum **01.01.2011** nunmehr die in **§ 13b Abs. 2 Nr. 8 UStG i.V.m. § 13b Abs. 5 S. 2 2. HS UStG** getroffene Regelung Rechnung. Damit wird der Kreis der Unternehmer, die bei dem Bezug von Reinigungsleistungen zum Steuerschuldner werden können, gegenüber früheren Vorstellungen deutlich eingeschränkt. Die Reinigung von Gebäuden und Gebäudeteilen soll eine **Steuerschuldnerschaft** des Leistungsempfängers nur auslösen können, sofern es sich hierbei um einen Unternehmer handelt, der seinerseits damit befasst ist, Gebäude und Gebäudeteile zu reinigen (ausführlich zu diesem Tatbestand die Erläuterungen in A 13b.5 Abs. 1 bis 4 UStAE).

2.4.5 Lieferung von Gold

Auf Anregung des Finanzausschusses des deutschen Bundestages ist § 13b UStG kurz vor Verabschiedung des JStG 2010 noch ein weiterer Sachverhalt hinzugefügt worden. Nach § 13b Abs. 2 Nr. 9 UStG führt ab 01.01.2011 auch die Lieferung von Gold ab einem bestimmten Feingehalt ebenfalls zu einer Steuerschuldnerschaft des Leistungsempfängers (näher dazu **A 13b.6 UStAE**).

2.4.6 Lieferung von Mobilfunkgeräten

Im Halbjahresrhythmus zeigt sich offenbar, dass es weitere Sachverhalte gibt, bei denen es aus fiskalischer Sicht sinnvoll erscheint, den Leistungsempfänger zum Steuerschuldner zu bestimmen. § 13b Abs. 2 Nr. 10 (i.V.m. Abs. 5 S. 1 1. HS) UStG hat mit Wirkung vom 01.07.2011 die Verlagerung der Steuerschuldnerschaft auf den Leistungsempfänger auf Mobilfunkgeräte und integrierte Schaltkreise wie Mikroprozessoren und Zentraleinheiten für die Datenverarbeitung erweitert. Voraussetzung dafür ist allerdings, dass die Summe der für die steuerpflichtigen Lieferungen dieser Gegenstände in Rechnung zu stellenden Bemessungsgrundlagen mindestens 5.000 € beträgt. Abzustellen ist dabei auf alle im Rahmen eines zusammenhängenden wirtschaftlichen Vorgangs gelieferten Gegenstände der genannten Art, um Manipulationen z.B. durch Aufspalten der Rechnungsbeträge zu unterbinden. Werden Anzahlungen i.S.d. § 13b Abs. 4 UStG geleistet, soll es für die Anwendung der Betragsgrenze auf das Gesamtentgelt und nicht auf die in den Anzahlungs- und Endrechnungen angegebenen Teilentgelte ankommen. Eine nachträgliche Entgeltsminderung soll unberücksichtigt bleiben. Bei Lieferungen an Nichtunternehmer (insbesondere also im typischen Einzelhandel) verbleibt es bei der Steuerschuld des leistenden Unternehmers unabhängig vom Rechnungsbetrag. Das BMF hat zu § 13b Abs. 2 Nr. 10 UStG in A 13b.7 UStAE ausführlich Stellung genommem.

2.5 Einzelfragen

2.5.1 Status des Abnehmers

Welche Leistungsempfänger von einer Steuerschuldnerschaft nach § 13b UStG betroffen sein können, ist im Detail abhängig davon, welche Tatbestände des § 13b UStG zur Anwendung gelangen. In den in **§ 13b Abs. 1 und Abs. 2 Nr. 1–3 UStG** genannten Fällen kann **neben Unternehmern auch juristische Personen** (auch solche des Privatrechts!) eine Steuerschuldnerschaft als Leistungsempfänger treffen (vgl. § 13b Abs. 5 S. 1 1. HS UStG). Bei den in **§ 13b Abs. 2 Nr. 5–7 und Nr. 9 und Nr. 10 UStG** aufgeführten Leistungen taugen nur Unternehmer als Leistungsempfänger zum Steuerschuldner. Für juristische Personen ist – soweit sie nicht unternehmerisch tätig sind – eine Steuerschuldnerschaft nicht begründet (vgl. § 13b Abs. 5 S. 1 2. HS UStG). In den Fällen des **§ 13b Abs. 2 Nr. 4 und Nr. 8 UStG**, also bei Bauleistungen und Gebäudereinigungen, kann die Steuerschuldnerschaft nur solche **Unternehmer** treffen, **die ihrerseits mit Bauleistungen bzw. Gebäudereinigungen befasst sind** (vgl. § 13b Abs. 5 S. 2 UStG). Dabei gilt es in allen Fällen zu beachten, dass sich die Steuerschuldnerschaft nicht nur auf Umsätze erstreckt, die für das Unternehmen bezogen werden (vgl. § 13b Abs. 5 S. 3 UStG). Erfasst sind auch solche Umsätze, die für den nichtunternehmerischen Bereich bestimmt sind, bei denen ein VSt-Abzug hinsichtlich der geschuldeten USt nach § 15 Abs. 1 Nr. 4 UStG folglich nicht in Betracht kommt. Die Steuerschuldnerschaft bleibt aber beschränkt auf Leistungsempfänger, die für Umsatzsteuerzwecke bereits erfasst sind bzw. denen eine solche Erfassung zur Sicherstellung des USt-Aufkommens zugemutet werden kann. Eine **Steuerschuldnerschaft** kann **auch Kleinunternehmer** nach § 19 UStG treffen (vgl. § 19 Abs. 1 S. 3 UStAE). Sie können nach § 13b Abs. 5 S. 4 UStG **mit ihren Aktivitäten allerdings keine Steuerschuldnerschaft ihrer Leistungsempfänger begründen**. Für die Steuerschuldnerschaft des Leistungsempfängers bleibt ohne Belang, ob dessen Gegenleistung in Bargeld besteht oder ob der Leistungsempfänger seinerseits ebenfalls eine Lieferung oder sonstige Leistung erbringt. § 13b UStG findet uneingeschränkt auch beim Tausch und bei tauschähnlichen Umsätzen Anwendung.

2.5.2 Ausnahmen von der Steuerschuldnerschaft

Ausgeschlossen ist eine Steuerschuldnerschaft des Leistungsempfängers nach § 13b Abs. 6 Nr. 1–3 UStG bei bestimmten Beförderungsleistungen. In den Fällen der **Beförderungseinzelbesteuerung nach § 16 Abs. 5 UStG** bedarf es keiner Steuerschuldnerschaft des Leistungsempfängers, weil die Zollverwaltung an den Außengrenzen zum Drittland bereits eine Besteuerung sicherstellt, indem sie die Steuer unmittelbar beim ausländischen leistenden Unternehmer erhebt. Seit dem **01.01.2007** ist für **bestimmte Leistungen im Zusammenhang mit Messen sowie Ausstellungen und Kongressen** (vgl. **§ 13b Abs. 6 Nr. 4 und 5 UStG**) ebenfalls vorgesehen, dass eine Steuerschuldnerschaft nach § 13b UStG ausgeschlossen sein soll. Besondere praktische Relevanz kommt dabei Nr. 4 in § 13b Abs. 6 UStG zu. Danach gelangt § 13b UStG nicht zur Anwendung, wenn die im Inland steuerpflichtige Leistung in der Einräumung der Eintrittsberechtigung für Messen, Ausstellungen und Kongresse besteht. In der Vergangenheit hatte die Anwendung des § 13b UStG auf diese Sachverhalte zu erheblichen Schwierigkeiten für die leistenden Unternehmer geführt, wenn die Besucher sowohl Unternehmer als auch Privatpersonen waren. Nach Feststellungen der Finanzverwaltungen sind die ausländischen Veranstalter in Deutschland zumeist ohnehin für umsatzsteuerliche Zwecke erfasst und können daher problemlos die Steuer für ihre gesamten Umsätze auf Messen und ähnlichen Veranstaltungen anmelden. Das BMF hat zum Anwendungsbereich des § 13b Abs. 6 Nr. 4 UStG in A 13b.10 Abs. 2f. UStAE Stellung genommen.

Eine **weitere Ausnahme ist zum 01.01.2011** hinzugekommen. Sie betrifft die Abgabe von Speisen zum Verzehr an Ort und Stelle. Seit 01.01.2010 befindet sich der Leistungsort bei der **Abgabe von Speisen und Getränken an Bord eines Schiffs, in einem Luftfahrzeug oder in einer Eisenbahn** nach § 3a Abs. 3 Nr. 3 Buchst. a UStG am Ort der tatsächlichen Leistungserbringung, bei Abgabe während einer Beförderung im Gemeinschaftsgebiet mit einem inländischen Abgangsort in Deutschland (§ 3e UStG). Ist der leistende Unternehmer im Ausland ansässig und erfolgt die Leistung an einen Unternehmer oder an eine juristische Person, sind diese an sich als Leistungsempfänger Steuerschuldner. Dies gilt auch, wenn die Leistung an den nichtunternehmerischen Bereich erbracht wird. Dieses Ergebnis ist für die Betroffenen (leistende Unternehmer und Leistungsempfänger) nicht handhabbar und aus Sicht des BMF für die Finanzverwaltung nicht administrierbar. Deshalb nimmt **§ 13b Abs. 6 Nr. 6 UStG** diese Leistungen ab 01.01.2011 aus dem Anwendungsbereich der Steuerschuldnerschaft des Leistungsempfängers heraus. Steuerschuldner bleibt der leistende Unternehmer.

2.5.3 Rechnungsanforderungen, Rechtsfolgen eines Verstoßes

Kommt § 13b UStG zur Anwendung, sind **besondere Rechnungsanforderungen** zu beachten. So sieht § 14a Abs. 5 UStG zur Rechtssicherheit der Betroffenen vor, dass die **Rechnung** des Leistenden neben den allgemeinen Angaben auch einen **Hinweis auf die Steuerschuldnerschaft des Abnehmers** enthalten muss (§ 14a Abs. 5 S. 2 UStG)[270] und die Vorschrift über den **gesonderten Steuerausweis in einer Rechnung keine Anwendung** findet (§ 14a Abs. 5 S. 3 UStG). Letzteres erklärt die eigene Regelung zum VSt-Abzug in **§ 15 Abs. 1 Nr. 4 UStG**, der Unternehmer gleichwohl für berechtigt erklärt, die Steuer für Leistungen i.S.d. § 13b Abs. 1 und Abs. 2 UStG abzuziehen – sofern sie die Leistungen für ihr Unternehmen bezogen haben.

Fraglich ist, welche **Rechtsfolgen ein Verstoß gegen eine der Vorgaben in § 14a Abs. 5 UStG** auslöst. Wird überhaupt keine Rechnung erstellt, so berührt dies weder den Übergang der Steuerschuldnerschaft noch das VSt-Abzugsrecht. Nach § 15 Abs. 1 S. 1 Nr. 4 UStG bleibt

---

270 Im Fall des § 13b **Abs. 1** UStG, also bei innergemeinschaftlichen Dienstleistungen, ist zusätzlich die USt-Id-Nr. des leistenden Unternehmers und des Leistungsempfängers anzugeben.

der VSt-Abzug dem Leistungsempfänger erhalten, da diese Norm den VSt-Abzug nicht vom Vorliegen einer Rechnung abhängig macht.

Ist eine Rechnung ausgestellt, aber nicht mit dem nach § 14a Abs. 5 S. 2 UStG gebotenen Hinweis auf den Übergang der Steuerschuldnerschaft versehen, so vermag der fehlende Hinweis den Leistungsempfänger nicht von seiner Steuerschuldnerschaft nach § 13b Abs. 5 UStG zu entbinden.[271] **Der Hinweis auf die Steuerschuldnerschaft des Rechnungsempfängers ist keine materiell-rechtliche Voraussetzung für den Übergang der Steuerschuldnerschaft.**

Wird entgegen der Verpflichtung in § 14a Abs. 5 S. 3 UStG die USt in der Rechnung dennoch gesondert ausgewiesen, so schuldet der leistende Unternehmer die gesondert ausgewiesene USt nach § 14c Abs. 1 UStG.[272] Dies hat zugleich Auswirkungen auf die Bemessungsgrundlage der nach § 13b UStG geschuldeten Steuer. Nach A 13b.13 Abs. 1 UStAE ist in den Fällen, in denen der Leistungsempfänger die Steuer schuldet, Bemessungsgrundlage der in der Rechnung oder Gutschrift ausgewiesene Betrag. Hierbei handelt es sich um einen Betrag ohne USt. Sucht man einen Bezug zu § 10 Abs. 1 S. 1 UStG, lässt sich sagen: Die vereinbarte Gegenleistung ist das (Netto-)Entgelt i.S.d. § 10 Abs. 1 S. 1 UStG, weil der Leistende keine USt schuldet und deshalb dem Leistenden auch keine USt in Rechnung stellen darf. Führt man diesen Gedanken fort, wird für den Fall, dass die Beteiligten keine Kenntnis von der Steuerschuldnerschaft des Leistungsempfängers haben und deshalb der Leistende unter Ausweis von USt abrechnet, der Gesamtbetrag einschließlich der verbotswidrig ausgewiesenen USt zur Bemessungsgrundlage für die vom Leistungsempfänger geschuldete USt (str.).

2.5.4 Entstehen der »§ 13b-Steuer«

Mit Wirkung vom **01.07.2010** sind auch die Regelungen zum Entstehen einer nach § 13b UStG geschuldeten USt neu gefasst worden. Bisher war vorgesehen, dass die USt für alle Leistungen, die eine Steuerschuldnerschaft nach § 13b UStG auslösen, mit Ausstellung der Rechnung, spätestens jedoch mit Ablauf des der Ausführung der Leistung folgenden Kalendermonats entsteht. Dies bleibt zwar auch künftig die Grundregel (vgl. Eingangssatz in § 13b Abs. 2 UStG). Eine wichtige Ausnahme hiervon bestimmt aber der neu formulierte **Absatz 1 des § 13b UStG**. Er betrifft **sonstige Leistungen eines im übrigen Gemeinschaftsgebiet ansässigen Unternehmers**, die nach **§ 3a Abs. 2 UStG** ihren Leistungsort im Inland haben, und die hier auch steuerpflichtig sind. Für diese sonstigen Leistungen soll die Steuer mit Ablauf des VAZ entstehen, in dem die sonstigen Leistungen ausgeführt worden sind.[273] Anlass für diese Neuregelung bildet die Meldeverpflichtung für diese Umsätze im Rahmen der Zusammenfassenden Meldung. Die Regelung ist für die Praxis bei sonstigen Leistungen im zwischenunternehmerischen Bereich von erheblicher Bedeutung. Wie an anderer Stelle dargelegt, unterliegen sonstige Leistungen, die an einen Unternehmer für dessen Unternehmen ausgeführt werden, größtenteils der Ortsbestimmung nach § 3a Abs. 2 UStG und werden damit grundsätzlich an dem Ort ausgeführt, von dem aus der jeweilige Empfänger sein Unternehmen betreibt. Zu beachten ist aber Folgendes: Die

---

271 So A 13b.14 Abs. 1 S. 4 UStAE.
272 A 13b.14 Abs. 1 S. 5 UStAE.
273 Nach der beabsichtigten Neufassung des § 14a Abs. 1 UStG durch das JStG 2013 sind Rechnungen über innergemeinschaftliche Dienstleistungen bis zum 15. Tag nach Ablauf des Monats der Leistungsausführung auszustellen.

neue Entstehungsregel des § 13b Abs. 1 UStG betrifft nur solche nach § 3a Abs. 2 UStG im Inland steuerpflichtigen sonstigen Leistungen, die ein im übrigen Gemeinschaftsgebiet ansässiger Unternehmer erbracht hat. Führt ein **im Drittland ansässiger Unternehmer** derartige sonstige Leistungen aus, so entsteht die Steuer nach **§ 13b Abs. 2 Nr. 1 UStG** wie bisher mit Ausstellung der Rechnung, spätestens jedoch mit Ablauf des der Ausführung der Leistung folgenden Kalendermonats.

§ 13b Abs. 3 UStG sieht vor, dass abweichend von Abs. 1 und 2 Nr. 1 die Steuer für sonstige Leistungen, die dauerhaft über einen Zeitraum von mehr als einem Jahr erbracht werden, spätestens mit Ablauf eines jeden Kalenderjahrs, in dem sie tatsächlich erbracht werden, entstehen. Es geht darum, bei Dauerleistungen (etwa Leasingverträgen) zumindest eine jährliche Besteuerung sicherzustellen, wenn der Leistungsempfänger für diesen Umsatz Steuerschuldner ist. Die Vorschrift will mithin solche Dauerleistungen erfassen, bei denen nicht schon eine zeitabschnittsweise Besteuerung nach den Regeln über Teilleistungen in § 13b Abs. 4 UStG erfolgt.

3 Fiskalvertretung

Eines Wechsels der Schuldnerstellung bedarf es nicht, wenn der im Ausland ansässige Unternehmer im Inland ausschließlich steuerfreie Leistungen ausführt. Auch dann sind aber Erklärungs- und Aufzeichnungspflichten zu erfüllen. Insoweit besteht nach den §§ 22a–22e UStG für den ausländischen Unternehmer die Möglichkeit, sich durch einen sog. Fiskalvertreter im Inland vertreten zu lassen. Fiskalvertreter können gem. § 22a Abs. 2 UStG i.V.m. den §§ 3, 4 Nr. 9 Buchst. c StBerG neben Steuerberatern auch alle übrigen im Inland ansässigen Unternehmer sein. In der Praxis fungieren als Fiskalvertreter in erster Linie Spediteure, die im Rahmen der Zollabfertigung für einen ausländischen Unternehmer tätig werden. Die Aufgaben des Fiskalvertreters sind in § 22b UStG zusammengefasst. Weitere verfahrensrechtliche Besonderheiten in Fällen der Fiskalvertretung ergeben sich aus den §§ 22c und 22d UStG. Bereits aus § 22a Abs. 1 UStG ist zu erkennen, dass das Rechtsinstitut der Fiskalvertretung, das mit Wirkung vom 01.01.1997 in das UStG eingefügt wurde, nur in wenigen Ausnahmefällen Anwendung findet. Im Vordergrund stehen hierbei die Fälle einer nach § 5 Abs. 1 Nr. 3 UStG steuerfreien Einfuhr, an die sich unmittelbar eine innergemeinschaftliche Lieferung anschließt bzw. der nach § 4b Nr. 4b UStG steuerfreie innergemeinschaftliche Erwerb mit nachfolgender innergemeinschaftlicher Lieferung.

4 Reformüberlegungen zur Umsatzsteuer

Besorgniserregende Steuerausfälle im Bereich der USt hat es in den vergangenen Jahren insb. durch geplante Insolvenzen sowie durch sog. Karussellgeschäfte gegeben. Sie sind typischerweise dadurch charakterisiert, dass der Liefergegenstand über mehrere nachfolgende Lieferanten zum ersten Lieferanten zurückgelangt und einer der Lieferanten (»missing trader«) die von ihm in einer Rechnung ausgewiesene USt vorsätzlich nicht entrichtet oder sich vorsätzlich oder leichtfertig außer Stande setzt, die ausgewiesene Steuer zu entrichten.[274] Diese Form der Steuerkriminalität, die seit der Einführung des EU-Binnenmarktes verstärkt in Erscheinung getreten ist, unterscheidet sich von den Steuerstraftaten der herkömmlichen Form durch die intelligente, planmäßige und organisierte Vorgehensweise der Tätergruppen. Beteiligt sind Personen, die über das gesamte notwendige Wissen, wie Sprachkenntnisse, Kenntnisse über Import- und Exportabwicklung, Kunden- und Lieferantenbeziehungen, Marktverhältnisse, Auslandszahlungsverkehr, Speditions- und Transportwesen und Denk- und Arbeitsweisen der FÄ verfügen. Solche Geschäfte, bei denen in den Fiskus schädigender Absicht Rechnungen mit USt ausgestellt werden, um dem Rechnungsempfänger den VSt-Abzug zu ermöglichen, ohne die ausgewiesene und geschuldete Steuer zu entrichten, haben nicht nur den Gesetzgeber auf den Plan gerufen.[275]

Begleitend zu gesetzgeberischen Aktivitäten durch das »Gesetz zur Bekämpfung von Steuerverkürzungen bei der USt ... (StVBG)« vom 19.12.2001 (BGBl I 2001, 3922)[276], das StÄndG 2003 (BGBl I 2003, 2645) sowie das Haushaltsbegleitgesetz 2004 hat es in den vergangenen Jahren verstärkt Überlegungen zu einschneidenden Systemänderungen bei der USt gegeben. Diese Überlegungen gingen zunächst mehrheitlich dahin, das seit gut 40 Jahren praktizierte, in Kap. I näher vorgestellte Allphasen-Nettosystem mit VSt-Abzug weitestgehend aufzugeben. In ihm sehen viele das Grundübel für die nach Erhebungen des IFO-Instituts für das Jahr 2006 auf 14 Mrd. € geschätzten USt-Steuerausfälle. Um die Betrugsanfälligkeit des Umsatzsteuersystems zu verringern, gibt es seit Langem Reformüberlegungen, denen zufolge bei Leistungsaustauschen innerhalb einer Unternehmerkette USt nicht ausgelöst sein soll. Dies soll durch eine besondere Steuerbefreiung erreicht werden. Das Motto solcher Überlegungen lautet: »Wo keine Steuer anfällt, kann auch keine hinterzogen werden«. Konkretisiert sind solche Überlegungen zu einer grundlegenden Reform des Umsatzsteuerrechts erstmals in dem sog. **Mittler-Modell**. Danach soll zunächst für Lieferungen innerhalb einer Kette voll vorsteuerabzugsberechtigter Unternehmer die ansonsten für die Lieferumsätze anfallende USt entfallen. Der Liefernde fakturiert seine Rechnung netto, es kommt nicht mehr zum VSt-Abzug beim Leistungsempfänger. Auf diese Weise würde, so die Annahme, nicht nur den Umsatzsteuerbetrügereien in Form von Karussellgeschäften wirksam entgegengewirkt, sondern den Unternehmen auch ein erheblicher bürokratischer Aufwand erspart. Damit der leistende Unternehmer den Abnehmer, an den er umsatzsteuerbefreit leisten darf, identifizieren kann, muss der Abnehmer freilich über eine besondere Umsatzsteuernummer, vergleichbar der USt-Id-Nr. bei innergemeinschaftlichen Warenbewegungen, verfügen. Von daher trägt dieses Modell notwendig die bekannten Regelungsmechanismen des Binnenmarktes in sich. Insoweit scheint denn auch eine gewisse Skepsis durchaus angezeigt. Schließlich ist die gegenwärtige Abwicklung im Binnenmarkt gerade wegen ihrer Schwerfälligkeit und Missbrauchsanfälligkeit viel getadelt.

Sowohl für das sog. Mittler-Modell als auch für die im Ansatz ähnlichen Modelle einer VSt-Verrechnung[277] gilt ohnehin: Ohne eine spezielle Absicherung auf EU-Ebene wird kei-

---

274 Dazu informativ *Wenning* (UStB 2002, 265) sowie aus jüngerer Zeit *Kemper* (UR 2005,1).
275 Mit bislang eher bescheidenem Erfolg – wie *Wilhelm* (UR 2005, 474) in einer Zwischenbilanz zur Wirkung der zum 01.01.2002 eingeführten Bestimmungen der §§ 26b und § 26c UStG feststellt.
276 Außer den bereits in Kap. 1 genannten Maßnahmen (monatliche Voranmeldungen bei Neugründungen, Sicherheitsleistungen) sind besonders die Umsatzsteuernachschau nach § 27b (dazu A 27b.1 UStAE) und die durch das StÄndG 2003 (BGBl I 2003, 2645) verschärfte Haftung nach § 25d UStG für nicht abgeführte Vorsteuer aus Vorumsätzen zu nennen (dazu *Oswald*, UStB 2005, 85).
277 Urheberschaft bei *Ammann*; lesenswert *ders.* (UR 2003, 332). Einen informativen Überblick zum aktuellen Diskussionsstand zur Reform des Umsatzsteuersystems gibt *ders.* (UR 2009, 372).

nes der Modelle national umsetzbar sein. Dies gilt i.Ü. auch für die lange Zeit vom BMF favorisierte Lösung eines **Wechsels von der Sollversteuerung hin zur Istversteuerung**, der dann auch auf der VSt-Seite gelten soll.[278] Ein neuer elektronischer Abgleich (»Cross-Check«) von USt und VSt sollte bei diesem Modell gewährleisten, dass nur tatsächlich entrichtete USt als VSt geltend gemacht wird.

Zwischenzeitlich hat man sich von einer »großen Lösung« mit einer grundlegenden Reform des USt-Systems verabschiedet. Nach verschiedenen Planspielen zur Frage, welchen Beitrag die einzelnen Modelle zur Reduzierung von USt-Ausfällen leisten können, verfolgte die Bundesregierung zunächst folgende Lösung: Nicht generell, sondern nur für Umsätze mit einem Rechnungsvolumen von mehr als 5.000 € sollte es bei Umsätzen innerhalb der Unternehmerkette einen entsprechend § 13b UStG gestalteten Übergang der Steuerschuldnerschaft auf den Leistungsempfänger geben.[279] In diese Richtung weisende Ausführungen fanden sich bereits in der Koalitionsvereinbarung vom 11.11.2005, nachdem zuvor das BMF seine Vorstellungen in Richtung einer generellen Ist-Besteuerung ausdrücklich aufgegeben hatte. Während es zunächst so schien, als könne die Bundesrepublik das von ihr ins Auge gefasste Modell eines inhaltlich begrenzten »Reverse-Charge-Modells« jedenfalls als Pilotprojekt durchführen, hat man sich im Jahr 2008 auch von diesen Vorstellungen verabschieden müssen. Im ECOFIN-Rat der EU konnte nämlich in der Sitzung am 14.05.2008 keine Einigung über die Durchführung eines solchen Pilotprojekts erzielt werden. Gegenwärtig ist eine wirkliche Reform des USt-Rechts nicht in Sicht. Dass national der Wechsel der Steuerschuldnerschaft nach wie vor favorisiert wird, zeigt sich an der steten Erweiterung der Sachverhalte, die eine Steuerschuldnerschaft des Leistungsempfängers auslösen.

---

278 Vgl. dazu BMF-Schreiben vom 22.11.2003 (UR 2004, 16); die Zulässigkeit eines nationalen Alleingangs bezüglich der Einführung einer Ist-Besteuerung bejaht *Stadie* (UR 2004, 136); wie hier: *Widmann* (UR 2004, 177).
279 Ausführlich zu den Ergebnissen der Planspiele und den Gründen für eine Beschränkung des sog. Revers Charge auf Umsätze mit einem Rechnungsvolumen von 5.000 € s. *Widmann* (UR 2006,13) sowie *Matheis/Groß* (UR 2006, 379).

Anhang – Umsatzsteuersätze in den EU-Mitgliedstaaten

– Stand: 01.07.2012[280] –

EU-Staaten	Bezeichnung der Umsatzsteuer in der Landessprache	Umsatzsteuersätze		
		Normalsatz	ermäßigte Sätze	Nullsatz
Belgien	taxe sur la valeur ajoutée (TVA) oder belasting over de toegevoegde waarde (BTW)	21	6; 12	ja
Bulgarien	Dana Dobavena Stoynost	20	9	ja
Dänemark	omsaetningsavgift (MOMS)	25	–	ja
Deutschland	Umsatzsteuer (USt)	19	7	–
Estland	Käibemaks	20	9	ja
Finnland	arvonlisävero (AVL) oder mervärdesskatt (ML)	23	9; 13	ja
Frankreich	taxe sur la valeur ajoutée (TVA)	19,6	2,1; 5,5	–
Griechenland	foros prostithemenis axias (FPA)	23	6,5; 13	ja
Irland	value added tax (VAT)	23	4,8; 13,5	ja
Italien	imposta sul valore aggiunto (IVA)	23	4; 12	ja
Lettland	Pievienotas vertibas nodoklis	21	12	–
Litauen	Pridėtinės vertės mokestis	21	5; 9	–
Luxemburg	taxe sur la valeur ajoutée (TVA)	15	3; 6; 12	–
Malta	value added tax (VAT)	18	5; 7	ja
Niederlande	omzetbelasting (OB) oder belasting over de toegevoegde waarde (BTW)	19	6	–
Österreich	Umsatzsteuer	20	10/12	–
Polen	Podatek od tomaròw i uslug	23	5; 8	ja
Portugal	imposto sobre o valor acrescentado (IVA)	23	6; 13	–
Rumänien	Taxa pe valoarea adaugata	24	5; 9	–
Schweden	mervärdeskatt (ML)	25	6; 12	ja
Slowakei	daň z pridanej hodnoty	20	10	ja
Slowenien	Davek na dodano vred nost	20	8,5	–
Spanien	impuesto sobre el valor añadido (IVA)	18	4; 8	–

---

280 Quelle: Dokument taxud.c.1 (2012) 990012-DE der Europäischen Kommission

EU-Staaten	Bezeichnung der Umsatzsteuer in der Landessprache	Umsatzsteuersätze		
		Normalsatz	ermäßigte Sätze	Nullsatz
Tschechien	Daňi z přidané hotnoty	20	14	–
Ungarn	Általános forgalmi adó	27	5,18	–
Vereinigtes Königreich	value added tax (VAT)	20	5	ja
Zypern	foros prostithemenis axias (FPA)	17	5,8	

Teil C   Erbschaftsteuerrecht

Inhaltsverzeichnis Teil C

C	Erbschaftsteuerrecht	657
I	Das Erbschaftsteuerrecht inklusive der erbrechtlichen Grundlagen	657
1	Einführung	657
1.1	Historische und wirtschaftliche Bedeutung der Erbschaftsteuer	657
1.1.1	Das Erbschaftsteuergesetz in seiner historischen Entwicklung	657
1.1.2	Der Gesetzesaufbau	659
1.2	Grundaussagen zum Erbschaftsteuerrecht	659
1.2.1	Die wirtschaftlichen Auswirkungen auf der Planungs- und Belastungsebene des Steuerbürgers	659
1.2.2	Tragende Prinzipien des Erbschaftsteuerrechts	663
1.2.3	Der rechtstechnische Ausgangspunkt	664
1.2.3.1	Die Bedeutung der unentgeltlichen Leistungsfähigkeit	664
1.2.3.2	Der Aspekt der Rechtsnachfolge	664
1.2.4	Das Verhältnis Erbschaftsteuer/Schenkungsteuer	665
1.2.5	Die Erbschaftsteuer als Erwerbersteuer (Erbanfall- oder Bereicherungssteuer)	666
1.3	Die Erbschaft-/Schenkungsteuer in der Steuersystematik	666
1.3.1	Der Standort der Erbschaft-/Schenkungsteuer	666
1.3.2	Erbschaftsteuer und Einkommensteuer	666
1.3.3	Erbschaftsteuer und Grunderwerbsteuer	667
1.3.4	Erbschaftsteuerrecht und Umsatzsteuergesetz	667
1.3.5	Erbschaftsteuergesetz und Zivilrecht	668
1.4	Verfassungsrechtliche Vorgaben	669
1.4.1	Erbschaftsteuergesetz und Art. 14 GG	669
1.4.2	Erbschaftsteuergesetz und Art. 6 GG	670
1.4.3	Erbschaftsteuergesetz und Art. 3 GG	670
1.4.4	Partielle oder komplette Verfassungswidrigkeit des ErbStG (2009)?	670
1.5	Einkommensteuergesetz und Gemeinschaftsrecht	670
1.6	Schema	671
1.6.1	Erbschaftsteuerliche due diligence – 1. Stufe	672
1.6.2	Erbschaftsteuerliche due diligence – 2. Stufe	672
1.7	Das Erbschaftsteuergesetz (2009) i.d.F. des Wachstumsbeschleunigungsgesetzes – Übersicht (inkl. Fassung des JStG 2013)	674
1.7.1	Betriebsvermögen	674
1.7.2	Grundvermögen	674
1.7.3	Verschonungsebene	674
1.7.3.1	Betriebsvermögen	675
1.7.3.2	Weiteres Verschonungsvermögen	675
1.7.4	Neue Befreiungstatbestände	676

1.7.5	Tarifänderungen	676
2	Die gesetzliche Erbfolge	676
2.1	Das gesetzliche Verwandtenerbrecht	676
2.2	Das Ehegattenerbrecht und die ehelichen Güterstände im Erbschaftsteuergesetz	678
2.2.1	Die Bedeutung des Güterstandes für das Ehegattenerbrecht	678
2.2.2	Die Beendigung des Güterstandes, insbesondere bei der Zugewinngemeinschaft (inklusive der Berechnung der Ausgleichsforderung)	679
2.2.3	Die Änderung des Güterstandes und die modifizierte Zugewinngemeinschaft (inkl. »Güterstandsschaukel«)	682
2.2.3.1	Allgemeine Ausführungen	682
2.2.3.2	Die Güterstandsschaukel	685
2.2.4	Sonstige Regelungen bei der Zugewinngemeinschaft und bei der Ausgleichsforderung	686
2.2.4.1	Die Hinterbliebenenbezüge und die Ausgleichsforderung	686
2.2.4.2	Die güterrechtliche Lösung gemäß § 5 Abs. 2 ErbStG	686
2.2.5	Die Regelung bei der – fortgesetzten – Gütergemeinschaft (§ 4 ErbStG)	687
2.3	Gesetzliches Erbrecht und die Steuerklassen des Erbschaftsteuergesetzes	687
3	Letztwillige Verfügungen im Erbrecht und im Erbschaftsteuerrecht	688
3.1	Wirksamkeit und Auslegung von Testamenten	689
3.1.1	Gewillkürter oder gesetzlicher Erbe?	692
3.1.2	Alleinerbe oder mehrere Erben sowie der »unbekannte Erbe«	693
3.1.2.1	Unklare Testamente und die Bedeutung des Erbscheins	693
3.1.2.2	Teilungsanordnung versus Vorausvermächtnis	696
3.1.2.3	Vermächtnis (insb. das Kaufrechtsvermächtnis) und Auflage	698
3.1.2.4	Der »unbekannte Erbe«	701
3.2	Besonderheiten beim Ehegattentestament	702
3.2.1	Zivilrechtliche Fragen zum Berliner Testament	702
3.2.2	Die erbschaftsteuerliche Antwort zum Berliner Testament	704
3.2.3	Folgeprobleme beim Berliner Testament	705
3.3	Vor- und Nacherbschaft	706
3.3.1	Erbrechtliche Bedeutung	706
3.3.2	Das Erbschaftsteuerrecht bei der Vor-/Nacherbschaft	709
3.4	Die negative Erbschaft, insbesondere die Ausschlagung	712
3.4.1	Erbrechtliche Vorfragen	712
3.4.2	Steuerliche Motive für die Ausschlagung	714
3.4.3	Die marktwirtschaftliche Ausschlagung – gegen Entgelt	716
3.5	Pflichtteile und ihre »Abfindung«	716
4	Erbrechtliche Grundsätze und ihre Umsetzung im Erbschaftsteuerrecht	717
4.1	Die Rechtsnachfolge im Erbrecht und im Erbschaftsteuerrecht	717
4.2	Fundamentalprinzipien im Lichte der BGH-Rechtsprechung/steuerliche Konsequenzen	718
4.2.1	Sonderrechtsnachfolge bei vererbten Beteiligungen an Personengesellschaften	720
4.2.2	Die Erbschaftsteuer bei der vererbten Mitunternehmerschaft	721
4.2.2.1	Bewertung ab 2009 – Grundzüge	722

4.3	Bedeutung von § 10 ErbStG, insbesondere die Schulden im Erbfall (§ 10 Abs. 5 ff. ErbStG)	724
4.3.1	Der steuerpflichtige Erwerb gemäß § 10 ErbStG	724
4.3.2	Die Schulden im Erbfall	724
5	Andere Übertragungsmodalitäten von Todes wegen	731
5.1	Die Schenkung auf den Todesfall (§ 2301 BGB und § 3 Abs. 1 Nr. 2 S. 1 ErbStG)	731
5.2	Erwerb durch einen Vertrag zu Gunsten Dritter (§ 3 Abs. 1 Nr. 4 ErbStG sowie R 3.7 Abs. 1 ErbStR)	733
5.2.1	Die Lebensversicherung im Erbschaftsteuerrecht	734
5.2.2	Unfallversicherungsverträge	736
5.2.3	Hinterbliebenenbezüge – Versorgungsansprüche	736
II	**Schenkungsteuerrecht: Vermögensübertragungen zu Lebzeiten im Erbschaftsteuergesetz**	738
1	Schenkungen und andere unentgeltliche Zuwendungen unter Lebenden	738
1.1	Der Grundtatbestand des § 7 Abs. 1 Nr. 1 ErbStG – »volle« Unentgeltlichkeit	738
1.1.1	Die Freigebigkeit als Auslöser einer unentgeltlichen Zuwendung	738
1.1.2	Abgrenzungsfälle: keine Schenkung	741
1.2	Teilweise unentgeltliche Zuwendung – gemischte Schenkung	742
1.2.1	Einführung (Anwendungsbereich)	742
1.2.2	Lösung nach altem Recht	743
1.2.3	Aktuelle Lösung (nach R 7.4 ErbStR 2011 und H 7.4 ErbStH 2011)	745
1.2.4	Schenkungen unter Auflagen	745
1.2.6	Schenkungen von Immobilien	747
1.2.7	Die Kettenschenkung	747
1.2.8	Die mittelbare Schenkung, insbesondere die mittelbare Grundstücksschenkung	749
1.2.9	Die unbenannte (Ehegatten-)Zuwendung	753
1.2.10	Erweiterung der Steuerbefreiung um § 13 Abs. 1 Nr. 4b und Nr. 4c ErbStG (2008)	754
1.2.10.1	§ 13 Abs. 1 Nr. 4b ErbStG	754
1.2.10.2	§ 13 Abs. 1 Nr. 4c ErbStG	755
1.3	Die weiteren Fälle des § 7 Abs. 1 Nr. 2–7, Nr. 10 ErbStG	755
1.4	Die Zweckzuwendung (§ 1 Abs. 1 Nr. 3 und § 8 ErbStG)	756
1.5	Gesellschaftsrechtliche Zuwendungen	757
1.5.1	Zuwendungen bei Personengesellschaften (§ 7 Abs. 5–7 ErbStG)	757
1.5.2	Zuwendungen bei Kapitalgesellschaften	759
1.5.2.1	Allgemeine Ausführungen	759
1.5.2.2	Die Technik des § 7 Abs. 8 ErbStG	761
1.5.2.3	Tabellarische Strukturierung	762
2	Sonstige unentgeltliche Vorgänge am Beispiel der Nießbrauchsgestaltung	764
2.1	Ausgangssituation, Vorüberlegungen und Motivlage	764

2.2		Die gesetzliche Lösung beim Nießbrauch (§ 23 inkl. historischer Abriss zu § 25 ErbStG)	766
2.2.1		Die Steuerbelastung des Nießbrauchsberechtigten (§ 23 ErbStG)	767
2.2.2		Die Besteuerung der Nießbrauchslast (§ 25 ErbStG) – Historie (Rechtslage bis einschl. 2008); s. aber die Übergangsregel (§ 37 Abs. 2 S. 2 ErbStG 2008)	768
2.2.2.1		Der Verzicht auf das Nießbrauchsrecht	768
3		Gestaltungen zwischen Schenkung und Vererbung	769
3.1		Die vorweggenommene Erbfolge	769
3.1.1		Die schenkungsteuerlichen Grundzüge	770
3.1.2		Auslegungsfragen der vorweggenommenen Erbfolgen zu § 7 Abs. 1 Nr. 2 ErbStG	773
3.1.3		Das Privileg des § 13a Abs. 1 Nr. 2 ErbStG a.F. (inklusive Bewertungsabschlag) – Kurzfassung des historischen Streits	774
3.2		Vorwegübertragung auf Gesellschaften	774
3.2.1		Übertragung auf Parkgesellschaften (Personengesellschaften)	775
3.2.2		Übertragung auf eine »Familien-GmbH« unter Lebenden und/oder auf eine »Erb-GmbH« von Todes wegen	776
4		Übertragung auf Stiftung und Trust	778
4.1		Die Übertragung auf eine inländische Stiftung	778
4.1.1		Die Errichtung der Stiftung	779
4.1.2		Die Stiftungszuwendung	781
4.1.3		Die laufende Besteuerung der Stiftung, insbesondere die Ersatzerbschaftsteuer	781
4.1.3.1		Die Ersatzerbschaftsteuer (§ 1 Abs. 1 Nr. 4 i.V.m. § 9 Abs. 1 Nr. 4 ErbStG)	781
4.1.3.2		Die laufende Besteuerung der Stiftung – Grundzüge	782
4.1.4		Die Auflösung der Stiftung	782
4.2		Die Übertragung auf eine ausländische Stiftung	782
4.3		Der Trust(ee) als Nachfolger	783
III		**Das Binnenrecht des Erbschaftsteuergesetzes (inklusive Bewertung)**	785
1		Die subjektive Steuerpflicht im Erbschaftsteuergesetz	785
1.1		Grundfragen der persönlichen Steuerpflicht	785
1.2		Die beschränkte Steuerpflicht und die erweitert beschränkte Steuerpflicht im Erbschaft- und Außensteuergesetz	787
1.3		Internationales Erbschaftsteuerrecht	789
1.3.1		Der Regelfall: Die Anrechnung nach § 21 ErbStG	789
1.3.2		DBA-Fragen zur Erbschaftsteuer	791
1.3.3		Europarechtliche Aspekte	792
2		Zusammenfassung zu §§ 9, 11 ErbStG	793
2.1		Die Bedeutung des Entstehungszeitpunktes nach § 9 ErbStG	793
2.1.1		Die Entstehung der Erbschaftsteuer	794
2.1.2		Die Entstehung der Schenkungsteuer	795
2.2		Sonderproblematik des § 11 ErbStG	796
2.3		Planungshorizonte bei der Schenkung (insbesondere von Unternehmensvermögen)	797

3	Die Bewertung des Vermögens im Erbschaftsteuergesetz	798
3.1	Vorbemerkung (inklusive Verfahrensfragen)	798
3.2	Die Bewertung des Grundvermögens	802
3.2.1	Altfassung – Grundzüge	802
3.2.2	Neufassung – Überblick (s. auch zu den ErbStR: ZEV 2012, 17 ff.)	803
3.2.3	Unbebaute Grundstücke	803
3.2.4	Bebaute Grundstücke	804
3.2.4.1	Verfahrensgrundsätze für die Bewertung von Grundstücken	805
3.2.4.2	Das Vergleichswertverfahren	806
3.2.4.3	Das Ertragswertverfahren	807
3.2.4.4	Das Sachwertverfahren	809
3.2.4.5	Bewertung von Erbbaurechten (und Erbbaugrundstücken)	812
3.3	Bewertung des Betriebsvermögens	814
3.3.1	Grundzüge	814
3.3.2	Die Verschonungsebene	815
3.3.2.1	Die ursprüngliche Regelung (2009)	816
3.3.2.2	Die seit 2010 gültige Regelung	816
3.3.3	Überblick: Wegfall der Verschonungen	817
3.3.4	Die Bewertung eines bilanzierenden Einzelunternehmers	817
3.3.5	Die Bewertung von (Anteilen an) Personengesellschaften	819
3.3.6	Die Bewertung von nicht notierten Kapitalgesellschaftsanteilen (GmbH-Geschäftsanteile)	820
3.4	Die Steuervergünstigung für Elementarvermögen gemäß §§ 13a bis 13c, 19a ErbStG	821
3.4.1	Einführung und Gesamtdarstellung (Rechtslage 2011)	821
3.4.2	Prüfungsaufbau für die Verschonungsregeln im engeren Sinne (§§ 13a, 13b ErbStG) – ab 2010 –	824
3.4.3	Das Elementar-(Verschonungs-)Vermögen (§ 13b Abs. 1 und 2 ErbStG)	826
3.4.3.1	Begünstigtes Vermögen – dem Grunde nach	826
3.4.3.2	Schädliches Verwaltungsvermögen	828
3.4.4	Die Dritten bei der Verschonungsregelung	832
3.4.5	Die primären Rechtsfolgen	833
3.4.5.1	Grundsätzliches und Gemeinsamkeiten	833
3.4.5.2	Unterschiede beider Optionen	833
3.4.5.3	Die Auswirkung bei mehreren Vergleichsbetrieben	833
3.4.5.4	Mehrere selbständige privilegierte Vermögensbestandteile; Gesamtbetrachtung	834
3.4.5.5	Vergleich zum alten Recht	834
3.4.5.6	Verfassungskonformität	835
3.4.6	Die Nachschau	835
3.4.6.1	Die Lohnsummenregelung (§ 13a Abs. 4 ErbStG)	835
3.4.6.2	Die Behaltensregelung (oder Fortführungsklausel), § 13a Abs. 5 ErbStG	837
3.4.6.3	Die Überentnahmeverbote	839
3.4.7	§ 13c ErbStG (Vergünstigung für die private Wohnwirtschaft)	839
3.4.8	§ 19a ErbStG	840
4	Sondervorschriften zur Steuerberechnung	841

4.1	Berücksichtigung früherer Erwerbe (§ 14 ErbStG)	841
4.1.1	Besonderheiten der Zusammenrechnung bei Produktivvermögen	844
4.1.2	§ 14 Abs. 1 S. 4 ErbStG n.F.	845
4.1.3	Schenkungen außerhalb des Zehnjahreszeitraumes (Überprogression)	845
4.1.4	Negativerwerbe beim Vorerwerb	847
4.1.5	Nießbrauchsbelastung auf Vorschenkung	847
4.1.6	Das Limit des § 14 Abs. 2 ErbStG	847
4.2	Mehrfacher Erwerb desselben Vermögens (§ 27 ErbStG)	847
4.3	Der so genannte Härteausgleich nach § 19 Abs. 3 ErbStG	850
5	Das Erbschaft- und Schenkungsteuerschuldrecht	852
5.1	Die Frage nach dem Steuerschuldner	852
5.1.1	Schuldner der Schenkungsteuer	852
5.1.2	Schuldner der Erbschaftsteuer	853
5.2	Der Besteuerungszeitpunkt (Voraussetzungen und Folgen)	854
5.2.1	Das Ermittlungs- und Festsetzungsverfahren bei der Erbschaftsteuer	855
5.2.2	Die Stundung	856
5.3	Erlöschen der Steuerschuld	856

Stichwortregister 857

C Erbschaftsteuerrecht

Vorbemerkung:
Die ErbSt-Reform (2009) wird in ihren Grundzügen komplett vermittelt. Bei den meisten Fällen wird daher nur die neue Rechtslage präsentiert. Da sich Übertragungen im Familienkreis häufig über einen längeren Zeitraum hinziehen und das ErbStG auch hierauf eine Antwort geben muss, kann es gelegentlich dazu kommen, dass Sachverhalte (und damit auch Lösungen) zum alten – bis 2008 gültigen Recht – präsentiert werden. Soweit dies der Fall ist, wird ausdrücklich (z.B. durch Jahreszahlen) darauf hingewiesen.

Mit dem WachstumsbeschlG (Dezember 2009) ist das ErbStRG (2009) neuerlich geändert worden (Wirkung: ab 2010).

Mit dem JStG (2013) wird es zu weiteren Korrekturen kommen, die auch auf den Vorlagebeschluss des BFH vom Oktober 2012, initiiert durch den Beitrittsbeschluss des BFH vom 05.10.2011 (ZEV 2011, 672), zurückgehen. Die geplanten Ergänzungen, auf die im Einzelnen näher eingegangen wird, lassen sich rubrizieren als:
- Erweiterungen des Verwaltungsvermögens um weitere liquide Mittel und Neudefinition des jungen Verwaltungsvermögens bei Beteiligungsunternehmen sowie deren Begrenzung auf Einlagen;
- Änderung der Lohnsummenregelung;
- Neufassung der mittelbaren Schenkung von Betriebsvermögen.

I Das Erbschaftsteuerrecht inklusive der erbrechtlichen Grundlagen

1 Einführung

1.1 Historische und wirtschaftliche Bedeutung der Erbschaftsteuer

1.1.1 Das Erbschaftsteuergesetz in seiner historischen Entwicklung

Eine Erbschaftsteuer gab es schon in der Antike.[1] In Deutschland war das am 01.01.1900 in Kraft getretene BGB der Wegbereiter für ein einheitliches Erbschaftsteuerrecht (ReichserbschaftsteuerG 1906). Danach brachte das ErbStG 1919 einen – neben der Erbanfallsteuer (des Erwerbers) – zweiten Steuertatbestand, die Nachlasssteuer (des Verstorbenen). In der Folgezeit wurde die Steuer auf den Nachlass aufgehoben (ErbStG 1922) und das ErbStG 1925 bildete – zusammen mit der eingeführten Vermögensteuer – die Grundlage für die Nachlass- und Vermögensbesteuerung bis zum Jahre 1973.

---
1 Vgl. *Meincke*, Einf. 9–14 im Meincke-ErbStG-Komm. mit einem historischen Abriss.

Das seit 01.01.1974 geltende **ErbStG 1974** löste für weitere 23 Jahre die alte Rechtslage ab und die Besteuerung unentgeltlicher Vermögensübertragungen war nunmehr durch folgende Eckpunkte charakterisiert:

- bei der Bewertung des Grundvermögens wurden die niedrigen Einheitswerte von 1964 mit 40 % indiziert und auf 140 % angesetzt;
- gesellschaftsrechtliche »Schlupflöcher« wurden mittels § 7 Abs. 5–7 ErbStG geschlossen;
- die Ersatzerbschaftsteuer auf Familienstiftungen wurde eingeführt.

Während das StÄndG 1992 mit der sog. verlängerten Maßgeblichkeit der StB für die Bewertung des vererbten bzw. verschenkten Betriebsvermögens (anstelle des früheren Teilwertansatzes) eine wesentliche Verbesserung und Erleichterung bei der Unternehmensübertragung mit sich brachte, gab es durch das **JStG 1997** gravierende Änderungen, die weitestgehend auf den BVerfG-Beschluss vom 22.06.1995 (Abschaffung der Vermögensteuer und Neubewertung bei der Erbschaftsteuer) zurückzuführen waren. Als eine der Hauptänderungen wurden die Einheitswerte als Bewertungsgrundlage für das Grundvermögen durch ein Ertragswertverfahren ersetzt, das im Ergebnis zu einem Ansatz des Immobilienvermögens von ca. 50 % des Verkehrswerts führte. Mit der Erhöhung der persönlichen Freibeträge für Angehörige ging eine weitere Verschonung des Familienvermögens einher. Das sog. Produktivvermögen (im Wesentlichen das Betriebsvermögen inkl. der wesentlichen Beteiligung an KapG – die sog. »Viertel-Plus«-Quote) konnte mit einem erweiterten Freibetrag von 256.000 € (ab 01.01.2004: 225.000 €) sowie einem zusätzlichen Bewertungsabschlag von ursprünglich 40 % (seit 01.01.2004: 35 %) unentgeltlich übertragen werden.

Am **01.01.2009 ist das ErbStRefG (2009)** in Kraft getreten. Die Neuerungen werden im Überblick unter Kap. 1.7 dargestellt. Bei den Lösungen wird grundsätzlich die Neufassung präsentiert. Dies gilt insb. für die zentralen Bereiche (Bewertung von Grundvermögen und von Betriebsvermögen sowie die Verschonungsregelung gem. der §§ 13a – c ErbStG n.F.). Die Altfassung wird dort beibehalten, wo sie zum Verständnis der Rechtsentwicklung erforderlich ist oder wo der Fall in der Vergangenheit spielt. Gelegentlich werden beide Fassungen synoptisch gegenübergestellt.

Das WachstumsbeschlG (Dezember 2009) hat – mit Wirkung ab 01.01.2010 – auf die größten Bedenken gegen das ErbStRefG reagiert und bringt im Bereich der Privilegierung von Elementarvermögen (§§ 13a, b ErbStG) ebenso wie bei den Steuersätzen (in StKl. II) deutliche Änderungen mit sich.

Das **JStG 2010** bringt bei § 13b Abs. 2 ErbStG nur eine geringfügige Änderung[2] und nähert ansonsten die Gesetzeslage an den Beschluss des BVerfG vom 21.07.2010 (DStR 2010, 1875: verfassungswidrige Ungleichbehandlung von Ehe und eingetragener Lebenspartnerschaft) an.

Ende 2011 wurden die ErbStR (2011) verabschiedet. In der 12. Aufl. werden ausschließlich die neuen Richtlinien (inkl. Hinweise) zitiert.

Zu den (geplanten) Änderungen des JStG (2013) s. bereits oben (Vorbemerkung).

---

[2] Der Verwaltungsvermögenstest bei KapG wird neu gefasst.

1.1.2 Der Gesetzesaufbau

Das ErbStG (ErbStG in der Fassung vom 27.02.1997 mit der letzten Änderung durch das JStG 2010 vom 08.12.2010) besteht aus vier Teilen, die ihrerseits untergliedert sind. In Teil I ist – nach der Pauschal-Definition der Erwerbstatbestände in § 1 ErbStG – die persönliche Steuerpflicht mit einer extensiven Anordnung zur unbeschränkten Steuerpflicht (§ 2 Abs. 1 Nr. 1b ErbStG) geregelt. Der objektive Steuertatbestand folgt – noch in Teil I – unmittelbar der subjektiven Steuerpflicht. In den §§ 3–8 ErbStG sind im Einzelnen die steuerauslösenden Tatbestände definiert (insb. gem. § 3 ErbStG der Erwerb von Todes wegen und gem. § 7 ErbStG die Schenkung unter Lebenden).

In Teil II sind die Bewertungsvorschriften »beheimatet«. Aus diesen ergibt sich zusammen mit dem BewG, auf das in § 12 Abs. 1 ErbStG umfassend verwiesen wird, die Höhe des steuerlichen Vermögensanfalls des Erwerbers (s. auch R 10.1 ErbStR). Die Bestimmungen dienen der Ermittlung der Bemessungsgrundlage für die Erbschaftsteuer (horizontaler Regelungsbereich des ErbStG).

Die konkrete Steuerbelastung des Steuerbürgers (des Erwerbers, des Bereicherten) erschließt sich aufgrund der Tarifvorschriften des Teil III (§§ 14–19a ErbStG). Hier findet sich die »vertikale Steuergerechtigkeit« des Erbschaftsteuerrechts wieder. Die persönlichen Verhältnisse zwischen Erblasser (Schenker) und Erwerber sind die Ausgangsgrößen für die drei Steuerklassen und die darauf fußenden progressiven Steuersätze.

Die Eigenart des unentgeltlichen Erwerbsvorgangs bzw. der Charakter der Erbschaftsteuer als Anfallsteuer finden ihren Niederschlag in einem eigenen Erbschaftsteuerschuldrecht, das in Teil IV des ErbStG die Bestimmungen der AO ergänzt und z.T. überlagert.

	ErbStG-Aufbau
Teil I	Subjektive und objektive Steuerpflicht/Grundtatbestände des Erbschaftsteuerrechts (§ 3 ErbStG) und des Schenkungsteuerrechts (§ 7 ErbStG)
Teil II	Wertermittlung und Bewertungsvorschriften (mit Verweis auf das BewG)
Teil III	Das quantifizierende ErbStR (Tarifvorschriften, Steuerklassen u.a.)
Teil IV	ErbSt-Schuldrecht zzgl. Sonderkonstellationen
Teil V	Ermächtigungs- und Schlussvorschriften

1.2 Grundaussagen zum Erbschaftsteuerrecht

1.2.1 Die wirtschaftlichen Auswirkungen auf der Planungs- und Belastungsebene des Steuerbürgers

Nachdem die Vorschriften des ErbStG auch für Schenkungen gelten, kommt der jeweiligen Gesetzesfassung eine große Bedeutung für die **Dispositionen** der Steuerbürger zu. Manchmal nimmt der Zufall den Beteiligten die Entscheidung ab. Der nachfolgende Fall ist gleichzeitig ein »historischer« Streifzug durch das ErbStR.

Beispiel 1 (gleichzeitig »Leading case I«):
Die 70-jährige Witwe W hat im Jahre 2001 aufgrund eines Ehegattentestaments den Unternehmer U beerbt. Zum Nachlass des U gehörten ein Einzelunternehmen, privater Grundbesitz und ein landwirtschaftlicher Betrieb. W hat aus der Ehe mit U eine Tochter T und einen Sohn S, die nach dem Testament das gemeinsame Vermögen von W und U erhalten sollen (sog. Berliner Testament, § 2269 BGB). W selbst hat noch Wertpapiere und Barvermögen in ihrem eigenen Bestand. 2004 erkrankt W und überträgt vorweg an T den Betrieb und an S das landwirtschaftliche Anwesen, jeweils gegen eine Leibrente (sog. vorweggenommene Erbfolge). 2005 verstirbt W.
Die einzelnen (fünf) Vermögenspositionen sollen den gleichen Verkehrswert aufweisen.

1. **Alternative:** Macht es einen Unterschied, wenn Frau W in **2009** verstirbt?
2. **Alternative:** W stirbt in **2011**.

Der Sachverhalt kann (und soll) verfehlte Steuergestaltungen ebenso aufzeigen wie er verschlungene Pfade der Gesetzgebung erkennen lässt.

Lösung:
(1) Die Grobanalyse
In drei Nachfolgezyklen (2001, 2004 und 2005) wurde unter Familienmitgliedern innerhalb eines Zeitraumes von fünf Jahren teilweise dasselbe Vermögen zweimal übertragen. Jeder Erwerb löst unabhängig voneinander einen Erwerbstatbestand nach dem ErbStG aus. Zu Beginn (2001) und am Ende (2005) liegen **Erwerbe von Todes wegen** gem. § 1 Abs. 1 Nr. 1 i.V.m. § 3 ErbStG vor; in 2004 hat W eine **Schenkung** unter Auflagen gem. § 1 Abs. 1 Nr. 2 i.V.m. § 7 ErbStG vorgenommen.
Bindeglied für beide Übertragungen von Todes wegen war ein Ehegattentestament, in dem sich die Ehegatten gegenseitig zu Alleinerben des Vorversterbenden einsetzten und gleichzeitig den gemeinsamen Nachlass den Kindern als Schlusserben des überlebenden Ehegatten zukommen lassen. Für die Berechnung der Erbschaftsteuer ist die Wertermittlung nach der jeweils gültigen Fassung des ErbStG von entscheidender Bedeutung.

(2) Der Erbfall in 2001
- Die Daten im Ausgangsfall führen beim Immobilienbesitz, der in 2001 auf W überging und sich 2005 noch im Nachlass befindet, zu steuerlich höheren Werten (2005). Während für das alte (bis 1995 geltende) Recht wegen der Einheitsbewertung mit einem (Erbschaft-)Steuerwert von ca. 15 % des Verkehrswerts auszugehen war, erreichen die sog. Bedarfswerte ab 1996 ca. 50–60 % dieses Betrages (vgl. die nahezu statistischen Ausführungen des BVerfG vom 07.11.2006, a.a.O. zu dieser Frage).
- Gravierende Steuerfolgen werden bei der Vermögensübertragung innerhalb einer Familie allerdings durch die **persönlichen Freibeträge** verhindert. Würden alle Übertragungsvorgänge dem geltenden Recht (2011) unterstellt werden, so käme z.B. W als überlebende Ehefrau in den Genuss eines persönlichen Freibetrages von 756 T€ (500 T€ gem. § 16 Abs. 1 Nr. 1 ErbStG und 256 T€ gem. § 17 Abs. 1 ErbStG); beim Erbfall im Jahre 1991 hat der Freibetrag nach § 16 ErbStG noch 250.000 DM und nach § 17 ErbStG ebenfalls noch 250.000 DM betragen (vgl. BStBl I 1991, 363).
- Die Kinder könnten beim Erbfall immerhin noch einen Freibetrag von 400 T€ nach § 16 ErbStG beanspruchen; hinzu kommt ein nach dem Lebensalter der Kinder gestaffelter besonderer Versorgungsfreibetrag nach § 17 Abs. 2 S. 1 ErbStG.

(3) Die Schenkung im Jahr 2004 – eine sog. vorweggenommene Erbfolge
Durch persönliche Umstände war W gezwungen, den landwirtschaftlichen Betrieb an S und das Einzelunternehmen an T gegen eine Leibrente zu übertragen. Dies führt in doppelter Hinsicht zu einer Wertdiskussion, wenn die Schenkung mit einer Gegenleistung verbunden ist.
- Die Gegenleistung bei der vorgezogenen Übertragung in Form der Leibrente führt bei einem Erwerbsvorgang der **(gemischten) Schenkung** zu einer gesonderten Wertermittlung. Danach wird die Bereicherung der Kinder – und damit die quantitative Besteuerungsgrundlage – **gegenstandsbezogen** ermittelt. Dies wird im Ergebnis bei einer Schenkung zu einer Bereicherung der Kinder führen, bei der die Gegenleistung (Leibrente) **anteilig** berücksichtigt wird.
- Anders hingegen wird bei einem **Erwerb von Todes wegen** gerechnet. Dort wird eine etwaige Verbindlichkeit, die anlässlich des Erbfalls zu berücksichtigen ist (z.B. Vermächtnisschuld) – wegen des ganzheitlichen Vermögensübergangs – mit dem **ganzen Betrag** abgezogen.

Hieran schließt sich zwanglos die Frage an, ob die mehrfache Übertragung desselben Vermögens innerhalb der Familie, aber bei unterschiedlichen Erwerbern »doppelt« besteuert wird.
§ 27 ErbStG sieht in den Fällen, in welchen innerhalb von zehn Jahren »dasselbe« Vermögen, wie hier das Einzelunternehmen und die Landwirtschaft, innerhalb einer Familie unentgeltlich weitergegeben wird, eine Ermäßigung der Steuer für den letzten Erwerbsfall vor, wenn dieser ein Erwerb von Todes wegen ist.
Im vorliegenden Fall liegt jedoch die entgegengesetzte Konstellation (Ersterwerb von Todes wegen und Letzterwerb als Schenkung) vor, bei der nach derzeitiger Gesetzeslage keine Ermäßigung zu gewähren ist.
Für den Fall, dass die im Jahr 2004 erhobene Schenkungsteuer für S und T zu einer existenzbedrohenden Situation führt, kann es nach § 28 ErbStG in beiden Fällen (übertragener Betrieb sowie übertragene Landwirtschaft) zu einer Stundung der Schenkungsteuer kommen.

(4) Der Erbfall im Jahr 2005
Die erbschaftsteuerliche Lösung hängt zunächst von der erbrechtlichen Vorfrage ab.
S und T haben als Miterben zu je 1/2 den Nachlass als Erwerb von Todes wegen zu versteuern (§ 3 Abs. 1 Nr. 1 ErbStG). Die Tatsache, dass sie zivilrechtlich bis zur Auseinandersetzung des Nachlasses eine Miterbengemeinschaft bilden, ist für steuerliche Zwecke (vgl. § 39 Abs. 2 Nr. 2 AO) unbeachtlich.
Nachdem der Nachlasswert ermittelt ist, werden beide Erben eine (u.U. gemeinsame) Steuererklärung nach § 31 Abs. 4 ErbStG abgeben, aufgrund derer sie vom Erblasser-FA (§ 35 ErbStG) zur Erbschaftsteuer veranlagt werden. Dabei wird der Nachlass entsprechend der Erbquote aufgeteilt und es wird sodann – unter Berücksichtigung der individuellen Steuermerkmale der einzelnen Miterben – ein Steuerbescheid gegenüber jedem einzelnen Miterben erlassen.

(5) Wie hoch fällt die Bereicherung von S und T aus?
Vorweg sind die Werte für die übernommenen Vermögensgegenstände steuerlich zu würdigen. Das Erbschaftsteuerrecht wich bis 2007/2008 in § 12 ErbStG bei vielen Nachlassgegenständen von den Verkehrswerten (bzw. vom gemeinen Wert) ab und gelangte dabei zu einer **wertmäßigen Aufsplittung** der einzelnen Übergabegegenstände.
- Während das Barvermögen (sog. Zahlungsmittel) mit dem Nennwert zu erfassen war, wurde der Grundbesitz mit dem steuerlichen Bedarfswert angesetzt.
- Bei den Wertpapieren wiederum wurde der Kurswert zum Todestag angesetzt, wenn es sich dabei um börsennotierte Papiere handelte.
- Evtl. noch vorhandenes BV war mit den modifizierten Bilanzwerten zu erfassen.
- Ansonsten war (ist) der gemeine Wert zu ermitteln.

Letztlich hing die Höhe der Erbschaftsteuerschuld von S und T noch von dem **Vorerwerb** aus dem Jahre 2004 von W ab. Nach § 14 ErbStG sind Vorerwerbe, die innerhalb des **Zehnjahreszeitraumes** von **derselben** Person angefallen sind, bei der Ermittlung der Steuerschuld einzubeziehen. So können Freibeträge, die bei einer Erstschenkung gewährt wurden, bei weiteren Erwerben von dieser Person innerhalb des Zehnjahreszeitraumes nicht ein zweites Mal gewährt werden. Auch die Höhe des Steuersatzes wird nach § 19 ErbStG beeinflusst, da mehrere Erwerbe von derselben Person zusammengerechnet werden und somit einen Kaskadensprung auslösen können.

1. Alternative (Todesfall im Jahr 2009):
Das Unbehagen an der Rechts(bewertungs-)lage mit **unterschiedlichen Wertansätzen** bis einschließlich 2006 ist vom BVerfG geteilt und für nicht verfassungskonform erachtet worden.
Das ErbStG (2008) stellt nunmehr alle Vermögensarten auf **eine** Bewertungsbasis und dies ist der gemeine Wert. Verschonungen sind davon getrennt zu behandeln (2. Ebene). Zusätzlich kam es zu tief greifenden Veränderungen (meist Verbesserungen) im Tarifbereich.
Im vorliegenden Fall, da das BV bereits in 2004 übertragen wurde, sind lediglich die Änderungen bei den Freibeträgen und im Tarifbereich zu vermerken.

Bei den **Freibeträgen** gibt es folgende Änderungen:

Ehegatte/Lebenspartner	500.000 €
Kinder und Kinder verstorbener Kinder	400.000 €
sonstige Enkel	200.000 €
übrige Personen der Steuerklasse I	100.000 €
Personen der Steuerklassen II und III	20.000 €

Die **Steuersätze** waren zunächst (zum 01.01.2009) wie folgt geändert worden (Geltung nur für 2009):

Erwerbswert bis	Tarife in Steuerklasse		
	I	II	III
75.000 €	7 %	30 %	30 %
300.000 €	11 %	30 %	30 %
600.000 €	15 %	30 %	30 %
6 Mio. €	19 %	30 %	30 %
13 Mio. €	23 %	50 %	50 %
26 Mio. €	27 %	50 %	50 %
> 26 Mio. €	30 %	50 %	50 %

2. Alternative (W verstirbt in 2011):
Aufgrund der massiven Kritik an den einheitlichen Steuersätzen in Steuerklasse II und III (vor allem die Gleichstellung von Geschwistern, Neffen und Nichten mit Nicht-Verwandten) hat das

WachstumsbeschlG zu einer Neufassung der **Steuersätze** in Stkl. II ErbStG) ab **2010** geführt (vgl. § 19 ErbStG n.F.).

Wert des steuerpflichtigen Erwerbs (§ 10) bis einschließlich ... €	Prozentsatz in der Steuerklasse		
	I	II	III
75.000	7	**15**	30
300.000	11	**20**	30
600.000	15	**25**	30
6.000.000	19	**30**	30
13.000.000	23	**35**	50
26.000.000	27	**40**	50
über 26.000.000	30	**43**	50

1.2.2 Tragende Prinzipien des Erbschaftsteuerrechts

Das Erbschaftsteuergesetz kennt als Haupt-Steuertatbestände die Erbschaft und die Schenkung. In beiden Fällen kommt es zu einem Rechtsträgerwechsel aufgrund eines unentgeltlichen Übertragungsaktes. § 1 Abs. 1 Nr. 3 ErbStG schließlich hat als dritter Steuertatbestand die ergänzende Funktion, bei Fehlen eines rechtsfähigen Auflagenbegünstigten (Beispiel: Grab soll gepflegt werden) eine subjektive Steuerpflicht des Beschwerten (!) zu fingieren; der Gesetzgeber hat für diesen (sehr seltenen Ausnahme-)Tatbestand die Steuerpflicht der sog. Zweckzuwendung konstruiert. Der weitere und letzte gesetzliche Grundtatbestand ist schließlich der Familienstiftung vorbehalten. Mit der in § 1 Abs. 1 Nr. 4 ErbStG angeordneten Ersatzerbschaftsteuer wird ein Gesetzesauftrag erfüllt, der auf einer Fiktion basiert (unterstellter Generationenwechsel innerhalb von 30 Jahren). Die Ersatzerbschaftsteuer lässt keine konstitutiven Merkmale für das Erbschaftsteuerrecht erkennen und ist umgekehrt als »Ausreißer« im System des ErbStG zu qualifizieren.

Während bei der Erbschaft das **ganze** Vermögen des Erblassers auf den (die) Erben übergeht (Universalsukzession), steht bei der Schenkung die Übergabe **einzelner** Vermögensgegenstände oder einzelner Vermögensgruppen (Wirtschaftseinheiten) im Vordergrund (Singularsukzession). In beiden Fällen ist der Erwerber bereichert. Insoweit knüpft die Erbschaftsteuer an die gesteigerte finanzielle **Leistungsfähigkeit** des Erwerbers an. Diesem Aspekt (zuletzt vom BVerfG im Beschluss vom 07.11.2006, DStR 2007, 235, zum Ausgangspunkt des Neubewertungs-Appells gemacht) ist es zu verdanken, dass der Vermögenszuwachs des Erwerbers erst nach Abzug des ggf. erforderlichen Aufwands ermittelt werden kann. Entscheidend ist dabei, dass der steuerliche Anknüpfungspunkt nicht das Vermögen des Übergebers (keine Nachlasssteuer), sondern die **Bereicherung** des (der) einzelnen Erwerber(s) ist **(Erbanfallsteuer)**. Die Einordnung der Erbschaft- bzw. Schenkungsteuer als Personensteuer führt u.a. dazu, dass identisches Vermögen bei mehreren unentgeltlichen Übertragungen z.B. innerhalb einer Familie mehrfach dieser Steuer unterliegt. Ebenso kann es wegen des verschiedenen Charakters der betroffenen Steuern zu unterschiedlichen Wertansätzen kommen.

Unter dem verfassungsrechtlichen Gesichtspunkt des Leistungsfähigkeitsprinzips wird z.B. in der aktuellen Diskussion (vgl. *Crezelius*, ZEV 2012, 1 ff. (4)) die Einbeziehung der gewerblichen Wohnwirtschaft in die Verschonungsregelung der §§ 13a, b ErbStG kritisiert.

1.2.3 Der rechtstechnische Ausgangspunkt

Rein begrifflich sind die Ausgangspunkte des Erwerbs von Todes wegen und der Schenkung unter Lebenden konträr und werden nur durch die Unentgeltlichkeit der Übertragung miteinander verbunden.

1.2.3.1 Die Bedeutung der unentgeltlichen Leistungsfähigkeit

Die strenge Trennung in die beiden gegensätzlichen Formen der entgeltlichen versus unentgeltlichen Übertragung führt herkömmlich in der ersten Gruppe (entgeltliche Übertragung = Veräußerung, Sacheinlage) zu einem einkommensteuerbaren Vorgang, während die unentgeltlichen Übertragungsakte zwar im EStG erwähnt werden, aber nicht selten steuerneutral vonstatten gehen (§ 6 Abs. 3, § 6 Abs. 5 S. 3, § 16 Abs. 3 EStG).

Die unentgeltliche Transaktion bleibt als Steuertatbestand dem ErbStG als freigebige Zuwendung (§ 7 Abs. 1 Nr. 1 ErbStG) vorbehalten. Soweit der (steuer-)gesetzliche Ausgangspunkt. Wirtschaftliche Vorgaben und die kautelarjuristische Phantasie brachten es aber mit sich, dass immer häufiger **teilentgeltliche** Vermögenstransfers in das Blickfeld der steuerlichen Beurteilung rückten. Dies betrifft die (frühere) Fallgruppe der Schenkung unter Auflage, der gemischten Schenkung und – vor allem – die vorweggenommene Erbfolge. In diesen Fällen zeichnet sich – je nach Standort – sodann ein Paradigmenwechsel ab. Getreu der Zielsetzung der jeweiligen Einzelsteuer wird **ein und derselbe Lebenssachverhalt** (Beispiel: eine vorweggenommene Betriebsübertragung gegen Ausgleichszahlung der Geschwister) sowohl der Einkommensteuer wie der Erbschaftsteuer unterworfen.

Dies führt im Anwendungsbereich des EStG zu einer **teilentgeltlichen Veräußerung** und im ErbStG zu einer **teilunentgeltlichen Übertragung**.

Bei der Ermittlung der jeweiligen Bemessungsgrundlage obliegt es sodann der jeweiligen Einzelsteuer, den ihr gebührenden Part (bei der ESt: den Entgeltsanteil und bei der ErbSt die unentgeltliche Quote) zu definieren und abzugreifen.

1.2.3.2 Der Aspekt der Rechtsnachfolge

Noch wichtiger für das Vorverständnis des Erbschaftsteuerrechts ist jedoch die Unterscheidung nach den einzelnen zivilrechtlichen Übertragungstechniken. Während der Erwerb von Todes wegen grundsätzlich in Form der Gesamtrechtsnachfolge (Universalsukzession gem. § 1922 BGB) erfolgt, vollziehen sich unentgeltliche Übertragungen unter Lebenden grundsätzlich im Wege der Einzelrechtsnachfolge (Schenkung als Singularsukzession gem. § 516 BGB).

Hieraus lassen sich zunächst einfache rechtstechnische Konsequenzen ableiten. So werden akzessorische Aufwendungen in Zusammenhang mit dem (immer noch unentgeltlichen!) Erwerb eines Vermögensgegenstands beim Erwerb von Todes wegen (z.B. ein Geldvermächtnis) in Gänze abgezogen, da die Gesamtrechtsnachfolge auch den Übergang der kompletten Nachlassschulden beinhaltet. Umgekehrt, z.B. bei der Schenkung eines Grundstücks, ist eine etwaige Grundschuld nur insoweit als Subtrahend des Bereicherungsvorgangs abzuziehen, soweit sie sich auf die geschenkte Immobilie bezieht.

Die skizzierte holzschnittartige Zuordnung (Gesamtrechtsnachfolge im Erbschaftsteuerrecht und Einzelrechtsnachfolge im Schenkungsteuerrecht) hat jedoch im letzten Jahrzehnt eine Durchbrechung erfahren. So hat das Umwandlungs(steuer)recht die Universalsukzession als Gestaltungsoption entdeckt (1995). Der Rechtskomfort des ganzheitlichen Vermögensübergangs unter Verzicht auf die einzelnen – vom BGB vorgesehenen – Übertragungsakte ist oftmals die Motivation für Unternehmensverschmelzungen ebenso wie für Spaltungen. Bereits vorher galt dies (und gilt dies heute noch) für die Anwachsung nach §§ 736, 738 BGB. In diesen Fällen wird für Zwecke der Erbschaftsteuer das technische Merkmal des jeweiligen Übertragungsaktes ersetzt und überlagert durch den schlichten Zeitaspekt. Kommt es demnach zu einem Ausscheiden eines G'fters einer PersG zu dessen Lebzeiten und kommt es in diesem Zusammenhang zu einer freigebigen Zuwendung, so bleibt es trotz der Technik des ganzheitlichen Übertragungsaktes bei einer Schenkung unter Lebenden (vgl. § 7 Abs. 5 und 7 ErbStG). Umgekehrt – bei der Vererbung einer Beteiligung an einer PersG – werden die Rechtsfolgen etwaiger Ausgleichszahlungen, die sich im Wege der Einzelnachfolge vollziehen, als Erwerb von Todes wegen behandelt (§ 3 Abs. 1 Nr. 2 S. 2 ErbStG). Im Vordergrund der primären erbschaftsteuerlichen Zuordnung steht demnach nicht der rechtstechnische Übertragungsaspekt, sondern der phänomenologische Sachverhalt (Übertragung durch Tod oder unter Lebenden).

Diese Vorabüberlegungen spielen bei Auslegungsfragen zur Schenkung auf den Todesfall (§ 2301 BGB bzw. § 3 Abs. 1 Nr. 2 ErbStG) eine ebenso große Rolle wie bei der erbschaftsteuerlichen Einordnung der so häufig praktizierten Lebensversicherung auf den Todesfall (§ 3 Abs. 1 Nr. 4 ErbStG). Den Testfall hierzu bilden die Versorgungsansprüche der Angehörigen des verstorbenen G'fter-Geschäftsführers. Entgegen der modernen Doktrin im Zivilrecht und in der Einkommensteuer beantwortet das Erbschaftsteuerrecht diese Grenzfragen der Rechtsordnung weitgehend pragmatisch unter dem Gesichtspunkt des **einheitlichen Zusammenhangs mit dem Todesfall**. Sie werden damit dem Erbschaftsteuerrecht unterstellt.

1.2.4 Das Verhältnis Erbschaftsteuer/Schenkungsteuer

Wie aus § 1 Abs. 2 ErbStG ersichtlich wird, sind die Steuerfolgen aus den unterschiedlichen Steuertatbeständen der Erbschaft und der Schenkung weitestgehend identisch. Nach der amtlichen Begründung (RT-Drucks. Nr. 10 Anl. 5, 1905/06) soll damit ein Ausweichen des steuerpflichtigen Erwerbs von Todes wegen in einen steuerfreien Korridor der Schenkung verhindert werden. Während sich dieser Grundsatz als einfachgesetzliches Postulat aus § 1 ErbStG ableiten lässt, überraschen weitgehende Urteilspassagen aus den letzten Entscheidungen des BVerfG zum ErbStG.[3] In beiden Fällen wird – wenngleich mit unterschiedlicher Zielrichtung – einseitig und bedenklich (!) nur auf die Erbschaftsteuer abgestellt. Dies gilt sowohl für die Ableitung der verfassungsrechtlichen Schranken aus der Erbrechtsgarantie des Art. 14 GG (BVerfG-Beschluss 1965) als auch für das Petitum der einheitlichen finanziellen Leistungsfähigkeit wegen des (sic) einmaligen Erwerbsvorgangs (BVerfG-Beschluss 2006).

---

3 Beschluss vom 22.06.1995, NJW 1995, 2624 sowie Beschluss vom 06.11.2006, DStR 2007, 235.

1.2.5 Die Erbschaftsteuer als Erwerbersteuer (Erbanfall- oder Bereicherungssteuer)

Das geltende Erbanfallsteuersystem ist in Kontinentaleuropa weit verbreitet, während der angelsächsische Rechtsraum vom Nachlasssteuersystem geprägt ist.[4] Dieser Ansatz wird – als Ausfluss des Leistungsfähigkeitsgrundsatzes – z.Zt. von niemandem in Frage gestellt. Konkrete Auswirkung des Bereicherungsgrundsatzes ist der Abzug der mit dem Erwerbsanfall verbundenen Aufwendungen. Zu dem Charakter einer Bereicherungssteuer passt aber nicht die Anordnung der Steuerschuldnerschaft für den Schenkungsteuerfall (§ 20 Abs. 1 ErbStG), die sich nur als Relikt aus der Charakterisierung der ErbSt als Verkehrsteuer begreifen lässt.

1.3 Die Erbschaft-/Schenkungsteuer in der Steuersystematik

1.3.1 Der Standort der Erbschaft-/Schenkungsteuer

Im allgemeinen System der Steuern erfolgt einvernehmlich[5] eine Eingruppierung der Erbschaft- und Schenkungsteuer (im Folgenden hier nur als Erbschaftsteuer bezeichnet) als

- Verkehrsteuer (Anknüpfungspunkt: der Rechtsverkehrsakt der Übertragung),
- Personensteuer (i.S.d. § 12 Nr. 3 EStG),
- direkte Steuer (es besteht ein Steuerschuldverhältnis zum Steuerzahler) und
- nicht periodische Stichtagssteuer.

1.3.2 Erbschaftsteuer und Einkommensteuer

Bis in die jüngste Zeit kontrovers wird das Verhältnis zwischen der Erbschaftsteuer und der Einkommensteuer diskutiert. Rspr. und mehrheitliches Schrifttum halten sich an die Vorgabe des Gesetzgebers in § 2 EStG und sehen den Kreis der einkommensteuerbaren Einkünfte auf die sieben Einkunftsarten beschränkt, bei denen eben der Erbfall fehlt. Danach stehen die beiden Steuern konkurrenzlos nebeneinander, so dass es alleine wegen der unterschiedlichen Erhebungstechnik (Periodensteuer contra Stichtagsteuer) zu einer Doppelbelastung kommen kann. So werden der Erbschaftsteuer als Stichtagsteuer die Vermögenswerte ohne Berücksichtigung einer etwaigen latenten ESt-Belastung zugrundegelegt. Das ErbStG selbst schließt die Berücksichtigung solcher **latenter**, d.h. noch nicht durch Bescheid aktualisierter, **ESt-Nachlassverbindlichkeiten** aus. Nicht unerwähnt bleiben sollte in diesem Zusammenhang die »Vorgänger«-Regelung des § 35 EStG, derzufolge bis 1999 die (aktuell wie damals) bestehende Nichtabzugsfähigkeit von latenten ESt-Schulden dadurch ausgeglichen hat, dass umgekehrt die Einkommensteuer ermäßigt werden konnte. Die Bestimmung ist aus steuersystematischen Gründen ab VZ 2000 nicht mehr anzuwenden.

Die Diskussion wurde unter umgekehrten Voraussetzungen im Rahmen der Beratungen zum ErbStG (2008) wieder aufgenommen. Auch wegen § 24 Nr. 2 EStG (nachträgliche Einkünfte des Rechtsnachfolgers = die Eintrittspforte erbschaftsteuerlicher Vorgänge in die Einkommensteuer) sprach sich die wohl h.M. im Schrifttum für die Berücksichtigung der latenten ESt-Verbindlichkeit als Nachlassverbindlichkeit gem. § 10 Abs. 5 ErbStG gerade in den Fällen des Generationenübergangs aus. Obwohl der BFH noch im Beschluss vom

---

4 Vgl. nur *Kapp/Ebeling*, Einl. 4 und Moench-ErbStG-Komm., Einl. 8 f.
5 Vgl. *Meincke*, ErbStG-Komm. Einf. 1.

16.08.2006 (BFH/NV 2006, 2261) einer solchen Berücksichtigung entgegengetreten ist, sind die o.g. Bedenken gegen die Abschaffung des § 35 EStG aufgegriffen worden.

Sie führten – **ab VZ 2009 als § 35b EStG** – zur Wiedereinführung der alten Regelung. Damit wird eine Doppelbelastung mit Erbschaftsteuer und Einkommensteuer vermieden. Die Kollisionsnorm ist beschränkt auf Fälle, in denen beim Erben Einkünfte tatsächlich mit Einkommensteuer belastet werden, die zuvor als Vermögen oder Bestandteil von Vermögen bereits der Erbschaftsteuer unterlagen. Zu den Einkünften gehören dabei auch Gewinne aus der Veräußerung oder Entnahme einzelner WG (Aufdeckung stiller Reserven), die beim Erblasser Betriebsvermögen waren und als Betriebsvermögen auf den Erwerber übergegangen sind, oder aus der Veräußerung oder Aufgabe eines ganzen Gewerbebetriebs, Teilbetriebs oder Mitunternehmeranteils nach § 16 EStG.

Ein weiteres (technisches) Thema stellt die stringente Orientierung und Fixierung der einzelnen Verschonungsobjekte gem. § 13b Abs. 1 und 2 ErbStG (inkl. der Ausnahmen und der Rückausnahmen) an **ertragsteuerlichen** Vorgaben dar. Dabei wird zwar die Einheit der Rechtsordnung »vorgespiegelt«, die dahinter stehenden z.T. konträren Wertungen des EStG einerseits (inkl. seiner kautelarjuristischen Verschiebung) und des ErbStG andererseits lassen bei Auslegungsfragen eine schier undurchdringliche Gemengelage erkennen.

1.3.3 Erbschaftsteuer und Grunderwerbsteuer

Im Verhältnis zur Erbschaftsteuer tritt die Grunderwerbsteuer regelmäßig zurück, weil § 3 Nr. 2 S. 1 GrEStG die unter das ErbStG fallenden Grundstückserwerbe von Todes wegen und die Grundstücksschenkungen von der Besteuerung ausnimmt. Hierdurch soll eine Doppelbelastung vermieden werden. In diesem Sinne hat sich auch das BVerfG im Urteil vom 15.05.1984 (BStBl II 1984, 608) für eine Prävalenz der ErbSt ausgesprochen.

Von der GrESt-Befreiung nicht betroffen sind nach dem ausdrücklichen Wortlaut von § 3 Nr. 2 S. 2 GrEStG abziehbare Auflagen bei Schenkungen unter Auflage sowie der entgeltliche Part bei einer gemischten Schenkung.

1.3.4 Erbschaftsteuerrecht und Umsatzsteuergesetz

An zwei Stellen begegnen sich das ErbStG und das UStG:

- bei der (unentgeltlichen) Geschäftsveräußerung (§ 1 Abs. 1a UStG) und
- bei den unentgeltlichen Wertabgaben (§ 3 Abs. 1b UStG) und beim unentgeltlichen Verwendungstatbestand (§ 3 Abs. 9a UStG) zugunsten des Personals.

Während es bei der Geschäftsveräußerung (gleich, ob entgeltlich oder unentgeltlich) wegen der Wertentscheidung des USt-Gesetzgebers (kein steuerbarer Tatbestand!) keine Konkurrenz zwischen den beiden Steuerarten gibt, können die Arbeitnehmerverbrauchstatbestände (alte UStG-Terminologie) zugunsten des Personals einer mehrfachen Steuerbelastung (Schenkungsteuer i.V.m. § 15 Abs. 2 BewG, Lohnsteuer – Sachbezug – und Umsatzsteuer) unterliegen. In allen Fällen liegt jedoch keine doppelte Besteuerung im juristischen Sinne vor, da eine etwaige Lohnsteuerpflicht eine Schenkungsteuer alleine deshalb ausschließt, da sie als Entlohnung für geleistete Dienste anzusehen ist. Die ggf. erforderliche Vorsteuerkorrektur im UStG, die materiell für den »Ersatz«-Umsatzsteuertatbestand verantwortlich ist, betrifft keine Konkurrenzproblematik zwischen den beiden Verkehrsteuern.

1.3.5 Erbschaftsteuergesetz und Zivilrecht

Das Verhältnis zwischen Erbschaftsteuerrecht und Zivilrecht wird allgemein dadurch charakterisiert, dass das Zivilrecht gegenüber dem ErbStR nicht prävalent ist (d.h. keine Vorrangigkeit), sondern dass vielmehr der Grundssatz der **Präzedenz** des Zivilrechts gilt. Dies ist in dem (selbstverständlichen) Sinne gemeint, dass die Lebenssachverhalte, die der erbschaftsteuerlichen Beurteilung unterliegen, durch zivilrechtliche Gestaltungen vorgeprägt sind. Im ErbStG gilt dies im besonderen Maße für das ErbStR, da dies durch das Erbrecht vorgeprägt ist. Damit ist gleichzeitig zum Ausdruck gebracht, dass bei der Verwendung von erbrechtlichen Fachausdrücken im ErbStG eine Orientierung an dem jeweiligen Begriffs- und Institutsverständnis des Erbrechts erfolgt. Nur dann, wenn das ErbStG eine eigene Terminologie verwendet, darf von dem zivilrechtlichen Vorverständnis abgewichen werden (z.B. bei der Unterscheidung zwischen der Schenkung i.S.d. § 516 BGB und der freigebigen Zuwendung i.S.d. § 7 ErbStG).

Schwierigkeiten im Umgang mit erbrechtlichen Vorfragen hat jedoch auch der Gesetzgeber, wie nachfolgendes Beispiel belegt.

Beispiel 1a (»Leading case II«):
Im obigen Beispiel (Leading case I) soll sich beim Tode der W in 2005 noch ein nicht-eheliches Kind (K) gemeldet haben. Frage: Welche Auswirkungen ergeben sich für die Erbschaftsteuer der als Erben vorgesehenen leiblichen Kinder S und T?

Lösung: Die erbschaftsteuerliche Lösung hängt von der erbrechtlichen Vorfrage ab. Dabei muss die erbrechtliche Position von K ebenso gewürdigt werden wie das vorliegende Berliner Testament von W und U.

Die erbrechtliche Ausgangslage
Seit 01.04.1998 sind nichteheliche Kinder (neue Terminologie: »Kinder, deren Eltern bei ihrer Geburt unverheiratet waren«) durch das ErbGleichG für Erbfälle vollständig gleichgestellt. In einer Übergangszeit vom 01.07.1970 bis 31.03.1998, hatten nichteheliche Kinder gem. § 1934a BGB einen Erbersatzanspruch in Geld auf Zahlung des Werts ihres gesetzlichen Erbteils. Damit waren sie nur wertmäßig den ehelichen Kindern gleichgestellt, aber nicht nach der rechtlichen Qualität.[6] Am Rande sei erwähnt, dass § 3 Abs. 1 Nr. 1 ErbStG § 1934a BGB als erbschaftsteuerlichen Erwerbstatbestand noch weiter »konserviert«, obwohl es ihn erbrechtlich nicht mehr gab(!). Erstmals im UntErlG-E (2007) war die Streichung vorgesehen; im ErbStG (2008) ist sie schließlich erfolgt.

Für den Fall einer fehlenden letztwilligen Verfügung würde die erbrechtliche Gleichstellung von K dazu führen, dass alle drei Kinder (T, S und K) nach dem Tode der W eine Miterbengemeinschaft nach §§ 1922 Abs. 1, 2032 ff. BGB begründen und in dieser Eigenschaft die **dingliche Rechtsnachfolge** in den Nachlass der W (Grundbesitz/Wertpapiere/Barvermögen) antreten würden.

Erbschaftsteuerliche Folgebeurteilung
Nach dem hier maßgeblichen Ehegattentestament zwischen W und U sind die ehelichen Kinder S und T die alleinigen Schlusserben des vorhandenen Nachlassvermögens. Für den Fall, dass man zu keiner anderen erbrechtlichen Bewertung gelangt (beachte aber eine mögliche Anfechtung des Testaments durch K gem. § 2079 BGB), gilt K als enterbt. Damit ist allerdings

---

6 Vgl. *Palandt/Edenhofer* (2011, 70. Aufl.), § 1924 Rz. 8 ff. (10).

ein Pflichtteilsanspruch des K nach §§ 2303 Abs. 1, 2317 BGB verbunden, der wertmäßig auf die Hälfte des gesetzlichen Erbteils gerichtet ist. Der gesetzliche Erbteil wiederum beträgt gem. § 1924 Abs. 4 BGB bei drei gleich erbberechtigten Kindern 1/3 (= gesetzliche Erbquote), der Pflichtteil des nichtehelichen K beläuft sich demnach auf 1/6.

1.4 Verfassungsrechtliche Vorgaben

Drei Aspekte haben seit jeher – und ganz aktuell – die verfassungsrechtliche Diskussion begleitet. Zum einen sorgt der Gleichheitsgedanke (Art. 3 GG) für Unbehagen. Zum anderen wird die Ableitung der Erbrechtsgarantie aus Art. 14 GG und dessen Tragweite für das ErbStG als zu eng empfunden und schließlich unterliegt die Familie einem besonderen Grundrechtsschutz (Art. 6 GG).

1.4.1 Erbschaftsteuergesetz und Art. 14 GG

Die erste Frage, ob sich die Erbrechtsgarantie auf das Erbrecht **vor** oder **nach** der Belastung mit ErbSt bezieht, lässt sich mit § 9 ErbStG und mit ihrem Charakter als Erbanfallsteuer nur bei Unterscheidung der Grundrechtssubjekte beantworten. Wenn danach die ErbSt mit dem Erwerb (von Todes wegen) entsteht, gewinnt man zwei Antworten:

- Die Erbrechtsgarantie des **Erblassers** ist grundsätzlich frei von einer künftigen ErbSt-Belastung zu definieren. Sie umfasst danach materiell-rechtliche Teilaspekte wie die Testierfreiheit und das Prinzip des Verwandtenerbrechts. Eine (allerdings nicht feste[7]) Obergrenze ist nur bei »erdrosselnden« Spitzen-Steuersätzen von über 70 % anzunehmen, da mit diesen das Institut des Verwandten-Erbrechts ausgehöhlt würde. Eine andere verfassungsrechtliche Beurteilung müsste bei dem Konzept einer Nachlasssteuer angestellt werden.

- Aus Sicht des (der) **Erben** tritt mit dem Erbfall das – ebenfalls von Art. 14 GG – geschützte Eigentumsrecht an die Seite des Erbrechts. Auf den Erwerbsfall bezogen, lässt sich folgende Gleichung aufstellen: Das Erbrecht des Erblassers nach Art. 14 Abs. 1 GG (freie Auswahl und Zuordnung der Nachlassgegenstände) verdichtet sich nach dem Tode zum Eigentumsrecht des Erben am Nachlass. An dieser Stelle findet über die Sozialpflichtigkeit des Eigentums (Art. 14 Abs. 2 GG) der fiskalische Redistributionsgedanke bereits bei einem Steuersatz von 50 % (vgl. Art. 14 Abs. 2 GG: »zugleich«) seine Grenze, wenngleich die Übertragung des Halbteilungsgrundsatzes auf das ErbStR nicht zwingend vorgeschrieben ist (BVerfG vom 19.03.2006, DStR 2006, 555).

Darüber hinaus stellt sich die Frage der Einbeziehung von Schenkungen und sonstigen Übertragungen unter Lebenden in den Schutzbereich von Art. 14 GG. Für die »klassische« Schenkung ebenso wie für die Sonderformen der »Attributs«-Schenkungen (wie »gemischte Schenkung« oder »Schenkung unter Auflage«) findet sich kein grammatikalischer Anhaltspunkt für eine Institutsgarantie. Anders könnte es allerdings für die vorweggenommene Erbfolge aussehen. Dieses Rechtsinstitut mag zwar in Hinblick auf die erbrechtliche Aussicht des künftigen Erben vom BFH (GrS vom 05.07.1990, BStBl II 1990, 847) entwickelt worden

---

7 Vgl. *Gebel* in T/G/J, Einf. 39.

sein. Die zwischenzeitlichen Aktivitäten der Rspr. (BFH vom 21.01.2001, BStBl II 2001, 414: Eliminierung aus dem Anwendungsbereich des § 13a ErbStG a.F.) und des Gesetzgebers (die Einfügung in § 593a BGB führt nicht zur Anwendung erbrechtlicher Grundsätze[8]) verbieten jedoch eine Einbeziehung der vorweggenommenen Erbfolge in den Schutzbereich von Art. 14 GG.

1.4.2 Erbschaftsteuergesetz und Art. 6 GG

Bei Übertragungen im (engen) Familienkreis begrenzt die Rspr. des BVerfG (vom 22.06.1996, BStBl II 1996, 671) den Zugriff insoweit, als der »deutlich überwiegende« Teil – und bei geringem Vermögen der ganze Nachlass – steuerfrei bleiben muss.

1.4.3 Erbschaftsteuergesetz und Art. 3 GG

Die immer wieder gestellte Frage der Unvereinbarkeit der unterschiedlichen Bewertungsansätze für die verschiedenen Vermögenskategorien im ErbStG ist nunmehr einer endgültigen Antwort zugeführt worden. Mit dem unumkehrbaren Beschluss vom 06.11.2006 (DB 2007, 320) muss der Gesetzgeber im Bereich der erbschaftsteuerlichen Bemessungsgrundlage ein einheitliches Bewertungsziel definieren, das sich für alle Vermögensgegenstände am gemeinen Wert zu orientieren hat (strenge horizontale Steuergerechtigkeit in der ErbSt). Erst auf der Ebene der sachlichen Befreiungen und des Tarifrechts kann der Gesetzgeber zielgenaue (und normenklare) Verschonungsregelungen treffen (aufgelockerte vertikale Steuergerechtigkeit in der ErbSt).

Im BVerfG-Beschluss vom 21.07.2010 zur Ungleichbehandlung von Ehe und Lebenspartnerschaft für Altfälle – bis inkl. 2008 – (DB 2010, 1853) war ebenfalls Art. 3 GG der Prüfungsmaßstab für das Gericht.

1.4.4 Partielle oder komplette Verfassungswidrigkeit des ErbStG (2009)?

Durch die zusätzliche Bezugnahme des Vorlagebeschlusses vom Oktober 2012 auf das Tarifrecht des § 19 ErbStG (es können vergleichbare Fallgruppen mit unterschiedlicher Privilegierung gebildet werden; dies impliziert die Prüfung von Art. 3 I GG) hat das BVerfG die Möglichkeit, über den konkreten Sachverhalt hinaus das ganze ErbStG auf den Prüfstand zu stellen. Insoweit besteht eine gewisse Tradition in der verfassungsgerichtlichen Rspr. zum Erbschaftsteuerrecht (der Beschluss aus dem Jahre 2006 ging ebenso vor).

1.5 Einkommensteuergesetz und Gemeinschaftsrecht

Die Diskriminierung von Steuer-Ausländern (exakt: von beschränkt StPfl.) bzw. von Inländern mit Auslandsvermögen steht im Fokus des Gemeinschaftsrechts, wobei sich die Beschränkungsverbote des EG-Vertrages nicht ausdrücklich auf das ErbStR erstrecken.

Während die drastische Reduzierung des persönlichen Freibetrages nach § 16 Abs. 2 ErbStG (ausländische Erwerber mit Inlandsvermögen gem. § 2 Abs. 1 Nr. 3 ErbStG) zwischenzeitlich

---

8 Vgl. *Palandt-Edenhofer*, 2011, Einl. zu § 1922, Rz. 7.

vom BFH (vom 21.09.2005, BStBl II 2005, 875) für europarechtskonform erklärt wurde, wird der Ansatz des ausländischen in den Grenzen der EU befindlichen Vermögens mit dem Teilwert nach wie vor für gemeinschaftswidrig erachtet. Zumindest in den Fällen der Versagung von Bewertungssubventionen, wie dies bei §§ 13a, 19a ErbStG der Fall ist, auf Auslandsvermögen, das in einer EU-Betriebsstätte gehalten wird, kann man sich eine EuGH-Rspr. vorstellen, in der der EuGH auf einen Verstoß gegen die Grundfreiheiten des EG-Vertrags erkennen wird. Spätestens mit der Neufassung der Entstrickungsregelungen des SEStEG (§ 4 Abs. 1 S. 4 ff. EStG n.F.) ab 2007 wird man etwa bei einer Betriebsverlagerung ins EU-Ausland eine steuerschädliche Betriebsaufgabe i.S.d. § 13a Abs. 5 ErbStG annehmen müssen.

Ein Verstoß gegen die Niederlassungsfreiheit (und wahrscheinlich gegen die Kapitalverkehrsfreiheit – vgl. EuGH vom 11.12.2003, »Erben Barbier«, ZEV 2004, 74 –) ist mangels Vorliegens von Rechtfertigungsgründen vorprogrammiert.

Für das L + F-Vermögen, das in einem EU-Mitgliedstaat belegen ist und für das die gleiche Benachteiligung (Ansatz mit dem gemeinem Wert) gilt, hat zwischenzeitlich der BFH im Rahmen der Vorabentscheidung den EuGH um Klärung gebeten (BFH vom 11.04.2006, BStBl II 2006, 627). Den Entscheidungsgründen ist unzweifelhaft zu entnehmen, dass das rein nationale Bewertungsprivileg des § 13a ErbStG für gemeinschaftswidrig erachtet wird. In der Entscheidung vom 17.01.2007 (»Jäger«; Rs. C-256/06; der Fall betraf einen in Frankreich belegenen Bauernhof einer deutschen Erblasserin) hat der EuGH wegen des Marktwertansatzes und aufgrund der Versagung der Verschonungsbestimmungen der §§ 13a, 19a ErbStG einen Verstoß gegen den freien Kapitalverkehr(!) erkannt. Die Verwaltung (FinMin Baden-Württemberg vom 16.07.2008, DStR 2008, 1537) sowie § 13b ErbStG (2008) sind dieser Ansicht gefolgt.

Nach einhelliger Auffassung sind jedenfalls steuerliche Zusatzbelastungen bei der Übertragung von EU-Auslandsvermögen dann gemeinschaftsrechtswidrig, wenn die theoretische Anrechnung der ausländischen ErbSt nach § 21 ErbStG – z.B. mangels DBA – leerläuft.[9]

In eine vollkommen neue Dimension begibt sich der Vorlagebeschluss des BFH vom November 2010, in dem für **Drittstaaten-Privatvermögen** (im Fall: Anteile an einer kanadischen KapG) die Verschonung der § 13a, 13b ErbStG reklamiert wird.[10] In eine ganz andere Dimension gelangt man bei der Frage, inwieweit bei Drittlandsvermögen schädliches Verwaltungsvermögen vorliegt.[11]

1.6 Schema

Für erbschaftsteuerliche Fälle bieten sich, je nach Schwierigkeitsgrad, zwei unterschiedliche intensive Arbeitsanleitungen an. Der erste Vorschlag dient dem steuerrechtlichen Problemaufgriff, während der zweite der Berechnung der Erbschaftsteuer gilt.

---

9   Statt aller *Gebel* in T/G/J, Einf. 55.
10 S. dazu die Rezension von *Preißer/Schütte*, ZEV 2011, 146 ff. (149).
11 Vgl. R E 13b Abs. 4 S. 2–4 ErbStR: Beteiligungen an einer PersG bzw. KapG im Drittstaat belassen es beim verschonungswürdigen BV, während eine im Drittland angesiedelte Betriebsstätte zur Versagung der Verschonung führt.

1.6.1 Erbschaftsteuerliche due diligence – 1. Stufe

Erste Fragen für ein Standard-Mandat in Sachen Erbschaftsteuer können anhand der nachfolgenden Kriterien zufriedenstellend beantwortet werden:

a) Fragen zum **Steuersubjekt** (d.h. Fragen nach der un-/beschränkten persönlichen Steuerpflicht, § 2 i.V.m. § 1 Abs. 1 ErbStG) sind vorweg zu erörtern.
b) Beim **Steuergegenstand** erfolgt die Hauptunterscheidung nach Erwerben von Todes wegen gem. § 3 ErbStG und nach Schenkungen gem. § 7 ErbStG.
c) Dieser Vorabunterscheidung folgt die **Wertermittlung der Bereicherung** (§§ 10, 12 ErbStG), wobei bei den ganzheitlichen Erwerben von Todes wegen unter Abzug der Nachlassschulden der Netto-Vermögensanfall ermittelt wird. Bei der Ermittlung der Bereicherung sind objektive Befreiungen und sachliche Freibeträge zu berücksichtigen).

Rein technisch lautet die Reihenfolge:
(+) Ermittlung des positiven Rohvermögens
(./.) Nachlassverbindlichkeiten (bzw. Schulden)
(./.) Befreiungen und sachliche Freibeträge
(=) **Bereicherung**

d) Nach Abzug persönlicher Freibeträge ergibt sich der steuerpflichtige Erwerb.
e) Der **Steuersatz** (§ 19 ErbStG) auf den steuerpflichtigen Erwerb wird unter Berücksichtigung von drei StKl. (§ 15 ErbStG) ermittelt. Dabei spielen **Vorerwerbe** von derselben Person sowie desselben Vermögens eine Rolle.
f) Das Festsetzungsverfahren ist in §§ 20 ff. ErbStG geregelt. §§ 29 ff. ErbStG enthalten Sonderregelungen.

1.6.2 Erbschaftsteuerliche due diligence – 2. Stufe

Gem. R 10.1 ErbStR (2011), die ein Berechnungsschema für den steuerpflichtigen Erwerb bzw. für die Berechnung der Erbschaftsteuer liefern, kann auch für umfassende Fälle mit nachfolgendem Schema gearbeitet werden.

I) Ermittlung des steuerpflichtigen Erwerbs

(1) Steuerwert des Wirtschaftsteils des L+F-Vermögens
./. Befreiungen nach § 13 Abs. 1 Nr. 2 und Nr. 3 ErbStG
+   Steuerwert des BV
./. Befreiungen nach § 13 Abs. 1 Nr. 2 und Nr. 3 ErbStG
+   Steuerwert der Anteile an KapG
=   **Zwischensumme**
./. Befreiung nach § 13a ErbStG
+   Steuerwert des Wohnteils und der Betriebswohnungen des land- und forstwirtschaftlichen Vermögens
./. Befreiungen nach § 13 Abs. 1 Nr. 2, 3 und 4b und 4c ErbStG
./. Befreiung nach § 13c ErbStG
+   Steuerwert des Grundvermögens
./. Befreiungen nach § 13 Abs. 1 Nr. 2 und Nr. 3 und 4a bis 4c ErbStG
./. Befreiung nach § 13c ErbStG

+	Steuerwert des übrigen Vermögens
./.	Befreiungen nach § 13 Abs. 1 Nr. 1 und Nr. 2 ErbStG
=	**Vermögensanfall nach Steuerwerten**
(2)	Steuerwert der Nachlassverbindlichkeiten, soweit nicht vom Abzug ausgeschlossen mindestens Pauschbetrag für Erbfallkosten (einmal je Erbfall)
=	**abzugsfähige Nachlassverbindlichkeiten**
(3)	**Vermögensanfall nach Steuerwerten (1)**
./.	abzugsfähige Nachlassverbindlichkeiten (2) weitere Befreiungen nach § 13 ErbStG
=	**Bereicherung des Erwerbers** (weiter bei (4))
(4)./.	ggf. steuerfreier Zugewinnausgleich (§ 5 Abs. 1 ErbStG)
+	ggf. hinzuzurechnende Vorerwerbe (§ 14 ErbStG)
./.	persönlicher Freibetrag (§ 16 ErbStG)
./.	besonderer Versorgungsfreibetrag (§ 17 ErbStG)
=	**steuerpflichtiger Erwerb** (§ 10 ErbStG; abzurunden auf volle 100 €)

Hinweis: Aufgrund der ErbStReform (2009) wird zusätzlich das betriebliche Wohnvermögen (§ 13b Abs. 1 Nr. 2d ErbStG) in die Berechnung der Zwischensumme einbezogen und die Verschonungsregeln stützen sich nunmehr auf die §§ 13a und 13b ErbStG.

II) Die festzusetzende Erbschaftsteuer

(1)	tarifliche Erbschaftsteuer nach § 19 ErbStG
./.	abzugsfähige Steuer nach § 14 Abs. 1 ErbStG
+	Entlastungsbetrag nach § 19a ErbStG
=	**Summe 1**
(2)./.	Ermäßigung nach § 27 ErbStG (dabei Steuer lt. Summe 1 nach § 27 Abs. 2 ErbStG aufzuteilen und zusätzlich Kappungsgrenze nach § 27 Abs. 3 ErbStG zu beachten)
./.	anrechenbare Steuer nach § 6 Abs. 3 ErbStG
=	**Summe 2**
(3)./.	anrechenbare Steuer nach § 21 ErbStG (dabei Steuer lt. Summe 2 nach § 21 Abs. 1 S. 2 aufzuteilen)
=	**Summe 3** mindestens Steuer nach § 14 Abs. 1 S. 4 ErbStG höchstens nach § 14 Abs. 3 ErbStG begrenzte Steuer (Hälfte des Werts des weiteren Erwerbs)
	festzusetzende Erbschaftsteuer

1.7 Das Erbschaftsteuergesetz (2009) i.d.F. des Wachstumsbeschleunigungsgesetzes[12] – Übersicht (inkl. Fassung des JStG 2013)

1.7.1 Betriebsvermögen

Das Betriebsvermögen ist mit dem gemeinen Wert anzusetzen. Der gemeine Wert ist unter Berücksichtigung der Ertragsaussichten oder einer anderen anerkannten – auch im gewöhnlichen Geschäftsverkehr für nichtsteuerliche Zwecke üblichen – Methode zu schätzen, soweit er nicht in erster Linie aus Verkäufen unter fremden Dritten abgeleitet werden kann, die weniger als ein Jahr zurückliegen (§ 11 Abs. 2 S. 2 2. HS BewG für Anteile an KapG bzw. § 11 Abs. 2 S. 2 2. HS i.V.m. § 109 Abs. 2 S. 3 BewG für BV). Das neue BewG sieht vor, auf das Betriebsergebnis der letzten drei Jahre »zurückzugreifen«, dieses zu korrigieren (u.a. mit einem rechtsformneutralen Abzug des Unternehmerlohns) und sodann den neutralisierten Ertrag mit einem jeweils zu aktualisierenden Zinssatz zu kapitalisieren (§§ 199 ff. BewG).

Als Mindestwert wird die Summe der gemeinen Werte der Einzel-WG des Unternehmens abzüglich der Schulden festgelegt.

1.7.2 Grundvermögen

Das Grundvermögen ist ebenfalls mit dem gemeinen Wert anzusetzen (§ 177 BewG). Zusätzlich zu dem (im alten Recht schon relevanten) Bodenrichtwert werden die Gebäudewerte der verschiedenen Grundstücksarten in Anlehnung an die Wertermittlungsverordnung im Vergleichswert-, Ertragswert- sowie Sachwertverfahren ermittelt.

In sehr detaillierten gesetzlichen Vorgaben sind im BewG n.F. das Ertragswertverfahren z.B. für Mietshäuser und das Sachwertverfahren z.B. für Ein- und Zweifamilienhäuser beschrieben. Die Ergebnisse kommen zwangsläufig zu Annäherungswerten zum Verkehrswert, wobei die regionalen Besonderheiten weitgehend der Grundstücksbewertung vorbehalten sind und die Gebäudebewertung hiervon verschont bleibt.

1.7.3 Verschonungsebene

---

12 **Literatur vor dem ErbStRefG:** *Viskorf*, Verfassungsrechtliche Fragen der Erbschaftsteuer und der geplanten gesetzgeberischen Neuregelung, FR 2007, 624; *Raupach*, Der Verkehrswert als alleiniger Bewertungsmaßstab für Zwecke der Erbschaft- und Schenkungsteuer, DStR 2007, 2037; *Zipfel*, Eckpunkte zum Referentenentwurf zur Erbschaftsteuerreform 2008, BB 2007, 2651; *Hey*, BVerfG zur Erbschaftsteuer: Bewertungsgleichmaß und Gemeinwohlzwecke, JZ 2007, 564; *Balle/Gress*, Eine neue Erbschaft- und Schenkungsteuer, BB 2007, 2660; *Hübner*, Die »Erleichterung« der Unternehmensnachfolge nach der Entscheidung des BVerfG, DStR 2007, 1013; *Röder*, Teilentgeltliche Vermögensübertragungen nach der Erbschaftsteuer-Entscheidung des BVerfG, ZEV 2007, 505 ff.; *Michel*, Festschrift für Pöllath, 2008, 479, Europarechts(in)konformität des deutschen Erbschaft- und Schenkungsteuergesetzes; *Geck*, Erbschaftsteuerreform: Darstellung und Empfehlungen zu den geplanten Änderungen außerhalb der vorgelagerten Bewertung, ZEV 2008, 5.
Literatur nach dem ErbStRefG (und vor dem WachstumsbeschlG): *Piltz*, Erbschaftsteuer-Bewertungserlass: Allgemeines und Teil A (Anteile an KapG), DStR 2009, 1829; *Neufang*, BB 2009, 2004; *Onderka*, Bewertung und Verschonung des Betriebsvermögens: Erste Erkenntnisse aus den Erlassen der Finanzverwaltung, ZEV 2009, 421; *Wälzholz*, Die Vererbung und Übertragung von Betriebsvermögen nach den gleichlautenden Ländererlassen zum ErbStRG, DStR 2009, 1605.
Literatur aufgrund des JStG (2010): *Schulte/Pfeifer/Bornbaum*, Referentenentwurf (JStG 2010) DB 2010, 812 und *Geck/Messner*, ZEV-Steuerreport, ZEV 2010, 569.
Literaturempfehlung zum JStG 2013: *Geck*, JStG 2013, ZEV 2012, 399.

Weitreichende (und technisch komplizierte) Änderungen kommen auf der Verschonungsebene zum Zuge.

1.7.3.1 Betriebsvermögen

Dem Erwerber werden zwei Optionen eingeräumt:

1. Option:
Das Kernstück der Regelung (§§ 13a, 13b ErbStG) geht von einer pauschalierten Festlegung des **begünstigten Betriebsvermögens** i.H.v. 85 % aus. 85 % werden (zunächst) nicht besteuert (»Abschlag von der Bemessungsgrundlage«), während die restlichen 15 % nach Berücksichtigung eines gleitenden Abzugsbetrags von 150.000 € stets der Besteuerung unterliegen.

Die **Voraussetzungen** für verschontes Betriebsvermögen sind folgende:

- Das (gewillkürte) Verwaltungsvermögen darf einen Anteil von 50 % des Betriebsvermögens nicht überschreiten. Das Verwaltungsvermögen muss mindestens zwei Jahre vor dem Übergang zum Betrieb gehört haben.
- Die Lohnsumme darf in dem Zeitraum von fünf Jahren nach dem Übergang oder der Übertragung des begünstigten Vermögens nicht geringer sein als 400 % der Gesamtlohnsumme.
- Das am Bewertungsstichtag vorhandene Betriebsvermögen muss über fünf Jahre im Betrieb erhalten werden (Behaltensklausel). Verstöße gegen diese Verhaftungsregel lösen eine ratierliche Nachversteuerung aus.
- Die Betriebsveräußerung bzw. Betriebsaufgabe oder die Teilveräußerung sowie die Veräußerung bzw. Entnahme von wesentlichen Betriebsgrundlagen innerhalb der fünf Jahre führen in dem entsprechenden Umfang zum (ratierlichen) Wegfall der Verschonung. Mittels einer Reinvestitionsklausel können jedoch Veräußerungserlöse steuerunschädlich umgepolt werden.

2. Option:
Für Betriebe mit weniger als 10 % Verwaltungsvermögen und einer Behaltensfrist von sieben Jahren wird der Verschonungsabschlag bei Einhalten der Gesamtlohnsumme von 700 % (auf sieben Jahre) auf 100 % festgelegt. Für diesen Fall erfolgt der Übergang komplett steuerfrei, wenn die siebenjährigen Behaltensfristen inkl. der Personalkonstante eingehalten werden.

1.7.3.2 Weiteres Verschonungsvermögen

Die begünstigende Verschonung sowie die Begünstigungsausnahme gelten gleichermaßen für die **Land- und Forstwirtschaft** (§ 13b Abs. 1 Nr. 1 ErbStG) sowie für **Anteile an KapG**, an deren Nennkapital der Erblasser oder Schenker zu mehr als 25 % beteiligt ist (§ 13b Abs. 1 Nr. 3 ErbStG).

Im Laufe der Beratungen sind gewerbliche **Wohnungsunternehmen** bei Einhaltung bestimmter Voraussetzungen in die Begünstigungen für Betriebsvermögen einbezogen worden.

Für **Grundstücke**, die zu privaten **Wohnzwecken vermietet** werden, ist ein Abschlag i.H.v. 10 % auf den Verkehrswert vorgesehen (§ 13c ErbStG).

1.7.4 Neue Befreiungstatbestände

Die Vererbung von selbst genutztem Wohneigentum unter Eheleuten und bei eingetragenen Lebenspartnerschaften wird erbschaftsteuerfrei gestellt. Gleiches gilt für selbst genutztes Wohneigentum bis zu 200 qm Wohnfläche bei der Vererbung an Kinder. Voraussetzung ist jeweils und grundsätzlich die Einhaltung einer Selbstnutzungsfrist von zehn Jahren.

1.7.5 Tarifänderungen

Die persönlichen Freibeträge (§ 16 ErbStG) von Ehegatten, Kindern, Enkeln und sonstigen Personen der Steuerklasse I sowie der Personen der (nunmehr tariflich einheitlichen) Steuerklassen II und III werden erhöht. Der Partner einer eingetragenen Lebenspartnerschaft erhält einen persönlichen Freibetrag und einen Versorgungsfreibetrag, der dem des Ehegatten entspricht (§ 17 ErbStG).

2 Die gesetzliche Erbfolge

Die gesetzliche Erbfolge der §§ 1924–1936 BGB regelt gleichberechtigt und gleichrangig nebeneinander das Erbrecht der Verwandten und der Ehegatten (§ 1931 Abs. 1 BGB). Von der Gesetzestechnik her wird die Erbregelung der Verwandten vorgezogen.

2.1 Das gesetzliche Verwandtenerbrecht

Der gesetzliche Grundfall wird mit den Eltern und Abkömmlingen des Erblassers gebildet.

Beispiel 2: Der »fruchtbare« Stammbaum
Am folgenden Stammbaum soll die gesetzliche Erbfolge nach dem Erblasser EL bestimmt werden. Vorverstorben sind die Ehefrau und die Mutter des EL:

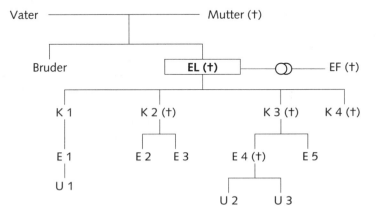

Es werden **Ordnungen (sog. Parentelen)** mit einer strengen Gesetzmäßigkeit (Ordnungssystem) gebildet. Die Hierarchie der jeweiligen Ordnungsstufen (erste Ordnung, zweite

Ordnung usw.) folgt dem System der Abstammung, d.h. der Nähe zum Erblasser. So besteht die erste Ordnung (§ 1924 BGB), nur aus den Abkömmlingen des Erblassers; das sind solche Personen, die mit diesem in gerade absteigender Linie verwandt sind. Die zweite Ordnung schließlich (§ 1925 BGB), bilden die Eltern des Erblassers und deren Abkömmlinge. Für die dritte Parentele (und sinngemäß für die folgenden) ist der Ausgangspunkt noch weiter vom Erblasser weggerückt: hier bilden die Großeltern des Erblassers (und deren Abkömmlinge) die Ordnungsstufe (§§ 1926 ff. BGB). Die wichtigste Regelung ist in § 1930 BGB getroffen, wonach vorhandene **Angehörige der vorherigen Ordnungsstufe** komplett die **nächste Ordnung ausschließen**. Ist nur ein (noch so entfernter) Angehöriger der ersten Ordnung vorhanden, kommt die zweite Ordnung nicht zum Zuge (usw.). Innerhalb der Ordnungsstufen gelten wiederum drei Grundsätze:

1. Nach dem Eintrittsprinzip (vgl. § 1924 Abs. 3 BGB und die folgenden Paragrafen) treten an die Stelle eines vorverstorbenen Abkömmlings dessen Nachrücker (Stammeserbfolge).
2. Umgekehrt schließt der erste Vertreter eines Stammes seine Abkömmlinge aus, sog. Repräsentationsprinzip (§ 1924 Abs. 2 BGB).
3. Nach § 1924 Abs. 4 BGB schließlich erben die Vertreter eines (lebenden) Stammes zu gleichen Teilen.

Lösung: Nachdem die Ehefrau des Erblassers vorverstorben ist, kommt nur das Verwandtenerbrecht in Betracht. Danach sind Erben der ersten Ordnung die Abkömmlinge des EL: K1–K4. Gem. § 1930 BGB scheiden sowohl der Vater als auch der Bruder als Erben der zweiten Ordnung aus. Nachdem auch K4 vorverstorben ist und er keine Kinder hinterlässt, erben die »lebenden Stämme« K1–K3 gem. § 1924 Abs. 4 BGB zu gleichen Teilen, d.h. zu je 1/3.
Für K1, der seine Abkömmlinge E1 und U1 gem. § 1924 Abs. 2 BGB von der Erbfolge ausschließt, gilt diese Quote unmittelbar.
Anstelle des K2 treten seine Kinder E2 und E3 wiederum zu gleichen Teilen, d.h. zu je 1/6 die Erbfolge nach EL an (§ 1924 Abs. 3 ErbStG).
Diese Quote kommt auch E5 zu, während sich U2 und U3 die 1/6-Quote von E4 teilen, also je 1/12 beanspruchen können.
Der korrigierte – erbrechtliche – Stammbaum sieht wie folgt aus:

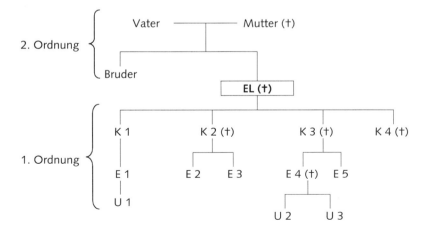

Der nach §§ 2353, 2357 BGB zu erteilende Erbschein sieht wie folgt aus:

EL wird von K1 zu einem Drittel, von E2, E3 und E5 zu je einem Sechstel und von U2 und U3 zu je einem Zwölftel beerbt. K1, E2, E3, E5, U2 und U3 bilden eine Erbengemeinschaft.

Der nächste Anwendungsfall führt in das System der zweiten Ordnung ein.

Beispiel 3: Der »karge« Stammbaum
In diesem Beispiel wird unterstellt, dass der Erblasser keine Nachkommen hinterlässt, aber zusätzlich noch eine Schwester hat.

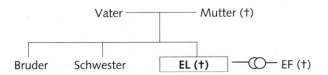

Lösung: Nachdem keine Erben der ersten Ordnung vorhanden sind, kommt gem. §§ 1930, 1925 BGB die zweite Parentele (Ordnung) zum Zuge. Nach § 1925 Abs. 2 BGB würden die überlebenden Eltern zu gleichen Teilen erben. Da aber M schon tot ist, kommt gem. § 1925 Abs. 3 i.V.m. § 1924 Abs. 3 BGB das **Stammesprinzip** zum Tragen: Die Geschwister B und S übernehmen anteilig die hälftige Erbberechtigung der Mutter. Erben sind V zu 1/2, B und S zu je 1/4.

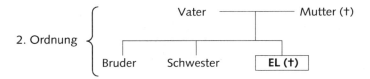

2.2 Das Ehegattenerbrecht und die ehelichen Güterstände im Erbschaftsteuergesetz

2.2.1 Die Bedeutung des Güterstandes für das Ehegattenerbrecht

Alle drei vom Familienrecht vorgesehenen Güterstände haben eine unmittelbare Bedeutung für das konkrete Ehegattenerbrecht. Erst danach werden die Fragen der Begründung und Beendigung des jeweiligen Güterstandes besprochen.

Beispiel 4: »Der überlebende Ehegatte lebt auf«
Der Erblasser EL hinterlässt eine lustige Witwe W, zwei trauernde Kinder und kein Testament. Legen Sie die Erbquote der W fest, wobei alle vom BGB vorgesehenen Güterstände untersucht werden sollen.

Das Ehegattenerbrecht, das als eigenständiges Erbrecht neben dem Verwandtenerbrecht steht, berücksichtigt in einem ersten Schritt die o.g. Parentelordnung und führt sodann zu eigenen differenzierten Lösungen, die vom jeweiligen Güterstand abhängen.

Lösung: Für die selten vereinbarte **Gütergemeinschaft** (§§ 1415 ff. BGB) gilt die Grundaussage von § 1931 Abs. 1 S. 1 BGB, dass der Ehegatte neben den Verwandten der ersten Ordnung 1/4 (wörtlich: »ein Viertel«) erbt und dass bei Verwandten der zweiten Ordnung sein Erbteil die Hälfte beträgt. Ist weder ein Verwandter der ersten noch der zweiten Ordnung vorhanden, so erhält gem. § 1931 Abs. 2 BGB der überlebende Ehegatte die ganze Erbschaft.

Im Beispiel 4 weist der Erbschein bei Gütergemeinschaft W als (Mit-)Erbin mit 1/4 und die beiden Kinder als Miterben zu je 3/8 aus.

Sollten die Eheleute **Gütertrennung** (§ 1414 BGB) vereinbart haben, so verhindert das Zusammenspiel von § 1931 Abs. 1 und 4 BGB, dass der Erbteil des überlebenden Ehegatten geringer ist als der Erbteil eines Kindes. Bei einem oder zwei Kindern haben die Partner der Erbengemeinschaft nach Abs. 4 gleiche Quoten (im Sachverhalt also je ein Drittel), während ab dem dritten Kind nach Abs. 1 der überlebende Ehegatte die 1/4-Quote beibehält.

Am häufigsten kommt jedoch die **Zugewinngemeinschaft** (= Gütertrennung mit anschließendem Zugewinnausgleich bei Tod oder Scheidung) vor, die immer dann greift, wenn kein besonderer Güterstand vereinbart wurde, § 1363 Abs. 1 BGB. Die genaue Erbberechtigung hängt wegen der Verweisung in § 1931 Abs. 3 BGB auf § 1371 BGB von weiteren Faktoren ab.

- Für den Standardfall, dass der überlebende Ehegatte als Erbe die Erbschaft (oder ein Vermächtnis) annimmt, kommt die sog. **erbrechtliche Lösung**[13] nach § 1371 Abs. 1 BGB zum Tragen: Danach erhöht sich der gesetzliche Erbteil (gem. § 1931 Abs. 1 BGB) um ein weiteres Viertel, sodass – wie im vorliegenden Fall – die Witwe neben den Kindern die **Hälfte** beanspruchen kann. Sind keine Abkömmlinge vorhanden – und erbt demnach die zweite Ordnung (Eltern/Geschwister) –, so beträgt die Erbquote des Ehegatten 3/4 (vgl. § 1931 Abs. 1 S. 1, 2. Alt. BGB).
  Hinweis: Bei hohem Einstiegsvermögen des Verstorbenen und/oder kurzer Dauer der Ehe ist der überlebende Ehegatte mit der erbrechtlichen Lösung meistens bessergestellt.
- Sollte der Ehegatte die Erbschaft allerdings ausschlagen (§ 1371 Abs. 3 BGB) oder sollte er überhaupt nicht als Erbe oder Vermächtnisnehmer bedacht, also enterbt sein (§ 1372 Abs. 2 BGB), so steht ihm nach der **güterrechtlichen Lösung** der (klassische) Zugewinnausgleich und der sog. kleine Pflichtteil (1/8) zu.

Die Verbindlichkeiten konnten nach dem bis 30.08.2009 geltenden Recht nur bis zur Höhe des Vermögens abgezogen werden (§ 1374 Abs. 1 2. HS BGB a.F.: Es gab kein negatives Anfangsvermögen!). Seit der am 01.09.2009 in Kraft getretenen **Reform des Zugewinnausgleichsrechts**[14] ist nunmehr ein Abzug der Verbindlichkeiten über die Höhe des Vermögens hinaus möglich (§ 1374 Abs. 3 BGB n.F.; zum (jetzt möglichen) negativen Anfangsvermögen s. auch R 5.1 Abs. 2 S. 4 ErbStR).

Vorgreiflich wird darauf hingewiesen, dass der Zugewinnausgleich **unter Lebenden**, (Hauptfall: Scheidung) nach § 5 Abs. 2 ErbStG nicht schenkungsteuerpflichtig ist.

2.2.2 Die Beendigung des Güterstandes, insbesondere bei der Zugewinngemeinschaft (inklusive der Berechnung der Ausgleichsforderung)

Anders als bei der Zugewinngemeinschaft gibt es bei der **Gütertrennung**, die meist aus zivilrechtlichen Sicherheitsaspekten (Abschottung beider Vermögen) gewählt wird, keinen Zugewinnausgleich. Folgerichtig wird ein solcher Anspruch auch nicht bei der Erbschaft-

---

13 Die Begriffe »erbrechtliche Lösung« – und später »güterrechtliche Lösung« – entsprechen dem zivilistischen Sprachgebrauch (vgl. *Palandt-Brudermüller*, § 1371, Rz. 2). Das Wort »Lösung« meint hier: Auflösung (oder Abwicklung) der Zugewinngemeinschaft (vgl. Wortgebrauch in R 5.1 und R 5.2 ErbStR).
14 Vgl. hierzu *Münch*, MittBayNot 2009, 261 ff.

steuer des überlebenden Ehegatten berücksichtigt. Für erbschaftsteuerliche Zwecke gelten bei der Gütertrennung demnach die allgemeinen Regeln, wonach der überlebende Ehegatte entsprechend der nach § 1931 Abs. 1 und 4 BGB ermittelten Erbquote zur Besteuerung herangezogen wird.

Ganz anders – und auf den ersten Blick schwer verständlich – ist aber die Regelung bei der **Zugewinngemeinschaft** nach § 5 ErbStG. Dort findet beim wirtschaftlich gleichen Sachverhalt (**überlebender Ehegatte – oder Lebenspartner – wird Erbe**), d.h. bei Geltung der erbrechtlichen Lösung, gem. § 5 Abs. 1 S. 1 ErbStG eine Anrechnung des fiktiven(!) Zugewinnausgleichsanspruches[15] auf den ErbSt-Wert statt. Dies hat seinen Grund in der beabsichtigten Gleichstellung der güterrechtlichen Lösung (§ 5 Abs. 2 ErbStG) mit der erbrechtlichen Lösung. Nach § 5 Abs. 2 ErbStG wird der Zugewinnausgleichsanspruch – sowohl bei der güterrechtlichen Lösung (Ausgleich von Todes wegen nach § 1371 Abs. 2 BGB) als auch beim Zugewinnausgleich unter Lebenden – ausdrücklich von der Steuer befreit. Diese Befreiung soll nun folgerichtig den beiden Ausgleichsberechnungen von Todes wegen zukommen.

Im Ergebnis wird bei der erbrechtlichen Lösung der gesetzlichen Zugewinngemeinschaft nicht das erhöhte Viertel an der Erbquote (§ 1371 Abs. 1 BGB) als steuerfrei behandelt, sondern die – ansonsten nur bei der güterrechtlichen Lösung – greifende Ausgleichsforderung. Das ErbStG ignoriert die »erbrechtliche Lösung« und räumt der (vermeintlichen) Steuergerechtigkeit (Gleichbehandlung beider Fälle der Abwicklung einer Zugewinngemeinschaft) Vorrang ein.

Dabei wird seit 1999 nur noch der **reale Zugewinn** (statt der nominalen Ausgleichsforderung) von der Besteuerung ausgenommen.[16] Im Urteil vom 27.06.2007 (BStBl II 2007, 783) bestätigte der BFH die Verwaltungsauffassung, dass auch im Steuerrecht nur der reale Gewinn (als Abzugsgröße) berücksichtigt wird. Dies bedeutet, dass sowohl das Anfangsvermögen als auch die späteren in die Berechnung einzustellenden Erwerbe zu indexieren sind.

> **Beispiel 5: Die späte Bedeutung des Güterstandes**
> Bei einem kinderlosen Ehepaar verstirbt die anlagetüchtige Ehefrau. Der fidele Hausmann wird Alleinerbe.
> Der Steuerwert des Nachlasses beträgt 2 Mio. €, die Nachlassverbindlichkeiten belaufen sich auf 70 T€. Privilegiertes Produktivvermögen (§ 13a ErbStG) ist nicht vorhanden. Die Ausgleichsforderung des Hausmannes soll in zutreffender Höhe 350 T€ betragen.
>
> **Variante a**: Es war nichts vereinbart, d.h. es gilt die Zugewinngemeinschaft.
> **Variante b**: Es wurde Gütertrennung vereinbart.

---

15 Nach BFH vom 22.03.2001 (BFH/NV 2001,1266) ist die fiktive Ausgleichsforderung auch kein Vermögensgegenstand, der vererbbar ist. Ist hingegen die steuerrechtliche Abwicklung der aufgelösten Ehe noch nicht erfolgt, rückt der Erbe des ausgleichsberechtigten länger lebenden Ehegatten in die Rechtsstellung ein.
16 Nach R 5.1 Abs. 2 S. 5 ErbStR wird eine sich aufgrund des Kaufkraftschwundes ergebende rein nominale Wertsteigerung nicht berücksichtigt, S. auch **H 5.1 ErbStH**.
 Hinweis: Letzte aktuelle Zahlen finden sich in H 5.1 ErbStH (Verbraucherindices bis 2010).

Lösung Variante a:

Der Steuerwert des Nachlasses gem. § 12 ErbStG		2.000.000 €
./. Nachlassverbindlichkeiten nach § 10 ErbStG	./.	70.000 €
=		1.930.000 €
./. Bestattungskostenpauschale (§ 10 Abs. 5 Nr. 3 ErbStG)	./.	10.300 €
./. Zugewinnausgleich gem. § 5 Abs. 1 S. 2 ErbStG	**./.**	**350.000 €**
./. Freibetrag nach § 16 Abs. 1 Nr. 1 ErbStG	./.	500.000 €
./. (Versorgungs-)Freibetrag nach § 17 Abs. 1 ErbStG	./.	256.000 €
= steuerpflichtiger Erwerb		**813.700 €**

Nach §§ 19, 15 ErbStG beträgt die mit 19 % festzusetzende Erbschaftsteuer **154.603 €**.

Lösung Variante b:

Nachdem es bei der Gütertrennung keinen Ausgleich gibt, beträgt der steuerpflichtige Wert nunmehr **1.163.700 €** (1.930.000 € abzgl. Bestattungskostenpauschale und Freibeträge, jedoch ohne Berücksichtigung eines Zugewinnausgleichs). Nach §§ 19, 15 ErbStG ist eine mit 19 % festzusetzende Steuer von **221.103 €**[17] zu zahlen.

Der Beweis für die fiskalisch günstigere Wahl der Zugewinngemeinschaft – zumindest bei einer kinderlosen Ehe – ist wegen der unterschiedlichen steuerlichen Auswirkung in diesem Fall erbracht.

Große (Rechen-)Probleme bereitet in der Praxis die konkrete Höhe der **Zugewinnausgleichsforderung**.

Beispiel 6: Zugewinnausgleich

Die Ehe von Herrn H und Frau F wurde 2000 geschlossen und 2010 durch Tod beendet. Ein besonderer Güterstand war nicht vereinbart. Das Endvermögen des verstorbenen H beträgt nach Verkehrswerten 2,4 Mio. €, der Steuerwert (§§ 10, 12 ErbStG) soll 1,7 Mio. € und der sich unter Abzug weiterer sachlicher Freibeträge (§§ 13, 13a ErbStG) ergebende Wert soll 1,5 Mio. € betragen. Das Endvermögen der Ehefrau beträgt zu Verkehrswerten 450 T€. Das nach R 5.1 ErbStR indizierte Anfangsvermögen von H beträgt 1,3 Mio. €, während F nur ein bescheidenes (indiziertes) Startvermögen von 80 T€ aufzuweisen hatte.
Zu berechnen ist die Erbschaftsteuer von F. Dabei ist vorweg die relevante Zugewinnausgleichsforderung nach folgendem Berechnungsbeispiel (s. auch die Beispiele in H 5.1 ErbStH) zu ermitteln.

Die Berechnung der Zugewinnausgleichsforderung folgt im Prinzip dem Schema auf der folgenden Seite.

Die Berechnungsbeispiele zeigen auch, dass die von § 5 Abs. 1 S. 5 ErbStG vorgesehene **Kappung** der (fiktiven) Zugewinnausgleichsforderung zu einer deutlichen Begrenzung des Steuerprivilegs (Gleichstellung beider Abwicklungslösungen im ErbStG) führt. In diesen Zusammenhang fügt sich ein Urteil des BFH vom 29.06.2005 (BStBl II 2005, 873) ein, dessen Auslöser § 1375 Abs. 2 BGB ist. Danach wird zunächst das Endvermögen des verstorbenen Ehegatten und damit der Ausgleichsanspruch des überlebenden Ehegatten um die Beträge **erhöht**, um die der Erblasser sein (End-)Vermögen durch Schenkungen (an Dritte) oder durch Vermögensverschwendung gemindert hat. Der BFH hat diese zivilrechtliche Regelung für

---

[17] In diesem Fall kommt die Härtefallregelung des § 19 Abs. 3 ErbStG nicht zum Tragen (s. H 19 ErbStH: »Berechnung der fiktiven Ausgleichsforderung«).

einen Fall umfangreicher unentgeltlicher Zuwendungen (§ 1375 Abs. 2 Nr. 1 BGB) **nicht** in das Erbschaftsteuerrecht übernommen. Der überlebende Ehegatte (Zugewinngemeinschaft) in diesem Fall kommt als Erbe (Vermächtnisnehmer) weder in den Genuss einer höheren zivilrechtlichen Ausgleichsforderung (sein Ausgleich richtet sich nach § 1371 Abs. 1 BGB) noch genießt er nach diesem Urteil den steuerlichen Vorteil einer erhöhten fiktiven Ausgleichsforderung.

Den häufigeren Fall, dass der verstorbene Ehegatte dem **überlebenden Ehegatten** zu Lebzeiten **Schenkungen** zukommen ließ, löst H 5.1 ErbStH wie folgt:

Diese Schenkungen sind dem Zugewinn des verstorbenen Ehegatten i.S.d. § 1380 Abs. 2 BGB hinzuzurechnen. Sie sind im Zugewinn des anderen Ehegatten nicht zu erfassen (konkret: Abzug mit dem Verkehrswert im Zeitpunkt der Zuwendung, höchstens mit dem Wert, zu dem der Schenkungsgegenstand noch im Endvermögen des Ehegatten enthalten ist). Mit diesem (Verkehrs-)Wert sind die anrechenbaren Schenkungen von der Ausgleichsforderung abzuziehen (s. auch das hierzu in den Hinweisen gebildete Beispiel).

2.2.3 Die Änderung des Güterstandes und die modifizierte Zugewinngemeinschaft (inkl. »Güterstandsschaukel«)

2.2.3.1 Allgemeine Ausführungen

Der Zugewinnausgleichsanspruch kann in beiden Fällen (Scheidung/Erbfall) zu einer starken Liquiditätseinbuße des Vermögensstockes führen. Aus diesen Gründen hat sich kautelarjuristisch eine ehevertragliche Vereinbarung durchgesetzt, die als »modifizierte Zugewinngemeinschaft« bezeichnet wird.[18] Die zulässigen Modifikationen betreffen:

- die Veränderung der Ausgleichsquote (statt 1/2),
- die Änderung der Bestimmungen für die Bewertung des Anfangs- und Endvermögens,
- andere Bewertungsmaßstäbe (z.B. Buchwert statt Verkehrswert),
- die Ausschließung bestimmter Vermögenswerte vom Zugewinnausgleich,
- die Ausschließung der Ausgleichsregeln für einen der beiden Beendigungsfälle.

Diese zivilrechtlichen Möglichkeiten beinhalten allerdings die Gefahr einer Disposition über steuerliche (Freibetrags-)Größen und sollen von daher angeblich die Konzeption des ErbStG in Frage gestellt haben. Durch das StMBG vom 21.12.1993 wurden mit den geänderten § 5 Abs. 1 S. 2 ff. ErbStG die **modifizierte Zugewinngemeinschaft**, d.h. die abweichenden güterrechtlichen Regelungen für das **Erbschaftsteuerrecht nicht übernommen**.

Nach § 5 Abs. 1 S. 2 ErbStG bleiben die o.g. Änderungen erbschaftsteuerlich unberücksichtigt. Ebenso wird seit 01.01.1994 die praxisfreundliche Anordnung von § 1377 Abs. 3 BGB nicht mehr in das Erbschaftsteuerrecht übernommen (§ 5 Abs. 1 S. 3 ErbStG): Die zivilrechtliche Fiktion, dass bei der – häufig – fehlenden Registrierung des Anfangsvermögens das gesamte Endvermögen des Ehegatten als Zugewinn gilt (mit der Folge einer höheren Ausgleichsforderung), kommt im ErbStG folglich nicht zum Tragen.

---

18   Zur zivilrechtlichen Zulässigkeit vgl. *Palandt/Brudermüller*, 70. Aufl. (2011), § 1363, Rz. 4 sowie § 1408, Rz. 10 ff. sowie *Richter* in *Rödl/Preißer*, § 5, Tz. 2.8.

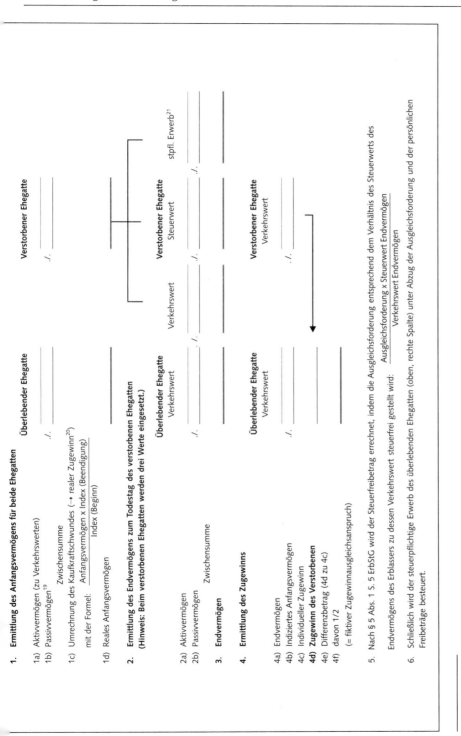

---

19 Die Verbindlichkeiten konnten bislang nur bis zur Höhe des Vermögens abgezogen werden (§ 1374 Abs. 1 2. HS BGB a.F.). Seit der am 01.09.2009 in Kraft getretenen **Reform des Zugewinnausgleichsrechts** ist hingegen ein Abzug der Verbindlichkeiten über die Höhe des Vermögens hinaus möglich (§ 1374 Abs. 3 BGB n.F.).

20 Vgl. hierzu die H 5.1 ErbStH (Verbraucherindices bis 2010).

21 D.h. ohne Berücksichtigung von persönlichen Freibeträgen, aber unter Berücksichtigung des Abzugs gem. § 13a Abs. 1 und 2 ErbStG.

In **Zahlen** bedeutet dies im **Beispiel 6:**

1. Ermittlung des Anfangsvermögens für beide Ehegatten

	Überlebender Ehegatte (F)	Verstorbener Ehegatte (H)
1d) Reales Anfangsvermögen	0,08 Mio. €	1,30 Mio. €

2. Ermittlung des Endvermögens zum Todestag des verstorbenen Ehegatten
   (Hinweis: Beim verstorbenen Ehegatten werden drei Werte eingesetzt.)

	Überlebender Ehegatte Verkehrswert	Verstorbener Ehegatte Verkehrswert	Verstorbener Ehegatte Steuerwert
3. Endvermögen	0,45 Mio. €	2,40 Mio. €	1,70 Mio. €

4. Ermittlung des Zugewinns

	Überlebender Ehegatte Verkehrswert	Verstorbener Ehegatte Verkehrswert
		1,10 Mio. €

4c) Individueller Zugewinn	0,37 Mio. €
4d) Zugewinn des Verstorbenen	1,10 Mio. €
4e) Differenzbetrag (4d zu 4c)	0,73 Mio. €
4f) davon 1/2 (= Ausgleichsforderung)	**0,365 Mio. €**
(= fiktiver Zugewinnausgleichsanspruch)	

stpfl. Erwerb[22] 1,50 Mio. €

5. Die Minderung auf Steuerwertniveau geschieht nach der Formel:

$$\frac{0{,}365 \text{ Mio.} \times 1{,}7 \text{ Mio.}}{2{,}4 \text{ Mio.}}$$

Diese ergibt einen Steuerfreibetrag von **0,258 Mio. €**

6. Der steuerpflichtige Erwerb von F beträgt demnach:

	1,500	Mio. €
./. Freibetrag gem. § 5 Abs. 1 ErbStG	0,258	Mio. €
./. Freibetrag gem. § 16 ErbStG	0,500	Mio. €
./. Freibetrag gem. § 17 ErbStG	0,256	Mio. €
./. Grabpflegepauschale (§ 10 Abs. 5 Nr. 3 ErbStG)	0,010.300	Mio. €
= **steuerpflichtiger Erwerb**	**0,485.700**	**Mio. €**

7. Bei dem Steuersatz von 15 % (§§ 19, 15 ErbStG) beträgt die Steuer **71.355 €**.

---

[22] D.h. ohne Berücksichtigung von persönlichen Freibeträgen, aber nach § 13a Abs. 1 und 2 ErbStG.

Kontrovers diskutiert wird jedoch immer noch die Frage, ob – trotz § 5 Abs. 1 S. 4 ErbStG (Beginn der Zugewinngemeinschaft mit Vertragsabschluss) – die zivilrechtlich zulässige **Umdatierung** der relevanten Rechengrößen (Änderung des Zeitpunktes für Ansatz und Bewertung von Anfangs-[23] und Endvermögen) auch für das Steuerrecht gilt. Während der BFH in zwei Urteilen[24] diese Praxis auch für das ErbStR zu tolerieren schien, wollten zunächst (1989) die Verwaltung und später (1993) der Gesetzgeber mit § 5 Abs. 1 S. 4 ErbStG diese Vereinbarungen, auch wenn sie vor dem Stichtag (01.01.1994) abgeschlossen wurden, aus dem Erbschaftsteuerrecht verbannen.

Andererseits sieht z.B. § 5 Abs. 1 S. 4 ErbStG beim **Wechsel** des Güterstandes (beispielsweise – und häufig praktiziert – von der Gütertrennung zur Zugewinngemeinschaft) den Tag des Vertragsabschlusses als Basis einer auch steuerrechtlichen Neuberechnung vor (im Urteil vom 18.01.2006 (ZEV 2006, 224) vom BFH bestätigt, und zwar auch für den Fall, dass der Ehevertrag vor dem 01.01.1994 geschlossen wurde). Ganz deutlich beendet jetzt R 5.2 Abs. 2 S. 4 ErbStR die Diskussion, indem ausgeführt wird, dass eine **rückwirkend** vereinbarte Zugewinngemeinschaft zu **keiner erhöhten güterrechtlichen** Ausgleichsforderung führt.

Der BFH hat, zuletzt im Urteil vom 28.06.2007 (BStBl II 2007, 785), eine freigebige Zuwendung i.S.d. § 7 Abs. 1 Nr. 1 ErbStG angenommen, womit ein bezahlter Ausgleich beim sog. »fliegenden Zugewinnausgleich« schenkungsteuerpflichtig ist. Der Sachverhalt war dadurch gekennzeichnet, dass der Übergang vom regulären gesetzlichen Güterstand der Zugewinngemeinschaft zur modifizierten Zugewinngemeinschaft (z.B. kein Ausgleich bei Scheidung) gegen eine **Abgeltung** erfolgt. Entscheidend für den BFH war, dass in diesem Falle der Güterstand der Zugewinngemeinschaft grundsätzlich bestehen bleibt und es zu keinem (entgeltlichen) Austauschverhältnis kommt.

2.2.3.2 Die Güterstandsschaukel

Wiederum anders ist die Fallgruppe der Güterstandsschaukel (Beendigung eines Güterstandes gegen Begründung eines neuen Güterstandes gegen Entgelt) zu beurteilen (entgeltliches Austauschverhältnis nach BFH vom 12.07.2005, BStBl II 2005, 843).

Die Güterstandsschaukel (Wechsel von der Zugewinngemeinschaft in die Gütertrennung (und ggf. zurück zum gesetzlichen Güterstand der Zugewinngemeinschaft) wird häufig eingesetzt, um der drohenden Steuerpflicht bei **unbenannten Zuwendungen** durch den steuerfreien Zugewinnausgleich gem. § 29 Abs. 1 Nr. 3 ErbStG zu entgehen (s. dazu *Demuth/Schreiber*, ZEV 2012, 405 ff. (407 f.) sowie *Milatz/Herbst*, DStR 2011, 706).

---

23 Für *Altehen* gilt der 01.07.1958 als maßgeblicher Stichtag für das Anfangsvermögen; ansonsten der Tag der Eheschließung, vgl. R 11 Abs. 3 ErbStR.
24 BFH vom 28.06.1989 (BStBl II 1989, 897) und vom 12.05.1993 (BStBl II 1993, 739).

2.2.4 Sonstige Regelungen bei der Zugewinngemeinschaft und bei der Ausgleichsforderung

2.2.4.1 Die Hinterbliebenenbezüge und die Ausgleichsforderung

Oftmals entstehen durch Verträge zu Gunsten Dritter auf den Todesfall mit dem Tode **Versorgungsansprüche** der Hinterbliebenen. Soweit es sich dabei um **steuerpflichtige** Bezüge (z.B. Witwenansprüche eines Freiberuflers gegen die Sozietät, § 3 Abs. 1 Nr. 4 ErbStG i.V.m. R 3.5 Abs. 4 S. 1 ErbStR) handelt[25], stellt sich die Frage, ob diese Bezüge bei der Berechnung der Zugewinnausgleichsforderung zu berücksichtigen sind.

Konform mit älteren Urteilen des BFH[26] übernimmt die Verwaltung diese Differenzierung, wonach **steuerfreie** Versorgungsbezüge (Beispiele:

- Witwen- und Waisenbezüge aufgrund der Beamtengesetze oder
- AN-Versorgungsbezüge aus der gesetzlichen Rentenversicherung oder
- Versorgungsbezüge von Freiberuflern aufgrund berufsständischer Pflichtversicherung)

nicht dem Endvermögen des Erblassers zugerechnet werden, während steuerpflichtige Ansprüche mit ihrem Kapitalwert hinzuzurechnen sind (**§ 3 Abs. 1 Nr. 4 ErbStG** i.V.m. R 5.1 Abs. 4 S. 1 ErbStR i.V.m. H 5.11 Abs. 4 ErbStH [»Hinterbliebenenbezüge«]). Im Ergebnis führt dies bei Empfängern erbschaftsteuerpflichtiger Hinterbliebenenbezüge zu einer höheren Ausgleichsforderung und vice versa (umgekehrt) bei Empfängern steuerfreier Bezüge zu einem niedrigeren Freibetrag.

Im Urteil vom 05.05.2010 (DB 2010, 1865) behandelt der BFH den Pensionsanspruch der Witwe des Komplementärs als steuerpflichtige Forderung im **Sonder-BV** (Bewertung mit dem Kapitalwert) und berücksichtigt ihn nicht bei der Berechnung des Zugewinnausgleichs nach § 5 Abs. 1 ErbStG.

2.2.4.2 Die güterrechtliche Lösung gemäß § 5 Abs. 2 ErbStG

Bei der im Erbfall möglichen Variante (überlebender Ehegatte ist enterbt) und bei der im Falle der Scheidung generell greifenden güterrechtlichen Lösung unterliegt der Zugewinnausgleich gem. § 5 Abs. 2 ErbStG nicht der Erbschaft- (bzw. Schenkung-)steuer. Nach R 5.2 Abs. 2 ErbStR führt dies zwangsläufig zur Nichtsteuerbarkeit nach § 5 Abs. 2 ErbStG auch jener Abreden zwischen den Ehepartnern, die zu einer **erhöhten güterrechtlichen Ausgleichsforderung** führen. Die Abzugsbeschränkungen von § 5 Abs. 1 S. 2 ff. ErbStG gelten demnach nicht für die güterrechtliche Lösung.

Haben die Vereinbarungen, die zu einer erhöhten güterrechtlichen Forderung führen, jedoch in erster Linie eine erbrechtliche Wirkung, so unterliegen sie dem ErbStG (vgl. R 5.2 Abs. 2 S. 2 ErbStR).

Entsteht die **Ausgleichsforderung** durch die ehevertragliche Beendigung des gesetzlichen Güterstandes, so ist der Zugewinn nach § 5 Abs. 2 ErbStG nicht steuerbar [vgl. § 5 Abs. 2 a.a.O.: »Beendigung in ... anderer (= gesetzlicher = § 1378 Abs. 3 BGB) Form ...«]. Für einen Fall, dass nach der Beendigung des (ersten) Güterstandes der Zugewinngemeinschaft die Ehegatten sogleich und erneut den gesetzlichen Güterstand festgelegt haben, hat der BFH am 12.07.2005 (BFH/NV 2005, 2127) entschieden, dass die Beendigung des ersten

---

25 S. im Einzelnen weiter unten.
26 BFH vom 12.04.1978 (BStBl II 1978, 400) sowie vom 20.05.1981 (BStBl II 1982, 27).

Güterstandes der Zugewinngemeinschaft – und damit die Ausgleichsforderung – nicht schenkungsteuerbar ist, da keine freigebige Zuwendung vorliegt.

§ 5 Abs. 2 ErbStG ist hingegen nicht anwendbar, wenn Ehegatten durch Ehevertrag den während des bisherigen Bestehens der Zugewinngemeinschaft entstandenen Zugewinn ausgleichen, ohne den Güterstand zu beenden (R 5.2 Abs. 3 ErbStR: es entsteht hier keine gesetzliche Ausgleichsforderung).

2.2.5 Die Regelung bei der – fortgesetzten – Gütergemeinschaft (§ 4 ErbStG)

Während die Begründung der einfachen Gütergemeinschaft gem. § 7 Abs. 1 Nr. 4 ErbStG dann einen Schenkungsteuertatbestand auslöst, wenn mit der Einbringung der jeweiligen Gegenstände in das (nunmehrige) Gesamtgut ein Ehegatte zwangsläufig bereichert ist, behandelt § 4 ErbStG ausdrücklich nur die fortgesetzte Gütergemeinschaft im Falle des Todes eines Ehegatten.

§ 4 Abs. 1 ErbStG regelt dabei gar nicht den Grundtatbestand der Beendigung der (einfachen) Gütergemeinschaft. In diesem Fall gehen nämlich die einzelnen Gegenstände des verstorbenen Ehegatten – unabhängig von ihrer ehevertraglichen Qualifikation als Sondergut (§ 1417 BGB), Vorbehaltsgut (§ 1418 BGB) oder Gesamtgut (§ 1416 BGB) – auf den überlebenden Ehegatten bzw. auf die Erbengemeinschaft über. Dabei ist der Grundtatbestand des § 3 Abs. 1 Nr. 1 ErbStG erfüllt.

§ 4 Abs. 1 ErbStG betrifft ausschließlich die **fortgesetzte Gütergemeinschaft**, bei der der überlebende Ehegatte das Gesamtgut mit den gemeinsamen Abkömmlingen gemeinschaftlich verwaltet. Während das Zivilrecht (§ 1483 Abs. 1 S. 3 BGB) den Übergang dieses Anteils nicht zum Nachlass rechnet und einen rein güterrechtlichen Übergang anordnet, fingiert § 4 Abs. 1 ErbStG einen Erwerb von Todes wegen. In einer zweiten rein fiskalischen Fiktion erweitert § 20 Abs. 2 ErbStG den Kreis der Steuerschuldner für diesen Vorgang um den überlebenden Ehegatten, obwohl dieser nicht Rechtsnachfolger geworden sein muss.

Wiederum abweichend vom Familienrecht (§ 1490 S. 1 BGB) ordnet § 4 Abs. 2 ErbStG für Zwecke der Erbschaftsteuer an, dass beim Tode eines anteilsberechtigten Abkömmlings die Rechtsnachfolger (nach § 1490 S. 2 BGB seine Abkömmlinge oder nach § 1490 S. 3 BGB die überlebenden Partner der fortgesetzten Gütergemeinschaft) erbschaftsteuerpflichtig werden.

Der Grund für diese vom Zivilrecht abweichende Besteuerung liegt darin, dass das Familien-(Güter-)recht das Gesamtgut zusammenhalten will, indem eine Auseinandersetzung nicht stattfindet. Von dieser Betrachtungsweise löst sich aufgrund eigengesetzlicher Wertungen das Erbschaftsteuerrecht, in dessen Vordergrund die Ermittlung der Bereicherung der betroffenen Personen steht.

2.3 Gesetzliches Erbrecht und die Steuerklassen des Erbschaftsteuergesetzes

Das epochale Urteil des BVerfG zur Abschaffung der Vermögensteuer[27] mit dem Gesetzesauftrag zur Immobilien-Bedarfsbewertung bei der Erbschaftsteuer wurde in dem hier einschlägigen Kontext mit der Formel der »im Erbrecht angelegten Mitberechtigung der

---

27 BVerfG vom 22.06.1995 (BStBl II 1995, 671).

Kinder am Familiengut« begründet. Als weitere Reaktion auf das BVerfG-Urteil sind zum 01.01.1996 auch die Steuerklassen neu zusammengefasst worden.

Übereinstimmend mit der Parentelordnung der §§ 1924 ff. BGB sind **alle** (auch die entfernten) **Abkömmlinge** des Erblassers (bzw. Schenkers) in der günstigen **StKl. I** erfasst (§ 15 Abs. 1 StKl. I Nr. 3 ErbStG), nachdem die (nicht geschiedenen)[28] Ehegatten und die Kinder schon immer dieser Klasse angehörten. Konform mit dem Erbrecht werden bei den Kindern die ehelichen und die nichtehelichen Kinder gleichgestellt. Das Gleiche gilt für die adoptierten Kinder. Obwohl nach dem neuen Adoptionsrecht bei Volladoption von Minderjährigen ein neues Verwandtschaftsverhältnis zu den neuen Eltern begründet wird und das alte Verwandtschaftsverhältnis erlischt (§ 1755 BGB), hält **§ 15 Abs. 1a ErbStG** im Sinne einer Billigkeitsregelung für Zuwendungen (unter Lebenden und von Todes wegen) der leiblichen Eltern an die fremdadoptierten Kinder an dem Steuerklassenprivileg (StKl. I) fest.

Abweichend von der Parentelordnung des BGB werden die **Eltern** (dort: zweite Ordnung) und die Voreltern (dort: dritte Ordnung) bei **Erwerben von Todes wegen** in **StKl. I** erfasst, bei Zuwendungen unter Lebenden bleibt es für Zwecke der Schenkungsteuer bei StKl. II. Ebenfalls abweichend vom Erbrecht genießen auch Stiefkinder (Kinder des anderen Elternteils) das Privileg der StKl. I. Dies wird auf die eigenständige Betrachtungsweise des Steuerrechts (wirtschaftliche Betrachtungsweise ohne den zivilrechtlichen – hier: Adoptions-Formalismus) zurückgeführt.

In einem anderen Punkt folgt die Rspr. des BVerfG[29] und des BFH[30] dem »Register-Formalismus«, wenn Partner einer nichtehelichen Lebensgemeinschaft, ebenso wie Verlobte, nach wie vor in StKl. III verharren.

Gem. § 10 LPartG (BGBl I 2001, 226) werden die **eingetragenen Lebenspartner** erbrechtlich weitgehend den Ehegatten gleichgestellt.[31]

Während der BFH im Beschluss vom 20.06.2007 (BStBl II 2007, 649) die Ehegatten-Vergünstigungen der Steuerklasse I sowie die (hohen) persönlichen Freibeträge den eingetragenen Lebenspartnern vorenthalten hat, gewährt das ErbStG (2008) nunmehr diese Vorteile.

3 Letztwillige Verfügungen im Erbrecht und im Erbschaftsteuerrecht

Das BGB, das dem Grundsatz der Privatautonomie folgt, behandelt auch im Erbrecht persönliche Willensäußerungen (hier: letztwillige Verfügungen) als gegenüber dem gesetzlichen Erbrecht **vorrangig**.[32] Der testierende Erblasser ist jedoch an die vom Gesetz vorgegebenen Rechtsinstitute und die sie mittragenden Formvorschriften gebunden. Der Erblasser kann sich dabei des einseitigen Testaments (§ 1937 BGB) oder des Erbvertrages (§ 1941 BGB) bedienen. Wegen der Bindungswirkung nimmt das gemeinschaftliche Ehegattentestament (§§ 2265 ff. BGB) eine Mittelstellung ein. Die Grenzen der Testierfreiheit liegen für den

---

28 Für die geschiedenen Ehegatten gilt StKl. II gem. § 15 Abs. 1 StKl. II Nr. 7 ErbStG.
29 Zuletzt BVerfG vom 15.05.1990 (BStBl II 1990, 764).
30 BFH vom 23.03.1998 (BFH/NV 1998, 1152).
31 So beträgt der gesetzliche Erbteil der eingetragenen Lebenspartner – neben Verwandten erster Ordnung – gem. § 10 Abs. 1 S. 1 LPartG auch hier »ein Viertel«.
32 Vgl. §§ 1937, 1941, 2088 und 2104 BGB.

Erblasser im nicht disponiblen Pflichtteilsrecht (§§ 2303 ff. BGB) sowie – allgemein – in der Sittenwidrigkeit der angeordneten gewillkürten Erbfolge (§ 138 BGB).

In einer Erbschaftsteuerklausur ist im Zweifel von der Gültigkeit der testamentarischen Anordnung auszugehen. In den meisten Aufgaben werden auch die Qualität der Anordnung (z.B. Erbeinsetzung/Vermächtnisanordnung) ebenso wie die Erbquote mitgeteilt. Für einen verständigen Umgang mit erbschaftsteuerlichen Aufgaben ist ein erbrechtliches Grundlagenwissen jedoch unerlässlich.

Einen ersten Überblick vermittelt die nachstehende Übersicht (S. 690 f.), in der die wichtigsten Voraussetzungen und Rechtsfolgen enthalten sind.

3.1 Wirksamkeit und Auslegung von Testamenten

Der Erblasserwille kommt bei Testamenten nur zum Tragen, wenn das Testament formgültig errichtet ist. Dies hat seinen Grund darin, dass es sich bei einem Testament um eine **einseitige**, nicht empfangsbedürftige Willenserklärung handelt, die ihre Wirksamkeit allein mit der Niederschrift entfaltet. Zumal bei eigenhändigen Testamenten (§ 2247 BGB) konnte das BGB nicht auf formale Mindestvorschriften verzichten. Daneben müssen die sonstigen Voraussetzungen für die Gültigkeit von Willenserklärungen – Rechtsbindungswille (hier: ein Testierwille[33]) sowie zumindest Handlungswille[34] – vorliegen. Nicht selten kommt es vor, dass der einmal geäußerte Testierwille widerrufen wird. In diesem Fall gilt bei einer neuen Anordnung das letzte Testament (§ 2258 BGB) oder die gesetzliche Erbfolge, falls es sich beim Widerruf nur um die Aufhebung des Ur-Testaments handelt (§§ 2254 f. BGB). Formfehler können vermieden werden, wenn ein öffentliches Testament beim Notar errichtet wird (§ 2232 BGB).

---

33 Ein Testierwille liegt z.B. nicht vor, wenn es sich nur um die Ankündigung handelt oder wenn eine Verfügung über einen einzelnen Gegenstand getroffen wird, da der Erblasserwille auf die Gesamtrechtsnachfolge gerichtet sein muss.
34 Bei einer testamentarischen Niederschrift unter Zwangseinwirkung (»vorgehaltene Pistole«) fehlt der Handlungswille. Es liegt keine Verfügung von Todes wegen vor.

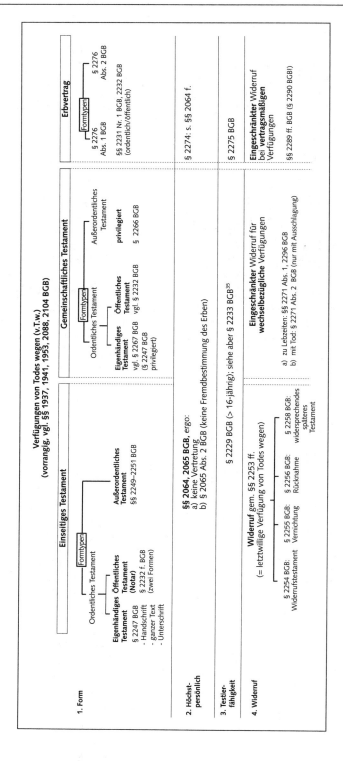

[35] S. auch die überarbeitete Fassung des § 2233 (beim notariellen Testament Verzicht auf eine »mündliche« Erklärung), da damit die faktische Testierunfähigkeit mehrfach Behinderter verbunden war (so BVerfG vom 19.01.1999, BGBl I 1999, 699).

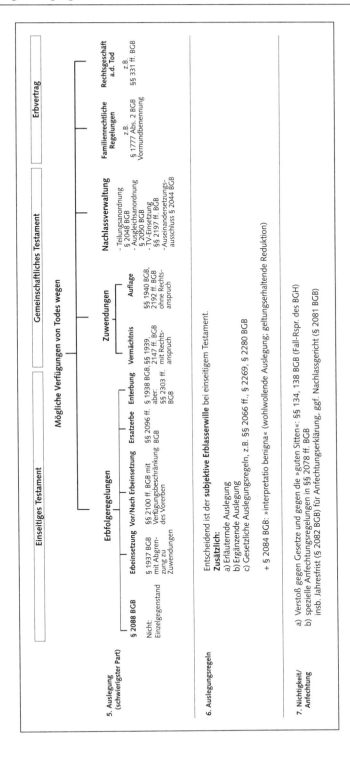

3.1.1 Gewillkürter oder gesetzlicher Erbe?

Der Vorrang der gewillkürten Erbfolge gilt nur, wenn das **Testament** formgültig errichtet ist. Ansonsten gilt die gesetzliche Erbfolge. Nahezu alle denkbaren Auslegungsfragen zur Formgültigkeit von Testamenten werden im nachfolgenden Beispiel angesprochen.

Beispiel 7: Das Testament des »großen S«
Einziger Verwandter des Stuttgarter Single Schrumpf S ist sein Neffe N, wohnhaft in Wuppertal. Von N nimmt »Global Player« S bei seinen Inlandsaufenthalten kaum Notiz. Nachdem er von seinem Rechtsanwalt aufgeklärt wird, dass N sein ganzes Vermögen erbt (als Angehöriger der zweiten Ordnung), entschließt sich S, seine Inlandsmätresse Veronika V zur Alleinerbin einzusetzen. Dabei steckt er die Durchschrift (Blaupause) eines zehnseitigen handschriftlichen, aber nicht unterschriebenen Testaments in einen Briefumschlag und versieht diesen mit: »Dein Schrumpi«, Stuttgart. Gleichzeitig notiert er den Tag der Testamentserrichtung auf dem Umschlag. Die vorletzte Seite des Testaments, in dem das ganze Vermögen (Steuerwert: 10 Mio. €) aufgelistet ist, wurde allerdings mittels PC-Ausdruck erstellt; hierauf wurde im Testament mehrfach Bezug genommen. S unterschrieb alle persönlichen Schreiben mit »Schrumpi«.
Das Original steckte er in seine Brusttasche. Original wie S sind nach einem Flugzeugabsturz (11.11.2011) über dem Pazifik nicht mehr auffindbar. Den Briefumschlag hat er beim Rechtsanwalt hinterlegt. Wer (N, V oder der Staat) darf sich freuen, als Alleinerbe eingesetzt zu werden und wer muss die Erbschaftsteuer in welcher Höhe zahlen?

Lösung: Der Staat (»Fiskus«) kommt als Noterbe gem. § 1936 BGB nur in Betracht, wenn sich kein gesetzlicher oder testamentarischer Erbberechtigter findet. N ist gem. § 1925 BGB (als Abkömmling der verstorbenen Eltern des S und bei vorverstorbenen Geschwistern des S) einziger gesetzlicher Erbe des S. Gem. § 1937 BGB geht die gewillkürte Erbfolge der gesetzlichen Erbfolge vor. V wäre also (Allein-)Erbin geworden, wenn das Testament wirksam errichtet wurde. Allerdings bestehen in mehrfacher Hinsicht Zweifel an der **Formwirksamkeit (§ 2247 BGB**[36]**)** des Testaments von S:

- Der PC-Ausdruck ist zwar nicht **eigenhändig** (§ 2247 Abs. 1 BGB) geschrieben; dennoch ist diese Tatbestandsvoraussetzung erfüllt, wenn im – ansonsten handschriftlichen – Testament auf diesen Anhang (wie im vorliegenden Fall) Bezug genommen wird (sog. Andeutungstheorie). Ohne den Hinweis im Testament und losgelöst von den sonstigen testamentarischen Ausführungen wäre dies nicht der Fall, d.h. es läge kein formgültiges Testament vor; in diesem Fall gälten die gesetzlichen Bestimmungen mit der Folge, dass N Alleinerbe wäre.
- Auch die bloße **Durchschrift** genügt dem handschriftlichen Kriterium, da es bei dieser Bestimmung nach teleologischer Auslegung um die eindeutige Zuordnung des Schriftstückes zum Testator geht. Dies ist auch bei einer Blaupause möglich.
- Obwohl hier der Text nicht – wie vom Gesetz vorgesehen – am Ende des Schriftstückes **unterschrieben** wurde, lässt es die Rspr. genügen, wenn der geäußerte komplette testamentarische Wille auf einem verschlossenen Umschlag abschließend von der Unterschrift des Erblassers gedeckt ist (sog. Selbstbenennung).
- Die Unterschrift mit einem Pseudonym (»Schrumpi«) ist dann unproblematisch, wenn sich damit eindeutig die Identität des Unterzeichnenden feststellen lässt.

---

36 Zum Kriterium der Unterschrift und der Eigenhändigkeit vgl. auch MüKo, § 2247 Rz. 14 ff. und 23 ff. sowie *Edenhofer* in *Palandt* (2011), § 2247 Rz. 5 ff. und Rz. 10 ff. m.w.N.

- Die Angabe von Zeit und Ort der Testamentserrichtung ist lediglich eine Soll-Vorschrift (§ 2247 Abs. 2 und 5 BGB) und beeinträchtigt nicht die Gültigkeit testamentarischer Verfügungen. Je nachdem, ob es mehrere mit »Schrumpi« unterzeichnende Erblasser in Stuttgarter Raum gibt, ist V (Alternative: nur »S« verwendet diese Kosebezeichnung) oder N (Alternative: mehrere Stuttgarter signieren mit »Schrumpi«) Alleinerbe geworden.

Gem. § 1 Abs. 1 Nr. 1 ErbStG liegt ein steuerpflichtiger Erwerb vor. Je nach Sachverhaltsvariante sind beide potentiellen Erwerber (V und N) nach § 2 Abs. 1 Nr. 1 S. 2 Buchst. a ErbStG als Steuerinländer unbeschränkt steuerpflichtig, sodass die Frage nach den persönlichen Inlandsmerkmalen des Erblassers S dahingestellt bleiben kann. Es liegt in beiden Fällen ein Erwerb von Todes wegen (v.T.w.) nach § 3 Abs. 1 Nr. 1 ErbStG vor.

Bei V als Erbin (StKl. III gem. § 15 Abs. 1 ErbStG) wird vom Steuerwert von 10 Mio. € (§ 10 Abs. 1 ErbStG) zunächst eine Pauschale für Erblasserverbindlichkeiten i.H.v. 10.300 € (§ 10 Abs. 5 Nr. 3 S. 2 ErbStG) und sodann ein persönlicher Freibetrag von 20.000 € gem. § 16 Abs. 1 Nr. 7 ErbStG abgezogen. Der Erwerb v.T.w. würde bei V als Schuldnerin nach §§ 19 Abs. 1, 20 Abs. 1 ErbStG mit 50 % besteuert werden. Die Steuer für V beträgt danach: **4.984.850 €**.

Bei N als Erbe (Stkl. II gem. § 15 Abs. 1 Nr. 3 ErbStG) beträgt – bei ansonsten identischer Bereicherung – der persönliche Freibetrag nach § 16 Abs. 1 Nr. 5 ErbStG ebenfalls 20.000 €. Der Erwerb von Todes wegen wird bei ihm mit 35 % (§ 19 Abs. 1 ErbStG), d.h. mit **3.489.395 €** besteuert.

Grafische Darstellung der Lösung:

Bereicherung			10.000.000 €
./. Grabpflegepauschale		./.	10.300 €
./. persönlicher Freibetrag		./.	20.000 €
stpfl. Erwerb			9.969.700 €
V erbt aufgrund wirksamer Erbeinsetzung:			
Steuersatz V			50 %
Festzusetzende Erbschaftsteuer V			**4.984.850 €**
Alternative: N wird gesetzlicher Erbe:			
Steuersatz N			35 %
Festzusetzende Erbschaftsteuer N			**3.489.395 €**

Weitaus schwieriger als die richtige Benennung des Erben und damit des alleinigen Schuldners der Erbschaftsteuer (§ 20 Abs. 1 ErbStG) ist die Auslegung der einzelnen testamentarischen Anordnungen, je nachdem, ob es sich dabei um Erbfolgeregelungen, sonstige Zuwendungen oder Anordnungen zur Nachlassverwaltung handelt. Die gefundenen erbrechtlichen Auslegungsergebnisse schlagen sich unmittelbar in der erbschaftsteuerlichen Würdigung nieder.

3.1.2 Alleinerbe oder mehrere Erben sowie der »unbekannte Erbe«

Von den vielfältigen erbrechtlichen Möglichkeiten werden nachfolgend die wichtigsten und in der Praxis am häufigsten vorkommenden Gestaltungsvarianten diskutiert.

3.1.2.1 Unklare Testamente und die Bedeutung des Erbscheins

Eine besondere Rolle bei der Ermittlung des Erben spielt die (Nicht-)Existenz eines Erbscheins und ggf. dessen Inhalt.

Beispiel 8: Geglückter oder missglückter testamentarischer Wille?
Zum Vermögen des Witwers A zählen zwei Grundstücke im Wert von je 1 Mio. € (Steuerwert: je 0,6 Mio. €) und fünf Sammlerstücke (Porzellanvasen, Briefmarkensammlung, Pkw-Jaguar, Gemälde und Gewehre) mit einem Gesamtwert (Steuerwert) von 200 T€, wovon kein Einzelstück teurer als 50 T€ ist. A hat einen 17-jährigen Sohn S und eine 19-jährige Tochter T und trifft folgende Anordnung:

»S und T bekommen je ein Grundstück (S erhält die Flur-Nr. 177 und T bekommt die Flur-Nr. 178). Die übrigen Gegenstände sollen sie unter sich aufteilen.«

Der **Erbschein** soll aufgrund der Verfügungen erteilt werden. Anschließend soll dann die Bemessungsgrundlage (BMG) für die Erbschaftsteuer ermittelt werden.

Lösung: Zunächst ist im Wege der erläuternden bzw. grammatikalischen Auslegung[37] des Begriffs »bekommen« als Erbeinsetzung i.S.d. § 1937 BGB zu verstehen, da sich die Nachfolgeregelung offensichtlich auf den gesamten Nachlass bezieht. Sodann enthält der erste Satz eine echte Erbfolgeregelung, während Satz 2 eine Anordnung zur Nachlassverwaltung trifft, der zufolge die Kinder bei der Zuteilung der beweglichen Nachlassgegenstände ungebunden sind.
Die herkömmliche Testierpraxis in Deutschland ist aber – wie in diesem Fall – objektbezogen (S soll Flur-Nr. 177 bekommen), was im Zweifel nicht als Erbeinsetzung angesehen wird.[38]
Die Praxis der Nachlassgerichte behilft sich in diesem Fall mit der Annahme, dass die einzelnen Gegenstände Vermögensgruppen (s. § 2087 Abs. 1 BGB) darstellen und somit als **Bruchteil** eines Nachlasses zu verstehen sind (vgl. zur Erbeinsetzung BayObLG, NJW-RR 2003, 656 sowie zuletzt BGH, NJW 2004, 3558). Bei wohlwollender Auslegung gem. § 2084 BGB wird die Formulierung in eine Bruchteilseinsetzung gem. § 2088 Abs. 1 BGB umgedeutet. Bei der Festlegung des Bruchteils orientiert sich der Richter[39] an den Verkehrswerten und wird hier zu einer Erbteilsquote von je 1/2 für S und T kommen. Die Teilungsanordnung hinsichtlich der Grundstücke (§ 2048 BGB) ändert wegen der Gleichwertigkeit nichts an der Quote, ebenso wenig wie die offene Regelung hinsichtlich der beweglichen Gegenstände. Der Erbschein weist S und T als Miterben je zur Hälfte aus (vgl. § 2353 bzw. § 2357 BGB). Verfügungsbeschränkungen[40], die mit aufgenommen werden können, sind nicht ersichtlich.
Des weiteren wird festgehalten, dass S und T trotz der Teilungsordnung den Nachlass als Gesamthandsgemeinschaft (Miterbengemeinschaft) gem. §§ 2032 ff. BGB erworben haben und erst mit deren Auseinandersetzung (Allein-)Eigentümer der einzelnen Nachlassgegenstände werden (§ 2042 BGB).
Das Erbschaftsteuerrecht trägt dem komplizierten Gebilde einer Gesamthandsgemeinschaft keine Rechnung und ordnet stattdessen nach **§ 39 Abs. 2 Nr. 2 AO Bruchteilsgemeinschaft** an. Damit korrespondierend wird nach § 3 Abs. 1 Nr. 1 ErbStG als Steuertatbestand der Erwerb »durch Erbanfall« und nicht etwa ein Erwerb »im Rahmen« oder »aufgrund« eines Erbanfalles besteuert. Die spätere Auseinandersetzung mit der Einzelzuweisung der Gegenstände ist folglich erbschaftsteuerrechtlich irrelevant (vgl. auch R 3.1 Abs. 1 S. 3 ErbStR und Abs. 3 S. 2: keine

---

37 Bei dieser Auslegungsvariante wird geprüft, was der Erblasser mit der fraglichen Formulierung zum Ausdruck bringen wollte.
38 Nach § 2087 Abs. 2 BGB liegt bei Zuwendung einzelner Gegenstände im Zweifel keine Erbeinsetzung vor.
39 Die funktionelle Zuständigkeit des Richters für die Erteilung von Erbscheinen ergibt sich aus § 16 Abs.1 Nr. 6 RPflegG, wenn eine Verfügung von Todes wegen vorliegt. Sonst ist grundsätzlich der Rechtspfleger zuständig (s. auch *Palandt-Edenhofer* (2011), § 2353, Rz. 17 f.).
40 Dazu gehören die Anordnung der Testamentsvollstreckung und ggf. die Nacherbeneinsetzung.

Verschiebung der Erbquote). Danach haben S und T den Gesamtnachlass mit einem Steuerwert von 1,4 Mio. € je zur Hälfte zu versteuern.

Beispiel 9:
Bei gleichem Ausgangssachverhalt lautet nunmehr die testamentarische Anordnung des A:

»S bekommt die Grundstücke, T den Rest. Für etwaige Nachlassschulden kommen S und T gemeinsam auf.«

Der Richter erstellt – wegen der Miterbengemeinschaft – wieder einen Erbschein, der S und T als Miterben zu je 1/2 ausweist. Entfällt auf T die Hälfte der Erbschaftsteuer?

Lösung: Für die Auslegung dieser testamentarischen Verfügung kommen grundsätzlich zwei Annahmen in Betracht:
1. Entweder ist S Alleinerbe geworden und T erhält nur ein Vermächtnis oder
2. S und T sind Miterben geworden; bei der Erbquote wird das Verhältnis der Verkehrswerte der einzelnen, qua Teilungsanordnung zugewiesenen Gegenstände zugrundegelegt und die Quoten betragen demnach 1/11 (200 T€ von 2,2 Mio. € Gesamtnachlass) für T und 10/11 für S.

Die Auslegung hängt letztlich davon ab, ob aus dem gesamten Wortlaut des Testaments von A ersichtlich wird, ob er seine beiden Kinder als Rechtsnachfolger-Einheit für seinen gesamten Nachlass betrachtet oder ob die Grundstücke eine so überragende Bedeutung haben, dass die Vermögensidentifikation des A allein den Immobilien galt. Wegen der Anordnung der für die Erbschaft gem. § 1967 Abs. 1 BGB charakteristischen gemeinschaftlichen Haftung für die Nachlassverbindlichkeiten des Erblassers und wegen der gesetzlichen Auslegungsregel von § 2087 Abs. 1 BGB sind S und T materiell-rechtlich als **Miterben** mit der o.g. Quote (T = 1/11 und S = 10/11) einzusetzen.
Ergänzend ist anzuführen, dass bei beiden Auslegungsmöglichkeiten der T Pflichtteilsansprüche nach § 2303 BGB (bzw. § 2305 BGB) zustehen.

Exkurs: Für die Berechnung der Erbschaftsteuer ist zunächst die Frage zu klären, welche Bedeutung der **Erbschein** für das Steuerrecht hat. Für den Fall, dass dem Erbschein als amtliche Bestätigung der konkreten erbrechtlichen Verhältnisse auch im Steuerrecht sog. Tatbestands- und Bindungswirkung zukommt, hat der Erbschein die rechtliche Qualität eines nicht-steuerspezifischen Grundlagenbescheids nach § 171 Abs. 10 AO.[41] Bei der Beantwortung dieser Frage kommt der BFH vom 22.11.1995 (BStBl II 1996, 242) zu dem Ergebnis, dass es sich beim Erbschein lediglich um eine **widerlegbare Vermutung** der erbrechtlichen Richtigkeit handelt und ggf. die Finanzverwaltung selbst die Höhe der Erbquote ermitteln müsste (so auch das FG München vom 26.03.2003, EFG 2003, 1322; bestätigt vom BFH mit Beschluss vom 24.11.2004, BFH/NV 2005, 557). Bei der Beurteilung sind über den entschiedenen Einzelfall (aufgrund einer Außenprüfung wurden die Wertverhältnisse, die zum Erbschein führten, richtig gestellt) hinaus folgende Aspekte zu berücksichtigen:

- Die Frage nach der Bindungswirkung einer amtlichen Entscheidung für andere Behörden und Gerichte steht im Vordergrund. Hierbei ist allgemein anerkannt, dass diese

---

41 S. zu den nicht-steuerlichen Grundlagenbescheiden auch *Bähr*, Teil A, Kap. VI 10. a.E.

Bindungswirkung nur dann zum Zuge kommt, wenn sie gesetzlich angeordnet ist. In § 2365 BGB ist eine gesetzesübergreifende Wirkung nicht vorgesehen; allenfalls für den zivilistischen Vertrauenstatbestand nach § 2366 BGB (Öffentlicher Glaube des Erbscheins für gutgläubigen Erwerb Dritter) kann § 2365 BGB diese Wirkung beanspruchen.

- Wegen der sonstigen Ausrichtung der Finanzverwaltung am Erbschein[42] (genauer: an den durch den Erbschein festgelegten Quoten) kann jedoch von einer gewissen **Selbstbindung** der Verwaltung in dieser Frage gesprochen werden.
- Eine **Ausnahme** (keine Bindungswirkung des Erbscheins) ist, gerade wegen § 41 AO, für die Fälle zu machen,
  - da die Erben einer unwirksamen letztwilligen Verfügung diese dennoch gelten lassen[43],
  - in denen der konkret ausgestellte Erbschein steuerlich einem Anwendungsfall der offenbaren Unrichtigkeit (§ 129 AO) gleichkäme, etwa weil substantielle Auslegungsgrundsätze missachtet wurden[44],
  - wenn im Wege des Vergleichs unter den Miterben Streitfragen zur Quote und zur Testamentsauslegung geklärt werden.[45]

Dieser Auslegung ist allein deshalb der Vorzug zu geben, da bei vielen letztwilligen Verfügungen das Nachlassgericht keinen Erbschein ausstellt bzw. von der Antragstellung abrät und von daher die Frage der (auch anteiligen) Erbberechtigung ohnehin in die originäre Entscheidungsbefugnis der Finanzbehörden gestellt ist.

(Schluss-)Lösung: Der Richter beging eine offenbare Unrichtigkeit, in dem er kopfteilig – und nicht nach den Verkehrswerten – die Quote gebildet hat. Demnach ist der StB/das FA nicht an diese Quote gebunden; der Steuerwert wird nach dem richtigen Maßstab (1/11 bei T sowie 10/11 bei S) aufgeteilt.

3.1.2.2 Teilungsanordnung versus Vorausvermächtnis

Zu einer der schwierigsten Fragen des Erbrechts und des Erbschaftsteuerrechts gehört die Abgrenzung zwischen einer Teilungsanordnung (§ 2048 BGB) und einem Vorausvermächtnis (§ 2150 BGB). Diese Unterscheidung spielt nicht nur für die (auch steuerliche) Quotenbildung beim Erbschein und bei der Erbberechtigung eine Rolle, sondern darüber hinaus für das praxisrelevante Steuerprivileg des nach § 13a ErbStG erworbenen Produktivvermögens und seiner Gefährdung durch eine steuerschädliche Weitergabeverpflichtung (§ 13a Abs. 3 ErbStG).[46]

Beispiel 9a:
A ergänzt die testamentarische Anordnung im Ausgangsfall (Miterbeneinsetzung von S und T zu je 1/2) um den Zusatz:

»S soll aber die »Altdeutschen Staaten« (geschätzter Wert: 40 T€) erhalten.«

---

42 Z.B. bei den Ertragsteuererlassen über die Erbauseinandersetzung (BStBl I 1993, 62).
43 So auch der BFH in mehreren Urteilen, zuletzt sogar für einen Fall der teilweisen Befolgung der unwirksamen testamentarischen Verfügung (BFH vom 07.10.1981, BStBl II 1982, 28).
44 Diese Auslegung knüpft an die Regelung der Versagung der »Gutglaubenswirkung« des Erbscheins nach § 2366 BGB an.
45 Statt aller *Meincke*, ErbStG, § 3 Rz. 26 aufbauend auf der vorliegenden Rspr.
46 Darüber hinaus spielt die Frage im Ertragsteuerrecht bei der Auseinandersetzung einer Erbengemeinschaft eine große Rolle, vgl. einerseits Tz. 72 ff. (Vorausvermächtnis) und Tz. 76 (Teilungsanordnung) des BMF-Schreibens vom 11.01.1993 (BStBl I 1993, 62) andererseits.

Das Vermächtnis (§ 1939 BGB) räumt dem Begünstigten einen Anspruch gegen den (die) Erben ein, wobei das Vorausvermächtnis (§ 2150 BGB) den Anwendungsbereich um den Fall erweitert, dass der Begünstigte selbst ein Erbe ist und sich infolgedessen der Anspruch (auch) gegen ihn (als Partner der Erbengemeinschaft) richtet. Demgegenüber will die Teilungsanordnung – als eine nur schuldrechtlich die Miterben bindende Verfügung des Erblassers – nur die Aufteilung der Einzelgegenstände bezwecken.

Im Zivilrecht sind beide Anwendungsfälle (Teilungsanordnung/Vorausvermächtnis) gemeinsam dadurch gekennzeichnet, dass einem Miterben testamentarisch ein Gegenstand zugewendet wird, der einen objektiv höheren Wert hat, als ihm bei der Auseinandersetzung zukäme. Für den Fall, dass der begünstigte Miterbe mit dem Gegenstand einen zusätzlichen Vorteil – ohne Anrechnung auf die Quote – erhalten soll, nimmt die BGH-Rspr. ein **Vorausvermächtnis** an.[47] Sollte hingegen eine Wertverschiebung dadurch ausgeschlossen sein, dass der Begünstigte den Mehrwert aus »seiner eigenen Tasche« (mit einer sog. **Ausgleichsverpflichtung**) zahlen muss, nimmt man eine **Teilungsanordnung** an.

Hinweis: Ein Vorausvermächtnis liegt auch dann vor, wenn S der T keinen Ausgleich für die »Altdeutschen Staaten« zahlen muss und S **vor der Auseinandersetzung** die Herausgabe der Briefmarken verlangen kann. Der verbleibende Nachlass wird sodann entsprechend der festgelegten Erbquote verteilt. Umgekehrt liegt eben eine Teilungsanordnung vor, wenn der Wert der Briefmarken auf den Erbteil des S angerechnet werden soll.

Die Unterscheidung wurde auch für das Steuerrecht übernommen: Eine vom Erblasser gewollte wertmäßige Begünstigung (»**ein Extra ohne Ausgleich**«) führt demnach zu einem Vorausvermächtnis.

> **Lösung:** Es liegt dann ein Vorausvermächtnis vor, wenn S von der Teilungsmasse die Briefmarken (40 T€) bekommt, **ohne** die Differenz aus seinem Vermögen an die T zu bezahlen. Eine Ausgleichspflicht indiziert hingegen eine Teilungsanordnung.

Erbschaftsteuerlich ist zunächst der technische Unterschied hervorzuheben. Nachdem das Vermächtnis eine Nachlassverbindlichkeit darstellt, ist es als solche beim Erbanfall des (der) Erben vom Erwerb abzuziehen (§ 10 Abs. 5 Nr. 2 ErbStG). Der Vermächtnisnehmer hat es gleichzeitig als Erwerb von Todes wegen nach § 3 Abs. 1 Nr. 1 ErbStG zu versteuern. Bei einem **Vorausvermächtnis** gelten grundsätzlich die gleichen Regeln:

- Die Erbengemeinschaft (hier: S und T) hat bei ihrem Steuertatbestand (§ 3 Abs. 1 Nr. 1 ErbStG) demnach den Wert der Briefmarken beim Steuerwert des Nachlasses abzuziehen (§ 10 Abs. 5 Nr. 2 ErbStG).
- S versteuert die »Altdeutschen Staaten« zusätzlich gem. § 3 Abs. 1 Nr. 1 ErbStG (vgl. R 3.1 Abs. 4 ErbStR)[48], im Ergebnis noch gekürzt um 10.300 € (§ 13 Abs. 1 Nr. 1 Buchst. b ErbStG) sowie um die Freibeträge nach §§ 16, 17 ErbStG.

---

47 BGH vom 15.10.1997 (NJW 1998, 682). Weiterer Rechtsfolgenunterschied: Während das Vorausvermächtnis ausgeschlagen werden kann, ist dies bei der Teilungsanordnung nicht der Fall.
48 S. hierzu auch das erste Beispiel (Vorausvermächtnis) in H 3.1 ErbStH (dort mit zusätzlichen Unterschieden von Verkehrswert und Steuerwert). Beim Wert des Vorausvermächtnisses geht die Verwaltung in dem o.g. Bsp. bei einer paritätischen Erbquote zweier Miterben (je 50 %) von der Hälfte des Gegenstandswertes aus, da nur insoweit ein Plus (ein Extra ohne Ausgleich) vorliegt, da die andere Hälfte ohnehin dem (Voraus-)Vermächtnisnehmer zusteht (im Beispiel 9 folglich 20 T€).

Das Zusammenspiel von steuerpflichtigem Tatbestand einerseits und dem Abzug als Nachlassverbindlichkeit andererseits ist das erbschaftsteuerliche Charakteristikum des Vermächtnisses.

Bei einer (steuerirrelevanten) **Teilungsanordnung** versteuern S und T den Nachlass je zur Hälfte. Die noch 1983 von der Verwaltung übernommene Rechtsfigur der »wertverschiebenden Teilungsanordnung« ist überholt. Nur die sog. ausgleichspflichtigen Vorempfänge (Zuwendungen zu Lebzeiten des Erblassers, die nach dem Tode zum internen Ausgleich der Miterben gebracht werden, vgl. § 2050 BGB) ändern die steuerrelevante Erwerbsquote.[49]

3.1.2.3 Vermächtnis (insb. das Kaufrechtsvermächtnis) und Auflage

Der Erblasser kann mittels Vermächtnis[50] nicht nur Geld- und Rentenvermächtnisse zu Gunsten des Vermächtnisnehmers anordnen. Er kann auch gegenständliche Direktzuwendungen vornehmen, wonach ein bestimmter Nachlassgegenstand aus dem Nachlass an die bedachte Person auszukehren ist (sog. Stück- oder **Sachvermächtnis**). Schließlich kann auch ein Gattungsvermächtnis verfügt werden, wonach ein der Gattung nach bestimmter Gegenstand von den Erben herauszugeben ist.

Eher seltener trifft man auf die Verpflichtung der Erben, für den Vermächtnisnehmer einen nicht zum Nachlass gehörenden Gegenstand zu erwerben, sog. Verschaffungsvermächtnis.

Handelt es sich bei dem Gegenstand um eine Immobilie (oder allgemein: um ein WG, bei dem Verkehrswert und Steuerwert abweichen), stellt sich sogleich die Frage, welcher Wert anzusetzen ist. Bei hinreichend konkretisierten Grundstücksvermächtnissen kommen dem Vermächtnisnehmer, der seinen Erwerb von Todes wegen nach § 9 Abs. 1 Nr. 1 i.V.m. § 3 Abs. 1 Nr. 1 ErbStG sofort mit dem Tode des Erblassers und nicht erst mit der Anforderung, d.h. der Geltendmachung des Anspruchs, versteuern muss, die **Bewertungsvorteile der Bedarfsbewertung** nach § 12 Abs. 3 i.V.m. § 10 Abs. 1 S. 2 ErbStG zugute. Diese Auffassung (Bewertung eines Sachvermächtnisses mit dem Steuerwert) hat der BFH im Urteil vom 09.04.2008 (DStR 2008, 881) bestätigt, allerdings unter dem Vorbehalt der Geltung des alten ErbStG (1974). Dies gilt nach absolut h.M. auch für das Grundstücks-Verschaffungsvermächtnis, obwohl die Verschaffungs-Schuld der Erben mit dem höheren gemeinen Wert angesetzt wird.[51]

Als besonders problematisch haben sich sog. »**Kaufrechtsvermächtnisse**« erwiesen, womit dem Vermächtnisnehmer ein Kaufvertragsanspruch (ein Gestaltungsrecht) zu einem festgelegten Kaufpreis für einen Gegenstand aus dem **Nachlass** zugewiesen wird. Bis zum Urteil des BFH vom 06.06.2001 (BStBl II 2001, 605) war es fraglich, ob der Steuerwert oder der Verkehrswert anzusetzen ist (1. Frage). Hiermit zusammen hängt die zweite Frage, in welcher Höhe ein Erbe (bzw. die Erbengemeinschaft) die Nachlassschuld nach § 10 Abs. 5 Nr. 2 ErbStG abziehen kann.

---

49 Vgl. H 3.1 ErbStR mit dem 2. Beispiel (angelehnt an RFH, RStBl 1931, 559) und dem wichtigen Hinweis auf den Zehn-Jahres-Zeitraum der Zusammenrechnung der Vorempfänge mit dem Erbfall nach § 14 ErbStG (dies gilt für die Fälle, da vor dem Erbfall mit Teilungsanordnung eine ausgleichspflichtige Zuwendung zu Lebzeiten erfolgte).

50 Bezeichnenderweise war mit R 5a ErbStR 2003 zwar eine neue Verwaltungsauffassung zum »Erwerb durch Vermächtnis« angekündigt, diese aber den Textteil »unbesetzt« belassen worden. Diese Ignoranz hat sich mit R 3.2 ErbStR (»unbesetzt«) fortgesetzt.

51 Aus der Lit. statt aller *Gebel*, ZEV 1999, 85 ff. und *ders.* in *Troll/Gebel/Jülicher*, ErbStG-Kommentar § 3 Tz. 174; so auch der BFH mit Urteil vom 18.10.2000 (BStBl II 2001, 14).

Beispiel 10:
M will testamentarisch neben den Kindern S und T auch die Lebensgefährtin L berücksichtigen. Zum Nachlass gehören drei Mietshäuser (alle mit einem Verkehrswert von 1 Mio. € und je einem Steuerwert von 0,8 Mio. €). M setzt S und T zu je 1/2 als Erben ein und verfügt gleichzeitig, dass L eines dieser Mietshäuser zu einem festgelegten Preis von 0,6 Mio. € erwerben kann. Zwei Jahre nach dem Tode des M (01) teilt L das ihr zustehende Kaufangebot den Waisen S und T in 03 mit. Rein wirtschaftlich betrachtet ist es offensichtlich, dass beim Abschluss des Kaufvertrages die Erben verpflichtet sind, einen Nachlassgegenstand mit einem Verkehrswert von 1 Mio. € zu einem Kaufpreis von 0,6 Mio. € zu verkaufen. Der objektive Vermögensnachteil aus diesem Geschäft beträgt für S und T insgesamt 0,4 Mio. €, und umgekehrt ist dies der Vermögensvorteil der L. Wie werden Anspruch (der L) und Verpflichtung (der Erben) angesetzt?

1. Frage: Ansatz des Anspruchs bei L
Die richtige Behandlung des **Sachleistungsanspruches bei Kaufrechtsvermächtnissen** war heftig umstritten. Der BFH hat mit drei Urteilen vom 06.06.2001 dem Streit – mit einer überraschenden Erkenntnis – ein Ende bereitet (BStBl II 2001, 605; BStBl II 2001, 725; BFH/NV 2001, 1564).

Lösung:
- Als Nachlassgegenstand wird bei einem Sachleistungsanspruch das **Gestaltungsrecht**[52] (das Übernahmerecht) – und nicht der Gegenstand selbst (Steuerwert !) – definiert.
- Damit korrespondierend stellt der gemeine Wert des Übereignungsanspruchs die Bereicherung des Vermächtnisnehmers dar. Dieser richtet sich nach dem **Verkehrswert des Gegenstandes (1 Mio. €)** abzüglich der Kaufpreisverpflichtung (0,6 Mio. €) und beträgt demnach **0,4 Mio. €**.
- **Neuland** betrat der BFH, als er die Steuer hierfür – analog zu **§ 9 Abs. 1 Nr. 1 Buchst. b ErbStG** (und gegen den Wortlaut von § 9 Abs. 1 Nr. 1 ErbStG!) – erst mit dem **Geltendmachen des Anspruches** entstehen lässt.

2. Frage: Bewertung der Verpflichtung
Für die Frage, mit welchem Wert die **Verpflichtung** bei den Erben anzusetzen ist, liegt eine nunmehr gesicherte Rspr. vor.
Der BFH berücksichtigt **Sachleistungsverpflichtungen** mit dem **gemeinen Wert** (s. Urteil vom 15.10.1997, BStBl II 1997, 820).

Lösung: Während das Grundstück im Erwerbsfall mit dem Steuerwert (0,8 Mio. €) angesetzt wird, ist die Sachleistungsverpflichtung mit 0,4 Mio. € von der MEG anzusetzen.

Hinweis: Um Missverständnissen vorzubeugen, wird darauf hingewiesen, dass bei einem **Sachvermächtnis**, d.h. bei einer **unmittelbaren** Verpflichtung zur Übereignung der Immobilie aus dem Nachlass, diese Verpflichtung mit dem Steuerwert anzusetzen ist (R 92 Abs. 2 ErbStR a.F.).

Ebenfalls einem zeitlichen Verzug in der Besteuerung dient das Gestaltungsinstrument der **Auflage**.

---

52 Von dieser Beurteilung (Gegenstand ist ein Gestaltungsrecht) weicht der BFH im Urteil vom 13.08.2008, DStR 2008, 1830, neuerdings ab; Erwerbsgegenstand ist nach dieser Entscheidung – in Übereinstimmung mit der BGH-Rspr. – eine **aufschiebend bedingte** Forderung des Vermächtnisnehmers (s. auch *Fischer*, ZEV 2008, 553). Dies ändert aber nichts an der Bewertung: Die Forderung wird mit dem gemeinen Wert (und nicht mit dem Steuerwert) bewertet.

Beispiel 11: Auflage als Alternative zum Vermächtnis
Statt L im Beispiel 10 ein Kaufrechtsvermächtnis einzuräumen, trifft M folgende Verfügung:

»S und T erhalten mein ganzes Vermögen. Es wird ihnen zugleich auferlegt, die Wünsche meiner Lebensgefährtin L zu ihrem Lebensunterhalt nach besten Kräften zu erfüllen.«

Von einem Vermächtnis unterscheidet sich eine **Auflage** dadurch, dass dem Begünstigten **kein** Anspruch auf Erfüllung zusteht (§ 1940 BGB).

Lösung: Wegen der vagen Formulierung wird L aus der vorliegenden letztwilligen Anordnung keine einklagbaren Ansprüche ableiten können.[53] Andererseits hat M mehr als einen erbschaftsteuerlich unbeachtlichen Wunsch geäußert. Es liegt eine Auflage vor.

Wegen des **zeitlichen Auseinanderfallens** der Aktiv-Besteuerung der Auflage durch den Begünstigten einerseits (nach § 3 Abs. 2 Nr. 2 i.V.m. § 9 Abs. 1 Nr. 1 Buchst. d ErbStG hat L die Vorteile aus der Auflage erst mit dem Vollzug zu versteuern) und dem sofortigen Abzug als Nachlassverbindlichkeit gem. § 10 Abs. 5 Nr. 2 ErbStG (wegen der »Nettobereicherung« im Todeszeitpunkt) andererseits ist die Auflage auch als Gestaltungsinstrument entdeckt worden. Größere Vermögenszuwendungen werden durch entsprechende »klaglose« und damit anspruchslose Positionierung als Auflage zu einer sofortigen Abzugsgröße und zu einer späten Steuergröße. Wegen des weiterhin geltenden Stichtagsprinzip von § 11 ErbStG (Wertermittlung im Zeitpunkt der Entstehung der Steuer) können sich die Vorteile bei tendenziell sinkenden Vermögenswerten verdoppeln lassen.

Die unterschiedliche zeitliche Berücksichtigung beim Abzug als Nachlassverbindlichkeit einerseits und als Steuertatbestand andererseits wird auch bei einem Vergleich zwischen einem Vermächtnis und dem Pflichtteil deutlich.

Beispiel 12: Der unentschiedene Erblasser
Erblasser Zweifel Z, ein weltberühmter Ornithologe, hat es wegen der verschlingenden Kosten seines Hobbys nur zu einer, unter Kollegen allerdings hochgeschätzten Sammlung von »Wolperdingern[54]« gebracht. Er weiß nicht so recht, welche seiner Nichten N1 oder N2 diese bekommen soll und verfügt deshalb:

»Als meinen letzten Willen ordne ich an, dass diejenige Alleinerbin werden soll, die von ihrem Vater, der gleichzeitig mein Testamentsvollstrecker ist, für die tüchtigste gehalten wird. Die zweittüchtigste soll als Ausgleich 350 T€ erhalten.«

Alsbald nach dem Ableben von Z bevorzugt der Vater wieder einmal N1 und weist sie in die Sammlung (geschätzter Wert: 1,5 Mio. €) ein. N2 hat noch keine Ansprüche geltend gemacht.

Lösung: N1 hat die Erbschaftsteuer auf den ermittelten Wert der erhaltenen Sammlung zu zahlen (zu beachten ist die 60 %ige Steuerbefreiung gem. § 13 Abs. 1 Nr. 2 Buchst. a ErbStG wegen »Kunstgegenstände«), wenn sie wirksam Alleinerbin werden wird. Grundsätzlich sind letztwillige Verfügung als höchstpersönliche Rechtsgeschäfte (§ 2064 BGB) konzipiert, bei denen

---

53 Für den Hauptfall der Auflagen (Erblasser hat sich eine »angemessene Grabpflege« ausbedungen) gibt es zumindest die Pauschale von 10.300 € gem. § 10 Abs. 5 Nr. 3 ErbStG.
54 Ein »Wolperdinger« (oder Wolpertinger) ist ein bayerischer »Phantasievogel«, der hier nur aus didaktischen Gründen eingesetzt wird.

eine Vertretung nicht zulässig ist. Eine Ausnahme wird lediglich für den Fall gemacht, dass der Erblasser einem Dritten aufgrund einer exakten, d.h. **willkürfreien**, Kriterienbildung lediglich die Bezeichnung des künftigen Erben überlässt.

Im vorliegendem Sachverhalt liegt ein Verstoß gegen § 2065 BGB vor (ein Dritter darf den Erben nicht bestimmen) und demzufolge ein **nichtiges Testament** (§ 134 BGB). Nach ständiger Rspr. des BFH lösen im Erbschaftsteuerrecht nichtige Testamente nicht immer – anders als im Zivilrecht – die gesetzliche Erbfolge aus. Vielmehr bleibt es bei der vorgesehenen Anordnung, wenn die Beteiligten das wirtschaftliche Ergebnis der Verfügung eintreten lassen.[55] Man könnte dafür auch den Ausdruck »faktischer Erbe« verwenden. Für den Fall, dass sich die Nichten in die Nachfolgeregelung fügen, ist N1 für steuerliche Zwecke als Alleinerbin anzusehen. Die Anordnung des Ausgleichs in Höhe von 350 T€ kann sodann als Vermächtnisregelung oder als Pflichtteilsregelung verstanden werden. Der Rechtscharakter dieser Verpflichtung kann zunächst dahingestellt bleiben, da sie in beiden Fällen nur schuldrechtliche Ansprüche gegen den Nachlass auslöst (§ 1939 i.V.m. § 2304 BGB).

Für das Erbschaftsteuerrecht ist ein Pflichtteilsanspruch als steuerpflichtiger Erwerb von Todes wegen für N2 nach § 3 Abs. 1 Nr. 1 ErbStG und korrespondierend eine Nachlassschuld von N1 (§ 10 Abs. 5 Nr. 2 ErbStG) erst mit dessen Einforderung (»Geltendmachung«) zu berücksichtigen, anders als beim Vermächtnis. Nur dieser Auslegung (Pflichtteilsregelung) wird die angeordnete Ausgleichsverfügung von Z gerecht, da er seinen einzigen Wertgegenstand – und damit sein ganzes Vermögen i.S.d. § 1922 BGB – nur einer Person zukommen lassen wollte und da vor allem die gewillkürte Höhe des Anspruchs (350 T€) nahezu der gesetzlichen Höhe (die Hälfte des gesetzlichen Anspruchs = 375 T€) entsprach.

Nachdem N2 die Forderung noch nicht erhoben hat, bleibt sie als Nachlassschuld bei N1 unberücksichtigt.

3.1.2.4 Der »unbekannte Erbe«

Für den nicht seltenen Fall, dass der Erbe unbekannt ist (§ 1960 BGB), stellen § 31 Abs. 6 ErbStG und § 32 Abs. 2 ErbStG Sonderregeln auf. Danach ist der Nachlasspfleger anstelle des Erben zur Abgabe der ErbSt-Erklärung verpflichtet und ihm ist auch der ErbSt-Bescheid bekanntzugeben. Die gesetzlichen Anordnungen sind vom BFH im Beschluss vom 21.12.2004 (BFH/NV 2005, 704) bestätigt und dahingehend präzisiert worden, dass der Nachlasspfleger nach den o.g. Bestimmungen zwar Bekanntgabeadressat des ErbSt-Bescheides ist, nicht aber Inhaltsadressat. Kommt es in diesen Fällen – wie so häufig – zu Schätzungen, so sind nach den grundlegenden Erkenntnissen des BFH die Finanzbehörden berechtigt, auch die Höhe etwaiger Freibeträge sowie die Steuerklasse zu schätzen. Mit dieser Aussage geht der BFH aus Gründen der Praktikabilität deutlich über den ansonsten geltenden Rahmen bei Schätzungen hinaus, wonach grundsätzlich nur Besteuerungsgrundlagen geschätzt werden dürfen. Im vorliegenden Fall berechtigt die Schätzung auch zur grundsätzlichen Feststellung, ob ein Steuerschuldverhältnis überhaupt begründet worden ist. Die extensive Auslegung von § 162 AO wird mit der Rechtsfigur eines »abstrakten Steuersubjektes« begründet, das der unbekannte Erbe sei. Nur das Ergebnis dieser Auslegung kann überzeugen, nicht aber die Begründung.

---

55 Aus der umfangreichen BFH-Rspr. (BStBl II 1972, 886 und BStBl II 1982, 28) und zur Kombination wirksamer und unwirksamer Verfügungen (BStBl II 1982, 28). Der BFH hat dies ebenso (Fortgeltung einer formunwirksamen Verfügung von Todes wegen) im Urteil vom 15.03.2000 (BStBl II 2000, 588) für einen Fall des formunwirksamen **Vermächtnisses** entschieden.

3.2 Besonderheiten beim Ehegattentestament

Nach den Erfahrungen der Nachlassgerichte und Erbschaftsteuerstellen der FÄ sind etwa 80 % aller Testamente sog. Berliner Testamente, mit denen sich Ehegatten gegenseitig zu Erben einsetzen und nach dem Tode beider Ehegatten die Kinder Erben sein sollen. Bei vielen Ehegatten bleibt es beim Versuch, manche bereuen später ein formgültiges erstes Ehegattentestament.

3.2.1 Zivilrechtliche Fragen zum Berliner Testament

Das Erbrecht kommt den Ehegatten bei der Abfassung des Berliner Testaments sowohl mit einer Formerleichterung als auch mit einer gesetzlichen Vorwegnahme (»Vorformulierung«) des gemeinsamen Erblasserwunsches entgegen.

> **Beispiel 13: Philomen und Bauzis und das Erbrecht**
> Aus der Ehe von Philomen P und Bauzis B sind zwei Söhne hervorgegangen. Im Jahre 00 versuchen sie sich an einem gemeinschaftlichen Testament, mit dem sie **sich gegenseitig zu Erben des vorversterbenden Ehegatten** und die **Söhne zu Erben des Längstlebenden** einsetzen wollen. Und dies geschieht folgendermaßen:
> P setzt auf einem eigenhändig geschriebenen und auch unterschriebenen Papier B zur Alleinerbin und die Söhne zu Schlusserben ein. Ähnlich verfährt B: Alleinerbeneinsetzung des P und Schlusserbeneinsetzung der Kinder. Danach tauschen B und P die Durchschriften der jeweiligen Testamente aus und jeder bewahrt sein Original und die ihn begünstigende Ehegatten-Blaupause auf. Die Söhne möchten wissen, ob sie nach dem Ableben von P in 02 enterbt sind oder zusammen mit ihrer Mutter als gesetzliche Erben eine Erbengemeinschaft bilden.

Die beabsichtigten Rechtsfolgen des Berliner Testaments nach § 2269 BGB treten ein, wenn die Ehegatten B/P formwirksam in 00 ein gemeinschaftliches Testament mit dem dortigen Regelungsgehalt errichtet haben. Sodann wären die Söhne im ersten Erbgang in 02 enterbt und auf das Warten (zweiter Erbgang) bzw. auf Pflichtteilsansprüche (gegen die Mutter) angewiesen. Falls sich die Eheleute keinem Notar anvertrauen (kein öffentliches Testament), erleichtert § 2267 BGB die sonstige Formstrenge und lässt beim eigenhändigen Berliner Testament die Handschrift eines Ehegatten genügen, wenn dieses Papier von beiden Ehegatten unterzeichnet ist.

> **Lösung:** Im konkreten Fall handelt es sich nicht um ein vom BGB vorgesehenes Berliner Testament; es liegen vielmehr **zwei einseitige**, jeweils eigenhändig errichtete Testamente nach § 2247 BGB vor. Dies steht nach ständiger Rspr. aber nicht der beabsichtigten Erbfolge entgegen, so dass das Testament von P zur Alleinerbeneinsetzung von B und zur Enterbung der Söhne führt.

Die wahren Probleme beim Berliner Testament treten jedoch in der Praxis häufig erst nach der Errichtung auf.

> **Beispiel 13a: Der bald wankelmütige Philomen**
> Bei ansonsten identischem Sachverhalt (Beispiel 13) trennt sich P in 01 nach 50-jähriger Ehe von B und er widerruft gleichzeitig die in 00 getroffene Regelung, in dem er seinen neuen Freund Woody W zum Alleinerben einsetzt.

Ein wirksamer **Widerruf zu Lebzeiten** setzt nach § 2271 Abs. 1 S. 1 BGB i.V.m. § 2296 BGB eine notarielle Erklärung gegenüber dem anderen Ehegatten voraus[56]; ein einseitiger Widerruf vermag dies nicht zu ersetzen. Fraglich ist, ob diese Schutzvorschrift auch dann greift, wenn – wie hier – zwei einseitige letztwillige Verfügungen vorliegen. Nach derzeit h.M. werden auch getrennte Erklärungen von Ehegatten zu einem gemeinschaftlichen Ehegattentestament zusammengefasst, wenn der gemeinschaftliche Wille aus der Urkunde ersichtlich ist.[57]

Lösung: Wegen der identischen Schlusserbeneinsetzung in beiden Testamenten ist – trotz § 2267 BGB – auch in diesem Fall von § 2271 BGB auszugehen. Die spätere Erbeinsetzung von W war unwirksam. Es bleibt bei der Alleinerbeneinsetzung von B und der Enterbung der Söhne.

Mit dem Tode eines der Ehegatten ist natürlich auch seine Fähigkeit entfallen, eine widerrufende Willenserklärung des anderen Teils empfangen zu können.

Beispiel 13b: Die später wankelmütige Bauzis
Nach den erbrechtlichen Informationen zu Beispiel 13 machen die Söhne in 03 ihr Pflichtteil geltend. B ist darüber so erbost, dass sie nachträglich das Testament ändert und ihr (jetzt reduziertes) Vermögen der Kirche vermacht.

Lösung: Ein Widerruf eines gemeinschaftlichen Testaments nach dem Ableben des Ehegatten ist nach § 2271 Abs. 2 BGB unwirksam (**Ausnahme: gegenseitige Ermächtigung**, die zu Lebzeiten ausgesprochen wurde). Die Söhne werden, nachdem ihnen nach dem ersten Erbfall nach P nur die Pflichtteile zugesprochen wurden, beim Ableben von B deren Erben.

In der Kautelarpraxis wird diese missliche Folge mit einer sog. »Sanktionsklausel« vermieden, wonach die Kinder, die den Pflichtteil nach dem vorverstorbenen Elternteil geltend machen, auch auf den Pflichtteil beim zweiten Erbfall gesetzt werden. Darüber hinaus kann später ein geändertes **Verhalten der Kinder nicht mehr berücksichtigt** werden. Die einzige Ausnahme von diesem Grundsatz ist ein vereinbarter Änderungsvorbehalt, der die Bindungswirkung für den Überlebenden einschränkt oder ausschließt.[58]

Die bisherigen Ausführungen zu Beispiel 13 und zu dessen Varianten haben – wie in der Praxis üblich – eine Grundaussage bei § 2269 BGB unterstellt, die in concreto erst bewiesen werden müsste. Das Berliner Testament mit den aufgezeigten Bindungswirkungen für die Ehegatten untereinander und der begrifflichen Enterbung der Kinder im ersten Erbfall geht vom sog. **Einheitsprinzip** aus, wonach die testierenden Ehegatten ihr (zivilrechtlich getrenntes) Vermögen erbrechtlich als Einheit begreifen. Dies unterstellt, dass die Einheitstheorie (besser: Ehegatten mit dem Willen zum Berliner Testament) davon ausgeht, dass die **Kinder** nur dann Erben werden, falls sie den letztversterbenden Ehegatten **überleben**. Anderenfalls[59] gilt die Trennungstheorie, wonach die Ehegatten ihr jeweiliges Vermögen auch erbrechtlich isoliert behandeln mit der Folge, dass bzgl. des Nachlasses des vorverster-

---

56 Die weitere Voraussetzung, dass es sich dabei um wechselbezügliche Verfügungen i.S.d. § 2270 BGB handelt, ist bei einer gegenseitigen Erbeinsetzung immer gegeben.
57 BGH vom 12.03.1953 (BGHZ 9, 113) sowie *Palandt/Edenhofer*, Einf. von § 2265, Rz. 9.
58 Vgl. hierzu *Palandt/Edenhofer*, § 2271 Rz. 19 ff.
59 Dies gilt auch für die »Wiederverheiratungsklausel«, wenn die privilegierte Stellung des überlebenden Ehegatten von einer Nicht-Nachehe abhängig gemacht wird.

benden Ehegatten Vorerbschaft des überlebenden Ehegatten (und Nacherbschaft der Kinder) eintritt und der überlebende Ehegatte hinsichtlich seines Vermögens wieder frei testieren (d.h. auch widerrufen) kann.[60] Führen die juristischen Auslegungskünste zu keinem eindeutigen Ergebnis – und dies gilt im Zweifel erst recht für die steuerliche Wertung – spricht die gesetzliche Vermutung (vgl. § 2269 Abs. 1 BGB: »... im Zweifel«) für das Berliner Testament.

3.2.2 Die erbschaftsteuerliche Antwort zum Berliner Testament

Bezogen auf den Nachlass des vorversterbenden Elternteils überwiegt erbschaftsteuerlich beim Berliner Testament vor allem ein anderer Nachteil: Nachdem zuerst der überlebende Ehegatte und sodann die Kinder erben, fällt u.U. für den gleichen Nachlass **zweimal** Erbschaftsteuer[61] an.

Um diesen Nachteil zu mindern und um dennoch die Übergabe des ganzen Vermögens i.S.d. Einheitstheorie zu garantieren, wird statt der o.g. »harten« Sanktionsklausel die ausgleichende »**Jastrowsche**« Formel eingesetzt.[62]

> **Beispiel 14: Die Jastrowsche Klausel im Berliner Testament von P & B – zwei Söhne**
> »Für den Fall, dass ein Sohn beim Tode des Erstversterbenden sein Pflichtteil einfordert, soll der andere Sohn, der seinen Pflichtteil nicht verlangt, aus dem Nachlass des Erstversterbenden ein Vermächtnis i.H.d. Geldbetrages erhalten, welcher dem Wert seines gesetzlichen Erbteils entspricht. Das Vermächtnis soll sofort bei dem Tode des Erstversterbenden anfallen, aber erst beim Tode des längstlebenden Elternteils ausbezahlt werden[63]«.

Mit der Jastrowschen Formel liegt ein Vermächtnis vor, bei dem der Anspruch des »zurückhaltenden« Sohnes mit dem ersten Erbfall bereits entstanden ist, seine Fälligkeit jedoch aufgeschoben ist (betagtes Vermächtnis). Von entscheidender Bedeutung sind – neben dem Verlust des Freibetrages – zwei Fragen:

1. **Ist der Anspruch des »zurückhaltenden« Sohnes im Zeitpunkt des Todes des erstversterbenden oder des letztversterbenden Elternteils zu erfassen (zu versteuern)?**
   Die heute h.M. interpretiert die **Betagung als Nichtfälligkeit** i.S.d. Zivilrechts (vgl. § 813 Abs. 2 BGB).[64] Danach ist beim Ableben des erstversterbenden Elternteils für den »braven« Sohn die Steuer nach § 9 Abs. 1 Nr. 1 Buchst. a ErbStG noch nicht entstanden, für den pflichtteilfordernden Sohn hingegen schon (§ 9 Abs. 1 Nr. 1 Buchst. b ErbStG).

2. **Wann und bei welchem Erbfall ist die betagte Vermächtnisschuld abzuziehen?**
   Die betagte Vermächtnisschuld wäre beim ersten Erbfall beim überlebenden Ehegatten dann eine abziehbare Schuld nach § 10 Abs. 5 Nr. 2 ErbStG, wenn sie auch erbschaftsteu-

---

60 Zu den schwierigen Auslegungen im Einzelnen vgl. *Palandt*, § 2269 Rz. 6 ff. (Beispiel für Berliner Testament: Die gemeinsamen Kinder sind die Schlusserben; Beispiel für Vor-/Nacherbschaft: Die Verwandten (Kinder) des Mannes sind seine »Schlusserben«, die Verwandten (Kinder) der Frau sind ihre »Schlusserben«.
61 Auch die Ermäßigung nach § 27 ErbStG kann bei großen Altersunterschieden der Ehegatten nicht greifen.
62 Zum ersten Mal erwähnt in DNotZ 1904, 424.
63 So die heute – im Anschluss an das Urteil des FG Hessen vom 13.09.1989 (EFG 1990, 67) – gängige Formulierung; s. hierzu auch *Ebeling*, DStJG 1999, 243 und 246 sowie ders. in *Kapp/Ebeling*, § 9 Rz. 27.1 mit weiteren Vorschlägen.
64 *Kapp/Ebeling*, § 9 Rz. 27.1, *Meincke* § 9 Rz. 22, *Moench* § 9 Rz. 10a.

erlich als Vermächtnis – und damit als Erwerb von Todes wegen – vom **erstversterbenden** Elternteil zu werten wäre. Für einen solchen Abzug als vorherige Vermächtnisschuld ist jedoch kein Platz (s. auch R 6 S. 4 ErbStR). Folgerichtig kann die Schuld erst beim Tode des **längstlebenden** Elternteils als Erblasserschuld nach § 10 Abs. 5 Nr. 1 ErbStG abgezogen werden. Ebenso erfolgt die Besteuerung des Bedachten nach den persönlichen Merkmalen zum Beschwerten.

3.2.3 Folgeprobleme beim Berliner Testament

Zwei erbschaftsteuerliche Themenkreise beim Berliner Testament werden häufig diskutiert:

1. Die maßgebliche Steuerklasse

§ 15 Abs. 3 ErbStG ordnet für die Schlusserben (die »Dritten« i.S.d. § 2269 BGB) des Berliner Testaments – abweichend vom Erbrecht – an, dass sich die **StKl.** für die Schlusserben nach dem Verwandtschaftsgrad zum erstverstorbenen Ehegatten richtet, soweit sein Vermögen beim Erbgang des letztverstorbenen Ehegatten noch vorhanden war. Dies gilt nach dem Gesetzeswortlaut nur, soweit der Überlebende an die letztwillige Verfügung gebunden ist. Nach bisheriger BFH-Rspr. wurde jede zwischenzeitliche Änderung bzgl. des gemeinsamen Nachlassvermögens durch den überlebenden Ehegatten als steuerschädlich behandelt, auch wenn der Ehegatte hierzu berechtigt war.[65] In einer viel beachteten Entscheidung hat sich der BFH zwischenzeitlich von dieser rigiden Rspr. distanziert, wenn durch die testamentarisch zulässige Änderung die Erbquote nicht verändert wird.[66] Unter diesen Voraussetzungen wird man auch in Zukunft die StKl. der Schlusserben bei vorhandenem Nachlassvermögen des **vorverstorbenen** Ehegatten umfassend nach deren **Verwandtschaftsgrad** zu diesem Vermögensträger bestimmen.

2. Das Thema der beeinträchtigenden Schenkungen (§ 2287 BGB) bei einem Berliner Testament

Umgekehrt ist die Interessenslage, wenn der überlebende Ehegatte eines Berliner Testaments die rechtliche Bindungswirkung (wegen des Widerrufsausschlusses) durch sog. **beeinträchtigende Schenkungen** zu Gunsten Dritter aushöhlt. § 2287 BGB und – ihm folgend – § 3 Abs. 2 Nr. 7 ErbStG sehen aber ausdrücklich nur für den Fall des Erbvertragserben einen entsprechenden Herausgabeanspruch gegen den Beschenkten vor. Wegen der gleichen Problemlage zum Berliner Testament (Widerrufsausschluss des überlebenden Ehegatten) erweitern die BGH-Rspr. und nunmehr auch die BFH-Rspr.[67] den Anwendungsbereich beider Vorschriften um den **Herausgabeanspruch des beeinträchtigten Schlusserben.**

Das ErbStG (2008) nahm mit § 3 Abs. 2 Nr. 7 ErbStG n.F. diese Anregung auf.

---

65 BFH vom 26.09.1990 (BStBl II 1990, 1067).
66 Im konkreten Fall des BFH vom 16.06.1999 (BStBl II 1999, 789) hatte die überlebende Ehefrau zulässig der Schlusserbin (Nichte) ein Vorausvermächtnis (Eigentumswohnung) eingeräumt, ohne die Quote zu ändern. Der BFH gewährte der Schlusserbin die günstigere StKl. III statt der (alten) StKl. IV.
67 BFH vom 08.08.2000 (BStBl II 2000, 587) in Anlehnung an BGHZ 59, 343.

3.3 Vor- und Nacherbschaft

Den ausführlichen Regelungen im BGB zum Trotz erfreut sich die Vor- und Nacherbschaft in der Praxis keiner allzu großen Beliebtheit. Dies hat neben der **doppelten Erbschaftsteuer** für ein Nachlassvermögen seinen Grund auch in der komplizierten Regelung des BGB zur Vor-/Nacherbschaft (§§ 2100 ff. BGB).

3.3.1 Erbrechtliche Bedeutung

Der Erblasser kann einen Erben (Nacherbe) in der Weise einsetzen, dass dieser Erbe wird, nachdem zunächst ein anderer Erbe (Vorerbe) geworden ist (§ 2100 BGB). Beide – Vorerbe wie Nacherbe – sind Erben des Erblassers, allerdings in einer zeitlichen Reihenfolge. Zunächst erbt der Vorerbe. Als Vollerbe ist er zunächst Träger aller Rechte und Pflichten, die zum Nachlass gehören. Seine Stellung ist allerdings zeitlich begrenzt auf den Eintritt einer Bedingung oder eines Ereignisses – meist seines Todes. Mit Eintritt der Bedingung/ des Ereignisses erbt der Nacherbe den Nachlass und zwar unmittelbar vom Erblasser. Bis zu diesem Zeitpunkt hat der **Nacherbe** lediglich ein **Anwartschaftsrecht** auf den Nachlass. Mit Eintritt des Nacherbfalls wird der Nacherbe endgültiger Erbe des Erblassers.

Da der Nacherbe unmittelbar vom Erblasser erbt, aber nicht der Erbe des Vorerben ist, sind zwei Vermögensmassen zu unterscheiden:

- zum einen das vom Erblasser herrührende Vermögen, das in der Hand des Vorerben ein von seinem übrigen Vermögen rechtlich getrenntes Sondervermögen darstellt,
- zum anderen das sonstige Vermögen des Vorerben.

Mit diesem Unterschied ist auch der Begriff »Trennungstheorie« verbunden, wonach bei der Anordnung einer Vor-/Nacherbschaft (im Unterschied zum Berliner Testament) die Vermögen des Erblassers und des ersten Erben (hier: Vorerbe) eben nicht zusammengelegt werden.

Der Hauptzweck der Vor-/Nacherbschaft liegt im Erhalt des Familienvermögens. Daneben wird von dieser Möglichkeit vor allem dann Gebrauch gemacht, wenn der Nachlass gegen eventuelle Ansprüche, die gegen den ersten Erben (hier: den Vorerben) bestehen, abgeschottet werden soll.

Die Stellung des Vorerben ist von zwei gegenläufigen Aspekten geprägt. So ist zum einen zu berücksichtigen, dass der Vorerbe vollwertiger Erbe ist, zum anderen aber, dass im Interesse des Nacherben die Substanz des Nachlasses erhalten bleiben soll. Je nachdem, welchen Aspekt der Erblasser stärker betonen will, wird er den Vorerben als befreiten oder nicht befreiten Vorerben einsetzen.

Der nicht befreite Vorerbe darf nur die Ergebnisse seiner Arbeit sammeln (»Früchte ziehen«), aber nicht über die Substanz verfügen. So kann ein nicht befreiter Vorerbe weder Grundstücke verkaufen noch diese mit einer Hypothek beleihen. Damit ist natürlich für Kontinuität gesorgt, aber eben häufig auch für Immobilität, wenn dringend Geld benötigt wird. Als besonders hartnäckiges Hindernis wird sich die nicht befreite Vorerbschaft bei Unternehmensvermögen auswirken, wenn Geld für betriebswirtschaftliche Maßnahmen benötigt wird, aber der vorhandene Grundbesitz nicht »eingesetzt« werden darf.

Im Gegensatz dazu kann der befreite Vorerbe über die Nachlassgegenstände verfügen. Er ist aber auch verpflichtet, den Erlös für verkaufte Grundstücke etc. wieder in das Nachlassvermögen zu investieren und er bleibt – genau so wie der nicht befreite Vorerbe – verpflichtet, bei Eintritt des vorher bestimmten Ereignisses den Nachlass an den Nacherben weiterzugeben.

Zusätzliche Bedeutung hat das Rechtsinstitut der Vor- und Nacherbschaft durch die Möglichkeit des Vorbeisteuerns des Nachlassvermögens an den Erben des Vorerben und dessen Pflichtteilsberechtigten. So kann beispielsweise beim **Geschiedenentestament** ein geschiedener Ehegatte ein eheliches Kind als Vorerben einsetzen und für den Fall des Todes des Kindes die Nacherbfolge anordnen. Damit wird vermieden, dass beim Ableben des Vorerben der Ex-Ehegatte das vom Erblasser stammende Vermögen erbt. Ein weiterer Anlass, Vor- und Nacherbschaft anzuordnen, besteht im Schutz des Nachlasses vor Gläubigern des Vorerben. Wird nämlich die Vor- und Nacherbfolge mit einer Testamentsvollstreckung (§§ 2115, 2214 BGB) kombiniert, so besteht die Möglichkeit, dem Vorerben den Nachlass zukommen zu lassen, ohne dass Gläubiger des Vorerben auf diesen zugreifen können. Die gleiche Intention ist beim **Behindertentestament** gegeben. Auch dort besteht ein Bedürfnis, das Nachlassvermögen vor dem Zugriff durch den Sozialhilfeträger zu schützen. So besteht die Möglichkeit, ein behindertes Kind zum Vorerben mit einer über der Pflichtteilsquote liegenden Erbquote einzusetzen. Beim Tod des Kindes tritt die Nacherbfolge ein. Zu Nacherben werden weitere Familienmitglieder, speziell die »gesunden« Kinder eingesetzt.[68]

Ein weiterer Grund für die Anordnung der Vor- und Nacherbfolge besteht in der **Reduktion von Ansprüchen** Pflichtteilsberechtigter des Vorerben. Würde der Vorerbe nicht lediglich als Vorerbe, sondern als »klassischer« Erbe eingesetzt, so träte bei ihm eine Vermögenskumulation auf, die zur Folge hätte, dass seine Pflichtteilsberechtigten auch hierauf im Rahmen ihres Pflichtteils zugreifen könnten. Ist dagegen lediglich eine Vorerbschaft angeordnet, so bleibt das Nachlassvermögen vom eigenen Vermögen des Vorerben rechtlich getrennt und wird nicht bei der Berechnung der Pflichtteilsansprüche gegenüber den Erben des Vorerben miteinbezogen.

Zivilrechtlich lassen sich die Vor- und Nacherbfolge an einem Beispiel wie folgt skizzieren.

Beispiel 14a:
Erblasser (EL) mit einem Vermögen von 12 Mio. € (Steuerwert: 8 Mio. €) ist mit Ehefrau (EF) kinderlos verheiratet. EL setzt EF als nicht-befreite Vorerbin und seinen noch rüstigen Vater (V) als Nacherben ein. EL stirbt 2010, EF zwei Jahre später.

---

68 Gleichzeitig wird während der Dauer der Vorerbschaft eine Testamentsvollstreckung angeordnet mit der Maßgabe, dass der Stamm des verwalteten Vermögens und seine Erträge dem Behinderten nur insoweit zur Verfügung gestellt werden sollen, als es sich um Schonvermögen i.S.d. § 88 BSHG handelt *Ruby* (ZEV 2006, 66 ff.) mit zahlreichen Formulierungsvorschlägen.

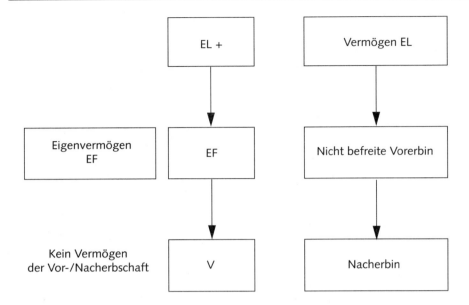

Lösung: Mit dem Tode des EL in 2010 wird seine Ehefrau Vorerbin. Dieses Sondervermögen geht mit dem Tode der EF auf den Vater V über. Davon losgelöst ist der Erbgang nach EF zu beurteilen. Ihr Eigenvermögen ist von der Vor-/Nacherbschaft nicht betroffen.

Grafisch lässt sich die zivilrechtliche Vor- und Nacherbfolge wie folgt darstellen:

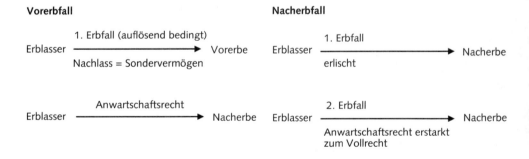

3.3.2 Das Erbschaftsteuerrecht bei der Vor-/Nacherbschaft

Folgender Überblick skizziert die erbschaftsteuerliche Behandlung der Vor-/Nacherbschaft:

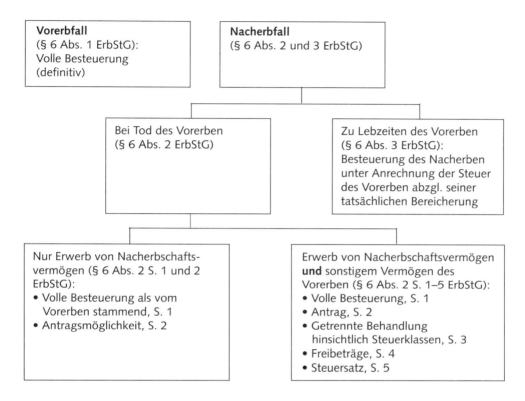

Beispiel 15: Die matriarchalische Vor- und Nacherbschaft
Erblasser EL mit einem Vermögen von 10 Mio. € (Steuerwert 7 Mio. €; kein Produktivvermögen nach § 13a ErbStG) ist mit Ehefrau EF (eigenes Vermögen – ebenfalls kein Produktivvermögen nach § 13a ErbStG – Verkehrswert: 1,0 Mio. €; Steuerwert 0,7 Mio. €) kinderlos verheiratet. EL setzt EF als (nicht-) befreite Vorerbin und seine noch rüstige Mutter M als Nacherbin ein. EL stirbt in 2008. EF, die – mangels Alternative – ebenfalls ihre Schwiegermutter M als ihre Erbin eingesetzt hat, stirbt im Jahre 2011, kurz nachdem sie den Erbschaftsteuerbescheid erhalten und die Steuer bezahlt hat. Der Vermögenszuwachs sowie der Schuldendienst – mit Ausnahme der ErbSt – halten sich die Waage. Ebenso bleibt das Eigenvermögen von EF konstant. (Schwieger-) Mutter M überlebt alle und alles, auch den Erbschaftsteuerbescheid.
Der erste Erbfall im Jahre 2008, als EF **Vorerbin** wurde, führt nach § 6 Abs. 1 ErbStG – anders als im Erbrecht – zu einem steuerbaren Erwerb von Todes wegen (§ 1 Abs. 1 i.V.m. § 3 Abs. 1 Nr. 1 ErbStG). EF gilt **steuerlich** als **Vollerbin**, und zwar unabhängig davon, ob sie in der Ausübung ihrer Rechte erbrechtlichen Verfügungsbeschränkungen unterliegt oder nicht.[69] Etwaige Verfügungsbeschränkungen greifen nur zivilrechtlich und ändern nichts daran, dass der Vorerbe

---

69 Gem. §§ 2113 ff. BGB kann der Vorerbe mittels Verfügungsbeschränkungen, insb. über Grundstücke, auf einen reinen Treuhänder zu Gunsten des Nacherben reduziert werden.

die Erbschaftsteuer aus Nachlassmitteln zu erbringen hat (§ 20 Abs. 4 ErbStG), wobei diese Erbschaftsteuer beim Erbanfall nicht abzugsfähig ist (§ 10 Abs. 8 ErbStG).

Lösung (wegen des Erbfalls in 2008 gilt das alte ErbStG; für 2011 kommt das neue Recht zur Anwendung):
Auf die **Vorerbschaft** der EF bezogen, ergibt sich in 2008 folgendes Rechenexempel:

Bereicherung der EF gem. § 6 Abs. 1, § 10 Abs. 1 S. 1, § 12 ErbStG		7.000.000 €
./. Pauschale für Bestattung etc. gem. § 10 Abs. 5 Nr. 3 ErbStG	./.	10.300 €
./. Freibetrag gem. § 16 Abs. 1 Nr. 1 ErbStG a.F.	./.	307.000 €
./. besonderer Versorgungsfreibetrag gem. § 17 Abs. 1 S. 1 ErbStG a.F.	./.	256.000 €
steuerpflichtiger Erwerb		**6.426.700 €**

Der Erwerb löst für EF nach § 19 Abs. 1 ErbStG einen Steuersatz von 23 % aus und führt folglich zu einer Steuer von 1.478.141 €.
Nach § 6 Abs. 2 S. 1 ErbStG löst der **Nacherbfall** in 2011 wiederum einen Steuertatbestand aus, und zwar zunächst als Erbanfall von der Vorerbin EF. Diese Steuer berechnet sich somit wie folgt:

Erwerb vom Vorerben gem. § 6 Abs. 2, § 1 Abs. 1 Nr. 1, § 3 Abs. 1 Nr. 1 ErbStG		7.000.000 €
./. veranlasste Steuer Vorerbschaft (§ 20 Abs. 4 ErbStG)	./.	1.478.141 €
+ Erwerb des eigenen Vermögens der EF gem. § 1 Abs. 1 Nr. 1, § 3 Abs. 1 Nr. 1 ErbStG	+	700.000 €
Bereicherung der M		**6.221.859 €**
./. Freibetrag gem. §§ 16 Abs. 1 Nr. 4, 15 Abs. 1 StKl. II Nr. 6 ErbStG	./.	20.000 €
Vermögensanfall bei M (Nacherbschaft)		**6.201.859 €**
Abrundung gem. § 10 Abs. 1 S. 6 ErbStG		**6.201.800 €**

Der Anfall der Nacherbschaft führt zu einem Steuersatz nach § 19 Abs. 1 ErbStG von 35 %; die Steuer beträgt zunächst **2.170.630 €**.
Nach § 6 Abs. 2 S. 2 ErbStG wird M auf Antrag jedoch gestattet, für die **Steuerklassenwahl** das Verwandtschaftsverhältnis zum Erblasser, d.h. zu ihrem Sohn, zugrunde zu legen. Dies führt hinsichtlich des durch die Nacherbschaft erlangten Vermögens – wiederum zunächst – zu einer Reduzierung des Steuersatzes auf 23 % (StKl. I). M wird steuerlich so gestellt, als hätte sie direkt von EL geerbt.
Nachdem aber M zugleich Vollerbin ihrer Schwiegertochter EF geworden ist, sind zusätzlich die Sätze 3 und 4 von § 6 Abs. 2 ErbStG zu berücksichtigen. Danach ist für den Vermögensanfall aus dem Nachlass der EF (Steuerwert 0,7 Mio. € – nach Satz 4 ohne weitere Freibeträge, da der Freibetrag bei der Nacherbschaft verbraucht ist –) ein niedrigerer Steuersatz – isoliert betrachtet – gegeben. Eine Trennung der beiden Erwerbe erfolgt auch hinsichtlich der Freibeträge sowie sonstiger Tarifvorschriften.[70]

---

70 *Seltenreich* in *Rödl/Preißer*, ErbStG-Komm., § 6 Rz. 65.

In einem letzten Rechenschritt werden nach § 6 Abs. 2 S. 5 ErbStG beide Erwerbe **zusammengerechnet,** um den endgültigen getrennten Steuersatz für beide Erwerbsvorgänge zu ermitteln. Bei einer Zusammenrechnung beider Vermögensanfälle löst die Summe von 6,12 Mio. €[71] beim Erwerb der Nacherbschaft (StKl. I) eine Steuer von 23 % und beim Erwerb als Vollerbin nach EF (StKl. II) eine Steuer von 35 % aus (vorbehaltlich der Härteklausel nach § 19 Abs. 3 ErbStG).

Lösung bei getrennter Behandlung gem. § 6 Abs. 2 ErbStG in Zahlen:

Erwerb vom Vorerben		5.521.859 €
Erwerb i.H.v. 700.000 € als Vollerbin		700.000 €
Bereicherung der M		**6.121.859 €**
./. Freibetrag gem. §§ 16 Abs. 1 Nr. 4, 15 Abs. 1 Nr. 4 ErbStG	./.	100.000 €
Vermögensanfall bei M (gesamt)		**6.021.859 €**
Abrundung gem. § 10 Abs. 1 S. 6 ErbStG		**6.021.800 €**
Berechnung der Steuer gem. § 6 Abs. 2 S. 5 ErbStG		
Steuer nach Stkl. I (23 %):		1.385.014 €
Steuer auf den Erwerb i.H.v. 700.000 € als Vollerbin nach StKl. II (35 %)		245.000 €
Festzusetzender Erbschaftsteuer (vorbehaltlich der Härtefallklausel nach § 19 Abs. 3 ErbStG)		**1.630.014 €**

Beispiel 16: Die bauernschlaue »Zölibats-Klausel« (oder die mehrfache Vorerbschaft)
Landwirt L mit einem L+F-Steuerwert von 1 Mio. € (unter Berücksichtigung von Freibetrag und Bewertungsabschlag ermittelter Restwert nach § 13a ErbStG a.F.) hat drei Söhne, Single 1, Single 2 und Single 3. Nachdem L sich in seinem letzten Jahre nur den Kühen gewidmet hat, erwartet er dieses auch von seinen Nachkommen und trifft – im Interesse des zu erhaltenden Anwesens – folgende Anordnung:

»Den Hof soll der Älteste S1 bekommen. Im Falle einer Eheschließung soll S2 in seine Fußstapfen treten. Für S3 gilt das Gleiche.«

Als L in 00 verstirbt, erweist sich die Anordnung als self-fulfilling prophecy. Im Jahre 02 heiratet S1, nachdem er für zwei Jahre den landwirtschaftlichen Betrieb geführt hat. Nicht anders ergeht es S2 nach einem zweijährigen Intermezzo im Jahre 04. Sodann ist S3 am Zuge.

Lösung: Die Anordnung des L lässt sich als eine zeitlich befristete, aufschiebend bedingte Vor-/Nacherbeneinsetzung seiner Söhne qualifizieren, bei der die Nacherbfolge noch zu Lebzeiten der (jeweiligen) Vorerben eintritt. § 6 Abs. 3 ErbStG trägt dieser Variante dadurch Rechnung, dass jede der **einzelnen Vorerbschaften** einen eigenen Erwerbstatbestand darstellt. Die Anordnung der auflösenden Bedingung lässt den Steuertatbestand der jeweils nach § 6 Abs. 1 ErbStG vorhergehenden Vorerbschaft nicht entfallen. Es bleibt demnach in 02 bei der für 00 gegen S1 festgesetzten Steuer. Wegen der Vermögenseinheit des Nachlasses (vgl. § 20 Abs. 4 ErbStG) wird jedoch auf eine Erstattung der Steuer verzichtet, vielmehr wird nach Satz 2 die von S1 entrichtete Steuer auf die von S2 zu entrichtende Steuer angerechnet. Der Anrechnungsbetrag

---

71   Hier ohne Bestattungskostenpauschale gem. § 10 Abs. 5 Nr. 3 ErbStG gerechnet. Diese Pauschale wird nach h.M. (statt aller *Meincke*, ErbStG, § 6) dem Nacherben nicht gewährt.

mindert sich dabei um den Steuerbetrag auf die tatsächliche Nutzung des Vorerbschaftsvermögens. Bei der Berechnung der Nutzungen ist wie bei der Ermittlung des gemeinen Wertes eines Nießbrauches (kapitalisierter Wert nach § 15 BewG) auszugehen.[72]

Ein rechtlich interessantes Phänomen ist schließlich dann gegeben, wenn der Nacherbe sein (zivilrechtlich bestehendes[73]) **Anwartschaftsrecht** auf den Vorerben überträgt. Damit wird der Vorerbe Vollerbe. Nach § 3 Abs. 2 Nr. 6 ErbStG ist der dafür gezahlte Preis ein steuerpflichtiger Erwerb von Todes wegen. Innerhalb der FinanzRspr. gibt es Streit, ob dieser ergänzende Tatbestand eine Definition oder eine Fiktion eines Erwerbs von Todes wegen ist.

Dies hat Bedeutung zum einen für die Frage, ob auf den bezahlten Ausgleich für die Aufgabe des Anwartschaftsrechts die Grundsätze der mittelbaren Schenkung anzuwenden sind, wenn das Entgelt in der Übereignung eines Grundstücks besteht, und zum anderen für die Frage des Abzugs beim Vorerben als Nachlassverbindlichkeit nach § 10 Abs. 5 Nr. 3 ErbStG.[74]

Nicht sonderlich überzeugend entscheidet der BFH in der ersten Frage zur Anwendung der Grundsätze der mittelbaren Schenkung (Urteil vom 21.05.2001, BFH/NV 2001, 1406), während der Abzug als Nachlassverbindlichkeit im zweiten Fall verneint wird.[75] M.E. kommen beide Rechtsfolgen – wegen des Fiktionscharakters – nicht zum Tragen.

3.4 Die negative Erbschaft, insbesondere die Ausschlagung

3.4.1 Erbrechtliche Vorfragen

Nach § 1922 Abs. 1 BGB tritt der Erbe unmittelbar die Vermögensnachfolge des Erblassers an. Trotz des »Vonselbsterwerbs« im deutschen Erbrecht[76] wird – etwa bei einem überschuldeten Nachlass – dem gesetzlichen wie dem gewillkürten Erben zugestanden, die Erbschaft auszuschlagen (§ 1942 ff. BGB). Insoweit besteht bis zum Ablauf der (grundsätzlich sechswöchigen) Ausschlagungsfrist auch nach deutschem Erbrecht ein Schwebezustand. Mit der Ausschlagung gilt der Erbanfall als nicht erfolgt und der Nächstberufene ist der gesetzliche Zwangserbe. Der Ausschlagende verwirkt auch sein Pflichtteilsrecht, von Ausnahmen (§§ 2305 f. BGB) abgesehen. Gerade im Hinblick auf eine steuerlich motivierte Ausschlagung ist noch hervorzuheben, dass die formbedürftige Ausschlagungserklärung nach § 1947 BGB bedingungsfeindlich konzipiert ist. Danach sind Ausschlagungen, die im bestgemeinten Sinne mit dem Vorschlag der Erbeinsetzung zu Gunsten anderer Personen – etwa des Ersatzerben – gekoppelt sind (Ausschlagung zu Gunsten Dritter), grundsätzlich unwirksam. Dies gilt nicht, soweit der Vorgeschlagene ohnehin der gesetzliche Ersatzerbe wäre.[77]

---

72 S. hierzu sogleich im Kapitel über die Besteuerung des Nießbrauches sowie das Beispiel bei *Kapp/Ebeling*, § 6 Rz. 37.1, wonach bei längerer Nutzung der Anrechnungsbetrag häufig höher als die ermittelte Steuerschuld ist, ohne dass dies zu einer Erstattung führt.
73 Die Rechtsposition kann dem Nacherben nicht entzogen werden. Das Anwartschaftsrecht ist nicht nur veräußerbar, sondern auch vererblich (vgl. § 2108 BGB).
74 Dies wird abgelehnt durch den BFH vom 23.08.1995 (BStBl II 1996, 137).
75 S. BFH vom 23.08.1995 (BStBl II 1996, 137).
76 In anderen Rechtsordnungen tritt (z.B. im österreichischen Recht) bzw. trat (z.B. im römischen Recht) die Rechtsfolge des § 1922 BGB (unmittelbarer Vermögensübergang) erst mit der ausdrücklichen Annahme der Erbschaft ein (vorher besteht ein Schwebezustand).
77 Sog. unechte Rechtsbedingung. Ansonsten wird man sich um eine Umdeutung der unwirksamen bedingten Ausschlagung kümmern.

Im Erbrecht gibt es daneben nur noch drei weitere Institute, die zum Wegfall der Erbenstellung des Berufenen führen:

1. die Erbunwürdigkeit des Berufenen (»blutige Hand nimmt kein Erbe«) nach §§ 2339 ff. BGB,
2. den Erbverzicht,
3. den Entzug des Pflichtteilsrechts (§§ 2333 ff. BGB).

Zu (1) Erbunwürdigkeit:
§ 2339 BGB nennt vier Gründe, die zur Erbunwürdigkeit führen. Dabei müssen zwei Fallgruppen unterschieden werden.

In der gravierenden ersten Fallgruppe werden Fälle zusammengefasst, die **absolut** zur Erbunwürdigkeit führen. Es sind dies:

- Angriff auf das Leben oder auf die Testierfähigkeit des EL (»den EL in den Zustand zu versetzen, dass er unfähig ist, ein Testament zu errichten/aufzuheben«),
- widerrechtliches Verhindern des Testierens.

In der **zweiten (relativen)** Fallgruppe muss zusätzlich geprüft werden, ob das Testament noch besteht. Es sind dies die Fälle der

- arglistigen Täuschung/widerrechtliche Drohung zur Erwirkung eines Testaments,
- Fälschungshandlung (wie z.B. Urkundenfälschung).

Im Falle der späteren Unwirksamkeit des Testaments (z.B. durch Widerruf) läuft diese Regelung allerdings leer.

Zu (2) Erbverzicht:
Anders als bei der Ausschlagung ist der Erbverzicht zu Gunsten Dritter möglich und kann auch auf Pflichtteilsrechte beschränkt werden (§ 2346 Abs. 2 BGB).

Zu (3) Entzug der Pflichtteilsberechtigung:
Noch zu Lebzeiten kann schließlich der EL den Pflichtteilsberechtigten (Abkömmlingen, Eltern, Ehegatten) den Pflichtteil entziehen, wenn sie sich eines der nachgenannten Vergehen schuldig gemacht haben (§§ 2333 ff. BGB).

Mit dem **ErbrechtsreformG (2009)** sind die Entziehungsgründe neu gefasst worden:

Pflichtteilsentzug bei			
Grund/ggb.	Abkömmlingen	Eltern	Ehegatten
Nr. 1: Angriff auf das Leben (des EL/des Abkömmlings – neu: inkl. der Stief- und Pflegekinder und des Lebenspartners)	ja	ja	ja
Nr. 2: körperliche Misshandlung (EL)	ja	nein	ja
Nr. 3: Verbrechen/schweres Vergehen (gegen EL)	ja	ja	ja
Nr. 4 • Freiheitsstrafe von mindestens einem Jahr (ohne Bewährung) oder • Unterbringung in einer psychiatrischen Anstalt wegen vergleichbar schwerer Tat und unzumutbare Beteiligung der betr. Person am Nachlass.	ja	ja	ja

3.4.2 Steuerliche Motive für die Ausschlagung

Neben der hohen Erbschaftsteuerbelastung sind es vor allem ungeschickte Testamente, die zu einer überflüssigen doppelten Belastung der Erbschaft führen, wenn etwa gleich alte Ehegatten sich bei Produktivvermögen gegenseitig einsetzen und die nächste Generation schon die Firmenleitung übernommen hat. Weitaus gravierender als diese Nachteile, die sich ggf. noch durch eine **Nachlasstrennung** (sog. separatio bonorum[78]) beheben lassen, sind jedoch falsche Testamente aus einkommensteuerlicher Sicht. Dies ist z.B. der Fall, wenn durch letztwillige Anordnungen die personelle Verflechtung bei einer Betriebsaufspaltung aufgehoben wird und es somit zur Betriebsaufgabe bei der Besitzgesellschaft kommt. Ähnliche Problemlagen bestehen bei Testamenten von PersG, wenn diese nicht mit dem Gesellschaftsvertrag abgestimmt sind und von daher durch sachliche Zuweisungen (des Sonderbetriebsvermögen an Nicht-G'fter) der betriebliche Zusammenhang gelöst wird und es so zur Steuerentstrickung kommt.[79] In diesen Fällen bleibt oftmals nur die Ausschlagung, wenn und soweit in der Person des Nächstberufenen (des Ersatzerben) die steuerlichen Qualifikationsmerkmale vorliegen, die ungewollte Ertragsteuerfolgen verhindern helfen.

---

78 Nach §§ 1975 ff. BGB wird die Trennung (Nachlassverwaltung/-insolvenz) durchgeführt, um für die Ansprüche der Gläubiger nur das Nachlassvermögen und nicht auch das Eigenvermögen des Erben haften zu lassen.
79 *Flick* (DStR 2000, 1816) listet sieben Gründe auf, die eine Ausschlagung dringend geboten sein lassen:
 • Widerspruch zwischen Testament und Gesellschaftsvertrag,
 • unfreiwillige Entnahmen (mit Zwangsrealisation der Reserven),
 • übersehene Gewinnrealisierung bei Erbauseinandersetzung,
 • Wegfall der persönlichen Voraussetzungen bei der Betriebsaufspaltung,
 • kurzzeitiges Hintereinander-Versterben beim Berliner Testament,
 • Überspringen von Generationen,
 • Vorversterben.

Umgekehrt kann die Ausschlagung als Gestaltungsinstrument eingesetzt werden.[80] In den meisten Fällen wird jedoch die »Abkürzung des Zuwendungsweges« die nachträgliche Korrektur des Erblasserwillens auslösen.

Beispiel 17: »Der Onkel aus Amerika«
M ist zunächst angenehm überrascht, als sie erfährt, dass sie von ihrem Onkel O aus Amerika das in Oggersheim befindliche MFH (Steuerwert 3 Mio. €) als Erbschaft erhält. Erste Erkundigungen ergeben jedoch, dass das MFH in Oggersheim ein Verdrussobjekt ist und sich dieser Aufgabe ihr einziger Sohn S, ein Immobilienfachwirt, besser annehmen könnte. S, der ohnehin alles erben wird, ist neben seiner Mutter der einzige Verwandte des Erblassers (Erbfall 2010).

Ein einfacher steuerlicher Belastungsvergleich belegt die Notwendigkeit der **Ausschlagung**, gekoppelt mit der Erbeinsetzung des Sohnes (1. Variante).
Als Alternative wird die Annahme der Erbschaft, verbunden mit einer anschließenden Schenkung (2. Variante), diskutiert.

Lösung:
1. Variante:
Auch, wenn der Erblasser O in Amerika wohnt und damit Steuerausländer ist, liegt in beiden Fällen (M wie S als Erbe) ein steuerbarer Erwerb nach § 1 Abs. 1 i.V.m. § 2 Abs. 1 Nr. 1 Buchst. a ErbStG vor, da jeweils ein Beteiligter des Erwerbsvorganges Inländer ist. Selbst wenn das MFH in Washington belegen wäre, begründet der Erbfall die Steuerpflicht von M bzw. S als unbeschränkt steuerpflichtige Erwerber.
In beiden Varianten ist von einem Steuerwert von 3 Mio. € auszugehen. In der ersten (Ausschlagungs-)Variante kommt eine Eingruppierung von S in StKl. II nach § 15 ErbStG nicht in Betracht; keine der dort genannten Verwandtschaftsverhältnisse triff auf S in seinem Verhältnis zu dem Onkel seiner Mutter zu.
Der steuerpflichtige Erwerb des S von Todes wegen (§ 1 Abs. 1 Nr. 1 i.V.m. § 2 Abs. 1 Nr. 1 S. 2 Buchst. a i.V.m. § 3 Abs. 1 Nr. 1 und § 10 Abs. 1 S. 1 (§ 12 Abs. 3) i.V.m. § 10 Abs. 5 Nr. 3 und § 16 Abs. 1 Nr. 5 ErbStG (StKl. III)) beläuft sich auf 2.969.700 € (3 Mio. € abzüglich 10.300 € Bestattungskostenpauschale und 20.000 € Freibetrag); dieser wird gem. § 19 Abs. 1 ErbStG mit 30 % besteuert; die Steuer beträgt **890.910 €**.

2. Variante:
Demgegenüber sieht die Gegenrechnung der Steuer für die zweite (Schenkungs-)Variante so aus[81]: M befindet sich als Nichte des O in StKl. II (§ 15 Abs. 1 Nr. 3 ErbStG); danach führt der Erbgang (O → M) zu einem steuerpflichtigen Erwerb von 2.969.700 € (3 Mio. € ./. 10.300 € ./. 20.000 €); er wird gem. § 19 ErbStG mit 30 % besteuert; Steuer darauf: **890.910 €**).
Die nachfolgende Schenkung (M → S) führt gem. § 1 Abs. 1 Nr. 2 i.V.m. § 7 Abs. 1 Nr. 1 ErbStG zu einem steuerpflichtigen Erwerb von 2.600.000 € (3 Mio. € ./. 400 T€). Bei der gegebenen StKl. I (19 %) werden für die Schenkung **494.000 €** Steuer fällig. Insgesamt sind also bei dieser Variante 1.384.910 € Steuern zu zahlen.
Im Ergebnis sparen sich M und S bei der Ausschlagung die zweite Steuer i.H.v. 494.000 €.

---

80 Statt aller *von Oertzen/Reich* ZEV 2010, 281 (dort: Ausschlagung eines Ehegattenvermächtnisses).
81 § 27 ErbStG kommt nicht zur Anwendung, da eine Schenkung vorliegt.

3.4.3 Die marktwirtschaftliche Ausschlagung – gegen Entgelt

Häufiger und typischer ist jedoch die Ausschlagung gegen eine Abfindung.

Beispiel 17a: Die kapitalistische Nichte des großzügigen Onkels aus USA
M ist nicht bereit, ihrem Sohn das MFH (Steuerwert: 3 Mio. €) ganz ohne Gegenleistung zukommen zu lassen. S und M vereinbaren daher einen Ausgleichsbetrag von 1,5 Mio. €.

In den Fällen, da der eingesetzte Erbe über kein anderweitiges Vermögen verfügt, bietet sich die Ausschlagung gegen Abfindung an. Nach § 3 Abs. 2 Nr. 4 ErbStG wird die (auch ein-kommensteuerrelevante[82]) Entgeltsvereinbarung zwischen S und M als Bereicherung des Ausschlagenden besteuert, und zwar als Erwerb von Todes wegen. Konsequenterweise führt dies zur Anwendung der StKl. II gem. § 15 Abs. 1 Nr. 3 ErbStG, da das Verhältnis der M zu ihrem Onkel zugrundegelegt wird. Umgekehrt kann der Abfindende S den Abfindungsbetrag bei seinem steuerpflichtigen Erwerb als Nachlassschuld gem. § 10 Abs. 5 Nr. 3 ErbStG (»Kosten zur Erlangung des Erwerbs«) abziehen.

Lösung: Bei der konkret vorliegenden Steuerklassensituation (S hat StKl. III) kann – bei einem stpfl. Erwerb von > 6 Mio. € – die gewählte entgeltliche Abfindung zu einem weiteren Vorteil führen, der in der Progressions- (besser: Degressions-) Wirkung der abzuziehenden Nachlassschuld liegt.

3.5 Pflichtteile und ihre »Abfindung«[83]

Häufig wird bei Testamentsgestaltungen vergessen, dass den enterbten Angehörigen (Ehegatte, Abkömmlinge und Eltern) ein (schuldrechtlicher) Pflichtteilsanspruch zusteht, der auf die Hälfte des Wertes des gesetzlichen Erbteils gerichtet ist (§ 2303 BGB). Nachdem der Erblasser das Pflichtteilsrecht nicht durch letztwillige Verfügung aufheben kann, muss er versuchen, den Pflichtteilsberechtigten zu einem Verzicht auf den Anspruch zu bewegen. Hierfür wird der Berechtigte eine Gegenleistung fordern.

Für den Fall schließlich, dass der Pflichtteilsanspruch durch eine Sachleistung erfüllt wird, ist es für den Anspruchssteller wegen der geringeren Bewertung regelmäßig vorteilhafter, den Pflichtteilsanspruch nicht in bar geltend zu machen. Umgekehrt erfüllt der Erbe den Pflichtteilsanspruch lieber als Geldleistung, da er hier den Nominalwert (und nicht den geringeren Steuerwert) abziehen kann. Die Entscheidung im Einzelfall hängt von der jeweiligen Erbschaftsteuerbelastung der Beteiligten (Erbe/Pflichtteilsberechtigter) ab. Nachdem im Regelfall eine höhere Erbschaftsteuerbelastung beim Erben unterstellt werden kann, wird die Erfüllung des Pflichtteilsanspruchs mit einer Barzahlung statt einer Sachleistung die – im Gesamtergebnis – vorteilhafte Lösung sein.

---

82 S. Tz. 40 S. 4 des BMF-Schreibens zur Erbauseinandersetzung vom 10.01.1993 (BStBl I 1993, 62): Als vom Erblasser zugewendet gilt nach § 3 Abs. 2 Nr. 4 ErbStG (2011) auch das, was für die Zurückweisung eines Rechts aus einem Vertrag des Erblassers zugunsten Dritter auf den Todesfall oder anstelle eines anderen in Abs. 1 genannten Erwerbs gewährt wird. Hier hat der Gesetzgeber eine Lücke geschlossen, um Abfindungen für jede Art von Verzicht auf das vom Erblasser Bestimmte dem ErbStG zu unterwerfen.

83 Zu Pflichtteilen allgemein (und zum Pflichtteilsanspruch im System des erbschaftsteuerlichen Vermögensanfalls) *Seer/Krumm*, ZEV 2010, 57.

4 Erbrechtliche Grundsätze und ihre Umsetzung im Erbschaftsteuerrecht

4.1 Die Rechtsnachfolge im Erbrecht und im Erbschaftsteuerrecht

Nicht nur bei strittigen Auslegungsfragen zum aktuellen Text des ErbStG spielt die systematische Stellung und die steuerliche Standortbestimmung eine große Rolle. Auch im »offensiven Steuerbereich«, d.h. in der Steuerrechtsgestaltung, stößt der Steuerbelastungsvergleich schnell an seine Grenze, wenn man nicht die Funktions- und Wirkweise einer Einzelsteuer als Gestaltungsvariable einzusetzen versteht. Nach der herrschenden Steuerverfassungsdoktrin ist die Erbschaftsteuer **keine achte Einkommensteuerart**, da sie eben nicht den Einkommenszuwachs besteuert, sondern den Reinvermögenszugang nach der Übertragung von Vermögen. Die Vermögens- (oder noch allgemeiner: die Rechts-)Übertragung ist der logische Anknüpfungspunkt. Konsequent ist sie rechtstechnisch als Erbanfallsteuer und nicht als letzte Vermögensteuer des Zuwendenden ausgestaltet.[84] Ihr logisches Komplement, die Schenkungsteuer, verzichtet auf den Anknüpfungspunkt des Gesamterwerbs und nimmt sich als kleine Schwester der einzelnen (teil-)unentgeltlich zugewendeten Gegenstände und Vermögensmassen an. Eine Mittelstellung nimmt die vom BGB nicht vorgesehene, von der Praxis geschaffene vorweggenommene Erbfolge ein. Von den Gesamtaspekten der Rechtsnachfolge erfasst die Erbschaft- (und die Schenkung-)steuer nur die Bereicherung in der Person des Erwerbers. Nicht geregelt wird z.B. der Übergang von Rechtspositionen, wie er für die Diskussion der Nachfolge im öffentlichen Recht, aber auch im USt-Recht und im ESt-Recht, charakteristisch ist.[85]

Demgegenüber regelt das 5. Buch des BGB umfassend den Erbfall als Prototyp der Gesamtrechtsnachfolge, während die §§ 516 ff. BGB nur andeutungsweise die unentgeltliche Einzelrechtsnachfolge behandeln. Dieser Unterscheidung folgend (Universalsukzession von Todes wegen und Singularsukzession unter Lebenden) sind über das BGB und über das ganze Zivilrecht Regelungen verstreut, die nur einzelne Aspekte wie z.B. die Universalsukzession (Umwandlungsrecht), die Unentgeltlichkeit von Übertragungen (vorweggenommene Erbfolge) bzw. den Übergang von Todes wegen (Sonderinstitut des § 2301 BGB) behandeln.

Die Auswirkungen der phänotypischen Unterscheidung zwischen dem **ganzheitlichen Erbfall** und der **singulären Schenkung** für die Erbschaftsteuer konnten bereits bei der Wertermittlung der Bereicherung nach § 10 ErbStG aufgezeigt werden. Die skizzierte Gesetzeslandschaft wird massiv durch die Rspr. des BGH beeinflusst. Bestimmte steuerliche Folgefragen sind ohne Kenntnis der einschlägigen Rechtsentwicklung praeter legem (neben dem Gesetz) nicht versteh- und beantwortbar.

---

84 Hierzu *Tipke*, Steuerrechtsordnung Band II, Rz. 745 ff.
85 Zum USt-Recht vgl. *V. Schmidt*, Teil B, Kap. VIII 2.4 sowie zum ESt-Recht vgl. *Preißer*, Band 1, Teil B, Kap. III 2.3.3 und III 4.

4.2 Fundamentalprinzipien im Lichte der BGH-Rechtsprechung/ steuerliche Konsequenzen

Das Erbrecht fußt auf dem Prinzip der **Gesamtrechtsnachfolge** (§ 1922 BGB): Das ganze Vermögen geht von Gesetzes wegen (d.h. ohne weitere Voraussetzungen) auf den (die) Nachfolger über.

Beispiel 18: Das Problem der Erben des Tycoon T
Zum Nachlass des süddeutschen Industriellen T gehören u.a.:
- Inhaberaktien der börsennotierten Nürnberger Tycoon-T-AG (Wert: 600 Mio. €),
- eine Komplementärbeteiligung an der Münchner Tycoon-M-KG (Wert: 300 Mio. €),
- eine Kommanditistenbeteiligung an der Passauer Tycoon-P-KG (Wert: 400 Mio. €),
- eine 50 %ige Beteiligung an der Regensburger Tycoon-GmbH (Wert: 200 Mio. €),
- ein Immobilienpark in Passau, der von der P-KG angemietet ist (Wert: 100 Mio. €),
- eine Baugenehmigung für ein vergleichbares Areal in Regensburg (geschätzter Wert: 50 Mio. €).

Der geschiedene T hinterlässt bei einem Flugzeugabsturz drei Kinder A, B und C. Seine Ehefrau hat bei früheren Scheidungsfolgeverhandlungen wirksam einen Erbverzicht erklärt. Für eine Testamentserrichtung fehlte ihm die Zeit.

Gem. § 1922 BGB i.V.m. §§ 2032 ff. BGB gehen alle Vermögensbestandteile von Gesetzes wegen als Ganzes auf die Erbengemeinschaft A, B und C über. Gesonderte Übertragungsakte (wie etwa eine notarielle Auflassung für das Grundstück) sind nicht erforderlich.

Den Gegenpol dazu bildet jedoch im Steuerrecht § 39 Abs. 2 Nr. 2 AO. Danach kommt jedes der drei Kinder – nach Abzug aller Freibeträge – für 1/3 der Erbschaftsteuer in Betracht, ggf. haftet der Nachlass gem. § 20 Abs. 3 ErbStG (bzw. § 1967 BGB bzw. § 45 Abs. 2 S. 1 AO) für die komplette Steuer.

Bereits bei der Frage der nach § 1922 BGB übergangsfähigen (und damit steuerbaren) Positionen können Zweifel bei der Baugenehmigung bestehen, da es sich um eine öffentlich-rechtliche Rechtsposition handelt. Nach gefestigter Rspr. der Verwaltungsgerichte bzw. nach den meisten landesrechtlichen Bestimmungen gehen bestandskräftige Baugenehmigungen als sog. dingliche VA auf den (die) Rechtsnachfolger über. Darüber hinaus ist ebenso gesichert, dass öffentlich-rechtliche Rechtspositionen mit Vermögenscharakter an der Gesamtrechtsnachfolge des § 1922 BGB teilhaben.[86]

Eine Zwitterstellung bei der Frage übergangsfähiger Vermögenspositionen kommt den Beteiligungen an PersG zu (s. Kap. 4.2.1).

Lösung (zu den Nachlassgegenständen mit Ausnahme der PersG-Beteiligungen): Die Immobilien in Passau gehen auf die Erbengemeinschaft ohne notarielle Auflassung über, können dabei jedoch enorme einkommensteuerliche Folgen auslösen, wenn eine Aufnahme der Kinder in die P-KG aus irgendwelchen Gründen scheitern sollte. Werden die (oder nur eines der) Kinder jedoch nicht Nachfolger in der P-KG, so liegt insoweit eine Entnahme des Sonderbetriebsvermögens (des Erblassers an der P-KG) vor (§ 6 Abs. 1 Nr. 4 EStG).

---

[86] S. die zusammenfassende Kurzdarstellung bei *Palandt*, § 1922 Rz. 10. Damit stimmt überein, dass nur Vermögenspositionen auf die Erben übergehen. Vom Übergang ausgeschlossen sind Nicht-Vermögenswerte und höchstpersönliche Positionen.

Ebenso problemlos und kostenlos, d.h. ohne Notargebühren, gestaltet sich die Nachfolge in die Beteiligungen an den beiden KapG. Dabei spielt es zunächst keine Rolle, ob es sich bei den Beteiligungen um Wertpapiere (Aktien) oder nur um bloß verbriefte GmbH-Geschäftsanteile handelt. Die Nachfolge in Kapitalbeteiligungen folgt – bei fehlendem Satzungsausschluss – ausnahmslos dem Grundsatz der §§ 1922, 2032 ff. BGB. A, B und C beerben den T mit sofortiger Wirkung, allerdings bis zur Auseinandersetzung gesamthänderisch gebunden, als G´fter der Nürnberger AG und der Regensburger GmbH.

Exkurs 1: Zu treuhänderisch gehaltenen PersG-Beteiligungen[87] hat die Verwaltung ihre ursprüngliche Auffassung (keine Privilegierung nach §§ 13a, b ErbStG) zwischenzeitlich aufgegeben und gewährt nunmehr auch bei Treuhand-Kommanditanteilen die volle BV-Vergünstigung (hierzu auch *Richter/Fürwentsches*, DStR 2010, 2070; s. auch FG Niedersachsen vom 28.07.2010, DStRE 2010, 1191).

Exkurs 2: Gerade im Zusammenhang mit **Immobilien** wird die Anlehnung des ErbStG an das Zivilrecht deutlich, wenn es um die konkrete **Nachlassposition** geht und wenn bei einem **Grundstückskaufvertrag** der Tod des Erblassers (§ 9 ErbStG) zwischen dem Kaufvertrag und der Auflassung bzw. der Eintragung im Grundbuch liegt. Im Vordergrund der verschiedenen Fallkonstellationen, die sehr ausführlich (i.S.e. Fallgruppenbildung) in den ErbStR geregelt sind[88], steht der Gedanke, dass das Grundstück erst im Zeitpunkt der (zuletzt vorgenommenen) Grundbucheintragung den Rechtsträger wechselt (§ 873 i.V.m. § 925 BGB). Bis dahin ist eine Immobilie noch beim Verkäufer (ggf. mit dessen Steuerwert) zu erfassen (s. auch § 12 Abs. 3 ErbStG i.V.m. § 138 Abs. 5 BewG). Die gegenseitigen Ansprüche inkl. der Anzahlungen sind als solche mit dem Nennbetrag zu erfassen, ebenso wie die noch nicht erbrachte Sachleistungsverpflichtung als Nachlassschuld mit dem gemeinen Wert zu behandeln ist. Die Auswirkungen auf die jeweils betroffenen Vertragspartner unter Einbeziehung ihrer steuerlichen Einkunftsspecifica werden in H 13a ErbStH (»Einzelfälle«) dargestellt. Vorgreiflich wird darauf hingewiesen, dass diese zeitliche Betrachtungsweise (Abstellen auf die Grundbucheintragung) nur für Erwerbe v.T.w. gilt, während bei Schenkungen von Immobilien andere Überlegungen zum Zeitpunkt der (ausgeführten) unentgeltlichen Übertragung angestellt werden (s. Kap. II 1.2.1).

> **Fall (ähnlich StB-Prüfung 2006/2007):**
> EL hat am 14.11.11 aufgrund eines notariellen Kaufvertrages von V eine Baulücke erworben (Kaufpreis: 6 Mio. €; noch nicht bezahlt). EL verkauft das Grundstück zum 28.12.11 beim Notar an K (Kaufpreis: 7 Mio. €; noch nicht bezahlt); Besitzübergang zum 01.01.12.
> Am 23.01.12 verstirbt EL; im Grundbuch wird der Eigentumsübergang am 27.01.12 eingetragen. Der Steuerwert des Grundstücks beträgt 3 Mio. €.
>
> **Lösung:** Am Todestag (23.01.08) erfolgt keine Bewertung mit dem Steuerwert, vielmehr sind die gegenseitigen vertraglichen Ansprüche/Verpflichtungen gem. § 12 BewG anzusetzen:
> die Kaufpreisforderung (gegen K) i.H.v. 7 Mio. €
> ./. die Kaufschuld (gegenüber V) i.H.v. 6 Mio. €.

---
87 Hierzu allgemein *Preißer*, Band 2, Teil B, Kap. I 3.3.3.
88 Vgl. H 13a ErbStH 2011 mit zahlreichen Beispielen (Stichwort »Einzelfälle«).

4.2.1 Sonderrechtsnachfolge bei vererbten Beteiligungen an Personengesellschaften

Lediglich bei den KG-Beteiligungen im Beispiel 18 sowie allgemein bei Beteiligungen an PersG (und darüber hinaus noch bei anderen Kompetenzobjekten[89]) wird der Übergang nach dem Leitbild des § 1922 BGB nicht funktionieren.

> **Beispiel 18a: Nachfolge in die KG-Beteiligung**
> Wie vollzieht sich konkret die Nachfolge in die KG-Beteiligungen des T?

Immer schon konnte die Frage der Übertragung und Vererbung von Beteiligungen an PersG nur in Verbindung mit dem jeweiligen Gesellschaftsvertrag gelöst werden. Sämtliche einzelgesetzlichen Regelungen, ob zur GbR, zur OHG, zur KG oder den sonstigen PersG, sind in diesem Punkt dispositiv. Nur bei fehlendem Vertrag oder bei fehlender Nachfolgeklausel gelten subsidiär die gesetzlichen Regelungen.

Nach der seit 01.07.1998 geltenden Neufassung des HGB werden Personenhandelsgesellschaften wie z.B. die OHG beim Tode eines G'fters nicht mehr ipso iure aufgelöst, sondern bleiben fortbestehen (§ 131 Abs. 3 Nr. 1 HGB).[90] Der Tod eines OHG-G'fters oder eines Komplementärs bei einer KG (§ 161 Abs. 2 i.V.m. § 131 Abs. 3 Nr. 1 HGB) berührt nicht die Existenz der PersG, sondern löst nur die Rechtsfolgen wie beim Ausscheiden des G'fters aus[91] (sog. Fortsetzungsklausel).

Anders (so wie nach dem alten Recht auch bei den Personenhandelsgesellschaften) verhält es sich beim Tode eines BGB-G'fters. Die GbR wird – sofern gesellschaftsvertraglich nichts anderweitig vereinbart – aufgelöst (§ 727 Abs. 1 BGB).

Losgelöst von der aktuellen Gesetzeslage beeinflusst jedoch das zwischenzeitlich von der Rspr. des BGH entwickelte Nachfolgekonzept bei allen PersG-Beteiligungen den Übergang. Wegen der Gefahr der sofortigen Erbauseinandersetzung bei mehreren Miterben geht die Beteiligung an einer PersG im Wege der **Sonderrechtsnachfolge** von Todes wegen auf die einzelnen Miterben über, soweit der Übergang gesetzlich oder vertraglich – durch eine sog. Nachfolgeklausel – gewährleistet ist. Die Beteiligung fällt nicht in den noch ungeteilten Nachlass[92]; die Miterben übernehmen sofort und aufgeteilt die Gesellschafterposition des Erblassers.[93] Dies bedeutet z.B., dass das Kapitalkonto des Alt-G'fters entsprechend der Anzahl der Miterben gesplittet wird und jedes der Kinder (hier: A, B und C) in die aufgespaltene »Drittelstellung« des T bei der KG einrückt. Dies gilt unabhängig von der Eigenschaft als Komplementär[94] oder Kommanditist. Hierauf aufbauend und in Anlehnung

---

89 Z.B. bei der landwirtschaftlichen Nachfolge gem. der landesrechtlichen HöfeO oder bei Mietwohnungen (§ 563 BGB).
90 Gleiche Rechtsfolge auch bei einer PartG, vgl. § 9 PartGG.
91 Beim Tod des Kommanditisten gilt (immer schon) § 177 HGB: Fortbestand der KG und »Einrücken« der Erben.
92 Damit sind komplizierte Fragen verbunden wie sie etwa bei der häufig angeordneten Testamentsvollstreckung an Kommanditisten-Anteilen auftreten: Nur an Nachlassgegenständen kann Testamentsvollstreckung angeordnet werden; bei Einwilligung der anderen G´fter soll dies dennoch möglich sein BGH vom 03.07.1989 (BGHZ 108, 187).
93 BGH (NJW 1983, 2376).
94 Dies setzt beim Komplementär allerdings eine vertragliche Vereinbarung voraus (sog. Nachfolgeklausel). Der Komplementär-Erbe hat allerdings das Recht, bei seinem Eintritt in die KG die Herabstufung auf den Kommanditanteil zu verlangen (§ 139 Abs. 1 HGB).

an die **vertragliche Gestaltungspraxis** hat sich ein Nachfolgekonzept bei Beteiligungen an PersG entwickelt, das von folgenden Alternativen ausgeht[95]:

1. Bei der **Auflösungsklausel** wird die PersG aufgelöst und die Erbengemeinschaft tritt an die Stelle des Alt-G'fters und ist (nur in diesem Fall) Partner der zu liquidierenden PersG; dies entspricht dem gesetzlichen Leitbild bei der GbR (§ 727 BGB).
2. Bei Vereinbarung der sog. **Fortsetzungsklausel** werden die Erben nicht G'fter, sondern haben einen Anspruch auf das Abfindungsguthaben nach § 738 BGB, während der Gesellschafts-Anteil des Erblassers auf die verbleibenden G'fter übergeht (sog. An-/Abwachsung). Die PersG wird unter den Alt-G'ftern fortgesetzt; dies entspricht dem gesetzlichen Leitbild bei der OHG[96] (und der PartG[97]).
3. Bei der **einfachen Nachfolgeklausel** erhält jeder der Miterben den seiner Erbquote entsprechenden Anteil am Kapitalkonto, die Gesellschafterstellung geht somit qua Sonderrechtsnachfolge auf die einzelnen Miterben über; dies entspricht dem gesetzlichen Leitbild beim Todes eines Kommanditisten einer KG (§ 177 HGB).
4. Bei der **qualifizierten Nachfolgeklausel** geht der Anteil des Alt-G'fters auf einen (oder mehrere) privilegierte Miterben ungeteilt über; wegen der – verglichen mit der Erbquote – einhergehenden Privilegierung ist der G'fter-Miterbe den anderen zum Ausgleich verpflichtet.
5. Bei der **Eintrittsklausel** wird einem Dritten ein Optionsrecht auf Eintritt in die PersG gewährt. Gelegentlich wird der Anwendungsbereich der Eintrittsklausel auch für den Fall reklamiert, dass ein (Mit-)Erbe nicht automatisch Nachfolger wird, sondern erst nach Ausübung des Gestaltungsrechts.

Lösung:
- Die Vererbung der Komplementärbeteiligung vollzieht sich gem. § 161 Abs. 2 HGB i.V.m. § 131 Abs. 3 Nr. 1 HGB nach den gesetzlichen Regeln der OHG. Die M-KG wird unter den verbleibenden G'ftern fortgesetzt.[98] Die Erbengemeinschaft A,B,C hat einen Abfindungsanspruch gegen die KG.
- Die Vererbung der Kommanditbeteiligung folgt § 177 HGB. Danach übernehmen die Erben A,B und C die Gesellschafterstellung des T und zwar im Wege der Sonderrechtsnachfolge. Jeder der Erben (und nicht etwa die Erbengemeinschaft) rückt anteilig und unmittelbar (hier: zu je 1/3) in die Rechtsstellung des T bei der KG ein.

4.2.2 Die Erbschaftsteuer bei der vererbten Mitunternehmerschaft

Während die technischen Details zur Bewertung der Anteile an PersG ausführlich in Kap. III 3 behandelt werden, werden nachfolgend die erbschaftsteuerrechtlichen Aspekte der einzelnen Nachfolgekonzepte untersucht. Zum besseren Verständnis wird eine kurze »steuertechnische« Einführung der rechtlichen Klauseldiskussion vorangestellt.

---

[95] Sehr ausführliche Darstellung bei *Leipold* in MüKo, § 1922, Rz. 32–46 sowie bei *Neumayer/Imschweiler*, DStR 2010, 201 und *Hochheim/Wagenmann*, DStR 2010, 1707.
[96] § 131 Abs. 3 Nr. 1 HGB.
[97] § 9 Abs. 1 PartGG.
[98] Voraussetzung für die bestehen bleibende Rechtsform einer KG ist allerdings, dass einer der bisherigen Kommanditisten die Stellung eines Komplementärs einnimmt, soweit nicht ohnehin ein weiterer Komplementär bei der M-KG vorhanden ist.

4.2.2.1 Bewertung ab 2009 – Grundzüge

Nach § 109 Abs. 2 S. 1 BewG ist der Wert eines Anteils am Betriebsvermögen einer PersG i.S.d. § 97 Abs. 1 S. 1 Nr. 5 S. 1 BewG nunmehr mit dem gemeinen Wert anzusetzen. Für die Ermittlung des gemeinen Werts gilt § 11 Abs. 2 BewG entsprechend (s. § 109 Abs. 2 S. 2 BewG). Danach ist nicht mehr die Summe der einzelnen, zum Betriebsvermögen gehörenden WG maßgebend, sondern im Regelfall der durch ein Ertragswertverfahren berechnete Gesamtwert.

Es gelten nunmehr die (aktuellen) tatsächlichen Verhältnisse und Wertverhältnisse zum Bewertungsstichtag (Besteuerungszeitpunkt s. § 11 und § 9 Abs. 1 Nr. 1 ErbStG). Ergebnis der Bedarfsbewertung ist der Wert des Anteils am Betriebsvermögen der PersG (Betriebsvermögenswert s. § 157 Abs. 5 BewG).

Nachfolgend werden die Bewertungsverfahren i.V.m. den Privilegierungen gem. § 13a, b ErbStG in Abhängigkeit von der jeweiligen Nachfolgeklausel dargestellt.

Im Zuge der am 01.01.2009 in Kraft getretenen Erbschaftsteuerreform sind die erbschaftsteuerlichen Folgen der Übertragung von BV grundlegend neu geregelt worden. Für nicht börsennotierte Unternehmen kann ein **vereinfachtes Ertragswertverfahren** angewendet werden (§§ 199–203 BewG).

Das BVerfG hat es gebilligt, dass auf einer 2. Stufe die verkehrswertorientierte Bewertung zur Förderung nichtsteuerlicher Lenkungszwecke durchbrochen werden darf. Daher sieht das ErbStG in einem zweiten Schritt verschiedene **Verschonungsregelungen** vor, die zu einem sukzessiven Erlass der Erbschaftsteuer führen können. Für Erwerber von Unternehmen bestehen zwei Optionen, die zu einer vollständigen Steuerbefreiung (**Option A**) oder zu einer Steuerbefreiung von 85 % (**Option B**) führen können.

Für **Erwerbe nach dem 31.12.2009** ist Voraussetzung

- für die **Option A**, dass das Verwaltungsvermögen des erworbenen Betriebes nicht mehr als 10 % des betrieblichen Gesamtvermögens beträgt, der erworbene Betrieb im Kern sieben Jahre fortgeführt wird und die Lohnsumme nach sieben Jahren nicht weniger als 700 % der Ausgangslohnsumme zum Erbzeitpunkt beträgt.
- für die **Option B**, dass das Verwaltungsvermögen des erworbenen Betriebes nicht mehr als 50 % des betrieblichen Gesamtvermögens beträgt, der erworbene Betrieb im Kern fünf Jahre fortgeführt wird und die Lohnsumme nach fünf Jahren nicht weniger als 400 % der Ausgangslohnsumme zum Erbzeitpunkt beträgt. Es gilt eine Freigrenze von 150.000 €.

Für Betriebe, die nicht mehr als 20 Arbeitnehmer (sog. Beschäftigungsquorum) beschäftigen, wird der Verschonungsabschlag auch ohne Einhaltung der genannten Lohnsummen gewährt.

	Option A	Option B
Verschonungsabschlag (steuerfrei)	100 %	85 %
zu versteuern	0 %	15 %
Behaltensfrist und Einhaltung der Lohnsumme	7 Jahre	5 Jahre
Verhältnis Ausgangslohnsumme zu Lohnsumme in sieben bzw. fünf Jahren	700 %	400 %
max. Verwaltungsvermögen	10 %	50 %

Beim Erwerb von begünstigtem BV wird gemäß § 19a ErbStG ein Entlastungsbetrag gewährt, der wie eine Anwendung der günstigen Stkl. I auf das BV wirkt.[99]

Nachfolgend werden die grundsätzlichen erbschaftsteuerlichen Folgen der oben genannten Fallgestaltungen nach dem Tode eines G'fters dargestellt:

- Bei **Fortsetzung unter den übrigen G'ftern** gilt der Übergang der Gesellschaftsbeteiligung des Erblassers auf die überlebenden G'fter als Schenkung auf den Todesfall gemäß § 3 Abs. 1 Nr. 2 Satz 2 ErbStG, soweit der nach § 12 ErbStG i.V.m. § 11 Abs. 2 BewG ermittelte Verkehrswert seines Anteils z.Zt. seines Todes Abfindungsansprüche Dritter übersteigt (s. hierzu auch sehr unsystematisch R 3.4 und R 10.13 ErbStR). Unter der alten Rechtslage traten selten Sachverhalte auf, in denen der Abfindungsanspruch den Steuerwert der Beteiligung unterschritt. Da Beteiligungen an PersG mit dem Buchwert der StBil, ggf. mit Wertkorrekturen für einzelne WG, bewertet wurden, ergaben sich selbst bei Anwendbarkeit sog. »Buchwertklauseln« keine wesentlichen Abweichungen. Durch die seit dem 01.01.2009 vorzunehmende Bewertung zum Verkehrswert wird der Steuerwert der Beteiligung zukünftig sehr häufig den Abfindungsanspruch übersteigen. Insb. Abfindungen nach »Buchwertklauseln« oder »Substanzwertklauseln« werden unter dem Verkehrswert liegen, so dass sich für die verbleibenden G'fter erhebliche Belastungen mit Erbschaftsteuer ergeben können. Die Verschonungsregelungen des § 13a ErbStG und die Tarifbegrenzung des § 19a ErbStG können von den verbleibenden G'ftern in Anspruch genommen werden.
- Gemäß § 3 Abs. 1 Nr. 1 ErbStG unterliegt der **Abfindungsanspruch** der Erben, die nicht G'fter werden, ebenfalls der ErbSt. Der Abfindungsanspruch wird **nicht dem BV**, sondern dem PV zugeordnet, so dass die Verschonungsregelungen des § 13a ErbStG und die Tarifbegrenzung gemäß § 19a ErbStG nicht zur Anwendung kommen. Ggf. vorhandenes Sonder-BV des Erblassers wird ins PV überführt. Den Erben steht daher auch für das Sonder-BV weder die Verschonungsregelungen noch die Tarifbegrenzung für BV zu.
- Wird ein Anteil an einer PersG aufgrund einer **einfachen Nachfolgeklausel** vererbt, unterliegt auch dieser Vorgang gemäß § 3 Abs. 1 Nr. 1 ErbStG der ErbSt. Jeder Miterbe wird gemäß seinem Anteil am Steuerwert der Gesellschaftsbeteiligung besteuert. Da in diesem Fall BV vererbt wird, kommen die Verschonungsregelungen gem. § 13a ErbStG und die Tarifbegrenzung nach § 19a ErbStG zur Anwendung.
- Sofern der Erblasser über Sonder-BV verfügt, bleibt dieses Sonder-BV bei den Erben, da diese unmittelbar Mitunternehmer geworden sind. Die Verschonungsregelungen und die Tarifbegrenzung finden also Anwendung.
- Die **qualifizierte Nachfolgeklausel** stellt sich nach einer Entscheidung des BFH als ein gesellschaftsrechtlich besonders ausgestalteter Unterfall einer bloßen Teilungsanordnung dar. Der Erwerb durch Erbanfall wird daher gem. § 3 Abs. 1 Nr. 1 ErbStG wie ein Erwerb durch alle Erben behandelt (vgl. BFH vom 01.04.1992, BStBl II 1992, 669).
- Für **Sonder-BV** besteht die Problematik, dass dieses in den Nachlass fällt und sämtlichen Erben anteilig zuzurechnen ist. Dadurch findet i.H.d. Erbquote der nicht qualifizierten Erben eine Entnahme in das PV statt. Für diesen Anteil im PV finden weder die Verschonungsregelungen gem. § 13a ErbStG noch die Tarifbegrenzung gem. § 19a ErbStG Anwendung.

---

99 Vgl. zu Einzelheiten der Neuregelung: *Rödl/Preißer*, Erbschaft- und Schenkungsteuer, Kompakt-Kommentar, 2009, §§ 13a, 13b, S. 810 ff.

- Auch bei einer **Eintrittsklausel** ist von einem Erwerb durch den Erbanfall auszugehen, soweit der Eintrittsberechtigte sein Eintrittsrecht ausübt. Demgemäß stehen dem Eintretenden die Begünstigungen gem. §§ 13a, 19a ErbStG zu. Wenn die Erben ihr Eintrittsrecht nicht wahrnehmen, gilt für die Fortsetzung der Gesellschaft unter den übrigen G'ftern und den Abfindungsanspruch der Erben dieselbe Rechtsfolge wie bei einer Fortsetzung unter den überlebenden G'ftern.

4.3 Bedeutung von § 10 ErbStG, insbesondere die Schulden im Erbfall (§ 10 Abs. 5ff. ErbStG)

4.3.1 Der steuerpflichtige Erwerb gemäß § 10 ErbStG

Mit (dem schon mehrfach angesprochenen) § 10 ErbStG wird die Bemessungsgrundlage des steuerpflichtigen Vermögensanfalls definiert. Er gilt für beide Kategorien der steuerpflichtigen Erwerbsvorgänge, hat aber insb. für den Erwerb von Todes wegen eine konstitutive Bedeutung. Der sich nach dem ersten Abschnitt des ErbStG ergebende (Brutto-)Vermögensanfall wird in § 10 ErbStG zunächst mit dem Begriff der Bereicherung (§ 10 Abs. 1 S. 1 ErbStG) auf die erste Stufe des Nettobetrages reduziert. Davon werden auf der zweiten Stufe der Ermittlung des steuerpflichtigen Erwerbs die zahlreichen Freibeträge und Befreiungen abgezogen.[100]

Die Absätze 2 bis 4 behandeln Sonderfragen der Eingrenzung des Vermögensanfalls, auf die aus Gründen des Sachzusammenhangs an der jeweiligen Stelle näher eingegangen wird. In den folgenden Absätzen sind die legalen Abzugsgrößen beim Vermögensanfall definiert, von denen die Nachlassverbindlichkeiten eine Sonderstellung einnehmen.

Neu aufgenommen wurde mit dem ErbStRefG (2008) die Regelung in § 10 Abs. 1 S. 3 ErbStG, wonach etwaige **Steuererstattungsansprüche** bereits mit ihrem materiell-rechtlichen Gehalt (als sog. abstrakte Ansprüche) und nicht erst mit der Konkretisierung durch einen Steuerbescheid zu erfassen sind. Weiter präzisiert etwa R 10.3 Abs. 2 und Abs. 3 ErbStR für ESt-Erstattungsansprüche den Entstehens-Zeitpunkt im Todesjahr mit dem Ende des VZ, in dem der Tod des Erblassers eingetreten ist.

Hinweis: Erstattungsansprüche aus den Vortodesjahren erhöhen die Bereicherung des Erben, unabhängig davon, ob diese schon durch Bescheid festgesetzt sind. Gem. R 10.3 Abs.4 ErbStR sind diese Regelungen auch auf Erstattungszinsen anzuwenden.

4.3.2 Die Schulden im Erbfall

Nachlassschulden ziehen häufig kontroverse Rechtsfolgen nach sich.

> **Beispiel 19: Die nicht zur Ruhe kommenden Erben**
> Der selbständige Anästhesist A erleidet bei einer von ihm assistierten Operation einen Kreislauf-Kollaps und verstirbt daraufhin am 02.01.11. Er hinterlässt neben Aktivvermögen im (Steuer-)Wert von 1 Mio. € auch Steuerschulden aus der Veranlagung des Jahres 07 i.H.v. 0,8 Mio. €.[101]

---

100 In der Kommentarliteratur wird hierfür auch das Begriffspaar »Nettobetrag I« und »Nettobetrag II« verwendet (vgl. *Meincke*, ErbStG-Komm. § 10 Rz. 2).

101 Mögliche Erklärung: Die Abschreibung – und damit die Verluste – für eine zu spät aufgelegte Schiffsbeteiligung wurden nicht anerkannt.

Noch nicht berücksichtigt ist, dass A zehn wertvolle »Versace«-Anzüge besaß, deren Anschaffung er komplett fremdfinanziert hat (40 T€). Erben sind die Ehefrau EF (ansehnliches Eigenvermögen[102]) und das einzige Kind, Tochter T.

Insb. wegen der schnellen Auseinandersetzung der Erbengemeinschaft hat A seinen StB B als Testamentsvollstrecker eingesetzt (Honorar: 20 T€), der auch für die Erbschaftsteuererklärung zuständig ist (Honorar 2 T€).

Zusatzfrage: Was gilt für eine Einkommensteuerschuld im/für das Todesjahr?

An kaum einer anderen Stelle lässt sich die **unterschiedliche** Beurteilung ein- und derselben Größe für die beiden betroffenen Teilrechtsordnungen, das Steuerrecht und das Erbrecht, deutlicher manifestieren als in der Behandlung der Nachlassschulden. Während diese Schulden nicht selten für den (die) vorgesehenen Erben zur Ausschlagung der Erbschaft führen, reduzieren Nachlassverbindlichkeiten erbschaftsteuerlich die Bereicherung des (der) annehmenden Erben und damit die Steuerlast.

Nach § 1922 BGB geht nicht nur das Aktivvermögen auf den (die) Erben über. Vielmehr beinhaltet der ganzheitliche Vermögensübergang auch die Übernahme der Schulden (so ausdrücklich § 1967 BGB). Wegen der **Vereinigung** des Eigenvermögens und des Erblasservermögens und der damit einhergehenden Gefährdung der jeweiligen Gläubigeransprüche sieht das Erbrecht in den §§ 1975 ff. BGB die Möglichkeit der Trennung beider Vermögensbestandteile vor (Nachlasspflegschaft bzw. Nachlassinsolvenz).[103] Übereinstimmend mit dieser Nachlassregelung definiert § 45 Abs. 2 AO auch die Haftung des Erben für steuerliche Nachlassverbindlichkeiten.

Konform mit dem Zivilrecht (§§ 1967 ff. BGB) werden nun nach § 10 Abs. 5 ErbStG die nachfolgenden Verbindlichkeiten zu den Nachlassschulden gezählt und – bei Erwerb von Todes wegen – vom Wert der Bereicherung abgezogen:

- **Erblasserschulden** (Nr. 1), d.h. aus der Person des Erblassers herrührende Schulden, die grundsätzlich zu Lebzeiten des Erblassers entstanden sind, aber auch erst mit oder nach dem Tode entstehen können. Die weitere Einschränkung nach Satz 2, dass es sich dabei nicht um Betriebsschulden handeln darf, soll lediglich verhindern, dass betriebliche Schulden zweimal (über die vorherige Berücksichtigung nach § 12 Abs. 5 ErbStG i.V.m. § 103 BewG) berücksichtigt werden können.

Hinweis (und Beantwortung der Zusatzfrage – **ESt-Schuld des Todesjahres**):
Es stellt sich die Frage, ob die ESt-Abschlusszahlung des Erblassers für das Todesjahr nach § 10 Abs. 5 Nr. 1 ErbStG zu berücksichtigen ist, auch wenn noch kein Steuerbescheid vorliegt. Hierzu hat der BFH in früheren Urteilen (z.B. BFH in BStBl II 2007, 651) immer formal argumentiert und auf das spätere Entstehen des Steueranspruchs (mit Ablauf des VZ) abgestellt. Mit dem Urteil vom 02.03.2011 (BFH/NV 2011, 1147) hat der BFH mit dem Aspekt der wirtschaftlichen Belastung eine **Änderung** angedeutet. Mit dem Urteil vom 07.12.2001 (ZEV 2012, 500) hat der BFH die Änderung der alten Rspr. vollzogen und stellt nunmehr auf das erbschaftsteuerliche Stichtagsprinzip ab (§ 10 Abs. 1 S. 1 ErbStG i.V.m. § 9 Abs. 1 ErbStG). Damit ist die **ESt-Schuld des Todesjahrs** – auch ohne Bescheid – **abzugsfähig** (zustimmend *Crezelius*, ZEV 2012, 504).

---

102 D.h. ein Zugewinnausgleich ist ausgeschlossen.
103 Die Initiative hierzu kann sowohl von den Erben als auch von den Gläubigern ausgehen.

- **Erbfallschulden** (Nr. 2), d.h. die den Erben als solchen betreffenden Schulden wie Vermächtnisse, Auflagen und geltend gemachte(!) Pflichtteilsansprüche[104], wobei die den Erben unmittelbar betreffende ErbSt-Schuld gem. § 10 Abs. 8 ErbStG nicht abziehbar ist.
- Kosten für die **Abwicklung des Erbfalls** und die **Bestattungskosten** (Nr. 3[105]). Letztere können mit einer (ohne Nachweis) anzusetzenden Pauschale von 10.300 € pro Erbfall immer berücksichtigt werden. Mindestvoraussetzung für die Pauschale ist allerdings, dass dem Erwerber dem Grunde nach Kosten entstanden sind, nur die Höhe nicht nachgewiesen werden kann (BFH vom 21.01.2005, BFH/NV 2005, 1092).

EF und T rücken, wenn sie die Erbschaft nicht ausgeschlagen haben, in **verfahrensrechtlicher** (und nach h.M. auch in materiell-rechtlicher) Hinsicht in die Rechtstellung des B ein. Danach trifft die **Einkommensteuerschuld** aus 07[106] (0,8 Mio. € wegen nachträglich aberkannter Beteiligungsverluste nach § 2b EStG für den VZ 07) unmittelbar die Erben (§ 45 AO). Vergleichbar mit der Regelung in §§ 1967 ff. BGB haftet dem Fiskus für die Erstattung der 0,8 Mio. € bis zur Annahme nur der Nachlass[107], nach Annahme auch der (die) einzelne(n) Erbe(n). Nehmen EF und T die Erbschaft an (dies ist der Fall, wenn sie nicht binnen der Sechs-Wochenfrist die Erbschaft ausschlagen), so haften EF und T auch mit ihrem eigenen Vermögen für die Steuerverbindlichkeit des B. Erschwerend kommt hinzu, dass sowohl das Zivilrecht (§§ 2058 f. BGB) als auch das Steuerrecht (§ 44 AO) für diesen Fall Gesamtschuldnerschaft angeordnet haben, sich der Fiskus demnach wegen seiner Ansprüche an beiden Erbinnen in voller Höhe schadlos halten kann. EF und T haben jedoch die Möglichkeit der nachträglichen Nachlassverwaltung bzw. der Nachlassinsolvenz, die auch steuerlich zu respektieren ist (§ 45 Abs. 2 S. 1 AO). Wegen des positiven Saldos (1 Mio. € ./. 800 T€) ist beiden Erbinnen dennoch die Annahme zu empfehlen.

Immer wieder kommt es vor, dass Auslandsvermögen dem Fiskus verschwiegen wird. Für diesen Fall hat das FG Düsseldorf am 10.07.2002 (EFG 2002, 1317) entschieden, dass ggf. hieraus resultierende Steuerschulden dann beim Erben nicht gem. § 10 Abs. 5 Nr. 1 ErbStG abzugsfähig sind, wenn nicht sofort nach dem Todesfall das FA hierüber informiert wird. Bei fehlender (oder verzögerter) Information sei der Erbe nicht wirtschaftlich belastet.

---

104 Für verjährte Pflichtteilsansprüche kommt allenfalls ein Abzug gem. § 10 Abs. 5 Nr. 1 ErbStG in Betracht. Dies gilt nach FG München vom 24.07.2002 (EFG 2002, 1626) aber nicht, wenn von den späteren Erben eigene – ihnen – zustehenden Pflichtteilsansprüche gegen den Vorverstorbenen verspätet geltend gemacht werden (fehlende wirtschaftliche Belastung). Klarstellend zum BFH-Urteil vom 07.10.1998 (BStBl II 1999, 23) führt der BFH im Urteil vom 30.04.2003 aus, dass es beim Wortlaut des § 10 Abs. 5 Nr. 2 ErbStG bleibt, wonach der Pflichtteilsanspruch nur **ernsthaft geltend** gemacht werden muss. Auf die **Bezifferung** des Pflichtteilsanspruchs kommt es **ebenso wenig** wie auf die Erfüllung dieser Geldschuld an (BFH vom 19.07.2006, BStBl II 2006, 718).
Der BFH hat am 08.10.2003 (StE 2004, 106) für einen Pflichtteilsergänzungsanspruch infolge einer lebzeitigen Schenkung des Erblassers entschieden, dass dieser bei der Besteuerung der Schenkung (!) nach § 10 Abs. 5 Nr. 2 ErbStG erwerbsmindernd abzuziehen ist.
105 S. hierzu ausführlich R 10.9 ErbStR und detaillierte Beispiele in H 10.9 ErbStH (insb. zur Frage, wer den Grabpflegevertrag abgeschlossen hat; daneben ist auch die Höhe der künftigen Grabpflegekosten und ihre Kapitalisierung mit dem Faktor 9,3 (§ 13 Abs. 2 BewG) angesprochen).
106 Gem. R 10.8 Abs. 3 ErbStR sind ESt-Schulden des Todesjahres nicht zu berücksichtigende Nachlassverbindlichkeiten, da sie erst am 31.12. des Todesjahres entstehen (vgl. auch § 36 Abs. 1 i.V.m. § 25 Abs. 1 EStG). Identische Regelung wie bei den ESt-Erstattungsansprüchen!
107 S. § 1958 BGB bzw. auch § 20 Abs. 3 ErbStG.

Rein schematisch lassen sich die Nachlassverbindlichkeiten (§ 10 Abs. 5 ErbStG) – wie folgt – gruppieren, wobei mit (–) die nicht abzugsfähigen und mit (+) **die abzugsfähigen** Schulden bezeichnet sind:

Erblasserschulden (Nr. 1)	Erbfallschulden (Nr. 2)	Erbfallkosten (Nr. 3)
»betriebliche« [Abs. 5 (–)]	eigene Steuer [Abs. 8 (–)]	Bestattung/Grabpflege (+)
i.V.m. nicht steuerbaren Gegenständen [Abs. 6 (–)]	Vermächtnisse und geltend gemachte Pflichtteilsansprüche (+)[108]	unmittelbare Erwerbs- und Abwicklungskosten (+)
i.V.m. steuerbefreiten Gegenständen [(–)/(+)]	Auflagen zu Gunsten des Beschwerten [Abs. 9 (–)]	Nachlassverwaltung (–)
i.V.m. steuerpflichtigen Gegenständen (+)	sonstige Auflagen (+)	

Lösung: EF und T sind Miterben zu je 1/2 und haben als Mitglieder einer steuerlichen Bruchteilsgemeinschaft (§ 39 Abs. 2 Nr. 2 AO) einen Erwerb von Todes wegen mit 50 % des Vermögensanfalls zu versteuern (§ 1 Abs. 1 Nr. 1, § 3 Abs. 1 Nr. 1 ErbStG). Für die Wertermittlung nach §§ 10, 12 ErbStG ist der Todestag des A am 02.01.03 maßgeblich (§ 9 Abs. 1 Nr. 1, § 11 ErbStG).
Unter **erbschaftsteuerlichen** Gesichtspunkten muss der **Schuldenabzug** gem. § 10 Abs. 5 ff. ErbStG geprüft werden; Ausgangspunkt ist dabei der vorläufige Steuerwert des Nachlasses von 1 Mio. € nach § 10 Abs. 1 S. 2 ErbStG.
- Die ESt-Nachzahlungsschuld geht zwar auf die Erben über, hat ihre Entstehung nach §§ 2, 36 EStG dem Erblasser B zu verdanken und ist von daher zweifellos eine Erblasserschuld und somit grundsätzlich nach § 10 Abs. 5 Nr. 1 ErbStG abzuziehen. Eine Ausnahme ist wegen des sog. **wirtschaftlichen Zusammenhangs** nur für Betriebsschulden zu machen, die bereits bei der Wertermittlung des Gewerbebetriebs (§ 95 BewG) bzw. des freien Berufs (§ 96 BewG) nach § 12 Abs. 5 ErbStG abgezogen wurden – und demzufolge in dem Steuerwert von 1 Mio. € bereits enthalten sind.[109] Im konkreten Fall liegen jedoch bei einem Arzt keine abzugsfähigen Betriebsschulden (wie die Umsatzsteuer- oder Gewerbesteuerschuld) vor. Die nachgeforderte Einkommensteuerschuld von 0,8 Mio. € ist uneingeschränkt abzugsfähig.
- Bei den teuren Herrenanzügen stellt sich in doppelter Hinsicht die Frage ihrer Berücksichtigung: **zum ersten** als Bereicherungstatbestand und **zum zweiten** als Abzugsposten, da sie »fremdfinanziert« sind. Nach § 13 Abs. 1 Nr. 1 Buchst. a ErbStG sind Kleidungsstücke als **Hausratsbestandteil** steuerbefreit, wenn die Erwerber den Erblasser – wie hier – nach StKl. I beerben.
- Für den »Versace«-Kredit in gleicher Höhe (40 T€) ergibt sich aus dem Wortlaut von § 10 Abs. 6 S. 1 ErbStG zunächst ein **Abzugsverbot**. Mit einer reduzierenden Auslegung nimmt die Verwaltung gem. R 10.10 Abs. 3 S. 2 ErbStR jene Schulden vom Abzugsverbot wieder aus, die mit WG in Zusammenhang stehen, für die die Befreiung nur pauschal (z.B. § 13 Abs. 1 Nr. 1 ErbStG – Steuerbefreiung wegen Hausrat) und nicht konkret-gegenständlich

---

108 Hierzu zuletzt *Götz*, ZEV 2010, 561.
109 Für den vollen Abzug der Schulden bei privilegiertem Produktivvermögen nach § 13a ErbStG und dem nur eingeschränkten Abzug bei übernommener L + F bzw. bei wesentlichen KapG-Beteiligungen vgl. § 10 Abs. 6 S. 4 und 5 ErbStG.

(z.B. § 13 Abs. 1 Nr. 2[110] und 3 ErbStG) vorgesehen ist. Auf den Fall bezogen, werden die teuren Anzüge zwar nicht als Vermögensanfall besteuert, die damit zusammenhängenden Schulden (40 T€) können aber abgezogen werden.

- Weiterhin problematisch sind die Kosten des StB B, soweit sie seinem Amt als Testamentsvollstrecker[111] (TV) (hier: 20 T€) gelten und soweit sie für die Erbschaftsteuererklärung (2 T€) anfallen.
Bei der Vergütung für den TV hängt die Entscheidung allein davon ab, ob das Honorar als abzugsfähige Nachlassabwicklungskosten (§ 10 Abs. 5 Nr. 3 S. 1, 2. Alt. ErbStG) oder als nicht abzugsfähige Nachlassverwaltungskosten (S. 3 a.a.O.) angesehen werden. Die Entscheidung kann nur dem Erbrecht entnommen werden: Ordnet der Erblasser Dauertestamentsvollstreckung (nach § 2210 BGB längstens für 30 Jahre) an, so liegen Nachlassverwaltungskosten vor. Dient hingegen die TV-Ernennung[112] nur der Durchsetzung des Erblasserwillens hinsichtlich der konkreten Erbauseinandersetzung nach §§ 2038 und insb. nach § 2042 BGB, so liegen – vergleichbar den Kosten für die Erteilung des Erbscheins – voll abzugsfähige Abwicklungskosten (20 T€) vor. Die Kosten für die Erbschaftsteuererklärung (2 T€) sind nach heute h.A. voll abzugsfähige Abwicklungskosten, anders als die Erbschaftsteuer, für die ein gesetzliches Abzugsverbot (§ 10 Abs. 8 ErbStG) gilt.

Im Ergebnis sind vom Vermögensanfall von 1 Mio. € alle Schulden i.H.v. 862 T€ (800 T€ für die ESt-Schuld, 40 T€ für die Anzüge, 22 T€ für den StB) abzuziehen, so dass sich der steuerpflichtige Erwerb von Todes wegen (vor den persönlichen Freibeträgen) auf 138 T€ beziffert, die bei StKl. I aufgrund der nach §§ 16, 17 ErbStG zu gewährenden Freibeträge keine Steuer auslösen.

Noch vor der Diskussion des Schuldenabzugs muss allgemein geprüft werden, ob der (nicht näher bezifferte) **Honoraranspruch** des A aus der freiberuflichen ärztlichen Leistung am 02.01.03 als Erwerb von Todes wegen bei EF und T zu erfassen sind. Zwar handelt es sich einkommensteuerlich noch um einen Leistungsbeitrag des Erblassers, nach § 24 Nr. 2, 2. Alt. EStG haben jedoch EF und T den in 2011 zufließenden Honoraranspruch (§ 4 Abs. 3 EStG[113]) des B als eigene nachträgliche Einkünfte (§§ 24, 18 Abs. 1 Nr. 1 EStG) in 2011 mit ihren persönlichen Steuermerkmalen zu versteuern. Die bis einschließlich 1998 hierauf gewährte ESt-Ermäßigung nach § 35 EStG ist ersatzlos ab 01.01.1999 weggefallen.

Exkurs: Fünf zusätzliche Problembereiche kommen häufig bei § 10 ErbStG vor:

1. Abzug der (späten Schuld für) Pflegeleistungen;
2. die erbschaftsteuerliche Behandlung der »Konfusion« bzw. »Konsolidation«;
3. die Behandlung interner (latenter) Ausgleichsverpflichtungen zwischen Erblasser und Erbe;
4. Aufteilung und Zuordnung der Nachlassverbindlichkeiten zu einzelnen (auch steuerbefreiten) Gegenständen (§ 10 Abs. 6 ErbStG).
5. der (zu den Schulden) »umgekehrte Fall«: die Gesamtgläubigerschaft.

---

110 Hauptfall: Denkmalgrundstück.
111 Nach Ansicht des BFH vom 07.12.1999 (BStBl II 2000, 233) kann der TV aufgrund seiner Handlungspflichten den Lauf der Verjährung nach §§ 169 Abs. 2 Nr. 2, 170 Abs. 2 AO beeinflussen.
112 Die gelegentlich diskutierte Annahme eines Vermächtnisses bei der angeordneten Vergütung für den TV ist obsolet.
113 Wäre der Arzt (freiwillig) Bilanzierender, so ist die Forderung gewinnerhöhend in die Schlussbilanz aufzunehmen und bei Zahlungseingang läge ein gewinnneutraler Vorgang vor.

Zu 1.: Bei den **Pflegeleistungen** (Hauptfall: Vermächtnis zu Gunsten der Haushaltshilfe bzw. erbvertragliche Vereinbarung) geht es um die Frage des Abzugs der in der Vergangenheit erbrachten Pflegeleistung als Nachlassverbindlichkeit gem. § 10 Abs. 5 Nr. 1 ErbStG (Erblasserschuld) bzw. als Erwerbskosten nach § 10 Abs. 5 Nr. 3 ErbStG (Vertragslösung).

Bei der Abzugsfrage (für die Haushaltshilfe) stellt sich die Verwaltung mit R 13.5 Abs. 2 S. 1 ErbStR auf den Standpunkt, dass sich der Freibetrag nach § 13 Abs. 1 Nr. 9 ErbStG und die Behandlung als Nachlassschuld gegenseitig ausschließen, wobei Letzterem der Vorrang gebührt. Eine Nachlassschuld wird nach Verwaltungsauffassung und BFH-Rspr. aber nur angenommen[114], wenn ein verbindlicher Dienstvertrag nach § 611 BGB nachgewiesen werden kann, wobei eine fehlende Entgeltsvereinbarung wegen § 612 BGB (»übliche Vergütung«) geheilt werden kann. Abgesehen von den Nachweisschwierigkeiten und wegen der grundsätzlichen Ablehnung als Erwerbskosten wird in der Praxis – entgegen dem rechtlichen Vorrang der Nachlassschuld gegenüber dem Freibetrag – wohl nur Letzterer gewährt.[115]

Für den zweiten Fall, wonach bei einem Erbvertrag (bzw. einem gemeinschaftlichen Testament) vorherige Pflegeleistungen als »Erwerbskosten« beansprucht werden, entscheiden die Finanzgerichte durchweg ablehnend (FG München vom 05.11.2003, EFG 2004, 358; ähnlich FG Rhl.-Pf. vom 31.07.2003, EFG 2003, 1406).

Losgelöst davon hat die Haushaltshilfe im ersten Fall (kein Erbvertrag/kein gemeinschaftliches Testament) den empfangenen Betrag nach § 3 Abs. 1 Nr. 1 ErbStG in beiden Varianten als Erwerb von Todes wegen abzüglich des Freibetrages von 5.200 € (§ 13 Abs. 1 Nr. 9 ErbStG – Steuerbefreiung wegen Pflegebetrag[116]) zu versteuern.

Zu 2.: Eine erbfallbedingte **Konfusion** ist dann gegeben, wenn dem Erblasser zu Lebzeiten eine Forderung (z.B. eine Darlehensforderung) gegen seine Kinder zusteht und diese nun als seine eingesetzten Erben diese Forderung erben.[117] Während zivilrechtlich die Forderung wegen Personenidentität von (Alt-)Schuldner und (Neu-)Gläubiger erlischt (sog. Konfusion), gelten diese Forderungen (bzw. Rechte[118]) gem. § 10 Abs. 3 ErbStG als »nicht erloschen«, sind also **steuerpflichtig**. Dies gilt auch in »umgekehrter« Richtung, wenn der Erblasser seinem Erben etwas schuldet, so ist auch diese Schuld als Nachlassverbindlichkeit abziehbar. Diese erbschaftsteuerliche Fiktion wird vor allem beim Nießbrauch eine wichtige Rolle spielen. Damit hängt auch die nächste Fallgruppe zusammen.

Zu 3.: Bei **zusammenveranlagten Ehegatten** kommt es häufig vor, dass während der Ehe immer nur einer der Ehegatten die gemeinsame ESt-Schuld (oder andere gemeinsame Schulden) bezahlt, obgleich es hierfür einen internen Ausgleichsanspruch gem. § 426 BGB unter Gesamtschuldnern gibt. Für den Fall, dass der Nicht-Zahler-Ehegatte (= Ausgleichsverpflichtete) verstirbt, stellt sich die Frage nach dem Abzug der Ausgleichschuld als Nachlassver-

---

114 R 13.5 Abs. 2 S. 3 ff. ErbStR sowie zuletzt BFH vom 09.11.1994 (BStBl II 1995, 62 – ablehnend zur Frage der Erwerbskosten).
115 Zum Problem der abzugsfähigen Pflegeleistungen s. auch *Meincke*, ErbStG-Kommentar 12. Aufl., § 10 Rz. 49.
116 Nach R 13.5 Abs. 1 S. 3 ErbStR wird der Freibetrag nur bei (teil-)unentgeltlicher privater Pflege gewährt.
117 Sollte der Erblasser zu Lebzeiten dem späteren Erben ein zinsloses Darlehen eingeräumt haben und später die Konfusion eintreten, so liegen mit dem Urteil des BFH vom 07.10.1998 (BStBl II 1999, 25) zwei getrennte – und nicht nach § 14 ErbStG saldierbare – Bereicherungsvorgänge vor (die frühere BFH-Rspr. nahm eine Wertbegrenzung vor).
118 Dies ist der Fall der **Konsolidation**, wenn etwa der Sohn das zu seinen Gunsten belastete Grundstück im Erbfall erwirbt.

bindlichkeit gem. § 10 Abs. 5 Nr. 1 ErbStG beim Erben (im Fall des BFH: der überlebende Ehegatte). Gem. § 10 Abs. 3 ErbStG steht bekanntlich die Konfusion diesem Abzug nicht entgegen. In einer viel beachteten Entscheidung vom 15.01.2003 (BStBl II 2003, 267) hat der BFH dem Grunde nach diese Auffassung (Abzug als Nachlassverbindlichkeit) bestätigt, bürdet aber dem Erben die Beweislast dafür auf, dass die theoretische Ausgleichsschuld nicht konkludent abbedungen war. Damit ist im Ergebnis diese potenzielle Ausgleichsverpflichtung nur dann zu berücksichtigen, wenn der Erbe einen entsprechenden »Ausgleichsvertrag« vorweisen kann. Es bedarf keiner großen Gestaltungsphantasie, dass in Zukunft vermehrt solche »Ausgleichs-Papiere« im Nachlass gefunden werden.

Zu 4.: Häufig hängen **Nachlassverbindlichkeiten** mit dem Übergang **unterschiedlicher** Vermögensgegenstände zusammen, wenn sie sowohl (anteilig) steuerbefreiten Nachlassgegenständen als auch steuerpflichtigen Gegenständen zuzuordnen sind.

Hier ist mit **§ 10 Abs. 6 und dort insb. mit S. 6** ErbStG n.F. eine gravierende Änderung eingetreten.

Die geänderten Sätze 4 und 5 in § 10 Abs. 6 ErbStG regeln die Abzugsfähigkeit von Schulden und Lasten, die in wirtschaftlichem Zusammenhang mit steuerbefreitem Betriebsvermögen, land- und forstwirtschaftlichem Vermögen und steuerbefreiten Anteilen an KapG (§ 13a, b ErbStG) und steuerbefreiten für zu Wohnzwecken vermieteten Grundstücken (§ 13c ErbStG) stehen.

Der **neue Satz 6** verhindert, dass Nutzungsrechte an einer wirtschaftlichen Einheit eines Grundstücks, die bereits bei der Bewertung des Grundstücks berücksichtigt wurden, zusätzlich als Nachlassverbindlichkeit oder Duldungslast abgezogen werden können.[119]

Somit enthält § 10 Abs. 6 S. 5 ErbStG – entsprechend zum § 10 Abs. 6 S. 4 ErbStG für begünstigtes Betriebsvermögen – eine Begrenzung des Abzugs von Schulden und Lasten, die mit nach § 13c ErbStG befreitem Vermögen in wirtschaftlichem Zusammenhang stehen. Danach sind Verbindlichkeiten und Lasten, beispielsweise Verbindlichkeiten für die Finanzierung eines Mietwohngrundstücks, nur insoweit abzugsfähig, als sie nicht auf nach § 13c ErbStG befreitem Vermögen beruhen. Im Ergebnis sind daher 90 % der übernommenen Schulden und Lasten abzugsfähig.

Soweit sich bereits bei der Ermittlung des gemeinen Werts des übertragenen Grundstücks Nutzungsrechte wertbildend ausgewirkt haben (z.B. bei Wertgutachten nach § 199 BauGB bzw. der ImmoWErtVO oder nach dem Kaufpreis; nicht nach §§ 182 ff. BewG!), ist ein weiterer Abzug des Nutzungsrechts gem. § 10 Abs. 6 S. 6 ErbStG im Rahmen der Ermittlung der Bereicherung des Bedachten nicht mehr möglich. Damit soll ein doppelter Abzug von wertmindernden Nutzungsrechten verhindert werden (R 10.10 Abs. 6 ErbStR). Relevant wird dies in der Praxis bei Grundstücksübertragung gegen Nießbrauchsvorbehalt.

Hinweis (1): Soweit schließlich **Schulden** mit dem gem. §§ 13a, b ErbStG privilegierten Elementarvermögen zusammenhängen, sind diese nach § 10 Abs. 6 S. 4 ErbStG nur mit dem Betrag abzugsfähig, der dem Verhältnis des Vermögens **nach und vor** Anwendung des § 13a ErbStG entspricht (A 1 und A 22 Abs. 2 ErbStErl 2009 sowie R 10.10 Abs. 4 ErbStR; s. auch das Beispiel in H 10.10 ErbStH).

---

119 S. hierzu instruktiv *Scharfenberg*, DStR 2010, 1210 sowie weitergehend (Verzicht auf Nießbrauchsrecht) *Götz*, ZEV 2009, 609.

Hinweis (2): Mit drei gleichlautenden Ländererlassen vom 16.03.2012 (BStBl I 2012, 338) ist die Abzugsfähigkeit der Nebenkosten einer Schenkung geregelt worden. So sind die allgemeinen Erwerbsnebenkosten (wie z.B. Notar- und Grundbuchkosten) Folgekosten und keine Gegenleistungen. Falls der Beschenkte diese Kosten trägt, mindern sie dessen **Bereicherung**.[120] Diese Rechtsfolge gilt für alle Anwendungsfälle des § 7 ErbStG, somit auch für gemischte und mittelbare Schenkungen. Für Steuer- und Rechtsberatungskosten gilt schließlich, dass die im Vorfeld getätigten Aufwendungen steuerlich nicht abzugsfähig sind, während die Kosten für die Schenkungsteuererklärung vom Steuerwert der Zuwendungen abziehbar sind.

Zu 5.: Es kommt häufig vor, dass ein Eigentümer (z.B. ein Vater) einen Gegenstand gegen Einräumung von Renten- bzw. Nutzungsrechten auf Lebenszeit für **sich und einen Dritten** (seine Ehefrau) auf eine andere Person (im Bsp.: seinem Kind) unentgeltlich überträgt. In diesem Fall sind beide Eltern als (rentenberechtigte) Gesamtgläubiger (§ 428 BGB) beteiligt. Nach allgemeiner Verwaltungsauffassung (gleichlautender Ländererlass vom 25.06.2003 – DStR 2004, 138 = Nr. 250, § 25/1) – und vom 09.01.2004, DStR 2004, 1129 = Nr. 250, § 25/2) ist die Schenkung an den **Dritten** in dem Zeitpunkt ausgeführt (§ 9 ErbStG), zu dem der Dritte im Innenverhältnis zwischen dem Schenker und dem Dritten einen **eigenen** Anspruch hat und er gegenüber dem bisherigen Eigentümer nicht zum Ausgleich verpflichtet ist. Für die Höhe der Bereicherung wird § 430 BGB herangezogen, wonach mangels anderer Anhaltspunkte von einer Berechtigung zu **gleichen Teilen** auszugehen ist.[121]

5 Andere Übertragungsmodalitäten von Todes wegen

5.1 Die Schenkung auf den Todesfall (§ 2301 BGB und § 3 Abs. 1 Nr. 2 S. 1 ErbStG)

Eine Mittelstellung zwischen einer testamentarischen Anordnung und einer Schenkung unter Lebenden nimmt die Schenkung auf den Todesfall ein.

> **Beispiel 20: Der Fall »Mata Hari I« in Lüneburg**
> Witwer W (2 Kinder X und Y) wird in den letzten Jahren aufopferungsvoll von der Krankenschwester Mata Hari MH gepflegt. W hinterlässt bei seinem Tode am 15.01.2011 Wertpapier- und Barvermögen im Wert von 1 Mio. €. Sein Vertrauter Bonifaz B wird von W bevollmächtigt, nach seinem Tode das zusätzlich vorhandene Sparbuch (Wert 200 T€), das bei der Lüneburger Stadtsparkasse zu Gunsten von W angelegt ist, auf MH umzuschreiben. Mit der Umschreibung sind Auslagen i.H.v. 10 T€ verbunden.
> Wie hoch ist die Erbschaftsteuer, wenn es B gelingt, den Willen des Erblassers W zu realisieren?

---

120 Übernimmt hingegen der Schenker die Erwerbsnebenkosten, liegt eine zusätzliche Schenkung vor, die gleichzeitig zu einer Entreicherung des Schenkers führt.
121 Vgl. zur weitergehenden Frage des § 25 ErbStG Kap. II 2.2.2.

Im Erbrecht und folgerichtig auch im Erbschaftsteuerrecht[122] führt die Schenkung auf den Todesfall mit einem Paragrafen (§ 2301 BGB) ein Schattendasein, obwohl sie viele Voraussetzungen erfüllt, die an eine flexible und interessengerechte Vermögensübertragung von Todes wegen gerichtet sind. Ihrer Funktion nach ist die »letztwillige Schenkung«, bei der das Überleben des Beschenkten – und damit das Vorversterben des Schenkers – tatbestandliche Voraussetzung ist, zwischen der vorweggenommenen Erbfolge und dem Erbvertrag angesiedelt. Dies hat seinen Grund darin, dass – wie beim Erbvertrag – die Vereinbarung zu Lebzeiten geschlossen wird, die **Wirkung** jedoch häufig erst mit dem **Tode** eintritt. Andererseits werden bei § 2301 BGB typischerweise nur einzelne Ansprüche bzw. Vermögenspositionen auf den Begünstigten übertragen. Hierin liegt die Parallele zum Vertrag über die Generationennachfolge.

Die Schenkung auf den Todesfall ist jedoch mit einem Risiko verbunden, wenn, wie das häufig der Fall ist, beim Schenkungsversprechen der Notar »vergessen« wurde oder allgemein nur eine mündliche Absprache erfolgte. Dies hat seinen zivilrechtlichen Grund darin, dass in § 2301 BGB zwischen einer **vollzogenen** (Abs. 2) und einer **nicht vollzogenen** Schenkung (Abs. 1) unterschieden wird.

Für einen **Vollzug** der Schenkung zu Lebzeiten nach § 2301 Abs. 2 BGB gelten nach einhelliger Rspr. des BGH nämlich die Heilungsvorschriften von § 518 Abs. 2 BGB, wonach bei Bewirkung der versprochenen Leistung ein möglicher Formmangel (fehlende notarielle Beurkundung) geheilt ist.[123] Umgekehrt, bei fehlender Leistungserfüllung zu Lebzeiten, gelten – ohne Heilungsmöglichkeit – nach § 2301 Abs. 1 S. 1 BGB die strengen Formvorschriften des Erbrechts. Danach ist zumindest[124] § 2247 BGB (»eigenhändig und unterschrieben«) zu beachten, wenn ein wirksamer[125] Rechtsgrund für das Behalten-Dürfen der Zuwendung vorliegen soll. Hätte somit B das Sparbuch Mata Hari im Rahmen eines wirksamen Erbvertrages zugewendet und den Vollzug bis zu seinem Tode hinausgeschoben, läge ein Erwerbsvorgang nach § 3 Abs. 1 Nr. 2 S.1 (oder sogar nach § 3 Abs. 1 Nr. 1[126]) ErbStG vor.

In der wichtigsten Sachverhaltsvariante – wie im konkreten Beispiel 21 – stattet der Zuwendende (bzw. der Erblasser W) eine Mittelsperson (hier B) mit einer Vollmacht über den Tod hinaus aus (sog. **transmortale Vollmacht**). In der Praxis ist dies die **formularmäßige Vollmachtserteilung** an Banken oder Notare, kurz nach dem Tode die rechtsgeschäftlichen Voraussetzungen für die Überschreibung von Sparbüchern, Wertpapieren und dgl. zu erbringen. Damit beginnt oftmals sofort nach dem Ableben des Schenkers der Wettlauf der Erben, die das Rechtsgeschäft noch widerrufen können[127, 128], mit dem Vertreter, der die Willenserklärung des Erblassers zum Vertragspartner (i.d.R. die Banken) »transportiert«. Sowohl die erbrechtliche wie die steuerliche Beurteilung hängen in dieser Fallkonstellation davon ab, wer »schneller« war (**Wettlauf** zwischen Erben und Beschenkten). Gelingt den Erben der Widerruf vor Zugang der Offerte des B an die Bank, so steht ihnen als gesetzliche

---

122 Die Ergänzung in § 3 Abs. 1 Nr. 2 **S. 2** ErbStG (»gilt auch«) auf die Fälle der **Anwachsung** ist damit nicht gemeint.
123 BGH vom 12.11.1986 (NJW 1987, 840).
124 Erst Recht erfüllt ein notarieller Erbvertrag (§ 2267 BGB) diese Voraussetzung.
125 Hierzu (und zu erbrechtlichen Umdeutungen) ausführlich *Musielak* in MüKo, § 2301 Rz. 14.
126 Diese Annahme unterstellt, dass das erbvertragliche Schenkungsversprechen nur als Vermächtnis oder als Erbeinsetzung zu behandeln ist.
127 Zu Problemen der transmortalen Vollmacht i.V.m. einer angeordneten Testamentsvollstreckung s. OLG München vom 15.11.2011, ZErb 2012, 18 sowie *Hannes/von Oertzen*, ZEV 2012, 142 ff. (143).
128 Genau genommen kann das Angebot zum Abschluss eines (z.B. Bank-)Vertrages nach § 168 S. 2 BGB solange widerrufen werden, bis es von dem Vertragspartner noch nicht angenommen ist.

oder gewillkürte Erben das Sparbuchvermögen zu. Hat die Mittelsperson hingegen rechtzeitig das Angebot übertragen, liegt eine nach dem Tode des W vollzogene Schenkung auf den Todesfall vor.

Es ist derzeit noch nicht vollends geklärt, ob die **zivilrechtliche Unterscheidung** auch in das **Erbschaftsteuerrecht** übernommen werden kann. Nach dem letzten BFH-Urteil[129] in dieser Frage soll die zivilrechtliche Vorgabe auch im Erbschaftsteuerrecht befolgt werden:

- Bei Vollzug unter Lebenden wird die Zuwendung als Schenkung nach § 7 ErbStG behandelt.
- Bei Vollzug mit (bzw. nach) dem Tode des Erblassers soll ein Erwerb von Todes wegen nach § 3 Abs. 1 Nr. 2 ErbStG vorliegen.

Die Verwaltung hat mit der Transformation dieses erbrechtlichen Instituts große Schwierigkeiten. So erlaubt auch die amtliche Äußerung (R 3.3 ErbStR) jede undifferenzierte Schlussfolgerung, wenn einerseits (S. 1) die Voraussetzungen des § 7 ErbStG (freigebige Zuwendung) gefordert werden, mit Satz 2 aber der – für einen Erwerb von Todes wegen typische – **volle** Abzug etwaiger Nachlassschulden zugelassen wird.

Lösung:
- Kommt das von B übermittelte Vertragsangebot **vor dem Widerruf** (1. Alt.) von X und Y bei der Bank an, so hat MH die Sparbücher mit einem Wert von 200 T€ von Todes wegen nach § 3 Abs. 1 Nr. 2 ErbStG erworben, da der Vollzug nach dem Tode des Erblassers eintrat. Nach § 10 Abs. 1 S. 2 ErbStG können die Auslagen in voller Höhe (10 T€[130]) abgezogen werden, ohne dass hierauf die Grundsätze der gemischten Schenkung Anwendung finden. MH stehen als Freibeträge jeweils 20.000 € zu (nach § 13 Abs. 1 Nr. 9 ErbStG – Steuerbefreiung wegen Pflegebetrag – sowie nach § 16 Abs. 1 Nr. 7 ErbStG). Für den steuerpflichtigen Erwerb von 150.000 € hat MH nach § 19 Abs. 1 ErbStG 30 % Steuer, also **45.000 €** zu zahlen.
- Sind die Erben hingegen schneller (**Widerruf vor übermitteltem Vertragsangebot** = 2. Alternative), gehören die Sparbücher zur Gesamtbereicherung von X und Y i.H.v. 1,2 Mio. €.

5.2 Erwerb durch einen Vertrag zu Gunsten Dritter (§ 3 Abs. 1 Nr. 4 ErbStG sowie R 3.7 Abs. 1 ErbStR)

Vom BGB wird der Fall einfacher gelöst, wenn es sich nicht um einen Boten, sondern um einen »Außenstehenden« handelt, gegen den die begünstigte Person einen Anspruch erwirbt.

Beispiel 21: Der Fall »Mata Hari II« in Lüneburg
W (aus Beispiel 20) vereinbart diesmal direkt mit der Lüneburger Stadtsparkasse, die das Sparbuch bis zu seinem Tode verwahrt, einen Vertrag zu Gunsten Dritter, wonach die Sparkasse nach seinem Tode verpflichtet ist, das Sparbuch auf MH als neue Gläubigerin umzuschreiben.

Bei einer nur geringfügigen Abweichung im Sachverhalt, wonach diesmal die Bank unmittelbar (als sog. Versprechende) verpflichtet ist, den Betrag auf Wunsch an MH auszukehren,

---
129 BFH vom 05.12.1990 (BStBl II 1991, 181) bestätigt zuletzt in einem obiter dictum vom BFH am 24.10.2001 (BStBl II 2002, 153); s. hierzu auch *Meincke*, § 3, Rz. 55 ff. (57 und 61).
130 Ggf. i.V.m. § 10 Abs. 5 Nr. 3 ErbStG.

liegt ein **formfreier Vertrag zu Gunsten Dritter** gem. § 331 BGB vor. Die zivilrechtliche Abstimmungsproblematik ist offensichtlich: Während bei einem Schenkungsversprechen auf den Todesfall die Formvorschriften über das Schicksal der Zuwendung entscheiden, soll ein formfreier Vertrag zu Gunsten Dritter nach § 331 BGB den Zuwendenden (den Erblasser) in die Lage versetzen, wesentliche Vermögensbestandteile **am Nachlass vorbei** zu übertragen.[131] Der Vorrang des (formfreien) § 331 BGB vor dem Formgebot des § 2301 BGB ist zwischenzeitlich auch durch die BGH-Rspr. mehrfach[132] bestätigt worden.

> **Lösung:** Im Ergebnis zu Beispiel 21 liegt seitens MH kein Erwerb durch Erbanfall nach § 3 Abs. 1 Nr. 1 (bzw. Nr. 2) ErbStG, sondern ein Erwerb durch einen Vertrag zu Gunsten Dritter auf den Todesfall nach § 3 Abs. 1 Nr. 4 ErbStG i.H.v. 200 T€ (abzüglich Pauschale und persönliche Freibeträge) vor.

5.2.1 Die Lebensversicherung im Erbschaftsteuerecht

Für den wichtigsten Fall der **Lebensversicherung** ist die Formdiskussion wegen der vorrangigen Formfreiheit nach VVG (§§ 159 ff. VVG) ohnehin obsolet. Für diesen wirtschaftlich bedeutsamen Fall eines Vertrages zu Gunsten Dritter auf den Todesfall ist offenkundig, dass mit der Prämienzahlung der Nachlass geschwächt wurde. Für eventuelle Nachlassgläubiger (z.B. Pflichtteilsberechtigte) sei angefügt, dass der Ersatzanspruch dieser Personengruppe wegen beeinträchtigender Schenkungen nach § 2325 Abs. 3 BGB gegen die Erben(!) nur auf die während der letzten zehn Jahre eingezahlten Prämien gerichtet ist. Er umfasst also weder den Rückkaufswert noch die eigentliche Versicherungssumme. Ganz allgemein fallen in den Anwendungsbereich von § 3 Abs. 1 Nr. 4 ErbStG:

1. Lebensversicherungsverträge,
2. Unfallversicherungsverträge und
3. Ansprüche von Hinterbliebenen aufgrund gesellschafts- und arbeitsrechtlicher Verpflichtungen.

Im Einzelnen gilt zu **Leistungen aus Lebensversicherungsverträgen** Folgendes:

a) Bei einer Lebensversicherung ist vorweg nach dem Kriterium des **Bezugsberechtigten** zu unterscheiden:
   - Ist **kein Bezugsberechtigter** benannt (Beispiel: Lebensversicherung der Ehefrau EF ohne Bezugsberechtigung), so fällt beim Tode des Versicherungsnehmerin EF der Anspruch gegen die Versicherung in den allgemeinen Nachlass (Erwerb der Erben nach § 3 Abs. 1 Nr. 1 ErbStG).
   - Nur wenn ein von der Versicherungsnehmerin EF **unterschiedlicher Bezugsberechtigter** (Freund/Ehemann) benannt ist, erwirbt dieser beim Tode von EF einen nach § 3 Abs. 1 Nr. 4 ErbStG steuerpflichtigen Anspruch gegen die Versicherung. Dies setzt allerdings eine freigebige Zuwendung im sog. Valutaverhältnis zwischen der Versicherungsnehmerin (hier EF) und dem Bezugsberechtigten voraus.

---

131 S. hierzu auch R 3.7 Abs. 1 ErbStR sowie FinMin Baden-Württemberg vom 01.03.2010, Az.: 3 – S 3802/20.
132 Diese Frage muss für das sog. Valutaverhältnis zwischen dem Versprechensempfänger (Erblasser) und dem Dritten geprüft werden. Davon zu unterscheiden ist das »Deckungsverhältnis« zwischen dem Erblasser und dem Versprechenden (Bank bzw. Versicherungsunternehmen).

- Bei **verbundenen Lebensversicherungen** (d.h. einer auf das Leben eines zuerst versterbenden Mitversicherungsnehmers – im Regelfall des Ehegatten – abgeschlossenen Lebensversicherung) erhält der überlebende Ehegatte die Versicherungssumme zu Lebzeiten. Insoweit liegt kein Erwerb nach § 3 ErbStG (weder nach Nr. 1 noch nach Nr. 4), sondern grundsätzlich nach § 7 ErbStG (Schenkung) vor. Dabei unterstellt die Verwaltung zu Recht[133], dass nur der im Innenverhältnis getragene Anteil des Versicherungsnehmers (= Erblassers) an der Prämienzahlung erbschaftsteuerpflichtig ist. Hierfür trägt der Berechtigte die Beweislast (S. 3 a.a.O.). Dies bedeutet eine **Änderung** gegenüber der alten Verwaltungsauffassung (R 9 Abs. 1–3 ErbStR a.F.), nach welcher von einer hälftigen Zahlungsverpflichtung ausgegangen wurde. Demzufolge war die Versicherungssumme zur **Hälfte** erbschaftsteuerfrei (als Mitversicherungsnehmer) und wurde zur anderen Hälfte als Schenkung (bei lebzeitiger Auszahlung) besteuert.
- Im Zusammenhang mit den vielfältigen zivilrechtlichen Gestaltungsmöglichkeiten hat hingegen der BFH[134] die Frage geklärt, wie die Besteuerung bei der **Übertragung des Bezugsrechts** zu Lebzeiten des Versicherungsnehmers (im Beispiel der Vater V) auf den Sohn S zu erfolgen hat. Danach ist das Bezugsrecht selbst (als aufschiebend bedingter Anspruch) nicht steuerbar, sondern erst die später ausbezahlte Versicherungsleistung.
- Für die Fallgruppe der **befreienden Lebensversicherung** (Private Lebensversicherung zur Befreiung von der gesetzlichen (meist: Renten-)Versicherung) hat der BFH in zwei Entscheidungen vom 24.10.2001 den daraus erwachsenen Leistungsbezug als steuerpflichtig nach § 3 Abs. 1 Nr. 4 ErbStG behandelt (BStBl II 2002, 153 und BFH/NV 2002, 115). Dabei wurde betont, dass eine unentgeltliche Zuwendung (objektiv wie subjektiv freigebig) auch dann vorläge, wenn der Erblasser mit dem Abschluss der Versicherung seiner Unterhaltspflicht nachkommt.

b) Zur **Höhe** des steuerbaren Erwerbs ist anzufügen, dass bei Ausbezahlung der fälligen Lebensversicherung der Nominalbetrag zu erfassen ist, während bei unwiderruflicher Zuwendung des Anspruchs vor Fälligkeit (mit den o.g. weiteren Voraussetzungen) gem. § 12 Abs. 4 BewG der Anspruch nur mit 2/3 der eingezahlten Prämien oder Kapitalbeiträge anzusetzen war.
Hinweis (neues Recht): Noch nicht fällige Ansprüche aus Lebens-, Kapital- oder Rentenversicherungen sind stets mit dem Rückkaufswert (= gemeiner Wert gem. § 12 Abs. 4 BewG 2009) anzusetzen.[135] Die o.g. Grundsätze über die Steuerquote bei gemeinsamer Prämienzahlung gelten nach R 3.7 Abs. 2 S. 4 ErbStR auch für die Auszahlung einer noch nicht fälligen Lebensversicherung.

c) Sonstiges
- Die Zurückweisung von Lebensversicherungen zu Gunsten einer anderen Person nach § 333 BGB kann nach der BFH-Rspr. bei der neu begünstigten Person zu einem Schenkungsteuertatbestand führen, wenn die Übertragung an diese Person das ausschließliche Motiv der Zurückweisung gewesen sein sollte.

---

133 R 3.7 Abs. 2 S. 2 ErbStR (Bezugsberechtigter zahlt die Prämien selbst).
134 BFH vom 30.06.1999 (BStBl II 1999, 742) mit entsprechendem Erlass BaWü vom 06.05.1999 (NJW 2000, 125) mit Anm. *Viskorf*, FR 1999, 1255.
135 Von besonderer Bedeutung ist dabei die Berücksichtigung von ausgeschütteten und gutgeschriebenen Gewinnanteilen.

- Ebenfalls der Schenkungsteuer (§ 7 Abs. 1 Nr. 1 ErbStG) unterliegt bei einer Schenkung im Rahmen des Vertrages zu Gunsten Dritter das entstandene Forderungsrecht des Dritten (vgl. BFH vom 20.01.2005, BFH/NV 2005, 971).

5.2.2 Unfallversicherungsverträge

In den Anwendungsbereich des § 3 ErbStG als Erwerb von Todes wegen fallen auch Leistungen aus einer Unfallversicherung. Dabei unterliegt jedoch der Anspruch auf Todesfallentschädigung aus einer Kfz-Insassenunfallversicherung dem direkten Erbanfall der Erben nach § 3 Abs. 1 Nr. 1 ErbStG.

5.2.3 Hinterbliebenenbezüge – Versorgungsansprüche

Diese ausführlichst in den Verwaltungsrichtlinien dargestellte Problematik verdankt ihren Ausgangspunkt der gesetzlichen Formulierung in § 3 Abs. 1 Nr. 4 ErbStG, wonach nur »vertragliche« Bezüge zu Gunsten Dritter auf den Todesfall einen steuerpflichtigen Vermögensvorteil auslösen. In den meisten Beschäftigungsverhältnissen kommen die Hinterbliebenen in den Genuss **nachvertraglicher** Leistungsbezüge, sog. Versorgungsansprüche. Rein zivilrechtlich gehen diese Ansprüche – vergleichbar dem Anspruch des Bezugsberechtigten bei einer Lebensversicherung – nicht im Erbwege (§ 1922 BGB) auf die Hinterbliebenen über, sondern entstehen originär in der Person der Angehörigen. Rspr. und Verwaltung klammern in einer ersten Beurteilung alle **gesetzlichen** Versorgungsansprüche aus dem Katalog der steuerpflichtigen Versorgungsbezüge aus. So lösen alle auf Beamtengesetzen, auf der gesetzlichen Rentenversicherung für Angestellte und Arbeiter und auf berufsständischen freiberuflichen Versicherungen beruhende Bezüge keine Steuerpflicht nach § 3 ErbStG aus. Die Rspr. des BFH hat sodann unter dem Einfluss des Gleichheitsgrundsatzes von Art. 3 GG eine teleologische Reduktion (einschränkende, gesetzeszweckorientierte Auslegung) von § 3 Abs. 1 Nr. 4 ErbStG vorgenommen und alle auf einem **Dienstvertrag** mit dem Arbeitgeber beruhenden Hinterbliebenenbezüge den gesetzlichen steuerfreien Ansprüchen gleichgestellt.[136] R 3.5 Abs. 1 S. 3 Nr. 3 ErbStR erweitert – wie seine Vorgängerbestimmung (R 8 ErbStR a.F.) – den Kreis der nicht steuerbaren Bezüge um Ansprüche, die auf einer freiwilligen Weiter- oder Höherversicherung in einem berufsständischen Versorgungswerk beruhen. Betroffen davon sind frühere Pflichtmitglieder mit berufsfremder Tätigkeit, die zu einer Versicherungspflicht in der gesetzlichen Rentenversicherung führt.[137]

Probleme treten jedoch in den Fällen auf, in denen mit den **G'ftern** von PersG und KapG wegen ihrer Funktion als GF vergleichbare Versorgungsansprüche für deren Hinterbliebene vereinbart werden. Aufgrund einer vom BVerfG abgesegneten Rspr. des BFH[138] wird in dieser Fallgruppe wie folgt differenziert:

---

[136] BFH vom 20.05.1981 (BStBl II 1981, 715). Rechtsgrund für die Ansprüche können sein: Tarifvertrag, Betriebsordnung, Betriebsvereinbarung sowie betriebliche Übung, s. auch R 3.5 Abs. 2 EStR.
[137] Vgl. hierzu *Jost*, FR 2003, 824.
[138] Für die PersG zuletzt BFH vom 13.12.1989 (BStBl II 1990, 325) sowie BVerfG vom 05.05.1994 (BStBl II 1994, 547); für die KapG zuletzt BFH vom 13.12.1989 (BStBl II 1990, 322) sowie BVerfG vom 09.11.1988 (BStBl II 1989, 938).

- Rentenbezüge der Witwe eines G'fters einer **PersG** (OHG, KG, GbR) sind – von extremen Ausnahmen abgesehen[139] – immer erbschaftsteuerpflichtig nach § 3 Abs. 1 Nr. 4 ErbStG; auch im Urteil vom 05.05.2010 (DB 2010, 1865) behandelt der BFH den Übergang des Pensionsanspruchs auf die Witwe des Komplementärs als steuerpflichtige Forderung im Sonder-BV;
- bei den Rentenbezügen der Witwe eines **GmbH-G'fter-GF** wurde die Rechtsfigur des »herrschenden Geschäftsführers« eingeführt. Soweit der Erblasser dieser Gruppe zugehörte, sind die Bezüge erbschaftsteuerpflichtig. Ansonsten lag eine arbeitnehmerähnliche Stellung vor und die Bezüge der Witwe sind dann steuerfrei;
- die Kriterienbildung für eine Position als herrschender Geschäftsführer einer GmbH (alternativ:
  - Einzel-Kapitalanteil > 50 % oder
  - Gruppenmehrheit oder
  - faktische Beherrschung)

  sind im Einzelnen in H 3.5 ErbStH[140] aufgeführt. Bei Gestaltungsüberlegungen sollte man jedoch im Auge behalten, dass die bei der verdeckten Gewinnausschüttung vom BFH ertragsteuerlich kreierte Rechtsfigur des beherrschenden G'fter-Geschäftsführers[141] nicht in allen Punkten mit der erbschaftsteuerlichen Figur des herrschenden Geschäftsführers identisch ist.

So ersetzt z.B. im KSt-Recht die Stimmrechtsmehrheit die nominelle Kapitalanteilsmehrheit, an der allein sich das Erbschaftsteuerrecht orientiert. Ähnliche Ungereimtheiten gibt es bei der »Gruppenbildung«.

---

139 Für die **Ausnahme** muss nach R 3.5 Abs. 4 S. 2 ErbStR eine **arbeitnehmerähnliche Stellung** im Innenverhältnis vorliegen. In diesen Fällen wird man jedoch im Regelfall schon aus ertragsteuerlichen Gründen die Stellung als Mitunternehmer aberkennen.
140 Dort H 3.5 ErbStH mit einer interessanten Entscheidungshilfe zur Frage der **herrschenden Stellung** des GmbH-G'fters.
141 S. hierzu *Maurer*, Band 2, Teil C.

II Schenkungsteuerrecht: Vermögensübertragungen zu Lebzeiten im Erbschaftsteuergesetz

Der herkömmlich mit **Schenkungsteuerrecht** umschriebene Komplex befasst sich mit dynamischeren Gestaltungen als dies im ersten Kapitel (Übertragung von Todes wegen) der Fall war. Das zweite Kapitel trägt den umfangreichen Gestaltungen der Praxis wie etwa der im letzten Jahrzehnt aus dem Einkommensteuerrecht kommenden vorweggenommenen Erbfolge[142] und den immer schon praktizierten Nießbrauchsgestaltungen ebenso Rechnung wie den aktuellen »Trends« der Übertragung auf Trusts oder auf Stiftungen (Überblick). Ein Vergleich mit der zu Lebzeiten vorgenommenen Übertragung auf »Parkgesellschaften« rundet die Darstellung ab. Nur dann, wenn die konkrete Vermögensübertragung mit einem Akt der (zumindest teilweisen) **Freigebigkeit** verbunden ist, wird das Schenkungsteuerrecht tangiert.

Demgegenüber sind bei entgeltlichen und teilentgeltlichen Vorgängen das Ertragsteuerrecht und das Verkehrsteuerrecht betroffen. Dies bedingt rein begrifflich einen Überlappungsbereich zwischen **teilentgeltlichen** und **teilunentgeltlichen** Übertragungen. In den jeweiligen Einzeldisziplinen wird dieser – für die Praxis besonders bedeutsame – Bereich entsprechend der einzelgesetzlichen Zielsetzung unterschiedlich definiert und heißt folglich im Anwendungsbereich des ErbStG »teilunentgeltliche Übertragungen« (Zuwendungen).

Ausgangspunkt der folgenden Darstellung ist die Schenkung als der zweite Steuertatbestand des ErbStG nach § 7 i.V.m. § 1 Abs. 1 Nr. 2 ErbStG.

1 Schenkungen und andere unentgeltliche Zuwendungen unter Lebenden

1.1 Der Grundtatbestand des § 7 Abs. 1 Nr. 1 ErbStG – »volle« Unentgeltlichkeit

1.1.1 Die Freigebigkeit als Auslöser einer unentgeltlichen Zuwendung

Der Ausgangsfall soll eine voll-unentgeltliche Übertragung abbilden.

> **Beispiel 1: Das Familiendarlehen: »Privates Schütt aus – Betriebliches Hol zurück«**
> Der fürsorgliche, aber steuergeplagte Vater (V; Einzelunternehmer) erhält aus einer Erbschaft 440 T€. Anstatt den Betrag direkt seinem Unternehmen zukommen zu lassen, kommt er auf den Gedanken, die Summe seinem volljährigen Sohn S zu schenken; der Betrag wird sodann als ein zu 5 % verzinsliches Darlehen an den (Betrieb des) Vater(s) weitergegeben. Ein entsprechender privatschriftlicher Schenkungs- und Darlehensvertrag wird gefertigt. Mutter M übernimmt die Bürgschaft für die betriebliche Schuld des V. Um komplizierte Übertragungen zu vermeiden, wird der aus dem Nachlass stammende Betrag direkt auf das betriebliche Konto überwiesen.

---

142 Obwohl der BFH bereits am 08.12.1993 (BFH/NV 1994, 373) ausgeführt hat, dass dem Begriff der »vorweggenommenen Erbfolge« kein eigener objektiver Erklärungswert zukomme, wird auch in dieser Entscheidung für Auflagenschenkungen »im Kleide der vorweggenommenen Erbfolge« das Schenkungsteuerrecht angewandt; s. dazu unter Kap. 3.1.

Der Grundtatbestand nach § 7 Abs. 1 Nr. 1 i.V.m. § 1 Abs. 1 Nr. 2 ErbStG setzt voraus, dass der von V an S überlassene Betrag eine **freigebige Zuwendung** darstellt und dass der Empfänger S objektiv auf Kosten des Zuwendenden V bereichert ist (so auch R 7.1 Abs. 1 S. 2 ErbStR). Die freigebige Zuwendung wiederum erfordert – im Unterschied zum Zivilrecht[143] – zunächst nur das Bewusstsein (und den Willen) des Zuwendenden über die Unentgeltlichkeit. Aufgrund der BFH-Rspr. zu diesem inneren (oder subjektiven) Tatbestandsmerkmal ist der erforderliche **Bereicherungswillen** gegeben, wenn

- keine rechtliche Verpflichtung zur Hingabe besteht; dies ist der Fall, wenn keine Gegenleistung vereinbart ist,
- mit der Zuwendung keine familienrechtliche oder sonstige Verpflichtung verbunden ist und
- der subjektive Wunsch (nicht erforderlich sind: die direkte Absicht oder das Motiv) auf die Begründung eines Vermögensvorteils des Empfängers gerichtet ist.

Lösung (mit gleichzeitiger Prüfung der Submerkmale der »freigebigen Zuwendung«): Grundsätzlich wird mit der Überlassung eines Geldbetrages an ein volljähriges Kind **keine familienrechtliche Unterhaltszahlung** getätigt. Für eine anderweitige, z.B. eine gesellschaftsrechtliche Verpflichtung gibt es keinen Anhaltspunkt. S erhält offensichtlich mit dem Geldbetrag einen **Vermögensvorteil**, den er ohne die Vereinbarung nicht gehabt hätte. Dabei kann an dieser Stelle dahingestellt sein, wie die Summe verwendet wird (als Geldanlage oder als Darlehensanspruch). Unerheblich für § 7 ErbStG ist auch, dass die Übertragung alleine von V ausging, dass keine vertragliche Abstimmung zwischen S und V dem Geschäft voranging und dass nur V den Willen zur Vermögensmehrung des S hatte.

Fraglich kann allerdings sein, ob die **sofortige Wiederverwendung** des Betrages als Darlehen im Betrieb auf ein gegenseitiges Verpflichtungsgeschäft schließen lässt. Dies wäre etwa dann der Fall, wenn die Schenkungsvereinbarung von der Bedingung der späteren Darlehensverwendung abhängig gemacht würde oder wenn ein echter gegenseitiger Vertrag (Vater schenkt, damit Sohn dem Betrieb das Darlehen gewährt) vorläge. Auch hierauf kann vom Geschehensablauf nicht geschlossen werden.

Ein echtes Problem liegt jedoch in der **fehlenden notariellen** Beurkundung des Schenkungsversprechens und damit – zivilrechtlich – in der Gefahr der Nichtigkeit (§ 518 Abs. 1 BGB). Zwar wird der Formmangel mit **Vollzug** des Schenkungsversprechens geheilt (§ 518 Abs. 2 BGB), wenn die dort vorgesehene »Bewirkung der versprochenen Leistung« mit dem Leistungserfolg eintritt. Die geschenkte Summe wurde jedoch nie auf ein eigenes Konto des S überwiesen, sondern sogleich dem betrieblichen Konto des V gutgeschrieben. Für diese Fälle des »**abgekürzten Zahlungsweges**« ist anerkannt, dass die jeweilige Leistung auch von Dritten und an Dritte erfolgen kann. Betrachtet man in diesem Fall V als Dritten, so ist diesem Erfordernis Genüge getan. Vom Vollzug nach § 518 Abs. 2 BGB ist vor allem deshalb auszugehen, weil der geschenkte Betrag nicht aus betrieblichen Mitteln des V stammte, sondern aus dessen privaten Mitteln.[144]

Fazit: Aufgrund einer zwischenzeitlich gefestigten BFH-Rspr. wird jedoch in der Fallgruppe der schenkweise begründeten Darlehensforderung noch darauf abgestellt, dass im Verhältnis zwischen

---

143 Nach § 516 BGB ist grundsätzlich die **Einigung** beider Parteien (und damit ein Vertrag) über die Unentgeltlichkeit erforderlich.
144 Die Rspr. sieht es bei der schenkweise begründeten Darlehensforderung an **minderjährige** Kinder immer noch anders, BFH vom 08.03.1984 (BStBl II 1984, 623).

Schenker und Beschenktem eine **endgültige Vermögensverschiebung** erfolgen müsse.[145] In der Beurteilung der herkömmlichen Fallgruppe (Schenkung an minderjährige Kinder) wird dies erst dann angenommen, wenn der strittige Betrag (hier: 220 T€) die Vermögenssphäre des Schenkers verlassen hat und in der Vermögenssphäre des Beschenkten für einige Zeit verbleibt. Das Kriterium der freien Verfügbarkeit über ein Konto wurde jüngst wieder vom BFH in einem Fall der Ehegattenzuwendung herausgestellt (BFH vom 18.11.2004, BFH/NV 2005, 355).

Wegen der Sonderkonstellation (volljähriger S und gleichzeitige Bürgschaftsschuld der M) wird man im konkreten Fall von einer eigenständig erlangten Vermögensposition des S auch bei sofortiger Wiederverwendung als Darlehensanspruch gegen V ausgehen können. S ist im Ergebnis mit dem Darlehensanspruch bereichert, V ist wirtschaftlich mit der begründeten Darlehensschuld entreichert. Diese – gegenüber der ESt-Beurteilung skeptische und somit rein erbschaftsteuerrechtliche – Auffassung deckt sich mit dem BFH-Beschluss vom 15.09.2004 (BFH/NV 2005, 211), wonach einkommensteuerliche Grundsätze über den Dritt- oder Fremdvergleich nicht entsprechend auf das Erbschaftsteuerrecht zu übertragen sind.

Lösung (Fortsetzung): Damit hat S den erhaltenen Vermögensvorteil nach § 7 Abs. 1 Nr. 1 ErbStG als Zuwendung unter Lebenden grundsätzlich mit dem Nominalbetrag von 440 T€ (§ 10 Abs. 1 Nr. 1 S. 1 ErbStG) zu versteuern. Eine Befreiung nach den §§ 13, 13a, 13b ErbStG ist nicht ersichtlich; allerdings erhält S – vorbehaltlich § 14 ErbStG – einen persönlichen Freibetrag von 400 T€ nach § 16 Abs. 1 Nr. 2 i.V.m. § 15 Abs. 1 StKl. I Nr. 2 ErbStG. Im Ergebnis versteuert S 40 T€ mit einem Steuersatz von 7 %; er hat 2.800 € Schenkungsteuer zu zahlen. Gem. § 9 Abs. 1 Nr. 2 ErbStG entsteht die Steuer mit der Ausführung der Zuwendung. Nach den obigen Ausführungen ist die Schenkungsteuer mit der Einbuchung der Darlehensvaluta auf dem betrieblichen Konto des V entstanden.[146]

Umgekehrt führt das von S gewährte verzinsliche Darlehen zu keiner Schenkung an den Vater. Wiederum anders wäre der Fall zu beurteilen, wenn das Darlehen dem V zinslos eingeräumt wird; sodann läge eine Schenkung in Höhe der kapitalisierten unentgeltlichen Nutzungsüberlassung vor.

Nicht immer werden Barmittel verschenkt. Bei zugewendeten Sachgegenständen wird erst mit der freien Verfügungsmacht des Empfängers die Schenkung vollzogen.

Die Frage der endgültigen Vermögensverschiebung und damit die **freie Verfügungsmöglichkeit** über den zugewendeten Gegenstand war auch das Thema einer viel beachteten Entscheidung des BFH vom 01.02.2001 (BFH/NV 2001, 1265). Es ging um die Frage, ob die unentgeltliche Einbringung eines Grundstücks in eine GbR dem Werte nach (bei einer Einlage »quoad usum[147]« wird der Nutzungswert eingelegt) für die **anderen** G'fter eine Zuwendung i.S.d. § 7 Abs. 1 Nr. 1 ErbStG sei. Der BFH betonte in der Entscheidung, dass die Einräumung des wirtschaftlichen Eigentums alleine, die hier wohl vorlag, zu keiner

---

145 Nach den Urteilen des BFH vom 21.10.1992 (BStBl II 1993, 289) für das Ertragsteuerrecht sowie vom 26.09.1990 (BStBl II 1991, 32) und vom 07.10.1998 (BFH/NV 1999, 618) für das Erbschaftsteuerrecht. Im Urteil vom 22.01.2002 (BStBl II 2002, 685) hat der BFH – in Übereinstimmung mit der Verwaltung und der Lit. – sogar einen längeren Verbleib der geschenkten Darlehensmittel in der Kindersphäre für schädlich angesehen, wenn beide Verträge (Schenkung wie Darlehen) gleichzeitig (bzw. in einer Urkunde) geschlossen wurden. S. zum Ganzen *Preißer*, Band 1, Teil B, Kap. I 4.4.3.
146 Für die Ausführung der Schenkung (§ 9 Abs. 1 Nr. 2 ErbStG) wird man noch zusätzlich darauf abstellen, dass eine wirksame Bürgenschuld der M vorliegt.
147 Anstelle der Eigentumsübertragung (quoad dominum) konnte das Grundstück nur von der GbR unentgeltlich genutzt werden; der Nutzungswert wurde dem Kapitalkonto des Einbringenden gutgeschrieben.

definitiven Vermögensverschiebung führt. Allein die Übertragung des rechtlichen Eigentums kann die freie Verfügungsmacht des Empfängers begründen.

Einen rechtlich vergleichbaren Fall hat der BFH am 22.08.2007 (BStBl II 2008, 28) entschieden, als es um die Vermögensübertragung unter Ehegatten ging, von denen der eine (Vater) den Kindern einen GmbH-Geschäftsanteil geschenkt hat. Im Gegenzug haben die Kinder beiden Elternteilen gleichberechtigt eine Versorgungsrente eingeräumt. Der BFH nimmt im Verhältnis der **Ehegatten zueinander** nur dann eine Schenkung nach § 7 Nr.1 ErbStG an, wenn der andere Elternteil über seine Rechtsposition frei verfügen kann. Rein banktechnisch kann dies z.B. durch die Einräumung eines »Oder«-Kontos bzw. einer entsprechenden Vollmacht erfolgen. Falls dies nicht nachzuweisen ist, fehlt es an der Bereicherung des anderen Elternteils.[148]

Das Thema der Zahlung auf ein gemeinsames **Oder-Konto** hat der BFH im Urteil vom 23.11.2011 (DStR 2012, 796) wieder aufgenommen. Dabei wurden seitens des BFH Beweislastentscheidungen getroffen. Diese lauten

- Das FA trägt die Feststellungslast dafür, das der begünstigte nicht einzahlende Ehegatte tatsächlich und rechtlich frei über den Betrag verfügen konnte (steuerpflichtige unbenannte Ehegattenzuwendung).
- Den Gegenbeweis (im Innenverhältnis abweichende Geltung der hälftigen Zurechnung des Kontoguthabens) hat der zahlende Ehegatte anzutreten.

Für den Fall, dass der **Gegenbeweis nicht** gelingt, bietet die Literatur (*Wachter*, ZEV 2012, 280 ff. (284) und *Demuth/Schreiber*, ZEV 2012, 405 ff.) interessante Gestaltungsmöglichkeiten an (Güterstandswechsel inkl. Güterstandsschaukel oder Rückabwicklung gem. § 29 Abs. 1 Nr. 3 ErbStG).

Die Steuerpflicht bei einer Schenkung entsteht erst dann, wenn die Zuwendung **ausgeführt** ist (§ 9 Abs. 1 Nr. 2 ErbStG).

1.1.2 Abgrenzungsfälle: keine Schenkung

Aus den o.g. Gründen (fehlender Vermögensvorteil des Empfängers) hat der BFH – und ihm folgend die Verwaltung – das Vorliegen einer Schenkung **verneint**:

- Die Übernahme einer Bürgschaft als solche ist keine freigebige Zuwendung (anders die Zahlung, wenn damit der Hauptschuldner intern freigestellt wird), BFH vom 12.07.2000 (BStBl II 2000, 596).
- Der bloße kumulative Schuldbeitritt (anders die befreiende Schuldübernahme) ist nach dem BFH vom 26.01.2000 (BFH/NV 2000, 954) ebenfalls keine freigebige Zuwendung.
- Die zinslose Stundung eines nicht geltend gemachten Pflichtteilsanspruchs ist nach dem BFH-Urteil vom 31.03.2010 (DStR 2010, 1435) keine freigebige Zuwendung.[149]

---

[148] Lesenswerte Rezension von *Götz*, ZEV 2007, 601.
[149] Die Einräumung eines zinslosen Darlehens hingegen ist eine freigebige Zuwendung (BFH vom 07.10.1998, BStBl II 1999, 25).

1.2 Teilweise unentgeltliche Zuwendung – gemischte Schenkung

1.2.1 Einführung (Anwendungsbereich)

Während die voll-unentgeltliche Schenkung allenfalls im Grenzbereich Abstimmungsfragen zum Schenkungsrecht der §§ 516 ff. BGB aufwirft, hat sich das Schenkungsteuerrecht bei den **teilweise unentgeltlichen** Zuwendungen vom Zivilrecht vollends gelöst. Das Zivilrecht hat hier – mit Ausnahme der Auflagendiskussion – keine Vorbildfunktion.

> **Beispiel 2: Ein Geschenk am Himmel**
> Der Alleininhaber der Rechtsanwaltspraxis Dr. Q findet in seinen (Verwandtschafts-)Reihen keinen geeigneten Nachfolger. Seit zwei Jahren assistiert ein junger Rechtsreferendar R – zur vollsten Zufriedenheit des Q – in der Praxis. Auch persönlich kommt man sich näher. Aufgrund einer plötzlichen Krankheit macht Q dem R nach dessen bestandenem Assessorexamen »als Belohnung« das Angebot, die Praxis (bereinigter jährlicher Durchschnittsertrag – nach Abzug des Unternehmerlohns – gem. § 200 BewG: 45.000 €, Substanzwert 250 T€ zu einem »Kaufpreis« von 200 T€ zu erwerben. R überlegt noch, ob er einwilligen soll. Liegt nach § 7 ErbStG ein steuerbarer Tatbestand vor? Der echte Verkehrswert der Praxis soll 1 Mio. € betragen (aufgrund von Faktoren, die im Steuerwert nicht berücksichtigt sind).

Kennzeichnend für eine steuerpflichtige Schenkung ist eine **Vermögensverschiebung**, eine gleichzeitige Vermögensminderung auf der Seite des Schenkenden und eine Vermögensmehrung auf der Seite des Beschenkten. Eine solche Vermögensverschiebung kann allein in dem Angebot auf den Abschluss eines Kaufvertrages noch nicht erkannt werden.[150] Eine Auslegung als selbständiges Schenkungsversprechen (§ 518 Abs. 1 BGB) führt zu keinem anderen Ergebnis, da dieses nur bei einer notariellen Beurkundung zu einer eigenständigen Vermögensposition des R führt.[151] Die gleichen Rechtsfolgen ergeben sich auch bei einem Optionsrecht (einseitiges Gestaltungsrecht, mit dem R den Kaufvertrag perfekt machen kann).

Im Urteil vom 16.01.2008 (BStBl II 2008, 631) hat der BFH sogar in der Schenkung einer nur typischen Unterbeteiligung noch keine endgültige Vermögensverschiebung gesehen, da der Empfänger nicht über den Substanzwert verfügen könne, sondern auf das Ausschüttungsverhalten des Schenkers angewiesen sei. Demzufolge liegt eine Bereicherung erst beim Empfang der konkreten Ausschüttung(en) vor.[152] In der Tendenz ähnlich ist die Entscheidung des BFH vom 09.07.2009 (DStR 2009, 2590), in der die Übernahme des Geschäftsanteils anlässlich einer **Kapitalerhöhung** bei einer GmbH **unter Wert**, die an einer anderen KapG beteiligt war, nicht zu einer freigebigen Zuwendung an die Begünstigten der Träger-Gesellschaft (im Urteil eine Stiftung) führt.

> **Lösung:** Das Angebot ist mangels endgültiger Bereicherung (noch) nicht steuerbar.

> **Beispiel 2a: Ein Geschenk des Himmels**
> R nimmt in 11 das Angebot an und erwirbt die Praxis für 200 T€. Besteht eine Steuerpflicht nach § 7 ErbStG?

---

150 S. auch BFH vom 29.10.1997 (BStBl II 1997, 832).
151 S. hierzu *Meincke*, ErbStG-Kommentar, § 7, Rz. 46–49.
152 Mit der Folge, dass mehrere Ausschüttungen gem. § 14 ErbStG zusammen gerechnet werden müssen, da jede einzelne Ausschüttung für sich selbst gesehen den Tatbestand einer Schenkung unter Lebenden i.S.d. § 7 Abs. 1 ErbStG erfüllt.

Der Tatbestand des § 7 Abs. 1 Nr. 1 ErbStG wird nicht nur durch eine voll-unentgeltliche, sondern auch durch eine **gemischte freigebige** Zuwendung verwirklicht. Eine gemischte Zuwendung liegt vor, wenn einer höherwertigen Leistung (im Beispiel die Praxis) eine Leistung von geringerem Wert (im Beispiel der Kaufpreis) gegenübersteht und die höherwertige Zuwendung neben Elementen der Freigebigkeit auch Elemente eines Austauschvertrages enthält, **ohne** dass sich die höherwertige Leistung in zwei selbständige Leistungen **aufteilen** lässt. Die Aufteilung des Praxisübernahmevertrages in einen isolierten Kaufvertrag und einen davon getrennten Schenkungsvertrag wird den Interessen der Beteiligten R und Q nicht gerecht[153] und scheidet daher aus. Demzufolge liegt eine **(teil-)unentgeltliche** Praxisübernahme vor.

Eine (auch gemischt) freigebige Zuwendung setzt in subjektiver Hinsicht ein entsprechendes Bewusstsein des Zuwendenden voraus. Der **Bereicherungswille** des V setzt nicht nur sein Wissen von der Vermögensverschiebung voraus, sondern auch seine Einsicht, zur Vermögenshingabe weder rechtlich verpflichtet zu sein noch eine gleichwertige Gegenleistung zu erhalten. Wenn hier die Übergabe »belohnungshalber« erfolgen soll, so wird bereits mit § 7 Abs. 4 ErbStG deutlich, dass die Einkleidung des Rechtsgeschäftes für das ErbStG irrelevant ist.[154]

Schließlich führt der BFH in ständiger Rspr. aus, dass ein (zu) niedriger Kaufpreis erst dann die Steuerfolgen einer gemischten Schenkung auslöst, wenn der Zuwendende den Bedeutungsgehalt der Unentgeltlichkeit »nach Laienart« zutreffend erfasst. Nach mehreren Entscheidungen jüngeren Datums wird als Aufgriffsgrenze für eine gemischte Schenkung der Fall angenommen, dass die erbrachte Gegenleistung um **25 %** unterhalb des Verkehrswerts liegt.[155]

Bei der Ermittlung der Bereicherung des Beschenkten wird zunächst der Verkehrswert der Schenkerleistung mit dem Verkehrswert der Gegenleistung des Beschenkten verglichen. In einem zweiten steuertechnischen Schritt wird der ermittelte Unterschied mit dem Steuerwert des Schenkungsgegenstandes multipliziert.

1.2.2 Lösung nach altem Recht

Lösung: Im vorliegenden Fall ergibt bereits ein einfacher Vergleich der maßgeblichen Werte (steuerlicher Ertragswert gem. der §§ 199 ff. BewG; 45.000 € x 12,61[156] = 567.465 €, abgerundet 567 T€; der Substanzwert ist niedriger), dass ein vereinbarter Kaufpreis unterhalb des Substanzwertes keinem Drittvergleich standhält, zumal der Verkehrswert 1 Mio. € beträgt.

Noch vor der besonderen Berechnung für übertragenes Produktivvermögen nach den §§ 13a, 13b, 19a ErbStG wurde i.R.d. § 7 ErbSt die **BMG** bei der **gemischten Schenkung** nach der folgenden Formel ermittelt.

$$\frac{\text{Steuerwert der Leistung des Schenkers} \times (\text{Verkehrswert der Schenkerleistung ./. Verkehrswert der Gegenleistung})}{\text{Verkehrswert der Schenkerleistung}}$$

---

153 Eine Aufteilung kommt z.B. in Betracht, wenn Q dem R das Inventar schenken möchte und nur den Mandantenstamm veräußern will.
154 § 7 Abs. 4 ErbStG präzisiert nur den allgemeinen Grundsatz der »falsa demonstratio non nocet« (Falschbezeichnung schadet nicht).
155 Vgl. BFH vom 30.05.2001, BFH/NV 2002, 26 (100 TDM Gegenleistung für 176 TDM Kommanditanteil) oder FG München vom 05.02.2001, EFG 2001, 701 (Missverhältnis von über 51 % zwischen Verkehrswert und Gegenleistung).
156 Der Kapitalisierungszinssatz beträgt bei einem Basiszinssatz (2009) von 3,61 und einem Risikozuschlag von 4,50 exakt 8,11; der Kapitalisierungsfaktor beträgt folglich 12,33 (vgl. §§ 202 f. BewG (2008)). Für das Jahr 2011 beträgt der Basiszinssatz 3,43 %; dies führt – zusammen mit dem Risikozuschlag von 4,50 zu einem Kapitalisierungsfaktor (2011) von 12.61.

Wiederum abgekürzt ergab dies die (einfachere Formel):

$$\frac{\text{Steuerwert der Leistung des Schenkers} \times \text{Verkehrswert der Bereicherung des Beschenkten}}{\text{Verkehrswert der Schenkerleistung}}$$

(vgl. R 17 Abs. 2 ErbStR a.F., bei der Bereicherung des Beschenkten war vom Verkehrswert der Kaufpreis abzuziehen).

Der **Steuerwert der freigebigen Praxiszuwendung** betrug demnach:

$$\frac{567.000\ \text{€ (abgerundeter Steuerwert)} \times 800.000\ \text{€ (1 Mio. €}./.\ 200.000\ \text{€)}}{1.000.000\ \text{€}}$$

oder: 567.000 € x 4/5 = **543.600 €**

Es war offensichtlich, dass sich aufgrund dieser Berechnungsformel vielfältige Gestaltungsmöglichkeiten in der Praxis ergaben. Über die freie Disposition der Gegenleistung (Kaufpreis = Gegenleistung des Beschenkten) hinaus gibt es zwei weitere Ansatzpunkte:
1. der Steuerwert der Leistung des Schenkers und
2. der Verkehrswert der Leistung des Schenkers.

Rspr.-Hinweise:
(1) Im Zusammenhang mit übertragenem BV ist darauf hinzuweisen, dass die Übernahme von betrieblichen Schulden keine Gegenleistung darstellt. So hat etwa der BFH am 30.05.2001 (BFH/NV 2002, 26) entschieden, dass anteilsverbundene Verpflichtungen, die mit geschenkten Kommanditanteilen einhergehen, keine Gegenleistung darstellen können.[157]
(2) Für einen praxisrelevanten Fall aus dem Bereich der vorweggenommenen Erbfolge (Grundstücksschenkung gegen **Gleichstellungsgeld**) hat der BFH im Urteil vom 23.10.2002 (BStBl II 2003, 162) jedoch die Grundsätze einer **gemischten Schenkung** angewandt. In dem Fall, da die zuwendende Person (im Beispiel: Tante T) zwei Angehörigen (im Beispiel: Neffe N1 und N2) je ein Grundstück schenkte und die Beschenkten mit einer gegenseitigen (»kreuzweisen«) Verpflichtung belegte, an den jeweils anderen ein Gleichstellungsgeld zu zahlen, erkannte der BFH in beiden Fällen je auf zwei Schenkungen:

- Auf eine Grundstücksschenkung (T an N1), bei der sich der schenkungsteuerliche Wert nach dem Verhältnis des Verkehrswerts des Grundstücks zum Gleichstellungsgeld bemisst und
- auf eine zweite Schenkung (T an N2), wonach dieser das Forderungsrecht gegen seinen Bruder N1 bereits mit dem zustande gekommenen Vertrag zu Gunsten Dritter (§ 328 BGB) – und nicht erst mit Bezahlung – erhalten hat.
Umgekehrt (bei der Grundstücksschenkung T an N2 gegen Gleichstellungsgeld an N1) verhält es sich genau so (ebenfalls zwei Schenkungen[158]).

---

[157] Diese Betrachtung stimmt mit der auch im Ertragsteuerrecht geltenden **Einheitstheorie** überein, wonach bei übergehendem BV für steuerliche Zwecke nur die Differenz zwischen Besitzposten und Schuldposten (= bilanztechnisches Kapital(-konto)) berücksichtigt wird.
[158] Die Doppelschenkung gegen Gleichstellungsgeld ist möglicherweise vom Ertragsteuerrecht her motiviert gewesen (vgl. *Preißer*, Band 1, Teil B, Kap. III). S. auch ZEV 2003, 86.

1.2.3 Aktuelle Lösung (nach R 7.4 ErbStR 2011 und H 7.4 ErbStH 2011)

R 7.4 Abs. 1 und 2 ErbStR 2011 (und damit vergleichbar die Hinweisbeispiele in H 7.4 ErbStH) gehen – wegen der Neuregelung zu § 10 Abs. 6 ErbStG (keine Doppelberücksichtigung von Nutzungen als Abzugsgröße) von der Gleichbehandlung **aller** Formen von Gegenleistungen (inkl, Nutzungs- und Leistungsauflagen) von der **Saldotheorie** aus (Pauschalabzug als »Gegenleistung«), soweit nicht § 10 Abs. 6 S. 6 entgegensteht.

Die in H 7.4 ErbStH aufgelisteten Einzelbeispiele sind jedoch ausnahmslos zu übertragenem Grundbesitz (naheliegend wegen der Wortwahl des § 10 Abs. 6 S. 6 ErbStG) gebildet, so dass sich der Eindruck nicht verhindern lässt, dass die Verwaltung bzgl. **anderer Übertragungsgegenstände** konform mit dem Ländererlass 2009 auf die bekannte Aufteilungsformel rekurrieren wird. Dieser Prozess ist im Zeitpunkt der Verabschiedung der neuen ErbStR noch nicht entschieden, sodass beide Lösungen vertretbar sind.

Lösung nach R 7.4 ErbStR:
567.000 € ./. 200.000 € = **367.000 € (steuerpflichtiger Praxiserwerb)**

Nach allgemeiner Auffassung im Schrifttum (*Geck*, ZEV 2012, 130 ff. (132) sowie *Mannek*, ZEV 2012, 6 f.) ist die Saldotheorie, derzufolge die vom Beschenkten erbrachten (Gegen-) Leistungen mit ihrem **Nominalwert** vom Steuerwert abzuziehen sind, auf **alle** Fälle der gemischten Schenkungen anzuwenden.

1.2.4 Schenkungen unter Auflagen

Eine andere Form der Gestaltung der BMG bildet die Auflagenschenkung.

Beispiel 3: Senior und Junior auf Hallig Hooge
Der 100-jährige Landwirt L senior auf Hallig Hooge ist den ewigen Immobilienspekulationen auf seinem Eiland überdrüssig. Er überlegt daher mit seinem 80-jährigen Sohn L junior, ob es für beide nicht günstiger sei, die Übergabe des landwirtschaftlichen Grundstücks (steuerlicher Gemeiner Wert: 80 T€; Verkehrswert 100 T€[159]) auf L junior gegen eine **monatliche Leibrente** (Kapitalwert: 10 T€[160]) oder gegen ein **Wohnrecht** im Altenteilerhaus (identischer Kapitalwert) vorzunehmen.

Beispiel 3a:
Übernahme der Immobilie gegen eine Hypothek im Wert von 10 T€.

Die soeben für gemischte Schenkungen aufgezeigten Steuerfolgen, insb. die Ermittlung der Bereicherung nach der Zerlegungsformel von R 17 Abs. 2 ErbStR galt auch für sog. **Leistungsauflagen.** Darunter versteht man einen Übertragungsvorgang, bei dem der Beschenkte eine Verpflichtung zur Erbringung von Geld- oder Sachleistungen (im Beispiel die Leibrente) übernimmt.

Demgegenüber liegen **Nutzungs- oder Duldungsauflagen** vor, wenn an dem übertragenen Gegenstand zwar das Eigentum übertragen wird, die Nutzungskomponente aber beim

---
159 Im Bereich von L + F sind solche Differenzen möglich.
160 Für einen Fall des vorzeitigen Todes des Rentenberechtigten hat der BFH am 17.10.2001 (BStBl II 2002, 25) nochmals bekräftigt, dass die Rentenlast (und das gilt für alle gemischten Schenkungen) bei der Bereicherung nach § 10 Abs. 1 ErbStG nicht zu berücksichtigen (d.h. nicht abzuziehen) ist.

Übergeber (Schenker) oder einer dritten Person verbleibt. In den meisten Fällen handelt es sich dabei um ein vorbehaltenes **Wohnrecht** oder um einen **Nießbrauch** an den Erträgen des übergebenen Vermögens zu Gunsten des Schenkers.

Die frühere Auffassung zu § 7 ErbStG versuchte, den unterschiedlichen Sachverhalten gerecht zu werden. Zuwendungen unter einer **Leistungsauflage** sind in einen **unentgeltlichen und in einen entgeltlichen Part zu zerlegen** (R 17 Abs. 2 ErbStR a.F). Der nach der o.g. **Zerlegungsformel** ermittelte unentgeltliche Part ist das Steuerobjekt i.S.d. **§ 7 und des § 10 ErbStG**, m.a.W. findet nach der Definition (Zerlegung) des Steuergegenstandes kein Abzug von Verbindlichkeiten und dergleichen statt.

Anders wurde eine Nutzungs- und Duldungsauflage beurteilt. Dort gilt als Zuwendungsgegenstand (§ 7 ErbStG) der gesamte (ungetrübte) Vermögensanfall, wobei sodann bei der Bereicherung (§ 10 ErbStG) vom Steuerwert des Gegenstandes der Steuerwert der Nutzungs- oder Duldungslast[161] abgezogen wird (**Saldoermittlung**).

Lösung (altes Recht): Im Falle der **Leistungsauflage (monatliche Leibrente)** ist die Bereicherung des L junior nach der bekannten Zerlegungsformel zu ermitteln:

$$\frac{\text{Steuerwert der Schenkerleistung} \times \text{Verkehrswert der Bereicherung des Beschenkten}}{\text{Verkehrswert der Leistung des Schenkers}}$$

d.h. $\dfrac{80\ T€ \times 90\ T€\ (100\ T€ ./. 10\ T€)}{100\ T€} = 72\ T€$

Im umgekehrten Fall – bei der Einräumung des **Wohnrechts (Duldungsauflage)** – wird bei der Ermittlung der Bereicherung des Beschenkten L junior vom Steuerwert des Grundstücks (80 T€) der Kapitalwert des Wohnrechts (10 T€) nach § 10 ErbStG i.V.m. R 17 Abs. 3 ErbStR a.F. abgezogen. Die Bereicherung beträgt demnach hier **70 T€**.

Nach **aktueller Regelung (R 7.4 Abs.1 ErbStR)** werden alle Auflagen anlässlich einer Grundstücksübertragung identisch behandelt. Soweit ihr Wert (gem. §§ 14, 16 BewG) als Grundstücksbelastung bei der Bewertung des Grundvermögens gem. §§ 180 ff. BewG bereits berücksichtigt wurde (z.B. nach § 198 BewG), ist der Betrag **nicht abzugsfähig** (argum: § 10 Abs. 6 S. 6 ErbStG). Auf eine Differenzierung nach Leistungs- oder Nutzungs-/Duldungsauflage kommt es daher nicht mehr an.

Werden die Gegenleistungen hingegen bei der Bewertung des **Grundvermögens nicht berücksichtigt** (Regelfall für das Ertrags- und Sachwertverfahren), so wird in beiden Fällen der nach § 14 oder § 16 BewG ermittelte Barwert (oder die direkte Gegenleistung) in der sich ergebenden Höhe abgezogen. Dies gilt erst recht für eine übernommene Hypothek (i.H.d. Valutierung) bzw. für eine vereinbarte sonstige Gegenleistung.

Erst **danach** wird ggf. (sofern es sich bei dem Objekt um ein Mietwohnhaus handelt) der Abzug von 10 % gem. § 13c ErbStG vorgenommen.

H 7.4 ErbStH (»Übernommene Pflegeleistungen«) erstreckt bei Grundstücksübertragungen den Anwendungsbereich abzugsfähiger Gegenleistungen auf die übernommenen **Pflegeleistungen**. Dabei handelt es sich allerdings bis zum Eintritt des Pflegefalles um eine

---

161 Dabei ist nach BFH vom 14.12.1995 (BStBl II 1996, 243) die Berechnung der Duldungsauflage (Wohnrecht des Altenteilers) gem. der §§ 13–16 BewG vorzunehmen.

aufschiebend bedingte Last (§ 6 Abs. 1 BewG), die erst ab dem Pflegefall berücksichtigt werden kann. Erst in diesem Zeitpunkt liegt eine gemischte Schenkung vor.[162]

1.2.6 Schenkungen von Immobilien

Ganz allgemein ist bei **Grundstücksschenkungen** auf § 9 Abs. 1 Nr. 2 ErbStG zu verweisen. Danach entsteht die Schenkungsteuer mit der **Ausführung** der Zuwendung. Anders als bei Immobilienerwerben von Todes wegen, wo für die Nachlasszugehörigkeit auf den zivilrechtlichen Eigentumsbegriff abgestellt wird (R 12. 2 Abs 1 ErbStR: maßgebliche Eintragung im Grundbuch[163]), gilt eine **Grundstücksschenkung** bereits dann als ausgeführt, wenn Auflassung und **Eintragungsbewilligung** vorliegen.[164] Diese immer schon gültige Aussage wurde vom BFH (vom 24.07.2002, BStBl II 2002, 781) unter den Vorbehalt gestellt, dass die Umschreibung im Grundbuch tatsächlich erfolgt.[165] Auch bei einem bewussten und ausdrücklichen Hinausschieben des Eintragungszeitpunktes erfolgt die Ausführung i.S.d. § 9 ErbStG erst mit der Eintragung im Grundbuch (so in der Neufassung R 9.1 Abs. 1 S. 7 ErbStR). Im gleichen Sinne hat der BFH am 02.02.2005 (DStR 2005, 518) die Ausführung einer Grundstücksschenkung, bei der der Beschenkte erst später (im Bsp. mit dem Tode) von der Eintragungsbewilligung Gebrauch machen durfte, auf den späteren Zeitpunkt datiert.

Der BFH hat am 11.01.2002 (BFH/NV 2002, 790) die Grundsätze der gemischten Schenkung bei Grundstücken auch auf den Fall eines **geschenkten Erbbaurechts** ausgedehnt, bei dem der Wert der Erbbauzinsverpflichtung (konkret: 3,6 Mio. DM) hinter dem Verkehrswert des Erbbaurechts (konkret: 14 Mio. DM) zurückbleibt. In der Entscheidung wurde insb. hervorgehoben, dass es keinen Unterschied machen dürfe, ob die Gegenleistung (hier: die Verpflichtung zur weiteren Zahlung von Erbbauzinsen) freiwillig vom Beschenkten übernommen wird oder ob sie sich – wie bei einem dinglichen Erbbauzins – kraft Gesetzes (ErbbauVO) ergebe.

1.2.7 Die Kettenschenkung

Anders ist die Problematik bei der Kettenschenkung gelagert.

> **Beispiel 4: Der unbedarfte Notar und der liebgewonnene Schwiegersohn**
> Nach zehnjähriger Ehe sind endlich auch die Eltern von der richtigen Partnerwahl ihrer Tochter T überzeugt. Sie wollen daher T und dem Schwiegersohn S gemeinsam ein Grundstück (Steuerwert: 0,4 Mio. €; Verkehrswert: 0,5 Mio. €) schenken, damit sich diese später ihren Wunsch vom eigenen Heim erfüllen können. Nachdem S für den späteren Hausbau eigene Mittel und Kreditmittel aufwendet, sollen beide als **hälftige Miteigentümer** (zu je 50 %) im Grundbuch

---

162 Zur Wertermittlung des Jahreswerts der Pflegeleistung s. das Beispiel in H 7.4 ErbStH: Je nach Pflegestufe kann das Zwölffache der monatlichen Pauschalvergütung (ab 2012 in Stufe I: 450 €; Stufe II: 1.100 € und Stufe III: 1.550 €) abgezogen werden.
163 S. bereits Exkurs in Kap. I 4.2.
164 S. R 9.1 Abs. 3 ErbStR. Im Falle erforderlicher Genehmigungen (§ 2 GrdstVG bzw. § 19 BauGB bzw. §§ 1643, 1821 BGB) gilt zivilrechtlich die Rückwirkung (§ 184 BGB), sog. Ex-tunc-Wirkung auf den Tag des Vertragsabschlusses. Steuerlich (R 9.1 Abs. 3 S. 3 ErbStR) ist die Rückwirkung grundsätzlich unbeachtlich, es sei denn, dass die Parteien alles Erforderliche getan haben, um die Genehmigung herbeizuführen (S. 4 a.a.O.).
165 Das FA hat in dem konkreten Fall, da die Umschreibung wegen Vertragsaufhebung nicht stattfand, eine Rückschenkung angenommen. Der BFH hat dies a.a.O. zurückgewiesen.

stehen. Der Notar N beurkundet folglich den Schenkungsvertrag der Immobilie, indem er T und S als Beschenkte zu je 50 % einträgt. Kurze Zeit später erhält S einen Schenkungsteuerbescheid über 36.000 €. Im Bescheid wurde von einer Bereicherung des S von 180.000 € (200.000 € ./. 20.000 € – § 16 Abs. 1 Nr. 5 i.V.m. § 15 Abs. 1 StKl. II Nr. 5 ErbStG) ausgegangen, zu versteuern nach § 19 Abs. 1 ErbStG mit 20 %. S möchte nicht nur den Bescheid angreifen, sondern auch den Notar, da er am Stammtisch etwas von einer steuerfreien Kettenschenkung gehört hat, worauf ihn der Notar nicht aufmerksam gemacht hat.

Die Gestaltungsvariante der Kettenschenkung erfreut sich großer Beliebtheit, um mit ihr einen »Kaskadensprung« innerhalb § 19 ErbStG vorzunehmen. Es ist offensichtlich, dass bei einer Schenkung der Immobilie zu 100 % an die eigene Tochter und einer Weiterschenkung des hälftigen Miteigentumsanteils der Tochter an ihren Ehemann Schenkungsteuer gespart worden wäre. Im ersten Übergang wäre von der BMG von 400 T€ ein der T zustehender schenkungsteuerlicher »Kinderfreibetrag« von 400 T€ (§ 16 Abs. 1 Nr. 2 i.V.m. § 15 Abs. 1 StKl. I Nr. 2 ErbStG) abgezogen worden, so dass die erste Übertragung steuerfrei gewesen wäre. Die zweite Übertragung des hälftigen Eigentums von T auf ihren Mann (Wert: 200 T€) wäre schließlich wegen des Ehegattenfreibetrages nach § 16 Abs. 1 Nr. 1 ErbStG vollends steuerfrei gewesen.[166] Der (Steuer-)Schaden beziffert sich demnach auf **36.000 €**.

> **Lösung (zulässige Kettenschenkung):** Vorweg wird darauf hingewiesen, dass der von S skizzierte Wunsch-Sachverhalt mit zwei getrennten Auflassungen von der Finanzverwaltung einschränkungslos akzeptiert und in dem aufgezeigten Sinne besteuert wird, wenn keine begleitende Absprache vorliegt.
> In der Rspr. des BFH hat sich in der Beurteilung von **Begleitabsprachen** bei mehreren hintereinander geschalteten Schenkungen ein deutlicher Wandel vollzogen.
> Nach drei älteren BFH-Entscheidungen legten die in der Praxis üblichen Begleitabsprachen, sog. **Weiterschenkklauseln** (der schenkenden Eltern gegenüber den Erstbeschenkten), die Vermutung des Gestaltungsmissbrauchs nach § 42 AO (Disposition über Steuergröße) nahe.[167] Mit einer klarstellenden Entscheidung hat der BFH am 13.10.1993 die Anerkennung solcher Klauseln von folgenden Voraussetzungen abhängig gemacht (BStBl II 1994, 128):
>
> - Die Mittelsperson (im Beispiel T) darf die Zuwendung **nicht in vollem Umfang** in Erfüllung einer rechtlichen Verpflichtung weitergeben (etwa bei Einräumung des Alleineigentums zu Gunsten des S) und
> - der Mittelsperson muss ein **eigener Entscheidungsspielraum** verbleiben.
>
> Nur wenn diese Grundsätze eingehalten werden, liegt ein (privilegierter) Durchgangserwerb der Mittelsperson vor; ansonsten kommt es zum (ungünstigen) Direkterwerb der letzten Erwerberperson. Im Urteil vom 10.03.2005 (BFH/NV 2005, 976), das zu einem mit Beispiel 4 vergleichbaren Fall erging, verhinderte eine bindende Weisung der Eltern an ihre leibliche Tochter den erwünschten Durchgangserwerb, auch wenn die Weitergabe der Grundstückshälfte an den Schwiegersohn als unbenannte Ehegattenzuwendung (s. Kap. 1.2.8) der Tochter an ihren Mann behandelt wurde.

---

166 Zusätzlich ist die Übertragung nach § 13 Abs. 1 Nr. 4a ErbStG steuerfrei.
167 Nach BFH vom 11.11.1955 (BStBl III 1955, 395), vom 30.11.1960 (BStBl III 1961, 21) sowie vom 14.07.1982 (BStBl II 1982, 736).

Nach der Entscheidungspraxis der Finanzgerichte[168] wird die Beurteilung der vorgegebenen BFH-Kriterien vom Geschehensablauf, d.h. von äußeren Faktoren abhängig gemacht. Bei einem (größeren) **zeitlichen Abstand** zwischen den einzelnen Schenkungsverträgen oder bei einem stärkeren Eigeninteresse der Mittelsperson an der Weitergabe als bei dem Erstschenker ist die Kettenschenkung anzuerkennen. Jedoch kann auch bei Vorliegen eines außersteuerlichen Motivs ein zusammengefasster Schenkungsvertrag zu einer zulässigen Kettenschenkung (und nicht zu einem Direkterwerb des Letztbedachten) führen. In diesem Sinne hätte der Notar die Eltern und T auf die schenkungsrechtliche Rückabwicklung (z.B. § 530 BGB) und die Risikominimierung bei einer sofortigen Weiterschenkung hinweisen können. Im AdV-Beschluss vom 15.06.2011 (BFH/NV 2012, 580) hatte sich der BFH erneut mit der Thematik befasst und lässt erkennen, dass das entscheidende Kriterium für die Anerkennung der Kettenschenkung das **Fehlen einer Weitergabeverpflichtung** ist. Liegt diese hingegen vor, gelangt man zur Direktschenkung an den Endbeschenkten. Auf die urkundsmäßige Verbindung wird nicht mehr abgestellt.

Hinweis: Auch wenn es nach der ErbStReform (2009) nicht mehr zu großen Differenzen zwischen dem Steuerwert (gemeiner Wert) und dem Verkehrswert kommt (kommen sollte), ist die Kettenschenkung gerade wegen der **Steuersatzverschärfung** in StKl. II nach wie vor ein beliebtes Gestaltungsmittel.

1.2.8 Die mittelbare Schenkung, insbesondere die mittelbare Grundstücksschenkung

Vorbemerkung: Die Fallgruppe der mittelbaren Grundstücksschenkung verdankt ihre Entstehungsgeschichte den großen Wertschwankungen zwischen dem früheren Einheits- (bzw. Bedarfs-)Wert (= alter Steuerwert) und dem Verkehrswert. Durch die Angleichung zwischen dem gemeinen Wert (= neuer Steuerwert) und dem Verkehrswert durch das BewG (2008) wird diese Gestaltungsvariante nur noch begrenzt eingesetzt werden. In der Variante »Sachwertverfahren (§§ 189 ff. BewG)« sind zumal bei gemischt genutzten Grundstücken größere Abweichungen möglich, so dass es hier auch in der Zukunft noch zu dieser Gestaltung kommen wird. H 7.4 ErbStH (»Mittelbare Grundstücksschenkung«) hat die Thematik mit sieben Fallgruppen aufgegriffen.

Von einer konträren Interessenslage (»Bindung der Mittel«) ist das Rechtsinstitut der mittelbaren Schenkung gekennzeichnet, wenn es um die Verwendungsfreiheit des Beschenkten mit dem zugewandten Gegenstand (Geld) geht. Die fehlende sofortige Verfügbarkeit der »knappen Ressource Immobilie« und die unterschiedliche Wertermittlung der einzelnen Zuwendungsgegenstände führen zu einem gesetzlichen Zielkonflikt, wenn Geld zum Erwerb einer Immobilie bzw. zur Bezahlung eines Bauvertrages etc. geschenkt wird. Übernimmt der Schenker das Risiko des Immobilienerwerbs bzw. der Gebäudeerstellung selbst und überträgt sodann das (un-)bebaute Grundstück, so wird bekanntlich bei der Bereicherung des Beschenkten der niedrige Bedarfswert angesetzt. In einer umfangreichen Kasuistik, der die Verwaltung grundsätzlich folgt, hat der BFH beide Fallgruppen im Ergebnis gleich behandelt (BMG: der Steuerwert).

---

168 Vgl. zum hier vorliegenden Sachverhalt das FG Rh.-Pf. vom 19.03.1998 (EFG 1998, 1021).

Beispiel 5: Der billige Wintergarten und die teuren Pflanzen
Onkel O schenkt seinem Neffen N im Jahre 2011 einen Geldbetrag von 51.000 €, damit dieser einen Anbau an seinem Haus mit einem bestimmten Wintergarten vornehmen kann (der bereits ausgehandelte Bauvertrag weist einen Werklohn von 50.000 € aus). Der Rest (1 T€) soll für einen seltenen Zitrusbaum ausgegeben werden. Vor Durchführung des Ausbaus beträgt der Steuerwert des Hauses 200 T€, nach dem Umbau erhöht er sich um 30.000 € auf 230.000 €. Zu jedermanns Überraschung kostet der Wintergarten letztlich 10.000 € weniger, die N für die Anschaffung weiterer Zitrusbäume behalten darf.

Variante: Der Finanzierungsbeitrag von O beläuft sich auf 4.000 € (inkl. eines Zitrusbaums).

Die steuerliche Anerkennung einer mittelbaren Schenkung (Ansatz: niedrigerer Steuerwert als die mit dem Nominalbetrag anzusetzende reine Geldschenkung) setzt zunächst voraus, dass die Zuwendung mit einer **konkreten Verwendungsabrede** (Folge: rein zweckgebundene Verfügung) verbunden ist, die schriftlich festgelegt werden soll.[169] Umgekehrt, d.h. bei einer Geldschenkung, die lediglich mit einer Bau- oder Erwerbsabsicht verbunden ist, kommen die Grundsätze der Geldschenkung unter Auflage zum Tragen, die im Ergebnis zu einem voll steuerpflichtigen Erwerbstatbestand führen.[170] Als **taugliche** Finanzierungsobjekte einer mittelbaren Schenkung kommen im Regelfall in Betracht:

- (Kaufpreis für ein) unbebautes Grundstück,
- (Kaufpreis für ein) Grundstück im Zustand der Bebauung,
- (Kaufpreis für ein) Baugrundstück und (Werklohn für die Baukosten des) Gebäude,
- **(nur die Baukosten für) das Gebäude auf dem Grundstück des Beschenkten.**[171]

Umgekehrt liegt keine mittelbare Grundstücksschenkung vor, wenn lediglich **der Anspruch** auf Übertragung einer Eigentumswohnung ohne interne Zweckbindung übertragen wird (BFH vom 21.05.2001, BFH/NV 2001, 1404).

Unter dem Gesichtspunkt der »grundstücksbezogenen Verwendung der Geldmittel« hat der BFH im Jahre 1996 die Grundsätze der mittelbaren Grundstücksverwendung ausgedehnt auf Kosten für einen **Umbau, Ausbau** sowie einen **Anbau**.[172]

Darüber hinaus hat der BFH die Grundsätze der mittelbaren Grundstücksschenkung in mehreren Entscheidungen generalisiert und erstreckt sie – theoretisch – auf alle als (potenzielle) Zuwendungsobjekte in Betracht kommenden Gegenstände und somit auch auf Gesellschaftsanteile.[173] Ebenfalls einheitlich ist die Aussage, dass das Rechtsinstitut der mittelbaren

---

169 Nach R 7.3 Abs. 1 S. 5 ErbStR soll die Verwendungsabrede, die eine anderweitige Verwendung der Mittel verhindern soll, **schriftlich fixiert** werden; außerdem muss nach S. 6 ein enger zeitlicher Zusammenhang zwischen der Bereitstellung der Mittel und der bestimmungsmäßigen Verwendung bestehen.
170 Vgl. R 7.3 Abs. 2 S. 5 ErbStR, da ein Abzug der Auflagen dann nicht in Betracht kommt, wenn die Auflage dem Beschwerten selbst zugute kommt (§ 10 Abs. 9 ErbStG).
171 S. auch die – komplette – Übersicht bei *Moench*, ErbStG-Kommentar, § 7 Rz. 40 mit den jeweiligen BMG (Bedarfswert nach § 146 f. BewG bzw. § 149 BewG) sowie H 7.3 Fälle 1–7 ErbStH.
172 BFH vom 13.03.1996 (BStBl II 1996, 548); die Verwaltung folgt in H 16 Nr. 7 ErbStH dieser Rspr.
173 Zuletzt BFH vom 17.06.1998 (HFR 1998, 912). Nochmals wird betont, dass es sich um jede Art von Gesellschaftsanteilen handeln kann; es müssen keine Immobiliengesellschaften sein. Das Problem, dass der Schenker dabei oftmals nicht über den (Ziel-)Gegenstand als Alleineigentümer verfügen kann, wird dadurch umgangen, dass der BFH davon ausgeht, dass der »Entreicherungsgegenstand« des Schenkers (Geld oder eine bestimmte Beteiligung) und der »Bereicherungsgegenstand« des Beschenkten (Beteiligung) **nicht identisch** sein müssen.

(Grundstücks-)Schenkung auch bei einer Teilfinanzierung greift mit der Folge, dass nur der prozentuale Anteil der Geldschenkung am Gesamtkaufpreis steuerlich berücksichtigt wird.

> **Lösung:** Auch dann, wenn das konkrete Zuwendungsobjekt seine Selbständigkeit (als bewertete Einheit) verliert und – wie hier – im Steuerwert des Gebäudes aufgeht, wie das bei einem Anbau der Fall sein kann, »greift« die mittelbare Grundstücksschenkung.[174] Das Bauvorhaben »Wintergarten« führt steuerlich i.H.v. 50 T€ zu erforderlichen Kosten der **Herstellung**. Der aufgewendete Geldbetrag für die – im Steuerwert irrelevante – Flora des Wintergartens (1.000 €) ist ebenso wenig berücksichtigungsfähig wie bloßer Renovierungsaufwand.
> Als vorläufiges Ergebnis führt nur die ausbaubedingte Wertsteigerung von 30.000 € zu einer Bereicherung und nicht der Geldbetrag von 50.000 €.
> Vorliegend kommen jedoch nur 40 T€ für die begünstigte Baumaßnahme zur Verwendung. Hinsichtlich des **Überschusses** von 10.000 € liegt nach dem BFH-Urteil vom 04.12.2002 (BFH/NV 2003, 563) eine Geldschenkung vor, die mit dem Nennwert anzusetzen ist. Im Ergebnis ist N nach § 12 Abs. 3 ErbStG um 30.000 € und nach § 10 Abs. 1 ErbStG um 10.000 €, folglich um 40 T€ bereichert. Nach Abzug von 20.000 € (persönlicher Freibetrag nach § 16 Abs. 1 Nr. 5, § 15 Abs. 1 StKl. II Nr. 3 ErbStG) versteuert N 20.000 € mit 15 %, zahlt folglich 3.000 € Schenkungsteuer.
>
> In der **Variante** (geschenkter Geldbetrag: 4.000 €) kommt die Beschränkung von R 7.3 Abs. 3 ErbStR zum Tragen, wonach bei einer **unbedeutenden** Schenkung (< 10 % des Kaufpreises) der Geldzuschuss voll versteuert wird.

Auch bei der mittelbaren Grundstücksschenkung gelten für die Frage des Zeitpunktes der Steuerentstehung (§ 9 ErbStG) die am Zivilrecht orientierten Aussagen (Unwiderrufliche Eintragungsbewilligung) ebenso wie bei der direkten Immobilienschenkung. Der Entstehenszeitpunkt hat für zwei wichtige Anwendungsbereiche eine konkrete und z.T. überraschende Folgewirkung:

- Eine mittelbare Grundstücksschenkung ist erst mit der Fertigstellung des Gebäudes (Bezugsfertigkeit) ausgeführt (BFH vom 04.12.2002, BStBl II 2003, 273 und vom 07.05.2003, BFH/NV 2003, 1186).
- Verstirbt der Geldschenker vor der Fertigstellung des Gebäudes, führt dies nicht zu einer Vorverlegung des Schenkungszeitpunktes (BFH vom 05.06.2003, BFH/NV 2003, 1425).

In einem dritten Problemfall kam es allerdings zu einer **Änderung der Rspr**. Für den Fall einer beabsichtigten mittelbaren Grundstücksschenkung, bei der die Geldmittel erst **nach Ausführung** der Grundstücksübertragung ausgehändigt werden, entschied der BFH früher (Urteil vom 09.11.1994, BStBl II 1995, 83), dass die Zuwendung selbst (und nicht das Schenkungsversprechen) Schenkungsgegenstand sei. Danach kam es nicht zu einer mittelbaren Grundstücksschenkung, wenn die Herstellungskosten für das Gebäude bereits bezahlt sind, bevor die zugesagten Geldmittel geflossen sind. Hieran hält der BFH im Urteil vom 10.11.2004 (BStBl II 2005, 188) nicht mehr fest. Der BFH stellt neuerdings auf den Parteiwillen und nicht auf die (Zufälligkeit der) Überweisung der Geldmittel ab. Ein dogmatisch vergleichbares Problem spricht der BFH im Urteil vom 23.08.2006 (BStBl II 2006, 786) an, wenn er die Ausführung der (mittelbaren) Schenkung (§ 9 Abs. 1 Nr. 2 ErbStG) **kumulativ** von den zivilrechtlichen Voraussetzungen (Auflassung zzgl. Eintragungsbewilligung) **und** von der

---

174 Für den Wintergarten durch FG Hamburg vom 17.09.1993 (EFG 1994, 253) entschieden.

Fertigstellung des Gebäudes abhängig macht. Diese Entscheidung ist nicht nur bei einem Systemwechsel im Bereich der Bewertung nach altem Recht[175] bedeutsam, sondern behält seine Aktualität auch für den bevorstehenden Systemwechsel (vom Bedarfswert gemeiner Wert).

Wiederum entgegengesetzt hat aber der Senat am 29.06.2005 (BFH/NV 2005, 2123) einen Fall entschieden, in dem ein Bauherr ein zinsloses Darlehen zur Finanzierung des Bauvorhabens erhielt, aber der Kaufpreis für das Objekt schon vorher überwiesen wurde. Da die **Möglichkeit der unentgeltlichen Kapitalnutzung**[176] der steuerpflichtige Bereicherungsgegenstand ist und dies zeitlich erst **nach der Tilgung des Kaufpreises** vereinbart wurde, konnte die Vereinbarung der Zinslosigkeit nicht Teil des Grundstückserwerbs sein und begründet daher keine (mittelbare) Grundstücksschenkung. Nach einem weiteren gleich lautenden BFH-Urteil vom 21.02.2006 (DStRE 2006, 928) kann insoweit von einer **Negativ-Fallgruppe** gesprochen werden. (Eine zinslose Darlehensgewährung für einen Grundstückskauf führt nicht zu einer mittelbaren Grundstücksschenkung). Den **positiv entschiedenen** Kontrastfall (= mittelbare Grundstücksschenkung) bildet der vom BFH am 02.10.2005 (HFR 2006, 385) entschiedene Sachverhalt, in dem das **Grundstück schon dem Beschenkten gehörte** und die vom Schenker zur Verfügung gestellten Geldmittel zweckgebunden waren (alleinige Verwendung für die Baumaßnahme).

Sollten schließlich aus dem geschenkten Geldbetrag noch **Mittel für eine Kapitalanlage** während der Bauzeit **übrig** geblieben sein – und sollten diese entsprechende Erträge (Bauzeitzinsen, Kursgewinne etc.) erwirtschaftet haben – so werden diese »Überhänge« nach Auffassung des FG Münster vom 17.08.2000 (EFG 2000, 1261; bestätigt durch BFH a.a.O., BStBl II 2003, 273) gesondert mit dem Nominalwert der Schenkungsteuer unterworfen; sie sind also nicht vom Immobilien-Bedarfswert »konsumiert«. Im entschiedenen Fall handelte es sich um die anlässlich der Gebäudeerrichtung erfolgte VSt-Erstattung (konkret: ca. 4 Mio. €!), mit der Kursgewinne erzielt wurden; eine erste Bemessungsgrundlage für die mittelbare Grundstücksschenkung waren folglich die Netto-HK von rund 29 Mio. €.

Die bereits angedeutete Erstreckung der Grundsätze der mittelbaren Schenkung auf Gesellschaftsanteile seitens des BFH führt zu zahlreichen Zweifelsfragen, die ihren Kern in dieser Rechtsfigur »**mittelbare Anteilsschenkung**« haben. Da es hiernach nicht auf die Objekt-Identität (z.B. Geld) zwischen Entreicherung des Schenkers und Bereicherung des Beschenkten ankommt, muss der Steuergegenstand aus der Sicht des Bereicherten definiert werden. So hat der BFH im Urteil vom 06.03.2002 (BFH/NV 2002, 1030) zu Recht entschieden, dass bei einem Erlass (Verzicht) des Vaters auf eine Darlehensforderung gegenüber einer KG, bei dem der nämliche Betrag gleichzeitig auf das Kapitalkonto des Sohnes bei der KG gebucht wird, nicht die Kapitalforderung (mit Ihrem Nennbetrag) Gegenstand der Schenkung sein kann. Vielmehr macht sich dies beim Sohn durch eine Werterhöhung seines Kapitalkontos bemerkbar, was unschwer durch einen Vergleich der Steuerwerte des Kommanditanteils vor und nach der Übertragung ermittelt werden kann.

Hinweis: Eine **mittelbare Schenkung von Betriebsvermögen** ist nach R E 13b.2 Abs. 2 S. 2 ErbStR **nicht begünstigt.** Um die dadurch ausgelösten Umweg-Gestaltungen (Vorerwerb des begünstigten Vermögens durch den Schenker und Übertragung – in der Eigenschaft als

---

175 Im vom BFH a.a.O. entschiedenen Fall wurden die (alten) Einheitswerte gerade von den (damals neuen) Bedarfswerten abgelöst (vgl. auch *Götz*, ZEV 2006, 518).

176 Die Darlehenshingabe selbst ist keine Schenkung, da mit ihr die Rückzahlungsverpflichtung verbunden ist und insoweit nur eine unbeachtliche Vermögensumschichtung vorliegt.

BV – an den Beschenkten) zu neutralisieren, erlaubt § 13a Abs. 5a ErbStG (i.d.F. des JStG 2013) eine rückwirkende Neuberechnung der Verwaltungsvermögensquote ohne Einbeziehung des schädlichen Vermögens.

1.2.9 Die unbenannte (Ehegatten-)Zuwendung

Vermögensverschiebungen zwischen Ehegatten, die vom Fortbestand der Ehe ausgehen und die unabhängig vom Güterstand zu Vermögenstransfers führen, mit denen die eheliche Lebensgemeinschaft (Beispiel: Übertragung von Immobilienanteilen als gemeinsame Wohngrundlage) gesichert werden soll, werden heute als unbenannte oder ehebezogene Zuwendungen bezeichnet. Dieses aus dem Zivilrecht abgeleitete Rechtsinstitut wird aufgrund nunmehr gesicherter BGH-Rspr.[177] **nicht als Schenkung** i.S.d. §§ 516 ff. BGB qualifiziert. Vielmehr stellt es einen familienrechtlichen Vertrag eigener Art (»sui generis«) dar, der als **vorweggenommener Zugewinnausgleich** zu verstehen ist.

Dieser Betrachtungsweise ist im Ansatz auch der BFH im Jahre 1994 gefolgt.[178] Da auf diese Zuwendungen aber weder ein Rechtsanspruch bestehe noch ihnen eine Gegenleistung gegenüberstehe, gelangt der BFH in diesem Urteil zu der Schlussfolgerung, dass Ehegattenzuwendungen im Allgemeinen objektiv unentgeltlich seien und sie nur dann steuerbar sind, wenn seitens des Zuwendenden das Bewusstsein der Unentgeltlichkeit fehle. Ein (stärkerer) Bereicherungswille wird dabei nicht gefordert. Damit indiziert die ehebezogene Motivation die Unentgeltlichkeit. In der Rechtsfolge anders als der BGH (Verneinung der §§ 516 ff. BGB) gelangte der BFH zur grundsätzlichen Anwendbarkeit des § 7 Abs. 1 Nr. 1 ErbStG.

Auf die Möglichkeit der Rückforderung nach § 29 Abs. 1 Nr. 3 ErbStG wurde bereits (Fallgruppe des Oder-Kontos) hingewiesen.

Exkurs: Für die Wartephase bis zur Entscheidung des BVerfG zur Verfassungswidrigkeit des ErbStG wird seitens der Literatur (Felten, ZEV 2012, 402 ff.) bei Schenkungen auf die Möglichkeit von Widerrufsklauseln gem. § 29 Abs. 1 Nr. 1 ErbStG hingewiesen.

Durch das JahresStG 1996 ist jedoch für die wichtigste Fallgruppe des **Familienwohnheimes** die Befreiungsvorschrift des § 13 Abs. 1 Nr. 4a ErbStG – Steuerbefreiung wegen Ehegattenzuwendungen – eingeführt worden. Ausdrücklich steuerfreie Vermögenstransfers in diesem Anwendungsbereich setzen allerdings voraus, dass sich der Mittelpunkt des familiären Lebens in diesem (Familien-)Wohnheim befindet[179] Bei sog. **Mischnutzungen** (Wohnung wird auch von Dritten bzw. Angehörigen genutzt) nahm die Verwaltung ursprünglich (R 43 Abs. 1 S. 5 ff. ErbStR a.F.) an, dass die Steuerbefreiung entweder ganz oder gar nicht gewährt werden kann. Nach der Neufassung in R 13.3 Abs. 2 ErbStR ist die Mitbenutzung durch Kinder, Eltern, Enkelkinder oder eine Hausgehilfin unschädlich. Im Urteil vom 26.02.2009 (BStBl II 2009, 480) spricht sich der BFH für eine Aufteilung der Steuerbefreiung aus.

---

177 Grundlegendes BFH-Urteil vom 27.11.1991 (NJW 1992, 564). Zuletzt bestätigt durch den BGH vom 23.09.1999 (NJW 2000, 134).
178 BFH vom 02.03.1994 (BStBl II 1994, 366) und vom 10.11.2004 (BStBl II 2005, 188) – in Abkehr von der alten BFH-Rspr. aus dem Jahre 1984 vom 28.11.1984 (BStBl II 1985, 159). Die steuerrechtliche Beurteilung gilt zwischenzeitlich als gesichert (Zurückweisung einer einschlägigen Verfassungsbeschwerde – BFH vom 25.11.1996, BFH/NV 1997, 444).
179 Nach (bedenklicher) Ansicht des FG Berlin vom 28.01.2003 (DStRE 2004, 217) liegt ein Familienwohnheim auch dann vor, wenn das Haus von einem der getrennt lebenden Ehegatten und dem gemeinsamen Kind genutzt wird.

Nach dieser mit einer Rückwirkung versehenen Intervention des Gesetzgebers (Steuerfreiheit für alle Erwerbe nach dem 30.05.1994) werden heute zwei Themenbereiche diskutiert:

1. Konkrete Anwendungsfälle für die Steuerfreiheit nach § 13 Abs. 1 Nr. 4a ErbStG:
   Der **unmittelbare Anwendungsbereich** von § 13 Abs. 1 Nr. 4a ErbStG wird mit folgenden Fällen umschrieben (s. auch R 13.3 Abs. 4 Nr. 1–6 ErbStR)[180]:
   - Übertragung des Allein-(oder Mit-)Eigentums an einem Grundstück,
   - Kauf (Herstellung) eines Anteils aus den Mitteln des anderen Ehegatten,
   - mittelbare Grundstückszuwendung,
   - Darlehenstilgung für eigenes Familienwohnheim aus Mitteln des Ehepartners,
   - Begleichung nachträglicher Aufwendungen,
   - Befreiung von einer Schuld des Ehegatten.

   § 13 Abs. 1 Nr. 4a ErbStG ist auch auf Lebenspartner anwendbar.

2. **Analoge** Anwendung des § 13 Abs. 1 Nr. 4a ErbStG auf **vergleichbare** Vermögenstransfers unter Ehegatten (oder Steuerpflicht gem. § 7 Abs. 1 Nr. 1 ErbStG)?
   Für den wichtigsten Anwendungsfall eines ehebedingten Vermögenstransfers auf **gesellschaftsrechtlicher** Grundlage (Beispiel: fremdvergleichswidrige, überproportionale Beteiligung eines Ehegatten an der Ehepartner-Gesellschaft) wird nach heute h.A. nicht nur eine Analogie zu § 13 Abs. 1 Nr. 4a ErbStG abgelehnt, sondern nach der überwiegenden Auffassung auch das Vorliegen einer unbenannten Zuwendung nach § 7 Abs. 1 Nr. 1 ErbStG **verneint**. Damit, d.h. mit der Annahme eines gesellschaftsrechtlichen Förderzweckes, liegt wegen der Gegenseitigkeit (höhere Beteiligung gegen gesteigerte Gesellschafterleistung) keine volle Unentgeltlichkeit, sondern allenfalls eine gemischte Schenkung vor.[181]

1.2.10 Erweiterung der Steuerbefreiung um § 13 Abs. 1 Nr. 4b und Nr. 4c ErbStG (2008)

Mit dem ErbStG (2008) wurden die Ziffern 4b und 4c eingefügt. Sie ermöglichen unter bestimmten Voraussetzungen die steuerfreie Übertragung des selbst genutzten Familienheims von Todes wegen auf den Ehegatten (§ 13 Abs. 1 Nr. 4b ErbStG) bzw. auf die Kinder (§ 13 Abs. 1 Nr. 4c ErbStG).

1.2.10.1 § 13 Abs. 1 Nr. 4b ErbStG

Nach neuem Recht ist ohne betragsmäßige Grenze der steuerfreie Erwerb eines Familienwohnheims (vgl. § 181 Abs. 1 Nr. 1 bis 5 BewG) bei Erwerben von Todes wegen möglich, wenn

- der Erblasser im Familienwohnheim bis zum Tode gewohnt hat oder zwingende Gründe dies verhinderten und
- der Erwerber (Ehegatte, Lebenspartner) das Familienwohnheim selbst unverzüglich bewohnt.

---

180 Vgl. R 13.3 Abs. 4 ErbStR.
181 Zu den verschiedenen Lösungsansätzen einerseits *Gebel* in *Troll/Gebel/Jülicher*, ErbStG-Kommentar, § 7 Rz. 178 (gesellschaftsrechtlicher Beitrag) sowie andererseits FG Düsseldorf vom 08.07.1998, DStRE 2000, 483 (gemischte Schenkung).

Die Selbstnutzung muss mindestens zehn Jahre andauern, es sei denn, dass zwingende Gründe dies verhindern. Zu Detailregelungen sowie zum Nachversteuerungsvorbehalt s. R 13.4 Abs. 1–6 ErbStR.

1.2.10.2 § 13 Abs. 1 Nr. 4c ErbStG

Nr. 4c sieht eine Steuerbefreiung für den Erwerb eines Familienheims von Todes wegen unter Kindern oder Kindern bereits verstorbener Kinder (Enkel) vor. Zu den inhaltsgleichen Voraussetzungen wie bei Nr. 4b kommt hier als weitere Voraussetzung für die vollständige Freistellung hinzu, dass die Wohnfläche der Wohnung nicht mehr als 200 qm beträgt. Bei größeren Wohnungen werden die »Folge-qm« der Besteuerung unterworfen (hierzu R 13.4 Abs. 7 ErbStR).

> **Problem:** In beiden Fällen (Nr. 4b und Nr. 4c) wird die unterbrochene (aufgegebene) Selbstnutzung im Zehnjahreszeitraum zu Streitigkeiten vor dem FG führen. Zzt. steht nur fest, dass es sich um objektive Gründe handeln muss, die eine Selbstnutzung unmöglich machen.

1.3 Die weiteren Fälle des § 7 Abs. 1 Nr. 2–7, Nr. 10 ErbStG[182]

Innerhalb des weiteren Anwendungsbereiches des Schenkungsteuertatbestandes von § 7 Abs. 1 ErbStG bilden die **erbrechtlichen** Abfindungen (§ 7 Abs. 1 Nr. 5–7 ErbStG) eine Sonderrolle. Damit wird für diese bereits im Kap. I behandelte Fallgruppe nochmals der Charakter der Schenkungsteuer als »vorweggenommene Erbschaftsteuer« hervorgehoben.[183] Ähnliches gilt für die Bereicherung des »ärmeren« Ehegatten anlässlich der Begründung der Gütergemeinschaft (§ 7 Abs. 1 Nr. 4 ErbStG).

In Ergänzung zu § 3 Abs. 2 Nr. 5 ErbStG erweitert § 7 Abs. 1 Nr. 10 ErbStG den (Schenkung-)Steuerzugriff auf die Fälle, bei denen der Erwerber eines befristeten bzw. betagten Anspruchs eine Bereicherung **vor** dem Zeitpunkt der eigentlichen Steuerentstehung (§ 9 Abs. 1 Nr. 1 Buchst. a ErbStG) erhält.

Die ansonsten allein noch praxisrelevante Auflagenschenkung nach § 7 Abs. 1 Nr. 2 ErbStG stellt regelmäßig einen Unterfall der vorweggenommenen Erbfolge dar und wird in diesem Zusammenhang diskutiert. Zur Frage des Erwerbstatbestands und des -zeitpunkts bei einem **Vertrag zu Gunsten Dritter** (§ 328 BGB) hat der BFH im Urteil vom 20.01.2005 (BStBl II 2005, 408) Stellung genommen und ordnet den Erwerb der Forderung dann § 7 Abs. 1 Nr. 1 und § 9 Abs. 1 Nr. 2 ErbStG unter, wenn frei über die Forderung verfügt werden kann. Ansonsten (z.B. bei einer aufschiebend bedingten Forderung) kommen § 7 Abs. 1 Nr. 2, § 9 Abs. 1 Nr. 2 ErbStG zur Anwendung, sodass die Schenkungsteuer dann erst mit der Erfüllung der Bedingung entsteht.

---

[182] § 7 Abs. 1 Nr. 8 und 9 ErbStG wird bei der Diskussion der Stiftung behandelt.
[183] Im Urteil vom 25.01.2001 (BStBl II 2001, 456) hat der BFH allerdings eine Entgeltsvereinbarung über den Verzicht auf einen **künftigen Pflichtteilsanspruch** dem Grundtatbestand des § 7 Abs. 1 Nr. 1 ErbStG unterworfen und sah sich daran auch nicht durch § 7 Abs. 1 Nr. 5 ErbStG (Abfindung für einen Erbverzicht) gehindert, obwohl die Forderung (Pflichtteilsanspruch) noch gar nicht entstanden war.

1.4 Die Zweckzuwendung (§ 1 Abs. 1 Nr. 3 und § 8 ErbStG)

In mehrfacher Hinsicht ist die sog. Zweckzuwendung gesetzestechnisch hervorgehoben.

Beispiel 6: Tod der märkischen Gutsherrin[184]
Im Testament der märkischen Gutsherrin war ein Geldvermächtnis zu Gunsten ihres Sohnes mit der Auflage verbunden, die Zinsen zur Fortführung des Gutskindergartens zu verwenden.

Dieser vom RG entschiedene sowie der durch die BFH-Rspr. bekannte »Pudelfall« (die Geldvermächtnisnehmerin sollte auf eine testamentarische Anordnung hin den Pudel der Erblasserin übernehmen und ihn weiter pflegen[185]) verdeutlichen den Anwendungsbereich der Zweckzuwendung, die in § 1 Abs. 1 Nr. 3 ErbStG rechtspositivistisch als einer der vier Grundtatbestände des ErbStG geregelt ist. Danach wird der mit einer Zweckzuwendung Beschwerte in den Fällen zum Steuerschuldner (§ 20 Abs. 1 S. 1 ErbStG), wenn und weil die Auflagenlast als **Abzugsgröße** (§ 10 Abs. 1 bzw. § 10 Abs. 5 Nr. 2 ErbStG) bei seinem Erwerb berücksichtigt werden kann und andererseits der Auflagenbegünstigte nicht steuerpflichtig ist. Um einen Steuerausfall[186] zu vermeiden (Pudel als »Begünstigter«!?), ordnet § 10 Abs. 1 S. 5 ErbStG hier konstitutiv als Bereicherung die **Verpflichtung des Beschwerten** an.

Die dogmatisch schwer nachvollziehbare Regelung, die in den meisten Fällen (Auflagen bei Kirchen sowie gemeinnützigen Einrichtungen etc.) wegen § 13 Abs. 1 Nr. 16–18 ErbStG[187] – Steuerbefreiungen wegen »Kirchen- oder Gemeinnützigkeit« oder bei Parteienzuwendungen – ohnehin leer läuft, kennt als »Auslöser« der Zweckzuwendungen sowohl testamentarische als auch schenkungsrechtliche Anordnungen (sog. »Zweckwidmung«). Wegen der fiskalischen Zielsetzung von § 8 ErbStG (Steuerausfall bei nicht-steuerpflichtigen Auflagenbegünstigten) kommen hauptsächlich Auflagen ohne steuerlichen Adressaten (Hundepflege) in Betracht. Darüber hinaus stellt sich die Frage, ob die Zweckauflage einer bestimmten Person zugute kommen soll. Nach ständiger BFH-Rspr. sollte die Zuwendung einem **unpersönlichen Zweck** zukommen und nicht unmittelbar (und allein) dem Interesse des Zuwendenden entsprechen.[188] Nach dieser Erkenntnis stellen etwa Auflagen zur Grabpflege keine steuerbare Zweckzuwendung dar. Wegen der Abzugsmöglichkeit nach § 10 Abs. 5 Nr. 3 ErbStG bleiben Auflagen zur Grabpflege damit im Ergebnis steuerlich unberücksichtigt.[189]

Lösung: Unterstellt, dass der Gutskindergarten nicht steuerpflichtig ist, kann der Sohn bei dem Erwerb von Todes wegen (Vermächtnis nach § 3 Abs. 1 Nr. 1 ErbStG) nach § 10 Abs. 5 Nr. 2 ErbStG den zur Zweckerfüllung aufgewendeten Betrag (Zinsen) in Abzug bringen. Nachdem die Fortführung des Kindergartens der Gutsherrin nicht unmittelbar, sondern allenfalls als (postmortaler) Reflex zugute kommt, liegt beim Sohn der steuerbare Tatbestand der Zweckzuwendung (§§ 1 Abs. 1 Nr. 3, 8 ErbStG) vor. Als Steuerschuldner (§ 20 Abs. 1 S. 1 ErbStG) in StKl. III (§ 15

---

184 RG vom 17.02.1911 (RGZ 75, 378).
185 BFH vom 05.11.1992 (BStBl II 1993, 161).
186 Eine Zweckzuwendung und damit eine Steuerpflicht des Beschwerten kommt in den meisten Fällen der Auflage allein deshalb **nicht** zum Tragen, da der Begünstigte des weitergegebenen Vermögens damit selbst zum Steuerschuldner (§ 3 Abs. 2 Nr. 2 bzw. § 7 Abs. 1 Nr. 2 ErbStG) wird.
187 S. auch BFH vom 16.01.2002, BStBl II 2002, 303 (ausländische gemeinnützige Stiftung).
188 BFH vom 05.11.1992 (BStBl II 1993, 161); noch strenger der BFH vom 30.09.1987 (BStBl II 1987, 861).
189 S. hierzu auch *Meincke*, ErbStG-Kommentar, § 8 Rz. 6.

Abs. 1 ErbStG) kann er von dem Wert der »Bereicherung« (hier: Zinsabführungs-Verpflichtung) nur einen persönlichen Freibetrag von 20.000 € (§ 16 Abs. 1 Nr. 7 ErbStG) abziehen.

1.5 Gesellschaftsrechtliche Zuwendungen

Fast zu einem verfassungsrechtlichen Problem ist zwischenzeitlich die Fallgruppe der gesellschaftsrechtlichen Zuwendungen im Schenkungsteuerrecht geworden. Gesetzlichen Ausführungen zu – eher seltenen – Sonderfragen bei der Schenkung von Beteiligungen an PersG (§ 7 Abs. 5 ff. ErbStG) stehen umfangreiche Verwaltungsvorschriften zu häufig vorkommenden und wirtschaftlichen bedeutsamen Vorgängen bei Leistungen der G'fter von KapG gegenüber. Die Normenpyramide (Verfassung-Gesetz-Richtlinien) ist in diesem Bereich auf den Kopf gestellt. Die einzige Gemeinsamkeit besteht darin, dass sich beide Regelungskomplexe in materieller Sicht als Nichtanwendungserlasse von BFH-Urteilen verstehen.

1.5.1 Zuwendungen bei Personengesellschaften (§ 7 Abs. 5–7 ErbStG)

Nach einem modernen gesellschaftsrechtlichen und (einkommen-)steuerlichen Verständnis vollzieht sich die Nachfolge von Todes wegen in Beteiligungen an PersG nach den bereits ausführlich diskutierten Nachfolgeklauseln (s. Kap. I 4.2.1).

Bei der Übertragung von **PersG-Beteiligungen** unter **Lebenden** bzw. beim Ausscheiden aus einer PersG zu Lebzeiten hat der BGH in mühevollen Schritten den Weg für eine **rechtsgeschäftliche Übertragung** von Anteilen an PersG frei gemacht. Danach überträgt bei entgeltlicher wie bei unentgeltlicher Übertragung der Altgesellschafter seine Gesellschafterstellung (inkl. seiner Vermögensbeteiligung) auf den Neugesellschafter im Wege einer beschränkten Gesamtrechtsnachfolge. Sein kompletter gesamthänderischer Anteil an den WG des Vermögens der PersG geht auf den Erwerber über.

Aus dem umfangreichen kautelarjuristischen Arsenal der Übertragungsmöglichkeiten sind vom Schenkungsteuergesetz drei teilweise »anachronistische« Modalitäten näher – und gesetzestechnisch verunglückt – beleuchtet worden. Nachfolgend wird auch der – gesetzlich nicht ausdrücklich geregelte – **Grundtatbestand** der Schenkung von PersG-Beteiligungen miteinbezogen.

> **Beispiel 7: Ausscheidens- und Verdienstklauseln bei einer OHG**
> A, B und C haben in 00 eine OHG mit einer Einlage von je 1 Mio. € gegründet (kein Sonder-BV). Im Gesellschaftsvertrag wurde u.a. Folgendes vereinbart:
> - § 15: Im Falle der schenkweisen Aufnahme eines neuen G'fters (z.B. eines Angehörigen der Gründungsgesellschafter) erhält dieser (der Neu-G'fter) beim Ausscheiden nur seinen Kapitalanteil (= Buchwert der Beteiligung) ersetzt. Zu diesem Zweck wird die Schlussbilanz des Jahres, in dem er ausscheidet, für die Ermittlung zugrunde gelegt. Eine Beteiligung an den stillen Reserven sowie an den Geschäftschancen erfolgt nicht.
> - § 16: Wird der Sohn des A in die OHG aufgenommen, erhält er über die kopfteilige Zuordnung des Gewinnes hinaus eine jährliche Sonderzahlung von 10 T€, die die Verdienste seiner Mutter beim Zustandekommen dieses Gesellschaftsvertrages abgelten soll.
>
> Ende 02 wird einvernehmlich S, der Sohn des A, in die OHG aufgenommen. Zu diesem Zweck wird nur der folgende Buchungssatz gebildet:

Kapitalkonto A   500 T€   an   Kapitalkonto S   500 T€

In 02 betragen die Kapitalkonten aller G'fter (auch des S) nur die Hälfte des jeweiligen Steuerwertes. Ende 07 scheidet S aus.

Lösung:
1. **Buchwertschenkung (A-S) in 02 (Grundfall = § 15 des Vertrages)**
Die praxisübliche Umbuchung des Kapitalkontos von A auf seinen Sohn stellt dann eine freigiebige Zuwendung dar, wenn sich ein Bereicherungswille des A feststellen lässt, wonach dieser (A) mit der Übertragung entreichert ist und S als bereichert angesehen wird. Dies ist zumindest bei einer – wie im vorliegenden Fall – ertragbringenden PersG anzunehmen, wenn dabei nicht das Haftungsrisiko des Neugesellschafters überwiegt oder dieser im Innenverhältnis A von der Haftung freistellen muss. Die schenkweise Einräumung einer (ertragbringenden) Beteiligung mit anschließender Buchwertklausel wird auch unter dem Aspekt »**Bedingte Beteiligung an den offenen und stillen Reserven einer PersG**« diskutiert (s. H 7.7 ErbStH 2011).

Noch vor dem Abzug persönlicher Freibeträge ist die gem. § 15 des Vertrages vorliegende **Buchwertklausel** nach § 7 Abs. 5 ErbStG zu berücksichtigen. Nach S. 1 wird die mit jeder Buchwertklausel einhergehende (spätere) Wertminderung im (vorausgehenden) Schenkungsjahr 02 nicht berücksichtigt; technisch bedeutet dies: bei der Ermittlung der Bereicherung in 02 wird **nicht das Kapitalkonto,** sondern der Steuerwert angesetzt.

In 02 wird somit der Wert von 1 Mio. € zugrunde gelegt. Nach S. 2 von § 7 Abs. 5 ErbStG gilt die Differenz von 0,5 Mio. € (Steuerwert 02 ./. Buchkapital 02) als – mit dem **Ausscheiden – auflösend** bedingt erworben.[190]

Aus der Verweisung von S. 2 auf S. 1 wird deutlich, dass der ursprüngliche Mehrwert nachträglich korrigiert werden soll. Der Korrekturbetrag hat sich nach richtiger Verwaltungsansicht[191] ebenfalls auf den Zeitpunkt der Schenkung zu beziehen. Übersteigt demnach der Differenzbetrag zwischen Steuerwert und Buchwert im Zeitpunkt des Ausscheidens die Differenz im Zeitpunkt der Schenkung, so ist in 07 die Steuer, die auf den Mehrwert fällt, zu **erstatten (§ 5 Abs. 2 BewG).** Umgekehrt (geringere Differenz beim Ausscheiden als bei der Schenkung) soll nur die Steuer, die auf den niedrigeren Betrag entfällt, zur Erstattung führen.

2. **Ausscheiden des S in 07: Steuerpflicht der verbleibenden G'fter**
Aufgrund des in § 738 BGB für alle PersG geltenden Anwachsungskonzepts wächst der Anteil des Ausscheidenden (hier: des S) am Vermögen der PersG den verbleibenden G'ftern (hier: A, B und C) anteilig, d.h. zu je 1/3, an (**An-/Abwachsung**; zur Stpfl. der verbleibenden G'fter vgl. § 3 Abs. 1 Nr. 2 S. 2 ErbStG). Im Gegenzug erhält S den Abfindungsanspruch, hier den Buchwert im Zeitpunkt des Ausscheidens. Nach § 7 Abs. 7 S. 1 ErbStG findet ein Wertvergleich zwischen dem anteiligen Steuerwert und dem Abfindungsanspruch statt. Bei der Subtraktion im vorliegenden Fall ergibt sich eine fingierte Bereicherung der verbleibenden G'fter A, B und C. Die StKl. hat sich dabei nach dem Verwandtschaftsgrad zum Ausscheidenden zu richten, sodass A die günstige StKl. II (§ 15 Abs. 1 StKl. II Nr. 1 ErbStG) reklamieren kann und für B und C nur die StKl. III verbleibt.

---

[190] Lösung vorbehaltlich §§ 13a, b ErbStG.
[191] S. H 7.7 ErbStH sowie aus der Literatur *Gebel* in *Troll/Gebel/Jülicher* (2006), § 7 Rz. 375 ff.

Hinweis: Zu Problemen bei der **Bewertung** des Abfindungsanspruchs im Falle von **Buchwertklauseln** s. oben die Diskussion bei der Fortsetzungsklausel beim Ausscheiden von Todes wegen unter Kap. I 4.2.2.1!

Während aufgrund der Fiktion einer Schenkung höchstrichterlich[192] festgestellt ist, dass beim Anwachsungstatbestand des § 7 Abs. 7 ErbStG ein Bereicherungswille nicht erforderlich ist und hieraus auch abgeleitet wird, dass die Bestimmung bei freiwilligem wie bei zwangsweisem Ausscheiden greift, ist es streitig, ob § 7 Abs. 7 ErbStG auch den Fall des **Ausscheidens** aus einer **zweigliedrigen PersG** erfasst.[193] Auch wenn beim Ausscheiden des vorletzten G'fters bei einer PersG dieses Rechtssubjekt untergeht und mit der Anteilsvereinigung in einer Hand das Vermögen auf den letzten G'fter übergeht und somit z.B. aus einer Personenhandelsgesellschaft ein Einzelunternehmen wird, steht dies der Anwendung von § 7 Abs. 7 ErbStG nicht im Wege. § 7 Abs. 7 ErbStG ist auch beim Ausscheiden des **vorletzten** G'fters einer PersG anzuwenden.

Hinweis: Mit § 7 Abs. 7 S. 3 ErbStG (2008) erfolgte eine Klarstellung, dass ggf. auch bei der Übertragung der Anteile des Erben auf eine PersG oder eine GmbH eine Schenkung vorliegt und die Sätze 1 und 2 hierbei sinngemäß anzuwenden sind; insb. ist § 10 Abs. 10 S. 1 und S. 2 ErbStG sinngemäß anzuwenden.

3. Die übermäßige Gewinnbeteiligung (= § 16 des Vertrages)

Die Besonderheit von § 7 Abs. 6 ErbStG liegt in der **selbständigen Erfassung** einer **überhöhten Gewinnbeteiligung**. Liegen – wie bei S – eine Schenkung der Beteiligung und gleichzeitig eine überhöhte Gewinnbeteiligung (i.H.v. 10 T€) vor, so wird der gesellschaftsrechtlich einheitliche Zuwendungsgegenstand der »gut dotierten« Beteiligung in **zwei steuerliche Zuwendungsgegenstände** aufgespalten (§ 7 Abs. 6 ErbStG i.V.m. R 7.8 ErbStR). Zusätzlich zur Buchwertschenkung ist bei S der Jahreswert des überhöhten Gewinnanteils zu versteuern. Bei der Quantifizierung des Übermaßes ist nach Verwaltungsauffassung von den ertragsteuerlichen Erkenntnissen auszugehen und die dortige Rendite-Rspr. zum angemessenen Gewinn bei einer geschenkten Beteiligung mit einem Deckelungsbetrag von 15 % angemessenem Gewinn, bezogen auf den Vermögenswert der Beteiligung, zugrunde zu legen.[194]

1.5.2 Zuwendungen bei Kapitalgesellschaften

Vgl. zum Ganzen sehr ausführlich *Seltenreich* in *Rödl/Preißer*, ErbStG, Kommentar (2009), § 7 Rz. 2.5.4.3 sowie die koordinierten Ländererlasse vom 14.03.2012 (BStBl I 2012, 331) zu § 7 Abs. 8 ErbStG.

1.5.2.1 Allgemeine Ausführungen

Von wesentlich größerer Tragweite als die 1974 eingeführten, damals aber schon von der Rechtsentwicklung überholten gesetzlichen Regelungen zu den PersG ist die in 1997 erstmals und mit den ErbStR 1999 endgültig verabschiedete Verwaltungsauffassung zu Vermögensverschiebungen zwischen den G'ftern einer KapG und eben dieser Gesellschaft. Während allgemein das steuerliche Verständnis von der **PersG** vom sog. **Transparenzgrundsatz**

---
[192] BVerfG vom 09.07.1993 (HFR 1993, 595) sowie BFH vom 01.07.1992 (BStBl II 1992, 912).
[193] Gegen eine Einbeziehung *Meincke* § 7, Rz. 143; für eine Einbeziehung *Gebel* § 7, Rz. 401 f.
[194] Hinweis auf die Ertragsteuer-Rspr. bei geschenkten Beteiligungen (zuletzt nach dem BFH vom 31.05.1989, BStBl II 1990, 10).

geprägt ist und die Besteuerungsgrundlagen qua PersG letztlich bei den Mitunternehmern erfasst werden, gilt für **KapG** grundsätzlich das **Trennungsprinzip**. KapG und ihre G´fter sind getrennte Steuersubjekte. Ertragsteuerlich werden Leistungsbeziehungen zwischen der KapG und ihren G'ftern grundsätzlich akzeptiert (vorbehaltlich der Regelungen über die verdeckte Gewinnausschüttung). Diese Grundsätze gelten uneingeschränkt, soweit es sich um schuldrechtliche Austauschverträge und neutrale Leistungsaustauschverhältnisse handelt. Anders sieht es aus, wenn die Transaktionen zwischen der KapG und dem G'fter auf gesellschaftsrechtlicher Grundlage (z.B. Sacheinlage) basieren (so auch der BFH im Urteil vom 17.10.2007, BStBl II 2008, 381).[195]

Die mit den Austauschbeziehungen eines G'fters zu »seiner« KapG einhergehende Reflexwirkung auf die anderen G'fter wird grundsätzlich ignoriert.[196] In der schenkungsrechtlichen Beurteilung ist der 2. Senat des BFH mit mehreren Entscheidungen, zuletzt im Jahre 1996[197], weitgehend dieser Betrachtungsweise gefolgt, wonach Vermögenszuwendungen eines G'fters an die KapG allenfalls das Vermögen der KapG, aber nicht gleichzeitig das der mitbeteiligten G'fter vermehren. Die Zuwendung an die KapG selbst hat nach dieser Rspr. ihren Grund im Gesellschaftsverhältnis (societatis causa), so dass insoweit – mangels Freigebigkeit (da Gegenleistung) – auch keine schenkungsteuerpflichtige Bereicherung der KapG vorliegt.[198] Die Reflexwirkung für die anderen G´fter bleibt ohnehin unberücksichtigt.

Demgegenüber vertrat die Finanzverwaltung den entgegengesetzten Standpunkt, wonach die mit der Vermögenszuwendung eines G'fters einhergehende **Werterhöhung** der Gesellschaftsrechte der **anderen G'fter** grundsätzlich steuerbar ist. Mit umfangreichen Fallgruppen sind die Grundsätze in R 18 (H 18) ErbStR im Jahre 1999 manifestiert und bei den ErbStR 2003 zunächst beibehalten worden. Mit Blick auf die entgegenstehenden BFH-Entscheidungen ist R 18 ErbStR a.F. jedoch durch den gleich lautenden Ländererlass vom 20.10.2010, BStBl II 2010, 1207 aufgehoben worden. Die (überholte) Verwaltungsauffassung zur Schenkungsteuerpflicht von Leistungen von G'ftern an KapG hat folgerichtig auch nicht den Weg in die ErbStR 2011 gefunden (vgl. R 7.5 ErbStR: Leistungen von G'ftern und Dritten an KapG – unbesetzt –).

Mit den neuen §§ 7 Abs. 8 und 15 Abs. 4 ErbStG und den dazu ergangenen Ländererlassen vom 14.03.2012 (BStBl I 2012, 331) ist nunmehr eine gewisse Rechtssicherheit eingetreten, zumindest im Hinblick auf die Auffassung der Finanzverwaltung.

Während das erste Kapitel der Erlasse (Tz. 2.1.–2.9) die Inhalte des alten Erlasses (2010) übernimmt und die Verhältnisse zwischen KapG und deren G'ftern analysiert (und z.B. zur Annahme gelangt, dass eine vGA an den G'fter stpfl. sein kann, Tz. 2.6.2), befasst sich der 2. Teil mit den Neuregelungen.

---

195 Im vorliegenden Fall des BFH (Grundstücksübertragung auf gemeinnützige GmbH) führt dies zur Versagung der Grunderwerbsteuerbefreiung, da eben keine Schenkung vorlag.
196 Selbst die »Gruppenbildung« bei der Betriebsaufspaltung bzw. die Figur der »nahe stehenden Person« bei der vGA sind hierfür ein weiterer Beleg und keine Ausnahme.
197 So bereits der BFH vom 05.12.1990 (BStBl II 1991, 181) und vorläufiger Abschluss durch BFH vom 25.10.1995 (BStBl II 1996, 160) und vom 19.06.1996 (BStBl II 1996, 616).
198 Insoweit deckungsgleich die Verwaltung in R 18 Abs. 2 ErbStR a.F.

1.5.2.2 Die Technik des § 7 Abs. 8 ErbStG

§ 7 Abs. 8 ErbStG ist durch das BeitrRLUmsG (2011) mit Wirkung für Erwerbe ab 14.12.2011 in den Gesetzestext eingefügt worden. Erfasst werden Werterhöhungen (ohne Substanzverschiebung) von KapG-Anteilen und Genossenschaftsanteilen aufgrund disquotaler Einlagen und Leistungen von Dritten sowie Zuwendungen zwischen (Teilschwester-) KapG, die mit der Intention getätigt werden, G'fter (wertmäßig) zu bereichern (Konzernfälle). Nachdem der BFH in ständiger Rspr. (BFH vom 25.10.1995, BStBl II 1996, 160; BFH vom 09.12.2009, BStBl II 2010, 566) disquotale Einlagen eines G'fters einer KapG mangels Substanzverschiebung nicht als freigebige Zuwendungen zwischen den G'ftern angesehen hat, hat die Finanzverwaltung darauf zum einem mit dem Erlass vom 20.10.2010 (BStBl I 2010, 1207 ff.) reagiert und nunmehr eingeräumt, dass in Fällen disquotaler Einlagen in eine KapG keine freigebige Zuwendung des einen G'fters an den anderen (wertmäßig begünstigen) G'fter gem. § 7 Abs. 1 Nr. 1 gegeben ist. Zum anderen hat die Finanzverwaltung aber auch die vorliegende Gesetzesänderung über den Bundesrat einbringen lassen.

Die Vorschrift stellt als lex specialis eine Sonderregelung dar, die Anwendungsvorrang genießt. Sie regelt, dass die Werterhöhung von Anteilen an einer KapG, die eine an der Gesellschaft unmittelbar oder mittelbar beteiligte natürliche Person oder Stiftung (Bedachte) durch die Leistung einer anderen Person (Zuwendender) an die Gesellschaft erlangt, als Schenkung gilt. Erfasst werden daher insbesondere Werterhöhungen von Anteilen an KapG, die durch eine disquotale Einlage eines G'fters bei den anderen G'ftern eintreten. Erfasst werden aber auch Werterhöhungen, die durch eine Leistung eines Dritten an die KapG hervorgerufen werden. Da die Werterhöhung der Anteile nur dann eintritt, wenn der Dritte unentgeltlich oder teilentgeltlich leistet, werden Drittgeschäfte, die durch Leistungsaustausch stattfinden, von der Regelung nicht erfasst.

Die Regelung stellt die Fiktion einer Schenkung auf. Zuwendungsgegenstand ist die Werterhöhung der Gesellschaftsanteile der Mitgesellschafter. Infolge der Fiktion ist für die Steuerbarkeit nicht erforderlich, dass der Grundtatbestand des § 7 Abs. 1 Nr. 1 ErbStG erfüllt ist (ebenso *Crezelius*, ZEV 2011, 393, 394). Dies hat zur Folge, da in § 7 Abs. 8 S. 1 ErbStG kein eigenes subjektives Tatbestandsmerkmal enthalten ist, dass für die Erfüllung einer Schenkung das Vorliegen eines subjektiven Tatbestandes nicht erforderlich ist.

Des Weiteren sieht § 7 Abs. 8 S. 2 ErbStG vor, dass Zuwendungen zwischen KapG, soweit sie in der Absicht getätigt werden, G'fter zu bereichern, und soweit an diesen Gesellschaften nicht unmittelbar oder mittelbar dieselben G'fter zu gleichen Anteilen beteiligt sind, als freigebig gelten. Von der Schenkungsteuer erfasst werden damit Fälle, die ertragsteuerlich eine verdeckte Gewinnausschüttung und eine anschließende verdeckte Einlage in die Schwesterngesellschaft darstellen. Technisch geschieht dies dadurch, dass die Zuwendung trotz ggf. gesellschaftsrechtlicher Veranlassung, die ansonsten die Freigebigkeit ausschließt, als freigebig angesehen wird.

§ 7 Abs. 8 S. 3 ErbStG erweitert sodann den Anwendungsbereich der Regelung über KapG hinaus auf Genossenschaften.

In der Praxis führt die Regelung zu einer deutlichen Ausdehnung der Schenkungsteuer, indem zum einen das bisher vom BFH für eine freigebige Zuwendung geforderte Tatbestandsmerkmal der Substanzverschiebung durch die Fiktion des § 7 Abs. 8 S. 1 ErbStG beseitigt wird und zum anderen durch die Annahme der Freigebigkeit in § 7 Abs. 8 S. 2 ErbStG die gesellschaftsrechtliche Veranlassung einer Zuwendung schlichtweg ignoriert wird. Insoweit kann die Regelung des § 15 Abs. 4 ErbStG, die ebenfalls durch das BeitrRLUmsG

(2011) eingeführt wurde und die u.a. für Fälle des § 7 Abs. 8 ErbStG für die Ermittlung der Steuerklasse und des Freibetrags auf das Verhältnis zwischen dem die disquotale Einlage tätigenden G'fter und dem begünstigten G'fter abstellen will, wenig trösten. Gleichwohl zeigt sich an diesem Gegensteuern des Gesetzgebers (initiiert durch die Finanzverwaltung), dass die gesamte Regelung des § 7 Abs. 8 ErbStG in sich inkonsequent und unsystematisch gelöst wurde. Die Problematik resultiert aus folgender Überlegung:

In Fällen einer disquotalen Einlage hat der BFH in ständiger Rspr. eine freigebige Zuwendung des die Einlage leistenden G'fters an die durch die Werterhöhung ihrer Anteile auch begünstigten Mitgesellschafter mittels Substanzverschiebung abgelehnt (BFH vom 25.10.1995, BStBl II 1996, 160; vom 09.12.2009, BStBl II 2010, 566).

Zugrunde liegt der BFH-Rechtsprechung die Überlegung, dass für die Erbschaftsteuer eine zivilrechtliche Betrachtung innerhalb der jeweiligen Leistungsverhältnisse erforderlich ist. Das zivilrechtliche Leistungsverhältnis besteht aber zwischen dem die Einlage tätigenden G'fter und der Gesellschaft, nicht aber zwischen den G'ftern. In diesem Verhältnis kommt allerdings eine freigebige Zuwendung nicht in Betracht, da die Einlage auf gesellschaftsrechtlicher Grundlage beruht und somit eine Gegenleistung darstellt. Die Freigebigkeit ist somit nicht gegeben.

Demhingegen ging die Finanzverwaltung in Fällen der disquotalen Einlage bislang immer von einer wirtschaftlichen Betrachtungsweise aus und nahm an, dass der die Einlage tätigende G'fter bei wirtschaftlicher Betrachtung den dadurch begünstigten anderen G'ftern die Werterhöhung ihrer Anteile mittelbar freigebig zuwendet. Sie nahm daher eine mittelbare freigebige Zuwendung zwischen den G'ftern an, was zur Folge hatte, dass für den Steuertarif und den Freibetrag auch das Verhältnis der G'fter zueinander entscheidend war.

Mit der nunmehrigen Regelung des § 7 Abs. 8 ErbStG versucht der Gesetzgeber zum einen die Leistungsverhältnisse aus zivilrechtlicher Sicht, also so wie vom BFH verlangt, einzuhalten. Andererseits hätte dies zur Folge, dass stets die Steuerklasse III mit dem entsprechend niedrigen Freibetrag und hohen Steuertarif zur Anwendung käme. Dass dies nicht sachgerecht ist, wurde vom Gesetzgeber erkannt. Er versucht daher die bisherige wirtschaftliche Betrachtung der Finanzverwaltung über die Regelung des § 15 Abs. 4 ErbStG unter Beibehaltung der vom BFH vorgegebenen zivilrechtlichen Betrachtung der Leistungsverhältnisse umzusetzen. Dass dies die Quadratur des Kreises darstellt und weder dogmatisch sauber begründbar ist noch eine konsequente Regelung darstellt, bedarf keiner näheren Erläuterung.

1.5.2.3 Tabellarische Strukturierung

Die nachfolgende Tabelle stellt den Versuch einer Strukturierung substanz- und wertmäßiger Vermögensverschiebungen zwischen KapG und G'ftern, nahen Angehörigen und Schwestergesellschaften dar und kann zum Einstieg in die Fallbearbeitung genutzt werden.

Fallgruppe	Einschlägige Rechtsnorm	Zuwendungsgegenstand/-beteiligte
1. Variante: Verdeckt/offene disquotale Einlage eines G'fters in KapG	§ 7 Abs. 1 Nr. 1 ErbStG ./. § 7 Abs. 8 S. 1 ErbStG +	Werterhöhung der Anteile der anderen G'fter Freigebige Zuwendung des Einlegenden an die anderen G'fter
2. Variante Dritter bringt (unentgeltlich) Leistungen an KapG	§ 7 Abs. 1 Nr. 1 ErbStG +	Unentgeltliche Leistung des Dritten an KapG
	§ 7 Abs. 8 S. 1 ErbStG + Im Wege der Anspruchkonkurrenz tritt § 7 Abs. 1 Nr. 1 ErbStG zurück	Werterhöhung der Anteile der G'fter Freigebige Zuwendung zwischen Dritten und KapG, aber Besteuerung gem. § 15 Abs. 4 ErbStG
3. Variante Disquotale verdeckte Gewinnausschüttung an einen G'fter	§ 7 Abs. 1 Nr. 1 ErbStG +	Freigebige Zuwendung der KapG an G'fter bezüglich der verdeckten Gewinnausschüttung
4. Variante Konkruente verdeckte Gewinnausschüttung an alle G'fter	§ 7 Abs. 1 Nr. 1 ErbStG ./. § 7 Abs. 8 S. 1 ErbStG	Keine freigebige Zuwendung, da verdeckte Gewinnausschüttung durch Gesellschaftsverhältnis veranlasst
5. Variante Disquotale verdeckte Gewinnausschüttung an nahestehende Person eines G'fters	§ 7 Abs. 1 Nr. 1 ErbStG +	Freigebige Zuwendung von KapG an nahestehende Person; Besteuerung gem. § 15 Abs. 4 ErbStG (Verhältnis G'fter zu nahestehender Person)
6. Variante Konzernfall Unentgeltliche Leistung von KapG an Teil-Schwestergesellschaft	§ 7 Abs. 1 Nr. 1 ErbStG +	Freigebige Zuwendung bezüglich unentgeltlicher Leistung an die Teil-Schwestergesellschaft
	§ 7 Abs. 8 Nr. 1 i.V.m. S. 2 ErbStG Anspruchskonkurrenz lässt § 7 Abs. 1 Nr. 1 ErbStG zurücktreten	Werterhöhung der Anteile der G'fter der begünstigten KapG, soweit keine Beteiligung der G'fter zu gleichen Anteilen an beiden Gesellschaften

2 Sonstige unentgeltliche Vorgänge am Beispiel der Nießbrauchsgestaltung

2.1 Ausgangssituation, Vorüberlegungen und Motivlage

Die Motivation für den Nießbrauch als Gestaltungsalternative ergibt sich erst aus einer umfassenden Fallstudie.

Beispiel 8: Das typische Unternehmens-Nachfolgeszenario[199] – Testament oder Nießbrauch?
Der 70-jährige Nachkriegs-Unternehmer U, im gesetzlichen Güterstand verheiratet mit der gleichaltrigen »Trümmerfrau« T (geringes Eigenvermögen), wird von Nachfolgegedanken geplagt. Sein prosperierendes Einzelunternehmen (mit zwei werthaltigen Grundstücken) wird zwar noch von ihm beaufsichtigt, der eigentliche »Macher« ist jedoch zu seiner vollen Zufriedenheit der im Betrieb als Azubi gestartete jetzige Prokurist P (50 Jahre). Seine zwei Kinder, der BWL-Student B und die angehende Wirtschaftsjuristin J, stehen kurz vor dem Studienabschluss und erscheinen beide nach Auffassung von U nach einem ca. fünf Jahre dauernden Training on the job für die Übernahme geeignet. In einem Brainstorming sollen die Vor- und Nachteile der drei (vier) von ihm favorisierten Modelle geprüft werden:
- Berliner Testament, bei dem die gemeinsamen Kinder Schlusserben sein sollen,
- Vor- und Nacherbschaftslösung,
- Übertragung auf die Kinder gegen (eigenen) Vorbehaltsnießbrauch oder Zuwendungsnießbrauch (zu Gunsten T),
- evtl. kommt auch eine treuhänderische Unternehmensführung durch P in Betracht.

Im Vordergrund seiner Überlegungen stehen die Versorgung seiner Ehefrau sowie der erbschaftsteuerlich günstige Betriebsübergang in spätestens fünf Jahren. U, der auch über »existenzsicherndes« PV verfügt, kann sich vorstellen, noch einige Jahre (»solange es geht«) im Betrieb zu arbeiten. Ebenso könnte P für einige Jahre den Betrieb allein führen.

Lösung: Das **Berliner Testament** (§ 2269 BGB) entspricht zwar im Falle seines Vorversterbens der Interessenslage des U, die Ehefrau ausreichend zu versorgen und den Betrieb später in die Hände seiner Kinder zu übergeben. Die (gerade im Falle des Vorversterbens der T) unterschiedlichen persönlichen Vermögenswerte beider Ehegatten, der mit der Enterbung im ersten Erbgang verbundene Wegfall eines Erbschaftsteuerfreibetrages sowie die mögliche Pflichtteilseinforderung der Kinder und vor allem das Haftungsrisiko für seine Frau (§ 27 i.V.m. § 25 HGB, § 75 AO, § 1967 BGB) sowie der mögliche Verlust des § 13a-, § 13b-Privilegs bei den Kindern überwiegen die Vorteile der geschlossenen Vererbung des Ehegattenvermögens. Als unangenehm wird auch die Bindungswirkung von § 2271 BGB für den Fall empfunden, dass sich eines der Kinder nach dem Tode des erstversterbenden Ehepartners unvorteilhaft entwickeln sollte und keine Aufhebungsvereinbarung getroffen wurde.
Als testamentarische Lösung erscheint die sukzessive Nachfolgelösung im Rahmen der **Vor-/Nacherbschaft** (§§ 2100 ff. BGB) auf den ersten Blick besser geeignet. Die Vorerbschaft für T lässt sich bedarfsgerecht regeln, da mit einer entsprechenden Verfügungsbeschränkung gem. §§ 2113 ff. BGB zulasten der T eine prophylaktische Schadensvermeidung möglich ist. Die noch fehlende Führungskompetenz bei seinen Angehörigen kann durch eine entsprechend umfassende Anordnung der Testamentsvollstreckung für P (vgl. § 2207 BGB) ausgeglichen werden.

---

199 S. auch *Riedel/Beiten-Burkhardt*, DB 2010, 22.

Nach wie vor verbleibt als Nachteil das Haftungsproblem für T sowie die Verdoppelung der steuerpflichtigen Vorgänge (§ 6 Abs. 1 und 2 ErbStG).

Wegen der Haftungsfragen bietet sich als Ausweichlösung für eine Übergangszeit die Unternehmenstreuhand an, in der im Außenverhältnis P das Unternehmen führt und nur im Innenverhältnis dem Treugeber (zunächst U, später T bzw. den Kindern) gegenüber verantwortlich ist. Dies, gekoppelt mit einer umfassenden Testamentsvollstreckung für P, wäre für das Unternehmen das betriebswirtschaftliche Optimum. Wegen der damit einhergehenden Haftungsgefahr für P wird dieser selbst gegen eine hohe Testaments- und Treuhandvergütung der Versuchung einer Unternehmens-Treuhandschaft im Zweifel widerstehen.

Die sofortige Übertragung des Betriebes an die Kinder gegen die Bestellung eines **Nießbrauchs** (§§ 1030 ff. BGB) am **Unternehmen** zu eigenen Gunsten (sog. Vorbehaltsnießbrauch) und später (oder gleichzeitig) zu Gunsten der Ehefrau (sog. Zuwendungsnießbrauch) erweist sich in mehrfacher Hinsicht als die Ideallösung, da und wenn U nicht den Weg der vorweggenommenen Erbfolge einschlagen will. Dabei kann in den ersten Jahren der eigentliche (echte) Unternehmensnießbrauch vereinbart werden, bei dem der Übergeber U das Unternehmen noch weiter führt; später (spätestens mit dessen Tod) ist an einen (Übergang zum) Ertragsnießbrauch zu denken, mit dem die Nießbraucherin T (alleine oder mit U) nur noch die Nutzungen – ggf. mit gewissen Kontrollrechten – erhält. Mit der Bestellung des Nießbrauchs am Unternehmen nach § 1085 BGB[200] an den **einzelnen WG** erfolgt eine **dingliche** Absicherung des Nießbrauchers, die gegenüber jedermann (also auch gegenüber einem potenziellen Unternehmenskäufer) wirkt. Mit dieser Lösung scheinen die Interessen der Beteiligten idealtypisch berücksichtigt zu sein, wenn das ErbStG nicht fiskalische Hemmnisse aufbaut.

Die steuerliche Auflösung des Zielkonfliktes erfolgt am Ende der Darstellung zum Nießbrauch im Schenkungsteuerrecht (unter Kap. 2.3.3). Zunächst werden die Grundzüge erörtert.

Exkurs: Immer wieder setzt sich der BFH materiell-rechtlich mit der Frage auseinander, ob der **Vorbehalts- und/oder Zuwendungsnießbraucher** als wirtschaftlicher Eigentümer insb. der Gesellschaftsanteile anzusehen ist (§ 39 Abs. 2 Nr. 1 EStG). Dies hat Auswirkungen auch auf § 13a, b ErbStG.

Im Urteil vom 24.01.2012 (ZEV 2012, 284) hat der BFH für den **Vorbehaltsnießbrauch** deutlich zum Ausdruck gebracht, dass der **Nießbrauchsberechtigte** (im Urteil: an Gesellschaftsanteilen an einer GmbH) dann **nicht der wirtschaftliche Eigentümer** ist, wenn der Nießbraucher – nach wie vor – alle mit der Beteiligung verbundenen (Vermögens- und Verwaltungs-) Rechte ausüben und diese auch im Konfliktfall durchsetzen kann. Im Ergebnis kommt eine Zurechnung an den Nießbraucher nur beim **atypischen Nießbrauch** in Betracht. Dieser liegt etwa vor, wenn der Nießbraucher aufgrund einer Ermächtigung (§ 185 BGB) oder einer Vollmacht (§ 164 BGB) den Anteil auf eigene Rechnung verwerten darf (s. auch *Daragan*, ZEV 2012, 287).

Zum Zuwendungsnießbrauch hat der BFH im Urteil vom 01.09.2011 (ZEV 2012, 51 mit Anm. *Viskorf/Haag*, a.a.O., ZEV 2012, 24) entschieden, dass es für die Zurechnung des Zuwendungsgegenstandes (im Urteil: eine Beteiligung an einer PersG) nach §§ 13a, b ErbStG

---

200 Vgl. zum Unternehmensnießbrauch, der zusätzlich ein umfassendes dingliches Recht am Handelsgeschäft begründet, *Palandt-Bassenge*, § 1085 Rz. 4 ff. Im Regelfall wird ein wirtschaftlich »sinnvoller« Nießbrauch allerdings mit der Übereignung des UV an den Nießbraucher und mit zurückbehaltenem AV des Bestellers verbunden sein.

i.V.m. § 39 Abs. 2 Nr. 1 AO allein auf die ertragsteuerliche Beurteilung ankommt. Es hängt folglich allein von der Mitunternehmerstellung (MU-Initiative und MU-Risiko) ab.

2.2 Die gesetzliche Lösung beim Nießbrauch (§ 23 inkl. historischer Abriss zu § 25 ErbStG)

Hinweis: Mit der ErbSt-Reform (2009) ist ein wesentliches Hindernis für Nießbrauchsgestaltungen im Angehörigenbereich – d.h. die wegen § 25 ErbStG fehlende Abzugsmöglichkeit des Nießbrauchs (oder des Wohnrechts) – entfallen. Sollte jedoch § 37 Abs. 2 S. 2 ErbStG (2008) für sog. Altfälle (insb. bei einem vertraglichen Rückforderungsrecht) – und damit § 25 ErbStG – zur Anwendung kommen, so wird auf die 8. Aufl. (2009) verwiesen, in der die (alte) Gesamtthematik ausführlich dargestellt ist. S. aber Kap. 2.2.4.

Auch das Privatvermögen eignet sich für den Nießbrauch.

Beispiel 9: Der Testfall mit dem Privatvermögen
Wegen einer noch bestehenden Rechtsunsicherheit über das § 13a-Privileg bei der Unternehmensübertragung auf die Kinder gegen Nießbrauch[201] wechselt der 70-jährige U (Beispiel 8) in einem ersten Schritt das Übertragungsobjekt aus. Er überträgt im Jahre 2007 unentgeltlich ein (schon abgeschriebenes[202]) Mietshaus an die Kinder B und J und räumt der gleichaltrigen T (als Erstversorgung) den lebenslangen Bruttonießbrauch[203] an dem Grundstück (Steuerwert – ohne Berücksichtigung des Nießbrauchs ermittelt[204] – 950.000 €; Verkehrswert 1,5 Mio. €) ein. Die jährlichen Mieterträge belaufen sich zuletzt auf 80.000 €. Der Jahreswert der Nutzung ist auf 50.000 € festzusetzen.[205]

Der Nießbrauch ist – neben der Rente – der prototypische Anwendungsfall.

Nachfolgend wird exemplarisch nur der Nießbrauch dargestellt; die Diskussion der Rentenfälle wird in diesem Kapitel nur anhand eines summarischen Vergleichs mit dem Nießbrauch geleistet, die Vertiefung anhand einzelner Beispiele erfolgt bei der vorweggenommenen Erbfolge (s. Kap. 3.1.1).

---

201 Nach H 13b.5 (»Schenkung von Betriebsvermögen unter freiem Widerrufsvorbehalt«) ErbStH führt ein Vorbehaltsnießbrauch zumindest bei der Schenkung eines Mitunternehmeranteils zur Versagung des § 13a-Privilegs beim Beschenkten.
202 Ein unentgeltlicher Brutto-Zuwendungsnießbrauch bei einem noch nicht abgeschriebenen Gebäude macht keinen Sinn, da damit die AfA-Berechtigung komplett verloren geht (Tz. 18 ff. des Nießbrauchserlasses II vom 24.07.1998 (BStBl I 1998, 914).
203 Beim Bruttonießbrauch muss der Berechtigte keine Unterhaltungskosten tragen; vgl. BFH vom 05.06.1991 (BFH/NV 1991, 678). Das Gesetz geht in § 1041 ff. BGB vom Nettonießbrauch aus.
204 Nach Auffassung der Verwaltung (FinMin BaWü vom 20.12.2000, DB 2001, 17; dagegen *Daragan*, DB 2001, 355) und nach BFH vom 17.10.2001 (BStBl II 2002, 165) wird der gemeine Wert des Grundstücks durch die Bestellung des Nießbrauchs nicht beeinflusst.
205 Sowohl der nach § 14 BewG i.V.m. dem aktuellen BMF-Schreiben zu den Vervielfältigern, BStBl I 2011, 843 zu errechnende kapitalisierte Wert der lebenslangen Nutzung wie auch die Kontrollrechnung nach § 16 BewG führen zu anderen Werten als die durchschnittlichen Jahreserträge vorgeben. Mit dem Ansatz des maximal 18,6-Fachen des Jahreswerts (§ 16 BewG) ist sichergestellt, dass der Nießbrauch nie höher bewertet wird als der nießbrauchsbelastete Gegenstand selbst.

2.2.1 Die Steuerbelastung des Nießbrauchsberechtigten[206] (§ 23 ErbStG)

(1. Teil-)Lösung: Schenkungsteuer bei T

Der lebenslange Bruttonießbrauch stellt eine freigebige Zuwendung nach § 7 Abs. 1 Nr. 1 ErbStG dar. Die Bereicherung nach § 10 Abs. 1 S. 1 ErbStG ist offensichtlich und wird nach § 12 Abs. 1 ErbStG i.V.m. §§ 13 ff. BewG (Nutzungsrecht) mit dem **Kapitalwert** ermittelt. Da es sich hier nicht um eine feststehende Geldleistung handelt, wird zunächst der Jahreswert nach §§ 14–16 BewG[207] gebildet und dieser sodann kapitalisiert (Kapitalwert). Erst danach – als Regelung zur Steuerfestsetzung – sieht § 23 ErbStG ein **Wahlrecht** zur Versteuerung nach dem Kapitalwert oder nach dem Jahreswert vor.

1. **Einmalige Entrichtung der Steuer** nach dem **Kapitalwert** (§ 23 Abs. 1 S. 1 ErbStG). Der Jahreswert ist mit dem ggf. korrigierten durchschnittlichen Jahresertrag anzusetzen, hier genau 50.000 €.[208] Der Kapitalwert ist unter Berücksichtigung des Vervielfältigers nach § 14 Abs. 1 BewG i.V.m. Sterbetafel des Statistischen Bundesamtes[209] (§ 14 Abs. 1 S. 2 BewG) bei 70 Jahren mit 9,730 zu bilden und mit **486.500 €** (50.000 € x 9,730) anzusetzen. Nach Abzug des »Ehegatten-Freibetrages« von 400.000 € (§ 15 Abs. 1, § 16 Abs. 1 ErbStG) verbleibt ein steuerpflichtiger Erwerb von 86.500 €. Bei einem **Steuersatz** von 11 % hat T 9.515 € Schenkungsteuer zu zahlen.
2. **Berechnung der Jahressteuer** (§ 23 Abs. 1 S. 1 und 2 ErbStG). Die Jahressteuer geht ebenfalls von dem Jahresertrag von 50.000 € aus, legt aber beim Steuersatz (S. 2 a.a.O.) den vorher bei der Kapitalwertbesteuerung ermittelten **Steuersatz** von 11 % zugrunde. Danach wären jährlich 5.500 € Steuern zu zahlen. Aufgrund der von der Verwaltung zugelassenen **Aufzehrmethode**[210] wird die Steuer solange nicht erhoben, bis die Berechtigte T Bezüge i.H.d. Freibetrags (400 T€) erhalten hat. Ad hoc führt die Wahl[211] der Jahressteuer zu acht steuerfreien Jahren (8 x 50.000 €), bevor im neunten Jahr der konstante durchschnittliche Jahreswert von 50.000 € mit 11 % versteuert wird.[212]

Auf **vier Besonderheiten** ist in diesem Zusammenhang hinzuweisen:
1. Bei einer längeren Lebensdauer als der statistischen Lebenserwartung erweist sich die Wahl der Jahressteuer als misslich. Unterstellt, T wäre zehn Jahre nach der Bestellung des Nießbrauchs noch rüstig, so räumt § 23 Abs. 2 ErbStG die Möglichkeit des Ausstiegs aus der Jahresbesteuerung ein. Danach wird die Jahressteuer mit dem Kapitalwert abgelöst, der sich beim vollendeten 80. Lebensjahr der T mit einem Faktor von 7,180 ergibt (BMF, Vervielfältiger zur Bewertung einer lebenslänglichen Nutzung oder Leistung, BStBl I 2011,

---

206 Die gleichen Grundsätze kommen beim **Rentenberechtigten** zum Tragen. Hierzu umfangreiche Beispiele unter Kap. 3.1.1 – Rentenversprechen bei der vorweggenommenen Erbfolge.
207 Dieser am Stichtag ermittelte Wert steht fest; spätere Berichtigungen kommen nicht in Betracht.
208 S. hierzu allgemein R 13 ErbStR. Maximal beträgt der Jahreswert 51.075 € (950 T€/18,6), da nach § 16 BewG maximal von einer 18,6-Fachen jährlichen Nutzung ausgegangen wird.
209 Das BMF stellt die jeweils aktuellen Vervielfältiger regelmäßig in einer Tabelle zusammen. Auf Basis der durch das Statistische Bundesamt veröffentlichten Sterbetafel hat das BMF die Vervielfältiger für Bewertungsstichtage ab dem 01.01.2012 bekannt gegeben (BStBl I 2011, 843).
210 H 23 ErbStH im Anschluss an den RFH vom 10.02.1938 (RStBl 1938, 396).
211 Nach FG Nürnberg vom 06.02.2003 (EFG 2003, 873) kann die Wahl der Besteuerungsmethode jederzeit widerrufen werden, solange die AO dies zulässt (z.B. wegen § 164 AO).
212 In Übereinstimmung mit dem BFH vom 17.09.1997 (BFH/NV 1997, 587) lässt nunmehr die Verwaltung auch die sog. Kürzungsmethode zu (H 84 letzter Satz zu Stichwort »Abzug persönlicher Freibeträge«), bei der der Jahreswert in dem Maß zu kürzen ist, in dem der Kapitalwert durch den Freibetrag gemindert wird (d.h. Verteilung der persönlichen Freibeträge über die gesamte Laufzeit der Jahresversteuerung).

843). Die Ablösung beträgt sodann 359.000 €. Das Zahlenbeispiel verdeutlicht drastisch die für diesen Fall schlechte Wahl der Jahressteuer.
2. Im umgekehrten Fall, wenn sich die angenommene Lebenserwartung des Nießbrauchsberechtigten als zu optimistisch erwiesen hat und die Kapitalwertmethode gewählt wird (Annahme: T verstirbt mit 74[213] Jahren) erlaubt § 14 Abs. 2 BewG eine nachträgliche Korrektur des Kapitalwerts mit dem Ansatz der wirklichen Dauer der Nutzung.
3. Aufgrund einer Entscheidung des X. Senats des BFH kann die aufgrund einer Erbschaftsteuerfestsetzung gem. § 23 ErbStG laufend vom **Jahreswert** erhobene Erbschaftsteuer bei der Einkommensteuer als **Sonderausgabe** (§ 10 Abs. 1 Nr. 1a EStG) abgezogen werden, soweit Einkünfte als Erwerb von Todes wegen mit Erbschaftsteuer belastet sind.[214] Diese Möglichkeit greift dann, wenn der konkrete, mit einem Nutzungsrecht belastete Vermögensgegenstand, der einkommensteuerpflichtige Erträge abwirft (z.B. Mieten), als Erwerb von Todes wegen zu erfassen ist. Dies ist regelmäßig beim **Vermächtnisnießbrauch** der Fall.[215] Mit der **Neuregelung** des § 10 Abs. 1 Nr. 1a EStG (Sonderausgabenabzug bei wiederkehrenden Leistungen anlässlich bestimmter Übertragungsvorgänge) wird die o.g. Rspr. zu § 23 ErbStG nicht mehr zu halten sein. Einzig über § 35b EStG n.F. kann Abhilfe wegen drohender Doppelbelastung geschaffen werden.[216]
4. In einer grundlegenden Entscheidung hat sich der BFH am 29.08.2003 (BStBl II 2003, 944) beim Erwerb eines erbbaurechtsbelasteten Grundstücks (dort: im Rahmen der vorweggenommenen Erbfolge) wegen der Neufassung des § 148 Abs. 1 S. 3 BewG gegen die Anwendung des § 23 ErbStG ausgesprochen. Diese Aussage gilt nur für Erwerbe ab dem 01.01.1996: Alleiniger Erwerbsgegenstand ist danach das erbbaurechtsbelastete **Grundstück**.

2.2.2 Die Besteuerung der Nießbrauchslast[217] (§ 25 ErbStG) – Historie (Rechtslage bis einschl. 2008); s. aber die Übergangsregel (§ 37 Abs. 2 S. 2 ErbStG 2008)

Aufgrund der jüngsten Änderungen im ErbSt-Recht wird dieses Kapitel nicht mehr wiedergegeben. S. hierzu die umfangreiche Darstellung in der 8. Auflage (2009) des vorliegenden Lehrbuchs.

2.2.2.1 Der Verzicht auf das Nießbrauchsrecht

Besondere (und häufig vorkommende) Probleme treten auf, wenn der Nießbrauchsberechtigte auf sein Nutzungsrecht unentgeltlich verzichtet, etwa weil der Übergeber (Nießbrauchsberechtigter) eines Immobilienobjektes, an welchem er sich die Nutzung der Mietzinsen hat einräumen lassen, später erkennt, dass er auf diese Einnahmen nicht angewiesen ist.

Nach h.A. stellt der Verzicht auf das Nutzungsrecht eine freigebige Zuwendung an den Erwerber des belasteten Vermögens dar (nunmehr bestätigt durch BFH vom 17.03.2004, BStBl II 2004, 429).[218] Dadurch wird die Steuer auf den Bruttoerwerb fällig (s. oben) und gleichzeitig fällt eine Steuer für den Verzicht an.

---

213 Wegen § 14 Abs. 2 BewG (dortige Zahlenkolonne) ist dies nicht mehr der Fall, wenn T im 76. Lebensjahr versterben sollte.
214 BFH vom 23.02.1994 (BStBl II 1994, 690) und FG München vom 08.11.2000 (EFG 2001, 282).
215 S. dazu Kap. II 2.3.3.
216 So auch *Götz*, DStR 2010, 1977.
217 Nachfolgende Ausführungen gelten sinngemäß für die Besteuerung mit einer **Rentenlast**.
218 Vgl. aus der Literatur *Rödl* ZEV 2004, 238 sowie *Götz*, ZEV 2009, 609 und *Blum/Melwitz* (Auswirkung des Verzichts auf den Pflichtteilsergänzungsanspruch, ZEV 2010, 77).

Auf diese Problematik der Doppelbelastung (einerseits H 25 ErbStH[219] und andererseits BFH im Urteil vom 17.03.2004 (BStBl II 2004, 939, dem sich das BMF vom 23.09.2004, BStBl I 2004, 939 angeschlossen hat), ist nicht mehr näher einzugehen.

3 Gestaltungen zwischen Schenkung und Vererbung

3.1 Die vorweggenommene Erbfolge

Trotz der BFH-Erkenntnis (II. Senat) aus dem Jahre 1993[220], dass dem Begriff der »vorweggenommenen Erbfolge« kein objektiver Erklärungswert zukomme, hat sich dieses Rechtsinstitut zwischenzeitlich »eingebürgert«. So gebrauchte § 13a Abs. 1 Nr. 2 ErbStG bis zum 31.12.2001 den terminus technicus. In den jüngeren FG-Urteilen zur Schenkungsteuer wird der Begriff ebenfalls »institutsähnlich« verwendet. In der Einkommensteuer, wo der Begriff und das Erscheinungsbild (spätestens) seit dem Beschluss des Großen Senats aus dem Jahre 1990 und der Umsetzung durch die Finanzverwaltung im Jahre 1993 vorkommt[221], hat dieses Institut an Bedeutung längst die »klassische« Betriebsveräußerung überflügelt. Auch in den anderen Steuerarten[222] bildet sich hierzu ein eigenes Richterrecht heraus.

Die Skepsis gegenüber dem Institut der vorweggenommenen Erbfolge in der Rspr. des II. (Erbschaftsteuer-)Senats des BFH ist durch eine überraschende Negativentscheidung vom 25.01.2001 genährt worden.[223] Bei einem Sachverhalt, wo einem **minderjährigen Kind (sieben Monate alt) eine Unterbeteiligung in Form einer atypisch stillen Beteiligung unter Kündigungs- und Rückabwicklungsvorbehalt** eingeräumt wurde, hat der II. Senat – allerdings zu § 13 Abs. 2a ErbStG a.F. (Vorläufer des § 13a ErbStG n.F.) – nicht auf eine vorweggenommene Erbfolge erkannt. In der Begründung wurde insb. ausgeführt, dass es sich nicht um eine identische Rechtsstellung bei Übergeber (Kommanditistin) und Erwerber (Unterbeteiligung) gehandelt hat und außerdem die Übertragung aufgrund des Kündigungs- und Rückabwicklungsvorbehalts nicht endgültig erfolgt sei.

Trotz der nahezu einhelligen Ablehnung des Urteils im Schrifttum[224] darf diese Erkenntnis des BFH nicht überbewertet werden, da sie zur Vorgängerbestimmung des § 13a ErbStG erging, während seit der Neufassung des § 13a Abs. 1 Nr. 2 ErbStG (1996) der Zusammenhang mit der Nr. 1 (»Erwerb von Todes wegen«) offensichtlich ist. Die Entscheidung zeigt aber auf, dass nicht jede Schenkung – auch unter Familienangehörigen – zu einer vorweggenommenen Erbfolge führt.

---

219 Aufgrund des Wegfalls des § 25 ErbStG durch das ErbStRefG ist § 25 ErbStG sowie die damit einhergehenden Verwaltungsgrundsätze nur auf »Altfälle« anzuwenden.
220 BFH vom 08.12.1993 (BFH/NV 1994, 373).
221 Großer Senat vom 05.07.1990 (BStBl II 1990, 847) sowie BMF vom 13.01.1993 (BStBl I 1993, 80). S. hierzu die ausführliche Darstellung *Preißer*, Band 1, Teil B, Kap. III »Die ertragsteuerliche Nachfolge«.
222 Vgl. *V. Schmidt*, Teil B, Kap. III.
223 BB 2001, 819.
224 Statt aller *Ebeling*, DB 2001, 796; a.A. *Mößlang*, DStR 2001, 573.

Um diesen Auslegungsschwierigkeiten vorzubeugen, ist durch das StÄndG (2001) § 13a Abs. 1 Nr. 2 ErbStG zum wiederholten Male geändert worden: Rückwirkend ab 1996 gilt nun für **alle Schenkungen** das Privileg des § 13a ErbStG (§ 37 Abs. 3 ErbStG[225]).

Die Tilgung des Terminus »vorweggenommene Erbfolge« aus dem ErbStG macht auch vor den Richtlinien nicht Halt. Die früher dafür vorgesehenen R 56 und R 58 ErbStR 1999 ersetzen den Begriff durch »Schenkung unter Lebenden« (R 13b.2 ErbStR 2011).

Einen wesentlichen Beitrag zur Verfestigung des Rechtsinstituts leistete das JStG 2008, dem eine starke Vereinfachung des Sonderrechtsinstituts (der Betriebsübergabe) gegen wiederkehrende Versorgungszusage gelungen ist (§§ 10 Abs. 1 Nr. 1a, 12, 22 EStG). Das ErbStRefG (2009/2010) ist in seinen Grundaussagen (Optionslösungen) nur vor dem Hintergrund der vorweggenommenen Erbfolge denkbar.

3.1.1 Die schenkungsteuerlichen Grundzüge

Die heute h.M. differenziert zwischen folgenden vier Arten von Leistungen, die bei einem Generationennachfolgevertrag (Synonym für die vorweggenommene Erbfolge) auftreten:

- Abstandszahlung an den Schenker,
- Übernahme von (privaten) Verbindlichkeiten des Schenkers,
- Gleichstellungsgelder an Angehörige des Schenkers oder Dritte,
- Versorgungsleistungen an den Schenker oder dessen Angehörige.

In allen Fällen sind von der Übergabe WG oder WG-Einheiten betroffen, die die Existenzgrundlage der Übergeber- (oder Übernehmer-)Familie sind (oder waren). Übernehmer sollen dabei erbberechtigte Abkömmlinge des Übergebers sein.

> **Beispiel 10: Die Qual der Wahl des Übergebers**[226]
> Unternehmer U (70 Jahre) will seinen Betrieb (Verkehrswert[227] von 10 Mio. €, Substanzwert von 4,5 Mio. €, **Ertrag-Steuerwert** von 5 Mio. €, durchschnittlicher Ertrag der letzten drei Jahre 405.515 €) an seine Tochter T (30 Jahre) im Wege der vorweggenommenen Erbfolge übertragen. Der gleichaltrige Sohn S kommt als Nachfolger nicht in Betracht.
> Es soll geprüft werden, welche schenkungsteuerlichen Folgen des Übertragungsvorganges durch die in Betracht gezogenen Modalitäten ausgelöst werden:
>
> a) Abstandszahlung an U i.H.v. 4 Mio. €,
> b) Gleichstellungsgeld in gleicher Höhe an S,
> c) Jährliche Leibrente i.H.v. 240.000 € an U,
> d) Nießbrauchsvorbehalt am Unternehmen,
> e) Jährliche Leibrente i.H.v. 120.000 € an S,
> f) Übernahme einer Privatschuld des U i.H.v. 4 Mio. €.

---

225 Voraussetzung hierfür ist allerdings, dass die Steuer für Altfälle am 23.12.2001 noch nicht bestandskräftig festgesetzt war.
226 S. auch *Hörger/Stephan*, Vermögensnachfolge 1998, Rz. 736 ff. sowie *Trompeter*, Vorweggenommene Erbfolge durch Betriebsübertragung, 1994.
227 Hoher originärer Geschäftswert, wobei es derzeit noch ungeklärt ist, ob der originäre Firmenwert bei der Ermittlung des Substanzwerts anzusetzen ist.

Die **einkommensteuerliche** Eingruppierung gestaltet sich wesentlich einfacher als die Würdigung unter schenkungsteuerlichen Gesichtspunkten. Die Fälle a), b) und f) führen in der Einkommensteuer zu einer (teil-)entgeltlichen Betriebsübertragung, während die Leibrentenversprechen unter c), e) und der **Nießbrauch**svorbehalt d) nicht die Rechtsfolgen des § 16 EStG auslösen.[228]

Differenzierter reagiert das **Erbschaftsteuerrecht** auf die einzelnen Modalitäten. Dem Grundtatbestand des § 7 Abs. 1 Nr. 1 ErbStG unterliegen alle Vermögensübertragungen ohne Entgelt (reine Schenkung) oder ohne äquivalentes Entgelt (gemischte Schenkung), wenn der Zuwendende das Bewusstsein der Unentgeltlichkeit hat (Bereicherungswille). Wegen der dem ErbStG eigenen Terminologie erfüllen jedoch nicht nur die aus der Einkommensteuer bekannten Fälle der Entgeltlichkeit (oben a), b) und f)) den **ErbSt-Begriff** der **Entgeltlichkeit**, sondern auch solche Gegenleistungen, die als »**Leistungsauflagen**« zu erfassen sind (s. auch die Wertung von § 7 Abs. 4 ErbStG). Hierunter fallen auch die **Versorgungszusagen**. Sie mutieren sodann als **teilunentgeltliche** Übertragungen zu Anwendungsfällen der **gemischten Schenkung**.

Lösung:
Vorbemerkung:
T wendet die Hauptoption (»5/15«-Option) an; Voraussetzungen liegen vor.

Zu a) Abstandszahlung an U

aa) Lösung nach altem Recht
Die gemischte Schenkung wird nach der in Kap. 1.2 bereits besprochenen Formel berechnet:

$$\frac{\text{Steuerwert (Schenkerleistung)} \times \text{Verkehrswert der Beschenktenbereicherung}}{\text{Verkehrswert Schenkerleistung}}$$

In Zahlen:

5 Mio. € x 6 Mio. € (10 ./. 4) : 10 Mio. €	3.000.000 €
./. Abschlag (§ 13a Abs. 1 ErbStG, § 13b Abs. 4: 85 %)	./. 2.550.000 €
= Zwischensumme	450.000 €
(kein Entlastungsbetrag gem. § 13a Abs. 2 ErbStG)	
./. persönlicher Freibetrag (§ 16 Abs. 1 Nr. 2 ErbStG)	./. 400.000 €
= **steuerpflichtiger Erwerb der T**	**50.000 €**

Bei StKl. I (7 %) sind **3.500 € Schenkungsteuer** zu zahlen.

ab) Lösung (nach R 7.4 ErbStR 2011 und H 7.4 ErbStH)[229]

5 Mio. € ./. 4 Mio. €	1.000.000 €
./. Abschlag (§ 13a Abs. 1 ErbStG, § 13b Abs. 4: 85 %)	./. 850.000 €
= Zwischensumme	150.000 €
(kein Entlastungsbetrag gem. § 13a Abs. 2 ErbStG)	
./. persönlicher Freibetrag (§ 16 Abs. 1 Nr. 2 ErbStG)	./. 400.000 €
= **steuerpflichtiger Erwerb der T**	**0 €**

---

[228] Hierzu ausführlich *Preißer*, Band 1, Teil B, Kap. II.
[229] Zur genauen Erläuterung s. Kap. 1.2.4.

Insbesondere an diesem Rechenbeispiel wird deutlich, dass eine mögliche Abkehr der Fin-Verw von der in H 17 ErbStH a.F. aufgeführten Formel zugunsten der Saldotheorie für den Beschenkten günstig sein kann, sofern ein Anwendungsfall der gemischten Schenkung voliegt.

Zu b) Gleichstellungsgeld an S

ba) Lösung nach altem Recht
Es liegt eine Auflagenschenkung gegen Leistungsauflage vor, für die die gleichen Grundsätze wie bei einer gemischten Schenkung gelten. Die Steuer für T beträgt ebenfalls 3.500 €.

bb) Lösung (nach R 7.4 ErbStR und H 7.4 ErbStH)
Für den Fall, dass auch bei der Schenkung gegen Leistungsauflage die Saldotheorie Anwendung fände, betrüge die zu zahlende Steuer für T 0 € (vgl. Lösung zu a)).
Unabhängig von der steuerlichen Behandlung der Schenkung an T erhält S eine Zuwendung von U(!)[230], die i.H.d. Auflage (4 Mio. €) nach Abzug des persönlichen Freibetrags von 400 T€ (= stpfl. Wert: 3,6 Mio. €) mit 19 % zu versteuern ist.
Für Übertragungen gegen Gleichstellungsgeld hat der BFH im Urteil vom 23.10.2002 (BStBl II 2003, 162) entschieden, dass die gemischte Schenkung bereits mit Abschluss des Schenkungsvertrages gem. § 9 Abs. 1 Nr. 2 ErbStG als ausgeführt gilt. Zum gleichen Ergebnis gelangt der BFH auch bei ggf. später fällig werdendem Gleichstellungsgeld auch für die Forderungsschenkung.

Zu c) Jährliche Leibrente i.H.v. 240.000 € zu Gunsten U
Bei der Übertragung gegen ein Leibrentenversprechen liegt ebenfalls eine Schenkung unter Leistungsauflage vor.

ca) Lösung nach altem Recht
Für die Ermittlung der Bereicherung nach § 7 Abs. 1 Nr. 1 ErbStG ist die Aufteilungsformel anwendbar.

Die Bereicherung beläuft sich auf:

5 Mio. €/10 Mio. € x [10 Mio. € ./. (240.000 € x 9,730[231])]
= 5/10 x 7.664.800 €
= **3.832.400 €**

Nach Abzug des Abschlages nach den §§ 13a, 13b ErbStG (3.257.540 € = 85 %) sowie des persönlichen Freibetrages (400.000 €) beträgt der steuerpflichtige Erwerb 174.860 €, zu versteuern mit 11 %. T hat 19.235 € Schenkungsteuer zu zahlen.

cb) Lösung (nach R 7.4 ErbStR und H 7.4 ErbStH)
Die Bereicherung beliefe sich auf:

5 Mio. € ./. (240.000 € x 9,730) = 2.664.800 €

Nach Abzug des Abschlages nach den §§ 13a, 13b ErbStG (2.265.080 € = 85 %) sowie des persönlichen Freibetrages (400.000 €) beträgt der steuerpflichtige Erwerb 0 €, weshalb keine Schenkungsteuer zu entrichten wäre.

---

230 S. aber die Ausführungen in Kap. 3.1.2.
231 Vervielfältiger gem. Bekanntmachung des BMF zur Bewertung einer lebenslänglichen Nutzung oder Leistung. In Zukunft sind die jeweils aktuellen Vervielfältiger zu beachten.

Zu d) Nießbrauchsvorbehalt zu Gunsten des U

Nach Abzug des kapitalisierten Nießbrauchs (kein § 25 ErbStG a.F.; § 10 Abs. 6 S. 6 ErbStG n.F. steht nicht entgegen) ist die »Rechnung« in dieser Variante am günstigsten!

Zu e) Jährliche Leibrente i.H.v. 120.000 € zu Gunsten S

- Wiederum liegt bei der Versorgungsleibrente zu Gunsten des S eine Schenkung gegen Leistungsauflage vor. Zunächst ist der Kapitalwert der Versorgungsrente zu berechnen:

  120.000 € x 9,730 (s. aktuelles BMF-Schreiben zu den Vervielfältigern, BStBl I 2011, 843) = 1.167.600 €

- Die Ermittlung der Bereicherung der T erfolgt mit diesen Zahlen nach der mehrfach aufgezeigten Aufteilungsformel (**altes Recht**) bzw. unter Abzug der (kapitalisierten) Gegenleistung vom Steuerwert der Schenkerleistung (**neues Recht**).

- Zusätzlich hat der Empfänger der Leibrente (S) diese gem. § 23 ErbStG nach seiner Wahl einmalig vom Kapitalwert oder laufend nach der Jahressteuer (unter Berücksichtigung der Aufzehrmethode) zu versteuern. Der Jahreswert begrenzt sich dabei gem. § 16 BewG auf 1/18,6 des Steuerwerts des genutzten WG. Dies ergibt im konkreten Fall eine (theoretische) Deckelung von 5 Mio. €/18,6 Mio. € = 268.817 €. Es verbleibt beim Ansatz von 120.000 € Jahreswert.

- Die weiteren Steuerfolgen richten sich nach der Ausübung des Wahlrechts.

Zu f) Übernahme der Privatschuld von U

Die Schuldübernahme anlässlich der vorweggenommenen Erbfolge entspricht in den Rechtsfolgen der gemischten Schenkung (Lösung wie zu a).

3.1.2 Auslegungsfragen der vorweggenommenen Erbfolgen zu § 7 Abs. 1 Nr. 2 ErbStG

Von den Finanzgerichten wird die vorweggenommene Erbfolge seit kurzem in Zusammenhang mit § 7 Abs. 1 Nr. 2 ErbStG, der Schenkung unter Auflage, »entdeckt«. Nach dieser Vorschrift wird die Vollziehung einer vom Schenker angeordneten Auflage besteuert und betrifft somit die Besteuerung des **Zweiterwerbs**. Darunter fallen folglich Leistungen, die Dritte von dem Auflagen-Belasteten erhalten. Der BFH hat 1993 zum Verständnis der Norm Stellung genommen: Es wird der Zweiterwerber nach seinen persönlichen Merkmalen zum Ursprungsschenker (und nicht zum Ersterwerber) besteuert. § 7 Abs. 1 Nr. 2 ErbStG kommt dagegen nicht zur Anwendung, wenn der Zweiterwerber einen Rechtsanspruch gegen den Ersterwerber hat.[232]

Wird nun in einem Generationennachfolgevertrag dem Übernehmer die Zahlung von Gleichstellungsgeldern auferlegt, so stellt sich aufgrund der Erkenntnisse des BFH zu § 7 Abs. 1 Nr. 2 ErbStG die Frage, ob damit ein eigenes Forderungsrecht der Geschwister begründet wird. Sollte dies im Einzelfall zutreffen, so entfällt eine Besteuerung nach § 7 Abs. 1 Nr. 2 ErbStG im Verhältnis zum Ersterwerber.

Einen illustrativen Fall zu **wechselseitigen Gleichstellungsgeldern** hatte das FG BaWü im Jahre 2000[233] (und ihm jetzt folgend der BFH im Urteil vom 23.10.2002, BStBl II 2003,

---

232 BFH vom 17.02.1993 (BStBl II 1993, 523).
233 Urteil des FG BaWü vom 18.07.2000 (ZEV 2001, 65).

162) zu entscheiden, in dem zwei wertgleiche Grundstücke an je einen Empfänger unter der Auflage übertragen wurden, an den jeweils anderen ein Gleichstellungsgeld i.H.d. hälftigen Grundstückswertes zu bezahlen In den Entscheidungsgründen führen beide Gerichte zu Recht aus, dass eine Schenkungsteuerpflicht bei den erhaltenen Gleichstellungsgeldern jedenfalls dann vorliegt, wenn die beiden Übertragungsverträge nicht rechtlich miteinander verknüpft sind. Ansonsten ließe sich auf diese Weise ein Steuersparmodell begründen.

3.1.3 Das Privileg des § 13a Abs. 1 Nr. 2 ErbStG a.F. (inklusive Bewertungsabschlag) – Kurzfassung des historischen Streits

Bei freigebigen Zuwendungen von Produktivvermögen an sonstige Personen, die nicht der StKl. I angehören, genügte der Verwaltung eine **schriftliche Erklärung** des Übergebers, wer und in welcher Höhe der Freibetrag und der Bewertungsabschlag nach § 13a Abs. 2 ErbStG[234] in Anspruch genommen werden konnten.

Mit der Neufassung des § 13a Abs. 1 Nr. 2 ErbStG waren die Fragen zum persönlichen Anwendungsbereich entsprechend der bislang h.M. geklärt. Zunächst besteht eine personenbezogene Einschränkung. Der **Übergeber** kann über den Freibetrag bei einer Zuwendung nur insgesamt verfügen. Der Freibetrag kann auch anlässlich der konkreten vorweggenommenen Erbfolge (Schenkung) nur **einmal** – und nicht für jeden Übernehmer – in voller Höhe ausgenutzt werden. Liegt der Wert des übergebenen Vermögens unterhalb der Freibetragsgrenze, so kann der Betrag auch nur in dieser (geringeren) Höhe ausgenutzt werden. Der Rest verfällt, die Inanspruchnahme kann nicht rückgängig gemacht werden.[235]

Mit Beschluss vom 20.06.2007 (BStBl II 2007, 649) hat der BFH die Streitfrage geklärt, dass bzgl. des nach § 13a Abs. 4 Nr. 1 und 2 ErbStG begünstigten Vermögens (L+F/Betriebsvermögen) auf beiden Seiten (Schenker/Erblasser wie Übernehmer) die speziellen Vorausetzungen der Norm erfüllt sein müssen. Nur so (durch die erhaltene Sozialbindung) sei die Ratio der Norm (Kontinuität) gewährleistet.

3.2 Vorwegübertragung auf Gesellschaften

Anstelle der Zuwendung einzelner Gegenstände an einzelne Personen, so wie es für die testamentarische Anordnung üblich ist, können im Vorfeld der Generationennachfolge auch **Gesellschaften** zwischen Übergeber und Übernehmer gebildet werden. Auf diese Weise lässt sich erstens ein fließender Übergang bewerkstelligen (der Übergeber ist als G'fter weiterhin entscheidungs- und kontrollbefugt). Zweitens bieten sich solche »Parkgesellschaften«[236] auch an, um bei einer noch nicht endgültig feststehenden Vermögenszuordnung einen gesellschaftsrechtlichen »Testlauf« vorzuschalten. Als Parkgesellschaften bieten sich PersG, wegen ihrer Dispositionsfreiheit insb. die GbR und die GmbH & Co. KG, an. Welcher von beiden der Vorzug zu geben ist, hängt naturgegeben vom Haftungsrisiko der eingebrachten Vermögensgegenstände ab.

---

234 R 58 Abs. 1 ErbStR a.F.
235 Vgl. R 58 ErbStR a.F.
236 Dies ist ein untechnischer Ausdruck. Die gleichzeitig gebrauchte Bezeichnung »Vorweggenommene Erbengemeinschaft« (vgl. *Hörger/Stephan*, Vermögensnachfolge, Rz. 750 ff.) ist deshalb unglücklich gewählt, weil der Übergeber (Erblasser) nie Partner einer Erbengemeinschaft sein kann.

Ein anderes Ziel, nämlich ein reines Erbschaftsteuersparmotiv, wird mit der Gründung von »vorgeschalteten« GmbH verfolgt, wenn die WG des Übergebers auf diese von ihm neu gegründete KapG übertragen werden. Im Nachlass des Übergebers (Erblassers) befinden sich sodann nicht die WG (bzw. WG-Einheiten wie ein Unternehmen), sondern die GmbH-Geschäftsanteile.

Umgekehrt ist der Sachverhalt zu beurteilen, wenn die potenziellen Erben eine »Erb-GmbH« gründen und der Übergeber (Erblasser) die GmbH als Erbin einsetzt.

3.2.1 Übertragung auf Parkgesellschaften (Personengesellschaften)

Als erste Variante wird die Übertragung auf eine Parkgesellschaft untersucht.

Beispiel 11: Die Zinshaus-GbR
Der Freiberufler Reich R ist Eigentümer eines sog. Zinshauses (Miethaus mit einem Ertrag-Steuerwert von 10 Mio. €). Im Rahmen der Vermögensnachfolge bringt er das Zinshaus in eine aus R und S (Sohn) zu gleichen Teilen gehaltene BGB-Gesellschaft ein, damit der einzige Sohn an die Vermögensverwaltung »herangeführt« wird.
1. Frage: Wie sind die schenkungsteuerlichen Folgen bei der Gründung der GbR für S?
2. Frage: Wie ist das weitere schenkungsteuerliche Schicksal der 50 %-Beteiligung des S (bei Veräußerung, Ausscheiden, Liquidation)?

Lösung:
1. Frage: Die **Gründung** der GbR mit der gleichzeitigen Übertragung des Mietobjektes auf die GbR führt zu zwei Kernfragen des Gesellschafts- und des Erbschaftsteuerrechts:
- Wer ist Rechtssubjekt (Rechtsträger) beim Erwerb durch eine GbR?
- Wer ist Steuerrechtssubjekt bei diesem Erwerb (unmittelbarer StPfl.)?

Diese nur bei einem gesicherten (derzeit noch nicht geleistetem) Modell der Gesamthand eindeutig zu klärende Frage kann hier nur pragmatisch beantwortet werden.
Trotz der im Zivilrecht zwischenzeitlich herrschenden Auffassung von der rechtlichen Selbständigkeit der **GbR**[237] ist die steuerliche Rechtssubjektivität der GbR (und allgemein der PersG) oder ihrer G'fter nur aufgrund der jeweiligen Einzelsteuergesetze[238] zu beantworten. Für das ErbStG liegt ein Wandel in der Rspr. des 2. BFH-Senats vor. Noch 1988 hat der BFH die Gesamthandsgemeinschaft als Empfänger eines steuerpflichtigen Erwerbs angesehen.[239] Mit der Entscheidung vom 14.09.1994 distanziert sich der BFH von dieser Auffassung und betrachtet die G'fter (die **Gesamthänder**) als **Steuerschuldner** nach dem ErbStG.[240] Mit der Übertragung des Mietobjektes auf die GbR verliert R sein Alleineigentum und erhält 50 % Gesamthandseigentum (an der GbR); er ist um 50 % entreichert. Im Gegenzug ist S um 50 % Gesamthandseigentum (an der GbR) bereichert. Nachdem **§ 10 Abs. 1 S. 4 ErbStG** n.F.[241] beim

---

237 Vgl. zuletzt den BGH zur BGB-Gesellschaft vom 29.01.2001 (BGHZ 146, 341). S. aber zur fehlenden Grundbuchfähigkeit der GbR BayObLG vom 31.10.2002 (NJW 2003, 70).
238 Zur Grunderwerbsteuer vgl. § 5 Abs. 2 GrEStG (eigentlich 50 %) i.V.m. § 3 Nr. 6 GrEStG (letztlich Befreiung).
239 BFH vom 07.12.1988 (BStBl II 1989, 237) mit der Folge der StKl. III (damals IV).
240 BFH vom 14.09.1994 (BStBl II 1995, 81).
241 In der Neufassung des § 10 Abs. 1 S. 4 ErbStG wird die Verpflichtung des Beschenkten, gesellschaftsintern die anteiligen Schulden der Gesellschaft gegen sich gelten lassen, als Gegenleistung des Beschenkten behandelt. Die Ergänzung stellt klar, dass die Grundsätze der gemischten Schenkung anzuwenden sind.

Beteiligungserwerb an einer (wie hier) **vermögensverwaltenden PersG**[242] vom Direkterwerb der WG ausgeht, erhält S eine freigebige Zuwendung von seinem Vater i.H.v. 5 Mio. € (§ 7 Abs. 1 Nr. 1, § 10 Abs. 1 S. 4 ErbStG). Als Vorteil der aktuellen BFH-Auffassung versteuert S den Erwerb nach StKl. I, während nach dem alten Verständnis der Rspr. StKl. III (Erwerber wäre danach die GbR gewesen) anzuwenden war.

2. Frage (Anschlussfragen):
- Bei einer **Übertragung** der Beteiligung (Beispiel: Vater R tritt einen Monat nach Gründung seine Beteiligung an S ab) tritt dann ein schenkungsteuerliches Problem auf, wenn der Übergang der Gesellschafterstellung **teilentgeltlich** erfolgt (Beispiel: V bekommt für die Übertragung 5 Mio. €[243] bzw. S übernimmt etwaige Hypothekenschulden).[244] Während der BFH die sich anbietenden Grundsätze einer **gemischten Schenkung** (aufgrund eines anderen gesellschaftsrechtlichen Vorverständnisses) bislang für nicht anwendbar hielt, ist mit dem (seit 1996 geltenden) § 10 Abs. 1 S. 4 ErbStG der Weg frei für die Anwendung der gemischten Schenkung.[245]
- Bei der **Liquidation** der GbR ergeben sich dann keine schenkungsteuerlichen Folgen, wenn der Liquidationsgesellschafter den Anteil erhält, der ihm quotal nach dem Gesellschaftsvertrag zusteht.
- Beim **Ausscheiden** aus der GbR ist – auch bei einer zweigliedrigen Gesellschaft – § 7 Abs. 7 ErbStG[246] anwendbar.

Unter einkommensteuerlichen Aspekten sind **zwei** Park-PersG zu gründen, wenn sich im Nachlass BV (→ GmbH & Co. KG) und Privatvermögen (→ GbR[247]) befindet, um der Gefahr der Abfärbens (§ 15 Abs. 3 Nr. 1 EStG) vorzubeugen.

3.2.2 Übertragung auf eine »Familien-GmbH« unter Lebenden und/oder auf eine »Erb-GmbH« von Todes wegen

Bei der Einbringung der Vermögensgegenstände des Übergebers in eine **KapG** sind folgende **drei Varianten** zu unterscheiden:

1. Einbringung des Vermögens (oder von Teilvermögen) zu Lebzeiten in eine eigens zu diesem Zweck gegründete GmbH;
2. dito (1.), aber mit späterer Beteiligung der Angehörigen zu Lebzeiten (»Familien-GmbH«) und
3. zunächst Gründung einer »Erb-GmbH« durch die Angehörigen; die »Erb-GmbH« wird sodann als Erbin eingesetzt.

---

242 Die Fiktion des § 10 Abs. 1 S. 4 ErbStG n.F. bricht mit dem zivilrechtlichen Verständnis (vgl. § 719 BGB), ist aber wegen § 39 Abs. 2 Nr. 2 steuerrechtlich legitimiert. Ansonsten (bei gewerblichen PersG, sog. Mitunternehmerschaften) erfolgt die Bewertung nach § 12 Abs. 5 ErbStG mit dem bilanzierten BV.
243 Der Verkehrswert ist höher als der Steuerwert (10 Mio. €).
244 Bei voller Entgeltlichkeit kein ErbStG-Thema; Bei voller Unentgeltlichkeit liegt eine Bereicherung des S nach § 7 Abs. 1 Nr. 1 ErbStG i.H.d. hälftigen Steuerwerts des Objekts vor.
245 R 10.4 ErbStR.
246 Die Neufassung enthält eine Klarstellung, dass ggf. auch bei der Übertragung der Anteile des Erben auf eine PersG oder eine GmbH eine Schenkung vorliegt und die Sätze 1 und 2 hierbei sinngemäß anzuwenden sind.
247 Seit 01.07.1998 kann auch eine OHG oder eine KG für Zwecke der Vermögensverwaltung gegründet werden (§ 105 Abs. 2 HGB n.F).

Zur 1. und 2. Variante: Für die konkrete Entscheidung des Übergebers sind ertragsteuerliche Auswirkungen vorweg zu berücksichtigen. Die Gründung einer Ein-Mann-GmbH des Übergebers zu Lebzeiten bereitet in ertragsteuerlicher Hinsicht wegen der Möglichkeit der steuerneutralen Einbringung nach § 20 UmwStG (bei vorhandenen betrieblichen Steuereinheiten wie Betrieben etc.) bzw. der denkbaren Sachgründung einer GmbH (mit WG des Privatvermögens) grundsätzlich[248] keine Probleme (1. Variante).

Die Aufnahme weiterer Familienmitglieder in den Kreis der GmbH-G'fter (2. Variante, sog. »Familien-GmbH«[249]) kann nur durch Übertragung von GmbH-Geschäftsanteilen stattfinden.[250] Soll dies unentgeltlich erfolgen, so werden die Anteile des Übergebers nach dem vereinfachten Ertragswertverfahren bewertet und lösen – je nach Freibetrag – eine Schenkungsteuerpflicht nach § 7 Abs. 1 Nr. 1 ErbStG aus. Wegen der §§ 13a, 13b ErbStG (privilegierte wesentliche Beteiligung bei > 25 % Beteiligung) wird im Vorfeld diese Variante dann erschwert, wenn mehr als drei gleichberechtigte Übernehmer zu bedenken sind und die **Aufsplittung** der Anteile **vorher** erfolgte (Wegfall des § 13a-Privilegs).[251]

Wiederum anders sieht es aus, wenn bereits zu Lebzeiten des Übergebers eine ertragsteuerliche Beteiligung an der GmbH **ohne** bzw. mit **geringer** Schenkungsteuer der Angehörigen möglich ist. Hier ist an indirekte Beteiligungen wie z.B. eine stille Beteiligung, eine Unterbeteiligung oder ein partiarisches Darlehen zu denken, wobei die sich anschließende Übertragung der direkten Beteiligung im Erbwege erfolgt. Bei einer geschenkten stillen Beteiligung[252] ist der Wert der Kapitalforderung (§ 12 BewG) zu ermitteln. Da sich dieser nur aus dem Durchschnittsertrag der Gesellschaft ableitet[253], ist der Weg einer geschenkten Innenbeteiligung gegenüber der schenkweisen Einräumung der Gesellschafterstellung jedenfalls dann vorzuziehen, wenn ein großer Substanzwert bei der GmbH vorhanden ist.

Sowohl die 1. als auch die 2. Variante ist aber dann nur sinnvoll, wenn die spätere GmbH-Anteilsvererbung günstiger ist als der Direkterwerb der WG von Todes wegen. Hierbei muss verstärkt auf die (Übertragungs-)Anreize beim vereinfachten Ertragswertverfahren eingegangen werden. Hierzu zählen folgende Möglichkeiten:

- recht-(d.h. vor-)zeitige[254] Reduzierung der Vermögenswerte durch Sonderabschreibungen und erhöhte Absetzungen;
- Übertragung der § 6b EStG-Rücklage und RfE (R 6.6 EStR 2005) auf Betriebsgebäude.[255]

---

248 Anders, falls betriebliche Einzel-WG (mit hohen stillen Reserven) eingelegt werden sollen; hier kommt eine Ein-Mann-GmbH nicht in Betracht; es sei denn, man arbeitet mit zwei unterschiedlichen Bilanzen (HB und StB) und ignoriert dabei die Maßgeblichkeit.
249 Anders als die »Familien-KG« (oder allgemeiner die FamilienPersG) ist die Familien-GmbH kein »stehender Ausdruck« der BFH-Rspr. Aus gesellschaftsrechtlicher Sicht sind die folgenden Instrumente zu nennen:
- satzungsmäßige Beschränkung der Anteilsveräußerung nach § 15 Abs. 5 GmbHG (sog. Vinkulierung),
- Stimmrechtsbindungsverträge (sog. Konsortialverträge) sowie die Ausgabe stimmrechtsloser GmbH-Geschäftsanteile zur Sicherung des Familieneinflusses,
- einschränkende gesellschaftsrechtliche Nachfolgeregelungen (vgl. *Priester*, GmbH-RdSch 1981, 206).
250 Auf eine Kapitalerhöhung gegen Einlageleistung der Familienmitglieder ist hier nicht einzugehen.
251 Unproblematisch ist der Fall, dass der Übergeber (Erblasser) eine wesentliche Beteiligung bei der gleichzeitigen Übertragung an mehrere Übernehmer aufsplittet und diese sodann – jeder für sich – über < 25 % verfügen. Es kommt auf die Beurteilung beim Erblasser an (s. nur *Meincke*, ErbStG-Kommentar, § 13a Rz. 20).
252 Nur diese ist ausdrücklich in R 12.4 ErbStH geregelt. Für die anderen Innengesellschaften gilt das Gleiche.
253 S. H 12.4 ErbStH mit der ansonsten identischen Wertermittlung wie beim Stuttgarter Verfahren.
254 Ansonsten (im Drei-Jahres-Zeitraum für die Beurteilung des Ertragshundertsatzes) werden diese Abschreibungen wieder hinzugerechnet.
255 Da für diese nicht die Bilanzwerte maßgeblich sind, erfolgt hier keine Zurechnung der Rücklagen.

Wegen des Verlustes des § 13a-Privilegs wurde schon erkannt, dass bei einem größeren Erbenkreis – und einer vorherigen Beteiligung zu Lebzeiten – die GmbH-Lösung viel an ihrer Attraktivität verliert. Der Weg in die Familien-GmbH ist jedenfalls dann ratsam, wenn in den Jahren vor dem Erbfall mit einem starken Ertrags- und Substanzzuwachs zu rechnen ist.

Bei der **3. Variante** (Einsetzung der GmbH als Erbin) besteht der große Vorteil in der alleinigen Steuerschuldnerschaft der GmbH. Diese Gestaltung ist allerdings nur dann empfehlenswert, wenn die GmbH über eine entsprechende Substanz oder eine gute Ertragslage verfügt, um mit der Erbschaftsteuer die operativen Ergebnisse zu kompensieren.

Der Nachteil liegt aber in dem Liquiditätsabfluss zumindest bei hohem Vermögen, da für die Erwerbe einer GmbH immer die StKl. III angewendet wird.[256] Andererseits bietet sich die Erb-GmbH an für die Übernahme von (Teil-)Betrieben des Erblassers mit einem niedrigen Wert am Bewertungsstichtag bei vorhandenem Entwicklungspotential. Da die Erb-GmbH aber eine Unternehmensträgerin mit neuen Anteilseignern ist, kann der Erblasser bei dieser Variante seinen (unternehmerischen) Willen nicht mehr postmortal wirken lassen. Demgegenüber ist das probate Institut für die postmortale Geltung des Erblasserwillens die Stiftung.

4 Übertragung auf Stiftung und Trust

Die Perpetuierung des Erblasserwillens lässt sich institutionell gesichert[257] nur durch die Übertragung des geschlossenen Vermögens auf eine Stiftung erreichen, da es sich hierbei um eine verselbständigte Vermögensmasse **ohne** (neue) Eigentümer handelt. Träger einer rechtsfähigen Stiftung ist die Organisation der Stiftung selbst (mit ausschließlicher Haftung derselben); sie ist eine juristische Person ohne G'fter (ohne Eigentümer). Für Übertragungszwecke scheiden die öffentlich-rechtlichen Stiftungen und die nicht-rechtsfähigen Stiftungen[258] aus. Rein begrifflich kommen für die nachfolgenden Ausführungen die **Familienstiftung**, die **gemeinnützige Stiftung** sowie die **Unternehmensstiftung**, z.T. auch kombiniert, in Betracht. Im Besonderen interessiert dabei die unternehmensverbundene Familienstiftung. Immer häufiger werden Stiftungen im Ausland errichtet und nicht selten bedienen sich Steuerbürger zur Nachfolgeregelung einer ausländischen Rechtsfigur, dem aus dem anglo-amerikanischen Rechtskreis stammenden Trust(ee).

4.1 Die Übertragung auf eine inländische Stiftung

Den Leser macht das nachfolgende Beispiel mit dem Wesen der Stiftung vertraut.

Beispiel 12: Der Erblasser und die Stiftung
Der ledige Mode-Zar M hat auf unternehmerischem und künstlerischem Gebiet alles erreicht, nur keine Nachkommen gezeugt. Sein Firmenimperium (Steuerwert: 15 Mio. €) soll nicht sang-

---

256 Dies gilt auch bei Produktivvermögen i.S.d. § 13a ErbStG; vgl. R 76 Abs. 2 S. 2 ErbStR (Erwerb einer »nichtnatürlichen Person«).
257 In subjektiver Hinsicht kann der Erblasserwille durch die Einsetzung eines Testamentsvollstreckers »gesichert« werden.
258 Bei Errichtung einer nicht-rechtsfähigen Stiftung ist auf § 8 ErbStG (Zweckzuwendung) zu achten.

und klanglos untergehen. Geplant ist eine inländische Stiftung (mit exakt definiertem Zweck), deren Erträge – wenn möglich – je zur Hälfte N1 und N2, seinen beiden Neffen, sowie zur anderen Hälfte den Freunden F1–F10 zukommen. Im Falle des Todes der Destinatäre sollten die jeweiligen Abkömmlinge berechtigt sein.

Worauf ist zu achten? Hilfsweise soll auf die Errichtung einer gemeinnützigen Stiftung eingegangen werden.

Im steuerlichen Stiftungsrecht sind drei Stadien getrennt zu behandeln:
1. Die Stiftungserrichtung.
2. Die Zuwendung an eine bestehende Stiftung.
3. Die Auflösung der Stiftung.

Von den betroffenen Steuerarten her ist die Stiftung nur im ErbStG ausführlich geregelt, während für die anderen Steuern die allgemeinen Grundsätze gelten. Hierauf wird nur im Anhang eingegangen. Vom tatsächlichen Steuerablauf her zwängt sich – als erbschaftsteuerliches Spezifikum – die sog. **Erbersatzsteuer** nach § 1 Abs. 1 Nr. 4 ErbStG dazwischen. Dabei handelt es sich um eine periodisch laufende Besteuerung der (Familien-)Stiftung mit einer Erbschaftsteuer »sui generis«, die vom theoretischen Ansatz her ein Widerspruch in sich zu sein scheint.

4.1.1 Die Errichtung der Stiftung

Das ErbStG besteuert die Erstausstattung einer Stiftung nach § 3 Abs. 2 Nr. 1 ErbStG oder nach § 7 Abs. 1 Nr. 8 ErbStG. Wie bei den anderen vergleichbaren Übertragungen auch, kann der Entstehungsgrund für eine Stiftung auf einer testamentarischen Verfügung[259] (§ 1 Abs. 1 Nr. 1 i.V.m. § 3 Abs. 1 Nr. 1 ErbStG) oder auf einer Schenkung unter Lebenden (§ 1 Abs. 1 Nr. 2 i.V.m. § 7 Abs. 1 Nr. 8 ErbStG) beruhen.

In dem Stiftungsgeschäft (Testament oder schriftliche Schenkung) befinden sich die Anordnungen über die Organe (zwingend: Stiftungsvorstand; fakultativ: Beirat/Kuratorium), das Stiftungsvermögen sowie – in der Anlage – die Stiftungsverfassung (Satzung). Ein erstes Problem in der Praxis tritt wegen § 80 BGB auf, wonach die Stiftung erst mit staatlicher Anerkennung (früher: Genehmigung) entsteht und diese sich schwierig und zeitaufwendig gestalten kann.[260] Dazu hat jedoch der BFH entschieden[261], dass – im Hinblick auf §§ 11, 9 Abs. 1 Nr. 1 Buchst. c ErbStG – bei einer Stiftung v.T.w. der zwischen dem Todestag des Erblassers und der Erteilung der staatlichen Anerkennung erzielte Vermögenszuwachs auch der Erbschaftsteuer unterliegt. Mit der Anerkennung einer **unternehmerisch** tätigen

---

259 In Betracht kommen hierbei die Direktanordnung (s. BFH vom 25.10.1995, BStBl II 1996, 99) sowie die Auflage für den Erben etc., eine Stiftung zu errichten.
260 Eine anschauliche Darstellung über die unterschiedliche Genehmigungspraxis der einzelnen **Bundesländer** findet sich bei *Hennerkes/Schiffer/Fuchs* in BB 1995, 209. Mit dem ModernisierungsG des Stiftungsrechts vom 15.07.2002 (BGBl II 2002, 2634) gilt seit 01.09.2002 formal ein neues StiftungsR, das aber im Wesentlichen nur neue Begriffe (staatliche Anerkennung statt Genehmigung) gebracht hat. Wichtige Neuerungen sind aber die bereits 2001 eingeführten erhöhten Freibeträge für öffentlich-rechtliche und für befreite Stiftungen. Zum erhöhten Spendenabzug gem. § 10b Abs. 1a EStG vgl. *Preißer*, Band 1, Teil A, Kap. V 1.3.11.
261 BFH vom 25.10.1995 (BStBl II 1996, 99). Hauptargument: Die zivilrechtliche Rückwirkungsfiktion der Genehmigung nach § 84 BGB wurde nicht in das Steuerrecht übernommen.

Stiftung liegt ein kaufmännisches Unternehmen nach § 1 HGB vor, das buchführungs- und publizitätspflichtig ist.

Lösung: Unterstellt, dass der Steuerwert im Zeitpunkt des Todes von M sowie im Zeitpunkt der Anerkennung mit dem derzeitigen steuerlichen Wert identisch ist, beträgt die Bereicherung 15 Mio. € (Reinerwerb der Stiftung). Nachdem hier keine Befreiungen ersichtlich sind, stellt sich die Frage nach dem Steuersatz und der Steuerschuldnerschaft. Nach § 20 Abs. 1 S. 1 ErbStG ist die Stiftung bei einer Errichtung von Todes wegen alleinige Steuerschuldnerin, bei einer Errichtung unter Lebenden bekanntlich auch der Schenker.
Bei der StKl. ist danach zu differenzieren, ob eine **Familienstiftung** oder eine andere Stiftung vorliegt. Bei einer Familienstiftung gilt § 15 Abs. 2 ErbStG, wonach sich die StKl. bei Familienstiftungen nach dem »entferntest Berechtigten« richtet. Das Vorliegen einer Familienstiftung, die zugleich die Ersatzerbschaftsteuer nach § 1 Abs. 1 Nr. 4 ErbStG auslöst, richtet sich danach, ob die Stiftung »wesentlich im Interesse einer Familie oder bestimmter Familien« errichtet wurde. Nach Rspr. und Verwaltung ist dies abstrakt dann der Fall, wenn die Stiftung es der Familie ermöglicht, das Vermögen zu nutzen und die Erträge an sich zu ziehen.[262] Ein konkretes, auch von der Finanzverwaltung anerkanntes[263] Kriterium liefert allein § 15 Abs. 2 AStG, wonach eine Familienstiftung dann vorliegt, wenn sich der Kreis der Anfalls- und Bezugsberechtigten zu **mehr als der Hälfte** aus Angehörigen und deren Abkömmlingen zusammensetzt. Sollten die Familienmitglieder nur zu mehr als 25 % und weniger als 50 % bezugsberechtigt sein, kann ausnahmsweise auch ein »wesentliches Familieninteresse« eine Familienstiftung begründen.[264] Bei dem quantitativen Aufgriffsmerkmal der mehrheitlichen (bzw. »wesentlichen«) Beteiligung erfolgt eine ausschließliche Orientierung an den Ausschüttungen. Auf diese Weise sollen Satzungsgestaltungen unterbunden werden, die das (Nicht-) Vorliegen einer Familienstiftung über den Ausschüttungsquotienten steuern.[265] Im vorliegenden Fall der M-Stiftung (paritätische Beteiligung) liegt bei einer adäquaten Bezugsberechtigung von Angehörigen und Nicht-Angehörigen eine Familienstiftung nur dann vor, wenn N1 und N2 über die Satzung (bzw. über den Vorstand) eine Mitverantwortung im Bereich der Geschäftsführung eingeräumt wird. Die Erstreckung auf die jeweiligen Abkömmlinge (der Neffen) ist bei der Ermittlung der »entferntest Bezugsberechtigten« problematisch, da unter die StKl. II nach § 15 Abs. 1 Nr. 3 ErbStG nur »die Abkömmlinge ersten Grades von Geschwistern« subsumiert werden. M ist daher zu raten, auf diese Verlängerung der »Blutsbande« bei N1/N2 zu verzichten, da ansonsten nicht die StKl. II gewährt wird, sondern lediglich StKl. III. Die Festlegung auf StKl. II soll nach Verwaltungsauffassung auch für die Freibeträge nach § 16 ErbStG bindend sein.[266]

Fazit: Wenn das Unternehmensziel fortgeführt werden soll, kann eine M-Familienstiftung mit N1/N2 bei 50 %iger Bezugsberechtigung gegründet werden, wobei die Erstreckung des Destinatärkreises auf deren Abkömmlinge unterbleiben sollte. Bei unterstellten gleichbleibenden Steuerwerten spielt es steuerlich keine Rolle, ob eine Stiftung zu Lebzeiten oder von Todes wegen

---

262 Im Fall des BFH vom 10.12.1997 (BStBl II 1998, 114) ging es allerdings um eine Familienstiftung mit Privatvermögen (Kunstbesitz), wo der BFH – bei der Überprüfung der 30-Jahressteuer – nicht nur auf Bezugsrechte und dgl. abstellte, sondern auch auf die Nutzungsmöglichkeit zu eigenen Wohnzwecken.
263 R 1.2 Abs. 2 S. 1 ErbStR.
264 R 1.2 Abs. 2 S. 2 ErbStR.
265 M.a.W. bleibt eine Stiftung aus reinen Familienmitgliedern auch dann eine Familienstiftung, wenn 50 % und mehr des Stiftungsertrages thesauriert werden. Eine Familienstiftung kann aber z.B. umgangen werden, wenn der Kreis der Destinatäre unbestimmt ist oder in das Ermessen des Stiftungsvorstandes gestellt wird.
266 R 73 Abs. 2 ErbStR a.F. mit Rückverweisung auf Abs. 1.

errichtet wird. Bei einer prognostizierten (Unternehmens-)Wertsteigerung ist eine sofortige Errichtung zu empfehlen. Vom Steuerwert ist bei reinem BV der Abschlag nach den §§ 13a Abs. 1 und 13b Abs. 4 ErbStG vorzunehmen: 12.750.000 € (85 % von 15.000.000 €); ein weiterer Entlastungsabzug kommt nicht in Betracht, sodass sich die Bereicherung auf 2.250.000 € beläuft. Nach Abzug von 20.000 € (§ 16 ErbStG) beträgt der steuerpflichtige Erwerb 2.230.000 €. Bei einem Steuersatz von 30 % (vgl. § 19 Abs. 1 ErbStG) hat die Stiftung – oder im Falle der Schenkung auch M – 669.000 € Erbschaftsteuer zu zahlen.

Ändert hingegen M seine Zielsetzung und will er sodann eine **gemeinnützige** Stiftung[267] errichten, gestaltet sich die Errichtung der Stiftung nach § 13 Abs. 1 Nr. 16 Buchst. b ErbStG – Steuerbefreiungen wegen Stiftungszuwendungen[268] – erbschaft- bzw. schenkungsteuerfrei.[269] Die Mindestvoraussetzungen für eine gemeinnützige Stiftung, die sich an §§ 51 ff. AO orientieren, sind dabei:
- Förderung der Allgemeinheit (kein eingeschränkter Personenkreis),
- Selbstlosigkeit, d.h. uneigennützige Gewinnverwendung nur für satzungsmäßige Zwecke,
- Trennung des Gemeinnützigkeitsbereiches von etwaigem wirtschaftlichen Geschäftsbetrieb,
- Verfolgung ausschließlich satzungsmäßiger Ziele,
- Grundsatz der Unmittelbarkeit gem. § 57 AO sowie der Satzungsgrundsatz (§§ 60 f. AO),
- Beschränkung der »Ausschüttung« an **Familienmitglieder** auf ein **Drittel** (§ 58 Nr. 5 AO).

4.1.2 Die Stiftungszuwendung

Zuwendungen an bestehende Stiftungen (sog. Zustiftungen) können ebenfalls von Todes wegen (§ 1 Abs. 1 Nr. 1 ErbStG) oder durch Schenkungen (§ 1 Abs. 1 Nr. 2 ErbStG) erfolgen. Für beide Erwerbsvorgänge gelten die allgemeinen Regeln.

4.1.3 Die laufende Besteuerung der Stiftung, insbesondere die Ersatzerbschaftsteuer[270]

Nach Errichtung der Stiftung unterliegt diese wie jedes Steuersubjekt den Regeln der laufenden Besteuerung.[271] Einzig bei der Familienstiftung gibt es eine periodisch wiederkehrende Erbschaftsteuer, die sog. Ersatzerbschaftsteuer.

4.1.3.1 Die Ersatzerbschaftsteuer (§ 1 Abs. 1 Nr. 4 i.V.m. § 9 Abs. 1 Nr. 4 ErbStG)

Die vom BVerfG für verfassungskonform befundene[272], seit 01.01.1984 zur Anwendung gelangende Ersatzerbschaftsteuer besteuert im 30-Jahresrhythmus das Vermögen der Familienstiftung (§ 10 Abs. 1 S. 6 ErbStG). Damit soll – vergleichbar mit den Übergabezyklen bei der regulären Generationennachfolge – der Bestand im 30-Jahresabstand einer speziellen Substanzsteuer unterworfen werden. In concreto vollzieht sich die Besteuerung nach § 15 Abs. 2 S. 3 ErbStG.[273]

---

267 Die gleichen Rechtsfolgen treten bei einer kirchlichen oder mildtätigen Stiftung ein.
268 Zur Streitfrage der Steuerbefreiung bei Gründung ausländischer Stiftungen nach § 13 Abs. 1 Nr. 16 Buchst. c oder Nr. 17 ErbStG s. BFH vom 16.01.2002 (BStBl II 2002, 303).
269 Die einkommensteuerlichen Grundsätze der »Steuer-Entstrickung« gelten aber auch für die Errichtung einer gemeinnützigen Stiftung.
270 S. nur *Moench*, ErbStG-Kommntar, § 15 Rz. (hiergegen helfen nur satzungsmäßige Vorkehrungen, die die Zustiftung bereits vorher in der Satzung festlegen; s. *Kapp/Ebeling*, § 15 Rz. 63).
271 Für gemeinnützige Stiftungen bedeutet dies gem. § 5 Abs. 1 Nr. 9 KStG Steuerbefreiung.
272 BVerfG vom 08.03.1983 (BStBl II 1983, 779).
273 Der Gesetzgeber geht von der Fiktion eines sich nach 30 Jahren vollziehenden Generationenwechsels bei einer Familie mit zwei Kindern aus.

4.1.3.2 Die laufende Besteuerung der Stiftung – Grundzüge

Als juristische Personen unterliegen inländische privatnützige (d.h. nicht gemeinnützige) Stiftungen mit ihren Einkommen der unbeschränkten **Körperschaftsteuerpflicht** nach § 1 Abs. 1 Nr. 4 KStG und haben das steuerpflichtige Einkommen[274] ab 2008 unabhängig von seiner Verwendung einer KSt von 15 % zu unterwerfen (§ 23 Abs. 1 KStG). Bei der Ermittlung des Einkommens wird ein Freibetrag von 3.835 € nach § 24 KStG gewährt. Umgekehrt sind die Zuwendungen an die Destinatäre bei diesen gem. § 22 Nr. 1 S. 2 Buchst. a EStG zu 60 % (§ 3 Nr. 40 Buchst. j EStG – Teileinkünfteverfahren (TEV)) steuerpflichtig.

Unternehmensstiftungen mit einem Gewerbebetrieb unterliegen nach § 2 Abs. 1 GewStG der **Gewerbesteuer**, ggf. nach § 2 Abs. 3 GewStG, falls ein wirtschaftlicher Geschäftsbetrieb unterhalten wird.

Ebenso ist die Stiftung mit sämtlichen Umsätzen **umsatzsteuerpflichtig**, die sie als Unternehmerin ausführt.

4.1.4 Die Auflösung der Stiftung

Nach § 7 Abs. 1 Nr. 9 ErbStG wird die Auskehrung des Stiftungsvermögens als Schenkung behandelt. Nach § 15 Abs. 2 S. 2 ErbStG bestimmt sich die StKl. des Anfallsberechtigten nicht nach der Stiftung, sondern nach seinem **persönlichen** Verhältnis zum **Stifter**. Die denklogisch brisante Frage, welcher Steuersatz zur Anwendung gelangt, wenn der Stifter selbst Bezugsberechtigter ist, wird von der h.M. – im Anschluss an den BFH – mit StKl. III beantwortet.[275]

Als problematisch – und in sich widersprüchlich – wird schließlich von der Lit. die Auffassung der Finanzverwaltung empfunden, dass die Änderung des Stiftungscharakters zu der Aufhebung der Stiftung führt, ohne dass damit die entsprechenden Folgewirkungen verbunden sein sollen.[276]

4.2 Die Übertragung auf eine ausländische Stiftung[277]

Häufig propagiert und nicht selten praktiziert wird die Übertragung des Vermögens auf eine ausländische Stiftung. Dabei gelten insb. die österreichische und die liechtensteinische Stiftung als ideale Übernehmer für deutsche Stifter.

Der große Vorteil aller ausländischen Familienstiftungen liegt im Fehlen der deutschen Ersatzerbschaftsteuer nach § 1 Abs. 1 Nr. 4 ErbStG, da diese nur inländische Stiftungen betreffen kann. Vor der Errichtung einer Stiftung ausländischen Rechts sind aber hohe Hürden aufgebaut:

---

[274] Zur Spezialfrage, wie und ob die von der Stiftung selbst gezahlte Ersatzerbschaftsteuer, die nach § 24 ErbStG in Teilbeträgen geleistet werden kann, abgezogen werden kann, vgl. das Urteil des FG Nds vom 08.03.1994 (EFG 1994, 1018): abzugsfähig ist der Zinsanteil.

[275] BFH vom 25.11.1992 (BStBl II 1993, 238); zur h.M. statt aller *Moench*, § 1 Rz. 29; a.A. *Jülicher*, StuW 1999, 363 (Hinweis auf § 29 ErbStG).

[276] Vgl. R 1.2 Abs. 4 ErbStR: Die Auswirkung liegt lediglich darin, dass die 30-Jahres-Frist neu zu laufen beginnt (S. 7 a.a.O.). Die Stiftung ist jedoch gem. § 15 Abs. 2 S. 2 ErbStG so zu besteuern, als ob das Vermögen durch eine Stiftungsneugründung auf sie übergegangen ist.

[277] Die Darstellung erfolgt in teilweiser Vorwegnahme des nächsten Kapitels zur persönlichen Steuerpflicht.

- Während der Fiskus für die Errichtung einer inländischen Familienstiftung von der StKl. des »entferntest Berechtigten« ausgeht (im Regelfall: StKl. I), wird das Steuerklassenprivileg nach Verwaltungsauffassung nicht den ausländischen Stiftungen gewährt (d.h. StKl. III), worin die absolut h.M. bei Stiftungen mit Sitz in den EU-Mitgliedstaaten einen Verstoß gegen die Niederlassungs- und Kapitalverkehrsfreiheit des EG-Vertrages sieht.[278]
- In der bilateralen Besteuerungspraxis ist zudem auf ein DBA-Erbschaftsteuer zu achten, das neben Chancen auch Barrieren enthält.
- Vor allem aber gilt für alle ausländischen Familienstiftungen von deutschen Stiftern die Hinzurechnungsbesteuerung von § 15 AStG, womit die (doppelte) Abschottungswirkung einer ausländischen juristischen Person durchbrochen wird. Als Rechtsfolge von § 15 AStG werden Vermögen(!) und Einkommen der ausländischen Stiftung den deutschen Stiftern, subsidiär den Destinatären zugerechnet. Dies gilt unabhängig davon, ob der Zurechnungsempfänger tatsächlich etwas aus der Stiftung erhalten hat.

4.3   Der Trust(ee) als Nachfolger[279]

Die Übertragung großer Vermögen auf einen nicht-rechtsfähigen Trust anglo-amerikanischen Rechts erfreute sich in der jüngeren Vergangenheit nicht wegen des fehlenden Verwaltungsvollzugs großer Beliebtheit, sondern wegen des »fehlenden Rechtsvollzugs«. Der Trust ist eine besondere Rechtsfigur, bei der der Errichter des Trusts (»settlor«) Vermögen auf einen Verwalter (»Trustee«) überträgt, der das Vermögen zu Gunsten der Begünstigten (»beneficiaries«) verwaltet. Dabei kann ein Steuerinländer nach dem Internationalen Privatrecht einen ausländischen Nachlasstrust nur gründen, wenn er nicht deutscher Staatsangehöriger ist oder das Trustvermögen aus Vermögensgegenständen besteht, für die ausländisches Erbrecht nach Art. 3 Abs. 3 EGBGB gilt.[280]

Der Trustee hat dabei die Stellung eines Treuhänders[281], wobei seine Eigentumsrechte (»legal ownership«) durch die Eigentumsrechte der Begünstigten (»equitable ownership«) beschränkt werden. Insoweit wird auch von einer **gespaltenen Rechtsinhaberschaft** gesprochen. Wegen dieser dem deutschen Recht – als Rechtsinstitut[282] – unbekannten Konstruktion hat der BFH in mehreren Urteilen älteren Datums gefolgert, dass der Trustee selbst nicht bereichert sei und der Erwerb der Begünstigten bis zur Verteilung des Treuhandvermögens aufschiebend bedingt ist.[283] Nachdem sich die Auflösung des Vermögens bei einigen Trust über Jahrzehnte (beim Jersey-Trust über 100 Jahre) hinziehen kann, kam die Übertragung nicht einer Steuerpause, sondern einem Steuererlass gleich.

Andererseits wurde dem Trust in zwei BFH-Urteilen jüngeren Datums eindeutig die Eigenschaft als Familienstiftung zuerkannt.[284] Das Stadium der Rechtsunsicherheit (faktisch nicht steuerbare Errichtung bei gleichzeitiger Besteuerung der Ausschüttun-

---

278 S. hierzu *von Oertzen/Stein*, ZEV 2010, 500 (D-Amerikanische Nachfolgeplanung mit Trusts).
279 Allgemein hierzu *Gebel*, ZEV 1999, 249 sowie *Siemers/Müller*, IStR 1998, 385.
280 Hierzu *Piltz*, DStJG 1999, 283 ff. (293).
281 Vgl. allgemein zur Treuhand im Erbschaft- und Schenkungsteuerrecht OFD Baden-Württemberg vom 16.02.2007, DB 2007, 491 (= Nr. 250, § 7/3) mit Kommentar von *Lüdicke*, DStR 2007, 1116.
282 Durch einen Typenkombination zwischen **Verwaltungstestamentsvollstreckung und Ertragsnießbrauch** in **Personalunion** kann nahezu die gleiche Rechtsfigur nach deutschem Recht erreicht werden.
283 Zuletzt BFH vom 07.06.1989 (BFH/NV 1990, 235).
284 BFH vom 05.11.1992 (BStBl II 1993, 388) und BFH vom 02.02.1994 (BStBl II 1994, 727).

gen nach § 15 AStG[285]) wurde durch die Einführung neuer Sondertatbestände mit dem 04.03.1999 beendet. Nach § 3 Abs. 2 Nr. 1 S. 2 ErbStG sowie nach § 7 Abs. 1 Nr. 8 S. 2 ErbStG wird die Vermögensüberführung auf eine »Vermögensmasse ausländischen Rechts« mittels eines gesetzlichen »Kraftaktes« der Gründung einer Stiftung gleichgestellt.[286] Die Auswirkungen der Neuregelung werden deutlich im Fazit von *Flick/Piltz* dargestellt:

»Aus den vorstehenden Gründen ist bei bloßer erbschaftsteuerlicher Betrachtung vor der Wahl des Gestaltungsinstruments Trust bei engen Bezügen nach Deutschland, insb. deutschen Trustgründern oder Begünstigten zu warnen«.[287]

---

285 Zur tatsächlichen Besteuerungssituation der (im Regelfall) amerikanischen Staatsbürger bei Ausschüttungen aus dem Trust s. FG Köln vom 08.07.1992, EFG 1993, 40 (Einkünfte nach § 20 EStG) sowie BFH vom 02.02.1994 (BStBl II 1994, 727) (Einkünfte nach § 15 AStG, wobei sich § 20 EStG und § 15 AStG ausschließen).
286 Zusätzlich wurden anlässlich dieser Neueinführung modifiziert:
 - § 9 Abs. 1 Nr. 1c ErbStG (Entstehung der Steuer mit der Bildung oder Ausstattung der »Vermögensmasse«),
 - § 15 Abs. 2 S. 2 ErbStG (Bestimmung des Schenkers zur Klärung der StKl.),
 - § 20 Abs. 1 S. 2 ErbStG (zur Steuerschuldnerschaft der »Vermögensmasse«),
 - § 37 Abs. 1 ErbStG (zum Steuerentstehungszeitpunkt ab der Bildung nach dem 04.03.1999).
287 *Flick/Piltz*, Der internationale Erbfall, 1999, Rz. 1933, 456. S. aber *Jülicher* in T/G/J, § 2 Rz. 111 ff. und insb. Rz. 122 ff. (ab 05.03.1999).

III Das Binnenrecht des Erbschaftsteuergesetzes (inklusive Bewertung)

In den ersten beiden Kapiteln wurden die Steuergegenstände (Steuerobjekte) untersucht, die vom Gesetz viergliedrig (§ 1 Abs. 1 ErbStG) aufgebaut sind, sich aber letztlich auf zwei »Besteuerungssäulen« (Erwerbe v.T.w. und Schenkungen) zurückführen lassen. Die in den vorherigen Kapiteln ausgeklammerte subjektive Steuerpflicht und die Steuerfestsetzung, insb. aber die Bewertung stehen im Fokus von Kap. III. Sie nehmen in der Nachfolgeplanung (und in der Examenspraxis) einen hohen Stellenwert ein.

Ab der 11. Auflage (2012) rückt die Reaktion von Gesetzgeber (WachstumsBeschlG) und Verwaltung (ErbStR 2011) auf das ErbStRefG (2009) in den Vordergrund der Darstellung. In der 12. Aufl. (2013) werden vermehrt die ersten Stellungnahmen aus Literatur und Verwaltung berücksichtigt.

1 Die subjektive Steuerpflicht im Erbschaftsteuergesetz

1.1 Grundfragen der persönlichen Steuerpflicht

Nach der bekannten Grundsystematik zu grenzüberschreitenden Sachverhalten unterscheidet auch das Erbschaftsteuerrecht zwischen unbeschränkter und beschränkter Steuerpflicht. Noch gravierender als in den meisten ertragsteuerlichen Entscheidungssituationen kann der (um einen Tag längere oder kürzere) Aufenthalt des Übergebers im »Ausland« zu dramatischen persönlichen und steuerlichen Konsequenzen führen, wenn in diesen Zeitraum das steuerauslösende Ereignis »Tod oder Ausführung der Zuwendung« (§ 9 Abs. 1 Nr. 1, 2 ErbStG) fällt.

> **Beispiel 1: »China ruft«**
> O (aus Hamburg) hält sich aufgrund einer beruflichen Auslandsentsendung länger in Shanghai auf und lernt dort die Chinesin Liana (L) kennen, die er schließlich als Verlobte zur Alleinerbin einsetzt.
> Dem O gehört in Berlin eine Wohnung, die er grundsätzlich bei jedem Deutschland-Aufenthalt aufsucht (rund zwei- bis dreimal/Jahr) und in der Zwischenzeit möbliert vermietet. O besteigt am Morgen des 05.11.2006 zum ersten Mal das Flugzeug nach China. Am Abend des 04.11.2011 fliegt O endgültig zurück nach Deutschland – nicht ohne in China ein beträchtliches Vermögen (10 Edel-Pkw à 100 T€) angesammelt zu haben. Am 04.11.2011, 21 Uhr MEZ, zerschellt das Flugzeug am Himalaya. Sein steuerlicher Nachlasswert in Deutschland beträgt 0,25 Mio. €.
>
> **Variante:**
> O hat die Berliner Wohnung während der ganzen Zeit seines China-Aufenthalts an verschiedene Mieter dauernd untervermietet und wohnt während seiner Deutschland-Aufenthalte im Hotel. Er fliegt am 07.11.2011 zurück.

Ähnlich dem Universalitätsprinzip bei den Ertragsteuern geht § 2 Abs. 1 Nr. 1 ErbStG[288] bei unbeschränkter Steuerpflicht des Übergebers oder(!) des Erwerbers von der steuerlichen Erfassung des **Weltvermögens** aus, wonach der gesamte Vermögensanfall im In- und Ausland besteuert wird. Die gesetzlichen Aufgriffsmerkmale (Buchst. a und c) sind – unter Einbeziehung der Körperschaften (Buchst. d)[289] – weitgehend mit denen aus dem Ertragsteuerrecht identisch.

Mit § 2 Abs. 1 Nr. 1 Buchst. b ErbStG ist ein Ergänzungstatbestand geschaffen (sog. **erweiterte unbeschränkte Steuerpflicht**), bei dem der Zugriff auf das Weltvermögen deutscher Staatsbürger bis zu einer ständigen Verweildauer im Ausland von fünf Jahren möglich ist. M.a.W. entfällt diese Zugriffsmöglichkeit ab einem ununterbrochenen Auslandsaufenthalt von fünf Jahren und einem Tag.

Sind die Voraussetzungen für einen Steuerinländer nicht gegeben, wird über die **beschränkte Steuerpflicht** nach § 2 Abs. 1 Nr. 3 ErbStG das Inlandsvermögen erfasst. Eine Definition des Inlandsvermögens enthält § 121 BewG.

Entsprechend der Konzeption des Außensteuerrechts ordnet schließlich § 4 AStG die **erweitert beschränkte** Steuerpflicht an (mit der umfassenden Einbeziehung des erweiterten Inlandsvermögens).

Rein tabellarisch lässt sich der Grundtatbestand der persönlichen Steuerpflicht (natürliche Personen) nach dem ErbStG – wie folgt – darstellen:

Bezeichnung	Voraussetzungen	Rechtsfolgen	Rechtsgrundlage
1. Unbeschränkte Steuerpflicht	Übergeber oder Erwerber = Steuerinländer	→ Weltvermögen	§ 2 Abs. 1 Nr. 1a–c ErbStG
2. Erweitert unbeschränkte Steuerpflicht	Auslandsaufenthalt < fünf Jahre	→ Weltvermögen	§ 2 Abs. 1 Nr. 1b ErbStG
3. Beschränkte Steuerpflicht	Übergeber und Erwerber = Steuerausländer	→ Inlandsvermögen gem. § 121 BewG	§ 2 Abs. 1 Nr. 3 ErbStG
4. Erweitert beschränkte Steuerpflicht	Subjektive Merkmale des § 2 Abs. 1 S. 1 AStG	→ Inlandsvermögen (erweitert)	§ 4 AStG

Lösung (Ausgangssachverhalt): Losgelöst von etwaigen DBA-Regelungen ist zunächst die Frage nach dem Umfang der Steuerpflicht von L aufgrund eines Erwerbs von Todes wegen nach § 2 ErbStG zu beantworten.
- L hat das gesamte Nachlassvermögen des O zu versteuern, wenn dieser am Todestag (§ 9 Abs. 1 Nr. 1 ErbStG), m.a.W. am Tag der Steuerentstehung, unbeschränkt steuerpflichtig gewesen wäre. Nach § 8 AO ist der Wohnsitz des O in Berlin beibehalten worden, da durch die Untervermietung **keine dauernde Vermögensverwaltung** beabsichtigt war. Nach dem Sachverhalt ist offen, ob O in Shanghai einen Wohnsitz begründet hat. Dessen ungeachtet hat

---

288 Für die Stiftungen gilt nach § 2 Abs. 1 Nr. 2 ErbStG die identische Rechtsfolge.
289 Für inländische Körperschaften ist entscheidend, dass sich Geschäftsleitung (§ 10 AO) oder Sitz (§ 11 AO) im Inland befinden.

O in China – nach deutschem Rechtsverständnis – seinen gewöhnlichen Aufenthalt (§ 9 S. 1 AO) begründet. Gäbe es ein ErbSt-DBA-China (und O wäre danach ein sog. Doppelansässiger), so läge auch der zu prüfende Mittelpunkt seiner Lebensinteressen in China. Jedenfalls ist O nach § 2 Abs. 1 Nr. 1 Buchst. a ErbStG unbeschränkt steuerpflichtig.
- Der gesamte Vermögensanfall von Todes wegen unterliegt danach der Erbschaftsteuer nach den §§ 1 Abs. 1 Nr. 1, 2 Abs. 1 Nr. 1 Buchst. a, 3 Abs. 1 Nr. 1 und 9 Abs. 1 Nr. 1 ErbStG. Die Verlobte L ist um den am 04.11.2011 maßgeblichen Steuerwert (§ 11 ErbStG) bereichert. Von dem nach § 12 ErbStG ermittelten Steuerwert (1,25 Mio. €: 0,25 Mio. € deutsche Wohnung + 1 Mio. ausländisches Pkw-Vermögen) ist nach § 10 Abs. 5 Nr. 3 ErbStG die Grabpflegepauschale von 10.300 € abzuziehen. Steuerbefreiungen nach den §§ 13 f. ErbStG sind nicht ersichtlich. Nach Abzug des persönlichen Freibetrags von 20.000 € (§ 16 Abs. 1 Nr. 5 ErbStG) hat L für den steuerlichen Nachlass von 1.219.700 € eine Erbschaftsteuer von 30 % zu bezahlen (= 365.910 €).

Variante:
Der Nachlass des O wird als beschränkt steuerpflichtiger Vorgang behandelt, da O seinen Wohnsitz in Deutschland durch die Art der Vermietung (= dauerhafte Vermögensverwaltung) aufgegeben hat und sich schon länger als fünf Jahre im Ausland aufgehalten hat.
L muss danach gem. § 2 Abs. 1 Nr. 3 ErbStG nur den inländischen Grundbesitz (0,25 Mio. €) der Erbschaftsteuer unterwerfen.

Die Erstreckung der unbeschränkten Steuerpflicht auf **deutsche Auslandsbedienstete** der öffentlichen Hand (§ 2 Abs. 1 S. 2 Buchst. c ErbStG) ist schließlich detailliert in H 2.1 ErbStH (»Mitglieder diplomatischer Missionen …«) geregelt.

Hinweis: Der geringe Freibetrag von 2.000 € bei beschränkter Steuerpflicht nach § 2 Abs. 1 Nr. 3 ErbStG gem. § 16 Abs. 2 ErbStG führte zu der EuGH-Entscheidung vom 22.04.2010 (DStR 2010, 861). Wiederum als Reaktion auf diese EuGH-Entscheidung wurde § 2 Abs. 3 ErbStG eingeführt. Auf **Antrag** des Erwerbers wird ein Erwerb als **unbeschränkt steuerpflichtig** behandelt, wenn einer der Erwerbsbeteiligten (Erblasser, Schenker oder Erwerber) seinen Wohnsitz in der **EU oder im EWR** hat. Gerade in Hinblick auf § 14 ErbStG ist von der eingeräumten Option vorsichtig Gebrauch zu machen (s. auch Ländererlass vom 15.03.2012, BStBl I 2012, 328).

1.2 Die beschränkte Steuerpflicht und die erweitert beschränkte Steuerpflicht im Erbschaft- und Außensteuergesetz

Wiederum vergleichbar mit dem internationalen Ertragsteuerrecht wird auch bei Steuerausländern nach den zwei Varianten der beschränkten und der erweitert beschränkten Steuerpflicht differenziert.

Beispiel 2: Ein Fall im historischen Rückblick
Herr B, wohlhabender deutscher Staatsbürger, und seine Ehefrau, Frau B, verlegten am 01.02.1998 ihren deutschen Wohnsitz und gewöhnlichen Aufenthaltsort nach Andorra. In seinem Wertpapier-Portfolio befanden sich zur Hälfte Aktien von US-Chrysler (Steuerwert: 10 Mio. €). Die andere Hälfte bestand zu diesem Zeitpunkt aus Daimler-Aktien. Im März 2003 (also nach Ablauf der Fünfjahresfrist i.S.d. § 2 Abs. 1 Nr. 1 Buchst. c ErbStG) schenkte Herr

B die Hälfte seiner Aktien (konkret: die früheren Chrysler-Papiere) seiner Frau. Das restliche Vermögen (gleichwertiger Immobilienbesitz in Deutschland, Andorra und Frankreich) schenkt er seinen in Deutschland lebenden Kindern.

Bei Fehlen der unbeschränkten Steuerpflicht ist nach § 2 Abs. 1 Nr. 3 ErbStG für Erbfälle wie für Schenkungen die **beschränkte Steuerpflicht** zu prüfen. Geht Vermögen von einem **Nicht-Inländer** auf einen anderen **Nicht-Inländer** über, soll nur der Teil des Vermögens besteuert werden, der in besonderer Beziehung zum Inland steht. Besteuerungsgrundlage ist der Vermögensanfall, der zum Zeitpunkt der Steuerentstehung (hier: mit Ausführung der Schenkung, § 9 Abs. 1 Nr. 2 ErbStG) in **Inlandsvermögen** nach **§ 121 BewG (und R 2.2 ErbStR)** besteht.

Lösung:
- Bei der Schenkung des Grundbesitzes kann die Frage des Inlandsvermögens dahingestellt bleiben, da die Kinder als Erwerber unbeschränkt steuerpflichtig sind und sich demnach die Steuerpflicht auf alle Immobilien erstreckt.[290] Bei der Immobilienschenkung an die Kinder wird zusätzlich in Frankreich Steuer ausgelöst, die ggf. nach § 21 ErbStG auf die deutsche Steuer anzurechnen ist (s. Beispiel 2a).
- Die Schenkung des hälftigen Aktienpakets (Inhaberpapiere der früheren US-Chrysler) von Herrn B an Frau B unterliegt nicht der Schenkungsteuer, wenn es sich um Auslandsvermögen handelt. Nach § 121 Nr. 4 BewG liegt im Falle einer KapG-Beteiligung nur dann »Inlandsvermögen« vor, wenn der Übergeber zu mindestens 10 %[291] an der KapG mit Sitz im Inland beteiligt war. Bei einer Beteiligung an einem weltweit tätigen Unternehmen (dessen Börsenwert sich auf mehrere Mrd. Euro beläuft) ist offensichtlich, dass bei einem Kurswert der Beteiligung von nur 10 Mio. € (der gem. § 11 Abs. 1 S. 1 BewG zugleich der Steuerwert ist) die 10 %-Grenze nicht überschritten wurde. Herr B könnte somit steuerfrei die (alten) Chrysler-Papiere seiner Frau schenken[292], wenn nicht eine Ausnahmebestimmung greift.
- § 4 AStG ordnet jedoch die erweitert beschränkte Steuerpflicht in den Fällen des § 2 Abs. 1 S. 1 AStG an.[293] Alle qualifizierenden Steuermerkmale sind bei Herrn B. im März 2003 erfüllt, im Einzelnen:
  – deutscher Staatsangehöriger,
  – unbeschränkte Steuerpflicht in dem maßgeblichen Zeitraum vor Wegzug,
  – Wegzug in ein niedrigbesteuerndes Ausland[294],
  – wesentliche wirtschaftliche Interessen nach § 2 Abs. 3 Nr. 3 AStG, da das Immobilienvermögen in Deutschland (0,3 Mio. €) den dort genannten Betrag von 154 T€ übersteigt,
  – der Zehnjahreszeitraum ab dem Wegzug ist im März 2003 ebenfalls noch nicht überschritten.

---

290 Bei Grundstücken können nur bei Beteiligungen an Grundstücksgesellschaften Zweifel auftreten: Bei der Beteiligung an einer vermögensverwaltenden PersG mit inländischem Grundbesitz wird wegen § 10 Abs. 1 Nr. 3 ErbStG der jeweilige Anteil des Gesellschafters diesem direkt zugerechnet. Wiederum anders ist die Beteiligung an offenen Immobilienfonds (mit inländischem Grundbesitz) zu beurteilen.
291 Zu Fragen der Zusammenrechnung und der mittelbaren Beteiligung s. R 2.2 Abs. 3 S. 6 und S. 7 ErbStR (immer Gestaltungsmissbrauch, soweit kein operatives Geschäft getätigt wird).
292 Zu achten ist ansonsten beim Inlandsvermögen noch auf **gewerbliche Schutzrechte** gem. § 121 Nr. 5 BewG, die dann Inlandsvermögen darstellen, wenn sie entweder in ein inländisches Register eingetragen sind, zu einem inländischen BV gehören oder – der häufigste Fall – einem **inländischen Gewerbebetrieb** (z.B. dem der Kinder) **überlassen werden** (§ 121 Nr. 6 BewG).
293 S. im Einzelnen zur Wegzugsbesteuerung *J. Schmidt*, Band 1, Teil D.
294 In Andorra gibt es weder eine der deutschen Steuer vergleichbare Einkommen- noch Erbschaftsteuer.

Entscheidend für die Beurteilung nach § 4 Abs. 1 AStG ist allerdings, ob die (nunmehr »neuen«) Chrysler-Aktien Inlands- oder Auslandsvermögen darstellen. Theoretisch hängt die Beurteilung davon ab, in welchem Staat im März 2003 der Schuldnersitz für die Chrysler-Dividenden (§§ 34c, 34d Nr. 6 EStG) liegt, in Deutschland oder in USA. Obwohl es sich bei dem Zusammenschluss von Chrysler und Daimler in 1998 um einen »merger of equals« gehandelt haben soll, ist nach Tz. 3.3.2 bzw. 3.4. des Aktionärsberichts über die Verschmelzung eindeutig davon auszugehen, dass ab 12.11.1998 aus den US-Chrysler-Aktien ipso iure (mit der Verschmelzung) deutsche Daimler-Chrysler-Aktien wurden.[295]

Als **Zwischenergebnis** wird festgehalten, dass die Schenkung der nunmehr »deutschen« Chrysler-Aktien an seine Ehefrau deutsche Erbschaftsteuer auslöst, obwohl das Ehepaar in Andorra lebt und es sich beim historischen Erwerb um amerikanische Papiere gehandelt hat. Fraglich ist des Weiteren, welcher Freibetrag vom Steuerwert von 10 Mio. € abzuziehen ist. Nach **§ 16 Abs. 2 ErbStG** reduzieren sich alle Freibeträge des § 16 Abs. 1 ErbStG bei jedwedem Erwerb von **beschränkt StPfl.** auf **2.000 €**. Obwohl die Reduktion nur für die beschränkte Steuerpflicht nach § 2 Abs. 1 Nr. 3 ErbStG vorgesehen ist, wird sie von der h.M. zu Recht auf die erweitert beschränkte Steuerpflicht nach § 4 AStG erstreckt.

Der BFH hat im Urteil vom 21.09.2005 (BStBl II 2005, 875) für einen Fall des ErbSt-DBA Österreich die Bedenken der Literatur sogar geteilt, von einer Vorabentscheidung des EuGH aus formalen Gründen (fehlende Sachverhaltsaufklärung) aber abgesehen und im Übrigen den geringeren Freibetrag des § 16 Abs.2 ErbStG für verfassungsgemäß gehalten (kein Verstoß gegen Art. 3 Abs. 1 GG).

Ergebnis: Bei einer Schenkung im März 03 hat Frau B 9.998.900 € mit (damals) 23 % Schenkungsteuer zu versteuern. (Nebenbei sei bemerkt, dass dieses Ergebnis auf Null reduziert werden kann, wenn Herr B. vorher seine deutsche Kapitalanlage gegen ein ausländisches Aktienpaket austauscht.)

Hinweis: Zu § 2 Abs. 3 ErbStG s. oben!

1.3 Internationales Erbschaftsteuerrecht[296]

1.3.1 Der Regelfall: Die Anrechnung nach § 21 ErbStG

Für den Hauptanwendungsfall grenzüberschreitender Übertragung kommt die Anrechnung nach § 21 ErbStG in Betracht.

Beispiel 2a: Der »quirlige« Übergeber in einem »steuer-zivilisierten« Staat
Das Ehepaar B (im Beispiel 2) übersiedelt nicht nach Andorra, sondern nach Chennonceau (Frankreich) und erklärt den Familienbesitz (ein Wasserschloss) zum Hauptwohnsitz im Alter. Nach der Schenkung dieses Grundbesitzes (Steuerwert 0,5 Mio. €) an den ältesten Sohn S wollen die Eheleute B die Immobilie wenigstens noch als Mieter nutzen, während beide Töchter die Anwesen in Deutschland und Andorra erhalten.
Die Schenkung des Wasserschlosses führt in Frankreich zu einer Steuer von 5 T€.

---

295 Dies hängt mit dem US-amerikanischen Fusionsrecht zusammen, wo ein pauschales (und nicht wie in Deutschland individuelles) Umwandlungsangebot genügt, um die Fusion zu ermöglichen. Hiervon wurde bei dieser transatlantischen Fusion Gebrauch gemacht.
296 Zur grenzüberschreitenden Unternehmensnachfolge s. *Gottschalk*, ZEV 2010, 493.

Da zwischen den beiden Staaten (Quellen- bzw. Wohnsitzstaat) **kein DBA** besteht bzw. ein etwa bestehendes DBA die **Anrechnung** der ausländischen »Erbschaftsteuer« vorsieht, kommt in allen Fällen § 21 ErbStG zum Tragen. Für die Rechtsfolge der Anrechnung – auf Antrag – sind abstrakt die folgenden Tatbestandsmerkmale zu prüfen:
1. Es besteht unbeschränkte Steuerpflicht für den Erwerb.
2. Die ausländische Steuer muss für das Auslandsvermögen gezahlt worden sein.
3. Hierüber (2.) muss ein Nachweis vorliegen.
4. Die deutsche Steuer muss innerhalb von fünf Jahren entstanden sein.

Lösung:
- Die letzte Voraussetzung (4.) bereitet – wie hier – keine Probleme.
- Die unbeschränkte Steuerpflicht (1.) ergibt sich bei der Schenkung des Hauses an S aufgrund § 2 Abs. 1 Nr. 1 i.V.m. § 1 Abs. 1 Nr. 2 ErbStG, da S Steuerinländer ist.
- Der französische Fiskus hat für den Erwerb der Auslandsimmobilie eine französische Schenkungsteuer[297] (5 T€) erhoben, die belegt werden muss (3.).
- Der Begriff des Auslandsvermögens (2.) ist in § 21 Abs. 2 ErbStG differenziert geregelt:
  – Immer dann, wenn der Schenker[298] oder Erblasser **Steuerinländer** war, zählen nur die »**§ 121 BewG-Gegenstände**« mit ausländischer Herkunft (z.B. ausländisches Grundvermögen, BV, L+F-Vermögen sowie Nutzungsrechte daran) zum Begriff des Auslandsvermögen. Umgekehrt erfüllt etwa ein im Ausland deponiertes Sparguthaben nicht diesen Begriff.
  – Für den Fall schließlich, dass der Übergeber **Steuerausländer** ist, wird der Begriff des Auslandsvermögen weiter gefasst und erfasst das vollständige Vermögen mit **Ausnahme des inländischen Vermögens i.S.d. § 121 BewG**.

Als Grund für diese Unterscheidung wird in der Literatur[299] angegeben, dass bei einem Erblasser (Schenker), der kein Inländer war, der Erwerb schon voll der ausländischen Steuer unterlegen hat und insoweit vom inländischen Fiskus nur noch die Steuer erhoben werden soll, die auf Inlandsvermögen entfällt.[300] Im vorliegenden Fall, da der Schenker Steuerausländer ist, gelangt man über § 21 Abs. 2 Nr. 2 ErbStG zwanglos zur Annahme des Auslandsvermögens.

Ergebnis: Auf die in Deutschland anfallende Schenkungsteuer von 11.000 € (11 % von 100 T€ (500 T€ ./. 400 T€)) wird die französische Steuer von 5 T€ angerechnet, so dass S nur noch eine Steuer von 6.000 € entrichten muss.

Beispiel 2b: Die kleine Münze
B trennt sich zusätzlich noch von seiner inländischen Topographie[301] und überträgt diese im Wert von 100 T€ an S.

---

297 Auch wenn § 21 Abs. 1 ErbStG von einer ausländischer Steuer spricht, die der deutschen »Erbschaftsteuer« entspricht, ist damit auch die Schenkungsteuer miteinbezogen, wie der weitere Gesetzesverweis auf § 2 Abs. 1 Nr. 1 ErbStG belegt. Zur Vergleichbarkeit der ausländischen (Erbschaft-)Steuer s. R 82 ErbStR sowie aus der Rspr. das Urteil des BFH vom 26.04.1995 (BStBl II 1995, 540), wo die kanadische »capital gains tax« als nicht entsprechend eingestuft wurde.
298 Auch hier umfasst der gesetzestechnische Begriff »Erblasser« auch den Schenker.
299 So *Meincke*, ErbStG-Kommentar, § 21 Rz. 27 sowie *Moench*, Kommentar, § 21 Tz. 20).
300 Konkret: Zur Freistellung des Auslandsvermögens kommt es nur in den Fällen, da die anzurechnende ausländische Erbschaftsteuer mindestens so hoch ist wie die deutsche Erbschaftsteuer. Im umgekehrten Fall »schleust« der deutsche Fiskus die Steuer für das Auslandsvermögen auf das deutsche Steuerniveau hinauf.
301 Unter Topographie (vgl. § 121 Nr. 5 BewG) versteht man dreidimensionale Strukturen von mikroelektronischen Halbleitererzeugnissen. Diese WG sind durch § 24 HalbleiterschutzG vom 22.10.1987 in den Anwendungsbereich von § 121 BewG aufgenommen worden.

Nach § 21 Abs. 1 S. 2 ErbStG kann bei einem übertragenen Gesamtvermögen, das nur teilweise aus Auslandsvermögen besteht, die ausländische Steuer nur teilweise angerechnet werden. Als Aufteilungsmaßstab wird das Auslandsvermögen zum Gesamtvermögen in Relation gesetzt.

> **Lösung:** Der Gesamterwerb beläuft sich auf 600 T€, von dem der Freibetrag von 400 T€ abgezogen wird; steuerpflichtiger Erwerb demnach: 200 T€. Bei einem Steuersatz von 11 % ergibt dies eine Steuer von 22 T€. Als Höchstbetrag nach § 21 Abs. 1 S. 2 ErbStG kann von den 5 T€ ausländischer Steuer nur 5/6 (500 T€/600 T€) angesetzt werden.
> In diesem Fall hat S eine Steuer von **17.833 €** (22.000 € ./. 4.167 €) zu entrichten.

Fallen die Zusammenrechnung mehrerer Erwerbe innerhalb des Zehnjahreszeitraumes und die Anrechnung ausländischer Erbschaftsteuer zusammen, so sind § 21 ErbStG und § 14 ErbStG aufeinander abzustimmen.[302]

1.3.2 DBA-Fragen zur Erbschaftsteuer

Nachdem Deutschland das ERbSt-DBA mit Österreich zum 31.12.2007 gekündigt hat[303], bestehen z.Zt. nur mit sechs Staaten (USA, Schweiz, Frankreich Schweden[304], Griechenland, Dänemark) ErbSt-DBA. Die DBA beziehen sich auf grenzüberschreitende (sog. internationale) Erbfälle und Schenkungen mit Berührungspunkten zu diesen Staaten (Beispiel: inländischer Erblasser mit Grundvermögen in Dänemark).[305] Die ErbSt-DBA folgen dabei folgender Struktur:

- In der ersten Kategorie erfolgt für die jeweiligen Vermögensgruppen eine Grundaussage über die Besteuerung (z.B. wird Grundvermögen immer im Belegenheitsstaat besteuert).
- Sodann ist in der zweiten Gruppe der Schuldenabzug geregelt.
- Zuletzt wird im »Methodenartikel« für den Fall einer eventuellen Doppelbesteuerung die Freistellung oder Anrechnung gewährt.

Als Beispiel für verschiedenartige Regelungen in den einzelnen DBA sei auf das (alte) ErbSt-DBA-Österreich und auf das (fortgeltende) ErbSt-DBA-Schweiz zur Frage der erweiterten unbeschränkten Steuerpflicht nach § 2 Abs. 1 Nr. 1 Buchst. b ErbStG verwiesen. Während die Geltung der Fünfjahresfrist (nach Auswanderung) für den Erbfall in Art. 5 Nr. 1 ErbSt-DBA-Österreich ausgeschlossen war, geht Art. 4 Abs. 4 ErbSt-DBA-Schweiz von der bilateralen Wirksamkeit aus.

---

302 Zu achten ist insb. darauf, ob die durch den Nacherwerb ausgelöste Steuer mehr als 50 % beträgt (§ 14 Abs. 2 ErbStG). S. hierzu das Beispiel von H 21 ErbStH!
303 Hintergrund: In Österreich wird Erbschaftsteuer seit dem 01.08.2008 nicht mehr erhoben.
304 Schweden erhebt seit 01.01.2005 keine Erbschaftsteuer mehr.
305 In allen anderen internationalen Erbfällen und Schenkungen kommt es folglich zur Anrechnung der ausländischen Steuer nach § 21 ErbStG und ggf. zur Doppelbesteuerung, falls der ausländische Staat den unentgeltlichen Vermögensübergang besteuert.

1.3.3 Europarechtliche Aspekte

Faktische Umstände (»Überwintern auf Mallorca«) sowie geänderte rechtliche Rahmenbedingungen (Kapitalverkehrsfreiheit und allgemeine Freizügigkeit aufgrund des Art. 63 AEUV) bringen es mit sich, dass das europäische Steuerrecht – nach der Umsatzsteuer und den Ertragsteuern – nunmehr auch die Erbschaftsbesteuerung entdeckt hat. Neben dem konkret (hier bereits) diskutierten § 16 Abs. 2 ErbStG geht es um die allgemeine Tragweite des EU-Diskriminierungsverbotes für Ausländer gegenüber Inländern bei Erbschaften.

Einer der wichtigsten Aspekte dabei ist, ob man nicht bis zum Abschluss weiterer DBA mit den anderen EU-Staaten über das europafreundliche Auslegungsgebot der »Meistbegünstigung« zur Analogie von bilateral geregelten Konfliktregelungen für den Staat gelangt, mit dem noch kein DBA abgeschlossen ist.

In der allgemeinen Diskussion zur Europarechtstauglichkeit des § 16 Abs. 2 ErbStG haben sich zwischenzeitlich die Finanzgerichte eingeschaltet. Die Urteile gelangen von der Unbeachtlichkeit des EU-Rechts (FG Berlin vom 09.09.2003, EFG 2004, 215, zurückgewiesen durch BFH vom 21.09.2005, BStBl II 2005, 875) über eine vorsichtige Analogie zu § 1 Abs. 3 S. 2 EStG (FG München vom 05.11.2003, EFG 2004, 410: mindestens 90 % des erbschaftsteuerlichen Erwerbs müsse Inlandsvermögen sein[306]) zu unterschiedlichen Ergebnissen.

In einem anderen (Bewertungs-)Zusammenhang sind Revisions-Kläger gegen § 12 Abs. 7 ErbStG wegen eines vermeintlichen Verstoßes gegen Gemeinschaftrecht vorgegangen. Nach § 12 Abs. 7 ErbStG wird – in Verbindung mit § 31 BewG – ausländischer (EU-)Grundbesitz mit dem gemeinen Wert (§ 9 BewG) bei unentgeltlichen Vermögensübertragungen angesetzt. Der BFH hat sich im Beschluss vom 10.03.2005, BStBl II 2005, 370, mit dem Rechtszustand bis inkl. 1995 auseinandergesetzt und hierbei die behaupteten Verstöße gegen den Gleichheitsgrundsatz (Vergleich des gemeinen Werts für ausländischen Immobilienbesitz mit dem Einheitswert für deutschen Immobilienbesitz) sowie gegen Art. 56 EG (Freiheit des Kapitalverkehrs) überprüft. Der BFH verneint in beiden Fällen einen Verfassungs- (bzw. Gemeinschaftsrechts)verstoß und damit die Notwendigkeit der Vorlage zum EuGH: Die Differenzierung nach Auslands- und Inlandsimmobilien greife zwar in die Freiheit des Kapitalverkehrs ein, fällt aber unter das Steuerprivileg nach Art. 58 Abs. 1 EG.[307]

In eine vergleichbare Richtung zielt das Petitum des BFH vom 15.12.2010 (ZEV 2011, 146[308]) zur Einbeziehung der Steuerprivilegien der §§ 13a, b ErbStG auf Drittstaaten-Privatvermögen (im Urteilsfall: kanadische KapGes-Anteile).

Zumindest in den Fällen der Versagung von Bewertungsprivilegien – vgl. §§ 13a, 13b, 19a ErbStG – auf EU-/EWR-Betriebsstätten sind die Appelle des EuGH und des Schrifttums zwischenzeitlich angekommen: Im Rahmen der Erbschaftsteuerreform ist der Gesetzgeber für den Bereich der rein **steuerobjekt**bezogenen Vorschriften (§ 13b ErbStG 2008) der gemeinschaftsrechtlichen Aufforderung nachgekommen und hat »europäisches« Betriebsvermögen in die Verschonungsregelung mit aufgenommen.

Nach einhelliger Auffassung sind jedenfalls steuerliche Zusatzbelastungen bei der Übertragung von EU-Auslandsvermögen dann gemeinschaftsrechtswidrig, wenn die theoretische

---

306 In diese Richtung zielt auch BFH vom 21.09.2005, BStBl II 2005, 875.
307 Inlandsprivilegien im Steuerrecht sind nach dem Schlussprotokoll zum Maastricht-Vertrag nur noch für solche Vorschriften gültig, die Ende 1993 in Kraft waren (so wie hier § 31 BewG).
308 Rezension von *Preißer/Schütte*, ZEV 2011, 149 ff.

Anrechnung der ausländischen ErbSt nach § 21 ErbStG – z.B. mangels DBA – leer läuft (statt aller *Gebel* in T/G/J, Einf. 55).

2 Zusammenfassung zu §§ 9, 11 ErbStG

Nachfolgend werden »zwei Dreh- und Angelvorschriften« in einer Zusammenfassung dargestellt: § 9 ErbStG zum Entstehungszeitpunkt der Steuer und § 11 ErbStG zum Bewertungsstichtag. Beiden – schon mehrfach einzeln angesprochenen – Vorschriften ist gemein, dass sie über den isolierten Wortlaut hinaus eine große Tragweite mit z.T. sehr überraschenden Ergebnissen haben.

2.1 Die Bedeutung des Entstehungszeitpunktes nach § 9 ErbStG

Entsprechend der Vorgabe in der AO, wonach zwischen dem Entstehen der Steuerschuld (§ 38 AO) und deren Fälligkeit (§ 220 AO) unterschieden wird, hat auch das ErbStG mit § 9 ErbStG die in § 38 AO genannte »gesetzliche Tatbestandsverwirklichung« präzisiert. Danach löst zunächst – und pauschal – der Tod des Erblassers die abstrakte Erbschaftsteuer aus, während bei der Schenkungsteuer dieser Zeitpunkt erst mit Ausführung der Zuwendung gegeben ist. Die **konkrete Steuerzahlungsschuld** entsteht – wie sonst auch – mit der Bekanntgabe des Steuerbescheides; sie wird mit dem dort festgelegten Zahlungstermin nach § 220 Abs. 2 S. 2 AO fällig. Der Entstehungszeitpunkt nach § 9 ErbStG wirkt sich auf folgende Steuermerkmale aus[309]:

- persönliche Steuerpflicht nach § 2 ErbStG,
- Stichtag der Wertermittlung gem. § 11 ErbStG,
- Zusammenrechnung mit früheren Erwerben (§ 14 ErbStG),
- Definition der StKl. aufgrund des am Entstehungstag maßgeblichen Verwandtschaftsverhältnisses (§ 15 ErbStG),
- Steuerermäßigung nach § 27 ErbStG bei mehrfachem Erwerb desselben Vermögens,
- Übergangsregel beim Wechsel gesetzlicher Bestimmungen nach § 37 ErbStG,
- **Übergang der Steuer auf den Erben nach § 45 AO**.[310]

Eine besondere Bedeutung entfaltet der Entstehungszeitpunkt, wenn von einem Erwerbsvorgang **zwei** (oder mehrere) **Personen** betroffen sind und hierfür wegen § 9 ErbStG unterschiedliche Zeitpunkte einschlägig sind. Wie schon oben ausgeführt wurde, kommt es bei Schenkungen und Erbfällen mit einer **Auflage** zu unterschiedlichen Zeitpunkten: Der Belastete kann die Auflage sofort abziehen (§ 10 Abs. 5 Nr. 2 ErbStG), während die Steuerpflicht beim Auflagenbegünstigten nach § 7 Abs. 1 Nr. 2 bzw. § 9 Abs. 1 Nr. 1 Buchst. d

---

309 Vgl. *Meincke*, ErbStG-Kommentar, § 9, Rz. 5.
310 Beispiel: Stirbt der »vorgesehene« Beschenkte vor Ausführung der Zuwendung, so ist eine Schenkungsteuer – mangels objektiven Tatbestand – nicht entstanden und konnte daher nicht auf die Erben übergehen.

ErbStG erst mit Vollzug der Auflage eintritt. Wegen § 11 ErbStG wird dies z.B. bei börsennotierten Papieren immer zu unterschiedlichen Werten führen.

2.1.1 Die Entstehung der Erbschaftsteuer

Von den zahlreichen Sonderfällen in § 9 Abs. 1 Nr. 1 Buchst. a–j ErbStG abgesehen (einzige Gemeinsamkeit: Steuerentstehung nicht mit dem Tode, sondern später)[311], entsteht die Erbschaftsteuer mit dem Tode des Erblassers.

> **Beispiel 3: Der verstorbene Nekrologe mit der falschen Gewinnermittlung**
> Dr. Morbid M ermittelt den Gewinn aus seiner freiberuflichen Tätigkeit als Leichenbeschauer nach § 4 Abs. 3 EStG. Aus seiner Tätigkeit im letzten Quartal steht ihm ein Honorar i.H.v. 100 T€ gegen das Senioren-Krankenhaus St. Ultimo zu. Kurze Zeit nach dem plötzlichen Tode des M fällt das Krankenhaus in die Insolvenz. Muss E, Sohn und einziger Erbe des M, das ausstehende, aber ausgefallene Honorar der Erbschaftsteuer unterwerfen?

Wie schon mehrfach erläutert, unterliegt die postmortale Begleichung der Forderung eines § 4 Abs. 3 EStG-Rechners nach § 24 Nr. 2, 2. Alt. EStG der ESt des (der) Erben. Fällt die Forderung aus, so führt dies – wegen des Zuflussprinzips bei § 4 Abs. 3 EStG – zu keinem steuerpflichtigen Einkommen. Andererseits zählt die Forderung für die Ermittlung der Bereicherung des Erben nach §§ 9, 11 ErbStG zum Nachlass.

Fraglich könnte sein, ob sich der postmortale Forderungsausfall als rückwirkendes Ereignis nach § 175 Abs. 1 Nr. 2 AO qualifizieren lässt und zu einer Wertkorrektur der Bereicherung führt.

> **Lösung:** In mehreren Entscheidungen[312] bekräftigt der BFH seinen Standpunkt, dass es sich – wegen § 9 ErbStG – bei der Wertermittlung des Nachlasses nach § 11 ErbStG um eine **Momentaufnahme** handelt, die keine dynamische Vermögensbetrachtung zulässt. Wertveränderungen nach dem Stichtag sind danach weder über eine Reduktion des Stichtagsprinzips von § 9 ErbStG noch über § 175 Abs. 1 Nr. 2 AO[313] zu berücksichtigen. E hat den Nachlass inkl. der ausgefallenen Forderung zu versteuern.

Des Weiteren ist allgemein anerkannt, dass eine Verschiebung des Entstehungszeitpunktes aus rechtlichen Gründen oder wegen einer tatsächlichen Behinderung (Ermittlungsprobleme hinsichtlich Erbe und Erbschaft) – abgesehen vom gesetzlichen Ausnahmefall des § 9 Abs. 1

---

311 Der Zeitpunkt der **Bereicherung** des Erwerbers tritt immer zu einem **späteren Zeitpunkt** ein (Bedingungseintritt, Genehmigung, Vollzug, Geltendmachung eines Anspruches und dgl.) als dies sonst mit dem Tode des Erblassers der Fall ist. Die Zeitpunktregelungen korrespondieren mit den bereits behandelten Fällen der atypischen Steuerpflicht eines Erwerbs von Todes wegen nach § 3 Abs. 2 Nr. 1–7 ErbStG.
312 BFH vom 22.09.1999 (BFH/NV 2000, 320) sowie vom 18.10.2000 (ZEV 2001, 208). Im Urteil vom 09.06.1999 (BStBl II 1999, 529), erschließt der BFH den Inhalt der Anzeigepflicht nach § 30 ErbStG ebenfalls aus dem Wortlaut des § 9 ErbStG (zum Verhältnis des Erwerbers zum Erblasser).
313 Etwas anderes hat zu gelten, wenn der Gewinn durch Betriebsvermögensvergleich nach § 4 Abs. 1 EStG ermittelt wird, da hier über § 175 Abs. 1 Nr. 2 AO eine Korrektur der »Schlussbilanz«, in der die Forderung mit Gewinnausweis enthalten wäre, zu erfolgen hat.

Nr. 1 Buchst. a ErbStG (bedingter, betagter[314] oder befristeter Erwerb) – nicht in Betracht kommt.

2.1.2 Die Entstehung der Schenkungsteuer

Probleme treten immer dann auf, wenn – wegen des unbestimmten Rechtsbegriffes der »Ausführung der Zuwendung« nach § 9 Abs. 1 Nr. 2 ErbStG – die Grundsätze der BFH-Rspr. zum Zeitpunkt der Immobilienschenkung (Vorliegen von materieller Auflassung gem. § 925 BGB und formeller Eintragungsbewilligung nach § 19 Grundbuchordnung[315]) mit Sonderabsprachen kollidieren.

> **Beispiel 4: Das geschenkte Sanierungsobjekt**
> Wendehals W, dem eine vermietete Jugendstilvilla in Dresden gehört, verspricht »pflichtschuldigst« seinem früheren Parteigenossen P die Schenkung der Immobilie. W hat aus verständlichen Gründen ein weitergehendes Einsehen mit P und vereinbart bei der notariellen Auflassung, nachdem der Eintragungsantrag für die Eigentumsänderung im Grundbuch gestellt wurde, dass er die aufwendige Sanierung noch auf seine Kosten vornehmen werde. Hat P den (damaligen Bedarfs-)Steuerwert der Immobilie vor der Sanierung (0,3 Mio. €) oder nach der Sanierung (3 Mio. €) zu versteuern?

Bei der Immobilienschenkung wird für steuerliche Zwecke, genauer: für die Ausführung i.S.d. § 9 Abs. 1 Nr. 2 ErbStG, ein **Minus an Rechtsveränderung** verlangt, als dies nach § 873 BGB der Fall ist. Zivilrechtlich ist bekanntlich ein Eigentümerwechsel an einem Grundstück erst bei Auflassung und Eintragung im Grundbuch wirksam (sog. zweiaktiger Erwerbstatbestand). Demgegenüber – i.S.e. eigenen steuerlichen Beurteilung – datiert die Rspr. des BFH und der Finanzgerichte den Zeitpunkt der Ausführung gelegentlich anders, als dies nach dem BGB der Fall ist:

Ein bestehendes Anwartschaftsrecht des Käufers (Auflassung und unwiderruflicher Eintragungsantrag des Verkäufers) bzw. die Auflassung und das Vorliegen der Eintragungsbewilligung führen bereits zur Ausführung der Zuwendung einer Immobilienschenkung i.S.d. § 9 Abs. 1 Nr. 2 ErbStG (s. auch R 9.1 Abs. 1 S. 1 und S. 2 ErbStR).

Mit einem anderen Problem der zeitlichen Streckung des Immobilenerwerbs setzte sich der BFH im Urteil vom 02.02.2005 (BStBl II 2005, 312) auseinander. Bekanntlich ist die Auflassung bedingungsfeindlich, während der Eintragungsantrag von Bedingungen abhängig gemacht bzw. von Fristen abhängig gemacht werden kann. Für den Fall, dass der Beschenkte von der Eintragungsbewilligung erst zu einem späteren Zeitpunkt (als dem der Auflassung) Gebrauch machen kann, stellt der BFH konsequent für die Frage der Ausführung erst auf den letzteren Zeitpunkt ab.

Voraussetzung für einen eigenen, steuerlichen Entstehungszeitpunkt ist allerdings immer, dass es tatsächlich zur Eintragung im Grundbuch kommt (BFH vom 24.07.2002, BStBl II 2002, 781: Bei missglückter Grundbuchumschreibung liegt keine Rückschenkung vor).

In einer aktuellen und lesenswerten Entscheidung des BFH vom 27.04.2005 (BFH/NV 2005, 2312) wurden sowohl Direktanteile an einem Grundstück wie auch Anteile an

---
314 S. hierzu nochmals BFH vom 27.08.2003, BStBl II 2003, 921 zu den betagten Forderungen bei (gestundeten) Versicherungsansprüchen.
315 S. auch R 9.1 Abs. 1 S. 2 ErbStR.

einer grundstücksverwaltenden GbR einem – wirksam vertretenen – minderjährigen Kind geschenkt, wobei die Genehmigung des Ergänzungspflegers fehlte. Während der BFH für die Schenkung der Grundstücksanteile eine Mitwirkung des Ergänzungspflegers für nicht erforderlich hielt und mit der Auflassung und dem unwiderruflichen Eintragungsantrag die Ausführung der Grundstücksschenkung gem. § 9 Abs. 1 Nr. 2 ErbStG bejahte, fiel das Urteil zur Schenkung der GbR-Anteile anders aus: Die unterlassene Mitwirkung des Ergänzungspflegers, die bei einem In-sich-Geschäft zwischen den Eltern als unmittelbare Vertragspartner und gleichzeitig als Vertreter des Kindes zivilrechtlich geboten ist (§ 181 BGB), führt zu einem rückwirkenden Wegfall der Schenkungsteuer (§ 175 Abs. 1 Nr. 2 AO).

Nach einer früheren BFH-Erkenntnis soll die bei einer formwirksam vollzogenen Schenkung (Auflassung und Eintragungsbewilligung) getroffene zusätzliche Vereinbarung anlässlich eines späteren Eigentumsübergangs auch für den (sodann späteren) Zeitpunkt – und Wert – der Ausführung nach § 9 ErbStG bestimmend sein.[316]

> **Lösung:** Hat sich der Schenker vorbehalten, die Sanierung der Immobilie auf seine Kosten vorzunehmen, so ist in steuerlicher Hinsicht weder die Auflassung noch die Eintragungsbewilligung der maßgebliche Zeitpunkt, sondern – unter dem Gesichtspunkt der Bereicherung und Entreicherung – die Übergabe des sanierten Objekts.[317] Konsequenterweise bemisst sich die Bereicherung gem. §§ 10, 11 ErbStG nach den Wertverhältnissen nach abgeschlossener Sanierung. P hat den Bedarfswert von 3 Mio. € der Schenkungsteuer zu unterwerfen. Der BFH hat am 22.09.2004 (BFH/NV 2005, 213) ebenfalls in diesem Sinne entschieden.

Immer wieder problematisch ist der Zuwendungszeitpunkt bei geschenkten **atypischen** Beteiligungen an **Innengesellschaften**. Das FG Niedersachsen hat im Urteil vom 29.09.2011 (EFG 2012, 46) die Ausführung bei einer geschenkten atypischen stillen Beteiligung auf den Zeitpunkt der **Einbuchung** dieser Beteiligung datiert. Im Unterschied dazu ist eine typisch stille Beteiligung dann zugewendet, wenn dem Beschenkten tatsächlich Gewinnausschüttungen zufließen.

2.2 Sonderproblematik des § 11 ErbStG

Noch gravierender sind die Steuerfolgen, wenn es zu **Wertveränderungen** des vererbten bzw. verschenkten Vermögens zwischen dem steuerlichen Bewertungsstichtag nach § 11 ErbStG i.V.m. § 9 ErbStG und der Bekanntgabe des Steuerbescheides kommt.

> **Beispiel 5: Die »Lehman-Brothers« im EStG (und im ErbStG) oder die steuerliche Berg- und Talfahrt**
> Der Börsenspekulant G hatte erfolgreiche Jahre (2006/2007) hinter sich. Durch geschickte An- und Verkäufe der Bestände verzehnfachte er seinen Aktiendepotwert von 200 T€ auf 2 Mio. €. Eine betriebsnahe Veranlagung wurde durch das Wohnsitz-FA des G durchgeführt, nachdem sich hierzu in seiner im Juni 2008 abgegebenen ESt-Erklärung für das Jahr 2007 keine Angaben befanden. Daraufhin forderte das FA nicht nur Spekulationsgewinne nach, sondern leitete am

---

316 BFH vom 08.02.2000 (BFH/NV 2000, 1095). Im Klartext wurde die Regelung von § 9 Abs. 1 **Nr. 1 Buchst. a** ErbStG für Erwerbe auf Schenkungen erstreckt (im Zweifel ist die Fristsetzung entscheidend).
317 FG Düsseldorf vom 08.11.2000 (EFG 2001, 150).

01.09.2008 auch ein Strafverfahren wegen Steuerhinterziehung ein. Die Eröffnung erlebte G nicht mehr. Alleinerbin und Witwe W mit dem alleinigen Aktien-Nachlass freute sich zunächst über den unerwarteten Vermögensanfall. Als sie die Papiere zur Begleichung der Erbschaftsteuer im März 2009 verkaufen wollte, musste sie feststellen, dass diese zwar am Todestag (30.09.2008) noch 2 Mio. € wert waren, im März 2009 jedoch wieder den Ausgangswert von 200 T€ erreicht hatten.

Mit der gesetzlichen Festlegung nach § 11 ErbStG (Bewertungsstichtag hängt von der Steuerentstehung ab) können erdrosselnde Wirkungen verbunden sein, wenn das ererbte und nicht aufgezehrte Nachlassvermögen nicht einmal zur Begleichung der Erbschaftsteuerschuld ausreicht. Fraglich ist, ob sodann andere steuerliche Maßnahmen ergriffen werden können.

Lösung: Die richtig berechnete Erbschaftsteuerschuld für W beträgt 234.403 €.[318] Von 2 Mio. € (Todeszeitpunkt) wurde zunächst die Grabpflegepauschale gem. § 10 Abs. 5 Nr. 3 ErbStG von 10.300 €, sodann der Freibetrag nach § 16 Abs. 1 Nr. 1 ErbStG i.H.v. 500 T€ und schließlich der Versorgungsfreibetrag nach § 17 Abs. 1 ErbStG i.H.v. 256 T€ abgezogen. Dies ergab einen steuerpflichtigen Erwerb von 1.233.700 €, der bei einem Steuersatz von 19 % zu einer Steuer von 234.403 € führt.
Sämtliche Versuche, das Stichtagsprinzip aufzuweichen, sind fehlgeschlagen.[319] Die immer wieder geforderte Billigkeitsmaßnahme wegen sachlicher Unbilligkeit nach § 227 AO (bzw. der Erlass nach § 163 AO) scheitert aber solange, wenn nicht – ganz ausnahmsweise – der Steuerforderung **erdrosselnde** Wirkung nach Art. 14 GG zukommt.

Für einen vergleichbaren Fall des Aktienerwerbs eines Vermächtnisnehmers, bei dem sogar das FA eine Mitschuld am Kursverfall trifft (verzögerte Herausgabe der Unbedenklichkeitsbescheinigung), hat das FG München im Urteil vom 24.07.2002 (EFG 2002, 1493) den Antrag auf Erlass nach § 163 AO als unbegründet zurückgewiesen.

2.3 Planungshorizonte bei der Schenkung (insbesondere von Unternehmensvermögen)

Wegen der im Voraus feststehenden (Schenkung-)Steuerschuld und der damit verbundenen Bewertung lässt sich der Rechtsverkehr auf entsprechende Dispositionen ein bzw. unterlässt Übertragungen, wenn sie zu einer überflüssigen Steuer führen. Dabei wird eine (virtuelle) Zeitachse erstellt, der Null-Punkt ist der Tag der Steuerentstehung und die Planungsfelder (bzw. -horizonte) betreffen die Zeitschiene vor und nach dem Tag der entstandenen Steuer.

Am Beispiel der Übergabe eines Einzelunternehmens werden sich die Überlegungen **vor der Ausführung der Schenkung** (Entstehungszeitpunkt) um folgende Zeiträume (-punkte) drehen:

Zehn Jahre:	Vermeidung der Zusammenrechnung von Vorschenkungen (§ 14 ErbStG)
Fünf Jahre:	Ausgangspunkt für die Berechnung der Lohnsumme
Drei Jahre:	Ausgangspunkt für die Berechnung der Durchschnittserträge

---

318 Dies gilt vorbehaltlich des Härteausgleiches nach § 19 Abs. 3 ErbStG und vorbehaltlich der ESt-Schulden des G, die als Nachlassverbindlichkeiten gem. § 10 Abs. 5 Nr. 1 ErbStG abzugsfähig sind.
319 S. BFH vom 13.05.1998 (BFH/NV 1998, 721 – »Silberspekulation«).

Nach der durchgeführten Übergabe des Betriebes sollte zeitlich berücksichtigt werden:

Bis zur Bestandskraft des Steuerbescheides:	Entscheidung über die konkrete Option (§ 13a Abs. 8 ErbStG)
Fünf Jahre:	Vermeidung der Nachversteuerung nach § 13a Abs. 5 ErbStG (Grundoption)
Sieben Jahre:	Nachversteuerung Alternative (§ 13a Abs. 8 ErbStG)
Zehn Jahre:	Vermeidung der Zusammenrechnung von Nachschenkungen

Hinweis: Nach dem ErbStRG (2008) ergibt sich ein Gesamtüberwachungszeitraum für Betriebsinhaber (und deren Nachfolger) von **20 Jahren**, der nach aktuellem Rechtsstand auf maximal zwölf Jahre (Regelfall: zehn Jahre) reduziert wurde.

3 Die Bewertung des Vermögens im Erbschaftsteuergesetz

3.1 Vorbemerkung (inklusive Verfahrensfragen)

§ 12 Abs. 1 ErbStG und § 2 BewG legen für die Erbschaft- und Schenkungsteuer fest, dass als Übertragungsgegenstand für Zwecke der (Einheits-)Bewertung die »**wirtschaftliche Einheit**« definiert wird.

Als solche kommen nach dem Aufbau des BewG drei Kategorien in Betracht:

1. der Betrieb der Land- und Forstwirtschaft,
2. beim Grundvermögen das Grundstück und
3. beim BV der Gewerbebetrieb (inkl. des »neuen« Begriffs des Verwaltungsvermögens).

Daneben können **einzelne WG** (wie z.B. Wertpapiere, Kapitalforderungen, Nutzungsrechte, Geld, Schmuck) übergeben werden, soweit es sich dabei um **Privatvermögen** (PV) handelt.[320] Für sämtliche Übergabegegenstände gibt es eigene Bewertungsansätze. Abgesehen von den wirtschaftlichen Einheiten werden

- der Kurswert (bei börsennotierten Wertpapieren gem. § 11 Abs. 1 BewG),
- der Nennwert (bei Kapitalforderungen, Darlehensansprüchen und Zahlungsmitteln = Nominalbetrag),
- der Kapitalwert (bei wiederkehrenden Nutzungen § 14 BewG; s. Exkurs)

sowie grundsätzlich

- der gemeine Wert (§ 9 Abs. 1 BewG) angesetzt.

---

320 Für den Fall, dass der übergebene Gegenstand mehreren Personen zusteht, wird der nach § 3 BewG ermittelte Bedarfswert den Beteiligten im Verhältnis ihrer Anteile zugeteilt.

Exkurs: Tabellarische Übersicht zur **Bewertung wiederkehrender Nutzungen und Leistungen** (§§ 13 f. BewG[321])

Zeitkorridor	Immerwährend	Unbestimmte Dauer	Lebenslang (z.B. Leibrenten)	Bestimmte Zeit (z.B. Rente auf Zeit)
Rechtsgrundlage	§ 13 Abs. 2, 1. Alt. BewG	§ 13 Abs. 2, 2. Alt. BewG	§ 14 BewG	§ 13 Abs. 1 BewG
Bewertung: Jahreswert (§§ 15, 16 BewG)				
Vervielfältiger	18,6	9,3	Sterbetafel	Anlage 9a

Ergebnis: **Gemeiner Wert der jeweiligen Nutzung/Leistung**

Beispiel 5a:
Am Todestag verfügt die **Erblasserin (EL)** über folgende Vermögensgegenstände:
- Aktien – mit 10.000 € nominal am Grundkapital der X-AG i.H.v. 800.000 € beteiligt – im Streubesitz; die Aktien erzielen am Todestag an der Börse in Frankfurt einen Kurswert von 180 % und an der Börse in Hamburg einen Kurswert von 180,5 %;
- Festverzinsliche Wertpapiere (Bundesanleihe à 12.000 €) mit einem Kurswert von 96 %;
- Bargeld und Bankguthaben i.H.v. 11.235 €;
- EL hatte ihrem Bruder vor einem Jahr ein unverzinsliches Darlehen von 50.000 € gegeben, das in fünf Jahresraten zurückgezahlt werden sollte;
- sie hatte – zusammen mit ihrem Ehemann (jetzt **Alleinerbe**) – Hausrat i.H.v. 40.000 € angeschafft, der jetzt noch 30.000 € wert ist;
- eine Münzsammlung, die von Experten auf 15.000 € geschätzt wird;
- Schmuck im Wert von 13.700 €;
- einen Jahreswagen Golf GTi; lt. Schwacke-Liste: 28.000 €.

Der Witwer versucht sich am Ausfüllen der Erbschaftsteuererklärung.

1. **Aktien**
   Aktien sind gem. § 11 Abs. 1 S. 1 BewG mit dem niedrigsten Kurswert (gehandelt an einer deutschen Börse) anzusetzen: 180 % von 10.000 €   18.000 €

2. **Festverzinsliche Wertpapiere**
   Festverzinsliche Wertpapiere sind (ggf. inkl. der bis zum Todestag angefallenen Stückzinsen) mit dem Kurswert anzugeben:
   96 % von 12.000 €   11.520 €

3. **Bargeld und Bankguthaben**
   Gem. § 12 Abs. 1 S. 1 BewG sind Kapitalforderungen mit dem Nennwert anzusetzen: 11.235 €

---

[321] S. auch *Rümelin*, BewR-Rep. (2010); *Bannas*-Rep. (Übersicht 6 zum BewR).

4. Sonstige Forderungen
Die Darlehensforderung gegen den Bruder ist gem. § 12 Abs. 3 BewG mit dem Wert anzugeben, der nach Abzug von Zwischenzinsen und Zinseszinsen verbleibt (m.a.W: dem Kapitalwert). Hierbei ist der jeweilige Kapitalwert der Anlage 9a BewG zu entnehmen.
Da die Restlaufzeit des Darlehens vier Jahre beträgt, ist die Forderung mit dem Faktor Kapitalwert 3,602 abzuzinsen:
3,602 x 10.000 € (50.000 €/4 Jahre Restlaufzeit)   36.020 €

5. Münzen
Für Münzen gibt es keinen Freibetrag, während es für nachfolgend aufgeführte Gegenstände einen **Freibetrag von 12.000 €** gibt, falls der Erwerber der StKl. I angehört (§ 13 Abs.1 Nr. 1b ErbStG):
- Schmuck,
- Musikinstrumente,
- Tiere,
- Pkw,
- Boote etc.

Der folglich hier anzusetzende gemeine Wert beträgt: 15.000 €

6. Schmuck
Für Schmuck gibt es einen Freibetrag für den Ehegatten i.H.v 12.000 € (s. oben), so dass von dem Wert des Schmucks (13.700 €) 12.000 € abgezogen werden: 1.700 €

7. Kfz
Der Golf fällt eigentlich unter die Freibetragsregelung; nachdem der Freibetrag schon beim Schmuck berücksichtigt wurde und er insgesamt nur einmal beansprucht werden kann, gilt für den Golf-GTi der »Schwacke-Wert« (= gemeiner Wert):   28.000 €

8. Hausrat
Für den Hausrat, wozu auch Wäsche und Kleidungsstücke zählen, gibt es einen eigenen Freibetrag von 41.000 €, falls die Erwerber der StKl. I angehören (ansonsten 12.000 €).   0 €

Lösung: Der steuerpflichtige Erwerb des Alleinerben beziffert sich auf **121.475 €** (18.000 €, 11.520 €, 11.235 €, 36.020 €, 15.000 €, 1.700 €, 28.000 €).

Exkurs: Ein illustrativer Fall zur **Bewertung** ist der ErbSt-Klausur des Termins 2006/2007 (= altes Recht) zu entnehmen. Auszugsweise wird der nachfolgende Fall wiedergegeben:

Fall:
Der Erblasser RR (Todestag: 23.01.2005) hatte am 11.11.2004 aufgrund eines notariell beurkundeten Kaufvertrages im Zentrum von Berlin eine (unbebaute) Baulücke mit 5.000 qm gegen eine Leibrente von F (geb. am 07.09.1996) erworben. RR wollte die Baulücke mit einem Supermarkt bebauen. Da die Baupläne nicht genehmigt wurden, verkaufte er das Grundstück mit notarieller Urkunde vom 30.12.2004 zum Preis von 7 Mio. € an P, welcher das Grundstück zur Abrundung eines Bauensembles benötigte. Der Übergang von Nutzen und Lasten erfolgte zum 01.01.2005. RR hatte von P den Kaufpreis noch nicht erhalten.

Der Eigentumswechsel wurde am 27.01.2005 in das Grundbuch eingetragen. Der Bodenrichtwert für unmittelbar anliegende und gleichartige Grundstücke wurde vom Gutachterausschuss in Berlin zum 01.01.1996 auf 2.000 DM/qm bestimmt.
Sonstiges Vermögen:
a) Im Dezember 2004 hatte RR einen Kleinwagen bestellt. Der Wagen kostete 17.000 €. Bei der Bestellung musste RR 7.000 € anzahlen. Der Wagen wurde in der zweiten Februarwoche des Jahres 2005 geliefert und nach Restzahlung des Erben von diesem auch genutzt.
b) RR hatte zum Todeszeitpunkt ein Bankguthaben von 1 Mio. € in der Form eines Festgeldes. Das Festgeld wurde mit 6 % jährlich verzinst; die Zinsen waren jeweils zum 31.12. eines Jahres fällig.
Daneben hatte RR noch ein unverzinsliches Girokonto, das zum Todeszeitpunkt ebenfalls einen Stand von 1 Mio. € aufwies.

Lösung:
a) **Bewertung der Baulücke als Nachlassgegenstand:**
   Das Haupt- und Verständnisproblem dieses Falles besteht in der sachenrechtlichen Vorfrage des **Immobilienerwerbs als zweiaktiger Erwerbstatbestand**, der – nach der Auflassung – erst mit der Eintragung im Grundbuch vollzogen ist (§ 873 BGB). Ein erbschaftsteuerliches Problem tritt immer dann auf, wenn sich der Immobilienerwerb zwischen zwei »Rechtsleben« vollzieht oder mit anderen Worten, wenn zwischen Auflassung und Grundbucheintragung der Tod des Käufers (bzw. des Verkäufers) liegt. Diesen Sachverhalt galt es hier beim Weiterverkauf des Grundstücks in Berlin zu beurteilen.
   Ganz allgemein sollte man sich bei einem **Immobilienerwerb** – und insb. im Bereich einer Erbschaftsteuerklausur – folgende **Zeitachse** vergegenwärtigen:
   (1) notarieller Kaufvertrag als Abschluss des schuldrechtlichen Verpflichtungsgeschäftes (§§ 433, 311b BGB),
   (2) notarielle Auflassung als 1. Teil des sachenrechtlichen Vollzugsgeschäfts (zeitlich meist identisch mit dem Kaufvertrag, § 873 BGB i.V.m. § 925 BGB) und
   (3) die Eintragung des neuen Eigentümers im Grundbuch als 2. Teil des sachenrechtlichen Vollzugsgeschäfts (§ 873 BGB).
   Das Erbschaftsteuerrecht – ausgelöst durch § 9 Abs. 1 Nr. 1 S. 1 ErbStG – folgt hier dem Zivilrecht. Danach sind grundsätzlich bei einem **Immobilienerwerb zwischen zwei Rechtsleben** noch nicht die Bewertungsgrundsätze für Grundvermögen (vgl. auch § 138 Abs. 1 S. 1 BewG i.V.m. § 12 Abs. 3 ErbStG) zu berücksichtigen, sondern es sind die gegenseitigen vertraglichen Ansprüche bzw. Verpflichtungen der Bewertung mit dem gemeinen Wert (§ 12 BewG) zuzuführen.
   aa) Ansatz des **Kaufpreisanspruchs:**
       Nach §§ 9, 11 ErbStG i.V.m. § 12 Abs. 1 BewG ist der gemeine Wert der Kaufpreisforderung zu berücksichtigen.
       Der Anspruch gegen P gem. **§ 433 Abs. 2 BGB** ist grundsätzlich mit 7 Mio. € anzusetzen. Da es sich hier um eine Kapitalforderung handelt, ist § 12 Abs. 1 BewG lex specialis gegenüber § 9 Abs. 2 S. 3 BewG. Das persönliche Interesse des P wird bewertungsrechtlich beim Aktivposten »Forderung« verdrängt durch § 12 Abs. 1 BewG (Nennwert).
       Ansatz der **Forderung** mit **7 Mio. €**.
   bb) Die Bewertung der **Sachleistungsverpflichtung** nach **§ 433 Abs. 1 BGB** auf Eigentumsverschaffung folgt hingegen § 9 Abs. 2 S. 3 BewG (Ansatz ohne Berücksichtigung des persönlichen Interesses des P), da § 12 BewG insoweit keine Spezialregelung beinhaltet.

Der gemeine Wert selbst ist dem Kapitalwert der Leibrentenverpflichtung zu entnehmen, die mit 6.139.500 € angesetzt wurde.
Ansatz der Schuld mit **6.139.500 €**.

b) Sonstige Nachlassgegenstände (Rohvermögen)
aa) Kaufvertrag Pkw: Vermögensgegenstand?
Bei identischer Thematik (erbschaftsteuerliche Beurteilung eines schwebenden Geschäfts) ist auch hier nur als Aktivposten der (Sachleistungs-)Anspruch – und nicht der Gegenstand selbst – zu bewerten. Gem. § 9 Abs.1 BewG ist dieser mit **17.000 €** anzusetzen.
Eine sachliche Befreiung nach § 13 Abs. Nr. 1b ErbStG kommt aus diesem Grund (Gegenstand: Forderung und nicht der Pkw) ebenfalls nicht in Betracht.
bb) Schuld (§ 10 Abs. 5 Nr. 1 ErbStG i.V.m. § 12 Abs. 1 BewG):
Die Verpflichtung, den Restkaufpreis zu zahlen, ist zum Abzug zu bringen: ./. 10.000 €
cc) Geldkonten
(1) das Festgeldkonto ist mit dem Nennwert (1 Mio. €) anzusetzen;
    der Zinsanspruch bis zum Todeszeitpunkt (23/365 von 60.000 €
    = 3.780,82 €) ist ebenfalls zu erfassen: 1.003.780,82 €
(2) das Girokonto ist eine Kapitalforderung: + 1.000.000,00 €

insgesamt: **2.003.780,82 €**

Besondere Probleme – jeweils mit einer langen Entstehungsgeschichte – bereiten die wirtschaftlichen Einheiten, von denen nachfolgend das Grundvermögen und der Gewerbebetrieb näher untersucht werden.

3.2 Die Bewertung des Grundvermögens

3.2.1 Altfassung – Grundzüge

In einem gesonderten Feststellungsverfahren war der Grundbesitzwert nach altem Recht zu ermitteln (sog. **Bedarfsbewertung**). Dabei sind die Wertverhältnisse zum 01.01.1996 noch für weitere elf Jahre (**bis 31.12.2006**) fortgeschrieben und – modifiziert – bis Ende 2008 beibehalten worden.

Zum Grundvermögen gehör(t)en nach § 68 Abs. 1 BewG Grund und Boden, Gebäude einschließlich sonstiger Bestandteile[322]; Erbbaurecht und Wohnungseigentum werden dem Grundvermögen gleichgestellt. Entsprechend der konkreten Nutzung (wurden) werden Grundstücke des BV und des L + F-Vermögens herausdifferenziert und nicht als (privates) Grundvermögen behandelt.

Wichtig war in diesem Zusammenhang, dass ein Grundstück bei einer **betrieblichen Nutzung** von **> 50 % komplett** als Betriebsgrundstück nach § 99 Abs. 2 BewG erfasst wurde.[323]

Der Gesetzgeber des JahrStG 1997 hatte mit der Neubewertung ein **duales** System eingeführt. Danach wurden – in typisierender Betrachtung – unbebaute Grundstücke auf der Basis von Bodenrichtwerten und bebaute Grundstücke nach einem Ertragswertverfahren auf der Basis der Nettokaltmiete bewertet. Für sonstige Grundstücke, auch Industrie- oder Spezialgrundstücke genannt, griff nach § 147 BewG eine Sonderregelung.

---

322 Umgekehrt gehören insb. Betriebvorrichtungen nach § 68 Abs. 2 BewG nicht zum Grundvermögen.
323 Diese Regelung weicht vom Bilanzrecht ab (vgl. R 4.2 Abs. 8–10 EStR), s. hierzu *Kölpin*, Band 2, Teil A Kap. III 1.2.4.

3.2.2 Neufassung – Überblick (s. auch zu den ErbStR: ZEV 2012, 17 ff.)

Die neuen Vorschriften für die Bedarfsbewertung des Grundvermögens befinden sich in einem neu geschaffenen sechsten Abschnitt des Zweiten Teils des BewG (s. § 157 i.V.m. §§ 176 bis 198 BewG). Die »alte« Bedarfsbewertung (s. Kap. 3.2.1) ist ab 01.01.2009 nur noch bei der Grunderwerbsteuer anzuwenden. Damit existieren zwei verschiedene Bedarfswert-Bewertungsverfahren.

Nach der allgemein gehaltenen Vorschrift des § 157 BewG (nahezu identisch mit § 138 Abs. 1 bis 3 BewG a.F.) kommen bei der Bewertung die aktuellen tatsächlichen Verhältnisse zum Bewertungsstichtag zur Anwendung.

Ergebnis der Bedarfsbewertung für die wirtschaftlichen Einheiten des Grundvermögens ist der **Grundbesitzwert** (s. § 157 Abs. 3 S. 1 BewG). Für unbebaute und bebaute Grundstücke, für das Erbbaurecht, für Gebäude auf fremdem Grund und Boden und für Grundstücke im Zustand der Bebauung ist die Öffnungsklausel nunmehr zentral in § 198 BewG verankert (bisher § 138 Abs. 4 BewG).

Der **Umfang** der wirtschaftlichen Einheit richtet sich nach § 157 Abs. 3 S. 1 i.V.m. § 176 BewG (s. Kap. 4.2). Die Umschreibung der Vermögensart »Grundvermögen« wird nunmehr durch § 176 BewG in einer »eigenen« Vorschrift für die Bedarfsbewertung geregelt und entspricht inhaltlich – dem im Rahmen der Einheitsbewertung anzuwendenden – § 68 BewG.

Bewertungsmaßstab ist der gemeine Wert (§ 177 BewG) = Verkehrswert (§ 194 BBauG).

Am 01.07.2010 ist die »Immobilienwertermittlungsverordnung – **ImmoWertV**« (vom 19.05.2010, BGBl I 2010, 639) in Kraft getreten, die die Wertermittlungsverordnung vom 06.12.1988 (WertV 1988) ablöst.[324] Überall dort, wo Verkehrswerte von Grundstücken, ihrer Bestandteile sowie des Zubehörs ermittelt werden, richtet sich das Verfahren jetzt nach den neuen, in der ImmoWertV enthaltenen Vorschriften. Ein wichtiges Beispiel für die relevanten Daten sind die Bodenrichtwerte, die für die steuerliche Bewertung von besonderer Bedeutung sind (vgl. § 145 Abs. 3, § 179 BewG). »Regelungstechnisch« ergänzt die ImmoWertV die einschlägigen Vorschriften des Baugesetzbuchs (vgl. §§ 192 ff. BauGB).

3.2.3 Unbebaute Grundstücke

Unbebaute Grundstücke werden gem. § 179 BewG nach ihrer Fläche und dem zuletzt vorliegenden Bodenrichtwert bewertet.

> Der Wert eines unbebauten Grundstücks ergibt sich daher aus
> **qm × Bodenrichtwert**

Der frühere Pauschalabschlag von 20 % ist im neuen Recht entfallen.

Im BeitrRLUmsG vom 07.12.2011 (BGBl I 2011, 2592) ist mit dem neu eingefügten § 179 Satz 4 BewG der Fall geregelt worden, dass kein Bodenrichtwert ermittelt wurde. Dann ist der Wert aus vergleichbaren Flächen abzuleiten.

---

324 Hierzu *Drosdzol*, ZEV 2010, 403.

3.2.4 Bebaute Grundstücke

Im Gegensatz zur alten Einheitsbewertung nach § 75 BewG (Einstufung als Geschäftsgrundstück, Mietwohngrundstück oder dgl.) unterschied die Bedarfsbewertung (bis einschl. 2008) nicht nach Grundstücksarten.

Im Unterschied zur bisherigen Bedarfsbewertung wird bei bebauten Grundstücken nach § 181 BewG wieder zwischen verschiedenen Grundstücksarten unterschieden. Die Zuordnung in eine der sechs Grundstücksarten ist daher zwingend vorzunehmen. Die Arten der bebauten Grundstücke sind in § 181 Abs. 1 Nr. 1 bis 6 BewG erschöpfend aufgezählt. Folgende Grundstücksarten sind in § 181 Abs.1 BewG aufgeführt:

Ein- und Zweifamilienhäuser	(Nr. 1)	bis zu zwei Wohnungen/ > 50 % Wohnzwecke
Mietwohngrundstücke	(Nr. 2)	> zwei Wohnungen/> 80 % Wohnzwecke
Wohnungs- und Teileigentum	(Nr. 3)	s. WEG (Sondereigentum + Gemeinschaftseigentum)
Geschäftsgrundstücke	(Nr. 4)	> 80 % gewerbliche/öffentliche Nutzung
Gemischt genutzte Grundstücke	(Nr. 5)	Abgrenzung zu Nr. 1–4
Sonstige bebaute Grundstücke	(Nr. 6)	alle übrigen Grundstücke (z.B. Garagengrundstücke)

Betriebsvorrichtungen sind **nicht** einzubeziehen.

Exkurs: Betriebsvorrichtungen

(1) Allgemeines

Betriebsvorrichtungen sind Maschinen und sonstige Vorrichtungen aller Art, die zu einer **Betriebsanlage** gehören (§ 68 Abs. 2 Nr. 2 BewG) und – im Zweifel – dem Betrieb dienen. Sie sind (und bleiben) Betriebsvorrichtungen auch dann, wenn sie wesentliche Bestandteile des Grundstücks (Gebäudes) sind. Sie werden ertragsteuerlich als **bewegliche WG** behandelt.

Die Abgrenzung der Betriebsvorrichtungen von Gebäude(-bestandteilen) stellt die Hauptaufgabe dar und ist von der Verwaltung mittels eines gleich lautenden Ländererlasses im Jahre 1992 (BStBl I 1992, 342) geleistet worden. Die nachfolgende Darstellung orientiert sich an diesem Erlass und ergänzt ihn um die zwischenzeitlichen Änderungen. Der Erlass ist am 15.03.2006 durch einen 2. (wiederum gleich lautenden) Ländererlass ersetzt worden (BStBl I 2006, 314). Dieser ist nunmehr in eine Abgrenzung der Gebäude, der Gebäudebestandteile sowie der Außenanlagen untergliedert.

Die Abgrenzung zwischen Grundbesitz und Betriebsvorrichtungen ist für folgende Steuern (Steuerfragen) von Bedeutung:

a) Im Einkommen- bzw. (Bilanz-)Steuerrecht werden Betriebsvorrichtungen (nachfolgend BVO) als bewegliche WG angesehen und entsprechend abgeschrieben (§ 7 Abs. 1 und 2 EStG); es kommt zu keiner Gebäudeabschreibung nach § 7 Abs. 4 und 5 EStG.

b) Für Zwecke der **Erbschaftsteuer** werden BVO bewertungsrechtlich mit dem gemeinen Wert (§ 109 BewG) erfasst.

c) Konsequenterweise unterliegen sie weder der Grundsteuer noch der Grunderwerbsteuer (§ 2 Abs. 1 S. 2 Nr. 1 GrEStG).

d) Bei der Vermietung von Grundbesitz ist der auf BVO entfallende Vermietungsumsatz umsatzsteuerpflichtig (§ 4 Nr. 12 S. 2 UStG).
e) Auch eine nur geringfügige Mitvermietung von BVO steht der sog. erweiterten Grundstückskürzung nach § 9 Nr. 1 S. 2 GewStG entgegen (BFH vom 17.05.2006, DStR 2006, 1363).

(2) Entschiedene Fälle aus der Rspr.

Sachverhalt	BFH-Urteil vom	BVO (ja)	BVO (nein)
Alarmanlagen in Tresoranlagen	28.10.1999, BStBl II 2000, 150	x	
Arbeitszimmer	11.06.1997, BStBl II 1997, 774		x
Blitzschutzanlage	28.09.2000, BStBl II 2001, 137		x
Brandmeldeanlage, allgemein	13.12.2001, BStBl II 2002, 310		x
Brandmeldeanlage, falls von Materialien Brandgefahr ausgeht	13.12.2001, BStBl II 2002, 310	x	
Einbruchmeldeanlage	30.10.1997, BFH/NV 1989, 623		x
Fettabscheider	19.08.1998, BStBl II 1999, 18	x	
Feuerlöschanlagen (Gebäudeschutz)	18.09.1996, BFH/NV 1997, 213		x
Hausanschlussstationen	30.03.2000, BStBl II 2000, 449	x	
Lärmpegel (Schutzstöpsel)	15.06.2005, BStBl II 2005, 688		x
Lüftungs-/Beleuchtungsanlagen, ausgerichtet auf das Gewerbe	09.08.2001, BStBl II 2002, 100	x	
Regal-/Schrankwände (Apotheke)	24.03.2006, DStRE 2006, 1398	x	
Rohrleitungen (-Netz)	25.05.2000, BStBl II 2000, 628	x	
Satellitenempfangsanlagen	25.05.2000, BStBl II 2001, 365	x	
Späneofen (Tischlerei)	07.09.2000, BStBl II 2001, 253		x
Tankstellenüberdachung	28.09.2000, BStBl II 2001, 137		x
Tennisplätze, allgemein	16.05.1995, BStBl II 1995, 750		x
Tennisplätze, besondere Spielfelder (Ballfangnetze etc.)	08.11.1995, BFH/NV 1996, 440	x	
Umformerstation (Fernwärme)	25.05.2000, BStBl II 2000, 628	x	
Wärmerückgewinnungsanlage	05.09.2002, BStBl II 2002, 877		x

3.2.4.1 Verfahrensgrundsätze für die Bewertung von Grundstücken

In Anlehnung an die anerkannten Verfahren zur Verkehrswertermittlung sind unterschiedliche Bewertungsverfahren anzuwenden. Der gemeine Wert eines Grundstücks kann danach nach dem Vergleichswertverfahren, dem Ertragswertverfahren oder dem Sachwertverfahren ermittelt werden (s. § 182 Abs. 1 BewG). Die Wertermittlung wird unter Beachtung der Grundsätze der Verkehrswertermittlung typisierend geregelt.

Die nach § 181 BewG festgestellte Grundstücksart (s. oben) bestimmt das anzuwendende Bewertungsverfahren (s. *Ramb* in *Rödl/Preißer*, ErbSt-Kommentar, § 12 Tz. 6.3.3.2/3):

Grundstücksarten	Bewertungsverfahren
• Wohnungs- und Teileigentum • Ein- und Zweifamilienhäuser	**Vergleichswert**verfahren (s. § 182 Abs. 2 BewG i.V.m. § 183 BewG)
• Mietwohngrundstücke • Geschäftsgrundstücke und gemischt genutzte Grundstücke, für die sich auf dem örtlichen Grundstücksmarkt eine übliche Miete ermitteln lässt	**Ertragswert**verfahren (s. § 182 Abs. 3 BewG i.V.m. §§ 184 bis 188 BewG)
• Grundstücke i.S.d. § 181 Abs. 2 BewG, soweit ein Vergleichswert nicht vorliegt • Geschäftsgrundstücke und gemischt genutzte Grundstücke, für die sich auf dem örtlichen Grundstücksmarkt eine übliche Miete **nicht** ermitteln lässt • Sonstige bebaute Grundstücke	**Sachwert**verfahren (s. § 182 Abs. 4 BewG i.V.m. §§ 189 bis 191 BewG)

3.2.4.2 Das Vergleichswertverfahren

In Anlehnung an die WertV sieht § 183 BewG zwei mögliche Verfahrensweisen vor:

- die Heranziehung von Vergleichskaufpreisen sowie
- die Anwendung von Vergleichsfaktoren.
    - Bei Anwendung des Vergleichswertverfahrens sind Kaufpreise von Grundstücken heranzuziehen, die hinsichtlich der ihren Wert beeinflussenden Merkmale mit dem zu bewertenden Grundstück hinreichend übereinstimmen. Es ist daher notwendig, **Vergleichsgrundstücke** zu finden, für die ein Kaufpreis bekannt ist. Hierzu ist vorrangig auf die von den Gutachterausschüssen mitgeteilten Vergleichspreise zurückzugreifen. Nachrangig kann auch auf die in der Finanzverwaltung vorliegenden Unterlagen zu vergleichbaren Kauffällen zurückgegriffen werden.
    - Anstelle von Preisen für Vergleichsgrundstücke können auch die von den Gutachterausschüssen für geeignete Bezugseinheiten des Gebäudes (z.B. Raum- oder Flächeneinheiten) ermittelten und mitgeteilten **Vergleichsfaktoren** herangezogen werden (s. § 183 Abs. 2 S. 1 BewG).
    Bei Vorliegen ausreichender Vergleichsfaktoren ermittelt sich der gemeine Wert des Grundstücks wie folgt:

$$\frac{\text{Wertbestimmende Merkmale in €}}{\text{qm} \times \text{Wohn-/Nutzfläche in qm}} = \text{gemeiner Wert}$$

Durch eine **Öffnungsklausel** (§ 198 S. 1 BewG) besteht die Möglichkeit des Nachweises, dass der (tatsächliche) gemeine Wert des bebauten Grundstücks niedriger ist.

3.2.4.3 Das Ertragswertverfahren

Vorbemerkung: Die Darstellung folgt weitgehend der amtlichen Begründung (BT-Drucks. 16/7918 zu den §§ 185 ff. BewG), die an dieser Stelle Kommentarcharakter aufweist.

Das Ertragswertverfahren entspricht im Wesentlichen dem Ertragswertverfahren nach den §§ 15 ff. WertV. Dabei ist vom Bodenwert, der wie bei einem unbebauten Grundstück zu ermitteln ist (§ 179), und dem Gebäudeertragswert (§ 185) auszugehen. Es ist mindestens der Bodenwert anzusetzen. Hierdurch werden komplizierte Wertberechnungen in Fällen erspart, in denen nach Abzug der Bodenwertverzinsung kein Gebäudereinertrag mehr verbleibt (vgl. § 20 WertV). Sonstige bauliche Anlagen, insbesondere Außenanlagen, sind bereits durch den Ertragswert abgegolten. Sonstige besondere wertbeeinflussende Umstände (vgl. z.B. § 19 WertV) werden im Rahmen dieser typisierenden Wertermittlung nicht gesondert ermittelt und angesetzt. Dem Steuerpflichtigen steht der Nachweis des niedrigeren gemeinen Werts nach § 198 BewG offen.

Überblick über das Verfahren (Schema):

	Rohertrag (Jahresmiete bzw. übliche Miete)
	./.
	Bewirtschaftungskosten
	=
	Reinertrag des Grundstücks
	./.
	Bodenwertverzinsung
	=
Bodenrichtwert	Gebäudereinertrag
x	x
Grundstücksfläche	Vervielfältiger
=	=
Bodenwert	**Gebäudeertragswert**

Ertragswert = **Grundbesitzwert**

Erläuterung zu den einzelnen Komponenten:

(1) **Rohertrag** (§ 186 Abs. 1 BewG)	Ausgangsgröße der Bewertung ist der Rohertrag, der inhaltlich mit der Jahresmiete (= **Jahresnettokaltmiete**) i.S.d. § 146 Abs. 2 BewG übereinstimmt. Dadurch wird eine Vereinfachung gegenüber der Ermittlung einer nachhaltig erzielbaren Miete erreicht.
(2) **Bewirtschaftungskosten** (§ 187 Abs. 2 BewG)	Aus Vereinfachungsgründen werden die anzusetzenden Bewirtschaftungskosten nach Erfahrungssätzen bestimmt. Erfahrungssätze werden oft von den Gutachterausschüssen ermittelt. Soweit örtliche Erfahrungssätze nicht zur Verfügung stehen, sind die pauschalierten Bewirtschaftungskosten nach **Anlage 23** zu übernehmen.
(3) **Bodenwertverzinsung** (§ 188 Abs. 2 BewG)	Bei den Liegenschaftszinssätzen handelt es sich um Daten, die für die Verkehrswertermittlung von Grundstücken erforderlich sind. Sie sind aus der Kaufpreissammlung abzuleiten. Die Ableitung der Liegenschaftszinssätze ist Aufgabe der Gutachterausschüsse (§ 193 Abs. 3 BauGB). Oftmals kommen Gutachterausschüsse ihrer Verpflichtung, Liegenschaftszinssätze für das Ertragswertverfahren abzuleiten und mitzuteilen, nur lückenhaft nach. In diesen Fällen sind die hier geregelten Zinssätze anzuwenden.
(4) **Vervielfältiger**	Die Vervielfältiger wurden aus der **Anlage zu § 16 Abs. 3 WertV** übernommen. Maßgeblich für den Vervielfältiger sind der Liegenschaftszinssatz (§ 188) und die Restnutzungsdauer des Gebäudes. Die **Restnutzungsdauer** wird im Allgemeinen nach der wirtschaftlichen Gesamtnutzungsdauer, die in **Anlage 22** typisierend geregelt ist, und dem Alter des Gebäudes zum Bewertungsstichtag ermittelt. Die Regelung des Satzes 5 (Mindestrestnutzungsdauer) berücksichtigt, dass auch ein älteres Gebäude, das laufend instand gehalten wird, nicht wertlos wird.

Beispiel 6: (vgl. *Preißer*, ErbStReform (2009), 209 ff.)
Ein Wohnhaus im Einzugsbereich einer süddeutschen Großstadt ist Ende Dezember 2001 mit elf Einheiten (Gesamtwohnfläche: 900 qm) bezugsfertig geworden und soll Ende 2011 auf die Kinder – ohne Gegenleistung – übertragen werden.
Monatlich werden als – vertraglich vereinbarte – »Nettomieten« 10.000 € überwiesen; die Einheiten sind alle zu gleichen Mietzinsen vermietet.
Das Mietshaus ist auf einer Fläche von 1.500 qm errichtet. Der vom Gutachterausschuss ermittelte Bodenrichtwert/qm beträgt in dieser Gemeinde 600 €.

Lösung:
a) Ermittlung des Bodenwerts
1.500 qm x 600 €   900.000 €

b) Ermittlung des Gebäudeertragswerts
1. Reinertrags des Grundstücks
Rohertrag (12 x 10.000 €)   120.000 €
./. Bewirtschaftungskosten
(lt. Anlage 23/Rest-ND > 60 Jahre/Mietwohngrundstück): 21 %   ./. 25.200 €
Reinertrag des Grundstücks   94.800 €

2. Gebäudereinertrag
Reinertrag   94.800 €
./. Bodenwertverzinsung (5 % von 900.000 €)   ./. 45.000 €
Gebäudereinertrag   49.800 €

3. Gebäudeertragswert
Gebäudereinertrag x Vervielfältiger (lt. Anlage 21: Rest-ND
= 70 Jahre Liegenschaftszins 5 % gem. § 188 Abs. 2 Nr. 1 ErbStG)
= 19,34
Gebäudeertragswert 49.800 € x 19,34   963.132 €

c) Grundstücksertragswert (a) und b))   1.863.132 €

Hinweis: Für zu Wohnzwecken vermietete Grundstücke sieht § 13c ErbStG eine 10 %ige Steuerbegünstigung vor.

3.2.4.4 Das Sachwertverfahren

Vorbemerkung: Die Darstellung folgt auch hier – weitgehend – der amtlichen Begründung (BT-Drucks. 16/7918 zu §§ 189 ff. BewG).

Das Sachwertverfahren entspricht im Wesentlichen dem Sachwertverfahren nach den §§ 21 ff. WertV. Sonstige besondere wertbeeinflussende Umstände (vgl. z.B. § 25 WertV) werden im Rahmen dieser typisierenden Wertermittlung nicht gesondert ermittelt und angesetzt. Dem Steuerpflichtigen steht der Nachweis des niedrigeren gemeinen Werts nach § 198 BewG offen.

Überblick über das Verfahren (im Regelfall: ohne Außenanlagen und sonstige Anlagen):

		Flächenpreis (Regelherstellungskosten)
		x
		Bruttogrundfläche
		=
Bodenrichtwert		Gebäuderegelherstellungswert
x		./.
Grundstücksfläche		Alterswertminderung
=		=
Bodenwert		Gebäudesachwert
	↓ Vorläufiger Sachwert ↓	
	x	
	Wertzahl	
	=	
	Grundbesitzwert	

Erläuterung zu den einzelnen Komponenten:

(1) Regelherstellungskosten (§ 190 Abs. 1 BewG)	Bei der Verkehrswertermittlung von Gebäuden sind nicht die tatsächlichen HK, sondern die gewöhnlichen Herstellungskosten (= Normalherstellungskosten = NHK, vgl. § 22 Abs. 1 WertV) zugrunde zu legen (vgl. Anlage 24). Sie beruhen auf den NHK 2000. Für Zwecke der typisierenden steuerlichen Bewertung werden diese anhand des vom Statistischen Bundesamt ermittelten Baupreisindexes zum 01.01.2007 angepasst. Sofern lediglich Raummeterpreise vorlagen, wurden die Werte in Flächenpreise umgerechnet. Die Regel-HK für Wohnungseigentum wurden aus den NHK des Geschosswohnungsbaus abgeleitet. Die Baunebenkosten wurden eingerechnet. Auf eine Regionalisierung der Regel-HK wurde aus Vereinfachungsgründen verzichtet. Die NHK werden qua VO aktualisiert.

(2) Alterswertminderung (§ 190 Abs. 2 BewG)	Die Alterswertminderung wird regelmäßig nach dem Alter des Gebäudes zum Bewertungsstichtag und einer typisierten wirtschaftlichen Gesamtnutzungsdauer bestimmt, die sich aus der **Anlage 22** ergibt und beispielsweise bei Ein- und Zweifamilienhäusern 80 Jahre beträgt. In begründeten Ausnahmefällen (durchgreifende Instandhaltungsmaßnahmen oder Modernisierungen) ist von einem späteren Baujahr (fiktives Baujahr) auszugehen. Entsprechend kann auch ein früheres Baujahr angenommen werden. Der nach Abzug der Alterswertminderung verbleibende Gebäudewert ist regelmäßig mit **mindestens noch 40 %** des Gebäuderegelherstellungswerts anzusetzen. Diese Restwertregelung berücksichtigt, dass auch ein älteres Gebäude, das laufend instand gehalten wird, einen Wert hat.
(3) Vorläufiger Sachwert	Der Bodenwert und der Gebäudesachwert ergeben einen vorläufigen Sachwert, der erheblich vom gemeinen Wert abweichen kann. Wie bei der Verkehrswertermittlung ist deshalb eine Anpassung zur »Berücksichtigung der Lage auf dem Grundstücksmarkt« (vgl. § 7 Abs. 1 S. 2 WertV) erforderlich, die hier durch Wertzahlen (§ 191 BewG) erfolgt.
(4) Wertzahlen (§ 191 Abs. 1 BewG)	In vielen Fällen stehen für Sachwertverfahren bei der Verkehrswertermittlung geeignete Marktanpassungsfaktoren der Gutachterausschüsse zur Verfügung. Diese Faktoren sind hier vorrangig als Wertzahlen anzuwenden. Die in **Anlage 25** geregelten Wertzahlen für Wohngrundstücke werden in Abhängigkeit von der Höhe des vorläufigen Sachwerts und dem Bodenpreisniveau geregelt (Basis: Gutachterausschüsse). Die pauschalen Wertzahlen beruhen auf der Erwägung, dass mit zunehmender Höhe der Grundstücksinvestitionen zur Abbildung des gemeinen Werts ein wachsender Abschlag vom vorläufigen Sachwert vorgenommen werden muss.

Beispiel 7: (vgl. *Seltenreich/Preißer*, ErbSt-Reform (2009), 213 f.)
Vater V überträgt im Jahre 2011 seinem Sohn S ein 2001 erstelltes unterkellertes Zweifamilienhaus mit Dachgeschoss (nicht ausgebaut). Die Grundstücksfläche beträgt 800 qm, der Bodenrichtwert/qm 280 €. Die überbaute Fläche beträgt 10 m x 10 m. Das Gebäude hat eine mittlere Ausstattung. Ein Vergleichswert liegt nicht vor, ebenso wenig wie geeignete Sachwertfaktoren.

Lösung:
Für die Ermittlung des gemeinen Werts des Grundstücks ist das Sachwertverfahren heranzuziehen, da kein Vergleichswert vorliegt (§ 182 Abs. 4 Nr. 1 BewG).

Bodenwert				
Bodenrichtwert/qm		280 €		
Grundstücksfläche		800 qm		
Bodenrichtwert x Grundstücksfläche				224.000 €
Gebäudewert				
Bruttogrundfläche (BGF) 10 m x 10 m x 4 Geschosse (Keller, EG, 1. OG, DG)		400 qm		
NHK lt. Anlage 24 BewG/BGF		770 €		
Normalherstellungswert des Gebäudes NHK x BGF			308.000 €	
Alterswertminderung Gesamtnutzungsdauer	80 Jahre			
Bewertungsstichtag	2011			
Baujahr	2001			
Alter des Gebäudes	10 Jahre			
Wertminderung (Alter 100/Gesamt-nutzungsdauer)		12,5 %		
	308.000 €	12,5 %	38.500 €	
Gebäudewert			269.500 €	269.500 €
Vorläufiger Sachwert				493.500 €
Wertzahl lt. 191 Abs. 2 i.V.m. Anl. 25 BewG		0,8		
Grundbesitz = gemeiner Wert, vorläufiger Sachwert x Wertzahl				394.800 €

3.2.4.5 Bewertung von Erbbaurechten (und Erbbaugrundstücken)

Gem. § 192 BewG ist die Bewertung von Erbbaurechten auf ein neues Fundament gestellt worden.

Danach sind die Werte für die wirtschaftliche Einheit Erbbaurecht (§ 193 BewG) und für die wirtschaftliche Einheit des belasteten Grundstücks (§ 194 BewG) gesondert zu ermitteln. Für beide gilt vorrangig das Vergleichswertverfahren. Diesem folgt eine finanzmathematische Bewertung, falls keine vergleichbaren Fälle heranzuziehen sind.

3.2.4.5.1 Bewertung von Erbbaurechten (§ 193 BewG)
Die Formel hierfür sieht wie folgt aus:

angemessener Verzinsungsbetrag des Bodenwerts		
./.		
vertraglich vereinbarter jährlicher Erbbauzins		
=		
Unterschiedsbetrag		Gebäudeertrags- oder Gebäudesachwert
x		./. (ggf.)
Vervielfältiger		Gebäudewertanteil des Erbbaugrundstücks
=		=
Bodenwertanteil		Gebäudewertanteil
	Grundbesitzwert	

Anmerkung zum Bodenwertanteil:
Der Bodenwertanteil des Erbbaurechts entspricht dem wirtschaftlichen Vorteil, den der Erbbauberechtigte dadurch erlangt, dass er in vielen Fällen entsprechend den Regelungen des Erbbauvertrags über die Restlaufzeit des Erbbaurechts nicht den vollen Bodenwertverzinsungsbetrag leisten muss. Der Bodenwertanteil kann auch negativ sein, wenn der vereinbarte Erbbauzins höher ist als der bei Neuabschluss zum Bewertungsstichtag übliche Erbbauzins (z.B. infolge stark gefallener Bodenpreise). Die Zinssätze werden typisierend geregelt, weil bislang ungeklärt ist, inwieweit sich regional übliche Erbbauzinssätze herausgebildet haben.

Anmerkungen zum Gebäudewertanteil:
Bei der Minderung des Gebäudewertanteils des Erbbaurechts infolge fehlender Entschädigung bei Ablauf des Erbbaurechts wird typisierend unterstellt, dass das Gebäude infolge der Regelungen über die Mindest-Restnutzungsdauer (§ 185 Abs. 3 S. 5 BewG) und über den Mindest-Gebäudewert im Sachwertverfahren (§ 190 Abs. 2 S. 4 BewG) zu diesem Zeitpunkt noch einen erheblichen Wert hat.

3.2.4.5.2 Bewertung von Erbbaugrundstücken (§ 194 BewG)
Erbbaugrundstücke lassen sich nach folgendem Schema bewerten:

abgezinster Bodenwert des unbelasteten Grundstücks		
+		
über die Restlaufzeit kapitalisierte vereinbarte Erbbauzinsen		
=		
Bodenwertanteil		ggf. abgezinster Gebäudewertanteil
	↓ ↓	
	Grundbesitzwert	

Anmerkungen:
Typisierend werden für die Abzinsung des Bodenwerts die Zinssätze nach § 193 Abs. 4 BewG zugrunde gelegt. Aus Vereinfachungsgründen werden beim Bodenwertanteil nicht die erzielbaren, sondern die zum Bewertungsstichtag vereinbarten Erbbauzinsen angesetzt. Zudem wird auch auf die Regelung eines Marktanpassungsfaktors für diesen Bodenwertanteil verzichtet.

Die Vorschrift regelt den Gebäudewertanteil des Erbbaugrundstücks. Für den Gebäudewertanteil ist der Gebäudeertragswert (§ 185 BewG) oder der Gebäudesachwert (§ 190 BewG) auf den Zeitpunkt des Ablaufs des Erbbaurechts zu ermitteln; der dem Eigentümer entschädigungslos zufallende Wert oder Wertanteil ist auf den Bewertungsstichtag abzuzinsen. Die Mindest-Restnutzungsdauer i.S.d. § 185 Abs. 3 S. 5 BewG und der Mindest-Gebäudewert i.S.d. § 190 Abs. 2 S. 4 BewG sind hierbei entsprechend zu berücksichtigen.

In formeller Hinsicht sind bei Erbbaurechtsfällen Änderungen durch das BeitrRlUmsG vom 07.12.2011 und durch das StVereinfG 2011 zu beachten. Diese betreffen Erklärungspflichten (§ 153 BewG) sowie in materieller Hinsicht die Bewertung allgemein (§ 192 S. 2 BewG n.F.).

3.3 Bewertung des Betriebsvermögens[325]

3.3.1 Grundzüge

Für die **Bewertung** von Unternehmen (**erste Ebene**) ergeben sich deutliche Änderungen gegenüber der alten Rechtslage. Sie sind markiert durch folgende Stichworte:

- **Einheitliche** Bewertung aller Unternehmensträger (Einzelunternehmen, PersG und KapG) inkl. des EU-/EWR-Betriebsvermögens und inkl. der Beteiligungen an den Unternehmensträgern,
- Bewertung mit dem **gemeinen Wert** (Verkehrswert).

---

325 Kritischer Überblick bei *Viskorf*, ZEV 2009, 591 sowie *Piltz*, DStR 2010, 1913 und *Olbrich/Hares/Pauly*, DStR 2010, 1250. S. auch *Corsten/Dreßler*, DStR 2009, 2115.

Die verschiedenen Erkenntnismöglichkeiten (hierfür) sind:
- Verkäufe (innerhalb des letzten Jahres),
- Schätzung,
- andere Methoden: Ertragswertmethode, Stuttgarter Verfahren, IDW-Ertragswertverfahren.

Als Hauptmethode kommt das vereinfachte Ertragswertverfahren (§§ 198 ff. BewG) in Betracht. Mindestens soll aber der Substanzwert (Liquidationswert der Einzel-WG abzüglich der Schulden) angesetzt werden.

Die Bewertung des BV in der jüngeren deutschen Steuergeschichte gleicht einer Odyssee. Bis 1992 wurde für steuerliche Zwecke (des ErbStG, aber auch der Gewerbekapitalsteuer und der Vermögensteuer) eine komplizierte Bewertung durchgeführt, die damals schon die Ermittlung der Teilwerte der einzelnen WG zum Gegenstand hatte.

1993 erfolgte eine radikale Vereinfachung dergestalt, dass die StB die Grundlage für die Bewertung der Einzel-WG lieferte (sog. verlängerte Maßgeblichkeit der StB).

Ausgenommen von dem Bilanzansatz waren lediglich

- Betriebsgrundstücke und
- betriebliche Wertpapiere und GmbH-Geschäftsanteile.

Für Betriebsgrundstücke galt die Bedarfsbewertung gem. der §§ 145 ff. BewG (wie für Wohngrundstücke), bei Wertpapieren wurde der Kurswert angesetzt, für die Beteiligung an nicht börsennotierten KapG galt das sog. Stuttgarter Verfahren.

Das neue Recht geht grundsätzlich von einem vereinfachten Ertragswertverfahren aus, das allerdings nur Klein- und Mittelbetrieben (KMU-Betriebe bis zu einem Jahresumsatz von 32 Mio. €, § 1 Abs. 3 AntBVBewV) vorbehalten ist und nicht zu offensichtlich unzutreffenden Ergebnissen führen darf.[326] Auf der Basis des Jahresertrags (Gewinn nach Betriebsvermögensvergleich) erfolgen Zu- und Abrechnungen, die außerordentliche Faktoren (z.B. einmalige Veräußerungsvorgänge) eliminieren und bei Abzug eines angemessenen Unternehmerlohns und eines durchschnittlichen Ertragsteueraufwands den anzusetzenden Jahresertrag ergeben. Der – für drei Jahre gemittelte – Durchschnittsertrag wird mit einem ursprünglich kalkulierten Kapitalisierungszinssatz von 9 % (4,5 % Basiszinssatz und ebenso hoher Risikozuschlag) multipliziert und ergibt so den gemeinen Wert des Betriebsvermögens. Da als Mindestwert der nach Einzelbewertungsgrundsätzen vorgesehene Substanzwert angesetzt wird, muss immer eine Kontrollbewertung durchgeführt werden.

Im Vergleich zur alten Rechtslage ergibt sich für Familienbetriebe (anderer Ausdruck für Mittel- und Kleinbetriebe oder KMU-Betriebe) auf alle Fälle ein zusätzlicher Aufwand. Dies gilt umso mehr, wenn es sich um ein ertragstarkes Personenunternehmen oder Personenunternehmen mit umfangreichem Immobilienbesitz handelt.

3.3.2 Die Verschonungsebene

Auf einer **zweiten** Ebene erfolgt die Verschonung des Betriebsvermögens. Der Erwerber hat – in grafischer Übersicht – die Auswahl zwischen folgenden Optionen (Näheres s. Kap. 3.4.1):

---

326 S. auch R 199.1 Abs. 5, 6 ErbStR für Fälle, in denen die Finanzverwaltung Zweifel an der Anwendbarkeit des vereinfachten Ertragswertverfahrens hat.

3.3.2.1 Die ursprüngliche Regelung (2009)

Option (1) = die »7/15-Option«	Option (2) = die »10/0-Option«
Verpflichtungen der Unternehmenserben: • Weiterführung des Betriebs für mindestens 7 Jahre • Verwaltungsvermögen < 50 % des Unternehmenswerts • Gesamtlohnsumme (über 7 Jahre) > 650 % der Ausgangslohnsumme	Verpflichtungen der Unternehmenserben: • Weiterführung des Betriebs für mindestens 10 Jahre • Verwaltungsvermögen < 10 % des Unternehmenswerts • Gesamtlohnsumme (über 10 Jahre) ≥ 1000 % der Ausgangslohnsumme
Steuerliche Behandlung: • Teil-Begünstigung des produktiven BV, wobei 15 % endgültig stpfl sind und 85 % zunächst verschont bleiben • Stundung der (85 %igen) ErbSt über sieben Jahre • Erlass von einem Siebtel der für jedes Jahr der Betriebsfortführung bei Freistellung nach sieben Jahren	Steuerliche Behandlung: • Komplett-Begünstigung des produktiven BV zu 100 % • Stundung der 100-prozentigen ErbSt über 10 Jahre = 0 Steuer • Erlass von je 1/10 entsprechend der jährlichen Betriebsfortführung
Bei Kleinbetrieben wird zusätzlich ein Abzugsbetrag i.H.v. 150.000 € gewährt.	

3.3.2.2 Die seit 2010 gültige Regelung

Optionslösung (2010)	
Grundoption = die »5/15-Variante«	**Alternative = die »7/0 – Variante«**
Verpflichtungen der Unternehmenserben: • Weiterführung des Betriebs für mindestens **5 Jahre** • Verwaltungsvermögen < 50 % des Unternehmenswerts • Gesamtlohnsumme (über 5 Jahre) > 400 % der Ausgangslohnsumme	Verpflichtungen der Unternehmenserben: • Weiterführung des Betriebs für mindestens **7 Jahre** • Verwaltungsvermögen < 10 % des Unternehmenswerts • Gesamtlohnsumme (über 7 Jahre) = 700 % der Ausgangslohnsumme
Steuerliche Behandlung: • Teil-Begünstigung des produktiven BV, wobei 15 % endgültig stpfl sind und 85 % zunächst verschont bleiben • Stundung der (85 %igen) ErbSt über **5 Jahre** • Erlass von einem Fünftel für jedes Jahr der Betriebsfortführung bei Freistellung nach fünf Jahren	Steuerliche Behandlung: • Komplett-Begünstigung des produktiven BV zu 100 % • Stundung der 100 %igen ErbSt über **7 Jahre** = 0 Steuer • Erlass von je 1/7 entsprechend der jährlichen Betriebsfortführung
Bei Kleinbetrieben wird zusätzlich ein Abzugsbetrag i.H.v. 150.000 € gewährt.	

3.3.3 Überblick: Wegfall der Verschonungen

Bei Verstößen gegen die

- Einhaltung der Personalkonstante (»Beschäftigungsgarantie«),
- Beibehaltensregeln (Verbleib der WG im Betrieb)

wird die Verschonung zeitanteilig (pro rata temporis) vermindert.

Der ursprünglich vorgesehene Fallbeileffekt (Komplettversagung der Verschonung) bei Verstoß gegen die fünfjährige (bzw. siebenjährige) Behaltensfrist kommt nicht mehr zum Tragen. Lediglich bei Überentnahmen gibt es eine Sanktion, die sich zwangsläufig auf den ganzen Zeitraum bezieht.

3.3.4 Die Bewertung eines bilanzierenden Einzelunternehmers

Der Ertragswert des zu bewertenden Gewerbebetriebs wird um bestimmte, gesonderte Wertansätze erhöht bzw. gekürzt (§ 200 Abs. 2 bis 4 BewG). Die Untergrenze bildet der Substanzwert (§ 11 Abs. 2 S. 3 BewG). StB-Werte sind grundsätzlich für das vereinfachte Ertragswertverfahren irrelevant.

Nicht notwendige (= aus dem unternehmerischen Kernbereich herauslösbare) WG werden ebenso wie **junge WG** (< zwei Jahre im BV) nicht im Ertragswertverfahren, sondern **gesondert** berücksichtigt.

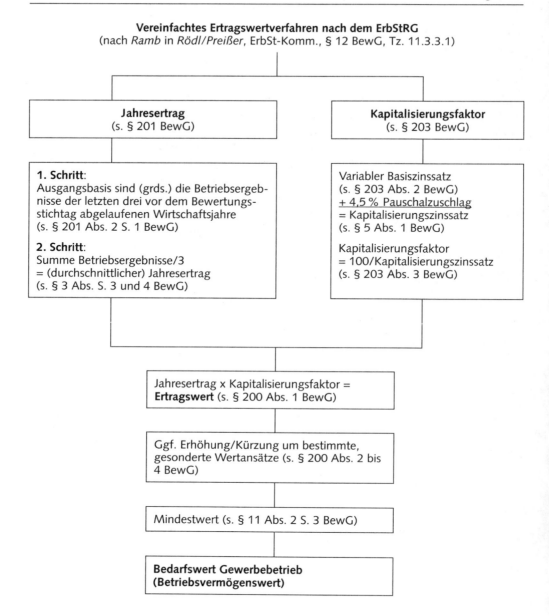

Die Erläuterungen zu den einzelnen Positionen:

(1) Durchschnittsertrag (§ 201 BewG)	Für die Schätzung des Durchschnittsertrags bilden die in den **letzten drei Jahren** erzielten Betriebsergebnisse des Unternehmens eine wichtige Orientierungshilfe. Es kann auch das Betriebsergebnis des Wirtschaftsjahrs in den Dreijahreszeitraum einbezogen werden, in dem der Bewertungsstichtag liegt.

(1a) Orientierungsgröße: Das Betriebsergebnis (§ 202 BewG)	Das Betriebsergebnis orientiert sich rechtsform-neutral an dem steuerlichen Bilanzgewinn (inkl. außerbilanzieller Gewinnkorrekturen). Folgende Besonderheiten sind zu berücksichtigen: • Nach § 202 Abs. 1 BewG sind Aufwand und Ertrag im Zusammenhang mit den **nicht zum betriebsnotwendigen** und den **jungen** Wirtschaftsgütern zu eliminieren. • Nach § 202 Abs. 1 S. 2 Nr. 2 Buchst. d BewG ist ein **angemessener Unternehmerlohn** vom Ausgangswert **abzuziehen**[327]. • Nach § 202 Abs. 1 S. 2 Nr. 3 BewG sind z.B. die Tatbestände der verdeckten Gewinnausschüttung bei KapG, überhöhte Pachtzahlungen und Ähnliches auszugleichen. • Ein **pauschaler Ertragsteueraufwand** wird i.H.v. **30 %** von dem jeweils korrigierten Betriebergebnis abgezogen
(2) Der Kapitalisierungszinssatz (§ 203 BewG)	Der Kapitalisierungszinssatz setzt sich aus zwei Komponenten zusammen: • ein variabler Basiszins (für 2011 3,43 %)[328] und • ein pauschaler Zuschlag von 4,5 %.
(2a) Der Kapitalisierungsfaktor (§ 203 Abs. 3 BewG)	100/7,93 = **12,33 %**

3.3.5 Die Bewertung von (Anteilen an) Personengesellschaften

Gem. § 109 Abs. 2 i.V.m. § 97 Abs. 1a BewG wird der gemeine Wert des Anteils an einer PersG grundsätzlich wie folgt ermittelt[329]:

(1a) Nach Ermittlung des Ertragswerts für die gesamte PersG werden die Kapitalkonten aus der Gesamthandsbilanz den G'ftern vorweg zugerechnet.

(1b) Der verbleibende (d.h. übersteigende) Ertragswert ist nach dem vertraglichen Gewinnverteilungsschlüssel auf die G'fter zu verteilen; Vorabgewinnanteile sind nicht zu berücksichtigen.

(2) Die WG des Sonder-BV (gemeiner Wert) werden den jeweiligen G'ftern gesondert zugerechnet; Schulden im Sonder-BV sind einzubeziehen.

(3) Die Werte aus (1) und (2) ergeben den gemeinen Wert des Anteils an der PersG.

---

327 Problematisch ist der Abzug des kalkulatorischen Unternehmerlohns, s. dazu *Knief*, DB 2010, Heft 6.
328 Der aktuelle Basiszinssatz wird vom BMF regelmäßig im BStBl veröffentlicht.
329 Zu Detailfragen s. *Gerlach*, DStR 2010, 309 (negativer Anteil des Kommanditisten?), *Wassermann*, DStR 2010, 183 (ökonomische Analyse der neuen Bewertung für den Mittelstand) sowie *Stalleiken/Theissen*, DStR 2010, 21 (Ertragswertverfahren allgemein) und *Hannes/Onderka* (Report). ZEV 2010, 137.

Beispiel 8: Die zusätzlichen Werte einer Beteiligung an einer PersG
An der A-B-C-OHG sind die G'fter A, B und C zu je einem Drittel beteiligt. A hat ein Kapitalkonto von 100 T€, B und C haben ein Kapitalkonto von jeweils 70 T€. Der gemeine Wert für die OHG (ermittelt nach Ertragswertgesichtspunkten) beträgt 580 T€.
B überlässt der OHG ein – schuldenfreies – Grundstück, das mit 200 T€ in der Sonderbilanz I des B ausgewiesen ist (Grundbesitzwert nach § 179 BewG 300.000 €). C hat den Gesellschaftsanteil von D erworben und den Kaufpreis, soweit er das Buchkapital überschritten hat, in eine positive Ergänzungsbilanz C eingestellt, die zum Stichtag ein Mehrkapital von 80 T€ aufweist.
Wie sind die Anteile von A, B und C zu bewerten?

Lösung (Werte in €):

Text		A	B	C
Gemeiner Wert OHG	580.000			
Kapitalkonten	./. 240.000	100.000	70.000	70.000
Restwert	340.000			
Je 1/3 (der Wertverteilungsschlüssel richtet sich nach dem KK I)	./. 340.000	113.333	113.333	113.334
Anteil am gem. Wert der OHG		213.333	183.333	183.334
Sonder-BV			300.000	
Ergänzungsbilanz				0
Bedarfswert (BV-Wert)		213.333	483.333	183.334

Hinweis: Ergänzungsbilanzen (C) bleiben außen vor (= Änderung der Rechtslage), weil die Ergänzungsbilanzen weder bei der betriebswirtschaftlichen Ermittlung des Unternehmenswerts berücksichtigt werden noch den G'ftern zusätzliche Entnahmerechte gewähren.

3.3.6 Die Bewertung von nicht notierten Kapitalgesellschaftsanteilen (GmbH-Geschäftsanteile)

Der Bedarfswert von Anteilen an KapG, die nicht mit dem Kurswert bewertet werden können (insbesondere GmbH-Anteile) und deren gemeiner Wert sich auch nicht aus Verkäufen ableiten lässt, war vor Inkrafttreten der Erbschaftsteuerreform nach dem Stuttgarter Verfahren zu schätzen (s. § 11 Abs. 2 S. 2 2. Alt. BewG a.F.). Der gemeine Wert des Anteils **war** dabei unter Berücksichtigung des Vermögens (Vermögenswert) **und** der Ertragsaussichten (Ertragshundertsatz) der betroffenen KapG zu ermitteln.

Das Stuttgarter Verfahren wird in der bisherigen Form nicht weitergeführt. Lässt sich der gemeine Wert nicht aus Verkäufen unter fremden Dritten ableiten, die weniger als ein Jahr zurückliegen, sind folgende Bewertungsverfahren (Marktwertverfahren) möglich:

- der gemeine Wert ist unter Berücksichtigung (allein) der Ertragsaussichten – und eben nicht mehr des Vermögens – der KapG zu ermitteln (s. § 11 Abs. 2 S. 2 2. Alt. BewG) oder
- der gemeine Wert ist unter Berücksichtigung einer anderen anerkannten, auch im gewöhnlichen Geschäftsverkehr für nichtsteuerliche Zwecke üblichen Methode zu ermitteln (s. § 11 Abs. 2 S. 2 3. Alt. BewG).

Dabei ist die Methode anzuwenden, die ein Erwerber der Bemessung des Kaufpreises zugrunde legen würde.

Der gemeine Wert der Anteile ist demzufolge nach den für die KapG auch für außersteuerliche Zwecke üblicherweise angewandten Bewertungsmethoden zu berechnen. I.d.R. wird zumindest bei Beteiligungen an großen KapG die **Ertragswertmethode** zur Anwendung kommen, weil sie von der Fragestellung ausgeht, welches Kapital ein gedachter Investor einsetzen würde, um aus seinem Investment eine angemessene Rendite zu erzielen. Das Ertragswertverfahren als Ausprägung eines Gesamtbewertungsverfahrens ermittelt den Unternehmenswert durch Diskontierung der in der Zukunft zu erwartenden Erträge; der Ertragswert entspricht demnach der Summer der abgezinsten zukünftigen Unternehmensgewinne. Diese Bewertungsmethode, die insbesondere von Wirtschaftsprüfern im Rahmen von Unternehmensverkäufen eingesetzt wird, ist auch bei anderen Bewertungsanlässen wie z.B. Erbauseinandersetzungen oder bei Ermittlung des Zugewinnausgleichs im Rahmen einer Scheidung heranzuziehen.

Die Ertragswertmethode ist jedoch nicht für die Bewertung eines jeden Unternehmens geeignet bzw. am jeweiligen Markt nicht immer üblich. Kommen demnach andere gebräuchliche Bewertungsmethoden zur Preisfindung zum Einsatz, sind diese zu übernehmen. Andere Bewertungsmethoden i.d.S. sind z.B. vergleichsorientierte Methoden oder Multiplikatormethoden. Die Feststellungslast, ob eine derartige Methode anstelle der Ertragswertmethode anwendbar ist, trägt der sich jeweils darauf Berufende. Ein bestimmtes Bewertungsverfahren wird somit vom Gesetzgeber (bewusst) nicht vorgegeben, sondern dem jeweiligen Einzelfall überlassen.

Es gelten die (aktuellen) tatsächlichen Verhältnisse und Wertverhältnisse zum Bewertungsstichtag (Besteuerungszeitpunkt, s. § 11 und § 9 Abs. 1 Nr. 1 ErbStG). Ergebnis der Bedarfsbewertung ist der **Anteilswert** (s. § 157 Abs. 4 BewG), der vom Betriebsfinanzamt der KapG (Körperschaftsteuerstelle) gesondert festzustellen ist (§ 151 Abs. 1 S. 1 Nr. 3 i.V.m. § 152 Nr. 3 BewG). Eine Abrundungsvorschrift ist (wie bisher) nicht vorgesehen.

Die **Untergrenze**, die nicht unterschritten werden darf, ist in allen Fällen der **Substanzwert** (§ 11 Abs. 2 S. 3 BewG).

3.4 Die Steuervergünstigung für Elementarvermögen gemäß §§ 13a bis 13c, 19a ErbStG

3.4.1 Einführung und Gesamtdarstellung (Rechtslage 2011)

Die Verschonung geht von einem sukzessiven Erlass der Erbschaft- bzw. Schenkungsteuer bis zu einem vollständigen Erlass vor. Grundoption und Optionsvariante (Alternative) werden hierbei unterschieden. Dem Erwerber werden zwei Optionen eingeräumt.

- **1. Option:**
  Das Kernstück der Regelung (§§ 13a, 13b ErbStG) geht von einer pauschalierten Festlegung des **begünstigten Betriebsvermögens i.H.v. 85 %** aus. 85 % werden (zunächst) nicht besteuert (»Abschlag von der Bemessungsgrundlage«), während die restlichen 15 % nach Berücksichtigung eines gleitenden Abzugsbetrags von 150.000 € stets der Besteuerung unterliegen.
  Die **Voraussetzungen** für verschontes Betriebsvermögen sind:
  – Das (gewillkürte) Verwaltungsvermögen darf einen Anteil von 50 % des Betriebsvermögens nicht überschreiten. Das Verwaltungsvermögen muss mindestens zwei Jahre vor dem Übergang zum Betrieb gehört haben.
  – Die Lohnsumme darf in dem Zeitraum von fünf Jahren nach dem Übergang oder der Übertragung des begünstigten Vermögens nicht geringer sein als 400 % der Gesamtlohnsumme.
  – Das am Bewertungsstichtag vorhandene Betriebsvermögen muss über fünf Jahre im Betrieb erhalten werden (Behaltensklausel). Verstöße gegen diese Verhaftungsregel lösen eine ratierliche Nachversteuerung aus.
  – Die Betriebsveräußerung bzw. Betriebsaufgabe oder die Teilveräußerung sowie die Veräußerung bzw. Entnahme von wesentlichen Betriebsgrundlagen innerhalb der fünf Jahre führen in dem entsprechenden Umfang zum (ratierlichen) Wegfall der Verschonung. Mittels einer Reinvestitionsklausel können jedoch Veräußerungserlöse steuerunschädlich umgepolt werden.

- **2. Option:**
  Für Betriebe mit weniger als 10 % Verwaltungsvermögen und einer Behaltensfrist von sieben Jahren wird der Verschonungsabschlag bei Einhalten der Gesamtlohnsumme von 700 % (auf sieben Jahre) auf 100 % festgelegt. Für diesen Fall erfolgt der Übergang komplett steuerfrei, wenn die siebenjährigen Behaltensfristen inkl. der Personalkonstante eingehalten werden.

Hinweis (für beide Optionen): Der sog. Fallbeileffekt (Komplettversagung der Verschonung) bei Verstoß gegen die 5-(bzw. 7-)Jährige kommt nur noch bei einem Verstoß gegen die Überentnahmeverbote – modifiziert – zum Tragen.

Im Laufe der Beratungen setzte sich jedoch die Auffassung durch, dass betriebliche Wohnungsunternehmen ebenfalls in den Genuss des vollen Verschonungsvermögens nach den §§ 13a, 13b ErbStG gelangen sollten (§ 13b Abs. 2d ErbStG).

> **Beispiel 9:** (vgl. *Preißer*, ErbStReform (2009), 27)
> Der kinderlose und geschiedene Unternehmer Onkel O will seine Nichte N (StKl. II) zur Alleinerbin einsetzen.
> Nachlassgegenstände sind:
> - ein Betrieb mit einem (neu ermittelten) Steuerwert von 4 Mio. €,
> - ein Kommanditanteil mit einem Steuerwert von 1 Mio. €,
> - Wertpapiere (Wert: 500.000 €).

Lösung:

Vorweg ist zu klären, ob es sich bei dem Betrieb und bei dem Kommanditanteil um Verschonungsvermögen i.S.d. §§ 13a, 13b Abs. 1 ErbStG handelt.
Grundsätzlich sind die Voraussetzungen erfüllt:
Für beide betrieblichen Übertragungsgegenstände kommt § 13b Abs. 1 Nr. 2 ErbStG zur Anwendung (»ganzer« Gewerbebetrieb bzw. Anteil an einer Gesellschaft i.S.d. § 15 Abs. 1 S. 1 Nr. 2 EStG).
Mangels näherer Angaben ist davon auszugehen, dass der 50 %-Test nach § 13b Abs. 2 ErbStG bestanden wird.
In Zahlen bedeutet das:

Betrieb und Kommanditanteil (§ 13b Abs. 1 ErbStG)			5.000.000 €
Abschlag (§ 13b Abs. 4 ErbStG)			
(85 %)			./. 4.250.000 €
verbleiben			750.000 €
Abzugsbetrag (§ 13a Abs. 2 ErbStG)			
»Abschmelzen«	150.000 €		
verbleibendes BV § 13 Abs. 1 ErbStG			
(nach § 13a Abs. 4 ErbStG)		750.000 €	
Abzugsbetrag		./. 150.000 €	
übersteigender Betrag		600.000 €	
davon 50 % (abgerundet)	./. 300.000 €		
verbleibender Abzugsbetrag	0 €		0 €
Steuerpflichtiges BV			750.000 €
Wertpapiere			500.000 €
gesamter Vermögensanfall			1.250.000 €
Bestattungskosten usw. pauschal (Ausgangsfall)			./. 10.300 €
persönlicher Freibetrag StKl. II			./. 20.000 €
Steuerpflichtiger Erwerb			**1.219.700 €**

Anteil des begünstigten Vermögens:
750.000 € : 1.250.000 € = 60 %

Steuer nach der StKl. II (30 %)			365.910 €

Aber § 19a Abs. 4:
Auf begünstigtes Vermögen entfallen 365.910 € x 60 %
(fiktive) Steuer nach StKl. I (19 %)
auf steuerpfl. Erwerb (1,2197 Mio. €) = 231.743 €

(aufgerundet)	./. 139.046 €	
Entlastungsbetrag (»wieder« 100 %)	80.500 €	./. 80.500 €
Festzusetzende Steuer		**285.410 €**

Hinweis: Eine – mit Ausnahme der Grabpflegepauschale – identische Lösung ergibt sich, wenn O die verschiedenen Gegenstände noch zu Lebzeiten auf seine Nichte überträgt.

3.4.2 Prüfungsaufbau für die Verschonungsregeln im engeren Sinne (§§ 13a, 13b ErbStG) – ab 2010 –

(Aufbauschema identisch mit *Preißer* in *Rödl/Preißer*, ErbStG-Komm., § 13a Tz. 2.2.)

Die einzelnen Prüfungsstationen bei der Vererbung bzw. bei der (teil-)unentgeltlichen Übertragung zu Lebzeiten (Schenkung/vorweggenommenen Erbfolge), die bei Ermittlung der Begünstigung nach dem ErbStRG zu verwenden sind, lauten:

A) Grundoption : Die »5/15-Variante«

I. Tatbestandsvoraussetzungen für die Verschonungsregel:
1. Prüfung (§ 13b Abs. 1 ErbStG): Dem Grunde nach **begünstigtes Produktivvermögen** (sog. Elementarvermögen) 2. Prüfung: **50 %-Test** nach § 13b Abs. 2 ErbStG (und § 13b Abs. 3 ErbStG): **Verwaltungs-/Produktivvermögen** 2a) Negativ-Prüfung: § 13a Abs. 3

II. Primäre Rechtsfolgen:
3. Erste Rechtsfolge: Verschonungsabschlag gem. § 13a Abs. 1 S. 1 i.V.m. § 13b Abs. 4 ErbStG (85 %-Regel) 4. Zweite Rechtsfolge: Entlastungsabzugsbetrag gem. § 13a Abs. 2 ErbStG (150.000 €) 3a) und 4a) bei (3) und (4) »Drittregelung« gem. § 13a Abs. 3 ErbStG beachten! 5. Ergebnis: objektive Steuerpflicht von 15 % des begünstigten Vermögens bei der persönlichen Steuerpflicht gem. Steuerklasse I (ggf. gem. § 19a ErbStG)

III. Nachsorge und Sanktionen:
6a) Personal-(Beschäftigungs-)komponente (400 %-Ansatz innerhalb von fünf Jahren), § 13a Abs. 1 S. 2 i.V.m. § 13a Abs. 4 mit der Rechtsfolge der Pro-rata-temporis-Kürzung des § 13a Abs. 1 S. 4 ErbStG bei Verstoß 6b) Verbleibensregeln (fünfjährige Behaltensfristen), § 13a Abs. 5 Nr. 1/2 und 4/5 ErbStG mit der Folge des anteiligen Wegfalls der Verschonungsregelung (pro rata temporis) bei Verstoß; allerdings Reinvestitionsmöglichkeit beachten!

III. Nachsorge und Sanktionen: (Forts.)
6c) Überentnahmeregelung bei Personenunternehmen (§ 13a Abs. 5 Nr. 3 S. 1 ErbStG) bzw. bei »Überausschüttungen« bei KapG-Beteiligungen innerhalb der Fünfjahresfrist: Ganzzeitliche Sanktion bei Verstoß

IV. Verfahrensfragen/steuerliche Nebenleistungen/Sonstiges:
7. Meldepflichten gem. § 13a Abs. 6 ErbStG; Festsetzungsfrist
8. Erstreckung auf ausländisches Vermögen gem. § 13a Abs. 7 ErbStG
9. Analogie gem. § 13a Abs. 9 ErbStG (z.B. für Erbersatzsteuer)

B) Alternative: Die »7/0-Variante«

I. Tatbestandsvoraussetzungen für die Verschonungsregel:
1. Prüfung (§ 13b Abs. 1 ErbStG): Dem Grunde nach begünstigtes Produktivvermögen (sog. Elementarvermögen)
2. Prüfung: 10%-Test nach § 13b Abs. 2 und 3 ErbStG: Verwaltungs-/Produktivvermögen
2a) Negativ-Prüfung: § 13a Abs. 3 ErbStG

II. Primäre Rechtsfolgen:
3. Erste Rechtsfolge: Verschonungsabschlag gem. § 13a Abs. 1 S. 1 i.V.m. §13b Abs. 4 ErbStG (100%-Regel)
4. Zweite Rechtsfolge: Entlastungsabzugsbetrag gem. § 13a Abs. 2 ErbStG (150.000 €)
5. Ergebnis: keine Steuerpflicht des begünstigten Vermögens

III. Nachsorge und Sanktionen:
6a) Personal-(Beschäftigungs)komponente (700%-Ansatz innerhalb von sieben Jahren), § 13a Abs. 1 S. 2 i.V.m. § 13a Abs. 4 ErbStG mit der Rechtsfolge der Pro-rata-Kürzung des § 13a Abs. 1 S. 4 ErbStG bei Verstoß
6b) Verbleibensregeln (siebenjährige Behaltefristen), § 13a Abs. 5 Nr. 1/2 und 4/5 ErbStG mit der Folge des anteiligen Wegfalls der Verschonungsregelung (pro rata temporis) bei Verstoß; allerdings Reinvestitionsmöglichkeit beachten!
6c) Überentnahmeregelung bei Personenunternehmen (§ 13a Abs. 5 Nr. 3 ErbStG) bzw. »Überausschüttungen« bei KapG-Beteiligungen innerhalb der Siebenjahresfrist: umfassende Sanktion

IV. Verfahrensfragen/steuerliche Nebenleistungen/Sonstiges:
7. Melde- und Ermittlungspflichten gem. § 13a Abs. 6 ErbStG; Festsetzungsfrist
8. Erstreckung auf ausländisches Vermögen gem. § 13a Abs. 7 ErbStG
9. Analogie gem. § 13a Abs. 9 ErbStG

Hinweis: Nachfolgend wird nur die Grundoption behandelt. Die Ausführungen für die Alternative gelten analog.

3.4.3 Das Elementar-(Verschonungs-)Vermögen (§ 13b Abs. 1 und 2 ErbStG)

3.4.3.1 Begünstigtes Vermögen – dem Grunde nach
Zum begünstigten Vermögen i.S.d. § 13b Abs. 1 ErbStG zählen:

Vermögens-kategorie	L + F-Vermögen	Betriebsvermögen, freiberufliches Vermögen	Anteile an Kapital-gesellschaften
Begünstigtes Vermögen	inländischer Wirtschaftsteil (L + F)	a) gewerbliches BV b) freiberufliches BV – je im Inland	Übergeber mit Mindest-Beteiligung an KapG (Sitz oder GL im Inland)
EU-Erweiterung	L + F-Vermögen, das einer EU-/EWR-Betriebstätte dient	inkl. BV, das einer EU-/EWR-Betriebsstätte dient	Sitz oder Geschäftsleitung der KapG in EU/EWR
»Technische Erfassung«	Wirtschaftsteil (ohne Stückländerei)	ganzer Betrieb Teilbetrieb **MU-Anteil** (s. sogleich **Hinweis (2 und 2a)**)	Mindestbeteiligung > 25 % Beteiligung am Nennkapital der KapG (s. Hinweis 3)
Erweiterung	Selbst bewirtschaftete Grundstücke	Teilanteile an MU-schaften	Bei ≤ 25 % Beteiligung: Stimmrechtsbündel (s. Hinweis 3a)

Hinweise:
(1) Während die »klassischen« Tatbestände (L + F- sowie Betriebsvermögen) keine Besonderheiten bei der Auslegung bereiten, betritt das ErbStG mit dem Stimmrechtsbündel (erweiterter Tatbestand bei den Anteilen an KapG; s. Hinweis 3a) Neuland (s. zu den zahlreichen Auslegungsproblemen *Seltenreich* in ErbStReform, 2009, 188 ff. sowie *Preißer* in *Rödl/Preißer*, §§ 13a, 13b, Tz. 4.1.4.5).
(2) Nach A 20 Abs. 3 S. 4 ErbSt-Erl. (2009) bleibt es bei dem exakten Wortlaut, wonach auch die Übertragung von »**Teilen eines MU-Anteils**« steuerbegünstigt ist.
(2a) Für eine sehr häufig praktizierte Übertragungsvariante (**Schenkung von MU-Anteilen an minderjährige Kinder gegen lebenslangen Nießbrauch der Schenker bei gleichzeitiger Stimmrechtsbevollmächtigung der Eltern**) hat der BFH im Urteil vom 10.12.2008 (BStBl II 2009, 312) für das alte Recht (§ 13a ErbStG a.F.) entschieden, dass es insoweit bei den Kindern an der Mitunternehmerinitiative fehlt und dies (damit keine MU-Stellung der

Kinder) der Annahme der Übertragung eines privilegierten Gegenstandes nach **§ 13a ErbStG entgegensteht**. Jedoch bestehen gegen diese Entscheidung[330] dogmatische Bedenken.

(3) Vergleichbar der »Altprivilegierung« nach § 13a Abs. 4 Nr. 3 ErbStG a.F. werden auch im neuen Recht **Beteiligungen an KapG** ab einer Quote **von mehr als 1/4** (> 25 % = Mindestbeteiligung) in das begünstigte Produktivvermögen (Elementarvermögen) aufgenommen.

Der Zweck dieser Regelung ist zweierlei:
1. Ab einer Beteiligungsquote von > 25 % behandelt(e) das Steuerrecht Anteile an KapG als qualifizierte WG, die – obwohl privat gehalten – gelegentlich sogar den Status der (freilich) fingierten »Gewerblichkeit« verpasst bekamen (s. § 17 EStG in der Fassung bis 1998; § 6 AStG a.F.). Als gesetzliche Wertung wurde (und wird auch hier) angegeben: Vergleichbarkeit mit dem Mitunternehmerstatus des § 15 Abs. 1 Nr. 2 EStG.
2. Die Übertragung von Anteilen an KapG von Todes wegen oder zu Lebzeiten beeinflusst zwar nicht die rechtliche Existenz einer KapG, ab der »Viertel plus x«-Beteiligung wird jedoch von einer mittelbaren Betroffenheit (Reflexwirkung) der juristischen Person ausgegangen.

Die Erfassung der unternehmerischen Kapitalgesellschaftsbeteiligung hängt von zwei Voraussetzungen ab:
a) Sitz **oder** Geschäftsleitung müssen sich im Inland oder in einem EU-/EWR-Staat befinden.
b) Es muss sich um KapG handeln.

(3a) Eine einheitliche **Stimmrechtsausübung**[331] bedeutet, dass die Einflussnahme einzelner Anteilseigner zum Zwecke einer einheitlichen Willensbildung zurücktreten muss. Dies ist in unterschiedlicher Weise geregelt. Die Nachteile der isolierten Beurteilung der 25 %-Quote in Abhängigkeit von einer Person für »Dynastie«-KapG, bei denen es im Laufe der Generationen zur Aufspaltung der Anteile kam, wurde von den Beratungsgremien gesehen und liest sich in der amtlichen Begründung (BR-Drucks. 4/08) wie folgt:

»In sog. Familien-Kapitalgesellschaften, deren Anteile über mehrere Generationen hinweg weitergegeben wurden, erreichen die Anteile der einzelnen Familiengesellschafter häufig nicht mehr die Mindestbeteiligungsquote. Die Unternehmensgründer oder die Nachfolger haben aber häufig dafür gesorgt, dass die Anteile nicht beliebig veräußert werden können und der bestimmende Einfluss der Familie erhalten bleibt. Deren Unternehmensgrundsätze und unternehmerische Praxis bilden ein deutliches Gegengewicht zu Publikumsgesellschaften und erzielen weit mehr Beschäftigungswirkung. Daher erscheint es angebracht, solche Anteile in die Verschonungsregelung einzubeziehen.

Eine einheitliche Stimmrechtsausübung bedeutet, dass der konkrete Anteil ein Stimmrecht einräumt. Ferner ist nicht erforderlich, dass die Einflussnahme auf die Geschicke

---

330 M.E. werden Voraussetzungen (§ 13a Abs. 4 ErbStG: auf die MU-Stellung der Eltern kommt es an) und Rechtsfolgen (§ 13a Abs. 5 ErbStG: fehlende MU-Qualität der Erwerber führt zu Sanktionen) verwechselt; s. auch *Götz*, ZEV 2009, 151 und *Zipfel*, BB 2009, 995.
331 Hierzu einerseits *Leitzen* (Teilnichtigkeit von Poolvereinbarungen), ZEV 2010, 401 und andererseits *Langenfeld*, ZEV 2010, 596 (Gestaltungen zur Vermeidung des Entfallens einer Poolvereinbarung).

der Gesellschaft ausschließlich durch Anteilseigner (Familienmitglieder) erfolgt. Aufgrund früherer Verfügungen werden häufig andere Personen mit unternehmerischem Sachverstand und Vertreter der Arbeitnehmer einbezogen.«

Zwei Voraussetzungen müssen für die Poolregelung (auch Stimmrechtsbündelung) erfüllt sein:

a) die einheitliche Stimmrechtsausübung und
b) die Verfügungsbeschränkung.

(3b) **Mittelbare und treuhänderische Beteiligungen an KapG?**

Es zeichnet sich eine Tendenz der Verwaltung ab, treuhänderisch gehaltene Beteiligungen in die Verschonung einzubeziehen (Bayerisches FinMin vom 16.09.2010, DStR 2010, 2084), während H E 10.4 ErbStH mittelbare Beteiligungen nicht miteinbezieht (a.A. aber FG Köln vom 16.11.2011, DStRE 2012, 429, nrk.).

3.4.3.2 Schädliches Verwaltungsvermögen

S. hierzu *Felten*, ZEV 2012, 84 und LfSt Bayern vom 24.11.2011, DStR 2012, 658 zu Beteiligungen an vermögensverwaltenden, nicht gewerblich geprägten PersG.

Die Steuervergünstigungen für begünstigtes (Betriebs-)Vermögen können nur angewendet werden, wenn das land- und forstwirtschaftliche Vermögen oder das Betriebsvermögen der Betriebe oder Gesellschaften nicht aus schädlichem Verwaltungsvermögen besteht (§ 13b Abs. 2 S. 1 ErbStG).

Es ist darauf zu achten, dass die beiden Optionsmodelle unterschiedliche Grenzen aufweisen:

	Grundoption (5/15)	Optionsvariante (7/0)
Unschädlicher Anteil am Verwaltungsvermögen	≤ 50 %	≤ 10 %

Soweit die Grenze überschritten wird, ist das gesamte Unternehmen unverschont der Besteuerung zuzuführen (= Alles-oder-nichts-Prinzip).

Unschädliches Verwaltungsvermögen (< 50 % bzw. < 10 %) gilt aber zusammen mit dem produktiven Betriebsvermögen als verschonungsfähiges Vermögen.

Gem. § 13b Abs. 2 S. 3 ErbStG muss zusätzlich geprüft werden, ob dieses Verwaltungsvermögen weniger als zwei Jahre im Besteuerungszeitpunkt zum Betrieb gehört (= sog. junges Verwaltungsvermögen).

Dieses (junge Verwaltungsvermögen) führt per se zur Versagung der Verschonungsfolgen. Vom gewillkürten BV, das innerhalb von zwei Jahren (bezogen auf den Besteuerungszeitpunkt) eingelegt wurde, kann folglich nur mehr der persönliche Freibetrag abgezogen werden.

Hinweis: In § 13b Abs. 2 S. 7 ErbStG i.d.F. JStG 2013 wird ein Nachsatz eingefügt, wonach bei der rechnerischen Ermittlung der Quote des Verwaltungsvermögens keine Beschränkung auf den Wert des Anteils erfolgt. Damit sind begünstigte Übertragungen möglich, wenn der gemeine Wert des Verwaltungsvermögens auf einer nachgeordneten Stufe sehr hoch ist, sogar 100 % des Anteils des Beteiligungsunternehmens übersteigt.

3.4.3.2.1 Definition des Verwaltungsvermögens
Gem. § 13b Abs. 2 ist das Verwaltungsvermögen **abschließend** aufgezählt:

- **Dritten zur Nutzung überlassene Grundstücke**, Grundstücksteile, grundstücksgleiche Rechte und Bauten (Nr. 1);
- Anteile an **KapG**, wenn die unmittelbare Beteiligung am Nennkapital dieser Gesellschaft **25 % oder weniger** beträgt (Nr. 2); Verwaltungsvermögen liegt auch vor, wenn beim Stimmrechtsbündel die Summe der Anteile 25 % oder weniger beträgt (gilt nicht für Kreditinstitute und Finanzdienstleister);
- **Beteiligungen** an Gesellschaften, wenn bei diesen Gesellschaften **das Verwaltungsvermögen mehr als 50 %** beträgt (Nr. 3);
- Wertpapiere und vergleichbare Forderungen, die nicht dem Hauptzweck des Gewerbebetriebs eines Kreditinstituts oder eines Finanzdienstleistungsinstituts oder eines Versicherungsunternehmens dienen (Nr. 4);
- **Kunstgegenstände**, Kunstsammlungen, wissenschaftliche Sammlungen, Bibliotheken und Archive, Münzen, Edelmetalle und Edelsteine, wenn der Handel mit diesen Gegenständen oder deren Verarbeitung nicht Hauptzweck des Gewerbebetriebs/der Gesellschaft ist (Nr. 5).

Hinweis: Geld (als solches) ist nicht als schädliches Verwaltungsvermögen definiert.

3.4.3.2.2 Prüfung des Verwaltungsvermögens (= 50 %-Test)
Gem. § 13b Abs. 2 S. 4 ErbStG erfolgt die 50 %-Prüfung anhand folgender Formel:

$$\frac{\text{Summe der gemeinen Werte der Einzelwirtschaftsgüter des Verwaltungsvermögens}}{\text{gemeiner Wert des Betriebs}}$$

→ prozentualer Anteil des Verwaltungsvermögens

Hinweise:
(1) Unter Betrieb sind die jeweiligen Übertragungsobjekte (mit ihren jeweiligen Verfahren) zu verstehen.
(2) Nach h.M. sollen Schulden, die auf dem Verwaltungsvermögen ruhen, nicht abgezogen werden (vgl. *Hegemann* m.w.N. in ErbSt-Reform (2009), 63).
(3) Das JStG 2010 bringt bei § 13b Abs. 2 ErbStG eine geringfügige Änderung des Verwaltungsvermögenstests bei KapG.
(4) Nach dem JStG 2013 wird § 13b Abs. 2 S. 2 Nr. 4 ErbStG geändert (Antwort auf die Cash-GmbH): Verwaltungsvermögen sind danach auch Zahlungsmittel, Sichteinlagen, Bankguthaben und andere nicht geringfügige Forderungen. Dies (nicht geringfügig) soll der Fall sein, wenn diese Forderungen 10 % des gesamten Unternehmenswerts übersteigen.

3.4.3.2.3 Rückausnahmen vom schädlichen Verwaltungsvermögen (= privilegiertes Vermögen)

Bereits für die erste Fallgruppe des Verwaltungsvermögens (Grundstücksüberlassung an Dritte, Nr. 1) gibt es zahlreiche Ausnahmen:

Nr.	Tatbestand = kein Verwaltungsvermögen, wenn	Betroffene Fälle
1a	der Erblasser oder Schenker sowohl im überlassenen Betrieb als auch im nutzenden Betrieb allein oder zusammen mit anderen G'ftern einen einheitlichen geschäftlichen Betätigungswillen durchsetzen konnte und diese Rechtsstellung auf den Erwerber übergegangen ist;	a) Betriebsaufspaltung (mit Gruppentheorie) (s. Hinweis 1) b) Sonder-BV (wobei keine Nutzungsüberlassung an Dritte vorliegen darf) (s. Hinweis 1a)
1b	die Nutzungsüberlassung im Rahmen der Verpachtung eines gesamten Betriebs erfolgt, welche beim Verpächter zu Einkünften nach § 2 Abs. 1 Nr. 2 bis 3 EStG führt und aa) der Verpächter des Betriebs im Zusammenhang mit einer unbefristeten Verpachtung den Pächter durch eine letztwillige oder eine rechtsgeschäftliche Verfügung als Erben eingesetzt hat oder bb) die Verpachtung an einen Dritten erfolgt, weil der Beschenkte im Zeitpunkt der Steuerentstehung den Betrieb noch nicht führen kann und die Verpachtung auf höchstens zehn Jahre befristet ist; hat der Beschenkte das 18. Lebensjahr noch nicht vollendet, beginnt die Frist mit der Vollendung des 18. Lebensjahres.	Gewerbliche Betriebsverpachtung (mit strengen, z.T. kaum erfüllbaren Voraussetzungen, insb. bei Buchst. aa)) (Hinweis 2)
1c	sowohl der überlassene Betrieb als auch der nutzende Betrieb zu einem Konzern i.S.d. § 4h EStG gehören, soweit keine Nutzungsüberlassung an einen weiteren Dritten erfolgt;	Konzernklausel (s. Hinweis 3)
1d	die überlassenen Grundstücke, Grundstücksteile, grundstücksgleichen Rechte und Bauten zum Betriebsvermögen, zum gesamthänderisch gebundenen Betriebsvermögen einer PersG oder zum Vermögen einer KapG gehören und der Hauptzweck des Betriebs in der Vermietung von Wohnungen i.S.d. § 181 Abs. 9 BewG besteht, dessen Erfüllung einen wirtschaftlichen Geschäftsbetrieb (§ 14 AO) erfordert (s. Hinweis 4);	Einbeziehung der gewerblichen Wohnungswirtschaft (s. Hinweis: zur privaten Wohnungswirtschaft vgl. § 13c)
1e	Grundstücke, Grundstücksteile, grundstücksgleiche Rechte und Bauten an Dritte zur land- und forstwirtschaftlichen Nutzung überlassen werden.	L+F-Nutzungsüberlassung

Hinweis 1:
Die Bedenken gegen den ursprünglich (2008) geplanten Ausschluss der **Betriebsaufspaltung bei Gruppenbildung** wurden ernst genommen und führten schließlich zur Weitergeltung der Personengruppentheorie, wie der Auszug aus der Gesetzesbegründung belegt: »Die Bezugnahme allein auf den Erblasser oder Schenker blendet bisher die sog. Personengruppentheorie aus. Danach reicht es für die Beherrschung von Besitz- und Betriebsunternehmen aus, wenn an beiden Unternehmen mehrere Personen beteiligt sind, die zusammen beide Unternehmen beherrschen. Dies gilt auch für Familienangehörige. Die Regelung wird insoweit ergänzt.«

Im Erbschaftsteuerrecht gelten nunmehr – auch und gerade für die Frage des Verschonungsvermögens – die gleichen Grundsätze für die Betriebsaufspaltung wie im Ertragsteuerrecht. **Umgekehrt** kann behauptet werden, dass § 13b Abs. 2 Nr. 2a ErbStG die einzige gesetzliche Fundstelle für die Betriebsaufspaltung darstellt. Damit ist die Uraltstreitfrage nach der **gesetzlichen Kodifizierung** des Rechtsinstituts der Betriebsaufspaltung endgültig und erstmalig positiv geregelt. Dies bedingt gleichzeitig einen einschlägigen Exkurs zur Betriebsaufspaltung, der sich im Anwendungsbereich nur auf das ErbStG bezieht.

Zur Bewertung bebauter Grundstücke bei Betriebsaufspaltung hat das FG München mit Urteil vom 12.10.2011 (EFG 2012, 807) entschieden, dass beim Ertragswert die tatsächlichen Mieten anzusetzen sind, auch dann, wenn sie die ortsübliche Miete übersteigen.

Hinweis 1a:
Das **Sonder-BV** gerät oftmals bei Testamentsgestaltungen oder bei der vorweggenommenen Erbfolge aus dem Blickwinkel der Steuerbürger – und nicht selten auch – aus dem Blickwinkel der Steuerberater. Die Situation ist dadurch gekennzeichnet, dass zum Anteil an einer PersG (z.B. zu einem Kommanditanteil) noch ein Grundstück gehört, das der G'fter (im Beispiel der Kommanditist als Alleineigentümer) der KG zur Nutzung überlässt.

Hinweis 2:
Die erbschaftsteuerrechtliche Behandlung der **Betriebsverpachtung im Ganzen** orientiert sich eng an der ertragsteuerlichen Regelung. Liegen bei der Betriebsverpachtung ertragsteuerlich Gewinneinkünfte nach § 2 Abs. 1 Nr. 2 bis 3 i.V.m. Abs. 2 Nr. 1 EStG vor, handelt es sich auch erbschaftsteuerrechtlich dem Grunde nach um begünstigungsfähiges Betriebsvermögen oder land- und forstwirtschaftliches Vermögen i.S.d. § 13b Abs. 1 Nr. 1 bis 3 ErbStG. Insoweit wird auch bei der Prüfung der Verwaltungsvermögensgrenze nach § 13b Abs. 2 ErbStG der **ertragsteuerlichen Behandlung** der Betriebsverpachtung gefolgt.

Dies setzt voraus, dass der Verpächter sein Wahlrecht nach R 16 Abs. 5 EStR zugunsten der **gewerblichen Fortführung** ausgeübt hat. Nur in diesen Fall ist vom Fortbestand gewerblicher (bzw. selbständiger) Einkünfte auszugehen.

Hinweis 3:
Eine Nutzungsüberlassung von Grundstücken, Grundstücksteilen, grundstücksgleichen Rechten und Bauten innerhalb eines **Konzerns** i.S.d. § 4h EStG führt nicht zum Ausschluss der Verschonungsregelung. Im Grundfall führen Immobilien-Verpachtungen innerhalb eines Organkreises (z.B. die Nutzungsüberlassung eines Grundstücks der Organmutter an die Organtochter) nicht zur Annahme von Verwaltungsvermögen, wenn keine Weiterverpachtung an Dritte erfolgt.

Die einkommensteuerliche, für Zinsschrankenzwecke eingeführte Konzerndefinition gem. § 4h Abs. 3 S. 4 EStG setzt voraus, dass »ein Betrieb zu einem Konzern gehört, wenn er nach dem für die Anwendung des Abs. 2 S. 1 Buchst. c zu Grunde gelegten

Rechnungslegungsstandards mit einem oder mehreren anderen Betrieben konsolidiert wird oder werden könnte«.

Es kommt folglich nicht auf die tatsächliche Konsolidierung des Betriebs, sondern nur auf die Möglichkeit seiner Konsolidierung an. Nach dem näher zitierten Ersatztatbestand (Satz 1a) bestimmt sich die mögliche Konsolidierung selbst in erster Linie nach den IAS 27.12. bis 27.21 (International Financial Reporting Standards) und erst in zweiter Linie nach dem Handelsrecht (z.B. in Deutschland nach den §§ 294 ff. HGB); ersatzweise greifen die US-GAAP (ARB 51.2 f.).[332]

Hinweis 4 zu Nr. 1d (gewerbliche Wohnungsunternehmen)[333]:
Einzelunternehmen, gewerblich geprägte PersG sowie KapG, deren **Hauptzweck**[334] in der Vermietung von Wohnungen besteht, können die Vergünstigungen der §§ 13a, 13b, 19a ErbStG in Anspruch nehmen, wenn die Erfüllung dieses Vermietungszwecks einen wirtschaftlichen Geschäftsbetrieb erfordert. Fraglich ist, ob es hierbei um einen **wirtschaftlichen Geschäftsbetrieb** i.S.d. § 14 AO oder um einen »in kaufmännischer Weise eingerichteten« Geschäftsbetrieb entsprechend § 1 Abs. 2 HGB geht und ob die Verwaltung des Wohnungsbestands unter bestimmten Voraussetzungen auch Dritten übertragen werden kann.

In der Begründung des Gesetzestextes wird dabei auf die Notwendigkeit eines in kaufmännischer Weise eingerichteten Geschäftsbetriebs verwiesen. Dies stellt eine überflüssige, vom Wortlaut des § 13b Abs. 2 Nr. 1d ErbStG nicht gedeckte und in der Praxis kaum zu erfüllende Zusatzvoraussetzung dar. Der – voraussetzungsvolle – Hinweis auf § 1 Abs. 2 HGB ist alleine deshalb missglückt, da nirgendwo im ErbStG das Erfordernis der Kaufmannseigenschaft angelegt ist und § 14 AO, auf den explizit verwiesen wird, gerade diese Eigenschaft nicht nennt. Das HGB-Erfordernis ist deshalb falsch postuliert, weil mit der dortigen Umschreibung des sog. Grundhandelsgewerbes die Grundvoraussetzung kaufmännischer Betätigung, die Produktion und der Handel mit Waren (bewegliche Sachen), an einer Stelle in das Steuerrecht Einzug erhalten soll, die sich erkennbar an dieser Stelle mit dem dichotomischen Gegenbegriff, i.e. den Immobilien, auseinandersetzt.

S. auch zum Ganzen *von Cölln*, ZEV 2012, 133 ff.

3.4.4 Die Dritten bei der Verschonungsregelung

Gem. der §§ 13a Abs. 3, 13b Abs. 3 ErbStG (Hauptfall: Teilungsanordnungen und Vermächtnisse; die frühere Unterscheidung ist obsolet) sollen nur diejenigen in den Genuss der Verschonungsregelungen gelangen, die den Betrieb letztlich erhalten.

Bei einer Verpflichtung der »diskriminierten« Erben, das Betriebsvermögen aufgrund eines Vermächtnisses oder einer Teilungsordnung auf eine bestimmte Person/einen bestimmten Erben (»privilegierter Erbe«) zu übertragen, so wird bei der diskriminierten Gruppe das Betriebsvermögen ohne Vergünstigung besteuert. Umgekehrt können sie die Verpflichtung mit identischem Betrag als Nachlassverbindlichkeit abziehen.

---

332 S. zum Konzernbegriff auch BMF-Schreiben vom 04.07.2008 (BStBl I 2008, 718, Rz. 59–68).
333 S. hierzu *Ivens*, DStR 2010, 2168 sowie *Müller/Fröhlich*, ErbStB 2010, 14.
334 R 13b.13 Abs. 2 S. 4 ErbStR stellt klar, dass für den Fall, dass die Berechnung nach der o.g. Formel zu dem positiven Ergebnis gelangt, dass der Hauptzweck in der Wohnungsvermietung liegt, auch die anderen Grundstücke kein Verwaltungsvermögen sind. Dabei ist die Prüfung immer auf den **einzelnen Betrieb** – und keinesfalls auf das gesamte erworbene Vermögen – zu beziehen.

Demgegenüber genießt der privilegierte Vermächtnisnehmer oder Erbe die Steuervergünstigungen. Er muss das Betriebsvermögen nur begünstigt versteuern und kann daher sowohl den Verschonungsabschlag als auch den Abzugsbetrag – ceterum paribus – vollständig für sich in Anspruch nehmen.

Mit dieser Neufassung soll – i.S.d. BVerfG-Beschlusses – eine zielgenaue Begünstigung erreicht werden.

3.4.5 Die primären Rechtsfolgen

3.4.5.1 Grundsätzliches und Gemeinsamkeiten

Nach der Neufassung wird in der Grundvariante (5/15-Option) das übertragene (und gesetzlich begünstigte) Betriebsvermögen mit 85 % seines Werts von der Besteuerung freigestellt. Auf den verbleibenden Betrag ist der (gleitende) Abzugsbetrag von 150.000 € anzuwenden. Ein sodann noch verbleibender Betrag ist steuerpflichtig, unterfällt allerdings nach § 19a ErbStG dem Steuertarif der StKl. I. Optional gewährt § 13a Abs. 8 ErbStG die Möglichkeit, dass 100 % des Betriebsvermögens steuerfrei gestellt werden, wobei die Optionsvariante (7/0-Option) allerdings an (noch) strengere Voraussetzungen als die Grundvariante anknüpft. Der Antrag nach § 13a Abs. 8 ErbStG kann unwiderruflich bis zur Bestandskraft des zugrunde liegenden Steuerbescheids gestellt werden.

3.4.5.2 Unterschiede beider Optionen

Die Unterschiede werden im Folgenden nebeneinandergestellt:

Kriterium	Grundoption (5/15-Variante)	Alternative (7/0-Option)
Verschonungsabschlag	85 %	100 %
→ damit **steuerpflichtig**	**15 %**	0
Abzugsbetrag (Abs. 2)	ja	irrelevant
Verwaltungsvermögen	≤ 50 %	≤ 10 %
Behaltefristen	**5 Jahre**	**7 Jahre**
Lohnsumme	400 % (5 Jahre)	700 % (7 Jahre)

3.4.5.3 Die Auswirkung bei mehreren Vergleichsbetrieben

Losgelöst von der Frage der späteren sanktionsbewehrten Verstöße führt ein einheitlicher Abschlagssatz zur numerisch gleichmäßigen Entlastung des Verschonungsvermögens. Dies kann aber nicht darüber hinwegtäuschen, dass die Entlastungswirkung bei größerem Produktivvermögen ungleich höher wirkt als bei niedrigem Vermögen.

Die Vergleichszahlen (einziger Nachlassgegenstand: ein Betrieb; Rechnung inklusive pauschaler persönlicher Freibeträge und Entlastungen von 0,5 Mio. €):

Betrieb (Steuerwert)	Ansatz mit 15 %	Steuer Zu zahlen/»gespart« Zum Vergleich: Steuer ohne Abschlag)
1 Mio. €, davon 15 % und Entlastung	0 (./. 500 000 €)	0/0
10 Mio. €, davon 15 % ohne Entlastung	1,5 Mio. € ./. 500.000 € = 1 Mio. €	190.000 €/2,185 Mio. €
100 Mio. €, davon 15 % ohne Entlastung	15 Mio. € ./. 500.000 € = 14,5 Mio. €	3,915 Mio. €/29,85 Mio. €

Die Beispiele belegen, dass aufgrund des Kaskadensprungs bei § 19 ErbStG großes Produktivvermögen überproportional von der gewählten Art des Pauschalabschlags profitiert.

3.4.5.4 Mehrere selbständige privilegierte Vermögensbestandteile; Gesamtbetrachtung
Liegen **mehrere** verschiedene **begünstigte** Vermögensbestandteile (z.B. mehrere Gewerbebetriebe oder ein Gewerbebetrieb und ein L + F-Vermögen) vor, so sind die Werte vor Anwendung des § 13a ErbStG zusammenzurechnen (R 19a.1 Abs. 2 S. 4 ErbStR); der Verschonungsabschlag und ggf. der Abzugsbetrag sind sodann nur einmal zu gewähren.

Für den Fall, dass nur eine wirtschaftliche Einheit mit einem **negativen** gemeinen Wert vorliegt, kommt es nach R 13b.7 Abs. 1 S. 3 ErbStR zu keiner Verschonung.

Soweit schließlich **Schulden** mit dem gem. §§ 13a, b ErbStG privilegierten Elementarvermögen zusammenhängen, sind diese nach § 10 Abs. 6 S. 4 ErbStG nur mit dem Betrag abzugsfähig, der dem Verhältnis des Vermögens **nach und vor** Anwendung des § 13a ErbStG entspricht (R 13b.7 Abs. 2 S. 1 ErbStR).

3.4.5.5 Vergleich zum alten Recht
Ähnlich wie die Verschonungsgrößen des alten ErbStG (nach § 13a ErbStG a.F. waren ursprünglich 40 % – später 35 % – des Produktivvermögens nach einem vorherigen Freibetragsabzug von zuletzt 225.000 € der Besteuerung ausgenommen) im Unklaren blieben[335], verhält es sich bei § 13b Abs. 4 ErbStG.

Während nach neuem Recht niedrige und hohe Produktivvermögen überproportional begünstigt sind (s. die zahlenmäßige Auswertung oben), trifft dies auf »mittlere« Betriebe nicht zu. Für mittlere Betriebe mit einem Steuer(-ertrags-)wert ab 2 Mio. € kommt der Entlastungsbetrag des § 13a Abs. 2 ErbStG nur noch eingeschränkt und für Unternehmenswerte ab 3 Mio. € überhaupt nicht mehr zum Tragen.

In diesem Punkt kann dem ErbStRG der Vorwurf nicht erspart werden, nicht zielgenau die »richtigen« Familienunternehmen zu entlasten. In den Bereich der mittleren Betriebe fallen gerade die leistungsstärksten mittelständischen Unternehmen mit einem Umsatz zwischen 1 Mio. € und 10 Mio. €. Nach den Statistiken des Instituts für Mittelstandsforschung (Quelle: http://www.ifm-bonn.org – Zahlen für 2004/2005) handelt es sich immerhin um ca. 250.000 Unternehmen mit 5,5 Mio. Beschäftigten (= knapp 1/4 aller Beschäftigten bei mittelständischen Betrieben).

---

335 Vgl. nur *Meincke*, § 13a Rn. 3 f., sowie *Kirchstein* in *Gürsching/Stenger*, § 13a Rn. 46.

3.4.5.6 Verfassungskonformität

Hierzu sehr ausführlich *Crezelius*, ZEV 2012, 1 ff.

Für die – über den Zeitraum von sieben Jahren – fortgeführten Betriebe kommt der Verschonungsabschlag einer **faktischen Steuerbefreiung** gleich. Dies gilt natürlich erst recht, wenn die Wahl auf die zweite 10/0-Option fällt. Diese »Radikalförderung« wird von der h.M. im Fachschrifttum nicht nur als »ungerechtfertigter dynastischer Wettbewerbsvorsprung« gegenüber den Newcomern in der jeweiligen Branche angesehen. Viele verweigern dieser Förderkomponente das Prädikat der Übereinstimmung mit dem **Leistungsfähigkeitsgrundsatz**. Dieses für das ganze Steuerrecht letztlich verbindliche Prinzip der Besteuerung nach der persönlichen Leistungsfähigkeit (personal ability to pay) wird sodann in das Verdienst- und das Bedürfnisprinzip untergliedert. Auf dieser Ebene gerät der Verschonungsabschlag in Argumentationsnöte; viele verweigern ihm wegen der Kollision insb. mit dem Verdienstprinzip die Gefolgschaft.

Alle **anderen Vermögensarten** genießen bei der Übertragung keine so weitreichenden Vergünstigungen (im privaten Immobiliensektor werden 10 % Abschlag gewährt). Selbst wenn das BVerfG nur auf der (ersten) Bewertungsebene die Relation, d.h. die gleichen Bewertungsparameter für alle Vermögensarten, angemahnt und auf der zweiten Ebene einen großen gesetzgeberischen Spielraum zugestanden hat, darf dieser Spielraum nicht zur legislatorischen Spielwiese »verkommen«. Hierbei gilt es insb. auf das zusätzliche Verfassungskriterium der Erforderlichkeit und der Verhältnismäßigkeit hinzuweisen.

Im alten wie im neuen Recht erlaubt § 28 ErbStG die (in Erbfällen zinslose) Stundung der Erbschaftsteuer, wenn deren Beitreibung zur Existenzgefährdung des Betriebs führt.

Bei der Gesamtschau der betrieblichen Verschonung nach altem und neuem Recht ist dem Gesetzgeber das richtige Augenmaß (Abschlagerhöhung von 35 % auf 85 % bzw. 100 %/ nur für betriebliche Vermögensarten eine zusätzliche Voraussetzung (Lohnsummenerhalt)/ fehlende Dynamisierung wegen Freigrenze statt Freibetrag) abhanden gekommen. Einige sprechen der Verschonungsregelung sogar die Geeignetheit ab.

Mit der Einbeziehung der Wohnungsunternehmen in den Verschonungsbereich werden zwar die Einwände nicht mehr so zahlreich artikuliert; an ihrer Berechtigung bestehen dennoch keine Zweifel.

3.4.6 Die Nachschau

Wie an anderer Stelle bereits erwähnt, führt ein Verstoß gegen die Lohnsummen- und Überentnahmeregelung zum (anteiligen) Wegfall der Begünstigungen und damit zur Nachversteuerung.[336] Nachfolgend sollen diese beiden Regelungen vorgestellt werden.

3.4.6.1 Die Lohnsummenregelung (§ 13a Abs. 4 ErbStG)[337]

Die Gewährung der Steuerbegünstigungen hängt u.a. von der Lohnsummenregelung ab. Danach wird für das begünstigte Vermögen zunächst keine Steuer festgesetzt, wenn in dem Zeitkorridor von **fünf Jahren** (Variante: **sieben Jahre**) nach dem Erwerb die gesamte

---

336 S. auch H 13a.12 ErbStH mit umfangreichen Beispielen zur Nachversteuerung.
337 Für umfangreiches Beispiel zur Berechnung der Lohnsumme s. H 13a.4 ErbStH sowie aus der Literatur *Weber/Schwind*, ZEV 2012, 88 ff.

Lohnsumme **400 % der Ausgangslohnsumme (Variante: 700 %) nicht unterschreitet** (sog. Beschäftigungsklausel oder Arbeitsplatzsicherung).

Je nach Übertragungsgegenstand bezieht sich die Bemessungsgrundlage der Lohnsummenregelung auf:

- den Betrieb, wenn ein Einzelunternehmen oder eine Freiberufler-Praxis übertragen wird oder
- auf den Betrieb der jeweiligen Gesellschaft, wenn Beteiligungen an PersG oder Anteile an einer KapG übertragen werden.

Die Ausgangslohnsumme bemisst sich dabei nach der durchschnittlichen Lohnsumme der letzten fünf Jahre vor dem Besteuerungszeitraum (§ 13a Abs.1 S. 3 ErbStG).

Von der Lohnsummenregelung wird bei Kleinbetrieben Abstand genommen (§ 13a Abs. 1 S. 4 ErbStG), wenn die Ausgangslohnsumme 0 € beträgt oder wenn der Betrieb nicht mehr als **zwanzig Beschäftigte** hat (sog. Beschäftigungsquorum).

Für den Fall, dass die Gesamtlohnsumme (über fünf Jahre) die Mindestlohnsumme von 400 % unterschreitet (bzw. 700 % im Sieben-Jahres-Zeitraum), sieht § 13a Abs. 1 S. 5 ErbStG als **Sanktion vor**, dass sich der Verschonungsabschlag (85 % des Elementarvermögens) um **den Prozentsatz des Unterschreitens vermindert** (ex tunc, d.h. mit Wirkung für die Vergangenheit). Diese Neuregelung ist gegenüber der ursprünglich vorgesehenen Regelung (über zehn Jahre jährlicher Vergleich der Jahreslohnsumme mit der Ausgangslohnsumme; bei Unterschreiten von 70 % der Ausgangslohnsumme sollte für dieses Jahr der Verschonungsabschlag entfallen) wesentlich praktikabler.

Beispiel 10:
Der gemeine Wert eines Betriebs im Zeitpunkt der Übergabe (2010) beträgt 20 Mio. € (zum Zahlenstrahl s. Kap. 3.3.1 am Ende).
In den Jahren 2005 bis 2009 wurde an die Arbeitnehmer bezahlt:
2005 :   1.500.000 €
2006 :   2.000.000 €
2007 :   2.100.000 €
2008 :   2.200.000 €
2009 :   2.400.000 €
In den Jahren 2010 bis 2014 werden insgesamt 6.120.000 € an Lohn gezahlt.

Lösung:
1. Die durchschnittliche Lohnsumme der letzten fünf Jahre betrug 2.040.000 € (10,2 Mio. € ./. 5 Jahre = Ausgangslohnsumme).
2. Die Mindestlohnsumme (400 %) beträgt demnach 8.160.000 €.
3. Die Summe der jährlichen Lohnsummen in den fünf Jahren erreicht 300 % der Ausgangslohnsumme und liegt damit 100 Prozentpunkte unter der Mindestlohnsumme von 400 %. Die Gesamtlohnsumme (6.120.000 €) unterschreitet die Mindestlohnsumme um 25 % (100 % zu 400 %).
4. Dadurch vermindert sich der Verschonungsabschlag rückwirkend um ein Viertel von 85 % auf 63,75 % (21,25 %-Abschlag).
5. Während ursprünglich 17 Mio. € (85 %) steuerfrei blieben und 3 Mio. € zu versteuern waren, führt der Verstoß gegen die Lohnsummenregelung nunmehr dazu, dass nur noch 12,75 Mio. € steuerfrei sind (63,75 %) und umgekehrt 7,25 Mio. € zu versteuern sind.

6. Die zunächst gezahlte Steuer von 494.000 € (19 % von 2,6 Mio. €) (3 Mio. € ./. 400.000 € Freibetrag) wird verrechnet, so dass noch 1.081.500 € (23 % von 6,85 Mio. € (7,25 Mio € ./. 400.000 €) = 1.575.000 € ./. bereits gezahlte 494.000 €) zu bezahlen sind.

Hinweis: Nach dem JStG 2013 wird die Richtlinienregelung in R E 13a.4 Abs. 2 S. 9 ErbStR 2011, wonach bei der Mitarbeiterzahl diejenigen aus **nachgeordneten** Gesellschaften in die Prüfung der Mindestarbeitnehmerzahl (20 Beschäftigte) einbezogen werden sollen, nunmehr zum Gesetz gemacht (§ 13a Abs. 4 S. 5 ErbStG i.d.F. des JStG 2013).

3.4.6.2 Die Behaltensregelung (oder Fortführungsklausel), § 13a Abs. 5 ErbStG

Wie im alten Recht (§ 13a Abs. 5 ErbStG a.F.) sorgt die Fortführungsklausel (im neuen Recht auf fünf (sieben) Jahre erstreckt) dafür, dass der Erwerber den begünstigt übertragenen Betrieb nicht innerhalb der siebenjährigen Behaltensfrist veräußern oder aufgeben soll.

Als Sanktionsfall gilt neben der Veräußerung der steuerfunktionellen Einheit (Betrieb etc.) bereits die Veräußerung (Überführung) wesentlicher Betriebsgrundlagen (auch des Sonder-BV).

Einige Zweifelsfragen hierzu (Veräußerung ja/nein) sind geblieben.

Beispiel 11:
A und B sind an der X-KG zu je 50 % beteiligt. Nach dem **Tode des A** (01) treten die einzigen Erben S(ohn) und T(ochter) die Nachfolge in die Kommanditistenstellung des A an (einfache Nachfolgeklausel). Im Jahre 07 überträgt T – im Rahmen der Erbauseinandersetzung – ihre 25 %ige Beteiligung an der X-KG an S gegen die Überlassung des Hälfteanteils am Einzelunternehmen des A, das sich ebenfalls im Nachlass befand. S musste ein »Aufgeld« von 100 T€ zahlen. Im Jahre 09 wurde in die X-KG (S und B zu je 50 %) der Neugesellschafter D gegen Zahlung von 200 T€ (je 100 T€ an S und B) aufgenommen. Im Jahre 11 scheidet D aus der X-KG für einen Abfindungsanspruch von 1 Mio. € aus. Führen die späteren Vorgänge ab 03 zu einem Wegfall der Steuervergünstigungen, die S und T anlässlich des Erbfalls (01) nach § 13a Abs. 1 und 2 i.V.m. § 13b Abs. 4 ErbStG gewährt wurden?

Lösung: In einer ersten Stufe erfolgte die Erbauseinandersetzung (S/T) gegen Bezahlung eines Spitzenausgleichs (07). Während in einkommensteuerlicher Sicht dieser Vorgang als teilentgeltliche Veräußerung behandelt wird, stuft die Verwaltung diesen und vergleichbare Vorgänge nicht als (erbschaft-)steuerschädlich ein (gleicher Ansicht s. FG Münster vom 03.06.2004, EFG 2004, 1309). Wiederum anders stellt die Erfüllung von anderen Verpflichtungen wie z.B. von Geldvermächtnissen durch die Hingabe begünstigten Vermögens eine schädliche Verfügung dar (so auch R 13a.5 Abs. 3 Nr. 2 ErbStR; ebenso die Abfindungen für den Verzicht auf einen Pflichtteilsanspruch).

Hieraus ergeben sich folgende allgemeinen Lösungsansätze für die Frage der erbschaftsteuerschädlichen Veräußerung bei § 13a Abs. 5 Nr. 1 ErbStG. Nach R 13a.5 Abs. 2 ErbStR liegen in folgenden Fällen, die auch dem aufgeführten Beispiel zu Grunde liegen, keine steuerschädliche Veräußerung vor, wenn begünstigtes Vermögen:
- im Wege des Übergangs von Todes wegen übergeht oder
- durch Schenkung unter Lebenden weiter übertragen wird. Erfolgt jedoch die Zuwendung teilentgeltlich, gilt dies nur hinsichtlich des unentgeltlichen Teils der Zuwendung (gemischte Schenkung oder Schenkung unter Auflage, R 7.4 ErbStR). Der entgeltliche Teil der Zuwendung stellt ungeachtet der ertragsteuerlichen Behandlung einen Verstoß gegen die Behaltensregelungen dar.

Auch der BFH sieht im Urteil vom 02.03.2005 (BStBl II 2005, 532) den Betrag, der nach der Aufteilungsformel bei gemischten Schenkungen als entgeltlicher Teil zu qualifizieren ist, als steuerschädliche Weiterveräußerung an. Im Urteil ging es um die Übertragung eines Kommanditanteils im Wege der vorweggenommenen Erbfolge gegen Versorgungsleistungen. Das Urteil erging zu § 13 Abs. 2a ErbStG a.F., hat aber die gleiche Bedeutung für die aktuelle Neufassung.

Nicht eindeutig geklärt ist die Aufnahme des D im Jahr 09, die zivilrechtlich eine Anwachsung der Anteile der Alt-G'fter S und B darstellt und – bei Zahlung an die Ex-G'fter – ertragsteuerlich weitgehend § 24 UmwStG gleichgestellt wird (s. BMF vom 25.03.1998, BStBl I 1998, 268, Tz. 24.01 ff., Tz. 24.09).[338] Während die Einbringungsfälle nach den §§ 20, 24 UmwStG – ebenso wie die Verschmelzung und die Realteilung – als nicht steuerschädlich angesehen werden (s. R 13a.6 Abs. 3 S. 2 ErbStR), ist dies hinsichtlich der **Aufnahme** eines **Neu-G'fters** nicht geklärt. Richtigerweise kommt es hierbei auf die unternehmerische Kontinuität in der Person des Alt-G'fters S und nicht auf die Zahlungsmodalitäten des Neu-G'fters D an. Danach ist die Aufnahme eines Neu-G'fters in eine PersG mit verbleibenden »privilegierten« G'ftern (S) immer unschädlich.

- Die nach R 13a.6 Abs. 3 S. 2 ErbStR an sich steuerschädliche Veräußerung der einbringungsgeborenen Anteile durch das Ausscheiden des D (11) ist hier nach Ablauf der Sperrfrist erfolgt, so dass S keine Sanktion zu befürchten hat.

Der neu eingefügte Satz 2 bewirkt, dass der nach § 13a Abs. 5 S. 1 **Nr. 1, 2, 4 und 5** ErbStG eintretende Wegfall des Verschonungsabschlags bei einer schädlichen Verfügung nur zeitanteilig erfolgt. Die Verschonung bleibt somit **pro rata temporis** erhalten.

Hinweis: Für die Fälle des Verstoßes gegen die Behaltensfrist nach § 13a Abs. 5 Nr. 1, 2, 4 und 5 ErbStG ist eine großzügige salvatorische Lösung gefunden worden.

Nach der aktuellen Fassung kann die Sanktion gem. § 13a Abs. 5 S. 3 ErbStG bei einer Reinvestition vermieden werden (sog. Reinvestitionsklausel).

Als **Reinvestitionsmöglichkeiten** (als Zielobjekte) kommen in Betracht[339]:

- die Anschaffung von Betriebsteilen oder von Anlagegütern, die das veräußerte Vermögen im Hinblick auf den ursprünglichen Betriebszweck ersetzen;
- die Anschaffung von WG können in einem anderen Teilbetrieb eingesetzt werden oder betreffen WG, die einem anderen Betriebszweck dienen;
- die Anschaffung von neuen Betrieben, da eine Reinvestition ausdrücklich innerhalb der nach § 13b Abs. 1 ErbStG begünstigten Vermögensart möglich ist;
- auch die Tilgung betrieblicher Schulden oder die Erhöhung von Liquiditätsreserven fällt hierunter.

Hinweis: Besonders kompliziert ist die Schädlichkeitsdiskussion bei begünstigten **Anteilen an KapG**. Es stellt sich dort neben den altbekannten Fragen (Berechnung bei mehreren Anteilserwerben, Umwandlungsmaßnahmen als Veräußerungen?) vor allem die Frage, wie die Nichterfüllung einer Stimmrechtsvereinbarung zu beurteilen ist (s. hierzu *Preißer* in *Rödl/Preißer*, ErbSt-Komm., §§ 13a, 13b, Tz. 3.6.4.2).

---

338 S. auch *Schmidt/Wacker* (2009), § 16 Rz. 563.
339 Hierzu *Koretzkij*, DStR 2009, 2412.

3.4.6.3 Die Überentnahmeverbote[340]

Für das »klassische« BV für land- und forstwirtschaftliches sowie für freiberufliches BV, d.h. für die Einkunftsquellen der Gewinneinkünfte, fallen nach § 13a Abs. 5 Nr. 3 S. 1 ErbStG die Begünstigungen (Verschonungsabschlag und Abzugsbetrag) rückwirkend fort, wenn der Begünstigte das privilegierte Vermögen während der fünfjährigen Behaltensfrist um **mehr als 150.000 €** mindert (sog. **Überentnahmen**). Lediglich für Betriebe der L + F, die ihren Gewinn nach Durchschnittssätzen (§ 13a EStG) ermitteln, ist nach Ansicht der Finanzverwaltung eine Entnahmebegrenzung nicht zu prüfen (R 13a.8 Abs. 5 ErbStR). Der steuerschädliche Saldo (Gewinne + Einlagen ./. Entnahmen) wird auf den kompletten Fünfjahreszeitraum berechnet und kann folglich durch eine Einlage am Ende des Zeitraumes kompensiert werden (so auch R 31a.8 Abs. 4 S. 1 ErbStR: grundsätzlich kein Gestaltungsmissbrauch; soweit für die »letzte« Einlage ein Kredit aufgenommen wurde, darf es sich nicht um einen Betriebskredit handeln). Diese (Schluss-)Einlage ist aber aus privaten Mitteln, ggf. aus einer privaten Schuld aufzubringen. Die Finanzierung aus einer Betriebsschuld (z.B. passives Sonder-BV) steht daher einer wirksamen (heilenden) Einlage entgegen (R 13a.8 Abs. 4 S. 2, 3 ErbStR). Nicht geregelt ist jedoch, ob die Steuerbeachtlichkeit der betrieblichen Schuld auch für die vorletzte und zweitvorletzte Einlage gilt. Nach dem Wortlaut von R 65 Abs. 5 S. 2 ErbStR wäre dies – steuerunschädlich – möglich.

Für die Berechnung des Saldos gilt im Einzelnen, dass die Bewertung der einzelnen Privatkomponenten (Einlagen/Entnahmen) grundsätzlich nach einkommensteuerlichen Grundsätzen (i.d.R. Geld oder Teilwert) erfolgt (R 13a.8 Abs. 1 S. 4 ErbStR). Auch bei **Sachentnahmen** werden nach R 13a.8 Abs. 1 S. 5 ErbStR die **ertragsteuerlichen** Werte zugrunde gelegt.

3.4.7 § 13c ErbStG (Vergünstigung für die private Wohnwirtschaft)

Ursprünglich war als einzige Steuerverschonung für die Besteuerung des Grundvermögens ein 10 %iger Bewertungsabschlag von der Bemessungsgrundlage für vermietete Wohnimmobilien vorgesehen.

Der Verschonungsabschlag von **10 %** wurde damit begründet, dass im Immobiliensektor auch kleinere Vermögen mit geringem Risiko angelegt werden konnten. Der Verschonungsabschlag solle ein Ungleichgewicht zu den institutionellen Grundbesitzern ausgleichen, die nicht durch eine Erbschaftsteuer belastet seien sowie der Bedeutung des vermieteten Wohneigentums als Teil der privaten Altersvorsorge Rechnung tragen. Schließlich soll die Regelung die Versorgung der Gesamtbevölkerung mit bezahlbarem Wohnraum fordern.

Die Verschonungsregelung des § 13c ErbStG ist nur für bebaute Grundstücke anzuwenden. Bebaute Grundstücke sind nach § 180 Abs. 1 BewG Grundstücke, auf denen sich benutzbare Gebäude befinden. Wird ein Gebäude in Bauabschnitten errichtet, ist der fertiggestellte Teil als benutzbares Gebäude anzusehen. Nach § 180 Abs. 2 BewG ist als ein Grundstück i.S.d. § 180 Abs. 1 BewG auch anzusehen, wenn ein Gebäude auf fremdem Grund und Boden errichtet oder in sonstigen Fällen einem anderen Eigentümer als dem des Grund und Bodens zuzurechnen ist. Das gilt auch vor dem Hintergrund, dass das Gebäude wesentlicher Bestandteil des Grund und Bodens geworden ist. Für die Bewertung bebauter Grundstücke werden in § 181 Abs. 1 BewG folgende Grundstücksarten unterschieden: Ein- und Zweifa-

---

340 Hierzu kritisch *Schütte*, DStR 2009, 2356. Vgl. auch das Beispiel in H 13a.8 ErbStH.

milienhäuser, Mietwohngrundstücke, Wohnungs- und Teileigentum, Geschäftsgrundstücke, gemischt genutzte Grundstücke und sonstige bebaute Grundstücke. Diese Unterscheidung ist für die Wahl des Bewertungsverfahrens von Bedeutung (BT-Drucks. 16/7918, bes. Teil Begründung zu § 181).

3.4.8 § 19a ErbStG

§ 19a ErbStG ermöglicht die Anwendung der StKl. I für jedwede Person, auf die privilegiertes Produktivvermögen i.S.d. §13a ErbStG übergeht. Steuertechnisch geschieht dies durch einen Entlastungsbetrag nach § 19a Abs. 2 ErbStG für Erwerber der StKl. II und III. Vorher ist eine doppelte Berechnung durchzuführen, bei denen die Vermögensanfälle einmal der StKl. I und sodann der StKl. II bzw. III mit dem Ziel der Ermittlung des Entlastungsbetrages unterzogen werden. Für den Fall, dass begünstigtes und nicht begünstigtes Vermögen auf den Erwerber übergehen, bestimmen § 19a Abs. 3 und 4 ErbStG eine Aufteilung der jeweiligen Vermögensmassen. Ebenso wie bei § 13a ErbStG führen Überentnahmen und schädliche Veräußerungen innerhalb der Behaltensfrist zum Wegfall der Entlastungen.[341]

Die Wirkungsweise des § 19a ErbStG kann – wie folgt – exemplarisch erläutert werden (s. auch *Preißer* in *Rödl/Preißer*, ErbStG-Komm., § 19a Tz. 2.1.3.1 – dort zum alten und zum neuen Recht).

Beispiel 12:
Zwei Geschwister: Bruder B setzt in 2011 seine Schwester S zur Alleinerbin ein und verstirbt noch im selben Jahr. Zum Nachlass gehören Produktivvermögen i.S.d. § 13a ErbStG (Steuerwert 1,1 Mio. €) und Barvermögen im Wert von 500 T€.

Lösung:
(1) Vorweg ist der Steuerwert des gesamten Vermögensanfalles nach § 10 Abs. 1 S. 2 ErbStG zu kürzen, aber nicht um die Nachlassverbindlichkeiten (bei Schenkungen nicht um abzugsfähige Schulden) und nicht um die persönlichen Freibeträge.

Begünstigtes Produktivvermögen		1.100.000 €	
./. Verschonungsabschlag		./. 935.000 €	
= übrig bleibender Betrag		165.000 €	→ 165.000 €
= 15 % des begünstigten Produktivvermögens			
./. Abzugsbetrag gem. § 13a Abs. 2 ErbStG:			
Wert des BV:	165.000 €		
Abzugsbetrag:	150.000 €		
übersteigender Betrag	15.000 €		
davon 50 %:	7.500 €		
»Abgeschmolzener« Abzugsbetrag (150.000 € ./. 7.500 €)			./. 142.500 €

---

341 § 19a Abs. 5 ErbStG i.V.m. R 19a.3 ErbStR.

Wert des BV nach Anwendung des § 13a Abs. 2 ErbStG	22.500 €
+ übriges Vermögen	**500.000 €**
= gesamter Vermögensanfall	**522.500 €**

(1a) Der Anteil des begünstigten Vermögens i.H.v. 22.500 € im Verhältnis zum Gesamtsteuervermögen von 522.500 € beträgt gerundet 4,3 % (22.500 €/522.500 € (§ 19a Abs. 3 ErbStG)).

(2) Der Entlastungsbetrag beträgt 100 % des Unterschiedsbetrags zwischen der auf das begünstigte Vermögen entfallenden tariflichen Steuer nach der tatsächlichen StKl. II des Erwerbers und nach dem Steuersatz der StKl. I.
Für die Höhe des persönlichen Freibetrages kommt es auf die tatsächliche StKl. an. In Zahlen:

Gesamter Vermögensanfall	522.500 €
./. Grabpflegepauschale (§ 10 Abs. 5 Nr. 3 ErbStG)	./. 10.300 €
./. persönlicher Freibetrag (StKl. II)	./. 20.000 €
= steuerpflichtiger Erwerb	492.200 €
Dies führt zu einer Steuer nach StKl. II (25 %) von:	**123.050 €**

(2a) Auf das begünstigte Vermögen (4,3 %) entfällt eine Steuer von 5.291 €.

(3) Die Steuer nach StKl. I (15 %) beträgt für das gesamte Vermögen 73.830 €.

(3a) Auf das begünstigte Vermögen (4,3 %) entfallen davon 3.175 €.

(4) Der Unterschiedsbetrag beträgt 2.116 € (./. **3.175 €**).

(5) Die festzusetzende Steuer beträgt **120.934 €**.

4 Sondervorschriften zur Steuerberechnung

4.1 Berücksichtigung früherer Erwerbe (§ 14 ErbStG)

Mehrere innerhalb von zehn Jahren von derselben Person anfallende Übergaben, z.B. eine Schenkung und ein Erwerb von Todes wegen von **derselben Zuwendungsperson**, sind nach § 14 ErbStG zusammenzurechnen. Alle Erwerbe innerhalb des Zehnjahreszeitraumes werden dabei so behandelt, als seien sie insgesamt zur Zeit des Letzterwerbs ausgeführt.

Dabei wurde mehrfach vom BFH betont, dass die Vorerwerbe und der Letzterwerb ihre **Selbständigkeit** behalten.[342] Die Zielsetzung von § 14 ErbStG erschöpft sich in der Aufgabe, die Steuer für den **letzten Erwerb** in der zutreffenden Höhe zu ermitteln. Es soll weder zu einer negativen Erbschaftsteuer (Erstattung) noch zu einer Herabsetzung für frühere Erwerbe kommen[343], so auch der BFH vom 17.10.2001 (BStBl II 2002, 52). In **verfahrensrechtlicher** Hinsicht ist noch zu ergänzen, dass für den Fall, da das FA bei mehreren Erwerben irrig und zu Unrecht von einer einheitlichen Zuwendung ausging, dies nach dem BFH-Urteil vom

---

342 Nach dem Urteil des BFH vom 07.10.1998 (BStBl II 1999, 25), dem sich die Verwaltung in den H 14.1 Abs. 1 ErbStH sowie H 25 ErbStH angeschlossen hat, führte dies dazu, dass die Summe der Werte (vorher: geschenktes zinsloses Darlehen und später: geerbtes Vermögen) höher ist als der Wert des Gegenstandes.

343 Dies wird besonders in den Urteilen der Finanzgerichte betont (so FG München vom 03.08.2000, EFG 2001, 33; FG Niedersachsen vom 22.06.2000, EFG 2001, 452 oder FG BaWü vom 11.06.1999, EFG 2000, 1141).

20.01.2010 (BStBl II 2010, 463) nicht zur Nichtigkeit des Steuerbescheids führt (argum: keine Unbestimmtheit wie in den sonstigen Fällen einer unaufgegliederten Zusammenfassung).

Die Zusammenrechnung gewährleistet, dass ein Erwerber seinen persönlichen Freibetrag innerhalb von zehn Jahren nur einmal ausnutzen kann und dass sich durch die Aufspaltung in mehrere Teilerwerbe kein Progressionsvorteil ergibt. Nach BFH vom 02.03.2005 (BStBl II 2005, 728) ist aber bei der Berechnung der nach § 14 Abs. 1 S. 2 ErbStG abziehbaren fiktiven Steuer ein Freibetrag vom Wert der Vorschenkungen nur in der Höhe abzuziehen, in der ihn der Steuerbürger innerhalb von zehn Jahren vor dem letzten Erwerb tatsächlich für Erwerbe von derselben Person verbraucht hat.

Dem Wortlaut von § 14 ErbStG ist i.V.m. R 14.1 ErbStR folgende Berechnung(-sreihenfolge) zu entnehmen[344]:

1. Ansatz des letzten Erwerbs mit dem aktuell festgestellten Wert (ohne persönlichen Freibetrag)
2. Ermittlung des Gesamtbetrages durch Hinzurechnung des Vorerwerbs
3. Von diesem Gesamtbetrag wird nunmehr (und) einmal der persönliche Freibetrag abgezogen
4. Durch Anwendung des Steuersatzes auf den Gesamterwerb (nach 3.) ergibt sich die Gesamtsteuer
5. Von der Gesamtsteuer ist die Steuer auf den Vorerwerb abzuziehen (jetzt unter Berücksichtigung der aktuellen »letzten« persönlichen Freibeträge bzw. der höheren damaligen Steuer)
6. Gesamtsteuer 4. ./. Abzugsteuer 5.
   = Festzusetzende Steuer für den Letzterwerb

Hinweis: Nach dem BFH (Urteil vom 09.07.2009, Az.: II R 55/08) ist die »tatsächlich für die in die Zusammenrechnung einbezogenen früheren Erwerbe zu entrichtende Steuer« i.S.d. § 14 Abs. 1 S. 3 ErbStG diejenige Steuer, die bei zutreffender Beurteilung der Sach- und Rechtslage für diese Erwerbe festzusetzen gewesen wäre, und nicht die dafür wirklich festgesetzte Steuer.

Beispiel 13: Eine Schwalbe macht noch keinen Sommer (Privatschenkung)
Vater schenkt seinem Sohn in 01 Bargeld i.H.v. 0,5 Mio. € und schenkt (vererbt) ihm 1 Mio. € in 02.

Für die Steuerberechnung unter dem Regime des § 14 ErbStG wird gem. § 14 Abs. 1 S. 2 ErbStG die Steuer für den Gesamterwerb berechnet, und dies auf der Grundlage des geltenden (Tarif-)Rechts im Zeitpunkt des Letzterwerbs. Hiervon wird der (fiktive) Teilsteuerbetrag abgezogen, der sich für die **früheren** Erwerbe ergibt, diesmal berechnet nach dem **letztgeltenden** Recht.[345]

---

344 S. auch *Meincke*, DStR 2007, 273, und ders., ZEV 2009, 604.
345 Anstelle dieser fiktiven Abzugsteuer ist eine etwaige früher tatsächlich gezahlte höhere Steuer abzuziehen.

Lösung:
1. Erwerb 02
– Berechnung des Gesamtbetrages –

Barvermögen 02	1,000 Mio. €	
Barvermögen 01	0,500 Mio. €	
= Gesamterwerb	1,500 Mio. €	
./. persönlicher Freibetrag	./. 0,400 Mio. €	
= steuerpflichtiger Erwerb	1,100 Mio. €	
Steuer auf den Gesamterwerb 19 %		209.000 €

2. Erwerb 01
– fiktive Abzugsteuer –

Barvermögen 01	0,500 Mio. €	
./. persönlicher Freibetrag	./. 0,400 Mio. €	
= steuerpflichtiger Erwerb	0,100 Mio. €	
./. abzuziehender Steuer, die nach dem im Jahr 02 geltenden Vorschriften auf den Erwerb in 01 zu erheben gewesen wäre (§ 14 Abs. 1 S. 2 ErbStG), d.h. 15 %		./. 11.000 €
3. Festzusetzende Steuer (in 02)		**198.000 €**

Nachdem die Steuer in 01 tatsächlich nach dem Steuersatz von 11 % mit **11.000 €** berechnet wurde, führt die Zusammenrechnung nach § 14 ErbStG hier und in vielen Fällen wegen des Kaskadensprunges (Progression) zu einer **Nachversteuerung**.

Ein gegenläufiges Ergebnis wird erzielt, wenn etwa der Ersterwerb aufgrund fehlender persönlicher Merkmale ursprünglich höher versteuert war als dies bei dem Gesamterwerb der Fall ist.

Beispiel 13a: Vorschenkung unter Fremden und Zweitschenkung unter Angehörigen (Privatschenkung)
Bei der Erstschenkung in 01 im Beispiel 13 bestand zwischen S und V kein Verwandtschaftsverhältnis. Vor der Zweitschenkung in 02 adoptierte V den S.

Lösung: An der Berechnung des Gesamterwerbs ändert sich zunächst nichts. Wegen der fehlenden verwandtschaftlichen Beziehung V-S im Jahre 01 wurde vom damaligen Schenkungsbetrag von 0,5 Mio. € nur ein Freibetrag von 20.000 € (§ 16 Abs. 1 Nr. 7 ErbStG) abgezogen und der verbleibende Erwerb von 480.000 € mit 30 % = 144.000 € besteuert.
In diesem Fall wird die tatsächlich höhere Steuer des Jahres 01 von der Steuer des Gesamterwerbs (209.000 €) abgezogen, so dass eine Steuer von **65.000 €** festgesetzt wird.

Wie bereits ausgeführt, führt die Anrechnung der **höheren tatsächlichen** Steuer (s. oben BFH vom 09.07.2009, Az.: II R 55/08) für den früheren Erwerb nur zu einer Anrechnung und nie zu einer Erstattung, da nur der Letzterwerb besteuert wird.

Folgende Neuerungen brachte R 14.1 ErbStR mit sich:
Für den Fall, dass die Steuer für den **Vorerwerb unzutreffend** festgesetzt worden ist (z.B. fehlerhafte Wertsansätze), bleibt nach R 14.1 Abs. 3 S. 6 ErbStR die Festsetzung für den Vorerwerb unverändert. Nach S. 7 a.a.O ist in diesem Fall als »tatsächlich zu entrichtende Abzugsteuer« diejenige Steuer zu berücksichtigen, die sich nach den tatsächlichen Verhältnissen zur Zeit der Steuerentstehung für den Vorerwerb unter Berücksichtigung der geltenden Rechtsprechung und Verwaltungsauffassung zur Zeit der Steuerentstehung für den Letzterwerb ergeben hätte.

Hinweis: Der BFH hat im Urteil vom 28.03.2012 (ZEV 2012, 384) bei der Berechnung des Zehnjahreszeitraumes Klarheit geschaffen.

Bei zwei Erwerben (1. Schenkung: 31.12.1998 und 2. Schenkung: 31.12.2008) erfolgt keine Zusammenrechnung, da vom **letzten Erwerb aus rückwärts** die Zehnjahresfrist berechnet wird (zustimmend Wachter, ZEV 2012, 386). Dies gilt nach BFH auch dann, wenn das – rückwärts berechnete – Ende der Frist auf einen Feiertag fällt (im Beispiel oben: auf den 01.01.1999).

4.1.1 Besonderheiten der Zusammenrechnung bei Produktivvermögen

Komplizierter wird die Anwendung von § 14 ErbStG, wenn sich Produktivvermögen im Nachlass befindet.

Beispiel 13b: Der »produktive« Schenker[346]
Vater V hat im Jahr 2005 seiner Tochter Betriebsvermögen mit einem Steuerwert von 200.000 € geschenkt. Im Jahr 2011 schenkt er ihr weiteres Betriebsvermögen mit einem Steuerwert von 4.000.000 €. Ein Antrag nach § 13a Abs. 8 ErbStG wurde nicht gestellt.

Erwerb 2005		
Betriebsvermögen		200.000 €
Freibetrag (§ 13a ErbStG)	./.	200.000 €
Verbleiben		**0 €**
Bewertungsabschlag 35 %		0 €
Steuerpflichtiges Betriebsvermögen		0 €
Persönlicher Freibetrag	./.	205.000 €
Steuerpflichtiger Erwerb		0 €
Steuer		**0 €**
Erwerb 2011		
Betriebsvermögen		4000.000 €
Verschonungsabschlag (85 %)	./.	3.400.000 €
Verbleiben		600.000 €
Abzugsbetrag	./.	0 €
Steuerpflichtiges Betriebsvermögen 2011		**600.000 €**
Abzugsbetrag		150.000 €
Verbleibender Wert (15 %)		600.000 €
Abzugsbetrag	./.	150.000 €
Unterschiedsbetrag		450.000 €
Davon 50 %	./.	225.000 €
Verbleibender Abzugsbetrag		**0 €**
Steuerpflichtiges Betriebsvermögen 2011		600.000 €
Steuerpflichtiges Betriebsvermögen 2005	+	0 €
Gesamterwerb		600.000 €

---

346 Das Beispiel ist dem H 14.2 ErbStH entnommen.

Persönlicher Freibetrag	./.	400.000 €
Steuerpflichtiger Gesamterwerb		200.000 €
Steuersatz 11 %		
Steuer auf Gesamterwerb		**22.000 €**
Fiktive Abzugsteuer 2011 auf Vorerwerb 2005		
Betriebsvermögen 2005		200 000 €
Freibetrag (§ 13a ErbStG a.F.)	./.	200 000 €
Verbleiben		0 €
Persönlicher Freibetrag 2011	./.	400 000 €
Steuerpflichtiger Erwerb		0 €
Abgerundet		0 €
Fiktive Abzugsteuer auf Vorerwerb		0 €
Anzurechnen ist die fiktive Abzugssteuer 2005	./.	0 €
Steuer 2011		**22.000 €**
Mindeststeuer nach § 14 Abs. 1 S. 4 ErbStG		
Steuerpflichtiges Betriebsvermögen 2011		600.000 €
Persönlicher Freibetrag	./.	400.000 €
Steuerpflichtiger Erwerb		200.000 €
Steuersatz 11 %		
Mindeststeuer		22.000 €
Festzusetzende Steuer 2011		**22.000 €**

4.1.2 § 14 Abs. 1 S. 4 ErbStG n.F.

Mit der Neufassung ist für die zehnjährige Zusammenrechnung früherer Erwerbe eine **Mindeststeuer** eingeführt worden. Danach darf die Erbschaft-(Schenkung-)Steuer für den Letzterwerb nie unterschritten werden (so auch R 14.3 Abs. 1 ErbStR).

Neben den dogmatischen Bedenken gegen den operativen Umgang mit § 14 Abs. 1 S. 3 ErbStG soll damit vor allem drohenden Steuerausfällen aufgrund der neuen günstigeren Verschonungsregelungen vorgebeugt werden.

4.1.3 Schenkungen außerhalb des Zehnjahreszeitraumes (Überprogression)

Finden Vorschenkungen außerhalb des Zehnjahreszeitraumes statt und liegt demnach eine über zehn Jahre hinausreichende Schenkungskette vor, können einzelne Schenkungen wegen der rückwärts gerichteten Zusammenrechnung extrem hoch besteuert werden. Man spricht in diesem Zusammenhang von einer »Überprogression«.

Beispiel 13c: Dauerschenkungen[347]
Vater V schenkt seiner Tochter am 03.01.1991 einen Geldbetrag von 600.000 DM, das entspricht 306.775 €. Am 02.01.2001 erhält sie weitere 600.000 DM und am 01.01.2011 schließlich 500.000 €.

---

347 Das Bsp. ist identisch mit H 14.1 Abs. 4 ErbStH.

	1. Zehnjahreszeitraum	2. Zehnjahreszeitraum	
	03.01.1991	02.01.2001	01.01.2011
Zuwendung	600.000 DM	600.000 DM	500.000 €
Vorschenkung			
innerhalb des Zehnjahreszeitraums		+ 600.000 DM	+ 306.775 €
Gesamtbetrag	600.000 DM	1.200.000 DM	806.775 €
Persönlicher Freibetrag	./. 90.000 DM	./. 400.000 DM	./. 400.000 €
Steuerpflichtiger Erwerb (abgerundet)	510.000 DM	800.000 DM	406.700 €
Steuersatz	8 %	15 %	15 %
Steuer	**40.800 DM**	**120.000 DM**	**61.005 €**
anzurechnende Steuer 2001 aus der Schenkung 1991			
Wert der Vorschenkung 1991		600.000 DM	
Persönlicher Freibetrag 2001 (400.000 DM)			
höchstens beim Erwerb 1991 verbrauchter Freibetrag	./.	90.000 DM	
Nettobetrag des Vorerwerbs		**510.000 DM**	
Steuersatz (Härteausgleich)			
Fiktive Abzugsteuer		60.000 DM	
Tatsächlich zu entrichtende Steuer 1991		40.800 DM	
Abzuziehen ist die höhere fiktive Steuer		60.000 DM	
Steuer 2001 (120.000 DM ./. 60.000 DM =)		**60.000 DM**	

Anzurechnende Steuer 2011 aus Schenkung 2001	
Wert der Vorschenkung 2001 600.000 DM = 306.775 €	306.775 €
Freibetrag 2011 (400.000 €),	
höchstens 2001 verbrauchter Freibetrag	
400.000 DM ./. verbrauchter Freibetrag 1991 90.000 DM	
= 310.000 DM, das entspricht 158.500 €	158.500 €
Steuerpflichtiger Erwerb	148.200 €
Steuer 11 %	16.302 €
Abzuziehen ist die höhere tatsächliche Steuer	
60.000 DM, das entspricht 30.678 €	30.678 €
Steuer 2011	**61.005 €**
Abzuziehen sind	./. 30.678 €
Steuer 2011	**30.327 €**
Mindeststeuer nach § 14 Abs. 1 S. 4 ErbStG	
Barvermögen 2011	500.000 €
Persönlicher Freibetrag	./. 400.000 €
Steuerpflichtiger Erwerb	100.000 €
Mindeststeuer 11 %	11.000 €
Festzusetzende Steuer 2011	**30.327 €**

Hinweis: Nach dem BFH-Urteil vom 14.01.2009 (BStBl II 2009, 358) **erübrigt** sich bei einer Schenkungskette über einen Zeitraum von mehr als zehn Jahren durch die von § 14 Abs. 1 S. 3 ErbStG eröffnete Möglichkeit des Abzugs der (höheren) tatsächlich zu entrichtenden Steuer für die Vorschenkung **die Berücksichtigung eines weiteren Abzugsbetrags** zum Ausgleich einer Überprogression, weil die tatsächlich zu entrichtende Steuer für den Vorerwerb die Mehrsteuer enthält. Der Abzug der tatsächlich zu entrichtenden Steuer überwindet die Unzulänglichkeit des § 14 Abs. 1 S. 2 ErbStG und führt zum exakten Abzug der sich aufgrund eines Progressionssprungs beim Vorerwerb ergebenden Mehrsteuer.

4.1.4 Negativerwerbe beim Vorerwerb

Nach 14 Abs. 1 S. 5 ErbStG bleiben Erwerbe, für die sich ein steuerlich negativer Wert ergibt, unberücksichtigt. Denkbar ist ein negativer Erwerb nur bei steuerfunktionellen Einheiten wie bei einem Gewerbebetrieb oder bei einem Anteil an einer PersG (z.B. bei einem Kommanditisten mit negativem Kapitalkonto).

Bei Übertragungen von belasteten Einzel-Gegenständen (Beispiel: Grundstück mit Hypothek/Grundschuld) geht die Rspr. des BFH einen anderen Weg: Nach der Teilungstheorie wird das Geschäft in einen entgeltlichen und in einen unentgeltlichen Part aufgespalten. Der Veräußerungs- (bzw. umgekehrt der Erwerbs-)Part ergibt sich aus der übernommenen Schuld, so dass bei **Einzel-WG** ein Anwendungsfall von § 14 Abs. 1 S. 5 ErbStG nahezu **ausgeschlossen** ist.

4.1.5 Nießbrauchsbelastung auf Vorschenkung

Für den Fall, dass ein – mit einer nicht abziehbaren Last verbundener – Vor-Erwerb nach § 25 Abs. 1 S. 1 ErbStG (geschenktes Grundstück, belastet mit einem Vorbehaltsnießbrauch) mit einem späteren Erwerb nach § 14 Abs. 1 S. 1 ErbStG zusammenzurechnen ist, entschied der BFH (Urteil vom 08.03.2006, BStBl II 2006, 785), dass der **Bruttoerwerb** sowohl bei der Zusammenrechnung (§ 14 Abs. 1 **S. 1** ErbStG) als auch bei der nach § 14 Abs. 1 **S. 2 und 3** ErbStG abzuziehenden Steuer zu Grunde zu legen ist (s. auch Kap. II 2.2.2.2).

4.1.6 Das Limit des § 14 Abs. 2 ErbStG

In § 14 Abs. 2 ErbStG ist eine Begrenzung vorgesehen. Hiernach darf die durch jeden weiteren Erwerb (Nacherwerb) veranlasste Steuer nicht mehr als 50 % dieses Erwerbs betragen. Damit ist die Steuer gemeint, die sich nach Abzug der anzurechnenden Steuer auf den Gesamterwerb ergibt.

Diese Regelung dürfte in der Praxis aufgrund des Härteausgleichs nach §19 Abs. 3 ErbStG nur selten zur Anwendung kommen (s. auch R 14.3. ErbStR).

4.2 Mehrfacher Erwerb desselben Vermögens (§ 27 ErbStG)

Anders als bei § 14 ErbStG E (**Personenidentität** von Schenker (Erblasser) und Bereichertem) ist es auch denkbar, dass **dasselbe Vermögen** innerhalb von zehn Jahren durch mehrere – familiäre – Hände »läuft«. Für diese Fälle des häufigen Eigentümerwechsels ist in § 27 ErbStG eine Herabsetzung der Erbschaftsteuer für den letzten Erwerb, allerdings nur bei Erwerb **von Todes wegen**, vorgesehen.

Mit dem Begriff der Vermögensidentität setzen sich die Verfügungen der (Noch-[348]) OFD München und (Noch-)OFD Nürnberg vom 15.06.2004 (DB 2004, 1912) anlässlich des Übergangs von Unternehmensbeteiligungen auseinander. Bei (extremer) wirtschaftlicher Betrachtungsweise gelangen die Verfügungen zu dem Schluss, dass selbst bei zwischenzeitlicher Änderung der Rechtsform die Identität auch beim Nacherwerb einer Beteiligung gewährleistet ist, wobei Wertzuwächse auszuscheiden sind. Man könnte insoweit auch den Begriff der **erbschaftsteuerlichen Surrogation** gebrauchen.

Beispiel 14: Übergabe »mutatis mutandis« – Das einzig Beständige ist der (Eigentümer-) Wechsel (hier wegen des Zehnjahreszeitraumes nach altem Recht)
V(ater) schenkt seinem 30-jährigen S(ohn) ein Aktienpaket in 01 (Wert: 1 Mio. €). S, der Witwer und auch sonst allen materiellen Werten abgeneigt ist, überträgt die Aktien, nachdem er damit nichts anzufangen weiß, im Jahr 03 wieder unentgeltlich zurück an V (Wert: 2 Mio. €).[349]

1. Variante: S überlebt das Geschenk in 01 nicht und wird zwei Tage später von V als Alleinerbe beerbt.
2. Variante: S setzt statt V seine M(utter) im Testament als Alleinerbin ein.
3. Variante: S setzt statt V/M die neunjährige adoptierte Tochter seiner verstorbenen Frau T testamentarisch als Erbin ein (S verstirbt in 01; Steuerwert: 1 Mio. €).
4. Variante: s. oben Variante (3); aber der Steuerwert der Aktien beträgt beim Tod des S nunmehr 1,5 Mio. €.

Lösung (Ausgangssachverhalt – Rückschenkung):
- Die Schenkung (V/S) ist als freigebige Zuwendung in 01 nach § 7 Abs. 1 Nr. 1 ErbStG steuerpflichtig. Vom Börsenwert der Aktien (Streubesitz) ist der persönliche Freibetrag nach § 16 Abs. 1 Nr. 2 ErbStG i.H.v. 400 T€ abzuziehen; kein § 17 Abs. 2 ErbStG; S hat 600 T€ mit 15 % zu versteuern (90.000 € Steuer).
- Für die **Rückschenkung** in 03 könnte für V (Steuerwert 2,0 Mio. €) die Befreiung nach § 13 Abs. 1 Nr. 10 ErbStG, zumindest aber die Herabsetzung nach § 27 ErbStG in Betracht kommen. Beide Bestimmungen setzen allerdings einen Rückerwerb der Aktien »von Todes wegen« voraus. Die Rückschenkung löst, wie auch der BFH im Urteil vom 16.07.1997 (BStBl II 1997, 625) festgestellt hat, weder die Befreiung nach § 13 Abs. 1 Nr. 10 ErbStG noch die Herabsetzung nach § 27 ErbStG aus.

Lösung (1. und 2. Variante = Rückerwerb der Eltern von Todes wegen):
- Im Fall des Rückerwerbs von V ändert auch die zwischenzeitliche Wertsteigerung der Aktien (R 13.6 Abs. 2 S. 4 ErbStR) nichts an der Steuerfreiheit des Rückerwerbs von Todes wegen nach § 13 Abs. 1 Nr. 10 ErbStG. Auf § 27 ErbStG ist nicht weiter einzugehen.
- Für den Fall, dass M die Aktien durch letztwillige Verfügung erhält, ergibt sich bei wörtlicher Auslegung ebenfalls eine Steuerbefreiung (vgl. § 13: ... V als »Eltern«-Teil hat geschenkt und M als eine »dieser Personen«, d.h. als »Eltern«-Teil hat geerbt ...). Nach einer – zweifelhaften – Erkenntnis des RFH kommt § 13 Abs. 1 Nr. 10 ErbStG nicht zum Tragen, wenn die Schenkung von einem Elternteil (hier: V) stammt und es zu einem Erwerb von Todes wegen beim anderen Elternteil kommt.[350]

---

348 Die beiden »ehrwürdigen« bayerischen Oberfinanzdirektionen wurden im Jahre 2005 aus politischen Gründen zum Bayerischen Landesamt für Steuern zusammengelegt.
349 Es liegt kein Fall des § 29 Abs. 1 Nr. 1 bzw. Nr. 2 ErbStG vor.
350 RFH, StuW 1927, Nr. 602.

Lösung (3. Variante = Standardfall):
- Nachdem für T eine Befreiung nach § 13 ErbStG nicht einschlägig ist, kommt nur eine Herabsetzung nach § 27 ErbStG in Betracht. Die persönlichen und sachlichen Qualifikationsmerkmale sind gegeben, da sowohl S für seinen Erwerb als auch T (als Stiefkind) für ihren Erwerb jeweils der StKl. I angehören und es sich um das identische[351] Aktienpaket handelt.
- Die Herabsetzung errechnet sich nach § 27 Abs. 1 und 3 ErbStG wie folgt:
  – Beim Erwerb durch T nach § 3 Abs. 1 Nr. 1 ErbStG wird vom Steuerwert von 1 Mio. € der persönliche Freibetrag nach § 16 Abs. 1 Nr. 2 ErbStG i.H.v. 400 T€ und der Versorgungsfreibetrag von 41 T€ (§ 17 Abs. 2 Nr. 2 ErbStG) abgezogen; dies ergibt einen steuerpflichtigen Erwerb von 559.000 €, der bei einem Steuersatz von 15 % zunächst eine Erbschaftsteuer i.H.v. 83.850 € auslöst.
  – Nach § 27 Abs. 1 ErbStG ermäßigt sich die Steuer um 50 % (41.925 €) auf 41.925 €.
  – Nach § 27 Abs. 3 ErbStG ist vergleichend als maximaler Ermäßigungsbetrag der identische (50) %-Satz auf die Steuer des Ersterwerbs (90.000 € = 45.000 €) zu ermitteln und ggf. anzusetzen. Nachdem die erste Berechnung nach § 27 Abs. 1 ErbStG zu einem niedrigeren Ermäßigungsbetrag führt, kommt es nicht zu einer Reduzierung des Ermäßigungsbetrages nach Abs. 3: T hat für den Erwerb der Aktien (1 Mio. € Steuerwert) 41.925 € Erbschaftsteuer zu zahlen.

Lösung (4. Variante):
R 27 ErbStR bringen unmissverständlich zum Ausdruck, dass bei § 27 ErbStG zwischenzeitliche Wertsteigerungen zwischen dem ersten und dem folgenden Erwerbsfall unberücksichtigt bleiben. Damit kommt die identische Lösung wie bei Variante (3) zum Tragen, soweit davon der Ermäßigungsbetrag betroffen ist. Die Steuer selbst erhöht sich wegen des höheren Werts des Erwerbs.

Für den Fall, dass zu dem nach § 27 ErbStG »umschlagshäufigen« Nachlassvermögen noch sonstiges »ruhendes« Nachlassvermögen hinzutritt, sieht § 27 Abs. 2 ErbStG eine Aufteilung des Gesamterwerbs vor.

Beispiel 15: Dasselbe ist nicht immer das Gleiche (gleiche Anm. s. zu Beispiel 14)
E, Enkeltochter (12 Jahre), hat zwei Diamanten (je ein Steuerwert[352] von 0,5 Mio. €) von K geerbt. K seinerseits hat vor 23 Monaten den Smaragd als Alleinerbe seines Vaters V erworben, während er den Rubin von seiner Mutter vor 15 Jahren geschenkt bekam. Wie ist die erbschaftsteuerliche Behandlung bei E?

Lösung: Nach Feststellung des Gesamterwerbs ist die Steuer im Verhältnis des begünstigten Vermögens zum Gesamtvermögen aufzuteilen. Der Gesamterwerb von E beträgt 1 Mio. €. Nach Abzug des persönlichen Freibetrags von 400 T€ und des Versorgungsfreibetrages von 30.700 € (§ 17 Abs. 2 Nr. 3 ErbStG) beträgt der steuerpflichtige Erwerb 569.300 €. Bei einem Steuersatz von 15 % ergibt dies zunächst eine Steuer von 85.395 €. Dieser Steuerbetrag ist nach § 27 Abs. 2 ErbStG im Verhältnis des begünstigten Vermögens (Smaragd = 0,5 Mio. €) zum Gesamtvermögen (1 Mio. €) aufzuteilen, hier also zu 50 %.

---

351 Inwieweit es sich bei § 27 ErbStG um identische – oder nur um art- und funktionsgleiche – Gegenstände handeln muss, ist im Detail umstritten; nach h.M. (vgl. *Meincke*, ErbStG-Kommentar, § 27 Rz. 5) genügt auch hier der Surrogationsgedanke (vergleichbar BFH vom 22.06.1994, BStBl II 1994, 656 zu § 13 Abs. 1 Nr. 10 ErbStG).

352 Für Edelsteine gibt es keine Befreiung nach dem ausdrücklichen Wortlaut von § 13 Abs. 1 Nr. 1 S. 2 ErbStG.

Damit entfällt ein Steuerbetrag von 42.698 € auf das begünstigte Vermögen. Nach § 27 Abs. 1 ErbStG ermäßigt sich dieser Steuerbetrag lt. Tabelle um 45 % bei einem Erwerbsintervall von weniger als zwei Jahren, aber mehr als einem Jahr. Die Erbschaftsteuer beträgt schließlich 66.181 € [85.395 € ./. (42.698 € x 45 %)].

Zur Streitfrage, wie Schulden behandelt werden, die bei mehrfach erworbenem Vermögen i.S.d. § 27 ErbStG anfallen, sich aber gleichzeitig auf anderes Vermögen erstrecken, hat das FinMin Brandenburg mit Erlass vom 03.02.2004 (DStR 2004, 357) Stellung genommen (ebenso R 27 Abs. 2 ErbStR):

»Die Steuer für den Gesamterwerb ist gem. § 27 Abs. 2 ErbStG in dem Verhältnis aufzuteilen, in dem der Nettowert des begünstigten Vermögens nach Abzug der mit diesem Vermögen zusammenhängenden Schulden und Lasten zu dem Wert des steuerpflichtigen Gesamterwerbs nach Abzug aller Schulden und vor Abzug des dem Erwerber zustehenden Freibetrages steht. Soweit die Schulden nicht unmittelbar zugeordnet werden können, sind sie dem begünstigten Vermögen anteilig zuzuordnen.«

4.3 Der so genannte Härteausgleich nach § 19 Abs. 3 ErbStG

Einen reinen Tarifzweck verfolgt die Anordnung von § 19 Abs. 3 ErbStG, wenn der Eintritt in eine höhere Tarifstufe nach § 19 Abs. 1 ErbStG (der sog. Kaskadensprung) dazu führt, dass die Vermögensmehrung jenseits der Tarifschwelle, also das »Delta Mehrvermögen« nicht ausreicht, um die höhere Steuer zu decken. Aus diesem tariflichen Grund wird in einer sehr technischen Anordnung die anfallende Steuer bis zu einem bestimmten Grenzwert nicht erhoben. Die neuen »Grenzwerte« sind in H 19 ErbStH abgedruckt und sehen wie folgt aus:

Wertgrenze gem. § 19 Abs. 1 ErbStG	Härteausgleich gem. § 19 Abs. 3 ErbStG bei Überschreiten der letztvorhergehenden Wertgrenze bis einschließlich ... € in Steuerklasse		
in €	I	II	III
75.000	–	–	–
300.000	82.600	87.400	–
600.000	334.200	359.900	–
6.000.000	677.400	749.900	–
13.000.000	6.888.800	6.749.900	10.799.900
26.000.000	15.260.800	14.857.100	–
über 26.000.000	29.899.900	28.437.400	–

Beispiel 16: Das böse Erwachen
Unternehmer U hat seinen Großneffen G (Steuerklasse III) zum Alleinerben eingesetzt. Zum Nachlass gehört ein Gewerbebetrieb (Steuerwert 800.000 €) und ein Anteil von 30 % an der A-GmbH (Steuerwert 400.000 €). Die Betriebe verfügen über Verwaltungsvermögen von weniger als 50 % des gemeinen Werts. Ein Antrag nach § 13a Abs. 8 ErbStG wurde nicht gestellt.

Zum Nachlass gehört Kapitalvermögen mit einem Wert von 750.000 €. Der im Zusammenhang mit der Anschaffung der GmbH-Anteile aufgenommene Kredit valutiert noch i.H.v. 200.000 €.

Für G ergibt sich folgende Steuerberechnung:

Betriebsvermögen (begünstigt)		800.000 €
GmbH-Anteil (begünstigt)		400.000 €
begünstigtes Vermögen		1.200.000 €
Verschonungsabschlag (85 %)	./.	1.020.000 €
Verbleiben		180.000 €
Abzugsbetrag	./.	135.000 €
Steuerpflichtiges Unternehmensvermögen		**45.000 €**
Abzugsbetrag		150.000 €
Verbleibender Wert (15 %)		180.000 €
Abzugsbetrag	./.	150.000 €
Unterschiedsbetrag		30.000 €
Davon 50 %	./.	15.000 €
Verbleibender Abzugsbetrag		**135.000 €**
Kapitalvermögen	+	750.000 €
Gesamter Vermögensanfall		795.000 €
Schuld aus der GmbH-Beteiligung		200.000 €
Kürzung nach § 10 Abs. 6 ErbStG		
Abziehbare Schuld		
200.000 € x 45.000 € : 1.200.000 € =	./.	7.500 €
Vermögensanfall nach Abzug der Schulden (§ 19a Abs. 3 ErbStG)		787.500 €
Erbfallkostenpauschale	./.	10.300 €
Persönlicher Freibetrag	./.	20.000 €
Steuerpflichtiger Erwerb		**757.200 €**

Anteil des tarifbegünstigten Vermögens:
(45.000 € ./. 7.500 €) : 787.500 € = 4,77 %

Steuer nach StKl. III (30 %) 227.160 €		
Auf begünstigtes Vermögen entfällt		
227.160 € x 4,77 % =		10.836 €
Steuer nach StKl. I (19 %) = 143.868 €		
Auf begünstigtes Vermögen entfällt		
143.868 € x 4,77 %	./.	6.862 €
Unterschiedsbetrag		3.974 €
Festzusetzende Steuer		**223.186 €**

5 Das Erbschaft- und Schenkungsteuerschuldrecht

Als zentrale verfahrensrechtliche Fragen zur Erbschaftsteuer werden die Stellung des Steuerschuldners und der Steuerzeitpunkt sowie das Erlöschen der Steuerschuld näher beleuchtet.

5.1 Die Frage nach dem Steuerschuldner

Von zentraler Bedeutung ist die Festlegung des **Steuerschuldners** bei der Schenkungsteuer, die von der Erbschaftsteuer abweicht. Die Steuerfestsetzung ist für die Erbschaft- und Schenkungsteuer grundsätzlich in §§ 155 ff. AO geregelt. Danach erfolgt die Festsetzung durch einen Steuerbescheid. Für das Erhebungsverfahren gelten – wie allgemein – §§ 218 ff. AO. Auf die Besonderheiten der §§ 20 ff. ErbStG wird nachfolgend eingegangen.

5.1.1 Schuldner der Schenkungsteuer

Überraschenderweise gibt es bei der Schenkung zwei Steuerschuldner.

Beispiel 17: Die Kate für die Freundin
W schenkt eine Kate in Schleswig-Holstein (Steuerwert 360 T€), die mit 100 T€ valutierter Grundschuld belastet ist, der Freundin F. Muss W ggf. die darauf entfallende Steuer bezahlen?

Nach § 20 Abs. 1 ErbStG sind beide Erwerbsbeteiligte, Schenker und Beschenkter, Schuldner der Schenkungsteuer. Nach § 44 AO sind W und F Gesamtschuldner, an die sich einzeln das FA jeweils in voller Höhe der festgestellten Steuerschuld wenden kann.[353]

Lösung: Schenkt W seiner Freundin die Kate, so schuldet er neben der Beschenkten nach § 44 Abs. 1 S. 2 AO die Schenkungsteuer in voller Höhe, hier 72.000 € [30 % von 240.000 € (260 T€[354] ./. 20.000 € Freibetrag)]. Bei der Auswahlermessensentscheidung zwischen W und F nach § 5 AO hat das FA aber zu berücksichtigen, dass ohne eine weitere vorliegende Vereinbarung der Beschenkte (F) immer primär in Anspruch genommen wird. Anderenfalls (W wird als Erstschuldner belangt) hat W einen Regressanspruch nach § 426 Abs. 1 BGB gegen F i.H.d. hälftigen Steuer.

---

[353] Das FA darf aber nur einmal wegen des festgesetzten Betrages vollstrecken. §§ 268 ff. AO sind allerdings nicht einschlägig.
[354] Die Schenkung einer Immobilie gegen Übernahme einer Grundbelastung (Hypothek oder Grundschuld) wird wie eine »gemischte Schenkung« behandelt. Auf gemischte Schenkungen bei Immobilienvermögen ist, wie bereits ausgeführt, die Saldotheorie anzuwenden (R 7.4 ErbStR). Danach ist zur Ermittlung der Bereicherung die mit 100 T€ valutierte Grundschuld vom steuerlichen Grundbesitzwert (360 T€) abzuziehen, womit sich eine Bereicherung der F i.H.v. 260 T€ ergibt.

$$\frac{\text{Steuerwert der Leistung des Schenkers} \times \text{Verkehrswert der Bereicherung des Beschenkten}}{\text{Verkehrswert der Schenkerleistung}}$$

$$\frac{360\,\text{T€} \times [500\,\text{T€}\,(=600\,\text{T€}\,./.\,100\,\text{T€})]}{600\,\text{T€}} = 300\,\text{T€}$$

In einem besonders gelagerten Fall (Schenker hat die Steuer im Innenverhältnis zum Beschenkten übernommen) entschied der BFH (Urteil vom 01.07.2008, BStBl II 2008, 897), dass die Inanspruchnahme des Beschenkten zu ihrer Wirksamkeit einer besonderen Begründung bedürfe (§ 126 AO).

Hinweis: Die »offene« Norm des § 20 Abs. 1 ErbStG im Schenkungsfall (mögliche Inanspruchnahme des Schenkers als Gesamtschuldner) hat im Gesetzgebungsverfahren zur Erbschaftsteuerreform (2009) eine große Rolle gespielt. Man hat sich im Vorfeld darauf verständigt (vgl. Begründung zu BT-Drucks. 16/7918 und 16/8547, 8), dass das Auswahlermessen des Finanzamts nach § 20 Abs. 1 ErbStG – konform mit dem BFH (Urteil vom 26.10.2006, BFH/NV 2007, 852) – fehlerfrei zu gebrauchen ist. Dies führt in nahezu allen Fällen zu einer vorgezogenen (meist ausschließlichen) Inanspruchnahme des Beschenkten; außerdem könne (soll) der Schenker nicht für Fehlverhalten des Schenkers einstehen müssen.

Aufgrund der Kritik an § 20 Abs. 1 ErbStG ist auch das Urteil des BFH vom 29.02.2012 (ZEV 2012, 341) nachvollziehbar, wonach nach vorheriger Entrichtung der Steuer durch den Beschenkten eine Festsetzung der Steuer gegenüber dem Schenker nicht mehr zulässig ist. Dies gilt auch, wenn die ursprünglich vom Beschenkten bezahlte Steuer wieder erstattet wurde.

5.1.2 Schuldner der Erbschaftsteuer

Naturgemäß ist die Schuldnerfrage bei der Erbschaftsteuer anders als bei der Schenkungsteuer gelöst.

> **Beispiel 18: Das war's**
> Die Kinder T (22 Jahre) und S (24 Jahre) erben alleine den Nachlass, der aus dem Geldvermögen (2,5 Mio. €) besteht.

Beim Erwerb von Todes wegen sind die Personen, die gem. § 3 Abs. 1 ErbStG steuerpflichtig sind (Alleinerbe, Miterben, Vermächtnisnehmer, Pflichtteilsberechtigte etc.), nach § 20 Abs. 1 ErbStG auch die Steuerschuldner. Darüber hinaus ordnet § 20 Abs. 3 ErbStG – konform mit § 2042 BGB und § 45 Abs. 2 AO – die Haftung des ungeteilten Nachlasses für den Fall an, dass die Erben zahlungsunfähig bzw. -unwillig sind.[355]

Nach einer weiteren Haftungsbestimmung (§ 20 Abs. 5 ErbStG) wird der Letzterwerber im Falle der **Weiterschenkung** zum Haftungsschuldner erklärt, wenn der Ersterwerber die Steuer nicht bezahlt hat. Häufig macht die Finanzverwaltung schließlich von der Haftungsregelung nach § 20 Abs. 6 und 7 ErbStG Gebrauch, wenn die sog. Gewahrsamsinhaber[356] (wie Versicherungen oder Banken) Nachlassbestandteile (wie z.B. Lebensversicherungssummen) mit Beträgen über 600 € in das Ausland auskehren, ohne dass vorher die Erbschaftsteuer entrichtet wurde bzw. die fällige Summe sichergestellt wurde.

Auch auf das Verhältnis von Haftungsschuldner und Steuerschuldner wird das Recht der **Gesamtschuld**, d.h. der ungleichartigen Gesamtschuld nach § 44 AO, ange-

---

355 Auf die akademische Frage, ob die Erbschaftsteuerschuld eine Nachlassverbindlichkeit ist (dafür BFH vom 11.08.1998, BStBl II 1998, 705 und dagegen *Palandt/Edenhofer*, § 1967 Rz. 6), muss nicht weiter eingegangen werden.
356 Das Funktionieren der Bestimmung (d.h. den gleichmäßigen Verwaltungsvollzug) garantiert § 33 ErbStG, wonach die sog. »Gewahrsamsinhaber« binnen einem Monat nach dem Todesfall dem FA eine schriftliche Anzeige zu erstatten haben (s. Kap. 5.2.1).

wandt.³⁵⁷ In deutlich abgestufter rechtlicher Qualität hat der Testamentsvollstrecker nach § 32 Abs. 1 ErbStG nur für die Bezahlung der Erbschaftsteuer durch den Erben zu sorgen. Während folglich die in § 20 ErbStG benannten Haftungsschuldner echte Steuerschuldner i.S.d. § 43 AO sind, ist der Testamentsvollstrecker oder Nachlassverwalter allenfalls StPfl. i.S.d. § 33 AO.³⁵⁸

> **Lösung:** Das Geldvermögen von 2,5 Mio. € wird der Miterbengemeinschaft S und T als Bereicherung zugewiesen und sodann auf die Einzelerben aufgeteilt (je 1,25 Mio. €). Vom steuerpflichtigen Erwerb für S und T wird zunächst die anteilige Grabpflegepauschale i.H.v. 5.150 € gem. § 10 Abs. 5 Nr. 3 ErbStG abgezogen. Für die Ermittlung des steuerpflichtigen Erwerbs eines jeden einzelnen Miterben wird anschließend der persönliche Freibetrag von 400 T€ (§ 16 Abs. 1 Nr. 2 ErbStG) und sodann nach § 17 Abs. 2 Nr. 5 ErbStG der Versorgungsfreibetrag i.H.v. 10.300 € abgezogen. Die Steuer beträgt bei einer steuerrelevanten Bereicherung von 834.550 € und einem Steuersatz von 19 % für S und T jeweils 158.565 €.
> Diese Steuerschuld ist von beiden Miterben jeweils getrennt zu tragen. Bis zur Auseinandersetzung der Miterbengemeinschaft haftet der ungeteilte Nachlass für die Erbschaftsteuerschuld der Miterben S und T (§ 20 Abs. 3 ErbStG). Andere Haftungstatbestände sind nicht einschlägig.³⁵⁹

Die Regelung zur Steuerschuld mehrerer Erben als Partner der Miterbengemeinschaft verdeutlicht einmal mehr die Schwierigkeiten bei der Umsetzung dieser Gesamthandsgemeinschaft in die Strukturen des Erbschaftsteuerrechts. Materiellrechtlich werden die Nachlassgegenstände mit dem Erbfall gem. § 39 Abs. 2 Nr. 2 AO auf die einzelnen Erben aufgeteilt, obwohl nach §§ 1922, 2032 ff. BGB die Miterbengemeinschaft dinglicher Rechtsnachfolger des Erblassers geworden ist. Bis zur Auseinandersetzung (§ 2042 BGB) schützt sodann der ungeteilte Nachlass als Haftungsmasse die Gläubigerinteressen (§ 20 Abs. 3 ErbStG). Nach der Auseinandersetzung gibt es keine steuerschuldrechtliche Verbindung der Erbschaftsteuerschulden der einzelnen Miterben. Vor allem sind sie – nach der Trennung – keine Gesamtschuldner i.S.d. § 44 AO.

5.2 Der Besteuerungszeitpunkt (Voraussetzungen und Folgen)

Die Frage nach dem Zeitpunkt der Schenkung- und Erbschaftsteuerbelastung kann in zweierlei Richtungen gestellt werden:

1. unter dem Aspekt der Verjährung und vorweg unter dem Gesichtspunkt des (möglicherweise) fehlenden Verwaltungsvollzugs (»Geheimhaltung« der Schenkung, Erbschaft?),
2. unter dem Gesichtspunkt der festgesetzten, aber stornierten Steuerschuld.

Die folgenden Ausführungen gelten für beide Steuern zugleich.

---

357 Einzelheiten dazu s. *Bähr*, Teil A, Kap. III.
358 S. im Einzelnen *Meincke*, ErbStG, § 32 Rz. 11 f.
359 Die Erben haben allerdings mehrere Möglichkeiten, die Haftung für Nachlassverbindlichkeiten zu beschränken: Zu unterscheiden sind die Beschränkungen gegenüber einzelnen Gläubigern (z.B. gerichtliches Aufgebotsverfahren nach §§ 1970 ff. BGB oder die Verschweigung nach § 1974 Abs. 1 BGB) und die Beschränkungen gegenüber allen Gläubigern. Dazu zählen neben der Dürftigkeit des Nachlasses (§ 1990 f. BGB – ohne Prozessverfahren) die Verfahrenshandlungen der Nachlassverwaltung (§ 1975 BGB) und der Nachlassinsolvenz (§§ 313 ff. InsO i.V.m. § 1980 BGB).

5.2.1 Das Ermittlungs- und Festsetzungsverfahren bei der Erbschaftsteuer

Wegen der umfangreichen Anzeigepflichten der betroffenen Personen nach § 30 Abs. 1 und 2 ErbStG[360] und vor allem wegen der externen Anzeigepflichten amtlicher Stellen nach §§ 33 f. ErbStG[361] ist ein engmaschiger Ermittlungsrahmen gezogen, der hinsichtlich des **registrierten Inlandsvermögens** kaum Ausnahmen von der Erfassung zulässt. Die übliche Kritik am steuerlichen Ermittlungsverfahren, die zu dem verfassungsrechtlichen Monitum des fehlenden oder ungleichmäßigen Verwaltungsvollzugs führt, stellt sich hier nicht.

Darüber hinaus perfektioniert die Finanzverwaltung den Untersuchungsgrundsatz (§ 85 AO) für den Anwendungsbereich des ErbStG durch ein umfangreiches Kontrollsystem. Nach dem letzten Erlass der obersten Finanzbehörden der Länder vom 21.09.2001 (BStBl I 2001, 665) werden Kontrollmitteilungen (KM) für die Steuerakten des Erblassers[362] gefertigt, wenn der Reinwert des Nachlasses größer als 250 T€ ist oder wenn das Kapitalvermögen mehr als 50 T€ beträgt. Andererseits werden KM für die Steuerakten des Erwerbers angefertigt, wenn der Bruttowert seines Erwerbs mehr als 250 T€ beträgt oder wenn eine Schenkung (bzw. ein Nachlasserwerb) von Kapitalvermögen über 50 T€ vorliegt.

Der Erlass eines Erbschaft- oder Schenkungsteuerbescheides (Festsetzungsverfahren) schließlich ist nur innerhalb der vierjährigen Festsetzungsverjährung (§ 169 Abs. 2 Nr. 2 AO) möglich, wobei nach § 170 Abs. 5 AO (Anlaufhemmung) die Vierjahresfrist frühestens zum 01.01. des Folgejahres beginnt.[363] Dem Steuerbescheid schließlich geht eine Erklärung der Beteiligten voraus (§ 31 ErbStG). Für den häufigen Fall der Miterbengemeinschaft erlaubt § 31 Abs. 4 ErbStG die Abgabe einer gemeinsamen Steuererklärung. Als sog. Parteien kraft Amtes haben im Erbfall ggf. vorhandene Testamentsvollstrecker (oder Nachlassverwalter) die Erbschaftsteuererklärung abzugeben. Konform mit dieser Obliegenheitspflicht ist hier – entgegen § 122 AO – der Steuerbescheid dem Testamentsvollstrecker bekannt zu geben.

---

360 Nach § 30 Abs. 2 ErbStG ist neben dem Erwerber auch der Schenker innerhalb von drei Monaten anzeigepflichtig. Unter den Voraussetzungen des § 30 Abs. 3 ErbStG entfällt im Hinblick auf § 34 ErbStG diese Anzeigepflicht.
361 Bei **Erwerb von Todes wegen** ergeben sich für folgende Personen bzw. Institutionen Anzeigepflichten:
- Vermögensverwahrer und -verwalter sowie Versicherungsunternehmen nach § 33 ErbStG ab einem Betrag von 1.200 € (§§ 1–3 ErbStDV);
- Standesämter nach § 34 i.V.m. §§ 4 f. ErbStDV;
- Auslandsstellen bei Auslandssterbefälle nach § 34 ErbStG i.V.m. § 9 ErbStDV;
- Gericht und Notare nach § 34 ErbStG i.V.m. §§ 6–8 ErbStDV.
- Keine Anzeigepflicht für überbetriebliche Unterstützungskassen und Pensionsfonds (FinMin. Baden-Württemberg vom 27.06.2003, Az.: S 3841/4, DB 2003, 2096; OFD München vom 20.01.2003, Az.: S 3841 – 13 St 353, DB 2003, 637).
- Außerdem keine Anzeigepflicht der Versicherungsunternehmen bei Leistungen aus der Restschuldversicherung im Fall der Arbeitsunfähigkeit (OFD München vom 27.01.2003, Az.: S 3844 – St 353, DB 2003, 637; FinMin Baden-Württemberg vom 27.06.2003, Az.: S 3844/27, DB 2003, 2096).
- Hingegen Anzeigepflicht nach § 33 ErbStG bei Verträgen zu Gunsten Dritter (OFD Hannover vom 07.03.2003, Az.: S 3844 – 45 –StO 241, DStR 2003, 979).

Bei **Schenkungen/Zuwendungen unter Lebenden:**
Gerichte, Notare, Urkundspersonen und die Genehmigungsbehörden.
362 Zur örtlichen Zuständigkeit der jeweiligen FÄ vgl. § 35 ErbStG.
363 Dabei wird jeweils auf die Kenntnis des Erwerbs abgestellt. Hervorzuheben ist für die Schenkungsteuer, dass insoweit auf die Kenntnis des FA von der vollzogenen Schenkung abgestellt wird oder die Vierjahresfrist frühestens zum 01.01. des Jahres zu laufen beginnt, da der Schenker verstorben ist(!) (§ 170 Abs. 5 Nr. 2 AO). Auf diese Weise bleibt die Realisation der Steuerforderung sehr (zu?) lange erhalten.

5.2.2 Die Stundung

Gem. § 28 Abs. 1 ErbStG hat der Erwerber von BV[364] einen Rechtsanspruch auf Stundung der Steuer bis zu zehn Jahren, wenn dies für den Erhalt des Betriebes notwendig ist. Die Stundung erfolgt bei Erwerben von Todes wegen zinslos und bei Schenkungen unter Lebenden zinspflichtig (R 28 Abs. 6 ErbStR).

Der neu eingefügte 3. Absatz von § 28 ErbStG schafft die Möglichkeit, auf Antrag die Steuer bis zu zehn Jahre zu stunden, wenn zum Erwerb gem. § 13c Abs. 3 ErbStG zu Wohnzwecken vermietete bebaute Grundstücke gehören, soweit die Steuer nur durch Verkauf des Grundstücks erbracht werden könnte. Dies gilt entsprechend, wenn der Erwerber das Grundstück zu eigenen Wohnzwecken nutzt.[365]

5.3 Erlöschen der Steuerschuld

Neben den Erlöschensgründen des § 47 AO gibt es in § 29 ErbStG spezialgesetzliche Vorschriften über die Rückabwicklung früher erfasster Steuerfälle nach dem ErbStG. Durch die Ex-tunc-Regelung (»Erlöschen für die Vergangenheit«; Beispiele: Anfechtung, Ungerechtfertigte Bereicherung i.S.d § 812 BGB oder Wegfall der Geschäftsgrundlage i.S.d. § 313 BGB) führen bereits bezahlte Schenkung- und Erbschaftsteuerschulden zu einem Erstattungsanspruch.

Im Einzelnen handelt es sich in den beiden ersten Fällen (§ 29 Abs. 1 Nr. 1 und Nr. 2 ErbStG) um Anwendungsfälle eines unbilligen Steuereinzugs, wenn das Geschenk wieder herausgegeben werden musste oder wenn die Herausgabe abgewendet wurde. § 29 Abs. 1 Nr. 3 ErbStG erweitert den Anwendungsbereich auf die Anrechnung von unentgeltlichen Zuwendungen auf den Zugewinnausgleich.

Durch das Kultur- und StiftungsförderungsG 1990 (BGBl I 1990, 2775; ergänzt durch das Gesetz zur weiteren steuerlichen Förderung von Stiftungen vom 14.07.2000, BGBl I 2000, 1034) ist nachträglich Nr. 4 eingeführt worden. Danach ist mit einer großzügigen Geste angeordnet, dass die ErbSt nachträglich erlischt, wenn die anlässlich des Erwerbs von Todes wegen erhaltenen Nachlassgegenstände binnen 24 Monaten einer inländischen Gebietskörperschaft zugewendet werden oder – und dies ist viel nahe liegender – in bestimmte **gemeinnützige inländische Stiftungen** eingebracht werden. Auf diese Weise schafft der Gesetzgeber einen Anreiz für die **Erben (!)**, übertragenes Vermögen gemeinnützigen Aufgaben zuzuführen, wenn dies der Erblasser versäumt haben sollte oder dies den altruistischen Zielen der Erben entspricht.

§ 29 Abs. 2 ErbStG stellt klar, dass die o.g. Erlöschens- (und ggf. Erstattungs-)regeln dann nicht greifen, wenn der Beschenkte zwischenzeitlich aus dem übergegangen Vermögen Nutzungen gezogen hat. Insoweit ist der Empfänger – nach wie vor – bereichert.

---

364 Ebenso der Erwerber land- und forstwirtschaftlichen Vermögens.
365 Hierzu *Höne*, ZEV 2010, 565.

Stichwortregister

Abfindungen
- erbrechtliche ~ 755
Abfindungsanspruch 723
Abgabefrist 132
Abgaben zum Verzehr an Ort und Stelle 428
Abgebrochene Werklieferungen
- als Leistungsaustausch 443
Abhilfebescheid 242
Abkömmlinge 688
Ablaufhemmung 151
Abrechnungsbescheid 165
Abschnittsbesteuerung 25
Abstandszahlung 770
Abweichende Steuerfestsetzung aus Billigkeitsgründen 146
Adressat 86
Akteneinsicht 118
Amtsermittlungspflicht 114
Amtshaftungsanspruch 237
Amtsträger 28
Änderung
- der Verwendungsverhältnisse 557, 610, 613
- schlichte ~ 195
Änderung der Bemessungsgrundlage 491
- bei der Ausgabe von Gutscheinen 494
- Vertragsstrafe 442
- Verzug 442
- wegen Uneinbringlichkeit 491
- Wirkungsweise 496
Änderungssperre 304
Anhörungsrüge 261
Anlaufhemmung 149
Anordnungsanspruch 281
Anordnungsgrund 281
Anrechnung der ausländischen ErbSt 789
Anscheinsbeweis 123
Anwachsung der Gesellschaftsanteile 403
Anzahlung
- Steuerentstehung 498
- Vorsteuerabzug aus ~ 606
Anzeigepflicht 128
Arbeitnehmer-Sammelbeförderungen 523
Arrest
- Arrestanspruch 296
- Arrestgrund 297
- Arrestverfahren 296
- dinglicher ~ 296
- persönlicher ~ 296
Arrestatorium 291

Ärztliche Leistungen
- Steuerbefreiung 473
AStBV (Anweisungen für das Straf- und Bußgeldverfahren (Steuer)) 318
Aufhebung der Vollziehung 269
Auflage 96, 698
- als Alternative zum Vermächtnis 700
- Duldungs- ~ 745
- Leistungs- ~ 745
- Nutzungs- ~ 745
Auflagenvorbehalt 96
Aufmerksamkeiten 508
Aufrechnung 168
Aufteilung einer Gesamtschuld 301
Auftragsprüfung 306
Aufzehrmethode 767
Augenschein 127
Ausfuhr
- Lohnveredelung an Gegenständen der ~ 535
- Vorsteuerabzug 532
Ausfuhrlieferung
- ausländischer Abnehmer 532
- Bestimmungslandprinzip 532
- Zweck der Steuerbefreiung 532
Auskunftsverweigerungsrecht 123
Auslagenersatz 480
Auslegung 195
Auslegungsmethoden 21
Ausschlagung 712
- gegen Entgelt 716
Ausschlussfrist 237
Außenprüfung
- Änderungssperre 205
Außerunternehmerische Nutzung von Betriebsgrundstücken
- Bemessungsgrundlage 516
- neben steuerfreien Aktivitäten 519
- Neuregelung zum 01.01.2011 519
Aussetzung der Steuerfestsetzung 144
Aussetzung der Vollziehung 268
- ernstliche Zweifel 272
- Folgeaussetzung 269
- im finanzgerichtlichen Verfahren 277
- Sicherheitsleistung 275
- Umfang 271
- unbillige Härte 274

Bankgeheimnis 124

Bebaute Grundstücke
- Grundstücksarten 804
- Öffnungsklausel 806
Bedarfsbewertung 802
Bedingung 95
Beendigung 331
Beförderungsleistung
- als Dienstleistungskommission 410
- durch Spediteur 410
- grenzüberschreitende ~ 431, 537
- innergemeinschaftliche ~ 432
- öffentlicher Nahverkehr 478
- Vorsteuerabzug bei unfreier Versendung 566
Befristung 95
Begründung 98
Behaltensregelung 837
Behindertentestament 707
Beistand 35
Bekanntgabe
- bei einheitlichen Feststellungen 92
- förmliche ~ 94
Bekanntgabeadressat 86
Bekanntgabearten 88
Bekanntgabeerlass 89
Belegenheitsort 424, 426
Bemessungsgrundlage
- Differenzbesteuerung 486
- Einfuhr 531
- Entnahme 510
- Entnahme von Bestandteilen 510
- erhöhtes Beförderungsentgelt 476
- Firmenwagenüberlassung 447
- Grundsätze der Entgeltbestimmung 367, 475
- innergemeinschaftlicher Erwerb 541
- Reiseveranstalter 490
- Tausch 483
- Verzugszinsen und Mahnkosten 476
- zuzurechnender Aufwand des Leistungsempfängers 475
Beratungsleistung
- Ort der ~ 434
Bereicherung 663
- Wille zur ~ 739, 743
Bereicherungssteuer 666
Berichtigung
- materieller Fehler 219
- von VA allgemein 177
Berichtigungspflicht 136
Berliner Testament 702, 764
- bei Unternehmensvermögen 764
- Erbschaftsteuer 704
- Folgefragen 705
Beschwerde 266
Besorgungsleistung 410
Bestandskraft

- formelle ~ 176
- materielle ~ 176
Bestandteile 504
Bestattungskosten 726
Besteuerung
- nach vereinbarten Entgelten 367 f., 497, 499
- privater Verwendung von Unternehmensgenständen 511
Besteuerungsgrundsatz 113
Besteuerungsmethoden
- bei privater Pkw-Nutzung 514
Besteuerungsprinzipien
- bei grenzüberschreitenden Warenbewegungen 528
Besteuerungsverfahren
- Fiskalvertretung 643
- Leistungsempfänger als Steuerschuldner 632
- Voranmeldung 630
- Vorbehalt der Nachprüfung 631
Bestimmtheit einer VA 97
Bestimmungslandprinzip
- als Besteuerungsprinzip bei grenzüberschreitenden Warenbewegungen 530
- als Gebot für Wettbewerbsneutralität 459
- bei Ausfuhrlieferungen 532
- bei innergemeinschaftlichen Warenbewegungen 538
- bei sonstigen Leistungen 422
Betagung 704
Beteiligung an PersG 720, 757
- An-/Abwachsung 758
- Bewertung 819
- Vererbung 720 f.
Betriebsfinanzamt 105
Betriebsnahe Veranlagung 303
Betriebsprüfung 303
Betriebsstätte 31
Betriebsvermögen 814
- Beteiligung an PersG 819
- Betriebsvermögenswert – ErbStRG 722
Betriebsvorrichtungen 804
Beugemittel 294
Bevollmächtigte 35
Bewegte Lieferungen
- Befördern und Versenden als ~ 410
- Lieferorte 410
- Ort beim Versandhandel 413
Beweisantrag 258
Beweislast 122
Beweismittel 119
- gesetzwidrig erlangte ~ 120
Beweisnähe 115
Bewertung 798
- Inlandsvermögen 788
Bewertungsstichtag 722, 803, 821

Blankettnorm 320
Briefkastenfirma 116
Buchführungspflicht
- derivative ~ 129
- originäre ~ 130
Buchwertschenkung 758
Bundesauftragsverwaltung 103

Clearing-Verfahren 537
Commercial-Paper-Papiere 139
Computerprogramm
- ermäßigter Steuersatz 479

Daimler-Chrysler-Aktien 789
DBA-Fragen bei der ErbSt 791
Devolutiveffekt 261
Dienstaufsicht 104
Dienstleistungskommission 376
- Leistungseinkauf 433
- Leistungsverkauf 377
Differenzbesteuerung
- Anwendung bei Entnahmen 488
- Verzicht auf 489
Drittschuldnererklärung 292
Drittwiderspruchsklage 301
Drittwirkung 74
Duldungsauflage
- Wohnrecht 746
Duldungspflicht 73
Durchfuhr 539
Durchlaufender Posten 480

EG-Richtlinien
- Anwendungsvorrang 359
- Auslegung der ~ 359
Ehegattenschenkung 753
Ehegattentestament 702
- Widerruf 703
Eidesstattliche Versicherung 292
Eigentumsvorbehalt (Lieferung) 406
Einfuhr aus dem Drittland 529
- Bemessungsgrundlage 531
- spezielle Steuerbefreiungen 530 f.
Eingriffsverwaltung 80
Einheitlichkeit der Leistung 437, 466, 479, 490
Einheitstäter 337
Einkommensmillionäre 304
Einnahmeerzielungsabsicht 385, 397
Einspruch 223
Einspruchsentscheidung 241
Einspruchsfrist 231
Einstweilige Anordnung 280
- Regelungsanordnung 280
- Sicherungsanordnung 280
Eintrittsklausel 724

Einzelrechtsnachfolge 717
Einzelrichter 244
Elektronische Kommunikation 118
Elektronisch erbrachte Leistungen
- durch Drittlandsunternehmer 435
- Leistungsort 435
Emmott'sche Fristenhemmung 215
Entgeltliche Übertragung 742
Entnahmebesteuerung wegen vorsteuerentlasteter Bestandteile 488
Entnahme von Bestandteilen
- Bemessungsgrundlage 510
Erbanfallsteuer 663, 666
Erbanfallsteuersystem 666
Erbauseinandersetzung 837
Erbbaugrundstücke
- Bewertung 814
Erbbaurechte
- Bewertung 812
Erbfall 403
Erbfallkosten 727
Erbfallschulden 726 f.
- Abzugsverbot 727
Erbfolge 676
- Ehegattenerbrecht 678
- Eintrittsprinzip 677
- Repräsentationsprinzip 677
- Verwandtenerbecht 676
Erb-GmbH 776
Erblasserschuld 727
Erbrechtsgarantie 669
Erbschaftsteuer 791
- Anrechnung 789
- aufgelockerte vertikale Steuergerechtigkeit 670
- DBA 791
- Einkommensteuer 666
- Entstehung der ~ 794
- Gesetzesaufbau 659
- Grunderwerbsteuer 667
- historische Entwicklung 657
- Schuldner der ~ 853
- Steuergegenstand 672
- Steuersatz 672
- Steuersubjekt 672
- strenge horizontale Gerechtigkeit 670
- Wertermittlung der Bereicherung 672
Erbschein 693, 695
- bei Miterben 695
Erbunwürdigkeit 713
Erbverzicht 713
Ereignis mit Vergangenheitswirkung 214
Ergänzungsbescheid 161
Erhöhtes Beförderungsentgelt 476
Erlass 169
Ermäßigter Steuersatz 477

- Beförderungsleistung, öffentlicher Nahverkehr 478
- Befriedigung vitaler Grundbedürfnisse 478
- bei Büchern 585
- Computerprogramm 479
- Veräußerung von Standardsoftware 479

Ermessen 22
- Auswahlermessen 23
- Entschließungsermessen 23
- Ermessensfehlgebrauch 24
- Ermessensreduzierung auf Null 22
- Ermessensüberschreitung 23

Ermittlungen ins Blaue hinein 115, 124
Erörterungstermin 258
Ersatzerbschaftsteuer 781
Ersatzvornahme 294
Ersatzzwangshaft 294
Erstattungsberechtigter 41
Ertragswertverfahren 807
Erweiterte Grundstückskürzung 805
Erwerbsschwellen 539, 545
Erwerb von Todes wegen 660 f.
Europarecht 792
- und ErbStG 789

Fachaufsicht 104
Factoring 492
- echtes ~ 380 f.
- Gleichbehandlung des echten und unechten ~ 382
- unechtes ~ 380

Fälligkeit 165
- des Steueranspruchs 501

Familiendarlehen 738
- Vermögensverschiebung 740

Familien-GmbH 776
Fehlerhafte Verwaltungsakte 99
Fernwirkung 121
Festsetzungsfrist 148
Festsetzungsverfahren 672, 855
Festsetzungsverjährung 147
Feststellungsbescheide 158
Feststellungsbeteiligte 92
Finanzgerichtsbarkeit 244
Finanzrechtsweg 250
Finanzverfassung 103
Firmenwagenüberlassung 447
- als ausschließlich unternehmerische Nutzung 591
- Bemessungsgrundlage 591

Fiskalvertretung 643
Forderungen
- Abtretung von ~ 381
- Einziehen von ~ 380

Form 96

Fortführungsklausel 837
Freibeträge 660
- Änderungen 662

Freibeweisverfahren 120, 259
Freihafenumsätze 532
Fristen 108
- Ausschlussfristen 108

Fristenkontrollbuch 111
Fristenstreckung 90
Fristverlängerung 108
Frühere Erwerbe 841
- Zusammenrechnung 844

Frühleerungsstempel 110
Fußstapfentheorie 43

Gegenstandsbegriff des Umsatzsteuerrechts 405
Gemischte Schenkung
- Formel 743

Gerichtsbescheid 259
Gerichtsverfassung 244
Gesamtgut 687
Gesamtrechtsnachfolge 43, 718
Gesamtschuld 37, 853
- echte ~ 38
- unechte ~ 37

Geschäftsleitung 30
Geschäftsveräußerung 451
- Änderung der Verwendungsverhältnisse 457
- durch erfolglosen Vermietungsunternehmer 454
- Übertragung eines einzelnen Grundstücks als ~ 453
- unrichtiger Steuerausweis 457
- Vorsteuerabzug aus Leistungsbezügen für ~ 458
- Wirkungen der angeordneten Rechtsnachfolge 457

Geschiedenentestament 707
Gesellschaft
- Fahrzeugüberlassung an Gesellschafter 592

Gesellschafter
- als Unternehmer nach § 2 UStG 375, 387
- Tätigkeit im Leistungsaustausch 377

Gesellschaftsrechtliche Zuwendungen 757
- bei KapG 759
- bei PersG 757

Gesetz 18
Gesetzesanwendung 21
Gesetzesvorbehalt 18
Gesetzliches Erbrecht 676, 687
Gesetzmäßigkeit der Besteuerung 113
Gestaltungsmissbrauch 47
Gewöhnlicher Aufenthalt 29
Gläubigeranfechtung 73
Gläubigerwechsel 43

Gleichheitsgrundsatz
- Verstoß gegen den ~ 792
Gleichmäßigkeit der Besteuerung 113
Gleichstellungsgeld 772
GmbH-Geschäftsanteile
- Bewertung 820
Größenklassen 305
Großer Senat 245
Grundbesitz
- Abgrenzung zu Betriebsvorrichtungen 804
Grunderwerbsteuer
- Steuerbarkeit nach GrEStG 461
- Steuerschuldner der ~ 462
- Werklieferungen als Gegenstand der ~ 461
- Zusammenwirken von USt und ~ 462
Grundlagenbescheid 212
Grundsatz
- der Einheitlichkeit der Leistung 382
- des rechtlichen Gehörs 117
Grundstücksarten 806
Grundstückskaufvertrag 719
Grundstücksschenkung 747, 797
Grundstücksüberlassung an Dritte 830
Grundstücksübertragung
- als Berichtigungstatbestand 619
- als Geschäftsveräußerung 620
Grundstücksumsatz
- Verzicht auf Steuerbefreiung 636
Grundvermögen
- bebaute Grundstücke 804
- Grundbesitzwert, ErbStRG 803
- unbebaute Grundstücke 803
Güterstand, ehelicher 678
- fortgesetzte Gütergemeinschaft 687
- Gütertrennung 679
Gutschriften als Rechnungen 584

Haftung 54
- Akzessorietät 74
- bei Organschaft 69
- der Vertreter 59
- des Abtretungsempfängers 382
- des Betriebsübernehmers 71
- des Eigentümers von Gegenständen 69
- des Steuerhinterziehers 66
- des Vertretenen 66
- Grundsatz der anteiligen Tilgung 64
- Haftungsbescheid 55, 76
- Haftungstatbestand 55
- Haftungsverjährung 75
- Pflicht zur Kontenwahrheit 68
- Sachhaftung 73
- steuerrechtliche Haftungsansprüche 58
- Subsidiarität 54

- umsatzsteuerrechtliche Haftungsansprüche 372
- zivilrechtliche Haftungsansprüche 56
Halbunternehmer 545 f.
Hälfteerlass 175
Handeln im Rahmen des Unternehmens 449
- Grundgeschäft 449, 513
- Hilfsgeschäft 449
Handlungsfähigkeit 34
Härteausgleich 850
Hausrat 727
Hinterbliebenenbezüge 686, 736
- güterrechtliche Lösung 686
Hinterlegungssumme 298
Hinterziehungszinsen 173
Hinzuziehung zum Verfahren 240
Höhere Gewalt 151
Holding-Gesellschaften
- als Unternehmer 379

Inhaltsadressat 86
Inhibitorium 291
Inland 450
Inlandsvermögen 788, 855
Innenumsatz
- nichtsteuerbarer ~ 389, 541
Innergemeinschaftliche Lieferung
- an Privatpersonen im Reiseverkehr 552
- bei neuen Fahrzeugen 550
- Gutglaubensschutz 549
- materiell-rechtliche Anforderungen 547
- Rechnungsanforderungen 549
Innergemeinschaftlicher Erwerb 538
- Ausnahmen von der Erwerbsbesteuerung 545
- beim Reihengeschäft 539
- bei neuen Fahrzeugen 547
- Bemessungsgrundlage 541
- durch Verbringen 541
- Entstehen der USt 594
- Erwerbsschwelle 539, 545
- Ort des ~ 540
- Steuerbefreiungen des ~ 540
- Steuerentstehung 541
- tatbestandliche Voraussetzungen 539
- Vorsteuerabzug 594
Innergemeinschaftliches Dreiecksgeschäft 555
Innergemeinschaftliches Verbringen 389, 550
Insolvenzverfahren
- Fortbestand des Unternehmens 392
- Handeln des Insolvenzverwalters 392
- Rückforderungen des FA als Insolvenzforderung 491
- USt als Masseverbindlichkeit 444
- USt-Forderungen als Insolvenzforderung 443

- Verwertung von Sicherungsgut 634
- Vorsteuerberichtigung wegen Verwertung 621

Instanzenzug 244

Jastrowsche Klausel 704
Juristische Personen des öffentlichen Rechts
- als Unternehmer 392

Justizgewährleistungsanspruch 244

Kaufrechtsvermächtnis 698
Kettenschenkung 747
- Weiterschenkklausel 748

Klageänderung 260
Klageart 246
- Anfechtungsklage 246
- Feststellungsklage 248
- Fortsetzungsfeststellungsklage 249
- Leistungsklage 248
- Verpflichtungsklage 247

Klagebefugnis 252
Klageerhebung 256
Klagefrist 256
Klagerücknahme 267
Klageverfahren 245
Kleinbetragsrechnungen 583
Kleinunternehmer
- Besteuerung der ~ 394
- Optionsrecht 396
- Sonderstatus für ~ 394
- Vorsteuerabzug bei Leistungsbezug vom ~ 580

Kommissionsgeschäft 420
Kompensationsverbot 323
Konfusion 729
Konsolidation 728
Kontenabruf 126
Kontenstammdaten 126
Kontrollverfahren 549
Kosten 267

Land- und forstwirtschaftliche Betriebe 396
Leasing
- Übergabe als Lieferung 408

Lebensversicherung 734
- befreiende ~ 735
- Bezugsberechtigter 734

Legalitätsprinzip 114, 319
Leibrente
- bei vorweggenommener Erbfolge 773

Leichtfertige Steuerhinterziehung 338
Leichtfertigkeit 338
Leistung
- als willentliches Verhalten 403

Leistungsauflage
- Zerlegungsformel 746

Leistungsaustausch
- abgebrochene Werklieferungen 443
- Abgrenzung zum sog. echten Schadensersatz 441
- als Tatbestandsmerkmal des § 1 Abs. 1 Nr. 1 UStG 440
- bei der Abwicklung von Schadensersatzansprüchen 444
- bei Gründung von Gesellschaften 445
- beim Ausscheiden eines Gesellschafters 446
- bei Sachleistungen an AN 447
- bei Vereinen 444
- durch Geschäftsführung 378
- Mitgliedsbeiträge als Entgelt 384
- vorzeitige Vertragsauflösung 441
- zwischen Gesellschaft und Gesellschafter 375, 376

Leistungsbezug für unternehmerische Nutzung 567
Leistungsempfänger 403
- als Vorsteuerabzugsberechtigter 561
- Bestimmung der Leistungsbeziehungen 416
- Bestimmung des ~ 404

Leistungsempfänger als Steuerschuldner 372, 423, 430, 432, 435, 632, 635
- Ablösung des Abzugsverfahrens 632
- Anforderungen an Rechnung 641
- Bemessungsgrundlage 642
- bestimmte Bauleistungen 637
- Entstehen der Steuer 642
- Gas- und Stromlieferungen 415
- Grundstücksumsätze 635
- Sicherungsübereignung 633
- unfreie Versendung 567
- unrichtiger Steuerausweis 524
- unvollständige Rechnung (Rechtsfolgen) 641

Leistungsfähigkeitsgrundsatz 835
Leistungsgebot 287
Letztwillige Verfügung 688
Lieferklausel 419
Lieferorte bewegter Lieferungen
- Einfuhr nach § 3 Abs. 8 UStG 411
- Gas- und Stromlieferungen 415
- Ort bei Einfuhr 593
- Verlagerung 411
- Versandhandel 413

Lieferung
- Eigentumsvorbehalt 406
- Gegenstandsbegriff des Umsatzsteuerrechts 405
- innergemeinschaftliche ~
  - an Privatpersonen im Reiseverkehr 552
  - neuer Fahrzeuge 550
- Leasing 408

- Sicherungsübereignung 407
- Übergang von Besitz, Nutzen und Lasten 407
- Verschaffen der Verfügungsmacht 406
Lohnsummenregelung 835
Lohnveredelung an Gegenständen der Ausfuhr 535

Mahnung 288
Mangelhafte Vertragserfüllung (Änderung der Bemessungsgrundlage) 442
Massenrechtsbehelfsverfahren 242
Mehrfacher Erwerb 847
Mindest-Bemessungsgrundlage 484
- bei Firmenwagenüberlassung 486
Mischnutzungen 753
Miterbe/Miterbengemeinschaft 695
Mitteilungsverordnung 128
Mittelbare Schenkung 749
- Überschuss 752
- Verwendungsabrede 750
Mitwirkungspflicht 115

Nacherbschaft, Nacherbe 706
- bei Unternehmensvermögen 764
Nachfolgeklausel
- einfache 723
- qualifizierte 723
Nachlass
- Trennung vom Eigenvermögen 714
Nachlasssteuersystem 666
Nachlassverbindlichkeiten
- Zuordnung 730
Nebenbestimmung 95
Neue Tatsachen (und Beweismittel) 197
Nichtanwendungserlass 19
Nichteheliche Kinder 668
Nicht notierte Anteile an Kapitalgesellschaften
- Anteilswert - ErbStRG 821
Niederschlagung 300
Nießbrauch 764
- bei Unternehmensvermögen 765
- Berechtigter 767
- Last 768
- und vorweggenommene Erbfolge 771
- Verzicht auf ~ 768
Normenkontrollantrag 245

Offenbare Unrichtigkeit 179
Öffentliche Bekanntmachung 88
Öffentliche Zustellung 88
Öffentlichkeit 259
Öffnungsklausel
- ErbStRG 803
Opportunitätsprinzip 319

Optionsmöglichkeiten
- bei Differenzbesteuerung 489
- bei Steuerbefreiungen 460
Organisation der Finanzverwaltung 103
Organschaft
- Rechtsfolgen der ~ 400
- Vorraussetzungen der ~ 398
Ort sonstiger Leistung
- Belegenheitsort 424, 426
- Empfängerortprinzip ab 01.01.2010 422
- Grundprobleme der Ortsbestimmung 421
- Prüfungsfolge 423
- Restaurationsumsätze 427
- Tätigkeitsort 426
- Vermietung von Beförderungsmitteln 425

Parentelen 676
Parkgesellschaft 775
Pfändung 44, 289
Pfändungspfandrecht 289
Pfändungsschutzkonto 291
Pflegeleistung 729
Pflichtteilsberechtigung
- Entzug der ~ 713
Postulationsfähigkeit 252
Präklusionsfrist 237
Private Fahrzeugnutzung
- als Besteuerungsgegenstand unentgeltlicher Wertabgaben 590
- Beschränkung des Vorsteuerabzugs 590
- durch Gesellschafter 592
Private Nutzung von Betriebsgebäuden
- neben vorsteuerschädlichen Aktivitäten 518
Private Nutzung von Betriebsgrundstücken
- Neuregelung zum 01.01.2011 465
Produktivvermögen
- Zusammenrechnung 844
Prozessfähigkeit 252
Prozessstandschaft 229, 253

Rahmengesetz 14
Rechnung
- Fahrausweise als ~ 583
- Gutschriften als ~ 584
- Hinweis auf Steuerschuldnerschaft 641
- unrichtiger Steuerausweis 524
- Zurückbehaltungsrecht bei fehlerhafter ~ 583
Rechnungsberichtigung
- bei unberechtigtem Steuerausweis 526
- in Fällen des § 14c Abs. 1 UStG 525
Recht auf Akteneinsicht 118
Rechtsmittel 261
Reform des Umsatzsteuerrechts 644
Regelungsanordnung 280

Reihengeschäft 416
- bei innergemeinschaftlichen Warenbewegungen 553
- bei Vierecks- oder Mehrecksgeschäften 555
- innergemeinschaftliches Dreiecksgeschäft 555
- mittlerer Unternehmer beim ~ 418
- Zuordnung der Warenbewegung 417, 419
Reinvestitionsklausel 838
Reiseveranstalter
- Bemessungsgrundlage 490
Restaurationsumsätze 427
Revision 261, 265
- Grundsatzrevision 262
- Rechtsfortbildungsrevision 263
- Sicherung einer einheitlichen Rechtsprechung 263
- Verfahrensrevision 264
Richtsatz 129
Rückabwicklung 493
Rücklieferung 493
Rücknahme 182
- rechtswidriger VA 183
Rückschenkung 848
Rückstandsunterbindende Maßnahmen 295
Rückwirkung 20
Ruhen des Verfahrens 236

Sachleistungen an Arbeitnehmer 446
- entgeltliche Pkw-Überlassung 447
- unentgeltliche Pkw-Überlassung 448
Sachverständiger 127
Sachwertverfahren 809
Sanierungsfalle 796
Säumniszuschlag 174
Schätzung der Besteuerungsgrundlagen 137
Scheingesellschafter 56
Schenkung 660, 738
- auf den Todesfall 731
- Auflage 660, 745
- beeinträchtigende ~ 705
- gemischte ~ 661, 742 f.
- Ketten- ~ 747
- mittelbare (Grundstücks-) ~ 749
- unbenannte (Ehegatten-) ~ 753
- Vermögensverschiebung 742
- Vollzug 732
Schenkungsteuer
- Entstehung 795
- Steuerschuldner 852
Schonfrist 288
Schulden 724
- der Abwicklung des Erbfalls 726
- Erblasser- ~ 725
- für Pflegeleistung 729
Schuldnerwechsel 43

Schwellenerwerber 414, 545 f.
Selbständigkeit
- als Kriterium der Unternehmerstellung 386
Selbstanzeige 331
Selbstexekution 284
Sicherungsübereignung 407
- Leistungsempfänger als Steuerschuldner 633
Singularsukzession gem. § 516 BGB 664
Sitz 30
Sonderrechtsnachfolge 720
- Auflösungsklausel 721
- einfache Nachfolgeklausel 721
- Eintrittsklausel 721
- Fortsetzungsklausel 721
- qualifizierte Nachfolgeklausel 721
Sonstige Leistungen
- als Vorsteuerberichtigungtatbestand 627
- Charakterisierung 421
Sperrwirkung 334
Sprungklage 254
Stammbaum 676
Stammesprinzip 678
Ständiger Vertreter 31
Steueranspruch 39
- Entstehung 39
Steuerarten 17
Steuerbefreiung 459
- Ausfuhrlieferungen 532
- Einfuhr aus dem Drittland 530
- innergemeinschaftlicher Erwerb 540
- innergemeinschaftliches Verbringen 550
- Wirkungen von ~ 459
- Zweck von ~ 459
Steuerbescheid 140
- Änderung 193
- Aufhebung 193
Steuerentstehung
- Besteuerung nach
  - vereinbarten Entgelten 367 f., 497, 499
  - vereinnahmten Entgelten 498
- in »§ 14c-Fällen« 500
- mit Rechnungserteilung 500
Steuererklärung 131
- Anlage EÜR 134
Steuererstattungsanspruch 41
Steuerfestsetzung 140
Steuergefährdung 339
Steuergeheimnis 31
Steuergläubiger 33
Steuerhinterziehung 320
- Beitreibungshinterziehung 323
- objektiver Tatbestand 320
- Strafzumessung 335
- subjektiver Tatbestand 325
- Verjährung 337

Steuerhinterziehungsbekämpfungsgesetz 116
Steuerklasse 687
Steuerklausel 40
Steuerliche Nebenleistung 15
Steuermessbescheid 162
Steuern 15
- Besitzsteuern 18
- Bundessteuern 17
- Gemeindesteuern 17
- Gemeinschaftssteuern 17
- Landessteuern 17
- Personensteuern 17
- Realsteuern 14, 18
- Sachsteuern 17
- Verbrauchsteuern 18
- Verkehrsteuern 18
Steueroasen 116
Steuerordnungswidrigkeiten 337
Steuerordnungswidrigkeitenrecht 318
Steuerpflicht 672, 785
- beschränkte ~ 787
- erweitert beschränkte ~ 787
- erweitert unbeschränkte ~ 786
- persönliche ~ 672
Steuerpflichtiger 33
Steuerpflichtiger Erwerb
- Ermittlung 672
Steuerrechtsverhältnis 33
Steuerschuldner 34
Steuerschuldverhältnis 33
Steuerstrafrecht 318
Steuerstrafverfahren
- Ermittlungsverfahren 340
Steuerumgehung 47
Steuervergütungsanspruch 43
Steuervermeidung 48
Steuerverwaltungsakte 80
Steuervorauszahlungen 40
Stiftung 778
- Auflösung der ~ 782
- ausländische ~ 782
- Errichtung der ~ 779
- Familien- ~ 780
- inländische ~ 778
Strafbefehl 345
Strafverfolgungsfrist 337
Strohmann
- als Leistender 404
Stundung 166, 856
Stundungszinsen 173
Subjektiver Sorgfaltsmaßstab 62
Suspensiveffekt 223, 261, 268
Systematik des UStG 363, 611

Tatentschluss 330
Täterschaft 327
Tatherrschaft 327
Tätigkeitsort 426
Tatsächliche Verständigung 27
Tausch
- Bemessungsgrundlage 483
Teilabhilfebescheid 236
Teileinspruchsentscheidung 242
Teilentgeltliche Übertragung 738
Teilleistung 497
Teilnehmer 328
Teilungsanordnung 696
- Vorausvermächtnis 696
Teilunternehmerisch genutzte Grundstücke
- Vorsteuerberichtigung 628
Teilverjährung 148
Tenor 140
Termine 108
Testament 692
- Auslegung 689
- Ehegattentestament 660
- Formwirksamkeit 692
- nichtiges ~ 701
- unklares ~ 693
Treu und Glauben 24
Trust(ee) 783

Überentnahmen 839
Überentnahmeverbot 839
Übergang von Besitz, Nutzen und Lasten 407
Übermäßige Gewinnbeteiligung 759
Übernahmefehler 179
Überprogression 845
Übertragungen im (engen) Familienkreis 670
Umdeutung 102
Umsatzsteuer
- als Allphasensteuer 359, 360 ff.
- als indirekte Steuer 362
- als Verbrauchsteuer 431
- Aufkommen 357, 529
- Besteuerungsziel der ~ 359
- Hinweise für Klausurbearbeitungen 364
- rechtliche Rahmenbedingungen der ~ 358
- Sicherstellung des USt-Aufkommens 633
- Verteilung des Aufkommens 357
Umsatzsteuer-Identifikationsnummer
- Bedeutung bei innergemeinschaftlichen Warenbewegungen 548
Umsatzsteuerlager 556
Umsatzsteuer-Nachschau 303
Unbekannter Erbe 693, 701
Unbenannte Schenkung 753

Unberechtigter Steuerausweis
- § 14c Abs. 2 UStG 526
- bei Differenzbesteuerung 489
Unbestimmter Rechtsbegriff 23
Unbewegte Lieferungen (Ort) 409, 411
Unentgeltliche Wertabgabe
- als Besteuerungsgegenstand 502
- Anwendung von Steuerbefreiungen 515
- Dienstleistungen 511
- Dienstleistungen an das Personal 522
- Entnahmebesteuerung wegen vorsteuerentlasteter Bestandteile 503
- Neukonzeption ab 01.01.1999 502
- Ort der Abgabe 523
- Rahmenbedingungen der Besteuerung 503
- Rechnungserteilung 523
- Steuerbefreiung der Grundstücksentnahme 518
- Zuwendungen nach § 3 Abs. 1b S. 1 Nr. 3 UStG 508
Unfallversicherungsverträge 736
Unfreie Versendung 566
- Leistungsempfänger als Steuerschuldner 567
Universalsukzession gem. § 1922 BGB 664
Unmittelbarer Zwang 294
Unrichtiger Steuerausweis 484, 524
- bei Anwendung des ermäßigten Steuersatzes 478
- bei Geschäftsveräußerung 457
Unselbständige Nebenleistung 437 f., 480
- Kreditgewährung als ~ 438
- Kreditgewährung beim Factoring als ~ 382
- Transport und Verpackung als ~ 438
Untätigkeitseinspruch 226
Untätigkeitsklage 255
Unternehmenseinheit 388
Unternehmensfähigkeit 373
Unternehmensnachfolge 764
Unternehmenszuordnung bei gemischter Nutzung vorsteuerbelasteter Gegenstände 569
Unternehmerstellung
- als Geschäftsführer 592
- als Sportverein 384
- als Vorgründungsgesellschaft 391
- Bedeutung der ~ 373
- Beginn der ~ 389, 559
- durch Tätigkeit im Leistungsaustausch 374
- durch Vermieten von Freizeitgegenständen 386
- Ende der Unternehmerstellung 392
- Erfordernis der Nachhaltigkeit 384, 449
- Erfordernis der Selbständigkeit 386 f., 402
- juristische Personen des öffentlichen Rechts 393
- von Factoringinstituten 380

- von Holdinggesellschaften 379
- vorläufiger Unternehmerstatus 559
Untersuchungsgrundsatz 114, 120
Unwirksame Rechtsgeschäfte 46
Ursprungslandprinzip 412, 423, 528, 537 f., 552

Veräußerung oder Entnahme als Berichtigungstatbestand 618
Veräußerung von Standardsoftware
- ermäßigter Steuersatz 479
Verbindliche Auskunft 25
Verbindliche Zusage 25
Verböserung 236
Verbotsirrtum 325
Vergleichswertverfahren 806
Verkauf unter Eigentumsvorbehalt 406
Verlagerungen des Lieferorts 411
Vermächtnis 698
- Kaufrecht- ~ 698
- Nießbrauch- ~ 768
- Sach- ~ 698
- Voraus- ~ 697
Vermietung und Verpachtung von Grundstücken 464
- Ausnahmetatbestände des § 4 Nr. 12a S. 2 UStG 465
- gemischter Vertrag 466
- steuerpflichtige Privatnutzung 465
- Verträge besonderer Art 467
- Verzicht auf Rechte aus ~ 465
Vermietung von Beförderungsmitteln
- Ort der ~ 434
Vermietung von Sportanlagen
- einheitliche steuerpflichtige Leistung 466
Vermittlungsleistungen 429
- Ort bei grenzüberschreitenden Warenlieferungen 430, 537
- Steuerbefreiung 430 f., 537, 584
Vermögensauskunft 292
Vermögensverwaltende PersG 776
Vermögensverzeichnis 292
Verpfändung 44
Verrechnungsstundung 167
Versandhandelslieferung 413
Verschaffen der Verfügungsmacht 406
Verschonungsabschlag
- Lohnsummenregelung 836
Versorgungsanspruch 736
Verspätungszuschlag 134
Verstrickung 289
Vertrag besonderer Art 466 f.
Vertragsstrafe
- Auswirkungen auf Bemessungsgrundlage 442
Vertrag zu Gunsten Dritter 733
Vertretungszwang 252

Verwaltungsakt 80
- Allgemeinverfügung 83
- begünstigender ~ 183
- Bekanntgabe 84
- belastender ~ 183
- Bestandskraft 80
  - formelle 80
  - materielle 81
- gebundene 84
- Nichtigkeit 100
Verwaltungsaufbau 103
Verwaltungsunrecht 318
Verwaltungsvermögen
- Definition 829
- schädliches 828
Verwendungsabsicht
- Nachweispflicht 598
- Relevanz für den Vorsteuerabzug 596
Verwertungsverbot 121
Verwirkung 28
Verzicht auf Steuerbefreiung 460
- gegenüber nichtunternehmerisch tätiger Gemeinschaft 472
- Teiloption 467
Verzinsung 171
Verzögerungsgeld 131, 306
Verzug
- Auswirkungen auf Bemessungsgrundlage 442
Verzugszinsen und Mahnkosten 476
Vollendung 330
Vollmacht 732
- transmortale ~ 732
Vollmachtserteilung 732
Vollmachtsvermutung 36
Vollstreckung 284
- Kosten 302
- Voraussetzungen 286
- wegen anderer Leistungen als Geldforderungen 294
- wegen Geldforderungen 288
Vollstreckungsankündigung 288
Vollstreckungsaufschub 299
Vollstreckungsbehörde 285
Voranmeldungszeitraum 630
- bei Neugründung 630
Vorbehalt der Nachprüfung 142, 188
- Änderung 188
Vorbehaltsnießbrauch 764 f.
Vorbereitungshandlung 329
Vorbereitungsstadium 329
Vorerbschaft 706
Vorerwerb 797
Vorgründungsgesellschaft
- als Unternehmer 390

Vorläufiger Rechtsschutz 268
Vorläufige Steuerfestsetzung 143, 191
Vorrats-GmbH 776
Vorsatz 325
Vorschaltgesellschaft 468
Vorschenkung
- Nießbrauchsbelastung auf ~ 847
Vorsteuerabzug
- Anbindung an das Ertragsteuerrecht 588
- anspruchsbegründende Voraussetzungen 558
- Anzahlung 606
- Aufteilung bei Gebäuden 600
- Ausfuhr 460, 532
- Ausschluss wegen vorsteuerschädlicher Verwendungen 595
- Beginn der Unternehmerstellung 559
- bei Vermietungsumsätzen im Ausland 598
- Beschränkung wegen privater Fahrzeugnutzung 590
- Besteuerungszeitraum 606
- Bewirtungsaufwendungen 589
- Dreisphärentheorie 568, 576
- durch Miteigentümer 564
- Einfuhrumsatzsteuer 593
- Einschränkungen des Vorsteuerabzugs durch das StEntlG 1999 586
- Ende der Unternehmerstellung 391
- Erwerbsteuer 593
- Erwerb von einem Unternehmer 580
- Fahrausweis als Rechnung 583
- Fehlmaßnahme 598
- für Steuer auf innergemeinschaftlichen Erwerb 594
- Geschenk 588
- Gutgläubigkeit des Leistungsempfängers 580
- innergemeinschaftliche Lieferung 460
- Leistungsbezug für unternehmerische Nutzung 567
- Maßgeblichkeit der Verwendungsabsicht 596
- Mindestumfang unternehmerischer Nutzung 570
- Rahmenbedingungen der MwStSystRL 586
- Rechnung an unternehmerisch tätige Gemeinschafter? 565
- Reise- und Umzugskosten 587
- sachgerechte Schätzung 600
- teilunternehmerisch genutzte Grundstücke 604
- Übernachtungskosten des Personals 562
- Überprüfung der Rechnungsangaben 582
- Umzugskosten 587
- unfreie Versendung 566
- Unternehmer als Leistungsempfänger 561

- vorläufiger ~ 559
- Zuordnung bei gemischter Nutzung
  - anteilige Unternehmenszuordnung 569, 571
  - zum Privatvermögen 573
- Zweck des ~ 557

Vorsteueraufteilung
- bei Gebäuden 600, 601

Vorsteuerberichtigung
- Änderung der Verwendungsverhältnisse 610
- Bearbeitungshinweise 615
- bei einer Geschäftsveräußerung 620
- bei Organschaft 401
- bei Umlaufvermögen 622
- Berechnung des Berichtigungsbetrags 614, 616
- Berichtigungszeitraum 608, 613
- Einlage aus dem Privatbereich 572, 611
- Entnahme eines Grundstücks 619
- Erweiterung zum 01.01.2011 610
- für Bestandteile oder sonstige Leistungen an einem Wirtschaftsgut 624
- Neufassung durch StÄndG 2001 608
- Neufassung zum 01.01.2005 504
- teilunternehmerisch genutzte Grundstücke 611, 620, 627
- Veräußerung eines gemischt genutzten Grundstücks 620
- Veräußerung oder Entnahme 618
- Vereinfachungen 609
- Verfahrensfragen 629
- wegen selbständiger sonstiger Leistungen 626
- wegen Wechsels der Besteuerungsform 618
- Zusammenfassung zu einem Berichtigungsobjekt 623
- zwischenzeitlicher Leerstand von Gebäuden 613

Vorsteuerbeschränkung
- wegen außerunternehmerischer Grundstücksnutzung 558

Vorsteuerschädliche Verwendungen 595
Vorsteuervergütungsverfahren 560
Vor- und Nacherbschaft 764
Vorverfahren 254
Vorweggenommene Erbfolge 661, 769
- gesellschaftliche Vorwegübertragung 774
- Gleichstellungsgeld 744
- Privileg des § 13a ErbStG 774

Weiterschenkung
- und Steuerschuldner 853

Werklieferung
- Ort 409

Wertneutralität des Steuerrechts 45
Wertveränderungen 796
Widerruf 186
- begünstigender Verwaltungsakt 186
- belastender Verwaltungsakt 186
Widerrufsvorbehalt 95
Widerstreitende Steuerfestsetzungen 207
Wiederaufnahmeverfahren 266
Wiedereinsetzung in den vorigen Stand 110
Willkürmaßnahmen 137
Willkürverbot 16
Wirtschaftliche Betrachtungsweise 21
Wohnsitz 29
Zahlung 52, 167
Zahlungsverjährung 170
Zebragesellschaft 160
Zehnjahreszeitraum 662, 797, 845
Zinsinformationsverordnung 125
Zölibats-Klausel 711
Zugewinnausgleich
- vorweggenommener ~ 753
Zugewinngemeinschaft 679
- Änderung der ~ 682
- Ausgleichsforderung 679, 681
- erbrechtliche Lösung 679
- güterrechtliche Lösung 686
- modifizierte ~ 682
- realer Ausgleich 680
Zuordnungsalternativen bei gemischter Nutzung vorsteuerbelasteter Gegenstände 571
Zuordnung von Warenbewegungen 417, 419
Zurechnung von Wirtschaftsgütern 50
Zusammenfassende Meldung
- bei sonstigen Leistungen 436
Zusammenveranlagung 89
Zuschüsse
- echte und unechte ~ 481
Zuständigkeit 104
- Betriebsfinanzamt 105
- Ersatzzuständigkeit 107
- Geschäftsleitungsfinanzamt 106
- Lagefinanzamt 105
- örtliche ~ 105
- sachliche ~ 104
- Tätigkeitsfinanzamt 106
- Wohnsitzfinanzamt 106
- Zuständigkeitsvereinbarung 107
Zustellung 94
Zuwendungsnießbrauch 765
Zwangsgeld 294
Zwangsversteigerung 404
Zweckzuwendung 663, 756
Zwischenzeitlicher Leerstand von Gebäuden 613